# 濟南歷代著述考 上册

濟南市人民政府主辦
濟南市史志辦公室編
徐泳撰　濟南出版社

圖書在版編目（CIP）數據

濟南歷代著述考 / 徐泳撰；濟南市史志辦公室編.
濟南：濟南出版社, 2014.11
ISBN 978-7-5488-1354-5

Ⅰ．①濟… Ⅱ．①徐… ②濟… Ⅲ．①地方文獻 – 研
究 – 濟南市 Ⅳ．① K295.21

中國版本圖書館 CIP 數據核字（2014）第 263340 號

責任編輯　戴梅海
封面設計　朱愛軍
排版設計　山東宣藝文化傳播有限公司

出　　版　濟南出版社（濟南市二環南路 1 號）
網　　址　www.jinanpub.com
印　　刷　山東臨沂新華印刷物流集團有限責任公司
開　　本　889×1194 毫米　1/16
印　　張　62.75
字　　數　1650 千
版　　次　2014 年 12 月第 1 版
印　　次　2015 年 3 月第 2 次印刷
印　　數　1501–2000 套
定　　價　1680.00 元（全二冊）

ISBN 978-7-5488-1354-5

定價：1680.00 元（全二冊）

# 敘　例

一、鄉邦著述，關乎地方文化鉅矣。是以《濟南府志》有經籍，《山東通志》有藝文；歷城、章丘諸《志》或詳考一書始末，或略存其一斑。炳炳烺烺焉，繼繼繩繩焉，濟南先哲著述，梗概略具矣。顧史志所載，參錯不一，闕遺舛譌，亦所難免；又近代以來，古籍凌夷，曩昔登諸簿錄者，見存幾何，存於何所，亦不可無以記之：此《濟南歷代著述考》所由作也。

二、濟南之名，昉自漢初。始之爲郡爲國，旋撤旋復，屢併屢省，疆域之分合，難以備陳矣。趙宋以來而爲府，延至明清，而轄地迥殊，廣狹懸絕。其最闊者，有明一代以至清雍正前期，濟南府屬四州二十六縣，幾占全省三分之一。是以著作之隸籍，莫可一以繩之也。故本書收錄範圍，凡今之區劃隸於濟南者，如歷城、章丘、濟陽、長清、商河、平陰，不論其歷史歸屬（如明清時期平陰不屬濟南管轄），概予收錄；其餘則各依其時代，如明清之德州（轄德平、平原）、鄒平、齊河、新城、淄川等，明代更有泰安州（轄新泰、萊蕪）、武定州（轄陽信、海豐、樂陵、商河）、濱州（轄利津、霑化、蒲臺）等，其地在當時均隸濟南府；至於周秦漢魏但稱齊人者，如公孫固、杜林等，《濟南府志》每多闌入，今則一併刪削，不欲泛濫無擇也。

三、考論地方經籍之書，《大清畿輔書徵》、《兩浙著述考》、《江蘇藝文志》率以人爲綱，《溫州經籍志》、《山東通志·藝文》則按類編排，兩者各有優長。本書依照前者，以人爲經，以書爲緯，人名之下係以小傳，再略按四部次序，臚敘其著作（首列出處、現存版本及收藏者，次錄提要、序跋，間有附圖）；其僅有零篇散章流傳者，亦參錄詩文篇目，片羽之遺，足爲吉光之珍。至於附託僞妄之書，傳聞影響之說，一以題署爲斷，存之以備參考，蓋亦資鏡得失，用存往躅之助云爾。

四、先秦典籍，多刊於金石竹木，《大東》之篇編入《詩經》之前，必自獨成卷帙也。是以本書以《大東之詩》冠諸卷首，以下各依著者時代分卷編排。宋元以前，變亂相尋，著作多湮而不彰，載諸史籍者，僂指可數，故數朝合訂一卷。明清兩代，文風漸邕，家守緗素，戶盡絃歌，綴學之士，彬彬郁郁盛矣，其著作之數，亦俱倍於前代，故一朝而釐爲數卷。其有撰者非濟南人，而著作事關地方者，則附麗卷末，亦徵文考獻之資也。

五、書後附錄索引二種，均按音序排列。一爲《人名索引》，除立目之姓名外，另有著者之別名。一爲《書名索引》，舉凡書之別禰，或其附著，均予析出；惟一書之別名僅一二字小異，而於排序無妨，則括注其異同，不另爲立目。

六、全書歷時既久，卷帙復繁，於校點標註，未能前後瞻顧。邇來校正一過，其譌者正之，疑者辨之，隱僻者著明之；其不知可否者，或設爲疑辭以存鄙見，或姑爲曲說以待通人；其由學力不逮，識見所限，訛誤漏脫者尚復不少，更待四方君子有以教正焉。

# 目　錄

【卷一·先秦】

# 卷一·先秦

## ◆ 譚大夫

　　姓名不可考。幽王時人。時東國困於賦役，乃作《大東》之詩以告病。《歷城縣志》卷三十五有傳。按：譚，齊附庸國，周封譚國子爵。《春秋》莊公十年，齊桓公滅譚，譚子奔莒。杜預曰："譚國在濟南平陵縣西南。"齊召南云："按《漢志》，作東平陵。"

### 【大東之詩七章章八句】

　　《歷城縣志·藝文考》據《毛詩註疏》著錄，並引諸家注解如右："譚國在東，故其大夫尤苦征役之事。"鄭玄《詩箋》。"六章以下，皆述譚人仰訴於天之辭。"歐陽修《詩本義》。"陳氏曰：古者諸侯無私史，有邦國之志，則小史掌之，而藏周室。是故漢、汝、江、沱至於譚，大夫下國之詩，皆入於南雅。"見《玉海》。"三百篇實惟詩始，然恢奇靈幻，寓痛哭於調笑，莫如《大東》，而《平陵東》乃其繼響。東國文章，自昔奇特。"舊《志》。

　　按：《大東》載於《詩經·小雅》，爲現存濟南最早之詩篇。

《附釋音毛詩註疏·小雅·大東篇》元刻明修《十三經注疏》本

## ◆ 甯　戚

　　姬姓甯氏，名戚，衛國人。桓公時仕齊爲相，齊國以治。《濟南府志》卷四十五有傳。《府志》本傳附按云："章邱、淄川《志》皆列甯戚。戚本衛人，仕齊後遂爲齊人。考《水經注》敘楊緒水，云逕章邱城東，又北逕甯戚城西。《寰宇記》謂甯戚城在章邱東北三十里。則《章邱志》錄甯戚爲有據；《淄川志》亦列之，或傳聞異辭耳。"

### 【相牛經一卷】

　　現存：《百川學海》本、《說郛》本、《水邊林下》本、《五朝小說》本、《五朝小說大觀》本等，見《中國叢書綜錄》。

　　《三續淄川縣志·藝文》載其《飯牛歌》。

## ◆ 扁　鵲

　　扁鵲姓秦氏，名越人，渤海鄭人，至齊，居於盧，遂號盧醫。少時爲人舍長，遇長桑君，傳以禁方，出懷中藥予鵲，飲以上池之水三十日，視見垣一方人，以此視病，盡見五臟癥結，特以診脈爲名耳。或在齊，或在趙。嘗治虢太子復生，天下盡以鵲爲能生死人。鵲曰："越人非能生死人也，此自當生者，越人能使之起耳。"魏文侯問鵲曰："子昆弟三人，孰最善醫？"鵲曰："長兄最善，仲兄次之，扁鵲爲下。長兄於病，視神未有形而除之，故名不出於家；仲兄治病在毫毛，故名不出於閭；若扁鵲者，鑱血脈，投毒藥，副肌膚間，而名出聞於諸侯矣。"今歷城北有鵲山、鵲湖，皆其故蹟。長清盧地有越人冢。道光《長清縣志》卷十三、《濟南府志》卷六十一有傳。

### 【扁鵲內經九卷外經十二卷】

　　見《漢書·藝文志》（入醫經）、《平陰縣志·著述》、《濟南府志·經籍》（"《外經》十二卷"注："一本作十三卷"）、《山東通志·藝文》（子部醫家類）。

《山東通志·藝文》："扁鵲姓秦氏，名越人，盧人。《史記》以爲勃海鄭人，徐廣謂"鄭"誤"鄭"。揚雄《法言》云："扁鵲，盧人也。"茲據以錄入。《史記》正義引《黃帝八十一難序》云：'秦越人，與軒轅時扁鵲相類，仍號之爲扁鵲。又家於盧國，因命之曰盧醫。'"

## 【扁鵲陷冰丸方一卷】【扁鵲肘後方三卷】【扁鵲偃側鍼灸圖三卷】

見《隋書·經籍志》、《山東通志·藝文》（子部醫家類）。

## 【黃帝八十一難經二卷】

見《舊唐書·經籍志》（作一卷）、《新唐書·藝文志》、《宋史·藝文志》、《山東通志·藝文》（子部醫家類）。《濟南府志·經籍》作《雜經》八十一卷。現存：①明經廠刻《醫要集覽》本（作《難經》一卷），中國科學院圖書館、上海圖書館、復旦大學圖書館藏，《中國叢書綜錄》著錄。②清抄本（作《難經》一卷），中國醫學科學院圖書館、上海圖書館等藏，《中國古籍總目》著錄。

《難經本義彙考》　《四庫全書》本元滑壽註《難經本義》附錄

《山東通志·藝文》："《隋志》載此書，不著撰人。《唐志》題秦越人撰，卷同。王勃《八十一難經序》云：'秦越人始定立章句。'《讀書志》載呂、楊注本五卷，云：'吳呂廣注，唐楊元操演。越人采《黃帝內經》精要之說，凡八十一章，以其爲趣深遠未易了，故名爲《難經》。元操編次爲十三類。'今《四庫》所收《難經本義》元滑壽註本亦二卷。吳江

徐大椿《難經經釋·敍》謂：'《難經》悉本《內經》之語而敷暢其義，然其說有悖經文者，有顛倒經文者，疑其別有師承'云。又《宋志》載《秦越人難經疏》十三卷、《通志》題侯自然撰。《扁鵲鍼傳》一卷、亦見《通志》。《扁鵲脉經》一卷、亦見《館閣書目》，云"凡十六篇"。《扁鵲療黃經》三卷，又《枕中秘訣》三卷，漢、隋、唐《志》皆不著錄，疑後人偽託。"

按：元滑壽注《難經本義》二卷，現存《薛氏醫按二十四種》本、《古今醫統正脈全書》本、《四庫全書》本等，見《中國叢書綜錄》、《中國古籍總目》。

## 【圖註八十一難經八卷】

明張世賢注。現存：①明正德五年呂邦佑刻本（清戈襄跋），上海圖書館藏，見《中國古籍總目》。②明沈氏碧梧亭刻本（題"盧國秦越人述，四明靜齋張世賢圖註"），中國國家圖書館藏，《第三批國家珍貴古籍名錄圖錄》著錄。③明刻本，南京圖書館藏，《中國古籍總目》著錄。④清光緒二十二年上海著易堂石印本（作《圖注八十一難解》），上海圖書館藏，《中國古籍總目》著錄。

《圖註八十一難經》八卷　明沈氏碧梧亭刻本

## 【扁鵲脈書難經輯注六卷首一卷】

清熊慶笏輯注。現存：清嘉慶二十二年高桐熊氏抱經堂刻本，中國科學院圖書館、上海圖書館、山東醫科大學圖書館等藏，《中國古籍總目》著錄。

## 【泰始黃帝扁鵲俞拊方二十三卷】

見《濟南府志·經籍》。《府志·經籍》另有《雜經》八十一卷，疑即《難經》之字誤也。

## 【子午經一卷】

見《山東通志·藝文》（子部醫家類）。現存：清順治三年兩浙督學周南李際期宛委山堂刊《說郛》本，中國國家圖書館、北京大學圖書館、上海圖書館等藏，《中國叢書綜錄》著錄。

《山東通志·藝文》：“《讀書志》載是書云：‘題云扁鵲撰。論鍼砭之要成歌詠。蓋後人依託者。’”

## 【痘疹全書】

《山東通志·藝文》（子部醫家類）：“《古歡堂集》載是書《序》云：‘秦越人入咸陽時所訓著者，楚人萬全得之，以傳於今。或曰痘疹始於光武建武八年，於前無之。則此書必後人所作，嫁名於扁鵲者。要其爲書固不可沒云。’”

## ◆ 黔婁先生

《高士傳》云：“黔婁先生者，齊人也。修身清節，不求進於諸侯。魯恭公聞其賢，遣使致禮，賜粟三千鍾，欲以爲相，辭不受。齊王又禮之以黃金百斤，聘爲卿，又不就。著書四篇，言道家之務，號《黔婁子》。終身不屈，以壽終。”今濟南千佛山興國寺內有黔婁洞，相傳爲其隱居之所。《濟南府志》卷四十五有傳。

## 【黔婁子四篇】

見《漢書·藝文志》（列道家）、《濟南府志·經籍》（作四卷）、《山東通志·藝文》（子部道家類）。現存：清馬國翰輯《玉函山房輯佚書》本（一卷），詳見馬國翰著作。

《漢書·藝文志》注云：“齊隱士，守道不詘，威王下之。”《濟南府志·經籍》作四卷，云：“同時有兩黔婁子，此齊之黔婁子也。”

清馬國翰輯本一卷，《敘錄》略云：“其書隋、

唐《志》皆不著目，佚已久。諸家亦無引述之者。惟曹氏庭棟搜採孔子及羣弟子言行，仿薛據《孔子集語》，作《逸語》，中引《黔婁子》述聖言一節，記原憲事一節。所據之書，當爲不傳秘本，既不可考，姑依錄之，並附考爲卷云。”詳見《玉函山房輯佚書》條。

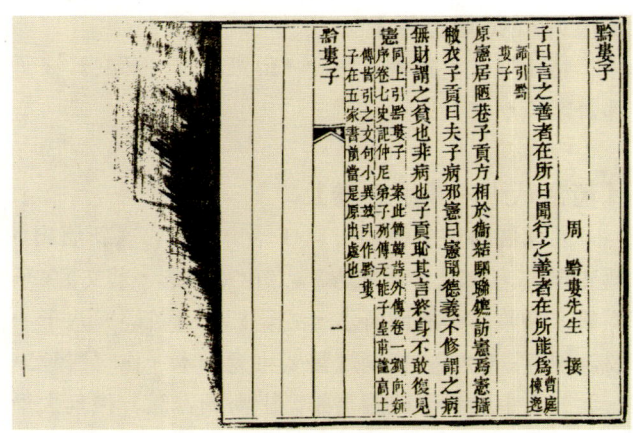

《黔婁子》一卷　清馬國翰輯《玉函山房輯佚書》本

## ◆ 芉嬰

嬰，齊人。七十子之後。

## 【芉子十八篇】

見《漢書·藝文志》（列儒家）、《濟南府志·經籍》、《山東通志·藝文》（子部儒家類）。

《山東通志·藝文》：“《漢志》著錄，注云：‘名嬰，齊人。’顏師古曰：‘芉音弭。’按王念孫《讀書雜志》云：《史記·孟子荀卿傳》：‘楚有尸子、長盧，阿之吁子焉。’《索隱》曰‘吁音芉。《別錄》作芉子。今吁亦如字。’正義：‘《藝文志》芉子十八篇，顏云音弭。案：是齊人，阿又屬齊。恐顏誤也。’案：《正義》說是也。芉有吁音，故《別錄》作芉子，《史記》作吁子。作芉者，字之誤耳。”

## ◆ 陳仲子

亦稱陳仲、田仲。本名陳定，字子終，齊世家也。隱居於陵，自謂於陵仲子。葬於長山，舊有“於陵陳仲子墓”。按《孟子·外篇》云：“陳仲子卒，孟子誄之曰：‘吁嗟，仲子。廉潔以保貞兮，求名而得名兮。數齊國之高士，舍仲子而誰稱兮？惟山高而水流，千古一於陵兮。吁嗟，仲子。名長存兮，可慰於九泉

今。'"世傳《於陵子》十二篇，殆後人所依託也。

## 【於陵子一卷】

見《四庫全書總目》、《山東通志·藝文》（子部雜家類）。現存：①明萬曆綠天館刻本，北京大學圖書館藏，《四庫存目標注》著錄；《四庫全書存目叢書》影印。②明萬曆刻《祕冊彙函》本，中國國家圖書館、天津圖書館等藏，《中國叢書綜錄》、《四庫存目標注》著錄；《叢書集成初編》影印。③明刻本（明徐渭評），中國國家圖書館、上海圖書館藏，《中國古籍善本書目》著錄。④清嘉慶六年邵恩多鈔本（邵恩多跋），上海圖書館藏，《中國古籍善本書目》、《四庫存目標注》著錄。⑤清劉履芬鈔本，中國國家圖書館藏。另有《廿二子全書》本、《子書百家》本、《百子全書》本、《子書四十八種》本等，見《中國叢書綜錄》。

《於陵子》一卷　《叢書集成初編》影印明萬曆刻《祕冊彙函》本

《山東通志·藝文》引《四庫存目題要》曰："舊本題陳仲子撰。王士禎《居易錄》曰：'萬曆間學士多撰偽書以欺世，如《天祿閣外史》之類，人多知之。'今類書中所刻唐韓鄂《歲華紀麗》，乃海鹽胡震亨孝轅所造。《於陵子》，其友姚士粦叔祥作也。凡十二篇：一曰畏人，二曰貧居，三曰辭祿，四曰遺蓋，五曰人問，六曰先人，七曰辨窮，八曰大盜，九曰夢葵，十曰巷之人，十一曰未信，十二曰灌園。前有元鄧文原《題詞》，稱'前代《藝文志》、《崇文總目》所無，惟石廷尉熙明家藏'，又稱'得之道流'。其說自相矛盾。又有王鏊一《引》一《跋》，鏊集均無其文，其偽可驗。惟沈士龍一《跋》，引揚雄《方言》所載齊語及《竹書紀年》、《戰國策》、《列女傳》所載沃丁殺伊尹，齊、楚戰重邱，及楚王聘仲子為相事，證為古書，其說頗巧。然摭此四書以作偽，而又援此四書以證非偽，此正朱子所謂採《天問》作《淮南子》，又採《淮南子》註《天問》者也。士龍與士粦友善，是蓋同作偽者耳。末有徐元文《跋》，詞尤舛鄙，則又近時書賈所增，以冒稱傳是樓舊本者矣。"

## ◆ 鄒　衍

衍，齊人。為燕昭王師，居稷下，號談天衍。《太平寰宇記》云："葬齊州章丘東十里。"明萬曆間章丘縣城東門外建有鄒生祠。《濟南府志》卷四十五有傳。

## 【鄒子四十九篇】【鄒子終始五十六篇】

見《漢書·藝文志》（入陰陽家）、《濟南府志·經籍》、《山東通志·藝文》（子部術數類）。現存：清馬國翰輯本（作《鄒子》一卷），詳見馬國翰著作。

《山東通志·藝文》："《史記·孟荀列傳》云：'騶衍睹有國者益淫侈不能尚德，若大雅整之於身，施及黎庶矣。乃深觀陰陽消息，而作怪迂之變，《終始》、《大聖》之篇十餘萬言。其語閎大不經。'又云：'謂要其歸必止乎仁義、節儉、君臣、上下、六親之施，始也濫耳。'《漢志考證》曰：《封禪書》云：'自齊威、宣之時，鄒子之徒論著《終始》五德之運'，原注："如淳曰：今其書有《五德始終》，五德各以所勝為行。"'及秦帝，而齊人奏之，故始皇採用之'；又云：'鄒衍以陰陽主運顯於諸侯。'原注："如淳曰：今其書有《主運》，五行相次轉用，事隨方面為服。"公孫臣上書曰：'推終始傳，則漢當土德。'《鹽鐵論》及《論衡》並以衍言迂誕虛妄。東萊呂氏曰：'方騶衍推五德之運，人視之特陰陽末術耳，若無預於治亂之數也；及至始皇始採用之，定為水德，以為水德之治，剛毅戾深，事皆決於法，刻削毋仁恩和義，然後合五德之數，於是急法久者不赦，則其所繫豈小哉。'原注："《周禮》'司爟'注：鄭司農引《鄒子》。"案：是二書馬國翰有輯本，并鄒奭書為一卷。"

《鄒子》一卷　清馬國翰輯《玉函山房輯佚書》本

鄒子

晉　鄒氏　撰

欲知其人視其朋友蔡藜在田臮苗無所措其根佞

邪在朝忠直無所容其身　馬總意　林卷五上同

寡門不入宿臨甑不取塵避嫌也

昔邪高呂安飲於市仰天泣二子非有喪之哀傷知

己之晚耳君子所以勤於接賢汲汲於結善欲以立

名者也　卷四百六　太平御覽

博學者所以求爲君子也求而不得鮮矣未有不求

【重道延命方】

　　《山東通志·藝文》（子部道家類）著錄，引《前漢書·劉向傳》云："上復興神仙方術之事，而淮南有《枕中鴻寶苑秘書》，書言神仙、使鬼物、爲金之術及鄒衍《重道延命方》，世人莫見。而更生父德，武帝時治淮南獄，得其書。更生幼而讀誦，以爲奇，獻之。"

◆ 鄒　奭

　　齊人，號曰雕龍奭。

【鄒奭子十二篇】

　　見《漢書·藝文志》（入陰陽家）、《濟南府志·經籍》、《山東通志·藝文》（子部術數類）。

　　《山東通志·藝文》："《漢書·藝文志》注云：'齊人，號曰雕龍奭。'《文選》注引《七略》作鄒赫子。《史記·孟荀列傳》云：'亦頗采鄒衍之術以紀文。衍之術迂大而閎辨，奭也文具難施。'"

【卷二・漢】

# 卷二·漢

## ◆ 田 何

何字子裝，一作子莊，齊人。《濟南府志》卷四十五有傳。

### 【易傳】

見《濟南府志·經籍》。

《山東通志》本傳引《漢書·儒林傳》曰：「自商瞿子木受《易》孔子，以授魯橋庇子庸，子庸授江東馯臂子弓，子弓授燕周醜子家，子家授東武孫虞子乘，子乘授齊田何。秦禁學，《易》爲卜筮之書，獨不禁，故傳授者不絕。何授王同、雒陽周王孫、丁寬、服生，皆著《易傳》數篇。」

## ◆ 服 光

光，齊人。

### 【易傳服氏二篇】

見《漢書·藝文志》、《濟南府志·經籍》、《山東通志·藝文》（經部易類）。

《經義考》：「《漢書·儒林傳》曰：王同、周王孫、丁寬、齊服生皆著《易傳》數篇。」

《山東通志·藝文》：「劉向《別錄》云：『號服光。』周壽昌《漢書注校補》謂：『光一字當是名，古名、號、字通稱也。』」

## ◆ 婁 敬

齊之盧（今長清）人。高帝時以齊人虞將軍薦爲郎中，賜姓劉，號曰奉春君，後封關內侯。《史記》卷九十九、《漢書》卷四十三、道光《長清縣志》卷十一、《濟南府志》卷四十五、《武定府志》卷二十三有傳。

### 【劉敬三篇】

見《漢書·藝文志》、《山東通志·藝文》（子部儒家類）。現存：清馬國翰輯本（作《劉敬書》一卷），詳見馬國翰著作《玉函山房輯佚書》條。又有清嚴可均輯本一卷，收入光緒二十年黃岡王毓藻刻《全上古三代秦漢三國六朝文》本。

《山東通志·藝文》：「葉德輝曰：『本傳載敬說高帝都秦，與冒頓和親，徙民實關中，凡三事，當即此三篇之文。』馬國翰輯本一卷，亦即載此三事。」

## ◆ 伏 生

伏生名勝，字子賤，濟南人。秦博士。漢孝文時求能治《尚書》者，聞伏生治之，欲召，時伏生年九十餘，老不能行，於是詔太常使掌故鼂錯往受之。蓋秦時禁書，伏生壁藏之，其後兵大起，流亡。漢定，伏生求其書，亡數十篇，獨得二十九篇，即以教於齊魯之間，齊學者由此頗能言《尚書》。伏生教濟南張生及歐陽生。張生爲博士，以授夏侯都尉，由是《尚書》有大、小夏侯之學。宋咸平三年追封伏生爲乘氏伯，從祀廟庭。鄒平縣東北十八里舊有伏夫子祠，傳爲伏生故里。元張起巖撰《重修伏生祠碑記》，有「即墓建祠」之語。清康熙三十四年，邑令程素期乃崇其封，蔭以木，春秋致祭焉。嘉慶七年，詔以其六十五代孫伏敬祖立爲世襲五經博士。《史記》卷一百二十一、《濟南府志》卷四十五有傳。

### 【今文尚書二十九篇】

見《濟南府志·經籍》。《山東通志·藝文》據《漢書·藝文志》著錄，作《經》二十九卷。

《濟南府志·經籍》云：「濟南人伏生名勝所授。」

《山東通志·藝文》云：「此今文《尚書》，伏生所傳授者也。伏生名勝，字子賤，濟南人，故秦博士。江聲《尚書集注音疏》述云：『伏生《尚書》實二十八篇，而《史記》言二十九篇者，說者謂當時以二十八篇，增《太誓》一篇，共爲博士之業，史家不復識別，故統言二十九篇。一說史遷據古文家分《顧命》"王若曰"以下爲《康王之誥》，實二十九篇，遂言伏生得二十九篇。未知孰是。或又謂百篇之敘總列於後，別爲一篇，故二十九。此說非也。'"

《鄒平縣志·藝文攷》（道光十六年續纂）於《今文尚書》條下載東漢所刻石經殘文，後附按云："東漢《尚書》用伏生今文，其石經殘字載宋洪适《隸釋》中。《史記》、《漢書》皆謂伏生今文二十九篇。王充作《論衡》始有二十八篇，取象二十八宿之說。陸氏《釋文》、孔氏《正義》不詳攷，遂謂本二十八篇，加河內女子所得僞《泰誓》，故爲二十九。此言非是。史明言《泰誓》後得，安可入於伏生書內，而謂伏生所獨得乎？孔壁所出《古文尚書》，其流傳於後有二本，二本中皆全兼《今文尚書》。一本在漢，爲鄭康成本。一本在東晉，爲梅賾本。兩本篇卷不同，文字亦異。漢本以同題者同卷，異題者異卷。東晉梅本以同序者同卷，異序者異卷。孔《正義》各詳之矣。二本所兼之今文，以同題同卷攷之，今文正二十九題。而《正義》又言加以僞《泰誓》始爲二十九篇，何歟？二十八篇之說，實見於東漢之王充，遠在《正義》前。顧以《正義》再攷之，梅本從《堯典》分出'愼徽五典'以下爲《舜典》。《正義》謂漢本別有《舜典》，非'愼徽'以下之文，梅本亦無'愼徽'以上'曰若'二十八字。二十八字乃南齊姚方興所加。梅本從《皐陶謨》分出'帝曰來禹'以下爲《益稷》。《正義》謂漢本別有篇名《棄稷》，非'帝曰來禹'以下之文。然則梅本《舜典》、《益稷》非伏生之誤合昭昭矣。梅本分《盤庚》爲三篇。今攷石經殘文，於中篇'永建乃家'下特空一格，以爲限斷。則非伏生誤合三篇爲一，又昭昭矣。梅本於'王出在應門之內'分爲《康王之誥》。《正義》遂謂伏生誤合《康王之誥》於《顧命》，按兩題之文合於一題，故爲二十八。豈伏生書出時脫一《康王之誥》之題歟？然《正義》又謂漢本自'王若曰'以下爲《康王之誥》，則又何嘗無此一題。豈孔壁書出而後知今文有脫題，特加之歟？既加之，則全乎其爲二十九，益知加以僞《泰誓》之言非確義也。"

## 【伏生尚書】

現存：民國十六年上海商務印書館排印《說郛》本（無卷數），中國國家圖書館、上海圖書館、山東大學圖書館、青島市圖書館藏，《中國叢書綜錄》著錄。

## 【今文尚書一卷】

清馬國翰輯。現存：《玉函山房輯佚書》本。詳見馬國翰著作。

## 【尚書暢訓三卷】

見《山東通志·藝文》。《濟南府志·經籍》作《暢訓》一卷。

《山東通志·藝文》："《舊唐志》稱伏勝注。《新志》作一卷，別出伏勝注《大傳》三卷。陳壽祺云：'《暢訓》當爲《略說》形近之譌，三卷當爲一卷。此伏生所撰，不可謂注。《舊志》此條多謬，《新唐書》亦然。'按：《略說》，王應麟《玉海》別爲一書，蓋從《新唐志》著錄之例。"

## 【尚書大傳】

現存：民國十六年上海商務印書館排印《說郛》本（一卷），中國國家圖書館、山東大學圖書館、青島市圖書館等藏，《中國叢書綜錄》著錄。《歷城縣志·藝文考》作《尚書大傳今本》四卷（據晁公武《郡齋讀書志》）。《濟南府志·經籍》作《大傳注》三卷。《山東通志·藝文》作《傳》四十一篇。

《隋書·經籍志》："至漢，唯濟南伏生口傳二十八篇。又河內女子得《泰誓》一篇獻之。伏生作《尚書傳》四十一篇，以授同郡張生。"

《崇文總目》"《尚書大傳》三卷"："漢濟南伏勝撰，後漢大司農鄭玄注。伏生本秦博士，以章句授諸儒，故博引異言授受，援經而申證云。"

《郡齋讀書志》"《尚書大傳》三卷"："秦伏生勝撰，鄭康成注。勝至漢孝文時年且百歲，歐陽生、張生從學焉，音聲猶有訛誤，先後猶有差舛，重以篆、隸之殊，不能無失。勝終之後，數子各論所聞，以己意彌縫其闕，而別作《章句》；又特撰大義，因經屬指，名之曰《傳》。後劉向校書，得而上之。"

《直齋書錄解題》"《尚書大傳》四卷"："案唐、宋《藝文志》、《文獻通攷》俱作三卷，漢濟南伏勝撰，大司農北海鄭康成注，凡八十有三篇。當是其徒歐陽、張生之徒雜記所聞，然亦未必當時本書也。印板刓缺，合更求完善本。"

《山東通志·藝文》："《漢志》著錄。《隋志》以爲伏生作。《四庫提要》曰：'此傳乃張生、歐陽生所述，源出於勝，非勝自撰也。《隋志》、《唐志》

并云三卷。晁公武《讀書志》則云今本四卷，首尾不倫。孔廣林曰："《大傳》宋世已亡，晁氏所見，疑即當時好古者攎摭成編，非其原本。"'案：近世有揚州輯錄本，亦四卷，坿《補遺》一卷，《四庫》著錄。又有曲阜孔廣林本，福州陳壽祺本，皆詳覈勝揚州本。"

## 【尚書大傳一卷】

清任兆麟選輯。現存：清乾隆五十三年映雪草堂刻《述記》（一名《三代兩漢遺書》）本，北京師範大學圖書館、上海圖書館、天津圖書館等藏，《中國叢書綜錄》著錄。

## 【尚書大傳二卷】

清王謨輯。現存：清嘉慶三年金谿王氏刻《漢魏遺書鈔》本，中國國家圖書館、上海圖書館、天津圖書館等藏，《中國叢書綜錄》著錄；《續修四庫全書》影印。

## 【尚書大傳佚文一卷】

清姚東升輯。現存：清嘉慶道光間秀水姚東升《佚書拾存》稿本，中國國家圖書館藏。

## 【尚書大傳佚文一卷補遺一卷】

清王仁俊輯。現存：《經籍佚文》稿本，上海圖書館藏，《中國叢書綜錄》著錄；《續修四庫全書》影印。

## 【尚書大傳四卷補遺一卷】

漢鄭玄注；清惠棟補。現存：①稿本（作《尚書大傳》四卷，三冊），臺灣"國家圖書館"藏，見《國家圖書館善本書志初稿》。首卷第一行頂頭題"尚書大傳"；第二行低九字題"秦濟南伏勝撰"，有朱筆將"秦"字改爲"漢"；第三行低九字題"漢北海鄭玄註"，朱筆改"漢北海"爲"後漢人司農"。本書無篇目，雜采經史及類書所引編輯而成。②清惠氏紅豆齋鈔本（清翁方綱校），中國國家圖書館藏，《北京圖書館古籍善本書目》、《中國古籍善本書目》著錄。③清乾隆二十一年盧見曾刻《雅雨堂叢書》本（張澍補輯並跋），中國國家圖書館藏，《北京圖書館古籍善本書目》、《藏園訂補郘亭知見傳本書目》著錄。

④鈔本（二冊），見《山西大學圖書館線裝古籍書目》。

《四庫全書總目提要》卷十二著錄兵部侍郎紀昀家藏本，提要云："舊本題漢伏勝撰。勝，濟南人。考《史記》、《漢書》但稱伏生，不云名勝，故說者疑其名爲後人所妄加。然《晉書·伏滔傳》稱遠祖勝，則相傳有自矣。《漢志》書類載《經》二十九卷《傳》四十一篇，無'伏勝'字。《隋志》載《尚書》三卷，鄭玄註，亦無'伏勝'字。陸德明《經典釋文》稱《尚書大傳》三卷，伏生作。《晉書·五行志》稱漢文帝時伏生初紀《大傳》。《玉海》載《中興館閣書目》引鄭康成《尚書大傳序》曰：'蓋自伏生也。伏生爲秦博士，至孝文時年且百歲。張生、歐陽生從其學而受之，音聲猶有訛誤，先後猶有舛差，重以篆、隸之殊，不能無失。生終後，數子各論所聞，以己意彌縫其缺，別作《章句》；又特撰大義，因經屬指，名之曰《傳》。劉向校書，得而上之，凡四十一篇，詮次爲八十一篇'云云。然則此傳乃張生、歐陽生所述，特源出於勝爾，非勝自撰也。《唐志》亦作三卷。《書錄解題》則作四卷。今所傳者凡二本：一爲杭州三卷之本，與《隋志》合，然實雜采類書所引裒輯成編，漫無端緒；一爲揚州四卷之本，與《書錄解題》合，兼有鄭康成注，校以宋仁宗《洪範政鑒》所引鄭註，一一符合，知非依託。案：《洪範政鑒》世無傳本，惟《永樂大典》載其全書。二本各附《補遺》一卷。揚州本所補較備，然如《郊特牲》註引《大傳》云'宗室有事，族人皆侍終日，大宗已侍於賓奠，然後燕私。燕私者何也？已而言族人飲也'一條，猶未採入，信乎著書之難矣。其文或說《尚書》，或不說《尚書》，大抵如《詩外傳》、《春秋繁露》，與經義在離合之間，而古訓舊典，往往而在，所謂六藝之支流也。其第三卷爲《洪範五行傳》，首尾完具，漢代緯候之說，實由是起。然《月令》先有是義，今列爲經，不必以董仲舒、劉向、京房推說事應，穿鑿支離，歸咎於勝之初始。第四卷題曰《畧說》，王應麟《玉海》別爲一書。然如《周禮·大行人》疏引'益侯'一條，《玉藻》疏引'祀上帝於南郊'一條，今皆在卷中。是《大傳》爲大名，《畧說》爲小目。應麟析而二之，非也。惟所傳二十八篇無《泰誓》，而此有《泰誓傳》；又《九共》、《帝告》、《歸禾》、《揜誥》皆逸書，而此書亦皆有《傳》。蓋伏生畢世業書，不容二十八篇之外全不記憶，特舉其有完篇者傳於世；其零章斷句則偶然附記於《傳》中，亦事理所有，固不足以爲異矣。"

## 【尚書大傳三卷補遺一卷】

漢鄭玄注；清孫之騄輯。現存：①清刻《晴川八識》本，浙江圖書館等藏，《中國叢書綜錄》著錄。②《四庫全書》本。

《四庫全書總目提要》卷十四著錄兩江總督採進本（作《別本尚書大傳》三卷《補遺》一卷），提要云："國朝孫之騄編。之騄號晴川，仁和人，雍正中官慶元縣教諭。伏生《尚書大傳》久無刻本，外間傳寫殘帙，訛缺顛倒，殆不可讀。元和惠棟號爲博治，修《明堂大道錄》時亦未見原本，僅從他書輾轉援引。故之騄蒐採補綴，仍勒爲三卷。其不註出典者，殘缺之原文；其注某書引者，之騄所增入也。殘章斷句，頗賴以存。近時宋本復出，揚州已有雕板，此本原可不存。然之騄於舊帙未出之前，鈎稽參考，閱歲月而成是編，其好古之勤，亦不可沒，故仍附存其目焉。"

## 【尚書大傳四卷附補遺一卷續補遺一卷考異一卷】

漢鄭玄注；清盧文弨輯《補遺》《續補遺》並撰《考異》。現存：①清乾隆二十一年德州盧氏刻《雅雨堂藏書》本，北京大學圖書館、上海圖書館等藏，《中國叢書綜錄》、《中國古籍善本書目》著錄。②清嘉慶五年愛日草盧刻本，南京圖書館、浙江圖書館、清華大學圖書館藏，《中國古籍善本書目》、《續修四庫全書總目提要（稿本）》著錄。③清同治中真州張氏廣東刻民國二年重修《榕園叢書》本，中國國家圖書館等藏，《中國叢書綜錄》著錄。④清光緒元年湖北崇文書局刻《崇文書局彙刻書》本，中國國家圖書館、山東大學圖書館等藏，《中國叢書綜錄》、《山東文獻書目》著錄。⑤清鈔本，上海圖書館藏，見《中國古籍善本書目》。

## 【尚書大傳注四卷】

漢鄭玄注；清孔廣林輯。現存：①清鈔《鄭學十八種》本，中國國家圖書館藏，《中國古籍善本書目》著錄。②清鈔《鄭學十八種》本，北京大學圖書館藏，《中國古籍善本書目》著錄。③清光緒十六年山東書局刻《通德遺書所見錄》本，中國國家圖書館、上海圖書館、山東大學圖書館等藏，《山東文獻書目》著錄；《山東文獻集成》影印。

## 【尚書大傳注三卷】

漢鄭玄注；清袁鈞輯，袁堯年校補。現存：①清光緒十四年浙江書局刻《鄭氏佚書》本，中國國家圖書館、上海圖書館、天津圖書館藏，《中國叢書綜錄》著錄。②民國十四年丁氏十笏齋石印《十笏園叢刊》本（作《尚書大傳》），《中國叢書廣錄》、《山東文獻書目》著錄。

## 【尚書大傳注一卷】

漢鄭玄注；清黃奭輯。現存：①清道光中甘泉黃氏刻光緒中印《漢學堂叢書·高密遺書》本，中國國家圖書館、上海圖書館等藏，《中國叢書綜錄》著錄。②清道光中甘泉黃氏刻民國十四年王鑒修補印《黃氏逸書考》本，中國國家圖書館、上海圖書館、山東大學圖書館藏，《中國叢書綜錄》著錄。③民國二十三年江都朱長圻據甘泉黃氏原版補刻印《黃氏逸書考》本，北京師範大學圖書館等藏，《中國叢書綜錄》著錄。

## 【尚書大傳三卷附序錄一卷辨譌一卷】

漢鄭玄注；清陳壽祺輯校並撰附錄。現存：①清同治十二年粵東書局刻《古經解彙函》本，滕州杜澤遜藏；《山東文獻集成》影印。②清光緒十四年南菁書院刻《皇清經解續編》本，中國國家圖書館、上海

《尚書大傳》三卷　清同治十二年粵東書局刻《古經解彙函》本

圖書館等藏，《中國叢書綜錄》著錄。③清光緒十五年上海蜚英館石印《皇清經解續編》本，中國國家圖書館、上海圖書館等藏，《中國叢書綜錄》著錄。

### 【尚書大傳定本五卷附敘錄一卷辨譌一卷】

漢鄭玄注；清陳壽祺輯校併撰《序錄》、《辨譌》。現存：①清嘉慶道光間刻陳紹墉補刻《左海全集》本，中國國家圖書館、上海圖書館等藏，《中國叢書綜錄》著錄。②民國八年上海商務印書館影印《四部叢刊》本（作《尚書大傳》五卷附《序錄》一卷《辨譌》一卷），中國國家圖書館、上海圖書館、北京大學圖書館等藏，《中國叢書綜錄》著錄。

### 【尚書五行傳一卷】

清袁鈞輯。有《十笏園叢刊》本，見《中國叢書綜錄補編》。

## ◆ 張　生

張生，濟南人，受《尚書》於伏生，爲博士，以授夏侯都尉，由是《尚書》有大、小夏侯之學。《歷城縣志》卷三十九、《濟南府志》卷四十五有傳。

### 【尚書大傳四十一篇】

見《歷城縣志·藝文考》、《濟南府志·經籍》。

《歷城縣志·藝文考》（注：“《漢書·藝文志》。《隋書·經籍志》作三卷”）引《玉海》云：“《中興書目》鄭康成《序》曰：蓋自伏生也。伏生為秦博士，至孝文時年且百歲，張生、歐陽生從其學而授之。音聲猶有譌誤，先後猶有差舛，重以篆、隸之殊，不能無失。伏生終後，數子各論所聞，以己意彌縫其闕，而別作《章句》；又特撰其大義，因經屬指，名之曰《傳》。劉子政校書，得而上之，凡四十一篇。至元始詮次為八十三篇。”

## ◆ 公玉帶

帶，濟南人。武帝時在世。

### 【明堂圖】

見《歷城縣志·藝文考》、《濟南府志·經籍》、《山東通志·藝文》（史部政書類）。

《歷城縣志·藝文考》（注：見《史記》，卷未詳）引《史記·封禪書》云：“上欲治明堂奉高旁，未曉其制度。濟南人公玉帶上黃帝時《明堂圖》。中有一殿，四面無壁，以茅蓋；通水，圜宮垣；為複道，上有樓。從西南入，命曰昆侖。天子從之入，以拜祠上帝焉。於是上令奉高作明堂汶上，如帶《圖》。”

《濟南府志·經籍》：“武帝時，濟南人公玉帶上黃帝時《明堂圖》。”

《山東通志·藝文》：“《圖》見《史記·封禪書》。馬端臨曰：‘黃帝明堂制度之說，乃漢武帝時濟南人公玉帶所上，楊氏《祭禮·明堂篇》以其不經而削之。然其所言茅蓋、通水，與《大戴禮》所記略同。’萬斯大《儀禮商》云：‘明堂之制，見於《考工》，見於《大戴》，見於《淮南子》，見於《孝經緯》，而涫于登有《說》，公玉帶有《圖》。唯《考工》最古可信，餘俱不經，無足道也。獨據公玉《圖》以例朝堂之制，恐未然。”

## ◆ 塗惲

惲字子真，東平陵人。

### 【孔氏古文尚書】

見《濟南府志·經籍》，注云：“東平陵人 今歷城界 塗惲授同郡賈徽，徽子逵爲作訓。惲字子真。”

## ◆ 牟　長

長字君高，樂安臨濟（今章丘界）人。少習歐陽《尚書》。不仕王莽。後漢世祖建武二年，大司空宋弘特辟，拜博士，稍遷河內太守，坐墾田不實免。復徵爲中散大夫，賜告一歲，卒於家。《後漢書》卷一百九上、《濟南府志》卷四十五有傳。

### 【尚書章句十卷】

見《濟南府志·經籍》、《山東通志·藝文》（無卷數）。《重修新城縣志·藝文》云：“岳《志》、《府志》並稱十卷，今從之。”

《山東通志·藝文》：“《後漢書·儒林傳》云：‘著《尚書章句》，皆本之歐陽氏，俗號爲《牟氏章句》。’《張奐傳》云，四十五萬餘言。韋懷注以爲牟卿作，恐誤。”

### ◆ 終　軍

軍字子雲，濟南人。少好學，以辯博、能屬文聞於郡中。年十八選爲博士弟子。太守聞其有異材，召見，甚奇之，與交結，軍揖太守而去。至長安，上書言事，武帝異其文，拜爲謁者給事中，後擢爲諫大夫。元鼎五年，出使南越，爲越相呂嘉所殺。軍死時年二十餘，故世謂之"終童"。《漢書》卷六十四下、《歷城縣志》卷三十五、《濟南府志》卷四十五有傳。

### 【終軍八篇】

見《漢書·藝文志》、《歷城縣志·藝文考》、《山東通志·藝文》（子部儒家類）。現存：清馬國翰輯本（作《終軍書》一卷），詳見《玉函山房輯佚書》子目。又有清嚴可均輯本一卷，收入光緒二十年黃岡王毓藻刻《全上古三代秦漢三國六朝文》。

《山東通志·藝文》："其書見本傳者四篇，餘皆散佚。馬國翰輯爲一卷，《序》曰：'白麟奇木之對，不無傅會；胡越內附，言亦幸中。然其文若不經意而音節自諧，宜林希元歎爲天與之奇才，而惜其壽之不永哉。'"

### ◆ 於陵欽

欽，齊人，陳仲子裔。

### 【於陵欽易吉凶二十三卷】

見《漢書·藝文志》、《山東通志·藝文》（子部術數類）。《濟南府志·經籍》作《易吉凶》二十三卷，於陵欽撰，注云："今長山界。"

《山東通志·藝文》據《漢志》著錄，引王先謙《補註》曰："《元和姓纂·九魚》引《風俗通》云：'陳仲子，齊世家也，辭爵，灌園於於陵。子孫氏焉。'"

### ◆ 于　長

長，平陰人。

### 【于長天下忠臣九篇】

《山東通志·藝文》子部術數類著錄，提要云："《漢志》著錄，注云：'平陰人，近世。師古曰：劉向《別錄》云：傳天下忠臣。'"康熙《平陰縣志》作《于長天下忠臣論九篇》。

泳按：《山東通志·藝文》誤列此書於周代，蓋於《漢書·藝文志》注語"近世師古"四字連讀所致。《玉海》卷五"漢陰陽二十一家"，內《于長天下忠臣九篇》注云："近世平陰人。"又卷五十八《藝文》作《漢天下忠臣傳》，提要云："《志》：陰陽家《于長天下忠臣》九篇。平陰人，近世。注：劉向《別錄》云：'傳天下忠臣。'"則其爲漢代之人明矣。《困學紀聞》云："《藝文志》'于長天下忠臣九篇'，劉向《別錄》云：'傳天下忠臣。'愚謂忠臣傳當在史記之錄，而列于陰陽家，何也？《七畧》劉歆所爲，班固因之。歆，漢之賊臣，其抑忠臣也則宜。"則此書係漢代人物總傳之屬，宜入史部傳記類。

### ◆ 襄　楷

楷字公矩，平原隰陰（今臨邑界）人。中平中與荀爽、鄭玄俱以博士徵，不至。好學博古，善天文陰陽之術。《後漢書》卷六十下、《濟南府志》卷四十五、《臨邑縣志》卷九、《重修商河縣志》卷八有傳。

其文集未見著錄。《臨邑縣志》卷十一載其《上星變疏》、《再上星變疏》。民國《商河縣志·藝文》載其《上桓帝疏》、《復上桓帝疏》等文。

### 【天文陰陽書】

見《濟南府志·經籍》、《臨邑縣志·藝文上·著述》。

### 【太平經一百七十卷】

見《宋史·藝文志》、《濟南府志·經籍》、《臨邑縣志·藝文上·著述》、《山東通志·藝文》（子部道家類）、《重修商河縣志》。現存：《道藏》本（一百十九卷），《山東文獻書目》著錄。

《山東通志·藝文》："《通考》載是編云：《後漢書·襄楷傳》桓帝時楷上書言：'臣前上琅邪宮崇受于吉吉，琅邪人。神書，不合明聽。'原注：于姓吉名也。神書即今道家《太平經》也。其經以甲乙丙丁戊己庚辛壬癸爲部，每部一十七卷。又言'前者宮崇所獻神書，專以奉天地、順五行爲本，亦有興國、廣嗣之術。其文易曉，參同經典，而順帝不行，故國胤不興'云云。初，順帝時琅邪宮崇詣闕，上其師于吉於曲陽泉水上所得神書百七十卷，皆縹白素、朱介、青首、朱目，號《太平清領書》。其言以陰陽五行爲家，而多巫覡雜語。有司奏崇所上妖妄不經，乃收藏之。後張角頗有其書焉。及靈帝即位，以楷書爲然。按道家之說皆昉於後漢桓帝之時，今世所傳經典、符籙，以爲張道陵天師永壽年間受於老君者是也。而《太平經》正出於此時，范史所書甚明。然隋以來《藝文志》道書中並不收入，至宋中興史志方有之。然以爲襄楷撰，則非也。今此《經》世所不見，獨章懷太子所注《漢書》略及其一二。如楷疏中所謂‘奉天地順五行’者，《經》中所言亦淺易無甚高論；至所謂興國、廣嗣之術，則不過房中鄙褻之談耳。楷好學博古，於君昏政亂之時能詣闕上書，明成瑨、李雲之冤，指常侍、黃門之過，不可謂非高明傑特之士。而疏中獨再三尊信此書，遂以來違背經誼、假託神靈之劾，幾不免獄死，惜哉！然此《經》流傳最古，卷帙最多，故附見於此。于吉者，後爲孫策所殺。按順帝至孫策據江東之時垂七十年，而吉於順帝時已爲宮崇之師，則必非稚齒。度其死時當過百歲，必有長生久視之術。然亦不能晦迹山林以全其天年，而乃招集徒衆，制作符水，襲黃巾米賊之爲，以取誅戮，則亦不足稱也。案：《道藏》中《太平經》一百十九卷，注云：“內名缺卷。”又《太平經聖君秘旨》一卷，並不著撰人。”

### ◆ 禰　衡

衡字正平，平原般人。少有才辯，而氣尚剛傲，好矯時慢物。興平中避難荊州，建安初來遊許下。始達潁川，廼陰懷一刺，既而無所之適，至於刺字漫滅。善魯國孔融。融亦深愛其才，上疏薦之。融既以衡才數稱述於曹操，操欲見之。而衡素相輕，數有恣言。操懷恨，而以其才名，不欲殺之。後爲江夏太守黃祖所殺，卒年二十六。《後漢書》卷一百十下、《濟南府志》卷四十五、《德平縣志》卷七有傳。

### 【後漢處士禰衡集二卷錄一卷】

見《山東通志·藝文》（據《隋書·經籍志》注）。《濟南府志·經籍》作《禰正平集》二卷《錄》一卷。《舊唐書·經籍志》、《新唐書·藝文志》、雍正《山東通志·經籍》作《禰衡集》二卷。《通志·藝文略》作《處士禰衡集》二卷。《山東文獻書目》作《禰衡集》無卷數，見存：《全後漢文》卷八十七。

《山東通志·藝文》：“是集見《隋志》注。《唐志》卷同，無《錄》一卷。《文心雕龍·哀弔》云：‘禰衡之弔平子，縟麗而輕清。’又《才略》云：‘孔融氣盛於爲筆，禰衡思銳於爲文，有偏美焉。’又《神思》云：‘禰衡當食而草奏。’又《書記》云：‘禰衡代書，親疏得宜。斯尺牘之偏才也。’”

《重修商河縣志·藝文》載其《鸚鵡賦 並序》一首。《德平縣志》卷十一載其《魯夫子碑文》、《顏子碑文》、《弔賈誼文》、《鸚鵡賦》等。

【卷二·魏晉南北朝】

# 卷三·魏晉南北朝

## ◆ 孫 邕

邕字宗儒，濟南人。以儒雅稱。仕魏，官侍郎。出爲渤海太守，十餘年，政化大行，孤寡悦服。召爲吏部尚書，後封關内侯、光祿大夫，改封建德亭侯。《濟南府志》卷四十五有傳。又《後漢書·王和平傳》云："北海王和平，性好道術，自以當仙。濟南孫邕少事之，從至京師。會和平病殁，邕因葬之東陶，有書百餘卷，藥數囊，悉以送之。後弟子夏榮言其尸解，邕乃恨不取其寳書仙藥焉。"

### 【論語集解十卷】

孫邕與何晏等同撰。見《山東通志·藝文》。此書存世版本衆多，《十三經注疏》本亦採用其注，通常題作"何晏集解"或"何晏注"，流傳頗廣，不一一臚列。

《山東通志·藝文》："《晉書·鄭沖傳》云：'沖與孫邕、荀顗、何晏共集《論語》諸家訓註之善者，記其姓名，因從其義，有不安者輒改易之，名曰《論語集解》。成，奏之魏朝，于今傳焉。'劉毓崧《通義堂筆記》云：'唐宋時臣下上表，結銜皆尊者居後。此序末列銜，亦是由下逆數。蓋平叔官最顯要，故居最後，專《集解》之名也。《論語正義》劉恭冕云：《經典釋文》載《論語》，舊題止"集解"二字，在"學而第一"之下自注"一本作《何晏集解》"。可見陸氏所見正本，未嘗以《集解》專屬何晏。其兼載一本，自是後人改題之誤。'"

## ◆ 高堂隆

字升平，泰山平陽人，魯高堂生後，避地濟南。建安十八年，召爲丞相軍議掾。後歷歷城侯徽文學，轉爲相。黃初中，爲堂陽長，以選爲平原王傅。王即尊位，是爲明帝，以隆爲給事中、博士、駙馬都尉，遷陳留太守，徵爲散騎常侍，賜爵關内侯。《濟南府志·宦蹟》有傳。

### 【魏臺雜訪議三卷】

《山東通志·藝文》（史部政書類）："是書《隋志》入刑法類，《唐志》儀注、故事兩類重出。《通志·校讐略》曰：'按《魏臺訪議》，隋人編入刑法者，以隋人見其書也。若不見其書，即以名求之，安得有刑法意乎？'《隋志考證》云：《宋書·禮志》曰'前後但見讀春夏秋冬四時令，至於服黃之時，獨闕不讀，不解其故'，《文選·謝惠連〈擣衣詩〉》注'玉簪，以玉爲笄也'，《後漢書》牟長傳注'物故之義，高堂隆答曰：物，無也，故事也'，原注：《史記·匈奴傳》索隱同。《藝文類聚·歲時部》'王肅對用未社丑臘義'，《初學記·歲時部》'高堂隆對用未祖丑臘義'、原注：《御覽》時序部同。《服食部》'弁梬有笄無緌'，《太平御覽·時序部》'華歆常以臘日宴子弟，王朗慕之。其法由來漸矣'，並引《魏臺訪議》。按：《隋書·禮儀志》亦引《魏臺訪議》，《考證》未載。"

### 【雜忌歷二卷】

見《隋書·經籍志》、《通志·藝文略》、《山東通志·藝文》（子部術數類）。

### 【張掖郡玄石圖一卷】

見《隋書·經籍志》、《舊唐書·經籍志》、《新唐書·藝文志》、《山東通志·藝文》（子部術數類）。

### 【相牛經】

《山東通志·藝文》（子部術數類）據《隋志》注著錄。

### 【魏光祿勳高堂隆集六卷】

見《山東通志·藝文》，提要云："其集《隋志》以六卷著錄，注云：'梁十卷，《錄》一卷。'"《舊唐書·經籍志》、《新唐書·藝文志》俱作《高堂隆集》十卷。《山東文獻書目》作《高堂隆集》無卷數，見存：《全三國文》卷三十一。

（以上魏）

## ◆ 劉 兆

兆字延世，濟南東平陵人，漢廣川惠王之後。博學洽聞，從受業者數千人。武帝時五辟公府，三徵博士，皆不就。《晉書》卷九十一有傳。

### 【周易訓注】

見《晉書》本傳、《濟南府志·經籍》、《泰安府志》、《山東通志·藝文》、《續修歷城縣志·藝文考》。

《山東通志·藝文》云：“所爲《訓注》，以正動二體互通其文。”

### 【春秋調人】

見《泰安府志》、《山東通志·藝文》、《續修歷城縣志·藝文考》。

《山東通志·藝文》：“《晉書》本傳云：‘以《春秋》一經而三家殊途，諸儒是非之議紛然，互爲讎敵，乃思三家之異合而通之。《周禮》有調人之官，作《春秋調人》七萬餘言，皆論其首尾，使大義無乖；時有不合者，舉其長短以通之。’”

### 【春秋左氏全綜】

見《晉書》本傳、《泰安府志》、《山東通志·藝文》、《續修歷城縣志·藝文考》。

### 【春秋公羊穀梁傳解詁十二卷】

見《晉書》本傳、《泰安府志》、《山東通志·藝文》、《續修歷城縣志·藝文考》。現存：清馬國翰輯《玉函山房輯佚書》本（一卷），詳見馬國翰著作。

《山東通志·藝文》：“《隋志》有《春秋公羊穀梁傳》十二卷，蓋即本傳之《解詁》也。《唐志》有《三家集解》十一卷，殆當時別本合《全綜》於《解詁》者歟？其《解詁》，馬國翰從《釋文》、《文選李注》及《一切經音義》輯錄十節，爲一卷。”

### 【劉兆注公羊一卷】

民國龍璋輯。現存：民國攸縣龍氏排印本《小學

《春秋公羊穀梁傳解詁》一卷　清馬國翰輯《玉函山房輯佚書》本

蒐佚》本，北京師範大學圖書館、山東大學圖書館等藏，《中國叢書綜錄》著錄。

《續修四庫全書總目提要》著錄活字本（作《公羊注》一卷），提要云：“《（晉書·儒林）傳》載其著述，有《春秋調人》七萬餘言，又爲《春秋左氏》解，名曰《全綜》。《公羊》、《穀梁》解詁，皆納經傳中，朱書以別之。《隋書·經籍志》著錄《春秋公羊穀梁》十二卷，晉博士劉兆撰。《唐書·藝文志》載劉兆三家《集解》十一卷。蓋隋、唐均合《全綜》爲一書，而《唐志》復少一卷也。是編爲攸縣龍璋從顧野王《玉篇》、釋慧琳《一切經音義》所引，綴拾成編。微言墜誼，頗足以資考鏡。惟陸德明《經典釋文》及李善注《文選》、袁陽源《效曹子建白馬篇》引《公羊傳》曰：‘曹子劋剱而去之。’劉兆曰：‘劋，辟也，孚堯切。’又僖公四年‘卒帖荆’陸《釋文》：‘帖，他協反。一本作貼，服也。劉兆同。’二條尚未收入。又《文選》韋孟《諷諫詩》注引劉兆曰：‘旁言曰譖。’雖未標明爲《公羊傳》之注，然可攷證其爲莊四年‘紀侯譖之’之釋文也，亦遺而未收。至‘有麋而角’劉兆曰‘麋，麋也’條，僅知見於慧琳《音義》，不知《文選》鮑明遠《蕪城賦》注亦引之。均失之疏略。然群書散見，檢核維艱。璋能排比薈粹，俾學者易於尋省。雖未能盡復原書之舊，而梗概略存。爲劉氏一家之學者，或亦有所攷焉。”

## 【劉兆注穀梁一卷】

民國龍璋輯。現存：民國攸縣龍氏排印本《小學蒐佚》本，北京師範大學圖書館、山東大學圖書館等藏，《中國叢書綜錄》著錄。

《續修四庫全書總目提要》著錄活字本（作《穀梁注》一卷），提要云：“楊士勛《穀梁傳序》疏引魏晉以來注《穀梁》者，有尹更始、唐固、糜信、孔演、江熙、程闡、徐仙民、徐乾、劉瑤、胡訥之等十家。儀徵阮元據唐石經本、宋元槧本校其同異，譔《校勘記》云：‘劉瑤，隋、唐《志》並作劉珧。’今攷之隋、唐《經籍志》，既無劉瑤之名，亦無劉珧，僅有晉博士劉兆撰《春秋公羊穀梁》十二卷，不知元何所據而云然也。嘉善盧文弨謂劉瑤爲劉兆。攷昭八年秋‘流旁握御聲者，不得入’句，《疏》引陸德明《釋文》曰‘聲，古帝反，挂也’，劉兆曰‘絓也，本或作擊’；又二十年秋‘齊謂之綦，楚謂之踂，衛謂之輒’句，《疏》曰‘綦音其，又其冀反’，劉兆曰‘綦，連併也’；‘輒，女輒反’，劉兆云‘聚合不解也’；‘輒，本亦作縶’，劉兆云‘如見絆縶也’。據此，則劉瑤即劉兆，非劉珧，文弨之言是，而元之校誤矣。是編亦龍璋從諸書徵引採綴而成。其見於《穀梁疏》引者二條，雖曾收入，但云見卷子本《玉篇》。又‘一穀不升謂之慊’劉兆曰‘慊，不足也’條，祇知見《玉篇》欠部，不知《文選・陸士衡〈辨亡論〉》注亦引之，豈舉遠者反略近歟？至《文選・孫興公〈游天台山賦〉》注及《李少卿〈答蘇武書〉》注引劉兆《穀梁注》曰‘舉，盡也’，案：此文公九年‘舉天下而葬一人’之釋文也。又《玉篇・土部》引劉兆曰‘堤，緣邊也’案：此定公九年‘得之堤下’之釋文也。二條，尚佚而未載。且書中之單詞隻句，一一彙列，亦未考證其爲《穀梁》某經某句之釋文，是直以抄胥爲能事，殊爲失之。然久佚之書微而復顯，雖殘章斷句，有裨於經訓者頗多，則表彰之功，固有不可泯沒者矣。”

## ◆ 氾 毓

毓字稚春，濟北盧（今長清界）人，武帝時客居青州。少履高操，安貧有志業。或薦之武帝，召補南陽王文學、秘書郎、太傅參軍，並不就。時青土隱逸之士劉兆、徐苗等皆務教授，惟毓不蓄門人，清淨自守。年七十一卒。《晉書》卷九十一、道光《長清縣志》卷十一、《肥城縣志》卷九、《濟南府志》卷四十五有傳。

## 【春秋釋疑】

《山東通志・藝文》（經部春秋類）引《晉書》本傳云：“合《三傳》爲之解注，撰《春秋釋疑》。”

## 【三傳釋注】

見《濟南府志・經籍》、《平陰縣志》、《肥城縣志》。

## 【肉刑論】

見《晉書》本傳、《濟南府志・經籍》、《肥城縣志・藝文》及本傳。

## ◆ 劉 逵

逵字淵林，濟南人。官中書郎。

## 【喪服要記二卷】

《山東通志・藝文》（經部禮類）據《隋志》注著錄。

## 【注左思吳郡蜀都賦二卷】

《續修歷城縣志・藝文考》據《隋書・經籍志》及《文選》著錄，並引《晉書・左思傳》云：“思自以其作不謝班、張，恐以人廢言。安定皇甫謐有高譽，思造而示之，謐稱善，爲其賦序。張載爲注《魏都》，劉逵爲注《吳》《蜀》而序之，曰：‘觀中古以來爲賦者多矣，相如《子虛》擅名於前，班固《兩都》理勝其辭，張衡《二京》文過其意。至若此賦，擬議數家，傅辭會意，抑多精致，非夫研精者不能練其旨，非夫博物者不能統其異。世咸貴遠而賤近，莫肯用心於明物。斯文吾有異焉，故聊以餘思爲之引詁，亦猶胡廣之於《官箴》，蔡邕之於《典引》也。’”又，引文後按語云：“是編《世說》注引《左思別傳》云：‘凡諸注解，皆思自爲，欲重其文，故假時人名姓也。’其說《晉書》不從。李善注《文選・三都賦》亦云：‘《三都賦》成，張載爲注《魏都》，劉逵爲注《吳》《蜀》，自是之後，漸行於俗。’且於注，郭璞《江賦》、干寶《晉紀總論》、張載《劍閣銘》等多所稱引。《隋志》注載梁有張載及晉侍中劉逵、晉懷令衛瓘注左思《三都賦》三卷，蓋行之已久。茲據以二卷錄焉。”

《晉書·左思傳》又載陳留衛瓘爲左思《三都賦》所作《略解序》曰："余觀《三都》之賦，言不苟華，必經典要，品物殊類，稟之圖籍，辭義瓌瑋，良可貴也。有晉徵士故太子中庶子安定皇甫謐，西州之逸士，躭籍樂道，高尚其事，覽斯文而慷慨爲之都序。中書著作郎安平張載、中書郎濟南劉逵，並以經學洽溥，才章美茂，咸皆悅玩，爲之訓詁。"

◆ 劉　徽

徽，鄒平人。

【九章算術九卷】

唐李淳風等註釋。現存：①宋刻本（作《九章算經》九卷，存五卷：一至五），上海圖書館藏，《中國古籍善本書目》著錄。②清乾隆四十一年豫簪堂刻本（唐李籍音義，清戴震補圖，清陳撰校），中國國家圖書館藏，《中國古籍善本書目》著錄。③《四庫全書》本。另有清乾隆中曲阜孔氏刻《微波榭叢書·算經十書》本，民國八年上海商務印書館《四部叢刊》初次影印本，民國二十四年至二十六年上海商務印書館排印《叢書集成初編》本等，見《中國叢書綜錄》。

《九章算經》九卷　宋嘉定六年鮑澣之汀州刻本，存五卷

《九章算術》九卷　清乾隆中曲阜孔氏刻《微波榭叢書·算經十書》本

【海島算經一卷】

唐李淳風注。現存：①《四庫全書》本。②清乾隆中曲阜孔氏刻《微波榭叢書·算經十書》本，中國國家圖書館、北京大學圖書館、上海圖書館等藏，《中國叢書綜錄》著錄。③清乾隆間武英殿木活字排印《武英殿聚珍版書》本，中國國家圖書館、天津圖書館等藏，《中國叢書綜錄》著錄。④民國二十四年至二十六年上海商務印書館排印《叢書集成初編》本，中國國家圖書館、遼寧省圖書館、上海圖書館等藏，《中國叢書綜錄》著錄。

◆ 元陽子

姓張，長清盧鄉人（一云長白山人）。於伏生墓中得《金碧潛通》之書，自屬注解。得還丹訣，修真於華陽宮十九年，仙去。《濟南府志》卷六十有傳。按：《文獻通考·經籍考》"《金碧潛通》一卷"引晁氏曰："題'長白山人元陽子解'，未詳何代人。"《大清一統志》、《濟南府志》元陽子傳均入晉代。宣統《山東通志·藝文》則列其書於金代。未知孰是。

【黃帝陰符經頌一卷】

《山東通志·藝文》（子部道家類）云："有《道藏》本。"另有《重刊道藏輯要》本，見《中國叢書綜錄》。

## 【金碧上經古文龍虎傳】

《直齋書錄解題》云："長白山人元陽子注。"與《玉芝書》等十八種共為一集。

## 【金碧潛通註解一卷】【還丹歌一卷】

《山東通志·藝文》（子部道家類）："舊《通志》載二編云：'自言於伏生墓得《金碧潛通》書，遂為之註解，併衍為丹訣。《道藏》有元陽子集《還丹歌訣》二卷。'案：《通考》載《金碧潛通》一卷引晁氏曰："題'長白山人元陽子解'。"又《還丹歌》一卷引晁氏曰："元陽子撰。次序雜亂，非完書也。大旨解《參同契》。《李氏書目》云：'海客李元光，遇元壽先生於中嶽，授此。'未詳元光何代人。""

## 【元陽子金液集】

見《山東通志·藝文》（子部道家類）。現存：《道藏》本（一卷），在洞真部方法類，見《中國叢書綜錄》、《山東文獻書目》。

## 【還丹金液歌註】

見《道藏目錄詳註》，注云："與《金液集》同卷。元陽子修真，通玄先生註。"

## 【五假論】

見《道藏目錄詳註》，注云："與《寶照法》同卷。言金木水火土五假論。"

（以上晉）

## ◆ 房景先

景先字光冑（一作光宙），清河繹幕（今歷城東）人。魏太和中舉秀才，解褐太學博士，修國史。累遷步兵校尉，領尚書郎、齊州中正。神龜元年，蕭衍龍驤將軍田甲能據東義陽城內屬，勅景先為行臺，發二荊兵以援之，在軍遇疾而還。其年卒於家，時年四十三。贈持節冠軍將軍、洛州刺史，諡曰文。《魏書》卷四十三（房法壽附）、《北史》卷三十九（房法壽附）、雍正《山東通志》卷二十八、《濟南府志》卷四十六有傳。

## 【五經疑問十卷】

見《魏書》本傳（云"百餘篇"）、《經義考》、《山東通志·藝文》（經部五經總義類）。現存：王謨輯《漢魏遺書鈔》本、黃奭輯《黃氏逸書考》本，均一卷，見《中國叢書綜錄》。

《山東通志·藝文》："《冊府元龜》云：'景先，孝文時為太學博士，作《五經疑問》百餘篇。符璽郎王神貴答之，名曰《辨疑》，合成十卷。'《魏書》云：'其言典該，今行於時。'并載其切於世教者十四條。"

## 【宣武起居注】

《山東通志·藝文》云："《北史》云侍中穆紹啓景先撰此書。《魏書》作《世宗起居注》。"《濟南府志·經籍》誤作《宣和起居注》。

（以上北魏）

【卷四·隋唐五代】

# 卷四·隋唐五代

### ◆ 房彥謙

彥謙字孝沖，東清河繹幕人。受學於博士尹琳通，涉五經，工草隸。年十八，齊廣寧王孝珩爲齊州刺史，辟爲主簿。隋文帝時，優遊鄉曲，無仕心。開皇七年，刺史韋藝固薦之，不得已而應命。吏部尚書盧愷一見重之，擢受承奉郎，俄遷監察御史。煬帝時，徵授司隸刺史。後隋政漸亂，莫不變節，彥謙直道守常，頗爲執政所疾，出爲涇陽令。終於官。以子玄齡佐唐功，封臨淄郡公。其墓在今歷城區彩石鄉東北趙山之陽。《濟南府志》卷四十六有傳。康熙《章丘縣志》載唐李百藥《房彥謙碑銘（并序）》。

其詩文集未見著錄。康熙《章丘縣志·藝文》載其《貽張衡書》文一篇。

### ◆ 淨辯

姓韋，齊州人。開皇隆法入住京師，依止遠公住淨影寺，更學定境。又從遷尚受攝大乘，積歲研求，遂終此業。大業末年卒。《歷城縣志》卷四十五、《濟南府志》卷六十有傳。

### 【感應傳十卷】

見《歷城縣志·藝文考》、《山東通志·藝文》（子部釋家類）。

《山東通志·藝文》引《續高僧傳》本傳云："勅召送舍利於衡州岳寺。"又云："正當寺南而有伏石，辯乃執爐發願，必堪起塔，願降祥感。便見岳頂白雲，從上而下，廣可一疋，長四十里，至所塔基，三轉旋迴，久久自歇。又感異香，形如削沈，收獲數斤，氣煙倍世。道俗稱慶，因即構成。初，此山僧頵禪師者，通鑒僧也，曾有一粒舍利，欲建大塔，在寺十年，都無異相。及今送至，乃揚瑞迹，黃白大小，聚散不定。當下之日，衡山縣治顯明，寺塔放大，光明遍照城邑，道俗同見。古老傳云：'此寺立來三百餘年，但有善事，必放光明。經今三度，將非帝主宏福思與衆同，

感見之來，誠有由矣。'辯欣斯瑞迹，合集前後見聞之事，爲《感應傳》一部十卷。"

（以上隋）

### ◆ 道哲

姓唐，齊郡臨邑人。初隱終南駱谷山，後延住京師大莊嚴寺。貞觀九年化去，年七十二。《濟南府志》卷六十、《臨邑縣志》卷九有傳。

### 【百觀識門十卷】

見《續高僧傳》本傳、《山東通志·藝文》（子部釋家類）。《濟南府志·仙釋傳》作《百識觀門》十卷。《臨邑縣志·藝文上·著述》作《貞觀百釋觀門》。

### 【智照自體論六卷】

見《續高僧傳》本傳、《臨邑縣志·藝文上·著述》、《山東通志·藝文》（子部釋家類）。

### 【大乘聞思論】

見《續高僧傳》本傳、《臨邑縣志·藝文上·著述》、《山東通志·藝文》（子部釋家類）。《濟南府志·仙釋傳》作《大乘聞思錄》。

### ◆ 房喬

喬字玄齡，齊州臨濟人。幼警敏，貫綜墳籍，善屬文，書兼草隸。年十八，舉進士第，授羽騎尉，校秘書省。補隰城尉，坐累，徙上郡。李世民以燉煌公徇渭北，杖策上謁軍門，一見如舊，署渭北道行軍記室參軍。世民爲秦王，即授府記室，封臨淄侯，征伐未嘗不從。太宗即位，爲中書令，進爵邢國公。進尚書左僕射，更封魏，徙爲梁國公。居宰相位十五年，女爲王妃，男尚主，自以權寵隆極，累表辭位，詔不聽。

卒年七十一。贈太尉，拜州都督，諡曰文昭，陪葬昭陵。《舊唐書》卷六十六、《新唐書》卷九十六、《濟南府志》卷四十七、《章邱縣鄉土志》有傳。按《章邱縣鄉土志》云："新、舊《唐書》載元齡齊州臨淄人，不志縣名。考《唐書》天寶七年始改濟南為臨淄郡，五載又更名濟南，貞觀之世無臨淄郡。此《唐書》疏謬處。"

其詩文集未見著錄。康熙《章丘縣志·藝文》載其《諫伐高麗疏》一篇。

## 【晉書一百三十卷】

房喬等奉敕撰。現存：①宋刻本，中國國家圖書館藏，《中國古籍善本書目》、《中國古籍總目》著錄。②元覆南宋中期刻元明遞修本，臺灣"國家圖書館"藏，《國家圖書館善本書志初稿》著錄。③元刻明修本（有《音義》三卷），北京大學圖書館、上海圖書館藏，《中國古籍總目》著錄。④元刻明修公文紙印本，復旦大學圖書館藏（存卷四至六、二十五至四十三、四十九至五十七、六十二至八十、一百六至一百十一、一百十七至一百二十二），《中國古籍總目》著錄。⑤元刻明正德十年司禮監嘉靖間南京國子監遞修本（有《音義》三卷），南京圖書館（有清丁丙跋）、臺灣"國家圖書館"藏，《中國古籍總目》、《國家圖書館善本書志初稿》著錄。⑥元刻明正德十年司禮監嘉靖萬曆間南京國子監遞修本（有《音義》三卷），中國國家圖書館（徐鴻寶校並錄明毛晉跋）、上海圖書館藏，《中國古籍總目》著錄。⑦明毛氏汲古閣刻《十七史》本，藏中國國家圖書館（清李慈銘批校並跋）、上海圖書館（清王鳴盛校）、天津圖書館（清何紹基批校）、湖南師範大學圖書館（王闓運批點），《中國古籍總目》著錄。⑧《四庫全書》本（有《音義》三卷附考證）。另有《二十一史》本、《二十四史》本、《重刊二十四史》本、《摛藻堂四庫全書薈要》本、《百衲本二十四史》本等，見《中國叢書綜錄》、《中國古籍總目》。

《山東通志·藝文》（史部正史類）："是書文淵閣著錄本卷與《宋志》同，《唐志》作一百二十卷。《史通·正史篇》云：'採正典與雜說數十餘部，兼引偽史、十六國書，為紀十，志二十，列傳七十，載記三十，并敘例、目錄，合為百三十二卷。'《舊書·玄齡傳》云：'以臧榮緒《晉書》為主，參考詳治。

然史官多文詠之士，好採碎事競為綺豔。'《隋志考證》'東觀漢記'條云：'其書以新市、平林諸人列為載記。房喬修《晉書》、劉淵等《載記》蓋仿其例。'《通志略》云：'古者修書，成於一家，至唐始用眾手，《晉》、《隋》二書是也。'"

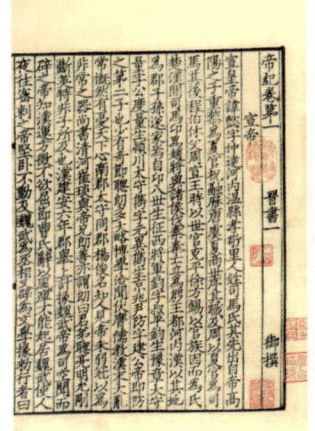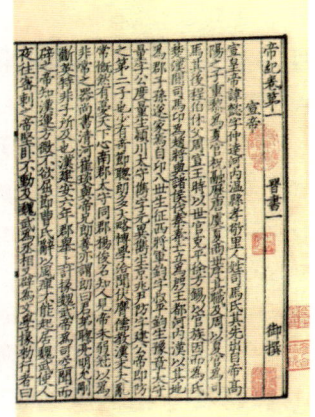

《晉書》一百三十卷　南宋初刻本　　　《晉書》一百三十卷　元刻明修本

## 【高祖實錄二十卷】

見《舊唐書·經籍志》、《章邱縣志·藝文》、《山東通志·藝文》（史部編年類）。

《山東通志·藝文》："是書《舊唐志》云玄齡撰；《新唐志》則云敬播撰，玄齡監修。卷同。《讀書志》云：'起創業，盡武德九年，貞觀十七年書成。'"

## 【太宗實錄二十卷】

見《舊唐書·經籍志》、《山東通志·藝文》（史部編年類）。

《山東通志·藝文》："《新唐志》作《今上實錄》，卷同，注云：'敬播、顧胤撰，玄齡監修。'《唐會要》云：'司空房玄齡等上《高祖》、《今上》實錄各二十卷，使諫議大夫褚遂良讀之。始讀太宗初生，祥瑞成動，流涕曰："朕富有四海，追思膝下，不可復得。"收卷遣編之祕閣，賜皇太子、諸王各一部。'"

## 【大唐儀禮一百卷】

見《新唐書·藝文志》，注云："長孫無忌、房玄齡、魏徵、李百藥、顏師古、令狐德棻、孔穎達、于志寧等譔。《吉禮》六十篇，《賓禮》四篇，《軍禮》二十篇，《嘉禮》四十二篇，《凶禮》六篇，《國恤》五篇，總一百三十篇。貞觀十一年上。"《山東通志・藝文》據以著錄。《舊唐書・經籍志》作《大唐新禮》一百卷，題"房玄齡等撰"。

《山東通志・藝文》："《新唐書・禮樂志》云：太宗時，中書令房玄齡、秘書監魏徵與禮官學士等《藝文志》注：同時修禮者又有顏師古、孔穎達。因隋之禮，增以天子上陵、朝廟、養老、大射、講武、讀時令、納皇后、皇太子入學、太常行陵、合朔、陳兵太社等，爲《吉禮》六十一篇，《藝文志》注作六十篇。《賓禮》四篇，《軍禮》二十篇，《嘉禮》四十二篇，《凶禮》十一篇。《藝文志》注作凶禮六篇，國恤五篇，總一百三十篇。案：《藝文志》諸禮篇數與總數不符，茲從《禮樂志》。是爲貞觀禮。《舊唐書・禮儀志》總一百三十八篇，分爲一百卷。又《太宗紀》十一年春正月甲寅房玄齡等進所修《五禮》，詔所司行用之。"

## 【貞觀律十二卷又令二十七卷格十八卷留司格一卷式三十三卷】

見《新唐書・藝文志》（注云"中書令房玄齡、右僕射長孫無忌、蜀王府法曹參軍裴弘獻等奉詔譔定"）、《山東通志・藝文》（史部政書類）。

《山東通志・藝文》："是書見《新唐志》，注云：凡律五百條，《舊唐書・刑法志》云：分爲十二卷。令一千五百四十六條，《舊唐書・刑法志》作一千五百九十條，爲三十卷，貞觀十一年正月頒下之。格七百條，《舊唐書・刑法志》云：又刪武德、貞觀已來勅格三千餘件，定留七百條，以爲《格》十八卷。以尚書省諸曹爲目，其常務留本司者，著爲《留司格》。《舊唐書・刑法志》云：留本司施行，斟酌今古，除煩去弊，甚爲寬簡，便於人者，以尚書諸曹爲之目，初爲七卷，其曹之常務但留本司者，別爲《留司格》一卷。又《刑法志》云：又取尚書省列曹及諸寺監十六衛計帳以爲式。《舊唐書・刑法志》云：凡式三十有三篇，爲二十卷。"

## 【管子二十四卷】

房玄齡注。現存：①宋刻本（清黃丕烈、戴望跋），中國國家圖書館藏，《中國古籍善本書目》著錄；《四部叢刊》景印宋刻本。②明萬曆十年吳郡趙用賢刻《管韓合刻》本，山西省文物局（清傅山批校）、上海圖書館（清王念孫、王引之校，清臧庸跋，宋琨、葉景葵跋）、中國國家圖書館（清袁廷檮、顧廣圻校並跋，

莫棠跋；又一部清黃丕烈校，清陳奐校並跋，清戴望、莫友芝、譚獻題款；又一部清顧廣圻校並跋又錄清惠棟校注；又一部清吳志忠校跋並錄清黃丕烈、顧廣圻、段玉裁、王引之等校注）、臺灣"國家圖書館"等藏，《中國古籍善本書目》、《國家圖書館善本書志初稿》著錄。《欽定天祿琳琅書目續目》、《適園藏書志》著錄明萬曆戊午吳郡趙用賢刊本，當即此本。③清初影宋抄本（卷十三至二十四配清黃氏士禮居影宋抄本，清黃丕烈校並跋），上海圖書館藏，《中國古籍善本書目》著錄。④清陳奐家抄本（清陳奐校跋並錄黃丕烈題識，郭沫若、潘承弼跋），上海圖書館藏，《中國古籍善本書目》著錄。⑤清抄本（王闓運跋），湖南省社會科學院圖書館藏，《中國古籍善本書目》著錄。⑥《四庫全書》本。另有《摛藻堂四庫全書薈要》本、《二十二子》本等，見《中國叢書綜錄》。此書又有明劉績補注本，明劉績、朱長春補注本等，存世版本衆多，詳《中國古籍善本書目》、《中國叢書綜錄》、《山東文獻書目》。

《山東通志・藝文》（作《管子注》五十八篇，房喬撰）："王應麟《玉海》曰：'唐杜佑鈔管氏，爲《指略》，《序》稱房喬所注。而舊錄皆作尹知章，文句無復小異。今本房玄齡注五十八篇。'《四庫全書》'《管子》'提要云：'舊有房元齡注，晁公武以爲尹知章所託。然攷《唐書・藝文志》，元齡注《管子》不著錄，而所載有尹知章注《管子》三十卷。則

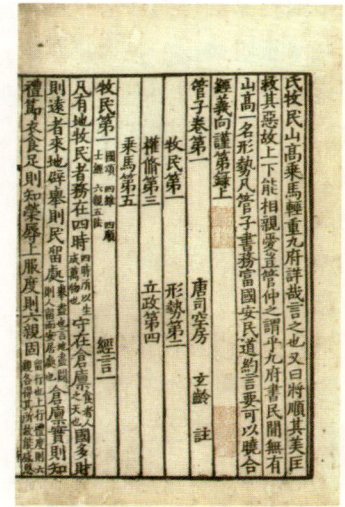

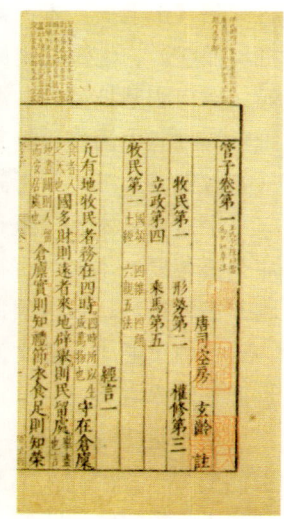

《管子》二十四卷　宋刻本　　　《管子》二十四卷　明萬曆十年吳郡趙用賢刻本

知章本未託名，殆後人以知章人微，元齡名重，改題之以炫俗耳。'"

## 【文思博要一千二百卷目十二卷】

見《舊唐書·藝文志》，注云："右僕射高士廉、左僕射房玄齡、特進魏徵、中書令楊師道、兼中書侍郎岑文本、禮部侍郎顏相時、國子司業朱子奢、博士劉伯莊、太學博士馬嘉運、給事中許敬宗、司文郎中崔行功、太常博士呂才、祕書丞李淳風、起居郎褚遂良、晉王友姚思廉、太子舍人司馬宅相等奉詔譔。貞觀十五年上。"《山東通志·藝文》（子部類書類）據以著錄。《舊唐書·經籍志》題"張太素撰"。《遂初堂書目》僅一卷，不著撰者。

《山東通志·藝文》："《玉海》載此書，引《書目》一卷，'大中十年，秘書監楊漢公奏，排理亂書，得此書第一百七十二一卷墨蹟。今藏于皇朝秘閣。乾道七年錄副本，藏之集庫。'"

### ◆ 賈閏甫

閏甫，歷城人。李密舊屬。《濟南府志》卷四十六有傳。

## 【李密傳三卷】

見《新唐書·藝文志》、《歷城縣志·藝文考》、《山東通志·藝文》（史部傳記類）。

### ◆ 崔君實

君實，齊州全節人，北周司徒長史德仁之子。官許州治中。

## 【崔君實集十卷】

見《舊唐書·經籍志》、《新唐書·藝文志》、《歷城縣志·藝文考》、《山東通志·藝文》。

### ◆ 崔 融

融字安成，齊州全節人。擢八科高第。累補宮門丞、崇文館學士。中宗爲太子時，選侍讀，典東朝章疏。武后幸嵩高，見融銘《啟母碣》，歎美之。及已封，即命銘《朝覲碑》。授著作佐郎，遷右史，進鳳閣舍人。張易之誅，貶袁州刺史。召授國子司業，封清河縣子。卒年五十四。贈衛州刺史，諡曰文。《舊

唐書》卷九十四、《濟南府志》卷四十六有傳。

## 【則天皇后實錄二十卷】

見《新唐書·藝文志》、《山東通志·藝文》（史部編年類）。《新唐書》本傳、道光《章邱縣志·藝文》作《武后實錄》。

《新唐書·藝文志》："《則天皇后實錄》二十卷。魏元忠、武三思、祝欽明、徐彥伯、柳沖、韋承慶、崔融、岑羲、徐堅譔，劉知幾、吳兢刪正。"

《新唐書》本傳："召授國子司業。與修《武后實錄》，勞封清河縣子。融爲文華婉，當時未有輩者。朝廷大筆，多手敕委之，其《洛出寶圖頌》尤工。撰《武后哀冊》最高麗，絕筆而死，時謂思苦神竭云。"

## 【寶章集】

《山東通志·藝文》（子部藝術類）："《舊唐書·王方慶傳》云：則天以方慶家多書籍，嘗訪求右軍遺跡。方慶奏曰：'臣十代從伯祖羲之書，先有四十餘紙。貞觀十二年，太宗購求，先臣並已進之。唯有一卷見今在。又進臣十一代祖洽、九代祖珣、八代祖曇首、七代祖僧綽、六代祖仲寶、五代祖騫、高祖規、曾祖褒，并九代三從伯祖晉中書令獻之已下二十八人書，共十卷。'則天御武成殿，示羣臣，仍令中書舍人崔融爲《寶章集》，以敘其事。案《新書》云：詔崔融序其代閱，號《寶章集》。復賜方慶。當時甚以爲榮。"

## 【崔融集六十卷】

見《舊唐書·經籍志》（作四十卷）、《新唐書·藝文志》、《歷城縣志·藝文考》、《山東通志·藝文》。《山東文獻書目》著錄是集無卷數，其詩見存於《全唐詩》（中華書局本卷十八、五十四、六十八、《外編》上）、《全唐文》卷二一七、《唐文拾遺》卷十六、《唐文續拾》卷二。

《山東通志·藝文》："其集《新唐志》六十卷，《舊唐志》四十卷。然《舊書》本傳亦六十卷，疑《舊志》誤也。《新書》本傳云：'融爲文華婉，當時未有輩者。朝廷大筆，多手敕委之，其《洛出寶圖頌》尤工。撰《武后哀冊》最高麗，絕筆而死，時謂思苦神竭云。'《酉陽雜俎》云：'崔融《瓦松賦序》曰："崇文館瓦松者，產於屋霤之下。謂之木也，訪山客而未詳；謂之草也，驗農皇而罕記。"《賦》云："煌

煌特秀，狀金芝之產霤。曆曆虛懸，若星榆之種天。葩條郁毓，根柢連卷。間紫苔而裹露，凌碧瓦而含煙。"又曰："慚魏宮之烏悲，冥漢殿之紅蓮。"崔公學博，無不該悉，豈不知瓦松已有著說乎？"《唐詩紀事》云：'凡武后詩文，皆元文頃、崔融輩爲之。'按：融詩，《欽定全唐詩》編爲一卷。"

### 【崔司業詩集一卷】

《續修四庫全書總目提要》著錄清刻本，提要略云："此本僅詩五十餘首。取與《全唐詩》所載者相較，尚少數首。是所輯仍未盡善也。《唐詩紀事》有云：'凡武后詩文，皆元文頃、崔融輩為之。'是融詩如何，當可想見矣。"

### 【寶圖讚一卷】

見《新唐書·藝文志》（原注"王起注"）、《歷城縣志·藝文考》（注"《新唐書·藝文志》、《宋史》同"）、《山東通志·藝文》（集部別集類）。

蓋即本傳所稱之《洛出寶圖頌》也。

### 【珠英學士集五卷】

見《新唐書·藝文志》、《歷城縣志·藝文考》、《山東通志·藝文》（集部總集類）。

《山東通志·藝文》："《新唐志》載是集云：'崔融集武后時修《三教珠英》學士李嶠、張說等詩。'《讀書志》云：'唐武后朝，嘗詔武三思等修《三教珠英》一千三百卷，預修書者凡四十七人。崔融編集其所賦詩，各題爵里，以官班爲次。融爲之序。'《玉海》云：'總二百七十六首。'"

### 【唐朝新定詩格一卷】（又名《崔氏新定詩體》）

見《日本國見在書目》。《文鏡秘府論》地卷、南卷分載其文。

### ◆ 林　寶

寶，濟南人（一作三原人）。官朝議郎、太常博士。

### 【皇唐玉牒一百一十卷】

見《新唐書·藝文志》（題"開成二年李衢、林寶譔"）、《濟南府志·經籍》、《山東通志·藝文》（史部別史類）。

### 【格後勑三十卷】

《舊唐書·刑法志》云："元和十三年八月，鳳翔節度使鄭餘慶等詳定《格後勑》三十卷，右司郎史崔郾等六人修上。"按《唐會要·定格令》，同修六人中，有國子博士林寶。

### 【元和姓纂十八卷】

見《四庫全書總目》、《濟南府志·經籍》、《山東通志·藝文》（子部類書類）。《新唐書·藝文志》、《宋史·藝文志》作十卷。現存：①《四庫全書》本（十卷）。②舊抄本（十卷），臺灣"國家圖書館"藏，《國家圖書館善本書志初稿》著錄。③清嘉慶七年洪瑩刻本（十卷，清孫星衍、洪瑩校補，清李慈銘校補並跋），中國國家圖書館藏，《中國古籍善本書目》著錄。

《山東通志·藝文》："是書有《永樂大典》本。文淵閣著錄。《四庫提要》曰：'序稱元和壬辰歲，蓋憲宗七年也。寶《唐書》無傳，其名見於《藝文志》。諸家書目所載竝同。惟《唐會要》稱王涯撰，蓋以涯曾作序而譌。鄭樵《通志》又稱李林寶撰，則因李吉甫命寶作是書，當日二名連書，傳寫脫去吉甫字，遂併爲一人。觀樵《姓氏略》中譏寶作《姓纂》而不知林姓所自出，則《藝文略》中本作林寶可知也。焦竑《國史經籍志》亦因之作李林寶，誤之甚矣。其論得姓受氏之初，多原本於《世本》、《風俗通》。其他如《世本族姓記》、《三輔決錄》以及《百家譜》、《英賢傳》、《姓源韻譜》、《姓苑》諸書不傳於今者，賴其徵引，亦皆班班可見。鄭樵作《氏族略》，全祖其文，蓋亦服其該博也。但寶以二十旬而成書，援引間有譌謬。且當矜尚門第之時，各據其譜牒所陳，附會攀援，均所不免。觀《白居易集》自敘家世，以白乙丙爲祖，而云出自白公勝，顛倒時代，悖謬顯然，其他可知。洪邁《容齋隨筆》稱《元和姓纂》誕妄最多，蓋有由也。然於唐人世系，則詳且核矣。書至宋已頗散佚，故黃伯思《東觀餘論》稱得富弼家本，已闕數卷；陳振孫《書錄解題》亦稱絕無善本，僅存七八。此本在《永樂大典》中，皆割裂其文，分載於太祖《御製千家姓》下，又非其舊第。幸原序猶存，可以考見其體例。今仍依《唐韻》，以四聲二百六部次其後先。又以宋鄧名世《古今姓氏辨證》所引各條補其闕佚，仍釐爲一十八卷。其字句之譌謬，則參詳諸書，詳加訂正，各附案語於下方。至原序稱皇族之外各以四聲類集，則李姓必居首卷。今獨無一字之存，殆修《永樂大典》時已佚其第一冊歟？然殘編斷簡，究爲文獻之所徵也。'"

## 【姓苑三卷】【姓史四卷】【五姓證事二十卷】

見《宋史·藝文志》、《山東通志·藝文》（子部類書類）。

## ◆ 員半千

半千字榮期，始名餘慶，齊州全節（今章丘）人。客晉州，州舉童子，房玄齡異之，對詔高第，已能講《易》、《老子》。長與何彥先同事王義方，義方曰："五百歲一賢者生，子宜當之。"因改今名。凡舉八科，皆中。咸亨中，調武陟尉，俄舉岳牧。即對策擢高第。後厭卑劇，求爲左衛冑曹參軍。遷司賓寺主簿、弘文館直學士。長安中，累擢正諫大夫，兼右控鶴內供奉。以忤旨，左遷水部郎。除棣州刺史，復入弘文館爲學士。睿宗初，召爲太子右諭德，累封平原郡公。半千事五君，有清白節。年老不衰，樂山水自放。開元九年，遊堯山、沮水間，愛其地，遂定居。卒年九十四。《舊唐書》卷一百九十中、《新唐書》卷一百十二、《歷城縣志》卷四十、《濟南府志》卷四十七有傳。

## 【三國春秋二十卷】

見《新唐書·藝文志》、《歷城縣志·藝文考》、《山東通志·藝文》（史部別史類）。

## 【明堂新禮三卷】

見《新唐書·藝文志》、《歷城縣志·藝文考》、《章邱縣志·藝文》、《山東通志·藝文》（史部政書類）。

《歷城縣志·藝文考》："按：此書《新唐書》入史錄儀注類，今從之。"

《山東通志·藝文》："《舊唐書》本傳云：'嗣聖元年，與路敬淳分日於顯福門待制，半千因撰《明堂新禮》三卷上之。'"

## 【臨戎孝經二卷】

見《舊唐書·經籍志》、《新唐書·藝文志》、《歷城縣志·藝文考》、《山東通志·藝文》（子部兵家類）。

《歷城縣志·藝文考》："《唐書·經籍志》、《新唐書》、《玉海》俱同。鄭樵《通志·藝文畧》、焦竑《國史經籍志》俱作一卷。"

《山東通志·藝文》："是書見《唐志》。《歷城志》引胡應麟《經籍會通》云：'兵書往往有擬《六經》者：郭良輔有《武孝經》，員半千有《臨戎孝經》，無名氏有《兵春秋》、《兵家論語》。農家又有賈充道《大農孝經》，又劉炫《酒孝經》。皆涸褻聖典，可罪也。'"

## 【三教珠英一千三百卷目十三卷】

見《舊唐書·經籍志》（題"張昌宗等撰"）、《新唐書·藝文志》（注"張昌宗、李嶠、崔湜、閻朝隱、徐彥伯、張說、沈佺期、宋之問、富嘉謩、喬侃、員半千、薛曜等撰，開成初改爲《海內珠英》，武后所改字並復舊"）、《續修歷城縣志·藝文考》。

《舊唐書》本傳："左遷水部郎中，預修《三教珠英》。"

## 【員半千集十卷】

見《舊唐書·經籍志》、《新唐書·藝文志》、《歷城縣志·藝文考》、《山東通志·藝文》。《山東文獻書目》是集無卷數，云其詩文見存於《全唐詩》（中華書局本卷十四、九十四、《外編》上）、《全唐文》卷一六五。

《山東通志·藝文》："《欽定全唐詩》載其詩三首。"

## 【三蓮集二十卷】

《歷城縣志·藝文考》、《山東通志·藝文》均據《郡齋讀書後志考異》著錄。

## ◆ 員 俶

俶，齊州全節人，半千孫。開元四年進書，召試及第。授散官文學，直弘文館。《歷城縣志》卷四十、《濟南府志》卷四十七有傳。

## 【太玄幽贊十卷】

見《新唐書·藝文志》、《歷城縣志·藝文考》（作《太元幽贊》）、《濟南府志·經籍》（作《太元幽贊》）、《山東通志・藝文》（子部術數類）。

《歷城縣志・藝文考》引吳縝《新唐書糾謬》云：
"《李泌傳》：'開元十六年，悉召能言佛道老子者相答難。禁中有負俶者，九歲升坐，詞辨注射，坐人皆屈。'今案：《藝文志》儒家類中有負俶《太元幽贊》十卷，注云：'開元四年京兆府童子進書。'且《李泌傳》謂俶開元十六年而年九歲，則是俶生於開元八年也。既俶以八年始生，何緣四年已有進書乎？若以四年能進書者為是，則至十六年之時俶不啻九歲矣。此二說者，必有一誤也。"

（以上唐）

◆ 馬胤孫

胤孫（《舊五代史》一作裔孫，《重修商河縣志》作允孫）字慶先，棣州商河人。後唐官中書侍郎平章事。入周，加檢校禮部尚書、太子賓客分司。《舊五代史》卷一百二十七、《新五代史》卷五十五、《重修商河縣志》有傳。

【法喜集二卷】

見《舊五代史》本傳、《新五代史》本傳、《宋史・藝文志》、《崇文總目》（注云"闕"）、《山東通志・藝文》（子部釋家類）。

《舊五代史》本傳云："裔孫好名，慕韓愈之為人，尤不重佛。及廢居里巷，追感唐末帝平昔之遇，乃依長壽僧舍讀佛書，冀申冥報。歲餘枕藉黃卷中，見《華嚴》、《楞嚴》詞理富贍，由是酷賞之，仍鈔撮之，相形于歌詠，謂之《法喜集》。"

【佛國記】

見《舊五代史》本傳、《新五代史》本傳、《山東通志・藝文》（子部釋家類）。

《舊五代史》本傳云："又纂諸經要言為《佛國記》，凡數千言。"

【看經贊一卷】

見《舊五代史》本傳、《宋史・藝文志》、《崇

文總目》（注云"闕"）、《山東通志・藝文》（子部釋家類）。

【華嚴鈔】【楞嚴鈔】

《山東通志・藝文》（子部釋家類）據《舊五代史》本傳著錄。

◆ 義 楚

俗姓裴氏，相州安陽人。七歲來省歷下臨壇大德修進，因為出家師。宋開寶中終於龍興伽藍，年七十四。《宋高僧傳》卷七有《宋齊州開元寺義楚傳》。《歷城縣志》卷四十五、《濟南府志》卷六十有傳。

【釋氏六帖】（一名《釋氏纂要六帖》、《義楚六帖》）

見《通志藝文略》（四卷）、《崇文總目》（十四卷）、《遂初堂書目》、《冊府元龜》（三十卷）。《歷城縣志・藝文考》題作《釋氏義理文章庶事羣品》，注云："見釋贊寧《有宋高僧傳》，卷未詳。"現存：①日本延寶三年（清康熙十四年）書林村上勘兵衛刻本（作《義楚六帖》二十四卷），北京大學圖書館藏，見《北京大學圖書館藏善本書錄》。②民國三十三年刻《普慧大藏經》本。按：此書原有宋開寶六年及崇寧二年刊本，傳入日本後有寬文九年刊本，民國間蘇晉仁自日本攜回寬文本，刊入《普慧大藏經》中。

《冊府元龜・帝王部・崇釋氏第二》："是月（周顯德元年九月），齊州沙門義楚進《釋氏六帖》三十卷。義楚少負名操，亦通儒學，將佛書麗事以類相從，擬白氏儒書所集。帝覽而嘉之，賜以紫衣，其書付史館。"

《濟南府志・仙釋傳》："裴姓，相州安陽人，七歲來歷下。後覽《大藏》，慨儒家與佛教文多謬解，事多誤用，擬白樂天《六帖》，纂釋氏義理、庶事群品，以類相從，建立門目，計五十部，隨事別列四百四十門。周顯德元年進呈，世宗勅付史館，賜紫衣，仍加號'明教禪師'。"

（以上五代）

【卷五·宋】

# 卷五·宋

## ◆ 田　告

告（亦作誥）字象宜，歷城人。隱居濟南明水，發易筮之遇暌，因自號暌叟。好著述，有學徒數百人，舉進士、至顯達者接踵。宋惟翰、許衰，皆其弟子也。著作百餘篇，傳於世。淳化中，翰林韓伾薦之，令召赴闕下，詔書及門而卒。《宋史》卷四百五十七、《歷城縣志》卷四十四、《濟南府志》卷四十七有傳。

### 【禹元經三卷】

見《山東通志·藝文》（史部地理類）、《續修歷城縣志·藝文考》（據《澠水燕談錄》。《續通鑑長編》作十二篇）。

《山東通志·藝文》：“《澠水燕談》云：‘告東遊過濮，止王元之舍。會大河決溢，推明蘇禹之所治，著《禹元經》三卷。將上之，不果。’”

《續修歷城縣志·藝文考》引《續通鑑長編·十三》云：戊申 開寶五年六月，發諸州兵士及丁夫凡五萬人塞決河，命曹翰護其役。未幾，河所決皆塞。是月下詔曰：“近者澶、濮等數州霖雨洊降，洪河爲患。朕以屢經決溢，重困黎元，每閱前書，詳究經瀆。至若夏后所載，但言導河至海，隨山濬川，未聞力制湍流，廣營高岸。自戰國爭利，堙塞故道，小以妨大，私而害公，九河之制遂隳，歷代之患弗弭。凡縉紳多士、草澤之倫，有素習河渠之書，深知疏導之策，若爲經久，可免重勞，並許詣闕上書，附驛條奏。朕當親覽，用其所長，勉副詢求，即示甄獎。”時東魯逸人田告者，著纂《禹元經》十二篇。上聞之召見，詢以治水之道，善其對，將授以官。固辭父年老，求歸奉養。詔從之。

### 【田告遺文三卷】

濟南翟書輯。見《歷城縣志·藝文考》（據《澠水燕談錄》）、《濟南府志·經籍》、《山東通志·藝文》。

《山東通志·藝文》：“《澠水燕談》云：‘皇祐中，濟南翟書耽伯衰其遺逸，得四十八篇，析爲三卷。’又云：‘告篤學好文，理致高古。嘗學詩于希夷先生，先生以《詩評》授之，故詩尤清麗。’《宋史》本傳云：‘著作百餘篇傳於世，大率迂闊。每搆思，必匿深草中，絕不聞人聲，俄自草中躍出，即一篇成矣。’按：“告”，《宋史》作“誥”。”

## ◆ 翟　書

書字耽伯，濟南人。

### 【暌叟別傳】

見《歷城縣志·藝文考》（作《暌叟別傳》）、《山東通志·藝文》（史部傳記類）。

《香祖筆記》卷十：“田告字象宜，篤學有文。少學詩於陳希夷，東遊過濮，客於王元之。會河決，著《禹元經》三卷。已而得水樹於濟南明水，將隱居焉，貽書徐常侍鉉。鉉答曰：‘負鼎叩角，顧廬築岩。各由其時，不失其道。在我而已，何常之有？’遂決高蹈。筮易遇暌，因自號暌叟。從學者常數百人。淳化中，韓伾言於天子，召赴闕，詔書及門而卒。皇祐中，濟南翟書衰其文四十八篇，析為三卷，又次其出處，作《暌叟別傳》。”

## ◆ 范　諷

字補之，齊州人。以父正辭蔭補將作監主簿，出知平陰縣。真宗時舉進士第，遷大理評事，通判淄州。徙知梁山軍，以母老不行。通判鄆州，徙知廣濟軍。官終給事中。《宋史》卷三百四（范正辭附）、《濟南府志》卷四十七、《平陰縣志》卷四有傳。

### 【東封賦】

《山東通志·藝文》（集部別集類）著錄，引《宋史》本傳云：“獻《東封賦》，遷太常寺奉禮郎，又獻所爲文。"

## ◆ 李　芝

芝，濟南人。

### 【贅世先生傳】

見《歷城縣志·藝文考》、《山東通志·藝文》（史部傳記類）。

《山東通志·藝文》："王樵字肩望，淄川人。深于《老》、《易》。廬梓桐山下，稱淄右書生。晚自號贅世翁，爲《贅》書其門曰：'書生王樵，薄命寡志，無益於人，道號贅世。'芝爲《贅世先生傳》，載其事。見《澠水燕談》。"

## ◆ 李　冠

冠字元伯，齊州歷城人。舉進士不第，得同三禮出身。調乾寧主簿。《宋史》卷四百四十二（劉潛附）、《歷城縣志》卷四十、《濟南府志》卷四十七有傳。

### 【唐本文中子】

李冠校訂。見《歷城縣志·藝文考》、《濟南府志·經籍》。

《歷城縣志·藝文考》引《文獻通考》云："陳氏曰：'《文中子》有龔鼎臣注，自甲至癸爲十卷。而所謂前、後《序》者，在十卷之外，亦頗有所刪取。'李格非《跋》云：'龔自謂明道間得唐本於齊州李冠，比阮本改正二百餘處。'"

### 【東皋集二十卷】

見《宋史》本傳、《歷城縣志·藝文考》、《濟南府志·經籍》、《山東通志·藝文》。

《山東通志·藝文》："集見《宋史·劉潛傳》。冠與王樵、賈同齊名。其《寄樵》詩一首，《澠水燕談》載之。"

《齊乘·王樵傳》云："太守劉通詣樵，踰垣遁去。其後高弁知州事，范諷爲通判，相與就見之。李冠以詩寄之曰：'霜臺御史新爲郡，棘寺廷評繼下車。首謁梓桐王處士，教風從此重詩書。'"

崇禎《歷城縣志·藝文·詩餘》載其《蝶戀花》一首。《三續淄川縣志·藝文》載其《寄王樵》詩一首。

## ◆ 張　揆

揆字貫之，齊州人（其先范陽人，徙齊州）。進士。歷北海尉，改大理寺丞。以疾解官，十年不出戶，讀《易》，因通揚雄《太玄經》。陳執中安撫京東，薦揆，召爲國子監直講，後權三司戶部判官。累擢至龍圖閣直學士、給事中，判太常寺，加翰林院侍讀學士，知審刑院。出知齊州。卒贈禮部侍郎。《宋史》卷二百九十四、《濟南府志》卷四十七有傳。

其詩文集未見著錄。《濟南府志·藝文》載其《宿靈巖寺》詩云："再見祗園樹，流光二十年。依然山水地，況是雪霜天。閣影移寒日，鐘聲出暝烟。微官苦奔走，一宿亦前緣。"

### 【大易集解一卷】

見雍正《山東通志·經籍》、《歷城縣志·藝文考》（注云"卷未詳"）。《濟南府志·經籍》作《大易集說》無卷數。

### 【太玄經集解一卷】

見《經義考》、《山東通志·藝文》（子部術數類）。《郡齋讀書志》、《文獻通考》作《太玄淵旨》一卷（"玄"或作"元"）。《歷城縣志·藝文考》作《大元經集解》。

《歷城縣志·藝文考》引《玉海》云："皇祐四年九月，丁度上張修撰寫《太元經》。"

《山東通志·藝文》："《宋史》本傳云：'權三司戶部判官。上所著《太玄集解》數萬言。詔對邇英閣，令撰著，得斷首。言斷首得易之夬，蓋以陽剛決陰柔，君子進、小人退之象。仁宗大悅。'案：《讀書志》載揆《太玄淵旨》一卷，而無《集解》之名，度即一書。"

## ◆ 廉　復

復，章丘人。隱居不仕，築室繡江之涯，以詩酒自樂。友人李格非序其遺稿，並志其墓。《濟南府志》卷四十七有傳。

### 【廉復遺稿】

《山東通志·藝文》據舊《通志》著錄。

### ◆ 李格非

格非字文叔，濟南人。幼甚俊異，時方以詩賦取士，格非獨用意經學，著《禮記說》數十萬言，遂登第。調冀州司戶參軍，試學官，爲鄆州教授。郡守以其貧，欲其兼他官，謝不可。入補太學錄，再轉博士，以文章受知於蘇軾。紹聖時，立局編元祐章奏，以爲檢討，不就。因不合執政意，通判廣信軍。召爲校書郎，遷著作佐郎、禮部員外郎，提點京東刑獄，以黨罷。卒年六十一。《宋史》卷四百四十四、《歷城縣志》卷四十、《濟南府志》卷四十七有傳。

### 【禮記說】

見《宋史》本傳、《歷城縣志·藝文考》。

《歷城縣志·藝文考》引《宋史》本傳云："有司方以詩賦取士，格非獨用意經學，著《禮記說》至數十萬言。"

### 【禮記精義十六卷】

見《宋史·藝文志》、《歷城縣志·藝文考》、《章邱縣志·藝文》、《濟南府志·經籍》（十卷）、《山東通志·藝文》（經部禮類）。

《歷城縣志·藝文考》引《玉海》云："李格非《精義》十六卷，寶慶二年十月上。"又引朱彝尊《經義考》云："衛湜曰：'李文叔《精義》，就《曲禮》、《檀弓》、《王制》、《喪服小記》、《大傳》、《少儀》、《學記》、《樂記》、《雜記》、《喪大記》、《祭法》十一篇中，隨所見爲之義。'"又附按云："兩書疑本一書，以本傳與《藝文志》所載不同，故兩存之。"

### 【歷下水記】

見《歷城縣志·藝文考》（題注"見張邦基《墨莊漫錄》，卷未詳。一作《濟南水記》"）、《章邱縣志·藝文》、《濟南府志·經籍》、《山東通志·藝文》（史部地理類）。

《歷城縣志·藝文考》引王士禛《分甘餘話》云："濟南爲郡，在歷山之陰，水泉清冷，凡三十餘所，如舜泉、爆流、金線、真珠、洗鉢、孝感、玉環之類，皆奇。李格非文叔昔爲《歷下水記》，叙述甚詳，文體有法。曾子固詩以'爆流'爲'趵突'，未知孰是。"又："文叔《水記》，宋人稱之者不一，而不得與《洛陽名園記》並傳，可恨也。吾郡名泉凡七十二，《墨莊漫錄》云三十餘，蓋未詳也。"

《山東通志·藝文》引《墨莊漫錄》云："李格非文叔作《歷下水記》，叙述甚詳，文體有法。"

### 【永洛城記一卷】

見《宋史·藝文考》、《歷城縣志·藝文考》、《山東通志·藝文》（史部地理類）。《通志·藝文略》作《水洛城記》一卷。

### 【洛陽名園記一卷】

見《歷城縣志·藝文考》、《章邱縣志·藝文》、《濟南府志·經籍》、《山東通志·藝文》（史部地理類）。現存：①明嘉靖中顧氏夷白齋刻《顧氏文房小說》本，中國國家圖書館、上海圖書館等藏，《中國叢書綜錄》著錄。②明萬曆間新安吳琯校刻《古今逸史》本，中國國家圖書館、浙江圖書館等藏，《中國叢書綜錄》著錄。③清順治三年兩浙督學周南李際期宛委山堂刊《說郛》本，中國國家圖書館、北京大學圖書館、上海圖書館等藏，《中國叢書綜錄》著錄。④《四庫全書》本。⑤清嘉慶十年虞山張氏照曠閣刻《學津討原》本，中國國家圖書館、上海圖書館、天津圖書館等藏，《中國叢書綜錄》、《中國古籍善本書目》著錄。⑥清道光咸豐間番禺潘氏光緒補刻《海山仙館叢書》本，中國國家圖書館、北京大學圖書館、上海圖書館等藏，《中國叢書綜錄》、《東北地區古籍綫裝書聯合目錄》著錄。

《山東通志·藝文》引《四庫提要》曰："是書記洛中園圃，自富弼以下凡十九所。格非自跋云：'天下之治亂，候於洛陽之盛衰；洛陽之盛衰，候於園圃之興廢。'蓋追思當時賢佐名卿勳業盛隆，能享其樂，非徒誇臺榭池館之美也。《書錄解題》、《郡齋讀書志》俱載李格非撰。惟《津逮秘書》題曰華州李廌。考邵博《聞見後錄》第十七卷全載此書，不遺一字，題標格非之名。同時之人，不應有誤。知毛晉之誤題審矣。王士禛《居易錄》記是書，前有紹興中張琰德和《序》，首曰'山東李文叔'云云。此本亦佚之，殆又後人因標題姓名與《序》不符而刊除其文歟？"

胡玉縉《四庫提要補正》云："陸心源《藏書志》有明仿宋本，不言有自跋，惟載河南邵博記一則，稱'如論天下之治亂'云云。"

《歷城縣志·藝文考》引《居易錄》云："《洛陽名園記》，濟南李格非文叔譔，而常熟毛氏刊本乃訛作華州李廌譔。廌字方叔，乃蘇門六君子之一，且陽翟產，非華州，又訛之訛也。"

## 【史傳辨志五卷】

見《宋史·藝文志》、《濟南府志·經籍》、《山東通志·藝文》（子部雜家類）、《續修歷城縣志·藝文考》。

《山東通志·藝文》："是書見《宋志》雜家類。《讀書志》史評類載《歷代史辨志》五卷，云：'未詳撰人。亦有可觀者，凡百許篇。《序》謂：人之志有甚微者，不可不辨，故以名書。'按：晁《志》此書標目與《宋志》微異而卷同，度一書也。"

## 【文叔集四十五卷】

見《歷城縣志·藝文考》（注曰"《文獻通考》、《焦志》同"）、《章邱縣志·藝文》。《山東通志·藝文》作《李文叔集》。

《山東通志·藝文》："《通考》載是集，引後村劉氏曰：'詩文四十五卷。文高雅條鬯，有義味，在晁、秦之上；詩稍不逮。元祐末爲博士，紹聖始爲禮部郎。有《挽蔡相确》詩云："丙吉勳勞猶未報，衛公精爽僅能歸。"豈蔡嘗薦引之乎？《挽魯直》五言八句，首云："魯直今已矣，平生作小詩。"下六句亦無褒辭。文叔與蘇門諸人尤厚。其沒也，文潛誌其墓。獨於山谷在日，以詩往還，而些詞如此，良不可曉。其《過臨淄絕句》云："擊鼓吹竽七百年，臨淄城闕尚依然。如今只有耕耘者，曾得當年九府錢。"《試院》五言云："斗暗成小疾，亦足敗吾勤。定是朱衣吏，乘時欲舞文。"亦佳作。文叔，李易安父也。文潛《誌》言："長女能詩，嫁趙明誠。"又曰："李文叔筆勢，與淇水相頡頏。"'《分甘餘話》云："吾郡李文叔格非，元祐君子也。其集不傳，傳者僅《洛陽名園記》一卷，可略見其梗槩。此外遺文數篇，雜見說部，余已錄之，以存文獻。近從《楓窗小牘》又得元祐六年七月哲宗幸太學，宰執侍從臣呂大防三十六人紀事倡和詩序，一碑雅潔，是元祐作者風氣。文多不錄。他日或續郡志，不可遺此文。"按：格非遺文，見《墨莊漫錄》者二首，見《冷齋夜話》者一首，其一即《楓窗小牘》所載也。其詩又有《賀幸太學》七絕一首，見《汴京遺蹟志》，《宋詩紀事》錄之。"

《歷城縣志·藝文考》引《墨莊漫錄》云："近世墨工多名手，所製好墨，士大夫留意詞翰者，往往多喜收蓄。唯李格非文叔獨不喜之，嘗著《破墨癖說》云：'客出墨一函，其製為璧，為丸，為手握，凡十餘種，以錦囊之。詫曰："昔李廷珪為江南李國主父子作墨，絕世後二十年乃有李承晏，又二十年有張遇，自是墨無繼者矣。自吾大父始得兩丸於徐常侍鉉；其後吾父為天子作文章，書碑銘，法當賜金，或天子寵異，則以此易之。余於是以兩手當心，捧硯惟謹，不敢議。□□□余怪用薛安潘谷墨三十餘年，皆如吾意，不覺少有不足。不知所謂廷珪墨者，用之當何如也。"他日，客又出墨，余又請其說，甚辨。余曰："噓！余可以不愛墨矣。且子之言曰：'吾墨堅，可以割。'然吾割當以刀，不以墨也。"曰："吾墨可以置水中，再宿不腐。""然貯水當以盆甖，不以墨也。"客復曰："凡世之墨不過二十年，膠敗輒不可用。今吾墨皆百餘年不敗。"余曰："此又不足貴。余墨當用二三年者，何苦用百餘年墨哉。"客辭窮，曰："吾墨得多色。凡用墨一圭，他墨兩圭不逮。"余曰："余用墨，每一二歲不能盡一圭，往往失去，乃易墨，何嘗苦少墨也。"客曰："吾墨黑。"余曰："天下固未有白墨。雖然，使其誠異他墨，猶足尚。"乃使取硯，屏人雜錯以他墨書之，使客自辨，客亦不能辨也。因恚曰："天下奇物，要當自有識者。"余曰："此正吾之所以難。夫碔砆之所以不可為玉，魚目之所以不可為珠者，以其用之才異也。今墨之用在書，苟有用於書與凡墨無異，則亦凡墨而已焉，烏在所可寶者。"嗟乎！非徒墨也，世之人不考其實用而眩於虛名者多矣。此天下寒弱禍敗之所由兆也，吾安可以不辨於墨。'文叔詞翰之好，乃不喜於墨，此不可曉，故并載之。"

又引釋惠洪《冷齋夜話》云："李格非善論文章，嘗曰：諸葛孔明《出師表》、劉伶《酒德頌》、陶淵明《歸去來辭》、李令伯《陳情表》，皆沛然從肺腑中流出，殊不見斧鑿痕。是數君子在後漢之末、兩晉之間，初未嘗以文章名世，而其詞意超邁如此，吾始知文章以氣為主，氣以誠為主。故老杜謂之詩史者，其大過人在誠實耳。誠實著見，學者多不曉。如玉川子《歸醉》詩曰：'昨夜村飲歸，健倒三四五。摩挲青莓苔，莫嗔驚着汝。'王荊公用其意作《扇子》詩曰：'玉斧修成寶月團，月邊仍有女乘鸞。青冥風露非人世，鬢亂釵橫特地寒。'"

又引《楓窗小牘》云："元祐六年七月朔，皇帝既視朝，翰林學士拜疏於廷，曰：'陛下即位，尊有德，親有道，詔舉賢良方正、經明行修、藝文之士，欲以幸教天下，甚惠。夫太學者，教化之原也，且先皇帝初斥三學舍，增弟子至三千員，惟聖上幸照臨其宮。'上以問丞相，丞相曰：'學士議是。今歲屢豐賀，海內誠無事，而陛下聰明仁孝，好學出天性，不因是以風動四方，則事尚何可為者。況祖宗之舊章皆在可考，請下有司，討論以進。'制曰：'可。'以歲十月庚午駕自景靈宮，移仗謁孔子祠，入門降輦，步就小次，由東堦以升，奠爵再拜。禮官告禮成，然後退幸太學，詔博士皆升堂，坐諸生兩廡下。乃命國子祭酒講《書》之《無逸》終篇，因而幸武成王廟而還。左丞相實從，於是率諸公賦詩以形容之，在位者皆屬和。十二月詩至太學，祭酒、司業合其僚屬以謀之，曰：'此太平希闊盛事也，太學何敢私有，必刻金石以傳之天下為稱。'且屬格非序其本末。'格非竊惟成周之隆，其人君起居動作之美，載於《詩》、聲於樂者，多出於左右輔弼之臣；而王之德意志慮，至設官而傳道之，不為區區也。今丞相諸公賦詩，與《雅》、《頌》之作無異；祭酒欲傳之天下，與道王之德意無異，宜刻石不疑。元祐七年正月十日謹序。'此李公格非筆也。諸公詩皆七言，以'章庠行王堂'為韻。凡三十六人。"

康熙《章丘縣志·藝文》載其《廉先生序 附題跋》一篇。

### ◆ 李清照

號易安居士，濟南人，禮部員外郎格非女，諸城翰林承旨趙明誠妻。幼有才藻，既長適明誠，結褵未

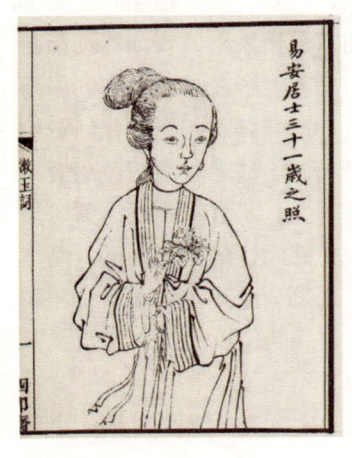

李清照像　載四印齋刻本《漱玉詞》

易安居士三十一歲之照

久，明誠即負笈出遊，清照書詞錦帕送之。嘗以所作詞函致明誠，明誠嘆息，愧弗逮，謝客忘寢食者三日夜，得五十闋，雜清照詞示友人陸德夫，德夫稱絕佳者，正清照作也。明誠父挺之相徽宗，清照獻詩，有云"炙手可熱心可寒"。挺之排元祐黨人甚力，格非以黨籍罷，清照上詩救格非，有云"何況人間父子情"，識者哀之。明誠好儲經籍及三代鼎彝、書畫、金石刻，連知萊、淄二州，竭俸入以事鉛槧，清照與共校勘。明誠作《金石錄》，考據精確，多足正史書之失，清照實助成之。靖康二年春，明誠奔母喪於建康，半棄所藏。其年十二月，金人陷青州，火其藏書十餘屋。建炎二年起，明誠復知建康府。三年，召知湖州，至行在，病卒，清照自為文祭之。既葬，清照赴台州依其弟遠，輾轉避難於越、衢諸州。紹興二年又赴杭州，所攜古器物以次失去，乃為《金石錄後叙》，自述流離狀。清照為詞家大宗，嘗謂：詞自唐、五代無合格者，宋柳永雖協音律而語塵下，張子野、宋子京兄弟、沈唐、元絳、晁次膺有妙語而頗碎，晏元獻、歐陽永叔、蘇子瞻所作似詩之句讀不葺者；蓋詞別是一家，知之者少，晏叔原、賀方回、秦少游、黃魯直能知之，晏苦無鋪叙，賀少典重，秦專主情致而少故實，黃尚故實而多疵病。世以為名論。《歷城縣志》卷四十、《濟南府志》卷五十七有傳。

### 【校勘金石錄三十卷】

《歷城縣志·藝文考》據《宋史·藝文志》著錄。按：《金石錄》乃其夫諸城趙明誠所撰，清照亦筆削其間，並為《後序》，故著於目。是書現存：①宋淳熙龍舒郡齋刻本（張元濟跋），中國國家圖書館藏，《中國古籍善本書目》著錄；《古逸叢書三編》、《山東文獻集成》影印。②宋開禧元年浚儀刻本（存卷十一至二十，清余集補抄《序》及《後序》，清翁方綱、吳應溶、洪頤煊、顧廣圻、江藩、沈濤、余集等跋），上海圖書館藏，《中國古籍善本書目》著錄。③明崇禎五年謝恒抄本（清葉奕、沈顥跋，羅振玉、周叔弢跋，馮彪、葉萬題款），中國國家圖書館藏，《中國古籍善本書目》、《第四批國家珍貴古籍名錄圖錄》著錄。④清順治七年謝世箕刻本，中國國家圖書館、湖南圖書館（清何紹基批校）、上海圖書館（清董醇錄清何焯校，清翁同龢跋）等藏，《中國古籍善本書目》著錄。⑤清乾隆二十七年盧見曾刻雅雨堂刻本，上海

圖書館（清錢大昕校；又一部清張廷濟校並跋；又一部清葉志詵錄清何焯校）、中國國家圖書館（清黃丕烈校並跋，顧廣圻校跋並影抄葉國華、何焯題識；又一部清顧廣圻校並跋又錄清何焯題識）、華東師範大學圖書館（清趙坦、魏錫曾校，王大隆跋）等藏，《中國古籍善本書目》著錄。⑥清呂無黨抄本（卷二十五至三十配呂無黨家抄本；清呂無黨校並跋，張元濟跋；鈐印有"無黨較正圖書"、"吾研齋"、"林少穆珍藏印"等），上海圖書館藏，見《第四批國家珍貴古籍名錄圖錄》。⑦《四庫全書》本。另有《三長物齋叢書》本、《行素草堂金石叢書》本、《槐廬叢書》本、《結一廬朱氏賸餘叢書》本（附民國繆荃孫撰《劄記》一卷《今存碑目》一卷）、《嘉業堂叢書》本（附《劄記》一卷《今存碑目》一卷）、《四部叢刊續編》本（附張元濟撰校勘記一卷）等，見《中國叢書綜錄》。

《山東通志·藝文》引《四庫提要》曰："是書以所藏三代彝器及漢唐以來石刻，仿歐陽修《集古錄》例，編排成帙。紹興中，其妻李清照表上於朝。張端義《貴耳集》謂清照亦筆削其間，理或然也。有明誠《自序》，竝清照《後序》。前十卷皆以時代爲次，自第一至二千咸著於目，每題下注年月、撰書人名。後二十卷爲辨證，凡跋尾五百二篇。中邢義、李澄、義興茶舍、般舟和尚四碑，目錄中不列其名。或編次偶有疏舛，或所續得之本未及補入卷中歟？初鋟版於龍舒。開禧元年，浚儀趙不譾又重刻之。其本今已罕傳，故歸有光、朱彝尊所見皆傳鈔之本。或遂指爲未完之書。其實當時有所考證，乃爲題識，故李清照《跋》稱二千卷中'有題跋者五百二卷耳'，原非卷卷有跋，未可以殘闕疑也。清照《跋》，據洪邁《容齋四筆》，原爲龍舒刻本所不載，邁於王順伯家見原稿，乃撮述大概載之。此本所列，乃與邁所撮述者不同，則後人補入，非清照之全文矣。自明以來，轉相鈔錄，各以意爲更移，或刪除其目內之次第，又或竄亂其目之年月，第十一一以下，或併削每卷之細目，或竟佚卷末之《後序》，沿譌踵謬，彌失其真。顧炎武《日知錄》載章邱刻本，至以《後序》'壯月朔'爲'牡丹朔'，其書之舛謬，可以概見。近日所傳，惟焦竑從祕府鈔出本、文嘉從宋刻影鈔本、崑山葉氏本、閩中徐氏本、濟南謝氏重刻本，按：謝名啓光，章邱人。又有長洲何焯、錢塘丁敬諸校本，差爲完善。今揚州刻本皆爲採錄，又於註中以《隸釋》、《隸續》諸書增附案語，較爲

詳核。別有范氏天一閣、惠氏紅豆山房諸校本，皆稍不及。故今從揚州所刊，著於錄焉。"按陳振孫《寶刻叢編序》云："趙德父《金石錄》自三代秦漢而下敘次之，而不著所在郡邑。"

## 【打馬圖一卷】

現存：①明刻《重訂欣賞編》本，中國國家圖書館、上海圖書館、浙江圖書館等藏，《中國叢書綜錄》著錄。②明秦淮寓客輯刊《綠窗女史》本，北京大學圖書館、上海圖書館藏，《中國叢書綜錄》著錄。③清順治三年兩浙督學周南李際期宛委山堂刊《說郛》本，中國國家圖書館、北京大學圖書館、上海圖書館等藏，《中國叢書綜錄》著錄。另有《夷門廣牘》本、《游藝四種》本、《觀自得齋叢書》本、《景印元明善本叢書十種》本、《粵雅堂叢書》本（均作《打馬圖譜》），見《中國叢書綜錄》。《歷城縣志·藝文考》作《打馬賦》一卷。《山東通志·藝文》（子部藝術類）作《打馬圖經》一卷。

《山東通志·藝文》："是編有清照《自序》略云：'按打馬世有二種，一種一將十馬，謂之關西馬；一種無將二十馬者，謂之依經馬。流傳既久，各有圖經凡例可考，行移賞罰，互有同異。又宣和間人取二種馬參雜加減，大約交加僥倖，古意盡矣，所謂宣和馬者是已。予獨愛依經馬，因取其賞罰互度，每事作數語，隨事附見，使兒輩圖之。不獨施之博徒，實足貽諸好事，使千萬世後，知命辭打馬，始自易安居士也。'《歷城志》云：'按：清照自序本名《打馬圖》，而《通考》載《打馬賦》一卷，本一書也，或因《圖》中有賦而訛耳。《圖》載今俗刻《說郛》中，然亦非全本。'按：伍崇耀粵雅堂刊本作《打馬圖經》，今依以標目。崇耀跋云：'打馬戲今不傳，周櫟園《書影》稱"予友虎林陸驤武近刻李易安之《譜》於閩，以犀象蜜蠟爲馬，盛行。近淮上人頗好此戲"云云，而今實未見，殆失傳矣。此爲亡友黃石溪明經手寫本。《序》稱撰於紹興四年，固《貴耳錄》所稱南渡來常懷京洛舊事，晚年賦詞有"於今憔悴，風鬟霧鬢"時也。'"

## 【李易安集十二卷】

見《山東通志·藝文》（集部別集類）。《歷城縣志·藝文考》據《文獻通考》著錄，作《易安居士文集》十二卷，注云："《宋史·藝文志》作七卷。

焦《志》亦作十二卷。"

　　《山東通志·藝文》："其集《宋志》作《易安居士文集》七卷，茲依《讀書志》標題。朱子《游藝論》云：'本朝婦人能文，只有李易安與魏夫人。李有詩大略云："兩漢本繼紹，新室如贅疣。所以嵇中散，至死薄殷周。"中散非湯、武得國，引之以比王莽。如此等語，豈女子所能？'《四六談塵》云：'李易安《祭趙湖州文》曰："白日正中，歎龐公之機捷；堅城自墮，憐杞婦之悲深。"婦人四六之工者。'吳連周《繡水詩鈔》清照小傳云：'其詞超絕古今，詩不多見。其舅挺之相徽宗，清照獻詩有云："炙手可熱心可寒。"格非以黨籍罷，清照上詩救格非有云："何況人間父子情。"識者哀之。建炎初，從秘閣守建康，作詩云："南來尚怯吳江冷，北狩應悲易水寒。"王西樵撰《然脂集》，只得其詩二句，云："少陵亦是可憐人，更待明年試春草。"《風月堂詩話》載二句云："詩情如夜鵲，三繞未能安。"'又按語云：'易安多以文字中人忌。如《建安》詩"南渡衣冠少王導，北來消息欠劉琨"，譏刺甚衆。張子韶對策有"桂子飄香"之語，易安嘲之曰："露花倒影柳三變，桂子飄香張九成。"應舉者服其工而心忌之。紹興三年端午，易安親聯有爲內夫人者代進帖子，於是翰林止金帛之賜，咸以爲由易安也，時直翰林秦楚材尤忌之。嗚呼！此改嫁穢說之所由來也。'案：清照詩，《宋詩紀事》載八首，《繡水詩鈔》所載較《紀事》多八首，而無《紀事》所採《釣臺集》"《夜發嚴灘》"一首。"

## 【漱玉詞一卷】

　　見《山東通志·藝文》（集部詞曲類）。現存：①明天啓崇禎間海虞毛氏汲古閣刻《詩詞雜爼》本，北京大學圖書館、上海圖書館、山東大學圖書館藏，《中國叢書綜錄》著錄。②《四庫全書》本。③清莫友芝家鈔本，復旦大學圖書館藏，《中國古籍善本書目》著錄。④清鈔本（附清俞正燮撰《易安居士事輯》一卷，清丁丙跋），南京圖書館藏，《中國古籍善本書目》著錄。⑤清光緒十四年臨桂王氏家塾刻《四印齋所刻詞》本（有《補遺》一卷《附錄》一卷），中國國家圖書館、復旦大學圖書館、山東省圖書館藏，《中國叢書綜錄》著錄。⑥清光緒二十七年海豐吳氏刻《吳氏石蓮庵刻山左人詞》本（《漱玉詞》一卷《附錄》一卷《補遺》一卷，清臨桂王鵬運輯《附錄》《補

遺》），山東省圖書館藏，《山東文獻書目》著錄；《山東文獻集成》影印。另有《校輯宋金元人詞》本、《叢書集成初編》本、《文藝小叢書》第一輯本（不分卷）、《詞學小叢書》本（作《李清照詞》）等，見《中國叢書綜錄》。

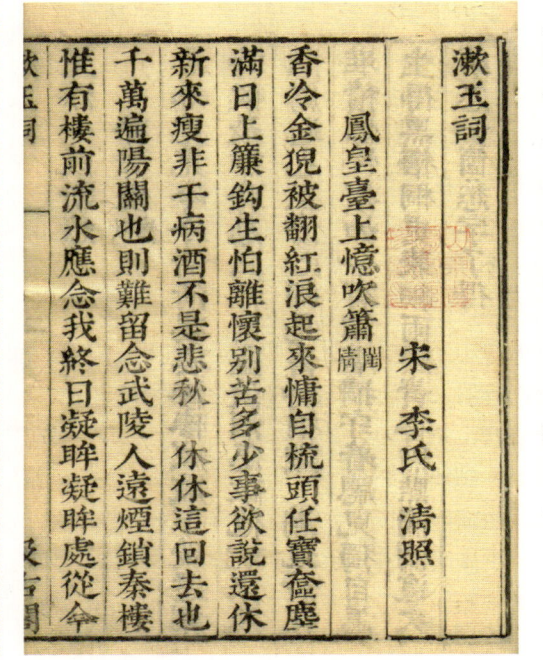

《漱玉詞》一卷　明天啓崇禎間海虞毛氏汲古閣刻《詩詞雜爼》本

　　《宋史·藝文志》、《歷城縣志·藝文考》作《易安詞》六卷。《歷城縣志·藝文考》又據《文獻通考》著錄《漱玉集》一卷，又引《文獻通考》云："陳氏曰：易安居士李清照撰。別本分五卷。"道光《章邱縣志·藝文》亦作《漱玉集》。

　　《山東通志·藝文》引《四庫提要》曰："清照工詩文，尤以詞擅名。胡仔《苕溪漁隱叢話》稱其再適張汝舟，未幾反目，有啓事上綦處厚云：'猥以桑榆之晚景，配茲駔儈之下材'，傳者無不笑之。今其啓具載趙彥衛《雲麓漫鈔》中。李心傳《建炎以來繫年要錄》載其與後夫構訟事尤詳。此本爲毛晉汲古閣所刊，卷末備載其軼事、逸文，而不錄此篇，蓋諱之也。案：陳振孫《書錄解題》載清照《漱玉詞》一卷，又云'別本作五卷'，黃昇《花菴詞選》則稱'《漱玉詞》三卷'，今皆不傳。此本僅詞十七闋，附以《金石錄序》一篇，蓋後人裒輯爲之，已非其舊。其《金

石錄後序》與刻本所載，詳略迥殊，蓋從《容齋五筆》中鈔出，亦非完篇也。清照以一婦人，而詞格乃抗軼周、柳，張端義《貴耳集》極推其元宵詞《永遇樂》、秋詞《聲聲慢》，以爲閨閣有此文筆，殆爲間氣，良非虛美。雖篇帙無多，固不能不寶而存之，爲詞家一大宗矣。"

### ◆ 呂頤浩

頤浩字元直，濟南人（其先樂陵人，徙齊州）。中進士第。徽宗時歷官至河北都轉運使。高宗南渡，起知揚州，兩入政府，同中書門下平章事，後以少傅醴泉觀使致仕。卒贈太師、秦國公，諡忠穆。《宋史》卷三百六十二、《歷城縣志》卷三十五、《濟南府志》卷四十七有傳。

### 【呂忠穆公奏議三卷】

《山東通志·藝文》（史部詔令奏議類）據《傳是樓書目》著錄，並引《四庫全書總目》"《忠穆集》"提要云："宣和伐燕之役，頤浩隨轉運，奏燕山河北危急五事，請議長久之策，一時稱其切直。又少長西北兩邊，於軍旅頗爲嫺習，其應詔上戰守諸策，載於徐夢莘《三朝北盟會編》者，柯維騏《宋史新編》云："紹興五年，詔問宰執以戰守方略，頤浩條十事以獻。"大約皆謂和議之必不可成，而勸高宗爲乘機進取之計，凡分兵策應機宜，條畫頗備。雖都督江淮，迄未建恢復之績，不能盡酬其所言，然較張浚之迂謬寡謀，媢嫉誤國，富平諸役，流毒蒼生者，則固有間矣。"

### 【呂忠穆答客問一卷】

見《直齋書錄解題》、《文獻通考·經籍考》、《山東通志·藝文》（史部傳記類）。《濟南府志·經籍》作《荅客問》一卷。

### 【燕魏雜記一卷】

見《山東通志·藝文》（史部傳記類）。現存：《藝海珠塵》本、《函海》本、《叢書集成初編》本等，見《中國叢書綜錄》。

《山東通志·藝文》："《書錄解題》載《呂忠穆集》十五卷，云後三卷爲此書，卷末言金人亂華始末甚詳。《四庫提要》'《忠穆集》'提要云：'蓋頤浩在河北時所作，今祇存二十九條，於古蹟頗有典據。'按：《藝海珠塵》有單刻本一卷，故別著錄焉。"

### 【忠穆集八卷】

見《濟南府志·經籍》、《山東通志·藝文》。現存：①《四庫全書》本。②民國二十三年至二十四年上海商務印書館據文淵閣本影印《四庫全書珍本初集》本，中國國家圖書館、首都圖書館、上海圖書館等藏，《中國叢書綜錄》著錄。

《樂陵縣志·撰著篇目》作《呂頤浩集》十五卷。《歷城縣志·藝文考》據《文獻通考》著錄，作《忠穆文集》十五卷，注云："《宋史》同，焦《志》作一十卷。"

《山東通志·藝文》："《四庫提要》曰：'頤浩集凡十五卷，見於陳振孫《書錄解題》。《宋史·藝文志》並同。舊本久佚，惟《永樂大典》頗散見其遺篇。裒而輯之，尚得文一百三十七首，詩詞五十八首。今重爲排輯，勒成八卷。'又曰：'集中《上時政》一書，乃作於靖康初年，能預決金兵之必來，諄諄以遷避爲說，亦復具有先見，而本傳獨未及此事，是亦足以補史闕也。'又曰：'其集在孝宗時嘗付兩浙漕司鏤版，詳見其子摭所作謝表中。今與頤浩配享省劄一通並附於末，以備稽核焉。'"

《歷城縣志·藝文考》引《文獻通考》云："陳氏曰：後三卷爲燕魏雜記古今事。卷末言金人事始末甚詳。"

### 附【呂忠穆公遺事一卷】

不著撰者。見《四庫全書總目》（《永樂大典》本）、《山東通志·藝文》（史部傳記類）。《宋史·藝文志》、《歷城縣志·藝文考》作《呂頤浩遺事》一卷。現存：清乾隆四十二年孔繼涵家鈔本（作《丞相呂穆公遺事》一卷，與《呂忠穆公年譜》等共一冊，孔繼涵校並跋），中國國家圖書館藏，《四庫存目標注》著錄；《四庫全書存目叢書》影印（題作《呂忠穆公遺事》一卷）。

《歷城縣志·藝文考》："頤浩出處大概。"

《山東通志·藝文》："《四庫》存目。《宋志》作《呂頤浩遺事》一卷。《存目提要》曰：'不著撰人名氏。陳振孫《書錄解題》載之，亦不云誰所作。所記呂頤浩言行，每條必曰"公於某事"云云，蓋其後人所述也。'"

## 附【呂忠穆公年譜一卷】

佚名撰。清四庫館輯自《永樂大典》。現存：清乾隆四十二年孔繼涵家鈔本（與《勤王記》、《遺事》、《逢辰記》合一冊），中國國家圖書館藏，《四庫存目標注》著錄；《四庫全書存目叢書》影印。

## 附【呂忠穆家傳一卷】

不著撰者。見《歷城縣志·藝文考》、《山東通志·藝文》（史部傳記類）。

《山東通志·藝文》：“《書錄解題》載此編及《遺事》、《逢辰記》二書云：‘記建炎丞相呂頤浩元直事，孫昭問刻之廣德軍。’《歷城志》云：‘三書皆不著何人所撰，以其記忠穆之事，且爲忠穆孫昭問所刻，故從陸氏《通志》著錄於史部，以俟博雅者考焉。’”

## 附【逢辰記一卷】

不著撰者。見《宋史·藝文志》、《四庫全書總目提要》（著錄《永樂大典》本）、《歷城縣志·藝文考》、《濟南府志·經籍》、《山東通志·藝文》（史部傳記類）。現存：清乾隆四十二年孔繼涵家鈔本（與《呂忠穆公年譜》等合一冊，孔繼涵校並跋），中國國家圖書館藏，《四庫存目標注》著錄。

《歷城縣志·藝文考》引《文獻通考》云：“陳氏曰：‘記建炎丞相呂頤浩元直事，孫昭問刻之廣德軍。’”

《山東通志·藝文》引《四庫存目提要》曰：“不著撰人名氏。《宋史·藝文志》著錄，注云：‘呂頤浩歷官次序。’此書末有附記云：‘公平昔所爲文及奏議，竝載之別集，此外又有公之《勤王記》及遺事可考，故爲家傳以紀事。’則此記乃頤浩後人所撰矣。”

### ◆ 王 衣

衣字子裳，歷城人。以門廕補官，又中明法科，官至大理寺正。建炎初，爲方勳郎中，遷大理少卿。四年，升大理卿。紹興二年，除集英殿修撰，旋應薦召爲刑部侍郎，爲言者所格。四年，卒於家。《宋史》卷三百七十七、《歷城縣志》卷三十五、《濟南府志》卷四十七有傳。

## 【一司勑令】

王衣等奉詔撰定。見《山東通志·藝文》、《續修歷城縣志·藝文考》。

《山東通志·藝文》引《宋史》本傳云：“詔同詳定《一司勑令》，刪雜犯死罪四十七條。書成，帝嘉其議法詳明。”

### ◆ 周 孚

孚字信道，自號蠹齋，濟南人，寓丹徒。乾道二年進士。淳熙初任真州學教授，終儀真校官。《濟南府志》卷四十七有傳。

## 【非鄭樵詩辨妄一卷】

見《經義考》、《山東通志·藝文》（經部詩類）、《續修歷城縣志·藝文考》。現存：①清咸豐元年海昌蔣氏宜年堂刻六年重編《涉聞梓舊》本（作《非詩辨妄》一卷），上海圖書館、天津圖書館、南京圖書館等藏，《中國叢書綜錄》著錄。②清咸豐中仁和韓氏刻《玉雨堂叢書》第一集本（作《非詩辨妄》二卷），中國科學院國家科學圖書館、南京圖書館等藏，《中國叢書綜錄》著錄。③民國二十四年至二十六年上海商務印書館排印《叢書集成初編》本（作《非詩辨妄》一卷），中國國家圖書館、上海圖書館、山東大學圖書館等藏，《中國叢書綜錄》著錄。

《山東通志·藝文》：“《經義考》載其《自序》略云：‘自漢以來，《六經》之綱維具矣，學者世相傳守之，雖聖人起，未易廢也。而鄭子乃欲盡廢之，此予所以不得已而有言也。故撮其害理之甚者見於予書，總而次之，凡四十二事，爲一卷。’”

《續修歷城縣志·藝文考》引《四庫總目》“《蠹齋鉛刀編》”提要云：“鄭樵作《詩辨妄》，決裂古訓，橫生肌解，實泪亂經義之渠魁。南渡諸儒，多爲所惑。而孚陳四十二事以攻之，根據詳明，辨證精確，尤爲有功於詩教。今樵書未見傳本，而孚書巋然獨存。豈非神物呵護，以延風雅一脈哉。”

## 【春秋講義一卷】

見《經義考》、《山東通志·藝文》（經部春秋類）、《續修歷城縣志·藝文考》（據《經義考》）。

《經義考》云：“周氏《講義》止及隱公，凡一十六條，附載《蠹齋鉛刀編》。”按：《經義考》於《春秋講義》外又另立《春王正月說一篇》，注云：“載《蠹齋鉛刀編》。”《山東通志·藝文》（經部春秋類）、《續修歷城縣志·藝文考》均據以著錄。今檢《蠹齋鉛刀編》卷二十一爲《春秋講義》，凡十六條，《春王正月》即《春秋講義》十六條之一也，不當另立一目。

## 【蠹齋鉛刀編三十二卷】

見《山東通志·藝文》、《續修歷城縣志·藝文考》。現存：①明抄本（作《蠹齋先生鉛刀編》三十二卷《目錄》二卷《拾遺詩》一卷，清吳焯跋），中國國家圖書館藏，《中國古籍善本書目》著錄。②清鈔本（作《蠹齋先生鉛刀編》三十二卷《拾遺詩》一卷），中國國家圖書館、江西省圖書館、南京圖書館（清丁丙跋）、臺灣“國家圖書館”藏，《中國古籍善本書目》、《國家圖書館善本書志初稿》著錄。《善本書室藏書志》作精鈔本。③清道光間鎦經室鈔本（題同前，袁思亮跋），臺灣“國家圖書館”藏，《國家圖書館善本書志初稿》著錄。④清周大輔郜公鐘室抄本（題同前，周大輔批校），浙江圖書館藏，《中國古籍善本書目》著錄。⑤《四庫全書》本。⑥清乾隆五年至六年嘉善曹氏二六書堂刻《宋百家詩存》本（一卷），中國國家圖書館、上海圖書館、山東大學圖書館藏，《中國叢書綜錄》著錄。

《山東通志·藝文》引《四庫提要》曰：“集首有京口陳珙《序》，稱遺文共三十卷。《儀真縣志》并同。而酈延解百襇跋語又稱三十二卷，與今集本相合。蓋珙《序》專指詩文而言。末二卷爲《非詩辨妄》，原自別本單行，百襇取以附入，故通爲三十二卷耳。又《宋詩紀事》稱孚卒後，辛棄疾刊其集。今考集中多與棄疾贈答之作，然絕無刊集之文。世所傳本，實淳熙己亥歲百襇爲鏤版以傳，跋語可證。疑《宋詩紀事》有誤也。孚七歲通《春秋》，爲詩初學陳師道，進而學黃庭堅，俱能得其遺矩。詩中分註，自甲戌歲始，距其卒於淳熙初凡二十餘年。蓋皆其中年之作，學問日進，故大抵詞旨清拔，無纖仄卑俗之病，文章不事雕繢，而波瀾意度往往近於自然。至鄭樵作《詩辨妄》，決裂古訓，橫生臆解，實汩亂經義之渠魁，南渡諸儒，多爲所惑。而孚陳四十二事以攻之，根據詳明，辨證精確，尤爲有功於《詩》教。今樵書未見傳本，原註：案《經義考》載樵此書，註曰未見。而孚書巋然獨存，豈非神物呵護，以延風雅一脈哉？是尤可爲寶貴者矣。”

余嘉錫《四庫提要辨證》云：“《宋詩紀事》之說出於《瀛奎律髓》卷四十四所載，又《咸淳鎮江志》也有載，皆明言《蠹齋集》爲稼軒辛棄疾刊於長沙。然則《紀事》實未誤也。蓋周孚集自有兩本，辛棄疾刊於長沙者三十卷，名《蠹齋集》，蓋棄疾官知潭州時所刊，約在淳熙六、七年間。解百襇所刊者附《非詩辨妄》於后，凡三十二卷，名《蠹齋先生鉛刀編》，刊於淳熙六年重九日。兩本名雖不同，其詩文固無以異也。”

《續修歷城縣志·藝文考》引《善本書室藏書志》云：“《蠹齋先生鉛刀編》三十二卷附《拾遺詩》一卷依宋鈔本朱竹垞藏書，前有淳熙己亥中秋京口陳珙《序》，後有淳熙己亥重九日酈延解百襇《跋》云：‘百襇與蠹齋先生從游，辱知遇最深。男瑀受業於先生之門，積有歲時，盡得先生家藏詩文三十二卷。先生平日盡力於斯文，於詩尤刻意，舊句多所更定，與昔稍異。不敢私藏於家，命工鏤版，以廣其傳。學古君子覽之，始知余拳拳之志焉。’又有‘友人陳珙厚德校正’、‘友人宋廓子大校正’、‘友人解百襇伯時編集’三行。行欵似從宋槧而出。有‘竹垞藏本’一印。先生有‘田園一蟊睫，書卷百牛腰’之句。寒家居元潘時雍之灌園，後稱田家園，築八千卷樓藏庋書籍。嘗乞俞曲園太史書此二語，以爲楹聯。固巧合也。”

## ◆ 辛棄疾

棄疾字幼安，又號稼軒，歷城人。少師蔡伯堅，與黨懷英同學。懷英留事金，棄疾決意南向。會金主亮死，中原豪傑并起，耿京聚兵山東，自號天平節度使，節制山東、河北忠義軍馬，棄疾爲掌書記，即勸京決策南向。有僧義端，喜談兵，聚眾千餘，說下之，使隸京。僧一夕竊印逃，棄疾揣僧以虛實奔告金師，急追之，斬其首而還。紹興三十二年，京令棄疾奉表歸宋，高宗授以承務郎、天平節度掌書記，并以節使印告召京。適張安國殺京降金，棄疾約統制王世隆及忠義人馬全福徑趨金營，安國方與金將酣飲，即眾中縛之以歸，獻俘行在。時棄疾年二十三。乾道四年，通判建康府。六年孝宗召對延和殿，銳意恢復，棄疾因論南北形勢及三國、晉、漢人才，持論勁直，不爲迎合。作《九議》并《應問》三篇、《美芹十論》以獻，言順逆之理、消長之勢、技之長短、地之要害甚備。以和議定，不行。歷知潭州，兼湖南安撫。其后數落職，亦數起官。寧宗時召見，言鹽法，加秩。尋差知鎮江府，又知江陵府。令赴行在奏事，試刑部侍郎，辭。進樞密都承旨，未受命，卒。加少師，諡忠敏。《宋史》卷四百一、《歷城縣志》卷三十五、《濟南府志》卷四十七有傳。

### 【北狩日記三冊】

見《歷城縣志·藝文考》、《濟南府志·經籍》、《山東通志·藝文》（史部雜史類）。

《山東通志·藝文》：“《歷城志》載是書，云‘鈔本’，并載棄疾《跋》略曰：‘此書乃阿計替所傳。阿計替者，本棣州人，曰朱得臣，靖康中入金，頂名阿計替，即始終監守二帝者。每日記其事，密傳中國。而棄疾潤色之，成此書。’又按語云：‘此書載徽、欽及三后在北受苦甚悉。’署曰：‘遺民辛棄疾遺稿。’又曰：‘北宋隨駕臣朱得臣日記。’”

### 【南渡錄二卷】

見《四庫全書總目》、《山東通志·藝文》（史部雜史類）。現存：①清鈔本（四卷），遼寧省圖書館藏。②清鈔本（一卷，清龔文照校並跋、丁祖蔭跋），上海圖書館藏。③清光緒六年湖北崇文書局刻本（四卷），中國國家圖書館、北京大學圖書館、上海圖書館藏。④民國元年上海廣益書局石印本（四卷），上海圖書館、遼寧省圖書館藏。以上見《中國古籍善本書目》、《中國古籍總目》。另有《徽欽遺事》本（一卷）、《國難叢書》本（一卷）等，見《中國叢書綜錄》。

《山東通志·藝文》：“《南渡錄》、《竊憤錄》，《四庫存目提要》云：‘此二書所載語並相似，舊本或題無名氏，或竝題爲辛棄疾撰，蓋本出一手所僞託，故所載全非事實。’錢大昕《日記鈔》云：‘辛棄疾《南燼紀聞》，又《竊憤錄》、《竊憤續錄》，不題撰人，其實即一書，強析爲三，要亦好事者僞造耳。’《拜經樓藏書題跋記》云：‘《南燼紀聞》、《竊憤正、續錄》並鈔本合爲一冊，不著撰人名氏。相傳《南燼紀聞》淮海周煇著，《竊憤錄》辛棄疾著。家藏又一鈔本，亦二種，前多《南渡錄大略》一篇，並題辛棄疾著。”

### 【南渡錄大略一卷】

現存：①清鈔本，上海圖書館藏，《中國古籍總目》著錄。②清鈔本，北京大學圖書館藏，《中國古籍總目》著錄。另有《徽欽遺事》本（作《南渡大畧》一卷）、《叢書集成初編》本，見《中國叢書綜錄》。

### 【竊憤錄一卷續錄一卷】

現存：①清初徐釚鈔本，無錫市圖書館藏。②清鈔本，北京大學圖書館藏。③清同治十二年劉履芬鈔本（清劉履芬跋，王國維跋），中國國家圖書館藏。④清愛日軒鈔本（清丁丙跋），南京圖書館藏。⑤清樹駿堂鈔本，上海圖書館藏。⑥清鈔本（清翁同龢跋），上海圖書館藏。⑦清袁氏臥雪廬鈔本（秦更年校），南開大學圖書館藏。⑧清鈔本（《竊憤錄》二卷《續錄》一卷，清許焞批校），湖南省社會科學院圖書館藏。以上見《中國古籍善本書目》、《中國古籍總目》。⑨清寶芸齋抄本（王獻唐批校並錄徐乾學批校），山東省圖書館藏，見《第三批國家珍貴古籍名錄圖錄》。另有《正覺樓叢書》巾箱本、《學海類編》本、《國粹叢書》本、《筆記小說大觀》本、《中國內亂外禍歷史叢書》本等，見《中國叢書綜錄》。

《山東通志·藝文》（史部雜史類）著錄《竊憤錄》一卷，提要見上《南渡錄》條。

### 【南燼紀聞】

現存：①清初徐釚鈔本（一卷），蘇州市圖書館

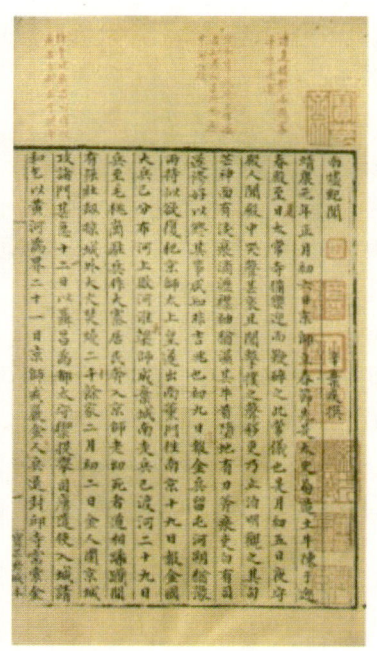

《南燼紀聞》一卷　清寶芸齋抄本

藏。②清乾隆四十八年曹松岩鈔本（作《宋南爐紀聞》一卷），北京大學圖書館藏。③清鈔本（一卷，鄧之誠跋），中國科學院國家科學圖書館藏。④清道光八年朱葵之鈔本（三卷，朱葵之校並跋），中國國家圖書館藏。⑤清鈔本（三卷首一卷），北京大學圖書館藏。⑥清愛日軒鈔本（二卷，清丁丙跋），南京圖書館藏。以上見《中國古籍善本書目》、《中國古籍總目》。⑦舊鈔本（作《南爐紀聞錄》），臺灣“國家圖書館”藏（朱彝尊、翁同龢舊藏，有瓶生手書題記），《國家圖書館善本書志初稿》著錄。⑧清寶芸齋抄本（一卷，王獻唐批校並錄徐乾學批校，鈐有“潤臣”、“葉印名澧”、“結弍廬藏書印”、“寶芸齋”等印），山東省圖書館藏，見《第三批國家珍貴古籍名錄圖錄》。另有《學海類編》本（一卷）、《國粹叢書》本（作《南爐紀聞錄》二卷）、《中國內亂外禍歷史叢書》本（作《南爐紀聞錄》二卷）等，見《中國叢書綜錄》。

《山東通志・藝文》（史部雜史類）著錄，提要見上《南渡錄》條。

《宋南爐紀聞》一卷　陝西省圖書館藏清抄本

## 【稼軒奏議一卷】

見《宋史・藝文志》、《歷城縣志・藝文考》、《濟南府志・經籍》、《山東通志・藝文》（史部詔令奏議類）。

《山東通志・藝文》引《宋史》本傳云：“時帝銳意恢復，棄疾因論南北形勢及三國晉漢人才，持論勁直，不爲迎合。作《九議》、《應問》三篇、《美芹十論》獻於朝，言逆順之理、消長之勢、技之長短、地之要害甚備。以講和方定，議不行。”

## 【阿計替傳一卷】（一名《阿計替本末》、《阿計替本末紀略》）

見《山東通志・藝文》（史部傳記類）。現存：①清鈔本，南京圖書館藏，《中國古籍總目》著錄。②清鈔本（與《南爐紀聞》等合鈔），福建省圖書館（鄧實跋）、上海圖書館藏，《中國古籍善本書目》、《中國古籍總目》著錄。③清樹駿堂鈔本，上海圖書館藏，《中國古籍總目》著錄。④民國元年上海廣益書局石印本（附《南渡錄》後），上海圖書館、遼寧省圖書館藏，《中國古籍總目》著錄。另有《徽欽遺事》本、《學海類編》本、《筆記小說大觀》本等，見《中國叢書綜錄》。

## 【美芹十論一卷】

見《四庫全書總目》（浙江鮑士恭家藏本）、《濟南府志・經籍》、《山東通志・藝文》（子部兵家類）。現存：①舊鈔本，台灣中央研究院歷史語言研究所藏，見《四庫存目標注》。②清光緒三十四年上虞羅氏唐風樓鈔本，遼寧省圖書館藏，《四庫存目標注》著錄；《四庫全書存目叢書》影印。③寫本（一冊），日本靜嘉堂文庫藏，見《四庫存目標注》。

《山東通志・藝文》引《四庫存目提要》曰：“舊本題宋辛棄疾撰。……是書皆論恢復之計。其《審勢》、《察情》、《觀釁》三論，所以明敵之可勝。其《自治》、《守淮》、《屯田》、《致勇》、《防微》、《久任》、《詳戰》七論，所以求己之能勝。卷末又載《上光宗疏》一篇、《論荊襄上流爲東南重地疏》一篇、《論江淮疏》一篇、《議練民兵守淮疏》一篇，則後人所附入也。然史不言棄疾有此書。考《江西通志》，載臨川黃兌……嘗獻《美芹十策》、《進取四論》。此或兌書，後人僞題棄疾歟？”

## 【蕉窗雜錄一卷】

見《四庫全書總目》（兩淮馬裕家藏本）、《山東通志·藝文》（子部雜家類）。

《兩淮商人馬裕家呈送書目》："《蕉窗雜記》二卷，宋辛棄疾，一本。"

《山東通志·藝文》引《四庫存目提要》曰："舊本題曰'宋稼軒居士撰'。稼軒，辛棄疾號也。故凡遇'宋'必加'皇'字於上，以明其爲真棄疾作。然書中乃引楊慎《丹鉛錄》、王鏊《震澤長語》、都穆《聽雨紀談》、焦竑《類林》、王世貞《藝苑巵言》，其妄殆不足辨。其所自增數條，如謂木筆名辛夷，芍藥一名辛夷，云出《山海經》之類，更爲無稽之談。殆妄劣書賈，鈔合明人說部，詭題此名也。"

## 【稼軒集】

見《歷城縣志·藝文考》、《山東通志·藝文》。

《山東通志·藝文》："集見《宋史》本傳。《歷城志》云：'按：本傳所謂《稼軒集》，疑即《長短句》，故《藝文志》有《長短句》，無《稼軒集》。然稼軒不應別無詩文。今參考傳志并載之。'按《濟南志·經籍》，《長短句》十二卷外別出《稼軒集鈔存》九卷之目。是本傳所載之集，顯然與《長短句》爲兩書矣。惟《鈔存》本出自何人之手，《濟南志》不載，俟考。又稼軒詩，劉後村《詩話》載其'青衫匹馬萬人呼'一首，又載其'身爲僧禪老，家因赴詔貧'一聯。"

《歷城縣志·藝文考》引《居易錄》云："辛稼軒，詞中大家，而詩不多見。劉後村《詩話》載其《送別湖南部曲》一詩云：'青衫匹馬萬人呼，幕府當年急急符。愧我明珠成薏苡，負君赤手縛於菟。觀書到老眼如鏡，論事驚人膽滿軀。萬里雲霄送君去，不妨風雨破吾廬。'稼軒，吾濟南人，故錄之。其《長短句》，予家有舊刊本。"又云："辛稼軒詩傳者甚少，後村又記其一聯云：'身爲僧禪老，家因赴詔貧。'稼軒墓在鉛山州南十五里陽原山，見《研北雜志》。"

## 【稼軒集鈔存九卷疏議劄子論文啟三卷詩一卷詞五卷附年譜一卷】

清法式善輯自《永樂大典》，見《八旗文經》。

《濟南府志·經籍》著錄《稼軒集鈔存》九卷。

## 【藥閣集一卷】

見《四庫全書總目》、《山東通志·藝文》。現

存：清趙氏小山堂刻本（二卷），中國國家圖書館藏，《中國古籍善本書目》、《四庫存目標注》著錄；《四庫全書存目叢書》影印。

《山東通志·藝文》引《四庫存目提要》略曰："舊本題宋辛棄疾撰。是編集六朝及唐人詩句爲五七言近體，平聲上、下三十韻，韻爲一首。前有棄疾《自序》。今案唐韻及宋禮部韻，皆上平二十八部，下平二十九部。至理宗末，平水劉淵始併爲上、下平各十五部。棄疾當高、孝、光、寧之朝，平水韻未出，安得而用其部分？且平韻分上、下，自《廣韻》已然，集中顧以'一先'爲'十六先'，至咸韻爲三十，此向來韻書所無。又據魏了翁之說，唐韻下平作'二十九先'而小變之者也。至集句始於晉傅咸，宋王安石、孔武仲皆有其體，今《序》首即云'集韻非古'，又舍王、孔而獨舉陳后山、林莆田，尤極疏舛。文筆亦頗類明末竟陵一派，決不出棄疾之手也。"

## 【稼軒詞四卷】

見《歷城縣志·藝文考》（據《文獻通考》）、《山東通志·藝文》（集部詞曲類）。現存：①清初毛氏汲古閣影宋抄本，中國國家圖書館藏，《中國古籍善本書目》著錄。②明海虞毛氏汲古閣刻《宋名家詞》本，中國國家圖書館、上海圖書館（清姚椿批校）、山東大學圖書館藏，《中國古籍善本書目》、《中國叢書綜錄》著錄。③《四庫全書》本。④清光緒二十七年海豐吳氏刻《吳氏石蓮庵刻山左人詞》本（作《稼軒詞》十二卷），山東省圖書館藏，《山東文獻書目》著錄；《山東文獻集成》影印。另有《中國文學珍本叢書》本、《四部備要》本、《百家詞》本（作《稼軒詞甲集》一卷《乙集》一卷《丙集》一卷《丁集》一卷）、《景刊宋金元明本詞四十種》本（作《稼軒詞甲集》一卷《乙集》一卷《丙集》一卷）、《校輯宋金元人詞》本（作《稼軒詞丁集》一卷）、《詞學小叢書》本（作《辛棄疾詞》一卷）等，見《中國叢書綜錄》。

《歷城縣志·藝文考》引《文獻通考》云："陳氏曰：信州本十二卷，視長沙爲多。"又引岳珂《桯史》云："辛稼軒守南徐，已多病謝客。予來筮仕委吏，實隸總所，例於州家殊參辰，且望贄謁剌而已。余時以乙丑南宮試，歲前沿事僅兩句，即謁告去。稼軒偶讀余通名啟而喜，又頗階父兄舊，特與其潔。余試既不利，歸官下，時一招去。稼軒以詞名，每燕必

命侍妓歌其所作。特好歌《賀新郎》一詞，自誦其警句曰：‘我見青山多嫵媚，料青山見我應如是。’又曰：‘不恨古人吾不見，恨古人不見吾狂耳。’每至此，輒拊髀自笑，顧問坐客何如，皆嘆譽如出一口。既而又作一《永遇樂》，序北狩事，首章曰：‘千古江山，英雄無覓孫仲謀處。’又曰：‘尋常舊陌，人道寄奴曾住。’其寓感慨者，則曰：‘不堪回首，佛貍祠下，一片神鴉社鼓。憑誰問：廉頗老矣，尚能飯否？’特置酒召數客，使妓迭歌，益自擊節，徧問客，必使摘其疵，遜謝不可。客或措一二辭，不契其意，又弗答，然揮羽四視不止。余時年少，勇於言，偶坐於席側，稼軒因誦啟語，顧問再四。余率然對曰：‘待制詞句，脫去今古軫轍，每見集中有“解道此句，真宰上訴，天應嗔耳”之序，嘗以為其言不誣。童子何知，而敢有議？然必欲如范文正以千金求《嚴陵祠記》一字之易，則晚進尚竊有疑也。’稼軒喜，促膝亟使畢其說。余曰：‘前篇豪視一世，獨首尾二腔，警語差相似。新作微覺用事多耳。’於是大喜，酌酒而謂坐中曰：‘夫君實中予痼。’乃詠改其語，日數十易，累月猶未竟。其刻意如此。既以一語之合，益加厚，頗取視其帠骱，欲以家世薦之朝，會其去，未果。是時，潤有貢士姜君玉坒中嘗與余遊，偶及此，次日攜康伯可《順菴樂府》一裘相示。中有《滿江紅》作於婺女潘子賤席上者：‘嘆詩書萬卷，致君人，番沈陸。且置請綏封萬戶，徑須賣劍酬黃犢。慟當年，寂寞賈長沙，傷時哭’之句。與稼軒集中詞全無異。伯可蓋先四五十年，君玉亦疑之。然余讀其全篇，則他語却不甚稱，似不及稼軒出一格律。所攜乃板行，又故本，殆不可曉也。《順菴詞》今麻沙尚有之，但少讀者，與世傳俚語不同。”

《山東通志·藝文》：“是集文淵閣著錄。《四庫提要》曰：‘其詞慷慨縱橫，有不可一世之概。於倚聲家爲變調，而異軍特起，能於翦紅刻翠之外，屹然別立一宗，迄今不廢。觀其才氣俊邁，雖似乎奮筆而成，然岳珂《桯史》記棄疾自誦《賀新涼》、《永遇樂》二詞，使座客指摘其失，珂謂“《賀新涼》詞首尾二腔語句相似，《永遇樂》詞用事太多。棄疾乃自改其語，日數十易，累月猶未竟。其刻意如此”云云，則未始不由苦思得矣。《書錄解題》載《稼軒詞》四卷，又云：“信州本十二卷，視長沙本爲多。”此本爲毛晉所刻，亦爲四卷，而其總目又註原本十二卷，殆即就信州本而合併之歟？其集舊多譌異，如二卷內

《醜奴兒近》一闋，前半是本調，殘闋不全，自“飛流萬壑”以下，則全首係《洞仙歌》。蓋因《洞仙歌》五闋，即在此調之後，舊本遂誤割第一首以補前詞之闋，而五闋之《洞仙歌》，遂止存其四。近萬樹《詞律》中辨之甚明，此本尚未及訂正。其中“歡輕衫帽幾許紅塵”句，據其文義，“帽”字上尚有一“脫”字，樹亦未經勘及，斯足證“掃葉”之喻矣。今竝詳爲勘定，其必不可通而無別本可證者，則姑從闕疑之義焉。’

《邵亭書目》載是集云：嘉慶十六年，族裔啟泰刊集本詞四卷，校毛本多三十四首。”

## 【稼軒詞補遺一卷附校記】

現存：民國十一年歸安朱祖謀輯刻《彊村叢書》本，上海圖書館、天津圖書館、山東大學圖書館藏，《中國叢書綜錄》著錄。

《稼軒詞補遺》一卷　民國十一年歸安朱祖謀輯刻《彊村叢書》本

## 【稼軒長短句十二卷】

現存：①元大德三年廣信書院刻本（清黃丕烈跋，清顧廣圻抄補並跋，清陶梁、瞿中溶、汪鳴鑾、王鵬運、許玉瑑題款），中國國家圖書館藏，《中國古籍善本書目》著錄。②明嘉靖十五年歷城王詔開封刻本，北京大學圖書館、南京圖書館、中國國家圖書館（清何紹基跋）、臺灣“國家圖書館”藏，《中國古籍善

本書目》、《國家圖書館善本書志初稿》著錄。③明嘉靖二十四年何孟倫刻本（作《辛稼軒詞》），中國國家圖書館（清黃丕烈跋並錄清張紹仁校補題識）、河北大學圖書館藏，《中國古籍善本書目》著錄。④明刻本，北京大學圖書館藏，《中國古籍善本書目》著錄。⑤清光緒十四年臨桂王氏家塾刻《四印齋所刻詞》本，中國國家圖書館、復旦大學圖書館、浙江圖書館（沈曾植批校，另一部朱孝臧校並跋）、山東省圖書館藏，《中國古籍善本書目》、《中國叢書綜錄》著錄。另有《景刊宋金元明本詞四十種》本、《四部備要》本（有《補遺》一卷）等，見《中國叢書綜錄》。

《歷城縣志·藝文考》據《宋史·藝文志》作《長短句》十二卷。《山東通志·藝文》作《元本稼軒長短句》十二卷。

《山東通志·藝文》："聊城楊氏海源閣藏。嘉慶己未黃丕烈識云：'余素不解詞，而所藏宋元諸名家詞獨富，如《汲古閣珍藏祕本書目》中所載原棗皆在焉。然皆精鈔、舊鈔，而無有宋元槧本。頃從郡故家得此刻稼軒詞，而歉其珍祕無匹也。稼軒詞卷帙多寡不同，以此十二卷者爲最善，毛氏亦從此鈔出，惜其行款體例有不同耳。澗蘋據毛鈔以增補闕葉，非憑空撰出者可比，而《洞仙歌》中缺一字，鈔本亦無，因以墨釘識之。其十一卷中四之五一葉，亦即是卷七之八一葉之例，非文有脫落而故強就之也。是書得此補足，幾還舊觀。至於是書舊刻，純乎元人松雪翁書，而俗子不知，妄爲描寫，可謂浮雲之污，甚至強作解事，校改原文。如卷十中《爲人慶八十席上戲作》有云："人間八十最風流，長貼在，兒兒額上。"校者云："下兒字當作孫。"澗蘋以爲："兒兒或是奴家之稱，二語之意，當以八字作眉字解，知此則兒爲孫，豈不大可笑乎？本擬減此幾字，恐損古書，故凡遇俗手描寫處，皆不減其痕。後之明眼人，當自領之。'又澗蘋案云：'《文獻通考》"《稼軒詞》"四卷。陳氏曰信州本十二卷，視長沙爲多。此元大德間所刊，以卷數考之，蓋出於信州本。《宋史·藝文志》云辛棄疾《長短句》十二卷，亦即此也。嘉慶己未，蕘圃買得於骨董肆，內缺三葉，出舊藏汲古閣鈔本命予補足。因檢卷中所有之字，集而爲之，所無者僅十許字耳。既成，遂識數語於後。'案：澗蘋，顧廣圻號。據《楹書隅錄》。案：《楹書隅錄》又載一十二卷本，乃嘉靖歷城王詔刊，所闕凡三葉，與元本同。"

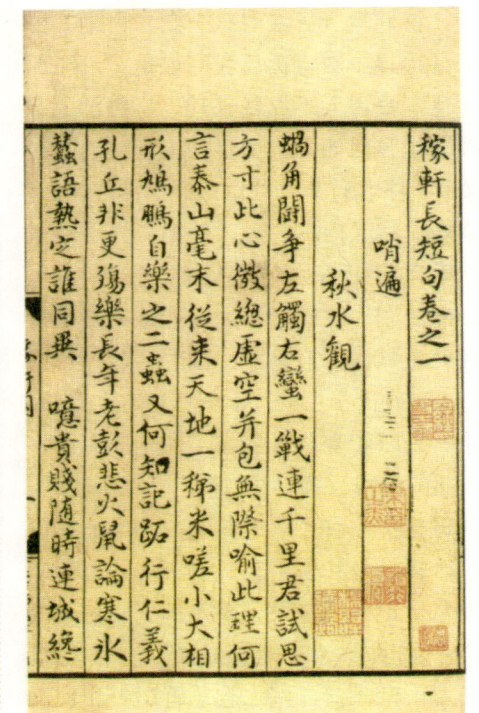

《稼軒長短句》十二卷　元大德三年廣信書院刻本

### ◆ 周　密

密字公謹，號草窗。先世濟南人，其曾祖隨高宗南渡，因家湖州。淳祐中嘗官義烏令。宋亡不仕。《續修歷城縣志·列傳三·文苑》周密傳附注云："前《志》不爲周密立傳，以其曾祖即南遷也。按《齊東野語》泌自述'余家濟南歷城'，又自號'華不注山人'，其爲邑人可知。"

### 【乾淳起居注一卷】

見《續修歷城縣志·藝文考》（據石巖《雅志堂雜鈔序》、《南宋雜事詩引用書目》，卷未詳）。現存：清順治三年兩浙督學周南李際期宛委山堂刊《說郛》本，中國國家圖書館、北京大學圖書館、上海圖書館等藏，《中國叢書綜錄》著錄。（以下簡稱"宛委山堂刊《說郛》本"。）

### 【綱目疑誤一卷】

現存：①宛委山堂刊《說郛》本。②清娛古軒抄《宋賢說部叢鈔》本，中國國家圖書館藏。

### 【西湖遊幸記一卷】

現存：清宣統二年國學扶輪社排印《香豔叢書》本，

中國國家圖書館、北京大學圖書館、山東大學圖書館等藏，《中國叢書綜錄》、《山東文獻書目》著錄。

## 【紹熙行禮記一卷】

現存：①宛委山堂刊《說郛》本。②民國十五年上海掃葉山房石印《五朝小說大觀》本，上海圖書館、浙江圖書館、山東省圖書館等藏，《中國叢書綜錄》著錄。③《繡谷雜鈔》本（清吳焯、丁丙跋），南京圖書館藏，《中國古籍總目》著錄。

《續修歷城縣志·藝文考》作《紹興行禮記》，注：“吳焯《繡谷雜鈔》，卷未詳。吳焯記云：序宣時一事特詳。”

## 【藝流供奉志】

見《續修歷城縣志·藝文考》（據《南宋雜事詩引用書目》）。現存：宛委山堂刊《說郛》本（無卷數，撰者題“泗水潛夫”）。

## 【乾淳歲時記一卷】

見《續修歷城縣志·藝文考》（據石巖《雅志堂雜鈔序》、《南宋雜事詩引用書目》，卷未詳）。現存：宛委山堂刊《說郛》本。

## 【吳興園林記一卷】

現存：宛委山堂刊《說郛》本。《山東通志·藝文》（史部地理類）、《續修歷城縣志·藝文考》據《絳雲樓書目》著錄，作《吳興園圃記》無卷數。

## 【南宋故都宮殿一卷】

現存：宛委山堂刊《說郛》本。

## 【武林舊事十卷】

見《山東通志·藝文》（史部地理類）、《續修歷城縣志·藝文考》（注：倪燦《補遼金元藝文志》作《前武林舊事》六卷《後武林舊事》五卷）。現存：①明正德十三年宋廷佐刻本（六卷），藏中國國家圖書館、北京大學圖書館（明徐燉、清何應驎跋）、浙江大學圖書館（清方毅跋），《中國古籍善本書目》著錄。②明嘉靖三十九年杭州知府陳柯刻本（六卷），藏中國國家圖書館、上海圖書館（清周星詒跋），《中國古籍善本書目》著錄。③清初山暉草堂抄本（卷七至十配清初曹炎抄本，清曹炎校並錄清陸貽典跋），中國國家圖書館藏，《中國古籍善本書目》著錄。④清初抄本，南開大學圖書館藏，《中國古籍善本書目》著錄。⑤《四庫全書》本。⑥清乾隆四十二年汪日莢夙夜齋刻本（作《武林舊事》六卷《後集》四卷），藏南京圖書館（清周錫瓚錄清黃丕烈校跋、丁丙跋）、中國國家圖書館（章鈺校並跋），《中國古籍善本書目》著錄。⑦清管庭芬抄本（十八卷，清管庭芬校），上海圖書館藏，《中國古籍善本書目》著錄。另有明刻《寶顏堂祕笈》本（作《高寄齋訂正武林舊事》六卷《寶顏堂後集武林舊事》五卷）、清乾隆嘉慶間鮑廷博刻《知不足齋叢書》本（有《附錄》一卷），見《中國古籍善本書目》、《中國叢書綜錄》。

《山東通志·藝文》引《四庫提要》曰：“是書記宋南渡都城雜事。蓋密雖居弁山，實流寓杭州之癸辛街，故目睹耳聞，最爲真確，於乾道、淳熙間三朝授受、兩宮奉養之故蹟，敘述尤詳。《自序》稱，欲如呂滎陽《雜記》而加詳，如孟元老《夢華》而近雅。今考所載，體例雖仿孟書，而詞華典贍，南宋人遺篇賸句，頗賴以存。‘近雅’之言不謬。呂希哲《歲時雜記》今雖不傳，然周必大《平園集》尚載其《序》，稱其上元一門，多至五十餘條，不爲不富。而密猶以爲未詳。則是書之賅備可知矣。明人所刻，往往隨意刊除，或僅六卷，或不足六卷，惟存故都宮殿、教坊樂部諸門，殊失著書之本旨。此十卷之本，乃從毛氏汲古閣元版傳鈔，首尾完具。其間逸聞軼事，皆可以備考稽；而湖山歌舞，靡麗紛華，著其盛，正著其所以衰，遺老故臣，惻惻興亡之隱，實曲寄於言外，不僅作風俗記、都邑簿也。第十卷末‘綦待詔’以下，以是書體例推之，當在六卷之末。疑傳寫或亂其舊第。然無可考證，今亦姑仍之焉。”

《續修歷城縣志·藝文考》引丁丙《善本書室藏書志》云：“《武林舊事》十卷 黃蕘圃校刊本，泗水潛夫輯。前有《自序》，爲錢遵王所補錄，今節而書之：‘余客修門間，一聞退璫老監談先朝舊事，輒耳諦聽不倦。既而曳裾貴邸，耳目益廣，朝歌暮嬉，初不省承平樂事爲難。遇及時移物換，追想昔游，殆如夢寐。每欲萃爲編帙，如呂滎陽《雜記》而加詳，孟元老《夢華》而近雅，病忘憒惰，未能成書。因撼大概，雜然書之。’後有至元後戊寅忻厚德周和父記云：‘《武林舊事》，乃弁陽老人草窗周密公謹所集也。刊本止第六卷。山中仇先生所藏本終十卷，後歸西河莫氏家。余就假於莫氏，因手鈔成全書，以識歲月，藏於家塾。'明宏治間宋延佐止刊六卷。商氏《秘笈》復刊《後武林舊事》四卷。此卷合刻，而黃蕘圃據述古堂本倩陸拙生所校者也。"又云："《高寄齋訂正武林舊事》六卷《後集》五卷明刊本，泗水潛夫輯，繡水沈德先、孚先、郁家慶校。泗水潛夫者，乃周公謹也，名密，號草窗。先世濟南人，嘗流寓杭州癸辛街。於乾道、淳熙三朝授受、兩宮奉養之蹟，目睹耳聞，尤爲確實，筆之簡編，最關掌故。歲久遺逸。至正德戊寅，按浙江監察御史宋廷佐始得六卷，命杭州知府溫陵留志淑刊置郡庠。并不知潛夫爲誰，但序云：'紀武林事，較他書爲備耳。'志淑後亦有識語。海鹽姚士粦叔祥，復從海虞趙元度得全帙，自'綦待詔'已下五卷，杭刻所缺也。末又有宏治乙卯四月望后靖跋云：'此二冊予假於太子太保遂安伯陳公家，同年友文部副郎黃君廷用錄之，以歸余之友高寄齋，乃從前後舊本而重刻者也。姑存之以見分合面目云。'"

### 【增補武林舊事八卷】

明周廷煥增補。現存：①明崇禎十年朱廷煥刻本（清丁立誠跋），南京圖書館藏，《中國古籍善本書目》著錄；《四庫全書存目叢書》影印。②清康熙四十三年澹寧堂刻本，中國科學院國家科學圖書館、上海圖書館藏，見《中國古籍善本書目》。

### 【武林舊事逸四卷】

現存：明抄本（清鮑廷博校），中國國家圖書館藏，《中國古籍善本書目》著錄。

### 【武林市肆記】

《續修歷城縣志·藝文考》著錄，注云："據石巖《雅志堂雜鈔序》、《南宋雜事詩引用書目》，卷未詳。"

### 【南宋市肆記一卷】

題"泗水潛夫"撰。現存：宛委山堂刊《說郛》本。

### 【湖山勝槩一卷】

見《續修歷城縣志·藝文考》（據石巖《雅志堂雜鈔序》、《南宋雜事詩引用書目》，卷未詳）。現

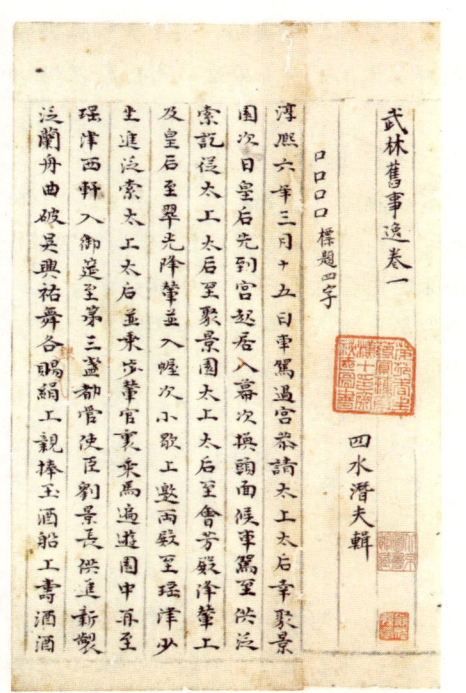

《武林舊事逸》四卷　國家圖書館藏明抄本

存：①明末刻本，慕湘藏書館藏，見《煙臺市珍貴古籍名錄圖錄》。②宛委山堂刊《說郛》本（作《湖山勝槩記》一卷）。

### 【高宗幸張府節次略一卷】

現存：①宛委山堂刊《說郛》本。②民國十五年上海掃葉山房石印《五朝小說大觀》本，上海圖書館、浙江圖書館、山東省圖書館藏，《中國叢書綜錄》著錄。

### 【南渡宮禁典儀一卷】

現存：宛委山堂刊《說郛》本。

### 【乾淳御教記一卷】

現存：宛委山堂刊《說郛》本。

### 【燕射記一卷】

現存：宛委山堂刊《說郛》本。

### 【唱名記一卷】

現存：宛委山堂刊《說郛》本。

### 【天基聖節排當樂次一卷】

現存：宛委山堂刊《說郛》本。

《續修四庫全書總目提要（稿本）》云："是書為陶宗儀由密所撰《武林舊事》中輯出。《舊事》之作，原為追記南宋盛時京師情況，藉示黍離之感也。天基聖師，即萬壽節。天基為聖節名。此名逐朝更換，如尚有天寧、天申等是。"

## 【乾淳教坊樂部一卷】

題"泗水潛夫"撰。現存：宛委山堂刊《說郛》本。

## 【畫鑒】

《山東通志·藝文》（子部藝術類）、《續修歷城縣志·藝文考》（誤作《愚鑒》）據《絳雲樓書目》著錄。

## 【思陵書畫記】

現存：①宛委山堂刊《說郛》本。②清康熙吳氏瓶華齋抄《繡谷雜鈔》本，南京圖書館藏。

《山東通志·藝文》（子部藝術類）著錄《說郛》刊本。《續修歷城縣志·藝文考》著錄《說郛》刊本、吳焯《繡谷雜鈔》本，並載吳焯記云："僅載裝潢，不及書畫人姓名，較之《宣和畫譜》，大有間矣。"

## 【偏安藝流一卷】

題"泗水潛夫"撰。現存：明刻《重訂欣賞編》本，中國國家圖書館、中國科學院國家科學圖書館、浙江圖書館等藏，《中國叢書綜錄》著錄。

## 【齊東野語二十卷】

見《文淵閣書目》（一部三冊，無卷數）、《千頃堂書目》、《四庫全書總目》、《山東通志·藝文》（子部雜家類）、《續修歷城縣志·藝文考》。現存：①明正德十年鳳陽知府胡文璧刻本（作《齊東墅語》二十卷），北京大學圖書館（《四庫》底本）、上海圖書館（清孫星衍跋）、南京圖書館藏，《中國古籍善本書目》著錄。②明刻本，中國人民大學圖書館、南京圖書館等藏，《中國古籍善本書目》著錄。③《四庫全書》本。另有《稗海》本、《津逮祕書》本、《學津討原》本、《說庫》本、《宋人小說》本、《叢書集成初編》本、《歷代小史》本（以下均一卷）、《說郛》本、《五朝小說大觀》本、《無一是齋叢鈔》本、《景印元明善本叢書十種》本，見《中國叢書綜錄》。

《山東通志·藝文》引《四庫提要》曰："密本濟南人，其曾祖扈從南渡，因家吳興之弁山，自號弁陽老人。然其志終不忘中原，故戴表元序述其父之言，謂'身雖居吳，心未嘗一飯不在齊'；而密亦自署歷山，書中又自署華不注山人。此書以《齊東野語》名，本其父志也。中頗考正古義，皆極典核，而所記南宋舊事為多。如張浚三戰本末、紹熙內禪、誅韓本末、端平入洛、端平襄州本末、胡明仲本末、李全本末、朱漢章本末、鄧友龍開邊、安丙矯詔、淳紹歲幣、岳飛逸事、巴陵本末、曲壯閔本末、詩道否泰、景定公田、景定彗星、朱唐交奏、趙葵辭相、二張援襄、嘉定寶璽、慶元開禧六士、張仲孚反間諸條，皆足以補史傳之闕。《自序》稱其父嘗出其曾祖及祖手澤數十大帙，又出其外祖日錄及諸老雜書示之曰：'世俗之言殊，傳譌也。國史之論異，私意也。定、哀多微辭，有所避也。牛、李有異議，有所黨也。愛憎一衰，議論乃公。國史凡幾修，是非凡幾易，而吾家書不可刪也'云云。今觀所記張浚、趙汝愚、胡寅、唐仲友諸事，與講學者之論頗殊。其父所言，殆指此數事歟？明正德十年，耒陽胡文璧重刻此書。其《序》稱'或謂苻離、富平等役，頗涉南軒之父。若唐、陳之隙，生母之服，則晦庵、致堂有嫌焉。書似不必刻，刻則請去數事'，殊失密著書之旨。文璧不從，可謂能除門戶之見矣。明商維濬嘗刻入《稗海》，刪去此書之半，而與《癸辛雜識》混合為一，殊為乖謬。後毛晉得舊本重刻，其書乃完。故今所著錄，一以毛本為據云。"

《續修歷城縣志·藝文考》載是書密《自序》曰："余世為齊人，居歷山下，或居華不注之陽。五世祖同州府君而上，種學績文，代有聞人。曾大父扈蹕南來，受高皇帝特知，遍歷三院，徑躋中司。泰、禧之間，大父從屬車，外大父掌帝制朝野之故，耳聞目接，歲編日記，可信不誣。我先君博極羣書，習聞臺閣舊事，每對客語，音吐洪暢，纚纚不得休，坐人傾聳敬歎，知為故家文獻也。余齠侍膝下，竊剽緒餘，已有敘次。意嘗疑某事與世俗之言殊，某事與國史之論異。他日過庭質之，先子出曾大父手澤數十大帙示之曰：'某事然也。'又出外大父目錄及諸老雜書示之曰：'某事與若祖所記同，然也。其世俗之言殊，傳譌也；國史之論異，私意也。小子識之。'又曰：'定、哀多微詞，有所辟也。牛、李有異議，有所黨也。愛憎一衰，議論乃公。國史凡幾修，是非凡幾易，而吾家乘不可删也。小子識之。’洊遭多故，遺編鉅帙，悉皆散亡。老病日至，忽忽漫不省憶爲大恨。閒居追念，得一二於十百，懼復墜逸爲先人羞，迺參之史傳諸書，博以近聞腜說，務求事之實，不計言之野也。異時展余卷者，噱曰：‘野哉言乎，子眞齊人也。’余對曰：‘客知言哉！余故齊，欲不齊不可。雖然，余何言哉？何言，亦言哉，無所言也。無所不言，烏乎言？’客大笑。吾因以名其書。歷山周密公謹父書。”又載《剡源集》戴表元是書《序》曰：“《齊東野語》，吳興周子自名其所編書也。周子，吳人，而名其書齊語，何也？周子其先本齊人也。客讀其書而疑之曰：‘周子之辭謙爾，非實也。蓋昔學廢兵起，而天下談客，坐聚於齊。臨淄稷下之徒，車雷鳴，袂雲摩，學者翕然以談相宗。雖孟子亦嘗爲齊學也，然而能非之。今之所傳齊東之云者，非之之辭也。故莊周目《齊諧》爲滑稽，漢高責齊虜以口舌，如斯而已矣。今夫周子之書，其言蕘，其事確。其詢官名，精乎其欲似郯子也；其訂輿圖，審乎其欲似晉伯宗也；其涉詞章禮樂，贍乎其欲似吳公子札也。他所稱舉，旁聞曲證，如歸泰山之顚，而記封邱之壇；過矍相之圃，而數射夫之序。凡若是不苟然也，而豈齊東云哉！故曰：周子之辭謙爾，非實也。’周子曰：‘我自實其爲齊，非也。然客謂非齊，亦非也。我家中丞公實自齊遷吳，及今四世於吳爲家。先公嘗言：“我雖居吳，心未嘗一飯不在齊也。豈其子孫而遂忘齊哉？”而又大□□□，踐敭六曹。外大父參預文莊章公□□□□□□舊章宮府之故，汎濫淹注。童而受之，白首未忘。失今弗圖，恐遂廢軼。古人有言：“人窮則反本。”若我者，今非窮乎？苟反其本，則當爲齊。故吾編吾書而係之齊，何不可乎？’客曰：‘唯唯。’則次第其言，以附於其書之末。周子名密，字公謹。至元辛卯孟春剡源戴表元序。”

## 【志雅堂雜鈔一卷】

見《四庫全書總目》、《山東通志·藝文》（子部雜家類）、《續修歷城縣志·藝文考》（著錄粵雅堂刻本二卷，又云“《四庫存目》作一卷。《善本書室藏書志》作八卷，云：鈔本”）。現存：①明抄本（明姚咨校並跋），中國國家圖書館藏。②清康熙五十九年吳允嘉抄本（清吳允嘉批校並跋），北京大學圖書館藏。③清王氏十萬卷樓抄本，南京圖書館藏。④清

抄本（清李文銳補目並跋，清戴光曾跋，清鮑廷博校），中國國家圖書館藏。⑤清抄本（清周星詒跋），武漢圖書館藏。⑥清嘉慶十四年余集刻本（二卷），復旦大學圖書館、南京圖書館、湖北省圖書館等藏。⑦清抄本（八卷，清丁丙跋），南京圖書館藏。以上俱見《中國古籍善本書目》。另有《說郛》（宛委山堂）本、《古今說部叢書》本、《美術叢書》本、《筆記小說大觀》本、《得月簃叢書》本（二卷）、《粵雅堂叢書》本（二卷）、《學海類編》本（十卷），見《中國叢書綜綠》。

《山東通志·藝文》引《四庫存目提要》曰：“是編分爲九類。其文與所作《雲煙過眼錄》、《癸辛雜識》諸書互相出入，而詳略稍殊。疑爲初記之稿本，經後人裒綴，別成此書。其間惟‘論殷玉鉥’一條，知元時劈正斧亦宣和內府之物，爲他書所未載，可資考證耳。”

《續修歷城縣志·藝文考》載是書石巖《序》曰：“弁陽翁，濟南人，吳興章文莊公爲其外王父，故占藉吳興。又與楊和王有連，故又爲杭人，所居癸辛街，即楊氏瞰碧園也。詩有《蠟屐集》，鄧牧心爲之序。詞名《蘋洲漁笛譜》，尚有傳本。而《蠟屐集》則久佚，皆散見之作，非本集矣。南宋詞人，浙東西特盛。翁浸淫乎前輩，商榷乎朋儕，故詞爲專門，而不僅詞也。其著述之富，則有《絕妙好詞》、《癸辛雜識》、《武林舊事》、《齊東野語》、《浩然齋視聽鈔》、《弁陽客談》、《浩然齋雅談》、《澄懷錄》、《雲煙過眼錄》、《乾淳起居注》、《乾淳歲時記》、《武林市肆記》、《湖山勝概》若干種，此又其一也。□□□典，集《浩然齋雅談》已。頃及門葉舍人復出此本見示。書中分類疏記，略不經意，間有一二條重見於所著別錄中，想隨手劄記，不嫌互見矣。翁當湖山風月之鄉，遺民畸士日接於茅茨，荆棘銅駝，適當其會。此雖無當掌故，而南宋風流、錢唐瑣事，亦略得其概焉。僕固杭人，固樂得而資談噱也矣。至順三年朱方石巖民瞻氏序。”又載伍崇曜《跋》曰：“是書曹溶《學海類編》刻於集餘四記述冊中，目以元人。然草牕實宋之遺老也。《四庫提要》著錄附存目中，作一卷。此亡友黃石溪明經所藏本，釐爲二卷刻之。《提要》譏其與所作《雲煙過眼錄》、《癸辛雜識》諸書互相出入，而詳略稍殊。然卷首石民瞻《序》已明言分類疏證，間有一二條重見於所著別錄中，又稱

其‘論殷玉斧’一條可資考證。按《元史·禮樂志》紀劈正斧事頗詳，故趙孟頫《宮詞》云‘天步將臨玉斧來’，葛邏祿迺賢《宮詞》云‘玉斧參差擁畫關’，徐大年《讀元史詩》亦云‘斧號劈正當龍顏’，均未言宣和遺物。獨陶九成《輟耕錄》稱劈正斧以水蒼玉碾造，高二尺有奇，廣半之，自殷時流傳至今者。朝會時一人執之，立於陛下酒海之前，所以正人不正之意。疑即本是書而較詳，則草牕宋人，九成元人故耳。而朱竹垞《靜志居詩話》疏徐大年詩，遂並及之。《序》稱‘與楊和王有連’，據《剡源文鈔》與和王諸孫大受有連。和王苑籞引外湖之水，以爲流觴曲水。大受捐其西偏以居，草牕故亦爲杭人。晚思歸老弁山，故號弁陽老人。生於湖，故又有四水潛夫之號。鄭元慶湖錄雲溪故名四水，舊人詩‘四水交流雪雪聲’是也。王行《半軒集》有題其畫像‘宋運既徂，杭有弁陽周草牕。志節不屈’云云。其像藏長洲沈氏。殆並重其人耳。顧趙雲松《陔餘叢考》則稱所著各書在宋人說部中最可觀，洵能文之士。而依附賈似道，即其書可見。其曾否造膝，雖不可考，而立論多爲訟寃。今考是書，如‘江上奏功’一條，‘祭器銘’一條，據事書自可於言外見意。至‘刻奇奇集’一條，則直謂其鋪張過實，原未嘗彌縫掩覆也。道光庚戌餞春前一日南海伍崇曜謹跋。”

## 【雲煙過眼錄四卷】

見《文淵閣書目》（一部一冊，無卷數）、《千頃堂書目》、《四庫全書總目》、《山東通志·藝文》（子部雜家類）、《續修歷城縣志·藝文考》（注：“錢曾《讀書敏求記》作一卷。《善本書室藏書志》作二卷，云：乾隆乙卯丁敬身鈔本”）。現存：《寶顏堂祕笈》本、《四庫全書》本、《十萬卷樓叢書》本（二卷，下同）、《叢書集成初編》本、《美術叢書》本，見《中國叢書綜錄》。

《山東通志·藝文》引《四庫提要》曰：“是書記所見書畫古器，略品甲乙，而不甚考證。其命名蓋取蘇軾之語。第考軾《寶繪堂記》，實作‘煙雲之過眼’。舊本刊作‘雲煙’，殆誤倒其文。然錢曾《讀書敏求記》載元至正間夏頤鈔本，已作‘雲煙’，則誤異已久矣。曾記夏本作一卷，而此本四卷，或後人所分歟？觀所記收藏之人，蓋入元以後所作。中有湯允謨、葉森、文璧之語。蓋點勘是書，各爲題識，傳

寫者誤合爲一。如‘王子慶所藏宋太祖御批三件’條末云‘今第三卷只有二件，疑有脫誤，當參考《志雅堂雜鈔》’云云。《志雅堂雜鈔》亦密所著，不應自云當參考。知亦誤連校正之語爲正文矣。中記蘇軾手書詞稱‘郟湛初溢’，今本譌爲‘漣漪初溢’，然‘郟湛’字不可解，恐亦有譌。又記《蘭亭序》有隋煬帝內府石刻，不知何據。又記吳彩鸞書《切韻》以一先二仙爲十三仙二十四先，稱‘不可曉’。案：《困學紀聞》載魏了翁之言，已稱《唐韻》下平不作一先。則《唐韻》或有此別本，亦未可知也。”

## 【澄懷錄二卷】

見《文淵閣書目》（一部一冊，無卷數）、《千頃堂書目》、《四庫全書總目》、《山東通志·藝文》（子部雜家類）、《續修歷城縣志·藝文考》。現存：①明嘉靖二十六年百川高氏鈔本（清林佶跋），中國國家圖書館藏，見《中國古籍善本書目》、《四庫存目標注》；《四庫全書存目叢書》影印。②明抄本（作《芝秀堂澄懷錄》二卷，傅增湘校并跋），中國國家圖書館藏，見《中國古籍善本書目》、《四庫存目標注》。傅增湘跋曰：“叔弢新收松江韓氏鈔本一帙，其首一種爲《澄懷錄》。余適藏有嘉靖百川高氏鈔本，因以此帙相付，屬爲對勘。留几案者數月，未暇著筆。仲春二月，天氣始和，陽臺杏林正發，余以清明上冢，兼爲亡弟越凡履勘塋城，遂載書入山，晨夕無事，偶得展卷。凡留清水院者六日，留萬壽山者二日，遂尒蕆事。計訂正訛失一百五十餘字，補奪文一則。寥寥短卷之中，而所得至多，可云意外之獲矣。原書自韓氏外別無印記，惟書名上標‘芝秀堂鈔’四字，自屬明人所寫，字法亦尚工雅，而竟脫誤滿紙。意其沿襲惡鈔陋刻，未加考證耳。余本出古涿高儒家，儒本武弁而富藏書，有《百川書目》行世，然其寫本乃絕少流傳。余無意得之廠市，意其以罕見爲珍，豈料文字佳勝，乃過流俗萬萬耶！校畢爰識數語，願與叔弢共參之。歲在乙亥三月之望，藏園老人傅增湘書。”③明抄本，上海圖書館藏，見《中國古籍善本書目》。④明鈔《說集》本，中國科學院國家科學圖書館藏，見《四庫存目標注》。⑤清吳翌鳳家抄本（清吳翌鳳跋），南開大學圖書館藏，見《中國古籍善本書目》。⑥清二如居抄本（清丁丙跋），南京圖書館藏，見《中國古籍善本書目》。⑦清同治真州張氏廣東刻民國二

年重修印《榕園叢書》丙集本，中國國家圖書館、上海圖書館、南京圖書館等藏，《中國叢書綜錄》、《四庫存目標注》著錄。⑧清光緒二年李文田家抄本（清潘祖蔭跋、傅增湘校），中國國家圖書館藏，見《中國古籍善本書目》。⑨清抄本（清丁丙跋），南京圖書館藏，見《中國古籍善本書目》。

《山東通志·藝文》引《四庫存目提要》曰："是書採唐宋諸人所紀登涉之勝與曠達之語彙爲一編，皆節載原文，而注書名其下，亦《世說新語》之流別，而稍變其體例者也。明人喜摘錄清談，目爲小品，濫觴所自，蓋在此書矣。"

《續修歷城縣志·藝文考》引《善本書室藏書志》云："《澄懷錄二卷》屬樊榭鈔本，齊人周密公謹父輯。此書用綠格精鈔，後有樊榭先生記云：'勝情勝具，兼之爲難。弁陽老人於簡冊中作臥遊想，大是安樂法也。所綴葺語，雖時見於他書，如下卷沈寓山、姜白石數則，說傳絕少，足令閱者霽心豁目。'"

## 【續澄懷錄三卷】

見《千頃堂書目》、《補遼金元藝文志》、《山東通志·藝文》（子部雜家類）、《續修歷城縣志·藝文考》。

## 【癸辛雜識前集一卷後集一卷續集二卷別集二卷】

見《山東通志·藝文》（子部小說類）、《續修歷城縣志·藝文考》。現存：《稗海》本、《津逮祕書》本、《四庫全書》本、《學津討原》本、《說郛》本（《癸辛雜識》一卷）、《舊小說》本（作《癸辛雜識前集五則後集六則續集十一則別集二則》）等，見《中國叢書綜錄》。《千頃堂書目》著錄《癸辛襍識》一卷、《癸辛新識》四卷、《癸辛後識》四卷、《癸辛續識》二卷。

《山東通志·藝文》引《四庫提要》曰："是編以作於杭州之癸辛街，因以爲名。與所作《齊東野語》，大致相近。然《野語》兼考證舊文，此則辨訂者無多，亦皆非要義；《野語》多記朝廷大政，此則瑣事、雜言居十之九，體例殊不相同，故退而列之小說家，從其類也。明商濬《稗海》所刻，以《齊東野語》之半誤作《前集》，以《別集》誤作《後集》，而《後集》、《續集》則全闕，又併其《自序》佚之。後烏程閔元

衢於金閶小肆中購得鈔本，毛晉爲刻入《津逮祕書》，始還其原帙。書中'楊凝式僧淨端'一條，與《野語》重出，蓋刪除未盡。'彌陀入冥'、'劉朔齋再娶'二條，並附注'衢案'云云，蓋閔氏所加。'海鰌兆火'一條，附注不題名字，核其語意，殆亦閔語也。書中所記頗猥雜，如'姨夫'、'眼眶'諸條，皆不足以登記載。而遺文佚事可資考據者實多，究在《輟耕錄》之上。所記羅椅、董敬菴、韓秋巖諸人，於宋末講學之弊，言之最悉。其引沈仲固語一條，周平原語一條，尤言言炯戒，有關於世道人心，正未可以小說忽之矣。都穆《南濠詩話》曰：'吳興唐廣嘗手錄《癸辛雜識》，見其中載方萬里穢行之事，意頗不平。是夜夢方來曰："吾舊與周生有隙，故謗我至此。幸爲我暴之"'云云。夫是非之公，人心具在。使密果誣衊方回，不應有元一代無一人爲回訟冤，至明而其鬼忽靈者。其說荒唐，殆不足辨。且密爲忠臣，回實叛賊，即使兩人面質，人終信密不信回也，況恍惚夢語乎？"

## 【浩然齋視聽鈔一卷】

見《千頃堂書目》（缺卷）、《補遼金元藝文志》、《山東通志·藝文》（子部小說類）、《續修歷城縣志·藝文考》（無卷數）。現存：《說郛》（宛委山堂、商務）本、《古今說部叢書》本，見《中國叢書綜錄》。

## 【浩然齋意鈔】

見《千頃堂書目》、《山東通志·藝文》（子部小說類）、《續修歷城縣志·藝文考》。現存：《說郛》（商務）本，見《中國叢書綜錄》。

## 【吟室霏譚一卷】

《山東通志·藝文》（作《吟室霏談》）、《續修歷城縣志·藝文考》均據《培林堂書目》著錄。

## 【弁陽客談】

見《續修歷城縣志·藝文考》，注云："見石巖《志雅堂雜鈔序》。卷未詳。"《說郛》卷二十六上"信義湯"條云："昔見周草窗先生《弁陽客談》有信義湯一服，蓋修竹先生筆也。其方云：'信義等分，每晨至暮，服之無數，自然心廣體胖。積以歲月，日用常行，惟信義是服，不患不到聖賢地位也。'"

## 【志雅堂耳目鈔】

見《續修歷城縣志·藝文考》，注云："據《千頃堂書目》，卷未詳。"

## 【弁陽詩集五卷】【蠟屐集一卷】

見《山東通志·藝文》、《續修歷城縣志·藝文考》。

《山東通志·藝文》："二集見馬廷鸞《碧梧玩芳集》。《弁陽集》有廷鸞《序》。《蠟屐集》有鄧牧心《序》。陸心源《儀顧堂集·周密傳》云：所居癸辛街，即楊氏瞰碧園也。遺民畸士，日接於野。荆棘銅駝，適當其會。原注：石民瞻《志雅堂雜鈔序》。唱和者，王沂孫、王易簡、馮應瑞、唐藝孫、呂同老、李彭老、陳恕、唐珏、趙汝鈉、李居仁、張炎、仇遠，皆宋遺民也。原注：《樂府補題》。詩少年流麗鍾情，壯年典實明贍，晚年感慨激發。原注：《剡源集》。"

## 【草窗韻語六卷】

現存：民國十一年影宋刻《密韻樓叢書》本，中國國家圖書館、南京圖書館等藏。

《續修四庫全書總目提要（稿本）》（作吳興蔣氏密韻樓影宋刊本）云："是編自元明清以來不見於各藏書家著錄。歸安陸心源曾爲密補撰《傳》，亦未列其目。民國初年始出，爲咸淳刊本。卷尾有元至正十年浚儀張文題記，後又有許汝都、羅文瑞、陸雲、楊汝楫諸跋，名人印記累累。秘本孤傳，展轉歸於吳興蔣氏孟蘋，遂以'密韻'名其樓，影寫精刊，彙入叢書，世稱珍籍。案：密博雅多才，詩爲詞名所掩。今觀集中諸作，氣體清妙，古體瓣香昌谷，而泯其奇險之迹；近體隸事精當，彌多絃外之音。朱孝臧跋稱其修潔似白石，雖才分差弱於姜氏，不愧驂靳，非當時江湖詩派所可同語。詩中紀年最後爲甲戌，乃咸淳十年，朱氏據密所著諸書考之，享年將近八十，當甲戌僅在四十以外，是集中詩皆中年以前之作。其《蠟屐》、《弁陽》二集與此孰爲先後，是否互有出入，二集既不傳，則亦無從懸斷矣。"

## 【浩然齋雅談三卷】

見《文淵閣書目》（一部一冊，無卷數）、《千頃堂書目》（缺卷）、《四庫全書總目》、《山東通志·藝文》（集部詩文評類）、《續修歷城縣志·藝文考》。現存：①清乾隆間武英殿木活字排印《武英殿聚珍版書》本，中國國家圖書館、天津圖書館等藏，《中國叢書綜錄》、《增訂四庫簡明目錄標注》著錄。②《四庫全書》本。

《山東通志·藝文》引《四庫提要》曰："密所著書凡數種：其《癸辛雜識》、《齊東野語》皆記宋末元初之事，《雲煙過眼錄》皆記書畫古器，今竝有刊版；其《澄懷錄續錄》則輯清談，《志雅堂雜鈔》則博涉瑣事，今惟鈔本僅存，皆已別著錄；《千頃堂書目》載密所著尚有《志雅堂耳目鈔》及此書，而藏弄之家竝無傳本，惟此書散見《永樂大典》中。其書體類說部，所載實皆詩文評。今搜輯排纂，以考證經史、評論文章者爲上卷，以詩話爲中卷，以詞話爲下卷，各以類從，尚裒然成帙。密本南宋遺老，多識舊人舊事，故其所記佚篇斷闋，什九爲他書所不載。朱彝尊編《詞綜》，厲鶚編《宋詩紀事》，符曾等七人編《南宋雜事詩》，皆博採羣書，號爲繁富，而是書所載故實，亦皆未嘗引據，則希覯可知矣。其中考證經義，如解《詩》'巧笑倩兮'，疑口輔當爲笑靨，而不知《類篇》面部已有此文。解《易》'井谷射鮒'，以鮒爲鯽，不知《說文》鯽字本訓烏鰂，後世乃借以名鮒，羅願《爾雅翼》辨之已明。如斯之類，於訓詁皆未免稍疎。然密本詞人，考證乃其旁涉，不足爲譏。若其評騭詩文，則固具有根柢，非如阮閱諸人，漫然蒐輯，不擇精粗者也。宋人詩話，傳者如林，大抵陳陳相因，輾轉援引。是書頗具鑒裁，而沈晦有年，隱而復出，足以新藝苑之耳目，是固宜亟廣其傳者矣。"

## 【弁陽詩話一卷】

《續修四庫全書總目提要（稿本）》著錄《螢雪軒叢書》本，提要略云："是編爲其說詩之語，舊載《浩然齋雅談》中。文化癸酉，日人梁川星巖、菅老山二氏，自《雅談》中析出，別爲一書，題曰《浩然齋詩話》。是本蓋據文化本重刊，以其書或曰《詩話》，或曰《雅談》，頗嫌錯雜，因改題曰《弁陽詩話》。"

## 【草窗詞二卷】

見《山東通志·藝文》（據知不足齋刊本）、《續修歷城縣志·藝文考》。現存：①清乾隆道光間長塘鮑氏刻《知不足齋叢書》本，中國國家圖書館、山東省圖書館、山東大學圖書館等藏，《中國叢書綜錄》

著錄。②清抄本（一卷，佚名校，清丁丙跋），南京圖書館藏，《中國古籍善本書目》著錄。③清咸豐十一年刻《曼陀羅華閣叢書》本，中國國家圖書館、杭州大學圖書館（清孫衣言批並跋）、山東大學圖書館藏，見《中國古籍善本書目》、《中國叢書綜錄》。④清光緒二十七年海豐吳氏刻《吳氏石蓮庵刻山左人詞》本（作《草窗詞》二卷《草窗詞補》二卷），山東省圖書館等藏，《山東文獻書目》著錄；《山東文獻集成》影印。另有《叢書集成初編》本、《百家詞》本（作《草窗詞集》二卷《附錄》一卷）、《宋元人詞》本（一卷）等，見《中國叢書綜錄》。

《山東通志·藝文》：“是集分上、下二卷。上卷卷尾校語云：‘詞五十八闋，見《蘋洲漁笛譜》者五十闋，《樂府補題》者二闋。’下卷卷尾云：‘五十七闋，見《蘋洲漁笛譜》者四十一闋，《絕妙好詞選》六闋。’末附《詞補》上、下。上十八闋，云：‘從《絕妙好詞》補。’下二十二闋，云：‘從《蘋洲漁笛譜》補。’”

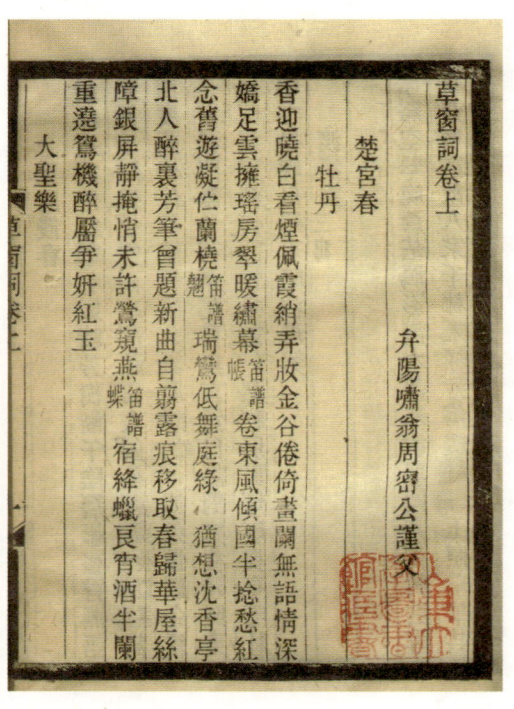

《草窗詞》二卷　清光緒二十七年海豐吳氏刻《吳氏石蓮庵刻山左人詞》本

## 【蘋洲漁笛譜二卷】

見《山東通志·藝文》（據知不足齋刊本）、《續修歷城縣志·藝文考》。現存：①清乾隆四年抄本（有《集外詞》一卷，清江昱批並跋），浙江大學圖書館藏，《中國古籍善本書目》著錄。②清乾隆道光間長塘鮑氏刻《知不足齋叢書》本，中國國家圖書館、山東省圖書館、山東大學圖書館等藏，《中國叢書綜錄》著錄。③鈔本（《宛委別藏》稿本之一），中國國家圖書館藏，《中國叢書綜錄》著錄。④清乾隆五十一年江恂刻本（清江昱疏證，有《集外詞》一卷），中國國家圖書館（清王霓跋）、南京圖書館藏，《中國古籍善本書目》著錄。⑤民國十一年歸安朱氏刻《彊村叢書》本，中國科學院國家科學圖書館、上海圖書館、山東大學圖書館等藏，《中國叢書綜錄》著錄。⑥民國二十四年至二十六年上海商務印書館排印《叢書集成初編》本，中國國家圖書館、上海圖書館、山東大學圖書館等藏，《中國叢書綜錄》著錄。

《山東通志·藝文》引《四庫未收書目提要》曰：“秀水朱彝尊撰《詞綜》，以爲《草窗詞》一名《蘋洲漁笛譜》。今考《草窗詞》比斯《譜》實增多數闋，則知《笛譜》是其當日原定，《草窗詞》或後人掇拾所成，特以此爲藍本耳。是書從長塘鮑氏知不足齋舊鈔傳寫，前有吳文英《題詞》，後附《徵招》、《醉月》二闋，並王樨識尾。據琴川毛扆舊跋云，《西湖十景詞》嚮缺末二首，偶閱《錢塘志》中載此，亟命兒鈔補之。然其脫略仍無從搜輯也。吳縣戈載《宋七家詞選》卷五《草窗詞選·識語》云：‘弁陽嘯翁詞有兩名，一曰《草窗詞》，一曰《蘋洲漁笛譜》。汲古閣刻《宋名家詞》未見是書，故未列入。後鮑氏刊在《知不足齋叢書》內，二本並存，略有異同。今予所錄，多從鮑刻，始知各家選本繆誤不少。如《少年遊》“那處春多”，《詞綜》多一“得”字。《玉京秋》“翠扇恩疏”，“恩”字諸本落去。《玉漏遲》“錦鯨仙去”、“載酒倦游何處”，“仙”字、“何”字亦皆脫。《一枝春》“空自想、楊柳風流”、“記曾是、倚嬌成妒”，諸本“想”作“傷”，“記曾”作“曾記”。《玲瓏四犯》“還在劉郎後”，《詞綜》、《詞律》多一“歸”字。“憑問柳陌舊鶯，人比似、垂楊誰瘦”，乃一六、一七兩句，《詞綜》、《詞律》作“憑問柳陌情，人比似、垂楊誰瘦”，情字宜去，又少一字。《霓裳中序第一》“洛汜分絹”，《詞律》多“悵”字。《繡鸞鳳花犯》“漫記得、漢宮仙掌”、“誰欺賞、國香風味”，“得”字、“欺”字，《詞綜》落去。《齊天樂》“天寒空念贈遠”、“吟藹未

《蘋洲漁笛譜》二卷　清乾隆道光間長塘鮑氏刻《知不足齋叢書》本

了"，《詞綜》、《詞潔》"空念"作"宮怨"，"吟"作"冷"。《曲遊春》"正滿湖、醉月搖花"，《詞綜》、《詞律》作"正恁醉月搖花"，少一字，不知施中山原詞作"任滿身、露溼東風"亦七字也。《秋霽》"又成陳跡"，《詞綜》無"成"字。《大聖樂》"冷落錦宮人歸後"，《詞綜》作"冷落錦衾歸後"，少一字。《大酺》"空負朝雲約"，諸本作"空負雨期雲約"，多一字；"燕麥兔葵恨"，諸本無"恨"字。凡此皆不及《笛譜》之妙也。然《笛譜》亦有譌者：《綠蓋舞風輕》"粉豔初洗"，"洗"作"褪"，失韻；《木蘭花慢》"初三月夜第二橋灣"作"畫橋第二盦月初三"，出韻；《秋霽》"畫舸橫笛"，"舸"作"船"；又《長亭怨》、《渡江雲》分段以換頭句作上半煞尾，則又不可從者已。草窗博聞多識，著述宏富，《癸辛雜識》、《齊東野語》之外，又有《浩然齋雅談》，下卷詞話，持論精確；所輯《絕妙好詞》，採掇菁華，無非雅音正軌。故其詞盡洗靡曼，獨標清麗，有韶倩之色，有綿渺之思，與夢窗旨趣相侔，二窗並稱，允矣無忝。其於律亦極嚴謹，蓋交遊甚廣，深得切劘之益。如集中所稱"霞翁"乃楊守齋也。守齋名纘，字繼翁，又號紫霞翁，善彈琴，明宮調，有《圈法周美成詞》，又有《紫霞洞簫譜》。嘗著《作詞五要》，于填詞按譜、隨律押韻二條，詳哉言之，守律甚細，一字不苟作。又有"寄閒"者，即張斗南，名樞，號雲窗，玉田之父，嘗度《依聲集》百闋，玉田《詞源》稱其曉暢音律。有《寄閒詞》，旁綴音譜，每作一詞，必令歌者按之，稍有不協，隨即改正，故無落腔之病。草窗與此二公，暨夢窗、王碧山、陳西麓、施梅川、李賀房輩相與講明而切究之，宜其律之無不諧矣。學問之道，相得益彰，友顧可不重乎？惟用韻則遜于夢窗，是其疏忽之處。予此選，律乖韻雜者不敢濫收，如《木蘭花慢》、《西湖十景》洵為佳搆，大勝于張成子《應天長》十闋，惜有四首混韻者，故僅登六首。其小序有云："詞不難于作，而難於改；不難于工，而難於協。"旨哉是言，可與知者道，難與俗人言也。'"

## 【弁陽老人詞一卷】

現存：清芷蘭之室抄本，中國國家圖書館藏，《中國古籍善本書目》著錄。

## 【絕妙好詞七卷】

周密編。見《山東通志·藝文》、《續修歷城縣志·藝文考》（據《宋史·藝文志補》作八卷）。現存：①清初毛氏汲古閣抄本，中國國家圖書館藏，《中國古籍善本書目》著錄。②清康熙二十四年柯崇樸小幔亭刻本，藏中國國家圖書館、上海圖書館（清陳撰批）、四川省圖書館（清嚴元照批），見《中國古籍善本書目》。③清康熙三十七年高士奇清吟堂刻本，藏天津圖書館、北京大學圖書館（清焦循跋），見《中國古籍善本書目》。④清雍正三年項絪羣玉書堂刻本，藏中國國家圖書館、四川省圖書館、南京圖書館（清戴熙、徐楙校，清丁丙跋；另一部清周星詒跋），見《中國古籍善本書目》。

《山東通志·藝文》："《讀書敏求記》載弁陽老人《絕妙詞選》七卷，云：'弁陽老人選此詞，總目後又有目錄，卷中詞人，大半余所未曉者。其選錄精允，清言秀句，層見疊出，誠詞家之南董也。此本又經前輩細勘，批閱姓氏下各朱標其出處、里第，展玩之心自了然。'《四庫總目》'《絕妙好詞箋》七卷'提要云：'密所編南宋歌詞，始於張孝祥，終於仇遠，凡一百三十二家，去取謹嚴，猶在曾慥《樂府雅詞》、黃昇《花菴詞選》之上。又宋人詞集今多不傳，併作者姓名亦不盡見於世，零璣碎玉，皆賴此以存。於詞選中，最爲善本。’徐楙《重刻絕妙好詞箋》卷首《絕妙好詞題跋》附錄錢唐厲鶚題語一條云：‘張玉田《樂府指迷》云：“近代詞如《陽春白雪集》、《絕妙詞選》亦有可觀，但所取不甚精一，豈若草窗所選《絕妙好詞》爲精粹。惜此板不存，墨本亦有好事者藏之。”據此，則是書在元時已爲難得，有明三百年樂府家未曾見其隻字，徒奉沈氏《草堂》選爲金科玉律，無怪乎雅道之不振也。幸虞山錢遵王氏收藏鈔本，禾中柯孝廉南陔、錢塘高詹事江邨校刊以傳，是書乃流布人間矣。近時購之頗艱。余最有倚聲之癖，吳丈志上掇殘帙以贈，僅得二卷，又借於符君幼魯，屬門人錄成，乃爲完好，聊誌歲月於簡端。時康熙六十一年十二月九日。’《魯巖所學集·書絕妙好詞箋後》云：‘所選之詞，大抵聲情美麗，意致綿邈，不涉鄙俚之習，蓋其持擇者審也。’又云：‘五卷之趙洪，六卷之張林、范晞文，七卷之王沂孫、趙與仁、仇遠，後俱改節事元，而猶然登選者，蓋亦惟其詞而不惟其人之意也。’”

《續修歷城縣志·藝文考》引《善本書室藏書志》云：“《絕妙好詞》七卷 戴鹿叔手校本，宋弁陽老人周密原輯。右編南渡以後名家歌詞，自張于湖至仇山村，凡一百三十二人，詞三百八十二首。去取謹嚴，幾於篇篇珠玉。方諸草堂所錄，雅俗攸分。朱竹垞所見本，關仇仁近詞。此爲項滄齋絪雕本，在查、厲合箋以前，戴文節手爲校勘，有‘味終閣戴氏藏書’朱文長印。”

### 【絕妙好詞箋七卷】

周密編；清查爲仁、厲鶚箋。現存：①清乾隆十五年查氏澹宜書屋刻本，中國國家圖書館、復旦大學圖書館、天津圖書館等藏，《中國古籍善本書目》、《販書偶記續編》著錄。②清道光八年徐楙重刻本，湖南圖書館、中國科學院國家科學圖書館藏，《北京師範大學圖書館中文古籍書目》、《中國人民大學圖書館線裝書目錄》、《販書偶記續編》著錄。③清同治十一年章壽康刻本，中國國家圖書館等藏，《中國古籍善本書目》、《北京師範大學圖書館中文古籍書目》、《內蒙古自治區線裝古籍聯合目錄》著錄。

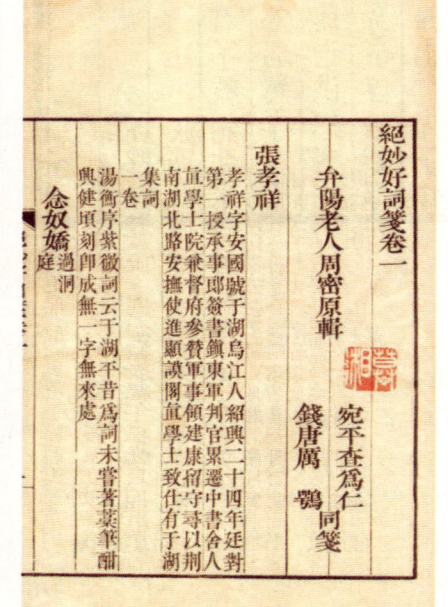

《絕妙好詞箋》七卷　清乾隆十五年查氏澹宜書屋刻本

### 【雜劇段數一卷】

現存：宛委山堂刊《說郛》本。

【卷六·金元】

# 卷六·金元

## ◆ 范 拱

拱字清叔，濟南人。九歲能屬文，深於易學。宋末登進士第，調廣濟軍曹。權邦彥辟爲書記，攝學事。劉豫鎮東，拱撰謁廟文，豫奇之，深加賞識。僞齊國建，累擢中書舍人。上《初政錄》十五篇，豫納其說，而不能盡用也。久之，權尚書右丞，進左丞，兼門下侍郎。齊廢，梁王宋弼領行臺省事，拱爲官屬。宋弼訪求百姓利病，拱以減稅爲請，宋弼從之，減舊三分之一，民始蘇息。皇統四年，引疾求退，以通議大夫致仕。大定初，上封事。七年，召赴闕，除太常卿，議郊祀。九年，復致仕。卒於家，年七十四。《金史》卷一百五、《歷城縣志》卷三十六、《濟南府志》卷四十七有傳。

其詩文集未見著錄。《齊乘》卷三有節引其《中和堂記》一文。

### 【初政錄十五篇】

見《金史》本傳、《歷城縣志·藝文考》、《濟南府志·經籍》、《山東通志·藝文》（史部政書類）。

《山東通志·藝文》引《金史》本傳云：“齊國建，累擢中書舍人。上《初政錄》十五篇：一曰得民，二曰命將，三曰簡禮，四曰納諫，五曰遠圖，六曰治亂，七曰舉賢，八曰守令，九曰廷問，十曰畏慎，十一曰節祥瑞，十二曰戒雷同，十三曰用人，十四曰御將，十五曰御軍。豫納其說，而不能盡用也。”

## ◆ 李之翰

之翰字周卿，濟南人。宣和末擢第。入金，爲寧州守。陷黨籍除名，徙上京，遇赦復官。終於東平州判官。工詩，元好問稱其“學有淵源，東州詩人未見其比”。《歷城縣志》卷四十、《濟南府志》卷四十七有傳。

### 【漆園集】

見《千頃堂書目》、《歷城縣志·藝文考》、《濟南府志·經籍》、《山東通志·藝文》（據《中州集》）。

《宋元詩會》載其《書呈仲孚》、《歲暮》詩二首。

## ◆ 王 繪

繪字質夫，濟南人。天會二年進士。仕至太常。《歷城縣志》卷四十、《濟南府志》卷四十七有傳。

其詩文集未見著錄。《御定佩文齋詠物詩選》卷三百七十三載其《江天秋晚圖》詩云：“萬頃波間踏浪兒，瀟湘秋晚趁歸時。四山紅葉風聲健，散入儂家欸乃詞。”《御定歷代題畫詩類》卷十八、《御選宋金元明四朝詩》卷十九亦收入此詩。

### 【注太白詩】

見《千頃堂書目》、《山東通志·藝文》（集部詩文評類）。《歷城縣志·藝文考》作《太白詩註》。《濟南府志·經籍》作《李白詩注》。

《山東通志·藝文》引《中州集》繪小傳曰：“《武陟道中》詩云：‘梧葉重勝迎日露，菁秋薄要護霜雲。’人頗稱之。有《注太白詩》行於世。”

《齊乘》卷一“鵲山”條引王繪《太白詩註》云：“扁鵲煉丹於此。俗又謂每歲七八月烏鵲翔集，故名。”

## ◆ 王去非

去非字廣道，平陰人。大定二十四年卒，享年八十四。門人私謚曰“醇德”。光緒《平陰縣志》卷八有黨懷英《醇德先生墓表》。

其詩文集未見著錄。順治《平陰縣志》卷八載其《題左丘明墓》詩一首。光緒《平陰縣志》卷七載其《清涼院記》一篇。

## ◆ 翟 升

升，平陰人。明昌二年以詞賦登第。終平定縣主簿。

其詩文集未見著錄。順治《平陰縣志》卷八載其《羣賢登第詩》、《送王廷玉輩五十三人赴試》、《題左丘明墓》等詩。

## ◆ 閻長言

長言字子秀，初名詠，濟南長清人（一作高唐人）。登承安五年經義榜，入翰苑。出爲河南府治中。被召，道卒。《中州集》長言小傳云："工詞賦，間有前人句法。"雍正《山東通志》卷二十八、《萬姓統譜》卷六十七、《濟南府志》卷四十七有傳。

### 【復軒集十卷】

見雍正《山東通志·經籍》、宣統《山東通志·藝文》（據《東昌志》）。

《御定歷代題畫詩類》卷六載其《閻立本職貢圖》詩云："諤諤昌周此一書，形容葵貢寫成圖。寧知右相無深意，莫指丹青便厚誣。"卷四十五載其《盤山招隱圖》云："畫出盤中望隱歸，鳴珂朝馬尚遲遲。賦詩未敢輕相誚，却恐吾山也勒移。"雍正《山西通志》卷二百二十六載其《三門集津圖》詩云："津門未爲天下險，勿作駭相觀茲圖。偃月堂中李林甫，有人能寫此心無。"《御選宋金元明四朝詩》卷十錄其《丁氏思祖亭》，卷十四錄《應制中秋》，卷十八錄《婆速道中書事》，卷二十一錄《送麗西麗橙與秀實御史》、《閻立本職貢圖》、《盤山招隱圖》、《三門集津圖》詩。

（以上金）

## ◆ 杜仁傑

仁傑字仲梁，號善夫，又號止軒，長清人。才宏學博，累徵不起。與元好問相友善。其子元素，任福建閩海道廉訪使。以子貴，贈翰林院承旨、資善大夫，謚曰文穆。道光《長清縣志》卷十一、《濟南府志》卷四十八有傳。

### 【河洛遺稿一卷】

見《濟南府志·經籍》、《山東通志·藝文》（經部易類）。

### 【善夫先生集一卷】

現存：①清康熙長洲顧氏秀野草堂刻《元詩選》本，中國國家圖書館、山東省圖書館、山東大學圖書

館等藏，《中國叢書綜錄》著錄。②一九九四年濟南出版社排印本（《重輯杜善夫集》一冊，孔繁信整理）。

雍正《山東通志·藝文》載其《題五峰山》詩。《御選宋金元明四朝詩》載其《長門怨》（在卷二），《和信之板橋路中古風》、《髮黃有感》（在卷五），《禹城道中》、《病中枕上》、《送信雲父》、《病中憶坦夫兄》、《從軍》、《雨中寄高無塵》、《雪後書事》、《至日》、《宿金線泉》、《中秋夜宿普照喜周卿至》、《無題》（在卷十一），《病中呈裕之》、《自遣》、《讀前史偶書》、《解嘲呈元明府》（在卷十七），《延津待渡寄仲溫參議》、《夜宿鄆城》、《魯郊》（在卷二十四）。《御訂全金詩增補中州集》卷五十二載其詩二十四首。元好問《遺山集》書末有其《遺山集後序》。《東平州志》卷十九載其《撰東平張宣慰登泰山記》一篇，卷二十二《金石下》有其《元東平路道教都提點范公墓碣銘并引》碑目（有目無文）。所作散曲，則散見於《朝野新聲太平樂府》、《雍熙樂府》、《盛世新聲》諸集中。

### 【逃空絲竹集】

《遺山集·逃空絲竹集引》云："南渡後，李長源七言律詩清壯頓挫，能動搖人心，高處往往不減唐人麻知幾七言長韻，天隨子所謂'陵轢波濤，穿穴險固，囚鎖怪異，破碎陳敵'者，皆畧有之。然長源失在無穰茹，知幾病在少持擇，詩家亦以此爲恨。仲梁材地有餘，而持擇功夫勝，其餘或亦有不迫二子者，絕長補短，大槩一流人也。今二子亡矣，仲梁氣銳而筆健，業專而心精，極他日所至當，於古人中求之，不特如退之之於李元賓耶？河東人元某書。"

## ◆ 張泰亨

泰亨，長山人。進士。元初濟南路參議。

其詩文集未見著錄。《淄川縣志·藝文》載其《重修鄭公廟記》（《濟南府志·藝文》作《重修矍山鄭康成廟記》）。又按《濟南府志》卷六十三歷城縣"元廣威將軍段徽墓"條云："有張泰亨《神道碑》。"

## ◆ 武漢臣

漢臣字號不詳，濟南人。生平事蹟無考，約憲宗元年前後在世。作有雜劇十餘種。《太和正音譜》稱其詞"如遠山疊翠"。

## 【女元帥掛甲朝天】

見《古典戲曲存目彙考》，提要略云："《錄鬼簿》著錄。簡名《掛甲朝天》。《太和正音譜》、《元曲選目》均題簡名。《寶文堂書目》亦有此目。本事未詳。疑即敷衍譙國夫人高涼冼氏事，見《隋書》本傳。吳偉業《梅村雜劇·臨春閣》，亦涉及冼氏事。佚。"

## 【四哥哥神助提頭鬼】

《古典戲曲存目彙考》略云："《錄鬼簿》著錄。題目作'仁安殿正果追魂使'，簡名《提頭鬼》。曹本著錄正名，脫'提頭鬼'三字，《太和正音譜》亦作簡名《提頭鬼》。《元曲選目》作簡名《生金閣》，注：'一云提頭鬼。'本事未詳。或即《智賺生金閣》一劇誤爲兩本。佚。"

## 【抱姪攜男魯義姑】

《古典戲曲存目彙考》云："《錄鬼簿》（曹本）著錄。賈本作《棄子全姪魯義姑》，簡名《魯義姑》。《太和正音譜》、《元曲選目》俱題簡名。本事出《列女傳》：魯義姑野人之婦。齊攻魯至郊，見一婦人，攜一兒，抱一子。及軍至，乃棄抱者，而抱攜者，問曰：'所抱者誰之子？'對曰：'兄之子。''所棄者誰之子？'曰：'己之子也，妾見大軍至不能兩全，遂棄所生之子。'軍曰：'子之於母，甚痛于心，何棄所生而抱兄子？'對曰：'子之於母，私愛也。姪之從姑，公義也。背公而私，妾不爲也。'齊軍曰：'魯郊有婦人猶持節行，況朝廷乎。'遂回軍不伐魯。魯君聞之，賜束帛，號曰義姑。舊本《列國志》亦有'魯村姑秉義全社稷'一條。佚。"

## 【曹伯明錯勘贓】

《古典戲曲存目彙考》略云："《錄鬼簿》著錄。簡名《錯勘贓》。《太和正音譜》、《元曲選目》均題簡名，注：有二本。佚。"

## 【趙太祖炓立天子班】

《古典戲曲存目彙考》云："《錄鬼簿》（曹本）著錄。賈本題目作'李後生君臣會'，正名作'趙太祖天子班'，簡名《天子班》，《太和正音譜》、《元曲選目》俱題簡名。本事來源未詳。佚。"

## 【窮韓信登壇拜將】

《古典戲曲存目彙考》略云："《錄鬼簿》著錄。簡名《登壇拜將》，《太和正音譜》、《元曲選目》作《韓信築台》。本事出《漢書》：漢王欲召信拜之，蕭何曰：'王素慢無禮，今拜大將，如召小兒，此乃信所以去也。王必欲拜之，擇日齋戒，設壇場具禮乃可。'王許之。諸將皆喜，人人各自以爲得大將，至拜，乃韓信也。一軍皆驚云。元戲文有《登壇拜爵》一本。明初戲文有《韓信築壇拜將》，即沈采《千金記》。佚。"

## 【鄭瓊娥梅雪玉堂春】

《古典戲曲存目彙考》云："《錄鬼簿》（曹本）著錄。賈本略作《梅雪玉堂春》，簡名《玉堂春》。《太和正音譜》題簡名同。孟本作《玉台春》，誤。《元曲選目》作《玉壺春》，注：一云《玉堂春》，亦誤。情節疑似《雙冠誥》傳奇。佚。"

## 【謝瓊雙千里關山怨】

《古典戲曲存目彙考》云："《錄鬼簿》（曹本）著錄。賈本題目作'柳天瑞千里誤佳期'，正名作'楚江樓月下關山怨'。簡名《關山怨》。《太和正音譜》、《元曲選目》均題簡名。本事未詳。佚。"

## 【包待制智賺生金閣一卷】

現存：①明萬曆中息機子輯刻《雜劇選》本，中國國家圖書館藏。②《脈望館鈔校本古今雜劇》稿本，中國國家圖書館藏。③一九五八年上海商務印書館景印《古本戲曲叢刊四集·脈望館鈔校本古今雜劇本》本，中國國家圖書館、上海圖書館、山東大學圖書館藏。④民國二十四至二十五年上海貝葉山房排印《中國文學珍本叢書第一輯·元人雜劇全集》本，上海圖書館、首都圖書館等藏。以上均見《中國叢書綜錄》。另有《元曲選》本、《四部備要》本、《元人雜劇選》本，題作《包待制智賺生金閣雜劇》一卷，見《中國叢書綜錄》。

《古典戲曲存目彙考》云："《錄鬼簿續編》著錄。息機子刊本，《元曲選》本。各本《錄鬼簿》不載此目，惟見《續編》失載名氏中，題目作'龐衙內打點投頭鬼'，簡名《生金閣》。《寶文堂書目》、《也是園書目》並著錄，未題作者名。《元曲選》本題元武漢臣撰，題目作'李幼奴摑傷似平顏'。劇敘郭成應舉，其父以傳家寶生金閣付之，置風中有仙樂聲，謂持此獻要路，可得官。成挈妻李幼奴偕行，至汴，獻之龐衙內，以求得官。龐欲奪幼奴，令一嫗相勸。幼奴劈面自誓，嫗憐之，助幼同罵龐，龐怒，縛嫗投井中，令家人殺成。家人見其提頭越牆而去。越歲元宵，龐出遊賞燈，衆見一鬼提頭逐龐，各驚散。會包拯夜行，命役至城隍廟焚牒拘鬼，審悉其事。先嫗有子福童，聞母死，導幼奴同逸，至是同往聲寃。拯乃置酒邀龐，賺得其實，出幼奴、福童證之。縛龐棄市云。"

## 【散家財天賜老生兒一卷】

現存：①明萬曆中吳興臧氏刻《元曲選》本（作《散家財天賜老生兒雜劇》一卷，《四部叢刊》本題同），中國國家圖書館、北京大學圖書館、上海圖書館藏。②明崇禎六年孟稱舜輯刻《古今名劇合選》本（作《天賜老生兒》一卷，《古本戲曲叢刊四集·古今名劇合選·新鐫古今名劇酹江集》本題同），上海圖書館藏。③日本大正三年京都帝國大學文科大學據元本景印《古今雜劇》本（作《新刊的本散家財天賜老生兒》一卷，《古本戲曲叢刊四集·元刊雜劇三十種》本題同），中國國家圖書館、上海圖書館、南京圖書館藏。④民國二十四至二十五年上海貝葉山房排印《中國文學珍本叢書第一輯·元人雜劇全集》本，上海圖書館、首都圖書館等藏。以上均見《中國叢書綜錄》。

《古典戲曲存目彙考》云："《錄鬼簿》著錄。《元刊古今雜劇三十種》本，《元曲選》本，《酹江集》本。題目作'指絕地死勸糟糠婦'，簡名《老生兒》。《太和正音譜》、《元曲選目》均題簡名。敘劉從善無子，惟姪引孫，性溫良。劉妻李氏，常虐遇之，而偏愛其婿張郎。劉有妾小梅將產，張夫婦欲害之，置於別屋，謂其潛逃。其後李氏因祭墓時，頓然感悟，乃以產業盡付引孫管理。小梅繼亦歸家，則子已三歲。此劇有英文譯本，法文重譯本，及日本譯本。明凌濛初《拍案驚奇》第三十八篇《占家財狠婿妒姪》，亦載此事，但云劉女甚賢，與劇略異。"

## 【虎牢關三戰呂布】

現存：民國二十四至二十五年上海貝葉山房排印《中國文學珍本叢書第一輯·元人雜劇全集》附本（殘本一卷），上海圖書館、首都圖書館等藏，《中國叢書綜錄》著錄。

《古典戲曲存目彙考》云："《錄鬼簿》著錄。題目作'元帥府單氣張飛'，簡名《三戰呂布》。《太和正音譜》、《元曲選目》俱作簡名，注：有二本。曹本正名下注：'鄭德輝次本。'金院本有《罵呂布》，元闕名有《張翼德單戰呂布》，可能題材同。本事與正史不合，出元至治《三國志平話》卷上《三戰呂布》。後收入《三國志通俗演義》。佚。"

## ◆ 岳伯川

*伯川名不詳，濟南人（或云江蘇鎮江人）。約世祖至元中前後在世。所作雜劇二種，存一種，僅見佚文者一種。《太和正音譜》稱其詞"如雲林樵響"。*

## 【呂洞賓度鐵拐李岳一卷】

現存：①明萬曆中吳興臧氏刻《元曲選》本（作《呂洞賓度鐵拐李岳雜劇》一卷，《四部備要》本題同），中國國家圖書館、北京大學圖書館、上海圖書館藏。②明崇禎六年孟稱舜輯刻《古今名劇合選》本（作《鐵拐李》一卷），上海圖書館藏。③日本大正三年京都帝國大學文科大學據元本景印《古今雜劇》本（作《新編岳孔目借鐵拐李還魂》一卷，《古本戲曲叢刊四集·元刊雜劇三十種》本題同），中國國家圖書館、上海圖書館、南京圖書館藏；民國十三年景印本，上海圖書館、遼寧省圖書館、山東大學圖書館藏。④民國二十四至二十五年上海貝葉山房排印《中國文學珍本叢書第一輯·元人雜劇全集》本，上海圖書館、首都圖書館等藏。以上均見《中國叢書綜錄》。

《古典戲曲存目彙考》云："《錄鬼簿》著錄。《元刊古今雜劇三十種》本，《元曲選》本，《酹江集》本。題目作'韓魏公譜託柄曹司'，簡名《鐵拐李岳》。《太和正音譜》作簡名同。《元曲選目》、《寶文堂書目》簡名作《鐵拐李》。《也是園書目》別作《鐵拐李借屍還魂》。元刊本總題作'岳孔目借鐵拐李還魂'。劇敘鄭州孔目岳壽，怙勢刁惡。身死，妻殮而焚之。岳以生前罪多，遊地府，將入油鑊，呂洞賓現身度之。有李屠子歿三日，借其屍還魂。但粗陋瘸跛。因雙名李岳，道號鐵拐李云。"

## 【羅公遠夢斷楊貴妃】

現存：民國二十四至二十五年上海貝葉山房排印《中國文學珍本叢書第一輯·元人雜劇全集》附本（殘本一卷），上海圖書館、首都圖書館等藏，見《中國叢書綜錄》。

《古典戲曲存目彙考》云："《錄鬼簿》著錄。《元人雜劇鈎沉》輯存《正宮》一套。簡名《楊貴妃》。曹本'羅公遠'作'羅光遠'。《太和正音譜》、《元曲選目》俱略作《夢斷楊貴妃》。《太平廣記》有羅公遠擲杖成橋引明皇遊月宮事，出《神仙感遇傳》及《唐逸史》，夢斷情節，不見記載。宋、元戲文有同題材《馬踐楊妃》。《納書楹曲譜》訂有《馬踐》一折，即趙氏所輯《端正好》一套，但題作'天寶遺事'。"

### ◆ 趙文昌

文昌字明叔，號西皋，長清人。至元十年選為本縣尹。甫期月，治聲籍著。大興文教，多有惠政。嘗建三皇廟，聚歷代醫書於中，會邑人習之，以袪民病。後陞行臺侍御史，遷福建閩海道廉訪使，累資國子監祭酒。諡獻肅。《濟南府志》卷三十四、四十八有傳。

其詩文集未見著錄。《濟南府志·藝文》載其《長清縣學田碑記》（道光《長清縣志》卷七作《學田記》）一篇，《遊靈巖題壁》詩一首。

### ◆ 淳于福

福，滄州樂陵人。至元八年至歷城釋迦院駐錫。後為掌教宗主，授"忘機顯教大師"之號。皇慶元年化去，法壽八十，僧臘六十。《歷城縣志》卷四十五有傳。

## 【輸金手鏡圖】

見《歷城縣志·藝文考》及本傳、《山東通志·藝文》（子部釋家類）。

《歷城縣志·藝文考》引釋智登《重興釋迦院記》云："師精內典，兼通孔、老之書。採撷奧義，著《輸金手鏡圖》五十餘章。聯珠合璧，曲盡其妙。掃疑情於掌上，明法相於目前。學者得之，如獲至寶。"

### ◆ 劉敏中

敏中字端甫，章丘人。幼卓異不凡。鄉先生杜仁傑愛其文，亟稱之。至元十一年，由中書掾擢兵部主事，拜監察御史。權臣桑哥秉政，敏中劾其奸邪，不報，遂辭職歸其鄉。既而起為御史臺都事，出為燕南肅政廉訪副使，入為國子司業，遷翰林直學士，兼國子祭酒。大德七年，詔遣宣撫使，巡行諸道。敏中出使遼東、山北諸郡，守令恃貴倖暴橫者，一繩以法。除東平路總管，擢陝西行臺治書侍御史。九年，召為集賢學士，商議中書省事。上疏陳十事，曰：整朝綱，省庶政，進善良，剔姦蠹，顯公道，杜私門，廣恩澤，實鈔法，嚴武備，舉封贈。武宗即位，召敏中至上京，庶政多所更定，授集賢學士、皇太子贊善，仍商議中書省事，賜金幣有加。頃之，拜河南行省參知政事，俄改治書侍御史，出為淮西肅政廉訪使，轉山東宣慰使，遂召為翰林學士承旨。以疾還鄉里。延祐五年卒，年七十六。贈光祿大夫、柱國，追封齊國公，諡文簡。《元史》卷一百七十八、《濟南府志》卷四十八有傳。

## 【平宋錄三卷】

見《文淵閣書目》（一冊）、《千頃堂書目》（二卷，注"一作十卷"）、《四庫全書總目》、《山東通志·藝文》（史部雜史類）。現存：①清鈔本（作《新刊大元混一江南實錄》三卷），藏中國國家圖書館（另一部清李文田校並跋），見《中國古籍善本書目》。《善本提要補編》（作《新刊大元混一平宋實錄》）云：前有大德八年鄧錡《序》、大德八年方回《序》、杜道堅《序》、大德八年周明《序》。②舊鈔本，臺灣"國家圖書館"藏。③《四庫全書》本。另有《墨海金壺》本、《守山閣叢書》本、《碧琳琅館叢書》

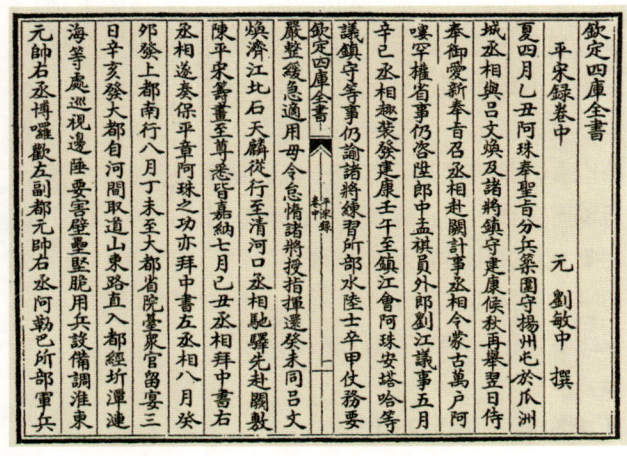

《平宋錄》三卷　影印文淵閣《四庫全書》本

本、《芋園叢書》本、《叢書集成初編》本、《中國內亂外禍歷史叢書》本等，見《中國叢書綜錄》。

《山東通志·藝文》："是書文淵閣著錄。《簡明目錄》云：'元劉敏中撰，舊題平慶安者，誤也。紀至元十三年巴顏下臨安及宋幼主北遷之事，所載封瀛國公詔巴顏賀表及追贈河南路統軍鄭江事，皆《元史》所遺。'"

## 【中菴集二十卷】

見《章邱縣志·藝文》、《濟南府志·經籍》（作二十五卷）、《山東通志·藝文》。現存：①元元統間刻本（作《中庵先生劉文簡公文集》二十五卷，清楊紹和跋），中國國家圖書館藏，《山東文獻書目》著錄。②清乾隆內府鈔《四庫全書》本（清四庫館輯）。③文瀾閣傳寫本（四冊），日本靜嘉堂文庫藏（原陸心源十萬卷樓舊藏），《日藏漢籍善本書錄》著錄。④清乾隆翰林院鈔本，中國國家圖書館藏，《中國古籍善本書目》著錄。⑤清鈔本（卷一至六、十七至二十配另一清鈔本），南京圖書館藏，《中國古籍善本書目》著錄。⑥清抄本（作《中庵先生劉文簡公文集》二十五卷），中國國家圖書館、上海圖書館藏，《中國古籍善本書目》著錄。

《山東通志·藝文》引《四庫提要》曰："元史載敏中《中菴集》二十五卷。《文淵閣書目》作五冊，不著卷數。梁維樞《內閣書目》不載其名，則是時官書已佚。明藏書之家惟葉盛《菉竹堂書目》僅著於錄，亦無卷數。黃虞稷《千頃堂書目》雖有其名，而獨作三十五卷，與史不符。蓋虞稷所列諸書，乃徧徵各家書目爲之，多未親見其本，故卷數多譌，存佚不確，未可盡援爲據也。蘇天爵《元文類》中僅載其《賀正旦表》、《忠獻王廟碑》二首，其他作則不槩見。今從《永樂大典》所載，蒐羅裒輯，以類編次，尚可得二十卷，則所佚者不過十之二三矣。其詩文率平正通達，無鉤章棘句之習，在元人中亦元明善、馬祖常之亞。本傳稱其文理明辭備。韓性原序亦謂其'不藻繢而華，不琢鏤而工，戶樞門鍵，庭旅陛列，進乎古人之作。'固不誣也。史稱敏中爲御史時劾權臣僧格，原注：原作桑哥，今改正。爲集賢學士時上書陳十事，其文今皆不見集中，殆已散佚。集中有《星變奏議》、《皇慶改元奏議》，則爲本傳所未及，蓋史佚之。其金石之文，如巴延 原注：原作伯顏，今改正。廟碑，哈剌哈斯、原注：

原作哈剌哈孫，今改正。沙札該、原注：原作純直海，今改正。當達里、原注：原作大達立，今改正。耀珠、原注：原作咬住，今改正。布哈爾、原注：原作不阿里，今改正。李唐諸神道碑記，《大智全寺碑》、《罔極寺碑》，皆承詔撰述之作。今考《元史·哈剌哈斯傳》，即用敏中所撰墓碑，然不載其在宗正時從世皇北巡、猝遇亂、突出破敵事，又不載其在中書省時'每退食延見四方賓使，訪以物情得失，吏治否臧，人材顯晦，年穀豐歉，采可行行之'數語，又'度地置兩倉'句'兩'字譌爲'內'字。《沙札該傳》亦用敏中碑，而其子當達里諭降襄陽，取漢口，破婆賊，功不在沙札該下，而《沙札該傳》末乃僅附其子昂阿喇 原注：原作昂阿剌，今改正。名，無一語及當達里事，尤爲舛漏。蓋《元史》倉猝成書，疏脫實多，不但重複割裂，如顧炎武所譏。則是集之存，併可訂史傳之譌異，不徒貴其文章矣。"

康熙《章丘縣志·藝文》載其《重修大成殿記》、《碑陰記》、《飲江亭記》、《重修大聖院記》。民國《濟陽縣志·藝文》載其《加封孔子至聖文宣王碑後記》一篇。

## 【中庵詩餘一卷】

現存：民國十一年歸安朱祖謀輯刻《彊村叢書》本，上海圖書館、天津圖書館、山東大學圖書館藏，《中國叢書綜錄》著錄。

《中庵詩餘》一卷 民國十一年歸安朱祖謀輯刻《彊村叢書》本

## 【中庵樂府二卷】

現存：民國二十年國立中央研究院歷史語言研究所排印《校輯宋金元人詞》本，中國國家圖書館、山東省圖書館、山東大學圖書館藏，《中國叢書綜錄》著錄。

### ◆ 李惟彥

惟彥，齊東人。

其詩文集未見著錄。民國《齊東縣志》卷六載其《重修學宮記》（至元丁丑修）一篇。

### ◆ 楊文郁

文郁字從周，號損齋，濟陽人。至元十五年，以闕里教授薦授應奉翰林文字，累官國子祭酒。元貞二年，移疾歸。大德元年，制使特徵至京，拜翰林侍講學士、大中大夫、知制誥同修國史。後升翰林學士、中順大夫，進大中大夫。文郁曰："一介書生，官至三品，年瀕七十，當服止足之義。"未幾卒，年七十九。《濟南府志》卷四十八、民國《濟陽縣志》卷十一有傳。《濟陽縣志》卷十七《藝文》有元李謙撰《翰林學士楊公神道碑銘》。

## 【林下集】

見《濟南府志·經籍》、《山東通志·藝文》、民國《濟陽縣志·著述篇目》。

《山東通志·藝文》引《縣志》載李謙《文郁神道碑》云："大德二年，扈從如上都。秋八月，車駕將南還，駐城南近郊，趣遣使來召，命草詔諭高麗。既就稿，詔偕平章政事。伯顏先聞於皇太后，皇太后大悅，使之坐，慰勞良久，命飲以湯粥。進至上前，奏讀詞意稱旨，顧謂近臣曰：'此適朕心所欲言，口不能宣，而文士能達朕意。'獎諭而退。"又云："公生長見聞，且素從鄉先生張清真、楊素庵、杜止軒遊，得其議論爲多。爲文必援據義例，質實不崇華藻。有《林下集》藏於家。"

《元文類》卷十七載其《賀冊后表》、《賀千秋牋》二篇。民國《濟陽縣志·藝文》亦載此二篇，另有《重修廟學記》一文，《謁聖林》七言絕句一首。雍正《山東通志·藝文》、民國《臨清縣志·藝文》載其《會通河記》一篇。

### ◆ 李之紹

之紹字伯宗，號果齋，東平平陰人。以馬紹、李謙薦，授將仕佐郎、翰林國史院編修官。皇慶初，累遷國子祭酒、翰林直學士，以疾歸。至治初，起爲翰林侍講學士。《元史》卷一百六十四、光緒《平陰縣志》卷四有傳。

## 【果齋文集】

見《山東通志·藝文》。康熙《平陰縣志》、光緒《平陰縣志·著述》、《平陰縣鄉土志》作《果齋集》。

《山東通志·藝文》："《元史》本傳云：'自以性遇事優游少斷，故號果齋以自勵。有文集藏於家。'茲依錢《補志》標目。"

《元文類》卷十七載其《賀聖節表》，卷四十八載其《祭徐承旨文》。光緒《平陰縣志》卷四載其《縣尹從仕董君去思頌》、《縣尹劉君遺愛頌》二文，卷七載其《加封大成至聖文宣王碑記》、《王喬澗保真觀記》、《醴德王先生祠記》、《醴德祠堂記》等文。

### ◆ 潘昂霄

昂霄字景樑，號蒼崖，濟南人。世以文學顯。元初，爲文者氣萎爾不振，昂霄爲《金石例》，講明體制，士經其指授者，皆有法度。歷事六朝，官至翰林侍讀學士、通奉大夫。卒謚文僖。《歷城縣志》卷四十、《濟南府志》卷四十八有傳。

## 【河源記一卷】

見《濟南府志·經籍》、《山東通志·藝文》（史部地理類）。《歷城縣志·藝文考》作《河源志》，注云："見陶九成《南村輟耕錄》。"現存：①清順治三年兩浙督學周南李際期宛委山堂刊《說郛》本（作《河源志》一卷），中國國家圖書館、北京大學圖書館、上海圖書館等藏，《中國叢書綜錄》著錄。②清道光二十八年排印《遜敏堂叢書》本，中國國家圖書館、北京大學圖書館等藏，《中國叢書綜錄》著錄。

《山東通志·藝文》引《四庫存目提要》曰："是書紀世祖至元十七年遣達實西溯河源至星宿海事。末有元統中柯九思《跋》。《元史》已全錄其文。此別行之本也。河源遠隔窮荒，前志傳聞，率皆瞽說。惟達實嘗親歷其地，故昂霄以聞於其弟庫克楚者，記爲是編，自詫爲古所未睹。迨我皇上，神武遠揚，平定西域，揆度水脈，規量地形，又知達實所言仍多疏漏，已重爲考定，勒在鴻編，用以袪萬古之疑，而訂百世之謬。昂霄是《記》，竟以故紙置之可矣。"

## 【蒼崖類稿】

見《歷城縣志·藝文考》、《濟南府志·經籍》、宣統《山東通志·藝文》。雍正《山東通志·經籍》云一卷。《千頃堂書目》作《蒼崖類編》。

## 【蒼崖漫稿】

見《千頃堂書目》、《歷城縣志·藝文考》、《濟南府志·經籍》、《山東通志·藝文》。

## 【金石例十卷】

見《千頃堂書目》、《歷城縣志·藝文考》、《濟南府志·經籍》、《山東通志·藝文》（集部詩文評類）。現存：①元刻本（作《蒼崖先生金石例》十卷，存六卷：一至六），中國國家圖書館藏。②明初刻本（清顧廣圻校），上海圖書館藏。③明龍宗武刻本，上海圖書館藏。④明刻本（清金錫爵跋），中國國家圖書館藏。南京圖書館藏本有清丁丙跋。以上均見《中國古籍善本書目》。⑤舊鈔本，臺灣"國家圖書館"藏，見《國家圖書館善本書志初稿》。⑥清抄本（清丁丙跋），南京圖書館藏，《中國古籍善本書目》著錄。⑦清乾隆二十年德州盧氏雅雨堂刻《金石三例》本，北京大學圖書館、上海圖書館、中國國家圖書館藏，《中國古籍善本書目》著錄。⑧《四庫全書》本。另有清栖霞郝氏重刻盧氏《金石三例》本、清道光十二年李瑤泥活字印《校補金石例四種》本、《讀有用書齋金石三例》本、《反約篇》本、《式訓堂叢書三集》本、《朱氏金石全例》本、《隨盦徐氏叢書》翻元本（附繆荃孫《札記》一卷）、《蜀刻十一種》本等，見《中國叢書綜錄》。

《山東通志·藝文》引《四庫提要》曰："是書一卷至五卷述銘誌之始，於品級、塋墓、羊虎、德政、神道、家廟、賜碑之製，一一詳考；六卷至八卷述唐韓愈所撰碑誌，以爲括例，於家世、宗族、職名、妻子、死葬日月之類，咸條列其文，標爲程式；九卷則雜論文體；十卷則史院凡例。然昂霄是書以《金石例》爲名，所述宜止於碑誌，而泛及雜文之格與起居注之式，似乎不倫。又雜文之中，其目載有郝伯常先生編類金石

八例、蒼崖先生十五例二條，皆有錄無書。九卷之末有《跋》云：'右先生《金石例》，皆取韓文類輯以爲例，大約與徐秋山括例相去不遠。若再備錄，似爲重複，故止記其目於此。'然則最後二卷，其始必別自爲編，附之《金石例》後，後人刊版，乃併爲一書。又知六卷至八卷所謂韓文括例者，皆全採徐氏之書，非昂霄所自撰矣。其書敘述古制，頗爲典核。雖所載括例，但舉韓愈之文，未免舉一而廢百，然明以來金石之文，往往不考古法，漫無矩度，得是書以爲依據，亦可謂尚有典型，愈於率意妄撰者多矣。書在元代版凡三刻，此本乃其子詡至正五年刊於鄱陽者也。"

《四庫提要》"此本乃其子詡至正五年刊於鄱陽者也"句，胡玉縉《四庫提要補正》云："潘詡雖校此書於鄱陽，刊刻則在濟南。刊於鄱陽者，則是王思明至正七年所校之書。"

《歷城縣志·藝文考》載至正五年春三月望濟南潘詡（昂霄子）《跋》、元統二年歲次甲戌春正月七日東陽柳貫《序》、至正五年春三月鄱陽楊本《序》、至正乙酉春三月望賜同進士出身將士郎前慶元錄事鄱陽傅貴全《序》、至正五年春三月饒州路儒學教授桐川湯植翁《序》、至正戊子夏六月既望廬陵王思明《序》。

《金石例》十卷　清乾隆二十年德州盧氏雅雨堂刻《金石三例》本

### ◆ 張養浩

養浩字希孟，濟南人。以薦爲東平學正。游京師，獻書於平章不忽木，大奇之，辟爲禮部令史，仍薦入御史臺，又爲丞相掾，選授堂邑縣尹。仁宗在東宮，召爲司經，未至，改文學，拜監察御史。遷翰林直學士，改秘書少監。延祐初，設進士科，遂以禮部侍郎知貢舉。擢陝西行臺治書侍御史，改右司郎中，拜禮部尚書。英宗即位，命參議中書省事。後以父老弃官歸養。召爲吏部尚書，不拜。丁父憂，未終喪，復以吏部尚書召，力辭不起。泰定元年，以太子詹事丞兼經筵說書召，又辭；改淮東廉訪使，進翰林學士，皆不赴。天歷二年，關中大旱，飢民相食，特拜陝西行臺中丞。到官四月，未嘗家居，止宿公署，夜禱於天，晝則出賑饑民，每撫膺痛哭，遂得疾卒，年六十。至順二年，贈攄誠宣惠功臣、榮祿大夫、陝西等處行中書省平章政事、柱國，追封濱國公，謚文忠。《元史》卷一百七十五、《歷城縣志》卷三十六、《濟南府志》卷四十八有傳。

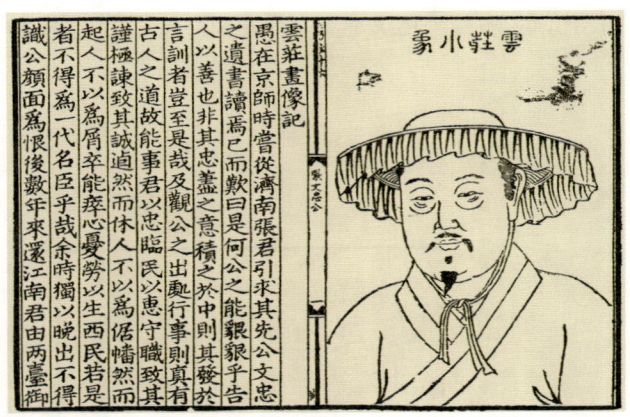

雲莊小象　載元至正刻本《張文忠公文集》

### 【經筵餘旨一卷】

見《國史經籍志》、《歷城縣志·藝文考》、《濟南府志·經籍》、《山東通志·藝文》（經部五經總義類）。

### 【三事忠告四卷】

見《歷城縣志·藝文考》（作《三事忠告合刻》四卷）、《章邱縣志·藝文》、《濟南府志·經籍》、《山東通志·藝文》（史部職官類）。現存：①元刻本（作

《牧民忠告》二卷《經進風憲忠告》一卷《廟堂忠告》一卷，清郭尚光跋），中國國家圖書館藏，《中國古籍善本書目》著錄。②明洪武間黃毅校刻本，中國國家圖書館藏，《中國善本書提要補編》著錄。有洪武間張士諤《序》、陳璉《序》、靳顥《序》，元至正十五年林泉生《序》、貢師泰《序》，洪武二十七年李文憲《後序》、黃毅《後序》。黃毅《後序》云："予少入郡庠，長遊太學，誤蒙天寵，俾任廣右臬司之職，今幸竊祿兩考矣。常思求先正嘉言善行，是矜是式，以圖補效。去年春，友人范公僉憲湖廣，授予以濟南希孟張公所著《忠告》三編，於是合爲一卷，俾鋟諸梓，以爲同志者共之。"③明隆慶元年貢安國刻本，山東省圖書館藏，《中國古籍善本書目》、《山東省珍貴古籍名錄（第一批）》著錄。④明刻重修本（清丁丙跋），南京圖書館藏，《中國古籍善本書目》著錄。⑤明芸葉軒刻本（作《爲政忠告》），山東師範大學圖書館藏，見《山東省珍貴古籍名錄（第一批）》。⑥《四庫全書》本。⑦清道光十一年歷城尹濟源碧鮮齋影刻元抄本（作《爲政忠告》），中共山東省委黨校圖書館藏；《山東文獻集成》影印。⑧清光緒十四年吉林希氏瞰江樓刻本（作《爲政忠告》），見《日本國大木幹一所藏中國法學古籍書目》。另有《貸園叢書初集》本、《如不及齋叢書》本（作《爲政忠告》）、《叢書集成初編》本、《四部叢刊》影印元本、《牧令全書》本（作《牧民忠告》二卷）等，見《中國叢書綜錄》。

爲政忠告　元濟南張文忠公著　碧鮮齋影鈔本

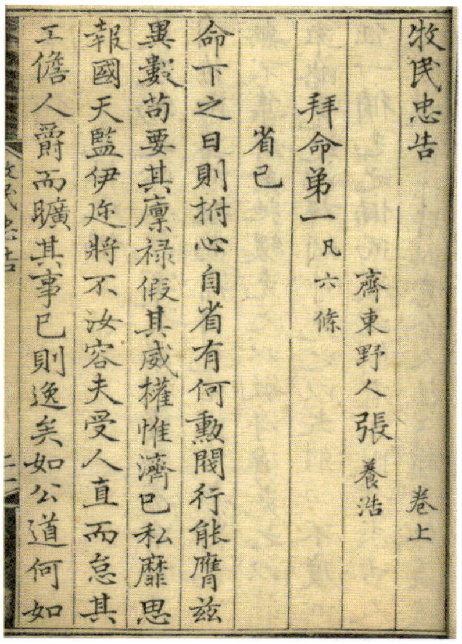
牧民忠告　卷上

齊東野人張養浩

拜命第一　凡六條

省己

命下之日則捫心自省有何勲閥行能膺茲異數苟要其廩祿假其威權惟濟己私靡思報國天監伊邇將不汝容夫受人直而怠其工僨人爵而曠其事已則逸矣如公道何如

《爲政忠告》四卷　清道光十一年歷城尹濟源碧鮮齋影刻元抄本

《山東通志·藝文》："是書文淵閣著錄。《四庫提要》曰：'養浩爲縣令時，著《牧民忠告》二卷，凡十綱，七十二子目。爲御史時，著《風憲忠告》一卷，凡十篇。入中書時，著《廟堂忠告》一卷，亦十篇。其言皆切實近理，而不涉於迂闊。蓋養浩留心實政，舉所閱歷者著之，非講學家務爲高論，可坐言而不可起行者也。明張綸《林泉隨筆》曰："張文忠公《三事忠告》，誠有位者之良規。觀其在守令則有守令之式，居臺憲則有臺憲之箴，爲宰相則有宰相之謨。醕深明粹，真有德者之言也。考其爲人，能竭忠殉國，正大光明，無一行不踐其言"云云。其推挹可爲至矣。三書非一時所著，本各自爲編。明洪武二十二年，廣西按察司僉事揚州黄士宏合爲一卷刻之，總題曰《爲政忠告》，陳璉爲《序》。宣德六年，河南府知府李驥重刻，改名《三事忠告》。考《書》稱任人、準夫、牧作三事，《詩》稱三事大夫皆在王左右之尊階。施於廟堂忠告，猶爲近之，御史、縣尹不在是列。如曰以三職所治爲三事，則自我作古，轉不及"爲政"之名爲該括一切矣。蓋明人書帕之本，好立新名，而不計其合於古義否也。相沿已數百年，不可復正。今姑以通行之名著錄，而附訂其乖舛如右。'按是書國朝山左人刻本凡二：一益都李文藻刊本，即《四庫》本。一歷城尹濟源道光辛卯刊本，莆田郭尚先影鈔絳雲樓之元刻本也，仍依揚州本改題《爲政忠告》云。又《歷城志》别載養浩《御史箴》，度即《風憲忠告》之别名，俟考。"

【牧民忠告二卷】

《歷城縣志·藝文考》著録，並録至正十五年宣城貢師泰《序》。

【風憲忠告一卷】

《歷城縣志·藝文考》著録，並録至正乙未（十五年）林泉生《序》。

【廟堂忠告一卷】

《歷城縣志·藝文考》著録，並録洪武二十三年廣東布政司左參議靳顒《序》。

【憲綱事類一卷】

現存：明嘉靖三十一年監察御史江右曾序刻本（與《風憲忠告》一卷附薛□《御史箴》一卷合刻，共二册），日本名古屋市蓬左文庫藏，《日藏漢籍善本書録》著録。

【御史箴】

見《歷城縣志·藝文考》、《章邱縣志·藝文》、《濟南府志·經籍》。

【諸子書引】

見雍正《山東通志·經籍》、《章邱縣志·藝文》、《濟南府志·經籍》。

【衛聖編】

《續修歷城縣志·藝文考》據《歸田類稿》著録，並載《歸田類稿》養浩《自序》曰："自孔子沒，千數百年，諸儒及異端冒爲辭以夸詡後世者，不可選紀。幼學或不能别，往往謂聖人誠有是言，或援以釋經，或舉以誨人，或施諸文字，以證己見。戴白之儒，有轍訛軌謬亦不悟其非者。竊夫鬼目之亂芝也，碔砆之亂玉也，稂莠之亂苗也，桑間濮上之亂雅樂也。遂因講讀之暇，萃諸子所嘗假託者，以類辨名。其編曰《衛聖》，若夫老莊申韓佛氏之書，與吾聖經白黑較然，則其所稱有不待辨而知者。惟左氏、荀子及秦漢以來諸儒，則不容嘿焉。蓋彼去聖人未遠，後世又以學術之正躋諸從祀，顧其言乃爾，豈不誤天下後世也哉！今有人妄增損君長言者，尚以罔上不道見斥於良有司，况冠圓冠履句屨以儒自名者，庸可坐視聖人之言爲諸子所濁亂而不爲申別也哉！且聖人之言雖曰難知，然其辭旨微婉，若太羹玄酒，清廟之瑟，味澹泊而音要眇，與彼賢者之言，固自不同。而或者見其出自大儒，即從而尊之信之，略不敢致疑於其間。嗚呼！此《衛聖編》之所由作也。夫不得聖人之心，必不知聖人之言；不得聖人之言，必不能知聖人之事。今乃加聖人以未嘗語之言，誣聖人以未嘗爲之事，苟有所見，其忍不爲聖人直其屈於千載之下邪？昔楊子雲非聖作經，議者謂猶吳楚之君借號稱王。以僕之愚，輒疑人所不敢疑，詰人所不敢詰，任人所不敢任。雖若鄰於僭誕，然俾讀是編者不惑於鬼目、碔砆、稂莠、鄭衛之邪目一擊，而知此爲靈芝，此爲美玉，此爲良苗，此爲雅樂。其於聖經賢傳，未必無絲毫之補云。"

## 【家訓】

《山東通志·藝文》（子部雜家類）："是篇有石刻，載《縣志·金石》。石刻跋云：'張文忠公《家訓》，公之子御史引屏立書而□□石，不特以訓其家，凡士夫家舉可訓矣。後學諭立書。'"

## 【歸田類稿二十四卷】

見《四庫全書總目》、《濟南府志·經籍》、《山東通志·藝文》。

現存：①《四庫全書》本。②清乾隆五十五年周永年、毛堃刻本（作《元張文忠公歸田類稿》二十卷《附錄》一卷），上海圖書館藏，中國國家圖書館藏本有傅增湘校補並跋，《中國古籍善本書目》著錄。《歷城縣志·藝文考》據字术魯翀《序》著錄三十八卷，云："岳《通志》作一卷，誤。"《續修歷城縣志·藝文考》作《重刊元張文忠公歸田類稿》二十卷。

《山東通志·藝文》引《四庫提要》曰："是編乃其詩文也。養浩嘗自序其集稱《退休田野錄》，所得詩、文、樂府九百餘首，歧爲四十卷，名曰《歸田類稿》。富珠哩翀《序》原注：案富珠哩翀，原作勃术魯翀，今改正。作三十八卷，卷數已異。《文淵閣書目》載養浩《雲莊傳家集》一冊，《雲莊集》三冊。焦竑《國史經籍志》則作張養浩《文忠集》十八卷，書名、卷數更均與養浩《自序》不符。黃虞稷《千頃堂書目》雖載《歸田類槀》之名，而亦無卷數。考吳師道《序》云：'公《雲莊集》四十卷，已刻於龍興學宮。臨川危太樸掇其有關於治教大體者爲此編，而屬余以序'

《元張文忠公歸田類稿》二十卷　清乾隆五十五年周永年、毛堃刻本

云云。則龍興所刻者，即養浩手編之《類槀》，而改其名曰《雲莊集》，亦即《文淵閣書目》之三冊。危素所刪定者，即《經籍志》之《張文忠集》十八卷，而所謂《傳家集》一冊者，當由後人掇拾，乃外集、補遺之類也。然蘇天爵輯《元文類》僅錄養浩文二篇，故明葉盛《水東日記》，頗以天爵失載《諫燈山疏》爲譏。疑元末已尠流播。近時王士禎偶得養浩《王友開墓誌》，歎其奇詭，載之《皇華紀聞》，則亦未見其全集。惟明季有刻本二十七卷尚存於世，既多漏略，編次亦失倫類。今據以爲本，而別採《永樂大典》所載，刪其重複，補其遺闕，得雜文八十八首，賦三首，詩四百六十三首，共爲五百八十四首，釐爲二十四卷。較之九百原數，已及其大半，亦足見其崖略矣。又集中有《和陶詩序》，自謂'年五十二退居無事，日讀陶詩，擬其題以發己意，得詩若干篇'云云。今集中乃無一篇，殆別爲一編，未以入集，故《永樂大典》不收歟？養浩爲元代名臣，不以詞翰工拙爲重輕。然讀其集，如《陳時政》諸疏，風采凜然；而《哀流民操》、《長安孝子賈海詩》諸篇，又忠厚悱惻，藹乎仁人之言。即以文論，亦未嘗不卓然可傳矣。"

《續修歷城縣志·藝文考》載養浩《自敍》云："文章天下難事，自昔耗精殫神，以斬立言，而迄泯泯無聞者，何可枚數。嗚呼！奚作者夥，而傳之於今者不多見邪？余蚤嘗從事焉，筮仕來益知非易，欲中

輟未能。間雖操觚弄翰，第因事寓懷及應酬徵索而已。初非有心班古人，甲當世以圖不朽之傳也。歷年既久，所述浸多。頃退休家野，出而錄之。凡得詩若賦若文若樂府九百餘首，歧爲四十卷，名曰《歸田類稿》。櫃而藏之，用示張氏子孫，使知吾家亦有嗜學勤文墨如僕者。庶因而有所勸感興起，增光其前，詎不愈於貽貨利以愚子孫者乎？恐或者瞥其不火而存之，自刊其所以然於篇首。"

又載吳師道《序》云："人聲之發爲言，言之精者爲文，而皆出於氣也。昔人謂文不可以學而能，氣可以養而致，是氣也，孟子所謂浩然至大至剛以直養而無害者歟？夫其養充而氣完，然後理暢而辭達。孟子之言非爲作文設，而作文之法孰有過此？竊嘗以是驗之世之人，即其文之高下而其氣之大小能養與否，與夫養而未至者併可以得之也。故濱國公、文忠張公，名養浩，字希孟，庶幾學孟子者。公早負文名，由至大初仕顯於朝，延祐中天子方好文，一時侍從言語之臣號稱最盛，而公頡頏其間。及至治時所上時政萬言，力詆權姦變更法度非便，幾蹈禍不測。《諫鐙山疏》謂閭閻細民戲玩，非人主所宜作，犯顏攖鱗，衆咸爲之恐，而卒以直諫賞。其剛大之發沛然而莫之禦者，豈一日之致哉？暨解□□中書，歸臥華不注、鵲山之陽，殆將十年，屢召不起，翛然村莊之居，悠然山泉禽魚之樂，沈潛乎經史百家，益肆於詞。和平沖澹之中，錯以奇崛藻麗。要以依據義理，而切於日用之實，流布自然，而無綴緝辛苦之態，所養蓋可知矣。竊聞公最後起爲西臺中丞，以救荒憂勞致疾，而殆奉天鼓樓，梁木自壞，其夕有光若星，殞於濟南，則其平生之氣感動至於如此，豈獨見於文也哉？往年某至京師，公已還第，時公父濟南郡侯年壽八十，嘗賦詩誦美，以致慕向之意。今公之子秘書郎引出家集示予，重惜公之不可見也。公《雲莊集》四十卷已刻於龍興學宮，臨川危素復掇其關於治教大體者爲此編，秘書屬予以序。顧以朝多名公，辭謝不敢，則委其集數月而請不置，因爲推公之所得者如此。若其世系官位之詳，則有太史之傳、墓道之碑，茲得而略也。"

又載周永年《序》云："《歸田類稿》二十卷，吾鄉張文忠公所著，一名《雲莊類稿》。公自序凡四十卷，明重刊本止二十七卷，今定爲二十卷。其《三事忠告》，益都李南澗已別有刻本。余幼嗜藏書，於同鄉撰著尋求更亟。己丑夏，南澗謁選京師，寓書於

余曰：近交餘姚邵二雲，曾見天一閣范氏、二老閣鄭氏之書，《雲莊集》尚存未亡也。因亟託其購之，遲數年未得。南澗曰：二雲其誑余哉。後余與二雲同校四庫書，每相見，未嘗不以茲集爲言。及二雲以艱歸，丙申夏始從振綺堂汪氏鈔一本，託瑞金羅臺山攜以來。余得之狂喜，繕一副本送館。其後原本又爲人借去不肯還，每一念及司空表聖'久憶良朋'之句，殆未足以喻之。戊申冬復來京師，供事張某，爲人錄四庫書副本，因又錄二本，蓋恐其復遺失之也。吾友毛載之孝廉偶見而好之，因捐資付梓。公大節著於元史，其文之淵源見具於原序二篇。惟是吾鄉山水自酈道元《水經注》外，房豹李杜蘇黃曾元諸公僅見於詩篇；李文叔有《歷下水記》，其書已不存；公家於雲莊，辭聘侍親者十餘年，於環城之溪光山色，刻畫清新，爲諸家所未及，而各體之文往往神施鬼沒，自闢門庭。葉文莊謂《蘇氏文類》僅載一二首，殊非其至者。王文簡偶得《王友開墓誌》一篇，歎其奇詭。今雖不能復四十卷之舊，而已得其大半矣。惜也，南澗、臺山歿已十餘年，不及見此書之有印本也。乾隆五十五年歲次庚戌孟夏周永年謹撰。"

又附按云："前《志》藝文《歸田類稿》三十八卷，當是元刊本，書已久佚。此則重刊本也，故復列入。卷首有養浩《自序》及吳師道《序》，一並採錄，以資印證。"

民國《長清縣志》卷十"元隴西郡伯李堅墓"條下載其《大元長清縣李氏塋碑》。民國《齊東縣志》卷六載其《聖惠泉記》。《費縣志》卷六載其《重修費縣學記》。光緒《高唐州志》卷八載其《靜齋記》一篇，《過東方朔廟詩》一首。《惠民縣志》卷二十八載其《重修棣州學宮記》。民國《萊陽縣志·藝文》載其《萊陽廟學記》。宣統《蒙陰縣志》卷六載其《復置蒙陰縣碑記》。

## 【文忠集十八卷】

見《國史經籍志》、《歷城縣志·藝文考》、《濟南府志·經籍》。參見上條所引《四庫提要》。

## 【張文忠公文集二十八卷】

彙集張養浩之詩文集《歸田類稿》及經筵講章《三事忠告》而成，改書名爲《張文忠公文集》，而詩文版心則稱"雲莊類稿"，書根題曰"歸田類稿"。現

《張文忠公文集》二十八卷 元至正十四年刻本

存：①元至正十四年刻本，北京大學圖書館、臺灣"國家圖書館"等藏，《中國古籍善本書目》、《國家圖書館善本書志初稿》著錄。②元至正刻本（有鈔配），《中華再造善本》、《山東文獻集成》影印。③清影元抄本（有《附錄》一卷，清陸心源補序並跋），武漢圖書館藏，《中國古籍善本書目》著錄。④清乾隆四十一年邵晉涵家抄本（有《附錄》一卷），廣東省立中山圖書館藏，《中國古籍善本書目》著錄。⑤清抄本（有《附錄》一卷），上海圖書館藏，《中國古籍善本書目》著錄。

### 【雲莊休居樂府一卷附隱詞歸田一卷】

張養浩撰。現存：清順治二年刻本（一冊），青島市圖書館藏，見《青島市圖書館藏山東文獻珍本圖錄》。

### 【雲莊類藳一卷】

現存：清康熙長洲顧氏秀野草堂刻《元詩選》本，中國國家圖書館、山東省圖書館、山東大學圖書館藏，《中國叢書綜錄》著錄。

### 【雲莊傳家集三冊】

見《文淵閣書目》、《歷城縣志·藝文考》、《濟南府志·經籍》。

### 【和陶詩】

《續修歷城縣志·藝文考》據《歸田類稿》著錄，並載養浩《自序》云："走嘗觀春秋列國諸臣，往來朝聘宴餞及會盟之際，往往賦詩以見志。然所謂賦者，乃引古詩，或始章，或卒章，斷文取意，未嘗出己意爲之。於以見古人於詩，初不必自作，然後爲工也。詩且取其舊，況肯和韻乎？蓋詩之酬和，始於唐，盛於宋，在今爲尤盛焉。然唐之和者，猶不拘之以韻。其拘之嚴者，無過於宋，語雖工而其去古也滋遠。夫詩本以陶寫情性，所謂在心爲志，發言爲詩。既拘於韻，則其沖閑自適之意，絕無所及，惡在其爲陶寫也哉！余嘗觀自古和陶者凡數十家，惟東坡才盛氣豪，若無所牽合；其他則規規模倣，政使似之，要皆不歡而強歌、無病而呻吟之比，君子不貴也。余年五十二，即退居農圃，日無所事，取陶詩讀之，乃不繼其韻，惟儗其題以發己意，可儗者儗，不可儗者則置之，凡得詩如干篇。既以祛夫數百年滯泥好勝之弊，而又使後之和詩者得以揮毫自恣，不窘於步武春秋之法大復古，則余之倡此，他日未必不見賞於識者云。"

### 【雲莊四六餘話】

見《歷城縣志·藝文考》（注云"見某氏書目"）、《濟南府志·經籍》。

《遼史拾遺·耶律嚴傳》引《雲莊四六餘話》曰："紹聖中，蔡京爲館伴，時遼使李儼蓋汎使者留館頗久。一日，儼方飲次，忽將盤中杏曰：'來未開花，如今多杏（幸）。'京即舉梨謂之曰：'去雖落葉，那可輕梨（離）。'"

### 【雲莊樂府一卷】

見《歷城縣志·藝文考》、《濟南府志·經籍》、《山東通志·藝文》（集部詞曲類）。現存：①民國二十一年金陵盧前飲虹簃刻《飲虹簃所刻曲》本，中國國家圖書館、上海圖書館、南京圖書館等藏，《中國叢書綜錄》著錄。②民國二十五年金陵盧氏刻《飲虹簃所刻曲》本（作《雲莊張文忠公休居自適小樂府》一卷《補遺》一卷附盧前撰《校記》一卷），中國國家圖書館、上海圖書館、南京圖書館等藏，《中國叢書綜錄》著錄。《續修四庫全書總目提要（稿本）》

著錄明成化刊本。

《山東通志·藝文》：“是編有養浩十五世孫燦刊本，卷末載王陽明、鄭虛舟所作隱詞二十三首。考順治丁酉赤鳳子《雲莊樂府引》云：‘隱詞《歸田》與張文忠公之曲雖不能齊芳並駕，而聲調超邁，自是白雪陽春，附錄之以侑樽俎。’然則王、鄭之作蓋非原本所有矣。又成化庚子大梁艾俊《序》稱養浩‘製爲小令六十三首，題曰《雲莊休居自適小樂府》’云云，今檢其詞凡一百五十五首，與俊所稱六十三之數不符。燦後跋稱‘樂府一百五十五首，綽然亭隱詞二十三首，合爲一卷’，其稱樂府之數與本卷合，其稱綽然亭隱詞，綽然亭蓋養浩所居亭名，卷中有《題綽然亭四景》、《綽然亭獨坐》等詞。則誤以王、鄭之作爲養浩作矣。艾俊《序》又云：“言真理到，和而不流，依腔按歌，使人名利之心都盡。’”

《歷城縣志·藝文考》載艾俊《序》略曰：“文忠歸隱雲莊，凡接於目而得於心者，製小令六十三首，題曰《雲莊休居自適小樂府》，歌之使人名利之心都盡。歷下夙有梓本，日久漫滅。今重鐫以廣其傳，俾後世頌公之詞，想公之志。”

### ◆ 張　敬

敬，歷城人。至大初官禹城教諭。

其詩文集未見著錄。《禹城縣志》卷十載其《重修夫子廟堂記》（尾題“至大四年閏七月十有三日曹州禹城縣儒學教諭歷山張敬記並書”）。

### ◆ 潘宗佑

宗佑字仲德，濟南陽邱（今章丘界）人。挈所著《見聞紀義》十卷來京師，超授翰林國史院檢閱。秩滿，進編修官。至大辛亥年，詔選成均官屬，授從仕郎、國子博士。與同官不相中，竟以狷介致疾。皇慶元年卒，年四十一。初寢疾，張養浩偕元明善省問之，宗佑語二人曰：“寧正而塞，毋不正而達。”若勖二人，且永訣云。道光《章邱縣志》卷十六、《濟南府志》卷四十八有傳。張養浩《歸田類稿》卷十三有《元故國子博士潘君墓誌銘》。

### 【遼金鑑略二十卷】

見《濟南府志·經籍》、《山東通志·藝文》（史部編年類）。遼、金各十卷。

### 【見聞紀義十卷】

見《濟南府志·經籍》、《山東通志·藝文》（子部雜家類）。

### ◆ 張德翯

德翯，長山人。歷官般陽路、歸德路教授。

其詩文集未見著錄。《長山縣志》卷十三載其《重修廟學記》（至元二十五年十月）、《重修廟學記》（元貞二年三月）。《淄川縣志·藝文》載其《重修贊世先生祠堂記》（元至元二十九年）。

### ◆ 張　臨

臨字慎與，鄒平人。苦志勤學，淹貫經史。嘗讀書長白山中，鄉人稱爲“長白先生”。徵拜國子祭酒。延祐二年典試山東，首得張起巖、鄒維學，皆一時名士也。狀元張夢臣、中丞張楪、大參張誠，皆其門人。長白山五龍池上舊有三賢祠，蓋祀伏生、范仲淹、張臨也。《濟南府志》卷四十八有傳。

其文集未見著錄。《長山縣志》卷十三載其《增修范公祠記》（至治元年八月）。《鄒平縣志·藝文攷》（卷十七）有張臨《增修長山范公祠記》一目，附按云：“其《學田記》、《河溝阡表》已載建置、古蹟中，又訪得此篇，附錄如左。”道光十六年續纂《藝文攷》又補入《元長白先生張臨軼文》，乃長白居士崔榮《墓銘》，附按云：“此文乃《章邱新志》訪得於張家林西北者。”考《鄒平縣志·建置攷》（卷四），元元統二年置學田，張臨有《記》。又《縣志·古蹟攷》（卷九）有元鄒平縣子張克忠墓，在孫家鎮南張家莊。克忠，臨父也。臨爲撰《河溝阡表》，刻石於墓，《縣志》載其全文。《阡表》後附按云：“漁洋先生《居易錄》云：鄒平地名河溝者，有先生自爲其父《阡表》。邑張忠定公《長白先生祠堂記》云：‘縣北地名河溝，有先生自爲其父《阡表》，殘蝕不可盡辨。’程侯舊《志》刪此數語，人遂無有知張公之墓及先生之有《阡表》者。嘉慶己未秋，成啟洲偶過其地而讀之。庚申春正月，成琅詣先生墓下，凡二日，手錄《阡表》以歸。《表》二千餘言，不可辨者僅二十餘字，未盡殘蝕也。亟載之以防湮沒。”

### ◆ 張　範

範字儀甫，號孟齋，濟南人，起巖之父。官四川行省儒學副提舉。善吟咏，富著述，能大小篆隷，行楷皆遒勁有體。《御定佩文齋書畫譜》有其傳。歐陽玄《圭齋文集》卷九有《元封祕書少監累贈中奉大夫河南江北等處行省參知政事護軍追封齊郡公張公先世碑》。

## 【蓬窗集】【益齋集】【旅齋集】

《歷城縣志·藝文考》、宣統《山東通志·藝文》均據王圻《續文獻通考》著錄。其《蓬窗集》，雍正《山東通志·經籍》云一卷。

## ◆ 張起巖

起巖字夢臣，濟南人，範子。其先章丘人，五季避地禹城。高祖迪以元帥右監軍權濟南府事，徙家濟南。起巖幼從父學，年弱冠以察舉爲福山教諭。政成，遷章丘。登延祐二年進士第一，除同知登州事，特旨改集賢修撰，轉國子博士，升國子監丞，進翰林待制兼國史院編修官。丁內艱，服除，遷爲監察御史。遷中書右司員外郎，進左司郎中，兼經筵官，拜太子右贊善。丁外艱，服除，改燕王府司馬，拜禮部尚書。升江南行臺御史中丞，拜翰林學士承旨、知制誥兼修國史，知經筵事。俄拜御史中丞，詔修遼、金、宋三史，復命入翰林爲承旨，充總裁官，積階至榮祿大夫。至正十三年卒，諡文穆。《元史》卷一百八十二、《歷城縣志》卷四十、《濟南府志》卷四十八有傳。

## 【宋史四百九十六卷】

見《山東通志·藝文》（史部正史類）、《續修歷城縣志·藝文考》。現存：①元至正五年江浙等處行中書省刻本，藏中國國家圖書館（不全），《中國古籍善本書目》、《中國古籍總目》著錄。②明成化七年至十六年朱英刻本，藏中國國家圖書館、南京圖書館（明錢穀補目並跋，清陸儁、丁丙跋），《中國古籍善本書目》、《中國古籍總目》著錄。③明成化朱英刻南京國子監遞修本，上海圖書館藏，中國國家圖書館藏本有清錢謙益抄補批校並跋，《中國古籍總目》著錄。又有《二十一史》（北監）本、《四庫全書》本（附考證）、《二十四史》本、《百衲本二十四史》影印元至正本、《二十五史》本、《四部備要》本等，見《中國叢書綜錄》、《中國古籍總目》。

《山東通志·藝文》："《陔餘叢考》云：'宋、

遼、金三《史》，皆元時所修，總裁官皆列脫脫銜，以脫脫乃都總裁也，其餘則鐵睦爾達世、賀惟一、張起巖、歐陽元四人，皆總裁三史。'按：起巖字夢臣，章邱人，徙濟南，延祐乙卯進士首選，積階至榮祿大夫。《元史》本傳云：'詔修遼、金、宋三《史》，充總裁官。起巖熟於金源典故，宋儒道學源委，尤多究心。史官有露才自是者，每立言未當，起巖據理竄定，深厚醇雅，理致自足。史成，年始六十有五，遂上疏乞骸骨以歸。'"

## 【遼史一百十六卷】

現存：①明初刻本，中國國家圖書館、上海圖書館藏，《中國古籍總目》著錄。②明嘉靖八年南京國子監刻本（清宋實穎跋，曹元忠跋），復旦大學圖書館藏，《中國古籍總目》著錄。③明嘉靖八年南京國子監刻明清遞修本（清陳澧批校），中山大學圖書館藏，《中國古籍總目》著錄。又有《二十一史》（北監）本、《四庫全書》本（附考證）、《二十四史》本、《百衲本二十四史》影印元至正本、《二十五史》本、《四部備要》本等，見《中國叢書綜錄》、《中國古籍總目》。

## 【金史一百三十五卷】

現存：①元至正五年江浙等處行中書省刻本，藏中國國家圖書館（不全），《中國古籍善本書目》、《中國古籍總目》著錄。②元至正五年刻明印本，北京大學圖書館藏，《中國古籍總目》著錄。③明初刻本，中國國家圖書館藏，《中國古籍總目》著錄。④明嘉靖八年南京國子監刻本，北京大學圖書館、天津圖書館藏，《中國古籍總目》著錄。又有《二十一史》（北監）本、《四庫全書》本（附考證）、《二十四史》本、《百衲本二十四史》影印元至正本、《二十五史》本、《四部備要》本等，見《中國叢書綜錄》、《中國古籍總目》。

## 【明宗實錄】【文宗實錄】【寧宗實錄】

張起巖與歐陽玄等同撰。見《山東通志·藝文》（史部編年類）、《續修歷城縣志·藝文考》（注《元史》本傳、錢大昕《補元史藝文志》，卷未詳）。

《山東通志·藝文》："《元史》本傳云：'遷翰林侍講學士，兼修國史，修三朝《實錄》。'兹依錢《補志》標目。"

## 【華峯類稿一卷】

見雍正《山東通志·經籍》。《歷城縣志·藝文考》、《章邱縣志·藝文》、宣統《山東通志·藝文》據《元史》本傳著錄，無卷數。

《圭齋文集》卷十六附錄有其奉勅撰《元勅賜翰林直學士亞中大夫輕車都尉追封渤海郡侯歐陽公神道碑銘》。康熙《章丘縣志·藝文》載其《劉文簡公祠堂記》、《栢軒記》、《創建皷樓記》（後二篇亦見道光《章邱縣志·藝文》）。《淄川縣志·藝文》載其《重修廟學記》（元至正六年）。《長山縣志》卷十三載其《重修廟學記》（至正十一年七月）。《濟南府志·藝文》載其《濟南路廟學新垣記》、《尊經閣銘》、《重修伏生祠碑記》、《范文正公祠堂碑記》、《殷陽府路重修廟學記》。《利津文徵》卷二載《重修大成殿記》碑文，首書"榮祿大夫翰林學士承旨知制誥兼修國史張起巖撰"，末書"至正年秋七月日"。民國《濟陽縣志·藝文》載其《楊文安公祠堂碑銘》、《李氏先塋碑銘》。《齊河縣志》卷三十二載其《倫鎮廟學記》、《元參知政事追封魯國文定商公神道家傳》，卷三十三載其《齊河冀氏先塋之碑》。民國《續修東阿縣志》卷十三載其《皇元制封啓聖王暨兗郕沂鄒公碑》（元至順二年）一篇。《肥城縣志》卷一載其《遊金牛山三十韻》一首，卷二載其《瞻岱亭記》，卷五載其《加封大成至聖文宣王詔並記》（元大德十一年）。乾隆《福山縣志》卷十一載其《修學記》（延祐五年）、《祝聖道院記》（落成於元統癸酉）、《重修德勝廟記》、《文廟學田記》。同治《即墨縣志》卷十載其《聚仙宮碑銘有序》。乾隆《萊州府志》卷十三載其《勞山聚仙宮記》（泰定二年），卷十五載其《麓臺》詩一首。《重修甯海州志》卷二十五載其《甯海州儒學記》（至元三年）。其《靈巖寺龍藏殿碑》（至正元年），國家圖書館藏有拓片一張。

## 【華峰漫稿一卷】

見雍正《山東通志·經籍》。《歷城縣志·藝文考》、《章邱縣志·藝文》、宣統《山東通志·藝文》據《元史》本傳著錄，無卷數。現存：清康熙長洲顧氏秀野草堂刻《元詩選》本，中國國家圖書館、山東省圖書館、山東大學圖書館等藏，《中國叢書綜錄》著錄。

## 【金陵集一卷】

見雍正《山東通志·經籍》。《歷城縣志·藝文考》、《章邱縣志·藝文》、宣統《山東通志·藝文》據《元史》本傳著錄，無卷數。

### ◆ 韓　鏞

鏞字伯高，濟南人。延祐五年中進士第。授將仕郎、翰林、國史院編修官，尋遷集賢都事。泰定四年，轉國子博士，拜監察御史。天歷元年，除僉浙西廉訪司事。二年，轉江浙財賦副總管。至順元年，除國子司業，尋遷南行臺治書侍御史。順帝初，歷僉宣徽及樞密院事。至正二年，除翰林侍講學士，既而拜侍御史。以剛介爲時所忌，言事者誣勘其贓私，乃罷去。五年，臺臣辨其誣，遂復起參議中書省事。十年，拜中書參知政事。十一年，丞相脫脫在位，朝廷悉議更張，鏞言不見聽。人或以鏞優於治郡，而執政非其所長，遂出爲甘肅行省參知政事。及脫脫罷，用事者悉誅，鏞獨免。乃遷西行臺中丞，歿於官。《濟南府志》卷四十八有傳。

其詩文集未見著錄。雍正《樂安縣志》卷二十載其《衛尹重建皷樓記》一篇。

### ◆ 劉思誠

思誠，濟南人。

其詩文集未見著錄。光緒《臨朐縣志·藝文》有其《代祀沂山記》，題"承務郎宮正司典簿濟南劉思誠撰，從仕郎臨朐縣尹劉思文書丹題額"，至元二年二月立，碑在東鎮廟。

### ◆ 張祖信

祖信字士誠，章丘人。臺憲掾，遷山東密長。毛貴入山東，被執不屈，抱節而死。《山東通志·歷代忠義》有傳。

其詩文集未見著錄。道光《章邱縣志·藝文》載其《義勇武安王神廟碑記》一篇。

### ◆ 囊加歹

濟陽人。至正間進士。仕至同知制誥，兼國史館編修。民國《濟陽縣志·選舉》云："逸《志》作宋加歹，《通志》作宋加友，俱誤。"

其詩文集未見著錄。民國《濟陽縣志·藝文》載其《善士郭英助文廟禮器記》一文。

### ◆ 李　堅

堅，號麻衣先生。來遊長清，嘗以藥濟人。或預告人休咎，無不驗。年逾百歲，一日過石澗店，謂人曰："某日吾葬此。"至期，果化去。《濟南府志》卷六十有傳。

**【麻衣正易】【麻衣相法】**

見《濟南府志·經籍》。

### ◆ 張　福

福字顯祖，禹城人。官濟南鎮撫鈐轄，權濟南知事。

**【種藝必用補遺不分卷】**

現存：《永樂大典》本。共六十一條。

### ◆ 牛志學

志學，長山人。

其詩文集未見著錄。《長山縣志》卷十三載其《重修縣城記》（至正十二年十二月）一文。《濟南府志》苗居巖傳云："居巖，城武人，至正十二年爲長山縣尹。先是有張虎山者率妖衆萬人焚掠旁邑，衆欲棄城避去。尹至，即偕監縣忽都不花、主簿符寅董役築城，趾厚二丈七尺，高二丈五尺。內外峭峻鑿塹，四門各施棧板，督民壯丁三百餘人晝夜守禦，民心帖定，城得保固。邑人牛志學作《記》以美之。"

### ◆ 姜思齊

思齊，長山人。

其詩文集未見著錄。《長山縣志》卷十三載其《重修孫少府祠記》（至正十二年）一文。

（以上元）

【卷七·明二】

# 卷七·明_

## ◆ 李思迪

思迪，濟南人。登元進士，爲國子助教。明洪武初召爲起居注，累官山西參政。四年謫瓊山知縣，廉公謹恪。時方草創，諸凡規畫，舉皆中度。革奸貪，毀淫祠，袪宿弊，芟繁冗，政聲大著。後官至尚書。《歷城縣志》卷三十七、《濟南府志》卷四十九有傳。

### 【海濱子集】

見《歷城縣志·藝文考》、《濟南府志·經籍》（作《海濱集》）、《山東通志·藝文》。

《山東通志·藝文》引《歷城縣志》云："見郝玉麟《廣東通志》，卷未詳。"

《大清一統志》云："公餘輒歌詠，自號海濱子，因以名集。"

## ◆ 賈仲明

仲明，一作仲名，號雲水散人，淄川人。明成祖於燕邸時，與湯式、楊訥並受寵遇。後徙居蘭陵，因而家焉。所作雜劇十五種，今存五種。《太和正音譜》稱其詞"如錦幃瓊筵"。

### 【錄鬼簿續編一卷】

繼《錄鬼簿》著錄元末明初戲曲著作，收錄七十一家雜劇七十八種，另附失載名氏雜劇七十八種。現存：①藍格鈔本（附《錄鬼簿》後），天一閣博物館藏，《山東文獻書目》著錄。②影印明鈔本，北京大學圖書館藏，《山東文獻書目》著錄。③一九五七年文學古籍出版社馬廉校注本。

### 【呂洞賓桃柳昇仙夢一卷】

現存：①明萬曆中刻《古名家雜劇》本，中國國家圖書館藏，《中國叢書綜錄》著錄。②《脈望館鈔校本古今雜劇》稿本，中國國家圖書館藏，《中國叢書綜錄》著錄。③民國三十年商務印書館長沙排印

《孤本元明雜劇》本，中國國家圖書館、上海圖書館、山東大學圖書館藏，《中國叢書綜錄》著錄。④一九五八年上海商務印書館景印《古本戲曲叢刊四集》本（古雜劇本、脈望館鈔校本古今雜劇本），中國國家圖書館、上海圖書館、山東大學圖書館藏，《中國叢書綜錄》著錄。

《古典戲曲存目彙考》云："《今樂考證》著錄。脈望館校《古名家雜劇》本，《孤本元明雜劇》本。《也是園書目》、《曲錄》有此正名，其他戲曲書簿不載此目。存本題目作'漢鍾離肋道用機關'，正名作'呂純陽桃柳昇仙夢'。板心簡名《昇仙夢》。敘洞賓度桃、柳兩精投生桃、柳，配爲夫婦。令夢中遇盜，被盜殺死而醒悟。其後桃、柳本身二神，復於夢中殺陶、柳二人，遂相合而成真仙。與馬致遠《岳陽樓》、谷子敬《城南柳》情節彷彿。曲文清麗，後之《誠齋樂府》有諸神仙度脫劇，大都脫胎於此。"

### 【李素蘭風月玉壺春一卷】

現存：明萬曆中吳興臧氏刻《元曲選》本（作《李素蘭風月玉壺春雜劇》一卷，撰者作元武漢臣），中國國家圖書館、北京大學圖書館、上海圖書館藏，《中國叢書綜錄》著錄。《中國叢書綜錄》另有《雜劇選》本、《元曲大觀》本、《中國文學珍本叢書第一輯》本，均署元武漢臣。

《古典戲曲存目彙考》云："《錄鬼簿續編》著錄。明息機子刊本，《元曲選》本。題目作'玉壺春勅賜金花誥'，簡名《玉壺春》。其他戲曲書簿未見著錄。存本題目作'甚黑子花柳鳴珂巷'。按《元曲選》本署武漢臣撰，誤。《錄鬼簿》武漢臣名下另有《玉堂春》，臧氏誤認《玉壺春》即《玉堂春》，兩劇名雖相近，而主角截然不同。劇敘廣陵人李斌字唐斌，別號玉壺生。遊學嘉禾，識上廳行首李素蘭，情好彌篤。嗣後資斧漸乏，假母欲拒斌，會紬客甚黑子欲強娶蘭。假母利客財，蘭截髮以拒。斌因友陶綱薦

舉，授官嘉興同知，才得與蘭團聚。據劇所演，爲賈友李唐賓早年狎妓實錄。李，廣陵人，號玉壺道人。籍貫別號相同。斌與賓音亦同。此劇爲賈作無疑。"

## 【荊楚臣重對玉梳一卷】

現存：①明萬曆中刻《古名家雜劇》本，中國國家圖書館藏，《中國叢書綜錄》著錄。②明萬曆中顧曲齋刻《古雜劇》本，中國國家圖書館藏，《中國叢書綜錄》著錄。③《脈望館鈔校本古今雜劇》稿本，中國國家圖書館藏，《中國叢書綜錄》著錄。④民國十八年南京國學圖書館據明本景印《元明雜劇》本，中國國家圖書館、上海圖書館、山東大學圖書館藏，《中國叢書綜錄》著錄。⑤一九五八年上海商務印書館景印《古本戲曲叢刊四集》本（古雜劇本、脈望館鈔校本古今雜劇本），中國國家圖書館、上海圖書館、山東大學圖書館藏，《中國叢書綜錄》著錄。另有《元曲選》本（作《荊楚臣重對玉梳記雜劇》一卷）、《古今名劇合選》本（作《重對玉梳記》一卷）等，見《中國叢書綜錄》。

《古典戲曲存目彙考》作《荊楚臣重對玉梳記》，提要云："《錄鬼簿續編》著錄。脈望館校《古名家雜劇》本，《元明雜劇》本，《元曲選》本，顧曲齋刊本，《柳枝集》本。題目作'顧玉香雙美錦堂歡'，簡名《玉梳記》。《也是園書目》、《今樂考證》、《曲錄》並著錄正名。敘荊楚臣與妓顧玉香厚，爲假母攛出。玉香誓不他接。賈人柳茂英以厚貲嗾母，強玉香。玉香不從，邀楚臣至家，盡脫金珠釵珥，助之赴舉，並出玉梳斷爲二，各爲信物。楚臣得第授句容縣令。而玉香不堪逼，與婢潛行。將之楚臣。柳知之，追至黑林中，逼歡不從，將殺之，適楚臣下鄉過林外，聞聲踪跡，擒柳送府治罪。攜玉香歸署成婚，各出三梳，令巧匠以金對嵌，復合爲一云。"

## 【蕭淑蘭情寄菩薩蠻一卷】

現存：①明萬曆中刻《古名家雜劇》本，中國國家圖書館藏，《中國叢書綜錄》著錄。②明萬曆中顧曲齋刻《古雜劇》本，中國國家圖書館藏，《中國叢書綜錄》著錄。③《脈望館鈔校本古今雜劇》稿本，中國國家圖書館藏，《中國叢書綜錄》著錄。④民國十八年南京國學圖書館據明本景印《元明雜劇》本，中國國家圖書館、上海圖書館、山東大學圖書館藏，

《中國叢書綜錄》著錄。⑤一九五八年上海商務印書館景印《古本戲曲叢刊四集》本（古雜劇本、脈望館鈔校本古今雜劇本），中國國家圖書館、上海圖書館、山東大學圖書館藏，《中國叢書綜錄》著錄。另有《元曲選》本（作《蕭淑蘭情寄菩薩蠻雜劇》一卷）、《古今名劇合選》本（作《蕭淑蘭》一卷）等，見《中國叢書綜錄》。

《古典戲曲存目彙考》云："《錄鬼簿續編》著錄。脈望館校《古名家雜劇》本，《元曲選》本，顧曲齋刊本，《柳枝集》本。題目作'張雲傑飽存君子志'，簡名《菩薩蠻》。《也是園書目》、《今樂考證》、《曲錄》並著錄正名。《曲海總目提要》別作簡名《蕭淑蘭》。劇敘張世英字雲傑，溫州人，館於蕭山蕭公讓家。蕭妹淑蘭美貌能詩，慕世英俊才，潛至書館見世英。世英正色諭之，淑蘭惶恐而退。抱疾作《菩薩蠻》詞，使老嫗達世英。世英欲執詞告公讓，嫗窘避。乃托故往西興，瀕行題詩於壁。公讓見詩不解，修書遣使往彼相懇。淑蘭病中聞之，復作《菩薩蠻》詞，欲並以入兄書。詞爲公讓見，審得其詳，益重世英品德，於是託媒以禮至西興，招爲妹婿云。本事亦見《詞苑叢談》。"

## 【鐵拐李度金童玉女一卷】

現存：①明萬曆中刻《古名家雜劇》本，中國國家圖書館藏，《中國叢書綜錄》著錄。②《脈望館鈔校本古今雜劇》稿本，中國國家圖書館藏，《中國叢書綜錄》著錄。③民國十年上海錦文堂書局景印《元曲大觀》本，中國國家圖書館、上海圖書館、山東大學圖書館藏，《中國叢書綜錄》著錄。④一九五八年上海商務印書館景印《古本戲曲叢刊四集·脈望館鈔校本古今雜劇本》本，中國國家圖書館、上海圖書館、山東大學圖書館藏，《中國叢書綜錄》著錄。另有《元曲選》本（作《鐵拐李度金童玉女雜劇》一卷，一名《金安壽》）、《元明雜劇四種》本（作《新鎸鐵拐李度金童玉女》一卷）等，見《中國叢書綜錄》。

《古典戲曲存目彙考》云："《今樂考證》著錄。明萬曆間繼志齋刊本，脈望館校《古名家雜劇》本，《元曲選》本。《太和正音譜》略作《度金童玉女》。《元曲選目》簡名別作《金安壽》。《曲海目》別作《意馬心猿》。《寶文堂書目》、《也是園書目》、《曲錄》著錄正名。"存本題目作"金安壽收意馬心

猿”，正名作“鐵拐李度金童玉女”。敘王母蟠桃會，金童玉女一念思凡，謫下人間，配爲夫婦。復命鐵拐李度脫歸真。亦屬神仙道化劇。按西王母見漢桓麟《西王母傳》：九靈太妙龜山金母。鐵拐李見《潛確類書》云：諸方外稗官不載，獨聞之乩云，諱元中，開元大曆間人也，於終南山學道四十年。陽神出舍，爲虎所殘，得一跛丐乍亡者而居之。

## 【上林苑梅杏爭春】

見《古典戲曲存目彙考》，提要略云：“《錄鬼簿續編》著錄。題目作‘金鸞殿夫妻成配’，簡名《梅杏爭春》。其他戲曲書簿未見著錄。佚。”

## 【丘長（春）三度碧桃花】

《古典戲曲存目彙考》云：“《錄鬼簿續編》著錄。題目作‘玉（疑王字）重（脫陽字）巧謗青雲竹’。正名作‘丘長（脫春字）三度碧桃花’。簡名《碧桃花》。其他戲曲書簿不載此目。按長春即全真派道士丘處機，棲霞人。學道於寧海之崑崙山，師重陽王真人。宋、金之季，俱遣使召，不赴。元太祖召之，乃與弟子十八人往見於雪山。賜宮，名曰長春。本事未詳。佚。”

## 【正性佳人雙獻頭】

《古典戲曲存目彙考》云：“《錄鬼簿續編》著錄。題目作‘淫心和尚單（原早字，疑誤）虧心命（命字疑衍文）’，簡名《雙獻頭》。其他戲曲書簿不載此目。本事未詳。佚。”

## 【志烈夫人節婦牌】

《古典戲曲存目彙考》云：“《錄鬼簿續編》著錄。題目作‘清廉太守行公案’，簡名《節婦牌》。其他戲曲書簿不載此目。按元喬吉有《節婦牌》雜劇，疑同題材。佚。”

## 【花柳仙姑調風月】

《古典戲曲存目彙考》云：“《錄鬼簿續編》著錄。題目作‘脫香風會風情’（有脫誤字），簡名《調風月》。其他戲曲書簿未見著錄。本事亦未詳。佚。”

## 【屈死鬼雙告狀】

《古典戲曲存目彙考》云：“《錄鬼簿續編》著錄。題目作‘棄心婦雙負心’，簡名《雙告狀》。其他戲曲書簿未載此目。本事亦未詳。佚。”

## 【湯汝梅秋夜燕山怨】

《古典戲曲存目彙考》云：“《錄鬼簿續編》著錄。題目作‘劉建中夢出手字記’，簡名《燕山怨》。馬廉校注本‘湯汝梅’作‘馮汝梅’。其他戲曲書簿未見著錄。本事亦未詳。佚。”

## 【紫竹瓊梅雙坐化】

《古典戲曲存目彙考》云：“《錄鬼簿續編》著錄。題目作‘行童尼士兩歸元’，簡名《雙坐化》。其他戲曲書簿未見著錄。本事亦未詳。佚。”

## 【順時秀月夜燕山夢】

《古典戲曲存目彙考》云：“《錄鬼簿續編》著錄。題目作‘甄秋峯詩酒漆園春’，簡名《燕山夢》（原‘燕’字作‘英’，疑誤）。其他戲曲書簿未見著錄。本事亦未詳。按順時秀字芳卿，一作順卿，行二，人稱郭二姐，乃元時大都名娼。《輟耕錄》記歌妓順時秀姓郭氏，資性聰敏，色藝超絕，教坊之白眉也。翰林學士王公元鼎甚眷之。偶有疾，思得馬版腸充饌，公殺所騎千金五花馬取腸以供，至今都下傳爲佳話云。夏伯和《青樓集》亦載其事。佚。”

## 【癩曹司七世冤家】

《古典戲曲存目彙考》云：“《錄鬼簿續編》著錄。題目作‘死女云付（此二字有誤）三生惡夢’，簡名《七世冤家》。其他戲曲書簿未見記載，本事亦未詳。佚。”

## ◆ 張 紳

紳字仲紳，一字士行，自稱雲門山樵，亦曰雲門遺老，濟南人（一云文登人）。明初由徵辟歷官浙江左布政使。《歷城縣志》卷四十、《濟南府志》卷四十九有傳。

## 【法書通釋二卷】

見《歷城縣志·藝文考》（一卷）、《濟南府志·經籍》（一卷）、《山東通志·藝文》（子部藝術類）。現存：明萬曆二十五年金陵荊山書林刻《夷門廣牘》

本（一卷），中國國家圖書館、復旦大學圖書館等藏，《四庫存目標注》著錄；《叢書集成初編》、《景印元明善本叢書十種》、《四庫全書存目叢書》、《續修四庫全書》影印。

《山東通志·藝文》引《四庫存目提要》曰："是書分十篇，曰八法，曰結構，曰執使，曰篇段，曰從古，曰立式，曰辨體，曰名稱，曰利器，曰總論。皆彙集晉唐以來名論，亦間及蘇軾、黃庭堅、姜夔、吾衍之說。所取古人碑帖，祇及唐而止，然皆習見之文。《立式篇》辨古無真書之名，'鍾、王楷書皆是隸法'一條，足正近代俗劄之陋。其所引法書《瘞鶴銘》前後兩見，一列之小楷，一列之大楷，殆校錄偶疏耶？案《靜志居詩話》曰：'張紳工大小篆，精於賞鑒，法書名畫多所品題，撰《法書通釋》一卷。'今檢此本實爲兩卷，蓋朱彝尊偶誤記也。"

《法書通釋》一卷 明萬曆二十五年金陵荊山書林刻《夷門廣牘》本

法書通釋卷之上

八法篇第一 偏旁附

雲門山樵齊郡張紳編

嘉禾梅墟周履靖

華亭眉公陳繼儒 同校

金陵荊山書林梓

八法之道肇自隸楷崔蔡鍾張皆祕其法誠以王之後傳之承師降及歐虞尤宗其說二所用該於萬字墨道之最不可不明也八法

【雲門山樵集】

見《歷城縣志·藝文考》（注云"見《徵選山左明詩啟》，卷未詳"）、《濟南府志·經籍》。

《歷城縣志·藝文考》引陸《通志》云："紳博學工詩，所作清新典則，有古人風。集存。"又引《列朝詩》云："紳詩文不經意，而自成一家，蓋北方豪傑之士也。"又引朱彝尊《明詩綜》云："徐子元云：

方伯詞格清健，管見一斑，知其為豹。"又引《明詩綜·詩話》云："方伯工大小篆，精於賞鑒，法書、名畫，多所品題，撰《法書通釋》一卷。自稱雲門山樵，亦稱雲門遺老。齊東自周公謹而後，復有此人。其詩不藉雕琢，琅然可誦，如《湖中玩月》詩：'地與樓臺相上下，天隨星斗共沉浮。'亦佳句也。"

《山左明詩鈔》載其詩十三首。

## ◆ 張 興

興字振廷，遼東渤海人（葬於歷城，爲歷城張氏始祖）。洪武時由進士授協律郎，歷官廣平、保定知府，署理清河道，改署參將。（據《歷城張氏世系譜》）

【琴學淵源六卷】

《歷城張氏世系譜》云："有協律郎任，曾奉詔作朝會宴享九奏樂章曲，又詔按十二月律呂作樂歌曲。自著有《琴學淵源》六卷，刊行於世。"

## ◆ 李 濬

濬字伯淵，武定人。永樂初貢生。歷官左副都御史。《明一統志》卷二十二有傳。《惠民縣志》卷二十七有邢侗《左副都御史伯淵李公傳》，卷二十九有《嘉議大夫李公伯淵神道碑》。《明名臣琬琰續錄》卷四有王侍偉撰《副都御史李公墓誌銘》。

其詩文集未見著錄。李牲麟輯《武定四賢集》嘗收錄其詩。

## ◆ 王 佐

佐字孟輔，海豐人。永樂辛卯（九年）舉人。歷官戶部尚書。正統十四年卒於土木之變，贈少保，成化初諡忠簡。《明史》卷一百六十七有傳。

其詩文集未見著錄。《武定府志·藝文》、《惠民縣志》卷二十九載其《嘉議大夫李公伯淵神道碑》一篇。

## ◆ 張 惠

惠，德州人。永樂甲午（十二年）舉人。任監察御史，拜禮部尚書。天順三年卒於官。《濟南府志》卷五十二有傳。

其詩文集未見著錄。《德縣志》卷十五載其《重修永慶寺碑記》一篇。

## ◆ 張　全

全字備堂，興孫，翰林院庶吉士好禮之子。永樂六年入宛平籍，甲辰（二十二年）成進士。（據《歷城張氏世系譜》）

### 【周易晰義四卷】

見《歷城張氏世系譜》。

## ◆ 成　功

功字文煥，新泰人。永樂庚子（十八年）舉人。歷官湖廣副使。

### 【登庸錄】

見《山東通志·藝文》（據《府志》）。

## ◆ 封　術

術，歷城人。永樂癸卯（二十一年）舉人。官胙城教諭。

其詩文集未見著錄。《山左明詩鈔》載其《硯溪村居》詩一首。

## ◆ 鑒　輔

輔，齊河人。

其詩文集未見著錄。《齊河縣志》卷三十二載其《翟氏祖考統系記》（宣德五年歲次庚戌春）文一篇。

## ◆ 王　允

允字執中，歷城人。正統乙丑（十年）舉人。官布政使。

其詩文集未見著錄。《山左明詩鈔》載其《靈巖寺》詩一首。

## ◆ 尹　旻

旻字同仁，歷城人。正統丁卯（十二年）解元，戊辰（十三年）進士，改庶吉士。官太子太傅、吏部尚書。贈太子太保，諡恭簡。

其詩文集未見著錄。《山左明詩鈔》載其《送恭上人還靈巖》詩一首。

## ◆ 賈　斌

斌，商河人。諸生。景泰元年爲山西行都司天城

衛令史，歷官蜀府工正。

### 【忠義集四卷】

見《明史·藝文志》、《千頃堂書目》、《山東通志·藝文》（史部傳記類）。

《山東通志·藝文》："是編見《明志》。又《明史·聶讓傳》載斌事云：'獻所輯《忠義集》四卷，採史傳所記直諫盡忠守節之士，而宦官恃寵蠹政可爲鑒戒者附焉，乞命工刊布。禮部以其言當，乞垂鑒納，不必刊行。帝報聞。'"

### 【學兵梯航】

見《山東通志·藝文》（子部兵家類）。《重修商河縣志》本傳云，此書與《忠義集》俱進呈，餘藏於家。

## ◆ 孫　珉

珉字宗理，齊東人。正統九年甲子科舉人，景泰辛未（二年）進士。歷官戶科給事中。嘗陳時弊，報可，通行中外。後以忤權貴歸休。歿祀鄉賢祠。《濟南府志》卷五十一、《齊東縣志》卷五有傳。

### 【詩集】

見《齊東縣志》本傳、《山東通志·藝文》（作《孫珉詩集》）。

民國《縣志》本傳云："有《詩集》行於時。"

## ◆ 殷　衡

衡字克平，號蠢菴，歷城殷士儋曾祖。景泰癸酉（四年）舉人。官德王府審理正。《濟南府志》卷四十九有傳。按：殷衡，《山東通志》卷九十一《舉人表》作武定人；卷一百六十三《歷代文苑》云曹州人，景泰中舉鄉薦，充德莊王伴讀，所著有《蠢菴稿》。《蠢菴稿》又見《惠民縣志》。《山東通志·歷代文苑》作曹州人，疑誤。

### 【蠢菴稿一卷】

見雍正《山東通志·經籍》。《歷城縣志·藝文考》、《濟南府志·經籍》、宣統《山東通志·藝文》（據《徵選山左明詩啟》）作《蠢菴集》無卷數。

### ◆ 趙循義

循義，臨邑人。景泰丙子（七年）舉人。官廣州府同知。

其詩文集未見著錄。《臨邑縣志》卷十二載其《過玉河橋》詩一首。

### ◆ 高 慶

慶，陵縣人。景泰丙子（七年）舉人。官知縣。

其詩文集未見著錄。《陵縣志》卷十七載其《重修陵縣儒學之記》（成化十五年立）一篇。

### ◆ 張 昭

《池北偶談》卷九：“張昭，濟南蒲臺人。忠義前衛右千戶所司吏。英宗復辟，石亨、曹吉祥等恃寵賣官，至三千餘員。昭奏之。直隸、山東大饑，復上書言六事，上皆從之。後任南昌府司獄。學士張元禎謂之曰：‘君昔三疏，位卑而議論甚高，官小而事業則大，已寫入金縢，令名無窮矣。’”《蒲臺縣志》卷三、《山東通志》卷百六十一亦有傳。

《蒲臺縣志·藝文》載其《乞罷遣都指揮馬雲等使西洋疏》，文末附按云：“明代自太祖開基，廣闢言路，雖草茅微賤者，皆得上疏言事；沿及宣、英之際，流風未替。昭故以刀筆吏獲建嘉謨，垂光史冊，雖懸鞀設鐸，何以過之。考舊《志》昭尚有劾石亨等恣橫一疏，今不復存，惜哉。”

### ◆ 劉 溥

溥字大濟，武定人。景泰四年癸酉科舉人，天順丁丑（元年）進士。官南京戶部主事。

【靜齋文稿八卷】

見《山東通志·藝文》（據《府志》），撰者誤作劉浦。

### ◆ 劉 盛

盛字宗茂，本江西贛縣人，徒居德州。隱居不仕，自號無辯野人。《濟南府志》卷五十二有傳。

【書說遺稿】

見《德州志·州人所著書目》（注云“亡”）、《山東通志·藝文》（經部書類）。道光《濟南府志》、馬鬐《德州鄉土誌》作《書說》。

【詩集】

見《德州志·州人所著書目》（注云“亡”）。《山東通志·藝文》作《劉盛詩集》。

### ◆ 宋 諫

諫，德州人。例監。官郟縣丞。《濟南府志》卷五十二有傳。

【東圃隱居記】

《濟南府志》本傳云：“歸立家祠，作記，惓惓於尊祖敬宗。又作《東圃隱居記》，戒後人言尤切至，有石刻存其家。”

### ◆ 邢 端

端，陵縣人。成化乙酉（元年）舉人。文宗大雅，士林推重。《濟南府志》卷五十二有傳。

其文集未見著錄。《陵縣志》卷十七載其《重修城隍廟記》一篇。

### ◆ 張 海

海字文淵，德州人。天順己卯（三年）鄉試第一，成化丙戌（二年）進士。爲吏科都給事中，豪邁有氣節。升順天府丞，出知雲南鶴慶府，累升兵部侍郎。以經略哈密無功，降山西參議，踰年卒。《濟南府志》卷五十二有傳。

其文集未見著錄。《德縣志》卷十五載其《德州科第題名記》一篇。

【詩集】

見《德州志·州人所著書目》（注云“亡”）。《德縣志·邑人著作》作《詩文集》三十一卷。《山東通志·藝文》作《張海詩稿》。

《山東通志·藝文》：“《山左明詩鈔》引程正夫《詩搜》云：‘侍郎酷好吟詠，篇章甚富。觀其格調，頗似初年高季迪。晚年自焚其稿。’《州志》本傳則云：‘有詩稿藏於家。’二說不同，姑依《州志》錄之。”

《山左明詩鈔》載其詩十三首。

## ◆ 鄒 襲

襲字繼芳，濟南衛人。景泰丙子（七年）舉人，成化丙戌（二年）進士。歷官南京兵部武選司郎中。居官清苦，及歸，杜門不出三十餘年，以詩文自娛。《歷城縣志》卷三十七、《濟南府志》卷四十九有傳。

其詩文集未見著錄。《武定府志·藝文》載其《樂陵知縣許公去思記》一篇。《平原縣志》卷十載其《重修淳熙寺記》一篇。

## ◆ 洪 漢

漢字天章，別號雲廣，章丘人。弘治十一年以右副都御史巡撫大同，十三年以失機罪免官。《李中麓閒居集》之十有《雲廣洪都御史傳》。

其詩文集未見著錄。道光《章邱縣志·藝文》載其《題明水寺》詩一首。

## ◆ 馮 璟

璟，陵縣人。成化辛卯（七年）進士。官同知。

其詩文集未見著錄。《陵縣志》卷十七載其《陵縣城隍廟重修記》（嘉靖丁亥立石）一篇。

## ◆ 張兆瑞

兆瑞字祥夫，海豐人。成化癸巳（九年）歲貢。致授千戶所吏目。以子賢贈戶部雲南清吏司主事。

### 【齋詩集】

見《武定詩補鈔》。"齋"前疑有脫字。《無棣縣志·人物·孝義》有其傳，稱其爲諸生，未言有著作。

## ◆ 畢 亨

亨字嘉會，新城人。成化乙未（十一年）進士。歷官工部尚書。《重修新城縣志》卷十四有傳。

其詩文集未見著錄。《山左明詩鈔》載其《釣臺》詩一首，並引《居易錄》云："吾邑尚書畢公，仕孝武間爲名臣，求其遺集，不可得矣，偶于釣臺集見其五言一首。公之子，山西巡撫昭，號蒙齋，有句云：'行過竹裏如塵外，望入河邊似鏡中。'集亦不傳。"

## ◆ 李 性

性，陵縣人。成化丁酉（十三年）解元。官同知。《陵縣志》卷十九有傳。

### 【家傳易注】

見《陵縣志》、《山東通志·藝文》（經部易類）。

## ◆ 王 溫

溫字景和，長清人。成化甲午（十年）舉人，戊戌（十四年）進士。官監察御史，忤劉瑾下獄廷杖。後以目疾乞歸。《濟南府志》卷五十二有傳。

其別集未見著錄。道光《長清縣志》卷七載其《重修廟學記》一篇。

### 【花園文】【驄馬賦】

所輯同人投贈之作也。見《長清縣志》本傳、《濟南府志·經籍》、《山東通志·藝文》（集部總集類）。

## ◆ 孫 識

識字以蓄，商河人。成化戊子（四年）舉人，戊戌（十四年）進士。歷官漢陽府知府。《武定府志·藝文》、《重修商河縣志·藝文》有許成名《漢陽府知府孫公墓誌銘》、邑令胡汝輔《漢陽府知府孫公舉鄉賢德政記略》。

### 【孫氏家譜】

《重修商河縣志》卷十二載賈詠《孫氏家譜序》略云："譜之作，六世孫中憲大夫漢陽太守識者，譜其先世之所自，爲之引，以示其子臨潁縣侯孟舉。孟舉藏之，而寓諸官所，嘗出以示其邑博士安福曠君衮者，編次成帙。而平凉胡君進律並爲之序以次於後。"按《序》，孫氏原居慶雲，本姓喬，三世孫貴元季避兵來商河，因受孫氏業，從其姓，遂占籍焉。識子孟舉，弘治乙卯（八年）舉人，乙丑（十八年）進士，歷官臨潁知縣、汝南巡道、河南按察司僉事。

## ◆ 徐以貞

以貞字本良，長山人。成化丁酉（十三年）舉人，戊戌（十四年）進士。除寧晉知縣，發奸摘伏，邑內肅然。獄有經年未決者，立爲剖決，民大服。尋丁內艱，服闋，再授寧晉，政事益勵，而邑以大治。擢福建道御史，奏事不稱旨，出知松溪縣。遷霸州知州，擢工部郎中，改知懷慶府，累遷至右僉都御史，巡撫延綏。以忤中官劉瑾罷歸，復起巡撫順天，瑾復中傷之，謫鳳陽同知，尋以原官致仕。崇禎間祀鄉賢祠。

《濟南府志》卷五十、《長山縣志》卷七有傳。

## 【文集詩詞】

見《山東通志·藝文》，引《縣志》本傳云："所著有文集詩詞行于世。"

### ◆ 徐如蓮

長山僉都御史以貞女，鄒平錦衣千戶孫儲秀妻。孝事姑嫜，治家有法。

## 【醴泉精舍草】

見《濟南府志·列女》、《山東通志·歷代列女》。

《長山縣志》卷十五載其《思長山雙親》、《關中思長邑慈親》、《長邑家兄秉鐸雲中賦寄》詩三首。

### ◆ 殷 晙

晙，曆城人，成化庚子（十六年）舉人。士儋之祖。《濟南府志》卷四十九有傳。

## 【校刻思賢操譜一卷】

殷晙校錄。見《歷城縣志·藝文考》、《山東通志·藝文》（子部藝術類）。

《歷城縣志·藝文考》載殷士儋《書後》曰："先大父贈宗伯公手書《思賢操譜》，相傳自張文忠公養浩家得之。蓋勝國時館閣虞、揭諸君子所校定。先大父是書迺成化甲午春正月錄，距今且百年矣。儋不能琴，以先世手澤，寶藏之。間出示善琴者，謂與今所傳不合，弗省也。隆慶己巳夏，儋病在告，德平郭子文彥攜琴過訪，語及是譜。郭子取讀未竟，瞿然曰：'某所授，即此譜，獨未諳其辭耳。'因為鼓一再行。余隱几聽之，字字脗合，乃知今世俗所習，蓋初譜久逸，曲士各以胸臆附會，轉相踵襲，故辭旨猥鄙，音響繁雜，殊乏古意。世無具耳者，莫覺其非，無怪也。郭子將歸，請錄副本，公諸同好。余不敢秘，因書此紀歲月付之。先大父弱冠以明經魁鄉薦，文章行誼，無愧古人，竟未仕卒，卒後七十年始贈今官。凡先世遺書筆記，遭家中落，散亡殆盡。是譜幸獨完，豈意既百年復有知而好者？噫！通塞顯晦，信有數哉！三復茲編，愴焉興感。隆慶己巳閏六月。"

又載《愚山集》施閏章是書《序》署曰："歷下有彭山人者，能詩畫鼓琴，因人以請，曰：'家有《思賢操譜》，少保殷公儇所刻也，音節、指法與世傳異，蓋雅音也。惜火其板，請序以授剞劂。'余少嘗好琴，從海陽高處士受思賢操，未能卒學。今疲於四方之役，積其幽憂之疾，所為撫絃動操者，不熟於手而未能忘於心，將以是愈吾疾焉。召山人，而山人老矣，蒼然抱琴來，坐定，使鼓之。愴然以感，穆然以思。於是知其音之悲，調之雅，感人之深，而霍然愈疾之速也。"

又引彭鯤躍《序》署曰："古人以樂為學，今人以樂為戲。茲譜原板二，俱亡於灰燼中。爰命梓人續劂，庶幾存雅韻於不泯云。時順治庚子秋七月。"據本書。

### ◆ 王 綸

綸，濱州人。成化辛丑（十七年）進士。

其詩文集未見著錄。《武定府志·藝文》載其《登秦臺》詩三首。

### ◆ 王 紘

紘字德遠，陵縣人。成化癸卯（十九年）舉人。歷官河曲知縣。劉瑾竊政，以紘不附己，勒令致仕。《陵縣志》卷十九有傳，卷十七有孫緒《文林郎山西河曲縣知縣王公墓表碑》）。

## 【王氏族譜】

見《陵縣志》本傳。

## 【安素稿】【三園集】

見《山東通志·藝文》（據《縣志》）。

### ◆ 朱 銳

銳字文成，齊河人。成化癸卯（十九年）舉人。弘治間官南和知縣，歷官代州知州。雍正《山西通志·名宦傳》云："景泰間知五臺縣，抑暴扶良，修舉廢墜，境內清肅。後陞知代州，及告歸，道出五臺，民留三載，敬愛不殊疇昔。"疑"景泰"為"成化"或"弘治"之誤。

其詩文集未見著錄。《齊河縣志》卷三十載其《古倫義塾》、《齊城八景》（八首）、《題賀節婦》、《烏巢白雛》等詩，卷三十二載其《孫耿鎮真武廟碑記》文一篇。

## 【南和縣志四卷】

見《千頃堂書目》。

### ◆ 張 璡

璡，臨邑人。成化癸卯（十九年）舉人。官九江府推官。

其詩文集未見著錄。《臨邑縣志》卷十五載其《重修彌陀寺碑之記》（正德十年）一篇。

### ◆ 宋 表

表，臨邑人。成化癸卯（十九年）舉人。官蠡縣教諭。

其詩文集未見著錄。《臨邑縣志》卷十五載其《臨邑尹張侯重修縣治記》（弘治十七年）、《修興國寺碑記》（正德十六年）文二篇。《續修臨邑縣志》卷三載其《重修興明寺正殿記》碑文（正德九年立石）。《禹城縣志》卷十載其《重修三教寺記》一篇。

### ◆ 趙亮采

亮采，齊河人。成化甲辰（二十年）進士。官至長蘆運使。《濟南府志》卷五十一、《齊河縣志》卷二十四有傳。

其詩文集未見著錄。《齊河縣志》卷三十四載其《太湖石銘 石在千楸園內》一篇。

### ◆ 王 勅

勅字嘉諭（登第後憲宗更其字為懋倫），號雲芝，後易為竹泉，歷城人。成化辛卯（七年）舉人，甲辰（二十年）進士。授翰林編修，謫判彝陵，陞四川僉事、河南提學副使，終南京國子監祭酒。博極群書，尤善風角，習堪輿，推驗多中。博識古器，目所未涉，能知為何代物。《濟南府志》卷六十有傳。

#### 【五經通旨二卷】

見雍正《山東通志·經籍》。《歷城縣志·藝文考》、《濟南府志·經籍》、宣統《山東通志·藝文》（經部五經總義類）俱無卷數。

#### 【大成樂譜】

見《歷城縣志·藝文考》、《濟南府志·經籍》、《山東通志·藝文》（經部樂類）。

#### 【易籤一卷】

見《歷城縣志·藝文考》（據本書）、《濟南府志·經籍》、《山東通志·藝文》（子部術數類）。

#### 【雲芝稿一卷】

見雍正《山東通志·經籍》。《歷城縣志·藝文考》、宣統《山東通志·藝文》俱無卷數。《濟南府志·經籍》作《雲芝集》，無卷數。

《歷城縣志·藝文考》云：“王探花勅著《漫遊稿》、《雲芝稿》若干卷。又有竹泉小像張令鶴鳴題贊：崇正己卯偶軼五世孫茂才倣於塗間，得其和尹冢宰《送邊京兆考績還應天卷》，詩曰：‘淡淡疏林葉亂飛，雨晴躍馬出郊畿。一尊瀲灔情偏洽，千里迢遙意不違。京兆今書循吏最，鈞衡還使庶民肥。丹青已透相知眼，自是陽春和者稀。’筆勢飄蕭有仙氣，今家藏為寶玩云。舊《志》。”

《山左明詩鈔》載其《送邊京兆考績還應天》詩一首。

#### 【漫遊稿】

見《歷城縣志·藝文考》、《濟南府志·經籍》、宣統《山東通志·藝文》。雍正《山東通志·經籍》作《漫遊錄》一卷。

### ◆ 張 潭

潭字德深，歷城人。諸生。絕意科舉之學，日與門人究古禮冠、婚、喪、祭、飲、射諸儀，士大夫家皆質之而後行，故濟南漸習禮俗。提學道陳鎬修《闕里志》，擇諸生博雅者分纂，首屬潭。四方從游者先後七百餘人，殷士儋、李攀龍最知名。嘉靖三十年卒，攀龍為文以祭，士儋表其墓。學者稱“三山先生”。《濟南府志》卷四十九有傳。

#### 【闕里誌十三卷】

陳鎬纂，張潭等分纂。現存：明弘治十八年曲阜刻本，臺北故宮博物院藏，《四庫存目標注》著錄。後來各家《闕里志》均據此本重修或增修。

### ◆ 盧 亨

亨，商河人。成化丁未（二十三年）進士。

其文集未見著錄。民國《商河縣志·藝文》載其《漢陽府知府孫公碑陰記》（明正德十一年四月建）。

◆ 張 璣

璣，長清人。貢生。官豐城訓導。

其詩文集未見著錄。民國《長清縣志》卷十載其《重修真相寺大佛殿記》（嘉靖元年十月朔）一篇。

◆ 王 淵

淵字文深，齊東人。弘治己酉（二年）舉人。官柘城知縣。

其詩文集未見著錄。民國《齊東縣志》卷六載其《岳主簿去思碑》一篇。

【齊東縣志】

《山東通志·藝文》："是志成於正德丙子。康熙《齊東志》載邑令蕭敬諫《序》，末云：'於閭文不敢泛收，必切於名教、禆於政治者錄之。其目四十有五，分爲六類。詳而不冗，簡而不略，此則王君之功居多。'"

◆ 孫 璽

璽，青城人，弘治庚戌（三年）進士。

其詩文集未見著錄。《武定府志·藝文》載其《濟水環清》、《兔村烟柳》、《清池夜月》詩三首，皆詠青城縣景者。

◆ 張 瑤

瑤，德州人。弘治辛酉（四年）進士。官山西通判。

其詩文集未見著錄。《山左明詩鈔》載其《下第》詩一首，並引程正夫《詩搜》云："通判居官廉苦，歸里寄身荒寺，不異竄人。死無棺槨，隣里醵金葬之。存日惟弄筆研，若有甚樂者。前輩稱其文追兩漢，詩逼盛唐。手稿散逸，僅《下第》詩一首爲邢子愿先生手書，故得而存之。"

◆ 周 秀

秀字公全，歷城人。弘治壬子（五年）舉人。選蒙城知縣，甫三月謫清豐丞。嘉靖初薦知上元，處繁裕如。未幾，任懷慶同知。與知府不和，鬱卒，年六十三。即墨藍田志其墓。

【甕山集】

見《歷城縣志·藝文考》、《山東通志·藝文》。

《山東通志·藝文》："《縣志》引藍田《周君墓誌銘》云：'公全所著詩文號曰《甕山集》若干卷，藏於家。'"

◆ 張良弼

良弼字夢徵，號懲軒，歷城人。成化丙午（二十二年）舉人，弘治癸丑（六年）進士。觀政吏部，擢戶科給事中。連丁父母憂，十六年服除，補原官。十八年八月遷兵科右給事中，十月遷禮科左給事中。時武宗即位，劉瑾竊柄，良弼抗疏數其罪，瑾力構之，復誣以姦黨，榜姓名於朝，與大學士劉健等五十七人皆落職。正德五年，瑾伏誅，諸得罪者皆錄用，良弼獨不與朝貴通書問。十二年，吏部尚書陸完疏薦起湖廣參議，提督太和、太岳諸宮觀。以病求去，抵家卒，年五十八。《濟南府志》卷四十九有傳。

【三垣諫草】

見《歷城縣志·藝文考》、《濟南府志·經籍》、《山東通志·藝文》（史部詔令奏議類）。

《山東通志·藝文》："良弼嘗爲戶、兵、禮三科給事中，抗疏數劉瑾之罪。其論諫云：'世爲上，民次之，君又次之。'聞者以爲名言。"

【田居集】【閒適集】

見《歷城縣志·藝文考》、《濟南府志·經籍》、《山東通志·藝文》。

《山東通志·藝文》："《縣志》載二集云：'見劉天民《張公行狀》。'"

◆ 李 瓛

瓛，平原人。弘治乙卯（八年）舉人。官鳳陽知縣。

其詩文集未見著錄。《平原縣志》卷十載其《重建北極廟記》一篇。

◆ 劉 欒

欒，章丘人。弘治丙辰（九年）進士。歷官衢州知府。

其詩文集未見著錄。道光《章邱縣志·藝文》載其《望江樓記》文一篇。

【章丘縣志四卷】

章丘知縣呂秉彝主修。現存：明正德八年刻本，天一閣博物館藏，上海圖書館有膠卷。

## ◆ 邊　貢

貢字庭實，號華泉，歷城人。弘治乙卯（八年）舉人，丙辰（九年）進士。授太常博士。十八年，擢兵科給事中。遷太常寺丞，以不善事劉瑾，出爲衛輝知府。正德五年改荆州。六年，擢山西提學副使。父憂服除，起河南提學。十二年，以母憂歸。世宗即位，即家起爲南京太常寺少卿。嘉靖二年，晉南京太僕寺卿。七年，轉刑部右侍郎，拜戶部尚書，皆在南京。貢早負才名，美風姿，所交悉海內名士。久官留都，優閒無事，游覽江山，揮毫浮白，夜以繼日。十年，右都御史某劾其縱酒廢職，遂致仕歸。筑萬卷樓於湖上，蓄弄甚富，十一年火幾盡，貢仰天大哭曰：“甚於喪我也！”遂發病卒，年五十七。賜祭葬。明自永樂後辭尚纖弱，貢與李夢陽、何景明、徐禎卿起而振之，號“弘治四傑”。又益以康海、王九思、王廷相，爲“七才子”。去廷相，以朱應登、顧璘、陳沂、鄭善夫爲“十才子”。貢詩清婉和粹，稱其爲人，而歷城爲詩者，實以貢爲首庸。《歷城縣志》卷四十、《濟南府志》卷四十九有傳。

## 【華泉集十四卷】

見《歷城縣志·藝文考》、《濟南府志·經籍》、《山東通志·藝文》。現存：①明嘉靖十七年蘇祐刻本（作

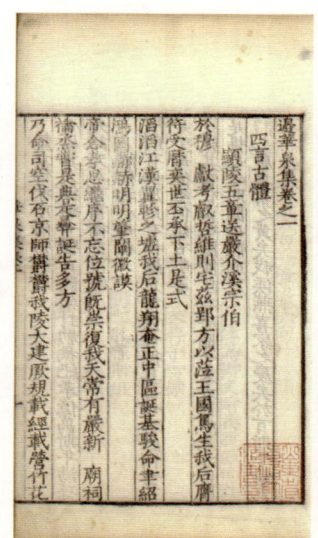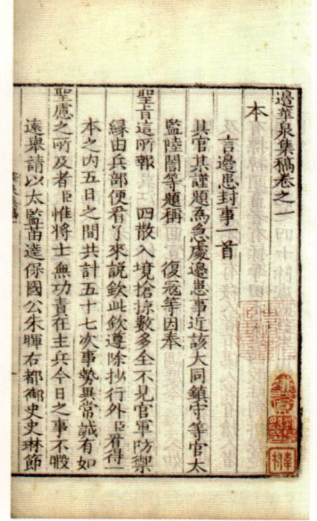

《邊華泉集》八卷《邊華泉集稿》六卷　明萬曆魏允孚刻本

《華泉詩集》八卷），北京大學圖書館、上海圖書館藏，《中國古籍善本書目》著錄。②明嘉靖十七年濟南知府司馬泰刻本（作《邊華泉集》八卷，劉天民輯），山東省圖書館、廣東省立中山圖書館、吉林省圖書館藏，《中國古籍善本書目》著錄。③明萬曆魏允孚刻本（《邊華泉集》八卷《邊華泉集稿》六卷），中國國家圖書館、南京圖書館（清丁丙跋）、上海圖書館藏，《中國古籍善本書目》著錄。④清康熙四十四年歷城張津刻本，山東省博物館藏；《山東文獻集成》影印。⑤《四庫全書》本。⑥清鈔本（《邊華泉集》八卷《集稿》六卷），中國國家圖書館藏，《中國古籍善本書目》著錄。⑦清康熙刻嘉慶十年李肇慶補刻咸豐遞修本，中國國家圖書館藏。⑧清宣統三年刻本，萊陽市圖書館藏，見《煙臺公共圖書館館藏古籍書目》。

《山東通志·藝文》：“《四庫提要》曰：‘凡詩八卷，文六卷。魯中立《海嶽靈秀集》曰：“華泉之作，雖不逮何、李，然平淡和粹，孝廟以前，海岱之才無其倫比。”胡應麟《詩藪》曰：“世人獨推李、何爲當代第一。余以爲空同關中人，氣稍過勁，未免失之怒張；大復之亮節俊語，出於天性，亦自難到，但工於文句，而乏意外之趣。獨邊華泉興象飄逸，而語尤清圓，故當共推此人。”陳子龍《明詩選》則曰：“尚書才情甚富，能於沈穩處見其流麗，聲價在昌穀之下，君采之上。”今考其詩，才力雄健不及李夢陽、何景明，善於用長；意境清遠不及徐禎卿、薛蕙，善於用短；而夷猶於諸人之間，以不戰爲勝，無憑陵一世之名，而時過事移，日久論定，亦不甚受後人之排擊。三人所論，當以子龍爲持平矣。昔薛蕙於嚴嵩爲同年，頗相倡和，及嵩柄國，蕙即謝絕往還，併削去舊作，不留一字，至今爲論者所稱。是集乃以送嵩之作列爲壓卷，不免見疑於清議。然詩集爲貢沒之後其里人劉天民所編，時當嘉靖戊戌，正嵩權熾盛之日。或天民無識，趨附時局以爲榮，非貢本志歟？其文集亦大名魏允孚所續刊。自明以來，談藝家置而不論。今核其品格，實遠遜有韻之詞。蓋才有偏長，物不兩大，附詩以行，視爲琬琰之藉可矣。’按：是集又有嘉慶乙丑邑人李肇慶補刊本，附錄王士禎選本詩五首。肇慶《跋》云：‘右詩五首見王文簡選刻本，而集中不載，則知此集非文簡所據胡、魏二刻本也。華泉卒於嘉靖十五年丙申。章邱李太常開先選其詩八卷，一刻於晉，一刻於家，劉希尹曾以書致謝。至戊戌，希

尹復收其逸詩若干首，天水胡中丞可泉鋟梓以行。是此集於尚書甫歿三年內已有三刻本矣。潘《序》謂："歷城令巽川李公藏稿，桃溪方伯王公捐俸刻之。"魏《序》謂："余理濟之明年，從先生仲子搜得數十篇敘入集中，重鋟之。"兩《序》皆無重刻年月。然考潘子霓嘉靖三十二年癸丑進士，魏允中萬曆八年庚辰進士。允孚乃允中季弟，其成進士又在庚辰之後。潘、魏兩人成進士前後相去三十年，則方伯刻本在前，司理刻本在後，相去當不下二十餘年矣。文簡不言方伯刻本者，其所據乃中丞、司理二刻本，非方伯刻本故也。此集原本乃邑文學張沭得之臨邑廣文盛君者，其爲方伯刻本無疑。茲特補刻五詩附於八卷之末，而識其源流如此。'按：方伯所刻者爲逸稿六卷，張沭所得者即允孚刻本，非方伯刻本也，見《香祖筆記》。"

《山左明詩鈔》卷三載其詩，共八十一首。道光《東阿縣志》卷十五載其《東阿留別有涯孟子》詩一首。

### 【邊華泉集一卷】

現存：①明隆慶俞憲輯刻《盛明百家詩前編》本，中國國家圖書館、北京大學圖書館、上海圖書館藏，《中國叢書綜錄》著錄。②明刻《明四家集》本（二卷），見《中國叢書綜錄》。

### 【華泉先生集選四卷】

王士禛選。現存：清康熙三十八年至三十九年王士禛京邸刻本，中國國家圖書館、北京大學圖書館、上海圖書館等藏，《中國叢書綜錄》（《王漁洋遺書》之一）、《中國古籍善本書目》、《東北地區古籍綫裝書聯合目錄》、《四庫存目標注》著錄；《四庫全書存目叢書》影印。前有大名魏允孚《華泉先生集舊序》，王士禛《華泉先生詩選序》，及附錄諸書論華泉詩之評語。

《山東通志・藝文》作《華泉集選》四卷，引《四庫存目提要》曰："貢《華泉集》已著錄，此本乃國朝王士禛所刪定。其《序》謂：'濟南詩派大昌於華泉、滄溟二氏，而蓽路藍縷之功，又以邊氏爲首庸。'其比之曹植、謝靈運，雖不免夸飾，然於李攀龍集終置不論，而獨加意於貢集，其去取之間亦有微意也。"

#### ◆ 姚文淵

文淵字宗瀚，號拙菴，平原人。年十八魁弘治二子（五年）鄉薦，丙辰（九年）成進士。官至陝西右布政。《濟南府志》卷五十二有傳。《續修平原縣志》卷十一有張祿《明故陝西布政使姚公神道碑銘》。

其詩文集未見著錄。《平原縣志》卷十載其《重修城池記》一篇。

#### ◆ 姜 佐

佐，濱州人。弘治丙辰（九年）進士。

其詩文集未見著錄。《濱州志》卷十一載其《八角井碑記》一篇。

#### ◆ 朱本端

本端，陵縣人。弘治己未（十二年）進士。官至僉事。

其詩集未見著錄。《陵縣志》卷十六載其《平原懷古》詩一首。

#### ◆ 李 嵩

嵩，濱州人。弘治己未（十二年）進士。

其詩文集未見著錄。《濱州志》卷十一載其《修州廳堂記》一篇。

#### ◆ 蔡 旻

旻，濟南人。歷官杭州府同知。

其詩文集未見著錄。《續修臨邑縣志》卷三載其《重修橋梁記》碑文（弘治十三年），題"鄉貢進士杭州府同治致政濟南蔡旻撰文，鄉貢進士金華府通判致政濟南盧月書篆"。

#### ◆ 邊 習

習字仲學，濟南人，戶部尚書貢之次子。能以詩世其家。貢固廉吏，習貧困負薪，授徒取給饘粥。《歷城縣志》卷四十、《濟南府志》卷四十九有傳。

### 【邊仲子詩一卷】

見《濟南府志・經籍》、《山東通志・藝文》。《歷城縣志・藝文考》作《睡足軒詩》一卷。現存：①清康熙刻《王漁洋遺書》本（一名《睡足軒詩選》一卷），中國國家圖書館、中國科學院國家科學圖書館、上海圖書館等藏，《中國叢書綜錄》、《中國古籍善本書目》、《山東文獻書目》著錄。②清鈔本（作

《睡足軒詩草》一卷），山東省圖書館藏。以上兩本，俱王士禛、徐夜選定。

《山東通志·藝文》引《四庫存目提要》曰：「習字仲學，濟南人，戶部尚書貢之次子，王士禛《論詩絕句》所謂'不及尚書有邊習，猶傳林雨忽霑衣'者是也。貢雖仕宦通顯，而圖籍以外無餘資。習竟貧困以沒，僅存其七十歲客孫氏時詩一卷。本名《睡軒集》，士禛與徐夜共選定之，附刻其父詩集後，改題今名。習詩遠不及其父，尤多應俗之作。其《輓李東陽》二詩，論雖公而評太訐，亦乖詩品。夜等特以名父之子重之耳。」

《歷城縣志·藝文考》：「王士正《邊仲子詩選序》曰：'華泉先生有二子，伯曰翼，仲曰習。習字仲學，讀書攻苦，能以詩世其家。先生自給事中一麾出守，兩視學政，於晉於梁，內陟卿寺，歷官南京戶部尚書。所至登臨山水，購古書金石文字累數萬卷，而家無中人之產，身後至無以庇其子姓。仲子貧困負薪，以授徒取給饘粥。今所存《睡足軒詩》一卷，其七十時客孫氏作也。故友徐隱君夜購得手藳，重裝之。余假其本，將謀鋟梓，未遑也，而隱君以癸亥歲客死潯陽。又十七年康熙庚辰，予刻《華泉集》於京師，乃取徐本重閱，錄其半附先生集後，將以告亡友於地下，而惜其不獲睹斯集之成也。按宏治四傑，唯何氏之後最大；李氏次之；徐氏有子伯虬，稱詩吳中，名載《今雨瑤華》；而仲子以尚書之胄，飢餓終其身，殘編零軸，幾飽鼠蠹，閱百餘年始遇吾兩人者，收拾護持於昆明灰刼之餘，僅以是詹詹者為楚相之寢邱也。噫，廉吏安可為哉！七月望日。'本書。」

《山左明詩鈔》卷八載其詩十二首。

### ◆ 程 鵬

鵬，蒲臺人。弘治間歲貢。《蒲臺縣志·選舉》云：「舊《志》科貢、藝文俱載延安府推官。考萬曆四年《重修儒學碑》，係貴州思南府推官，並載俟考。」

其詩文集未見著錄。《蒲臺縣志·藝文》載其《知縣王淑遺愛碑記》、《重修儒學記》文二篇。

### ◆ 郭 儉

儉，臨邑人。

其文集未見著錄。《臨邑縣志》卷十五載其《勅封顯佑伯臨邑縣城隍靈應之碑》（弘治十五年）。

### ◆ 毛思義

思義字繼賢，陽信人。弘治辛酉（十四年）舉人，壬戌（十五年）進士。歷知永平府，鎮守薊州。嘉靖中累遷副都御史，巡撫應天諸府，以治辦聞。乾隆《陽信縣志》卷七有傳。

### 【永平錄】

《山東通志·藝文》（史部傳記類）：「是書見《縣志》。《明史·張文明傳》云：'思義官永平知府。正德十三年駕幸平昌，民間婦女驚避。思義下令，言大喪未畢，車駕必不遠出，非有文書，妄稱駕至擾民者，治以法。鎮守中官郭原與思義有隙，以聞。立逮下詔獄，繫半歲，謫雲南安甯知州。'是書所紀，殆即此事之始末歟？」

### 【海隅集】

見《山東通志·藝文》（據《武定府志》）。

### ◆ 喬 岱

岱字希申，號龍谿，章丘人。弘治辛酉（十四年）舉人，壬戌（十五年）進士。除行人，差滿，選授四川道監察御史，出按兩浙鹽政。會劉瑾弄權牟利，以岱不副其望，降謫太平府教授。稍遷鈞州判官，升永城知縣，調廬陵縣，後升廣德知州，尋升瑞州府同知，推升山西按察司僉事，兼督屯種管河東道。癸未以母老告歸，又二十年而歿。岱長於刑名，州縣吏民有事案下者，或不解行裝即已決斷歸。擅詞曲，為章丘詞會之一員。然所作存者不多，李開先嘗輯之，欲為刊刻，終以不成冊而罷。

### 【喬龍谿詞】

《李中麓閒居集·喬龍谿詞序》略云：「龍谿歿已二十餘年，徧索其詞，才得數分之一，欲為刻之，太少不成冊。姑存之，略為一序於其前。」

### ◆ 袁公冕

公冕字伯瞻，號西溪，章丘人。弘治甲子（十七年）舉人。官汝寧府除盜通判。《濟南府志》卷四十九有傳。

【漢唐論斷】

　　見《章邱縣志·藝文》、《濟南府志·經籍》、《山東通志·藝文》（史部史評類）。

【南行近稿】【西溪二稿】

　　見《章邱縣志·藝文》、《濟南府志·經籍》、《山東通志·藝文》（集部別集類）。

　　道光《章邱縣志·藝文》載其《申貞女傳》文一篇。

◆ **袁崇冕**

　　崇冕號西野，章丘人，公冕弟。兄弟皆用科第起家，崇冕獨以布衣終。工金元詞曲，與同邑李開先唱酬，關中王九思、冀北楊維聰及李開先等人皆心折焉。《濟南府志》卷四十九有傳。

【袁崇冕詩集】

　　見《山東通志·藝文》（據《徵選山左明詩啟》）。

　　《山左明詩鈔》卷三十載其《十月始見菊》一首，詩云：“怪爾清姿消瘦盡，冷風踈雨亦淒其。元冬乍見真成晚，白首相期亦未遲。雲暗郡城愁獨坐，日斜鄉國望移時。罇前摘索原因醉，燭底歌吟轉更悲。”

【西野樂府】

　　見道光《章邱縣志·藝文》。錢謙益《列朝詩集小傳》稱其“善金元詞曲，有《西野老人樂府》，王渼陂、李中麓極稱之。”

【春遊曲】

　　《山東通志》卷百六十三本傳云：“所著《春遊》、《秋懷》諸曲，足參康、王之座。”《李中麓閒居集》之六《西野春遊詞序》云：“予與西野先生爲詞友，將四十年矣。……西野年愈長，詞益工，而論尤合。近作《春遊》一闋，語俊意長，俗雅俱備，聲中金石，色兼玄黃，真如遊上林而踏青郊，淑景春葩，歷歷在目。予愛而刻之。”

【秋懷曲】

　　見《山東通志》本傳。

◆ **張九敘**

　　九敘字禹功，號桐岡，商河人。弘治壬子（五年）

舉人，乙丑（十八年）進士。歷官南京右僉都御史。《武定府志·藝文》、《重修商河縣志·藝文》有范瑟《南京都察院右僉都御史張公墓誌銘》。

【皇明疏鈔】

　　見《山東通志·藝文》（史部詔令奏議類）。

　　民國《商河縣志·藝文》載其《慎爵賞嚴主威以正國體疏》一篇，即錄自《皇明疏鈔》。

◆ **董琦**

　　琦，陽信人。弘治乙丑（十八年）進士。

　　其詩文集未見著錄。《武定府志·藝文》載其《重建公署正堂碑記》。

◆ **孫孟舉**

　　孟舉，商河人，識子。弘治乙卯（八年）舉人，乙丑（十八年）進士，歷官臨潁知縣、汝南巡道、河南按察司僉事。

　　其詩文集未見著錄。《武定府志·藝文》載其《重修商河廟學記》（民國《商河縣志·藝文》作《重修廟學記》）。

【孫氏家譜】

　　譜乃其父識所作，孟舉編次成帙者。見孫識著作。

◆ **杜泰**

　　泰，長清人。弘治乙丑（十八年）進士。官饒陽知縣。

　　其詩文集未見著錄。《山左明詩鈔》載其《石虎山》、《隔馬山》詩二首。道光《長清縣志》卷一載其《暮春登石虎山》、《中秋後過隔馬山下》詩，卷二載其《重修城記》文。

◆ **張茂蘭**

　　茂蘭字德馨，章丘人。弘治乙丑（十八年）進士。任鉅鹿、任邱知縣。《山東通志·歷代循吏》有傳。

　　其詩文集未見著錄。道光《章邱縣志·藝文》載其《术虎氏古墓記》文一篇。

◆ **馬亨衢**

　　亨衢號東野，德州人。正德丁卯（二年）舉人。

官洛陽知縣。

## 【東野漫稿】

見《山東通志·藝文》。《德州志·州人所著書目》作《東野吟草》。《山左明詩鈔》、《濟南府志·經籍》作《東野吟稿》。

《山東通志·藝文》引《安德明詩選遺》云："與鄒蘆南爲倡和友，有集名《東野漫稿》，今亡矣。"

《山左明詩鈔》載其《城南蚤發》、《九日懷鄒蘆南》、《飲蘆南莊醉歸》詩三首。

## ◆ 魏 綸

綸字理之，利津人。正德丁卯（二年）舉人。歷官南京刑部主事、南膳部郎中、山西布政司參議、陝西副使、浙江副使。善詩文，多著述。《利津縣志》卷七有傳。

其文集未見著錄。《利津文徵》卷二載其《利津縣重修明倫堂記》碑文，前書"南京刑部貴州清吏司郎中邑人魏綸撰文"，後書"嘉靖三年歲次甲申季夏吉旦"。

## 【東溟詩集】

《山東通志·藝文》："是集見《縣志》。《武定詩續鈔》云：'今從其家覓得全集鈔本。大抵獨闢畦町，不襲窠臼，而清剛雋上，肖其爲人。'"

《武定明詩鈔》收其《王在庵利津觀海奉寄》詩（亦見《利津文徵》卷四）。

## ◆ 張邦瑞

邦瑞，商河人。正德丁卯（二年）舉人。

其詩文集未見著錄。《武定府志·藝文》、《重修商河縣志·藝文》載其《孫太守後樂亭》詩。

## ◆ 孫孟和

孟和字節之，商河人。弘治甲子（十七年）舉人，正德戊辰（三年）進士。授廣平知縣，調滑縣，擢監察御史，終官真定知府。《武定府志·藝文》、《重修商河縣志·藝文》有祝壽《真定府知府孫公墓誌銘》。

## 【西巡激揚錄】

《山東通志·藝文》（史部雜史類）："《縣志》

本傳云：'巡撫山西。丁丑，武宗幸大同，召至前，勞曰："爾御史中好官，朕當錫予。"有錦衣銀牌帶袱之賜。甯王宸濠叛，從征紀功，多所建白。劾太監張永及安邊伯、朱泰等，皆正其罪，中外震動。'"

## 【南征紀功錄】

見《山東通志·藝文》（史部雜史類）。

祝壽《真定府知府孫公墓誌銘》云："庚辰，甯王宸濠倡亂，公扈駕南征。武廟勅諭曰：'爾爲朝廷耳目之官，受茲差遣，務須禁革奸弊，紀驗得實，使人心悅服，怨謗不生，斯稱委任。'公承命祗懼，信賞必罰，竟如所命。先是江西巡撫御史孫燧、副使許逵、參議黃宏、公差主事馬汝驥等俱死難，都御史王守仁生擒宸濠，策功居最。公奏請贈官蔭子，祭藝立祠，如江總、張太監等，一皆奏正其罪。武廟次第施行，生榮死贈，而奸邪處置，各得其宜。"

## ◆ 祝 壽

壽字靜菴，歷城人。正德戊辰（三年）進士。由兩淮運同擢守黎平，賢聲上聞，遷雲南參政。

其詩文集未見著錄。《武定府志·藝文》、《重修商河縣志·藝文》載其《真定府知府孫公墓誌銘》。

## ◆ 劉 璿

璿，商河人，正德戊辰（三年）進士。

其詩文集未見著錄。《武定府志·藝文》載其《貧女曲》詩一首。《重修商河縣志·藝文》載其《貧女曲》、《詠昭君出都》、《過梅嶺聞鷓鴣》等詩，《巨魚賦 有序》一篇。

## ◆ 黃 流

流，濟陽人。正德戊辰（三年）進士。官至員外郎。

其詩文集未見著錄。民國《濟陽縣志·藝文》載其《城隍銅像記》、《重修武安王廟記》等文。

## ◆ 袁勳友

勳友字無挾，自號忘齋，後更號樂盤，章丘人。正德庚午（五年）舉人。官同官知縣。《李中麓閒居集》之八有《奉議大夫衡府右長史樂盤袁公合葬墓志銘》。道光《章邱縣志》本傳、宣統《山東通志·藝文》及舉人表均誤作袁勳。

## 【樂盤心】

《山東通志·藝文》："《縣志》本傳云：'著有《皇係賢錄》、《女孝經》、《寱言》、《志述》、《武政服製》、《身紀》、《五經見》等書二十冊，名之曰《樂盤心》，以其爲心思之所發也。'"

### ◆ 司大觀

大觀，禹城人。正德庚午（五年）舉人。官安陽知縣。

其詩文集未見著錄。《禹城縣志》卷十載其《重修城隍廟記》一篇。

### ◆ 黃 臣

臣字伯鄰，號安厓，濟陽人。弘治甲子（十七年）舉人，正德辛未（六年）進士。入史館，博洽高雅，文名藉甚。任都給事中，多所建白。累官大中丞，巡撫都御史。祀鄉賢。《濟南府志》卷五十一、民國《濟陽縣志》卷十一有傳。

## 【安厓奏議】

見《山東通志·藝文》（史部詔令奏議類）、民國《濟陽縣志·著述篇目》。

《山東通志·藝文》引《縣志》本傳云："任都給事中，多所建白。如諫議禮之失於過崇，疏地震之由於太監蕭敬，真人張彥頯府第災不應敕有司更造，皆言人所不能言。"

## 【安厓文集】

見《山東通志·藝文》、民國《濟陽縣志·著述篇目》。

《山東通志·藝文》："是集見《縣志·著述》，又本傳云：'其著述甚富，嘗見稱於康對山，惜多散佚，惟《登峨山》及《過太真塚詩》行於世。有康德涵、馬伯循《序》。'按《縣志·著述》別出一目，曰《筐山寄傲》。考《蒿庵文集·跋安厓先生詩後》稱其孫'文學堪輿公出石本《關中古詩》一冊，石本《過桓侯廟詩》一冊，石本《濟南廟學碣》一篇，手書《歸田詩》一幅'云云，《歸田詩》疑即《筐山寄傲》。"泳按：張爾岐《跋安厓先生詩後》亦收入民國《濟陽縣志·藝文》。

民國《濟陽縣志·藝文》載其《邢東崖義墓誌銘》、《節壽榮封詩序》等文。

## 【筐山寄傲】

見民國《濟陽縣志·著述篇目》。參見上條。

## 【登峨山詩】

見民國《濟陽縣志·著述篇目》。

《山左明詩鈔》卷六載其《欲登峨山經聖積寺述懷》、《重陽後邢信卿過訪》、《游峨偶成》、《蜀道難吟》詩四首，或出於此集。民國《濟陽縣志·藝文》（卷十九）載其《覵峨吟》五言絕句二首，另有《宿小寺》、《歸來堂自述》詩，未詳隸於何集。

## 【過楊貴妃墓詩】

見民國《濟陽縣志·著述篇目》。

《山東通志·藝文》"《安厓文集》"提要："《山左明詩鈔》引王無瑕云：'《過太真墓》絕句五十首，炫爛錦花，淒涼風月，亦極才人之致。'無瑕，濟陽王琢璞字也。"

## 【安厓詩話】

見《山東通志·藝文》（集部詩文評類）、民國《濟陽縣志·著述篇目》。

### ◆ 鄒頤賢

頤賢字仰賢，一作養浩，號蘆南，德州人。正德癸酉（八年）舉人。初授新鄉知縣，土瘠路衝，一切省嗇，以紓民困。遇旱荒，先賑而後請罪。邑人感之，爲立祠。調陽城，升平涼府通判，致政歸。村居不入城市，以詩酒自娛。《濟南府志》卷五十二有傳。

## 【蘆南集一卷】

見《山東通志·藝文》。《德州志·州人所著書目》、《濟南府志·經籍》俱無卷數。現存：清乾隆十六年鄒士廉刻本，山東省博物館藏，《中國古籍善本書目》、《山東文獻書目》著錄。

《德州志·州人所著書目》注云"見"，並引紀昀《書後》云："樂府、古詩沈浸於漢魏之間，而獨得其神理。"

《山東通志·藝文》："是集見《縣志》。宋弼有輯本一冊，其《序》略云：'深於比興，多所寄託，得古人長言詠歎之旨。氣體音節，亦驟驟與古爲化，非模擬剿竊者所及。其用韻出入，間有未攷，無害於其詩也。'"

《山左明詩鈔》卷八載其詩五十三首。《德州志》卷十二、《德縣志》卷十六載其《送丁子觀楊子和袁治卿暨兒慎赴南湖書院讀書》、《和王介菴》等詩。

### ◆ 盧　傑

傑，商河人。正德癸酉（八年）舉人。

其詩文集未見著錄。《武定府志·藝文》載其《遊商河西寺》詩（《重修商河縣志·藝文》作《遊西寺》）。

### ◆ 劉天民

天民字希尹，號函山，歷城人。正德丁卯（二年）舉人，甲戌（九年）進士。丁父憂歸，服除，授戶部福建司主事，俄調吏部文選司主事。舊例，吏部需人，非久試者不得調，調亦不即文選。天民負重名，故其調速而美。著《讀選便覽》，雖有益吏治而時不能行。十四年諫巡幸，罰跽五日，廷答三十。嘉靖元年署本司員外郎，二年實授，遷稽勳司署郎中。時薛惠在考功，與天民齊名，有"省中二彥"之目。三年泣諫大禮，復廷答三十。未幾，對品調壽州知州。抵任值歲饑，襄災振乏，民無菜色。七年，遷南京宗人府經歷。八年，遷南京刑部廣西司郎中。九年，遷河南按察司副使，分巡大梁。十一年，爲御史胡某所論，以才力不及，改四川副使。十四年，考察以冠帶閒住。遇恩詔，致仕歸，則日集賓友，嘯傲山水間。天民詩有風格，多關時事，似杜甫。晚年好爲詞曲，爲章丘李開先所稱。善談論，益看黃卿嘗曰："同一語，出函山口便有意味。"家居二十年而卒，年五十六。《歷城縣志》卷四十、《濟南府志》卷四十九有傳。《李中麓閒居集》之七有《四川按察司副使前吏部文選司郎中函山劉先生墓誌銘》。

### 【禹貢溯洄二卷】

《山東通志·藝文》經部書類據《經義考》著錄（《經義考》作一卷，注云"未見"）。《歷城縣志·藝文考》云："卷未詳。"《千頃堂書目》、《濟南府志·經籍》俱無卷數。

### 【洪範辨疑一卷】

見《明史·藝文志》、《千頃堂書目》、《經義考》（注云"未見"）、《山東通志·藝文》（經部書類）。《歷城縣志·藝文考》作《洪範解疑》，注云："卷未詳。"《濟南府志·經籍》無卷數。

《歷城縣志·藝文考》載李開先《函山劉先生墓誌銘》云："先生嘗問余曰：'君善聚書，《書》解有幾種數耶？'余曰：'三十餘種。'且戲之曰：'先生方以聲詩擅名，問此何為？無亦蔡《傳》外有可復取者乎？'先生曰：'吾以治《書》發身，童時曾著《禹貢溯洄》、《洪範解疑》等論，病舉業之拘也。近更有論說古解，川中亦多見之。'余曰：'國制：業舉者，蔡氏與漢疏并行，不知疏廢何時？漢之訓詁，宋之講解，以今觀之，殆猶以魄載魂，以影隨形，均不可缺者。以宋論之，東坡失之簡，少穎失之繁，陳上舍失之碎，其他各有得失，在印之吾心耳。'先生曰：'元不有金仁山、王耕野、吳草廬耶？'余曰：'分章無喻於金氏，小斷細解，王、吳二氏亦多合者。三氏之失，抑又多於宋儒。'先生曰：'吾意亦如此，幸緩聲，勿令人聞之。因陋守殘者必詫異，將并忌之矣。'"《閒居集》。

### 【劉氏族譜】

《歷城縣志·藝文考》載是書云："見《函山集》。卷未詳。"

### 【讀選便覽】

《山東通志·藝文》（史部職官類）引《縣志》"《讀選自便》"條按語云："李開先爲天民作《墓誌銘》有云：'著《讀選便覽》，雖有益吏法，而時不能行。'及觀《函山集·讀選自便序》，則謂《昭明文選》，非謂銓選之法也。開先與同時，不應有誤。或別有《便覽》一書耶？"

### 【函山集十卷】

見《濟南府志·經籍》、《山東通志·藝文》。《歷城縣志·藝文考》據採訪抄本，作《函山先生集》十卷。現存：①清鈔本（作《函山先生集》十卷），吉林大學圖書館藏，《四庫存目標注》著錄；《四庫全書存目叢書》影印。此康熙間寫本，祖本爲明萬曆二十四年李夢麟刻本。有嘉靖庚子顧璘《序》，萬曆丙申李夢麟《序》。②清鈔本（作《函山先生文集》）十卷，中國科學院國家科學圖書館藏，見《四庫存目標注》。

《山東通志·藝文》："是集《四庫存目提要》曰：'朱彝尊《詩話》稱天民晚以計吏罷，憤懣不平，恒逃於詞曲。而顧璘《序》則稱其内境春融，神遊太古，無芥蒂於得失。今觀其集中，如《擬宮詞》五一首、《古別離》、《宿楚相祠》等作，尚可謂怨而不怒者。特其摹仿太多，不能卓然自成一家耳。所著亦有《蟲吟草》、《閒居集》（泳按："閒"後原脫"居"字）、《刺壽稿》、《遊蜀槀》、《田間集》諸目，其孫亮采彙而刻之，共爲此集云。'"

《歷城縣志·藝文考》云："按，先生詩有《蟲吟草》、《閒居集》、《刺壽吟稿》、《遊蜀稿》、《田間集》、《田間次集》若十種，先生歿後，孫亮采并文彙刻之，曰《函山先生集》。"並節錄王慎中《序》、嘉靖庚子長至日顧璘《序》、董復亨《序》。

《山左明詩鈔》卷七載其詩四十八首。

## 【函山集選】

王士禛選。《山東通志·藝文》引《漁洋詩話》云："余選《華泉集》刻成，又選劉吏部希尹集，得若干篇。希尹及與華泉相倡和，古選在華泉之上，五言近體精深華妙，遠不逮邊矣。"

## 【遊蜀吟稿二卷】

現存：明嘉靖間刻本，臺北故宫博物院藏，見《中國善本書提要》、《四庫存目標注》（《函山集》條）。《千頃堂書目》作《游蜀稿》二卷。《歷城縣志·藝文考》據《國史經籍志》著錄，作《遊蜀槀》二卷。

## 【蛩吟集一卷】【田間集一卷】

見《千頃堂書目》、《歷城縣志·藝文考》（據《國史經籍志》）。

## 【愧庵集】【刺壽稿】【南行稿】

見《千頃堂書目》。

## 【讀選自便】

見《歷城縣志·藝文考》、《山東通志·藝文》（集部總集類）。

《山東通志·藝文》引《縣志》載天民《自序》略曰："予雅愛古詩，取而讀焉。若昭明梁太子所選，又其總括者也。諦觀往哲，屬意高元。於中假借音叶，指陳方輿，引喻故實，取用品彙。須訓註始明者，在唐五臣，所訂浮泛不瑩。而李善繼作，復蹈舊式。如訓鹿曰'麀麀鹿鳴'，訓鶴曰'鶴鳴九皋'。則鹿與鶴也者，猶未訓也。予往官勳部，簿領沉寂，取數家之言，分註其下，績成一編，將以自便焉爾。"

《歷城縣志·藝文考》："按李開先為天民作《墓誌銘》有云：'著《讀選便覽》，雖有益吏治，而時不能行。'及觀《函山集·讀選自便序》，則謂《昭明文選》，非謂銓選之法也。開先與同時，不應有悮。或別有《便覽》一書耶？"

## 【鹹酸勾肆】

見《歷城縣志·藝文考》、《山東通志·藝文》（集部詞曲集）。

《山東通志·藝文》："《縣志》載是書云：'天民所著詞也。秋史《濟南先正十詠》謂公嚴有《鹹酸勾肆》樂府，蓋指《鹹酸勾肆餘音》而言，非一書也。'"

《歷城縣志·藝文考》："天民晚年好為詞曲，雜俗兼雅，歌者便之。李中麓云：'濟南劉函山以副使罷官，憤憤不平，作三《胡十八拍》一套《仙呂》，有云："嚼口根，青瑣郎，綽口氣，黄閣老，把俺這無嫂嫂的陳平也串下一箇招。"又云："鶺鴒林，多大小，葵藿腸，容易飽，擎一甌村裏茶，抹一篇窗下稿。"其托寄感慨如此。'《列朝詩集》。"

## ◆ 李　錫

錫字晉卿，臨邑人。正德甲戌（九年）進士。官山西參政。《濟南府志》卷五十二、《臨邑縣志》卷九有傳。

其詩文集未見著錄。《山左明詩鈔》卷六載其《送任原朴河南採訪實錄》詩一首，並引《縣志》云："錫爲文簡質可觀，詩有典則。與弟錄相繼登進士，有聯璧之目。"《臨邑縣志》卷十二載其《雨坐》、《送任原朴河南續修》等詩七首，卷十五載其《重修臨邑縣儒學記》（嘉靖五年立）、《邢公去思碑》（嘉靖八年立石）。

## ◆ 李　錄

錄字貢卿，臨邑人，錫弟。正德辛巳（十六年）進士。官臨洮知府。

其詩文集未見著錄。《山左明詩鈔》卷六載其《送劉五槐下第》詩一首。《臨邑縣志》卷十二載其《宣府出塞巡邊遇雨》等詩四首。

#### ◆ 李順孫

順孫字繼先，利津人。正德丁丑（十二年）進士。任南樂令，擢刑部主事，歷陞陝西參議。

其詩文集未見著錄。《利津文徵》卷二載《利津縣重修儒學記》碑文，末云："右碑爲嘉靖年邑人李順孫撰。今已無存。"

#### ◆ 王納言

納言字允忠，淄川人。正德丁丑（十二年）進士。歷官陝西布政司右參政。年六十餘以疾終。《濟南府志》卷五十有傳。

其詩文集未見著錄。《淄川縣志·藝文》載其《縣志舊序》（明嘉靖二十五年）。

#### ◆ 段循道

循道，長山人。嘉靖間貢生。官兵馬指揮。

其詩文集未見著錄。《長山縣志》卷十三載其《重修孫少府祠記》（正德十五年十月）。

#### ◆ 張　祿

祿字岱野，平原人。正德辛巳（十六年）進士。官至福建道御史、河南參議。

其詩文集未見著錄。《平原縣志》卷十載其《遊青陵》、《曲陸道中》、《淳熙寺聞鐘》、《過淳熙寺漫興》詩四首。《續修平原縣志》卷十一載其《明故陝西布政使姚公神道碑銘》一篇。

#### ◆ 孫重光

重光號驪山，海豐人。嘉靖壬午（元年）舉人。歷官邳州知州。

**【孫刺史集】**

《山東通志·藝文》引《府志》云："有《孫刺史集》，刊於晉中。"

鈔本《武定明詩鈔》收其《故城閒眺》詩一首，又書眉錄楊夢山（巍）序云："刺史學極博洽，有氣節，所至聲稱藉甚。《徐州志》稱其廉且能，人不能

欺，亦不忍欺，可見矣。罷官貧而無子，卒後十餘年，予乃集其詩刻之，俾其緒餘不致湮沒耳。"《山左明詩鈔》卷九載其《閣望》、《過條嶺》、《淮陰侯祠》三首。《武定府志·藝文》載其《海豐楞嚴寺》、《馬谷曉黛》、《漢城俯眺》三首。

#### ◆ 吳應軫

應軫，霑化人。嘉靖壬午（元年）舉人。官河間府同知。

其詩文集未見著錄。光緒及民國《霑化縣志·藝文》載其《重修城隍廟記》（嘉靖六年）一篇。

#### ◆ 于躍淵

躍淵字從龍，禹城人。嘉靖壬午游太學，壬辰謁選得平湖丞。

**【周易考】**

見《禹城縣鄉土志》，本傳稱其學《易》於九州滕公序菴、李公居業，究經史大旨，旁通醫卜諸書。

#### ◆ 陳　明

明，號嶅湖，歷城人。正德丙子（十一年）舉人，嘉靖癸未（二年）進士。歷官浙江按察司僉事，以廉能稱。博學工詩，善書法。《濟南府志》卷四十九有傳。

**【水部集】**

見《歷城縣志·藝文考》、《山東通志·藝文》（據《縣志》）。《續修歷城縣志》本傳引《府志》云："性淡泊，慨然有遯世之思，既罷，著《水部集》。歿後門人表其墓曰：'八柳先生，鵲湖詩人。'"

**【杜律單注】**

見《續修歷城縣志·藝文考》，注云："據不全刊本。卷未詳。"

#### ◆ 劉汝松

汝松字貞吾，歷城人。嘉靖癸未（二年）進士。官知府。

其詩文集未見著錄。《山左明詩鈔》卷九載其《送李進士之京》詩一首。

## ◆ 郭時斅、郭時秩

時斅字韶臺，濟陽人。正德丙子（十一年）舉人，嘉靖癸未（二年）進士。官參議。時秩，時斅弟。

### 【節壽榮封詩一冊】

時斅、時秩爲其母黃氏所徵詩也。黃氏，郭鏽妻，臣之姊，年十九喪夫，苦節六十年，具奏旌表，以時斅貴誥封太宜人，壽八十二。

《山東通志·藝文》引《縣志·藝文》載黃臣《序》略云：“是冊也，雖郭氏之書，苟傳於天下，使夫虧於節與有其節而不能處者聞之，一則以愧，一則以興，豈不大有補於風化哉！”

## ◆ 李士翱

士翱字汝翰，號長白，長山人。正德丙子（十一年）舉人，嘉靖癸未（二年）進士。授潛山知縣，改婺源知縣。政最，擢山西道御史。巡兩淮鹽課，再按蘇松，出知荆州府。累遷右副都御史，巡撫寧夏。入爲少司徒，歷升戶部尚書。以忤權相嚴嵩落職。家居十載，杜門著書，戒子弟勿擾公府。後穆宗登基，復翱原官致仕，仍贈資善大夫、太子少保，諭祭全葬。祀鄉賢。《濟南府志》卷五十、《長山縣志》卷七有傳。

### 【長白集】

見《長山縣志》本傳、《濟南府志·經籍》、《山東通志·藝文》。《千頃堂書目》作《長白先生集》二卷。

《山東通志·藝文》據《縣志》著錄，引劉鴻訓《四素山房集·李長白先生文集序》略云：“偶簡朱兩厓侍御《鹺政》一志，稱先生按兩淮時禁約十二事，喜而詳之，然恨不得見先生著作之全。歲丁巳，爲余請告抵里之明年，先生孫太守元派氏始持所梓先生集問序於余。余即膝卒業，且喜且憾，爲太守扼膂歎惜久之，曰：‘何寥寥也！’比把玩其所爲郊社合祀之儀、鹽法、芻畜、力役、河渠、邊防諸執奏，則又躍然而起，曰：‘是劉生所謂抱忠吐亮、不負崧嶽生申之奇者乎！’夫立言者往往不衷不度，無尊上毗下之肺肝，而強以綴衍薈蕞之詞自膴其職掌，即宮商應而元黃錯，爲所用之？且古顯人喆匠用以鼓吹休明、斧藻人代者，必別具一道上不詭之氣，而盡去其風華。

故曰：‘壯夫不爲也。’宜先生之質直篤摯、恥爲雕蟲乃爾邪？昔人謂顏魯公之於書在尋常指爪外，余以先生之文似之。據所梓，奏疏二十有三，四記，一策，詩歌三十七，一誌，一表，七誄告，并先生季子所序二年譜，暨楊宮允、劉大司馬所撰詩銘咸附，皆余之借以知先生者。然烏足以盡先生哉！”

《山左明詩鈔》卷九載其《送孫縣丞》詩一首。《長山縣志》卷十三載其《重修廟學記》（嘉靖二十年十月）、《重修城垣河道記》（嘉靖三十七年十一月）、《建置譙樓鼓鐘記》（嘉靖三十八年三月）等文，卷十五載其《范公祠》詩。

## ◆ 王 昺

昺字承誨，號杏里，章丘人。正德丙子（十一年）舉人，嘉靖癸未（二年）進士。觀政兵部，除太常博士。十一年，考選河南道監察御史。明年，巡河東鹽。十四年，巡按真定府。十六年，升江西布政左參議。十九年，遷陝西按察副使，撫治西寧。觸忤織造太監劉清，詔獄逮至京，清死，昺乃得釋焉，仍降浙江布政左參政，分巡嘉湖道。後累遷至湖廣布政使。三十六年，廷推昺雲南巡撫。明年，拜南京工部右侍郎，致仕歸。弘治辛亥年卒，年七十六。《濟南府志》卷四十九有傳。

### 【同倫類訓】

見康熙《章丘縣志》本傳、道光《章邱縣志·藝文》及本傳、《濟南府志·經籍》、《山東通志·藝文》（子部類書類）。雍正《山東通志·經籍》云二卷。

《山東通志·藝文》引《縣志》本傳云：“昺巡撫雲南，溪洞蠻劫掠爲患。昺先揚兵威，繼撫諭之，衆遂降。集儒官，輯古經傳語，名曰《同倫類訓》，分給誦讀。”

### 【海東宦紀三卷】

見《千頃堂書目》、《山東通志·藝文》（據《傳是樓書目》，入集部別集類）。

## ◆ 須 瀾

瀾字孟觀，德州人。正德己卯（十四年）舉人，嘉靖癸未（二年）進士。歷官御史。

## 【石林集】

見《德州志·州人所著書目》（注云"亡"）、《山東通志·藝文》（據《州志》）。《山左明詩鈔》"袁勿"一條小傳注云："須有《石林集》，在一老明經家，屢索不出，怒而薪之。"

《陵縣志》卷十六載其《陵侯孫公去思碑》文一篇。

### ◆ 王　聘

聘字念覺，利津人。嘉靖癸未（二年）進士。授盞屋知縣，擢戶部給事中，尋轉兵部，左遷太倉州判官，旋陞蕭山令，遷南京戶部郎中。丁酉，出守衛輝。己亥世宗南巡，衛輝行宮災，聘以守臣械繫至承天府，論杖幾死。編管遼東安樂州，已而詔許冠帶閒住。尋乞自効從戎古北口。戊午卒於邊。《利津縣志》卷七有傳。

其詩文集未見著錄。《利津文徵》卷二載《知縣楊公去思碑記》，末云："右邑人王聘撰。碑已不存。"

## 【軍中機宜】

《利津縣志》本傳云："尋乞自効從戎古北口。著《軍中機宜》四事，上虞坡楊公。楊異之。"

### ◆ 盧應楨

應楨，肥城人。嘉靖癸未（二年）進士。歷官陝西參議，至雁門關副使。《肥城縣志》卷九有傳。

其詩文集未見著錄。《肥城縣志》卷二載其《金山寺宴飲》詩一首，卷五載其《重修廟學記》（明嘉靖二十七年）。

### ◆ 周居岐

居岐字伯康，歷城人。嘉靖乙酉（四年）舉人。官葉縣知縣。事見《歷城縣志》卷三十七《周尚忠傳》。

## 【文則三卷】【詩則三卷】

見《歷城縣志·藝文考》、《山東通志·藝文》（集部總集類）。

《山東通志·藝文》："《居易錄》載二編云：'周吾里前輩無詩文名，然其《自序》二篇甚有理致。'"

### ◆ 陳德安

德安，章丘人。嘉靖乙酉（四年）舉人。

其詩文集未見著錄。道光《章邱縣志·藝文》載其《章邱名義辯》文一篇。

### ◆ 趙雲鵬

雲鵬，德州人。嘉靖乙酉（四年）舉人。官大谷知縣。

其詩文集未見著錄。《山左明詩鈔》卷十一載其《遣憂》、《秋渠見訪不遇以詩謝之兼有後約》詩二首，並引程正夫《詩搜》云："大令詩集不傳，予家有寫冊數十篇，風致翛然。"

### ◆ 徐用方

用方，濱州人。嘉靖乙酉（四年）舉人。

其詩文集未見著錄。《濱州志》卷十一載其《文明臺碑記》一篇。

### ◆ 陳　輖

輖字子盧，號近山，歷城人。嘉靖乙酉（四年）舉人，嘉靖丙戌（五年）進士。任建昌推官，臨事無大小，立見隱微。嘗督造圖冊，工省弊清，前後有司無能及者。兩署縣篆，俱著能聲。後升臨洮知府，有殲虎除妖之政。及解組歸，布衣角巾，徒步懷刺，有古人風。《歷城縣志》卷三十七、《濟南府志》卷四十九有傳。

## 【近山集】

是集見《歷城縣志·藝文考》、《山東通志·藝文》（據《縣志》）。

崇禎《歷城縣志·藝文》載其《同范栢峰登山》詩。

### ◆ 谷繼宗（一作谷蘭宗）

繼宗字嗣興，號少岱，濟南衛人。正德癸酉（八年）舉人，嘉靖丙戌（五年）進士。歷官宜興知縣。繼宗嘗以積憂而瞽，避人，依章丘李開先，章丘士人爭攜酒觳爲之主。居九十日，作詩數百篇，贈開先長律百七十句。雖有目者檢類書爲之，不能及其詳雅。後遇良醫刺之，復明。《歷城縣志》卷四十、《濟南府志》卷四十九有傳。按：繼宗一作蘭宗，道光《濟南府志》本傳按云："谷嗣興撰趙繼本《墓碑》，署'少岱野史谷蘭宗嗣興'，而舊《志》俱作繼宗。或通籍後改爲蘭耶？要非二人也。"

其文集未見著錄。《陵縣志》卷十七載其《陵縣重修廟學記》（嘉靖三十五年）一篇。

## 【陵縣志八卷】

《天一閣藏明代地方志考錄》云："明嘉靖三十二年谷蘭宗纂修。明嘉靖刻本。見一八八四年舊目和失竊目。散出後曾爲吳興蔣氏傳書堂所收藏，一九三一年又歸前上海東方圖書館，一九三二年毁於'一·二八'戰役。"《濟南府志·藝文》載《陵縣重修廟學記》，作者署"明宜興知縣谷蘭宗"。

## 【谷繼宗詩集】

見《歷城縣志·藝文考》、《山東通志·藝文》。

《山東通志·藝文》："《縣志》本傳云：'繼宗嘗以積憂而瞽，避人，依章邱李開先，贈開先長律百七十句。雖有目者，檢類書爲之，不能及其詳雅。其詩集崇禎十二年燬於火。'按：繼宗集《傳是樓書目》作《歲稿》一卷。"

崇禎《歷城縣志·藝文》載其《泛湖》、《金線泉》等詩。《山左明詩鈔》卷九載其《送傅元功按涼州》、《同楊都督登嶧無閭》、《陪聞人侍御觀張公洞》、《蓬萊閣望海》、《瓜洲送王都護留宴舟中》、《贖舊亭後有感》、《溪上》詩七首。《濟南府志·藝文》載其《王鳳孝行詩》，又《宿禹城懷方棠林》詩（署"明宜興知縣谷蘭宗"）。《陵縣志》卷十六載其《東方古仙行》一首。《禹城縣志》卷十載其《宿禹城懷方棠林》一首。《平原縣志》卷十載其《王鳳孝行詩》一首。

## 【歲稿一卷】

現存：明嘉靖刻本，中國國家圖書館藏，見《中國善本書提要》。《續修四庫全書總目提要（稿本）》著錄明嘉靖刻本，提要云："此編所收，皆古今體詩。首有嘉靖辛卯峴川傅漢臣序文，後有夾谷孫光輝題記。篇首自署'東郡少岱子谷繼宗著'。同年友人傅漢臣爲之梓行，且爲之序，謂其詩'雄渾俊逸，壯麗沉鬱，兼而有之'。實則繼宗詩但宗邊華泉，蓋明季山左濟上詩人以邊華泉爲先導，稍後劉函山、李于麟、許殿卿輩均效之。繼宗受華泉薰陶最深，亦不能出其藩籬。……《山左詩鈔》摘錄繼宗詩，多此集所未收。疑繼宗詩集別有足本；此集之刊，在繼宗生前，乃嘉靖九、十年間一歲之作，故名《歲稿》，宜其有集外佚詩也。此本書根有明人手書'谷少岱集'四字，

審是四明范氏天一閣故物。《千頃堂書目》著錄，《明志》失收，亦僅存之祕笈矣。"

《千頃堂書目》作《遺稿》一卷。

## 【擬漢樂府八卷補遺一卷附錄二卷】

胡繼宗撰，繼宗爲之輯解。現存：明嘉靖十八年刻本，中國國家圖書館藏。

### ◆ 江 南

南字西皋，濟陽人。正德己卯（十四年）舉人，嘉靖丙戌（五年）進士。官僉事。

## 【歸田樂養冊】

見《山東通志·藝文》（集部別集類）、民國《濟陽縣志·著述篇目》。

《山左明詩鈔》卷九載其《躬耕》詩一首。民國《濟陽縣志·藝文》載其《重修北極廟記》文一篇，《攜亭》詩一首。

### ◆ 于思睿

思睿，青城人。嘉靖丙戌（五年）進士。

其詩文集未見著錄。《武定府志·藝文》載其《天佛寺記》。

### ◆ 張一厚

一厚，平原人。嘉靖丙戌（五年）進士。官至南京戶部郎中，浙江海防道副使。

其詩文集未見著錄。《平原縣志》卷十載其《王鳳孝行詩》一首。

### ◆ 葛守禮

守禮字與立，號與川，德平人。嘉靖七年戊子舉鄉試第一，己丑（八年）成進士。歷官尚書、左都御史。贈太子太保，諡端肅。《濟南府志》卷五十二、《德平縣志》卷七有傳。《德平縣志》卷十一有鄭洛《葛公祠堂碑記》。《德平縣續志》卷十二有申時行《明太子少保都察院左都御史戶禮刑三部尚書贈太子太保諡端肅與川葛公墓表》。

## 【葛端肅公家訓二卷】

現存：清嘉慶七年葛周玉刻本，中國國家圖書館藏。

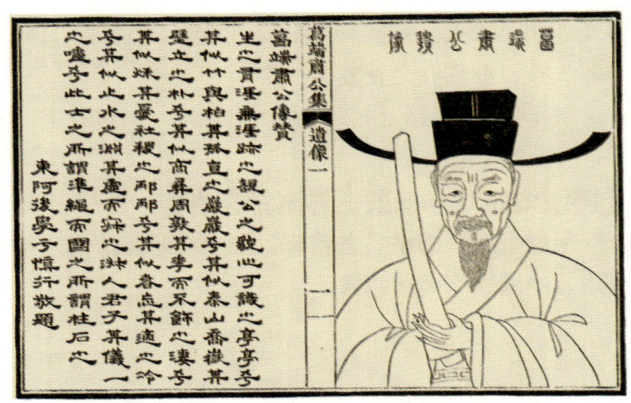

葛端肅公遺像　載清嘉慶七年樹滋堂重刻本《葛端肅公集》

《山東通志·藝文》（史部傳記類）："是編守禮孫初刊於明萬曆中，國朝嘉慶中六世孫周玉復重刊之。周玉《跋》云：'原稿前署"視履家訓"，後署"平昌逸叟與川子"。書本一卷，其分爲上、下兩卷，蓋先伯高祖符卿公授梓時所定。邊際署"葛氏家訓"，前後式如原稿。故于文定公《序》仍舊稱，追馮文敏公爲《序》，始稱《葛端肅公家訓》。今重刻，應從馮《序》，後款移於各卷前行。謹詳記之，以示來者。'滇南郭晉《重刊序》云：'此特公官禮部以前事耳。若由丁卯再起後十年間，其建樹更有軼古名臣而上之者。今振亭方蒐羅家乘，續而成之。'據本書。按：是編雖以《家訓》命名，實則自紀年譜之變例，與《顏氏家訓》等書不同，故列之此類。"

葛周玉《般上舊聞》卷三"先世著述"條云："《葛

《葛端肅公家訓》二卷　清嘉慶七年葛周玉刻本

端肅公家訓》上下二卷，初名《視履家訓》，萬曆二十三年乙未授梓，易今名。東阿于文定公慎行、臨朐馮文敏公琦《序》，符卿公《後記》。板缺。"

《德平縣志》卷十一載馮琦《視履家訓序》略云："《葛氏家訓》者，端肅公手錄其生平梗概，以示其孫尚寶君者也。尚寶君兢兢奉之，罔敢失墜，期世世子孫永寶之，遂鋟諸梓，而屬予序其後。"

## 【端肅公集十卷】

現存：①明萬曆十年刻本（作《葛端肅公文集》十卷），清華大學圖書館藏，《四庫存目標注》著錄；《四庫全書存目叢書》影印。此本無序跋目錄，與十八卷本後十卷同。②明萬曆十年濟南知府宋應昌刻本（作《葛端肅公文集》十八卷），北京大學圖書館、煙臺圖書館、山東省博物館等藏，《四庫存目標注》著錄。前有萬曆壬午郭宗皋《葛端肅公文集敘》、鄭材《序》。卷十八尾題前鐫"濟南府知府仁和宋應昌編次，同知固始許際可、推官南樂魏允孚校正，儒學教授鄧州藍儀、寧陽縣儒學教諭新都程時言同校正"。是集前八卷爲奏疏、表議，卷九至十序，卷十一記，卷十二雜著，卷十三至十四書，卷十五祭文，卷十六誌銘，卷十七墓表、傳，卷十八詩。③明萬曆十年刻清乾隆五十六年鍾大受重修本（十八卷），山東省圖書館、山東師範大學圖書館藏，《四庫存目標注》、《山東省珍貴古籍名錄（第一批）》著錄。④清嘉慶七年德平葛周玉棣萼山房付刻底稿本（作《葛端肅公集》十八卷《識闕》一卷《附錄》一卷），北京師範大學圖書館藏，《四庫存目標注》著錄。⑤清嘉慶七年樹滋堂重刻本（作《葛端肅公集》十八卷《識闕》一卷《家訓》二卷），遼寧省圖書館、南開大學圖書館等藏，《四庫存目標注》著錄。

《山東通志·藝文》："《四庫存目提要》曰：'是集凡文九卷，詩一卷，邢侗爲之序。'《古夫于亭雜錄》云：'其文如奏疏、序記，皆明白正大，不事雕飾，真大人君子之言。今節錄《東方先生祠記》一篇，以見梗概。'文多不錄。末云：'此文在宋南渡後頗似陸務觀，後必有知之者。先生集凡十八卷。'按：守禮集今所見嘉慶間刊本亦十八卷。"

葛周玉《般上舊聞》卷三"先世著述"條云："《葛端肅公集》十八卷，初名《靜思齋稿》，萬曆十年壬午授梓，易今名，福山郭康介公宗皋《序》，安肅鄭大尹材《後序》，板存。又有十卷者，爲臨邑邢太僕公侗選刻，《序》即邢作，亦萬曆十年梓，板亡。"又《德平縣續志·藝文·著作》"葛端肅公全集"條云："刻於太宰汝泉趙公巡撫山東時，福山郭康介公宗皋爲《序》，計十八卷。再則臨邑邢太僕公侗《手序》梓於懷慶者，爲十卷，當是選本。現邢刻尚存，後板缺七十餘頁，乾隆五十六年邑侯鍾公大受補刻，增補《明史》端肅公本傳，爲《小記》於後。今板仍不全。"

《山左明詩鈔》卷十一載其詩九首。《臨邑縣志》卷十五有《重修臨邑華嚴寺記》（隆慶四年立），題"邢部尚書德平縣葛守禮、左軍都督府齊河縣尹秉恒、順天府武清縣儒學教諭宋文階謹撰"。《陵縣志》卷十七載其《重修漢大中大夫東方先生廟記》（萬曆三年立石）一篇。《德平縣志》卷十一載其《重修城隍廟碑記》、《建真武廟碑記》、《謝起戶部尚書表》、《與巡撫劉安峯書》、《與方伯沈對陽書》、《與中丞姜蒙泉書》、《宜疏園記》等文。《德平縣續志》卷十二載其《送學訓侯君擢高密掌教序》（代邑令唐公作）、《重修文廟碑記》。《肥城縣志》卷九載其《宗伊尹君暨配孟氏合葬墓誌銘》。道光《鉅野縣志》卷十九載其《口北監軍道姚贈公緩齋墓志銘》。光緒《甯津縣志》卷十二"處士田鸞墓"附載其所撰《墓誌銘》。

《葛端肅公文集》十八卷　明萬曆十年刻本

## ◆ 謝九容

九容號東村，章丘人。

## 【東村樂府二卷】

是編乃其從弟謝九儀少谿爲之刊刻者，見《李中麓閒居集》李開先《序》。道光《章邱縣志·藝文》、宣統《山東通志·藝文》作《樂府》二卷。茲依《閒居集》題名，依《縣志》標卷。《縣志·文苑傳》作一卷。

《李中麓閒居集》之五《東村樂府序》："古來詩有會固矣，詞惟富文堂一會爾，或有之，然余莫之前聞也。自辛丑夏罷歸田廬，優游詞會，每月相參作主，分題定韻，言志抒情，北曲南歌，長章小令，不兩年充然戌帙。操健筆而擅詞場，人各有能矣。余獨以東村謝君爲老作家，格古調平，音諧字妥，娛衆目而便歌喉，真藝林中之善鳴者也。年且長而有行，人似訥而實豪。不惟會友重之，鄉人亦多賢之者。弟少谿廉訪使刻其詞以傳，親情也，而實公事也，義舉也。少谿嘗督學北畿，江浙鄉試，或爲監臨，或司謄校，素以文爲職，詞亦文之一也。他文且傳，而況其兄耶？大抵賢則敬，敬則久者，人也；愛而傳，傳則遠者，文也。是刻可謂兼之矣。慨自龍溪喬僉憲捐館，雅會遂寢。幾欲復之，又以喪吾內人，不忍作樂事。散而復聚，知在何時？憶昔詞成之餘，相與吊古窮奇，登山臨水，一倡衆和，大笑長呼，出遊魚而驚秣馬，愁花鳥而走山靈，今恍如隔世事矣。即當訂約刻期，比之舊會加盛，使富文堂退然遠望焉，是則余意也。謹因詞序而併及之。"

## ◆ 謝九儀

九儀字君賜，號少溪，章丘人，九容從弟。嘉靖戊子（七年）舉人，壬辰（十一年）進士。由知縣累官兵部侍郎。

其詩文集未見著錄。《山左明詩鈔》卷十一載其《甯晉贈蔡天章》詩一首。李開先《田間四時行樂詩》、《中麓山人咏雪詩》均有其跋，載《李開先集》。

## ◆ 謝九式

九式號龍磐，章丘人，九儀弟。貢生。

## 【迴文詩四百首】

見道光《章邱縣志·藝文》、《山東通志·藝文》（據《縣志》）。

《李中麓閒居集》之五《謝龍磐回文詩序》："世人祇知有蘇若蘭《織錦回文》，而不知南國有一婦人所製《鑿鑑》，詞語藻麗，文字縈廻，句讀屈曲，音律諧和，可幾蘇作。見者兩尚之。或以為古來詩人無算，何必專專珍崇女流？孔詩取興，不遺姜衞，江篇擬古，獨采班媛，況其高妙無窮，自是世間一種不可少者。效而為之者，有唐太宗御製圖，銘則有梁武、簡文，頌則有呂真人、達磨禪師。是外又有王融、庾信、皮日休、陸龜蒙之詩，東坡、初寮、朱晦菴、黃山谷之詞。然蘇賴大周金輪皇帝及李公麟等為之註釋表揚，而婦人者得王勃、令狐楚，不至埋没。太宗圖以及銘頌詩詞，亦皆桑世昌編集流傳。同邑龍盤謝先生，新親舊友也，兼且年家。素愛其回文詩，嘗欲為之一序，或有小助，如王勃、世昌輩，闡明作者之意，而指示覽者之端。惜無前賢筆陣識見，但就其一斑之見，一得之愚，署為數語，以置諸篇首曰：詩有禁體，詩之變也，已以為難，況回文顛倒用韻，往返措辭。在他人，一律須用數日沉思，猶恐不穩不佳。龍盤則信口吐珠璣，應手成綵繡，逐歲應酬感興，無非此體裁。近又有側韻及長篇，尤為人之所難。其善書能文，更有出乎此者。將以回文成家而且專門矣。是固見者所同信，龍盤其亦自信矣乎？"

## ◆ 李開先

開先字伯華，號中麓，章丘人。嘉靖戊子（七年）舉人，己丑（八年）進士。歷任戶部雲南清吏司主事、吏部考功清吏司主事、吏部稽勳清吏司署員外郎、吏部驗封清吏司署員外郎、吏部驗封清吏司員外郎、吏部稽勳清吏司郎中、吏部驗封清吏司郎中、吏部文選清吏司郎中、提督四夷館太常寺少卿等。嘉靖二十年罷歸家居，優游林下近三十年，隆慶二年卒。開先才敏捷，每為文，一篇輒萬言，為詩，一韻輒百首，皆縱筆而成，不為巉巖刻深語，而有天然自在之趣。時北地李獻吉、信陽何仲默後先告逝，而晉江王思道、毘陵唐應德倡論排之。開先與吉水羅達夫、平涼趙景仁復左右之，李、何文集幾于過而不行，一時有"九才子"之稱。又以其餘力為金元諸曲，嘗奉使關中，康德涵、王敬夫輩夙擅才名，見開先詞皆折節倒屣，不敢居前

輩。愛藏書，築"萬卷樓"，有"詞山曲海"之譽，清初學者朱彝尊稱其"藏書之富，甲於齊魯"。《濟南府志》卷四十九有傳。

## 【經義待質四卷】

見《章邱縣志·藝文》、《山東通志·藝文》（經部五經總義類）。

《山東通志·藝文》引《居易錄》曰："李中麓太常云：'如楊慈湖之《易》，林之奇之《書》，《詩》則王氏《總聞》，《春秋》則木訥《經筌》，及衞湜之《禮記集說》，多有高出朱《註》之上者。此外能發明經旨者，抑又不止四五十家。宋刻已古，鈔冊漸訛，再過百年，俱失傳矣。必須題請之後有京板，以及各書坊有鏤板，始可遍行天下。不然則以拘拘背朱為嫌，而經術不幸不減秦火矣。'又有與霍渭厓書云：'……古人於《詩》之山水、制度、魚蟲、草木詳為之釋，而意則欲得之言外，故夫虛心活法斷章取義者，說《詩》之大約也。譬諸聞人之言，而又轉述於人，已不能無訛，乃又強定一主意，是豈逆志之道哉！詩之柄者，詩之病也，不小序而詩柄焉，此世儒之拘見也。'中麓邃於經學，其言如此。"

## 【革除遺事】

崔銑《洹詞》卷七《答李太常伯華書》略云："讀足下《革除遺事》，用意良苦，為發長嘆。建文欲滅諸親，甚悖矣。尾大不掉，患可虞也，處之豈無其道？仰惟足下資稟英敏，持執堅正，天與至穎，書不再讀。網羅故聞，補綴欠缺，幸早成書，使僕猶及見也。"據其所述，似為議建文之事。

## 【王氏家乘】

《李中麓閒居集》之五載《王氏家乘序》云："邑之新街王氏，予母之母家也。梧岡太守，則母氏之姪，而予之兄弟行也，其第三弟，則又予之姻婭。因是拙作凡為王氏者獨多，裒成一冊，謂之《王氏家乘》。時方修《世宗實錄》，太史氏或見之而採焉，則以家乘而入國史，其有考而有傳也，將必大且久矣。"

## 【山東李氏書目】（一名《李中麓書目》）

熊過《南沙先生文集》卷一有《山東李氏書目序》。按：開先藏書之富，甲於齊東。《明史·文苑傳》稱

其"性好蓄書，李氏藏書之名聞天下。"又曉音律，善作詞，寄情於戲曲，有"詞山曲海"之譽。《李中麓閒居集》之十一載《藏書萬卷樓記》略云："藏書不啻萬卷，止以萬卷名樓。以四庫曠類不盡，乃仿劉氏《七略》，分而藏之。樓獨藏經學時務，總之不下萬卷。餘置別所，凡五。書，文明火象也，又天地精華，多則爲祟，古之善藏者每分之，庶不災於火。吾樓書不過萬以此。名山大川，其藏所也，奚必於樓？詩三百，蔽於'思無邪'三字。半部《論語》，猶歉於節用愛人，有一言而終身行之者，又奚必萬卷？而況不啻萬卷也哉！"其書目未見存本。

### 【李中麓藏書文一卷】

有民國王价藩鈔本，《山東文獻書目》據《泰山王氏僅好齋藏書志》著錄。

### 【中麓畫品一卷】

現存：①明紅格鈔本，上海圖書館藏，見《中國古籍善本書目》、《四庫存目標注》著錄；《四庫全書存目叢書》影印。②清乾隆曲阜孔繼涵家鈔《微波榭鈔書三種》本，山東省博物館藏，《四庫存目標注》著錄。③清乾隆綿州李氏萬卷樓刻嘉慶十四年李鼎元重校刻《函海》本，中國國家圖書館、首都圖書館、北京大學圖書館等藏，《中國叢書綜錄》著錄。④清道光五年李朝夔補刻印《函海》本，中國國家圖書館、首都圖書館等藏，《中國叢書綜錄》著錄。⑤清光緒七至八年廣漢鍾登甲樂道齋刻《函海》本，中國國家圖書館、北京大學圖書館等藏，《中國叢書綜錄》著錄。⑥清道光鄒氏依樣壺盧山館鈔《繪事晬編》本，北京大學圖書館藏，《四庫存目標注》著錄。⑦清鈔《琅函小品》本，中國科學院國家科學圖書館藏，《四庫存目標注》著錄。⑧民國二十五年上海神州國光社排印《美術叢書》二集第十輯本，見《四庫存目標注》。⑨民國二十四年至二十六年上海商務印書館排印《叢書集成初編》本，中國國家圖書館、上海圖書館等藏，《中國叢書綜錄》著錄。

《山東通志・藝文》引《四庫存目提要》曰："大致仿謝赫、姚最之例，品明一代之畫，分爲五品。每品之中，優劣兼陳。王士禎《香祖筆記》曰：'章邱李中麓太常，藏書畫極富，自負賞鑒，常作《畫品》，次第明人，以戴文進、吳偉、陶成、杜堇爲第一等，倪瓚、莊麟爲次等，而沈周、唐寅居四等，持論與吳人頗異。王弇州與之善，嘗言'過中麓草堂，盡觀所藏，無一佳者。'而中麓謂文進高過元人，不及宋人，亦未足爲定論也'云云，則是編之持論偏僻可知矣。"又附按引《香祖筆記》注載《畫品》略云："戴文進如玉斗，精理佳妙，復是巨器；吳小仙如楚人戰鉅鹿，猛氣橫發，加于一時；陶雲湖如富春先生，雲白山青，悠然野逸；杜古狂如羅浮早梅，巫山朝雲，仙姿靚潔，不同凡品；莊麟如山色早秋，微雨初沐；倪雲林如几上石菖蒲。其物雖微，以玉盤盛之可也；唐六如如賈浪仙，身則詩人，猶有僧骨，宛在黃葉長廊之下，石田而下無譏焉。"

### 【中麓山人拙對二卷續對一卷】

現存：①明嘉靖刻本，中國國家圖書館藏，《中國古籍善本書目》著錄。②清抄本，中國國家圖書館藏，《山東文獻書目》著錄。

《山東通志・藝文》（子部類書類）據《傳是樓書目》著錄，作《中麓山人拙續對》二卷。

《續修四庫全書總目提要（稿本）》著錄明嘉靖刻本，提要云："此編乃開先罷太常職歸故里日所作對聯，署曰'拙對'，蓋謙辭也。凡所屬對，自堂樓亭館，下至隨筆偶成之作，靡不錄入，共得二百餘聯，亦可謂之雕蟲小技矣。開先於學無不窺，藏書最富，著述亦夥，如貙狌縱橫，江海洋溢，一韻百篇，殆無止境，蓋白樂天、楊誠齋之流亞也。此帙所收，亦與開先所譜《傍粧台》百闋，同爲遊戲之作，出其緒餘爲之，非其絕詣，故文辭尤爲淺陋耳。原書半葉九行，行十八字，黑口，雙闌，與《閒居集》、《改定元賢傳奇》、《詞謔》等款式相同，蓋同爲淄郡所刊也。"

### 【詩禪】

《山東通志・藝文》（子部小說類）據《傳是樓書目》著錄。現存：①清抄本（不分卷），中國國家圖書館藏，《中國古籍善本書目》著錄。②路工輯校《李開先集》本（在第三冊）。

《李中麓閒居集》載李開先《序》四篇，及門人廉珍等《跋》。開先嘉靖乙卯中元節所撰第一《序》云："詩禪何所於始乎？其當中古之時乎？人心稍變，直道難行，有託興，有伉詩，有諷諫，有寓言，有隱語，有廋詞，俗謂之謎，而士夫謂之詩禪。如禪教深遠，必由猜悟，不可直指徑陳，徑直則非禪矣。故脫殼離形，棄宗滅祖者，其上乘也；粘皮帶骨，衝宗犯祖者，則聲聞闢支果也。賦有大人、子虛，詩有桔槔何在，及黃絹幼婦之說，則固其流也。宋、元以來，通都大市，每於元夕盛張鼓樂，羅列華筵，燈火輝不夜之城，壺觴瀉如澠之酒。例用主謎一人，出片紙書謎其上，數人傳播里巷，無長少喧聚相猜，中則予紙請入坐，上座賀以酒，雖窮鄉僻邑亦然，但燈筵遞減耳。然又謂之猜燈，亦猶禪家傳燈，一切彿與法，俱由一燈傳演之而已。格有照影、捲廉、跳澗、三翻、獨腳、上四下三、上三下四、壽星頭、金剛脫靴之類。每出一謎，先告以某格並幾字，商或常言，或書語，或故事、人物、物象之殊，使猜者有據，可觸類而通之。近世亦有集成書者，如《謎鏡》、《謎甕》、《黑漆補》、《錦簸箕》、《包羅天地》、《山陰羽客》、《夜雨敲燈》，及《杭志》、《齊東野語》之所附載，間有入格者，然粘帶、衝犯之病或不能免。視吾《詩禪》，如叛道者當變野狐而走矣。《詩禪》亦非予之獨能，總括古今，續以拙作，更以鄙意，遠之千里，近之則在跬步，遠而近，近而又未嘗不遠，衆妙惟一竅，一字可三書，乃其真詮奧訣也。知此者可與參禪，可與爲詩禪，其於他人詩禪，亦可億則屢中，雖不中，不遠矣。"

### 【閒居集十二卷】

現存：①明嘉靖三十六年至隆慶間刻本（作《李中麓閒居集》十二卷），南京圖書館、中國國家圖書館、中國科學院國家科學圖書館藏，《中國古籍善本書目》、《四庫存目標注》著錄；《四庫全書存目叢書》、《續修四庫全書》、《山東文獻集成》影印。②明嘉靖隆慶間刻崇禎十四年補修本（作《李中麓閒居集》十二卷，增《年譜》一卷），山東省圖書館、首都圖書館藏，《山東省珍貴古籍名錄（第一批）》、《四庫存目標注》著錄。③清鈔本，中國國家圖書館藏，《四庫存目標注》著錄。④清鈔本（清李文藻跋），中國國家圖書館藏，《四庫存目標注》著錄。⑤清三十六硯居藍格鈔本，臺灣"國家圖書館"藏，《國家圖書館善本書志初稿》、《四庫存目標注》著錄。⑥清道光十八年蕚村（李廷棨）鈔本（十五卷十五冊），山東師範大學圖書館藏，《四庫存目標注》著錄。

《山東通志·藝文》："是集《四庫存目提要》

曰：'詩四卷，文八卷，皆歸田後所作。其自序謂年四十罷歸田里，既無用世之心，又無名後之志，作不必工，信口直寫，名其集曰《閒居》，以別居官時苦心也。嘉靖初，開先與王慎中、唐順之、熊過、陳束、任瀚、趙時春、呂高稱八才子，其時慎中、順之倡議盡洗李、何剽擬之習，而開先與時春等復羽翼之。然開先雅以功名自負，既廢以後，猶作《塞上曲》一百首以寓其志。又末卷有《蘇息民困或問》及《顏神事宜》、《濬渠私議》、《濼議》諸篇，亦尚汲汲於經世，不甚爭文苑之名。故所作隨筆揮灑，一篇或至數千言，其詩亦往往疊韻至百首。其持論確於李、何，而終不能奪李、何之壇坫，蓋有由矣。'案：開先詩別有國朝宋弼選本四卷，末附其孫衡《虎門遺詩》五十餘首。衡字虎門，萬曆戊午舉人。"

《山左明詩鈔》卷十二載其詩三十六首。道光《鉅野縣志》卷十九載其《姚心圃墓誌銘》（姚志字果行）。

### 【閒居集詩選四卷】

清德州宋弼選。現存：清乾隆二十四年章丘李氏書帶草堂刻本，中共山東省委黨校圖書館、山東省圖書館藏；《山東文獻集成》影印。有乾隆己卯宋弼《序》。

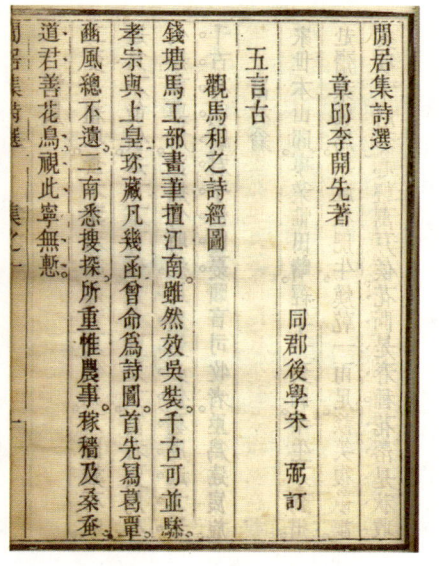

《閒居集詩選》四卷　清乾隆二十四年章丘李氏書帶草堂刻本

### 【閒居集一卷】

現存：清鈔本（一冊），山東省圖書館藏。

## 【塞上曲一卷】

現存：明嘉靖刻本，中國國家圖書館藏，《中國古籍善本書目》著錄。

《李中麓閒居集》之五《塞上曲序》："軍中樂有短簫鐃歌，亦云鼓吹曲，乃黃帝、岐伯共作，用以建威揚德，風敵勸士，雖不以'鐃歌''鼓吹'為名，而鐃歌、鼓吹實昉於此，至漢始有其名矣。《周禮·大司樂》曰：'王師大獻，則今奏愷樂。'《司馬法》曰：'得意則愷歌以示喜。'魏、晉則短簫鐃歌與橫吹曲得通名鼓吹。周宣帝革鼓吹為十五曲，皆戰陣之事。隋列鼓吹為四部，唐增為五部。魏、晉視鼓吹獨輕，牙門督將五校悉用之。宋、齊以後，則甚重之矣。其出塞、入塞、塞上、塞下等曲，皆由此肇端。繼又變為從軍行、苦哉行、遠征人，俱軍旅苦辛之辭。《晉書·樂志》曰：'出塞、入塞，李延年所造。'又謂：'劉疇援笳而吹之，為出塞、入塞之聲。'然《西京雜記》則言：'戚夫人善歌出塞、入塞、望歸之曲。'是知高帝時已有之矣。而塞上、塞下則起於唐，而塞上獨多。王遵巖又以為七言四句樂府，惟中唐有風人之致。予曾兩使上谷、西夏，其軍情苦樂，武備整廢，頗嘗觸於目而計於心。當時壯年，便有鞭撻四夷、掃除天下、安事一室之志。罷歸衰老，不勝慨嘆。值秋晴氣爽，筆札可親，遂作為《塞上曲》一百首。自許能悉事宜，極情狀。語似有背馳者，大抵泛言各邊，亦非一時其實，塞下曲及出塞、入塞、從軍行、鼓吹、鐃歌等悉舉之矣。但一事而數百言，或有一半句犯舊者，力不暇及，而才亦拘定，背馳無害，此則不免有媿耳。昔在馬上，愛唐詩數聯及宋詞一詠：'縱有還鄉夢，猶聞出塞聲'、'塞花飄客淚，邊柳掛鄉愁'、'營柳和煙暮，關楡帶雪春'，詞則'將軍白髮征夫淚'云云，每高歌不休，聞者以為狂。今狂亦不能矣，況得如杜子美所謂'狂夫老更狂'耶！"

按：路工輯校《李開先集·閒居集》之四載此序，末有"嘉靖乙丑中秋中麓病叟漫題"一行；又載開先《塞上曲後序》，同邑致仕府判地山高運《塞上曲跋》，光祿大夫柱國少保兼太子太保吏部尚書蒲州虞坡楊博《跋》。高運《跋》云："予嘗問諸茂才馬近川曰：'曾見中麓翁《塞上曲》乎？'近川應之曰：'已在友人處得之矣。'予復問曰：'君意以為何似？'近川又應之曰：'畢竟是唐人聲調，有病其語意重復者，有病其字句蹈襲者，又有病其前後背戾者，此之謂不知務者也。軍情有限，邊景如斯，一事而四百言，縱有一二重復蹈襲，無害也。至於前後似相背戾，尤不足以病之。泛論各邊，既非一方之事，又非一時之事，如東報捷而西失機，才敗軍而旋得勝，一方一時，其事即不同如此。勝負乃兵家常態，況非一方與一時耶？邊塞詩古來有一兩首即成名者。其多若是，其佳更若是，不惟今人難得，雖在古人亦鮮矣！止有瑣碎一小冊，傳覽幾失之。幸而得諸鼠穴之傍，字多嚙斷。乃就正中翁，聚集鏤工，壽之木公，於以傳之無窮云。"

## 【田間四時行樂詩】

《李中麓閒居集》有開先《田間四時行樂詩序》、《後序》及逯希閔、魏守忠、楊選、魏良貴等二十餘人《跋》。其嘉靖甲寅《序》云："中麓子素不能詩，詩不能多。客有攜《梅花百詠》過予山堂相戲者：'子亦可為此乎？'予曰：'詩不難於百，而難於一韻。韻不難於一，而難於如唐。七言律則其尤難者，一兩首即可名世，百而不佳，雖多亦奚以為？嚴滄浪以崔顥《黃鶴樓》詩為唐人第一。何大復、薛西原以沈佺期《盧家少婦》為第一。或舉似楊升菴，升菴定之曰：崔詩賦體多，沈詩比興多，以畫家法論之，沈詩披麻皴，崔詩大斧劈皴也。客且退，待三日後復會於此，將為詩一韻百首，中必半唐人。一能之，已百之。'當時過於自信，比詩成客至，慚不敢出，雖《梅花百詠》不及，而況於唐乎？客乃索之甚力，稱之太高，袖之踴躍而去，遺《梅花》詩於山堂，不復取。"

## 【中麓山人詠雪詩】

《李中麓閒居集》有開先《中麓山人詠雪詩序》、《後序》，及謝九儀、張舜臣、羿子方等十二人所作《跋》。其嘉靖三十□年正月二十日《自序》略云："詩有難題，有俗題。雪題甚雅，而亦甚難。不惟難於今，而古亦難之。作者不惟鮮於今，而古亦鮮焉。惟其題難作鮮，而佳詩因是不多得。簡文帝、唐太宗帝王，不當以聲律較論，實則高古不可及。庾肩吾、吳均、何遜、徐陵、張正見，六朝詩人，人各一兩首，殊不逮其他作。唐則李嶠、司空曙、張九齡、孟浩然、杜荀鶴、劉長卿、祖詠、戴叔倫、楊鉅源、賈島、鄭谷，亦人各一首。二首則白居易、許渾、駱賓王、錢起、李商隱。三則韋應物、溫庭筠。四則韓退之。李、杜亦止數首，其不逮他作，與六朝人俱一焉而已，然當以《長安雪後》並《紫微晴雪》爲冠。我朝自詩道盛後論之，何大復、李崆峒遵尚李、杜，辭雄調古，有功於詩不小；然俊逸粗豪，無沉着沖淡意味。識者謂一失之方，一失之亢。其雪詩如《天門望雪》、《梁園春深》等作，正坐方、亢之病。唐之二作，惟唐荊川禁中二作爲能近之。其和蘇十首，見者率不愜意。孟有涯僅可，但結句上林篇，非雪事耳。次則薛西原、陳後岡、高蘇門、王夢澤、徐昌穀、孟渭泉、屠竹墟、吳皖山、謝四溟，多者亦不過三四首，雖是唐聲，其不逮他作，亦猶之乎唐及六朝也。下此者不待論矣。客歲丙辰，自迎長以後，迎陽以前，連雪不已。予因喜而爲詩，歷日不久，得詩六十三首，既又春雪十二首，共詩七十五首，似云多矣。然詩貴工而不貴多，予惟勉強粧綴，所謂雖多亦奚以爲者也。題難而又古今人之所鮮者，宜其遠不逮他作，而他作素非所長，總之俱不能工。弘、正以來，翰林有賞雪故事，刊布詩冊。韓熙載撰次四時節令、風雨霜雪，取名《歲華紀麗》。予迺林下散人，不敢竊比翰林盛賞，而於今雪，詠之獨詳，願步《紀麗》之後塵云。”

## 【存友錄】

《李中麓閒居集》之五有《存友錄序》略云：“《存友錄》者，錄予一人之作凡爲雲峯王處士者，皆總之也。投其所好，此《存友錄》之所由作；恐久而遺亡，此又《存友錄》之所由刻也。首之以誌銘，繼之以詩對及像贊、祭文。”按：王階，字士登，號雲峰，章丘人，爲李開先詞會老友。《閒居集》之八《雲峰王處士墓誌銘》謂：“龍谿喬僉憲、嶽山夏二守，西野、東村——袁、謝二鄉老，雙谿、北濱、松澗、泰峰——楊、劉、姜、陳四縣尹，及予，爲詞會數年，而處士乃社中之善作能識者也。”

## 【存友續錄】

《李中麓閒居集》之五《存友續錄序》云：“《存友錄》之輯，原爲雲峯王處士。《續錄》則爲貞菴劉正郎。”按：劉東，字思周，號貞菴，章丘人，嘉靖四年舉人，歷南京戶部江西司員外郎、貴州司郎中。好積書，有“書箱”之稱，晚年以緝書冒風，得疾而終。

## 【幸覽編】

《李中麓閒居集》之五《幸覽編序》云：“凡今昔有作，但爲西野者，總成一編，題名曰《幸覽》。”《幸覽編後序》略云：“友以志同道合。中麓子之與西野友也，無不同且合者，而詞曲尤甚焉。西野有幸而覽此編，中麓必不不幸而失良友云。”按：袁崇冕，初名裹，號西野，章丘人，李開先詞會中好友，善金元詞曲，有《西野樂府》。《閒居集》之七《豫作鄉賓西野袁翁墓誌銘》云：“中麓子友於西野翁，四十餘年矣。識面在正德末年，定交在嘉靖初年。因詞曲而識面，因契合而定交。西野翁長中麓子十五歲，中麓子嘗以兄事之。西野翁以中麓子生乎吾後，其聞道也先乎吾，不敢以兄自居。蓋詞曲乃西野翁倡之，而中麓子繼之，其了悟獨早。邑人誤謂在師友間，其實乃兄弟行，而西野翁則首功也。”

## 【遺覽編】

《李中麓閒居集》之六載《遺覽編序》云：“《幸覽編》作於袁西野久病之後，未故之前。《遺覽編》作於張悔菴既故之後，未葬之前。西野以存日得覽其文爲幸，因名其編曰《幸覽》。悔菴嘗謂友人曰：‘生既得中麓文祝其壽，歿必得中麓文藏諸幽。’予久傳聞其言，悔菴亦嘗親有所囑。今爲之誌銘諸作，並前此作者，匯成一編，題曰《遺覽》，意以不得如西野《幸覽》，將以遺諸後世，使覽者無窮，而知其人之有行云。若其得疾延綿，經歷日月，必面呈鄙作，是編不當以《遺覽》名之矣。”按：張師雍，字從簡，更字公度，號悔菴，又號蘆山，章丘人。《閒居集》之八《儒林郎代州同知悔菴張君墓誌銘》云：“邑人張君，少先大夫十四歲，長予十六歲，先大夫忘年，稱其爲小友，予則上交，稱其爲老友。同會者幾十人，相會者逾十年，每會推予作首。惟拜刺，予則以晚生自居，而君輒不自安，苦勸易之，迄不敢從。今君長逝，而予年漸長，闔邑更無可投刺晚生者矣。……鄉人稱愨富，以張氏居最，稱善良亦如之。”

## 【傷逝編】

《李中麓閒居集》之五載《傷逝編序》云：“右川康子，予忘年之友也，惜未享永年之慶。雖有誌文藏諸幽脫，非萃衆文以傳諸顯，則其逝爲可傷，而早逝尤可傷也。昔陸士衡有《嘆逝賦》，江文通有《傷友人賦》。予乃合而為一，號其編為《傷逝》。此不惟闡康子之行，其父母兄皆將闡之矣。語云：‘稱人之善，必本其父母兄弟之間。’是編其有得於是哉。”

按：康迪吉，字道夫，號右川，嘉靖二十三年進士，授戶部主事，歷官太原、保定知府，嘉靖戊午（三十七年）卒於官。有女二人，次女許配於李開先嗣子春塢。

## 【賢賢小集】

《李中麓閒居集·賢賢小集序》云：“愚谷李先生歿，余既為二詩挽之，繼而以一文祭之，葬而如其遺囑，又且志而銘之矣。志銘勒石納諸幽，人鮮見之。乃更刻木廣其傳，并及詩與祭文。簡帙無多，強名之曰《賢賢小集》云。”按：愚谷名舜臣，字懋欽，一字夢虞，山東樂安人，嘉靖癸未（二年）進士，歷官太僕寺卿，嘉靖己未（三十八年）卒，著有《愚谷易解》、《愚谷集》等書。

## 【賢賢續集】

《李中麓閒居集·賢賢續集序》云：“《賢賢續集》者，後《賢賢小集》而作者也。《小集》為李愚谷，《續集》為李脈泉。為愚谷者，總其誌銘、輓詩、祭文，而為《賢賢小集》；為脈泉者，亦總是三者，而為《賢賢續集》也。十年之間，良朋凋謝，如江午坡、呂江峰、潘春谷、唐荊川、王遵巖，俱遠在四方，愚谷則同省矣，脈泉則同縣矣。地愈近而情愈切，恐其歲愈久而蹟愈陳，二集均之不可無者也。但二李皆文人也，賢大夫也，豈借此為輕為重，拙作亦焉能為有為無！見賢思齊，賢賢易色，名存乎其人。然賢者識其大者，不賢識其小者，是刻聊以盡吾心而報相知云耳，輕重有無奚計焉！”按：李冕字端甫，章丘人，世居明水鎮百脈泉，因號脈泉，人稱脈泉先生，嘉靖丙戌（五年）進士，官魏縣知縣，遷均州同知，陞永平府同知，轉南京戶部員外郎、郎中，陞杭州知府，雲南右布政使，嘉靖癸亥（四十二年）卒。

## 【一朝千古集】

《李中麓閒居集·一朝千古集序》云：“薛收卒，哭之者以為相處日久，豈期一朝遂成千古。予自為諸生時，即與魏東皋相識。其為吏也，更有扶助處，因知感而交愈厚。予罷歸數年，東皋以省祭待選家居，來往之頻，契與之密，有如親兄弟然。今一疾長往，

不復合並，千古之訣，始於一朝，將以前人之哭薛者，而為今之哭魏矣。雖然，君乃達人也，殆將視千古猶一朝，豈惜一朝成千古耶？諸相知者歿後，俱有書，或稱錄，或稱集，或稱編，共八冊。今亦刻其為君作者，總成一冊，名曰《一朝千古集》。集成於一朝，未知可傳之千古否？果若是，則是名亦可謂之斷章取義矣。”按：魏守忠，字藎臣，章丘人，居東皋村，因以東皋為號，卒於隆慶丁卯（元年），先於開先一年卒。

## 【與善錄】

《李中麓閒居集·與善錄序》云：“《與善錄》者，錄馬居士及其配金氏之善，而樂與之也。儒教，外史紀男善，內史紀女善；佛教，超度善男子、善女人。二教雖邪正不同，而樂與人善，則不分男女，一也。居士及配，生則夫唱婦隨，歿則夫前婦後。生則有壽文、壽詩，歿則在誌文、祭文，他凡為馬氏作者，但出予手，皆類而入之。其與《樂善錄》、《勸善書》、《善惡報應錄》，名雖有異，究其實，孰非同一與善之心哉？”

## 【揭要集六卷】

開先編輯關涉於性命雙修之文而成此書。見道光《濟南府志》、道光《章邱縣志·藝文》（無卷數）、《山東通志·藝文》（集部總集類）。

《李中麓閒居集·重訂雙修揭要集序》：“吏曹重門內，南為稽勳司，東鄰文選，後俯通衢，既非文選之多政，日聽通衢之歌聲，都下謂之外翰，同官稱為吏隱。有摘《陋室銘》為戲者：‘有笙簧之聒耳，無案牘之勞形。’不谷為郎於此，歲已週矣。事簡既可藏拙，心閒又可修真，乃細閱《雲笈七籤》，並博採《道藏》中有關涉玄學者，終以傳抄，傳聞祕旨，苦究沉思，必與吾心契合，乃始放過。總所得而揭其要，共有七節，性命雙修，因名其集曰《雙修揭要》。人言生之道有餘，而後治之道斯立，閒時培養，以待冗時作用，以圖報效明時。及為文選，作用既不能副其所養，今歸林下，培養又置之無用。復取舊著讀之，多有支離齟齬者，春和秋肅，筆札可親，督耕省斂之暇，從而改定之，仍是七節，節節鑿鑿可行，更名《重訂雙修揭要》云。交有數道友，靈根頓悟，真訣有傳，將以是就正，共超塵障。”

## 【悼內同情集】

開先編輯友人所撰喪內悼念之文，並附以己作。《李中麓閒居集·悼內同情集序》云："往讀喪內誌文，雖其甚痛切者，此心亦不爲動，以未嘗歷其苦也。及予妻張宜人亡後，復讀其文，則垂涕不能已。均一鄰笛也，惟懷鄉之心獨感焉；均一秋雨也，惟愁人之耳偏入焉。誌文有合鄙意者凡五篇，作者乃李崆峒、李愚谷、羅念庵、唐荆川、王遵巖。荆川嘗致書與余，首言喪內之情，吾三人同之，蓋兩年之間，荆川、遵巖及予，俱喪內也，因名其集曰《悼內同情》，而拙作亦附焉。士有自矜在順天府學曾考第六名者，問所考人數，則應之曰：'止是六人，六人之中，惟予最劣。'當其時初喪，哀不能措辭，留蘇雪簑書石，而雪簑堅欲求去，留數字於壁上云：'道人事業，須放下生來鐵面皮。'遂追而還之。急促爲文，如何得工？五子者，情文兼至。覽余作者，惟望亮其情，不復責備其文，則萬幸耳。'"

## 【事定公評】

開先輯刻同年好友孫光輝之輓詩、對語、祭文、誌銘也。孫光輝，字華國，號夾轂，淄川人，嘉靖己丑（八年）進士，官南京戶部主事，爲群小搆害，繫獄十年，後事得大白，歸家未幾則病逝，卒於嘉靖四十四年。《李中麓閒居集》之六有《事定公評序》及《後序》，其《後序》云："冤謗難白，予嘗詳考之，不惟後世，雖自古爲然矣。積羽摺輪，積毀銷骨；衆口鑠金，聚蚊成雷；群吠因一吠之聲，椎撓本十夫之力；投杼由其屢至，市虎成於三人；貝錦百端，讒舌千丈，始之者一線，而引之者滔天。試觀夾谷孫君事，是其明徵也。素非浮常越雅者，衹是好強負氣耳。不忍小忿，遂成大獄。深被垢污，十經歲序。轉相附和，一無哀憐。予乃代爲分辯，遍及相知，屢作長書，陳諸當道。幸而昭雪，遽爾淪亡。乃命運所使，而人力無如之何者也。但願世之取人者，慎勿以一蹶而輕千里之足，因寸朽而棄合抱之材云。"

## 【勒石考德集】

開先編集其先世之封贈制誥及誌表諸文也。《閒居集》之六載其《序》略云："自吾祖至父行，世惟力田，居村落，止擇一可讀書者來城市，故近南城有宅一區，蓋宋末抵今矣。家貲纍萬，良田百頃，官則武爲都統，文爲州守等秩。……吾之爲子孫者，農則田粒足供數口，宅毛可備四時，鄉風敦樸，化日舒遲，開樽惟野客，呼門絕里胥；仕則廩祿虛縻，歲時坐積，品階漸峻，金紫完歸。生者獲封，死則有贈，龍章鸞誥，恩及泉原，華表穹碑，光生草木。叡製溫綸，深勒於石，附以誌表，編成總集。俱是石刻，名以《勒石考德》。皆皇恩之下庇，而祖德之遠流也。"

## 【一笑散（院本六種）】

《李中麓閒居集·院本短引》云："中麓子塵事應酬之暇，古書講讀之餘，戲爲六院本，總名之曰《一笑散》。一，《打啞禪》；二，《園林午夢》；其四迤《攪道場》、《喬坐衙》、《昏廁迷》，並改竄《三枝花大鬧土地堂》，借觀者眾，從而失之。失者無及，其存者恐久而亦如失者矣，遂刻之以木，印之以楮，裝釘數十本，藏之巾笥。有時取玩，或命童子扮之，以代百尺掃愁之帚而千父釣詩之鈎。更因雕工貧甚，願減價售技。自念古人遇歲荒，迺以興造事濟貧。諺又有'油貴點燈，米貴齋僧'之說，遂以二院本付之，不然刻不及此。嘉靖歲在上章涒灘除月嘉平日，中麓子李開先自序。"子目見下。

## 【打啞禪】

現存：①清抄本，中國國家圖書館藏。②路工輯校一九五九年中華書局排印《李開先集》本（題《打啞禪院本》，中麓狂客作）。

《古典戲曲存目彙考》略云："此戲未見著錄。係《一笑散》之第一種。現存有清初鈔本，爲路工藏。已印入《李開先集》。有明嘉靖間原刻本，惜未流傳。"

## 【園林午夢】

現存：①清抄本，中國國家圖書館藏，《中國古籍善本書目》著錄。②明崇禎中吳興閔齊伋輯刻《會真六幻》本，中國國家圖書館藏，《中國叢書綜錄》著錄。③民國八年貴池劉氏暖紅室刻《彙刻傳劇》本，中國國家圖書館、上海圖書館、山東大學圖書館藏，《中國叢書綜錄》著錄。④路工輯校一九五九年中華書局排印《李開先集》本（題《園林午夢院本》，中麓狂客作）。另有明萬曆間劉龍田《重刻元本題評音釋西廂記》卷尾附錄本，明崇禎間閔遇五輯刻《六幻西廂》附錄本，民國貴池劉世珩暖紅室刻《彙刻傳奇西廂記》附錄本（題《明李伯華園林午夢》），余瀘東校正《西廂記》後附《蒙刻傳奇》本等。

《古典戲曲存目彙考》云："《今樂考證》著錄。明萬曆間劉龍田刻《西廂記》卷尾附錄本，明崇禎間閔遇五輯刻《六幻西廂》附錄本，暖紅室《彙刻傳奇西廂記》附錄本。《考證》著錄此劇誤爲李日華作。遠山堂《劇品》著錄此劇，未題作者，《讀書樓目錄》從之。周亮工《賴古堂集》亦稱李所著雜劇，如《園林午夢》類，總名曰《一笑散》。此劇係《一笑散》之第二種，原有明嘉靖間刻本，未傳。爲極短一折之北曲，一漁翁於園林中午睡，夢崔鶯鶯、李亞仙出現，互譏其行爲。情節類似兒戲。《劇品》謂'詞甚寂寥，無足取也'。"

## 【攬道場】

《古典戲曲存目彙考》略云："此戲未見著錄。係《一笑散》之第三種。有明嘉靖間原刻本，未傳。佚。"

泳按：《一笑散》院本六種，刻者僅《打啞禪》、《園林午夢》二種，餘皆未刻，見《一笑散》條所引開先自序。

## 【喬坐衙】

《古典戲曲存目彙考》略云："此劇係《一笑散》之第四種。明張岱亦有《喬坐衙》一劇。此劇有明嘉靖間原刊本，惜未傳。佚。"

## 【昏廝迷】

《古典戲曲存目彙考》略云："此戲未見著錄。係《一笑散》之第五種。有明嘉靖間原刻本，惜未流傳。佚。"

## 【三枝花大鬧土地堂】

《古典戲曲存目彙考》云："此戲未見著錄。係《一笑散》之第六種，乃李氏竄改他人之作，見《中麓閑居集》跋文《一笑散序》。亦見錢謙益《初學集》，爲李作院本六種，總題《一笑散》。其他戲曲書簿未見記載。有明嘉靖間原刻本，惜未流傳。佚。"

## 【南曲次韻一卷】

李開先、王九思合撰。現存：①明嘉靖刻本，中國國家圖書館藏，見《續修四庫全書總目提要（稿本）》（作嘉靖二十四年刻本）。②民國二十五年金陵盧氏刻《飲虹簃所刻曲》本，中國國家圖書館、上海圖書館、南京圖書館等藏，《中國叢書綜錄》著錄。

## 【贈對山】

見明陳所聞編《南北宮詞紀校補・附北宮詞紀外集》，路工輯校《李開先集》未收。《李中麓閑居集・市井豔詞又序》云："予詞散見者勿論，已行世者，辛卯春有《贈對山》，秋有《臥病江皋》，甲辰有《南呂小令》。"

## 【臥病江皋】

據《李中麓閑居集・市井豔詞又序》，刊於嘉靖辛卯（十年）秋（見上條）。現存：明嘉靖二十三年門人高應玘輯刻本，路工輯校《李開先集》收入第三冊。有高應玘《序》、同邑雲峰王階《後序》。嘉靖甲辰高應玘《臥病江皋序》云："嘉靖辛卯，中麓先生出餉西夏，歸而臥病經秋，因作一江風以抒鬱抱，非若不病而呻吟者也。予嘗展候，見其單張片紙，填委架閣，遂袖而類之，共得一百一十一詠。其爲人取去者，不可復追矣！惜其散逸，而倖其僅存，乃謀之梓人，刻而永其傳焉。音既合譜，意更可人，押韻滿百，不重一字，真藝林之宗工，而南曲之絕倡也。"

## 【南呂小令】

據《李中麓閑居集・市井豔詞又序》，刊於嘉靖甲辰（二十三年）。見上《贈對山》條。

## 【梧桐雨一卷】

見道光《章邱縣志・藝文》。

## 【四時悼內一卷附錄一卷】

現存：①清鈔本（一冊），中國國家圖書館藏。②路工輯校《李開先集》本。

《李中麓閑居集》有開先嘉靖戊申《四時悼內小序》云："遊賞爲方外之福，好遊乃覽勝之興，身輕則濟勝之具也，三者吾庶乎兼有之。時或興到，便欲策馬長往，止遣一仆歸報曰：'遊某處，某日回。'得以盡遠遊之興，而無內顧之憂者，以張宜人善持家也。今則封識大小門窗，分囑男女童仆，回旋數次，猶不得出門。近遊且有所不可，況徑情遠遊耶！如前三者云云，無所用之矣。事有重輕，人有疏戚，或值疑難處，從中商榷，以之應事接人，多得其當。予性頗躁，醫者以爲肝木偏勝，每遇盛怒，賴其多方解說，不惟不遽然且頓釋，久之肝氣亦平矣！人事不减於疇昔，就中無可商榷之人，任情應接，過失有所不免，肝病更復萌作，藥之殊不奏功。康對山向嘗簡予云：'內亡而出入不便，尋芳訪友之樂，不得自遂。乃知林下清福，其不易享如此。'李崆峒誌左夫人有云：'古今之慨，難友言而言之妻，今入而無可與言者。'二公之言，往時讀之，不覺沉痛；乃今知其言之不徒矣！宜人既已棄我，有一愛姬，又相次即世，周歲之間，懊惱萬狀，撫景激衷，四時各有數曲，彙成小集，名之曰《四時悼內》云。愁腸欲斷，泪眼將枯，以此付之童輩，長歌當哭，非以恣泆樂而喜篇什也，觀者必有知吾苦心者！"

### 【南北插科詞】

《李中麓閒居集》載開先《南北插科詞序》云："予少時綜理文翰之餘，頗究心金元詞曲，凡《中原》、《燕山》、《瓊林》、《務頭》四韻書，《太和正音》、《詞話》、《錄鬼》、《十譜格》、《漁隱》、《太平》、《陽春白雪》、《詩酒餘音》二十四散套，張久可、馬致遠、喬夢符、查德卿等八百三十二名家，《芙蓉》、《雙題》、《多月》、《倩女》等千七百五十餘雜劇，靡不辨其品類，識其當行。音調合否，字面生熟，舉目如辨素蒼，開口如數一二。甚至歌者才一發聲，則按而止之曰：'開端有誤，不必歌竟矣！"坐客無不屈伏。時或強綴一篇，雖中板拍，殊無定聲，以此鈎致虛名。然非有神解頓悟之妙，好之篤而久，是以知之真而作之不差耳。繼叨竊科第，廁名郎曹，征逐流塵，就竭了公務之不暇，於是棄置不爲，今十年所矣。及歸林下，漸山屠太史遽以素冊索書歌詞，豈過聽曲采，妄謂瓦缶之間，或可寓鐘律耶！披翻架閣，得舊作《南北插科》數闋，用以塞其請，且求教益。覽者若嚴以曲部，目以大方，則非予之敢如也。"

### 【寶劍記傳奇】

見道光《章邱縣志·藝文》。現存：①明嘉靖二十六年刻本（作《新編林冲寶劍記》二卷，四冊），中國國家圖書館藏；《古本戲曲叢刊初集》影印。②民國二十七年北京國劇學會昆曲研究會石印本（作《寶劍記》一冊），中國國家圖書館藏。

《古典戲曲存目彙考》作《寶劍記》，提要云："呂天成《曲品·舊傳奇》著錄。明嘉靖原刊本，《古本戲曲叢刊初集》本據嘉靖原刻本影印。標作《林冲寶劍記》，中麓放客撰。本《水滸傳》高俅父子陷害林冲事，戲中所敘，皆與傳合，惟林妻張氏本殉節死，而作者欲以團圓結束，故作迎聚梁山。"

### 【斷髮記】

現存：明萬曆十四年金陵世德堂刻本（作《重訂出像注釋裴淑英斷髮記》二卷，不著撰者）；《古本戲曲叢刊》五集影印。《古典戲曲存目彙考》云："呂天成《曲品·舊傳奇》著錄。明萬曆間金陵世德堂刊本。題《裴淑英斷髮記》。本事載《唐書》，並見《太平御覽》，略云：李德武妻裴淑英，矩之女，以孝聞鄉黨。德武坐事徙嶺南，時嫁方踰歲，矩表離婚。德武謂裴曰：'我無還理，君必儷他族，於此長別。'答曰：'願死無他。'即欲割耳自誓，保母持不許。自是不御薰澤。後十年，德武未還，矩决稼之，斷髮不食。矩知不能奪，聽之。後德武遇赦還，迎裴復爲夫婦如初。"《遠山堂曲品》云："李德武婦節孝可以垂之彤管。匿李密事，亦必有據，惜作記者猶不脫寒酸態耳。詞甚工整，且能守律，當非近日詞人手筆。"黃裳《遠山堂曲品劇品校錄》云："姚《錄》、王《錄》、呂《品》俱題李開先作。日本神田喜一郎藏萬曆刊《重訂出像注釋裴淑英斷髮記》二卷，亦題李開先作。《詞林一枝》、《八能奏錦》等選本皆選入零析。"

### 【登壇記】

《李中麓閒居集·市井豔詞又序》云："《登壇》及《寶劍記》，脫稿於丁未夏。"

《古典戲曲存目彙考》云："此戲未見著錄。王世貞《藝苑卮言》云：'北人自王、康而後，推山東李伯華。所爲南劇《寶劍》、《登壇記》，亦是改其鄉先輩之作。二《記》余見之，尚在《拜月》、《荊釵》之下耳。'按：《登壇》未聞有傳本。元戲文有《登壇拜爵》，當同演韓信故事。"

### 【皮匠參禪】

《古典戲曲存目彙考》云："《今樂考證》著錄。

《顧曲雜言》云：'《園林午夢》、《皮匠參禪》等劇，俱太單薄，僅可供笑。亦教坊耍樂院本之類耳。'《考證》著錄此劇，誤爲李日華作。其他戲曲書簿未見記載。佚。"

## 【中麓小令不分卷】（一名《傍妝台百曲》）

《李中麓閒居集·中麓山人小令引》云："閒居日長，頗有餘力，省稼灌園之外，六經訓解，義有未安者，隨筆注之，俟研窮歲久，各成一家之言。所嘗與談經者，將走書乞正。不事詞曲，自在仕路已然矣。偶有西郡歌童投謁，戲擅南北，科範指點，色色過人，因作《傍妝台》小令一百，付之歌焉。起結句同而字異，雜以常言，援筆即成，七法不差，十九韻皆盡。每於簫鼓中按拍，絃索上發聲，中多悲忿之音，激烈之辭，似乎遊心浮氣，尚有存者。"又按《閒居集》所載《中麓小令跋語》，爲此書作跋者，竟達九十人之多，蓋亦集部中少覯者矣。

## 【詩外微撤】

開先與青州衡府新樂王朱載璽倡和之集也。《李中麓閒居集·詩外微撤序》云："《傍妝台》百曲，中麓子歸田後出於一時口佔，恐其久而忘記，筆之於書，又恐其久而散失，鋟之於梓。自愧草率，幸而偶投時好。和之者奚啻數百人，而渼陂王太史爲最。刻之者奚啻數十處，而漳洭李太守爲佳。蓋王隱鄠杜，擅秦聲而負重名；李官真定，得吳工而爲善本；敦樸如馬谿田，亦有和章；簡僻如舞陽縣，亦有鏤板；他可知矣。雖然，古之白雪陽春，調愈高而和愈寡；今之時文講套，趨愈下而刻愈繁。予詞和刻皆多，不足爲美。然韓昌黎一代文宗也，《毛穎傳》見者笑之，碑文前刻未完，後毀繼之。予詞獨幸如此，謂非間有稀逢事哉。新樂賢王，尚文樂善，宗藩中之出色者也，雅愛予詞，從而和且刻之，名爲《詩外微撤》。音韻協和，字畫精好，衆作瞠乎其後，衆刻風乎斯下矣。予之詞傳而益遠，予之幸大而無窮。書成，敬致數言，聊爲一謝云。"

## 【詞謔不分卷】

現存：明嘉靖刻本，首都圖書館藏，《中國古籍善本書目》著錄。另有清康熙間陸貽典據也是園藏本傳抄本，題名誤作《一笑散》，不著撰者。

《續修四庫全書總目提要（稿本）》著錄明鈔本四卷，提要略云："此書未題撰人名氏。考《章邱縣志》著錄此書，則標曰李開先撰，然未敢遽信。今從卷中考之，確出於開先之手。其證有三：卷一載'《市井豔詞》百餘，予所編集，中有改竄，且多仝作者'云云。按《列朝詩集》謂，開先嘗改定元人傳奇樂府數百卷，蒐集市井豔詞、詩禪、對類之屬。'市井豔詞'一語，與此正相吻合。此一證也。卷二評張可久之詞有曰：'總較之東籬蒼老，小山清勁，瘦至骨立，而血肉銷化俱儘，乃孫悟空煉成萬轉金鐵軀矣。'又曰：'張可久《湖上晚歸》南呂，當爲古今絕唱，世獨重馬東籬《北夜行船》，人生有幸有不幸矣。'按《北宮詞紀》錄張可久《湖上晚歸》一套，即載此評語，直書開先之名，則陳所聞編《北宮詞紀》時，固從此書迻錄者，此又一證也。又卷一內述王九思事者凡數見，則其與渼陂相交之深可見也。開先生於弘治十四年，卒於隆慶六年（泳按：開先卒於隆慶二年），嘗訪康海、王九思於武功、鄠杜之間，賦詩度曲，二公恨相見之晚。則其時代之符合，與渼陂相友之親，俱可爲證。有此數端，將謂此書非出開先之手，必不可得矣。此書凡四卷，卷一曰《詞謔》，全載曲家逸聞，詼諧可喜。卷二曰《詞套》，純爲套數選集，劇曲兼收，頗有從未見於他書者，如范子安之《范蠡泛西施》等元劇之逸文，殊可珍貴。卷三曰《詞樂》，雖寥寥數頁，述周全學樂、顏容演戲，以及胡春之竹聲、弦索之傳授，皆爲音樂史料，又豈僅供談助已哉。卷四曰《詞尾》，歷來論曲，謂詩頭曲尾，又曰豹尾，蓋尾聲最爲緊要，定格極嚴，而歷代作者，其尾多弱，不能照應全套，致成強弩之末。此卷單獨論述，並舉元明名劇尾聲之可爲法者十餘支，俾得觀摩。其意甚善，亦足寶也。"

## 【張小山小令二卷】

元張可久撰；李開先輯。現存：明嘉靖刻本，中國國家圖書館、北京大學圖書館等藏，《中國古籍善本書目》著錄。《北京大學圖書館藏善本書錄》作明嘉靖丙寅（四十五年，1566）李開先刻本。

## 【改定元賢傳奇十六卷】

李開先編。《李中麓閒居集》之五載《改定元賢傳奇序》略云："欲世之人得見元詞，並知元詞之所以得名也，乃盡發所藏千餘本，付之門人誠庵張自慎選取，止得五十種。力又不能全刻，就中又精選十六種，刪繁歸約，……因名其刻爲《改定元賢傳奇》。"

現存：明嘉靖刻本（存六卷：馬致元《江州司馬青衫淚》、《西華山陳摶高臥》，喬吉《杜牧之詩酒揚州夢》、《玉簫女兩世姻緣》，白樸《唐明皇秋夜梧桐雨》，王子一《劉晨阮肇悞入天台》，各一卷），南京圖書館藏，《中國古籍善本書目》著錄。

## 【古今歇指調二卷】（又名《歇指調古今詞》）

李開先編。《李中麓閒居集》之五載《煙霞小稿序》云："南北詞名同而音節字面變者多矣，惟《風入松》、《浪淘沙》，唐、宋迄今一也。有志古樂者，於此求之，庶幾近之矣。嘗集《浪淘沙》兩卷，名以《古今歇指調》。復欲集《風入松》，未暇也。"又同卷載《歇指調古今詞序》云："唐、宋以詞專門名家，言簡意深者唐也，宋則語俊而意足，在當時皆可歌詠，傳至今日，只知愛其語意。自《浪淘沙》、《風入松》二詞外，無有能按其聲詞者。余因雪簑有作，已摘集《風入松》詞矣。而《浪淘沙》則自天朝以及勝國，蒐羅成帙，不但唐、宋而已，名爲《歇指調古今詞》，校而刻之。可由之歌詠唐、宋詞，而追繹古樂府，雖三百篇當亦不遠矣。然《浣溪沙》、《浪淘沙》，名意亦相似，而字格絕不同。至於《賣花聲》則句句不殊，無因扣作者名賢而問之，當細閱《詞學筌蹄》及《南北詞選》，冀或有得耳。"

## 【市井豔詞】

李開先編。開先《詞謔》云："《市井豔詞》百餘，予所編集，中有改竄，且多全作者。祇錄三《山坡羊》、三《鎖南枝》，一即李、何所愛者；餘悉類此，不相上下，似出一人之手云。"又《閒居集‧市井豔詞序》云："憂而詞哀，樂而詞褻，此今古同情也。正德初尚《山坡羊》，嘉靖初尚《鎖南枝》，一則商調，一則越調。商，傷也；越，悅也，時可考見矣。二詞嘩於市井，雖兒女子初學言者，亦知歌之。但淫豔褻狎，不堪入耳，其聲則然矣，語意則直出肺肝，不加雕刻，俱男女相與之情，雖君臣友朋，亦多有託此者，以其情尤足感人也。故風出謠口，真詩祇在民間。三百篇，太平採風者歸奏，予謂今古同情者，此也。嘗有一狂客，浼予仿其體，以極一時謔笑，隨命筆並改竄傳歌未當者，積成一百以三，不應弦，令小伜合唱，市井聞之響應，真一未斷俗緣也。久而伜有去者，有忘者，予亦厭而忘之矣。客有老更狂者，堅請目其曲，聆其音，不得已，群伜人於一堂，各述所記憶者，才十之二三耳。晉川栗子，又曾索去數十，未知與此同否？復命筆補完前數。孔子嘗欲放鄭聲，今之二詞可放，奚但鄭聲而已。雖然，放鄭聲，非放鄭詩也。是詞可資一時謔笑，而京韻、東韻、西路等韻，則放之不可。不亟以雅易淫，是所望於今之典樂者。"

### ◆ 孫光輝

光輝字華國，號夾谷，淄川人。嘉靖己丑（八年）進士。官南京戶部主事。《李中麓閒居集》之八有《南京戶部主事夾谷孫君墓誌銘》，之十二有《祭夾谷孫主事文》。按光輝居官時，爲群小構害，繫獄十年，李開先嘗爲之分辯，後事得大白，歸家未幾輒病逝，卒於嘉靖四十四年。事詳《李中麓閒居集》之六《事定公評序》及《事定公評後序》。

其詩文集未見著錄。《淄川縣志‧藝文》載其《靈虹橋記》（明嘉靖十六年）一篇。李開先《中麓小令》有其跋。

### ◆ 管懷理

懷理，臨邑人。嘉靖己丑（八年）進士。

其詩文集未見著錄。《臨邑縣志》卷十五載其《重刻陳邑侯去思碑》（嘉靖三十七年立石）一篇。

【卷八・明二】

# 卷八·明二

### ◆ 逯希韓

希韓，章丘人。

【煙霞小稿】

《山東通志·藝文》："《繡水詩鈔》載是編云：'附李太常《閒居集》中。'"

《山左明詩鈔》卷二十載其《秋興》、《江村春望》、《山居》（二首）、《月夕》、《秋江獨釣》、《早行》，凡七首。《御選宋金明四朝詩》卷六十三載其《山居》一首云："白髮山中老，飄然遠世囂。泉流分燕尾，詩橐束牛腰。笑傲花三徑，酸甜酒一瓢。披襟坐明月，席地話漁樵。"

### ◆ 弭子方

子方號少庵，章丘人。

其詩文集未見著錄。道光《章邱縣志·藝文》載其《同吳門郭第登女郎山》詩一首。李開先《閒居集》、《田間四時行樂詩》、《中麓山人咏雪詩》均有其跋。

### ◆ 于太夫人劉氏

劉氏，平陰人，東阿于玭妻，于慎行母。

《山左明詩鈔》卷三十五載其《故城過父友李公舊居》一首，詩云："暮雲深鎖故城春，綠樹蒼烟舊白蘋。昔日高樓雙燕子，定巢無處往來頻。"

### ◆ 宋秉中

秉中，章丘人。嘉靖間補纂本縣志書。

【章丘縣志四卷】

此章丘首部志書，由章丘知縣陸里創修，楊循吉纂，始修於弘治四年，次年付梓。嘉靖九年，知縣戴儒補修，邑人宋秉中補纂，據原版訂補重印。現存：①明弘治五年修嘉靖九年補刻本，天一閣博物館藏。②一九七九年寧波天一閣鈔本，山東省圖書館藏。前有徐溥《序》及戴儒《補修章丘志引》。卷一，建置總序、鄉鎮、山水、物產、賦貢、戶口；卷二，公宇、祠宇；卷三，縣令題名、人物、登用；卷四，古迹、雜志。後附李東陽、邊貢《後序》。

戴儒《補修章丘志引》："邑志板久淪廢，乃囑邑博宋子秉中補散訂訛，越五月，其稿告成。"

### ◆ 李朝恩

朝恩，臨邑人。嘉靖辛卯（十年）舉人。官武陟知縣。《濟南府志》卷五十二、《臨邑縣志》卷九有傳。

【四書詩經說旨十卷】

見《濟南府志·經籍》（無卷數）、《臨邑縣志·藝文上·著述》、《山東通志·藝文》（經部四書類）。

《山東通志·藝文》云："《縣志》載《古椿先生四書詩經說旨》十卷，而不著撰人；後又出此書，注云李朝恩著，而不言卷數。蓋重出而互有詳略也。"

### ◆ 劉繼先

繼先一名允鵬，號敬虛，武定州人。嘉靖辛卯（十年）舉人。

其詩文集未見著錄。《武定府志·藝文》、《惠民縣志》卷二十七載其《濠水論》、《武定州田賦論》。

【武定州志】

見《山東通志·藝文》（史部地理類）。現存：明嘉靖二十七年刻本（二卷），天一閣博物館藏；《天一閣藏明代地方志選刊》影印。原題"武定州知州安福吾南劉佃校修，儒學學正新昌琴溪何宙考正，鄉貢進士邑人敬虛劉繼先、溪南崔士偉同修"。前有嘉靖戊申劉佃《武定州志敘》，州城圖。上卷建置沿革志、方域志、川澤志、城池志、公署志、學校志、賦役志、兵防志、祠祀志，下卷職官志、選舉志、《附屬縣志略》。後有何宙《武定州志敘》。

《山東通志・藝文》著錄，並引《府志》本傳云："聘修州乘，摻隱抉幽，事蹟爛然。"

按：劉佃字仲有，號吾南，江西安福人，嘉靖二十七年任武定知州。是志由劉繼先與崔士偉（號溪南，武定人，嘉靖庚子舉人）同纂，始於嘉靖二十七年，爲武定州創修志書。

## 【小隱三徑書】

見《惠民縣志》本傳、《山東通志・藝文》（子部雜家類）。現存：明萬曆九年陳如齋襄陽刻本（六卷），臺灣"國家圖書館"藏。

此書綜論儒道釋三家。首曰《儒宗理徑》上下兩卷，上卷爲"聖賢部"，記孔、顏、曾、思、孟子，附荀、楊、王通、韓愈；下卷爲"道學部"，記周子、二程、張、邵、朱、陸、楊簡、陳獻章、王守仁，附薛瑄、胡居仁、湛若水、羅從彥等。次曰《道宗玄徑》上下卷，上卷爲"道部"，記老子、關尹、文子、列子、亢倉子、莊子、鬼谷子、鶡冠子、河上公、孫登、陶弘景、司馬承禎、吳筠、張薦明、譚峭、陳摶、王七能；下卷"神仙部"，有黃帝、彭祖、魏伯陽、許遜、鍾離權、呂巖、劉操、王嚞、張伯端、馬鈺、卓有見三書、卓有見金丹四百字直解諸子目。三爲《釋宗慧徑》上下卷，上卷"佛祖部"記釋迦牟尼佛、西天二十七祖、東土六祖；下卷"禪宗部"，分青原派下、南嶽派下及五家宗派，其中曹洞、雲門、法眼三宗出自青原行思，潙仰、臨濟二宗出自南嶽懷讓。本書簡明扼要，除泛引各家之說外，每章每節之末有"敬虛子"曰之作者議論，而三宗之末復有總義。至釋宗二卷，所述僅限於禪宗，其他佛家各宗如法華、唯識、華嚴、天台、淨土等，皆未之及。

## 【續事類賦】

《四庫總目》"《龍筋鳳髓判》"提要稱允鵬"嘗著有《續事類賦》，今未見傳本"。

## 【龍筋鳳髓判註四卷】

現存：①明萬曆五年魏大平、魏大用刻本，中國國家圖書館藏，《中國古籍善本書目》著錄。②明萬曆十三年金陵周曰校刻本，北京大學圖書館、天一閣博物館藏，《中國古籍善本書目》著錄。③明刻本，復旦大學圖書館藏，《中國古籍善本書目》著錄。④

清鈔本〔清陳春批校並跋〕，北京市文物局藏，《中國古籍善本書目》著錄。⑤《四庫全書》本。⑥清嘉慶十年虞山張氏照曠閣刻《學津討原》本（二卷），中國國家圖書館、上海圖書館、天津圖書館等藏，《中國叢書綜錄》著錄。

另有清陳春補正本，亦四卷，現存：《湖海樓叢書》本、《海山仙館叢書》本、《叢書集成初編》本等，見《中國叢書綜錄》。

《山東通志・藝文》："是書文淵閣著錄。《四庫提要》曰：'採撮頗詳，而稍傷冗漫。'按：是書又有蕭山陳春補正本。蕭山汪繼培《跋》云：'文成隸事繁富，亦時有失於檢勘者，記憶偶疏，致涉疑似，注者不得其解，或乃迂迴遷就，以成其說，亦非靜臣之誼也。至若唐人諱虎爲贙爲獸，太史判秦稱"金贙"，劉氏謂或云"贙"即"虎"，而不知爲避諱；金吾衛判云"忽犯獸冠之吏"，"獸"亦即"虎"；《史記・酷吏傳》所謂王溫舒"爪牙吏，虎而冠者也"，劉氏乃引《中華古今注》"貍頭白首"當之，亦誤。'"

## ◆ 周　泗

泗字孔源，德州人。嘉靖辛卯（十年）舉人。嘉靖三十二年署知鞏縣。

## 【鞏縣志八卷】

現存：民國二十四年經川圖書館刻本，中國國家圖書館等藏。《中國地方志聯合目錄》、《續修四庫全書總目提要（稿本）》著錄。《千頃堂書目》有是書，無卷數。

## ◆ 王一鳴

一鳴號三溪，齊東人。嘉靖辛卯（十年）舉人。歷官蔚州知州，轉鄭王府長史。

## 【三溪集】

《山東通志・藝文》著錄，引《縣志》載李開先撰《志》云："鄭王重其才，召飲賦詩，甚相得。有《三溪集》行于世。"

## ◆ 喬文岱

文岱字仰止，齊東人。嘉靖辛卯（十年）舉人。

其詩文集未見著錄。民國《齊東縣志》卷六載其《呈請岳倫杜漸祀名宦耿通祀鄉賢文》。

## ◆ 程 瑤

瑤字子彬，號靜泉，德州左衛人。嘉靖壬辰（十一年）進士。授懷慶府推官，廉介明決，案無留牘。遷兵部武庫司主事，歷升尚寶卿。以守正不阿，左遷戶部主事。歷四川、陝西、浙江、廣東參議副使，山西按察使，江西右布政使。所至鋤強扶弱，奸胥猾吏望風屏迹。居鄉不營利，不請託，門庭寂然。居第後築一舍，顏曰“靜軒”，日誦讀徜徉其中。年八十六終。《濟南府志》卷五十二有傳。

### 【右丞集八卷】

見《山東通志·藝文》（據《傳是樓書目》）、《濟南府志·經籍》（無卷數）。《德州志·州人所著書目》、《濟南府志》本傳均作《右丞稿》。

《山東通志·藝文》引《安德明詩選遺》云：“詩協唐音，尤工五律，堪與楊冢宰夢山並傳。”

《山左明詩鈔》卷十二載其詩十八首。《德縣志》卷十五載其《重修東嶽廟碑記》文一篇，卷十六載其《贈劉一軒》詩一首。

### 【譚藝】

見《濟南府志·經籍》、《山東通志·藝文》（集部詩文評類）。

《山東通志·藝文》：《山左明詩鈔》“瑤”一條引張九一《序》云：“《譚藝》一編，辨體裁，尚風骨，參意象，揚扢風雅，成一家言。”

## ◆ 范 瑟

瑟字孔和，歷城人。嘉靖乙酉（四年）舉人，壬辰（十一年）進士，改庶吉士。丁父憂，服除，授翰林院國史編修，進經筵講官。十七年，分校會試。明年，謫開州判官，遷大名。尋擢南京戶部主事，歷員外郎、郎中。二十四年，遷四川參議。二十九年，拜陝西按察副使，分巡西寧道，以事免官。四十一年，卒於家。《歷城縣志》卷三十七、《濟南府志》卷四十九有傳。

### 【柏峰集二卷】

見《歷城縣志·藝文考》、《濟南府志·經籍》、《山東通志·藝文》。

崇禎《歷城縣志·藝文》載其《遊龍洞寺》、《同近山年丈登山》詩。《山左明詩鈔》卷十一載其《奉贈王嚴潭年丈兼謝見酬聞鶯之作》一首。《武定府志·藝文》、《重修商河縣志·藝文》載其《南京都察院右僉都御史張公墓誌銘》（張九敘，字禹功，商河人）。

## ◆ 賈 樞

樞字慎卿，斌曾孫，商河人。嘉靖乙酉（四年）舉人，壬辰（十一年）進士。歷官山西右參議。《武定府志·藝文》、《重修商河縣志·藝文》有萊陽葛縉《山西布政司右參議賈公墓誌銘》。

### 【商河縣志略】

見《山東通志·藝文》（據道光《商河志》）。

### 【習刑稿】

見《山東通志·藝文》（據《縣志》）。

### 【談笑集】

葛縉《山西布政司右參議賈公墓誌銘》云：“林下十餘年，手不釋卷，教諸士子數十人，皆馳名藝苑。修圃築亭，歲時與耆舊結社宴樂，隻字不投公庭。著作詩文《談笑集》共若干篇，皆跌宕自得。”

## ◆ 王弘道

弘道字士達，霑化人。嘉靖壬辰（十一年）進士。授鳳翔府推官，擢南臺御史，居三月病卒。光緒《霑化縣志》卷七有傳（作“王宏道”）。

其詩文集未見著錄。光緒及民國《霑化縣志·藝文》載其《王參將祠記》一篇（題“王宏道”）。

## ◆ 張 松

松字汝喬，鄒平人。貢生，歷官祁縣知縣。《濟南府志》卷五十有傳。

### 【祁大夫祠記】

見《鄒平縣志·藝文攷》、《濟南府志·經籍》、《山東通志·藝文》（史部傳記類）。

### 【鄒平縣志四卷】

《鄒平縣志》本傳云：“嘉靖癸巳修本縣志。”

《天一閣藏明代地方志考錄》云："明嘉靖十二年葉林纂修。明嘉靖刻本。見一八八四年舊目和失竊目。散出後曾爲吳興蔣氏傳書堂所收藏，一九三一年又歸前上海東方圖書館，一九三二年毀於'一·二八'戰役。"按：葉林，南直武進人，舉人，嘉靖間官鄒平知縣，創修《縣志》。

## 【瀛南子】

見《鄒平縣志·藝文攷》、《濟南府志·經籍》、《山東通志·藝文》（子部雜家類）。

### ◆ 戴夢桂

夢桂，濟陽人。嘉靖壬午（元年）舉人，乙未（十四年）進士。官給事中，至參政。三歷諫垣，直聲動天下。以忤權貴謫外。卒之日，囊無餘金，產不加益。《濟南府志》卷五十一、民國《濟陽縣志》卷十一有傳。

其詩文集未見著錄。民國《濟陽縣志·藝文》載其《重修廟學記》、《重修杜家水口橋記》等文，《九日夜同邢子霈登城》詩。

## 【秋岩疏案參案】

見民國《濟陽縣志·著述篇目》。《縣志·藝文》載其《採輿情放膚說成安全以濟軍實疏》、《給假遷葬疏》。

## 【戴氏家訓】（又名《勤儉謙和四箴家訓》）

《山東通志》卷百六十本傳云："嘗以勤儉謙和著箴，以爲《戴氏家訓》。"

### ◆ 趙繼本

繼本字承德，號蒙泉，歷城人。嘉靖甲午（十三年）舉人，乙未（十四年）進士，改翰林院庶吉士。授廣東道監察御史，巡按南畿，督學北畿，卒於官。

## 【舉業式程】

見《歷城縣志·藝文考》。

### ◆ 劉 佐

佐字一軒，德州人。嘉靖辛卯（十年）舉人，乙未（十四年）進士。歷官冀北道山西參議，所至多有聲績。《濟南府志》卷五十二有傳。

## 【遂初堂詩四卷】

見《山東通志·藝文》。《德州志·州人所著書目》無卷數，注云："亡。"《濟南府志·經籍》作《遂初堂集》，《德縣志·邑人著作》作《遂初堂詩集》，俱無卷數。

《山東通志·藝文》："《安德明詩選遺》載是集云：'今存一卷，五言近體也，頗學少陵。'"

《山左明詩鈔》卷十三載其詩十五首，並引程正夫《詩搜》云："參議詩四冊在其曾孫處，爲過客攜去三冊。惟餘五言近體，予選得數十首。他如'蘿月藏書幌，薇風薰酒盃'、'夜暗龍呼雨，春晴人御風'、'蘆葉三秋鴈，梨花二月鶯'、'沙深淹去騎，霧暗沒歸鴻'，佳句頗多。"《德州志》卷十二、《德縣志》卷十六載其《自雲中歸東須南野丈人》詩一首。

### ◆ 盧宗哲

宗哲字濬卿，號涑西，德州衛人。嘉靖戊子（七年）舉人，乙未（十四年）進士。授翰林院檢討，升南國子監司業。考滿，以爲南尚寶，徙通儀。居三年，召爲太常，提督四驛館。擢南太僕，歷官光祿寺卿。年七十卒。《濟南府志》卷五十二有傳。《葛瑞蕭公文集》卷四有《大中大夫光祿寺卿涑西盧公墓誌銘》。

其文集未見著錄。《德州志》卷十二、《濟南府志·藝文》、《德縣志》卷十五俱載其《德州衛學附州增設廩貢額記》一篇。

## 【焚餘草一卷】

見《山東通志·藝文》。《德州志·州人所著書目》無卷數，注云："未見。"

《續修四庫全書總目提要（稿本）》著錄明刻本，提要略云："是篇乃宗哲所爲詩之剩餘，同邑程正夫收輯成帙者，僅五十餘首，古今體均有之。蓋宗哲著述甚富，然匿不自名，晚年取其集二十卷焚之。子茂從外來，望見，叩頭流涕。宗哲曰：'雕蟲小技，古人乃覆醬瓿，何至悲也。'自是存者甚少。宗哲詩文、書法，妙絕一時，散館日，世宗御選第一。後以南司業考滿，嚴嵩願籠致之，答曰：'某來考績，非來講遷官也。'用是浮沉館寺，終爲所持。程正夫序其集，謂其'文章高美，致使人主親洒翰墨，特賜評隲。非不彬彬郁郁，傾動一時。而盡委之祝融，惜矣。然公詩昌明馴雅，響中鳴球，盛世之音在焉，如物之有光，氣不可掩’云云。如《九月五日寺中對菊》云：‘百年能得幾看花，況復清尊共帝家。誰為東籬稱隱逸，落于上苑見豪奢。黃巾香浥金莖露，紫艷光凝繡嶺霞。知爾早開應有意，恐吾霜後鬢俱華。’又如《九日獨坐呈程靜泉》云：‘病餘鴻雁候，客裏紫萸香。佳節隨流俗，新詩寄夕陽。含情猶杜曲，寫意即用行。願與執鞭後，常看五色囊。’等篇，類皆溫文爾雅，頗得初盛唐體格也。”

《山東通志·藝文》：“《安德明詩選遺》云：‘宗哲詩最多，晚年自焚之，存《焚餘草》一卷，溫文爾雅，差得初盛體。’《葛端肅公集·淶西墓誌》云：‘平生所著述甚富，然匿不自名。一日，取其文二十卷焚之。子茂從外來望見，叩頭流涕。公曰：“雕蟲小技，古人乃覆醬瓿，何至悲也。”自是無存者矣。’”

《山左明詩鈔》卷十二載其詩九首。

### ◆ 馬九德

九德字吉甫，號小東，德州人，亨衢子。嘉靖辛卯（十年）舉人，乙未（十四年）進士。歷官巡撫順天副都御史。

【小東集】

見《德州志·州人所著書目》（注云“亡”）、《山東通志·藝文》。

《山東通志·藝文》：“是集見《徵選山左明詩啟》。《安德明詩選遺》云：‘其詩豐而有骨，亦不愧家學者。’”

《山左明詩鈔》卷十載其《至日懷程靜泉》、《題武邑李三溪詩卷》共三首。《德州志》卷十二、《濟南府志·藝文》載其《建河神廟碑記》一篇（《德縣志》卷十五作《建河神廟記略》）。《德州志》卷十二、《德縣志》卷十六載其《至日懷程靜泉》詩一首。

### ◆ 張舜臣

舜臣字熙伯，號東沙，章丘人。嘉靖戊子（七年），學使者試章丘諸生，得舜臣卷，亟以解頭許之。繼得德平葛守禮卷，復曰：“解頭必屬葛，然張亦不下第二人也。”後揭榜，果如督學言。乙未（十四年）成進士。歷官南京戶部尚書、左都御史。為人機警磊落，故所至皆亨途，無坎坷。以疾歸，至鄆縣卒。《濟南府志》卷四十九有傳。

【東沙詩稿】

見《章邱縣志·藝文》、《山東通志·藝文》。

《山左明詩鈔》卷十二載其《山寺》、《泛白雲湖》、《雲中曲》詩三首。道光《章邱縣志·藝文》、《濟南府志·經籍》載其《泛白雲湖》一首。

【古文選要五卷】

現存：明嘉靖三十三年黎堯勳刻本，重慶圖書館藏，見《第四批國家珍貴古籍名錄圖錄》。

### ◆ 劉增光

增光字德夫，號思庵，平陰人。嘉靖丁酉歲貢。光緒《平陰縣志》卷八有何海晏《思庵先生墓表》。

【乾坤正理解】

見康熙《平陰縣志》卷八《古今著述目錄》，注云：“今逸。”

【星曆攷】

見光緒《平陰縣志·著述》、《平陰縣鄉土志》、《山東通志·藝文》（子部天文算法類）。

【歲差攷】

見《平陰縣鄉土志》、《山東通志·藝文》（子部天文算法類）。康熙《平陰縣志》卷八《古今著述目錄》作《歲差》。

【井田】

見康熙《縣志》卷八《古今著述目錄》，注云：“今逸。”

【陣法】

見康熙《縣志》卷八《古今著述目錄》，注云：“今逸。”

### ◆ 胡嗣廉

嗣廉，濟南人。德府候缺良醫所良醫。

【靈秘十八方加減一卷】

見《山東通志·藝文》、《續修歷城縣志·藝文考》。《千頃堂書目》作《加減十八方》。現存：①明嘉靖二十年朝鮮安玹刻《新刊京本活人心法》本（作《加減靈祕十八方》），北京大學圖書館藏，《四庫存目標注》著錄。②明刻《活人心》本，北京市文物局藏，《四庫存目標注》著錄。③清乾隆五十九年敬修堂刻《六醴齋醫書十種》本（作《加減靈祕十八方》一卷），中國醫學科學院圖書館、山東省圖書館、上海圖書館等藏，《四庫存目標注》著錄。④清光緒十七年廣州藏修堂刻《六醴齋醫書十種》本，中國科學院國家科學圖書館、首都圖書館等藏，《四庫存目標注》著錄；《四庫全書存目叢書》影印。⑤民國十四年千頃堂書局石印《六醴齋醫書十種》本，中國醫學科學院圖書館、山東醫科大學圖書館等藏，《四庫存目標注》著錄。

　　《山東通志·藝文》引《四庫存目提要》曰：“舊本題德府良醫所良醫濟南胡嗣廉校編。前有嘉靖十七年可泉子《序》云‘不知何人所輯’，則嗣廉但校正編次耳（詠按：下脫“非所撰也”四字）。其書以世人多用《和劑局方》，不知加減之用，因以此十八方各詳其因證加減之法，以便於用。然病機萬變，相似者多。但據證以加減藥味，似非必中之道，仍與執局方者等也。十八方後，又附補中益氣湯等四方，共爲二十二方，亦不知何人所加，或即嗣廉續入歟？”

### ◆ 金　城

　　城字邦衛，號雙渠，歷城人。嘉靖辛卯（十年）舉人，戊戌（十七年）進士。以御史巡按福建，後遷蘇州知府。《歷城縣志》卷三十七、《濟南府志》卷四十九有傳。

#### 【金城詩集】

　　見《歷城縣志·藝文考》、《山東通志·藝文》。長洲莫叔明《歷下集》有《甲寅年十月既望金公刺史乃有夢兆．叔明繼至．遂作詩二首遺之．谷宜興次其韻．余尾奉荅》詩，後附金城原作二首，其一：“夜入華胥國，緗燈滿畫堂。朝聞故人至，贈我雙明璫。別久情還密，高談喜欲狂。舊懸徐孺榻，爲汝復增光。”其二：“南國饒文士，如君亦不多。登高能作賦，下筆類懸河。霄漢名長在，珪璋器不磨。月明千里思，今日喜相過。”又《同刺史金公．明府谷公登歷山佛閣賦詩．余爲首倡》後附金城詩一首：“海國秋空歛夕雲，石林清籟遙相聞。吟詩忽謾逢仙宰，携酒兼能對隱君。湖色迢遙城曲度，香燈繚繞佛前熏。

自慚不是煙霞侶，亦伴悠悠物外羣。”

　　又：《歷下集》前有金城《序》，及嘉靖丙辰莫抑《刻歷下集序》。莫《序》云：“是集也，吳中莫徵君所著也。徵君名叔明，字公遠。自少有清操，工古文辭，尤長於詩。往歲蘇州刺史雙渠金公敦尚風節，以卓行辟之爲郡學生。公山東歷城人也，予告致政家居，與徵君有竹林之期。遂自吳而造焉。停車敍舊，留連五十餘日而別，得古風並近體詩凡百首。或同公登眺讌會，或誦公之交游請謁，皆感遇於歷下而作者也，故名爲《歷下集》云。”泳按：金城序文一篇，不見他書記載，茲移錄於下。

　　《歷下集序》：吳多文士，余牧郡時蓋嘗注目焉。得莫公遠氏，甚奇之。既投紱歸，越三稔，公遠不遠數千里訪余歷下，尋舊盟也。度長江，踰淮邳，摳趨汶泗之郊，仰止岱宗之麓，撫景興懷，靡不有作，統百餘篇，名之曰《歷下集》。豈山川之靈發其神祕耶？何積多之若是也！余披閱之，其五言古體步驟陳思，近體實諸王、岑中幾不可辨，非精詣神解，詎至此耶？夫仲尼言詩，獨與商、賜，而道不與焉。使公遠堅持不貳之心，超悟一貫之旨，固聖門之所不廢也。敢爲公遠勗之。嘉靖甲寅歲冬十二月初吉濟南玄白子金城撰。

### ◆ 王崇義

　　崇義字子由，號方田，別號見一山人，淄川人。嘉靖辛卯（十年）舉人，戊戌（十七年）進士。授刑部主事，陞寧波知府，致仕歸。祀鄉賢。《濟南府志》卷五十有傳。

#### 【春秋發蘊】

　　現存：民國七年順和堂石印局石印《王氏一家言·寧波公集》本，青島市圖書館藏；《山東文獻集成》影印。凡“圍滕伐滕”、“黑壤”、“仲遂”、“洩冶”、“入陳圍鄭”、“先縠”、“宋人及楚人平”、“鄅舒”、“大有年”、“叔盼”、“赤棘”，共十一條。

#### 【五經注辨】

　　見《濟南府志·經籍》、《山東通志·藝文》（經部五經總義類）。

#### 【見一筆談】

　　見《濟南府志·經籍》、《山東通志·藝文》（子部雜家類）。現存：民國七年順和堂石印局石印《王氏一家言》本（附卷一《寧波公集》詩文後，共五十條），青島市圖書館藏；《山東文獻集成》影印。《販書偶記續編》著錄約明崇禎間刻本，作《筆談》一卷。

《山東通志·藝文》引《鄉園憶舊錄》云："家中憲公，號見一。山人著《見一筆談》，因前人有'林下何曾見一人'句，思爲解嘲，以示急流勇退之意。"

## 【見一山人集】

見《濟南府志·經籍》、《山東通志·藝文》（據《縣志》）。現存：民國七年順和堂石印局石印《王氏一家言》本（在卷一，末題《寧波公集》），青島市圖書館藏；《山東文獻集成》影印。收錄崇義五七言詩八十三首，歌行五首，文五篇，啟十篇，《筆談》五十條，《春秋發蘊》十一條，並附鄧以讚撰《墓誌銘》。

## 【見一詩稿】

見《山左明詩鈔》。現存：藍格鈔本（一卷），青島市圖書館藏，見《青島市圖書館古籍書目》。前有夏岱海《序》。《販書偶記續編》著錄明崇禎刻本，未悉今藏何處。

《山左明詩鈔》卷十三載其詩九首。《淄川縣志·藝文》載其《登黌山謁鄭康成祠次韻》（二首）、《黌山祠和韻》（二首）、《同高寅陽別駕登縣塔》、《雙塔寺》、《龐涓墓》等詩。

## ◆ 崔士偉

士偉號溪南，武定州人。嘉靖庚子（十九年）舉人。

## 【武定州志二卷】

見《山東通志·藝文》（史部地理類）。按：是志爲士偉與州人劉繼先（號敬虛，嘉靖十年舉人）同纂，見劉繼先著作。

## ◆ 王重光

重光字廷宣，新城人。嘉靖丁酉（十六年）舉人，辛丑（二十年）進士。授工部主事。丁父憂，服闋，除戶部。歷官貴州參議。贈太僕少卿。《濟南府志》卷五十一、《重修新城縣志》卷十四有傳。

其詩文集未見著錄。《山左明詩鈔》卷十三載其

《赤水道中度雪關》詩一首。

## 【史論】

見《濟南府志·經籍》、《山東通志·藝文》（史部史評類）、《重修新城縣志·藝文》。

## 【律議】

見《濟南府志·經籍》、《山東通志·藝文》（子部法家類）。《重修新城縣志·藝文》據舊《通志》著錄，作《五刑加減律議》無卷數。

## 【家訓】

見《濟南府志·經籍》、《山東通志·藝文》（子部雜家類）。《重修新城縣志·藝文》作《太僕家訓》一卷，注云："據忠勤祠石刻。"

## ◆ 趙大綱

大綱字萬舉，濱州人。嘉靖辛卯（十年）舉人，辛丑（二十年）進士。歷官江西參政。初授滁州知州，歷戶部員外郎、淮安知府、河南兵備、山西雁門等關副使、江西布政司左參政等職。《濱州志》卷十有傳。

其文集未見著錄。《濱州志·藝文》載其《建八賢祠記》。

## 【方略摘要十卷】

見《明史·藝文志》、《千頃堂書目》。

## 【趙大綱詩集】

《山東通志·藝文》著錄，引《府志》云："著有詩集，刊行於世。"

《山左明詩鈔》卷十九載其《元宵對屛山感懷》一首。《武定明詩鈔》收其《臥佛臺》一首（《武定府志·藝文》作《濱州臥佛臺》）。《濱州志·藝文》載其《日觀光浮 東》、《泲芹香藹 西》、《秀分岱色 南》、《清應潮聲 北》，及《秦始皇臺》、《臥佛臺》等詩。

## 【杜律測旨二卷】

收杜甫七言律詩一百五十首。初刻於嘉靖二十九年。現存：明嘉靖三十四年重刻本，清華大學圖書館、上海圖書館藏。

### ◆ 王克敬

克敬，商河人。嘉靖癸卯（二十二年）恩貢。歷官山西沁水縣丞，攝沁水、祁縣知縣，因病乞休。

**【家乘】**

《重修商河縣志·藝文》著錄，並載克敬《王氏創修族譜序》略云："宦遊於晉者四年有餘，於嘉靖丙辰春致仕而歸，時年六十有四。居家教子，耕讀爲業。念族屬疏遠，分或紊而情或睽，遂修家乘，畫譜圖於前，列履歷於後，紀字號，著婚配，列男女，載壽考，與夫支派之遠近、子弟之顯榮，悉於此而詳錄焉。"

**【家訓二十一章】**

見《山東通志·藝文》（據《縣志》）。

《重修商河縣志》本傳云："著《家訓》二十一章，恂恂以孝弟忠信教子弟，戒勿爲吏胥致壞心術云。"又卷十二《藝文》載克敬《王氏創修族譜序》略云："思《家乘》雖成，而無教澤之遺，亦非正家久遠之道也，故作《家訓》二十一條，以示後人。其間孝親悌長，忠君愛民，追遠慎終，睦族恤困，與夫處己待人，應事接物，無所不備。"

### ◆ 潘子雨

子雨字潤夫，歷城人。嘉靖癸卯（二十二年）舉人。由知縣仕至行太僕少卿，有政聲。與李攀龍同時，而爲詩自盡其才。《歷城縣志》卷四十、《濟南府志》卷四十九有傳。

**【潘子雨存稿】**

見《歷城縣志·藝文考》，注云："見《四部稿》，卷末詳。"《山東通志·藝文》作《家存稿》，撰者誤作播子雨。

《續修四庫全書總目提要（稿本）》著錄清抄本《家存稿》一卷，撰者亦作播子雨，提要云："是編亦丁錫田所搜者。詩僅三十餘首，以近體爲多，古體則僅十首而已。子雨亦七子詩派，時與李攀龍、王世貞等相唱和。其爲詩不盡模擬古人，時自發其天機，故集中詰屈其詞、塗飾其字之作不多見。然其才力不逮攀龍，故不能凌轢一時也。"

《歷城縣志·藝文考》載《弇州四部稿》王世貞《序》曰："蓋濟南有李于鱗云。而于鱗所亟稱者，非王生六七輩，則其鄉人許殿卿、潘潤夫、龔克懋也。殿卿故善王生，而會于鱗没，王生自嶺右召過廣陵，一日而識克懋，若潤夫。既以內悲夫逝者，而又各自幸于鱗之所亟稱者身相及也。居久之，潤夫以其詩若干卷屬王生叙，曰敢邀靈於先友，以不朽干下執事。於乎，不佞何言哉！吾吳中盛文獻，彬彬闖闖詩書矣，然好推尊其時顯重者，耳傳而共爲其名。以故一徐庾出而語語月露，一元白貴而人人長慶，沿好成格，沿格成俗，而不可挽也。乃潤夫稱爲于鱗日相倡和，然往往隨發而自盡其才，隨遇而競標其致，各騁於康莊之途而無犯轍，以故讀潤夫詩者知爲潤夫詩，已爲潤夫行詩者行潤夫詩也，自是而濟南之詩無阿格也，不亦善哉。潤夫起家邑官，數敭歷卿牧、京兆，以至貳轉運夫。夫隆、萬間循吏也，豈其以是雕蟲沾沾？且也目之曰《家存稿》，而以屬王生叙，亦豈刺促爲名計？識其善于鱗而不必傅于鱗以傳者，以見志耳。殿卿、克懋各有集，大指亦類是。"

### ◆ 潘子震

子震，歷城人，子雨弟。萬曆初貢生。官莘縣訓導。

**【潘子震詩稿】**

見《歷城縣志·藝文考》、《山東通志·藝文》（據《縣志》）。

崇禎《歷城縣志·藝文》載其《遊湖望華不注》、《登千佛山寺》詩。

### ◆ 許邦才

邦才字殿卿，歷城人。嘉靖癸卯（二十二年）舉鄉試第一。初知趙州，遷德府右長史，四十二年補周府左長史。與李攀龍、殷士儋游，詩風格近攀龍而無客氣，或以爲溫厚過於攀龍。《歷城縣志》卷四十、《濟南府志》卷四十九有傳。

**【瞻泰樓集十六卷】**

見《歷城縣志·藝文考》、《山東通志·藝文》。

《山東通志·藝文》：是集見舊《通志》。《縣志》本傳云："詩風格近攀龍而無客氣，或以爲溫厚過於攀龍。初知趙州，無何，調永甯，題詩山家，藹惻得風人之旨。"

《歷城縣志·藝文考》引《明詩綜》謝茂秦云：

"殿邦軒軒豪舉，旁若無人。"又引《明詩綜·詩話》云："殿卿如銳頭年少，馳獵平原，耳後生風，鼻頭出火。長歌有云：'長卿慕人千載前，何似與君俱少年。子雲慕人千載後，何似與君俱白首。'爽氣殊倫，令張正言為之，不過此也。王元美贈詩云：'是時歷下李攀龍，往往道汝文章伯。'乃《巵言》評詩，竟不之及，又夷之'四十子'之列，取舍似未公也。"又引田雯《黔書》云："吾鄉許殿卿與李于鱗先生同時。于鱗以詩名海內，為嘉隆七子冠，而雅重殿卿之為人，兼愛其詩。余昔曾讀數十篇，大要風格近韓倉，而縱橫跌宕可喜，尤別成一家者也。今閱《黔志》，方知殿卿曾謫官於永寧，遂搜撫其在黔之作，僅得絕句四首。一《初至永寧》詩：'風塵誰自料，花鳥故相猜。問是山東客，何由萬里來？'一《元日》詩：'客中逢改歲，不解是何鄉。時見懸門帖，春風動夜郎。'一《新添驛》詩：'埜館孤燈半滅明，江壖月落夜潮生。無端鄉思三更後，聽盡瀟瀟風雨聲。'一《夜投山家宿》詩：'西南蠻徼萬山隈，昔日誰教漢帝開。野鳥常呼行不得，馬蹄那復夜深來。'其言藹惻和平，得風人之旨。"

崇禎《歷城縣志·藝文》載其文《海右倡和集序》、《南泉寺記》、《九塔寺記》，及《丁丑春日再過泉亭酒家》、《秋日湖上燕集即事》、《春初邀殷少保劉國戚湖泛》、《白雪樓夜賦》、《白雪樓》、《玉函觀飲中即事》、《九日于鱗招登四里山》、《西關赴約回自筐山深恨乏酒》、《甲戌中秋入北村別業》、《城北水村有懷于鱗時居東村》、《郭丈園亭次潘丈韻》、《之孫耿村道經濼口即事》、《春日同殷少保登望湖亭》、《神通寺》、《劉使君湖上亭十有二韻》、《聞劉丈亭改會仙》、《同于鱗遊諸山初宿天井寺》、《龍游寺》、《南泉寺》、《九塔寺》等詩。《山左明詩鈔》卷十四載其詩三十二首。《平原縣志》卷十載其《平原道中答于鱗送別韻》（二首）。

## 【梁園集四卷】

見《歷城縣志·藝文考》（據《明史·藝文志》）、《山東通志·藝文》。

《歷城縣志·藝文考》載殷士儋《序》曰："蓋余與殿卿、于鱗兩人者遊也，時余且穉歲。既于鱗與余先後登仕籍，而殿卿首計偕乃數不利，晚一再為諸王相耳。然殿卿不以其故減豪舉，而愈益自奮，為詩諸與于鱗唱酬者，洋洋矣。最後相大梁，則稱《梁園集》云。於戲！平臺修竹，榛莽狐兔，而梁園名迄千秋在者，以鄒、枚諸君故勝也。鄒、枚諸君貴不當漢一尉，然方其湛思極境，引商刻羽，造烟景於筆端，攬形類於指掌，梁王觴上客而授簡，長卿去貲郎而願從，斯亦足快其蘊矣，寧獨千載之下貴於漢廷吏哉！然則殿卿自托於梁園，未可謂不遇也。"舊《志》。又引《明詩綜》宋軒文云："于鱗亟稱殿卿，其《梁園集》殊不稱，絕句差快意。"

## 【許長史集一卷】

現存：明隆慶五年序刻《盛明百家詩》本，中國國家圖書館、北京大學圖書館、上海圖書館藏，《中國叢書綜錄》著錄。

## 【海右倡和集六卷】

見《歷城縣志·藝文考》、《山東通志·藝文》。

《山東通志·藝文》："是集蓋邦才與李攀龍相倡和之作，見舊《通志》。《列朝詩集》云：'魯藩觀熰曰："殿卿與李于鱗同調相倡和，氣格不逮。然于鱗詩多客氣，而殿卿溫厚或過之。"殿卿與于鱗相友善，著《海右倡和集》，因于鱗以聞於當世。今之尊奉濟南者，視殿卿直附驥之蠅耳，而齊魯間之論乃如此。'"

《歷城縣志·藝文考》載邦才《自序》曰："癸亥春，鄙人以謁銓復如京師，凡所至，莫不以于鱗詩發詢而亟索者；稍稱無，則疑雖應而稍濡，已拂形於色矣。蓋于鱗居嘗以病謝客，二三載間，鄙人以居艱得嘗與侍，又近日題著因涉鄙人者居十之七八，不容以無為辭也。然于鱗為詩，及人知于鱗詩，既多歷年所，則篇什與日增積。往有請梓者，于鱗以銓次未定，又自抑抑，久不發予。及鄙人瀕行以請，亦復辭謝不遑，特屬近體二章、絕句十二章為別云。乃遂以應客。而請者麇至，且銜前什為未足。因簡篋中，得近日相與倡和者若干篇。但邸次抄錄，供求不給，乃以梓謀之棠川殷子。乃曰：'詩以倡和為名，則不得獨出于鱗矣。'鄙人則曰：'如形穢效顰何？'殷子曰：'善歌者使人繼其聲，善聽者俾工合其奏。故聲不同則應必寡，調不諧則聲不入。吾見于鱗倡必屬和於子，或子先而于鱗亦無言不酬焉。彼工能霄壤者，何以有是也？使觀者見于鱗而不及子之見，其無缺然之思、不

備之嘆者，幾希矣。況取舍在人，則媸與穢雖不敢自
必其能免。然珠玉而羨妍美，豈無有諒其心。’於是
梓者哉。”舊《志》。又：周王崇易序其詩曰："《梁
園集》，魯藩觀熰曰：‘殿卿與李于鱗同調相倡和，
氣格不逮；然于鱗詩多客氣，而殿卿溫厚或過之。’
殿卿與于鱗相友善，著《海右倡和集》，因于鱗以聞
於當世。今之尊奉濟南者，視殿卿直附驥之蠅耳，而
齊魯間之論乃如此。于鱗與人書云：‘殿卿《海右集》
屬某中尉為序，不佞嘗欲界之炎火。’元美亦以為然。
一時文士護前樹黨，百年而後，海內人各有心眼，于
鱗亦無如之何也。"《列朝詩集》。

### ◆ 谷中虛

中虛字子聲，別號岱宗，海豐人。嘉靖癸卯（二十二
年）舉人，甲辰（二十三年）十九歲成進士。歷官僉
都御史，巡撫浙江，擢兵部侍郎，署尚書。《武定府
志·藝文》有葛曦《兵部左侍郎谷公行狀》。

#### 【奏議】

《山東通志·藝文》著錄，引葛曦撰《狀》云：
"庚午隆慶改撫湖廣，值歲災，公條陳救荒策，五上
皆嘉納。公三涖浙，悉其利弊，章凡二十餘，上俱報
可。著有《奏議》，詩文類不存稿。"

#### 【薛文清公要語二卷】

此書乃中虛所選薛瑄《讀書錄》中要語，分內外
兩篇。內篇以修己立德為主，外篇則所以應事處物。
現存：①明萬曆三十年吳獻台刻本（作《薛文清公要言》
二卷）；《續修四庫全書》影印。②明萬曆三十二年
浙江右布政使范淶重刻本。卷端有薛瑄《讀書錄小序》。
前有序文三篇：其一為嘉靖四十五年丙寅仲秋中憲大
夫總督湖廣等處學校提刑按察司副使姑蘇徐栻撰《薛
文清先生要語序》，其二為嘉靖辛酉春三月滁上胡松
《刻文清先生要語序》，其三為嘉靖甲子春三月無棣
谷中虛《序》。書後有浙江右布政使范淶撰《重刻文
清先生要語後序》。

#### 【少司馬谷公文集二卷】

現存：明天啓元年谷遷喬、葛如麟等刻本，中國
國家圖書館、臺灣"國家圖書館"等藏，《國家圖書
館善本書志初稿》著錄。卷端首行題"少司馬谷公文

集"，次行題"山東海豐谷中虛子聲甫著"。前有張
曉《序》。本書收錄序文六篇，誌文二篇，祭文二十篇，
書札三十九篇，雜錄四篇。後附葛曦所撰《行狀》。
書末有天啓元年葛如麟《跋》，略云："公化去三十
餘年，公少孫茂才遷喬，檢錄公一二手蹟，屬麟校諸
梓以傳。"

《無棣縣志》本傳云："有《文集》二卷。"
《武定府志·藝文》載其《刻王陽明則言序》。
《武定明詩鈔》收其《戒子姪輩》詩一首。

### ◆ 李攀龍

攀龍字于鱗，號滄溟，歷城人。嘉靖庚子（十九
年）舉人，甲辰（二十三年）進士。初授刑部主事，
歷員外郎郎中，稍遷順德知府，擢陝西提學副使，謝
病歸。故事，外官謝病不再起，吏部重其才，用何景
明例特予告歸，予告者，例得再起。攀龍既歸，構白
雪樓，名日益高。賓客造門，率謝不見，大吏至，亦
然，以是得簡傲聲，獨故交殷、許輩過從靡間。時徐
中行亦家居，坐客恒滿，二人聞之，交相得也。歸田
將十年，隆慶改元，薦起浙江副使，改參政，擢河南
按察使。無何奔母喪歸，哀毀得疾，疾少間，一日心
痛卒。攀龍之始官刑曹也，與濮州李先芳、臨清謝榛、
孝豐吳維岳輩倡詩社。王世貞初釋褐，先芳引入社，
遂與攀龍定交。明年，先芳出為外吏，又二年，宗臣、
梁有譽入，是為"五子"。未幾，徐中行、吳國倫亦
至，乃改稱"七子"。諸人多少年才高氣銳，互相標
榜，視當世無人。七才子之名播天下，擯先芳、維岳
不與，已而榛亦被擯，攀龍遂為之魁。其持論謂文自
西京、詩自天寶而下俱無足觀，於本朝獨推李夢陽。
諸子翕然和之。非是，則詆為宋學。攀龍才思勁鷙，
名最高，獨心重世貞，天下亦并稱"王李"。又與李
夢陽、何景明并稱"何李王李"。其為詩務以聲調勝，
所擬樂府或更古數字為已作。文則聱牙戟口，讀者至
不能終篇。好之者推為一代宗匠，亦多受世抉摘云。
《明史》卷一百七十五、《歷城縣志》卷四十、《濟
南府志》卷四十九有傳。

#### 【春秋孔義十二卷】

見《歷城縣志·藝文考》、《山東通志·藝文》
（經部春秋類）。

《山東通志·藝文》："是書見《明志》及《經

義考》。《經義考補正》云：'按本書卷二百五載高攀龍《春秋孔義》，書名卷數與此皆同。高書見存，其兄子世泰《序》曰："我伯父忠憲公有《春秋孔義》之書。"此署李攀龍名，疑即高書訛爲李也。'但《明史·藝文志》有李攀龍《孔義》，無高攀龍《孔義》，今姑仍之。"

## 【詩韻輯要五卷】

題李攀龍輯。現存：明萬曆刻本（一冊），湖南師範大學圖書館、日本東洋文庫、尊經閣文庫、東北大學附屬圖書館藏，《中國古籍善本目錄》（經部小學類）、《日藏漢籍善本書錄》著錄。有萬曆四十二年《序》。

## 【詩學事類二十四卷】

見《山東通志·藝文》（子部類書類）。現存：明萬曆胡文煥文會堂刻《格致叢書》本（作《新刻詩學事類》二十四卷），中國國家圖書館、大連圖書館等藏，《四庫存目標注》著錄；《四庫全書存目叢書》影印。卷端題"濟南李攀龍于鱗編輯，錢唐胡文煥德甫校刪"。前有錢唐胡文煥《詩學事類序》，建業胡汝嘉《重刻詩學大成序》。

《山東通志·藝文》引《四庫存目提要》曰："舊本題明李攀龍撰。纂輯故事，分二十四門。觀其所載，大都簡陋。攀龍與王世貞共倡古學，謂學者不當讀唐以後書。歸有光諸人排之甚力。然其學終有根柢，不應疏蕪至此，必託名也。"

## 【韻學事類十二卷】

見《山東通志·藝文》（子部類書類）。現存：明萬曆胡文煥文會堂刻《格致叢書》本（作《新刻韻學事類》十二卷），中國國家圖書館、大連圖書館等藏，《美國哈佛大學哈佛燕京圖書館藏中文善本書志》（作《新刻韻學大成》）、《四庫存目標注》著錄；《四庫全書存目叢書》影印。卷端題"濟南李攀龍于鱗編輯，錢唐胡文煥德父校刪"。前有錢唐胡文煥《詩學事類序》。

《山東通志·藝文》引《四庫存目提要》曰："舊本題明李攀龍撰。分韻隸事，惟有上下平聲。蓋僅備律詩之用。龐雜夐陋，亦僞託也。"

## 【韻學淵海十二卷】

見《山東通志·藝文》（子部類書類）。現存：明刻本（作《新刊增補古今名家韻學淵海大成》十二卷），山東省圖書館、安徽省博物館、重慶圖書館等藏，《四庫存目標注》、《第三批國家珍貴古籍名錄圖錄》著錄。

《山東通志·藝文》引《四庫存目提要》曰："舊本題明李攀龍撰，唐順之校。其書前無序例。名曰《新刊增補古今名家韻學淵海大成》。蓋取坊間僞託攀龍所著《韻學事類》、《詩學事類》二書合併成編。於僞書之中，又爲重儓矣。"

## 【詩學大成二十四卷】

現存：明萬曆六年建鄴劉氏孝友堂刻本，山東大學圖書館、山東省圖書館（佚名批校）、浙江省圖書館藏，《山東省珍貴古籍名錄（第一批）》、《浙江圖書館古籍善本書目》、《明代版刻綜錄》著錄。《江蘇省立國學圖書館圖書總目》著錄明唐順之刻本。

## 【白雪樓詩集十卷】

見《歷城縣志·藝文考》、《山東通志·藝文》。現存：①明嘉靖四十二年魏裳歷下刻本，山東省圖書館、北京大學圖書館、上海圖書館等藏，《中國古籍善本書目》、《山東省珍貴古籍名錄（一）》、《國家圖書館善本書志初稿》著錄；《四庫全書存目叢書》影印。前有嘉靖癸亥魏裳《白雪樓詩序》，許邦才《李于鱗擬古樂府序》，攀龍自撰《擬古樂府序》。②明隆慶四年新都汪時元刻本（十二卷），中國國家圖書館、南京圖書館、中國科學院國家科學圖書館等藏，《中國古籍善本書目》著錄；《續修四庫全書》影印。前有王世貞《序》，魏裳《白雪樓詩集序》，許邦才《李于鱗擬古樂府序》，攀龍自撰《擬古樂府序》。後有隆慶四年正月門人新都汪時元《書刻白雪樓詩集後》。③明隆慶六年刻本，中國國家圖書館、濟南市圖書館等藏，《中國古籍善本書目》著錄。④明刻本，吉林大學圖書館藏，《中國古籍善本書目》著錄。

《山東通志·藝文》引《四庫存目提要》曰："此集刻於嘉靖癸亥，猶在《滄溟集》之前。前有魏裳《序》，又有《擬古樂府序》二篇，一爲歷城許邦才撰，一爲攀龍自序。蓋當時特以樂府相誇，然而後來受詬屬者，亦惟樂府最甚焉。"

## 【滄溟先生集三十卷附錄一卷】

現存：①明隆慶六年吳郡王世貞刻本，山東省圖書館、臺灣"國家圖書館"藏。②明萬曆三十四年陳陞刻本，山東省圖書館藏，見《山東省珍貴古籍名錄（第一批）》。③明晉陵張弘道等刻本，臺灣"國家圖書館"藏。④明吳門徐履道起鳳館刻本，中國國家圖書館、北京大學圖書館等藏，《山東文獻書目》、《國家圖書館善本書志》著錄。⑤明萬曆二年吳興徐中行刻本（三十一卷附錄一卷附錄補遺一卷），南京圖書館、浙江圖書館等藏，《中國古籍善本書目》著錄。⑥明萬曆三年胡來貢刻本，首都圖書館、上海圖書館、浙江圖書館藏，《中國古籍善本書目》著錄。⑦明萬曆二十八年吳用光刻本，北京大學圖書館、上海圖書館等藏，《中國古籍善本書目》著錄。⑧明萬曆三十四年陳陞刻本，首都圖書館、山東省圖書館等藏，《中國古籍善本書目》著錄。⑨《四庫全書》本。⑩清道光二十七年景福堂刻本，青島市圖書館藏，《青島市圖書館藏山東文獻珍本圖錄》著錄。

《山東通志·藝文》（作《滄溟集》三十卷《附錄》一卷），引《四庫提要》曰："是集凡詩十四卷，文十六卷，附錄誌傳表誄之文一卷。明代文章自前後七子而大變，前七子以李夢陽爲冠，何景明附翼之。

後七子以攀龍爲冠，王世貞應和之。後攀龍先逝，而世貞名位日昌，聲氣日廣，著述日富，壇坫遂躋攀龍上。然尊北地，排長沙，續前七子之焰者，攀龍實首倡也。殷士儋作攀龍墓誌，稱文自西漢以來，詩自天寶以下，若爲其毫素污者，輒不忍爲，故所作一字一句，摹擬古人。驟然讀之，斑駁陸離，如見秦漢間人，高華偉麗，如見開元、天寶間人也。至萬曆間，公安袁宏道兄弟始以贋古詆之。天啓中，臨川艾南英排之尤力。今觀其集，古樂府割剝字句，誠不免剽竊之譏；諸體詩亦亮節較多，微情差少；雜文更有意詰屈其詞，塗飾其字，誠不免如諸家所譏。然攀龍資地本高，記誦亦博，其才力富健，凌轢一時，實有不可磨滅者。汰其膚廓，擷其英華，固亦豪傑之士。譽者過情，毀者亦太甚矣。"

《山左明詩鈔》卷十四載其詩八十八首。《續修博山縣志》卷十三載其《創建石城記》。《肥城縣志》卷一節錄其《重修肥城縣孝里舖記》（嘉靖四十□年），卷三載其《肥城縣修城碑銘》。

## 【補註李滄溟先生文選四卷】

明宋光廷選。現存：①明宋光廷刻本（明宋祖駿、宋祖驊補註），山東省圖書館、清華大學圖書館等藏，《中國古籍善本書目》、《山東省珍貴古籍名錄（第一批）》著錄；《四庫全書存目叢書》影印。卷端題"濟南李攀龍于鱗父著稿，莆田宋光廷穉脩父校閱，男祖駿爾逸父、祖驊爾聘父補註"。前有吳興徐中行《李滄溟先生文集序》、宋光廷《重鋟補註李滄溟先生文集題辭》。②明刻本，清華大學圖書館、吉林市圖書館等藏，《中國古籍善本書目》、《四庫存目標注》著錄。

《山東通志·藝文》作《李滄溟集選》四卷，引《四庫存目提要》曰："光庭（泳按："庭"誤，當作"廷"），莆田人，始末未詳。王、李二家，皆以詩擅長，文則不逮詩遠甚。攀龍之文尤不逮王世貞。光庭乃獨選其文，可謂不善持擇矣。每卷之首皆題曰《補註李滄溟集》，而書實無註，亦不可解。"

## 【刻註釋李滄溟先生文選狐白四卷】

明楊九經注釋。現存：明刻本，浙江圖書館藏，《中國古籍善本書目》著錄。

《滄溟先生集》三十卷《附錄》一卷 清道光二十七年景福堂刻本

## 【新鍥會元湯先生批評滄溟文選評林五卷】

明湯賓尹評。現存：明書林詹霖宇刻本，湖南師範大學圖書館等藏，《中國古籍善本書目》著錄。

## 【濟南李滄溟先生文選四卷】

清閻嗣均評註。現存：清康熙元年刻本，見《北京大學圖書館藏古籍善本書目》。

## 【李學憲集一卷】

現存：明隆慶五年序刻《盛明百家詩前編》本，中國國家圖書館、北京大學圖書館、上海圖書館藏，《中國叢書綜錄》著錄。

## 【滄溟文集不分卷】

現存：鈔本（六冊），臺灣“國家圖書館”藏，見《國家圖書館善本書志》。首冊封面手跋云：“甲寅冬月在沽上得之郭道人手，云是利津李氏舊藏，竹文遺物也。”書中有“中憛”朱文長方印，海豐吳重憙故物也。

## 【滄溟先生文抄九卷】

現存：明萬曆刻本，天津圖書館、南京圖書館藏，《中國古籍善本書目》著錄。

## 【滄溟先生尺牘三卷】

張所敬編。現存：日本寶曆元年刻本，日本靜嘉堂文庫藏，《靜嘉堂文庫漢籍分類目錄》著錄。

## 【李滄溟近體詩集二卷】

日本近江宇鼎注。有日本寶曆間刻本，見《江蘇省立國學圖書館圖書總目》、《山東文獻書目》。

## 【李滄溟集六卷】

清張汝瑚選並評。現存：清康熙晉江張氏郘雪書林刻《明十二家文集》本，《清華大學圖書館藏善本書目》、《復旦大學圖書館古籍簡目初編》、《四川省高校圖書館古籍善本聯合目錄》著錄。

## 【續李滄溟集一卷】

現存：明隆慶五年序刻《盛明百家詩後編》本，中國國家圖書館、北京大學圖書館、上海圖書館等藏，《中國叢書綜錄》著錄。

## 【滄溟集選不分卷】

現存：明刻《四傑詩選》本，清華大學圖書館、上海圖書館等藏，《中國叢書綜錄》著錄。

## 【擬古樂府二卷】

現存：明刻本，天一閣博物館藏，《中國古籍善本書目》著錄。

## 【南北二鳴編一冊】

攀龍與王世貞同撰。

《山東通志·藝文》（集部總集類）：“鈔冊。見《培林堂書目》。”

## 【詩文原始一卷】

《山東通志·藝文》（集部詩文評類）引《四庫存目提要》曰：“此書則自明以來不聞爲攀龍所作，其持論亦不類攀龍語。疑亦曹溶掇拾割裂之書，僞題攀龍名也。”

《四庫總目》著錄編修程晉芳家藏本，今未見。

## 【評杜詩鈔】

見《山東通志·藝文》（集部詩文評類）、《續修歷城縣志·藝文考》。

《山東通志·藝文》引海甯沈珩《耿巖文選》云：“癸丑予在長安，同年天雄孫雪崖郁豪於詩，見其枕中一帙甚秘，則于鱗《評杜詩鈔》。天雄孔使君得之書林，發篋梓之。此本人所未見，予從雪崖句有之。詩僅三百首，點次切密，評騭字極質約無浮文，真先雅風格。按所最賞心處，大較奇淡險遠、清真幽樸爲多，視世所裒杜詩瑰瑋壯麗者懸別。始歎古人劌心嗜古，心得難以告人，豈皮相所知。顧于鱗詩未造極，其亦詘于年命邪？”

## 【古今詩刪三十四卷】

見《明史·藝文志》、《千頃堂書目》、《歷城縣志·藝文考》、《山東通志·藝文》。現存：①明汪時元刻本，中國國家圖書館、南京圖書館、上海圖書館藏，《中國古籍善本書目》著錄。②明刻本，上海圖書館、南京圖書館藏，《中國古籍善本書目》著錄。③明刻鈔補本，臺灣"國家圖書館"藏，《國家圖書館善本書志》著錄。④明泰昌元年白世藴刻本（作《詩刪評苑》三十四卷），自貢市博物館藏，《中國古籍善本書目》著錄。⑤《四庫全書》本。

《山東通志・藝文》引《四庫提要》曰："是編爲所錄歷代之詩。每代各自分體，始於古逸，次以漢、魏、南北朝，次以唐，唐以後繼以明，多錄同時諸人之作，而不及宋元。蓋自李夢陽倡不讀唐以後書之說，前後七子率以此論相尚。攀龍是選，猶是志也。江淹作雜擬詩，上自漢京，下至齊梁，古今咸列，正變不遺。其《序》有曰：'蛾眉詎同貌而俱動於魄，芳草甯共氣而皆悅於魂。'又曰：'世之諸賢，各滯所迷，莫不論甘而忌辛，好丹而非素。豈所謂通方廣恕，好遠兼愛。'然則文章派別，不主一途，但可以工拙爲程，未容以時代爲限。宋詩導黃、陳之派，多生硬杈枒；元詩沿溫、李之波，多綺靡婉弱。論其流弊，誠亦多端。然鉅製鴻篇，亦不勝數。何容刪除兩代，等之自鄶無譏！王士禎論詩絕句有曰：'鐵崖樂府氣淋漓，淵穎歌行格儘奇。耳食紛紛說開寶，幾人眼見宋元詩。'其殆爲夢陽輩發歟？且以此選所錄而論，唐末之韋莊、李建勳，距宋初閱歲無多，明初之劉基、梁寅，在元末吟篇不少。何以數年之內，今古頓殊，一人之身，薰蕕互異。此真門戶之見，入主出奴，不緣真有限斷。厥後摹擬剽竊，流弊萬端，遂與公安、竟陵同受後人之詬厲，豈非高談盛氣有以激之，遂至出爾反爾乎？然明季論詩之黨，判於七子，七子論詩之旨，不外此編，錄而存之，亦足以見風會變遷之故、是非蜂起之由，未可廢也。流俗所行，別有攀龍《唐詩選》。攀龍實無是書，乃明末坊賈割取《詩刪》中唐詩，加以評註，別立斯名。以其流傳既久，今亦別存其目，而不錄其書焉。"

按：自此以下，爲攀龍編選之詩歌總集。

## 【詩刪二十三卷】

明鍾惺、譚元春評。現存：明刻朱墨套印本，中國科學院國家科學圖書館、遼寧省圖書館、山東大學圖書館等藏，《中國古籍善本書目》、《山東省珍貴古籍名錄（第一批）》著錄。

## 【唐詩選七卷】

明唐汝詢注，蔣一葵直解。《山東通志・藝文》

集部總集類著錄。現存：①明萬曆二十八年武林一初齋刻本（有《附錄》一卷），山東省圖書館、即墨市圖書館、南京大學圖書館等藏，《山東省珍貴古籍名錄（第一批）》、《四庫存目標注》著錄。②明萬曆刻本（作《唐詩選註》七卷《附錄》一卷），清華大學圖書館藏，《四庫存目標注》著錄；《四庫全書存目叢書》影印。卷端題"濟南李攀龍編選，晉陵蔣一葵箋釋"。前有萬曆癸巳李攀龍《唐詩選註序》，萬曆癸巳晉陵吳亮《箋釋李選唐詩序》，及附錄《統論》二章。③明施大猷刻朱墨套印本（附《彙釋》七卷，蔣一葵巽），山東省圖書館、中國國家圖書館、遼寧省圖書館藏，《山東省珍貴古籍名錄（第一批）》、《四庫存目標注》著錄。④明閔氏刻朱墨套印本（王穉登評），山東大學圖書館、文登市圖書館藏，《山東省珍貴古籍名錄（第一批）》著錄；《續修四庫全書》影印。

《山東通志・藝文》引《四庫存目提要》曰："舊本題明李攀龍編，唐汝詢註，蔣一葵直解。……攀龍所選歷代之詩，本名《詩刪》，此乃摘其所選唐詩。汝詢亦有《唐詩解》，此乃割取其註。皆坊賈所爲。疑蔣一葵之直解，亦託名矣。然至今盛行鄉塾間，亦可異也。"

## 【唐詩選彙解七卷】

明蔣一葵箋釋，唐汝詢注，鍾惺批點；清徐震增補重訂。現存：寫本，日本早稻田大學圖書館藏。

## 【唐詩合選箋注七卷目錄七卷】

現存：①清康熙刻本（作《唐詩箋注》七卷），煙臺圖書館藏，見《煙臺市珍貴古籍名錄圖錄》。題"濟南李攀龍、景陵鍾惺選評，虞山錢謙益箋釋，江東劉化蘭增訂"。②清刻本，中國國家圖書館藏。③清世棐堂刻本，開封市圖書館藏。

## 【鑴李及泉參于麟箋釋唐詩選七卷附錄一卷】

明李頤參閱。現存：明晏良榮刻本，重慶圖書館、美國哈佛大學哈佛燕京圖書館藏，《中國古籍善本書目》著錄。

## 【新刻李袁二先生精選唐詩訓解七卷】

明袁宏道校。現存：明萬曆四十六年余獻可居仁

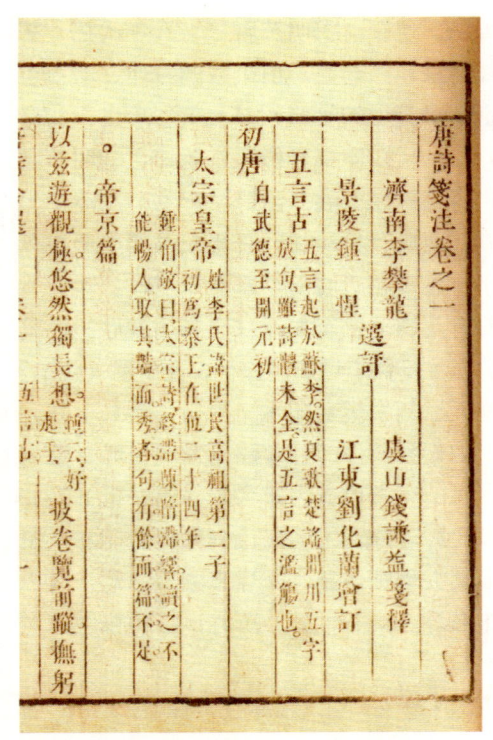

《唐詩箋注》七卷　清康熙刻本

堂刻本（四冊），遼寧省圖書館等藏，《中國古籍善本書目》、《美國哈佛大學哈佛燕京圖書館藏中文善本書志》著錄。

【李于鱗唐詩廣選七卷】

明凌瑞森、凌南榮輯評。現存：明萬曆三年凌氏盟鷗館刻朱墨套印本，山東大學圖書館、山東省博物館、揚州市圖書館等藏，《山東省珍貴古籍名錄（第一批）》著錄。

【古唐詩選七卷】

清吳舒鳧注。現存：①清康熙三十八年寶善堂刻本，遼寧省圖書館、復旦大學圖書館藏，《東北地區古籍綫裝書聯合目錄》、《復旦大學圖書館古籍簡目初編》著錄。②民國上海掃葉山房石印本，遼寧省圖書館、瀋陽市圖書館、黑龍江大學圖書館等藏，《東北地區古籍綫裝書聯合目錄》著錄。

【明詩選十二卷首一卷】

明陳子龍增刪。現存：明崇禎四年豹變齋刻本，山東省圖書館藏，《山東省珍貴古籍名錄（第一批）》著錄。

◆ 薛　樟

樟字子喬，歷城人。嘉靖癸卯（二十二年）舉人，甲辰（二十三年）進士。授山陽知縣，擢廣東道監察御史，疏劾嚴嵩，遂挂冠歸。嵩敗，臺省屢徵不起。《歷城縣志》卷三十七、《濟南府志》卷四十九有傳。

【蘭臺奏議】

見《歷城縣志‧藝文考》、《濟南府志‧經籍》、《山東通志‧藝文》（史部詔令奏議類）。

◆ 楊　選

選字以公，號東江，章丘人。嘉靖庚子（十九年）舉人，甲辰（二十三年）進士。初授行人，轉御史，按畿南郡。轉副使，兵備易州，去而易人立生祠。轉都御史，巡撫大同。丁母艱，以才望奪情起復，轉兵部右侍郎，總督薊遼，屢捷。又獲通釁為質，復蒙金幣之賞。癸亥（四十二）年，俺答入牆子嶺大掠，本兵黃尚書與選素有隙，指質通釁為勾引，選得罪死。海內冤之。《濟南府志》卷四十九有傳。

【按畿南郡稿】【備兵易州稿】【巡撫大同稿】【再撫雲中稿】【總督薊遼稿】

見道光《章邱縣志‧藝文》、宣統《山東通志‧藝文》（集部別集類）。按：楊選之文稿未見存者，李開先《田間四時行樂詩》、《中麓山人詠雪詩》（載《李開先集》）各存其跋一篇。

【東江詩集】

見《山東通志‧藝文》（據《繡水詩鈔》）。

《山左明詩鈔》卷十九載其《懷柔道中》、《自靈壽縣詣阜平山行漫興》詩二首。道光《章邱縣志‧藝文》載其《夏日遊東山寺》、《登城東小荊山》詩二首。

◆ 康迪吉

迪吉字道夫，號右川，章丘人。嘉靖甲辰（二十三年）進士。授戶部主事，歷官太原、保定知府，卒於官。其次女許配於李開先嗣子春塢。《李中麓閒居集》之八有《中憲大夫保定府知府右川康君墓誌銘》。

其詩文集未見著錄。道光《章邱縣志‧藝文》載其《登胡山絕頂》、《女郎山暮歸》詩二首。

## ◆ 何海晏

海晏字治象，號敬菴，平陰人。嘉靖癸卯（二十二年）舉人，甲辰（二十三年）進士。歷官河南參政。光緒《平陰縣志》卷四有傳。

### 【敬菴文集】

見光緒《平陰縣志·著述》（注云"逸"）、《平陰縣鄉土志》、《山東通志·藝文》（據《兗州府志》）。

光緒《平陰縣志》卷七載其《會仙山創建通旴殿記》，卷八載其《贈兵部主事梁公墓表》、《思庵先生墓表》、《平陰縣志舊序 萬曆甲戌》。民國《續修東阿縣志》卷十三載其《新建柯亭書院記》（明萬曆二年）一篇。

### 【候蟲鳴詩集】

見光緒《平陰縣志·著述》（注云"逸"）、《山東通志·藝文》（據《府志》）。

《山左明詩鈔》卷十九載其《水山》、《石門》詩二首。

## ◆ 劉璠

璠，章邱人。嘉靖甲辰（二十三年）選貢。

### 【劉璠集】

見《章邱縣志·藝文》、《山東通志·藝文》（據《縣志》）。

《縣志》本傳云："著有詩文，散佚不存。"

## ◆ 張弓

弓字希仲，號月梧，歷城人。嘉靖丙午（二十五年）舉人。官淮安通判，同官忌之，爲下石，罷去。歸則杜門守一編，吟詩自娛。長吏造請，皆稱病不見。人以此高之。《歷城縣志》卷四十、《濟南府志》卷四十九有傳。

### 【周易旁訓】

見《歷城張氏世系譜》。

### 【四書人物備考辨解】

見《歷城張氏世系譜》。

### 【古音考一卷】

見《歷城張氏世系譜》。

### 【月梧集四卷】

見《歷城縣志·藝文考》、《山東通志·藝文》。

《山東通志·藝文》："《縣志》載是集，及周藩中尉勤美《序》略云：'先生既迫於窮，日益刻意於詩。詩雖其所自喜，然而無當於志，弗作也。即作而當於志，然非其人，弗與睹也。即人得而睹之矣，然尤不欲以是爲名若先生者，所謂古之高尚，非邪？已而，王公出先生詩以示余。余受而讀之，歎曰："嗟乎！古稱言爲心聲，而詩尤其精者。余觀先生之詩，其淡永超詣，殆陶、韋之流也。"王公曰："善！子可謂知先生者。先生雅不欲傳其言，第春秋高矣，生平所劌意者惟此，不忍使之終無傳也。今掇其散逸，得若干首，將梓之，願爲我序其概。"遂以公命爲之記歲月云爾。'"按：朱勤美《刻月梧先生詩集序》，崇禎《歷城縣志·藝文》載有全文。

崇禎《歷城縣志·藝文》載其《錦屏春曉》、《趵突騰空》、《鵲華烟雨》、《明湖泛舟》、《佛山賞菊》、《白雲雪霽》、《會波晚照》、《歷下秋風》、《正甫泉亭留別》、《趙氏溪亭》、《華林寺》、《同苗珠泉陶心齋遊白雲洞信宿》等詩。

### 【秋山集六卷】【弔楊椒山古賦二十首】

見《歷城張氏世系譜》。

### 【唐詩詳註句解六十卷詩格一卷】

見《歷城張氏世系譜》。

## ◆ 陳其薀

其薀字道甫，號此泉，鄒平人。嘉靖丙午（二十五年）解元。《濟南府志》卷五十有傳。

### 【中庸對問一卷】

見《鄒平縣志·藝文攷》（道光十六年續纂）、《山東通志·藝文》。現存：清道光十六年刻民國三年增補《鄒平縣志》本（在卷十七）。

《鄒平縣志·藝文攷》載其全文，後附按語云："其薀領解時年二十有四，又十年而卒。其卒也，因相繼遇內外兩艱，哀毀至滅性以死，殆死於孝歟？明之中葉，學者畔朱，謂格物窮至事物之理，爲徒求於外，其說支離；謂能至小人之揜著，便是格物，便是致知；知之而能鑒之，即是慎獨，即是誠意；能誠意，即是助其存養。於是重存養而輕省察，重爲己而輕知幾，若物之表裏精粗，知之全體大用；意之毋欺、自謙，均不講也。其末流又分兩派，專重存養者入於禪寂虛無，專鑒揜著者鶩於功名志節，且謂率天下後世英才爲無用之學，皆程、朱之罪。其尤甚者，以畔朱之故，并及《大學》、《中庸》不當列爲《四書》，無狀竟至於是。幸我朝列聖褒崇正學，諸臣如李文貞公光地、陸清恪公隴其，多人力扶之，程、朱之統乃以大興。解元此文埋沒二百五十年，始得於諸生陳繩武家。言家有二本：一爲解元手錄，紙糜爛不可觸；一爲國初陳氏所抄。爲《中庸》之學者，不可不讀也。”

《山東通志‧藝文》按云：“《篛園日札》摘其扶正學者，名之曰《中庸答問錄要》。”

#### ◆ 成堯卿

堯卿，齊東人。嘉靖間貢生。官蕭縣知縣。

其文集未見著錄。民國《齊東縣志》卷六載其《黃知縣去思碑》一篇。

#### ◆ 呂麐

麐字承之，號東沙，陽信人。嘉靖庚子（十九年）舉人，丁未（二十六年）進士。歷官四川按察司僉事。

##### 【呂麐遺稿】

《山東通志‧藝文》：《縣志》云：“遺稿藏族裔呂九儀家，今散軼無復存者。”

《武定府志‧藝文》載其《長春堂記》、《后溪樂府序》。《山左明詩鈔》卷十九載其《題馬媿非巢雲亭》一首（《武定明詩鈔》作《題馬媿非攀龍巢雲亭》）。

#### ◆ 楊巍

巍字伯謙，別號夢山，海豐人。嘉靖癸卯（二十二年）舉人，丁未（二十六年）進士。歷官吏部尚書，加太子太保。《武定府志‧藝文》有葉向高《少保楊公墓誌銘》。

其文集未見著錄。《武定府志‧藝文》載其《重修大覺寺殿址記》、《海豐縣修學記》、《樂陵縣修復學宮記》。光緒《霑化縣志‧藝文》載其《五龍王廟記》。乾隆《樂陵縣志》卷七載其《樂陵縣修復學宮記》（萬歷六年）。

##### 【四書訓略】

見《山東通志‧藝文》（經部四書類）。

##### 【近疏漫錄】

《山東通志‧藝文》（史部詔令奏議類）：是編見葉向高所撰《墓誌》。《誌》云：“肅皇帝以嚴武懾下言官，杖斥相繼。公所條奏，直而不激，多見採納。”

《武定府志‧藝文》載其《請朝講疏》。

##### 【明前太僕寺少卿灤川王公配劉氏合葬墓誌銘一卷】

現存：明刻本，中國國家圖書館藏，《中國古籍善本書目》著錄。

##### 【諸家鈔】

《山東通志‧藝文》（子部雜家類）：“《縣志》載葉向高撰巍《墓誌》，稱有是編，又云：‘稗官、子史、星歷、醫方，無不研究。’”

##### 【存家詩彙八卷】

見《山東通志‧藝文》（集部別集類）。現存：①明萬曆三十年楊岑揚州刻本（作《夢山存家詩稿》），山東省圖書館、青島市圖書館（存四卷：卷一至四）、臺灣“國家圖書館”藏，《山東省珍貴古籍名錄（第一批）》、《國家圖書館善本書志初稿》著錄。此即《四庫》底本。②《四庫全書》本。③清鈔本（作《夢山存家詩稿》八卷《續稿》二卷《續編》二卷《歸桃花嶺詩集》□□卷《醉吟詩草》一卷，存九卷），山東省圖書館藏。

《山東通志‧藝文》引《四庫提要》曰：“巍歠歷中外，居官有能聲，自跋稱：‘幼習舉子業，不知詩，至嘉靖乙卯補晉臬提舉，曹忭始導之爲詩。歸田後，與山人呂時臣相倡和，得詩六百餘篇，屬邢侗、鄒觀光評騭而存之。’蓋其中歲學詩，與唐高適相類。而天分超卓，自然拔俗，故能不染埃壒，獨發清音。王士禎《池北偶談》稱其五言簡古，得陶體，爲明人所少。又舉其‘前年視我山中病，落日獨騎驄馬來。記得任家亭子上，連翹花發共銜杯’一絕。蓋其神韻清雋，與士禎論詩宗旨相近，故尤賞之。然其他高曠簡古之作，尚復不少，固與當時嘈雜之音相去遠矣。士禎嘗選訂其詩爲三卷，屬謝重輝刻之，今未之見。此即鄒觀光刪定之本，猶全集也。”

《山左明詩鈔》卷十五載其詩五十五首。道光《章邱縣志·藝文》載其《秋日送華空塵還章邱》詩一首。《德平縣志》卷十二載其《共適園庭樹產芝》詩一首。

## 【楊夢山詩選三卷】

《山東通志·藝文》：國朝王士禎刪定本。《漁洋詩話》云：“吾郡海豐楊太宰夢山巍先生《存家稿》八卷，余刪定爲三卷，刻於京師。謂其五言簡古，得陶體；五言近體，聲希味澹，固是間代清律。明作者自高蘇門之外，未見其比。”

## 【桃花嶺集七卷】

現存：明萬曆十七年刻本，臺灣“國家圖書館”藏，《國家圖書館善本書志初稿》著錄。

巍故里縣城土嶺旁有薄田百畝，惟宜植桃杏榆柳桑棗，而最愛桃花，種植尤多，因呼爲桃花嶺。海內知交往往惠以詩文，以宦遊在外，垂老而不能還鄉，偶讀諸友所贈，不啻北山移文，感懷之餘，乃彙編成集，名之《桃花嶺詩》。凡七卷，分五言古、五言律、五言排、七言古、七言律、七言排、七言絕，各一卷。

## 【歸桃花嶺詩集六卷】

現存：明萬曆二十二年刻本，臺灣“國家圖書館”藏，《國家圖書館善本書志初稿》著錄。

巍於萬曆庚寅（十八年）春三月告老還鄉，一時同朝諸公投贈詩文甚多，乃彙集成冊。原冊題爲《疏傳芳躅》，後惟刻其詩而不錄文，乃改題《歸桃花嶺詩集》。書分六卷：五言古、七言古、五言律、五言排、五七言絕、七言律，各一卷。

## 【檄餘錄六卷】

現存：明隆慶元年刻本，臺灣“國家圖書館”藏，《國家圖書館善本書志初稿》著錄。卷端首行題“檄餘錄卷之一”，次行題“陶謝韋柳詩”。前有隆慶元年楊巍《檄餘錄敘》。書末有馮惟訥《跋》。

本書係編者駐守邊關固原以防蒙古，兵檄之暇，取學宮之書觀之而選錄者，故名《檄餘錄》。卷一陶（淵明）謝（靈運）韋（應物）柳（宗元）四人之詩，卷二唐律詩，卷三史記文，卷四文選，卷五韓柳文，卷六宋文。每類不過數篇，文中亦無注釋批語。

## 【弘正詩抄十卷】

現存：明嘉靖三十六年曹忭刻本，中國國家圖書館、上海圖書館藏，《四庫存目標注》著錄；《四庫全書存目叢書》影印（題“楊二山輯”）。有嘉靖丁巳南郡黃鵠居士曹忭《弘正詩抄序》。

《山東通志·藝文》（作《宏正詩鈔》十卷）：“《四庫存目提要》曰：‘不著編輯者名氏。惟卷首曹忭《序》謂“二山楊君工於詩，所選宏治、正德間詩鈔，正如陶沙見金，非具大金剛目力者不能”云云。不知楊二山者何名。所錄凡李夢陽、何景明、康海、薛蕙、徐禎卿、鄭繼之、王廷相、邊貢、孫一元、殷雲霄十人之詩。前無目錄，亦不知其完否。考黃虞稷《千頃堂書目》，有《明十二家詩類鈔》十二卷，又有《盛明十二家詩選》無卷數，皆宏、正間詩。然所刻十二家之名，均與此互有出入，非一書也。’按：是編《漁洋文略》有《跋》，乃楊巍編也。《跋》云：‘海豐故太宰夢山楊公詩，予曩居京師，既選其最者刻梓以傳，又得《檄餘錄》以授其縣人吏侍冰壺王公，諸爲重刊。會其卒，此事未果。康熙戊辰春，以謁太皇太后梓宮至京師，於慈仁寺復得是集。蓋太宰撰宏正名家之作，起空同，訖十川，凡十卷。合《檄餘錄》觀之，公取裁大旨，約略具是矣，宜其自運之清迥絕俗也。’又案：《檄餘錄》，疑亦巍所選詩。”

## ◆ 張西銘

西銘字原仁，濱州人。嘉靖丁未（二十六年）進士。歷官南京戶部尚書，加太子少保。萬曆十八年，以老疾乞休致仕。

其詩文集未見著錄。《武定府志·藝文》載其《濱州重修學宮記》、《重修濱州城記》。《濱州志·藝文》載其《重修州學宮記》、《重修州城記》。《山左明詩鈔》卷十九載其《乞歸候報漫題》三首。世傳其《詠臥佛臺》詩曰：“耕釣軒中舊隱時，長安千載動歸思。明朝又是天涯客，說與西風總不知。”

### ◆ 殷士儋

士儋字正甫，號棠川，歷城人。嘉靖庚子（十九年）舉人，丁未（二十六年）進士。選庶吉士，授檢討。久之，充裕王講官，遷右贊善，進洗馬。隆慶元年擢侍讀學士，掌翰林院事，進禮部右侍郎，未幾改吏部。明年春拜禮部尚書，掌詹事府事，其冬還理部事。三年，命以本官兼文淵閣大學士入閣辦事。俄進少保，改武英殿大學士。四年，以舊恩進太子太保。與高拱、張四維構隙，疏請歸里。家居十一年卒。贈太保，謚文通，久之改謚文莊。《歷城縣志》卷三十七、《濟南府志》卷四十九有傳。

### 【二千文一卷】

見《歷城縣志·藝文考》（無卷數，題注"石刻在長清粟山西麓士儋墓前"）、《山東通志·藝文》（經部小學類）。是書有清長清周彤桂註釋刊本（彤桂字馥卿，光緒辛卯舉人），現存：①清光緒十三年邵書升刻本（作《二千字文注釋》一卷），《山東文獻書目》著錄。②清光緒十四年歷城邵書升重刻本（作《二千字文》一卷附《四聲韻母切音》一卷），山東大學劉曉東教授藏；《山東文獻集成》影印。

《歷城縣志·藝文考》載士儋《自序》曰："夫六書八體，審象而定名；五音四聲，同文以叶律。故《爾雅》、《說文》，義詮之啟鑰；《凡將》、《急就》，觚史之濫觴。感應蒙求，爰禆童習，幾貴少成，功匪小補也。林居寡營，集方多暇，手類恒言，耳提幼學。詞兼俚哆，期易通知，綴以今韵，庶便諷誦。卒晁之任仁，反歸說約云爾。"又載《後序》曰："《易贊·養正書》稱：'貽哲禮，視母誑，其致一也。宇宙間事，皆吾性分。灑埽應對，莫非天德；虛靈全體，無內無外；博文約禮，孰先孰後：必也責志乎？其要在慎獨，其極曰無我，大人者不失赤子之心而已矣。'載書末簡，申告塾師。萬曆戊寅損齋識。"

重刻本有光緒戊子邵書升《重刻二千字文增註序》略云："前明鄉賢殷文莊相公有《二千字文》一書。觀公自爲序跋，反覆於任仁、養正、大人、赤子、內外、先後之旨，知訓蒙莫善於此。因文缺註，初學病之，吾友長清周君復卿註成一編，淄川王君雨坡、蓬萊劉君巚泉疊加校定，可謂善矣。光緒丁亥，余註長清劉君叔衡書以授梓，長沙陶廉泉明府爲書原序兼題籤，刻既成，童蒙之籍以啟迪者良多。或謂，再字加

切音，並將兼韻音義一一明辨，不更善乎？爰商之周君。乃應之曰諾。脫藁後，更附四聲韻母五聲切音訣，帀月而成是書。在周君猶歉然自謂脫略不免，然俾童蒙尋檢，似覺較前尤便。遂重付歆劂氏，以廣其傳。"

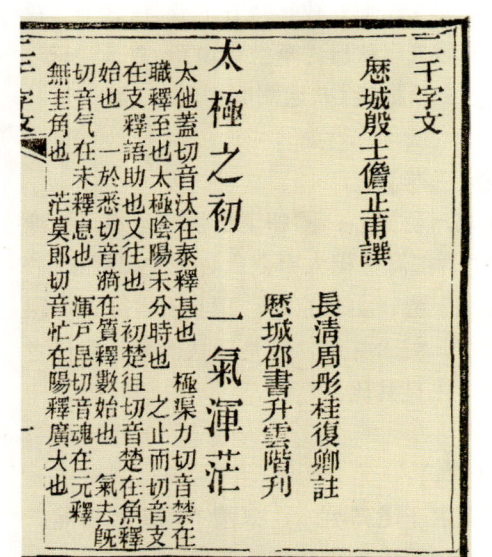

《二千字文》一卷　清光緒十四年歷城邵書升重刻本

### 【年譜】

見《歷城縣志·藝文考》、《山東通志·藝文》（史部傳記類）。

《山東通志·藝文》："《縣志》載是編引于慎行《殷公行狀》云：'惟公精忠茂實，簡在二聖；宏謀豐績，著在國史；即家庭子弟，有不備知。幸公所自著《年譜》，稍存梗槩。乃又請諸長老，各出所志，麗以年月，著其大略，以備采擇。'"

### 【經筵經史直解六卷】

見《歷城縣志·藝文考》、《山東通志·藝文》（子部儒家類）。

《山東通志·藝文》據《經義考》著錄，並載于慎行《穀城山館文集·殷公行狀》云："穆廟開閣潛邸，世皇精簡儒臣輔導，以公參講讀。公念以經義事儲邸，天下治忽係之，每進講，必齋戒存誠，冀有所感動。至君德治道所關，或理亂興亡之際，及權姦女寵，不憚危言激辭，以動高聽。穆廟天授聖明，每奏一篇，輒斂容深納。左右侍從聞公敷陳，亦無不洒然

變色易容者。"

## 【川上精舍講章一卷】

《山東通志・藝文》（子部儒家類）、《續修歷城縣志・藝文考》據《傳是樓書目》著錄。

## 【鑒懲錄前編一卷後編一卷附編一卷】

現存：①明隆慶四年金輿山房刻本（存二卷：後編一卷，附編一卷），浙江圖書館藏，《中國古籍善本書目》著錄。②明刻本，復旦大學圖書館藏，《中國古籍善本書目》著錄。《明史・藝文志》、《歷城縣志・藝文考》、《山東通志・藝文》（子部法家類）俱作《鑒懲錄》四卷。

《山東通志・藝文》據本書著錄，載士儋《自序》曰："隆慶戊辰秋，諸進士授官且之任，過余問政。余應之曰：其勿忘不忍人之心哉。《甫刑》曰：非爾惟作天牧，其爾何監？其今爾何懲？民命攸關，刑獄其尤重乎。《疑獄》有集有續，集刻久矣！夫喜於得情，工於摘伏，謂能疑爲明，是導之任數耳，蒙竊少之。教習餘暇，輯傳記中寬殘感應四十事，謬附贊述，題曰《鑒懲錄》，以授諸君子。人書一通，置諸座隅，接目警心，能無小補？蓋嘗莊誦我朝典制，若爲善、陰騭及勸善書，是錄所編，業收採備載，頒布海內，固臣民所宜遵信服膺也；惡得以語涉果報，概以齊諧議之云。"

《歷城縣志・藝文考》引于慎行《穀城山館文集・殷公行狀》云："公居詞林二十年，非習爲吏，然文法權算、典章名物，無不精貫。後見吏之武健刻深，專務文巧，以致平民侵冤，無所告訴，乃集往古奉法長民之吏以寬仁獲福、若蝮鷙遇禍者凡若干人，命曰《鑒懲錄》。"

## 【讀法須知】

見《歷城縣志・藝文考》、《山東通志・藝文》（子部法家類）。

《山東通志・藝文》："于慎行《殷公行狀》云：'公見法吏訊治多以喜怒自遂，或榜掠酷烈，不奉憲典，乃取《大明律令》笞杖問擬之法後吏漸失其指者，集而爲帙，命曰《讀法須知》。吏見其書者，亦多感動。方時政精核，吏如救火揚沸。而陰以其間有所化導，功實懋焉。'見《穀城山館文集》。"

## 【金輿山房稿十四卷】

見《明史・藝文志》、《四庫全書總目提要》、《歷城縣志・藝文考》、《山東通志・藝文》。現存：明萬曆一七年邵陛刻本，山東省博物館、中國國家圖書館、北京大學圖書館等藏，《中國古籍善本書目》、《山東省珍貴古籍名錄（第一批）》著錄；《四庫全書存目叢書》影印。卷端題"濟南殷士儋正夫著，門人東阿于慎行可遠編輯，餘姚邵陛世忠校正，紹興孫鋕文秉、鄱陽劉應麒道徵同訂"。書末有萬曆己丑賜進士出身中憲大夫都察院左僉都御史協理院事門生邵陛《金輿山房稿後敘》。

《山東通志・藝文》引《四庫存目提要》曰："是集爲其門人于慎行所編，凡詩、頌二卷，文十一卷，講義一卷。士儋與李攀龍遊，今觀其詩文，蓋直以鄉曲之誼相周旋耳，其投契不在文章也。"

《歷城縣志・藝文考》載汪道昆《序》、馮琦《序》及于慎行《後序》。汪道昆《序》畧曰："濟南大學士殷公，故與鄉大夫李于鱗、許殿卿並起。余首得《滄溟集》，則于鱗先鳴。殿卿善稱詩，《海右集》具矣。及殷公即世，《金輿山房稿》始傳，僅得詩二卷、文十二卷。公既以資逢世，高蹈著作之庭，始而羽翼邸中，卒之羽儀天下，經國大業，卒代天工，先學後臣，其所黼馘者，在此不在彼矣。于鱗陸沉中外，無預天祿石渠。騰驤自如，滅沒超忽，此天下馬也。公則服箱萬乘，不失馳驅，聲中鸞和，步中繩引，其斯天子之路馬也與？"舊《志》。

又，馮琦《序》曰："今之名文章家，殫精敝神，坐馳萬景，上模百代，皆託之乎不朽。蓋臧文仲稱不朽者三　言乃其最下。而劉勰論文有三，曰政化，曰事蹟，曰修身；而撰造不與焉。今所爲文者，不能加於古之撰造。而古人於撰造，以爲文章之餘耳。文章比古立言爲餘，言比功德又爲餘，然則今之所謂馳萬景而模百代者，乃古人之所餘三累之下者也。吾師殷文通公沒七年，而郡中丞始刻行其集。集中若疏，若頌，若講義，及詩若文，共十四卷。其大者，啟沃宸聰，損益典禮，高文大冊，焜燿金匱石屋之上；而細者，銓字景物，品騭今古，登高而賦，餞別而慨，體齊魯之雅馴，兼燕趙之悲壯，采吳越之婉麗，以爭勝於歷下婁水之間。要以蓄極而發，積厚而流，無意於爲文，而文生焉。不佞既受而卒業，則伏而嘆曰：'勰之所稱，在斯乎！然是先生之餘耳。'先生當肅皇帝

《金輿山房稿》十四卷 明萬曆十七年邵陛刻本

時，推擇為青宮師保；及莊皇帝踐祚，以舊學膺爰立之命，所以斧藻聖學，斟酌元氣，宏謨鉅烈，格於黼扆而隱於視聽者，不可勝紀。及先生拂衣去，而天下爭以不究其用為恨。然先生雅意用世，又能用而能不用。語曰：德之積以為身，其緒餘以為天下。夫惟為用之天下，又斂之於身，而德乃餘。先生其有合於立德之旨耶？說者以為先生用有所未究，故鬱鬱勃勃，洩為文章，若造物以千秋之名，償其所不足者。顧先生安所不足也？先生自洩其所有餘耳。夫燮和論道，其政立矣；紀往詔來，其蹟著矣；束髮藻行，迄於沒齒，其身潔矣；羽翼股肱，以弼成隆慶之治，功立而德益懋矣。其為文，取諸政化、事蹟、修身之餘；其為言，取諸立功、立德之餘。今之殫精散神，馳萬象、模百代者，大都有意於為文者也。彼有意於文，而終未必如古人者，先生無意於文，而其緒餘已陶鑄今人矣。以此兩者提衡而較，必有能辨之者。先生家食時讀書金輿山，其請老也，即是山著書焉，故以名其集，以附昔人藏副之意。而不佞以門下士，為序之簡端如此。"《宗伯集》。

于慎行《後序》略曰："往不佞行請告里居，歲謁吾師棠川先生濼上。最後先生出書一編，命曰：'此吾平生存稿也，生為我校之，將藏其副。'行也受而卒業，讐訛芟煩，存其七八，以復於先生。其年冬，先生微病，遽為書報曰：'歲在敦牂，吾其有龍蛇之

厄，以身後累生。'行也膛不敢對。明年六月，先生薨於里第。馳往伏哭，因請諸嗣君，畢發篋中遺書，則行所手校在焉。攜之以歸，將謀諸同門友，圖永其傳。居八年，邵大中丞在楚，走使長安，問先生藏書安在。行也齊沐三宿，拜而劚之中丞，越一歲殺青竟矣。中丞還臺，請於雲中相君暨汪司馬公弁其簡端，而行也謹跋其後。"

《山左明詩鈔》卷十五載其詩九首。道光《東阿縣志》卷十七載其《明平涼府同知于公墓誌》一篇。

### 【明農軒樂府一卷】

見《歷城縣志·藝文考》、《山東通志·藝文》（集部詞曲類）。

《山東通志·藝文》："《縣志》載是集及舊《志》唐府宗正宙槇《序》略曰：'《明農軒樂府》，濟南少保殷公所作也。公既罷相歸濟上，絕口不談聲利，而於詩文亦謝不復為，日與其友人許殿卿輩策款段，命扁舟，延眺鵲華之峰，寄傲明湖之渚。酒酣興逸，則肆口而占樂府數闋，間自為曼聲，引而歌之，相樂也。積久成帙，二三同好者梓之濟上。余從南陽司李王所得一帙，受而讀之，音節鏗鏘，若自金石出，而情與景會，語語天成，超詣詞場三昧之境，即勝國所傳諸大家之製，不是過也。乃若鴻冥蟬蛻，胸次超然，自非有道，詎易臻茲，豈獨詞調之工已耶？'又引舊《志》'殷棠川樂府'其《新春宴鶴江宅賞梅》詞云：'入門來，不暇相揖。先問北窗前，梅花開未。'其寫真詞，更入三昧。"

### ◆ 殷 盤

盤字洗心，歷城人，士儋子。以廢官思州知府。

### 【南北遊稿】

見《山左明詩鈔》、《歷城縣志·藝文考》、《山東通志·藝文》（集部別集類）。

崇禎《歷城縣志·藝文》載其《暮過琵琶山望城市》詩。《山左明詩鈔》卷二十載其《登羊山寺》、《暮過琵琶山望城市》詩二首。

### ◆ 楊 善

善，萊蕪人。嘉靖四十三年歲貢。

## 【萊蕪縣志八卷】

是志由萊蕪知縣陳甘雨（字應時，號少渠，福建莆田人，嘉靖二十三年任）修，楊善等纂。始於嘉靖二十六年，次年纂成梓行，爲現存最早萊蕪縣志。現存：明嘉靖二十七年刻本，天一閣博物館藏；《天一閣藏明代地方志選刊》影印。前有李開先、陳甘雨《序》。後有濮州熊兆《跋》。分圖考志、地理志、貢賦志、建設志、政教志、人物志、文章志、雜志八門。

### ◆ 馬庭若

庭若，臨邑人。嘉靖己酉（二十八年）舉人。

其詩文集未見著錄。《臨邑縣志》卷十五載其《臨邑縣尚義世家重修儒學記》（嘉靖四十二年）一篇。

### ◆ 傅起巖

起巖，肥城人。嘉靖己酉（二十八年）舉人。

其詩文集未見著錄。《肥城縣志》卷二載其《書院秋風》詩一首。

### ◆ 葛引生

引生字長伯，號東山，德平人，守禮子。廩生。贈戶部員外郎。《濟南府志》卷五十二、《德平縣志》卷七有傳。

## 【家禮摘要一卷】

見《山東通志·藝文》（經部禮類），無卷數。現存：清嘉慶九年東山葛氏樹滋堂刻《東山葛氏遺書》本，清華大學圖書館藏，《中國叢書綜錄》著錄。按：《東山葛氏遺書》凡三種：《東山餘墨》五卷，《東山論草》三卷，《家禮摘要》一卷。

《山東通志·藝文》引《縣志》載于慎行《序》略云：“其書無非酌四禮而折衷之。就中斤斤宗法，深切著明。所重在乎辨廟祧而正名分，先本實而次枝枝。揭成周正體門子之義，而慎《周禮注疏》卑乘尊、孽代宗者之條。後有薛收、姚義之輩起而廣之，則此二三策者，懸諸日月可也。”

按：葛引生係守禮之子，昕之父。據葛周玉《殷上舊聞》卷三“先世著述”，此書五卷，有東阿于慎行、新城王象乾《序》，刻於萬曆二十五年。

## 【東山論草三卷】

見《山東通志·藝文》（集部別集類），無卷數。現存：清嘉慶九年東山葛氏樹滋堂刻《東山葛氏遺書》本，清華大學圖書館藏，《中國叢書綜錄》著錄。

據葛周玉《殷上舊聞》卷三“先世著述”，是書分上中下三卷，有儀封張鹵《序》，唐文輝《後序》，刻於隆慶三年。

## 【東山餘墨五卷】

見《山東通志·藝文》（集部別集類），無卷數。現存：清嘉慶九年東山葛氏樹滋堂刻《東山葛氏遺書》本，清華大學圖書館藏，《中國叢書綜錄》著錄。

據葛周玉《殷上舊聞》卷三“先世著述”，是書五卷，有陵縣康丕揚《序》，其孫葛如麟《跋》，刻於天啓元年。

《山左明詩鈔》卷十九載其《贈東洲丈二首》、《吾昏》詩凡三首。《德平縣志》卷十一載其《隨車雨解》文一篇，卷十二載其《送周學諭之任江安》詩一首。

### ◆ 葛彙生

彙生字進伯，德平人，引生從弟。貢生。官武英殿中書舍人。《濟南府志》卷五十二有傳。

## 【川上草堂集】

《山東通志·藝文》（集部總集類）：“《州志》載是集及鄭材《序》略云：‘《川上草堂詩》者，葛君進伯所集其別墅之題詠名之者也。蓋進伯既以中翰請告旋旦中，卜於城之西南隅築室以居，曰川上草堂。是堂也，左傍第宅，右屆畎畝，前有園林之觀，後有池沼之勝。進伯開芳徑以拉朋，賞良辰而作樂，凡相與接杯酒而聯交歡者，非二仲之高蹤，則八公之仙侶。當斯之際，賓主情洽，罔不開襟解帶，分韻賦詩。有長歌，有短詠，有連篇，有對句，久之，風騷滿池塘，格言徧座右矣。進伯益愉快其大雅之翩翩、幽思之栩栩也，於是裒輯成帙，以示不佚，且屬不佞序。嗟乎！進伯曩者居承明之廬，處清華之地，猶然厭苦退而閒於川上之草堂以自樂。乃不佞職吏役而羈簿書，即使搦管抽毫，吐元晏之微言，合左思之妙旨，竊恐杜若見嗤，薜荔爲恥也。’”

葛周玉《殷上舊聞》卷三“先世著述”條云：“有所輯之書，其已經付梓，書存而板失者，則中翰公所輯《川上草堂集》一卷。"

《德平縣續志·藝文·著作》"葛中翰公川上草堂詩"條云："刻本已不多見，抄本尚有存者。內多名流過從之作，不獨中翰公詩。德州宋憲使弼選《山左明詩抄》，益都李莄畹先生刻之，內有中翰公作。知當年刻本流布，猶有存者。"

《山左明詩鈔》卷十九載其《川上草堂新成》詩一首。《德平縣志》卷十二載其《川上草堂偶成》一首。另《德平縣志》卷十二有邑令鄭材《葛中翰川上草堂二首》，及邑孝廉党天爵《和前韻》、吳中高士顧願《和前韻》等詩。

#### ◆ 李邦珍

邦珍字子懷，號同川，肥城人。嘉靖丙午（二十五年）舉人，庚戌（二十九年）進士。歷官都察院右副都御史。《肥城縣志》卷九有傳，卷二有大學士徐階《勅贈文林郎河南道監察御史李公墓表》。

其詩文集未見著錄。《齊河縣志》卷三十三載其《山西按察司副使封驃騎將軍左軍都府都督僉事尹公墓表》一篇。康熙《肥城縣志書》下卷載其《鄭侯去思碑記》、《萬侯生祠記》。光緒《肥城縣志》卷二"晒書城"條下有其明萬曆十四年《重修大成書院碑》（有目無文），另載其《同川書院記》、《儒隱村記》二篇；卷四"城隍廟"條下有其萬曆二年《重修碑》（有目無文）；卷五載其《重修廟學記》（明萬曆四年）。

#### 【肥城縣志】

《山東通志·藝文》："光緒《肥城志》載是志修於隆慶壬申。李基熙《嘉慶志·序》云：'謹按舊《志》序云：邑初無志，有之自先中丞同川公始，而其書止於明季兵燹，不可復得。'"

#### ◆ 尹　庭

庭，肥城人。嘉靖庚戌（二十九年）進士。任河南郟縣，政治天下第一，擢湖廣道監察御史，奏劾嚴嵩父子七疏，廷杖回籍。《肥城縣志》卷九有傳。

其詩文集未見著錄。康熙《肥城縣志書》卷三載其《重修城隍廟記》。光緒《肥城縣志》卷三"迎恩橋"條云："在武定門外，邑人李第修，有明嘉靖戊午《武定門建橋記》碑，邑人尹庭撰。碑立於城隍廟門外西階下。"未錄碑文；卷四"城隍廟"條下載其

嘉靖三十五年《重修碑》文（李邦珍書）。

#### ◆ 劉效祖

效祖字仲修，濱州人。嘉靖庚子（十九年）舉人，庚戌（二十九年）進士。除衛輝推官，授戶部主事，歷陝西按察副使。

其文集未見著錄。《濱州志》卷十一載其《重修州城記》（《武定府志·藝文》作《重修濱州城記》）。

#### 【密雲縣志】

見《千頃堂書目》，注云："萬曆間修。"

#### 【四鎮三關誌十二卷】

見《明史·藝文志》、《千頃堂書目》、《山東通志·藝文》（史部地理類）。現存：明萬曆四年刻本，中國科學院國家科學圖書館藏；《四庫禁燬書叢刊》據《中國文獻珍本叢書》影印。前有萬曆丙子四月關中楊兆《序》，效祖自撰《序》，及《纂脩邊誌檄文》。

#### 【雲林稾】

見《明詩綜》、《御選宋金元明四朝詩·姓名爵里》。《山左明詩鈔》作《雲林集》。

《明詩綜》引朱仲立云："仲修詩沉著渾雄，得盛唐氣格，李伯承之亞也。"又《詩話》云："昭陵嘗遣中使索其題冊，呼曰念菴。念菴，副字也。因賦詩云：'更生雙鬢已蕭騷，敢謂文章擅彩毫。過誤偶承明主問，因緣不是鬱輪袍。'人傳其事，以為列朝所未有。詩亦爽豁，惜集不傳。"

《明詩綜》載其《甕山耶律丞相祠作》、《燕京歌》、《塞上曲》、《九日獨酌》共四首。《御定佩文齋詠物詩選》載其《九日獨酌》（在卷四十六）、《燕京歌》（在卷二百二十一）。《御選宋金元明四朝詩》卷十有其《折楊柳》、《塞上曲》二首，《九日獨酌》在卷一百八。《山左明詩鈔》卷十九載其詩十九首。

#### 【雲林集抄一卷】

民國丁錫田輯。《續修四庫全書總目提要（稿本）》著錄濰縣丁氏抄本，提要云："是集計古近體詩三十二首，乃濰縣丁錫田自《明詩綜》以及省、府、州、縣志書所輯得者。其所著《雲林集》，原書僅《州志》著錄，不標卷數，亦不悉其編製如何。即其所撰

《四鎮三關志》，於明代邊防至關重要，今亦散佚不存。朱彝尊《明詩綜・詩話》云：'效祖負經世略，坐計吏罷官，寄情詞曲，所填小令，可入元人之室。明穆宗嘗遣中使索其題冊，呼曰念庵，而不名效祖。因賦詩云："更生雙鬢已蕭騷，敢謂文章擅彩毫。過誤偶承明主問，因緣不是鬱輪袍。"當時人士傳其事，以為列朝所未有'云云。丁氏所輯此本，各體皆備，且多為官時作，如《入喜峰關甕山》、《耶律丞相祠》、《早發三屯營》、《望京師送王司馬》、《西巡塞上曲》、《贈劉司馬》等，似皆在陝所作也。又如《秋園漫述》云：'別業依塵市，閒心寄遠蹤。門幽無客到，地僻有苔封。霜樹秋陰靜，烟蘿晚翠重。隔鄰仙館暮，花外度疎鐘。'又如《閨情折楊柳曲》云：'楊柳千條拂地垂，春風送客妾心悲。誰家少年輕別離，偏把愁聲笛裏吹。'等首，類皆爽朗不群，飄然有夌雲氣概也。"

## 【詩稿六卷】

見《明史・藝文志》、《山東通志・藝文》。《千頃堂書目》作《劉仲修先生詩稿》無卷數，注云："字仲修，濱州人，居順天。固原兵備副使。以賦詩自豪。篇什流傳，中禁嘗知其名，穆宗嘗遣中官索其詩。都人盛傳其事。"

## 【文稿】

見《千頃堂書目》。

## 【雲林和詩一卷】

見《千頃堂書目》。概與友人倡和之作也。

## 【塞上言一卷】【盛世宣威一卷】【清時行樂一卷】【燈市謠一卷】【長門詞一卷】

見《千頃堂書目》。效祖以詞曲小令擅名於時，此數種者，蓋俱其散曲小集也。

## 【詞臠一卷】

現存：民國二十五年金陵盧氏刻《飲虹簃所刻曲》本，中國國家圖書館、上海圖書館、南京圖書館等藏，《中國叢書綜錄》著錄。《續修四庫全書總目提要（稿本）》著錄清康熙三十九年庚午刊本。

## 【良辰樂事不分卷】

現存：清康熙二十九年劉芳永刻本，《續修四庫全書》（集部曲類）影印。

## ◆ 張　蕙

蕙號抑齋，平原人。嘉靖庚戌（二十九年）進士。授刑部主事，歷升郎中、四川僉事，河南參議，昌平、甘肅兵備副使，山西參政。所至新廟學、禁淫祠、發奸伏、均徭賦、恤煢獨，以廉明公恕稱。嘗賦詩見志，有"一官報國心惟赤，萬事無慚面不紅"之句。《平原縣志》卷八（作張惠）、《濟南府志》卷五十二有傳。

《府志》本傳云："罷歸，創輯邑乘，未成而卒。"《平原縣志》卷十載其《新甃甎城記》一篇。

## ◆ 張幼學

幼學字習庵，歷城人。嘉靖壬子（三十一年）科順天舉人，癸丑（三十二年）聯捷進士。欽點內閣中書。按：此據《歷城張氏世系譜》。《濟南府志・選舉》亦有歷城人張幼學，萬曆間歲貢，官高唐訓導。恐非一人。

## 【律呂變宮考一卷】

見《歷城張氏世系譜》。

## ◆ 王汝言

汝言，濱州人。嘉靖癸丑（三十二年）進士。官通政司參議。

其詩集未見著錄。《山左明詩鈔》卷十九載其《登狼山》一首。

## ◆ 吳思敬

思敬字懷川，德州人。嘉靖癸丑（三十二年）進士。官懷慶知府。

其詩集未見著錄。《山左明詩鈔》卷十九載其《偶成》、《野遊》、《春雪》、《漫興》詩四首。

## ◆ 馬攀龍

攀龍字沖霄，號塊非，陽信人。嘉靖乙卯（三十四年）舉人。官禮部主事。乾隆《陽信縣志》卷七有傳。

## 【株守談略四卷】

見《明史・藝文志》、《山東通志・藝文》（子部小說類）。《千頃堂書目》作三十一卷，注云："一作四卷。"

## 【愧非集十四卷】

見《山東通志・藝文》。《山左明詩鈔》、《武定明詩鈔》作《媿非集》。

《山東通志・藝文》著引《四庫存目提要》曰："是編凡《談略》四卷，《乾坤逆旅集》一卷，《漫橐》一卷，《遊涉橐》一卷，《遊林橐》一卷，《邯鄲學步集》四卷，《忙忙亭稿》二卷。《明詩統》稱其'博學雄才，著述甚富，惜年不稱壽'。今以集考之，攀龍爲學官時，有《院試》詩云：'五十老文學，低頭竊自羞。'自註云：'余赴試許州，自傷老大，猶滯學博'云云。其後遷邯鄲令，轉京邑，入爲主事。有《早春入朝》詩句云：'書生慶際遇，白首得爲郎。'又《長安除夕》有'爲客已三載，壯志灰頹齡'等句。則年不稱壽之說非也。《談略》所引多小說俚語，詩用《洪武正韻》，又與詩餘雜編，亦乖體例。"

是書《四庫全書總目》據山東巡撫採進本著錄。《山東巡撫第二次呈進書目》："《媿非文稿》八本。"《四庫全書存目叢書》未收，蓋已罕傳。

《武定明詩鈔》收其《秋霽》等詩十餘首。《山左明詩鈔》卷二十載其《清明》一首。

### ◆ 任登瀛

登瀛，歷城人。嘉靖乙卯（三十四年）舉人。官河東運副。

## 【任登瀛詩稿】

見《歷城縣志・藝文考》、《山東通志・藝文》。崇禎《歷城縣志・藝文》載其《秋日遊清河》詩。

### ◆ 孫養默

養默字少泉，鄒平人，嘉靖乙卯（三十四年）舉人，歷官衛輝同知。

## 【夏臺小稿】

見《鄒平縣志・藝文攷》、《濟南府志・經籍》、《山東通志・藝文》。

《山東通志・藝文》："《縣志》引《長白景物志》云：'孫養默負雋望，有聲齊魯間，優於四六，尤善詞詠。嘉靖中由孝廉仕夏縣令，夏人豔其集，刻曰《仕優錄》，自改爲《夏臺小稿》。'"

### ◆ 尹際可

際可字遇夫，平陰人。嘉靖乙卯（三十四年）舉人。嘉靖四十年任崞縣知縣，改陞太原府通判。

## 【崞縣志八卷】

現存：嘉靖四十四年刻本，中國國家圖書館藏縮微膠卷。按：崞縣舊無志，際可任崞令時始爲草創。原書所述，不無簡漏，然綱領分明，條目完整，在志書之創修本中，殊爲少見。

### ◆ 張延庭

延庭，濱州人。嘉靖乙卯（三十四年）舉人。

其詩文集未見著錄。《濱州志》卷十一載其《重建城隍廟碑記》一篇。

### ◆ 王君賞

君賞字汝懋，號四山，淄川人。嘉靖戊午（三十七年）舉人，己未（三十八年）進士。授中書舍人，秩滿擢浙江道監察御史。以忤張居正，謫判許州。旋升開封府推官，升刑部主事，歷浙江水利道，調泰州治兵，升陝西苑馬寺卿，一年乞終養歸。《濟南府志》卷五十有傳。

## 【抱一詩稿】

《山東通志・藝文》：《山左明詩鈔》載是編，又引《縣志》云："有詩數卷藏於家。"

《王氏一家言》卷二《苑卿公集》前載乾隆丙寅秀水盛百二《四山詩敘》略云："般陽王四山先生與滄溟、夢山同時，以進士起家，歷歷中外，節概政事，卓有可傳。以其餘力爲詩，著述雖富，以非意所專尚，隨手散軼。文孫相符，搜殘補缺，得若干首，如吉光片羽；以少而益珍，恐其久而復失也，將以付梓，而問序於予。"按：君賞號四山，秀水盛氏所敘之《四山詩》，當即《抱一詩稿》之別名也。

《山左明詩鈔》卷十九載其《遊青雲寺》、《歸里園居》（二首）、《舟次維楊寅亮弟以使事相值》

詩，凡四首。《淄川縣志・藝文》載其《遊青雲寺》、《自夾山趨顔神感古》詩二首。

【四山遺詩一卷】

現存：清道光二十七年刻本，青島市圖書館藏，《青島市圖書館藏山東文獻珍本圖録》著録。

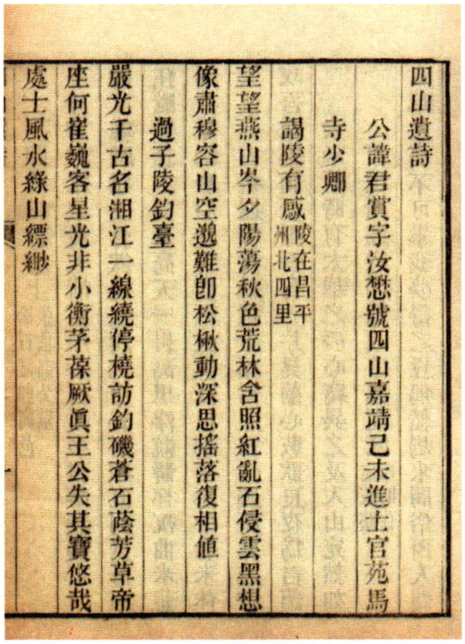
四山遺詩
公諱君賞字汝懋號四山嘉靖己未進士官苑馬
寺少卿
謁陵有感 陵在昌平州北四里
望望燕山岑夕陽蕩秋色荒林含照紅亂石侵雲黑想
像肅穆容山空邈難即松楸動深思搖落復相值
過子陵釣臺
嚴光千古名湘江一線繞停橈訪釣磯蒼石蔭芳草帝
座何崔巍客星光非小衡茅蓀厥眞王公失其寶悠哉
處士風水綠山縹緲

《四山遺詩》一卷　清道光二十七年刻本

【苑卿公集一卷】

現存：民國七年順和堂石印局石印《王氏一家言》本（在卷二），青島市圖書館藏；《山東文獻集成》影印。收録五七言詩三十八首，歌行二首，《縣志舊序》文一篇。

《縣志舊序》（明嘉靖二十九年）亦載於《淄川縣志・藝文》。

## ◆ 李鶴福

鶴福，新城人。庠生。

其詩文集未見著録。《重修新城縣志・金石》載其《創建真武廟臺記碑》（嘉靖三十九年）。

## ◆ 劉　釴

釴，歷城人。嘉靖辛酉（四十年）舉人。官漢中通判。《歷城縣志》卷四十三、《濟南府志》卷四十九有傳。

【詩二卷】

見《歷城縣志》本傳、《山東通志・藝文》。《歷城縣志・藝文考》作《劉鉞詩集》無卷數。（《縣志》本傳按："劉釴，舊《志》作劉鉞。今從《滄溟集》。"）

## ◆ 王載揚

載揚字汝賓，號見山，淄川人。嘉靖辛酉（四十年）舉人。官海州知州。抵任，見一切刓敝不厭意，奮力洗刷之。杜侵牟，戒吞噬，立倉社，修學宮，巨細方就理，而島夷報警。海當其出沒地，民素荷耒耜，不諳兵律，乍聞警，惶駭無措。乃贖民間地數頃，闢教場，立演武廳，募民兵二千，分五團營，立五假將軍號以統之，喻以步伐，嫻以止齊，習以戚繼光"鴛鴦陣法"，而海人始恃以無恐。適歲又大祲，當事者檄崇城。載揚念此枵腹之衆而徵之役，是速之斃無已。池可浚也，池深則城自高，因海潮導水灌之，屹然金湯矣。又海多漁舟，歲榷銀八百餘兩，陋例也，悉爲却之。他無名征徭，亦皆申罷。淮揚吏治遂稱第一。而南京章御史舍沙及之，即拂衣歸。臥林泉十餘載，年七十三歲卒。

【海州公集一卷】

現存：民國七年順和堂石印局石印《王氏一家言》本（在卷三），青島市圖書館藏；《山東文獻集成》影印。收録七言絶句二首，文一篇，附長山劉一相撰《墓志銘》。

## ◆ 楊　堪

堪字鳳岡，禹城人。嘉靖辛酉（四十年）舉人。授靈寶知縣，擢陳州知州，晉蘇州同知，解任歸。《濟南府志》卷五十二有傳。

其詩文集未見著録。《禹城縣志》卷十載其《重修上帝廟記》一篇。

## ◆ 王之垣

之垣字爾式，號見峯，新城人，重光子。嘉靖戊午（三十七年）舉人，壬戌（四十一年）進士。授荆州府推官。隆慶丁卯，爲刑科給事中。尋擢禮科右，兵科左，升禮科都給事中，起刑科。尋擢太僕寺少卿，改鴻臚寺卿。甲戌，擢大理寺右少卿，尋轉左。久之，遷南京太僕寺卿，尋轉北京。踰年，擢順天府尹。繼擢都察院右副都御史，巡撫湖廣。庚辰，擢戶部右侍郎，明年轉左侍郎，疏乞歸省。歸二十年而卒，年七十八。詔賜祭葬，贈戶部尚書。子三：象乾、象賁、象晉。《濟南府志》卷五十一、《重修新城縣志》卷十四有傳。《來禽館集》卷十五有《新城大司徒王公誄》，卷十七有《資政大夫戶部尚書王公行狀》。

其詩集未見著錄。《山左明詩鈔》卷十九載其《結廬》、《重陽日同韓明宇登醉翁亭懷仁山渡江》詩二首。《長山縣志》卷十二載其《［長山縣］舊志序》（隆慶四年二月）一篇。《重修新城縣志》卷二載其《登馬公山記》；卷二十三載其《（萬曆十三年）重修儒學記碑》、《（萬曆十六年）邑令趙文炳去思碑》目、《重修城隍廟記碑》（萬曆二十八年）。

## 【諫議疏稿四卷】

見《濟南府志·經籍》、《山東通志·藝文》（史部詔令奏議類）。現存：明萬曆刻本，中國國家圖書館藏，《中國古籍善本書目》著錄。

## 【念祖約言世記二冊】

見《山東通志·藝文》。《重修新城縣志·藝文》作《念祖約言》，無卷數。

《山東通志·藝文》：“是書有王與胤刊本。之垣《自序》云：‘予年躋八十，自幼聞見祖父一二勤儉詩書事迹，恐遂遺忘，因錄遺後，以防子孫之忘勤儉、賤詩書者，或可動其警惕之心，亦庶幾乎保家守業之一助云。’據本書。”

## 【歷仕錄一卷】

見《濟南府志·經籍》、《山東通志·藝文》（史部傳記類）。現存：清康熙四十一年王氏家塾惺心樓刻本（《王漁洋遺書》之一），中國國家圖書館、上海圖書館、湖北省圖書館等藏，《中國叢書綜錄》、《中國古籍善本書目》著錄；《四庫全書存目叢書》影印。

《山東通志·藝文》引《四庫存目提要》曰：“是編自記其歷官行事，自荊州府推官，歷御史、給事中、太僕寺少卿、鴻臚卿、順天府尹、湖廣巡撫至戶部左侍郎止。後附錄二條，又紀友、紀夢、紀異各一條。之垣即劾誅何心隱者，是編詳紀其事。萬曆中，御史趙崇善論其殺心隱爲媚張居正，故其曾孫士禎雜著中屢辨之。是編之跋，亦惟爭此事耳。”

## 【基命錄三卷】

見《濟南府志·經籍》、《山東通志·藝文》（史部傳記類）、《重修新城縣志·藝文》（無卷數）。

## 【惺心樓三編】

《重修新城縣志·藝文》據張象津《新城後志稿》著錄。

## 【日程編】

《重修新城縣志·藝文》據張象津《新城後志稿》著錄。

## 【新城縣志備考】

《山東通志·藝文》：“康熙《新城志·凡例》云：‘山川、古蹟、藝文多從司徒王公所纂《備考》一帙摭拾纂輯。’王士禎康熙《新城志·序》云：‘誌初修於嘉靖，先曾祖大司徒公實任分較。度《備考》即分較時作也。’”

## 【瑯琊遊記】

見《濟南府志·經籍》、《山東通志·藝文》（史部地理類）、《重修新城縣志·藝文》。

## 【承天大志紀錄事實三十卷】

見《明史·藝文志》、《山東通志·藝文》（史部政書類）。《千頃堂書目》作《承天大志基命紀錄事實》三十卷，注云：“隆慶元年編進。”

## 【律解附例八卷】

見《明史·藝文志》、《山東通志·藝文》（史部政書類）。

《山東通志·藝文》引《欽定續通考》云：“隆慶五年四月，刊布律例諸書。刑科給事中王之垣等言：律解不一，理官所執互殊，請以《大明律》諸家注解，折衷定論，纂輯成書，參以續定事例，列附條例之後，刊布中外，以明法守。”

《千頃堂書目》載是書云：“隆慶五年三月刑科給事中王之垣奏請編輯。”

## 【百警編一卷】

見《山東通志·藝文》（子部儒家類）。現存：

清鈔本（二卷），山東省博物館藏。凡上下兩卷，共百餘條。

《山東通志・藝文》："是編刊入《正誼堂叢書》。江夏郭正域《序》略云：'今世談玄空者，掃躬行而靡顧；騁權術者，竟波蕩以忘歸。先生此書，有深思乎孔聖之教，大旨不外倫常，科條不出言行，忠恕謹信，臨深履薄，比於今人，皆庸德耳，大聖誘人，抑何兢兢也？展誦此書，約文舉要則聲鑑可徵，顧目書紳則戶牖不爽，培其本如松柏之有心，防其逸如規矩之有度，豈若夸毗之子詖淫之說，聽其言詞，蕩心駴目，綜其行事，叓駕詭閒也哉！'"

### 【炳燭編】

《山東通志・藝文》（子部雜家類）："《縣志》載是編《自序》略云：'往哲格言懿行，載諸簡編，若珠海玉山，記憶不能，委置未安。暇中手錄成編，分類十二，列款一百二十，間雜以釋、老、莊、列之語。苟可繕性尊生，何必五穀？師曠曰："少而學爲日出之光，老而學爲炳燭之明。"予今所輯，亦炳燭類也，因名《炳燭編》，藉明一隙，猶愈於昧行云爾。'"

### 【攝生編】

《山東通志・藝文》（子部道家類）："是編見《分甘餘話》。《縣志》載郭正域《序》略云：'所著《攝生集》盡除隱言罕譬，悉破外道旁門，直指深淵，妙探象罔，語約而顯，道奧而真，大有功於丹經。'"

### 【嘉靖戊午科山東鄉試墨卷一卷】

現存：明刻本，山東省博物館藏，《中國古籍善本書目》著錄。

## ◆ 蕭大亨

大亨字夏卿，號岳峰，泰安人。嘉靖辛酉（四十年）舉人，壬戌（四十一年）進士。歷官太子太保、刑部尚書。

### 【岳峰蕭公奏議十卷】

見《山東通志・藝文》（據《傳是樓書目》）。

### 【夷俗記一卷】

見《山東通志・藝文》（史部地理類）。現存：

明泰安蕭少保嶽峯遺像　載民國三十年江安傅氏藏園鈔本《北虜風俗》

①明萬曆二十二年自刻本（《夷俗記》一卷《世系表》一卷），中國國家圖書館藏，《中國古籍善本書目》、《四庫存目標注》著錄；《四庫全書存目叢書》影印。②明萬曆刻《寶顏堂祕笈》本（作《大司寇蕭岳峯公夷俗記》一卷），中國國家圖書館、中國科學院國家科學圖書館、復旦大學圖書館等藏，《中國古籍善本書目》、《中國叢書綜錄》、《山東文獻書目》著錄。③明刻《廣百川學海》乙集本，中國國家圖書館、南京圖書館、浙江圖書館等藏，《中國古籍善本書目》、《中國叢書綜錄》、《山東文獻書目》著錄。④影鈔明萬曆間刻本（作《北虜風俗》一卷），臺灣"國家圖書館"藏。⑤明刻清順治三年宛委山堂印《說郛續》本，《中國叢書綜錄》、《四庫存目標注》著錄；《說郛三種》影印。⑥民國三十年江安傅氏藏園鈔本（作《北虜風俗》一卷《北虜世系記》一卷，江安傅增湘校並跋，壽光趙愚軒跋），山東省博物館藏；《山東文獻集成》影印。

《山東通志・藝文》引《四庫存目提要》曰："是書專記韃靼風俗，分匹配、生育、分家、治姦、治盜、聽訟、葬埋、崇佛、待賓、尊師、耕獵、食用、帽衣、敬上、禁忌、牧養、習尚、教戰、戰陣、貢市二十類。蓋大亨嘗爲宣大總督，故錄其所聞如此。然殊多失實，不足徵信。惟順義王互市之地，《明史》載大同於左衛北威遠堡邊外，宣府於萬全右衛張家口邊外，山西於水泉營；而此書載大同互市有三堡，一曰守口堡，二曰得勝堡，三曰新平堡，則大亨所親見，較史爲詳云。”

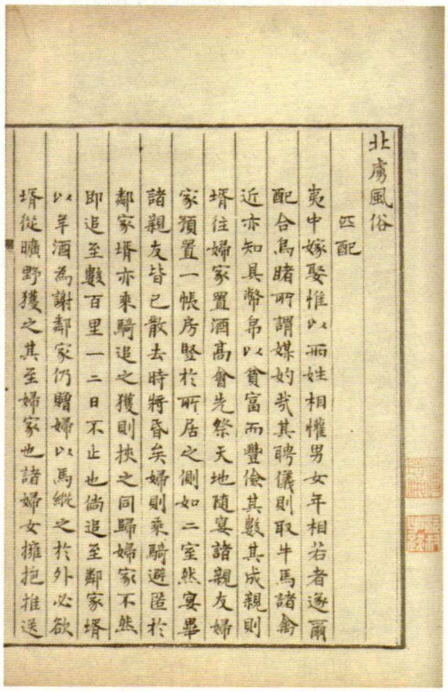
北虜風俗

匹配

夷中嫁娶惟以兩姓相權男女年相若者遂爾配合烏睹所謂媒妁哉其聘儀則取牛馬諸畜近亦知具幣帛以貧富而豐儉其數其成親則壻往婦家置酒高會先祭天地隨宴諸親友婦家預置一帳房竪於所居之側如二室然宴畢諸親友皆已散去時將昏矣婦則乘騎避匿於鄰家壻亦乘騎追之獲則挾之同歸婦家不然即追至數百里一二日不止也倘追至鄰家壻以羊酒為謝鄰家仍贈婦以馬縱之於外必欲壻從曠野獲之其至婦家也諸婦女擁抱推送

《北虜風俗》一卷 山東省博物館藏民國三十年江安傅氏藏園鈔本

**【家訓】**

見《重修泰安縣志·著述》。

**【今古文抄】**

見康熙《泰安州志》本傳、《重修泰安縣志·著述》。《泰安府志·藝文》作《古今文鈔》。

**【文章正宗】**

見康熙《泰安州志》本傳、《重修泰安縣志·著述》。

## ◆ 蕭協中

協中字公黼，泰安人，大亨子。以廕授上林苑監丞，擢順天府治中，致仕家居。李自成軍將陷城，北嚮再拜，投井死。

**【醞檀集】**

見《山東通志·藝文》（據《泰安府志》）。《重修泰安縣志·著述》作《醞醴集》。

**【泰山小史一卷】**

現存：民國二十一年泰山趙氏鉛印本（趙新儒注，有《附錄》一卷），大連圖書館藏，《大連圖書館藏古籍書目》著錄。

《山東通志·藝文》集部別集類著錄是書一冊，提要云：“乾隆己酉郡守宋思仁刊以行世。其詩皆詠泰山名勝古蹟人物。思仁《序》略云：‘生平精文翰，尤尚氣節，著有《綠遠樓賦》、《醞檀集》、《泰山小史》，李維楨爲之序。今僅存是帙。嗚呼！先生之政事治績不多概見，而即是集以觀其議論風采，已可覘夫清幽孤介之操矣。’據本書。”

《重修泰安縣志·著述》云:“原書有李維禎《序》，今無。”

《續修四庫全書總目提要（稿本）》據原刻本著錄是書一卷，提要云：“是編雖詩，每首皆有序，故曰《泰山小史》也。其《李斯小篆》云：‘在半山亭上，字不多，而上官徵取，殆無虛日。古刻之毀，大率由此。愛護古物，固不能望之俗吏也。’《金殿》云：‘在碧霞元君殿墀中，創於明萬曆間，中官董事，制仿武當，突兀凌霄，輝煌映日。然時值大祲，白骨溝渠，錙銖以入，泥沙以出，諒聰明正直者，不以金靈也。今燕郊大寺宇，皆明巨璫興造，金碧之燦爛，實不啻膏血之狼藉耳。’《摩崖碑》云：‘一在岳頂東，岳祠後，唐玄宗祀泰山銘，八分書，字五寸許，甚遒逸。一在崖右，唐蘇頲撰《東封朝覲頌》，字徑寸，餘筆亦莊雅。近閩人林焞勒“忠孝廉節”四大字，覆於古刻上，鑱削幾盡。二碑上官競相椎搨，遊士無以不獲不憾，而此竟遭此厄奈何，是尤可爲痛恨。今人多磨古碑以刊己書，非皆林焞爲之嚆矢乎？’協中，忠節之士，宜其書皆藹如之言也。”

## ◆ 畢　木

木字子近，號舜石，淄川人。諸生。以子自嚴貴，贈戶部尚書。《濟南府志》卷五十有傳。

**【黃髮翁集】**

見《山左明詩鈔》、《濟南府志·經籍》、《山東通志·藝文》。現存：明鈔本（二卷），山東省圖書館藏，《山東省珍貴古籍名錄（第一批）》著錄。

《山東通志・藝文》引《縣志》本傳云："工真草書，詩文尤逼真陶、謝。"

《山左明詩鈔》卷二十三載其《燕窩寺》、《憶昨游》詩二首。《淄川縣志・藝文》載其《重遊燕巢寺》詩一首。

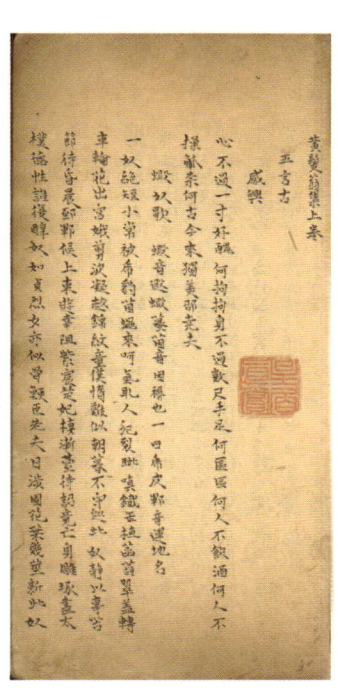

《黃髮翁集》二卷　山東省圖書館藏明鈔本

《黃髮翁全集》四卷　山東大學圖書館藏清康熙間鈔本

### 【黃髮翁續集二卷】

現存：明萬曆四十六年刻本，山東省圖書館（清畢盛鑑跋）、山東省博物館藏，《中國古籍善本書目》著錄。

### 【黃髮翁全集四卷戲筆一卷首一卷末一卷】

清畢盛鑑輯。現存：清康熙間鈔本，山東大學圖書館藏，《山東大學圖書館古籍善本書目》著錄；《山東文獻集戎》影印。

### ◆ 王立身

立身字思修，利津人。嘉靖甲子（四十三年）舉人。歷官考城、延川知縣，擢平涼同知，卒於官。《利津縣志》卷七有傳。

其詩文集未見著錄。《利津文徵》卷二載其《新建名宦鄉賢祠記》碑文一篇。

### ◆ 沈 淵

淵字子靜，號澄川，新城人。嘉靖辛酉（四十年）舉人，乙丑（四十四年）進士。歷官國子監司業。《濟南府志》卷五十一、《重修新城縣志》卷十四有傳。

### 【沈太史詩集】

見《山東通志・藝文》。《山左明詩鈔》、《濟南府志・經籍》作《沈太史詩稿》。

《山東通志・藝文》："是集有刊本。凡五言古詩十三首，七言古詩四首，五言律詩九十五首，七言律詩七首，五言絕句詩二十二首。滇南劉大紳《序》略云：'清微淡遠，蕭疏間散，言有盡而意無窮，每拈一句，輒令人作十日思，蓋其得於輞川者深矣。'據本書。挖：淵所著有《中祕稿》、《步唐集》，後皆亡失。其裔孫求得之，大紳時爲新城令，乃合二集選定而序之，即此本也。"

《山左明詩鈔》卷二十一載其詩十八首，引于慎行云："司業文詞高古，尤好爲歌詩，體骨遒婉。結社長安，有'人豪'之稱。"《濟南府志・藝文》收其《王氏水亭》詩云："岸柳垂絲風裊裊，綠雲滿地生芳草。虛亭窈窕遠人寰，入林恰恰聞啼鳥。牀頭春酒黃脂香，呼童開尊喚客嘗。此日相逢不盡醉，別後何勞空斷腸。清流面面縈如玦，穿松觸石飛晴雪。桃花倒浸曉露寒，竹影參差碧玉折。雲散烟消山月多，溪內飛觴溪外歌。今宵對酒明朝別，天涯回首奈愁何。"

《淄川縣志·藝文》載其《遊豐泉》詩一首。《重修新城縣志》卷十五于祐傳後附載其《贈于處士》詩。

## 【澄川詩集二冊】

《重修新城縣志·藝文》據張象津《新城後志稿》著錄。

## 【中秘稿一冊】

見《御選宋金元明四朝詩·姓名爵里》、《重修新城縣志·藝文》（據張象津《新城後志稿》）。

《御選宋金元明四朝詩》卷五十八收其《塞上聞笛》一首，詩云："何處吹羌笛，秋風度玉關。幾年愁作客，此日更摧顏。慘淡邊雲合，淒涼朔鴈還。梅花知盡落，一夜滿天山。"

## 【步唐集】

見《山東通志·藝文》"《沈太史詩集》"提要附按。

◆ **王象坤**

象坤字子厚，號中宇，新城人。嘉靖乙丑（四十四年）進士。歷官山西左布政使。《濟南府志》卷五十一、《重修新城縣志》卷十四有傳。

## 【火經一卷】

《重修新城縣志·藝文》據張象津《新城後志稿》著錄。《濟南府志·經籍》、《山東通志·藝文》（子部術數類）俱作王象晉撰。《山東通志·藝文》提要引《蒿菴閒話》云："桓臺王大司馬輯《火經》，言隨時改火，人不病火症，鳳尾蕉可厭火災。"

按：王象晉《賜閑堂集》卷三載《火經序》略云："萬曆己卯，中宇兄自江西憲副歸，携有《火經》一帙。首冠《禮》經，備攷史傳，使古聖美意良法，燦然復明于世，意良勤已。又十餘年，予以壽梓，而附以近所見聞。"是此書爲象坤所撰，象晉又有所附益矣。

◆ **周 繼**

繼字志齋，歷城人。嘉靖戊午（三十七年）舉人，乙丑（四十四年）進士。授任丘知縣，歷任太僕卿、應天巡撫，遷南京戶部侍郎。《歷城縣志》卷四十六、《濟南府志》卷四十九有傳。

其詩文集未見著錄。民國《續修博山縣志》卷十三載其《重修文廟記》（節錄）一篇。

## 【四子主意】

見《歷城縣志·藝文考》、《濟南府志·經籍》、《山東通志·藝文》（經部四書類）。

## 【陽宅指掌】

見《歷城縣志·藝文考》（注：見舊《志》，卷未詳）、《濟南府志·經籍》、《山東通志·藝文》（子部術數類）。

## 【陽宅真訣三卷】

見《歷城縣志·藝文考》（據本書）、《濟南府志·經籍》、《山東通志·藝文》（子部術數類）。

《山東通志·藝文》："《縣志》載是書及《自序》略云：'萬曆癸酉，鄙人還里，調疴山中。偶客遺黃石公《三元經》相宅法，凡七葉。肆力研究，九歷年所，始悟宅之休咎，統於易之八卦，不越陰陽五行之理。但八卦無全吉，五行無定用，五行各具一行，一行咸具五行，八卦五行專取，匹招生王。每擬推黃石公之意以立言，使人人開卷披圖，了了然無所疑惑，祇懼一人之見，罔取信於天下後世。及聽汶上箕川郭先生談斯經，乃知鄙人窺測於九年之間，所得纔十之二三。若夫博采羣書，獨闡秘論，則未嘗不爽然自失也。箕川先得鄙人之心，遂彙成書，復相與訂正以梓，信不可廢也已。'又董復亨《序》略云：'精微透徹，曲盡宅法之變，末益以廿八門圖。正中有隅，隅中有正，各附層數修造之法，則又經中所未覩。'"

◆ **光 懋**

懋，陽信人。嘉靖乙丑（四十四年）進士。

其詩文集未見著錄。《武定府志·藝文》載其《奏請節用疏》一篇。

◆ **趙 焞**

焞號緝齋，平原人。嘉靖乙丑（四十四年）進士。官至福建按察使。《濟南府志》卷五十二有傳。

其詩文集未見著錄。《平原縣志》卷十載其《顏魯公文集序》一篇。

### ◆ 盧　茂

茂字紹淶，德州人，宗哲子。太學生。官歸德通判。

【滁陽漫稿】

見《山左明詩鈔》、《德州志·州人所著書目》（注云"未見"）、《山東通志·藝文》。

《山東通志·藝文》引《安德明詩選遺》云："爲詩不多，名《滁陽漫稾》。"

《山左明詩鈔》卷三十載其《苦雪行》、《秋夜登環山樓有懷東臺王先生》、《貧女咏》詩三首，小傳引程正夫《詩搜》云："別駕嫻於政事之學，不甚爲詩。《漫稿》，其少作也。"

### ◆ 朱　冕、馬經邦

冕，淄川人，貢生，官歸德府訓導。經邦，淄川人，貢生，官阜平教諭。

【淄川縣志六卷】

是志由淄川知縣王琮（字廷器，號肖寅，福建長樂人，嘉靖二十三年任）主修，朱冕、馬經邦等纂，始於嘉靖二十四年。現存：明嘉靖二十五年刻本，天一閣博物館藏；《天一閣藏明代地方志選刊》影印。前有嘉靖二十五年王納言《序》。後有王琮《跋》。分圖考、沿革表、封域志、建設志、賦役志、秩官表、選舉表、名宦傳、人物志、雜志十門。

王納言《序》略云："舊有《志》，未鋟於梓，歲久廢逸；間有存者，又殘缺弗全，不脫時志之陋。我邑令王公至，首詢是書，閱而病焉。越明歲，政通人和，乃命意立例，選儒生之博古者彙次，稽事實於典籍，採遺逸於野史，覈是非於衆論。稿成，再屬掌教樊陽吳君較正刪改之，公復親臨鉛槧，躬事筆削。"

王琮《跋志後》云："迺謀諸藩伯北澗王公、民部夾谷孫公，比部方田王公，僉曰可。因取庠之學子朱冕等分校之，類以成編。其凡例酌損，三公之力居多；校讎精審，則學諭吳君樊陽有成勞焉。"

### ◆ 司守道

守道，淄川人。

其詩集未見著錄。《淄川縣志·藝文》載其《遊蒼龍峽》詩一首。

【淄川縣志】

《濟南府志·宦蹟·孫孝傳》："南直通州人，監生。多文好古。嘉靖三十八年知淄川縣。重教化，務綱紀。首閱舊志，見有不協，請命藩臬謀於僚屬，延該洽多識之士，與邑人司守道、馬經邦、劉芳、封薊等合而戡，分而校，求之載籍，訊之遺老，錯綜斟酌，歸於至當，三月告成，一邑故實，炳然可稽矣。邑人王君賁爲之序。"

### ◆ 毛效直

效直字子溫，陽信人。

【陽信縣志】

見《山東通志·藝文》，提要云："乾隆《陽信志》云：'嘉靖初，邑無志，前任徐九皋延效直創修，撫古今，稽風俗，闡發幽隱，宏獎名德，成若干卷。'惜舊稿無在，以致後之修志者無由載其姓氏。今特於《家譜》中錄出，亦表微闡幽之意也。"

### ◆ 白乙傳

乙傳，禹城人。嘉靖間貢生。

【菊廬稿】

見《禹城縣志·藝文》、《濟南府志·經籍》、《山東通志·藝文》。

### ◆ 李騰蛟

騰蛟，禹城人。嘉靖間貢生。

【蟲吟集】

見《禹城縣志·藝文》、《濟南府志·經籍》、《山東通志·藝文》。

### ◆ 于　槃

槃，禹城人。嘉靖間貢生。官縣丞。

【木槿堂集】

見《禹城縣志·藝文》、《濟南府志·經籍》、《山東通志·藝文》。

《山東通志·藝文》："槃所作《東坡先生枯木記》一首，雄健有北宋人風格，見《縣志·藝文》。"

## ◆ 尹　亨

亨，濟陽人。嘉靖間歲貢。官教授紀善。

其詩文集未見著錄。民國《濟陽縣志·藝文》載其《城隍廟置田奉神碑記》一文，《秋日濟水泛舟》（二首）詩。

## ◆ 邢　澤

澤，濟陽人。嘉靖間歲貢。

其詩文集未見著錄。民國《濟陽縣志·藝文》載其《雨雁》、《題畫》詩。

## ◆ 郭　洙

洙，濟陽人。嘉靖間歲貢。官訓導。

其詩文集未見著錄。民國《濟陽縣志·藝文》載其《雪中有懷》詩。

## ◆ 高應玘

應玘字仲子，號筆峯，章丘人。嘉靖間例貢。爲李開先高弟，工詩能詞。隆慶時官元城縣丞。乾隆《章邱縣志》卷十七、《濟南府志》卷四十九有傳。

### 【高仲子集】

見《山左明詩鈔》、《山東通志·藝文》。

《山左明詩鈔》卷三十載其《京邸寫懷》、《湖上歸》詩二首。道光《章邱縣志·藝文》載其《九日登女郎山》二首。李開先《田間四時行樂詩》有其跋。

### 【筆峯詩草一卷】

現存：明嘉靖刻本（與《醉鄉小稿》一卷合刻），中國國家圖書館藏，《中國古籍善本書目》著錄。

### 【高仲子歸田稿】

見康熙《章丘縣志》本傳、道光《章邱縣志·藝文》。《山東通志·藝文》作《歸田稿》（據《池北偶談》）。

### 【醉鄉小稿】

見《山左明詩鈔》、康熙《章丘縣志》本傳、道光《章邱縣志·藝文》。現存：明嘉靖刻本（與《筆峯詩草》一卷合刻），中國國家圖書館藏，《中國古籍善本書目》著錄。宣統《山東通志·藝文》作《醉鄉稿》（據《池北偶談》）。

《李中麓閒居集》之五《醉乡小稿序》：“單詞謂之葉兒樂府，非若散套雜劇，可以敷演填湊，所以作者雖多，而能致其精者亦稀矣。元以詞名代，單詞致精者，不過兩人耳：小山張久可、笙鶴翁喬夢符。喬有小套，然亦不多。查德卿而下，無足比數矣。予自辛丑引疾辭官，歸即主盟詞社。見其前作，俱是單詞，衆友以爲只精此，散套雜劇無難事矣。每會，屬予出題，間涉小套，衆必請申更之。當時獨高筆峰年最熙妙，而詞有長進。罷會十年餘矣，其所作日積月累，日異而月不同，月積歲累，月異而歲不同。今刻《醉鄉小稿》，乃其所慎選約取者也。不酒而醉，居城而鄉，亦寓言也。譬諸明暢之舉業，易於發科，平鋪之綦手，亦能制勝。然而有玄關焉，有妙竅焉，有微權焉，又有真機圓法焉，五者言雖殊，其致精則一而已，不出乎座側眼前，而實超於意表言外，可得之心領神會，而不可求之手示口傳。筆峰之單詞，已登岸而非臨河竊嘆，既升堂而非宮墻外望者。罷會雖十餘年，適方壯盛也，致精自有餘力。過此以往，不日而化，謹拭目跂足以竢之。”

### 【北門鎖鑰】

見道光《章邱縣志·藝文》。《池北偶談》云：“其《北門鎖鑰》雜劇，論者以爲詞人之雄。”《古典戲曲存目彙考》云：“《今樂考證》著錄。《考證》誤刊入清人雜劇。《曲考》、《曲錄》著錄此劇同。題目正名不可考。當敘寇準事。按《宋史》本傳云：‘主上以朝廷無事，北門鎖鑰非準不可。’凡膺守禦之重任者，恒以北門鎖鑰爲喻，準時鎮大名府，故云。佚。”

## ◆ 張國籌

國籌，章丘人。貢生。官行唐知縣。《濟南府志》卷四十九有傳。

### 【脫穎】

見康熙《章丘縣志》本傳、道光《章邱縣志·藝文》、《濟南府志·經籍》。

《古典戲曲存目彙考》提要云：“《今樂考證》著錄。《考證》誤題爲清人張國壽作，《曲錄》亦同。此劇簡名，並見《曲考》及《章丘縣志》，題目正名均不可考。按毛遂脫穎，本事出《史記·平原君列傳》。明徐陽輝有《脫囊穎》雜劇，漢上公有《脫穎記》傳奇，同一題材。佚。"

## 【茅廬】

見康熙《章丘縣志》本傳、道光《章邱縣志·藝文》、《濟南府志·經籍》。

《古典戲曲存目彙考》略云："《今樂考證》著錄。《考證》誤題爲清張國壽作，《曲錄》同。此劇簡名並見《曲考》及《章丘縣志》，題目正名無考。當敘劉備三顧茅廬、諸葛亮出山事。明初戲文有《劉玄德三顧草廬記》。佚。"

## 【申包胥】

見康熙《章丘縣志》本傳、道光《章邱縣志·藝文》（作《申包胥傳奇》）。

《古典戲曲存目彙考》云："《曲錄》著錄。《曲錄》誤題爲清人張國壽作。題目正名均已失考。按元無名氏雜劇有《申包胥興兵完楚》，事見《左傳》，當亦演此。佚。"

## 【韋蘇州】

見康熙《章丘縣志》本傳、道光《章邱縣志·藝文》。

《古典戲曲存目彙考》云："《曲錄》著錄。《曲錄》誤題爲清張國壽作。題目正名均已失考。按此劇當敘韋應物事。以韋爲題材，前人未曾經涉。佚。"

## 【章臺柳】

見康熙《章丘縣志》本傳、道光《章邱縣志·藝文》、《濟南府志·經籍》。

《古典戲曲存目彙考》略云："《曲錄》著錄。《曲錄》誤題爲清張國壽作。題目正名均已失考。《章臺柳》戲劇，……取材唐韓翃、柳氏故事。佚。"

## 【臨歧柳】

見康熙《章丘縣志》本傳、道光《章邱縣志·藝文》、《濟南府志·經籍》。

## ◆ 張自慎

自慎字敬叔，號誠庵，別號就山，商河人。庠生。

其詩集未見著錄。道光《章邱縣志·藝文》載其《同客遊龍泉寺懷中麓》詩一首（《重修商河縣志·藝文》作《遊龍泉寺懷李太常中麓》），及《難悲詞》一首。

## 【金元樂府】

見《重修商河縣志·藝文》及本傳。本傳云："雅負才藻，落拓不羈。遊章邱李太常開先之門，太常不輕推轂士，一見歡賞曰：'老夫衣鉢，須此子張大之。'工詩詞，善屬文。著有《金元樂府》三十餘種。太原萬伯修曰：'北曲一脉，海內索解人不得，眼中獨見張就山耳。'就山，自慎之號也。"

## 【五花攢錦】

見《重修商河縣志·藝文》所載《難悲詞》附注。注云："嘗作《金元樂府》三十餘種。又作《五花攢錦》一部，語涉譏刺，被人告發。上憲怒，差人捕捉。其時自慎適在省應試，聞警出東門，而奔章邱，隱居太常李中麓門下，師事之。此詞係在逃難時所作。"

## ◆ 胡來貢

來貢字忠夏，號胡山，章丘人。嘉靖間歲貢。官宣城主簿，左遷泰州吏目。《濟南府志》卷四十九有傳。

## 【南遊紀行】

見康熙《章丘縣志》本傳、道光《章邱縣志·藝文》、《濟南府志·經籍》。

## 【鄉政直指】

見康熙《章丘縣志》本傳、道光《章邱縣志·藝文》、《濟南府志·經籍》、《山東通志·藝文》（據《府志》）。

## 【待焚稿】

見康熙《章丘縣志》本傳、道光《章邱縣志·藝文》、《濟南府志·經籍》、《山東通志·藝文》。

道光《章邱縣志·藝文》載其《和東陵雪後女郎眺飲》詩一首。李開先《畫品》有其所作跋。

## ◆ 襲　勗

勗字克懋，一字懋卿，章丘人。嘉靖間歲貢。歷官開平衛教授。《濟南府志》卷四十九有傳。

## 【太極圖解】

見《濟南府志·經籍》、《山東通志·藝文》（子部儒家類）。道光《章邱縣志·藝文》作《太極圖辨》。

《山東通志·藝文》引《池北偶談》云：“所著《太極圖解》、《性命辨》，劉尚書白川稱爲朱元晦功臣、王伯安静友。”

## 【性命辨】

見《濟南府志·經籍》、《山東通志·藝文》（子部儒家類）。

## 【訓子集】【質疑集】

見道光《章邱縣志·藝文》。宣統《山東通志·藝文》據《府志》著錄，作《訓子質疑》。

## 【懋卿集】

見道光《章邱縣志·藝文》、《濟南府志·經籍》、《山東通志·藝文》。《續修四庫全書總目提要（稿本）》著錄家抄本（不分卷）。

《山東通志·藝文》：“《池北偶談》云：‘時邑中李太常伯華、袁西野崇冕方尚金元詞曲，勛謂傷雅道，獨與濟南殷正甫、李于鱗、許殿卿爲古文辭，相友善。所著有《懋卿集》。’又云：‘勛有《寄滄溟絕句》云：“瓜田十畝濟城東，雲外青山小苑通。流水桃花迷處所，幾家春樹暮煙中。”’又，《繡水詩鈔》引江都陸君弼《序》云：‘先生文若殷彝周鼎，莫可炫侈，詩歌則出入少陵、昌黎間，高潛太虛，秀奪萬色。先生、歷下竝起一時，顧歷下少即顯，故其傳易；先生出稍遲，又生平不求聞達，斯其知而宗之者後。然異世而下尚論之，士當無辨先生、歷下。’”

《續修四庫全書總目提要（稿本）》云：“是編亦家藏抄本，文詩雜糅，而鈔繕又錯亂凌雜，不成次序。如有好事者從事整理，俾可刊傳於世，則又勛之幸矣。”

《山左明詩鈔》卷二十載其《村居除夕》、《學齋臥病》、《寄于鱗》、《立秋》詩四首。道光《章邱縣志·藝文》載其《早春胡尊華山莊夜話》詩一首。

## 【感興百韻歌】

見道光《章邱縣志·藝文》、《濟南府志·經籍》。

## ◆ 華　鰲

鰲字空塵，章丘人，諸生。

## 【空塵集】

見道光《章邱縣志·藝文》（撰者作“華鰲”）、宣統《山東通志·藝文》。《濟南府志·經籍》作《空塵詩集》。《續修四庫全書總目提要（稿本）》著錄家抄本（不分卷）。

《山東通志·藝文》引《池北偶談》云：“妙於繪事，落筆輒題其上，曰空塵詩畫。人丐之畫，輒瞠目不應。當其意得，迥出筆墨蹊徑之外。詩亦如之，五言尤超詣。《題王仁甫卜築》云：‘大隱不在山，出處乃適意。’《送呂中甫山人》云：‘秋老留紅葉，風輕轉白蘋。’《宿惠上人院》云：‘愛此疏林月，兼之一磬清。’《孤坐》云：‘雨霽聞啼鳥，風停數落花。’《過楊九山川上居》云：‘鱸頭留宿火，花徑閉秋雲。’人以擬浩然‘微雲’、‘疏雨’之句。鰲亦滄溟友。予少見其集，今無從購矣。”

《續修四庫全書總目提要（稿本）》云：“是集仍其後裔撽拾殘稿錄成者，計詩四十一首。多古體，近體極罕。其詩格與濟南李攀龍相似，然風格超逸，與攀龍亦自不同也。……考士禎所記各詩，此本皆不載，其殘缺可知。且據士禎所記，鰲集彼時已無從購求，今又三百餘年，當早銷滅淨盡。此一鱗片爪，亦自可珍矣。”

《山左明詩鈔》卷二十載其《送吳山人歸白下》、《送呂二山人中父》、《訪山人不值》、《孤坐》、《送友人還巴東》詩五首。

## ◆ 董邦政

邦政字克平，號北山，陽信人。嘉靖間選貢。歷官冀北道僉事。乾隆《陽信縣志》卷七有傳。

## 【江防方略】

《山東通志·藝文》：“《縣志》載淩約言是編《序》略云：‘余過北山子，北山子適斬寇獻功，《縣志》本傳稱其令六合時，江寇充斥，造舟選士，俘馘無遺。休沐於官舍。余因詢其大都焉。出《江防方略》示余。其計畫皆有大過人者。’”

## 【長春園集】

《山東通志·藝文》引《縣志》本傳云：“有《長春園集》、《貳廛樓記》行世。”

## ◆ 劉世偉

世偉字宗周，號后谿，陽信人。嘉靖中官寧州州同。其文集未見著錄。《武定府志·藝文》載其《槐軒王邑侯應徵圖序》。

### 【厭次瑣談一卷】

見《山東通志·藝文》（子部雜家類）。現存：①明萬曆二十一年自刻本，中國國家圖書館藏。②清鈔本（作《猒次瑣談》），天津圖書館藏，《四庫存目標注》著錄；《四庫全書存目叢書》影印。卷端題"陽信后谿劉世偉宗周甫撰，陽信少槐劉子魯必得閱次"。前有嘉靖柔兆執徐（丙辰）呂頎《猒次瑣談引》。

《山東通志·藝文》引《四庫存目提要》曰："雜取古人說部而評論之，所見頗淺。又載宋江誘柴進爲盜事，尤俚俗附會之說。末附《談後》二十八條。其曰'厭次'者，以陽信乃漢厭次縣地也。"

### 【后溪詩稿】

現存：明刻本（作《后溪詩稿》一卷《文稿》一卷），中國國家圖書館藏，見《中國善本書提要》。

《山東通志·藝文》：是編見《縣志》。呂頎《后溪樂府序》云："后溪爲文法漢、魏，詩格逼杜工部，間出曹、劉，洗滌塵囂，曠視前古。"

《山左明詩鈔》卷二十九載其《過山陰》、《春日遊孫公子溥春園》、《村居漫興》詩三首。《武定明詩鈔》收其《過山陰》、《九日呂東沙東園賞菊》、《寄贈戚南塘總戎》等詩七題九首。

### 【過庭詩話二卷】

見《山東通志·藝文》（集部詩文評類）。現存：明嘉靖刻本，中國國家圖書館藏，《四庫存目標注》著錄；《四庫全書存目叢書》影印。卷端題"齊人劉世偉著，進士呂頎校正"。前有嘉靖三十六年閻新恩《序》。

《山東通志·藝文》引《四庫存目提要》曰："是書卷首有嘉靖丁巳閻新恩《序》，稱世偉之父爲甯國君冷菴翁，故所著詩話名曰'過庭'。然書中無一字及其家學，殆不可曉。其大旨謂後學看詩話，當以嚴滄浪爲準。最可惡者，惠洪《冷齋夜話》於漢、魏、唐人好詩，不曾理會得一句，其所論皆蘇、黃之惡詩，大抵宋詩遠不逮唐，亦由蘇、黃共壞之云云。然據其全書，則皆拾七子之緒餘，實於漢、魏、盛唐了無所

解，於宋詩亦無所解也。觀其論絕句，有絕前四句、後四句、中四句諸體，是併不知先有絕句，後有律詩矣。其詆唐詩稱僧爲'公'爲'師'，尤爲迂闊。古人稱謂，例皆相尊。林公、遠公，晉時已爾，何獨深責於唐人？且子者，男子之美稱，而異端莫甚於楊、墨，孟子稱楊子、墨子，其亦崇獎異端乎？至'論古樂府'一條，稱山上復有山，爲字謎之祖，元人正宮樂府云'拈起這紙來呵，好教我目邊點水言難盡。拈起筆來呵，好教我門裏挑心寫不成'，庶幾善學此者云云，益爲舁陋矣。"

### 【后溪樂府】

見《山東通志·藝文》（集部詞曲類）。

《武定府志·藝文》載呂麐《后溪樂府序》云："后溪劉別駕，余腮友也。性通敏沉思，縱覽百家，一涉即得雋永。爲文法漢魏，詩格逼杜工部，間出曹劉，洗滌塵囂，曠視前古。喜爲樂府，或感物，或有觸于懷，或撫景惜時，寄情放志，悉于歌曲發之，久久成卷帖（泳按："帖"，《山東通志·藝文》引《縣志》作"帙"）。有所製即自能歌，震呺擊節，宮羽鏘然，聽者爲之鼓舞。蓋自有得，非衒能也。余不能填調，而喜依咏，意同好者必所樂聞，勸后溪梓之，遂題其首曰：'歌曲其來遠矣，古風雅皆可歌，漢唐季始分詩詞爲二。詞至宋，格似詩而有譜，猶未有南北之分。逮元以詞名家者，無慮數十，南北分部矣。南詞可文亦可俚，可雅亦可俗，雖論音節，而遲速高下悉可以遷就。至於北詞，字有本色，句有渾成，韻有恰當，拍有天然，非文非不文，非雅非不雅，莊嚴整潔，一定而不可移，自非宗工將手，鮮有純然不疵者矣。惟元四大家，及我朝，西有王漢陂、康對山，東有李中麓、袁西埜，皆藝苑絕唱，如鳳鳴朝陽。后溪子負雋才，妙契四公高韻，出己音以和其衷。引繩墨而不局，滅畦徑而弗畔。北調大龤如聯珠，織錦成文而不亂。散閱南聲，如崑山片玉，亦瓊林中一物色。其有助于太平意象，豈少乎哉？余勸之刻而傳，非過也。'"

## ◆ 毛鍾秀

鍾秀，陽信毛思義女，劉世偉妻。

### 【離思小詠】

《山東通志·藝文》："《縣志》世偉傳坿載鍾

秀傳云：‘爲詩溫厚和平，莊嚴不佻。所著《離思小詠》三十二首，有《卷耳》、《草蟲》之風，乃宗周公從征丹山時憶遠而作也。今傳於世。’’

### ◆ 袁　勿

勿字汝箴，號少山，德州人。嘉靖間以祖都御史擯蔭，官趙城、平山知縣。《濟南府志》卷五十二有傳。

其詩集未見著錄。《山左明詩鈔》卷二十九載其《題別墅壁上》一首，小傳引程正夫《先賢詩傳》云：“詩有唐音，惜無掌記。別墅壁上得五律一首，誦而傳之。”《德州志》卷十二亦載此詩。

### ◆ 郭　諶

諶字信夫，德平人。諸生。嘉靖中選充武英殿中書舍人。《濟南府志》卷五十二、《德平縣志》卷七有傳。

其詩集未見著錄。《德平縣志》卷十二載其《同升歌次陸鷗峯韻》、《題西山漫興圖》等詩。

#### 【草韻辨體】

見《濟南府志・經籍》、《山東通志・藝文》（子部藝術類）。現存：明崇禎六年閔氏刻朱藍套印本（五冊），日本宮內廳書陵部藏，《日藏漢籍善本書錄》著錄。前有萬曆十二年明神宗《御製序》：“□□□□間得先朝中書官諶所輯《草韻辨體》。自漢迄元，諸體略備。韻以字繫，字以類從。旁注主名，用便披覽。爰命善書者重加摹寫，付之鐫刻。”後有萬曆十二年神宗《御製跋》，崇禎六年九月閔夢得跋。卷末有“崇禎癸酉六月烏程閔齊伋摹”刊記一行。

《山東通志・藝文》：“《縣志》載是書及萬曆甲申御製《序》云：‘自漢迄元，諸體略備。韻以字繫，字以類從，旁箋主名，用便披覽。爰命善書者重加摹寫，付之纂刻。朕觀其霞舒雲卷，璧合珠聯，貫六彞於翰塗，匯萬派於筆海，俾歲歷綿遠，而手蹟如新，條流紛糅，而體製則一，自有草書以來，此其總萃矣。’”

#### 【草訣百韻同聲歌】

見《德平縣志》、《山東通志・藝文》（子部藝術類）。

#### 【楷書千文】【四體千文】【集古千文】【名賢法書】

見道光《濟南府志》本傳。

### ◆ 李永壽

永壽字止山，海豐人。嘉靖中以恩選官光祿寺署丞。

#### 【李光祿集】

見《山東通志・藝文》（據《府志》）。

### ◆ 孟養性

養性，齊河人。

其詩文集未見著錄。《齊河縣志》卷三十載其《前題（弔侯孝子）和韻》詩一首，卷三十二載其《新改南門記》、《講武堂記》、《重修城隍廟記》、《重修定慧寺記》文四篇，卷三十三載其《李室吳孺人墓志》。按《新改南門記》云：“侯姓陳氏，名天策，山西遼州人，由舉人任。”《縣志・職官》列於明代知縣，在天順、隆慶之間，不詳其任職年月。考雍正《山西通志・科目四》，有嘉靖三十七年戊午科舉人“陳天策，遼州人，齊河知縣”。可推知其任齊河知縣，在嘉、隆之際也。又《講武堂記》云：“隆慶初，縣尹孫公始注意遷城之西南隅，購得民間隙地十有餘畝，經始未成而公解任去。迄今又復十年，相代者皆任其荒蕪，鞠爲草萊。迨我邑侯趙公至，興滯補弊，百廢俱起。……侯姓趙氏，名承芳，別號麟埜，河南彰德府臨彰人，由鄉進士任今官。”據《縣志・職官》，趙承芳於萬曆三年任齊河知縣；所謂隆慶初之“縣尹孫公”，當係孫鯨化，直隸吳橋縣人，列名在陳天策前。

### ◆ 高　化

化字斯和，號逸川，新城人。嘉靖間諸生。《濟南府志》卷五十一有傳。

#### 【逸川集】

《重修新城縣志・藝文》據張象津《新城後志稿》著錄。

《濟南府志》本傳：“嘉靖庚子諸科不得志，遂拂袖歸。有勸當俟賓薦者，曰：‘丈夫生斯世，達則忠辟洪猷，窮則孝親。練行一賁，何補於世？’遂於閭內建愛日亭，時邀戚屬，相勸承歡。又移祖、父墓於南圃，繚以周垣，建隧坊西北，朝夕掃除，祭必躬親。圃前後爲亭，其右有川，因號‘逸川’。著《逸川集》，有‘長嘯一聲天地闊，白雲飛處野人閑’、‘鳥聲催過酒，花爛索裁詩’之句。”

【卷九·明 三】

# 卷九 · 明三

## ◆ 張 敬

敬字子聚，號成庵，平原人。隆慶丁卯（元年）舉人。選羅山知縣，薦擢光州牧，歷升刑部貴州司郎中。《平原縣志》卷八、《濟南府志》卷五十二有傳。《來禽館集》卷十八有《邢部江西司郎中平原張公墓誌銘》。

### 【比部集】

見《平原縣志》、《山東通志·藝文》。

《平原縣志》卷十載其八景詩之《仙橋闊野》、《禹鑒通天》、《鳩野春耕》、《龍湫響應》。

## ◆ 耿鳴世

鳴世字茂謙，號敬亭，新城人。嘉靖辛酉（四十年）舉人，隆慶戊辰（二年）進士。除邢臺知縣，入爲刑部主事，改廣西道御史，以病歸。再補山西道，出判蒲州，擢潞安府推官。再入禮部，由員外郎遷陝西隴右道僉事，進參議。以子庭柏贈正卿。《濟南府志》卷五十一、《重修新城縣志》卷十四有傳。

### 【春秋釋義二卷】

見《濟南府志·經籍》、《重修新城縣志·藝文》（據《府志》）。

### 【中臺奏議二卷】【應天奏議二卷】【隴西奏議二卷】

見《濟南府志·經籍》、《山東通志·藝文》（史部詔令奏議類）。

### 【敬亭自訂年譜三卷】

見《重修新城縣志·藝文》（據《白雲山房書目》）。

### 【太僕家訓】

見《山東通志·藝文》（據《府志》）。道光《濟南府志·經籍》未著錄。

### 【敬亭文略】

見《濟南府志·經籍》、《重修新城縣志·藝文》（據《府志》）。

## ◆ 徐 氏

長山人，長治知縣徐繼治之女，陝西參議新城耿鳴世妻，巡撫庭柏母。

### 【耿太淑人詩】

見《濟南府志·經籍》。《重修新城縣志·藝文》作《耿太淑人詩集》。

《山左明詩鈔》卷三十五載"耿太淑人徐氏"詩二首：《寄子》云："家內平安報爾知，田園歲入有餘資。絲毫不用南中物，好做清官答聖時。"《偶成》云："時近清明二月天，嬌花粉竹正鮮妍。秋千架上人如玉，溪水隈邊柳似煙。紫燕雙雙歸畫棟，白鷗點點浴晴川。年來景物還依舊，不見人生再少年。"《重修新城縣志》卷十九《烈女志》載其《輓烈婦王孺人》詩。

### 【耿夫人詩鈔一卷】

《歷代婦女著作考》據《然脂集引用書目》著錄，並引《宮閨氏籍藝文考略》云："徐氏，長山人，都御史某女，耿鳴世妻。有詩一卷。耿公，濟南新城人，官太僕寺少卿。"

## ◆ 唐 誥

誥，樂陵人。選貢生。任台州經歷。

其詩文集未見著錄。《樂陵詩彙》載其《贈宋公璉擢侍御》詩一首。

## ◆ 史 袋

袋字雍如，號拙齋，又號拙叟，樂陵人。隆慶間諸生。以子邦直貴，封陝西西安府同知。《來禽館集》卷二十有《誥封奉政大夫陝西西安府同知拙齋史公墓誌銘》。

## 【春秋譜】

見《武定明詩鈔》、《樂陵詩彙》。邢侗撰《墓誌銘》云："所著《拙叟春秋記》藏于家。"

## 【笑談集】

見《武定明詩鈔》、《樂陵詩彙》。

《武定明詩鈔》收其《東昌阻雨》一首（《樂陵詩彙》作《泊東昌遇雨》）。

### ◆ 史邦直

邦直字忠厚，號正菴，樂陵人，袋子。隆慶丁卯（元年）舉人，戊辰（二年）進士。授臨晉令，遷西安同知，擢河南僉事，晉副史，以不附張居正歸。丙戌歲卒，年四十八。乾隆《樂陵縣志》卷六有傳，卷八有京山李維楨《河南按察司副使史公墓誌銘》。

邦直留心經濟，不屑爲詩，故流傳絕少。《武定明詩鈔》收其《寶應督河工》詩一首。

## 【邑志削文】

見《樂陵縣志·撰著篇目》。

### ◆ 趙雲翔

雲翔字元舉，號壽峯，平陰人。隆慶丁卯（元年）舉人，戊辰（二年）進士。歷官陝西左參政。光緒《平陰縣志》卷八有于慎行《明陝西左參政壽峯趙公墓碑》。

## 【保和堂詩集】

見《山東通志·藝文》（據《府志》）。光緒《平陰縣志·著述》作《葆和堂詩集》。

## 【保和堂樂府】

見康熙《平陰縣志》卷八《古今著述目錄》，注云："今存。"光緒《平陰縣志·著述》作《葆和堂樂府》。

### ◆ 于 鯨

鯨字子長，歷城人，許邦才婿。嘉靖四十三年舉鄉試，隆慶二年成進士。歷官監察御史，掌京畿道，

遷太僕少卿，被議罷歸。《濟南府志》卷四十九有傳。

其詩文集未見著錄。《德平縣續志》卷十二載其《明陝西按察使司按察使原任德平縣知縣執甫袁公德政碑記》。

### ◆ 高 時

時字念吾，濟陽人。隆慶戊辰（二年）進士。歷官晉藩左丞，以病卒於官。《濟南府志》卷五十一、民國《濟陽縣志》卷十一有傳。《濟陽縣志》卷十八有楊玉潤《方伯高公傳》。

其詩文集未見著錄。民國《濟陽縣志·藝文》載其《聞韶臺記》一文。

### ◆ 高鳴岐

鳴岐字松崖，武定人。隆慶戊辰（二年）拔貢。官彰德同知。

其詩集未見著錄。《山左明詩鈔》卷十九載其《喜雨有詠》一首。

### ◆ 李汝桂

汝桂字少崖，泰安人。隆慶己巳（三年）歲貢。歷官獻縣教諭。總角時即篤志聖賢之學，聞陽明東廓良知、慎獨之旨，刻苦敦行，久之有悟。與及門之士講《太極》、《中庸》等書，往往發先賢所未發。

## 【還樸心聲】

見《山東通志·藝文》（子部儒家類）。《山東通志》卷百六十二本傳作《還樸新聲》。

《重修泰安縣志·著述》作李還樸撰，蓋汝桂號還樸也。

## 【教言】【講餘錄】

見《山東通志·藝文》（子部儒家類）。

## 【訓民俚言】

見《山東通志·藝文》（子部雜家類）。《重修泰安縣志·著述》是書撰者作李還樸。

### ◆ 王爾彥

爾彥字宗所，蒲臺人。隆慶庚午（四年）舉人。由睢州訓導，陞大名知縣。《蒲臺縣志》卷三有傳。

其詩文集未見著錄。《武定府志·藝文》載其《學田記》。《蒲臺縣志·藝文》載其《重修儒學記》、《學田記》，《九日從諸公登玉皇閣飲眺 二首》、《園林雜興 十首選四》。

### 【蒲臺縣志十二卷】

見《山東通志·藝文》。現存：明萬曆十九年刻本，中國國家圖書館、南京圖書館藏，《中國善本書提要補編》（作《蒲臺志》十二卷）、《山東省地方志聯合目錄》著錄。原題"邑人宗所王爾彥纂修，生員朱三友周南校錄"。有李化龍、何詩、王爾彥《序》，李時芳《跋》。

《山東通志·藝文》："乾隆《蒲臺志》載爾彥《自序》略云：'始於嘉靖乙丑歲，操觚染翰，掇拾見聞，提綱析目，秩次權宜，而規畫以立。是後時當少暇，即蒐典籍，咨耆艾，糸考師儒，而決得失。迄萬曆辛卯歲，稱茍完焉。'又邑令嚴曾業康熙癸酉修志《序》云：'得萬曆間爾彥所述十有二卷，卷不數頁，頗怪其簡。徐而卒業，則輿圖、坊井、沿革、廢興、土風、吏績、勸懲、彰癉，種種義例，靡不該備，文雖簡略，蔚然全書。'又乾隆《志》凡例云：'其書今不可見。'"

按：是志由蒲臺知縣李時芳主修。時芳字國華，河北淶水人，萬曆十五年任。

### ◆ 張承寵

承寵字天寵，號荷宇，平陰人。隆慶庚午（四年）舉人。歷官商南知縣。

### 【荷宇詩集】

見《山東通志·藝文》（據《泰安府志》）。

### 【四聲鼓吹】

見康熙《平陰縣志·古今著述目錄》（注云"今逸"）、《山東通志·藝文》（據《泰安府志》，入集部詩文評類）。

### ◆ 宋　仕

仕字原學，號可泉，平原人。嘉靖辛酉（四十年）舉人，隆慶辛未（五年）進士。歷官南京右都御史。贈太子少保。《平原縣志》卷八有傳。

### 【奏議摘稾】

《山東通志·藝文》："是編見《縣志·藝文》。仕出按四川，奏蠲鹽井浮課九千有奇。畿南洊祲，請蠲請賑，全活無算。撫應天，劾罷監司之不職者。起南刑部侍郎，疏請議蠲恤，革榷稅，除貪政，原纍臣。擢南總憲，屢請補大僚，選言官，不報。詳《縣志》本傳。"

### 【繹幕園集】【存筍集】

見《山東通志·藝文》（據《縣志》）。

《平原縣志》卷十載其《重修縣城記》、《學田記》、《舊令定宇劉公祠堂碑》、《重修碧霞行宮記》等文，《霞襯桃園》詩一首。

### ◆ 王　教

教字子修，號秋澄，淄川人。嘉靖甲子（四十三年）舉人，隆慶辛未（五年）進士。官吏部郎中。泰昌初贈太常少卿。《濟南府志》卷五十有傳。

### 【淄川縣志三十七卷】

淄川知縣朱萬春（字長孺，安徽無爲人，萬曆二十九年任）主修。現存：明萬曆三十年刻本，中國國家圖書館藏（缺卷三十五藝文）。前有王琮《舊序》，王教《序》，縣圖四幅。分沿革、星野、疆界、山川、城池、縣署、學校、祠祀、村落、土田、物產、戶口、里甲、貢課、稅糧、徭役、馬政、兵防、倉庾、鹽法、俗尚、災祥、古迹、坊表、津梁、秩官、名宦、封贈、選舉、鄉賢、忠臣、孝子、淑節、僑寓、藝文、寺觀、雜識，凡三十七卷。

《山東通志·藝文》："乾隆丙申《淄川志》載畢際有《舊志序》云：'三修於萬曆癸卯，執筆者爲邑王選君秋澄先生。或謂先生止作各卷小序，餘則多仍舊貫也。'"

### 【銓部王先生文集一卷詩集一卷附修縣志小序一卷】

現存：明萬曆四十四年河南巡按張至發刻本，山東省圖書館、青島市圖書館等藏，《山東省珍貴古籍名錄（第一批）》、《國家圖書館善本書志初稿》著錄。《山左明詩鈔》、《濟南府志·經籍》作《銓部集》。《山東通志·藝文》作《銓部王先生詩文集》三冊。

《山東通志·藝文》引《筆諫堂書目》云："萬曆丙辰刊《縣志》載張延登《秋澄王公祠記》云：'國朝作者，自北地李獻吉後，氣格漸以委靡。嘉隆間，歷下李于鱗大揭旗鼓，屬辭比事，非先秦兩漢語，隻字不入口吻。後生小學至不能句讀，則相率以爲怪，而寔未嘗見其書也。公自爲諸生時師同邑大儒儀部松石張公，相與追慕于鱗之爲人。今試取其作竄入《白雪樓集》中懸國門，有能辨其非一手者乎？'詩聲響風骨'，亦駸駸大曆以前佳者。'峨眉天半雪'，不減濟南奇絕處。其師友淵源，學問該博，有如此者。"

《續修四庫全書總目提要（稿本）》著錄《銓部王先生集》二卷，提要略云："此編凡詩文各一卷，均以體類次。首有萬曆四十年同邑畢自嚴及西極文翔鳳序文，後有萬曆丙辰巡按河南監察御史張至發後序。卷前題'王所明彙輯，甥張至發校梓'。今集中多載序、記、祭、文、誌、傳，皆酬應不經意之作；而於出處經緯、疏草奏章，獨不見收。文集後附《修縣志小序》三十三則，蓋教晚歲居鄉里時，嘗佐邑令朱萬春重修邑乘，慷慨論列，頗多直筆，凡所部居，具詳引言。今萬曆刊《淄川志》世無完本，得此亦足覘其大要矣。"

《山左明詩鈔》卷二十一載其詩十七首。《淄川縣志·藝文》載其《縣志舊序》（明萬曆三十一年）

《秋澄詩集》一卷 山東省博物館藏明鈔本

文一篇，《遊仙洲園》、《韓惺菴東郭山池》、《滴水泉》等詩。

## 【秋澄詩集一卷】

現存：明鈔本，山東省博物館藏；《山東文獻集成》影印。

## ◆ 王象乾

象乾字子廓，號霽宇，新城人。隆慶庚午（四年）舉人，辛未（五年）進士。歷官兵部尚書，總督宣大、山西軍務。《濟南府志》卷五十一、《重修新城縣志》卷十四有傳。

其詩文集未見著錄。《淄川縣志·藝文》載其《仙洲園》詩一首。民國《重修博興縣志》卷十六載其《明進士顧公暨配宋宜人墓碑》。

## 【音韻類編】

見《濟南府志·經籍》、《山東通志·藝文》（經部小學類）。

## 【皇明開天玉律四卷】

現存：明萬曆三十八年刻本，山東省博物館藏。《濟南府志·經籍》、《重修新城縣志·藝文》（據張象津《新城後志稿》）作《開天玉律》無卷數。《山東通志·藝文》（史部雜史類）作《開天玉律》四卷。

《山東通志·藝文》："是書見《傳是樓書目》。《新城志》載象乾《進開天玉律疏》略云：'洪惟我太祖高皇帝開天鴻烈，蕩蕩難名，斯謂治法孰綱紐，是必有家法焉，以爲運旋之宰者。臣謹從載籍中恭誦聖訓，錄成一帙，分爲十有三篇：曰事天凝命也；曰恤民重本也；曰勤政勅幾也；曰聖學迪德也；曰訓儲燕詒也；紀用人以收羣材；紀諭臣以嚴交警；紀求言以達聖聰；紀慎刑以重民命；紀理財以裕國計；紀止稅以杜掊克；紀弭災以謹天戒；而終之以保業，是持盈守泰之訏謨也。臣學謭識闇，自愧膚陋，無纖埃涓滴，可以仰裨海嶽之崇深。謹錄聖祖懿訓，而篇各附以謬論，見我聖祖之行事必所當法。末又綴以蕘言，見前代帝王法祖與不法祖者之所以異。而其歸宿，則仰祈我皇上修復萬曆初年之朝政。蓋我皇上初年之行事，即我聖祖之行事也。復我皇上初年之朝政，即所以率由我聖祖之懿訓也。'"

## 【雲中奏議】

見《濟南府志·經籍》。

## 【經理牂牁奏議】【總督宣大奏議】

見《濟南府志·經籍》（作《經理牂牁宣大奏議》）、《山東通志·藝文》。現存：明萬曆刻本（存九卷：卷一、卷三至十），山東省圖書館藏，見《山東省珍貴古籍名錄（第一批）》。《重修新城縣志·藝文》作《經理牂牁宣大奏議》無卷數，後附《請減福王贍田疏》、《爭水西界疏》、《三爭水西疆界疏》、《請發帑金以充撫賞疏》、《備陳撫款事宜疏》、《再陳款戰事宜疏》六篇。

《山東通志·藝文》：“《分甘餘話》載二集云：‘大半載陳大樽《經世八編》，而混入太倉王忬數篇，弇州先生父也，舛訛當改正。本兵及署太宰奏議無專刻，《邑志》略載數篇。’《縣志·藝文》載王汝訓《經理牂牁奏議序》略云：‘《奏議》凡若干卷，諸牘附焉。稱牂牁者，以播故漢牂牁郡也。《條奏》、《善後》諸疏，廷論咸推以爲得策。大要規制比內地井井秩秩，咸當朝廷意指。蓋虛懷朗照，兼收衆策，而善劑其用。諸建白痛切婉至，披露赤藎，上傾心聽納。他鎮奏請，往往寢格，獨公疏朝入夕報可，無不嘔喻者。’”

## 【經理播州奏議十四卷】

現存：明萬曆刻本（八冊），日本蓬左文庫藏，《日藏漢籍善本書錄》著錄。內奏疏七卷，案牘七卷。

按：此編當即《經理牂牁奏議》。參見上條。

## 【王司馬疏二卷】

《續修四庫全書總目提要（稿本）》著錄平露堂刻本。

## 【忠勤錄四卷】

象乾偕弟象蒙彙集其祖重光之碑傳祭文。現存：明萬曆三十三年刻本，中國國家圖書館、北京師範大學圖書館藏，《中國古籍善本書目》著錄。《濟南府志·經籍》、《山東通志·藝文》俱無卷數。

《重修新城縣志·藝文》作二卷，引馮琦《序》曰：“嘉靖中三殿災，新城王公參黔藩，受命採木，卒死於事。事聞，天子悼之，予祭贈，有司立祠。今四十餘年，黔人祠伏臘不倦，語及公遺事，無不唏噓且泣下者。辛丑，公之孫司馬公復以特簡視川貴，師將行，衰祠之兩廡哀挽諸詩，冠以誥諭，題之曰《忠勤錄》。”

《續修四庫全書總目提要（稿本）》著錄明萬曆刻本二卷，提要略云：“書首為諭祭文。卷一為申時行《神道碑》，王象屏《墓表》，宋延年《行狀》，楊巍《墓誌銘》，郭正域《王少司徒傳》，江東之《王太僕傳》，梁銓《王太僕傳》，郭正域《劉太淑人傳》，王錫爵、黃鎮、李長春、周應中諸人所撰《忠勤祠記》，劉嘉臣《平蠻督木紀事》，馮琦、李維楨、蔡時鼎諸人《平蠻督木贊》，屠隆《王司徒誄》，郝杰《王公頌》，邢侗《忠勤祠堂碑版集古法書序》，湯顯祖《祖德賦》共二十篇。卷二為祭文，計有張道、羅寀、邵至道、雷動、聞克承、黃鎮、胡宥、丁世芳、張雲翔、雷思忠、王以儉、王以渙、高則益、曹希彬、李仲文、江大涵、路車、劉綖、顧為麟、陳性學、吳道卿、雷應時、羅應台、宋興祖、丘乘雲、洪澄源、顧汝學、王應麟、李時華、周嘉謨、韓擢、崔應麒，及其子之翰，三十餘人焉。首頁題‘總督川湖貴軍務兵部左侍郎不肖孫王象乾’及‘巡按四川監察御史不肖孫王象蒙同校梓’。書首並坿馮琦、吳之鵬《序》云。”按：重光字廷宣，號濼川，嘉靖辛丑進士，由工部主事，轉員外郎，歷山西僉事，貴州布政使司左參議。

## 【文選刪注十二卷】

見《濟南府志·經籍》（無卷數）、《山東通志·藝文》（集部總集類）。現存：明萬曆刻本，山東省圖書館、臺灣“國家圖書館”藏，《山東省珍貴古籍名錄（第一批）》、《國家圖書館善本書志初稿》著錄。

《山東通志·藝文》：《邵亭書目》載是編云：“摘六臣注列上方，行左右音釋列下方，不間本文，以便記誦。寫刊極精。”

## 【文選音注十二卷】

現存：日本貞享四年刻本，日本靜嘉堂文庫藏，《山東文獻書目》著錄。

## 【評苑文選傍訓大全十五卷】

現存：日本元祿十三年刻本，日本靜嘉堂文庫藏，《山東文獻書目》著錄。

## ◆ 王　曉

曉字寅亮，號小田，淄川人，崇義子。嘉靖戊午（三十七年）舉人，隆慶辛未（五年）進士。官御史，終大理寺丞。《濟南府志》卷七十二《補遺》有傳。

### 【東山遺稿】

見《山左明詩鈔》、《山東通志・藝文》。現存：民國七年順和堂石印局石印《王氏一家言》本（在卷四，末題《理丞公集》），青島市圖書館藏；《山東文獻集成》影印。內有五七言詩二百八十八首，詩話一，歌行五，文二，詞十二，附墓誌銘一（王家楨撰）、行實一。

《山左明詩鈔》卷二十一載其詩六首。

## ◆ 王　睹

睹字寅畏，號似田，淄川人，崇義季子，曉弟。歲貢生。官京衛教授、汾州府教授。《濟南府志》卷五十有傳。

### 【暢然園稿】

見《山左明詩鈔》、《淄川縣志》本傳、《山東通志・藝文》。現存：民國七年順和堂石印局石印《王氏一家言》本（在卷五，末題《長史公集》），青島市圖書館藏；《山東文獻集成》影印。前有崇禎戊寅張至發《暢然園詩稿序》。收錄五七言詩二百四十首，詞一百四十一首。

《山左明詩鈔》卷二十一載其詩四首。《淄川縣志・藝文》載其《昌城懷古》詩一首。

## ◆ 王學書

學書字惟忠，濱州人。嘉靖甲子（四十三年）舉人，隆慶辛未（五年）進士。歷官巡撫宣府。《濱州志》卷十有傳。

其詩文集未見著錄。《利津文徵》卷二載其《利津縣均田記》、《知縣賈公生祠記》碑文二篇。

### 【籌邊要略】

見《濱州志》本傳、《山東通志・藝文》（史部地理類）。

## ◆ 王祖嫡

祖嫡字胤昌，號師竹，德州人。嘉靖戊午（三十七年）舉人，隆慶辛未（五年）進士。授翰林院檢討，遷國子監司業，官至兩淮運同。《濟南府志》卷五十二有傳。

### 【書疏叢鈔一卷】

見《千頃堂書目》、《明史・藝文志》、《德州志・州人所著書目》（無卷數，注云“未見”）、《濟南府志》本傳（無卷數）、《山東通志・藝文》（經部書類）。

《山東通志・藝文》：“是書《明志》著錄，山陰祁氏淡生堂餘苑有刊本。”

### 【清白吏傳一冊】

《山東通志・藝文》（史部傳記類）據《傳是樓書目》著錄。

### 【表烈外史一卷】

見《千頃堂書目》。

### 【家庭庸言二卷】

見《千頃堂書目》、《明史・藝文志》。《德州志・州人所著書目》、《濟南府志》本傳、《山東通志・藝文》（子部雜家類）俱無卷數。

### 【師竹堂集三十七卷】

現存：①明天啟刻本，中國國家圖書館、北京大學圖書館、南京圖書館藏，《中國古籍善本書目》著錄。②清雍正五年王兌鈔本（清王兌跋），中國國家圖書館藏，《中國古籍善本書目》著錄。《千頃堂書目》作《王先生文集》三十七卷。《德州志・州人所著書目》、《山東通志・藝文》作《文集》三十七卷。

《山左明詩鈔》卷二十一載其《穆廟輓歌》詩一首，又祖嫡小傳附按云：“前《志》於侍讀僅存名氏，予蒐輯志乘，於《信陽志》得其事實，於前朝《實錄》得其奏疏，於明代館課得三詩、三賦，庶不至泯焉不傳也。又考《弇州集》詠侍讀云：‘太史瑚璉資，葆真鑴光相。與予一談藝，瀟灑神俱王。傾蓋豈必深，慨焉成辨謗。蘊籍叔度流，縱橫東京上。疏草就磨滅，苦心將誰向。’其遺風可想見矣。”

《德州志》卷十二、《德縣志》卷十五載其《請復建文位號正景泰實錄疏》一篇。

### ◆ 劉中立

中立字健甫，禹城人。隆慶辛未（五年）進士。官至陝西按察使。《濟南府志》卷五十二有傳。

其詩文集未見著錄。《禹城縣志》卷十載其《重修文廟記》、《學田記》文二篇。

### ◆ 趙世卿

世卿字象賢，號南渚，歷城人。嘉靖甲子（四十三年）舉人，隆慶辛未（五年）進士。歷官戶部尚書，贈太子少保。

#### 【司農奏議十四卷】

見《歷城縣志·藝文考》（據本書，云舊《志》作八冊）、《濟南府志·經籍》（作《趙司農奏議》）、《山東通志·藝文》（史部詔令奏議類）。現存：①明萬曆刻本（十卷，存九卷：一、三至十），山東省圖書館藏，《中國古籍善本書目》、《山東文獻書目》著錄。②明崇禎七年趙澣初刻本（清韓煉跋），中國國家圖書館藏。另，《續修四庫全書總目提要（稿本）》著錄家抄本，不知今藏何處。

《歷城縣志·藝文考》載李廷機《序》曰：“《司農奏議》者，計曹諸大夫所刻南渚先生奏議也。先生為大司農，值時之訕，旱溢頻仍，採権驛騷，民生物力，蕭然凋敝。有司常苦賦不辦，左枝右梧，斸賑之告，章交公車，太倉入益縮。而內方有典禮之需，不時之宣索；外復有庚癸之急，它事之借移。旁午紛拏，蝟起麏至，可謂獨難。先生朝籌夕計，挹彼注此，調停於贏縮急緩之間，幾於羽敝口瘏矣。至其數爭採権，進危亡之規，發城社之慝，危言極論，無所回諱。其為民請命，為國嗇財，汲汲皇皇，不啻己之飢室之罄也。……先生一腔忠誠，無一念不爲公家計，百行精潔，無一事不可與天知，足以感動明主，信服士大夫，而屈折中貴。故其言明目張瞻，懇懇侃侃，一出自純衷素履，正切有味，與尋常封事空言者不同。即先生自疏有云：‘臣言甚苦，臣心甚甘，聽之若逆耳難收，咀之則怡心有味。’此數語者，亦足盡奏議之槩矣。先生早年抗疏，幾錮而起，人以氣節歸先生。今為大司農，人又以經濟歸先生。然而先生恂恂默默，若無

若虛。所謂不求有功，不得已而功見；不求有言，不得已而言出。此為正氣節，正經濟。蓋以集義養氣得之，未易言也。《奏議》凡若干卷，詞氣風度，酷似陸宣公，其才誠相伯仲。若論遭際勳業，宣公不逮矣。讀是編者，以余評為何如？”據本書。又引王錫爵《文蕭公集·與趙南渚尚書書》云：“每讀前後大疏，淋漓描寫，國虛民困之狀，嘗私為慟心隕涕。”又引邢侗《來禽館集·與趙南渚先生書》云：“尊臺非六經周秦之語不置諸臆，不灑於筆端。即如比日奏疏諸篇，一本赤衷，畢畢而彩毫揮斥。遂至前無千古，後無來今。細入蟲心，大蹴鼇極。有明一代朝堂閎鉅之業，至矣盡矣，蔑以加矣。吾郡于鱗先輩，創然獨造，拔地拓天，幾足名代。顧其所標榜人流者，擬古之雄，雞坿之霸耳。求如尊臺探驪批逆，聚米畫石，抒謀王之懩愫，調萬彙之靈和，起垂死之柮昬，裕九邊之厚實，則于鱗有掩面之不前耳。夫尊臺所有，而于鱗無之；于鱗所有，而尊臺則彩毫揮斥之餘耳。擬古之雄，雞坿之霸，即在今日，疇敢舍吾大司馬之歷下而屬他人？侗所擬展答鴻私者，於尊臺柱國十年之後，攜笒鼓篋，從杖履於十畞水雲之間，前而于，後而喁，執筆而記一代藏山之磊磊者，侗其王藍田之裴廸也乎？”

《增訂晚明史籍考》云：“是書爲世卿官司農時所撰奏議，凡分上供、經制、會計、督逋、借請、籌邊、恤災、催參、薦、申救、自陳、奏辯、謝辭等編。世卿草是奏疏時，正當萬曆三十年以後，礦使四出紛擾之際。如卷九所載《請停礦稅》諸疏，明嘉萬以來，大江南北、運河兩岸、臨清德州淮揚諸地，經濟已相當繁榮，商店林立，由於萬曆帝之搜括，稅使騷掠，各地鋪行，紛紛倒閉，商民不堪其苦，言之極爲劀切。陳子龍、徐孚遠已收入《皇明經世文編》中，世卿之疏，其見重於時可知。”

#### 【司徒三約一卷】

見《歷城縣志·藝文考》（據本書）、《濟南府志·經籍》、《山東通志·藝文》（史部職官類）。

### ◆ 趙 鉉

鉉字伯玉，歷城人，世卿子。以父廕官後軍都督府都事，歷官高州知州。《歷城縣志》卷三十七、《濟南府志》卷四十九（作趙鉉）有傳。

## 【牧民政略】

見《歷城縣志·藝文考》、《濟南府志·經籍》（撰者作趙鋐）、《山東通志·藝文》（史部傳記類）。

### ◆ 王之城

之城字爾守，號會峰，新城人。隆慶間恩貢。歷官忻州知州，擢淮安同知。子四人：象艮、象孚、象益、象明。《濟南府志》卷五十一、《重修新城縣志》卷十四有傳。

## 【防海要略】

見《濟南府志·經籍》、《山東通志·藝文》（史部地理類）。

《山東通志·藝文》引《府志》本傳云："擢溫州府同知，適有海警，爲畫防海事宜，著《防海要略》一書。大要不以寇殃民，不以奉寇困民。當道見而歎服，曰丞大強人意。"

### ◆ 靳永相

永相，章丘人。隆慶間歲貢。初任內丘訓導，繼遷臨漳教諭。

## 【廣文集】

見道光《章邱縣志·藝文》、宣統《山東通志·藝文》。又《縣志》本傳云："其文集已散佚，有《喜雪詩》三十韻傳於世。"

### ◆ 王道定

道定字懷田，濟陽人。隆慶中選入成均，恩賜進士。歷官保定知府。《濟南府志》卷五十一、民國《濟陽縣志》卷十一有傳。

其詩文集未見著錄。民國《濟陽縣志·藝文》載其《同郭外翰郭葉二山人飲翠微亭》詩一首。

### ◆ 司成章

成章，禹城人。隆慶間恩貢。官沈丘知縣。

其詩文集未見著錄。《禹城縣志》卷十載其《法雲寺修譙記》一篇。

### ◆ 王　蒙

蒙字伯亨，商河人。隆慶間歲貢，官晉州學正。

## 【燕游筆記】

見《山東通志·藝文》（史部傳記類）。《重修商河縣志·藝文》作《游燕筆記》，本傳作《燕遊筆記》。

## 【陶山應跡稿】

見《山東通志·藝文》（據《縣志》）。《重修商河縣志》本傳作《陶山陰筆跡稿》。

## 【鹿泉寄興集】

見《山東通志·藝文》（據《縣志》）。

## 【三晉寫懷錄】

見《山東通志·藝文》（據《縣志》）。

### ◆ 毛充學

充學字雒一（《陽信縣志·選舉》作毛允學，字惟一。茲據本傳），陽信人。隆慶間選貢。歷官祁縣知縣。

## 【山樓子】

見《山東通志·藝文》（子部雜家類）。

## 【乾乾亭稿】

《山東通志·藝文》："《縣志》本傳云：'政治之餘，不忘嘯詠，所作古文詞，尤極古峭淡雅。'著有此編行世。"

### ◆ 張茂棻

茂棻字小東，商河人。廩生。

## 【海外五嶽懶畫眉】

《重修商河縣志》本傳云："精書法，隆慶間以字學校士，茂棻與選，御覽獎異，恩賜冠帶。所書有《海外五嶽懶畫眉》百首，石刻行世。"

### ◆ 張茂枏

茂枏，商河人。萬曆癸酉（元年）舉人。

其詩文集未見著錄。民國《商河縣志·藝文》載其《孝子張延陵廬墓記》（明萬曆七年）。

## ◆ 楊一躍

一躍，商河人。萬曆癸酉（元年）舉人。

其文集未見著錄。《重修商河縣志·藝文》載其《明鄉飲正賓馬公忠菴墓誌》。

## ◆ 光 廬

廬字南陽，號顧吾，陽信人，寓歷城。萬曆癸酉（元年）舉人。官河南太康知縣。民國《陽信縣志》有傳。

### 【岱史】

《山東通志·藝文》（史部地理類）："是書見劉勑《岱史序》。"

### 【東山存稿】

見《歷城縣志·藝文考》、《山東通志·藝文》（據《縣志》）。

崇禎《歷城縣志·藝文》載其《濼源飲邊一丈》、《比渚亭》、《趵突泉白雪樓》、《劉觀察魚樂園》等詩。《武定明詩鈔》收其《下第後作》、《泰山道中同鄒太史作》詩二首。民國《陽信縣志》本傳云："《下第》、《寄戚元戎》二作，載《皇明詩統》集中。"

## ◆ 焦守己

守己，青城人。萬曆癸酉（元年）舉人。任鄉寧知縣。

### 【鄉寧縣志六卷首一卷】

現存：清順治七年錦州侯世爵續修增刻本，中國國家圖書館藏，《北京圖書館普通古籍總目》、《中國地方志聯合目錄》、《中國地方志綜錄》著錄。《千頃堂書目》載是書，無卷數。

## ◆ 梁 南

南，濱州人。萬曆癸酉（元年）舉人。

### 【問竹軒詩稿二卷】

現存：稿本（二冊，清梁溥跋），山東省圖書館藏，《山東文獻書目》著錄。

## ◆ 李大華

大華，德州人。萬曆癸酉（元年）舉人。官武強知縣，棄官歸。卒年八十二。《濟南府志》卷五十二有傳。

其詩文集未見著錄。《德州志》卷十二、《德縣志》卷十五載其《自撰墓誌銘》一篇。

## ◆ 党天爵

天爵，德平人。萬曆癸酉（元年）舉人。官山西檢校。

其詩文集未見著錄。《德平縣志》卷十二載其《和前韻》（邑令鄭材《葛中翰川上草堂》）詩一首。

## ◆ 李長茂

長茂字明南，號拙公，章丘人。萬曆癸酉（元年）拔貢。歷官陝州知州。

### 【算海說詳十六卷】

見《章邱縣志·藝文》（無卷數）、《濟南府志·經籍》（無卷數）、《山東通志·藝文》。現存：清康熙元年刻本，故宮博物院圖書館、山東省圖書館藏，《故宮普通書目》、《中國古籍善本書目》、《四部總錄·算法編》著錄。

《山東通志·藝文》引《縣志》本傳云："在京日，有參贊某支軍餉，會計數日，不得當。令長茂計之，頃刻立辦。因著有《算海說詳》十六卷，藏於家。"

## ◆ 葛 昕

昕字幼明，號龍池，德平人，引生子，守禮孫。以廕補國子生，授中軍都督府都事。歷太僕寺丞、戶部員外，遷工部都水屯田郎中，擢尚寶卿，加正四品服俸。所至有幹濟聲。《濟南府志》卷五十二、《德平縣志》卷七有傳。《來禽館集》卷十七有《奉政大夫修政庶尹尚保司卿加四品服俸德平龍池葛公行狀》。

### 【易經本義詳解四卷】

見葛周玉《般上舊聞》卷三"先世著述"條，云未梓而書亡。

### 【校刻孝經】

見《德平縣志·葛引生傳》、《濟南府志》本傳、《德平縣續志·藝文》。葛周玉《般上舊聞》卷三"先世著述"條有《孝經》一卷，稱係所輯之書，已經付梓，書存而板失者，蓋即此書。

## 【郎中疏草】

《山東通志·藝文》（子部詔令奏議類）：是編見《縣志·葛引生傳》。《縣志》本傳云："遷工部都水屯田郎中，監修壽陵，請罷助工之令，又疏減蘆課及紅蘿大炭。"

葛周玉《般上舊聞》卷三"先世著述"條云："《集玉山房稿》十卷，《疏草》在內。"未言有別行之本。今山東省博物館藏清嘉慶九年德平葛周玉樹滋堂刻本《集玉山房稿》之第一卷，即《郎中疏草》。

## 【端肅公名臣記一卷】【端肅公哀終錄四卷】【葛夫人哀終錄一卷】

見葛周玉《般上舊聞》卷三"先世著述"條，云："已經付梓，書存而板失。"

## 【通鑑人物要編五十卷】

見葛周玉《般上舊聞》卷三"先世著述"條，云：未梓而書亡。

## 【秘傳陽宅要訣一卷】

見葛周玉《般上舊聞》卷三"先世著述"條，云：未梓而書不存。

## 【集玉山房集古法書】

見《山東通志·藝文》（據《縣志·葛引生傳》）。葛周玉《般上舊聞》卷三"先世著述"條未載此書。《德平縣志》卷十二有邢侗《葛端肅公家乘集古法書序》。

## 【集玉山房稿十卷】

見《山左明詩鈔》（無卷數）、《濟南府志·經籍》、《山東通志·藝文》。現存：①清抄本（即《四庫》底本），中國國家圖書館藏，《中國古籍善本書目》著錄。②《四庫全書》本。③清嘉慶九年德平葛周玉樹滋堂刻本，中國國家圖書館藏。

《山東通志·藝文》引《四庫提要》曰："昕以廕起家，初除都督府都事。揚武侯薛鏌以貧故，幾不得襲，昕力排群議，始得襲封。尋遷工部屯田司郎中，議裁惜薪司炭額百餘萬，又汰廠司內官五百六十一人，禍幾不測。然連三疏爭之，竟如議。又爭戚畹、鄭福濫請卹典，雖不允行，天下壯之。其風節侃侃不阿。其他文亦疏爽駿快，無婟婀齷齪之氣，肖其為人。惟《贈孔劍峰》一序，似乎溺於左道，不類昕之所為。然昕不得父母遺像，孔以術追寫如生，故喜極而譽之，發於孝子之心，不自知其言之失，猶可以曲諒者也。是集為其子如龍等所編，凡疏一卷，贊語一卷，詩一卷，誌、狀一卷，記、錄、跋一卷，啟一卷，書二卷，祭文一卷。"泳按："揚武侯"，《總目》"揚"原作"陽"。"詩一卷"後脫"序一卷"。"錄"原作"銘"。

葛周玉《般上舊聞》卷三"先世著述"條云："《集玉山房稿》十卷，疏草在內，堂邑許司徒維新、日照焦太史竑序，萬曆四十三年乙卯梓，板缺，符卿公著。"

《山左明詩鈔》卷二十三載其《留雲洞次明宇周丈韻》一首。《德平縣志》卷十一載其《與周鹽臺公祖書》一篇。

## 【葛符卿公尺牘序說】

見《德平縣續志·著作》，稱"事理簡潔蕭括，非容易可到。王明野侍御稱之曰：'直是史筆。'"

## 【葛少保行歷圖】

《山東通志·藝文》云："葛守禮之畫像也。《縣志》載太倉王世貞《序》略云：'太僕<sub>守禮子昕</sub>出公之像，凡若干冊，以示世貞。……凡公後先垂二十政，而其貌亦自稚而壯，而強，而漸以老；其服自青衿，而有冠服，由黃黑、銀青以至金紫；其髮亦自綠而黑，而頒，以至白。余不能盡辨之。而其稍可識者，則其為少宰時與執法二三像耳。'"泳按："守禮子昕"誤，昕為守禮之孫。

## ◆ 王三遷

三遷字養蒙，號紹庭，臨邑人。幼孤，事母至孝。《濟南府志》卷五十二、《臨邑縣志》卷九有傳。《來禽館集》卷十七有《累誥封中憲大夫潞安府知府紹庭王公行狀》。《臨邑縣志》卷十五有姜逢元《明封中憲大夫山西潞安府知府王公崇祀鄉賢祠碑》。

## 【連山抉要二卷】

見《濟南府志·經籍》、《臨邑縣志·藝文上·著述》、《山東通志·藝文》（經部易類）。

## 【四書解】

見《濟南府志·經籍》、《臨邑縣志·藝文上·

著述》、《山東通志・藝文》（經部四書類）。

## 【過庭百訓】

見《濟南府志・經籍》、《臨邑縣志・藝文上・著述》、《山東通志・藝文》（子部儒家類）。

## 【雙草截蒲錄】

見《濟南府志・經籍》、《臨邑縣志・藝文上・著述》、《山東通志・藝文》（子部雜家類）。道光《濟南府志》、同治《臨邑縣志》本傳均作《截蒲錄》。

### ◆ 邢侗

侗字子愿，一字知吾，臨邑人。隆慶庚午（四年）舉人，萬曆甲戌（二年）進士。歷官陝西行太僕少卿。《濟南府志》卷五十二、《臨邑縣志》卷九有傳。

## 【東阿于文定公年譜二卷】

現存：明末鈔本，山東省圖書館藏，《中國古籍善本書目》、《山東省珍貴古籍名錄（第一批）》著錄；《山東文獻集成》影印。

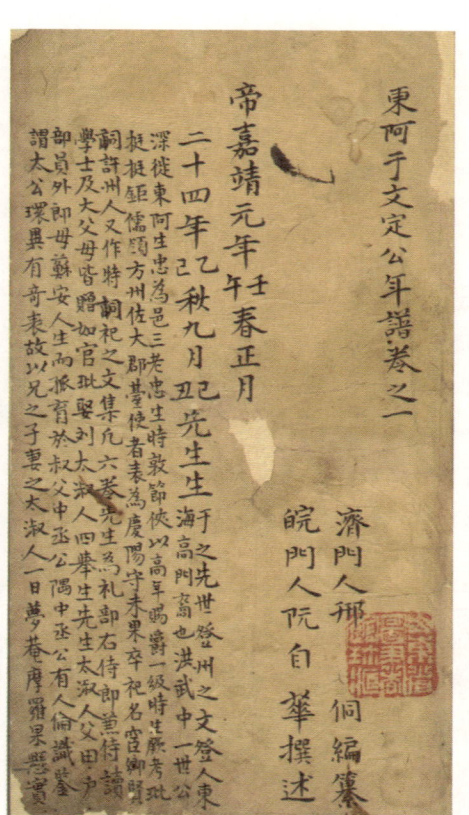

《東阿于文定公年譜》二卷　山東省圖書館藏明末鈔本

## 【武定州志十五卷】

見《明史・藝文志》、《山東通志・藝文》。現存：明萬曆十六年刻本，中國國家圖書館、山東省圖書館（不全）藏，《中國地方志聯合目錄》、《中國善本書提要補編》著錄。前有萬曆十六年□□□《序》，邢侗《序》，州圖二幅。分地理志、建置志、田賦志、軍旅志、風俗志、災祥志、侯王志、職官志、選舉志、循良傳、人物傳、列女傳、陽信、商河、樂陵、海豐四縣附十三門，凡十五卷。

《續修四庫全書總目提要（稿本）》著錄東方文化委員會藏鈔本（三卷），提要云："是州舊志蓋成於州人劉繼先之手。是志依劉作者什七，增附者什三。大抵劉氏主於源委富贍，而此則略主於裁。書成於萬曆戊子。為目有十三，即地理、建置、田賦、軍旅、風俗、災祥、侯王、職官、選舉諸志，及循良、人物、列女三傳，復有四縣附是也。各志、傳之後，每附加評語讚述，論其利害得失、賢否何如，或一代合，或二三人合，或一人獨列，皆取事實興象之道，聊昉二氏為裁。雖云編纂，然無慚一精心結構之稗史。但篇中字句多有殘缺之處，蓋所據鈔之本，塵封蠹蝕，為日已久，故剝損甚鉅也。"

按：是志由武定知州桑東陽主修。東陽，河南祥符人，萬曆十二年任。

## 【臨邑縣志十六卷】

《山東通志・藝文》："同治《臨邑志》載邑令陳起鳳順治壬辰《序》云：'邑志自萬曆辛卯子愿邢公刱爲之，越三十餘年，子愿仲子王稱增補之。'又載侗《自序》略云：'例多從舊，義取竊比。書凡十六卷，總之五萬餘言，浹月而已，槀草三月而畢殺青，嘉與秘攡，唯所命之。'又《例言》云：'邢《志》論讚，訓辭爾雅。'"

按：此本原版不見著錄，蓋已亡佚。今中國國家圖書館藏明萬曆刻清順治九年續修本，即用萬曆舊志原版增補而成，可略見其原貌。

## 【來禽館帖】

邢侗輯。見同治《臨邑縣志・金石志》。現存：舊拓本（四冊），山東省圖書館藏。

《續修四庫全書總目提要（稿本）》著錄臨清邢氏本十卷（"臨清"當爲"臨邑"之誤），云："此本《摹古法帖》二卷，又《之室集帖》子愿及其妹慈靜書各一卷，《瑞露館》六卷。子愿一人之書，同時王洽字涵中所刻，分爲三集。《之室集帖》，則慈靜選刻。統名《來禽館帖》。"

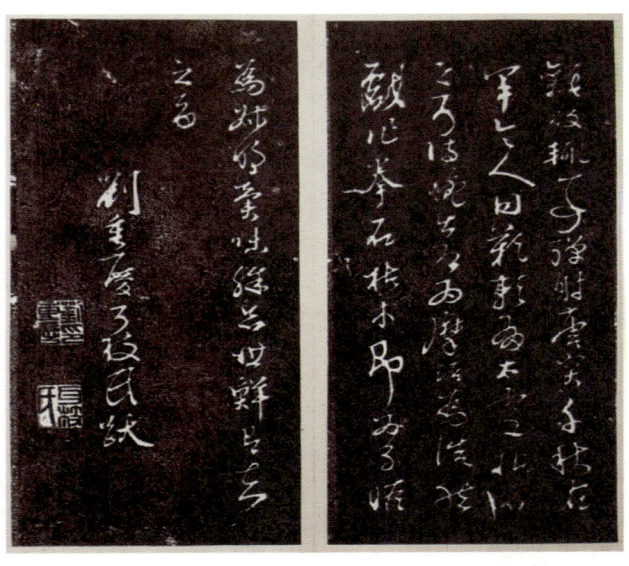

《來禽館帖》　山東省圖書館藏舊拓本

## 【來禽館世說新語鈔四卷】

見《濟南府志·經籍》、《臨邑縣志·藝文上·著述》、《山東通志·藝文》（子部小說類）。

## 【世說新語廣鈔二卷】

現存：明末刻本，湖北省圖書館藏，《中國古籍善本書目》著錄。

《沛園集·廣世說新語鈔序》："盖自隆、萬以來，而《世說新語》大行東南天地間，若發中郎之帳，而斲淮南之枕，口不占不得中微談，士不授不得稱名下也。吁！亦好事貪奇甚矣。夫書所列凡三十六卷，標目三十有二則，總之逸流之勝致、韻士之清言耳。盖引之而劄記，不逾十行；微之而詞條，才可二參也。而乃按之無盡，味之有餘。含舖宛其欲吐，拓綫令其可長。二難欣於粲對，一座似覺無人。塵揮笏拄，帳施膝前。致足墜瞿曇之天花，躍清池之方響矣。書本資談，談亦不盡於書，此固瑯琊兄弟所爲箋評廣演，三復津津而不能一日緩，石室名山之副，則江左之流風未泯哉！北士深沉，往往病聲俊而厭清譚，謂北書能啟人跳浪心，助人浮薄名，未爲非是。弟南人童齔

習之，長而骨挺，未必盡戶無沉深也。若夫餘椎文陋，倡雅成趣，則北士須之更棘矣。余故爲南宮業，與廣野期用暇日盡此書，仍期各出臆評而會名法。簿書相糾纏，卒辜初願。又十年，而廣野守諫議久，封章朝謁之間，爲畢此書，研精蒿目，厥志良勤。其所爲鈔，盖主習見者汰，冗長者節，亂雅者湔，古語轉譌不可了了者闕。吁！其於《世說》家言思過半矣。余齋居病臥，一夕爲是正之，稍爲廣其遺逸如干條。即嗜痂好鍜，去取小別。式秋輔談，致無弗一。貪奇好事之士，人秘一編，庶幾無忝於智囊，何必親蹟乎楊亭也。"

## 【來禽館集二十九卷】

見《濟南府志·經籍》、《臨邑縣志·藝文上·著述》、《山東通志·藝文》。現存：①明萬曆四十六年史高先襄陽刻本，北京師範大學圖書館、上海圖書館、天津圖書館等藏，《中國古籍善本書目》著錄。②明萬曆四十六年刻清康熙十九年鄭雍重修本，山東省圖書館、文登市圖書館、蘇州大學圖書館等藏，《山東省珍貴古籍名錄（第一批）》，《中國古籍善本書目》著錄；《四庫全書存目叢書》影印。前有萬曆戊午大泌山人李維楨《序》，萬曆戊午同郡樂陵子婿史高先《來禽館集小引》。後有崇禎丁丑樂陵外孫史以明《重訂來禽館集跋》，康熙十九年南亭後學鄭雍穆菴氏《來禽館集跋》。③明崇禎十年版築居刻本（二十八卷），山東大學圖書館、中國科學院國家科學圖書館、湖北省圖書館藏，《山東省珍貴古籍名錄（第一批）》、《山東大學古籍善本書目》著錄；《山東文獻集成》影印。④清道光九年重刻本，遼寧省圖書館、東北師範大學圖書館等藏，《東北地區古籍綫裝書聯合目錄》著錄。⑤清光緒十七年臨邑邢氏崇德堂刻本（清邢文奧增補），北京師範大學圖書館、山東省圖書館等藏。

《山東通志·藝文》引《四庫存目提要》曰："是集凡文二十四卷，詩僅五卷。侗以善書得名，當時有北邢南董之目。其序于慎行詩集，謂'李、何學唐，爲化鳩之眼'，而於太倉、歷下竝有微詞，蓋能不依七子門戶者。故所作大抵和平雅秀，王士禎《論詩絕句》亦有'來禽夫子本神清'之語。特骨幹未堅，不能自成一隊，文體則更近於澀矣。"

《山左明詩鈔》卷二十三載其詩五十二首。《武定府志·藝文》、《惠民縣志》卷二十七載其《棣州

論》、《許忠節公論》、《三學寺趙文敏書額論》、《樂陵郭令君增修膠宮創置學田去思碑記》、《重修武定州志引》等文，《惠民縣志》卷二十七又載其《左副都御史伯淵李公傳》。《淄川縣志·藝文》載其《重修文廟碑記》（明萬曆三十一年）。道光《章邱縣志·藝文》載其《章邱茅令君去思碑記》。民國《齊河縣志·藝文》載其《右軍都督府督僉事鎮守保定總兵官尹公墓誌銘》、《祭齊河房大中丞文》。《臨邑縣志》卷十五載其《臨邑縣戒珠禪寺藏經堂記》（萬曆四年，署"賜同進士出身知南宮縣事邑人邢侗譔並書"）、《修華嚴寺殿臺碑記》（萬曆十七年）、《分守濟南道右參政甯陵呂公德政碑》（萬曆十七年）、《重修真武廟碑》（萬曆二十四年）、《興國寺重修佛殿記》（萬曆二十六年）、《重修大興寺碑》（萬曆三十年）。《德縣志》卷十四載其《德州學宮建文昌閣碑記》一篇。《德平縣志》卷十二有其《葛端肅公家乘集古法書序》一篇。《平原縣志》卷十載其《重修顏魯公祠堂記》。民國《茌平縣志》卷十二載其《邑侯蕭公祠記》。民國《單縣志》卷二十載其《高公德政碑》一篇。道光《東阿縣志》卷十七載其《于氏家藏詩稿後序》、《于文定公墓碑記》、《于文定公年譜跋》。

《來禽館集》二十八卷　明崇禎十年版築居刻本

乾隆《樂陵縣志》卷七載其《樂陵郭令君增修膠宮創置學田去思碑記》（萬曆三十二年）。

【沛園集五卷】

現存：①明天啟四年賜緋堂刻本（五冊），中國國家圖書館藏，《中國古籍善本書目》著錄。②明刻本（不分卷。按版心所題，分詩、書、序、誄、帖凡、畫跋、墨談諸體，共一冊），南京圖書館藏，《四庫存目標注》著錄。

《山東通志·藝文》據《傳是樓書目》著錄，作《沛南集》五卷。

《沛園集》一卷　明刻本

【邢子願雜著不分卷】

現存：明刻本，上海圖書館藏，《中國古籍善本書目》、《四庫存目標注》著錄。

### ◆ 王見賓

見賓字懋欽，歷城人。隆慶庚午（四年）舉人，萬曆甲戌（二年）進士。歷官僉都御史，巡撫延綏。《歷城縣志》卷三十七、《濟南府志》卷四十九有傳。

【紺珠經】

見《歷城縣志·藝文考》、《濟南府志·經籍》、《山東通志·藝文》（子部雜家類）。雍正《山東通志・經籍》云一卷。

#### ◆ 于達真

達真字子充，號完朴，歷城人。萬曆甲戌（二年）進士。官陝西參政。

其詩集未見著錄。《山左明詩鈔》卷二十三載其《橫嶺城》、《公太史攜徐文二山人碧落寺讌集》詩二首。

#### ◆ 韓萃善

萃善，淄川人。萬曆甲戌（二年）進士。歷官常州府推官、南京戶部郎中、山西太原知府、浙江按察司副使、陝西布政司參政。

其詩文集未見著錄。《淄川縣志・藝文》載其《重修廟學記》（明萬曆二十一年）。《長山縣志》卷十五載其《謁董孝子祠》詩一首。

#### ◆ 趙維魚

維魚，齊河人。萬曆甲戌（二年）進士。授河南儀封知縣，未之任，卒於家。《濟南府志》卷五十一有傳。

其文集未見著錄。《齊河縣志》卷三十二載其《重修漢壽亭侯廟記》一篇。

#### ◆ 劉 金

金，禹城人。萬曆甲戌（二年）進士。官臨汾、長垣知縣，行取戶部主事。

其詩文集未見著錄。《禹城縣志》卷十載其《重修城隍廟記》一篇。

#### ◆ 康大壯

大壯，章丘人。萬曆丙子（四年）舉人。

其詩文集未見著錄。道光《章邱縣志・藝文》載其《重修關王廟捲棚記》文一篇。

#### ◆ 朱 伸

伸，德平人。萬曆丙子（四年）舉人。

其詩文集未見著錄。《德平縣志》卷十二載其《夏日川上草堂觀荷》詩一首。

#### ◆ 周 暹

暹，霑化人。萬曆丙子（四年）歲貢。官成安教諭。

#### 【續霑化縣志】

《山東通志・藝文》："光緒《霑化志》云：'邑志自石尹璽蒐輯後久殘缺，暹爲續其未竟者，俾文獻有徵焉。'"

#### ◆ 韓取善

取善字惺菴，淄川人。萬曆癸酉（元年）舉人，丁丑（五年）進士。歷官都察院右僉都御史，巡撫遼東。

#### 【久視樓文集二十卷】

見《濟南府志》本傳（無卷數）、《山東通志・藝文》（據《徵選山左明詩啟》）。

《淄川縣志・藝文》載其《重修城隍廟碑記》（明萬曆二十八年）。

#### ◆ 劉一相

一相字維衡，號頊陽，長山人。隆慶庚午（四年）舉人，萬曆丁丑（五年）進士。歷官陝西按察司副使。以子鴻訓贈大學士。《濟南府志》卷五十、《長山縣志》卷七有傳。

#### 【船政要覽】

見《濟南府志・經籍》、《山東通志・藝文》（史部政書類）。

《山東通志・藝文》引《四素山房集・先考妣行略》云："癸巳春，之南駕部，專理船政。艅艎如鱗集，夫匠萬指，新故艎造，料理龐雜，于中衙胥旗甲之弊，輒不可問。府君蚤夜殫精力，注爲《船政要覽》一編，規條程量，纖細必列，下至木削釘頭，無不綜覈如陶長沙者。乃撥運有期，回空有禁，令貢瑠衛弁，不得如昔濫役，而積猾見年，亦無所售其借口遭風盜、鬻敝舟之奸。後十年，孫月峯公來總留樞，得《要覽》一刻玩之，擊節歎服。"

#### 【燕喜堂集十五卷】

現存：清初鈔本，山東省圖書館藏；《山東文獻集成》影印。前二卷爲詩。《長山縣志》、《濟南府志・經籍》、《山東通志・藝文》俱作《燕喜堂文集》無卷數。

《山東通志・藝文》引《四素山房集・先考妣行略》云："府君文宗六經，詩企陶謝，爲四六韻語，食頃可數百言，所著《啟劄》既壽梓，其它古文辭若歌什未質宇內，則不孝輩之任也。”

《長山縣志》卷十五載其《謁董孝子祠》詩一首，並淄川韓萃善同題詩一首，注云：“祠乃四賢講藝之所。皆成進士，因各捐貲，革故鼎新。一日會飲於此，各賦一律。曲遷喬、韓取善二詩不錄。”

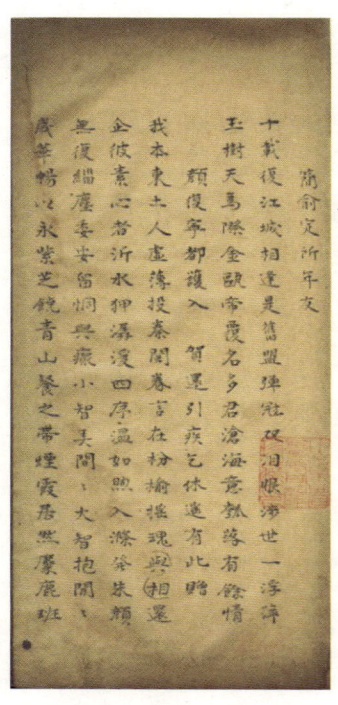

《燕喜堂集》十五卷 山東省圖書館藏清初鈔本

## 【詩宿二十八卷】

見《濟南府志·經籍》、《山東通志·藝文》（集部總集類）。現存：明萬曆三十六年長山劉氏刻本（附《詩人考世》二卷），山東省圖書館、北京大學圖書館、山東省博物館等藏，《山東文獻書目》、《美國哈佛大學哈佛燕京圖書館藏中文善本書志》著錄；《四庫全書存目叢書》影印。卷端題“長山劉一相彙輯；男鴻訓、鴻範、鴻采參閱；章丘術良知，稷山梁蕙、鄭寅校次；關中何補之、來臨訂正”。前有萬曆戊申大泌山人李維楨《詩宿敘》，萬曆戊申金陵門人朱之蕃《刻詩宿序》，萬曆丁未劉一相《刻詩宿敘》。後有萬曆戊申歷下諸生男鴻訓《跋詩宿後》。

《山東通志·藝文》引《四庫存目提要》曰：“是編采周、秦、漢、魏、六朝、三唐之詩，區別差次，爲部二十八，子目一百五十有四。陳、隋以上不甚異

者都稱古詩，惟以時代爲序。唐則類以題分，人以詩分，詩以體分，亦張之象《唐詩類苑》之流亞也。”

## 【古抄八卷】

是編收錄古文迄於宋朝，涉及經史子集四部，詩詞歌賦諸體。卷一鈔《易》《詩》《書》《禮》，卷二收《左傳》《國語》，卷三《戰國策》，卷四辭賦，卷五周秦文、西漢文，卷六西漢文，卷七東漢文、三國文、西晉文、六朝文，卷八唐文、宋文。現存：①明烏絲欄鈔本，首都圖書館藏，見《首都圖書館古籍書畫珍品集萃》。有“吳重憙字仲懌號心樵”印。②明藍格鈔本（書眉有墨筆評語），臺灣“國家圖書館”藏，《國家圖書館善本書志初稿》著錄。

## 【匯古菁華二十四卷】

張國璽、劉一相同編。現存：明萬曆二十四年褚鈇刻本，山東省圖書館等藏，《山東省珍貴古籍名錄（第一批）》、《美國哈佛大學哈佛燕京圖書館藏中文善本書志》著錄。

是書集儒家經典及百家文，取其沉雄博大、馴雅蒼陳、可裨博士言者，總彙一集。首載《六經》，並《周禮》、《孔子家語》、《國語》、《戰國策》之文，繼爲周秦、前漢至宋文，後爲辭、賦、《道德》、《文始》、《南華》諸經文。書前有萬曆二十四年蔣

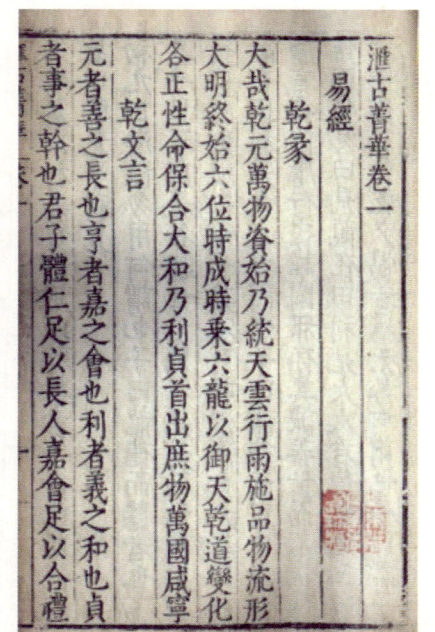

《匯古菁華》二十四卷 明萬曆二十四年褚鈇刻本

春芳、張國璽、褚鈇《序》。《序》後有"刻滙古菁華姓氏"，記彙選"虞丘藍田張國璽（丁丑進士），於陵頃陽劉一相（丁丑進士）"，校正"河東貞予曹于汴（壬辰進士）"，同校周燨等十一人，編釋、檢刻各二人。書後有何際可《後敘》。

《山東通志·藝文》（子部類書類）據舊《通志》著錄，作《匯古精華》一卷。

### ◆ 曲遷喬

遷喬號帶溪，長山人。隆慶庚午（四年）舉人，萬曆丁丑（五年）進士。歷官通政使。《濟南府志》卷五十、《長山縣志》卷七有傳。

#### 【光裕堂文集】

見《長山縣志》本傳、《濟南府志·經籍》、《山東通志·藝文》。

《山東通志·藝文》引《縣志》本傳云："拜工科給事中，歷戶、禮、刑三科，前後二十餘疏，上皆嘉納，見之施行，其奏條編事宜，民尤稱便。"

### ◆ 王之猷

之猷字爾嘉，號柏峯，新城人，之垣弟。隆慶庚午（四年）舉人，萬曆丁丑（五年）進士。歷官浙江按察使、淮陽兵備。子四人：象恒、象復、象豐、象春。《濟南府志》卷五十一、《重修新城縣志》卷十四有傳。

#### 【柏峯集】

見《山左明詩鈔》、《濟南府志·經籍》、《山東通志·藝文》、《重修新城縣志·藝文》（據張象津《新城後志稿》）。《續修四庫全書總目提要（稿本）》著錄家抄本一冊。

《山東通志·藝文》："是冊爲其子象春手錄本，其從曾孫士禎《跋》云：'吾邑前輩以詩名者，自國子司業澄川沈先生始。曾叔祖柏峯公與沈公生同時，其詩派亦略相似，大抵步趨濟南，不爽尺寸。至叔祖季木公，始一變而雄肆清屬，雖家庭風氣，不相沿襲。此集傳爲考功手書，有東癡隱君題贊，刧灰之後，故蹟僅存，古色蒼然，有鼎彝之氣。陁西其珍藏之。康熙二十五年仲秋上浣。'據本書。"

《續修四庫全書總目提要（稿本）》略云："是冊乃自其子象春手錄本抄出者，計詩六十七首，各體均有，而以古體爲最多。……大抵之猷之詩，雖步趨濟南，一字一句，皆摹擬古人；然清微淡遠，蕭疏閒散，亦頗有言盡而意無窮之槩也。"

《山左明詩鈔》卷二十三載其《送恒兒應試北上》、《贈醫》詩二首。《重修新城縣志》卷二載其《憫水》詩一首。

### ◆ 張 敬

敬字爾和，號松石，淄川人。嘉靖戊午（三十七年）舉人，萬曆丁丑（五年）進士。官禮部主事。丁外艱歸，石田茅屋，不異寒畯。二三生徒，日夕講習，寒暑不輟，王敫、畢楸，皆及門士也。以子至發贈大學士。《濟南府志》卷五十有傳。

#### 【張儀部集】

見《山左明詩鈔》、《濟南府志·經籍》、《山東通志·藝文》。

《山東通志·藝文》據《縣志》著錄，並引《靜志居詩話》云："爾和不以詩名，所作寥寥，附文集之末。聲律未能悉諧，然頗有生趣，如'曇花侵斷壁，木葉響空廊。鷺下啄寒葦，猿垂颭古藤。故人滄海隔，歸夢白雲深。'亦自流暢。"

張篤慶《青雲寺感舊》詩："仙曹侍從前朝日，祖德于今已百年。墨綬憶歸青鎖闥，碧山曾貯白雲篇。到來精舍人非故，亂後遺書世久傳。千載無媒雙涕淚，潛纓慚愧子孫賢。"注云："先高祖有《儀部集》行世。"

《山左明詩鈔》卷二十三載其詩七首。《淄川縣志·藝文》載其《三臺山中讀書咏落葉》、《水峪寺》詩二首。

#### 【儀部張先生文集二卷】

現存：明萬曆張至發刻本，山東省博物館藏，《中國古籍善本書目》、《山東文獻書目》著錄。

### ◆ 房守士

守士字升甫，號備吾，齊河人。萬曆癸酉（元年）舉人，丁丑（五年）進士。累官大同巡撫。卒贈兵部尚書。嘗於城西隅築"千楸園"，藏書頗盛。《齊河縣志》卷二十四有傳，卷三十二有史可法《明巡撫大同兵部右侍郎兼都察院右僉都御史贈兵部尚書房公傳》，卷三十三有孫承宗《明巡撫大同兵部右侍郎兼都察院右僉都御史贈兵部尚書房公墓誌》。

## 【房中丞集】

見民國《齊河縣志·撰述》。

《濟南府志·藝文》載其《重浚倪倫河記》一篇。《齊河縣志》卷三十一載其《請蠲礦稅子粒名馬疏》、《齊河縣志序》，卷三十二載其《學田記》、《重濬倪倫河記》、《修真武廟記》、《贈巡撫大同兵部右侍郎房公齊之傳》、《房子修先生傳》等文。

### ◆ 唐文光

文光，商河人。

## 【商河縣志十卷】

唐文光等纂。現存：明萬曆十五年刻崇禎十年修錄本，中國國家圖書館藏。前有詹應陽《序》，縣圖五幅。後有王栢、鄔邦瑞《跋》。分輿地志、宮室志、食貨志、學校志、官師志、選舉志、人物志、古蹟志、雜述志、遺文志十門。

是志由商河知縣曾一侗（河南陳州人，萬曆十二年任）主修，始於萬曆十四年，大體依嘉靖間賈樞志稿增輯而成，次年梓行。崇禎十年，知縣賈席前據以重刻，爲現存最早商河縣志。

### ◆ 張 祜

祜字祐夫，歷城人。萬曆戊寅（六年）廩貢。候選教諭。

## 【孝經註一卷】

《歷城張氏世系譜》云：“註有《孝經》一卷。”

### ◆ 劉 勅

勅字君授，歷城人。萬曆己卯（七年）舉人。官富平知縣。家居殉己卯之難。

## 【孝經注解】

見《山東通志·藝文》（據《縣志》）。《歷城縣志·藝文考》作《忠孝經註解》，注云：“見舊《志》，卷未詳。”

## 【四書朱翼】

見《歷城縣志·藝文考》、《濟南府志·經籍》、《山東通志·藝文》（經部四書類）。

## 【歷乘十八卷】

現存：明崇禎六年刻本，中國國家圖書館藏；一九五九年北京市中國書店影印。《歷城縣志·藝文考》、《濟南府志·經籍》、《山東通志·藝文》俱無卷數。

是志由歷城知縣大興郭永泰、胙城貴養性主修。以考、表、紀、傳統攝各門，分卷十八，曰圖經考、星野考、輿地考、沿革考、建置考、官制考、賦役考、學校考，曰選舉表、武秩表、兵戎表、方產表，曰災祥紀、風俗記、景物記，曰人物列傳、文苑傳、外傳。十八綱之下，轄目百一十九，綱舉目張，條分縷晰，頗稱詳贍。

## 【歷下十六景不分卷】

現存：明萬曆三十六年陳升刻本，《中國古籍善本書目》、《山東文獻書目》著錄。

## 【岱史十六卷】

見《歷城縣志·藝文考》、《濟南府志·經籍》、《山東通志·藝文》（史部地理類）。

《歷城縣志·藝文考》載劉勅《自序》署曰：“岱以史名，所以別於志也。志取備物已耳，史有褒貶之義焉。夫岱為五岳之長，史為傳岱之書，烏所容其褒貶也？噫嘻！盖有之矣。岱為天之東柱，以發生萬物為德，故寸雲膚雨，時吐靈異；而世顧貌以人形，加以神號，稱帝稱王，恐山之靈弗耀也。岱本聰明正直，不享非禮之祭，故壇次陶匏，祀有定制；而世顧崇以雲臺，奉以瑤牘，檢金繩玉，恐岱之神弗愛也。岱為空洞之府，羣仙所棲，故阿閣神房杳然幽邃；而世顧踐以壺觴，塗以翰墨，恐岱之色弗光也。且世主懷侈大之心，媚臣獻封禪之説，六龍駕於祠壇，萬騎匝於清野，而勞民病國，又莫此為甚矣。曩嶺南譚侍御暨查嵯丞志隆、光孝廉廬之為史也，分星野，表形勝，紀靈跡，與夫賦稅、災祥以及祭告、遊覽之文，豈不纚纚然備哉？其於歷代封禪之得失，漫無短長，得不令龍門氏地下笑人乎？而後之勞民病國，行且階之，俾赫赫青靈反為民屬，則又載筆者之罪也。故星野、形勝、人物、災祥，舊史所載者，惟稍稍考證，而特爲之解。岱宗辯獄，神明祀典，斥累代之非，辨前人之佞，表我朝之盛美，以垂百王之法戒。至若帝王卿相之祭告、遊人騷士之題詠，亦不過補其缺漏，剗其繁蕪已耳。自丁卯冬受事以來，開館列曹，分門別類，越一載而始竣。是役也，姑蘇呂益公司馬實首事，檄下州刺史于君貞遂式余廬而請，而二三門士李生聯璧、趙生鏊、徐生萬化編次攷訂焉。書成，王素公司徒遂序而梓之。崇正元年夏六月。"

又，王從義《序》署曰："岱嶽爲天東柱，雄峙於角亢之墟，爲魯邦之瞻，而稱五岳之長。故春祈秋報，所以答元貺也；犧牲匏器，所以明祀典也：而青靈始重於天下。自柴望世邈，而矯誣者興，稱王稱帝，奉策奉符，以邀神貺，遂至勞民病國不顧。且懷襄後舜肇封山，顧謂黃帝禪云云，而謬爲七十二君之説。不知世質民淳，安得泥金檢玉？結繩而治，烏有勒石鑴文？其所以誤後世之人主者，非渺小也。載筆者秖以辭章飾固陋，而茫茫於疑信之間，無爲貴史矣。昔岱有史，惟取備物，而漫無短長。吳江呂益軒司馬爲是懼，托君授劉君修之。君授乃上稽虞氏之燔燎，下闚嬴秦之函簡，獨取力諫封禪之許懋，嚴斥死不忘諛之相如，以垂萬世之炯戒，俾後之人主勿聽方士之言，信諛臣之口，以杌棁社稷。則休茲此史，寧獨有功於岱已哉！至其瓌奇特絕之觀、登臨嘯詠之蹟，見於仙經地志殘碑斷碣之所記載者，莫不蒐羅而次第之。余鎮撫東土，一日政暇，撿書笥，得副本，披誦數四，乃知君授之所取義者大也。崇正二年季春巡撫山東雲中王從義書於歷山之正己堂。"

## 【忠經注解】

見《歷城縣志·藝文考》、《山東通志·藝文》（子部儒家類）。《濟南府志·經籍》作《忠孝經注解》。

## 【城書一卷】

見《歷城縣志·藝文考》（無卷數）、《濟南府志·經籍》（無卷數）、《山東通志·藝文》（子部法家類）。

《山東通志·藝文》："是書見《縣志》，無卷數。《讀書敏求記》載《城書》一卷，云：'守城事宜，散見諸書中。此八章條約詳明，繪圖以便覽者，宜與守筌並存之。而不著撰人，或即勑所撰與？'"

## 【道經一卷】

見《歷城縣志·藝文考》（據本書）、《山東通志·藝文》（子部道家類）。《濟南府志·經籍》作《道書》一卷。

《山東通志·藝文》："《縣志》載是書，及勑《自序》略云：《老子》曰：'道可道，非常道'。常道，道也。非常之道，非道也。聖、凡同此道耳。至人用逆，講丹砂服食求長生，與造物衡。聖賢用順，行乎當然，止乎自然。衆人用罔，殉名殉利，自殘其性命，而不知逆命者，爲賊。民順命者爲尊生之人，用罔者爲蚩蚩之衆，捨珠彈爵，良可哀也。余素厭塵囂，入官未幾，即投組歸。至人吾不能，聖賢吾不敢，惟研精斯道，不爲用罔者耳。嘗取《尊生》諸書，摘其有關於道者，列爲十八章，章章解之，以公之同志。崇禎丙子暮春望日。"

《歷城縣志·藝文考》："按，此書共十八章：知天第一，安命第二，順數第三，修道第四，由聖第五，擇友第六，養志第七，養生第八，積善第九，立業第十，務學第十一，務農第十二，習静第十三，清尚第十四，知止第十五，報德第十六，戒殺第十七，撿藥第十八。理多本於儒者，文亦簡古。"

## 【白鷗閣集】【海岱吟】

見《歷城縣志·藝文考》、《濟南府志·經籍》、《山東通志·藝文》（撰者作劉敕）。

《歷城縣志·藝文考》載公鼐《序》曰："我明東方之業，至庭實而始顯，至于鱗而大著。二公皆歷下産也。庭實之詩，以和易勻適爲主，其長也以度。于鱗之詩，以高華精麗爲主，其長也以氣。二公之矩矱，不甚相遠。而于鱗天授特異，故庭實之得者十三，于鱗之得者十七。自嘉、隆以來，能詩者日益盛，大抵多于鱗氏言也，而卒無卓然自立稱名於天下如于鱗氏者。余庚寅遊歷下，縉紳學士乃始籍籍爲余言君授名。已而君授攜策訪余，晤談一夕，大快於心，若鶴鳴谷應，氣之相感，有不知其所以然者。因讀其所爲詩，則非于鱗氏言也。久而玩之，其景正，其意遠，其調逸而圓，瀟灑婉至。其長也，以風詩教，所謂温柔敦厚，與所以道性情者，此其有焉。庭實、于鱗之所少，君授之所兼也。余歎曰：'若其卓然自立，稱名於天下者乎！'時君授方在公車，雖詩已表見，而要之非其已事。垂今三十餘載，益沉酣於詞賦之塲，其於此道倍精。且土苴一官，卜築明湖之上，日與鷗鷺相狎，故其發調清遠，修辭秀雅，嘗出物情之外。余故謂君授之長以風也，諸公叙述之者，但曰高才能詩，足以平揖千古，而未及其為詩之意；余故論次之如此。”舊《志》。

崇禎《歷城縣志·藝文》載其《題李滄溟集序》，及《同張元平遊龍洞》、《華不注》、《咏山》、《大明湖》、《大佛山》、《水面亭》、《千佛山》、《北極廟》、《天鏡泉》、《濯纓》、《一竿亭》等詩。《山左明詩鈔》卷三十載其《大佛山》、《北極廟》詩二首。民國《濟陽縣志·藝文》載其《文昌閣記並歌》。

## ◆于　橤

橤，禹城人。官教授。

其詩文集未見著錄。《禹城縣志》卷十載其《野井新亭記》一篇。

## ◆丁懋遜

懋遜字允節，霑化人。隆慶庚午（四年）舉人，萬曆庚辰（八年）進士。歷官户科給事中，以疏請東宫講學，廷杖削籍。光宗立，起太僕少卿，累遷工部侍郎。光緒《霑化縣志》卷七有傳。

### 【霑化縣志七卷】

現存：明萬曆四十七年刻本，中國國家圖書館藏。前有丁懋遜《序》，縣圖四幅。分輿地志、建置志、食貨志、官師志、選舉志、人物志、叢談志七門。

按：是志由霑化知縣段展主修，始於萬曆四十六年，次年纂成梓行，爲現存最早霑化志書。展字修敬，陝西涇陽人，萬曆四十四年任。

### 【歸山集】

《山東通志·藝文》：“《府志》載鍾羽正是集《序》今刊本《崇雅堂集》有目文闕略云：‘允節與予居同里，仕同譜，官同省，又同署也。日夕相議論，品人高下，政治得失，莫逆於心，獨未譚詩耳。既同以言事斥，乃時以書來，輒寄之詩。詩春容流暢，逌然自得，絶無牢騷侘傺意。予甚豔慕，弗能和也。久之，積成卷軸，函以示余曰：吾役志雕蟲鼻堊矣，子成風手也，其爲我斤之。顧予非知詩者也，何能爲役？雖然，嘗聞之：昔人詩三百篇，大抵發憤者之所爲作也，至論詩之工，則欲搯擢心腎，憔悴形神。夫詩果爲發憤作哉？自有一種超脱者在，挾憤是心，以景移也。詩以鳴憤，是性爲情用也。搯擢心腎，憔悴形神，以求工者，困於詩而非適於詩，求以悦人耳目而自喪其真，詩亦一障耳。吾且遊於壙埌之野、逍遙之域，遺耳目，黜忿懟，率吾天而出之，景與情會，情與性融，而言焉，而韻焉，而次第焉，員而爲璣，瑩而爲彩，人見其美也，吾適吾適而已。不知有言，安知有詩？又安知有工拙格聯法邪？初盛中晚唐邪？五忌八病二十四品十六體邪？作必如是作，觀必如是觀，而後爲懸解，此《歸山》所爲集也。非然者，即覃精極思，鉤奇繪藻，弗見其適，秪名爲障，視茲集孰爲高下？余不能詩，竊意詩之津梁若此，用請正於《歸山集》主人，將何以教我。’觀此序刻，懋遜之不工於詩，當於言外得之。”

《武定明詩鈔》收其《霑化王參將》詩一首。《武定府志·藝文》載其《重修霑化縣學宫記》、《刻邑侯段父母條議序》，《霑化王參將》詩。光緒《霑化縣志·藝文》載其《王參將祠》、《烈女祠》（二首）、《文峯臺》、《聚仙臺》詩。民國《霑化縣志·藝文》載其《重修霑化縣學宫記》。

## ◆丁裕慶

裕慶字凝宇，號蘿月，霑化人，懋遜子。以廕授太常典簿，崇禎間官貴州思南知府。光緒《霑化縣志》卷七有傳。

### 【白石山房文集】

《山東通志·藝文》引《縣志》本傳云：“著有《伏蚯引》、《白石山房文集》藏於家。”

### 【伏蚯引】

見《霑化縣志》本傳。不明其爲何書。

## ◆孫　琉

琉字玉耳，號淇陽，又號湛明，平陰人。萬曆癸酉（元年）舉人，庚辰（八年）進士。歷官山西左參議，分守河東。光緒《平陰縣志》卷八有于慎行《山西左參議前監察御史湛明孫公誌銘》。

其詩文集未見著錄。光緒《平陰縣志》卷八載其《姚侯創行役法記》一篇。

## ◆ 高舉

舉字鵬程，號東溟，淄川人。萬曆丙子（四年）舉人，庚辰（八年）進士。歷官巡撫浙江僉都御史。以孫珩官贈中憲大夫，累贈通奉大夫。《濟南府志》卷五十有傳。

**【切韻指南一卷】**

有明萬曆四十一年刻本，見《販書偶記》。

**【西臺疏草】【撫浙疏草】**

見《濟南府志·經籍》、《山東通志·藝文》（史部詔令奏議類）。

《山東通志·藝文》引《縣志》本傳云："擢御史，言事侃直，無所避忌。河決，淮泗壞漕，舉時按江北，條上疏濬築塞事宜。光宗久未冊立，且不出講，言者相繼蒙譴。公抗言甚切直，神宗不怒也。尋以僉都御史撫浙，值海上游徼獲安南多舟，以爲盜也，舉曰：'安知非困於怒颶者？'訊之，果安南漁者爲暴風漂至。疏請於朝，資以館餼遣歸，全活數百人，神宗嘉之。"

**【循良模範】**

見《濟南府志·經籍》、《山東通志·藝文》（史部傳記類）。

**【陶世名言】**

見《濟南府志·經籍》、《山東通志·藝文》（子部雜家類）。

**【夜光集】**

見《濟南府志·經籍》、《山東通志·藝文》（子部類書類）。

**【韻撮】**

見《淄川縣志》、《山東通志·藝文》（子部類書類）。

**【壎篪編二卷】**

高舉及其弟譽同撰。見下。

《山左明詩鈔》卷二十三載其詩六首。《淄川縣志·藝文》載其《遊蒼龍峽》、《王旭谷父母招偕畢白陽丈遊蒼龍峽俚言紀遊》詩二首。

## ◆ 高譽

譽字鷗程，號南溟，淄川人，舉弟。貢生。《濟南府志》卷五十有傳。

**【壎篪編二卷】**

見《濟南府志·經籍》、《山東通志·藝文》。現存：清光緒二十年淄川高氏刻本，山東省博物館藏，山東省圖書館藏本四卷。

《山東通志·藝文》："是編光緒甲午重刊本，上卷爲舉作，下卷爲譽作。舉《序》云：'客思不禁，輒爲小詠，紀事遣懷，多取足目前，意興而止。因家弟之言，彙而梓之。若云作者，其何敢！'譽《跋》云：'茲刻也，第以厲吾神耳，匪敢以巴人細響，謬託白雪絕調也。'據本書。《山左明詩鈔》'舉'一條云：'按中丞歷官頗著經濟，不以詩名，所作每涉直陳，殊乏風致。厥弟上舍，亦復同此。'"

《山左明詩鈔》卷二十三載其詩五首。《淄川縣志·藝文》載其《登大堆山》詩。

## ◆ 張洁

洁，臨邑人。

**【仁術便覽四卷】**

見《臨邑縣志·藝文上·著述》。

## ◆ 李汝相

汝相字嚴賓，臨邑人。隆慶庚午（四年）舉人，萬曆庚辰（八年）進士。令隴西，調魏縣，擢戶科給事中，歷山西僉事、河南參議。在豫未數月，輒移疾歸。居里十餘年，杜門掃軌，以稼穡自甘，藥裹書籤，蕭然若未嘗貴者。《濟南府志》卷五十二、《臨邑縣志》卷九有傳。

**【掖垣疏草】**

見《濟南府志·經籍》、《臨邑縣志·藝文上·著述》、《山東通志·藝文》（史部詔令奏議類）。

《山東通志·藝文》引《縣志》云："汝相擢給諫，嶽嶽抗疏，權璫張某爲之奪氣。是編諸疏，即其官戶科時所上也。"

## 【李山人謬義】

見《濟南府志・經籍》、《臨邑縣志・藝文上・著述》、《山東通志・藝文》（子部雜家類）。

## 【李參政詩集二卷】

見《濟南府志・經籍》、《臨邑縣志・藝文上・著述》、《山東通志・藝文》。

### ◆ 李天麟

天麟字公振，武定人。萬曆庚辰（八年）進士。由牧馬千戶所軍籍中式，官至監察御史，巡按湖廣。

## 【楚臺紀事十卷】

《山東通志・藝文》史部職官類著錄，引《四庫存目提要》曰：“是書即在湖廣所作。分地理圖說爲四卷，兵糧圖說爲三卷，又雜載章奏、禮儀、堂規、供應等舊例。猥雜煩瑣，與書吏簿籍無異。其載贐餽賀儀，銀數多寡，以官階大小爲準，可見當時苟且陋習。而公然載之簡牘，毫無顧憚，尤足徵明政之不綱也。”

《四庫全書總目》著錄浙江汪啟淑家藏本。《浙江省第四次汪啟淑家呈送書目》云：“《楚臺記事》七卷，明李天麟著，八本。”此書今未見流傳。

## 【詞致錄十六卷】

現存：①明萬曆十五年武定李氏杭州刻本，臺灣“國家圖書館”、山東師範大學圖書館、山東省圖書館（佚名批校）藏，《國家圖書館善本書志初稿》、《山東省珍貴古籍名錄（第一批）》著錄。《天祿琳琅藏書目錄》作明刊本。②明刻本，臺灣“國家圖書館”藏。屈萬里《葛思德東方圖書館中文善本書目》言此爲翻刻本，僅改易書名並增入眉批。③明刻本（作《八代四六全書》十六卷），見《中國古籍善本書目》。

是編分五門（卷一至二制詞門，卷三至七進奏門，卷八至十四劄門，卷十五祈告門，卷十六雜著門），四十四類，收四六駢體之文七百餘首。前有萬曆丁亥溫存、傅好禮、李天麟《序》。書末有丁亥余良樞、唐守欽《跋》。

### ◆ 王象蒙

象蒙字子正，號養吾，新城人，之輔長子。隆慶

丁卯（元年）舉人，萬曆庚辰（八年）進士。釋褐爲河內令，調陽城，授江西道監察御史。聞父卒於淮上，徒跣扶櫬而北。服除，再補江西道。丙午，遭母喪。庚戌，起家常州推官，尋遷戶部郎，久之進光祿寺少卿。《濟南府志》卷五十一、《重修新城縣志》卷十四有傳。

## 【詩一卷】

《山東通志・藝文》著錄，引《分甘餘話》云：“光祿公詩無傳本，近始見手書《詩》一卷，略存梗概。”

《山左明詩鈔》卷二十四載其《鳳音曲》、《鶴鳴曲》、《瑤琴曲》、《暮雨曲》詩四首。

### ◆ 張汝蘊

汝蘊字子發，號逢源，章丘人。萬曆癸酉（元年）舉人，庚辰（八年）進士。知東安縣，調獻縣，以治行爲畿輔最遷南京工部主事。後以服除補戶部，晉至郎中，出監天津倉。遷寧夏參議、山西兵備副使，以疾歸。《濟南府志》卷四十九有傳。《來禽館集》卷十八有《中憲大夫陝西按察司副使章丘逢原張公墓誌銘》。

其文集未見著錄。道光《章邱縣志・藝文》載其《張公生祠記》一篇。

## 【獻縣志】

《山東通志・藝文》：“是志蓋其令獻縣時作。《縣志》本傳云：‘邑故無志，匝月成書。’”

## 【仕優草】【應急草】

見《章邱縣志・藝文》、《山東通志・藝文》。

《山東通志・藝文》引《繡水詩鈔》云：“有《仕優》、《應急》二稿，王弇州序刻。”

《山左明詩鈔》卷二十三載其《題王長卿內子繡佛》、《夜坐遣懷》詩二首。道光《章邱縣志・藝文》載其《贈華山人空塵》詩一首。

### ◆ 董　瀾

瀾，長清人。萬曆庚辰（八年）進士。官至歸德知府。

其詩文集未見著錄。民國《長清縣志》卷十載其《長清縣北關外重修觀音碑記》（萬曆五年）一篇。

### ◆ 馬 遷

遷，號與石山人，臨邑人。

其詩文集未見著錄。《臨邑縣志》卷十五載其《泰山別廟紀勝碑》（萬曆九年）一篇。

### ◆ 劉 遷

遷字出谷，歷城人。萬曆壬午（十年）舉人。授商水知縣，歷刑部四川司主事，擢衛輝知府。《濟南府志》卷四十九有傳。

#### 【乾坤微言一卷】

見《濟南府志·經籍》。

《經義考》著錄此書，引曹溶曰：“劉遷字无始，歷城人，自號鍾陽子。”《歷城縣志·藝文考》、《山東通志·藝文》（經部易類）均據《經義考》著錄。名同字不同，未悉是否一人。

### ◆ 高知止

知止字明甫，平原人。隆慶丁卯（元年）舉人，萬曆癸未（十一年）進士。知陽曲縣，後補大名，以能治劇調長垣。《平原縣志》卷八、《濟南府志》卷五十二有傳。

#### 【平原縣志二卷】

現存：明萬曆十八年刻本，中國國家圖書館藏。有宋仕、高知止《序》，劉思誠《後序》。上卷建置志、疆域志、山川志、物産志、風俗志、政治志、祠祀志、學校志、雜志、人物志、鄉賢志、職官志，下卷藝文志，凡十三門。

是志由平原知縣劉思誠主修，始於萬曆十六年，爲現存最早平原志書。思誠字克實，號定宇，直隸山海衛人，萬曆十五年任。

《山東通志·藝文》（作十卷）：“乾隆《平原志》載宋仕萬曆庚寅《序》云：‘賢令劉侯銳意蒐輯，以長垣令高君所爲《志》屬予序之。高君宏才博學，歷稽羣籍，蓋本先達抑齋翁所著而潤色損益之，其事覈其辭贍，可謂心苦而功倍者矣。’按：抑齋，邑人張蕙號。蕙，嘉靖庚戌進士，歷官巡撫甯夏。創邑志，未成書。”

#### 【詩文】

道光《濟南府志》本傳云：“所著詩古文甚富。”

《濟南府志·藝文》收其《清明同趙憲伯霍侍御遊繹幕園》詩。《平原縣志》卷十載其《繹幕園賦》一篇，《清明同趙憲伯霍侍御遊繹幕園》詩一首。

### ◆ 葛 曦

曦字仲明，號鳳池，德平人，守禮孫，引生子，昕弟。萬曆丙子（四年）解元，癸未（十一年）進士。授翰林院檢討，官起居注、南京國子監司業。卒年四十八。《濟南府志》卷五十二、《德平縣志》卷七有傳。

#### 【葛太史公集五卷】

現存：清嘉慶八年德平葛周玉樹滋堂刻本，清華大學圖書館、山東省博物館等藏，《四庫存目標注》著錄；《四庫全書存目叢書》影印。前有崇禎丙子姪如麟《序》，嘉慶八年玄孫周玉《重刻序》，《葛太史公遺像》，姪如麟撰《葛太史公墓表》，臨邑李若訥撰《內鄉城隍述異記》，邑後學劉印德撰《書內鄉城隍述異記後》。卷一詩，卷二賦、表、頌、箴、對、疏、議，卷三論、辯、說、考、序，卷四記、啓、書、行狀、墓表，卷五誌銘、祭文。

《濟南府志·經籍》、《山東通志·藝文》作《葛太史集》五卷。

《山東通志·藝文》引《四庫存目提要》曰：“據崇禎丙子其姪如麟《後序》，稱其全集八卷，此本止五卷，以原目較之，尚佚《諭朵顔衛檄》、《擬俘獻雲南叛夷露布》、《重修順天府學記》三首，而《勤政勵學箴》一篇又不列入目錄，參差錯亂，莫之詳也。其詩尚沿歷下餘派，少精湛之思，而音響亦自琅琅可誦，較之竟陵、公安以後鉤章棘句者尚有間焉。”

葛周玉《殷上舊聞》卷三“先世著述”條云：“《葛太史公集》五卷，憲使公（泳按：即葛如麟）《序》，康熙元年壬寅梓，板亡。”

《德平縣續志·藝文·著作》云：“五卷。康熙元年梓板，今不全。”

《武定府志·藝文》載其《兵部左侍郎谷公行狀》（谷中虛，海豐人）。《山左明詩鈔》卷二十三載其詩四首。《德平縣志》卷十一載其《保甲議》文一篇。

### ◆ 葛 晧

晧，德平人，守禮孫，引生子，曦弟。官鴻臚寺隨堂。

其詩文集未見著錄。《德平縣志》卷十一載其《懇乞旌表母節疏》一篇。

#### ◆ 徐　準

準，新城人。隆慶庚午（四年）舉人，萬曆癸未（十一年）進士。歷官雲南布政使。

《山左明詩鈔》卷二十三載其《盧龍塞》一首。

【滇遊詩集】

見《山東通志·藝文》（據《徵選山左明詩啟》）。

#### ◆ 于永清

永清字大寰，青城人。萬曆壬午（十年）舉人，癸未（十一年）進士。歷官湖廣道御史，巡按宣大、陝西、真定。

其文集未見著錄。《武定府志·藝文》載其《張侯德政碑》。民國《重修博興縣志》卷十六載其《明遼東布政使參政顧公碑》。

【尚書蒙訓】

《青城續修縣志》本傳云："刻有《尚書蒙訓》。"

【四書蒙訓】

見《山東通志·藝文》（據《府志》）。

【舉業正傳】

見《青城續修縣志》本傳。

#### ◆ 李化龍

化龍，章丘人。萬曆癸未（十一年）進士。官至監察御史、河南布政司參議。

其詩文集未見著錄。道光《章邱縣志·藝文補遺》載其《聚奎樓碑記》文一篇。

#### ◆ 李徵猷

徵猷，臨邑人。萬曆癸未（十一年）進士。歷官西寧道，加左布政使。《濟南府志》卷五十二、《臨邑縣志》卷九有傳。

其文集未見著錄。《臨邑縣志》卷十五載其《明李、王二公崇祀鄉賢碑記》（萬曆四十三年）、《重建泰山行宮碑記》（天啟五年）。

#### ◆ 季東魯

東魯字國望，號岱石，德平人。萬曆壬午（十年）舉人，癸未（十一年）進士。授兵部主事，出知襄陽、杭州二府，擢陝西按察司副使。《濟南府志》卷五十二有傳。

其詩文集未見著錄。《德平縣志》卷十一載其《重修真武廟碑記》一篇。《德平縣續志》卷十二載其《德平縣志序》（萬曆丙午）。

#### ◆ 馬　拯

拯字吉甫，號鏡石，武定州人。萬曆癸未（十一年）進士。歷官貴州布政使，卒於官。《武定明詩鈔》有其《贈武德兵備副使孫公震南》詩一首。清康熙間李蛙麟編輯《忠貞集》，收馬拯及其妻邢慈靜詩，集未見。

#### ◆ 邢慈靜

慈靜，臨邑人，邢侗妹，武定馬拯妻。《濟南府志》卷五十九、《臨邑縣志》卷九有傳。

【追筆黔塗略】

見《山東通志·藝文》（史部傳記類）。《山東通志》卷百七十八列女傳作《黔塗紀略》。現存：①清宣統三年上海國學扶輪社排印《古今說部叢書·然脂百一編六種》本（作《追述黔塗略》一卷），中國國家圖書館、上海圖書館、首都圖書館等藏，《中國叢書綜錄》、《東北地區古籍綫裝書聯合目錄》著錄。②民國十三年排印《黔南叢書》第二集本（作《黔塗略》一卷），中國國家圖書館、上海圖書館、天津圖書館藏，《中國叢書綜錄》、《歷代婦女著作考》著錄。

《山東通志·藝文》："陳維崧《婦人集》注云：'馬夫人從馬官黔中，馬卒於官，夫人扶柩還，途中作《黔塗略》一書，文筆高古，有班惠姬之風。'按：《武定明詩鈔》附載此編全文，末條結尾云：'黔塗諸苦，於時不能筆，故曰追；挂略不啻萬，故曰略。'又跋尾云：'萬曆戊午年仲春月，馬室未亡人邢氏具草。'"

## 【之室集帖】

《歷代婦女著作考》據《列朝詩集》、《婦人集》著錄，並引《列朝詩集》略云："邢慈靜，臨邑人，太僕卿侗之妹。善畫白描大士，書法酷似其兄。母萬，愛慈靜甚，必欲字貴人。年二十八，始適武定人大同知府馬拯。有《之室集帖》、《芝蘭室非非艸》。"

## 【蘭雪齋集】

《歷代婦女著作考》引《婦人集》云："雅工詩文，詩有《非非草》、《蘭雪齋集》二種。錢宗伯選入《列朝詩集》者，非其佳製也。"

《武定明詩鈔》收其《靜坐》、《九日寄兄》等詩三十餘首。《山左明詩鈔》卷三十五載其詩五首。《武定府志·藝文》載其《登樂磯園樓》詩，《留春住》詞。《臨邑縣志》卷十一、《惠民縣志》卷二十七載其《爲夫請卹典疏》。

## 【芝蘭室非非草一卷】

《山東通志·藝文》據《縣志》著錄，並引《拜經樓詩話》云："《芝蘭室集》，明邢慈靜著。才思敏贍，頗脫脂粉纖媚之氣。《靜坐》云：'百年身世水流東，萬古乾坤亦夢中。大道本空今始信，試從無象看鴻濛。天上吹簫事有真，獨憐墮落幾千春。從今苦海翻觔斗，追訪秦臺弄月人。'《詠風》云：'響敲檐馬蝦須颭，花氣輕飄入戶清。坐久博山香散去，一輪明月竹枝聲。'《紅指甲》云：'指如玉筍甲如銀，巧染鮮紅真可羨。間撥瑤琴向繡窗，綵絃亂落桃花片。'《孤雁》云：'凌寒片影下龍荒，豈爲奔波覓稻梁。欲借秋風雙繫帛，蘆花明月滿天霜。'慈靜爲太僕子愿女弟，書法酷似其兄。母萬夫人極愛憐之，必欲字貴人。後適大同守馬拯，年已二十八矣。觀慈靜諸作，其才華當在香茗之亞。竹垞《明詩綜》搜采極博，獨遺慈靜，不可解也。"

## ◆ 潘可久

可久字純庵，樂陵人。萬曆乙酉（十三年）舉人。乾隆《樂陵縣志》卷六有傳。

## 【樂陵縣志八卷】

《山東通志·藝文》："乾隆《樂陵志》載可久萬曆辛卯《自序》云：'刊精剔慮，攟摭遺文，蒐漁淪逖，延訪野筆，得邑廩膳生楊嘉言之《雜記》，憲副史邦直之《削文》，又據三學博之編次，葺棼續缺，刪訂補竄，浹月而定。'末又云：'嘗聞作志者有五患：紀事患遺，考古患謬，辨俗患淆，綜言患不文，敷政患弗軌。樗櫟若予，雖深用兢兢，預知其不免矣。若夫推天鑿虛，恢拓丹臒，效牛鬼蛇神之畫謬，獲敬畏溺文以信實，是志之蠹也，余也烏乎敢。'"

## ◆ 曾 礦

礦字石甬，陽信人。萬曆丙戌（十四年）進士。歷官江西道御史。乾隆《陽信縣志》卷七有傳。

其詩文集未見著錄。《武定府志·藝文》載其《奏請建儲疏》。

## 【周易注】

見乾隆《陽信縣志》本傳、《山東通志·藝文》（經部易類）。

## 【毛詩疏】

見乾隆《陽信縣志》本傳。《山東通志·藝文》（經部詩類）作《毛詩疏發微論》，引《府志》云："有是書行世。"

## 【大學辨】【四書正解】

見乾隆《陽信縣志》本傳、《山東通志·藝文》（經部四書類）。

## 【發微論】【本草補】【試效方】

見乾隆《陽信縣志》本傳、《山東通志·藝文》（子部醫家類）。

## ◆ 王道正

道正字惟忠，號思泉，霑化人。萬曆丙戌（十四年）進士。授庶常，改監察御史，歷歸德知府。光緒《霑化縣志》卷七有傳。

其詩文集未見著錄。《武定府志·藝文》、民國《霑化縣志·藝文》載其《霑化縣創建題名記》。

## ◆ 程 紹

紹字公業，號肖莪，德州人，珤孫。萬曆戊子（十六年）舉人，己丑（十七年）進士。歷官工部侍郎，卒贈工部尚書。《濟南府志》卷五十二有傳。

### 【掖垣奏議】

見《德州志·州人所著書目》（注云"未見"）、《山東通志·藝文》（史部詔令奏議類）。

《山東通志·藝文》："萬曆中官給事中時所上。紹屢劾執政私人，攻其蹟駁，爲執政所忌。以疏爭稅使張忠奏調知縣，韓薰觸帝怒，斥爲民。"

### 【兩河奏議】

見《德州志·州人所著書目》（注云"未見"）、《山東通志·藝文》（史部詔令奏議類）。

《山東通志·藝文》："天啟中巡撫河南時所上。臨漳民耕地得玉璽，文與秦璽同，以獻紹。紹奏聞，略言秦璽不足徵，至尊所寶在德。因薦鄒元標、馮從吾等，觸權奄怒，引疾歸。事詳《明史》本傳。"

《德縣志》卷十五載其《報玉璽疏》一篇。

### 【出山三事疏草】

見《德州志·州人所著書目》（注云"未見"）、《山東通志·藝文》（史部詔令奏議類）。

### 【尊生鏡】

見《德州志·州人所著書目》（注云"未見"）、《山東通志·藝文》（子部道家類）。

### 【滄息居遺稿】

見《山左明詩鈔》、《德州志·州人所著書目》（注云"未見"）、《濟南府志·經籍》、《山東通志·藝文》。

《山東通志·藝文》引《安德明詩選遺》云："生平愛詩，而自運殊少。"

《山左明詩鈔》卷二十四載其《壽康驤漢八褒》一首。《德縣志》卷十五載其《重修北極廟碑記》、《景顏斗室記》二篇。

### ◆ 謝廷策

廷策字正甫，德州人。萬曆戊子（十六年）舉人，己丑（十七年）進士。除陝西高陵令，居五年，以廉能聞，徵拜御史。以諫忤旨，謫懷仁典史。歸里丁母憂，哀毀得疾卒。泰昌初贈光祿少卿。《濟南府志》卷五十二有傳。

其詩文集未見著錄。《德縣志》卷十五載其《請復朝講用直臣疏》一篇。

### 【宜民錄】

見《德州志·州人所著書目》（注云"亡"）、《山東通志·藝文》（子部雜家類）。

### ◆ 楊雲鴻

雲鴻，禹城人。萬曆己丑（十七年）進士。官至吏科都給事中。

其詩文集未見著錄。《禹城縣志》卷十載其《新置學田記》一篇。

### ◆ 李 培

培字少春，利津人。萬曆己丑（十七年）進士。補秀水令，擢雲南道御史，後出巡真定，復巡按應天。丁艱旋里卒。《利津縣志》卷七有傳。

其詩文集未見著錄。《利津文徵》卷二載其《義士張闓碑》文一篇。

### ◆ 王 巽

巽字德稱，號亦山，淄川人，君賞子。諸生。

### 【遊晉草】【客越集】

見《山左明詩鈔》、《山東通志·藝文》（據《徵選山左明詩啟》）。

《山左明詩鈔》卷二十載其詩九首。乾隆《淄川縣志·藝文》有其詩《遊筆架山》、《小憩天明寺》二首，注云："有《客越集》、《遊晉草》行于世。"

### 【前崖遺詩一卷】

現存：清道光二十七年刻本（與王君賞《四山遺詩》一卷合刻），青島市圖書館藏，見《青島市圖書館藏山東文獻珍本圖錄》。首頁次行題"公諱巽，字德稱，苑卿公四子，副貢生"。

### 【前崖公集一卷】

現存：民國七年順和堂石印局石印《王氏一家言》本（在卷六），青島市圖書館藏；《山東文獻集成》影印。集內賦一，傳一（《方文先生傳》），五七言

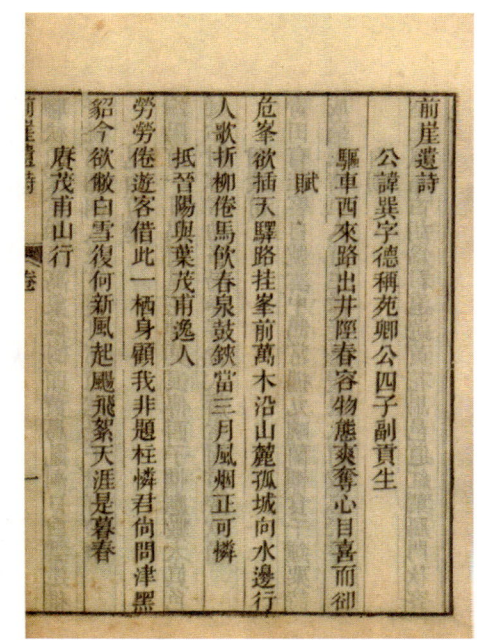

《前崖遺詩》一卷　清道光二十七年刻本

一百十七，歌行四。前有萬曆庚寅晉陽王道行《游晉草序》，萬曆癸巳太原王穉登《客越集序》、梁溪談脩《跋客越集後》。

## ◆ 耿庭柱

庭柱字伯鎮，新城人，鳴世子。官濟南衞指揮僉事。《濟南府志》卷五十一有傳。

### 【良知圖】

《重修新城縣志·藝文》據《耿氏世譜》著錄。

### 【注孫子摘要八卷】【注八陳圖】

《山東通志·藝文》（子部兵家類）云："二書見《府志·經籍》。《府志》本傳云：'補博士弟子。性好韜鈐，遂徙業，注《孫子摘要》、《八陳圖》以見志。'"《重修新城縣志·藝文》據《耿氏世譜》著錄，作《孫子摘要註》、《八陳圖註》，均無卷數。

### 【四警編】

見《濟南府志·經籍》、《山東通志·藝文》（子部雜家類）、《重修新城縣志·藝文》（據《耿氏世譜》，作一卷）。

《濟南府志》本傳云："晚年篤問學，耽詮註，

刻有《四警編》等書藏於家。"

## ◆ 耿庭柏

庭柏字惟芬，新城人，庭柱弟。萬曆戊子（十六年）舉人，壬辰（二十年）進士。以右僉都御史巡撫浙江。《濟南府志》卷五十一有傳。

### 【寧夏方略】

見《濟南府志·經籍》、《山東通志·藝文》（史部雜史類）。

### 【在銓疏草二卷】【司阿奏議二卷】【浙中奏議二卷】

見《濟南府志·經籍》、《山東通志·藝文》（史部詔令奏議類）。

《山東通志·藝文》引《縣志》本傳云："轉文選郎中，神廟時建言，廢謫諸臣，久不錄用，諮訪其生平宦績，如鄒公元標等九十餘人，補牘催請。泰昌改元，晉太僕寺卿。總兵官杜某勒索養戶，常例具疏劾之，同政以肅。巡撫浙江，初到即爲條教頒布，凡十二款，期于官不病民，民不作奸，其不率者，立見彈治。"

《重修新城縣志·藝文》（據張象津《新城後志稿》）作《奏疏》無卷數，并附錄《乞停免兩浙織造疏》一篇。

### 【宦蹟錄】

見《濟南府志·經籍》。《山東通志·藝文》（史部傳記類）據《府志》著錄，作《宦績錄》。

### 【刑部題名碑錄一卷】

見《濟南府志·經籍》、《山東通志·藝文》（史部職官類）。

### 【治浙要款】

見《濟南府志·經籍》、《山東通志·藝文》（史部職官類）。

### 【四譯館紀略】

見《濟南府志·經籍》、《山東通志·藝文》（史部政書類）。

## 【救荒要策】

見《濟南府志·經籍》。

## 【崇祀嘉頌録十六卷】

耿庭柏輯，耿鳴雷增輯。現存：明萬曆四十二年耿鳴雷刻本，中國科學院國家科學圖書館藏，《中國古籍總目》著録。記耿鳴世崇祀之事。

## ◆ 張延登

延登字濟美，號華東，鄒平人。萬曆辛卯（十九年）舉於鄉，壬辰（二十年）成進士。令內黃，有惠政。擢兵科給事中，上疏平朋黨。再補吏科，歷太僕寺卿，以都御史巡撫浙江。累官左都御史。贈太子太保，謚忠定。《濟南府志》卷五十有傳。

## 【晏海編】

見《千頃堂書目》、《濟南府志·經籍》及本傳。《府志》本傳云：“崇禎元年六月，閩寇自東甌犯石浦，羽檄猋飛，戎服登舟。賊方圍昌國衛，轉攻爵谿城，聞延登至，退保台州大陳山。延登帥三衢士衆深入勦之，火其巨艦，生縛其魁，餘黨入粵，耀兵而還。以功晉衘少司馬。長安忌者紛布蜚語，遂具疏辭新衘，浩然解組，口不言功，但著《晏海編》，存將士戰功之績焉。辛未事白，起右都御史，掌南院。”

## 【東園小騷】

見《濟南府志·經籍》及本傳。本傳云：“戊寅冬，鄒平被兵，帥子弟、蒼頭助戰守。事平，作《東園小騷》、《孝勇傳》、《四烈傳》、《三物說》、《修城記》各一帙。”

## 【三物說】

見《濟南府志·經籍》及本傳。參見《東園小騷》條。

## 【修城記】

見《濟南府志·經籍》及本傳。參見《東園小騷》條。

## 【黃門紀事十卷】

見《鄒平縣志·藝文攷》、《山東通志·藝文》（史部詔令奏議類）。

《山東通志·藝文》：“是編見舊《通志》，不詳爲何書。《鄒平志》據《通志》載入藝文，而以延登歷官章奏見於墓碑者，詳列篇目於書目之後，殆以是編即延登之奏議歟？姑依《縣志》所載，列之此類。其確爲奏議與否，則未敢定也。”

## 【孝勇傳】

見《濟南府志·經籍》及本傳。蓋人物總傳之屬。參見《東園小騷》條。

## 【四烈傳】

見《濟南府志·經籍》及本傳。蓋戰守英烈傳記之彙編也。參見《東園小騷》條。

## 【宦譜一卷】

現存：明崇禎濟南張同居刻本，中國國家圖書館藏（《永年申氏家藏稿》之一）。

## 【巡視事宜一卷】

《山東通志·藝文》（史部政書類）著録，並引《縣志》載劉理順撰《墓碑》云：“公奉勅巡視京營，條上八議：一核兵額，一定驗期，一教騎兵，一教軍寶，一嚴占役，一清犒賞，一練捕營，一卹班軍。編《巡視事宜》一卷，曰勅書，曰會典，曰營制，曰數目，曰巡察，曰儀節，曰日期，曰規則，曰循環，曰會同，曰馬政，曰班軍，曰賞罰，曰奏繳，曰軍政，曰大閱，曰雜事，曰紀要。”蓋其任吏科給事中時所撰也。

## 【懸袖便方】

《山東通志·藝文》（子部醫家類）據《鄉園憶舊録》著録。

## 【讀書日記一卷】

見《鄒平縣志·藝文攷》、《山東通志·藝文》（子部雜家類）。是書附刊餘姚趙氏《學範》後，見《重刻學範》延登《敘》。

## 【詩文集二十卷】

見《鄒平縣志·藝文攷》、《山東通志·藝文》。《山東通志·藝文》：“《縣志》載是集云：‘崇禎戊寅，邑被兵，延登著《東園小騷》、《孝勇傳》、《四烈傳》、《三物說》，皆述捍禦之略；又有《晏海編》，述巡撫兩浙時討閩賊周三老將士戰攻之績。'《漁洋文略·跋張忠定公題射雕圖》云：'公古文極有法度，赤牘跋尾，單詞片語，皆有坡谷風致。今遺集未刊，每念及，輒爲憮然。'"

《山左明詩鈔》卷二十四載其《園中小閣納涼》、《龍磨角用雪蓑韻》詩二首。《濟南府志·藝文》存其《長白先生祠堂碑記》、《會仙山仙燈記》、《白兔公記》、《黌山賦》及《日涉園秋禊》、《同劉九符三月三日修禊月河》、《紀遊》等詩。《淄川縣志·藝文》載其《贈太常寺少卿秋澄王公祠記》（明天啟二年）文一篇。民國《齊東縣志》卷六載其《華陽張公銘》一篇。

### 【古詩十九首注一冊】

見《鄒平縣志·藝文攷》（道光十六年續纂）、《山東通志·藝文》（集部詩文評類）。

《縣志·藝文》載是編《自敘》云："詩有可解不可解。不必解乃解詩者，如膠走盤之珠，一段員光，都被縛定。《古詩》向有徐注，意欲剗舊注之拘，而不知己落窠臼矣。因以己意，署爲刪割，間附管測數語，大要不失其員體而止。愚與友人談及聖賢語言，摠當活認，浦且子巧下飛鳥於青雲之上，而詹何悟而學釣。悟此者，於解何有！"

### 【干祿字書一卷】

《山東通志·藝文》著錄《別本干祿字書》一卷，云："張延登校刊"，並引錢泰吉《曝書雜記》云："明崇禎十三年庚辰，張延登鏤版於濟南。延登有《序》，并加案語，又於每韻上標出部首。按：康熙丙午陳上年重雕本載延登原《序》略云：'中譌者仍之，義意稍訂於上層，示不敢專。'轉韻處，《序》云朱點其上。今特明書，其韻則予所僭加云。"

### 【學范二卷】

《鄒平縣志·藝文攷》（道光十六年續纂）載《重刻學范》二卷，及延登《敘》略云："余書籠中舊藏《學范》上下二冊，年久蠹蝕，字多脫落。按《焦氏筆乘》謂餘姚趙考古先生所作《學范》凡六篇，讀書寫字、作文游藝之法，無不備載，誠學之模范。攜來

浙中，問之士夫，冀得善本訂正，而無有知者。……余嘗謂：欲求實學，必禁帖括；欲禁帖括，必用考古先生是《范》以爲學教，庶乎可也。《序》文內稱四明程畏齋有《分年日課》，與是書相表裏，今亦不可考見。僭以余所作《讀書日記》補之，命兒萬選校讐，吳興門人陳符卿見而手付築氏以傳，與有志之士共勗云。"

### ◆ 畢自嚴

自嚴字景曾，號白陽，淄川人。萬曆戊子（十六年）舉人，壬辰（二十年）進士。歷官戶部尚書，加太子太保，贈少保。《濟南府志》卷五十有傳。

### 【奏議一百三十六卷】

《山東通志·藝文》（史部詔令奏議類）：《四庫總目》"《石隱園藏藁》"提要云："孫廷銓爲作《墓誌》，稱其有《石隱藏稿》八卷，《奏議》一百三十六卷。其《奏議》今未見，獨此集存。前有高珩《序》，稱其官戶部時，於天下大計，朗朗於胸，屈指兵食款目，如觀掌螺。軍興旁午，中旨日數十下，即刻奏成手中，不似後來者止署紙尾，令司署具稿。每入署，輿後置書二寸餘，日晡事竣，必讀書，漏下數刻乃歸。鄭俠、劉晏遂抽甀、賈之籩，實古來僅事。"又曰："珩所稱《雲間條議》十則，《冀寧大閱》十則，《災祲窾議》十則，今皆不見集中。意其在《奏議》一百三十六卷中歟？"案《縣志》本傳云："《撫津》、《督餉》、《撫留》、《憲留》，計共《疏草》十九卷，《度支奏議堂稿》二十卷，各司九十八卷，合計其數，較墓誌所載多一卷，或'八'乃'七'之誤歟？"《府志》"撫留"作"餉撫"，"憲留"作"圕計"，蓋檢《縣志》不審而誤。

王重民《中國善本書提要》云："自嚴凡有《奏稿》一百三十七卷，刻本藏於家，世鮮流傳，故《四庫提要》及公私家藏書目錄均不載。一九三三年，其《度支奏議》殘本流至北平廠肆，北平圖書館以善價購藏，《奏稿》始稍稍流出。"

### 【度支奏議一百十八卷】

見《濟南府志·經籍》（無卷數）。現存：明崇禎刻本，中國國家圖書館、臺灣"國家圖書館"（存一卷一冊）、日本東洋文庫（存一百一冊）藏，見《中

國古籍善本書目》、《國家圖書館善本書志初稿》、《續修四庫全書總目提要（稿本）》、《日藏漢籍善本書錄》。計：堂稿二十卷，新餉司三十六卷，邊餉司十一卷，山東司七卷，浙江司一卷，湖廣司二卷，四川司五卷，江西司一卷，廣東司一卷，廣西司四卷，雲南司十七卷，貴州司四卷，山西司二卷，河南司一卷，冊庫一卷，陝西司一卷，附奏報新餉出入大數疏一卷。《自序》略云："屯鹽大政之集議，動關興革，矢口嫌怨，皆以癡腸熱血扼腕而出，不顧利害，不避忌諱。其間硜硜職掌者固多，而忤時賈戾亦復不少。惟《賦役全書》一事，謬欲盡清海內之田賦，卒以築舍未成，僅搜括四十萬，抵充邊餉，少救庚癸於萬分一耳。"蓋自嚴欲清海內田賦，成《賦役全書》，以全書未成，乃輯成斯編耳。

## 【留計疏草二卷】

見《濟南府志·經籍》（無卷數）。現存：明天啟六年倪斯蕙刻本，日本東洋文庫藏，《日藏漢籍善本書錄》、《中國古籍善本書目》、《稀見史籍善本提要》著錄。又《增訂晚明史籍考》引《美國國會圖書館藏中國善本書錄》卷二云："按自嚴凡有奏稿一百三十七卷刻本藏於家，世鮮流傳，故《四庫提要》及公私藏書目錄均不載。民國二十二年其《度支奏議》殘本流至北平廠肆，北平圖書館以善價購藏，奏稿始稍稍流出。此本有'拙隱''信涉'等印記。"

## 【留憲疏草一卷】

現存：明天啟刻本（清畢盛鑒題識），中國國家圖書館藏，《中國古籍善本書目》著錄。

《續修四庫全書總目提要（稿本）》作明崇禎刻本，提要云："是編乃自嚴由天津巡撫轉南京都察院右都御史時所上疏草，共九篇，計有《到任疏》、《御史徐復陽等三人實授疏》、《歲報罪囚疏》、《題差京營京倉疏》、《捐俸助工疏》、《臺臣捐俸助工疏》、《題差巡視上江疏》、《臺臣捐俸助工又疏》、《考察上江御史劉之鳳回道疏》。按：自嚴奏疏極多，在晉曰《齎捧》，在津曰《撫津》，曰《督餉》，在留都曰《留憲》，曰《留計》，在京師曰《度支奏議》，大半刻于崇禎年間。有清三百年間，其書均未出世。蓋其後裔以各書觸犯清朝忌諱之處甚多，故乾隆間收訪天下遺書，迄未進呈，直至民國十餘年始漸出世。

據此編末葉其九世孫盛鑒雍正乙巳年跋語，謂'遭神器兩遷，書籍多缺弗完。幸疏草搜求俱備，而《留憲》一種原板猶宛然無恙'云云，是原書板片至清雍正間猶存。今更閱二百年，不知尚存世間否耶？"

## 【督餉疏草五卷】

見《濟南府志·經籍》（無卷數）。現存：明天啟刻本，中國國家圖書館、山東省圖書館藏，《中國古籍善本書目》、《續修四庫全書總目提要（稿本）》著錄。

## 【餉撫疏草七卷】

見《濟南府志·經籍》（無卷數）。現存：①明刻本（十四冊），日本東洋文庫藏，《日藏漢籍善本書錄》著錄。②明天啟刻本（存三卷：卷一至二、卷五），山東省圖書館藏。

《續修四庫全書總目提要（稿本）》云："是編乃自嚴官督理遼東糧餉兼巡撫天津時所上奏疏。卷一計十一篇，卷二計十一篇，卷三計八篇，卷四計七篇，卷五計九篇，卷六計九篇，卷七計十篇。總計六十四篇。當明天啟間，遼事日亟，因特設天津巡撫，備兵防海，贊理征東軍務，並督理遼東糧餉，於水陸適中處所，往來償運。自嚴首任是職，於糴買兵糧、糧草估計、召商比較，上納以時支放。故編內有《津兵調發無餉疏》、《解運屆期飛輓宜急疏》、《防兵盡改屯兵，海滋單虛可慮疏》、《葛沽屯兵揭》、《關門本色有限部議全支可虞疏》、《酌定草束加增料豆疏》、《運務方殷津糧告匱疏》、《運額不敷權宜截漕疏》、《關兵進取芻料闕乏疏》、《糧料騰湧召買艱難疏》、《關運糧草價增額縮疏》、《酌議派徵遼豆本色疏》，類皆為遼事極重要之事。且於官商埋沒，將領尅削，一切冒費等弊，亦皆據實參奏。自嚴是編，自清代入關後三百餘年，迄未流傳於世。蓋其家以違碍過多，故嚴密局藏，近來始漸出。實為明末遼事最重要之資料。書首並有孫承宗《序》，及明熹宗勅諭云。"

## 【撫津疏草四卷】

見《濟南府志·經籍》（無卷數）。現存：①明天啟間原刻本，山東省圖書館、大連圖書館、臺灣"國家圖書館"（配補影鈔本）藏，見《山東省珍貴古籍名錄（第一批）》、《大連圖書館藏古籍書目（善）》、

《國家圖書館善本書志初稿》著錄。卷端首行題"撫津疏草卷之一"，次行題"欽差巡撫天津等處地方備兵防海贊理征東軍務兼管糧餉都察院右僉都御史畢自嚴題奏"。卷首有天啓元年聖旨一道。卷前有總目，各卷前有子目。②明藍格鈔本，臺灣"國家圖書館"藏，《國家圖書館善本書志初稿》著錄。③明末抄本（不分卷，八冊），見《大連圖書館藏古籍書目（善）》。

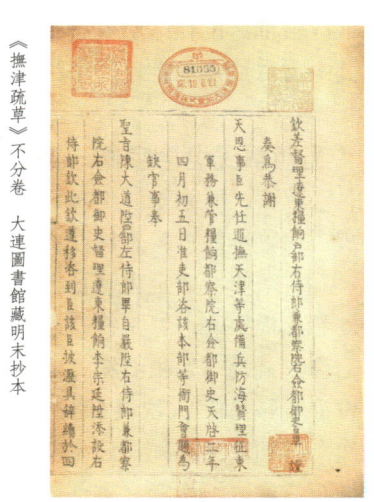

《撫津疏草》不分卷　大連圖書館藏明末抄本

### 【畢伯陽奏稿殘本一卷】

現存：明鈔本（殘存一冊），山東省博物館藏；《山東文獻集成》影印。收其任天津巡撫時有關海防之奏稿三篇。

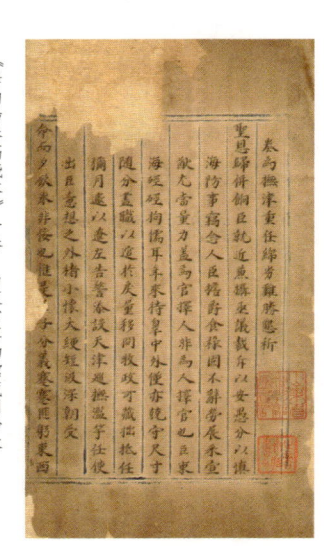

《畢伯陽奏稿殘本》一卷　山東省博物館藏明鈔本

### 【抽簪贅言一卷】

現存：明崇禎刻本，中國國家圖書館藏，《中國古籍善本書目》、《山東文獻書目》著錄。

### 【回話奏疏一卷】

現存：①明天啟八年刻本（附《辯揭》一卷，共八冊），日本東洋文庫藏，《日藏漢籍善本書錄》著錄。②明崇禎刻本，中國國家圖書館、中國人民大學圖書館藏，《中國古籍善本書目》著錄。

### 【明戶部尚書畢自嚴疏稿不分卷】

現存：鈔本，臺灣中央研究院歷史語言研究所藏，《臺灣公藏善本書目書名索引》、《山東文獻書目》著錄。

### 【明戶部尚書畢自嚴回話疏草一卷】

現存：①明崇禎刻本，見《中國古籍善本書目》、《山東文獻書目》。②鈔本，臺灣中央研究院歷史語言研究所藏，《臺灣公藏善本書目書名索引》、《山東文獻書目》著錄。

### 【遼變會議始末二卷】

現存：明崇禎刻本，山東省圖書館藏（存一卷：卷二），《中國古籍善本書目》、《山東省珍貴古籍名錄（第一批）》著錄。

《續修四庫全書總目提要（稿本）》著錄明崇禎刊本（亦存一卷），提要云："是編專載有關遼事各奏疏。原書卷數，不可得知。書首亦無序跋。此本僅存第一冊，全書如何，莫可考察。書中所載，皆崇禎元年八九兩月之疏，計有袁督師崇煥《急報兵變疏》，王署部家楨《認罪疏》，錢餉院士貴《月餉愆期疏》，郭兵部廣《饑軍揭》，王餉司楫《致亂根因疏》，朱總兵梅《索餉囂譁疏》，宋兵科鳴梧《軍饑呼吸疏》，仇禮科維楨《邊警日急疏》，袁督師崇煥《撫臣痛故疏》，戶部尚書畢自嚴《寧遠兵變疏》，王關院會圖《急杜亂萌疏》，郭兵道廣《鼓譟與謀疏》，王本兵在晉《關外情形疏》，袁督師崇煥《亂兵正法疏》，王餉司楫《欠餉實數疏》，姜道長兆張《兵食急務疏》，共計十六篇，大半有關兵運餉糈者。雖寥寥十數篇，殊可見明季之兵士散亂，餉糈不繼，內外緊迫情形。而自嚴弟自肅時官巡撫，竟因兵士譁變而被擊斃。敗亡之兆，無處無之，殊可深慨。惜已殘佚。如能得其全書觀之，誠為明末征遼不勝絕好資料也。"

### 【畢自嚴記述奏對不分卷】

現存：清初鈔本，山東省圖書館藏，《中國古籍善本書目》（作《記述奏對》）、《山東文獻書目》著錄。

### 【畢伯陽等召對錄殘本】

現存：明崇禎間鈔本，山東省博物館藏。收崇禎朝畢自嚴、王象乾、劉鴻訓等人召對之言。翰林院侍講官倪元璐、朱之俊等記錄。

### 【小星衍嗣記一卷】

現存：清康熙間鈔本，中國科學院國家科學圖書館藏，《中國古籍總目》著錄。

### 【淄川畢少保公年譜二卷】

畢□□撰。現存：清初鈔本（一冊），中國國家圖書館藏，《北京圖書館古籍善本書目》、《中國古籍善本書目》著錄。《中國歷代人物年譜考錄》疑此書係自撰。

《續修四庫全書總目提要（稿本）》著錄家抄本二卷，提要云："不著編輯者名氏。所錄皆明戶部尚書畢自嚴一生事蹟者。上卷自隆慶三年自嚴生起，至天啓七年五十九歲止。下卷自崇禎元年六十歲起，至崇禎十年六十九歲止。譜中特重書法，以大字為紀，小字為敘；而稱公，稱大父，亦各有分別。舉凡自嚴入塾讀書，舉科名，登仕版，起居靜動，來往地址，及為官後每年所上奏疏，所為詩文，所刻書籍等，無不詳細載之。即與自嚴有關者，如父母兄弟、時事朝政等，亦皆備列。惟不載年歲，殊覺眉目不清。而末葉至六十九歲止，以下均缺。據其孫盛鑑《留憲疏草跋》謂：'迨甲戌返里，年已六旬有六，交丁丑又壽將古稀，乃大分購書付兒輩讀。時先大人方六歲，明年而孤'云云。是自嚴卒年在崇禎十一年戊寅，時年七十。書中所缺者，僅一年而已。自嚴生當明萬歷、天、崇之歲，外值遼瀋連兵，封疆日蹙，而軍餉日增；內則奄黨水火，紛呶閧然，置社稷而爭門戶。以一身支柱其間，前後六年，綜覈敏練，為天下所推。更於天下大計，朗朗於胸，屈指兵食欵目，如觀掌螺。軍興旁午，中旨日數十下，即刻奏成手中。晚歲受累被囚者幾二年，幸即釋放回里，不久遂卒，而明亦亡。其身繫明末存亡者，至大且鉅。且其著述湮沒者，幾三百年，始復顯於世。可知其一生事業關係之大，此書誠不可廢棄者矣。"

### 【明勅累封太安人畢母劉氏墓誌銘一卷行狀一卷行實一卷】

《墓誌銘》高舉撰，《行狀》王澤永撰，《行實》畢自嚴撰。現存：明萬曆刻本，中國國家圖書館藏，《中國古籍善本書目》著錄。

### 【淄西畢氏世德家傳一卷】

現存：明崇禎間刻本，中國國家圖書館藏，《中國古籍善本書目》著錄。

《續修四庫全書總目提要（稿本）》著錄是書不分卷，提要云："是編乃自其始祖以下八世家傳，共七篇。首為《始祖石塘翁傳》，次為《贈宮保大司徒曾祖志儼翁傳》，次為《贈宮保大司徒祖父廷佐翁傳》，次為《勅封文林郎司理誥贈光祿大夫宮保大司徒先君舜石翁傳》，次為《禮部冠帶騺士伯兄東菴公傳》，次為《先伯兄華陽處士傳》，末為《遼撫中丞八弟沖陽公傳》。淄川畢氏，其先世居冀之棗強，不知始於何年，及金元變亂，自棗強遷山東之益都石塘塢。其世代譜牒，已不可考。自敬賢起，始徙淄川之南舖莊。敬賢八傳而至自嚴。編中'石塘翁'，即敬賢。敬賢四傳至恪，即'志儼翁'。恪第三子忠臣，即'廷佐翁'。忠臣子木，即'舜石翁'。至'東菴公'名威，'華陽處士'名自耕，'沖陽公'名自肅，則皆自嚴兄弟也。畢氏原有世譜行世，此則譜外單行刻本也。"

### 【淄川畢氏傳誌六卷】

現存：明崇禎刻本，山東省博物館藏，《山東省珍貴古籍名錄（第一批）》、《中國古籍善本書目》著錄。

### 【恩綸錄不分卷】

畢自嚴編。收錄頒賜畢家誥命三道。現存：明天啟間畢氏刻本（作《畢氏恩綸錄》一卷），中國國家圖書館、臺灣"國家圖書館"（藍印本）、南京圖書館藏，均一冊。

## 【四代恩綸錄不分卷】

畢自嚴編。收錄畢自嚴曾祖父母及自身誥命，凡四代。現存：明崇禎畢氏刻本，臺灣"國家圖書館"等藏。中國國家圖書館藏本作《畢氏四代恩綸錄》，不著編者。天津圖書館藏本作《四世恩綸》。各家藏本均為二冊。《大連圖書館藏古籍書目（善）》作明刻藍印本《恩綸》一卷。《續修四庫全書總目提要（稿本）》著錄明崇禎刻本（作《畢氏四代恩榮事略》），提要云："是編乃自嚴為官時，蒙恩准給四代誥命，因纂輯其曾祖父母以下至其自身事略，以便求文。凡四篇：首為《誥贈光祿大夫太子太保戶部尚書志儼畢公諱恪事略》，次為《廷佐畢公諱忠臣事略》，次為《舜石畢公諱木事略》，末為自嚴《居官政略》。每篇之後，均附封贈名稱，由始封至末封，均備書之。而其《居官政略》所述尤詳，殊可見當時練兵之計、籌餉之方。蓋自清代佔據遼瀋，當時議設通、津二撫，為都門犄角，自嚴實膺簡命赴津，創設開府，先後在津五年，初治兵，嗣治餉，繼合兵與餉而兩肩之，復升戶部尚書，與明代遼瀋用兵，所關綦重也。此冊為自嚴弟自寅所刊刻，末坿識語，謂其'於家事摭拾頗詳，因付剞劂，以傳子姪'云云。"

《恩綸》一卷　大連圖書館藏明刻藍印本

## 【清朝四友圖贊一卷】

畢自嚴等撰。現存：明崇禎刻本（一冊），中國國家圖書館藏。

## 【司徒恩遇日記八卷】

現存：清康熙五十七年畢盛鑑鈔本，中國國家圖書館藏，《中國古籍善本書目》著錄。記崇禎元年至十年間事。

## 【戶部題名（永樂至崇禎三年）一卷】

現存：明崇禎三年刻本，臺灣"國家圖書館"藏，《國家圖書館善本書志初稿》、《山東文獻書目》著錄。卷端首行題"戶部題名記"。前有《戶部題名引》，署"崇禎庚午冬長至日太子太保戶部尚書侍經筵淄青畢自嚴題"。

## 【賦役全書】

《濟南府志·經籍》云：畢自嚴奉勅輯。

## 【石隱園藏稿八卷】

見《山左明詩鈔》、《濟南府志·經籍》、《山東通志·藝文》。現存：①明崇禎間著者手稿本（不分卷，二冊），臺灣"國家圖書館"藏，《國家圖書館善本書志初稿》著錄。無序跋。全書分序跋、題辭、誌銘、行狀、家傳、賀文六部分。②明末抄本（不分卷），中國國家圖書館藏，見《中國古籍善本書目》。③清順治十七年畢際有刻本，中國科學院國家科學圖書館藏，《中國古籍善本書目》著錄。④清康熙二十五年畢際有刻本（有首一卷），中國國家圖書館、清華大學圖書館、上海圖書館（《四庫》底本）、復旦大學圖書館藏，《中國古籍善本書目》著錄。⑤《四庫全書》本。

《山東通志·藝文》："是集文淵閣著錄，《四庫簡明目錄》曰：'自嚴擅會計之才，而鞅掌簿書，不廢典籍。高珩《序》擬其詩於邊貢、李攀龍，殆為近之。擬其文於韓、蘇，擬其四六於徐、庾，則為溢量。然謂以經濟兼文章，自嚴實無愧色，未可以名不甚著忽之也。'"

《山左明詩鈔》卷二十四載其《留計移疾獲請詠懷》、《途次和張同年咏桃花》、《遊青雲寺》詩三首。《淄川縣志·藝文》載其《石隱園懷古》、《王邑侯旭谷招偕高中丞東溟遊蒼龍峽即事》（二首）、《韓中丞仙洲園》等詩。

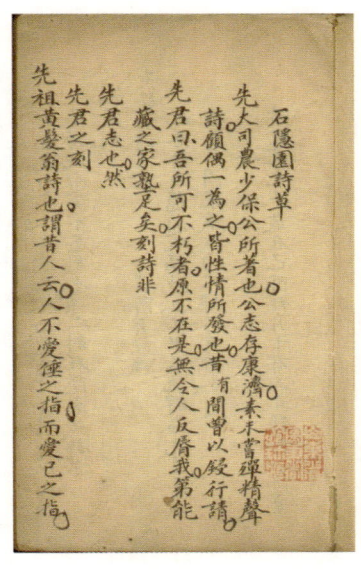

《石隱園詩草》一卷　山東省圖書館藏民國十四年畢柱承鈔本

### 【石隱園文稿不分卷】

現存：清初抄本（清畢盛鑑跋），中國國家圖書館藏，《中國古籍善本書目》著錄。

### 【石隱園詩草一卷附石隱園題詠一卷石隱園襍詠一卷】

現存：民國十四年畢柱承鈔本，山東省圖書館藏；《山東文獻集成》影印。

### 【白陽畢公自嚴遺蹟一卷】

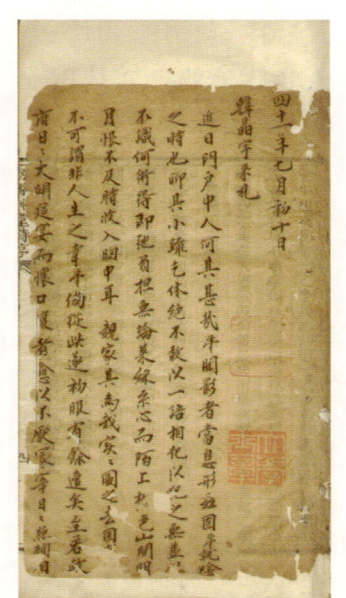

《白陽畢公自嚴遺蹟》一卷　山東省圖書館藏稿本

現存：稿本，山東省圖書館藏，《山東省珍貴古籍名錄（第一批）》著錄；《山東文獻集成》影印。

### 【畢自嚴遺稿一卷】

現存：①稿本，山東省圖書館藏，《中國古籍善本書目》著錄。②明末鈔本（清唐夢賚批注），山東省圖書館藏，《山東省珍貴古籍名錄（第一批）》著錄；《山東文獻集成》影印。

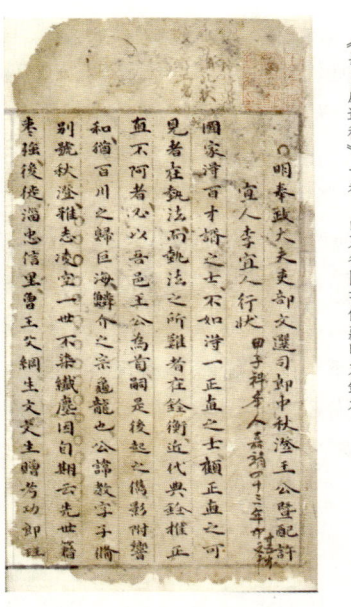

《畢自嚴遺稿》一卷　山東省圖書館藏明末鈔本

### 【焚黃稿一卷】

現存：原稿本，張亦軒藏，見《山東文獻書目》。

### 【古文尚友編一百卷】【古今四時絕句一百卷】

畢自嚴編。二編見《山東通志·藝文》（據《縣志》）。

### 【類選唐宋四時絕句不分卷】

畢自嚴編。現存：稿本，山東省圖書館藏，《山東省珍貴古籍名錄（第一批）》著錄。

### 附【畢少保公傳一卷畢公墓碑一卷】

華亭蔣平階撰《傳》；清益都孫廷銓撰《墓碑》。

現存：①清康熙間刻本，藏中國國家圖書館、山東省博物館（無《墓碑》，清李堯臣跋），見《中國古籍善本書目》。②《明季遼事叢刊》本，見《中國叢書綜錄》。

《增訂晚明史籍考》云："是爲平階所撰《畢自嚴傳》，後附孫廷銓撰《墓碑》，所記較《明史》爲詳。"又云："畢氏遺書，其家保存甚久，民國二十年間，其書散出，多歸於北京圖書館，爲研究明崇禎時經濟狀況者所必資參考者也。畢氏藏書甚富，蒲松齡著《聊齋志異》時，曾讀書於其家，與其子弟往還，讌飲於綽然堂中。聞友人言濟南舊書肆發現有《綽然堂筆記》一書，但未知流傳何所耳。"按：綽然堂爲畢氏家塾堂號，《綽然堂筆記》，不知撰者爲誰，今亦不見著錄，附著於此，俟攷。

### ◆ 關　揚

揚字孝卿，海豐人。萬曆乙酉（十三年）舉人，壬辰（二十年）進士。歷官南京監察御史。

#### 【奏疏一冊】

《山東通志·藝文》（史部詔令奏議類）著錄，引《府志》本傳云："會星變，上疏求修省，指陳時政謇諤，無少諱。閹臣高淮稅遼東，恣橫激民變，逃歸不問。揚疏請誅之。著有《奏疏》一冊。"

《武定府志·藝文》載其《劾高淮求典兵柄疏》、《星變弭災疏》。

#### 【雲中治略】

《山東通志·藝文》："揚令大同，治行爲當時第一，著有此編。見《府志》。"

### ◆ 康丕揚

丕揚字士遇，號驤漢，陵縣人。萬曆丙子（四年）舉人，壬辰（二十年）進士。歷官監察御史。《陵縣志》卷十九有傳，卷十六有康溥《侍御公家傳》。

#### 【北臺疏草二卷】【按遼疏草六卷】【按晉疏草六卷】【按淮疏草二卷】

見《陵縣志·藝文》、《濟南府志·經籍》、《山東通志·藝文》（史部詔令奏議類）。

《山東通志·藝文》："丕揚《疏請置僧達觀於法》，一時憚之。《疏陳楚家人華越七罪》，謂楚王非假卒，從其議。詳見《縣志》本傳。"

《陵縣志》卷十六載其《爲楚王辯冤疏》、《糸駁楚撫宗人罪疏》。

#### 【蓄德錄】

《山東通志·藝文》（史部傳記類）據《縣志》著錄。《濟南府志·經籍》云一卷。

#### 【癸卯兩事志略五卷】

見《濟南府志·經籍》、《山東通志·藝文》（史部傳記類）。

《山東通志·藝文》："《縣志》載是編云：'兩事者，楚獄與妖書也。'"

#### 【千秋鏡源六十卷】

見《濟南府志·經籍》、《山東通志·藝文》（史部史鈔類）。

《山東通志·藝文》：《縣志》載是書云："乃其行取後居京邸時所作，皆取《資治通鑑》彙輯而成。"

#### 【三關圖說三卷】

《山東通志·藝文》（史部地理類）據《傳是樓書目》著錄。現存：①明萬曆刻本，中國國家圖書館、安徽省圖書館均藏有殘本，《中國古籍善本書目》著錄。②明鈔本，北京大學圖書館藏，《中國古籍善本書目》著錄。③明鈔本，中國國家圖書館藏，《中國古籍善本書目》著錄。

《續修四庫全書總目提要（稿本）》著錄明萬曆刻本，提要云："是編乃丕揚奉命巡視三關時所撰。原書共三卷，此本僅存西路一卷。蓋明代定都燕京，星羅九邊，以捍禦諸虜。其在山西者，東曰鴈平，中曰寧武，西曰偏老，鼎立車輔，稱'三關'云。其書先總圖，後分圖，圖後各附說。西路總圖，東起賈家堡，西迄興縣，中經老營、柏楊嶺、八柳樹、水泉營、寺隝、草垜山、黃龍池、滑石澗、馬站、韓家坪、永興、偏頭關、樺林、三岔、樓子營、五寨、羅圈、河曲營、唐家會、河會、河曲縣、三井、保德州、嵐縣、興縣，共城堡二十有七。總圖之後，更分老營、水泉、草垜、偏關、岢嵐、樓子營、河會等七守備分圖。圖內詳注其形勢沿革、寇虜情形，及犯邊年月次數。其說則于分布拒守、援剿事宜、分轄沿邊城堡數目、墩臺數目、官員人數、軍額、馬騾匹數、錢糧則例、馬匹草料則例等，無不詳載。是其圖於形勢阨塞、道里遠近、將吏沿革、夫馬分布，與夫備禦緩急之處，追逐堵剿之方，可謂記載靡遺。李茂春《序》謂：‘直指康公，奉上大閱三關，駐節鴈門。凡險隘要害，靡不周覽。到處即詢當年被虜，與我所以備虜者。於是攷往牒，質今事，條畫薈萃，而成是圖。’又稱：‘按其圖者，可知彼己之要害。繹其說者，且知攻守之方略。在上才不難通變以出奇，即中智亦可據籍而設備’云云。則是圖所關之重，與編製之佳，可概見矣。”

## 【省身錄一卷】

見《濟南府志・經籍》、《山東通志・藝文》（子部儒家類）

## 【六朝兵鑑二十七卷】

見《陵縣志・藝文》、《濟南府志・經籍》、《山東通志・藝文》（子部兵家類）。

## 【集聞方四卷】【廣古傳信方五卷】【官傳方三卷】

見《陵縣志・藝文》、《濟南府志・經籍》、《山東通志・藝文》（子部醫家類）。

## 【公移尺牘四六詩文八十四卷】

見《陵縣志》、《濟南府志・經籍》、《山東通志・藝文》。

《陵縣志》卷十六載其《東方先生文集序》、《邑侯翟公傳》文二篇，《南父母陞武定州牧後過陵賦贈》詩一首；卷十七載其《陵縣儒學重修宮廟碑》（萬曆二十三年譔）一篇。

## 【棲鳳館遺文一卷】

見《山東通志・藝文》（據《縣志》）。

## 【白氏長慶集評四卷】

《山東通志・藝文》（集部詩文評類）據《縣志》著錄。《濟南府志・經籍》作《批點白氏長慶集》四卷。

## ◆ 劉亮采

亮采字公嚴，歷城人。萬曆辛卯（十九年）舉人，壬辰（二十年）進士。授鹿邑知縣。縣軍民混雜，稅糧隱詭，吏莫能究，亮采各正其籍，又善決疑獄，頌聲大作。父憂服除，補蘭陽。蘭陽舊苦河患，嘗漂沒

民居，亮采策其便，鳩工築要害，凡十八日而竣。又革傜馬及廝夫之役，一時秕政悉捐。以上考召爲戶部主事。病歸，築室靈巖寺，葛巾道服以終老，卒年六十五。亮采工詩及書畫，時稱三絕。通音律，以舌抵齶作韵，可與絲竹合奏。《濟南府志》卷四十九有傳。

## 【歷城縣志】

《歷城縣志・藝文考》載是書云：“嘗作《歷城志》，未就。”

## 【少微樂隱集】

見《歷城縣志・藝文考》（據《墓表》）、《濟南府志・經籍》、《山東通志・藝文》。

《山東通志》卷百六十三本傳云：“長於詩詞，調笑怒罵，皆成文章。有《詩稿》藏於家。”

崇禎《歷城縣志・藝文》載其《望霹靂峯》、《挽暉閣》、《玉龍瀑》、《八達嶺》等詩。

## 【鹹酸勾肆餘音】

見《歷城縣志・藝文考》、《山東通志・藝文》（集部詞曲類）。

《山東通志・藝文》：“《縣志》載是集云：見《墓表》。”

## ◆ 楊 榼

榼字毓奇，德州人。萬曆乙酉（十三年）舉人，壬辰（二十年）進士。歷官參議。

## 【讀經管窺二卷】

見《山東通志・藝文》（經部五經總義類）。現存：明崇禎九年序刻本（與《讀史管窺》二卷、《讀子管窺》一卷合刊，共四冊），日本內閣文庫藏，《日藏漢籍善本書錄》著錄。

《山東通志・藝文》：“是書與《讀史管窺》同刊，而次在後，卷數與上連。《讀史管窺》亦二卷，故首卷署曰卷三。卷三《易》一條，《書》一條，《詩》四條，《禮記》二條，《春秋》十九條。卷四《四書》十六條，《諸子》十五條坿焉。據本書。”

## 【讀史管窺二卷】

見《德州志・州人所著書目》（無卷數，注云“未

見"）、《山東通志·藝文》（史部史評類）。現存：明崇禎九年序刻本（與《讀經管窺》一卷、《讀子管窺》一卷合刊，共四冊），日本內閣文庫藏，《日藏漢籍善本書錄》著錄。

《山東通志·藝文》："是書卷一爲目八：曰《左傳》，曰《國語》，曰《公羊》，曰《左》《公》互異，曰《史記》，曰總論，曰《國策》，曰《通鑑》；卷二爲目五：曰漢史，曰隋史，曰唐史，曰宋史，曰元史。"

## 【東皋漫錄八卷】

見《德州志·州人所著書目》（無卷數，注云"未見"）、《山東通志·藝文》（史部史評類）。

《山東通志·藝文》："《培林堂書目》載是編，作八卷。《尊水園集》載是編《序》略云：'毓奇楊先生年近八旬，取《史記》囊舉而獄究之，毛疵必呵，大惑立解。從有《史記》以來，無此一番抨擊。語最苦，意最厚。若先生者，乃史公真忠臣耳。'《州志》又載有《續錄》，云未見。"

## 【讀子管窺一卷】

現存：明崇禎九年序刻本（與《讀史管窺》二卷、《讀經管窺》一卷合刊，共四冊），日本內閣文庫藏，《日藏漢籍善本書錄》著錄。

## 【金蘭集】

見《德州志·州人所著書目》（注云"未見"）、《山東通志·藝文》。

### ◆ 王象節

象節字子度，新城人，象蒙弟。萬曆壬辰（二十年）進士，改庶吉士，授檢討。

其詩集未見著錄。《山左明詩鈔》卷二十四載其《秋雨即事》一首，小傳附按云："《分甘餘話》記檢討詩一聯，已見光祿小傳下。於館課得數首，錄存其一。"

### ◆ 李元忠

元忠，霑化人。萬曆甲午（二十二年）舉人。萬曆四十二年任故城知縣。

## 【故城縣志五卷】

現存：明萬曆四十二年刻本，中國國家圖書館藏縮微膠卷，《續修四庫全書總目提要（稿本）》著錄。

### ◆ 安　思

思字曰睿，長山人。萬曆甲午（二十二年）拔貢。官岳陽知縣。擢衡王府審理，不就。歸里，有"三年游官餘空橐，數世傳經有敝廬"之句。《濟南府志》卷五十、《長山縣志》卷八有傳。

## 【詩經宗朱】

見《長山縣志》本傳、《山東通志·藝文》（經部詩類）。

## 【四書宗朱】

見《長山縣志》本傳、《濟南府志·經籍》、《山東通志·藝文》（經部四書類）。

## 【掇古一唊】

見《長山縣志》本傳、《濟南府志·經籍》、《山東通志·藝文》（子部雜家類）。

## 【蕭麓山房集】

見《長山縣志》本傳、《濟南府志·經籍》、《山東通志·藝文》（集部別集類）。

《長山縣志》卷十五載其《九日同劉旭崖昆從登長白絕巔》詩一首。

### ◆ 李誠明

誠明字思伯，號矩亭，一號泰雲，德州人。萬曆甲午（二十二年）舉人。天啟中閣臣薦爲中書舍人，不赴。魏奄以厚幣招之，託病固辭。《濟南府志》卷五十二有傳。

其文集未見著錄。《德縣志》卷十五載其《德州重修儒學記》、《醇儒書院記》二篇。

## 【翾翾草】

見《德州志·州人所著書目》（注云"亡"）、《山東通志·藝文》。

《山東通志·藝文》引《安德明詩選遺》云："其生平著作，不無散佚，即所謂《翾翾一草》者，亦僅得之傳聞而已。”

　　《山左明詩鈔》卷三十載其《送王繼巖春防薊門》、《弔邢子愿》二首，凡三首。《德州志》卷十二、《德縣志》卷十六載其《弔謝貞烈》詩一首。

### 【矩亭遺詩一卷】

　　現存：清道光十六年六世孫李清渭刻本（與李源《見可園集》、李樫《後知堂遺詩》合訂），單縣李振聚藏。

　　《續修四庫全書總目提要（稿本）》著錄清道光刻本，提要略云：“是編計詩二百十二首，古今體均有，乃其後裔搣拾刊刻者。誠明端方博雅，工詩善書，兼擅星歷、壬遁、太乙、堪輿之學，內行醇備，孝友過人，登賢書四十年，未嘗干謁州府。天啟中，閣臣薦為中書舍人，不赴。魏忠賢慕其名，以厚幣招之，稱疾，預避於東村，建小亭，瓦木皆方，顏曰‘矩亭’，朝夕其中。可謂方正不阿，無愧孝廉。所為詩文，頗極典雅，當時極為知名。如邢子愿云：‘曾記龍潭上，相與話長生。一言抉妙諦，半夜訂新盟。流水伯牙去，疎星傅說明。一辰成異代，那得不關情。’又《贈宋以醇歸養》云：‘朱旛得意五驊騮，纔到西川翠未收。百日春風隨駕馭，千年佳氣滿夔州。不貪白璧勞新夢，惟戀青山憶舊遊。眼界何堪成一笑，間看世事任沉浮。’等篇，皆極可誦。”

### 【廣川人文初搜】

　　見《德州志·州人所著書目》（注云“亡”）、《山東通志·藝文》（集部總集類）。

### ◆ 趙　岱

　　岱字嶽宗，號鑑塘，平陰人。萬曆甲午（二十二年）舉人，歷官恒陽、任縣知縣。光緒《平陰縣志》卷四有傳。

### 【禮經集解】

　　見《泰安府志》、《平陰縣志》、《平陰縣鄉土志》。孟成己撰《行狀》，稱此書十冊。康熙《平陰縣志·古今著述目錄》注云：“今逸。”

### 【二戴神冶】

　　見《泰安府志》、《平陰縣志》、《平陰縣鄉土志》。

孟成己撰《行狀》，稱此書二冊。康熙《縣志·古今著述目錄》注云：“今存。”光緒《平陰縣志·著述》亦云存。

### ◆ 胡東漸

　　東漸字向若，章丘人。萬曆乙未（二十三年）進士。歷官操江巡撫、僉都御史。《濟南府志》卷四十九有傳。

### 【向若詩稿】

　　見《山左明詩鈔》、道光《章邱縣志》本傳（《縣志·藝文》誤《向若諸稿》）、《濟南府志·經籍》。

　　《山左明詩鈔》卷二十五載其《上方井》、《神仙院》詩二首。道光《章邱縣志·藝文》載其《聖水峪》、《上方井》、《神山院》詩三首。

### 【嘉樹堂詩稿】

　　《山東通志·藝文》據《繡水詩鈔》著錄。

### ◆ 王之都

　　之都字爾章，號曙峰，新城人。萬曆乙未（二十三年）進士。歷官平涼知府。

### 【殫心錄十九卷】

　　是編見《濟南府志·經籍》、《重修新城縣志·藝文》。

### 【滸墅關續志四卷】

　　《續修四庫全書總目提要（稿本）》著錄舊鈔本。

### ◆ 王象恒

　　象恒字微貞，號立宇，新城人。萬曆乙未（二十三年）進士。歷官僉都御史，巡撫應天，贈兵部侍郎。《濟南府志》卷五十一、《重修新城縣志》卷十四有傳。

　　其詩文集未見著錄。《齊河縣志》卷三十二載其《鐫萬人碑記》文一篇。

### 【西臺奏議】

　　見《山東通志·藝文》（史部詔令奏議類）、《重修新城縣志》本傳。現存：明末刻本（作《西台奏疏》二卷），美國國會圖書館藏，見《中國善本書提要》。《美國國會圖書館藏中國善本書錄》云：“此本無書題，亦不知完否，僅上書口刻'奏疏'二字。始萬曆四十四年八月，訖四十六年十月。四十四年象恒官河南監察御史，四十六年正月官巡按直隸監察御史。按民國新修《新城縣志》據《分甘餘話》著錄象恒所撰《西臺奏議》、《巡撫奏議》兩書，《巡撫奏議》當爲巡撫應天時所上，此則均上於官御史時，故知爲《西臺奏疏》也。"

《山東通志・藝文》（史部詔令奏議類）據《分甘餘話》著錄，引《縣志》本傳云："擢監察御史，乃上封事，請上視朝。又請賜環趙南星等。風折正陽坊，火焚隆德殿，象恒具疏，言時政六弊。又云：'風之義主散，散則思聚，而聚莫急於人。火之義主鬱，鬱而思散，而散莫急於貸。'人以爲名言。"

民國《重修新城縣志》本傳云："忠貞憂國，直言敢諫，前後疏數十上，彈劾不避權要。"《縣志・藝文》載其《織監參劾非體疏》、《糾劾不職有司疏》、《東省禍變非常疏》三篇。

### 【巡撫奏議】

《山東通志・藝文》（史部詔令奏議類）據《分甘餘話》著錄。

## ◆ 王象艮

象艮字伯石，一字思止，號定宇，新城人，之城子。萬曆間選貢。諸兄弟皆成進士，而象艮獨以明經終。起家南國子監典簿，知潁上、雒南二縣，遷姚安府同知，罷歸。嗜爲詩，與弟象益、象明相倡和。闢"迁園"於南郭，有"綠雨樓"、"卷石亭"、"石甲館"、"鏡潭"諸勝。又得湖濱魯連陂居之，作祠以祀。崇禎十五年卒，年七十九。《濟南府志》卷五十一有傳。

### 【迁園集二十四卷】

見《山東通志・藝文》。《濟南府志・經籍》、《重修新城縣志・藝文》作十二卷。

《續修四庫全書總目提要（稿本）》著錄丁氏抄本一卷，提要略云："是集亦丁錫田由《山左明詩抄》等書中輯出者。古今體均有之，計五言者十八首，七言者三十四首。"

《山東通志・藝文》引《居易錄》云："八叔祖伯石 象艮 仕爲姚安府同知，著《迁園詩集》《分甘餘話》作《迁園集》。詩名遠出考功下，然謹守唐人矩矱，不

失尺寸。如《詠魯仲連》云：'孤城一飛矢，六國有心人。'又'蕭條兩岸柳，怊悵五更雞'，'魚藏蘆底穴，雪壓竹間廬'，'青熒茅舍火，縹緲竹林煙'，'南雁迎花早，東風帶雪多'，'月明才十日，人病已經旬'，皆五言之選也。後人不振，予購其刻板藏之。"

《山左明詩鈔》卷三十一載其詩十三首，小傳附按云："《迁園集》二十四卷，僅得其《雨》、《柳》二集，皆七律。餘俱從別本撦拾。良歉然也。"《濟南府志・藝文》載其《伊園秋暮》、《錦秋湖》、《冬日迁園二首》、《湖上食鱸蓴作》等詩，俱見於《山左明詩鈔》。《重修新城縣志》卷二載其《錦秋莊記》文一篇，《錦秋湖》（二首）、《同王補之等泛湖宿華溝水莊》（二首）、《題華溝魯仲連遺清處》、《錦秋亭》、《憫水》、《龐居士湖》等詩；卷三載其《青塚詩》等。

## ◆ 王象明

象明原名象履，字用晦，號雨蘿，新城人，象艮弟。歲貢生。官大寧知縣。《濟南府志》卷五十一有傳。

### 【鶴隱集】

見《山左明詩鈔》、《濟南府志・經籍》、《山東通志・藝文》、《重修新城縣志・藝文》。

《山東通志・藝文》引《居易錄》云："十八叔祖晦甫 象明 著《鶴隱》、《雨蘿》諸集。才不逮考功，而欲馳驟從之，故時有衙蹶之患，未能成家。今刻版僅有存者。"

《山左明詩鈔》卷三十一載其闕題詩二首。《重修新城縣志》卷二載其《錦秋湖》一首。

### 【雨蘿集】

見《濟南府志・經籍》、《山東通志・藝文》、《重修新城縣志・藝文》（誤《兩蘿集》）。

### 【山居集】

見《濟南府志・經籍》、《重修新城縣志・藝文》（據張象津《新城後志稿》）。

## ◆ 張五典

五典，陽信人。萬曆乙未（二十三年）進士。官

御史。

其詩文集未見著錄。《武定府志·藝文》載其《重茸東嶽廟碑記》。

### ◆ 李如檜

如檜，陽信人，萬曆乙未（二十三年）進士。任東光、寶坻知縣，歷官太僕寺卿。

其詩文集未見著錄。《武定府志·藝文》載其《流民圖序》。

### ◆ 顧四明

四明字孝泉，利津人。萬曆乙未（二十三年）進士。任清苑知縣，改雲間教授，補應天教授，遷國子博士，轉戶部員外郎，陞吉安知府，移疾歸里。後推河南提學副使，已而卒。《利津縣志》卷七有傳。

其詩文集未見著錄。《利津文徵》卷二載其《利津縣重修儒學記》碑文一篇，前書"賜進士第戶部山西清吏司員外郎前予告終養邑人顧四明撰文"，後書"萬曆三十九年夏五月吉旦"。

### ◆ 張其忠

其忠字伯藎，號獻宸，長清人。萬曆辛卯（十九年）舉人，乙未（二十三年）進士。歷官濬縣知縣、戶部主事。《濟南府志》卷五十二有傳。

【勸戒錄】

見《濟南府志·經籍》、《山東通志·藝文》（子部雜家類）。

《山東通志·藝文》引《縣志》本傳云："蒞濬邑，嘗作《勸戒錄》以訓誨愚蒙，民風遂蒸然丕變。"

### ◆ 張其孝

其孝字仲慕，號岱鄰，長清人，其忠弟。萬曆辛卯（十九年）舉人。歷官廣西按察副使。《濟南府志》卷五十二有傳。

【勸民歌】

見《濟南府志·經籍》、《山東通志·藝文》（子部雜家類）。

《山東通志·藝文》引《縣志》本傳云："爲春穀宰，以愚氓弗知義理，爲作《勸民歌》、《里巷格

言》以勸勉之。"

【里巷格言】

見《山東通志·藝文》（子部雜家類）。

### ◆ 胡東銘

東銘字鑑南，章丘人。善吟咏，能金元樂府。不樂仕進，隱居南村，結屋鑿池，蒔花種竹，日徜徉其間。《濟南府志》卷四十九有傳。

【悅性錄】

道光《章邱縣志·藝文》、《濟南府志·經籍》、《山東通志·藝文》（子部雜家類）。

### ◆ 盧永錫

永錫字元孝，德州人。以子世濯贈主事。

其詩集未見著錄。《山左明詩鈔》卷三十載其《晚得佳月對景寫懷》一首。

### ◆ 盧文錫

文錫字元敬，德州人，永錫弟。太學生。官靖州州判。

其詩集未見著錄。《山左明詩鈔》卷三十載其《送李典客南還由沛國訪張給諫》一首，小傳引程先貞《詩搜》云："通判詩有唐音，在成均日代祭酒《送人冊封秦藩便道歸閩省侍》，獨爲盛陽灣所賞，句云：'秦關到日封桐葉，閩路歸時熟荔枝。'稱工妙矣。"

### ◆ 李思恭

思恭字涵默，長清人。萬曆戊戌（二十六年）進士。萬曆三十八年任池州知府。

【池州府志十卷】

現存：明萬曆四十年刻本，中國國家圖書館藏，《續修四庫全書總目提要（稿本）》、《中國地方志聯合目錄》著錄；《中國方志叢書》影印。

### ◆ 杜 詩

詩字以興，號友伯，濱州人。萬曆甲午（二十二年）舉人，戊戌（二十六年）進士。仕至江西左布政使。《濱州志》卷十有傳。

## 【忠孝堂存笥稿】

見《山東通志·藝文》（據《武定明詩鈔》）。

《武定明詩鈔》收其《桃源洞》等詩十餘首。《濱州志·藝文》載其《訓導宅記》一篇。

### ◆ 耿鳴雷

鳴雷號省亭，新城人。萬曆戊戌（二十六年）進士。初授永年令，乙巳行取候命京師，丙午授湖廣道監察御史，戊午擢太僕寺少卿，以勞瘁卒，詔贈太僕寺卿。《濟南府志》卷五十一、《重修新城縣志》卷十四有傳。

## 【西臺奏議二卷】

見《濟南府志·經籍》、《山東通志·藝文》（史部詔令奏議類）。

《山東通志·藝文》引《縣志》本傳云："丙午授湖廣道監察御史，議論侃侃，不阿權貴，連糾橫瑙，諫逐奸貪，章數十上。"

## 【南畿奏議二卷】

見《濟南府志·經籍》、《山東通志·藝文》（史部詔令奏議類）。乃鳴雷按畿南時所上。

## 【備邊書一卷】

見《濟南府志·經籍》、《山東通志·藝文》（史部地理類）。

## 【京通倉記略】

見《濟南府志·經籍》（"記"作"紀"）、《山東通志·藝文》（史部政書類）。又《府志》本傳云："巡京通倉，條其十事，悉著爲令。"

## 【太僕家訓】

見《濟南府志·經籍》。

### ◆ 亓詩教

詩教字可言，號靜初，晚號龍峽散人，萊蕪人。萬曆二十六年進士。歷官河南巡撫。

其詩文集未見著錄。張梅亭《萊蕪縣志·藝文》錄其《饑民疏》、《胡公去思碑記》文二篇，《春日偕客游蒼龍峽》等詩二首。民國《續修萊蕪縣志·藝文·選著》載其《李疏泗封翁墓表》、《祭孝婦文》（代父作）、《王孝婦墓表》、《石癡詩集序》等文。

## 【禮垣疏草】

見《泰安府志·藝文》、宣統《萊蕪縣志·藝文》。

## 【亓氏族譜】

見民國《續修萊蕪縣志》本傳。

## 【萊蕪縣志】

見民國《續修萊蕪縣志》本傳。

### ◆ 張光裕

光裕字德符，臨邑人。萬曆戊戌（二十六年）進士。歷官翰林院檢討、右春坊右贊善、雲南提學道。

其詩文集未見著錄。《臨邑縣志》卷十二載其《書懷》詩一首，卷十五載其《宿安店新建白衣菩薩庵碑記》（萬曆三十四年）一篇。

### ◆ 韓 浚

浚字遵之，淄川人。萬曆戊戌（二十六年）進士。授嘉定知縣，歷官僉都御史，巡撫保定。

## 【萬曆嘉定縣志二十卷】

見《濟南府志·經籍》、《山東通志·藝文》。現存：明萬曆三十三年刻本，臺灣"國家圖書館"、中國國家圖書館藏。

《山東通志·藝文》："是編《四庫》存目。《存目提要》曰：'元至元中秦輔之始刱縣志。明自洪熙至嘉靖，凡經四修。後於萬曆乙巳復續爲是編，頗勝他志之鄙陋，然亦時有疏舛。如以水利列於人物之後，已覺不倫；以古蹟及寺觀序於雜記門中，更爲非例。又如《疆域考》稱自宋分崑山之東境以置縣，不知《南畿志》載宋割崑山、安亭等五鄉於練祁市置縣，《輿地考》載嘉定縣原名疁城鄉也。'"

### ◆ 安 傳

傳字執中，號芹盟，淄川人。萬曆庚子（二十八年）舉人。歷官衛輝知府。

## 【蛬音集】

《山東通志・藝文》："此編乃其詩集，見《縣志》。"

### ◆ 于夢說

夢說，禹城人。明三科武舉。

其詩文集未見著錄。《禹城縣志》卷十載其《大佛寺施茶煮粥題名記》一篇。

### ◆ 焦 馨

馨字寧考，號薌芷，章丘人。萬曆丁酉（二十五年）舉人，辛丑（二十九年）進士。歷官右副都御史，巡撫寧夏。以孫毓瑞官贈通奉大夫。

#### 【棟雲齋文集】

見道光《章邱縣志・藝文》、《山東通志・藝文》。

### ◆ 石維屏

維屏號新周，陵縣人。萬曆辛丑（二十九年）進士。累官至山西左布政，所任有廉聲。致仕數載而卒，年六十六歲。《濟南府志》卷五十二有傳。

其詩文集未見著錄。《陵縣志》卷十六載其《陵侯翟公去思碑記》一篇。

### ◆ 劉 策

策字範董，一字愚靖，武定人。萬曆辛丑（二十九年）進士。以右僉都御史總理薊遼、保定軍務。

其詩文集未見著錄。《武定府志・藝文》載其《請代藩正封疏》。李牲麟輯《武定四賢集》嘗收錄其詩，集未見。

#### 【五經字訓管窺】

見《武定府志》、《山東通志・藝文》（經部五經總義類）。

#### 【訂正紀年】

見《武定府志》、《山東通志・藝文》（史部編年類）。

#### 【尚友錄】

見《武定府志》、《山東通志・藝文》（史部傳記類）。

#### 【六卿考】【輔臣考】

見《武定府志》、《山東通志・藝文》（史部職官類）。

#### 【昭代祥刑錄一冊】

《山東通志・藝文》（子部法家類）據《傳是樓書目》著錄。

#### 【複字刑書弋】

見《武定府志》、《山東通志・藝文》（子部法家類）。

### ◆ 杜承式

承式，濱州人。萬曆辛丑（二十九年）進士。歷官甘肅巡撫。《濱州志》卷十有傳。

其詩文集未見著錄。《武定府志・藝文》載其《重修濱州城記》（《濱州志・藝文》作《重修州城記》）。

### ◆ 宋 燾

燾字岱倪，號繹田，泰安人。萬曆辛丑（二十九年）進士，改庶吉士。歷官御史。贈光祿少卿。

#### 【泰山紀事三卷】

見《明史・藝文志》（作十二卷）、《四庫全書總目》、《山東通志・藝文》（史部地理類）。現存：①明萬曆刻本，中國國家圖書館、山東省圖書館（存一卷：地集）、山東省博物館藏，《山東文獻書目》著錄；《四庫全書存目叢書》影印。②民國泰安王氏輯鈔《泰山叢書》甲集本，曲阜師範大學圖書館藏。

《山東通志・藝文》引《四庫存目提要》曰："一卷曰天集，記天神事；二卷曰地集，記古蹟；三卷曰人集，記名宦、人物。所言神鬼冥報，已涉荒誕。至泰山太守、泰安知州爲守土之官，柳下惠、王章、羊祜諸人亦不過生長其鄉，竝未嚴棲谷汲，乃概行擴入，不知於岱宗故事何涉也。"

#### 【州志補遺】

見《重修泰安縣志・著述》。

#### 【理學淵源】

見《山東通志・藝文》（子部儒家類）、《重修泰安縣志·著述》。

## 【時習要録】

見《山東通志·藝文》（子部儒家類）、《重修泰安縣志·著述》。

## 【巖居漫録】

見《山東通志·藝文》（子部小說類）、《重修泰安縣志·著述》（作《嵓居漫録》）。

## 【幽洞玄言】

見《重修泰安縣志·著述》。

## 【青嵓居草】

見《山左明詩鈔》、《泰安府志·藝文》（作《青巘居草》）、《山東通志·藝文》、《重修泰安縣志·著述》。現存：明萬曆間自刻清修本（作《青嵓居集》一卷），山東省博物館藏，《中國古籍善本書目》、《山東文獻書目》著録。

《山東通志·藝文》："是編見《府志》。《山左明詩鈔》引王楫《繹田先生傳》：'先生以御史巡按江南，宦情頗澹，嘗作《我思泰山高》八首以寄意。俄以忤權貴，請告歸，中途上疏救姜士昌左遷，遂不復出。'"

《重修泰安縣志·著述》云："板同《落花全韵》，自序一篇失。原本經青嵓後裔宋燦青評點，頗精。書存宋氏。"

《山左明詩鈔》卷二十五載其《夏日陳祺生招飲》、《病起》、《竹林寺》、《秋日寄懷同社諸丈》、《贈羽客韓某》、《自適》詩六首。

## 【落花全韵】

《重修泰安縣志·著述》云："凡三十首。明代鐫板，藏宋氏，尚未失，僅後數頁下端略損。"

## 【落花詩和沈存白工部韵一卷】

現存：民國王价藩鈔本，山東省博物館藏。詩凡三十首。

## ◆ 宋 槃

槃字念莪，號懋吾，樂陵人。萬曆庚子（二十八年）舉人，辛丑（二十九年）進士。歷官兵部侍郎，卒年五十九，贈本部尚書。乾隆《樂陵縣志》卷六有傳。

## 【閒居草一卷】

見《樂陵詩彙》、《山東通志·藝文》（據《縣志》）。《樂陵縣志·撰著篇目》作《閒居草詩集》一卷。《山左明詩鈔》作《家居草》。

《山左明詩鈔》卷二十六載其《過史子敏盤河草堂》一首。《武定明詩鈔》載其《七月六日飲杜氏園亭》一首。乾隆《樂陵縣志》卷八載其《東方曼倩閣》、《弔許忠節公》、《鷺鹿長灣》等詩。《樂陵詩彙》載其《弔許忠節公》、《張念山之河南中丞任送別》、《七月六日飲杜親家園樓》、《觀海和賈春宇韵》等詩六首。

## ◆ 蘇民瞻

民瞻字君惠，號岱柱，武定人。萬曆丁酉（二十五年）舉人，辛丑（二十九年）進士。官刑部主事，卒於官。

## 【念生草】

見《武定明詩鈔》、《山東通志·藝文》（據《府志》）。《武定明詩鈔》收其《九日登郡城來風閣》詩一首（亦載《武定府志·藝文》）。

## ◆ 張中發

中發字智鵠，號仰松，淄川人，敬子，至發兄。幼食貧力學，補邑增廣生，試輒前茅。從李少崖學，深加器重。及弟至發領鄉薦，乃專心理學，姚江《龍溪語録》皆著手評。後弟貴至首輔，而中發縕袍茅屋，不改儒業，凡弟所寄奉之物，另置一室，封識宛然。每酒酣，濡墨奮腕疾書，字可方丈，得之者珍逾什襲。及歿，人稱之曰"石隱"。《濟南府志》卷五十有傳。

## 【回首窩稿】

見《山左明詩鈔》、《淄川縣志》、《濟南府志·經籍》、《山東通志·藝文》。

《山左明詩鈔》卷二十九載其《暮春重遊上泉菴》、《九月菊花初放》、《閒庭小憩》詩三首。《淄川縣志·藝文》載其《暮春同友人重遊上泉菴》、《九日登黌山》詩二首。

## ◆ 張至發

至發字聖鵠，號憲松，淄川人，敬子。少孤，從泰安李少崖游，闡明理學，後爲刻其語錄曰《還樸心聲》云。萬曆丁酉（二十五年）舉鄉試，辛丑（二十九年）成進士。授玉田令，調遵化縣，擢監察御史。天啓元年升大理寺左丞，以親老乞歸祈終養。壬申，起順天府丞。癸酉，升光祿寺卿。八年，升刑部右侍郎，旋升禮部左侍郎兼東閣大學士。九年，進禮部尚書。會溫體仁去位，遂爲首輔。旋見時事多舛，以病請告，疏累上得歸。壬午七月，終於正寢。遺命勿請恤，勿立家廟，勿用墓志。撫臣奏聞，贈少保，蔭子，祭葬如禮。《濟南府志》卷五十有傳。

其詩文集未見著錄。《淄川縣志·藝文》載其《韓侯新建石城碑記》（明崇禎九年）、《建空心樓義倉記》（明崇禎十二年）。

### 【閣彙三十卷】

見《濟南府志·經籍》。《山東通志·藝文》（史部職官類）作《閣彙三十函》。

《山東通志·藝文》引《縣志》本傳云："公在政府，絲綸皆藏副本，及所著《閣彙》三十函，皆不存。"

### 【巡方約略】【檄略】

見《濟南府志·經籍》、《山東通志·藝文》（史部職官類）。

《山東通志·藝文》引《縣志》本傳云："觀按豫所刊《巡方約略》及《檄略》等書，官民情僞，燎如握火，蓋繡斧百世師也。"

### 【醫驗編】

《山東通志·藝文》（子部醫家類）引《鄉園憶舊錄》云："念東先生謂，與張太保華東《懸袖便方》、新城王方伯《康宇便方》，皆仁人之用心。然則謂公繼周延儒之後以忮刻爲衣鉢者，殆未深知其人矣。"

## ◆ 高毓秀

毓秀字若沖，號雪竹，海豐人。萬曆癸卯（三十一年）舉人。官沈邱知縣。

### 【東齋日錄】

見《山左明詩鈔》、《山東通志·藝文》（子部雜家類）。

《山左明詩鈔》卷二十九載其《柬中養》、《追懷楊夢山師》、《朔風篇》詩三首，小傳云："詩見所著《東齋日錄》。"

### 【選苾諸子】

見《山東通志·藝文》（子部雜家類）、《無棣縣志》本傳。

### 【山居漫課】

見《無棣縣志》本傳。

### 【雪竹詩論】

見《山東通志·藝文》（集部詩文評類）。

## ◆ 林　棠

棠字尚木，鄒平人，萬曆癸卯（三十一年）舉人。《濟南府志》卷五十有傳。

### 【荒政要略】

見《濟南府志·經籍》、《山東通志·藝文》（史部政書類）、《鄒平縣志·藝文攷》。

《山東通志·藝文》：《縣志》載是書，引《寶篋集》云："崇禎辛巳，大饑。上《荒政要略》，皆切中時務。"

## ◆ 劉嘉會

嘉會，武定人。萬曆癸卯（三十一年）進士。

其詩文集未見著錄。《武定明詩鈔》有其《同袁熙宇侍御遊德下園次韵》二首，《武定府志·藝文》載其《送圖南張父母之任南都》詩。

## ◆ 邵廷達

廷達，禹城人。

其詩文集未見著錄。《禹城縣志》卷十載其《重修禹王廟記》一篇。

【卷十·明四】

# 卷十·明四

## ◆ 高 捷

捷字中白，淄川人。萬曆甲辰（三十二年）進士。歷官河南按察副使。《濟南府志》卷五十有傳。

其詩文集未見著錄。《淄川縣志·藝文》載其《重修文廟碑記》（明萬曆三十一年）文一篇，《仙洲園》詩二首。

### 【易學象辭二集十二卷】

見《明史·藝文志》、《山東通志·藝文》。《濟南府志·經籍》作《易學辭象》，無卷數。

《經義考》注云"存"，引蔡復一曰："菑川大行高君著《易學象辭二集》，以苦思入懸解，其辭則薈傳注諸家，疏擇采削，附己意以為發明。尤潛觀於陰陽消息盈虛、進退離合之際，以變動不居為宗，而不執於一局，非博通深詣者不能也。"

## ◆ 李若訥

若訥字季重，別號渤海，臨邑人。萬曆甲辰（三十二年）進士。歷官羅定兵備參議。慕李鄴侯，築山樓，顏曰"小萬卷"。與王象春、公鼐號"山東三才子"。《濟南府志》卷五十二、《臨邑縣志》卷九有傳。

### 【訓兒義二卷】

見《濟南府志·經籍》、《臨邑縣志·藝文上·著述》、《山東通志·藝文》（據《蒿庵集》，入子部儒家類）。

### 【學術辨一篇】【良知議一篇】【孟氏三事議一篇】【原性一篇】【原仁一篇】

《山東通志·藝文》（子部儒家類）據《蒿庵集》著錄。

### 【皇極經世論】

《山東通志·藝文》（子部術數類）據《蒿庵集》著錄。

### 【易老論】

《山東通志·藝文》（子部雜家類）據《蒿庵集》著錄。

### 【佛氏輪迴論】

《山東通志·藝文》據《蒿庵集》著錄，入子部釋家類。

### 【五品稿九卷】

見《山左明詩鈔》（無卷數）、《濟南府志·經籍》、《臨邑縣志·藝文上·著述》、《山東通志·藝文》。現存：①明萬曆刻本（九卷），山東省圖書館、山東師範大學圖書館藏，《山東省珍貴古籍名錄（第一批）》著錄。②明萬曆末刻本（不分卷），臺灣"國家圖書館"藏，《國家圖書館善本書志初稿》著錄。卷端首行題"詩稿"，次行題"濟北李若訥季重甫著"。是集不分卷次，然有詩稿、文稿之分。前有萬曆乙卯（四十三年）趙秉忠《李季重五品稿題辭》。正文前有《五品稿詩文總目》。詩稿收賦、樂府、五七言古詩、五七言律並排律，以及五、六、七言絕句若干；文稿則收序、記、傳記、神道碑、墓誌銘、行狀、碑文、箴、贊、誄、祭文、啟、書牘、論策、議說等。③明天啟刻清光緒李鳳儀世恩堂修本（作《李季重五品稿》九卷《續稿》十卷附《楊花詩》二卷），山東省博物館、煙臺圖書館藏，見《山東省博物館藏明清民國山左學者著述知見錄》、《煙臺公共圖書館館藏古籍書目》。《續修四庫全書總目提要（稿本）》著錄家抄本（九卷）。

《山東通志·藝文》引張爾岐所撰《墓誌》云："吾東國近代文章擅名者，濟南于鱗為最著。後數十年，臨邑子願繼之，軌轍雖殊，要不愧後勁云。當于鱗時，里有殷學士、許長史，各以風雅自見，實相輝映。臨邑之有渤海先生，其諸濟南之有殷、許歟？然

《金輿》、《海右》諸編，談藝者至今不廢；學人之知《楊花詠》、《五品》、《四品稿》者，何寥寥乎？蓋自竟陵標幟，畫地而守，於濟南彈摘不遺餘力，何論繼起者。則君之不得於殷、許並，非其工力不逮，時好適然耳。異時有平反者出，推子愿以附于鱗，推渤海以附殷、許，詎曰不宜？"

《山左明詩鈔》卷二十八載其詩四十六首。《御定歷代賦彙》補遺卷三收其《浮玉磯賦》一篇。《臨邑縣志》卷十一載其《擬上命秋爽東宮講學閣臣賀表》、《請裁革二十四馬房驢頭疏》、《臨邑醮會興衰記》、《世恩堂記》、《小萬卷樓記》、《大器晚成說》、《答公孝與宮諭》、《薛青翁制臺考滿加御史大夫兼兵貳賀啟》、《右春坊右贊善泰華張公誄》、《犁邱賦》等文，《北堂》、《冬日過濟河》等詩。《禹城縣志》卷十載其《劉太史遺稿序》。

## 【四品稿十卷】

見《山左明詩鈔》（無卷數）、《濟南府志·經籍》、《臨邑縣志·藝文上·著述》、《山東通志·藝文》。現存：①明天啓朱之蕃刻本（作《李季重四品稿》九卷附《詩》一卷），山東省博物館等藏，《山東省博物館藏明清民國山左學者著述知見錄》著錄；《四庫禁燬書叢刊》影印。②清光緒二十二年世恩堂刻本（作《李季重四品稿》九卷，十二冊），煙臺圖書館藏，《煙臺公共圖書館館藏古籍書目》著錄。

## 【四品續稿十卷】

見《濟南府志·經籍》、《臨邑縣志·藝文上·著述》、《山東通志·藝文》。

## 【策略】

見《山東通志·藝文》。

## 【楊花詩二卷】

見《山左明詩鈔》（無卷數）、《濟南府志·經籍》（無卷數）、《臨邑縣志·藝文上·著述》、《山東通志·藝文》。凡二百首。

## 【二請堂詩集】

見《濟南府志·經籍》、《臨邑縣志·藝文上·著述》、《山東通志·藝文》。

## ◆ 劉士驥

士驥字允良，禹城人。萬曆甲辰（三十二年）進士。官編修。《濟南府志》卷五十二有傳。

其文集未見著錄。嘉慶《禹城縣志》卷十存其《雪山堂記》、《禹迹亭記》、《謝封礦洞罷珠池實井表代守臣作》、《請緩三殿及朝門工程疏》、《賑畿南災民議》等文。

## 【蟋蟀軒草】

見《千頃堂書目》（作《蟋蟀軒詩草》）、《四庫全書總目》（無卷數，山東巡撫採進本）、《山左明詩鈔》、《禹城縣志·藝文》、《濟南府志·經籍》、《山東通志·藝文》。

《山東通志·藝文》引《四庫存目提要》曰："士驥於李攀龍爲鄉人，而不循其門徑。是集前有李若訥《序》，稱'允良自言，少年濡首李、王諸家，顧李、王生，今日宜另繡其腸。其不肯從風而靡，不爲無見。'然集中詩文乃作嘽緩之音，是則楚既失之，齊亦未爲得也。"

《禹城縣志》卷十載李若訥《劉太史遺稿序》、張鼐《蟋蟀軒草敘》。《山左明詩鈔》卷二十六載其詩十九首。《明詩綜》錄其《長陵陪祀作》一首，詩云："赤縣歸真主，青山鎖故宮。玉魚沉永夜，石馬立西風。霜露秋容肅，椒蘭祀典崇。明禋鸞馭在，濟濟駿奔同"。嘉慶《禹城縣志》載其《登泰禹樓》、《北墅》、《泛舟西河》等詩。

## ◆ 孫延長

延長字恒吾，禹城人。萬曆辛卯（十九年）舉人，甲辰（三十二年）進士。授虞城令，擢刑部主事。《濟南府志》卷五十二有傳。

其詩文集未見著錄。《禹城縣志》卷十載其《重修興泉寺題名記》一篇。

## ◆ 王家植

家植字木仲，濱州人。萬曆甲辰（三十二年）進士。選庶常，以博學名，僅至編修卒。《濱州志》卷十有傳。

## 【禮經勳說】

見《濱州志》本傳、《山東通志·藝文》（經部禮類）。

## 【四書勸說】

見《濱州志》本傳、《山東通志·藝文》（經部四書類）。

## 【三倉學】

見《山東通志·藝文》（經部小學類）。《濱州志》本傳作《三蒼學》。

## 【史薈五卷】

現存：①明萬曆四十六年史高先襄陽刻本（五卷十冊），臺灣“國家圖書館”藏。按：史高先字夢斗，號紹庭，武定人，邦直子，萬曆庚戌進士，官貴州提學道，刻有《來禽館集》。②明崇禎刻本，山東省圖書館藏，《山東省珍貴古籍名錄（第一批）》著錄。

《山東通志·藝文》著錄是書十二卷，提要云：“舊《通志》載是編，作十二卷。《府志》無卷數。”

## 【史鑒六卷】

《山東通志·藝文》（史部史鈔類）：舊《通志》作《史鑒莊嶽》六卷。府、縣《志》作《史鑒》無卷數，別有《青雲編》、《莊嶽》等集。疑舊《通志》衍“莊嶽”二字。今依府、縣《志》標目，而題卷則仍依舊《通志》。

## 【莊嶽集】

見《濱州志》本傳、《山東通志·藝文》。

嘉慶《禹城縣志·藝文》有其《三賢祠碑記》一篇。《蒲臺縣志·藝文》載其《邱參軍長風吟序》。《山左明詩鈔》卷二十六載其《王明府九日蓋公堂留飲同王元起》、《登琅邪臺》詩二首。

## 【青雲編】

見《濱州志》本傳。

## ◆ 王洽

洽字涵仲，臨邑人。萬曆甲辰（三十二年）進士。歷官兵部尚書。《明史》卷二百五十七、《濟南府志》卷五十二、《臨邑縣志》卷九有傳。

## 【撫浙奏疏】

見《濟南府志·經籍》、《臨邑縣志·藝文上·著述》、《山東通志·藝文》（史部詔令奏議類）。現存：明啟禎間刻本（作《撫浙疏草》四卷），見《中國善本書提要》。

《增訂晚明史籍考》引《美國國會圖書館藏中國善本書錄》云：“疏草始天啟四年三月，訖五年六月，依此年月證以《明史》所載，知爲奪職後所輯刻者。”

## 【典察疏略】【兩部奏議】

見《濟南府志·經籍》、《臨邑縣志·藝文上·著述》、《山東通志·藝文》（史部詔令奏議類）。

《山東通志·藝文》：“洽官本兵時，疏陳軍政十事，又乞敕諸道監司，遵先朝七分防操三分屯墾之制，烈皇皆褒納稱善。詳見《明史》本傳。”

## 【瑞露館文集】

見《濟南府志·經籍》、《臨邑縣志·藝文上·著述》、《山東通志·藝文》。

## 【吾鼎齋尺牘】

見《濟南府志·經籍》、《臨邑縣志·藝文上·著述》、《山東通志·藝文》。

## ◆ 王象晉

象晉字子晉，號康宇，新城人。萬曆甲辰進士。歷官浙江右布政使。《濟南府志》卷五十一、《重修新城縣志》卷十四有傳。

## 【字學快編】

見《濟南府志·經籍》、《山東通志·藝文》（經部小學類）、《重修新城縣志·藝文》（據張象津《新城後志稿》）。

## 【保境集議】

見《山東通志·藝文》（史部傳記類）、《重修新城縣志·藝文》（據張象津《新城後志稿》）。《濟南府志·經籍》作《保鏡集議》，“鏡”疑“境”之誤。

## 【王氏族譜十三卷】

現存：明崇禎三年毛氏汲古閣刻本，山東省博物館藏，《山東省珍貴古籍名錄（第一批）》著錄。

《賜閑堂集》卷三有《王氏族譜序》。

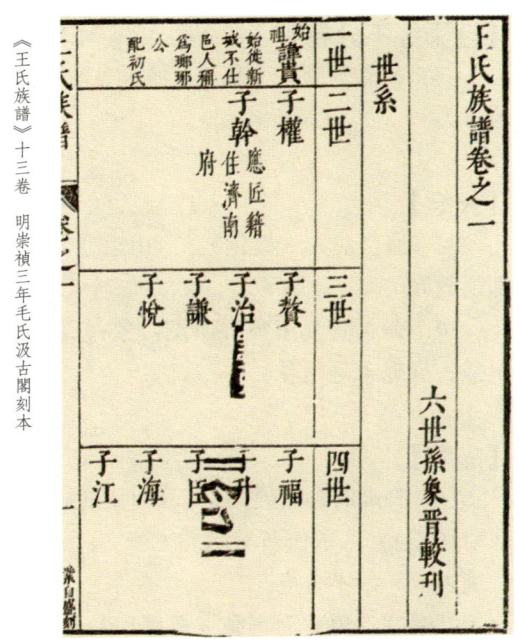

《王氏族譜》十三卷 明崇禎三年毛氏汲古閣刻本

### 【新城縣志十四卷】

天啟間新城知縣張必大（字可庵，陝西華州人，天啟三年任）主修，始於天啟三年，次年纂成。現存：清鈔本（據明天啟四年本鈔，缺卷十、卷十一），中國國家圖書館藏。前有張必大《序》。分圖式志、方輿志、建置志、食貨志、典禮志、官師志、選舉志、人物志、恩卹志、綸音志、綜織志、藝文志十二門。後有王象晉《序》。

《山東通志·藝文》是書無卷數，引王士禎康熙《新城志》序云："再修於天啟，先祖方伯公蓋秉筆焉。"

### 【星署紀言】

見《濟南府志·經籍》、《山東通志·藝文》（史部職官類）、《重修新城縣志·藝文》（據張象津《新城後志稿》，不分卷）。

### 【春曹紀言】

見《濟南府志·經籍》、《山東通志·藝文》（史部職官類）、《重修新城縣志·藝文》（據張象津《新城後志稿》，不分卷）。

### 【救荒成法】

見《濟南府志·經籍》、《山東通志·藝文》（史部政書類）。《重修新城縣志·藝文》是書不分卷。

### 【醝政紀略】

見《濟南府志·經籍》、《山東通志·藝文》（史部政書類）、《重修新城縣志·藝文》。

### 【董漕副墨】

見《濟南府志·經籍》、《山東通志·藝文》（史部政書類）。《重修新城縣志·藝文》作《董漕紀言》不分卷。

### 【日省撮要】

見《濟南府志·經籍》、《山東通志·藝文》（子部儒家類）、《重修新城縣志·藝文》（據張象津《新城後志稿》，不分卷）。

### 【日省格言不分卷】

《重修新城縣志·藝文》據張象津《新城後志稿》著錄。

### 【衛生鈴鐸】

《重修新城縣志·藝文》據張象津《新城後志稿》著錄。《賜閑堂集》卷三有《衛生鈴鐸序》。

### 【保世藥石】

《重修新城縣志·藝文》據張象津《新城後志稿》著錄。《賜閑堂集》卷三有《保世藥石序》。

### 【廣受仁壽】

《重修新城縣志·藝文》據張象津《新城後志稿》著錄。

### 【佐濟刑書】

見《濟南府志·經籍》、《山東通志·藝文》（子部法家類）、《重修新城縣志·藝文》（據張象津《新城後志稿》，不分卷）。

按：《賜閑堂集》卷三有《佐濟刑書序》略曰："嶷齋李公司理濟上，迄今四年往矣。爽朗愷悌，嚬笑不輕。事至理解，毫無留滯。舉濟上三十屬之訟獄，炳如燭照。剖其枉直，生其無辜。……一日，出其評讞諸語，付之剞人。予得而誦讀之。"則是書非象晉所撰明矣。《通志》及府、縣《志》均誤。

## 【保安堂三補簡便驗方四卷】

見《山東通志·藝文》（子部醫家類）。現存：①明崇禎刻本（不分卷），上海圖書館等藏；一九九九年華夏出版社《中國本草全書：醫籍本草》影印。②明崇禎刻本（作《三補簡便驗方》四卷），中國國家圖書館藏。另有《續修四庫全書總目提要（稿本）》著錄清順治重刊本（作《三補簡便經驗方》四卷）。

《山東通志·藝文》："是書《自序》略云：'此舊刻也，稿凡三易。初梓於萬曆甲寅，再梓於崇禎己巳。逮壬午季冬，窮搜舊本，類附新知，兩閱歲華，始克就緒。'據本書。"

## 【神應心書】

《重修新城縣志·藝文》據張象津《新城後志稿》著錄。

按：《賜閑堂集》卷三載《重刻神應心書序》略云："我家少師霽兄督黔蜀還，携有《神應心書》一帙。所言譚令子於痘爲至危，於法爲不救。乃劉醫所爲治之者，旋投旋愈，收成功如拾芥。於此見人生無不可治之病疾，而世醫之以人命爲嘗試者，皆緣術之未工也。惜其書脫落二版，無從訂補。而就中現在之方，試之多奇驗，予欲出以公世久矣。會備兵廣陵，乃蠲俸而壽之梓人。"是此爲象晉刊刻之書，非其所自撰者也。

## 【內科正宗五十卷】

有明崇禎二年自刻本，見《明代版刻綜錄》。

## 【風纂刪繁】

《重修新城縣志·藝文》據張象津《新城後志稿》著錄。

《賜閑堂集》卷三載《風纂刪繁序》略云："蠡人馬生承勣遊塞上，因蒐其笥中風角諸書，彙爲一帙，以便簡閱，命名《風纂》。大都以六十花甲爲經，以十二時四正四隅爲緯，而又間入四時以通其變化，日有日占，時有時占，人事、兵事，該括殆盡。其與《周易》吉凶之旨，庶幾其有合與？閑中取而參究之，中間有宜分也而反以合，宜合也而反以分，一段也不無複句，一句也不無衍字，一切悉爲釐正。"

## 【請雨經不分卷】

《重修新城縣志·藝文》據張象津《新城後志稿》著錄。

## 【火經】

見《濟南府志·經籍》、《山東通志·藝文》（子部術數類）。

按：是書實爲王象坤所撰，象晉爲之刊刻，並有附益。詳見象坤著作。

## 【竈經】

見《濟南府志·經籍》、《山東通志·藝文》（子部術數類）、《重修新城縣志·藝文》（據張象津《新城後志稿》，不分卷）。

《賜閑堂集》卷三載《竈經序》云："夫竈列五祀，載在秩宗，所從來舊矣。市肆所鬻竈經，鄙俚荒唐，大屬不類。暇日遊都門外，偶於道觀亂楮中獲一帙，題曰《司命竈君消災保安經》，字畫漫没，幾不可辨。乃拂拭而徐譯之。諄諄以忠孝大義爲訓，勸善警惡，義正詞嚴，真堪淑世。遂爲補其殘缺，正其譌誤，捐俸而付之梓人。因輯祀竈、修竈諸條附之，以便覽觀；敬綴數事，用紀歲月云。"

## 【保和菴硯田】

《重修新城縣志·藝文》據張象津《新城後志稿》著錄。

## 【羣芳譜三十卷】

見《濟南府志·經籍》、《山東通志·藝文》（子部譜錄類）、《重修新城縣志·藝文》（二十八卷）。現存：明末刻本（作《二如亭羣芳譜》二十八卷首一卷），藏山東省圖書館、山東省博物館、山東大學圖書館、臺灣"國家圖書館"（作明崇禎二年刻本）。

《山東通志·藝文》引《四庫存目提要》曰："是書凡天譜三卷，歲譜四卷，穀譜一卷，蔬譜二卷，果譜四卷，茶竹譜三卷，桑麻葛苧譜一卷，藥譜三卷，木譜三卷，花譜三卷，卉譜二卷，鶴魚譜一卷。略於種植，而詳於療治之法與典故藝文，割裂餖飣，頗無足取。"

## 【貝經】

見《濟南府志·經籍》、《山東通志·藝文》（子部譜錄類）、《重修新城縣志·藝文》（據張象津《新城後志稿》，不分卷）。

## 【手書遺訓】

《山東通志·藝文》（子部雜家類）著錄，引《香祖筆記》云："先大父方伯贈尚書公《手書遺訓》有云：'吾既無厚遺，而使汝輩過營喪葬之費，心殊不忍，虛地上以實地下，又所深惡'云云，蓋本《漢·貢禹》'衆庶葬埋，皆虛地上以實地下，其過自上'之語。"

## 【髦年囈語不分卷】【操觚勦說不分卷】

《重修新城縣志·藝文》據張象津《新城後志稿》著錄。

## 【餘地說】

《賜閑堂集》卷三載《餘地說序》略云："暇日取平素所經，並耳目所及，勒之成編，題曰《餘地說》。蓋取山谷老人所言'面前徑路，常須令寬'之意。於以超度群倫，長育庶彙，助名義之所不及維，佐法令之所不及撿。謂即聖賢如來'淑世覺民'之遺訓，夫奚不可？獨怪賈浪仙之言也：'出門皆有礙，誰云天地寬。'夫茫茫宇，有何罣礙？不能自留餘地，而顧致憾於天地，祇見其心之自隘耳。欲留餘地者，當自存方寸地始。"

## 【清寤齋心賞編一卷】

現存：明崇禎刻本，中國科學院國家科學圖書館藏，《四庫存目標注》著錄；《四庫全書存目叢書》影印。題"濟南王象晉藎臣甫輯"。前有《清寤齋心賞編題詞》，末署"癸酉上元濟南王象晉書於萬卷樓之清寤齋"。

《濟南府志·經籍》、《山東通志·藝文》（子部雜家類）、《重修新城縣志·藝文》俱作《清寤齋欣賞編》。

《山東通志·藝文》引《四庫存目提要》曰："是書分六類，曰葆生要覽，曰儆身懿訓（泳按：本書作"淑身懿訓"），曰佚老成說，曰涉世善術，曰書室清供，曰林泉樂事。皆摭明人說部爲之，猶陳繼儒諸人之習氣也。"

《賜閑堂集》卷三載《欣賞編序》。

## 【剪桐載筆一卷】

見《濟南府志·經籍》、《山東通志·藝文》（子部小說類，無卷數）、《重修新城縣志·藝文》（作《剪桐載筆》不分卷）。現存：明末毛晉刻本（作《剪桐載筆》一卷，清康熙雍正間印入《王漁洋遺書》），北京大學圖書館、復旦大學圖書館、山東大學圖書館等藏，《四庫存目標注》著錄；《四庫全書存目叢書》影印。

《山東通志·藝文》引《四庫存目提要》曰："是書因奉使冊封途中所作，故取義於剪桐。所載皆嘉言善行，然多涉因果。其《四公厚德解》等篇，體近於戲；卷首列《賀登基》一表，《賀惠王陞位》一啟，尤不倫也。"

《重修新城縣志·藝文》載其《自序》略云："荊州之役，自春迄秋，日月既賒，閴寂又甚。間操毛穎，用祛睡魔。乃舉數年耳目之所睹聞、友朋之所傳說，撮而錄之，以備諭俗之資。"

## 【異夢記一卷】

《重修新城縣志·藝文》據張象津《新城後志稿》著錄。

《賜閑堂集》卷三載其《異夢記序》，另卷二有《甲寅異夢記》、《丁卯異夢記》、《乙亥異夢記》文三篇。

## 【金剛經直解一冊】

《山東通志·藝文》（子部釋家類）："是書刊於崇禎甲申。冊首署'學覺居士直解'。學覺居士者，象晉別號也。《直解》後附《釋教源流》、《歷代釋義》、《古今顯應》、《十齋日念佛式》、《逐月禮佛日期》，亦象晉所裒輯。冊末載象晉《跋》略云：'有宋開國楊公 楊名圭，浦城人，號開國居士。此本載其紹定辛卯序。遴其大旨正宗者十有七家，彙而成書。其用心良勤，其有功於禪學者良博已。就中語涉玄渺、見相齟齬者，亦間有之。不揣固陋，略爲調停，或錄全文，或摘數語，或撮衆說，而少爲融會，或外衆說而謬爲發明。總之平實可行，淺近易曉，期不悖乎宗旨，庶足裨於淺學，想亦如來普度之心所不棄也。'據本書。"

《濟南府志・經籍》、《重修新城縣志・藝文》（據張象津《新城後志稿》）作《金剛經解》。

《賜閑堂集》卷三有《金剛經直解序》。

### 【賜閑堂集二十卷】

見《山左明詩鈔》（無卷數）、《山東通志・藝文》。現存：清順治十年王與敕等刻本（四卷），山東省博物館藏；《山東文獻集成》影印。

《山左明詩鈔》卷二十六載其《言志》、《懷李繕部使江南》詩二首。《重修新城縣志》卷二十三載其《（萬曆六年）重修四門記碑》、《（萬曆三十五年）重修興福寺記碑》。

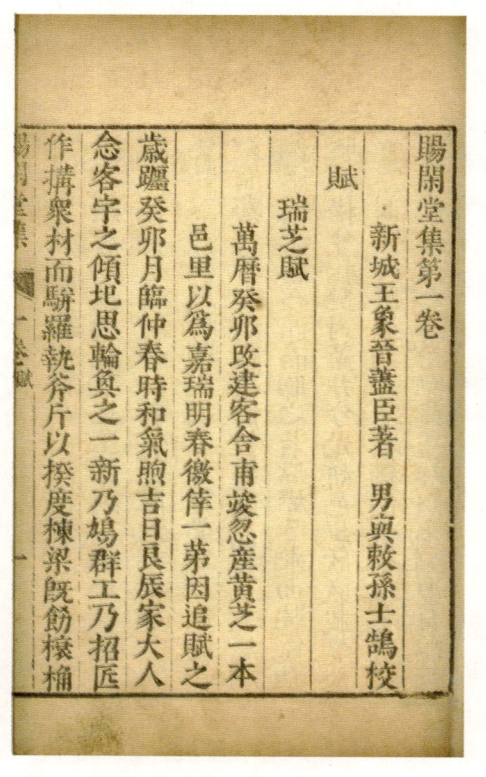

《賜閑堂集》四卷　清順治十年王與敕等刻本

### 【郢封里吟不分卷】

《重修新城縣志・藝文》據張象津《新城後志稿》著錄。現存：明末刻本（一卷），北京大學圖書館藏，《中國古籍善本書目》著錄。

《賜閑堂集》卷三載《郢封里吟序》。

《重修新城縣志・藝文》著錄《相封楚游》不分卷。按《賜閑堂集》卷三有《桐封楚遊序》，云："此呂公益軒大司馬筆也。"是《重修新城縣志・藝文》書名、撰者均誤。

### 【金陵像遊】

《重修新城縣志・藝文》據張象津《新城後志稿》著錄。

《賜閑堂集》卷三載《金陵像遊序》。

### 【豔雪集】

《重修新城縣志・藝文》據張象津《新城後志稿》著錄。

### 【萬曆甲午科鄉試硃卷一卷】

現存：明刻本，中國國家圖書館、山東省圖書館、山東省博物館藏，《中國古籍善本書目》、《山東文獻書目》著錄。象晉，萬曆二十二年甲午科舉人，三十二年甲辰科進士。

### 【扶輿閒氣】

見《濟南府志・經籍》、《山東通志・藝文》（集部總集類）、《重修新城縣志・藝文》（據張象津《新城後志稿》，不分卷）。

### 【詞壇滙錦】

見《濟南府志・經籍》、《山東通志・藝文》（集部總集類）、《重修新城縣志・藝文》（據張象津《新城後志稿》）。

### 【羣芳詩鈔八卷】

王象晉輯；清俞鵬程增選。現存：清乾隆二十六年新鄭郝璋刻本，上海圖書館、中國科學院國家科學圖書館等藏，《河南省圖書館中文古籍書目》、《中國科學院圖書館藏中文古籍善本書目》著錄。

### 【舉業津梁】

《賜閑堂集》卷三載《舉業津梁序》略云："科第一事，士人本業。世有孜孜矻矻，未易成功者，非秋術之難工，則門路之未正也。因思少年習業，備聞庭訓，筆之於冊，用示後人。良以祖宗世業至近歲幾成一阨，思欲振家聲，綿世澤，非提醒後人共延文脈，何以見祖宗於地下？故拭目搦管，勉書數語，合後人有所遵循，以仰副式穀之厚望。就中皆家常語，只可自觀，勿以示人。"

## 【詩語圖譜無卷數】

《重修新城縣志・藝文》據張象津《新城後志稿》著錄。疑"語"爲"餘"之訛字。《賜閑堂集》卷三有《重刻詩餘圖譜序》略云："萬曆甲午、乙未間，予兄霽宇刻之上谷。署中見者，爭相玩賞，竟攜之而去。今書籠所存，日見寥寥，遲以歲月，計當無剩本已。海虞毛生，博雅好古，見予讎較此編，遂請歸而付之剞劂。"是《詩餘圖譜》乃象晉校刊之書，非其所自撰者也。

## 【秦張兩先生詩餘合璧二卷】

現存：①明末毛氏汲古閣刻《詞苑英華》本，北京大學圖書館、中國國家圖書館、上海圖書館等藏，《中國叢書綜錄》、《四庫存目標注》著錄；《四庫全書存目叢書》影印（附《詩餘圖譜》後）。內《秦少游詩餘》一卷，《南湖詩餘》一卷。②清乾隆十七年曲溪洪振珂重印汲古閣刻《詞苑英華》本，北京大學圖書館、山東大學圖書館等藏，《四庫存目標注》著錄。

《濟南府志・經籍》、《山東通志・藝文》（集部詞曲類）作《秦張詩餘合璧》二卷。

《山東通志・藝文》引《四庫存目提要》曰："是書乃以宋秦觀《淮海詞》、明張綖《南湖詞》合爲一編，以二人皆產於高郵也。然一古人，一時人，越三四百年而稱爲合璧，已自不倫；況綖詞何足以匹觀。是不亦老子、韓非同傳乎？"

《賜閑堂集》卷三有《秦張詩餘合璧序》。

### ◆ 邢王稱

王稱字無譽，號玉衡，臨邑人，侗子。諸生。《臨邑縣志》卷九有傳。

## 【雪浪齋詩稿】

見《臨邑縣志・藝文上・著述》、《山東通志・藝文》。《山左明詩鈔》、《濟南府志・經籍》作《雪浪齋詩草》。

《山左明詩鈔》引《家傳》云："君承太僕公後，

工文善書，號小邢。戊寅城破，諭降不應，遂被害。子埏救父，絕而復甦，收其遺文傳之。"

《濟南府志・雜記》引《縣志》云："邢王稱幼有神童之目。天啟初元，有朝鮮使臣贈詩曰：'星斗蟠胸筆有神，炯然風骨照青春。他年禮樂三千字，應古龍頭第一人。'詩雖不工，而王稱後以殺身成仁，亦見取重外蕃，非無所本也。"

《山左明詩鈔》卷三十二載其《古意做唐人》四首、《孤燭歎》、《仲春道中》、《書紅葉題詩圖》，凡七首。《臨邑縣志》卷十二載其《家叔糸吾司訓興化奉詩四章以省選一》、《馮楨卿先生以書既訂交．致所畫竹石徵余臨池．拙技愧不敢當．賦此答謝》詩二首。

## 【批點三蘇文雋二卷】

見《濟南府志・經籍》、《臨邑縣志・藝文上・著述》、《山東通志・藝文》（集部總集類）。

### ◆ 邢王佐

王佐字可陳，臨邑人。歲貢。歷官披縣訓導、濰縣教諭。《濟南府志》卷五十六、《臨邑縣志》卷九有傳。

## 【詩經詳訓一卷】

見《濟南府志・經籍》（無卷數）、《臨邑縣志・藝文上・著述》、《山東通志・藝文》（經部詩類）。《臨邑縣志》本傳云："晚著《詩經詳訓》，未校梓。"

## 【大學誠意正宗一卷】

見《濟南府志・經籍》（無卷數）、《臨邑縣志・藝文上・著述》、《山東通志・藝文》（經部四書類）。

## 【太極圖明解】

見《濟南府志・經籍》、《臨邑縣志・藝文上・著述》、《山東通志・藝文》（子部儒家類）。

### ◆ 江騰蛟

騰蛟字元宿，齊東人。萬曆丙午（三十四年）舉人。《濟南府志》卷五十一、《齊東縣志》卷五有傳。

其詩文集未見著錄。民國《濟陽縣志・藝文》載其《新建關廟碑記》一文。

【蒙引刪次】

　　見《濟南府志·經籍》、《齊東縣志·著作》及本傳。

【管韓批評】

　　見《濟南府志·經籍》、《山東通志·藝文》（子部法家類）、《齊東縣志·著作》及本傳。

【清福錄】

　　見《濟南府志·經籍》、《山東通志·藝文》（子部雜家類）、《齊東縣志·著作》及本傳。

【友古編】

　　見《濟南府志·經籍》、《山東通志·藝文》（子部雜家類）、《齊東縣志·著作》及本傳。

### ◆ 李生秀

　　生秀，臨邑人。萬曆丙午（三十四年）舉人。

　　其詩文集未見著錄。《臨邑縣志》卷十五載其《臨邑縣重修城隍廟記》（萬曆三十六年）一篇。

### ◆ 安　伸

　　伸字振拙，號葵盟，淄川人。萬曆丁未（三十五年）進士。歷官太僕寺少卿。《濟南府志》卷五十有傳。

【柱史草】

　　見《淄川縣志》、《濟南府志·經籍》、《山東通志·藝文》。

【爨麓漫吟】

　　見《山左明詩鈔》、《淄川縣志》本傳、《濟南府志·經籍》、《山東通志·藝文》。

　　《山左明詩鈔》卷二十六載其《即景》、《觸事》詩二首。

### ◆ 安　曦

　　曦字元旭，長山人。萬曆丁未（三十五年）進士。歷官工部員外郎。《濟南府志》卷五十有傳。

　　其詩文集未見著錄。《長山縣志》卷十五載其《清明後一日過鳳凰山》詩一首。

【毛詩管見解】

　　見《濟南府志·經籍》、《山東通志·藝文》（經部詩類）。

### ◆ 安啟裔

　　啟裔，長山人。增廣生。

　　其詩文集未見著錄。《長山縣志》卷十五載其《謁范文正公祠》詩一首。

### ◆ 薛鳳翔

　　鳳翔字對龍，濱州人。萬曆丁未（三十五年）進士。歷官工部尚書。《濱州志》卷十有傳。

【三垣諫疏】

　　《山東通志·藝文》云：“是編見《縣志》。鳳翔爲兵、戶二科給事，又轉吏科都給事，故以‘三垣’名編。”

### ◆ 袁化中

　　化中字民協，一字熙宇，武定人。萬曆庚子（二十八年）舉人，丁未（三十五年）進士。歷官河南道御史，以劾魏忠賢下獄，與楊漣、左光斗同死。崇禎初贈太僕寺卿，諡忠愍。《惠民縣志》卷二十七有其子袁勳《陳父逸疏》、李蛰麟《袁忠愍公傳》。李蛰麟輯《武定四賢集》嘗收錄其詩。

【袁化中集】

　　《山東通志·藝文》：“其集爲國朝李蛰麟所輯。蛰麟字丹書，號怡山，武定人，康熙丁丑進士，官庶吉士。《惠民志》載陳世琯《怡山墓表》云：‘鄉先輩袁熙宇侍御，天啟中劾魏璫，死詔獄。先生搜羅遺稿，編輯成集，作傳，可謂發潛德之幽光者矣。’”

　　《武定府志·藝文》載其《劾魏忠賢疏》、《劾傅櫆疏》、《請責成輔臣疏》。另，《武定明詩鈔》有劉嘉會《同袁熙宇侍御遊德下園次韵》詩二首。

### ◆ 張　潑

　　潑字孝泉，號念山，樂陵人。萬曆丁未（三十五年）進士。歷官右副都御史，巡撫河南。乾隆《樂陵縣志》卷六有傳，卷八有張鏐《中丞張念山公傳署》。

## 【庚申紀事一卷】

見《山東通志·藝文》。現存：①清嘉慶十三年刻本（《借月山房彙鈔》之一），浙江圖書館藏，《中國叢書綜錄》、《中國科學院圖書館藏中文古籍善本書目》、《鄭堂讀書記》著錄。②清道光三年上海陳氏據《借月山房彙鈔》刻版重編《澤古齋叢鈔》本，中國國家圖書館、南京圖書館等藏，《中國叢書綜錄》、《中國古籍善本書目》著錄。③《叢書集成初編》本，見《中國叢書綜錄》。

《山東通志·藝文》："是書見《明志》。《樂陵志》載潑《述去國始末並時政疏》，略稱'臣丁未進士，筮仕爲令，繼授浙江道御史。庚申入京，適值鼎湖繼痛，移宮一事，頗佐末議，而議論不合者，遂思爲逐臣計，臣之禍實基於此'云云。然則是編所紀，其即移宮之始末歟？"

## 【臆諫草三卷】

見《樂陵詩彙》、《山東通志·藝文》（史部詔令奏議類）。

《山東通志·藝文》："是編見《縣志·藝文》。《縣志》本傳云：'光宗嗣位，潑抗言留中之弊。帝崩，潑與楊漣等力爭選侍不宜居乾清宮，閣臣方從哲持異議，疏劾之。熹宗沖齡踐祚，潑議禁獻女子，并責大臣以無負先帝遺命。魏閹竊政，潑疏有"便言易入，拔由維艱"等語。其《卜相內外兼用疏》，力破明代成格之拘；又《廷臣和衷疏》、《泰昌改元揭》，皆切時政。張鏐撰《傳略》，以爲爭奸商中鹽及按臣陳九疇議置保赤倉積穀之害，東省咸食其福云。'"

《武定府志·藝文》、乾隆《樂陵縣志》卷七載其《諸臣當和衷疏》、《沖齡保護疏》。乾隆《樂陵縣志》卷七另載其《閣臣內外兼用疏》（光宗時）、《分別錄用疏》、《述去國始末並時政疏》（莊烈帝時）、《議改元揭》等篇。

## 【中丞念山公集不分卷】

現存：明刻明清遞修本（二冊），山東省圖書館藏，《山東省珍貴古籍名錄（第一批）》著錄。

乾隆《樂陵縣志》卷七載其《漢壽亭侯廟碑記》（崇貞甲戌）。《樂陵詩彙》載其《閱〈闕里志〉孔仁玉母張氏感吟》詩一首。

## 【張念山遺稿一卷】

現存：清心一堂鈔本（一冊），山東省圖書館藏。

### ◆ 李汝茂

汝茂，長清人。官即墨教諭。

其詩文集未見著錄。同治《即墨縣志》卷十載其《建邑侯李公祠記》（萬曆三十六年）一篇。

### ◆ 傅朝臣

朝臣號悟庵，武定人。萬曆己酉（三十七年）舉人。官開州同知。《武定府志》本傳云："學宗姚江，于二氏家言悉得其要。"

## 【紳言】【邇言】【放言】

見《武定府志》本傳、《惠民縣志》本傳、《山東通志·藝文》（子部雜家類）。

### ◆ 王良相

良相字篤貞，號理白，濟陽人。萬曆己酉（三十七年）舉人。初任畿南靜海縣，調繁東光。遷西安郡丞，改授河間司馬，晉大理寺左評事，轉左寺副，加卿銜。奉命查江浙軍餉，巡兩淮鹽政，旋以終養歸。後以城陷，家罹慘毒，驚痛成疾而終。《濟南府志》卷五十一、民國《濟陽縣志》卷十一有傳。《濟陽縣志》卷十七有邢其諫《少廷尉王公墓誌銘》，卷十八有李元直《少廷尉王公傳》。

其詩文集未見著錄。民國《濟陽縣志·藝文》載其《聞韶鎮改創土地祠記》一文，《登聞韶臺》詩。

### ◆ 劉三顧

三顧字泰徵，海豐人。萬曆己酉（三十七年）舉人。歷官潼關道副使，改監軍道。崇禎己卯家居殉難。

## 【茹淡齋魯遊草】

見《山東通志·藝文》、《無棣縣志》本傳。

## 【幽亭詩】

見《山東通志·藝文》、《無棣縣志》本傳。

《山東通志·藝文》引《縣志》本傳云："有《落花詩》三十首，爲大司成中山□公所稱。"

## ◆ 鄭獨復

獨復字樂平，號簡菴，新城人。萬曆己酉（三十七年）舉人。歷官山西監軍道按察使司僉事，以憂歸，殉崇禎壬午之難。《濟南府志》卷五十一、《重修新城縣志》卷十四有傳。

### 【四書述】

《重修新城縣志·藝文》據張象津《新城後志稿》著錄。

### 【新城舊事】

見《濟南府志·經籍》、《山東通志·藝文》（史部地理類）。

《山東通志·藝文》：“《縣志》本傳云：‘著《新城舊事》若干卷，邑之文獻徵焉。’按：《縣志叢談》引此書，凡十餘條。嘉慶《壽光志·凡例》云：‘鄭簡菴《新城舊事·自序》云：異時重編，應有一百三十五卷。漁洋亟取其言。’”

### 【林間錄】【鐃菴說】【剩夫于說】【田主賑佃戶議】【淨土隨筆】

《重修新城縣志·藝文》據張象津《新城後志稿》著錄。

### 【淨土百詠】

《重修新城縣志·藝文》據張象津《新城後志稿》著錄。

《重修新城縣志》卷六載其《重修孝婦河新橋頌》（明萬曆四十年）。

## ◆ 馬泰伸

泰伸，商河人。萬曆己酉（三十七年）舉人。官知州。其詩集未見著錄。《重修商河縣志·藝文》載其《王道源百歲坊》詩一首。

## ◆ 趙思睿

思睿字作之，霑化人。萬曆己酉（三十七年）歲貢。歷官平谷知縣。光緒《霑化縣志》卷七有傳。

### 【河洛圖解】【易繫主意】

見《武定府志》、《山東通志·藝文》（經部易類）。

### 【思訓內外篇】

見《武定府志》、《山東通志·藝文》（子部儒家類）。

### 【跏化文集】

《武定府志·藝文》載艾南英《跋趙平谷跏化文集後》云：“此平谷令趙逸人先生卒後，其子際昌求言于當代名人，彙而成書也。跏坐之說，考之聖經，即夷俟之別名，在後世傳記中，號爲箕踞，吾儒所斥爲非禮，而佛氏之徒更以此相矜，死而未已。然予考先生生平，以持身範俗，以正己訓弟子，以循良撫柔百姓，且當兵弋騷擾時，能詰戎佐政，致於臨終，而精神不亂。此學問使然，豈必借釋氏之說爲先生誇飾？且先生卒時，太夫人尚在堂，不敢南面而西向，示爲人子不以父道自居，禮也。不幸而箕坐，由血氣將盡，偶軼於禮法耳。今學者動言西方，西方即有佛，豈能加吾羲農、黃帝、堯舜、禹湯、文武、周公、孔孟之道。先生何所慕，而以臨終志之？夫先生生齊魯文學之邦，其於曾子易簀、子路結纓正冠而死，凡古聖賢之所以自持於危亂之際者，以是律身久矣。臨終不亂，禮有固然，本無足怪。若以西向爲西域，跏坐爲跏趺，則先生之志荒矣。西向箕坐，當以吾言求之。然以是言跋諸公詩文之後，蓋亦曲終而奏雅也夫。”

## ◆ 葛如麟

如麟字子仁，德平人，昕子。萬曆庚戌（三十八年）進士。歷官陝西按察使。《濟南府志》卷五十二、《德平縣志》卷七有傳。《栖雲閣文集》卷十三有《陝西按察司按察使子仁葛公墓誌銘》。

### 【葛符卿公行錄】

葛周玉《般上舊聞》卷三“先世著述”條有是書，云：已經付梓，書存而板失。按：符卿公，如麟之父，名昕。

### 【葛符卿公年譜一卷】

《般上舊聞》卷三“先世著述”條有是書，云：“萬曆三十五年丁未梓，板缺。”《德平縣續志·著作》載是編云：“板雖存，亦不全。”

## 【德平文獻考四卷】

葛周玉《般上舊聞》卷三"先世著述"條有是書，云："未梓而書亡。"

## 【葛端肅公族譜二十四卷】

《般上舊聞》卷三"先世著述"條有是書，云："書存，未梓。"

## 【拙宦自狀六卷】

《山東通志·藝文》（史部傳記類）據《縣志》著錄。《德平縣志》本傳（葛引生附傳）謂有是書藏於家。葛周玉《般上舊聞》卷三"先世著述"條有是書，云："未梓而書亡。"

## 【帝王歌】

《山東通志·藝文》（史部史鈔類）據《縣志》著錄。《德平縣志》本傳（葛引生附傳）云有是書行世。葛周玉《般上舊聞》卷三"先世著述"條作《歷代帝王歌》一卷，云："已梓而書不存。"

## 【祀典管見】

見《德平縣志》本傳（葛引生附傳）、《山東通志·藝文》（史部職官類）。

## 【痘疹書】

見《德平縣志》本傳（葛引生附傳）、《山東通志·藝文》（子部醫家類）。葛周玉《般上舊聞》卷三"先世著述"條作《痘書》一卷《痘疹括》一卷，云："已梓而書不存。"

## 【小兒語】

見《德平縣志》本傳（葛引生附傳）、《山東通志·藝文》（子部雜家類）。葛周玉《般上舊聞》卷三"先世著述"條云："已梓而書不存。"

## 【篤惠堂稿十卷】

見《德平縣志》本傳（葛引生附傳）、《山東通志·藝文》。

## 【葛憲使公集四卷】

現存：清嘉慶八年樹滋堂刻本，中國國家圖書館、南開大學圖書館等藏，《清人別集總目》、《清人詩文集總目提要》著錄。

葛周玉《般上舊聞》卷三"先世著述"條云："憲使公集原名《篤惠堂稿》，計六卷，久佚。予復網羅散失，合《祀典管見》及《丁丑吟》，編爲四卷，名《葛憲使公集》，未梓。"

《德平縣續志·著作》"葛憲使公篤惠堂稿"條云："六卷，未梓行，久散失矣。公玄孫逈復爲搜輯。葛周玉先生更得公文數篇增入，並讐校作序，釐爲四卷，題移《葛憲使公集》，以淄川高少司寇所作公誌銘附後，已梓。"

《武定府志·藝文》、《重修商河縣志·藝文》載其《湖廣布政司右參政十城王公墓誌銘》（王琨，商河人）。《德平縣志》卷十一載其《蘇邑侯城守三善說》、《金侯生祠碑記》文二篇。

《葛憲使公集》四卷　清嘉慶八年樹滋堂刻本

## 【葛如麟文集不分卷】

現存：明崇禎間手稿本（一冊），臺灣"國家圖書館"藏，《國家圖書館善本書志初稿》著錄。卷端首行即正文始，原稿前三葉已殘損。全書內容共九篇，首篇題目已不可辨，次有德平縣扈令君重修外城碑、蘇德平城守三善說、光祿葛君傳、葛氏雙節傳、明翰林院簡詩鳳池葛公墓表、明故德平縣學生震庭葛君墓誌銘、明故縣學生芝庭葛君墓誌銘。又《丁丑吟》，篇幅七葉，篇題後二行題"平昌葛如麟子仁甫艸，雁門門人李升吉較輯"。

## 【丁丑吟】

見《德平縣志》本傳（葛引生附傳）、《山東通志·藝文》。現存：明崇禎間手稿本（《葛如麟文集》附），臺灣"國家圖書館"藏，《國家圖書館善本書志初稿》著錄。詳見上條。

## ◆ 譚性教

性教字生伯，號笠石，萊蕪人。萬曆庚戌（三十八年）進士。歷官陝西按察司副使、寧夏兵備道兼攝學政。民國《萊蕪縣志》卷十七有傳。

## 【金陵譜遊】

張梅亭《萊蕪縣志·藝文》云："是書爲官南京吏部時所作。其自誌銘云：'六載南銓，備極閑適。勝友如雲，江山如畫。日偕二三知己，眺名園，探幽剎，碁酒其中，譜雲煙而課花鳥。'其勝游之紀，可想見已。"

## 【留襄讞語】

見張梅亭《萊蕪縣志·藝文》。

## 【黃雪山集十二卷】

《山東通志·藝文》："其集《山左明詩鈔》作《黃雪山遺稿》，《徵選山左明詩啟》作《黃雪山人集》，《府志》作《黃雪山房集》，俱不載卷數。茲依舊《通志》標題。"按：光緒《萊蕪縣志》（稿本）本傳作《黃雪山房詩文集》十二卷。宣統《萊蕪縣志·藝文》作《黃雪山房集》，云："《通志》、《府志》稱其集十二卷。《譚氏族譜》亦云十二卷。而詩文多寡，其卷數無從攷稽，詢之譚氏，則云古文九巨秩，是詩止三卷矣。今所見者，惟古文二卷，古近體詩二卷。世所傳誦者，古文如《周先生去思碑》，古體詩如《仙人谷》等篇，皆不在其內，蓋散佚久矣。"

《山左明詩鈔》卷二十七載其詩八首。光緒《萊蕪縣志·藝文》錄其文《聊且園續集序》、《賀李相虞魁秋闈敘》、《龍峽石詠序》、《王孝婦碑文》、《周先生去思碑》、《東關白衣大士閣記》文六篇，《鷹窠崖》等詩十五首。

## ◆ 譚孔教

孔教字幼淑，萊蕪人，性教弟。貢生。民國《萊蕪縣志》卷二十有傳。

## 【南遊日記】

見民國《萊蕪縣志·藝文》。

## 【譚氏宗譜】

萊蕪譚氏始祖名來住，明洪武三年遷自萊陽，定居譚家樓村，至孔教已爲六世。是譜創修於崇禎十五年。孔教《序》略云："先君子間然以譜爲念，詢故老，訪藏獲，於始祖外家張氏處得洪武下戶一貼，珍如拱璧，力謀纂修，以過於謹慎逡巡。及余兄弟稍稍知學，六兄領癸卯科鄉薦，父快曰：'譜事在兒曹矣。'……（六兄性教）以庚戌成進士，馳軀王事，遂無暇及此。……孔教年邁半百，其耳受於父之口，目受於兄之筆者，猶可仿佛一二，倘再不纂修，後世愈無徵信，湮祖德而毀先志，罪不益重乎！謹爲援則鳩聞，遠稽近考，粗成此帙，以傳示子孫。"此譜未刻。後迭有續修，分刻於清嘉慶五年、同治十年、光緒二十八年。

## 【陶菴詩稿】

見民國《萊蕪縣志·藝文》。

## ◆ 何顯宗

顯宗，德州人。萬曆庚戌（三十八年）進士。歷官工部員外郎。

其詩文集未見著錄。《德縣志》卷十五載其《陳情疏》一篇。

## 【麟陽隨筆】

見馬燾《德州鄉土誌》。

## ◆ 王建泰

建泰字聖咨，號枕崖，陽信人。萬曆癸卯（三十一年）舉人，庚戌（三十八年）進士。歷官河南按察副使。

其文集未見著錄。民國《商河縣志·藝文》載其《道源王公百歲坊記》文一篇。

## 【岵瞻草】

見《山東通志·藝文》（集部別集類）。《續修四庫全書總目提要（稿本）》著錄清抄本（不分卷）。

《山東通志·藝文》："是編見《府志》。《縣志·藝文》載其《自序》略云：'予自童時即爲八股所埋沒，殊不解爲詩。辛亥夏除渝州，李家君以王母耋年，且驚心遠道，留侍里中，勉不肖奉阿母同行。父母各天，嚴慈分袂，兼之地經秦洛，時歷秋冬，顧桃嶺而依回，望棧雲而躑躅，猥成唫詠，稍抒愁懷，寄來誌之孤悰，託風人之微致，固不論其法之合與不合也。至於山水之盛，景物之奇，名流之蹟，雖喉間躍躍欲吐，固非枯腸禿筆之所能寫其萬一云爾。'"

《續修四庫全書總目提要（稿本）》略云："是編計詩百餘首，乃建泰官渝州赴任時途中所撰。大半思家懷親之辭，不依派別，而簡淡自足；又不慕古人，而自然高雅。且建泰涵養深醇，故詩尤多敦厚之致；篇什雖無多，亦頗有詩人風格也。"

《武定明詩鈔》收其《懷山吟》一首。

### ◆ 王象春

象春字季木，新城人。萬曆庚戌（三十八年）進士。歷官南京考功郎中。《濟南府志·補遺》（卷七十二）、《重修新城縣志》卷十四有傳。

其文集未見著錄。《武定府志·藝文》載其《武定州刺史張公去思碑》。《重修商河縣志·藝文》載其《明廣德州學正心田王公暨配趙孺人田孺人合葬墓誌銘》（王埏字化周，號心田）。《重修新城縣志》卷二載其《北湖遊記》、《北湖遊別記》二篇。

### 【新城縣志十四卷】

王象春原纂，孔胤奇續修。現存：清鈔本（據明崇禎八年本鈔），中國國家圖書館藏。缺卷一至卷五，存典禮志、官師志、選舉志、人物志、恩卹志、綸音志、綜織志、藝文志八門，凡十卷。後附王象晉《舊序》。是志繼天啓《志》而作，其中卷十綸音志、卷十一綜織志，可補天啓《志》鈔本之缺失。

胤奇，浙江仁和人，崇禎七年任新城知縣。

### 【地理俯察備要不分卷】

《重修新城縣志·藝文》據本書著錄。

### 【問山亭集】

見《山左明詩鈔》、《濟南府志·經籍》、《山

東通志·藝文》（四卷）、《重修新城縣志·藝文》（十二卷）。現存：①明萬曆刻本（作《問山亭詩》十卷），山東省圖書館藏，《山東省珍貴古籍名錄（第一批）》著錄。②清康熙樹音堂鈔本（作《問山亭詩》十八卷，佚名跋），山東省圖書館藏；《山東文獻集成》影印。

《山東通志·藝文》："是集載《傳是樓書目》。《居易錄》云：'十七從叔祖季木以詩名萬曆間，與文光祿天瑞翔鳳齊名。牧齋論之曰："季木如西域婆羅門教，邪師外道，自有門庭，終難飯依正法。"此雖戲論，其言自確然。今所傳《問山亭》前、後集，汰其蕪雜，擷其菁英，可傳者尚可什之二三也。少時詩如"故人江漢絕，疏雨戶庭過"之句，不減大復、蘇門。'"

《山左明詩鈔》卷三十一載其詩三十三首，其中《得于鱗湖邊舊舍居之》以上二十一首錄自《問山亭集》，以下至《山居》十二首錄自《齊音》。《重修新城縣志》卷二載其《遊錦秋湖》（三首）、《偕汪麟陽林尚木泛湖》；卷三載其《桓公戲馬臺》一首。

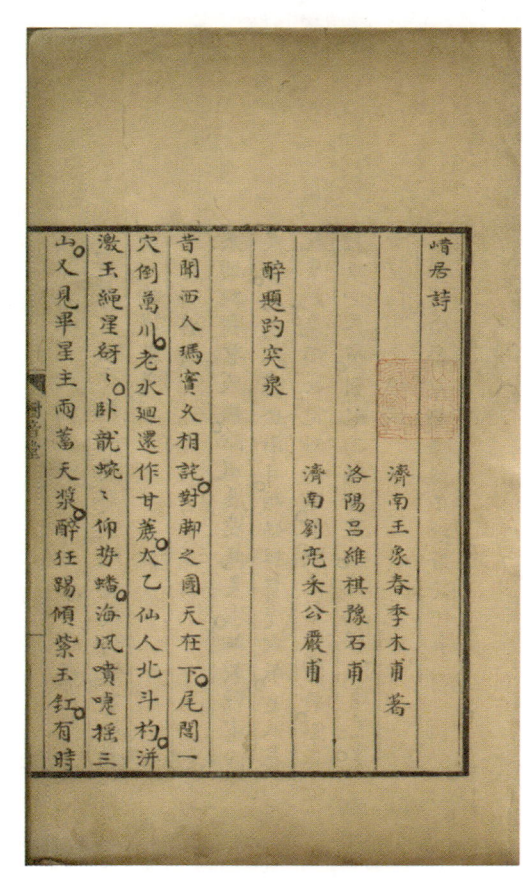

《問山亭詩》十八卷　山東省圖書館藏清康熙樹音堂鈔本

## 【問山亭主人遺詩正集一卷續集一卷】

清王士驥輯。現存：清鈔本（清王祖昌跋），山東省圖書館藏，《中國古籍善本書目》、《山東文獻書目》著錄。

## 【問山亭主人遺詩一卷續一卷補一卷】

清王士驥、王士禛輯。現存：清三十六硯齋鈔本，浙江大學圖書館藏，《中國古籍善本書目》著錄。

## 【問山亭詩拾遺一卷】

清王祖昌輯。現存：清鈔本，山東省圖書館藏；《山東文獻集成》影印。

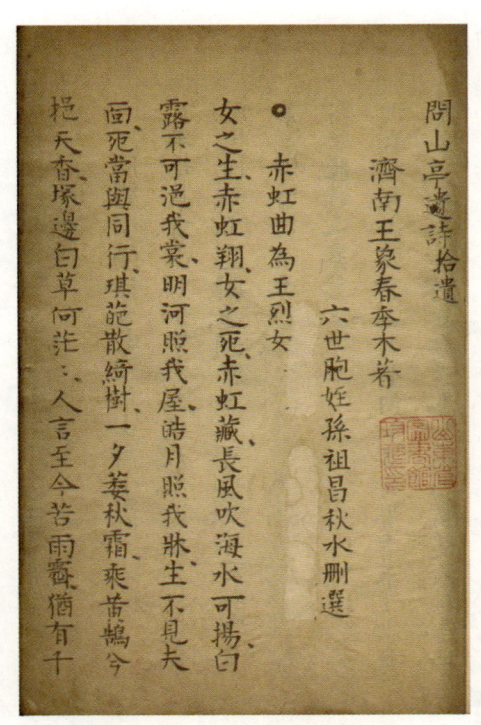

《問山亭詩拾遺》一卷　山東省圖書館藏清鈔本

## 【王季木問山亭詩集選一卷】

現存：明抄本（與《辛亥草》二卷《癸丑草》一卷《壬子草》一卷《甲寅草》一卷合鈔，共四冊，清王士禛批点刪定），中國國家圖書館藏。

## 【辛亥草二卷】【癸丑草一卷】【壬子草一卷】【甲寅草一卷】

現存：明抄本（《王季木問山亭詩集選》附），

中國國家圖書館藏。《山東通志‧藝文》有《甲寅草》，附著於《問山亭集》條內。

## 【齊音一卷】

見《山左明詩鈔》（無卷數）、《濟南府志‧經籍》（無卷數）、《山東通志‧藝文》（附《問山亭集》條內）、《重修新城縣志‧藝文》（無卷數）。現存：清鈔本（《問山亭主人遺詩》附），山東省博物館藏，《中國古籍善本書目》、《山東文獻書目》著錄。

《山東通志‧藝文》："葉承宗《歷城志》載象春《齊音序》略云：'歲乙卯、丙辰，亂作，就濟上而居焉。往來問繹，有感輒書，大抵皆悽惋蕭騷之致。而其聲發則一歸於廉直，無肉好也。'問山亭在百花洲上，即李攀龍白雪樓。"

《山左明詩鈔》卷三十一載象春詩三十三首，其中自《得于鱗湖邊舊舍居之》以下十二首選自《齊音》。

## 【濟南百詠一卷】

乃自《齊音》中摘出詠濟南者而成此編。現存：①清鈔本（一冊，無格，鶴儕氏題記），山東省圖書館藏。前有象春自序及萬曆四十四年張延登《序》，後有王象需《序》。②清吳吉宜鈔本（一冊，紅行格，鶴儕氏題記），山東省圖書館藏。

## 【崶湖集】

見《重修新城縣志‧藝文》。

## 【讀李詩評】

見《山東通志‧藝文》（與《問山亭集》並入集部別集類）。《分甘餘話》、《濟南府志‧經籍》、《重修新城縣志‧藝文》作《李杜詩評》。按：此書宜入詩文評類。

### ◆ 張夢鯨

夢鯨字仲鱗，齊東人。萬曆庚戌（三十八年）進士。授大理寺評事，歷官延綏巡撫。以勞病卒，贈兵部左侍郎。《濟南府志》卷五十一、《齊東縣志》卷五有傳。民國《齊東縣志》卷六有《延綏巡撫張夢鯨墓碑》（不著撰人）並附《御製碑文》、《御製祭文》，范允臨《大中丞張公志》。

其文集未見著錄。民國《齊東縣志》卷六載其《重修齊東縣志跋》一篇。

### ◆ 張　鯉

鯉字禹門，一字翼若，號翔溟，平陰人。萬曆庚戌（三十八年）進士。官江西道御史，以劾奄削籍。崇禎初起太僕寺少卿，未赴卒。光緒《平陰縣志》卷四有傳。

【西臺奏議】

見康熙《平陰縣志·古今著述目錄》（注云"今逸"）、光緒《平陰縣志·著述》（注云"逸"）、《平陰縣鄉土志》、《山東通志·藝文》（據《泰安府志》，入史部詔令奏議類）。

### ◆ 史高蔭

高蔭字夢爪，號錫庭，樂陵人，邦直長子。萬曆癸卯（三十一年）舉人，己未（四十七年）進士。歷官陝西提學道。

其詩文集未見著錄。《樂陵詩彙》載其《王氏西園泉石樓成》詩一首。

### ◆ 史高先

高先字夢斗，號紹庭，樂陵人，邦直次子。萬曆己酉、庚戌（三十八年）聯捷進士。歷官貴州提學道。

其詩文集未見著錄。《樂陵詩彙》載其《和李少峯辭祿歸養》詩一首。

### ◆ 田實栗

實栗，德州人。生員。以孫雯官贈資政大夫。

【歷代名賢語錄】

見《德縣志·邑人著作》。

### ◆ 高所蘊

所蘊字爾施，號宏室，淄川人，舉子。諸生。以子珩贈中憲大夫、宗人府丞。《濟南府志》卷五十有傳。

【隨得錄、續錄】

《山東通志·藝文》（子部雜家類）：《縣志》稱所蘊"與方外之士參叩玄意，詮有所會輒筆之，有《隨得錄》、《續錄》等書，深入二氏之室。"

【無生詮一卷】

《山東通志·藝文》（子部道家類）據舊《通志》著錄。

【長生訣一卷】

《山東通志·藝文》（子部釋家類）據舊《通志》著錄。

### ◆ 孫士奇

士奇字平甫，號明徵，性嗜石，又號石癖居士，萊蕪人。民國《萊蕪縣志》卷十八有傳。民國《續修萊蕪縣志·藝文·選著》有亓詩教《石癖居士傳》、譚性教《孫平甫墓誌銘》。

【石癖詩集】

民國《萊蕪縣志·藝文》載是集云："譚性教、亓詩教皆有《序》。譚《序》略云：'石癖居士華芬流舌，魂礧撐腹，雄長文社者幾二十年，生平交予兄弟最久。平日一種秀爽豪宕之致，半在談鋒，半在筆穎。筆之見於行卷者十七，詩賦古文辭者十三。此又散佚之僅存者耳。每手其詩，於松下讀之，語逗煙雲，氣激風雨。孫生標韻，颯然其未遠也。'"《縣志》本傳云："與同邑譚生伯、亓靜初相友善，唱和無虛日。爲詩不假思索，興之所至，頃刻數百言，一揮而就。其詩如高山鼓琴，沈思獨往；又如林濤忽湧，石棱盡露。徐昌穀、高子業之匹亞也。"

### ◆ 李九官

九官字相虞，號雍時，萊蕪人。萬曆三十九年進士。歷官浙江監察御史。民國《萊蕪縣志》卷十七有傳。

【聊且園集】【聊且園續集】

民國《萊蕪縣志·藝文》載其集，云："園在東郭門外，取《詩》'椒聊且'之語以名之，而因以名其集焉。有初集、續集。"本傳云："少從譚性教游，以古文相切劘，有'譚李'之目。性教亟稱之，謂其將以偉幹直節顯於天下。學問文章亦自成一家，時人未之識也。"

### ◆ 胡天賜

天賜字思源，武定人。萬曆壬子（四十年）舉人。

歷官高郵知州，終襄陽郡丞。

## 【劍俠集】

見《武定府志》、《山東通志·藝文》（集部別集類）。

## ◆ 呂恂

恂字信吾，德州衛人。萬曆壬子（四十年）舉人。《濟南府志》卷五十二有傳。

## 【春秋大義一卷】

《山東通志·藝文》（經部春秋類）據舊《通志》著錄。《德州志·州人所著書目》無卷數，云未見。

## 【四書蒙引】

見《德州志·州人所著書目》、《濟南府志》本傳。

## ◆ 徐日升

日升字孟明，一字海曙，長山人。萬曆壬子（四十年）解元。除泰州知州，擢戶部員外郎，遷郎中，出為通州道僉事，尋罷歸。其為文削盡浮靡，獨標理解，與新城王康宇為道義交。尤工草、隸，與米萬鍾、邢侗齊名。年八十卒於家。《濟南府志》卷五十、《長山縣志》卷七有傳。

## 【卷石草堂文集】

見《長山縣志》本傳、《山東通志·藝文》。

## ◆ 趙際昌

際昌號夢日，霑化人，思睿子。萬曆壬子（四十年）舉人。生平淹貫經史，老而勤學。遠應吳門復社，所交皆一時名流。光緒《霑化縣志》卷七有傳。

## 【易解】

見光緒《霑化縣志》本傳、民國《霑化縣志·著書目錄》及本傳。

## ◆ 賈三策

三策字昌言，霑化人。萬曆庚子（二十八年）舉人，癸丑（四十一年）進士。授廣平知縣，萬曆四十三年任成安知縣，擢貴州道御史，以病告歸。光緒《霑化縣志》卷七有傳。

其詩文集未見著錄。《武定府志·藝文》、《霑化縣志·藝文》載其《山東旱蝗疏》（天啟元年）一篇。

## 【成安縣志五卷】

現存：明萬曆刻本，見《中國地方志總目提要》。

## ◆ 方守地

守地，歷城人。萬曆癸丑（四十一年）進士。歷官商城知縣、兵部主事、四川布政司參政。

## 【大祭集】

見《歷城縣志·藝文考》（據採訪）、《山東通志·藝文》。

## ◆ 劉鴻訓

鴻訓字默承，號青岳，長山人，一相子。萬曆癸丑（四十一年）進士。歷官太子太保、禮部尚書、文淵閣大學士。《濟南府志》卷五十、《長山縣志》卷七有傳。《長山縣志》卷十四有倪元璐《原任大學士青岳劉公傳》。

## 【困學紀聞鈔】

見《濟南府志·經籍》、《山東通志·藝文》（子部雜家類）。現存：清順治八年序刻本（二卷：經史兩集，其子劉孔中評選，祥符周亮工參訂），北京大學圖書館、東北師範大學圖書館等藏，《中國科學院圖書館藏中文古籍善本書目》、《東北地區古籍綫裝書聯合目錄》、《販書偶記續編》著錄。

## 【玉海纂二十二卷】

見《濟南府志·經籍》、《山東通志·藝文》（子部類書類）。現存：①清順治四年金閶王允明刻本，首都師範大學圖書館、遼寧省圖書館等藏，《四庫存目標注》著錄；《四庫全書存目叢書》影印。題"浚儀王應麟伯厚甫輯；長山劉鴻訓青岳甫纂，弟鴻采松皐甫、男孔中藥生甫編次；吳州後學鄧漢儀孝威甫、陸舜玄升甫較閱。"前有龔鼎孳、鄧漢儀、陸舜《序》及《玉海》舊序。後有丁亥（順治四年）劉孔中《跋》。②清光緒五年八杉齋刻本，南京圖書館、北京師範大學圖書館藏，《四庫存目標注》著錄。

《山東通志·藝文》引《四庫存目提要》曰："是編以王應麟《玉海》卷帙浩繁，因節錄其要語，部分悉依原目，惟全刪其'詞學指南'一類。'詞學指南'專爲當時詞科而設，刪之亦可。至其全書，正以典核詳贍爲長，鴻訓刪存十之一二，遂變爲記誦剽竊之本，非著書之初指矣。"

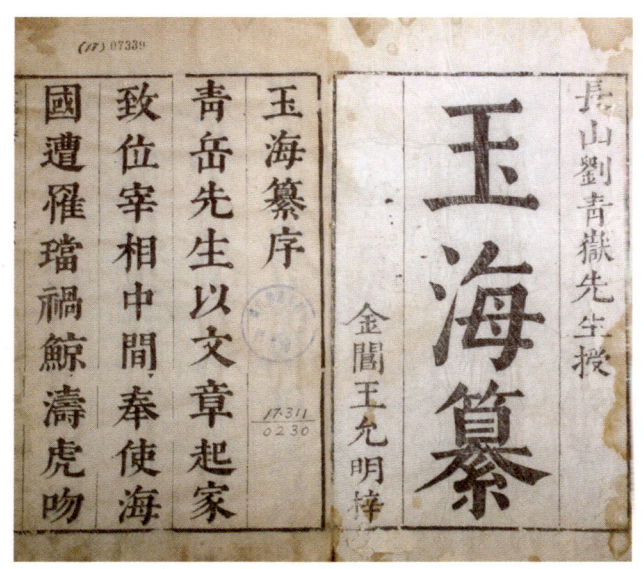

《玉海纂》二十二卷　清順治四年金闔王允明刻本

## 【四素山房集二十卷】

見《山左明詩鈔》（無卷數）、《濟南府志·經籍》（無卷數）、《山東通志·藝文》。現存：①明崇禎十三年劉孔中刻清修本（作《四素山房集》十九卷《皇華集》一卷），山東省圖書館、青島市圖書館、山東省博物館藏，《山東省珍貴古籍名錄（第一批）》著錄。②明崇禎十六年刻清雍正間印本，臺灣"國家圖書館"藏，《國家圖書館善本書志初稿》著錄。

《山東通志·藝文》："是集有家刊本，凡詩一卷，文十八卷，末一卷爲《皇華集》。<small>按：集中詩文皆天啟辛酉奉使朝鮮時作，故別爲一編。</small>章世純《序》略云：'夫救焚者無善呼，拯溺者無雅步。今世獨以一節之事相求矣，而先生猶是爲包舉之辭；世徒以迫切之業相索矣，而先生猶是爲根本之云。如足兵饟、立紀綱、通壅閉等論，皆粹然王道蕩平之旨。不爲時之多艱，急在事而緩在道，而即相狗爲偏事之言。不爲緩治本而急治標，而即相狗爲末流之論。其隨事立言者亦有之，如

誥勅、書啟之類。然言即偏而道皆全，說即處末而理自處本，與其大建白不復有異。其文章亦復宏人之致，無奇異之辭、過傲之論。'據本書。又《山左明詩鈔》載其子孔和《庚辰先相國文集成感賦》一首，其《序》略云：'先相國詩文直披素心，不襲秦漢唐宋之迹。百敗而一戰勝垓，唾手而十行如縒。探奇箕子之墟，濯魄文殊之境。窮達齊致，哀樂不傷。蓋嘗自號四素主人，聊以明自得云爾。'"

《山左明詩鈔》卷二十八載其詩八首。《長山縣志·藝文》載其《李長白先生文集序》、《重修縣城并建奎光樓記》（代父一相作）、《院山重修碧霞元君宮碑記》、《摩訶頂看雲記》、《呂處士傳》等文，《渡濟陽水東望長白》等詩。

## 【皇華集十三卷】

見《濟南府志·經籍》（無卷數）、《山東通志·藝文》。現存：明天啟間朝鮮刻本，山東省博物館藏，《中國古籍善本書目》著錄。

《長山縣志》卷十二載朝鮮柳根《皇華集序》及劉孔中《跋》。

## ◆ 史永安

永安字靜之，號磐石，武定人，遷長山。萬曆癸丑（四十一年）進士。由庶吉士歷官兵部侍郎。贈本部尚書。《濟南府志》卷五十、《長山縣志》卷七有傳。

## 【西臺疏稿】【按黔疏稿】【撫朔疏稿】【督秦疏稿】

見《濟南府志·經籍》、《山東通志·藝文》（史部詔令奏議類）。

## 【翠飛巖集】

見《濟南府志·經籍》、《山東通志·藝文》（據《縣志》）。

李姓麟輯《武定四賢集》嘗收錄其詩。《武定府志·藝文》載其《瀛洲賦》一篇。《長山縣志》卷十五載其《歃血歌並引》（在貴州作，二篇錄一）。

## 【南遊草】

見《山左明詩鈔》、《濟南府志·經籍》、《山東通志·藝文》。

《續修四庫全書總目提要（稿本）》著錄史氏家抄本（不分卷），提要云：“是編計詩八十三首，亦其同邑李衍孫所搜輯者。永安巡按貴州時，值土司安邦彥煽亂，圍貴陽。永安集兵固守，自夏徂秋，城中食盡，飲血誓衆，而城獲全。官侍郎時，乞休歸，卜居長白山。其所為詩，雅以醇，閎而不肆，合宋元來作者之長，仍無庾漢魏六朝三唐之軌。如集中《守貴陽》云：‘仗劍山塘士馬孤，手揮矢石下征襦。可憐草木根株盡，更苦巢窠亂雀無。萬里天高心自靖，四山望斷眼空枯。秉來節鉞為臣子，忍把封疆付豕狐。’又如《桃源洞遇雨》云：‘一徑縈迴綠樹隈，澄江隱岫隔塵埃。道人半著青泥屐，說向桃源洞口來。’等篇，讀之頗有激昂慷慨之致。而其《歃血歌》壹篇，尤令人鼓舞云。”

《山左明詩鈔》卷二十七載其《天空山》、《李中丞茂嶼邀飲薛家樓》、《出沅州》、《桃源洞遇雨》、《桃源舟中》二首，共六首。《武定明詩鈔》收其《守貴陽》、《圍城秋興》、《寧陽道中桂兒來迓乍見恍如易世賦此志之》等詩。

## 【長川詩】

見《濟南府志·經籍》、《山東通志·藝文》（據《縣志》）。

## 【館閣試草】

見《山東通志·藝文》（據《縣志》）。

### ◆ 畢自寅

自寅字畏甫，號旭陽，淄川人，自嚴弟。萬曆乙卯（四十三年）舉人。授吳橋知縣，歷南戶部廣東司主事。《濟南府志》卷五十有傳。

## 【留計東歸贈言八卷】

現存：明崇禎間刻本，中國科學院國家科學圖書館藏，《中國古籍總目》著錄。

## 【選石齋詩】【志隱集】

見《淄川縣志》本傳、《濟南府志·經籍》、《山東通志·藝文》。

《淄川縣志·藝文》載其《清明同友人遊虎頭石》詩一首。

## 【拱玉園集】

見《濟南府志·經籍》、《山東通志·藝文》（集部總集類）。

《山東通志·藝文》：“《縣志·選舉》云：‘自寅搆拱玉園，日嘯飲其中，刻有《拱玉園集》，載名公贈篇數百首。’”

### ◆ 畢自肅

自肅字範九，號沖陽，淄川人，自嚴弟。萬曆癸卯（三十一年）舉人，丙辰（四十四年）進士。歷官都察院右僉都御史，巡撫關寧。《濟南府志》卷五十有傳。

## 【遼東疏稿四卷】

現存：清抄本，大連圖書館藏，《大連圖書館藏古籍書目（善）》、《中國古籍善本書目》著錄。《續修四庫全書總目提要（稿本）》著錄舊鈔本四卷。《濟南府志·經籍》及本傳作《撫遼荼語》。

《濟南府志》本傳云：“既持節封肅藩復命，以邊望升寧前道參議。單車就道，毅然任事。至則秋雨連綿，五城俱圮。竭蹶版築，不兩月雉堞屹然。晉憲副。時遣三內監出鎮關寧，氣燄薰灼，抗不為屈。丁卯以寧錦功加太僕寺少卿，戊辰升都察院右僉都御史，巡撫關寧。上方略九事，大稱上旨。經營布置，思為封疆久遠之計，築城，儲需，市馬，繕塞。而司計者以雲中告警，乃急西而緩東。抗疏八九上，請馬價、器械、撫賞、月餉，無一應者。缺餉至四五月，川湖一營素輕躁，乃脫巾起，蓋七月二十五日事也。自肅素性既剛，不勝憤激，叱亂卒無一異憪語。卒搜臥內，囊空如洗，始大悔悟，四日乃就伍。自肅恚憤不食，猶口占上疏，移鎮中右，後十三日而歿。兄自嚴三疏申理，陳兵變因缺餉，乞納職贖罪，求復原官。不得請，乃輯撫遼疏草為一集，曰《撫遼荼語》，以志苦云。”

### ◆ 王琨

琨字友玉，號十城，商河人。萬曆丙辰（四十四年）進士。歷官湖廣參政，鎮守襄陽江防道。《武定府志·藝文》、《重修商河縣志·藝文》有德平萬如麟《湖廣布政司右參政十城王公墓誌銘》。

其文集未見著錄。《重修商河縣志·藝文》載其《明岢嵐州知州瞿公墓表》。

## 【循職言略】

《山東通志·藝文》（史部職官類）據《縣志》著錄。《重修商河縣志·藝文》作《循職略言》。

## 【遊草十刻】

《山東通志·藝文》：是編見《縣志》。《山左明詩鈔》云："有《林下吟》、《南遊草》。"度即《十刻》中之二種。《縣志·藝文》載傅振商《南遊草序》略云："其憂時憫俗，寄興深至，匠意深沈，取裁韶秀，如秋宇空碧，而雲霞爛漫，寒潭皎潔，而物態澄鮮。繫表之音，言外獨絕，一唱三歎，又如玉笙飄響，春泉漱玉，令人泠然忘倦。蓋凡體盡脫，而清音獨遠矣。"

《山左明詩鈔》卷二十七載其《春園》一首。《重修商河縣志·藝文》載其《濟南湖上》、《八景詩》等詩。

## 【南遊草不分卷】

《續修四庫全書總目提要（稿本）》著錄明刻本，提要云："是集計詩一百八十餘首，為其《遊草十刻》之一種。傅振商序其集，謂'先生生于于麟之鄉，慧識穎絕，丰神獨逸，早伯騷壇，前後與于麟旗鼓相當，然實不模倣其旗鼓營壘。其篇獨悠然抒性靈之懿矩，不作今人面目。'又謂其'獨濬靈源，直窺正始，筆底化工，自然四始五際之奧。有真人品，然後有真性情；有真性情，然後有真風雅。今之矯歷下以鄙俚為率真，以膚淺為虛靈者，豈能窺其涯涘'云云。大抵琨詩多情文互嬗之作。……又按琨詩，《縣志》著錄《遊草十刻》一種，《山左明詩鈔》則有《林下吟》等篇，今皆未見。《林下吟》或亦《遊草十刻》中之一種耶？"

### ◆ 寧光先

光先字忠門，章丘人。萬曆乙卯（四十三年）舉人，丙辰（四十四年）進士。歷官巡按直隸監察御史。《濟南府志》卷四十九有傳。

## 【寧光先奏稿不分卷】

現存：明崇禎抄本，山東省博物館藏，見《第三批國家珍貴古籍名錄圖錄》。所收爲崇禎元年至二年巡察保定等地所上之奏稿。

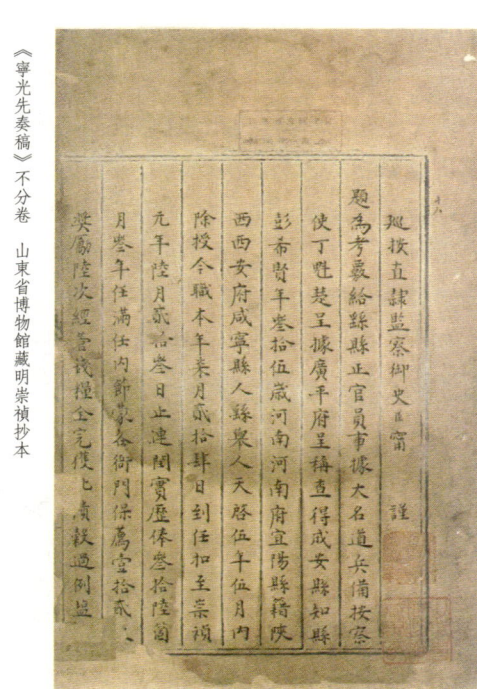

《寧光先奏稿》不分卷 山東省博物館藏明崇禎抄本

《續修四庫全書總目提要（稿本）》著錄明鈔本（作《大明崇禎時代巡按直隸監察御史甯光先奏稿》不分卷），提要云："光先身世未詳。然觀崇禎二年二月二十一疏中有云：'從真定至臣鄉，還京，路不過千有餘里。臣離任後，即繇便道省親。'則光先當為北方人也。按《明史·職官志》，洪武十年，詔遣監察御史巡按州縣。洪熙元年，又定巡按以八月出巡，北直二人，宣大一人。此諸奏疏，乃光先於奉旨巡察時所作之報告也。依各疏中所載之事考之，知其所巡察者為真、順、廣、大四府。北直共八府，其他四府，當由同時出巡之別一人負責巡察也。又按崇禎二年二月二十一日奏疏中有云：'臣到任原在元年六月間，至二年五月間連閏共足一年，方及瓜期。'而二年三月復有疏云：'臣於崇禎元年九月十一日，勅巡撫真定等府監察御史。今命不妨巡按事務。'此與前疏所言就職月日不同。蓋以前為照例出巡之事，迨出京以後，復有新指令也。各疏之中，雖多數為舉劾盤查之事，然亦關係當時軍國要務者。明代滅亡之兆，往往於疏中露其端倪。如崇禎元年九月二十四日疏，有'災黎不堪遼運，召買尤能足餉'之語。又如崇禎二年正月十五日疏，為通查遼左缺餉之因而上，中引以前聖旨有云：'這餉額歲該五百二十餘萬，歲入僅三百九十萬，出浮於入，其何以支？'可以洞悉當時遼事吃緊，財政窮匱，以及民生愁苦之狀。知明室之崩潰，並非偶然。又如元年十月十三日奉聖旨，詳查各邊增餉之故，悉議諸務可行之實。疏中謂：'修屯田之實以抵年例，舉鹽法之利以濟邊餉，嚴逋欠之罰以足邊儲，清虛冒之餉以塞濫費，杜增餉之端以甦太倉，覈外府之入以佐軍需，信必行之法以重考成。'雖為刷新政治之良法，然明事自萬曆、天啟之後，已如朽木，不可為舟。加以帝即位以來，連年災旱，善後無術，以致人心思亂，盜賊蜂起。故嚴覈名實，反足速禍。而帝自即位以後，十七年中，更迭宰相至五十餘人之多。蓋大勢已去，求治過急，不自覺其步驟之紊亂也。又按《明史》裁驛站冗卒之事，實為激起陝西流寇之直接原因。觀崇禎二年正月二十六日疏，即言整理驛站之事。而卒於陝西以此問題激成大變，所謂星星之火，可以燎原者歟？"

道光《章邱縣志·藝文》作《本稿》十四卷《論》二道《表》二道。

### ◆ 王納諫

納諫字虛懷（一作字青蒲），肥城人。萬曆丙辰（四十四年）進士。官雄縣知縣。《肥城縣志》卷九有傳。

按：明代另有江都人王納諫，字聖俞，萬曆丁未（三十五年）進士，著有《會心言》、《初日齋集》等書，見《江南通志·人物志》。《明史·藝文志》於《會心言》、《初日齋集》外，另有《周易翼註》三卷，概亦江都王納諫所撰。《山東通志·藝文》失察，於子部雜家類收錄《會心言》，於集部別集類收錄《初日齋集》，均繫於肥城王納諫名下。

### 【史閣紀年】

見《泰安府志》、《山東通志·藝文》（史部編年類）。《肥城縣志》本傳作《史閣萬年》。

### 【三國策刪選】

見《泰安府志》、《山東通志·藝文》（史部雜史類）。《肥城縣志·藝文》作《三國策刪存》。

### 【疏草】

見《泰安府志》、《山東通志·藝文》（史部詔令奏議類）。

### 【史問】

見《肥城縣志》、《山東通志·藝文》（史部史評類）。

### 【詩稿】

見《肥城縣志·藝文》。

### ◆ 李　衡

衡字虎門，章丘人，開先孫。萬曆戊午（四十六年）舉人。工詩善畫，頗有時名，人稱"小太常"。《濟南府志》卷四十九有傳。

### 【虎門遺詩】

見《山左明詩鈔》、道光《章邱縣志·藝文》。現存：清乾隆二十四年章丘李氏書帶草堂刻本（《閒居集詩選》附，清宋弼選），中共山東省委黨校圖書館、山東省圖書館藏；《山東文獻集成》影印。

康熙《章丘縣志》本傳云："工詩著書，與同邑張光啓交相倡和，山水花木之間，每相來往。後以不得志卒。有墨跡一百二十有九。"《山左明詩鈔》卷三十載其詩十七首。道光《章邱縣志·藝文》載其《雞山晚興》、《春日遊女郎山》、《朝鮮使臣金尚憲過章邱李秀才菊花堂．秀才名瓚．博雅名士》、《春日甯忠門過訪山莊》、《送別甯忠門》等詩。

### ◆ 馬　贊

贊字幼參，陽信人。萬曆戊午（四十六年）舉人。官內黃知縣。

### 【菊淡齋詩】

見《山左明詩鈔》、《山東通志·藝文》。

《山左明詩鈔》卷三十五載其《舟行同蘿月甄甫對奕》一首。

### ◆ 劉宏光

宏光，臨邑人。萬曆己未（四十七年）進士。歷官大理寺左評事、山西道監察御史。《濟南府志》卷五十二有傳。

### 【按晉疏稿】

見《濟南府志·經籍》、《臨邑縣志·藝文上·

著述》、《山東通志·藝文》（史部詔令奏議類）。

## 【平反錄】

宏光任大理寺評事，多平反，著有此書。見《濟南府志·經籍》、《臨邑縣志·藝文上·著述》、《山東通志·藝文》（史部傳記類）。

## 【燕吟】【晉吟】【雲臥齋稿】

見《濟南府志·經籍》、《臨邑縣志·藝文上·著述》、《山東通志·藝文》（集部別集類）。

## 【劉李合刻】

劉宏光、李昌期撰。見《臨邑縣志·藝文上·著述》。

## ◆ 楊夢袞

夢袞字龍光，一字岱宗，青城人。萬曆己未（四十七年）進士。累官工部尚書、太子少保。

## 【青城縣志二卷】

現存：明萬曆四十年刻本，中國國家圖書館藏，《中國善本書提要補編》著錄。

《山東通志·藝文》（作《青城志》無卷數）：“乾隆《青城志》本傳云：‘縣志久缺，公爲諸生時修之。《山東通志》作譚夢袞，誤。’又《凡例》稱其文瞻事該，信良史才。”

按：是志由知縣王儀（湖北漢陽人，萬曆三十八年任）主修，始於萬曆三十九年，次年纂成梓行，爲現存最早青城志書。前有縣圖二幅。卷一沿革、疆域、星野、風俗、城池、縣治、學宮、公署、祭典、街坊、鄉村、戶口、土田、稅糧、河渠、物產、官制、人物，卷二孝義、貞烈、恩賜、武勳、藝文、題詠、災祥、流寓、稗官。

## 【岱宗小稿十六卷】

見《山東通志·藝文》（據《傳是樓書目》）。現存：①明萬曆間刻本（又名《橄欖山房副墨》），臺灣“國家圖書館”藏，《國家圖書館善本書志初稿》著錄。卷端首行題“岱宗小薰卷一”，次行題“濟南楊夢袞龍光著”。前有超凡氏胡尚英撰《橄欖山房副墨序》，長白山人龍光氏自序，次爲內文篇目諸序：

萬曆庚申春眷生陳于堯撰《雙清序》、菊澹齋居士馬贊撰《草玄亭漫語小引》、長白山人龍光氏《十九友傳序》及孔玉璜（貞運）太史札、胡瑤宇（尚英）太史札各二通。正文分：卷一《十九友傳》，其中《金猊貴客》、《嘯月山翁》二傳有目無文；卷二雜著，收《封琉球國王議》、《游山說》等文十五篇；卷三讀史，計七十四條；卷四讀子集，凡讀老子、韓非、左國史漢諸史、離騷、陶詩等共二十三篇；卷五停雲館帖跋，共十二篇；卷六法書跋，三十一篇；卷七名畫跋，三十六篇；卷八同袍約，計二十五條；卷九法語，計七十二條；卷十續婆羅館清言，計一百三十九條；卷十一至十二《草玄亭漫語》，計八十二條；卷十三至十四《清福》，計有煙景十六條、佳節二十五條、勝地二十條、逸人十一條、幽居十六條、寶玩二十一條、芳叢十八條、珍禽三十二條；卷十五《清史》，有清賞、清景等九條，而《清福》、《清史》又合稱爲《雙清集》；卷十六《山居纂》，凡看雲、餐霞等共三十二條。②明天啟刻本，清華大學圖書館、上海圖書館藏，《中國古籍善本書目》、《販書偶記》著錄。③舊抄本（存五卷），山東省博物館藏，《中國古籍善本書目》、《山東文獻書目》著錄。

## 【岱宗藏稿五十卷】

見《山左明詩鈔》、《青城續修縣志》本傳，俱無卷數。現存：①明天啟秣陵廣慶堂刻本（十二冊），清華大學圖書館、天津圖書館、山東省圖書館藏，《中國古籍善本書目》、《山東文獻書目》著錄。②明抄本（有《目錄》二卷），山東省博物館藏，《山東省博物館藏明清民國山左學者著述知見錄》、《山東文獻書目》著錄。③明末抄本（有《補遺》一卷），鄒平市圖書館藏，《中國古籍善本書目》、《山東文獻書目》著錄。

《山左明詩鈔》卷二十五載其詩九首。《武定府志·藝文》載其《劾魏忠賢疏》一篇。

## 【吏隱盟】

見《青城續修縣志》本傳。

## ◆ 王　楫

楫，泰安州人。萬曆己未（四十七年）進士。官戶部主事。

其詩文集未見著錄。《肥城縣志》卷五有其《明天啟六年重修廟學記》碑（有目無文）。

## ◆ 鄘世才

世才字成吾，濟陽人。萬曆間拔貢。歷官蒲州州判、金縣知縣。以終養告歸，閉戶課子弟，不與外事。《濟南府志》卷五十一、民國《濟陽縣志》卷十一有傳。

### 【金邑紀覽】

見《濟南府志·經籍》、《山東通志·藝文》（史部傳記類）、《濟陽縣志·著述篇目》。

《山東通志·藝文》：“《縣志》載是書，并載世才《自序》略云：‘萬曆乙未，轉秦之金邑，地僻事簡。檢行笥中，得雜集二十餘家，置諸座右，當意輒錄。積五六月，得數百條。爲刪繁就簡，分類參評。爰付吏清繕，署其編曰《金邑紀覽》。匪直識不忘，亦藉以自省也。邑素乏文獻，覽止斯，故記亦止斯。雖然，法戒亦略備矣。來者覽之，幸勿以寡聞而過訾云。’”

民國《濟陽縣志·藝文》載其《金邑紀覽序》，末署“萬曆二十四年四月日”。

### 【憂旱適情錄】

見《山東通志·藝文》（史部傳記類）、《濟陽縣志·著述篇目》。

《濟南府志》本傳云：“遷金縣知縣，時大旱，到任即獲甘霖，民傳爲隨車雨。課農桑，修學校，積弊盡革，奸宄斂迹。退食之餘，復著《金邑紀覽》、《憂旱適情》二書。”

### 【訓官總要】

見《濟南府志·經籍》、《山東通志·藝文》（史部職官類）、《濟陽縣志·著述篇目》。

《山東通志·藝文》：“《縣志》載是書云：‘分門別類，援古證今，委曲詳盡，可作居官箴銘。’”

### 【善惡感應錄】

見《山東通志·藝文》（子部雜家類，又子部小說類重出）、《濟陽縣志·著述篇目》。

《山東通志·藝文》：“《縣志》本傳云：‘恐愚俗難悟，著有《善惡果報》一書。’名與《藝文》異，未詳孰是。”

## ◆ 王慶遠

慶遠字宏祉，臨邑人。萬曆間拔貢。歷官綏德知州。

其詩集未見著錄。《臨邑縣志》卷十二載其《孟秋苦雨》、《仲春食榆莢》詩二首。

### 【葩經講意二十卷】

見《濟南府志·經籍》、《臨邑縣志·藝文上·著述》、《山東通志·藝文》（經部詩類）。

## ◆ 呼守默

守默，濟陽人。萬曆間貢生。

### 【怪異新聞】

見《山東通志·藝文》（子部小說類）、民國《濟陽縣志·著述篇目》。

## ◆ 康丕顯

丕顯，陵縣人。萬曆間貢生。

### 【鋤經堂遺文一卷】

見《陵縣志·藝文》。

## ◆ 魯 辛

辛字雲松，濟陽人。萬曆間歲貢。

### 【雲松詩槁】

見《山東通志·藝文》、民國《濟陽縣志·著述篇目》。

《山左明詩鈔》卷二十九載其《暮春》一首。《濟陽縣志·藝文》載其《迎春日陪周師過飲侯將軍新第》、《暮春》、《新河》等詩。

## ◆ 任 光

光字內含，號斗垣，濟陽人。萬曆間歲貢。歷官山西都參軍。《濟南府志》卷五十一、民國《濟陽縣志》卷十一有傳。民國《濟陽縣志》卷十七有邢其諫《任公斗垣暨配合葬墓誌銘》。

### 【閒中雜錄】

見《濟南府志·經籍》、《山東通志·藝文》（子部雜家類）、民國《濟陽縣志·著述篇目》。

## 【破顏集】

見《濟南府志·經籍》、《山東通志·藝文》（子部小說類）、民國《濟陽縣志·著述篇目》。

《山東通志·藝文》："《縣志》載是書及王琢璞《序》略云：'吾邑文冲任君，韻人也。載如其鬢，鐘如其聲，腹瓠垂，口河懸，莊言令人斂衽，謔言令人絕倒。爰裒所聞，勒成是編。余久聞其以"破顏"名，知皆捧腹語。嘗暗與心約，儻一獲見，當溢氣內服，矜容外鎮，必不逐隊露齒。偶會泗上喬師處小飲，謂有何物可供軒渠。因出此集以示。纔閱一二則，頓忘夙約，不覺前後俯仰，笑聲笑態不自禁，且讀且笑，以至終篇。師固莊人，亦微助之。坐中諸人，遞取以視，態聲皆與余同，遂至喧騰。繼而掩卷，一眕之而笑矣。後俛首思及，無撩之者而笑矣。坐中乃復大笑。煩惱場中，忽現此歡喜津梁，君其引人彼岸者哉。'"

## 【一咲集】

見《濟南府志·經籍》、《山東通志·藝文》（集部別集類）、民國《濟陽縣志·著述篇目》。

民國《濟陽縣志·藝文》載其《楊烈婦殉夫碑銘》一文。

### ◆ 杜 熿

熿，濟陽人。萬曆間歲貢。

其詩文集未見著錄。民國《濟陽縣志·藝文》載其《墮石橋記》一文。

### ◆ 董養聰

養聰，濟陽人。萬曆間恩貢。官知縣。

其詩文集未見著錄。民國《濟陽縣志·藝文》載其《秋日同友人登文昌閣》詩。

### ◆ 王命選

命選，樂陵人。萬曆間歲貢。歷官遼東衛教授。

## 【八行集】【濟人愛物集】【勸世修善集】

見《樂陵縣志》、《山東通志·藝文》（子部雜家類）。

### ◆ 楊開先

開先，商河人。萬曆間歲貢。官慶元教諭。

其詩集未見著錄。《重修商河縣志·藝文》載其《村旱》詩一首。

## 【太極圖解】

見《商河縣志》、《山東通志·藝文》（子部儒家類）。

### ◆ 趙 沆

沆字清波，號冲元，陽信人。萬曆間歲貢。官滑縣教諭。

## 【陽信縣志】

《山東通志·藝文》："《府志》本傳云：'邑令朱大紀、武世舉延修縣志，文獻賴以不墜。'乾隆《重修陽信志》載武世舉《序》略云：'萬曆癸未，朱尹敦請清波趙公纂修，類別二帙，迄今廿餘載。其間官師、科第、賦稅、徭役、人物、藝文未載《志》者，難以悉數。於今不續，後將何稽？於是復請趙公。公以老且病辭。舉懇之曰："信志非公原筆乎？於是續修功可不煩而就，公不執筆，誰復任其事？辭弗！"獲五閱月而修完。舉乃付之剞劂氏。'"

## 【論稿】

見《山東通志·藝文》（據《縣志》本傳）。

## 【詩集】

見《山東通志·藝文》（據《縣志》本傳）。

《武定明詩鈔》收其《過邢知吾藩使園》、《題弔賢臺》詩二首。

### ◆ 賈初元

初元字見心，樂陵人。萬曆間諸生。

## 【鬲濱居士草二卷】

見《樂陵詩彙》。《武定明詩鈔》作《鬲濱草》無卷數。

《武定明詩鈔》收其《重陽和宋懋吾》一首（《樂陵詩彙》作《和宋懋吾〈重陽〉韻》）。

## 【鬲濱居士草文集一卷】

見《樂陵詩彙》。

## ◆ 杜 句

句字濟美，樂陵人，諸生。乾隆《樂陵縣志》卷六有傳。

### 【易經便閱解五卷】

《山東通志·藝文》（經部易類）著錄，提要云："是書集古今名儒《易》解，苦思力索，擇其明白簡要、符合本義者，手錄成帙。見《縣志》。"

趙執信《飴山文集·林庵杜先生墓誌》云："祖諱句，善著書，有《周易解》傳於時。"按《墓誌》，墓主杜樾，字榮木，別字林庵，樂陵人，生於明崇禎己巳，卒於康熙乙亥。

## ◆ 王我聘

我聘字冷岑，自號三台逸客，淄川人。萬曆間諸生。《淄川縣志·隱逸》、《濟南府志》卷五十有傳。

### 【翠雨齋撚鬚吟】

見《國朝山左詩鈔》、《濟南府志·經籍》。《山東通志·藝文》（集部別集類）作《撚鬚吟》，引《縣志》本傳云："春風杖履，夏日林泉，霜葉溪頭，雪橋驢背，一以嘯詠收之。然脫稿隨手散去，間徒客坐中存其傳誦者。今所存《問嫗》、《偶然》、《撚鬚》諸吟及《蠶音秋嘯》、《三山樵語》諸書，興來獨賞，頗稱逸調。"

《國朝山左詩鈔》卷八載其《聞蛩》一首。

### 【問嫗吟】【偶然吟】【蠶音秋嘯】【三山樵語】

見《山東通志·藝文》（集部別集類）。參見上條。

### 【冷岑詞】

《山東通志·藝文》（集部詞曲類）著錄，引《縣志》本傳云："喜種菊，其《歎菊》一詞，尤爲瀟散。與桓臺王季木先生爲交好。季木少所許可，獨《冷岑詞》一出，即極爲贊頌。"

## ◆ 鄒德中

德中號靜存居士，淄川人。

### 【新刻繪事指蒙一卷】

現存：明萬曆胡氏文會堂刻本（題"淄川靜存居士鄒德中編次，錢唐全庵道人胡文煥校正"），煙臺市文化局慕湘藏書館藏，《煙臺市珍貴古籍名錄圖錄》著錄。

## ◆ 王 繕

繕，齊東人。貢生。官興濟知縣。

其詩文集未見著錄。民國《齊東縣志》卷六載其《請罷決河議》文一篇。

## ◆ 邱儒業

儒業字懋修，蒲臺人。萬曆中邢玠經略朝鮮，辟儒業參軍務，事平，詔拜冠帶，儒官賜金帛。《蒲臺縣志》卷三有傳。

### 【長風吟】

見《蒲臺縣志》本傳、《山東通志·藝文》。《續修四庫全書總目提要（稿本）》著錄抄本（不分卷）。

《縣志》本傳云："儒業嘗獻《萬歷聖壽》詩。著述甚富，藏於家。有《長風吟》，尤膾炙人口。"

《山東通志·藝文》引《縣志·藝文》載濱州王家植《序》略云："邱參軍客百濟、冽水間踰二年，磨遠山隃糜於盾鼻，上竟成凹，而後詩亦成半，草檄之餘也。參軍與邢太保爲布衣交，太保統南北水陸五將軍，開幕府遼水上，參軍以白衣佐中軍，諸所借箸，詳太保敘功疏，豈近代一二詩人所可擬哉！自海外還，爲予言戰勝時狀及鮮人風土，皆絕代異聞，余每聽之不寐。及出所爲吟，並與鮮大臣往復諸什，余復詫雞林紙直貴矣。司馬子長纚視方以內名勝，杜文貞僅區區一夔峽間，尚得江山之助，詩與文竟古不朽，何況吾參軍馳騁戎馬在數千里外異域乎！懋修全集甚富，其首有新樂王詮次者更奇，今不具論，論其破浪之吟，遂以爲敘。"

《續修四庫全書總目提要（稿本）》略云："《長風吟》即其在朝鮮時所撰者，多與朝鮮大臣唱和之什，總計詩二百三十餘首。……惟抄本輾轉傳寫，魯魚亥豕，滿紙皆是，殊可惜耳。"

《蒲臺縣志·藝文》載其《董戶部招赴軍中留別》詩一首。

## ◆ 邢 固

固字安石，號疏之，臨邑人，侗族孫。歲貢生。

《濟南府志》卷五十六有傳。

**【詩草十集】**

見《濟南府志·經籍》及本傳、《臨邑縣志·藝文上·著述》、《山東通志·藝文》。

《國朝山左詩鈔》卷五載其《送孟函歸家》、《送葉景唐還江南》、《避暑僧寮》、《夏日游臺子寺同太空賦》、《金陵》（三首），凡七首。

**【閒居彙草】**

見《濟南府志·經籍》、《臨邑縣志·藝文上·著述》、《山東通志·藝文》。

### ◆ 周玄貞

玄貞字雲清，自號濟南隱客，肥城人。

**【皇經注解三卷寶號一卷】**

有明萬曆十六年刻本、清康熙三十年重刻本，見《販書偶記續編》、《山東文獻書目》。

**【皇經集註十卷】**

現存：《續道藏》本、《重刊道藏輯要》本（作《高上玉皇本行集經註解》三卷附《諸義攷目》一卷），見《中國叢書綜錄》。有萬曆十五年玄貞《自序》。

### ◆ 王元復

元復字見心，歷城人。萬曆中歲貢。官平山教諭，隱居龍山莊，舉鄉飲賓。《歷城縣志》卷四十四、《濟南府志》卷四十九有傳。

**【蘧蘧邇言】**

見《歷城縣志·藝文考》、《濟南府志·經籍》、《山東通志·藝文》（子部儒家類）。《山東通志》卷百六十二本傳作《蘧廬邇言》。

**【家訓要語】**

見《歷城縣志·藝文考》、《濟南府志·經籍》、《山東通志·藝文》（子部儒家類）。

### ◆ 王大儒

大儒字汝爲，歷城人。諸生。《歷城縣志》卷

四十、《濟南府志》卷四十九有其傳，云："舊《志》載其詩二首，甚有奇氣。"

雍正《山東通志·藝文》載其《同諸友登華不注》一首，詩云："看山如讀書，熟則刪所戀。層折取其新，即此窺候變。不注近桃溪，登臨良我便。茲乃獨淹留，眾前我則殿。細酌眺歸鴻，諸峯開面面。風日發寒香，秋老霜林繢。"《山左明詩鈔》卷三十五載其《題王秋娘墓》一首。

### ◆ 孫夢麟

夢麟字仁趾，平陰人。萬曆間貢生。

**【四書說約】**

見康熙《平陰縣志·古今著述目錄》（注云：今存）、《平陰縣鄉土志》、《山東通志·藝文》（經部四書類）。

**【五經說約】**

見康熙《平陰縣志·古今著述目錄》（注云：今存）、《平陰縣鄉土志》、《山東通志·藝文》（經部五經總義類）。

### ◆ 賈嗣照

嗣照，齊河人。泰昌恩科拔貢。崇禎十二年殉節，崇祀歷城鄉賢祠。

**【和陳方伯落花詩】**

見民國《齊河縣志·選舉》。共三十五首。

### ◆ 邢其諫

其諫字信卿，號蔚山，濟陽人。泰昌庚申選貢。歷官延慶知州，兼宣府東路同知。《濟南府志》卷五十一、民國《濟陽縣志》卷十一有傳。《萬菴集》卷三有《慰山邢先生墓誌銘》。

**【濟陽縣志十卷】**

現存：①明萬曆三十七年刻本，山東省博物館、中國國家圖書館藏。②一九六〇年鈔本，上海圖書館藏。前無序。分天文志、地理志、建置志、貢賦志、禮樂志、職官志、選舉志、人物志、藝文志、雜志十門。末二卷藝文、雜志未列入目錄。

是志由知縣侯加乘（山西解州人，萬曆三十六年任）主修，始於萬曆三十六年，次年纂成梓行，爲現存最早濟陽志書。

### 【濟陽縣續志一卷】

現存：①清順治七年刻本，中國國家圖書館藏。②一九六〇年鈔本，上海圖書館藏。前有解元才《序》，縣圖二幅。分天文補、地理補、建置補、貢賦補、禮樂補、縣官補、選舉補、人物補、雜志補。後有邢其諫《跋》。

順治六年，濟陽知縣解元才（字法周，山西朔州人，順治四年任）延請其諫依萬曆舊《志》續纂，成書後與前《志》合刊印行。

### 【信古二言錄二卷】

《山東通志·藝文》（子部雜家類）："《蒿庵集·其諫墓志》作《信古錄》；又有序文，作《信古二言錄》。茲依序文標目。《序》略云：'信卿邢先生動模古人，言必稱昔。一日出所集《信古二言》示岐，一名言，一清言，各一卷。列古人之言於前，而以己意附之。或相後先，以極其旨；或出異同，以博其趣。大都不離古人之意。'"

《濟南府志·經籍》、民國《濟陽縣志·著述篇目》均作《信古錄》，無卷數。

### 【斯馨館集】

見《濟南府志·經籍》、《山東通志·藝文》（集部別集類）、民國《濟陽縣志·著述篇目》。

《山東通志·藝文》："是集見《蒿庵集·邢先生墓誌》。《誌》又載其《天道難知論》一卷，蓋集外別行者。又云：'請求詩文，紀述營造，褒頌先德者無虛月，易簣之前十日猶作《邑侯修學碑記》，古所稱毫期稱道不亂者，殆謂是歟？'"

民國《濟陽縣志·藝文》載其《跋解公元才纂修濟陽縣志後》、《重修廟學記》、《鴻臚繼臺郭公厚德感人碑記》、《少廷尉王公墓誌銘》、《任公斗垣暨配合葬墓誌銘》、《高長君存繩墓誌銘》、《明通議大夫邢公墓誌》、《洪母墓誌銘》、《雲來館集序》、《懷田王公傳》等文，《夏日稷若過臨賦以謝之》詩。另，《縣志·藝文》（卷十九）有楊泰《和邢信卿郊行懷舊》、王琢璞《信卿曩寄秋懷詩有"鄙懷堪自笑"之句．客或戲論其何所笑．因成一絕》，其諫原詩《郊行懷舊》、《秋懷》均未見。

又民國《濟陽縣志·藝文》有王琢璞《斯馨館說》，謂其諫以詩文半脫稿於此，因以名其集云。

## ◆ 劉嘉禎

嘉禎字永符，武定人。天啟辛酉（元年）舉人。官尉氏知縣。

### 【春秋旨叶】

見《山東通志·藝文》（據《府志》）。

### 【武定州志】

現存：明崇禎十二年刻本（存卷七至三十五：職官、學校、田賦、軍旅、災祥、風俗、物產、侯王、名宦、選舉、事功、理學、文學、忠義、孝友、厚德、隱逸、節烈、祀典、古蹟、仙釋、寺觀、橋坊、封塋、陵墓、王言、疏書、碑文、詩詞），中國國家圖書館藏；《明代孤本方志選》影印。此志原卷數不詳，《千頃堂書目》著錄爲二十五卷，當非全部。

是志由武定知州王永積主修，纂於崇禎十二年。永積字崇石，江蘇無錫人，崇禎十年來任。

### 【詩草】

見《武定明詩鈔》。《山東通志·藝文》作《劉嘉禎詩草》。

《武定明詩鈔》收其《送韓公入秦次韵》、《田賦詩》、《劉公敬虛詩》三首。《武定府志·藝文》載其《棣州賦》。

## ◆ 王象隨

象隨，新城人。天啟辛酉（元年）舉人。

其詩文集未見著錄。《重修新城縣志》卷二載其《登吳公山詩》一首。

### 【王氏禮經解】

見《濟南府志·經籍》、《山東通志·藝文》。《重修新城縣志·藝文》云王象雲撰。未知孰是，姑兩存之，以俟詳考。

### ◆ 張文謹

文謹，濟陽人。

其詩文集未見著錄。民國《濟陽縣志·藝文》載其《邑令李捐修學倉積穀贍士碑記》，文末附注云："舊碑無李侯名，以天啓四年職官考之，蓋李侯名作乂也。"

### ◆ 王三近

三近字仲甫，號月蘆，別號蘆花道人，淄川人。天啟壬戌（二年）恩貢。《濟南府志》卷七十二《補遺》有傳。

【蘆花草】

見《山左明詩鈔》、《淄川縣志》、《濟南府志·經籍》、《山東通志·藝文》。現存：民國七年順和堂石印局石印《王氏一家言》本（在卷七，末題《蘆花公集》），青島市圖書館藏；《山東文獻集成》影印。收錄五七言詩一百六首，歌行一首，詞十二首。

《山左明詩鈔》卷三十五、《濟南府志·藝文》載其《重陽前一日黌山小集》詩。《淄川縣志·藝文》載其《過夾谷遇雨就山村看菊》、《遊般水書樓》、《重九前一日登黌山小飲》詩三首。

### ◆ 朱　純

純字我白，長清人。天啟壬戌（二年）進士。初授容城令，以廉明調治永年。三載考最，擢南臺福建道御史。首劾逆璫餘黨石三畏，爲"十孩兒"之一，直聲大震。後轉慶陽知府，升布政司右參議。道光《長清縣志》卷十一、《濟南府志》卷五十二有傳。

【四書存慧】

見《長清縣志》本傳、《濟南府志·經籍》、《山東通志·藝文》（經部四書類）。

【讀書約】

見《長清縣志》本傳、《濟南府志·經籍》、《山東通志·藝文》（子部儒家類）。

【登岸集】

見《長清縣志》本傳、《濟南府志·經籍》、《山東通志·藝文》（集部別集類）。

### ◆ 畢際壯

際壯字履禮，淄川人，自嚴子。

【匹槐軒詩草】

見《淄川縣志》、《山東通志·藝文》。

### ◆ 程邦彥

邦彥，平陰人。庠生。光緒《平陰縣志》卷五有傳（傳後附門人朱鼎延等人贈詩）。

【訓兒易解】

見康熙《平陰縣志》本傳、光緒《平陰縣志》本傳。

【詩連章要訣】

見康熙《平陰縣志》卷八《古今著述目錄》，注云："今存。"

【詩經解】

見光緒《平陰縣志·著述》。

【四書連章要訣】

見康熙《平陰縣志》卷八《古今著述目錄》，注云："今存。"光緒《縣志·著述》作《四書連章說》。

### ◆ 趙天開

天開，歷城人。天啟甲子（四年）舉人。

【易經講意】

《歷城縣志·藝文考》："天開著《易經》、《四書講意》各數十卷。舊《志》。"

《山東通志·藝文》（經部易類）："是書見葉《志》。"

【四書講意】

見《歷城縣志·藝文考》、《山東通志·藝文》（經部四書類）。

### ◆ 張　襲

襲字因堂，歷城人。《歷城張氏世系譜》稱其天啟甲子舉人，官工部主政。

## 【忠孝集四卷】

見《歷城張氏世系譜》。

### ◆ 劉 遜

遜字撝謙，濟南府人。天啟甲子（四年）歲貢。歷官保定府教授。《續修歷城縣志》卷三十九有傳。

### 【華不山房詩稿】

《山東通志·藝文》、《續修歷城縣志·藝文考》均據《鄆城縣志》著錄。

《續修歷城縣志》本傳引《鄆城縣志》云："崇禎四年任鄆城訓導。言規行矩，博物洽聞，毅然以名教爲己任，與諸生講學，務引人以崇孝弟，礪廉節，從遊者皆有被服向道之意。有同寅和公喪，貧難歸櫬，遜傾囊助之。時出俸金周寒士。餘間吟嘯自娛。著有《華不山房詩稿》。陞莘縣教諭。"

### ◆ 石如金

如金，長山人。廩生。

其詩文集未見著錄。《長山縣志》卷十三載其《石氏先塋瑞草記》（天啟四年）文一篇。

### ◆ 王 都

都字宅中，號介清，德州人。天啟乙丑（五年）進士。歷官太常寺卿。《濟南府志》卷五十二有傳。

### 【安鼎名臣錄七卷】

現存：明崇禎五年安德王氏原刻本，臺灣"國家圖書館"藏，《國家圖書館善本書志初稿》著錄。《續修四庫全書總目提要（稿本）》著錄清鈔本。

《德州志·州人所著書目》作《扶鼎名臣錄》無卷數，注云"亡"。《山東通志·藝文》（史部傳記類）亦作《扶鼎名臣錄》無卷數。

《山東通志·藝文》："《尊水園集》載是編《序》云：'居恒讀史有得，倣呂成公《大事記》，摘次鉛槧，以備規軸。茲讀禮之暇，取前所摘次諸則，反復討論，各題數語，於中擇其尤要者，排纘成帙，顏之曰《扶鼎名臣錄》。'"

### 【朱子簡錄】

見《德州志·州人所著書目》（注云"亡"）、《山東通志·藝文》（子部儒家類）。《德州志》本傳、《濟南府志》本傳俱作《朱子漫錄》。

### 【法戒編】

見《德州志·州人所著書目》（注云"未見"）、《濟南府志》本傳、《山東通志·藝文》（子部雜家類）。

### 【棠棣客問】

見《德州志·州人所著書目》（注云"未見"）、《濟南府志》本傳。

### 【象夏齋詩草】

見《德州志·州人所著書目》（注云"未見"）、《山東通志·藝文》。《山左明詩鈔》、《濟南府志·經籍》作《象夏齋詩》。

《山東通志·藝文》引《安德明詩選遺》云："得第後始學詩，詩中好填時事以寄其感激悲痛之志。聞有《象夏詩草》，甲申付兵燹矣。"

《山左明詩鈔》卷二十八載其《讀史》一首。《德州志》卷十二、《德縣志》卷十六載其《使豫過里》詩一首。

### ◆ 王象雲

象雲初名象需，新城人，之都子。天啟乙丑（五年）進士。歷知大同、永清二縣，以功徵授御史，官終山西參議。《濟南府志》卷五十一、《重修新城縣志》卷十四有傳。

### 【上林彙考五卷】

見《明史·藝文志》、《濟南府志·經籍》（無卷數）、《山東通志·藝文》（史部職官類）。

### 【王氏禮經解】

《重修新城縣志·藝文》據張象津《新城後志稿》著錄。《濟南府志·經籍》、《山東通志·藝文》云王象隨撰。未知孰是。

### ◆ 王象益

象益字沖孺，號鴻渚，新城人，之城子。晚以歲貢官博興訓導。崇禎壬午殉難。《濟南府志》卷五十一有傳。

## 【景先樓集】

見《濟南府志》本傳、《山東通志·藝文》、《重修新城縣志·藝文》（據張象津《新城後志稿》）。《縣志》云：佚不傳。

### ◆ 王與玫

與玫字文玉，新城人，之猷孫。天啟丁卯（七年）恩貢。崇禎壬午（十五年）殉難。《濟南府志》卷五十一有傳。

## 【籠鵝館集】

見《山左明詩鈔》、《濟南府志·經籍》（四卷）、《山東通志·藝文》（四卷）、《重修新城縣志·藝文》（書名無“集”字）。現存：抄本（二卷），青島市圖書館藏，《青島市圖書館古籍書目》著錄。

《山東通志·藝文》：“《居易錄》云：‘再從伯與玫好爲豔體，少時有《悼亡》詩句云“二十五年將就木，一千里路不通書”，“欲喚小兒求夢草，定呼妙子到稠桑”，“熒熒白兎東西顧，恰恰黃鸝四五聲”，“通德每宵談秘事，清娛隨處品名山”皆工。有《籠鵝館集》行齊魯間。’王瀠撰《傳》云四卷。按：與玫《詠宋高宗》絕句，用《西湖志餘》玉孩兒事，見《香祖筆記》。”

《山左明詩鈔》卷三十二載其詩十首。

### ◆ 韓養醇

養醇字長孺，禹城人。天啟丁卯（七年）舉人。歷官衢州知府。

## 【留餘堂稿】

見《山左明詩鈔》、《濟南府志·經籍》。《禹城縣志·藝文》及本傳、《山東通志·藝文》作《留餘堂集》。

《山左明詩鈔》卷三十載其《山行雜詠》、《弔韓信墓》、《都中憶弟》詩三首。

## 【太末吟】

見《禹城縣志·藝文》及本傳、《濟南府志·經籍》。《山東通志·藝文》。

《山東通志·藝文》引《縣志·藝文》載成晉徵《太末吟序》略云：“神情超遠，格律精嚴，累節繁音，刪除淨盡，渢渢乎大雅之宗工。”

### ◆ 楊日章

日章，禹城人。天啟丁卯（七年）舉人。官寧波通判。

## 【傳神錄】

是編見《禹城縣志·藝文》、《濟南府志·經籍》（撰者“楊”誤“劉”）、《山東通志·藝文》（子部藝術類）。

### ◆ 張承業

承業，濟陽人。天啟丁卯（七年）舉人。《濟南府志》卷五十一、民國《濟陽縣志》卷十一有傳。

## 【易經手讀】

見《濟南府志·經籍》、民國《濟陽縣志·著述篇目》。《山東通志·藝文》（經部易類）作《易經手續》。

### ◆ 賈廷燁

廷燁（“燁”字《山東通志·藝文》缺末筆，康熙《平陰縣志》作“曄”，光緒《平陰縣志·著述》脫），平陰人。天啟丁卯（七年）舉人。

## 【漢典蒼璧】

見康熙《平陰縣志·古今著述目錄》（注云“今存”）、光緒《平陰縣志·著述》（注云“存”）、《山東通志·藝文》（據《府志》）。

### ◆ 程　泰

泰字仲來，號魯侯（一作魯詹），德州人。恩貢生。官中書，授通判。《濟南府志》卷五十二有傳。

## 【熹宗實錄八十四卷】

《山東通志·藝文》（史部編年類）：《熹宗實錄》，《明志》題溫體仁等修。《山左明詩鈔》引《詩選傳》云：“仲來所修《熹宗實錄》變後獨全，史局得以考焉，使熹廟史不亡者，賴有此耳。”茲據以錄入。

## 【嘯歌一卷】

見《濟南府志·經籍》、《山東通志·藝文》。《德州志·州人所著書目》無卷數，云未見。《德縣志·邑人著作》作《嘯歌集》，無卷數。

《山東通志·藝文》引《安德明詩選遺》云："有詩一卷，名《嘯歌》。"《德州鄉土志》云："有遺詩《嘯歌集》一卷，藏於家。"

《山左明詩鈔》卷三十一載其《餞介清還朝》、《舟中口占》（五首），凡六首。《德州志》卷十二、《德縣志》卷十六載其《餞王介清還朝》詩一首。

### ◆ 王瑞永

瑞永字應之，淄川人。增生。

## 【經術引微】

見《王氏一家言·錦亭公集》作者小傳。

## 【四書證訛】

同上。

## 【黃鐘議】【律同合聲】

同上。

## 【北坪齋訂證五音通攝四卷】【唐詩紀事音韻註釋二十卷】【七韻四聲連篇等韻十三卷】

同上。

## 【錦亭公集】

現存：民國七年順和堂石印局石印《王氏一家言》本（在卷十三），青島市圖書館藏；《山東文獻集成》影印。收錄五七言詩一百十七首，文七篇。

《國朝山左詩續鈔》卷三十一載其《集韻稿成書事》詩一首。《淄川縣志·藝文》載其《鄭公祠築樓》詩二首。

## 【錦亭詩稿】【野望園蔌】

見《王氏一家言·錦亭公集》作者小傳。

## 【詩叶解頤】

同上。

### ◆ 雲門鵠我子

天啟間長山道士。

## 【金丹秘錄十二章】

道光《濟南府志·仙釋》引《長山志》（嘉慶《長山縣志·仙釋》）云："雲門鵠我子，天啟間人，何仙及門也。著《金丹秘錄》十二章，《批點唐詩》一部。乩筆酬唱，時與何仙俱焉。"

## 【批點唐詩】

見嘉慶《長山縣志·仙釋》、《濟南府志·仙釋》。

### ◆ 張一化

一化字誠甫，號龍泉，新城人。天啟間選貢。官靈壽知縣，左遷彰德教授。逾年投劾歸，卜居長白山醴泉之陰，年六十三卒。《濟南府志》卷五十一、《重修新城縣志》卷十四有傳。

## 【左氏摘粹】

見《濟南府志·經籍》、《山東通志·藝文》、《重修新城縣志·藝文》（經部春秋類）。

## 【璞玉集】

見《濟南府志·經籍》、《山東通志·藝文》、《重修新城縣志·藝文》。

## 【貫玉集】

見《濟南府志·經籍》、《山東通志·藝文》、《重修新城縣志·藝文》。《重修新城縣志》本傳作《貫玉編》。

### ◆ 王與胤

與胤字百斯，一字永錫，新城人。崇禎戊辰（元年）進士。歷官湖廣道監察御史，以劾總兵鄧玘降補光祿寺署正。明亡，與妻于氏、子士和同自經於里第。《濟南府志》卷五十一（避作王與允）、《重修新城縣志》卷十五有傳。《重修新城縣志》本傳附錄其《自撰壙誌》。汪懋麟《百尺梧桐閣集》有《王御史傳》。

## 【隴首集一卷】

見《濟南府志·經籍》、《山東通志·藝文》、

《重修新城縣志·藝文》（據張象津《新城後志稿》，作二卷）。現存：清康熙刻《王漁洋遺書》本，滕州杜澤遜家藏，《四庫存目標注》著錄；《四庫全書存目叢書》影印。前有陳允衡《侍御王公遺詩序》，康熙癸卯錢謙益《王侍御遺詩贊》。

《山東通志·藝文》："《四庫存目提要》曰：'是集乃其巡視陝西茶馬時所作，故名《隴首》。其姪士禎編次之。僅詩四十二首，又《劾鄧玘淫掠疏》一篇，自撰《墓誌》一篇，而以《傳》及《墓表》、《逸事》、《狀》附焉。'按：本書卷首載錢謙益《王侍御遺詩贊》略云：從子士禎刻其遺詩四十餘章，皆奉使關隴之作。其詞約以則，其志哀以思，悲民窮，悼國蹙，愀愀乎如不終日，何其憂也！巢車躍馬，慨然有號令西域之志，又何其壯也！嗚呼，侍御忠孝偪塞，誓報國恩，不肯借踰河蹈海之名，少自解免，此鄙夫亂臣忘君背國者之針藥也。攢眉搤腕，憂天憫人，肝鬲輪困，聲淚咽嗚，其爲詩則夸人纏兒浮漂嘈囋者之針藥也。忠臣志士，聲烈敵天壤，片言隻字，流落人間，人咸以爲弘演之肝，萇宏之血，有不肅然改容，泫然雪涕者乎？"

《山左明詩鈔》卷三十二載其（避作王與孕）詩七首。

## 【西來集】

《重修新城縣志·藝文》據張象津《新城後志稿》著錄。

## 【一可已編】

《重修新城縣志·藝文》據張象津《新城後志稿》著錄。

### ◆ 王士和

士和字允協，新城人，與胤子。廩生。明亡，與父母同殉。《濟南府志》卷五十一有傳。

《山左明詩鈔》卷三十二載其《絕命詞》一首。

### ◆ 王士純

士純字孤絳，新城人，孝廉與夔子。李九成陷新城，與祖父同殉難。《濟南府志》卷五十一有傳。

《山左明詩鈔》卷三十二載其《詠新月》一首。

### ◆ 王宮臻

宮臻字符四，一字潔脩，別號瑞卿，齊河人。崇禎戊辰（元年）進士。歷官江南崇明知縣、太原知府、

嘉興知府、陝西西寧道按察司副使。《濟南府志》卷五十一、《齊河縣志》卷二十四有傳。《齊河縣志》卷三十二有張爾岐《陝西西寧道按察司副使王公小傳》。

## 【簡明等韻】

見民國《齊河縣志·撰述》。

## 【王氏同宗合傳一卷】

有明天啟年間刻本，竹紙，一函一冊，有修補。嘗爲天津國拍今古齋拍賣品，今未悉藏於何所。

## 【北新關志十六卷】

現存：明崇禎九年刻本，南京圖書館藏，《江蘇省立國學圖書館圖書總目》著錄。

## 【女四書】

見民國《齊河縣志·撰述》。

## 【掌上金湯】

見民國《齊河縣志·撰述》。

## 【文豹一斑】

見民國《齊河縣志·撰述》。

## 【海遊草】

《山東通志·藝文》著錄，引《縣志》本傳云："著有《海遊草》詩集。"

《山左明詩鈔》卷三十一載其《過眷吾族叔讀書處》、《江干夜泊》詩二首。《齊河縣志》卷三十載其《河決氾漲水沒齊河橋》詩一首。

### ◆ 趙見圖

見圖，平原人。崇禎戊辰（元年）進士。

其詩文集未見著錄。《平原縣志》卷十載其《重修廟學記》一篇。《續修平原縣志》卷十一載其《重修三義廟碑記》一篇。

### ◆ 王琢璞

琢璞字連城，一字無瑕，自號支離子，濟陽人。崇禎戊辰（元年）歲貢。肆力於書，俯仰轉側不暫舍，

食置枻箸間，夜深頭昏低枕，燈熒熒短檠上，書猶在把，醒即復讀。如是者二十年，學益富，文益奇。著《雲來館集》。既歿，張爾岐收其遺文，爲釐定，刻而傳之。《濟南府志》卷五十一、民國《濟陽縣志》卷十一有傳。《濟陽縣志》卷十七有張爾岐《連城王先生墓誌》。

### 【雲來館集八卷】（一名《王無瑕先生詩集》五卷《文集》三卷）

見《濟南府志·經籍》（無卷數）、《山東通志·藝文》、民國《濟陽縣志·著述篇目》（無卷數）。現存：①清順治九年刻本，中國國家圖書館藏，《清人別集總目》、《清人詩文集總目提要》著錄。②清乾隆八年刻本，山東省圖書館藏，《清人別集總目》、《清人詩文集總目提要》著錄。

《山東通志·藝文》："是集載《縣志》。《蒿庵文集·王無瑕先生集序》云：'戊子，邑北微盜起。先生病，予不獲侍，執燭而先生沒矣。改歲，予哭於其寢。其孫期出遺槀一束，泣授之曰："王父垂絕，以不得見君爲恨，意若在此。"予亦泣曰："此實先君子志也，敢有夫墜。"受以歸，聯綴成卷讀之。先生困於病者四十年，手縮顫不便書，字傾漫不易讀，可讀者，或首尾刓弊，彼此移附不成篇，或雜錄他人詩其中，莫辨主名。推尋釐整，遇疑而置者數矣。至壬辰八月，始得詩五十八首，文七十篇，定爲八卷。'又云：'今此集中，壯往雄斷，不可制御者，其才；左繩右絜，動合程度者，其學；而奇情坐鬱，銛鋒不試，屈曲掩抑於此八卷之中者，則先生之病爲之也。'又，《王先生墓表》云：'每得一書，俯仰轉側不暫舍，食置枻箸間，夜深頭昏低枕，燈熒熒短檠上，書猶在把，醒即復讀。如是者二十年，學益富，諸論說、序記、銘誄、歌頌之文，益多且奇。'又《縣志》載邢其諫是集《序》云：'爲詩不多，雅有少陵韻致。'"

《濟南府志·經籍》："無瑕曾孫振宗刊。"

民國《濟陽縣志·藝文》載其《斯馨館說》、《杜家水口鎮重修北橋記》、《張松亭先生墓誌》、《澹室附言後序》、《破顏集序》、《汪太公傳贊》等文，《誰氏子》、《贈李生》、《贈張蒿菴昆季》、《題斯馨館》、《贈別張廣文繼窗》（二首）、《信卿曩寄秋懷詩有"鄙懷堪自笑"之句．客或戲論其何所笑．因成一絕》等詩。《國朝山左詩鈔》卷八載其《紫燕篇

悼內》、《友人邢信卿上策不見納》（二首），凡三首。

### ◆ 王　錄

錄字玉簡，泰安人。崇禎戊辰（元年）選貢。

#### 【先正格言】

見《山東通志·藝文》（子部儒家類）、《重修泰安縣志·著述》。

#### 【家訓】

見《山東通志·藝文》（子部雜家類）。

### ◆ 王明炳

明炳，德平人。崇禎戊辰（元年）選貢。官鳳陽檢校。

#### 【螘吟集】

見《德平縣志·選舉》、《山東通志·藝文》。《般上舊聞·先輩著述》云此書二卷，未梓。

### ◆ 曾明昌

明昌字伯頌，號日觀，陽信人，礪子。泰昌中拔貢。

#### 【南北史鈔十六卷】

《山東通志·藝文》（史部史鈔類）："舊《通志》載是書，作十六卷。府、縣《志》無卷數。"

#### 【榷史三集十二卷】

《山東通志·藝文》（史部史鈔類）："舊《通志》作十二卷。府、縣《志》無卷數。"

#### 【困齋詩稿】

見《山東通志·藝文》（據《府志》）。

《武定明詩鈔》收其《送賈學博歸里》、《峨眉歌贈蜀僧念粟兼致王聖咨》、《答趙又元》、《寄別施靈修》詩四首。

### ◆ 曾明烈

明烈字叔承，號泰雲，陽信人，明昌弟。崇禎戊辰（元年）拔貢。

## 【一噲齋詩稿】

見《山東通志·藝文》（據《府志》）。

《武定明詩鈔》收其《秋懷》一首。《武定府志·藝文》載其《大覺寺塔》詩。

### ◆ 李魯望

魯望字周許，霑化人。崇禎元年恩貢。光緒《霑化縣志》卷九有傳。

## 【字學論】

見光緒及民國《霑化縣志》本傳、《山東通志·藝文》。

民國《霑化縣志》本傳云："以善書名，東省諸題額，多出其手。董其昌寓霑，相與善，服其書骨力過己，索書盈軸，攜去京師，有'山東臨邢霑李'之目。著有《字學論》行於世。"

### ◆ 王震

震，商河人。崇禎庚午（三年）副貢。

## 【偶一鳴集】【遊船紀事詩】

見《山東通志·藝文》（據《府志》）。

### ◆ 趙珣

珣，長山人。孝廉。

其詩文集未見著錄。《長山縣志》卷十三載其《郭孝子盧墓記》（崇禎六年五月）文一篇。

### ◆ 趙潛初

潛初字保一，歷城人。以祖鉉蔭仕周府左長史。河南爲其祖舊部，政聲藉藉人口，潛初撝作《名宦錄》。王所爲多不法，潛初繩之不少假。朝廷嘉其剛直，加四品服俸，擢河南知府。命未下而潛初卒。《濟南府志》卷四十九有傳。

## 【名宦錄一卷】

見《歷城縣志·藝文考》、《山東通志·藝文》（史部傳記類）。

《歷城縣志·藝文考》載潛初《自序》署曰："先祖少保公建牙大梁，潛初尚未有知識也。長入膠癢，

叨餘廕越四十禩矣。比謁選，探策銓曹，得周府長史，爲先公駐節地。潛初登途踰數舍，即聞有頌及先公者，以爲適然，不加省。入境後，口碑浸廣。當道問仕籍，知爲先公後，於時唐南衡太守、孫北海明府以未入開封名宦爲歉。歲乙亥，槐市羣賢聯牘請祀，學憲楊、呂二公靡不稱善，相與筮吉奉主而從祀焉。事竣，錄其原呈申文、勘語，彙爲一帙，以遺來昆，以識感於無窮。崇正乙亥季夏周藩左史加四品服俸元孫潛初謹識。"

### ◆ 孫坦

坦字去病，號虎崖，淄川人。崇禎丙子（九年）舉人。嘗遭禍坐繫濟南，城失守，人皆逸去，獨臥繫所。撫軍奇之，爲請於朝，從末減。遂杜門以詩酒自娛，喜論文學者載酒從之。家徒四壁，未嘗有淪落可憐之色。卒年八十二。遺詩二帙，詞數首。唐夢賚稱爲隱君子云。《濟南府志》卷五十四有傳。

## 【虎嘯集】

見《淄川縣志》、《山東通志·藝文》。

《續修四庫全書總目提要（稿本）》著錄家抄本（不分卷），提要云："是編凡詩三百七十餘首。分古近體編，計五古二十首，七古七十首，五律六十七首，七律一百一十首，五七絕共一百餘首。書前有孫允滋識語云：'伯祖生平離奇倔強，莫可端倪。至其好學攻心，吾黨無有也。其猜疑類徐文長，疏放類唐子威，而文章賈禍，高才落魄，亦略相當云。晚年隱居，只一小妻，司汲炊織紝棲息之事，號之曰吾一夫人，每登山必與之偕。'《春游》詩云：'暇日尋芳亦偶然，達觀不用說長年。幾經死地未成鬼，縱得生天豈是仙。紅雨未飛桃始放，清風微漾柳如牽。也知荊布非兄弟，哀朽何人與往還。'其第七句所云，即指其小妻云云。大抵坦爲人才鋒駿利，縱橫曼衍，其詩大都乘興即哦，不爲嘔心，而斐亹俊逸，在遠近深淺濃淡之間，實亦有其詩格也。又是冊乃其後裔就原稿鈔錄者，魯魚亥豕之訛極多，尚須細加校讎也。"

《國朝山左詩續鈔》卷三十一載其《冬日鹿溪新舍》、《貞子弟和余春游詩再作》詩二首。《淄川縣志·藝文》載其《鹿溪》、《鹿嶺新構成》、《冬日居鹿溪新舍》、《再居鹿嶺即事》（十首選四），凡七首。

### ◆ 周明濟

明濟字汝舟，武定人。崇禎丙子（九年）舉人。

**【風俗論】**

《山東通志·藝文》子部雜家類著錄，引《府志》本傳云：“所著有《風俗論》等篇。”

《武定府志·藝文》、《惠民縣志》卷二十七載其《武定州風俗論》。

### ◆ 趙見庚

見庚字又白，平原人。崇禎丙子（九年）拔貢。博涉羣書，於天文、地理、六壬、遁甲等家靡不該貫。《平原縣志》卷八有傳。

**【天文書】**

《續修平原縣志·藝文》（卷十一）載任廷文《明拔貢趙見庚墓勒石記》云：“公邃於《易》，精於象緯，所著有《天文書》，傳在縣乘。”

### ◆ 王圖鴻

圖鴻字木青，新城人。崇禎己卯（十二年）副貢。

**【三傳義例】【春秋四則】【胡傳鈔】**

《山東通志·藝文》（經部春秋類）：“《縣志》載諸書，稱其邃於《春秋》之學，邑之業《春秋》者，如張祿徵、嘉徵、元徵，皆出其門云。”

《重修新城縣志·藝文》錄前二種，無《胡傳鈔》。

**【字韻】**

見《山東通志·藝文》（據《府志》）。

**【唐宋詩辨】【八大家論斷】**

見《山東通志·藝文》（集部詩文評類）、《重修新城縣志·藝文》。

### ◆ 王屺生

屺生字子涼，長山人。崇禎庚辰（十三年）進士。官如皋知縣。性簡靜，飼鹿調鶴，積書數萬卷，坐臥其下。乞休歸，杜門著書。《濟南府志》卷五十、《長山縣志》卷八有傳。

**【怪石集二十二卷】**

見《山左明詩鈔》、《長山縣志》本傳、《濟南府志·經籍》、《山東通志·藝文》。

《山東通志·藝文》：“《山左明詩鈔》云：‘按《怪石集》二十二卷，無近體。陳大士《序》謂如古篆隸，沈吟往復，終不可得其畛畦；又比之棘端之猴，遽須國王之纖。今存五七言各一篇，僅而可句，抑其光怪之氣不可磨滅邪？’《縣志》本傳云：‘按今集祇存稿本二冊，餘燬于火。’”

《山左明詩鈔》卷三十一載其《去里》、《深山》詩二首。《長山縣志》卷十五載其《深山》詩一首。

### ◆ 王岑

岑，陽信人，建泰子。

**【韻譜】**

《陽信縣志》王建泰傳云：“次子岑，增廣生，能世其學，著有《韻譜》四冊藏於家。”

### ◆ 吳茂華

茂華字毓初，霑化人。崇禎辛巳（十四年）歲貢。順治二年，當路薦舉，部檄三至，終不就，泉石自甘，造士課子以終。光緒《霑化縣志》卷九有傳。

茂華子三：長汝爲，仲汝亮，季汝禎，均有著作。

**【家訓一卷】**

見光緒《霑化縣志》本傳、《山東通志·藝文》。

### ◆ 袁聲

聲字荊陽，章丘人，奇蘊子。明崇禎癸未（十六年）進士。入清歷官嵐縣知縣、太平知府。《濟南府志》卷五十四有傳。

**【春秋鼎】**

見道光《章邱縣志·藝文》、《濟南府志·經籍》、《山東通志·藝文》（經部春秋類）。

**【麟經匯海八十卷】**

袁聲、袁韻撰。見道光《章邱縣志·藝文》、《濟南府志·經籍》、《山東通志·藝文》（經部春秋類）。韻字清越，聲弟。

## 【通鑑世系】

見道光《章邱縣志·藝文》、《濟南府志·經籍》、《山東通志·藝文》（史部編年類）。

## 【荊陽詩紀二十種】

見道光《章邱縣志·藝文》、《濟南府志·經籍》、《山東通志·藝文》。

《山東通志·藝文》："《繡水詩鈔》載是編云：'板鐫虎邱，一時紙貴。'"

道光《章邱縣志·藝文》載其《烟雨社 並序》、《避暑女郎山洞》、《飲李虎門園亭》等詩九首。《國朝山左詩彙鈔後集》卷三十五載其《自適》詩一首（據吳連周《繡水詩鈔》）。

## 【詩詞便覽】

見道光《章邱縣志·藝文》、《濟南府志·經籍》。

## 【領頭書】

見《古典戲曲存目彙考》，提要略云："《曲錄》著錄。《曲海總目提要》有此本，云：'近時濟南袁聲作。'演金定、劉翠翠事。本事出瞿佑《剪燈新話·翠翠傳》，亦見《情史》引。作者自序謂：親至道場山，土人猶能指金、翠葬處。及過淮陰，父老傳聞，其說較詳。則真有此事無疑。但此劇以夫婦復合，作團圓歸結。所謂《領頭書》者，金、翠以詩縫衣領內，故名。《拍案驚奇》中'李將軍錯認舅，劉氏女詭從夫'，即其事。明葉憲祖亦有《金翠寒衣記》一劇。佚。"

## ◆ 袁 㷆

㷆一名氣，號泰丞，章丘人，聲弟。諸生。九歲善屬文，喜詩曲。《濟南府志》卷四十九有傳。

## 【烟雨樓詩】

是編見道光《章邱縣志·藝文》。《濟南府志·經籍》、《山東通志·藝文》作《煙雨樓稿》。

"袁㷆"，《山東通志·藝文》作"袁㷠"，茲據《章丘縣志·藝文》及本傳改。

按《縣志》袁奇蘊傳，奇蘊有三子：聲、㷆、韻。

## ◆ 袁 韻

韻字清越，章丘人，聲、㷆之弟。

## 【麟經匯海八十卷】

與其兄袁聲同撰。見袁聲著作。

## ◆ 劉孔和

孔和字節之，長山人，鴻訓子。諸生。少倜儻，好談兵。文章豪邁洞達，詩尤奇恣。崇禎間聚眾數千，起兵長白山，殺李自成偽令數人。率眾抵淮，以兵屬劉澤清，爲其所害，年僅三十一。《濟南府志》卷五十、《長山縣志》卷八有傳。《漁洋山文略》卷五有《劉孔和王遵坦傳》。

## 【兵書一冊】

見《山東通志·藝文》（據《鄉園憶舊錄》）。

## 【日損堂詩集】

見《濟南府志·經籍》、《山東通志·藝文》。《山左明詩鈔》作《日損堂集》。

《山東通志·藝文》引《帶經堂集·跋日損堂詩海陵本》云："節之詩天才奇恣，元刻載之備矣。後屬曹耕隖、鄧孝威重刻於海陵，刪其拗句拗字不合者，不爲無功，然本色亦稍減矣。即此本是也。並存之，仍題數語，以际識者。"

《山左明詩鈔》卷三十四載其詩三十二首。《長山縣志》卷十五載其《庚辰先相國文集成感賦》詩一首。

## 【日損堂初稿不分卷】

現存：舊鈔本（二冊），中國科學院文學研究所藏，《清人別集總目》、《清人詩文集總目提要》著錄。

## 【練要堂文集】

見《濟南府志·經籍》、《山東通志·藝文》。

## ◆ 王 氏

鄒平人，長山劉孔和妻。明末隨夫南遊，夫遇害，氏投江，一老尼救之，遂避難鎮江。適庵中有大悲像，與投江時所見無異，不勝驚感。還家造大悲殿于峪勝庵，聖像莊嚴，遂成勝境。究心內典，守節五十年，八十一卒。《濟南府志》卷五十八有傳。

## 【兩警錄】

見《山東通志·藝文》（子部雜家類）、《鄒平縣志·藝文攷》。

《山東通志·藝文》引《鄒平志》云：“明末隨夫南渡，夫爲劉澤清所殺，氏投於江，覺江中有物載之，不能死。乙酉旋里，築室長白山中，長齋繡佛，摭古先嘉言善行，編輯成帙，名曰《兩警錄》，蓋自警以警人也。”

### ◆ 朱　鈺

鈺字子濤，號巖公，陽信人。明諸生。《陽信縣志·文行傳》云：“素以忠孝自命，睥睨當世，有攬轡澄清之志。遭世大亂，與毛生如瑜、光生嶽奇悲歌慷慨，見于篇章。天下既定，浪遊吳越，既歸，遂卒。”

#### 【糊庵詩草】

見《山東通志·藝文》。《續修四庫全書總目提要（稿本）》著錄清乾隆間利津李氏鈔本（不分卷）。《國朝山左詩鈔》作《糊庵草》。《陽信縣志》本傳作《瓠庵草》，傳云：“嘗自號一劍客。”《惠民縣志》本傳作《瓠菴草》，傳云：“自號一劍子。”

《山東通志·藝文》：“《縣志》載侯封公是編《序》略云：‘聲色悲壯，氣骨嶙峋，一種嶔崎磊落、夭矯陸離之狀，尤不減少陵，所云語不驚人死不休也。而閒情寓意，詠及山川、草木、花鳥、禽魚，摹擬刻畫，無不有關于人心風俗，非獨才異，抑且性至而情真也。’”

《國朝山左詩鈔》卷八載其《菊格詩》、《秋郊》詩二首。

#### 【巖公詩集】

見《國朝山左詩鈔》。

#### 【一劍草】

見《國朝山左詩鈔》。民國《陽信縣志》本傳云：“嘗自號一劍客。”《惠民縣志》本傳云：“自號一劍子。”

#### 【南遊紀事小草】

見《惠民縣志》本傳。

### ◆ 毛如瑜

如瑜字貴甫，號太瘦生，陽信人。明諸生。

#### 【太瘦生稿】

見《國朝山左詩鈔》、《山東通志·藝文》。《續修四庫全書總目提要（稿本）》著錄清乾隆間利津李氏鈔本（不分卷）。

《山東通志·藝文》引《縣志》載李煥章《毛異人墓銘》云：“自負擔簦，日馳數十里，遇佳山水，憑弔賦詩，歌以見志。過逢萌、管幼安、仲長子先、徐孺子、申屠子蟄墓上，輒依依不能去。一日，余友人成某聞門外歌曰：‘只今猶是有心者，怕有山前荷蕢知。’出視之，一人荷擔而立。成君曰：‘君非陽信毛貴甫乎！’俱大笑。國變後，絕意家園，遊愈遠，遂老死。貴甫皆異於人，故名異人云。”

《國朝山左詩鈔》卷八載其《登北嶽》、《冬日懷伯器》二首。

### ◆ 光嶽奇

嶽奇字平子，號隱然，陽信人。明末廩生。聞李自成陷京師，輒披髮佯狂，號泣投井死。

其詩集未見著錄。《山左明詩鈔》卷三十二載其《霆雨》、《哭陳莓苔同社》詩二首。《武定明詩鈔》載其《霆雨》一首。

#### 【旦復旦傳奇】

見民國《陽信縣志·忠義傳》。

### ◆ 王明臺

明臺，歷城人，名不詳。

#### 【王明臺先生集】

見《歷城縣志·藝文考》（據《蒿庵集》）、《山東通志·藝文》。

《歷城縣志·藝文考》引《蒿庵集》張爾岐《序》曰：“鄧子溫伯當崇正壬申讀書濟南，與王子含九爲友。含九爲溫伯稱詩，懽甚也。其秋，予之濟南視溫伯，因得交含九而讀其詩。越明年，予繫濟南郡獄，二人時時挾詩囊茗椀視予獄中。余時雖對簿，方以暇讀漢魏以下詩，時從含九考論升降工拙，言咏相樂。而含九忽病，病以不起聞矣。會予事解，與溫伯往哭於其寢。索其詩不可得，得一束書於敗紙中，如所謂詩薰者，持以歸，則其父明臺先生遺墨也。溫伯愴然曰：‘此吾含九詩所自出也。不得含九詩而得其詩所自出，將以遇明臺先生者遇含九，庶在斯乎？」負此同心者之責於地下，予不得以不敏辭矣。嗣是二十三年歲乙未夏，溫伯乃為釐定，詩、雜文、詩餘合一冊，謂余曰：「昔吾兄弟與含九稱詩，聞其抵掌談其先人時事及詩與俳諧小令，未嘗不俯仰嘆絕。今含九墓木中梁柱矣，而其先人集始成，子可不為一序之？」予曰：「含九肆力於詩，不傳。含九不及自傳其先人之詩，而待其友以傳。吾二人負其再世之責均也，何敢辭！」然予生不及見先生之詩、先生之人，以得之先生之子及所嘗與遊者為可據，先生誠材至奇、義至高、遇至窮矣。當童子時，有博雅聲，立談訕一，趙僉憲願授甥室。為諸生，有聲四方薦紳學士間。老以學博士，貧困以死。其既老而困也，邑有大猾，能以危法中人，快其睚眦，友視長吏，而爾汝士夫。先生眾中大辱之，猾氣折不敢出一語。既又上書蕭司寇、邢太僕，暴其惡。二人者，猾故所諂事也。猾卒以法死。今讀其書，有蒼涼悲壯隱然難平者，有精悍豪舉駘蕩自奇者，有凄風感月狂哀沉痛而不自已者，皆不可下之氣，屢變而加厲也。其服薦紳學士而折大猾，皆是物矣。昔子瞻之論太白曰：「士以氣為主。方高力士用事，公卿大夫爭事之，而太白使脫靴殿上，固已氣蓋天下矣。使之得志，必不肯附權倖以取容，其肯從君於昏乎？」予亦謂：「以先生之氣而乘權藉勢，卒遇窮奇檮杌之姦，必能出剗兕截蛟之利器，奮霆擊風發之大勇，成拔本絕源之快舉，肯與之一日共立人主之廷乎？」惜也其莫之用，而僅以一猾試也。或以其嘆老嗟卑，屢形於言為，不能安義命。吾嘗論世之困而不怨、怨而能平者，其人必聞道者也。不然，則萹弱不振，甘為人下者流耳。夫以先生之才之氣，而不得一試其鋒，貧困以死，斯不亦古之傷心人也耶！何怪其然也？嗟乎！含九文為一時雄，溢而為詩。文不遇，而詩又不傳，而又無復如含九者為之子，方此為尤痛矣。噫！」

又《歷城縣志・藝文考》按云：「王明臺及含九皆未詳何名，姑附於此。」

### ◆ 王　在

在，歷城人。諸生。

#### 【藋食草】

見《歷城縣志・藝文考》（採訪抄本，卷未詳）、

《山東通志・藝文》（集部別集類）。

《歷城縣志・藝文考》：「在，縣諸生。明季山東數被兵，在條陳防禦之策，多中機宜，集中上巡撫諸書是也。惜其全不可盡見耳。」

### ◆ 妙　登

崇禎間居濟南正覺寺，博通釋典。其弟子元璽順治初居東佛峪之般若寺。《歷城縣志》卷四十五有傳。

#### 【金剛經宗要】

見《歷城縣志・藝文考》、《山東通志・藝文》（子部釋家類）。《縣志》本傳云：「釋妙登，自明崇正時居正覺寺。博通釋典，撰《金剛經宗要》。」

#### 【楞伽經宗要十卷】

見《歷城縣志・藝文考》、《山東通志・藝文》（子部釋家類）。

《縣志・藝文》載其崇禎壬午《自序》。又本傳云：「以《楞伽經》為諸佛心印，而文義簡奧，望崖者眾，遂研精三譯，討論諸家，成《楞伽經宗要》十卷。」

### ◆ 張元英

元英字孟育，歷城人。諸生。

其詩集未見著錄。《山左明詩鈔》卷三十五載其《贈葉奕繩》詩一首，小傳引葉奕繩（承宗）云：「客問歷下孰為好學，予曰：『其張孟育乎？人多求田問舍，張獨積書插架，一難也；人多充棟塵封，張獨歲校數百卷，二難也；人胸無片墨輒肆雄談，張獨深藏若虛，三難也。』客曰：『雖未見張公，言亦復佳矣。』」

### ◆ 呂懋修

懋修字孟玉，號欽所，章丘人。崇禎間副貢。官絳州學正。《濟南府志》卷四十九有傳。

#### 【唾餘集】

見道光《章邱縣志・藝文》（《縣志》本傳作《唾餘詩稿》）、宣統《山東通志・藝文》。《濟南府志・經籍》作《唾餘詩草》。現存：清乾隆十五年呂守堯鈔本（不分卷），山東省圖書館藏。

《山東通志・藝文》引《繡水詩鈔》云：「其詩

不拘平仄不拘韻。”

### ◆ 張光啟

光啟字元明，章丘人，諸生。崇禎末遭撫薦不起，隱白雲湖上，自號梅公巖老漁。《濟南府志》卷四十九有傳。

#### 【自娛草四卷】

見道光《章邱縣志·藝文》（無卷數）、《山東通志·藝文》。《山東通志》本傳云：“著有《張仲詩集》。”現存：民國十二年章丘張氏石印本（作《張仲子自娛草》四卷），山東省圖書館、山東省博物館藏，《山東省博物館藏明清民國山左學者著述知見錄》著錄。前三卷爲詩，第四卷爲書、記、制藝諸體文。

《續修四庫全書總目提要（稿本）》著錄抄本（一卷），提要略云：“是集乃新城王士禎所選評之本，共詩百十二首，以近體爲多。……大抵光啟抱璞守真，不仕新朝，遯跡於山泉林壑之間，以終其身，故其詩亦皆規度安閑，神情愈怡，有隱然見志之概。……是冊爲章邱孟雨丞自其家抄出者，豕亥魚魯，滿紙皆是。如能重爲校訂，付梓以傳，庶可不沒其苦心矣。”

《山東通志·藝文》：“是集《縣志》不著卷數。《繡水詩鈔》云四卷。《居易錄》云：‘光啟少爲諸生有名，爲梅長公、朱未孩二公所知。崇禎庚辰年四十，遂棄諸生，闢一圃曰“省園”，以種樹藝花自樂。亂後足不履城市，年八十餘卒。有《張仲集》詩若干篇。予刪存百餘首，往往可傳。嘗有句云：“盡日閑看高士傳，一生怕讀早朝詩。”即其志可知也。’”

《國朝山左詩鈔》卷七載其詩二十二首。道光《章邱縣志·藝文》載其《訪廉處士故宅》、《遊白雲湖同侯夷門畫師王忠銘李村之王譽斯》詩。

### ◆ 張四箴

四箴字心勿，新城人。府學生。明末好兵策，奮髯扼腕，輒思請纓自效。鼎革初，弃諸生，躬耕隱居，時爲歌詩以寓意。兄爲藩掾，死濟南戊寅之難，徒步二百里，負骸骨以歸，里人義之。康熙甲辰春，無疾而逝。《濟南府志》卷五十五有傳。

#### 【濯足軒詩集一卷】

見《山東通志·藝文》（據《漁洋文略》）。《山左明詩鈔》、《濟南府志·經籍》作《濯足軒詩》，無卷數。《重修新城縣志·藝文》作《濯足軒詩》一卷。

《山左明詩鈔》載其《謁岳武穆廟》、《柳絮有感》詩二首。

### ◆ 張　麟

麟，新城人。明末諸生。入清後改名霖，字杏墻，號曳尾堂主人。

#### 【杏墻詩集】

見《重修新城縣志·藝文》。《縣志》本傳作《杏花村落花影詩集》，傳云：“新城有四高士，麟其一也。隱居張店東北之玉溝崖，鑿地穴爲屋，屋外徧種杏樹，故時人呼爲杏墻公。清初三徵不出，所居左近鑿池，築臺環以松竹，興到輒飲酒賦詩，超然世外。臨終預知時日，集家人衣明代衣冠，禮天地祖先畢，臥榻瞑目而逝。著有《杏花村落花影詩集》，王漁洋爲之序行。”

### ◆ 高有恒

有恒字維貞，號繩念，濟陽人。崇禎間恩貢。考授知縣，未仕卒。《濟南府志》卷五十一、民國《濟陽縣志》卷十一有傳。

#### 【草元居詩稿】

見《山左明詩鈔》（作《草元居詩》）、《濟南府志·經籍》、《山東通志·藝文》、民國《濟陽縣志·著述篇目》。

《山東通志·藝文》：“是集見《縣志·藝文》，有蜀人張亮《序》。又本傳云：‘文名籍甚，詩尤擅宗盟，與邢信卿爲筆硯交，相頡頏，集一時名人爲詩社，吟詠贈答無虛日。’”

《山左明詩鈔》卷二十九載其《樓居雜興》、《重陽後邢信卿過訪》、《九月八日送馮青方還北海》詩三首。民國《濟陽縣志·藝文》載其《即席贈張太學見素》、《龍明府同廣文南樓閱兵時開樽舉酒風雨驟至》、《九日同諸知己飲董用晦齋中》、《正月十六日郭明府招同戴仞翔董用晦邢信卿宴集韻得燈字》、《九日王廣文師招諸同人齋中夜飲韻得陽字》、《送王廣文師還濟陰》、《題王廣文師淡室》、《寄任方梅金溫其讀書山寺中》、《寒食邀張老師濟水泛舟》、

《重陽後邢信卿過訪》等詩。

## ◆ 盧九一

九一，禹城人。崇禎間貢生。

### 【讀孟筆記】

《禹城鄉土志》云："九歲通《十三經》，以此爲名。著有《讀孟筆記》。"

## ◆ 朱之光

之光，臨邑人。崇禎間布衣。《臨邑縣志》卷九有傳。

### 【元氣化育錄】

見《臨邑縣志·藝文上·著述》、《山東通志·藝文》（子部雜家類）。

### 【三才疏略】

見《臨邑縣志·藝文上·著述》、《山東通志·藝文》（子部類書類）。《縣志》本傳作《三才略》。

## ◆ 康　溥

溥字元明，號正峯，陵縣人，丕揚猶子。崇禎間副貢。官臨朐訓導。《陵縣志》卷二十有傳。

### 【厭陽彙二十四卷】

見《濟南府志·經籍》、《山東通志·藝文》（集部別集類）。

《山東通志·藝文》引《縣志》云："溥文以盧陵爲宗，今止存二十餘首。其《小桃源記》、《致一齋記》，德州孫參議勷極推重之。"

《陵縣志》卷十六載其《侍御公家傳》（侍御公，康丕揚也）、《邑侯高公保障陵城碑》。

## ◆ 康　湛

湛字完虛，號遠峯，陵縣人，丕揚季子。諸生。官鴻臚寺序班，甲申旋里。入清兩膺辟召，以母老不出。《陵縣志》卷二十有傳，卷十六有高珩《遠峯康公墓誌銘》。

### 【萬紫園集】

見《國朝山左詩續鈔》、《濟南府志·經籍》、《山東通志·藝文》。

《山東通志·藝文》云："是編乃其詩集，見《縣志》。"《陵縣志》本傳作《萬柴園集》，疑誤。

《國朝山左詩續鈔》卷一載其《憶化者》、《懷邢玉衡》詩二首。《陵縣志》卷十六載其《懷邢玉衡》一首。

## ◆ 李日升

日升字中天，陵縣人，廩生。《陵縣志》卷十九有傳。

### 【闢邪論】

《陵縣志》本傳云："著有《闢邪論》，爲世所重。"《縣志·藝文》載此文一篇，作《闢邪說》。

## ◆ 李嗣宬

嗣宬字韞玉，德州人。庠生。《德縣志》卷十五有程先貞《李韞玉傳》。

其詩文集未見著錄。《德縣志》卷十五載其《討逆檄文》一篇。

## ◆ 史延齡

延齡字松軒，武定州人。崇禎間歲貢。任青州訓導，卒於官。

### 【野史集】

見《武定明詩鈔》、《山東通志·藝文》。

《山東通志·藝文》："《府志》載是集，無卷數。舊《通志》一卷。"

《武定明詩鈔》收其《謁許忠節公祠次韻》、《書李伯淵中丞傳後》詩二首。

## ◆ 宋之侃

之侃字忠銘，泰安州人。崇禎間歲貢。

### 【雲根山房詩集】

見《重修泰安縣志·著述》。

## ◆ 王元羔

元羔字績卿，霑化人。歲貢。

## 【崑崙遊】

民國《縣志·隱逸傳》云："仿《西遊記》，作《崑崙遊》。"

光緒《霑化縣志·藝文》載其《西遊餞別》詩一首。

### ◆ 張 縝

縝字子密，號愛竹，平陰人。歲貢生。歷官濟南德藩教授。

## 【畏疊山房文集】

見光緒《平陰縣志·著述》，注云："崇禎辛巳燬於兵燹。"

### ◆ 劉 實

實號太極，新泰人。博極羣書，作詩文以自娛。

## 【太極詩集】

見《山東通志·藝文》（據《府志》）。

### ◆ 盧出光

出光，平陰人。

## 【省嫗詩集】

見康熙《平陰縣志》卷八《古今著述目錄》，注云："今逸。"光緒《平陰縣志·著述》亦云逸。

### ◆ 呂獻策

獻策，德州人。

## 【幼幼心書】

見《德縣志·邑人著作》。

### ◆ 石 瓛

瓛字瑞卿，平原人。初習舉業，年三十即弃科舉之學，有志濂洛關閩，杜門撰述，不接官府。《平原縣志》卷八、《濟南府志》卷五十二有傳。

## 【性命道德書】

見《平原縣志·藝文》，原注云："國初爲知縣崔掄奇取去，不審已鋟板否？"

### ◆ 王 傑

傑，海豐人。

## 【詩稿】

《無棣縣志》本傳云："由吏員任通州舊倉大使，以禮解任，歸築別業，臨月明灣，稱月湖先生。著有《詩稿》存於家。"

### ◆ 王 晉

晉字明甫，號康侯，又自號玄圃居士，淄川人，君賞季子。

## 【玄圃公集一卷】

現存：民國七年順和堂石印局石印《王氏一家言》本（在卷七），青島市圖書館藏；《山東文獻集成》影印。收錄五言律、七言絕、六言絕各一首。作者小傳云："詩文散失無存，僅搜得三首，所謂徑寸珊瑚，倍足珍也。"

### ◆ 王克謹

克謹號春臺，長清人。官安丘教職，升萊州教授。《濟南府志》卷五十二有傳。

## 【詩文】

道光《濟南府志》本傳云："著述詩文甚富，惜不傳。"

### ◆ 王 繡

繡，樂陵人。

## 【樂陵縣志初稿】

見《樂陵縣志·撰著篇目》。

### ◆ 王與端

與端字方函，新城人，象泰子。官上林苑署丞。嗜學，工詩畫，尤以金元詞曲名家。先是濟南有李中麓、袁西野、劉五雲皆以北曲擅場，與端後出，與之頡頏焉。《濟南府志》卷五十一有傳。

## 【栩齋集】

見《濟南府志·經籍》、《山東通志·藝文》。

## 【栩齋詞曲】

《重修新城縣志·藝文》據張象津《新城後志稿》著錄。

### ◆ 李人龍

人龍字雲林，章丘人。

## 【元律二卷附五聲二變旋宮起調圖譜一卷】

現存：明末抄本（題"章邱李人龍雲林甫箋"），中國藝術研究院圖書館藏，見《第三批國家珍貴古籍名錄圖錄》。

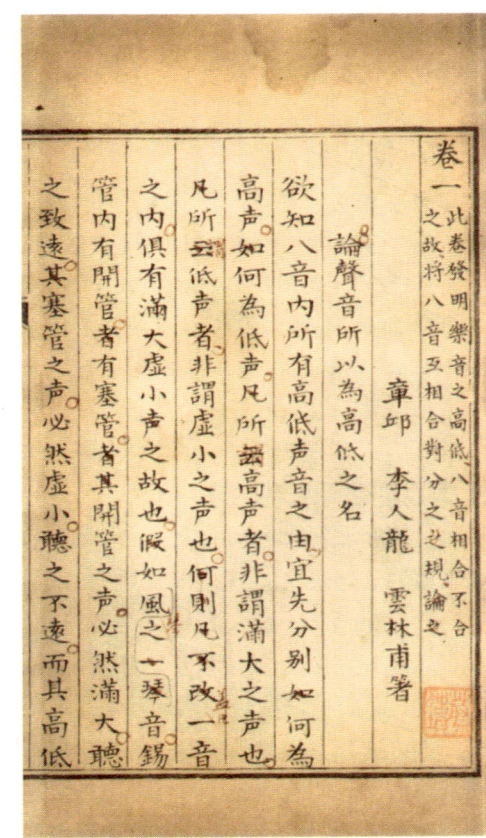

《元律》二卷　明末抄本

### ◆ 邢 奇

奇字彥美，長清人。以薦授河泊官。《濟南府志》卷五十二有傳。

## 【繩菴集】

見《長清縣志》、《山東通志·藝文》。

### ◆ 許用敬

用敬字孟輿，臨邑人。布衣。邢侗弟子。《濟南府志》卷五十二、《臨邑縣志》卷九有傳。

## 【紉蘭館草】

見《臨邑縣志·藝文上·著述》、《山東通志·藝文》。《濟南府志》本傳云二冊。

《山東通志·藝文》引《縣志》本傳云："間爲小詩，詩格在中晚間。著有《紉蘭館草》。"

### ◆ 袁奇薀

奇薀號海靈，章丘人。《濟南府志》卷四十九有傳。

## 【春秋刪】　【春秋題解】

見道光《章邱縣志·藝文》、《濟南府志·經籍》、《山東通志·藝文》（經部春秋類）。

### ◆ 張繼業

繼業號東山，平陰人。官王府審理。事見光緒《平陰縣志·隱逸傳》。

其詩文集未見著錄。《肥城縣志》卷一載其《登牛山西峯》、《登西嶺牛角峪題詩二律》、《陪許張二文宗遊陶山》、《清明後遊陶山》等詩，卷二載其《題用禪師舊院》、《題壁》、《幽棲寺》及《清明再遊》等詩。

## 【陽宅十書】

見《山東通志·藝文》（子部數術類）。康熙《平陰縣志》卷八《古今著述目錄》、光緒《平陰縣志·著述》俱云逸。

### ◆ 張 經

經，歷城人。崇禎恩貢生。己卯守北城殉節。

## 【論語中庸亦說】

見《歷城縣志·藝文考》、《濟南府志·經籍》、《山東通志·藝文》（經部四書類）。

## 【仁義辨】

見《歷城縣志·藝文考》、《濟南府志·經籍》、《山東通志·藝文》（子部儒家類）。

## ◆ 張巨鯨

巨鯨字海空，歷城人。

### 【練兵紀略八卷】

見《歷城張氏世系譜》、《山東通志·藝文》（子部兵家類，“紀”作“記”）、《續修歷城縣志·藝文考》（注：採訪）。

## ◆ 趙時升

時升，平原人。

### 【醫學意譜】

見《平原縣志》、《山東通志·藝文》（子部醫家類）。

## ◆ 周宗嶽

宗嶽字鳳山，濱州人。

### 【脈學講義】

《山東通志·藝文》（子部醫家類）：“是編舊《通志》作《脈學衍義》，兹據《圖書集成》所引《濱州志》。”

## ◆ 白德游

德游，號嘯雲，濱州人。明末諸生。

### 【詩草】

《濱州志·藝文》載其《讀名臣錄奉懷仝郡前輩遺直四賢謀入廟祀有作》詩一首，末附杜堮識云：“查白德游號嘯雲，明末諸生，先大參公兄弟所從受業也。余家存其《詩草》，錄出此篇。”

## ◆ 趙　熠

熠，平原人。增生。官太醫院吏目。

### 【活幼心法】

見《平原縣志》、《山東通志·藝文》（子部醫家類）。

## ◆ 張　澄

長清潘家店人。世爲農，門户寖盛，子孫百餘口。《濟南府志》卷五十二有傳。

### 【家訓】

見道光《濟南府志》本傳。本傳云：“世世爲農，門戶寖盛，子孫百餘口。作《家訓》，建世德祠，每月朔聚子孫祠內，講明家訓。子孫服其教，衆皆和睦，迄五世合食無異言。”

## ◆ 何可量

可量字汝器，號玉谿，平陰人。廩貢生。官邳州州判，治河勤瘁有功，尋遷晉臬知事，解組歸里。光緒《平陰縣志》卷四有傳。

### 【玉谿集】

見《山東通志·藝文》（據《府志》）。

## ◆ 懷　晉

晉字麗明，歷城人。諸生。年四十八明亡，哭辭孔子廟，隱山中。初居礦村，晚居堰頭鎮，受業者甚多。莅平王曰高巡撫直隸，延教子弟，半載即歸。年八十，預知死期，至期沐浴而卒。《歷城縣志》卷四十四、《濟南府志》卷五十三、《齊河縣志》卷二十七有傳。

### 【周易訓蒙輯要四卷】

見《歷城縣志·藝文考》、《濟南府志·經籍》、《山東通志·藝文》（經部易類）。

《山東通志·藝文》：“是書刊於康熙乙丑。唐夢賚《序》略云：‘《輯要》一書，以晦翁《本義》爲標的，而於諸家註疏櫽括而節取之，參以獨得之祕。其門人之言曰：不博覽諸先達注疏與各時賢講解，不知其簡而該、明且盡也。’見《志壑堂後集》。”按：此書康熙乙丑（二十四年）刻本，今未見各家收藏。

《歷城縣志·藝文考》載晉《自序》畧曰：“聖人立言，以教天下萬世，原非示人艱深繁難也。故《易》之為書六十四卦，伏羲僅以象告；文、周慮人之弗明，而繫辭以明之；孔子又作十傳，以反覆申明之，既詳且盡。盖欲學者於此居安樂玩，以為日用飲食之書；至於因理測數，教人卦筮，則又示人進退存亡之道，而未嘗有趨吉避凶之方也。術數者流，專言吉凶，既失聖人立教之旨；談理之家深刻其説，希新後學厭常之目。遂使吾黨學者，非目為艱深，則厭其繁難，漸至訓詁無人，而治《易》者寡，即究心舉業，亦不過選題集文以為捷徑，而明經之説竟成迂腐。嗚呼！四聖人憂世覺民之意，不幾熄乎？余不敏，欲引人以樂從也，故合朱註及諸家解義，採而輯之，以求讀者之易曉；間亦附以己意，雖於理未盡明，聊為童蒙指南云爾。"據本書。又載門人李天錫《書後》署曰："懷先生結廬鑛村之陽，怡情泉石，絶口不言仕進，惟以窮經為事，而治《易》尤精。因執《易》來學者多探索之勞，乏會心之樂。先生曰：'夫易之道，乾坤而已。乾坤之理，易簡而已。易簡之理，仍以易簡求之，則廣大精微，自有合也。'因就《周易集註》筆削而增減之，求發明朱子《本義》而止。其書簡而該，明且盡。凡我同學諸子，已各繕寫一帙，而終未能廣其傳，因共謀捐貲，以登諸梨棗。於戲，先生往矣！廣衍經學，同期寡過，或亦先生當年之志也夫！"

按：懷晉先世爲齊河懷莊人，民國《齊河縣志·藝文》亦載此書《自序》，並節錄李天賜《書後》。

## 【四書易解】

見《歷城縣志·藝文考》、《濟南府志·經籍》、《山東通志·藝文》（經部四書類）。

《歷城縣志·藝文考》引《府志》云："晉所著《易訓輯要》，門人梓之。其未梓《四書易解》及《文集》藏於家。"

## 【陰符經注】

見《歷城縣志·藝文考》、《山東通志·藝文》（子部道家類）。

《歷城縣志·藝文考》："見衛既齊《懷氏雙親節烈行實序》，卷未詳。"

## 【懷晉文集】

見《歷城縣志·藝文考》、《濟南府志·經籍》、《山東通志·藝文》。

《山東通志·藝文》："《縣志》載其集云：'按懷世昌《雙親行實》載晉《漫興》詩云："不在城兮不在山，飢時喫飯困時眠。等閒悟得元中妙，勝讀南華第幾篇。"又云："二十年來歲月深，幾番歡笑幾番顰。舉頭時見中秋月，向在天邊今在身。"亦擊壤、

白沙之遺音也。'"

《齊河縣志》卷三十載其《漫興詩二則》。

### ◆ 懷世昌

世昌字鳳占，歷城人，晉子。

## 【雙親節烈行實一卷】

見《歷城縣志·藝文考》（據本書）、《濟南府志·經籍》、《山東通志·藝文》（史部傳記類）。

《山東通志·藝文》："《縣志》載是編，并載衛既齊是編《序》略云：'甲戌十月，余自黑龍江還里。十二日，而山左懷孝子來視余。留居半月，每晨必潔掃其室，焚香陳父遺書而拜叩之，問答間不溢一語，惟談定性之學。述其父所注《易》及《陰符經》，輒以抱元守一、有爲無爲相示。將歸，以手紀父母事實索余爲之序。其辭樸，其義晰，哀慕之情，溢於楮墨外。誠孝子也！嗚呼，足以風矣！'"

### ◆ 梁士奇

士奇，平陰人。諸生。

## 【樂府雜詩】

見《山左明詩鈔》、《山東通志·藝文》。

《山左明詩鈔》卷三十載其詩十五首。

### ◆ 劉思義

思義字繼賢，春瓢其別號也，禹城人。諸生。《濟南府志》卷五十二有傳。

## 【春瓢集】

《山東通志·藝文》："是集見《徵選山左明詩啟》。《縣志》本傳云：'吟詩極艱苦，每一作，呻吟數日方成，然往往有佳句人所不能到者。所著詩文百餘篇藏於家。'"

### ◆ 譚尚忠

尚忠字濬川，淄川人。諸生。

## 【蒼檜廬詩稿】

見《淄川縣志》、《山東通志·藝文》。

### ◆ 王丕襄

丕襄字贊甫，霑化人。明末諸生。所著詩古文詞各盡其妙，詩餘尤膾炙人口。光緒《霑化縣志》卷十有傳。

【棟花館詩集一卷】

見光緒《霑化縣志》本傳、《山東通志·藝文》。

《武定府志·藝文》載其《登霑化惠果院塔》詩一首（《國朝山左詩續鈔》、光緒《霑化縣志·藝文》作《登惠果院塔》）。

【鶯花亭詩集】

見民國《霑化縣志·著書目錄》。

【鶯花亭詩餘三卷】

見光緒《霑化縣志》本傳、《山東通志·藝文》（集部詞曲類）。

民國《霑化縣志》本傳云：“有《棟花館詩集》一卷、《鶯花亭詩餘》三卷。李宮詹擬其品如蒼松古柏，挺然於嚴霜積雪之中。”（詠按：宮詹謂李呈祥。）《縣志·著書目錄》無《詩餘》，而有《鶯花亭詩集》，疑誤。

### ◆ 吳汝弼

汝弼字心逸，霑化人。明末庠生。光緒《霑化縣志》卷十有傳。

【周易揆方二卷】

見光緒《霑化縣志》本傳、《山東通志·藝文》（經部易類）。

### ◆ 王啟叡

啟叡字聖臨，又曰聖思，號玉煙，又曰玉琴，淄川人，諸生。《濟南府志》卷五十有傳。

【水絃樓集】

見《濟南府志·經籍》、《山東通志·藝文》。《續修四庫全書總目提要（稿本）》著錄濰縣丁氏傳鈔本，作《水絃樓集殘本》不分卷附《西湖三體詩》。現存：稿本（作《水絃樓詩文底稿》一卷，一冊），山東省博物館藏，《中國古籍善本書目》、《清人別集總目》著錄；《山東文獻集成》影印。《國朝山左詩鈔》作《冰絃樓詩》。

《山東通志·藝文》：“《縣志》本傳云：‘古樂府以數百計，近體以數千計。花木草蟲，上及國是，形之謠誦。庚寅辛卯間，從友于松、于衢探奇弔古，徧搜名勝可喜可愕、可泣可歌之事，一寄之於詩。嘗作《殷宮古柏》律詩上下平三十首，詩成，喀血幾殆，其苦心如此。然其詩幽杳幻僻，欲以未經人道之語爲必可傳世之業，興酣墨飽，浩淼空濛，亦有才多之累焉。其《水絃樓集》手錄者盈尺許，惜未有選而刻之者。’又《山左詩鈔》云：‘玉琴遊西湖旬日，爲五、七言律、七言絕各一百首，已而歸老于家。其《自序》云：“擬古二千首，歌行、近體千五百首。”今所得二冊，其一皆古體，署曰《辰集》，意當有十二冊矣。其一則《西湖詩》，爲蠅頭細字，書法絕似邢太僕。所著又有《四部古樂府》云。’”

《國朝山左詩鈔》卷四存其《昌國君行》、《西湖詩》（四首），凡五首。《淄川縣志·藝文》載其《水絃樓》、《書龍門石上》、《新建鄭康成祠》、《秋日登礬山》、《南遊書水絃樓壁》詩五首。

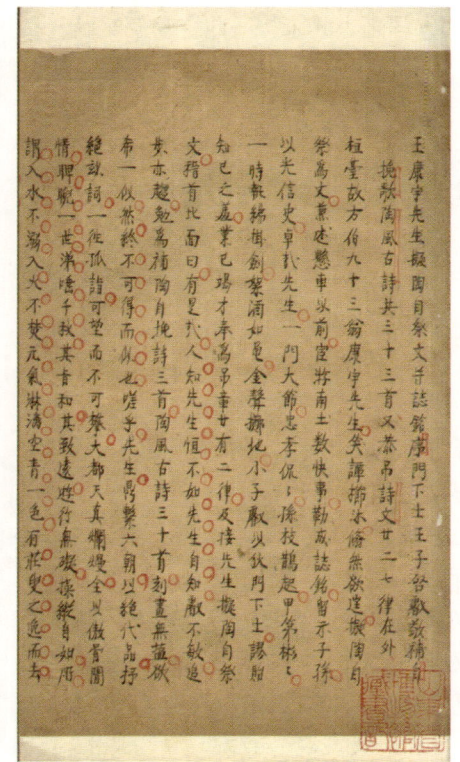

《水絃樓詩文底稿》一卷　山東省博物館藏稿本

## 【西湖三體詩】

見《國朝山左詩鈔》、《山東通志・藝文》。《續修四庫全書總目提要（稿本）》著錄濰縣丁氏傳鈔本，附《水絃樓集殘本》後。參見上條。

《國朝山左詩鈔》卷四存其詩五首，其中《西湖詩》四首（《歸雲庵》《柳洲亭》《姑蘇臺》《寶髻塔》），蓋即出於此集。

## 【日觀三珠樹唐聲集】

王啟叡編。《山東通志・藝文》（集部總集類）著錄，引《山左詩鈔》云："案，玉琴初學詩於新城王季木，而北海王太平又玉琴弟子也。嘗同登泰山觀日出，既而自定其詩，并編季木、太平之作，題曰《日觀三珠樹唐聲集》。"

## 【四部古樂府】

《國朝山左詩鈔》附案云："所著又有《四部古樂府》。"蓋均爲曲類著作，《山東通志・藝文》未收。

### ◆ 楊嘉言

嘉言，樂陵人。諸生。乾隆《樂陵縣志》卷六有傳。

## 【樂陵雜記】

《山東通志・藝文》（史部地理類）著錄，提要云："乾隆《樂陵志》稱是書爲邑志權輿。"《樂陵縣志・撰著篇目》作《雜記》。

### ◆ 于秉純

秉純字誠庵，自號真真子，平陰人。諸生。

## 【誠庵詩】

見《山東通志・藝文》（據《府志》）。

### ◆ 張志海

志海字宗陸，海豐人。諸生。

## 【友善堂詩集】

見《武定詩補鈔》。

### ◆ 陶堯俞

堯俞字時雍，萊蕪人。諸生。崇禎癸未城陷被執，不屈死。

## 【大易講義】

見民國《萊蕪縣志・藝文》。又《縣志》本傳云："著《大易講義》一書，詞約而理暢。"

### ◆ 董　從

從字大同，自號癡叟，萊蕪人。諸生。工詩善書法。爲人豪邁亢簡，不合時趨。好縱酒，嬉笑怒罵，悉寓於杯鐺中。民國《萊蕪縣志》卷二十有傳。

## 【癡叟詩集】

見民國《萊蕪縣志・藝文》。

### ◆ 張相漢

相漢字韓忠，號忍侯，新泰人。明崇禎間貢生。官滎河知縣。入清隱居不仕。

## 【應詔條議】

見《泰安府志》、《山東通志・藝文》（史部詔令奏議類）。

## 【新邑志畧】

見《新泰縣志》本傳、《泰安府志・藝文》。

## 【燕遊草】【淮遊草】【秦遊草】【晉遊草】【塞上吟】【悲秋吟】【不擇音】【觳音文集】【再甦吟】

見《新泰縣志》本傳、《泰安府志・藝文》、《山東通志・藝文》。

## 【續貂吟】【廢驢吟】

見《新泰縣志》本傳、《山東通志・藝文》。

### ◆ 楊　謹

謹，歷城人。

其詩集未見著錄。《山左明詩鈔》卷二十九載其《夏日溪堂》一首云："村居無廣厦，松竹自成陰。長日林中臥，風枝落苧襟。時憐野漁唱，復愛晚蟬吟。孤酌還乘興，臨流理素琴。"

### ◆ 朱永思

永思字在莪，歷城人。

## 【蓼莊遺詩】

見《國朝山左詩續鈔》、《濟南府志・經籍》、《山東通志・藝文》、《續修歷城縣志・藝文考》。

崇禎《歷城縣志・藝文》載其《大明湖》詩一首。《國朝山左詩續鈔》載其《馬場湖泛舟》詩二首。

### ◆ 張玉珍

玉珍，歷城人，七歲童子。

《山左明詩鈔》卷三十五載其《松雪書臺看雲絕句》一首，詩云：“溪中一片雲，飛作千林雨。惟聞溪流聲，不見溪流處。”

### ◆ 薛　來

來，濟南衛人。千戶。

其詩集未見著錄。《山左明詩鈔》卷三十載其《人日》一首云：“此日已堪醉，泉亭復可憐。老梅方抱蕚，弱柳欲含烟。飛雪自元日，恒寒異往年。谷鶯來較晚，啼不到春前。”

### ◆ 志　西

志西，靈巖寺僧。

《山左明詩鈔》卷三十五載其《靈巖寺》一首，詩云：“路入烟霞石作梯，林深香自襲人衣。鳥啼花外山房靜，風起開門僧未歸。”

### ◆ 靳希孔

希孔，章丘人。

其詩文集未見著錄。道光《章邱縣志・藝文》載其《登女郎山》詩一首。

### ◆ 靳希孟

希孟，章丘人。

其詩文集未見著錄。道光《章邱縣志・藝文》載其《重遊聖泉寺》詩一首。

### ◆ 劉晴元

晴元，章丘人。

其詩文集未見著錄。道光《章邱縣志・藝文》載

其《遊虎門山諸勝》詩一首。

### ◆ 王孟復

孟復字淡希，淄川人。

其詩集未見著錄。《山左明詩鈔》卷三十五載其《漫興》一首。

### ◆ 張　錦

錦號梧川，新城人。選貢生。歷官大名府通判、遼東自在州知州。致仕歸，優游林下三十餘年，年八十四卒。《濟南府志》卷五十一有傳。

其詩集未見著錄。《山左明詩鈔》卷二十九載其《重陽登鐵山》一首。

### ◆ 孫接武

接武，禹城人。拔貢生。官鉅鹿知縣。

其詩文集未見著錄。《禹城縣志》卷十載其《重修東嶽廟記》一篇。

### ◆ 陳可繼

可繼字懿孫，德州人。諸生。

其詩集未見著錄。《山左明詩鈔》卷三十五載其《雪夜》、《冬夜偶作》、《有感次友人韻》、《三春日記成咏懷》詩四首。

### ◆ 杜逢春

逢春，德州人。官後軍都督僉事。

其詩集未見著錄。《德縣志》卷十六載其《井陘道中》、《柏連澗小憩》等詩四首。

### ◆ 趙一奇

一奇，德平人。

## 【蒼竹逸韻一卷】

《般上舊聞・先輩著述》載是書云：“未梓，不知存否。”

### ◆ 張同春

同春，平原人。廩生。早世。

其詩文集未見著錄。《平原縣志》卷十載其《諸生城守夜半共酌次韻》、《吳邑侯布禱感雨賦呈十韻》、

《淳熙寺》詩三首。

### ◆ 翟之美

之美，商河人。貢生。

其詩文集未見著錄。《重修商河縣志·藝文》載其《明滄州知州鴻階馬公墓表》一篇，《王道源百歲詩》一首。

### ◆ 馬曰驥

曰驥，商河人。廩生。

其文集未見著錄。《重修商河縣志·藝文》載其《明處士尚培王公暨配鄒氏墓表》。

### ◆ 王　詢

詢，商河人。貢生。

其文集未見著錄。《重修商河縣志·藝文》載其《劉烈婦傳》。

### ◆ 趙國賓

國賓，平陰人。

其詩集未見著錄。《山左明詩鈔》卷三十載其《錦水秋漾》一首。

### ◆ 劉敬業

敬業，平陰人，廩生。官曲阜四氏教授。

【岱松辯】

見光緒《平陰縣志·著述》，注云：“逸。”

### ◆ 張子冕

子冕字鄰谷，平陰人。

【綱鑑集說】

見康熙《平陰縣志·古今著述目錄》（注云“今存”）、《山東通志·藝文》（史部編年類）。

【童蒙甌甌】

見康熙《平陰縣志·古今著述目錄》，注云：“今存。”

### ◆ 趙永舒

永舒，平陰人。

【懷俚調】

見光緒《平陰縣志·著述》。

### ◆ 附　錄

【泰安州志十卷】

胡瑄修，李錦纂。瑄號東墅，浙江德清人，泰安知州。錦字尚綱，陝西涇陽人。是志始於成化二十三年，次年纂成梓行，爲現存最早泰安志。現存：明弘治元年刻本，中國國家圖書館藏（存卷一至七）。前有胡瑄《序》及州圖四幅。卷一建置沿革、郡名、分野、疆域、里至、形勢、風俗、山川、城池、坊鎮、鄉保、津梁、郵驛、公署、學校、壇壝、祠廟、寺觀，卷二古迹、陵墓、景致、封禪，卷三祥異、封建、土產、戶口、賦貢、名宦、人物、流寓、科貢、武職、節行、仙釋，卷四制誥、祭文，卷五傳，卷六至八文，卷九卷十詩、雜志附。

【章丘縣志三十四卷】

董復亨纂修。復亨，字見心，河北元城人，萬曆二十一年任章丘知縣。是志始修於萬曆二十三年，次年脫稿付梓。現存：明萬曆二十四年刻本，中國國家圖書館、北京大學圖書館藏。前有董復亨、徐溥、李東陽、邊貢《序》，舊《志》建置論、人才論、縣圖三幅。正文以考、表、志、傳、錄統攝各門，計分：沿革考、建置考、星野考、山川考、祠宇考、古迹考、災祥考、物產考、王侯表、官師表、選舉表、條編志、姓氏志、風土志、藝文志、名宦列傳、人物列傳、國朝人物列傳、忠臣列傳、孝子列傳、義士列傳、文苑列傳、隱逸列傳、流寓列傳、列女列傳、仙釋列傳、奸雄列傳、雜錄，共二十八門。

【德州志三卷】

何洪修，鄭瀛纂。洪，山西代州人，德州知州。瀛，福建閩縣人，德州學正。是志始於嘉靖六年，次年付梓行世，爲現存最早德州方志。現存：①明嘉靖七年刻本，藏天一閣博物館（存卷二至三）、上海圖書館（膠卷）；《天一閣藏明代地方志選刊續編》影印。②一九八〇年鈔本，藏山東省圖書館（不全）。卷前殘缺；卷一天文志、地理志，卷二食貨志、官治志、學校志、選舉志，卷三人物志、雜著志，凡八門；

後有史麟、鄭瀛《序》。史麟《序》略云："斯志造端何君，而潤色論列出於鄭君一手，筆削嚴而匪僭也，是非明而匪誣也，巨細該而匪略也。"

## 【德州志十二卷】

唐文華修，李檜纂。文華，河南懷慶人，萬曆二年任德州知州。檜，江蘇長洲人，德州學正。是志始於萬曆三年，次年修成梓行。現存：明萬曆四年刻天啟間安紹善、王克寬續修刻本，藏中國國家圖書館（存卷一至五）。前載唐文華《序》。分輿地志、建置志、官秩志、籍賦志、兵防志、學校志、選舉志、宦蹟志、人物志、叢紀志、藝文志十一門，凡十二卷。秩官志續增至天啟年間。

## 【齊東縣志二十九卷】

劉希夔纂修。希夔字一甫，浙江平湖人，萬曆四十五年任齊東知縣。是志現存：明萬曆四十五年刻本，藏中國國家圖書館（存卷一至十七）、日本東洋文庫（存二十八卷：缺第二十六卷）。前有劉希夔《序》，正德蕭敬諫《舊序》。分圖考、沿革考、建置考、星野考、河渠考、疆域考、祠祀考、古蹟考、災祥考、物產考、官職表、選舉表、明經表、風俗志、賦役志、藝文志、兵防志、荒政志、名宦傳、人物傳、忠臣傳、孝子傳、列女傳、隱士傳、義民傳、流寓傳、仙釋傳、雜錄二十八門，凡二十九卷。

## 【均平首政】

新城、淄川、濟陽士紳頌揚章丘縣令董文寀之詩文也。文寀字汝和，號澐溪，順天府人，由進士嘉靖三十八年八月任章丘知縣。《李中麓閒居集》之六載《均平首政序》云："澐溪董侯莅章政之次年，即值審期，上司賢其賢，檄審新城、淄川、濟陽三縣，章人忿然曰：'吾慈父母，乃先加惠他姓乎？'在新則暫嘩即定，淄則帖帖無怨語，濟則洋洋有頌聲。及審吾章，里老不敢肆其欺，吏胥無所容其弊。先期訪問有法，臨時審問得宜，人咸悉其情辭，而老者歎其自來無此精當也。降則者多，而升者少。降者稱之可也，而升者稱之，亦猶之老者與降者，謂非一難得事哉。至於老疾逃亡，則去之無遺。前此有八十歲不免差，逃十數年仍掛名者。宜其下得民心，上多薦疏，掩前令而足法後至者矣。況年甫壯，而又都會之產也，非若外方習知民事者，委任無暇時，又往安德奉迎，新封爲日無幾，更爲難得者矣。郭、丘、劉三校師及多士，各爲聲詩頌其盛，而題其冊曰《均平首政》，屬中麓野人序其事。"

## 【濟勝一覽不分卷】

侯應琛撰。現存：明萬曆四十六年刻本，天津圖書館藏，《中國古籍善本書目》、《山東文獻書目》著錄。

## 【居清詩稿】

孫有敷撰。有敷，福建惠安人，舉人，萬曆初署長清教諭，後累陞廣東副憲。是編見道光《濟南府志·宦蹟》。

## 【般陽倡和集一卷】

吳倬撰。倬字廉夫，浙江黃巖人，選貢，嘉靖間任淄川教諭。《濟南府志》宦蹟傳云："著錄《叢桂集》二卷，《南宮倡和集》一卷，《般陽倡和集》一卷。"

【卷十一·清一】

# 卷十一·清一

### ◆ 董振秀

振秀字健華，平原人。崇禎戊寅守城，議敘功貢，歷官浙江按察使，入清復官福建驛傳兵備道副使。《平原縣志》卷八有傳。《瞻餘軒集》有《福建兵備道副使健華董公曁配于淑人墓誌銘》。

**【修備要法十篇】**

見《平原縣志》、《山東通志·藝文》（子部兵家類）。現存：清鈔本，山東省圖書館藏，《山東省圖書館館藏海源閣書目》著錄。

### ◆ 郝 泰

泰，淄川人。歲貢。

**【長嘯齋文集】**

《山東通志·藝文》著錄，引《縣志》云："其門人高侍郎珩爲之序。"

### ◆ 李魯生

魯生字尊尼，號雲許，霑化人。明萬曆癸丑（四十一年）進士。歷官太僕寺少卿。入清任順天府尹。

**【海月樓集】**

見《霑化縣志·著書目錄》及本傳，本傳云："梓行於世。"

### ◆ 李欀生

欀生號參玄，萊蕪人。民國《萊蕪縣志》卷十八有傳。

**【素尚閣詩草】**

民國《萊蕪縣志·藝文》載是編云："欀生工爲詩，明崇禎間嘗渡江遊白下，與艾千子、馬士奇等友善，倡和無虛日。原稿甚富，存者僅七十餘首。其詩天矯不羣，瓣香在長吉、山谷間。光緒二十六年裔孫維翰等梓行之。"

《縣志》本傳云："其詩硬語盤空，攫挐天矯，不可方物。緣其才大識卓，故無一語猶人。"又本傳錄樂安徐振芳《序》曰："家無擔石，而擁圖史百城之樂。被儒服者而據鞍振策，氣籠海岳，使漢高不敢溺其冠。又或致虛守靜，黃冠衲子望而五體投地。參玄其猶龍乎？余四十年來耳目所及見聞，一人而已。參玄非區區聲律中人，而猶區區聲律中，則何也？蓋其內確有所見，將直言之，則恐深人忌，淺人疑，強忍不言，又恐磊瑰抑塞以死，聊寄聲律，而豈好爲此哉！此可以論欀生矣。"

### ◆ 李若琳

若琳，新城人。明天啓二年進士。卒於順治八年。

**【攝政王多爾袞開國起居注一卷】**

李若琳等撰。現存：清鈔本，中國國家圖書館藏，《中國古籍總目》著錄。

**【多爾袞攝政日記（順治二年）一卷】**

李若琳等記。現存：①清順治鈔本，四川師範大學圖書館藏，《中國古籍善本書目》著錄。②劉啟瑞食舊悳齋鈔本，浙江圖書館藏，《浙江圖書館古籍善本書目》著錄。③民國二十二年故宮博物院鉛印本，浙江大學圖書館、曲阜師範大學圖書館等藏，《江蘇省立國學圖書館圖書總目補編》、《續修四庫全書總目提要（稿本）》著錄。

### ◆ 張毓泰

毓泰字履素，鄒平人。天啓壬戌（二年）進士。歷官寧武兵備道。入清復官至江西右布政使。《濟南府志》卷五十四有傳。

## 【尚書一得錄】

見《濟南府志・經籍》、《山東通志・藝文》（經部書類）、《鄒平縣志・藝文攷》。

## 【邢汾政紀】【監軍政略】【憲晉紀略】【句宣錄】

見《濟南府志・經籍》、《山東通志・藝文》（史部傳記類）、《鄒平縣志・藝文攷》。

## 【引止錄】

見《山東通志・藝文》（史部傳記類）、《鄒平縣志・藝文攷》。

## 【勸鑑錄】【夢覺錄】

見《鄒平縣志・著作》、《濟南府志・經籍》、《山東通志・藝文》（子部雜家類）。

## 【家政錄略】

見《鄒平縣志・著作》、《山東通志・藝文》（子部雜家類）。《濟南府志・經籍》作《家政紀略》。

### ◆ 孫之獬

之獬字龍拂，淄川人。明天啟壬戌（二年）進士。歷官翰林院侍講。入清，官至兵部尚書，兼都察院右副都御史。《濟南府志》卷五十四有傳。

## 【嬾水園集】

見《淄川縣志》、《山東通志・藝文》。

《淄川縣志・藝文》載其《韓侯力復條鞭序》、《贈太常寺少卿秋澄王公廟碑》、《六龍橋記》（明天啟七年）等文，《登夾谷歷諸險》、《為王烈母題卷．母長子任中舍仲則飛聲庠序》、《成象妻王烈婦餓死詩》。

## 【澄江草】

見《淄川縣志》、《山東通志・藝文》。

## 【宋元詩塵】

見《淄川縣志》、《山東通志・藝文》（集部總集類）。

### ◆ 盧世㴶

世㴶字德水，號紫房，晚號南村病叟，德州人，永錫子。萬曆乙卯（四十三年）舉人，天啟乙丑（五年）進士。官御史，巡視漕運。清順治元年，起福建道御史，病亟不能行，蒙恩以原官在籍調理，卒於家。以從曾孫見曾官贈中大夫。《濟南府志》卷五十二有傳。

## 【春秋閒說一卷】

見《濟南府志》本傳、《山東通志》卷百六十七本傳（無卷數）。

## 【南村病叟自述一卷】

《中國歷代人物年譜考錄》著錄傳鈔本。

## 【春寒閒記一卷】

見《德州志・州人所著書目》（無卷數）、《山東通志・藝文》（子部雜家類）。現存：清初鈔本，上海圖書館藏，《四庫存目標注》著錄；《四庫全書存目叢書》影印。

《山東通志・藝文》：是書《四庫存目提要》曰："不著撰人名氏。卷末自跋稱辛酉三月二十五日記，署曰'德水'。又有錢塘厲鶚跋，謂是書頗有可觀，而疑德水為德州盧氏子，蓋以盧世㴶字德水也。其書多錄前人佳事雋語，然頗推重李贄。"按：是編《序》載《尊水園集》，則其為世㴶撰信矣。鶚蓋偶未見其集耳。《序》略云："此余辛酉藏所手鈔者，迄今丙子十六年矣。原鈔有三十一紙，略裁割之，存二十三紙，即將手槀付梓。余生平性僻復流宕，不能讀大書，史外餘文，非經非子，零星瑣碎，聊以自娛。"以《提要》所引自跋考之，此《序》所稱，則是書重訂於丙子；而見存目者，乃其辛酉原鈔本也。

## 【尊水園集四卷】

現存：清順治十年刻本，首都圖書館藏，見《首都圖書館古籍書畫珍品集萃》。陳仲英、程先貞、趙其星輯。

《德州志・州人所著書目》、《濟南府志・經籍》俱無卷數。

按：《尊水園集略》載順治庚子（十七年）李源《序》云："盧德水先生既沒，程子正夫取其生平所為詩文，彙成十二卷，先梓四卷，已行矣。茲其次公仲繩兄復梓八卷，屬余糸較。"是此四卷之本，為程先貞所刻者，即《尊水園集略》十二卷之前四卷也。

## 【尊水園集畧十二卷】

見《山東通志·藝文》。現存：清順治十年程先貞刻十七年盧孝餘續刻本（有《補遺》二卷），山東大學圖書館、山東省圖書館等藏，《中國古籍善本書目》、《續修四庫全書總目提要》、《清人詩文集總目提要》著錄；《山東文獻集成》、《清代詩文集彙編》影印。前有順治癸巳程先貞《緣起》、趙其星《序》，順治庚子李源《序》，高郵王永吉《墓誌銘》。後有順治十七年盧孝餘《跋》。

《山東通志·藝文》：是集有刊本，凡詩四卷，文八卷，世澅歿後邑人程先貞所輯也。邑人李源《序》略云："其詩清真古淡，潔淨精微，蓋得杜之神髓而不必以其形，探杜之精液而不必以其粗，所謂深於杜而能以己意爲杜，善於學杜者也。其爲文爽朗痛快，如皓月澄潭，使人神傾意豁。博極羣書，淹貫經史，備四時之氣，而著一家之言，自成其爲盧而非他家之能肖，亦不屑沾沾求肖於他家者也。"據本書。

盧孝餘《跋》：先侍御一生精力盡於讀書，而操觚自運者甚少，間有著作，又不喜別存底稿。方見背諸孤時，孝餘始十餘歲，文章之事，一無所知，而迷離摧毀中，致使當年手蹟散落幾盡。諸孤之罪，擢髮不可悉矣。幸賴表兄程正夫與陳幼仲、趙仲啓、李星來四先生爲之收貯，犁爲十二冊，題曰《尊水園集畧》。"尊水園"者，先侍御讀書之所；"集畧"者，緣此集計可得十分之四五，猶欲待大全於異日也。先侍御文魄，實式憑之。諸孤踴躍感激，所不必言。孝餘捧承涕泣，謹藉皮爲楮，削骨代穎，舉付剞劂，以傳不朽。嗟乎！先侍御精神，颯颯然隱現集中矣。即文以

見道，論世而知人，是在後之君子加之意爾，孝餘何必贊一辭也。因三沐三薰，記歲月於紙尾。順治庚子不肖男孝餘謹跋。（據本書）

《國朝山左詩鈔》卷五十七載其詩八十五首。《德縣志》卷十五載其《議修河流澁淺疏》、《陳河道情形疏》二篇，卷十六載其《營杜亭成述懷》、《哭李泰雲先生》詩二首。

## 【尊水園詩選】

《山東通志·藝文》：田雯選本。《感舊集》世澅小傳云："田司農綸霞選公詩爲讀本，曰：'南邨若有先生在，小子當爲灑掃人。'"

## 【尊水園宿草】【在輿草】【閒居漫興】【杜亭近草】【畫扇齋詩始】

見程先貞《尊水園集畧·緣起》，謂此五種爲"先生已刻詩"。

## 【杜亭移草】【蒩庵掌記盧詩】

見程先貞《尊水園集畧·緣起》，乃未刻詩。

## 【視漕存稿】【南邨書鈔雜引】【南邨日錄】

程先貞《尊水園集畧·緣起》云："已刻文，如《讀杜私言》，凡一種。未刻文，如《視漕存稿》、《南邨書鈔雜引》、《南邨日錄》，凡三種。"

## 【古樂府】

《山東通志·藝文》（集部總集類）據《尊水園集畧·鈔書雜序》著錄。

## 【唐律清謠】

《山東通志·藝文》（集部總集類）：是編《鈔書雜序》作《唐韻清謠》，茲據《與程正夫書》標目。《鈔書雜序》云："病中隨意讀古人書，讀《十二家唐詩》，讀杜詩，讀錢、劉詩，讀《唐詩類苑》。因愁勞之餘，不欲以拂逆語攖懷，單取一種娛悅容與之言以銷暇日。又單取五言律一種，爲其易竟而難忘也。五柳先生云：'清謠結心曲。'余苦愛斯語，遂名茲編曰《唐韻清謠》。"又《與程正夫書》云："於唐詩中鈔出五言律一編，名曰《唐律清謠》。"

《尊水園集畧》十二卷　清順治十七年盧孝餘刻本

## 【萬首唐人絕句鈔七冊】

《山東通志·藝文》（集部總集類）：盧世㴶所鈔宋洪邁本也。《鈔書雜序》略云："余喜吟唐人絕句詩，惜所見不廣，最後乃得《萬首》一編，恣其披閱，共得七冊。即仍有可簡汰者，姑存之以備唐詩絕句一種大觀，安得博雅君子再一商榷也？《萬首》凡二刻，一刻爲原本，一刻爲趙凡夫本。茲鈔從趙。"

## 【明詩近體三冊】

《山東通志·藝文》（集部總集類）：《鈔書雜序》云："明詩余未見全帙，特就三四家所選者一絜取之，又止近體一種，計五言律詩一冊，七言律詩一冊，五七言絕句一冊。對酒當歌，間吟數首，亦足以發。惜所收未盡又頗恕，尚欲廣之損之。"

## 【後渠大洲二先生集鈔】

《山東通志·藝文》（集部總集類）：盧世㴶所鈔明崔銑、趙貞吉二人之文也。《鈔書雜序》云："此余爲孝廉時所鈔者也，繇今思之，于崔先生十得二三，于趙先生十之一耳。嗣見李貫之《洹詞記事鈔》《續》，裨益不少。而南都所刻《趙文肅公文鈔》，可以竟讀，不必再鈔矣。嗟夫！安得二先生復起，而獲聆性天文章之妙也哉！"

## 【宋人近體分韻詩鈔不分卷】

現存：朱筆批校底稿本（存二冊），臺灣"國家圖書館"藏，《國家圖書館善本書志初稿》著錄。是書無書名標題，亦不分卷第。所選以蘇軾、陸游之詩爲多，約居半數以上。七絕後附載明袁宏道詩數首。內頁空白處有癸丑冬月編者哲嗣盧仲言跋，又有盧中倫跋二處。書後有署"安德布衣"跋稱："以分韻選平韻三十韻，皆是五七言近體詩而不及古體。卷中七律少下平九韻，七絕少上平十三韻，五言詩全無，蓋殘本也。"鈐有"西圃藏書"、"田山薑"印，蓋德州田氏故物也。

## 【讀杜私言】

《山東通志·藝文》（集部詩文評類）：是編爲《尊水園集略》之第六卷，其目凡八：曰大凡，曰論五言古詩，曰論七言古詩，曰論五言律詩，曰論七言律詩，曰論五七言排律，曰論摘錄。世㴶有《杜詩胥鈔》一書，此所論者，皆《胥鈔》中所選之詩。其大凡十一條，大抵發明《胥鈔》去取之意。其曰論摘錄者，《胥鈔》有摘錄一卷，此則就所摘錄之句評之也。《培林堂書目》載世㴶此編，與錢謙益《讀杜小箋》共一冊，蓋摘出別行之本，故今亦別著錄焉。

## 【杜詩胥鈔十五卷】

現存：明崇禎七年盧氏尊水園刻本，中國國家圖書館、上海圖書館等藏，《中國古籍善本書目》著錄。《德州志·州人所著書目》無卷數，注云"未見"。

## 【放翁絕句選】

見《德州志·州人所著書目》，注云"未見"。

## 附【德濮就正錄】

葉廷秀所刊與盧世㴶唱和之詩也。《曹南文獻錄》載廷秀《德濮就正錄序》略云："園居之餘，細讀德水年兄《閑居漫興》詩，深心肯語，從靜養得來，非尋常吟齒可辦。乃其沖乎謙受，嘗云數年後當刪削是稿。愚因之冒攄愚直，質之德水。德水竟以爲然，且爲我此評素園和律。何其善自損以益人如是哉！德水有劄見示，曰：'道理外無文章，德行外無言語。吾輩既爲聖人之徒，奈何讀非聖人之書？來誨韋弦，銘諸焦腑。素園和律，僭評一番，蓋形迹自此脫盡矣。如欲付梓，即將吾兩人手評元本直刻之，凡圈點塗抹，一豪不改，方存本色，方見吾輩虛心古意，統求正於海內有道，不似世人一夥驕貴朋友，互相標譽，不肯以一絲破綻示人。今欲存雅道，請從潤山、德水始。此非吾兩人之詩也，乃兩人之就正錄也。'愚有味乎其言，遂梓之，即名其端曰《德濮就正錄》。"

現存：明崇禎刻清補刻印《葉潤山輯著全書》本（作《就正錄》一卷），北京大學圖書館藏，《中國叢書綜錄》著錄。

### ◆ 王鼇永

鼇永字克葊，一字蓻皋，別號潤遜，淄川人。明天啟乙丑（五年）進士。歷官戶部侍郎。入清以原官招撫山東、河南。爲青州趙應元所害。贈本部尚書。《濟南府志》卷五十四有傳。《栖雲閣文集》卷十五有《贈戶部尚書潤遜王公神道碑銘》。

## 【撫鄖疏稿不分卷】

現存：明崇禎刻本，中國國家圖書館藏，《中國古籍善本書目》、《山東文獻書目》著錄。《濟南府志·經籍》、《山東通志·藝文》（史部詔令奏議類）均作《鄖臺奏議》。

崇禎己卯，鼇永以僉都御史提督軍務，兼撫治鄖陽。是編蓋其時所上也。

## 【王鼇永奏疏不分卷】

現存：清蒼檜閣鈔本（後附《詩稿》一卷），山東省圖書館藏（題名自擬），《中國古籍善本書目》、《山東文獻書目》著錄。

## 【霏雪館集】

見《淄川縣志》、《濟南府志·經籍》、《山東通志·藝文》。

《淄川縣志·藝文》載其《題韓惺菴久視樓》（四首）、《春暮過環碧亭》詩，凡五首。

## 【詩稿一卷】

現存：清蒼檜閣鈔本（附《王鼇永奏疏》後），山東省圖書館藏，《中國古籍善本書目》、《山東文獻書目》著錄。

## 【大司農公集】

現存：民國七年順和堂石印局石印《王氏一家言》本（卷九至十二），青島市圖書館藏；《山東文獻集成》影印。卷九疏三十七篇；卷十啟上，一百七篇；卷十一啟下，一百三十四篇；卷十二：文十二，五七言詩一百八十四，歌行四，附高珩撰《墓誌銘》。

### ◆ 張士第

士第，章丘人。明天啟乙丑（五年）進士。官長垣知縣，江南布政使。

其詩文集未見著錄。道光《章邱縣志·藝文補遺》載其《夜發東陵山》詩一首。

### ◆ 張萬選

萬選字舉之，鄒平人，延登子。天啟間貢生。官太平府推官，擢刑部員外郎。《濟南府志》卷五十四有傳。

## 【太平三書十二卷】

見《四庫全書總目》、《濟南府志·經籍》、《山東通志·藝文》。現存：清順治五年張氏懷古堂刻本（卷一原缺），北京大學圖書館、湖北省圖書館等藏，《北京圖書館古籍善本書目》、《中國古籍善本書目》著錄；《四庫全書存目叢書》影印。

《山東通志·藝文》引《四庫存目提要》曰："是《三書》成於順治戊子。據其序例，一曰圖畫，二曰勝概，三曰風雅。圖凡四十有二，見唐允甲題詞中。此本佚其圖畫一卷，惟存勝概七卷、風雅四卷。原本紙墨尚新，不應遽闕失無考，或裝輯者偶遺歟？"

### ◆ 劉孔中

孔中字藥生，號嶧巄，長山人，鴻訓子。明崇禎庚午（三年）副貢。入清授內院中書，知泰州，以政最擢潁州道參議。坐誤漕事，落職歸。《濟南府志》卷五十五、《長山縣志》卷九有傳。

## 【讀史腋】

見《長山縣志》、《濟南府志·經籍》、《山東通志·藝文》（史部史鈔類）。

## 【鳳遊草】【柘枝集】【倦飛樓集】

見《長山縣志》、《濟南府志·經籍》（《倦飛樓集》"集"作"記"）、《山東通志·藝文》（集部別集類）。

《國朝山左詩鈔》卷五載其《將之潁川留別吳陵諸子》一首。

### ◆ 于重華

重華字二唐，青城人。明崇禎辛未（四年）進士。入清，歷官江南按察使。乾隆《青城縣志》卷八有傳。

## 【和鄖歌】【秋風嘯】

《山東通志·藝文》引《縣志》本傳云："刻有《和鄖歌》、《秋風嘯》諸篇。"

### ◆ 張 梧

梧，平陰人。崇禎辛未（四年）進士。

其詩文集未見著錄。《肥城縣志》卷一載其《贈朝陽洞道士》詩一首。

## ◆ 李雍熙

雍熙字淦秋，號翠巖，長山人。諸生。以孫斯義官贈通議大夫。《濟南府志》卷五十五、《長山縣志》卷九有傳。《長山縣志》卷十四有王士禛《大理寺卿李公家傳》。

### 【長山孝行庸言十四卷】

現存：清康熙間翠飛館刻本（與《警心錄》合刻），吉林省圖書館藏，《東北地區古籍綫裝書聯合目錄》著錄。《長山縣志》本傳、《濟南府志》本傳均作《孝行庸言》，無卷數。

### 【雜著】

見《長山縣志》本傳。

### 【翠巖詩集】

見《國朝山左詩鈔》、《濟南府志・經籍》、《山東通志・藝文》。

《山東通志・藝文》：《山左詩鈔》引王漁洋《李公家傳》云："晚避地長白之翠巖，澄懷味道，罕接世事。爲詩古澹閑遠，有陶令風。"

《國朝山左詩鈔》卷二十一載其詩八首。《長山縣志》卷十五載其《陳仲子》、《白雲硐 司寇公別墅》等詩。

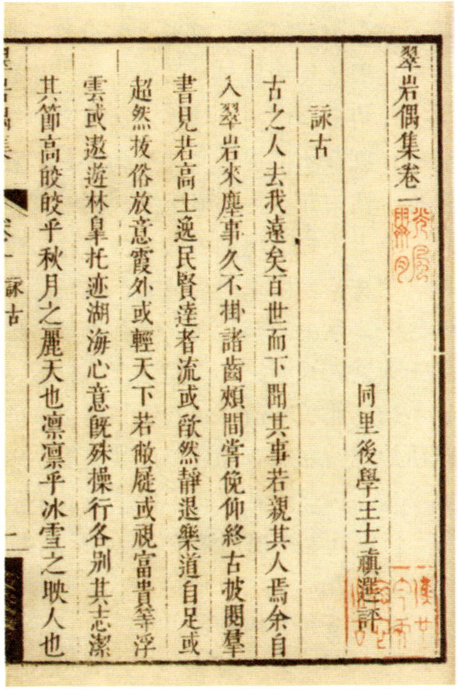
翠岩偶集卷一

同里後學王士禛選評

詠古

古之人去我遠矣百世而下聞其事若親其人焉余自入翠岩來塵事久不掛諸齒頰間常俛仰終古披閱羣書見若高士逸民賢達者流或歛然靜退樂道自足或超然拔俗放意霞外或輕天下若敝屣或視富貴等浮雲或遨遊林皐托迹湖海心意既殊操行各別其志潔其節高皎皎乎秋月之麗天也凛凛乎冰雪之映人也

《翠岩偶集》六卷　清康熙四十二年湛恩堂刻本

### 【翠岩偶集六卷】

王士禛選評。內附《誥贈大理寺卿李公家傳》。現存：①清康熙四十二年湛恩堂刻本，煙臺圖書館、復旦大學圖書館等藏，《中國古籍善本書目》、《清人別集總目》、《清人詩文集總目提要》著錄；《四庫未收書輯刊》影印。②清嘉慶六年刻本（三卷），南京圖書館等藏，《販書偶記續編》、《清人別集總目》、《清人詩文集總目提要》著錄。

## ◆ 史以明

以明字子敏，樂陵人，臨邑邢侗外孫。諸生。乾隆《樂陵縣志》卷六有傳。

### 【明綱目】

見《山東通志・藝文》（史部編年類）。

### 【明紀事本末】

見《山東通志・藝文》（史部紀事本末類）。

### 【明史記】

見《山東通志・藝文》（史部別史類）。

### 【忠臣孝子隱逸節烈四卷】

見《山東通志・藝文》（史部傳記類）。

### 【明世説】

見《樂陵縣志・撰著篇目》、《山東通志・藝文》（子部小説類）。

### 【西山藏詩集】

見《樂陵縣志・撰著篇目》。

乾隆《樂陵縣志》卷八載其《壬辰夏秋甲子淋雨》詩一首。《樂陵詩彙》載其《雜感》、《寄懷牛于野》等詩十首。

### 【秋來草一卷】

見《樂陵縣志・撰著篇目》、《山東通志・藝文》（集部別集類）。

## ◆ 張震南

震南字伯器，樂陵人，澂子。明季襲父廕例授七品秩，不仕。鼎革後，屢薦不出。耽詩酒，李呈祥以其與章丘張光啓、陽信劉新國、毛如瑜、霑化王元羔、周與之，稱"濟北六隱君子"。

### 【退步吟】

見《山東通志·藝文》（據《縣志》）。

《武定明詩鈔》、《樂陵詩彙》收其《並蒂園》詩一首。

### 【說好篇】

見《樂陵縣志·撰著篇目》。

## ◆ 張鵬南

鵬南字羽仲，號盧齋，樂陵人。明貢生。入清授中書舍人，擢太僕寺少卿。康熙間卒。

其詩文集未見著錄。《樂陵詩彙》載其《趵突泉》詩一首。

## ◆ 韓茂椿

茂椿字大千，淄川人。明崇禎癸酉（六年）副貢。清順治甲午（十一年）貢入監。歷官太僕寺主簿。《濟南府志》卷五十四有傳。

### 【通鑑尚友集二百一卷】【續集二十卷】

見《山東通志·藝文》（史部編年類）。《濟南府志·經籍》誤作《尚友堂史略》一百卷。現存：稿本（俞浩跋，其中《尚友集》作一百九十七卷），山東省圖書館藏，《中國古籍善本書目》著錄。《續修四庫全書總目提要（稿本）》著錄韓氏家鈔本（《尚友集》二百一卷《續尚友集》二十卷）。

《山東通志·藝文》：是書原稿存昆明蕭應椿許。舊《通志》、《縣志》作《尚友堂史略》百卷，書名、卷數俱誤。茂椿有順治戊戌《自序》略云："《廿一史》、《通鑑》、《綱目》、《左》、《國》諸書，束髮即受業。然《史》病其繁，《目》病其簡，《鑑》病其無統。取《目》之綱，取《鑑》之文，取《史》之詳盡周悉，刪繁存要，增所未備，輯而讀之，加丹鉛焉。起於唐堯，斷自明穆宗，歷年三千九百三十，為書二百有一卷。續編自神宗至懷宗，坿以福、唐、桂三藩事蹟。此外無煩費目力焉，非以矜其長，實以濟其鈍也。"海鹽俞浩道光辛丑《序》云："疏通證明，折衷諸說，即未能追宗涑水，亦足與馬驌《繹史》相配。"據本書。

《續修四庫全書總目提要（稿本）》云："是書已殘缺不完，計存卷六十至六十五、八十三至八十六、八十九、九十一至一百一、一百三至一百六、一百十三至一百三十二、一百三十四、一百三十九至一百四十八、一百五十五至一百五十七、一百五十九至一百六十六、一百八十五至一百九十七，共僅八十一卷而已。書首題'般陽韓茂椿會輯、丹鉛，男知臨參閱，桓臺王士序訂正'。每卷之中，首為題綱，次就《通鑑》、正史之文，會而輯之，按年敘列。……是書所存，計有隋唐宋元明及五代等，皆不完全。茂椿謂其書非以矜長，實以濟鈍之意，亦可略窺其大旨矣。"又家鈔本《續尚友集》二十卷提要云："是編即續正編而作者，自明神宗起至懷宗止，附以福王、唐王、桂王三藩事蹟。卷一至八為神宗，卷九至十四為熹宗，卷十五至十八為懷宗，卷十九為福王，卷二十為永曆帝。書首附明紀略，歷述神宗以下各帝名諱、世系、徽號等。茂椿是書撰於康熙初年，清室入關未久，多仍明制，忌諱亦少。而《明史》既未纂成，野史亦多未出，茂椿僅就耳聞目見者，纂輯成書，故於三藩事蹟自極疏略，舛誤之處亦極衆。然萬曆、天啓間清人犯邊之史實，因無所忌諱，故書中稱奴酋、奴虜之處極多，或可於其中略窺清人犯邊之真實材料，較之正編，其價值似尤駕而上之。茂椿嘗謂，明自神廟以迄懷宗，三案疊出，互為勝負，既靡所信從，又《三朝實錄》載在史館，繙閱無從，懷宗而下，則概未聞。因念近代不悉，遑稽遠代；今人不知，遑問古人！故《序》中稱'清世祖詔修《明史》，博求遺事遺文，寬忌諱之令；然山林窮谷之士，無由覩其大成，購其真本，惟就坊間刊行、學士傳誦者為簡錄，伏而讀之'云云。又自謂：'是編所續，非續其備，續其所不備也；非續其餘，續其無所餘也。非續有餘，以成其大備；續其無餘，以成其不備。抑非續其無餘，以終成其不備；實欲續其無餘，以俟其無不備、無不餘也。'原書原闕卷二、三、七、八、九、十、十一、十二、十三，共九卷，殊令人有未窺全豹之感耳。"

## 【金剛經大旨】

《山東通志·藝文》（子部釋家類）：是書有刊本，見《縣志》。

## 【尚友堂文集三十六函】

見《濟南府志·經籍》、《山東通志·藝文》（據《府志》）。

## 【歷代古文選六函】

見《濟南府志·經籍》、《山東通志·藝文》（集部總集類）。現存：清稿本（二十九卷），天津圖書館藏。

### ◆ 韓茂桂

茂桂字秋華，淄川人。明附監生。

## 【痘疹秘訣】

見《淄川縣志》、《山東通志·藝文》（子部醫家類）。

## 【地理竊選】

見《淄川縣志》、《山東通志·藝文》（子部術數類）。

### ◆ 李允禎

允禎字貞甫，德州衛人。明崇禎癸酉（六年）舉人。歷官廣西左江道。

## 【漕使五集】

見《德州志·州人所著書目》（注云"未見"）、《山東通志·藝文》（集部別集類）。

### ◆ 李 植

植字燕翼，號鉉篤，利津人。崇禎甲戌（七年）進士。初選直隸博野縣，調長垣，未至，丁父憂，繼補陝西韓城，擢山西道監察御史。清順治初起原官，巡按河南。尋丁母憂，遂絕意仕進，卒於家。《利津縣志》卷七、《山東通志》卷一百七十一有傳。

其詩文集未見著錄。《利津文徵》卷二載其《利津縣重修儒學記》碑文一篇，首書"賜進士第文林郎河南道監察御史前巡按河南兼理屯政邑人李植撰文"，

末書"順治十一年歲次甲午季春之吉"。

## 【龍門社稿】

《利津縣志》本傳云："補陝西韓城令。韓人士薈萃，植力爲作養，及門中雋者三十餘人。選有《龍門社稿》行世。"

### ◆ 李化熙

化熙字五絃，長山人。明崇禎甲戌（七年）進士。歷官四川巡撫，復詔總督三邊，總理西征軍務。清順治初召拜工部右侍郎，尋轉左侍郎，累遷刑部尚書。乞終養歸，年七十六卒。《濟南府志》卷五十五、《長山縣志》卷七有傳。

其詩文集未見著錄。《長山縣志·藝文》載其《乞假終養疏》、《賈侯禱雨記》（順治十七年五月）等文。

### ◆ 張宗旭

宗旭字也顛，號介丘，平陰人。貢生。光緒《平陰縣志》卷五有傳。

## 【平陰縣志八卷目錄一卷】

與趙貫台同纂。詳見趙貫台著作。光緒《平陰縣志》卷八載其《平陰縣志序 順治甲午》。

## 【古歡堂類稿】

見《山東通志·藝文》（據《府志》）。康熙《平陰縣志》卷八《古今著述目錄》作《古歡堂類疏》十六卷，注云："今存。"光緒《平陰縣志·著述》題同康熙《縣志》，注云："逸。"又《縣志》本傳云："所著有《古歡堂彙疏》六十卷，門人趙貫台序之，未及刻而歿，年七十有七。"

### ◆ 趙貫台

貫台字紫垣，號墨莊，平陰人，岱孫。明崇禎丙子（九年）舉人。入清官鞏昌同知。光緒《平陰縣志》卷四有傳。

其文集未見著錄。光緒《平陰縣志》卷七載其《重修城隍廟記》一篇。

## 【滑縣志十卷】

見光緒《平陰縣志》本傳（無卷數）。現存：清

順治十一年刻本，中國國家圖書館藏，《北京圖書館古籍善本書目》、《中國古籍善本書目》著錄。

按：是志由滑縣知縣王鼐主修。鼐，歷城人，順治五年副貢，九年任滑縣知縣。

## 【平陰縣志八卷目錄一卷】

趙貫台、張宗旭纂。現存：①清康熙十三年刻本，中國國家圖書館、上海圖書館藏。②一九五九年鈔本，上海圖書館藏。前有陳秉直、張宗旭、朱鼎延《序》，舊志《序》兩篇。後有順治甲午趙貫台、劉昌臣《跋》。分圖經志、輿地志、建置志、食貨志、官師志、選舉志、人物志、藝文志、災祥志、雜志十門，轄目四十九。

按：是志由平陰知縣陳秉直（字司貞，遼寧海城貢生，順治六年任）主修，始於順治十一年，成稿後未及付梓，陳氏調任；康熙十一年，繼任陳肇林延請趙貫台補訂，於十三年梓行。

光緒《平陰縣志》卷八有貫台《重修縣志緣起 康熙十二年》一文。

## 【彰德閩屬志】

見光緒《平陰縣志》本傳。據《山東通志·補遺·人物》，貫台順治十四年任河南彰德府推官。

## 【李鄴園爰書】

見光緒《平陰縣志》本傳。

## 【古今事物連類】

見康熙《平陰縣志·古今著述目錄》（云"存"）、光緒《平陰縣志·著述》（云"存"）、《平陰縣鄉土志》、《山東通志·藝文》（據《府志》，入子部類書類）。

## 【四勿齋詩集】

見康熙《平陰縣志·古今著述目錄》（作《勿勿齋詩集》，注云"存"）、光緒《平陰縣志·著述》（云"存"）、《平陰縣鄉土志》、《山東通志·藝文》（據《府志》）。

《國朝山左詩鈔》卷四、民國《昌樂縣續志》卷十六載其《晚行昌樂山中》詩一首。

## ◆ 蕭時彥

時彥，德州人。明崇禎丙子（九年）舉人。歷官陝西右布政。

## 【淡如集】

見《德州志·州人所著書目》（注云"未見"）、《山東通志·藝文》。

## ◆ 于　超

超，齊河人。崇禎丙子（九年）舉人。

其詩文集未見著錄。民國《齊河縣志》卷三十一載其《齊河縣志序》一篇。

## ◆ 趙宏文

宏文字樸庵，號退谷居士，泰安人。明崇禎丁丑（十年）進士。入清，以廣東道御史巡按蘇松。萬曆十九年生，康熙十二年卒。

## 【樸菴詩稿】

見《山東通志·藝文》（據《府志》）。

## 【光碧堂稿一卷】

現存：清道光三十年趙氏翠瑞園刻本，山東省圖書館、中共山東省委黨校圖書館等藏，《山東省博物

《光碧堂稿》一卷　清道光三十年趙氏翠瑞園刻本

館藏明清民國山左學者著述知見錄》、《清人別集總目》、《清人詩文集總目提要》著錄；《山東文獻集成》影印。

卷末有道光三十年七代孫綽培《跋》云："堂兄書田藏先侍御樸庵公《光碧堂稿》一冊，未刻而卒。適臨倉弟有修譜之舉，因出此書，並付剞劂。此書向失刻本，傳抄既久，遺誤頗多。茲於原本概仍其舊，世遠言湮，姑付諸存疑云耳。"

### ◆ 朱世則

世則字慎恒，平原人。諸生。年七十校定《宋史》，未卒業。《濟南府志》卷五十六有傳。

#### 【借槐亭集】

見《國朝山左詩鈔》、《平原縣志》、《濟南府志·經籍》、《山東通志·藝文》。

《國朝山左詩鈔》卷二十一載其《題書舍壁》一首，小傳附案云："慎恒博綜好學，老而不倦。晚年手自刪訂宋、遼、金、元四史，未成而歿。貧而無子，其門人董訥菴都憲葬之。遺書散佚。"（按：董訥號默庵，平原人，康熙丁未進士。）《平原縣志》卷十載其《士味園記》一篇。《續修平原縣志》卷十一載其《趙氏五世科名記》。

#### 【雜著】

見《平原縣志》、《山東通志·藝文》（集部別集類）。

#### 【明詩選】

見《平原縣志》、《山東通志·藝文》（集部總集類）。

### ◆ 張　弦

弦字爾調，號月初，別號柳村逸叟，平原人。負俠氣，沉毅多智略，明末以中丞王永吉薦，授軍都督府經歷，辭不受。晚年田廬蕩析，避居柳村，自號"逸叟"。《濟南府志》卷五十六有傳。

#### 【悅心齋詩】

見《國朝山左詩續鈔》、《濟南府志·經籍》、《山東通志·藝文》。

《國朝山左詩續鈔》卷一載其《訂交》、《妾薄命》詩二首。

### ◆ 釋祖珍

祖珍以字行，號石堂，江南通州人。天岸老人弟子，初住青州大覺，後居泰山普照。

#### 【石堂集十卷】

見《國朝山左詩鈔》、《泰安府志·著述》，俱無卷數。現存：清光緒辛巳刻本，中共山東省委黨校圖書館藏。有高珩《序》。

《泰安府志》本傳云："祖珍號古翁。居泰山之普照寺，聚經典數千卷，澄思密探。寺前一石，題曰界塵石。名流往訪，比之遠公蓮社。年七十餘化去。有《石堂集》四卷。"

《國朝山左詩鈔》卷六十載其詩六首。

#### 【石堂近稿】

見《泰安府志·著述》。

#### 【石堂記】【華嚴頌】

見《重修泰安縣志·著述》。

#### 【金臺隨筆】

見《泰安府志·藝文》、《重修泰安縣志·著述》。

#### 【菊圃詩一卷】

見《泰安府志·藝文》。《重修泰安縣志·著述》作《菊圃百詠》，無卷數。

### ◆ 張萬鍾

萬鍾字扣之，鄒平人。明崇禎間貢生。

#### 【鴿經一卷】

現存：①清康熙三十六年新安張氏霞舉堂《檀几叢書》二集本，中國國家圖書館、上海圖書館、山東省圖書館等藏，《續修四庫全書總目提要（稿本）》、《中國叢書綜錄》著錄。②王氏詒莊樓鈔本（王修跋），見《浙江圖書館古籍善本書目》。③民國間新篁館刻本，見《北京圖書館普通古籍總目》。

《續修四庫全書總目提要（稿本）》云："是編

向惟有抄本，武林王晫丹麓、天都張潮山來編《檀几叢書》，始收之。按：鴿之名始見《埤雅》，謂其性喜合，因以爲名。野產者成群逐隊，海宇皆然，幾無地無此物。人家所畜，則種類極賾。第無從著之爲書、編之爲譜者。萬鍾是卷，蓋開前人所未有，固曰好事，而苦心亦良不可沒。書僅一卷，其目分爲論鴿、花色、飛放、翻跳、典故、賦詩數綱。每綱之中，又有子目。如論鴿則分之曰性，言鴿之情也；曰德，言鴿之長也；曰種類，言鴿之品種也；曰羽毛，言鴿之色彩也；曰飛，言鴿之翶翔也；曰鳴，言鴿之音聲也；曰宿，言鴿之居處也；曰食，言鴿之飼養也；曰眼，言鴿之雙瞳也；曰嘴，言鴿之喙箝也；曰腳，言鴿之脛爪也；曰鳳頭，言鴿之冠毛也；曰產地，言殊方所生之鴿種也；曰沐浴，言飼鴿者之調理也；曰作巢，言畜鴿者之安置也；曰療治，言所以察鴿之疾病而爲之藥餌也。如花色，則謂諸禽鳥中，惟鴿備五色，參差綜錯，成文不亂，是以有花色之別。大凡色者貴純，花者貴辨，羽毛既美，嘴眼合宜，便爲佳品。翶之剛柔，非所論也，置於園林池館，馴順不驚，飛鳴依人，較霍家駕鴛，殆曰過之。其名目有鳳尾齊、巫山積雪等二十餘種。此皆所謂文鴿，不離庭軒者也。若六翶剛勁，直入雲霄，鷹鸇不能博，千里可傳書者，則別爲飛放之種。其名稱有六，皆不論羽毛嘴腳，但睛有光彩，翅有骨力，便爲佳品。若飛至天空，如輪轉動，或高不踰牆，逼簷而轉，或不離堦砌，跳躍旋動，或進退維谷，聞聲即轉者，則又皆鴿中異種，總名之爲翻跳，不以常格品優劣也。典故、賦詞，則擷取載籍前言語鴿事者，補談助耳。總之是書不爲淵雅宏博，然得於實事身經，故可存以備採云。"

### ◆ 張同居

同居字如祖，鄒平人，延登孫。以廢補官同知，擢南京戶曹。崇禎己卯（十二年）擢澂江知府，旋改廉州。順治庚寅（七年）卒於官。《濟南府志》卷五十有傳。

### 【座右格言】

見《濟南府志》本傳、《山東通志·藝文》（子部雜家類）、《鄒平縣志·藝文攷》。《濟南府志·經籍》作《座右言》。

### 【澂海集】

見《濟南府志·經籍》、《鄒平縣志·藝文攷》。

### ◆ 張實居

實居字賓公，號蕭亭，鄒平人，延登孫。去城市，卜居大谷深處，於山麓泉畔得五色靈芝，因作采芝山堂。背黃鵠，面象山，流水繞戶，青山在左，一瓢一卷，吟嘯其中。《濟南府志》卷五十有傳。

### 【蕭亭詩選六卷】

見《四庫全書總目》、《濟南府志·經籍》（作三卷）、《山東通志·藝文》。《濟南府志》本傳、《鄒平縣志·藝文攷》作《蕭亭詩集》。現存：清康熙刻本，北京師範大學圖書館、上海圖書館、青島市圖書館等藏，《湖南省古籍善本書目》、《上海市歷史文獻圖書館藏書目錄》著錄；《四庫全書存目叢書》影印。有王士禎《蕭亭詩選序》，孫元衡《蕭亭詩集序》。

《山東通志·藝文》：《四庫存目提要》曰："王士禎所評選也。士禎《序》稱其古今詩盈千首，樂府古選尤有神解，爲擇其最者三百餘篇爲此集云。"

《國朝山左詩鈔》卷二十載其詩一百首。道光《章邱縣志·藝文》載其《夜飲梭山》、《長白竹枝詞》等詩。

### 【徐張二先生詩選不分卷】

徐夜、張實居撰。現存：鈔本（一冊，淡墨跋），山東省圖書館藏。

### 【荅詩問二卷】

見《濟南府志·經籍》。蓋即《師友詩傳錄》也，詳見王士禎著作。

### ◆ 李肇勳

肇勳字放公，章丘人。明崇禎十二年己卯科舉人。入清，官慶元知縣。《濟南府志》卷五十四有傳。

### 【四書辨注】

見道光《章邱縣志·藝文》、《濟南府志·經籍》、《山東通志·藝文》（經部四書類）。

## 【愛吾廬全集】

見道光《章邱縣志·藝文》、《濟南府志·經籍》、《山東通志·藝文》。

道光《章邱縣志·藝文》載其《遊東龍洞》詩一首。

### ◆ 尹足法

足法字從之,肥城人。崇禎己卯(十二年)舉人。歷官湖南永明知縣。《肥城縣志》卷九有傳。

## 【肥城縣誌書二卷】

現存:清康熙十一年刻本,中國國家圖書館、中國科學院圖書館、南京圖書館藏。前有尹任、尹足法、王度《序》,縣圖四幅。後有鄧國球《後序》。上卷星野、地理、疆域、形勝、山川、泉洞、鄉社、風俗、城池、公署、縣署、廟祠、武備、鋪舍、倉場、津梁、市鎮、城集、鄉集、坊牌、人丁、地糧、馬政、物產、學校;下卷官師、人物、孝友、貞烈、耆壽、選舉、武功、書院、亭臺、景致、陵墓、寺觀、詩文、災異,凡三十九門。

按:是志由肥城知縣尹任(河北棗強人,康熙八年任)主修,纂於康熙十一年,爲現存最早肥城方志。

### ◆ 郝 焜、郝 焵

焜字躍如,號木伯,齊河人。崇禎十二年舉人。《齊河縣志》卷二十四有傳,卷三十三有濟陽艾元徵《故孝廉具阜先生墓誌》。

焵(或作綑)字貢如,號木仲,焜弟。天啟七年舉人,崇禎十年進士。累官浙江布政司參議。《齊河縣志》卷二十四有傳,卷三十二有歷城申士秀《貢如郝公傳》。

## 【甌香館文集】【甌香館詩集】

民國《齊河縣志·撰述》云:"俱郝焜及弟焵著"。《縣志·藝文》載歷城申士秀《甌香館遺集序》略云:"往予讀祝阿郝木仲給諫《糾宜興相疏》,義烈激發,私心壯之。嗣讀艾長人司寇所爲木仲孝廉《墓誌》,慨然想見其爲人。猶以未覯兩公遺集爲憾。今年冬,其裔孫允哲裒其詩文,問序於予。予謂兩公即不以詩文名,而孝廉所以立身行道,與給諫所以建白於朝宁者,已足以聲施來弈。況其詩之清綺,文之淳雅,復

如此哉。昔王漁洋先生嘗嘆崑山葉文莊公有明初作者風氣,勸其後人梓之。逡巡未果,恐遂湮沒。兩公遺集乃爲後人所鄭重愛惜,而剞劂以傳,詎非厚幸歟?或謂是集毋乃太簡。嗚呼,予見乎夥頤者矣,其庸愈於此乎!夫覘一斑,而全豹之形體宛然在也,寧取必於著述等身而後可哉!兩公又有《制藝》若干首,孫峨山先生爲之序。予之識鑒,萬不敢望峨山之萬一,遽泚筆而敘述於遺集之簡首,是則予之惡然滋愧者夫。乾隆癸未十二月既望歷下後學申士秀撰。"

《齊河縣志》卷三十一載《復絲閣臣周延儒及其黨吳昌時周仲璉疏》(注:前後兩疏稿俱失傳,僅從《明紀》錄此)、《齊河縣志序》,卷三十二載《關聖帝君廟香火地碑記》,卷三十四載《告諸親約》、《重建城隍廟碑記》,俱郝焵撰。

## 【甌香館制藝】

郝焜、郝焵撰。見民國《齊河縣志·藝文》所引申士秀《甌香館遺集序》,參見上條。

### ◆ 朱長允

長允字桂齡,德平人。明崇禎己卯(十二年)舉人。歷官江南廬州同知。

其詩文集未見著錄。《德平縣志》卷十二載其《秋月感賦四之一》詩一首。

### ◆ 譚其志

其志字尚之,號醉仙,別號卉飲,萊蕪人,性教子。監生。民國《萊蕪縣志》卷十八有傳。

## 【醉仙詩集】

見《國朝山左詩鈔》、《萊蕪縣志·藝文》。

張梅亭《萊蕪縣志·藝文》載是書云:"其志字尚之,號醉仙,故名其集。程雲《太學生譚公墓誌》略曰:'尚之早歲輒有佳句,筆墨遂多。又從官留襄,歷秣陵、甯夏,桐柏林廬之奇,鍾山燕磯之勝,賀蘭雪磧之大觀,歷歷投吟囊中。迨後隱居山谷,賦物贈答諸什不下千餘篇。予與青霞叔弟修刪訂成集。大都本之陶、韋,成以岑、儲,清逸曠豁,獨不假溫、李一言,其孫太白之流亞乎?'詩采入《山左詩鈔》。"

《國朝山左詩鈔》卷十四載其詩十四首。

## 【尚之遺詩】

《山東通志·藝文》著錄，引《府志》本傳云："遺詩百餘篇，其友程雲梓行於世。"

### ◆ 徐處闍

處闍字見區，原名之邈，字遠公，長山人。明諸生。《濟南府志》卷五十有傳。

## 【衣巾謠三十六首】

《山東通志·藝文》（集部別集類）著錄，引《縣志》本傳云："以李自成變，棄去上巾，著道人服，杖懸一瓢，刻杖上曰'懸瓢非爲邋齋飯，時挹寒泉潑熱腸'。有《衣巾謠》三十六首。"

### ◆ 王敏入

敏入字子遜，號梓巖，淄川人。諸生。《濟南府志》卷五十四、卷七十二《補遺》有傳。

## 【般陽二十四景圖】

《濟南府志》本傳云："其畫繪山川雲物卉蟲最工，尤善寫生，極妍盡態。所製鼇山燈，園扉開闔，人物拱揖，泉飛鹿走，覽者驚爲神助。《縣志》所畫《般陽二十四景圖》，皆其遊歷所至，畢得其情狀。"

## 【追遠集】

見《國朝山左詩續鈔》、《濟南府志·經籍》、《山東通志·藝文》。

《山東通志·藝文》：按《山左詩續鈔》云敏入有是集，又引《縣志》："敏入，瑞永子。親歿，以貧不能具碑，乃手鐫父詩冀山、泰岱及千佛、華不注、長白諸山，以圖不朽。"今《縣志·敏入傳》所載事實與此同，惟不詳其爲瑞永子。據《志》所云，而參以名集之義，則《追遠集》者，似亦敏入所編其父瑞永之詩，而非敏入自撰之集。俟考。

《國朝山左詩續鈔》卷三十一載其《甲戌肄業書祥觀》詩一首。《淄川縣志·藝文》載其《畫放生磯築屋圖》、《遊長白山》詩二首。

## 【易安亭稿】

見《王氏一家言·易安公集》作者小傳。

## 【易安公集】

現存：①民國七年順和堂石印局石印《王氏一家言》本（在卷十八），青島市圖書館藏；《山東文獻集成》影印。内五七言二十八首，文三篇，附《孝義傳》一篇。

### ◆ 張吉士

吉士字松霞，平原人。明崇禎庚辰（十三年）進士。官平陽推官。入清，復官至嘉湖兵備道。《平原縣志》卷八有傳。

## 【通鑑評纂】【史傳評纂】

見《平原縣志》、《濟南府志·經籍》（作《通鑑史傳評纂》）、《山東通志·藝文》（史部史評類）。

## 【性理評纂】

見《濟南府志·經籍》、《山東通志·藝文》（子部儒家類）。

### ◆ 李鴻雷

鴻雷字仲默，新城人。明崇禎壬午（十五年）舉人。順治乙酉（二年）授隨州知州，戊子（五年）擢順德府同知，歷署嘉湖道，康熙壬寅（元年）罷歸。歸田三十餘載卒，年八十二。《濟南府志》卷五十五、《重修新城縣志》卷十六有傳。

## 【新高水患平心說一卷】

見《重修新城縣志·藝文》，注云："據《後稿》及抄本。"《濟南府志》本傳云："歸田三十餘載，布衣蔬食，坦步當車，邑中大利害，必侃侃爲長吏言之。縣西北歲罹水患，著《平心說》，巡撫桑公採而行之。"

### ◆ 吳汝亮

汝亮字仲闇，號海嶠，霑化人，茂華子，汝爲弟。明崇禎壬午（十五年）舉人。清康熙初官江寧知縣。光緒《霑化縣志》卷七有傳。

## 【徒水釣草】

見光緒《霑化縣志》本傳、《山東通志·藝文》。民國《霑化縣志·著書目錄》作《徒水釣詩草》。

## 【半紫樓稿】

見《國朝山左詩鈔》、光緒《霑化縣志》本傳、《山東通志·藝文》。民國《霑化縣志·著書目錄》作《半紫樓文稿》。

《國朝山左詩鈔》卷四存其《九月一日登海豐文昌閣次丁恪臣明府韻》一首。

### ◆ 吳汝楨

汝楨字瑤礎，號左石，霑化人，茂華子，汝亮弟。諸生。光緒《霑化縣志》卷九有傳。

## 【近聖居雜著二卷】

見光緒《霑化縣志》本傳、《山東通志·藝文》（子部雜家類）。民國《霑化縣志·著書目錄》作《近聖雜著》。

《山東通志·藝文》：是書《府志》作《雜說》，茲依《縣志》標目。

《國朝武定詩鈔》作吳汝禎，字左石。

## 【浴鳳樓稿】

見《國朝武定詩鈔》。

### ◆ 袁建高

建高字岱巖，章丘人。明崇禎壬午（十五年）舉人。入清，官浙江平湖知縣。《濟南府志》卷五十四有傳。

## 【龍吟集】

見道光《章邱縣志·藝文》、《濟南府志·經籍》、《山東通志·藝文》。

### ◆ 王 玭

玭字搢公，海豐人。諸生。

## 【書經約言】

《無棣縣志》本傳云："讀書究心理學，遨遊南北，與當時名儒相討論。著《四書詳說》、《書經約言》，四明仇兆鼇、濟南張稷若、桐川費鈜皆服膺，爲之序。"

## 【四書詳說】

見《無棣縣志》本傳。

### ◆ 王夢輔

夢輔字箕巖，海豐人，玭子。貢生。

## 【尚書約言】

《無棣縣志》本傳云："著有《尚書約言》，繼父業。"

### ◆ 張四教

四教字印尼，長清人。郡廩生。明末避亂章、濟，執經請業者甚衆，有問必答，無不衷於古人，莫測其底蘊。嘗爲邑令采輯縣志，并修族譜。手訂歷朝史書，明白洞達。學者推爲理學儒宗。《濟南府志》卷五十六有傳。

## 【族譜】

見《濟南府志》本傳。

### ◆ 張爾岐

爾岐字稷若，自號蒿菴處士，濟陽人。諸生。《濟南府志》卷五十六、民國《濟陽縣志》卷十一有傳。《濟陽縣志》卷十七有其自撰《蒿菴處士自敘墓誌》、汪汝弼《蒿菴先生墓誌》，卷十八有李煥章《張蒿菴處士傳》、羅有高《張爾岐傳》。

## 【周易說略四卷】

見《濟南府志·經籍》、《山東通志·藝文》（經部易類）。民國《濟陽縣志·著述》作《易經說略》八卷。現存：①清康熙五十八年泰安徐志定真合齋磁版印本（八卷），中國國家圖書館、四川省圖書館、無錫市圖書館藏，《北京圖書館古籍善本書目》、《中國古籍善本書目》著錄；《四庫全書存目叢書》、《續修四庫全書》、《山東文獻集成》影印。②清乾隆二十七年三與堂刻本，北京大學圖書館、濟南市圖書館藏，山東省博物館藏本有牟庭、牟應震批校及牟所題跋，《山東省博物館藏明清民國山左學者著述知見錄》、《四庫存目標注》著錄。③清嘉慶二年文源堂刻本，山東省圖書館、青島市圖書館、中國科學院圖書館藏，《青島市圖書館古籍書目》、《四庫存目標注》著錄。

《山東通志·藝文》：是書《四庫》存目。有康熙己亥磁刊本。徐志定《序》略云："本《本義》而爲《說略》，因象析義，銷融偏滯。迹其不沾沾指事略矣，而理無不包；不斤斤辨理略矣，而象無不該。此其甯爲略而不爲詳者，正乃所以爲詳而恐涉於略也。"

本亦然，而其首頁徑書"濟陽蒿菴稷若張爾岐著"，當亦鈔書人失查，但據傳聞補題者也。由此可知，各家著錄之張爾岐《書經直解》，俱係張居正之書而誤屬爾岐，其爲僞書審矣。

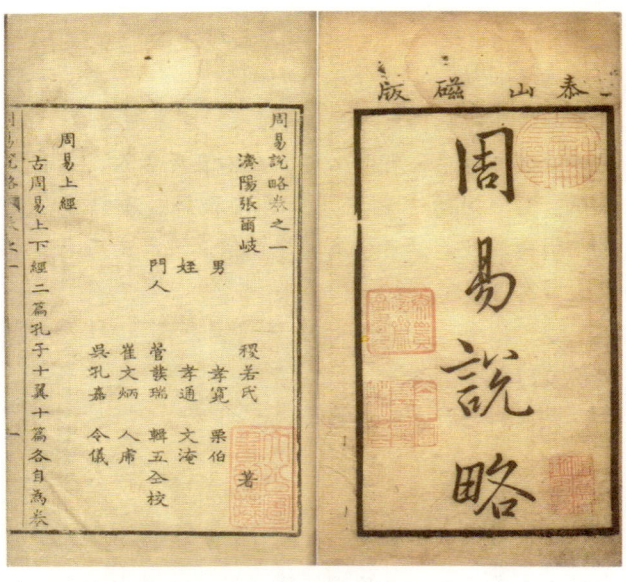

《周易說略》八卷　清康熙五十八年泰安徐志定真合齋磁版印本

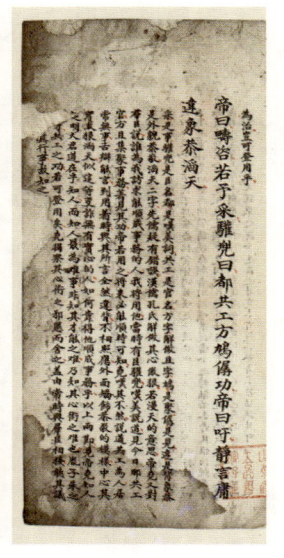

山東省圖書館藏清鈔本《書經直解》

## 【書經直解四卷】

見民國《濟陽縣志·著述篇目》。現存：①清鈔本，山東省博物館藏，《中國古籍善本書目》、《清史稿藝文志拾遺》、《山東文獻書目》著錄；《山東文獻集成》影印。②清鈔本（王獻唐跋），山東省圖書館藏。書衣有王獻唐手跋二則，其一云："《書經直解》殘鈔本七冊，爲濟陽張稷若先生遺著，迄未刻行。去秋余得一冊，蓬萊欒調甫兄得六冊，相約合贈山東圖書館。裝池既訖，附贅數語。時二十年一月七日。"其二云："聞劉仲華先生處有全本，容借來鈔足之。仲華言書爲稷若介弟所撰，當有所本。此無序跋可徵，亦未題名，統俟另日詳攷。是日再書。"③民國十七年濟陽道慈印刷局石印本，濟南市圖書館、吉林省社會科學院圖書館等藏，《東北地區古籍綫裝書聯合目錄》著錄。

泳按：山東省圖書館鈔本有王獻唐跋，已頗疑此書非爾岐所撰，特未及詳攷耳。今攷《四庫全書總目提要》卷十三書類存目有明張居正《書經直解》十三卷，《四庫全書存目叢書》據明萬曆刻本影印。取以與鈔本對勘，則字句全然相同。山東省博物館所藏鈔

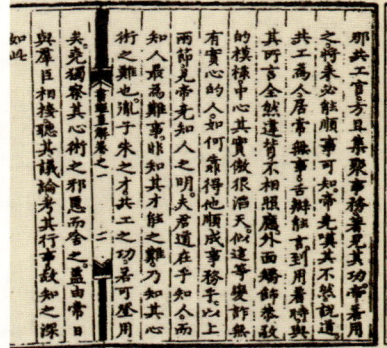

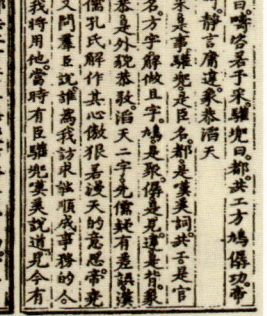

明萬曆刻本《書經直解》（張居正撰）

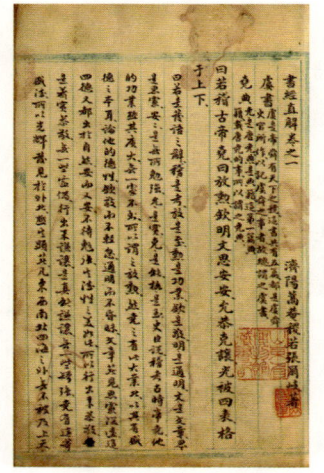

山東省博物館藏清鈔本《書經直解》

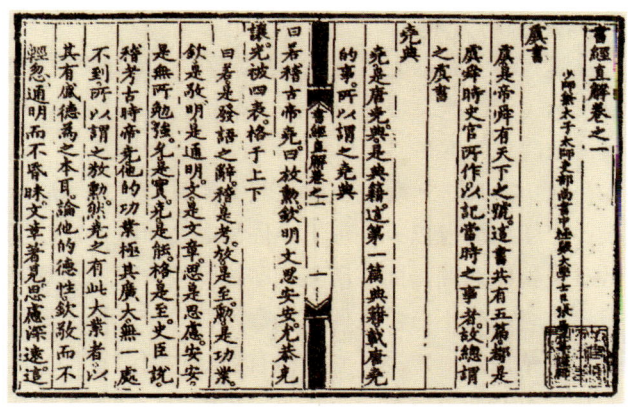

明萬曆刻本《書經直解》（張居正撰）

## 【詩經說略五卷】

　　見《濟南府志・經籍》（無卷數）、《山東通志・藝文》（經部詩類）、民國《濟陽縣志・著述篇目》。《中國叢書廣錄》著錄清光緒十五年山東書局重刻《蒿菴全集》本。

　　《山東通志・藝文》引桂馥《書爾岐自敘墓誌後》云："《詩經說略》寫本，今在萊陽趙擢彤處。"

## 【儀禮鄭注句讀十七卷附監本正誤石經正誤二卷】

　　見《濟南府志・經籍》、《山東通志・藝文》（經部禮類）。民國《濟陽縣志・著述篇目》作《儀禮集註句讀》十卷。現存：①清康熙五十九年陳沂震手鈔本（八冊），臺灣"國家圖書館"藏，《國家圖書館善本書志初稿》著錄。扉葉有清楊復（豐華老人）手書題箋、姚椿手書題記二則。書末有陳沂震手鈔題記、楊復手書題箋。②清乾隆八年濟陽高廷樞和衷堂刻本（附錄作《儀禮監本正誤》一卷《儀禮石本誤字》一卷），山東省博物館（清翁方綱校，另一本清曾國藩批校）、山東師範大學圖書館藏；《山東文獻集成》影印。③《四庫全書》本。④《摛藻堂四庫全書薈要》本。⑤清同治七年金陵書局刻《十三經讀本》本，上海圖書館、南開大學圖書館、安徽省圖書館藏，見《中國叢書綜錄》。⑥清同治十一年山東書局刻《十三經讀本》本，中國國家圖書館、上海圖書館、復旦大學圖書館藏，見《中國叢書綜錄》。

　　《山東通志・藝文》：是書文淵閣著錄。初名《儀禮節釋》，後易此名。長山劉孔懷、李斯孚參訂，孔懷門人于湜音字。原本藏艾元徵家，乾隆癸亥邑人高

廷樞集貲刊之，又有同治壬申山東書局重刻本。孔懷《序》略云："於鄭注則錄其全，於賈疏則間有去取，而時於段後附以己說。所見皆確不可易，且多前人所未發。"顧炎武《序》略云："參定監本脫誤凡二百餘字，并考石經脫誤凡五十餘字，作《正誤》二篇，附於其後。"

《儀禮鄭注句讀》十七卷　清乾隆八年濟陽高廷樞和衷堂刻本

## 【吳氏儀禮考注訂誤一卷】

　　見《山東通志・藝文》（經部禮類）、民國《濟陽縣志・著述篇目》。《濟南府志・經籍》作《吳氏東堂禮考註訂誤》無卷數。現存：清抄本（作《儀禮考註訂誤》一卷，與《儀禮監本正誤》一卷《儀禮唐石經正誤》一卷合抄），上海圖書館藏，《中國古籍善本書目》著錄。

　　《山東通志・藝文》：見《蒿菴集・自序墓誌》。《蒿菴閒話》云："《儀禮鄭注句讀》成，乃取《考注》爲之勘訂。其不用鄭、賈者四十餘事，唯《少牢》篇尸入正祭章補出'尸受祭肺'四字爲有功於經，餘皆支離之甚，不須剖擊，疵病立見。疑其書殆庸妄者託爲之。"

## 【夏小正傳注一卷】

　　見《山東通志・藝文》（經部禮類）、民國《濟陽縣志・著述篇目》。《濟南府志・經籍》作《夏小正傳註合輯》一卷。

　　《山東通志・藝文》：見《自序墓誌》。北平黃

叔琳增訂本載爾岐《序》云："竝錄《傳注》，庶幾得失互形自見。"又黃本《凡例》云："《夏小正》一卷，戴氏傳，元金仁山別爲之注，濟陽張稷若輯合傳、注，附以己說。"又"注應在經下者，如辨音、正字之類，張本併列傳後。"

## 【春秋傳議四卷】

見《濟南府志・經籍》、《山東通志・藝文》（經部春秋類）。民國《濟陽縣志・著述篇目》作《春秋三傳駁義》十二卷。《中國叢書廣錄》著錄清光緒十五年山東書局刻《蒿菴全集》本。現存：稿本（六卷），天津圖書館藏；《四庫全書存目叢書》影印。

《山東通志・藝文》：是書《四庫存目》又有十五卷之本，見《學部圖書館善本書目》。《存目提要》曰："意在折衷三傳，歸於至當。然發明胡《傳》之處居多，猶未敢破除門戶。同時有樂安李煥章爲爾岐作《傳》云：'著《春秋傳議》，未輟而卒。'今此本闕略特甚，蓋未成之稿，而好事者刻之也。"

## 【四書題備說略六卷】

見民國《濟陽縣志・藝文》載張家驥《請以張蒿菴先生從祀孔廟書》。

## 【綱鑑金丹加批】

見民國《濟陽縣志・藝文》載張家驥《請以張蒿菴先生從祀孔廟書》。

## 【甲申紀聞一篇】

《山東通志・藝文》（史部雜史類）著錄，引《蒿菴集》載其《自序》略云："閩人甘昌作《傳真錄》，自序云匿城中兩月，所見聞甚真甚確，少涉疑似，不敢傳亦不忍傳，如有半字之欺，必遭神人之殛。其言如此，似可信矣。然其書荒蕪不治，似全不解紀事體例者，前後詳略單複之間，多失事理。吾視甘生殆樸人也，樸則其言雖缺略，已可信矣。嗟乎！君父存亡之大故，賢士君子致命之大節，小人苟且險詐摧沮之情狀，苟得言之樸而可信者以示後，已足矣。且其月日差詳。吾本其月日，參之所聞，爲正其失，且闕所不知者，作《紀聞》一篇。"

民國《濟陽縣志・藝文》載爾岐《甲申紀聞後跋》。

## 【濟陽縣志九卷】

見《濟南府志・經籍》（無卷數）、《山東通志・藝文》（史部地理類）、民國《濟陽縣志・著述篇目》（注云"逸"）。

《山東通志・藝文》引《蒿菴集》載是編《序》云："予自弱冠以來，每思少佐邑志之所未備，訪問故事，搜剔逸聞，間有所獲，即錄簡端，塗乙增竄，筆迹重沓，幾不自辨。偶因農暇，命兒子、門人筆錄之，稍依原目，定爲九卷，間有鄙見，附書首末，以貽後之有心斯事者。曰志也者，史屬也，非具良史才不可以作志，此特其樸而已矣。作器者必先樸，樸苟具矣，乃礱之，錯之，塗髹之，而以爲良，當亦國工之所樂藉也。"

## 【弟子職注一卷】

見《濟南府志・經籍》（無卷數）、《山東通志・藝文》（子部儒家類）、民國《濟陽縣志・著述篇目》。《中國叢書廣錄》著錄清光緒十五年山東書局重刻《蒿菴全集》本。

《山東通志・藝文》：是書見爾岐《自敘墓誌》。據《縣志》載于湜《敘》，乃爾岐長子孝寬所刊。湜《序》稱其考據精詳，詮釋明備，甚便學者。

## 【邵子節錄】

《山東通志・藝文》（子部儒家類）著錄，引《蒿菴集》載是書《序》云："有宋邵康節先生之學主於數，所著《皇極經世書》十二卷，其十卷皆列圖以明數，末二卷則圖說也，曰《觀物篇》。其子伯溫又取學者所記，爲《觀物外篇》，性理所載，僅蔡氏《纂圖指要》。愚每歎學如康節，即使學者擁其全書，竭聰明心思之力，如明道所云二十年功者，不知加倍法竟當何似，乃欲守茲梗概，而冀測其涯際，難矣！獨是《觀物篇》天道、物理、人事、經術，先生之自得者實具於此，誠吾人窮理修身之助。因節錄之，以資省覽。於凡言數者，則闕焉。"

## 【風角書八卷】

見《山東通志・藝文》（子部術數類）。現存：①清開州李若琳校刻本，山東省博物館藏，《山東文獻書目》、《山東省博物館藏明清民國山左學者著述知見錄》著錄。②清周氏藉書園抄本（四卷一冊，周宗熙批校題跋），山東省博物館藏。《雙行精舍書跋輯存》載王獻唐是書跋云："此濟陽張稷若著《風角書》四卷。刻本作《風角占》，溢出四卷，共爲八卷。先是歷下周定齋以書傳稀少，擬刻，其後開州李淇篔得足本付梓。上月下旬，獲此抄冊及刻本於芳潤閣。後有不署名之跋尾一紙，稱此爲藉書園舊藏。……此書夾有朱曾喆致定齋一函，述及跋尾文字，欲爲增添數筆。始知作此跋尾者爲定齋。定齋名宗照，書昌之孫也。……此跋即其手書，故稱書昌爲先太史。書間有校語，亦出定齋手筆。蓋當時所藏只此四卷本耳。"③清道光十四年安康張氏來鹿堂重刻本，遼寧省圖書館、山西大學圖書館等藏，《東北地區古籍綫裝書聯合目錄》著錄。④清光緒七年湖北書局刻《正覺樓叢書》本，北京大學圖書館、上海圖書館、山東大學圖書館等藏，《中國叢書綜錄》著錄。另有《續修四庫全書總目提要（稿本）》著錄奉天國立圖書館藏張稷若手抄稿本。

《山東通志·藝文》：是書有開州李若琳校刊本。爾岐《自序》云："昔人論《風角書》，共若干卷。余刪其重複，爲八卷，錄而藏之。"又云："貴其色者，難其辨也；貴其度者，鮮其學也；貴其謹伺者，憚其勤也。三者之患，於風角知免矣。吾姑先其易者，若夫王充之獨歸之天，以天占人，揚子雲所謂不善占天者也。"據本書。

## 【真魔論一卷】

現存：清鈔本（一冊），山東省圖書館藏，《山東文獻書目》、《玉函山房藏書簿錄》著錄。

## 【日記】

《山東通志·藝文》（子部雜家類）：《蒿菴文集·日記序》略云："予少感子野之言而爲《衾影注》，以他故廢，至二十三歲始得日記之。說蓋有合焉，乃效而爲之。其法年自爲卷，篇題之月，月綴之日，凡有所舉，罔不注。其日篇末計其大凡，而勤與怠可自考矣，儻所謂日新者耶？"案：《文集》又載《日記又序》。詳繹其詞，蓋即讀群書之札記也。

## 【蒿菴閒話二卷】

見《濟南府志·經籍》、《山東通志·藝文》（子部雜家類）、民國《濟陽縣志·著述篇目》。現存：①清康熙泰山徐氏真合齋磁版印本，山東省圖書館等藏，《四庫存目標注》、《北京圖書館古籍善本書目》、《中國古籍善本書目》著錄；《四庫全書存目叢書》、《續修四庫全書》影印。②清乾隆三十二年李文藻家鈔本，上海圖書館藏，《中國古籍善本書目》、《四庫存目標注》著錄。③清乾隆四十年益都李文藻刻本（周永年印入《貸園叢書初集》），中國國家圖書館、上海圖書館等藏，《四庫存目標注》、《中國叢書綜錄》著錄；《山東文獻集成》影印。④清道光三十年南海伍氏刻《粵雅堂叢書》本（一卷），中國國家圖書館、上海圖書館、復旦大學圖書館等藏，《中國叢書綜錄》著錄。⑤清光緒十五年山東書局刻《蒿菴全書》本，中國國家圖書館、上海圖書館、山東省圖書館等藏，《清人別集總目》、《四庫存目標注》、《中國叢書廣錄》著錄。⑥清信芳閣活字印本，中共山東省委黨校圖書館藏。又有《昭代叢書》本、《粵雅堂叢書》本、《清代筆記叢刊》本、《筆記小說大觀》本、《叢書集成初編》本（二卷）等，見《中國叢書綜錄》。

《山東通志·藝文》引《四庫存目提要》曰："是編乃其劄記之文，凡二百九十六條。顧炎武《與汪琬書》自稱精於三禮，卓然經師，不及爾岐。故原跋以是編爲《日知錄》之亞。然《日知錄》元元本本，一事務窮其始末，一字務核其異同。是編特偶有所得，隨文生義，本無意於著書，謂之零璣碎璧則可；至於

《蒿菴閒話》二卷　清康熙泰山徐氏真合齋磁版印本

網羅四部，鎔鑄羣言，則實非《日知錄》之比。如‘曾子易簀’一條，稱‘嘗見一書，說楚國曾聘曾子爲相，是當時亦曾作大夫，故季孫得以爲遺’云云。案：《韓詩外傳》稱：‘曾子仕於莒，得粟三秉。方是之時，曾子重其祿而輕其身，親沒之後，齊迎以相，楚迎以令尹，晉迎以上卿。方是之時，曾子重其身而輕其祿。’又稱：‘曾子仕齊爲吏，後南遊於楚，得尊官。’爾岐所謂嘗見一書，當即指此。然韓嬰採掇雜說，前後已自相違異，豈可引以詁經？顧炎武必無是語矣。其論吳澄《三禮考注》出於依託，極爲精核。蓋爾岐本長於禮，故剖析鑿鑿。使盡如斯，則方駕《日知錄》可也。”

《蒿菴閒話》二卷　清乾隆四十年益都李文藻刻本

## 【冊府元龜總序五卷】

　　《山東通志·藝文》（子部類書類）：《蒿菴文集》載其《序》略云：“近有輯其《總序》、《小序》爲《元龜》獨制者，合三十卷以爲全書，皆採經傳子史成文。《序》則當時詞臣手所自著。《元龜》之爲《元龜》，不在彼，在此也。備其梗概，挹其芳澤，可謂能約矣。然《總序》言規制，而《小序》主論說。予今年五十，於華豔之文，漸不喜觀，唯朝家制度名物之詳，猶欲稍誌其一二，以備遺忘，補空疏也。故舍《小序》不錄，錄《總序》爲五卷。一千一百四門，則附見其目焉。”

## 【老子說略二卷】

　　見《濟南府志·經籍》（作一卷）、《山東通志·藝文》（子部道家類）、民國《濟陽縣志·著述篇目》。現存：①稿本，北京大學圖書館藏；《北京大學圖書館藏稿本叢書》影印。②《四庫全書》本。③清嘉慶十三年南城吳熙小蓬萊館刻本，中國國家圖書館、吉林省圖書館藏。④清道光十八年濟陽儒學刻本，上海圖書館、大連圖書館藏。⑤清鈔本，山東省圖書館藏；《山東文獻集成》影印。另有《販書偶記續編》著錄清康熙間曲阜孔繼鈗刻本，《中國叢書廣錄》著錄清光緒十五年山東書局刻《蒿庵全集》本等。今有一九九三年齊魯書社排印周立升、喬岳點校本。

《老子說略》二卷　山東省圖書館藏清鈔本

　　《山東通志·藝文》：是書文淵閣著錄。《四庫提要》曰：“《道德經》解者甚多，往往繳繞穿鑿，自生障礙。爾岐是編，獨屏除一切，略爲疏通大意。其《自序》謂‘流覽本文，讀有未通，輒以己意占度，稍加一二言於句讀隙間，覺大意犁然。迴視諸注，勿計不能讀，亦已不欲讀’云云。又有《自跋》，稱‘人問朱子：“道可道如何解？”應之曰：“道而可道，則非常道；名而可名，則非常名。”朱子生平未嘗解《老》，使其解《老》，此即其解《老》之法，亦即可謂解一切書之法。要在不執解求解，反之是書以解是書而已’云云。蓋其大旨在於涵泳本文，自得理趣。故不及縱橫權譎之談，亦不涉金丹黃白之術，明白簡當，頗可以備參覽焉。”

## 【蒿菴集三卷】

　　見《濟南府志·經籍》、《山東通志·藝文》、民國《濟陽縣志·著述篇目》。現存：①清乾隆三十八年胡德琳聽泉齋刻本（有《附錄》一卷），中國國家圖書館、北京大學圖書館、山東省圖書館、中共山東省委黨校等藏，《清人別集總目》、《清人詩文集總目提要》、《四庫存目標注》著錄；《山東文獻集成》影印。②清嘉慶十八年重刻本，青島市圖書館等藏，《青島市圖書館藏線裝書目錄初稿》、《四庫存目標注》、《清人詩文集總目提要》著錄。③舊鈔本，上海圖書館藏，《中國古籍善本書目》、《四庫存目標注》、《清人詩文集總目提要》著錄。④清光緒十五年山東書局刻《蒿庵全集》本（有《附錄》一卷《拾遺》一卷），首都圖書館、山東省圖書館、山東省博物館等藏，《中國叢書廣錄》、《山東文獻書目》、《清人別集總目》、《清人詩文集總目提要》著錄。⑤清鈔本，湖南省圖書館藏，《四庫存目標注》、《清人詩文集總目提要》著錄。今有一九九一年齊魯書社排印張翰勛等點校本。

《山東通志·藝文》引《四庫存目提要》曰："是集爾岐所自定，凡雜文七十篇。大抵才鋒駿利，縱橫曼衍，多似蘇軾，而持論不免駁雜。蓋爾岐之專門名家，究在鄭氏學也。"

《國朝山左詩鈔》卷九載其《壬寅春訪元明先生張隱君歸賦》、《謁蒼屏陳先生.值其灌園.欽歎高躅.退而賦詩.先生前朝明經.屢被徵名》、《列仙詩》（四首）、《垂絲海棠》、《送張非聞還里》詩八首。（《詩

鈔》爾岐小傳作《蒿菴詩集》，附案云："先生著述唯《儀禮鄭注句讀》及《夏小正傳注》已經板行，《蒿菴集》吳中藏書家有鈔本。詩皆采自《集》中。"）民國《齊河縣志》卷三十二載其《陝西西寧道按察司副使王公小傳》一篇。《續修廣饒縣志》卷二十四載其《織齋集鈔序》。

### 【蒿菴集捃逸一卷】

現存：①民國二十三年上虞羅氏石印《百爵齋叢刊》本，中國國家圖書館、北京大學圖書館等藏，《中國叢書綜錄》、《清人別集總目》、《四庫存目標注》著錄。②一九九一年齊魯書社排印張翰勛整理本。

### 【蒿菴集一卷補遺一卷】

現存：①清鈔本，中國國家圖書館藏，《清人詩文集總目提要》、《四庫存目標注》著錄。②清鈔本（無《補遺》一卷），重慶市北碚區圖書館藏，《清人詩文集總目提要》、《四庫存目標注》著錄。

### 【篋中集二卷】

見民國《濟陽縣志·藝文》載張家驥《請以張蒿菴先生從祀孔廟書》。

### 【新濟藝文二卷】

見《濟南府志·經籍》（無卷數）、《山東通志·藝文》（集部總集類）。民國《濟陽縣志·著述篇目》誤作《靳濟藝文》三卷。張家驥《請以張蒿菴先生從祀孔廟書》（載民國《濟陽縣志·藝文》）作《新濟藝文志》三卷。現存：清康熙刻本（作《新濟藝文》二卷《外編》一卷），山東省博物館、中國科學院圖書館藏，《山東文獻書目》、《山東省博物館藏明民國山左學者著述知見錄》著錄。

《山東通志·藝文》：《蒿庵文集》是編《序》云："吾邑大夫士文若詩，自金元迄明崇禎，凡二卷，題曰《新濟藝文》，以別於古濟也。蓋自濟陽改隸，而以章邱西徼、臨邑南徼爲濟陽，地異故封矣。既不得援其文以爲重，章邱、臨邑又各有其文，亦不得於自爲一邑之後，追錄其分隸二邑之時之文。則錄《新濟藝文》，即以新濟託始之年爲斷宜爾。曰：'自金天會至明崇禎，年踰五百矣。茲所錄者，代幾人，人幾篇，操觚之家盡此乎？'曰：'曷爲乎其盡此也？金

《蒿菴集》三卷 清乾隆三十八年胡德琳聽泉齋刻本

之肇茲邑也，其俗尚可知也。時已有楊君烈以詞賦登進士矣，進士李仲熊輩倡建廟學矣，周廉訪點、王著作繪知好黃太史遺墨刻之石矣。元受之，其俗尚亦可知也。時則有楊文郁以好學薦知制誥修國史矣，其伯父珪以易爲專門之學矣，而學士墓碑所稱張、楊、杜三先生者，又其所嚴事者也。襄加歹之同知制誥修國史，孫景益之爲中書左丞，張珪之爲兵部侍郎，亦皆以進士致顯位。至於張炳，發身吏事耳，而積書至八萬卷；張友仁，儒生耳，《聞韶臺碑》稱其卓然有文，元好問薦材於耶律中書云。皆天民之秀，有用於世者。濟陽張輔之，亦與列焉。此豈盡傖荒俚誕、不辨行墨者乎？乃今損齋獨以一表一箋一記一詩傳，其爲湮佚也多矣。有明三百年，文教覃敷，邑中入賢書者六十餘人，而明經不與，其著述爲文章自信不朽者，必不止今茲所存黃、戴諸人寥寥而已也。《通志》稱賈昭學行卓越，邑中人士不能舉其片語；高貢士《咸甯矢端》一論，明天綱，昭人紀，至令天子動容稱歎，亦極偉矣，而文逸不傳；黃中丞臣斥張真人於嘉靖崇向方士之日，豈不有功名教，而僅以二三語傳。餘可例知矣。奈何乎其盡此也？不盡乎此，而所及見者盡乎此。予第據其所見，勿敢失墜而已。及今錄之而止於此，失今不錄，恐後將錄其止此者而莫及也。昔之君子，既出所學，發爲文章。使其散落不收，無以示四方而遺後世，非生其土者之責乎？吾所爲爲斯錄也。’”又《新濟藝文外篇敘》云：“既錄吾濟文若詩爲一書，又錄四方賢士君子文若詩之涉茲邑者爲外篇。以其非吾土之人也，故外之。外之而仍汲汲乎錄之者，將以爲茲土重也。”

### 【蒿庵全集十種五十四卷】

《中國叢書廣錄》著錄清光緒十五年山東書局重刻本。

### 附【張爾岐傳一卷】

羅有高等撰。《山東文獻書目》著錄張亦軒藏濰縣高氏辨蟬居鈔本。

### ◆ 張爾崇

爾崇字季厚，濟陽人，爾岐弟。《濟南府志》卷五十六、民國《濟陽縣志》卷十一有傳。

### 【尚書通義五卷】

見《濟南府志·經籍》（作《尚書通議》）、《山東通志·藝文》（經部書類）、民國《濟陽縣志·著述篇目》。現存：①清乾隆魯宗賢黑格鈔本（十卷），青島市圖書館藏，見《青島市圖書館古籍書目》。于湜、魯宗賢《序》。②鈔本（六卷），日本京都大學藏，見《京都大學文學部所藏漢籍目錄》。

### ◆ 王言從

言從字俞之，濟陽人，良相子。順治間恩貢。官萊州教授。澹蕩寡欲，義命自適，號安寓居士。嗜莊、列、陶潛，濃郁世味，泊如也。喜吟咏，興會所至，一往情深。嘗愛吳越山水，僦居三年，翛然往返。《濟南府志》卷五十六、民國《濟陽縣志》卷十一有傳。

### 【安寓詩草合選】

見《山東通志·藝文》。《濟南府志·經籍》誤作《安厲詩草合選》，云言從號安厲。民國《濟陽縣志·著述篇目》及本傳作《安寓詩定本》。《續修四庫全書總目提要（稿本）》、《清人詩文集總目提要》著錄鈔本，不分卷。

《山東通志·藝文》：《蒿菴集》載是編《序》略云：“安寓居士詩草凡數種，既老將囊筆，閉口不復稱詩，乃綜所作以寄予曰：‘爲合刪之，且梓以質世之能爲詩者。’予念居士之爲詩，觸物言情，滔滔汩汩，不盡不止，一何多也，衰而爲《學吟》，爲《遊草》，爲《變草》，爲《棄草》，爲《瀌陽》、《掖水》諸草。僅三百餘篇，蓋已汰其十之七矣。茲且復汰焉，豈非感興之作，取暢一時，而擇言行遠，則期有當千古歟？於是錄自《午日遊金山寺》以下《贈邢刺史先生》共幾篇，爲《安寓詩定本》焉。”

民國《濟陽縣志》本傳云：“喜吟咏，興會所至，一往情深。棄官家居，以觴咏終其身。爲詩觸物言情，滔滔汩汩，不盡不止。嘗愛吳越山水，僦居三年，翛然往返。其詩有《學吟草》、《遊草》、《變草》、《瀌陽草》、《掖水草》。同邑張稷若、萊陽趙海客爲之選定，錄其尤雅者得五十六篇，爲《安寓詩定本》焉。”

民國《濟陽縣志·藝文》載其《贈顧寧人》、《夢張稷若》、《讀蒿菴閒話題贈》、《夏日閱邸報柬張稷若》、《弔王百斯侍御及夫令子》、《聞左蘿石盡節賦此遙酹之》、《送高憶繩之任黃岡》、《送艾司徒祀中嶽還朝》、《春日遊河干晴眺》、《寄白下友人》等詩。《國朝山左詩鈔》卷九載其《己卯冬夜有感》、《淮陰侯祠》（二首）、《寄白下友人》詩四首。

## 【學吟草】

見《濟南府志・經籍》、《山東通志・藝文》。

《山東通志・藝文》引《縣志》載言從《遊草自序》略云：“《學吟》一草，業蒙銓部東光先生為之元晏就梓，不過抽黃對白，作門面語，覺於風雅無當也。”

## 【遊草】

見《濟南府志・經籍》、《山東通志・藝文》。

《山東通志・藝文》引《縣志》載言從《自敘》略云：“每遇奇峰翔鳳，清流綴鱗，花宮之仙梵，遊舫之豔歌，徘徊瞻眺，幾尺苦腸，輒不禁踴躍欲鳴。時取竹露荷珠，磨墨疾書數韻，久焉積而成帙，擇其稍近風雅者付剞劂，請教四方詩豪。總之詩雖不工，心景相逼而成，其得江山助不少，因名曰《遊草》。中有去冬與親友倡和若干章，席未暇暖，乃復南轅，均謂之《遊草》焉可矣。”

## 【變草】

見《濟南府志・經籍》、民國《濟陽縣志》本傳。《縣志・藝文》載言從《變草自序》云：“予錄己卯以後詩為一卷，大抵悲憤愁歡哀思之所為也。……予之受變於時大矣，故予詩之剗於觀津者，方從先廷尉受書時，肄業始及之，曰《學吟草》。剗於姑蘇者，即謀遷避時得之遊覽者，曰《遊草》。茲卷固皆己卯以來悲憤愁歡哀思之所為也，我不能變詩，時變我矣。序《詩》者曰：治世之音和以樂，亂世之音怨以怒，亡國之音哀以思。知此言者，知吾《變草》哉！”

## 【棄草】

《山東通志・藝文》：《縣志》載張爾岐《安寓棄草序》略云：“吾友俞之王君既棄舉業而成其詩，又屢棄其詩，以成數年以來之《詩錄》、《遊草》、《變草》矣，汰其餘篇，遂為長物，曰：‘且並棄之。’予曰：‘是既鉥心雕意，犯難衝堅，而為君之詩矣。方其未為詩，則猶君之有也，既取之氣母，棄之陂藪，復取之陂藪，棄之鼠壤，是可惜也。且此物並載精神，以遊几篋者，以日以年，一旦失所流離，必且詭形易

貌，化為異物，不蒸為靈芝，即溢為醴泉，不堅為金石，即騰為雲霞，飛光上氣，於君之前，君將何以置之？’君笑曰：‘有是哉！勉錄其什之三，是君強我，我終欲棄之，是愈信君之全所取者大也。’”

## 【濼陽詩草】

《山東通志・藝文》：《縣志》載王舜年《安寓濼陽詩草題詞》略云：“煙雲之綿邈，不足為其致也。花月之鮮潔，不足為其色也。春風之澹蕩，秋日之明肅，不足為其景與況也。大都乘興即哦，不為嘔心，而斐亹俊逸，在遠近淺深濃淡之間，而亦出遠近淺深濃淡之外。視昔之歷下、近之竟陵，俱所不屑。蓋自得之，非義襲而取之也。”

《濟南府志・經籍》作《濼陽草》。

## 【掖水草】

見《濟南府志・經籍》。蓋其官萊州時所作也。

### ◆ 王視遠

視遠字明之，濟陽人，良相子。廩生。性明敏，崇實學，尤工詩賦，與兄言從相頡頏，時人目為二難。年三十九卒。民國《濟陽縣志》卷十一有傳。

其詩文集未見著錄。民國《濟陽縣志・藝文》載其《夜夢張稷若》、《春亭雨坐》詩。

### ◆ 張介臣

介臣名未詳，蒲臺人。

## 【圖說管窺】

《山東通志・藝文》（子部儒家類）：《蒿菴文集》載是書《序》，稱“濕沃宗弟介臣”。介臣名未詳，濕沃為今濱州蒲臺地，而濱州、蒲臺《志》皆不載其人。《序》又稱“就試禮部”，然其為何科舉人，亦不可考。《序》云：“河洛卦位諸圖，其說莫詳於邵、朱兩先生，學者於此因圖測象，因象識意，與僅索之語言文字間者當有異。自良知標幟以後，人始侈然敢以宋儒為訴病。舉業家愈趨便捷，傳義且廢，況有寓目於經世啟蒙諸篇者？介臣所著《圖說管窺》，伏讀累日，見其隸括衆說，申以己見，稱言不煩，而大義犂然。私怪介臣方將揣摩簡練，就試禮部，而所業乃及此，其於俗學有間矣。”

泳按：乾隆《蒲臺縣志·選舉》有順治丁酉科舉人張爾陞，或即其人歟？

### ◆ 金式玉

式玉字溫其，濟陽人。諸生。

其詩文集未見著錄。《國朝山左詩鈔》卷九載其《小園獨酌憶張汗漫 汗漫稷若別號》一首。

### ◆ 鄧光玉

光玉字溫伯，一字瑤夫，濟陽人。順治歲貢生。官莘縣訓導。《濟南府志》卷五十六、民國《濟陽縣志》卷十一有傳。《蒿菴集》卷三有《莘縣訓導溫伯先生鄧君墓誌銘》。

其詩文集未見著錄。《國朝山左詩鈔》卷九載其《讀〈蒿菴閒話〉贈稷若》一首（民國《濟陽縣志·藝文》作《讀〈蒿菴閒話〉贈張稷若三章》）。

### ◆ 王　磚

磚字皞迪，號鷺溪，淄川人。諸生。

**【瀏東草】【客晉草】【僅存草】**

見《國朝山左詩續鈔》、《濟南府志·經籍》、《山東通志·藝文》。

《國朝山左詩續鈔》卷一載其《送王蘭室歸里》詩一首。

**【鷺溪公集】**

現存：民國七年順和堂石印局石印《王氏一家言》本（在卷十九），青島市圖書館藏；《山東文獻集成》影印。內五七言一百八十六首，詞九首，銘三，啟六，文三十一。集前載徐日昇《瀏東草序》，高珩《僅存草序》。

### ◆ 趙重煦

重煦字景先，平原人。順治甲申（元年）選貢。歷官溫州知府。《濟南府志》卷五十六有傳。

**【平原縣志】**

見《濟南府志·經籍》。《山東通志·藝文》作《重修平原縣志》。

《山東通志·藝文》引乾隆《平原志》本傳云：

"嘗重修縣志，鋟版行世。今徧購不得，僅得其《科名志》一冊，亦殘缺矣。惜哉！"

### ◆ 鮑開茂

開茂字夏生，號素垣，長山人。順治丙戌（三年）進士。歷官陝西西寧道，補鄜延。戊申，以裁官歸家。卒年七十。《濟南府志》卷五十五、《長山縣志》卷七有傳。《長山縣志》卷十四有王士正（禎）《陝西按察司副使分巡河西道素垣鮑公墓表並銘》。

其詩文集未見著錄。《長山縣志》卷十二載其《折獄議》文一篇。

### ◆ 高　瑋

瑋字握之，號繩東，淄川人，珩兄。順治丙戌（三年）進士。官河間府推官。《濟南府志》卷五十四有傳。

**【爲善於家】**

《山東通志·藝文》（子部雜家類）：《府志》載是書云："列是非三十則，各疏其義，平正切實，論者謂可與《讀書錄》、《四禮翼》相表裏。"

**【三要圖說】【遺言】【贅語】【家塾寶訓】【規訓隨鈔】**

見《濟南府志·經籍》、《山東通志·藝文》（子部雜家類）。

**【留耕堂遺詩四卷】**

現存：清乾隆間宋弼刻本，上海圖書館、遼寧省圖書館等藏，《中國古籍善本書目》、《清人別集總目》、《清人詩文集總目提要》著錄。《濟南府志·經籍》、《山東通志·藝文》（據《山左詩鈔》）均作《留耕堂詩稿》，無卷數。

卷首有宋弼《序》略云："繩東、念東兩先生，皆性情瀟灑，興至揮毫，不復存省，積紙盈籠，久輒散佚。其後人裒輯成帙，司寇篇帙較多，飴山宮贊定爲《棲雲閣集》；先生詩所收獨少，予得而讀之，因爲編次以傳，使天下之讀先生詩者，論其世，悲其遇，有以想見其人。"

《國朝山左詩鈔》卷十載其詩十首。《淄川縣志·藝文》載其《似閣即事 閣在南定別墅》詩一首。

## 【南遊草】

见《國朝山左詩鈔》、《濟南府志·經籍》、《山東通志·藝文》。

## 【淄風輯略】

见《濟南府志·經籍》、《山東通志·藝文》（集部總集類）。

### ◆ 高 珩

珩字蔥佩，號念東，晚號紫霞道人，淄川人。明崇禎癸未（十六年）進士。入清歷官刑部侍郎。《濟南府志》卷五十四有傳。《栖雲閣文集》附錄有王士禎《誥授通奉大夫刑部左侍郎念東高公神道碑銘》、唐夢賚《紫霞先生傳》。

## 【勸孝彙編】

见《濟南府志·經籍》、《山東通志·藝文》（史部傳記類）。《山東通志》卷百七十本傳作《勸學彙編》。

## 【仕鑑】

见《濟南府志·經籍》、《山東通志·藝文》（史部職官類）。

## 【救荒略】

见《濟南府志·經籍》、《山東通志·藝文》（史部政書類）。

## 【窒慾編】 【四勉堂說略】

见《濟南府志·經籍》、《山東通志·藝文》（子部雜家類）。

## 【金剛經大義】

《山東通志·藝文》（子部釋家類）據《傳是樓書目》著錄。

## 【栖雲閣詩十六卷拾遺三卷】

见《山東通志·藝文》。《國朝山左詩鈔》、《濟南府志·經籍》作《棲雲閣集》無卷數。現存：①清乾隆三年淄川高氏家刻本（《拾遺》乾隆二十一年刻），首都圖書館、南開大學圖書館、煙臺圖書館等藏，《中國古籍善本書目》、《煙臺公共圖書館館藏古籍書目》；《四庫全書存目叢書》影印。②清乾隆二十一年刻本，南京圖書館、北京大學圖書館等藏，《山東大學圖書館古籍善本書目》、《煙臺公共圖書館館藏古籍書目》、《清人別集總目》著錄。③清乾隆四十一年畏天齊刻本，上海圖書館、江西省圖書館、山東省博物館等藏，《山東文獻書目》、《清人別集總目》、《清人詩文集總目提要》著錄。④清乾隆五十六年刻本，上海圖書館、首都圖書館、吉林省圖書館等藏，《清人別集總目》、《東北地區古籍綫裝書聯合目錄》著錄。

《山東通志·藝文》引《四庫存目提要》曰："王士禎《居易錄》稱其生平撰著，不減萬篇。是集爲趙執信所編。又《拾遺》三卷，則宋弼所輯。多率意而成，故往往近元、白《長慶集》體。"

《國朝山左詩鈔》卷六載其詩一百五十一首。

## 【栖雲閣詩略四卷】

见《山東通志·藝文》（無卷數）。現存：①清鈔本，南京圖書館藏，《中國古籍善本書目》著錄。②清刻本，南京圖書館、安徽省圖書館藏，《清人別集總目》、《山東文獻書目》著錄。

《山東通志·藝文》引《四庫存目提要》曰："此集猶鈔寫之本，以各體編次，不分卷數，題曰'男之駰、之駒同校閱'。蓋未刻全集以前，其家錄存之稾也。"

## 【栖雲閣詩二卷】

孫錫嘏輯。現存：《般陽詩鈔》稿本，山東省博物館藏；《山東文獻集成》影印。

## 【棲雲閣詩鈔一卷】

現存：清宣統三年鈔本，中國國家圖書館藏。

## 【栖雲閣文集十五卷】

见《山東通志·藝文》。現存：①清乾隆三十年刻本，上海圖書館、復旦大學圖書館等藏，《中國科學院圖書館新收中文線裝舊書草目》（作十二卷）、《清人別集總目》著錄。②清乾隆四十一年陸耀選畏天齋刻本，中國國家圖書館、南京圖書館、山東大學圖書館等藏，《清人別集總目》、《清人詩文集總目提要》著錄。③清乾隆四十四年高貽榮等刻本，華中師範大學圖書館、山東師範大學圖書館等藏，《中國古籍善本書目》、《清華大學圖書館藏善本書目》、《清人別集總目》著錄。④清鈔本（八卷），中國國家圖書館藏，《清人別集總目》、《清人詩文集總目提要》著錄。

《山東通志·藝文》：乾隆間刊本。卷一至六爲序，卷七爲疏，卷八爲議，卷九爲策問、論說解，卷十爲記，卷十一爲題詞、跋、贊，卷十二爲碑文、募疏及傳，卷十三、十四爲墓誌，十五爲神道碑、墓表、祭文并賦。陸耀《序》略云：“公雖以詞翰起家，而所懷常在民物，局外持籌，發言流涕，見於《救荒序與當事書》者，一篇之中，三致意焉。至於歎末俗之陵遲，痛藝林之波蕩，杜奢有疏，砥士有議，起僵立仆，斯爲藥石矣。或以公文涉及二氏，喜闡宗風，即《齊諧》、《夷堅》，傳奇、樂府，亦復津津齒頰。疑止以跌宕文史自喜，而不知其意念所存有如此也。公之文未嘗自定篇第，閱者易以文詞之工而掩其蘊含之大。今略爲差次，凡得一百三十八篇，訂爲正集；其出入二氏，與夫散碎零雜近於小說者，則歸諸別集。庶幾淄澠各別，而公之真面目爲不泯矣。”按：此本即正集，別集未見。據本書。

《重修新城縣志》卷十一載其《崔公仁政記》一篇。

《栖雲閣文集》十五卷　清乾隆四十一年刻本

【般水高念東先生載酒堂稿一卷】

現存：清鈔《樵夫湖偶鈔》本，中國國家圖書館藏。

【載酒堂詩鈔二卷】

高珩撰；宋漫堂輯。現存：刻本，廣東省立中山圖書館藏。

【舊抄淄川名家詩鈔一卷】

高珩、唐夢賚撰。現存：清鈔本，山東省博物館藏，《中國古籍善本書目》、《山東文獻書目》著錄。

【晳次齋名家贈什一卷】

高珩等撰。現存：清康熙刻本（與《晳次齋稿》合刻），河南省圖書館、廣東省立中山圖書館藏，《中國古籍善本書目》、《北京圖書館古籍善本書目》著錄。

【棲雲閣詩餘一卷】

現存：清鈔本，南京圖書館藏，《中國古籍善本書目》著錄。

【醒夢戲曲一卷】

現存：①清初刻本（僧濟顛批校并跋），山東省圖書館藏，《中國古籍善本書目》、《山東文獻書目》著錄。②清康熙二十四年刻本，吉林大學圖書館藏。

◆　高　瑾

字公瑜，淄川人，舉孫，珩從弟。諸生。有聲庠序間。與修《山東通志》。學詩於伯兄珩，以清新雋永爲尚。弃舉子業，居城東南之窯頭村，繞般水，揖笠山，名其齋曰“雪林”，徜徉嘯咏其中。南適荆楚，浮江淮，游吳越。年踰七十卒。《濟南府志》卷五十四有傳。

【雪林齋詩】【楚游草】【吳越游草】

見《濟南府志·經籍》。《山東通志·藝文》據《國朝山左詩鈔》著錄，但題《詩》三卷。

《國朝山左詩鈔》卷二十二載其《春暮雜詠》、《漫興》詩二首。《國朝山左詩彙鈔後集》卷三十五載其《康思若孝酌兄邨居小飲》、《夾谷臺　在淄川西南四十里》詩二首（據馮繼照《般陽詩萃》）。《淄川縣志·藝文》載其《載酒堂和韻》、《載酒堂即事》、《初夏集載酒堂》、《春日飲載酒堂》、《步唐太史載酒堂壁間韻》詩五首。

### ◆ 馮 泳

泳字敏公，淄川人。工詩善書，與高珩、唐夢賚
爲友，咸目爲仙才。年二十八卒。

其詩文集未見著錄。《國朝山左詩續鈔》卷二載
其《秋夜友人見訪》、《過友人山居感舊》、《莫問》
詩三首，小傳附注云："全稿遺失，其再從曾孫君擢
訪求，僅得手書詩三首。"

### ◆ 韓昌穀

昌穀字仲戩，禹城人。明崇禎癸未（十六年）進
士。入清，歷官荊州知府。

【渡江草】

見《國朝山左詩續鈔》、《禹城縣志・藝文》、
《濟南府志・經籍》、《山東通志・藝文》。

《山東通志・藝文》：是編見《縣志》。江南丁
澎《敘》略云："韓子之詩，渡江以後之作也。"又
云："《秋興》擬迹夔州，《玉壺》托體《天姥》。
《兼山亭》詩，右丞《閒居》、嘉州《晚發》之亞也。
《鄒園》、《舟感》諸篇，康樂《湖中》、醴陵《譙
山》之遺也。要諸各體高蒼迅發，煙雲橫生，會宮引
商，往往合作。元美稱楊修撰《南中稿》穠麗婉至，
華學士《巖居集》清澹簡逸，俱遠勝玉堂之作。而仲
戩褰裳涉澗，負杖登峰，寓目送懷，無非勁響，所謂
謝客得林泉之助，豈虛語哉！邇來風雅道微，浸成痼
疾，非意尚嶮僿，則調入纖穠，韓盧宋鵲，莫可藥砭。
仲戩戞然憂之，手闢榛蕪，旨得正始。起衰之功，於
是乎賴。"

《國朝山左詩續鈔》卷三十一載其《姑蘇秋興》
詩一首。

### ◆ 朱鼎延

鼎延字元孚，一字嵩若，平陰人，遷聊城。明崇
禎癸未（十六年）進士。入清授主事，歷官吏部左侍
郎、工部尚書。康熙七年卒。光緒《平陰縣志》卷四
有傳。《世綸堂傳文存稿》載其事甚詳。

【奏疏】

見《東昌府志・經籍》、《山東通志・藝文》（史
部詔令奏議類）。

《山東通志・藝文》：《泰安志》本傳云："前
後四十餘疏，持正不阿，多所裨益。"孫光祀《序》
云："先生令子襄宸昆仲彙其先後疏章，梓而傳之。
先生德量淵宏，鑒識鎮靜，力撼之而不能動，紛乘之
而不能淆，忠愛之衷，溢於楮墨。披讀封事，先生之
精神爵象，如或見之矣。"

按：孫光祀《朱嵩若少宰奏議序》，載《膽餘軒
集》。

【蓮未菴詩集一卷】

見《東昌府志・經籍》、《山東通志・藝文》、
《聊城縣志・藝文》。《國朝山左詩鈔》、光緒《平
陰縣志・著述》、《平陰縣鄉土志》作《蓮未菴集》。

《國朝山左詩鈔》卷四存其《初秋登樓》一首。

【知年初集】

見《東昌府志・經籍》、《山東通志・藝文》、
《聊城縣志・藝文》。《國朝山左詩鈔》、光緒《平
陰縣志・著述》、《平陰縣鄉土志》作《知年集》。

光緒《平陰縣志》卷八載其《象明孫公墓誌銘》
一篇。

### ◆ 李呈祥

呈祥字其旋，號吉津，霑化人。明崇禎癸未（十六
年）進士。清順治初授編修，祭酒，少詹事，兼祕書
院侍講學士。以建言分別滿漢文武事，謫徙盛京。居
瀋八年，講學不輟。庚子秋，奉旨免罪入京。疏謝歸
里，山居二十八年。光緒《霑化縣志》卷七有傳。

【東村集十卷】

見《山東通志・藝文》。現存：清康熙五十八年
李氏儀一堂刻本（清王士禎校，金憲孫跋），山西省
圖書館、濟南市圖書館（存前五卷）、中國國家圖書
館等藏，《中國古籍善本書目》、《清人別集總目》、
《清人詩文集總目提要》著錄；《四庫全書存目叢書》
影印。題"霑邑李呈祥吉津甫著"。前有康熙五十八
年許汝霖《序》，海寧門年眷姪查慎行《東村集序》，
康熙三十二年黃山八十一老人同學弟法若真《東村詩
敘》，丹陽後學賀寬《敘》。後有康熙甲申燕南金憲
孫《東村集跋》。附刊一卷，收錄孫光祀《少詹李公

暨配周淑人合窆墓誌銘》，唐夢賚《少詹李公暨配周淑人行狀》、范明徵《李吉津先生外傳》。

民國《霑化縣志・著書目錄》著錄《東村文集》、《木齋詩集》（本傳作《木齋詩》），均無卷數。

《山東通志・藝文》引《四庫存目提要》曰："是編詩、文各五卷。詩分十集，曰《邸中橐》、《使程自刪》、《木齋詩橐》、《遊中山草》、《唐城草》、《秋尋草》、《南遊詩》、《紀行詩》、《秋遊詩》、《東村詩》。集前各有小序。查慎行《序》稱其與李攀龍、王士禎前後鼎足。今觀所作，慎行非定評也。"

《武定府志・藝文》載其《重建利津縣學記》、《海豐縣令杜良祚傳》。《利津文徵》卷二載其《利津縣重建儒學記》碑文。光緒及民國《霑化縣志・藝文》載其《重修城隍廟記》。《國朝山左詩鈔》卷四存其詩十一首。

### ◆ 王支燾

支燾字青芝，濱州人。崇禎癸未（十六年）進士。入清，歷官嘉湖兵備道。《濱州志》卷十有傳。

#### 【文囿十二卷】

《濱州志》本傳云："著有《文囿》十二卷。"《山東通志・藝文》入集部總集類。

### ◆ 鍾性樸

性樸字文子，江西吉水人，居歷城。由進士授禮部主事。順治初由濟南府推官洊陞山東按察司僉事，提督學校。所拔皆名下士，王士禎其首稱也。歷任松潘、曹濮、九江憲副。退老歷下，築槲園以居。《歷城縣志》卷四十七、《濟南府志》卷五十三有傳。

#### 【深省居一得錄】

見《歷城縣志・藝文考》，注云："見《鍾氏家譜》，卷未詳。"

#### 【槲園遺詩一卷】

見《歷城縣志・藝文考》（採訪抄本）、《濟南府志・經籍》。

《歷城縣志・藝文考》：安致遠《序》署曰："余辛卯歲年甫踰弱冠，受知於學使鍾文子先生。及先生宦潯陽歸，築室濼源之旁而老焉。既歿，而長公德興以行實至。余為詩以哭，固未見德興也。迨丙寅秋，余遊歷下，則德興又早世，得晤其弟聖興，呼德興子出拜。三十年師友存亡之感，為之愴然。次日，手一編示余，曰：'此先君子《槲園遺詩》也。先君子著述多散佚，茲搜葺古今體，得三百餘首，子其刪定。'余受而卒業，曰：'嗟乎！先生宦轍遍於吳楚巴蜀齊魯間，於當世之名卿鉅人無不交當其身，何不彙集成帙，俾一時貴而能文者序之，以廣其傳，而僅置敝簏中以俟之德興？德興英才積學，所交多名流，又不幸中道摧折，而又以留之聖興。聖興抱先世之遺書，痛哲兄之不祿，溯江南，抵燕臺，所徵誌、傳、紀、敘，皆當代耆碩，而今乃以先生遺詩授之於余。豈九京有知，必以三十餘年之遺文留待門下士之迂拙如余者以為訂正乎？先生詩紆徐沖淡，往往以幽憂之思寫閒適之趣，殆昔人所謂不求工而自工者。其逸情冷韻，當孤行於海嶽間，則槲園一席地，又何必不與華泉、鮑山並有千古哉！'"《拙石集》。

《國朝山左詩鈔》卷五十九載其《飲盧德水先生池館》詩一首。

### ◆ 王治邦

治邦字興一，號衣言，別號淡靜野人，商河人。順治元年拔貢。授湖廣德安府推官，遷鎮江府海防同知，陞德安知府，以親老乞養歸。《重修商河縣志》卷十四有王心廉《先大夫興一公傳》。

#### 【家訓輯要】

見《山東通志・藝文》（據《府志》）、《重修商河縣志》本傳。

#### 【吳楚心跡】

見《重修商河縣志・藝文》。

### ◆ 葛元祉

元祉字受之，德平人，如麟子。順治甲申（元年）拔貢。官江西進賢知縣，旋去任。訪伯兄元正旅櫬於潯州，萬里扶歸，殯於祖域，人以為難。《濟南府志》卷五十六、《德平縣志》卷七有傳。

其詩文集未見著錄。《德平縣志》卷十一載其《建義塚碑記》一篇。

◆ 胡　璽

璽字爾玉，號良卿，東漸子，章丘人。順治乙酉（二年）恩貢。官州同。《濟南府志》卷五十四有傳。

【憶山堂存草】

見道光《章邱縣志·藝文》、《濟南府志·經籍》、《山東通志·藝文》。

道光《章邱縣志·藝文》載其《九日登長白》詩一首。

【淡泊居詩逕】

見道光《章邱縣志·藝文》、《濟南府志·經籍》、《山東通志·藝文》（集部總集類）。

◆ 鄭四國

四國字帥之，樂陵人。順治乙酉（二年）舉人。歷官永平府同知。乾隆《樂陵縣志》卷六有傳。

【一家言初集】

見《國朝山左詩續鈔》、《國朝武定詩鈔》、《樂陵詩彙》。

《國朝山左詩續鈔》卷一載其《寄劉孟采同年》詩一首。《樂陵詩彙》載其《圓邱道院》、《攝篆武鄉道中》、《憶魯南潘社翁兼壽》、《審編》等詩八首。

◆ 鄭　澎

澎字子源，樂陵人，四國孫（一云四國姪）。官淮安經歷。

【一家言後集】

見《國朝武定詩鈔》。

【一家言集彙三卷】

鄭四國、鄭鉉、鄭澎撰。鉉，四國子。是編見《樂陵縣志》、《山東通志·藝文》（集部總集類）。

◆ 程先貞

先貞字正夫，號蒠庵，德州人，泰子。以祖紹謄歷官工部員外郎。入清，家居不出。《濟南府志》卷五十六有傳。

【德州志略十篇】

見《山東通志·藝文》（史部地理類）。《德州志·州人所著書目》無篇卷數，注云“未見”。現存：清康熙十二年金祖彭補纂刻本（作《德州志》十卷），中國國家圖書館、北京大學圖書館等藏。

《山東通志·藝文》：乾隆《德州志》載知州金祖彭康熙癸丑重修《序》云：“程君正夫蒐羅故實，爲志草十篇。會玉峰顧甯人先生至此，相與遡論古昔，考正疑誤。書垂成而正夫奄然以歾。”又張紀云：“前明志誤以陵縣城爲德州，程正夫辨正之。”

按：金祖彭，字大年，江蘇吳江人，康熙十年任德州知州。是志據先貞原本補修，始於康熙十一年，次年纂成梓行。前有金祖彭《序》。後有蕭惟豫《跋》。分封域志、建置志、賦役志、學政志、祀典志、兵衛志、秩官志、人物志、選舉志、紀事志十門。

【蒠庵雜著】

見《德州志·州人所著書目》，注云“未見”。

【海右陳人集】

見《德州志·州人所著書目》（注云“未見”）、《濟南府志·經籍》、《山東通志·藝文》（集部別集類）。現存：①清初刻本（二卷），湖南圖書館等藏，《中國古籍善本書目》、《復旦大學圖書館善本目錄》、《清人別集總目》著錄；《清人別集叢刊》影印。②鈔本（二卷），中國科學院圖書館藏，《續修四庫全書總目提要（稿本）》著錄。

《山東通志·藝文》：《尊水園集略》是集《序》云：“余於唐人中最愛張謂，乃纔欲上口，輒思吐却，恐未領其微，衹得其率。獨吾友程正夫藹然有王、孟、柳、韋風流，余喜誦之，以爲藥石生我。”《漁洋詩話》云：“正夫，侍郎紹之孫也，有《海右陳人集》。才情不及盧德水，而深穩過之，如《豐侯歌》、《葛巴剌梡歌》、《火蓮行》諸篇，皆有逸氣。”又《古歡堂集》是集《序》云：“《遷山春事》以後，《窺園百一、百二》、《蒠庵》數卷，一變再變，激楚悲涼，排宕沈鬱，而歸之和平，忠愛則直入少陵之室。”

《國朝山左詩鈔》卷七載其詩四十一首。《德縣志》卷十五載其《重修關帝廟記》、《何振先傳》、《李韞玉傳》等文，卷十六載其《鄉先賢詩五言古二十一首》等詩。

## 【窺園百一詩集】

見《濟南府志・經籍》（撰者作程先度）。

## 【窺園百二詩八卷】

趙其星輯。現存：①稿本（一卷），羅繼祖藏，見《續修四庫全書總目提要（稿本）》、《清人詩文集總目提要》著錄。②清鈔本，遼寧省圖書館藏，《東北地區古籍綫裝書聯合目錄》著錄。

《濟南府志・經籍》（撰者作程先度）云：“《窺園百一詩集》、《百二詩集》共十五卷。”

## 【燕山遊稿】【還山春事】

見《濟南府志・經籍》（撰者作程先度）、《德縣志・邑人著作》。

## 【蕙菴詩草】【蕙菴詩】

見《濟南府志・經籍》（撰者作程先度）。

## 【二仲詩】

《山東通志・藝文》（集部總集類）：程先貞所編陳鍾英、趙其星二人之詩也。見《山左詩鈔》。鍾英有《舟中吟》，其星有《仲啟詩集》。

## 【安德詩搜十二卷】

現存：稿本（清德州石璨跋），山東省圖書館藏，

《中國古籍善本書目》、《山東文獻書目》著錄；《山東文獻集成》影印。《德州志・州人所著書目》無卷數，注云“未見”。《山東通志・藝文》（集部總集類）著錄，亦無卷數。

## 【安德文搜】

見《德州志・州人所著書目》（注云“未見”）、《山東通志・藝文》（集部總集類）。

## 【十五臣詩】

程先貞編。見《濟南府志・經籍》（撰者作程先度）。

### ◆ 張　琯

琯字官玉，號協菴，新城人。與兄珽、從弟瑛文名著海岱間，號“三鳳”。琯尤淹博，邃經學。邑修社事，分“因社”、“曉社”，推琯爲首。順治三年丙戌，再行鄉試，始登賢書，年已老。《濟南府志》卷五十五、《重修新城縣志》卷十七有傳。

## 【春秋經解】【三傳解】

見《濟南府志・經籍》、《山東通志・藝文》。《重修新城縣志・藝文》據《府志》著錄，作《春秋經傳解》。

## 【協菴文集】【協菴詩集】

見《濟南府志・經籍》、《重修新城縣志・藝文》。《山東通志・藝文》作《文集》、《詩集》。

### ◆ 王　蟠

蟠字鶴瞻，霑化人。順治丙戌（三年）進士。官青浦知縣。光緒《霑化縣志》卷九有傳。

## 【春秋搭㝉】

見光緒《霑化縣志》本傳、《山東通志・藝文》（經部春秋類）。

## 【集驗方】

見光緒《霑化縣志》本傳、《山東通志・藝文》（子部醫家類）。

《安德詩搜》十二卷　山東省圖書館藏稿本

## 【奇濟書】

見光緒《霑化縣志》本傳、《山東通志·藝文》（子部雜家類）。《中國分省醫籍考》以爲醫家之書。

## 【盤河詩集】

見光緒《霑化縣志》本傳、《山東通志·藝文》。《國朝山左詩續鈔》作《盤河集》。

《縣志》本傳云有是集行於世，《唐詩明解》等書藏於家。

《國朝山左詩續鈔》卷一載其《雨行》詩一首。

## 【一覽集】

見光緒《霑化縣志》本傳、民國《霑化縣志·著書目錄》。

## 【唐詩明解】

見光緒《霑化縣志》本傳、《山東通志·藝文》（集部總集類）。現存：清順治間刻本（作《李于鱗唐詩逆志明解》七卷），山西大學圖書館藏，見《山西大學圖書館線裝古籍書目》。

### ◆ 王 度

度字平子，泰安州人。順治丙戌（三年）進士。歷官戶部侍郎。

其詩文集未見著錄。《東平州志》卷二十載其《巡撫天津杜公傳》一篇。《肥城縣志》卷一載其《牛山即事》詩一首。

## 【恤刑題稿】

見《山東通志·藝文》（史部詔令奏議類）、《重修泰安縣志·著述》。

《山東通志·藝文》引《府志》本傳云："擢刑部主事，恤刑江南之徽、甯諸郡，多所平反。"

### ◆ 王 楨

楨字大木，號雨嵐，別號何思，長山人。順治丙戌（三年）進士。歷官太常少卿。卒年八十。《濟南府志》卷五十五、《長山縣志》卷七有傳。《長山縣志》卷十四有淄川高珩《何思先生傳》、王士正（禎）《太常寺少卿王公墓誌銘》。

其詩文集未見著錄。《長山縣志》卷十二載其《安

置流民疏》（順治十年七月）、《請豁續報荒糧疏》（順治十一年三月）、《副榜充貢疏》（順治十一年四月）。

## 【長山縣新志】

《山東通志·藝文》：嘉慶《長山志》載是編，作《鈔訂邑乘續略》，云："稾本，未刊。"茲依《漁洋文略》標目。《文略》載是編《序》云："太常之爲是志也，精而要，贍而潔，是非進退，不謬於聖人之旨，匪惟可與《安陽》、《武功》並傳藝林，亦足爲他日巡守夾車之獻矣。"

《長山縣志》卷十二載王士正（禎）《鈔訂邑乘續畧序》，長山知縣山陰錢士炎《鈔訂邑乘續畧序》。

### ◆ 李 炌

炌字闇修，長山人。順治丙戌（三年）進士。歷官刑部郎中。《濟南府志》卷五十五有傳。

## 【衢遊草】

見《長山縣志》、《濟南府志·經籍》、《山東通志·藝文》。

### ◆ 張篤行

篤行字諟紳，號石只，章丘人。順治丙戌（三年）進士。歷官建寧道。

## 【郟縣志八卷】

現存：清順治五年刻本，中國國家圖書館藏，《北京圖書館古籍善本書目》著錄。按：篤行於順治三年任郟縣知縣。

## 【一絃琴譜】

見道光《章邱縣志·藝文》、《山東通志·藝文》。

《山東通志·藝文》：《山左詩鈔》案語稱其工琴及書畫，所著有《一絃琴譜》。《縣志》亦載之。《府志》以爲淄川張篤慶撰，誤。

## 【九石居遺稿】

見《國朝山左詩鈔》、《濟南府志·經籍》、《山東通志·藝文》。《續修四庫全書總目提要（稿本）》著錄家抄本（一卷），提要云："是編凡古近體詩二百四十首，以近體爲多。篤行工琴及書畫，棄官築

九石居，彈琴賦詩其中。嘗自題小像云：'有詩有畫，有書有琴，可名之曰四藝山人。'其所為詩，多憑弔往蹟，有蕭然物外之致。如《咏嘯園》云：'聲搖半嶺破銀灣，想像蘇門到此間。木筆因風書帶草，柳綠和月織梭山。憑闌峰頂乘鴉上，問水橋邊信馬還。自古山房推李氏，可無子野扣花關。'又《郟邑三蘇墓為盜發．因為之捕盜封土種樹．明年上巳往觀．口占絕句》云：'巀嶭遠望倍傷情，樹盡碑殘野草生。莫道荒村煙火絕，山家今日是清明。'等篇，其氣體溫厚，律調精嚴，殊為上追唐之作者。"

《山東通志·藝文》：《山左詩鈔》載是集云："詩多散佚，存者十之一二。"

《國朝山左詩鈔》卷十載其《郟邑有三蘇墓．甲申爲盜發．古柏百八十株戕伐不存．丙戌秋予來爲令．捕盜置之法．封土種樹．明年上巳往祀之．口占一絕》詩一首。

## 【李長吉詩注】

見《山東通志·藝文》（據《高唐齊音》）。

## 【杜詩七律四卷】

張篤行注。現存：①清鈔本，山東省圖書館藏，《中國古籍善本書目》著錄；《山東文獻集成》影印。

《杜詩七律》四卷　山東省圖書館藏清鈔本

②清順治十六年刻本，中國國家圖書館藏，《杜集書錄》、《販書偶記》著錄。③清乾隆二十四年刻本，南開大學圖書館藏，《中國古籍善本書目》、《南開大學圖書館館藏古籍善本書目》著錄。

道光《章邱縣志·藝文》、《濟南府志·經籍》（誤作張篤慶撰）、《山東通志·藝文》（據《高唐齊音》）俱作《杜詩張注》。

## ◆ 李　憲

憲字王春，淄川人。順治丙戌（三年）進士。官孝豐知縣。《濟南府志》卷五十四有傳。

## 【養生錄一百卷】

見《淄川縣志》、《濟南府志·經籍》、《山東通志·藝文》（子部道家類）。

## 【黃庭經集注】

見《淄川縣志》、《山東通志·藝文》（子部道家類）。

## 【四香齋集三十卷】

見《淄川縣志》本傳、《濟南府志·經籍》、《山東通志·藝文》。

《山東通志·藝文》引《縣志》本傳云："爲文雲蒸霞蔚，不可端倪。"

## ◆ 張　逸

逸字二瞻，海豐人。順治丙戌（三年）進士。官車駕司郎中，調延平府同知。

## 【孝譜八卷】

現存：清順治間古棣張爲仁刻本（四冊），中國國家圖書館藏，《北京圖書館普通古籍總目》著錄。

## 【拙訥居草】

見《國朝山左詩續鈔》、《山東通志·藝文》。

《山左詩續鈔》卷一載其《送張緘三》詩一首。

## ◆ 劉胤德

胤德（避作印德或允德）字孟案，號默齋，德平人。順治丙戌（三年）進士。官鹽山知縣。《濟南府志》卷五十六、《德平縣志》卷七有傳。

### 【德平縣志四卷】

現存：清康熙十二年刻本，上海圖書館藏。前有戴王緒《序》，明舊志《序》三篇，縣圖四幅。卷一封域、分野、建置、沿革、山川、鄉鎮、風俗、物産、田賦、戶口、存留、官俸、食鹽、城池、驛站，卷二公署、學校、壇壝、廟祠、寺觀、牘坊、橋梁、郵傳、市集、古蹟、陵墓，卷三官師、名宦、鄉賢、科甲、貢士、掾階、勳爵、封贈、恩廕、隱逸、文學、孝義、貞節、災祥，卷四藝文、詩賦。

按：是志由德平知縣戴王緒（字紳黃，河北滄州人，康熙八年任）主修，纂於康熙十一年，爲現存最早德平方志。

### 【默齋雜俎二卷】

見《濟南府志·經籍》、《山東通志·藝文》（子部雜家類）、《德平縣志》本傳。《般上舊聞》卷三"先輩著述"云：未梓而佚。

### 【默齋遺稿】

《般上舊聞》卷三"先輩著述"云：未梓而佚。《國朝山左詩續鈔》卷一載其《遊褒山和壁間韻》一首。《德平縣志》卷十一載其《重修兩廟碑記》一篇。

### ◆ 趙允振

允振字麟生，一字聖苞，號綿曇，齊河人。順治三年進士。官湖廣衡山縣知縣，殉難。以子瑞晉贈文林郎。《濟南府志》卷五十六、《齊河縣志》卷二十五有傳。《齊河縣志》卷三十二有李澄中《衡山令趙公傳》、王國璽《衡山令崇祀鄉賢聖苞趙公暨元配石孺人合傳》。

### 【趙氏家譜】

是譜成於順治丁亥。民國《齊河縣志·藝文》載是編允振《序》云："余先世系出清獻公後，世遠年湮，譜牒散佚，弗可深考。自始祖諱居敬者遷於齊河西十八里許，子姓繁衍，遂爲右族。先王父和宇公留心編輯，歷有年所。余數奇髫齡失怙，飲食教誨皆先王父撫養而造就之。李令伯所謂'臣非祖母無以至今日'，余非祖亦何以至今日哉！惟是中夜讀書，愴然

流涕曰：'安有爲子若孫而不頌菜知本，飲水思源，相與表揚先德，以爲宗族光者乎？'乙酉謬廁賢書，丙戌幸捷南宮。初筮仕得阜昌令，嘗於簿書之暇編次家乘，序世系所自出，仿太史公列世家遺意。將授梓，忽改調衡山，程期孔迫，因呼兒命之曰：'家之有譜，猶國之有史也。余趙氏自始祖而後，於今八九世矣，大率以勤儉爲治家之本，以孝友爲傳家之風，以詩書爲起家之要。我後人世守勿忘。高曾之遺澤常新，清獻之流風不墜。'昔蘇老泉云：'讀蘇氏之譜，孝弟之心油然而生。'則知譜之所繫，良非細也。讀斯譜者，其亦可以油然而生孝弟之心歟！"。

### ◆ 艾元徵

元徵字允洽，號長人，濟陽人。順治丙戌（三年）進士。歷官刑部尚書。年五十三卒於官。《濟南府志》卷五十六、民國《濟陽縣志》卷十一有傳。《濟陽縣志》卷十七有李霨《刑部尚書艾公墓誌》。

### 【易經會通】

見《濟南府志·經籍》、《山東通志·藝文》（經部易類）、民國《濟陽縣志·著述篇目》。《誠正堂艾氏叢書三編總目》有是書。

### 【書經會通】

見《濟南府志·經籍》、《山東通志·藝文》（經部書類）、民國《濟陽縣志·著述篇目》。

### 【左傳詳解】

見《山東通志·藝文》（經部春秋類）、民國《濟陽縣志·著述篇目》。《濟南府志·經籍》作《左傳解》。

### 【備邊策要】

見《山東通志·藝文》（史部地理類）、民國《濟陽縣志·著述篇目》。

### 【待覺齋治安策略】

見《山東通志·藝文》（子部雜家類）、民國《濟陽縣志·著述篇目》。

### 【離騷合綦正解】

見《山東通志·藝文》（集部楚辭類）、民國《濟

陽縣志·著述篇目》。《濟南府志·經籍》作《離騷解》。

### 【祭告中嶽詩百篇】【雜詩四卷】

見《山東通志·藝文》（集部別集類）、民國《濟陽縣志·著述篇目》。

《國朝山左詩鈔》卷十載其《贈曹無山少司馬》、《自桐柏歸道中即事兼懷王冰壺》、《再過石門即事》詩三首。

### 【如如子原道一篇】【賦三篇】

見《山東通志·藝文》（集部別集類）、民國《濟陽縣志·著述篇目》。

### 【退食槐聲留餘集】

《山東通志·藝文》："刊本。"現存：清光緒三年濟陽艾氏都門刻本（二卷），首都圖書館、中國科學院圖書館、東北師範大學圖書館等藏，《東北地區古籍綫裝書聯合目錄》、《清人詩文集總目提要》著錄；《山東文獻集成》據中共山東省委黨校藏本影印（一卷）。

《齊河縣志》卷三十三載其《故孝廉具皋先生墓誌》，卷三十四載其《悼趙聖苞同年殉難銘》。

《退食槐聲留餘集》二卷　清光緒三年濟陽艾氏都門刻本

### 【退食槐聲留餘集續刊二卷】

現存：清光緒十三年刻本，首都圖書館、中國科學院圖書館、中共山東省委黨校圖書館等藏，《東北地區古籍綫裝書聯合目錄》、《清人詩文集總目提要》著錄；《山東文獻集成》影印。

《退食槐聲留餘集續刊》二卷　清光緒十三年刻本

### 【退食槐聲留餘集制義一卷】

現存：清刻本，中共山東省委黨校圖書館藏；《山東文獻集成》影印。

### 【唐宋八大家評選】【十二代詩選】

見《山東通志·藝文》（集部總集類）、民國《濟陽縣志·著述篇目》。

### ◆ 艾元衡

元衡字平子，自號白雲居士，濟陽人，元徵弟。官上林苑監丞。博極群書，善屬文，尤工詩賦。師事張爾岐。未弱冠補諸生，絕意仕進，與老成宿儒流覽名勝，歌詩贈答。《濟南府志》卷五十六、民國《濟陽縣志》卷十一有傳。《濟陽縣志》卷十八有周新邦《白雲居士傳》。

其詩文集未見著錄。民國《濟陽縣志·藝文》載其《馬坡懷古》（二首）。

## 【法言抉奧】

《山東通志·藝文》（子部儒家類）：是書見周新邦所撰《白雲居士傳》。

## 【道德經注釋】【南華經解】

見《山東通志·藝文》（子部道家類）。《濟南府志·經籍》作《南華道德經解》。

《山東通志·藝文》云："二書見周新邦所撰《傳》。"

### ◆ 艾元彩

元彩字文子，濟陽人，元微弟。諸生。

其詩文集未見著錄。《國朝山左詩續鈔》卷三十一載其《宿山寺》詩一首。

### ◆ 張四教

四教字道一，號芹沚，萊蕪人。順治丙戌（三年）進士。歷官榆林兵備道。民國《萊蕪縣志》卷十七有傳。趙執信《飴山文集》卷七有《張芹沚先生墓誌（并銘）》（民國《續修萊蕪縣志·藝文》作《陝西榆林兵備道按察司使道一張公墓誌》）。

## 【榆山講義】

見民國《萊蕪縣志·藝文》。

## 【大榆山房稿】

見《國朝山左詩鈔》、《山東通志·藝文》。光緒《萊蕪縣志》本傳作《大榆山房詩文集》，民國《萊蕪縣志·藝文》作《大榆山房詩集》二卷。

光緒《萊蕪縣志·藝文》載陳廷敬《大榆山房遺詩序》略云："因就其裔孫己丑進士嵩求公詩，嵩曰：'公不樂以詩名，詩成皆隨手散去。'固求之僅得如干篇。"

《國朝山左詩鈔》卷十載其《乙丑初秋旅濟上》一首。光緒《萊蕪縣志·藝文》錄其文《重脩學宮記》、《正率講院碑記》、《改建貞節先生祠堂碑記》、《建文昌閣記》文四篇，《龍峽獨齋漫詠》等詩三題四首。《續修萊蕪縣志·藝文》載其《魏似韓先生墓誌銘》。

## 【獨宦齋稿】

見民國《萊蕪縣志·藝文》。

### ◆ 魏似韓

似韓字公度，道號兩屏，萊蕪人。順治三年進士。官鄠縣知縣。民國《續修萊蕪縣志·藝文》有張四教《魏似韓先生墓誌銘》。

## 【知足說】【訓子語】【幼學十戒】

張四教《魏似韓先生墓誌銘》云："所著有《知足說》、《訓子語》、《幼學十戒》，久刻行世矣。其他《安命說》、《勉學說》、《曠官論》諸作，嗣當彙爲一集，付諸剞劂氏，余之責也。"

## 【安命說】【勉學說】【曠官論】

見張四教《魏似韓先生墓誌銘》。

### ◆ 葉承宗

承宗字奕繩，號濼湄，歷城人。明天啓舉人，順治丙戌（三年）進士。官臨川知縣，殉金聲桓之難。《歷城縣志》卷四十一、《濟南府志》卷五十三有傳。

## 【葉氏族譜一卷】

見《歷城縣志·藝文考》（據本書）、《濟南府志·經籍》（據本書）、《山東通志·藝文》（史部傳記類）。《續修四庫全書總目提要（稿本）》著錄鈔本。

《山東通志·藝文》：《縣志》載是編云："《山左詩鈔》云六卷，訛。"又載承宗《自序》略云："君子有作，必有志也，作《序志》第一。本支燦列，披圖如掌，作《圖譜》第二。所見異辭，所聞異辭，所傳聞異辭，高、曾時書闕有間矣，作《念祖》第三。紹庭上下，陟降厥家，覿記彌親，筆舌莫罄，作《述事》第四。佑啓後人，咸正罔缺，當世教人以言，百世教人以書，作《家訓》第五。凡五篇，三千九百四十二字。"

《續修四庫全書總目提要》略云："統觀全書，一字不苟書，一事不苟記。而《圖譜》一篇，僅記高、曾，下及子孫，既不詳其所自，復莫能考厥遷徙。徒以文字簡古樸茂，力追秦漢為高；不思族譜為一家之史，世系必密，事實必詳，舉凡遷徙源流、居住情形、子孫情狀，悉應詳細載列，方不負先人立業之艱，更無媿後嗣世守之便。以一族之大，僅三千九百餘字而統之，實亦過于簡略矣。蓋有明末造，康海撰《武功縣志》，韓邦靖撰《朝邑縣志》，皆以文簡為世所稱。

後之人踵而效之，以致文簡而事不核，徒傷簡略，則不可以為訓矣。

《國朝歷下詩鈔》云，著有《家乘》六卷。

## 【歷城縣志十六卷】

見《歷城縣志·藝文考》、《濟南府志·經籍》、《山東通志·藝文》（史部地理類）。現存：①明崇禎十三年濼源葉氏友聲堂刻本，中國國家圖書館、上海圖書館、山東省博物館藏，《中國地方志聯合目錄》著錄。前有蔡懋德、宋祖法、葉承宗《序》。後附葉承桃《跋》。卷一圖，卷二封城志，卷三至卷四建置志，卷五賦役志，卷六職官志，卷七學校志，卷八選舉志，卷九武備志，卷十人物志，卷十一古迹志，卷十二至十五藝文志，卷十六雜志。②明崇禎十三年濼源葉氏友聲堂刻清康熙六十一年李師白增補刻本，山東省圖書館、中國國家圖書館藏，《中國地方志聯合目錄》著錄。③民國二十九年燕京大學圖書館影鈔本，北京大學圖書館藏。

《山東通志·藝文》：是書有崇禎庚辰刊本。承宗《自序》略云：“蒐羣書，簡舊乘，取《爾雅》、《山海經》、《水經注》、《齊乘》、《通志》、《寰宇記》、《二十一史》、諸名家集以議增，取近日名卿、鄉彦、忠孝、節烈，下至災祥、兵變及他學士覯記父老傳聞以議續。綱十一，目四十有九，合圖爲五十，凡十六卷。經始於季春之望，脫稿於仲秋之朔，閱百三十日有奇，而書告成。”據本書。《二學亭文溁》云：“吾鄉郡縣志，惟歷城爲最，乃邑人葉承宗仿于欽《齊乘》而爲者，類分彙聚，驪玉駢金，殊不亞秦中之十二志，猶有《黃圖》、《決錄》之遺。”

按：是志由歷城知縣宋祖法主修，始於崇禎十二年，十三年梓行。

## 【記珠】

見《歷城縣志·藝文考》、《濟南府志·經籍》、《山東通志·藝文》（子部雜家類）。

《山東通志·藝文》：《濼函》載是編《序》略云：“學迄中身，聽熒善忘，撫函躍爾，釋卷茫然。憶其事而不能舉其詞，屬其辭而不能指其名，識其名若辭而不能悉其地，若代秦淮海所由自勗也。矧予小子，近多旅遊，願奢而識短，意寄而帙逸，不藉子墨，爲貲治聞，迺著《珠函》，聊當弦佩。猶記開元中，有

人遺張說以紺色珠，或有闕忘之事，以手持弄此珠，便覺心神開悟，一無所忘，因名爲《記事珠》。余迺蕞所舊聞，統名茲義，而或以零璣瑣珮無當徑寸爲嘲者。夫鮫人泣綃，何必異驪龍頷下哉！約而貫之，大小珠可一綫穿也；神而明之，牟尼珠照清水源也。遂朝夕持而弄之不去手。”按《序》所稱，此書蓋雜纂之屬。胡《志》列入集類，似非。

## 【耳譚一卷】

見《山東通志·藝文》（子部小說類）。《續修四庫全書總目提要（稿本）》著錄清康熙友聲堂刊本。《歷城縣志·藝文考》、《濟南府志·經籍》俱作二卷。

《山東通志·藝文》：是編附刊《濼函》卷五後，止一卷。《縣志》作二卷，誤。承宗《自序》略云：“沈耳者，初不知其何名，客之狎之者久，亦忘其姓字，但呼之爲耳生。耳生爲人喜譚說，人所已譚者輒棄不譚。其所譚率皆理之所不必有，亦無甚深意，然理又不可奪，雖使談天、炙轂復生，亦無以詘也。歠史與之周旋久矣，志其軼言，久遂成帙。書成，苦無嘉名，忽思凡此皆耳所譚也，因強名之曰《耳譚》。”據本書。

按：是編共七十三條，或假物以託諷，或即事以談理。然談理者僅十之一二，大半皆託諷之詞。其造語如禪學之機鋒，亦間有規橅《世說》者。其《序》稱沈耳，蓋亦自寓其姓楚沈諸梁爲葉公也。

## 【濼函十卷】

見《國朝山左詩鈔》、《歷城縣志·藝文考》（作《濼函集》）、《濟南府志·經籍》、《山東通志·藝文》（集部別集類）。現存：①清順治十七年葉氏友聲堂刻本，中國國家圖書館、清華大學圖書館等藏，《中國古籍善本書目》、《續修四庫全書總目提要（稿本）》、《清人別集總目》、《清人詩文集總目提要》著錄。②清鈔本（毘陵周菊伍跋），山東省圖書館藏，《中國古籍善本書目》、《山東文獻書目》、《清人別集總目》著錄；《山東文獻集成》影印。

《山東通志·藝文》：是集乃承宗死難後，其弟承桃所輯刊。傅以漸《序》略云：“《樂府》直逼元人，《詩評》、《史函》、《耳譚》、《詩餘》以及《呂洞賓》諸雜劇、《百花洲》諸傳奇，莫不獨抒新裁，逞姿鬬豔，現身說法，孤騫夷猶。何著述若是其富！而詩飄飄若行雲流水，不可形象求之也。”據本書。

按：是編卷六有《濼函自序》一首，略謂“舉經史子集若干種，皆手

評目校，板而函之濼上"云云。然據其弟承桃此集《序》，則承宗所序之《濼函》實未授梓，及刊是集，因以"濼函"名之耳。又傳《序》所謂《詩評》、《史函》、《百花洲傳奇》，此本皆無之。度傳所序者，其未刻之原稿，後乃搜輯散稿刻之，而仍以傳《序》冠首。是則不惟承宗所序之《濼函》不可見，即此《濼函》亦闕佚非完帙矣。

《歷城縣志·藝文考》：承宗閉户著書，里閈罕覯其面。一時學者翕然宗之，如遷社、郈社，皆推盟主焉。工南北詞曲，號濼湄嘯史，《濼函》第十卷皆雜曲也。《山左詩鈔》。

《國朝山左詩鈔》卷十載其詩十九首。《國朝歷下詩鈔》卷一載其詩九首。《齊河縣志》卷三十載其《飲郝木仲年兄褚營別業》詩一首。

《濼函》十卷　山東省圖書館藏清鈔本

## 【少陵詩選六卷】

葉承宗編。見《歷城縣志·藝文考》（據《濼函集》）、《濟南府志·經籍》。

《歷城縣志·藝文考》：承宗《自序》曰："杜少陵冠冕當代，駕軼古今，遂使詩壇月旦，莫贊一詞，至推為姬公制作，不可擬議。而近世王聖俞氏迺擬以'鐵樹花開，風骨嚴秀'、'空王獅吼，法力沉雄'，是則然矣，若猶未也。然則少陵亦何道而幾此？將無庫發當陽，武繩膳部，家學有淵源歟？許身稷契，媲

技楊曹，祈嚮有正鵠歟？壞簁青蓮，桴鼓摩詰，麗澤有沾溉歟？其或州有九，歷其七，岳有五，游其三，山川映發其靈襟歟？一飯必念黎元，在險不忘君父，忠愛激勃其元音歟？抑亦登高則吹臺來萬里之風，履險則衡岳阻經句之水，其豪襟逸氣有以抒寫其天籟歟？義激則房琯可捄，意忤則嚴武可暝，其浩氣正性有以披瀝其孤韵歟？自非然者，則少陵又何道而幾此？乃少陵則固嘗自言之矣，曰：'讀書破萬卷，下筆如有神。'蓋惟博綜羣籍，傍覽衆長，優游而求，饜飫而得，左無不宜，右無不有。是故岱華洞庭可以揚其鉅麗矣，而鐵堂石龕亦可以歌其險仄；宛馬蒼鷹可以寫其神駿矣，而螢火白燕亦可以體其形容；翠管銀罌可以詡其恩澤矣，而殘杯冷炙亦可以況其酸辛；曲江典衣可以抒其豪爽矣，而羌村秉燭亦可以繪其驚喜；洗兵出塞可以發其奮揚矣，而垂老新婚亦可以道其戚苦；長安麗質可以賛其錦袽矣，而幽谷佳人亦可以憐其翠袖。良由性耽佳句，語必驚人，文足冾神，句堪愈病，光燄萬丈，衣被羣英，豈偶然哉！以故唐人選唐，李、杜不與。沿及近代，厥有選家。大抵意主風格者，挹其雄勁而畧其俊逸；愛存韵度者，擷其新奇而棄其沉渾。余小子欣賞珍抄，意無畸屬，刪三之一，都為六卷。嗟夫，作家匪易，尚論良難。一少陵也，或信以為史，或尊以為聖；乃亦有摘其句累，惜其意盡，譏其無韵之言未工，至有直目為吾家莽夫子者。人各有心，吾從所好。予惟知金鑄賈島，絲繡平原，朝夕手一編而已。"《濼函集》。

## 【濼函詞一卷】

現存：清順治十七年友聲堂刻《濼函》本，中國國家圖書館等藏，《清詞別集知見目錄彙編》著錄。

## 【孔方兄一卷】（一名《金紫芝改號孔方兄》）

現存：①清順治友聲堂刻《濼函》本，中國國家圖書館等藏，《清代雜劇全目》、《續修四庫全書總目提要（稿本）》著錄。②民國二十三年長樂鄭氏影印《清人雜劇二集》本，中國國家圖書館、首都圖書館、清華大學圖書館藏，《中國叢書綜錄》、《清代雜劇全目》著錄。

## 【賈閬僊一卷】（一名《賈閬仙除日祭詩文》）

現存：①清順治友聲堂刻《濼函》本，中國國家

圖書館等藏，《清代雜劇全目》、《續修四庫全書總目提要（稿本）》、《山東文獻書目》著錄。②民國二十三年長樂鄭氏影印《清人雜劇二集》本，中國國家圖書館、首都圖書館、清華大學圖書館藏，《中國叢書綜錄》、《清代雜劇全目》、《古典戲曲存目彙考》著錄。

### 【百花洲】

《古典戲曲存目彙考》云："此戲未見著錄。《傳奇彙考標目》別本補有此本，並見葉氏《灤函·雜劇樂府》目錄。佚。"

### 【芙蓉劍】

《古典戲曲存目彙考》略云："此戲未見著錄。《傳奇彙考標目》別本補有此本，並見葉氏《灤函·雜劇樂府》目錄。汪愷有同名傳奇。佚。"

### 【十三娘笑擲神奸首一卷】【狗咬呂洞賓雜劇一卷】

題稷門嘯史撰。現存：①清順治友聲堂刻《灤函》本，中國國家圖書館藏，《續修四庫全書總目提要（稿本）》、《清代雜劇全目》著錄。②民國二十三年長樂鄭氏影印《清人雜劇二集》本，中國國家圖書館、首都圖書館、清華大學圖書館藏，《中國叢書綜錄》、《古典戲曲存目彙考》著錄。

### 【豬八戒幻結天仙偶】【金玉奴棒打薄情郎】【羊角哀死報知心友】【狂柳郎風流爛醉】【莽桓溫英雄懼內】【沈星娘花裏言詩】【黑旋風壽張喬坐衙】

見《清代雜劇全目》、《古典戲曲存目彙考》。

### 【窮馬周族邸奇緣】

見《清代雜劇全目》。

### 【癡崔郊翠屏嘉會】

見《清代雜劇全目》。《古典戲曲存目彙考》作《癡崔郊》。

### 【葉奕繩所著曲一卷】

現存：鈔本（存卷十），北京大學圖書館藏。題名係該館擬定。

## ◆ 葉承桃

承桃字奕紹，歷城人，承宗弟。歷官平陽同知。《歷城縣志》卷三十八、《濟南府志》卷五十三有傳。

### 【撫屯江湖紀略一冊】

見《歷城縣志·藝文考》（據本書）、《濟南府志·經籍》（據本書）、《山東通志·藝文》（史部傳記類）。

《山東通志·藝文》：《縣志·藝文》載是編，幷江天洧《序》略云："其微權妙用，神明變化於勘撫之間者，往往出人意表。觀其不辭艱，不避謗，從容委蛇於荆棘險阻之內，而神閒氣定，卒定禍變於呼吸，攝羣凶於掌上，雖充國之屯金城，虞詡之令朝歌，何以過焉。"按《縣志》本傳云："譚爾泰嘉其義勇，奏授興安知縣。會議興屯田，撫按交章薦其能，乃以同知任湖東三府屯務。著《屯政條議》一書。貴溪南有湖亙千里，盜據爲藪。承桃躬往諭以禍福，薙髮投誠三千人，餘黨悉平。"是書蓋紀其事也。其《屯政條議》，度已刊入此編，故《縣志·藝文》不另出。

### 【屯政條議】

見《濟南府志·經籍》、《山東通志·藝文》（史部政書類）、《續修歷城縣志·藝文考》（據《府志》）。

## ◆ 李浹

浹字孔皆，一字霖瞻，號陶菴，德州人，允禎子。順治乙酉（二年）舉人，丙戌（三年）進士。官延慶知州，調茶陵，以失察降芮城知縣。值大同兵變，與李源間關渡河，懷印請兵，身爲嚮道，力圖收復。註吏議歸，游覽山川，詩酒自娛。晚築室曰"陶菴"，貯書數千卷，環以竹木，徜徉其中。卒年八十。以子元瑨官封朝議大夫。

### 【陶庵年譜記事一卷】

現存：清康熙刻本（與《陶庵詩集》合刻），中國國家圖書館、中山大學圖書館等藏，《北京圖書館古籍善本書目》、《中國古籍善本書目》著錄。《德州志·州人所著書目》作《年譜》無卷數，注云"未見"。《山東通志·藝文》作《陶菴自撰年譜》一卷。

《山東通志·藝文》：《古歡堂集》載是編《序》略云："按《年譜》所載其記蒲州之戰尤詳。當姜瓖之叛也，城亡與亡，不難以張、許自處。然無裨於民人社稷，不如秦庭一哭，覆楚復全。故身經百戰，乞師以滅賊，其功甚偉。乃格於苛議，而終褫其官。先生所以撫膺太息，多不平之憾也。"

## 【德州志十卷】

與趙其星、李源同撰。現存：清康熙十二年刻本，中國國家圖書館、北京大學圖書館等藏。前有金祖彭《序》。後有蕭惟豫《跋》。分封域志、建置志、賦役志、學政志、祀典志、兵衛志、秩官志、人物志、選舉志、紀事志十門。

《山東通志·藝文》（史部地理類）作《重修德州志》無卷數，提要云："是編即康熙癸丑金祖彭重修之志，州人謂之《金志》。據祖彭《序》，則祖彭屬趙、李三人補而刻之者也。云'補'者，以程先貞《志略》爲主，而補其所未備也。"

按：金祖彭，字大年，江蘇吳江人，康熙十年任德州知州。

## 【陶菴詩集三卷】

現存：清康熙刻本，中國國家圖書館、中山大學圖書館藏，《北京圖書館古籍善本書目》、《中國古籍善本書目》著錄。《國朝山左詩鈔》、《德州志·州人所著書目》、《濟南府志·經籍》、《山東通志·藝文》（據《州志》）俱作《陶菴集》，無卷數。

《山東通志·藝文》：《山左詩鈔》引潘次耕《耒陶菴詩序》云："先生詩不隨時趨，亦未嘗規橅古人蹊徑，清真雋永，字句外嘗有餘味，精到處不減張曲江、陳正字，而天然超詣得之柳州、左司爲多。雅慕靖節爲人，築一室曰陶菴，日哦其中，故名其詩曰《陶菴集》。"

《國朝山左詩鈔》卷十載其詩二十五首。《德州志》卷十二、《德縣志》卷十六載其《長河偶記》詩一首。

## 【陶菴詩選三卷】

見《濟南府志·經籍》、《山東通志·藝文》。《續修四庫全書總目提要（稿本）》著錄清乾隆鈔本。

《山東通志·藝文》：《漁洋文略》載是編《序》云："君古詩大抵原本於陶，而雜采諸家之美，此其能自名一家而可傳於世不疑也。古詩之絕響久矣。規橅者工形似，馳騁者倍規矩，當淫哇競奏，而聞琴瑟古澹之音，或倦而思臥者有矣。予乃點次古詩爲一卷，與海內知詩者共之。以近體詩二卷附焉，要其皆可傳者也。"

## 【陶菴漫興一卷】

現存：清順治刻本，中國科學院圖書館藏，《中國科學院圖書館藏中文古籍善本書目》、《中國古籍善本書目》、《清人詩文集總目提要》著錄。

## ◆ 李 源

源字星來，一字江餘，德州人，誠明子。順治乙酉（二年）舉人，丙戌（三年）進士。歷官河津知縣。以子棟官贈徵仕郎。

## 【德州志十卷】

與趙其星、李浹同撰。見前李浹著作。

## 【見可園集一卷】【見可園集補編一卷】

現存：清刻本（與李誠明《矩亭遺詩》、李樫《後知堂遺詩》合訂），單縣李振聚藏。《山東通志·藝文》（據《山左詩鈔》）作《見可園詩》無卷數。《山東通志》卷百六十九本傳作《見可園集》。

《國朝山左詩鈔》卷十載其《自題矩亭》、《夏夜吟》（二首），凡三首。《濟南府志·藝文》載其《過桑園鎮》、《自題矩亭》詩二首。《德州志》卷十二、《德縣志》卷十六載其《重脩矩亭感題》、《夏夜吟》詩二首。

## ◆ 李道昌

道昌字大來，一字丕先，號匪莪，海豐人。順治丙戌（三年）進士。歷官大理寺寺正。

## 【遊屐草】【洮吟草】

見《國朝山左詩鈔》、《山東通志·藝文》。《國朝武定詩鈔》云："有《游屐》、《臨洮吟》等草。"《無棣縣志》本傳作《游屐草》、《臨洮草》。

《山東通志·藝文》：《縣志》載桐鄉錢夏撰《傳》云："性放達，善飲，詼諧。作詩高曠，不問家人生產，高嘯長吟，揮墨淋漓，龍蛇飛動，見者有青蓮之目焉。"

《國朝山左詩鈔》卷十載其《和陳公朗壁間韻》、《新秋感懷》詩二首。

#### ◆ 梁知先

知先字朗公，號寄庵，鄒平人。順治丙戌（三年）進士。歷官兩浙鹽法道。《濟南府志》卷五十四有傳。

【寄庵彙草】

見《國朝山左詩鈔》、《濟南府志·經籍》、《山東通志·藝文》。

《國朝山左詩鈔》卷十載其《長橋晚眺》、《寒食曉霽》詩二首。《濟南府志·藝文》載其《拳湖絕句》一首。

#### ◆ 張夢蛟

夢蛟字季鱗，齊東人，夢鯨弟。二十二歲，先仲兄舉鄉薦。至順治丙戌，年七十二歲始成進士。署東昌府學教授，卒於官。《濟南府志》卷五十六有傳。

其詩文集未見著錄。民國《齊東縣志》卷六載其《新漏澤園記》一篇。

#### ◆ 趙起鳳

起鳳字于岡，一字羽聖，德州人。順治丙戌（三年）舉人。康熙甲子（二十三年）年七十卒。以子璇官贈修職佐郎。《濟南府志》卷五十六有傳。

【敬誠集】

見《濟南府志·經籍》及本傳、《山東通志·藝文》（經部禮類）。《德州志·州人所著書目》作《敬誠錄》，注云"未見"。

《山東通志·藝文》引《州志》云："歲時必集族人相燕樂，祭祀必誠必敬。約《朱子家禮》，酌古準今，著《敬誠集》。"

【師友俎豆小錄】

見《德州志·州人所著書目》（注云"未見"）、《濟南府志·經籍》及本傳。《山東通志·藝文》（史部傳記類）作《師友俎豆錄》。

《山東通志·藝文》：《池北偶談》載是編云："人各為傳贊。又作一室合祀之，每節家祭後必及焉，

仍以餕其子孫，加以粟帛，歲時不絕。"

【色養錄】

見《德州志·州人所著書目》（注云"未見"）、《山東通志·藝文》（史部傳記類）。

【一本歌】

見《德州志·州人所著書目》（注云"未見"）、《濟南府志·經籍》及本傳、《山東通志·藝文》（子部雜家類）。

《山東通志·藝文》：是編起鳳作以勸宗族者。見《池北偶談》。

【贈言一卷】

見《國朝山左詩鈔》、《濟南府志·經籍》、《山東通志·藝文》（集部總集類）。

《國朝山左詩鈔》卷十載其《贈張聿新》詩一首。《德州志》卷十二、《德縣志》卷十六載其《贈言四章》（《曾六飛士龍》、《孫漢章織錦》、《張聿新逢運》、《梁赤水廷珠》）。

【色養集】

見《國朝山左詩鈔》、《濟南府志·經籍》。

【狂誠集】

見《國朝山左詩鈔》。

#### ◆ 林　森

森字木伯，利津人。順治丙戌（三年）舉人。《利津縣志》卷七有傳。

其詩文集未見著錄。《利津文徵》卷二載其《利津縣重修城隍廟記》碑文一篇。

#### ◆ 張嘉珠

嘉珠字爾瑟，惠民人。順治丙戌（三年）歲貢。

【血淚草】

《山東通志·藝文》引《縣志》本傳云："父雲鷺司鐸膠東，卒於任。嘉珠扶櫬歸里，成哭父詩百律，名《血淚草》，遠邇吟誦者或至失聲，不能終卷。"

## ◆ 張景燊

景燊字淡生，鄒平人，毓泰子。順治丙戌（三年）拔貢。《濟南府志》卷五十四有傳。

### 【訒齋偶錄】

見《鄒平縣志·藝文攷》、《山東通志·藝文》（子部雜家類）。

### 【陰德錄】

見《鄒平縣志·藝文攷》、《山東通志·藝文》（子部雜家類，子部小說類重出）。

### 【夢餘編】

見《鄒平縣志·藝文攷》（道光十六年續纂）、《山東通志·藝文》（據《縣志》，入子部小說類）。

《縣志·藝文攷》載司訓成和徵《敘》云："昔人云：'浮生若夢。'每誦此言，輒為之感喟。身世間酬應百端，何事不關痛癢？夢云乎哉？然憶少年時，余夜必夢，夢必窮極幻杳，莫可端倪。醒猶依依心目，追想竟日，不能忘懷。夜又別造一境，轉幻轉幻，轉想轉癡。自謂生平無快趣，幸有合眼時一段因緣，可慰沈寂。邇來學入世途，纔一舉步，輒礙荊棘，處鈍守雌，亦難免俗人之忌。白日僕僕，黑夜漫漫，憶昔日合眼時境況，不知隔幾重世界矣。因歎造物者多方困人，即一夢亦不假我如此。吾友淡生張君為大著作手，制義而外，別撰一編，命曰《夢餘》。余讀之，益生感喟。余頻苦俗累，夢且無之，何有於餘？更何有於編？讀是編者，或亦有感如余者耶？"

### 【章江小草】

見《鄒平縣志·藝文攷》、《山東通志·藝文》（據《縣志》）。

### 【尺木詩草】

見《國朝山左詩續鈔》、《鄒平縣志·藝文攷》、《濟南府志·經籍》、《山東通志·藝文》。

《國朝山左詩續鈔》卷二載其《鹺婦曲》詩一首。

## ◆ 李之芳

之芳字鄴園，武定人。順治丁亥（四年）進士。歷官浙閩總督，文華殿大學士。《武定府志·藝文》有王士真（禛）《李文襄公之芳神道碑》（《蠶尾續文集》作《誥授光祿大夫文華殿大學士兼吏部尚書謚文襄李公神道碑銘》），張玉書《大學士李文襄公墓誌銘》。《惠民縣志》卷二十八有孫光祀《碑陰記》，卷二十九有田雯《李文襄公墓碑》。程光袓撰《李文襄公年譜》一卷，附刊《李文襄公奏議》內。

### 【行間日記四卷附錄一卷】

見《山東通志·藝文》（史部雜史類）。現存：①清鈔本，天津圖書館藏，《中國古籍善本書目》著錄。②清乾隆間鈔本（二冊），台灣中央研究院歷史語言研究所藏，《續修四庫全書總目提要（稿本）》、《中央研究院歷史語言研究所善本書目》著錄。

《山東通志·藝文》：是書有扶溝柳堂鈔本。記平定耿逆始末。首卷起康熙十二年十月十五日，訖十三年十二月二十九日。二卷起十四年正月初六日，訖十二月初四日。三卷起十五年正月十一日，訖十六年十一月初七日。末卷起十七年二月十二日，訖二十二年二月十五日。自十三年三月耿精忠反，至二十一年奉旨班師，其間籌兵、籌餉、議勦、議撫、戰勝、克復諸端，一一分年繫日，據事詳書。紀敘質實，無虛詞飾說。不惟賊情兵勢歷歷如覩，當日老成謀國之忠，亦即此可以考見。坿錄一卷，首載國史列傳，次高密單作哲《李文襄公逸事》，次彭城李衛《改建李文襄公祠記》，末則祠堂聯額。《日記》卷首有之芳《自序》略謂："十一載間，諸所設施，在人耳目者姑不識。惟是軍旅之役，一片血誠，仰承廟算，克奏蕩平，援筆日記，俾將來有所考云。"據本書。

### 【平定耿逆記一卷】

現存：清道光中古槐山房木活字排印暨宣統三年中國圖書館石印《荊駝逸史》本，見《中國叢書綜錄》。

《續修四庫全書總目提要（稿本）》云："之芳於康熙十二年癸丑冬十月抵浙江總督任。明年春，吳三桂據雲南叛，三月，福建耿精忠反。其經理征勦疏稿，具載集中，是《記》更詳其細目。據稱二十一年七月奉旨班師，於八月初一日回浙江，計自十三年五月至本年八月，歷九年身在行間，先事佈置，機宜調度，勦撫兼施，大小一百四十餘戰，克奏膚功。"

謝國楨《增訂晚明史籍考》云："耿仲明既死，其子精忠響應吳三桂，起兵福建，而不能與臺灣鄭經合作，内部互搆，致爲清兵所乘。之芳是時督理浙江軍務，率領清兵入閩，精忠懼而復叛降於清，卒爲清廷所磔死，李氏則滅耿之功狗也。”

## 【李文襄公奏議二卷奏疏十卷首一卷】

現存：清康熙間刻本（與《李文襄公别錄》六卷及門人程光祖撰《李文襄公年譜》合刊），北京大學圖書館、上海圖書館、山東省博物館等藏，《北京圖書館古籍善本書目》、《東北地區古籍綫裝書聯合目錄》著錄；《四庫全書存目叢書》、《續修四庫全書》影印。題“男鍾麟編次”。《四庫總目提要》作《文襄奏疏》。《山東通志·藝文》（史部詔令奏議類）作《文襄公奏疏》十五卷附《年譜》一卷。

《山東通志·藝文》引《四庫存目提要》曰：“是編奏疏前十一卷，爲總督浙江時所上。又《臺諫集》二卷，爲監察御史時所上。康熙甲申耿精忠之變，經理征勦疏槀亦具載集中。末附《年譜》一卷，淄川唐夢賚所編也。”（泳按：《年譜》爲程光祖所撰。原題“杭州受業程光祖編纂”。前有康熙三十二年淄川舊史氏唐夢賚《序》。後有松江林子威《年譜後敘》，康熙四十一年武林受業程光祖《跋》。）

《武定府志·藝文》載其《請革私僉民解疏》、《請酌議追罰事例疏》、《春月踏勘宜緩疏》、《請行甄别督撫疏》、《政本關係甚重疏》、《封疆關係匪輕疏》、《覺察奸蠹内外畫一疏》、《密拏通賊廢弁疏》、《請賑難民疏》、《軍中需用賞賚餉銀疏》、《報明得獲逆書疏》、《再請調發鄰省官兵疏》、《酌議捐輸安插難民疏》、《招徠衢屬各路僞員疏》、《請蠲被兵地方錢糧第三疏》、《請免荒蕪地方錢糧疏》、《賞給官兵銀兩委難追扣疏》。

## 【白雲語錄】

《山東通志·藝文》（子部法家類）：是書見陸燿《濟南讞牘序》，云在刑曹時作。

## 【李文襄公集十二卷】

見《山東通志·藝文》。現存：清康熙刻彤錫堂彙印本（作《李文襄公文集》三十三卷，内《李文襄公奏議》二卷《奏疏》十卷《别錄》六卷《李文襄公年譜》一卷《棘聽草》十二卷《賦役詳稿》一卷），山東省博物館、中國科學院圖書館藏，《四庫存目標注》、《中國科學院圖書館藏中文古籍善本書目》著錄。

《山東通志·藝文》：其子鍾麟編。有康熙辛巳刊本，見扶溝柳堂《筆諫堂書目》。《武定志》載陳鵬年《後序》略云：“公功德茂著，雅不欲以文章名，然海内望其片紙隻字，莫不如景星鳳凰，爭先覩以爲快。顧公生平無專刻，捐館十餘年，公子憲副公始刊其奏議及當官條令平反之文若干卷於金陵。鵬年適守是郡，得再拜卒讀，而後知古之大臣未嘗不德與言兼之者也。”

《國朝山左詩鈔》卷十一載其《同施愚山陪祀郊壇》一首。《重修商河縣志·藝文》載其《清勅授文林郎行人司行人加一級爾成王公墓誌銘》。道光《長清縣志》卷十載其《德舍于老先生墓誌銘》。

## 【李文襄公别錄六卷】

現存：清康熙間刻本（與《李文襄公奏議》等合刊），北京大學圖書館、上海圖書館、山東省博物館等藏，《北京圖書館古籍善本書目》、《東北地區古籍綫裝書聯合目錄》著錄；《四庫全書存目叢書》、《續修四庫全書》影印。題“男鍾麟編次”。

《山東通志·藝文》作《文襄公别錄》，引《四庫存目提要》曰：“是書首《行間紀略》二卷，次《軍旅紀略》二卷，皆討耿精忠時文移；次《文告紀事》二卷，皆居官時告諭之文。”

## 【李文襄公棘聽草十二卷】附【賦役詳稿一冊】

見《山東通志·藝文》。現存：①清順治十一年濟南李氏素心齋刻本（作《棘聽草》），見《日本東京大學東洋文化研究所漢籍分類目錄》、《日本國大木幹一所藏中國法學古籍書目》。②清康熙四十一年李鍾麟刻本（作《棘聽草》十二卷《賦役詳稿》一卷），山東省博物館、大連圖書館、日本東京大學東洋文化研究所藏，《大連圖書館藏古籍書目》、《日本國大木幹一所藏中國法學古籍書目》著錄。

《山東通志·藝文》：康熙壬午重刊，見《筆諫堂書目》。陳鵬年《李文襄公文集後序》云：“公自爲司李時，坐言起行之學，已徵於《棘聽》一書。”

## ◆ 李之莊

之莊字朗詣，號雪巖，武定人，之芳弟。歲貢生。《武定府志·藝文》、《惠民縣志》卷二十九有黄叔琳《雪巖李公墓表》。

## 【樹滋堂詩】

見《國朝山左詩續鈔》、《山東通志·藝文》。

《續修四庫全書總目提要（稿本）》著錄家抄本（一卷），提要云："是編僅詩九十三首，古近體均有之，亦隨意編次者。之莊事兄惟謹，自之芳平浙閩還朝至相位，往來起居，不以介弟之貴驕於人。讀書過目不忘，為文有法度。連不得志，不以咎有司。歸教其子，相繼掇巍科，諸孫亦有文。尤篤志學校，凡補葺學宮，倡主義學等，皆力行不倦。居家嚴整，雖燕居必肅衣冠，辨色而起，夜分而寐，終身不易。其為詩，不隨時趨，亦不規橅古人蹊徑，清真雋永，字句外嘗有餘味，到處不失唐人矩矱。如集中《夜坐》云：'雨過添新綠，幽花淡倍香。湖平新月出，天潤曉風涼。宿鳥棲偏靜，流螢耿自光。有人渾不寐，坐久任更長。'又《無題》云：'寶奩澄激月華清，照得新粧霧鬢成。不是惜花貪早起，綠沙窗外有啼鶯。'等篇，讀之覺其風骨雄渾，氣韻深厚，亦可謂自具一格者也。"

《國朝山左詩續鈔》卷二載其《石湖》詩一首。

### ◆ 劉 煐

煐字涵素，濱州人。學博文富，僅成明經。晚年更工於詩，正身危行，士林重之，康熙十年州守徵為鄉飲大賓。《濱州志》卷十有傳。

其詩文集未見著錄。《濱州志·藝文》載其《臥佛臺》詩一首。

### ◆ 杜 曦

曦字子昭，號籧菴，濱州人。廩貢生。《濱州志》本傳云："博極羣書，為文下筆千言，詩歌各造其工，尤善章草。臨終自焚其稿，散存者無幾。"

其詩文集未見著錄。《國朝山左詩續鈔》卷二載其《秋曉》詩一首。《濱州志·藝文》載其《臥佛臺》詩一首。

### ◆ 杜 漋

漋字子濂，號湄村，濱州人，曦弟。順治丁亥（四年）進士。歷官河南驛鹽道。《濱州志》卷十有傳。

## 【禮垣疏草一卷】

現存：清順治十五年刻本，中國國家圖書館、山東大學圖書館藏，《北京圖書館古籍善本書目》、《中國古籍善本書目》、《販書偶記續編》著錄。

## 【族譜】

《聽松軒遺文·重修族譜序》略云："吾族之譜，自先大夫通奉君廬墓時始創為之，計己酉至今，已七十七年。其時人既無多，歷世維九。而今則十三世矣，子姓繁衍，多至四百餘人。然吉凶喪祭之與其事者，不過五六十輩，皆諸長老之經涉世故者；餘率不及謀面，詢其名，則或觸祖諱，而叔姪兄弟輩之相抵冒者，更不可窮詰。是皆渙而不親之故，譜之所以不可不修也。於是僉謀於衆，徵名於遠，重者更之，從卑以避尊，不漏不複，各有定名，辨名定分，長幼截然。子姓雖繁，吾知情義聯屬，如一人矣。是編成，家藏一帙，俾知吾祖宗嗣續之所廣，皆吾祖功宗德之所貽也。"

## 【湄湖吟十二卷】

見《山東通志·藝文》、《濱州志》本傳（作《湄湖集》）。現存：清康熙濟南杜氏刻道光九年杜墿修補本（作《湄湖吟》十一卷附《聽松軒遺文》一卷），山東省圖書館、中國國家圖書館、清華大學圖書館、上海圖書館等藏，《中國古籍善本書目》、《續修四庫全書總目提要（稿本）》、《清人別集總目》、《清人詩文集總目提要》著錄；《四庫未收書輯刊》影印。題"濟南琅槐杜漋湄村父著，甬東張鷟又陶、東冶魏憲惟度、遂安毛際可會矣評閱"。前有康熙庚申年眷弟郤煐元《敘》，東冶晚學魏憲《湄湖吟序》，甬東張鷟《讀湄湖吟小引》，屬吏嚴江毛際可《湄湖吟序》，及新城王士正（禎）撰《墓誌銘》。後有道光己丑杜墿《跋》。

杜墿《跋》云："先高祖大參公詩，見於《國雅》、《詩持》、《詩觀》、《詩逄》及漁洋《感舊》、雅雨堂《山左詩鈔》諸集。此家刻全集，蓋先曾祖誠方公取當時朋好評點之本梓行，閱歲既久，板多漫漶。乙酉之冬，墿督學事竣，假過里門，攜板至都。明年，受田散館，授職詞曹多暇。乃命取藏木，重加勘校，補正闕訛。內有當時編次先後失序者，別記於冊，以俟他日。並刻王文簡公所撰《墓誌》於前，而以搜獲遺文數首附焉。外有別見碑版他集者，亦俟續補。道光己丑九月二十六日元孫墧謹識。”

《山東通志·藝文》：是集有刊本，乃甬東張齮、東冶魏憲、遂安毛際可所評。際可《序》略云：“己未夏，湄村先生以所著《梁苑草》見示。披覽之餘，震心駴目。後歲餘，先生復出其全集，曰《岱遊》、《四明》、《白下》諸草，繼以《梁苑》，而統之曰《湄湖吟》。上薄風騷，下掩宋元，斟酌於六朝三唐之間，而抒以己意，比事屬辭，窮工極妙。則自釋褐以來，出入掖垣，分轄吳越之所爲作也。”據本書。《漁洋文略·杜公墓誌》云：“君詩有奇氣，類山陰徐渭。南城陳允衡撰《國雅》，取君詩壓卷，人以爲定論。”

《國朝山左詩鈔》卷十一載其詩十三首。

## 【聽松軒遺文一卷】

現存：清康熙濟南杜氏刻道光九年杜墧修補本（《湄湖吟》附），山東省圖書館、中國國家圖書館、清華大學圖書館、上海圖書館等藏；《四庫未收書輯刊》影印。收錄《周櫟園先生書影序》、《重修族譜序》、《重修贊皇縣儒學記》、《浙江嘉湖守道按察司僉事青芝王公傳》、《祭五弟子魯文》、《栝蒼日課戊戌歲》、《屠赤水先生著書亭小記》、《重摹刻露筋碑識語》，凡八篇。

《武定府志·藝文》有其《重建忠良九賢合祠記》、《濱州革除歇家批頭記》（此二篇《聽松軒遺文》未收）。《濱州志·藝文》亦載此二篇，另有《重修城隍廟記》一篇。

## 【山東乙酉科鄉試硃卷一卷】【順治四年丁亥科春秋房會試硃卷一卷】

現存：清順治刻朱印本（四冊），中國國家圖書館藏，《中國古籍善本書目》著錄。

## 【湄湖吟詩餘草一卷】

現存：清康熙間刻道光九年杜墧修補本（即《湄湖吟》卷十一），中國國家圖書館、南京圖書館等藏，《江蘇省立國學圖書館圖書總目》、《山東文獻書目》著錄。

## 【湄村全集】

見《國朝山左詩鈔》。

## ◆ 杜杲

杲字子晳，號鞠陵，濱州人，澳弟。監生。官知縣。

## 【杜杲遺稿】

《山東通志·藝文》著錄，引《州志》本傳云：“詩文爲大司成王公士禎所稱賞。遺稿甚夥，藏於家。”

《國朝山左詩續鈔》卷二載其《村居即事》、《寓居海上》詩二首。《濱州志·藝文》載其《秦始皇臺》詩一首。

## ◆ 孫根深

根深字孝思，武定州人。順治丁亥（四年）進士。官知縣。

## 【歸來集】

見《國朝武定詩鈔》。《武定府志·藝文》載其《黃水歌并序》詩，其《序》云：“癸巳秋七月，黃河旁溢，吾棣被災特甚，人畜廬舍漂溺無算，時稱橫水。遂隰括諺語，用記其事，以存野史。竊恐言者不盡，聞者未能信也。”

## 【楚遊草】

見《國朝武定詩鈔》。

## ◆ 朱長泰

長泰字大來，又字謙茹，德平人。順治丁亥進士。歷官戶部主事。《濟南府志》卷五十六、《德平縣志》卷七有傳。《德平縣續志》卷十二有朱履慶《清戶部雲南清吏司主事般水朱公入鄉賢呈詞》。

## 【周易致一六卷】

見《濟南府志·經籍》、《山東通志·藝文》（經部易類）。

《山東通志·藝文》：《縣志》載是集云：“闡發精深，識者謂堪與濂洛分席。”

《般上舊聞·先輩著述》云：“未梓，不知存否。”

## 【帝王年編四卷】

見《濟南府志·經籍》、《山東通志·藝文》（史部編年類）、《德平縣志》本傳、《德平縣續志·藝文》。

【集史一卷】

　　見《濟南府志·經籍》、《山東通志·藝文》（史部史鈔類）、《德平縣志》本傳。

【含山縣志二十卷】

　　現存：清順治八年刻本，上海圖書館、中國國家圖書館等藏，《北京圖書館古籍善本書目》著錄。

【奇方一卷】

　　見《濟南府志·經籍》。《德平縣續志》作《奇方集義》一卷，云"藏於家"。

【步天歌】

　　見《濟南府志·經籍》（一卷）、《德平縣志》、《山東通志·藝文》（子部天文算法類）。

【修真節要一卷】

　　見《濟南府志·經籍》、《德平縣志》、《德平縣續志》。《山東通志·藝文》（子部道家類）作《修真節要奇方》，無卷數。

【主敬齋稿二卷】

　　見《濟南府志·經籍》（無卷數）、《德平縣志》、《山東通志·藝文》。《般上舊聞·先輩著述》作《主敬齋遺稿》，云未梓而佚。

　　《國朝山左詩續鈔》卷一載其《燕邸秋吟》詩一首。《德平縣志》卷十二載其詞《燕邸秋詞》十首。《德平縣續志》卷十二載其《酌財賦以裕國用疏》、《陳荒政以弭盜源疏》。

◆ 董養性

　　養性字邁公，號毓初，樂陵人。順治戊子（五年）拔貢。官寧國府通判。乾隆《樂陵縣志》卷六有傳，卷八有陽信張璨《毓初董先生傳》、宣城施閏章《寧國府通判董公墓誌銘》。

　　其詩集未見著錄。《樂陵詩彙》載其《桃花源》、《宿慈光寺》、《宿文殊院同杜朋李陳足彝》詩三首。

【周易訂疑十五卷】

　　見《山東通志·藝文》（經部易類）。現存：清康熙董氏正誼堂自刻本，南京圖書館藏，《山東文獻

書目》著錄；《四庫全書存目叢書》影印。

【易學啟蒙訂疑四卷】

　　見《山東通志·藝文》（經部易類）。現存：清康熙董氏正誼堂自刻本，山東省圖書館藏，《山東文獻書目》著錄；《四庫全書存目叢書》影印。

【周易本義原本十二卷】

　　見《山東通志·藝文》。

【書經訂疑】

　　見《樂陵縣志》、《山東通志·藝文》（經部書類）。《山東通志·藝文》引張璨撰《傳》云："《書》、《詩》、《禮》三經《訂疑》脫稿，未鐫。"

【詩經訂疑】

　　見《樂陵縣志》、《山東通志·藝文》（經部詩類）。

【禮記訂疑】

　　見《樂陵縣志》、《山東通志·藝文》（經部禮類）。

【春秋訂疑十四卷】

　　見《樂陵縣志》、《山東通志·藝文》（經部春秋類）。《山東通志·藝文》引《縣志》注云："鐫板，餘卷未竟。"

【四書訂疑二十二卷】

　　《山東通志·藝文》（經部四書類）著錄，引《縣志》云："有刊本行世。"

◆ 張 璨

　　璨字丹書，一字霞城，別號方壺外史，陽信人。順治戊子（五年）拔貢。官廣東海陽知縣。

【陽信縣志十卷】

　　現存：清康熙二十一年刻本，藏中國國家圖書館、濟南市圖書館（不全）。前有周虔森、張承祖、田啓光、張璨《序》，嘉靖、萬曆舊志《序》三篇，縣圖四幅。分輿地、建置、田賦、禮儀、風俗、物產、職官、選舉、人物、文藝十門。後有張鑛、馬素祺《後序》。

　　按：是志由陽信知縣周虔森（字天予，江蘇武進

人，康熙二十年任）主修，始於康熙二十年，次年纂成梓行，爲現存最早陽信方志。

民國《陽信縣志》張鑛傳云：“偕邑紳張霞城、馬介祉兩先生重修邑志，文獻賴以不墜。”又馬素祺傳云：“字祉，歲貢生。賦性瀟灑，饒具雅趣。淹貫古今，工詩歌古文詞。邑令周虔森重修《縣志》，與霞城、寶田兩先生同功焉。”

## 【盼柯堂詩文集】

見《國朝山左詩續鈔》、《山東通志·藝文》。

《山東通志·藝文》：《縣志》云“有《懷歸草》、《陟岵吟》”，蓋其小集也。

《國朝山左詩續鈔》卷一載其《秋郊》詩一首。乾隆《樂陵縣志》卷八有其《毓初董先生傳》一篇。

## ◆ 趙觀光

觀光字耿生，號九河，長山人。順治戊子（五年）恩拔貢。官大埔知縣。《濟南府志》卷五十五、《長山縣志》卷九有傳。

## 【蘗萬齋集】

見《長山縣志》本傳、《濟南府志·經籍》、《山東通志·藝文》。

《山東通志·藝文》：《縣志》本傳云：“日與劉友生質疑問難，興至則爲詩歌。著有《蘗萬齋集》。”

## ◆ 于起泮

起泮，德平人。順治戊子（五年）恩貢。官溫州同知。

## 【夢餘錄】

《山東通志·藝文》：是書有梓行本，見《縣志》。

## ◆ 張楫

楫字友舟，樂陵人。順治戊子（五年）副貢。歷官淮安知府。乾隆《樂陵縣志》卷六有傳。

## 【南遊紀事詩集一卷】

見《樂陵縣志》、《山東通志·藝文》。

《樂陵詩彙》載其《憶魏親翁贈別句》、《旅慰》詩二首。

## ◆ 王鼐

鼐字忠銘，歷城人。順治戊子（五年）副貢，九年任滑縣知縣。

## 【滑縣志十卷】

現存：清順治十一年刻本，中國國家圖書館藏，《北京圖書館古籍善本書目》、《中國古籍善本書目》著錄。按：是志由趙貫台等纂。貫台，平陰人，明崇禎丙子（九年）舉人。

## ◆ 朱昌祚

昌祚號雲門，高唐人，遷歷城，漢軍鑲白旗籍。歷官直隸、山東、河南三省總督。以疏陳時弊，爲鼇拜所殺。後詔復原官，賜祭葬，諡勤愍。《歷城縣志》卷三十八、《濟南府志》卷五十三有傳。光緒《高唐州志》卷八有《朱昌祚撫浙錄》（十二條）。

其詩文集未見著錄。《國朝山左詩續鈔》卷一載其《冬獵篇》、《桂山堂爲平湖陸侍御作》詩二首，小傳注云：“二詩採自《熙朝雅頌集》。”光緒《高唐州志》卷八載其《旗民圈地疏》。

## ◆ 朱宏祚

宏祚字徽蔭，一字厚菴，歷城人，高唐籍，昌祚弟。順治戊子（五年）舉人。歷官閩浙總督。《歷城縣志》卷三十八、《濟南府志》卷五十三有傳。張貞《渠亭山人半部稿·潛州集》有《誥授光祿大夫總督福建浙江等處地方軍務兼理糧餉兵部右侍郎兼都察院右副都御史加四級朱公行狀》（光緒《高唐州志》卷八載之，作《朱宏祚行狀》）。據《行狀》，宏祚生於崇禎庚午，卒於康熙庚辰，年七十一。有五子，其中緗、絳、綱俱有文名。

其詩集未見著錄。《國朝山左詩續鈔》卷一載其《康熙十年·江左大旱·盱眙災甚·賜賑將畢·二麥未收·煢煢遺黎·無以續命·余鬻產稱貸·接賑兩月·大府入告·奉旨褒嘉·敬志寵榮·思存災警·爰記其事》、《後紀事·官盱眙令破產賑民饑·適有麥秀兩歧之異·非所敢當·繼前紀事作一篇》、《同董觀察仇副戎王別駕遊爛柯山》詩三首。光緒《高唐州志》卷八亦載此三首（前兩首簡作《紀事詩》、《後紀事》）及《贈劉雲麓》等詩。《國朝歷下詩鈔》卷一載其詩十四首。

## 【清忠堂奏疏】

見《歷城縣志·藝文考》（四冊）、《四庫全書總目提要》、《濟南府志·經籍》（四冊）、《山東通志·藝文》（史部詔令奏議類）。光緒《高唐州志·著述》作《忠清堂奏疏》四卷。現存：清康熙刻本（題《清忠堂撫粵奏疏》十四卷《清忠堂署理總督奏疏》一卷），北京大學圖書館、山東師範大學圖書館等藏，《中國古籍善本書目》、《四庫存目標注》；《四庫全書存目叢書》影印。

《山東通志·藝文》引《四庫存目提要》曰：“是編乃其官廣東巡撫時奏疏，始於康熙二十六年十二月，終於三十一年八月，凡七十五篇。前有梁佩蘭《序》，稱其在粵五年，凡上一百六十有五疏。則此刻亦選擇而存之者也。按《縣志》載宏祚《奏疏》凡四冊，據龔應霖《序》，奏疏外兼有文告、告示，則《縣志》所載，乃其原本也。”

《歷城縣志·藝文考》（據本書）：龔應霖《序》署曰：“唐虞三代之時，或君臣相誥誡，或同列相勸勉，以至訓俗型方，治官立政。今讀其書，一二言不為少，數百千言不為多，非後之儒者所可及。蓋因政事而著為文章，此其所以可垂於不朽也。三代而後，人才不古若，於是政事文章離而為二。往余受知於福山王先生，每首推大中丞高唐朱公。福山於時少許可，余因是知公之賢。公以縣令卓異洊歷郎署，觀察天津道，晉直隸守道司，財賦清績，惠政不可勝數。康熙二十六年冬，超擢公鎮撫粵東。粵界居嶺海之表，其郡縣鉅京師遠者萬有餘里，近亦六七千里。官斯土者率縱恣惰弛，不以職業為急。朝廷之德意難於下達，草野之疾痛壅於上聞。三十餘年以來，前苦於藩煽，後苦於兵烽，又不得清明英幹之大臣整率而噢咻之；吏之廉者無以勸，貪者無以懲；不急之役百出而不知止，無名之征日增而不知減；蒨苻不靖，獄訟繁興；凡刑名錢穀鹽榷之政蠹叢弊積，相習為固，然而莫知爬搔搜剔之術。公自辭國門，輕裝就道，舟抵大庾嶺下，即嚴南雄派夫之禁，勒石道旁；繼而布告列郡，盡罷無藝之賦，給散軍糈，計其道里之遠近、水陸之難易，令各就其近且易者。閭閻無飛輓之勞，士馬有飽騰之氣，而粵之積困一甦。予既從福山先生游，今又居公之宇，被公之澤，及假歸謁公，一見如舊。出其奏疏、文告、告示各若干卷，問序於余。余受而讀之，其奏疏剴摯詳明，委婉曲當；其文告引繩墨，切事情，利害得失，是非可否，如燭照數計，令聞者悚然以懼，怡然以解；其告示丁寧周至，忠厚悱惻，溢於言表，雖窮谷深山耕夫織婦，無不聽之而感動。然則公之文，豈非所謂政事文章兼而有之者與！”

## 【朱氏族譜一卷】

見《歷城縣志·藝文考》（據本書）、《濟南府志·經籍》、《山東通志·藝文》（史部傳記類）。光緒《高唐州志·著述》作《朱氏家譜》一卷。《續修四庫全書總目提要（稿本）》著錄康熙刻本。

《山東通志·藝文》：《縣志》載是編，及宏祚《自序》略云：“余之譜始自曾祖，從吾之所知者為斷，法蘇氏，而余定譜例一篇，譜圖一卷，家傳一篇，家訓一篇。譜例者，為譜之法也。譜圖者，所謂族譜自今日祇一卷，至後之人加之，未有已也。家傳者，傳先人之實事，後之人得規矩焉，其又有賢者亦加之，未有已也。家訓者，家之訓，所以不辱其先者也。”《漋州集》載宏祚《墓誌》云：“所著《族譜》，簡而有法，識者貴之。”

按《歷城縣志·藝文考》，宏祚《自序》作於康熙三十七年戊寅春二月。

## 【盱眙縣志三十二卷】

《續修歷城縣志·藝文考》據朱學猷鄉試硃卷履歷著錄，無卷數。現存：清康熙十一年刻本，中國國家圖書館藏，《中國古籍善本書目》著錄。

## 【清忠堂撫粵文告四卷】

現存：刻本，見《京都大學人文科學研究所漢籍目錄》。

## ◆ 朱時顯

時顯字宗晦，號文泉，德平人。順治戊子（五年）歲貢。歷官安東衛教授。《濟南府志》卷五十六、《德平縣志》卷七有傳。

## 【春秋集說四卷】

見《濟南府志·經籍》、《山東通志·藝文》（經部春秋類）、《德平縣志》本傳。《殷上舊聞·先輩著述》云：“未梓，不知存否。”

### ◆ 成晉徵

晉徵字昭其，鄒平人。順治己丑（六年）進士，歷官太原管糧同知。《濟南府志》卷五十四有傳。

其詩文集未見著錄。《國朝山左詩續鈔》卷一載其《富相山看桃花》詩一首。《禹城縣志》卷十載其《太末吟序》一篇。

【周易心解一卷】

見《濟南府志·經籍》、《山東通志·藝文》（據《府志》）。

【鄒平景物志十六卷】

見《鄒平縣志·藝文攷》、《山東通志·藝文》（史部地理類）。

《鄒平縣志·藝文攷》載是書《自序》云："造九級龍鳳之閣者，松栢杉檜，群材庀集焉；繡十二章黼黻之衣者，山龍華藻，五采彰施焉。國家將成宇宙全書，而先之以採風，備官備物，必不使一隅之或缺，故雖小邑亦不得無志也。邑有志，鄒亦可志，而鄒之景與物亦皆可志。吾亦在鄒言鄒而已，何也？吾鄒產也。凡鄒所有，惟鄒之人知之。故境內山川、人物、名賢、遺跡，一草一木之微，或隱或顯之處，皆所習見習聞，而名公鉅卿又多即事題咏，遂成佳話。不為彙輯，則文章必至散失，而芳跡亦且湮沒矣。余故採而輯之。事必核實，物必攷備。但使海內觀者知有鄒，並知鄒所有。而鄒之景與物，其亦有幸也夫。是集也，輿圖、戶口、田賦、版籍概不錄，統以候當事之秉史筆者。康熙元默涒灘歲端陽前三日成晉徵序，時年七十有二。"

【長白景物志】

見《國朝山左詩續鈔》、《濟南府志·經籍》。疑即《鄒平景物志》。

【長白樵語】

見《國朝山左詩續鈔》、《濟南府志·經籍》、《山東通志·藝文》（據《府志》，入子部雜家類）。

【清暑筆談一卷】

見《濟南府志·經籍》、《山東通志·藝文》（據《府志》），俱無卷數。現存：清康熙四十一年刻本，

北京大學圖書館、青島市圖書館藏，《中國古籍善本書目》、《青島市圖書館藏線裝書目錄初稿》著錄。

【樂善堂語鏡】

見《濟南府志·經籍》、《山東通志·藝文》（據《府志》，入子部雜家類）。

【梅窗小史】

見《濟南府志·經籍》、《山東通志·藝文》（子部小說類）。

【鄒平藝文志】

見《鄒平縣志·藝文攷》、《山東通志·藝文》（集部總集類）。《國朝山左詩續鈔》、《濟南府志·經籍》作《梁鄒藝文志》。

《鄒平縣志·藝文攷》載是書《自序》云："文者，載道之器也。有一邑之人物，即有一邑之文。或人沒而文存，文存而人亦不沒。文之不可以已也，士類無經天緯地之著述，即山川宇宙，亦當減色，誰謂藝文一途徒騁筆舌，為月露之形、雕蟲之技已哉？鄒自漢立縣，迄今千六百年，其文辭不少概見。然自明季藏珍以迄今日，奎筆煥綸綍之光，人文繪斧藻之句，稽山川勝概之留題，攷池湟濬築、臺廟經營之紀事，仰承先哲懿蹟，克昭俯示來茲，芳型不墜矣。且盛世之言樸，衰世之言浮，樂土之言舒，瘠土之言迫，皆根於心而見乎辭者。後之人覽其文，可以觀政教之得失焉，察風氣之澆淳焉，覘人才之盛衰焉。矧今天子崇興文教，勅修十七省會之全書，他日軺軒之史採及吾鄒，或亦無嘅於文獻之無徵云。"又《自序》後附按云："舊志第七卷葉份詩後註云：'今從成氏《藝文志》本。'據此則《志》中所收為舊志所資籍者甚多，搜討之功不可没也。"

### ◆ 張世居

世居，鄒平人，延登孫。順治己丑（六年）選貢。

【紅琭齋詩稿】

見《鄒平縣志·藝文攷》（道光十六年續纂）、《山東通志·藝文》。《續修四庫全書總目提要（稿本）》著錄家鈔本（不分卷），提要略云："是編計詩八十餘首，類皆世居歿後，其後裔搜集所得者。古今體均

有編次，極無次序。前有《自序》。"今未悉藏於何處。

《鄒平縣志·藝文攷》載是編及世居《自敘》云："蒹葭秋水，嘗懷想夫伊人；風雨晨雞，漫縈情於君子。天涯猶若比鄰，海內尚多知己。每欲報瓊逞鳴蛙之枝，輒憐捧璧乏倚馬之才。況余失路多虞，遭時不偶。所謂不哀傷而自怨，未搖落而先衰矣。嗟乎！人非事去，歎殘息之飄零；歲異時遷，閔餘音之寂寞，未可爲外人道也。"又附按語云："世居乃忠定公孫，而刑部郎萬選子也。萬選以破家救弟，遇病死。詩中有'號泣遠苫次，含悲入會城。'又云：'蔓引情原枉，株連讞未成。'則世居亦罹憂患矣。晚乃築斿山草堂，與從弟蕭亭倡和。詩多哀怨，然怨而不怒，實可存也。"

## ◆ 李雨霑

雨霑，泰安人。順治己丑（六年）進士。官禮部主事。

其詩文集未見著錄。道光《長清縣志》卷十載其《重修五峯山碑記》（《濟南府志·藝文》作《重修五峯山李公碑記》）。

## ◆ 王 清

清字素修，一字冰壺，號思齋，海豐人。順治己丑（六年）進士。歷官吏部左侍郎。

### 【思齋自撰年譜一卷】

《販書偶記》著錄約康熙間刻本（附《留餘堂詩文集》後）。

### 【留餘堂詩稿】

見《國朝山左詩鈔》。《續修四庫全書總目提要（稿本）》著錄清抄本（二卷），提要云："是集計古近體詩一百四十餘首，分體編次之，以七律爲最多。清由庶常累官刑部侍郎，力杜告密之害，定條例，復舊章，使奸吏不能舞法。轉吏部，屢秉文衡，一時名卿，多出其門。其所爲詩，格法既極遒上，識議又復超邁，初盛風軌，極爲近似。如集中《秋日燕臺述懷》云：'碣石秋風動地來，極天鐘鼓下樓臺。遙聞獵騎長楸盛，近擁鳴珂五柞回。瓠子屢勤宣室慮，柏梁新選侍臣才。濫竽秘省無他效，翹首浮雲泰岱開。'又如《南鎮會稽山》云：'稽山近接越天低，宛轉峯巒

路欲迷。青靄常浮秦望北，白雲卻繞禹陵西。即看修竹含新雨，無數蒼松罥碧溪。真氣重重吹不散，神靈自合此中棲。'等篇，讀之真覺夐然而高，杳然以深者矣。"

《國朝山左詩鈔》卷十二載其《潞河登舟》、《南鎮會稽山》、《秋日燕臺述懷》詩三首，小傳引白孟新夢鼎曰："先生居平不甚作詩，每一落筆，不作浮響；而興會所至，又夐然而高，杳然而深。"

《國朝武定詩鈔》又引鄧孝威《序》云："嘗與王西樵論詩廣陵，言滄溟詩典麗深渾，得中州之正氣，標詩人之雅宗，今則趨而益下。讀冰壺先生諸作，格法既遒，識議復邁，初盛風軌，賴以復存。"

### 【留餘堂文集一卷詩集一卷】

《販書偶記續編》著錄約康熙間刻本。《無棣縣志》本傳作《留餘堂詩文集》（無卷數），本傳後注云："《留餘堂銘》云：'留有餘不盡之福以還造物，留有餘不盡之祿以還朝廷，留有餘不盡之財以還百姓，留有餘不盡之智以還子孫。'集中格言一百三十餘條，皆立身行己之要、濟物利人之本。"

《山東通志·藝文》（據《府志》）著錄《留餘堂詩集》（無卷數），無《文集》。

## ◆ 韓 沖

沖字谷玉，號麗宇，淄川人。順治己丑進士。官廣平府同知。

### 【韓氏邑乘】

見《山東通志·藝文》（史部傳記類）。現存：清康熙十九年淄川韓氏自刻本（作《淄川韓氏邑乘》一卷），山東省博物館藏，《山東省博物館藏明清民國山左學者著述知見錄》、《山東文獻書目》著錄。另有鈔本一卷，見《續修四庫全書總目提要（稿本）》。

《山東通志·藝文》：《志壑堂文後集》載是編《序》云："般陽韓氏已著有《族譜》刊行矣，郡丞麗宇先生復取先世懿行之載在邑志者輯爲一書，顏曰《韓氏邑乘》。麗宇之言曰：'《邑志》雖成，授梓無日，慮其久而湮沒也。'此其纂集之大旨也。又曰：'《家譜》所不載者，此獨詳之。'然《邑志》所不及詳者，麗宇申以己意於篇終，此集視邑乘爲尤詳也。"

## 【金剛經大義】【藏海一漚】【功德林】

《山東通志·藝文》（子部釋家類）：《縣志》載諸編，又云沖罷官後杜門卻掃，旁涉博覽，最會心於溫陵梵筴之論，受記莂於泰山石堂禪師，自署毘尼居士。

## 【箕山散著】

見《淄川縣志》、《山東通志·藝文》（集部別集類）。《國朝山左詩續鈔》、《濟南府志·經籍》作《箕山集》。

《山東通志·藝文》：《國朝山左詩續鈔》引唐太史豹岩《墓志》云："公於文字般若得甚深三昧，不欲以駢詞見長。然《箕山》諸集中，比偶之體，庶幾徐、庾。"

《國朝山左詩續鈔》卷三十一載其《送李靜庵開府閩中》詩一首。

### ◆ 韓　理

理字溫甫，淄川人。順治己丑（六年）進士。官松江府推官。

## 【松陵詩草】

見《淄川縣志》、《山東通志·藝文》。

### ◆ 唐夢賚

夢賚字濟武，號嵐亭，又號豹岩，淄川人。順治己丑（六年）進士。官檢討。《濟南府志》卷五十四有傳。《蠶尾續文集》卷十三有《敕授徵士郎內翰林秘書院檢討唐公墓誌銘》。《飴山文集》卷九有《內翰林秘書院檢討豹嵒唐公墓表》。

## 【濟南府志五十四卷】

見《濟南府志·經籍》、《山東通志·藝文》（史部地理類）。現存：清康熙三十一年刻本（五十四卷首一卷），山東省博物館、山東省圖書館（不全）、北京大學圖書館等藏。首有衛既齊、喻成龍、陳俞侯、蔣焜、董訥、唐夢賚、李興祖《序》。分輿地志、建置志、賦役志、秩官志、選舉志、人物傳、載籍志、摭佚志八門，四十餘目。

《山東通志·藝文》：是編刊於康熙壬申。夢賚

《自序》略云："此一役也，於體爲述，於事爲創。尚憶纂修大略，厥有四始，而樂得三易，以集其成，然要之一言以爲之準，亦曰秉王章而已。"據本書。

按：四始謂畫疆之始，分官之始，徵事之始，闕文之始，悉尊王章。三易謂開局廬畔搜討較易，梓里匪遙往復較易，家僮筆札呼應較易。詳見《自序》中，以文多，不備錄。

按：是志爲濟南首部府志，由濟南知府蔣焜主修，始纂於康熙二十九年，成於三十一年。

## 【淄川縣志八卷首一卷】

現存：①清康熙二十六年刻本，山東省博物館、中國國家圖書館藏。②民國九年石印本，中國國家圖書館、上海圖書館藏。③一九五九年鈔本，上海圖書館藏。首載張嵋、唐夢賚等《序》五篇，縣圖二十八幅。後有張綖《序》。分輿地志、建置志、賦役志、官師志、選舉志、人物志、藝文志、軼事志，凡八卷。

《山東通志·藝文》：見王士禎所撰《墓誌》。據畢際有《序》，則志修於康熙癸丑，夢賚總其成，而際有與袁藩實秉筆焉，至康熙丁卯乃補訂而刊之。藩字宣四，號松籬，淄川人，康熙癸卯舉人。際有《序》云："孝廉 袁藩 來就余家，相與鍵戶石隱園中，字訂句考，凡例條目悉爲更定，爲綱者八，爲目五十有二，雖曰重修，無殊經始矣。其有文獻缺徵，疑難須質，則以詢之太史 夢賚，赫蹏往來無虛日。孝廉有句云'菊蕊從知今又破，藕花曾及見初開'，則歷時可知矣。"

按：是志由淄川知縣張嵋主修。嵋字石年，浙江仁和人，康熙二十五年來任。

## 【籌餉厄言】

見《山東通志·藝文》（史部政書類）。現存：清道光中吳江沈氏世楷堂刻《昭代叢書·丁集新編補》本（一卷），中國國家圖書館、上海圖書館、南京圖書館等藏，《中國叢書綜錄》、《續修四庫全書總目提要（稿本）》著錄。

《山東通志·藝文》：《養中之塾文集·與某友書》云 考之集中《與篛園》一篇，此書蓋與鍾方伯者："寄上唐豹巖太史《籌餉厄言》一冊，竊謂是濟時良策。儻閣下他日爲國籌財，乞奏請行之，勝開捐加賦萬萬矣。"

按：《籌餉厄言》載《志壑堂集》中，據曾喆此書所云，則別有鈔出單行之本矣。今亦別著錄焉。

## 【銅鈔疏】【禁糶說】【備邊策】

見《濟南府志》本傳。

## 【山堂隨筆二卷】

《山東通志·藝文》（子部雜家類）據《蘅園類存》著錄。

## 【志壑堂雜記一卷】

現存：清道光十三年吳江沈氏世楷堂刻《昭代叢書》丁集新編補本，中國國家圖書館、首都圖書館、北京大學圖書館等藏，《中國叢書綜錄》、《續修四庫全書總目提要（稿本）》、《山東文獻書目》著錄。

## 【林皋漫錄】

見《山東通志》卷百七十本傳。

## 【志壑堂全集四十九卷】

見《山東通志·藝文》（集部別集類），云有康熙間刊本。現存：清康熙間刻本（《志壑堂詩集》十二卷《文集》十二卷《詩後集》五卷《文後集》三卷《辛酉同遊倡和詩餘後集》二卷《阮亭選志壑堂詩》十五卷），上海圖書館、首都圖書館、復旦大學圖書館等藏，《販書偶記》、《清人別集總目》、《清人詩文集總目提要》著錄；《四庫全書存目叢書》影印。

《國朝山左詩鈔》卷十二載其詩七十三首。《岌山縣志》卷十三載其《慧先石先生神異記》（康熙三十五年二月）。

## 【志壑堂詩十五卷】

見《四庫全書總目》、《濟南府志·經籍》、《山東通志·藝文》。

《山東通志·藝文》引《四庫存目提要》曰："是編爲新城王士禎所定，間有士禎評識。前有士禎《序》，稱其'文近於蒙莊，詩近於東坡'。慈溪姜宸英《序》亦言：'讀其經世之言，所爲籌餉、積穀、銅鈔、改漕之法，嘉謨碩畫，鑿鑿皆可見之施行。'皆兼序其詩文集。而是集有詩無文，蓋其集中之一種也。其詩運思頗深摰，吐屬亦頗溫雅。然較其才力，則稍謝士禎及趙執信、田雯諸人。"

## 【志壑堂後集刪十卷】

有清康熙間莊山書屋刻本,《山東文獻書目》據《中國歷代詩文別集聯合書目》（第十一至十三輯）著錄。

## 【志壑堂詩集一卷】

孫錫嘏輯。現存：清淄川孫氏《般陽詩鈔》稿本，山東省博物館藏；《山東文獻集成》影印。

《志壑堂詩集》十二卷《文集》十二卷　清康熙刻本

《志壑堂詩集》一卷　山東省博物館藏　《般陽詩鈔》稿本

## 【借鴿樓小集二卷】

《山東通志·藝文》：見王士禎所撰《墓誌》。

## 【志壑堂詞一卷】

《山東通志·藝文》："是編有海豐吳氏《山左人詞》刻本。"現存：①清康熙中金閶綠蔭堂刻《百名家詞鈔》初集本，中國國家圖書館、上海圖書館、遼寧省圖書館等藏，《中國叢書綜錄》、《中國古籍善本書目》著錄。②清光緒二十七年海豐吳氏刻《吳氏石蓮庵刻山左人詞》本，山東省圖書館藏，《山東文獻書目》著錄；《山東文獻集成》影印。

### ◆ 王 繡

繡字文卿，淄川人。順治己丑（六年）進士。歷官慈谿知縣。

其詩文集未見著錄。《國朝山左詩彙鈔後集》卷三十五載其《中秋望月》詩一首（據馮繼照《般陽詩萃》）。

### ◆ 張 絨

絨字孔繡，淄川人。貢生。

## 【西征遊記】【適吳筆略】【楚遊日記】【自著栗公年譜】【淄邑遇變記】【蒙難記】

見《淄川縣志》、《山東通志·藝文》（史部傳記類）。

## 【南遊小詠】【聞聞草】

見《淄川縣志》、《山東通志·藝文》。

《山東通志·藝文》引《鹽尾續文》云："明經張先生諱絨，孔繡字也，世濟南淄川人。生而志節慷慨，負意氣，俶儻自喜。工書法，尤精篆隸。好飲酒，酒餘好為詩。予在廣陵，常為刻詩數十篇。"

## 【詩文全集】

見《淄川縣志》、《山東通志·藝文》。

《淄川縣志·藝文》載其《雲高洞記》（清康熙二十一年）、《煥山山市記》、《縣志後序》等文，《七夕遊柿岩即事》等詩十六首。

### ◆ 牛天宿

天宿字觀薇，號次月，章丘人。順治己丑（六年）進士。歷官延安知府。《濟南府志》卷五十四有傳。

## 【四書正宗】

見《國朝山左詩續鈔》、道光《章邱縣志·藝文》、《濟南府志·經籍》、《山東通志·藝文》。

## 【安政三略】

見康熙《章丘縣志》本傳、《國朝山左詩續鈔》、道光《章邱縣志·藝文》、《濟南府志·經籍》、《山東通志·藝文》。

《山東通志·藝文》：是書蓋其知延安時作，見《府志》。

按：是書有清康熙刻本（一卷，與《海表奇觀》合訂）。詳《海表奇觀》條。

## 【瓊郡志十卷】

現存：清康熙十五年刻本（存卷七至卷十），中國國家圖書館藏，《中國古籍善本書目》著錄。

## 【海表奇觀八卷】

見康熙《章丘縣志》本傳（無卷數）、道光《章邱縣志·藝文》（無卷數）、《濟南府志·經籍》（無卷數）、《山東通志·藝文》。

《山東通志·藝文》：《四庫存目提要》曰："不著撰人名氏。凡標二十三門：曰溯源，曰疆境，曰形勢，曰分野，曰氣候，曰潮汐，曰節序，曰風俗，曰黎俗，曰占應，曰災祥，曰名山，曰水泉，曰名宦，曰人物，曰列傳，曰祠廟，曰古蹟，曰墳墓，曰物產，曰奇人，曰奇事，曰題詠。蓋即鈔撮《瓊州府志》，而每條附以論贊詩句。據其《自序》，稱戊申官於瓊州，又言家於齊魯。考《瓊州府志》，康熙七年戊申知府牛天宿，山東人，當即此人也。"

按：此書有清康熙十一年刻本，見《四庫存目標注》。《浙江採集遺書總錄》："《海表奇觀》八卷，刊本，題古譚吏隱主人輯。"《四庫存目標注》引《四庫全書附存目錄》清刻本顧廷龍先生手批云："康熙壬子刊本，題古譚吏隱主人。襯五，邃雅，六十五元。附《安政三略》，題知安遠縣事牛天宿。兩本字體不同，非一時所刻。"今未悉收藏何處，待訪。

## 【百僚金鑑十二卷】

見康熙《章丘縣志》本傳（無卷數）、道光《章邱縣志·藝文》（無卷數）、道光《濟南府志·經籍》、

《山東通志·藝文》。現存：清康熙八年忠愛堂刻本，中央民族大學圖書館、中國國家圖書館藏，《中國古籍善本書目》、《西諦書目》著錄；《四庫全書存目叢書》、《續修四庫全書》影印。

《山東通志·藝文》：《四庫存目提要》曰："是編前爲總論七卷，以中外職官爲次，取古之稱職者，略載事蹟，而以歷代官制沿革弁諸條之首。八卷至十卷別列廉潔、度量、用人、刑賞、恬退、忠烈、武功七門，亦略摭事實，挂一漏萬。十一卷則載古來箴銘訓頌之類，而以己作參錯其中。至十二卷則自敘其粵中政績，而以去思碑終焉，未免近於自炫矣。"

## 【厚俗令書】

見康熙《章丘縣志》本傳、道光《章邱縣志·藝文》、《濟南府志·經籍》、《山東通志·藝文》。《販書偶記續編》著錄清順治十二年刻本（七卷），今不知藏於何所。《國朝山左詩續鈔》作《厚俗全書》。

《山東通志·藝文》：《府志·經籍》載是書，又本傳云："後知瓊州府。瓊俗，市廛貿易，男女雜處。諭以禮義，習俗爲之變。"

## 【毓秀館草】

見《國朝山左詩續鈔》、《章邱縣志·藝文》、《山東通志·藝文》。

《國朝山左詩續鈔》卷一載其《即事》、《夜泛十八灘》、《宿野塘》詩三首。道光《章邱縣志·藝文》載其《聖泉》詩一首。

## 【江鄉集一卷】

現存：清順治十四年刻本，清華大學圖書館藏，《清華大學圖書館藏善本書目》、《中國古籍善本書目》著錄。

### ◆ 李繾明

繾明字仲卿，章丘人。順治己丑（六年）進士。官工部郎中。《濟南府志》卷五十四有傳。

## 【字學蠡測】

見康熙《章丘縣志》本傳、道光《章邱縣志·藝文》、《濟南府志·經籍》、《山東通志·藝文》（經部小學類）。

## 【蓄德錄】

見康熙《章丘縣志》本傳、道光《章邱縣志·藝文》、《濟南府志·經籍》、《山東通志·藝文》（子部雜家類）。

## 【彭門腐草】

見康熙《章丘縣志》本傳、道光《章邱縣志·藝文》、《濟南府志·經籍》、《山東通志·藝文》（集部別集類）。

## 【嘯園集】

見康熙《章丘縣志》本傳、道光《章邱縣志·藝文》、《山東通志·藝文》。《國朝山左詩續鈔》、《濟南府志·經籍》作《嘯園詩文集》。

《國朝山左詩續鈔》卷一載其《獨坐》詩一首。道光《章邱縣志·藝文》載其《猗玗洞記》、《海巖樓記》。

### ◆ 程 雲

雲字天翼，號松壺退士，萊蕪人。順治己丑（六年）進士。官孝感知縣。民國《萊蕪縣志》卷十八有傳。

## 【松壺集】

見《國朝山左詩鈔》、《山東通志·藝文》（據《泰安府志》）。現存：①清康熙刻本（二十卷），天津圖書館、山東省博物館（存五卷）、復旦大學圖書館藏，《中國古籍善本書目》、《山東文獻書目》著錄。②清刻本（十四卷），中國科學院圖書館藏。

民國《萊蕪縣志·藝文》作《松壺詩集》十六卷，提要云："戚藩爲之《序》，魏錫祚梓行之。詩采入《山左詩鈔》。按萊蕪詩人篇什之富，無如松壺，集中有句云：'生平我亦就吟客，萬首何人爲錄遺？'其風槪可想見矣。"又《縣志》本傳云："其詩以五律爲最，三四言以及樂府，古今高下成聲，繁促合節，亦颯颯乎盛唐遺音也。戚藩稱之曰：'松壺程子，天才駿發，不受拘束，讀其詩者多以曠代逸才許之。既而一官瓜落，三黜非辜，竊疑其中牢騷歷落，當不知何似！及取《無辨集》讀之，怡怡灑灑，借酒自豪，略不知有廢放之意，其所養益可知矣。'"

《國朝山左詩鈔》卷十二載其詩十六首。光緒《萊蕪縣志·藝文》錄其《登新甫》等詩十首。

## 【程天翼詩一卷】

現存：清康熙中福清魏氏枕江堂刻《皇家百名家詩》本，上海圖書館、天津圖書館等藏，《中國叢書綜錄》著錄。

### ◆ 范維粹

維粹（一作惟粹）字完白，泰安州人。順治己丑（六年）進士。歷官江西新城知縣。

## 【澄觀堂啟稿】

見《山東通志·藝文》（據《府志》）。《重修泰安縣志·著述》作《澄觀堂稿》。

## 【江上草】

見《山東通志·藝文》（據《府志》）、《重修泰安縣志·著述》。

### ◆ 焦毓瑞

毓瑞字輯五，號石虹，章丘人。順治己丑（六年）進士。歷官戶部左侍郎。《濟南府志》卷五十四有傳。

其文集未見著錄。民國《濟陽縣志·藝文》載其《高公憶繩墓誌銘 節略》一篇。

## 【南遊草】

見道光《章邱縣志·藝文》、《山東通志·藝文》。

《國朝山左詩續鈔》卷一載其《猇陽》、《雨中至樟樹屯．其樹十三人不能合抱．根間別生一樹．名曰十美．枝葉頗不類樟．相傳明太祖避難其下．封大將軍》、《自嘉興泊太湖口》詩三首。道光《章邱縣志·藝文》載其《咏嘯園二律》二首。

### ◆ 吳汝爲

汝爲字伯寅，又字康功，號槃陸，霑化人。順治己丑（六年）進士。知山西麟遊縣，在任八年，治行第一。補江南廬江，之任道卒。光緒《霑化縣志》卷七有傳。《蒿菴集》卷三有《麟遊知縣吳君小傳》。

其詩文集未見著錄。《武定府志·藝文》、民國《霑化縣志·藝文》載其《重建太公祠記》。

## 【麟遊縣志四卷】

現存：①清順治十四年刻本，中國國家圖書館藏，《中國古籍善本書目》著錄。②清順治十四年刻康熙四十七年增刻本（五卷），中國國家圖書館、南京大學圖書館、上海圖書館等藏，《中國地方志聯合目錄》著錄。

### ◆ 鄧 珂

珂，長山人。順治己丑（六年）貢生。官文登訓導。

## 【翠岩偶集雜述】

《長山縣志》卷十五載其《翠飛巘歌》詩一首，尾注：“《翠岩偶集雜述》。”

### ◆ 术翼宗

翼宗字石髮，號雪崖，章丘人。諸生。

## 【雪鴻集四卷】

《山東通志·藝文》著錄，引《買春詩話》云：“章邱术石髮先生負才名，倜儻不羈，落拓名場四十年，奉母歸山，不復出，時論高之。其《詠破帽》詩有句云‘术子頭生石髮花’，此其所以自號也。著有《雪鴻集》四卷，尚未梓行。余有鈔本，得之於李東溟。”

道光《章邱縣志·藝文》載其《登女郎山大觀樓》、《登女郎山》、《遊李氏園亭》詩三首。

## 【雪嵂山人詩】

見《國朝山左詩鈔》。《濟南府志·經籍》作《雪崖山人集》。道光《章邱縣志·藝文》作《雪崖詩稿》。《清畫家詩史》卷一（甲上）作《雪崖山人詩草》。現存：清初抄本（作《雪堆草》一卷，清李廷榮跋），山東省圖書館藏。前有張篤慶《序》，稱“刪其龐雜，選錄一帙”。《國朝山左詩彙鈔後集》卷二十二載李廷榮《題术石髮〈雪崖詩草〉後》詩一首。

《國朝山左詩鈔》卷二十二載其《懷豹喦太史》、《同潘虞謨話舊》、《同張歷友訪弭華先隱居》等詩十七首，小傳注引張歷友（篤慶）《雪嵂草序》云：“石髮中年棄去帖括，獨好爲詩，鬚眉疏秀，若神仙中人。善畫山水，小幅有倪黃筆意。壯歲客游孟津、新鄉兩公之門，染其習氣，以餖飣老醜，貌爲少陵傳衣。其自運者，乃略見山林逸致。年八十二卒，窮老以死。余昔手錄其詩，其七言太涉堆纍，雅弗善也；獨五言今體，實爲清拔矯健，因選錄一帙，與知石髮者共讀之。其餘佳句，如'泉經諸澗曲，月過數峯寒'、'草烟纏石骨，月露滴藤根'、'空天惟過鳥，老樹自生秋'、'山帶黃河轉，雲隨上黨開'、'老鶴棲雲木，飢鴻食雪田'、'峽逼天光窄，林疏月色深'、'綠窗蕉影暗，紅葉雨聲沉'、'夢老三朝客，雲迷二室春'、'夢迴驚客至，病起爲君來'、'一與青山別，同憐白髮侵'、'草隨人意亂，雪向鬢毛低'、'虛壁嵐光斷，平池竹影深'、'空聞高塞鴈，不見故人書'、'路遠書難達，詩成病懶題'、'半塘菰米瘦，八月豆風吹'、'萬里飛鴻急，千山去馬遲'、'往來聽曉梵，今古送寒潮'，皆可誦也。"又引《漁洋詩話》云："石髮稱詩，老于布衣。余題其詩卷云：'恥食嗟來鬢已斑，吟髭拈盡一身閑。惜君生後滄溟叟，不在華黿襲晶間。'"

### ◆ 李采蘭

采蘭，新城人。儒學生員。

其詩文集未見著錄。《重修新城縣志》卷二十三載其《（順治七年）重修文廟記碑》。

### ◆ 張元慶

元慶字介繁，海豐人。順治辛卯（八年）舉人。

【四書訓解】

《山東通志·藝文》（經部四書類）著錄，引《家傳》云："纂輯《大全》諸書爲之，稿凡三易。繼得徐長善《集說》，曰：'是先得我心者。'"

### ◆ 陳明新

明新字覺翁，又字覺菴，萊蕪人。順治辛卯（八年）舉人。邃於理學。民國《萊蕪縣志》卷十八有傳。

【身心圖說】

《山東通志·藝文》（子部儒家類）著錄，引《府志》本傳云："圖如人形，復列八篇於圖之旁。其持論多先儒所未發。"

宣統《萊蕪縣志·藝文》載是書云："是書前後皆有圖。前圖曰身心畫一：圓圈內除地十分之三，正中書信字，左仁右義上禮下智，皆傍信字。又於仁外書惻隱，義外書羞惡，禮外書辭讓，智外書是非，皆陽字也。外左喜右怒，上樂下哀，皆半陽半陰字也。私字無數環之，皆陰字也。是爲心圖。外上書耳目口鼻如人面之形，四旁書四肢如人立之狀，皆陽系自內通外，而陰系並附而出，是爲身圖。後圖曰書心行畫一：圓圈如心狀，中書道心一，旁書人心三環之。道心四圍以小圈裹之，系通於上爲吉字；人心包大圈內，系通於上爲凶、悔、吝字。在全卷之末。中間爲說八篇，分上下兩卷。第一篇總論圖體；第二篇發明仁義禮智信之體；第三篇發明喜怒哀樂發於五常者爲正，不發於五常者爲私之理；第四篇發明喜怒哀樂內按於四端外，通耳目口鼻四肢之理。是爲上卷。第五篇發明喜怒哀樂中節，則能與天相感應之理；第六篇發明智爲入德之門之理；第七篇發明義能成仁而生智之理；第八篇發明喜怒哀樂出於理則入乎私，無兩立之理。是爲下卷。後又有原命上下兩篇，發明理氣之微、性命之源，言人當變化氣質，不可自暴自棄。全書皆推衍孟子性善及周子太極圖說之旨，理精辭純，班之近代名儒，始無愧色。"

又《縣志·張巖傳》載巖所作《序》略云："覺菴以性情原於五行，配其位，順其序，明其理氣之辨，推其生尅運行之宜，合數萬言而成一書。堯舜禹湯文周孔孟程朱所言天人性命之理隱約未盡者，畢萃於此。始知其所謂覺者，洞其本也；其所謂厚者，遂其長養也；其所謂敬，即以始終乎此，而非枯淡空寂之謂也；其所謂文，即以流露乎此也。蓋積二十年之體驗經歷而後得之。"

【草堂家課】

見民國《萊蕪縣志·藝文》。

### ◆ 王士譽

士譽字令子，號筆山，又號鐵巖樵人，新城人。順治辛卯（八年）舉人。《濟南府志》卷五十五、《重修新城縣志》卷十六有傳。

【筆山集】【蔥楚集】【毳褐集】【采籬集】

見《國朝山左詩鈔》、《新城縣志》、《濟南府志·經籍》、《山東通志·藝文》。

《國朝山左詩鈔》卷十四載其《九日登馬公山》詩一首。《重修新城縣志》卷二載其《詠一畝石》一首。

## ◆ 王士驌

士驌字宛西，新城人。明諸生。順治辛卯（八年）卒業太學歸，與邑諸名士爲"因社"。庚子（十七年）中副車。開門受徒，爲齊魯大師。爲文會，糊名易書，略如場屋之例，皋比以臨，丹黄甲乙，衆皆鼓舞。康熙乙亥卒，年七十四。《濟南府志》卷五十五、《重修新城縣志》卷十六有傳。

其詩文集未見著錄。《國朝山左詩鈔》卷二十五載其《怨歌行》、《午夢》詩二首，小傳附案云："西樵《序》云：'兄幽脩自好，衣履蕭森，行庭披帷，風流宛爾'云云。其詩亦不多，出於鍾、譚。《午夢》一作，殊有秀色。"《齊河縣志》卷三十載其《題環青園》詩一首。

## ◆ 陳鍾英

鍾英字幼仲，德州人。順治辛卯（八年）舉人。

### 【舟中吟】

見《國朝山左詩鈔》、《濟南府志·經籍》、《山東通志·藝文》。《續修四庫全書總目提要（稿本）》著錄丁氏鈔本（不分卷）。

《山東通志·藝文》：《尊水園集略》載是編《序》略云："幼仲此行，往返七千里，徂春涉夏，皆在炎蒸雷雨中，而詩乃有風霜高潔、蕭蕭肅肅之致，此其故微矣。"

《續修四庫全書總目提要（稿本）》略云："是集乃其南游時舟中所作者，共詩一百二十餘首，以近體爲多。……鍾英詩世極罕傳，此冊爲濰縣丁錫田得於破攤中者，繕寫極精。惜末葉殘破，殊爲憾事耳。"

《國朝山左詩鈔》卷十四載其《南陽夜風》一首，又鍾英小傳注云："先侍御《舟中吟序》：'向讀幼仲詩，芊綿斐亹，灑灑如也。茲得《舟中稿》讀之，豁目洞心。幼仲渡河浮淮，問津揚子，放於池陽，水波蕩潏，孤帆蒼莽。舉所閱歷，人或欹側不能自持者，幼仲獨長吟高唱，盈几滿篋。雖在舟中，無異霞表，此其故微矣。'案：幼仲先生與其兄終身同爨，一門孝友。程工部正夫嘗錄其詩與趙仲啟爲《二仲詩》。"《德州志》卷十二、《德縣志》卷十六載其《秋日登城西樓》詩一首。《濟甯直隸州志》卷九載其《南陽夜風》詩。

## ◆ 康嚴采

嚴采字簡公，一字贊皇，號仲懿，陵縣人。順治辛卯（八年）舉人。

### 【挹爽亭遺集一卷】

見《陵縣志》、《山東通志·藝文》。《濟南府志·經籍》作《挹爽亭漫草》。

《國朝山左詩續鈔》卷一載其《九日步思若二弟韻》詩一首。《陵縣志》卷十六載其《邑侯史父母去思碑記》。《陵縣志》卷十六載其《謁東方先生祠》一首。

## ◆ 康懋采

懋采字勉公，號蘂榘，陵縣人。順治辛卯（八年）拔貢，兩中副榜。年未三十卒。《陵縣志》卷二十有傳。

### 【萬恕齋詩稿】

見《陵縣志》、《濟南府志·經籍》、《山東通志·藝文》。《國朝山左詩鈔》作《萬恕齋稿》。

《國朝山左詩鈔》卷二十三載其《即事》詩一首。

### 【陵縣康氏詩稿合集一卷】

康懋采等撰。現存：鈔本（一冊），山東省圖書館藏。

## ◆ 康敬采

敬采字思若，陵縣人，懋采弟。諸生。

### 【竹溪居詩】

見《國朝山左詩鈔》、《濟南府志·經籍》（作《竹溪居詩集》）、《山東通志·藝文》。

《國朝山左詩鈔》卷二十三載其《重陽》、《野遊》詩二首。《陵縣志》卷十六又載其《謁東方先生祠》一首。

## ◆ 康溫采

溫采字祿苐，陵縣人，敬采弟。順治辛丑（十八年）貢生。考選知縣。

### 【松雲軒詩稿】

見《國朝山左詩鈔》、《陵縣志》、《濟南府志·

經籍》（作《松雲軒詩文稿》）、《山東通志・藝文》。

《國朝山左詩鈔》卷二十三載其《野望》一首。《陵縣志》卷十六又載其《謁顏魯公祠》一首。

### 【松雲軒遺集一卷】

《陵縣志・藝文》載是書，注云："康熙中修《陵縣志》，大半出溫采手。惜文多散佚。"

## ◆ 馬素頤

素頤字松露，陽信人。順治辛卯（八年）拔貢。

### 【陶齋詩】

見《山東通志・藝文》（據《武定詩鈔》）。

## ◆ 朱世光

世光字文徵，長山人。順治辛卯（八年）拔貢。《長山縣志》卷八有傳。

### 【范文正公流寓考】

《長山縣志》本傳云："與劉君孔懷同著《范文正公流寓考》行世。"是書有刊本，詳見劉孔懷著作。

## ◆ 張廷撰

廷撰字獻素，武定人。順治辛卯（八年）歲貢。歷官高唐學正。

### 【廣善編】

見《武定府志》本傳、《惠民縣志》本傳、《山東通志・藝文》（子部雜家類）。

### 【逸亭集】 【十畝園草】

見《惠民縣志》本傳、《山東通志・藝文》（集部別集類）。

## ◆ 朱衣點

衣點，泰安人。庠生。

### 【泰安州志四卷】

現存：①清康熙十年增刻本，中國國家圖書館、上海圖書館藏。②鈔本，上海圖書館藏。③民國二十五年泰山王亨豫僅好齋鉛印本，山東省圖書館、山東師範大學圖書館等藏；《中國方志叢書》、《中國地方志集成・山東府縣志輯》影印。前有王度《序》，明舊志《序》二篇，州圖二幅。後有朱衣點《重修泰安州志後序》。卷一輿地志，卷二建置志、田賦志、秩官志，卷三人物志，卷四藝文志。

按：是志依明任弘烈本增補，由泰安知州鄒文郁（遼東人，康熙九年任）主修，始於康熙九年，次年纂成梓行。

### 【鄉試硃卷不分卷】

朱衣點等撰。現存：清刻本（三冊），山東省圖書館藏。

## ◆ 邢 琮

琮一名悰，字怡亭，臨邑人。拔貢生。

### 【臨邑縣志十六卷】

現存：清順治九年刻本，中國國家圖書館藏。前有順治九年陳起鳳《序》，邢侗、劉承忠、李化龍舊志《序》三篇，縣圖二幅。分地理志、沿革表、氏望志、風俗志、建置志、祠祀志、賦役志、官師表、選舉表、侯王大夫世表、循良傳、人物傳、烈女傳、事記、藝文志、肋志十六門。後有王再聘、李若納《後序》。其肋志一門，凡不入各門而棄之可惜者，取雞肋之意，彙入此類，猶如雜志也。

按：是志由臨邑知縣陳起鳳（遼寧廣寧人，順治七年任）主修，用萬曆舊志原版增補而成，爲現存最早臨邑方志。

## ◆ 田緒宗

緒宗字仿文，別號蓼菴，德州人。順治壬辰（九年）進士。官麗水知縣。年四十六卒於官。《濟南府志》卷五十六有傳。《栖雲閣文集》卷十三有《浙江麗水縣知縣蓼庵田公墓誌銘》。

### 【筮仕記】

見《濟南府志・經籍》、《山東通志・藝文》（史部傳記類）。

《府志》本傳云："初之官，作《筮仕記》一編，以古循吏自勗。麗民歌曰：'邑侯清，雞犬寧；邑侯廉，婦子安。'年四十六卒於官，百姓悲之。"

## 【田子篋中稿】

見《德縣志·邑人著作》。

### ◆ 張　氏

德州人，處士禎之女，同邑田緒宗妻。以子雯貴，封太恭人。

## 【茹荼吟】

見《國朝山左詩鈔》、《濟南府志·經籍》、《山東通志·藝文》。

《山東通志·藝文》引《蠶尾集·田母張太恭人墓表》云："少工詩，脫稿即焚棄，曰：'吾不願諸女孫效之也。'所存惟《茹荼吟》三十章，諸子刻附《家乘》。"

《國朝山左詩鈔》卷五十八載其詩十二首。

### ◆ 安錫祚

錫祚，章丘人。順治九年進士。十二年任趙城知縣。

## 【趙城縣志八卷】

現存：①清順治十六年刻本，中國國家圖書館、中國科學院南京地理研究所藏，《北京圖書館古籍善本書目》著錄。②鈔本，上海圖書館藏。

### ◆ 韓庭芑

庭芑字燕翼，青城人，遷居淄邑。順治壬辰（九年）進士。歷官天津海防道副使。《濟南府志》卷五十四有傳。

## 【江漕移山記】

見《青城縣志》、《山東通志·藝文》（史部政書類）。

《山東通志·藝文》引《蠶尾集·庭芑墓志》云："庚戌，起補江西督糧道參政。江西漕事，當積弊之後，積逋三十餘萬，前官降謫，死亡者至十五人，人爲公難之。公毅然曰：'夸娥移山，精衞填海，江漕即難，視山海有間矣，吾樂爲其易，誰爲其難者！'於是鈎稽積案，如理亂絲，如察三隧，得其糾紛膏肓所以然者，乃昌言於巡撫董中丞曰：'伏見江西督糧一道，覆轍相望，無一能善全其後，詎皆不肖而自取罪戾乎？究其本源，厥有數端，曰：實荒之屯田未清也，逃亡之漕課未豁也，缺額之運船僉造無從也，山邑之漕米轉運維艱也，以及運弁久挂之漕欠、州縣借兌之南糧、官役侵蝕挪移之款項未清，而追補迄無歸著也。'前後凡數萬言，不啻痛哭流涕。"

### ◆ 朱龍光

龍光字壽鵬，長山人。順治壬辰（九年）進士。官涇縣知縣。《濟南府志》卷五十五、《長山縣志》卷八有傳。

## 【筆錄】

見《長山縣志》本傳、《濟南府志·經籍》、《山東通志·藝文》（子部小說類）。嘉慶《長山縣志》本傳作《筆錄文萃集》。

### ◆ 蘇毓眉

毓眉字遵由（一作遵山），號竹浦，霑化人。順治甲午（十一年）舉人。官曹州學正。光緒《霑化縣志》卷九有傳。

其文集未見著錄。光緒《新修菏澤縣志》卷十七載其《興朝節修聖廟記》（順治十三年）一篇。

## 【曹州志二十卷】

現存：清康熙十三年刻本，中國國家圖書館、南京圖書館、天津圖書館藏；《稀見中國地方志彙刊》影印。前有佟企聖、蘇毓眉《序》。分圖考、輿地志、建置志、帝蹟志、古蹟志、風俗志、職官志、田賦志、學校志、秩祀志、典禮志、選舉志、兵衞志、河防志、人物志、藝文志、災祥志、雜志十八門，凡二十卷。

是志繼明天啓志而作，由曹州知州佟企聖（字敏若，遼寧寧遠廩生，康熙九年任）主修，始於康熙十一年，次年成稿，十三年梓行，爲現存最早曹州志書。

## 【曹南牡丹譜】

見《山東通志·藝文》（子部譜錄類）。光緒《霑化縣志》本傳作《牡丹譜》。現存：清光緒十九年姚穀刻《竹葉亭雜記》錄本（一卷，在卷八）；一九八二年中華書局排印。

《續修四庫全書總目提要（稿本）》著錄家鈔本（不分卷），提要云："是編即毓眉官學正時所撰者。曹南牡丹最盛，素爲齊魯之冠。其間名種異本，至爲繁多，向無記載。毓眉因撰爲是編，悉載其名，以記其富。"

《山東通志·藝文》：姚元之《竹葉亭雜記》云："余家書笥中有鈔本，可與鄞江周氏《洛陽牡丹記》、薛鳳翔《亳州牡丹記》並稱，惜但有其名而無其狀，然曹南之勝已可想見，今爲錄之。其譜曰：牡丹，秦漢以前無考，自謝康樂始。唐開元中始盛於長安，每至春暮，車馬若狂，以不就賞爲恥。逮宋，洛陽之花又爲天下冠。至明而曹南牡丹甲於海內，《五雜俎》載曹州一士人家牡丹有種至四十畝者。康熙戊申歲，余司鐸南華。己酉三月，牡丹盛開，余乘款段偏遊名園。雖屢遭兵燹，花木彫殘，不及往時之繁，然而新花異種，競秀爭芳，不止於姚黃魏紫而已也。多至一二千株，少至數百株，即古之長安、洛陽，恐未必過也。因次其名，以列於左。"

## 【可園詩稿】

見《山東通志·藝文》。光緒《霑化縣志》本傳作《可園詩》。

《國朝武定詩鈔》有其孫行禮（字藍輝）《己千堂詩》，其《敬題先王父〈可園集〉後·用西樵先生韻》詩序云："禮編次先王父《可園集》，將授梓，因檢諸贈遺詩，大半散失，惟王考功兩作猶存。"

《山東通志·藝文》：是編見《縣志》。《山左詩鈔》云："有《竹嘯》、《和陶》、《鹿場》、《半場》諸詩，《乞齋草》等集。"

《國朝山左詩鈔》卷十八載其《海淀》、《史家塢》、《種苔》詩三首。光緒《新修菏澤縣志》卷十六載其《清邱烟柳》等八景詩。

## 【嘯竹居詩草】

《清畫家詩史》卷一（甲上）云："有《嘯竹居詩草》。"《國朝山左詩鈔》載劉觀敔《竹嘯居詩序》云："竹嘯居者，蘇氏昆季讀書處也。霑化故濕沃，其地瀕海少竹。蘇氏自他處移植，逾年林立。風來成嘯，清韻蕭疎。竹浦、劍浦吟哦其下，字字作琅玕響。渭川千畝，盡在胸中矣。"（《國朝山左詩鈔》毓眉小傳所云"《竹嘯》"者，蓋即此集。）

## 【和陶詩】【鹿場詩】【半場詩】

見《國朝山左詩鈔》。

## 【乞齋草】

見《國朝山左詩鈔》。

## 【二蘇合草】

毓眉及其弟本眉撰。《山東通志·藝文》（集部總集類）：是編見《山左詩鈔》。按：《詩鈔》又云本眉有《竹嘯居詩》。然考之劉觀敔《竹嘯居詩序》（序載《詩鈔》"毓眉"條下），似亦兄弟二人合編之本。坿識於此，以俟考。

### ◆ 蘇本眉

本眉字道生，號劍浦，霑化人，毓眉弟。順治戊子（五年）副貢。判平陽，署聞喜，遷河間同知，補撫州同知。光緒《霑化縣志》卷七有傳。

## 【聞喜縣志七卷】

現存：清順治十一年刻康熙續刻本，中國國家圖書館、北京師範大學圖書館等藏，《北京圖書館古籍善本書目》著錄。按：本眉順治九年由平陽府通判署聞喜知縣。

光緒《霑化縣志·藝文》有楊永衛撰《平陽別駕蘇公兼攝聞喜邑篆遺愛記》（民國《縣志·藝文》作《攝聞喜縣篆劍浦蘇君遺愛記》），記其聞喜政績頗詳。

## 【竹嘯居詩】

見《國朝山左詩鈔》、《國朝武定詩鈔》。

《國朝山左詩鈔》卷十二載其《秋水菴》一首。《武定府志·藝文》載其《霑化南湖書院》詩（光緒《霑化縣志·藝文》作《南湖書院》）。

## 【驢背吟】【長安詩存】【林下詩存】

見《國朝武定詩鈔》。

## 【燕市吟】【之南草】【吹草】

《山東通志·藝文》云："見《山左詩鈔》所引《府志》。"

## 【息齋文集】

見《山東通志·藝文》（據《國朝山左詩鈔》所引《府志》）。

## 【二蘇合草】

本眉與其兄毓眉同撰。見蘇毓眉著作。

### ◆ 安大介

大介原名嶽，字天錫，淄川人。順治甲午（十一年）舉人，辛丑（十八年）會副。官高密教諭。

## 【鴻冥園集】

見《國朝山左詩續鈔》、《濟南府志・經籍》、《山東通志・藝文》。

《國朝山左詩續鈔》卷三十一載其《陰雨》詩一首。

### ◆ 趙吉徵

吉徵字君孚，號鶴山，大興人，家歷城。順治甲午（十一年）舉人。官應山知縣。《濟南府志》卷六十二有傳。

## 【菜根堂詩四卷】

見《歷城縣志・藝文考》（據王苹《蓼谷集》）、《濟南府志・經籍》、《山東通志・藝文》。

《歷城縣志・藝文考》：王士正《序》曰：“順治丁酉秋，予客濟南。時正秋賦，諸名士雲集明湖，一日會飲水面亭。亭下楊柳千餘株，披拂水際，綽約近人。葉始微黃，乍染秋色，若有搖落之態。予悵然有感，賦詩四章，一時和者數十人。又三年，予至廣陵，則四詩流傳已久，大江南北，和者益衆。於是，秋柳社詩為藝苑口實矣。及余再過歷下，訪湖亭舊游，則向之楊柳皆不復存。屈指凰昔，同游之侶已烟霏雨散，不可復踪跡。憶庚子山攀枝折條泫然流涕之言，為之罷酒不樂。又二十餘年，居京師，及門趙生于蘭攜其尊人君孚先生《菜根堂詩》卷過予，曰：‘先子固秋柳社中人也。’予恍然悟前事。披其卷，則《秋柳》四章，宛然在焉。根觸今昔，遂竟其卷。先生為人慷慨，負奇氣，好交遊，已然諾。使其得志行道，則唐郭代公、宋張忠定一流不足多讓。顧連蹇公車，晚知楚之應山以歿。其詩雖不以尋摘章句，取媚當世，而骯髒之氣，時勃鬱呈露於行墨之間。誦其詩，思其人，論其世，要有不可掩者，何可令其無傳焉！而況今昔之感，有根觸予心而不能忘者耶？爰稍為詮次，以答于蘭口意，而述其緣起如此。”《帶經堂集》。

又，王苹《後序》曰：“右吾邑應山明府趙鶴山先生《菜根堂詩集》四卷，其仲子磐友於先生卒後二十三年始克裒集遺稿，乞新城大司寇公選定批點，為序而版行之。先生於吾邑為寓公，順治初侍其尊君隱居鵲山湖上，父子兄弟，一門稱詩。時與邑中葉進士奕繩、王秀才京也為文酒之會，倡酬問作，嗣音邊、李。今五十餘年矣，邑人為詩日以益衆，至詢以先生之詩，鮮能舉其章句。對青崖之翠發，聽水涌之如輪。風流未墜，來者為誰？予師德州田公《論詩絕句》有云：‘吾鄉邊李號前民，趵突泉頭墨蹟新。眼底漁洋鹽尾外，詩人空作濟南人。’蓋有慨焉其言之。余安意學詩垂三十年，茫無究竟。然少讀先生尊君《迂也亭詩》，即知嚮往。長而與先生之嗣子及諸羣從游，因知吾邑五十餘年之詩，乃權輿於先生，而上接邊、李之緒言，實藉茲集。磐友能於傭經奉母、拮据況瘁之餘，節縮衣食，力謀付梓。是集一出，不獨於先生為收子，且於邑之為詩者為功臣矣。至於先生大節，載諸銘傳，其詩則新城公論之已詳，余固無庸覶舉。而獨謂吾邑五十餘年之詩，實權輿於先生，亦欲邑之攻詩者，先河後海，無忘所自。而更欲與之共勉斯道，磨揉遷革，暴練緝織，以追踪邊、李。庶幾人人有集，勿徒空作濟南人，如田公詩所云也。康熙甲申春正月丁卯。”《蓼谷集》。

《國朝山左詩鈔》卷五十九載其《贈閻古古 時以事羈濟南》詩一首。

### ◆ 張鑛

鑛字慧工，章丘人，篤行姪。順治甲午（十一年）舉人。

其詩文集未見著錄。道光《章邱縣志・藝文》載其《庚辰九月一日遊聖泉寺》詩二首（《國朝山左詩彙鈔後集》卷三十五錄一首）。

### ◆ 李芳春

芳春字煥章，齊河人，遼東籍。順治甲午（十一年）舉人。署項城知縣，調沈丘縣，陞袁州知府。

## 【沈丘縣志十四卷】

現存：清順治十五年刻本，中國國家圖書館等藏，《中國地方志總目提要》著錄。

## 【項城縣志八卷首一卷】

現存：清順治十六年刻本，中國國家圖書館等藏，《中國地方志總目提要》著錄。

## 【袁州府志二十卷首一卷】

現存：清康熙九年刻本，中國國家圖書館藏。

### ◆ 劉孔懷

孔懷字友生，號果庵，長山人。順治甲午（十一年）拔貢。《濟南府志》卷五十五、《長山縣志》卷八有傳。

## 【古易序說】

見《長山縣志》本傳、《濟南府志·經籍》、《山東通志·藝文》（經部易類）。

## 【詩經辨韻】

見《長山縣志》本傳、《濟南府志·經籍》、《山東通志·藝文》（經部詩類）。

《山東通志·藝文》：是書有刊本。安致遠答孔懷書云："十五國之詩，當以十五國之聲通之。《辨韻》之書出，而漢箋、宋注可以盡廢矣。"

## 【禪服辨】

見《長山縣志》本傳、《山東通志·藝文》（經部禮類）。

## 【校正儀禮句讀】

見《長山縣志》本傳、《濟南府志·經籍》。

## 【四書字徵】

見《長山縣志》本傳、《濟南府志·經籍》、《山東通志·藝文》（經部四書類）。

## 【范文正公流寓考】

見《長山縣志》本傳、《濟南府志·經籍》、《山東通志·藝文》（史部傳記類）。現存：清康熙刻本（作《宋范文正公流寓長山事蹟考》一卷），中國國家圖書館藏，《北京圖書館古籍善本書目》、《中國古籍善本書目》著錄。

《山東通志·藝文》：《縣志》云有是編行世。《蒿菴集》載是編題語云："宋范文正公少居淄川長山，及讀書長白山寺，諸蹟本無可疑，疑之者自丁黼《池州祠堂記》始。友生劉君取公年譜、手牘、祠碑、墓誌，參考剖析，凡數千言，於是公所居之長山，確非池州青陽之長山，而吾東國之被公他耀者，非強援爲重者比矣。余初邂逅劉君，出示是編，讀已惝然。念公遺烈，使人慕悅一至此，又念遇疑而辨，能博徵近察，以歸一是，惓惓於古名世大人而不置者，此其中存良未易也，因書數言簡末還之。"

《長山縣志》朱世光傳云："與劉君孔懷同著《范文正公流寓考》行世。"則此爲二人合撰之書。世光字文徵，順治辛卯拔貢。

《長山縣志》卷十二載邑令南之傑《文正公流寓長山考序》（康熙十二年）、益都孫廷銓《文正公流寓長山考序》（康熙十二年）、濟陽張爾岐《范文正公流寓考後序》。

## 【呂氏鄉約】

見《長山縣志》本傳、《濟南府志·經籍》。

## 【韓文辨韻】

見《長山縣志》本傳、《濟南府志·經籍》、《山東通志·藝文》（集部詩文評類）。

### ◆ 葛元福

元福字嚳五，號謙齋，德平人，守禮玄孫，曦孫。順治甲午（十一年）拔貢。歷官長沙府同知。

## 【綱鑑策題彙纂四卷】

見《德平縣續志·藝文·著作》，注云："康熙二年梓板，今不全。"

其孫葛周玉《般上舊聞》卷三"先世著述"條：《綱鑑策題》四卷，康熙二年癸卯付梓，坊板。

## 【傳記合刻一卷】

葛元福輯。葛周玉《般上舊聞》卷三"先世著述"條有是編云："已經付梓，書存而板失。"

## 【蠹齋讀史答問八卷】

現存：清光緒三年紅杏山莊重刻本，臺灣中央研究院歷史語言研究所藏，《臺灣公藏普通本線裝書目書名索引》著錄。《八千卷樓書目》著錄《讀史問答》

八卷，清刻本。

## 【葛欽簡公讀書錄一卷】

見《德平縣續志·著作》。葛周玉《般上舊聞》卷三"先世著述"條云："《讀書錄》一卷，存，未梓。"《德平縣續志·著作》云，已梓行。

## 【種花主人稿一卷】

見《德平縣續志·著作》。現存：清乾隆五年刻本，中國科學院圖書館藏，《中國科學院圖書館新收中文線裝舊書草目》、《清人別集總目》、《清人詩文集總目提要》著錄。《國朝山左詩續鈔》、《濟南府志·經籍》、《山東通志·藝文》作《種花草》，無卷數。

葛周玉《般上舊聞》卷三"先世著述"條云："《種花草》一卷，《讀書錄》一卷，存，未梓。皆先祖欽簡公著。"《德平縣續志·著作》錄"《葛欽簡公讀書錄》一卷《種花主人稿》一卷"，云："皆梓行。"

《國朝山左詩續鈔》卷一載其《次王司李登青山韻》一首。《德平縣志》卷十一載其《詳免河庫協濟銀記》一篇。

### ◆ 徐繼曾

繼曾字兆孟，號麟巖，長清人。順治甲午（十一年）拔貢。道光《長清縣志》卷十二、《濟南府志》卷五十六有傳。

其文集未見著錄。道光《長清縣志》卷七載其《重修廟學碑記》一篇。

## 【長清縣志十四卷】

見《濟南府志·經籍》（無卷數）、《山東通志·藝文》。現存：①清康熙十一年刻本，中國國家圖書館藏。②清雍正五年李佺增刻本，中國國家圖書館藏。是志分十三綱，下轄四十三目。卷一地里志，卷二建置志，卷三學校志，卷四祠祀志，卷五賦役志，卷六官師志，卷七選舉志，卷八循良志，卷九人物志，卷十列女志，卷十一古迹志，卷十二至十三藝文志，卷十四雜述志。後有徐繼曾《跋》。

《山東通志·藝文》：是編刊於康熙壬子。道光《長清志》繼曾傳云："邑侯岳之嶺聘修縣志，書成十四卷，八十餘年人物事蹟賴以永存不朽。"據岳之嶺序，邑志創始於萬曆乙未。又載繼曾《跋》略云："文省於舊，

事核於今，匪曰載故實，列品彙，具形勝，紀藝文，以資博識，而備談藪已也。凡清之所以化成於前，與所以待治於後者，悉犁然具是矣。"

岳之嶺，直隸保定人，貢生，康熙六年任長清知縣。

### ◆ 張 瓚

瓚字公執，號容菴，武定州人。順治甲午（十一年）拔貢。官浙江新城知縣，遷中書。

## 【新城縣志八卷首一卷】

現存：①清康熙十二年刻本，中國科學院圖書館、天津圖書館、南京圖書館藏。②民國二十二年鈔本，中國國家圖書館藏。

## 【河州志存二卷】

現存：清康熙二十六年鈔本，中國國家圖書館藏，《北京圖書館古籍善本書目》著錄。

## 【瑞榴堂集】

見《國朝山左詩鈔》、《山東通志·藝文》。現存：鈔本（作《瑞榴堂詩草》二卷），中國科學院圖書館藏，《清人別集總目》、《清人詩文集總目提要》著錄。

《國朝山左詩鈔》卷十八載其《赴衢過嚴州泊蘭谿歷龍游舟中廣所見》、《登天柱山》、《秋日憶爾欽華殷昭華伯仲》三首。《惠民縣志》卷二十七載其《崔氏小傳》一篇。

## 【東安餘嘯】

見《國朝山左詩鈔》、《山東通志·藝文》。

《續修四庫全書總目提要（稿本）》著錄武定李氏抄本（不分卷），提要云："是集為其詩集之一種，分體編次，計五七古四十八首，五律二十首，七律七十首，絕句一百十二首，總計二百五十首。其全集名《瑞榴堂集》，今未見，不悉其中有此篇否。又有《東安詩詞選》，亦未見。施閏章序其集云：'余觀其搜岩鑿嗜篇章，似幽人處士之所為。然才略勤敏，讀書而無留事，好客而不病民。曩治瀨上善詩人吳蘭雪，今治東安善袁卓湄，而二邦之人，皆歌思之，信其才全而善為理'云云。其所為詩，多直攄胸臆，不尚藻飾。如集中《思鄉》云：'腸因熱後轉如冰，欲步東皋尚未能。一世功名長作客，兩年蹤跡半依僧。

貧緣醉裏愁方破，夢到歸時思益增。昨午登樓憑遠目，白雲深處樹層層。'又《泛舟》云：'輕舠泛泛荻花秋，便擬乘風作浪遊。日日鷗濤魚社裏，不將些事到眉頭。'等篇，詩格類皆有矩度。然波瀾尚未老成，观施閏章《序》，可略窺其意矣。"

### 【東安詩詞選】

見《國朝山左詩鈔》、《山東通志·藝文》。

### ◆ 張中适

中适字二虞，號清嘯，又號曠園，平陰人。順治甲午（十一年）拔貢。

### 【曠園詩集】

見《國朝山左詩鈔》、《山東通志·藝文》。

《國朝山左詩鈔》卷十八載其《題畫》詩二首，小傳引其孫嶠《曠園紀略》云："先王父世居文筆巷。家有藏書，手自丹黃。與同產兄菊隱公並主詞壇，時稱'二張'。"

### ◆ 卞　俊

俊，樂陵人，武定籍。順治甲午（十一年）恩貢，官漳縣知縣。

### 【四字千言錄】

見《樂陵縣志·撰著篇目》。

### ◆ 苟恒達

恒達字聖基，陽信人，順治甲午（十一年）恩貢。

### 【漁山文集】

見《陽信縣志》本傳、《山東通志·藝文》。《縣志》本傳云："工詩，凡遇一切景物，輒拈筆成韻。嘗賦詩見志云：'不合時宜緣有骨，惟從吾好乃爲求。甯存薑桂三分辣，肯帶脂韋半點柔。'其品概可知。"

### ◆ 徐　夜

夜字嵇菴，號東癡，初名元善，字長公，新城人，準曾孫，王象春外孫。明諸生。《濟南府志》卷五十五、《重修新城縣志》卷十五有傳。

其文集未見著錄。《重修新城縣志》卷二載其《錦秋亭辯》一篇。

徐夜遺像　載《隱君詩集》

像遺癡祖東

十世孫　學程繪圖

### 【徐東癡詩集二卷】

見《山東通志·藝文》（卷百七十本傳作《東癡詩選》四卷）。《國朝山左詩鈔》作《徐詩》，無卷數。現存：清康熙刻《王漁洋遺書》本（作《徐東癡詩》二卷），中國國家圖書館、復旦大學圖書館等藏，《中國古籍善本書目》、《中國叢書綜錄》著錄。

《山東通志·藝文》：其集有刊本，王士禎所評點也。士禎《序》略云："先生少爲文章，原本《史》、《漢》、《莊》、《騷》，工於哀豔。五言詩似陶淵明，巉刻處更似孟郊。中歲以往，屏居田廬，邈與世絕，寫林水之趣，道田家之致，率皆世外語，儲、王以下，不及也。余在京師，數寄書索其稿，先生但遜謝而已。余乃就篋中所藏斷簡編綴之，得百餘首，刻梓以傳。先生千載人可傳於後，名固不在區區文字之末，而後世之人或因此百餘篇想見其流風餘韻，是亦知人論世之資也。"

《國朝山左詩鈔》卷十九載其詩四十首，引王幔亭（士驦）《徐詩跋》云："先生詩不啻千篇，家兄司徒昔官祭酒日屢索之，卒不肯出。後往西江，渡潯陽，其橐盡沒於水。今所存才什一耳。"《重修新城縣志》卷二載其《錦秋湖漁父詞》、《登錦秋亭有懷》，卷三載《登戲馬臺》詩。

## 【隱君詩集四卷】（又名《桓台隱君詩集》）

現存：民國二十三年桓臺索鎮徐氏刻本（二冊），吉林省圖書館、山東省圖書館、中共山東省委黨校圖書館等藏，《東北地區古籍綫裝書聯合目錄》、《山東文獻書目》、《清人別集總目》著錄；《山東文獻集成》影印。是書封面簽題"桓臺徐氏詩集"，書衣牌記題"隱君詩集"，卷端題"徐詩"，版心題"阮亭選徐詩"，茲依書衣題名。前有十世孫學程繪"東癡祖遺像"，王士禛題詞，乾隆三十一年堂侄孫篤訓《序》、道光十七年七世侄孫英績《序》、民國甲戌同邑郝毓椿《序》。徐英績《序》略云："東癡祖與漁洋先生兄弟交尤厚。漁洋官京師，數以書索東癡祖詩稿，然卒不可得。漁洋乃取篋中所藏，得二百餘篇，刻梓以傳。英自幼讀刻本，流連三復，想見東癡祖之志節，然每以不見遺稿爲恨。丁酉年，館於徐家店，春間皮某挾一冊業來，有詩二百餘首，煤塗漫滅，而系東癡祖真筆，英即寶而藏之。冬，又於乙坦胡先生處得東癡祖遺稿一編，乃吾族祖篤訓所抄也。其《小序》云：'昔同邑張平瀾先生將赴任江右，嘗強東癡祖袖稿同行，舟覆潯陽，詩稿遂沒於水；而藏於家者，又因秋潦水發，一切漂蕩。後乃於東癡祖之外曾孫古城沈會東家得此遺稿，因親錄以貽將來。'英讀而歎曰：'嗚呼！若篤訓祖者，誠可謂東癡祖之功臣矣。'乃亦急爲抄錄，復合春間所藏，共集爲一編。雖家貧不能付梓，然存此亦聊可補遺也。後之閱是編者，倘亦感發興起，抑或終以付梓焉，則又英之所厚望也夫。"

《隱君詩集》二卷　民國二十三年桓臺索鎮徐氏刻本

郝毓椿《徐東癡先生詩序》略云："民國甲戌距先生之歿將二百年矣，先生之裔孫馨山、瑈之兩君持先生之詩集同來，丐余爲先生作序，且曰：'吾《族譜》工將告成，願將吾東癡祖詩集並付剞劂，以廣流傳。'是以顯親揚名之一端也。"

## 【徐詩集四卷】【徐詩外集一卷】

《重修新城縣志·藝文》據白雲山房藏本著錄，題"徐元善著"。

## 【徐張二先生詩選不分卷】

徐夜、張實居撰。現存：鈔本（一冊，淡墨跋），山東省圖書館藏。

## ◆ 傅 宸

宸字蘭生，一字彤臣，號麗農，新城人。順治乙未（十二年）進士。歷官監察御史。《濟南府志》卷五十五、《重修新城縣志》卷十六有傳。

## 【史記評一卷】【漢書評一卷】

見《濟南府志·經籍》、《山東通志·藝文》（史部史評類）、《重修新城縣志·藝文》（《史記評》脫"記"字）。

## 【奏疏二卷】

見《濟南府志·經籍》、《山東通志·藝文》（史部詔令奏議類）。

## 【傅氏博考一卷】

《山東通志·藝文》（史部傳記類）據《漁洋文略》著錄。《濟南府志·經籍》、《重修新城縣志·藝文》作《傅姓博考》。

## 【新城軼事一卷】

見《濟南府志·經籍》、《山東通志·藝文》（史部傳記類）。現存：清味欖軒鈔本，山東省圖書館藏，《山東文獻書目》著錄。

## 【讀書涉筆二卷】

《山東通志·藝文》（子部雜家類）據《漁洋文略》著錄。

## 【硯田漫筆四卷續筆二卷】

《山東通志·藝文》（子部雜家類）據《漁洋文略》著錄。《硯田漫筆》，《重修新城縣志·藝文》作二卷。

## 【增訂堯山堂外紀一卷】

《山東通志·藝文》（子部雜家類）著錄，提要云："見《漁洋文略》。按：《堯山堂外紀》，明常州蔣一揆撰，凡百卷，《四庫》存目。"《重修新城縣志·藝文》作《堯山外紀增訂》。

## 【韻府補遺六卷】

見《濟南府志·經籍》、《山東通志·藝文》（子部類書類）。

## 【姓譜增補十卷】

見《濟南府志·經籍》（無卷數）、《山東通志·藝文》（子部類書類）。

## 【詩文集二十卷】

《山東通志·藝文》據《漁洋文略》著錄，引《山左詩鈔》云："有《瀛海》、《燕居》、《柏臺》、《于役》、《南遊》、《家居》、《美芹》諸詩，度即詩集之分目也。"又引《古夫于亭雜錄》云："侍御傅彤臣，余同邑同年也。順治辛丑請急歸，康熙戊午應博學宏詞之徵，明年報罷。往來滄州道中，感《秋柳》，賦詩二十首，多可誦。"

《重修新城縣志·藝文》作十二卷。又據《山左詩鈔》析爲《瀛海詩集》、《燕居詩集》、《桓台詩集》、《于役詩集》、《南游詩集》、《家居詩集》、《美芹詩集》。

《國朝山左詩鈔》卷十八載其《柳枝詞》（五首）、《雜詠》（六首）、《廣川道中和貽上韻》、《塞下曲》，凡十三首。

## 【古賦一卷】

《山東通志·藝文》據《漁洋文略》著錄。

## 【伍硯堂集六卷】

現存：清鈔本，山東省圖書館藏，《中國古籍善本書目》、《清人別集總目》、《清人詩文集總目提要》著錄；《山東文獻集成》影印。內《清槻堂近詩》一卷，《清槻堂集唐》一卷，《落花詩》一卷，《清槻堂詩》一卷，《伍硯堂近詩美芹》一卷，《柳枝詞》一卷。

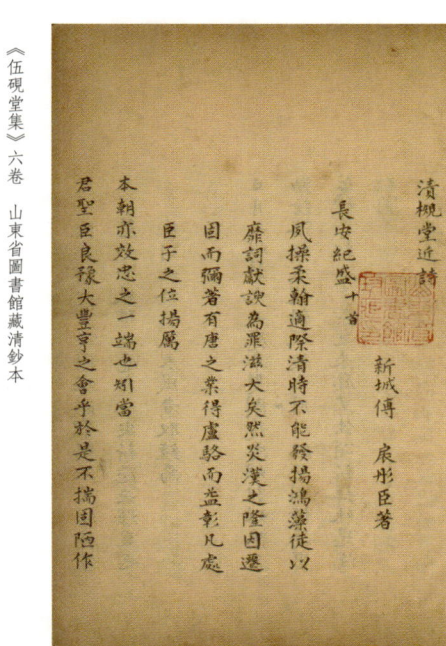

《伍硯堂集》六卷　山東省圖書館藏清鈔本

## 【清槻堂近詩一卷】【落花詩一卷】【清槻堂集唐一卷】

現存：①清順治刻本（與《燕南日徵草》合刻），中國科學院圖書館藏，《中國古籍善本書目》、《清人別集總目》、《清人詩文集總目提要》著錄。②清鈔《伍硯堂集》本，山東省圖書館藏（見上條）。

## 【清槻堂集唐百咏】

《重修新城縣志·藝文》據隶漪山房抄本著錄。

## 【燕南日徵草一卷】

現存：清順治刻本（與《清槻堂近詩》《落花詩》《清槻堂集唐》合刻），中國科學院圖書館藏，《中國古籍善本書目》、《清人別集總目》、《清人詩文集總目提要》著錄。

## 【蘭生詩草不分卷】

《續修四庫全書總目提要（稿本）》著錄光緒鈔本。

## 【話雨山房詩草二卷】

現存：稿本（二冊），山東省圖書館藏，《中國古籍善本書目》、《清人別集總目》、《清人詩文集總目提要》著錄；《山東文獻集成》影印。卷端題"蘭生待定藁"。

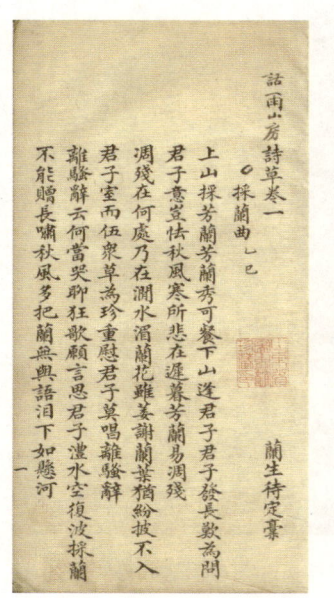

《話雨山房詩草》二卷　山東省圖書館藏稿本

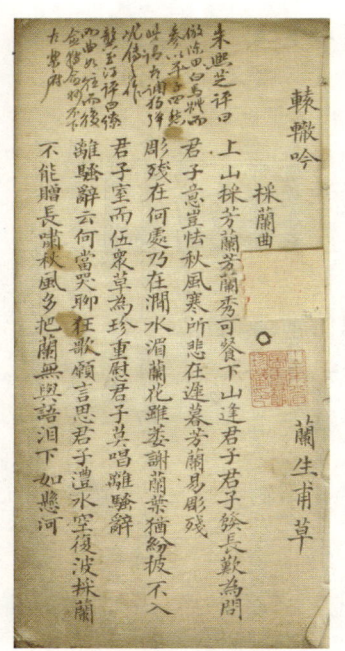

《轅轍吟》一卷　山東省圖書館藏清鈔本

山東省圖書館藏；《山東文獻集成》影印。

## 【茹字堂詩稿】

《重修新城縣志·藝文》據張象津《新城後志稿》著錄。

## 【唐人選唐詩評一卷】【百家唐詩評一卷】

《重修新城縣志·藝文》據張象津《新城後志稿》著錄。

## 【轅轍吟一卷】

現存：清鈔本（佚名錄清龔玉汀、朱熙芝批），

## 【詞曲二卷】

《山東通志·藝文》（集部詞曲類）據《漁洋文略》著錄。

## 【麗農山人伍硯堂詩餘一卷】

現存：鈔本（一冊），山東省圖書館藏。

【卷十二·清二】

# 卷十二·清二

## ◆ 王士祿

士祿字子底，號西樵，新城人。順治乙未（十二年）進士。官吏部考功司員外郎。《濟南府志》卷五十五、《重修新城縣志》卷十六有傳。

### 【毛詩稽古編】

見《重修新城縣志·藝文》，注云："據白雲山房藏書。"

### 【節孝錄一冊】

《山東通志·藝文》（史部傳記類）據《傳是樓書目》著錄。

### 【朱鳥逸史】

見《濟南府志·經籍》、《山東通志·藝文》（史部傳記類）。《重修新城縣志·藝文》（據白雲山房藏書）作一卷。

《山東通志·藝文》：見《漁洋文略》。王焯《今世說》稱凡六十餘卷，皆閨中遺事。《白雲山房文集·答諸城李雨樵第一書》謂《朱鳥逸史》祇一卷，蓋殘缺之本也。

### 【讀史蒙拾一卷】

見《四庫全書總目》、《山東通志·藝文》（史部史鈔類）。現存：清鈔本，中國國家圖書館藏，《中國善本書提要》著錄；《四庫全書存目叢書》影印。

《山東通志·藝文》引《四庫存目提要》曰："取諸史新穎之語，標數字爲題，而錄其本文於後，亦洪邁《經史法語》之類。然書止一卷，聊以寓意而已，實未竟其事。曰《蒙拾》者，取劉勰《文心雕龍·辨騷篇》'童蒙者拾其香草'句也。"

### 【焦山古鼎考一卷】

見《山東通志·藝文》（子部譜錄類）。現存：

①清康熙三十九年刻本（《昭代叢書》之一），清華大學圖書館、復旦大學圖書館藏，《中國古籍善本書目》、《中國叢書綜錄》、《東北地區古籍綫裝書聯合目錄》著錄；《四庫全書存目叢書》影印。②清道光十三年吳江沈氏世楷堂刻本（《昭代叢書》之一），中國國家圖書館、首都圖書館、遼寧省圖書館藏，《中國叢書綜錄》、《東北地區古籍綫裝書聯合目錄》著錄。《重修新城縣志·藝文》注云："是書王士祿圖解。"

《四庫全書總目提要》云："題云王士祿圖釋，林佶增益，實則張潮所輯也。潮字山來，徽州人。焦山古鼎，久已不存，世僅傳其銘識。士祿所據者，程邃之本。佶所據者，徐燦之本。二本互有得失。潮則又就寺中重刻石本爲之，益失真矣。"

書內有王士祿《焦山古鼎歌 有序》、王士正（禎）《焦山古鼎詩三十四韻》。

### 【毛角陽秋】

見《濟南府志·經籍》、《山東通志·藝文》（子部譜錄類）、《重修新城縣志·藝文》（據張象津《新城後志稿》）。

### 【漫士壁觀錄】【羣言頭屑】【夢覺閒話】

《重修新城縣志·藝文》據張象津《新城後志稿》著錄。

### 【賓實別錄】

見《濟南府志·經籍》、《山東通志·藝文》（子部雜家類）。

《山東通志·藝文》：是書見《漁洋文略》。考"賓實"二字見《梁書·顏協傳》：協卒，世祖爲《懷舊詩》以傷之。其一章曰："宏都多雅度，信乃含賓實。鴻漸殊未昇，上才淹下秩。"此書之名，蓋取諸此。疑所纂皆英俊沈下僚者事迹也。

## 【南榮曝餘錄】【神釋堂脞語】

《重修新城縣志 · 藝文》據張象津《新城後志稿》著錄。

## 【然脂百一編五種五卷】

王士祿編，大興傅以禮重編。現存：①清光緒八年傅以禮家鈔本（清傅以禮校注並跋，清蔣鳳藻跋），中國國家圖書館藏，《北京圖書館古籍善本書目》、《中國古籍善本書目》、《山東文獻書目》著錄。②清宣統三年上海國學扶輪社排印《古今說部叢書》五集本，中國國家圖書館、上海圖書館等藏，《中國叢書綜錄》、《東北地區古籍綫裝書聯合目錄》著錄。

## 【司勳五種集二十卷】

見《四庫全書總目》、《濟南府志 · 經籍》、《山東通志 · 藝文》。

《四庫全書總目》（副都御史黃登賢家藏本）：是集一曰《表餘堂詩存》二卷，一曰《十笏草堂詩選》九卷，一曰《辛甲集》七卷，一曰《上浮集》二卷，皆古今體詩；一曰《炊聞厄語》二卷，則詞也。然《表餘堂詩存》未刻，刻者實止四種耳。

《國朝山左詩鈔》云：“有《表餘堂》、《十笏草堂》、《辛甲》、《上浮》諸集，《考功詩選》。”卷十三至十四共載其詩一百二十三首。

## 【表餘堂詩一卷】

現存：稿本（清王士禛評），山東省博物館藏，《中國古籍善本書目》、《山東文獻書目》、《山東省博物館藏明清民國山左學者著述知見錄》著錄。《重修新城縣志 · 藝文》（據《漁洋精華錄訓纂》）作《表餘堂集》，無卷數。

## 【十笏草堂甲辛集七卷】【十笏草堂上浮集四卷】

現存：清康熙刻本，中國科學院圖書館、日本內閣文庫藏，《四庫存目標注》、《內閣文庫漢籍分類目錄》著錄；《清代詩文集彙編》影印。

## 【十笏草堂詩選九卷】

現存：①清康熙間刻本，南京圖書館藏，《中國古籍善本書目》、《清人別集總目》、《清人詩文集總目提要》著錄。②清康熙間增刻本（十一卷），中

國國家圖書館、中國科學院圖書館等藏，《中國古籍善本書目》、《清人別集總目》、《清人詩文集總目提要》著錄；《清代詩文集彙編》影印。

## 【十笏草堂詩集一卷】

現存：清朱琬鈔本（清李梴跋），濟南市圖書館藏，《中國古籍善本書目》、《清人別集總目》著錄。

## 【十笏草堂詩四卷】

現存：清道光十年王氏信芳閣活字印《國初十家詩鈔》本，中國國家圖書館等藏，《中國叢書綜錄》著錄。

## 【十笏草堂詩略八卷】

見《山東通志 · 藝文》（卷百七十本傳作《十笏草堂集》，無卷數）。《重修新城縣志 · 藝文》作《十笏草堂集》八卷，按云：“是集白雲山房有西樵手定寫本八卷。”

《山東通志 · 藝文》：《白雲山房文集 · 答諸城李雨樵第一書》云：“西樵先生詩，一時一地之作，脫稿入梓，散本多矣。至《司勳五種集》之刻，爲其總集；後又有《西樵詩選》之刻；最後乃有《考功詩集》之刻，即今載《漁洋全集》者是也。凡此某皆有其書。別有西樵手定《十笏草堂詩略》寫本八卷，爲二帙；《西樵山人詩集》墨刻相間本二十卷，爲五帙，而闕其第二帙。未審雨樵藏本，與此數種有同有異夫？即一人之書而合觀，名手之去取刪定，甚益人神智。今將西樵手定未刻原本二種六帙緘呈，祈明示同異，廣其孤陋，爲惠多矣。”

## 【西樵山人詩集二十卷】

見《山東通志 · 藝文》。參見上條所引《白雲山房文集 · 答諸城李雨樵第一書》。

《重修新城縣志 · 藝文》著錄《西樵詩集》無卷數，載是書朱鶴齡《序》略曰：“西樵生于鱗之鄉，又承季木家學，其爲詩也深得騷人之旨，淡而多風，怨而不激，艷而能雅。今海內詩家極盛麗色繁聲，怡賞不給。及按其中，則譬諸隨宮剪綵，不終夕而銷減。懸西樵詩於都門，以爲刮膜之金篦，庶幾開元大歷之風可復振已乎。”

## 【西樵山人詩集一卷】

現存：清鈔本（梅岑評點），山東省博物館藏，《山東省博物館藏明清民國山左學者著述知見錄》、《山東文獻書目》著錄。

## 【西樵詩選一卷】

吳之振選。現存：清康熙十一年吳氏鑑古堂刻《八家詩選》本，中國國家圖書館、北京大學圖書館、上海圖書館等藏，《中國叢書綜錄》、《中國古籍善本書目》、《中國科學院圖書館藏中文古籍善本書目》著錄。

## 【王西樵詩選六卷附詩話一卷】

顧有孝輯。現存：清康熙刻本，中國國家圖書館、山東省博物館等藏，《中國古籍善本書目》、《山東文獻書目》、《清人詩文集總目提要》著錄。

## 【王西樵詩一卷】

魏憲選。現存：清康熙中福清魏氏枕江堂刻《皇清百名家詩》本，上海圖書館、天津圖書館等藏，《中國叢書綜錄》、《清人別集總目》著錄。

## 【考功集選四卷】

見《山東通志·藝文》（卷百七十本傳作《考功詩選》）。現存：①清康熙鈔本（清王士禛批校），山東省圖書館藏，《山東文獻書目》、《中國古籍善本書目》著錄。②清康熙間刻《王漁洋遺書》本，中國國家圖書館、上海圖書館、吉林省圖書館等藏，《中國古籍善本書目》、《中國叢書綜錄》、《東北地區古籍綫裝書聯合目錄》著錄。

《山東通志·藝文》：其弟士禛《序》云："先兄考功平生詩不減二千餘篇，已刻者，曰《表餘堂集》，曰《十笏草堂集》，曰《辛甲集》，曰《上浮集》。海內耆宿，論之詳矣。杜于皇以爲掃絕依傍，期于親見古人。孫豹人以爲取法少陵，稍出入於康樂、東坡之間。汪苕文以爲幽閑澹肆，極其性情之所之，而夷然一歸於正。尤展成以爲，如深山道人，草衣木食，而神色敷腴，非食肉之相。林鐵崖以爲登臨瞩望，多豪儁非常之詞，時逃於貝葉，時逃於綺語。毛馳黃以爲磅礴在中，鬱紆在外，皆忠愛悱惻之所激發。蓋諸公之論云然。而先生嘗題襄陽詩曰：'魚鳥雲沙見楚天，清詩句句果堪傳。一從時世矜高唱，誰識襄陽孟浩然。'其微旨所寄如此。予往撰《感舊集》，既援篋中《中州》二集附錄季川、敏之兩兄之例，以先生詩終卷。今二十五年矣，適刻東癡、蕭亭二家詩于京師，乃復擇先生詩什之二三，次爲四卷，幷刻以傳，乃取諸公品藻之語，略爲序述，以俟論定。或曰：子獨無言，可乎？曰：不敢也。無已，則舉坡公所云'出新意于法度之中，寄妙理于豪放之外'以評是詩，其亦無溢美爾矣。"

## 【南徐遊覽集】

現存：清初王氏十笏草堂刻本，山東省圖書館藏，《清人別集總目》著錄。

## 【瑯琊二子近詩合選十一卷】（一名《表餘落箋合選》）

士祿與弟士禛同撰。現存：清順治刻本，中國國家圖書館藏，《北京圖書館古籍善本書目》、《中國古籍善本書目》、《清人別集總目》著錄。《山東通志·藝文》（集部總集類）作《表餘落箋合選》十一卷。詳見王士禛著作《表餘落箋合選》條。

## 【焦山古鼎圖詩一卷】

士祿與弟士禛同撰。見王士禛著作。

## 【廣陵倡和詞七卷】

士祿與嘉善曹爾堪等撰。現存：①清康熙刻本，藏中國國家圖書館、上海圖書館（不分卷），《北京圖書館古籍善本書目》、《中國古籍善本書目》、《續修四庫全書總目提要（稿本）》著錄。②鈔本，南京圖書館藏，《江蘇省立國學圖書館圖書總目》、《山東文獻書目》著錄。

## 【彭王唱和集】

士祿與弟士禛及海鹽彭孫遹唱和之詩也。見《山東通志·藝文》（集部總集類）。現存：清康熙刻本（作《彭王倡和》一卷），中國國家圖書館藏，《北京圖書館古籍善本書目》、《中國古籍善本書目》、《山東文獻書目》著錄。

《山東通志·藝文》引《古夫于亭雜錄》曰："汪鈍翁《說鈴》云：'二王好作香奩詩，唱和每至數十首。'劉公厭曰：'此雖慧業，然并此不作可也。'蓋余少時與兄西樵及海鹽彭少宰羨門倡和香奩體詩，世多傳之。彭有句云：'仙路無緣逢巨勝，珠胎有淚滴方諸。'西樵有句云：'下杜城邊分驛路，上蘭門外足長亭。'余亦有句云：'洛浦神人工拾翠，魏家公子妙彈棊。''梅根冶裏春逢信，蘭葉舟中晚趁潮。'詳載《彭王唱和集》。"

按：《漁洋山人自撰年譜》"順治十六年"惠棟註補："是冬，山人與西樵及羨門倡和香奩體詩，刻《彭王倡和集》。"《阮亭詩選》卷八己亥詩自序云："己亥三月，余復遊京師。……是冬，與海鹽彭遜遹、嘉善魏學渠卜鄰宣武門外，有香奩倡和詩。"知是集編於順治己亥（十六年）。

## 【然脂集二百卷】

見《山東通志·藝文》（集部總集類）。《重修新城縣志·藝文》據《香祖筆記》著錄，作《燃脂集》二百三十卷。現存：①稿本（存一卷），北京大學圖書館藏，《北京大學圖書館藏古籍善本書目》、《北京大學圖書館藏李氏書目》著錄。②稿本（作《燃脂集》），存二十九卷首五卷《引用書目》一卷《宮閨氏籍藝文考略》□卷，清江標跋），上海圖書館藏，《中國古籍善本書目》著錄。所存二十九卷爲：賦一至二、四至五七，詩一至二、四至八、十四至十九、二十一、二十三至二十四、二十六。③清道光十五年新城王允豐鈔本（作《燃脂集》，存二卷），山東省博物館藏，《山東省博物館藏明清民國山左學者著述知見錄》、《中國古籍善本書目》著錄。

《山東通志·藝文》：《香祖筆記》云："先兄西樵先生撰古今閨閣詩文爲《然脂集》，多至二百卷。《分甘餘話》載是編，卷同。詩部不必言，文部至五十餘卷。自《廿一史》已下，瀏觀采摭，可稱宏博精覈。而說部尤翔獲，爲古人所未有。其全書今藏篋笥，無力刻行也。"按：《文略·西樵年譜書後》云："先生著書惟《然脂集》二百三十餘卷條目粗就。"所言卷數與《香祖筆記》、《分甘餘話》不同。《四庫全書》詩文評存目《然脂集例》條提要，據"條目粗就"一語，以爲未成之書。然《香祖筆記》稱全書今藏篋笥，則又確爲完書矣。《白雲山房文集·答雨樵第二書》云："《然脂集》亦爲山人與西樵同訂之書。"然則是編或士祿歿時草創未定，歿後士禛又爲之刪定而藏

之，故先言二百三十餘卷，後又言二百卷歟？今依《筆記》、《餘話》二書標目題卷，以俟知者考焉。

《重修新城縣志·藝文》引張象津《新城後志稿》云："此書寫本全者祇一部，臨淄王昭南曰：'賡爲廣文時購得。'後王官廣西，爲上司某中丞取去，今不知何在。後邑文學士王兆澳、于汝楚、王允熙等極力搜其散本鈔錄，竟不能成。"

## 【然脂集發凡一卷】

現存：清康熙刻《新城王氏雜文詩詞》本，中國國家圖書館、上海圖書館藏，《中國古籍善本書目》著錄。

## 【閨閣語林一卷】

現存：①稿本，山東省博物館藏，《中國古籍善本書目》、《山東省博物館藏明清民國山左學者著述知見錄》著錄。②清道光十三年王允灌鈔本（清王允灌跋），山東省博物館藏，《山東省博物館藏明清民國山左學者著述知見錄》、《山東文獻書目》著錄。《濟南府志·經籍》、《山東通志·藝文》俱無卷數。

泳按：此書所收，皆爲閨閣之詩，《山東通志·藝文》誤入子部小說類。

## 【北歸錄刻詩一卷】

現存：清康熙刻本，山東省圖書館藏。

## 【齊魯詩選一卷】

王士祿、王士祜、王士禛撰。現存：清康熙刻本，山東省圖書館藏。

## 【濤音集八卷】

士祿與弟士禛同編掖縣人所作詩。現存：①清乾隆五十七年掖縣儒學刻本，中國國家圖書館、復旦大學圖書館、山東省圖書館等藏，《中國古籍善本書目》、《中國科學院圖書館藏中文古籍善本書目》、《續修四庫全書總目提要（稿本）》著錄；《山東文獻集成》影印。②清鈔本，山東大學圖書館藏，《山東大學圖書館古籍善本書目》、《清人別集總目》著錄。《重修新城縣志·藝文》作《濤聲集》。

《山東通志·藝文》：《十二筆舫雜錄》云："士祿司鐸萊郡時，與士禛共選掖人詩爲《濤音集》，

以未見《鼇峰類稿》爲憾。然《類稿》久已刊行，不知二王當日何以未見。"烏程張彤《掖詩採錄序》云："我朝王西樵考功選《濤音集》，斷自明始，僅四十三人。"

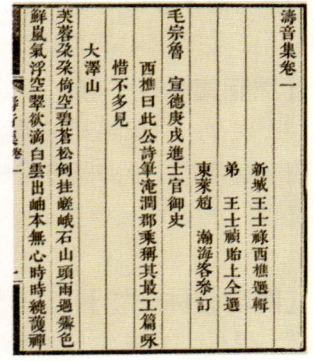

《濤音集》八卷　清乾隆五十七年掖縣儒學刻本

### 【然脂集例一卷】

見《四庫全書總目》、《濟南府志·經籍》、《山東通志·藝文》（集部詩文評類）、《重修新城縣志·藝文》（作《燃脂集例》）。現存：①清康熙三十九年刻《昭代叢書》本（作《燃脂集例》），清華大學圖書館、復旦大學圖書館藏，《中國古籍善本書目》、《中國叢書綜錄》、《東北地區古籍綫裝書聯合目錄》著錄；《四庫全書存目叢書》影印。②清道光十三年吳江沈氏世楷堂刻本（《昭代叢書》之一），中國國家圖書館、首都圖書館、遼寧省圖書館藏，《中國叢書綜錄》、《東北地區古籍綫裝書聯合目錄》著錄。

《山東通志·藝文》引《四庫存目提要》曰："士祿嘗欲輯古今閨閣之文爲一書，取徐陵《玉臺新詠序》'然脂暝寫'之語爲名。然陵所選乃豔歌，非女子詩，士祿蓋誤引也。其弟士禎書其年譜後曰：'先生著書，惟《然脂集》二百三十餘卷條目初就。'蓋爲之而未成，僅存此例十條而已。《隋志》有《婦人集》，其書不傳。明以來選本至夥，猥雜殊甚。士祿此例，差有條理。附存其名於詩文評中，俾來有考焉。"

### 【圍爐詩話】

見《重修新城縣志·藝文》，注云："據白雲山房藏書。"

### 【炊聞詞二卷】

見《四庫全書總目提要》、《濟南府志·經籍》、《山東通志·藝文》（集部詞曲類）。現存：①清康熙休寧孫氏留松閣刻《國朝名家詩餘》本，上海圖書館、北京大學圖書館等藏，《中國叢書綜錄》著錄。②清光緒二十七年海豐吳氏金陵刻《吳氏石蓮庵刻山左人詞》本，山東省圖書館等藏；《四庫全書存目叢書》、《山東文獻集成》影印。③鈔本（《十六家詞》之一），見《北京師範大學圖書館中文古籍書目》。④民國二十五年上海中華書局排印《四部備要》本，中國國家圖書館、遼寧省圖書館等藏，《中國叢書綜錄》、《東北地區古籍綫裝書聯合目錄》著錄。

《山東通志·藝文》引《四庫存目提要》曰："是集本名《炊聞卮語》，前有士祿《自序》，稱'兀兀南冠，不殊邯鄲一枕。故取杜陵詩語，斷章而命之。其文無謂，其緒無端，故系之以卮。'此本改題《炊聞詞》，而目錄末有附記，稱初名《炊聞卮語》，殆士祿晚所自改，而序則未改邪？是集皆其以科場磨勘事繫獄時作。初本一百二十首，後刪二首，增五十五首，爲一百七十三首。其中如《漁歌子》之'逐鷺微鳧下遠洲'，《生查子》之'階憐好月癡'，《點絳唇》之'雨羃空庭'，《卜算子》之'暗燭影疑冰'，皆未免失之琱琢，爲過於求奇之病，非詞家本色也。然大抵才思新穎，不肯蹈襲故常。如《南柯子》之《窗午》一闋，《昭君怨》之《樓外》一闋，《兩同心》之《詠鴛鴦》後半闋，皆足與作者頡頏。其《滿江紅·疊韻》九闋，亦見才思之富。已載入孫默《十五家詞》中，故僅坿存其目也。"

### ◆ 王士禧

士禧字禮吉，一字仲受，士祿弟，太學生。《濟南府志》卷五十五、《重修新城縣志》卷十七有傳。

### 【抱山集選一卷】

見《國朝山左詩鈔》（無卷數）、《山東通志·藝文》。現存：清康熙四十年刻本（《王漁洋遺書》之一），中國國家圖書館、上海圖書館等藏，《中國古籍善本書目》、《中國叢書綜錄》、《清人詩文集總目提要》著錄；《四庫全書存目叢書》影印。士禎《序》云："與《古缽》同附《炊功集》之後以傳焉。"

《山東通志·藝文》：《四庫存目提要》曰："殳

後四年，士禛選其遺詩三分之一刊之。其詩綽有風調，而才地較弱。”本書士禛《序》末云：“曰抱山者，兄少日所居堂，因以自名其詩，蓋取諸孟東野句云。”

《國朝山左詩鈔》卷十四載其詩十四首。

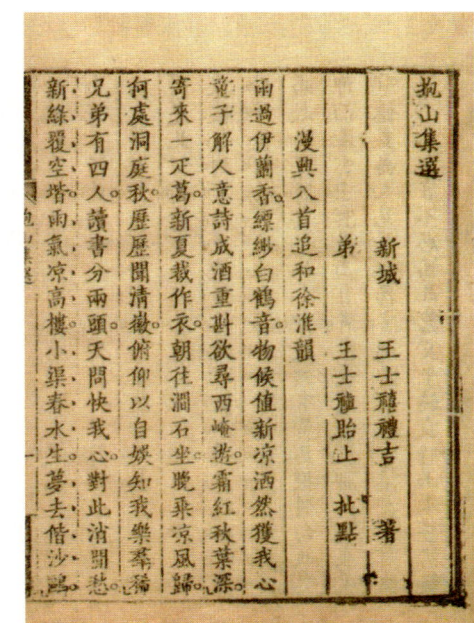

《抱山集選》一卷　清康熙四十年刻本

### 【抱山詩集二卷】

見《山東通志・藝文》。《山東通志》卷百七十本傳（王士禛附）作《抱山堂集》。《濟南府志・經籍》作《抱山集選》一卷，注云：“一作《抱山堂集》二卷。”《重修新城縣志・藝文》作《抱山堂集》一卷，本傳則云：“有《抱山堂詩集》行世。”

《山東通志・藝文》引《蠶尾續文・仲兄墓誌》云：“仲兄所刻《抱山集》詩凡二卷。嘗和《月泉吟社詩》五十餘章，多警策，未及鋟梓。”泳按：《墓誌》所云士禧自刻本，今未見有收藏者。

### 【抱山堂小草一卷】

現存：清鈔本（與《函玉集》合鈔），中國國家圖書館藏，《北京圖書館古籍善本書目》、《中國古籍善本書目》、《清人詩文集總目提要》著錄。

### 【函玉集一卷】

現存：①稿本。②清鈔本（與《抱山堂小草》合鈔）。二本皆藏於中國國家圖書館，《北京圖書館古籍善本書目》、《中國古籍善本書目》、《清人詩文集總目提要》著錄。

### 【和月泉吟社詩】

見《濟南府志・經籍》、《山東通志》卷百七十本傳（王士禛傳附）。《重修新城縣志・藝文》據《府志》著錄，作《和月泉吟社詩集》一卷。

### 【送懷草一卷】【豫遊草一卷】

《重修新城縣志・藝文》據張象津《新城後志稿》著錄。

### ◆ 王士祜

士祜字叔子，一字子側，號東亭，又號古鉢山人，新城人，士禧弟。康熙庚戌（九年）進士。《濟南府志》卷五十五、《重修新城縣志》卷十六有傳。

### 【古鉢集選一卷】

見《濟南府志・經籍》、《山東通志・藝文》。現存：清康熙間刻《王漁洋遺書》本，中國國家圖書館、上海圖書館等藏，《中國叢書綜錄》、《中國古籍善本書目》著錄；《四庫全書存目叢書》影印。《重修新城縣志・藝文》及本傳作《古鉢集》一卷；又《藝文》王士禛著作下有此書，題作《古鉢遺集選》，無卷數。

《山東通志・藝文》引《四庫存目提要》曰：“是集爲其弟士禛所編。其詩長於情韻，士禛《序》述計東之言曰：‘三王並著詩名，西樵、阮亭早達，故聲譽易起。若東亭之才，詎肯作蜂腰哉？’然自是士禛篤念友于，存此標榜之詞耳。其實士祿不及士禛，士祜不及士祿，天下之公評也。”

《國朝山左詩鈔》卷三十二載其詩十一首。

### 【古鉢山人遺集一卷】

現存：清刻本，青島市圖書館藏，《青島市圖書館古籍書目》、《清人別集總目》著錄。

### 【京口遊詩一卷】

有清康熙間刻本（王士禛《金陵遊記》附），見《販書偶記續編》。

## 【齊魯詩選一卷】

士祜與兄士祿、弟士禛同編。見王士祿著作。

## 【和藝圃十二詠一卷】

士祜與弟士禛同撰。見王士禛著作。

### ◆ 王士禛

士禛（避作“士正”，或作“士禎”）字貽上，號阮亭，又自號漁洋山人，新城人。順治乙未（十二年）進士。歷官刑部尚書，謚文簡。《濟南府志》卷五十五、《重修新城縣志》卷十六有傳。

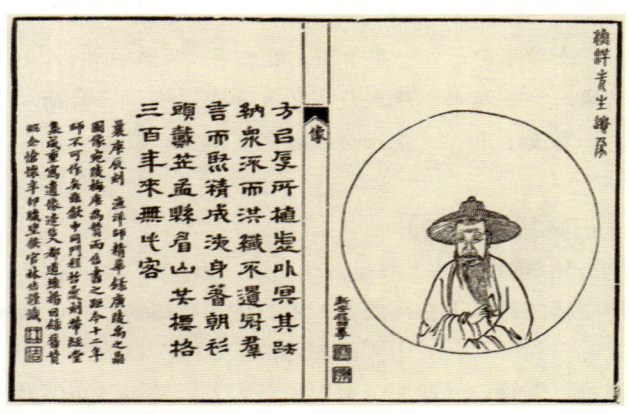

漁洋先生遺像　載《帶經堂集》

## 【召對錄】

見《重修新城縣志·藝文》。《漁洋山人精華錄訓纂·精華錄訓纂採用山人書目》注云：“載由戶部郎中改官翰林以後事。”

## 【漁洋山人自撰年譜二卷】

惠棟注補。現存：①清惠氏稿本（作《漁洋山人自撰年譜注補》），南京圖書館藏，《中國古籍善本書目》著錄。②清乾隆惠氏紅豆齋刻本（與《漁洋精華錄訓纂》合刻），中國國家圖書館、中國科學院圖書館、山東省圖書館等藏，《續修四庫全書總目提要（稿本）》、《東北地區古籍綫裝書聯合目錄》著錄；《山東文獻集成》影印。③清光緒十七年會稽徐氏述史樓刻本，中國國家圖書館、遼寧省圖書館等藏，《東北地區古籍綫裝書聯合目錄》、《中國歷代人物年譜考錄》著錄。

## 【王考功年譜一卷】

現存：①清康熙刻本，天津圖書館藏，《中國古籍善本書目》、《近三百年人物年譜知見錄》、《中國歷代人物年譜考錄》著錄。②清鈔本，山東省圖書館藏，《中國古籍善本書目》、《中國歷代人物年譜考錄》著錄；《山東文獻集成》影印。《重修新城縣志·藝文》作《考功年譜》，無卷數。《山東通志·藝文》（史部傳記類）作《西樵先生年譜》。

《山東通志·藝文》引《漁洋文略》載是編《書後》略云：“右先兄《西樵先生年譜》一卷，士禛忍涕敘述，什得五六。蓋先生嘗欲自爲之而未暇，以爲譜之作，先生志也。先生生平言行，信於家庭，無間於鄉黨寮友，此譜多未及詳。約而言之，其不愧古人者有數端焉：孝事二親，一也；友愛諸弟，二也；所爲無不可以告人，三也；與人交，不可得而親疏，四也；讀書味道，終身未嘗問家人生產，五也；樂易坦白，而是非、可否之介，如山岳之不可奪，六也；家法恭謹，恪守勿失，七也；不謁令長，不以竿牘溷公府，八也；居京師，足未嘗至貴人之門，九也；性耽山澤，垂組影縷，寄焉而已，十也；單門晚生，一語之工，心折下之，爲之獎成名譽，十一也；清真簡遠，終日無俗語，十二也；兩居銓曹，家徒四壁立，十三也；屢更詭危，天君泰然，深得中庸素患難之旨，十四也；居母喪，一循古禮，未彗竟以身殉，十五也。著書率

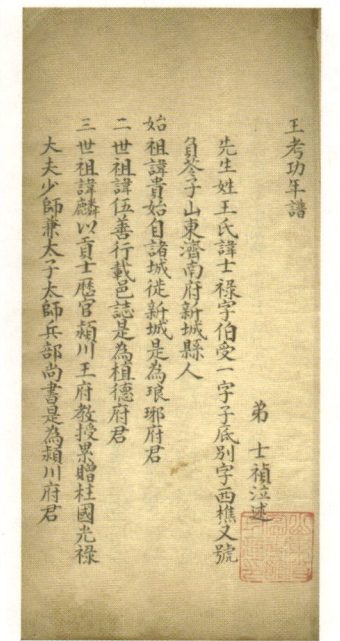

《王考功年譜》一卷　山東省圖書館藏清鈔本

未卒業，詩則世多知之者。士禎迷罔之中，略次生平出處如右。”

### 【朱君墓銘一卷】

王士禎等撰。現存：清鈔本（一冊），山東省圖書館藏。傳主朱緗，歷城人。

### 【明名臣言行錄】

《山東通志・藝文》（史部傳記類）：《西陂類稿》云："同里沈文端公鯉爲明神宗朝名相，居鄉有萬石家風。余藏公家書一通，字字皆省身克己之學，每一展閱，如聞晨鐘，發人深省。王阮亭尚書已採入《續名臣言行錄》，今載於此。"全祖望《鮚埼亭集外編》云："崑山徐開禧輯《明名臣言行錄》百卷。聞新城王士禎亦有是書，予未之見。"

### 【古懽錄八卷】

見《濟南府志・經籍》、《山東通志・藝文》（史部傳記類）。現存：①清康熙三十九年朱從延快宜堂刻本，中國國家圖書館、上海圖書館、山東省圖書館等藏，《山東文獻書目》著錄；《山東文獻集成》影印。②清鈔本，山東省圖書館藏，《山東文獻書目》著錄；《四庫全書存目叢書》影印。③鈔本，見《福建省圖書館善本書目》。

《山東通志・藝文》引《四庫存目提要》曰："是編皆述上古至明林泉樂志之人，蓋皇甫謐《高士傳》

《古懽錄》八卷　清康熙三十九年朱從延快宜堂刻本

之意。其《自序》稱，取古詩‘良人惟古懽’句爲名。案此句見《文選・古詩》第十六首，李善註曰：‘良人念昔之歡愛。’則所謂良人者，乃棄妻指其故夫；所謂惟者，思維也；古者，舊時也；懽者，夫婦之私暱也。不識士禎何據，乃以爲高隱之目，無乃解爲‘與古爲徒’之意邪？果若是，則誤之甚矣！"

### 【新城王氏家乘】

現存：清康熙刻本，見《美國家譜學會中國族譜目錄》、《中國家譜綜合目錄》。《續修四庫全書總目提要（稿本）》疑爲王士禎編。

### 【賜沐紀程一卷】

現存：①稿本（與《漁洋詩話》合訂），中國國家圖書館藏，《北京圖書館古籍善本書目》著錄。②清康熙刻本，上海圖書館、南京圖書館等藏，《上海市歷史文獻圖書館藏書目錄》、《江蘇省立國學圖書館圖書總目》著錄。

按：此書又附見於《載書圖詩》。

### 【蜀道驛程記二卷】

見《濟南府志・經籍》、《山東通志・藝文》（史部傳記類）。現存：①清康熙刻本（收入《王漁洋遺書》），中國國家圖書館、中國科學院圖書館、上海圖書館等藏，《中國叢書綜錄》、《中國古籍善本書目》著錄；《四庫全書存目叢書》影印。②清乾隆嘉慶間《悔堂手鈔》稿本，山東省圖書館藏，《中國古籍善本書目》、《中國叢書廣錄》著錄。③清光緒十七年上海著易堂排印《小方壺輿地叢鈔》本（作一卷），中國國家圖書館、首都圖書館、北京大學圖書館等藏，《中國叢書綜錄》著錄。

《山東通志・藝文》：《四庫存目提要》曰："康熙壬子，士禎爲四川鄉試正考官，記其來往所經。上卷自京至成都，下卷自成都至河南新鄉縣止。蓋士禎是年於新鄉聞訃旋里，未及還京故也。中多辨證古事，較士禎他行記頗爲精核。蓋他行記一時筆詠，此則越二十年，至康熙辛未始補成之，檢閱修改，歷時既久，考訂自爲詳密耳。"

### 【粵行三志】

現存：清康熙刻《王漁洋遺書》本，中國國家圖書館、上海圖書館等藏，《中國叢書綜錄》著錄。

《續修四庫全書總目提要（稿本）》著錄刊本一卷，提要略云："是書凡分三志：一曰《南來志》，一曰《北歸志》，一曰《粵遊志》。《南來志》紀燕京至羊城之沿途情事；《北歸志》紀廣州至新城之沿途情事；《粵遊志》紀會城內外之古蹟山川。蓋三者互有關係，故併而爲一焉。……南來北歸途中，傳車所過，凡都邑名蹟，以次簡括，並考其建置沿革，而自燕北至嶺南諸水，俱溯源窮流，條分縷析，俾覽者瞭如指掌。即桑欽、酈道元，無以過之。至《粵遊志》，乃士禎留羊城時所作，共九篇。廣州一地，事務雜陳，而是志僅紀此寥寥數條，未免掛一漏萬。惟敘述明晰，雖片辭隻字，必殫其精，文筆雅潔，實駕《桂海》、《虞衡志》而上之，固遊記中之瑰寶也。"三種子目見下。

## 【南來志一卷】

見《濟南府志·經籍》、《山東通志·藝文》（史部傳記類）。現存：①清康熙刻《王漁洋遺書·粵行三志》本，中國國家圖書館、北京大學圖書館、上海圖書館等藏，《中國叢書綜錄》、《上海市歷史文獻圖書館藏書目錄》、《中國科學院圖書館藏中文古籍善本書目》著錄。②清乾隆嘉慶間《悔堂手鈔二十種》稿本，山東省圖書館藏，《中國古籍善本書目》、《中國叢書廣錄》著錄。③清光緒十七年上海著易堂排印《小方壺輿地叢鈔》本，中國國家圖書館、山東省圖書館、山東大學圖書館、青島市圖書館等藏，《中國叢書綜錄》著錄。④鈔本（三冊），見《中國科學院圖書館新收中文線裝舊書草目》。

《山東通志·藝文》引《四庫存目提要》曰："是編乃康熙甲子士禎官少詹事時，奉使祭告南海，記其驛程所經。全仿范成大《吳船錄》體。所載自京師至廣州而止，故曰'南來'"。

## 【北歸志一卷】

見《濟南府志·經籍》、《山東通志·藝文》（史部傳記類）。現存：①清康熙刻《王漁洋遺書·粵行三志》本，中國國家圖書館、北京大學圖書館、上海圖書館等藏，《中國叢書綜錄》、《上海市歷史文獻圖書館藏書目錄》、《中國科學院圖書館藏中文古籍善本書目》著錄。②清乾隆嘉慶間《悔堂手鈔二十種》稿本，山東省圖書館藏，《中國古籍善本書目》、《中

國叢書廣錄》著錄。③清光緒十七年上海著易堂排印《小方壺輿地叢鈔》本，中國國家圖書館、山東省圖書館、山東大學圖書館、青島市圖書館等藏，《中國叢書綜錄》著錄。

《山東通志·藝文》引《四庫存目提要》曰："是書乃士禎於康熙乙丑二月至廣州，四月初一日始還，記其歸途所經，至六月十六日至其家新城而止。是時其父與勑猶在，以便途歸省也。所記山水名勝，較《南來志》爲詳。蓋使事已竣，沿途得以遊覽云。"

## 【廣州遊覽小志一卷】

見《濟南府志·經籍》、《山東通志·藝文》（史部地理類）。現存：①清康熙刻《王漁洋遺書·粵行三志》本，中國國家圖書館、上海圖書館等藏，《中國叢書綜錄》、《中國科學院圖書館藏中文古籍善本書目》著錄；《四庫全書存目叢書》影印。②清康熙三十九年刻《昭代叢書》乙集本，清華大學圖書館、復旦大學圖書館、天津圖書館等藏，《中國叢書綜錄》、《續修四庫全書總目提要（稿本）》、《中國古籍善本書目》著錄。③清乾隆嘉慶間《悔堂手鈔二十種》稿本，山東省圖書館藏，見《中國古籍善本書目》、《中國叢書廣錄》。另有《學海類編》本、《小方壺齋輿地叢鈔》本、《叢書集成初編》本等，見《中國叢書綜錄》。

《四庫提要》曰："士禎以康熙甲子十一月祭告南海，以乙丑二月八日至四月一日歸，計留廣州五十一日，因而遊覽古蹟，作爲此志。凡光孝寺、六榕寺、五羊觀、海幢寺、海珠寺、越秀山、蒲澗寺、長壽庵、南園三忠祠九處，皆會城內外地也。"

## 【北征紀一卷】

現存：清乾隆嘉慶間《悔堂手鈔二十種》稿本，山東省圖書館藏，《中國古籍善本書目》、《中國叢書廣錄》著錄。

《重修新城縣志·藝文》作《北征日紀》一卷，提要云："康熙二十七年山人奉諱家居，入京叩謁大行太皇太后梓宮時所記。"

## 【迎駕紀恩錄一卷】

見《山東通志·藝文》（史部傳記類）、《重修新城縣志·藝文》（作《紀恩錄》）。現存：①清康

熙三十九年刻《昭代叢書》本，清華大學圖書館、復旦大學圖書館、天津圖書館等藏，《中國古籍善本書目》、《中國叢書綜錄》、《續修四庫全書總目提要（稿本）》著錄。②清乾隆嘉慶間《悔堂手鈔二十種》稿本，山東省圖書館藏，《中國古籍善本書目》、《中國叢書廣錄》著錄。③清光緒十七年上海著易堂排印《小方壺齋輿地叢鈔》本，中國國家圖書館、山東省圖書館、青島市圖書館等藏，《中國叢書綜錄》、《山東文獻書目》著錄。

《山東通志・藝文》：載《漁洋文略》中。別有《昭代叢書》單行刊本。《居易錄》云：“己巳（康熙）正月，南巡視河。士禎以少詹事兼翰林侍講學士家居，迎駕於德州，四奉溫諭，蒙上尊天廚之賜，已述《紀恩錄》一卷，備載其事矣。十一月初七日，會議端門，李少司、馬厚庵語予云：‘是日蒙上賜，謝恩散歸後，上諭侍衛云：王某如尚在外，可召令入見。侍衛傳旨，則士禎已入城矣。復命，上云：既回，不必往召。’上之恩遇至此。此前《錄》所未及，謹識於右，以示子孫，世世勿忘。”

## 【秦蜀驛程後記二卷】

見《濟南府志・經籍》、《山東通志・藝文》（史部傳記類）。現存：①稿本，見《中國科學院圖書館藏中文古籍善本書目》、《中國古籍善本書目》。②清康熙刻《王漁洋遺書》本，中國國家圖書館、北京大學圖書館、上海圖書館等藏，《中國叢書綜錄》、《中國古籍善本書目》、《東北地區古籍綫裝書聯合目錄》著錄。③清乾隆嘉慶間《悔堂手鈔二十種》稿本，山東省圖書館藏，《中國古籍善本書目》、《中國叢書廣錄》著錄。④清光緒十七年上海著易堂排印《小方壺輿地叢鈔》本（作《秦蜀驛程記》一卷），中國國家圖書館、山東省圖書館、山東大學圖書館、青島市圖書館等藏，《中國叢書綜錄》著錄。

《山東通志・藝文》引《四庫存目提要》曰：“康熙丙子，士禎以戶部左侍郎奉使祭告西嶽、西鎮、江瀆，續記其往返所經爲此書。上卷自京至華陰，迂道至汧陽吳山，所謂西鎮也，由汧陽乃至成都。下卷自成都至其家新城止。”

## 【水月令一卷】

現存：①清康熙三十六年霞舉堂刻《檀几叢書》

二集本，中國國家圖書館、首都圖書館、上海圖書館等藏，《中國叢書綜錄》、《續修四庫全書總目提要（稿本）》著錄。②《一瓻筆存》稿本，天津圖書館藏，《中國古籍善本書目》、《中國叢書廣錄》著錄。

## 【東西兩漢水辯一卷】

現存：①清康熙三十九年刻《昭代叢書》乙集本，清華大學圖書館、復旦大學圖書館、天津圖書館等藏，《中國叢書綜錄》、《中國古籍善本書目》著錄。②清道光十三年吳江沈氏世楷堂刻《昭代叢書》乙集本，中國國家圖書館、首都圖書館、北京大學圖書館等藏，《中國叢書綜錄》著錄。③清光緒十七年上海著易堂排印《小方壺齋輿地叢鈔》本（作《東西二漢水辨》），中國國家圖書館、首都圖書館、北京大學圖書館等藏，《中國叢書綜錄》著錄。

《重修新城縣志・藝文》作《東西二漢水辨》。

## 【長白山錄一卷補遺一卷】

見《濟南府志・經籍》（無《補遺》一卷）、《山東通志・藝文》（史部地理類）。現存：①清初刻《王漁洋遺書》本，中國國家圖書館、中國科學院圖書館、上海圖書館藏，《中國古籍善本書目》、《中國叢書綜錄》、《東北地區古籍綫裝書聯合目錄》著錄。②清康熙三十六年新安張氏霞舉堂刻《檀几叢書》本（無《補遺》一卷），首都圖書館、北京大學圖書館等藏，《北京圖書館普通古籍總目》、《中國叢書綜錄》著錄。③清光緒十七年上海著易堂排印《小方壺齋輿地叢鈔》本（無《補遺》一卷），中國國家圖書館、首都圖書館、北京大學圖書館等藏，《中國叢書綜錄》著錄。

《山東通志・藝文》引《四庫存目提要》曰：“長白山一名常白山，一名常在山，在鄒平縣東南。是錄皆記其山形勝及故實藝文，已編入士禎《漁洋文略》第十四卷中。此其別行之本也。末附《補遺》一卷，則因宋紹定間丁黼作《池州范仲淹祠記》，以青陽縣東十五里之長山指爲長白，地理舛誤，雜引諸說以辨之。考證亦確。然附會古賢，誇飾形勝，移甲入乙，乃天下地志之通弊。士禎以此一《記》奪其鄉中之流寓，遂詆之爲小人，所見亦爲不廣矣。”

## 【浯溪考二卷】

見《濟南府志・經籍》、《山東通志・藝文》（史部地理類）。現存：①清康熙四十年刻本（《王漁洋遺書》之一），中國國家圖書館、上海圖書館等藏，《東北地區古籍綫裝書聯合目錄》、《暨南大學圖書館古籍善本書目錄》著錄。②清同治光緒間刻《息柯居士全集》本，中國國家圖書館、清華大學圖書館、上海圖書館等藏，《中國叢書綜錄》、《山東文獻書目》著錄。③《悔堂手鈔》稿本，山東省圖書館藏，《中國古籍善本書目》著錄。

《山東通志・藝文》：《四庫存目提要》曰："是書前有《自序》，稱楚山水之勝首瀟湘，瀟湘之勝首浯溪。浯溪以唐元結次山名，得魯公摩崖書而益張之。舊有浯溪前、後兩集，爲李仁剛、綦光祖撰，見於《輿地碑目》，皆無傳。今志乃出庸手，冗雜泛濫，至不可耐。乃以退食之暇，窮搜遐摭，要取精覈。間錄詩賦雜文，多郡志、溪志所未收者。蓋其族姪官祁陽時，以舊志寄士禎，士禎爲改作也。其書不分門目。上卷載山川、古蹟及元結詩文，而附以諸家之題識、議論。下卷則皆後人藝文。末爲補遺三條。書頗簡核。然如王邑《後浯溪銘》、吳儆《祁陽石鏡銘》、鄒浩《甘泉銘》，其地相近，類附可也；吳師道《汪氏浯村記跋》，地在新安，渺如風馬，亦復載入，殊乖體裁。蓋斷限之難，劉知幾嘗言之矣。"按《香祖筆記》云："宋蔡京假節邕州，道經湘口，泊浯溪《中興頌》所，僶俛不前，題詩曰：'停橈積水中，舉目孤煙外。借問浯溪人，誰家有山賣。'此詩未收《浯溪志》，予昔撰《浯溪考》亦遺之。偶讀《雲溪友議》，追錄于此，用補向來之闕。"

## 【遊寶華山記一卷】【登燕子磯記一卷】【遊金陵城南諸刹記一卷】

現存：清光緒十七年上海著易堂排印《小方壺齋輿地叢鈔》本，中國國家圖書館、山東省圖書館、山東大學圖書館、青島市圖書館等藏，《中國叢書綜錄》、《山東文獻書目》著錄。

## 【春曹儀式一卷】

《山東通志・藝文》（史部職官類）有是書一冊。現存：①清道光二十年刻本，中國國家圖書館藏。②清同治二年刻《國朝春曹題名》本，中國國家圖書館、東北師範大學圖書館藏，《東北地區古籍綫裝書聯合目錄》著錄。

《山東通志・藝文》：震鈞《天咫偶聞》云："王阮亭先生《春曹儀式》一書，梁茞林《南省公餘錄》中載之，今錄於此。"按《天咫偶聞》所錄《儀式》全文凡十四條，其末云："以上諸條，皆署中舊規，凡我同寅，願言共守。有不如約者，衆相正之。新任者，該司吏赴儀司領一冊送覽。"

## 【漁洋山人手鏡一卷】

現存：①清咸豐刻本（《庸吏庸言》附），南京圖書館等藏，《江蘇省立國學圖書館圖書總目》、《東洋文庫所藏漢籍分類目錄》著錄。②清同治七年楚北崇文書局刻本（《讀律心得》附），中國國家圖書館、南京圖書館、遼寧省圖書館等藏，《東北地區古籍綫裝書聯合目錄》著錄。《山東通志・藝文》（史部職官類）作《手鏡錄》一冊。

《山東通志・藝文》：凡五十條。冊首有士禎《自序》。乃手寫本，錢塘金守楷於道光己亥刻石。守楷《跋》云："按惠定宇先生《漁洋山人年譜註補》云：'山人仲子啓汸官唐山令。唐山下邑，土瘠民貧，山人訓以潔己愛民，書《手鏡錄》一冊付之。'仲子之官，在康熙三十六年丁丑七月，山人於冊首自序，末署二月十二日書於京邸，則《手鏡》之錄，當在三十七年矣。惟山人《全集》均未載此冊。曩藏真州蘇氏家，楷於丁酉歲得之，屬甘泉王君臨川鉤摹勒石，俾與公詩文並傳不朽云。"據本書。

《續修四庫全書總目提要（稿本）》著錄清道光十九年錢塘金守楷刻石本，提要云："統觀其書，於廉潔奉公、用人刑賞等，無不詳細言之。所云皆切實近理，而不涉於迂闊。蓋亦士禎留心實政閱歷之言，誠可與其詩文並傳不朽也。"

## 【南臺故事一卷】

有手稿本，方地山藏，見《漁洋山人著述考》。《重修新城縣志・藝文》作《南台故事》。

《分甘餘話》云："余康熙庚午爲副都御史，常集《唐六典》諸書作《南臺故事》一書，未幾遷兵部侍郎，遂不果成。己卯爲左都御史，欲卒業此書，亦因循未果也。"

## 【琉球入太學始末一卷】

見《濟南府志・經籍》、《山東通志・藝文》（史部政書類）、《重修新城縣志·藝文》（作《琉球入太學始末記》）。現存：①清康熙三十九年刻《昭代叢書》乙集本（作《紀琉球入太學始末》），清華大學圖書館、復旦大學圖書館、天津圖書館等藏，《□國叢書綜錄》、《中國古籍善本書目》著錄；《四庫全書存目叢書》影印。②清道光十一年六安晁氏木活字排印《學海類編》本（作《紀琉球入太學始末》），中國國家圖書館、上海圖書館等藏，《中國叢書綜錄》、《中國古籍善本書目》著錄。③清道光十三年吳江沈氏世楷堂刻《昭代叢書》乙集本，中國國家圖書館、上海圖書館等藏，《中國叢書綜錄》、《山東文獻書目》著錄。

《山東通志·藝文》引《四庫存目提要》曰：“先是康熙二十三年，翰林院檢討汪楫、中書舍人林麟焻冊封琉球，歸奏中山王尚貞請以陪臣子入國學，聖祖仁皇帝俯允所請。士禎因紀其始末。其中追敘明代琉球入國學事，於洪武二十五年祗紀中山，而失載山南；又二十六年中山復遣寨官子入國學，永樂八年山南遣官生三人入國學，俱未及載，蓋沿舊本《太學志》之誤也。其書已見士禎《帶經堂集》中，此蓋初出別行之本。”

## 【國朝謚法考一卷】

見《濟南府志·經籍》、《山東通志·藝文》（史部政書類）、《重修新城縣志·藝文》（作《謚法考》）。現存：①清康熙刻《王漁洋遺書》本，中國國家圖書館、上海圖書館等藏，《中國叢書綜錄》、《中國古籍善本書目》、《山東文獻書目》著錄；《四庫全書存目叢書》影印。前有康熙乙亥長洲尤侗《序》，士禎《自序》。②清康熙三十九年刻《昭代叢書》乙集本，清華大學圖書館、復旦大學圖書館、山東大學圖書館等藏，《中國叢書綜錄》、《中國古籍善本書目》著錄。③清乾隆嘉慶間《悔堂手鈔》稿本，山東省圖書館藏，《中國古籍善本書目》、《中國叢書廣錄》著錄。④清道光十三年吳江沈氏世楷堂刻《昭代叢書》乙集本，中國國家圖書館、上海圖書館等藏，《中國叢書綜錄》、《山東文獻書目》著錄。

《山東通志·藝文》引《四庫存目提要》曰：“始於國初，下迄康熙三十四年，大臣之賜謚者咸錄焉。凡親王十八人，郡王十五人，貝勒十二人，貝子十二人，鎮國公十一人，輔國公十六人，鎮國將軍五人，輔國將軍七人，妃三人，公主二人，額駙二人，藩王七人，民公九人，侯伯十四人，大學士二十七人，學士四人，詹事一人，尚書二十七人，侍郎九人，都御史三人，八旗大臣一百六人，總督十七人，巡撫十七人，殉難監司三人，提督十七人，總兵官八人，前代君臣二十六人，外藩一人。”

## 【維揚信讞】

見《重修新城縣志·藝文》。惠棟《漁洋山人精華錄訓纂·精華錄訓纂採用山人書目》列此書於“漁洋山人生平著述未見書”。

## 【池北書目一卷碑目一卷】（一名《新城王氏書目》）

現存：清道光十二年東武劉氏味經書屋劉如海鈔本（與《佳山堂書目》合訂），中國國家圖書館藏，《北京圖書館古籍善本書目》、《中國古籍善本書目》著錄；《山東文獻集成》影印。《中國歷代書目總錄》著錄梁氏慕真軒藏鈔本。

## 【選明代山左詩鈔採訪書目一卷】

現存：清乾隆間盧見曾刻本（與《續開六郡採訪名人書目》合刻），《北京圖書館古籍善本書目》、《中國古籍善本書目》著錄。

## 【香祖筆記十二卷】

見《濟南府志·經籍》、《山東通志·藝文》（子部雜家類）。現存：①清康熙四十四年刻本，北京大學圖書館、上海圖書館、山東大學圖書館等藏，《山東文獻書目》、《東北地區古籍綫裝書聯合目錄》、《內蒙古自治區綫裝古籍聯合目錄》著錄；《山東文獻集成》影印。②《四庫全書》本。③清鈔《碎珮叢鈴》本（八卷），山東省圖書館藏，《中國古籍善本書目》、《中國叢書廣錄》著錄。又有《申報館叢書》本、《清代筆記叢刊》本、《清代筆記小說大觀》本等，見《中國叢書綜錄》。

《山東通志·藝文》引《四庫提要》曰：“皆康熙癸未、甲申二年所記，至乙酉乃排纂成書。其曰‘香祖’者，王象晉《羣芳譜》曰‘江南以蘭爲香祖’，士禎蓋取其祖之語以名滋蘭之室，因以名書也。是書體例與《居易錄》同，亦多可採。惟‘論尹吉甫’一條，

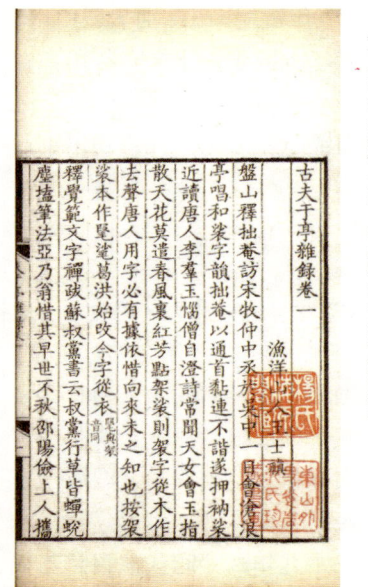

《香祖筆記》十二卷　清康熙四十四年刻本

最爲紕繆。又如姚旅《露書》以章八元詩爲盧照鄰，某詩話以柳惲詩爲趙孟頫，<small>案：某詩話原本不著其名，蓋有所諱，今亦仍其舊文。</small>記憶偶誤，事所恒有，指其疏舛足矣。而一則以爲無目人語，一則以爲眯目人道黑白，肆口毒罵，皆乖著書之體。士禎《池北偶談》‘任惇表語’一條，何嘗不以劉禹錫‘覆舟側畔千帆過，病樹前頭萬木春’二句爲白居易詩？《漁洋文略·遊攝山記》何嘗不以左思‘振衣千仞岡，濯足萬里流’二句爲郭璞詩乎？此由晚年解組，侘傺未平，筆墨之間，遂失其冲和之故度，斯亦盛德之累矣。又第十二卷一條曰：‘《輟耕錄》言或題畫曰特健藥，不喻其義。余因思昔人如秦少游觀輞川圖而愈疾，黃大癡、曹雲溪、沈石田、文衡山輩皆工畫，皆享大年，人謂是煙雲供養。則特健藥之名，不亦宜乎？’案《法書要錄》載武平一《徐氏法書記》曰：‘駙馬武延秀聞二王之迹，強學寶重。乃呼薛稷、鄭愔及平一評其善惡。諸人隨事答稱，爲上者題云特健藥，云是突厥語。<small>案：《唐書》稱延秀嘗質於突厥，解其國語，《法書要錄》所載太平公主“三駄藐提”四字印，亦突厥語也。</small>其解甚明。士禎乃以字義穿鑿，殊爲失考。此非僻事，殆耄而忘乎？然其品題文藝，宏獎風流，至於老而不衰，固足尚也。’”

## 【角巾錄】

見《重修新城縣志·藝文》，注云：“即《香祖筆記》初稿。”

## 【古夫于亭雜錄六卷】

見《濟南府志·經籍》、《山東通志·藝文》（子部雜家類）。現存：①清康熙如皋范邃廣陵刻本，中共山東省委黨校等藏，《中國古籍善本書目》著錄；《山東文獻集成》影印。②清刻《王漁洋遺書》本（五卷），中國國家圖書館、中國科學院圖書館等藏，《中國叢書綜錄》、《中國古籍善本書目》著錄。③《四庫全書》本。④清光緒三年仁和葛氏刻本（《嘯園叢書》之一），中國國家圖書館、首都圖書館等藏，《中國叢書綜錄》、《東北地區古籍綫裝書聯合目錄》、《山東文獻書目》著錄。⑤米拜山房鈔本，見《北京大學圖書館藏古籍善本書目》。

《古夫于亭雜錄》六卷　清康熙如皋范邃廣陵刻本

《山東通志·藝文》引《四庫提要》曰：“士禎以康熙甲申罷刑部尚書里居，乙酉續成《香祖筆記》之後，復採掇聞見，以成此書。自序謂：‘無凡例，無次第，故曰雜，以所居魚子山有古夫于亭，<small>《札樸》云：“古有夫于邑，無夫于亭。漢亭名于，不名夫于。”</small>因以爲名。’其中如據《西京雜記》鉤弋夫人事以駁正史，則誤採僞書；據《貴耳集》以王安石爲秦王廷美後身，則輕信小說；據《詩》‘元龜象齒’之文，謂韓非‘希見生象’之語不足爲信；據《易》‘匪其彭’之文，謂

'《論語》竊比老彭，彭當音旁，訓爲側'；據《子華子》證《詩》'有美一人'；據《示兒編》解《詩》'亹勉從事'，則附會經義。以張爲爲南唐人，以俞文豹爲元人，亦失於考核。然如謂岳珂《桯史》之名出於李德裕，辨《劉表碑》非蔡邕作，辨貼黃今古不同，辨《劇談錄》元稹見李賀之妄，辨《丹鉛錄》載蘇軾詞之謬，辨洪邁《萬首絕句》，辨《西溪叢話》誤引田子春，辨《才調集》誤題王之渙，辨唐彥謙誤詠齊文惠太子宮人，皆引據精核。品題諸詩，亦皆愜當。而記董文驥論擬李白、孟浩然詩，記汪琬論新異字句，不諱所短，若預知其詩派流弊而防之者，可謂至公之論，異乎沾沾自護者矣。"

## 【魚子亭雜錄】

見《重修新城縣志·藝文》，注云："即《古夫于亭雜錄》初稿。"

## 【分甘餘話四卷】

見《濟南府志·經籍》、《山東通志·藝文》（子部雜家類）。現存：①清康熙王兆棟寫刻本，滕州杜澤遜藏；《山東文獻集成》影印。②清康熙四十一年序刻《說鈴》本（作二卷），中國國家圖書館、北京大學圖書館等藏，《中國叢書綜錄》、《山東文獻書目》著錄。③清康熙四十八年程哲七略書堂校刻本，北京大學圖書館、上海圖書館等藏，《中國古籍善本書目》、《中國科學院圖書館新收中文線裝舊書草目》著錄。④《四庫全書》本。又有《說鈴》本（二卷）、《古今說部叢書》本（二卷）等，見《中國叢書綜錄》。

《山東通志·藝文》引《四庫提要》曰："此書成於康熙己丑罷刑部尚書家居之時。曰'分甘'者，取王羲之《與謝萬書》中語也。大抵隨筆記錄，瑣事爲多。蓋年逾七十，借以消閒遣日，無復考證之功，故不能如《池北偶談》、《居易錄》之詳核。中如引《懶真子》稱'《漢書》昌邑王賀妾名羅紒即羅敷，不言二字何以通用，俟考'云云。今案《漢書·昌邑王傳》，實作羅紒。顏師古注曰：'紒音敷。《說文》系字部有此字，註曰布也。一曰粗紬，從糸，付聲。'蓋紒字同音，故得與敷字通用。馬永卿誤引《漢書》，士禛不加辨正，而轉以設疑，殊爲疏舛。是亦隨時摘錄，不暇繙檢之明驗矣。其他傳聞之語，偶然登載，亦多有未可盡憑者。然如繁臺之當讀蒲禾切，梅福爲吳市門卒之非，蘇州宣室之有二，此類皆有典據，不同摭拾，披沙揀金，尚往往見寶也。其中'滄浪詩話'一條，獨舉馮班《鈍吟雜錄》之說，反覆詆排，不遺餘力，則以士禛論詩宗嚴羽，而趙執信論詩宗馮班。核其年月，在《談龍錄》初出之時，攻班所以攻執信也。然執信訟言詆士禛，而士禛僅旁借其詞，不相顯斥，則所養勝執信多矣。"

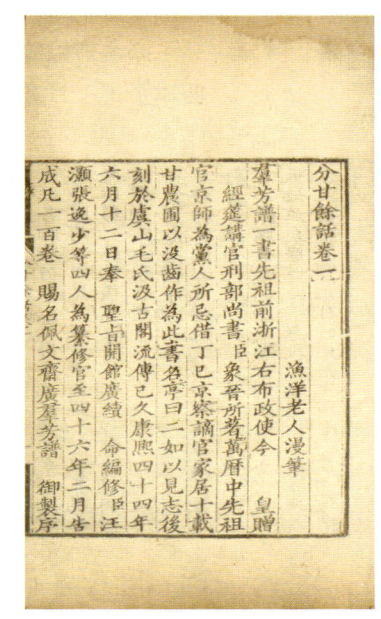

《分甘餘話》四卷　清康熙王兆棟寫刻本

## 【隴蜀餘聞一卷】

見《濟南府志·經籍》、《山東通志·藝文》（子部小說類）。現存：①清康熙刻《王漁洋遺書》本，中國國家圖書館、中國科學院圖書館、上海圖書館等藏，《中國叢書綜錄》、《中國古籍善本書目》、《東北地區古籍綫裝書聯合目錄》著錄。②清康熙三十九年刻《昭代叢書》乙集本，清華大學圖書館、復旦大學圖書館、天津圖書館等藏，《中國叢書綜錄》、《中國古籍善本書目》著錄。③清初鈔本，上海圖書館藏，《中國古籍善本書目》著錄。④清乾隆嘉慶間《悔堂手鈔二十種》稿本，山東省圖書館藏，《中國古籍善本書目》、《中國叢書廣錄》著錄。另有《說鈴》本、《龍威祕書》本、《藝苑捃華》本、《古今說部叢書》本、《說庫》本、《叢書集成初編》本等，見《中國叢書綜錄》。

《山東通志·藝文》引《四庫存目提要》曰："是編皆記隴、蜀瑣事，如吳山、岍山之類。亦間有考證。以其奉使時所記，多非親見之事，且多非所經之地，故曰'餘聞'。兼及趙州、介休者，則以往隴、蜀時，驛路所必經也。"

## 【皇華紀聞四卷】

見《濟南府志·經籍》、《山東通志·藝文》（子部小說類。"紀"誤作"記"）。現存：①清康熙刻本（收入《王漁洋遺書》），中國國家圖書館、上海圖書館等藏，《中國叢書綜錄》、《中國古籍善本書目》著錄；《四庫全書存目叢書》影印。有長洲韓菼《序》，康熙庚午姪王源《序》。②清乾隆嘉慶間《悔堂手鈔》稿本，山東省圖書館藏，《中國古籍善本書目》、《中國叢書廣錄》著錄。③清鈔《碎珮叢鈴》本，山東省圖書館藏，《中國古籍善本書目》、《中國叢書廣錄》著錄。④清鈔本，中國國家圖書館藏，《北京圖書館普通古籍總目》著錄。

《山東通志·藝文》引《四庫存目提要》曰："康熙甲子，士禎以少詹事奉使祭告南海，因綴其道途所經之地，搜採故事，為此書。多採小說、地志之文，直錄其事，無所考證，不及其《池北偶談》諸書也。"

## 【草書字彙六卷】

王士禎輯。現存：稿本，山東省圖書館藏，《山東文獻書目》著錄。

《王士禎袁枚等手跡》　山東省圖書館藏原札本

## 【王士禎袁枚等手跡】

王士禎等書。現存：原札本，山東省圖書館藏。

## 【帶經堂墨蹟一卷】

王士禎書。現存：稿本，天津圖書館藏。

## 【漁洋先生草稿墨蹟不分卷】

王士禎撰並書。現存：手稿摺葉裱裝本（二帙），見《中國社會科學院文學研究所藏古籍善本書目》。

## 【三國志圖】

《山東通志·藝文》（子部藝術類）著錄，引《香祖筆記》云："古彩選始唐李郃，宋尹師魯踵而為之。元豐官制行，宋保國者又更定之。劉貢父則取西漢官秩陞黜次第為之，又取本傳所以陞黜之語注其下，其兄原父見之喜，因序之而以為己作。明倪文正公鴻寶，亦以明官制為圖。予少時偶病，臥旬日，無所用心，戲作《三國志圖》。以季漢為主，而魏、吳分兩路遞遷，中頗絫用陳壽書，頗謂馴雅有義例也。"

## 【池北偶談二十六卷】

見《濟南府志·經籍》、《山東通志·藝文》（子部雜家類）。現存：①稿本（不分卷），中國社會科學院文學研究所藏，《中國古籍善本書目》、《山東文獻書目》著錄。②清康熙三十九至四十年姪廷掄臨汀郡署刻本，中國國家圖書館、山東大學圖書館等藏，《山東大學圖書館古籍善本書目》、《中國科學院圖書館藏中文古籍善本書目》著錄；《山東文獻集成》影印。③《四庫全書》本。又有《清代筆記叢刊》本、《清代筆記小說大觀》本等，見《中國叢書綜錄》。

《山東通志·藝文》：《四庫提要》曰："凡《談故》四卷，皆述朝廷殊典及衣冠勝事。其中如戊己校尉、裙帶官之類，亦間及古制。《談獻》六卷，皆明紀中葉以後及國朝名臣、碩德、畸人、列女。其中如論王縉、張商英、張采之類，間有摘斥其惡者，蓋附錄也。《談藝》九卷，皆論詩文。領異標新，實所獨擅，全書精粹，盡在於斯。《談異》七卷，皆記神怪，則文人好奇之習，謂之戲錄可矣。'池北'者，士禎宅西有圃，圃中有池，建屋藏書，取白居易語，以'池北書庫'名之，自為之記。庫旁有石帆亭，嘗與賓客聚談其中，故以名書。前有自序，康熙辛未作也。"

《聽雨樓隨筆》云："外王父臨溪先生藏《池北偶談》草兩巨冊，塗乙滿紙。後來視之，似平平敘去，不知煞費經營，乃致妥貼。"

《池北偶談》二十六卷　清康熙王廷掄臨汀郡署刻本

## 【居易錄三十四卷】

見《濟南府志·經籍》、《山東通志·藝文》（子部雜家類）。現存：①清康熙刻《王漁洋遺書》本，中國國家圖書館、中國科學院圖書館、上海圖書館等藏，《中國古籍善本書目》、《中國叢書綜錄》、《東北地區古籍綫裝書聯合目錄》著錄；《山東文獻集成》影印（清康熙刻雍正印本）。②《四庫全書》本。又有《學海類編》本、《叢書集成初編》本（三卷）等，見《中國叢書綜錄》。

《山東通志·藝文》引《四庫提要》曰："是書乃其康熙己巳官左副都御史以後，至辛巳官刑部尚書以前十三年中所記。前有《自序》，稱取顧況'長安米貴，居大不易'之意，末又以'居易俟命'爲說，其義兩岐，莫知何取也。中多論詩之語，標舉名儁，自其所長。其記所見諸古書，考據源流，論斷得失，亦最爲詳悉。其他辨證之處，可取者尤多。惟三卷以後忽記時事，九卷以後兼及差遣遷除，全以日曆、起居注體編年紀月，參錯於雜說之中。其法雖本於龐元英《文昌雜錄》，究爲有乖義例。又喜自錄其平反之獄辭、亢直之廷議，以表所長。夫《鄴侯家傳》乃自子孫，《魏公遺事》亦由僚屬。自爲之而自書之，自

書之而自譽之，即言言實錄，抑亦淺矣。是則所見之狹也。"

## 【居易錄談三卷續談一卷】

現存：①清道光十一年六安晁氏木活字本排印《學海類編》本，中國國家圖書館、中國科學院圖書館、上海圖書館等藏，《中國叢書綜錄》、《中國古籍善本書目》、《山東文獻書目》著錄。②民國二十四至二十六年上海商務印書館《叢書集成初編》排印本，中國國家圖書館、上海圖書館、山東大學圖書館藏，《中國叢書綜錄》著錄。

## 【王文簡公說部原稿不分卷】

現存：稿本，上海圖書館藏。存四十三條，均見於《香祖筆記》卷十、卷十一。其中"羅森字約齋，大興人。順治丁亥進士。舌短，語音不正。自縣令累官開府，所至以賄聞"一條，康熙刻本初有之，後印者削去"羅森"以下十九字一行，隱去羅氏之名。《四庫全書》本則改爲"時有自縣令累官開府，所至以賄聞"。見《上海圖書館藏明清名家手稿（簡編本）》。

## 【王文簡公說部殘稿一卷】

現存：稿本（與《王文簡公詩文殘稿》合訂），上海圖書館藏，《中國古籍善本書目》、《山東文獻書目》著錄。

## 【漁洋山人說部精華十二卷】

劉堅類次。現存：①清乾隆十三年劉氏刻本，清華大學圖書館等藏，《北京人文科學研究所藏書簡目》、《清華大學圖書館藏善本書目》著錄。②清光緒五年仁和葛氏刻《嘯園叢書》本（作《說部精華》），中國國家圖書館、首都圖書館、北京大學圖書館等藏，《中國叢書綜錄》、《內蒙古自治區線裝古籍聯合目錄》著錄。③民國三年掃葉山房石印本，中國國家圖書館、浙江圖書館等藏，《東北地區古籍綫裝書聯合目錄》、《內蒙古自治區線裝古籍聯合目錄》著錄。

## 【漁洋緒論不分卷】

王相輯。現存：清鈔本（四冊），見《中國社會科學院文學研究所藏古籍善本書目》。

## 【漁洋宴錄】

《重修新城縣志‧藝文》據張象津《新城後志稿》著錄。

## 【雪屋紀談】

見《重修新城縣志‧藝文》。《漁洋山人精華錄訓纂‧精華錄訓纂採用山人書目》列此書於"漁洋山人生平著述未見書"。《漁洋山人著述考》作《雪錄紀談》。

## 【齊州脞說】

見《重修新城縣志‧藝文》。《漁洋山人精華錄訓纂‧精華錄訓纂採用山人書目》列此書於"漁洋山人生平著述未見書"。《漁洋山人著述考》作《齊州脞記》不分卷。

## 【冬心齋摭言枕秘不分卷】

金農輯。現存：清鄭小邑鈔本（清李錫圭跋），南京圖書館藏，《中國古籍善本書目》、《山東文獻書目》著錄。

## 【淵鑑類函四百五十卷目錄四卷】

張英、王士禎等輯。現存：清康熙四十九年內府刻本（一百四十冊），中國國家圖書館、上海圖書館等藏，《中國古籍善本書目》、《美國哈佛大學哈佛燕京圖書館藏中文善本書志》著錄。

## 【落箋堂初槀一卷】

見《濟南府志‧經籍》（作《落牋堂集》）、《山東通志‧藝文》（集部別集類）。

《山東通志‧藝文》："《居易錄》云：'十五歲有詩一卷，曰《落箋堂初槀》，兄序而刻之。'按：兄謂士祿。"

按：《居易錄》所云清初王士祿刻本，今未見流傳。惠棟《漁洋山人精華錄訓纂‧精華錄訓纂採用山人書目》已列此書於"漁洋山人生平著述未見書"，蓋此書亡佚已久。

## 【秋柳詩一卷】

現存：鈔本（朱筆批注），山東省圖書館藏。

## 【王漁洋秋柳詩四首解一卷】

蒲城屈復注。現存：清乾隆九年刻本（與《百硯銘》等合刻），中國國家圖書館、吉林大學圖書館等藏，《販書偶記》、《清人別集總目》著錄。

## 【漁洋秋柳詩釋一卷】

高丙謀釋。現存：清光緒十四年古費王氏刻本，中國國家圖書館、北京大學圖書館、復旦大學圖書館、天津圖書館藏，《清人別集總目》著錄。

## 【乙未以前逸詩】

見《漁洋山人精華錄訓纂‧精華錄訓纂採用山人書目》。《山東通志‧藝文》據以著錄。

## 【丙申詩】

見《漁洋山人精華錄訓纂‧精華錄訓纂採用山人書目》，注云："自序。"《重修新城縣志‧藝文》作《丙申集》。《阮亭詩選》前三卷為丙申詩，前有小序云："丙申之歲，予始釋褐里居，却埽杜門，發藏書讀之，益肆力於詩歌。春遊長白，信宿范文正公祠下。夏五，之海上，省家兄西樵於官舍，登三山亭，以觀滄海。泓崝蕭瑟，蓬丘方丈，近在眉際，皋然有褰裳濡足之思焉。秋弔欒公社之故墟，與海石往復甚久。得詩二百許篇，刪存如干首，釐為三卷。"《漁洋山人詩集》前二卷亦丙申詩，凡一百三十二首。

## 【過江集一卷】

有清順治十八年刻本，見《販書偶記續編》、《清人別集總目》、《清人詩文集總目提要》。《山東通志‧藝文》、《重修新城縣志‧藝文》俱無卷數。《漁洋山人精華錄訓纂‧精華錄訓纂採用山人書目》注云："自序。"

《山東通志‧藝文》引《居易錄》云："順治庚子冬在揚州，病起，以公事渡江往毘陵，與京口別駕程康莊崑崙同遊金、焦、北固，及鶴林、招隱、竹林寺、海岳菴諸名勝，有《過江集》。張吏部九徵公選序之云：'筆墨之外，自具性情。登覽之餘，別深懷抱。'知己之言也。"

## 【入吳集一卷】

現存：清康熙刻本（王士喜選），中國國家圖書館藏，《中國古籍善本書目》、《販書偶記續編》著錄。《山東通志·藝文》、《重修新城縣志·藝文》俱無卷數。

《山東通志·藝文》引《居易錄》云："辛丑春，以例往松江謁直，指次滸墅。聞鄧尉梅花盛開，遂輕舟入太湖口。自光福元墓，留聖恩寺四宜堂，賦詩數十篇而返，因自號漁洋山人，有《入吳集》。按：《入吳集》有《自序》，見《漁洋文略》。"

## 【秦淮雜詩一卷】

順治辛丑（十八年）春，以讞通海案居南京時所作。現存：清康熙刻《新城王氏雜文詩詞》本，中國國家圖書館藏，《中國古籍善本書目》、《北京圖書館古籍善本書目》著錄。小序云："以所居在秦淮之側，故所詠皆秦淮之事，而以'秦淮'名篇。"

## 【歲暮懷人絕句一卷】

見《漁洋山人精華錄訓纂·精華錄訓纂採用山人書目》、《漁洋山人著述考》。《漁洋山人自撰年譜》"順治十八年辛丑"："冬赴淮安龔社湖中，作《歲暮懷人絕句》六十首。"《阮亭詩選》"辛丑"小序有"爲《歲暮懷人絕句》"語，注云："《歲暮懷人詩》別爲專刻，今編入。"然編入者僅五十一首。

## 【屏風集】

《漁洋山人精華錄訓纂·精華錄訓纂採用山人書目》列此書於"漁洋山人生平著述未見書"。《山東通志·藝文》（集部別集類）據以著錄。

## 【阮亭壬寅詩一卷】

現存：清康熙刻《新城王氏雜文詩詞》本，中國國家圖書館、上海圖書館藏，《中國古籍善本書目》、《販書偶記續編》（作《阮亭壬寅詩選》）、《清人別集總目》著錄。《重修新城縣志·藝文》據《漁洋山人精華錄訓纂》著錄，作《壬寅集》。

## 【阮亭詩選十七卷】

王士祿等選。現存：①清康熙元年自刻本，中國國家圖書館、山東省圖書館等藏，《中國古籍善本書目》、《清人別集總目》、《清人詩文集總目提要》著錄。②舊鈔本，臺灣"國家圖書館"藏，《國家圖書館善本書志初稿》著錄。前有序文十數篇：虞山錢謙益《王貽上詩集序》，吉州李元鼎、晉安黃文煥、閩林古度、東萊趙士冕、南譙吳國對、黃岡王澤弘、陽羨陳維崧、黃州杜濬、武鄉程康莊、長洲汪琬、宣城施閏章、如皋冒襄、浙西魏學渠、雍韓詩、金壇蔣超、宣城唐允甲、丹徒張九徵、梁溪顧宸等《序》，十笏草堂主人王士祿《序》，及士禛《序》二篇。序後有總目，總目末有選校者人名二三十人之多，首其兄士祿、士禧等選，次崑山盛符升等校，姪、男近十人同訂。卷末有壬寅五月崑山盛符升《跋》。據士祿《序》，是集乃於吳門刻其丙申以來五年之作。凡十七卷，所收詩按年編次。

## 【阮亭詩選一卷】

吳之振選。現存：①清康熙十一年吳氏鑑古堂刻《八家詩選》本，中國國家圖書館、北京大學圖書館、復旦大學圖書館等藏，《中國古籍善本書目》、《中國叢書綜錄》、《中國科學院圖書館藏中文古籍善本書目》著錄。②清鈔本，中國國家圖書館藏。

## 【阮亭癸卯詩一卷】

現存：清康熙刻《新城王氏雜文詩詞》本，中國國家圖書館、上海圖書館藏，《中國古籍善本書目》、《中國叢書廣錄》、《清人別集總目》著錄。《漁洋山人精華錄訓纂·精華錄訓纂採用山人書目》作《癸卯集》。《重修新城縣志·藝文》作《癸卯詩集》，並引《漁洋文略》此書《自序》云："予以順治十七年來揚州，中間與禮吉一別，與東亭再別；西樵自大梁過廣陵，對床一夕，遂別於鸞江之上。嗟呼！予兄弟少無宦情，同抱箕穎之志，居常相語，以十年畢婚宦，則耦耕醴泉山中，踐青山黃髮之約。息壤在彼，得毋笑是食言多乎？是歲癸卯，西樵奉命主中州試，東亭舉山東榜，予之居揚州且四年矣。除夕偶編次一歲所作，慨然書此。"

## 【金陵遊記一卷】

現存：清康熙刻《新城王氏雜文詩詞》本，中國國家圖書館藏，《中國古籍善本書目》、《北京圖書館古籍善本書目》、《販書偶記續編》著錄。《漁洋山人精華錄訓纂·精華錄訓纂採用山人書目》云："杜于皇、冒辟疆諸公序。"于皇名濬，辟疆名襄。

## 【阮亭甲辰詩一卷】（一名《冶春絕句》）

現存：清康熙刻《新城王氏雜文詩詞》本，中國國家圖書館、中國科學院圖書館、山東省博物館等藏，《中國古籍善本書目》、《雙行精舍書跋輯存》著錄。《重修新城縣志·藝文》據《漁洋山人精華錄訓纂》著錄，作《甲辰集》無卷數。

## 【白門前後集】

見《山東通志·藝文》。《重修新城縣志·藝文》著錄《白門集》，注云：“汪蛟門等序。”又《白門後集》，注云：“汪鈍菴序。”

《山東通志·藝文》引《居易錄》云：“予三至金陵。庚子以鄉試分考，至渡江日已曛黑，束炬登燕子磯，題詩石壁。翌日金陵競傳寫之，和者甚衆。辛丑以讞獄至，作《秦淮雜詩》、《金陵遊記》，每讞事畢，輒肩輿往烏龍潭、靈谷、瓦官諸寺，城南高座、長干諸古刹，探幽訪古，而公事未嘗廢也。乙巳內遷禮部，解郡後客金陵，凡前所未經歷者，如牛首祖堂、棲霞、花山，與方文爾止共遊焉。補遊記數篇，通集所作詩文，爲《白門前後集》。汪琬鈍翁序之。”

汪琬《鈍翁前後類稿》卷二十九載《王貽上白門詩集序》云：“貽上自淮廣以來，凡至白門者再矣。一以庚子歲同考試官，一以讞大獄，皆當奔走不遑之日。而貽上獨出其暇力，訪三山之名勝，弔六代之故墟，凡爲詩若干篇，既敏且工，而吏事亦得以不廢。此非有絕人之才，不能至也。方其爲同考時，夜鼓柁行大江中，漏下將盡，始得抵燕子磯。貽上興發欲登，會天雨新霽，林木蕭颯，江濤噴涌，與山谷相應咨。從者顧視色動，而貽上徑呼束苣以往，題數詩於石壁上，從容躧步而還。翼日詩傳白下，和者凡數十家，皆江南名士也。其再至，則館於布衣丁繼之氏。丁故家秦淮，距邀笛步不數弓。貽上心喜，遂往來賦詩其間。丁年七十有八，爲人少習聲伎，與歙縣潘景升、福清林茂之遊最稔，數出入南曲中，及見馬湘蘭、沙宛在之屬，故能爲貽上縷述曲中遺事，娓娓不倦。貽上心益喜，輒掇拾其語，入《秦淮襍詩》中，詩益流麗靡側，可播笙管而被絲桐也。噫，亦異矣哉！以廣陵之凋敝，刑官之冗襍多事，此雖日勤其職，猶懼有所不給。顧貽上方用政事自奮，而又能飾以風雅，有登臨歡歌之樂，吾然後知其才之絕人也。觀斯集者，亦可以得其概矣。丁繼之名胤最。後貽上爲《歲暮懷

人詩》六十章，諸名卿大夫具在，而獨喜推譽繼之，綴於篇首，蓋貽上之矜奇好廣異聞如此。”

## 【王貽上詩選一卷】

鄒漪選。現存：清康熙七年序刻《名家詩選》本，上海圖書館藏，《中國叢書綜錄》、《中國古籍善本書目》、《山東文獻書目》著錄。

## 【漁洋山人詩集二十二卷】

現存：①清康熙八年刻本（收入《王漁洋遺書》），中國國家圖書館、上海圖書館、山東省圖書館等藏，《中國叢書綜錄》、《東北地區古籍綫裝書聯合目錄》著錄；《四庫全書存目叢書》影印。有宜興陳維崧、長洲汪琬、崑山葉方藹、六合李敬《序》。目次末頁有“康熙己酉吳/郡沂詠堂雕”牌記。②鈔本，見《北京大學圖書館藏古籍善本書目》。

《山東通志·藝文》著錄《漁洋詩集》二十二卷《續集》十六卷，引《四庫存目提要》曰：“士禛初刻《落牋堂詩》，又刻順治丙申至辛丑所作爲《阮亭詩》，復有《過江》、《入吳》、《白門》前後諸集。後乃刪併諸作，定爲《漁洋前集》。始於丙申，終於康熙己酉，凡十四年之詩。是集出，而少作諸集悉微，故今不甚傳。康熙甲子，又裒其辛亥至癸亥之詩十六卷，爲《漁洋續集》，蓋其爲詹事時也。其時菁華方盛，與天下作者馳逐矜名，故平生刻意之作，見於二集者爲多焉。”《香祖筆記》云：“黃子鴻名儀，常熟人，隱居博學，工書法。予刻《漁洋續集》，將仿宋槧，苦無解書者。門人崑山盛誠齋侍郎 符升 聞子鴻多見宋刻，獨工此體，因禮致之。子鴻欣然而來都無厭倦。今續集自首迄尾，皆其手書也。”

## 【遊西山詩一卷】

現存：清康熙刻本，天津圖書館藏，《天津圖書館古籍善本書目》、《清人別集總目》著錄。

汪懋麟《百尺梧桐閣集·游西山詩序》略云：“日馳逐於牛溲馬勃中，拳拘彳亍，耳目俱廢。思一曠朗之境，升高而嘯，入林而嬉，以舒幽憂抑塞之氣，杳不可得。壬子三月，始爲西山之遊，見夫岈然者山，窪然者溪，古松怪石，縈青繚白，紛錯離立，相與坐石飲溪，泉聲淙淙，若操琴瑟。得詩十數篇以歸，以爲西山之勝，庶幾爲我有乎？越二日，見濟南兩王先

生，出其《遊西山詩》見示，古今體若干首。韋、孟之飄蕭，杜、韓之蒼奧，橫見側出，與山水爭奇。始茫然自媿，昨日之遊何草草，而詩何悵悵也。"

### 【西山紀遊集】

見《漁洋山人精華錄訓纂·精華錄訓纂採用山人書目》，注云："嚴蓀友等序。"蓀友，繩孫字。《山東通志·藝文》據以著錄。

按：此集疑即《遊西山詩》。

### 【蜀道集】

見《山東通志·藝文》。《漁洋山人著述考》著錄清康熙二十三年刻《漁洋山人詩續集》本（卷二至卷六，共五卷）。

《山東通志·藝文》引《居易錄》云："康熙壬子，予以戶部郎中奉命典四川鄉試，所過名山如井陘、霍山、姑射、中條、雷首、太華、少華、終南、太白、雲棧、嶓冢、錦屏、天柱、岷山、青城、蠶頤、凌雲、峨嵋、烏尤、五峰、塗山、平都、上嵩、瞿唐三峽、巫山十二峰，隆中、峴首、蘇門、百泉諸勝，舟車遞發，迫于王程，或至或不至，凡登望皆有詩，爲《蜀道集》。葉文敏訒菴題長句於卷首，又以書抵予云：'《蜀道》新詩，每一篇具有二十分力量'云。"

### 【禮部集】

見《漁洋山人精華錄訓纂·精華錄訓纂採用山人書目》，注云："朱竹垞序。"《山東通志·藝文》據以著錄。按《居易錄》，士禎康熙乙巳（四年）內遷禮部。

### 【隴蜀歸來稿一卷】

現存：手稿本，濟南張景栻藏，《山東文獻書目》著錄。

### 【漁洋山人詩續集十六卷】

現存：①稿本（存卷十一卷十二），上海圖書館藏。②清康熙二十三年刻本（收入《王漁洋遺書》），中國國家圖書館、中國科學院圖書館、上海圖書館等藏，《中國叢書綜錄》、《東北地區古籍綫裝書聯合目錄》、《清人詩文集總目提要》著錄；《四庫全書存目叢書》影印。有宛陵施閏章、崑山徐乾學、海寧

陸嘉淑、康熙二十年江陰受業門人曹禾、康熙壬戌江都受業門人汪懋麟、康熙二十三年長洲受業門人金居敬、康熙甲子鄞受業門人萬言《序》共七篇。末附《題後》一篇，乃吳江計東爲《前集》所作《序》，以《前集》刻於己酉，偶軼此篇，後讀其《文集》見之，因附錄於《續集》卷末云。③鈔本，見《北京大學圖書館藏古籍善本書目》。

### 【漁洋山人集】

《山東通志·藝文》："《精華錄訓纂採用書目》云：'倍漁洋詩。牧齋序。'"

### 【南海集二卷】

見《山東通志·藝文》。現存：清康熙二十四年刻本（收入《王漁洋遺書》），中國國家圖書館、北京大學圖書館、上海圖書館、山東省圖書館等藏，《中國叢書綜錄》、《中國古籍善本書目》、《中國科學院圖書館藏中文古籍善本書目》著錄；《四庫全書存目叢書》影印。有門人長洲金居敬《序》。

《山東通志·藝文》引《四庫存目提要》曰："皆其奉使祭告南海往還之作。上卷自京師至廣州，下卷自廣州至其家新城而止。蓋其《北歸志》亦止於新城也。趙執信作《談龍錄》，摭其開卷二詩，以爲似羈臣遷客之語，其言誠是。然士禎之詩長於山水，別爲一調，未可以二馮之法繩之也。"《居易錄》云："嶺南貝吉多樹，無根可活。昔在廣州，劉都督顯芳招飲署中，堂後有此樹。予戲折一枝，手植寓館。時方雨，一夕鬱茂。因署數字楣間，以紀歲月，系詩云：'貝葉無根插短籬，一宵春雨發華滋。他年誰續羊城志，記取漁洋手種時。'今《南海集》不載，追記於此。"

按金居敬《南海集序》略云："康熙甲子冬，宮詹學士新城王先生祇命告祭南海，其門下士長洲金居敬方候省試在都，爲詩以送先生之行，其末句云：'歸日定成《南海集》，還將《後序》屬門生。'蓋先生昔典試蜀中，以'蜀道'名集，而《漁洋續稾》則嘗命居敬序之，故云爾。明年夏，先生使還，居敬已釋褐，需次當歸，謁先生於邸第。先生曰：'《南海集》成矣，《後序》之言，不可爽也。'居敬不敢以不敏辭，請而讀之。"則是集之成，在康熙甲子之次年，即二十四年也。

## 【漁洋山人詩合集十八卷】

現存：清康熙三十三年錫山于野草堂刻本，中國國家圖書館、山東大學圖書館等藏，《中國古籍善本書目》、《清人別集總目》著錄。《重修新城縣志‧藝文》作《阮亭詩初續合刻》十八卷。

## 【漁洋山人文略十四卷】

現存：①清康熙三十四年刻本（收入《王漁洋遺書》），中國國家圖書館、北京師範大學圖書館、上海圖書館等藏，《中國叢書綜錄》、《中國古籍善本書目》著錄；《四庫全書存目叢書》影印。②清乾隆嘉慶間《悔堂手鈔二十種》稿本，山東省圖書館藏，《中國古籍善本書目》、《中國叢書廣錄》著錄。《濟南府志‧經籍》、《山東通志‧藝文》均作《漁洋文略》。

《山東通志‧藝文》：《四庫提要》曰："蓋康熙乙亥士禎所自編。前有其門人張雲章《序》。士禎以詩名一時，而古文特以天姿朗悟，自然修潔，實則非所專門。雲章《序》謂：'以先生爲今之太白、子美，羣知非溢美矣。語以先生之文，昌黎、柳州之文也，容有或信或不信者。'蓋當時公論已爾，而雲章必以詩文竝稱，非篤論矣。"

按本書，張雲章《序》作於康熙三十四年十月。

## 【漁洋山人乙亥文稿一卷】

現存：手稿本（清韓崇、章綬銜跋），中國國家圖書館藏，《北京圖書館古籍善本書目》、《中國古籍善本書目》著錄。

## 【蠶尾集十卷續集二卷後集二卷】

見《山東通志‧藝文》。現存：清康熙刻本（收入《王漁洋遺書》），中國國家圖書館、復旦大學圖書館、山東省圖書館等藏，《清人別集總目》著錄；《四庫全書存目叢書》影印。又上海圖書館藏《蠶尾續集》二卷稿本（清錢維喬等跋），見《中國古籍善本書目》、《清人別集總目》。《重修新城縣志‧藝文》著錄《蠶尾續集》三卷《蠶尾後集》二卷。

《山東通志‧藝文》引《四庫存目提要》曰："士禎以康熙甲子祭告南海，阻雪東平，望小洞庭中蠶尾山，悅其清遠，因取以名其山房，並以名集。案：盛符升作《雍益集序》，稱'合戊辰至乙亥詩文，爲《蠶尾集》十卷。'此集目錄下乃註詩自甲子年起，其年

冬及乙丑年作別爲《南海集》。文自庚午年起，士禎《自序》又稱：'偶次甲子使粵以前及丁卯以後詩文，稍成卷帙，因以《蠶尾》名集。'士禎集皆所自刊，而三說錯互如是，未喻其故。文中題跋凡三卷，頗足考證。然皆與《居易錄》重出。又《蠶尾集序》一篇既刊卷端，又刻之集中，亦乖體例。其《續集》二卷，皆乙亥迄甲申之詩，惟無丙子一年詩，以是年奉使祭告，別爲《雍益集》也。《後集》二卷，則戊子歸田後所作，五七言絕句居十之九，《自序》謂'時方刪定洪邁《萬首絕句》，因效爲之。'然是年士禎七十五歲矣，殆亦精力漸減，不耐爲長篇巨製也。"

按：《蠶尾集》有康熙丙子（三十五年）宋犖《敘》，士禎《自敘》。《蠶尾續集》有康熙甲申（四十三年）錢塘吳陳琰《序》。《蠶尾後集》有漁洋《自序》。

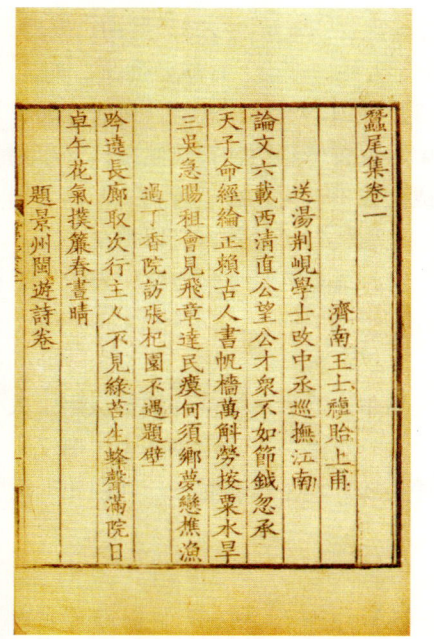

《蠶尾集》十卷　清康熙刻本

## 【蠶尾續集二十卷】

現存：清鈔本（內容與《帶經堂全集》卷七十三至九十二同，鈐"程哲"、"聖跂"二印，似即程刻底本），山東省圖書館藏，《中國古籍善本書目》著錄。按：《重修新城縣志‧藝文》著錄《蠶尾詩集》二卷、《蠶尾續詩集》十卷、《蠶尾文集》八卷、《蠶尾續文集》二十卷，注云："與正、續《詩集》及《文略》合刊，爲《帶經堂全集》。"其《蠶尾續文集》

二十卷，當既此編。

## 【鬋尾集剩稿不分卷】

現存：清鈔本，中國國家圖書館藏，《清人別集總目》著錄。

## 【雍益集一卷】

見《山東通志·藝文》。現存：①清康熙三十五年刻本（收入《王漁洋遺書》），中國國家圖書館、上海圖書館、山東省圖書館等藏，《中國叢書綜錄》、《中國古籍善本書目》、《東北地區古籍綫裝書聯合目錄》著錄；《四庫全書存目叢書》影印。②清嘉慶十四年鈔本，北京大學圖書館藏。

《山東通志·藝文》引《四庫存目提要》曰：“皆康熙丙子奉使祭告西嶽、西鎮、江瀆途中所作。前有其門人盛符升《序》，述士禎自言：‘再使秦、蜀，往返萬里，得詩纔百餘篇，皆寥寥短章，無復當年《蜀道》、《南海》豪放之格。’其門人蔣仁錫後序亦述士禎自言：‘老耽禪寂，遇事短吟，略倣西竺氏偈頌，不應更作文字觀也。’可謂明於自知者矣。”《香祖筆記》云：“嘉陵江岸有刀環山，康熙丙子，余再使蜀，舟過之，口占絕句云：‘晨過赤銅水，望見刀環山。閨中應計日，不見槀砧還。’原注：赤銅亦利州水名。蓋用古樂府‘槀砧今何在，山上復有山。何當大刀頭，破鏡飛上天’語也。此詩偶逸之，未編入《雍益集》，聊記此。”

盛符升《讀雍益集總述》略云：“先生八歲能詩，伯氏西樵吏部授以裴、王詩法。及在揚州，所交皆當世名賢高齋，視事之暇，金陵、京口、姑蘇，舟車遊覽之餘，題詠滿大江南北。庚子秋，符升受收門下，盡得受而讀之，因集其順治丙申以來至辛丑紀年□□較讎之，爲《阮亭詩》之刻，此專集所托始也。久之，先生復自取千三百餘首，刪其什六，益以《過江》、《入吳》、《白門》前後諸集，都爲一編，凡二十二卷，是甲辰前廣陵所作，乙巳後禮部所作，斐然畢備，屬同門生王子我建鐫之吳門，此《漁洋前集》之再刻也。康熙壬子秋，祗奉朝命，典試益州，有《蜀道集》二卷、《驛程記》四卷。其詩高古雄放，觀者驚歎，比于韓、蘇海外之篇。戊午春，膺皇上特達之知，擢授翰林侍講，尋下徵其詩，錄三百篇以獻，謂之《御覽

集》，未敢專行。庚申冬拜國子祭酒，符升 時官膳部，從遊無間晨夕，乃更裒其辛亥迄癸亥之詩，得十六卷，重爲編次，曰《京集》，曰《蜀集》，曰《家集》，此《漁洋續集》之三刻也。甲子冬，以宮詹受命秩祀粵海，有《南海集》二卷，符升 僭序其端，而《粵行三志》三卷、《皇華紀聞》六卷、《廣州遊覽志》一卷附之，此一時一地專爲紀錄之四刻本。方使車之南行也，雪阻東平，望小洞庭中有鬋尾山，爲唐蘇源明謙賞地，因取以名其山房。退食之暇，合戊辰至乙亥詩及碑版記序雜文，爲《鬋尾集》十卷，而古文詞之前此者，復別爲《漁洋文略》十四卷，雪苑宋先生爲之作序以傳，此詩文合集之五刻也。丙子春，以少司農祇命祭告西嶽西鎮江瀆，有《雍益集》、《秦蜀驛程後記》、《隴蜀餘聞》各一卷。蓋先生遊歷所至，必討論其山川、風俗、古今人物之本末。隴蜀既舊遊之地，已詳具《驛程記》中，而此又紀其所未備者也。丁丑夏，屬婿江通政錢公郵寄，且以《總序》見委，……此又一時兩地再爲紀錄之六刻也。其間《驛程》、《紀聞》等書凡六種，略如昔人隨筆總錄之例。又有五言詩、七言詩及《唐賢三昧集》、《唐詩》、《十選》三書，獨發明司空表聖、嚴滄浪論詩微旨，與詩集並行，爲世所宗法，此又先生諸集外之別刻也。其他著述已成書者，則又有《國朝謚法考》一卷，《池北偶談》二十六卷，《居易錄》三十卷，《五代詩話》、《古懽錄》各若干卷，皆集外單行。”末署“崑山受業門人盛符升謹述，時年八十有三”而不具年月。

蔣仁錫《雍益集書後》略云：“丙子春二月，吾師漁洋先生奉命祭告西嶽江瀆，仁錫走謁先生於邸第，曰：‘先生昔典試成都，以《蜀道》名集，至今衣被海內。茲使節歷舊游，必繼《蜀道》成集，發揮名山奧區未盡之蘊。’先生憮然曰：‘余自壬子入蜀，甲子使粵，以及此行，每值子歲，輒有萬里之役。今筋力就衰，興味蕭索，思棧隴之崎嶇，江漢波濤之洶涌，陰雨雲物之霑霆詭變，時代風序之推遷，猿鳥之啼吟叫嘯，草之蒙茸，木之薈蔚，實有神傷心悸不欲復見者，恐不能如年少氣盛時出佳句排奡，以與山靈相雄長矣。’一座皆低佪感愴。迨秋九月既竣事，先生復命於朝，仁錫丞請先生近詩授梓，冀得任校錄之責，挂名末簡。先生因出《雍益集》以示。”末署“康熙三十六年歲次丁丑七月之望門人析津蔣仁錫謹書。”

## 【精華錄十卷】

見《四庫全書總目》、《濟南府志‧經籍》、《山東通志‧藝文》。現存：①清康熙三十九年侯官林佶寫刻本（作《漁洋山人精華錄》），中國國家圖書館、中國科學院圖書館、煙臺圖書館等藏，《中國古籍善本書目》、《國家圖書館善本書志初稿》、《煙臺公共圖書館館藏古籍書目》著錄。前有錢謙益《序》及《古詩一首贈王貽上 士禎》。後有康熙庚辰夏五門人侯官林佶《後序》。卷端題“門人侯官林佶編”。②清康熙刻《王漁洋遺書》本（作《漁洋山人精華錄》），山東省圖書館、山東大學圖書館等藏，《中國叢書綜錄》著錄。③《四庫全書》本。④《悔堂手鈔》稿本（作《漁洋山人精華錄》），山東省圖書館藏，《中國古籍善本書目》、《中國叢書廣錄》著錄。

《山東通志‧藝文》引《四庫提要》曰：“其詩初刻有《落箋堂集》，皆少作也。又有《阮亭詩》及《過江》、《入吳》、《白門》前、後諸集，後刪併爲《漁洋前集》，而諸集皆佚。嗣有《漁洋續集》、《蠶尾集》續集後集、《南海集》、《雍益集》諸刻。是編又刪掇諸集，合爲一帙。相傳士禎所手定，其子啟汧跋語稱‘門人曹禾、盛符升仿任淵《山谷精華錄》之例鈔爲此錄’者，蓋託詞也。士禎談詩，大抵源出嚴羽，以神韻爲宗。其在揚州作《論詩絕句》三十首，前二十八首皆品藻古人，末二首爲士禎自述。其一曰：‘曾聽巴渝里社詞，三閭哀怨此中遺。詩情合在空舲峽，冷雁哀猿和竹枝。’平生大指，具在是矣。當康熙中，其聲望奔走天下。凡刊刻詩集，無不稱‘漁洋山人評點’者，無不冠以‘漁洋山人序’者。下至委巷小說，如《聊齋志異》之類，士禎偶批數語於行間，亦大書‘王阮亭先生鑒定’一行，弁於卷首，刊諸黎棗以爲榮。惟吳喬齡竊目爲‘清秀李于鱗’見《談龍錄》，汪琬亦戒人勿效其喜用僻事新字 見士禎自作《居易錄》，而趙執信作《談龍錄》排詆尤甚。平心而論，當我朝開國之初，人皆厭明代王、李之膚廓，鍾、譚之纖仄，於是談詩者競尚宋、元。既而宋詩質直，流爲有韻之語錄；元詩縟豔，流爲對句之小詞。於是士禎等以清新俊逸之才，範水模山，批風抹月，倡天下以‘不著一字，盡得風流’之說，天下遂翕然應之。然所稱者盛唐，而古體惟宗王、孟，上及於謝朓而止，較以《十九首》之驚心動魄、一字千金，則有天工、人巧之分矣。近體多近錢、郎，上及乎李頎而止，律以杜甫之忠厚纏綿，沈鬱頓挫，則有浮聲切響之異矣。故國朝之有士禎，亦如宋有蘇軾，元有虞集，明有高啟。而尊之者必躋諸古人之上，激而反脣，異論遂漸生焉。此傳其說者之過，非士禎之過也。是錄具存，其造詣淺深可以覆案。一切黨同伐異之見，置之不議可矣。”

## 【漁洋山人精華錄一卷】

現存：清遵義趙怡鈔本，四川省圖書館藏，見《中南西南地區省市圖書館館藏古籍稿本提要》、《清人別集總目》（作《漁洋精華錄》）、《清人詩文集總目提要》。

## 【漁洋精華錄偶筆一卷】

現存：舊鈔本，青島市圖書館藏，見《青島市圖書館藏線裝書目錄初稿》、《青島市圖書館藏明清兩代山東人著作簡目》、《清人別集總目》。

## 【漁洋山人精華錄註十卷】

徐夔註，惠棟補註。現存：稿本（葉昌熾跋），中國國家圖書館藏，見《北京圖書館古籍善本書目》、《中國古籍善本書目》、《清人詩文集總目提要》。

## 【漁洋山人精華錄訓纂十卷金氏精華錄箋註辯訛一卷】

惠棟註。現存：①清惠氏紅豆齋刻本，中國國家圖書館、北京大學圖書館、上海圖書館等藏，《中國古籍善本書目》著錄；《四庫全書存目叢書》影印。②清光緒十七年會稽徐氏述史樓刻本，中國國家圖書館、浙江圖書館等藏，《東北地區古籍綫裝書聯合目錄》著錄。③民國二十五年上海中華書局排印《四部備要》本，中國國家圖書館、北京大學圖書館等藏，《中國叢書綜錄》、《東北地區古籍綫裝書聯合目錄》著錄。

## 【漁洋山人精華錄訓纂補十卷首一卷】

惠棟註，錢塘周懋琦補。現存：稿本，常熟市圖書館藏，《中國古籍善本書目》、《常熟市圖書館善本書目》著錄。

## 【漁洋山人精華錄箋註十二卷補一卷續補一卷續錄箋註一卷年譜一卷附錄一卷】

金榮箋註。現存：①清金氏鳳翽堂刻本，山東省圖書館等藏，《北京圖書館古籍善本書目》、《中國古籍善本書目》、《山東文獻書目》著錄。②民國二海文瑞樓石印本，中國國家圖書館、上海圖書館等藏，《東北地區古籍綫裝書聯合目錄》、《山西省圖書館普通線裝書目錄》著錄。③民國上海有正書局石印本，浙江圖書館、濟南市圖書館藏，《東北地區古籍綫裝書聯合目錄》、《復旦大學圖書館古籍簡目初編》著錄。

## 【漁洋山人精華錄會心偶筆六卷】

伊應鼎輯注。現存：①清乾隆二十四年刻本，東北師範大學圖書館、遼寧省圖書館等藏，《東北地區古籍綫裝書聯合目錄》著錄。②鈔本，見《中國科學院圖書館新收中文線裝舊書草目》。

應鼎字戎平，新城人，乾隆元年進士。

## 【漁洋山人精華錄選鈔一卷】

查慎行、何焯評，郭汝驄輯。現存：清道光間臨汾郭汝驄刻本，中國國家圖書館、天津圖書館藏，《清人別集總目》著錄。

## 【漁洋精華錄一卷】

趙怡選。現存：清遵義趙氏鈔本，四川省圖書館藏，見《四川省圖書館古籍目錄》、《中南西南地區省市圖書館館藏古籍稿本提要》。

## 【精華摘錄二卷續精華錄一卷】

葉鳳毛摘錄。現存：清乾隆十五年青浦葉鳳毛鈔本，復旦大學圖書館藏，《復旦大學圖書館善本目錄》、《清人別集總目》著錄。

## 【古夫于亭稿二卷】

現存：①清康熙四十六年大名成文昭京師刻本，上海圖書館、濟南市圖書館等藏，《北京圖書館古籍善本書目》、《中國古籍善本書目》、《清人詩文集總目提要》著錄。②清乾隆三十一年固堂仿林佶刻本，山東省博物館藏，《山東文獻書目》、《清人別集總目》著錄。

《山東通志·藝文》（無卷數）：《帶經堂詩話》引《蠶尾續》文云：“予甲申歸田後詩，曰《古夫于亭稿》。”

《重修新城縣志·藝文》作《古夫于亭集》二卷，引《自序》略云：“予自甲申歸田，僻居白山錦水之陰，時作小詩，積久成帙。暇錄一通，分寄武林吳子寶崖、大名成子周卜，不足示外人也。”

## 【己丑庚寅近詩】

見《漁洋山人精華錄訓纂·精華錄訓纂採用山人書目》。《山東通志·藝文》據以著錄。

## 【帶經堂集九十二卷】

見《國朝山左詩鈔》（無卷數）、《山東通志·藝文》（作《帶經堂詩文集》九十二卷）、《重修新城縣志·藝文》。現存：①清康熙四十九年至五十年程氏七略書堂刻本（《漁洋集詩》二十二卷《續集》十六卷《文》十四卷《蠶尾集詩》二卷《續詩》十卷《文》八卷《續文》二十卷），中國國家圖書館、中國科學院圖書館、上海圖書館等藏，《中國古籍善本書目》、《販書偶記》、《東北地區古籍綫裝書聯合目錄》著錄；《續修四庫全書》、《山東文獻集成》影印。②清康熙四十九年至五十年程氏七略書堂刻乾隆十二年黃晟槐蔭草堂重修本，中國國家圖書館、上海圖書館等藏，《北京大學圖書館藏古籍善本書目》、《北京師範大學圖書館善本書目》著錄。

《山東通志·藝文》：《筆諫堂書目》載不全本五十四卷，注云：“缺《蠶尾續詩集》十卷、《蠶尾文集》八卷《續文集》二十卷。”《白雲山房文集·答雨樵第二書》云：“其當山人世未及雕板者，則徽州程聖岐所刻《帶經堂集》中之《續詩》、《續文》。”

《國朝山左詩鈔》卷十五至十七共載其詩三百九十九首。乾隆《富平縣志》卷八載其《王節母詩》一首。《費縣志》卷十五載其《內閣中書舍人王公墓誌并銘》（王壎字宜兄，沂州人）。

## 【漁洋山房詩不分卷】

現存：清康熙內府鈔本，故宮博物院圖書館藏，《中國古籍善本書目》、《山東文獻書目》、《清人別集總目》著錄。

## 【漁洋合集】

見《漁洋山人精華錄訓纂·精華錄訓纂採用山人書目》。

## 【退尋草一卷】

現存：清康熙刻本，天津圖書館藏。

## 【詠史小樂府一卷】

見《漁洋山人精華錄訓纂·精華錄訓纂採用山人書目》，無卷數。現存：清初刻本（方爾謙題款），天津圖書館藏。

## 【王文簡公詩鈔三十二卷】

現存：清嘉慶十年蘇齋刻本，煙臺圖書館藏，《煙臺公共圖書館館藏古籍書目》著錄。凡《王文簡公五言詩》十七卷，《王文簡公七言詩》十五卷。

## 【王文簡公詩文殘稿一卷】

現存：手稿本（與《說部殘稿》合訂），上海圖書館藏，見《清人別集總目》、《中國古籍善本書目》。

## 【阮亭近詩一卷】

現存：清康熙刻本，中國科學院圖書館、天津圖書館藏，《天津圖書館古籍善本書目》、《清人別集總目》著錄。

## 【漁洋山人絕句一卷】

現存：清藍絲蘭鈔《高譪閣叢書》本（一冊），中國國家圖書館藏。

## 【漁洋山人集一卷】

聶先輯。現存：清康熙刻《百名家詩鈔》本，中國國家圖書館藏，《北京圖書館古籍善本書目》、《中國古籍善本書目》著錄。

## 【漁洋詩鈔選一卷】

吳藹選。現存：清康熙學古堂《大家詩鈔》本，中國科學院圖書館藏，《中國古籍善本書目》著錄。

## 【漁洋詩鈔一卷】

趙怡選。現存：清遵義趙氏鈔本，四川省圖書館藏，《清人別集總目》著錄。

## 【雜錄漁洋山人詩一卷】

王昌齡選。現存：清王昌齡泥金鈔本，天津圖書館藏。

## 【王阮亭詩一卷】

魏憲輯。現存：清康熙福清魏氏枕江堂刻《皇清百名家詩》本，上海圖書館、天津圖書館等藏，《中國叢書綜錄》、《清人別集總目》著錄。

## 【王氏漁洋詩鈔十二卷】

邵長蘅選。現存：①清康熙三十四年刻《二家詩鈔》本，中國國家圖書館、上海圖書館、煙臺圖書館等藏，《中國叢書綜錄》、《中國古籍善本書目》、《東北地區古籍綫裝書聯合目錄》著錄。②清宣統二年上海時中書局石印本，中國國家圖書館、上海圖書館、浙江圖書館等藏，《東北地區古籍綫裝書聯合目錄》、《復旦大學圖書館古籍簡目初編》著錄。③民國五年上海尚文書店影印本，復旦大學圖書館、山東師範大學圖書館等藏，《東北地區古籍綫裝書聯合目錄》、《內蒙古自治區線裝古籍聯合目錄》、《清人別集總目》著錄。④民國二十年益新書局影印本，煙臺圖書館等藏。

## 【阮亭詩鈔七卷】

何西堰選。現存：清康熙五十四年蕭山何氏手鈔本，臺灣“國家圖書館”藏，《國家圖書館善本書志初稿》著錄。

## 【阮亭詩鈔八卷】

邵玘、屠德修輯。現存：清乾隆三十一年序刻《國朝四大家詩鈔》本，中國國家圖書館、首都圖書館、上海圖書館等藏，《中國叢書綜錄》、《清人別集總目》、《山東文獻書目》著錄。

## 【阮亭詩鈔二卷】

劉執玉選。現存：①清乾隆三十二年詒燕樓刻《國朝六家詩鈔》本，中國國家圖書館、北京大學圖書館等藏，《中國叢書綜錄》、《中國古籍善本書目》著錄。②清光緒十三年汗青簃刻《國朝六家詩鈔》本，中國國家圖書館、上海圖書館、復旦大學圖書館等藏，《中國叢書綜錄》、《山東文獻書目》、《清人別集總目》著錄。③清宣統二年上海澄衷學堂石印《國朝六家詩鈔》本，中國國家圖書館藏。

## 【阮亭詩鈔一卷】

沈道寬錄。現存：清道光六年話山草堂鈔本，上海師範大學圖書館藏，《清人別集總目》著錄。

## 【漁洋山人集句梅花詩四卷】

錢珏、李德煃訂。現存：清乾隆三十五年聽秋山房刻本，山東省圖書館、南京圖書館等藏，《北京大學圖書館藏古籍善本書目》、《清人別集總目》著錄。

## 【漁洋山人集外詩二卷】

張承先輯。現存：①清乾隆四十二年精刻本，中國國家圖書館藏，《販書偶記》、《清人詩文集總目提要》著錄。②清嘉慶五年程芝筠刻本，山東省圖書館藏，《清人別集總目》著錄。③清光緒中石埭徐氏刻《觀自得齋叢書》本，中國國家圖書館、北京大學圖書館、清華大學圖書館等藏，《中國叢書綜錄》、《山東文獻書目》著錄。

《重修新城縣志·藝文》作《漁洋集外詩》，無卷數。

## 【帶經堂集一卷】

趙熟典選。現存：清乾隆間平河趙氏編《國朝文會》清稿本，臺灣"國家圖書館"藏，《國立中央圖書館善本書目》、《中國叢書廣錄》著錄。

## 【帶經堂集文錄二卷】

李祖陶輯。現存：①清道光十九年瑞州府鳳儀書院刻《國朝文錄》初編本，首都圖書館、上海圖書館等藏，《中國叢書綜錄》、《江蘇省立國學圖書館圖書總目補編》著錄。②清光緒二十六年上海掃葉山房石印《國朝文錄》初編本，首都圖書館、上海圖書館、四川大學圖書館等藏，《中國叢書綜錄》、《清人別集總目》著錄。

## 【阮亭遊記一卷】

楊賓輯。現存：清鈔本（《尺牘新編》附，清陸儇跋），中國國家圖書館藏，《中國古籍善本書目》、《北京圖書館古籍善本書目》著錄。

## 【漁洋山人古詩抄校本十七卷】

現存：清嘉慶七年蘇齋刻本，見《山東文獻書目》

（據《中國歷代詩文別集聯合書目》第十一至十三期）。

## 【石帆亭文稿二卷】

現存：清稿本（存一卷：卷上），中國國家圖書館藏，《北京圖書館古籍善本書目》、《清人別集總目》著錄。

## 【漁洋逸文】

見《漁洋山人精華錄訓纂·精華錄訓纂採用山人書目》。《山東通志·藝文》據以著錄。

## 【漁洋山人佚詩一卷】

現存：清宣統三年《小說月報》第一卷第一期本，《清人詩文集總目提要》著錄。

## 【王貽上與林吉人手札一卷】

現存：①民國九年江陰繆氏刻《煙書東堂小品》本，中國國家圖書館、北京大學圖書館等藏，《中國叢書綜錄》、《山東文獻書目》著錄。②繆氏藕香簃鈔本（作《王貽上與林吉人劄子》一卷），中國國家圖書館藏。

## 【王貽上與汪于鼎手札一卷】

現存：民國九年江陰繆氏刻《煙書東堂小品》本，中國國家圖書館、北京大學圖書館等藏，《中國叢書綜錄》、《山東文獻書目》著錄。

## 【漁洋山人手柬一卷】

現存：民國十六年上海商務印書館影印本，中國國家圖書館、中國科學院圖書館、上海圖書館等藏，《清人別集總目》、《山東文獻書目》著錄。

## 【漁洋山人書札一卷】

現存：清稿本，中國國家圖書館藏，《北京圖書館古籍善本書目》、《清人別集總目》著錄。

## 【漁洋尺牘】

見《漁洋山人精華錄訓纂·精華錄訓纂採用山人書目》。《山東通志·藝文》據以著錄。

## 【漁洋書籍跋尾二卷】

現存：①清乾隆刻本，中國科學院圖書館、上海圖書館等藏，《中國古籍善本書目》著錄。②清光緒四年仁和葛氏刻本（《嘯園叢書》之一），中國國家圖書館、山東省圖書館等藏，《中國叢書綜錄》、《東北地區古籍綫裝書聯合目錄》、《續修四庫全書總目提要（稿本）》著錄。《山東通志·藝文》（作《漁洋書跋》一卷）云“有《嘯園叢書》刊本”，即此。

## 【古詩選三十二卷】

王士禛編。見《四庫全書總目》、《濟南府志·經籍》、《山東通志·藝文》（集部總集類）。現存：①清康熙天黎閣刻本（作《阮亭選古詩》三十二卷），中國國家圖書館、上海圖書館、湖北省圖書館等藏，《中國古籍善本書目》、《東北地區古籍綫裝書聯合目錄》著錄；《四庫存目叢書補編》影印。②清康熙天黎閣刻乾隆元年印本（作《王阮亭古詩選》），中國國家圖書館、北京大學圖書館、上海圖書館等藏，《中國古籍善本書目》著錄。③清同治五年金陵書局刻本（作《漁洋山人古詩選》，與《惜抱軒今體詩選》合刻），中國國家圖書館、上海圖書館、山東省圖書館等藏，《東北地區古籍綫裝書聯合目錄》、《內蒙古自治區線裝古籍聯合目錄》著錄。

《山東通志·藝文》：《四庫存目提要》曰：“此編凡五言詩十七卷，七言詩十五卷。五言自漢魏六朝以下，唐代惟陳子昂、張九齡、李白、韋應物、柳宗元五人。七言古逸一卷，漢魏六朝一卷，唐則李嶠、宋之問、張說、王翰四人爲一卷，王維、李頎、高適、岑參、李白爲一卷，而王昌齡、崔顥二人則稱附錄。五卷以下則唐杜甫、韓愈、宋歐陽修、王安石、蘇軾、黃庭堅、晁說之、晁補之、陸游、金元好問、元虞集、吳萊十三人之詩。而李商隱、蘇轍、劉迎、劉因四人稱附錄。夫五言肇於漢氏，歷代沿流，晉、宋、齊、梁業已遞變其體格，何以武德之後，不容其音響少殊？使生於隋者，如侯夫人《怨詞》之類，以正調而得存；生於唐者，如杜甫之流，亦以變聲而見廢。且王粲‘七哀’，何異杜甫之‘三別’，乃以生有先後，使詩有去留。揆以公心，亦何異李攀龍唐無五言古詩而有其古詩之說乎？至七言歌行，惟鮑照先爲別調，其餘六朝諸作，大抵皆轉韻抑揚。故初唐諸人多轉韻，而李白以下始遙追鮑照之體。終唐之世，兩派竝行。今初唐所入寥寥數章，亦未免拘於一格。蓋一家之書，不足以盡古今之變也。至於《越人歌》惟存二句之類，則校刊者之疏，或以是而議士禛，則過矣。”彭元瑞《知聖道齋讀書跋》云：“此選能獨出手眼，足爲學者端其塗徑。至金、元全取題畫詩，亦是一病。”

## 【古詩箋三十二卷】

王士禛編，聞人倓箋。現存：清乾隆三十一年五茸城聞人氏芷蘭堂刻本（《五言詩》十七卷《七言詩歌行鈔》十五卷），中國國家圖書館、中國科學院圖書館、上海圖書館等藏，《中國古籍善本書目》、《東北地區古籍綫裝書聯合目錄》著錄。

## 【大小雅堂五七言古今體詩歌行鈔不分卷】

現存：清承齡觸蝶精舍鈔本（四冊），上海圖書館藏，《中國古籍善本書目》、《山東文獻書目》著錄。

## 【七言詩歌行鈔十五卷】

王士禛輯，宋犖校。現存：清康熙三十六年蔣景祁刻本，山東省圖書館藏，《中國古籍善本書目》、《山東文獻書目》著錄。

## 【五言詩鈔】【七言詩鈔】

見《重修新城縣志·藝文》。

## 【王文簡公五言詩十七卷】【七言詩歌行十五卷】

翁方綱訂。現存：清嘉慶十一年刻本（《蘇齋叢書》之一），中國科學院圖書館、上海圖書館等藏，《中國叢書綜錄》、《中國古籍善本書目》、《東北地區古籍綫裝書聯合目錄》著錄；民國十三年博古齋影印《蘇齋叢書》本，首都圖書館、清華大學圖書館、上海圖書館等藏，《中國叢書綜錄》著錄。

## 【山水集】

《山東通志·藝文》：《池北偶談》云：“予嘗以暇日撰《感舊》、《山水》二集，所錄愚山詩爲多。”按：是編《白雲山房文集》作《山木集》，未詳孰是。

《重修新城縣志·藝文》作《山木集》，注云：“據《白雲山房》。”

## 【回中集一卷】

王士禛輯，宋犖評。現存：清康熙二十年刻本，中國國家圖書館藏。

## 【漁洋集古梅花詩】

見《重修新城縣志·藝文》，注云："姚氏刻。"

## 【文選鈔不分卷】

現存：清初王氏手寫本（二冊），臺灣"國家圖書館"藏。前有蕭程手記云："漁洋尚書所鈔《文選》，舊爲鄉先達姚伯昂先生家藏，兵燹間爲廬江友人黃仲范所得，僅存四冊（王氏原本不知幾冊），末有宋荔裳、梁山舟二公手跋。黃君乃以二本贈余，藏玩數年，他日仍可歸之黃君也。庚午秋九月廿五日燈下，蕭程記。"此書已無宋、梁二氏手跋。書中所收，均爲賦，上冊有《長楊賦》、《射雉賦》、《遊天台山賦》、《蕪城賦》、《風賦》、《雪賦》、《月賦》、《鵩鳥賦》、《閑居賦》、《恨賦》，下冊有《恨賦》、《文賦》、《琴賦》、《高唐賦》、《神女賦》、《登徒子好色賦》。

## 【唐賢三昧集三卷】

見《四庫全書總目》、《濟南府志·經籍》、《山東通志·藝文》（集部總集類）。是書初有康熙二十七年吳門書林刻本，見《漁洋山人著書考》，今未見流傳。現存：①清康熙刻《王漁洋遺書》本，中國國家圖書館、上海圖書館、復旦大學圖書館等藏，《中國叢書綜錄》、《中國古籍善本書目》、《中國科學院圖書館藏中文古籍善本書目》著錄。②清乾隆二十年清妙軒刻巾箱本（四卷），中國國家圖書館、清華大學圖書館、首都圖書館等藏，《山東大學圖書館古籍善本書目》著錄；《山東文獻集成》影印。③《四庫全書》本。

《山東通志·藝文》引《四庫提要》曰："初，士禛少年，嘗與其兄士禄撰《神韻集》，見所作《居易錄》中。然其書爲人改竄，已非其舊。故晚定此編，皆錄盛唐之作。名曰三昧，取佛經自在義也。詩自太倉、歷下以雄渾博麗爲主，其失也膚；公安、竟陵以清新幽渺爲宗，其失也詭。學者兩途竝窮，不得不折而入宋，其弊也滯而不靈，直而好盡，語錄、史論，皆可成篇。於是士禛等重申嚴羽之說，獨主神韻以矯

《唐賢三昧集》四卷　清乾隆二十年清妙軒刻巾箱本

之。蓋亦救弊補偏，各明一義。其後風流相尚，光景流連，趙執信等遂復操二馮舊法，起而相爭，所作《談龍錄》，排詆是書，不遺餘力。其論雖非無見，然兩說相濟，其理乃全，殊途同歸，未容偏廢。今仍竝錄存之，以除門戶之見。又閻若璩《潛邱劄記》有《與趙執信書》，詆此集所錄，如張旭四絕句，本宋蔡襄詩，而誤收。又詆其祖詠詩，誤以京水爲涇水；孟浩然詩，誤以涔陽爲潯陽；王維詩，誤以御亭爲卸亭，蔡洲爲蔡州；高適《燕歌行》，誤以渝關爲榆關。全不講於地理之學。引據精詳，皆切中其病。然士禛自品詩格，原不精於考證；若璩所云，不必爲是集諱，亦不必爲是集病也。"

胡玉縉《四庫全書總目提要補正》：王士禛之輯是書，要在剔出盛唐真面目，此見盛唐之詩原非空殼、大帽子，其中蘊風流，包萬物，自足以兼前後諸公之長。《總目》謂其矯折而入宋弊，實失其旨。

## 【廣唐賢三昧集四編十卷】

王士禛編，宗室文昭補錄。現存：清宣統二年荆州田氏後博古堂於日本影印文昭手錄原本，中國國家圖書館、中國科學院圖書館等藏，《北京人文科學研究所藏書簡目》、《東北地區古籍綫裝書聯合目錄》著錄。

### 【唐詩七言律神韻集】

《山東通志·藝文》（集部總集類）著錄，引《居易錄》云：“廣陵所刻《唐詩七言律神韻集》，是予三十年在揚州啟湅兄弟初入家塾暇日，偶摘取唐詩絕句五七言授之者，頗約而精。如皋冒丹書青若見而好之，手鈔七律一卷攜歸。其後二十年，泰州繆肇甲、黃泰來刻之，非完書也。集中有陳太史其年及二子增入數十篇，亦非本來面目矣。”

### 【唐詩神韻集六卷】

王士禛選，俞仍寶、胡延慶輯注。現存：清乾隆三十二年蓴溪草堂刻本，上海圖書館、吉林省圖書館、浙江圖書館等藏，《東北地區古籍綫裝書聯合目錄》、《江西省圖書館館藏線裝古籍書目》（作《唐人七律神韻集》）著錄。

### 【唐人近體神韵集】

見《重修新城縣志·藝文》。

### 【十種唐詩選十七卷】

見《四庫全書總目》、《濟南府志·經籍》、《山東通志·藝文》（集部總集類）。現存：①清康熙二十五年刻本（收入《王漁洋遺書》），中國國家圖書館、上海圖書館、山東省圖書館等藏，《中國叢書綜錄》、《中國古籍善本書目》、《東北地區古籍綫裝書聯合目錄》著錄。②清鈔本（存九種十一卷），中國國家圖書館藏，《中國古籍善本書目》著錄。③民國石印本，中國國家圖書館、上海圖書館、吉林市圖書館等藏，《上海市歷史文獻圖書館藏書目錄》、《東北地區古籍綫裝書聯合目錄》著錄。

《山東通志·藝文》：《四庫存目提要》曰：“取唐人總集八家及摘宋姚鉉《唐文粹》所載諸詩，各爲刪汰。凡《河嶽英靈集》一卷，《中興閒氣集》一卷，《國秀集》一卷，《篋中集》一卷，《搜玉集》一卷，《御覽集》一卷，《極元集》一卷，《又元集》一卷，《才調集》三卷，《唐文粹》六卷，附以士禛所選《唐賢三昧集》，共爲十種。其去取一以神韻爲宗，猶其本法。惟《才調集》、《唐文粹》刪汰未精，門徑叢雜，而《文粹》尤甚。如盧仝《月蝕詩》、陸龜蒙《江湖散人歌》，皆不能謂之盛唐格也。又韋莊《又元集》，原書已佚，今所傳者乃贋本。馮氏《才調集》凡例言

之，而士禛仍爲選錄，亦失別裁。其《三昧集》一種，乃其生平宗旨所在，去取較爲精密，世多摘出別行，今亦別著於錄。又士禛《居易錄》曰：‘近日金陵有刻唐詩十集者，謂爲予所訂。或作序假予言曰：“余奉此爲金科玉律，年來於此道稍有會心者，得力於是書良多”云云。及訪是書閱之，乃標華亭唐汝詢仲言名。大旨在通高漫士、李滄溟、鍾退谷三選之郵，而以汝詢《詩解》附之。強分甲乙丙丁等目，淺陋割裂，可一笑也。’然則是書未出以前，先有贋本矣。今贋本已不傳，蓋辨之早也。”按：《文粹》選序以格詩爲律體，非是，說詳《談龍錄》。

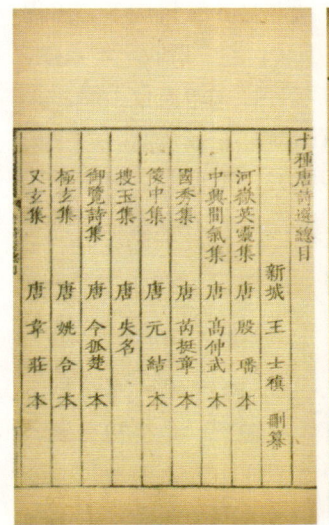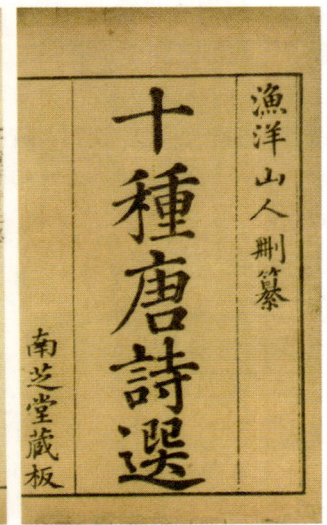

《十種唐詩選》不分卷　清康熙刻本

### 【十種唐詩選五卷】

王士禛選，宋犖編。現存：清康熙間商丘宋氏稿本，中國國家圖書館藏，《北京圖書館古籍善本書目》、《中國古籍善本書目》著錄。

### 【唐人萬首絕句選七卷】

見《四庫全書總目》、《濟南府志·經籍》、《山東通志·藝文》（集部總集類）。現存：①清康熙刻《王漁洋遺書》本，中國國家圖書館、山東省圖書館、山東大學圖書館等藏，《中國叢書綜錄》著錄。②《四庫全書》本。

《山東通志·藝文》引《四庫提要》曰：“洪邁《唐人萬首絕句》務求盈數，踳駁至多。宋倉部郎中福清

林清之真父鈔取其佳者，得七言一千二百八十首，王言一百五十六首，六言十五首，勒爲四卷，名曰《唐絕句選》，見於陳振孫《書錄解題》，蓋十分之中汰其八分有奇。然其書不傳，無由知其善否。士禛此編，刪存八百九十五首，作者二百六十四人，更十分而取其一矣。其書成於康熙戊子，距士禛之歿僅三年，最爲晚出。又當田居閒暇之時，得以從容校理，故較他選爲精審。然其序謂以當唐樂府，則不盡然。樂府主聲不主詞，其采詩入樂，亦不專取絕句。士禛此書，實選詞而非選聲，無庸務爲高論也。"

## 【唐四家詩選十卷】

有清元藜閣藏版本，見《山東文獻書目》。

## 【唐文粹詩選六卷】

現存：清康熙刻《王漁洋遺書·十種唐詩選》本，中國國家圖書館、中國科學院圖書館、上海圖書館等藏，《中國古籍善本書目徵求意見稿》、《東北地區古籍綫裝書聯合目錄》著錄。

## 【漁洋唐詩選不分卷】

現存：清鈔本，山東省博物館藏，《山東文獻書目》著錄。

## 【宋人絕句一卷】

現存：清乾隆朱振圖鈔本，南京圖書館藏，《中國古籍善本書目》、《山東文獻書目》著錄。

## 【元詩光嶽英華集十二卷】

《山東通志·藝文》：王士禛刪定。《漁洋文略》載《光嶽英華集序》云："《光嶽英華集》十五卷，自第一卷至第三卷皆唐人詩，第四卷至第十卷則元人詩，後五卷以明初詩附焉。集爲元末汝南許中麗仲孚氏所編。舊有豫章揭軌《序》，《序》稱許氏錄二代之詩，取其合作者，分律詩、歌行，凡若干首。今本廑七言律詩，無歌行，或非完書矣。集所錄既皆律詩，所取者又皆圓熟穩順，不爽銖黍，下《唐詩鼓吹》遠甚。然自有宋歐、梅、蘇、黃已後，律詩多變體，求其抑揚抗墜有唐人遺音者，百無一焉。許氏此編，由極變而反之正，不爲無補，未可盡廢而使無傳也。余乃刪去唐詩三卷，別次爲七卷，定爲《元詩光嶽英華

集》，仍以明初詩五卷附之，通十二卷，藏之篋中。"

## 【二家詩選二卷】

見《四庫全書總目》、《濟南府志·經籍》、《山東通志·藝文》。《峨術軒善本書錄》著錄舊鈔本一冊。現存：①清鈔本（作《徐高二家集選》），中國國家圖書館藏，《中國古籍善本書目》著錄。②清康熙三十八年刻本（收入《王漁洋遺書》），中國國家圖書館、中國科學院圖書館、上海圖書館等藏，《中國叢書綜錄》著錄。③《四庫全書》本。

《山東通志·藝文》：王士禛刪錄明徐禎卿、高叔嗣二人詩也。文淵閣著錄。《四庫提要》曰："明自宏治以迄嘉靖，前後七子，軌範略同。惟禎卿、叔嗣雖名列七子，而泊然於聲華馳逐之外。其人品本高，其詩亦上規陶、謝，下摹韋、柳，清微婉約，寄託遙深，於七子爲別調。越一二百年，李、何爲衆口所攻，而二人則物無異議。王世懋之所論，其言竟果驗焉。原注：語詳《蘇門集》條下。豈非務外飾者所得淺，具內心者所造深乎？士禛之詩，實沿其派。故合二人所作，簡其菁華，編爲此集。禎卿詩多取《迪功集》，其少年之作見於外集、別集者，十不存一。叔嗣惟取其五言詩，其七言則闕焉。取所長而棄所短，二人佳什亦約略備於是矣。"

## 【新安二布衣詩】

見《山東通志·藝文》（據《精華錄訓纂·採用書目》）。現存：清康熙四十三年汪洪度、吳瞻泰刻本（二冊），中國國家圖書館、中國科學院圖書館等藏，《中國古籍善本書目》、《美國哈佛大學哈佛燕京圖書館藏中文善本書志》著錄。所輯爲新安吳非熊、程孟陽二家所作古今體詩，凡七百餘首。

## 【論定明人七言古詩選】【南海詩選】

《山東通志·藝文》（集部總集類）"《論定明人七言古詩選》"提要："見《白雲山房文集·答雨樵第二書》"。按：書中又載士禛《南海詩選》，度亦總集。"

## 【漁洋山人感舊集十六卷】

現存：①清乾隆十七年德州盧氏雅雨堂刻本（作《感舊集》十六卷，題"漁洋山人選，德州盧見曾補

傳”），中國國家圖書館、中國科學院圖書館、上海圖書館等藏，《中國古籍善本書目》、《販書偶記》、《東北地區古籍綫裝書聯合目錄》、《煙臺公共圖書館館藏古籍書目》著錄。②清初鈔本（四卷），北京文物局藏，《中國古籍善本書目》著錄。③清初鈔本（四卷），北京師範大學圖書館藏，《北京師範大學圖書館古籍善本書目》著錄。④鈔本，上海圖書館藏。⑤清刻本，山東省圖書館等藏。

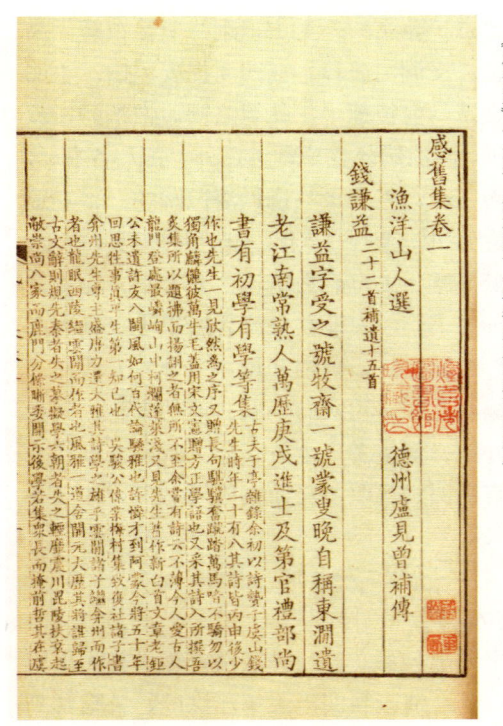

《感舊集》十六卷　清乾隆十七年德州盧氏雅雨堂刻本

《山東通志・藝文》（集部總集類）據本書著錄，作《感舊集》十六卷，提要云：“是書成於康熙甲寅。乾隆辛未，盧見曾得之北平黃叔琳，延淄川張元採集故實，爲補小傳，以授揚州馬曰琯，刊於玲瓏山館。原本八卷，刊本釐爲十六卷。士禎《自序》云：‘感子桓來者難誣之言，輒取篋衍所藏平生師友之作，爲之論次，都爲一集。又取向所撰錄《神韻集》一編，芟其什七附焉，存殁悉載。竊取《篋中》收季川、《中州》登敏之之例，以考功終焉。’盧《凡例》云：‘先生主詩教，以神韻爲宗。是集自虞山而下，凡三百三十三人，詩二千五百七十二首。遭遇不同，性情各異，而一經先生選次，如金之入大冶，渣滓悉

化，融鍊一色。洵選家之巨手也。’”

【今文選】
見《重修新城縣志・藝文》。

【十子詩略】
《山東通志・藝文》（集部總集類）：《居易錄》曰：“丙辰、丁巳間，商邱宋犖牧仲、郘陽王又旦幼華、安邱曹貞吉升六、曲阜顏光敏修來、黃岡葉封井叔、德州田雯子綸、謝重輝千仞、晉江丁煒雁水及門人江陰曹禾頌嘉、江都汪懋麟季用，皆來談藝，予爲定《十子詩》刻之。”按：是集未覩全書。顏光敏《樂圃集》卷首題曰《十子詩略》，茲據以標目。

【和松庵存劄一卷】
王士禎、朱彝尊等撰。現存：清稿本（清張仁熙跋），中國國家圖書館藏。

【漪園選勝一卷】
王士禎等撰，王熙載輯。現存：清康熙刻本，濰坊市圖書館藏。

【王士禎等書劄不分卷】
王士禎等撰。現存：清稿本（二冊），中國國家圖書館藏。

【齊魯詩選一卷】
士禎與兄士祿、士祜同編。見王士祿著作。

【濤音集八卷】
士禎與兄士祿同編掖縣人之詩也。見王士祿著錄。

【琅邪三公集】
《山東通志・藝文》（集部總集類）：王士禎所輯其叔祖象春、象艮、象明三人之詩也。象春有《問山亭集》，象艮有《迁園集》，象明有《鶴隱集》，均見別集類。《漁洋詩話》云：“十七叔祖考功季木象春原名象異天才排奡，目空一世，使秦遊曲江，有詩云：‘韋曲杜陵文物盡，眼中多少可兒墳。’《題項王廟壁》云：‘三章既沛秦川雨，入關更肆阿房炬。漢王真龍項王虎，玉玦三提王不語。鼎上梧羹棄翁姆，項

王真龍漢王鼠。垓下美人泣楚歌，定陶美人泣楚舞。真龍亦鼠虎亦鼠。’古今判劉、項，無此雄快。八叔祖郡丞伯石 象艮 亦有詩名，五言如‘蕭條兩岸柳，惆悵五更雞’、‘魚藏蘆底穴，雪壓竹間廬’、‘青熒茅舍火，縹緲竹林煙’、‘孤城一飛矢，六國有心人’、‘龍源花外水，鹿角雨中山’，皆中唐之選也。十八叔祖大甯令用晦 象明原名象履 詩亦有足傳，如‘日日輕雷送雨聲，小窗歷亂竹枝橫’、‘水痕時落還時漲，枕上看山秋欲生’、‘細雨新晴百草菲，含桃初染杏初肥’、‘兒童競撲柳花落，嬌鳥時銜榆莢飛’、‘水淨欲浮蝌蚪字，苔深爭迸篆龍衣’、‘闌珊春色歸何遽，簾外輕寒蠟屐稀’，又有句云：‘老松帶露滴巾角，亂石欹風迎馬前。’余嘗輯爲《琅邪三公集》。”按：是編《居易錄》作《三公詩選》，《分甘餘話》又作《三王公集》。《白雲山房文集》又稱有《問山》、《思止》二詩選，或當日《三公集》止刊其二耶？

## 【新城王氏家集八種十六卷】

現存：清刻本（八冊），青島市圖書館、山東省圖書館藏，《青島市圖書館藏山東文獻珍本圖錄》著錄。凡王士禛《分甘餘話》四卷、王之垣《歷仕錄》一卷、王士禛等《載書圖詩》一卷、王與胤《隴首集》一卷、王士祿《考功集》四卷、王士禧《抱山集選》一卷、徐夜《徐詩》二卷、王士禛《浯溪考》二卷。

## 【表餘落箋合選十一卷】

士禛與兄士祿同撰。現存：清順治刻本（作《瑯琊二子近詩合選》），中國國家圖書館藏，《北京圖書館古籍善本書目》、《中國古籍善本書目》、《清人別集總目》著錄。內封題“瑯琊二子詩選”，右題“高念東、周逸休兩先生論定”，左題“王子底 諱士祿號西樵、王貽上 諱士禛號阮亭 初集”。卷首有丙申上元高珩《序》，己亥九月吳偉業《序》，姚佺《序》，己亥周果《跋表餘落箋合選詩後》。無凡例。

《山東通志·藝文》：王士祿與弟士禛少作合編本也，一名《瑯琊二子近詩合選》。卷一爲五言古詩，卷二爲七言古詩，卷三、卷四爲五言律詩，卷五、卷六、卷七爲七言律詩，卷八爲五言排律，卷九爲五言絕句，卷十爲七言絕句，卷十一爲樂府。首載士祿、士禛同撰《凡例》七則。第四則云：“樂府鐃歌諸調聲字相雜，不復可解。祿等固陋，未敢妄擬，間有涉筆，

而篇什寥寥。今另爲一卷，附諸體之末。”據本書。

## 【癸卯詩卷】

士禛與兄士祿同撰。《山東通志·藝文》集部總集類著錄。《漁洋山人精華錄訓纂·精華錄訓纂採用山人書目》注云：“同西樵。”

《漁洋山人文略》卷三載《癸卯詩卷自序》略云：“予以順治十七年來佐揚州，中閒與禮吉一別，與東亭再別，西樵自大梁過廣陵，對牀一夕，遂別於鑾江之上。嗟乎！予兄弟少無宦情，同抱箕穎之志，居常相語，以十年畢婚，宦則耦耕醴泉山中，踐青山黃髮之約。息壤在彼，得毋笑是食言多乎？是歲癸卯，西樵奉命主中州試，東亭舉山東榜，予之居揚州且四年矣。除夕，偶編次一歲所作，慨然書此。”

## 【焦山古鼎圖詩一卷】

士禛與兄士祿同撰。現存：清康熙刻《新城王氏雜文詩詞》本（題王士禛輯），中國國家圖書館、青島市圖書館藏，《中國古籍善本書目》、《北京圖書館古籍善本書目》、《青島市圖書館藏明清兩代山東人著作簡目》著錄。《重修新城縣志·藝文》作《焦山古鼎詩》，注云：“程穆倩等跋。”參見王士祿《焦山古鼎考》。

汪琬《鈍翁前後類稿》卷二十八載《焦山古鼎圖詩後序》略云：“古之祀典有彝器。彝之爲言，常也。頮者爲鐘，卬者爲鼎。鐘鼎固彝器之大者也。《左氏傳》曰‘諸侯有勳而不廢，有績而載’，則‘撫之以彝器’，此天子所以錫有功也。然則焦山之所蓄，與二王子之所咏，殆即其類與？予嘗論之，古器之與法書名畫竝重也，自宋代始。蓋當累世承平之後，朝廷無事，士大夫讀書好古，如歐陽永叔、劉原父者，爭以博雅相高。沿及政和、宣和之間，天子更朔禮樂，亦寖慕三代之法物，搜奇索幽，取而貯諸殿閣者，不可以數計。於是李伯時、黃長睿、薛尚功、趙德甫之屬，復相次而起，莫不規摹其款識，研窮其字畫，而諷味其文章，繪之有圖，述之有譜，夫然後鐘鼎之器，益見尚於世。今二王子從登眺之暇，摩挲鑑賞，作爲詩歌，以傳道之，不啻數百言。迹其風流好事，其何減於前宋諸君子哉！……若二王子之詩，雄偉奇麗，儼然子美、退之復出，則有程通判、雷山人之評騭在。”

《序》後附其所釋之銘文，末云：“凡蝕二字，疑不

能知者八字。此予之所釋也，與貽上原文稍異。”

## 【和藝圃十二詠一卷】

王士禛、王士祜撰。現存：清康熙刻本（與《藝圃詩為姜仲子賦》合刻），中國國家圖書館、南京圖書館藏，《中國古籍善本書目》、《販書偶記續編》、《清人別集總目》著錄。

## 【長白遊詩一卷】

王士禛、徐夜撰。《山東通志·藝文》集部總集類著錄，引《居易錄》云：“予幼自乙酉、丙戌間避兵長白，即《史記》所稱副嶽也。《酉陽雜俎》記山中崔羅什、沙彌二桃事，其峰巒洞壑、橫側單複之奇，概未之及也。乙未舉進士，後丙申春始與邑高士徐夜東癡同遊，凡柳庵、上書堂、醴泉寺諸勝皆至焉。刻《長白遊詩》一卷。”按：此清刻本一卷，今未見傳本。

## 【載書圖詩一卷】

士禛所編門人題詠之詩。見《濟南府志·經籍》、《山東通志·藝文》（集部總集類）。現存：清康熙刻本（收入《王漁洋遺書》），中國國家圖書館、上海圖書館、山東省圖書館等藏；《四庫全書存目叢書》影印。

《山東通志·藝文》引《四庫存目提要》云：“康熙辛巳，士禛官刑部尚書時，乞假旋里，改窆其親，載書數車以歸。其門人揚州禹之鼎繪為是圖。一時多為題詠，士禛彙以成編。圖後首載奏疏二篇，次序二篇，次題圖詩八十六首，皆其門人所作，而附其姪啟座《送還京》詩一首。次贈行二十四首，皆朝臣之作，而附侍講尤侗《寄懷》詩一首。次《賜沐起程》一篇，而附朱彝尊《池北書庫記》一篇，則以載書及之也。”

## 【彭王唱和集】

士禛與兄士祿及海鹽彭孫遹唱和之詩也。編於順治己亥（十六年）。詳見王士祿著作。

## 【鑾江唱和集】

士禛與全椒吳國對等人唱和之詩也。見《山東通志·藝文》。

《山東通志·藝文》：《香祖筆記》云：“戊戌同年吳侍讀黙岩，全椒人，榜眼及第。詩未入格，而頗有勝情。予官揚州時，常與共客儀真。一日過余，客園置酒，酒間作擘窠大字及便面數事，皆即事漫興之語，令人解頤。尚記其一則云：‘少陵云一洗萬古凡馬空，東坡云筆所未到氣已吞。才人須具此胸次，落筆自爾不凡。惟阮亭可以語此。’頃之，予衣領上偶見一蟻，即又云：‘宰官衣領驀上一蟻子，此正須耐煩以為勝俗客耳。’雖偶然遊戲，皆有理趣。久之露坐，月色皎然，賦絕句云：‘如此青天如此月，兩人須問大江秋。’予和之，得四首。‘翰林兄弟皆名士，廨屋三間分兩頭。及第紅綾分餅日，閉門黃葉著書秋。’‘鳴嶠 原注：園中小山名斜日森碧篠，人影參差曲岸頭，頃刻疾書兩丸墨，山蟬墮地數聲秋。’又二詩不具錄，詳《鑾江唱和集》。”又《精華錄訓纂·採用書目》載是集云：“同吳玉隨。自序。”

《漁洋山人自撰年譜》“順治十八年辛丑”惠棟註補：“七月，與全椒吳玉隨客儀真，有《鑾江倡和集》。”並引漁洋《自序》云：“人凡四，詩凡四十五首，附見十一則，為《鑾江倡和集》。”吳國對外，餘二人為冒襄之子穀梁、青若。

## 【水繪園修褉詩一卷】

士禛與邵潛、冒襄、冒禾書、冒丹書、毛師柱、許嗣隆、陳維崧諸人倡和之詩。見《漁洋山人著述考》。《重修新城縣志·藝文》云：“陳其年序。”

## 【紅橋唱和集】

《山東通志·藝文》：王士禛同袁于令等撰。見《精華錄訓纂·採用書目》。《漁洋詩話》云：“余少時在廣陵，每公事暇輒召賓客汎舟紅橋，與袁荊州于令諸詞人賦詩，有‘綠楊城郭是揚州’之句，江淮間取作畫圖。又與林茂之、張祖望、杜于皇、孫豹人、程穆倩修褉於此，自賦《冶春》詩二十首。陳其年題其後云：‘官舫銀燈賦冶春，琅邪風調更誰倫。玉山筵上頹唐甚，意氣公然籠罩人。’宗定九元鼎詩云：‘休從白傅歌楊柳，莫向劉郎演竹枝。五日東風十日雨，江樓齊唱冶春詞。’劉公㦄曰：‘耀明珠，蔭桂旗，麗矣。或率而兒拜，或矯而當熊，或揚袂隨風，如欲仙去，遺世獨立，橫絕一時，不必如老鐵花游諸曲遁作別調，始見姿媚也。’”又《居易錄》云：“予首倡《冶春》詩二十餘首，一時名士皆屬和。”

按：王士禛、袁于令外，又有山陽丘象隨、清河蔣階、寶應朱克生、山陽張養重、河津劉梁嵩、建昌陳允衡、宜興陳維崧等人，見《漁洋山人著述考》。

## 【燕台唱和集一卷】

見《重修新城縣志・藝文》，注云：“據《四庫總目》‘《七頌堂集》’提要。”按：《七頌堂集》十四卷，劉體仁撰，《四庫提要》云：“王士禛《燕臺倡和詩》與體仁往來之作最多。”

## 【蜀岡禪智寺唱和詩一卷】

士禛與黃州杜濬、三原孫枝蔚倡和之詩，作於康熙乙巳（四年）。現存：清康熙刻《新城王氏雜文詩詞》本，中國國家圖書館藏，《中國古籍善本書目》、《販書偶記續編》著錄。《山東通志・藝文》作《禪智錄別》。

《山東通志・藝文》：《居易錄》云：“乙巳七夕，予赴京師，諸君餞于禪智寺祖道賦詩楔。于皇詩云：‘記逢人日雪，造我吟窮愁。’豹人詩云：‘欲問忘情老，何名共命禽。’因刻《禪智錄別》一卷，誌一時窮交之誼。”按：于皇，黃州杜濬字。豹人，三原孫枝蔚字。《精華錄訓纂・採用書目》載此編，作《禪智錄別詩》，注云：“同碩揆上人、杜于皇諸公。”

## 【崇效寺倡和詩一卷】

王士禛、蔣景祁、宋至等十人唱和之詩。現存：清康熙刻本，上海黃裳藏，見《來燕榭讀書記》。

## 【憶洞庭詩倡和集一卷】

王士禛輯。現存：清康熙刻《新城王氏雜文詩詞》本，上海圖書館等藏，《北京圖書館古籍善本書目》、《中國古籍善本書目》、《中國叢書廣錄》著錄。

## 【漁洋詩話三卷】

見《濟南府志・經籍》、《山東通志・藝文》（集部詩文評類）。現存：①清康熙刻《王漁洋遺書》本，中國國家圖書館、上海圖書館、復旦大學圖書館等藏，《中國古籍善本書目》、《中國叢書綜錄》著錄。②清乾隆二十三年益都李文藻竹西書屋刻本，慕湘藏書館藏，見《煙臺市珍貴古籍名錄圖錄》。③《四庫全書》本。

《山東通志・藝文》引《四庫提要》曰：“其論詩之語，散見於所著《池北偶談》諸書中，未有專帙。張潮輯《昭代叢書》，載《漁洋詩話》一卷，實所選古詩凡例，非士禛意也。是編乃康熙乙酉士禛歸田後所作，應吳陳琬之求者。初止六十條，戊子又續一百六十餘條，裒爲一集，付其門人蔣景祁刻之。士禛論詩，主於神韻，故所標舉多流連山水、點染風景之詞，蓋其宗旨如是也。其中多自譽之辭，未免露才揚己。又名爲詩話，實兼說部之體，如記其兄士祐論焦竑字，徐潮論蟹價，汪琬跋其兄弟尺牘，冶源馮氏別業，天竺二僧訴誶，劉體仁倩人代畫，諸事皆與詩渺不相關。雖宋人詩話往往如是，終爲蔓衍旁支，有乖體例。至如石谿橋堊書絕句，乃晚唐儲嗣宗詩，點易數字，士禛不辨，而盛稱之，亦疎於考證。然其中清詞佳句，採掇頗精，亦足資後學之觸發，故於近人詩話之中，終爲翹楚焉。”

## 【漁洋詩話一卷】

現存：①稿本（一卷，與《賜沐紀程》合訂），中國國家圖書館藏，《北京圖書館古籍善本書目》著錄。②清康熙三十六年張氏霞擧堂刻《檀几叢書》本（倫明謂與三卷本非一書），《中國叢書綜錄》著錄。

## 【漁洋詩話摘記一卷】

翁方綱輯。現存：①清乾隆三十二年大興翁氏刻本，中國國家圖書館藏，《清詩話考》、《新訂清人詩學書目》、《江西省圖書館館藏線裝古籍書目》著錄。②民國間排印本，四川省圖書館、內蒙古師範大學圖書館等藏，《四川省圖書館古籍目錄》、《內蒙古自治區線裝古籍聯合目錄》、《新訂清人詩學書目》著錄。

## 【漁洋詩話拾唾不分卷】

聊城安浚德輯，安洛德補輯。現存：清乾隆四十年稿本（六冊），山東省圖書館藏，《清代詩話考述》著錄。

## 【漁洋詩話彙編十六卷】

王煜編。現存：清咸豐稿本，山東省博物館藏，《山東文獻書目》、《山東省博物館藏明清民國山左學者著述知見錄》著錄。王煜，長山人，咸豐間諸生。

## 【五代詩話十二卷】

此書爲士禛撰寫未竟之本，德州宋弼等補緝而成。見《四庫全書總目提要》、《濟南府志·經籍》、《山東通志·藝文》。現存：①稿本，中國國家圖書館藏，《北京圖書館古籍善本書目》、《中國古籍善本書目》著錄。②清康熙鈔本（存卷七至十二），中國國家圖書館藏，《北京圖書館古籍善本書目》著錄。③清乾隆十三年養素堂刻本，中國科學院圖書館、山東省圖書館等藏，《中國古籍善本書目》、《東北地區古籍綫裝書聯合目錄》著錄；《四庫全書存目叢書》影印。

《山東通志·藝文》：《四庫存目提要》曰：“是書士禛原稾，本草創未竟之本。弼所續入，務求其博，體例遂傷冗雜，殊失士禛之初意，而挂漏者仍復不免。後鄭方坤重爲補正，乃斐然可觀。是編菁華已盡爲方坤所採，方坤所不採者，皆糟粕矣。今錄方坤之本，而此本附存其目。蓋二本皆非士禛之舊，而方坤學問賅洽，不由餖飣而來，其凡例指摘此本之失，皆一一切中，故錄彼而置此焉。”

惠棟《漁洋山人精華錄訓纂·精華錄訓纂採用山人書目》列此書於“漁洋山人生平著述未見書”。

## 【五代詩話十卷】

此爲福建鄭方坤刪補之本。現存：清乾隆十九年杞菊軒刻本，中國科學院圖書館、復旦大學圖書館等藏，《中國古籍善本書目》、《內蒙古自治區線裝古籍聯合目錄》著錄。

## 【兩蜀詩話一卷】

亦士禛原撰，鄭方坤刪補之書。有民國間成都美學林排印本，見《清代詩話知見錄》、《清詩話考》。

## 【帶經堂詩話三十卷首一卷】

海鹽張宗柟輯。現存：①清乾隆二十七年南曲舊業刻本，中國國家圖書館、中國科學院圖書館等藏，《中國古籍善本書目》、《續修四庫全書總目提要（稿本）》、《販書偶記》著錄。②清同治十二年廣州藏脩堂重刻本，中國國家圖書館、中國科學院圖書館、上海圖書館等藏，《東北地區古籍綫裝書聯合目錄》、《內蒙古自治區線裝古籍聯合目錄》著錄。③清鈔本（不分卷），山東省圖書館藏。

《山東通志·藝文》“《漁洋詩話》”條案：“海鹽張宗柟類輯士禛諸撰著談藝之語爲一編，曰《帶經堂詩話》，凡三十一卷，有刊本行世。”

## 【諧聲別部六卷】（一作《分類詩話》）

喻端士等輯。現存：①清乾隆刻本，中國國家圖書館、北京大學圖書館、南京圖書館等藏，《中國古籍善本書目》、《續修四庫全書總目提要（稿本）》、《東北地區古籍綫裝書聯合目錄》著錄。②清同治盰南三餘書屋刻本（作《分類詩話》），中國國家圖書館、北京大學圖書館、清華大學圖書館等藏，《東北地區古籍綫裝書聯合目錄》、《清代詩話考述》著錄。

《重修新城縣志·藝文》作四卷，注云：“見八千卷樓藏書。”

《萇楚齋續筆》云：“南昌喻端士編輯新城王文簡公士禛《皇華紀聞》、《隴蜀餘聞》、《池北偶談》、《居易錄》、《香祖筆記》、《分甘餘話》六種中論詩之語，分志趣、風雅、感概、考證、評論、彙編六門，每門一卷。《彙編》分上下二卷。乾隆己酉五月信江枕山亭自刊本。一本名《諧聲別部》，一本名《分類詩話》。一人所輯，同時所出，而序文、例言，兩書一字不易，亦無一言言其更名，是真不可解矣。”

## 【慎墨堂詩品二卷】

鄧漢儀論次。有清康熙間刻本，見《販書偶記》、《清詩話考》。

## 【論詩絕句一卷】

有康熙元年刻本（詩三十五首），見《漁洋山人著述考》。《重修新城縣志·藝文》有是書，無卷數，注云：“陳士業序。山人猶子淨名注。”參見王啟浣《論詩絕句注》條。

## 【師友詩傳錄一卷續錄一卷】

士禛等人與其門人論詩答問之彙編也。《詩傳錄》郎廷槐編，《續錄》劉大勤編，見《山東通志·藝文》。《重修新城縣志·藝文》作《師友錄》。《鄒平縣志·藝文攷》作《答詩問》二卷，張實居撰。現存：①清康熙四十五年刻本（作《詩問》四卷附《續》二卷），中國國家圖書館、上海圖書館藏，《中國古籍善本書目》（無附）、《西諦書目》著錄。②清乾隆三十五年王祖蕭重刻本（作《漁洋山人詩問》二卷），中國國家圖書館、中國科學院圖書館、清華大學圖書館等藏，《西諦書目》、《東北地區古籍綫裝書聯合目錄》著錄。③清鈔本（四庫底本），見《中國古籍善本書目》、《中國科學院圖書館藏中文古籍善本書目》。④《四庫全書》本。⑤清乾隆四十二年姚江洪熙春暉草堂刻本（作《詩問》二卷），北京大學圖書館、山東大學圖書館藏，《清代詩話知見錄》著錄；《山東文獻集成》影印。⑥民國十六年無錫丁氏排印《清詩話》本，首都圖書館、上海圖書館、南京圖書館等藏，《中國叢書綜錄》、《四庫存目標注》、《山東文獻書目》著錄。

　　《山東通志・藝文》：文淵閣著錄。《四庫提要》曰："《師友詩傳錄》，國朝郎廷槐編；《續錄》，國朝劉大勤編。二人皆學詩於新城王士禎，各述其師說以成其書。以郎《錄》在前，故劉《錄》稱續焉。雖以士禎爲主，而亦兼質於平原張篤慶、鄒平張實居，故每一問而三答。其稱歷友者，篤慶之號；稱蕭亭者，實居之號也。篤慶於士禎爲中表，所著有《崑崙山房集》；實居於士禎爲婦兄，所著有《蕭亭詩集》。士禎皆嘗論次之。故三人所答，或共明一義，或各明一義，然大旨皆不甚相遠。中間如篤慶答《古詩十九首》一條，歷引《玉臺新詠》、《文心雕龍》，證爲枚乘所作，而力駁'遊戲宛洛、詞兼東京'之說。然考鍾嶸《詩品》稱'去者日以疏'四十五首，舊疑是建安中曹、王所製。'客從遠方來'，'橘柚垂華實'，亦爲驚絕矣。嶸與劉勰同時，而稍在徐陵前，其說必有所受，似未可盡懸斷爲西京之作。篤慶又稱《文選》以十九首爲二十，蓋分'燕趙多佳人'以下自爲一章。不知此明張鳳翼之《文選纂注》，李善及五臣舊本均不若是。原注：'嚴羽《詩話》稱《玉臺新詠》以"越鳥巢南枝"以下另爲一首詩，則析一爲二，乃徐陵，非蕭統。然宋本《玉臺新詠》實不另爲一首，未審羽何以云然。謹附識於此。'篤慶誤也。士禎'答樂府'一條，稱樂府之名始于漢初，引高祖《三侯之歌》、唐山夫人《安世房中歌》爲證。然樂府始漢武帝，史有明文，漢初實無是名。篤慶又稱樂府主紀功，古詩主言情；實居又稱樂府之異於古詩者，往往敘事，古詩貴溫裕純雅，樂府貴遒深勁絕，又其不同也。不知郊祀、鐃歌之類，倚聲制詞之樂府也，與詩稍別；清商、平調之類，採詩入律之樂府也，其初本皆古詩。故《孔雀東南飛》，雜曲歌詞也，而本題曰《古詩爲焦仲卿妻作》，其序曰：'時人傷之，爲詩雲爾。'《紫

> 詩問
> 千山郎梅溪問　　　　　姚江洪楠雲崖甫彙錄
> 新城王阮亭答
> 殷陽張歷友答　　　　　男照借山較刊
> 梁鄒張蕭亭答
> 問　　　　　　　　　　孫應堯　應垣校字
> 　　　　　　　　　　　　　應堂
> 以爲學力深始能見性情若不多讀書多
> 作詩學力與性情必薰具而後愉快愚意
> 上卷　一

騮馬》，樂府橫吹曲詞也，而吳均《樂府解題》曰'十五從軍征'以下，古詩也。其說甚明，不必以後世之法邊區分其本始。至《君子行》爲言理之作，《怨歌行》乃緣情之什，亦何嘗專敘事乎？又士禎答稱：'七言換韻，始於陳、隋。'按吳均、費昶之《行路難》，蕭子顯之《燕歌行》，皆已排偶換韻，啟初唐四傑之體，安得云始之陳、隋邪？劉《錄》所載，皆士禎語。如'所答大勤問截句'一條，稱：'截句或截律詩前四句，如後二句對偶是也，或截律詩後四句，如起二句對偶是也，非一句一截之謂。'又稱：'此等迂拘之說，總無足從是矣。'然何不云漢人已有絕句，在律詩之前，非先有律詩，截爲絕句，不尤明白乎？原注：'古絕句四章，載《玉臺新詠》第十卷之首。'又答唐人省試排律，本止六韻而止，不知元元皇帝應見詩未嘗不至八韻，詠青詩未嘗不四韻，《文苑英華》可以覆案。又稱至杜始爲長律，元、白又蔓延至百韻，不知杜甫《秋日夔府詠懷奉寄鄭監李賓客》詩，正一百韻，《杜集》亦可覆案也。至'辨桃無綠葉，認杏有青枝'，乃石延年詩，而云晚唐作；《詩苑類格》之李淑，乃宋仁宗時人，而云唐李淑；原注：案以李淑爲唐人，乃沿《詩家禁臠》之誤。引證偶誤，又其小焉者矣。蓋新城詩派，以盛唐爲宗，而不甚考究漢、魏、六朝；以神韻爲主，而不甚考究體制，故持論出入，往往不免。然其談詩宗旨，具見於斯，較諸家詩話所見，終爲親切，固不

以一眚掩全璧也。郎《錄》中士禎之語，或鈔出別行，名《漁洋定論》；劉《錄》亦有本別行，名《古夫於亭詩問》，實皆一書。今附存其名，不別著錄焉。"案：大勤有《吹劍草》，見別集類。篤慶，淄川人，非平原人。《鄒平志》載實居《答詩問》二卷，亦即此書。

《續修四庫全書總目提要（稿本）》著錄舊翰林院藏官鈔《聲譜三譜》本，提要云："是編雖署名王士禎，然實爲千山郎廷槐梅谿問，般陽張篤慶歷友、梁鄒張實居蕭亭答，士禎之言則無多。《續錄》皆士禎答，且多硃筆刪改處，亦有墨筆鈎勒處。殆當時據原本鈔復而又修改者，非後來展轉傳鈔之本。刪改鈎勒處，有正誤者，亦有迴避當時功令者，並有分校錢榮印章浮簽。如'問《古詩十九首》乃古詩之原'條中，'論者指爲枚乘等擬作句'，'枝'字硃筆改爲'枚'字，此正寫誤者也。若'問李滄溟先生嘗稱唐人無古詩'條，王答'錢牧翁宗伯但截取上一句以爲滄溟罪案'句，'牧翁宗伯'四字，則以筆墨勒去，加一'氏'字於側，此其爲迴避功令，痕跡顯然矣。至書中所語，雖不能爲千秋定論，然亦不失爲一家言。士禎爲一時詩壇宗匠，所見固不同凡近；即二張之答，亦各有勝長。如張歷友答問李滄溟稱唐人無古詩說曰：'世無印板詩格，前與後原不必其盡相襲也。歷下之詩，五古全仿選體，不肯規模唐人，七古則專學初唐，不涉工部，所以有唐無五言古詩之說也。究竟唐人五言古詩，皆各成一家，正以不依傍古人爲妙，亦何嘗無五言古詩也。初唐七古，轉韻流麗，動合風雅，固正體也。工部以下，一氣奔放，宏肆絕塵，乃變體也。若以絕句言，則中、晚正不減盛唐，非可一概論'云云。此正是平允之言，可以洗詩格一定之惑。又如問七律三唐宋元體格何以分優劣，張蕭亭答曰：'七言律詩，五言八句之變也，唐初始專此體，以下云云，至代不數人，人不數首。雖不敢妄分優劣，而優劣自見矣。'皆真知灼見之辭。與世傳刊本，頗有詳簡出入處。故亟箸之，以待考索校正焉。"

## 【漁洋山人晚年定論二卷】

郎廷槐問，王士禎答。現存：清乾隆二十七年修古堂重刻本（當即《詩問》之郎問王答部分）。

## 【詩答問二卷】

張宗柟輯。現存：清光緒十四年蛟川張壽榮刻《花雨樓叢鈔》本，中國國家圖書館、北京大學圖書館等藏，《中國叢書綜錄》、《續修四庫全書總目提要（稿本）》著錄。

## 【古夫于亭詩問一卷】

劉大勤問，王士禎答。現存：①清乾隆二十五年刻《學詩津逮》本，上海圖書館、北京大學圖書館等藏，《中國古籍善本書目》、《北京圖書館古籍善本書目》、《中國叢書廣錄》著錄。②清乾隆四十一年刻《二十種詩訣》本（作《詩問》），見《續修四庫全書總目提要（稿本）》。③清乾隆嘉慶間刻《詩觸》本，中國國家圖書館、首都圖書館等藏，《中國叢書綜錄》著錄。④《一瓻筆存》稿本，天津圖書館藏，《中國叢書廣錄》著錄。

## 【主客圖一卷】

《山東通志·藝文》（集部詩文評類）：《漁洋詩話》云："余論當代詩人，目曰南施北宋。施謂愚山，宋謂荔裳。二君集皆經余刪定。又嘗取愚山五言近體詩爲《主客圖》一卷。"《魯巖所學集·書漁洋詩話卷上後》云："按，唐張爲選《主客圖詩》，以白居易、孟雲卿等六人爲主，各立門目；以楊乘、張祜等七十八人爲客，各採其二三首或數聯，以明其宗派之別。此選一人之詩，不知何以有主客之分？"按：《池北偶談》"摘句圖"一條所錄施閏章五言近體凡八十二聯，末云："予嘗以暇日撰《感舊》、《山水》二集，所錄愚山詩爲多，意猶未盡，因別取五言近體爲《摘句圖》，傳諸好事者。"疑《漁洋詩話》所稱之《主客圖》，即《池北偶談》所載之《摘句圖》也。

## 【王文簡公七古平仄論一卷】

見《山東通志·藝文》（集部詩文評類）、《重修新城縣志·藝文》（作《七古平仄論》）。現存：①稿本，見《中國科學院圖書館新收中文線裝舊書草目》。②清乾隆五十三年王允熙刻本（作《王文簡公論七言古體平仄》），中國國家圖書館、清華大學圖書館、北京大學圖書館等藏，《中國古籍善本書目》著錄。③清乾隆五十七年山東新城刻本（作《王文簡公論七言古體平仄》），中共山東省委黨校圖書館藏；《山東文獻集成》影印。④清鈔《詩學叢書》本（作《王文簡古詩平仄論》），復旦大學圖書館藏，《中

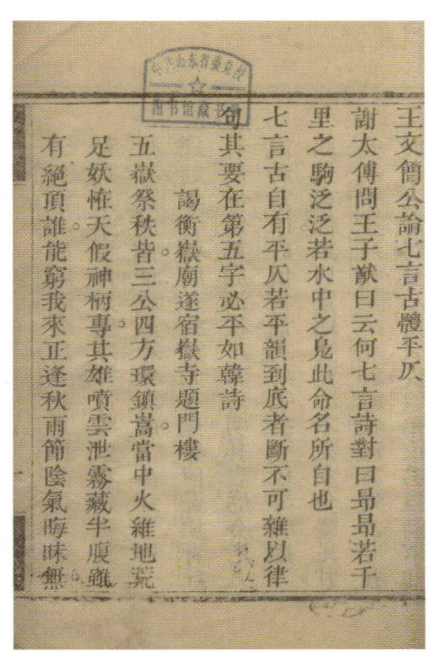

《王文簡公論七言古體平仄》一卷　清乾隆五十七年山東新城刻本

國古籍善本書目》、《中國叢書廣錄》著錄。⑤民國十六年無錫丁氏排印《清詩話》本，中國國家圖書館、清華大學圖書館、上海圖書館等藏，《中國叢書綜錄》著錄。

《山東通志·藝文》：載《衡園類存》。《澹園詩話》云："阮翁論七古平仄，不論五言，似可從。七言古雖始於柏梁間，作於魏、宋，其實體裁至唐人而始具，但就唐人立論可也。至於五言，莫盛於漢、魏，莫工於晉、宋。飴山概置不譜，而獨於四唐糟粕之餘，廣徵博引，是猶論腿腳不論首腹，韤履以上皆長物耶？文簡知五言遠而難稽，多而難齊，且不必有一定之式，故不復置喙，而但論七言也。吾以此服其有灼見。"

## 【律詩定體一卷】

《山東通志·藝文》（集部詩文評類）無卷數，提要云："其後人所刊。"現存：①清乾隆二十三年李文藻竹西書屋刻本（與《全唐五言八韻詩》合刻），內蒙古師範大學圖書館藏，《內蒙古自治區線裝古籍聯合目錄》著錄。②清乾隆二十三年畫錦堂刻本，清華大學圖書館藏，《清華大學圖書館藏善本書目》、《中國古籍善本書目》著錄。③清乾隆四十一年刻《二十一種詩訣》本，《續修四庫全書總目提要（稿本）》、《中國叢書廣錄》著錄。④清光緒八年福山王氏刻《天

壞閣叢書·聲調三譜》本，中國國家圖書館、首都圖書館、北京大學圖書館等藏，《中國叢書綜錄》、《續修四庫全書總目提要（稿本）》著錄。

## 【詩論正宗二卷】

王士禛等述，王廷銓校訂。現存：清乾隆二十五年仁和成城刻本，山東省圖書館、山東省博物館等藏，《山東文獻書目》著錄。

## 【漁洋詩法一卷】

王士禛口述，新城何世璂述。現存：①清乾隆四十一年李氏刻《廿一種詩訣》本，《中國叢書廣錄》著錄。②清鈔《詩學叢書》本，復旦大學圖書館藏，《中國古籍善本書目》、《中國叢書廣錄》著錄。

## 【漁洋詩法一卷】

昆池李因培重訂。現存：清乾隆二十三年畫錦堂刻本（與《律詩定體》合刻），山東省博物館、清華大學圖書館藏，《中國古籍善本書目》、《山東文獻書目》著錄。

## 【漁洋詩法三卷】

歷城張濤輯。現存：清光緒十九年聚和堂刻本，中國國家圖書館、北京師範大學圖書館等藏，《清代詩話考述》著錄。

## 【漁洋詩則一卷】

現存：清乾隆二十年商丘陳淮塵定軒刻本，見《東洋文庫所藏漢籍分類目錄》、《清代詩話考述》。

## 【漁洋山人評校集鈔不分卷】

現存：稿本（史奭跋），山東省博物館藏，《山東省博物館藏明清民國山左學者著述知見錄》、《山東文獻書目》著錄。

## 【古詩選凡例一卷】

有清康熙二十二年癸亥刻本，見《漁洋山人著述考》。

## 【五七言詩凡例一卷】

《重修新城縣志·藝文》據《漁洋文略》著錄。

## 【漁洋西樵批點杜詩一卷】

王士禛、王士祿批點。現存：清光緒二十九年黃昱然鈔本，見《濟南市圖書館館藏古籍書目》。

## 【衍波詞二卷】

現存：①清康熙中休寧孫氏留松閣刻《國朝名家詩餘》本，北京大學圖書館、上海圖書館等藏，《北京圖書館古籍善本書目》、《中國叢書綜錄》、《中國古籍善本書目》著錄。②清光緒二十七年海豐吳氏金陵刻《吳氏石蓮庵刻山左人詞》本（有吳重憙輯《附》一卷），首都圖書館、山東省圖書館、上海圖書館等藏，《中國叢書綜錄》、《北京師範大學圖書館中文古籍書目》著錄；《山東文獻集成》影印。③復堂藏鈔本（與《延露詞》合鈔），浙江圖書館藏，《浙江圖書館古籍善本書目》著錄。

《山東通志·藝文》：是編有休甯孫默《十五家詞》刊本。鄒祇謨《遠志齋詞衷》云：“金粟云：阮亭《衍波》一集，體備唐宋，珍逾琳琅，美非一族，目不給賞。如《春去秋來》二闋，以及‘射生歸晚，雪暗盤雕，屈子離騷，史公貨殖’等語，非稼軒之託興乎？《揚子江上》之‘風高雁斷’，《蜀岡眺望》之‘亂柳棲鴉’，非坡公之弔古乎？《詠鏡》之‘一泓春水碧如煙’，《贈雁》之‘水碧沙明，參橫月落，遠向瀟江去’，非梅溪、白石之賦物乎？‘楚簟涼生，孤睡何曾著。借錦水桃花箋色，合鮫淚和入隃糜，小字重封’，非清真、淮海之言情乎？約而言之，其工緻而綺靡者，花間之致語也；其婉變而流動者，草堂之麗字也。洶乎排黃軼秦，凌周駕柳，盡態窮姿，色飛魂斷矣。凡此雅論，無非實錄。昔空同、大復苦相排難，瑯琊、歷下過屬穉標，我輩正當袪斯二惑耳。”按：金粟，海鹽彭孫遹號也。《居易錄》云：“予生平喜竹，所居輒種之。順治庚子辛丑間，任揚州府推官，於讞事廳前後皆種竹，愛書之暇，輒嘯詠其下。廳後故有小亭，可置牀几，倦即偃息其中。自賦一詞題壁上，偶未編入《衍波詞》，今錄於左云：‘手種牆南千箇竹，春雨瀟瀟，拔地參天綠。斫取杉皮新縛屋，直須傲煞箅簹谷。解道難醫惟有俗，試問旁人，無竹何如肉。未必禪心超忍辱，且從玉版參尊宿。’存之亦可。追想少年高邁之氣，不爲卑尨縛束如此。”《香祖筆記》云：“予少年和李清照《漱玉詞》云：‘郎似桐花，妾似桐花鳳。’劉公戢體仁戲呼王桐花。”

## 【衍波詞錄一卷】

蘇於沛輯。現存：清道光二十五年蘇雨亭小棲巖鈔本，中國國家圖書館藏。

## 【和李清照漱玉詞一卷】

《重修新城縣志·藝文》云：“山人《詩餘》一卷《和李清照漱玉詞》一卷，悉入《衍波詞》中。今仍分著者，所以存其真也。”

## 【阮亭詩餘一卷】

見《重修新城縣志·藝文》。現存：①清康熙刻《新城王氏雜文詩詞》本（作《阮亭詩餘略》），中國國家圖書館、上海圖書館、天津圖書館等藏，《中國古籍善本書目》、《山東省博物館藏明清民國山左學者著述知見錄》著錄。②清光緒六年會稽趙氏刻《仰視千七百二十九鶴齋叢書》本，中國國家圖書館、北京大學圖書館、上海圖書館等藏，《中國叢書綜錄》、《續修四庫全書總目提要（稿本）》著錄。③清鈔本（作《阮亭詩餘略》），中國國家圖書館藏。

邱石常、徐夜評。

## 【倚聲集】

士禛與鄒祇謨同編。《山東通志·藝文》集部詞總集類著錄。現存：①清順治十七年大冶堂刻本（作《倚聲初集》二十卷《前編》四卷），中國國家圖書館、南京圖書館、上海圖書館等藏，《北京圖書館古籍善本書目》、《中國古籍善本書目》、《販書偶記》著錄。②清綠絲欄鈔本（《倚聲初集》二十卷，六冊），中國國家圖書館藏，《西諦書目》著錄。

《山東通志·藝文》：《居易錄》云：“予在揚州，與故友武進鄒祇謨程村撰《倚聲集》，起萬曆末，迄順治初年，以繼卓珂月、徐野君《詞統》之後。”《文略》是集《序》云：“詩之爲功既窮，而聲音之秘，勢不能無所寄，於是溫和生而《花間》作，李晏出而《草堂》興，此詩之餘而樂府之變也。詩餘者，古詩之苗裔。語其正，則南唐二主爲之祖，至《漱玉》、《淮海》而極盛，高、史其嗣響也；語其變，則眉山導其源，至稼軒、放翁而盡變，陳、劉其餘波也。有詩人之詞，唐、蜀、五代諸人是也。有文人之詞，晏、歐、秦、李諸君子是也。有詞人之詞，柳永、周美成、康與之之屬是也。有英雄之詞，蘇、陸、辛、劉是也。

至是，聲音之道乃臻極致，而詩之爲功，雖百變而不窮。《花間》、《草堂》尚矣，《花庵》博而雜，《尊前》約而疏。《詞統》一編，稍撮諸家之勝，然詳於隆、萬，略於啟、禎。鄒子與予蓋嘗歎之，因網羅五十年來薦紳、隱逸、宮閨之製，彙爲一書，續《花間》、《草堂》之後，使夫聲音之道，不至湮沒而無傳。書成，命曰《倚聲》。陸游有言：'唐自大中後，詩家日趣淺薄。會有倚聲作詞者，頗擺落故態，適與六朝跌宕意氣差近。'義取諸此。"又《香祖筆記》云："詞家綺麗、豪放二派，往往分左右祖。予謂第當分正變，不當分優劣。四十年前在廣陵，與鄒訏士祗謨同定《倚聲集》，予評陳臥子詞云：'如香車金犢，流連陌阡，反令人思草頭一點之樂。'"

## 【紅橋倡和詞一卷】

王士禎輯。現存：清康熙刻《新城王氏雜文詩詞》本，中國國家圖書館藏，《北京圖書館古籍善本書目》、《中國古籍善本書目》、《中國叢書廣錄》著錄。

## 【古今詞彙三編六卷】

王士禎輯。現存：清康熙十八年刻本，見《西諦書目》、《山東文獻書目》。

## 【花草蒙拾一卷】

《山東通志·藝文》集部詞評類著錄，無卷數。共五十九則。現存：①清道光十年長洲顧氏刻《賜硯堂叢書新編》乙集本，中國國家圖書館、首都圖書館、北京大學圖書館藏，《東北地區古籍綫裝書聯合目錄》、《中國叢書綜錄》、《續修四庫全書總目提要（稿本）》著錄。②清道光十三吳江沈氏世楷堂刻《昭代叢書》本，中國國家圖書館、首都圖書館、北京大學圖書館藏，《中國叢書綜錄》、《山東文獻書目》著錄；《續修四庫全書》影印。③民國十年上海大東書局石印《詞話叢鈔》本，上海圖書館、復旦大學圖書館等藏，《中國叢書綜錄》、《西諦書目》、《續修四庫全書總目提要（稿本）》著錄。

《昭代叢書》本後附楊復吉《花草蒙拾跋》云："王文簡公雜著風行海內久矣，《花草蒙拾》傳本所無，僅見於《倚聲初集》。謝華啓秀，簇簇生新，非深得詞中三昧者不能也。"是《昭代叢書》本源於《倚聲初集》本。

《山東通志·藝文》：長洲顧沅刊入《賜硯堂叢書》。士禎識語云："往讀花間草堂，偶有所觸，輒以丹鉛書之，積數十條。程邨强刻此集卷首，僕不能禁，題曰《花草蒙拾》，蓋未及廣爲揚搉，且自媿童蒙云爾。"按：士禎與武進鄒祗謨撰《倚聲集》，未見其書。據識語云云，則此數十條蓋刊在《倚聲集》之首，顧氏又摘出刊之耳。

## 【漁洋全集二百四十八卷】（又名《漁洋山人著述》、《王漁洋遺書》、《漁洋山人全集》）

見《山東通志·藝文》。現存：清康熙刻本，中國國家圖書館、上海圖書館等藏，《中國叢書綜錄》、《中國古籍善本書目》、《美國哈佛大學哈佛燕京圖書館藏中文善本書志》、《續修四庫全書總目提要（稿本）》著錄。

《山東通志·藝文》：新城王氏一家之書也。凡《漁洋詩集》二十二卷，《詩續集》十六卷，《蠶尾集》十卷《續集》二卷《後集》二卷《南海集》二卷，《雍益集》一卷，《精華錄》十卷，《漁洋文略》十四卷，《唐賢三昧集》三卷，《十種唐詩選》十七卷，《唐人萬首絕句選》七卷，《池北偶談》二十六卷，《居易錄》三十四卷，《香祖筆記》十二卷，《分甘餘話》四卷，《皇華紀聞》四卷，《粵行志》一卷，《南來志》一卷，《北歸志》一卷，《蜀道驛程記》二卷，《秦蜀驛程後記》二卷，《隴蜀餘聞》一卷，《長白山錄》一卷《補遺》一卷，《浯溪考》二卷，《載書圖詩》一卷，《諡法攷》一卷，《考功集選》一卷，《抱山詩選》一卷，《古鉢集選》一卷，《高徐二家詩選》一卷，《華泉集選》四卷附《邊習詩》一卷，《蕭亭詩選》六卷 <sub>以上各種皆士禎選輯</sub>，《歷仕錄》一卷 <sub>士禎曾祖之垣撰</sub>，《隴首集》一卷 <sub>士禎世父與胤撰</sub>，《二如亭羣芳譜》二十八卷，《蕲桐載筆》一卷，《清寤齋欣賞編》一卷 <sub>士禎祖象晉撰</sub>，共三十六種。按，以上各種俱分見各類，然各類中所載士禎及其先世所著書，或據別本，或採自他書，實不止此數，故仍詳載三十六種之目，俾覽者得以區別焉。《白雲山房集·答諸城李雨樵第二書》云："吾鄉所謂《漁洋全集》者，凡十六函三十六種，百有二冊，要之衹是俗目俗呼云，然其實集非全書，亦非有人纂定詮序之以成倫次也。漁洋山人平生著作不一時，有雕板者，有未及雕板者。其所雕之板不一地，有歸新城者，有未及歸新城者。山人沒後，其家取書與板分而儲之，未數載散失已多。及北平黃崑圃先生爲山東學政，懼其久而益佚，乃即其各家現存之板搜而輯之，貯諸學宮。其時適有此數，印書胥役隨意部彙，先後爲十六函，初無詮次，則此三十六種都爲一集而傳諸後，初非山人之意，並非崑圃先生之意也。在此集者，不必爲山人所經意而傳；不在此集者，不必爲山人所不經意而不必傳也。"又翁方綱《復初齋詩集》卷四十六自注云："予在濟南更訂漁洋三十六種書爲四十二種，編定目錄，存于新城縣學。"

## 【新城王氏雜文詩詞十一種十一卷】

佚名輯。現存：清康熙刻本，中國國家圖書館藏，《北京圖書館古籍善本書目》、《中國古籍善本書目》著錄。子目：《阮亭壬寅詩》一卷（士禛撰），《阮亭癸卯詩》一卷（士禛撰），《阮亭甲辰詩》一卷（士禛撰），《蜀岡禪智寺唱和詩》一卷（士禛輯），《焦山古鼎圖詩》一卷（士禛輯），《秦淮雜詩》一卷（士禛輯），《阮亭詩餘略》一卷（士禛撰），《紅橋倡和詞》一卷（士禛輯），《金陵遊記》一卷（士禛撰），《燃脂集發凡》一卷（士祿撰）、《憶洞庭詩倡和集》一卷（士禛輯）。

## 附【漁洋山人年譜一卷】

金榮編。榮字林始，江蘇吳縣人。是譜有乾隆刊本，見《續修四庫全書總目提要（稿本）》。

## ◆ 王士驤

士驤字貽西，號幔亭，新城人，士禛從弟。歲貢生。官諸城訓導。康熙戊戌（五十七）年卒於署。《濟南府志》卷五十五、《重修新城縣志》卷十七有傳。

## 【就園小詠】

見《國朝山左詩鈔》、《濟南府志・經籍》、《山東通志・藝文》。《重修新城縣志・藝文》云一卷。

《山東通志・藝文》：是編見《山左詩鈔》。《漁洋詩話》云："予所居小圃石帆亭南有池，曰春草。一日集子弟輩從賦詩，弟士驤幔亭有'天際星河倒入池'之句，予甚激賞之。"

《國朝山左詩鈔》卷三十四載其《就園》一題二首。

## 【就園唱和詩一卷】

王士驤輯。現存：清初鈔本，山東省圖書館藏，《山東文獻書目》著錄。

## ◆ 榮　開

開字文啓，號洞門，新城人。順治丙戌（三年）舉人，乙未（十二年）進士。授青州教授，遷國子監助教，擢工部屯田司主事。以勞成疾卒，年五十一。《濟南府志》卷五十五、《重修新城縣志》卷十六有傳。

## 【感應篇贅言】

《重修新城縣志・藝文》據張象津《新城後志稿》著錄。

## 【洞門文集】

《重修新城縣志・藝文》據張象津《新城後志稿》著錄。

## ◆ 伊　闢

闢字盧源，別字翁菴，新城人。順治乙未（十二年）進士。歷官右副都御史，巡撫雲南。《濟南府志》卷五十五、《重修新城縣志》卷十六有傳。

## 【按晉奏議】

見《山東通志・藝文》（史部詔令奏議類）、《重修新城縣志・藝文》（據張象津《新城後志稿》）。《濟南府志・經籍》作《按秦奏議》。

《山東通志・藝文》引《漁洋文略》載闢《墓誌》云："授廣西監察御史，奉命巡按山西，矜慎庶獄，疏請減釋者，前後至七百餘人。凡有薦達，必衷於公議。在臺二載，屢有章疏，率多削稿，所存《按晉奏議》若干卷。嘗輯錄本朝四十年來名臣奏議若干卷，未成書。皆藏於家。"

## 【名臣奏議】

伊闢輯錄。見《濟南府志・經籍》、《重修新城縣志・藝文》。

## ◆ 于維世

維世字回狂，新城人，覺世兄。歲貢生。《濟南府志》卷五十五、《重修新城縣志》卷十六有傳。

其詩文集未見著錄。《國朝山左詩鈔》卷二十二載其《清明泛舟》、《胡笳行題畫》詩二首，小傳附案云："回狂與弟赤山齊名。生平著述皆燼于火。遺詩三首，今鈔其二。"

### ◆ 于覺世

覺世字子先，號赤山，別號鐵樵山人。新城人。順治乙未（十二年）進士。初授歸德府推官，服政七日，裁補巢縣令。擢刑部主事，轉員外、禮部郎中。辛酉典試浙江，竣事，以僉事出督廣東學政，報最，以參議候補歸里。辛未卒，年七十三。《濟南府志》卷五十五、《重修新城縣志》卷十六有傳。

#### 【巢縣志二十卷】

現存：①清康熙十二年刻本，浙江圖書館、中國國家圖書館等藏，《北京圖書館古籍善本書目》、《中國古籍善本書目》著錄。②傳鈔康熙十二年刻本，見《中國地方志總目提要》。

按：覺世於康熙七年任巢縣知縣。

#### 【太上感應篇贅言一冊】

見《山東通志・藝文》（子部道家類）。現存：①清康熙二十二年刻本，中國國家圖書館等藏，《西諦書目》、《中國書店三十年所收善本書目》著錄。②清同治五年刻本，見《河南省圖書館中文古籍書目》、《復旦大學圖書館古籍簡目初編》。③清光緒十八年文齋刻字店刻本，中國國家圖書館、上海圖書館、吉林省圖書館等藏，《東北地區古籍綫裝書聯合目錄》著錄。

《山東通志・藝文》：是書即其官提學使所著，有刊本。海甯陳世安《序》略云："凡世有刻是篇者無不觀。觀數十百家，少當予意。或以濟南于公鐵樵所作《贅言》遺予。試讀之，見其以古筆運俚言，略通文義者皆可曉，而好學深思之士亦無以加。名言快論，絡繹奔湧。能使寒者汗，睡者醒。快矣哉！諸家所未有也。"據本書。

#### 【居巢集】【燕市集】【使越集】【嶺南集】

見《國朝山左詩鈔》、《濟南府志・經籍》、《山東通志・藝文》（"使越"誤作"使粵"）、《重修新城縣志・藝文》（《居巢集》《燕市集》《使粵集》各一卷，《嶺南集》無卷數）。

《山東通志・藝文》：《山左詩鈔》載諸編及吳葉林屋閭《使越集序》云："曩從龔宗伯所讀先生詩，茲復值先生奉使浙中，讀近詩一編，蓋從王事鞅掌、應酬紛劇之餘，觸目成吟，不用雕綴牽飾，隨意揮斥而得者也。"

《國朝山左詩鈔》卷十八載其詩十三首。

#### 【廣陵遊草】

見《山東通志・藝文》。《國朝山左詩鈔》卷十八覺世小傳附案云："徐東癡題其《廣陵遊草》云：'河北聲稱藉久傳，江南名勝入新編。中原氣格風靡後，正始音徽雅在前。見說衣裳同會合，誰當鞭弭共周旋。清吟有此于良史，間氣全消五百年。康熙辛酉，與睢州湯文正公典試浙江，得人最盛。'"

### ◆ 孟瑞

瑞字徵之，號蓼庵，自號豐溪漁叟，淄川人。順治乙未（十二年）進士。官東昌教授、福建寧德知縣。

#### 【燕翼堂集】

見《淄川縣志》、《山東通志・藝文》。《國朝山左詩鈔》作《燕翼堂詩》。《濟南府志・經籍》作《燕翼堂詩》，撰者誤孟端。

《山東通志・藝文》引《縣志》云："生平詩甚多，頗散逸。有《燕翼堂集》藏于家。"

《國朝山左詩鈔》卷十八載其《送王介初從王允大校士關中》一首，小傳引李堯臣《序》云："先生與紫霞、豹巖兩公以文章品行爲一邑表率，邑人化之。淄川人文蔚起，諸公爲之倡也。"

### ◆ 孫東園

名未詳，字東園，濟南人，爲王士禎之中表。

#### 【滇遊紀程一卷】

是書乃其隨士禎至滇時所記，見《雲南書目》。

### ◆ 孫光祀

光祀字溯玉，號怍庭，歷城人，平陰籍。順治乙未（十二年）進士。歷官兵部侍郎。《歷城縣志》卷三十八、《平陰縣志》卷四、《濟南府志》卷五十三有傳。光緒《平陰縣志》卷八有汪灝《孫公怍庭墓誌銘》。

## 【膽餘軒奏疏一卷】

現存：清康熙間刻本，天津圖書館藏。

## 【膽餘軒集八卷】

見《歷城縣志·藝文考》（據本書）、《四庫全書總目》、《濟南府志·經籍》、《山東通志·藝文》。《國朝山左詩鈔》誤作《澹餘軒集》（無卷數）。現存：①清康熙三十三年刻本，中國國家圖書館、上海圖書館、山東省圖書館等藏，《中國古籍善本書目》、《清集敍錄》、《清人詩文集總目提要》、《東北地區古籍綫裝書聯合目錄》著錄；《山東文獻集成》影印。前有康熙丙子門人韓葵《讀膽餘集》，門人彭會淇《膽餘集跋》，康熙乙亥受業平湖陸葇《膽餘軒集序》，日照受業門人李應廌《序》，康熙甲戌受業門人魏希徵《膽餘軒集序》，康熙三十一年受業汪灝《序》，順治辛丑《自敍》。②清孫建長刻印樣底本，山東省博物館藏，《山東文獻書目》、《山東省博物館藏明清民國山左學者著述知見錄》、《清人詩文集總目提要》著錄。

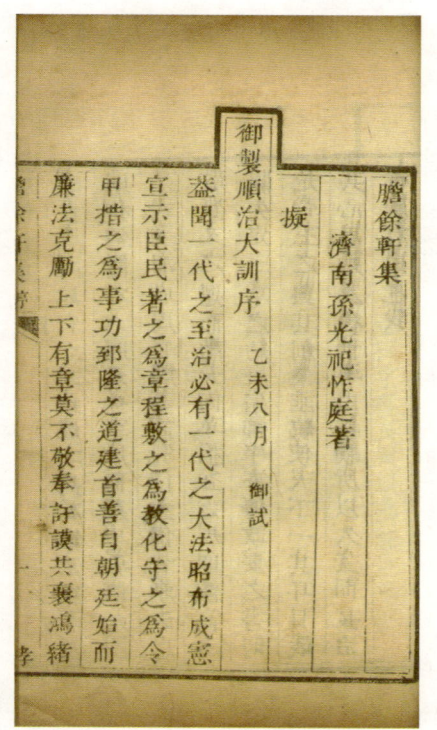

《膽餘軒集》八卷　清康熙三十三年刻本

《山東通志·藝文》：《四庫存目提要》曰：“是集凡文七卷，詩一卷。”

《歷城縣志·藝文考》：魏希徵《序》署曰：“先生為孝廉時，遘鄉里之難，衛父兄大雛，志氣精誠，貫日月而泣鬼神，卒申大義於天下。自通籍後，由詞臣而諫垣，洊歷清要，前後在朝三十年，蹇蹇諤諤，無一言一事不期於國計民生有補。故其文章根忠孝磊落之性，以發為昌明俊偉之詞，則先生之傳於天下者，獨文也乎哉？”

《國朝山左詩鈔》卷十八載其詩八首。民國《長清縣志》卷十“明忠烈鄉賢張肇怍墓”條後附載其《明知香河縣事忠烈賢蒼垣張先生暨元配張元君烈婦王元君合墓表》。民國《單縣志》卷二十二載其《大名兵備道副使贈右都御史衷白洙公墓誌銘》。《肥城縣志》卷二載其《肥城大石舖創建玉帝閣記》。《惠民縣志》卷二十八載其《（李之芳）碑陰記》。

## 【膽餘雜著】

見《山東通志·藝文》（集部別集類）、《續修歷城縣志·藝文考》。

《山東通志·藝文》引《膽餘軒集》是編《自序》略云：“豫讓矢國士之忱，敬仲誌知我之感。屈子歌楚辭於江畔，阮生效痛哭於窮途。千載而下，猶若聆其歎息，對其響象。余小子憤懣之極，思夫安得而閟之。爰不計工拙，凡可憶之而得者，輒筆之于書。嗚呼！三年來甇甇一息，諸險備嘗，無復仇之功，而有嘗膽之苦，是則膽餘之作之所以存也。”

## 【怍庭制藝】

見《泰安府志》本傳。

## 【山左四太史合稿】

孫光祀選評順治十五年山東籍進士閻世繩、魏希徵、李應廌、李濤所作制藝文也。見《膽餘軒集》。世繩字寶貽，昌樂人，歷官左諭德，兼翰林院修撰。應廌字諫臣，一字愚菴，日照人，歷官內閣學士，兼禮部侍郎。希徵字子相，鄆城人，歷官侍講。濤字紫瀾，德州人，歷官刑部侍郎。

《膽餘軒集·山左四太史合稿敍》略云：“是科東省售南宮者三十四人，多藉藉名下士。乃皇上躬親遴選，拔為庶常者四人，時則昌樂閻子寶貽、鄆城魏子子相、日照李子諫臣、德州李子紫瀾，同入延英，讀書中秘。都人額手歡動，冠紳咸謂聖天子知人之哲，其明聰獨斷若此。及見其雍容禮讓，眉采談鋒，德宇清醇，進退有度，大約從潛修養氣中得之，竊爲私喜，語同人曰：‘吾東之才，自茲其益盛矣乎！’今四君子出其近藝，屬余選評。一再讀之，輒復擊節。觀其姿稟競長，性靈各運，彼瑜此亮，畫界分疆，媲美頡芳，不容相下。然而進繹其用志之所在，則皆捐棄淺膚，滌除庸濫，嘘呵秦漢，吐納韓歐。每拈一題，務明其理要之歸，而原始要終，以達於其可至，使心之量盡，則題之量亦盡矣。且舉所爲僻仄之思，嚲緩之調，聱佶軋茁之詞，悉芟而去之。凡不可以應王制而協彀率者，置勿道。苟市其言而足以誤人，即詡爲名高，勿貴也。惟其湛思靜悟，能入希微，光氣所蒸，蔚爲即景。時而長驅驟駟，騁於康莊。時而力披棘荆，凌其劍閣。要於制勝，無使僨轅。此亦藝苑之良工，文人之極致矣。由其志不爲卑近，亦不爲表異，其力不撓，其言不欺，故以卜其守官立朝，均當有所表見。異日處之崇政、邇英，敷說詩書，啟沃主德，不敢依阿以貶正學，更不敢騖他途以損生平。四君子惟無忘其治文章之心，即所以善功名而全榮聞，斯不亦氣運之一助乎？余以就其文言之，匪爲鄉人阿所好者。茲制義其在，如設樽五父之衢，斟而享之，醇薄可辨。若以爲飾虛聲以相誇示，則余亦爲鄉人之不善者矣。”

### ◆ 孫宗元

宗元字柳下，號長卿，淄川人。順治乙未（十二年）進士。歷官臨晉知縣，開封、南河同知，灤州知州，思恩府同知。

**【灤志八卷】**

孫宗元等纂修。現存：清康熙鈔本（存六卷），中國國家圖書館藏，《中國古籍善本書目》、《中國地方志聯合目錄》著錄。

**【燕翼堂遺詩】**

見《國朝山左詩鈔》、《濟南府志・經籍》、《山東通志・藝文》。

《國朝山左詩鈔》卷十八載其《齋中偶成》一首。

### ◆ 張完臣

完臣字良哉，平原人。順治乙未（十二年）進士。任兗州府教授，陞國子監助教。晉主事，未任卒。《平原縣志》卷八、《濟南府志》卷五十六有傳。

**【周易滴露集】**

見《濟南府志・經籍》、《山東通志・藝文》（經部易類）。現存：清康熙二十八年張栻刻本，山東省圖書館等藏，《中國科學院圖書館藏中文古籍善本書目》、《北京大學圖書館藏古籍善本書目》、《四庫存目標注》著錄；《四庫全書存目叢書》影印。

《山東通志・藝文》引《四庫存目提要》曰：“大旨取朱子《本義》爲主，而附益以諸家之說，於吳璘《訂疑》、蔡清《蒙引》、姚舜牧《疑問》所引尤多，間亦附以己意。所注僅上下兩《經》，而無《繫辭》以下，蓋用程子本也。”

**【東村日錄十卷】**

見《平原縣志》、《山東通志・藝文》（子部雜家類）。

**【海隅寱言】**

見《平原縣志》、《山東通志・藝文》（子部雜家類）。

**【安遠堂詩集】**

見《平原縣志》、《山東通志・藝文》。《國朝山左詩鈔》、《濟南府志・經籍》作《安遠堂集》。現存：鈔本（作《安遠堂詩》一卷，《蓉塘詩鈔》附），中國科學院圖書館藏，《清人詩文集總目提要》著錄。又《清人詩文集總目提要》、《販書偶記》著錄稿本一卷，亦作《安遠堂詩》。

《國朝山左詩鈔》卷十八載其詩十三首。內《爲又韓題任無懲畫卷》詩注云：“案無懲名有剛，平原人，官至太原同知。善畫山水，蒼秀入宋人之室。罷官後宦橐蕭然，而喜賓客，好施與，一切取給於畫，未及脫稿，購者已俟於門。弟子葛中谷傳其術，每能亂真，以‘山中人’小圓印別之。又韓姓張氏，名琦，亦平原人。博學工詩，爲諸生，與淄川張歷友齊名，時號‘二張’。吾州蕭侍讀、田司農及平原董總憲咸與訂交。聖祖南巡，以講《中庸》稱旨，蒙褒獎。老而齟於一第，以明經司鐸蒙陰。卒，遺稿散佚不可考，附記於此。”《平原縣志》卷十載其《堂東木芍藥行》、《官穀行》詩二首。

## 【鈔評陸劍南七言絕句】

見《平原縣志》、《山東通志·藝文》。

### ◆ 張爲仁

爲仁字致堂，又字滄粟，海豐人。順治乙未（十二年）進士。授內黃知縣，擢中書，歷官廣東按察司僉事，提督學政。《武定府志·藝文》有王士真（禛）《廣東僉事道致堂張公墓表》。

## 【四書隅說】

見《無棣縣志》本傳。

## 【孝譜】

見《無棣縣志》本傳、《山東通志·藝文》（史部傳記類）。

《山東通志·藝文》：“是書見《內黃縣志》。”

《無棣縣志》云：“以病乞休歸里，遇父母諱日修祀事輒流涕極哀，嘗謂：‘孟氏謂失其身而能事其親者，未之聞也，欲報之德敬吾身而已。’”

按：今中國國家圖書館有清順治間古棣張爲仁刻本《孝譜》八卷四冊，撰者題“張逸輯並評”。疑此乃張逸之書，爲仁爲之刊行，《縣志》誤作爲仁所撰；抑或爲仁即張逸原本，復有增益者歟？

### ◆ 馬宛穀

宛穀字鳩式，陽信人，贊孫。順治乙未（十二年）拔貢。

其詩文集未見著錄。《國朝山左詩鈔》卷十八載其《次方壺秋日齋居即事》一首。

### ◆ 張　崖

崖原名延怡，字吉人，陽信人。廩生。

## 【嶽起樓集】

民國《陽信縣志》本傳云：“篤交遊，好賓客，四方名士往來者必主其家，論史談經，上下千古。晚號松遊子。同學新城王阮亭先生最相契。康熙五年卒。

所著有《嶽起樓集》。”

### ◆ 吳長榮

長榮字木欣，別字青立，自號薇園灌長，長山人。監生。考授同知。《長山縣志》卷八有傳。《渠亭山人半部槀·娛老集》有《待贈承德郎吳君墓誌（並銘）》。

## 【班馬闕疑論】

見《長山縣志》本傳。

## 【緄齋隨筆十卷】

《山東通志·藝文》（子部雜家類）據《娛老集》著錄。

## 【寶誠堂隨筆錄】

見《長山縣志》本傳。

## 【詩文四卷】

《山東通志·藝文》：《娛老集·待贈承德郎吳君墓誌》云：“豫章隱者八大山人，君訪之蕭寺，賦詩以贈，有‘落花心事鐙前詠，如戴須麋鏡裡看’之句，山人終身誦之。”又云：“又好訪求上世以來舊聞遺事，爲文紀之，以示子孫。所著《詩文》四卷，《緄齋隨筆》十卷，皆雍容大雅。《班馬闕疑論》、《戒諭迂談》二種，感發蹈厲，尤爲時所稱。”

《長山縣志》卷十二載其《書西園賣菜圖後》跋文一篇。

## 【繭齋詩集】

見《長山縣志》本傳。

### ◆ 高　瑾

瑾字方貢，又字山顏，號留夫，歷城人。歲貢。年七十四卒。《濟南府志》卷五十三有傳。

## 【藉青書屋集十二卷】

見《歷城縣志·藝文考》、《山東通志·藝文》。《國朝山左詩鈔》、《濟南府志·經籍》作《藉青書屋稿》無卷數。

《山東通志·藝文》：是集見《縣志》。《買春詩話》瑾一條云：“與漁洋、蓮洋諸先生相酬和，著有《藉青書屋詩稿》藏於家。其族孫宴桃，余弟憲甫之妻兄也，嘗從借得其詩，樸淡真切，不事雕繪。其《歷下春日寫懷雜詩》十首《和田綸霞先生韻》中有'來尋暫借山間路，坐對相依我輩人。爲憐李賀吟成血，更羨陶潛恥折腰'之句，襟懷超曠，槪可想見已。"

《歷城縣志·藝文考》：張謙宜《高君傳》："君致力學行，舉業外習詩古文，窺其突奧。著有《藉青書屋集》若干卷，載在郡乘。書法瘦勁蒼逸，自成一家。"《山左詩鈔》。

《國朝山左詩鈔》卷四十五載其《藥山雪中》、《錦陽川道中即事》（二首）、《大磯灘》，凡四首。

### 【藉青書屋選集】

《續修四庫全書總目提要》著錄清咸豐鈔本，提要略云："此本詩僅百三十餘首，或王、田諸人所選定者。然前後無序跋，莫可考定。惟卷末有'咸豐七年五月借抄一過'十字，未標名氏，亦不詳其誰何。統觀前後各詩，樸淡真切，不事雕繪，間有漁洋風神。蓋日相唱和，自不能不受其薰陶也。《錦川道中即事》云：'長橋漠漠陰厓下，野草萋萋古寺邊。柿葉正青秋未老，行人指點錦道川。'又云：'黃昏留宿在茅亭，天上明河淡幾星。穿竹過窗聲滴瀝，石泉一夜枕邊聽。'皆極可誦。"

## ◆ 王 樛

樛字子下，號息軒，淄川人，龕永子。以難廕歷官通政使。《濟南府志》卷五十四有傳。《栖雲閣文集》卷十四有《通政使司右通政子下王公墓誌銘》，卷十五有《祭通政王子下先生文》。

### 【息軒草】

見《國朝山左詩鈔》、《濟南府志·經籍》、《山東通志·藝文》。現存：①清康熙十年王橘刻本（作《息軒草初集》一卷《二集》二卷附《墓銘》一卷），山東省博物館藏，《中國古籍善本書目》著錄。②清鈔本（一卷），山東省博物館藏；《山東文獻集成》影印。③清淄川孫錫嘏輯《般陽詩鈔》稿本（一卷），山東省博物館藏；《山東文獻集成》影印。

《山東通志·藝文》：《栖雲閣集》是編《序》云："息軒詩向已授梓，蓋先生執友蜀撫張公坤育、滇撫李公敬茲釀金爲之。今先生從兄雪因先生（據《縣

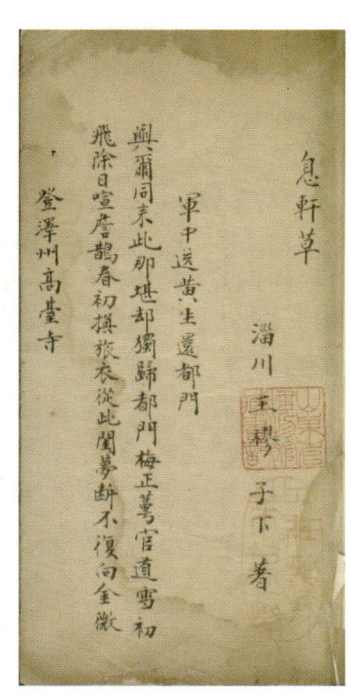

《息軒草》一卷　山東省博物館藏清鈔本

志》樛傳，雪因蓋名橘）感深花萼，補輯遺珠，將以存先生於千百世後，意良深矣。"《山左詩鈔》引唐濟武云："公子詩矜賞右丞，其瀏瀤沈鬱，則志中所云得意於滄溟、渭南者也。五七言古跌宕自豪，獨能抒其志意。絕句多激楚，自爲一家言。"《縣志》本傳云："姜瓖叛大同，公督火器西征。有《雲中雜詠》諸詩。"

王譔《介侯公傳》（載《王氏一家言·抱璞公集》）云："銀臺公樛，公（按，即介侯公王橘，字雪因，別號介侯）伯弟也，以病卒於官，無子，從姪敷政襲其世職。公痛其無後，求得族弟龕之次子繼焉，即以己所應分銀臺公遺產授之，更罄囊爲刻其《息軒草》遺詩行世。"

《國朝山左詩鈔》卷十一載其詩四十七首。《淄川縣志·藝文》載其《孫禹年談及柿岩梅花歌以贈之》詩十六首。

### 【銀臺公集】

現存：民國七年順和堂石印局石印《王氏一家言》本（在卷十四至十七），青島市圖書館藏；《山東文獻集成》影印。卷十四、十五兩卷有五七言詩五百八十六首，歌行九首，詞十四首；卷十六啟一百十七；卷十七疏三，文三十二，記一，傳三。其傳文三篇：《僉事公傳》，王君賞也；《亦山公傳》，

王巽也；《玄圃公傳》，王晉也。集前有張篤慶《讀息軒詩小言》，唐夢賚《息軒草序》，康熙庚戌唐夢賚《息軒詩序》。

### ◆ 鄭續善

續善字元長，歷城人，徙京師。京營官生。順治十三年爲山東撫標營參將，歷官永昌參將、汾州營參將。《歷城縣志》卷三十八、《濟南府志》卷五十三有傳。

【金川集三卷】

見《歷城縣志·藝文考》（據採訪抄本）、《濟南府志·經籍》（無卷數）、《山東通志·藝文》。

### ◆ 李　憲

憲字大章，陵縣人。順治丁酉（十四年）舉人。

其詩文集未見著錄。《國朝山左詩續鈔》卷一載其《口號送程佩玄》詩一首。《陵縣志》卷十六載其《鄉勇說》、《禁牛屠說》、《集流移說》等文。

### ◆ 馬蕃錫

蕃錫字晉侯，商河人。順治丁酉（十四年）副貢。除歸德通判，攝睢州，歷令七邑，均有政聲。

【澹齋集】

見《國朝山左詩續鈔》、《山東通志·藝文》（據《府志》）、《重修商河縣志》。

《國朝山左詩續鈔》卷一載其《偶成》詩一首。《重修商河縣志·藝文》載其《東門道上》詩一首。

【燕草】【宋草】

見《山東通志·藝文》（據《府志》）、《重修商河縣志》。

### ◆ 成和徵

和徵字徵子，鄒平人，順治丁酉（十四年）歲貢，官觀城訓導。《濟南府志》卷五十四有傳。

【成氏家訓二卷】

見《鄒平縣志·藝文攷》、《山東通志·藝文》（子部雜家類）。

《山東通志·藝文》：《縣志》載是書云：“上卷曰《書紳錄》，下卷曰《涉世要言》，詩文附後。”

同邑張景燊《夢餘編》有其《敘》。

### ◆ 蕭惟樞

惟樞字拱辰（一作共宸），德州人，時彥子。官丹徒知縣。

【酣吟集】

見《國朝山左詩鈔》、《德州志·州人所著書目》（注云“未見”）、《山東通志·藝文》（撰者作蕭維樞）、《德縣志·邑人著作》。《續修四庫全書總目提要（稿本）》著錄家鈔本（不分卷）。

《山東通志·藝文》：《山左詩鈔》引趙怡齋善慶《序》云：“五言之妙，如‘犬息千村月，雞鳴萬井煙’、‘山從雲外起，水向樹中流’、‘月印寒潭靜，雲籠晚樹間’、‘山深晴帶雨，塞極暑生寒’、‘樹影穿花徑，山陰落草堂’、‘月吐中峰小，雲歸遠樹深’、‘山高分月影，岸闊散江聲’、‘吞山雲四面，繞水樹千株’、‘林鳥將煙出，山雲帶雨來’、‘芳草栖牛犢，殘曛上客船’、‘薊北愁中客，江南夢裏家’、‘嶺樹連雲動，村煙帶戶開’，皆意味深長，不減唐人。”

《續修四庫全書總目提要（稿本）》云：“是集計詩二百二十四首，分古今體編次。前有趙善慶《序》。維樞性嗜酒，酒必酣，酣必吟。官丹徒未久，即挂冠去。其爲詩力追唐人，長於山林景物之作，有柴桑籬下風味。此蓋天性使然。趙善慶《序》所謂‘當其意興一往，蕭然簡遠，絕去塵埃’者是矣。集中如《江舟夜泊》云：‘酣吟小舟裏，極目大江中。酒意非關醉，詩豪不在工。魂消兩岸月，夢破一帆風。久客渾忘倦，此身如轉蓬。’等篇，風味盎然。”

《國朝山左詩鈔》卷二十一載其詩十首。

### ◆ 蕭惟今

惟今字思皇，德州人，惟樞弟。諸生。

【雲亭自怡草】

見《國朝山左詩續鈔》、《濟南府志·經籍》、《山東通志·藝文》（以上均作蕭維今）、《德縣志·邑人著作》。

《國朝山左詩續鈔》卷三載其《春陌歌》、《舟中除夕》、《寄省文和尚》、《過江右故里》、《村居有感》詩五首。

### ◆ 蕭惟豫

惟豫字介石，號韓坡，德州人，惟樞從弟。順治甲午（十一年）舉人，戊戌（十五年）進士。歷官翰林院侍讀。《濟南府志》卷五十六有傳。

其文集未見著錄。《濟南府志·藝文》載其《重修閔子墓祠記》、《蠲免挑河淺夫錢碑記》。《德縣志》卷十五載其《蠲免挑河淺夫錢碑記》。乾隆《福山縣志》卷十一載其《郭瞻巖先生傳》。

#### 【但吟草八卷恭紀詩一卷】

現存：清康熙五十年自刻本（王士禎評），中國國家圖書館、北京大學圖書館等藏，《中國古籍善本書目》、《清人詩文集總目提要》、《東北地區古籍綫裝書聯合目錄》、《販書偶記續編》著錄。《國朝山左詩鈔》、《德州志·州人所著書目》、《濟南府志·經籍》、《山東通志·藝文》俱作《但吟草》無卷數。

《山東通志·藝文》（撰者作蕭維豫）：是集見《州志》。《山左詩鈔》引馮大木《序》云："嘗出其《但吟草》以示蒙齋。蒙齋曰：'此楊夢山之淡逸，邢子愿之流美，劉函山之雅潔也。阮亭亦以爲然。'"

《國朝山左詩鈔》卷二十三載其詩三十七首。《濟南府志·藝文》載其《雲莊雜興》、《雲莊種瓜和田山薑韻》、《和馮大木舍人過雲莊》詩。《德州志》卷十二、《德縣志》卷十六載其《孫書臺過訪雲莊》、《春日湄園》詩二首。

#### 【但吟草選一卷】

《續修四庫全書總目提要（稿本）》著錄家抄本，提要云："是集計詩三十七首，乃自其全集中選出，五、七言均有之。維豫原為江西泰和人，明初徙遼東，旋遷德州，遂著籍焉。其為人蘊負宏遠，志若不可一世。少歷詞垣，雅負清望。為官不十載，即辭歸奉母，發之于詩，亦皆以樂其致養，寫其懽愉。不屑屑聲律字句以求工巧，而意到筆隨，又無不出于自然。馮大木《序》謂：'日與鄉人逸老，杯酒獻酬。而又游覽名山，涉歴江湖。興會所至，援筆為詩。無意于工，而詩工矣。'田蒙齋則謂維豫詩有'楊夢山之淡逸，

邢子愿之流美，劉函山之雅潔'云云。今觀集中《登清風臺謁夷齊廟》云："我立永豐顛，首陽向我峙。遂之清風臺，以訪墨胎氏。鬱鬱松柏林，悠悠濼漆水。雨洗春色深，人入清風裏。未食蕨與薇，安知肉食鄙。為頑與為廉，百年同一死。吁嗟黃虞人，在此不在彼。'一篇，其格高氣逸，寄託甚遠，讀之真覺清風謖然矣。維豫全集，存世與否，不可得知。此雖寥寥數十首，亦頗足窺其所學矣。"

### ◆ 韓允嘉

允嘉字媧石，淄川人。順治十五年進士。康熙六年任東安知縣。

#### 【東安縣志十卷附刻古志備考一卷】

現存：清康熙十一年刻本，中國國家圖書館藏，《中國古籍善本書目》著錄。

#### 【韓子詩年二卷初集二卷】

現存：清康熙四年韓氏刻本，河南省圖書館藏，《河南省圖書館中文古籍書目》、《清人別集總目》、《清人詩文集總目提要》著錄。

### ◆ 王敬公

敬公字漢淑，一字爾成，商河人。順治戊戌（十五年）進士。歷官行人司行人。《重修商河縣志·藝文》有李之芳《清勅授文林郎行人司行人加一級爾成王公墓誌銘》，又有杜鎮爲其父瑧（字文珍）所作《清勅封文林郎河南開封府商水縣知縣文珍王公墓誌銘》。

#### 【養蒙功過格】

見《武定府志》、《山東通志·藝文》（子部儒家類）。

#### 【粲亭初草】

《山東通志·藝文》：是集見《山左詩鈔》。《縣志》載有《粲花集》、《吏隱草》、《沛草》、《蜀道難吟》，而無此名。或"粲花"爲"粲亭"之譌歟？

《國朝山左詩鈔》卷二十三載其《陽邱道中》、《秋怨》、《宿化城寺》、《送黃生袞之何將軍幕中》詩四首。《武定府志·藝文》載其《苦雨歎》（四首）、《商

河登釣臺》。《重修商河縣志・藝文》載其《冬夜登城》、《苦雨歎》、《八景詩 存二首》、《秋夜泛飲鼇池》、《宿河上荒村》、《過岳橋河》等詩。

## 【粲花集】【沛草】

見道光《商河縣志》、《重修商河縣志》、《國朝武定詩鈔》。

## 【吏隱草】

見道光《商河縣志》、《重修商河縣志》。

## 【蜀道難吟】

見道光《商河縣志》、《重修商河縣志》。《國朝武定詩鈔》作《蜀道難詩》。

## ◆ 李毓之

毓之字喆生，長山人。諸生。以子斯義貴贈大理寺卿。《濟南府志》卷五十五、《長山縣志》卷十有傳。

## 【警心錄十二卷】

見《長山縣志》本傳、《濟南府志・經籍》、《山東通志・藝文》（子部雜家類）。現存：①清康熙四十二年湛恩堂刻本，北京大學圖書館藏，上編十卷，下編十二卷。《湖南圖書館古籍綫裝書目錄》作十卷。《〔四川省圖書館〕館藏古籍目錄續編》作十二卷。②清康熙間翠飛館刻本（與《孝行庸言十四卷》合刻），吉林省圖書館等藏。《東北地區古籍綫裝書聯合目錄》作四卷。《韓國所藏中國漢籍總目》作十二卷。

《山東通志・藝文》引《縣志》本傳云："康熙壬子遘疾，少間，著《警心錄》十二卷。"

## ◆ 馬驌

驌字驄御，又字宛斯，鄒平人，順治己亥（十六年）進士，官淮安府推官，終於靈壁知縣。《濟南府志》卷五十四有傳。

其詩文集未見著錄。《國朝山左詩鈔》卷二十三載其《池上作》一首。

## 【左傳事緯十二卷附錄八卷】

見《鄒平縣志・藝文攷》、《濟南府志・經籍》、《山東通志・藝文》。現存：①清康熙間刻本，中國國家圖書館、上海圖書館、山東大學圖書館等藏，《中國古籍善本書目》、《中國科學院圖書館藏中文古籍善本書目》著錄；《山東文獻集成》影印（作《左傳事緯》十二卷《前書》八卷，清刻本）。②清乾隆四十九年黃進懷澄堂刻本（作《左傳事緯》十二卷附《字釋》一卷），中國科學院圖書館、天津圖書館、山東省博物館等藏，《北京大學圖書館藏古籍善本書目》、《中國科學院圖書館藏中文古籍善本書目》、《山東省博物館藏明清民國山左學者著述知見錄》著錄。③《四庫全書》本。④清嘉慶九年六桐書屋刻本，中國國家圖書館藏，見《四庫存目標注》。⑤清道光刻《函海》本（四卷），見《中國叢書綜錄》。⑥清光緒四年敏德堂刻本，見《山西大學圖書館線裝古籍書目》。

《山東通志・藝文》：是書文淵閣著錄，《四庫簡明目錄》云："取《左傳》事迹，類分爲一百八篇，各繫以論斷，附錄杜預、孔穎達《序》及驌所作《左邱明傳》共一卷，《辨例》三卷，《圖表》一卷，《覽左隨筆》一卷，《名氏譜》一卷，《左傳字音》一卷，融會貫通，具有條理。"《鄒平志》云："是書刻於身後，校勘未精，且多缺略。道光十二年文慶 驌從弟，光裔孫 爲補刻原《敘》 嚴沆撰。其宗人興基 諸生 又取正文十二卷，句櫛字比，正其訛誤。後又攷證其前書八卷，通加是正。蓋歷百二十年乃成完書云。"

《鄒平縣志・藝文攷》載山東正考官戶科左給事中嚴沆撰《左傳事緯敘》略云："鄒平馬宛斯著《左傳事緯》二十卷，其《前書》八卷詳發凡言例及類載典實，其正書二十卷（泳按：此"二十"當係"十二"

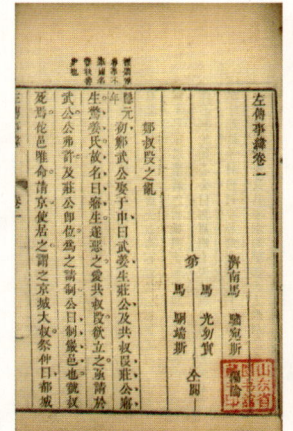

《左傳事緯》十二卷《前書》八卷　清刻本

之誤）敘次其全文而論斷之。歲辛卯，宛斯攜以游武林，余見而悅之。及今六七年，猶未懸之國門。丁酉秋，余典試山左，會施愚山先生視學是邦，共覽宛斯所論著，信其可傳，欲捐俸梓之。余力贊是舉。"

## 【春秋叢錄補正八卷】

現存：傳鈔本，中國科學院圖書館藏。

## 【春秋列國表】

現存：清光緒二十八年兩湖書院重刻本，中國國家圖書館、中國科學院圖書館、吉林省社會科學院圖書館等藏，《續修四庫全書總目提要（稿本）》、《東北地區古籍綫裝書聯合目錄》著錄。

## 【繹史一百六十卷】

見《濟南府志·經籍》、《山東通志·藝文》、《鄒平縣志·藝文攷》。現存：①清康熙九年鄒平馬氏原刻本，煙臺圖書館、山東省博物館等藏，《煙臺公共圖書館館藏古籍書目》、《山東省博物館藏明清民國山左學者著述知見錄》著錄。②《四庫全書》本。③清同治七年姑蘇亦西齋刻本，山東省圖書館、煙臺圖書館等藏，《煙臺公共圖書館館藏古籍書目》、《東北地區古籍綫裝書聯合目錄》、《內蒙古自治區線裝古籍聯合目錄》著錄。④清光緒十五年金匱浦氏重刻本，中國國家圖書館、遼寧省圖書館、上海圖書館等藏，《北京師範大學圖書館中文古籍書目》、《東北地區古籍綫裝書聯合目錄》著錄。⑤清光緒二十三年武林尚友齋石印康熙九年巾箱本，中國國家圖書館、天津圖書館、南京圖書館等藏，《中國古籍總目》著錄。⑥清光緒三十年浙江書局刻本，中國國家圖書館、上海圖書館、東北師範大學圖書館藏，《東北地區古籍綫裝書聯合目錄》、《中國古籍總目》著錄。

《山東通志·藝文》：是書文淵閣著錄。《四庫提要》曰："纂錄開闢至秦末之事。首爲世系圖、年表，不入卷數。次太古十卷，次三代二十卷，次春秋七十卷，次戰國五十卷，次別錄十卷。仿袁樞《紀事本末》之例，每一事各立標題，詳其始末。惟樞書排纂年月，鎔鑄成篇，此書則惟篇末論斷出驦自作，其事蹟皆博引古籍，排比先後，各冠本書之名，其相類之事，則隨文附註，或有異同讆舛以及依託附會者，並於條下疏通辨證，與朱彝尊《日下舊聞》義例相同。

其別錄則一爲天官，二爲律呂通考，三爲月令，四爲洪範五行傳，五爲地理志，六爲詩譜，七爲食貨志，八爲考工記，九爲名物訓詁，十爲古今人表。蓋以當諸史之表志，其九篇亦薈萃諸書之文，惟古今人表則全仍《漢書》之舊，以所括時代與《漢書》不相應，而與此書相應也。雖其疏漏牴牾間亦不免，而蒐羅繁富，詞必有徵，實非羅泌《路史》、胡宏《皇王大紀》所可及。且史例六家，古無此式，與袁樞所撰，均可謂卓然特創，自爲一家之體者矣。"《分甘餘話》云："康熙四十四年，聖駕南巡至蘇州，一日，重問故靈壁知縣馬驌所著《繹史》，命大學士張玉書物色原版。明年四月，令人賚白金二百兩至本籍鄒平縣，購版進入內府，人間無從見之矣。"

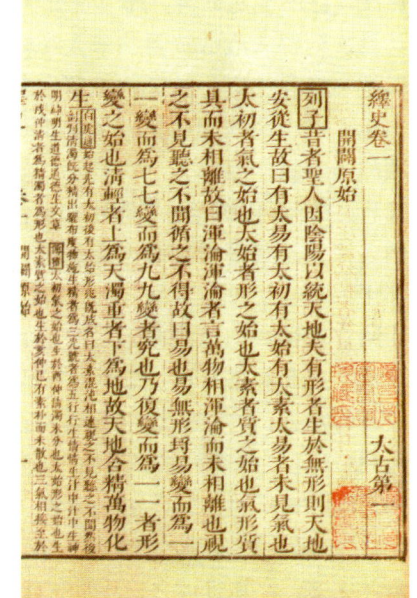

《繹史》一百六十卷 清康熙刻本

## 【鄒平縣志八卷】

見《山東通志·藝文》。現存：清順治十七年刻本，中國國家圖書館藏。

《山東通志·藝文》：是志修於順治己亥。道光《鄒平志》載施閏章《序》云："進士馬宛斯討核詳實。"又劉謙吉康熙《鄒平志·序》云："覽馬宛斯先生《繹史》卷一百六十，而知鄒平邑志當成於其手。宛斯，邑之名家也。其時又以學使施尚白爲之序，乃蒐嘉靖十二年舊本凡四卷，更爲八卷。"又邑令程素期康熙

《志·自序》云：“摻馬宛斯舊志遺稿，用宏潤色。”

　　按：是志由知縣徐政（字聖齊，江蘇太倉人，順治十四年任）主修，始纂於順治十五年，次年成稿，爲現存最早鄒平縣志。前有施潤章《序》，縣圖九幅。卷一方域、山川、古蹟，卷二城池、公署、學宮、祀典，卷三戶口、土貢、田賦、物產，卷四封建、職官，卷五後妃、戚畹，卷六名賢、隱逸、孝子、列女、流寓，卷七科目、辟舉、貢監、封廕、武職、掾吏，卷八仙釋、寺觀、塚墓、災祥、遺文、雜志。

## 【十三代緯書三十二套】

　　見《山東通志·藝文》。《濟南府志·經籍》、《山東通志》卷百七十本傳、《鄒平縣志·藝文攷》均作《十三代瑰書》。

　　《山東通志·藝文》：《縣志》載是編及其不全目次，自周至六朝齊，凡二十五冊，書一百七十五部。其目次則縣人成啟洸得諸舉人李崝之家。《南澗文集·與紀曉嵐先生書》論此書頗詳，其略云：“前承諭訪馬宛斯《十三代緯書》。某初謂是拾綴讖緯之書，後讀施愚山爲作墓誌云‘疾將革，惟語子弟以《左傳事緯》、《十三代緯書》未鏤板爲遺憾’，以《左傳事緯》例之，又謂《緯書》必馬所著矣。昨於九月初一日過鄒平，邀一友同至其家。一白鬚者出，自云宛斯之姪。問所存遺稿幾何，白鬚云：‘伯父歿十年予始生，其遺稿一簏在長房某所，某不識字，恐其有干預田產者，故不肯示人。數年前盧運使徵詩札至，僅得一首報之。’因問《十三代緯書》安在，曰：‘三十二套皆質于典家。’《縣志》成啓洸云：草稿二簏，質於孫家鎮典肆中二十餘年。乾隆辛卯，巡撫周元理自監生李景周家購去，將以付梓，未果。今原本已歸江南矣。驚其太多，索其目視之，乃即漢魏以來諸書而裒集之，蓋叢書之大者，非其所自著述。十三代者，周至隋也。共二百二十二種，而《周禮》、《儀禮》、《爾雅》、《三傳》皆在焉，殊不可解。按：《縣志》緯作瑰，瑰書猶寶書耳。然文藻親覩其目，不應有誤。或先作緯，後改爲瑰，成氏所見目次爲後改者歟？其或以《五經》之外，國家不以取士者，皆得謂之緯書邪？豐氏僞《詩傳》等書亦收入。所收六朝人著述頗多，惟吳均《齊記》世間罕有，餘非甚難得者。謹將全目鈔寄台覽，儻鄴架盡有其書，則不必覓馬家所藏者。但首必有序例，惜未及見。白鬚云，原本籤帙皆其伯父手題也。”

## ◆ 馬興基

興基，鄒平人，諸生。

## 【事緯刊誤】

　　見《鄒平縣志·藝文攷》（道光十六年續纂）、《濟南府志·經籍》。

　　《縣志·藝文攷》云：“《事緯》版久歸宛斯從弟侍御幼實光家。幼實裔孫文慶得《事緯》原《敘》，嚴禹航先生沆所撰也。據《敘》攷之，《事緯》成於順治辛卯以前，宛斯爲孝廉六年矣，又七年丁酉，禹航始敘之。後二年己亥，宛斯成進士，服官政，無暇刻是書。書刻於身後，校勘未精，且多缺舛。道光十二年，文慶爲補刻原《敘》。其宗人興基又取正文十二卷，句櫛字比，正其訛誤；後又攷證其《前書》八卷，通加是正。蓋歷百二十年乃成完書云。”

## ◆ 康廉采

廉采字計庸，號繼驤，陵縣人，丕揚孫，懋采弟。順治己亥（十六年）進士。歷官興化推官、靈壽知縣。《陵縣志》卷二十有傳。

## 【愛愚軒稿】

　　見《國朝山左詩鈔》、《濟南府志·經籍》、《山東通志·藝文》。

　　《續修四庫全書總目提要（稿本）》著錄抄本（不分卷），提要云：“是編乃其後裔搜集成編者，僅古今體詩一百五十二首，非全帙也。廉采幼工詩，讀書侍郎高珩別野。珩，其中表也。多縞紵交，於王士禛、宋犖、謝方山諸人，時相唱和，有聲壇坫間。惟其所作詩，卷帙甚富，不自收拾，遂大半散佚。今此集中所載，類皆自各處搜輯而得者。然體格時有不一致，恐有誤收者矣。盧見曾輯《山左詩鈔》，選其詩五首，此冊多不之載，是搜輯尚未盡善也。鄭瑤謂：‘其別業曰槐里，古槐數百本，夾道分列，交柯聯枝，深蔭若洞。曉氣絪縕，樓臺掩映，遙望隱隱如城郭。繼驤兄弟居其中，並以詩文名世’云云。今集中所載《步王阮亭韻贈高冀良》絕句云：‘納納天空客路率，相逢盡是夢中身。直須小築梅花屋，長作看雲溪上人。’‘數載牢愁付酪奴，江皋秋去悵靡蕪。歸來燕市重回首，怕向黃陵听鷓鴣。’二首，皆極流美雅潔，至可誦也。”

《國朝山左詩鈔》卷二十三載其《飢驅出門將有遠行戲作貸粟詩》、《寄懷鄭青章》、《萬年溝別念東兄弟》、《步王阮亭韻贈高冀良》（二首），凡五首。《陵縣志》卷十六載其《飢驅出門作貸粟詩》、《步高念東表兄元韻》等詩八首。

### ◆ 王與襄

與襄號龍師，新城人，之都孫，象隨子。順治己亥（十六年）進士。歷官廣寧府推官、長樂知縣。《重修新城縣志》卷十六有傳。

### 【歷亭詩選】

見《國朝山左詩鈔》、《濟南府志・經籍》、《山東通志・藝文》（據《府志》）、《重修新城縣志・藝文》（作一卷）。

《國朝山左詩鈔》卷二十三載其《客中》、《別墅》詩二首。

### ◆ 王　政

政，陽信人。順治十六年進士。康熙六年任唐縣知縣。

### 【唐縣新志十八卷】

現存：清康熙十二年刻本，中國國家圖書館、南京圖書館等藏，《北京圖書館古籍善本書目》著錄。

### ◆ 趙濟美

濟美字鍾秀，蒲臺人。順治己亥（十六年）進士。選庶吉士，改戶部主事，補光祿寺署正，歷刑部郎中，出任平涼知府。《蒲臺縣志》卷三有傳。

其詩文集未見著錄。《蒲臺縣志・藝文》載其《重修城隍廟碑記》、《重修象教寺碑記》。

### ◆ 于名鵬、沈　萃

名鵬字秉庸，號友蓮居士。萃，字聚九。俱長山人。

### 【痘疹庸談廣編十卷】

于名鵬原稿，沈萃增訂。現存：①清雍正七年寶旭齋刻本，上海中醫藥大學圖書館藏，《中國中醫古籍總目》、《中國醫籍通考》著錄。②清鈔本，

山東中醫藥大學圖書館藏，《中國中醫古籍總目》著錄。③民國二十九年上海吳承記書局鉛印本（四卷），上海中醫藥大學圖書館藏，《中國中醫古籍總目》、《中國醫籍通考》著錄。有順治十六年《自序》。

### ◆ 成厚發

厚發字竺公，鄒平人。諸生。

### 【紀年詩一卷】

《山東通志・藝文》（集部別集類）著錄，引《縣志》云："始康熙丁卯，訖乙酉。"《國朝山左詩續鈔》作《紀年詩草》，無卷數。現存：清嘉慶十年家刻《鄒平成氏詩鈔》本（作《紀年詩草》一卷，與成芸《雪巖詩草》、成兆豐《竹齋詩草》合刻），中共山東省委黨校圖書館藏；《山東文獻集成》影印。

卷前有嘉慶十年其玄孫啟洸《序》略云："《紀年詩草》一卷，先高祖竺公翁作也。詩繫以年，故曰《紀年》。翁生於崇禎己巳，至國朝康熙丁卯，五十九齡矣。少事帖括，累舉不第。晚年肆力於詩，自丁卯迄乙酉十九年中，嘯傲林泉，高情逸致，發爲咏歌，孤介之氣，時時見於筆墨間。康熙辛丑，叔曾祖雪巖公手鈔一冊，藏之書笥。茲重爲校錄，因擷數十首付之梓，即以雪巖公原《跋》附於後。雖未能全刻，然亦可知家學之有自。子孫世守，無忘矩矱，則吾族之厚幸也。"

其子成芸《雪巖翁集》載《紀年詩跋》云："右《紀年詩》，自丁卯迄乙酉，凡若干篇，吾父所手著也。父以乙酉六月捐館舍，今十有七年矣。二兄仲芳緘寄，命芸詮次抄寫。芸捧而讀之，悲風木之不寧，念手澤之尚在，握筆涕零，浹辰始畢。因憶父生平帖括之暇，喜讀《長慶集》，故筆意雅近香山。惜所存無多。茲特如桂林一枝，崐山片玉耳，子子孫孫其珍藏之。康熙辛丑端正月男芸謹志於聊城官署。"

《國朝山左詩續鈔》卷三載其《冬日即事》、《古意》詩二首。

### ◆ 王士禎

士禎字淑子，號耐村，淄川人。順治庚子（十七年）舉人。官成山衛教授。

## 【偶然草】

見《濟南府志·經籍》、《山東通志·藝文》，撰者作王士禛。現存：民國七年順和堂石印局石印《王氏一家言》本（在卷二十四，末題《它山公集》，共五七言詩八十六首），青島市圖書館藏；《山東文獻集成》影印。《續修四庫全書總目提要（稿本）》著錄淄川高氏鈔本（不分卷）。

據《王氏一家言》是書作者小傳，名士禛。《山東通志》卷九十八順治十七年庚子科舉人表，有淄川王世徵。乾隆《淄川縣志·選舉志》作王士貞，小傳云：“所著有《偶然草》藏於家。”

《山東通志·藝文》：《山左詩鈔》載是編及張歷友《序》云：“君之詩長於山林景物之作，有柴桑籬下風味，殆天性然耳。此亦如酈注《水經》，能寫山水變態，而其意興一往蕭然簡遠，離去塵垢甚遠。”

《國朝山左詩鈔》卷二十五載其《虛上人從淄邑來膠．歡然道故．上人住青雲寺．乃余昔年讀書處也》、《重陽呈族祖雪因》、《雒口清明》詩三首。《淄川縣志·藝文》載其《登煥山》、《題青雲寺》、《中秋前一日遊龍口竹園》（二首）、《贈嬾水園主人》詩，凡五首。

## ◆ 李百沐

百沐字子木，霑化人。庠生。博極羣書，工詩古文詞，精大小篆及八分書。善丹青，寫羅漢蘆雁尤入妙，遠近爭相寶貴。李之芳開府於越辟署，幕府書檄紛投，日答百函，馬上草露布，裕如也。時與議多不合，即投筆歸田，賦詩著書以終。光緒《霑化縣志》卷九有傳。

### 【南行紀略】

見《霑化縣志》、《山東通志·藝文》（史部傳記類）。

### 【丑春紀事】

見《霑化縣志》、《山東通志·藝文》（史部傳記類）。

### 【續譚槩】

見《霑化縣志》、《山東通志·藝文》（子部雜家類）。

《山東通志·藝文》：按《四庫》雜家存目有《譚槩》三十六卷，明馮夢龍撰。百沐所續，度即夢龍之書也。

## ◆ 李 果

果字敬公，霑化人，百沐子。庠生。光緒《霑化縣志》卷九有傳。

### 【曼倩吟一卷】

見《霑化縣志》、《山東通志·藝文》。

民國《霑化縣志》本傳云：“有逸才，爲文好奇，語涉艱深。習爲有韻之學。”又云：“詞多滑稽，每令人解頤。”

光緒及民國《霑化縣志·藝文》載其《鞠盜詞》一首。

## ◆ 李百浹

百浹字子夾，霑化人，百沐弟。順治庚子（十七年）副貢。光緒《霑化縣志》卷九有傳。

### 【五經類要】

見《武定府志》本傳、光緒《霑化縣志》本傳、《山東通志·藝文》（經部五經總類）。

### 【通鑑類要】

見《武定府志》本傳、光緒《霑化縣志》本傳、《山東通志·藝文》（史部史鈔類）。

### 【孝友堂集】【遊閩草】【遊晉草】【遊梁草】

見光緒《霑化縣志》本傳、《山東通志·藝文》（集部別集類）。

## ◆ 李 樅

樅字纘公，霑化人，百浹子。庠生。少好詩，抒寫性情，不作苦吟，善畫，常咏“丹青不知老將至，富貴於我如浮雲”句。晚築別業於北郭外，彈琴賦詩，種竹栽花，家屢空宴如。光緒《霑化縣志》卷九有傳。

### 【四書正訓】

見光緒《霑化縣志》本傳、《山東通志·藝文》（經部四書類）。

## 【謙德論】

見光緒《霑化縣志》本傳、《山東通志·藝文》（子部雜家類）、民國《霑化縣志》本傳。

## 【來齋詩稿】【白雲篇】

見光緒《霑化縣志》本傳、《山東通志·藝文》、民國《霑化縣志》本傳。

### ◆ 李百浣

百浣字子亮，霑化人，百浹弟。廩生。光緒《霑化縣志》卷九有傳。

## 【長春山房詩集】

見民國《霑化縣志·著書目錄》。《山東通志·藝文》引光緒《縣志》本傳云："以詩受知於施閏章學使。與兄百沐、百浹齊名，稱爲'李氏三傑'。著有《秋水吟》、《長春山房》、《小隱園詩草》等集存於家。"

《國朝山左詩續鈔》卷三載其《春暮同子睿子木兩兄遊在東園》、《村居》詩二首。光緒《霑化縣志·藝文》載其《初至惠果寺》詩。

## 【秋水吟】

見《國朝山左詩續鈔》、光緒《霑化縣志》本傳、《山東通志·藝文》。

## 【小隱園詩草】

見光緒《霑化縣志》本傳、《山東通志·藝文》。

### ◆ 李文龍

文龍字鼎臣，霑化人，百浣孫。庠生。光緒《霑化縣志》卷九有傳。

## 【音韻捷徑】

見光緒《霑化縣志》本傳、《山東通志·藝文》（經部小學類）。

## 【性理輯要】

見光緒《霑化縣志》本傳、《山東通志·藝文》（子部儒家類）。

## 【共郊詩餘】

見光緒《霑化縣志》本傳。《山東通志·藝文》（集部詞曲類）引作《北郊詩餘》。

### ◆ 李百沆

百沆字太初，霑化人。光緒《霑化縣志》卷九有傳。

## 【翼經纂要】【省身格言】

見光緒《霑化縣志》本傳、《山東通志·藝文》（子部雜家類）。

## 【愚齋集】

見《武定府志》本傳、光緒《霑化縣志》本傳、《山東通志·藝文》。

### ◆ 李百源

百源字孝先，號到翁，霑化人。康熙乙卯（十四年）歲貢。官昌樂訓導。光緒《霑化縣志》卷十有傳。

## 【醒世類編】

見光緒《霑化縣志》本傳、《山東通志·藝文》（子部雜家類）。民國《霑化縣志·著書目錄》作《醒世類編集》四百卷。

光緒《縣志》本傳云："年逾八旬，輯稗史名言四百餘卷。孝廉吳繼震名之曰《醒世類編》。"

## 【醉書鄉集】

見光緒《霑化縣志》本傳、《山東通志·藝文》。

### ◆ 張 鑛

鑛字寶田，陽信人。廩生。其詩文集未見著錄。《武定府志·藝文》載其《贈攝篆陽信縣孫邑侯序》。

## 【學庸疏意】

見《陽信縣志》本傳。

## 【陽信縣志十卷】

《陽信縣志》本傳云："偕邑紳張霞城、馬介祉兩先生重修邑志，文獻賴以不墜。"參見張璥著作《陽信縣志》條。

### ◆ 張天經

天經字孝儒，號魯厓，齊東人。監生。候選知縣。《濟南府志》卷五十六、《齊東縣志》卷五有傳。

### 【刈軒史囊】

見《濟南府志·經籍》、《山東通志·藝文》（史部史鈔類）、《齊東縣志·著作》及本傳。

### ◆ 李堯臣

堯臣字希梅，號約庵，淄川人。諸生。篤嗜詩書，號稱博洽。晚學古文，新城王士禛謂"按之八家尺度，不爽毫黍"。尤好金石文字，積書數千卷，皆手勘定。臨終作書戒子孫，無墜所藏，留以待後之能讀是書者。康熙庚午（二十九年）分纂《府志》，極為當事所稱。卒年八十。《濟南府志》卷五十四有傳。

### 【明能書人名二卷】

現存：清鈔本（二冊），山東省圖書館藏，《中國古籍善本書目》著錄。有張篤慶《序》及《自序》。

### 【筆勢一卷】【書譜二卷】

見《淄川縣志》、《濟南府志·經籍》、《山東通志·藝文》（子部藝術類）。

### 【百四齋詩集一卷】

見《國朝山左詩鈔》、《淄川縣志》、《濟南府志·經籍》（無卷數）、《山東通志·藝文》。現存：清淄川孫錫嘏輯《般陽詩鈔》稿本，山東省博物館藏；《山東文獻集成》影印。

《國朝山左詩鈔》卷三十三載其《黃山谷墨跡》、《送吳海木歸里》詩二首。《淄川縣志·藝文》載其《般陽書院詩》、《雨後登石隱園山》、《古檜》詩三首。

### 【百四齋文集十卷】

見《淄川縣志》、《濟南府志·經籍》、《山東通志·藝文》。

《山東通志·藝文》：《山左詩鈔》引張榆村《約庵先生墓志》云："先生年十五補博士弟子，屢蹢省門不得志，即棄去，學古文。漁洋山人亟稱之，謂：'按之八家尺度，不爽毫黍。'"

### ◆ 孫蕙

蕙字樹百，號泰巖，又號笠山，淄川人。順治辛丑（十八年）進士。歷官給事中。《濟南府志》卷五十四有傳。《栖雲閣文集》卷十四有《戶科給事中樹百孫公墓誌銘》。

### 【歷代循良錄一卷】

見《四庫全書總目》、《濟南府志·經籍》、《山東通志·藝文》。

《山東通志·藝文》引《四庫存目提要》曰："是書彙歷代循良事蹟，惟載縣令而不及他官。其意謂，令與民最近也。自秦漢以迄近代，僅盈一卷。去取可謂謹嚴，然掛漏亦所不免。"

《四庫全書總目》著錄山東巡撫採進本，《四庫全書存目叢書》無此書，未悉尚存否。

### 【安宜治略】

見《山東通志》卷百六十九本傳。

### 【笠山詩選五卷】

見《國朝山左詩鈔》（無卷數）、《濟南府志·經籍》（無卷數）、《山東通志·藝文》。現存：清康熙二十一年刻本，中國國家圖書館、青島市圖書館（清王筠批校）、上海圖書館等藏，《中國古籍善本書目》、《清人詩文集總目提要》著錄；《四庫全書存目叢書》影印。卷一題"淄川孫蕙樹百著，新城王士禛貽上選"，卷三卷五同；卷二卷四題"揚州汪懋麟季角選"。

《四庫提要》曰："是集爲汪懋麟所選定。詩格清麗，無塵俗之氣，而邊幅微狹，蓋才分弱也。王士禛稱其五七言詩雖古作者無以加，亦一時獎進之言耳。"

《國朝山左詩鈔》卷二十六載其詩七十首。《淄川縣志·藝文》載其《月下集城樓》等詩六首。

### 【笠山詩選一卷】

孫錫嘏輯。現存：清淄川孫氏《般陽詩鈔》稿本，山東省博物館藏；《山東文獻集成》影印。

### ◆ 王士梓

士梓，新城人。順治十八年武進士。

## 【平溪衞志書不分卷】

現存：①清康熙十二年修傳鈔本，上海圖書館、中國國家圖書館等藏。②一九六四年貴州省圖書館油印複製本，首都圖書館、上海圖書館等藏。

### ◆ 張爾奎

爾奎字錫公，鄒平人，萬選季子。順治辛丑（十八年）進士。官廣寧知縣。《濟南府志》卷五十四有傳。

## 【粵行日記】

見《濟南府志・經籍》、《山東通志・藝文》、《鄒平縣志・藝文攷》。

《鄒平縣志・藝文攷》引《景物志》云："質性風雅，敏而嗜古，弱冠登第，猶擁書萬卷，睥睨自若。銓廣寧令，扁舟載琴書以行，凡遇佳山水，名勝古蹟，無不留詠。至娑婆河，船輕水蕩，篙工擬實以砂土，奎以詩答之，有'兩篋詩書三百冊，千金一字重如何'之句。既抵任，爲俗吏所苦，鬱鬱而卒。一切著述俱沒於任，惟《粵行日記》傳於世。"

## 【柯古堂詩文四卷】

見《濟南府志・經籍》、《山東通志・藝文》、《鄒平縣志・藝文攷》。

《鄒平縣志・藝文攷》：《柯古堂詩文集》四卷，爲其壻淄川韓維垣藏弄笥中。

### ◆ 畢盛讚

盛讚字雲間，一字芳聞，號岱巒，淄川人。順治辛丑（十八年）進士。康熙八年任芮城知縣。

## 【芮城縣志四卷首一卷】

現存：清康熙十一年刻本，中國國家圖書館、天津圖書館等藏。

### ◆ 趙其星

其星字仲啟，號青雲，德州人。順治丁酉（十四年）舉人，辛丑（十八年）進士。歷官汾陽知縣。罷歸林居二十餘年，甘貧好學，課藝談經，一時州衞及鄰縣碑銘志傳文字皆出其手。《濟南府志》卷五十六有傳。

## 【德州志十卷】

其星與李浹、李源同撰。《山東通志・藝文》作《重修德州志》無卷數。見前李浹著作。

## 【汾陽遺稿】

見《國朝山左詩鈔》、《濟南府志・經籍》、《山東通志・藝文》。

《國朝山左詩鈔》卷二十五載其《經土木堡忠臣祠》、《九日登慈氏閣壁上見亡友題句》、《歸棹雜詠同馮大木》等詩六首，小傳注云："先侍御公曰：里社同人故有二仲，一則陳幼仲，一爲趙仲啟，並程正夫與病夫而四。每聚首時，人客稠繁，觥籌交錯。"又云："案青雲先生初授黃州推官，改汾陽令，俱有惠政。罷歸後林棲二十餘年，甘貧卻埽，惟課藝授經，以成就後學。與程正夫先生同受業於先侍御，《尊水園遺稿》兩先生實序行之。"《德州志》卷十二、《德縣志》卷十六載其《九日登慈氏寺閣》詩一首。

## 【仲啟詩集】

見《德州志・州人所著書目》（注云"未見"）、《德縣志・邑人著作》。

### ◆ 俎如蕙

如蕙字拙公，惠民人。順治辛丑（十八年）進士。官贛縣知縣。

## 【清遠齋詩集】

見《惠民縣志》、《山東通志・藝文》。《國朝武定詩鈔》作《靜遠齋詩集》。

### ◆ 李鴻霮

鴻霮字季霖，號厚餘，新城人。順治辛丑（十八年）進士。歷官元江知府。以疾卒於官，年五十八。《濟南府志》卷五十五、《重修新城縣志》卷十六有傳。

## 【觀海集】【餘則集】【滇南集】

見《國朝山左詩鈔》、《濟南府志・經籍》、《山東通志・藝文》、《重修新城縣志・藝文》。

《國朝山左詩鈔》卷二十五載其《公安道上》、《授元江守》詩二首，小傳注節錄沈廷文《李公墓志》，又引鄧孝威曰："比部留心經國大業，不屑屑以吟咏見長，而詩則清雄老健，一洗時流粉黛。"

### ◆ 高之騧

之騧字聖游，淄川人，珩子。順治辛丑（十八年）進士。官平越知縣。

#### 【含翠堂詩】

見《國朝山左詩續鈔》、《濟南府志·經籍》、《山東通志·藝文》。

《國朝山左詩續鈔》卷一載其《旅困值雪》、《冬雪小集寫懷》詩二首。《淄川縣志·藝文》載其《載酒堂看小使弄舟》、《載酒堂偶咏》詩二首。

### ◆ 高之騄

之騄字仲治，淄川人，珩子。貢生。

#### 【般陽高氏家模彙編二卷】

現存：①清康熙五十年家刻本，中國國家圖書館、北京大學圖書館等藏，《北京圖書館古籍善本書目》、《中國古籍善本書目》、《中國家譜綜錄》著錄。②清乾隆三年刻本，中國國家圖書館、北京大學圖書館、山東省圖書館藏，《山東文獻書目》、《中國家譜總目》著錄。③清光緒二十年重刻本，山東大學圖書館藏。

#### 【強恕堂詩集八卷】

見《四庫全書總目》、《濟南府志·經籍》、《山東通志·藝文》。《國朝山左詩鈔》作《強恕堂集》無卷數。現存：清乾隆三年高肇悾刻本（題《強恕堂詩》八卷），山東省圖書館等藏，《中國科學院圖書館藏中文古籍善本書目》、《清人別集總目》、《清人詩文集總目提要》著錄；《四庫全書存目叢書》影印（題《強恕堂詩集》）。有康熙乙亥同學弟張篤慶《強恕堂詩集序》。

《山東通志·藝文》引《四庫存目提要》曰："詩學西崑、香奩之體，姿致有餘。敖陶孫謂'秦少游如時女步春，終傷婉弱'，於《淮海集》非確評，移評此集則確矣。張篤慶《序》謂：'詩無定法，與年俱進，將又有老健於是者。'亦可謂婉而章也。"

《國朝山左詩鈔》卷三十三載其詩十一首。《淄川縣志·藝文》載其《載酒堂春日》、《春日載酒堂題壁》、《鄆邑媛王氏烈女》、《放生磯》、《補築載酒堂感題》、《有以平糶見許者為答一律》等詩。

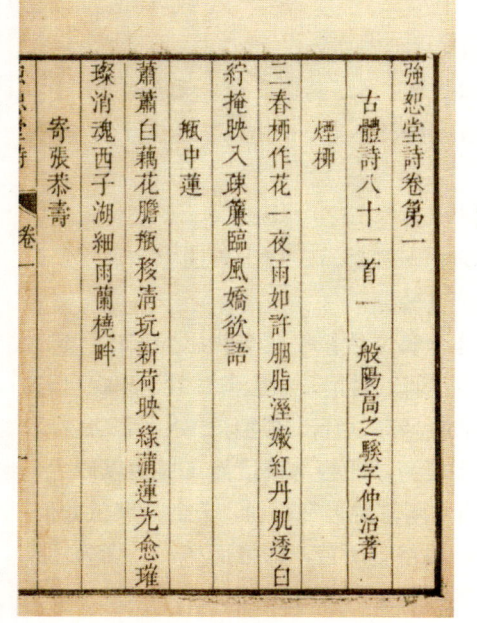

《強恕堂詩》八卷　清乾隆三年刻本

#### 【虞山集一卷】

現存：清同治刻《強恕堂稿》本，安慶市圖書館藏，《清人別集總目》著錄。

### ◆ 高之瀞

之瀞字梓岩，自號槐安客，淄川人，之騄諸弟。

#### 【梓岩遺詩】

見《國朝山左詩鈔》、《濟南府志·經籍》、《山東通志·藝文》。

《山東通志·藝文》引《山左詩鈔》云："案梓岩詩為予亡友膠州高西園所錄，為言梓岩幽憂侘傺，所遇多惡，年不及四十而死，搜其遺稿，屬沂水高君梓之。"

《國朝山左詩鈔》卷三十三載其《題舅氏屏風》、《閒居》、《午日家居》、《不寐》詩四首。《淄川縣志·藝文》載其《二月三日赴贊山祭鄭公祠途中遇雨》、《九日祭鄭公祠途中有感》、《重遊滿井寺即事》（三首），凡五首。

## ◆ 高之騆

之騆字宛西，號曠菴，淄川人，諸生。

### 【曠菴遺詩】

見《國朝山左詩續鈔》、《濟南府志·經籍》、《山東通志·藝文》。《續修四庫全書總目提要（稿本）》著錄濰縣丁氏鈔本（不分卷）。

《山東通志·藝文》：《山左詩續鈔》載是編，引張惠夫廷寀曰："曠菴詩得自亂帙中。清真刻露，翛然出塵。其伯父念東先生評曰：'家有名士，三十年而不知。王武子之歎，古今固自不殊。'知先生固淡於名者，故行誼弗傳。然其安貧屬志之意流溢楮墨間，讀之如對鄭谷口、高文通一輩人。"

《國朝山左詩續鈔》卷二載其《書懷》、《窮居》等詩九首。

## ◆ 高之駿

之駿，淄川人。

### 【高氏家模不分卷】

現存：清光緒二十年木活字印本（四冊），淄博市圖書館藏，《中國家譜總目》著錄。

## ◆ 高之騄

之騄字安貞，號嬾濱老人，淄川人，瑋子。諸生。

### 【嬾濱老人詩】

見《國朝山左詩續鈔》、《淄川縣志》、《濟南府志·經籍》、《山東通志·藝文》。

《山東通志·藝文》：《山左詩續鈔》引高西園云："老人晚年閉戶嬾水上，有句云：'黃花節後無秋色，青女霜前有雁聲。'讀者爲之擊節。"

《國朝山左詩續鈔》卷二載其《閣上聞笛》詩一首。《淄川縣志·藝文》載其《贈蓮花庵老僧》詩一首。

## ◆ 高 壇

壇字魯壇，號松墅，淄川人。布衣。

其文集未見著錄。《淄川縣志·藝文》載其《刲股辯》一文。（按《濟南府志》卷五十四沈澗傳：澗字靜瀾，淄川人。明寧紹台道參議。仲弟澄病，焚香默禱，割肱以進。居官政績載《平心錄》中。處士高壇著有《刲股辨》。）

### 【冷葉菴詩】

見《國朝山左詩鈔》、《濟南府志·經籍》。《山東通志·藝文》據《山左詩鈔》著錄，"葉"誤"業"。

《國朝山左詩鈔》卷三十三載其《秋日感懷》二首。

## ◆ 安嘉會

嘉會字素中，長山人。諸生。《長山縣志》卷八有傳。

### 【衲雲齋集二十卷】

見《國朝山左詩鈔》（無卷數）、《長山縣志》本傳、《濟南府志·經籍》、《山東通志·藝文》。

《國朝山左詩鈔》卷三十三載其《夜警》一首。《長山縣志》卷十五載其《上元題范公祠》、《上高先生時來修齋舍詩 並小序》、《北極廟有感》、《九日登三元閣》、《新築西門南公堤》等詩。

## ◆ 吳志遠

志遠字近修，海豐人。貢生。順治初署曹縣令，改黃河同知，後歷攝直隸滿城、福建邵武縣，陞廣西桂林府通判，未任卒。

### 【治曹紀略】

見《無棣縣志》本傳。蓋其官曹縣時所撰也。本傳云："時當鼎革，人心風鶴。志遠加意撫輯，民獲安堵。"

## ◆ 周明玨

明玨字汝玉，惠民人。順治間恩貢。歷官寧武、長洲知縣。

### 【四字經】

《惠民縣志》本傳云："歸田後，竿牘不入公門。嘗自銘曰：'居官莫如廉，居家莫如儉。'一時士大夫傳爲佳話。所著有《四字經》行世。"

## ◆ 杜伯達

伯達字元乳，濱州人。順治間恩貢。官浙江鄞縣知縣。《濱州志》卷十有傳。

## 【藏稿】

《山東通志·藝文》引《州志》本傳云：“才思灑落，每好尋勝探幽，行吟蕭散，無沾沾塵俗氣。所著有《藏稿》數卷。”

《濱州志·藝文》載其《兔嶺浮波》詩一首。

### ◆ 張經世

經世字印青，齊東人。順治間歲貢。任萊陽訓導、汶上教諭，卒於官。博學積行，文章之富，不下萬篇。《齊東縣志》卷五有傳。

## 【讀禮寎書】

見《齊東縣志·著作》及本傳。

### ◆ 張朝衡

朝衡字仲平，武定人。順治間歲貢。歷官寧州知州。

## 【九土分野】

見《惠民縣志》、《山東通志·藝文》（史部地理類）。

## 【勸策】【撫策】【團練圖說】

見《山東通志·藝文》（子部兵家類）。

### ◆ 胡印中

印中字月潭，新城人。順治間歲貢。官博平訓導。《濟南府志》卷五十五、《重修新城縣志》卷十七有傳。

## 【壁松賦】

《山東通志·藝文》（集部別集類）著錄，引《府志》本傳云：“著書甚富，後皆散佚，惟存《壁松賦》。”

### ◆ 李日景

日景字方山，歷城人。諸生。

## 【醉筆堂三十六善一卷】

現存：清康熙三十六年新安張氏霞舉堂刻《檀几叢書二集》本，中國國家圖書館、首都圖書館、北京大學圖書館等藏，《中國叢書綜錄》、《續修四庫全書總目提要（稿本）》著錄。

### ◆ 彭鯤躍

鯤躍字南溟，歷城人。善畫蘆雁。

## 【錦川集】

見《歷城縣志·藝文考》（據《府志》）、《濟南府志·經籍》、《山東通志·藝文》。

### ◆ 弭光崇

光崇（一作光宗）字華先，章丘人。諸生。

## 【識嚘草】

見道光《章邱縣志·藝文》、《濟南府志·經籍》、《山東通志·藝文》（依《繡水詩鈔》，撰者作弭光宗）。

《山東通志·藝文》引《縣志》本傳云：“好客，工詩，蕭然有物外之致。”

《國朝山左詩彙鈔後集》卷三十五載其（據吳連周《繡水詩鈔》作弭光宗）《秋晚懷人》、《春日同友人登女郎山》詩二首。

### ◆ 靳 玟

玟，章丘人。

其詩文集未見著錄。道光《章邱縣志·藝文》載其《初夏飲七郎院水亭》詩一首。

### ◆ 李祐之

祐之字在公，長山人。順治中恩貢。歷官無爲知州。《濟南府志》卷五十五、《長山縣志》卷七有傳。《栖雲閣文集》卷十五有《江南無爲州知州在公李公神道碑銘》。

## 【居官明允集】

見嘉慶《長山縣志》本傳、《濟南府志·經籍》、《山東通志·藝文》（誤作李祐之）。

### ◆ 王朝麟

朝麟，長山人。

其詩文集未見著錄。《長山縣志》卷十五載其《九日登鳳山遇雨》、《九日偕同人登長白山．賦得霜葉紅于二月花．分韻得于字》詩二首。

### ◆ 畢際有

際有字載積，淄川人，自嚴子。順治中歲貢。以
磨官通州知州。《濟南府志》卷五十四有傳。

#### 【淄乘徵一卷】

見《濟南府志·經籍》（無卷數）、《山東通志·
藝文》（史部地理類）。現存：①清康熙十二年刻本，
中國國家圖書館藏。②清康熙二十五年刻本，中國國
家圖書館、上海圖書館藏。

《山東通志·藝文》：是書《漁洋文略》作《淄
乘徵》，《志壑堂文集》作《淄志徵》一卷。茲依《文
略》標目，依《志壑堂集》題卷。士禎《序》略云：
"卷中考證舛誤凡數十事，而大旨則在辨'菑川'淄
川之譌，其据依博而確，其文詞辨而核。"夢賚《序》
略云："其有大功於先賢者，在考證公晳克季次之墓，
確乎宜冠鄉賢之首。至其進退公孫弘，祇是失一老兵，
得一老兵，戲語耳。"

《淄川縣志·藝文》載其《縣志舊序》一篇。

#### 【趙晉遊記】

《山東通志·藝文》史部地理類著錄，並引《志
壑堂文集》載是編《跋》云："先生白雲自悅，別有
幽懷，小駐蕭然，同遊不共，如使寄情於景物也者。
當時時有一梓澤、蘭亭、武彝、雁蕩在其意中，偶爾
一卉一羽，甯足供我墨瀋乎？"

#### 【晉遊日記略二卷】

現存：清初鈔本（清蒲松齡評，民國王獻唐跋），
山東省博物館藏，《中國古籍善本書目》著錄。

#### 【江干繫馬圖】

《濟南府志》本傳云："以詿誤歸，維揚名流如
林茂之、陳其年等送至江干，握手不忍別。繪《江干
繫馬圖》，且為詩以咏其事。"

#### 【泉史】

《山東通志·藝文》（子部譜錄類）據《淄川縣
志》著錄。

#### 【存吾草】

見《國朝山左詩鈔》、《濟南府志·經籍》、《山
東通志·藝文》（據《縣志》作《存吾詩草》）。現
存：清淄川孫錫嘏輯《般陽詩鈔》稿本（一卷），山
東省博物館藏；《山東文獻集成》影印。

《續修四庫全書總目提要》著錄家鈔本（作《存
吾草》不分卷），提要略云："是編凡古近體詩
一百六十餘首，乃係撰成後隨手所錄，尚未編輯之本。
首尾破損，不復可讀，其中刪削者亦不少。"

《國朝山左詩鈔》卷二十五載其詩十一首。《淄
川縣志·藝文》載其《九日青雲寺》詩二首。

#### 【姱節堂尺牘二卷】

現存：原稿本（張亦軒藏），見《山東文獻書目》、
《清人詩文集總目提要》。

#### 【石隱園題詠一卷】

畢際有等撰。現存：民國十四年畢柱鈔本（與畢
自嚴《石隱園詩草》合鈔），山東省圖書館藏，《山
東文獻書目》著錄。

### ◆ 畢際廉

際廉字孝先，淄川人，際有弟。

其詩文集未見著錄。《國朝山左詩續鈔》卷二載
其《秋日泛大明湖》詩一首。《淄川縣志·藝文》載
其《清明集飲白泥河》、《青嶂石泉》詩二首。

### ◆ 安于拙

于拙字去巧，淄川人。諸生。

#### 【嬾漫村草】

見《淄川縣志》、《山東通志·藝文》。

### ◆ 張　紳

紳字公綬，晚年自號白火道人，淄川人，至發諸
孫。諸生。《濟南府志》卷五十四有傳。

#### 【白火道人詩二卷】

見《淄川縣志》、《濟南府志·經籍》（"火"
誤"大"）、《山東通志·藝文》。

《淄川縣志·藝文》載其《西園斗室初成》詩
一首。

### ◆ 張之馭

之馭字大馭，淄川人。

【文苑彙典十卷】

現存：稿本（二冊），山東省圖書館藏，《中國古籍善本書目》、《山東文獻書目》著錄。

### ◆ 丁 泉

泉字旭開，淄川人。諸生。

【丁泉詩】

《山東通志·藝文》著錄，引《縣志》本傳云："有詩若干卷，散佚不存。"

### ◆ 李質醇

質醇字厚菴，洪洞人，晚遊淄川，遂家焉。《濟南府志》卷六十二有傳。

【燒爐新語十卷】

見《濟南府志》本傳。

### ◆ 孫琰齡

琰齡，淄川人。

其詩文集未見著錄。《淄川縣志·藝文》載其《柿岩漫興》詩六首。

### ◆ 王 塼

塼，淄川人。庠生。

其詩集未見著錄。《淄川縣志·藝文》載其《豐水》詩一首。

### ◆ 王 珪

珪，淄川人。庠生。

其詩集未見著錄。《淄川縣志·藝文》載其《夾谷臺懷古》詩一首。

### ◆ 李 棟

棟字清甫，號吉士，霑化人。增生。順治間流寇未靖，從邑令守城有功。善書法，詩古文詞亦造微妙。光緒《霑化縣志》卷十有傳。

【望海稿】

見光緒《霑化縣志》本傳。《山東通志·藝文》引作《望海樓稿》。

### ◆ 沈廷對

廷對字君召，會稽人，順治間移籍泰山下。

【醫學心法】【痘疹撮要】

見《重修泰安縣志·著述》、《中國分省醫籍考》。

### ◆ 畢九歌

九歌字調虞，新城人，亨之裔。世次未詳。《國朝山左詩鈔》卷五載其《絕句》一首。

### ◆ 朱和陸

和陸字崑叔，新城人，艒道人之子。諸生。

其詩文集未見著錄。《國朝山左詩鈔》卷三十四載其《青州懷古》詩一首。

### ◆ 田粹中

粹中字完白，新城人。順治間歲貢。官臨清州學正。《濟南府志》卷五十五、《重修新城縣志》卷十七有傳。

【葆旦集】

見《濟南府志·經籍》、《山東通志·藝文》（據《府志》）、《重修新城縣志·藝文》（據張象津《新城後志稿》）。

### ◆ 房友箕

友箕字金銘，齊河人。貢生。《齊河縣志》卷二十七有傳。

其詩文集未見著錄。《齊河縣志》卷三十載其《千楸園和顧天石韻》詩一首。

### ◆ 王 魯

魯，齊河人。

其詩文集未見著錄。《齊河縣志》卷三十載其《輓趙烈婦》詩一首。

### ◆ 姜一鵬

一鵬，齊河人。

其詩文集未見著錄。《齊河縣志》卷三十載其《輓趙烈婦》詩一首。

#### ◆ 王澐

澐，齊河人。

其詩文集未見著錄。《齊河縣志》卷三十載其《積翠園》詩一首。

#### ◆ 尹秉衡

秉衡，齊河人。

其詩文集未見著錄。《齊河縣志》卷三十載其《前題（弔侯孝子）和韻》詩一首。

#### ◆ 吳廷藎

廷藎，德州人，汝惺祖父。廩生。

**【易學露機圖說】**

見《濟南府志》卷五十六吳汝惺傳。

#### ◆ 宋國祚

國祚字修齡，德平人。布衣。《濟南府志》卷五十六、《德平縣志》卷七有傳。

**【西郊老農閒詠二卷】**

見《德平縣志》本傳、《濟南府志·經籍》、《山東通志·藝文》。《續修四庫全書總目提要（稿本）》、《清人詩文集總目提要》著錄鈔本。

《德平縣志》本傳云：“好為詩，林壑所得，舉以形之吟詠。其《九月八日雨》詩有曰：‘入幕恐羞班定遠，灌園猶笑蔡中郎。亂世有家徒四壁，殘軀無恙臥三鄉。’”

《山東通志·藝文》：《縣志》載是編，及邑人葛周玉《序》略云：“予弱冠時從敝簏中得《西郊老農閒詠自序》及詩十餘首，始知山人輯有詩集。會於友人處見朱桂齡司馬所作山人《傳》，並悉其生平行歷，德厚而遇薄，為當時鉅公推重，不第在吟詠間也。於是亟訪其詩，卒不能得。越數載，張君新安獲一帙貽予，簡斷編殘，首尾入蠹腹者不知凡幾，中間數十章又皆煙蒸溼漬，不可盡識。廿餘年來，徧求山人自定原本，杳然不可復得矣。嗚呼！有山人之品，而後

有山人之詩。《傳》稱山人詩真至暢所欲言，洵非虛語。孰謂此數十章，不足以見山人？故山人不可沒，山人之詩尤不可泯也。”

《德平縣志》卷十二載其《篤馬河即景》詩一首。

#### ◆ 張允格

允格，平原人。

**【平南王元功垂範續一卷】**

現存：①清康熙刻乾隆續刻本，中國國家圖書館、北京大學圖書館、復旦大學圖書館等藏，《中國古籍善本書目》著錄。②清乾隆刻本，遼寧省圖書館藏，《東北地區古籍綫裝書聯合目錄》、《續修四庫全書總目提要（稿本）》著錄。③民國二十九年石印本，遼寧省圖書館藏，《東北地區古籍綫裝書聯合目錄》著錄。

《增訂晚明史籍考》（作《續元功垂範》一卷）云：“是書為續《元功垂範》而作。前有張允可《自序》，謂：‘王之殄滅流寇，時天下已定，其勢順故其功為易。洎逆藩變起，煽惑動搖，蔓延嶺嶠，如孫延齡、劉盡忠輩大肆猖獗，山賊海寇又患在肘腋。王以孤軍處逆氛之內，猶不遺餘力，防剿兼施，東西牽制，使不得逞，粵賴以少安。其勢逆則其功為難能，前書載其易而遺其難，此續編之作有不容已者也。用是不揣固陋，亟為增續，一遵前書編年綱目之體，惟不系以論，就簡去繁，釐為一卷。’是《序》純為阿諛之辭，以其可以見廣東農民起義被尚可喜進行鎮壓之事，故著錄其要於此，為研究明末清初廣東社會情況者有所尋蹟焉。”

#### ◆ 朱泗濱

泗濱字賓玉，平原人。廩生。官岳州通判。《平原縣志》卷八、《濟南府志》卷五十六有傳。

其詩文集未見著錄。《平原縣志》卷十載其《重修三義義閣建醮碑記》。又《濟南府志·祠祀》云：“關帝廟，在縣南一里，舊名三義廟。明嘉靖中修，參議張尚有記。國朝康熙間燬，三十一年重建，邑人朱泗濱撰碑。”

#### ◆ 呂真儒

真儒，萊蕪人。

## 【黃山家訓】

民國《萊蕪縣志·藝文》載孫博雅是書《序》曰："原水從學於先子之門，博雅得與之辨晰異同，商略古今，蓋已有年，深信其爲特立獨行、不待教之士也。一日讀其先大人文衡先生遺訓十九則，簡易切實，本之心得，庸德庸言，而充塞天地，皆此物此志。博雅爲之欣慕而執鞭，始知原水家學之有本也。"民國《續修萊蕪縣志·選著》錄此《家訓》十九則，並孫博雅《呂文衡先生家訓序》及呂源《黃山家訓跋》。

### ◆ 呂　源

源字原水，別號定峰，萊蕪人，真儒子。拔貢生。民國《萊蕪縣志》卷十八有傳。

## 【大事記】

見民國《萊蕪縣志·藝文》。

## 【悔過錄】

民國《萊蕪縣志·藝文》載是編，及呂伯桐《原水府君行狀》云："府君年二十四，養病徂徠山，讀《近思錄》有醒，因作《悔過錄》。"又《縣志》本傳云："年十六，以文藝受知於陳明新，讀其《身心圖說》，慨然以聖賢爲必可爲。然猶以爲未足，益親師取友，以求聞至道。北游京師，聞東阿李嵩友以正學自任，遂與訂交，出所作《悔過錄》相質。西至空同，交盧龍趙寬夫。是時孫夏峰徵君講學蘇門，因使其子伯桐、伯梓受業於寬夫，而自因寬夫以師事徵君，自是始得所依歸，而學以大進。其學以慎獨爲宗，蓋夏峰宗派也。然夏峰之學宗象山、陽明，體認天理。而源更參以他師友之說，不廢讀書窮理之功，故其學平實，不失爲純儒云。"

## 【理欲公案】【日鑒錄】

見民國《萊蕪縣志·藝文》。

### ◆ 劉新國

新國字師文，陽信人。順治中歲貢生。官鎮安知縣。

其詩文集未見著錄。《國朝山左詩鈔》卷二十五載其《山曳》、《藍田十二盤嶺歌》、《重陽洛下》詩三首。

### ◆ 陳　岐

岐字鳳池，號支山，陽信人。郡廩生。

## 【支山文集】

民國《陽信縣志·隱逸傳》云："清定鼎，遂謝絕賓客，匿居幽室。著《支山文集》，明古人讀書爲文之法、事上治民之道，使後之考文學、徵吏治者，有所觀覽焉。"

### ◆ 趙彤華

彤華，平陰人。

## 【甦嬰壽世】

見康熙《縣志》卷八《古今著述目錄》，注云："今存。"光緒《縣志·著述》作《甦應壽世》。

### ◆ 附　錄

## 【新泰縣志六卷】

楊繼芳修，牟适纂。繼芳字仲延，河北南和人，新泰縣知縣。适适九嵓，棲霞人，順治丙戌舉人，任新泰縣教諭。是志始於順治十五年，次年修成梓行。現存：①清順治十六年刻本，日本內閣文庫藏。②清順治十六年刻康熙十七年寧養氣增刻本（增修職官、選舉二門），中國國家圖書館藏。③清順治十六年刻康熙二十二年宋之璠增刻本，中國國家圖書館藏。前有楊繼芳、盧絃《序》，縣圖四幅。分封域志、建置志、食貨志、職官志、人物志、藝文志六門。康熙十七年知縣寧養氣、二十二年知縣宗之璠又據原版增補印行。

## 【樂陵縣志八卷】

郝獻明修，胡岳立纂。獻明字思皇，河北萬全人，順治十五年任樂陵知縣。岳立字萬仞，浙江慈溪人。是志繼明萬曆縣志而修，始於順治十六年，次年纂成梓行，爲現存最早樂陵方志。現存：清順治十七年刻本，中國國家圖書館藏。前載郝獻明等《序》五篇，明舊志《序》三篇，縣圖二幅。分輿地志、宮室志、食貨志、官師志、選舉志、人物志、王言志、藝文志八門。大半爲明志舊文，於此可略見前志概貌。

【卷十三 · 清 三】

# 卷十三·清三

◆ 安厥修

厥修字修來，長山人。康熙壬寅（元年）恩貢生。

其詩文集未見著錄。《國朝山左詩續鈔》卷六載其《夢入舊居》詩一首。

◆ 王敷政

敷政字代工，號澹菴，淄川人。官內閣侍讀學士。《濟南府志》卷七十二《補遺》有傳。

【閣學公集】

現存：民國七年順和堂石印局石印《王氏一家言》本（在卷二十），青島市圖書館藏；《山東文獻集成》影印。內五七言一百九十，對聯五，詞二十一，疏二，啟五，文四，附表兄高珩撰《墓誌銘》，另附錄世襲公文一篇（康熙四十四年王劼撰《修澗北莊廟記》。劼字景聖，敷政子）。據作者小傳，敷政明崇禎丙子生，十八歲癸巳補博士弟子員，二十歲乙未從銀臺從叔（王樛）宦京邸，二十八歲癸卯登順天鄉薦，三十二歲選入史館纂修《世祖章皇帝實錄》，後陞內閣侍讀學士，庚申七月年四十五卒。

《國朝山左詩續鈔》卷二載其《潞河舟中作》詩一首。

【蒼檜閣文集】

見《王氏一家言·閣學公集》作者小傳。

◆ 王居正

居正字心逸，號懷菴，又號法婁，淄川人，敷政弟。附貢生。

【南遊詩草】

見《國朝山左詩續鈔》、《濟南府志·經籍》、《山東通志·藝文》（一冊）。

《山東通志·藝文》：《山左詩續鈔》載是編及

高珩《序》云："《南遊》一冊，英華燦發，而情致綢繆，間發商音，如聞太息。"

《王氏一家言·法婁公集》載康熙乙丑高珩《金陵集序》略云："乃孚之能詩，余向來未之見也，偶於後崖村東谷高臺壁上讀之，了不作塵土中語。頃乃以《南遊》一冊見示，英華燦發，而情致綢繆，睥睨時賢，奪螫弧而舞之裕如矣。"泳按：《金陵集》蓋即《南遊詩草》之別名也。

《國朝山左詩續鈔》卷二載其《蒙陰道中》、《渡沂水》詩二首。

【法婁公集】

現存：民國七年順和堂石印局石印《王氏一家言》本（在卷二十一），青島市圖書館藏；《山東文獻集成》影印。前有高珩《金陵集序》，唐夢賚《金陵集跋》。共五七言詩一百四十八首。據作者小傳，居正號乃孚，字心逸，原名化正，號肖水，一字懷庵，別號法婁，敷政之胞弟，行誼載趙執信所撰《墓誌》中。

◆ 王觀正

觀正字觀光，號如水，淄川人，居正弟。諸生。

【問心集】【退省齋詩詞】【潛齋草】

見《國朝山左詩續鈔》、《濟南府志·經籍》、《山東通志·藝文》（《潛齋草》誤作《潛齋集》）。

《王氏一家言·如水公集》作者小傳云："著有《問心集》四卷、《退省齋詩詞》各一卷，藏於家。前序曰《潛齋草》，或即《退省齋詩》。"按：西冷王家駒《潛齋草序》（此序誤置王居正《法婁公集》前）略云："（辛酉春）出《潛齋草》全帙，惠然賜教，並委以批閱。愧余荒陋，何足以窺見高深。然凝神靜慮，急爲諷咏，則又覺珠光劍氣，燦然從紙背出，或擅徐、庾之長，或入溫、李之室，歌行則激昂夭嬌，近體則渾厚和平，美不勝接。"

《國朝山左詩續鈔》卷二載其《念東先生招飲孝河泛舟》詩一首。《淄川縣志 · 藝文》載其《重陽塔山登高》、《中秋後一日飲菴子溝河岸》、《念東先生招飲五里河泛舟》、《觀瀾亭》詩四首。

### 【如水公集】

現存：民國七年順和堂石印局石印《王氏一家言》本（在卷二十二），青島市圖書館藏；《山東文獻集成》影印。共五七言詩二百三十七首，歌行一首。

### ◆ 王 勘

勘字思遠，號漪亭，淄川人，居正、觀正之從子。諸生。

### 【王勘詩】

見《山東通志 · 藝文》。現存：民國七年順和堂石印局石印《王氏一家言》本（在卷二十三，末題《猗亭公集》），青島市圖書館藏；《山東文獻集成》影印。共五七言詩五十七首。

《山東通志 · 藝文》引《鄉園憶舊錄》云："家族有名勘者，余尊行，忘其號。性冷峭孤僻，寡交遊，好苦吟作詩，不求人知。每成一篇，點竄畢，團紙棄置，或付丙丁。不知誰何，檢其殘篇，得二十餘首錄之，持示劉寄庵。寄庵深服，以為幽淡閒寂，四靈一派也。記其絕句云：'夜靜霜氣寒，鐘聲渡水去。吾性本空明，山僧自多事。'所作大抵類是。"

《國朝山左詩續鈔》卷二載其《過青龍洞山下》、《山寺寓居》詩二首。《淄川縣志 · 藝文》載其《送客檀山因謁王孝子祠》、《再寓庵子溝兼寄友人》詩二首。

### ◆ 袁 藩

藩字宣四，號松籬，淄川人。康熙癸卯（二年）舉人。揀選知縣。

### 【淄川縣志八卷首一卷】

唐夢賚總纂，袁藩與畢際有實為秉筆者。詳唐夢賚著作。

### 【袁孝廉集六卷】

見《山東通志 · 藝文》。《續修四庫全書總目提要（稿本）》著錄淄川畢氏鈔本（畢際有編）。

《山東通志 · 藝文》：《山左詩鈔》袁藩一條引畢載積際有《編次袁孝廉集題詞》云："孝廉著述，其曰《錦研齋詩》者，自戊戌迄癸丑，而壬寅有《涵煙草》，丙午有《紀遊詩》，庚戌有《鴿音》，即《潞遊草》也；其曰《敦好堂詩》者，蓋起于甲寅，是年有《遊東萊詩》，乙卯有《南遊雜詠》，庚申有《遠遊草》。甲子、乙丑諸篇甫經脫稿，未有繕本。余乃一一編年，凡得詩一千五百，又詩餘二十七、雜體古文詞十六篇附焉，共六卷。"又載際有《袁孝廉傳》云："凡山川所歷，無不託之歌詠，抒其胸臆。讀者謂其詩清和淡雅，得摩詰、隨州之神。"

《國朝山左詩鈔》卷三十一載其詩十三首。《長山縣志》卷十三載其《李大司寇化像記》一篇。《淄川縣志 · 藝文》載其《聖廟古檜詩》等詩九首。

### 【錦研齋詩】【涵煙草】【紀遊詩】【鴿音】【遊東萊詩】【南遊雜詠】【遠遊草】

見上條《山東通志 · 藝文》引文。

### 【敦好堂詩集四卷附詩餘一卷】

現存：清三十六硯居鈔本，山東省圖書館藏；《山東文獻集成》影印。②清鈔本（三卷），山東省圖書

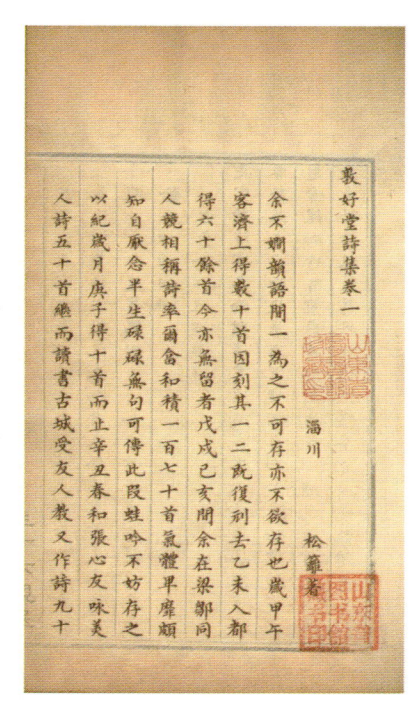

《敦好堂詩集》四卷　山東省圖書館藏清三十六硯居鈔本

館藏，《清人別集總目》、《清人詩文集總目提要》著錄。《國朝山左詩鈔》、《濟南府志·經籍》作《敦好堂集》無卷數，《府志·經籍》誤作袁蕃撰。

## 【敦好堂詩集三卷】

現存：清鈔本，山東省圖書館藏，《山東文獻書目》、《清人別集總目》、《清人詩文集總目提要》著錄。

## 【敦好堂詩集一卷】

孫錫嘏輯。現存：《般陽詩鈔》稿本，山東省博物館藏；《山東文獻集成》影印。

## 【古鏡詩】

袁藩輯刊。《山東通志·藝文》著錄，引《鄉園憶舊錄》云：“藩嘗於東海獲秦鏡作詩云云，一時和者累累，刻《古鏡詩》行世。今惟念東、漁洋兩先生題詩存本集中，餘不可見。《古鏡詩》刻本亡矣，鏡亦不知落於誰手。”

## ◆ 李之實

之實字賁其，泰安州人。康熙癸卯（二年）舉人。

## 【春秋辨疑】

見《山東通志·藝文》（經部春秋類）、《重修泰安縣志·著述》。

## 【四書存是編】

見《山東通志·藝文》（經部四書類）、《重修泰安縣志·著述》。

## ◆ 王敬敷

敬敷字秩和，樂陵人。康熙癸卯（二年）舉人。歷官直隸萬全知縣。

其詩文集未見著錄。《樂陵詩彙》載其《登維揚蜀岡平山堂》詩一首。

## ◆ 黃震青

震青字龍標，歷城人。

## 【龍標詩集】

見《歷城縣志·藝文考》（據《古懽堂集》）、

《濟南府志·經籍》、《山東通志·藝文》。《國朝山左詩鈔》作《遺詩》一卷。

《歷城縣志·藝文考》云：“按《山左詩鈔》云：‘震青有《遺詩》一卷，《集唐》一卷，亦非其全也。’”又載《古懽堂集》田雯《序》曰：“余少時曾識龍標於濟南，不知其能詩也。距今四十餘年，得其詩讀之，龍標亡矣。龍標之詩，矜聲調，芟繁蕪，不脫齊音，間作楚些，大率多宛轉沉吟、佗傺悲怨之作，如雍門之琴、子野之笛、荊山之泣也。今夫人之傳，殆有幸焉。龍標才氣騰踔，睥睨羣流，特以遭遇迍邅，故其詞傷，其志瘁，而磊落不羈之概猶浮動毫楮間，比之王右丞凝碧管弦詩益妍妙，未減才人曠致矣。聞其晚年以著書自娛，有時徵朋呼酒，蠟屐命遊，弔琅邪之荒臺，慨牛山之秃樹，徜徉歌嘯，濯色磨光。嗟乎！龍標文采風流，藉以不墜，蓋有詩篇存耳，詎非幸與！余昔在武昌，同葉井叔觀李伯時畫，唐平陽柴氏主臨渭水上，靚妝戎服開幕府，草木旌旗，山川映帶，想見清渭照軍容、秦王為之動色時也。龍標詩境，庶幾似之。”

《國朝山左詩鈔》卷五十二載其《過靈雨亭》、《獨酌》、《雨中登野鶴樓》、《秋日書懷》、《溪邊》詩五首。

## 【集唐一卷】

見《國朝山左詩鈔》。

## ◆ 吳自肅

自肅字在公，號克菴，海豐人。康熙甲辰（三年）進士。歷官河東參議道。

## 【我堂自撰年譜一卷】

現存：清光緒刻《吳氏世德錄》本，中國國家圖書館藏，見《近三百年人物年譜知見錄》、《中國歷代人物年譜考錄》。

## 【雲南通志三十卷首一卷】

現存：①清康熙三十年刻本，中國科學院圖書館、上海圖書館、湖北省圖書館等藏。②民國初年重印本，中國國家圖書館、雲南省圖書館藏。

## 【我堂存稿四卷】

見《山東通志·藝文》（無卷數）。《國朝山左詩鈔》作《我堂詩存稿》（無卷數）。現存：①清名花異石山房精鈔《海豐吳氏詩存》本，臺灣"國家圖書館"藏，《國家圖書館善本書志初稿》著錄。前有自肅《我堂存稿自記》、田雯《萬行草序》、吳雯《勞雲草序》、衛既齊《河干草序》。②清鈔《海豐吳氏家集》本，中國國家圖書館藏，《續修四庫全書總目提要（稿本）》、《清人詩文集總目提要》著錄。

《武定府志・藝文》、《惠民縣志・藝文》（卷二十八）載其《旌善碑樓記》。《國朝山左詩鈔》卷三十載其詩十一首。

## 【萬行草一卷】

見《國朝山左詩鈔》、《山東通志・藝文》，俱無卷數。現存：①清康熙澹寧軒刻本，南京圖書館、雲南省圖書館藏，《中國古籍善本書目》、《清人別集總目》、《清人詩文集總目提要》著錄。②清澹寧軒鈔本，山東省圖書館藏；《山東文獻集成》影印。③民國間《黔南游宦詩文征》鈔本（作《吳克庵先生萬行草》），中國國家圖書館藏。

《山東通志・藝文》：《吳氏世德錄》載門人王思訓撰《家傳》云："先生文章，出入《史》、《漢》。性好吟詠，義本之三百篇，而取氣於漢，取格於唐。如《萬行草》一帙，誌邊徼之治亂，始終人情、風物，不讓少陵詩史。晚年手訂全集曰《我堂存稿》。"又田雯《繩甫吳公墓誌》云："自肅提學滇南，得詩一卷，紀山川之美、文章人物之奇，不減何大復奉詔使滇諸篇。攜歸以呈先生，先生色喜曰：'傳吾學於萬里之外者，吾子也。'"

## 【作文家法一卷】

現存：①清光緒七年陳州府署刻本（與《海豐吳氏硃卷》合刻），日本東京大學東洋文化研究所藏，《東京大學東洋文化研究所漢籍分類目錄》、《日本國大木幹一所藏中國法學古籍書目》著錄。②清刻本，見《河南省圖書館中文古籍書目》。

## ◆ 吳自沖

自沖字惕菴，號雲洲，海豐人，自肅從弟。諸生。

## 【留雲閣遺詩】

見《國朝山左詩鈔》、《山東通志・藝文》。

現存：清名花異石山房精鈔《海豐吳氏詩存》本，臺灣"國家圖書館"藏，《國家圖書館善本書志初稿》著錄。

《無棣縣志》本傳作《留雲閣詩集》，附《小傳》云："詩爲田山薑先生所賞。"

《國朝山左詩鈔》卷三十載其《題衛菉湄園》、《不寐》、《大雨後過辰州》、《清浪衛》詩四首。

## ◆ 王士驥

士驥字隴西，又字杜稱，新城人，與玫子。康熙甲辰（三年）進士。官內閣中書。《濟南府志》卷五十五、《重修新城縣志》卷十六有傳。

## 【庚寅漫錄一卷】

現存：①清稿本，中國國家圖書館藏，《北京圖書館古籍善本書目》、《中國古籍善本書目》著錄。②清鈔本，山東省圖書館藏，《中國古籍善本書目》、《山東文獻書目》著錄。

## 【聽雪堂詩集】【遊大梁詩】

見《國朝山左詩續鈔》、《濟南府志・經籍》、《山東通志・藝文》（集部別集類）。

《國朝山左詩續鈔》卷二載其《洛中雜咏》詩四首。

## 【聽雪堂詞集】

見《國朝山左詩續鈔》、《濟南府志・經籍》、《山東通志・藝文》（集部詞曲類）。

## ◆ 劉 深

深字源長，號懋蓼（一云號古薩），淄川人。康熙甲辰（三年）進士。官至福建參議，引年歸。卒年七十八。《濟南府志》卷五十四有傳。

其詩文集未見著錄。《淄川縣志・藝文》載其《邑侯周公新建殷陽書院詩》一首。

## 【香河縣志十一卷】

現存：①清康熙十七年刻本，上海圖書館、南京圖書館等藏，《中國地方志聯合目錄》、《北京圖書館普通古籍總目》著錄。②鈔本，天津圖書館藏，《中國地方志聯合目錄》著錄。

### ◆ 韓吉雯

吉雯字近午，淄川人。官浙江於潛知縣。

其詩文集未見著錄。《淄川縣志·藝文》載其《邑侯周公新建般陽書院詩》一首。

### ◆ 謝重輝

重輝字千仞，號方山，德州人，大學士陞子。廕中書舍人，歷官刑部郎中。博雅好古，與田雯齊名，新城王士禎所稱"京師十子詩"，德州居其二者也。《濟南府志》卷五十六有傳。

### 【德州先賢傳】

見《德州志·州人所著書目》（注云"亡"）、《山東通志·藝文》（史部傳記類）。《德縣志·邑人著作》撰者誤作謝重暉。

### 【杏村詩集七卷】

見《四庫全書總目》、《德州志·州人所著書目》、《山東通志·藝文》。現存：清康熙四十七年刻本，上海圖書館、首都圖書館、中國國家圖書館等藏，《中國古籍善本書目》、《販書偶記續編》、《清人詩文集總目提要》著錄；《四庫全書存目叢書》影印。《濟南府志·經籍》誤作《古村詩集》。《德縣志·邑人著作》題作《杏村集》，撰者"輝"誤"暉"。

《山東通志·藝文》引《四庫存目提要》曰："王士禎嘗選刻《十子詩》，重輝其一也。"《山左詩鈔》案語云："《杏村》一集，盡出晚作。漁洋評其《六十一自壽詩》曰：'杏村近詩不學樂天，而有其自得之趣，由其胸次近耳。先生泥塗富貴，恬淡應求，品望清高，德行醇粹，故其爲詩浮雲不繫，卷舒自如，有樂天自得之妙。'《十子詩略》中，盛年傳作，櫽削不存。嗚呼！其旨微矣。"

《國朝山左詩鈔》卷三十載其詩八十一首。《德州志》卷十二、《德縣志》卷十六載其《甲申春日作》等詩七首。

### ◆ 田　雯

雯字子綸，又曰紫綸，一字綸霞，號山薑，德州人。順治庚子（十七年）舉人，康熙甲辰（三年）進士。歷官江蘇、貴州巡撫，戶部侍郎。《濟南府志》卷五十六有傳。

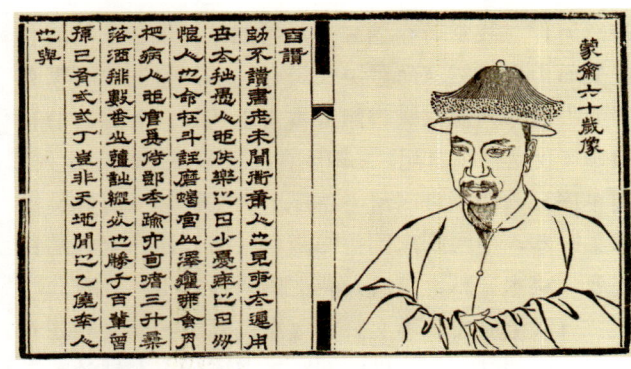

田雯像讚　載清康熙間刻本《蒙齋年譜》

### 【詩傳義備八卷】

《山東通志·藝文》：是書見其弟需所撰《行狀》。

### 【詩經大題不分卷】

現存：稿本，山東省圖書館藏，《中國古籍善本書目》著錄；《山東文獻集成》影印。

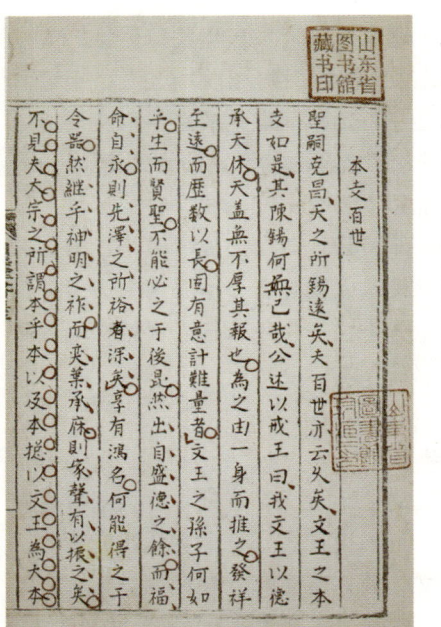

《詩經大題》不分卷　山東省圖書館藏稿本

### 【蒙齋年譜】

見《德州志·州人所著書目》（注云"未見"）、《山東通志·藝文》（史部傳記類）。現存：清康熙間刻《德州田氏叢書》本（作《蒙齋年譜》一卷《續年譜》一卷《補年譜》一卷《蒙齋生志》一卷。續、補《年譜》，田肇麗撰），中國國家圖書館、上海圖書館、山東省圖書館等藏，《中國叢書綜錄》著錄；《山東文獻集成》影印。

《山東通志·藝文》（云一冊）：是編有刊本。《年譜》凡三十六頁。又七頁爲《續年譜》，又四十九頁爲《補年譜》，其子肇麗所續輯也。冊末五頁，爲《蒙齋生志》，亦雯自撰。肇麗《補年譜》識語云："府君六十歲著《年譜》成，識曰：'餘年之闕，姑俟子若孫補入於卷末。'庚辰，府君奉使袁浦，續乙亥以後，凡六年。辛巳一載在都，又續之。壬午歸里，申春棄世。不肖三年茹苦，未及搦管；服闋，縻祿京華。癸巳假歸，丙申冬杪，將家居兩年事實補入卷末，至身後恩卹、崇祀、輿論，以及行狀、墓誌、神道碑銘，並不肖官戶部郎中恭遇覃恩誥命，一併載入焉。"據本書。

### 【濟瀆考一卷】【觀水雜記一卷】

現存：清光緒十七年上海著易堂排印《小方壺齋輿地叢鈔》本，中國國家圖書館、山東省圖書館、山東大學圖書館、青島市圖書館等藏，《中國叢書綜錄》、《山東文獻書目》著錄。

### 【長河志籍攷十卷】

見《德州志·州人所著書目》（無卷數）、《濟南府志·經籍》、《山東通志·藝文》。現存：①清康熙三十七年古歡堂刻《德州田氏叢書》本，中國國

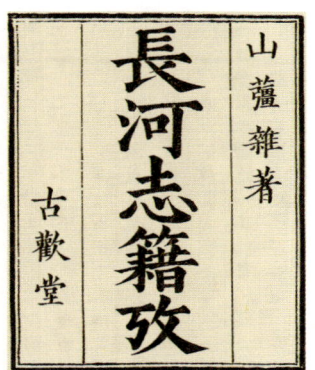

《長河志籍攷》十卷　清康熙三十七年古歡堂刻本

家圖書館、上海圖書館、山東省圖書館等藏；《山東文獻集成》影印。②《四庫全書》本。另有清光緒三十四年新昌胡氏京師排印《問影樓輿地叢書》本、《叢書集成初編》本、清光緒十七年上海著易堂排印《小方壺齋輿地叢鈔》本（一卷）等，均見《中國叢書綜錄》。

《山東通志·藝文》：是書文淵閣著錄。雯自作《題辭》略云："周流輿籍，詳觀圖牒。擷英略穢，彙聚類分。飾以藻采，學彼駢麗。楊衒之'伽藍'之《記》，孟元老'夢華'之《錄》，大概如斯矣。"據本書。按：是編皆記德州軼聞古蹟，大抵事歸簡核，詞尚遒麗，而於疆域、沿革考據尤精。其曰長河者，德州隋之長河縣也。

### 【黔書二卷】

見《德州志·州人所著書目》（無卷數）、《濟南府志·經籍》（一卷）、《山東通志·藝文》（史部地理類）。現存：①清康熙乾隆間刻《德州田氏叢書》本，中國國家圖書館、上海圖書館、復旦大學圖書館等藏，《中國叢書綜錄》、《中國地方志綜錄》著錄。②清乾隆二十八年魚元傅手鈔本，臺灣"國家圖書館"藏，《國家圖書館善本書志初稿》著錄。③《四庫全書》本。另有《粵雅堂叢書》本（四卷）、《黔志四種》本、《黔南叢書》本、《叢書集成初編》本（四卷）等，見《中國叢書綜錄》。

《山東通志·藝文》：文淵閣著錄。上卷爲目三十三，下卷爲目五十四。《二學亭文涘·書〈香祖筆記〉序後》云："先司農公《黔書》，漁洋、華隱兩先生言之詳矣，所謂文筆奇峭，有似《爾雅》者，似《考工記》者，似《公》、《穀》、《檀弓》者，似《越絕書》者。七十六篇中，山川、疆理、兵革、賦役、人物、名宦、以及苗蠻部落、草木禽獸、金石水火之載，雄奇博具，實爲文章經濟之宗。後之讀是書者，既悉撫黔之術，而又資其餘材，以考據史傳，乞靈詞賦，則是書也，豈得與《香祖筆記》隨手摭拾者同類而並觀乎哉？"又《四庫提要》謂是書與《長河志籍考》實皆祖郭憲《洞冥記》、王嘉《拾遺記》之體。

### 【苗俗記一卷】

現存：清道光十三年吳江沈氏世楷堂刻《昭代叢書》本，中國國家圖書館、首都圖書館、北京大學圖

書館等藏，《中國叢書綜錄》著錄。

## 【黔苗蠻記一卷】

現存：清光緒十七年上海著易堂排印《小方壺齋輿地叢鈔》本，中國國家圖書館、山東省圖書館、山東大學圖書館等藏，《中國叢書綜錄》著錄。

## 【遊桐柏山記一卷】【遊少林寺記一卷】

現存：清光緒十七年上海著易堂排印《小方壺齋輿地叢鈔》本，中國國家圖書館、山東省圖書館、山東大學圖書館、青島市圖書館等藏，《中國叢書綜錄》、《山東文獻書目》著錄。

## 【撫黔事宜一卷】

《山東通志·藝文》（史部職官類）：是編見其弟需所撰《行狀》。

## 【白雲亭示官屬一卷】

《山東通志·藝文》：是書載雯自編《年譜》。其弟需撰《行狀》曰：“辛未丁母憂，服除，陞補刑部右侍郎，尋轉左。有《白雲司引議》二十二條，示諸曹郎，蓋即是書。”

## 【幼學編二冊】

見《山東通志·藝文》（子部雜家類）。現存：①清康熙三十四年鈔本（不分卷），內蒙古師範大學圖書館藏，《內蒙古自治區線裝古籍聯合目錄》著錄。②清觀津書院刻本（四卷），北京大學圖書館、中國國家圖書館等藏，《東京大學東洋文化研究所漢籍分類目錄》著錄。有康熙三十四年《序》。③舊鈔本（四卷），見《山東師範大學圖書館館藏古籍目錄》。

《山東通志·藝文》：是書爲目七十有八，目各爲一論，綜其源流，撮其旨要。有康熙乙亥自作《題辭》略云：“取材於源流，至論不厭雕鏐；折衷於演義，補編無妨吞剝。星分棊布，一紬繹而掌故兼賅；綱舉目張，百沿洄而義蘊自遠。殘膏賸馥，沾丐何涯；大體微言，探研易遍。斯可以實曲儒之白腹，而供老人之黃嬭者矣。”據本書。

## 【古歡堂集雜著八卷】

現存：民國上海進步書局石印《筆記小說大觀》

本，中國國家圖書館、首都圖書館、北京師範大學圖書館藏，《中國叢書綜錄》著錄。

## 【古懽堂集三十六卷】

見《德州志·州人所著書目》（作《古歡堂集》無卷數）、《濟南府志·經籍》、《山東通志·藝文》。現存：①清康熙間德州田氏刻本（作《古歡堂集》三十七卷），山東省圖書館、中國國家圖書館、上海圖書館藏，《中國叢書綜錄》著錄；《山東文獻集成》影印。②《四庫全書》本。

《山東通志·藝文》：是集文淵閣著錄。《四庫提要》曰：“凡文二十二卷，詩十四卷。當康熙中年，王士禛負海內重名，文士無不依附門牆，求假借其餘論。惟（泳按：“惟”後脫“雯與”二字）任邱龐塏不相辨難，亦不相結納。塏《叢碧山房集》格律謹嚴，而才地稍弱。雯則天資高邁，記誦亦博，負其縱橫排奡之氣，欲以奇麗駕士禛上，故詩文皆組織繁富，鍛鍊刻苦，不肯規規作常語。趙執信作《談龍錄》嘗議其詩中無人，然偏師馳突，終能自成一隊，談藝者弗能廢也。”秦瀛《己未詞科錄》論雯詩一條云：“瀛案：先生詩取材宏富，或病其不無少雜。然如《晚投臥佛寺宿》云：‘峯銜新月黃，雲擁山容變。’又云：‘疏燈出深竹，依微露紺殿。’《山腳晚行》云：‘水

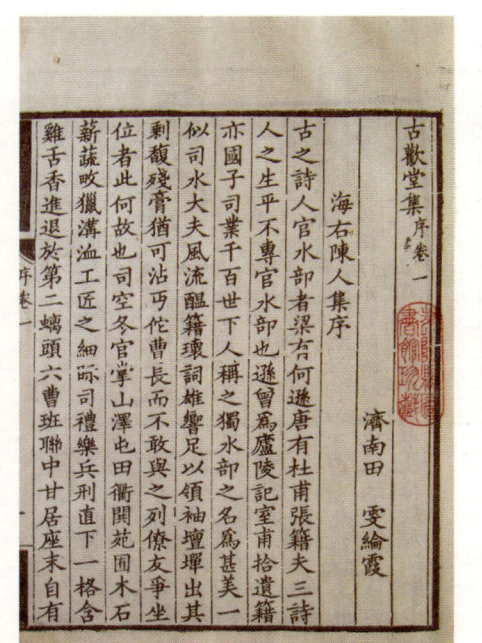

《古歡堂集》三十七卷　清康熙間德州田氏刻本

樹色相映，淨綠生衣裳。日薄無倒景，石髮有冷光。'
清微淡妙，仍是王、孟遺響。至其《泊舟吳門寄汪茗文》
詩云：'渺渺太湖水，遙遙光福山。梅花一萬樹，窈
窕非人間。思與堯峰叟，扁舟數往還。煙巒七十二，
坐嘯聽潺湲。'此則純是唐音，亦五律中高格也。"

《國朝山左詩鈔》卷二十四至二十五載其詩
一百二十七首。《德縣志》卷十六載其《高植墓石歌》、
《十二連城歌》、《移居尊水園祭盧南村先生》詩三首。

## 【山薑詩選十八卷】

現存：清康熙刻本（存一冊八卷），青島市圖書
館藏，《青島市圖書館藏山東文獻珍本圖錄》著錄。

## 【寒綠堂讀詩定本八卷】

《山東通志·藝文》（集部總集類）：是編乃雯
六十九歲家居時所定。其子肇麗《補年譜》云："訂
漢魏至元明詩曰《古歡堂讀詩定本》，自爲序。"按：
《古歡堂集》載此序，作"寒綠堂"。茲依集序標目。弟需撰《行
狀》云八卷。《自序》略云："吾衰矣，無復縋海鑿
山，雕搜寶藏，重錄舊牘，用代鼓吹。臥茅屋之青嶂，
供老人之黃嬭，間一攘臂讀詩，非陶處士，則白香山
乎？秋清將遊歷下，亦攜繕本以行，不妨與大腹鷗凥
托於屬車也。"

## 【歷代文選二十卷】

《山東通志·藝文》（集部總集類）：見其弟需
所撰《行狀》。

## 【漢魏晉六朝選文六卷】

《山東通志·藝文》（集部總集類）：《古歡堂集》
載是編《題辭》略云："今摘錄《離騷》一卷，兩漢
一卷，魏晉一卷，宋、齊、梁、陳、隋、北魏、後周
合爲一卷，梁一卷，梁之作者子山、孝標、元禮三家
爲一卷。余於三家，其陳後山之瓣香乎？杜甫言別裁
偽體，而生平著述，則熟讀《昭明》一書。顏之推於
六朝人士槊以輕薄訾詆之。皆非篤論。世之學者無淆
于空疏之說，龜腸蟬腹而歌鳴鳴，亦烏足以聽也。"

## 【歷代詩選□卷】

《山東通志·藝文》（集部總集類）：見其弟需
所撰《行狀》。《古歡堂集》載是編《序》，末云：

"愚初學詩于聰山，得少陵大檗。後從宣城漁洋遊，
探明唐人體格。是選也，耳剽目涉，沿波討瀾，多得
之同學諸子所見聞者。然凡例仍多未詳，刪取容有寡
當，必不敢公諸海內，開牴牾之端，貽挂漏之誚，聊
以作有志風雅者之津逮已耳。此愚選詩之意也。"

## 【山薑書屋唐宋四家詩選不分卷】

現存：清稿本（五冊），臺灣"國家圖書館"藏。
內唐白居易《白氏長慶集詩選》二冊，宋歐陽修《歐
陽文忠公詩選》一冊、黃庭堅《山谷詩選》一冊、陸
游《劍南詩選》一冊。各集前有作者傳及目錄。

### ◆ 王　誥

誥，齊河人。康熙丙午（五年）舉人。

其詩文集未見著錄。民國《齊河縣志》卷三十一
載其《齊河縣志序》一篇。

### ◆ 郭金城

金城，長清人。恩貢生。候選州同知。

其詩文集未見著錄。道光《長清縣志》卷七載其《創
建魁樓記》。按：魁樓，康熙初年長清知縣岳之嶺建。

### ◆ 張　嚴

嚴字敬孚，號肅山，萊蕪人。康熙丁未（六年）
進士。任萊陽、郓城教諭。民國《萊蕪縣志》卷十八
有傳（誤作順治丁未進士）。

## 【登萊舊事考】

見《山東通志·藝文》（史部傳記類）、民國《萊
蕪縣志·藝文》。蓋其任萊陽教諭時所撰。

## 【大樹居遺集】

見民國《萊蕪縣志·藝文》。

### ◆ 丁啟豫

啟豫字介子，號秋潭，晚號柳塘嬾叟，陽信人。
康熙丁未（六年）進士。

## 【易疏纂微】

見《陽信縣志》、《山東通志·藝文》（經部易類）。
《國鈔山左詩鈔》（據《府志》）作《易疏發微》。

## 【四子秘擬約指】

《山東通志·藝文》（經部四書類）據《府志》著錄。

## 【深柳堂日鈔】

見《陽信縣志》、《山東通志·藝文》（子部雜家類）。

## 【被莎廬雜纂】

見《陽信縣志》、《山東通志·藝文》（子部雜家類）。《國鈔山左詩鈔》（據《府志》）作《披莎廬雜纂》。

## 【半雲堂集】

見《國朝山左詩鈔》、《陽信縣志》、《山東通志·藝文》。

《國朝山左詩鈔》卷三十二載其《晚別》一首。

## 【雪航曠遊草】

見《國朝山左詩鈔》。

### ◆ 丁啟益

啟益字遷子，號南野，陽信人，啟豫弟。康熙壬子（十一年）拔貢。官五河知縣。

其詩文集未見著錄。《國朝山左詩續鈔》卷二載其《登聚奎山》詩一首。

### ◆ 高　琭

琭字石君（一云字介如），號振東，淄川人，舉孫。康熙丁未（六年）進士。隱居不仕。康熙二十三年卒，年六十四。《濟南府志》卷五十四有傳。

## 【放言集】

見《濟南府志·經籍》、《山東通志·藝文》。

《山東通志·藝文》引王士禛撰《墓誌》云：“止海上二勞山，究道德參同之旨，著《放言集》。”

《國朝山左詩續鈔》卷二載其《己亥秋赴禮部試半途病歸》詩一首。

### ◆ 高　玫

玫字瑰仲，淄川人。諸生。

其詩文集未見著錄。《國朝山左詩續鈔》卷二載其《無題》詩一首。

### ◆ 高　瓚

瓚字孝酌，淄川人。諸生。

## 【但如園詩】

見《國朝山左詩續鈔》、《濟南府志·經籍》、《山東通志·藝文》。

《國朝山左詩續鈔》卷二載其《歸興》、《都門送張蓉嶼還浙》、《過趙北口水涸》、《重陽前一日病瘧》詩四首。《淄川縣志·藝文》載其《遊王氏園步韻》、《遊瀑水灣》詩二首。

### ◆ 董　訥

訥字茲重，號默庵，又號侯翁、柳村老人，平原人，振秀孫，康熙丁未（六年）進士。歷官江南總督、兵部尚書、左都御史。《濟南府志》卷五十六有傳。

## 【督漕疏草二十二卷】

見《濟南府志·經籍》、《山東通志·藝文》。現存：清康熙刻本，中國國家圖書館、中國科學院圖書館、南京圖書館等藏，《中國古籍善本書目》、《山東文獻書目》著錄；《四庫全書存目叢書》影印。

《山東通志·藝文》引《四庫存目提要》曰：“是編乃其督理漕河時所上疏草，皆吏牘之文。”

## 【兩江疏草二十卷】【檄草四卷】

現存：清康熙二十八年自刻本，中國國家圖書館、華東師範大學圖書館等藏，《北京圖書館古籍善本書目》、《中國古籍善本書目》著錄。

## 【柳村詩集十二卷】

見《國朝山左詩鈔》（無卷數）、《濟南府志·經籍》（無卷數）、《山東通志·藝文》。現存：清康熙平原董思凝刻本，首都圖書館、山東省圖書館、山東省博物館等藏，《中國古籍善本書目》、《販書偶記續編》、《清人別集總目》著錄；《四庫全書存目叢書》影印。

《山東通志·藝文》引《四庫存目提要》曰：“其詩皆訥手自刪定。因有別墅在平原城南二里，名曰柳村，遂以名集。《平原縣志》稱'康熙四十一年聖祖南巡，駐蹕柳村之南樓，詢訥詩集。其子思凝繕寫恭呈御覽'，殆即此本歟？"

《國朝山左詩鈔》卷三十二載其詩十五首。《平原縣志》卷十載其《遊邑東古寺》、《春日懷士味園兼憶舊遊諸子》等詩十六首。《續修平原縣志》卷十一載其《春日懷士味園》等詩十三首。

## 【華琯山房詩集四卷】

現存：清康熙三十一年毛端士刻本，中國國家圖書館藏，《中國古籍善本書目》、《販書偶記》、《清人別集總目》、《清人詩文集總目提要》著錄。

## 【華琯集六卷】

見《平原縣志・藝文》、《山東通志・藝文》（集部總集類）。

《平原縣志》卷十載其《重建四門城樓併修城垣記》一篇。

### ◆ 董 調

調字茲鈞，一字鈞庵、筠菴，平原人，訥弟。以明經官行人。卒年七十四。《平原縣志》卷八、《濟南府志》卷五十六有傳。

## 【疎快山房集】

見《平原縣志》、《山東通志・藝文》。《國朝山左詩續鈔》、《濟南府志・經籍》作《疎快山房詩》。

《國朝山左詩續鈔》卷三載其《阿房宮》詩一首。《平原縣志》卷十載其《礱門龍起》詩一首。

## 【董氏詩系十卷】

董調輯。現存：①清嘉慶二十五年刻本，中國國家圖書館藏。②民國十七年活字印本，中國國家圖書館藏。

### ◆ 董 訪

訪字季問，號裕菴，平原人，訥季弟。監生。《平原縣志》卷八、《濟南府志》卷五十六有傳。

## 【似山亭詩四卷】

見《國朝山左詩鈔》（無卷數）。現存：①清康熙四十三年刻本，中國國家圖書館藏。②清康熙五十年家刻本，中國國家圖書館藏，《中國古籍善本書目》、《販書偶記》、《清人別集總目》、《清人詩文集總目提要》著錄。《平原縣志・藝文》、《濟南府志・經籍》、《山東通志・藝文》均作《似山亭詩集》，無卷數。《縣志》本傳云："識者以比唐詩人許丁卯。"

《國朝山左詩鈔》卷三十三載其《讀鬲津草堂詩》、《夏日飲柳邨水榭賦呈伯兄》詩二首。《平原縣志》卷十載其《過張又韓成趣園口占》、《遊趙氏別業》、《再過成趣園夜坐次韻》詩三首。

### ◆ 李嗣真

嗣真字愿中，號樸庵，新城人。順治庚子（十七年）解元，康熙丁未（六年）進士。《濟南府志》卷五十五、《重修新城縣志》卷十六有傳。

## 【嶰堂草】

見《國朝山左詩續鈔》、《濟南府志・經籍》、《山東通志・藝文》（據《顏氏尺牘・姓氏考》）。

《國朝山左詩續鈔》卷三十一載其《春閨絕句》詩一首。

## 【文集二十卷】

見《濟南府志》本傳。《重修新城縣志・藝文》作《嶰谷堂集》二十卷。

### ◆ 王啟浣

啟浣字淨名，新城人，士祿子。

## 【論詩絕句注】

《山東通志・藝文》（集部詩文評類）著錄，引《漁洋詩話》云："余往如皋，馬上成《論詩絕句》四十首。從子淨名（啟浣）作注，人謂不減向秀之注《莊》。後不三十天卒。"

### ◆ 王啟涑

啟涑字清遠，新城人，士禛子。貢生。官荏平教諭。性恬淡，不樂仕進。濡染家學，工詩歌。書法歐陽率更，畫有倪黃筆意。嘗與邑崔泰谷、孫湘南兩令修邑乘、續志，稱其有良史才。又與伯父士騏率族人會文忠勤祠，創"永思會"，重修族譜。晚治石帆亭園圃，以老於中，卒年七十五。《濟南府志》卷五十五、《重修新城縣志》卷十七有傳。

## 【王阮亭行述一卷】

現存：清康熙五十年刻藍印本，中國國家圖書館藏，《中國古籍善本書目》、《販書偶記》、《續修四庫全書總目提要（稿本）》著錄。

## 【新城縣志十四卷首一卷】

現存：清康熙三十二年刻本，山東省圖書館、濟南市圖書館等藏；《中國方志叢書》影印。題"知新城縣事襄平崔懋纂修"。前有崔懋、王士禛《序》。卷首圖式志，卷一至十四依次爲方輿志、建置志、食貨志、典禮志、官師志、選舉志、人物志、恩卹志、災祥志、藝文志。

按：崔懋字黍谷，遼寧遼陽人，康熙二十年任新城知縣。《濟南府志》啟湅傳云："嘗與邑崔黍谷、孫湘南兩令修邑乘、續志。"其所謂"崔黍谷"者，崔懋是也；所謂"邑乘"，即此《新城縣志》也。

## 【新城縣續志二卷】

現存：清康熙刻本，山東省圖書館、青島市圖書館等藏；《中國方志叢書》影印。

是志由知縣孫元衡（字湘南，安徽桐城人，康熙三十二年任）主修。分上下兩卷。上卷載《詳覆建閘開溝文》等文十五篇，下卷載《順約編里條約》等文七篇及雜詩十首。名爲《續志》，實爲孫氏詩文彙編。後有王啟湅《跋》。

## 【聞詩堂讀書隨筆十三卷】

現存：清鈔本，中國國家圖書館藏。《濟南府志》本傳、《重修新城縣志·藝文》作《聞詩堂隨筆》。

《府志》本傳云：未及梓。

## 【茌山詩存】

見《濟南府志·經籍》及本傳、《山東通志》卷百七十本傳（王士禛附）、《重修新城縣志》本傳。《山東通志·藝文》據《國朝山左詩鈔》著錄，作《茌平詩存》。《府志》本傳云：父司寇爲定《茌山詩存》諸書行世。

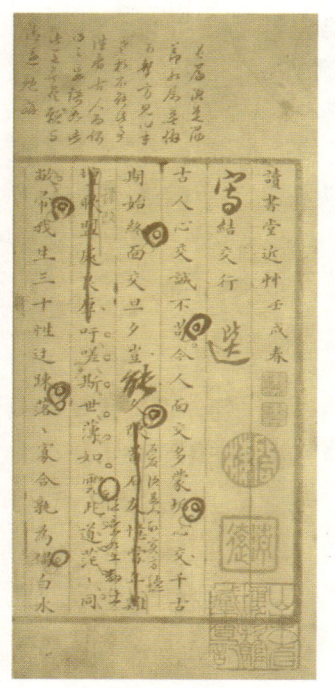

《讀書堂近草》一卷　山東省博物館藏清《新城王氏遺稿》稿本

## 【讀書堂近草一卷】

見《國朝山左詩鈔》、《濟南府志·經籍》、《山東通志·藝文》，俱無卷數。現存：清《新城王氏遺稿》稿本，山東省博物館藏；《山東文獻集成》影印。

《重修新城縣志》卷二載其《泛錦秋湖》詩一首。

## 【聞詩堂小稿】

見《國朝山左詩鈔》、《濟南府志·經籍》、《山東通志·藝文》。《濟南府志》本傳、《山東通志》卷百七十本傳（王士禛附）、《重修新城縣志》本傳作《聞詩堂稿》。《府志》本傳云：父司寇爲定其稿行世。

## 【西城別墅十二詠一卷】

現存：鈔本，中國科學院圖書館藏，《續修四庫全書總目提要（稿本）》、《清人別集總目》、《清人詩文集總目提要》著錄。《濟南府志·經籍》、《山東通志·藝文》（據《國朝山左詩鈔》）作《西城別墅詩》。《濟南府志》本傳、《山東通志》卷百七十本傳（王士禛附）、《重修新城縣志》本傳作《西城雜詠》。

《山東通志·藝文》：《或語》有《西城別墅詩序》略云："今之詩文冠一世，而海內操觚之士尊之無異辭者，莫如王少司馬阮亭先生。先生有才子，曰清遠，能世其學，作爲聲詩，汪洋渟滀，清麗閑雅。夏日偶過其讀書齋，出新詩一帙屬序，乃清遠自詠園居者，閒澹高古，視平日更進一格。旋遊其別墅，幽邃紆餘，無穹閣傑屋之觀，有荒山野水之思，然後知清遠因心造境，即境會心，而詩之境地，故自不殊也。"

按：張貞序文作於康熙庚午冬。

《國朝山左詩鈔》卷三十八載其詩二十首，內有《西城別墅十二詠》十二首。

鍾轅《蒙木集》王士禛《序》云："予兒涑賦《西城別墅詩》十二章，和者逾百家，而鍾子詩最奇特，巉削似孟東野。"

**【西城因鑑集】**

王啟涑與張實居同撰。見《山東通志・藝文》。《濟南府志・經籍》、《重修新城縣志・藝文》作《因繼集》。

《山東通志・藝文》引《潛州集》是集《序》略云："新城王子清遠爲漁洋先生長君，以翩翩貴公子，獨能不墮綺紈裘馬之習，深居汲古，常若寒素。且賦性謙抑，篤於戚誼，渭陽興懷，鍾情舅氏，延蕭亭張先生館之西城別墅，相與衷回景光，跌宕翰墨，緣物托興，撫事懷人。每得一題，必句琢字削，更唱迭和，角勝爭奇，淋漓盡態，不深入古人堂奧不止。歲月既多，裒然成帙，衷元、白之遺意，顏曰《西城因鑑集》，出而問序于余。余觀其體製，或贈答，或疇和，或用韻，或次韻，或依韻而不以次；至其風格，則有沈、宋，有王、裴，有元、白，又有皮、陸，幾於有意必達，無境不究，若清遠者，其亦可以羣矣。"按：《潛州集・西城因鑑集序》末署"康熙三十六年人日安丘張貞杞園序"。

**【西陂別墅題詠】**

王啟涑編。《山東通志・藝文》著錄，引《鄉園憶舊錄》云："新城阮亭先生西陂別墅有石帆亭、樵唱軒、半碣閣、大椿軒、雙松書隖、小華子岡、小善卷洞、春草池、三峯嘯臺、石丈竹徑、綠蘿書屋，一時名人題詠，共九十餘人。公子啟涑彙而刻之。此書不見《漁洋全書》。"

**【西城別墅倡和集不分卷】**

王啟涑等撰。現存：清康熙刻本（四冊），中國國家圖書館、廣東省立中山圖書館等藏，《北京圖書館古籍善本書目》、《中國古籍善本書目》著錄。

**【蘇詩補註】**

見《濟南府志》本傳、《重修新城縣志・藝文》。《府志》本傳云：未及梓。

## ◆ 王啟汧

啟汧，新城人，士禛四子。

**【帶經堂印譜一卷】**

現存：清新城王氏鈐印本，淄博市圖書館藏，《山東文獻書目》著錄。

## ◆ 蔡　埍

埍字和衷，樂陵人。康熙己酉（八年）舉人。官靖安知縣。乾隆《樂陵縣志》卷六有傳。

**【乙酉丙戌集一卷】**

見《樂陵縣志》、《山東通志・藝文》（集部別集類）。

《樂陵詩彙》載其《宿長坑茶庵》、《龍門小憩》、《寧津道中》、《康熙庚寅仲秋．時年八十有三．暇日自書》等詩八首。

**【彙纂詩法一卷】**

見《樂陵縣志》、《山東通志・藝文》（集部詩文評類）。

## ◆ 任鼎玉

鼎玉，齊東人。康熙己酉（八年）舉人。

其詩文集未見著錄。民國《齊東縣志》卷六載其《題三烈》詩一首。

## ◆ 王朝重

朝重，齊東人。廩生。

其詩文集未見著錄。民國《齊東縣志》卷六載其《題三烈》詩一首。

## ◆ 王啟大

啟大字章夏，號東觀，又號嵩菴，新城人，士譽子。康熙己酉（八年）舉人。官莒州學正。《濟南府志》卷五十五、《重修新城縣志》卷十七有傳。

其詩文集未見著錄。《國朝山左詩鈔》卷三十二載其《西城別墅詩和弟清遠》（《石帆亭》《雙松書隝》《春草池》）詩三首。嘉慶《莒州志》卷十四、民國《重修莒志》卷五十五載其《西城小飲口號》、《己巳清明日偕同人遊朝元宮懷古用少陵玉華宮韻》一首。《濟南府志》本傳云：“善書法。詩尤得漁洋口授，有所作，必親爲指示，每謂群從姪中，啟大固可傳家學者。惜其詩多不傳，惟存《石帆亭》諸咏而已。”

### ◆ 王啟座

啟座字玉斧，新城人，士驤子。諸生。

### 【蓮香亭詩草】

見《國朝山左詩續鈔》、《濟南府志·經籍》、《山東通志·藝文》、《重修新城縣志》本傳。

《重修縣志》本傳云：“幼嗜詩，從阮亭司寇遊京師，一時名流，皆與結納。”

《國朝山左詩續鈔》卷三載其《過錦秋湖望博興》、《秋日游柿岩》詩二首。

### 【金台雜詠】【學詩偶存】

見《濟南府志·經籍》、《重修新城縣志·藝文》及本傳。

### ◆ 王啟磊

啟磊字石丈，號湘源，別號黃海山人，新城人。諸生。

### 【古園二十四圖】

啟磊手繪並題詩。見《濟南府志·經籍》、《重修新城縣志》。《國朝山左詩續鈔》小傳注引張元《傳》作《古苑二十二景》。

《重修新城縣志》本傳：初業帖括，後入董、黃之室，摹宋元諸家無不神肖。嘗仿輞川遺意，爲《古園二十四圖》，各題以絕句。漁洋山人賞之，攜入都，一時名流皆擊節稱賞。

《國朝山左詩續鈔》卷三載其《前溪》、《大痴富春山圖卷摘臨一段題》詩二首。

### ◆ 王孫枝

孫枝字桐實，長山人。康熙己酉（八年）歲貢。官昌邑訓導。《濟南府志》卷五十五有傳。《長山縣志》卷十四有王士正（禎）《昌邑縣儒學訓導桐實王先生墓誌銘》。

### 【讀書範文】【規範讀書程】

見《濟南府志·經籍》、《山東通志·藝文》（子部雜家類）。

《山東通志·藝文》引《縣志》本傳云：“自著《讀書範文》、《規範讀書程》以課士。”

### ◆ 王　俟

俟字陶仲，長山人。康熙庚戌（九年）進士。歷官重慶知府。《濟南府志》卷五十五、《長山縣志》卷七有傳。

### 【王俟詩文】

《山東通志·藝文》著錄，引《縣志》本傳云：“著有詩文藏於家。”

### ◆ 盧道悅

道悅字喜臣，號夢山，德州人。康熙庚戌（九年）進士。官河南偃師知縣。致仕家居，汲引後學，多所成就。年八十七卒。以子見曾官贈中大夫、長蘆鹽運使。《濟南府志》卷五十六有傳。《國朝山左詩鈔》卷五十七小傳有節引孫勳《鄉賢盧公墓志》（《鶴侶齋文稿》未收）。

### 【公餘漫草】

見《國朝山左詩鈔》、《濟南府志·經籍》、《山東通志·藝文》。《續修四庫全書總目提要（稿本）》著錄清雍正刻本（不分卷）。《德州志·州人所著書目》作《公餘草》，注云“未見”。

《山東通志·藝文》：沈敬亭起元曰：“《公餘漫草》一編，治偃師日所刊。格老氣厚，意到筆隨。有自得之趣，無出位之言。讀其《登緱山》、《喜雨雪》諸篇，勤恤民隱，動念不忘閭閻，所謂發乎情、止乎義理者歟？《清福堂遺稿》，則陶令還鄉、香山居洛之作。”據《山左詩鈔》。

《續修四庫全書總目提要（稿本）》略云：“是集

即其官偃師所刻者，共詩二百餘首，古近體均有之。道悅官偃師日，當大旱之後，撫綏多方。不數年間，桑麻遍野。在官十年，頌聲載道。為政風流，自可想見矣。其為詩類多格老氣厚之語，意到筆隨，有自得之趣，無出位之言。如集中《登緱山》、《喜雨雪》等長歌，勤恤民隱，動念不忘閭閻。其他諸作，如《上巳》云'年年此日興悠哉，鳥弄歌聲花正開。脩禊客依芳草坐，踏青人自綠楊來。婆娑野老看狂態，狼藉奚童徹酒盃。節侯不殊風景異，離筵日暮強徘徊'，又《迎春》云'一年一度挹清芬，舉國迎君我送君。莫怪主人情太恝，北山昨日有移文等篇，亦頗有清微淡遠之妙。又集中《讀漢書〉雜詠》十首，亦極平允；其末《蓋勳》一首，尤具卓識。大抵道悅諸詩，筆意俱到，又皆有發乎情、止乎義理之概，實不能不入於作家之林。"

## 【清福堂遺稿】

見《國朝山左詩鈔》、《濟南府志·經籍》、《山東通志·藝文》。

《國朝山左詩鈔》卷五十七載其詩五十八首。小傳注引沈敬亭起元曰："夢山先生以大賢而宰百里，歷官隴西、偃師兩縣，久暫雖殊，得民則一。讀孫豸山先生所為《墓志》，雖古良吏，何以加焉。《公餘漫草》一編，……。《清福堂遺稿》，則陶令還鄉、香山居洛之作。雅雨同年《山左詩鈔》既成，余為錄先生詩五十八首入集，再拜填諱，而敬識其端。"《德州志》卷十二、《德縣志》卷十六載其《蕭韓坡太史招賞梨花》詩一首。

### ◆ 盧道和

道和字順也，德州人，道悅弟。歲貢生。官河南府經歷。《濟南府志》卷七十一《雜記》有傳。《國朝山左詩鈔》小傳有節引從子見曾所撰《墓志》。

其詩文集未見著錄。《國朝山左詩鈔》卷五十七載其《立春》詩一首。

### ◆ 朱鼎振

鼎振字麟公，平陰人。康熙庚戌（九年）拔貢。官光山知縣。

## 【平情錄】

《山東通志·藝文》（子部法家類）：是書一名《古弦政錄》，見鼎振《自敘》。又光山胡虞冑《序》云："邑侯朱公宰邑三年，賦清盜息。而自公多暇，乃檢所決爰書輯為一軼，曰《平情錄》。凡訟之興也，不平之情每在訟者，而光邑不平之情每在被訟，是何也？其誣告多而越訴眾也。邑之黠民游手，競以囂訟稱能，比黨聚謀，習為生業。公稔悉此情，而小大之獄，或奉上批，或為自理，五聽三慮，必求無情之自服，比例擬律，不禁丹筆之低徊。其有望綸迎吸陽晝之所謂陽鱎者，莫敢假公事而亂是非；其有巨奸大俠結左右而伺意旨者，莫不屏蹟公門，自安鄉曲；其有掾曹刀筆，舞文墨而因緣為市者，莫不奉公唯謹，恥犯蒲鞭。於是乎光邑不平之情得公而始平，得公之平而庶幾乎無不平矣。"據《光山縣志》。

《續修四庫全書總目提要（稿本）》著錄家抄本（不分卷），提要略云："是編乃濰縣丁氏得之其家者，隨手編錄，恐非定稿也。"

### ◆ 蒲松齡

松齡字留仙，一字劍臣，號柳泉，淄川人。諸生。《濟南府志》卷五十四有傳。

## 【七篇宗旨圖說一卷】

有聊齋手稿本（乾隆二十五年九月蒲立德朱筆題跋），見《中國書店三十年所收善本書目》。

《日用俗字》一卷 山東省博物館藏清鈔本

## 【日用俗字一卷】

現存：①清鈔本，山東省博物館藏，《山東省博物館藏明清民國山左學者著述知見錄》著錄；《山東文獻集成》影印。②油印本，見《濟南市圖書館館藏古籍書目》。是書乃松齡爲授童蒙而輯，成於康熙二十九年。凡分身體、莊農、養蠶、飲食、菜疏、器皿、雜貨、果實、兵器、丹青、木匠、泥瓦匠、鐵匠、石匠、裁縫、皮匠、銀匠、氈匠、疾病、堪輿、紙札、僧道、爭訟、賭博、衙術、花草、樹木、走獸、禽鳥、鱗介、昆蟲，總計三十一類。前有《自序》略云："每需一物，苦不能書其名。舊有《莊農雜字》，村童多誦之，無論其脫漏甚多，而即其所有者，考其點畫，率皆杜撰。故立意詳查字彙，編爲此書。"

## 【蒲氏族譜不分卷】

現存：清康熙二十七年鈔本，日本慶應義塾大學圖書館藏，見《中國家譜總目》、《中國家譜綜錄》。

## 【帝京景物選略】

《蒲松齡事跡著述新考・聊齋雜著考略》載是書，並《聊齋文集》是編《序》略云："古遊記，汗牛馬，浩瀚之，驟括之，能事則盡。先生之文也否？字爲讀，句爲折，無讀不峭，無折不幽，創矣。其所爲創，不直學，才也。尺幅耳：花有須，須可數；泡有影，影可捉；魚有樂，樂可知。淩波微步，步每不怩，一怩一蓮生，步步跡，怩怩印，細珊珊，香塵滿，幾乎坐繡而行錦矣。昔趙子昂畫馬，身栩栩然馬。疑先生寫樹，身則梗葉；寫花，則便須蕊；若山若水，則又邱壑影、細浪紋也。甲子於綽然堂得是書，跫然喜。其冊八，其目一百又廿九，言累數十萬，錄之須歲月，煩憧手指也。然其詩也贅，棄之；其記也繁，稍稍去取之。狐取其白，盡美則已。爲篇七十又七，爲頁八十又三，簡而可携，便臥遊也。"

## 【婚嫁全書】

《蒲松齡事跡著述新考・聊齋雜著考略》載是書，並《聊齋文集》是編《序》云："唐宋以來，選擇百餘家，造凶煞之惡名，駭人觀聽，古人不甚遵，頗亦不甚驗。最不可解者爲'周堂'，不論節候交否，但以爲逢若吉，逢若凶，此何理也？今必欲集其書，勿乃爲荒唐者愚乎？而不然也。我輩俗中人，舉世奉爲金科，而我獨自行胸臆，既有違衆之嫌，且子女婚嫁，既無所疑忌，而姻家公母，必齟齬以爲不可，遂不得不設酒封金，轉求術士。故不如廣集諸書，彙其大成，使人無指摘之病；即明知其妄，而用以除疑，亦甚便也。康熙癸亥年志之。"

## 【省身語錄】

《蒲松齡事跡著述新考・聊齋雜著考略》載是書，並《聊齋文集》是編《序》略云："余先人盛德之名，聞於鄉黨，凡族人戚友，小有訟事，必來剖訴，求得一言，以判曲直。然生平主於忍辱，時有妄人相干，惟付之不見不聞。……余半生落魄，碌碌無所短長，自念遺行或多，故不足以發世德之祥，敬書格言，用以自省，用以示後。子能體是書，便爲跨竈；孫能體是書，即爲亢宗。凡我後人，共聽之哉！康熙甲子。"

## 【小學節要】

稿本《聊齋文集》（山東省博物館藏十卷本）卷十載《小學節要跋》云："《小學》之書，教人以事親敬長之節，威儀進退之文，良足發人德性，真不啻取天下之童蒙而胎教之也。然其書廢置已久，不惟目所不及見，並有耳所不及聞者。邇年童子之科，取數綦隘，往往年踰不惑，猶操童子業。忽增五六萬言，俾同捴角者呻唔其中，亦良苦矣。余裁取其要，存三分之一，以便老蒙士之記誦，不許韶齔者竊讀之也。康熙丁丑十月望後四日。"

## 【懷刑錄】

《蒲松齡事跡著述新考・聊齋雜著考略》載是書，並《聊齋文集》是編《序》云："聖人制禮以範世，而世多悖禮，則刑生焉。刑也者，所以驅天下之人而歸於禮者也。顧鄉里之愚夫，目不睹聖明之法，猶往往而犯之。即如罵之一道，出於口而無形，至細也，而子孫施諸祖父母，奴婢施諸家長，皆論死，世俗烏得而知之乎？邱子行素，集五服之禮，並稽五服之律，授余相質。余讀而歎曰：'充此意，使讀禮者知愛，讀律者知敬，其有裨於風化非淺矣。'余因即其本而錯綜之，隨親屬別作部，使尊卑之分、親疏之義，愚夫婦一見可了；而又集日月所易犯者，增之爲《懷刑錄》，庶吾人知所措手足乎！總顏之曰《措素書》。行素邱子當不以余言爲河漢也。康熙三十五年子月上浣。"按《序》所云"邱子行素"者，名希潛，字行素，淄川人，康熙己巳歲貢，官黃縣訓導。松齡是書，即依其原本而續增者，原書名已不可考。

## 【家政內編】【家政外編】

現存：稿本，遼寧省圖書館藏，《東北地區古籍綫裝書聯合目錄》著錄；一九八一年遼寧省圖書館、一九八七年遼瀋書社影印。此書原無書名，遼寧省圖書館擬爲《聊齋雜記》，又作《聊齋雜著》。實爲《家政內編》、《外編》殘稿。

稿本《聊齋文集》（山東省博物館藏十卷本）卷九載《家政外編序》云："竊以四民之生，胥資南畝；八口之計，重賴西成。今日而無宵旰之勞，則明日遂無寢食之適。人生斯世，雖欲無勞，不可得矣。然或貴介之子孫，不分菽麥；秀才之莊稼，貽笑耕夫。日用之事，習而不察者，寧少乎哉？他如朝饔夕爨，雲剪夏畦之蔬；乘屋牽蘿，落寔秋園之樹。為橐駝之弟子，乃神農之功臣也。下此則釋耒耜而問花竹，亦田舍之高風；雲淫睹而躭林泉，猶陶朱之令嗣。又烏知藍蔚之生風月，非所以慰籍勞人乎？集為《外政》，公之同人。"又《家政內編序》云："竊聞陶朱居室，亦資鬢黛之人；西伯行仁，猶需蠶桑之婦。油盍而簪華勝，睹醜馬之臨壇；弓鞋而踏春園，見懿筐之在手。蠶政之重，所從來矣。然而烹薑調桂，可占中饋之佳；垢耳蓬頭，終作奇男之玷。且柳絮之堂，闈房解賦；書帶之室，婢子能文。誰謂風雅之閒情，殊不足道；脂膏之細事，即無堪傳哉？爰集《內政》，以告解人。"

## 【齊民要術輯錄】

作於康熙四十八年。見《山東古農書錄》。

## 【農經一卷】【蠶經一卷】【蠶經補一卷】【蠶崇書一卷】

現存：稿本（附稿本《聊齋文集》十卷後），山東省博物館藏，《山東省博物館藏明清民國山左學者著述知見錄》著錄；《山東文獻集成》影印。

## 【農蠶經二卷】

現存：①稿本（作《農蠶經殘藁》），遼寧省圖書館藏，《山東古農書錄》著錄。②清末干卿鈔本（一卷），山東省圖書館藏，《山東文獻書目》著錄。③路大荒鈔本（一卷），山東省圖書館藏，《山東文獻書目》、《山東古農書錄》著錄。

## 【藥崇書】

現存：①蒲章京鈔本，日本慶應義塾大學藏。②依畢氏鈔本重鈔本，日本慶應義塾大學藏。③一九八六年齊魯書社《聊齋佚文輯注》本。

稿本《聊齋文集》（山東省博物館藏十卷本）卷十載《藥崇書序》云："疾患，人之所時有也。山村之中，不惟無處可以問醫，並無錢可以市藥。思集偏方，以備鄉鄰之急。志之不已，又取《本草綱目》繕寫之，不取長方，不錄貴藥。撿方後立遣村童，可以携取。但病有百端，而僅為四十部，殊覺荒率；而較之在《綱目》者，則差有涯岸可循矣。偶有所苦，則開卷覓之，如某日病者，何鬼何祟，以黃白財送之云爾。康熙四十五年二月十五日。"

## 【觀象玩占三卷】

有路大荒藏手稿本（二冊），見《蒲松齡事跡著述新考》。

## 【曆字文】

現存：舊鈔本，日本慶應大學藏，見《蒲松齡事跡著述新考》。

## 【花木彙鈔一卷】

現存：清鈔本（一冊），山東省圖書館藏，《山東文獻書目》著錄。

## 【聊齋志異十六卷】

現存：①稿本（存半部，八冊），遼寧省圖書館藏，《中國古籍善本書目》、《東北地區古籍綫裝書聯合目錄》著錄。②稿本，遼寧省圖書館藏；一九九五年全國圖書館文獻縮微複制中心影印。此爲蒲氏晚年最后修改定稿本，含小說二百二十八篇、序文三篇。③清雍正年間鈔本（作《異史》十八卷），中國書店藏，《古書經眼錄》、《中國書店三十年所收善本書目》著錄。④清乾隆十六年歷城張希傑鑄學齋鈔本（十二卷），北京大學圖書館藏，《中國古籍善本書目》、《北京大學圖書館藏古籍善本書目》著錄。⑤清乾隆年間鈔本（二十四卷），山東人民出版社藏，《中國古代小說總目·白話卷》著錄。⑥清乾隆三十一年萊陽趙起杲青柯亭刻本，中國國家圖書館、遼寧省圖書館等藏，《續修四庫全書總目提要（稿本）》、《東北地區古籍綫裝書聯合目錄》著錄。⑦清鈔本（不分卷，存四冊，王獻唐題跋，欒調甫批校並跋），山東省博物館藏，《中國古籍善本書目》、《山東文獻書目》著錄。

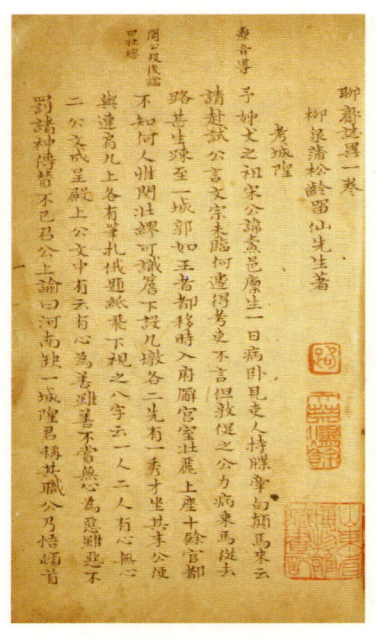

《聊齋誌異》不分卷　山東省博物館藏清鈔本

### 【聊齋志異遺稿四卷】

段琤輯。現存：①清道光四年黎陽段琤刻本，《山東文獻書目》、《中國古代小說總目·文言卷》著錄。②清道光四年碧紗待月疏刻巾箱本（有附錄一卷），《販書偶記》、《山東文獻書目》著錄。③清光緒四年北京聚珍堂活字印本（改題《聊齋志異拾遺》），中國國家圖書館、天津圖書館等藏，《山東文獻書目》、《中國古代小說總目·文言卷》著錄。④民國二十五年漢口劉階平排印本（改題《聊齋志異未刊稿》），《中國古代小說總目·文言卷》著錄。

### 【聊齋志異拾遺一卷】

容肇輯。現存：①清道光十年長白榮氏刻本（《得月簃叢書》之一），中國國家圖書館、中國科學院圖書館等藏，《中國叢書綜錄》著錄。②《花近樓叢書》

稿本，中國國家圖書館藏，《中國叢書綜錄》、《北京圖書館古籍善本書目》、《中國古籍善本書目》著錄。③民國上海進步書局石印《筆記小說大觀》本，中國國家圖書館、首都圖書館等藏，《中國叢書綜錄》著錄。④民國二十四年至二十六年上海商務印書館排印《叢書集成初編》本，中國國家圖書館、上海圖書館等藏，《中國叢書綜錄》著錄。⑤梧葉堂鈔《管庭芬叢鈔》本，湖北省圖書館藏，《中國叢書廣錄》、《中南、西南地區省市圖書館館藏古籍稿本提要》著錄。

### 【聊齋志異逸編二卷】

莊河劉滋桂輯。現存：①清同治八年輯自蒲氏後人家藏本，《中國古代小說總目·文言卷》著錄。②民國三年刻本，中國國家圖書館藏，《中國古代小說總目·文言卷》、《中國文言小說總目提要》著錄。③民國八年裕盛銘紙局鉛印本，中國國家圖書館藏，《中國古代小說總目·文言卷》著錄。

### 【批點聊齋志異十六卷】

南海何守奇批點。現存：清道光三年經綸堂刻本，清道光十五年天德堂重刻本，中國國家圖書館藏，《中國古代小說總目·文言卷》著錄。

### 【聊齋志異新評十六卷】

廣順但明倫評。現存：①清道光二十二年廣順但氏刻朱墨套印本，上海圖書館、北京師範大學圖書館、四川大學圖書館等藏。②清咸豐間刻本，大連圖書館藏。③清同治八年羊城青雲樓刻朱墨套印本，華南師範大學圖書館、山東師範大學圖書館藏。《中國古代小說總目·文言卷》著錄。

### 【聊齋誌異十六卷】

上元何垠注釋。現存：①清道光十九年南陵何彤文刻本，中國國家圖書館、山東省圖書館等藏。②清道光二十三年花木長榮之館刻本，清華大學圖書館、北京大學圖書館等藏。③清道光間鈔本，山東省圖書館藏。

### 【聊齋志異輯註】

呂沛惇注。見光緒《文登縣志》呂肇齡傳附傳。沛惇字澄懷，文登人，肇齡子，嘉慶庚申舉人，任館陶教諭。

## 【聊齋志異註十六卷】

文登呂湛恩註。現存版本衆多，除清道光五年觀古堂刻本只刊注釋，不載原文外，他如清道光二十三年廣東五雲樓刻本、清道光二十六年三讓堂刻本、清同治八年羊城青雲樓刻朱墨套印本、清光緒三十三年書業德刻本等，均係呂注與原文合刻，流傳頗廣。

## 【詳註聊齋志異圖詠十六卷】

文登呂湛恩註。現存：①清鈔本，山東省圖書舘藏。②清光緒十二年上海同文書局石印本，國家圖書舘、山東省圖書舘等藏，《北京師範大學圖書館中文古籍書目》、《山東師範大學圖書館館藏古籍目錄》著錄。③清光緒十四年上海鴻寶齋石印本，國家圖書舘、山東省圖書舘等藏。④清光緒二十四年上海文宜書局石印本，北京大學圖書舘等藏。

## 【擇繡聊齋誌異二十四卷】

滿洲札克丹譯。現存：①清鈔本（存六卷），見《續修四庫全書總目提要（稿本）》、《北京人文科學研究所藏書簡目》。②清道光二十八年序家刻本（滿漢合璧，書名頁作《合璧聊齋誌異》），中國國家圖書舘、北京大學圖書館、山東大學圖書館等藏，《東北地區古籍綫裝書聯合目錄》。札克丹，字秀峰，別號五費居士，滿洲正紅旗人，道光六年丙戌科繙譯進士。

## 【聊齋誌異圖繪】

清佚名繪。現存：清咸豐光緒間彩繪本（經折裝，

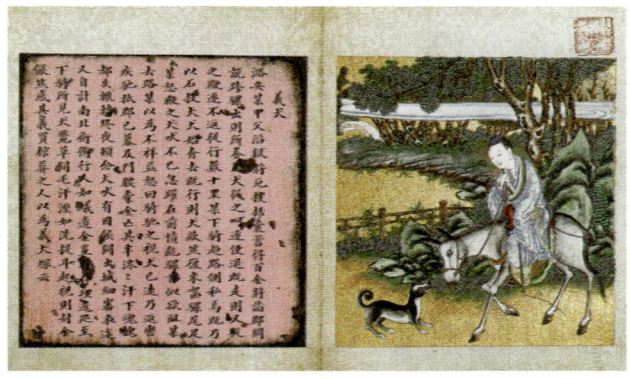

《聊齋志異圖繪》　山東省圖書館藏清咸豐光緒間彩繪本

一冊），山東省圖書館藏。內有《山神》、《河間生》、《司札吏》、《畫馬》、《跳神》、《義犬》、《二班》、《陸押官》八篇。

## 【睡餘閒話二卷】

有舊鈔本，見《中國書店三十年所收善本書目》。

## 【醒世姻緣傳一百回】

題西周生輯著。現存：清刻本、清同德堂刻本、清同治九年刻本、清光緒二十年上海書局石印本、東亞圖書館排印本、廣益書局排印本等，見《山東文獻書目》。《山東文獻書目》云：以蒲松齡作較爲可信。

## 【莊列選略】

《蒲松齡事跡著述新考·聊齋雜著考略》載是書，並《聊齋文集》是編《小引》云：“千古之奇文，至《莊》《列》止矣。世有惡其道而並廢其言者愚，有因其文之可愛而探之於冥冥者則大愚。蓋其立教祖述楊、老，仲尼之徒所不敢信，而要其文洸洋恣肆，誠足沾漑後學。時文家竊其唾餘，便覺改觀，則借楊、老之糟粕，闡孔、孟之神理，當亦游、夏所心許也。而詰屈聱牙之句，銓注者言人人殊，或至牽合其理，而並強其句，益使捧卷者吃吃而不可讀，亦見其惑已。余素嗜其書，遂獵狐而取其白，間或率憑管見，以爲臆說，但求其順理而便於誦，其虛無之奧義，固余所不甚解，即有所能使余解者，余亦不樂聽也。書成，軒軒自喜曰：以莊、列之奇才，今並驅而就七十子之列，甯非快事哉！惟與弟子輩閉門歡賞，而又不敢出以示人，大方者亦無從而非笑之也。莊子不知何時人，書中有見魯哀公一段，又云陳氏弑君，享國十二世，則自爲矛盾。諸儒謂中有贗作，誠然哉！然篇引《列子》甚多，則《列》當在《莊》前。愚意尤注《莊》，故以《列》附其後，凡見於《莊》者，悉不載。丁丑閏月念五日。”

## 【聊齋詩集六卷】

見《山東通志·藝文》。《國朝山左詩鈔》、《濟南府志·經籍》作《聊齋集》無卷數。現存：①清淄川王滄佩鈔本（二卷附《詞集》一卷，淄川王滄佩、日照王獻唐跋），山東省博物館藏，《中國古籍善本書目》著錄；《山東文獻集成》影印。②清鈔本（二

卷），中國國家圖書館藏，《清人別集總目》、《清人詩文集總目提要》著錄。③民國九年上海中華圖書館石印本（二卷），中國國家圖書館藏。

《山東通志·藝文》：《山左詩鈔》引張榆村元《蒲先生墓表》云："柳泉屢試不利，遂肆力於古文，積日砥淬，當澒落鬱塞，有以激發其志氣。故其文踔厲奮迅，絕去町畦，自成一家。又以餘閒搜抉奇怪，著爲《志異》一書，事既荒幻，而筆致詼詭，足以副之。要於警發薄俗，則猶是其所爲古文者，非漫作也。少與同邑李希文及余從父懋友結郢中詩社，以文章道義相切劇。新城王司寇數稱其才。所著《文集》四卷，《詩集》六卷，《聊齋志異》十二卷。"

《國朝山左詩鈔》卷四十五載其詩十一首。《淄川縣志·藝文》載其《石隱園》、《般河》、《青雲寺》詩三首。

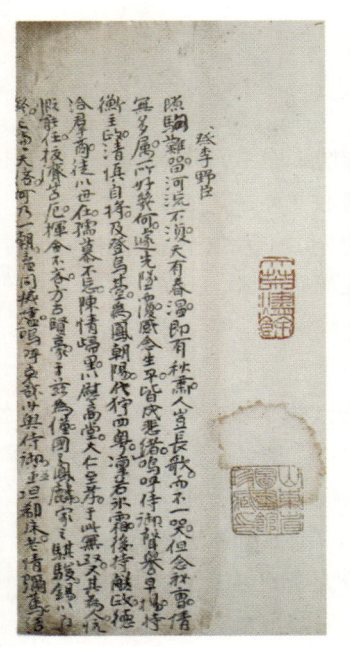

《聊齋文集》一卷　山東省圖書館藏稿本

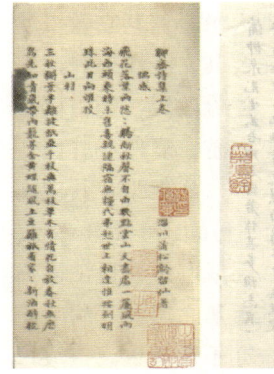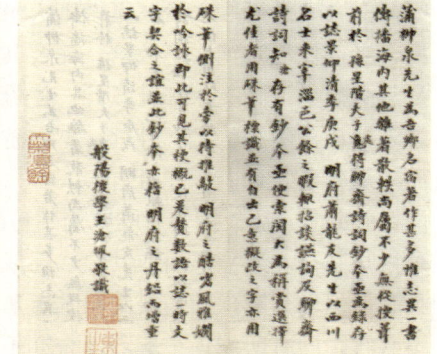

《聊齋詩集》二卷　山東省博物館藏清淄川王淦佩鈔本

## 【聊齋詩集一卷】

孫錫嘏輯。現存：《般陽詩鈔》稿本（一卷），山東省博物館藏；《山東文獻集成》影印。

## 【聊齋文集】

見《山東通志·藝文》。現存：①稿本（十卷附《農經》一卷《蠶經》一卷《蠶經補》一卷《蠶祟書》一卷），山東省博物館藏；《山東文獻集成》影印。②稿本（存一卷：卷七，張元濟、王獻唐、王統照跋），山東省圖書館藏，《中國古籍善本書目》、《山東文獻書目》著錄；《山東文獻集成》影印。③稿本（作《蒲松齡文集》二卷），蒲松齡故居藏，《中國古籍善本書目》、《清人別集總目》、《清人詩文集總目提要》著錄。④清曲阜孔氏鈔本（三冊），見《北京大學圖書館藏古籍善本書目》、《清人別集總目》、《清人詩文集總目提要》。⑤清鈔本（十冊），河北大學圖書館藏。

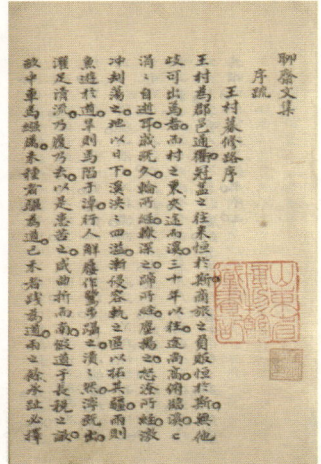

《聊齋文集》十卷　山東省博物館藏稿本

## 【聊齋詩文集不分卷】

現存：清鈔本（六冊，佚名過錄漁洋老人王士禛題識），中山大學圖書館藏，《中國古籍善本書目》著錄。

## 【聊齋四六文集八卷】

現存：①清道光四年其玄孫蒲庭橘鈔本（一冊，缺卷一至七），中共山東省委黨校圖書館藏。②清鈔本（缺卷三至五），山東省博物館藏，《山東省博物館藏明清民國山左學者著述知見錄》、《山東文獻書目》著錄；《山東文獻集成》影印。③清道光二十七年夢蘭批校鈔本，山東省圖書館藏，《山東文獻書目》著錄。④惟一堂鈔本（四冊），山東大學圖書館藏，《清史稿藝文志拾遺》著錄。又《販書偶記續編》、《清人詩文集總目提要》著錄約乾隆間鈔本，未詳藏於何處。

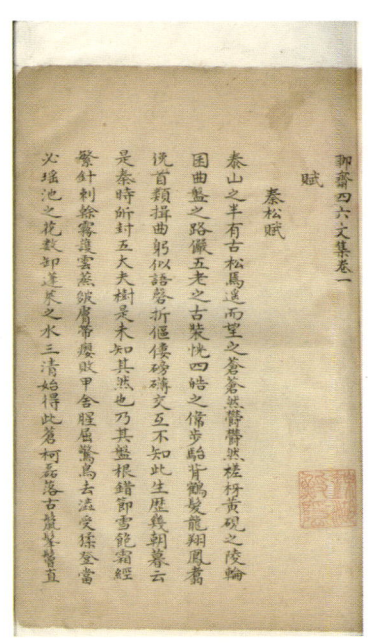

《聊齋四六文集》存五卷　山東省博物館藏清鈔本

## 【蒲留仙文一卷】

現存：民國十四年上海文明書局石印《明清六才子文》本，內蒙古大學圖書館、北京師範大學圖書館藏，《內蒙古自治區線裝古籍聯合目錄》、《清人別集總目》、《中國叢書廣錄》著錄。

## 【聊齋詩草一卷】

現存：清高氏辨蟫居鈔《齊魯遺書》本，山東省博物館藏，《中國古籍善本書目》、《中國叢書廣錄》著錄。

## 【鶴軒筆札不分卷】

現存：①稿本（二冊，八十篇），青島市博物館藏，《中國古籍善本書目》、《第四批國家珍貴古籍名錄圖錄》著錄。②清鈔本（作《聊齋軒鶴筆札》一卷），山東省博物館藏，《山東省博物館藏明清民國山左學者著述知見錄》著錄；《山東文獻集成》影印。

《鶴軒筆札》不分卷　青島市博物館藏稿本

## 【聊齋呈稿一卷】

現存：清鈔本，見《濟南市圖書館館藏古籍書目》、《清人別集總目》。呈稿共九篇，僅一篇收錄《蒲松齡集》內，餘八篇未收。

## 【聊齋表文草一卷】

現存：稿本，蒲松齡紀念館藏。

## 【魯靈集三卷】

現存：民國五年黑龍江報鉛印本，山東省博物館藏，《山東省博物館藏明清民國山左學者著述知見錄》著錄。

## 【聊齋先生遺集不分卷】

現存：①鈔本（九冊），北京大學圖書館藏。②鈔本（二十七冊），中國社會科學院文學研究所藏，《清人別集總目》、《清人詩文集總目提要》著錄。

③清光緒二十年袖海山房石印本，中國科學院圖書館、復旦大學圖書館等藏，《東北地區古籍綫裝書聯合目錄》、《販書偶記續編》、《清人別集總目》著錄。

### 【聊齋全集九卷】

現存：①民國九年上海中華圖書館石印本，中國國家圖書館、復旦大學圖書館等藏，《清人別集總目》著錄。②民國十五年上海世界書局鉛印本，北京師範大學圖書館等藏，《清人別集總目》著錄。③民國十七年上海國學維持社石印本，瀋陽市圖書館藏，《東北地區古籍綫裝書聯合目錄》著錄。

### 【宋七律詩選】

稿本《聊齋文集》（山東省博物館藏十卷本）卷十載《宋七律詩選跋》云：“宋人之尖，率近于俚，而擇其佳句，則秀麗中自饒天真，唐賢所不能道也。丁丑冬，余從畢子崑朗假得《詩鈔》，閉閣錄之。因其浩瀚，即有絕工處，而他句太不相稱者，輒棄去，故僅存三百二十有二首。吾于宋集中選唐人，則唐人遜我真也，敢云以門戶自立哉？末載戴公一什，亦聊解嘲耳。臘月十四日。”

### 【歷代名家詩賦鈔一卷】

現存：稿本，蒲松齡紀念館藏，《中國古籍善本書目》著錄。

### 【聊齋詞一卷】

現存：①稿本（作《聊齋詞稿》），中國歷史博

《聊齋詞》一卷　清宣統二年上海國學扶輪社排印本

物館藏，《淄博市文物志》著錄。②清淄川王滄佩鈔本（與《聊齋詩集》合鈔，有蕭龍友批，王滄佩、王獻唐題跋），山東省博物館藏，《中國古籍善本書目》、《清人詩文集總目提要》著錄；《山東文獻集成》影印。③清宣統二年上海國學扶輪社排印本，中國國家圖書館、上海圖書館、山東大學圖書館等藏，《東北地區古籍綫裝書聯合目錄》著錄；《山東文獻集成》影印。④民國山東省立圖書館鈔本，山東省圖書館藏，《山東文獻書目》著錄。

### 【問天詞一卷】

現存：清鈔本（一冊），山東省圖書館藏。

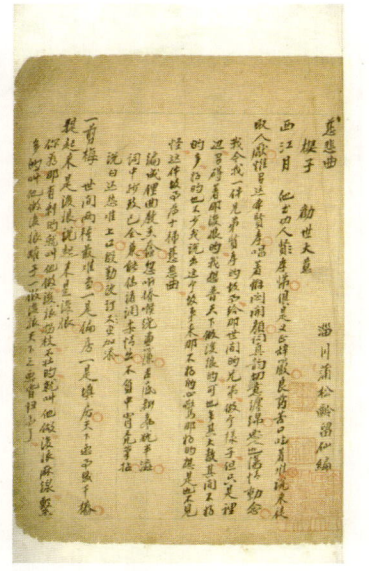

《慈悲曲》一卷　山東省博物館藏清鈔本

### 【慈悲曲一卷】

現存：①清鈔本，山東省博物館藏，《中國古籍善本書目》、《山東省博物館藏明清民國山左學者著述知見錄》著錄；《山東文獻集成》影印。②民國十七年葉春墀石印本，遼寧省圖書館等藏，《東北地區古籍綫裝書聯合目錄》、《河南省圖書館中文古籍書目》、《內蒙古自治區線裝古籍聯合目錄》著錄。③民國白忙鈔本，見《山東師範大學圖書館館藏古籍目錄》。④鈔本，見《青島市圖書館藏線裝書目錄初稿》。

## 【磨難曲四卷三十六回】

現存：①舊抄本（四冊），台灣"國家圖書館"藏，《國家圖書館善本書志初稿》著錄。首卷首行題"志異外書磨難曲卷之一"，次行題"蒲松齡留仙編著"。卷一十回，卷二八回，卷三九回，卷四九回。書末題"戊戌冬月吳門客次啓堂抄錄"。②鈔本（存二、三卷），山東大學圖書館藏。③民國八年上海鴻寶齋周村叁益堂石印本，中國國家圖書館、青島市圖書館等藏，《東北地區古籍綫裝書聯合目錄》、《山東省博物館藏明清民國山左學者著述知見錄》著錄。④日本昭和十一年東堂文求堂排印本，上海圖書館、北京師範大學圖書館等藏。

## 【姑婦曲】

現存：舊抄本，見《青島市圖書館藏線裝書目錄初稿》、《青島市圖書館藏明清兩代山東人著作簡目》。

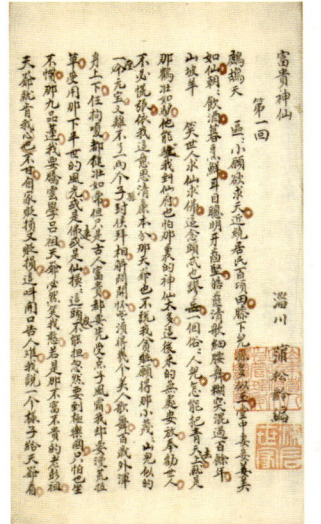

《幸雲曲》不分卷　山東省博物館藏清鈔本

## 【快曲一卷】

現存：清鈔本，山東省圖書館藏，《山東文獻書目》著錄。

## 【幸雲曲二十八回不分卷】

現存：①清鈔本（楊宣子評教），山東省博物館藏，《山東文獻書目》、《山東省博物館藏明清民國

山左學者著述知見錄》著錄；《山東文獻集成》影印。②一九八六年上海古籍出版社路大荒整理《蒲松齡集》本，山東大學圖書館、山東省圖書館等藏，《山東文獻書目》著錄。

## 【富貴神仙十四回不分卷】

現存：①清鈔本，中國國家圖書館藏。②清酌月書屋鈔本，山東省博物館藏，《山東文獻書目》、《山東省博物館藏明清民國山左學者著述知見錄》著錄；《山東文獻集成》影印。③清鈔本（作《富貴神仙曲》不分卷），山東大學圖書館藏。④一九八五年上海古籍出版社路大荒整理《蒲松齡集》本。

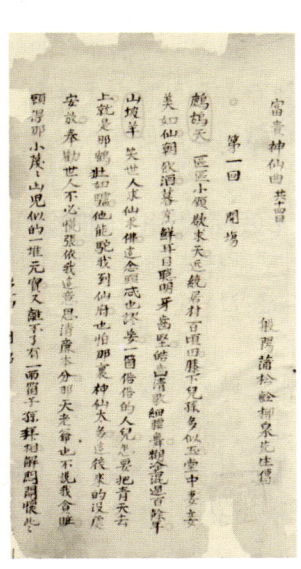

《富貴神仙》不分卷　山東省博物館藏清酌月書屋鈔本　　《富貴神仙曲》不分卷　山東大學圖書館藏清鈔本

## 【逃學傳一卷】

現存：①清末石印本，山東省博物館藏，《山東省博物館藏明清民國山左學者著述知見錄》、《山東文獻書目》著錄。②一九八六年上海古籍出版社路大荒整理《蒲松齡集》本。

## 【鬧館】

現存：①清康熙間鈔《聊齋詩文集》本，見《清代雜劇全目》。②鈔本，中山大學圖書館藏。③一九八五年上海古籍出版社路大荒整理《蒲松齡集》本。

《古典戲曲存目彙考》云："張元所撰《柳泉蒲先生墓表》碑陰，著錄此劇簡名。"

## 【鍾妹慶壽】

現存：①鈔本，中山大學圖書館藏，見《清代雜劇全目》、《古典戲曲存目彙考》。②一九八六年上海古籍出版社路大荒整理《蒲松齡集》本。

《古典戲曲存目彙考》云："《柳泉蒲先生墓表》碑陰，著錄此劇簡名。按'鍾馗小妹'見《夢華錄》。教坊以醜惡魁肥之人裝判官，又裝鍾馗小妹、土地竈神之類。宋、元以後，多有畫鍾馗嫁妹圖者，然亦未知所始。"

## 【考詞九轉貨郎兒】

現存：①清康熙間鈔《聊齋詩文集》本，見《清代雜劇全目》。②鈔本，中山大學圖書館藏，見《古典戲曲存目彙考》。

## 【芸窗閒賢四種四卷】

現存：清朱絲欄鈔本，中國國家圖書館藏，見《西諦書目》、《中國叢書廣錄》。子目：《東郭傳詞》一卷，《問天鼓詞》一卷，《先生設教》一卷，《夏生逃遁》一卷。

## 【先生設教一卷】【夏生逃遁一卷】

現存：清鈔《芸窗閒賢》本，見《西諦書目》。

## 【問天鼓詞一卷】

現存：①清鈔《芸窗閒賢》本，中國國家圖書館藏，見《西諦書目》。②清鈔本（一冊），中國國家圖書館藏。

## 【東郭傳詞一卷】（一名《東郭簫鼓兒詞》）

現存：①清鈔《芸窗閒賢》本，中國國家圖書館藏，見《西諦書目》。②清鈔本，中國國家圖書館藏。③清鈔本，山東省博物館藏，《中國古籍善本書目》著錄。④民國十九年上海中華書局排印本，中國國家圖書館、上海圖書館、山東省博物館等藏，《復旦大學圖書館古籍簡目初編》、《東北地區古籍綫裝書聯合目錄》著錄。

## 【東郭外傳一卷】

現存：一九五七年古典文學出版社《鼓詞選》本，山西大學文學院藏。

## 【學究自嘲一卷】【牆頭記一卷】【俊夜叉一卷】【寒森曲二卷】

現存：《聊齋雜著》鈔本，首都圖書館藏。

## 【翻魘殃二卷】

現存：《聊齋雜著》鈔本，首都圖書館藏，《中國書店三十年所收善本書目》、《清人詩文集總目提要》著錄。

## 【蓬萊宴】

現存：①《聊齋雜著》鈔本，首都圖書館藏。②石印本，青島市圖書館藏，《青島市圖書館藏明清兩代山東人著作簡目》著錄。

## 【穰妒咒三十三回二卷】

現存：①清鈔本，山東省圖書館藏，《中國古籍善本書目》、《山東文獻書目》著錄。②一九八六年上海古籍出版社路大荒整理《蒲松齡集》本。③一九八六年臺北正中書局排印本（《清初鼓詞俚曲選二卷》之一），《京都大學人文科學研究所漢籍目錄》著錄。

## 【志異張誠故事原稿一卷】

現存：一九六八年臺北正中書局原鈔本排印本（《清初鼓詞俚曲選》之一），《京都大學人文科學研究所漢籍目錄》著錄。

## 【蒲松齡所輯書□卷】

《山東通志・藝文》（子部雜家類）著錄，引《鄉園憶舊錄》云："松齡纂輯古來言行有關修身、齊家、接物、處事之道者，成書五六十卷，粹然醇儒之學。特無力刊行。"

## 【聊齋雜著十一種十八卷】

現存：鈔本，首都圖書館藏，《清人詩文集總目提要》著錄。《中國書店三十年所收善本書目》著錄七種。

### ◆ 齊廓圖

廓圖字啟東，德平人。康熙壬子（十一年）舉人。

其詩文集未見著錄。《德平縣志》卷十二載其《解明府招飲光嶽樓》詩一首。

### ◆ 王養純

養純，濟陽人。康熙十一年拔貢。官荏平教諭。

其詩文集未見著錄。民國《荏平縣志》卷十二載其《重修崇聖祠小記》文一篇，《弔魯仲連墓》詩一首。

### ◆ 張 譜

譜字綠文，一字嗣宗，淄川人，明禮部主事敬曾孫。諸生。卒年七十三。

#### 【行素堂詩文稿】

見《山東通志·藝文》。《國朝山左詩鈔》作《行素堂詩》。《濟南府志·經籍》作《行素堂集》。

《山東通志·藝文》：《縣志》載是編云："先生爲高念東侍郎從妹壻。侍郎長公之騊官貴州平越縣知縣，先生同往。值吳逆之變，先生與之騊皆作道人裝，展轉山谷之間，十餘年始歸。故其詩多感慨悲悼

之音。"

《國朝山左詩鈔》卷三十三載其《秋日感懷》、《晚行》、《飄泊》、《思州道中》詩四首。《淄川縣志·藝文》載其《豐芑園偶咏》詩一首。

### ◆ 張 詢

詢字可績，一字思汝，淄川人，譜弟。康熙壬子（十一年）拔貢。官寧陽教諭。

#### 【靜然堂集】

見《國朝山左詩鈔》、《濟南府志·經籍》、《山東通志·藝文》。《續修四庫全書總目提要（稿本）》著錄德州盧氏傳鈔本（不分卷，德州盧見曾輯）。

《山東通志·藝文》：是集有詩，有古文，見《縣志》。《山左詩鈔》引臨水鄭蘭谷曰："先生詩，攄情則言外傳神，波摺則風行水面，追琢之至，歸於自然。"

《國朝山左詩鈔》卷三十三載其《湖州贈別劉孔集》、《石邨道中》、《山遊》、《山居待念東先生不至》、《禹陵》詩六首。《淄川縣志·藝文》載其《遊瀑水灣》、《九日登鬐山》詩二首。

### ◆ 張 詮

詮字簡超，又字寧遠，號伊蒿，淄川人，詢弟。康熙乙卯（十四年）武舉。

#### 【伊蒿公粵遊紀略一卷】

現存：清鈔本（清王士禛批），山東省博物館藏，《中國古籍善本書目》著錄。

#### 【譫語草】

見《國朝山左詩鈔》、《濟南府志·經籍》。《山東通志·藝文》作《譫語》。

《山東通志·藝文》引《縣志》云："好吟詠，與三兄相唱和，興酣得句，輒顧盼自如。所著詩名《譫語》。"

《國朝山左詩鈔》卷三十三載其《偶作家書感賦》、《將之粵東寄諸兄弟》詩二首，小傳附案云："先生讀書聰敏，日誦萬言。少時以游戲入武庠，隨中式，然終恥為武夫，未嘗上公車也。好吟詠，與三兄相倡和，興酣得句，輒顧盼自如。長兄譔，諸生，亦能詩

而遺稿未得，附載於此。"

#### ◆ 張 繡

繡字儀先，淄川人。

其詩文集未見著錄。《淄川縣志‧藝文》載其《夾古山懷古》詩一首。

#### ◆ 宋搗謙

搗謙字袞公，歷城人。貢生。

#### 【竹居濼泉遺稿】

見《趵突泉志》，《山東通志‧藝文》、《續修歷城縣志‧藝文考》據以著錄。

《山東通志‧藝文》：《趵突泉志》載是集，稱其"善詩文，兼長於樂府。性愛山水，於趵突泉尤屬意焉。"

#### ◆ 馮汝楫

汝楫字仙航，歷城人。貢生。授東平學正，未任卒。

#### 【綠草堂集】

見《趵突泉志》，《山東通志‧藝文》、《續修歷城縣志‧藝文考》據以著錄。

#### ◆ 朱 緗

緗字子青，號橡村，原籍高唐州，遷歷城，宏祚長子。有雋才，經史無不研究，尤致力聲詩。被父命至都下，未嘗游貴者之門。築室章丘之明水，曰"橡村"，饒水竹之勝，四方名士觴咏無虛日。援例候選主事。卒年三十八。《歷城縣志》卷四十、《濟南府志》卷五十三有傳。王士禎《帶經堂集》卷八十七（《續蠶尾文》十五）有《候補主事子青朱君墓誌銘》（光緒《高唐州志》卷八載之，作《朱緗墓誌銘》）。

#### 【楓香集一卷】【觀稼樓詩二卷】【吳船書屋詩一卷】【雲根清墅山房詩一卷】

見《國朝山左詩鈔》、《歷城縣志‧藝文考》。《四庫全書總目提要》、《濟南府志‧經籍》、《山東通志‧藝文》題其總名，作《橡村集》四卷。現存：清康熙至道光歷城朱氏刻彙印本，中國國家圖書館、山東省圖書館、濟南市圖書館藏，《四庫存目標注》

著錄；《山東文獻集成》影印。

《山東通志‧藝文》引《四庫存目提要》曰："緗字子青，號橡村，歷城人，候補主事。嘗學詩於王士禎，所作具有法程。而早年夭逝，故骨格未成。是集分四種：曰《楓香集》，曰《吳船書屋集》，曰《觀稼樓詩》，曰《雲根清墅集》。自《吳船書屋》以下，皆士禎之所評定也。"

《潯州集》載《題觀稼樓詩》云："予以康熙甲戌讀橡邨《楓香集》，歎爲奇作，序而歸之。更七年，過綠玉堂，橡邨出《觀稼樓新詩》相示，又索弁言。予反覆誦之，意氣跌宕，筆墨馳騁，天風海雨之氣偪人，較作《楓香序》時，胸中腿底，另一意致。……歲在庚辰中元前三日杞田耕者張貞識於厚書菴。"

《國朝山左詩鈔》卷四十六載其詩四十七首。道光《章邱縣志‧藝文》載其《繡江道中》詩一首。《齊河縣志》卷三十載其《齊河道上》、《馬寨》、《馬寨懷故友張秀才》等詩。

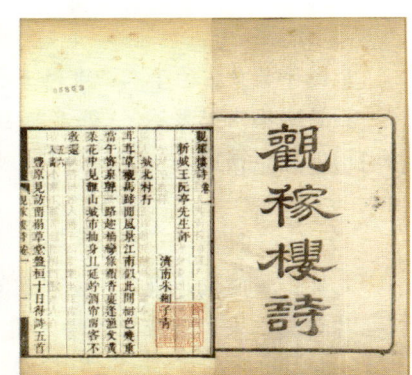

《楓香集》一卷《觀稼樓詩》二卷　清康熙至道光歷城朱氏刻本

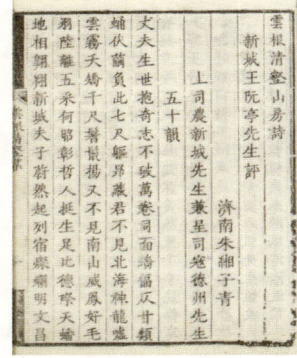

《吳船書屋詩》一卷《雲根清墅山房詩》一卷　清康熙至道光歷城朱氏刻本

## 【嶺南草一卷】【端江集一卷】

《四庫全書總目》著錄《棣華書屋近刻》四卷，乃朱緗、朱絳、朱綱兄弟三人之合集也，提要云："此集凡緗《嶺南草》一卷，《端江集》一卷，乃其省親粵東時作；絳《嶺南草》一卷，蓋與緗同行所作；綱《濟南草》一卷，中有《聞二兄自粵北歸》詩，蓋與緗、絳嶺南詩同時所作，故合刊云。"今《四庫全書存目叢書》影印清刻本《棣華書屋近刻》，惟存朱絳《嶺南草》、朱綱《濟南草》各一卷，朱緗此二種均未收入，蓋已罕存。

### ◆ 朱 絳

絳字子垣，宏祚子，緗弟。由高唐諸生援例授刑部郎中，出為永州知府，補銅仁，擢廣東肇高廉羅道副使。雍正元年，遷廣東按察使，又遷布政使。以病歸，又八年卒。《歷城縣志》卷三十八、《濟南府志》卷五十三有傳。光緒《高唐州志》卷八有朱曾喆撰《墓表》。

### 【嶺南草一卷】

現存：清刻《棣華書屋近刻》本，中國國家圖書館、山東省圖書館、山東省博物館藏，《山東文獻書目》、《四庫存目標注》著錄；《四庫全書存目叢書》影印。

《國朝山左詩鈔》卷四十六載其詩六首。

### ◆ 朱 綱

綱字子襄，宏祚子，絳弟。官至福建巡撫。年五十五卒於官，贈兵部尚書，諡勤恪。《歷城縣志》卷三十八、《濟南府志》卷五十三有傳。光緒《高唐州志》卷八有鄧鍾岳《朱綱神道碑》。

### 【倉差日記】

《續修歷城縣志·藝文考》據朱學猷鄉試硃卷履歷著錄，卷未詳。

### 【檢屍考要一卷】

見《山東通志·藝文》（子部法家類）。《續修四庫全書總目提要（稿本）》著錄清雍正刊本。

《山東通志·藝文》：是書刊於雍正丙午。《縣志》作《檢驗集要》。今依本書標目。綱《自序》略云："舊有《洗冤錄》、《無冤錄》、《讀律佩觿》、《未信編》

等書，皆講論檢驗之法。康熙間浙江仁和陳漱六者，取諸本彙校，集為八卷，名曰《洗冤集說》。今係就《洗冤集說》中所載之《洗冤》、《無冤》、《讀律佩觿》等書，選其與驗屍關鍵之處，彙為一帙。至其中屍傷屍圖、致命不致命處所係，照刑部現行新例核定。其原本內有因事涉疑似，存二說以備攷訂，與字義訛誤可疑，旁註小字以備斟酌者，亦照舊並存焉。"

### 【蒼雪山房稿一卷】

見《歷城縣志·藝文考》（據採訪刻本）、《四庫全書總目》、《濟南府志·經籍》、《山東通志·藝文》。現存：①清乾隆朱氏家刻本（清王士禛評定），山東省圖書館、中國科學院圖書館、山東省博物館藏，《中國古籍善本書目》、《中國叢書廣錄》著錄。②清道光中刻《濟南朱氏詩文彙編》本，中國國家圖書館、青島市圖書館、山東大學圖書館藏，《中國叢書綜錄》、《清人別集總目》、《清人詩文集總目提要》著錄；《四庫全書存目叢書補編》、《山東文獻集成》影印。

《歷城縣志·藝文考》載《蠶尾集》是書王士禛《序》，及《山左詩鈔》宋弼曰："公幼喜為詩，與兩兄自相師友。晚益進自然，如'人影樓邊月，蟬聲柳下門。''黑雲迷遠樹，白雨入空樓。'皆造老境。惜無存稿。《蒼雪集》，皆少作也。"

《山東通志·藝文》引《四庫存目提要》曰："綱字子襄，歷城人，官至福建巡撫。與兄緗、絳皆學詩

《蒼雪山房稿》一卷 清乾隆朱氏家刻本

於王士禛。是集亦士禛所評定。詩頗清淺，蓋少作也。"

《潛州集》載《蒼雪山房詩序》略云："濟南朱氏昆仲，固所稱少年才俊也，余聞聲已久。不意長公子青亦知世間有余，修音問，通介紹，以道其殷勤。丁丑秋始獲晤於會城，志氣交孚，若平生驩也。既又見季公子聰，溫然如玉，復與定交。一日，出其近詩一編請序。寄託遙深，師法高古。推其存心，不欲一字寄今人籬下，即於古人亦未嘗苟且以求同也。"

《國朝山左詩鈔》卷四十六載其《雨後夜坐》、《喜子青二兄自粵署歸》二首。

**【濟南草一卷】**

現存：清刻《棣華書屋近刻》本，中國國家圖書館、山東省圖書館、山東省博物館藏，《山東文獻書目》、《四庫存目標注》著錄；《四庫全書存目叢書》影印。

**【棣華書屋近刻四卷】**

朱緗《嶺南草》一卷《端江集》一卷、朱絳《嶺南草》一卷、朱綱《濟南草》一卷之合集也。見《歷城縣志·藝文考》（據本書）、《四庫全書總目》、《濟南府志·經籍》、《山東通志·藝文》（集部總集類）。現存：清刻本（存二卷：朱絳《嶺南草》一卷，朱綱《濟南草》一卷），中國國家圖書館、山東省圖書館、山東省博物館藏，《山東文獻書目》、《四庫存目標注》著錄；《四庫全書存目叢書》影印。

《四庫全書總目》曰："綱《濟南草》一卷，中有《聞二兄自粵北歸》詩，蓋與緗、絳嶺南詩同時所作，故合刊云。"

◆ **朱 綵**

綵字茱穠，歷城人，綱從弟。康熙十二年進士。授內閣中書舍人，遷刑部主事，歷員外郎、郎中。三十七年，擢鄖陽知府，多善政。四十八年，自春徂夏靈雨六十餘日，鄰境閉糴，百姓無所得粟。綵議借存倉均貯米，未經上請，遂出以賑，全活無算。年七十三卒於官。《歷城縣志》卷三十八、《濟南府志》卷五十三有傳。光緒《高唐州志》卷八有仁和湯右曾《朱綵墓誌銘》。

**【大檳堂石刻】**

見《續修歷城縣志·藝文考》，注云："朱學猷

鄉試硃卷履歷。卷未詳。"

◆ **朱 緯**

緯字義傲，號夢村，歷城人，宏祚任。歲貢生。官邱縣訓導。《歷城縣志》卷四十三、《濟南府志》卷五十三有傳。

**【夢村集六卷】**

現存：清乾隆間刻《其順堂三世遺詩》本，中國國家圖書館、山西大學圖書館藏，《山西大學圖書館線裝古籍書目》、《中國叢書廣錄》著錄。

《四庫全書總目》、《濟南府志·經籍》、《山東通志·藝文》俱作二卷。《歷城縣志·藝文考》作"朱義傲《夢村集》一卷（採訪抄本）"。《續修歷城縣志·藝文考》著錄六卷，按云："是編胡《志》著錄一卷，云採訪鈔本。《四庫存目》據周永年家藏本作二卷。今刊本實六卷。或是後來所分，非又有所增益也。"

《山東通志·藝文》引《四庫存目提要》曰："是集有《七十自壽》詩，又有《次兒生日》詩，作於七十四歲時，蓋其晚年所自編。詩頗清淺，而時有脫灑之致。"

《續修歷城縣志·藝文考》載唐夢賚《序》曰："虞書曰：'詩言志。'此論詩之權輿也。孟子曰：'以意逆志。'此讀詩之秘密也。志者，心之所之。心之乎此而有言，使人自以意迎探而得之，則必非句鍛季錬以詩爲學者所能爲，所謂詩中有人在。《三百篇》以還，下逮元、明作者，其間卓卓可傳，要有一段不可磨滅者存，故詩貴乎真也。夢村之爲詩，直自暢所言，言之不足而長言之，長言之不足而詠歎之，至性至情，自在流出。自其少時轆轤名場，不免激發於中，爲不平之鳴。迨更中年，哀樂絲竹之餘，藉以陶寫。嶺海歸來，江山助我，而天懷浩落，觸詠流連，老子興復不淺矣。正惟無心於詩，故真氣盎然，溢於楮墨。雖世號攻爲詩，撚斷髭鬚，嘔出心肝者無以過之，則其卓卓可傳，固有在也。吾故曰：究言志之趣，斯可與論夢村之詩；識逆志之妙，斯可與讀夢村之詩。試以諗夫知言者。"

《國朝山左詩續鈔》卷四載其詩二十五首。

**【北歸詩草水程集一卷】【北歸詩草陸程集一卷】**

現存：稿本（清淄川唐夢賚批校並跋，清周宗炤

跋），山東省圖書館藏，《山東文獻書目》、《清人別集總目》、《清人詩文集總目提要》著錄；《山東文獻集成》影印。

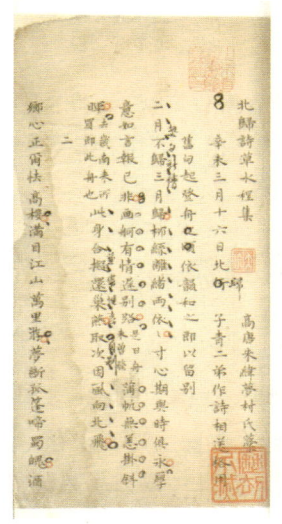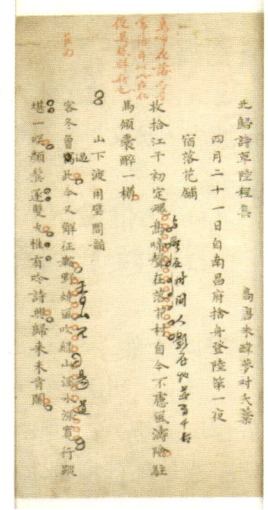

《北歸詩草水程集》一卷《北歸詩草陸程集》一卷　山東省圖書館藏稿本

### ◆ 王鼎冕

鼎冕字甲先，濱州人。康熙壬子（十一年）解元，癸丑（十二年）進士。選庶吉士，授檢討。請假送親歸里卒，年纔三十。《濱州志》卷十有傳。

#### 【海隣集】

《山東通志·藝文》：《縣志》本傳云："爲文沈雄博麗，力絕時靡，一時翕然宗之。著有《海隣集》行世。"

### ◆ 韓維翰

維翰字蓼懷，淄川人。康熙癸丑（十二年）進士。歷官蒲圻（一作蒲城）知縣。

#### 【偶然草】

見《國朝山左詩鈔》、《濟南府志·經籍》、《山東通志·藝文》。

《國朝山左詩鈔》卷三十二載其《古意》、《別邱荊石江防司馬》詩二首，又小傳注云："蓼懷先生初知蓋平，時下屯田之令，蓼懷與海城令王君虎嵒共屯復州之三臺子。一夕有虎食人，蓼懷爲文告山神，

期以三日虎徙。越二旬，獵者負一死虎至，又言溪東茂林中舊有乳虎引二狗，今乳虎遠徙，二狗已腐草萊矣。蓼懷異之，作歌以紀事。其秋縣出嘉禾，一莖二穗或四穗，又雙莖岐穗，同出一本。蓼懷以聖德嘉祥，作《嘉禾》詩。"

### ◆ 韓維垣

維垣字子宣，淄川人，允嘉子，維翰從弟。諸生。

#### 【詩一卷】

見《國朝山左詩鈔》、《山東通志·藝文》。

《國朝山左詩鈔》卷三十五載其《志壑堂呈豹巖先生》一首，小傳注引唐夢賚曰："子宣博綜古今，如數三桓、七穆，詢之輒得。自是兼人之材，本之天授。"《淄川縣志·藝文》載其《唐豹嵓五畝園詩》十首。

### ◆ 韓維堮

維堮字西仲，號荊農，淄川人，維垣弟。諸生。

#### 【荊農詩選】

見《國朝山左詩鈔》、《淄川縣志》、《濟南府志·經籍》、《山東通志·藝文》。

《山東通志·藝文》：《山左詩鈔》引唐豹巖《序》云："西仲絕意仕進，一意晤對古人。余嘗評其詩，以爲前身右丞也。"

《國朝山左詩鈔》卷三十五載其詩二十五首。《淄川縣志·藝文》載其《夏日過唐太史借鴿樓》（二首）、《戴家泉看荷》詩，凡三首。

### ◆ 韓維愈

維愈字超遠，淄川人。諸生。

#### 【四書講義告覺編六卷】

見《淄川縣志》、《濟南府志·經籍》（無卷數）、《山東通志·藝文》（經部四書類）。《三續淄川縣志》云"大宗伯韓慕廬爲之序"，見其子韓午錫傳。

### ◆ 王道光

道光，齊河人，宮臻次子。康熙間歲貢生。任濮州訓導。學問淹通，與修《縣志》。《濟南府志》卷

五十六有傳。

## 【齊河縣志八卷首一卷】

現存：清康熙十二年刻本，中國國家圖書館、北京大學圖書館藏。

是志由齊河知縣藍奮興（福建侯官人，康熙八年任）主修，始於康熙十一年，爲現存最早齊河方志。首載藍奮興、郝綱、于超、王浩、王道光《序》，縣圖四幅。分沿革、地理、星野、城池、山川、橋梁、官署、衢市、戶口、賦役、物產、風俗、學校、兵防、祠祀、坊楔、驛傳、鋪舍、職官、宦蹟、郵政、災祥、選舉、鄉賢、贈廕、忠烈、孝義、列女、古蹟、墳墓、藝文、寺觀等志，凡八卷。

### ◆ 王宗振

宗振，商河人。

## 【商河縣志十卷】

《重修商河縣志》卷首載清康熙十二年知縣趙攀麟《志稿序》略云："值憲檄纂修《通志》，各州縣增新志書，以昭大典，……謀之司教薛君，遴諸生之才識敏洽者三人，酌古訂今，蒐遺採隱，稿數易甫成書。志仍上下兩冊，列卷以十，編目五十有八。"又載康熙二十五年知縣金鋥《志稿序》略云："歲在壬子，前知縣事三韓趙君奉檄纂修《縣志》，以備《通志》採擇。稿成，趙君榮擢去，未登梨棗。予因延原纂王生宗振檢得存本，仍俾操觚增注，節繁飾要，間以己意裁酌。"是志未刊行，今無傳本。

### ◆ 葛枝挺

枝挺字筠鄰，號雪龕，德州人。諸生。性疎放，工詩，積書甚富。康熙癸丑（十二年）撰《州志》稿，逐年遞增，潛心考古又二十六年，終身如一日。康熙三十八年卒。

## 【州志擬稿】

見《德州志·州人所著書目》（注云"未見"）、《山東通志·藝文》（史部地理類）。《濟南府志·經籍》作《德州志稿》。

《山東通志·藝文》（題注"德州志也"）：是編見乾隆《德州志·藝文》。乾隆《志》凡例云："康

熙十二年修志，用程稿，未用葛稿。雪龕收回原稿，於職官、選舉、記事，年年續增，至康熙三十八年雪龕歿乃已。"又本傳云："稿散佚無傳，而其緒論往往散見於他稿。"又張紀云："其最要者，辨漳河南北流，足徵九河不在德州。"

## 【雪龕集】

見《德州志·州人所著書目》（注云"亡"）、《山東通志·藝文》。《德縣志·邑人著作》作《雪弇集》。

### ◆ 馬惟敏

惟敏字超驤，號半處士，齊東人。諸生。

## 【半處士集】

見《國朝山左詩續鈔》、《濟南府志·經籍》（撰者作馬維敏）、《山東通志·藝文》。現存：清康熙四十八年郎廷槐刻本（二卷），中國科學院圖書館藏，《中國科學院圖書館藏中文古籍善本書目》、《中國古籍善本書目》、《清人詩文集總目提要》著錄。

《山東通志·藝文》：《山左詩續鈔》載是集及郎廷槐《傳》云："處士性嗜酒，不喜見名利人，授書爲活，所得悉以奉親、生產、推兄弟，邑里化之。四十後喜作詩。予來東皋，聞其行誼，因梓其詩而爲之傳。"

《國朝山左詩續鈔》卷三載其詩七首。

### ◆ 張克家

克家字子齊，晚號西澤老人，海豐人。康熙乙卯（十四年）恩貢。

## 【海邑耆舊傳一卷】

《續修四庫全書總目提要（稿本）》著錄傳鈔本（《新德軒詩文稿》附），提要云："乃搜輯邑中先賢名宦，以及孝義隱行之事跡可傳者。所有表、誌、記、傳，文而不飾，詳而不蕪，類皆娓娓乎其言之也。"

## 【海豐縣志十二卷】

現存：①清康熙十年刻本，山東省圖書館、山東師範大學圖書館、中國國家圖書館藏。②清康熙十年刻二十二年增修本，藏中國國家圖書館（存卷一至八、十至十一）。首有胡公著、張克家、張爲仁、王清《序》，

縣圖十二幅。分沿革表、疆域志、風土志、事記、建置志、職官表、選舉表、賦役志、名宦列傳、人物列傳、藝文志、雜志十二門。

《山東通志・藝文》：克家自作《述言》略云："少宰冰壺先生，前典史局，獲覩全史，遇曩事有涉吾邑者，拈出示余曰：'是可取爲邑乘資也。'余亦攜有數帙，面相質訂，歷數月條目麤具。是在甲辰之秋冬。繼參鄰邑各志，旁覽一過，乃循九河故道及城壘墟墓之在境內者，足之所躧，目之所矚，幾遍焉。積歲月所得，綴入各條之下。遇遠近聞人，不殫造膝請正，凡所折衷，備列于編。是役也，始于甲辰之春，卒業于丁未秋杪，稾凡六易。視初所錄者，存者僅半。然聞識止此，姑以備將來之草創云爾。"又邑令胡公著《序》云："表、誌、記、傳，文而不飾，詳而不蕪，娓娓乎其言之。"據本書。

按：是志由海豐知縣胡公著（字又申，河北宛平人，康熙七年任）主修，始纂於康熙七年，九年成稿，十年梓行，爲現存最早海豐志書。

## 【新德軒文存四卷詩存一卷】

現存：清道光六年六世孫映蛟刻本，中國科學院圖書館藏，《清人詩集敘錄》、《清人詩文集總目提要》著錄。另有《續修四庫全書總目提要（稿本）》著錄傳鈔本（作《新德軒詩文稿》四卷附《海邑耆舊傳》一冊）。《山東通志・藝文》作《新德軒詩文存》。《無棣縣志》本傳作《新德軒詩文集》。

《山東通志・藝文》：《無棣張氏家乘》克家傳作《新德軒詩稿》、《文稿》。茲依《筆諫堂書目》標題。傳云："棄制舉業，專力於學詩，秀淹老潔，出入唐之初、盛間。文尚體要，尤工駢體，邑有大制作，必推公屬草。"

《續修四庫全書總目提要（稿本）》略云："是編詩二卷，文二卷。……今觀集中諸詩，如《海豐驛》云：'旁石為籬水半灣，山前驛舍驛前山。沿溪識得南行路，每遇奇峰一解顏。'又《嚴陵釣臺》云：'把釣尋常事，斯臺未可湮。誰令天子貴，終下故交貧。麟閣良多彥，漁磯剩此人。寒潭秋月在，千載仰先民。'等篇，類皆冲淡和雅，逼近盛唐之作。"

《國朝山左詩鈔》（卷二十一）作《新德軒詩稿》，載其《南關驛》、《嚴陵釣臺》詩二首。泳按：《南關驛》即《續修四庫全書總目提要》所引之《海豐驛》，"旁石"作"傍石"；《嚴陵釣臺》"把釣"作"耕釣"，"誰令天子貴，終下故交貧"作"由來明聖主，不負隱淪心"，"秋月在"作"秋月影"。

### ◆ 王與韻

與韻，長清人。康熙乙卯（十四年）舉人。官大嵩衛教授。《濟南府志》卷五十六有傳。

## 【傳家格言】

見《長清縣志・藝文》、《山東通志・藝文》（子部雜家類）。

### ◆ 張拭

拭字天目，號綺園，平原人，完臣子。康熙乙卯（十四年）舉人。官內閣中書舍人。《平原縣志》卷八有傳。

其文集未見著錄。《平原縣志》卷十載其《重建奎樓記》一篇。《續修平原縣志》卷十一載其《森羅殿碑記》一篇。

## 【綺園學詩稿】

見《國朝山左詩鈔》、《濟南府志・經籍》、《山東通志・藝文》。

《國朝山左詩鈔》卷三十三載其《濟南雨中》、《過繹幕園 明宮保宋公仕別業》詩二首。

### ◆ 張撰

撰字絳園，平原人，拭弟。諸生。工詩賦書畫。

## 【翠雲山房詩草】

見《國朝山左詩續鈔》、《濟南府志・經籍》、《山東通志・藝文》。

《國朝山左詩續鈔》卷五載其《古風》、《贈葉公旦》詩二首。

### ◆ 郭國琦

國琦字右韓，齊東人。康熙乙卯（十四年）舉人。

其詩文集未見著錄。民國《濟陽縣志・藝文》載其《魁公洪君榮膺息爭約官序》一文。

## 【新修齊東縣志八卷】

齊東知縣余爲霖（字惕區，江西金溪人，康熙二十年任）修，郭國琦等纂。始於康熙二十二年，次年成稿。現存：①清康熙二十四年刻本，山東大學圖書館、曲阜師範大學圖書館、青州市圖書館等藏。前有余爲霖、王中興《序》，萬曆舊志序跋，縣圖十五幅。分職方紀、建置紀、賦役紀、官師表、選舉表、人物傳、藝文編、雜錄編八門。②清康熙二十四年刻嘉慶八年周以勳增修本（增修部分爲志續一卷，屬藝文門，包括康熙三十九年邑令賈國楹文一篇、嘉慶八年邑令周以勳文八篇），美國國會圖書館、臺灣"國家圖書館"等藏；《中國地方志集成·山東府縣志輯》影印。③清康熙二十四年刻光緒六年補刻本，山東省圖書館、濟南市圖書館、山東師範大學圖書館等藏。

### ◆ 王中興

中興，齊東人。貢生。

其詩文集未見著錄。民國《齊東縣志》卷六載其《二次重修齊東縣志跋》一篇。

### ◆ 李 濤

濤字紫瀾，號述齋，德州人，浹弟。康熙乙卯（十四年）解元，丙辰（十五年）進士。改庶吉士，授編修。特簡臨江府知府，歷官刑部侍郎。假歸，卒於家。《濟南府志》卷五十六有傳。

其詩文集未見著錄。《國朝山左詩鈔》卷三十三載其《送陳太守之任江寧》（二首）、《秋日遊黑龍潭》、《興仁樓詩》，凡四首。《德縣志》卷十五載其《上巡撫請終養第六書》一篇。

### ◆ 葉 旦

旦字公旦，號曉山，餘姚人，寓居德州，遂家焉。康熙乙卯（十四年）副貢。《濟南府志》卷六十二有傳。

## 【曉山詩】

見《國朝山左詩鈔》。《詩鈔》卷五十九載其《和田紫綸學使遣懷詩用惠子韻》、《韓坡先生春初遊鄴將卜居堊觀察別墅奉贈》、《有感和惠硯溪題紅豆莊圖》詩三首，小傳注載蕭韓坡（惟豫）《哭公旦》詩云："雖作天涯客，還同骨肉親。得君成管鮑，薄世盡張陳。識面姚江上，移家德水濱。蹔云蛩可托，我以德爲鄰。瘦聳棱棱骨，丰藏諤諤神。文章羞詭俗，時命遂逢屯。談理精彌當，吟詩澹愈新。定交情篤摯，訣別語酸辛。爲善寧無報，茲生詎有因。顏回悲不幸，原憲歎終貧。多少將來事，冥茫過去身。孤兒能世業，病女臥牀茵。雲黯堂前月，風飄几上塵。靜言今絕耳，難字更誰詢？世短誠如寄，眠酣始返真。歲星天上見，結轕向何人？"詩後引漁洋曰："余在成均時，得葉生文，擊賞之，以爲古之人也。而竟以坎壈終，豈非命耶？得韓坡知己之言，葉生可瞑矣。"又田漪亭曰："公旦益友韓坡先生，其知己也，余亦與之訂交。讀此詩，淚垂垂矣。"

### ◆ 胡世藻

世藻字友澄，一字潔庵，章丘人。康熙壬子（十一年）舉人，丙辰（十五年）進士。官湖南參議。

其詩文集未見著錄。道光《章邱縣志·藝文》、《國朝山左詩彙鈔後集》卷三十五載其《秋日遊東山》詩一首。

### ◆ 張 崶

崶字湛謀，號耐可，濱州人。康熙丙辰（十五年）進士。官吳縣知縣。

## 【歸來吟】

見《國朝山左詩鈔》、《山東通志·藝文》。

《國朝山左詩鈔》卷三十三載其《唐六如墓》詩一首。

## 【心遠居詩集一卷】

現存：清康熙刻《百名家詩鈔》本，中國國家圖書館、南京圖書館、中國科學院圖書館等藏，《中國古籍善本書目》、《清人詩文集總目提要》、《中國叢書廣錄》著錄。

### ◆ 史長昆

長昆字子裕，號覺菴，樂陵人。康熙丙辰（十五年）進士。官直隸贊皇知縣。

其詩文集未見著錄。《樂陵詩彙》載其《咏錢》詩一首。

## ◆ 王繼曾

繼曾字秋莊，長山人。康熙丙辰（十五年）副貢。官壽張訓導。《長山縣志》卷八有傳。

### 【讀鑒論】

見《長山縣志》本傳、《山東通志・藝文》（史部史評類）。

### 【文體論】

《山東通志・藝文》（集部詩文評類）著錄，引《縣志》本傳云："所著《文體論》、《讀鑒論》等書藏於家。"

## ◆ 趙之隨

之隨字和千，號瀧源，長山人。康熙丙辰（十五年）進士。歷官戶部郎中、雲南學政。《濟南府志》卷五十五有傳。

### 【滇遊集】

見《國朝山左詩續鈔》、《濟南府志・經籍》、《山東通志・藝文》。

《國朝山左詩續鈔》卷二載其《宿貴陽府》、《楚中》詩二首。

## ◆ 王 昕

昕，長清人。

### 【靈巖志五卷】

見《濟南府志・經籍》（作六卷）、《山東通志・藝文》（史部地理類）。

《山東通志・藝文》："《縣志》載是志云：康熙丙子重修，宏任序次，大相編輯，昕采輯。"按：宏任字雲亭，濟寧人，官長清教諭。大相字左丞，定陶人，康熙丙辰歲貢，官長清訓導。

## ◆ 艾 恂

恂字誠一，號瑟菴，濟陽人。廩貢。由河南涉縣，陞刑部員外郎。《濟南府志》卷五十六、民國《濟陽縣志》卷十一有傳。

### 【寫意盆花譜】

見《山東通志・藝文》（子部譜錄類）、民國《濟陽縣志・著述篇目》。

### 【故事瑣談】

見《山東通志・藝文》（子部雜家類）、民國《濟陽縣志・著述篇目》。

### 【平安集】

見《國朝山左詩續鈔》、《濟南府志・經籍》、《山東通志・藝文》、民國《濟陽縣志・著述篇目》。

《國朝山左詩續鈔》卷四載其《贈張謙公》詩一首。民國《濟陽縣志・藝文》載其《憂旱》、《告假回籍養病》、《久旱大雨霑足》等詩。

### 【遊古沙草】

見《國朝山左詩續鈔》、《濟南府志・經籍》、《山東通志・藝文》、民國《濟陽縣志・著述篇目》。

### 【燕邸草】【白雲亭草】【別墅里言】

見《山東通志・藝文》、民國《濟陽縣志・著述》。

### 【騎牛歌】

見民國《濟陽縣志・著述篇目》。

### 【唐詩注解易知集】

見《山東通志・藝文》（集部總集類）、民國《濟陽縣志・著述篇目》。

## ◆ 王孺健

孺健，淄川人，磚子。業儒，早夭。

### 【遺詩公集】

現存：民國七年順和堂石印局石印《王氏一家言》本（在卷二十五），青島市圖書館藏；《山東文獻集成》影印。共七言詩十八首。作者小傳云："搜鷺溪公文集，得公詩一冊，首書曰《孺健遺詩》，而字號無傳焉。今姑以'遺詩'爲號，亦補遺之意云爾。"

《國朝山左詩續鈔》卷二載其《春日園居即事》詩二首。

## ◆ 王無間

無間字聖可，泰安州人，度次子。康熙丁未以父麼由廩生入太學。

### 【王無悶詩集】

見《重修泰安縣志·著述》。

### 【黃蓮記一卷】

王無悶、李九德撰。九德字臯飈，之實子。是書見《重修泰安縣志·著述》。《縣志》李九德傳（李之實附）云："與王無悶著《黃蓮記》四卷。"

### ◆ 孫叔諧

叔諧字和叔，號虞成，歷城人，光祀子。康熙丁巳（十六年）舉人。官內閣中書。光緒《平陰縣志》卷五有傳。

### 【峻玉藏集】

見《泰安縣志》、《平陰縣志·著述》及本傳、《平陰縣鄉土志》、《山東通志·藝文》、《續修歷城縣志·藝文考》。

光緒《平陰縣志》本傳云："晚年於峻玉山別墅環水爲沼，築亭其間，額曰'峻玉'。所著有《峻玉藏集》。"

### ◆ 李鍾麟

鍾麟字玉書，號筠巢，武定州人，之芳長子。以軍功歷官廬鳳道、按察司副使。

其文集未見著錄。《武定府志·藝文》、《惠民縣志·藝文》載其《建造祠堂記》、《甘井記》、《四書反身錄序》、《重修武定州志徵事蹟引》等文。

### 【筠巢詩集】

見《國朝山左詩鈔》、《山東通志·藝文》。

《山東通志·藝文》：《山左詩鈔》載是集及蔣雨亭陳錫《李憲副墓志銘》云："憲副挂冠而歸，僑居金陵，置亭軒，蒔花木，日與二三友人登山臨水，賦詩遣興。又善集唐。新城王司寇序之。"

《國朝山左詩鈔》卷三十三載其《七月七日雨中種竹樹》、《漁邨夕照》詩二首。

### 【陶軒詩】

現存：清康熙四十四年刻本（不分卷，一冊），中國社會科學院文學研究所藏，《清人詩文集總目提要》著錄。

《續修四庫全書總目提要（稿本）》著錄惠民李氏清抄本（三卷），提要云："是編凡詩九百十二首，多近體。鍾麟爲文襄公之芳長子，任岳州司馬時，適武昌裁兵亂作，巴陵缺員多縮胸不敢前，鍾麟毅然曰：'此非臣子效命時耶？'遂奉檄星移斯地，慷慨受事。官潮州府時，釐剔橋稅，勢家不得專利，新文廟，葺韓祠，刻《四書反身錄》，訓潮士，氏風丕變，極有政聲。罷官後，僑居金陵，置亭軒，蒔花木，日與二三友人登山臨水，賦詩遣興。尤善集唐。新城王士禎極稱之。所爲詩亦能自樹一幟，不肯扶同依傍。如集中《如寒食過連城渡口》云：'渡口河流帶遠沙，滄茫一色渺無涯。條風早拂柳纔放，淑氣須催桃始華。自愧書生初問世，可堪薄官却携家。禁烟又向途中過，驅馬悠悠落日斜。'又《漁村夕照》云：'滿邨秋水侵苔磯，落日清江動竹扉。一曲高歌漁父醉，歸來晒網趁斜暉。'等篇，讀之意境深幽，詞句典贍，有大歷以還之風，固不失爲一作家也。"

《國朝武定詩鈔》作《陶軒集》，無卷數。

### 【陶軒集唐詩六卷二集六卷】

現存：清康熙四十五年李炳宸刻本（缺二集卷三），中國科學院圖書館藏，《中國科學院圖書館藏中文古籍善本書目》、《清人別集總目》著錄。《國朝武定詩鈔》作《進呈集唐詩》，無卷數。

《惠民縣志》卷三十載其《先君子奏疏刊成感懷集唐三首》。

### ◆ 李攀鱗

攀鱗字石書，號青崖，武定州人，之芳次子。候選行人司司副。

其詩文集未見著錄。《國朝山左詩續鈔》卷二載其《城東偏小築落成》詩一首。

### ◆ 朱履慶

履慶字其旋，德平人，長泰子。諸生。《濟南府志》卷五十六、《德平縣志》卷七有傳。

其文集未見著錄。《德平縣志》卷十一載其《告邑人義助陳侯文》、《平昌八景詩畫跋》、《弔故鬲城賦》三篇。《德平縣續志》卷十二載其《清拔貢生篤中朱公墓誌銘》（朱履恭字篤中）、《清戶部雲南清吏司主事般水朱公入鄉賢呈詞》、《尼庵詹公入名宦呈詞》、《告邑人義助邑侯斗溪陳公文》、《平昌八景詩畫跋》等。

## 【德平文獻彙略二十卷】

見《濟南府志·經籍》、《德平續縣志》。《山東通志·藝文》（史部傳記類）作《文獻彙略》二十卷。《般上舊聞·先輩著述》有《德平縣文獻彙略》二十卷，云："尚存，亦未梓。"《長河晨刊》著錄清乾隆二十五年鈔本（作《德平縣文獻彙略》十一冊）。

《山東通志·藝文》引《縣志》本傳云：履慶"恐邑之文獻久而無徵也，輯《彙略》前後共二十卷藏於家。蒐羅極廣，有功來者。"

## 【蝶醒齋詩】

見《國朝山左詩續鈔》、《濟南府志·經籍》。《山東通志·藝文》（據《山左詩續鈔》）作《蜨醒齋詩》。《般上舊聞·先輩著述》作《蝶醒齋稿》，云未梓而佚。

《山東通志·藝文》引《縣志》本傳云："其詩賦妙絕一時，學者稱爲元上先生。"

《國朝山左詩續鈔》卷四誤作歷城人，載其《又見》詩一首。《德平縣志》卷十二《平昌八景》詩內有其《基山晴雪》一首。《德平縣續志》卷十二載其《古瀆凝沙》詩一首。

## ◆ 畢世持

世持字公權，淄川人，際有從孫。康熙戊午（十七年）解元。卒年三十九。《濟南府志》卷五十四有傳。《漁洋山人文略》卷六有《文學畢君子萬解元公權家傳》。

## 【困備家草】

見《國朝山左詩鈔》、《濟南府志·經籍》、《山東通志·藝文》。《續修四庫全書總目提要（稿本）》、《清人詩文集總目提要》著錄淄川畢氏鈔本（一卷）。《中國叢書廣錄》著錄清乾隆間刻《畢氏兩氏遺詩》本。現存：民國十三年淄川畢先敔鈔《畢氏兩世遺詩》本（一卷，與其子海珖《澗堂詩草》合訂一冊），山東省圖書館藏；《山東文獻集成》影印。

《山東通志·藝文》：《山左詩鈔》載是編及蒲松齡《跋》云："公權天分絕人，多病善思。同人論其爲文，如獨繭抽絲，可以想見生平。口不言詩，偶一爲之，亦投稿箱簏。沒後得之，悲涼穎異，不可沒也。詩多愁恨鬼死，亦長爪不年之讖耶？"

《國朝山左詩鈔》卷三十四載其《瀟湘夜雨》、《山市晴嵐》詩二首。《淄川縣志·藝文》載其《清明日獨上長白有懷》詩一首。

《困備家草》一卷　山東省圖書館藏《畢氏兩世遺詩》稿本

## 【畢氏兩世遺詩二種二卷】

世持《困備家草》及其子海珖《澗堂詩草》之合輯也。現存：民國十三年畢先敔紅格鈔本，山東省博物館藏；《山東文獻集成》影印。

此本係據宣統三年畢先望鈔本傳鈔者，封面署"敬樂書屋藏本"。《困備家草》一卷，次行題"淄川畢世持公權著，姪孫岱峋校字，姪曾孫先望鈔"。《澗堂詩草》一卷，次行題"淄川畢海珖崑朗著，姪岱霽校字，姪曾孫先望鈔"。前有乾隆二十四年宋弼《畢氏兩氏遺詩序》云："往侍舅氏孫羲山先生，每稱當世之士，有馮大木、趙秋谷、畢公權三先生者。時予方垂髫，第心識其姓字而已。及長，學文事，乃見大木、秋谷兩先生之詩、公權先生之文，讀其書因想其爲人。既而與大木孫茂遠同研席，又識秋谷季子萬君，而茂遠輯其祖之遺詩遠謁秋谷，定爲《馮舍人集》，獨公權無聞焉。其後讀漁洋山人所爲傳，乃知公權先生純孝無間，器度宏遠，砥礪名行，不獨文章之盛傾動四方。傳又云：‘水邊林下，行吟蕭散。意有所契，欣然神釋。雲情霞思，迥絕町畦。’意其所爲詩，必有仗氣愛奇，輪囷鬱茂，以凌跨於馮、趙諸先生之間者，而惜乎其不可見也。蓋先生既不永其年，其子崐朗尚幼，遺文散失。崐朗又以貧故，奔走於外，力不能表章前人，蹉跎數十年。崐朗既沒，而家益落矣。先生從外孫高生木欣，幼學於崐朗，從故篋中得殘藁一冊，爲蒲聊齋先生所錄，驚感珍重，藏之篋笥。乾隆丙子，木欣從予濼源，爲予搜攬山左詩人，不遺餘力。既請於予重錄其先司寇公詩爲《拾遺》三卷，又定其先司李公詩爲《留耕堂遺詩》四卷，又鈔其邑人胡君《近光詩》一卷，悉付梓人。己卯再來濟南，乃舉所藏先生《困傭家草》及崐朗《澗堂詩》，屬予別擇，以傳諸世。先生詩雖不多，一種輪囷鬱茂之氣溢於卷帙而不可掩。崐朗詩則清腴溫潤，風致嫣然，不類窮悴者。然畢氏兩世所遇若此，豈詩必窮者而後工耶？馮、趙兩先生詩既有專集，而茂遠、萬君皆已下世，栽山先生家子弟有登仕籍者。予方將輯舅氏遺詩而傳之，並識諸此。”又民國十三年畢先敦識略云：“《困傭家草》、《澗堂詩草》，叔太高祖公權公崐朗公父子所作，自乾隆間宋弼先生作撰後，至今二百餘年未重梓以公諸世，殊屬可憾。甲子秋，予遊麻稸莊宮氏書館，見族兄夢臣案頭有《畢氏兩世遺詩》一卷，遂攜歸上河莊學校，於課畢之餘，謹照原本鈔錄，欲先世遺集永傳於世。”

是編又有乾隆間刻本（題宋弼輯），見《叢書書目拾遺》、《中國叢書廣錄》。

### ◆ 畢海珧

海珧字崐朗，號澗堂，淄川人，世持子。諸生。

### 【澗堂詩草】

見《國朝山左詩鈔》、《淄川縣志》、《濟南府志·經籍》、《山東通志·藝文》。現存：①稿本（清趙執信批校，趙文泉跋），山東省博物館藏；《山東文獻集成》影印。②民國十三年淄川畢先敦鈔《畢氏兩世遺詩》本（一卷，與其父世持《困傭家草》合訂一冊），山東省圖書館藏；《山東文獻集成》影印。詳見上條。

《山東通志·藝文》引《國朝山左詩鈔》按語云：“澗堂名父之子，詩文並著。受業於秋谷先生之門，與王孝廉洪謀並爲高足，遺詩多經秋谷手評。”

《國朝山左詩鈔》卷四十八載其詩十七首。道光《章邱縣志·藝文》載其《繡江》詩一首。《淄川縣志·藝文》載其《過礜山西望淄城》等詩十一首。

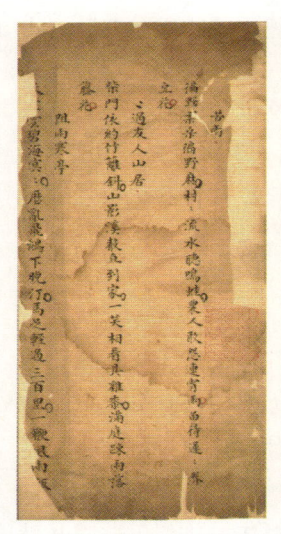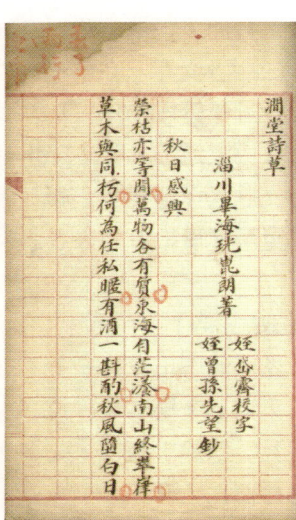

左：《澗堂詩草》一卷　山東省博物館藏稿本
右：《澗堂詩草》一卷　山東省圖書館藏《畢氏兩世遺詩》鈔本

### 【澗堂詩鈔一卷】

現存：①稿本（清趙執信批校），山東省博物館藏，《中國古籍善本書目》、《清人詩文集總目提要》著錄。②稿本，中國國家圖書館藏，《清人詩文集總目提要》著錄。

### 【澗堂草不分卷】

現存：清鈔本，山東省圖書館藏；《山東文獻集成》影印。

### ◆ 范士瑾

士瑾，青城人。康熙二十四年任陽江知縣。

### 【陽江縣志四卷】

現存：清康熙二十七年刻本，上海圖書館藏。

### ◆ 蘇嚚

嚚字胎仙，霑化人，本眉子。

## 【槐村集】

見《國朝武定詩鈔》、《山東通志・藝文》。

### ◆ 劉廣聰

廣聰字穎士，鄒平人，天瑞子。康熙己酉（八年）舉人，己未（十八年）進士。除程鄉知縣。奉母之任，釐弊別奸，惠民教士。二年，母以不習水土北歸。明年，將報最，陳請乞終養，上官爲請於朝，許之。程鄉人不能攀留，爲文以榮其行。《濟南府志》卷五十四有傳。

## 【程鄉縣志八卷】

現存：清康熙三十年刻本，日本東洋文庫藏；二〇〇二年北京圖書館出版社影印。

## 【會心齋詩集一卷】

見《鄒平縣志・藝文攷》、《濟南府志・經籍》（無卷數）、《山東通志・藝文》。

### ◆ 周新邦

新邦字景昌，濟陽人。康熙己未（十八年）進士。官鎮原知縣。《濟南府志》卷五十六、民國《濟陽縣志》卷十一有傳。

其詩文集未見著錄。民國《濟陽縣志・藝文》載其《白雲居士傳》一文，《赴鎮原任過潼關登樓有感》詩。

### ◆ 田 霂

霂字雨來，號鹿關，德州人，雯弟。康熙丙午（五年）舉人，己未（十八年）進士。官編修。《濟南府志》卷五十六有傳。《飴山文集》卷七有《翰林院編脩文林郎鹿關田君墓誌（并銘）》。

## 【側塾錄八卷】

見《山東通志・藝文》（子部雜家類）。現存：清鈔本，上海圖書館藏，《中國古籍善本書目》、《山東文獻書目》著錄。《德州志・州人所著書目》無卷數，注云"未見"。

《山東通志・藝文》：霂弟霦《仲兄鹿關行狀》云："生平勤於編輯，遇有見聞，輒復劄記。取古人已事爲左證，或間出己意論斷。自甲戌逮己卯，凡六年而成書八卷，名《側塾錄》，蓋取莊生曼衍意也。"

## 【水東草堂詩】

見《國朝山左詩鈔》、《德州志・州人所著書目》（注云"未見"）、《濟南府志・經籍》及本傳、《山東通志・藝文》（云一冊）。現存：清康熙乾隆間刻《德州田氏叢書》本（一卷），上海圖書館、復旦大學圖書館、中國國家圖書館藏，《中國叢書綜錄》、《清人別集總目》、《清人詩文集總目提要》著錄。

《山東通志・藝文》：是編有刊本。其弟霦《跋》云："先仲兄殫心經史，不以聲詩自能，即間有作，亦不輕示人。霦從旁私記，僅得百有餘首。其意幽深，其詞典贍，有大曆以還之風。"據本書。

《續修四庫全書總目提要（稿本）》云："是編計古今體詩百零七首，乃其弟霦所編輯刊刻者。霂殫心經史，勤於編輯，遇有見聞，輒復劄記，故不以聲詩自娛；即間有作，亦不輕以示人。然其詩情意幽深，文辭典贍，頗有大曆之風。如集中所載《茌平道中》云：'幾日磽磝路，經行過濟西。青帘丁塊酒，白板午時雞。雲斂秋初變，風高雁不齊。魯連村畔柳，悵望野煙迷。'又《登河上戍樓》云：'戍樓百尺插旌竿，白袷登臨怯暮寒。西去弓高餘細柳，東來厭次隱勾盤。橫空飛雁差池下，落日帆檣罨畫看。轉漕河流四千里，猶煩一柱砥狂瀾。'皆爲集中之至佳者。又集中有詠春日、夏日、秋日、冬日七律二十四首，尤爲可誦。大抵德州田氏於清初葉詩人最盛，自田雯後與王士禎頡頏詩壇者且數十年之久，凡有所著，格調無不佳妙。霂本不好爲詩，其所作已迥非俗士所能及，故雖片字隻語，亦殊可貴，不能因其詩少而不著錄也。其弟霦《跋》謂：'從旁私記，得百有餘首，付諸剞劂。非先生志，而子孫傳之，亦可告無辭於先生'云云。是霂生前，亦不願以詩傳矣。"

《國朝山左詩鈔》卷三十四載其《茌平道中作》、《秋日》、《桃花口》、《歷下亭柬李慎菴醵使》、《送蕭韓坡遊天台》詩五首。《德州志》卷十二、《德縣志》卷十六載其《春燈詞》二首。

## 【潞河集】【涉江集】

《山東通志・藝文》：《飴山文集・鹿關田君墓誌》云："詩有《潞河》、《涉江》諸集，未盡行於世。"

## 【士服堂集】

見《山東通志》卷百七十本傳（田雯附）。

## ◆ 張 宣

宣字儀陸，號滄湄，又號毅軒，濱州人。康熙己未（十八年）進士。歷官鳳陽、淅川知縣，卒於官。《濱州志》卷十有傳，卷十一有趙執信《河南淅川縣毅軒張君墓誌銘》。

### 【丹崖集】

見《國朝山左詩鈔》、《山東通志·藝文》。《濱州志》載趙執信《毅軒張君墓誌》云："成進士後，留意詩古文詞，亦清疏有格。"

《濱州志·藝文》載其《重修州學宮記》。《國朝山左詩鈔》卷三十四載其詩二十首。

### 【西田草】

見《山東通志·藝文》（據《山左詩鈔》）。現存：清康熙刻《百名家詩鈔》本（作《西田吟草》一卷），中國國家圖書館藏，《中國古籍善本書目》著錄。

### 【登岱草】【荆塗草】【濠梁塗吟】

見《山東通志·藝文》（據《山左詩鈔》）。

### 【制義】

見《濱州志》本傳。

### 【評選兩朝文】

見《濱州志》本傳。

## ◆ 馬汝基

汝基字岐筆，號南臺，陽信人。康熙己未（十八年）進士。授連城知縣。

### 【麟經講義】

民國《縣志》本傳云："邃於麟經，易簀時謂諸子曰：'吾一生精力，盡在《春秋》，其善藏之。'"

### 【五經講義】【四書講義】

見民國《陽信縣志》本傳。

## ◆ 李拱辰

拱辰，歷城人。

### 【四書便蒙要解】

見《歷城縣志·藝文考》、《濟南府志·經籍》、《山東通志·藝文》（經部四書類）。

《歷城縣志·藝文考》引《湄山集》于紹舜《序》署曰："濟上拱辰李君，博古篤行，於學無所不窺。尤精研四子之書，謂解義所以辨惑，雖襲成說，勿留疑案；雖得創解，勿涉怪僻；雖參活句，勿爲騎牆；坦易明白，燎如指掌。積日累年，著爲成書，名曰《便蒙要解》。然名世文章，格天事業，希聖學術，未能易其說也，豈直便蒙已哉。"

## ◆ 于紹舜

紹舜字克承，號湄山，長清人。康熙己未（十八年）進士。官內閣中書。道光《長清縣志》卷十二、《濟南府志》卷五十六有傳。

### 【湄山文集】

見《長清縣志》、《濟南府志·經籍》、《山東通志·藝文》。

《山東通志·藝文》：《縣志》載是集及郝宣棟《序》略云："湄山公，不勞於文者也。或詩賦以抒性靈，陶如也，異乎丹青玉瑩者矣。或記敘以篤交好，秩如也，異乎羊質虎皮者矣。"

道光《長清縣志》卷一載其《五峯八景》詩（存七首，《潤玉七峯》詩佚），《柴家湾開河碑記》；卷二載其《友石軒跋》；卷十載其《重修三世佛寺碑記》（康熙三十三年）；卷十五載其《蕭帝眷詩集序》。民國《齊河縣志》卷三十一載其《趙祥子歷代姓氏人物譜序》，卷三十三載其《提督四川學政按察使司僉事齊河王靜齋先生墓誌銘》。

## ◆ 范明徵

明徵字仲亮，別字雪厓，霑化人。康熙己未（十八年）歲貢。博涉經史，著作甚富，人稱爲通經博古之儒。雍正《山東通志》卷二十八、光緒《霑化縣志》卷九有傳。

### 【四書合發】

見《武定府志》本傳、光緒《霑化縣志》本傳、《山東通志·藝文》（經部四書類）。

《山東通志·藝文》：是書見《府志》。王士禎

《范先生傳》云："凡漢唐諸儒注疏，以逮宋儒濂洛關閩之說，由博反約，慎所持擇，折衷諸家之論，而一以大公爲斷。"

## 【文廟崇祀考】

見光緒《霑化縣志》本傳、《山東通志·藝文》（史部傳記類）。

## 【朱陸異同或問】

《山東通志·藝文》（子部儒家類）著錄，引王士禎撰《傳》云："近日學者率齗齗陽明，且波及象山。先生慎之，作《朱陸異同或問》。"

按：光緒《霑化縣志·藝文》載此文，僅兩頁餘。是爲單篇文論，不宜列作書目也。

## 【天文圖說】

見光緒《霑化縣志》本傳、《山東通志·藝文》（子部天文算法類）。

## 【十說一卷】

現存：舊鈔本，復旦大學圖書館藏，《復旦大學圖書館善本目錄》、《嘉業堂鈔校本目錄》著錄。光緒《霑化縣志》本傳、民國《霑化縣志·著書目錄》作《通俗十說》。

## 【雪厓詩文集】

見光緒《霑化縣志》本傳、《山東通志·藝文》。《國朝山左詩續鈔》作《雪齋詩集》。

《續修四庫全書總目提要（稿本）》著錄清刻本《雪崖詩集》（不分卷），提要略云："是集凡詩一百八十餘首，古近體分年編次。"又云："此其同邑李衍孫所搜輯而得者，類多說理之作。"

《國朝武定詩鈔》亦作《雪崖詩集》，注云："李衍孫《國朝山左詩鈔》選其詩六首，末附案云：'雪崖先生詩集已散佚，僅從故紙堆中撿存數首，略志景仰。'漁洋《范先生傳》：'濟北有通經學古之大儒，曰范先生，諱明徵，字仲亮，別字雪崖。先生既屢躓場屋，發憤聚書數千卷，州次部居，甲乙鉤貫，於六經三史，尤致意焉。凡漢唐諸儒注疏，以逮宋儒濂洛關閩之說，由博反約，慎所持擇，折衷諸家之論，而一以大公爲斷。近日學者，率齗齗陽明，且波及象山

之學，目爲異端。先生慎之，作《朱陸異同或問》。會崑山徐學士元文被命爲《明史》監修官，先生遺之書，論于忠肅復辟事，及張江陵之相業，言多超越常論。又著《孔子王號辨》一篇，力詆吳沆、張璁之非。先生事親至孝，祭葬皆遵古禮。又立宗法，修譜牒，排難解紛，鄉人化之，有不善惟懼先生知也。故相國李文襄公之芳、詹事李公呈祥、參政杜公漺與先生交最善，如王文正寇忠敏之於魏野，而不佞亦忝縞紵之雅。卒年八十。所著有《天文圖》、《文廟崇祀考》、《雪崖文集》若干卷，藏於家。'"

《國朝山左詩續鈔》卷一載其《自嘆》、《送邑侯陰雲礎先生擢遷給諫》詩二首。光緒及民國《霑化縣志·藝文》載其《募修啟聖祠暨文峯臺序》文一篇。

## ◆ 蕭帝眷

帝眷，長清人。諸生。

## 【蕭帝眷詩集】

《山東通志·藝文》：《長清縣志》載是集及于紹舜《序》略云："蕭子帝眷，予同學友也。自幼即喜吟詠，遂工詩學。不規規於古人，而自合法律，有風雅之遺。久而成帙，猶秘不以示人。"

## ◆ 丁　旭

旭字扶暉，霑化人，暐弟。增生。光緒《霑化縣志》卷九有傳。

## 【表忠錄】【續表忠錄】

見光緒《霑化縣志》本傳、《山東通志·藝文》（史部傳記類）。

## 【世德堂集】

見光緒《霑化縣志》本傳、《山東通志·藝文》。

## ◆ 王朝弼

朝弼，淄川人。

## 【感應篇功過格】

《濟南府志》卷五十四王籠傳云："父朝弼，著《感應篇功過格》。籠早失怙恃，奮志讀書。念父書未刻，爲之刊行。"

### ◆ 趙金人

金人字晉石，號月麓，淄川人。庠生。

**【借山樓詩文集】**

見《淄川縣志》、《山東通志·藝文》。《國朝山左詩鈔》、《濟南府志·經籍》作《借山樓集》。

《國朝山左詩鈔》卷二十一載其《江夏懷豹巖太史》、《鵝管笛》二首，小傳注引《府志》云："金人築借山樓於甘泉月嶺之間，藝樹種蔬，嘯詠自娛。好推獎士類，所交皆知名士，面誦其短，退稱其長。四方冠蓋過淄川，必停車伏軾，問借山主人信宿，流連而去。嘗遨遊秦楚吳越間。所著《借山樓詩文集》外，又有《四六駢言》藏於家。"又附案云："張歷友《八哀詩》云：'豪雄非游俠，孤高仍跌蕩。未甚禰生狂，微少山公量。'又云：'幽怪勝盧仝，險峭壓顧況。鎪詞與匠意，慘淡多奇剏。'令人想見其人。其詩集燬於火，無從物色。于《縣志》中得一首，又董曲江記其《鶩管》一首，並鈔之。"《淄川縣志·藝文》載其《江夏懷豹巖太史讀書長白山中》詩一首。

**【四六駢言】**

見《淄川縣志》、《山東通志·藝文》。

### ◆ 趙金昆

金昆字蕚友，淄川人。康熙間歲貢。

其詩文集未見著錄。《淄川縣志·藝文》載其《煥山山市記》一篇。

### ◆ 王爾梅

爾梅字子和，海豐人，清子。廩生。

**【南遊草】**

見《國朝山左詩鈔》、《山東通志·藝文》。《無棣縣志》本傳作《南遊詩草》。

《國朝山左詩鈔》卷三十三載其《項王墓》詩一首，小傳注引白孟新夢鼎曰："予于江都明府席上，眾客喧闐時，忽聞子和隔座大呼，曰：'此白仲調昆仲耶？何其聲之相似也！'予驚問，乃知子和。翌日以詩見示，歎其情真語樸。"道光《東阿縣志》卷十五亦載此詩。

### ◆ 衛國玉

國玉，濟陽人。

其詩文集未見著錄。民國《濟陽縣志·藝文》載其《衛公諱洪亮字明宇墓誌》一文。

### ◆ 呂 憲

憲字衷彝，號大章，長山人。康熙庚申（十九年）歲貢。《長山縣志》卷八有傳。

**【玉壺齋詩稿】**

見《長山縣志》本傳、《山東通志·藝文》。

### ◆ 黃文淵

文淵字子靜，歷城人。

**【柳香亭稿一卷】**

現存：清鈔本（佚名跋），山東省博物館藏，《清人別集總目》、《清人詩文集總目提要》著錄；《山東文獻集成》影印。

《柳香亭稿》一卷 山東省博物館藏清鈔本

### ◆ 蔣 巘

巘字公立，號雪巖，歷城人。太學生。

其詩文集未見著錄。《國朝山左詩鈔》卷三十八載其《元日呼內子具酌》一首，小傳附案引趙客亭（于京）撰《先生年譜》云："公立常舉博學鴻詞，方正有品行。與客亭交莫逆，每至家講學，必令二子出拜之，餘客則否。人以迂怪目之。"

### ◆ 趙于京

于京字豐原，號香坡，又號客亭，歷城人。康熙辛酉（二十年）舉人。選城武教諭，擢臨潼知縣，遷綏德州知州。四十二年，授河南知府。後遷蘇州知府，疾作，未之任卒，年五十六。《歷城縣志》卷三十八、《濟南府志》卷五十三有傳。

#### 【詔對恭紀一卷】

見《歷城縣志·藝文考》（據本書）、《濟南府志·經籍》、《山東通志·藝文》（詔令奏議類）。

《山東通志·藝文》：《縣志》云："紀康熙四十二年扈從奏對之語。"呂元亮《客亭年譜》云："知綏德州，值聖祖西巡，召對受知，擢河南守。"

#### 【臨潼縣志八卷】

現存：清康熙四十年刻本，中國國家圖書館、上海圖書館、陝西省圖書館等藏，《北京圖書館普通古籍總目》著錄。

#### 【甸柳山莊集】

見《國朝山左詩鈔》、《濟南府志·經籍》、《山東通志·藝文》、《續修歷城縣志·藝文考》（均據《山左詩鈔》著錄）。《濟甯直隸州志·藝文》作《甸柳莊集》。于京，歷城人，僑寓濟寧。

《國朝山左詩鈔》卷三十八載其《觀趙文敏書張侍郎墓碑》、《采茶示鶴洲》、《楊子江》、《夏日雜興》（三首），凡六首。小傳後附盧見曾注云："先大夫令偃師日，公來作守，清操特著。集中《采茶》之作，蓋實錄云。"

#### 【客亭集】

見《歷城縣志·藝文考》（據《古懽堂集》）、《濟南府志·經籍》、《山東通志·藝文》。《續修四庫全書總目提要（稿本）》著錄家鈔本（一卷）。

《山東通志·藝文》引《古懽堂集》載是集《序》略云："趙子豐原貫穿六經、左史，旁及《離騷》、《南華》，又力探歷代諸大家，發爲吟詠，靡體不工。公車來京師，示予《客亭集》一編。光芒動盪，莫能追視。然此亦只其半豹耳。昔蘇子瞻見唐人劉夢得《竹枝》第一篇，歎曰：'此奔軼絕塵，不可追也。'予於豐原云然。"

《續修四庫全書總目提要》云："在臨潼與李顒、王心敬相友善。居官亦以學術爲治，所至有名蹟。其爲詩，貫穿六經、左史，旁及《離騷》、《南華》，又力探唐宋諸大家，故所吟詩無體不工，而光芒動盪，大有不能追視之概。如集中《夏日雜興》云：'雨捲青來大佛頭，客山高抱瀲泉流。但無俗物羞堪慰，可與人言不是愁。長日生涯拌卯酒，少年心事老吳鈎。劍南佳句千回詠，錯被人呼趙倚樓。'已極可誦。而《采茶視鶴洲》一首，於其母茹苦撫孤，及于京侍母之狀，痛切言之。盧見曾《山左詩抄》謂其守河南時清操特著，集中《采茶》之作，蓋實錄云，洵非虛譽也。田雯序其詩稱：'昔蘇子瞻見唐人劉夢得《竹枝》之第一篇，歎曰：此奔軼絕塵，不可追也。吾於豐原之詩，亦有是語。'是雯於于京之詩，可謂傾倒之至者。大抵于京居官以孝行、學術爲本，不徒以詩名世。今著錄之，亦所以存其人也。"

#### 【書帶堂集】

見《歷城縣志·藝文考》（據《府志》）、《濟南府志·經籍》、《山東通志·藝文》。

### ◆ 趙于蕃

于蕃字宣四，歷城人，于京弟。歲貢生。官膠州訓導。

#### 【槐窗集】

見《山東通志·藝文》、《續修歷城縣志·藝文考》（均據《國朝山左詩續鈔》著錄）。

### ◆ 吳璵

璵字重美，霑化人。康熙辛酉（二十年）副貢。歷官靈山衛教授。光緒《霑化縣志》卷十有傳。

#### 【桐門集】

見光緒《霑化縣志》本傳、《山東通志·藝文》。

## ◆ 李圖南

圖南字鵬九，一字六息，德平人。康熙辛酉（二十年）舉人。官莒州學正。《濟南府志》卷五十六、《德平縣志》卷七有傳。

### 【息園稿】

見《德平縣志》、《濟南府志·經籍》、《山東通志·藝文》。

《山東通志·藝文》：《縣志》本傳云："爲文工駢儷，所著《息園稿》，有徐、庾之一體。"

《般上舊聞·先輩著述》有是編，作《息園詩文稿》，云未梓而佚。

《國朝山左詩續鈔》卷三十一載其《銀瓦寺訪荆谷開士》詩一首。《德平縣志》卷十二《平昌八景》詩內有其《般城秋月》一首。《德平縣續志》卷十二載其《清廩生旭升郭公誄》一篇。

### 【喔鳴集】

李圖南、劉睿儀撰。《臥象山房集·李鵬九喔鳴集序》略云："壬子歲，遇鵬九於歷下。年少能詩文，歷下士大夫爭識之。予一見別去，未及論其詩也。後十年來國門，相顧驚嘆，鵬九年已及壯，猶繫麻鞋，求當於有司。予羈跡於此，蓋亦將勿勿老矣。此十年中，時序之推移，山川之遼闊，予與鵬九聚散其間，豈不重可嘅耶？已出其《喔鳴集》屬序。《喔鳴》云者，鵬九所撰著，合內子《菊窗吟》而命之者也。鵬九篤志食貧，《上林》、《羽獵》之辭，代馬、河梁之感，既窮其變，以極其所至矣。復有淑媛以爲之配，刻燭擊鉢，此倡彼和，閨門之內，儼若良朋。居則瓊玖雜珮，出則采綠盈襜，莫不發乎情，止乎禮義，颯颯然靜好之音也。彼孝標致嗟於悼亡，道蘊飲恨於王郎，孰若斯之相得益彰歟？即古人椎髻操作，手挽鹿車，夫婦之際，前史侈爲美談，卒未聞有風雅起於房帷，定文之樂，不煩疆外之索者。鵬九殆視古人有加矣。予序之，以見兩才相遇，爲希世難觀之盛事。其緣情綺靡，典而則，婉而有禮，依然執翿由房、雞鳴于役之遺也。"

## ◆ 劉睿儀

睿儀字蘭隱，濱州人，德平李圖南妻。善吟咏，工水墨花卉。年二十九卒。《德平縣志》卷八、《濱州志》卷十有傳。

### 【菊窗吟】

見《國朝山左詩續鈔》。《濱州志·列女傳》："劉氏，虞城令嘉隆女，德平舉人李圖南妻。生負夙慧，讀書曉大義，善吟咏，自號菊窗女史。所著有《菊窗吟》、《緋雪編稿》。"是編光緒《德平縣志》睿儀傳作《菊窗吟稿》。葛周玉《般上舊聞》卷三"先輩著述"亦作《菊窗吟稿》，云未梓而佚。

《德平縣志》卷十一載其《梅花賦》一篇（署"邑孝廉李圖南繼室劉菊牕"）。

### 【酺雪編】

見光緒《德平縣志》卷八本傳。《德平縣續志》作《緋雪編》。光緒《縣志》本傳云："劉生負夙慧，讀書曉大義，通水墨花卉，有逸致，兼工文詞。其《白燕詩》云：'素影輕盈轉綠楊，蒼苔點破啄泥香。因憐春色翻霓曲，爲剪梨花舞雪裳。斜拂珠簾棲畫棟，深藏金屋語雕梁。昭陽殿裏羞爭寵，獨避羊車學淡粧。'《月夜賞雪》詩云：'玉宇霞收月色晴，淺斟綠醑醉飛瓊。遙天月影穿雲淡，遠谷風聲入幕輕。談時欲盡良宵賞，香篆霏烟爐未成。'著有《酺雪編》、《菊窗吟稿》若干卷藏於家。年二十九卒。"《酺雪編》、《菊窗吟稿》二編亦見葛周玉《般上舊聞》卷三"先輩著述"，云未梓而佚。

### 【和雪吟一卷】

現存：清嘉慶七年葛周玉重刻本（乾隆三十年葛周玉序，書名頁題樹滋堂十二種之二），中國國家圖書館藏，《清人別集總目》、《清人詩文集總目提要》著錄。

葛周玉《般上舊聞》卷三"先輩著述"條云："又刻劉菊窗古今詩十三首，詩餘十首，並李鵬九題辭，名《和雪吟》。板在予家。"

### 【菊窗詩餘一卷】

現存：清嘉慶七年葛周玉重刻本，中國國家圖書館藏。

《山東通志·藝文》著錄《詞》一卷，提要云："《山左詩續鈔》引張學文云：'菊窗讀書工吟詠，兼精水墨花卉。卒年二十九。郡《志》載之列女，有詞一卷，最佳。'按：《續詩鈔》脊儀條《菊窗吟》外又載有《酹雪編》，疑即所作詞名。"

### ◆ 馮廷櫆

廷櫆字大木，德州人。康熙戊午（十七年）舉人，壬戌（二十一年）進士。官內閣中書舍人。《濟南府志》卷五十六有傳。

### 【馮舍人遺詩六卷】

見《四庫全書總目》、《濟南府志·經籍》、《山東通志·藝文》。現存：①清雍正十一年馮德培刻本，北京大學圖書館、遼寧省圖書館、山東省圖書館等藏，《中國古籍善本書目》、《東北地區古籍綫裝書聯合目錄》、《內蒙古自治區線裝古籍聯合目錄》著錄；《四庫全書存目叢書》影印。前有王士禎《晴川集原序》，雍正癸丑景州門下晚學生申誦《跋》，癸丑孫馮德培《跋》。②清光緒三十四年京師問影樓排印《二馮詩集》本，北京師範大學圖書館、上海圖書館、復旦大學圖書館等藏，《中國叢書綜錄》、《東北地區古籍綫裝書聯合目錄》著錄。③舊鈔本，見《復旦大學圖書館善本目錄》、《清人別集總目》、《清人詩文集總目提要》。《德州志·州人所著書目》、《德縣志·邑人著作》作《舍人遺詩》。

《山東通志·藝文》引《四庫存目提要》曰："廷櫆字大木，德州人，康熙壬戌進士，官中書舍人。丁卯典試湖廣，作詩一卷，名曰《晴川集》，王士禎嘗序之。是集乃廷櫆歿後趙執信所編，首爲《京集》三卷，次即《晴川集》一卷，又《雪林集》一卷，《曹村集》一卷，併爲作《序》，以士禎《序》爲知之未盡。蓋當日執信方以論詩與士禎相左，故雖同一推獎，亦持異議云。"

《國朝山左詩鈔》卷三十九載其詩一百三十一首。《德縣志》卷十六載其《陵州詞》六首。光緒《高唐州志》卷八載其《鳴石山詩》、《高唐道中》詩二首。

### 【晴川集一卷】

現存：①清雍正十一年刻《馮舍人遺詩》本，首都圖書館、北京大學圖書館、遼寧省圖書館等藏，《中國古籍善本書目》、《東北地區古籍綫裝書聯合目錄》、《清人詩文集總目提要》著錄。②清鈔本，山東省圖書館藏，《中國古籍善本書目》、《清人別集總目》、

《清人詩文集總目提要》著錄。題"濟南馮廷櫆大木譔，王士禎貽上批點"。③清朱畹鈔《十筍草堂詩集》本附（清李梴跋），濟南市圖書館藏，《中國古籍善本書目》、《清人別集總目》著錄。

道光《東阿縣志》卷十七載其《吾山別墅乞言啓》一篇。

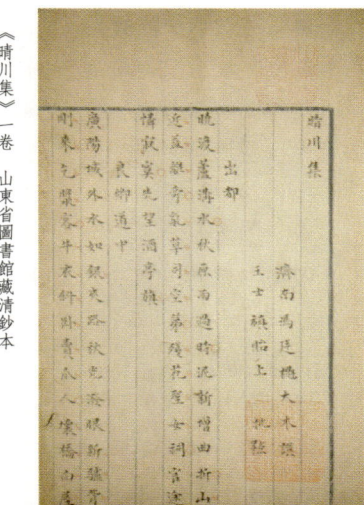

《晴川集》一卷　山東省圖書館藏清鈔本

### 【馮大木先生手澤一卷】

現存：清稿本（一冊），山東省圖書館藏，《山東文獻書目》著錄。

### ◆ 紀之健

之健字野亭，利津人。康熙壬戌（二十一年）進士。歷南陽、德化知縣，官至廣東道監察御史。《利津縣志》卷七有傳。

### 【漫草】

見《國朝山左詩鈔》、《山東通志·藝文》。《販書偶記續編》著錄約康熙四十六年精刻本（一卷）。

《國朝山左詩鈔》卷三十八載其《僧舍夜坐》、《水月菴》詩二首。

### ◆ 李　春

春字思行，號織菴，霑化人。康熙壬戌（二十一年）進士。官武陟知縣。光緒《霑化縣志》卷七有傳。

## 【遊梁彙】

見光緒《霑化縣志》本傳、《山東通志·藝文》。

## 【蓼莪菴小草】

見光緒《霑化縣志》本傳、《山東通志·藝文》。民國《霑化縣志·著書目錄》作《蓼莪庵詩集》。

### ◆ 潘鵬雲

鵬雲字健六，號靜菴，樂陵人。康熙壬戌（二十一年）進士。歷官直隸順德知府。

其詩文集未見著錄。《樂陵詩彙》載其《祝章六從兄壽自晉遙寄》詩一首。

### ◆ 趙國安

國安字元衡，泰安人。諸生。

## 【寄園詩稿】

見《泰安縣志》、《山東通志·藝文》。

### ◆ 張光祖

光祖字子明，號裕園，歷城人。監生。康熙二十九年任南陽知縣，三十八年任廣東萬州知州。《歷城縣志》卷三十八、《濟南府志》卷五十三有傳。

## 【南陽縣志六卷首一卷】

現存：清康熙三十二年刻本，中國國家圖書館、上海圖書館、南京圖書館等藏。

《續修歷城縣志·藝文考》引《南陽縣志》本傳云："順治初，知縣李本澤纂修縣志，倉卒未備。光祖令邑人徐永芝等重爲增葺，始成書六卷。光祖自爲序。又創設義塾，時自攜餱糧，出郊勸耕。襄城李來泰贈詩美之。"

### ◆ 房致中

致中字位公，號戒菴，樂陵人。康熙甲子（二十三年）舉人。署披縣教諭。

其詩文集未見著錄。《樂陵詩彙》載其《飲潘氏臥梅堂次姜明府白梅原韻》、《秋興》詩二首。

### ◆ 趙日躋

日躋字敬菴，長山人。康熙甲子（二十三年）舉人。《長山縣志》卷八有傳。

## 【四書文稿】

嘉慶《長山縣志》本傳云，有是書行世。

### ◆ 袁景芳

景芳字蘭馥，長山人。歷官陝西分巡平慶道。以子承幼、承綏官兩贈中憲大夫，以孫守侗官累贈光祿大夫。《濟南府志》卷五十五有傳。

其詩文集未見著錄。《長山縣志》卷十三載其《新建分貯倉記》（康熙五十三年九月）、《重修文昌祠碑記》（雍正二年）。

### ◆ 張　冠

冠字如命，又字遜之，號柏塢，齊河人。康熙癸酉（三十二年）歲貢。《濟南府志》卷五十六、《齊河縣志》卷二十四有傳。

## 【律呂圖說】

見《濟南府志·經籍》、《山東通志·藝文》（經部樂類）、《齊河縣志·藝文》。

《齊河縣志·藝文》引《蒿庵閒話》云："齊河張如命解聲律，嘗言'洞簫最下貫繩一孔乃聲音所自出，簫之善否，全在此'。今見傅占衡作《洞虛子傳》，述簫工之言曰：'簫孔下出貫綸者兩，宜差后而斜睨，勿居中而徑往，此其利病最要處。'二說合符。乃知如命於此道真有領悟也。"又云："張如命云：'東坡文字亦有信筆亂寫處。如《前赤壁賦》'壬戌之秋，七月既望'下云：'少焉，月出於東山之上，徘徊於斗牛之間。'七月，日在鶉尾，望時日月相對，月當在陬訾。斗牛二宿，在星紀相去甚遠，何言徘徊其間？坡公於象緯未嘗留心，臨文乘快，不復深考耳。"

## 【等韻集成】

見《濟南府志·經籍》、《山東通志·藝文》（經部小學類）。

### ◆ 張介正

介正字海生，號敏菴，齊河人，冠子。康熙甲子（二十三年）副貢。任汶上縣教諭，升威海衛教授。《濟南府志》卷五十六有傳。

## 【同風錄】

見民國《齊河縣志·撰述》。

## 【同然錄】【家訓】

見民國《齊河縣志·撰述》。按：《縣志·撰述》有介正《八科呈墨家訓》一條，繹其題意，當分別《八科呈墨》與《家訓》爲二書。茲以《家訓》入雜家，《八科呈墨》入別集。

## 【自得亭詩稿】

見《國朝山左詩續鈔》、《濟南府志·經籍》、《山東通志·藝文》。民國《齊河縣志·撰述》作《自得亭詩草》。

《國朝山左詩續鈔》卷二載其《偶成》、《宴客醉後作》詩二首。

## 【八科呈墨】

見民國《齊河縣志·撰述》。

## 【選青錄】

見民國《齊河縣志·撰述》。

### ◆ 張介禧

介禧，齊河人，冠子，介正弟。《濟南府志》卷五十六有傳。

## 【松窗偶吟】

見《濟南府志·經籍》、《山東通志·藝文》。

### ◆ 趙 浴

浴字靜沂，泰安州人。康熙甲子（二十三年）副貢。官棲霞教諭。

## 【趙浴文集】

見《山東通志·藝文》、《重修泰安縣志·著述》。

### ◆ 孫 勷

勷字子未，一字予未，號莪山，又號誠齋，德州人。康熙辛酉（二十年）舉人，乙丑（二十四年）進士。歷官通政司參議。《濟南府志》卷五十六有傳。《鶴侶齋文稿》卷前有其甥宋弼《朝議大夫通政使司右參議莪山孫公遺事》。

## 【四書集注餘論】

見《德州志·州人所著書目》（注云“未見”）、《山東通志·藝文》（經部四書類）。

## 【使黔偶記】

見《德州志·州人所著書目》（注云“未見”）、《山東通志·藝文》（史部傳記類）。

## 【鶴侶齋集】

見《濟南府志·經籍》（三卷）、《山東通志·藝文》（三卷）。《國朝山左詩鈔》、《德州志·州人所著書目》作《鶴侶齋詩》無卷數。現存：清道光二十三年至咸豐元年延綠吟館刻本（《鶴侶齋詩》一卷，道光二十三年刻；《鶴侶齋文稿》四卷，咸豐元年刻），山東省圖書館、中國科學院國家科學圖書館藏，《清人詩文集總目提要》著錄；《四庫全書存目叢書》、《山東文獻集成》影印。

《山東通志·藝文》引《四庫存目提要》曰：“其集凡詩一卷，文二卷。勷性簡傲，不諧於俗。集中《石丈》詩云：‘山鬼矜伎倆，此老如不聞。或具袍笏拜，此老亦不尊。坦然自高臥，雨溼青苔痕。’蓋亦自寓云。”

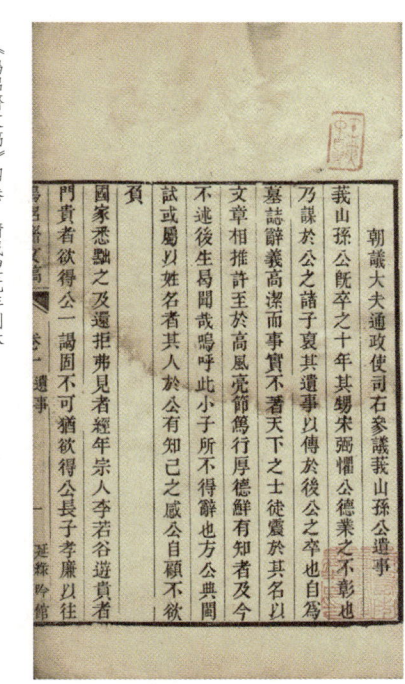

《鶴侶齋文稿》四卷 清咸豐元年刻本

《國朝山左詩鈔》卷四十載其詩二十一首。《德縣志》卷十五載其《重修學宮記》、《李翰林傳》等文，卷十六載其《邵烈婦李氏詩》、《所思之一》、《謝方山別墅次漁洋先生韻》詩三首。民國《單縣志》卷二十二載其《贈中憲大夫廣西潯州府知府加一級黃君墓誌銘》。

【鶴侶齋文存稿一卷】

現存：①底稿本（無卷數，孫于盉跋），見《販書偶記續編》、《清人詩文集總目提要》。②清封仲可鈔本，南開大學圖書館藏，《中國古籍善本書目》、《清人詩文集總目提要》著錄。

【誠齋詩草】

見《德州志·州人所著書目》（注云“未見”）。

【讀韓私記】

見《德州志·州人所著書目》（注云“未見”）、《山東通志·藝文》（集部詩文評類）。《德縣志·邑人著作》作《讀韓秘記》。

◆ 張　秀

秀字惠中，湖廣人，德州孫勷側室。

【落霞堂存草】

見《國朝山左詩鈔》、《濟南府志·經籍》、《山東通志·藝文》。

《山東通志·藝文》：《山左詩鈔》載是編云：“《古夫于亭雜錄》云：‘秀能小詩，獨居於汴，偶與孫檢討子未相倡和，遂歸之。其在中牟有和予三絕句。’案惠中和漁洋韻，乃《雍益集》〈板橋〉、〈官渡〉、〈墊巾亭〉三絕句也。惠中《薄命詞》三十首爲時傳誦，內有‘記得新恩明似鏡，曾梳高髻插金簪’之句，想亦侯門侍妾各詩。曩於香城先生家見其鈔本，今并軼。至《雜錄》內誤以爲章氏，又云‘歸孫氏，年六十五’，皆失實也。”

《國朝山左詩鈔》卷五十八載其詩五首。

◆ 侯封公

封公字价藩，號勷菴，陽信人。康熙乙丑（二十四年）進士。歷官峯昌通判。

【南遊紀勝】

見《山東通志·藝文》（子部傳記類）。

【南行詠勝】

見《國朝武定詩鈔》。《詩鈔》卷四十載其《岱陰道中》一首。

【興安餘韻】【途中吟】【閒中吟】

《山東通志·藝文》：諸編皆有刊本，見《縣志》。

◆ 張　璽

璽字寶庵，鄒平人。康熙乙丑（二十四年）進士。官新野知縣。《濟南府志》卷五十四有傳。

其詩文集未見著錄。道光《章邱縣志·藝文》載其《露園記》一篇。

【新野縣志】

《山東通志·藝文》：乾隆《新野志》載璽是志《序》略云：“分門別類，略襲原文。闡故拓新，時出獨見。取事務確，不妨直書。立言戒煩，實無溢美。”

◆ 于允昱

允昱字星曙，號華若，新城人，覺世子。以廩貢官內閣中書舍人，歷兵部武選司主事。《濟南府志》卷五十五、《重修新城縣志》卷十六有傳。

【經驗海上仙方集】

見《濟南府志·經籍》、《山東通志·藝文》。《重修新城縣志·藝文》據張象津《新城後志稿》著錄，作《經驗海上仙方》。

【繼善堂詩草】

見《國朝山左詩鈔》、《濟南府志·經籍》、《山東通志·藝文》。《重修新城縣志》本傳作《繼善堂詩》。

《國朝山左詩鈔》卷三十八載其《登夾山即事》一題四首。

◆ 張　理

理字亦溫，號石林，海豐人，爲仁子。廩貢生。

## 【杖譜】

見《無棣縣志》本傳。又本傳云："邃於《三禮》。"後並附《傳略》云："常以讀禮之暇，採集《三禮》及漢唐以來儒先論述，彙輯成編，旁及冠婚通禮爲一書。邑中有疑於行禮者，皆取質焉。"所編禮書，不詳何名，附此俟攷。

## 【石林吟草】

見《無棣縣志》本傳。

### ◆ 鍾 輮

輮字德輿，宛平人，家歷城，性樸子。拔貢。官泗水教諭。以疾歸，年三十五卒。《歷城縣志》卷三十八、《濟南府志》卷五十三有傳。

## 【載園遺詩一卷】

見《歷城縣志·藝文考》（據採訪鈔本）、《濟南府志·經籍》、《山東通志·藝文》（據《縣志》）。

## 【鏡湖集一卷】

見《歷城縣志·藝文考》、《濟南府志·經籍》（作《鏡湖集詞》一卷）、《山東通志·藝文》（集部詞曲類）。

《山東通志·藝文》：《縣志》載是集云："採訪鈔本。"又載趙于京《序》略曰："自太白之《菩薩鬘》、香山之《汴水流》以及《清平調》、《竹枝詞》諸曲開詞源宗派，而有宋諸家遂各擅絕技，世之粗才鈍根或病焉，是烏足與語哉！歷下固古今詞藪也，稼軒老子以野鶴性情，發爲齊音，橫放豪邁，與髯蘇爭旗幟，亦已偉矣；而易安一女子睨而視之，當其細雨斜風，倚欄凝睇，皆不敢與爭衡，予以爲其樂無以易焉。今去宋幾五百年，而山川、泉石、煙雲、花鳥，無一人羅而有之，豈非天壤一恨事邪？載園嘯詠此土，追辛、李遺風。今讀其集，婉娩而娟麗，頓挫而紆鬱。則其樂固兼幼安、易安而有之矣，視世之豪家子爲何如哉？"

### ◆ 鍾 輿

字聖輿，輮弟。康熙丙寅（二十五年）拔貢。考充鑲藍旗教習，授桂平縣知縣。康熙四十九年卒官。學詩於新城王士禛。《歷城縣志》卷三十八、《濟南府志》卷五十三有傳。

## 【蒙木集一卷】

見《國朝山左詩鈔》、《歷城縣志·藝文考》（據採訪鈔本）、《濟南府志·經籍》、《山東通志·藝文》（據《縣志》）。現存：清康熙間自刻本，山東省博物館藏，《山東文獻書目》、《清人別集總目》、《清人詩文集總目提要》著錄。另有清鈔本，見《續修四庫全書總目提要（稿本）》、《清人詩文集總目提要》。

《歷城縣志·藝文考》載《蠶尾續集》王士正（禛）《序》曰："才之不能相兼也，自古然矣。謝之不爲陶也，顏之不能爲謝也，以迄李、杜、韓、孟之徒莫不皆然。有人於此能爲陶之古澹，又能爲謝之清華，能爲謝之初日芙蓉，又能爲顏之鏤金錯采，不謂之通才，得乎？歷下自邊、李而後，風流銷歇，近百年未有繼起而舉其墜緒者。予竊疑之，'海右此亭古，濟南名士多'，此非子美氏之言乎？金輿玉函之山，濼源歷泉之水，如空青海綠，金膏水碧，終古不改，所謂濟南山水天下無者，今猶昔也，而何人物盛衰頓異若此？丙寅、丁卯間，予方里居，鍾子聖輿與趙子豐原、王子秋史先後來從遊。三子之才，頡頏上下，類能夐然自拔於流俗，予甚異之。非濟南山水之奇，曠百年一發之，而何以有是？會予兒涑賦《西城別墅詩》十二章，和者逾百家，而鍾子詩最奇特，巉崄似孟東野。又數年乙亥，鍾子來遊京師，偶賦《豐臺芍藥》詩四章，芊緜清麗，一時盛傳之，又似西崑三十六體。噫嘻，何其才之兼也！李習之曰：'讀《春秋》如未嘗有《詩》，讀《詩》如未嘗有《易》，讀莊周、屈原如未嘗有六經。'故曰：'創意造言，各不相師。'今鍾子一人之言耳，讀《西城》詩如未嘗有《豐臺》也，讀《豐臺》詩如未嘗有《西城》也。創意造言，在己出者已不肯雷同如是，矧其於古人而肯爲勦襲爲苟同乎？信乎其才之兼也。鍾子爲吾師文子先生之子。先生以廉吏著順治中，歿二十餘年。而鍾子不免爲褻人，有才如此。廉吏之後，勝綺襦紈袴多矣。"

又載謝重輝《序》曰："夫爲詩，當自名家，然後可傳於不朽。若體規盡圓，準方作矩，終爲他人臣僕，而己烏能傳哉？詩也者，至變者也。古之人，各極其才而盡其變，以唐言之，李、杜、高、岑、王、孟、龍標、東川、常建、劉眘虛、崔顥、陶翰之徒，其變化若神龍之不可羈、蒼索之殊色。迨貞元、元和而後，元、白之淺也，惟患其入，而郊、島則惟患其不入矣；韋、柳之冲也，惟患其盡，而籍、建則惟患其不盡矣。退之抗之以為詰屈，長吉探之以為幽險，樊川之豪健，玉溪之奇麗，皮陸之邃奧雕琢，皆隨時善變，不相沿襲，不相比擬。至於北宋歐、梅、蘇、黃，而變極矣。近日詞人知沿襲比擬之為病，多用偏師，而刻鏤聲牙，古音浸邈。吾濟南士人雅有先輩遺則，而鍾子聖輿尤為傑出。其詩往往主於情而畧於貌，深於變而恥於同，庶幾知所以變而不為依傍者歟？夫鳥之慧也，其效人至數語而止；善繪人者，其肥瘠動靜各異態焉，然至百人技止矣。無他，皆人言者也，非自言也，人貌者也，非自貌也。今之人既知沿襲比擬之為病，不取楚詞、漢魏諸古作而深求之，徒見當代二三作者筆力橫絶、句意新奇，舉世而效之，而不溯其本源之所在，其為沿襲比擬之弊不滋甚與！今聖輿既不惡變而尚同，去情而悦貌，若再充其氣，不去獨以狗衆，舍己以從人，療偏以造完，不益遂乎？雖欲勿傳，烏得而勿傳也！會其梓詩請序，予因述其夙所持論者以告之。同郡謝重輝序。”據本書。

《國朝山左詩鈔》卷四十二載其詩十九首。《國朝歷下詩鈔》卷一載其詩十二首。

### 【單椒集】【俟我集】

見《歷城縣志·藝文考》（據《鍾氏家傳》）、《濟南府志·經籍》、《山東通志·藝文》。

### ◆ 趙國治

國治字鈞衡，泰安人。康熙丙寅（二十五年）拔貢。

### 【詩集一卷】

《山東通志·藝文》著錄，引《縣志》云：“多五七言近體，有激昂磊落之氣，如其人焉。”《重修泰安縣志·著述》作《趙國治詩集》。

### ◆ 王夢弼

夢弼字枚兆，海豐人，斑子。康熙丙寅（二十五年）拔貢。

### 【易經大成】

《無棣縣志》本傳云：“邃於《易》，會通義理、象數，折衷其是，闡前人所未發，顏曰《易經大成》。”

本傳又云：《四書》、《五經》皆有譔次，題曰《遵註》；又有《太極圖說》等，皆手錄成書，不下數十萬言，卓然性理名家。

### 【家禮集註】

見《無棣縣志》本傳。

### 【五經遵註】

見《無棣縣志》本傳。

### 【四書遵註】

見《無棣縣志》本傳。

### 【太極圖說】【三才我覽】【小學摘註】

見《無棣縣志》本傳。

### ◆ 宋兆李

兆李字子函，號省庵，又號損齋，德州人。康熙丙寅（二十五年）拔貢。官郯城教諭。孫勷《鶴侶齋文稿》卷二有《郯城縣教諭省菴宋先生墓誌銘》。

### 【損齋吟草】

見《國朝山左詩鈔》、《德州志·州人所著書目》（注云“未見”）、《濟南府志·經籍》、《山東通志·藝文》。

《國朝山左詩鈔》卷四十二載其詩十首。

### 【初笈草】

見《德州志·州人所著書目》（注云“未見”）、《德縣志·邑人著作》。

### ◆ 田霖

霖字子益，號樂園，又號香城居士，德州人，雯弟。康熙丙寅（二十五年）拔貢。授堂邑教諭，以病未赴。《濟南府志》卷五十六有傳。《德縣志》卷十五有《香城先生自作墓誌銘》。

### 【三體摭韻】

《山東通志·藝文》（經部小學類）據《採訪冊》著錄。現存：清田氏鬲津草堂鈔本，吉林大學圖書館藏，《中國古籍善本書目》著錄。題新城王士禎輯。

## 【妝史二卷】

現存：稿本，中國國家圖書館藏，《北京圖書館古籍善本書目》、《中國古籍善本書目》著錄；《北京圖書館古籍珍本叢刊》影印。

是編就家藏書中女子有妝飾者摘取而成，自后嬪命婦以及婦人女子，半自諸史採出，故以"史"名。前有雍正三年《自敘》云："香城居士年七十有三，溽暑時淫雨經旬，除搖扇飲水，別無適情事。忽憶十年前欲著《妝史》，僅得百餘條，檢破篋中，其稿尚存，因廣搜博采以充之。筆架珊瑚，細寫香奩錦字；目凝珠翠，恍入南部妝樓。閱半載而成書，分兩卷以名史。雖鴉黃蟬綠，非老人所宜言；然名姝麗姬，藉爲適情之具，正不當見於少年時也。"

## 【鬲津草堂詩六卷】

現存：清康熙乾隆間刻《德州田氏叢書》本，山東大學圖書館、中國國家圖書館、復旦大學圖書館等藏，《中國叢書綜錄》、《四庫存目標注》著錄；《四庫全書存目叢書》影印。原題"新城王阮亭先生評，德州田肇子益"。前有"香城居士七十二歲像"，同郡漁洋山人《鬲津草堂詩序》，乾隆戊午錫山後學吳培源《序》，孫勷《讀鬲津草堂詩題後》。

《國朝山左詩鈔》、《德州志・州人所著書目》、《濟南府志》本傳俱無卷數。《濟南府志・經籍》、《山東通志・藝文》作《鬲津草堂詩集》無卷數。

《山東通志・藝文》引《四庫存目提要》曰："肇與兄雯、需竝能詩。雯才調縱橫，沿幾社之餘風，以奇偉鉅麗自喜，與王士禎同郡同時，而隱然負氣不相下。士禎《池北偶談》中載其服藥必取異名一事，亦陰不滿之。肇乃獨從士禎遊。是編凡《鬲津草堂五字古體詩》一卷，《五字今體詩》一卷，皆士禎評而序之。《序》稱'唐有詩，不必建安、黃初也。元和以後有詩，不必神龍、開元也。北宋有詩，不必李、杜、高、岑也'，語蓋爲雯而發。又《鬲津草堂絕句詩》一卷，里人孫勷序之。《序》稱'吾州近時前輩以詩名者，無間於時。余性不近詩，然當披編佩句之餘，亦或頗有所覬，於作者之旨，大都若格格於余懷，未能強以爲無間然也'，語亦侵雯。然觀肇所作，雖密詠恬吟，成一邱一壑之趣，至才力富健，究不足以敵雯也。集後又有《菊隱集》一卷，《南遊橐》一卷，據刊本，此下尚有《乃了集》一卷。總題曰《鬲津草堂七十以後詩》，

黃越序之，稱其'垂老所作，彌淡彌甘'。大抵肇生平爲詩以七言絕句自負，自少至老，亦惟是體特多云。"

《濟南府志・藝文》載太學生董訪《讀鬲津草堂詩》云："心如水不受塵氛，語吐饈頭欲化雲。自笑詩成寒且瘦，或如郊島不如君。"

《國朝山左詩鈔》卷四十二載其詩一百七首。《德州志》卷十二、《德縣志》卷十六載其《自題鬲津草堂》詩二首。《平原縣志》卷十載其《赴平原途中大水．訪中和上人茶話》、《同蕭侍讀韓坡遊平原董鈞菴園亭》（二首）。

## 【鬲津草堂分體詩鈔不分卷】

現存：稿本（二冊），臺灣"國家圖書館"藏。無序跋，開卷即正文。首葉首行題"鬲津草堂唐詩鈔"，依類分敘自唐至明之詩，依次爲：初盛唐七言絕句，元七言絕句，五言絕句，七言律詩（又分中唐、晚唐、宋、元、明）。是書未著編撰人姓氏，書中鈐"田肇"白文方印二及"子益"朱文方印，當係田氏稿本無疑。《國家圖書館善本書志初稿》作烏絲欄鈔本，不確。

### ◆ 趙善慶

善慶字怡齋，德州人。貢生。官國子監學正，歷戶、工二部郎中，出任金華知府，以清廉著。《濟南府志》卷五十六有傳。孫勷《鶴侶齋文稿》卷二有《金華府知府怡齋趙先生墓誌銘》。

## 【重知堂詩二卷】

見《四庫全書總目》（兵部侍郎紀昀家藏本）、《德州志・州人所著書目》（無卷數）、《濟南府志・經籍》、《山東通志・藝文》。

《山東通志・藝文》引《四庫存目提要》曰："善慶嘗學詩於新城王士禎。是集即士禎所點定。前有士禎《序》，稱其妙在本色，頗爲得實。惟《序》稱論次都爲一卷，而此本實二卷。又稱善慶將赴官國學，而下卷有歸田之作，殆後復續刻，而《序》則未追改歟？"

《國朝山左詩鈔》卷四十四載其詩二十四首，其中《題尊水園集後》一首載入《濟南府志・藝文》。《德州志》卷十二、《德縣志》卷十六載其《蘇祿國東王墓》詩一首。

### ◆ 趙念曾

念曾字根矩，號潄陽，德州人，善慶弟。官澧州知州。《濟南府志》卷五十六有傳。

其詩文集未見著錄。《國朝山左詩鈔》卷五十載其詩十二首。小傳注云："根矩少多疾病，因棄舉子業，學爲詩，見賞于同譜飴山先生，數以書辯論詩家大旨。余亦聞其略焉。病時習吐納之術，故號潄陽。獨宿十年，壯如其未病時。乃復應北雍鄉試，以國子生召見，簡發湖南試用，知沅陵縣。獄有冤案，力白之。知府不可，則請去官。以是受知于巡撫趙公宏恩，歷遷澧州知州。其爲詩雋永超詣，才力健舉，迥非時賢所及。卒于官，子幼，散佚無存。憶宜興儲五水樹，客德州日，與吾鄉名士雅集於數帆亭，分賦《雨餘銷暑》，根矩得句云：'吹笛晚涼發衒杯，新月來共推檀場。'清麗之句，不染纖塵。根矩五言，此類頗多。今無一存，惜哉。"

### ◆ 趙善述

善述字季良，號聞齋，德州人，念曾弟。太學生。《濟南府志》卷五十六有傳。

### 【聞齋詩】

《國朝山左詩鈔》卷五十載其《秋日送高西園東歸》、《詠懷》詩二首。小傳注引高鳳翰《聞齋詩序》云："聞齋故貴冑子，顧孤騫落穆，枵然木然于塵垢之外。喜讀書，而病羸激昂之氣，時一見之于詩，以適其聞而已。學書精工，凡其所爲，皆能專以致精云。"

### ◆ 王檜年

檜年字聖植，濟陽人。康熙丙寅（二十五年）拔貢。選招遠教諭。《濟南府志》卷五十六、民國《濟陽縣志》卷十一有傳。

其詩集未見著錄。民國《濟陽縣志·藝文》載其《秋日登孫岳園樓》詩。

### 【爲學論】

見民國《濟陽縣志》本傳、《山東通志·藝文》（集部別集類）。

《縣志》本傳云："師事邑前輩張蒿菴，貫通五經源流，文章嗜韓、歐，楷書頗得右軍法，學者宗之。所著有《爲學論》。年五十八選授招遠廣文，未之任卒。"《縣志·著述》無此書。

### ◆ 畢盛鉅

盛鉅字韋仲，一字耳豫，號豫園，淄川人，際有子。康熙丙寅（二十五年）拔貢。選黃縣教諭，以母老辭不就。

### 【石隱園唱和詩】

見《淄川縣志》、《山東通志·藝文》（集部別集類）。

《淄川縣志·藝文》載其《邑侯周公新建殷陽書院詩》一首。

### ◆ 張篤慶

篤慶字歷友，號厚齋，別號崑崙山人，淄川人，至發曾孫，譜從子。康熙丙寅（二十五年）拔貢。《濟南府志》卷五十四有傳。

路大荒繪《崑崙山房圖》載《漁洋山人評點崑崙山房詩稿》

### 【先相國少保公年譜不分卷】

現存：①清初刻本，山東省圖書館藏。②傳鈔本，山東省圖書館藏。《淄川縣志》、《山東通志·藝文》作《少保公年譜》。少保公，篤慶曾祖至發也。

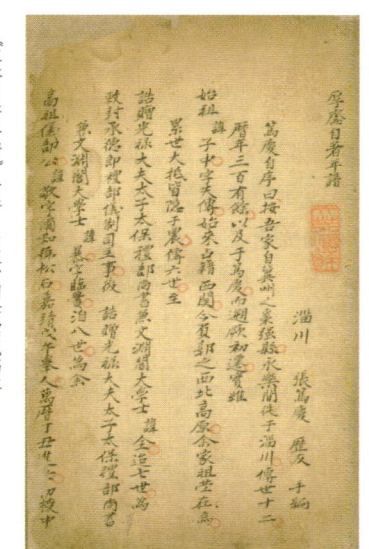

《厚齋自著年譜》一卷　山東省圖書館藏稿本

## 【厚齋自著年譜一卷】

現存：①稿本，山東省圖書館藏，《中國古籍善本書目》著錄；《山東文獻集成》影印。②傳鈔本（作《厚齋年譜》），見《中國歷代人物年譜考錄》。③鈔本（《崑崙山房集》內），見《中國歷代人物年譜考錄》。《淄川縣志》、《山東通志·藝文》（史部傳記類）作《自著厚齋年譜》一卷。

## 【兩漢高士贊一卷】

見《濟南府志·經籍》、《山東通志·藝文》（史

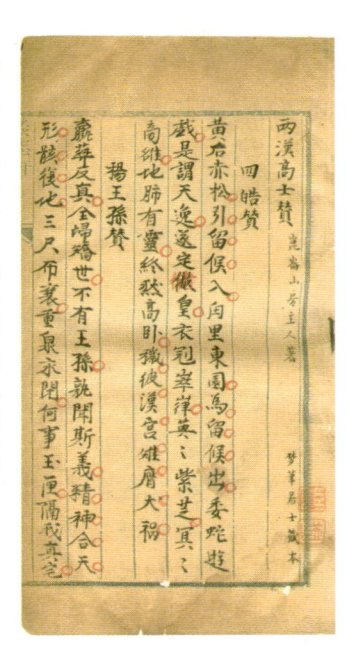

《兩漢高士贊》一卷　山東省博物館藏清淡志軒鈔本

部傳記類），俱無卷數。現存：清淡志軒鈔本（清趙執信跋），山東省博物館藏，《中國古籍善本書目》、《山東省博物館藏明清民國山左學者著述知見錄》著錄；《山東文獻集成》影印。

## 【班范肪截四卷】

見《濟南府志·經籍》、《山東通志·藝文》（史部史評類）。現存：①清畢氏聚星堂鈔本，山東省圖書館藏；《四庫全書存目叢書》影印。②清初鈔本（王獻唐題跋），山東省博物館藏，《山東省博物館藏明清民國山左學者著述知見錄》著錄。

《山東通志·藝文》引《四庫存目提要》曰：“是書即兩漢史事稍加論斷，大抵皆屬常談，亦有僅節錄數語不置一詞者。其中旁掇應劭《風俗通》、蔡邕《獨斷》、劉珍《東觀漢記》之類，則顏師古、李賢、劉昭註中所引也。似史評而非史評，似說部而非說部，殆隨筆偶記之書，故漫無體例歟？”

## 【五代史肪截四卷】

見《濟南府志·經籍》、《山東通志·藝文》（史部史評類）。現存：清鈔本，江西省圖書館藏；《四庫全書存目叢書》影印。

《山東通志·藝文》引《四庫存目提要》曰：“是書摘取歐史之文，間附己意爲論斷，與《班范肪截》體例略同，而持論尤多無謂。如論朱全忠、張全義賜名事，則曰‘可謂忠不忠而義不義矣’，此亦何須復道？又論昭宗椒蘭殿何后積善宮事，曰‘椒蘭不以延嗣，積善不以流慶’，置其本事而旁論宮殿之名，不幾時文之掉弄筆墨乎？至論馮道《兔園冊》事，曰‘此冊流傳至今遂廣，不特翰苑諸公奉爲秘書，而帖括家亦以爲金科玉律矣’。案《兔園冊》三卷，《通考》著錄，注曰虞世南撰。今其書久佚，篤慶乃云流傳遂廣，亦徒爲高論，實不知其爲何書也。”

## 【崑崙山房集三卷】

見《國朝山左詩鈔》（無卷數）、《濟南府志·經籍》、《山東通志·藝文》。現存：①清鈔本（不分卷），中國科學院國家科學圖書館藏，《中國古籍善本書目》著錄。②清鈔本（作《崑崙山房集》二卷），山東省博物館藏，《中國古籍善本書目》、《山東省博物館藏明清民國山左學者著述知見錄》著錄。

《山東通志·藝文》引《四庫存目提要》曰："其詩古文頗知名於時。此集乃有文而無詩，疑編次未竟之本也。篤慶才藻富有，洋洋纚纚，動輒千言，風發泉湧，不可節制。如集中所載代王士禛作《候補中書吳燦墓誌銘》，今錄入《蠶尾續集》者，已刪削十之三四，則亦頗病其冗漫矣。其曰'崑崙山房'者，以所居室旁有小山，號崑崙，因以名集云。"

道光《章邱縣志·藝文》載其《余青園記》一篇。

### 【崑崙山房詩集】

見《山東通志·藝文》。現存：清鈔本（作《崑崙山房鄆中集》三卷《崑崙山房詩集》十三卷），山東省圖書館藏；《山東文獻集成》影印。

《山東通志·藝文》：《山左詩鈔》篤慶小傳後案語云："詩集浩瀚，無力授梓。"《漁洋詩話》云："歷友淹博華贍，千言可立就。詩尤以歌行擅場，如邢太保《賜劍行》、趙千里《海天落照圖歌》等篇，不失空同、大復家法。鄆中諸律詩，正德、嘉靖宮詞，率多傑作。丙戌客新城，與余唱和不下數十首，如《青谿張麗華小祠》云云，《劍州鄧艾廟》云云，一滴水可知大海味也。"

《國朝山左詩鈔》卷四十三至四十四載其詩百三十一首。

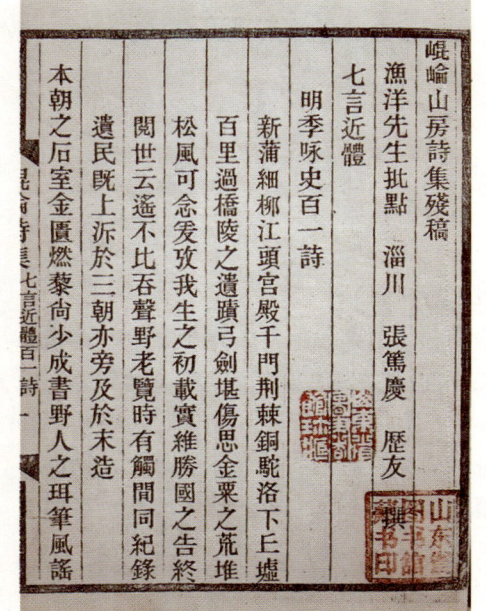

《崑崙山房詩集殘稿》不分卷　山東省圖書館藏清刻藍印本

《崑崙山房鄆中集》三卷《崑崙山房詩集》十三卷　山東省圖書館藏清鈔本

### 【崑崙山房集不分卷】

現存：鈔本（十七冊），臺灣"國家圖書館"藏，《國家圖書館善本書志初稿》、《清人詩文集總目提要》著錄。內含《班范昉截》、《崑崙山房詩集》、《鄆中集》、《紀盛詩》、《述古雜詩》、《遺詩》、《明季百一詩》、《自著年譜》八種，均不分卷。前有康熙辛亥海虞年家同學歸允肅《崑崙山房詩序》，康熙壬戌吳棻《序》，癸亥高珩《序》；後有戊寅豹嵒樵史唐夢賚《序》。

### 【崑崙山房詩集殘稿一冊】

見《山東通志·藝文》。現存：①清道光十八年刻本（作《崑崙山房詩集殘稿》不分卷），山東省圖書館藏。中共山東省委黨校圖書館藏本作《百一詩》二卷。②清鈔本（作《崑崙山房詩集殘稿》三卷《百一詩》二卷），中國國家圖書館藏，《中國古籍善本書目》、《北京圖書館古籍善本書目》著錄。③清弦庵抄本（作《明季詠史百一詩》一卷），山東省圖書館藏。④《古今說部叢書》本，見《中國叢書綜錄》。

《山東通志·藝文》：刊本。凡七言近體百一首，題曰《明季詠史百一詩》，自萬曆迄南渡，王士禛所評點也。蔣仁錫《跋》云："《百一詩》掌故紛綸，史乘瀾翻，小生陋儒見而咋指，必傳之作也。尤奇者，馳騁聲律，寓不盡之味於言外，作詩者其有憂患乎？已經漁洋夫子點次，不敢妄著丹鉛。內有數字，是記室錄副之譌，略為舉正。幸速為版行，使仁錫得掛名校讐之末，所切望耳。"據本書。按：篤慶自作《小序》中一聯云："本朝之石室金匱，燃藜尚少成書。野人珥筆，風謠授簡，聊爲有韻。"蓋其時《明史》尚未成書，欲藉此以存勝國軼聞也。《鄉園憶舊》稱周永年有《百一詩註》。其網羅必博，惜少傳本。

## 【崑崙山房詩集二卷】

孫錫嘏輯。現存：清淄川孫氏《般陽詩鈔》稿本，山東省博物館藏；《山東文獻集成》影印。

## 【崑崙山人詩二卷】

現存：稿本，山東省圖書館藏，《中國古籍善本書目》著錄。

## 【漁洋山人評點崑崙山房詩稿三卷】

王士禛評點。現存：稿本，山東省圖書館藏，《雙行精舍書跋輯存續編》著錄。

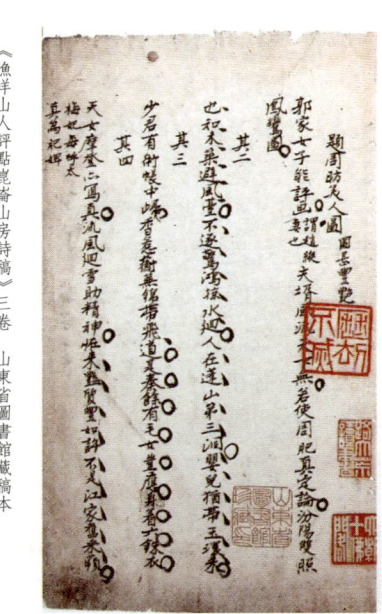

《漁洋山人評點崑崙山房詩稿》三卷　山東省圖書館藏稿本

## 【雲高洞遊草一卷】

現存：稿本（清吳㮚題跋），山東省博物館藏，《山東文獻書目》、《山東省博物館藏明清民國山左學者著述知見錄》著錄；《山東文獻集成》影印。

## 【崐崙山房詩稿一卷】

現存：清鈔本，山東省博物館藏；《山東文獻集

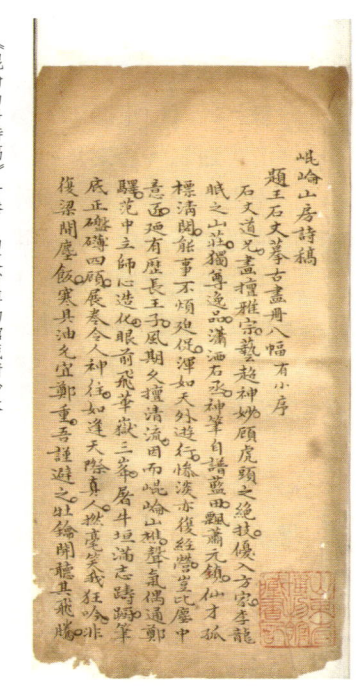

《崐崙山房詩稿》一卷　山東省博物館藏清鈔本

成》影印。

## 【知北遊草一卷】

現存：稿本（清周稚廉跋），山東省博物館藏，《中國古籍善本書目》、《山東省博物館藏明清民國山左學者著述知見錄》著錄；《山東文獻集成》影印。

## 【古文集】

見《濟南府志》本傳。

## 【八代詩選】

見《淄川縣志》、《濟南府志·經籍》、《山東通志·藝文》（集部總集類）。

## 【雙魚藏弄一卷】

張篤慶輯。現存：清鈔本（王獻唐跋），山東省博物館藏，《中國古籍善本書目》、《山東省博物館藏明清民國山左學者著述知見錄》著錄。

### ◆ 張履慶

履慶字視旋，號顧齋，淄川人，綖子，篤慶弟。諸生。

## 【食蔗堂詩】

見《國朝山左詩鈔》、《淄川縣志》、《濟南府志·經籍》、《山東通志·藝文》。

《山東通志·藝文》：《山左詩鈔》引其從子元曰："先生與兄崐崙、弟緘庵自相砥礪，所爲詩文以清真蕭遠爲宗。兄弟三人分路揚鑣，不相沿襲。"

《國朝山左詩鈔》卷四十四載其詩十首，《濟南府志·藝文》收錄其中《醴泉歸途口號》、《道中望長白》二首。《淄川縣志·藝文》載其《孝水夜泛》、《地震六首》等詩。

### ◆ 張增慶

增慶字川如，號損齋，晚號緘菴，淄川人，篤慶弟。諸生。

## 【獨樹菴詩】

見《國朝山左詩鈔》、《淄川縣志》、《濟南府志·經籍》、《山東通志·藝文》。

《山東通志·藝文》：《山左詩鈔》引其從子元曰："先生爲諸生三十餘年，不應鄉舉，肆力詩文，自抒所得，以適己意而已。同時宿老唐豹巖、李希梅輩並推之。"

《國朝山左詩鈔》卷四十四載其詩十二首。《淄川縣志·藝文》載其《過仙洲園》詩一首。

## 【靜菴草十二卷】

現存：清康熙四十一年刻本，復旦大學圖書館藏，《復旦大學圖書館善本目錄》、《中國古籍善本書目》、《清人詩文集總目提要》著錄。

### ◆ 孫叔詒

叔詒字燕叔，號陶村，歷城人，光祀子。康熙丁卯（二十六年）舉人。歷官戶部郎中。《濟南府志》卷五十三有傳。

## 【苣園集】

見《泰安縣志》、光緒《平陰縣志·著述》、《山東通志·藝文》、《續修歷城縣志·藝文考》。

### ◆ 孫叔諫

叔諫，歷城人，光祀子。

## 【白雲樓詩稿】

見《山東通志·藝文》、《續修歷城縣志·藝文考》（均據《平陰鄉土志》）。

### ◆ 王克孝

克孝字百原，海豐人。康熙丁卯（二十六年）舉人。授壽光縣教諭，補魚臺縣，陞東昌府學教授。

## 【學步吟】

《無棣縣志》本傳云："喜詠詩，宗法劍南，著有《學步吟》一冊。"

《國朝山左詩續鈔》卷二載其《曉起》詩一首。

### ◆ 魏鴻祚

鴻祚字介祉，一字孝緒，號拙亭，萊蕪人。康熙丁卯（二十六年）舉人。官膠州學正。民國《萊蕪縣志》卷十八有傳。

## 【一枝園詩集】

見《國朝山左詩鈔》、《山東通志·藝文》、《萊蕪縣志·藝文》。民國《縣志》本傳作《一枝園詩文集》。

民國《萊蕪縣志·藝文》載此書云："其詩擺落窠臼，自抒性靈。五言如《濟南夜雨》云：'旅邸還家夢，孤燈問世心。'《冬至》云：'捲簾窺日影，閉戶識天心。'七言如《落花》云：'留得餘香明歲發，天公別有惜花心。'《涇川道中》云：'鳥語空山如話舊，花開滿路不知名。'《長安道上》云：'搔首風塵悲燕雀，浪遊詩卷滿江湖。'尤爲世所傳誦云。"又《縣志》本傳云："時宋元風氣方煽，鴻祚獨規橅唐賢，不落後人窠臼，故其詩機趣洋溢，巧不傷雅，猶有錢郎風致。文亦雅健有法度，非流輩所能及也。"

《國朝山左詩鈔》卷四十一載其《長安道上》一首。

### ◆ 李 模

模字陳範，霑化人。康熙丁卯（二十六年）歲貢。官嘉祥訓導。

## 【周易透宗】

見《山東通志·藝文》（經部易類）。

## 【四書講義】

見《山東通志·藝文》（經部四書類）。

### ◆ 張 琦

琦字又韓，平原人。康熙丁卯（二十六年）貢生。官蒙陰訓導。《平原縣志》卷八有傳。

其詩集未見著錄。《平原縣志》卷十載其《康熙甲子冬十月六日恭遇聖駕東巡經過平原．臣琦蒙召對．命講〈中庸〉予懷明德一節畢．天顏甚悅．獎諭再三．且云總是教人以人合天之意．仰見聖學高深．非佔畢下士所能闚測．臣琦不揣譾陋．共紀四章．以志不朽》。

### ◆ 耿克仁

克仁，新城人。

其詩文集未見著錄。《重修新城縣志》卷十一崔懋傳後附載其《崔公仁政記》一篇。

### ◆ 李斯義

斯義字質君，號静庵，長山人，毓之子。康熙戊辰（二十七年）進士。歷官福建巡撫。《濟南府志》卷五十五、《長山縣志》卷七有傳。

其詩文集未見著錄。《長山縣志》卷十二載其《鄉試廣額疏》（康熙三十五年）一篇。

## 【李氏家乘】

見《濟南府志·經籍》、《山東通志·藝文》（史部傳記類）。

## 【孝悌編七卷】

見《濟南府志·經籍》、《山東通志·藝文》（子部雜家類），俱無卷數。現存：清康熙四十四年序刻本，見《東京大學東洋文化研究所漢籍分類目錄》。

## 【初學便讀】

見《濟南府志·經籍》、《山東通志·藝文》（子部雜家類）。

### ◆ 李斯佺

斯佺字松客，長山人。由難廕歷官兩淮鹽運使。

《濟南府志》卷五十五、《長山縣志》卷七有傳。

## 【高淳縣志二十五卷】

現存：清康熙二十二年刻本，藏中國國家圖書館（存十七卷），《中國古籍善本書目》著錄。按：斯佺，康熙二十年任高淳知縣。

## 【問心集】

見《長山縣志》、《濟南府志·經籍》、《山東通志·藝文》。

### ◆ 李斯孚

斯孚字貞庵，改名峵，字蓼園，長山人。《濟南府志》卷五十五、《長山縣志》卷八有傳。

## 【春秋人物編年考四卷】

見《長山縣志》本傳、《山東通志·藝文》（經部春秋類）。

## 【數典類編四卷】

見《長山縣志》本傳。

### ◆ 李斯恒

斯恒字子常，號劬垣，又號侗菴，長山人。《長山縣志》卷十四有其《桃源逸客自傳》。

### ◆ 李斯禮

斯禮，長山人。廩生。

其詩文集未見著錄。《長山縣志》卷十五載其《遊翠飛岩》詩一首。

### ◆ 何五子

據傳為長山仙人，康熙中降乩。

## 【凌巖集一卷】

《濟南府志·仙釋傳》引《長山志》（嘉慶《長山縣志·仙釋》）云："邑北彌勒衚衕人。童子時遇純陽，授異術，遂辟穀於凌巖。明洪武中化去。康熙丙寅丁卯間，屢降乩于邑南李中丞斯義之慶雲堂，訂風雅，談性命，自稱烟霞老叟。有《凌巖集》一卷。

《長山縣志》卷十五載其《登鳳凰山》詩一首。

### ◆ 王應統

應統字緒光，號敏齋，長山人。康熙丁卯（二十六年）武舉，戊辰（二十七年）狀元及第。歷官河北總兵。以盔甲不整逮問，尋赦歸故里。卒年五十二。《濟南府志》卷五十五有傳。

其詩文集未見著錄。《長山縣志》卷十二載其《哀集舊志全本後序》（康熙五十二年十月）一篇。

### ◆ 李 柟

柟字讓木，蒲臺人。康熙戊辰（二十七年）進士。歷官霍山知縣、兵部郎中、山西道御史。《蒲臺縣志》卷三有傳。

其詩文集未見著錄。《蒲臺縣志·藝文》載其《劾大臣審擬失實疏》文，《同嚴閭倅大尹大清河泛舟》、《春日烟火臺眺望》詩。

### 【重修蒲臺縣志十卷】

現存：清康熙三十二年刻本，中國國家圖書館、天津圖書館藏。前有宋世厚、孔興衍、李柟、嚴曾業《序》。分圖考、星野、沿革、疆域、形勝、山川、風俗、物產、城池、學校、祠祀、文教、惠政、兵防、津梁、鋪舍、鎮店、坊市、戶口、土田、賦役、鹽法、公署、官制、職官、科貢、褒封、名宦、人物、孝義、列女、流寓、仙釋、古蹟、寺觀、災異、兵燹、藝文、敍志三十九門。

是志由蒲臺知縣嚴曾業（字禹航，浙江餘杭人，康熙二十六年任）主修，始於康熙二十八年，至三十二年付梓行世。

### ◆ 董思凝

思凝字養齋，號石帆，訥子，平原人。康熙戊辰（二十七年）進士。歷官口北參議道。《平原縣志》卷八、《濟南府志》卷五十六有傳。孫勳《鶴侶齋文稿》卷二有《通議大夫直隸分守口北道山西布政使司參議加三級董公墓誌銘》。

### 【養齋集】

見《平原縣志》、《山東通志·藝文》。

《國朝山左詩鈔》載朱彝尊《序》云："養齋己巳夏侍其尊人少司馬之官淮左，道路之間，紀行之作，得詩若干首。養齋以名家子通籍承明，列戟交牙，家門鼎盛。觀其發為詩，形於諷諭，其指深，其義遠，纏綿悱惻之志，猶若有不自釋然者。則其自命為何如？而豈以人情之所榮為自足也！"又附案云："石帆與余同為蕭侍讀公壻，善飲酒，觸政井井，雅俗皆盡其歡。常笑謂余曰：'吾弟他年宰天下，不當如是耶？'量洪飲，目所罕見。酒酣耳熱，談吐風流，機鋒敏妙，每一出語，坐客無不傾倒，可謂極酒人之致者也。"

《平原縣志》卷十載其《癸未正月廿二日迎駕恭紀五首》、《與張漣漪荆家堂看紅葉》、《董路口賞杏花雜咏四首》等詩。

### 【海棠巢小草】

見《國朝山左詩鈔》、《濟南府志·經籍》。《平原縣志》、《山東通志·藝文》作《海棠巢詩詞》。

《續修四庫全書總目提要（稿本）》著錄清刻本（不分卷），提要云："是編古近體詩將及三百首。似及按年編次之本，其年月或注或不注，當係率意編成付諸刊刻者。思凝生有異姿，年十二，叔父登岱歸，述岩壑之勝，立成七言古詩一首，皆大奇之。嗜飲酒，酣時縱談詩文，語必有徵，往往有古賢及近時先輩名家所未及者。盧見曾謂其'酒酣耳熱，談吐風流，機鋒敏妙，每出一語，坐客無不傾倒，可謂極酒脫之致'云云。其所為詩，類多指深意遠，纏綿悱惻。如《淮安晚泊》云：'蘆花蕭瑟稻花稀，日暮空村盡掩扉。且喜田屯疃有詔，應憐淮海賦無衣。通湖小市魚租少，隔浦孤村牧笛微。借問金堤何日就，蒼茫澤國片帆飛。'又《金魚池》云：'垂楊疏影遶晴沙，魚藻池連十萬家。望裏波光看不盡，谿烟都上野棠花。'等篇，類皆氣味清遠，如秋空晴雲，至為可誦也。朱彝尊嘗敍其《淮行草》，謂'侍其尊人少司馬之官淮左，道路之間，紀行之作，以名家子，通籍承明，列戟交牙，家門鼎盛。觀其發為詩，形於諷諭，其志猶若有不自釋然，則其自命為何如，而豈以人情之所榮為自足'云云。按思凝所著，除《海棠巢小草》、《淮行草》外，尚有《滇行詩文集》、《經書制藝》等，皆燦然可觀，亦可謂有道而能文者矣。"

《國朝山左詩鈔》卷四十一載其詩十首，其《詠慈仁寺松》、《喜雨》、《擬古》（二首）、《金魚池》五首選自《海棠巢小草》。

## 【淮行草】

見《國朝山左詩鈔》、《平原縣志》、《濟南府志·經籍》、《山東通志·藝文》。《續修四庫全書總目提要（稿本）》"《海棠巢小草》"提要云，有朱彝尊《敘》（參見上條）。

《國朝山左詩鈔》卷四十一載其詩十首，其《河西晚眺》、《舟中同友人集字》、《曉發》、《淮安晚泊》、《過宿遷值河水泛決．夾河皆成巨浸．行百餘里始入新河．即景有作》五首選自《淮行草》。

## 【滇行草】

見《平原縣志》、《山東通志·藝文》。

## 【經書制藝】

見《續修四庫全書總目提要（稿本）》"《海棠巢小草》"提要。

## ◆ 董　氏

平原人，兵部尚書訥孫，口北道思凝女，同邑鄭樅妻。

其詩集未見著錄。《國朝山左詩鈔》卷五十八載其《題扇頭梅花》、《題水墨牡丹》詩二首。

## ◆ 蕭承沆

承沆字道一，德州人，惟豫子。諸生。

其詩文集未見著錄。《國朝山左詩鈔》卷四十七載其《元宵與揚州友人觀燈》一首，小傳附案云："先外舅有六子，皆能文，而厄於場屋，亦不爲詩。道一內兄最少，田山薑先生之愛壻，獨好吟詠，香城先生亟稱之。先外舅清節表表，諸內兄皆貧，而道一尤甚。棄所居城宅，以老於雲莊，因貧廢學，至失志以死，惜哉。"

## ◆ 成畫炌

畫炌字景炎，號東野（一作東冶），新城人。諸生。好詩賦，善音律，何世璂跋其集，有"宏覽博物"之稱。康熙戊寅（三十七年），於陵趙之隨督學雲南，辟與同往。滇中諸作，有陸放翁《劍南》遺意。既王漁洋歸里，一時名流雲集，西城酬唱無虛日。晚年精研《易》學，潛心河洛。卒年七十九歲。《濟南府志》卷五十五、《重修新城縣志》卷十七有傳。

## 【筮儀疏解】

見《山東通志·藝文》（經部易類）、《重修新城縣志·藝文》（據張象津《新城後志稿》）。《濟南府志·經籍》作《筮易疏解》。

## 【桓臺勝覽】

見《濟南府志·經籍》、《山東通志·藝文》。《重修新城縣志·藝文》據抄本著錄，作《桓台勝覽》一卷。

## 【東冶閑吟集】【還金堂雜咏】

《山東通志·藝文》據《國朝山左詩續鈔》所引《家乘》著錄。

《國朝山左詩續鈔》卷三載其詩六首。《重修新城縣志》卷二"柳毅山"、"商山"條下各附載其詩一首；卷三"治里"條下附載其詩一首，及《馬元帥墓》詩一首。

## 【金碧遊草】

見《濟南府志·經籍》、《山東通志·藝文》。

## 【藏笥集】

見《濟南府志·經籍》、《重修新城縣志·藝文》及本傳。

## 【東冶詩文稿】

見《濟南府志·經籍》。《重修新城縣志·藝文》作《東冶堂詩文稿》。

## 【西城唱和集】

見《濟南府志·經籍》、《山東通志·藝文》（據《家乘》，入集部總集類）。

## 【東冶詩餘】

見《濟南府志·經籍》、《山東通志·藝文》（集部詞曲類）。

## ◆ 馬　瑜

瑜字子握，鄒平人，驤子。太學生。官州同。

## 【餐霞閣詩橐】

見《山東通志·藝文》（據《縣志》）、《鄒平縣志・藝文攷》。

《國朝山左詩續鈔》卷二載其《春日郊游因登會仙山》詩一首，詩云：“入山處處是桃花，好鳥鳴春不厭譁。風靜野湖漁棹穩，雲連村樹酒旗斜。登臨且喜身猶健，疎放何妨老更加。一上高峯真曠絕，醉歌明月吸流霞。”《濟南府志・藝文》亦收此詩，末句作“便呼明月醉流霞”。

### ◆ 鄭星燦

星燦，歷城人。康熙庚午（二十九年）舉人。

#### 【南游小草十卷】

見《山東通志・藝文》（據《續修縣志稿》）、《續修歷城縣志・藝文考》（據採訪鈔本）。

### ◆ 王諮

諮，淄川人，士禎子。

其詩集未見著錄。《淄川縣志・藝文》載其《梓橦山後洞招飲》、《春日止宿高氏竹園》詩二首。

### ◆ 王譔

譔字巽言，號慎葊，淄川人，士禎次子。庠生。

#### 【抱璞公集】

現存：民國七年順和堂石印局石印《王氏一家言》本（在卷二十六），青島市圖書館藏；《山東文獻集成》影印。内詩三十九首，傳二篇（其一爲《介侯公傳》）。作者小傳云：“讀書安貧，抱璞自守，故以‘抱璞’額其軒。年八十餘歲卒。”

《國朝山左詩續鈔》卷三載其《忘名》詩一首。《淄川縣志・藝文》載其《嬾水園讌集》、《長白山道中》、《遊柿岩》、《晨向園賞菊》詩四首。

### ◆ 石曰琮

曰琮字宗玉，號璞公，長山人。康熙辛未（三十年）進士。歷官福州知府。《濟南府志》卷五十五、《長山縣志》卷七有傳。

#### 【詩經稿】

見嘉慶《長山縣志》。

#### 【四書稿】

見嘉慶《長山縣志》。

### ◆ 劉沂

沂字蒲穀，平原人。康熙辛未（三十年）歲貢。《濟南府志》卷五十六有傳。

#### 【年譜】

見《濟南府志・經籍》、《山東通志・藝文》、《續修平原縣志・藝文》。

#### 【詩集】

見《濟南府志・經籍》、《山東通志・藝文》、《續修平原縣志・藝文》。

### ◆ 李可宷

可宷字和陽，長山人。康熙三十二年癸酉科舉人。五十九年任應城知縣。

#### 【應城縣志十二卷】

現存：清雍正四年刻本，中國國家圖書館、上海圖書館等藏，《北京圖書館普通古籍總目》著錄。

### ◆ 袁良

良字萬貞，號利亭，禹城人。康熙甲戌（三十三年）進士。四十二年任襄垣知縣。

#### 【重修襄垣縣志十卷】

現存：①清康熙四十五年刻本，中國國家圖書館等藏。②鈔本，上海圖書館藏。

### ◆ 劉汝樾

汝樾，歷城人。

其詩文集未見著錄。《齊河縣志》卷三十一載其《桐村詩集序》一篇。按《桐村詩集》，齊河趙瑞吉撰。

### ◆ 趙瑞吉

瑞吉字祥子，號桐村，齊河人，允振長子。康熙間歲貢。

其文集未見著錄。《齊河縣志》卷三十一載其《送錢二尹序》，卷三十四載其《謝道亨樓扁小引》、《宋處士小像讚》等。

## 【歷代姓氏人物譜】

見民國《齊河縣志·撰述》。《縣志·藝文》載長清于紹舜是書《序》略云："祝阿祥子趙君，高才嗜古，著述甚富。遺箧所藏有《姓氏譜》一編，上下千古，搜括無遺，使百家之勳蹟宗望燦然心目之間，其勤至矣！則欲考水木之本源者將有所據而尚論焉，真生民之大快歟！然世系之異同，族屬之遠近，有不可知者。但哀詳一姓，以示表章，分注各朝，不相附會，非故略也，蓋孔氏闕疑之教云爾。"

## 【桐村詩集】

見民國《齊河縣志·撰述》。《縣志·藝文》載康熙己卯（三十八年）歷城劉汝樾是書《序》云："己卯秋，偶閱耿濟祥子趙君詩，猶如空谷忽響，天籟驟聞。其格局勁古，韻藻秀逸，深得《三百篇》之遺。洵有才而不露其才，有學而能化其學，範圍於杜李岑孟間又不以杜李岑孟著。即趙君著作亦不僅此帙，而此帙固見其一斑也。"

《齊河縣志》卷三十載其《環青園即景》、《千楸園訪房昊公話舊》、《大清橋》、《午日游環青園》、《環青園八景》（八首）等詩。

### ◆ 趙瑞晉

瑞晉字康侯，號升菴，齊河人，允振子。康熙甲戌（三十三年）進士。官廣西羅城知縣。《濟南府志》卷五十六、《齊河縣志》卷二十四有傳。《齊河縣志》卷三十三有朱軾《行取科道羅城縣知縣升菴趙公暨元配張孺人合葬墓誌銘》。

## 【重修羅城縣志四卷】

《山東通志·藝文》（史部地理類）著錄，引《齊河志》載瑞晉《自序》略云："悉依舊本 舊志，于成龍所修，參以省志，闕者補之，遺者增之，爲類一十有八，彙爲四卷，經五削稿，兩閱月而書告成。"

## 【啟後集】

見《國朝山左詩續鈔》、《濟南府志·經籍》、《山東通志·藝文》。

《國朝山左詩續鈔》卷二載其《桐溪道中》詩一

首。《齊河縣志》卷三十載其《夏日環青園讌集》詩一首，卷三十二載其《僧錄司左講經智壽禪師傳》，卷三十四載其《徵輓詩啟》、《家譜跋》等文。

### ◆ 朱輝珏

輝珏字合璧，號雪原，平陰人，鼎延孫。康熙甲戌（三十三年）進士。光緒《平陰縣志》卷五有傳。

## 【餐英書屋詩文集】

見《山東通志·藝文》（據《府志》）。光緒《平陰縣志》本傳云："著有《餐英書屋詩古文詞》若干卷，藏於家。"《平陰縣志·著述》作《餐應書屋文集》，"應"字誤。

光緒《平陰縣志》卷八載其《枚五張公壽序》一文。

## 【久芬亭藏稿】

見《國朝山左詩鈔》。

### ◆ 田肇麗

肇麗字念始，號蒼厓，德州人，雯子。歷官戶部郎中。《濟南府志》卷五十六有傳。

## 【南北史纂】

見《濟南府志·經籍》、《山東通志·藝文》（史部別史類）、《德縣志》本傳。

《山東通志·藝文》：《有懷堂文集》載是書《序》略云："予年二十時，讀李延壽《南》、《北》二史，遂手錄一帙，不過取其佳句善字而已，於作者之意，未之有會也。歸田後取二《史》覆閱，隨事籑錄，一傳中或取其一詞，或摘其一事，芟繁就簡，務期不失作者之意，計兩載餘，而兩史告竣，裝輯成帙，三復把玩，殊欣欣不能釋諸手也。"

## 【扈從紀程】

見《濟南府志·經籍》、《山東通志·藝文》（史部傳記類）、《德縣志》本傳。

## 【麻衣消寒錄】

見《濟南府志·經籍》（訛作《麻花消寒錄》）、《山東通志·藝文》（子部雜家類）、《德縣志》本傳。

《山東通志·藝文》：《有懷堂文集》載是書《序》，

末云："今以家艱㪍㪍、杜掃苫凷之餘，遍輯舊錄，并撦新聞，濡墨和冰，久而成帙。非敢遂負考訂，漫矜博奧，亦如齊衡陽之細書蠅頭，以備遺忘云爾。"

## 【硯北猶存錄】

見《濟南府志·經籍》、《德縣志》本傳。

## 【世說新語注纂】

《山東通志·藝文》（子部小說類）：《有懷堂文集》載是書《序》略云："歸田六載，學殖荒落，孫興問視之餘，以《世說新語注》求余點定句讀，遂檢兩《晉書》并以南、北《史》同列几案，反覆披閱，擇其事與辭之尤者手鈔之。其何君良俊所補雖雜，唐、宋之事亦竝錄不棄焉。前後序次，悉依原編，通計字六萬有奇。兩閱月而卷畢，乃整輯成帙，付孫興寶而藏之。"

## 【有懷堂文集一卷詩集一卷】

現存：清乾隆七年刻本（《德州田氏叢書》之一），中國國家圖書館、上海圖書館、中共山東省委黨校圖書館等藏，《中國叢書綜錄》、《清人詩文集總目提要》著錄；《四庫全書存目叢書》、《山東文獻集成》影印。

《德州志·州人所著書目》作《有懷堂集》無卷

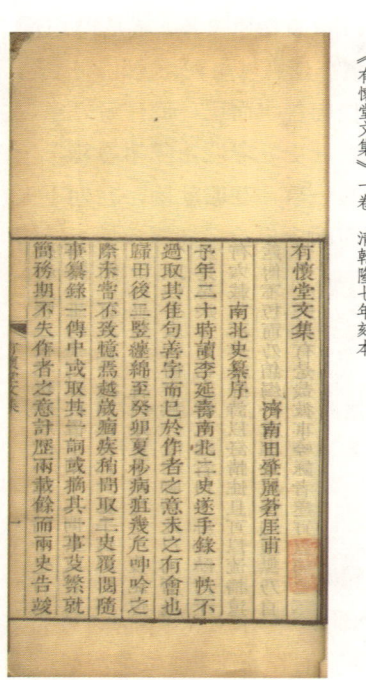

《有懷堂文集》一卷　清乾隆七年刻本

數。《濟南府志·經籍》作《有懷堂詩集》無卷數。《山東通志·藝文》作《有懷堂詩文集》一卷。

《山東通志·藝文》引《四庫存目提要》曰："肇麗負雋才，而屢試不第，其入官也以任子，故《述懷》詩有'慚非科名人'句。蓋吟詠之間，嘗以是耿耿云。"

《國朝山左詩鈔》卷四十一載其詩七首，內有《送盧抱孫之任洪雅》詩云："才子方宜西蜀去，漁洋標格許誰同？百花潭上舊題好，萬里橋邊新句工。月白風清江漠漠，嵐浮花映雨濛濛。登臨處處堪欣賞，郫飲應知道貌紅。"見曾注云："先生歸里後，閉戶埽軌，雖至戚罕得見其面；獨余到門，必延入室。余赴任洪雅，先生已病，猶作七言律二首贈行。詩意非所敢當，存其一以志知己之感云爾。"《德縣志》卷十五載其《招邵烈婦辭》有序一篇。

## ◆ 田中儀

中儀字无咎，號白巖，德州人，肇麗弟。貢生。官鑾儀衛經歷。

《紅雨齋詞》一卷　山東省圖書館藏民國初趙氏模鄮閣鈔本

## 【紅雨齋詞一卷】

現存：民國初趙氏模鄮閣鈔本，山東省圖書館藏；《山東文獻集成》影印。

## 【紅雨書齋詩】

見《國朝山左詩鈔》、《濟南府志·經籍》、《山東通志·藝文》、《德縣志·邑人著作》（作《紅雨齋詩集》）。

《山東通志·藝文》引《山左詩鈔》按語云："白巖少受詩於長兄蒼崖，與小阮同之共筆硯，酷愛填詞，詩間作而已，故存者無多。"

《國朝山左詩鈔》卷五十載其《與焦穀貽夜話即送其公車北上》、《夏日過濯錦園》（二首），凡三首。道光《章邱縣志·藝文》載其《送焦穀貽》詩一首。《德州志》卷十二、《德縣志》卷十六載其《夏日過濯錦園》一首。

### ◆ 謝 燦

燦字曼倩，號小山，德州人，重輝子。貢生。《濟南府志》卷五十六有傳（作謝粲）。

## 【小山遺詩】

見《國朝山左詩鈔》、《濟南府志·經籍》、《山東通志·藝文》（"燦"作"粲"）。

《國朝山左詩鈔》卷四十七載其《河上》、《中秋池上翫月戲集唐句》詩二首，小傳注引宋蒙泉曰："明經雅有父風，最爲漁洋所喜。曾見漁洋與比部手札，必及曼倩。其子紫芝，字商隱，小字白駒，皆漁洋手札所命云。"

### ◆ 鄭 坦

坦，新城人。

其文集未見著錄。《重修新城縣志》卷六載其《修桑公堤記》（康熙三十三年）一篇。

### ◆ 韓 章

章字淡園，歷城人。康熙丙子（三十五年）科舉人。官濬縣知縣。

## 【淡園遺詩】

見《歷城縣志·藝文考》（據採訪節抄本）、《山東通志·藝文》。

### ◆ 柳 灝

灝字子真，長清人。諸生。

## 【菊譜】

《山東通志·藝文》（子部譜錄類）：《趵突泉志》載是編云："甚佳。"

## 【子正遺詩】

見《歷城縣志·藝文考》（採訪鈔本，卷未詳）、《山東通志·藝文》。

### ◆ 劉星樞

星樞，章丘人。康熙丙子（三十五年）舉人。

其詩文集未見著錄。民國《濟陽縣志·藝文》載其《孫烈婦殉夫碑誌》一文。

### ◆ 曾繼英

繼英字仲彥，號蓮峯，陽信人。康熙丙子（三十五年）舉人。

## 【南遊草】

見《國朝山左詩鈔》、《陽信縣志》本傳、《山東通志·藝文》。

《國朝山左詩鈔》卷四十六載其《冬日遊西湖》一首。

## 【歷下吟】

見《國朝山左詩鈔》。

## 【西行唱和集】

見《國朝山左詩鈔》、《山東通志·藝文》（集部總集類）。

### ◆ 曾繼美

繼美字秀文，陽信人，繼英弟。諸生。民國《陽信縣志》本傳云："塤箎唱和，時人稱爲二難。"

## 【關山一覽】

見《山東通志·藝文》（據《府志》）。

## 【一齋詩稿】

見《陽信縣志》、《山東通志·藝文》。

《國朝山左詩續鈔》卷三載其《題岳生草堂即索新釀》詩一首。

## ◆ 李 恪

恪字敬臣，霑化人。康熙丙子（三十五年）舉人。光緒《霑化縣志》卷九有傳。

### 【濱城草】

見《山東通志·藝文》（據《武定詩鈔》）。

### 【藝文稿】

光緒及民國《霑化縣志》本傳云："年五十，始舉於鄉。有《藝文稿》藏於家。"

## ◆ 李 忱

忱號迪九，霑化人，恪弟。拔貢。年四十二卒於京邸。光緒《霑化縣志》卷九有傳。

### 【制藝雋品】

光緒《霑化縣志》本傳云："弱冠補諸生，旋食餼。每手一藝，人陰搆之，襲其文者掇巍科，因名其稿為《制藝雋品》。與兄恪並有文譽，濟以北謂之'二李'。"

【卷十四・清<sub>四</sub>】

# 卷十四·清四

### ◆ 潘五雲

五雲字雨六，號蒿齋，樂陵人。康熙丙子（三十五年）歲貢。

【畫史二卷】

見《樂陵詩彙》、《山東通志·藝文》（子部藝術類）。

《山東通志·藝文》：《山左詩續鈔》引李衍孫云："蒿齋於康熙癸丑校畫內苑，欽定詩畫第一。因不欲以藝得官，竟告歸。著《畫史》二卷。"

【靜古山房詩集一卷】

見《樂陵縣志》、《山東通志·藝文》。《國朝山左詩續鈔》、《國朝武定詩鈔》、《樂陵詩彙》作《靜古山房集》，無卷數。

《國朝山左詩續鈔》卷二載其《題仿米南宮山水圖》詩一首。《樂陵詩彙》載其《繪事引》、《題米家山水圖》、《題畫應制》、《月夕醉吟》詩四首。

【靜古山房詩餘一卷】

見《樂陵詩彙》。

### ◆ 楊兆煊

兆煊字宣子，號蓼峯，海豐人，巍六世孫。康熙丁丑（三十六年）拔貢。官荏平教諭。

【濟美堂文集】

《山東通志·藝文》：是集見《武定詩鈔》。

### ◆ 潘明祚

明祚字超菴，齊河人。康熙丙子、丁丑（三十六年）聯捷進士。官藤縣知縣。《濟南府志》卷五十六、《齊河縣志》卷二十四有傳。

其文集未見著錄。《齊河縣志》卷三十一載其《琴鶴堂詩集序》。按：《琴鶴堂詩集》，同邑趙範俶撰。

【南遊草】

見《國朝山左詩鈔》、《濟南府志·經籍》、《山東通志·藝文》。

《國朝山左詩鈔》卷四十六載其《寄故人》、《署中遺興》詩二首。

【制藝稿】

《國朝山左詩鈔》案云："先生舉進士有名，有《制藝稿》行世。"

### ◆ 李甡麟

甡麟字丹書，號怡山，又號畏齋，武定人，之莊子。康熙丁丑（三十六年）進士，改庶吉士。《惠民縣志》卷二十七有杭世駿《內翰李公遺事》，卷二十九有陳世倌《李怡山先生墓表》。

其文集未見著錄。《長山縣志》卷十三載其《袁公祠堂碑記》（乾隆二年）一篇。

【澹遠堂詩集】

見《國朝山左詩續鈔》、《山東通志·藝文》。

《續修四庫全書總目提要（稿本）》著錄傳抄本（不分卷），提要云："是編僅八十餘首。多近體，似非完帙，或係全部之一冊。且其中首頁《舟中偶作》一首，題'偶作'二字，改作'晏集'，又頗似抄成後批改者。年湮代遠，不可知矣。甡麟性潛悟過人，幼攻詩書，即解大義。早歲餼於庠下，惟攻苦寒暑無間。居近有得朋樓，與文士聯會，稱祭酒。官翰林時，年甫三十七，以念父母，不三載遽告歸。家藏萬卷，家居手不停披。年七十，少年所讀書，猶能成誦，無一字遺。為文卓然大家，間作駢體文，皆合雅音。其為詩清麗高華，類多自出機柚。如集中《送張孟老之任楚南》云：'坐領專城渤海邊，霜威七載樂鳴絃。

鈴旆日暖雲成陣，畫艦春浮柳帶煙。已建奇勳銘北府，佇看偉畧震南天。追攀剩有青門酒，認取鬢眉閣上傳。'讀之已覺情思發越，迥絕凡區。而《聖駕南巡恭紀》七律八首，尤為高華可誦也。"

《國朝山左詩續鈔》卷二載其《舟中宴集》詩一首。小傳注引黃叔琳《傳》曰："公潛悟過人，讀書無間寒暑。居有得朋樓，與文士聯會。家藏萬卷，手不停披。"

## 【武定四賢集】

《山東通志・藝文》（集部總集類）：四賢者，明李濂、劉策、史永安、袁化中也。是編見杭世駿《道古堂集》。

## 【忠貞集】

《山東通志・藝文》（集部總集類）：李牲麟所編明馬拯及其妻邢慈靜之遺文也。《道古堂集・內翰李公遺事》云："輯前黔藩吉甫馬公暨夫人邢氏遺文爲《忠貞集》，以補志乘之闕。"

◆ **逯 選**

選字萬青，號野園，歷城人。康熙丁丑（三十六年）長清籍拔貢。歷官霸州知州。乾隆八年卒，年七十八。《歷城縣志》卷三十八、《長清縣志》卷十二、《濟南府志》卷五十三有傳。

## 【學易觀玩】

見《濟南府志・經籍》、《山東通志・藝文》（經部易類）、《續修歷城縣志・藝文考》（據《長清志》）。

## 【畿輔水利志略六卷】

見《濟南府志・經籍》、《山東通志・藝文》（史部地理類）、《續修歷城縣志・藝文考》（據《長清志》）。《續修四庫全書總目提要（稿本）》著錄清乾隆間鈔本（附《北河治略》一卷），書首有"乾隆四年繕錄"字樣。

《山東通志・藝文》：雍正三年冬，頤親王暨高安朱軾奉命修畿輔水利。是編紀當時設施大略，而附以河道考及河圖。一卷奏疏，二卷公牘，三卷、四卷記疏洩諸水大略及河道、河隄等攷，五卷、六卷爲河圖及四局水利營田圖。《長清志》載其全目，及選《自序》略云："內設水利營田府，外分四局四道，一時重農愛民之法，爲史冊所未見。選以鄙拙，同翰林陳儀備員任使，奉行諭檄，久而盈帙，間以鄙見附於帙末，謹以類編次，用備稽考，而聖朝鄭重民事之盛，畿輔之民家給人足，型仁講讓之風，亦可概見已。"

按：《縣志》、《府志》於此書外別出《大陸澤議》。今考此書全目，已見第三卷中。是《大陸澤議》特《志略》之一耳，別出非是。

《大陸澤議》亦見《濟南府志・經籍》、道光《長清縣志・邑人著述》。《縣志・著述》並載其文。

## 【北河志略】

見《濟南府志・經籍》、《山東通志・藝文》（史部地理類）、《續修歷城縣志・藝文考》。

《山東通志・藝文》：《縣志》載是書及其《自序》云："天津總河職掌，當論河道之源委，不當論河道之限界。其河道維何？則汶、衛、漳、滏、滹、沱、滾、易、漯、白等河是。其省分維何？則直隸、山西、河南、山東等省是。其治之之法，於春夏水小之前當預有以合其流，於伏秋水大之前當預有以散其勢，此其大綱也。至於分設道員，郡縣各倅分段，責成疏濬堵築，此其條目也。總河則查勘指授，明立條約，信其賞罰，以盡厥職。其餘則具於靳文襄之《治河書》、潘印川之《河防一覽》，是在神而明之，以精其用而已。謹將河道源委、山川圖樣、道倅職掌敍次於左，俾司其事者有所考焉。"

## 【金門集一卷】【霸臺集一卷】

見《歷城縣志・藝文考》（據採訪刻本）、《濟南府志・經籍》、《山東通志・藝文》（據《縣志》）。

道光《長清縣志・藝文》載其《直省黃河古今浚塞大畧口號十二首》，《東巡賦》（康熙癸未年）一篇。

◆ **董思任**

思任字莘叄，平原人，訪子。康熙戊寅（三十七年）拔貢。官滄州知州。《平原縣志》卷八有傳。

其詩文集未見著錄。《國朝山左詩續鈔》卷三十一載其《雄縣道中曉行遇雨》詩一首。

◆ **董思恭**

思恭，平原人。

其詩文集未見著錄。《續修平原縣志》卷十一載其《題張陶山小照》一首。

## ◆ 成 芸

芸字季茁，號雪巖，鄒平人，厚發子。康熙己卯（三十八年）舉人。康熙丙申（五十五年）授聊城縣教諭，雍正十三年任登州府教授。《濟南府志》卷五十四有傳。

### 【傳信錄】

《雪巖翁集》載《傳信錄跋》云："《傳信錄》成於康熙癸酉，藁本藏篋中久矣，每欲繕寫成書，竟玩愒因循，志焉未逮。今歲庚子，仲兄仲芳來聊城，偶言及此，兄嘅然任之。書凡若干葉，八日而畢。兄年已古稀矣，尚能作蠅頭楷書，與少壯時無以異。余數年來所志焉未逮者，又一旦獲成之，皆事之足喜者也，為揚觶以志慶。"是此書成於康熙三十二年，至五十九年始抄錄成冊。又按《雪巖翁集》載《世德頌》自跋"今謹據《成氏傳信錄》，撰《世德頌》一十七章"云云，則此書又名《成氏傳信錄》。

### 【世德頌】

《雪巖翁集》載《世德頌》自跋云："家乘近例，大抵聯世系，別本枝，及官秩之崇卑，與夫兒孫年歲之多少，至先人言行，均未之及也。今謹據《成氏傳信錄》，撰《世德頌》一十七章，用朱書附綴族譜各諱字下。其未備者，待後人補足之。昔謝靈運敘太傅車騎事，作《述祖德詩》。而近世尤展成太史亦搜采家傳，作《述祖頌》。古之人永言孝思，揚所自出，往往然也。余今同此意，然而文詞譾陋，其不逮古人遠矣。"

### 【青氈腐談一卷】

《雪巖翁集》有云："雍正乙卯年，翁官登州府教授，撰《青氈腐談》一卷。《自敘》云：'昔我聖祖仁皇帝撰《訓飭士子文》頒示天下；今天子復慎簡學臣，釐正文體，崇尚儒術，又詔薦舉優行，及有守有為之士，破格錄用。多士幸際昌期，宜各端其行誼，蔚其文章，仰副作人至意。按官為庠宮董帥，曷敢怠荒。謹撮先賢著述，抄其切實典要、有關於德行道藝者，敷衍其義，質之多士，與共砥礪焉。'翁《文集》。"按：《雪巖翁集》中成瓘注文均低一格書寫，並冠以"瓘按"字樣。此段雖頂格，亦無"瓘按"二字，然繹其語意，當係成瓘所撰者也。

### 【幖秋筆記十六卷】

見《濟南府志·經籍》、《山東通志·藝文》（子部雜家類）。《山東通志·藝文》引《縣志》載是書云："自《文選》、《拾遺》、《述異》、《伽藍》諸記，龍輔《女紅》錄，《清涼山》、《臺灣》等志數十種，隨所觀覽，節錄成帙，蓋類書也。"

### 【精騎集續編】

《山東通志·藝文》（子部類書類）著錄，引《縣志》載芸《自序》云："昔秦少游雜取經傳子史之可爲文用者彙爲一編，顏曰《精騎集》，蓋取六朝人'我有精騎三千，足敵君贏師數萬'語也。乙亥春，因做淮海遺意，纂成一帙，爲《精騎集續編》云。"乙亥，康熙三十四年也。《濟南府志·經籍》誤作《精騎集》。

### 【雪岩詩草一卷】

現存：清嘉慶十年家刻《鄒平成氏詩鈔》本（與成厚發《紀年詩草》、成兆豐《竹齋詩草》合刻，中共山東省委黨校圖書館藏；《山東文獻集成》影印。前有嘉慶十年其姪曾孫啟洸《序》略云："雪岩公名芸，字季茁，號雪岩，先高祖竺公翁第四子也。康熙己卯經魁。性穎悟好學，著有《韻府綺言》、《幖秋筆記》、《珠船》等集十餘種，與《詩草》四卷並藏篋中，皆公手錄也。德州盧雅雨先生《山左詩鈔》曾刻其《春雁》一篇。茲檢遺稿，取數十首，附《紀年詩》卷後，並付剞劂，以見父子濟美之意云。"按：啟洸字靜谿，乾隆己酉（五十四年）拔貢，著有《研農秋穫》等書。

### 【濟北雜咏】

《雪巖翁集》載《濟北雜咏自敘》云："濟北，古東郡地，為南北水陸通衢。煙火萬家，輪蹄輻輳，大國風也。余少時，先大父任觀城司訓，攜余遨遊於此。臨漕渠之水，登光岳之樓，游任氏、鄧氏之園亭，自是不能忘情，頻入夢寐。康熙丙申歲，得官聊城司鐸，景物山川，如逢故友，舉向之頻入夢寐者，今且食寢於斯矣。按官無事，日唯讀書課孫，或種竹澆花，或登射書之臺，登鐵塔之寺，興之所到，輒成韵語，非敢言詩也。友人借觀，遂加獎藉。每一覆之，實愜於懷。語云：'家有敝帚，享之千金。'人苦不自知耳。因刪其繁冗，存其少有意致者。諸公品騭之詞，不無溢美，亦并存之，感知己也。四六雜文，無多卷帙，附之於後。統名曰《濟北雜咏》云。雍正己酉夏五。"

### 【竹頭木屑錄】

《雪巖翁集》載《竹頭木屑錄自敘》云："署中無事，屋後闢小園一區，可半畝，雜置花果蔬菜。主人披襟緩步，倘佯其中，澆花種竹，剪韭鉏瓜，坐聽鶯鳴，立看蜨舞，逸情別趣，觸緒紛來。或得單詞，或得偶句，輒書之赫蹏藏籠中，俟天朗氣清、心閒手敏時，補綴成書，亦是幽居之一適。一日讀李長吉小傳，言長吉飯訖，即呼奚奴背一古錦囊，游郊外，得句，投囊中，暮歸足成之，率以爲常。乃知昔人已有先得我心者矣。第吾籠中所貯，皆雕蟲小技。問有能造奇句，如石破天驚逗秋雨者乎？又如遙望齊九州點煙，一泓海水杯中瀉者乎？又如香鬟髻鬌，半沈檀玉，錢落處無聲膩者乎？文實謭陋，而偶同前人之軌迹，得毋嗤我效西施之矉而學邯鄲之步乎？"又載《竹頭木屑錄題詞》云："竹則有頭，木亦有屑。竹頭裝船，木屑鋪雪。傳為美談，聞諸先哲。三史五經，方言小說。收入藥籠，可當麴蘗。釀之醸之，酒成百末。布置安排，細膩熨貼。如其不然，補苴剽竊。斷鶴續鳬，黑金成鐵。貽笑大方，弄巧反拙。"

### 【冬行漫草】

《雪巖翁集》載《冬行漫草序》云："昔遄往矣，疎籬徧繞黃花；今歸來兮，大地盡鋪白雪。蓋秋冬之際，最難為懷；而羈旅之餘，尤易興感。窺茆簷之月色，霜旦晴宵；踏異地之冰痕，寒林蕭潤。粘天白草，偏驚游客之心；落日黃昏，時下征人之淚。凍深泥滑，行路方難；曠野風威，綈袍勿贈。既未貰酒衘杯，藉以澆其壘塊；若非因題覓句，何由破此寂寥。僕也黑貂盡敝，雪刺叢生。熱不因人，亦乘舟而訪戴；飢或驅我，且稅駕以依劉。於是時值北風，便游南樂；兼依短褐，直走長垣。黃河繞鄴郡之南，太行峙巖州之右。僕僕間關，漫同負戴。迢迢迂道，閱盡艱辛。每當孤悶之辰，輒有遣懷之作。或推敲跨蹇，興來於風雪橋邊；或展轉擁衾，句得於蝴蝶夢裏。或笑山容之似睡，漫爾品題；或憐玉面之衝寒，偶然唐突。或呵

來凍筆，义手先成；或拈斷冰鬚，搜腸未就。所云製繭膝而寫意，大有熱腸；託兔穎以言情，頗多冷趣。既描成於一卷，敢云雪潔冰清；即自評以兩言，不過郊寒島瘦云爾。雪巖自志。"

### 【移情小集】

《雪巖翁集》載《移情集自序》云："雍正己酉歲，余捧檄教授東牟，夏六月冒暑抵任。官署傾圮，荒草蒙茸，壹似久無居人者，乃誅茅翦棘而處焉。人煙寥落，阡陌縱橫，禾黍離離，宛然村落。北牕洞開，晨夕與蓬萊閣相對。遠望大海，浩渺無極，水天一色。時而海風驟至，鏗鎝澎湃之聲，徹於枕上，終夜展轉，不復成寐。迴憶東郡數載，繁華竟同春夢。岑寂況味，觸境成詩，繁音促節，不自知其情之一往而深也。日久漸積成帙，不忍棄擲，顧無以名之。偶閱《水仙操》，伯牙學琴於成連，從連刺船海上，留蓬萊山，連迎師久去不返，伯牙心悲，延頸四望，但聞海水汩沒，山林窅冥，羣鳥悲號，仰天歎曰：'先生將移我情。'讀此文，惝怳迷離，不啻置身其側，挹其袖而拍其肩矣。因摘二字，弁於簡端，名之為《移情小集》云。"

### 【雪巖集四卷】

是編詩、詞各二卷，見《山東通志・藝文》、《鄒平縣志・藝文攷》。

《鄒平縣志・藝文攷》：《山左詩鈔》小傳："先生讀書蕭然山中，博學多聞。所著又有《韻府綺言》、《精騎集》十餘卷，同年趙仁圃相國爲之序。"刻其《春雁》一篇云："春雁來瀟湘，迢迢隔千里。曉日鳴淺沙，芳草生沼沚。豈不懷稻梁，所戀惟桑梓。東風共逐一行飛，遊子不知春雁歸。"

### 【韻府綺言二卷】

見《鄒平縣志》、《濟南府志・經籍》、《山東通志・藝文》（集部總集類）。

《山東通志・藝文》引《縣志》載蘇偉《序》略云："近世裒輯古逸詩者，其書不一，而或多舛誤。自唐以上，《古詩紀》搜輯略備，而唐以下未有能續之者。凡專集以外，學者之箴銘，閭巷之歌謠，單詞隻句，散見而人不經覩者，曷可勝數。成子季芷肆爲搜羅，先集成二卷，將以廣之。其亦嗜古而好奇者矣。"按《鄒平縣志・藝文攷》，序末署"康熙三十四年正月

上元蘇偉題並書於春明慎齋”。

《雪巖翁集》載《韵府綺言自敘》云：“夫閒庭初暑，依消夏之坡；高樹新蟬，噪避喧之處。厄黄楊之條，寸剛減一；添青桐之葉，數恰贏三。依依高柳，亂垂塵縠之波；泛泛文鱗，閑泳拖藍之水。雜書聲以鳥語，綴墨錄於花陰。良朋未來，孤懷獨往。爰輯叶韵之句，遂成盈寸之編。始自三皇，迄於明代。騷人抒典，發激楚於長歌；韵士言情，寄幽思於豔語。愁香怨粉，緘恨空閨；貞石吉金，埋文荒草。南陔新宫而外，不少風吟；鑄鼎奔月以還，儘多古奧。衢謠巷咏，溫柔敦厚之遺；瑟越琴徽，唱歎流連之旨。書以薛濤牋，傳黄絹幼婦之詞；付於雪兒歌，聆低黛垂鬟之致。比之淹貫，深愧小巫；汰其靡曼，勿傷大雅。”又載張秉鍈《敘韵府綺言》云：“微雨晚晴，殘霞新上。披襟迎爽，如成子之居。瞰其戶，闃無人焉，唯見鬖草舒青，落花卧碧。墨且瀋而毫則濡也，硯北一小紙，闕其半，書《李夫人》‘是邪非邪’歌，諷誦久之，嘅然曰：‘千古韵語，不遇韵士，廣為摭撦，譬之簾內釵聲、墻頭花影，斷粉零膏，淒其同盡。烏乎，惜哉！’末復檢一帙，繕寫工致，效黄山谷幼時書黄初銘邪？赤烏字邪？金篋邪？奚囊邪？袖之而歸，夜挑燈讀之，澄以清松風桐露也，古以質彝鼎石鼓也，韵以莊高人雅士也，淒以幽胡笛哀秋也，幻以媚妃子凌波也。於時斜月侵階，輕寒透袂，斗轉參橫，疎簾寂寂。怳兮惚兮，不知身在黄農，又安知生當何世哉？余惟成子韵士也，吾讀其書，愛其人；世亦有慕其人，讀其書乎？明日以告成子。成子曰：‘子見吾書，當為吾書敘。’吾仍蘸墨拂紙，援筆而書，且目之曰《韵府綺言》。成子曰：‘退已。’”按：秉鍈，鄒平人，貢生。

### 【世德世科錄】

《雪巖翁集》云：“攷之家乘，先人遷自棗强，代有隱德。前朝隆慶丁卯，固原翁以壁經獲雋，遂為吾家科名之始。幸際聖朝，涵濡教澤，兩捷春官之科。迨康熙己卯，小子又邀鄉薦。訪問族中長者，固原翁闈卷毁於回禄，後世無傳。小子思焉。因輯戊子以來中式文字，都為一册，題曰《世德世科錄》。傳之子孫，使知前人積累之厚，誦習之勤。故後人迭食其報，有繼起者常懷此志，勿替先猷，則桂林杏苑，奕葉光昭，寔余之所厚望也。芸謹志。”

### 【古詩臆解】

《雪巖翁集》載《古詩臆解敘》云：“《三百篇》尚矣，繼之者其《古詩十九首》乎？《古詩》詞多溫厚，體具比興，有《三百篇》遺意焉。鍾元常稱其‘文溫以麗，意悲而遠，驚心動魄’，一字千金不易也。歲在丙申，余僑寄膠西，長夏無事，偶閱吾邑宫保華東先生《古詩注》一册，其自敘云：‘詩有可解不可解。不必解乃解詩者，如膠走盤之珠，一段員光，都被縛定。《古詩》向有徐注，意欲劃舊注之拘，而不知己落窠臼矣。因以己意，畧為刪割，間附管測數語，大要不失其員體而止。偶與友人談及，謂聖賢言語，摠當活認。浦且子巧下飛鳥於青雲之上，而詹何倣而學釣。悟此者，於解何有！’讀其自敘，真属解人，注語亦別開生面。而余於其間尚未免意有異同，爰述所見，附於其後，名曰《古詩臆解》焉。或笑謂余曰：‘陶靖節有言：讀書不求甚解。亦猶兒說弟子善解結，乃能解其一，不能解其一。可解者解之，不可解者以不可解解之，何必更為創解？’余曰：‘唯唯。否否。牟尼慧珠，因想而成，海市蜃樓，隨風變幻，任人之見之者各得其形似而已。徐之解，既殊於張、劉之解，而宫保又異於徐之解，則余亦何必傅會前人之解乎？庸詎知後之人不將以余之解為謬解而復解其所解者乎？’”《敘》後附成瓘按語云：“翁是年選聊城教諭，其僑寄膠西，蓋署任也。册之後又附白香山《琵琶行》一篇，中有注，其後有評，亦翁之所為者。”按：丙申，康熙五十五年也。

### 【雪巖五種八卷】

凡《雪巖翁集》一卷，《閒居筆麈》三卷，《珠船錄》二卷，《四六餘話補》一卷，《雪巖雜錄》一卷。現存：清鈔本，山東省圖書館藏，《中國古籍善本書目》、《中國叢書廣錄》、《山東文獻書目》著錄；《山東文獻集成》影印。按：是書爲成瓘注本。瓘字蕭中，號篛園，嘉慶辛酉（六年）舉人，有《篛園日札》等書。

（1）《雪巖翁集》一卷。所錄皆其敘、記、跋文，其中《古詩臆解敘》、《漁洋詩話跋》、《紀年詩跋》後附有成瓘按語。

（2）《閒居筆麈》三卷。皆筆記雜談之語，於鄉邦掌故、名人軼事，記載頗豐。《雪巖翁集》載《閒居筆麈自敘》云：“余自丙申司聊城鐸，八年於兹矣。

邑之士大夫以我拙且迂，枉駕者少，正如古人所云：'入吾室者，但有清風。對吾欽者，唯當明月。'所以門無剝啄，室有餘閒。含飴課孫之餘，種竹澆花之後，更無一事縈於心曲。是居官之日，大率閒居之日矣。居閒則身閒，心亦閒，手亦閒。昔陶士行朝夕運甓，以習勤勞，嘗語人曰：'大禹聖人，尚惜寸陰。如我輩者，當更惜分陰耳。'是閒者不可任其閒。乃追維曩昔所熟聞於祖父師友及足迹所閱歷者，濡筆錄出，以代塵譚。而論斷古人，品騭文詞者，亦間附之。其事可備鑒，而又當忌諱者，則不書名，以比於隱惡之義。匪曰誇多鬥靡，消閒適志，亦以供人己法戒之資。更惜前此酖歲愒時，光陰空度，為可痛恨耳。始於雍正元年正月人日，迨今一載餘矣，共得若干紙。後日多閒，更當續入。諺有之：'不是閒人閒不得，閒人不是等閒人。'此豈飽食終日無所用心者可得藉口哉？"按《閒居筆塵》"丙寅年余二十二歲"云云，可推知其生年在康熙乙巳（四年）。

（3）《珠船錄》二卷。《雪巖翁集》載《珠船錄小敘》云："余性喜讀書，淨几明窗之下，花香鳥語之間，手把一編，至忘寢食。然而性又善忘，加以貪多欲速，絕少沈潛玩索之功。安所得'掩書餘味在胸中'，如陸放翁之所云乎？昔陳烈苦無記性，一日讀《孟子》至'求放心'，有悟曰：'心不曾收，如何得記！'閉門靜坐百餘日，後讀書無遺忘。此讀書一法也。蘇子容聞人談故事，必令撿出處。司馬溫公聞人談故事，即便抄錄。此讀書又一法也。求放心法，或未易能；而即便抄錄之法，則可學而至。於是遇可喜者，輒為錄出，不時展閱，遂常着於心目之間矣。晉人王子敬云：'讀書得釋一疑，如獲一珠船。'書成，即以《珠船錄》名之。令得吾書者，不啻入五都之市，而富猗頓之財云。"

（4）《四六餘話補》一卷。《雪巖翁集》載《四六餘話補自敘》云："古今詩話、詞話無慮數十家，而譚及四六者無聞，亦藝林憾事也。丙戌春，讀書於長山李氏，偶閱元人陶九成《說郛》書目，有相國道《四六餘話》一卷，不勝驚喜。繙閱之，止寥寥數則，知非當日完璧矣。數年來博覽羣籍，既成《珠船錄》，而遇駢體之工，輒為摘出，積久成帙。雖滄海不無遺珠之歎，亦差足補《餘話》之闕也。"《山東通志·藝文》作《珠船集》，所引《縣志》載是編自序非但文字多有異同，乃又羼入《珠船錄》自敘"王徽之有云：

'讀書得一義，如獲一珍珠船。'遞取以名其集焉"之語，其著錄致誤之由，蓋可知矣。

（5）《雪巖雜錄》一卷。雜錄《穀山筆塵》、《識小編補遺》諸書之文，及所得《泣鼎傳真錄》、《虎口餘生錄》之序。又有偶得萊州府知府朱萬年《守城約》一紙，竊錄其全文，彌足珍貴。

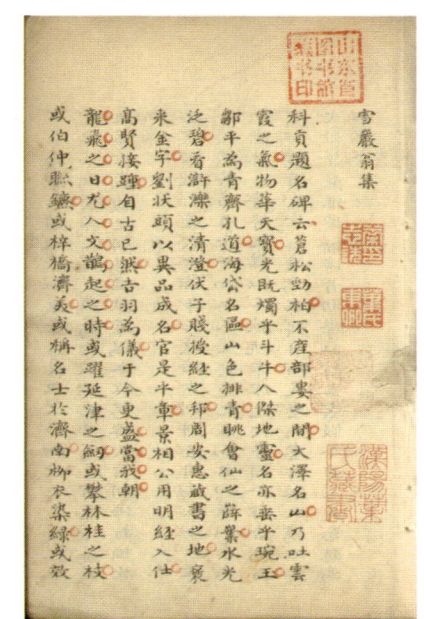

《雪巖翁集》一卷 山東省圖書館藏清鈔本

## ◆ 孫菖森

菖森字百先，自署八十逸叟，鄒平人。

### 【格言彙編二卷】

分上下兩卷，見《鄒平縣志·藝文攷》（道光十六年續纂）、《濟南府志·經籍》、《山東通志·藝文》（子部雜家類）。

《山東通志·藝文》引《縣志》載張秉鎔《序》云："百先先生輯《格言彙編》，乃後學楷模，浮華鍼砭。先生年過八十，猶手不釋卷，垂訓後人。讀者宜懍然悟，赧然悔，頑廉而懦立，庶不負先生造就人才之意乎？"泳按：成芸《韻府綺言》有同邑友人張秉鎔《序》（載《雪巖翁集》），知菖森亦康熙間人也。

### 【思補集一卷】

見《鄒平縣志·藝文攷》（道光十六年續纂）、

《濟南府志·經籍》、《山東通志·藝文》（與《格言彙編》並列於子部雜家類）。

## ◆ 李 栠

栠字文衆，德州人，源子。康熙癸酉（三十二年）舉人，庚辰（三十九年）進士。歷官內閣中書。《濟南府志》卷五十六有傳。《德縣志》卷十五有孫勤《李翰林傳》。

### 【得句集】

見《國朝山左詩鈔》、《濟南府志·經籍》、《山東通志·藝文》。

《國朝山左詩鈔》卷四十六載其《罷官》詩一首。《德州志》卷十二、《德縣志》卷十六載其《歸里》詩一首。

## ◆ 李 椡

椡字聖木，號茗齋，德州人，栠弟。康熙己卯（三十八年）舉人。工詩文，倜儻有氣節。同年翟景文死，貧無以葬，捐地數畝殯之；又捐穀數十石代其子償官，而脫之於械。以子微熊官贈文林郎。《濟南府志》卷五十六有傳。

### 【茗齋詩鈔】

見《德州志·州人所著書目》（注云“未見”）、《山東通志·藝文》（據《州志》）。《國朝山左詩鈔》、《濟南府志·經籍》作《茗齋詩》，《府志》本傳作《茗齋集》。《續修四庫全書總目提要（稿本）》、《清人詩文集總目提要》著錄家鈔本（作《茗齋詩》不分卷）。

《山東通志·藝文》：《山左詩鈔》李椡一條引景州申諝《序》云：“先生以名家子弟聲名已震，而守道安命于寬閑寂寞之鄉，以孝廉終老。其詩曰：‘夙負雲霄姿，羞爲桃李容。’此其心有可想見者。本朝詩家以漁洋爲正宗，先生與同里馮大木舍人少同席硯，又同學詩於漁洋，經其指授師友淵源，故其情思發越，迥絕凡區。”

《國朝山左詩鈔》卷四十六載其《秋日登慧光寺閣遠眺》、《夏日村居》（五首）、《過杜亭弔南村先生》，凡七首。《德州志》卷十二、《德縣志》卷十六載其《秋日登慧光寺閣遠眺》、《灌園》、《夏日村居》（二首）、《李氏古槐歌》等詩十首。

### 【後知堂遺詩一卷】

見《德州志·州人所著書目》（注云“見”）、《山東通志·藝文》，俱無卷數。現存：清乾隆五十九年其孫李有基福建連城官署刻道光十六年玄孫李清渭印本（與李誠明《矩亭遺詩》一卷、李源《見可園集》一卷《見可園集補編》一卷合訂），單縣李振聚藏。

## ◆ 李蕃祚

蕃祚字子介，陵縣人。康熙己卯（三十八年）舉人。官山西馬邑知縣。《陵縣志》卷二十有傳。

其詩文集未見著錄。《陵縣志》卷十七載其《建修神頭鎮後馬頰河西橋碑記》（康熙五十六年）一篇。

## ◆ 吳紹詩

紹詩字二南，號蟻園，海豐人，自肅孫。諸生。雍正二年，世宗命京官主事以上、外官知縣以上，舉品行才猷備任使，即亲戚子弟不必引避。時紹詩世父象寬官湖北黃梅知縣，遂以紹詩應詔引見，分刑部學習。十二年，授七品小京官。乾隆中累迁至侍郎，加尚書衔，卒諡恭定。

其詩文集未見著錄。《國朝山左詩續鈔》卷四載其《自題望雲圖小照》詩一首。

### 【海豐吳氏二世奏稿不分卷】

吳紹詩、吳垣、吳壇撰。現存：清鈔本（三十三冊），中國國家圖書館藏，《北京圖書館古籍善本書目》、《中國古籍善本書目》、《山東文獻書目》著錄。

按：垣字薇次，號樹堂，紹詩長子，乾隆十七年舉人，歷官湖北巡撫。壇字紫庭，號椒堂，垣弟，乾隆辛巳進士，歷官江蘇巡撫。二人中榜筮仕時，武定州及屬縣已不歸濟南府管轄，故其著作不錄。

### 【蟻園自記年譜不分卷】

有清乾隆間家刻本，又有光緒間刻本（即《吳氏世德錄》卷二），見《中國歷代人物年譜考錄》、《近三百年人物年譜知見錄》、《山東文獻書目》。

## ◆ 杜能忠

能忠字獻彤，號坦齋，樂陵人。康熙庚辰（三十九年）進士。官萬泉知縣。

## 【芸馥山房稿】

見《樂陵縣志》、《山東通志·藝文》。

《樂陵詩彙》載其《壽張子順表叔》、《輓商河翟先生》、《桃園釀飲》詩三首。

### ◆ 魏錫祚

錫祚字子晉，萊蕪人。康熙庚辰（三十九年）進士。歷官江西鹽法道副使。民國《萊蕪縣志》卷十七有傳。

## 【海陵治牘】

見《山東通志·藝文》（子部法家類）、民國《萊蕪縣志·藝文》。《續修四庫全書總目提要（稿本）》著錄丁氏抄本（不分卷）。

《山東通志·藝文》：《府志》載是書，及錫祚《自序》略云："余待罪泰州閱十餘載。泰故劇邑也，僻處海隅，其民猥巧而趨利，慓悍好鬭，又率譸張爲患，以囂訟爲能。其奸胥猾吏，類皆舞文詭弊，因緣作奸。是故司牧者輒間歲一易。自維譾薄，愧無經術潤飾吏事。竊維《周官》以五刑糾萬民，其於獄訟聽議之法，論載至詳且慎矣。而後之服官者，率皆觳觫從事，一切錢穀、刑名諸務，假手於人，間或克自振拔，又以綜覈爲能，鉤距爲智，束溼而操切之，而民生愈蹙。《記》曰：'刑者侀也，刑者成也。一成而不可變，故君子盡心焉。'余十餘年來，事無巨細，皆手自親裁。今量移之後，檢閱舊牘，散軼甚夥。惟攸關風俗、人情、重務數十餘則，猶存於篋。乃薈萃成編。然則斯牘也，其於觳觫操切，未免交譏，無裨政刑之得；而用以誌愧，亦足見其難其慎，始終是志云爾。"

## 【盱江治牘】

見《山東通志·藝文》（子部法家類）、民國《萊蕪縣志·藝文》。《續修四庫全書總目提要（稿本）》著錄雍正間刻本。

《山東通志·藝文》：是書乃錫祚官建昌知府時作。《府志》載其《自序》略云："丙午春奉命來守盱江。盱之俗儉而無華，盱之民猾而性悍。吏雖不黠而罔識準繩，官雖謹度而事多弛懈。心知道政齊刑本非善理，然政寬民慢，炯戒昭垂，處彫敝之後，詣誠

不先，民之蹈法者夥矣。是以下車以來，早作夜思，於民間之情僞微曖，吏治之良楛勤惰，靡不一一剔抉，刻刻提撕，不憚言之重而辭之複。有不得擅專者，上告奉行；有怙終弗悛者，示之明罰。而後熾然不可嚮邇之流，率多匿迹銷聲。余言雖陋，未必無小補也。"

## 【樹德堂集】

見《山東通志·藝文》、民國《萊蕪縣志·藝文》。民國《續修萊蕪縣志》本傳云："詩文有《樹德堂稿》若干卷藏於家。"

### ◆ 蒲 筠

筠字文亭，別號蟠園，淄川人，松齡子。諸生。

## 【寄意草】

見《國朝山左詩續鈔》、《濟南府志·經籍》、《山東通志·藝文》。

《國朝山左詩續鈔》卷三載其《示友人》詩一首。

### ◆ 杜 曠

曠，濱州人。貢生。

## 【濱州志八卷首一卷】

現存：①清康熙四十年刻本，淄博市圖書館、山東大學圖書館、山東師範大學圖書館等藏。②清康熙四十年刻五十年增修本，中國國家圖書館藏。

是志由濱州知州楊容盛（江蘇吳縣人，康熙三十九年任）主修，始於康熙三十九年，次年纂成梓行。首有萬曆舊志《序》二篇，州圖五幅。分方輿志、建置志、禮典志、賦役志、秩官志、選舉志、人物志、紀事志八門。此編不設藝文，有關詩文附於各門目之內。

### ◆ 程彥例

彥例字峨孫，德州人，先貞從子。諸生。

其詩文集未見著錄。《國朝山左詩鈔》卷五十載其《廣川》詩一首。小傳附注云："先生余母舅行，美風姿，有璧人之目。詩文韶秀，書法似文待詔。試輒高等。從學於先大夫，先大夫弗善也，果未三十卒。子幼，遺集散失無存。得詩一首於友人所，藏扇頭。"

## ◆ 封元震

元震字修遠，號漫村，德州人。康熙壬午（四十一年）舉人。歷官湖北安陸知府。

### 【遺詩一卷】

見《國朝山左詩鈔》、《山東通志·藝文》。《續修四庫全書總目提要（稿本）》著錄濰縣丁氏鈔本（作《漫村遺詩》一卷）。

《山東通志·藝文》：《山左詩鈔》載是編及子漢棠《乞序文》略云：“先大夫少時即嗜韻語，然不過偶一爲之。自通籍始稍稍存稿，逾時又復焚棄大半。罷官後乃肆力於詩，日取漢魏六朝、唐宋元明及當代諸名公之集於几榻，手不停披，每賦一詩，嘗推敲漏下數十刻。歷時既多，所得匪少。漢棠嘗請事騰寫，輒弗許。捐館以後，徧檢篋笥所存，竟不滿百首。謹撮錄成帙，以俟正騷壇尊宿爲定而序之。”

《國朝山左詩鈔》卷四十六載其《題荊門黃秀才園亭》、《冬日公出宿鄆東驛遇雪》、《送唐司馬玉林之京》詩三首。

## ◆ 封元履

元履字坦中，號課疏，德州人。歲貢生。

其詩文集未見著錄。《國朝山左詩續鈔》卷三十二載其《秋夜聞簫》詩一首。《德縣志》卷十六載其《立秋日東田硯思姊丈兼訂西山之約》詩一首。

## ◆ 李 頌

頌字西音，號愓庵，霑化人。康熙癸未（四十二年）進士。歷官石埭、德清知縣，有惠政。致仕歸，優游林下，琴書自娛。光緒《霑化縣志》卷七有傳。

### 【世業錄】

見光緒《霑化縣志》本傳、《山東通志·藝文》（子部雜家類）。

### 【留埭吟】

《山東通志·藝文》據《國朝山左詩續鈔》著錄，引長洲沈歸愚《序》云：“讀先生《留埭吟集》，以真性情發爲真風雅，不煩斤削，自然合節。”

《國朝山左詩續鈔》卷二載其《發汴城送人歸里》、《夜泊延平》詩二首。

### 【閩遊草】

《山東通志·藝文》據《國朝山左詩續鈔》著錄。

### 【獲我齋稿】

《山東通志·藝文》據《國朝山左詩續鈔》著錄。蓋其文稿也。

### 【陵陽八景詩草】

李頤等撰。光緒及民國《霑化縣志》本傳云：“初任江南石埭縣，爲前任代完庫款，救災恤患，以慈惠稱。簿書餘暇，與嵩嵒、朱同寅著有《陵陽八景詩草》。”

## ◆ 李 頤

頤字正公，號安素，霑化人，頌弟。

### 【達壽齋詩】

見《國朝武定詩鈔》、《山東通志·藝文》。

## ◆ 康 樵

樵字友漁，號雪廬，陵縣人，懋采子。康熙癸未（四十二年）進士。官兗州府教授。《陵縣志》卷二十有傳。孫勷《鶴侶齋文稿》卷二有《癸未進士兗州府儒學教授友漁康君墓表》。

### 【大冶齋遺文一卷】

見《陵縣志·藝文》、《山東通志·藝文》。

《國朝山左詩續鈔》卷二載其《同涂燮菴同年客邸夜話》詩一首。

### 【居易堂制藝稿】

見《陵縣志》本傳、《濟南府志·經籍》。

## ◆ 薛 堘

堘，濱州人。康熙癸未（四十二年）進士。授山西洪洞知縣，解組歸，以壽終。《濱州志》卷十有傳。

其詩文集未見著錄。《濱州志·藝文》載其《砂亭雨霽》詩一首。

## ◆ 馬見龍

見龍，商河人。庠生。

## 【馬氏家乘】

《重修商河縣志·藝文》載其《馬氏家乘序》略云："余馬氏原籍博興，始祖自元季遷商，家於馬頰之南，迄於今四百餘年矣。先代雖無仕宦，累世未斷書香，以故十餘世之譜系，續遞傳至國朝，猶未失也。第以族姓不甚蕃盛，僅行書寫，未付剞劂耳。迨至康熙四十二年六月間，敝廬之藏譜忽被雨損，先人之名字盡失，前代之實行無存。……及考之木主，糸之石碣，得之祖父之傳聞，又幸千支萬派各有歸宿。於是據聞見所及，援筆直書，圖世系，誌名字，著懿行。表奇節，以及娶何氏，居何地，葬何所，靡不一一詳舉，載之簡編。"

### ◆ 韓午錫

午錫字用晦，淄川人，維愈子。諸生。《濟南府志》卷五十四、《三續淄川縣志》（卷九）有傳。

## 【青草齋詩稿二卷】

見《濟南府志·經籍》、《三續淄川縣志》本傳（無卷數）。《淄川縣志》、《山東通志·藝文》作《青草齋詩集》二卷。

### ◆ 朱崇厚

崇厚字野君，歷城人，綱子。

## 【繪事連還雜詠】

見《國朝山左詩續鈔》、《濟南府志·經籍》、《山東通志·藝文》、《續修歷城縣志·藝文考》。現存：清乾隆張氏慎影堂刻本（一卷），山東省圖書館、山東省博物館藏，《山東文獻書目》、《清史稿藝文志拾遺》著錄。

《國朝山左詩續鈔》卷六載其《杏花春雨江南圖》詩一首，小傳注引郭敏磐《傳》云："先生工繪事，尤精於奕。每畫必係一詩，久而成帙，故取以名編。"

### ◆ 朱崇勳

崇勳字彝存，號怡園，歷城人，綱子。貢生。以子琦官封文林郎。

## 【桐陰書屋詩二卷】

見《國朝山左詩鈔》（無卷數）、《歷城縣志·藝文考》（據本書）。現存：①清乾隆二十五年刻本，青島市圖書館、山東省圖書館等藏，《清人別集總目》、《清人詩文集總目提要》著錄。②清道光刻《濟南朱氏詩文彙編》本，山東大學圖書館、山東省圖書館、濟南市圖書館等藏，《四庫全書存目叢書》、《山東文獻集成》影印。

《四庫全書總目》（據山東巡撫採進本）、《濟南府志·經籍》、《山東通志·藝文》均作《桐蔭書屋集》。《山東通志》本傳作《桐陰書屋詩草》。

《山東通志·藝文》引《四庫存目提要》曰："其詩沿新城末派，清脫有餘，而深厚不足。"

《山東巡撫第二次呈進書目》："《棣華書屋稿》一本。"

《歷城縣志·藝文考》：宋弼《序》署曰："怡園承世德，濡家學，資稟英異，恬澹不試，無所見於時。獨往往為詩，以寫其懷抱。所與唱和，若安邱張卯君、淄川張榆村、膠州張山農、高南阜，皆一時老宿。所為《桐陰書屋詩》，清和醇雅，足以振《楓香》、《吳船》諸集之遺響，而先後於高、張諸君子間。"又，魯鴻《序》署曰："其《桐陰書屋詩》，囊括衆美，匠心獨運，不事鈎章棘句，而自見其淵然而光，蒼然而秀。蓋學古而有得於心者之言，非可襲而取。其歷久而愈新，無疑也。"

《國朝山左詩鈔》卷五十六載其《九日登千佛山》、《村中早秋》、《送別榆村》詩三首。

《桐陰書屋詩》二卷　清道光刻《濟南朱氏詩文彙編》本

### ◆ 朱崇道

崇道字帶存，歷城人，崇勳弟。貢生。

#### 【湖上草堂詩一卷】

見《國朝山左詩鈔》（無卷數）、《歷城縣志·藝文考》（據本書）、《四庫全書總目》、《濟南府志·經籍》、《山東通志·藝文》。現存：①稿本（作《湖上草堂詩稿》一卷，西安評並跋），山東省圖書館藏。②清乾隆二十五年刻本（《桐陰書屋詩》附），山東省圖書館、山東省博物館、青島市圖書館藏，《清人別集總目》、《清人詩文集總目提要》著錄。③清道光刻《濟南朱氏詩文彙編》本，山東大學圖書館、濟南市圖書館等藏，《四庫全書存目叢書》、《山東文獻集成》影印。

《山東通志·藝文》引《四庫存目提要》曰：“其詩如‘寒煙依樹澹，餘雪傍山明’、‘樵聲通澗底，人影上蘆花’，頗有思致。然寥寥數篇，不成卷帙。”

《國朝山左詩鈔》卷五十六載其《村居》、《明湖竹枝詞》詩二首。

《湖上草堂詩》一卷　清道光刻本

### ◆ 朱崇誥

崇誥字重臣，歷城人。

#### 【柿葉山房詩】

《續修歷城縣志·藝文考》云：“見朱學猷鄉試硃卷履歷。卷未詳。”

《國朝山左詩續鈔》卷三十二載其《秋日郊居》詩一首。

### ◆ 朱崇典

崇典，歷城人。

#### 【望華樓印譜一卷】

見《續修歷城縣志·藝文考》（注云“朱學猷鄉試硃卷履歷，卷未詳”）。現存：清乾隆十二年鈐印本，山東省圖書館、山東省博物館等藏，《中國古籍善本書目》著錄。

### ◆ 朱崇簡

崇簡字默存，號棣園，歷城人，宏祚孫。候選州同。

其詩文集未見著錄。《國朝山左詩續鈔》卷六載其《明水道上》詩一首。

### ◆ 盧 炤

炤字宣子，長山人。康熙甲申（四十三年）歲貢。雍正二年遷安丘縣訓導。《長山縣志》卷八有傳。

#### 【四書會解】

見嘉慶《長山縣志》本傳。

### ◆ 張樹德

樹德字濟千，號南川，新城人。康熙乙酉（四十四年）舉人。官文登教諭。《濟南府志》卷五十五有傳。

#### 【南川集】

見《國朝山左詩續鈔》、《濟南府志·經籍》、《山東通志·藝文》、《重修新城縣志·藝文》（據張象津《新城後志稿》，二卷）。

《國朝山左詩續鈔》卷三載其《朝望》詩一首。

#### 【潮聲集】

見《濟南府志·經籍》、《山東通志·藝文》（據《國朝山左詩續鈔》）。

#### 【臨清校士分館課藝一卷二編一卷】

現存：清光緒二十八年清源署石印本，濟南市圖書館藏。

### ◆ 張　晼

晼字右虞，霑化人。康熙乙酉（四十四年）舉人。官披縣教諭。光緒《霑化縣志》卷九本傳云："至六十三歲始膺鄉薦，人皆呼為老孝廉。"

#### 【河曲詩文稿】

見光緒《霑化縣志》本傳、《山東通志·藝文》。

### ◆ 張權時

權時字宜之，號可庵，齊東人。康熙乙酉（四十四年）歲貢。晚年任披縣訓導，卒於官。《齊東縣志》卷五有傳，卷六有杜永敬《張可庵先生墓碑》。

其詩文集未見著錄。《齊東縣志》卷六載其《歷代取士考》、《請罷供柳說》文二篇。

#### 【尚書析疑】

見《齊東縣志·著作》及本傳。

#### 【武闈三子全書析疑大全】

《齊東縣志·著作》作《武經析疑》，無卷數。現存：①清雍正五年聚秀堂刻本，廣東省立中山圖書館藏。②清光緒七年文會堂刻本（二冊），軍事科學院圖書館藏，《山東文獻書目》著錄。③清光緒二十四年成都刻本（三冊），軍事科學院圖書館藏，《山東文獻書目》著錄。

#### 【四書析疑二十三卷】

現存：①清雍正九年古吳聚秀堂刻本，天津圖書館藏。②清乾隆三十二年文盛堂刻本，河南省圖書館、濟南市圖書館藏，《濟南市圖書館館藏古籍書目》著錄。③清乾隆五十九年刻本，曲阜師範大學圖書館藏。④清嘉慶十七年崇文堂刻本，山西省圖書館藏。

民國《齊東縣志·著作》云："《大學》二卷、《中庸》四卷、《論語》十卷、《孟子》七卷，於康熙五十八年刊印。民國十二年歷史博物展覽會審評云：'纂輯先賢時儒諸說，而折衷於朱子。'"其康熙刻本，今未見。

### ◆ 徐啟新

啟新字煥章，長山人。康熙丙戌（四十五年）武

科會元。歷官甘肅提督。《濟南府志》卷五十五有傳。

#### 【寧波詩集一卷】

見《濟南府志·經籍》、《山東通志·藝文》。

《山東通志·藝文》：《縣志》載是集，又云："有《凱旋歌》六章，并藏於家。"

### ◆ 李掌圓

掌圓字十洲，號仙庵，陽信人。康熙丙戌（四十五年）進士。官編修。

#### 【易經發蒙】

見《武定府志》、《山東通志·藝文》（據趙國麟所撰《傳》）。

#### 【四書格物彙編】

《山東通志·藝文》：是書見趙國麟所撰《傳》。

#### 【古今釋疑】

《山東通志·藝文》（子部雜家類）：是編見《縣志》載趙國麟所撰《傳》。案：《傳》稱"掌圓肆力於古，取經史子集彙為四冊，凡天文地理以及醫卜命相之書，靡不心究而會其旨趣"云云。所謂四冊者，疑即此書也。

#### 【樂仙堂詩】

《山東通志·藝文》：是編見趙國麟所撰《傳》。

《國朝山左詩續鈔》卷三載其《秋興》詩一首。

### ◆ 趙國麟

國麟字仁圃，號拙庵，泰安州人。康熙丙戌（四十五年）進士。歷官大學士、禮部尚書。《國朝山左詩鈔》卷四十八有門人陳星齋兆崙《行略》。

#### 【大學章句困知錄一卷】

現存：清道光九年瞻岱軒刻本，中共山東省委黨校圖書館藏，《販書偶記》、《山東文獻書目》著錄；《山東文獻集成》影印。有道光己丑泰安知縣徐宗幹《序》，及乾隆壬戌《自序》。《泰安府志》本傳、《山東通志·藝文》（經部四書類）作《學庸困知錄》，《泰安府志·藝文》作《大學困知錄》，《重修泰安

縣志・著述》作《學庸困勉錄》，俱無卷數。

　　《續修四庫全書總目提要（稿本）》著錄清道光己丑刻本，提要云：“是編大旨：以陸子之言，求朱子之意；以朱子之意，求聖人之言。屏歧說，闡微言，羽翼經傳，厥功頗鉅。蓋國麟立品端方，持躬謹飭，為學宗程朱。成進士後，設教岱麓，四方從游者數十百人。嘗因陸稼書‘朱子立意，即聖人之意；非朱子之意，即非聖人之意’等語，而推求朱子之意。其讀四子書，即以朱子之言，求聖賢之意，以為反經之端，因撰為此書。又自以為質劣學荒，銖積寸累，未能厚蓄，從困心鑽研思索而得，因名之《困知錄》焉。道光間徐宗幹知泰安縣時，曾詳請崇祀鄉賢，並搜其遺著，得是編于其裔孫育民，因為之付梓焉。《山東通志・藝文》據《府志》著錄國麟《學庸困知錄》，是其未見原書可知矣。書首有徐宗幹《序》及《自序》云。”

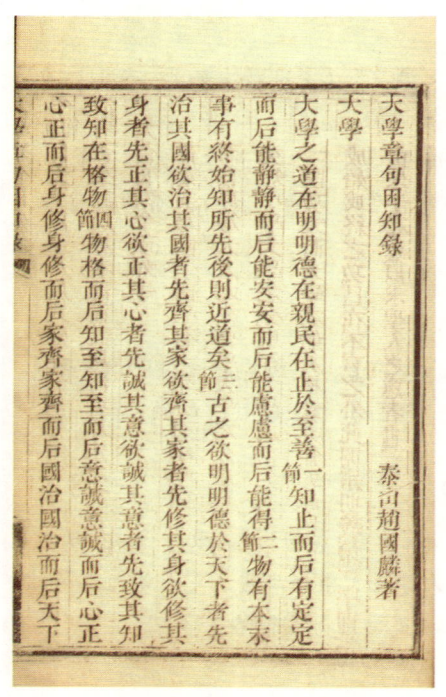

《大學章句困知錄》一卷　清道光九年瞻岱軒刻本

## 【大學講義一卷】

　　現存：民國間泰安王亨豫鈔本，山東省博物館藏，《山東省博物館藏明清民國山左學者著述知見錄》著錄。有泰安訓導宋肇輝《序》，謂宋氏道光間曾捐俸付梓，板存學署，後以兵燹亡失。

## 【居岱淵源錄】

　　《重修泰安縣志・著述》云：“先生自書來岱後紀事。”注云：“及封翁遺跡，乞名人作傳誌者。書今佚。據日記，僅有抄本。”

## 【書院口授講義】

　　《山東通志・藝文》（子部儒家類）著錄，引《府志》本傳云：“國麟自少至老，潛心理學，務闡明宋五子大旨而不泥其辭，博徵古今，旁及日用瑣屑，靡不通貫，尤喜啟迪後進。其為福建巡撫時，詣鼇峰書院，為諸生陳說經義。時錢塘陳兆崙為山長在坐，退謂人曰：‘古云一夕話，勝讀書十年。今侍趙公坐一日，抵十年養氣。’人以為篤論。”

## 【天雄書院口受】

　　見《重修泰安縣志・著述》。

## 【仁圃印譜一卷】

　　現存：清乾隆鈐印本，山東省圖書館藏。

## 【雲月硯軒古體詩稿一卷】

　　現存：清雍正刻本（一卷），山東省博物館藏，《山東省博物館藏明清民國山左學者著述知見錄》、《清人別集總目》、《清人詩文集總目提要》著錄；《山東文獻集成》影印。

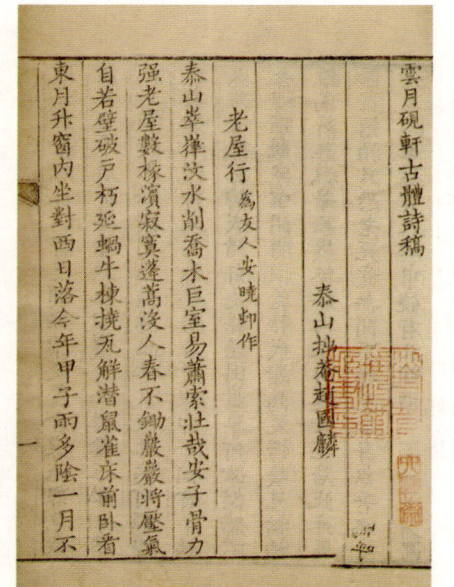

《雲月硯軒古體詩稿》一卷　清雍正刻本

《國朝山左詩鈔》作《雲月軒詩稿》，《泰安府志》、《山東通志·藝文》作《雲月硯軒藏稿》，俱無卷數。

《國朝山左詩鈔》卷四十八載其詩八首。

## 【拙菴近稿一卷】

現存：①清乾隆十一年李棟武昌刻本，山東省博物館藏；《山東文獻集成》影印。②清乾隆家刻民國初年王价藩後印本，山東省博物館藏，《山東省博物館藏明清民國山左學者著述知見錄》、《清人別集總目》、《清人詩文集總目提要》著錄。

《山東通志·藝文》無卷數。《重修泰安縣志·著述》云："內遊記二，詩凡五十餘。板缺序一，並詩三頁。"

《拙菴近稿》一卷 清乾隆十一年李棟武昌刻本

## 【塞外吟一卷】

現存：民國十四年泰安王价藩鈔本（附錄信稿一卷），山東省博物館藏，《山東省博物館藏明清民國山左學者著述知見錄》、《清人別集總目》、《清人詩文集總目提要》著錄；《山東文獻集成》影印。

《山東通志·藝文》無卷數。《重修泰安縣志·著述》云："無刊本。抄本，趙氏家藏。"

《塞外吟》一卷 山東省博物館藏民國十四年泰安王价藩鈔本

## 【近遊草】

見《國朝山左詩鈔》、《山東通志·藝文》。現存：清刻本（一卷），山東省博物館藏，《山東文獻書目》、《清人別集總目》著錄。

《山東通志·藝文》云："刊本。僅《泰山紀遊百韻詩》一首，《遊徂徠記》一篇。前有蘭亭徐祖望題語。"《重修泰安縣志·著述》云："內詩一，記遊泰山遊徂徠各一。書存圖書館。"

## 【調皖紀行草】

現存：清雍正刻本（一卷），山東省博物館藏；

《調皖紀行草》一卷 清雍正刻本

《山東文獻集成》影印。

《山東通志‧藝文》云："刊本。皆古近體詩，中多流連光景之作。"

### 【調豫唱和詩】

《山東通志‧藝文》云："見《山左詩鈔》所引門人張希傑《行略》。"《重修泰安縣志‧著述》作《調豫唱和集》。

### 【與點集一卷】

現存：清乾隆刻本，山東省博物館藏，《清人別集總目》、《清人詩文集總目提要》、《山東文獻書目》著錄；《山東文獻集成》影印。《重修泰安縣志‧著述》云："《子路冉有公西華侍坐章》制藝十篇。"

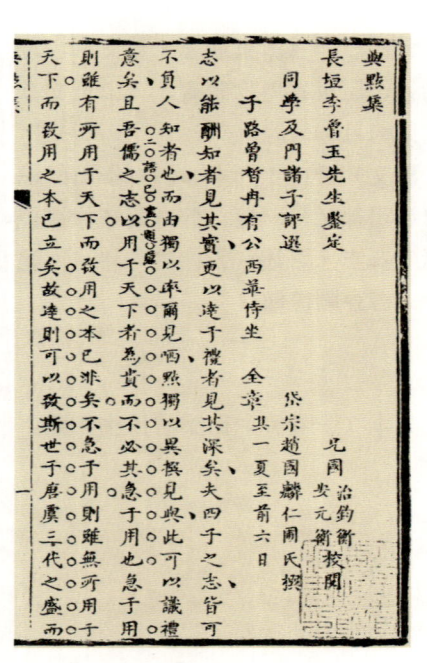

《與點集》一卷 清乾隆刻本

### 【小園雜記】

見《重修泰安縣志‧著述》。

### 【制義綱目一卷】

現存：①清雍正四年硯軒刻本，山東省圖書館藏，②約清道光間刻本，山東省圖書館藏，《販書偶記續編》、《山東文獻書目》著錄。③清道光間鈔本（二卷），中國國家圖書館藏。

### 【制義文統類編不分卷】

趙國麟選注。現存：清乾隆五年存二堂刻本（十六冊），山東省圖書館、煙臺圖書館藏，《山東文獻書目》、《煙臺公共圖書館館藏古籍書目》著錄。題"泰山趙國麟選註，男起田、震、夏校字"。《重修泰安縣志‧著述》作《文統類編》，注云："有明以來四書制藝。"

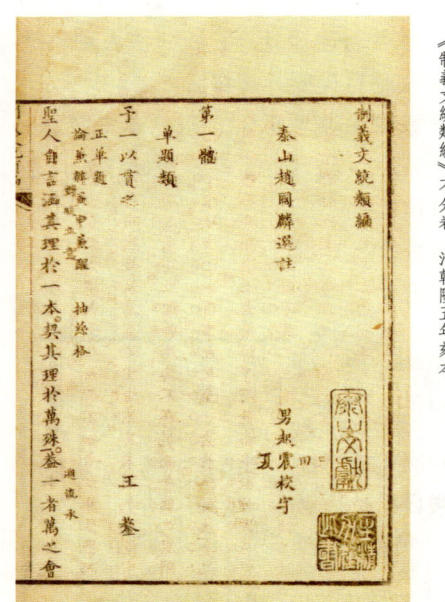

《制義文統類編》不分卷 清乾隆五年刻本

### 【正選制義文統類編一卷】

趙國麟輯。現存：清道光間鈔本（一冊），中國國家圖書館藏。

### 【續選制義文統類編一卷】

趙國麟輯。現存：清鈔本（一冊），中國國家圖書館藏。

### 【本朝元墨文統一卷】

趙國麟輯。現存：清康熙四十七年青巖洞刻本，見《清華大學圖書館藏善本書目》、《復旦大學圖書館古籍簡目初編》。

### ◆ 張 寅

寅字曉谷，濱州人。康熙丙戌（四十五年）進士。授陝西盩厔知縣，行取禮部主事，以疾乞歸。《濱州志》卷十有傳。

## 【西征記】

見《武定府志》、《濱州志》本傳、《山東通志·藝文》（史部傳記類）。現存：①稿本（一卷），山東省圖書館藏；《山東文獻集成》影印。②清葉爾安鈔本（一卷），上海圖書館藏，《中國古籍善本書目》著錄。③清鈔本（作《西征紀略》一卷），中國國家圖書館藏，《北京圖書館古籍善本書目》、《中國古籍善本書目》著錄。④民國間烏程張鈞衡適園鈔本（作《西征紀略》一卷），中國國家圖書館藏。

《山東通志·藝文》：《縣志》稱寅授陝西鰲屋令，值西陲用兵，調赴軍前，初解驟馬，繼輓軍粟，積勞六載。是書蓋作於是時矣。

《續修四庫全書總目提要（稿本）》著錄清鈔本，提要云："清康熙五十四年乙未，西戎澤旺阿喇蒲坦犯哈密。聖祖命鄂海分路進勦，委州縣印官十三員軍前效用，併帶採買驟馬赴邊。寅押運糧糈驟馬出關，由哈密抵軍臺，於是年六月二十九日啓程，十一月至哈密，未及停驂，次年二月復有安臺之命，三月四日到臺。……回臺暇日，持唐詩一卷，微吟長嘯。放眼平谷，千里一息。或晴烟繚繞，或陰霧晦冥。雪飄則白練彌天，風起則黃沙遍地。清宵良月，則煙靄橫空。帝闕連雲，家山夢到。凡有所觸，皆寫之於詩。詩頗近俚，然時亦有佳句。如《贈別》詩云：'悵望故人去，層岡動遠氛。馬嘶悲逆旅，雁叫惜離群。涼颯金湖月，蒼茫赤硤雲。胡笳聲四起，孤夜不堪聞。'有唐人遺意。書後附某人跋，嫌其冗詞俗筆，乃為刪汰祛複，輯為是編。然實亦盡當也。"

## 【假歸草】

見《國朝山左詩鈔》、《山東通志·藝文》。

《國朝山左詩鈔》卷四十八載其《憶金陵舊遊》一首。

## 【征西吟】

見《濱州志》本傳。《山東通志·藝文》據《國朝山左詩鈔》著錄，作《西征吟》。

## 【秦川詠】

見《山東通志·藝文》（據《山左詩鈔》）。

## ◆ 張泰運

泰運，歷城人。《歷城縣志》本傳（卷四十三）云："崇正十一年，曾陳戰守之策於巡撫，不用，杖四十，推墜城下，死而復甦。未幾變起，城陷。後與王莘同輯《濟南府志》。莘有《弔張布衣》詩，即泰運也。"

## 【濟南府志】

張泰運與王莘同輯。見《濟南府志·經籍》、《山東通志·藝文》（史部地理類）、《續修歷城縣志·藝文考》。

## ◆ 王 莘

莘字秋史，號蓼谷，歷城人。康熙丙戌（四十五年）進士。官成山衛教授。《歷城縣志》卷四十、《濟南府志》卷五十三有傳。

## 【壬午科名表一卷】

見《歷城縣志·藝文考》、《山東通志·藝文》（史部傳記類）、《續修歷城縣志·藝文考》。

《山東通志·藝文》：《蓼村集》載是編《序》云："康熙壬午秋九月四日，余年四十又四，始以曲臺禮舉順天鄉試第十六。榜下，購諸省題，各得十四紙，蓋欲編輯一卷，以備異時觀覽。今年癸未試禮部不第，還泉上時已入夏，園竹初成，忍冬作花，離離黃白。杜門深處，料檢行篋殘書，見所購諸題名，合以順天試錄，仿史氏例，作《科名表》一卷。"《序》又云："他日衣食粗足，奉母家居，指數生平升沈，在念間一繙帙。見其所載籍里、姓氏，以較其人盛衰先後，孰得孰失，音塵間阻，孰遠孰邇。足以知顯晦之無定，而動老生之多感也。"

## 【明史稿節鈔一卷】

見《歷城縣志·藝文考》（據本書）、《濟南府志·經籍》、《山東通志·藝文》（史部史鈔類）。《縣志》云："此書有《序》與《書後》二篇，辨證甚精，文多不錄。"

## 【濟南府志】

與張泰運同輯。見"張泰運"著作。

## 【冶源紀遊一卷】

現存：清光緒十七年上海著易堂排印《小方壺齋輿地叢鈔》本，中國國家圖書館、山東省圖書館、山東大學圖書館、青島市圖書館等藏，《中國叢書綜錄》、《山東文獻書目》著錄。

## 【赤霞山莊筆記】

見《歷城縣志·藝文考》、《濟南府志·經籍》、《山東通志·藝文》（子部雜家類）。

《歷城縣志·藝文考》：“見《二十四泉草堂集》，卷未詳。按苹詩有云：‘半生殘卷輸《丁卯》，十載長編敵《癸辛》。’自注：‘余有《赤霞山莊筆記》。’”

## 【二十四泉草堂集十二卷】

見《山東通志·藝文》。《歷城縣志·藝文考》、《濟南府志·經籍》均作《二十四泉草堂詩集》。現存：①稿本，山東省圖書館藏，《中國古籍善本書目》、《清人別集總目》、《清人詩文集總目提要》著錄。②清鈔本，中國國家圖書館藏，《清人別集總目》、《清人詩文集總目提要》著錄。③清康熙五十六年文登于熙學京師刻本，上海圖書館、中國科學院國家科學圖書館、山東省圖書館等藏，《中國古籍善本書目》、《續修四庫全書總目提要（稿本）》、《山東文獻書目》著錄；《山東文獻集成》影印。

《山東通志·藝文》：是集爲文登于熙學所刊。卷首有王士禎《序》略云：“秋史自其少已負奔軼之才，嗜古好奇。視鄉里間舉無足當其意者，類狂；閉門苦吟，息交絕遊，類獧。鄉里之人亦遂羣起而謀之。秋史自信顧益堅。田司寇蒙齋以際江南學休沐歸，過歷下，偶見其詩，急物色之與相見，又盛稱其才，始得列名諸生。余尤愛其詩，有‘亂泉聲裏誰通屐，黃葉林間自著書’之句，亟稱之于巡撫張中丞南溟。中丞因延見，講布衣之好。于是秋史名字往往在人口。然好之者終不敵忌者之衆，故坎壈至今。秋史之詩，骯髒有奇氣，不屑一語雷同，而趣味澄夐，如清沇之貫逵，與其人絕相似，雖忌者不能不心折其工也。”卷末有熙學《刻集緣起》略云：“丁酉，先生來京師，乃爲刻《二十四泉草堂集》。卷凡十二，詩凡一千二十六首，皆先生自定者。蓋先生年十八稱詩，爲歲丙辰，距今四十有二年；而未刻之集，則始于辛酉，距今三十有七年。詩垂三千有奇，今熙學爲刻以行者，三之一耳。”

據本書。按：本書句容張芳《序》稱其集曰《舊雪堂詩》，見於《蓼村集》者又有《藍尾山房集》、《西山紀遊詩》、《蓼谷戊亥稿》、《南浮後集》、《袖海集》等名。考是集起辛酉，訖丙申。蓋中間所爲詩各自爲集，後乃刪定爲一編耳。《小滄浪筆談》云：“偶檢王秋史苹《二十四泉草堂集》，有《過湖上感詠》云：‘七橋何處柳毿毿，一帶東風比漢南。放鴨闌空滿寒綠，叉魚船小破柔藍。湖邊明月聽簫冷，鬢底黃花記酒酣。只有鵲華如舊識，高城點黛許相探。’詩極名雋高雅，

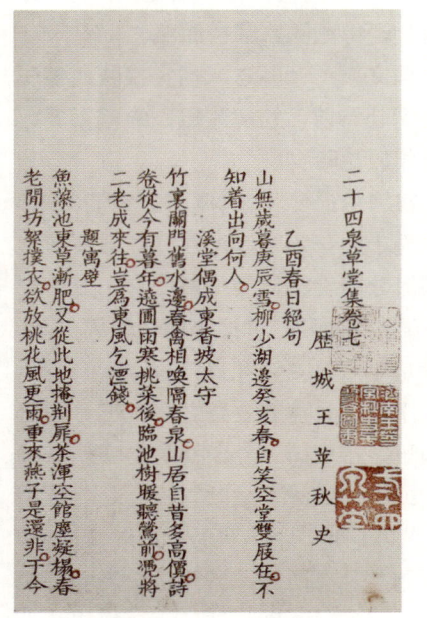

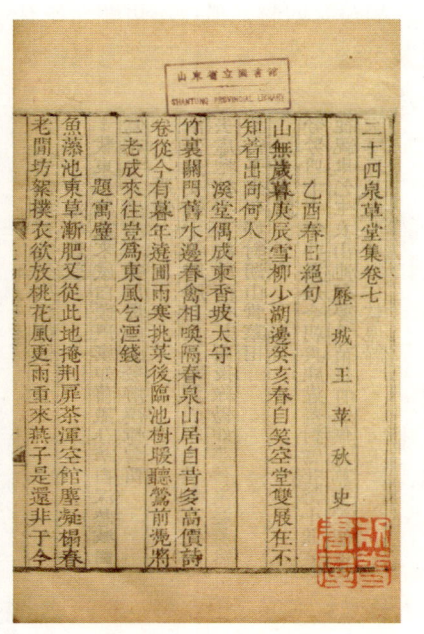

固不愧爲漁洋稱許也。秋史又有《登蓬萊閣》詩云：'高閣蓬萊聞少日，今來秋眺鬢滄浪。地雄青社臨孤迥，山古嶧閭接混茫。鼇背雲浮雙郭外，蛟涎漲落十洲旁。天風碧海斜陽在，曾對清吟玉局狂。'亦佳。"

《國朝山左詩鈔》卷四十八載其詩三十五首。

## 【二十四泉草堂文集不分卷】

有舊鈔本，見《中國書店三十年所收善本書目》、《清人詩文集總目提要》。

## 【蓼谷紀年集十二卷】

見《山東通志・藝文》。《歷城縣志・藝文考》作《蓼谷文集》四冊，抄本。

《歷城縣志・藝文考》載《南澗集》李文藻是書《序》曰："歷城王秋史先生歿數十年，其縣人周書昌得其文集四巨冊於肆市，予因得錄之，而重有嘆焉。盖先生以詩受知新城、德州兩公，名播於天下，而知其能文者固少也。其文雅潔有法度，四六尤新警縱橫，皆不亞於其詩。而此四冊者出先生手錄，更無副本。若其後人不鬻焉而以覆瓶糊窗，或什襲藏之而蝕於蟫，齧於鼠，燬於火，糜於屋漏之水，則先生之能文，終無知者矣。又使鬻於不知文者，恐仍有數者之患。再不幸而遇郭象、齊邱其人，又必竄爲己作。則是集之遇書昌，謂先生死而無靈，其可乎哉？其文每篇署作之年月：《趙香坡傳》及《題坐雨圖卷》二冊，自丙寅至庚子，多用意之文；《書張鹿牀詩後》及《代黄敬園徵書啟》二冊，自癸未至乙未，多壽序、婚啟代人之作。又前二冊多散文，後二冊多駢體，盖先生自分甲乙如此。予題曰《蓼谷紀年集》，甲乙各釐爲六卷，而書昌將謀以付梓。其詩曰《二十四泉草堂集》，久刻於文登于氏。安知書昌好事不如于氏耶？其文多關濟南掌故，他日續志乘，必有因其文而顯者。是集之遇書昌，又非獨先生之幸也。乾隆壬午冬至日書於諸城寓舍。"

《山東通志・藝文》引《縣志》載李文藻《序》略，並附按云："是集《縣志》以'《蓼谷文集》四冊'著錄。茲依文藻所定標目題卷。"

## 【蓼村集四卷】

見《濟南府志・經籍》、《山東通志・藝文》、《續修歷城縣志・藝文考》。現存：①清乾隆三十八年桂林胡德琳刻本，中國國家圖書館、上海圖書館、山東大學圖書館等藏，《中國古籍善本書目》、《清人別集總目》著錄；《四庫全書存目叢書》影印。《四庫存目提要》曰："其詩爲王士禎、田雯所稱，而文不甚顯。乾隆癸巳，桂林胡德琳得其本於歷城周氏，爲刪訂付梓。德琳爲之序，稱：原本分甲、乙二集，自癸亥至庚子三十四年之作，各自編年，惟辛丑以後之文無存。今仍其舊，編爲四卷，乙居四之一。惟書序記傳，注干支於本目之下，使後人有所考焉。"②清光緒間重刻乾隆胡氏本，南開大學圖書館藏，《清人別集總目》、《清人詩文集總目提要》著錄。③清木活字本，山東省圖書館藏，《山東文獻書目》、《清人別集總目》著錄。

《續修歷城縣志・藝文考》載胡德琳《序》略曰："歲壬辰，朝廷有收採遺書之役。余從事編校，得《蓼村文集》四冊於周子書昌，因卒讀焉。盖芝蘭臭味，稱其詩者也。竊謂歷下邊、李二公以詩名，雄視一代，幾於唐之李、杜，宋之蘇、黄；獨其文頗爲藝林口實。如先生之兼擅其美，盖憂憂乎難之，可聽其泯滅不傳耶？時余方刻《蒿庵集》，即以蓼村文刪訂付梓。原本分爲二集，自癸亥至庚子三十四年之作，各自編年，惟辛丑以後之文無存。今仍其舊，曰《蓼村》甲乙集，共四卷，乙居四之一焉。惟書序記傳，自從其類，注支干於本目之下，使後人有所考云。"

《蓼村集》四卷　清乾隆三十八年桂林胡德琳刻本

## 【李董集鈔一卷】

王苹編。見《歷城縣志・藝文考》（據抄本）、《山東通志・藝文》（集部總集類）。

《歷城縣志・藝文考》載苹《自序》曰："樂安李象先遺文二百四十七篇，手鈔其十四篇，與董樵遺詩二十三篇，排成一卷，曰《李董集鈔》。象先之文，書論多於各體，識解畧類蘇氏。少時聞其文學河東，今集中無有近子厚者，何也？其得名始於櫟園，《賴古堂選》載其文十許篇，出五十餘年矣。樵詩清雖絕塵，家數則少，顧為新城所賞，《感舊集》載其詩，《江東》云：'江東行殿已荆榛，碧瓦苔深有暮燐。南渡從官矜上第，西清封事主分鄰。春風嗚咽鳴珂地，寒雨悲凉散蠟辰。慚媿子皮終磊落，功成甘作布衣人。'《同安江上》云：'三月同安道，桃花夾岸明。春風公瑾墓，細雨呂蒙城。歸雁書難寄，浮鷗意自平。可知寒食近，布穀已催耕。'二詩風味迥與樵異，或新城為之與？樵詩不逮象先之文，而知樵者衆，知象先者希。豈櫟園已遠，新城即世未久，尚以鉅公之識賞流傳也？新城著書纍纍，於樵指陳叠出，於象先祇載其知前生事一語。昔諸城劉子羽語：'予生平未一見漁洋山人。'予謂新城有《懷君》詩，子羽泣下。後在京師酒間，偶誦其'千里名山客子魂'句，新城曰：'此吾老友。'夫新城之於名士如此，而象先乃不能得其一顧，或曰：'象先固有由然也。'康熙丙申秋七月。"據本書。按：此《序》不見於《蓼谷文集》，因知其集四冊尚非足本。

## 【西山唱和詩】

瓦孚尹、王苹同撰。見《山東通志・藝文》（集部總集類）、《續修歷城縣志・藝文考》。

《山東通志・藝文》：孚尹名未詳，《蓼村集・西山紀遊詩序》稱之曰瓦翰林，其終於何官及里貫亦未詳。《古歡堂集》是編《題辭》畧云："《西山唱和詩》，孚尹、秋史命屨裹糧，繞靈尋壑之所為作也。或退谷茅亭，或臥佛松榻，先選大石，安熏削於其上。兩詩人提軍持著，不借穿躧，於白雲紅葉之間，得句則遄奔脫衣，風雨揮毫，詩成則置酒相賀。夫唐人唱和詩，長慶外莫善于松陵，而迕迕拘于一格，茶詠漁具，未免卷舌同聲。是編也，長篇短什，颷發雲行，較皮、陸為尤勝。大約孚尹之詩，如初日芙蓉，明霞散綺；秋史之詩，如秋山半遠，蒼隼橫空。今之作者，

罕有匹敵。雖然，余自量于西山莫續舊遊，篇首云：鄉余官舍人及曹郎時，凡七遊西山，而三見諸詩篇。即再理經策，恐亦才盡無詩，甘讓兩詩人，讀苗次之碑，往復徵僻事也。"

### ◆ 王經國

經國字子緯，歷城人，諸生。年二十餘即志洛、閩之學，以主敬為宗。丁巳歲試，食餼。越明年卒，年僅三十六。《歷城縣志》卷四十、《濟南府志》卷五十三有傳。

## 【葭濱遺槀六卷】

見《歷城縣志・藝文考》（據《府志》）、《濟南府志・經籍》（無卷數）、《山東通志・藝文》。

《山東通志・藝文》引《縣志》云："所著詩古文辭，其友王苹編為《葭濱遺槀》六卷，付其子青藏於家。"

### ◆ 張士驥

士驥字德也，歷城人。

## 【望禾樓集】

見《歷城縣志・藝文考》、《濟南府志・經籍》、《山東通志・藝文》。

《山東通志・藝文》：《縣志》載是集云："採訪節鈔本。"又云："士驥與王秋史遊，詩極有風格。"

### ◆ 吳永緒

永緒，歷城人。監生。歷官安寧知州、彌勒知州、戶部四川司員外郎。

## 【彌勒州志十二卷】

現存：①清康熙五十五年鈔本，中國國家圖書館藏，《北京圖書館古籍善本書目》著錄。②鈔本，雲南圖書館藏，《中南西南地區省市圖書館館藏古籍稿本提要》著錄。

### ◆ 張文箕

文箕字維南，歷城人。諸生。高才有盛名，客遊京師，安溪李光地見其文，亟稱之。其所刻稿，半為光地評次。年六十一卒。《歷城縣志》卷四十有傳。

## 【肖巖詩集】

見《歷城縣志》本傳、《濟南府志·經籍》、《山東通志·藝文》。

## ◆ 趙如陸

如陸字阜亭，號軸軒，晚號須藥老人，德州人，起鳳孫。諸生。《濟南府志》卷五十六有傳。

其詩集未見著錄。《國朝山左詩續鈔》卷四載其《對雨》、《夜坐》詩二首。

## 【孝經集注】

見《濟南府志·經籍》、《山東通志·藝文》（經部孝經類）。《德州志·州人所著書目》作《孝經註》（注云"未見"）。《德縣志·邑人著作》原作《孝經集註》，刊誤表刪"集"字。

《山東通志·藝文》云："其注《孝經》，用今文十八章本。"

## 【中庸直指要略】

見《濟南府志·經籍》、《山東通志·藝文》（經部四書類）。

## 【閒蓄錄】

見《德州志·州人所著書目》（注云"未見"）、《濟南府志·經籍》、《山東通志·藝文》（子部雜家類）。

## 【娛老閒摭】

見《濟南府志·經籍》、《山東通志·藝文》（子部雜家類）。

## ◆ 高肇勛

肇勛字勒卣，淄川人，瑋孫。諸生。

## 【東園詩草】

見《國朝山左詩鈔》、《淄川縣志》、《濟南府志·經籍》、《山東通志·藝文》。

《國朝山左詩鈔》卷四十七載其《溪上即目》一首，小傳注引其子傳緒曰："先府君三入棘闈，即棄舉子業。暮年習靜東園，意之所適，輒於詩發之。家貧屢空，晏如也。"

## ◆ 高肇翰

肇翰字百憲，號西林，淄川人，肇勛弟。廩生。

## 【淡如亭遺詩】

見《國朝山左詩鈔》、《淄川縣志》、《濟南府志·經籍》（作《澹如亭遺詩》）、《山東通志·藝文》。

《國朝山左詩鈔》卷四十七載其《春郊晚眺》、《昌國城懷古》（二首）、《送勒卣兄山中讀書》，凡四首。《淄川縣志·藝文》載其《昌國城懷古》（二首）。

## ◆ 高肇毅

肇毅字近菴，淄川人，肇翰從弟。諸生。

## 【閒情錄】

見《國朝山左詩鈔》、《淄川縣志》、《濟南府志·經籍》、《山東通志·藝文》。

《國朝山左詩鈔》卷四十七載其《聞鶯》、《送別郭欽若》詩二首。《國朝山左詩彙鈔後集》卷三十五載其《懷古》詩一首（據馮繼照《般陽詩萃》）。

## ◆ 張嗣宗

嗣宗字德可，平陰人。廩生。授臨邑教諭，陞靈山衛教授。雍正四年授江西贛州捕盜同知，調直隸順德府管河同知，歷陞工部員外郎、刑部四川司郎中。卒年九十。光緒《平陰縣志》卷四有傳。

## 【通鑑了錄便覽】

見《平陰縣志》本傳。

## 【羣液集】

《平陰縣志》本傳云：編有是書存於家。蓋類書之屬。《平陰縣志·著述》載是書，注云："咸豐辛酉燬於兵燹。"

## ◆ 王碧瑩

碧瑩，長山人，太常寺少卿槙從孫女，同邑趙載庭妻。母卒，哀毀致疾卒。《長山縣志》卷十四有劉其旋《才女王碧瑩傳》。

## 【東籬集二卷續集一卷】

見《山東通志·藝文》。現存：①清鈔本（二卷，無《續集》），見《青島市圖書館古籍書目》。②清鈔本（一卷，無《續集》，與邢順德《蘭圃詩草》合鈔），藏山東省博物館（原作《王碧瑩詩集》）；《山東文獻集成》影印。

《山東通志·藝文》：《縣志》載是集，又載劉其旋《才女王碧瑩傳》略云：“性愛菊，別號東籬居士。生有異質，讀書一過不忘。好爲有韻之言，每得句輒以質其舅翁東華先生。東華先生歎其清絕，以爲非夙慧不能。家故貧，以圖史自娛，簞瓢屢空，晏如也。晚遭連饑，家益落，吟益屬，一日不再舉火，而得詩或數十首。凡日用居室、米鹽瑣細，以及順逆常變、憂悲愉懌，與夫物序人風、花木開落，一切可欣可愕之事，皆於詩乎寫之。積日既多，卷帙繁富。嘗自哀其作，顏曰《東籬集》。淄川詩人韓用晦爲之序。文不多見，有《哭女》一篇，悽惻哀豔，直逼楚《騷》。子毓玟。詩文在家笥，其子方謀板行，而未暇也。”

《續修四庫全書總目提要（稿本）》著錄清抄本（二卷），提要略云：“是編多近體詩，總三百餘首，隨意編次之。……是冊爲濰縣丁氏輾轉自其家抄得者，錯落滿紙，不能卒讀。如能詳爲校正之，亦不沒其苦心之意也。”

《國朝山左詩鈔》卷五十八云：“有《遺詩》一卷。”並錄其《春愁》、《聞鴈》、《寒食》、《寄

《東籬集》一卷　山東省博物館藏清鈔本

母舅李翁千子》詩四首。《長山縣志》卷十五載其《望長白》、《秋日經過孝濱》詩二首，並選自《東籬集》。

### ◆ 何　氏

何氏，德州人，工部員外顯宗曾孫女，故城秘王伊妻。

### 【歷亭吟稿】

見《國朝山左詩鈔》（無卷數）、《濟南府志·經籍》（無卷數）、《山東通志·藝文》、《婦女著作考》。現存：清光緒間刻本，中國國家圖書館等藏。又有歷城李氏鈔本，見《續修四庫全書總目提要（稿本）》。

《山東通志·藝文》：是編乃其子象山等所刊。田同之《序》略云：“何夫人，陵州產也。生而端莊，幼而穎異，長而工詩。及于歸秘室，秉家政則聰明並用，雖牙籌縱橫，而不廢吟事，有昔人經鉬賦絮之風，斯亦奇矣。讀其詩，清剛雅正，寄託遙深，爲笄褘中別開生面，而聲律允諧，儼如詞章之耆宿。但聞其性澹靜，不欲以詩傳，故存者極少。此則其叔子雅彝所潛藏者，因及吾門而出以相示，更丐余序。嗟乎！夫人往矣。其通才朗識，僅窺一斑於二十篇中，可勝浩歎。因念吾州風雅，自有明迄今，皆屬須眉，從無巾幗。有之，自余曾王母張太夫人始。生平讀書明大義，工詩筆，每脫槁輒付丙丁，今所存者惟《茹荼吟》絕句三十首，見者以爲空谷之音矣。不意今日又得《歷亭吟》一集。巾幗英靈，不遣頓盡，天之因材而篤也，益信然哉！”據本書。

《國朝山左詩鈔》卷五十八載其詩八首。

### ◆ 李　蒂

蒂字南宮，德州人，浹孫。太學生。

### 【南村存稿】

見《國朝山左詩鈔》、《濟南府志·經籍》、《山東通志·藝文》。

《國朝山左詩鈔》卷五十載其《感懷》、《村居次魏藿村韻》、《新正十九日郊外書所見》詩三首。

### ◆ 李　萊

萊字北山，號亦堂，晚號結廬，德州人，浹孫。貢生。

## 【亦堂近稿】【病榻草】

見《國朝山左詩鈔》、《濟南府志·經籍》。

《國朝山左詩鈔》卷五十載其《寓懷》（二首）、《晚歸有悼》，凡三首。

## 【結廬詩稿】

見《山東通志·藝文》。《續修四庫全書總目提要（稿本）》著錄傳鈔本（不分卷）。

《山東通志·藝文》：《山左古文鈔》載宋弼是編《序》略云："亦堂歿，余誌其墓，因取其詩芟訂之，僅存百餘篇，而爲之序。五言若'暗階鳴絡緯，長漏轉牽牛'、'遊雲癡作勢，獨樹淡生花'、'人歸楓樹渡，童候荔支門'、'荒徑生秋草，層垣上古苔'、'微風螢火亂，細雨雁聲遲'，七言若'夕陽無際憐芳草，春水依然悵綠波'、'青山有約埋詩骨，綠野無期遲酒人'、'薜荔牆欹蜂落子，林於徑濕柳垂絲'、'滿院秋聲過白雁，半簾寒雨對青燈'，及《讀史》、《宋碑》諸絕，風格皆近前人。"按：《山左詩鈔》載其集作《亦堂近稿》、《病榻草》。蓋原稿有此二種，弼於萊歿後刪汰爲此本，因取萊晚年之號，以名其詩也。

## ◆ 魏丕承

丕承字憲武，號藿村，德州人。康熙戊子（四十七年）舉人。年九十一卒。《濟南府志》卷五十六有傳。

## 【訓蒙本草】

見《德縣志·邑人著作》、《中國分省醫籍考》。

## 【洗心堂集】

見《國朝山左詩鈔》、《濟南府志·經籍》、《山東通志·藝文》。

《續修四庫全書總目提要（稿本）》著錄傳抄本（不分卷），提要云："是集凡詩一千一百餘首。大半分體編次，其間亦有凌雜錯亂者，或尚未殺青之本也。丕承生有夙慧，穎悟出群，六歲受《孝經》，即能成誦。十九歲與田香城同受知於宮夢仁學使，拔入太學，受業於田雯、孫勷兩人，故詩文極有根柢。善飲酒，好詼諧，談鋒犀利。其所爲詩，恬淡閒遠，極和雅之致。如集中《村居雜詩》有云：'深院茅庵地更偏，眼中無景不翛然。天空雲氣如山立，日午松蔭

似蓋圓。不爲客來方命酒，卻因月落始安眠。詩瓢茗椀常相伴，新署頭銜是散仙。'（泳按：詩題"村居"原作"詩居"，"無景"原作"無量"，"詩瓢"原作"詩飄"，疑係抄寫偶誤，茲據《國朝山左詩鈔》改正。）又《赴香城先生約·途中口占》云：'滑滑春泥侵軟沙，小橋纔過路三叉。忽聞欸乃中流急，知近香城處士家。'等首，皆極清麗高華，殊堪迴環朗誦也。《山東通志》謂其'善治家，綜理細密，子孫僮婦皆于勤儉，雖食指日繁，而無匱乏之時。以此能無求于人，安貧守約，過人遠矣。卒年九十一，遺囑井井，作偈辭世，長笑而逝'云云，亦殊可見蕭閒之致矣。"

田同之《西圃文說》有丕承所作《序》。《國朝山左詩鈔》卷四十九載其詩十五首，小傳附注云："藿村生有夙慧，穎悟出羣。六歲受《孝經》，即能成誦。十九歲，與田香城先生同受知於學使者宮公夢仁。拔入太學，受業田山薑、孫莪山兩公。詩文皆有根柢，故能啟迪後進，多所成就。善飲酒，好詼諧，談鋒犀利，座有藿村，則少長無不盡歡。長余兩紀，結忘年之交，花朝月夕，無不與共。藿村以戊子，余以辛卯，相繼中鄉試，每公車，必同載。辛丑余登第，藿村隨謝計偕。"《德州志》卷十二、《德縣志》卷十六載其《九日同人張飲落星閣》詩一首。

## ◆ 陸虎岑

虎岑字殿九，號南軒，平原人。

## 【續泉志十二卷】

現存：①稿本（吳騫批校），中國社會科學院考古研究所藏，《中國古籍善本書目》著錄。②清鈔本（十五卷），見《北京大學圖書館藏古籍善本書目》、《北京大學圖書館藏李氏書目》、《鄭堂讀書記》。有康熙四十七年《自序》。

## ◆ 劉 芬

芬字畹仙，平原人。康熙戊子（四十七年）舉人。官諸城教諭。《濟南府志》卷五十六有傳。

## 【四書口授十卷】

見《平原縣志·藝文》、《山東通志·藝文》。《平原縣志》本傳、《濟南府志·經籍》作《四書講

義》。《縣志》本傳云："所著《四書講義》，皆實證諸身心，非徒騰口說也。"

#### ◆ 劉大勤

大勤字仔臣，號業菴，長山人，鴻訓曾孫。康熙戊子（四十七年）舉人。《長山縣志》卷八有傳。

#### 【吹劍草】

見《國朝山左詩鈔》、《濟南府志·經籍》、《山東通志·藝文》。《長山縣志》本傳作《吹劍集》。

《國朝山左詩鈔》卷四十九載其《夏夜宿王君牙南村有作》一首。小傳附案云："業菴與從弟己丑檢討大勸、壬辰進士大轔並負文名，時號'三劉'。學詩於漁洋之門，有《詩問》一卷行世。"《長山縣志》卷十五亦載此詩。

#### 【詩問一卷】

即《師友師傳續錄》，詳見王士禛著作。

#### ◆ 王　伊

伊字覺先，陽信人。康熙戊子（四十七年）舉人。《陽信縣志》卷五有傳。

#### 【敬業堂稿】

見《陽信縣志》本傳、《山東通志·藝文》。

#### ◆ 史繼經

繼經字緒史，號杖巖，樂陵人。康熙戊子（四十七年）舉人。官膠州學正。

#### 【養拙山房集錄四卷】

見《樂陵縣志》、《山東通志·藝文》。《國朝山左詩續鈔》作《養拙山房集》，無卷數。

《國朝山左詩續鈔》卷三載其《冬日咏懷》詩一首。

#### ◆ 何世璂

世璂字澹菴，一字坦園，號鐵山，新城人。康熙己丑（四十八年）進士。歷官直隸總督。贈禮部尚書，諡端簡。《濟南府志》卷五十五、《重修新城縣志》卷十六有傳。其《何端簡公集》附有俞正變撰《何端簡公年譜》。

#### 【何端簡公集十二卷】

見《山東通志·藝文》。現存：清道光二十四年澹志堂刻本，中國國家圖書館、上海圖書館、山東省圖書館等藏，《續修四庫全書總目提要（稿本）》、《清人別集總目》、《清人詩文集總目提要》著錄。

《重修新城縣志·藝文》著錄《澹志堂文集》、《澹志堂詩集》、《燃燈記聞》三編，注云："據《府志》。道光間梓行本，總名《何端簡公集》，共十二卷。"

《山東通志·藝文》：是集刊於道光甲辰。成瓘《書後》略云："公文之壽世不朽者，《尚書古文今文辨》也，《三禮同異辨》也，《三傳得失論》也，《六宗說》也，《跋孫月峰左傳》也，《跋史記樂書》也，《張橫渠仁體事而無不在論》也，《書明月皎夜光詩》也，與夫《江蘇徵催應行變通疏》也，《江西麻棚寄籍民人疏》也，《古州生苗願受約束摺》也，《奏請清理軍田苗戶就近歸併管轄摺》也。而治國由於家齊，則又有《家諭》也，《重修家訓序》也，《不賀壽說》也。又有《策問》一首，責侯生教信陵竊符郤秦、陷信陵以無君之罪，往復四百六十言。瓘讀公集，不暇食息。稽古居今，可以觀理；平和中正，可以養心。公集所載，無一非幽蘭崇蕙，奇玉特珠。今第舉其尤關於義教之大者。"據本書。按：是集凡雜文八卷，詩四卷，末附國史本傳、墓誌、墓表、碑銘、事傳、年譜爲一冊。後有趙汝毅跋，所稱詩文卷數與此本同。而廬陵王贈芳道光甲午後序則稱"取而訂之，稍爲芟汰，得文十卷，詩及附著四卷"云云，與此本分卷差殊。或今所刊本又有人重爲刪併，而非盡贈芳釐定之舊歟？

《國朝山左詩鈔》卷四十九載其詩十五首。

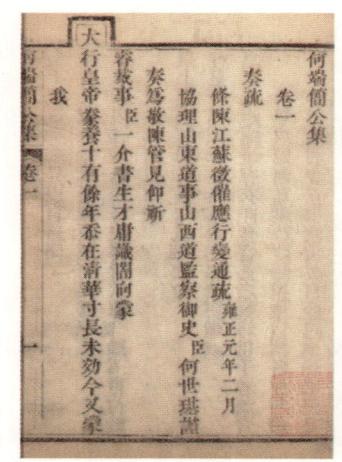

《何端簡公集》十二卷　清道光二十四年澹志堂刻本

## 【然燈記聞一卷】

現存：①清道光二十四年澹志堂刻《何端簡公集》本，中國國家圖書館、上海圖書館、山東省圖書館等藏，《續修四庫全書總目提要（稿本）》、《清人別集總目》、《清人詩文集總目提要》著錄。②清光緒八年福山王氏刻本（《天壤閣叢書·聲調三譜之一》），中國國家圖書館、首都圖書館、北京大學圖書館等藏，《中國叢書綜錄》著錄。③清光緒中石埭徐氏刻《觀自得齋叢書》本，中國國家圖書館、中國科學院國家科學圖書館、北京大學圖書館等藏，《中國叢書綜錄》、《續修四庫全書總目提要（稿本）》著錄。④民國十六年無錫丁氏排印《清詩話》本，上海圖書館、復旦大學圖書館等藏，《中國叢書綜錄》、《東北地區古籍綫裝書聯合目錄》著錄。⑤清鈔本，山東省圖書館藏，《中國古籍善本書目徵求意見稿》著錄。又有清乾隆二十二年王兆壽刻本，見《漁洋山人著述考》，今未見流傳。

《山東通志·藝文》：世璂學詩於王士禎，所記皆士禎論詩之語，凡二十二條，刊入世璂集中卷八之末。然亦有別本單行，故別著錄。

## ◆ 張　嵩

嵩字立人，萊蕪人，四教孫。康熙己丑（四十八年）進士。官衡陽知縣。民國《萊蕪縣志》卷十七有傳。

## 【在青集】

見《山東通志·藝文》（據《府志》）、民國《萊蕪縣志·藝文》。

## ◆ 劉大轂

大轂字文茵，長山人，孔和子。康熙己丑（四十八年）進士，改庶吉士，授檢討。

其詩文集未見著錄。《國朝山左詩續鈔》卷三載其《宗濂姪屬作梅嶺大字偶成五言》詩一首。

## ◆ 姚一經

一經字舍六，平原人。康熙己丑（四十八年）進士。官大名知縣。《濟南府志》卷五十六有傳。

其詩文集未見著錄。《平原縣志》卷十載其《重修三元宮記》一篇。

## ◆ 趙　慈

慈字雪庭，博山趙執信女，歷城朱崇善妻。

## 【雪庭遺稿】

見《續修歷城縣志·藝文考》。《山東通志·藝文》據《國朝山左詩續鈔》著錄，作《趙慈遺稿》。

《山東通志·藝文》：《國朝山左詩續鈔》慈一條引范坰《序》云："方伯卒後，諸子多落拓，復遭回祿災。氏依母家，至衣食不自給。遺稿今藏謝問山茂才家。" 按：方伯謂崇善父垣。

《續修歷城縣志·藝文考》引《如好色齋稿》范坰是書《序》略曰：壬申之秋，濟南謝問山手一編示予曰："此秋谷先生幼女名慈字雪庭者之所爲詩也。" 蓋雪庭歸濟南朱氏 名崇善，以貧困終。而問山爲朱氏之甥，故得收其遺稿。余受而讀之，哀而不傷，怨而不怒。往往有名句似青蓮，如"芳草一庭和恨生"、"自折荷花帶露歸"等句，筆健意圓，絕不類閨閣中語。而字句之間別饒秀豔，讀之使人淒然欲絕。第以貧故，埋故紙堆中數十年，人無知者。余既私淑於秋谷，而山左才女不少概見，故爲選刻四十餘首，以表瓣香所在，亦以補笄裙之闕云。

## 【灰心斷腸詩詞集】

《續修博山縣志》本傳云："適朱門，家中落，悲憂佗傺之音，一一寄之於詩，如空谷幽蘭，無人自賞。有《灰心斷腸詩詞集》繕本，惜不完。"

《續修博山縣志》卷十四載其《雪曉》、《謁閻公祠》、《謁丁公祠》七言詩三首，《柳稍青 祝六家嫂六十壽》、《卜算子》、《踏莎行》詞三首。

## 【詩學源流攷一卷】

見《山東通志·藝文》、《續修歷城縣志·藝文考》。《山東通志·藝文》引《閨秀正始集》云："執信與阮亭論詩不合，著《談龍錄》、《聲調譜》以救其失。雪庭親承指授，著有《詩學源流攷》一卷。"

## ◆ 蕭浴露

浴露，長清人。庠生。

其文集未見著錄。民國《長清縣志》卷十載其《重修準提庵記》（康熙四十八年）一篇。

## ◆ 逯統源

統源，歷城人。

### 【逯氏宗譜四卷】

見《歷城縣志·藝文考》（據本書）、《濟南府志·經籍》、《山東通志·藝文》（史部傳記類）。

《歷城縣志·藝文考》：統源《自序》畧曰："夫管攝天下之心，使不忘本，收宗族而厚風俗，須明譜系，立宗子法。然宗子法未易遽行，而譜系實宗族所由著，不可廢也。吾逯氏明洪武間自棗強遷章邱，嘉靖初徙歷城，迄今十有一世，譜系未具。因急輯成茲編，使得之傳聞者，生娶卒葬，悉存其槩，大宗小宗，昭穆燦然。族人敬而覽之，雖支分派遠，而因流溯源，皆一人之身也，可勿一體視之與！時康熙四十九年八月。"

## ◆ 史麟經

麟經字宗史，號瞻巖，樂陵人，繼經兄。康熙辛卯（五十年）舉人。未仕。

### 【三幸集二卷】

見《樂陵縣志·撰著篇目》。《樂陵詩彙》云二卷。

《樂陵詩彙》載其《觀虎》、《咏雪》、《登開花寺塔》、《秋海棠》、《賞荷次韻》詩五首。

## ◆ 宋云鈊

云鈊字凝西，號秋巖，歷城人。康熙辛卯（五十年）副貢。制藝取法高古，請業者趾相錯於門。性簡峻，座主陳世倌巡撫山東，有役不法，將重懲。役持多金，乞爲緩頰。却之曰："此非讀書人所爲也。"年八十二卒，門人私謚曰"文節先生"。《歷城縣志》卷四十、《濟南府志》卷五十三有傳。

### 【秋巖小詠】

見《國朝山左詩鈔》、《歷城縣志·藝文考》、《濟南府志·經籍》、《山東通志·藝文》。

《續修四庫全書總目提要（稿本）》著録傳抄本（不分卷），提要云："是編詩僅六十首，以近體為多。云鈊幼有神童之目。其所居僻處歷城東偏數里，其地環山背郭，茅屋數椽，僅蔽風雨。然花竹扶疎，皆所手植；琴尊卷軸，燦然滿目。雖蕭然滿目，而參差歷落，皆有逸致。戊子荐而未售；辛卯已中第三名，以判語改置副榜；丁酉擬解，而後場燬於火。遂無志進取，以啟迪後學為己任。其所成就者，類皆以文章名世。張榆村所撰《傳》：'凡往請益而取科第者，指不勝屈，而先生獨以明經終其身，謂非命耶'云云。其所為詩，類多出自機杼，義兼規諷。今观集中感舊、懷人、即景諸詠，亦皆自寫胸臆，絕去畦町者。如《登東寺佛閣》云：'寶閣巍峩接太清，朱闌十二與雲平。空壇野客留行迹，半嶺秋風引嘯聲。天籟時從簷際落，嵐煙常向棟中生。兩丸日月摩雙牖，勝卻人間幾倍明。'一首，冲淡之氣，溢於楮外。是其詩之成就，亦可窺知矣。"

《國朝山左詩鈔》卷四十九、《國朝歷下詩鈔》卷一俱載其《登東寺佛閣》、《感秋》詩二首。

## ◆ 張永躋

永躋字式九，淄川人，訥子。康熙辛卯（五十年）舉人。年八十四卒。

### 【四書問難】

見《淄川縣志》、《山東通志·藝文》（經部四書類）。

### 【靖海常公鑾生墓表一卷附墓銘一卷】

現存：稿本（一冊），山東省圖書館藏，《山東文獻書目》著録。

### 【蕉雨齋詩稿一卷】

現存：稿本，山東省博物館藏，《中國古籍善本書目》、《山東省博物館藏明清民國山左學者著述知見録》、《清人詩文集總目提要》著録。

《國朝山左詩鈔》卷四十九作《蕉雨齋詩》無卷數，載其《夜渡汶河》、《宿和莊遇雨》、《興教寺贈天茗上人》詩三首。《淄川縣志·藝文》載其《過興教寺呈家天茗禪師》、《重過青雲寺贈某上人》詩二首，又據《山左詩鈔》重續《興教寺贈天茗上人》詩。

### 【蕉雨齋集】

見《淄川縣志》、《濟南府志·經籍》、《山東通志·藝文》。

《山東通志·藝文》：是集乃其所作詩古文。

## 【蕉雨詞二卷】

見《山東通志・藝文》（集部詞曲類）。

《國朝山左詩鈔》永躋小傳附案云：“先生名家雋才，早負文望，與同邑畢解元世持、譚進士再生齊名，而屢困場屋，年將六十始舉於鄉。耳久廢聽，壬辰下第，遂終老焉。善詩餘，所著有《蕉雨詞》二卷，力矯南宋靡蕪之調，獨以蘇辛爲宗，尤爲時所僅見。”

### ◆ 王啟達

啟達字洞九，鄒平人。康熙辛卯（五十年）舉人。分發江蘇知縣。《濟南府志》卷五十四有傳。

## 【家國至言】

見《鄒平縣志・藝文攷》（道光十六年續纂）、《山東通志・藝文》。

《山東通志・藝文》：《縣志》載是書，及章邱李慎修《敘》略云：“向者於客邸謁鄒平王洞九先生啟達，出所著《家國至言》。余攜歸以示同人，無不嘉其利家國事，且云有子惠之責者讀之，未必無小補。余反覆繹之，其立意忠信以爲質，先勞以爲務，始以修身，終以平天下，精而研之心性天命之理，顯而達之人倫日用之常，總而存乎己者誠而明，即見諸人者動而化，示人以易知易行，不假妄躁而已。是大有益於治道者也，豈曰小補之哉。”

### ◆ 李元瓚

元瓚字在中，德州人，濤從子。康熙辛卯（五十年）舉人。候補內閣中書。

其詩文集未見著錄。《國朝山左詩鈔》卷四十九載其《仲秋對新月憶濟南》詩一首，小傳附注云：“先生早負盛名，試必冠軍。爲文精思大力，古奧幽深。或以不利場屋爲言，先生笑而不應。長余年一倍，辛卯同舉于鄉。性簡貴，不妄交一人。袁景倩稱傅茂遠，謂‘經其戶不見其人，披其幃其人斯在’者，先生似之。博極羣書，尤邃于《易》，殫精作注，而未嘗一言及於《易》，人亦無知之者。未竟其業而卒。”

### ◆ 李壽淦

壽淦字起洲，武定人，之芳孫，蛙麟子。康熙辛卯（五十年）舉人。

## 【石松居詩草】

見《國朝山左詩續鈔》、《山東通志・藝文》。

《國朝山左詩續鈔》卷三載其《晚景》詩一首。

### ◆ 李壽湜

壽湜字蘅洲，武定人，鍾麟第四子。諸生。

## 【歷試草】

《國朝武定詩鈔》引《府志》云：“湜穎異過人，甫誦章句，日記千言，十四歲補弟子員。康熙癸巳，李菽茵典山左試，得壽湜文，擊節歎賞。已列首選，竟爲同事所扼，遂置不錄。榜發後，延至歷下，慰勞獎藉，爲序其《歷試草》以傳。”

### ◆ 李壽淞

壽淞字南洲，武定人，鍾麟子，壽湜弟。諸生。

## 【綠桐書屋漫吟】

見《國朝山左詩續鈔》、《山東通志・藝文》。

《國朝山左詩續鈔》卷四載其《秋日閒步》詩一首。

### ◆ 李壽瀟

壽瀟字碧亭，號硯洲，武定人，鍾麟從子。太學生。

## 【悅隱山農詩】

見《國朝山左詩鈔》、《山東通志・藝文》。

《國朝山左詩鈔》卷五十三載其詩五首。

### ◆ 李壽瀚

壽瀚字濬州，武定人，之芳孫。任岳州府通判，攝府事，遷蘭州府同知，調鞏蛙府同知，卒於任。

## 【岳州府志二十四卷】

現存：清乾隆元年刻本，上海圖書館、武漢大學圖書館藏。

### ◆ 李壽澍

壽澍字時霶，號雨臣，武定人。貢生。

## 【青李書屋詩】

見《國朝山左詩續鈔》、《山東通志・藝文》。

《國朝山左詩續鈔》卷三載其《旅夜聽雨》詩一首。

#### ◆ 李壽江

壽江字益洲，號岷山，武定人。附監生。

【百和閣詩集】

見《國朝山左詩鈔》、《山東通志·藝文》。《續修四庫全書總目提要（稿本）》著錄家鈔本。

《國朝山左詩續鈔》卷三載其《和澹菴作》詩一首。

#### ◆ 李壽澎

壽澎字眉洲，武定人。雍正甲辰（二年）進士。歷官禮部郎中。

【半軒詩草】

見《國朝山左詩續鈔》（撰者作李壽彭）、《山東通志·藝文》。

《國朝山左詩續鈔》卷五載其《秋感》詩一首。

#### ◆ 李壽淳

壽淳字滄洲，武定人，攀鱗子。廩貢生。官安丘縣教諭。

其詩文集未見著錄。《國朝山左詩續鈔》卷四載其《再過西園》、《山店》詩二首。《武定府志·藝文》載其《村外漫興》（三首）、《王孚菴招飲因遊園亭之勝即席賦贈》（二首）。

#### ◆ 李壽淵

壽淵字靜洲，武定人。雍正壬子（十年）舉人。

【滴翠亭詩集】

見《國朝山左詩續鈔》、《山東通志·藝文》。《續修四庫全書總目提要（稿本）》著錄家鈔本（不分卷）。

《武定府志·藝文》載其《郡城西弔劉漢輔墓》詩四首。《國朝山左詩續鈔》卷六載其《淄角晚行》、《曉過楊家堰時秋水初退》詩二首。

#### ◆ 李敏樹

敏樹字木齋，章丘人，康熙辛卯（五十年）歲貢。

【南遊草一卷】

見《國朝山左詩續鈔》（無卷數）、道光《章邱縣志》本傳、《山東通志·藝文》。《章邱縣志·藝文》、《濟南府志·經籍》作《木齋南遊草》。

《國朝山左詩續鈔》卷三十一載其《客邸感懷》詩一首。

#### ◆ 李慎修

慎修字思永，號雪山，章丘人。康熙壬辰（五十一年）進士。由撰文中書擢主事，出知杭州府。雍正五年遷刑部員外，晉郎中。乾隆元年擢河南南汝光道，有“白面包公”之稱。五年，調湖北武漢黃德道。調驛傳鹽法道，以憂歸。服除，補江南驛鹽道，改授江西道監察御史，尋授湖南衡永郴桂道。十二年，解組歸，優遊林下者七載。《濟南府志》卷五十四有傳。

其文集未見著錄。道光《章邱縣志·藝文》載其《遊酒塢青雲山記》文一篇。

【吏治卮言】

見道光《章邱縣志·藝文》、《濟南府志·經籍》、《山東通志·藝文》（史部職官類）。

【恤囚說】【檢驗說】

見道光《章邱縣志·藝文》、《濟南府志·經籍》、《山東通志·藝文》（子部法家類）。

【內訟編】【倫理至言】【立繼說】

見道光《章邱縣志·藝文》、《濟南府志·經籍》、《山東通志·藝文》（子部雜家類）。

【勸民俗說】

見道光《章邱縣志·藝文》。《濟南府志·經籍》、《山東通志·藝文》（子部雜家類）作《勸民俗話》。

【雪山詩草】

見《國朝山左詩鈔》、《濟南府志·經籍》、《山東通志·藝文》。《續修四庫全書總目提要（稿本）》著錄清章丘吳氏鈔本（一卷），提要云：“是編乃其同邑吳連周搜得編錄者，計詩五十四首。”

《國朝山左詩鈔》卷四十九載其《改授御史》詩一首。小傳附案云：“雪山與余同鄉舉，壬辰成進士，授內閣中書，陞刑部主事，即以本部官廨爲寓。才識敏斷，善決疑獄，推廉能第一，擢守杭州。內調，仍補刑部，官聲益著。特簡授御史，數上封事，風采弈弈。然每陳請，即焚其草。嘗奏對勸上勿以詩爲能，上嘉納之。恭讀《御製初集》，始知其事。其謹密如此。雪山才情縱逸，下筆千言立就。最喜步韻。余數規之不聽，因投以詩曰：'舍人官鈍貌尤癯，藉甚才名壓帝都。每以歌行矜短李，笑將月旦詡前盧。海分萬派流爭別，弦解無聲調自孤。底事論文工奪席，翻令四座避狂夫。'雪山兩壓盧字不工，乃曰：'君之言是也。'雪山才思敏捷，不耐推敲，有時意匠經營，則往必破的。十年中書，日下傳誦篇章甚多。今遍徵不得，得一冊，皆晚年率意之作。不敢入集，失其本來面目，惟存入臺一首，而識其大凡如此。"道光《章邱縣志·藝文》載其《珠泉》、《摩訶峰》、《雪山寺晚晴》、《贈朝陽寺僧雲光》詩四首。

## ◆ 牛元弼

元弼，章丘人。康熙壬辰（五十一年）進士。歷官峽江、清江知縣。道光《章邱縣志》卷十六、《濟南府志》卷五十四有傳。

其詩文集未見著錄。《國朝山左詩鈔》卷四十九載其《登岱》詩一首。

## ◆ 畢 瀟

瀟字清源，平陰人，漣弟。康熙壬辰（五十一年）進士。歷官左中允。

### 【敬亭文稿】

見光緒《平陰縣志·著述》、《平陰縣鄉土志》、《山東通志·藝文》。

## ◆ 丁 巘

巘字蓮峰，霑化人。康熙壬辰（五十一年）歲貢。好讀書，教授生徒，多所成就，如海豐吳象寬兄弟與本邑閻有績、吳士京、趙恒祚，皆及門也。光緒《霑化縣志》卷九有傳。

### 【丁巘詩】

《山東通志·藝文》（集部別集類）著錄，引《縣志》本傳云："晚年始學詩，積卷成帙。"

## ◆ 焦綰祚

綰祚字翰臣（一作翰塵），號霧隱，又號如圃，章丘人，毓瑞孫。康熙間貢生。《濟南府志》卷五十四有傳。

### 【如圃遺稿】

見《國朝山左詩鈔》、《濟南府志·經籍》、《山東通志·藝文》。道光《章邱縣志》本傳作《如圃詩稿》；《縣志·藝文》誤作《如圃詩稿》。

《續修四庫全書總目提要（稿本）》著錄家抄本（不分卷），提要云："是篇為其弟綏祚所編輯。分古近體編次，計古體三十二首，近體律、絕一百零八首，總計一百四十餘首。綰祚性介寡合，終身不遇，曾無慍色。為詩風格超逸，羞逐時好，新城王士禛嘗稱之。觀集中《題畫》云：'紅蕖映清流，蕩水漾白露。披拂水楊柳，夢繞江南路。安得一漁舟，濛濛溯烟霧。短棹逐樵風，余亦從此去。'又《高樓閒眺》云：'高樓延客思悠悠，此日登臨慰遠遊。千里鶯花非故土，一春臥病亂鄉愁。豈閡懷抱經時切，何事拘牽不自由。獨喜唧泥双燕子，輕風微雨任沈浮。'等篇，讀之絕無聲容色澤之浮豔，可謂樸而有韻、淡而多思者矣。淄川唐夢賚搜奇好古，不可一世，獨心折綰祚，嘗贈詩云：'敢道源長為小友，真成羅石是吾師'云云，亦可見其傾倒之至矣。"

《山東通志·藝文》：《繡水詩鈔》載是編云："如圃爲詩，風格超逸，羞逐時好，漁洋稱之。唐太史豹喦搜奇好古，不可一世，獨心折如圃，贈詩云：'敢道源長爲小友，真成羅石是吾師。'"

《國朝山左詩鈔》卷五十載其詩九首。道光《章邱縣志·藝文》載其《長白遇雨》、《朱素存以百脉泉詩見寄賦答》詩二首。

## ◆ 焦綏祚

綏祚字介眉，號果軒，章丘人，綰祚弟。康熙癸巳進士。授中書舍人，調奉天府經歷。《濟南府志》卷五十四有傳。

### 【遺詩一卷】

見《國朝山左詩鈔》、《山東通志·藝文》。

《國朝山左詩鈔》卷五十載其《遣意》一首。小傳注引耿升書賢舉曰："焦氏自中丞司農以來，冠蓋相望。公獨詘于倅貳，位不副德。然其在陪京時，政績卓卓，史稱萬石不嚴而治，張季守法不阿，蓋兼有之。固知才人如貯水，方圓隨其器也。”道光《章邱縣志・藝文》載其《梭山園》詩一首。

### ◆ 鄭 銳

銳字脫穎，號久囊，樂陵人。康熙癸巳（五十二年）舉人。官魚臺教諭。乾隆《樂陵縣志》卷六有傳。

其詩文集未見著錄。《樂陵詩彙》載其《遊濟南龍洞山》、《再遊龍洞山》、《友人過訪》等詩九首。

### 【四書鄭氏家訓十卷】

《山東通志・藝文》（經部四書類）據《縣志》著錄。

### 【讀古愚見六卷】

見《樂陵詩彙》、《山東通志・藝文》（史部史評類）。《續修四庫全書總目提要（稿本）》著錄家鈔本。

《山東通志・藝文》：《縣志》載是書及薛醞《序》略云：“自皇古至於宋元，凡若干則。自放手眼，批斷前史記註得失，詳究其義理，而不苟爲一切異同。如所論傅瑕、鬻拳而臣節定，宋萬、解揚而君道明，報讐母服而天親篤，鉏麑觸槐，莒人滅鄫，足破千古之惑，塞憸巧之門。秦改封建，稱爲與時變通。陳平不對刑名錢穀，皆其大言欺人。治道關鍵，可略覩也。其論人也，必覈其事，刺其心，以別其真贗。如司馬孚、王導、牛宏輩，勛望赫炎，直斥絕不少諱。而摘及唐武后之列九廟，立本紀，則尤天經地義之大、回日反風之烈矣。”

薛醞《讀讀古愚見序》，亦見《武定府志・藝文》。

### ◆ 王啟迥

啟迥字邁千，鄒平人，啟遠弟。康熙癸巳（五十二年）舉人。《濟南府志》卷五十四有傳。

### 【六槐山房集】

見《鄒平縣志・藝文攷》（道光十六年續纂）、《濟南府志・經籍》、《山東通志・藝文》。

《縣志・藝文攷》云：“諸城劉文正公統勳敘，又爲作《槐友記》，已具《人物志》本傳中。”《府志》本傳云：“相國劉文正公統勳顏其齋曰‘槐友’，爲作序，贈以聯云：‘洛下遺風新白雪，江東世德舊烏衣。’”

### ◆ 丁 午

午字堯中，號悔菴，陽信人。康熙癸巳（五十二年）恩科舉人。官壽張教諭。

其詩文集未見著錄。《國朝山左詩鈔》卷五十載其《經歷下園林感賦》詩一首。

### ◆ 康約文

約文，陵縣人。生員。

其文集未見著錄。《陵縣志》卷十七載其《東方先生祠置廟田記》（康熙五十二年立）一篇。

### ◆ 朱懷樸

懷樸字素存，歷城人，緗從子。廩生。《歷城縣志》卷四十、《濟南府志》卷五十三有傳。光緒《高唐州志》卷八有董元度《朱懷樸傳》。

### 【山民集】

見《歷城縣志》本傳、《濟南府志・經籍》。《縣志》本傳云：“好結交，修文酒之會。日課一詩，雖有事不廢。巡撫李樹德與酬和，病中成《桐社》詩百首，見者不知其病也。慷慨好義，士大夫及豪俠市儈、緇黃花門之徒，無不知朱公子者。詩清麗，有《山民集》。”

《歷城縣志・藝文考》（據董元度《朱公家傳》）作《朱懷樸詩集》八卷，並引《山左詩鈔》云：“懷樸有《復齋漫稿》、《桐社稿》、《鶯浦集》、《禹登山房詩》。家素豪富，工詩，善飲，而好賓客，四方名士多與之遊。歿後曲阜顏次雷弔之云：‘田文死後無賓客，獨管齊山四十秋。’”

按董元度《傳》云：“所著有《復齋詩稿》、《禹登山房集》、《種莎書屋集》、《桐軒詩》、《鶯浦集》、《晴雪齋稿》、《楚游草》《竹間草》，凡八卷。”所載書名，與他書略有異同，分列於下。

### 【復齋詩稿】

見董元度《朱懷樸傳》。《國朝山左詩鈔》、光緒《高唐州志・著述》作《復齋漫稿》。

《國朝山左詩鈔》卷四十九載其《夏日》、《懷舍弟會公聞已回駐西安》詩二首。

## 【禹登山房集】

見董元度《朱懷樸傳》。《國朝山左詩鈔》、光緒《高唐州志·著述》作《禹登山房詩》。

## 【種莎書屋集】

見董元度《朱懷樸傳》。《續修歷城縣志·藝文考》據朱學猷鄉試硃卷履歷著錄，作《種莎書屋詩》。

## 【桐軒詩】

見董元度《朱懷樸傳》。

## 【鷺浦集】

見董元度《朱懷樸傳》、《國朝山左詩鈔》。《四庫全書總目》、《濟南府志·經籍》、《山東通志·藝文》俱六卷。

《山東通志·藝文》引《四庫存目提要》曰："其詩格近宋人，而時有風致。"《四庫全書總目》著錄編修周永年家藏本。今未見流傳。

## 【晴雪齋稿】

見董元度《朱懷樸傳》。

## 【楚游草】

見董元度《朱懷樸傳》。

## 【竹間草】

見董元度《朱懷樸傳》、《續修歷城縣志·藝文考》（據朱學猷鄉試硃卷履歷）。

## 【桐社稿】

見《國朝山左詩鈔》、光緒《高唐州志·著述》。或即《歷城縣志》本傳所云"《桐社》詩百首"也。

## ◆ 朱令昭

令昭字次公，號漆園，又號維摩居士，歷城人，緯子，懷樸從弟。倡柳莊社，與淄川張元、膠州高鳳翰、義烏方起英爲忘形交。書法宗唐人，左右手皆能爲畫。由監生捐授州同職。卒年四十一。《歷城縣志》卷四十、《濟南府志》卷五十三有傳。

## 【冰壑詩鈔六卷】

見《四庫全書總目》、《濟南府志·經籍》、《山東通志·藝文》。現存：①清乾隆四十三年周永年進呈乾隆間鈔本（作《冰壑詩集》六卷二冊），臺灣"國家圖書館"藏，《國家圖書館善本書志初稿》著錄。《四庫存目標注》云："前有乾隆二十八年癸未冬至後五日德州宋弼於都城寓舍序，乾隆二十九年甲申春二月既望萊陽張象恩序。卷內鈐'翰林院印'滿漢文大方印。書衣有'乾隆四十三年正月翰林院編修周永年交出家藏冰壑詩集壹部計書貳本'長方木記。即《存目》所據原本也。"②清乾隆二十八年刻本（作《冰壑集》六卷《詩餘》一卷），中國科學院國家科學圖書館藏，《清人別集總目》、《清人詩文集總目提要》、《四庫存目標注》著錄。

《山東通志·藝文》：《四庫存目提要》曰："令昭字次公，歷城人。少與淄川張元、膠州高鳳翰等結柳莊詩社，繪畫篆刻，皆能留意。其詩亦與鳳翰相伯仲，而少遜其雄傑。"按：《縣志》載令昭詩作《水明樓詩集》六卷。

《歷城縣志·藝文考》：朱令昭《水明樓詩集》六卷。採訪抄本。按：令昭有《黃華集》、《閩遊集》各若干卷，歿後子攸彙鈔之，爲六卷。

《國朝山左詩鈔》卷五十六載其詩十三首。

## 【冰壑堂全稿三卷】

現存：稿本（缺卷一），山東省圖書館藏，《中國古籍善本書目》著錄。

## 【冰壑堂詩稿二卷】

現存：稿本（存卷二，王公舒、柳少師跋），山東省圖書館藏，《中國古籍善本書目》著錄。

## 【皇華集一卷附石湖草一卷】

現存：清稿本（一冊，清張希傑跋），山東省圖書館藏，《中國古籍善本書目》、《清人別集總目》、《清人詩文集總目提要》著錄。

光緒《高唐州志·著述》、《山東通志》卷百七十四本傳作《皇荂集》，無卷數。

《歷城縣志·藝文考》（朱令昭《水明樓詩集》六卷）：法坤厚《黃華集序》曰："《黃華集》一卷，

濟南朱次公先生作也。先生才氣超絕一時，性簡傲，不喜與俗子遇。家鈞突泉畔，結柳莊詩社，約同人讌集。好為險韵，相窘揮毫，為左右手書畫，賦詩灑灑，千言立就。旋依胡牀，揮檀板斑鼓，抗喉高歌，作清商流徵之曲，聲窮窈眇，聞者莫不悚息傾耳，淒其欲絕。詩名才氣，飛騰藝苑，益自矜詡，與流俗隔迕，以故流俗輩唧之切骨。居久之，意不自得，家貲巨萬金略盡，乃攜蒼頭策蹇，渡黃河，下金陵，徧遊閩粵名山大川，無所遇，歸而先生亦旋没矣。予素耳先生名，恨不及見。今年來濟上，先生從孫式魯，予同學友也，持是卷屬序，且曰：‘先生生平為詩最多，不自收拾，此卷所集，不及百一。’取而讀之，才氣縱橫，體大而思精。如《終南進士行》，則昌谷之奇詭也；《楊花曲》，則玉溪之瑰麗也；《讀太白集》、《鈞突泉》，則青蓮之奔逸；閩中歸來諸作，則少陵之悲壯也。廬陵序蘇子美集曰：‘斯文，金玉也。沈埋糞土中，其光氣常焰發於上，必有識而物色之者。’謹序其卷末，以歸式魯。可善藏之，以待異時之求也。”《白石山人集》。

## 【閩遊集】

見光緒《高唐州志·著述》、《山東通志》卷百七十四本傳。

## 【朱令昭詩一卷】

桑調元、沈廷方選。現存：清乾隆二十六年柏香堂刻《歷城三子詩》本，上海圖書館藏，《中國叢書綜錄》、《四庫存目標注》著錄。

## 【冰壑詩餘三卷】

見《歷城縣志·藝文考》（據採訪抄本）、《濟南府志·經籍》、《山東通志·藝文》（集部詞曲類）。現存：清乾隆二十八年刻本（一卷，《冰壑集》附），中國科學院國家科學圖書館藏，《清人詩文集總目提要》、《販書偶記續編》著錄。

## ◆ 方起英

起英字遇春，號獅山，又號特千。浙江義烏人，遷歷城。讀書能詩，試不利，乃業醫，洞《素》、《難》諸書之奧。貧病無力醫藥者，活之無算。重然諾，急人之急，傾囊倒篋無吝色。僦屋而居，戶履常滿。巡

撫岳濬為援例授州同職銜。年六十二卒。以子昂官贈通議大夫。《歷城縣志》卷四十六，《濟南府志》卷五十三、六十一、六十二有傳。

## 【千秋鐸一卷】

見《歷城縣志·藝文考》（據採訪抄本）、《濟南府志·經籍》、《山東通志·藝文》（子部醫家類）。乃論治傷寒之書。

《歷城縣志·藝文考》載起英《千秋鐸自序》署曰：“判生死於俄頃，拯危殆於瞬息，惟傷寒為最。今世咸推《仲景全書》，不知其立方之意專為冬月正傷寒，與三時溫暑無與。蓋三時溫暑亦受嚴寒殺厲之氣而得，因受病之源相同，故亦名之曰傷寒。所發之時既異，主治之法自殊。若概以仲景方而施之於溫暑，其不殺人也鮮矣。唐宋以來，著述辯駁，殆不乏人，曾無補其闕者。明陶節菴著《全生集》、《殺車鎚》等書，而傷寒、溫暑之辨昭然，仲景秘而未發之旨闡揚盡致，譬之千載傳燈，炯明其焰，使後學有遵途之適，而無亡羊之歎。於是為之刪繁就簡，方脉症候，縷析條分，因名之曰《千秋鐸》云。時雍正四年歲在丙午中秋後一日。”又載《重校千秋鐸自序》署曰：“凡遇傷寒症於長沙、節菴之法不效者，及老弱勞力感寒之人，即以趙氏地黃湯法施之，無不響應。歷驗有年，因將《千秋鐸》重為挍讐。”

## 【診家手鏡一卷】

見《歷城縣志·藝文考》（據採訪抄本）、《濟南府志·經籍》、《山東通志·藝文》（子部醫家類）。乃專論脈理之書。

## 【一班錄一卷】

見《歷城縣志·藝文考》（據採訪抄本）、《濟南府志·經籍》、《山東通志·藝文》（作《一斑錄》）。乃其治驗成效之記錄。

## 【三昧集】

以上三種醫書之總名也。《山東通志·藝文》（子部醫家類）別為著錄，並引《歷城縣志》載《千秋鐸》諸書邵志謙《序》略曰：“方君能詩文，精醫。所著《三昧集》，凡三種：一《千秋鐸》，乃與友人論治傷寒也；一《診家手鏡》，專論脈理；一《一斑錄》，

乃治驗成效。"

## 【百將傳一卷】

見《歷城縣志·藝文考》（據採訪抄本）、《濟南府志·經籍》、《山東通志·藝文》。

《山東通志·藝文》以《縣志》列是書於《三昧集》後，入子部醫家類。

## 【蜀山前後集】

見《歷城縣志·藝文考》、《山東通志·藝文》。《國朝山左詩鈔》、《國朝山左詩續鈔》、《濟南府志·經籍》作《蜀山集》。

《山東通志·藝文》：見《縣志》所引《弢甫集》。

《國朝山左詩鈔》卷五十三載其《過朱冰壑宅有感》詩一首。《國朝山左詩續鈔》卷三十載其《雨夜》、《歸舟偶咏》（二首），凡三首。

## 【東園集】

《山東通志·藝文》：見《縣志》所引《弢甫集》。

## 【獅山詩鈔四卷】

《歷城縣志·藝文考》、《山東通志·藝文》均據本書著錄。現存：清乾隆刻本，南京圖書館、青島市圖書館藏，《清人別集總目》、《清人詩文集總目提要》、《山東文獻書目》著錄。

《山東通志·藝文》：是編有刊本。《隱拙齋集·方獅山詩序》云："方君獅山，蓋余鄉所甄序歷城三詩人之一也。君有義行，隱于醫而特工於詩。余初視漕任城，廉得其名；及觀察左海，又耳熟焉；既而陳臬沛上，屬君已下世，不獲見其人，爲慨焉太息。因取其詩之尤者百篇刻之。其嗣昂，濼源書院都講也，歌《鹿苹》以歸，哀集父詩，廣爲四卷。"

## 【方起英詩一卷】

桑調元、沈廷芳輯。現存：清乾隆二十六年柏香堂刻《歷城三子詩》本，上海圖書館藏，《中國叢書綜錄》著錄。

## 【古今詩塵】

《山東通志·藝文》（集部詩文評類）著錄，提要云："見《縣志》引《弢甫集》。"現存：①清乾隆間歷城張希傑增訂手稿本（不分卷，六冊），臺灣"國家圖書館"藏，見《國家圖書館善本書志初稿》。前有練塘老人張希傑漢張撰《方獅山先生小傳》；次爲《自序》，署"乾隆己巳九月九日獅山方起英書於京師邸舍"。本書擴錄古今詩話編輯而成，時一展玩，無異聆晉人之拂塵清談，因命名曰《古今詩塵》。第一冊自唐虞三代至隋，第二冊爲唐及五代，第三冊爲北宋，第四冊爲南宋及金元，第五冊爲明，第六冊爲國朝（清）。書中鈐張希傑印多方。②臺灣廣文書局影印《古今詩話續編》本，見《中國叢書廣錄》。

## 【絳雪詞】

《山東通志·藝文》（集部詞曲類）：是編見《縣志》所引《弢甫集》。

### ◆ 張　宸

宸字漪園，濱州人。康熙甲午（五十三年）舉人。與兩兄進士宣、寅齊名。生平好學不倦，凡《詩》《書》傳注之言，下逮子史，莫不究極其要領。《濱州志》卷十有傳。

## 【四書註釋省度】

見《濱州志》本傳、《山東通志·藝文》（經部四書類）。

## 【辛餘集】【映雪草】

《濱州志》本傳云：有"制藝《辛餘集》、經藝《映雪草》藏于家。"

### ◆ 于以信

以信字中愿，德平人。康熙甲午（五十三年）舉人。官廣東鹽大使。

## 【閒情雜詠】

見《德平縣志》、《山東通志·藝文》。

### ◆ 李國祺

國祺字吉有，號獻可，齊東人。康熙甲午（五十三年）舉人。官汶上教諭。《齊東縣志》卷五有傳。

## 【族譜】

《齊東縣志》本傳云："嘗鑒定同縣張權時先生《四書析疑》，風行海內，士林宗仰。晚年專精儒術，深得濟陽張蒿庵先生之傳，抉祕鉤沈，躬行實踐。所有著述，闡明正學，論者謂與東牟綦澧相伯仲云。任滿里居，倡建宗祠，纂修《族譜》，凡百義舉，靡不身先。"

### ◆ 郭　寀

寀，長清人。康熙甲午（五十三年）武舉人。

其詩文集未見著錄。民國《長清縣志》卷十載其《重修準提庵碑記》一篇。

### ◆ 李生麟

生麟字赤綖，號蘭亭，濟陽人（一作齊東人）。乾隆間由貢生任四川中江縣知縣。民國《濟陽縣志》卷十一、《齊東縣志》卷五有傳。

## 【西征紀略詩全集一卷】

現存：民國十四年石印本（李樟、李椿注），濟南市圖書館、東北師範大學圖書館藏，《濟南市圖書館館藏古籍書目》著錄。

民國《濟陽縣志》本傳作《西征記略詩全集》，《藝文·著述篇目》作《西征紀略》，均無卷數。民國《齊東縣志·著作》作《西征紀略詩集》二卷，云民國九年付印。

民國《濟陽縣志·藝文》載其《過景經石》、《佛現鳥》、《謁佛》、《棧道行》、《覽魚腹江灘八陣圖》、《晚宿復懷少陵》、《初至成都登眺》、《憶成都嚴君平揚雄宅》（二首）、《過錦里懷少陵》、《過卓氏里》、《草玄亭》、《晚過王嬙里》、《敬題中江署壁（并序）》等詩，《九秋過錦里》詞。

### ◆ 李修行

修行字子乾（一作子虔），號西村，陽信人。康熙乙未（五十四年）進士。

其詩集未見著錄。《國朝山左詩續鈔》卷三載其《溪行》詩一首。

## 【葩經集義】

見《陽信縣志》本傳、《山東通志·藝文》（經部詩類）。

## 【家訓十則】

《山東通志·藝文》（子部雜家類）據《府志》著錄。

## 【四書文稿】

見《國朝武定詩鈔》。

## 【夢中緣十五回】

民國《陽信縣志》本傳云：有"《夢中緣》小說藏於家。"現存：①清光緒十一年序三義堂刻本，首都圖書館、遼寧省圖書館等藏，《中國古代小說總目·白話卷》著錄。②清光緒十一年崇德堂刻本，中國國家圖書館、首都圖書館等藏，《中國通俗小說書目》、《山東文獻書目》著錄。③文成堂刻本，遼寧省圖書館藏。

### ◆ 王世睿

世睿字道存，號龍溪。章丘人。康熙癸巳（五十二年）舉人，乙未（五十四年）進士。知四川盧山縣，擢瀘州知州。因公左遷，除江南江浦縣，調上海。《濟南府志》卷五十四有傳。

## 【進藏紀程一卷】

見道光《章邱縣志·藝文》（無卷數）、《濟南府志·經籍》。《國朝山左詩續鈔》、《山東通志·藝文》（史部地理類）作《進藏紀程詩》。現存：①清乾隆元年自刻本，中國科學院國家科學圖書館藏，《北京圖書館古籍善本書目》、《中國古籍善本書目》、《販書偶記》著錄。②清道光十三年吳江沈氏世楷堂刻《昭代叢書》本，中國國家圖書館、首都圖書館、北京大學圖書館藏，《中國叢書綜錄》、《續修四庫全書總目提要（稿本）》、《中國地方志總目提要》著錄。③清光緒十七年上海著易堂排印《小方壺齋輿地叢鈔》本，中國國家圖書館、首都圖書館、北京大學圖書館藏，《中國叢書綜錄》、《中國地方志總目提要》、《山東文獻書目》著錄。④清鈔本，見《北京大學圖書館藏古籍善本書目》。

《山東通志·藝文》：是書有刊本。雍正壬子世睿奉檄入藏時所作。中一條云："番王以每歲二月一日爲年節，設朝致貢，筵宴使臣，爲大禮。"又云："另一大寺，名爲大招寺，係與坐藏大人議事之會府，內塑唐朝公主神像。寺前一方碑，字漫滅不可識，亦唐朝法物也。"據本書。按：書中紀番王宮室之制、宴會之儀，語頗詭麗。

《國朝山左詩續鈔》卷三載其《奉檄從軍上監軍劉公》一題三首。

### 【捕蝗紀事】
見《國朝山左詩續鈔》、道光《章邱縣志·藝文》、《濟南府志·經籍》、《山東通志·藝文》（史部政書類）。

《山東通志·藝文》引《府志》本傳云："調上海，捕蝗恤賑，所至有聲。"

### 【紀遇詩】
見道光《章邱縣志·藝文》。

### 【龍溪草堂集十卷】
見《四庫全書總目提要》（山東巡撫採進本）、《濟南府志·經籍》、《山東通志·藝文》。

《山東通志·藝文》：《四庫存目提要》曰："世睿初改庶吉士，及散館，仍外補，故是集多館課之作。至第九卷《金陵宦稿》中《八勸八戒詩》，意求通俗，然太質勝於文矣。"

《山東巡撫第二次呈進書目》：《龍溪草堂集》一本。

### ◆ 劉之蓀
劉之蓀撰。之蓀字桐實，鄒平人，廣聰嗣子。康熙乙未（五十四年）進士。未任而歿。

### 【自然吟】
見《國朝山左詩鈔》、《鄒平縣志·藝文攷》（"自"誤"白"）、《濟南府志·經籍》、《山東通志·藝文》。

《國朝山左詩鈔》卷五十載其《春舟雜興》、《邵伯早發》詩二首。

### ◆ 朱緇衣
緇衣字展宜，泰安人。康熙乙未（五十四年）進士。官富順知縣。

### 【沁心篇】
見《重修泰安縣志·著述》。

### 【迁叟吟】
見《山東通志·藝文》（據《府志》）、《重修泰安縣志·著述》。

### 【皇華記】
《重修泰安縣志·著述》云："有抄本。"

### ◆ 孫涵毓
涵毓字智含，一字卯亭，歷城人，光祀孫，監生。光緒《平陰縣志》卷五有傳。

### 【蕉尾集一卷】
見《泰安府志》本傳、《山東通志·藝文》、《續修歷城縣志·藝文考》。《國朝山左詩鈔》、《濟南府志·經籍》作《蕉尾集詩存》。光緒《平陰縣志》本傳云：字潛修，有《焦尾集詩草》藏於家。

《續修歷城縣志·藝文考》引《泰安府志·文苑傳》云："涵毓不樂仕進，好覽天下名山大川，因數往來荊楚吳越間，著作日富。所存《蕉尾集》一卷。其詩句如'白雲生谷口，紅日下山腰'、'雲破孤峰入，天空一雁來'、'獨我悲秋常作賦，何人愛月不登樓'、'泰岱東來還有障，古聊南下卻無山'，皆爲世所傳誦。"

《國朝山左詩鈔》卷五十六載其詩七首。小傳注引張陶山云："卯亭貧而好學，壯歲出遊南北，每有題詠。倦遊家居，學行爲鄉邑之望，不愧門風。"

### ◆ 劉大量
大量，長山人，孔中孫。歲貢生。任高苑縣教諭。

其詩文集未見著錄。《國朝山左詩續鈔》卷三十一載其《自岔河泛舟歸高苑城》詩一首。

### 【高苑縣續志十卷】
高苑知縣古今譽（字蜇聲，河北宛平人，康熙四十三年任）修。現存：清康熙五十五年刻本，山東省圖書館、中國國家圖書館、天津圖書館藏。前有古今譽《序》。卷一沿革、風俗、里社、陵墓，卷二城池、公署、橋梁、壇廟、集市、寺觀、常平倉，卷三縣職、學職、駐防武職、宦績，卷四學制、學田、義學，卷五鄉科、歲貢、武弁、封廕、例貢、吏掾，卷六孝義、貞節、鄉飲，卷七地畝、荒田、稅糧、丁口、徭役、兵防，卷八誥敕、序文、碑記、詩贊，卷九河議，卷十災異、叢談。

### ◆ 王喬年

喬年字豫章，號拙菴，濟陽人，良相曾孫。康熙丙申（五十五年）歲貢。銓夏津訓導，以年老不赴。研悅經籍，晝夜不倦。《濟南府志》卷五十六、民國《濟陽縣志》卷十一有傳。

其詩文集未見著錄。民國《濟陽縣志・藝文》載其《仲春日濟水泛舟》詩。

### ◆ 劉　銓

銓字秉衡，樂陵人。康熙丙申（五十五年）歲貢。銓壽張縣訓導，未仕。

其詩文集未見著錄。《樂陵詩彙》載其《春丁紀事》詩一首。

### ◆ 潘內召

內召字羹臣，樂陵人。康熙丁酉（五十六年）舉人。官員外郎。乾隆《樂陵縣志》卷六有傳。

**【遊興草】【家居雜詠一卷】**

見《樂陵縣志》、《山東通志・藝文》（集部別集類）。

《國朝山左詩續鈔》卷四載其《王秋史故居》一首。乾隆《樂陵縣志》卷八載其《詠棗花》一首。

### ◆ 張　潤

潤字霖生，德平人。康熙丁酉（五十六年）舉人。

**【馥園易說】**

見《德平縣志》、《山東通志・藝文》（經部易類）。《殷上舊聞・先輩著述》云：“未梓，不知存否。”

### ◆ 韓尚夏

尚夏字緗雲。章丘人。康熙丁酉（五十六年）舉人。任臨淄教諭，擢青州教授，陞河南汝州同知，所

至有聲。解官後嘯傲林泉。舉鄉飲大賓。年九十一卒。《濟南府志》卷五十四有傳。

**【月食考】**

見道光《章邱縣志・藝文》、《濟南府志・經籍》、《山東通志・藝文》（子部天文算法類）。

**【小峨嵋集】**

見道光《章邱縣志・藝文》、《濟南府志・經籍》、《山東通志・藝文》。

《國朝山左詩續鈔》卷四載其《咏珠泉》詩一首。道光《章邱縣志・藝文》載其《登摩訶頂記》文一篇，《珠泉》詩一首。

### ◆ 葉正夏

正夏字仲長，一字仲一，號桐村，德州人，旦子。康熙丁酉（五十六年）舉人。官魚臺教諭。

**【桐村詩集】**

見《國朝山左詩鈔》、《濟南府志・經籍》、《山東通志・藝文》。《續修四庫全書總目提要（稿本）》著錄盧氏傳鈔本（不分卷），提要云：“是集計詩一百十六首，古今體皆有，悉德州盧見曾搜集之，抄以傳世者。”

《國朝山左詩鈔》卷五十載其詩十五首。小傳注云：“仲長聰明絕世，文采風流，人所應有者，無不有。學醫得神解，不自製方，惟于古方增減一二味，所全活人無算。辛丑春闈前，余病京師，腳軟不良於行，投以祛風補虛各藥，均不效，距場期五日矣。仲長至，胗脉畢，曰：‘此酒毒流濕於下部，毋慮。’立方後，復索余近作觀之，笑曰：‘送吾弟一名進士，一藥而愈。’年八十，猶赴公車。余守永平，仲長以所爲詩就余選定。今索原本於其家，已失之矣。集中所鈔，皆旁搜得之。平生善與人交，不多飲酒，而酒情最妙。詩敏而工，嘗於餞春日送妓，走筆立成，眾爲擱筆。記其半律云：‘送君恰值送春時，強進花前酒一巵。不愧牡丹稱國色，生憎芍藥號將離。’又《送西妓》十二絕句，記其一云：‘軟綃紅淚漬成斑，肯使音書斷往還。縱少魚鱗三十六，知君家近鴈門關。’真脫盡綺席俗調矣。”

## 【出關詩】

見《國朝山左詩鈔》、《濟南府志·經籍》、《山東通志·藝文》。

### ◆ 魏 巍

巍字峻菴，德州人。康熙丁酉（五十六年）舉人。官陝西華亭知縣。

## 【東村集】

見《國朝山左詩鈔》、《濟南府志·經籍》、《山東通志·藝文》。

《國朝山左詩鈔》卷五十載其《暮春黃河厓道中憶趙慎菴南遊之令兄怡齋金華任所》、《喜慎菴過里》詩二首。

### ◆ 羅 植

植字階蘭，一字蘭齋，號樹堂，德州人。貢生。官刑部員外郎。

## 【墨壽軒集一卷】

《續修四庫全書總目提要（稿本）》著錄德州田氏傳鈔本，提要云："是編計詩一百餘首。以律、絕為最多，古體不過數首而已。"《國朝山左詩鈔》、《濟南府志·經籍》作《墨壽軒詩草》，《山東通志·藝文》、《德縣志·邑人著作》作《墨壽軒遺詩》，俱無卷數。

《山東通志·藝文》：《二學亭文涘》載是編《序》略云："其意異，其氣平，其句工，其調雅。自免官後毫無一侘傺語。"《山左詩鈔》云："階蘭生於世冑，潛心風雅，異書滿架，嘗手自校勘。性耽吟詠，而不以示人。余與趙慎菴兄弟間一唱和而已。沒後，小山薑始見其遺詩，為選百餘篇刻之，曰《墨壽軒集》。"

《德縣志》卷十四載張元《墨壽軒遺詩序》，卷十五載田同之《墨壽軒遺詩序》。張元《序》云："蘭齋與余交最久，亦最深。憶自甲寅之歲，延余課其二子以書、以深，晨夕披對，證據今古，商道藝，心契神合，甚相得也。閱六年而蘭齋謝世，然究未嘗以詩示余，余亦未知其能詩也。今歲冬，以書兄弟始出其遺詩一卷示余，謂皆得之零星畫簡，彙集而成者。余於是始知蘭齋能詩，而向不以示余者，蓋由其內不自

足而未遽出也。雪夜挑燈，披讀數過，汰存其半，使藏於家。嗚呼！余之不見蘭齋久矣。其為人安和平粹，寡交游，耽宴坐，於世俗一切玩好，舉不屑意，惟好古金石文字與生平未見之書，廣搜博求，不遺餘力。或書有賞心，輒分屬抄錄，而手自勘校，雖盛暑嚴寒不少輟。其風懷意趣如此。故其為詩，皆優游林泉，佇興而就，取境至近，而會心甚遠。使人讀之，有委懷任運、超然物外之想。令天假之年，其所成就，當未可量。而甫逾強仕，遽歸道山，此余所以反覆斯集，愴懷於蘭齋未竟其才，而不禁為之深悲而累歔也。詩皆近體，無古作，意其有待而未及為之。以書兄弟能收拾遺文，無墜先緒，意誠可嘉。然使能推此意以施於讀書進取之間，則發名成業，所以克副厥考之志於身後者，又有進焉。而茲之克輯遺文，猶其小焉者矣。故並及之，以誌拳拳屬望之意也。"

《國朝山左詩鈔》卷五十載其《同趙慎菴盧抱孫過柳湖書院》、《家刻蘭亭寄蓮然上人》詩二首。《德州志》卷十二、《德縣志》卷十六載其《同趙慎菴盧抱孫過柳湖》一首。

### ◆ 趙恒祚

恒祚字鍾源，號方山，霑化人。康熙戊戌（五十七年）進士。歷官陝西同官、咸陽知縣。歸籍後主講灤源書院。光緒《霑化縣志》卷七有傳。

## 【易經解】

見《霑化縣志·著書目錄》及本傳。

## 【春秋同文輯要】

見《武定府志》、《山東通志·藝文》（經部春秋類）。光緒《霑化縣志》本傳、民國《霑化縣志·著書目錄》及本傳均作《春秋同文》。

## 【孝經說】

見光緒《霑化縣志》本傳、《山東通志·藝文》（經部孝經類）、民國《霑化縣志·著書目錄》。

## 【四書說】

見《武定府志》、光緒《霑化縣志》本傳、《山東通志·藝文》（經部四書類）。

【四書題格】

見光緒《霑化縣志》本傳、民國《霑化縣志·著書目錄》及本傳。

【學製紀略】

見光緒《霑化縣志》本傳、《山東通志·藝文》（史部傳記類）、民國《霑化縣志·著書目錄》。

【勸善錄】

見《武定府志》本傳、光緒《霑化縣志》本傳、《山東通志·藝文》（子部雜家類）。

【方山文集】

見光緒《霑化縣志》本傳、《山東通志·藝文》、《霑化縣志·著書目錄》。

《武定府志·藝文》載其《霑化減糧議》、《疏鑿清河議》、《霑化開溝洩水議》。光緒《霑化縣志·藝文》亦載此三《議》（篇名無“霑化”二字），另有《新建崇聖祠記》、《重修儒學大成殿記》。

◆ 張希傑

希傑字漢張，號東山，別號練塘，歷城人。

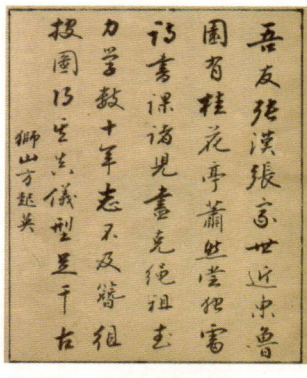

張希傑像　載稿本《鑄雪齋集》

【練塘年譜一卷】

是編爲希傑自撰年譜，現存：清歷城張氏嵁湖鑄雪齋稿本（《鑄雪齋集》附），山東省圖書館藏，《中國古籍善本書目》著錄；《山東文獻集成》影印。按《譜》，希傑生於康熙二十八年。

【錦囊集韻注四卷】

見《歷城縣志·藝文考》、《山東通志·藝文》。

《山東通志·藝文》：《縣志》載是書云：“採訪鈔本。”又載趙國麟《序》略曰：“明楚中蕭漢沖先生著《龍文鞭影》四字文一帙。門人張生希傑篤志績學，讀書務求會通，己亥客墨水，得是書，愛惜編次，句爲疏解，殫精瘁智，閱五載成書，易其名曰《錦囊集韻》。乾隆元年七夕。”

【鑄雪齋集十五卷別集八卷】

見《歷城縣志·藝文考》（據採訪抄本）、《濟南府志·經籍》、《山東通志·藝文》。現存：①清張氏嵁湖鑄雪齋稿本（作《鑄雪齋集》十四卷《練塘年譜》一卷），山東省圖書館藏；《山東文獻集成》影印。②稿本（作《鑄雪齋集》七卷），天津圖書館藏，《中國古籍善本書目》、《清人別集總目》、《清人詩文集總目提要》著錄。

《山東通志·藝文》：《縣志》載是集云：“採訪鈔本。”又云：“希傑有《不其集》、《皖江詩草》、《嶺南集》、《五夢唱和詩》、《厤下秋聲》共若干種。”

《歷城縣志·藝文考》：宋弼《序》署曰：“張子少負才名，受學大師，數爲名公大吏所知賞，歷試不得一遇，生平遊跡半天下。坎坷骯髒、抑欝無聊之氣，一假筆墨以發之，是必有陸離光怪藏乎其間。宜其傲睨一世，而若有所不屑也。”據本書。

又，法坤厚《序》署曰：“言者，心之聲也。《詩》三百篇，類多窮愁憂怨之音。先工不禁其憂怨而采之，爲其發乎心之不容已也。予友張子練塘，少負異才，乃蹉跎五十餘年，生平知交悉騰達以去，而練塘屢躓場屋，以諸生老。此其才之所抑，心之所欝，固有不能已於言者。而頻年僕僕，道路幾數萬里，其足跡之所越歷，風檣劍棧，幽壑雲巖，又極乎宇宙之險阻，適足以發其胸中磊落奇偉之氣。故凡耳目所經，古今興亡、孝子忠臣之蹟，山川河岳、風雨雷霆、草木鳥獸以迄神仙鬼怪之事，苟有所觸，靡不發之於言，以寄其懷抱。久之，彙而盈尺，名曰《鑄雪齋文集》，共若干卷。其言可謂富矣，而孰知其心之苦哉！辛巳秋，予來歷下，練塘出其集，屬爲刪定，且曰：‘吾將錄藏，以俟來者，不願以示世人也。’嗚呼！抑逸世之才，無所展布，而區區托之吟咏，爭存亡於塵埋蟲蝕之餘，以俟千百年後悠悠不可知之人，此其志愈苦，而言愈悲矣！然吾謂天地同此通塞之氣，人世同此得喪之境也。練塘處抑鬱之境，而能曲暢其氣，發之言而先得其自然之聲，其必有與為同調，讀是集而為之痛哭流涕，所謂得一知己可以無憾者，則千百年猶旦暮也。又況其詩、其文離陸奇瑰，固有令人一見繫節者，自可出以問世，而無待於後哉。然則人固不必以不遇為練塘惜也。乾隆辛巳仲秋。"《白石山人集》。

《鑄雪齋集》十四卷《練塘年譜》一卷　山東省圖書館藏清張氏鑄雪齋稿本

## 【練塘詩草一卷】

現存：清高氏辨蟫居鈔《齊魯遺書》本，山東省博物館藏，《中國古籍善本書目》、《中國叢書廣錄》著錄。

## 【冰壑詞選一卷】

現存：清稿本（與《鑄雪齋集》合訂），天津圖書館藏。

## ◆ 杜　瑾

瑾字蘊奇，濱州人。雍正七年任大寧知縣。

## 【大寧縣志八卷】

現存：①清雍正八年刻本，北京大學圖書館、中國國家圖書館藏，《北京圖書館普通古籍總目》著錄。②鈔本，北京大學圖書館藏，《北京大學圖書館藏古

籍善本書目》著錄。

## ◆ 劉佐沛

佐沛字漢輔，一字介臣，武定人。《惠民縣志》本傳云："著書百餘種藏於家。"

## 【雛誦堂遺詩四卷】

見《山東通志·藝文》。《續修四庫全書總目提要（稿本）》、《清人詩文集總目提要》著錄惠民李氏鈔本。《國朝山左詩鈔》作《雛誦堂詩集》。《國朝武定詩鈔》作《雛誦堂詩》。

《武定府志·藝文》載田同之《雛誦堂詩序》云：吾亡友劉處士漢輔已沒，遺詩四卷，漸就散佚。其同里李氏硯洲謀梓之，寄屬余序，蓋以余知漢輔獨深也。漢輔名佐沛，武定人，明少司馬東林劉公策曾孫。幼孤露無師承，其先世焚餘書存《文選》半部，遂以發蒙。及長，不試於有司。工詩賦，性嗜書，貧不能購，輒貸于人，且讀且鈔，雖饔烟不給，而雛誦聲徹戶外。彼夫稚川、孝高之流，漫畫搬薑之癖，庶足以喻其生平乎？當是時，先司農方主騷壇，手玉尺裁量晚近，而盱衡扼腕，於漢輔獨加之意，固愛其學之博，亦賞其品之逸也。歸田後復招之來德，上下今古，俾揚扢於山薑書屋中，老槐燈火，風雨一膿。余於此獲漢輔之益爲不少。而漢輔之詩亦愈工且雅，以醇閡而不肆，合宋元來作者之長，仍無庾漢魏六朝三唐之軌。是誠能多師以爲師，反情以和其志者歟？惜乎殷仲堪不獲休明一世，自足映徹九泉。吾序其詩，悲其遇，且歎硯洲之雅意闡幽，爲萩林盛美也。

《國朝武定詩鈔》亦引田同之《雛誦堂詩序》，文字略有異同："介臣幼而孤露，無師承，而負姿穎異。……其爲詩取材也博，造語也工，古今體靡不各具其長，鬼腕人腕，兩相爲運，誠有如其所自云者，而又慮分唐別宋，強爲畛域，如蠻觸氏之鬭於蝸角也。故一旦爲先司農所知，遂負笈青門。當是時，先司農方主盟騷壇……。"又引介臣自敘云："吾鄉筿巢李公觀察淮南，延之幕府，俾掌薰削。以他役渡江，寓秣陵之金沙巷者百餘日，坐臥一小樓。樓中篋塞壁欲破，信手取閱，閱訖輒能播之於口。私心自喜，從此鬼腕人腕可以互運。已而爲田少司農山薑先生所知，召赴京，索聽其宏論，始悔向之由雛誦而發爲商歌者，猶王右軍之學衛茂漪。亟檢舊作，付之丙丁。先生嘉

焉，用教外別傳之法，引入覺路。更二載，得各體詩四卷。初兩卷皆經先生品騭，次兩卷則先生返道山後所撰。故並原評而秘之，以杜倖獻邀名之譏。"

《惠民縣志·藝文》載沈德潛《劉山人雜誦堂遺序》（按："遺"下當有脫字）云："生平著述文目共十五種，今所存者，吾特見此焚餘四卷云。"

《國朝山左詩鈔》卷四十七載其《同曹廙臣河房小飲因話秦淮舊事》、《寄素上人》、《荅友人見訊近況》詩三首。《武定府志·藝文》載其《宣聖廟古檜樹賦》、《東海賦》。《重修商河縣志·藝文》載其《遊雞籠鎮尋員半千故蹟》詩一首。

## ◆ 田同之

同之字硯思，別字西圃，號小山薑（一云字彥威，號在田、西圃），德州人，肇麗子。康熙庚子（五十九年）舉人。官國子監學正。《濟南府志》卷五十六有傳。

### 【田氏家譜不分卷】

現存：清乾隆初年刻本（四冊），天津圖書館藏，《中國家譜總目》著錄；《天津圖書館家譜叢書》影印。

### 【各體臨書】

《德縣志》本傳（田肇麗附）云："有《各體臨書》四冊藏之家祠，子孫世寶之。"

### 【西圃叢辨三十二卷】

見《四庫全書總目》、《濟南府志·經籍》、《山東通志·藝文》（子部雜家類）。現存：清康熙乾隆間刻《德州田氏叢書》本，中國國家圖書館、上海圖書館、復旦大學圖書館等藏，《中國叢書綜錄》著錄；《四庫全書存目叢書》影印（作清乾隆十九年李世垣刻本）。

《山東通志·藝文》：《四庫存目提要》曰："雜採諸家說部，分類排比。因其舊文，不加論斷，故卷首題名不曰'撰著'，而曰'纂集'云。"按：本書《自序》略云："每於披覽之下，遇昔人之訂譌辨偽者則掌錄之，其疑而難據未見成說者則自行考訂而互證之。大抵山川之誤指、事蹟之訛傳、議論之荒唐、著述之假借、時地之乖違、名類之淆溷，與夫字音差謬、注釋牽強、稱謂舛錯，以及傳奇、小說之移易顛倒，久爲人之所信從者，隨手纂組。雖以枚數，闊未

能罄悉；而即此遺愁疾，代黃嬭，亦聊足自娛已。"

### 【幼學續編】

《山東通志·藝文》（子部雜家類）著錄，引《二學亭文涘》是編《序》略云："先司農公嘗有《幼學編》一書，凡夫經史圖書、理學心性、典禮律歷以及帝紘、官料、職方、輿圖、軍容、國賦、錢權、鹽漕、河防、水利、制科之類，無不備析源委。所謂幼學階梯、通儒津筏，豈外是乎？至若經史之辨論、文章之體製、詩歌之繩規、詞賦之學律，與夫書法字學之區別，則有未暇悉及者，復一一考據而編集之。後之人誠由此《續編》以上究乎《初編》，得其門而升其堂，升其堂而入其室，則《續編》之有裨於幼學也，曷有窮哉！"

### 【古歡堂筆記一卷】

現存：稿本，山東省博物館藏，《中國古籍善本書目》、《山東文獻書目》著錄；《山東文獻集成》影印。

### 【硯思集六卷】

見《國朝山左詩鈔》、《山東通志·藝文》（據本書）。現存：①清康熙乾隆間刻《德州田氏叢書》本，中國國家圖書館、上海圖書館、復旦大學圖書館等藏，《中國叢書綜錄》、《清人詩文集總目提要》著錄。②清詩竹草堂鈔本，中國國家圖書館藏，《中國古籍善本書目》著錄。

《德州志·州人所著書目》無卷數，注云："未見。"《濟南府志·經籍》無卷數，云："一作《師竹堂彙稿》，二十餘卷。"《德縣志·邑人著作》作《硯思堂詩文集》。

《德縣志》本傳（田肇麗附）云："其祖山薑嘗賜以古硯，故以'硯思'名集。"

《山東通志·藝文》：是集乾隆中刊。長洲沈德潛《序》云："先生爲司農山薑之孫，而新城王司寇阮亭先生尊所聞以治詩者也。其爲詩稱指也微，感心也異，取格也高，流韻也遠，挹之有神，索之無迹，得唐賢三昧風味，而人世纖穠綺靡之習不存焉。門風宗法，兩有所得矣。"按：集中七律一卷，佳什尤多。如"蟲聲兩耳孟東野，菜色一圖安上門"、"愁病幾經千里外，饑寒不怨一官微"、"詩竹叢刊養生印，

水香孤注息心銘"、"阮籍情懷應有淚，蒙莊山木可無憂"、"愁深落葉日相續，淒絕哀鴻時一鳴"、"軋軋惟宜憑卷帙，陳陳誰與結綢繆"、"破雪梅花香冷淡，迎年燈火夜淒其"、"已覺醴濃非雋永，尚疑水淡有波瀾"、"山中不敢期榮問，人外何須閱邸鈔"等聯，皆以掩抑之筆，寫其牢騷，使讀者味之不盡，殆可謂詩人之詩矣。

《國朝山左詩鈔》卷五十一載其詩六十六首。《齊河縣志》卷三十載其《晏城道中懷方蕉衫》詩一首。《德縣志》卷十五載其《墨壽軒遺詩序》一篇，卷十六載其《古槐堂即事》詩一首。《續修平原縣志》卷十一載其《題張陶山小照》一首。

《硯思集》六卷　清康熙乾隆間刻《德州田氏叢書》本

## 【硯思續集六卷】

現存：清乾隆間刻本，南京圖書館藏，《清人別集總目》、《清人詩文集總目提要》著錄。

## 【詩竹堂彙稿十六卷】

現存：清乾隆七年刻本（五冊），濟南市圖書館、山東省圖書館藏，《中國科學院圖書館藏中文古籍善本書目》、《山東文獻書目》、《清人詩文集總目提要》著錄。

《德縣志》本傳（田肇麗附）云："著有《詩竹堂彙稿》，內分《硯思詩集》、《二學亭文涘》、《晚香詞》、《詩、文、詞說》共廿餘卷。"

## 【二學亭文涘四卷】

現存：①清康熙乾隆間刻《德州田氏叢書》本，中國國家圖書館、上海圖書館、中共山東省委黨校圖書館等藏，《中國叢書綜錄》、《清人詩文集總目提要》著錄；《山東文獻集成》影印。②清乾隆中刻本（與《晚香詞》合刻），中山大學圖書館藏，《中國古籍善本書目》著錄。《續修四庫全書總目提要（稿本）》著錄清乾隆刻本，提要略云："是編乃同之所撰文集，凡四卷，分體編次。首卷為序二十一首。二卷為記十首，傳一卷，書後一首，後識二首。三卷為誌銘六首，祭文四首。四卷為辯經、摘史、選詩、凡例、尺牘、題跋等三十二首。……蓋同之文清醇宏富，兼韓、歐而上溯於漢，固不失為一代宗師也。"

《山東通志·藝文》：仁和沈廷芳《序》云："先生為山薑公文孫，又曾親炙漁洋，風聞緒論，好學不倦，老而彌篤。故其為文理豐而義切，麗則而雅馴。廷芳弱冠後遊京師，得託先生忘年之雅。後先君來京，始與先生敘同舉之分，論文而深契焉。嘗手《西圃文》

《二學亭文涘》四卷　清乾隆刻本

數篇示廷芳，曰：'小子識之，今世之士，無復爲斯文者也。'迄今敬志弗敢忘。比年以來，于役二東，頻登古歡之堂，尤得執經請益。於時先生年七十餘矣，猶能爲廷芳作《南池杜公祠記》。其神明不衰，不愈可見耶？"據本書。

## 【小山薑集四十八卷】

現存：清乾隆間刻本，南京圖書館、上海圖書館、

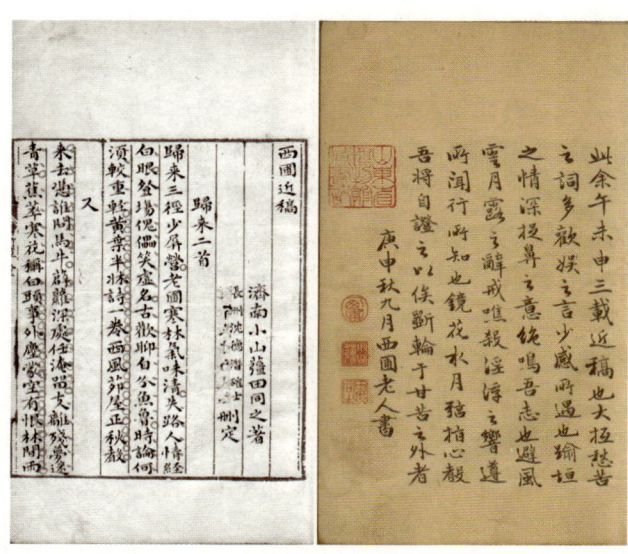

《西圃近稿》一卷　山東省博物館藏稿本

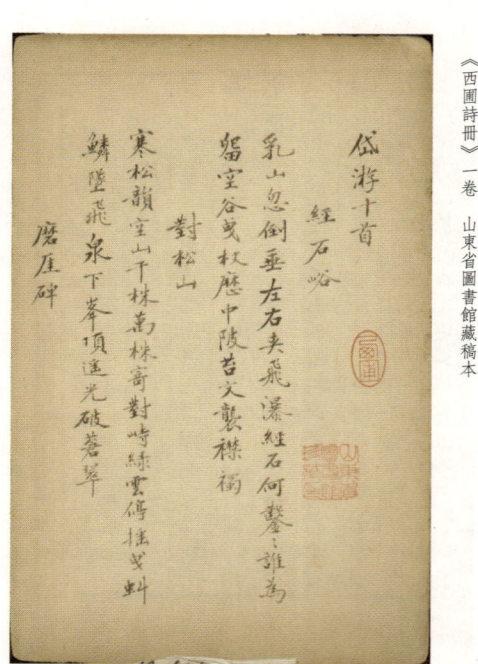

《西圃詩冊》一卷　山東省圖書館藏稿本

北京大學圖書館等藏，《清人別集總目》、《清人詩文集總目提要》著錄。

## 【西圃近稿一卷】

現存：稿本，山東省博物館藏，《中國古籍善本書目》、《山東文獻書目》、《清人別集總目》著錄；《山東文獻集成》影印。

## 【西圃詩冊一卷】

現存：稿本，山東省圖書館藏，《中國古籍善本書目》、《山東文獻書目》、《清人別集總目》著錄；《山東文獻集成》影印。

## 【歷代詩選讀本】

《山東通志・藝文》（集部總集類）：《二學亭文涘》載是編《序》略云："自漢、魏以及六朝、唐、宋、元、明，勘酌之，去留之，雅中別雅萃精華，宗旨於一軌之中，計得詩凡六百九十許篇，定爲《歷代詩選讀本》。"

## 【安德明詩選遺一卷】

見《山東通志・藝文》（集部總集類）。現存：①稿本（清孫元復跋），中國國家圖書館藏，《北京圖書館古籍善本書目》、《中國古籍善本書目》著錄。②清康熙乾隆間刻《德州田氏叢書》本，中國國家圖書館、上海圖書館、復旦大學圖書館等藏，《中國叢書綜錄》著錄。

《山東通志・藝文》：有刊本。《自序》略云："前孝廉李矩亭先生有《廣川人文初搜》，其中存詩一卷，凡三家。繼有水部程正夫先生《安德詩搜》，復得十八家。先司農歸田後，嘗擬就二《搜》中摘其英華，付諸剞劂，而無如箕尾上升，事遂寢。予小子撫今追昔，曷得以駴陋自謏？故加意持擇而梓之。除《尊水園集》業經先公選刻外，又計得人二十有二，詩九十有四。次以人世，紀其出處，俾後之有志稱先者得藉以溯其流風餘韻，幸方山之文物不至光沈響寂，猶章灼於棗棃間也。"

## 【德州田氏全集】

田同之等撰。現存：清刻本（八冊），山東省圖書館藏。

## 【西圃詩說一卷】

見《山東通志・藝文》（集部詩文評類）。現存：①稿本（與《西圃文說》合訂），山東省博物館藏，《中國古籍善本書目》著錄。②清康熙乾隆間刻《德州田氏叢書》本（與《西圃文說》合刻），中國國家圖書館、上海圖書館、復旦大學圖書館等藏，《中國叢書綜錄》著錄。③清鈔《詩學叢書》本（與《西圃文說》合訂），復旦大學圖書館藏，《中國古籍善本書目》著錄。

《山東通志・藝文》：是編刊本。張元《序》云："詩道之所以日蕪而迄無所底者，則以說詩者誤之也。夫運會遷流，風雅遞變，而正法眼藏，要必以大雅爲宗，以寄興爲主，委婉深摯，以無失乎溫柔敦厚之旨，而後可以謂之詩。而說詩者或以爲是不足以見才而炫俗也，於是別立門戶，以尖巧爲新異，以詭特爲奇闢，以襞績故實爲博奧，一唱百和，靡然成風，沿至於今，弊斯極矣。夫失之愈遠，則返之愈難，而返之無術，則失將愈甚，此吾友西圃《詩說》之所爲作也。西圃爲司農山薑先生長孫，家學淵源，薪傳有自，而又好學深思，以力充其所至。故其爲是說也，上下古今，莫不有以究其指歸，而別其僞體，品第則開寶之是遵，意旨則希聲之爲準，而前哲之緒論微言，其有妙合三味者，又不惜別擇而表出之，以爲指南。蓋欲學者袪下劣之詩魔，而返諸正法眼藏者，至於如此，斯其心至苦，而志已勤矣。然則居今日而欲爲風雅一途，迴既倒之狂瀾而砥柱中流也，舍是說其誰屬哉？雖然，西圃之爲是說，固將以正說詩者之誤也，而說詩者又或以其說爲誤，是更相笑也，其又焉正之？而吾謂不然。夫趨舍無憑，而是非有定。學者苟觀是說，而恍然其有悟焉，則詩道之日蕪而迄無所底者，安知其不自是而有瘳也哉！是西圃之志也，而是說之爲功則大矣。"據本書。

《德州志・州人所著書目》作《西圃詩話》無卷數，注云："未見。"

## 【西圃文說三卷】

見《山東通志・藝文》（集部詩文評類）。現存：①稿本，山東省博物館藏，《中國古籍善本書目》著錄。②清康熙乾隆間刻《德州田氏叢書》本，中國國家圖書館、上海圖書館、復旦大學圖書館等藏，《中國叢書綜錄》著錄。③清鈔《詩學叢書》本，復旦大學圖書館藏，《中國古籍善本書目》著錄。

《山東通志・藝文》：魏丕承《序》略云："說凡三卷。集經史子集爲大成，各有發明，各有評騭。藝文錐沙，源流指掌。蓋其得之者深，故其說之也確；其搜之也廣，故其說之也詳。非雷非電，令人神驚。讀竟，余不能更溢一辭。殆所謂順贊一句，屋下蓋屋，逆贊一句，樓上安樓，不如借水獻花，與斯人供養。其說具在，請天下有目者共觀焉。"據本書。

## 【聲詩微旨一卷】

現存：稿本（孫元復跋），山東省博物館藏，《中國古籍善本書目》、《山東文獻書目》著錄。

## 【晚香詞三卷】

見《山東通志・藝文》（集部詞曲類）。現存：①清康熙乾隆間刻《德州田氏叢書》本，中國國家圖書館、上海圖書館、復旦大學圖書館等藏，《中國叢書綜錄》著錄。②清光緒二十七年海豐吳氏刻《吳氏石蓮庵刻山左人詞》本，山東省圖書館藏，《山東文獻書目》著錄；《山東文獻集成》影印。

《山東通志・藝文》：是集刊本，凡小令一卷，中調一卷，長調一卷。雲間張鳳孫評其《金陵懷古 滿江紅》十闋云："以劉、許懷古之筆，寫發皓揚清之致，十闋中慷慨蒼涼，亦間作鬟雲香雨，當與《珂雪・詠古》、迦陵《汴京》分一赤幟，餘子難道也。至於十闋發端無一不妙，殊不減少陵'慘淡風雲會'之致。"據本書。

## 【詩竹詞一卷】

現存：稿本（清李憲喬批校），山東省博物館藏，《中國古籍善本書目》、《山東文獻書目》著錄。

## 【西圃詞說一卷】

見《山東通志・藝文》（集部詞曲類）。現存：①稿本，山東省博物館藏，《中國古籍善本書目》、《山東文獻書目》著錄。②清康熙乾隆間刻《德州田氏叢書・西圃文說》附本，中國國家圖書館、上海圖書館、復旦大學圖書館藏，《中國叢書綜錄》著錄。③清光緒二十七年海豐吳氏金陵刻《吳氏石蓮庵刻山左人詞・晚香詞》附本，首都圖書館、上海圖書館等藏，《中國叢書綜錄》著錄；《山東文獻集成》影印。

④民國二十三年排印《詞話叢編》本，中國國家圖書館、首都圖書館、清華大學圖書館藏，《中國叢書綜錄》著錄。

《山東通志·藝文》：刊本。《自序》略云："臥病岩間，無所事事，復流連於宋之六十家中，勉強效顰，以寄情興。而又慮斯道淵微，自鄒、彭、王、宋、曹、陳、丁、徐以及浙西六家後，爲者寥寥，論者亦寡。故不自揣於源流正變、是非離合之間，追述所聞，證諸所見，而諸家詞話之切要微妙者，又復採擇之，參酌之，務求除魔外而準正軌，以成此塡詞之說。雖不敢謂奧之燭，而情文之踧蹙，宮商之偭偕，亦庶幾乎一知半解矣。"據本書。

### ◆ 吳鶚峙

鶚峙字岱峰，霑化人。康熙庚子（五十九年）舉人。歷官金匱知縣。

**【甘泉縣志二十卷首一卷】**

現存：清乾隆八年刻本，上海圖書館、南京圖書館等藏，《北京圖書館普通古籍總目》著錄。按：鶚峙於乾隆五年任甘泉知縣。

**【吳越吟】**

見《國朝武定詩鈔》、《山東通志·藝文》。

### ◆ 趙 湟

湟字青原，號悔亭，蒲臺人。康熙庚子（五十九年）舉人。選湖北巴東知縣，經畫鑿然。暇日輕騎經歷巖穴，問民疾苦，流覽名勝，作爲序記，皆可歌誦。會以簿書小悮罷官，旋開復，乃簡用湖北，以舊疾改授濟寧州學正。沒後，其文辭古茂，學有本原，邑中無復能繼之者。《蒲臺縣志》卷三有傳。

其詩文集未見著錄。《武定府志·藝文》載其《重修蒲臺縣魁星樓記》（《蒲臺縣志·藝文》作《重修魁星樓記》）。

### ◆ 史爾信

爾信字獻誠，樂陵人。康熙庚子（五十九年）舉人。官平度州學正。

其詩文集未見著錄。《樂陵詩彙》載其《憶弟》、《懷友》詩二首。

### ◆ 吳 瑛

瑛，歷城人。雍正八年任安定知縣。

**【安定縣志不分卷】**

現存：①清雍正八年鈔本（二冊），中國國家圖書館藏，《北京圖書館古籍善本書目》著錄。②鈔本，陝西省圖書館藏，《中國地方志聯合目錄》著錄。

### ◆ 孔麗貞

麗貞字蘊光，曲阜人，世襲博士毓埏女，適太僕少卿歷城戴璠之子文諶。

**【鵠吟集】**

見《歷城縣志·藝文考》（據採訪節抄本）、《山東通志·藝文》（據《縣志》）。《續修四庫全書總目提要（稿本）》著錄歷城李氏鈔本（不分卷）。

**【藉蘭閣草】**

見《國朝山左詩鈔》、《歷城縣志·藝文考》（據採訪節抄本）、道光《長清縣志·邑人著述》、《濟南府志·經籍》、《山東通志·藝文》。現存：清稿本（一卷），曲阜師範大學黃立振藏，《孔子故里著述考》、《清人別集總目》、《清人詩文集總目提要》著錄。另，《清人詩文集總目提要》著錄清雍正元年孔傳鐸刻本。

《山東通志·藝文》：《山左詩鈔》載麗貞《藉蘭閣草自序》云："境有順逆，固不能強諸天；情有悲樂，亦不能必諸己。余幼居深閨中，蒙二親顧復朝夕，不離左右。每花晨月夕，吾父與伯兄共四方執友流連詩酒，竟日方休。我母春則烹新茗，夏則設盆冰，秋則焚蘭香，冬則煮佳釀，以待吾父歸來。興若未闌，或評詩，或玩月，或理琴敲棋。彼時余同長兄怡怡侍側，天倫之樂，至此爲極。故有'雙親兩意同'之句，以誌其喜。未幾，長兄謝世；余賦于歸，結縭一載，夫君與幼弟相繼淪亡於一月之中；我父我母復棄余長逝於八年之內。人世之苦，亦莫此爲極，形諸墨瀋者，亦遂易喜爲悲矣。情隨事遷，意緣境移，不信然乎哉？至於往來於歷山、濼水，徘徊於繡戶紅牕，偶有吟詠，無不可於悲樂間分之，此小集之大概也。癸卯春，紅蕚軒長兄憐余苦衷，解囊付梓。告成之日，余始得知紅蕚兄敘於前，怡齋兄跋於後，既感且愧，竊恐世人見之，譏余爲不揣固陋爾。"

《國朝山左詩鈔》卷五十八載其詩九首。道光《長清縣志·邑人著述》載是書《自序》，並選詩八首。

### ◆ 蕭 炘

炘字朗甫，德州人，惟豫從曾孫。康熙辛丑（六十年）進士。官監察御史。

其詩文集未見著錄。《國朝山左詩鈔》卷五十載其《鬲津草堂分姓詠唐詩人得蕭穎士》詩一首，後附田霡《原唱得田游巖》、盧揚曾《得盧鴻》、盧見曾《前題》詩三首。

### ◆ 盧承曾

承曾字子武，德州人，道和子，見曾從兄。諸生。

其詩文集未見著錄。《國朝山左詩鈔》卷五十七載其《賦得馳心北闕隨芳草》詩一首。小傳注云："先叔父有丈夫子三人。長顯曾，太學生，善持家，性樂易，里黨稱爲善人，年八十餘矣。子武其次也。早入泮，負時名。戊子科已獲雋，而厄於數字之疵被落。嗣或備而不薦，或薦而不售，竟以諸生終其身。兄於詩不苟作，作必工穩，尤長於應制體。子豐亦能文，以暴疾卒，遺稿隨失。今所鈔，撫軍李公樹德觀風取首卷之作也。"

### ◆ 盧揚曾

揚曾字對之，一字季游，德州人，承曾弟。諸生。

### 【問月軒集】

見《國朝山左詩鈔》、《濟南府志·經籍》、《山東通志·藝文》。

《國朝山左詩鈔》卷五十七載其《夏日雜詠》（三首）、《久雨初晴，同龍兆岐、魏峻菴、梁景裴、任素脩、李星門諸同學，家子武兄，牧之、抱孫弟小飲》、《花朝》、《七夕雨村中獨酌》，凡六首。小傳附注略云："兄姿性英敏，才思恢奇，而不屑屑於就繩墨。與六叔父諱道思子名益曾字牧之者及余並同硯席。兄長牧之兄一歲，牧之兄長余三歲。……兄性慷慨，議論英發，善飲酒，多而不亂，同時雅量稱第一。然亦以此得病，年四十卒，痛哉！"

### ◆ 盧見曾

見曾字抱孫，號雅雨，德州人。康熙辛卯（五十年）舉人，辛丑（六十年）進士。歷官兩淮鹽運使。《濟南府志》卷五十六有傳。

### 【讀易便解二卷】

現存：清鈔本，山東省圖書館藏，《中國古籍善本書目》、《山東文獻書目》著錄；《續修四庫全書》、《山東文獻集成》影印。

《讀易便解》二卷 山東省圖書館藏清鈔本

### 【漁洋感舊集小傳四卷補遺一卷】

現存：①清光緒四年上海淞隱閣排印本，中國國家圖書館、上海圖書館、浙江圖書館等藏，《東北地區古籍綫裝書聯合目錄》著錄。②清宣統二年上海國學扶輪社鉛印《古今說部叢書》本，中國國家圖書館、上海圖書館、山東省圖書館等藏，《中國叢書綜錄》、《山東文獻書目》著錄。③民國六年中國圖書公司鉛印本，上海圖書館、山東省圖書館、復旦大學圖書館等藏，《東北地區古籍綫裝書聯合目錄》、《山東師範大學圖書館館藏古籍目錄》著錄。

### 【德州盧氏家譜六卷】

現存：清乾隆二十三年刻本，美國猶他州家譜學會藏，《中國家譜總目》、《美國家譜學會中國族譜目錄》著錄。

## 【雅江新政】

見《山東通志·藝文》（史部傳記類）。現存：清光緒二年成都會元堂刻本，青島市圖書館、吉林大學圖書館等藏，《青島市圖書館藏線裝書目錄初稿》、《東北地區古籍綫裝書聯合目錄》著錄。

《山東通志·藝文》：是書乃其令洪雅時所編。《雅雨堂遺集》載其《自序》略云："洪邑自川省殘破以來，額征錢糧，入不敷出，正項支銷，一切裁減，而事不容已者，則皆出于里下雜項，急于正賦，而錢穀病矣。獄訟繁興，所爭非百年之荒山，即數代之故塚，動須踏勘，又多輿馬不通之地。而累年邑令，或以老，或以病，或以攝，束之高閣，憲件多于自理，而刑名病矣。負此二病，故洪邑之在嘉陽，號稱難治。見曾履任以來，思所以治洪之法，無如家大人之所以治偃者見曾父道悅嘗官偃師知縣。一則曰儉以養廉，一則曰勤能補拙。損上以益下，量入以爲出，存有限之火耗，以供難已之應付，而雜派可盡除也。體全幅之精神，以清數年之卷牘，動能補拙，而積案可全銷也。受事以來，于今八月，綱舉目張，規模略定，用是彙集羣言，付之梨棗。前載對君之詞，後列臨民之政。昔趙清獻書有所爲，夜則焚香，以告于天。曾之以《雅江新政》付剞劂也，亦比物此志也夫。"

## 【金山志十卷首一卷】

現存：①稿本（八卷首一卷），中國國家圖書館藏，《北京圖書館古籍善本書目》、《中國古籍善本書目》著錄。②清乾隆二十七年雅雨堂刻本，山東省圖書館、天津圖書館等藏，《中國科學院圖書館藏中文古籍善本書目》、《北京大學圖書館藏古籍善本書目》、《北京圖書館普通古籍總目》著錄。首宸翰圖，卷一山水，卷二碑刻，卷三方外，卷四雜識，卷五藝文賦，卷六至卷八藝文詩，卷九藝文勅諭，卷十藝文序、跋。③清光緒二十七年鎮江金山寺重刻本，中國國家圖書館、上海圖書館、山東省圖書館等藏，《續修四庫全書總目提要（稿本）》、《東北地區古籍綫裝書聯合目錄》著錄。

## 【焦山志十二卷】

現存：①稿本（八卷首一卷，四冊），中國國家圖書館藏，《北京圖書館古籍善本書目》、《中國古籍善本書目》著錄。②清乾隆二十七年盧氏雅雨堂刻本，中國國家圖書館、上海圖書館、山東省圖書館等藏，《中國科學院圖書館藏中文古籍善本書目》、《東北地區古籍綫裝書聯合目錄》、《山東文獻書目》著錄。

## 【平山堂志八卷首一卷】

現存：清稿本，中國國家圖書館藏，《中國古籍善本書目》、《北京圖書館古籍善本書目》著錄。

## 【續開六郡採訪名人書目一卷】

現存：清乾隆間盧見曾刻本（《選明代山左詩鈔採訪書目》附），中國國家圖書館藏，《北京圖書館古籍善本書目》、《中國古籍善本書目》、《山東文獻書目》著錄。

## 【徵選山左明詩啟一卷】

現存：清原刻本，《北京人文科學研究所藏書簡目》、《中國科學院圖書館藏書目之書目》著錄。

## 【徵選山左明詩採訪書目一卷】

《峨術軒善本書錄》著錄乾隆盧氏雅雨堂刊本一冊，提要略云："昔漁洋山人嘗欲輯海右六郡明代作者五十家，萃擷菁華，都爲一集。斯志未遂，僅載所擬洪、永以來十家書目，並續開六郡採訪名人書目，好寫精雕，訂冊分徽。時正官兩淮鹽運使，人才物力，兩皆充沛，宜有成書。而此單冊視同筌蹄，傳世遂希。"

## 【雅雨堂詩集二卷文集四卷】

現存：清道光二十年德州盧氏刻本，山東省圖書館、中國國家圖書館、上海圖書館藏，《東北地區古籍綫裝書聯合目錄》著錄；《山東文獻集成》影印。《山東通志·藝文》作《雅雨堂詩文遺集》六卷。

《山東通志·藝文》：其曾孫樞所輯刊。樞有道光己亥《跋》略云："先曾祖手所自著詩八集，文十餘卷，惟塞外詩有板本，餘雖編定，悉遭回祿，天下惜之。先祖所掇拾，唯古文七十篇，詩二百七十首。先父伯叔訪求先人遺稿，積數十年，僅得詩文數十篇。樞不揣鄙陋，思欲輯錄成書，以繼先志。聞封棣堂先生家藏有我先曾祖詩文若干篇，急求借鈔。雖非全稿，然合前後所得，已有詩二卷，文四卷。因亟商於金君立方、王子品泉，共相校讎，付諸剞劂。"據本書。

《山左詩續鈔》盧見曾條引姪詣記云："先伯父詩，初任洪邑有《雅雨集》，轉運兩淮有《平山堂集》，罣吏議戍臺有《出塞集》，再任邯鄲有《邯鄲集》，遷永平守有《北平集》，司鹽長蘆有《海門集》，再調揚州有《平山堂後集》，歸休後有《里門感舊集》。前後八集，盡燬於火。加意搜求，不過十之一二耳。"

《濟南府志 · 經籍》著錄各集（《雅雨集》、《平山堂集》、《出塞集》、《邯鄲集》、《北平集》、《海門集》、《平山堂後集》、《里門感舊集》），並云："又刊有《雅雨十種》、《山左詩鈔》行於世。"

《國朝山左詩續鈔》卷四載其詩三十七首。道光《章邱縣志 · 藝文》載其《贈李雪山舍人》詩一首。《德縣志》卷十六載其《里門感舊詞》（四首）、《石芝園即事》（二首）、《鬲津草堂分姓詠唐詩人 · 得盧鴻》、《和田硯思同學見懷原韻》詩，凡八首。《續修平原縣志》卷十一載其《題樂民圖》一首。《甯陽縣志》卷二十一載其《治蒙實政頌 并序》（乾隆二十七年）一首。

## 【出塞集一卷】

現存：①清乾隆十一年刻本，中國國家圖書館等藏，《中國科學院圖書館藏中文古籍善本書目》、《中國古籍善本書目》、《清人詩文集總目提要》著錄。②清道光二十年德州盧氏刻本（作《雅雨山人出塞集》一卷），山東省圖書館藏；《山東文獻集成》影印。③清光緒二十年清雅堂刻本（與《雅雨堂詩文集》合刻），中國國家圖書館、上海圖書館、山東省圖書館等藏，《中國科學院圖書館新收中文線裝舊書草目》、《東北地區古籍綫裝書聯合目錄》著錄。④清鈔本，見《北京大學圖書館藏古籍善本書目》、《北京大學圖書館藏李氏書目》。⑤鈔本，見《中國科學院圖書館新收中文線裝舊書草目》、《清人別集總目》。

《德州志 · 州人所著書目》（注云"未見"）、《濟南府志 · 經籍》俱無卷數。《山東通志 · 藝文》云一冊。

《山東通志 · 藝文》：是集有刊本，凡詩一百一首，《生祭蔣蘿村》文一首。廣陵馬榮祖《序》略云："昔子美秦州以後諸作視前益奇，子瞻《和陶》華妙精深亦多得之瀚外。境變則思玄，地偏則神澈。今河渠絕遠於古，讀是集者，試以此意求之。"據本書。

## 【還山集】

見《德縣志 · 邑人著作》。

## 【國朝山左詩鈔六十卷】

見《山東通志 · 藝文》（集部總集類）。現存：清乾隆二十三年德州盧見曾雅雨堂刻本，中國國家圖書館、上海圖書館、山東省圖書館等藏，《中國古籍善本書目》、《中國科學院圖書館藏中文古籍善本書目》、《續修四庫全書總目提要（稿本）》著錄；《山東文獻集成》影印。

《國朝山左詩鈔》六十卷　清乾隆二十三年雅雨堂刻本

《山東通志 · 藝文》：本書凡例云："是編起於癸酉仲春，成於戊寅仲秋，得人六百二十餘家，得詩五千九百有奇，又附見詩一百十九首。"《鄉園憶舊錄》云："《山左詩鈔》，盧雅雨先生主之，而選擇則廉訪宋蒙泉先生。宗法漁洋，所取大都清醇雅正，一切纖側怪謔，概置不錄。其餘僞體，以晦澀爲幽深，以詰曲爲古奧，以枯淡爲高老，以浮豔爲才華，以粗獷爲豪邁，後來所矜尚，皆先生之所裁也。雅雨聞見宏富，博徵遠引，足以論世知人。雖未有詩者，每附見焉，極意搜羅，爲功於桑梓甚巨。其間參訂，若紀曉嵐、惠定宇、王蘭泉、嚴東有諸先生，皆天下聞人。又借書於黃崑圃、馬秋玉兩先生。閱五年而成書，宜爲鉅觀，非後來所能及。”按：本書凡例稱“是集徵求草創，同里編修宋蒙泉弼之力爲多。與共參訂考核於京師者，庶吉士平原董曲江元度、明經曲阜顏介子懋价”云云，則山左人同編是集者，弼以外尚有元度、懋价二人矣。又稱“蓋棺論定以何水部之詩，而昭明弗錄，誠慎之也。蒙泉持此論甚堅”云云，是此集不錄生存，其說自弼發之，特爲近古。後來選詩者往往並己作入之，罕能識此議矣。

## 【焦山詩三卷宸翰一卷】

盧見曾編。現存：鈔本（一冊），南京圖書館藏，《八千卷樓書目》、《江蘇省立國學圖書館圖書總目》、《山東文獻書目》著錄。

## 【金石三例十五卷】

盧見曾編刻。見《山東通志·藝文》（集部詩文評類）。現存：①清乾隆二十年德州盧氏雅雨堂刻本，中國國家圖書館、上海圖書館、山東省圖書館藏，《中國科學院圖書館藏中文古籍善本書目》、《中國古籍善本書目》、《中國叢書綜錄》著錄。②清嘉慶十六年饒向榮重刻本，中國國家圖書館、上海圖書館、遼寧省圖書館藏，《中國叢書綜錄》、《中國古籍善本書目》、《東北地區古籍綫裝書聯合目錄》著錄。③清光緒四年南海馮氏讀有用書齋朱墨套印本（清王芑孫評，《金石全例》之一），中國國家圖書館、上海圖書館、山東省圖書館藏，《中國叢書綜錄》著錄。④清光緒鈔本（清王芑孫評，清馮焌光、馮瑞光跋），吉林大學圖書館藏，《中國古籍善本書目》著錄。

《山東通志·藝文》：是編乾隆間刊。見曾《序》云：“文章無義例，惟碑碣之製，則備載姓氏、爵里、世系，以及功烈、德望、子女、卒葬之類，近於史家，如《春秋》之有‘五十凡’，故例尚焉。碑碣興于漢、魏，迄唐、宋以下，而例則斷自韓子。元潘蒼崖創爲《金石例》十卷，制器之楷式、爲文之榘矱，靡不畢具。明初王止仲又撰《墓銘舉例》四卷，兼韓子以下十五家，條分縷晰，例之正變，推而愈廣。本朝黃梨洲以潘書未著爲例之義與壞例之始，作《金石要例》一卷，用補蒼崖之闕。合三書而金石之例始賅。曩病時賢碑碣敘次失宜，煩簡靡當，蓋未嘗于前人體製一爲省錄爾。茲故彙刻以行世，俾後之君子曉然於金石之文，不異史家發凡言例，亦春秋之支與流裔觸類而長之，庶乎知所從事矣。蒼崖，吾鄉濟南人。止仲，吳中北郭十子之一。梨洲爲忠端公子，漁洋重推之。

三君者，學問、文章皆有根柢，其所論著足爲程式。刻既成，爲序其大略如此。”據本書。

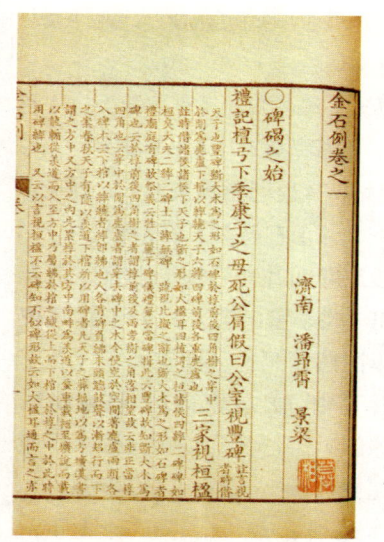

《金石例》十五卷　清乾隆二十年德州盧氏雅雨堂刻本

## 【玉尺樓曲譜六卷】

現存：清鈔本，上海圖書館藏，《中國古籍善本書目》、《山東文獻書目》著錄。

## 【旗亭記二卷】

金兆燕撰，盧見曾改訂。現存：①清乾隆二十四年盧氏雅雨堂刻本，中國國家圖書館、復旦大學圖書館、上海圖書館等藏，《中國古籍善本書目》、《東北地區古籍綫裝書聯合目錄》著錄。②姚燮編《復莊今樂府選》稿本，天一閣博物館藏，《中國古籍善本書目》著錄。③清鈔本（羅振常跋），鄭州大學圖書館藏，《中國古籍善本書目》、《山東文獻書目》著錄。

## 【雅雨堂叢書一百四十三卷】

盧見曾編。見《山東通志·藝文》（子部雜家類）。現存：清乾隆二十一年德州盧氏刻本，中國國家圖書館、上海圖書館、山東省圖書館藏，《中國科學院圖書館藏中文古籍善本書目》、《中國古籍善本書目》著錄。《中國叢書綜錄》作《雅雨堂藏書》。

《山東通志·藝文》：是編乾隆間刊。凡《李氏易傳》十七卷，《鄭注周易》三卷，《易釋文》一卷，

《尚書大傳》四卷，《易乾鑿度》二卷，《大戴禮記》十三卷（別行後併入叢書），《戰國策》三十三卷，《匡謬正俗》八卷，《封氏聞見記》十卷，《唐摭言》十五卷，《北夢瑣言》三十卷，《文昌雜錄》六卷，《鄭司農集》一卷，共十三種。見曾所刻又有《金石錄》三十卷，乃別行之本，不在叢書中。

### ◆ 李　慕

慕，德州人。

#### 【讀史鈔】

見《德州志·州人所著書目》（注云“未見”）、《山東通志·藝文》。

### ◆ 金　英

英字逸亭，號谷村，德州人。諸生。受業於趙執信，績學力行，不求人知。《濟南府志》卷五十六有傳。

#### 【遺安堂詩集一卷】

現存：清乾隆三十年刻本，中國國家圖書館藏，《清人別集總目》、《清人詩文集總目提要》著錄。《德州志》本傳、《濟南府志·經籍》、《山東通志·藝文》、《德縣志·邑人著作》俱無卷數。《德州志·州人所著書目》作《谷村詩集》，云未見。

《山東通志·藝文》：《州志》云：“英受業於趙飴山，著有《遺安堂詩集》。不求人知，人亦罕有知者，孤芳自賞而已。”《山左詩續鈔》作《雪映齋草》。

《國朝山左詩續鈔》卷五載其《夏日張榆邨李秋厓過訪》、《小壺城歌》、《茶園謠》、《景州李露園過訪》詩四首。《德縣志》卷十六載其《小壺城歌》、《茶園謠》、《從軍行》詩三首。

#### 【映雪齋草】

見《濟南府志·經籍》。《山東通志·藝文》“《遺安堂詩集》提要”據《國朝山左詩續鈔》作《雪映齋草》。

### ◆ 成宏發

宏發，鄒平人，晉徵子。康熙間廩貢。

#### 【家傳要務四卷】

見《鄒平縣志·藝文攷》（道光十六年續纂）、《山東通志·藝文》（子部雜家類）。

《縣志·藝文攷》云：“膚施縣知縣舉人馬鎧敘。”

### ◆ 韓毓桐

毓桐字元卿，歷城人。諸生。《歷城縣志》卷四十有傳。

#### 【龍潭書屋詩二卷】

見《歷城縣志·藝文考》（據採訪抄本）、《濟南府志·經籍》、《山東通志·藝文》。

《縣志》本傳云：“居近五龍潭，築龍潭書屋，日吟哦其中。尤長於畫蘭，每醉後潑墨淋漓，見者莫不詫為神妙。有遺詩數卷。”

### ◆ 余光德

光德原名法祖，字憲章，山陰人，候補通判，入濟南府商籍。

其詩集未見著錄。《國朝山左詩續鈔》卷二載其《途中遇故人話舊》一首：“老去翻爲嶺外遊，寧知君亦滯炎州。垂髫尚憶花如頰，瞥眼初驚雪滿頭。歸夢乍回天際雁，浮生真愧水中鷗。相逢無限窮途恨，且盡樽前酒一甌。”《國朝山左詩彙鈔後集》卷三十六載此詩，題爲《嶺表遇故人》，“老去”作“垂老”，“垂髫尚憶花如頰”作“百年多病催華髮”，“瞥眼初驚雪滿頭”作“萬里思鄉感白頭”，“無限”作“漫話”，“樽前”作“燈前”。

### ◆ 余　義

原名肇禎，字際中，號半亭，歷城人，光德子。候選知縣。

其詩文集未見著錄。《國朝山左詩續鈔》卷四載其《途次偶成》詩一首，小傳注引沈椒園廷芳《墓志銘》云：“先生於天官、壬遁、釋典、道藏，以及青紫囊書，無所不習，尤邃於易。性好奕，入能品。晚又得養生導引之術，偃坐一室，不關戶外事。客至，則相對圍棋，瀹茗清話而已。”

### ◆ 余肇楷

肇楷字聖嘉，號敬亭，歷城人，義弟。候選光祿寺典簿。

其詩文集未見著錄。《國朝山左詩續鈔》卷四載其《濼河晚眺》、《山行》、《登日觀峯》、《秋夜旅懷》詩四首，小傳注引沈廷芳曰：“先生席豐履厚，而不樂仕進。故韻語溫厚和平，無穠纖綺靡之習。惜身後散逸，所存無多。”

### ◆ 余肇松

肇松字茂嘉，歷城人，光德從子。官太倉州知州。《濟南府志》卷五十三有傳。

其詩文集未見著錄。《國朝山左詩續鈔》卷四載其《雪中作》詩一首。

#### 附【蓮花報傳奇】

撰者不詳。《國朝山左詩彙鈔後集·余氏家集》肇松小傳注引《縣志》云：“茂嘉官太倉時，開覺寺僧無念者多爲不法。茂嘉不問。一日誘至署，杖殺之，士民歡呼。好事者爲作《蓮花報傳奇》，流播江南北。”

### ◆ 張　氏

名未詳，歷城人。

#### 【漪園草】

《續修歷城縣志·藝文考》云；“按賈振基序張鑾《痘疹詩賦》，稱鑾之言曰：‘吾家以詩傳者，四世祖有《漪園草》，或爲先生所未見；父之《蔭梧軒稿》，則先生所與唱和者居多。’”

### ◆ 任嗣章

嗣章字大士，歷城人。諸生。

#### 【濼湄樓詩集】

見《趵突泉志》，《山東通志·藝文》、《續修歷城縣志·藝文考》據以著錄。《續修歷城縣志》本傳云：“工詩文，著有《濼湄樓稾》。”

### ◆ 張　楫

楫字濟川，歷城人。精青烏術。《濟南府志》卷五十三有傳。

#### 【風鑑節要】

見《濟南府志·經籍》、《山東通志·藝文》（子部術數類）、《續修歷城縣志·藝文考》及本傳。

#### 【治家格言三十則】

見《濟南府志·經籍》、《山東通志·藝文》（子部雜家類）、《續修歷城縣志·藝文考》（據《府志》）。

#### 【益懷劄記二卷】

見《濟南府志·經籍》、《山東通志·藝文》（子部雜家類）、《續修歷城縣志·藝文考》（據手稿）。

### ◆ 喬　鈅

鈅字振常，歷城人，監生。《濟南府志》卷五十三有傳。

#### 【教子格言】

見《濟南府志》本傳。

### ◆ 趙士通

士通，歷城人。

#### 【易經圖說】

見《歷城縣志·藝文考》（據《蓼谷文集》）、《濟南府志·經籍》、《山東通志·藝文》（經部易類）。

### ◆ 周　莊

莊字子莊，寓居歷城，里籍、事蹟不詳。

#### 【獨喻草】

見《國朝山左詩鈔》、《山東通志·藝文》、《續修歷城縣志·藝文考》。

《續修四庫全書總目提要（稿本）》著錄家鈔本（不分卷），提要云：“莊字子莊，寓居歷城，未詳其籍。或云青州人。是集計古今體詩百十三首，分體編次。書首有呂思問《序》云：‘先君嘗言：“年二十餘應試歷下，偶步歷北門，東偏柳陰中茅屋數間，一老人布衣道貌，四壁詩歌，詢之知爲子莊，其詩皆所自製也，因爲定交。嗣後不復相聞。又二十餘年，有黃冠自言周子莊之子，述其父臨終歎息：‘一生精力盡於詩，我死，以我詩付仲矩呂君。’因留其詩而去。”

先君又言："子莊耿介寡合，士大夫與之遊，未嘗有所降下。衛方伯既齊深敬禮焉，欲刻其詩，不果。"子莊子既為黃冠，年六十餘，不知所終。先君顧予兄弟曰："他日須傳此翁詩，勿令湮沒。"'云云。今上距呂思問撰《序》將二百年，此寥寥百餘首詩，其家尚抄繕以傳，則亦深厚幸矣。其集中所載《有憶》云：'東風零落誰為主，春在天涯人在旅。草色青青疊翠茵，桃花冉冉飛紅雨。燕子不來春又闌，閒愁閒望倚蘭干。魚書欲寄相思字，祇恐開函不忍看。'又如《旅夜有感》云：'村舍雞初唱，林坰月獨明。殘更催曙色，旅夢亂鄉情。秋老風霜屬，家貧道路輕。白頭徒自哂，衣食費經營。'等篇，皆極可誦。此集雖篇什無多，然三百年來幸存於世，特著錄之，庶不沒其苦心孤詣也。"

《國朝山左詩鈔》卷四十七載其詩六首。《國朝歷下詩鈔》卷一載其詩五首。

## 【古稀集】

見《國朝山左詩鈔》、《山東通志・藝文》、《續修歷城縣志・藝文考》。

### ◆ 韓與祿

與祿字公錫，章丘人。諸生。《濟南府志》卷五十四有傳。

## 【松友園詩】

見道光《章邱縣志・藝文》、《濟南府志・經籍》、《山東通志・藝文》。

《山東通志・藝文》：《繡水詩鈔》載是編云："有新城王文簡公《序》。"

道光《章邱縣志・藝文》載其《同趙秋谷友人遊聖泉寺》（此首亦見《國朝山左詩彙鈔後集》卷三十五）、《登荊山（大荊小荊相連舊名蕭然山）望村田得句》詩二首。

### ◆ 李廷彥

廷彥，章丘人。

## 【嘯竹集二卷】

見道光《章邱縣志・藝文》、《濟南府志・經籍》、《山東通志・藝文》（無卷數）。

### ◆ 張 芬

芬字德馨，號坦菴，章丘人。拔貢生。

其詩文集未見著錄。《國朝山左詩續鈔》卷三載其《月下遊湖》詩一首。

### ◆ 王 啟

啟號愛軒，章丘人。《濟南府志》卷五十四有傳。

## 【愛軒家訓】

見道光《章邱縣志・藝文》、《濟南府志・經籍》。《章邱縣志》本傳、《山東通志・藝文》（子部雜家類）俱作《家訓十二章》。

### ◆ 焦繡祚

繡祚字嗣宗，號鶴野，又號留古居士，章丘人。諸生。《濟南府志》卷五十四有傳。

## 【廣益錄】

見道光《章邱縣志・藝文》、《濟南府志・經籍》、《山東通志・藝文》（子部雜家類）。

《山東通志・藝文》：是編皆其手鈔古書，見《府志》。

### ◆ 韓牧吉

牧吉字長公，淄川人。諸生。官賀縣知縣。

其詩文集未見著錄。《國朝山左詩續鈔》卷二載其《秋感》、《粵中晚春詞》詩二首。

### ◆ 高肇昆

肇昆字慶長，號孝逸，淄川人。

## 【孝湄詩草】

見《國朝山左詩續鈔》、《濟南府志・經籍》、《山東通志・藝文》。

《國朝山左詩續鈔》卷四載其《北渡籠水》詩一首。

### ◆ 高肇橘

肇橘字雪庵，淄川人。諸生。

其詩文集未見著錄。《國朝山左詩續鈔》卷四載其《漫興》詩一首。《淄川縣志・藝文》載其《移居三里溝》一首。

## ◆ 袁若愚

若愚字愚山，淄川人。諸生。鄉諡文節。

**【遺詩一卷】**

《山東通志·藝文》：《憨齋詩話》載是卷曰："其《偶感》云：'篝燈五夜惟呼酒，風雨千山不閉門。'"

**【學詩初例四卷首一卷】【五言排律初例一卷】**

現存：①清康熙五十五年文盛堂刻本，西南師範大學圖書館藏，《四川省高校圖書館古籍善本聯合目錄》著錄。②清乾隆二十二年致和堂刻本，河南省圖書館藏，《河南省圖書館中文古籍書目》著錄。

## ◆ 王久珵

久珵字長明，淄川人。諸生。

《國朝山左詩續鈔》卷三十一載其《魚校》詩一首。《淄川縣志·藝文》載其《煥山山市》詩一首。

## ◆ 安繼振

繼振字幼癡，淄川人，大介子。貢生。

**【鴻溟園詩集】**

見《淄川縣志》、《山東通志·藝文》。

## ◆ 孫奉和

奉和字仲介，淄川人。《濟南府志》卷五十四有傳。

**【聊復爾居詩草】**

見《濟南府志·經籍》及本傳、《山東通志·藝文》。

《山東通志·藝文》引《府志》本傳云："戊子、己丑間，南昌萬承苓由翰林左遷知縣，遇於京邸，朝夕以詩相切劘。稱其筆意奔放，錯綜變化，不讓古人。有《聊復爾居詩草》。"

## ◆ 王元澄

元澄字晏波，淄川人。諸生。

**【王氏家訓】**

見《淄川縣志》、《山東通志·藝文》（子部雜家類）。

## ◆ 韓祖法

祖法字子裕，淄川人，茂椿孫。貢生。

**【慎止軒詩集】**

見《淄川縣志》、《山東通志·藝文》。

## ◆ 高 氏

淄川人，蔭栥女（母周淑履），同邑匡紹祖妻。

**【孀居詩草】**

《山東通志·藝文》著錄，引《縣志》本傳云："幼承母教，亦能詩，年十八紹祖歿，撫孤守節，著有《孀居詩草》。《元旦有感》云：'除舊更新又一年，霜帷雪徑尚依然。鄰家守歲喧兒女，始信人間別有天。'"

## ◆ 孫宏綬

宏綬字佩組，淄川人。貢生。官博興教諭。

其詩集未見著錄。《淄川縣志·藝文》載其《重九同友人三臺山登高》、《辛酉讀書長白山即景二首》詩，凡三首。

## ◆ 孫文霈

文霈，淄川人。候選州同知。

其詩集未見著錄。《淄川縣志·藝文》載其《遊翟比部園亭 舊為先司馬遂嫻堂 》詩一首。

## ◆ 李 璸

璸字玉樹，號竹亭，長山人，士翱裔孫。康熙間歲貢生。官青浦知縣。《長山縣志》卷八有傳。

**【閑放集】**

見《國朝山左詩鈔》、《濟南府志·經籍》（撰者作李濱）、《山東通志·藝文》。

《長山縣志》卷十二有《閑放集自敘》。

《國朝山左詩鈔》卷四十八載其《春閨怨》一首。小傳注引《自序》云："余去青浦，留吳中，探幽訪古，吟咏成集。適嶧陽，且堂兄來視余，謂余曰：'昔張謂去官，有詩云：策馬從茲去，雲山保閑放。'遂以'閑放'名余集。"據《自序》，集爲罷官後所作。

## 【得竹亭集】【淼川集】【長安集】【南遊集】

《閑放集·自敘》云："花朝月夕，未免興懷。良朋好友，間有贈答。所賦《得竹亭集》、《淼川集》以及《長安》、《南遊》諸集，一時頗爲同志所賞。"

### ◆ 李　氏

長山人，青浦縣知縣璸之女，同邑趙伯麟繼妻。幼承庭訓，工書能詩。伯麟亦名家子，雅相愛重。年三十八卒。《濟南府志》卷五十八有傳。

## 【梅月樓草】

見《國朝山左詩鈔》、《濟南府志·經籍》、《山東通志·藝文》。

《山東通志·藝文》：《山左詩鈔》載是編云："有《詩餘》一卷，清麗可誦。"

《國朝山左詩鈔》卷五十八載其詩五首。小傳附案並錄其詩餘數首。

### ◆ 王錫域

錫域字九功，號霽嵐，長山人。貢生。官嘉興鹽運分司。

其詩文集未見著錄。《國朝山左詩續鈔》卷三載其《山行即事》詩一首。

### ◆ 李可淳

可淳字完樸，長山人。貢生。歷官廣南韶連道。

其詩文集未見著錄。《國朝山左詩續鈔》卷三載其《中秋遇雨》、《漫興》詩二首。

### ◆ 許秉忠

秉忠，長山人。增生。

其詩文集未見著錄。《長山縣志》卷十五載其《觀我堂古槐》詩一首。

### ◆ 朱　湘

湘，長山人。庠生。

其詩文集未見著錄。《長山縣志》卷十五載其《於陵夜雪》詩一首。

### ◆ 許　可

可，長山人。庠生。

其詩文集未見著錄。《長山縣志》卷十五載其《望長白山》詩。

### ◆ 釋成楚

成楚姓寇氏，字碩林，一字荊菴，新城人，嗣師元中，住青州法慶寺，後移住長清靈巖寺。

## 【續五燈會元】

成楚奉勅撰。現存：《大藏經》本，《山東文獻書目》著錄。

《山東通志·藝文》：《縣志》載是編云："康熙中奉勅續《五燈會元》，增入天下高僧語錄。書成，編入《大藏》。"

## 【荊公語錄】

《山東通志·藝文》：《何端簡公集·成楚塔表》云："佛魯道人彙其師《荊公語錄》若干卷。"又云："辨真實心，行真實事，悟真實道，說真實義，不自誤以誤人，不自誑以誑人，簡易明白，爲天人利，蓋吾師荊菴一人而已。"

### ◆ 張慶麟

慶麟字龍友，新城人。諸生。《濟南府志》卷五十五、《重修新城縣志》卷十七有傳。

## 【敦素堂稿】

見《國朝山左詩續鈔》、《濟南府志·經籍》、《山東通志·藝文》、《重修新城縣志·藝文》（據《府志》著錄，作《敦古堂集》）。

《國朝山左詩續鈔》卷四載其《苦雨》、《春日雪晴》詩二首。

## 【莛撞集一卷】

見《濟南府志·經籍》（無卷數）、《重修新城縣志·藝文》（據抄本）。

## 【南遊草】

見《濟南府志·經籍》、《重修新城縣志·藝文》（據張象津《新城後志稿》）。

《重修新城縣志》本傳云：“性飄逸放達，不拘拘于繩墨。每遇佳山水，則流連竟日。遊歷吳楚間最久，題詠亦多。”

### 【還古十二卷】

《重修新城縣志·藝文》據張象津《新城後志稿》著錄。

### ◆ 成夔年

夔年，新城人。

### 【野南山房詩解】

見《重修新城縣志·藝文》。

### 【夢花集】【步香集】

見《重修新城縣志·藝文》，注云：“據《山左詩鈔》。”

### ◆ 榮實穎

實穎字華叔，新城人。諸生。《重修新城縣志》卷十六有傳。

### 【五噫集】

見《新城縣志》本傳、《山東通志·藝文》。《重修新城縣志·藝文》云一卷。

### ◆ 耿志漣

志漣字濟北，新城人，庠生。《濟南府志》卷五十五有傳。

### 【勸人俚語】

見《濟南府志》本傳。

### ◆ 王如愚

如愚字希顏，齊河人，洽遠兄。康熙間歲貢。《齊河縣志》卷二十七有傳。

### 【克復齋文稿】

見民國《齊河縣志·撰述》，撰者作王希顏。《縣志·藝文》云：“讀書靈巖僧舍，戒家人勿以瑣事相聞。方伯衛爾錫先生剙白雪樓書院，如愚讀書其中。”

與萊陽左蘿石先生孫長林、膠東宮龍友交好，相勉以道性。授生徒，一時名士如長清李蒲岸、臨淄李貞菴，皆受學焉。”

### ◆ 王洽遠

洽遠字澤長，號擊壤老，齊河人。庠生。博極群書，品行端正。授生徒講解詳明，邑中顯達者多出其門。《濟南府志》卷五十六有傳。

### 【擊壤老談易】

見民國《齊河縣志·撰述》。

### 【孝經刊誤註說】

見民國《齊河縣志·撰述》。《縣志·藝文》載乾隆八年歷城劉應麟《序》略云：“吾友王子澤長，博考漢唐宋元明各家注疏，折衷於《朱子刊誤》一書，纂為《註說》。無微不闡，無疑不析，方之今世所傳《集注》、《集說》等編，蓋精觕較然矣。”

### 【經書說】

見民國《齊河縣志·撰述》。

### 【嶺雲集】

見民國《齊河縣志·撰述》。

《齊河縣志》卷三十載其《祝阿吟古五首》、《齊河城》、《高唐雜詠四首》、《賦得王氏井依然二首》等詩。

### 【靖節詩話】

見民國《齊河縣志·撰述》。

### ◆ 房　瑞

瑞，齊河人。

其詩文集未見著錄。《齊河縣志》卷三十載其《侯烈女》、《文廟古槐》、《徐節婦》等詩。

### ◆ 房泰亨

泰亨，齊河人。

其詩文集未見著錄。《齊河縣志》卷三十載其《前題（題千楸園壁）和韻》詩一首，卷三十四載其《勁節先生畫像自讚》。

### ◆ 房家璧

家璧，齊河人。

其詩文集未見著錄。《齊河縣志》卷三十載其《于驃騎墓》、《過孟使君墓》等詩，卷三十二載其《王孝子夫婦傳》。

### ◆ 郝肇修

肇修字潛叔，齊河人。康熙間歲貢生。任招遠縣訓導。《齊河縣志》卷二十七有傳。

其詩文集未見著錄。《縣志》本傳云："詩多散佚，所傳者惟《咏物》諸作及《丙申歲暮遣懷》七律一首，已採入《濟南名士詩抄》。"

### ◆ 郝允濬

允濬字濟川，號練亭，齊河人。附貢生。《齊河縣志》卷二十七有傳。

其詩文集未見著錄。《縣志》本傳云："性喜吟咏，長於七絕。惟不肯輕易示人，詩稿多隨手棄去。《濟南名士詩抄》載其咏古帖、古畫、古劍三絕，可略見一斑云。"

### ◆ 郝允杰

允杰字澄泉，號振亭，齊河人。附貢生。初任雲南黑鹽井大使，陞授廣通縣知縣，宦滇二十餘年。《齊河縣志》卷二十七有傳。

其詩文集未見著錄。《縣志》本傳云："生平著作多歸散失，宦遊雜咏採入《滇南詩話》首卷。其猶女鸞有詩云：'紙上琳琅觸目驚，文星何意聚昆明。堪憐萬里論詩處，也有儂家叔父名。'其風雅已可概見矣。"

### ◆ 史崇寬

崇寬字紳然，齊東人。

### 【佩文詩韻順讀廣解六卷】

有清齊東史氏刻本，見《玉函山房藏書簿錄》。

### ◆ 馬中

中原名中珍，臨邑人。歲貢。

其詩文集未見著錄。《臨邑縣志》卷十一載其《逸山記》一篇。

### 【大學中庸義疏二卷】

見《濟南府志·經籍》、《臨邑縣志·藝文上·著述》、《山東通志·藝文》（經部四書類）。

### ◆ 吳永齡

永齡字遜公，陵縣人。康熙間歲貢。《陵縣志》卷二十有傳。

### 【百花詩】

《山東通志·藝文》著錄，引《縣志》本傳云："工詩，著有《百花詩》七律五十餘首。"

### ◆ 張坦

坦字方平，泰安人。康熙間貢生。

### 【四書繹注】

見《東平州志·藝文》、《山東通志·藝文》（經部四書類）、《重修泰安縣志·著述》。

### 【東遊記略】

見《山東通志·藝文》（史部傳記類）、《東平縣志·藝文》、《重修泰安縣志·著述》（作《東遊紀略》）。

### 【南華評注】

《山東通志·藝文》（子部道家類）著錄，引《四庫存目提要》曰："是書成於康熙戊午。《自序》謂：'廣求古注數十餘家，採其簡當，刪其繁蕪，又參以己意，爲之評釋。別爲《或問》十條，列於卷首。'今案其書分段加評，逐句加注，皆不言本某家之古注。其注似徐增之說唐詩，其評亦如金人瑞之評《西廂記》、《水滸傳》而已。觀其《或問》第二條，以莊子爲風流才子，可知其所見矣。"《四庫全書總目》著錄山東巡撫採進本。《山東巡撫呈送第一次書目》："《莊子評註》七本。"《四庫全書存目叢書》未收。《東平州志·藝文》、《東平縣志·藝文》、《重修泰安縣志·著述》及本傳作《南華集評》。

### 【南華選註】

見《東平州志·藝文》、《東平縣志·藝文》、《重修泰安縣志·著述》及本傳。

## 【黃老合解】

見《山東通志·藝文》、《重修泰安縣志·著述》、《東平縣志·藝文》。

《山東通志·藝文》：《東平志》載是書云："案：黃老清淨之說，昉自漢京。然《漢書·藝文志》所載黃帝各書，多涉兵謀及陰陽術數，皆與《老子》異趣。《唐書·藝文志》載《黃帝用兵法訣》、《黃帝兵法孤虛推記》、《黃帝太一兵曆》、《黃帝太公三宮法要訣》，是諸書宋初尚存。《唐志》又載《老子探真經》、《老子入室經》、《老子消水經》、《老子宣時誡》，類出道家依託。蓋黃、老清淨之指，愈遠而愈失其真矣。此書一埽危言，識力超卓。昔人謂王輔嗣之注《周易》，廓清摧陷之功同於武事。坦之解黃、老，厥功亦不細也。"

## 【楚辭解】

見《東平州志·藝文》、《山東通志·藝文》、《重修泰安縣志·著述》。《東平縣志·藝文》作《楚詞源》。

## 【葵菽堂集】【六清集】【蘭陔集】【野梅吟】【彤管集】

見《山東通志·藝文》、《重修泰安縣志·著述》及本傳。

《山東通志·藝文》：《州志》載諸編云："舊《志》備錄集名，而詩文未採一字，無從甄錄。然即其分集命名之意，可知其篤嗜風騷，以詩爲命矣。"

## ◆ 聶宗望

宗望字希尚，泰安人。

## 【醫案】

見《泰安縣志》、《山東通志·藝文》（子部醫家類）。

## ◆ 釋元玉

元玉號祖珍，晚號古翁，又號死庵，別號石堂老人，廣陵崇川人。康熙間泰山普照寺住持。康熙乙亥，示寂於於陵大悲庵。

## 【泰山石堂老人文集不分卷】

現存：民國二十一年鉛印本，中國國家圖書館、山東大學圖書館藏，《山東文獻書目》著錄。

《續修四庫全書總目提要（稿本）》著錄泰山書屋本，提要略云："其所著語錄、詩文名《石堂集》，又有《金臺隨筆》、《石堂近稿》。道光年，崇川徐清惠公宗幹為邑令，又考訂印行。民國十五年，寺遭兵災，板俱散亂，至十七年，始由泰山在家琳僧新儒與寺僧搜羅整理，刊行問世。此編乃集中之一部，大都為石堂平居講論道義之作，間銘誄文詞。前人稱其與釋言，專言戒而不輕言禪；與儒言，專言倫而不輕言性。今觀本編中所載，《與舫翁先生書》之言《中庸》乃先聖傳心秘典，《與三堂隱君書》之論儒釋之辨，《闕里集序》之言著書須能述孔孟之心、堯舜之道，皆語重實際，不尚空論，且無釋無儒，言近旨遠。其文字頗淺近易讀，然其意旨則非門外漢所能了解也。"

## ◆ 牛德貞

德貞字元復，號學退山人，新泰人。諸生。其學無所不窺，尤工詩。

## 【白蘿山房集】

見《山東通志·藝文》（據《府志》）。

## ◆ 呂伯桐

伯桐字太音，萊蕪人。諸生。

## 【易齋詩】

見《國朝山左詩續鈔》、《山東通志·藝文》。

## ◆ 呂伯梓

伯梓字仲矩，號雙溪，萊蕪人，伯桐弟，諸生。民國《萊蕪縣志》卷十八有傳。

## 【雙溪詩集三卷】

見《山東通志·藝文》（據《府志》）、民國《萊蕪縣志·藝文》（無卷數）。《縣志·藝文》載其子思問《雙溪府君行狀》云："先祖原水公師事夏峰孫徵君，與盧龍趙四復先生善。府君與伯父事趙先生，聞性命之旨，視人世富貴利達泊如也。爲諸生數年棄去。幼從程松壺先生學爲詩，得其指授；然深自匿迹，不以示人，故人莫能知焉。詩采入《山左詩鈔》。"

《國朝山左詩鈔》卷三十三載其《家居》、《黃華山王母祠》詩二首。

### ◆ 田合敬

合敬字無慢，號東潭，德州人（一云平原人），貢生。官中書。

【秋草詩稿】

見《德縣志·邑人著作》。

《國朝山左詩續鈔》卷三載其《送石將軍出鎮杭州》詩一首。

### ◆ 郭晉光

晉光字旭升，德平人。廩生。《濟南府志》卷五十六、《德平縣志》卷七有傳。《德平縣續志》卷十二有李圖南《清廩生旭升郭公誄》。

【玉韞齋集】

《山東通志·藝文》著錄，引《縣志》本傳云："博學，尤善填詞，著有《玉韞齋集》，多可觀者。"《殷上舊聞·先輩著述》謂此書二卷，未梓，不知存否。

《德平縣志》卷十二載其《雁字迴文》詩一首。

### ◆ 郭雲馭

雲馭，德平人，晉光子。諸生。《濟南府志》卷五十六有傳。

【聞見書鈔四卷】【眉士餘筆二卷】

見《德平縣志》、《山東通志·藝文》（子部雜家類）。《濟南府志·經籍》訛作郭晉光撰。

### ◆ 張伯琅

伯琅字青侯，平原人。康熙間歲貢。

【此君堂詩集八卷】

見《平原縣志》、《山東通志·藝文》。《國朝山左詩鈔》、《濟南府志·經籍》作《此君堂集》，無卷數。

《國朝山左詩鈔》卷三十三載其《秋思》、《古意》（二首），凡三首。《平原縣志》卷十載其《環水園即事》、《邑侯施公涖任未期以憂去．士民惜之．口占紀事》、《過鄭煥若園亭》、《夜過淳熙寺》、《二

如園贈董行人茲鈞》、《此君堂》詩六首。

### ◆ 宋應春

應春字含初，平原人。康熙間歲貢。《平原縣志》卷八、《濟南府志》卷五十六有傳。

【詩經新疏】

見《濟南府志·經籍》、《山東通志·藝文》（經部詩類）。

### ◆ 尹天民

天民字先之，武定州人。歲貢。

【四書靜會錄】

見《武定府志》、《山東通志·藝文》（經部四書類）。

【鈍齋敝帚】

見《武定府志》、《山東通志·藝文》（集部別集類）。《國朝山左詩鈔》、《國朝武定詩鈔》作《鈍齋敝帚集》。

《武定府志·藝文》、《惠民縣志》卷二十九載其《李長者墓誌銘》（李希通，武定州人）。民國《濟陽縣志·藝文》載其《跋蒿菴集後》文，《己酉冬初訪張稷翁》詩。《國朝山左詩鈔》卷二十一載其《六石舅自山西歸里過訪》一首。

### ◆ 勞　䃫

䃫字貞菴，號澹巖，又號半庵，陽信人。監生。

【半庵詩稿】

見《國朝山左詩鈔》、《山東通志·藝文》。民國《陽信縣志》本傳云："有《半菴詩稿》二卷行世。"現存：清乾隆刻本（二卷），中國國家圖書館藏。《販書偶記續編》作"倪城勞䃫撰"，乾隆十七年怡怡堂刊；另一本五卷，作"倪城勞䃫撰輯"。《四庫全書存目叢書》未收。

《四庫存目提要》曰："《山左詩鈔》作勞礦，其字從石。然此本爲其家刻，字皆從山，則《山左詩鈔》誤也。䃫年五十四爲詩，故工候未深，多不入律。高適曠代之才，固不容於有二矣。"

《國朝山左詩鈔》卷四十七載其《冬日遊南園》、《山村》詩二首。

### 【倪城風雅二卷】

勞矞編。見《山東通志·藝文》。現存：清乾隆九年刻本，中國國家圖書館。

《山東通志·藝文》引《四庫存目提要》曰："是編所錄，皆陽信一縣之詩。上卷自明代嘉靖以後，得劉世偉等十人；下卷自國朝雍正以前，得張崖等二十三人。上卷少而可觀；下卷不免冗濫矣，則同時假借之故也。"

《四庫全書總目》著錄山東巡撫採進本。《山東巡撫第二次呈進書目》："《倪城風雅》二本。"見《四庫存目標注》。《四庫全書存目叢書》未收。

### 【短札存雅二卷】

勞矞輯。現存：清鈔本（二冊），山東省圖書館藏。

#### ◆ 李雲鍾

雲鍾，陽信人。歲貢生。

其詩文集未見著錄。《國朝山左詩續鈔》卷二載其《自牧吟》詩一首。

#### ◆ 丁　瑛

瑛字孝齋，陽信人。拔貢生。官汧陽知縣。

### 【孝齋百詠】【續百詠】

《山東通志·藝文》：二集見《武定詩鈔》。

《國朝山左詩續鈔》卷四載其《夜雪乍晴有懷楊佳士》詩一首。

#### ◆ 劉若沂

若沂字企楊，陽信人。食餼後舌耕四方，教授生徒，邑令呂鼎祚重其品行，舉爲優生。

### 【韻譜】

見民國《陽信縣志》本傳。

#### ◆ 劉一治

一治字玉一，陽信人。諸生。

### 【怡園集】

見《陽信縣志》、《山東通志·藝文》。

#### ◆ 張端泰

端泰字本公，號鄰雲，海豐人。諸生。性淡泊恬靜，惟嗜琴。

### 【石琴齋吟草】

見《國朝山左詩續鈔》、《山東通志·藝文》、《無棣縣志》本傳。

《國朝山左詩續鈔》卷三載其《彈歸去來詞》詩一首。小傳注引宋弼《傳》曰："先生澹泊恬靜，不染世味，惟嗜琴，三十年不去手。端居一室，里人罕見其面。若以琴請者，雖童穉必爲鼓數曲。"

#### ◆ 張廷翰

廷翰字文林，海豐人。諸生。

其詩文集未見著錄。《國朝山左詩續鈔》卷五載其《秦臺》詩一首。

#### ◆ 李　異

異字仲常，海豐人。歲貢。

### 【善行錄】

見《無棣縣志》本傳、《山東通志·藝文》（史部傳記類）。

《山東通志·藝文》：《府志》載是書云："課讀之暇，思戚族有隱德未彰者，爲之立傳。"

### 【文法條辨】

見《無棣縣志》本傳、《山東通志·藝文》（集部詩文評類）。

#### ◆ 張士睿

士睿字思恭，號古狂，樂陵人。諸生。鄉諡文介先生。乾隆《樂陵縣志》卷六有傳，卷八有薛韞《張文介先生碑銘》。

### 【蜣丸集二卷】

見《國朝山左詩續鈔》（無卷數）、《樂陵縣志》、《山東通志·藝文》。

《國朝山左詩續鈔》卷二載其《偶成》詩一首。《樂陵詩彙》載其《答宋廷擢送菊》、《壽蔡長吉》、《自壽》等詩五首。

#### ◆ 史敬勝

敬勝字丹書，樂陵人。諸生。

其詩文集未見著錄。《國朝山左詩續鈔》卷二載其《立秋夜雨》詩一首。《樂陵詩彙》載其《立秋夜雨》、《新臺懷友》詩二首。

#### ◆ 宋廷簡

廷簡，樂陵人。諸生。

其詩文集未見著錄。《樂陵詩彙》載其《仲子誌感》詩二首。

#### ◆ 史永孫

永孫字孝則，樂陵人。處士。

其詩文集未見著錄。《樂陵詩彙》載其《北極臺小憩》、《桃林招飲》詩二首。

#### ◆ 王承乾

承乾字元御，號偲嵐，樂陵人。康熙間歲貢。官寧陽縣訓導。乾隆《樂陵縣志》卷六有傳。

【易經傳象二卷】

見《樂陵縣志》、《山東通志·藝文》（經部易類）。

【遊覽紀勝一冊】

見《樂陵詩彙》。

【金剛經解義一卷】

見《樂陵縣志》、《山東通志·藝文》（子部釋家類）。

【鹿洞山房詩集八卷】

見《樂陵縣志·撰著篇目》、《山東通志·藝文》（撰者誤作王乘乾）。

《樂陵詩彙》載其《招飲桃園即事》、《遊廬山開先寺與南詔雞足山心壁上人論詩．因贈予以所作〈尋梅〉詩三十韻》詩二首。

#### ◆ 蘇正宗

正宗，樂陵人。康熙間歲貢。官訓導。

【四書存疑十卷】

見《樂陵縣志》、《山東通志·藝文》（經部四書類）。

#### ◆ 董　恕

恕字子行，號一松，樂陵人。增廣生。乾隆《樂陵縣志》卷六有傳。

其詩文集未見著錄。《樂陵詩彙》載其《桂下雅集》、《寄懷姜二秀才》、《江南道上》詩三首。

【強勉齋四書備忘錄六卷】

見《樂陵縣志》、《山東通志·藝文》。“強”，《樂陵縣志·撰著篇目》原作“彊”。

#### ◆ 王曰璠

曰璠字璘公，樂陵人。歲貢生。

其詩文集未見著錄。《樂陵詩彙》載其《夏日即事寄潘羹臣》、《荷池小酌》詩二首。

#### ◆ 張懷鑑

懷鑑字澄懸，樂陵人。太學生。

其詩文集未見著錄。《樂陵詩彙》載其《宋明章表弟自高城至舍小飲》、《和潘葵臣秋日言懷》等詩四首。

#### ◆ 鄭天英

天英字允常，樂陵人。太學生。

其詩文集未見著錄。《樂陵詩彙》載其《寄友》詩一首。

#### ◆ 孫際平

際平字篤恭，商河人。

【十槐堂詩草】

見《國朝山左詩續鈔》、《山東通志·藝文》。《國朝山左詩續鈔》卷四載其《即目》詩一首。

#### ◆ 韓明倫

明倫，商河人。歲貢生。

其詩集未見著錄。《重修商河縣志・藝文》載其《題王母駱太孺人節孝》詩一首。

#### ◆ 王宇熙

宇熙字廓若，商河人。康熙中拔貢。官費縣教諭。

其詩集未見著錄。《重修商河縣志・藝文》載其《題王母駱太孺人節孝》詩一首。

【六經纂要】

見《商河縣志》、《山東通志・藝文》（經部五經總義類）。

【四書輯略】

見《商河縣志》、《山東通志・藝文》（經部四書類）。

【醫方便覽】

見《商河縣志》、《山東通志・藝文》（子部醫家類）。

#### ◆ 王容

容，商河人。諸生。

【慾海迴瀾賦】

《山東通志・藝文》（子部雜家類）：《縣志》稱其嘗著此賦警世，風行天下，士林推重之。

【臥雲軒詩集】

見《商河縣志》、《山東通志・藝文》。

#### ◆ 蘇行禮

行禮字藍輝，霑化人，毓眉孫。增生。光緒《霑化縣志》卷九有傳。

【己千堂詩集】

見光緒《霑化縣志》本傳、《山東通志・藝文》。《縣志》本傳云：刻於浙中。

《國朝山左詩鈔》卷四十七載其《敬題先王父〈可園集〉後用西樵先生韻》二首，詩序云：“禮編次先王父《可園集》將授梓，因撿諸贈遺詩，大半散失，惟王考功兩作猶存。其一云：‘客邸明星夜，從君訊

可園。為言聽流水，終日偃衡門。徑隱城隅竹，畦生雨後蓀。雲卿幽尚愜，郇不戀邱樊。’其二云：‘此亭仍海右，吾最愛斯名。接隱頻留客，開林好待鶯。雙楹浮遠塔，一角對春城。遙憶橋邊屐，吟懷日夕清。’因次原韻，賦以志感。”

【樹村詩集】

見《霑化縣志》本傳、《山東通志・藝文》。《縣志》本傳云：《樹村集》藏於家。

【樹村集鈔十七卷】

現存：清蘇氏己千堂刻本暨稿本，中國科學院國家科學圖書館、北京人文科學研究所藏，《北京人文科學研究所藏書簡目》、《清人詩文集總目提要》著錄。

光緒及民國《霑化縣志・藝文》載其《七二十泉考》文一篇。

#### ◆ 蘇節

節字操遠，霑化人，行禮子。

【小村詩】

見《國朝武定詩鈔》、《山東通志・藝文》。

#### ◆ 李育英

育英字樂三，霑化人。增生。光緒《霑化縣志》卷九有傳。

【然犀錄四卷】

見光緒《霑化縣志》本傳、《山東通志・藝文》（史部史評類）。

《山東通志・藝文》引《縣志》本傳云：“集《然犀錄》四卷，皆讀史時手自評釋者，以授子孫，曰：‘能熟此，治亂興亡，得失邪正，灼然在目矣。’”

#### ◆ 朱景雍

景雍字南可，號魯齋，平陰人。康熙間拔貢。

【上達圖說】

見光緒《平陰縣志・著述》、《山東通志・藝文》。

《山東通志・藝文》引《府志》本傳云：“晚著《上達圖說》，書座側以自警。”

## 【自照鏡】

見光緒《平陰縣志·著述》。《山東通志》卷百七十一本傳稱"晚著《上達圖說》、《自照鏡》，書座側以自儆"。

### ◆ 附　錄

## 【越州頌言二冊】

不著編者。《山東通志·藝文》據刊本著錄，提要云："所編詩文，皆頌紹興知府勞可式者。可式字敬儀，號訒庵，陽信人，康熙己酉舉人，任紹興時有治海塘功。"

## 【新城縣續志一卷】

馬孔彰纂修。孔彰，河北東光人，康熙十年任新城知縣。是志附於崇禎《新城縣志》之後，分田賦、戶口、河防、職官、公署、學校、科目、祠祀、寺觀、名宦、人物、忠烈、孝義、節烈、災祥、藝文等目。現存：清康熙十一年刻本，山東省博物館、中國國家圖書館等藏。

## 【禹城縣志八卷】

王表纂修。表字左滄，遼寧安東人，康熙初任禹城知縣。是志修於康熙十一年，爲現存最早禹城縣志。前有王表《序》，縣圖二幅。分建置沿革、封建、職官、選舉、星野、疆域、山川、形勝、風俗、土產、賦役、驛遞、城池、公署、鋪舍、學校、祠祀、名宦、按使、鄉賢、孝行、義行、列女、僑寓、隱逸、方技、災祥、誥敕、藝文二十九門，凡八卷。現存：①清康熙十二年刻本，青州市圖書館、中國國家圖書館藏。卷端題署"文林郎知禹城縣事曲周任宗美編次，署教諭武昌吳時泰較正，文林郎知禹城縣事安東王表重輯，訓導濮州吳桐芳全定"。②一九六〇年鈔本，上海圖書館藏。③一九八一年鈔本，山東省圖書館藏。

## 【陵縣志六卷】

史颺廷纂修。颺廷字昌言，江蘇溧陽人，康熙七年任陵縣知縣。是志始於康熙十一年，次年修成梓行，爲現存最早陵縣志。前有史颺廷、康溫采《序》，孫昺、梅思、宋文明舊《序》三篇。首爲星野、輿地、縣城三圖。分地理志、建置志、政務志、官師志、人物志、藝文志六門。現存：①清康熙十二年刻本，中國國家圖書館藏。②一九五九年鈔本，上海圖書館藏。

## 【利津縣新志十卷】

韓文焜纂修。文焜字青藜，河南唐縣人，康熙十一年任利津知縣。是志始於康熙十一年，次年纂成刊行。前有韓文焜、李應甲《序》，明舊志《序》，縣圖五幅。分輿地志、建置志、祀典志、田賦志、職官志、辟舉志、宦迹志、人物志、雜志、藝文志十門，凡十卷。現存：①清康熙十二年刻本，中國國家圖書館、上海圖書館等藏；《中國方志叢書》影印。②清乾隆二十三年重刻本，山東省圖書館、山東大學圖書館藏。

## 【泰安州志四卷】

張迎芳纂修。迎芳，湖北應城人，康熙二十一年任泰安知州，有善政。現存：清雍正元年刻本，藏中國國家圖書館、泰安市圖書館（不全）。

## 【章丘縣志十二卷首一卷】

鍾運泰纂修。運泰字履安，浙江淳安人，康熙二十三年任章丘知縣。是志始修於康熙二十九年，次年修成梓行。首有焦毓棟、李滋、鍾運泰《序》，縣圖十八幅。分地輿志、建置志、賦役志、官師志、選舉志、人物志、秩祀志、藝文志、軼事志九綱，轄目六十三。後有紀之竹《跋》。現存：清康熙三十年刻本，中國國家圖書館藏；《北京圖書館古籍珍本叢刊》、《中國地方志集成·山東府縣志輯》影印。

## 【鄒平縣志八卷】

程素期修，程之芳纂。素期字壑沙，一字霽江，安徽繁昌人，康熙二十七年任鄒平知縣。之芳字借山，素期子。是志始於康熙三十三年，次年成稿。前有程素期、李興祖、劉廉吉《序》，施潤章舊《序》，縣圖二十幅。分方域志、建置志、賦役志、官師志、選舉志、人物志、藝文志、雜志八門。現存：清康熙三十四年刻本，山東大學圖書館、中國國家圖書館藏。

## 【長山縣志八卷】

陳憲祖纂修。憲祖字念齋，廣東順德人，康熙四十一年任長山知縣。是志始修於康熙四十二年，未及梓行，陳氏罷官去。現存：清康熙四十三年稿本（志圖係刻本），中國國家圖書館藏。前有陳憲祖《序》、縣圖四幅，分輿地志、建置志、秩官志、食貨志、人物志、選舉志、災祥志、題詠志八門。

## 【重修臨邑縣志十六卷學規一卷】

唐開陶修，高元貞等纂。開陶字晉公，號和庵，四川遂寧人。元貞字觀一，四川梁山人，曾官兗州府沮河通判。是志修於康熙五十二年。首有唐開陶等《序》及前志《序》共四篇，縣圖二幅。分分野志、疆域志、沿革志、封建志、山川志、古蹟志、建置志、祠祀志、風俗志、學校志、賦役志、職官志、宦績志、科目志、人物志、烈女志、災祥志、貤封志、藝文志十九門，凡十六卷。後有明志舊《序》二篇。現存：清康熙五十二年刻本，中國國家圖書館藏；《中國地方志集成·山東府縣志輯》影印。

## 【長山縣志十卷首一卷】

孫衍纂修。衍字宰工，號醒巖，浙江嘉善人，康熙五十二年任長山知縣。是志始於康熙五十三年，次年修成。首載陳恂、孫衍《序》，縣圖四幅。分輿地志、建置志、秩官志、食貨志、選舉志、人物志、災祥志、藝文志八門，凡十卷。現存：清康熙五十五年刻本，中國國家圖書館、天津圖書館等藏。

## 【居濟一得八卷附河漕類纂一卷】

張伯行撰。現存：①清康熙四十七年刻本，山東大學圖書館、上海圖書館、南京圖書館等藏，《中國古籍善本書目》著錄。②《四庫全書》本。③清同治五年福州正誼書局刻《正誼堂全書》本，中國國家圖書館、北京大學圖書館等藏，《中國叢書綜錄》著錄。

伯行字孝先，號敬庵、恕齋，河南儀封人，康熙二十四年進士，四十二年任濟寧河道，歷官禮部尚書。

《山東志·宦蹟》云：“明年（康熙四十五年），上遣近臣封牏催漕，諭曰：‘濟甯道張伯行諳曉河務，可與商榷。’因引運河水北注，蓄洩得宜。事竣，著書紀其事，即世所行《居濟一得》也。”

## 【崇祀錄】

濟南士民纂集。崇禎十一年，清兵圍攻濟南，山東巡按御史宋學朱、歷城知縣韓承宣擐甲登陴，帥衆固守，城陷死之。時濟南士民相感且悼，嘗建祠祀之。然時移代謝，漸且傾圮。康熙四十三年，學朱之孫廣業以僉事來監司，明年承宣之孫鎬亦知濟南府事，痛念先人殉節，訪得祠址故地，欲葺而新之。而六郡之紳衿耆庶，亦感奮踴躍，捐資營建。祠既成，士民裒集各呈詞暨郡縣詳請諸稿，彙爲一編，名曰《崇祀錄》，授之梨棗。山東學政趙申季爲撰《雙忠祠崇祀錄敘》，見道光《濟南府志·藝文》。

## 【泰山輯瑞集二卷】

林杭學撰。杭學字果庵，江蘇人，康熙五年任泰安知州。是書爲泰山詩文選集，現存：清康熙八年泰安岱署來恩樓刻本，山東省圖書館藏，《中國古籍善本書目》著錄。前有山東提學周龍甲《序》略云：“其爲封禪撰著者幾何家，其爲儀制幾何則，其爲祈祝壽修廟之作幾何篇，其爲登臨歌詠幾何氏。雖前有《泰山志》，有《岱史》，有《蒐玉集》，非不探奇選勝，各自爲書，然或太煩太簡，儻非煩簡得宜。集其成而彙輯之，此州守林君果庵所以有《泰山輯瑞集》也。”

## 【歷亭詩文會編十卷】

喻成龍、李興祖選。現存：清康熙三十二年刻本，張亦軒藏，《山東文獻書目》著錄。

# 濟南歷代著述考

下册

濟南市人民政府主辦

濟南市史志辦公室編

徐泳撰　濟南出版社

【卷十五・清

五
】

# 卷十五 · 清五

## ◆ 吳象羲

象羲字則之，海豐人，自肅子。年二十七卒。事見《無棣縣志·孝義傳》。

### 【雜詩一卷】

《吳氏世德錄·象寬〈則之兄家傳〉》云："《雜詩》一小卷，皆燕邸時作，率悲憤牢騷至性語，不減古人。讀之，每不能卒章也。"

## ◆ 吳象寬

象寬字居之，號芝園，海豐人，自肅子，象羲弟。雍正癸卯（元年）進士。歷官黃梅知縣。

### 【內訟篇】

見《山東通志·藝文》。現存：清宣統二年刻《海豐吳氏文存》本，中國科學院圖書館、青島市圖書館等藏，《販書偶記》、《續修四庫全書總目提要（稿本）》、《上海市歷史文獻圖書館藏書目錄》著錄。

《山東通志·藝文》：是篇凡二十三則，刻入《吳氏文存》。其第十三則謂"知人甚難，然亦有極易處。凡人之岸然不屑者，多有一番傲氣，而緩急之中，尚可依賴。若一味柔媚有婦人女子之態者，彼得天地陰氣而生，偶成男形，其陰險刻薄與婦人無異"云云，可謂有慨乎其言之矣。

### 【甯遠書鈔】

《山東通志·藝文》（子部雜家類）據《武定詩續鈔》著錄。

### 【芝園詩】

見《國朝山左詩鈔》、《山東通志·藝文》。《續修四庫全書總目提要（稿本）》著錄清刻本（一卷）。現存：①清鈔《海豐吳氏家集》本（作《芝園詩存》四卷），中國國家圖書館藏。②清名花異石山房精鈔

《海豐吳氏詩存》本（作《芝園詩存》一卷），臺灣"國家圖書館"藏。前有柯立《芝園詩序》。

《山東通志·藝文》：是集見《山左詩鈔》。《吳氏世德錄·吳紹詩〈先伯父芝園府君行狀〉》云："爲文章無體不備，多不自愛惜。有詩數帙，尚未授梓。"

《國朝山左詩鈔》卷五十二載其詩五首。

### 【半日吟】

象寬及其弟象弨撰。《山東通志·藝文》（集部總集類）引《吳氏世德錄·張鏐〈象弨家傳〉》云："方先生與兄黃梅令象寬俱困諸生，一日天薄暮，大風雨，秋窗淅瀝作兼葭聲。兩人技癢，約爲詩。每成一首，則相易，視之而笑。笑已，復爲。迫燭至，兩人各成七言四韻二十首，合四十首，爲《半日吟》，刻之以傳。"

## ◆ 吳象默

象默字從之，號健輿，海豐人，象寬弟。諸生。

### 【半閣詩選一卷】

見《國朝山左詩鈔》、《山東通志·藝文》，無卷數。《續修四庫全書總目提要（稿本）》著錄無棣吳氏鈔本（作《半閣詩集》）。現存：①清雍正十三年精刻本，山東省博物館、南開大學圖書館藏，《販書偶記》、《清人別集總目》、《清人詩文集總目提要》著錄。②清名花異石山房精鈔《海豐吳氏詩存》本（作《半閣詩抄》一卷），臺灣"國家圖書館"藏。前有李果《半閣詩序》、兄象寬《題半閣詩集》。

《山東通志·藝文》：《吳氏世德錄·吳紹詩〈健輿府君行述〉》云："詩不多作，作必務繪情達意。或一字未安，推敲再三，至忘寢食。自謂有作詩之苦，故不能多。所存者百有餘篇。博山趙秋谷先生序而傳之。"按：《山左詩鈔》引趙秋谷《半閣詩序》云："君詩才情自佳，清致軼俗，此而不懈，將步古賢後塵而不知所極。惜乎其年之不永也。"

《國朝山左詩鈔》卷五十二載其《秋郊》、《夏日雜興用東癡先生韻》、《送齊德普返津門》詩三首。《武定府志・藝文》載其《西橋牧笛》詩。

## 【亦居室贅吟】

見《國朝山左詩鈔》、《山東通志・藝文》。

## 【健輿詩鈔二卷】

現存：清鈔《海豐吳氏家集》本，中國國家圖書館藏。

### ◆ 吳象弼

象弼字似之，號康臣，海豐人，象默弟。雍正癸卯（元年）舉人。

## 【杞樹屋詩】

見《國朝山左詩鈔》、《山東通志・藝文》、《無棣縣志》本傳（作《杞屋詩集》）。《續修四庫全書總目提要（稿本）》、《清人詩文集總目提要》著錄家鈔本（二卷）。

《山東通志・藝文》：是集見《山左詩鈔》。《吳氏世德錄・張鏐〈象弼家傳〉》云：“由當代詩家溯而之宋元、三唐，浸淫於六朝、漢魏，莫不窮極指要。所自爲詩益鑄鑱凡近，而歸於雄渾。顧不易出以示人，曰：‘吾之爲此，非邀譽當世，聊以寫吾心之所至。’”

《無棣縣志》本傳云：“濟南王萃有詩名，少許可，見象弼詩爲咋指，歎曰：‘海豐有人。’”

《國朝山左詩鈔》卷五十二載其詩三十二首。《武定府志・藝文》載其《弔王忠簡公》詩。道光《東阿縣志》卷十五載其《項王墓》、《再抵東阿》詩二首。

## 【杞樹屋存稿四卷】

現存：清名花異石山房精鈔《海豐吳氏詩存》本，臺灣“國家圖書館”藏。前有象弼自撰《半齋吟序》及《聘吳草序》，後有受業弟子李恍題詞四首。

## 【聘吳草一卷】

現存：清鈔《海豐吳氏家集》本，中國國家圖書館藏。

### ◆ 潘亭元

亭元名未詳，樂陵人。歷官福建布政使。

## 【庸行錄一冊】

《山東通志・藝文》（子部雜家類）著錄，引《吳氏文存》載吳象寬是編跋語略云：“上自經史，下及先賢遺訓、往哲格言，無不條分縷析，瞭如指掌。”

### ◆ 李徵臨

徵臨字鳳洲，亦曰鳳渚，德州人，濤子。雍正癸卯（元年）進士，改庶吉士。

## 【酌舫詩集】

見《國朝山左詩鈔》、《濟南府志・經籍》、《山東通志・藝文》。

《續修四庫全書總目提要（稿本）》著錄家抄本（不分卷），提要云：“是編計古近體詩四百二十八首。不分體，亦不編年。當係隨意編次，未及寫定者。徵臨生於臨江，幼而神駿，其父愛之，聘朱彝尊甥周象益爲之師，每有講貫，心領神悟。成進士，官庶吉士時，才名動京師，公卿爭識其面。性至孝，以母不能就養，時爲鬱悒，偶感時症，益自悲感，遂不起。其生平詩文，高邁迥異常蹊。如集中《嫁女詞》小序有云：‘癸卯傳臚後，旅寓京師邸，感君恩之深厚，念母側之無人，中夜徬徨，寢不成寐。讀錢受之《嫁女詞》，因而有感，倣其意爲之’云云，亦殊可窺其孝思矣。徵臨少隨其父外任，師友皆南人，詩賦其所素習，然未免染於南派，標飾藻麗。及與魏丕承爲友，又從田香城遊，詩境一變。盧見曾謂其‘館選日，丰姿玉立，應對嫺雅，皆目爲國器。未及散館而卒，殊爲可惜’云云。魏丕承撰《墓誌》，謂其捷南宮，官翰林，僅八月耳。人間那有青精館，天上偏多白玉樓。嗚呼，其可悲也已。”

《國朝山左詩鈔》卷五十一載其《嫁女詞》二首。

### ◆ 高　山

山字居東，歷城人。雍正癸卯（元年）恩科進士，改庶吉士，授檢討。歷官福建布政使。

其詩文集未見著錄。《國朝山左詩續鈔》卷五載其《安國寺尋春》詩一首。

### ◆ 李文龍

文龍字汲三，歷城人。諸生。

其詩文集未見著錄。《國朝山左詩續鈔》卷四載其《湖西精舍懷高居東》詩一首。

### ◆ 焦祈年

祈年字穀貽，章丘人。雍正癸卯（元年）進士，改庶吉士，授編修。歷官順天府府尹。

其詩文集未見著錄。《國朝山左詩彙鈔後集》卷三十五載其《送師陳學憲復命入都三十韻》、《耦公閣雨望》、《送春》、《詠海棠》詩四首（據吳連周《繡水詩鈔》）。

### ◆ 鄭習儀

習儀字敬菴，新城人。雍正癸卯（元年）舉人。欽賜翰林院典簿。《濟南府志》卷五十五、《重修新城縣志》卷十七有傳。

其詩文集未見著錄。《重修新城縣志》卷六載其《修軍張壩感應碑記》（乾隆六年）一篇。

### 【四書辨難】

見《濟南府志・經籍》、《山東通志・藝文》、《重修新城縣志・藝文》（據張象津《新城後志稿》）。

### ◆ 李鵬程

鵬程，肥城人。雍正癸卯（元年）舉人。

### 【范湖四書講義】

見《肥城縣志・藝文》。

### ◆ 宋其桐

其桐字鳳棲，號西泠，德州衛人。雍正癸卯（元年）舉人。《濟南府志》卷五十六有傳。

### 【柳圃詩草】

見《國朝山左詩鈔》、《濟南府志・經籍》、《山東通志・藝文》。

《國朝山左詩鈔》卷五十二載其《香城居士數帆亭絕句》、《太湖道中》詩二首。小傳附案云："西泠才思敏捷，情性詼諧。早遊庠序，放蕩不羈，歲試劣等，乃大書'五等生員宋其桐'七字於坐前，科試即冠一軍。歲貢後中北闈鄉試，與余前後同出歸安吳易齋夫子之門。"

### ◆ 朱世官

世官字德似，一字思誠，德平人。雍正癸卯（元年）順天舉人，丁未（五年）取明通。授沂水教諭，改曹縣，以卓異擢知四川富順縣。《濟南府志》卷五十六、《德平縣志》卷七有傳。

其詩文集未見著錄。《德平縣志》卷十一載其《重修廟學碑記》一篇。

### ◆ 梁竣觀

竣觀，濱州人。歲貢生。《濱州志》卷十有傳。

### 【芻言】

《山東通志・藝文》（集部別集類）著錄，謂"是編乃其詩集，見《縣志》"。按《州志》本傳云："王學使世琛尤器重之，嘗稱爲'德行文章，山左第一'。州牧劉元勳舉優行，贈聯云：'志存學校千秋業，行法中庸一世儒。'著有《芻言》、《詩集》藏於家。"是竣觀以儒行稱名於時，則《芻言》似爲其闡明性理之書，與其《詩集》各爲一書也。

### 【詩集】

見《州志》本傳。

### ◆ 李　愉

愉字廷怡，利津人。由增貢仕昌邑教諭。雍正元年赴京引見，以廷試奏對詳明，擢爲四川江油縣知縣。旋以疾辭歸。《利津縣志》卷七有傳。《利津文徵》卷三有海陽李承芳撰《四川江油縣知縣李君傳》。

其詩文集未見著錄。《利津文徵》卷二載其《知縣劉公去思碑》文一篇。

### ◆ 李燮如

燮如字理昭，號翕齋，霑化人。雍正癸卯（元年）拔貢。光緒《霑化縣志》卷九有傳。

### 【春秋指要】

見光緒《霑化縣志》本傳、《山東通志・藝文》（據《府志》）。

## 【客情閒傳】

見光緒及民國《霑化縣志》本傳。

## 【河村集】

見《國朝山左詩續鈔》、光緒《霑化縣志》本傳、《山東通志·藝文》（據《武定詩續鈔》）。民國《霑化縣志·著書目錄》作《河村詩集》。

《國朝山左詩續鈔》卷五載其《客夜》詩一首。光緒《霑化縣志·藝文》載其《甲午白雪之役．王揆一廣文司文事．余與伯明捧檄未至．作詩以紀之》一首。

## 【濼遊草】

見《國朝山左詩續鈔》、《山東通志·藝文》（據《武定詩續鈔》）、民國《霑化縣志·著書目錄》及本傳。

## 【晉遊草】

見《國朝山左詩續鈔》、光緒《霑化縣志》本傳、《山東通志·藝文》（據《武定詩續鈔》）、民國《霑化縣志·著書目錄》及本傳。

## ◆ 李煥如

煥如字堯章，霑化人。歲貢。嘗應童子試，府、縣皆第一。赴濟南院試，忽心動，遂輟試徒步歸，日夜行三百里，抵家，母已死兩日，撫棺大慟，蓋忽墮地，得視母，人以爲孝感云。光緒《霑化縣志》卷八有傳。

其詩文集未見著錄。光緒《霑化縣志·藝文》載其《障波樓》、《聚仙臺》、《孝婦行》詩。

## ◆ 李瑞麟

麟瑞字孔書，霑化人，煥如子。光緒《霑化縣志》卷十有傳。

## 【砭瘤稿一卷】

光緒《霑化縣志》本傳云：“父母長兄養葬畢，即作隻身遊，歲終歸奠先人墓，復外出，放跡山川，莫踪其所至。臥病，手把《砭瘤稿》一卷，高唱‘野曠迎天草，淵深測地魚’之句，蓋自況也。”

## ◆ 宋來會

來會字清源，一字清遠，號秋圃，德州人。雍正癸卯（元年）拔貢。

## 【詩書知新日記】

見《德州志·州人所著書目》（注云“未見”）、《山東通志·藝文》（經部五經總義類）。

## 【小慧錄】

見《德州志·州人所著書目》（注云“未見”）。

## 【近思齋詩】

見《國朝山左詩鈔》、《德州志·州人所著書目》（注云“未見”）、《濟南府志·經籍》、《山東通志·藝文》（集部別集類）。

《續修四庫全書總目提要（稿本）》著錄德州盧氏傳抄本（一卷），提要云：“是集共詩八百二十餘首，以古體為多。來會家清貧，祖若父皆不事家人生產，自幼即竭力承志，悉修脯以供甘旨。少承家學，又從孫勷遊，勷器其才，以妹妻之。所為制義，不趨時好，老於場屋，意泊如也。書入能品，年八十猶日抄書，為蠅頭細字。詩學王士禎，兼參趙執信，頗得二人神髓。如集中所載《濟南雜詠》八首、《齋中即事》、《贈羅琢山》、《送客均州道中》、《排悶浯溪》、《邵陽行》、《楓門嶺》、《題趙根樹種菜圖》、《題李竹逸墨霞》等，古體諸作均極精采。而《詠雪》云：‘朔風起寒林，薄暮飛微雪。一夜蕭颯聲，千山共皎潔。野店無沽酒，石路迷行輈。惟有山中人，擁爐自怡悅。’及《旅興》云：‘鄂渚濛濛，烟雨微，客情雖好故鄉違。時當春半迷花信，獨立庭前羨雁飛。山色海從愁裏看，離心空自夢中歸。懸知屯民河湄山，園柳青青早韭肥。’等篇，又極超逸可誦。來會嘗應學使者之聘。盧見曾同年王振聲督學浙江時，見曾荐來會往，謂‘為羲山高弟，不愧乃師’。振聲曾函謝。見曾對來會學識殊深佩服，據此殊可窺來會之學。集中所載《黃鶴樓中望洪山》、《祁陽道中》、《自武岡赴靖州》、《過青草湖》、《耒陽道中》等作，則又來會應督學使者黎致遠閱卷之聘時所作也。”

《山東通志·藝文》：《國朝山左詩鈔》載是集，引黃崑圃《宋君墓志》云：“詩參漁洋、秋谷。”

《國朝山左詩鈔》卷五十三載其詩四十一首。《德州志》卷十二、《德縣志》卷十六載其《近思齋偶賦》、《上州牧陳公篸山 并序》詩二首。

【論詩微言】

見《德州志·州人所著書目》（注云"未見"）、《山東通志·藝文》（集部詩文評類）。

◆ 盧允肅

允肅字叶雕，別號野亭，禹城人。雍正癸卯（元年）拔貢。官昌樂教諭。《濟南府志》卷五十六有傳。

【學庸講義】

見《禹城縣鄉土志》。

【野亭後集】

見《禹城縣志·藝文》、《濟南府志·經籍》、《山東通志·藝文》。

《禹城縣志》卷十存其《邵明府引見回署》詩一首。

◆ 欒 條

條字南枝，肥城人。雍正癸卯（元年）拔貢。《肥城縣志》卷九有傳。

【夢覺錄】【人鬼關錄】

見《肥城縣志》、《山東通志·藝文》（子部雜家類）。

【止齋文集】

見《肥城縣志》本傳、《山東通志·藝文》（據《府志》）。《山東通志》卷百七十一本傳云"所著有《蝸居敘》、《止齋說》"，乃其所撰之篇目也。

《肥城縣志》卷二《古蹟》"止齋"條云："國朝拔貢欒條建，在書堂峪，所謂後山書院者是也。"附載其《止齋說》一篇，略云："余於癸丑春來後山峪中，地褊室小，每攜書展紙，在竈窩灰篸之下，客至且無下榻處。改歲三月間，乃於居西北隅度地爲屋，約費省工，蓋北房間餘。不梁不柱，覆以薄茅，扃以編葦，屋後不更爲牆垣，開一牖以納涼。室成，但見南山當戶，北流橫窗。夏月盛暑，予坐臥其中，自覺與羲皇上人彷彿，共領其趣，是固南氏羈旅天地間一

安身習業處也，因思不可不有以名之。閒繹聖賢之旨趣，自度吾躬所可安，蓋深有味乎'止之'義焉，遂額其室曰'止齋'。"

◆ 王定國

定國字錫三，海豐人。雍正癸卯（元年）拔貢。晚任邱縣教諭。

【拾餘編】【苦中趣草】【安心偈草】【代蛩吟草】

《無棣縣志》本傳云："爲詩瓣香香山，有《拾餘編》、《苦中趣》、《安心偈》、《代蛩吟》諸草藏於家。"

◆ 王培元

培元字蘊生，號白雪，陽信人。雍正癸卯（元年）拔貢。任黃縣教諭。

【文馨編】

民國《陽信縣志》本傳云："詩歌詞賦，種種擅長。課士尤勤，選有《文馨編》行世。"

◆ 王啟卓

啟卓字文超，號醴山，淄川人。雍正癸卯（元年）歲貢。《濟南府志》卷五十四有傳。

【元音文集】

見《濟南府志·經籍》、《山東通志·藝文》（據《府志》）。

【桐溪詩集】

見《濟南府志·經籍》、《山東通志·藝文》（據《府志》）。

◆ 牛元佐

元佐字緯扉，章丘人。雍正元年副貢。《濟南府志》卷六十一有傳。

【牛元佐遺書】

見《中國分省醫籍考》。

《國朝山左詩續鈔》卷五載其《江行》詩一首。

## ◆ 李師渾

師渾字中涵，號白泉，淄川人，堯臣從孫。增廣生。能詩善書畫，多與海內名流倡和。

### 【賸園詩草】【我曰園詩草】

《三續淄川縣志》云："著有《賸園詩草》、《我曰園詩草》，經亂燼於兵火。"

## ◆ 楊大勳

大勳字彤一，歷城人。貢生。授虹縣知縣，歷任山陽、阜寧，遷滁州直隸州知州，署太平知府。居官澣衣疏食，能甘淡泊。嗜書，得舊本，必補綴鈔寫以爲樂，積至數千卷，示其子嘉樹曰："三十年宦囊盡此矣。吾不能效陸賈貽汝橐中金也。"《濟南府志》卷五十三有傳。

### 【文選音義】

《濟南府志》本傳云："著《文選音義》，未竟卒。"

## ◆ 李治灝

治灝，歷城人。雍正二年武舉人。

### 【奉賢縣志十卷首一卷】

現存：清乾隆二十三年刻本，北京大學圖書館、復旦大學圖書館等藏。

## ◆ 畢 漣

漣字文源，平陰人。康熙甲午（五十三年）舉人，雍正甲辰（二年）進士。授兵部職方司主事。光緒《平陰縣志》卷四有傳。

### 【怡亭文集】

見《平陰縣鄉土志》、《山東通志·藝文》。光緒《平陰縣志·著述》及本傳作《怡亭文稿》。

民國《齊河縣志》卷三十載其《重過環青園》詩一首，卷三十二載其《王卓吾傳》文一篇。

## ◆ 袁志潔

志潔，章丘人。雍正甲辰（二年）進士。官戶部主事。

其詩文集未見著錄。道光《章邱縣志·藝文》、《國

朝山左詩彙鈔後集》卷三十五載其《石龍菴》詩一首。

## ◆ 高肇旺

肇旺字徑千，號瀨菴，淄川人。雍正甲辰（二年）舉人。官濰縣教諭。

### 【衣德堂詩】

見《濟南府志·經籍》、《山東通志·藝文》。

《國朝山左詩續鈔》卷五載其《對菊》、《冬夜憶保實六弟》詩二首，小傳注引張元評云："瀨菴詩多清爽超逸之致。晚學劍南，頗得其概。"

## ◆ 高肇箎

肇箎字耽仲，號秋岩，淄川人。

其詩文集未見著錄。《國朝山左詩續鈔》卷五載其《書懷》詩一首。

## ◆ 王 嶸

嶸，茌平人，流寓臨邑。雍正甲辰（二年）副貢。官陽信教諭。純學邃養，爲制義宗匠，學者稱"又山先生"。《濟南府志》卷六十二有傳。

### 【又山詩鈔一卷】

見《臨邑縣志·藝文上·著述》（"嶸"作"容"）、《山東通志·藝文》。

## ◆ 趙範儆

範儆字載南，別號硯溪居士，齊河人，瑞晉子。庠生。署奎文閣典籍。《齊河縣志》卷二十七有傳。

### 【嶺南遊草】

見《國朝山左詩續鈔》、《濟南府志·經籍》、《山東通志·藝文》、民國《齊河縣志·撰述》。

《國朝山左詩續鈔》卷四載其《泊白沙》詩一首。

### 【琴鶴堂詩集】

見民國《齊河縣志·撰述》。《縣志》本傳云："善詩，胸羅邱壑，不染一點塵俗氣。"

《縣志·藝文》載康熙四十二年楚南唐之翰《琴鶴堂詩集序》略云："余遭時不售，作放浪山水遊，自楚而蜀，而滇黔，及東西兩粵之間，得與黃抑公觀

察、彭繼修文衡、金石子太史諸先達相爲晉接。每於公餘，出趙松雪先生圖畫展玩，更讀硯溪諸詠，咸驚歎先生之文章經濟、翰墨風流，冠絕一時，當今之世，求一望見其人爲不可得。嗣避吳逆之亂，置身巖穴者廿有餘年，從鹿豕溷跡、茂林豐草中消磨歲月，不知塵世間有名流矣。癸未春，復萍蹤龍城，忽賭琳琅於湘箑，聆珠玉於濤箋。有所謂硯溪居士者，幾服其風雲吞吐，瀟灑絕倫，未獲一望見顏色，而究其生平爲何如人也。越數日，趙友平原公持簡以示予云：'有舍姪載南，少年風雅，樂交天下士，久慕先生之爲人，敦請至署以永朝夕。'予素以快友爲命，竟爾忻然就道。及抵琳州，見其疎疎落落，絕不猶人，眉睫襟帶間若欲塵視一切者。遂與之交最。或投以文以詩，相對歡然。一日窺案頭有《嶺南遊草》，爲硯溪居士所著，乃知前之所見賞於龍城者，即載南氏也。及讀其《遙奠衡山》，湘靈爲之色變；《琳州長哭》，山鬼聞之夜號。流連山水之外，往往忠孝之志、友愛之情，三致意焉。然或始思而終歌，乍哭而卒笑，而究無以奪其棲情物外之況，即古之高人達士，無以過之。至兩兩尋芳拾翠，把酒聯吟。丹鳳山前，瀑布偕琴聲並徹；黃泥洞口，山花與詩興爭飛。清賞未已，幽懷轉曠。放鶴處喜見仙標，戲魚時更成雅樂。則又儼然一山川司業，風月平章矣。且自濟南至柳州，道經八千餘里。舟車所歷，見雲物之各異，風尚之迴別。或品題名勝，或憑弔古今。隨機所發，翰墨淋漓。惟瀑瀉胸襟之磊落，不拘拘乎聲律格華之時風。噫，若載南者，殆所謂天壤間風流快士而因時行樂者，非乎？是知松雪先生以經濟文章軒冕濟南，樹勝迹於硯溪；載南氏美其名而居然自命焉，則其文章經濟步松雪之芳躅，而繼其於濟南者，可拭目觀者矣。予於茲益信平原公之不阿其所好云。"又有邑人潘明祚《序》。

《齊河縣志》卷三十載其《過學博王欽承先生環青園別業》、《夜游大清河上》詩二首。

### ◆ 曲一元

一元，長山人。

其詩文集未見著錄。《長山縣志》卷十三載其《袁太公祠堂碑記》（雍正二年）一篇。

### ◆ 李 瑛

瑛，濟陽人。

其詩文集未見著錄。民國《濟陽縣志·藝文》載其《新開萬工河碑記》（雍正三年立）、《疏復哈叭溝碑記》（雍正三年立）等文。考《新開萬工河碑記》所稱"邑侯郎公"者，濟陽知縣郎作霖也，浙江鎮海人，雍正元年來任。

### ◆ 薄公玫

公玫，濟陽人。諸生。

其詩文集未見著錄。民國《濟陽縣志·藝文》載其《謝邑侯郎夫子惠米 并序》詩。

### ◆ 乜承聖

承聖字子愚（一字希菴），號竹軒，歷城人。生員。以父春貴蔭官奉天府治中，歷遷錦州知府、涼州知府。乾隆六年，以病歸。《濟南府志》卷五十三有傳。

其詩文集未見著錄。《國朝山左詩續鈔》卷三十一載其《觀競渡》詩一首。

### ◆ 張 元

元字長四，一字殿傳，號榆村，淄川人。雍正丙午（四年）舉人。官魚臺教諭。《濟南府志》卷五十四有傳。

### 【綠筠軒詩四卷】

見《國朝山左詩鈔》、《四庫全書總目》、《濟南府志·經籍》、《山東通志·藝文》。現存：①清乾隆四十二年張廷寀刻本，上海圖書館、山東省圖書館、中國國家圖書館藏，《中國古籍善本書目》、《山東文獻書目》、《清人詩文集總目提要》著錄。②清鈔本，山東省圖書館藏，《中國古籍善本書目》著錄；《四庫全書存目叢書》、《山東文獻集成》影印。③清鈔本（二卷，清沈廷芳跋），山東省博物館藏，《中國古籍善本書目》、《山東文獻書目》、《清人詩文集總目提要》著錄。

《山東通志·藝文》引《四庫存目提要》曰："元爲崑崙山人篤慶從子，故詩法本王士禎之論，以神韻爲宗。晚乃漸歸樸老，而終未忘其故轍。是集凡七百餘首，其孫庭寀所刻也。"

《國朝山左詩鈔》卷五十五載其詩四十四首。《淄川縣志·藝文》載其《九日偕諸弟南城登高》（二首）、《過興教寺呈天茗祖禪師》、《過載酒堂》詩四首。

《三續淄川縣志・藝文》載其《白雲山歌》一首。

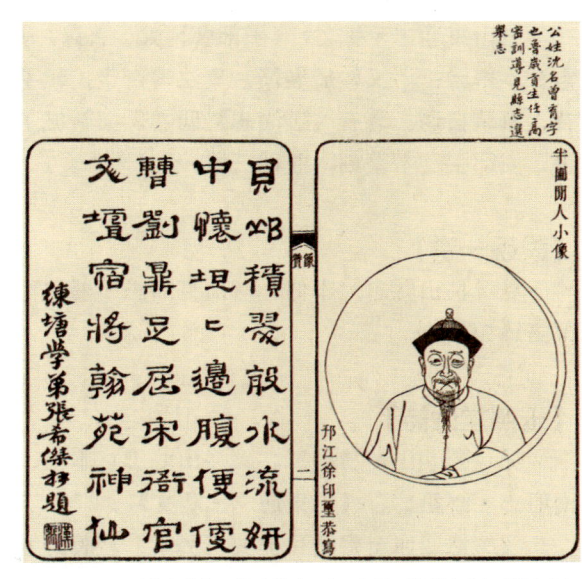

《綠筠軒詩》四卷　清乾隆四十二年刻本

《綠筠軒詩》四卷　山東省圖書館藏清鈔本

### 【綠筠軒詩一卷】

孫錫嘏輯。現存：《般陽詩鈔》稿本，山東省博

物館藏；《山東文獻集成》影印。

### 【平山詩草一卷】

現存：①稿本（清宋弼題跋），山東省博物館藏，《山東省博物館藏明清民國山左學者著述知見錄》、《山東文獻書目》、《清人別集總目》著錄。②清乾隆十五年膠州張秉義刻本，山東省博物館藏，《山東省博物館藏明清民國山左學者著述知見錄》、《山東文獻書目》、《清人別集總目》著錄。③清乾隆盧見曾刻本，山東省博物館藏，《中國古籍善本書目》、《山東省博物館藏明清民國山左學者著述知見錄》著錄。

### 【書香堂制藝】

見《濟南府志・經籍》。

### 【譚藝一得一卷】

現存：清乾隆十三年淄川張氏刻本，山東省博物館藏，《山東省博物館藏明清民國山左學者著述知見錄》、《山東文獻書目》著錄。

### ◆ 沈曾育

曾育字也魯，號半圃閒人，淄川人。歲貢生。任高密訓導。

其詩文集未見著錄。《淄川縣志・藝文》載其《儒山放歌》、《遊三台山》、《初遊青雲寺》詩三首。

沈曾育像贊　載清乾隆二十二年量雨樓刻本《半圃閒人傳》

## 【半圃閒人傳一卷】

沈曾育自撰並輯諸家題贈，張元等評贊。現存：清乾隆二十二年量雨樓刻本，中共山東省委黨校圖書館藏；《山東文獻集成》影印。

《半圃閒人傳》一卷 清乾隆二十二年量雨樓刻本

#### ◆ 王德昌

德昌字心逸，號歷長，又號硯北老人，長山人。諸生。《長山縣志》卷八有傳，卷十四有失名《硯北老人傳》。

## 【裝潢志四卷】

《山東通志·藝文》（子部藝術類）著錄，引《縣志》本傳云："又妙於裝潢，集法書奇畫，輒手爲裝背，摩挲自適。著有《裝潢志》四卷。與新城王啟磊畫、安邱張在辛篆刻，並稱三絕。"

## 【說硯一卷】

見《長山縣志》本傳、《山東通志·藝文》（子部譜錄類）。

## 【玉照堂遺詩】

見《國朝山左詩鈔》、《長山縣志》本傳、《濟南府志·經籍》、《山東通志·藝文》。

《續修四庫全書總目提要（稿本）》著錄家抄本（二卷），提要略云："是集各體均備，間有散體文、

小詞數闋，當係尚未編定之冊也。……所作五七古，意境多仿韓、柳，而音節則規橅太白。如集中《老柳》云：'老柳如故人，生長南山曲。顧此嶔崎姿，衡宇近相屬。樽無北海酒，鉼無栗里粟。無以娛嘉賓，空蔭老書屋。荒寒庭砌下，苔錢發新綠。時時風雨聲，隔窗伴幽獨。'（泳按："衡宇近相屬"，《國朝山左詩鈔》作"乃就我衡宇"。）又云：'晚步柳蔭裏，清風時間作。荒涼無儔侶，相與共寂寞。墜葉捲西風，秋聲窗中落。（泳按："墜葉"原作"墜窗"，據《國朝山左詩鈔》改。）暮雨忽然來，瀟瀟滿林壑。與子同老朽，自宜同棲託。目送還山雲，爽氣滿寥廓。'等篇，皆奇橫精練，奏泊天然者。"

《國朝山左詩鈔》卷四十九載其《老柳》一題二首。小傳附案云"心逸，順治丙戌進士太常卿楨之姪孫。性瀟灑，工隸書，精心天文及勾股算法，不以詩鳴也。年七十後始學爲詩，故友張榆村亟稱之，榆村集《題玉照堂詩後》云：'怪君不作詩，落筆即能好。超然遠世塵，人與詩俱老。就中數篇題《老柳》，槎枒堅瘦敵瓊玖。分明老柳初著花，謬說垂楊生左肘。此柳與君信有緣，葉疎幹古蝮龍緪。斜風驟雨時間作，颼颼淅瀝殊不惡。伴君飲酒更題詩，居然老友心相知。莊生蝴蝶蝶莊生，只恐人間如此稀。我聞高常侍，五十始吟詩。每有一篇出，人人說新奇。今君長彼二十年，新詩兀傲凌巉巖。凌巉巖，難爲狀。信有如積薪，後來者居上。要皆此老柳，助君發高唱。願君置酒老柳間，邀我同賦《老柳》篇。我今過君恰四歲，只恐少者當居先。'"

## 【葫蘆稿】

見《長山縣志·硯北老人傳》、《山東通志·藝文》。

#### ◆ 胡　訓

訓字近光，號西溪。淄川人。諸生。

## 【遺詩一卷】

見《國朝山左詩鈔》、《淄川縣志》、《山東通志·藝文》。

《山東通志·藝文》：《山左詩鈔》引宋蒙泉曰："西溪詩材清雋，皆本胸臆流出，故不愧念東侍郎甥也。"

《國朝山左詩鈔》卷四十九載其《寄毅菴》、《尋般水源》、《般溪秋興》、《寄苔張榆村先生》、《絕句》詩五首。《淄川縣志·藝文》載其《尋般源》、《般溪秋興》、《禹廟》、《遊菴子溝》詩四首。

### ◆ 王祖朓

祖朓字小謝，號宣城，新城人，兆萬子。雍正丙午（四年）武舉人。工文翰。《濟南府志》卷五十五、《重修新城縣志》卷十六（王兆萬附）有傳。

【漱玉集】

見《國朝山左詩續鈔》、《濟南府志·經籍》、《山東通志·藝文》（集部別集類）、《重修新城縣志·藝文》（作《漱玉集》）。

《國朝山左詩續鈔》卷六載其《威遠堡道中》、《雨中曉發界口》詩二首。

【晚香集】

見《國朝山左詩續鈔》、《濟南府志·經籍》、《山東通志·藝文》（集部別集類）、《重修新城縣志·藝文》。

【南遊詩草】

見《濟南府志·經籍》。《府志》本傳云：“嘗隨任至南中，有《南遊詩草》。”

### ◆ 王祖斌

祖斌字左武，新城人，士禎曾孫。

【耕心堂印府二卷附集篆類函一卷】（一名《大槐樹忠勤王公耕心堂印府》）

王祖斌篆輯。現存：清雍正十一年鈐印稿本，山東省博物館藏，《山東省博物館藏明清民國山左學者著述知見錄》、《山東文獻書目》著錄。

### ◆ 李　華

華，德平人。雍正丙午（四年）歲貢。

【姓氏考略】

見《德平縣志》、《山東通志·藝文》（子部類書類）。

《般上舊聞·先輩著述》謂此書六卷，未梓，不知存否。

### ◆ 張方載

方載字幼渠，號律翁，平原人，完臣孫。雍正丙午（四年）歲貢。官東阿訓導。

【自娛草】

見《國朝山左詩鈔》。《平原縣志》、《山東通志·藝文》作《自娛集》。《濟南府志·經籍》作《自娛齋》。

《國朝山左詩鈔》卷五十三載其詩六首。小傳注引董曲江曰：“先生少負詩名，矜尚麗藻。後從田香城先生遊，一變而爲清新，盡焚其少作。嘗攜新詩就正香城，即席贈以詩云：‘如君佳士少，值得老夫陪。’其爲所重如此。”

【聊爾集】

見《國朝山左詩鈔》、《平原縣志》、《濟南府志·經籍》、《山東通志·藝文》。現存：清乾隆十一年刻本（不分卷，四冊），山西大學圖書館藏，《山西大學圖書館線裝古籍書目》、《清人詩文集總目提要》著錄。

### ◆ 張方佳

方佳字菊儔，號陶山，平原人。雍正己酉（七年）拔貢。官城步知縣。

其詩文集未見著錄。《國朝山左詩續鈔》卷五載其《曉發》、《阻雪》、《庭前絳桃一樹將開．余行有日矣．賦此別之》詩三首。

### ◆ 張方戩

方戩字竹筍，平原人，方載弟。乾隆辛酉（六年）拔貢生。

其詩文集未見著錄。《國朝山左詩鈔》卷五十六載其《秋日村居》詩一首。小傳注云：“竹筍爲余次兒謹外舅。蚤負時名，屢躓棘闈。中年拔貢，未謁選人，齎志以歿。遺集散失。董曲江內甥，其姪壻也，客揚州，記其詩一首錄之。”

◆ **孫于礜**

于礜字慎夫，德州人，勳子。雍正丁未（五年）進士。
其詩文集未見著錄。《國朝山左詩鈔》卷五十三
載其《擬今日良宴會》詩一首。

◆ **李徵熊**

徵熊字渭占，號粟亭，德州人。雍正丁未（五年）
舉孝廉方正。歷官定海知縣。

【海外吟】

見《國朝山左詩續鈔》、《濟南府志·經籍》、
《山東通志·藝文》。現存：①清道光間刻本（不分
卷，一冊），山西大學圖書館藏，《清人詩文集總目
提要》著錄。②清光緒六年刻本（四卷），中國科學
院圖書館藏，《清人詩文集總目提要》著錄。

《國朝山左詩續鈔》卷五載其詩八首。

【再來集】【南湖草】

見《國朝山左詩續鈔》、《濟南府志·經籍》、
《山東通志·藝文》。

【庘臺詩草】

見《德縣志·邑人著作》。

◆ **張永瑗**

永瑗字璞存，號系南，長山人。雍正己酉（七年）
解元。授淮南儀所同知。《濟南府志》卷五十五、《長
山縣志》卷七有傳。

其文集未見著錄。《長山縣志》卷十三載其《重
建奎星樓記》（乾隆五年）、《重修景文門記》（乾
隆八年）。

【五經講義】

見《長山縣志》本傳、《濟南府志·經籍》、《山
東通志·藝文》（經部五經總義類）。

【遺詩一卷】

見《國朝山左詩鈔》、《長山縣志》本傳、《濟
南府志·經籍》、《山東通志·藝文》。

《國朝山左詩鈔》卷五十五載其《山居遣興》詩
一首，小傳有節引鄧悔廬《系南張君傳》。

◆ **畢世濟**

世濟字濟川，淄川人。雍正己酉（七年）舉人。
《濟南府志》卷五十四有傳。

【古本大學釋注】【大學衍義例】

見《濟南府志·經籍》、《山東通志·藝文》（經
部四書類）。

【政治三編】

見《濟南府志·經籍》、《山東通志·藝文》（史
部政書類）。

◆ **李　根**

根字仙蟠（一作仙盤），德平人。雍正己酉（七年）
舉人。《濟南府志》卷五十六、《德平縣志》卷七有傳。

其詩文集未見著錄。《國朝山左詩續鈔》卷
三十一載其《讀尊水園集偶題》詩一首。《德平縣志》
卷十一載其《修楊家橋記》文一篇。

【方村筆談】

見《德平縣志》、《濟南府志·經籍》、《山東
通志·藝文》（子部雜家類）。《縣志》本傳云：“詩
文宗尚漢唐，一時名士相推重。以攻苦致疾卒。有《方
村筆談》藏於家。”《般上舊聞·先輩著述》云：“實
未成書。”

◆ **張希齡**

希齡字曲江，號米山，新城人。雍正己酉（七年）
武舉人。官襄陽衛千總。

【雙荊堂詩】

見《國朝山左詩續鈔》、《濟南府志·經籍》、
《山東通志·藝文》。《重修新城縣志·藝文》據抄
本著錄，作《雙荊堂詩集》一卷。

《國朝山左詩續鈔》卷五載其《登黃鶴樓》、《雨
後湖上》詩二首。

【米山草】

《重修新城縣志·藝文》據張象津《新城後志稿》
著錄。

## ◆ 李遠璽

遠璽字甸西，肥城人。雍正七年武舉人。

### 【方書】

見《山東通志》卷百七十一本傳、《中國分省醫籍考》。

## ◆ 劉銓錄

銓錄，章丘人。雍正己酉（七年）拔貢。

### 【易經直解】

見道光《章邱縣志・藝文》、《濟南府志・經籍》、《山東通志・藝文》（經部易類）。

## ◆ 艾光緝

光緝，濟陽人。雍正己酉（七年）拔貢。官青城教諭。

### 【左氏分國】

見《濟南府志・經籍》、《山東通志・藝文》（經部春秋類）。

### 【沇川詩集】

見《濟南府志・經籍》、《山東通志・藝文》。民國《濟陽縣志・藝文》載其《初過曲堤謁聞韶臺》詩一首。

## ◆ 劉伍寬

伍寬字蒲若，號此亭，歷城人。雍正己酉（七年）拔貢。晚年選教諭，不就。《歷城縣志》卷四十、《濟南府志》卷五十三有傳。

### 【海右草堂集十二卷】

見《歷城縣志・藝文考》（據採訪抄本）、《山東通志・藝文》。《國朝山左詩鈔》、《濟南府志・經籍》作《海右草堂詩》，無卷數。《續修四庫全書總目提要（稿本）》著錄劉氏家鈔本。

《山東通志・藝文》：《縣志》載是集云：“採訪鈔本。”又引桑調元《歷城三子詩序》云：“劉氏善言情款，迭作商謳。中年涉歷哀樂，雅欲歸諸溫克，不失正聲。晚似下邽灑落，幽趣騰湧，乃無意學楊朱矣。”《縣志》伍寬傳云：“爲詩力追眉山，敏捷不屬草。”

《歷城縣志・藝文考》引《清墅集》申士秀是書《序》曰：“予嘗讀王漁洋為王秋史所作《二十四泉草堂詩序》，愛其文之慷慨悲憤，激宕淋漓，而深嘆秋史所遭之不幸。歷下後秋史而起者，又有此亭劉先生，其詩足與秋史相頡頏，而其所遭，何其與秋史相類也。先生幼穎悟，康熙中涇陽劉西谷侍御視釐長蘆，至歷下，見而奇之，攜入都，與一時宗工哲匠遊，所學益進，而名亦日益起。顧先生名動一時而阨於數，又多與人情齟齬，其應省試凡十餘次，或不一薦，或垂得矣，已而復失。不得已，借脩脯之入以餬口，徧歷齊魯諸郡，復之燕，之趙，之吳，之越，之楚，之江右、嶺南，率所遇不合而歸。而先生一生所際之境遇，與所經之山川、風土、人情，遂無不於詩發之。其古體蒼欝豪蕩，不受羈勒；其近體新麗悽清，神遊象外。殆所謂窮而後工者耶？噫！何其與秋史相類也。秋史半生轗軻，卒晚得一官；先生竟以選貢終，其迍邅視秋史殆又過之。而秋史無聊之意，終未免芥蒂於中；先生則識量高遠，胸襟蕭散，更往往呈露於筆墨之表。昔東坡放逐困頓，其夷猶自得之況，猶可於海外諸篇見之。先生殆有其遺意乎？蓋先生之詩素瓣香東坡，故其神明亦遂與之相似，而灑然自適也。先生當西谷侍御之歿，繭足入都，經紀其喪；復求青州趙宮贊秋谷文其碑，文中所稱‘門生劉伍寬持行狀走千餘里，至乎太山之陰亂山之中請為文’者也。然則先生之事師有始終，其過人不獨以詩矣。惜先生之詩不得如秋史之遇漁洋，為之鄭重而愛惜品題，而揚詡之耳。雖然，詩患不足傳；果足傳矣，則其性情與其聲音笑貌，雖奕世如接之《三都》之賦，果借元晏一序而始重乎哉！”

《國朝山左詩鈔》卷五十五載其《贈龍山李予贊兄弟》、《吳興紀夢》、《明湖柳色》、《送典孚兄南旋》詩四首。

### 【海右堂集鈔一卷】

現存：清乾隆三十二年劉之垣鈔本，山東省圖書館藏，《中國古籍善本書目》、《清人別集總目》、《清人詩文集總目提要》著錄。

### 【海右堂遺詩一卷】

現存：清道光九年刻本，中國國家圖書館、山東省圖書館、中共山東省委黨校圖書館藏，《清人別集總目》、《清人詩文集總目提要》著錄；《山東文獻集成》影印。

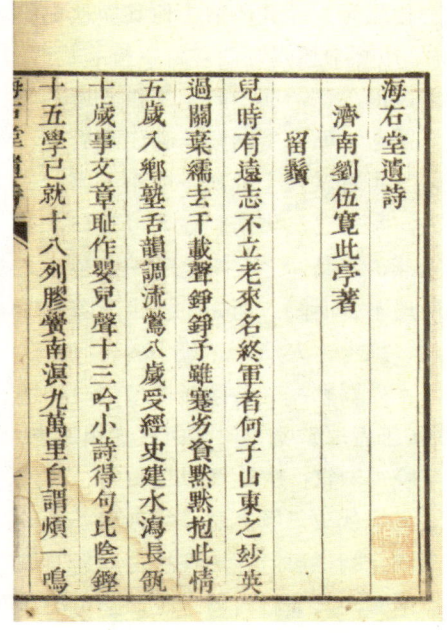

《海右堂遺詩》一卷　清道光九年刻本

【此亭老人文稿不分卷】

　　現存：鈔本，南京圖書館藏，《清人別集總目》、《清人詩文集總目提要》著錄。

【劉伍寬詩一卷】

　　現存：清乾隆二十六年柏香堂刻《歷城三子詩》本，上海圖書館藏，《中國叢書綜錄》、《清人別集總目》、《清人詩文集總目提要》著錄。

【叩扉集】

　　見《濟南府志·經籍》、《續修歷城縣志·藝文考》（據劉錫璋鄉試硃卷歷履）。

　　《續修歷城縣志·藝文考》節引《府志》本傳云：“巡鹽御史劉灝卒京師。感知己千里臨其喪，著《叩扉集》以哀之。”

【昔者集】

　　《續修歷城縣志·藝文考》據劉錫璋鄉試硃卷歷履著錄。

◆ 田　渥

　　渥字露湛，歷城人。諸生。《歷城縣志》卷四十《文苑傳》云：“居明湖側，授徒食貧。與劉伍寬相唱和，詩亦新逸。有遺稿三卷。”

【枕湖書屋偶存草三卷】

　　見《歷城縣志·藝文考》、《山東通志·藝文》。《國朝山左詩鈔》、《濟南府志·經籍》均作《枕湖屋偶存草》無卷數。

　　《山東通志·藝文》：《縣志》載是編云：“採訪鈔本。”《山左詩鈔》引申書升曰：“露湛與劉此亭同負才名，偃蹇亦相似，遺詩數冊。如‘雲氣將垂野，人家已近城’、‘香粳分瓦鉢，老杖倚青藤’、‘風弄輕涼披蝶粉，泉流清淺見魚苗’、‘酒力頻生微雨後，春心不減落花時’、‘一路旗斜招下馬，數聲烏囀解提壺’、‘明春燕到窺書屋，小院桃開憶酒人’、‘筆似江郎春正麗，人如荀令坐留香’，皆得詩人之致。”

　　《國朝山左詩鈔》卷五十二載其《憶韓了平》、《夏日遣懷》（二首），凡三首。

◆ 楊　元

　　元字原一，歷城人。雍正七年拔貢。廷試二等，注選教諭。

【翔蘿谷文稿】

　　見《續修歷城縣志·藝文考》及本傳（據《楊氏族譜》）。

◆ 康灼乾

　　灼乾字健行，號克菴，陵縣人，懋采姪孫。增生。《陵縣志》卷二十有傳。

　　其詩文集未見著錄。《陵縣志》卷十六載其《遊頰北杏林記》文一篇。

◆ 康灼坤

　　灼坤字體輿，號明叔，陵縣人，灼乾弟。雍正己酉（七年）歲貢。

【梯霞齋遺文一卷】

　　見《陵縣志》、《山東通志·藝文》。

《國朝山左詩續鈔》卷四、《陵縣志》卷十六載其《客中答問》、《訪三元宮呂道人不遇》詩二首。

#### ◆ 康灼亨

灼亨字南村，陵縣人。廩生。

其詩集未見著錄。《陵縣志》卷十六載其《厭次八景》詩八首。

#### ◆ 李亶照

亶照字厚齋，德州人。雍正己酉（七年）優貢生。

其詩文集未見著錄。《國朝山左詩續鈔》卷五載其《吳孃曲和谷村》詩一首。

#### ◆ 楊大崑

大崑字玉峰，歷城人。乾隆四年蒞懷安令。

【歷城楊氏族譜三卷】

見《續修歷城縣志・藝文考》，題注："據楊毓琦續修譜，凡三卷。"

《續修歷城縣志・藝文考》：周永年《序》曰：譜牒之學，始於兩漢，重於六朝，而最盛於唐，更五季至宋，其學寖微。歐陽公修《唐史》，慮其不能盡傳於後世也，故作《宰相世系表》，略存其梗概。若一家之中，分析數處，則各係之以其地，或以官如裴之有西眷、中眷、東眷、洗馬、南來之屬是也。其時吾邑之著於表者，有南祖崔氏，分自齊郡之烏水房，由宋庫部郎中靈茂始居全節，而三四百年間，一門之中擢上第登仕版歷大官者至數十人。若非歐公親見其譜，亦烏從而考之哉。自宋以來，邑之著姓多矣，然其譜不傳，則雖盛如劉威寧、張忠襄，後之人間從殘簡斷碣得其子姓數人，而未由盡知其全。稽古者每惜之。楊氏本籍洪洞，國初自贈榮祿公諱天奇者來居於縣，一再傳而其族益顯以大。蓋百餘年來，閭閻之家，朱氏外，即共推楊氏。今桐柏公恐久而素其昭穆，失其名字，爰作《歷城楊氏族譜》。其前居洪洞及由山西而他徙者，皆不在序例之中，所以訓誡其後人者極詳。歐公不云乎，凡族之盛衰，雖由功德厚薄，亦在其子孫。繼自今楊氏之子姓，皆本修譜之意，而益讀書砥行，用光前緒，雖盛如唐之裴、崔，亦可於是譜預卜之也。乾隆四十二年丁酉仲秋。本書。

又，楊瀗三修譜自識曰：譜錄記載，纂述品彙，多無關體要；惟綜敘人物，則有以考得失，示勸戒，爲史家所取裁。故古人重之，而族譜爲近。吾《歷城楊氏族譜》，始修於乾隆四十有二年，再修於五十有九年，載錄詳慎，屏黜矜張侈浮之失，今歷四十有三年，距始修且周甲矣。討論今昔，稽之體訓，不無變通。考訂異同，取舍增減，一切略仿史傳體例，成一家之書。期符信以傳信、謹而益謹之意，用俟博雅正焉。道光十有六年十月。同上。

【懷安縣志二十四卷】

現存：清乾隆六年刻本，中國國家圖書館、天津圖書館、南京圖書館等藏，《北京圖書館普通古籍總目》著錄。

#### ◆ 程自邇

自邇字扶九，號近齋，平陰人（一云泰安人）。諸生。官長泰知縣。光緒《平陰縣志》卷四有傳。（按乾隆《福州府志・職官》，自邇雍正九年署任永福知縣。）

其詩文集未見著錄。光緒《平陰縣志》卷七載其《重修儒學記》一篇。

【歲華錄】

見《平陰縣志・著述》、《重修泰安縣志・著述》、《山東通志・藝文》。

《平陰縣志》本傳載張嶠《長泰程公傳》云："其先世卜居平陰之北鄉，績學傳家，代有聞人。"

【草堂詩話】

見《平陰縣志》本傳、《泰安府志》、《山東通志・藝文》。《平陰縣志・著述》作《倦飛草堂詩話》。

#### ◆ 王兆潤

兆潤字海重，號半園，又號雨庵居士，新城人，士禎從孫。

【半園偶集一卷】

現存：《新城王氏遺稿》稿本，山東省博物館藏，《山東文獻書目》、《中國古籍善本書目》著錄。

《國朝山左詩鈔》卷五十六載其詩八首。

### ◆ 王兆軾

兆軾字季瞻，號臨川，新城人。諸生。

其詩文集未見著錄。《國朝山左詩續鈔》卷十七載其《放歌》詩一首。

### ◆ 王兆郊

兆郊字聖從，號石耳山人，新城人。諸生。《濟南府志》卷五十五有傳。

#### 【悅心錄八卷】

見《濟南府志·經籍》、《山東通志·藝文》。

《山東通志·藝文》：手輯先世格言懿訓爲此編。

### ◆ 王兆注

兆注字東川，新城人。諸生。歷官常德府通判。《濟南府志》卷五十五、《重修新城縣志》卷十六有傳。

#### 【湘江集一卷】

見《濟南府志·經籍》、《山東通志·藝文》、《重修新城縣志·藝文》（無卷數）。

#### 【遊粵西詩一卷】

見《濟南府志·經籍》、《山東通志·藝文》。《重修新城縣志·藝文》作《遊粵西詩集》，無卷數。

### ◆ 王兆弘

兆弘，新城人。

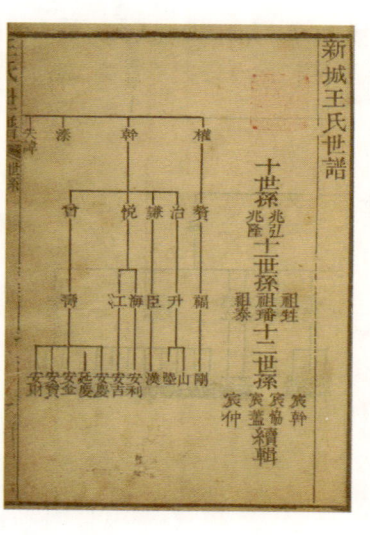

《新城王氏世譜》八卷《世系》一卷　清乾隆二十五年刻本

#### 【新城王氏世譜八卷世系一卷】

現存：清乾隆二十五年刻本，山東省圖書館藏，《中國古籍善本書目》、《中國家譜綜錄》、《山東文獻書目》著錄；《山東文獻集成》影印。

### ◆ 蒲立德

立德字毅菴，號東谷，淄川人，松齡孫。諸生。

#### 【易學滙解】

《三續淄川縣志》云："生平好古，自經傳子史以及百家二氏，與夫醫卜術數，無不究其義蘊。晚尤嗜易，著《易學滙解》，未竟而卒。"

#### 【古今年表一卷】【修志備採一卷】

見《三續淄川縣志》。

#### 【家政彙編四十卷】

見《三續淄川縣志》。

#### 【道書會通四卷】

見《三續淄川縣志》。

《東谷文集》不分卷　山東省博物館藏清鈔本

#### 【東谷文集四卷】

見《三續淄川縣志》。現存：清鈔本（不分卷），山東省博物館藏，《山東文獻書目》、《山東省博物館藏明清民國山左學者著述知見錄》、《清人詩文集總目提要》著錄；《山東文獻集成》影印。

## 【東谷詩二卷】

見《國朝山左詩續鈔》、《濟南府志·經籍》、《山東通志·藝文》。《三續淄川縣志》作《東谷詩集》一卷。

《國朝山左詩續鈔》卷六載其《烈女行 並序》、《偶成》詩二首。《淄川縣志·藝文》載其《九日札山登高》（二首）、《龍門崖》詩三首。

### ◆ 盧 謨

謨，德州人。

## 【安平集】【蓼餘草】【南遊雜詩】【淮陽詩存】【關中草】

見《德縣志·邑人著作》。

### ◆ 盧 謙

謙字撝吉，德州人，道悅孫。貢生。歷官武漢黃德道，終廣平同知。《濟南府志》卷五十六有傳。

## 【消寒閒詠】

見《德縣志·邑人著作》。

《德縣志》卷十六載其《送戴玉亭歸無錫》詩一首。

### ◆ 盧 氏

德州人，道悅孫女，戶部郎中歷城汪溶室。

其詩文集未見著錄。《國朝山左詩續鈔》卷三十載其《雨中喜宋勝男女史見過》、《哭保母陳氏》、《寄宋勝男女史壽張》詩三首。

### ◆ 邢 嶹

嶹，臨邑人。歲貢。

## 【裕恒居詩草】

見《臨邑縣志·藝文上·著述》、《山東通志·藝文》（集部別集類）。

## 【水仙疊詠一卷】

與李願潔同撰。見《臨邑縣志·藝文上·著述》、《山東通志·藝文》（集部總集類）。願潔亦臨邑人，雍正壬子舉人，歷官丁溪鹽課大使。

### ◆ 李願潔

願潔號清庵，臨邑人。雍正壬子（十年）舉人。歷官兩淮西亭、丁溪鹽課大使。移疾歸里，居十餘年卒。《濟南府志》卷五十六、《臨邑縣志》卷九有傳。

## 【水仙疊詠一卷】

與邢嶹同撰。見上條。

### ◆ 李廷棟

廷棟字東木，號霱堂，長山人，可淳孫。雍正壬子（十年）舉人。由謄錄以保舉挑發山西，歷署清源、交城、徐溝等縣，有聲績。卒於官。《濟南府志》卷五十五有傳。

## 【西城客詠】【徵遇篇】【大鹵集】

見《國朝山左詩續鈔》、《濟南府志·經籍》、《山東通志·藝文》（集部別集類）。

《山東通志·藝文》：《山左詩續鈔》載諸編，引王芥子云：“東木令萬泉，以民變遭禍，遺文零落，悲夫！嘗捧橄驗礦砂，作《山籲》一篇貽新令，略云：‘太原猾估來，氣突岩阿外。詐指前明舊穴窟，影響穿鑿任狡獪。市罷招搖聚寇讎，編氓遺轉成乞匄。’又云：‘何有何亡試可知，三對戟轅區小大。洞口作息編餘丁，游手朋商籍並汰。與彼婦子圖輯甯，驅除姦宄未妨太。’爲民意切，頗非俗吏。”

《國朝山左詩續鈔》卷六載其詩七首。

### ◆ 李希曾

希曾，齊河人。雍正壬子（十年）舉人。

其詩文集未見著錄。民國《齊河縣志》卷三十一載其《齊河縣志序》一篇。按：《齊河縣志》十卷首一卷，上官有儀修，許琰纂，刻於乾隆二年。

### ◆ 馬 淵

淵字清源，齊河人，紹文子。康熙四十一年生，乾隆三十一年卒。事蹟詳仁和陳兆崙《封文林郎翰林院庶吉士馬君傳》（載民國《齊河縣志·藝文》）。

## 【祝阿馬氏族譜四卷】

《齊河縣志·藝文》載乾隆二十六年于敏中是書《序》略云："馬君清源，族之白眉也。因舊有族譜，日久殘缺，與其族弟蘭圃並堂弟比部仲樸、民部季苟，詳加考訂，分爲四卷。"

### ◆ 艾承芳

承芳字蝶村，濟陽人。廩貢生。肄業濼源書院，學使黃崑圃深器之。《濟南府志》卷五十六有傳。

## 【榴軒文集】

見《濟陽縣志》、《濟南府志·經籍》、《山東通志·藝文》。

《山東通志·藝文》引《縣志》本傳云："根柢經史，尤工四體詩。肄業濼源書院，視學南岡徐公、方伯崑圃黃公並器之。著有《榴軒文集》、《榴軒詩話》，未梓。"

## 【榴軒詩話】

見《濟陽縣志》本傳、《濟南府志·經籍》（作《榴村詩話》）、《山東通志·藝文》（集部詩文評類）。

### ◆ 王持世

持世，淄川人。

## 【淄川縣豐泉鄉王氏世譜不分卷】

現存：清雍正十一年刻本（二冊），中國國家圖書館藏，《北京圖書館普通古籍總目》、《中國家譜總目》著錄；北京圖書館出版社二〇〇三年影印。

### ◆ 朱續晫

續晫字明遠，平陰人。雍正癸丑（十一年）進士，改庶吉士，授編修。歷官貴州糧道。

其詩文集未見著錄。《國朝山左詩續鈔》卷六載其《舅氏內翰公招同念亭卜太史野集賦呈》詩一首。

### ◆ 李世垣

世垣號星門，德州人。雍正癸丑（十一年）進士。官富平知縣，擢興安直隸州。因足疾告歸，課徒自給，

年七十四卒。《濟南府志》卷五十六有傳。

其詩文集未見著錄。《德縣志》卷十五載其《募修興龍寺大橋疏》、《重修長生閣碣記》。乾隆《富平縣志》卷八載其《登杏花嶺》、《將軍山》詩二首，《韓文星十二世同居碑》、《金寧武將軍烏古論公墓碑記》、《改建節義祠碑記》。道光《興安府志》卷二十八載其《奉祀虞帝廟歌》、《過吉公故城懷古》詩二首。

### ◆ 朱　照

照字曉村，歷城人，綱孫，崇厚子。監生。《濟南府志》卷五十三有傳。

## 【水道考一冊】【河圖】

見《濟南府志》本傳（《府志·經籍》無《河圖》）、《山東通志·藝文》、《續修歷城縣志·藝文考》（據《續修府志採訪冊》）。

《續修歷城縣志》本傳云："性耽山水，善詩畫，喜遨遊。弱冠攻書史，不喜科名。壯隨族父任直隸最久，又遍遊江浙、山西、河南，因作《河圖》，悉從親閱形勢中來。"

《山東通志·藝文》：《續修府志採訪冊》載是冊，又云："其《河圖》不獨考據羣書，亦悉從閱歷形勢中來。"

## 【錦秋老屋筆記一冊】

見《山東通志·藝文》、《續修歷城縣志·藝文考》（據手稿）。《濟南府志·經籍》作《曉村老人筆記》。《續修四庫全書總目提要》著錄李氏抄本，不分卷。

《山東通志·藝文》：是編各條皆照手寫，其子凝台裒輯成冊，今藏邑人劉恒發許。冊尚署此名。《府志》作《曉村老人筆記》，非是。冊中多考論軼聞瑣事，而於濟、漯、漳、衛等水辨證頗詳，蓋其素所究心也。中一條謂"吳子蘭墓在玉函山西完備山下，墓表高大，屋盈尺，碑文三面鐫隸字，未經揭椎，筆畫完好無缺殘，真漢隸也。無知鄉民因礙其耕種，深埋地底"云云。蓋得之目驗，爲他書所不載，足補志乘之缺。

《續修四庫全書總目提要（稿本）》：聞原書皆照手寫，今藏其同邑劉氏鴻發處。此冊則李氏假諸鴻發，抄錄成帙者。《濟南府志》著錄朱照《曉村老人筆記》，未知即此書否。然據《府志》所述，大旨與

此書同。或一書有二名歟？不可考矣。

## 【朱照雜記不分卷】

現存：清稿本（剪貼本一冊），山東省圖書館藏。

## 【錦秋老屋稿二冊】

見《山東通志·藝文》、《續修歷城縣志·藝文考》。《國朝山左詩彙鈔後集》作《錦秋老屋詩稿》。現存：稿本（二冊），山東省圖書館藏，《清人詩文集總目提要》著錄。另有李氏藏清鈔本，見《續修四庫全書總目提要（稿本）》、《清人詩文集總目提要》。

《山東通志·藝文》：是集皆叢殘手稿，其子凝台黏爲二巨冊，邑人劉恒發購得之。《續修府志採訪冊·朱照傳》略云："晚嘗詠杏云：'老夫肝腑異恒流，杏帶微酸氣味投。八十年來好牙齒，一生自不皺眉頭。'可想見其浩落襟懷。"按：照詩體物言情，空靈悄蒨，深入晚唐人佳處。其《烈婦篇》、《關勝廟》、《辛稼斬周》、《忠武墓》、《滄州二士》、《金陵雜詠》諸作，意存勸懲，尤得風人之旨。惟游戲之作太多，稿亦間有複出者，尚須刪汰。內附詞數闋，其高者亦不失辛、劉軌度。

《國朝山左詩彙鈔後集》卷二載其詩十四首，注云："先生工繪事，耽吟詠，興酣落墨，輒題其上。諸詩率得之縑素，問無專集也。至鈔中歷城朱氏羣從及馮無塵喬梓、淄川翟氏諸詩，皆表姪朱蘊莊茂才賜田鈔寄，並附及之。"民國《高密縣志》卷十五載其《渡濰水》詩一首。

## ◆ 朱瑀

瑀字介亭，歷城人，崇道子。國子監生。

其詩文集未見著錄。《國朝山左詩彙鈔後集》卷二載其詩九首。

## ◆ 邢聿修

聿修名未詳，歷城人。

## 【鵲華煙雨集一卷】

見《歷城縣志·藝文考》、《山東通志·藝文》。《歷城縣志·藝文考》載《篤慶堂集》劉藻《序》署曰："雍正甲寅之夏，邢子銓以其伯氏聿修遺詩一卷問序於予。予素不能詩，然嘗讀一過，覺數十篇中

體製不一，大率皆情炎於中，而景之所觸，隨地湧出，固非不悲而啼、不歡而笑、強我從詩者比也。嚴滄浪論詩，惟在興趣。邢子世家濟南，其伯氏以風雅才攬鵲華山水之勝，春風秋雨，弔古懷人，一切形之於詩，是於興趣之云蓋亦有得爾矣。讀既終卷，遂次數語，冠於簡端。"

## ◆ 趙泉

泉字崑源，泰安人。雍正甲寅（十二年）拔貢。官夏津教諭。

## 【趙泉文集】

見《泰安縣志》、《山東通志·藝文》、《重修泰安縣志·著述》。

## ◆ 金檢

檢字斯循，號松居，德州人。雍正乙卯（十三年）拔貢。《濟南府志》卷五十六有傳。

## 【周易輯徵】

見《德州志》、《濟南府志·經籍》、《山東通志·藝文》（經部易類）。

## 【毛詩正韻】

見《德州志》、《濟南府志·經籍》、《山東通志·藝文》（經部詩類）。

## ◆ 成兆豫

兆豫字悅嶺，鄒平人。雍正乙卯（十三年）拔貢。歷官瑞安知縣。《濟南府志》卷五十四有傳。

## 【太和縣志八卷】

現存：清乾隆十七年刻本，中國國家圖書館、上海圖書館等藏。

## 【德鄰堂雅集】

成兆豫等撰。見《濟南府志·經籍》、《山東通志·藝文》（集部總集類）。《濟南府志》本傳云："署浙江甯波府同知，無事輒偕東南文士飲酒賦詩，著《德鄰堂雅集》。"

### ◆ 孫輝祖

輝祖字昭來，平原人。雍正十三年乙卯科舉人。《平原縣志》卷八、《濟南府志》卷五十六有傳。

### 【手批隆平集】

見《濟南府志·經籍》、《山東通志·藝文》（集部詩文評類）。

《山東通志·藝文》引《府志》本傳云："少英異有文名，內行修潔，得祖母、繼母之歡心。待諸弟甚友愛，與人交然諾不欺。入泮食餼，試皆第一。雍正乙卯中式，魁禮經房。爲文師曾南豐，嘗手批《隆平集》，爲德州孫葇山所歎賞。卒年四十一。"

### ◆ 孫于蓋

于蓋字莊夫，號新河，德州人，勸子。雍正乙卯（十三年）舉人。

### 【新河學詩】

見《國朝山左詩鈔》、《濟南府志·經籍》、《山東通志·藝文》。

《國朝山左詩鈔》卷五十五載其《織錦詞》詩一首。

### ◆ 孫于盤

于盤字吉甫，號石齋，又號樹村居士，德州人，勸子。雍正乙卯（十三年）舉人。官昭通通判。

### 【沁雪軒詩】

見《國朝山左詩續鈔》（撰者作孫于磐）、《濟南府志·經籍》、《山東通志·藝文》（據《國朝山左詩續鈔》）、《德縣志·邑人著作》（書名脫"詩"字，撰者"盤"誤"磐"）。

《國朝山左詩續鈔》卷六載其《寄懷王奉齋》、《春雪夜坐悼亡弟生甫亡兒甫》詩二首。《德縣志》卷十六載其《和東甫過訪》詩一首。

### 【樹村詩草一卷】

盧中編輯。現存：鈔本，中國科學院圖書館藏，《清人別集總目》、《清史稿藝文志拾遺》著錄。

### ◆ 陳啟沃

啟沃字和衷，德州人。雍正乙卯（十三年）拔貢，

是年鄉試第二名。

### 【碧梧詩草】

《德縣志》本傳云："性豪邁，文章高挹羣言，爲葇山先生之高弟，葇山甚器重之。其祖鍾英，順治乙亥拔貢，順天鄉試第二人。兩世亞元，祖孫聯芳，鄉里榮之。著有《碧梧詩草》行世。"

### ◆ 張作哲

作哲字仲明，號濬菴，淄川人，元子。雍正乙卯（十三年）舉人。官臨朐教諭。

### 【聽雨樓詩】

見《國朝山左詩鈔》、《濟南府志·經籍》。《淄川縣志》、《山東通志·藝文》作《聽雨樓詩集》。現存：稿本（二卷），山東省博物館藏，《中國古籍善本書目》、《山東省博物館藏明清民國山左學者著述知見錄》、《清人詩文集總目提要》著錄；《山東文獻集成》影印。

《國朝山左詩鈔》卷五十五載其《冶源敬和家大人原韻》、《蕭山縣》詩二首。小傳附案云："仲明年十三作《清明郊遊記》累數千言，崑崙先生見之，批其尾曰：'石破天驚，此吾家千里駒也。'己酉選拔，

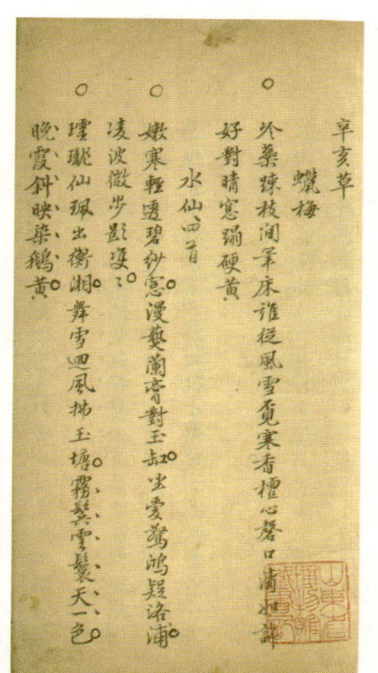

《聽雨樓詩》二卷　山東省博物館藏稿本

受知於學使者王公世琛。乙卯舉於鄉，丁巳恩科中明通榜。以教諭即用，得臨朐縣。臨邑自己酉後屢脫科，至壬申恩科中式三人，皆及門高足也。"《淄川縣志・藝文》載其《重過興教寺感賦呈天茗和尚》詩。

### ◆ 張作礵

作礵字伯相，號竹嶼，淄川人，元子。諸生。

其詩文集未見著錄。《國朝山左詩續鈔》卷六載其《別趙敘之》詩一首。

### ◆ 張作賓

作賓字叔尚，號南圃，淄川人，元子。諸生。《濟南府志》卷五十四有傳。

### 【南圃詩草】

見《濟南府志・經籍》、《山東通志・藝文》。現存：清道光十八年淄川張如珠刻本（作《南圃詩草古體》二卷《今體》三卷），山東省博物館、青島市圖書館藏，《青島市圖書館藏線裝書目錄初稿》、《山東省博物館藏明清民國山左學者著述知見錄》、《清人別集總目》著錄。《續修四庫全書總目提要（稿本）》著錄淄川高氏鈔本（不分卷），提要略云："是編計古近體詩一百七十餘首，亦隨意編次者。……作賓承家學，淹通經史。屢困名場，遂棄帖括業，肆力于金石文字、篆刻圖章，皆臻精妙。所為詩，初學晚唐，後宗大蘇。王洪謀嘗評其詩，謂'風格蒼渾，意境清超，弦指之外，妙有遺音'云云。今觀集中諸詩，如《秋柳和韻》四首，及《無題》六首，讀之不騁奇，不鬥巧，深契六朝三唐之旨。可謂始終自守，不稍牽於世俗之趨舍者。"

《三續淄川縣志》本傳云："詩初學晚唐，後宗大蘇，晚年盧運使見曾招遊淮陽，以風雅見推。"

《國朝山左詩續鈔》卷六載其《遊龍泉菴》一首。《淄川縣志・藝文》載其《秋日登嶨山》、《龍泉庵》詩二首。

### ◆ 李 濚

濚字紹溟，歷城人，攀龍六世孫。諸生。

其詩文集未見著錄。《國朝山左詩鈔》卷四十八載其《秋夜白雪樓有感》詩一首。

### ◆ 朱肇魯

肇魯字曾德，號鈍齋，歷城人。諸生。

### 【望雲集】

見《國朝山左詩鈔》、《濟南府志・經籍》、《山東通志・藝文》、《續修歷城縣志・藝文考》。

《國朝山左詩鈔》卷四十八載其《晚晴泛舟》、《夏口感懷》詩二首。小傳注引毛鏡圃曰："鈍齋少習詩賦，濟南司馬王寄堂酒間命題，援筆立成。寄堂賞歎，以女字之。年三十一而卒。其父哭之曰：'還思得婦無媒妁，司馬惟憑一首詩。'"

### ◆ 謝 仟

仟字長民，號韋齋，歷城人。諸生。

### 【春草軒詩稿】

見《國朝山左詩續鈔》、《濟南府志・經籍》、《山東通志・藝文》（一冊）、《續修歷城縣志・藝文考》（據本書）。現存：清乾隆五十八年袁氏隨園刻本，廣東省立中山圖書館等藏，《續修四庫全書總目提要（稿本）》、《清人詩文集總目提要》著錄。

《山東通志・藝文》：是集前有翁方綱、薛寧庭及其門人方昂《序》，後有袁枚《跋》。昂《序》略云："先生性不喜爲詩，晚年偶一涉筆，語輒工。今取而讀之，高雅閒逸，清微澄澹，格在韋、柳之間。少既骯髒負奇氣，靑衿窮老，齎志以歿。初無幾微不平之意形諸詩歌，當其觸境興發，自吐胸臆，其言則近，其旨則遠，若與平昔持論易一面目者。蓋惟養之邃斯澹而彌遠，學之深斯清而益腴，而先生非有意以詩自見也。"據本書。按：是編詩凡一百五十首，爲翁方綱所選定者止三十八首，餘則袁枚所增選也。其《大槐村訪王夫子墓》云："孤墳迷曠野，瘦馬過寒塵。"語頗悲壯，不徒以古澹見長。其《祝阿官舍贈范文止》起句云："微雨彈輕塵，東園發清妙。"可謂工於發端。

《續修歷城縣志・藝文考》載翁方綱《序》略曰："歷城方坳堂觀察將入都，以其師謝長民《春草軒詩》乞予一定，予爲擇存三十有八首。蓋詩者，性情之物也。其矜言格調者，皆以深得淺耳。長民老於諸生，未展所蘊而卒，尚留真性情，語豈在多耶？"

《國朝山左詩續鈔》卷六載其詩十五首。

## ◆ 杜 珏

珏字璞廬，歷城人。諸生。

### 【孟子讀三卷】

見《歷城縣志·藝文考》、《濟南府志·經籍》（作杜鈺）、《山東通志·藝文》（經部四書類）。

《山東通志·藝文》：《縣志》稱其讀書寒暑不輟，數十年如一日。著《孟子讀》一書，論文有心得。

### 【性理類纂】

見《歷城縣志·藝文考》、《濟南府志·經籍》（作杜鈺）。《山東通志·藝文》（子部儒家類）作《性理彙纂》十三冊。

《歷城縣志·藝文考》據本書著錄十三冊，又“《孟子讀》三卷”附註云：“又嘗節錄《性理大全》，而更益以諸經史子集，爲《性理類纂》，共十三冊。”

《山東通志·藝文》引《縣志》云：“珏常節錄《性理大全》，而更益以諸經史子集，爲《性理彙纂》，共十三冊。”是《通志·藝文》誤引作“彙”也。

## ◆ 張輝宗

輝宗字光閭，歷城人。

### 【農政錄】

見《歷城張氏世系譜》。

## ◆ 張 潛

潛字幽光，歷城人。

### 【家藏貫珍錄一冊】

見《山東通志·藝文》（子部雜家類）。《歷城縣志·藝文考》、《濟南府志·經籍》作《貫珍錄》一卷。現存：清道光二年歷城張氏餘慶堂刻本，山東省圖書館、濟南市圖書館等藏，《青島市圖書館藏山東文獻珍本圖錄》、《山東文獻書目》著錄。

《山東通志·藝文》：是書刻於雍正甲寅，又有乾隆間補刊本、道光間重刊本。周永年《序》略云：“其目十有四，首之以原天命，終之以攝生。於提躬、治家、涉世之道，皆類聚經傳及先儒格言，亦間采二氏之說。名之曰《貫珍》，欲其子孫世守而寶之也。”據本書。

《歷城縣志·藝文考》（據本書）：牛元丞《序》署曰：“《貫珍錄》，張幽光藏書也。其書不職詳而職要，不務作而務述，於天人之理、倚伏之機、善惡之殊、禍福之原，莫不詳陳備列。留心於三綱五常之地，寓意於飲食教誨之中。即遠近旁搜，不越百氏之傳聞；而細大不捐，蔚為一家之著述。”

《家藏貫珍錄》一卷　清道光二年歷城張氏餘慶堂刻本

### 【詩法醒言十卷】

現存：清乾隆元年序刻本，中國科學院圖書館藏，《續修四庫全書總目提要（稿本）》、《新訂清人詩學書目》著錄；《四庫未收書輯刊》影印。

## ◆ 朱 氏

名未詳，歷城人。

### 【海霞齋詩】

《續修歷城縣志·藝文考》據《說餅庵集》著錄，按云：“是編朱曾傳《序》稱臣叔復亭夫子。”

## ◆ 朱 氏

名未詳，歷城人。

### 【詩集】

《續修歷城縣志·藝文考》據朱曾傳《說餅庵集》

著錄。撰者名未詳，曾傳《四兄詩序》稱其爲"去非道人"。

《續修歷城縣志·藝文考》：朱曾傳《四兄詩序》：制藝興而文廢，試帖作而詩亡，此其故非有司者之盡以不才求士也。士至成童而禮其師，謹步趨，豐饔餐，顧其人則不出盲章腐句之爲儒也；師隆其遇而授以道，晨丹黃，夕朱墨，讀其書則不出分行裂讀之爲袛也；家有賢父兄，立之監，建其極，披其文則不出弋獲幸售之爲牘也。士之爲弟若子者，略能出其性情以自異，衆共擯之，謂爲山人，爲墨客，沒齒不掛口角，弟若子或粗狂，又因而廢醨焉，四射而不及於的，反爲不才所口實。而有司者不得不以不才求士矣。十二龍賓遂不復在人間，研北久甚。四兄去非道人幼不讀書，書足記姓名而已。既壯而試，爲詩不求工，亦不數數作。詩間有句，即丹砂玉屑，拋擲沙礫之中，而寶光掩抑，自有不可迫視之狀。因思天地之間，幽牀瘦石，莫不各有以自見，林而殖之則棟樑，石而匠之則柱礎。夫爲用則得矣，其所以自見，何歟？去非道人之爲詩，想屏息睇目，天地變色，驟雨漂麥，疾雷破柱，有不得而入者，是眞林不殖於園丁，石不匠於斧鑿。予雖不及見不廢於制藝之文，幸見不亡於試帖之詩也。雖然，蚯蚓竅作蒼蠅聲，予方不自免蟲吟之目，而哆然列大雅之坫，得毋爲大人先生呵乎？是說也，願於荒園破屋豆棚夜雨時與兄微商之。《說餅庵集》。

### ◆ 郭汝杞

汝杞，章丘人。諸生。

### 【四書集講】

見道光《章邱縣志·藝文》、《濟南府志·經籍》、《山東通志·藝文》（經部四書類）。

### ◆ 襲 策

策字米山，章丘人。諸生。

### 【四書質疑】

見道光《章邱縣志·藝文》、《濟南府志·經籍》、《山東通志·藝文》（經部四書類）。

### 【初學訓詁】

見道光《章邱縣志·藝文》、《濟南府志·經籍》、《山東通志·藝文》（經部小學類）。

### 【米山卅言】

見道光《章邱縣志·藝文》、《濟南府志·經籍》、《山東通志·藝文》（子部雜家類）。

### ◆ 王 益

益字裕亭，章丘人。諸生。

### 【古今韻約】【學韻一助】【韻學入門】

見道光《章邱縣志·藝文》、《濟南府志·經籍》（《古今韻約》"今"誤作"金"）、《山東通志·藝文》（經部小學類）。

### ◆ 呂文穎

文穎字擢亭，號蔗園，章丘人。諸生。

### 【蔗園詩稿】

見道光《章邱縣志·藝文》、《濟南府志·經籍》、《山東通志·藝文》。《繡水詩鈔》、《國朝山左詩彙鈔後集》作《蔗園遺稿》。

《國朝山左詩彙鈔後集》卷三十五載其《記夢》、《次韻酬李九安陽因覽拙什示以慰賀之作》詩二首（據吳連周《繡水詩鈔》）。

### ◆ 李乃實

乃實字孟堅，章丘人。諸生。《濟南府志》卷五十四有傳。

### 【四書講意】

見道光《章邱縣志·藝文》、《濟南府志·經籍》、《山東通志·藝文》（經部四書類）。

### ◆ 高肇馨

肇馨字寧齋，淄川人。例貢。

### 【戴經集解】

見《淄川縣志》、《山東通志·藝文》（經部禮類）。

### ◆ 于汝周

汝周字樵南，號柳村，新城人。諸生。

其詩文集未見著錄。《國朝山左詩續鈔》卷六載其《時水竹枝詞》詩一首。

### ◆ 于汝理

汝理字俶存，號梯園，新城人。增生。《重修新城縣志》卷十八有傳。

【淡菊齋詩草】

見《重修新城縣志·藝文》及本傳。

### ◆ 何彤光

彤光，新城人。布衣。

【孔子事蹟考一卷】【泮宮聖賢贊一卷】

《重修新城縣志·藝文》據張象津《新城後志稿》著錄。《濟南府志·經籍》、《山東通志·藝文》均未標卷數。

【醒世粹言一卷】

《重修新城縣志·藝文》據張象津《新城後志稿》著錄。《濟南府志·經籍》、《山東通志·藝文》俱無卷數。

### ◆ 何毓光

毓光字仲發，號魯齋，又號忍唾居士，新城人。

【重修家訓】

《山東通志·藝文》：是編有其子世瑾代作序，見世瑾集。又齊召南《毓光傳》云：“公父中含先生，因族姓日繁，有憂之，倣《周禮》族師黨正，擇家長爲睦族之約，請於邑令，得以家法賞罰而勸勵之，贈公立事例四十餘條相曉譬。族人共以爲便。何氏遂稱仁里，遠近則之。邑令聞，歎曰：‘盡如何氏，邑可臥而治也。’”

### ◆ 郝肇永

肇永字貞甫，齊河人。歲貢生。

其詩文集未見著錄。《國朝山左詩續鈔》卷六載其《秋夜雨中》詩一首。

### ◆ 李瑞子

瑞子，齊河人。監生。《濟南府志》卷五十六有傳。

【十九字母音韻捷譜】

見《濟南府志·經籍》、《山東通志·藝文》（經部小學類）。《府志》本傳稱其五聲朗然，最爲簡易，講韻學者皆取法焉。

### ◆ 房象成

象成字集菴，齊河人。《濟南府志》卷五十六有傳。《齊河縣志》卷二十七有傳，卷三十二有董元度《房集菴傳》。

其詩文集未見著錄。《濟南府志·藝文》、《齊河縣志》卷三十二載其《羽士張演昇募修石橋記》一篇。

### ◆ 李臺方

臺方字幼秀，臨邑人。歲貢生。官商河縣訓導。

其詩文集未見著錄。《國朝山左詩續鈔》卷六載其《春日村居》詩一首。

### ◆ 吳汝惺

汝惺字匪席，德州人。諸生。《濟南府志》卷五十六有傳。

【易說一卷】

見《四庫全書總目》、《德州志·州人所著書目》（無卷數）、《濟南府志·經籍》、《山東通志·藝文》（經部易類）。

《山東通志·藝文》：是書《四庫存目提要》曰：“所論十五事，皆闡發宋儒舊說。《自序》謂漢儒所傳《三禮》不可盡信，故不主漢易。書中致疑邵子之說，亦不盡主先天諸圖。”按《德州志》載其《自序》全文，稱其祖廷蓋有《易學露機圖說》，原本無存。《志》又載其弟汝惠《序》，稱“謹錄遺文十八篇，於《車輪圖說》補其缺略，共訂爲十九篇”云云。蓋汝惺述其家學，草創未就，而汝惠踵成之者也。

《四庫全書總目》著錄山東巡撫採進本。《山東巡撫呈送第一次書目》：“《易說》一本。”

【居家雜儀】

見《德州志·州人所著書目》（注云“未見”）、《濟南府志·經籍》、《山東通志·藝文》（經部禮類）。

【照心鏡】

見《德州志·州人所著書目》（注云"未見"）、《濟南府志·經籍》、《山東通志·藝文》（子部雜家類）。

◆ **吳汝惠**

汝惠，德州人，汝惺弟。

其詩文集未見著錄。《德縣志》卷十五載其《易說序》一篇。

◆ **李賓燕**

賓燕字儀齋，德州人。諸生。

其詩文集未見著錄。《國朝山左詩續鈔》卷五載其《遣懷》詩一首。

◆ **杜無黨**

無黨字道平，德州人。貢生。雍正間舉孝廉方正，以親老辭。《濟南府志》卷五十六有傳。

【宦游草】

馬燾《德州鄉土誌》云："杜道平 無黨 以明經舉孝廉方正，不就。少孤，事母，兄弟同居五十餘年，從弟所其 無逸 亦以孝友稱。其先世德州衛世官，有逢春者官大同路副將左軍都督。工詩，有《宦游草》。"

◆ **李霑端**

霑端字澤九，號玉坡，德平人。雍正間歲貢。

【滄海遺珠】

《山東通志·藝文》（子部雜家類）據《白雲山房集》著錄。

【姓氏紀略】

《山東通志·藝文》（子部類書類）據《白雲山房集》著錄。

◆ **趙植文**

植文字端書，浙江人，寄居歷城，入禹城籍。諸生。《濟南府志》卷六十二有傳。

【晚香亭詩】

見《國朝山左詩鈔》、《濟南府志·僑寓傳》。

《國朝山左詩鈔》卷五十九載其詩五首。

◆ **孫叔詢**

叔詢，平陰人。

【日輯錄】

《山東通志·藝文》（子部雜家類）據尹彭壽《通志經籍志稿》著錄。

◆ **張予正**

予正字稒平，號亦圃，平原人。雍正乙卯（十三年）拔貢。

【學詩草】

見《國朝山左詩續鈔》、《濟南府志·經籍》、《山東通志·藝文》。

《國朝山左詩續鈔》卷六載其《咏雪寄董曲江》、《濟南感興》詩二首。《續修平原縣志》卷十一載其《懷敬宗兄》、《尋梳妝樓廢址兼弔趙公子墓》、《祝節孝于門高太君榮壽》、《懷董曲江表弟》詩四首。

◆ **張予介**

予介字濟和，號石屏，平原人，方載子。乾隆丙辰（元年）進士。九年任新陽知縣。

其詩文集未見著錄。《國朝山左詩續鈔》卷七載其《移居李村》詩一首。

【崑山新陽合志三十八卷首一卷末一卷】

現存：清乾隆十六年刻本，中國國家圖書館、上海圖書館等藏，《北京圖書館普通古籍總目》著錄。

◆ **伊應鼎**

應鼎字元吉，別字戒平，新城人。乾隆丙辰（元年）進士。官河南安陽知縣。《重修新城縣志》卷十六有傳。

【漁洋精華錄會心偶筆六卷】

見《山東通志·藝文》（集部詩文評類）。《重修新城縣志·藝文》及本傳作《精華錄會心偶筆》。現存：①清乾隆二十四年刻本，東北師範大學圖書館、遼寧省圖書館等藏，《東北地區古籍綫裝書聯合目錄》著錄。②鈔本，見《中國科學院圖書館新收中文綫裝舊書草目》。

《山東通志·藝文》：是編有刊本。《鄉園憶舊錄》云："新城伊應鼎性詼諧，善于談詩，時人比之匡鼎。少年時猶及見漁洋。選漁洋詩二冊，自爲之註，紙板精好，較《菁華錄》僅三之一。其中評論自出新意，不似註《菁華錄》者但引典而於詩意無發揮也。宋蒙泉云'親見平子三倒來'，亦言其談詩之妙爾。"

### ◆ 陳英選

英選字雨新，別號鐵巖，德州人。乾隆丙辰（元年）舉人。

### 【蘊玉集】

見《德州志·州人所著書目》（注云"未見"）、《山東通志·藝文》。《國朝山左詩鈔》、《濟南府志·經籍》作《韞玉集》。

《國朝山左詩鈔》卷五十五載其《贈膠州高西園同學》一題二首。小傳附注云："雨新初名洺，以夢兆改今名。援例入監，應順天鄉試，遂中丁酉副車。少與顏振玉希聖同受業於孫羲山先生之門，每歲科試，輒迭冠一軍。又同學詩於田香城先生。晚年潛心經濟，著區田等《考》。乾隆丙辰，年六十始登賢書。次年公車，卒於京邸。北平黃崑圃夫子深惜之。雨新才思敏捷，存稿應多。徵《韞玉集》未得，於高西園集中得其絕句四首，鈔二。"

### ◆ 王道然

道然原名兆宏，字遠度，號桓坡，新城人。乾隆丙辰（元年）舉人。《濟南府志》卷五十五、《重修新城縣志》卷十七有傳。

### 【四書圖說六卷】

現存：清乾隆六十年清輝堂刻本，北京大學圖書館、中國科學院圖書館、山東省博物館等藏，《東北地區古籍綫裝書聯合目錄》、《山東省博物館藏明清民國山左學者著述知見錄》著錄。《濟南府志·經籍》、《山東通志·藝文》俱無卷數。

此書乃其甥何維綺所刊。分《大學》、《中庸》各一卷，《論語》、《孟子》各二卷。首有劉大紳、劉元錫、藍嘉瓚《序》及作者《自序》。劉大紳《序》略云："新城王君道然，以其經魁於鄉。余承乏壽張，得與分校之役，在闈中曾與其本房岳公閱其卷，許爲天池神物，膺運而興。嗣復出其所著《四書圖說》相質。余循環讀之，無非先儒宗旨，並不蹈襲常談。蓋於聖門一貫之旨已有理會，豈俗章爛時文所能彷彿哉。"

### 【四書貫通解】

見《濟南府志·經籍》、《重修新城縣志·藝文》。《山東通志·藝文》作《四書貫通錄》。

### 【詩文】

《山東通志·藝文》（作《王道然詩文》）引《府志》本傳云："著有詩文若干卷。"又《府志》本傳云："丁巳赴禮闈，同鄉聘作舉業，謝絕之，作《辭聘記》以明志。"

林翰《瑞芝軒詩集》有其所作《序》。

### 【文略四卷】

見《重修新城縣志·藝文》。

### ◆ 林　翰

翰字西園，鄒平人。

### 【瑞芝軒詩集三卷】

見《山東通志·藝文》、《鄒平縣志·藝文攷》。現存：清乾隆間刻本（作《瑞芝軒草》三卷），南京圖書館藏，《清人別集總目》、《清人詩文集總目提要》著錄。

《鄒平縣志·藝文攷》載王道然《序》云："先從祖漁洋山人主盟騷壇，海內宗之，擬諸杜、李、蘇、韓；而山人自道，則竊比放翁。放翁古什豪宕離奇，闖然入杜、李、蘇、韓之室矣。諸律取材博而作態妍，歷落動聽。絕句觸類寄興，皆堪令人解頤。山薑謂其掉臂游行，脫手都有生趣，隨時即事，無非快境，殆可謂近於道者。知言哉！林君西園幕參議，一紙賢於十萬師，漁洋所謂'賦詩草檄如星馳'也。而林君《芻蕘》十則，亦皆有關於世道人心者。兼工懷素書法，元雲霆霹，蛟舞剡藤，復與放翁之'醉帖淋漓'同寄豪舉焉。其《有懷》云：'何時得與平生友，作字觀書共一燈。'又可爲林君持贈矣。故因詩而並及之。乾隆己卯冬至後一日。"

## ◆ 胡文光

文光字燦章，號秋園，新城人。乾隆丙辰（元年）歲貢。《濟南府志》卷五十五、《重修新城縣志》卷十七有傳。

### 【左氏文評四卷】

見《濟南府志・經籍》、《山東通志・藝文》（經部春秋類）、《重修新城縣志・藝文》及本傳。

《山東通志・藝文》：《府志》載是書，稱其精《三傳》，尤嗜《左氏》。

### 【隸字辨體】

見《濟南府志・經籍》、《山東通志・藝文》（經部小學類）、《重修新城縣志・藝文》（作一卷）。

### 【秋園古今體二卷】

見《濟南府志・經籍》、《山東通志・藝文》、《重修新城縣志・藝文》及本傳。

《國朝山左詩續鈔》卷二十八載其《病後作》詩一首。

## ◆ 胡太光

太光，新城人。

其詩文集未見著錄。《重修新城縣志》卷二載其《重九同諸子登唐山》詩；卷三"格孫城"條下載其詩一首，"張元帥墓"條下載其《重陽謁張元帥墓》詩一首。

## ◆ 王元禧

元禧字介祉，鄒平人。乾隆丙辰（元年）恩貢。《濟南府志》卷五十四有傳。

### 【西窗閑錄】

見《濟南府志・經籍》、《山東通志・藝文》（子部雜家類）。

### 【王元禧詩】

見《山東通志・藝文》（據《府志》）。

## ◆ 劉應麟

應麟字軒來，歷城人。乾隆丁巳（二年）進士。

授壽陽知縣，署屯留，調靈石。解組日，囊橐蕭然。應麟未仕前授徒齊河馬氏，歸仍館其家，從游甚盛。乾隆三十二年無病卒，年七十五。《濟南府志》卷五十三有傳。

其詩文集未見著錄。《齊河縣志》卷三十一載其《孝經刊誤註說序》（《孝經刊誤註說》，齊河王洽遠撰），卷三十三載其《馬母劉太安人墓誌》。

## ◆ 曾尚增

尚增字謙益，號南村，歷城人。乾隆丁巳（二年）進士。歷官郴州知州。道光《長清縣志》卷十二、《濟南府志》卷五十三有傳。

### 【平定雜詩】

見《國朝山左詩續鈔》、《濟南府志・經籍》（撰者作長清人）、《山東通志・藝文》、《續修歷城縣志・藝文考》。《續修四庫全書總目提要（稿本）》著錄歷城李氏鈔本（不分卷）。

按《濟南府志・選舉》，尚增爲長清人，歷城籍。《府志》本傳云："宗聖六十六代孫。其先嘉祥人，後遷於歷城之鑛村，注籍長清。"

《山東通志・藝文》引《鄉園憶舊錄》云："歷下曾南村牧山西平定州，以所歷上黨《詠古》諸作命門人李珍聘書之，藏文昌祠中，仿白香山分置詩集於聖善、東林兩寺故事也。歿後十餘年，陶悔軒復蒞其地，見詩，愛其清妙，又喜爲同鄉，乃序而刻之，并附己作。兩公此事不徒爲平定添一公案，亦吾鄉佳話也。南村《盤石關》云：'盤石關前石路微，離離黃葉小村稀。斜陽忽送青峰影，千疊層雲屋上飛。'悔軒詩云：'一代文章擅逸才，開軒吟罷興悠哉。官閑且喜能醫俗，爲與詩人坐臥來。'其風流可想矣。"

《國朝山左詩續鈔》卷七載其《盤石關》、《陽泉》、《晚飯太塘嶺緣隱庵》、《岳陽舊縣》詩四首。

### 【舟行雜詩】

見《國朝山左詩續鈔》、《濟南府志・經籍》、《山東通志・藝文》。

### 【穆如堂稿】

見《濟南府志・經籍》及本傳、《續修歷城縣志・藝文考》（據《國朝正雅集》）。

## 【桐川官舍聯吟草】

見《國朝山左詩續鈔》、《濟南府志·經籍》、《山東通志·藝文》（集部總集類）、《續修歷城縣志·藝文考》（書名脫"草"字）。

### ◆ 高廷樞

字景垣，濟陽人。乾隆戊午（三年）舉人。任魚臺教諭，補濰縣教諭。主北海書院，指授文藝，悉有法度。監修泰山及濰之白浪河，克蕆厥事。年七十二卒於官。《濟南府志》卷五十六、民國《濟陽縣志》卷十一有傳。《濟陽縣志》卷十七有耿賢舉《教諭高公暨配墓誌銘》。

廷樞於乾隆八年刊刻張爾岐《儀禮鄭注句讀》行世，民國《濟陽縣志·藝文》載有其《刊刻儀禮句讀序》一文。乾隆二十五年刻本《濰縣志》六卷，有其跋。

## 【積貯備荒策】

《山東通志》卷百七十本傳云："著有《積貯備荒策》，上之巡醲使者，略見諸施行。"

### ◆ 高廷棟

廷棟字軼陵，又字肇岱，濟陽人，廷樞弟。諸生。援例主簿，効力河工。以疾卒於官。《濟南府志》卷五十六、民國《濟陽縣志》卷十一有傳。《濟陽縣志》卷十七有胡振組《主簿高君墓誌銘》。

其詩集未見著錄。民國《濟陽縣志·藝文》載其《文廟古柏》、《聞韶臺》、《濟水尋芳》等詩。

## 【河防芻議】

見《山東通志·藝文》（史部地理類）、民國《濟陽縣志·著述篇目》。

### ◆ 王公鳳

公鳳字雛岐，濟陽人。諸生。《濟南府志》卷五十六、民國《濟陽縣志》卷十一有傳。

## 【喪禮補注】

見《濟南府志·經籍》、《山東通志·藝文》（經部禮類）。乾隆《濟陽縣志·著述篇目》、民國《濟陽縣志·著述篇目》俱作《喪禮註》。

民國《濟陽縣志》本傳云："弱冠食餼，詩藝並佳，早卒，盡散佚，惟《喪禮補註》藏於家。"

### ◆ 袁承祖

承祖字繩武，長山人。官刑部司務。《長山縣志》卷九、《濟南府志》卷五十五有傳。

## 【家訓一卷】

見《長山縣志》本傳。

### ◆ 劉宗濂

宗濂字春陵，號梅嶼，長山人，大勤子。諸生，舉博學鴻詞。《長山縣志》卷八有傳。

## 【四書辨異】

見《長山縣志》本傳、《山東通志·藝文》（經部四書類）。

## 【羣英歌】

見嘉慶《長山縣志》本傳。

## 【數典類編】

見《長山縣志》本傳、《山東通志·藝文》（子部類書類）。

## 【畹滋小草】

見《國朝山左詩鈔》、《山東通志·藝文》。

《山東通志·藝文》引《縣志》本傳云："九歲詠白燕，有'桃林玉翦裁紅錦'之句，極爲漁洋山人所賞。"

《國朝山左詩鈔》卷五十六載其《籠鳥》、《過亡友故莊》詩二首。小傳引聶松巖際茂云："仔臣先生受業于漁洋山人，館于其家二十餘年。梅嶼少有雋才，爲山人所賞。其爲學甚苦且篤，蠖聲庠序。將貢成均，以株連訟事被褫。事白，復應童子試，仍以第一人入泮食餼。學使者李公治運亟稱之。而年已就衰，遂終老諸生。"

### ◆ 孟遵濂

遵濂字廬山，長山人。乾隆戊午（三年）舉人。官臨清學正。

## 【孟遵濂詩文集】

《山東通志・藝文》：《白雲山房文集・孟廬山先生碑陰小傳》云："爲諸生有名，學使者選才雋，入濼源書院讀書。時北平黃宮詹崑圃爲藩司，愛其才，親立課程，戒閹人出入，無阻朝夕爲指授。由是學益進，詩文皆得師承淵源。"又云："王公官江南時，公以兩詩寄之，至今在人口。餘詩文皆有成集，歿時惶迫倉猝，未及收拾，多不傳。"按：王字敬亭，新城人，官鎮遠知府。遵濂之女，王之子婦也。

### ◆ 周建子

建子字黃鐘，號耐圃，歷城人。乾隆戊午（三年）舉人。官滆洲總場鹽課大使。

其詩文集未見著錄。《國朝山左詩續鈔》卷七載其《哭單十二彬如》、《雨後寄張大尹》、《見濟南諸山》、《題白描觀音大士像》詩四首。

### ◆ 高　本

本字立齋，歷城人，山子。乾隆戊午（三年）舉人。

其詩文集未見著錄。《國朝山左詩續鈔》卷七載其《菊》詩一首。

### ◆ 杜永敬

永敬，齊東人。乾隆戊午（三年）舉人。

其詩文集未見著錄。民國《齊東縣志》卷六載其《張可庵先生墓碑》一篇。

### ◆ 梁文度

文度字景裝，號誠齋，德州人。乾隆戊午（三年）副貢。

## 【遺詩一卷】

見《國朝山左詩鈔》、《山東通志・藝文》。

《國朝山左詩鈔》卷五十五載其《春遊》、《春杪西村道中》、《柬龍兆岐同訪盧抱孫同學》詩三首。

### ◆ 翟志堯

志堯，商河人。乾隆初副貢生。

## 【四書註集解】

見《商河縣志》、《山東通志・藝文》（經部四書類）。《重修商河縣志》本傳作《四書集解》。

### ◆ 傅般楫

般楫號濟川，德州人。

## 【陽宅闡隱】

是編有孔繼浩《序》，載《耀塵集》。

### ◆ 葛　榘

榘，德平人。以嗣子周玉官贈修職郎。

## 【思齋遺稿一卷】【思齋閒話一卷】

葛周玉《般上舊聞》卷三"先世著述"條云："皆先父述謙公著，存，未梓。"《德平縣續志・著作》云："葛述謙先生《思齋閒話》一卷《思齋遺稿》一卷，皆梓行。"

### ◆ 趙允升

允升字大猷，長山人。乾隆庚申（五年）貢成均。選蒙陰訓導，托疾不就。《濟南府志》卷五十五有傳。

## 【治喪遺規】

《濟南府志》本傳云："著有《治喪遺規》，力挽奢靡之習。"

### ◆ 吳楚椿

楚椿字蔭華，號西嶺，別號八千，德州人，汝悝子。乾隆辛酉（六年）舉人。

## 【學詩筆記】

見《國朝山左詩續鈔》、《德州志・州人所著書目》（注云"未見"）、《濟南府志・經籍》、《山東通志・藝文》（經部詩類）。

## 【學庸會通】

見《德州志・州人所著書目》（注云"未見"）、《山東通志・藝文》（經部四書類）。現存：清乾隆刻本（三卷），中國國家圖書館藏。

《續修四庫全書總目提要（稿本）》著錄《四書會通》十一卷，提要略云："是書分《學庸會通》、《論語會通》、《孟子會通》。蓋因刻工不敷，次第授梓，故爲此別。而是書只《學庸會通》是乾隆辛丑所刊，《論語》、《孟子》俱是抄本，殆未刊也。"據《中國叢書廣錄》，《學庸會通》三卷，《論語會通》、《孟子會通》各四卷，正合十一卷之數。然《中國叢書廣錄》統稱爲乾隆四十六年自刻本，恐不確切；又於《四書會通》內屬入《中庸脈絡》二卷，亦失允當。

## 【中庸脈絡】

見《德州志·州人所著書目》（注云"未見"）、《山東通志·藝文》（經部四書類）。《續修四庫全書總目提要（稿本）》著錄清乾隆二十七年刻本，今不知藏於何處。

## 【論語會通四卷】【孟子會通四卷】

見《中國叢書廣錄》。《續修四庫全書總目提要（稿本）》著錄《四書會通》十一卷，云《學庸會通》是乾隆辛丑所刊，《論語會通》、《孟子會通》俱是抄本。參見"《學庸會通》"條。

## 【虛字譜】

見《德州志·州人所著書目》（注云"未見"）。

## 【州志擬稿十二卷】

德州志也。見乾隆《德州志·州人所著書目》（無卷數）、《濟南府志·經籍》（無卷數）、《山東通志·藝文》。

《山東通志·藝文》：是編見乾隆《德州志·藝文》。據張慶源《紀德州志本末》，稿凡十二卷，楚椿與州人鄒聖裔協纂者也。

《德縣志》本傳：著有《州志擬稿》，清乾隆間修志時多採用之。

## 【桑梓圖考】

見《德州志·州人所著書目》（注云"見"）、《濟南府志·經籍》。《山東通志·藝文》作一卷。

## 【青田縣續志六卷】

現存：清乾隆四十二年刻本，故宮博物院藏。《山東通志·藝文》作《青田續志》，無卷數。

《山東通志·藝文》：《青田續志》有《畬民考》及《記除官山事》，採入《州志·藝文》。

## 【河漯紀略一卷】

《山東通志·藝文》（史部地理類）據《紀德州志本末》著錄。

## 【古河考一卷】

現存：①清乾隆二十八年刻本，中國國家圖書館藏，《北京圖書館普通古籍總目》、《續修四庫全書總目提要（稿本）》、《清史稿藝文志拾遺》著錄。②清鈔本，中國國家圖書館藏，《北京圖書館普通古籍總目》著錄。

《國朝山左詩續鈔》、《德州志·州人所著書目》（注云"見"）、《濟南府志·經籍》俱無卷數。《山東通志·藝文》"《河漯紀略》"條云："《州志·藝文》有《古河考》無卷數，度即此書也。"

## 【西嶺詩草】

見《國朝山左詩續鈔》、《濟南府志·經籍》。《山東通志·藝文》作《西陵詩草》。按：楚椿號西嶺。

《國朝山左詩續鈔》卷七載其《七夕》詩一首。《德州志》卷十二載其《慈氏寺》一題二十首。

## 【戊戌草】

見《國朝山左詩續鈔》、《濟南府志·經籍》、《山東通志·藝文》。

## 【洋洋大風編】

見《德州志·州人所著書目》（注云"未見"）、《山東通志·藝文》（集部總集類）。《濟南府志·經籍》作《大風編》。

## 【文章六則】

見《德州志·州人所著書目》（注云"未見"）。

## ◆ 李國柱

國柱字金匭，號秋厓，德州人。乾隆辛酉（六年）拔貢。《濟南府志》卷五十六有傳。

## 【寄村漫草】

見《國朝山左詩鈔》、《濟南府志·經籍》（誤作《寄柱漫草》）。

《國朝山左詩鈔》卷五十六載其詩三十四首。小傳注引宋蒙泉曰：“秋厓清逸絕俗，好讀書，當其委形孤詣，若不知有世事者。與同學金谷村策蹇詣青州，受業于秋谷先生之門。所爲詩清贍深穩，有大歷十子之風。齎志未伸，鬱鬱以沒，深可惜也。”又附案云：“秋厓家世能詩，又與金谷村英同爲趙金華怡齋之甥。怡齋受業於漁洋，弟根矩兼問字於秋谷。詩學獨得真傳，迥出流俗。不遠千里謁秋谷，執贄質疑，歸而所學益進。吾州夕秀敏而好學，罕能出其右者。學使者徐公鐸稱爲‘齊魯諸生第一’，有‘威鳳祥麟’之目焉。”

馬壽《德州鄉土誌》亦云：“李秋厓 國柱、金谷村 英同學於青州趙執信。秋厓清逸絕俗，提學徐鐸稱爲‘齊魯諸生第一’。谷村從容澹靜，不與俗交。又與景州曹昕、李基塙稱‘廣川四才子’。”

【秋厓遺詩】

見《德州志 · 州人所著書目》、《濟南府志 · 經籍》。《山東通志 · 藝文》作《秋崖遺詩》一卷。《德縣志 · 邑人著作》作《秋厓遺詩集》。《續修四庫全書總目提要（稿本）》、《清人詩文集總目提要》著錄清德州李氏鈔本。

《山東通志 · 藝文》：《皇朝文獻通考》載是集云：“臣等謹案：國柱所著有《槐陰草廬稿》、《拒霜齋稿》、《棗村集》、《寄村集》、《文英集》、《瀛海集》、《呻吟集》等編。後因里人宋弸以其詩與李基塙、曹昕、金英編爲《廣川四子集》，國柱不以爲然，乃手自刊除，僅存十之一二，合爲是集。”

《德州志》卷十二、《德縣志》卷十六載其《永慶寺銅鼎》詩一首。

### ◆ 李基塙

基塙字倬甫，陵縣人。乾隆辛酉（六年）舉人。官嘉祥教諭。《陵縣志》卷二十有傳。

其詩文集未見著錄。《陵縣志》卷十六載其《蘭圃詩序》（云“邢氏女名順德，字曰蘭圃，余同胞姊所出也”）。

### ◆ 趙興祖

興祖字起宗，號藻亭，長山人。乾隆辛酉（六年）舉人。《長山縣志》卷八、《濟南府志》卷五十五有傳。

【笈雲詩草】

見《國朝山左詩續鈔》、《長山縣志》本傳、《濟南府志 · 經籍》、《山東通志 · 藝文》。

《國朝山左詩續鈔》卷八載其《石泉》詩一首。

【慶餘堂文集】

見《長山縣志》本傳、《濟南府志 · 經籍》（作《慶餘堂集》）、《山東通志 · 藝文》。

### ◆ 王 湋

湋字韋谷，長山人。諸生。《長山縣志》卷九有傳。

【致爽軒集】

見《長山縣志》本傳、《山東通志 · 藝文》。《國朝山左詩續鈔》、《濟南府志 · 經籍》作《致爽軒詩集》。

《國朝山左詩續鈔》卷十四載其《贈趙藻亭》詩一首。《長山縣志》卷十五載其《登白雲山》詩一首，選自《致爽軒詩》。

### ◆ 朱洪遠

洪遠字儀公，長山人，龍光曾孫。諸生。《濟南府志》卷五十五、《長山縣志》卷十有傳。

【光裕集】

見《長山縣志》本傳、《濟南府志 · 經籍》（作朱宏遠）、《山東通志 · 藝文》。

### ◆ 任宏遠

宏遠字仔肩，號濼湄，歷城人。諸生。

【趵突泉志二卷】

見《歷城縣志 · 藝文考》、《濟南府志 · 經籍》、《山東通志 · 藝文》。現存：清乾隆七年刻本，上海圖書館、北京大學圖書館等藏，《上海市歷史文獻圖書館藏書目錄》、《北京圖書館古籍善本書目》、《續修四庫全書總目提要（稿本）》、《山東文獻書目》著錄。

《歷城縣志 · 藝文考》：東省《鹽法志》作四卷，今新刻本止上下二卷。

《山東通志 · 藝文》：是志刊於乾隆壬戌。上卷爲目十一，曰宸遊、圖經、源流、基址、沿革、古蹟、災異、人物、仙蹟、幽怪；下卷爲目三，曰藝文、碑版、額聯。宏遠乾隆壬戌《自敘》云：“首紀聖祖遊幸御製詩並所題碑版，復取《爾雅》、《山海經》、《通鑑》、《名山記》、《寰宇記》、《水經注》、古今詩文、歷代沿革、天文、仙釋諸編，成書二帙。凡泉之所有者悉所存，泉之所無者在所刪。藏之篋笥，不敢問世。恭逢今上御極之年，召修天下古蹟，於是啟諸舊藏，復加精勘。雖不敢居作者之林，爲繼宋元金明諸先生之後塵，使千百世而下知我朝德澤洋盈，遍及於泉石巖壑之間，或亦廣揚皇仁於萬一也。”據本書。

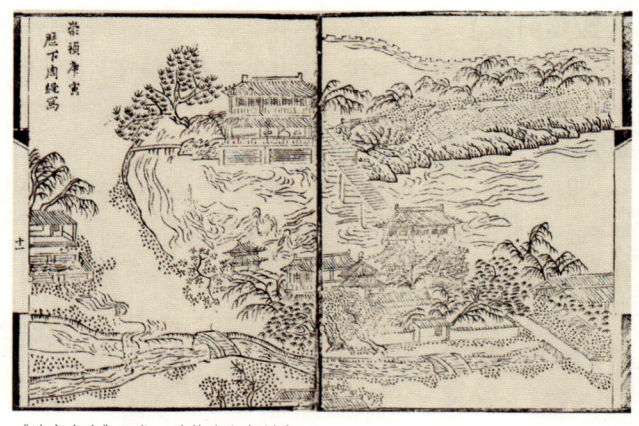

《趵突泉志》二卷　清乾隆七年刻本

## 【鵲華山人詩集一卷】

見《歷城縣志·藝文考》（據本書）、《山東通志·藝文》。《國朝山左詩續鈔》、《濟南府志·經籍》作《鵲華山人集》，無卷數。現存：清乾隆十九年刻本，山東省圖書館、河南省圖書館等藏，《河南省圖書館中文古籍書目》、《清人別集總目》、《清人詩文集總目提要》著錄。

《山東通志·藝文》：是集有乾隆甲戌刊本。王士禎評語云：“七言律純乎晚唐，在趙嘏、劉滄之間。至《無題》諸篇，可奪溫、李之席。吾最愛其‘春草碧色’一什，既能賦題，又能攄意，可稱‘春草秀才’。吾家‘黃葉’不能獨擅名於前矣。”據本書。

《歷城縣志·藝文考》：于振《序》畧曰：“鵲華山人者，漁洋先生所稱為‘春草秀才’也。山人弱冠時有《春草碧色》詩見賞於漁洋，謂可與‘王黃葉’齊名。東省《鹽法志》載任子濼湄工詩文，所著有《鵲華山人集》、《見山亭集》、《南遊草》、《海上集》、《西征藁》、《覽勝集》、《山亭雜記》、《趵突泉志》。信乎為山左之文獻，而‘黃葉’、‘春草’之果足以輝映後先也。”據本書。

《國朝山左詩續鈔》卷五載其《鵲山湖尋杜少陵舊游處》、《管子城 在濼口河上》詩二首。

## 【見山亭集】【南遊草】【海上集】【西征藁】【覽勝集】【山亭雜記】

見《續修歷城縣志》本傳，及《鵲華山人詩集》于振《序》（參見上條）。

### ◆ 呂東表

東表字書佩，號雲谷，德州人。乾隆壬戌（七年）進士。官獂氏知縣。

## 【學詩漫草】

見《國朝山左詩續鈔》、《濟南府志·經籍》、《山東通志·藝文》、《德縣志·邑人著作》。

《國朝山左詩續鈔》卷八載其《月夜和蘇補遺》、《月夜》、《秋郊早行》、《村居雜詩》（二首），凡五首。《德縣志》卷十六載其《村居雜詩》二首。

## 【古文格言】

《德縣志》本傳云：“與同年宋弼相友善，每與唱和。晚年悉焚其稿，惟《學詩漫草》、《古文格言》四卷尚存。”

### ◆ 郝寧愚

寧愚字希柴，又字義儔，齊河人。乾隆甲子（九年）舉人。《濟南府志》卷五十六、《齊河縣志》卷二十七有傳。《齊河縣志》卷三十二有賈琰《郝義儔先生傳》。

## 【易經便覽】

見民國《齊河縣志·撰述》。

## 【書經便覽】

見民國《齊河縣志·撰述》。

## 【禮記便覽】

見民國《齊河縣志·撰述》。

## 【春秋便覽】

見民國《齊河縣志·撰述》。

## 【甌香館四書講義】

見民國《齊河縣志·撰述》。

## 【四書說十卷】

現存：清道光二十九年郝氏柘園刻本，北京大學圖書館、濟南市圖書館等藏。

《續修四庫全書總目提要（稿本）》云："書首有沈德潛、周玉章、柳繼鯸《序》；又有賈琰作寧愚《傳》；寧愚自作《凡例》。凡《大學》一卷、《中庸》一卷、《論語》四卷、《孟子》四卷。篤遵朱《注》，揣摩於神理血脈之間，務求其合。其異於他講章者，使連節白文，成爲一氣，不以分注隔。小注亦連節一氣，不以白文及分注隔。其說義理，主簡括清醒而已。蓋爲舉業家作文而設，非說經之書也。"

民國《齊河縣志》卷三十二載閻廷獻《鄉賢郝蒙占先生傳》云："其高祖義儕公著有《甌香館四書說》，士林多寶貴而傳抄之。因手校以梓行於世。"按：郝源泉，字蒙占。

## 【甌香館講義】

見《濟南府志·經籍》、《山東通志·藝文》（子部儒家類）。

### ◆ 張希平

希平字方仲，號霽巖，新城人。乾隆甲子（九年）舉人。官貴州餘慶知縣。《濟南府志》卷五十五、《重修新城縣志》卷十六有傳。

## 【澹話山房詩】

見《國朝山左詩續鈔》、《濟南府志·經籍》（作四卷）、《山東通志·藝文》。《重修新城縣志·藝文》（據抄本）作《澹話山房詩稿》三卷，《縣志》本傳作《淡話山房詩》三卷。

《國朝山左詩續鈔》卷八載其《閒齋習靜》、《灘行》詩二首。

## 【雜文一卷】

見《重修新城縣志》本傳。《濟南府志》本傳作

《雜著》一卷。

《重修新城縣志》卷十一劉大紳傳後附載其《桓臺遺愛圖敘》一篇。

### ◆ 魏廣智

廣智字覺軒，德州人。乾隆甲子（九年）舉人。《濟南府志》卷五十六有傳。

其詩文集未見著錄。《德州志》卷十二載其《許虹橋留別步韻》、《題吳西嶺詩後》詩二首。《德縣志》卷十六載其《許虹橋留別步韻》一首。

### ◆ 袁守侗

守侗字執沖，號愚谷，長山人，承綏長子。乾隆甲子（九年）舉人。歷官直隸總督。謐清慤。《濟南府志》卷五十五、《長山縣志》卷七有傳。

## 【雙桐軒稿四卷】

見《山東通志·藝文》。《續修四庫全書總目提要（稿本）》、《清人詩文集總目提要》著錄長山袁氏鈔本。《國朝山左詩續鈔》、《濟南府志·經籍》作《雙桐軒詩》，無卷數。

《長山縣志》卷十二有紀昀《雙桐軒稿序》（嘉慶元年）。

《山東通志·藝文》：是集乃嘉慶丙辰其次子繼勤所編。紀昀《序》略云："和平溫厚，無叫囂激烈之語。平正通達，無纖仄詭俊之意。即流連花月，賦詠禽鳥，亦皆天趣盎然，無枯槁蕭索之氣。所謂'仁義之人，其言藹如'者耶？"據本書。

《國朝山左詩續鈔》卷八載其《依松閣看移竹》、《華陰早發》詩二首。《長山縣志》卷十五載其《依松閣看移竹》詩一首，選自《雙桐軒稿》。《齊河縣志》卷三十《郝啓公先生八旬晉一壽詩》（乾隆辛未年），內有其詩一首。

## 【愚穀詩草一卷】

現存：清乾隆年間手寫本，見《濟南市圖書館館藏古籍書目》。

## 附【袁清慤公年譜一卷】

其子袁鎬、袁繼勤等撰。現存：清乾隆年間精刻本，上海圖書館、山東大學圖書館等藏，《中國歷代

人物年譜考錄》、《販書偶記續編》著錄。

## ◆ 袁守僡

守僡字惠人，一字和村，號靜齋、梧岡、魯存、和園、雪舟等，長山人。

### 【歷代紀年一卷】【紀元編韻一卷】【紀元總載一卷】【建元相同考一卷】

現存：清六承如鈔《紀元四種》本，吉林大學圖書館藏，《東北地區古籍綫裝書聯合目錄》著錄。

### 【時和園印存三卷】

現存：清乾隆三十二年清怡書屋鈐印本，山東省圖書館藏；《山東文獻集成》影印。

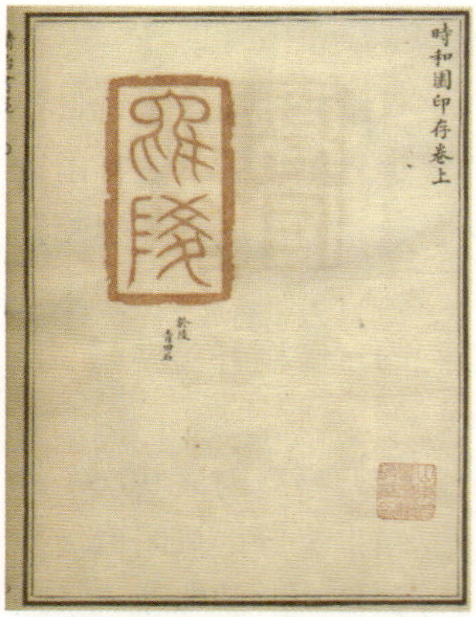
時和園印存卷上

《時和園印存》三卷　清乾隆三十二年清怡書屋鈐印本

### 【時和園珍藏書籍總目十二卷】

現存：清稿本，山東省圖書館藏，《中國古籍善本書目徵求意見稿》著錄。有成兆豐、閻循觀《序》及《自序》。

### 【時和園書目十二卷】

現存：清清怡書屋石印本，山東省圖書館藏；《山東文獻集成》影印。

### 【職典堂印存三卷】

袁守僡輯，董石芝篆。現存：清乾隆鈐印本，山東省圖書館藏。前有袁氏《自序》，鍾廷瑛《序》。

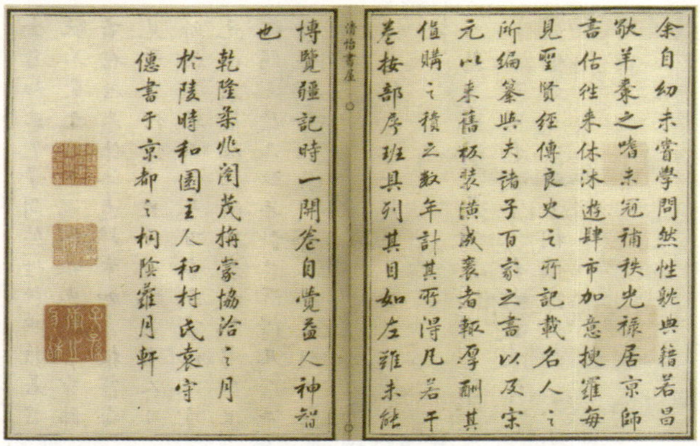
余自幼未嘗學問，然性耽典籍，若昌歜羊棗之嗜。未冠補秩光祿，居京師，書估往來，休沐遊肆市，加意搜羅。每見聖賢經傳、良史之所記載、名人之所編纂與夫諸子百家之書，以及宋元以來舊板裝潢成袠者，輒厚酬其值購之。積之數年，計其所得凡若干卷，按部序班，具列其目如左。雖未能

清怡書屋

博覽強記，時一開卷，自覺益人神智也。

乾隆柔兆閹茂[illegible]協洽之月，於陵時和園主人和村氏袁守僡書于京都之桐陰蘿月軒

《時和園書目》十二卷　清清怡書屋石印本

後有毛圻《序》。

## ◆ 袁守健

守健字體乾，號荷艇，長山人，承績子。貢生。候選光祿寺署正。

其詩文集未見著錄。《國朝山左詩續鈔》卷十載其《重陽懷徐彤輝》詩一首。

## ◆ 袁守儀

守儀字鳳翥，號端峯，長山人，承祖長子。附貢生。官工部營繕司郎中。《濟南府志》卷五十五有傳。

其詩文集未見著錄。《國朝山左詩續鈔》卷三十二載其《題聚星閣》詩一首。《長山縣志》卷十五載其《依松閣栽竹次韻》詩一首。

## ◆ 魏秉鈺

秉鈺字鍾華，號東陽，鄒平人。乾隆甲子（九年）舉人。歷官濮州學正。《濟南府志》卷五十四有傳。

### 【蘭軒詩草一卷】

見《國朝山左詩續鈔》（無卷數）、《鄒平縣志·藝文攷》、《濟南府志·經籍》（無卷數）、《山東通志·藝文》。

《國朝山左詩續鈔》卷八載其《湖村》、《途中寒食》詩二首。《濟南府志·藝文》載其《湖村》詩云："鐵佛祠西柳色新，湖田十頃碧鱗鱗。荷圍茅屋疑無路，蘆隱魚罾似有人。獨占蓬瀛堪作主，坐收烟月不爲貧。生憎擾擾塵中客，也逐漁郎來問津。"

## 【詩法星鳳集三十卷】

見《鄒平縣志·藝文攷》、《濟南府志·經籍》（無卷數）、《山東通志·藝文》（集部總集類）。

## 【試律冰壺】

見《濟南府志·經籍》。

### ◆ 成兆豐

兆豐字武芑，號竹齋，鄒平人。乾隆甲子（九年）舉人，甲戌（十九年）中明通榜。授滕縣教諭，主道一書院。癸未（二十八年）捷會榜。丁內艱，戊子（三十三年）起高唐州學正，己丑（三十四年）補廷試，旋回任。主鳴山書院，多士嚮風。卒年五十三。《濟南府志》卷五十四有傳。

## 【竹齋集四卷】

詩三卷文一卷，見《山東通志·藝文》、《鄒平縣志·藝文攷》。《續修四庫全書總目提要（稿本）》著錄家鈔本四卷，今不知藏於何所。

謝欽寶《敘》：“竹齋先生之舉於鄉也，余獲附驥，長余者二齡，兄事之。後十年，先生司滕邑鐸，而余適授經道一書院，文酒之會，載筆以從，共晨夕者數矣。每烏几蘆簾，刻燭分陰，同輩方拈鬚腐毫，而先生輒叉手昂藏，墨花怒埽，如飛瀑直瀉，汪汪千頃，不可以清濁。曩予作《八仙歌》，直擬於烈士之赴戰場，誠畏之也。歲癸未，先生捷南宮，繼以憂去。服闋，補高唐。雖山河綿邈，感切《停雲》，而鴻牋詩筒，猶時相往來，謂吾輩兄弟尚未衰老，不必以聚散之故，效兒女子介介也。迨今丁酉，先生歸道山者且數年矣，濟南省試，晤其子啟洸。出其詩若干卷，蓋在滕者十之六，而在高唐者十之四，索予校訛，並乞一言。嗟乎，予何忍敘先生之詩哉！且先生亦不欲以詩名也。先生少孤露，銳意進取於《史》《漢》、六藝之書，手不停披，燈火青熒，垂四十年。發爲聲律，攄情肖貌，古色斑然，無烏紗氣，無措大氣，無市儈氣，無蔬筍香盦氣，而一段菁英不可漸滅之氣鬱勃行間，靄然以春，肅然以秋，雷霆交馳，冰雪胥淨。則醞醸於性情之微，沐膏於詩書之澤，其源深也。夫惟大雅卓爾不群，得失寸心，豈易爲外間道哉！彼末學膚受，拾古人賸膏殘脂以自詡得意，而生氣索然，味如嚼蠟，譬則圖苧蘿之貌而欲以充下陳，飾蘭陵之

具而欲以捍强禦，正不足爲個中人捧腹耳。噫！山左詩人自漁洋、山薑、秋谷舍人而後，一燈未燼，瓣香猶存。而先生復起而振之，岱海清風，不憂其無所寄矣。書竟，漏下三鼓，月明如水，慨然想見所謂叉手昂藏高吟於烏几蘆簾間者。乾隆四十二年歲次丁酉秋九月濟水年愚弟謝欽寶題。”

《續修四庫全書總目提要（稿本）》曰：“是編計詩三卷，文一卷。其詩在滕縣作者十之六，在高唐作者十之四。兆豐沒，其子啟洸曾就謝欽寶爲之校正，蓋擬付梓人未果也。”又曰：“兆豐嘗謂：‘詩之超詣變化，在長律尤難言之。若乃運氣定格，結篇練句，緣法施斤，闕一不可。衆竅呼吸，清濁競鳴。得之者虎蔚於瑤林，失之者螢息於晨草。相厥呴吟，區焉別矣。’云云，是兆豐爲詩之旨，亦可略窺一班。”

## 【排律詩一卷】

《鄒平縣志·藝文攷》載是編《自序》云：“早歲從事帖括，間學括韻，顧獨不喜爲排儷之詞。丁丑春，功令以詩校士，於是八韻之作斐然藝苑矣。夫超詣變化，在長律尤難言之。若乃運氣定格，結篇練句，緣法施斤，闕一不可。然衆竅呼吸，清濁競鳴。得之者虎蔚於瑤林，失之者螢息於晨草。相厥呴吟，區焉別矣。每念斯旨，惄然增愧。長夏揀篋，裒爲一卷，得不嗤爲學步之邯鄲乎？乾隆戊子夏鈔竹齋自敘。”

## 【竹齋詩草一卷】

現存：清嘉慶十年家刻《鄒平成氏詩鈔》本（與成厚發《紀年詩草》、成芸《雪岩詩草》合刻），中

《竹齋詩草》一卷 清嘉慶十年家刻《鄒平成氏詩鈔》本

共山東省委黨校圖書館藏；《山東文獻集成》影印。此書乃其子啟淪、啟洸校刻者，書末《跋》云："先君子詩草故多散佚，乾隆丁酉校輯成帙，得四百餘篇，謝石農先生爲之敘。茲撿數十首，附前兩卷後，並授之梓，以昭先澤。全集容俟續刻。"

### ◆ 焦丞會

丞會，章丘人。諸生。

**【家乘三卷】**

道光《章邱縣志》本傳云："少爲諸生，有文名，工書法。性孝友，嘗手輯《家乘》三卷，書諸冊以示後。進士耿賢舉爲之傳。"按：耿賢舉，館陶人，乾隆十年進士。

### ◆ 毛輝祖

輝祖字乃行，號鏡浦，歷城人。乾隆乙丑（十年）進士。官太常寺少卿。《濟南府志》卷五十三有傳。

其詩文集未見著錄。《國朝山左詩續鈔》卷九載其《邯鄲次壁上韻》詩一首。

### ◆ 高人策

人策字建常，歷城人。乾隆乙丑（十年）貢生。

**【孝泉集】**

見《歷城縣志·藝文考》（據採訪節抄本）、《濟南府志·經籍》、《山東通志·藝文》（集部別集類）。

### ◆ 宋　弼

弼字仲良，號蒙泉，德州人，兆李孫，來會子。乾隆戊午（三年）順天舉人，乙丑（十年）進士。歷官甘肅按察使。《濟南府志》卷五十六有傳。

**【德州新志稿七冊】**

見《山東通志·藝文》（史部地理類）。《濟南府志·經籍》作《德州志稿》七冊。《德州志·州人所著書目》作《州志擬稿》無卷數（注云"採用"）。《德縣志·邑人著作》作《州志遺稿》無卷數。

《山東通志·藝文》：是編見乾隆《德州志》。張慶源《紀德州志本末》又凡例云："乾隆十三年，宋蒙泉撰《志稾》，搜得葛稾，宗而主之。"

**【州乘餘聞】**

見《山東通志·藝文》（史部地理類）。現存：清光緒十四年馬洪慶養知堂刻本（一卷），山東省圖書館、中國國家圖書館、遼寧省圖書館等藏，《東北地區古籍綫裝書聯合目錄》、《續修四庫全書總目提要（稿本）》著錄。

《山東通志·藝文》：見錢大昕所撰《傳》。《州志》"餘"作"遺"，云未見。

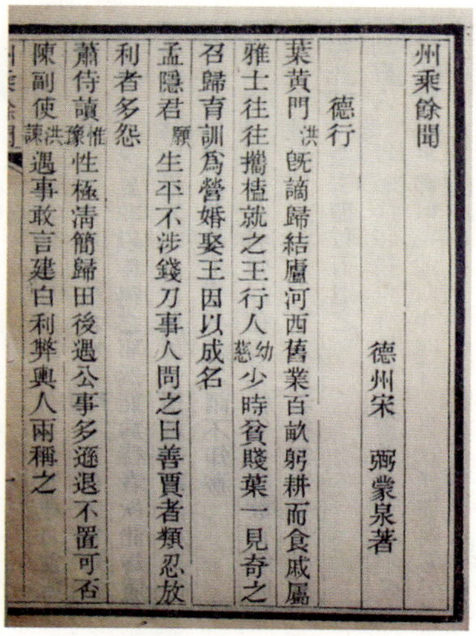
州乘餘聞
德州宋　弼蒙泉著
德行
葉黄門洪既謫歸結廬河西舊業百畝躬耕而食戚屬雅士往往攜榼就之王行人慈幼少時貧賤葉一見奇之召歸育訓爲營婚娶王因以成名
孟隱君願生平不涉錢刀事人問之曰善賈者類忍放利者多怨
蕭侍讀惟豫性極清簡歸田後遇公事多遜退不置可否
陳副使洪謨遇事敢言建白利弊與人兩稱之

《州乘餘聞》一卷　清光緒十四年馬洪慶養知堂刻本

**【蒙泉學詩草八卷】**

見《山東通志·藝文》（云"是編有刊本"）。《濟南府志·經籍》作《詩集》八卷。現存：清乾隆刻本（《蒙泉學詩草》不分卷附《西行雜詠》一卷），中國國家圖書館、山東省圖書館藏，《販書偶記》、《清人別集總目》、《清人詩文集總目提要》、《山東文獻書目》著錄。書無序跋。贈寄懷人，爲方苞、顏懋僑、趙執信、高鳳翰、紀昀、李杲、張元、牛運震、郭廷翕等，率一時名家，如《寄趙秋谷先生》、《和同學紀曉嵐》諸作。論詩題畫詠物，皆清雅可觀。附《西行雜詠》一卷，記爲官甘肅之見聞，注解頗詳，其詩序云："自入甘肅，耳目頓異。比移肅郡，路當孔道，星使絡繹往來。徵其緒言，以廣見聞。暇時頗錄其事，並搜及瑣屑，以絕句紀之。他日貽故鄉戚友，可以佐酒云爾。"

《國朝山左詩續鈔》卷九載其詩一百三十一首。《德州志》卷十二載其《羅酒歌次和西山》（按："西山"，《德縣志》作"酉山"）詩一首。《德縣志》卷十六載其《羅酒歌次和酉山》、《初過濯錦園贈程茂林兄弟》、《題謝方山先生杏村集》等詩五首。《續修平原縣志》卷十一載其《題張陶山小照》一首。道光《東阿縣志》卷十五載其《東阿曹遷建墓》一首。

## 【蒙泉學詩選抄不分卷】

有光緒傳鈔本，見《續修四庫全書總目提要（稿本）》。

## 【宋蒙泉文集不分卷】

現存：清鈔本（三冊），見《美國哈佛大學哈佛燕京圖書館藏中文善本書志》。首冊有序三十八篇，跋二篇，書後六篇，題後一篇，說一篇，辨一篇，賀狀一篇，書札六篇，啟三篇，約言一篇，例言一篇，上奏皇帝札子一篇，策二篇，賦一篇，文六篇，爲官時飭示二篇。第二冊有墓志銘一篇，傳十三篇，記七篇，序七篇。第三冊墓志銘二十六篇，行述一篇。

## 【文稿四卷】

見《濟南府志·經籍》、《山東通志·藝文》（據《州志》）。

《山東通志·藝文》按：弼《懷人絕句·桐城方望溪先生苞》一首自注云："乙卯秋謁先生於京邸，雨中久侍。垂示文章之旨甚悉。"然則弼文亦宗法桐城者也。

《德縣志》卷十五載其《公舉貞女狀》、《矩亭賦》。

## 【思永堂詩文全集】

見《德縣志·邑人著作》。

## 【山左明詩鈔三十五卷】

見《四庫全書總目提要》、《濟南府志·經籍》、《山東通志·藝文》（集部總集類）。現存：清乾隆三十六年益都李文藻廣東刻本，山東省圖書館、北京大學圖書館等藏，《中國古籍善本書目》、《東北地區古籍綫裝書聯合目錄》著錄；《山東文獻集成》影印。

《山東通志·藝文》：《存目提要》曰："是集輯明代山東一省之詩，所錄凡四百三十一人。其體例全仿朱彝尊之《明詩綜》。其去取之間，則僅守王士

禎之門徑，纖毫不肯異同也。"按：是集乃乾隆辛卯李文藻所刊。據本書文藻《序》，乾隆癸未宋以全稿畀盧見曾，盧以所輯未備，未即付刊。戊子，盧得罪籍家，宋以甘肅按察使入覲，道卒。文藻走德州，從官購得其稿，惟小傳一冊佚去。會宋柩歸，文藻迎哭啓笈，得宋手錄小傳。乃攜至廣東恩平刊之。時李謁選得恩平也。集中吳孟祺、孟秋、李中行皆有目無詩。

## 【山左明詩選遺】

見《德縣志·邑人著作》。

## 【國朝山左詩補鈔七卷續鈔四卷】

見余正西《國朝山左詩彙鈔後集·序》。現存：清鈔本（無《續鈔》），山東省圖書館藏，《中國古籍善本書目》、《山東文獻書目》著錄。

## 【廣川四子集】

見《山東通志·藝文》（集部總集類）。所編爲李國柱、李基搞、曹昕、金英四人之詩。

## 【試帖前選四卷】

現存：清嘉慶濟南濼源書院刻本，山東省博物館藏，《山東文獻書目》著錄。

## 【五代詩話十二卷】

此爲新城王士禎未竟之本，宋弼等補輯而成。詳見王士禎著作。

## 【說詩二種】

《山東通志·藝文》（集部詩文評類）云："是編共一卷，見《衡園類存》。"現存：清乾隆濼源書院刻本，見下條。

## 【聲調彙說二卷】

現存：清乾隆濼源書院刻《詩說二種》本，中國國家圖書館、北京大學圖書館、湖北省圖書館藏，《中國古籍善本書目》、《中國叢書廣錄》著錄。

## 【通韻譜說一卷】

現存：①清乾隆濼源書院刻《詩說二種》本，北京大學圖書館、湖北省圖書館藏，《中國古籍善本書目》、《中國叢書廣錄》著錄。②清道光二年刻本（附

《蟲說》一卷），華東師範大學圖書館藏，《中國古籍善本書目》、《清史稿藝文志拾遺》著錄。③清鈔《詩學叢書》本，復旦大學圖書館藏，《中國古籍善本書目》、《中國叢書廣錄》著錄。

### ◆ 羅以書

以書，德州人。

### 【青芝山房學詩集】【怡雲樓詩草】

見《德縣志·邑人著作》。

《德縣志》卷十六載其《寄趙春碢》、《紀夢》詩二首。

### ◆ 羅以深

以深字淵碧，號樸園，德州人。增貢生。

### 【樸園片紙集】

見《國朝山左詩續鈔》、《濟南府志·經籍》、《山東通志·藝文》、《德縣志》本傳。《德縣志·邑人著作》作《片紙集詩》。

《德縣志》本傳云："家有舊園亭，稍加修葺，不爲侈靡，臺樹花竹，疏落有古致，名曰樸園。結小雅詩社於其中，與金谷村、李秋厓、宋蒙泉諸名流相唱和，文酒高會，殆無虛日。尤肆力於古文，多得沈椒園先生之傳授。著有《樸園片紙集》。"

《國朝山左詩續鈔》卷八載其《中秋後一日作》、《重陽後作》詩二首。《德縣志》卷十六載其《樸園對菊》詩一首。

### ◆ 孫今敬

今敬字南軒，德州人，勷孫，于葍子。乾隆乙丑（十年）會副。官貴池知縣。

其詩文集未見著錄。《國朝山左詩續鈔》卷九載其《和德夫子晚泊》詩一首。

### ◆ 張 科

科字佐卿，歷城人。乾隆乙丑（十年）進士。歷官大理寺少卿。

### 【宋史文萃】【唐詩正宗】

見《歷城張氏世系譜》。

### ◆ 朱 琦

琦字景韓，號簣穀，歷城人。乾隆丁卯（十二年）舉人。歷任陝西神木、江西萬載、四川安岳、彭縣知縣。《濟南府志》卷五十三有傳。

### 【倚華樓詩四卷】

見《續修歷城縣志·藝文考》（據本書）。現存：①清乾隆間刻本，山東省圖書館、山東省博物館等藏，《山東省博物館藏明清民國山左學者著述知見錄》、《清人別集總目》、《清人詩文集總目提要》著錄。②清道光間刻《濟南朱氏詩文彙編》本，中國國家圖書館、山東大學圖書館、濟南市圖書館等藏，見《中國叢書綜錄》、《清人別集總目》；《山東文獻集成》影印。

《國朝山左詩續鈔》、《濟南府志·經籍》、《山東通志·藝文》、《續修歷城縣志》本傳均作《倚華樓集》，無卷數。

《續修歷城縣志·藝文考》載魯鴻《序》曰：余少學詩，喜讀《山谷老人集》，於古人意匠未有所窺也，徒取其不順時，謂足以詑俗而已。然詩成讀之，如梗在喉而不得下，心竊病之。客長安，交任城孫君靈匯，爲言漁洋山人每教人讀《才調集》，又得趙秋谷先生所爲《聲調譜》讀之，始知詩之體倚聲而立，離聲調不可以言詩。顧求其所以依永而和聲者，難言也。《三百篇》自《雅》、《頌》入樂章外，諸國多爲徒詩。樂府自漢魏以降，罕可被諸管絃者。然而其高下疾徐之節，未嘗不與樂通也。觀察乎天地之間，泉激於石，木撓於風，蟲鳥感於氣，或悲壯淒切，或希微宛轉，異響一聽，中宮中商，然後知天地之元音窈冥恍惚，其感於物而鳴者，變化皆出於自然，而不可思議。詩也者，妙萬物而爲言者也。抑揚抗墜之間，豈非神之所爲與？朱明府景韓生漁洋、秋谷兩先生之鄉，自其先世於漁洋爲師友，風雅不傳之秘，飽見飫聞，故其所論，視靈匯爲尤。進讀其詩，風格深穩，興會高騫，在開寶、長慶之間，聲調曾何足以重君詩？而區區獨以此爲言者，蓋余粗識其所以然。至沈思獨往，爭離合於秒忽，而幾非在我。每自悔其用意之過，思從君窮其奧渺，以庶幾古作者之神，則今日之序君詩，亦藉以請益云爾。乾隆辛巳八月既望旴江魯鴻。

《國朝山左詩續鈔》卷十載其詩十四首。

## 【鐵峰集一卷】

現存：稿本（一冊），山東省圖書館藏，《中國古籍善本書目》、《清人別集總目》、《清人詩文集總目提要》著錄。

## 【清忠堂文稿】

見《續修歷城縣志·藝文考》（據朱學猷鄉試硃卷履歷）。

## 【杜詩精華六卷】

朱琦輯。現存：清乾隆鈔本（五冊），山東省圖書館藏，《中國古籍善本書目》、《杜集書目提要》著錄。

### ◆ 高之璿

之璿，濟陽人。乾隆丁卯（十二年）舉人。官青城教諭。

其詩文集未見著錄。民國《濟陽縣志·藝文》載其《重修垜石橋記》一文，《送邑侯成夫子調任魚臺》詩。

### ◆ 高之璐

之璐，濟陽人。考《濟南府志·藝文》載提督學院閔鶚元《移修奎星閣記》，乾隆二十七年濟陽縣移建奎星閣，邑紳士高廷榕、高之璐等庀材鳩工，相與有成。蓋之璐亦乾隆間邑紳之善屬文者。

其詩文集未見著錄。民國《濟陽縣志·藝文》載其《新開如意溝碑記》（乾隆甲申）一文，《柳烟》、《松雪》等詩。

### ◆ 李世保

世保字滋圃，號柳亭，德州人。乾隆丁卯（十二年）舉人。歷官大理府同知。

## 【雲南縣志四卷】

現存：①清乾隆三十二年原刻本，中國國家圖書館等藏。②曬藍本（據國圖本），雲南省圖書館藏。③鈔本，上海圖書館藏。

## 【春雨樓詩】

見《國朝山左詩續鈔》、《濟南府志·經籍》、《山東通志·藝文》、《德縣志》本傳。

《國朝山左詩續鈔》卷十載其《思歸》、《思家》詩二首。《德縣志》卷十六載其《題謝松泉表兄小照》、《歸里口占》、《題女廸安畫梅》（二首），凡四首。

### ◆ 于崇勑

崇勑字丹符，號滄巖，新城人，覺世曾孫。乾隆丁卯（十二年）舉人。歷官堂邑、平陰教諭，擢餘干、豐城、龍泉、樂平知縣。引年告歸，卒年八十一。《濟南府志》卷五十五、《重修新城縣志》卷十六有傳。

## 【有福堂詩集】

見《國朝山左詩續鈔》、《濟南府志·經籍》。

《國朝山左詩續鈔》卷十載其《江行》詩一首。小傳注引滇南劉寄菴《傳》云：“丹符居官以清廉勤慎見稱。移病歸，父老爲寫《遺愛圖》，附詩百首，有‘宦囊不減來時重，添得西江數卷詩’之句。”按《遺愛圖》，《濟南府志》本傳作《龍山別愛圖》，崇勑時任豐城知縣。

## 【世雅堂詩集二卷】

見《濟南府志·經籍》、《山東通志·藝文》《據（白雲山房集）》、《重修新城縣志·藝文》。

### ◆ 魏文深

文深字子靜，歷城人。乾隆丁卯（十二年）歲貢。官博興訓導。

## 【魏氏族譜一卷】

見《歷城縣志·藝文考》（據本書）、《濟南府志·經籍》、《山東通志·藝文》。

《歷城縣志·藝文考》：魏文焯《記》署曰：“焯生也晚，自曾祖以下畧能記憶；至始祖讓原籍棗強，明初遷歷下，究未知距焯相去幾世。今歲春，族弟文深遂以譜牒自任。上自始祖，下屆諸孫，共十九世。序次無舛，爰付梓人，因爲之記。”

## 【蛩吟集一卷】

見《歷城縣志·藝文考》（據採訪抄本）、《濟南府志·經籍》、《山東通志·藝文》。

## ◆ 王祖肅

祖肅字季龍，號敬亭，新城人。康熙五十六年生，乾隆五十七年卒，年七十六。《濟南府志》卷五十五、《重修新城縣志》卷十六有傳。

### 【敬亭自記年譜一卷】

現存：清乾隆間新城王氏刻本，中國國家圖書館、天津圖書館等藏，《中國古籍善本書目》、《販書偶記》（誤作康熙間精刻本）、《近三百年人物年譜知見錄》著錄。

### 【武進縣志十四卷首一卷】

現存：①清乾隆三十年刻本，上海圖書館、湖南圖書館藏，《中國古籍善本書目》著錄。②鈔本，上海圖書館藏，《中國地方志聯合目錄》著錄。

### 【集蘇一卷】

現存：清鈔本，中國國家圖書館藏，《北京圖書館古籍善本書目》、《中國古籍善本書目》著錄。

《國朝山左詩續鈔》卷十六載《酬周幔亭》詩一首。

## ◆ 安嚳

嚳，長山人。庠生。

其詩文集未見著錄。《長山縣志》卷十五載其《過長白山》詩一首。

## ◆ 安岧

岧，長山人。乾隆戊辰（十三年）歲貢生。

其詩文集未見著錄。《長山縣志》卷十五載其《黃山前爲故里老人作》詩一首。

## ◆ 張 詩

詩，陵縣人。太學生。

其詩文集未見著錄。《陵縣志》卷十七載其《重脩登仙橋碑記》（嘉慶五年立），末云：“八十二歲太學生張詩撰，命從子增生次輔書。”

## ◆ 魏朝綬

朝綬，德州人。

### 【德州魏氏家譜四卷】

魏朝綬等纂修。現存：清乾隆十四年刻本，中國人民大學圖書館藏，《中國家譜總目》、《山東文獻書目》著錄。

## ◆ 余 炯

炯字容成，歷城人，肇楷子。

### 【偶存草】

見《國朝山左詩續鈔》、《濟南府志·經籍》、《山東通志·藝文》、《續修歷城縣志·藝文考》。《續修歷城縣志·列傳三》余羲附傳云：“長從事四方，舟車所至，常把司馬溫公《資治通鑑》一帙不去手，興會所至，形諸吟詠，名《偶存草》。高密王學博甯延輯《山左詩續鈔》，常選其詩，謂‘雅渾雄健，追蹤唐賢’。”

《國朝山左詩續鈔》卷十載其《東平道中》、《讀放翁集有感》、《旅中書懷》、《湖亭晚坐》詩四首。《國朝山左詩彙鈔後集》卷三十六《余氏家集》亦錄此四首，《讀放翁集有感》題作《讀劍南集有感》。

## ◆ 余 沛

沛字惠蒼，號節庵，歷城人，肇楷子，炯弟。太學生。

### 【風雲集】

見《國朝山左詩續鈔》、《濟南府志·經籍》、《山東通志·藝文》、《續修歷城縣志·藝文考》。

《國朝山左詩續鈔》卷十載其《東海夜望》、《瓜步道中》、《路上有呼余爲倪先生者·戲成一絕》、《和劉天木論詩》詩四首。

### 【幽齋雜詠】

見《國朝山左詩續鈔》、《濟南府志·經籍》、《山東通志·藝文》、《續修歷城縣志·藝文考》。《國朝山左詩彙鈔後集》卷三十六《余氏家集》作《幽窗雜詠》。

## ◆ 余 丙

丙字鄰午，號朗齋，歷城人，羲子。乾隆庚午（十五年）舉人。官山西趙城知縣，擢賓川州知州。

其詩文集未見著錄。《國朝山左詩續鈔》卷十載其《湖上秋興》詩一首。

## ◆ 余　鯤

鯤字賓鳳，歷城人，義子。諸生。

其詩文集未見著錄。《國朝山左詩續鈔》卷十載其《望江樓獨眺》詩一首。

## ◆ 余　章

章字錦浦，歷城人，炯子，正酉父。

其詩集未見著錄。《國朝山左詩彙鈔後集》卷三十六載其《歷亭懷古》、《王氏別業》、《憶黃生》等詩九首。

## ◆ 張六瑛

六瑛字韞玉，上元縣人，官嶧縣知縣張若谷稼蘭女，歷城余天培室。

其詩集未見著錄。《國朝山左詩彙鈔後集》卷三十六載其詩《寄姪女》（四首）、《索念于五嫂鄧夫人詩》，凡五首。小傳注云：“韞玉女史適秋門堂伯，爲秋門諸母行。幼聰慧，隨諸兄讀書家塾，輒過目不忘。長習女紅，有針神之目。後長兄敉由乾隆癸酉拔貢官萍鄉縣知縣，次兄敔中乾隆丙戌進士，三兄敬中乾隆壬午舉人，並以書畫詩古文蜚聲藝苑，一時有‘三張’之目。女史與諸兄分韻爭馳，未嘗少遜。于歸後，以家人不善治生，常至困乏。嘗自遣云：‘自笑羅衣皆典盡，教人無計耐輕寒。’《病中》云：‘寒衣典盡愁難贖，買藥人歸說欠錢。’其貧況可想。集中諸作，皆秋門幼時得自口授者。才人薄命，自古爲然，曷勝浩歎！”

## ◆ 李　錕

錕字韜鋒，號青岑，別號半檐居士，德州人。《德縣志》卷十五有李清渭《半檐居士小傳》。

### 【半檐居詩】

見《德縣志·邑人著作》，本傳云一冊。本傳云：“學富才高，風流蘊藉，冠絕一時。乾隆丙辰年十七應省試，闈中擬元，十餘日已登草榜，而僨失之。嗣是屢薦屢擯，牢騷抑鬱，四十八歲而卒。州前輩李興安公爲斯文宗匠，嘗云：‘吾生平有不可解者三：歐

陽公不能四六文，海棠無香，李韜鋒不第也。’擅濟南名士之譽，含荊人抱璞之冤。”

《國朝山左詩續鈔》卷十七載其《酬董曲江見示近詩即送北上》、《送張君憑赴南通州任》詩二首。《德縣志》卷十六載其《謝松泉先生葺城南別業落成》、《東方朔墓》詩二首。

## ◆ 李　鑑

鑑字浙雲，德州人。諸生。

其詩文集未見著錄。《國朝山左詩續鈔》卷十七載其《劍塚》詩一首。

## ◆ 胡道廣

道廣字履坦，新城人。乾隆庚午（十五年）舉人。官南漳知縣。《濟南府志》卷五十五有傳。

### 【吾愛廬詩】

見《國朝山左詩續鈔》、《濟南府志·經籍》、《山東通志·藝文》。《重修新城縣志·藝文》作《吾愛廬詩集》。

《國朝山左詩續鈔》卷十載其《得友人粵中消息》詩一首。

## ◆ 王道蕩

道蕩字無偏，號鏡齋，淄川人。乾隆庚午（十五年）舉人。官文登教諭。《濟南府志》卷五十四、《三續淄川縣志》（卷九）有傳。

### 【鏡齋文稿】

見《濟南府志·經籍》、《山東通志·藝文》。

## ◆ 馮方鄴

方鄴字又李，歷城人。乾隆庚午（十五年）舉人。歷官直隸永年、陝西洋縣、蒲城知縣。《濟南府志》卷五十三、《續修歷城縣志》卷三十九有傳。

### 【个亭集一卷】

見《山東通志·藝文》（據《續修府志採訪冊》）、《續修歷城縣志》本傳。《續修歷城縣志·藝文考》作《個亭集》。

《續修歷城縣志》本傳：廉謹自持，所至以振興

文教、培養民氣爲先，明察善斷，去後人思慕之。幼承家學，工詩，與朱琦相倡和。著有《个亭集》一卷。

### ◆ 焦爾厚

爾厚字孔俌，號樸村，又號西村，章丘人。乾隆庚午（十五年）舉人。歷官遵義知府。《濟南府志》卷五十四有傳。

#### 【樸村詩草八卷】

見道光《章邱縣志·藝文》、《濟南府志·經籍》。《山東通志·藝文》據《繡水詩鈔》著錄，作《西村學詩稿》八卷。

《國朝山左詩續鈔》卷十載其《秋夜懷人》、《夜雨懷姚紫瀾先生》、《舟中曉行》詩三首。道光《章邱縣志·藝文》載其《夏日繡江》、《望青龍山一帶》詩二首。

#### 【秦州公餘偶吟不分卷】

現存：清乾隆三十七年西寧學署刻本，青海省圖書館藏，《清人別集總目》、《清人詩文集總目提要》、《青海省古籍善本書目》著錄。

### ◆ 焦爾宣

爾宣字孔翰，章丘人。

#### 【露園小草】

見《山東通志·藝文》（據《繡水詩鈔》）。

《國朝山左詩彙鈔後集》卷三十五載其《晚過龍桑寺》詩一首（據吳連周《繡水詩鈔》）。

### ◆ 焦爾泌

爾泌字孔樂，章丘人。

#### 【籟吟草】

見《山東通志·藝文》。

《山東通志·藝文》：《繡水詩鈔》載是編，引爾厚云："季弟孔樂詩清絕似樂天，不事藻采，天機活潑，頗有風人之致。"

《國朝山左詩彙鈔後集》卷三十五載其《牧牛子》、《南城晚眺》、《漸山濼》詩三首（據吳連周《繡水詩鈔》）。

### ◆ 王恒振

恒振字鷺飛，號稽酉，章丘人。乾隆庚午（十五年）舉人。官清水知縣。《濟南府志》卷五十四有傳。

其詩文集未見著錄。道光《章邱縣志·藝文》載其《重修樊家莊橋記》文一篇，《壬戌九月同友人登長白山絕頂》、《遊朝陽庵》詩二首。《國朝山左詩彙鈔後集》卷三十五載其《遊朝陽菴》、《重遊毘盧殿有感》詩二首（據吳連周《繡水詩鈔》）。

#### 【詩韻考注】

見道光《章邱縣志·藝文》、《濟南府志·經籍》、《山東通志·藝文》（經部小學類）。

#### 【古今統圖考說】

見《濟南府志·經籍》、《山東通志·藝文》（子部雜家類）。道光《章邱縣志·藝文》作《古今統圖》。

#### 【碎金海錄】

見道光《章邱縣志·藝文》、《濟南府志·經籍》、《山東通志·藝文》（子部雜家類）。現存：歷城秦氏鈔本，見《北京大學圖書館藏古籍善本書目》。

### ◆ 胡九霞

九霞字赤城，章丘人。乾隆庚午（十五年）舉人。

其詩文集未見著錄。《國朝山左詩彙鈔後集》卷三十五載其《車過濟南口占》詩一首（據吳連周《繡水詩鈔》）。

### ◆ 田徵輿

徵輿字孟扶，號清漪，別號香孤山人，德州人，同之子。

#### 【豆花書屋印譜】【磨礱頑鈍稿】

見《山東通志·藝文》、《德縣志·邑人著作》。

《山東通志·藝文》：《山左詩續鈔》引叔在竹《序》云："香孤山人工各體書，州治、廟碑及戚友墓碑多其手蹟。尤工鐵筆，苦心研摹五十餘年，計鑴小印數千餘方。有《豆花書屋印譜》、《磨礱頑鈍稿》兩冊。"

《德縣志·邑人著作》有《豆花書屋印譜》、《石南齋詩》，無《磨礱頑鈍稿》。

## 【石南齋詩】

見《國朝山左詩續鈔》、《濟南府志·經籍》、《山東通志·藝文》、《德縣志·邑人著作》。《德縣志》田肇麗附傳作《石南齋詩詞》。

《國朝山左詩續鈔》卷十六載其《雅雨先生石芝園看菊》、《秋雁》、《濟南雨夜留別寓齋主人》、《秋風》詩四首。《德縣志》卷十六載其《秋雁》一首。

### ◆ 田際昌

際昌字映六，號稜香，德州人，徵輿弟。

## 【西園近稿】

見《國朝山左詩續鈔》、《濟南府志·經籍》、《山東通志·藝文》、《德縣志》。

《國朝山左詩續鈔》卷十六載其《古詩》、《甲午歸自南中簡諸同人》等詩六首。《德縣志》卷十六載其《欲往村居．感事漫成》詩一首。

### ◆ 伊 桂

桂字丹木，號鳳鼇，新城人。乾隆辛未（十六年）進士。官徐溝知縣。桂能文章，與兄松為雙璧。卒年六十三。《濟南府志》卷五十五有傳。

其詩文集未見著錄。《國朝山左詩續鈔》卷十一載其《擬溫飛卿贈蜀府將》詩一首。

### ◆ 朱 傳

傳字唯一，又字聖紹，德平人。乾隆壬申（十七年）進士。《濟南府志》卷五十六、《德平縣志》卷七有傳。

其詩文集未見著錄。《德平縣志》卷十一載其《壽文邑侯序》文一篇。

## 【德平縣文獻彙略續編】

見《濟南府志·經籍》、《山東通志·藝文》（作《文獻彙略續編》）、《德平續縣志》。

《山東通志·藝文》引《縣志》本傳云："取其從祖履慶《文獻彙略》，續編成帙。"

### ◆ 董元賡

元賡字賡陳，號冷硯，平原人，思凝子。監生。

## 【冷硯集】

見《山東通志·藝文》。《國朝山左詩續鈔》作《泠硯集》。《濟南府志·經籍》作《泠澗集》，云元賡號泠澗。

《國朝山左詩續鈔》卷五十六載其《登天平山》二首。小傳注引其弟元度曰："先兄一生好學，不問家人生產。少游峩山先生之門，先生亟賞之。丙辰宏詞大科，有司將以名聞，力辭不應。屢困場屋，癸酉省試，得而復失。晚年詮釋《毛詩》，屬稿未就。丙子春，元度薄游江左，留滯經年，不謂歸與將賦，遽罹人琴之痛。篋中未帶全集，僅記少作二首。行將返舊里，撿遺集搜羅，以供哲匠評騭焉。"《平原縣志》卷十載其《咏劉孝標燎麻炬讀書事》詩一首。

### ◆ 董元度

元度字曲江，號寄廬，平原人，思凝子。乾隆壬申（十七年）進士。官安遠知縣，改東昌教授。《濟南府志》卷五十六、《續修平原縣志》卷十有傳。

其文集未見著錄。光緒《平陰縣志》卷八載其《松亭張公壽序》。民國《齊河縣志》卷三十二載其《房集菴傳》。光緒《高唐州志》卷八載其《朱懷樸傳》。道光及民國《冠縣志》卷九載其《雲南建水州知州文炎趙公暨配馮氏墓表》。

## 【舊雨草堂詩八卷詩餘一卷】

見《山東通志·藝文》。《國朝山左詩續鈔》、《濟南府志·經籍》作《舊雨草堂集》，無卷數。現存：清乾隆四十三年新安申氏刻本，中國國家圖書館、上海圖書館、山東省圖書館等藏，《續修四庫全書總目提要（稿本）》、《清人別集總目》、《清人詩文集總目提要》著錄。

《山東通志·藝文》：是編刊於乾隆戊戌，末附詩餘十二闋。桂林胡德琳《序》云："曲江之詩，和平爾雅，不為綺靡浮豔之態，而亦無鉤章棘句之習，大抵根柢於義山，而歸宿於放翁。間作長短句，含宮嚼徵，老而不衰。"南昌萬廷蘭《序》云："寄廬性情平易，其言諧婉，尤長於七律，故集中所錄較他體為多。"據本書。又《蒲褐山房詩話》元度一條云："仕途偃蹇，連蜷以歿，故其詩清婉中多感慨之作。"

《續修平原縣志》卷十一又有鄧汝勤《舊雨草堂詩集序》。

《國朝山左詩續鈔》卷十二載其詩五十三首。《續修平原縣志》卷十一載其《題張陶山小照》、《酬紀曉嵐同年》等詩三十二首。道光《東阿縣志》卷十五載其《黃石公祠》、《遊少岱山》、《遊東流書院》詩三首。宣統《聊城縣志》卷十載其《鐵尚書廟歌》、《雨中過鐵尚書廟題壁》、《夏日獨游隆興寺》等詩。

**【舊雨草堂詩稿五卷】**

現存：清乾隆三十五年庚寅刻本（收乾隆五年至三十五年詩），中共山東省委黨校圖書館藏。

### ◆ 董元亮

元亮字欣載，平原人。

**【亦園漫稿】**

見《國朝山左詩續鈔》、《濟南府志·經籍》、《山東通志·藝文》。

《國朝山左詩續鈔》卷十二載其《夜臺曲》、《登千佛山》詩二首。

### ◆ 王宸佶

宸佶字吉人，號端谷，新城人。乾隆壬申（十七年）恩科進士。官萊州府教授。

**【端谷詩草】**

見《國朝山左詩續鈔》、《濟南府志·經籍》、《山東通志·藝文》、《重修新城縣志·藝文》。

《國朝山左詩續鈔》卷十二載其《喬村雨霽》詩一首。

### ◆ 于配功

配功字子襄，禹城人。乾隆壬申（十七年）歲貢。官壽張訓導。

**【濟世策略】**

見《禹城縣志·藝文》、《濟南府志·經籍》、《山東通志·藝文》。

**【制藝文稿】**

見《禹城縣志》本傳、《禹城縣鄉土志》。

### ◆ 朱廷棕

廷棕，長山人。優貢生。

其詩文集未見著錄。《長山縣志》卷十三載其《重修范公祠記》、《重修永安橋碑記》（乾隆十七年）。

### ◆ 賈 琰

琰字廷瑞，號蘭圃，歷城人。乾隆癸酉（十八年）舉人。任山西潞城縣知縣，署平陽府同知。《齊河縣志》卷二十七有傳（稱其爲孫耿戴莊人）。（賈琰，《國朝山左詩續鈔》、《濟南府志·經籍》作賈炎，《山東通志·選舉表》、《濟南府志·選舉》作賈玉。茲據《山東通志·藝文》、《續修歷城縣志·藝文考》。）

其詩文集未見著錄。《國朝山左詩續鈔》卷十二載其《七夕》詩一首。民國《齊河縣志》卷三十二載其《郝羲儕先生傳》一篇。

**【周易說三冊】**

見《山東通志·藝文》、《續修歷城縣志·藝文考》（據採訪鈔本）。《濟南府志·經籍》云六萬餘言。

《山東通志·藝文》：是書有家藏抄本。據卷首嘉慶戊午《自序》，蓋晚年罷官後所作。《序》後載凡例二十三條，其第九條云：“河圖有象，先天後天有圖，孔子《十翼》中原無明訓。此編總以聖人白文爲主，不敢勦竊雷同。蓋其論易主理不主數，故其爲說，皆明白簡淨，無穿鑿傅會之談。”

《續修歷城縣志·藝文考》：琰《自序》略曰：《易》之爲書，蓋蘊蓄者深已。幼年開卷，茫然不知所謂，時作時輟。晚歲自山西投劾歸，取諸講義細玩，每有所得，而隨筆錄於簡弁，久而上下左右幾無隙地。弟口姪口，好事者也，不憚煩勞，取而次第鈔藏於家，以爲弟子津梁。若夫問世，則吾豈敢。嘉慶三年歲次戊午八月既望。本書。

**【四書講義】**

見《續修歷城縣志·藝文考》，注云：“據賈廷琛鄉試硃卷履歷。卷未詳。”

### ◆ 朱 璜

璜字蒼佩，歷城人，崇勳子。乾隆癸酉（十八年）舉人。官青州府教授。《濟南府志》卷五十三有傳。

其詩文集未見著錄。《國朝山左詩彙鈔後集》卷一載其《壽晴村撫軍五十初度》等詩七首。

#### ◆ 郝宜棟

宜棟字丹楹，號邃堂，齊河人。乾隆癸酉（十八年）舉人。淹貫五經，於《易》尤邃。《濟南府志》卷五十六、《齊河縣志》卷二十七有傳。《齊河縣志》卷三十二有申士秀《故孝廉郝邃堂傳》。

**【易經解】**

見《濟南府志·經籍》、《山東通志·藝文》（經部易類）。

**【左傳敘事】**

民國《齊河縣志·撰述》。

**【邃堂詩文集】**

見民國《齊河縣志·撰述》。《縣志·藝文》載申士秀《故孝廉郝邃堂傳》云：“卒後，其族侄鏡亭孝廉爲梓其遺文而傳之。”

《齊河縣志》卷三十載其《邑城觀解七絕》詩八首。

#### ◆ 張廷宷

廷宷字惠夫，號亮齋，淄川人，元孫。乾隆癸酉（十八年）拔貢。官壽張縣教諭。

**【淄川縣志八卷首一卷】**

與王佳賓同纂。現存：①清乾隆四十一年刻本，山東省圖書館、濟南市圖書館等藏。②民國九年藝林石印局石印本，山東省圖書館、濟南市圖書館等藏；《中國地方志集成·山東府縣志輯》影印。

《山東通志·藝文》作《重續淄川縣志》八卷，提要云：“是志成於乾隆丙申。凡例云：‘邑志續修於乾隆癸亥，距今乙未已三十餘年，其間人物、事蹟皆分類續補，輿地、建置諸志亦補其遺，間有訂正，附記本條。’據本書。”

按：是志由淄川知縣張鳴鐸（字鈞陶，河北靜海人，乾隆三十八年任）主修，卷目悉依乾隆八年舊《志》，續補較簡略。

**【亮齋詩文存稿】**

見《淄川縣志》、《山東通志·藝文》。《國朝山左詩續鈔》、《濟南府志·經籍》作《亮齋詩草》。

《山東通志·藝文》：是集見《縣志》。別有《曲陽》、《桐川》、《皖江》、《津門》、《楚遊》、《維揚》諸詩草，亦見《縣志》。

《國朝山左詩續鈔》卷十二載其《自桃河口晚抵西林港》、《遊凌氏園》、《新春三日登北固山》、《題擔雲上人詩卷後》詩四首，小傳注引高勳謀曰：“張氏世以文章著，公所得尤深。纂修邑志，釐正搜剔，咸贍詳有法。蒙泉先生集《山左詩鈔》，公與有力焉。”《淄川縣志·藝文》載其《辛巳秋日邑侯楊公重修縣城告竣．大集紳士燕飲．落成即事．賦呈二律》（二首）、《春日過般陽書院》、《庵子溝次韻》、《乙未仲秋後一日王麗農見示對月新詩．次韻和贈．時同續邑志》等詩五首。

#### ◆ 張廷敘

廷敘字敦夫（一作惇夫），號訥齋，別號香雪居士，淄川人，作哲子，廷宷弟。諸生。

**【香雪園詩】【娥江集】【棗花集】【生白軒稿】【燕石集】**

見《國朝山左詩續鈔》、《濟南府志·經籍》、《山東通志·藝文》。

《續修四庫全書總目提要（稿本）》著錄家抄本（作《訥齋詩抄》不分卷），提要云：“是編分集編次，曰《香雪園集》，凡詩一百十二首；曰《娥江集》，凡詩九十八首；曰《棗花集》，凡詩六十七首；曰《燕石集》，凡詩一百七十首；曰《生白軒稿》，凡詩八十二首。總計古近體詩五百卅餘首。”

《山東通志·藝文》：《山左詩續鈔》載諸編，引周太史林汲曰：“訥齋性耽奇癖，文藻詼瑰。嘗著《竹賦》，搜索隱變，琢句佶聱，覽者舌咋。求之古人，大類長吉。”《鄉園憶舊錄》云：“廷敘娶仇氏，甚相得。仇氏卒，作《哭花》詩上下平三十韻，大似李義山。”

《國朝山左詩續鈔》卷十二載其《古意》、《秋雨》詩二首。《淄川縣志·藝文》載其《樂店弔昌國君》、《東城望載酒堂》詩二首。《齊河縣志》卷三十載其《祝阿懷古二首》。

**【香雪園重訂詩不分卷】**

現存：稿本（三冊），山東省圖書館藏；《山東文獻集成》影印。內分《小怡亭集》、《借松軒集》、《繭思集》、《訥齋近稿》、《定新窩初集》、《定新窩二集》、《堅至軒稿》、《爐餘詩》、《靜持新詩》、《蒬囊集》、《濼遊草》諸集。書前目錄中另有《桐雲樓倡和詩》、《哭花詩》、《香雪園別存稿》、《恨餘碎存》、《錦湖集》、《浮寄稿》、《西園集》、《金還集》、《秋社詩》、《懷友詩》、《百女仙詩》、《娥江續集》、《蘭陵草》、《鳴鷴草》等集名，有目無詩。

　　郝允秀《松露書屋詩稿》有《讀香雪園詩寄敦夫》詩云：“交遊四海久無家，萬首詩成世共誇。天以泥塗融氣質，人因時命識才華。牛衣不覺餘生苦，馬磨爭憐客興奢。他日火蓮功候足，知君一舉入烟霞。敦夫夫婦唱和詩有‘刧盡池中能浴日，功成火裏自開蓮’之句。”

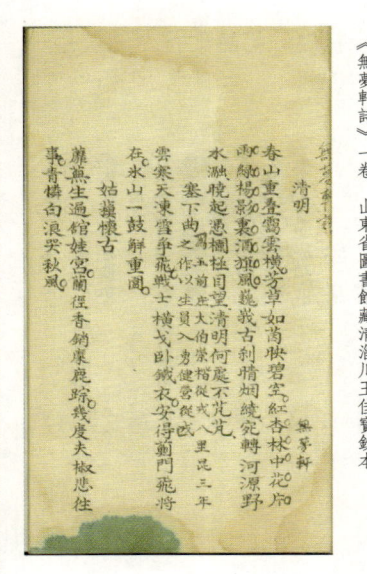

《無夢軒詩》一卷　山東省圖書館藏清淄川王佳賓寶鈔本

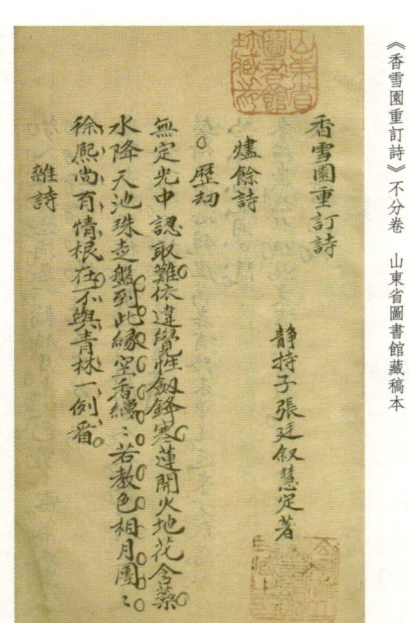

《香雪園重訂詩》不分卷　山東省圖書館藏稿本

### ◆ 于桂秀

桂秀，新城人，淄川張廷鈸繼室。

### 【無夢軒詩一卷】

現存：清淄川王佳賓鈔本（附《蒼雪齋稿》後），山東省圖書館藏；《山東文獻集成》影印。《重修新城縣志·藝文》題《無夢軒詩稿》，閨秀于氏撰。

《國朝山左詩續鈔》卷三十載其《園亭》、《夢題萬峯山》詩二首。

### ◆ 張廷柱

廷柱字砥夫，號石齋，淄川人。諸生。

其詩文集未見著錄。《國朝山左詩續鈔》卷十二載其《客中感秋》（二首）、《春日》，凡三首。

### ◆ 張廷鈞

廷鈞字秉夫，淄川人。諸生。

其詩文集未見著錄。《國朝山左詩續鈔》卷十二載其《贈李松舟》詩一首。

### ◆ 王佳賓

佳賓字岩客，號麗農，淄川人。諸生。

### 【淄川縣志八卷首一卷】

與張廷寀同纂。詳張廷寀著作。

### 【蒼雪齋藁】

見《濟南府志·經籍》（作《蒼雪齋詩稿》）、《山東通志·藝文》。現存：稿本（一卷），山東省圖書館藏，《清人別集總目》、《清人詩文集總目提要》、《山東文獻書目》著錄；《山東文獻集成》影印。另有淄川閻氏傳鈔本，見《續修四庫全書總目提要（稿本）》、《清史稿藝文志補編》。

《山東通志·藝文》：《國朝山左詩續鈔》佳賓條引劉蘐亭希莊《傳》云：“先生銳意古學，才名噪甚。乾隆丙申邑宰延修邑乘，考徵博洽，文筆古雅。

中年喪偶，二子亦亡，孑然一身遊江南。生平所作詩
號《蒼雪齋稿》，不下萬首。又有古文集數種，攜以
自隨，盡燬於火。未幾卒於亳，寄葬焉。"

《國朝山左詩續鈔》卷二十一載其《殺馬嶺》、
《冬日即事》詩二首。《淄川縣志・藝文》載其《蘇
相溪晚望》、《天明寺》、《九日唐家林登高懷去歲
同遊諸子 林在昭村西北唐太史豹岩墓在焉》、《雨中晚望禹
王山》詩四首。《三續淄川縣志・藝文》載其《殺馬
嶺》詩一首。

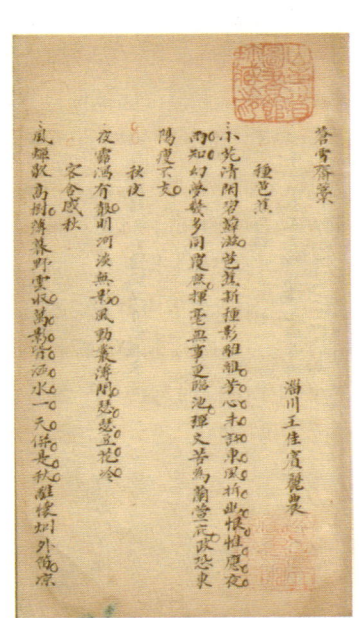

《蒼雪齋藁》一卷 山東省圖書館藏稿本

### ◆ 劉宗周

宗周，歷城人。

#### 【劉氏家譜不分卷】

現存：清乾隆十八年刻本（十一冊），山東大學
圖書館藏，《中國家譜總目》著錄。

### ◆ 朱倬

倬字振亭（一說字雲漢、遯齋），歷城人，令昭
長子。

#### 【嵇愁吟一卷】

見《歷城縣志・藝文考》（據採訪抄本）、《濟
南府志・經籍》、《山東通志・藝文》（據《縣志》）。

《國朝山左詩續鈔》卷二十一載其《對雪》、《德
州附船北上》、《都泉僧舍》（二首）、《湖上》，
凡五首。

#### 【遯齋稿二卷】

現存：清乾隆間張象恩編刻《其順堂三世遺詩》
本，中國國家圖書館、青島市圖書館藏，《續修四庫
全書總目提要（稿本）》、《中國叢書廣錄》、《清
人別集總目》、《清人詩文集總目提要》著錄。《續
修歷城縣志・藝文考》據朱學猷鄉試硃卷履歷著錄，
作《遯齋詩稿》二卷。

《續修四庫全書總目提要（稿本）》略曰：其詩
即事舒懷，自鳴不平，而氣和體適，不與世競高下，
亦無激昂揚厲之音發於毫楮。且其足跡幾徧天下，凡
所遇名勝之區，必流連不去，備寫其山川、風土、人
物，以寓弔古懷鄉之感。

### ◆ 朱侃

侃字天倪，歷城人。監生。

#### 【煙雨山房稿】

見《國朝山左詩續鈔》，《山東通志・藝文》、
《續修歷城縣志・藝文考》。

《國朝山左詩續鈔》卷二十一載其《曉發虎豹川》、
《即事》詩二首。

### ◆ 張敉

敉字立民，一字蠡艇，上元人，入濟南商籍。乾隆癸
酉（十八年）拔貢。官萍鄉知縣。《濟南府志》卷六十二有傳。

#### 【蠡艇偶存詩稿】

見《國朝山左詩續鈔》、《濟南府志》本傳、《山
東通志・藝文》、《續修歷城縣志・藝文考》。

《國朝山左詩續鈔》卷三十載其詩六首。

#### 【生白齋始存稿一卷】

現存：清刻本，山東省圖書館藏。

#### 【生白齋詩餘一卷】

現存：清刻本（與《生白齋始存稿》合刻），山東省
圖書館藏。

## ◆ 高　模

模字彥範，歷城人。乾隆十八年拔貢。以縣令官浙江，仕至寧國府知府。

### 【心蓮詩鈔】

見《山東通志·藝文》（據《續修縣志稿》）、《續修歷城縣志·藝文考》。《續修歷城縣志》本傳云："善畫，工詩。與劉此亭、朱冰壑號'歷下三子'。著有《心連詩鈔》。"

《國朝山左詩續鈔》卷三十二載其《乍浦署中即事》詩一首。

## ◆ 沈佐清

佐清字覲光，號補堂，歷城人。乾隆癸酉（十八年）拔貢。選陽信縣教諭，歷臨潁、鹿邑知縣，署禹州知州。事蹟詳《續修歷城縣志·列傳一》。

### 【陽信縣志八卷首一卷】

現存：清乾隆二十四年刻本，山東省圖書館、青島市圖書館等藏，《中國地方志聯合目錄》、《中國地方志總目提要》著錄。

是志始於乾隆九年陽信知縣邱天民（湖北宜城拔貢，乾隆五年任），志稿粗具，邱氏離任；乾隆二十三年王允深（字季通，江西鄱陽人，乾隆十七年任）繼修，委佐清據前稿考訂續補，次年纂成梓行。首有王允深、沈佐清《序》，舊志《五》篇，縣圖四幅。分輿地、建置、田賦、典禮、職官、選舉、人物、藝文八門。

## ◆ 翟茂嗣

茂嗣字青紋，號漱亭，齊河人。乾隆甲戌（十九年）進士。任四川西昌縣令。告病回籍，卒於途。《濟南府志》卷五十六有傳。

其文集未見著錄。《齊河縣志》卷三十一載其《齊河趙氏家譜序》一篇。

### 【晴雪堂詩存】

見民國《齊河縣志·撰述》。

## ◆ 王介禧

介禧字綏甫，號澹亭，濟陽人。乾隆甲戌（十九年）成進士，遂終於燕邸。《濟南府志》卷五十六、民國《濟陽縣志》卷十一有傳。《濟陽縣志》卷十八有莊培因《進士澹亭王公傳》。

其詩文集未見著錄。民國《濟陽縣志·藝文》載其《重修慈光寺募緣疏》一文，《送曾明府歸里》、《夏日漫興 迴文》詩。

## ◆ 高國珍

國珍，齊河人。

### 【看西廂六卷】

現存：稿本（六冊，有乾隆二十年序），見《日本天理圖書館所藏中國古代戲曲目錄》。卷端署"山東濟南府齊河縣高國珍註釋"。內分：《看西廂支文節解》（第一冊），《看西廂句解》（第一、二冊）、《蛇足西廂》（第三、四冊）、《看西廂文評》（第五冊）、《看西廂碎評》（第六冊）。又據黃仕忠《日本所藏〈西廂記〉版本知見錄》，日本大阪大學懷德堂文庫藏有《西廂句解》二卷二冊，日本西川正英據天理圖書館藏《看西廂》鈔錄本，正文題"西廂句解／山東濟南府齊河縣高國珍註釋"，首爲乾隆十九年《看西廂句解敘》。

## ◆ 曾　尚

尚，濟南人。

### 【曾氏家乘畧二卷】

現存：清乾隆二十年鈔本，河北大學圖書館藏，《中國家譜總目》著錄。《中國家譜綜錄》作曾卣尚增輯。

## ◆ 張思式

思式字敬齋，章丘人。乾隆丙子（二十一年）舉人。

### 【書經講義】

見道光《章邱縣志·藝文》、《濟南府志·經籍》、《山東通志·藝文》（經部書類）。

## ◆ 毛　圻

圻字一亭，一字冠九，歷城人，太常寺少卿輝祖子。乾隆丙子（二十一年）舉人。大挑一等，三十七年任猗氏知縣，仕至廣東羅定州。以子式郇貴，累贈資政大夫、都察院左副都御史。事蹟詳《濟南府志》卷五十三、《續修歷城縣志・列傳一》。

其詩文集未見著錄。《國朝山左詩續鈔》卷十三載其《秋興》詩一首。

## 【續猗氏志不分卷】

現存：①清乾隆三十九年刻本，山西省圖書館、南京圖書館等藏，《中國地方志聯合目錄》著錄。②鈔本，山西省圖書館藏，《中國地方志聯合目錄》著錄。

乾隆三十九年毛坼《叙》略云："邑乘之示教切矣哉。予於壬辰秋月承乏猗，即留心戶口、田賦與夫士習民風，思所以撫字而振作之。既時訪紳士，詢庶老，得其畧。又以退食暇博觀《猗志》，往往今與昔多不符。蓋志之不修，將五十年矣。……值今猗志不修，典型就湮，後進何由景仰？況城池、田賦已既與時更新，倉貯、學宮罔非國脉所繫，職官何人，選舉何人，日復一日，逮後姓氏莫考，謂守土何若？夫疆域、橋梁之修阻，村墅、寺觀之羅列，變遷無多，舊《志》俱在。他無從稽，或可稽不必稽者，概無庸悉，而別爲卷軸附於末，曰《續猗氏志》，提要也，省工也。後有作者，假邑乘以風世，匡鄙見所未逮，合前《志》而彙訂之，是望博物君子。"

## ◆ 朱 氏

名未詳，歷城人。

## 【南遊草】

《續修歷城縣志・藝文考》著錄，並載朱曾傳《南遊草跋尾》云："讀書何以竟不第，貧女無膏宮女髢。江西塞北爲饑驅，十年僕僕嚴關吏。歸來止有稿中書，時向几筵作獺祭。去日朝衫爛藻火，可憐直與青袍敝。世間誰夢定誰覺，說到文章醒亦囈。臣叔靜者百如遺，指點兒曹語眞諦。傅從羣從受五經，衆皆欲殺不忍擠。示我此編太清冷，味之無復酸鹹味。舊時曾讀北征篇，近者復讀南天製。舊若秋原天馬來，今若霜皋夜鶴唳。猖狂吠奈猘犬何，且奏鈞天向雲際。編摩之役可須鞭，但恐君台築不繼。盥薔薇水謄硬黃，生同起居死同瘞。"

## ◆ 朱曾傳

曾傳字式魯，自號說餅先生，歷城人，懷樸孫。乾隆丙子（二十一年）舉人。好爲詩，尤愛李賀、溫

庭筠，時慕效之。濼源山長傅玉露、桑調元皆謂其一時無匹。卒年四十五。《歷城縣志》卷四十、《濟南府志》卷五十三有傳。

## 【桐孫老屋遺詩】

見《國朝山左詩續鈔》、《濟南府志・經籍》、《山東通志・藝文》。《續修歷城縣志・藝文考》著錄鈔本五卷。《續修四庫全書總目提要（稿本）》著錄鈔本五卷，有朱曾喆《跋》。

《山東通志・藝文》引《養中之塾文集》是編《跋》云："喆齠齒入塾，兄歿已三年。聞客歎兄才高而不遇，阨窮以死，或曰是性簡抗不可一世，其遇所以窮也，竊識之。比長，閱《縣志》，言其嗜酒，醉輒嫚罵，臨歿悉焚所作詩，幾疑爲任誕者流。後從兄少子嘯得盡讀其詩古文詞，親族屬，篤師友，遇人有一善，雖田夫僕役必詠歌讚頌，又何其忠以厚也！嗣遇諸父與兄習者，必詢其行事。乃知兄少賦敏質，隨父官楚南，攬江山之勝；歸里後師會稽傅先生玉露，繼師錢塘桑先生調元，一時有李賀之目。按：《縣志》引盛百二《續柚堂筆談》云："歷下同年朱式魯豪於酒，詩近李長吉。其《鏡歌》云：'天雞樹下日如血，西樓耿耿明河滅。蠟淚流殘妝未成，獨把海綃拂秋月。蘭笑蓮啼各不免，鏡中紅翠流年轉。七十鴛鴦俱錦毛，憑誰持照恩深淺。'置之《昌谷集》中無以別。"兄亦抗志續學，與青城張君倬、海豐張君映緯以文章相砥礪。丙子舉於鄉，屢試不第。病篤呼酒口占詩，令兒輩錄之，錄已自歌，歌已遂焚之。然生平請質於師友諸詩冊，藏遺篋未燬也。先兄敬甫欲選刻其詩，未果。余愧不知詩，不能從事，因同里毛考功伯雨，就正於萊陽初公，選定如右。初公《序》言'詩盡焚棄'，則猶《縣志》舊說也。"

《續修歷城縣志・藝文考》亦載朱曾喆《跋》，末云"嘉慶十有四年冬十二月"。

《續修歷城縣志・藝文考》又載陳壽祺《序》云："朱君式魯性狂簡，貧而嗜酒，善爲詩。遠不襲滄溟之貌，近不丐漁洋之膏。雋逸哀麗，妙絕一時。諷諭深婉，有古風人之遺。所謂鯁頷抑塞之士，自言其傷者耶？"《歷下詩鈔》。

《國朝山左詩續鈔》卷十三載其詩六十六首。

## 【式魯詩集】

見《歷城縣志・藝文考》。道光《章邱縣志・藝

文》作《式魯詩文集》。

《歷城縣志·藝文考》：歷下同年朱式魯豪於酒，詩近李長吉。其《鏡歌》云："天雞樹下日如血，西樓耿耿明河滅。蠟淚流殘妝未成，獨把海綃拂秋月。蘭笑蓮啼各不免，鏡中紅翠流年轉。七十鴛鴦俱錦毛，憑誰持照思深淺。"置之《昌谷集》中無以別。式魯詩才捷敏，篇什甚富，臨歿胥焚之。就余所見者錄此一首，亦豹之一斑也。盛百二《續柚堂筆談》。

## 【說餅庵集四冊】

見《山東通志·藝文》、《續修歷城縣志·藝文考》。現存：清鈔本（作《說餅菴文集》一卷《詩集》四卷《詞集》一卷《賦集》一卷），山東大學圖書館藏，《山東大學圖書館古籍善本書目》著錄；《山東文獻集成》影印。

《山東通志·藝文》：鈔本。凡文一冊，詩三冊，末附詞十首，賦二篇。詩中又間以試律數首，編次頗陵雜。文多駢體，極崢嶸蕭瑟之觀。詩七古歌行奇險似昌谷，豪健似大蘇；近體亦多激壯之作。

道光《章邱縣志·藝文》載其《新建渠野橋碑記》文一篇。

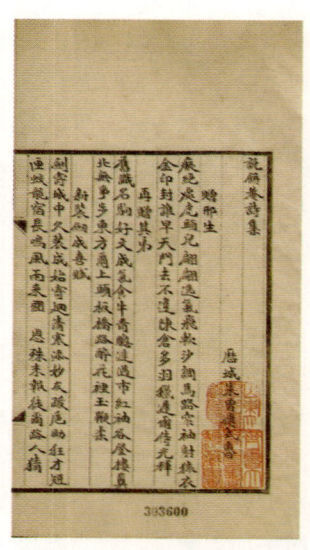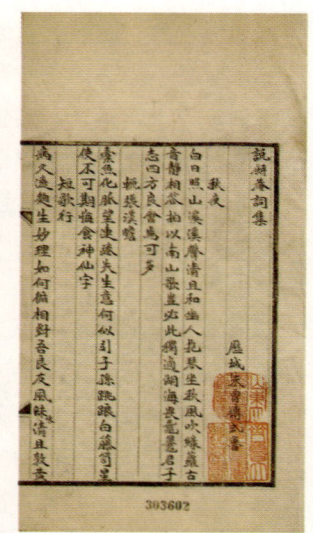

《說餅菴詩集》四卷《說餅菴詞集》一卷　山東大學圖書館藏清鈔本

## 【說餅庵詩集六卷】

現存：①清嘉慶間歷城李肇慶聽雨堂刻本，中國國家圖書館、山東省博物館、青島市圖書館藏，《山東省博物館藏明清民國山左學者著述知見錄》、《清人別集總目》、《山東文獻書目》著錄。②清道光二十五年刻本，中國科學院圖書館藏，《中國科學院圖書館新收中文線裝舊書草目》、《清人別集總目》、《清人詩文集總目提要》著錄。③鈔本，青島市圖書館藏，《山東文獻書目》、《清人別集總目》著錄。《續修歷城縣志·藝文考》（據《二南詩續鈔》）作四卷。

《續修歷城縣志·藝文考》：按曾傳《說餅庵詩集》有邑人王國棟勳臣注本，周樂屬馬國翰刻於隴州，見《二南詩續鈔》樂寄國翰詩自注："李喬雲曾刻《說餅庵詩》一卷，茲經國棟搜補得四卷。"馬國翰《買春詩話》云："吾邑朱孝廉曾武應試禮部時，會關有獻俘，朱賦《樓蘭頭顱歌》，轟傳都下。同人或戲謂曰：'御史以君詩奏上，聞將捕君矣。'朱大懼，即日束裝歸，遂以心悸病卒。吁！此亦可爲多言之戒矣。朱著有《說餅庵詩》，《山行》云：'石餘骨鯁頑如我，山作局彎翠似誰？'又有句云：'干世功名工楮葉，攬愁風雨在楊枝。'"今據曾傳《說餅庵集》，中有《小和卓木髑髏歌》，當即所云《樓蘭頭顱歌》。"石餘"兩聯，亦見集中，爲《山行即目》之中四句。周樂寄國翰詩"玉笛因依拚一醉，藁街歌嘯了餘生"，自注："式魯作《小和卓木髑髏歌》，得心疾。"國翰嘗校刻曾傳集，又有《題說餅庵詩後七古》一章，見《玉函山房集》，不應相歧誤如此。曾武必曾傳之訛。胡《志》曾傳《傳》，即傳從叔攸錄送，稱其嗜酒嫚罵，焚篋中詩，至竟而死，則猶以忌諱之故歟？

又，尹廷蘭《序》略曰：柔兆攝提之歲，予授徒於鄉，有葭莩親自山中寄一編示余，曰《說餅庵詩集》。予讀之甫兩句，驚曰：此非常人所能爲也。乃盥漱肅衣冠誦之，自朝至于日中昃而後止。其初不知作者爲何人，至《鏡歌》乃知爲朱式魯先生遺稿。據《縣志》，先生詩於歿時胥焚之矣，閱三十餘年而此集始見於世，嗟乎，豈非天哉！初先生負才簡伉，性嗜飲，醉輒嫚罵，時士無敢近之者，故其詩外間無從得之。歷時既久，後學不及知先生所造之深淺，遂以爲無當於述作之林，豈非臨終一炬之爲禍烈哉！歷下自邊、李崛起以來，詩人接踵，綿綿不絕。秋史、此亭同見重於漁洋；而朱氏橡村、冰壑各有專集行世；至先生則驚才絕豔，異軍突起，恢詭離奇，蔚然登昌谷之堂而嚌其胾。斯固百夫之特，足以承先啓後者也。昔我師周林汲先生得《蓼谷集》於市肆，李南澗爲之作序，以爲秋史死而有靈。先生此集世皆以爲烏有矣，設遇郭象、齊邱其人攘爲己有，則上天鶴聲一一飛去，誰復爲之呼冤者？然則予之得見斯集也，不可謂非天也。《華不注山房文集》。

## 【說餅菴四六文一卷】

現存：稿本（一册），山東省圖書館藏，《中國古籍善本書目》、《清人別集總目》、《清人詩文集總目提要》著錄。

## 【腐毫集二卷】

見《續修歷城縣志·藝文考》（據鈔本）。現存：手稿本（《腐毫集》二卷《補遺》一卷，余正酉補），張亦軒藏，見《山東文獻書目》。

《續修歷城縣志·藝文考》：曾傳自題《腐毫集》尾：我生三十無所成，抱膝長作蒼蠅聲。此聲時無亦時有，正如漢帝風絃箏。世人盡是黃鐘耳，猥兹瑣瑣誰能聽。昔者我師玉笥子，圖書南面擁百城。壁壘萬竈刁斗肅，大旗五丈風雨鳴。搓朱壘碧競窈窕，百戲不回雙眼青。傳也隨衆趨鹿洞，束髮初受麒麟經。小兒睥睨萬鈞鼎，思持寸管雕太清。閉門不食臥復起，旁人與語口侟膺。夜分一悟呼燭寫，奔濤快書黃河冰。先生不嗔反色喜，謂我苦思搜冥冥。白月與傾北海盞，丹研更甲汝南評。梅根曲屈蟠太古，葉楛枝秃不可生。雪深一尺天地閉，葳蕤時復飛紅英。平生不爲譽言喜，感激此語泣縱橫。臣質久同匠石死，荒村紅樹空啼猩。千喝萬罵睡不省，夢中時與先民爭。朝來似聞紙筆怨，花落茵側同一形。明窗不寫三都賦，却與誰家覆盆瓶。《說餅庵集》。

## 【腐毫集鈔選一卷】

現存：清鈔本（一册），山東省圖書館藏。

## 【說餅庵詞集一卷】

現存：清鈔本（與《文集》、《詩集》合鈔），山東大學圖書館藏，《山東大學圖書館古籍善本書目》著錄。

### ◆ 朱曾省

曾省字无咎，歷城人，曾傳弟。監生。

## 【漁溪小草】

見《國朝山左詩續鈔》、《濟南府志·經籍》、《山東通志·藝文》、《續修歷城縣志·藝文考》（據《歷下詩鈔》）。

《國朝山左詩續鈔》卷二十七載其《春雨》詩一首。

## 【桐孫老屋遺詩】

《山東通志·藝文》：是編乃隨父官黔陽時作，見《說餅庵集》。

### ◆ 朱曾敬

曾敬字尊一，歷城人，懷樸孫。監生。官柳州知府。

## 【柳社集】【秦遊集】

見《國朝山左詩續鈔》、《濟南府志·經籍》、《山東通志·藝文》、《續修歷城縣志·藝文考》。

《山東通志·藝文》：《國朝山左詩續鈔》載此二編，引宋蒙泉云：“尊一詩工穩清麗，秀色可餐。《秦遊》一草，尤得江山之助。”

《國朝山左詩續鈔》卷十三載其詩二十首。

## 【桐軒學吟】

《續修歷城縣志·藝文考》據朱學猷鄉試硃卷履歷著錄。

### ◆ 戴　燾

燾字若魯，歷城人。官武陟丞。

## 【戴氏宗譜一卷】

見《歷城縣志·藝文考》、《濟南府志·經籍》、《山東通志·藝文》（史部傳記類）。《續修四庫全書總目提要（稿本）》著錄鈔本。

《山東通志·藝文》：《縣志》載是編，及吳喬齡《序》略云：“卷帙無多，有倫有要，凡世遠難稽者，甯略不書，洵慎之至矣。”

按《歷城縣志·藝文考》載吳喬齡《序》云：“戴氏之先世居遼陽，承襲指揮。其四世祖光吾公卒葬濟南，是爲入關始祖。嗣後取科名登仕版者踵接，遂占籍濟南，亦有分居濟寧者。裔孫若魯，卓犖有志行，官武陟丞，與余爲莫逆交。嘗言族未有譜，懼先世之德善功烈没而不彰，將手輯一編，垂爲家誡。余曰：‘此

仁人孝子之用心也。譜成，余當為序。'丙子夏，若
魯以事去官，乃成前志。"考吳喬齡乾隆間嘗官獲嘉
知縣，則《序》所云"丙子夏"者，當在乾隆二十一
年也。

#### ◆ 王祖熙

祖熙字式郭，號餘人，新城人。乾隆丙子（二十一
年）舉人。官滕縣教諭。莅任十八日卒，年六十六。《濟
南府志》卷五十五、《重修新城縣志》卷十七有傳。

#### 【別號八十一說一卷】

現存：《新城王氏遺稿》稿本（與《餘人遺稿》
一卷合訂），山東省博物館藏，《中國古籍善本書目》、
《清人別集總目》、《清人詩文集總目提要》著錄。

#### 【王餘人稿三卷】

有清默檢齋本，見《玉函山房藏書簿錄》。

《續修歷城縣志·列傳三》朱畹傳：新城王祖熙，
畹之受業師也。祖熙歿，畹為經紀其喪，刻其遺稿行
世，贍其妻孥。

《國朝山左詩續鈔》卷十三載其《送別趙錫眉同
年》等詩六首。

#### 【餘人遺稿一卷】

現存：《新城王氏遺稿》稿本，山東省博物館藏，
《中國古籍善本書目》、《清人別集總目》、《清人
詩文集總目提要》著錄。

#### 【新城王氏遺稿四種五卷】

王祖熙、王兆潤等撰。現存：稿本，山東省博物
館藏，《中國古籍善本書目》、《中國叢書廣錄》、
《山東文獻書目》著錄。

#### ◆ 王祖點

祖點字與也，新城人，祖熙弟。諸生。

其詩文集未見著錄。《國朝山左詩續鈔》卷
二十二載其《題紅蕉館贈朱畹人》詩一首。

#### ◆ 王□□

新城人，名不詳。

#### 【聖感寺二十八紀詩一卷】

現存：《新城王氏遺稿》稿本，山東省博物館藏，
《中國古籍善本書目》、《山東文獻書目》著錄。

#### ◆ 朱 畹

畹原名寧，字赦人，號虛谷，歷城人。諸生。事
蹟詳《續修歷城縣志·列傳三》。

#### 【朱氏世譜】

見《山東通志·藝文》（史部傳記類）、《續修
歷城縣志·藝文考》。《續修四庫全書總目提要（稿
本）》著錄鈔本，作《朱氏支譜》。

《續修歷城縣志·藝文考》：張象津《序》略曰：
溯其齊東之遷由棄強，而世數莫考。溯其歷城之遷由
齊東，而數其歷城遷祖及己身為七世。自悼讀書未遇，
而家世中微，族復單寡。數年來量其力所能，為修復
先人遷祖四世已平之邱隴，旋復詳為《世譜》，收其
族屬，以時講求水源木本之思。而齊東以上，則莫能
詳矣。《白雲山房文集》。

#### 【紅蕉館詩鈔三卷】

現存：清道光六年種竹山房刻本，山東省圖書館、
中國國家圖書館、北京大學圖書館等藏，《續修四庫
全書總目提要（稿本）》、《清人詩文集總目提要》
著錄。《山東通志·藝文》無卷數。《續修歷城縣志·
藝文考》云一冊（據本書）。

《山東通志·藝文》：是集有初、續二刻。僅見
其續二一卷，皆五言近體，末附其孫丕煦、丕勳詩。
丕煦字春旭，號和軒，諸生。丕勳字峻之，號竹橋，
善奕，著有《棋譜釋疑》，藏於家。

《續修歷城縣志·藝文考》：成瓘《序》略曰：
瓘自嘉慶甲戌歲作客省垣，迄於道光辛巳。瓘既簡出，
赦人亦不妄交遊，雖或面遇，未相悉也。癸巳年，謬
承修郡志之役，與弟琅又羈濟南，赦人數顧余兄弟於
館中，始知赦人素好義，篤於師友之情，雖耗資財、
勤跋涉亦所不惜。年近古稀，多所見聞，館中諮訪，
動資藉之。甲午冬，以所著《紅蕉館詩》刻本貽余。
乙未歲，續刻又成，亦以見惠。瓘不工詩，然好義篤
師友之情，讀之輒覺流溢行間聲音笑貌宛肖其為人。
詩者，性情而已。赦人有詩，知為赦人之性情，與雕
月鏤雲、儷青妃白者有異也。

《國朝山左詩彙鈔後集》卷五載其詩十七首。

### 【紅蕉館詩鈔續二卷】

現存：清道光二十一至二十八年刻本，山東省圖書館、中國國家圖書館、北京大學圖書館等藏，《續修四庫全書總目提要（稿本）》、《清人詩文集總目提要》著錄。

《續修歷城縣志·藝文考》（據本書）：按是集僅見其續二一卷，題《寅卯湖上草》，皆五言近體。末坿其孫丕煦、丕勳詩，及高密王城《朱竹橋傳》略云：所爲詩多不存稿，歿後於故紙中檢出，僅得數首。瀟灑偉岸，具見胸次云。

### 【紅蕉館詩稿一卷】

現存：稿本（一冊），濟南市圖書館藏；《山東文獻集成》影印。

《紅蕉館詩稿》一卷 濟南市圖書館藏稿本

### 【甘棠遺愛一卷】

見《山東通志·藝文》、《續修歷城縣志·藝文考》，題朱甯編。現存：清嘉慶十六年紅蕉館刻本，青島市圖書館等藏，《河南省圖書館中文古籍書目》、《青島市圖書館古籍書目》著錄。

《山東通志·藝文》："是集嘉慶辛未刊。雲南晉甯張鵬昇爲濟南知府，有惠政，嘉慶己巳以事謫戍

吉林，庚午賜環。將南歸，東人士作詩以送之。甯彙輯爲此編，自棲霞牟應震迄高密王甯姬，凡九十二人；附後一首爲沈仕臨作。仕臨，奉天人也。卷首有牟應震、郭壇、王甯姬《序》。末有甯《跋》。"

《續修歷城縣志·藝文考》："按：晥初名甯，避成廟諱改爲晥。是集刊於嘉慶辛未，猶其未改名時所編也。"

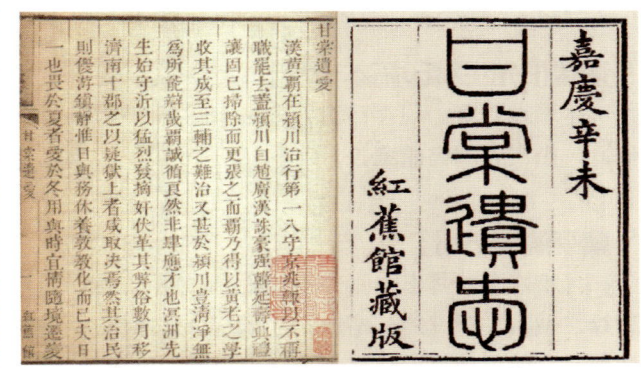

《甘棠遺愛》一卷　清嘉慶十六年紅蕉館刻本

### ◆ 劉端揆

端揆字汝霖，濟南府運學諸生。

其詩文集未見著錄。《國朝山左詩續鈔》卷三十一載其《朱粒人邀飲明湖》詩一首。

### ◆ 成兆振

兆振字文中，鄒平人。乾隆丙子（二十一年）副貢。安貧樂志，授學里中五十年。《濟南府志》卷五十四有傳。

其詩文集未見著錄。《國朝山左詩續鈔》卷十三載其《題桃源記後》詩一首。

### ◆ 孫 瓚

瓚，歷城人。

### 【孫氏族譜六十卷附孫氏遺範一卷】

《續修歷城縣志·藝文考》云："據孫聖傳五次續修，共成六十卷，坿《孫氏遺範》一卷。"瓚《自序》略曰："我遷祖於明成化間徙歷下孫家鎮，迄今三百餘載，人文蟬聯，累世不乏。每天倫會聚之日，僉謂欲繼先人之志，須述先人之事。先人遷齊，歷世相傳。

已往族譜，痛失於明季兵燹。百餘年人丁蕃盛，分居既不一處，耕讀又不一業。儻後日曾元以遞雲耳，莫知高曾所從出，豈不乖水木之義與！余愧學疏識淺，何敢任其事？亦惟按支序明，勉從族人之意耳。至於煇煌家乘，以俟後之司文獻者。乾隆二十二年歲次丁丑□月。”

### ◆ 茅 埴

埴字聲伯，號藕亭（一作蕅亭），歷城人。

【茅聲伯先生鐫印拓本一卷】

茅埴鐫並藏。現存：清乾隆二十三年鈐印本（一冊），山東省圖書館藏。

【藕亭遺稿一冊】

《續修歷城縣志•藝文考》據《續修府志採訪冊》著錄，載崔雲輝《序》略曰：“藕亭少博羣書，不樂仕進，日與弟鹿野偕諸名士嘯詠湖山間。詩人黃柱山嘗稱其恬淡似陶靖節，發爲詩歌，慷慨優柔，樸素真摯，令讀者孝弟之心油然而興。”

### ◆ 茅 墉

墉字射亭，號鹿野，歷城人。埴弟。

【閒居草二卷】

見《國朝山左詩續鈔》（無卷數）。現存：鈔本（二冊），中國科學院圖書館藏，《清人詩文集總目提要》著錄。

《國朝山左詩續鈔》卷二十九載其《佛峪》詩一首。

【鹿野詩鈔二卷】

見《山東通志•藝文》。《續修歷城縣志》本傳作《鹿野詩冊》二卷。

《山東通志•藝文》：《續修府志採訪冊》載是集，及三韓五泰《序》略云：“詠史二十餘首，自出機杼，義兼規諷。感舊、懷人、即景諸詠，皆自寫胸臆，絕去畦町。”按：《國朝山左詩續鈔》載其集作《閒居草》。

### ◆ 劉 攽

攽字文佑，歷城人，伍寬子。優廩生。

【石蘿山房詩鈔】

見《國朝山左詩續鈔》、《濟南府志•經籍》、《山東通志•藝文》、《續修歷城縣志•藝文考》。《續修歷城縣志•列傳二》（劉登桂附）作《石蘿山房詩集》。

《國朝山左詩續鈔》卷二十九載其《小滄浪亭》、《濯纓湖》、《聞鴈》詩三首。

### ◆ 邢順德

順德字蘭圃，臨邑人，陵縣康魯瞻妻。

【蘭圃詩草一卷】

見《臨邑縣志•藝文上•著述》（撰者作邢蘭圃）、《山東通志•藝文》。現存：①清鈔本（與《東籬集》合鈔），山東省博物館藏；《山東文獻集成》影印。有乾隆二十五年李基圻《序》。②清乾隆間刻本（作《蘭圃遺稿》一卷），中國國家圖書館、青島市圖書館藏，《清人別集總目》、《清人詩文集總目提要》、《歷代婦女著作考》著錄。

《山東通志•藝文》云：《陵縣志》載李基圻《蘭圃詩序》云：“邢氏女，名順德，字曰蘭圃，余同胞姊所出也。負夙慧，方八九齡時輒解書史，尤喜《騷》、《雅》。祖靜園先生授以古詩及《唐賢三昧》等集，刺繡之餘，披誦不輟，形爲吟詠，如初日芙蕖，風致絕佳。余嘗覽其《華清宮》、《長門怨》及《歸雁》、

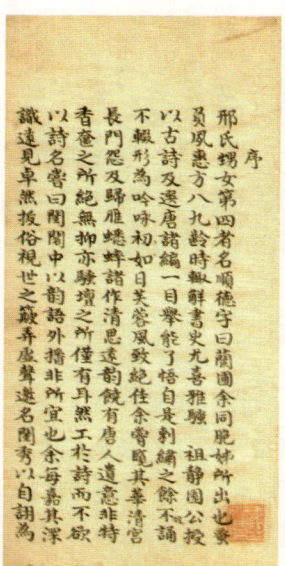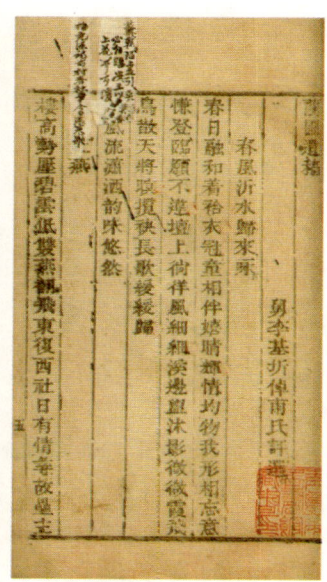

左：《蘭圃詩草》一卷　山東省博物館藏清鈔本
右：《蘭圃遺稿》一卷　清乾隆刻本

《蟋蟀》諸作，清思遠韻，饒有唐人遺意，與臨邑邢慈靜可稱雙美。然工於詩而不欲以詩名，嘗曰：'閨閣中以韻語外播，非所宜也。'余每嘉其深識遠見，卓然拔俗，視世之播弄虛聲、邀名閨秀以自詡爲能詩者，其相去奚如也。及笄，歸余康甥魯瞻，伉儷甚相得。繇是相夫子，事孋姑，代理內政，詩思亦漸減矣。又數年，迭遭大故，勞懣日深，而病以作。然伏枕之餘，覽物增感，時復寫意以自遣。故生平所作，於詩尤多。既綿惙口喃喃不能語，猶力疾賦《絕命》三則，謝父母及其夫君云。"

《國朝山左詩續鈔》卷三十載其《弟婦康氏輓詞》一題四首。《陵縣志》卷十六載其《丁香》、《玉簪花》、《中秋》、《病起臨鏡》詩四首。

## ◆ 王誦芬

誦芬字蘭舟，歷城人。乾隆己卯（二十四年）舉人。

### 【濰縣志六卷首一卷末一卷】

現存：①清乾隆二十五年刻本，山東省圖書館、山東省博物館、濰坊市圖書館藏；《中國方志叢書》影印。②民國二十年重印本，山東省圖書館、濟南市圖書館等藏。《山東通志·藝文》、《續修歷城縣志·藝文考》俱作六卷。

是志由濰縣知縣張耀璧（字東煌，號荊巖，浙江蘭溪人，乾隆二十五年任）主修，纂於乾隆二十五年。卷首載崔應階、沈廷芳、洪肇楙、張耀璧《序》，舊志《序》三篇，縣圖十六幅。卷末有王誦芬、高廷樞《跋》。分輿地志、建置志、典禮志、田賦志、官師志、選舉志、人物志、藝文志、雜稽志九門，凡六卷。

《續修歷城縣志·藝文考》：洪肇楙《序》略曰："蘭谿張君以賢能調宰是邑，數月之間，政事具舉，尤以邑乘爲厪厪，詢諸邑之士大夫，厥謀僉同。爰咨老宿，搜故籍，廣採訪，躬自鑒核，授簡於厤下孝廉王誦芬蘭舟編次其事，凡三閱月幸觀厥成，而請序於余。余攷濰之疆域，在昔或領十數州縣，或分隸，或割置，代有變更；山川、人物莫從確指。余慮張君猶有近今之情也。及披閱再三，其中爲卷六，爲志九，爲目五十有二焉。頁視舊志不加多，而事蹟較詳，損所當損，益所當益。其事核，其詞文，其體備，彬彬乎，秩秩乎，質有其文采焉。若山水之名勝，賢哲之遺蹟，其舊爲所隸而今非者，亦必備書非附。借志以資考鏡，體固然也。"本書。

又，沈廷芳《序》略曰："張君耀璧宰高苑，以賢能調濰邑，蓋能以經術佐吏治者也。甫莅任，即聘余及門王孝廉誦芬，取邑志而重新之。搜羅遺佚，昕夕討論，而尤以忠孝廉節爲斤斤。其論古堂繪像諸賢，皆仍舊志，而無所移易。按宋濰州所領縣三，北海而外，惟昌邑與昌樂耳。庸生、鄭玄、管寧、邴原等，或產高密，或產膠東，或產朱虛，非盡濰州之產，而要皆爲東漢北海之國。韓公已繪之於堂，今何不可列之於志？豈有嫌於借才，且以知張君之儀型古人，獎勵風化，亦猶韓公之意也！"同上。

又，誦芬《跋》略曰："歲在庚辰，余方春官試罷，沈椒園師手畢至京曰：平壽張大尹有修志之役，生其來襄厥事。竊維江淹有言：修史之難，無出於志。誠以志者，憲章之所繫，非老於典故者不能爲。陳壽號善叙述，李延壽亦稱究悉舊事，所著二史，俱有紀傳，而獨不克作志，則其難可知。濰雖一邑，豈末學陋識得以操觚竄定哉！顧大尹之封君南洲先生，康熙己卯鄉薦，余忝先後同年。先生文章品行，卓冠兩淛，今八旬有七。荊巖大尹本庭訓以爲吏治，余可藉志事以收開益。因於小春來署，與濰邑諸君子訂其源流，補其缺略。其間發凡起例，是非予奪，悉大尹手所筆削。三閱月書成，爰識簡末，以告濰士大夫，且以復吾師之命云。乾隆二十五年臘月。"同上。

## ◆ 韓振綱

振綱，章丘人。乾隆己卯（二十四年）舉人。官寧海州訓導，署登州府教授。及告歸，乃搆別墅于珠泉上，自號碧松子。與一時名流李文藻、李其桐娛情詩酒。道光《章邱縣志》卷十六、《濟南府志》卷五十四有傳。

其文集未見著錄。道光《章邱縣志·藝文》載其《遊龍洞記》文一篇。

### 【珠泉夜話】

見道光《章邱縣志》本傳、《濟南府志·經籍》、《山東通志·藝文》（子部小說類）。

### 【碧松子詩草】

見道光《章邱縣志》本傳、《濟南府志·經籍》、《山東通志·藝文》（集部別集類）。

【敬勝軒制藝】

見道光《章邱縣志》本傳。

#### ◆ 韓振茲

振茲，章丘人，振綱弟。

【亦無齋功過格】

道光《章邱縣志》本傳云，有是書一冊梓行。

#### ◆ 牟作梓

作梓字琴宜，號東山，別號少海武生，新城人。乾隆己卯（二十四年）武舉人。《重修新城縣志》卷十八有傳。

【少海武人詩草】

見《重修新城縣志·藝文》。《縣志》本傳云："工詩善圖畫，寫意處逼近趙松雪。邑侯劉寄菴、邑宿張漢渡時有贈答。詩備古今體，不矜尚奇豔，而豪邁之氣輒流露行間。與諸詩人畢野亭、王秋水等倡和無虛日。晚年運益蹇，隱湖上，搆數帆亭，聚古籍名帖，以詩酒徉徜終其身。著有《詩草》數卷。"

#### ◆ 劉悅曾

悅曾字欣庭，陵縣人。乾隆己卯（二十四年）武舉人。

其詩文集未見著錄。《陵縣志》卷十六載其《弔坦生藺副使》詩一首。

#### ◆ 張予治

予治字協中，號簡齋，平原人。乾隆己卯（二十四年）舉人。官膚施知縣。

【簡齋詩草】

見《國朝山左詩續鈔》、《濟南府志·經籍》、《山東通志·藝文》。

《國朝山左詩續鈔》卷十四載其《秋夜有憶》、《早行》詩二首。

#### ◆ 張予覺

予覺字尹先，平原人。

【荊園小語集證四卷】

見《山東通志·藝文》（子部儒家類），無卷數，撰者誤作張子覺。現存：①清咸豐七年平原刻本，山東省圖書館、中國國家圖書館等藏，《東北地區古籍綫裝書聯合目錄》著錄。②清咸豐十年京都龍元齋刻本，上海圖書館、中國國家圖書館等藏。③清同治八年潘北聿觀蘭天成刻本，遼寧省圖書館等藏。

《山東通志·藝文》：是書有刊本。予覺所作《例言序》云："覺賦質迂疏，於詞章藻繢之學，性所弗好，獨好錄古人格言名論，用以收拾身心，期無大過。凡家塾所藏以及友朋案頭所置，口誦手鈔，無間寒暑。最後得廣平申鳬盟先生《荊園小語》一帙。大而倫常，小而日用細故，持身涉世，皆有成轍可尋，往往砭我痼疾，輒令人神悚骨慄不能止。因質之所鈔先正嘉言，若合符節，即或言各有當，亦以互相發明，取彼證此，無不脗合者，撮鈔一冊，名曰《荊園小語集證》。特弁例言八條於左，自警而已，非敢公世也。然而學者謹小慎微之道略具於此，未必無小補云。"其《例言》第七條云："集錄古人之語十有八九，亦有愚見所及，間亦存之。"據本書。

#### ◆ 張予乂

予乂字用三，平原人。諸生。

【抱膝軒詩】

見《國朝山左詩續鈔》、《濟南府志·經籍》、《山東通志·藝文》。

《國朝山左詩續鈔》卷三十二載其《秋雨》、《歲暮懷董曲江》詩二首。

#### ◆ 張予宣

予宣字爲先，平原人，方佳子。優貢生。

其詩文集未見著錄。《國朝山左詩續鈔》卷十四載其《採蓮曲》詩一首。

#### ◆ 朱 蘭

蘭字香祖，歷城人。乾隆己卯（二十四年）副貢。官安西直隸州州判。

【香祖詩鈔】

《續修歷城縣志·藝文考》據朱學猷鄉試硃卷履

歷著錄。

《國朝山左詩彙鈔後集》卷一載其《白雪樓歌》、《錦秋湖懷魯仲連》、《明湖泛舟》、《鴉》詩四首，卷三十九載其《庭中老桐》一首。

### ◆ 唐奕恩

奕恩字載熙，號雪懷，歷城人。乾隆庚辰（二十五年）舉人。官太常寺博士。

#### 【甌香硯淨齋詩存】

見《國朝山左詩續鈔》，《山東通志·藝文》、《續修歷城縣志·藝文考》。《濟南府志·經籍》作《甌香研淨齋詩存》。

《國朝山左詩續鈔》卷十五載其詩八首。

### ◆ 葉廷薰

廷薰，歷城人。乾隆庚辰（二十五年）舉人。

其詩文集未見著錄。《臨邑縣志》卷十五載其《重修潘家橋碑記》（乾隆三十五年）一篇。

### ◆ 胡予襄

予襄字易堂，章丘人。乾隆庚辰（二十五年）舉人，辛巳（二十六年）舉中正榜。歷官刑部主事。

#### 【居易廬詩稿】

見《山東通志·藝文》（據《繡水詩鈔》）。

《國朝山左詩彙鈔後集》卷三十五載其《平定兩金川恭紀》詩四首（據吳連周《繡水詩鈔》）。

### ◆ 胡予翼

予翼號岱峰，章丘人，予襄弟。乾隆二十五年舉人。歷官盂縣知縣、汾州府同知。

#### 【盂縣志十卷首一卷末一卷】

現存：清乾隆四十九年刻本，中國國家圖書館、上海圖書館等藏。按：予翼乾隆三十六年至四十二年任盂縣知縣。乾隆四十七年，通州馬廷俊來任，繼修成書。

#### 【燕貽堂詩稿】

見《山東通志·藝文》（據《繡水詩鈔》）。

《國朝山左詩彙鈔後集》卷三十五載其《重陽前二日登嘯餘樓》、《觀棋局》、《望天門》、《塞下曲》詩四首（據吳連周《繡水詩鈔》）。

### ◆ 馬　淮

淮，商河人。乾隆庚辰（二十五年）舉人。官惠安知縣。

其文集未見著錄。民國《商河縣志·藝文》載其《重修奎樓碑記》文一篇。

### ◆ 馬人龍

人龍字友夔，號松雲，齊河人。乾隆辛巳（二十六年）恩科進士，改庶吉士。官工科給事中。《齊河縣志》卷三十三有章學誠《授中憲大夫禮部郎中前工科給事中松雲馬氏墓誌銘》。

其詩文集未見著錄。《國朝山左詩續鈔》卷十六載其《宿潞城西僧舍》、《磁州道中口號》詩二首。《齊河縣志》卷三十載其《同賦齊城八景》（八首），卷三十一載其《齊河縣志序》，卷三十二載其《義士王憲章先生傳》。

### ◆ 司天開

天開字宇周，一字統周，號般源，淄川人。乾隆二十六年恩貢。

#### 【四書彙解四十卷附錄一卷】

現存：清道光二十四年淄川馮繼照修武縣署刻本，山東省圖書館、山東省博物館、濟南市圖書館等

《四書彙解》四十卷　清道光二十四年修武縣署刻本

藏，《山東師範大學圖書館館藏古籍目錄》、《青島市圖書館藏山東文獻珍本圖錄》、《販書偶記續編》著錄；《山東文獻集成》影印。前有貴築張戡《序》。末有馮繼照《跋》，謂其"殫精於四子書者四十年，教授本邑及蒙陰、沂水諸縣。文藝以理脈清真爲主，成就後學甚眾"云。

## 【四書未信編】

見《三續淄川縣志》。

## ◆ 聶際茂

際茂字松巖，長山人。乾隆辛巳（二十六年）恩貢。精篆籀，酷嗜圖章，生平篆刻不下萬餘。《長山縣志》卷八有傳。

## 【懷古堂印譜】

見《長山縣志》本傳、《山東通志·藝文》（子部藝術類）。現存：清乾隆四年鈐印本（安丘張在辛選），四川省圖書館藏，《四川省圖書館古籍目錄》、《販書偶記續編》著錄。

《山東通志·藝文》：《縣志》云有是編行世，又云："得安邱張卯君指授，兼潛心周櫟園先生《賴古堂印譜》，遂入能品。晚遊京師，紀大宗伯以禮延致，爲刻司空表聖《詩品》，尤稱絕搆。"

## 【陰騭文印譜一冊】

聶際茂篆，德州李文沐摹。見《山東通志·藝文》（子部藝術類）。現存：清道光三十年鈐印本（一卷），山東省圖書館藏，《山東文獻書目》著錄。

《山東通志·藝文》：是編有嘉慶癸酉印本。卷首載文沐自識云："長山聶松巖氏以篆刻名，乾隆戊辰己巳間往來景州，主棗林張蒙溪太守家，爲作印最夥，所篆陰騭文尤爲擅場。歲久，石缺不全。今年秋，得舊拓本，思一一摹勒，以廣其傳。力不能致佳石，好我者輒傾囊篋以贈。乃就封子右孫讀書齋，與共商榷，雖至紙窗雪集，霜夕燈殘，玉樓起粟，銀海生花，不知倦。不百日而譜成，既竊幸藏事之速，又幸茲道得右孫氣類不孤也。"據本書。

## 【司空表聖詩品印譜不分卷】（一名《松巖印譜》）

聶際茂摹印。現存：①清乾隆十八年印本，中山

大學圖書館藏，《販書偶記續編》、《清史稿藝文志拾遺》著錄。②一九四九年曾毅公鈐印本，中國國家圖書館藏。《山東通志》卷七十本傳云："黃叔琳爲之序。"

## 【醉詅軒印譜一卷】

聶際茂摹印。《印譜知見傳本書目》著錄清乾隆二年鈐印本。

## 【保陽篆草不分卷】

聶際茂篆。現存：清乾隆三十二年鈐印本，西泠印社藏，《中國古籍善本書目》著錄。

## 【印萃不分卷】

聶際茂篆。現存：清刻鈐印本，上海圖書館藏，《中國古籍善本書目》著錄。

## ◆ 王相符

相符字立齋，號省齋，又號小山居士，淄川人。廩生。

## 【小山遺詩】

見《國朝山左詩續鈔》、《濟南府志·經籍》、《山東通志·藝文》。現存：民國七年順和堂石印局石印《王氏一家言》本（在卷二十七，卷端題"小山公"，卷末無集名），青島市圖書館藏；《山東文獻集成》影印。僅七言詩二首。作者小傳云："以孫貴貤贈文林郎四川嘉定府榮縣知縣，時乾隆二十七年。"

《國朝山左詩續鈔》卷二十一載其《送張嘯蘇北上》、《趙北口遇鄉人》、《涿州阻雨》、《宿黃家寺》、《思曇姪流寓東平歸省感賦》詩五首。

## ◆ 程鑑

鑑字象三，平陰人，自邁仲子。光緒《平陰縣志》卷五有傳。

## 【憨叟新志十卷】

見光緒《平陰縣志·著述》及本傳、《山東通志·藝文》（據尹彭壽《通志經籍志稿》，入子部小說類）。

## ◆ 張 敬

敬字虎人，又字莛園、芷園、芷沅，號雪鴻，又號木者（一作木香），晚號止止道人，歷城人。乾隆壬午（二十七年）舉人。官湖北房縣知縣。

### 【張雪鴻花卉一卷】

現存：①民國十一年上海文明書局影印本，中國國家圖書館、上海圖書館等藏。②民國二十九年文明書局影印本，《山西文獻書目》著錄。

《續修歷城縣志》本傳：工畫山水、人物、花卉、禽蟲，白描著色，皆臻妙境，其寫真尤神肖。工詩，兼精真草隸篆飛白之書，人咸珍之。

## ◆ 封 嶸

嶸字魯山，號觀吾，德州人。乾隆壬午（二十七年）舉人。官臨安知縣。

### 【筍香齋詩草】

見《國朝山左詩續鈔》、《濟南府志・經籍》、《山東通志・藝文》。

《國朝山左詩續鈔》卷十六載其《登州寄德州諸故人》詩一首。《德縣志》卷十六載其《老烏行》詩一首。

### 【芳蕙園詩稿】【蝸廬詩稿】

《德縣志・邑人著作》云：有《筍香齋》、《芳蕙園》、《蝸廬》諸詩稿。

## ◆ 封錫齡

錫齡字蓬嶽，德州人，元震孫。諸生。

### 【淡香詩草】

見《國朝山左詩續鈔》、《濟南府志・經籍》、《山東通志・藝文》、《德縣志・邑人著作》（作《淡香齋詩草》）。

《國朝山左詩續鈔》卷十三載其《題水邨圖》詩一首，卷三十二載其《濟南旅夜懷李石友》一首。

## ◆ 金 潢

潢字虞參，山陰人，寄籍歷城。運學生。《濟南府志》卷六十二有傳。

### 【過庭初草】

見《國朝山左詩鈔》、《歷城縣志・藝文考》、《山東通志・藝文》。

《山東通志・藝文》：《山左詩鈔》載是集，又引申書升云：“老友朱子綬屢言金虞參詩，因誦其句云：‘西風驢背沈吟處，疏柳殘陽舊板橋’，‘芳草精神經暮雨，夕陽魂夢入桃花’。爲之擊節。虞參亡，無子，稿亦散失。偶於友人破簏中得一帙，殆一時噉名客，未能遽及者。”

《國朝山左詩鈔》卷五十九載其《都門秋暮偕汪左春郊集》、《通州道上過故人居》詩二首。

## ◆ 申士秀

士秀字書升，歷城人。少孤，事母以孝聞。母歿，舌耕自給，居濼口鎮。博極群書，詩、古文皆足成家，而經義尤著，盡洗鉛華，力追先正，自曲阜顏光敏、淄川畢世持而外，未有見其敵者。乾隆癸未（二十八年）成進士，年已五十，筮仕時年六十。知四川慶符、安、石泉三縣。在官六載，清慎如一日。戊戌（四十三年）歿於任，歸葬趙家莊，門人周永年爲作《墓表》。《濟南府志》卷五十三有傳。

### 【尚書評二卷】

見《續修歷城縣志・藝文考》，注云：“採訪鈔本。”

### 【尚志軒文集二卷】

《山東通志・藝文》、《續修歷城縣志・藝文考》均據《續修府志採訪冊》著錄。

《山東通志・藝文》：《續修府志採訪冊》載是集，又載周永年撰《墓表》云：“詩古文皆足成家，而經義之名尤著。”

《續修歷城縣志・藝文考》引《續修縣志初稿》載馬瑞辰《文集序》云：“余習聞歷下周書昌先生以博學稱，著述甚夥。昔與邵二雲、戴東原兩先生校書四庫，並稱淹雅。顧邵、戴書已徧讀，獨書昌先生所著書未之見。今主講濼源，遇諸生造謁者，屬爲搜訪。及晤申生安仁，乃知書昌親受業於乃祖書升之門，其淵源洵有自也。書昌文存者三數篇，援據典雅，確有師法。因讀書升先生《尚志軒文集》，並書昌所作先生《墓表》。乃知書升先生濟南碩儒，以名進士仕蜀，卓有政績。而以宿學發爲文章，含英咀華，言皆有物。凡所作傳記序誌碑銘，均深入韓、歐堂奧。而於方望溪論文義法，尤爲契合。桐城繼望溪爲古文者，首推劉海峯及先太舅姚姬傳。而先生與先太舅皆以乾隆癸未捷南宮，爲同年友。想見春明把袂，樽酒論文，必當有鍼芥之投。惜余生也晚，不獲親炙先生，得聞緒論。竊以求書昌遺稿，因得讀先生之文，爲大快。聞先生文稿極富，半爲他人所竊取。然吉光片羽，皆可寶貴。安仁能萃乃祖遺文，哀然成帙，俾萬丈光芒不至淹沒，是亦深可嘉而預卜昌先業也。”

《齊河縣志》卷三十一載其《甌香館遺集序》，卷三十二載《故孝廉郝邃堂傳》、《賁如郝公傳》，卷三十三載《清貤贈儒林郎百通馬公暨德配賈安人墓誌》。

## 【尚志軒詩集一卷】

見《山東通志·藝文》、《續修歷城縣志·藝文考》（均據《續修府志採訪冊》）。

《國朝山左詩續鈔》卷十七載其《小留軒歌》、《聞鐘》詩二首。

### ◆ 宋獻存

獻存字徵一，德州人。乾隆乙酉（三十年）拔貢。

## 【河上草廬詩鈔】

見《國朝山左詩續鈔》、《濟南府志·經籍》、《山東通志·藝文》、《德縣志》。

《國朝山左詩續鈔》卷十七載其詩六首。《德縣志》卷十六載其《送蒙泉叔之任蕭州》、《小雪寄懷張憲文》、《過李青岑故居》詩三首。

### ◆ 張遵琯

遵琯字獻西，鄒平人，明少保延登裔。乾隆乙酉（三十年）拔貢。曠達不羈，尤工於詩。

## 【蛾術齋詩集】

見《鄒平縣志·藝文攷》、《山東通志·藝文》。

### ◆ 馬 江

江字仲牧，一字桂嶺，號紫芝，商河人。乾隆乙酉（三十年）舉人。官榮成教諭。

## 【餘閒偶筆】

見《重修商河縣志》本傳、《霑化縣志》、《山東通志·藝文》（子部雜家類）。

## 【秋浦韻鈔】

見《重修商河縣志》、《山東通志·藝文》（子部類書類）。

## 【春帆集】【閩嶠集】【觀海集】

見《國朝山左詩續鈔》、《重修商河縣志·藝文》、《山東通志·藝文》。

《國朝山左詩續鈔》卷十七載其《西湖泛舟》、《衢州江上謁李文襄公祠》、《上巳從東郭步行入科山即景》詩三首。《重修商河縣志·藝文》載其《渡濟水》、《之任登州學博留家人》詩二首。

## 【還鄉集】

見《國朝山左詩續鈔》、《重修商河縣志·藝文》、《山東通志·藝文》。

《重修縣志·藝文》載其《還鄉集小引》云：“戊戌夏，先兄卒於惠安官署，姪女毓瑛復於六月病歿。余方返轡京國，遄赴閩越。既抱孔懷之痛，愈深謝咏之悲。抑鬱離鄉，倉皇就道。山川猶是，隨處皆傷心之區；風景不殊，舉目有感慨之係。既星馳而鶩走，途經五千；亦神憊而形勞，時逾兩月。嗟人琴之俱逝，有韻安能成聲；久風雅之道荒，無情何勞載筆。既而外侮交作，內患方殷。耽耽者日乘隙以蹈瑕，不啻爲鬼爲蜮；惴惴乎時承顔而仰息，一任作福作威。惡魔道中，驚魂欲散；牛鬼隊裏，塵心已灰。匆過佳節黃花，未試登高魂已斷；忽看亞歲刺繡，聞說添線恨更長。茲者旅羈天涯，時當歲暮。占遇雨之吉，羣疑已亡；筮遄喜之爻，捐疾有慶。故園何處，聞北雁而神飛；新春不違，辭南天以遄返。仲宣登樓之作，寧須重題；文通送別之詞，還將入夢。因而結習不改，故態復萌。悽韻惻愴，不覺莫捫。余舌哀音怨亂，用是筆之於書。”

## 【蕉軒集】

見《重修商河縣志·藝文》、《山東通志·藝文》。

## 【蒙養拙庵古文】

見《重修商河縣志·藝文》、《山東通志·藝文》。

《重修商河縣志·藝文》載其《馬氏源流考》、《還鄉集小引》文二篇。

## ◆ 范麗生

麗生，乾隆乙酉（三十年）貢生。官商河知縣。罷官後居濟南，入歷城籍。

其詩文集未見著錄。《國朝山左詩彙鈔後集》卷二十八載其《夜集聽琴》詩一首，小傳注云：“袁玉堂潔《蠹莊詩話》云：‘伯野尊甫諱麗生，乙酉明經，除商河令，以忤上官去職，卒於歷下。伯野誦其《夜集聽琴》詩’云云。伯野之詩，蓋有家傳也。”按：伯野，范埏字，有《如好色齋稿》等集。

## ◆ 孟興麟

興麟字仲綬，號魯疆，章丘人。附監生。

### 【偶然錄二卷】

見《山東通志·藝文》（子部雜家類）。道光《章邱縣志·藝文》、《濟南府志·經籍》俱無卷數。

《山東通志·藝文》：《縣志》本傳云：“讀書務實學，著《偶然錄》一編。”《繡水詩鈔》載此書，作二卷。

《國朝山左詩彙鈔後集》卷三十五載其《過訪李古芬小園》、《登香山大佛閣》詩二首（據吳連周《繡水詩鈔》）。

## ◆ 孟廷對

廷對字叔揚，號秋崖，章丘人，興麟弟。乾隆丙戌（三十一年）進士。官崇安縣知縣。

其詩文集未見著錄。《國朝山左詩彙鈔後集》卷三十五載其《重寓張相國祠感懷家兄仲綬暨景陸諸友》、《村郊晚步》、《聽雨》詩三首（據吳連周《繡水詩鈔》）。

## ◆ 李德容

德容字敬齋，號春圃，歷城人。乾隆丙戌（三十一年）進士。官直隸安肅知縣。《濟南府志》卷五十三有傳。

### 【安蔬草堂詩稿】

見《濟南府志·經籍》、《山東通志·藝文》（據

《府志》）、《續修歷城縣志》本傳。

《國朝山左詩續鈔》卷三十二載其《雪霽訪友》、《薄暮郊行》、《雨後北極臺晚眺》詩三首。

### 【篤敬堂詩稿】【文稿】

《續修歷城縣志·藝文考》據李兆梅鄉試硃卷履歷著錄。

## ◆ 王炘

炘，商河人。官費縣教諭。

其文集未見著錄。民國《商河縣志·藝文》載其《重修文廟碑記》一篇。

## ◆ 楊德亮

德亮字寅工，號蓮溪，歷城人。諸生。

### 【青雲軒吟稿】

見《歷下詩鈔》，《山東通志·藝文》、《續修歷城縣志·藝文考》據以著錄。

《續修歷城縣志·藝文考》云：“德亮集未見，書肆中得鈔本一帙，首尾殘缺。詩中有《夏秋苦雨用長男受廷原韻》及《感懷寄兩兒受廷對廷並示長孫志啓》諸篇，知爲德亮所著手稿未經編錄者。凡古近體七十二首。又祭文二首，記一首，亦雜鈔其中。《歷下詩鈔》載德亮詩三首，此本則無之。”

## ◆ 楊德昭

德昭字用晦，歷城人。諸生。

### 【覽勝集】

見《歷下詩鈔》，《山東通志·藝文》、《續修歷城縣志·藝文考》據以著錄。

《國朝山左詩續鈔》卷二十九載其《東溪遣興》詩一首。

### 【楊德昭詩稿一卷】

現存：清鈔本，山東省圖書館藏。書名據封面題錄。

### 【東皋書屋遺稿一卷】

現存：清曲阜孔憲逵刻本（一冊），中共山東省委黨校圖書館藏；《山東文獻集成》影印。

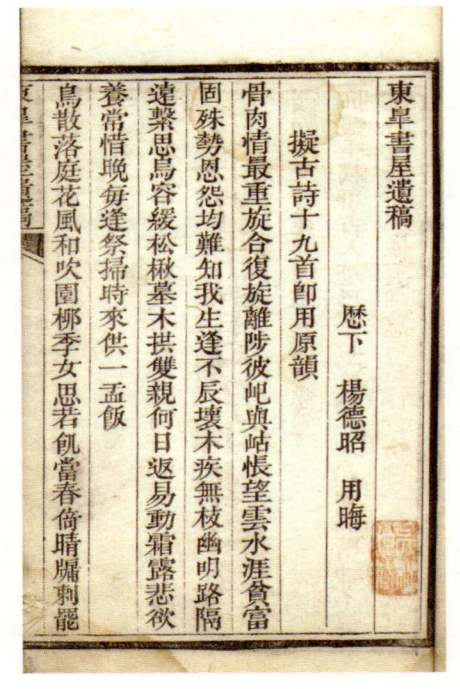

《東皋書屋遺稿》一卷　清曲阜孔憲達刻本

**東皋書屋遺稿**

擬古詩十九首即用原韻

　　　　　歷下　楊德昭　用晦

骨肉情最重　旋合復旋離
陟彼岵與屺　悵望雲水涯
貧富固殊勢　恩怨均難知
我生逢不辰　壞木疾無枝
幽明路隔遠　縈思烏容緩
松楸墓木拱　雙親何日返
易勁霜露悲　欲養常惜晚
每逢祭掃時　來供一盂飯
烏散落庭花　風和吹園柳
季女思若飢　當春倚晴牖
　　　　剝蘦

## 【登高新唱一卷】

乃德昭九月九日與同人唱和之作也。現存：清乾隆刻本，內蒙古圖書館藏，《續修四庫全書總目提要（稿本）》、《清人詩文集總目提要》著錄。有乾隆五十二年《自序》。

《山東通志·藝文》：是編刊本有乾隆丁未德昭《自序》略云："梅溪耿子受圃、黃子之二人者，吾契友也，相尚以詩。是歲九月九日，二子同人載酒遊於瀅北鵲山之叢林寺，既而歎曰：'吾友用晦，癖於詩者也，恨不攜之俱來。'遂遣介馳請。余方靜坐齋頭，授兩幼子《毛詩》，竟忘其為重陽節也。聞招馳

至，而諸同人畢至矣。酒後耳熱，觸興成詩，一時同人在山及未在山者，競相屬和，余一一答之，遂得前唱若干首。向齋沈先生為瀅源山長，吾姪受廷遊於門下，持以請教，蒙加裁正，并為詩以和之。既又率諸同人之在瀅源者共和之。至杭州八銘趙子、嘉興雙梧史子，則向齋先生之同鄉友也，均以詩名世，亦輩起而和之。余又一一答之，更得續唱若干首。"據本書。

按：德昭原唱七律一首，用先字韻。諸和作及德昭和諸人之詩皆同體次韻。前唱和者十九人，詩四十八首。續唱和者十四人，詩亦四十八首。惟續唱中沈可培向齋、史蘭雙梧為嘉興人，趙士霖八銘為杭州人。其餘作者大抵皆濟南人。諸詩流連光景，清遠無俗韻。作者如黃永甯、黃清甯、黃裔度、黃裔香、邵柱、張杶、張樞、秦慶澍、盧樂水、馬紹常、董淇、楊龍官、胡梅魁、劉文燈、王復炘諸人，其文詞罕傳於世，惟藉是編得以考其名字。而承平時都人士登臨文酒之樂，即此可以想見。卷末附德昭《秋菊》七律十首，據耿玉函《跋》，《秋菊》詩凡六十首，此所載尚非其全也。

《續修歷城縣志·藝文考》亦據本書著錄，並節錄德昭《自序》及耿玉函《跋》。耿玉函《跋》略曰："菊稱隱逸，昔陶淵明愛而珍之，以其瀟灑籬落，別有一段幽香傲骨，迥出塵俗外也。吾友用晦賦性恬澹，人頗似之，嘗作《秋菊》詩六十首以自況，余每吟賞不置。今經后山先生評後，錄其十首，附載《登高集》末，並質同好。"

### ◆ 徐果行

果行字育泉，長山人。諸生。

## 【長山縣志十六卷首一卷】

與歷城鍾廷瑛同撰。詳見鍾廷瑛著作。

【卷十六・清六】

# 卷十六・清六

## ◆ 趙大經

大經字春磵，德州人。乾隆戊子（三十三年）舉人。官武清知縣。

### 【閩遊記】

見《德縣志・邑人著作》。

### 【春磵詩】

見《山東通志・藝文》。《續修四庫全書總目提要（稿本）》著錄鈔本。《德縣志・邑人著作》無此目。

《山東通志・藝文》引《鄉園憶舊錄》云："紀曉嵐先生視學入閩，邀吾鄉趙春磵同往。先生先行，春磵自山東日馳二百里及之，一路唱和。曉嵐先生以長句首唱索和，戲促諸友。春磵詩後至，又促之。春磵善說鬼，數十晝夜不窮，在京有'鬼董狐'之目。曉嵐子汝傳朝夕鰓之令談。先生嘲之云：'甘心伏轅下，倔促跂羊如。終朝邀稚子，神怪談虞初。'諸友詩皆至，作詩相謝，兼索和章。春磵詩又不至，乃倒疊前韻以惱之。因春磵好飲，詩有云：'可憐一蹶竟塗地，險韻坐困敲梢交。睢盱四顧上舵尾，苦問何處酒旗挑。'賓主相得之樂如此。及見《春磵詩》，和韻皆在集中。其倒疊前韻詩，風馳電激，英英露爽。曉嵐先生詩云：'山東健兒天下勇，士風慓悍連滁濠。'當之洵不愧也。春磵善畫，詩筆敏捷。京師諸大僚扈從出塞，每邀與共往。閱山川之奇險，歷風霜之凜冽，詩情愈豪。每有翰墨事，操筆立就。喜其《稚子應門》云：'解道阿翁不在家。'甘於韜晦矣。"

《國朝山左詩續鈔》卷十八載其詩三十七首。《德縣志》卷十六載其《古詩一首留別封魯山》、《田湄村以詩謝餽粟．次韻答之》、《田企共和湄村作．謬相推重．且援雅雨盧丈發端．撥觸鄙懷．愴然感舊．依韻酬之》詩三首。

### 【嶧尾草堂詩】【晴碧軒詩】【初心齋詩】

見《德縣志・邑人著作》。

## ◆ 羅奎章

奎章字東壁，號春江，一號少霞，德州人，以深子。乾隆戊子（三十三年）舉人。歷官昭平知縣。

### 【壽光縣志二十卷】

現存：清嘉慶五年刻本，山東省圖書館、濟南市圖書館、山東大學圖書館等藏。前有劉翰周、吳人驥《序》，縣圖三幅。分輿地志、建置志、食貨志、秩官志、貢舉志、人物志、藝文志、雜綴八門，凡二十卷。卷前《凡例》云："是編於安致遠舊本十取七八，王椿續本十取四五。"

按：是志由壽光知縣劉翰周（河北豐潤人，乾隆五十九年任）主修，金以城（江蘇寶山人，壽光縣丞）與奎章編纂，始於嘉慶二年，次年成書。奎章時任壽光縣教諭。

### 【松雨樓詩稿】

見《國朝山左詩續鈔》、《山東通志・藝文》。《濟南府志・經籍》作《松雪樓詩稿》。《德縣志・邑人著作》作《松雨樓詩集》。

《國朝山左詩續鈔》卷十八載其《賢清園》、《東萊留別桂未谷》詩二首。《德縣志》卷十六載其《賢清園》一首。

## ◆ 羅保章

保章字映斗，號淡琴，一號小松，德州人，奎章弟。增貢生。

### 【玉雪山房吟稿】

見《國朝山左詩續鈔》、《山東通志・藝文》。《濟南府志・經籍》作《玉雪山房詩稿》。

## ◆ 呂占建

占建字寧侯，號春山，德州人。乾隆戊子（三十三年）舉人。以大挑分發安徽，歷知五河、英山等縣，署泗州知州。

### 【汲灌草堂詩集】

見《德縣志·邑人著作》。《德縣志》本傳作《汲灌堂集》。

《國朝山左詩續鈔》卷十八載其《孟冬接家書有感》詩一首。《德縣志》卷十六載其《讀謝弼廷詩即用其反止酒韻》詩一首。

## ◆ 朱續孜

續孜字無逸，號勉亭，平陰人。乾隆戊子（三十三年）解元。官碭山知縣。光緒《平陰縣志》卷四有傳。

### 【平陰縣志二十九卷】

現存：清嘉慶十三年刻本，山東省圖書館藏；《中國方志叢書》、《中國地方志集成·山東府縣志輯》影印。山東省圖書館另有四卷本。按：是志由嘉慶十一年知縣南昌喻春林修。前有喻春林、朱續孜等《序》四篇，舊志《序》八篇，縣圖十二幅。後附趙貫臺、顏懷愨《跋》。卷一列聖詔旨，卷二星野、疆域、城池、學校、學田、藏書目錄、武廟、壇廟、祠宇、寺觀、古迹，卷三風俗、時令、山川、八景、橋梁、渡口、牌坊、墳墓、里社、鋪遞，卷四賦役、物產、雜志、災祥，卷五封建、職官，卷六名宦、選舉，卷七辟舉、例貢、武科、封贈，卷八鄉賢、忠義、行業（上），卷九行業（下）、著述目錄、武略，卷十至十一節孝，卷十二至二十九藝文。

《山東通志·藝文》（作《重修平陰縣志》，卷未詳）：是志刊於嘉慶戊辰。邑令喻春林《序》云："綱領條目，悉仍舊志。其所增益者，皆勉亭先生手訂。計數閱月而成書。"據本書。

光緒《平陰縣志》卷八載其《平陰縣志序 嘉慶十二年》。

### 【基福堂詩文集】

見《平陰縣志》本傳、《山東通志·藝文》。《縣志·著述》作《基福堂文稿》、《基福堂詩稿》。

光緒《平陰縣志》卷七載其《重修瞻闕樓記》一篇。

## ◆ 郝敏中

敏中字華亭，章丘人。乾隆戊子（三十三年）歲貢。

### 【黃金壩詩草】

見《山東通志·藝文》（據《繡水詩鈔》）。

《國朝山左詩彙鈔後集》卷三十五載其《房定公墓下作》詩一首（據吳連周《繡水詩鈔》）。

### 【聲調譜捷徑】

見道光《章邱縣志·藝文》、《濟南府志·經籍》。

## ◆ 劉汝榕

汝榕字巨南，長山人，宗濂子。諸生。《長山縣志》卷八有傳。

### 【四書不二字】

見《長山縣志》本傳、《山東通志·藝文》（經部四書類）。

### 【韻學指掌】

見《長山縣志》本傳、《山東通志·藝文》（經部小學類）。

## ◆ 周　鰲

鰲字駕山，歷城人，建子子。恩貢生。

其詩文集未見著錄。《國朝山左詩續鈔》卷十三載其《京邸感懷》、《禹登山》詩二首。

## ◆ 牛中開

中開字萬平，號啟宇，章丘人。乾隆庚寅（三十五年）恩科舉人。官咸豐縣知縣。

其詩文集未見著錄。《國朝山左詩續鈔》卷十九載其《春柳》詩一首。

## ◆ 鍾廷瑛

廷瑛字仲瑋，號退庵，又號退軒、南皋，歷城人。乾隆庚寅（三十五年）舉人。歷官黔縣知縣。

### 【長山縣志十六卷首一卷】

廷瑛與長山徐果行同撰。見《山東通志·藝文》（作《新修長山縣志》十六卷）、《續修歷城縣志·藝文考》（作十六卷）。現存：清嘉慶六年刻本，山東省圖書館、鄒平市圖書館等藏；《中國方志叢書》、《中國地方志集成·山東府縣志輯》影印。

是志由長山知縣倪企望（字穎田，安徽桐城人，乾隆六十年任）繼康熙《志》而修，始於嘉慶五年，次年付梓行世。首載倪企望《序》，縣圖四幅。分輿地志、建置志、食貨志、災祥志、秩官志、選舉志、人物志、藝文志、雜綴志九門，凡十六卷。

《山東通志·藝文》：是志成於嘉慶辛酉。《凡例》云：“《舊志》人物傳中，如文學之張臨爲鄒平人，武功之雍齒爲沛豪，皆未免借材異地，今並刪去。而補張待問於名宦，收孫靈暉父子于仕蹟、文學，則援引有據，不同濫登。”據本書。按：《志》以孫靈暉爲長山人，蓋本之《池北偶談》。然《海岱史畧》謂北齊時長樂、武強屬直隸深州，非山東地也。據此，則靈暉仍非縣人。

《續修歷城縣志·藝文考》：倪企望《序》曰：長邑舊《志》成於前明韓公希龍，易世而後，殘缺失次，僅存什一耳。國朝康熙丙申，孫公衍彙纂爲十卷，發凡起例，徵因革，紀物俗，臚嘉言，著懿行，百五十年事蹟，燦然可稽。若是乎，志之不可以已也。顧自丙申至今，又閱八十餘年矣。余承乏茲邑，五易寒暑，邑士夫每以修輯爲請。余惡焉，良以積時既久，稽考維艱，徵文咨獻，既虞其遺，復虞其略也。既而得文公續稿一冊，于胥史家絕續之交，若陰留以待後人之纂成者。士夫復交薦鍾子南皐、徐子育泉 長山人 任編輯之勞，分委紳者，廣採訪之役。于是欣然開局，凡七閱月而脫稿，得卷十有六。舊《志》之遺者補之，誤者訂之，續稿之疏蕪者刪潤之，新徵事蹟則依類而綴緝之，網羅散失，闡發幽光。其仕績武功彪炳耳目者不具論，即如孝友增至百餘人，節婦增至五百餘人，于以見盛世重熙累洽，德化之攸隆也。而搜求咨訪，遍於僻壤窮鄉，使人咸知孝友之可欽，節烈之足重，未始非人心風俗之一助也。師古曰：“志，記也，積記其事也。”余特積而記之，以竢後之君子云爾。時嘉慶六年歲次辛酉孟夏月皖桐倪企望。本書。

## 【退軒詩錄十五卷】

見《山東通志·藝文》、《續修歷城縣志·藝文考》。現存：清嘉慶二十二年讀易堂刻本，中國科學院圖書館、山東省博物館藏，《山東文獻書目》、《清人別集總目》、《清人詩文集總目提要》著錄。

《續修歷城縣志·藝文考》：廷瑛《自序》略曰：退軒年十二授詩於劉葛民先生 士愚，橫經之隙，手滄溟《唐詩選》一編，長哦秘玩，遂學爲五七字，偶獲賞譽，則色然喜。繼從先兄伯瑩氏，進而讀《選》，讀李、讀韓、讀溫、李，未有得也，時年已及冠矣。聞表兄朱式魯先生方以瑰奇博奧之詩鳴於世，介予求是正，輒蒙印可，以長歌見贈，所謂《終翁謠》者也。遂時一染指昌谷及徐渭。既自慚邯鄲之步，旋棄去。長年後學宦南北，哀樂交於中，又側聞前輩餘論，竊以爲：詩有人在，倚門傍戶，無謂也；詩有事在，剽聲塗澤，無當也。於是即事抒懷，不敢蹈襲古人一字。既而讀眉山，讀涪翁、劍南，兩宋之全，曁元明昭代諸子，以博其趣；而尤潛心於漁洋《古詩選》、方氏《律髓》二書，以調其音節，而熟其句律。搦管直書，汩汩然來，無復向時艱澀之態。然於唐人風華婉約之體，亦复不可津逮矣。入近歲來，衰老委靡，意興蕭索，平生襟契十不一存，此事便成廢閣回憶。矻矻五十餘年殫精力於是，而所就若此，殊可汗顏。顧念零落於蛛絲魚蠹間，令其終歸散佚，如宿心何？如師友何？因用古今分體之例，彙鈔爲十五卷。覆閱一過，既無驚才絕豔可以駴人耳目者，又無清標雋味可以耐人尋咀者，顏氏所譏詅癡符，殆謂是歟？本書。

《山東通志·藝文》：按，廷瑛雖博涉諸家，而其所作究於蘇、陸爲近；繩以虛谷、漁洋詩法，似不能無少出入也。

《國朝山左詩彙鈔後集》卷二載其詩一百五十首。

## 【退軒文錄四卷】

《續修歷城縣志》本傳云：“著有《退軒詩錄》行世，《文錄》四卷、《藝苑小箋》六十卷待梓。”

## 【全宋詩話十三卷】

現存：①稿本，首都圖書館藏，《中國古籍善本書目》著錄。②京師圖書館傳鈔本，中國國家圖書館藏，見《清詩話考》、《新訂清人詩學書目》。③張宗祥稿鈔本，見《浙江圖書館古籍善本書目》。

《山東通志·藝文》作《宋詩話》無卷數，云未見。《續修歷城縣志·藝文考》列於鍾廷璋名下。

## 【金元詩話十八卷】

見《山東通志·藝文》。《續修歷城縣志·藝文考》

列此書於鍾廷璋名下，所引《自序》亦屬之廷璋，疑誤。

《山東通志·藝文》：《金元詩話》有採訪鈔本，《自序》云：“余纂《宋詩話》既畢，復以餘力輯《金元詩話》十八卷。金則據《中州集》、《歸潛志》二書。元則取之《輟耕錄》、《山房隨筆》、《七修類稿》、《西湖遊覽志》及《歸田》、《南濠》諸詩話。合兩代卷帙，尚未及宋賢之半。草草綴輯，掛漏殊多，良未足表闡幽潛，饜飫來哲；而於兩代揮毫掞句之英，名篇軼事，亦粗具崖略。後之讀金元詩者，或亦有取焉爾。”

## 【藝苑小箋六十卷】

見《山東通志·藝文》（卷未詳）、《續修歷城縣志·藝文考》（據鈔本）。《續修歷城縣志》本傳云：“《文錄》四卷、《藝苑小箋》六十卷，待梓。”

《山東通志·藝文》：採訪稿本。廷瑛《自序》略云：“李、杜、韓、白、蘇、黃諸家集，意旨宏深，辭采博奧，復雜以方言瑣事，扞格而難通。前輩注釋所稱周詳而繁富者，亦或郢書燕說，或踵譌襲謬，或以習見而不詰，或據臆解而武斷。因縱覽唐、宋、元、明、昭代聞人專集總類以及說部叢書，其玫證辨博者尤加意尋討，有所得輒以籤記。積之既久，束筍戢戢。恐終散失，乃以韻次之，鈔撮成帙。第所詮多常言軼事，前喆所忽，爲之詳溯原委，庶俾從事藝林者諷誦易通，操觚不誤。若夫鴻制鉅典，則《三通》、《御覽》諸書俱在，即辭藻韻錯，亦未能備登。姑即所見，聊以祛疑，故曰《小箋》云爾。”據本書。

## 【韓集注補四十卷】

現存：稿本，上海圖書館藏，見《中國古籍善本書目》、《杭州葉氏卷盦藏書目錄》。

### ◆ 葛周玉

周玉字溪璜，號般水漁人，德平人，槃子。乾隆庚寅（三十五年）副貢。任登州教授，陞山西鳳臺知縣。《德平縣志》卷七有傳。

## 【喪儀紀略】

見《德平縣續志·藝文》。

## 【德平葛氏族譜十四卷首一卷末一卷】

現存：清嘉慶六年樹滋堂刻本，中國國家圖書館、吉林大學圖書館藏，《中國家譜總目》著錄。《北京圖書館普通古籍總目》、《東北地區古籍綫裝書聯合目錄》作乾隆五十二年刻本。

## 【般上舊聞四卷】

見《德平縣志》、《山東通志·藝文》（史部地理類）。現存：①稿本（六卷），山東省博物館藏，《山東文獻書目》著錄；《山東文獻集成》影印。②清嘉慶七年樹滋堂刻本，中國國家圖書館、吉林大學圖書館等藏，《販書偶記》、《東北地區古籍綫裝書聯合目錄》、《北京圖書館普通古籍總目》著錄。

前有嘉慶二年《自序》略云：“嘉慶二年元旦後，予病肺氣。幸門可羅雀，得偃仰靜攝。日惟仲弟鼎臣及兒子鴻逵侍側，每嘵談鄉里故事娛予。予反增倦，輒睡去。子弟不解予意，予語之曰：‘言人所已言，爲拾牙後；何不言所未言？問人所盡知，殆入漆室；何不問所罕知？自吾家憲使公《德平文獻考》爲齊邱《化書》，往事已失傳矣；百餘年來，又鮮撰著實錄。不宜人云亦云，重誣來者。’於是子弟皆憬然悟，請廣所聞。予爲日舉數條，俾疏之。苦無文義，僅紀其目。入三月疾平，編次成裘，題曰《般上舊聞》。般上者，敝廬所在也。舊聞者，生斯長斯，得諸耳者也。”

泳按：是書記鄉里人物、風俗，兼多考證，可以備志乘之採；亦雜及鬼狐神怪之事，不免爲小說家言；而書中載其先世事蹟頗詳，又可作家乘觀也。其中記本邑著述兩條，多有《通志》未載者，現彙錄於此。卷三“先輩著述”條云：“吾邑先輩著述頗稀，又多佚亡，姑記其目，且詳識之，以便訪求。書或假借，及礙其人，皆不紀，後之人可以無惑。梁明山實著《吉禮儀注》二十四卷、《禮議》二十卷、《孝經喪禮服義》十五卷。隋明克讓著《孝經義疏》一部，《古今帝代記》一卷，《文類》四卷，《續名僧記》一卷，《集》二十卷，各載本傳；《隋書·經籍志》、《唐書·藝文志》皆無其書目。邈哉，不可考矣！由明以來，惟孫應騏著《文廟通祀考》一卷曾梓行，其《慎終編》二卷則未梓。如王明炳著《蛩吟集》二卷，趙一奇著《蒼竹逸韻》一卷，朱長泰著《周易致一》六卷，朱時顯著《春秋集說》四卷，郭晉光著《玉韞齋集》二卷，李華著《姓氏考略》六卷，張潤著《馥園易說》一部，皆未梓，不知存否。知其未梓而佚者，則劉印德之《默齋遺稿》、《默齋雜俎》，朱長泰之《主敬齋遺稿》，宋國祚之《西郊老農閒詠》，李圖南之《息園詩文稿》，劉容儀之《酣雪編》、《菊窗吟稿》，朱履慶之《蝶醒齋稿》。若李根之《方村筆談》，實未成書。今惟朱履慶所著《德平縣文獻彙略》二十卷尚存，亦未梓。予搜集宋國祚古今體詩四十一首，並其自序，及朱長印之《宋山人傳》，刻之，仍名《西郊老農閒詠》。又刻劉菊窗古今詩十三首，詩餘十首，並李鵬九題辭，名《和雪吟》。板在予家。""先世著述"條云："予家先人著述，存者十五種，佚者九種，均有已梓未梓。今並所輯之書詳識之，願後人護持，使存者勿失，佚者或可訪求，然而難言之矣。《葛端肅公集》十八卷，初名《靜思齋稿》，萬曆十年壬午授梓，易今名，福山郭康介公宗皋序，安肅鄭大尹材後序，板存。又有十卷者，爲臨邑邢太僕公侗選刻，序即邢作，亦萬曆十年梓，板亡。《葛端肅公家訓》上下二卷，初名《視履家訓》，萬曆二十三年乙未授梓，易今名，東阿于文定公慎行、臨朐馮文敏公琦序，符卿公後記，板缺。《東山論草》上中下三卷，儀封張大中丞鹵序，唐廣文文輝後序，隆慶三年已巳梓；《家禮摘要》五卷，東阿于文定公慎行、新城王大司馬象乾序，萬曆二十五年丁酉梓；《東山餘墨》五卷，陵縣康侍御丕揚序，憲使公跋，天啓九年辛酉梓，皆文肅公著，板俱缺。《集玉山房稿》十卷，疏草在內，堂邑許司徒維新、日照焦太史竑序，萬曆四十三年乙卯梓，板缺，符卿公著。《葛太史公集》五卷，憲使公序，康熙元年壬寅梓，板亡。《葛符卿公年譜》一卷，萬曆三十五年丁未梓，板缺；《葛端肅公族譜》二十四卷，書存，未梓，皆憲使公著。憲使公集原名《篤惠堂稿》，計六卷，久佚。予復網羅散失，合《祀典管見》及《丁丑吟》，編爲四卷，名《葛憲使公集》，未梓。《綱鑑策題》四卷，康熙二年癸卯付梓，坊板；《種花草》一卷，《讀書錄》一卷，存，未梓，皆先祖欽簡公著。《思齋遺稿》一卷，《思齋閒話》一卷，皆先父述謙公著，存，未梓。其已梓而書亡者，則先伯祖所著《介之詩草》一卷。未梓而書亡者，則文肅公所著《四書說》四卷、《易學指掌》二卷、《左傳彙語》二卷、《過庭紀聞》二卷；符卿公所著《易經本義詳解》四卷、《通鑑人物要編》五十卷；憲使公所著《德平文獻考》四卷、《拙宦自

狀》六卷。又有所輯之書，其已經付梓，書存而板失者，則中翰公所輯《川上草堂集》一卷；符卿公所輯《孝經》一卷，《端肅公名臣記》一卷，《端肅公哀終錄》四卷，《葛夫人哀終錄》一卷；憲使公所輯《葛符卿公行錄》一卷；先祖所輯《傳記》合刻一卷。已梓而書不存者，則鴻臚公所輯《節孝錄》一卷；憲使公所輯《歷代帝王歌》一卷，《痘書》一卷，《痘疹括》一卷，《小兒語》一卷。未梓而書不存者，則符卿公所輯《秘傳陽宅要訣》一卷。"凡此種種，均可補史乘藝文之未備。（據本書稿本）

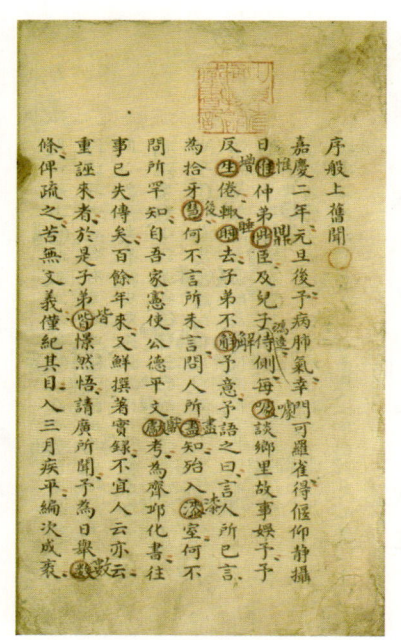

《般上舊聞》六卷　山東省博物館藏稿本

## 【溪璜語錄】

文載《德平縣續志・藝文》，凡三十四條。

## 【般上草堂六卷】

《山東通志・藝文》云："是編見《縣志》。'草堂'下疑脫'集'字。"《德平縣志》本傳云有是書梓行。

《德平縣志》卷十二載其《濟南三絕》（三首）、《登廣教寺浮圖》等詩。

## ◆ 郝紹宗

紹宗字遠衣，章丘人。乾隆庚寅（三十五年）舉

人。官嶧縣訓導。《濟南府志》卷五十四有傳。

【豔雪齋詩稿】

見《國朝山左詩彙鈔後集》、《山東通志・藝文》（據《繡水詩鈔》）。

《國朝山左詩彙鈔後集》卷三十五載其《七夕雨》詩一首（據吳連周《繡水詩鈔》）。

## ◆ 孔昭熺

昭熺號松峯，室名醫俗軒，新城人。乾隆三十五年舉人。

【醫俗軒詩集不分卷】【醫俗軒文集不分卷】

現存：清道光七年孔慶鈺保合堂刻本，中國科學院圖書館（二冊，又一部四冊）、南開大學圖書館、山東省博物館等藏，《清人別集總目》、《清人詩文集總目提要》著録。

## ◆ 榮　裛

裛字繡函，新城人。諸生。

【保身真言】

《重修新城縣志・藝文》載本邑知縣容昺《序》略云："桓台繡函榮子，年逾八旬，以諸生膺鄉飲，因公事來謁見，既而出所著《保身真言》。大旨皆以太極爲一理渾淪，其形如珠，又名曰元牝。此固未免雜於他氏之說。然其論天地生人理寓於氣，以及五常發見睟面盎背之實效，總欲一身得夫尊且貴者，以保太極之真，以對天地而無愧，殊覺剴切詳明，非概同於他氏之所論修鍊者。夫天地間至難得者人，尤難得者保身之人。若榮子之髦而好學，余固信其保身有所得力。而其說亦足發明先儒之意，以裨後學也。"

## ◆ 周永年

永年字書昌，號静函，又號林汲山人，歷城人。乾隆辛卯（三十六年）進士。四十年以夙望被薦，與邵晉涵、戴震徵修《四庫全書》，授翰林院編修。《濟南府志》卷五十三有傳。

【儀禮摘句不分卷】

現存：清朱絲欄鈔本（四冊），中國國家圖書館藏。

周永年像

【泰安府志三十卷前一卷首二卷末一卷】

現存：清乾隆二十五年刻本，山東省圖書館、山東大學圖書館等藏；《中國地方志集成・山東府縣志輯》影印。前有沈廷芳、顔希深、陶杏秀《序》，改府奏議，引用書目，府圖十二幅。分星野志、方域志、山水志、古蹟志、封建志、建置志、祠祀志、田賦志、學校志、職官志、選舉志、宦蹟志、人物志、藝文志、金石志、祥異志、辨誤十七門，凡三十卷。

是志由知府顔希深（字濬溪，廣東連平人，乾隆十八年任）主修，成城（字成山，浙江仁和人，候選知县）主纂，李文藻、周永年等任分纂，成於乾隆二十四年。

【歷城縣志五十卷】

見《山東通志・藝文》（史部地理類）、《續修歷城縣志・藝文考》。

現存：清乾隆三十八年刻本（五十卷首一卷），山東省圖書館、山東大學圖書館、山東師範大學圖書館等藏；《中國地方志集成・山東府縣志輯》影印。前有崔應階、吳嗣爵、韋謙恒、李中簡、胡德琳、姚立德、徐績、何煟、王亶望、國泰《序》，縣圖四幀。分總紀、地域考、山水考、建置考、古迹考、藝文考、金石考、封建表、職官表、選舉表、襲爵表、貤封表、宦迹録、列傳、雜綴，計十五門，四十四目。全書徵引博洽，賅備詳贍，爲清代方志纂輯派之代表作。

按：是志由知縣胡德琳主修，李文藻、周永年等纂，始於乾隆三十二年，成稿於三十六年，三十八年梓行。

《續修歷城縣志·藝文考》載胡德琳《序》曰：《歷城志》昉於前明邑人劉氏君授，崇正末葉氏奕繩成之，考據博洽，詞理腴儁。百餘年來，山左邑志安邱、東阿而外，即共推是書矣。然山川、古蹟、職官、人物，脫誤時見。國朝康熙間，李氏恕亭雖嘗踵修，而莫能是正。丙戌夏，余自濟陽調任，丁亥春杪即開志局。凡歷代掌故風土之記、寰宇之志，及直省通志、名人總集，下逮稗官小記，無不搜羅；金石之文，消澌殘蠹，無不抉剔；山川之脈絡，溝渠之分幷，皆親至其地，綜覽而條析之。雖不敢謂毫髮無遺憾，而訂誤者十之三，補缺者十之五。蓋益都進士李莨畹、邑孝廉周靜函之功居多。若足躡萬山，窮原究委，目營手畫，則東原陳子子顯之勞不可泯也。志甫脫稿，余已遷濟寧，延前廉使沈荻林先生偕前淄川令盛君秦川修《濟寧志》，是編藉以商榷裨益，亦不少焉。然非劉氏、葉氏草創於前，則文獻無徵，安知不用力尤艱也。開雕將竣，蒙恩擢守東昌，凡三易寒暑，簿書之餘，時勤校勘，兢兢焉惟恐不竟厥事。嗣此有志續修者，當亦鑒余之苦心也夫。

又載李中簡《序》曰：史之有志尚矣。其以地著者，唐宋以來多總匯之書，至於分郡爲志。郡又分邑，則其事愈專，商榷亦宜益精。誠名物所憑依，而史乘之根苑也。嘗論作志之體，貴於詳而難於核，不以簡古爲高。自好文之士揚遷抑固，力矯塡累，於是有强故實以就我覉裁，文雖工而志體荒矣。其或官董其事，則又不過偶動於好名之一念，急求其成，而不顧其安，以爲苟非功令之所程，課最之所係，皆可以苟且從事，而二三賓客因得以私意竄定其間，此所以易成而難工也。東昌守桂林胡先生雅意嗜古，自宰歷城時，閔邑乘殘闕，發憤蒐輯，延益都李君莨畹、濟南周君靜函暨諸同志，據明季葉氏舊本成之。二君皆淹博有文，又樂操其土風，故其結撰，壹以詳贍爲主。而先生亦深於著述甘苦之數，不爲去留易念，俾得從容以盡其才，蓋五年而後成書，視原本不啻倍之。書成而先生已擢郡守，李已令粵東，周亦成進士矣。先生以書索序於予。予受而讀之，詳而不失之蕪，核而不失之鑿，犖焉炳焉，洵可與宋次道之志長安、河南，范至能之志吳郡，與山左名志如東阿、安邱二書，後先輝映者

也。予嘗借明人所爲《朝邑志》手鈔之，閱其文，洵簡淨有法，顧竊疑其於遜國臣程濟拜碑事獨詳，殆未免於文人好奇之病。以此推之，他可徵信而反漏者，政多也。若斯志者，庶知免矣。先是學署在青州，今則濟南，使者於歷城居停也，可竊附於寓公之義，故輒引伸鄙懷，以塞先生誣諉之意云。

又，徐績《序》曰：昔史公爲《河渠書》，於河流自南而東復爲引使北流之故，必爲申析其所以然，使覽者得見古人疏鑿之大旨。其論治渠，則自滎陽下及楚吳齊蜀諸邦，行船溉浸之利，形勢俱列目前。《封禪書》敍秦時諸山川神祠，自殽以東爲祠幾，華以西爲祠幾，而雍與西，若湖、下邽、滈、灃、杜、亳，復若干祠，合天下諸山川神祠，一一如經緯之在機，黑白之分布於棋局，至今如可想見其處。而竊怪今人敍數十百里以內之山川，即樊然四出而靡所統紀，何其才力不逮古人若是之相遠歟？余每覽郡邑志書臚陳山水，大抵如市肆貨錢之記注，一刱雜而不貫。近代惟李世熊爲《寧化志》知以爲病，於邑中山水皆躬自涉歷，得其起伏往來之勢，而比而合之以爲文。其視他志之支分而錯出者，則有間矣。至若指陳形勢，令讀者如身遊而目擊之，則亦未敢輕許也。東昌太守胡君德琳前令歷城，爲其《縣志》，以爲縣之山無有不原於泰山者，其水無有不委諸清河者。君既得其原委大勢，而敍次一準《水經》，故其文最有法度。余謂即此一編，已足爲近代志書之冠。其他《金石考》詳審精核，可與歐、趙諸家所錄並傳；《藝文考》略述篇目大指而不列其文，文之有關國故者則散見於地域、建置、山川、古蹟諸篇，尤爲不詭於歷代史家之法；其於戶口、田賦，兼列往代之額與一切吏牘之文，則陸清獻爲《靈壽志》書遺意，皆爲不苟然者。書凡三易寒暑始成，其勤若此。然猶自恨簿書少暇，未能專力覃思，汰其繁芿而歸諸潔若，猶冀余爲之刊削者。然余獨賞其敍列山水條理井然，一洗近代志書之陋；而其網羅之博，考核之精，皆有非他志所能及者。輒爲序其纂述之大意于簡端，以曉覽者。至於刊削之功，則姑以待諸後世司馬遷、班固之徒爲之，其可乎？

## 【東昌府志五十卷首一卷】

《山東通志·藝文》、《續修歷城縣志·藝文考》據嘉慶戊辰《東昌志·舊志纂輯姓氏》著錄，無卷數。現存：清乾隆四十二年刻本，中國國家圖書館、大連

市圖書館等藏。前有胡德琳、完顏赫紳泰《序》，凡例十四則，圖考。分總紀、地域、山水、戶賦、建置、古迹、經籍、金石、封建、職官、選舉、宦蹟、列傳、遺文、遺詩、雜綴十六門，凡五十卷。

《山東通志・藝文》：乾隆癸巳胡德琳官東昌府時所修也。按《鄒平志》成兆豐傳云："知府胡德琳聘鄒平原董元度、歷城周永年修《東昌府志》。"今考《舊志纂輯姓氏》，列元度於參訂，而不載兆豐名。兆豐字竹齋，鄒平人，乾隆甲子舉人，歷官高唐學正。

按：是志始纂於乾隆三十七年，歷時兩載，數易其稿，至三十九年修成。《續修四庫全書總目提要（稿本）》稱其"體制既備，敘述亦詳，誠地志中之佳構"。

## 【濟甯直隸州志三十四卷首一卷】

現存：①清乾隆四十三年刻本，山東省圖書館、濟南市圖書館等藏。②清乾隆五十年刻本（王道亨續修，盛百二補輯），山東省圖書館、濟寧市圖書館、山東大學圖書館等藏。③清乾隆鈔本，山東省博物館藏。前有胡德琳《序》，明舊志《序》三篇，縣圖十八幅。分紀年、輿地、建置、古迹、封建、題名、職官、選舉、宦迹、人物、列女、藝文拾遺、雜綴十二門。

按：是志由濟寧知州胡德琳（乾隆三十四年任）主修，周永年、盛百二纂，始於乾隆三十五年，未付梓，德琳調任東昌府。三十八年，繼任藍應桂（字芷林，浙江定海人）續修，於四十三年付梓行世。

## 【水西書屋藏書目錄】

見《濟南府志・經籍》、《山東通志・藝文》、《續修歷城縣志・藝文考》。

《續修歷城縣志・藝文考》載沈起元《書後》曰：凡百嗜好皆累心，唯書足以明心養心，而嗜者絕少。非唯聲色財利官爵珍玩奪之，而舉業之奪彌甚。昔之人以書治舉業，今之人治舉業而廢書。余每為之太息。余來主濼源書院講席，得周生永年。其文矯然，其氣凝然，百無嗜好，獨嗜書。歷下古書不易得，生故貧，見則脫衣典質，務必得，得則卒業乃已。今所藏經史子集二氏百家之書已數千卷，皆能言其義者。窺其志，將盡致古今載籍，以掇其精而嚌其胾，而不僅以多藏為富。是豈惟齊魯之傑！吾吳號多文學之士，余猶張生以屬之，已乃進生而語之曰："生亦知書之不必富乎？亦知書之足為心累乎？夫書者，載道之器。而道非堯、舜、禹、湯、文、武、周公、孔孟之道，即吾身心之道也。非書無以識道，非道無以為人。故書貴也，道一而已。《六經》《四子》，可數言蔽之。至戰國游士，詭奇誣誕之說競作，以遏塞聖道，於是造物者惡之，假手秦政之火。不幸《六經》亦誤罹其毒。然漢興《六經》旋出，如日月之不可晦蝕，而諸叛道之書銷沈於灰燼者，固已不知其幾，未嘗非一火之為烈也。自漢迄今二千餘年，有訓詁之學、詞章之學、釋老之學、術數之學、小說之學，書益汗漫無紀。極才智之士，馳騁遊獵其中，佐其矜誦浮蕩之術，以駭俗釣聲為斯道，害彌甚。程子玩物喪志之語，非奇論也。世有好奢者，每食羅珍錯，窮水陸，和百味，卒迺舉數饌醞醲數厄，適醉飽而止。好遊者足迹遍天下，歷五嶽，浮江河，搜台蕩之奇，探洞府之奧，倦而歸，敝廬數椽，以待風雨，足矣。故凡騁耳目之觀者，皆於我無與。不惟無與，皆足蕩精魄而糜歲月，矻矻至老，空無所得。識者惜之。昔韓昌黎之學，細大不捐，可謂勤且博矣。然又自言，學之二十年，始辨古書之正偽，白黑分矣，務去之乃有得焉。蓋昌黎承漢魏六朝，後尋源溯潦，問塗榛莽，故辨白之難，久乃得之。今幸生宋諸大儒後，古書之正偽白黑犁然，顧猶取昌黎之所去以為博，不已闊乎！人生百年耳，天下之藝能不必兼也。古今作者，詞章之優劣，不足深辨也；唯道之求，以事吾身，心之不暇，何書之富為？"生聞之，憮然瞿然，翻然曰："謹受夫子教！"遂抑首治經，書滿屋，不為泛涉。生今年二十有五，少於昌黎上宰相書時二年，極其所嗜，而不誤所趨。余老矣，詎見其成之所底，因書所與言者，留其藏書之室，以堅其志云。乾隆甲戌仲秋。

## 【藉書園書目】

見《濟南府志・經籍》、《山東通志・藝文》（史部目錄類）、《續修歷城縣志・藝文考》。現存：①清李氏愛吾鼎齋鈔本，中國國家圖書館藏，《北京圖書館古籍善本書目》、《中國古籍善本書目》著錄。②清道光六年東武劉氏味經書屋鈔本（作《借書園書目》五卷），中國國家圖書館藏；《山東文獻集成》影印。

《續修歷城縣志・藝文考》載章學誠《序》曰：書昌嘗患學之不明由於書之不備，書之不備由於聚之

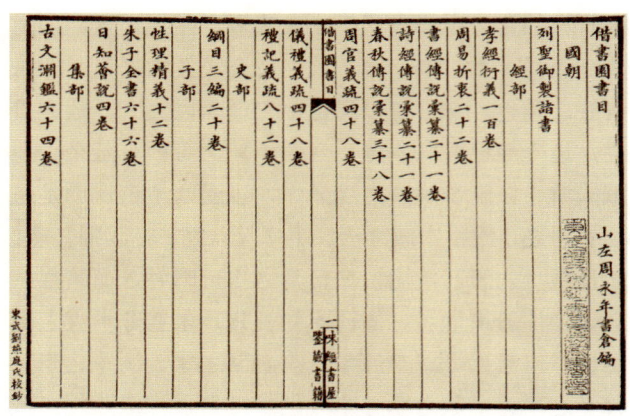

《借書園書目》五卷　清道光六年東武劉氏味經書屋鈔本

無方，故竭數十年博采旁搜之力，棄產營書，久而始萃。今編目所錄，自經部以下凡若干萬卷，而舊藏古槧、希覯之本，亦略具焉。然書昌之志，蓋欲構室而藏，托之名山，又欲強有力者爲之贍其經費，立爲法守，而使學者於以習其業，傳鈔者於以流通其書，故以藉書名園。又感於古人柱下藏書之義，以謂釋老反藉以永久其書，而儒家乃失其法，著《儒藏》之說一十八篇，冠於書首，以爲永久法式。嗚呼，書昌於此可謂勤矣！夫古者官府守書，道寓於器，詩書六藝，學者肆於掌故而已。及其禮失官廢，師儒授受，爰有專門名家，相與守先待後，補苴絕業。夫官不侵職，師不紊傳，其名專而易循，其道約而可守，是故書易求，而學業亦易成也。自學問衰而流爲記誦，著作衰而競於詞章，考徵猥瑣以炫博，剽掠文采以爲工，其致力倍難於古人，觀書倍富於前哲，而人才愈下，學識亦愈以卑汙，則專門之業失傳，古職之失守，而學者無所向方故也。間有好學深思之士，能自得師於古人，而典亡學絕之後，聞見局於隅墟，搜討窮於寡陋，不幸不見天地之純、古人之大體，而挾村書以守游蒙者，遂得以暖姝菌蠢，學一先生之言，不復深維終始。則以書之不備，聚之無方，弊固至乎此爾。孔子曰：“多聞，擇其善者而從之，多見而識之。”孟子曰：“博學而詳說之，將以反說約也。”士生三古而後，苟欲有志乎官守師傳之業，非有所獨得者，固不可以涉獵爲功。而未能博稽載籍，遍覽羣言，亦未有以成其所謂獨得之學，而使之毫髮之無憾。此書昌之所以蒐而聚，聚而藏，藏而藉錄部次，以爲永久之指也。近世著錄，若天一閣、傳是樓、述古堂諸家，紛紛著簿，私門所輯，殆與前古藝文相伯仲矣。然或以炫博，或

以稽數，其指不過存一時之籍，而不復計於永久，著一家之藏，而不復能推明所以然者。廣之於天下，其智慮之深淺，用心之公私，利澤之普狹，與書昌相去，當何如耶？雖然，羣書既萃，學者能自得師，尚矣。擴四部而通之，更爲部次條別，申明家學，使求其書者可即類以明學，由流而溯源，庶幾通於大道之要，而有以刊落無實之文詞、泛濫之記誦，則學術當而風俗成矣。斯則書昌之有志未逮。讀其書者，不可不知其義也。

【儒藏說一卷】

現存：民國七年仁和吳氏雙照樓刻《松鄰叢書》本，中國國家圖書館、首都圖書館、北京大學圖書館等藏，《中國叢書綜錄》、《山東文獻書目》著錄。

【先正讀書訣一卷】

見《山東通志·藝文》（子部儒家類）、《續修歷城縣志·藝文考》。現存：①清道光二十三年王大淮刻本，中國國家圖書館、上海圖書館、清華大學圖書館等藏；《山東文獻集成》影印。②清光緒二十一年嚴修貴陽刻本，中國國家圖書館、上海圖書館、中國科學院圖書館等藏，《東北地區古籍綫裝書聯合目錄》、《北京人文科學研究所藏書簡目》著錄；《四庫未收書輯刊》影印。③清光緒中元和江氏湖南使院刻《靈鶼閣叢書》第一集本，中國國家圖書館、上海圖書館、北京大學圖書館等藏，見《中國叢書綜錄》。④民國二十四年至二十六年上海商務印書館排印《叢書集成初編》本，山東大學圖書館等藏，見《中國叢書綜錄》。

《山東通志·藝文》：是編有道光間王大淮刊本，旋燬；同治丙寅，其子鵠復重刊之。會稽宗稷辰《序》云：“書中皆前賢緒論，雖未編排類次，殆未經纂成之本。先輩所爲，難以更動。若讀者得鈔其一二條，受益已多，亦不必求全於著書之格式矣。”又朝邑閻敬銘《序》云：“原本乃先生未成之書，徵引時代，前後不無參錯，且有複出者。余略爲釐正，去其冗長者，願世之讀是書者一留意焉。”據本書。

按：同治六年王鵠刻本，未見。

《續修歷城縣志·藝文考》載宗稷辰《序》、閻敬銘《序》，又載顧復初《序》略曰：“乾隆時，濟南周書昌先生著《先正讀書訣》，蓋本孔孟之緒論，

而上求之經典，復博采唐宋以來諸儒之說。其所以杜卤莽滅裂之弊，可云深切著明矣。學者苟循是而求之，庶幾學術正而人心亦正，推之治國平天下，罔弗由之。其書山左盛行。今先生孫少傳大令重刻於蜀，以廣其傳，屬余爲之序。余昔聞何子貞世兄稱述先生苦志力學，自博反約，爲山左諸儒冠，輒心儀之。復與少傳尊人寶傳貳尹交好，悉其家世。爰撮此書大旨，而序其緣起焉。"

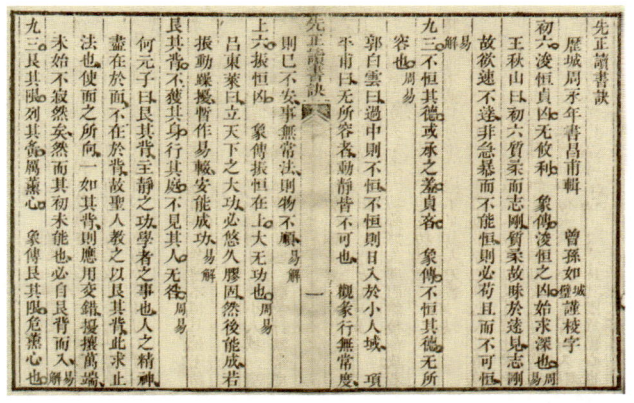

《先正讀書訣》一卷　清道光二十三年王大淮刻本

### 【軒轅黃帝陰符經塔藏解三卷結解一卷】

《玉函山房藏書簿錄》著錄清江南刻本。此書原本王丹仙撰。丹仙，字白鹿仙，自號鹿背子。

### 【林汲山房遺文一卷】

現存：①清鈔本（清葉名澧題款），中國國家圖書館藏，《北京圖書館古籍善本書目》、《中國古籍善本書目》、《清人詩文集總目提要》著錄；《續修四庫全書》影印。②清葉氏寶芸齋鈔本，南京圖書館藏，《中國古籍善本書目》、《清人別集總目》、《清人詩文集總目提要》著錄。③鈔本，中國科學院圖書館藏，《清人詩文集總目提要》著錄。

《齊河縣志》卷三十三載其《齊河縣蠻子營旌表王氏雙節婦墓表》一篇。民國《單縣志》卷十七載其《課閒遺稿序》一篇。《肥城縣志》卷二"石門"條下附載其《重修仲夫子祠記》一篇。《歷城楊氏三修族譜》有其《序》。

### 【古文養蒙集】

見《山東通志·藝文》（集部總集類）、《續修歷城縣志·藝文考》（據《家言隨記》）。

《山東通志·藝文》：《續修府志採訪冊》載肥城尹鴻保《書周徵君逸事》云："所選《古文養蒙集》數十卷，審擇精確，凡儒先教養之法具備，絕異世所傳古文選本僅以文辭著稱者。惜未及傳。"

《續修歷城縣志·藝文考》據《家言隨記》著錄五卷，並引《續修府志採訪冊》云："所選《古文養蒙集》分爲五類，先以求師、定志、立品爲主，後及學問之要、讀書之法。"又載《歷下詩鈔》周宗熙曰："陳生賷屬錄先大父林汲公所選《古文養蒙集》畢，檢校之餘，不覺愴然，因成二絕：'徵辟名高一代餘，當時文獻復誰如。可憐中秘題名後，祇賸彫殘幾葉書。''身世茫茫萬古情，遺編讀罷淚縱橫。年來林汲泉邊路，夢裏分明到草亭。'"（泳按：《國朝山左詩彙鈔後集》卷三十載《陳生賷揚錄先大父林汲公所選〈古文養蒙集〉畢．檢校之餘．不覺愴然．因成二絕》詩，繫於周宗照名下。未悉孰是。）

### 【制義類編二十卷】

現存：清乾隆四十九年林汲山房刻本，濟南市圖書館藏，《濟南市圖書館館藏古籍書目》著錄。

### 【明季詠史百一詩註】

《續修歷城縣志·藝文考》著錄，並引《鄉園憶舊錄》云："張崑崙先生篤慶博究史傳，所爲詩磊落雄奇。其《百一詩》專詠明事，斷自神宗，瀾翻史籍，縱橫排奡，漁洋稱爲冠古之才。周林汲太史爲之註，極詳博。"

### 【貸園叢書初集四十六卷】

周永年編，李文藻刊。見《山東通志·藝文》、《續修歷城縣志·藝文考》。現存：清乾隆五十四年歷城周氏竹西書屋據益都李文藻刊版重編印本，中國國家圖書館、上海圖書館等藏，《中國叢書綜錄》、《北京大學圖書館藏古籍善本書目》著錄。

《山東通志·藝文》：是編乾隆間刊，版存京師琉璃廠。凡《九經古義》十六卷，《易例》二卷，《春秋左傳補注》六卷，《左傳評》三卷（分見經類），《古韻標準》四卷，《四聲切韻表》一卷，《聲韻考》四卷，《石刻鋪敘》二卷，《鳳墅殘帖釋文》二卷，《三事忠告》三卷，《蒿菴閒話》二卷，《談龍錄》一卷。《彙刻書目·蒿菴閒話》後有《正蠹》一卷，此本無。永年乾隆己酉《敘》云："《貸園叢書初集》共十二種，其版皆取諸青州李南澗家。其不曰《大雲山房叢書》者，何也？曰：尚思續刻以益之，凡藏弄書板者，又將多所借以廣之，不必限于一家故也。余交南澗三十年，凡相聚及簡尺往來，無不言傳鈔書籍之事。及其官恩平、潮陽，甫得刻茲十餘種，其原本則多得之于余。今君之歿已十一年，去年冬始由濟南至青州慰其諸孤，因攜板以來。憶君有言曰：'藏書不借，與藏書之意背矣；刻書不市，其與不刻奚異！'嘗歎息以爲名言。使果由此多爲流布，君之志庶幾可以少慰乎？"據本書。

### ◆ 趙 銓

銓字南村，陵縣人。乾隆辛卯（三十六年）進士。學者稱"鑒堂先生"。《陵縣志》卷二十、《濟南府志》卷五十六有傳。

其詩文集未見著錄。《陵縣志》卷十七載其《廣濟橋敘》（乾隆三十八年立石）。

### 【周易孔義集說二十卷】

趙銓與太倉沈起元同撰。現存：①清乾隆十九年學易堂刻本，北京大學圖書館、山東省圖書館、湖北省圖書館等藏，《清華大學圖書館藏善本書目》、《中國古籍善本書目》著錄。②《四庫全書》本。③清光緒八年江蘇書局刻本，中國國家圖書館、上海圖書館、北京大學圖書館等藏，《東北地區古籍綫裝書聯合目錄》、《上海市歷史文獻圖書館藏書目錄》著錄。

《山東通志·藝文》（經部易類）著錄，作《參校周易孔義集說》二十卷，提要云："《皇朝文獻通考》云：'是書因明高攀龍《周易孔義》之名，復加纂集，凡先儒傳說，惟擇其不悖於孔《傳》者取之。'按：《四庫提要》、《皇朝通考》載此書，俱不列銓名。茲從《縣志》。"

### ◆ 方 壽

壽字蓬客，號芝仙，歷城人，昂女兄，諸生潘可宗妻。工花卉，超逸有天趣。

### 【芝仙小草】

見《山東通志·藝文》（據《閨秀正始集》）、《續修歷城縣志·藝文考》。

《歷代婦女著作考》云：有方昂《序》。

### ◆ 方 昂

昂字叔駒，一字訒庵，別號坳堂，歷城人，起英子。乾隆辛卯（三十六年）進士。歷官江蘇布政使。《濟南府志》卷五十三、《續修歷城縣志》卷三十九有傳。

### 【坳堂詩集】

見《國朝山左詩續鈔》、《濟南府志·經籍》、《山東通志·藝文》、《續修歷城縣志·藝文考》。現存：昂妻趙氏鈔本（存《吳山集》一卷《滄浪集》一卷），見《中國科學院圖書館新收中文線裝舊書草目》、《清人別集總目》、《清人詩文集總目提要》。

《山東通志·藝文》：是集見《國朝山左詩續鈔》。《續修府志採訪冊》載其集目有《稠巖》、《雕蟲》、《剡中》、《吳山》、《滄浪》五種。《惜抱軒文集·江蘇布政使方公墓誌》云："作詩文不多，而自然穎拔。讀者知其爲奇人也。"

《續修歷城縣志·藝文考》：按，昂有《稠巖集》、《雕蟲集》、《剡中集》、《吳山集》、《滄浪集》共五種。昂《稠巖集·自序》略曰：我方氏世爲滃安著姓，元英處士五世孫諱沈者南宋神宗時始居義烏稠巖，子姓蕃衍數百年，以迄於今。予生長北地，不識鄉土，幾有崇韜拜墓之誤。名吾集曰《稠巖》，蓋水木之思，予之感懷者遠矣。《續修縣志初稿》。

又，《滄浪集·自序》略曰：庚戌佛臘前一日，拜觀察江南之命，需次白門。重陽日奉檄姑蘇，弭楫滄浪亭，左側公廨，塵案山積，別決冰澴。暇則偕錢辛楣院長倚杖看山，浩歌臨水。居頃病榻，維摩禪房，鴻爪舍舟，得舟一葦西來，將以出世法自保其赤子之心矣。集曰《滄浪》，濯足濯纓，吾何心焉。同上。

又，姚鼐《方公墓誌》：作詩文不多，而自然穎拔，讀者知其爲奇人也。《惜抱軒文集》。

《國朝山左詩續鈔》卷十九載其詩十二首。

### 【懷友錄一卷】

方昂撰，周永年評。有張亦軒藏原稿本，見《山東文獻書目》、《清人詩文集總目提要》。

### ◆ 朱曾一

曾一字魯唯，歷城人，琦子。乾隆辛卯（三十六年）舉人。官東昌府學教授。

其詩文集未見著錄。《國朝山左詩彙鈔後集》卷二載其《題天倪六叔帶經耕野圖》詩一首。

### ◆ 朱曾撰

曾撰字異三，歷城人，琦子。恩貢生。

其詩文集未見著錄。《國朝山左詩彙鈔後集》卷六載其《秋日登千佛山苔靜齋表弟》詩一首。

### ◆ 朱曾書

曾書，歷城人。

### 【嬾癡山人南行草】

《續修歷城縣志·藝文考》據朱學猷鄉試硃卷履歷著錄。

### ◆ 王衍霖

衍霖字雨青，號鹿村，長山人。乾隆辛卯（三十六年）舉人。《長山縣志》卷八、《濟南府志》卷五十五有傳。

### 【香草園古今醫鑒】

見《中國分省醫籍考》。

### 【多識典箋四卷】

見嘉慶《長山縣志》、《濟南府志·經籍》。《山東通志·藝文》（子部雜家類）據《府志》著錄，“箋”作“籤”。

### 【籬下閑談一卷】

見《濟南府志·經籍》、《山東通志·藝文》（子部小說類）。

### 【香草園集】

見《國朝山左詩續鈔》、《濟南府志·經籍》、《山東通志·藝文》。《續修四庫全書總目提要（稿本）》著錄道光間鈔本（一卷）。

《山東通志·藝文》：是集見《國朝山左詩續鈔》。《縣志》本傳云：“四方求詩文者接踵於門，操筆立應。”《憨齋詩話》云：“鹿村孝廉著書多散亡，無從收拾。《春雨園雜記》中載其《題仲彝寓》五律一首，頗秀淨無蕪氣，詩云：‘煙雨明湖岸，芙蓉越女村。燕梁空對榻，鶯語久當門。若到秋來夢，應銷別後魂。相如能滌器，一爲倒芳罇。’”《鄉園憶舊錄》云：“鹿村《遺貴人》詩云：‘誤向門前通一顧，旁人錯道卓文君。’其有定守如此。”

《國朝山左詩續鈔》卷十九載其《古意柬桂未谷》、《病中遺意》詩二首。《長山縣志》卷十三載其《周村重修興隆橋碑記》（代人作）一篇，卷十五載其《再過劉節之先生墓有作》、《和未谷陪蕭明府北極臺遊眺遇雨韻》、《淄濱春日晚眺》、《楊家峪》（二首）、《登摩訶峯》等詩，並選自《香草園詩鈔》。

### ◆ 阮維泰

維泰字岱東，長清人。乾隆辛卯（三十六年）舉人。官蒙陰教諭。《濟南府志》卷五十六有傳。

### 【二論講義】

見《長清縣志·選舉》、《濟南府志·經籍》、《山東通志·藝文》（經部四書類）。

### ◆ 張予定

予定字汝安，號雲樵，平原人。乾隆辛卯（三十六年）舉人。歷官溫縣知縣。《濟南府志》卷五十六、《續修平原縣志》卷十有傳。

其文集未見著錄。《齊河縣志》卷三十一載其《深柳堂遺詩序》。

### 【鴻爪吟】

見《濟南府志·經籍》及本傳、《山東通志·藝文》。

《山東通志·藝文》：《府志》本傳云：“著有《鴻爪吟》等詩集。”

### ◆ 姚作棟

作棟字偉臣，號雁塔山人，歷城人。歲貢。乾隆五十八年歲饑，爲粥於門以遺饑餓。其弟國棟，以湖北參將陣亡，聞之曰：“能如此，是吾弟也！”比柩至，一慟而腰折。次年卒，年六十八。《濟南府志》卷五十三有傳。

其詩文集未見著錄。《國朝山左詩續鈔》卷三十一載其《冬暮懷弟》詩一首。

## 【聞見必錄】

見《濟南府志》本傳、《山東通志・藝文》（史部傳記類）、《續修歷城縣志・藝文考》。

《山東通志・藝文》：《府志》載是編云："紀邑之孝子順孫、烈女節婦足爲勸懲者。"

### ◆ 姚國棟

國棟字宁臣，歷城人。乾隆辛卯（三十六年）武舉人。官湖北興國營參將，陣亡，祀昭忠祠。《濟南府志》卷五十三有傳。

其詩文集未見著錄。《國朝山左詩續鈔》卷三十一載其《刼營》詩一首。

### ◆ 梁鴻翥

鴻翥字志南，德州人。乾隆辛卯（三十六年）優貢。家貧好學，不屑屑章句。每治一經，案上不更列他書。遇有疑義，積日累月思之，必得解而後已。年五十九卒。所著《周易觀運》等書共計近百卷，皆未刻，歷城周永年收藏之。《濟南府志》卷五十六有傳。

其詩集未見著錄。《國朝山左詩續鈔》卷七、《德縣志》卷十六載其《讀書偶作》詩一首。

## 【周易觀運】

見《德州志・州人所著書目》、《濟南府志・經籍》、《山東通志・藝文》（經部易類）。

《山東通志・藝文》：《州志》載是書，又載其《易序說・序》略云："先儒釋易者，皆就象釋象，就爻釋爻，不於卦序觀其運。故爲《序說》一編，以參其義，俾學易者即序以推卦，據象以論爻。"考《序說》，《州志》不載，觀茲序所稱，又似《序說》即《觀運》，疑莫能明也。

《易序說》亦見《德縣志》卷十五。

## 【梁志南先生說易一卷】

現存：李梴鈔本（一冊），北京大學圖書館藏。

## 【尚書義】

見《德州志・州人所著書目》、《濟南府志・經籍》、《山東通志・藝文》（經部書類）。

《山東通志・藝文》：王昶序其《尚書義》云："精心神解，往往獨見古人所不到。折以一二語，奏刀君然，如土委地。"又羅有高《跋》云："本朝之爲今文學者，吾得蘇州元和江君聲焉；爲古文學者，則梁君眇焉獨造矣。蓋偁偁乎錯綜合變，盡古史之意者。"

## 【書經續解】

見《德州志・州人所著書目》、《濟南府志・經籍》、《山東通志・藝文》（經部書類）。

## 【詩經辨義】

見《德州志・州人所著書目》、《濟南府志・經籍》、《山東通志・藝文》（經部詩類）。

## 【周官辨義】

見《德州志・州人所著書目》、《濟南府志・經籍》、《山東通志・藝文》（經部禮類）。

## 【儀禮綱目】

見《德州志・州人所著書目》、《濟南府志・經籍》、《山東通志・藝文》（經部禮類）。

《山東通志・藝文》：其門人李有基撰《傳》，"綱目"作"提綱"，云又有《儀禮讀本》，同遊者刻之歷下。

## 【儀禮讀本十七卷附錄一卷】

有清乾隆刻本（柚堂藏書，盛百二墨筆批校），見《蟫隱廬舊本書目》。

## 【禮記辨義】

見《德州志・州人所著書目》、《濟南府志・經籍》、《山東通志・藝文》（經部禮類）。

《山東通志・藝文》：李有基撰《傳》，"辨義"作"條辨"。

## 【春秋辨義】

見《德州志・州人所著書目》、《濟南府志・經籍》（"辨"作"辯"）、《山東通志・藝文》（經部春秋類，題注"李有基撰《傳》作"條辨"，云有李文藻刻本"）。《續修四庫全書總目提要（稿本）》著錄青州李氏鈔本（作《春秋條辨》不分卷，與《春秋義類》合鈔）。

《山東通志・藝文》：是書《州志》載其《自序》

略云："因三《傳》及胡氏諸說而爲之辨，或每事有分見之義，或數事有合見之義，或推不錄者以證特書之義，或就已書考以證不錄之義，或析其責有專重之義，或解其罪在所輕之義。要以開明舊說分裂牽連之誤，且以明《春秋》之義爲聖人審勢達權，非迂儒之守經不變者也。"

## 【春秋義類】

見《德州志·州人所著書目》、《濟南府志·經籍》、《山東通志·藝文》（經部春秋類）。《續修四庫全書總目提要（稿本）》著錄青州李氏鈔本（《春秋條辨》附）。

《山東通志·藝文》：分人倫、政治、世運、天道四類。《自序》略云："割裂之弊，失《春秋》之義者一。面擇之弊，失《春秋》之義者二。所謂割裂失《春秋》之義者，如聖人取伯姬因紀之，將亡而死節，傳乃於逆女爲之解，歸紀爲之解，卒葬又爲之解，其割裂如此，反不見錄伯姬之義矣。所謂面擇失者，如聖人因王綱之不振而錄列國會盟侵伐之事，傳則謂聖人惡盟而不及侵伐，以侵爲無王而不及會盟，此但擇其字面之殊而不究其情之同也。凡在諸傳諸儒論列之得失，前編已備舉之；今更分類爲編，以明大義之要云爾。"

《德縣志》卷十五載其《春秋義類序》，及《春秋義類次第說》。

## 【學庸義】

見《德州志·州人所著書目》、《濟南府志·經籍》、《山東通志·藝文》（經部四書類）。

## 【論語辯義二卷】【孟子辯義一卷】

現存：鈔本，上海圖書館藏。《德州志·州人所著書目》、《濟南府志·經籍》、《山東通志·藝文》（經部四書類）俱作《論語義》《孟子義》無卷數。

### ◆ 鍾廷琮

廷琮字伯瑩，一字翊黃，歷城人，廷瑛兄。乾隆辛卯（三十六年）副貢。

## 【負薪集】【子丑吟】【燕遊草】

見《國朝山左詩續鈔》、《濟南府志·經籍》、《山東通志·藝文》。

《山東通志·藝文》：《山左詩續鈔》載此三編，及惠民李衍孫《序》云："伯瑩縋險抉幽，片語隻字不欲寄人籬下，卒歸於質厚深醇，無晚季佻巧之習。"

《國朝山左詩續鈔》卷十九載其《別家》、《西城曉發》詩二首。

## 【寄寄集】

見《山東通志·藝文》（據《續修縣志稿》）、《續修歷城縣志·藝文考》（鈔本。案：廷琮著有《負薪集》、《子丑吟稿》、《燕遊草》，合鈔爲《寄寄集》四卷）。

《續修歷城縣志·藝文考》：李衍孫序《燕遊草》略曰：余與伯瑩、仲瑋兄弟先世有姻連，甲午春相晤于都門，余兄事伯瑩，仲瑋則弟畜也。刻燭聯吟，擊鉢嗣響，未嘗少間昕夕。仲瑋風華縕藉，輝映一時；而伯瑩縋險抉幽，片語隻字不欲寄人籬下，卒歸於質厚深醇，無晚季佻巧之習。乙未秋，輯其京輦之作爲《燕遊草》而屬余序，爲述其略如此。

### ◆ 孫 銓

銓，歷城人。乾隆辛卯（三十六年）恩貢。

## 【四書字畫辨訛一卷】

《續修歷城縣志·藝文考》據鈔本著錄，引《知止軒詩集》云："李光遠修邑乘，訪孫明經遺書，得《四書字畫辨訛詩》：'熙隆人物似皇初，黃葉林間問有無。等韻就焚餘正字，牟尼未貫一編珠。'"

## 【與知等韻一卷】

《續修歷城縣志·藝文考》據鈔本著錄。

### ◆ 竇興周

興周，章丘人。

其詩文集未見著錄。道光《章邱縣志·藝文》載其《重修清平橋記》文一篇（橋修於乾隆壬辰）。

### ◆ 焦式沖

式沖字懷谷，章丘人。乾隆壬辰（三十七年）進士。官儀徵知縣。《濟南府志》卷五十四有傳。

其文集未見著錄。道光《章邱縣志·藝文》載其

《東陵山創建文昌閣記》文一篇，《百脉泉》、《明水晚景》詩二首。

## 【余青園詩集四卷】

見道光《章邱縣志·藝文》、《濟南府志·經籍》（無卷數）、《山東通志·藝文》。現存：①清嘉慶十九年自刻本（附《補遺》一卷），《濟南市圖書館館藏古籍書目》、《青島市圖書館藏線裝書目錄初稿》、《山東省博物館藏明清民國山左學者著述知見錄》著錄。②清嘉慶二十二年述古堂刻本（附《補遺》，邵希曾、韓天驥、王祖昌選並序），青島市圖書館藏，《青島市圖書館藏山東文獻珍本圖錄》、《清人詩集敍錄》著錄。

《山東通志·藝文》：《筆諫堂書目》云：“四卷。嘉慶十九年刊。”

《續修四庫全書總目提要》略云：“是集合古近體詩，混合編次。卷一計百首，卷二計百十一首，卷三計百四十三首，卷四計九十一首，末坿補遺十二首。總計四百六十餘首。乃浙江邵希曾、武定韓天驥、新城王祖昌等所選定者。式冲抱經濟才，而性耽吟咏。成進士，授儀徵令，曾緝獲江洋大盜，因公罣誤去職。於是羈旅維揚，與舊同寅等花朝月夕，折簡相招，泛舟虹橋，此唱彼和，一時傳為佳話。歸里後家居授徒，所裁成者甚多。其詩風格，或悲壯沉欝，或飄逸風華，類皆得乎情之真，而不失其正者。韓天驥謂其詩‘源

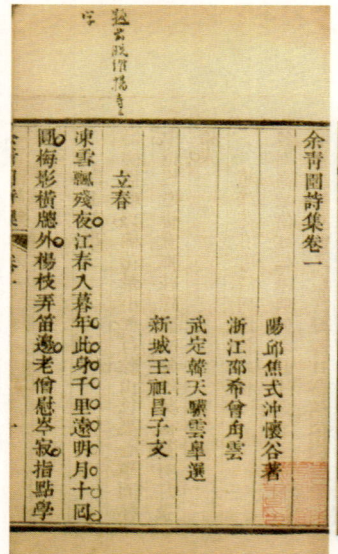

《余青園詩集》四卷　清嘉慶二十二年述古堂刻本

於杜，邑於白，而汎濫于蘇、陸之間。其於朋友之切劘，居官之化理，家庭之召戒，皆三致意’云云，絕非譽之過甚者。蓋式冲各詩，類多抒忠悃，崇孝思，篤朋友，恤窮黎，立名節，扶世教之言。邵希曾亦謂其‘咏物則寄託遙深，弔古則新意特出，振筆渾灑，一片性靈，大得力於杜者居多。復博覽諸家，兼綜條貫，加以蘊釀烹鍊之功，一歸於和平中正，洵乎得《三百篇》之遺’云云，亦非過譽之言也。”

《國朝山左詩彙鈔後集》卷三十五載其詩八首（據吳連周《繡水詩鈔》）。

### ◆ 朱 彤

彤字丹廷，歷城人。乾隆庚子（四十五年）恩科進士。歷官曹州府教授。《濟南府志》卷五十三有傳。

其詩文集未見著錄。《國朝山左詩續鈔》卷二十五載其《聽雨寄二弟淵亭》、《送景韓大兄之任萬載》詩二首。

### ◆ 朱 攸

攸字淵亭，歷城人。肄業於濼源書院，舉乾隆二十四年鄉試，乾隆壬辰（三十七年）成進士，改庶吉士，授編修。官吉安知府，未任卒。《續修歷城縣志》卷三十九有傳。

## 【退學草】

《續修歷城縣志·藝文考》據朱學猷鄉試硃卷履歷著錄，並錄朱曾傳《說餅庵集·書遠亭叔退學集後》詩云：“狹邪流水丁東春，北姬雪酒葡萄茵。一拍一歌仰嘯雲，青袍不浣香紅塵。叔兮爨桐我勞薪，歲復歲兮庚癸辛。嵋湖碧柳絲，風絮撲羅裙。嵋山黃菜花，蝴蝶雙女真。歸歟可待吳江蓴，有書一卷家不貧。自覺枯硯環龍賓，六鷁未識鵬與鶤。首雖暫屈氣已伸，井蛙跛鱉紛跳奔，開拓八埏走麒麟。曾傳蟲吟蚯蚓穴，未暇鍛鍊桑家鐵。元夜無酒冬雨雪，神仙之字不可齧，獨把殘編如漢節。我思冰壑翁，二十一年文藻絕。我哀水明樓，七十二泉波聲咽。紅芽投棄紅顏別，梁間燕子猶能說。郎君未貴名心熱，南宮舊策燈前藝。”又鍾廷瑛《退軒詩錄·燈下讀淵亭表叔退學集感賦》詩云：“一穗搖孤影，開編倍黯然。人同鴻雪沒，詩尚鯉庭傳。鉢剩敲殘韻，琴留絕後絃。十年京國夢，

觸撥又燈前。隸事瓜分瓣，聯吟酒共甌。誰憐旅食客，曾侍竹林遊。學入中年密，詩從早歲遒。道山遺束筍，戢戢倩誰讎。攬轡才江介，懸車暫里門。詎知榮五馬，祇以貴孤魂。雁數楚天月，舟移春草村。中郎唯女在，舊業更須論。耆舊彫霜葉，年來幾憖存。蠹穿說餅稿 式魯，蛛綱藉書園 書昌太史。賤子餘殘喘，寒灰掇不溫。熒熒九原淚，灑徧綠無痕。"

《國朝山左詩續鈔》卷二十一載其《和李春麓同年憶山圖元韻》、《丙午冬移寓入城與劉岸淮給諫同居》詩二首。

## 【其順堂文稿】

見《續修歷城縣志·藝文考》（據朱學猷鄉試硃卷履歷）。

## 【其順堂三世遺詩】

朱攸編刊。見《山東通志·藝文》（集部總集類）、《續修歷城縣志·藝文考》。現存：清乾隆刻本（共三種十五卷，萊陽張象恩彙集），上海圖書館、山東省圖書館藏，《山東文獻書目》著錄。

《山東通志·藝文》：《養中之塾文集》載族叔父淵亭《行略》云："家世善詩，父冰壑翁名尤著。叔父有《其順堂三世遺詩》刻，其所自作則散佚矣。"

《續修四庫全書總目提要（稿本）》云："是編乃象恩彙集歷城朱氏一家三世之詩詞者。計朱緯《夢村集》六卷，朱令昭《冰壑集》六卷《詩餘》一卷，朱倬《遯齋稿》二卷。緯字義徵，由歲貢生官邱縣訓導。其集內有《七十自壽》詩，又有《次兒生日》詩作於七十四歲時，蓋其晚年所自編。詩頗清淺，而時有灑脫之致。令昭字次公，少與淄川張元、膠州高鳳翰等結柳莊詩社，繪畫篆刻皆能留意，其詩亦與鳳翰相伯仲，而少遜其雄傑。倬字雲漢，其詩即事舒懷，自鳴不平，而氣和體適，不與世競高下，亦無激昂揚厲之音發於毫楮。且其足跡幾徧天下，凡所遇名勝之區，必流連不去，備寫其山川風土人物，以寓弔古懷鄉之感。歷城朱氏，自清初即爲鉅族，而詩人亦輩出，如朱晼、朱緗、朱緅、朱曾傳輩，皆極知名。此編爲父子祖孫之所作，雖未能列諸大家，要亦不失詩人風格也。"又云："是編蓋攸延象恩編成而刊刻者。惟書內不載攸名，或書前後有闕佚歟？"

## ◆ 韓庚長

庚長字仲白，淄川人。乾隆壬辰（三十七年）歲貢。官東昌訓導。《濟南府志》卷五十四、《三續淄川縣志》（卷九）有傳。

## 【綱鑑太古鈔】

見《三續淄川縣志》本傳。

## 【堪輿注解】

見《濟南府志》本傳、《三續淄川縣志》本傳、《山東通志·藝文》（子部術數類）。

## ◆ 趙文長

文長，齊河人。

## 【齊河趙氏家譜】

《齊河縣志·藝文》載乾隆三十七年邑人翟茂嗣是書《序》略云："吾邑趙氏自明遷齊，世居余之東村，相距里許而又世爲嬌婭。余太高祖母與祖母兩孺人皆以天水名媛輝映我家。居相誼，誼又相親，家世亦最相悉。壬辰春，余從劍南謝病東歸，其宗人文長持其重輯族譜與舊譜一帙，囑余曰：'以此待子久矣。'余因按牒披圖。舊志成於順治丁亥，爲羅城大令升菴先生所手定，當其時距其始祖已十世矣。新誌即因舊誌而續成之。除前載世系外又曾數世，共十六世。支派分續，子孫繁盛。或聚族於桑梓，或散處於都鄙。文學科名，燦爛簡冊。"

## ◆ 曹炳文

炳文字孚中，號澹齋，淄川人。乾隆甲午（三十九年）舉人。歷官武強知縣。《濟南府志》卷五十四、《三續淄川縣志》（卷十）有傳。

## 【史學類鈔】

見《濟南府志·經籍》、《山東通志·藝文》（史部史鈔類）。《三續淄川縣志》本傳作《史書類抄》。

## 【退食稽古錄】

見《濟南府志·經籍》、《三續淄川縣志》、《山東通志·藝文》（子部雜家類）。

## 【耳食錄】

見《濟南府志·經籍》、《三續淄川縣志》、《山東通志·藝文》（子部小說類）。

## 【自怡堂詩草】【澹齋詩鈔】

見《濟南府志·經籍》、《三續淄川縣志》、《山東通志·藝文》（集部別集類）。

《三續縣志·藝文》載其《訪馮丹林同年》、《聖水寺》詩二首。

### ◆ 馮君擢

君擢字丹林，號龍川，淄川人。乾隆甲午（三十九年）舉人。官郯城教諭。《濟南府志》卷五十四、《三續淄川縣志》（卷九）有傳。

## 【抑抑齋稿】

見《濟南府志·經籍》、《三續淄川縣志》本傳、《山東通志·藝文》。

## 【丹林詩稿一卷】

《續修四庫全書總目提要（稿本）》著錄家鈔本，提要云："是集計詩一百七十六首，分古近體編次。君擢幼穎異有神譽，篤于至行。家貧授經自給，立行以敦品育德為本。為文不競自好，詩不多作，然取法唐人，頗得其神隨。如集中《留別郯城諸同人》云：'古郯風雅溯何徐，文采諸君未讓渠。儘許開筵歌有客，何須彈鋏賦無魚。由中久設傳經帳，門外常停問字車。消受清閒十三載，蕭蕭白髮已盈梳。'一篇，極為可誦。歷城周永年寄君擢書，謂'古人讀《漢書》為下酒物。今讀兄詩，如"淫蒙杳愈遠，豔與潤相兼"、"飆流疑濯錦，月隱訝籠紗"，何等錘鍊；"一篙新漲淺，萬木淫雲深"、"雛鶯憐對語，新燕解斜飛"，何等雅秀；"陶情音有五，節性禮唯三"，何等莊重；"昨朝尤展翼，今日忽橫鬈"、"可用光三德，何嫌拔一毛"，何等詼諧！諷詠一過，不能不浮白賞之'云云。以永年所云，亦殊可以知君擢詩之成就矣。"

### ◆ 尹廷蘭

廷蘭字畹階，歷城人。乾隆甲午（三十九年）舉人。官高唐州學正。少受業於同邑周永年，精考證之學。

## 【蔚塘雜錄】

見《續修歷城縣志·藝文考》（據《歷下詩鈔》）。

## 【華不注山房詩二卷】

見《續修歷城縣志·藝文考》（據本書）。現存：①清道光七年門人李肇慶刻本，中國國家圖書館、青島市圖書館、天津圖書館等藏，《清人詩文集總目提要》、《山東文獻書目》著錄。②鈔本（不分卷），山東省圖書館藏，見《山東文獻書目》、《清人別集總目》。《濟南府志·經籍》、《山東通志·藝文》作《華不注山房詩草》二卷。

《山東通志·藝文》：是集為福山王餘枚手錄本，廷蘭門人李肇慶刻之秦中。餘枚《序》云："出辭命意，必由心得。至如襃揚忠烈，勸孝激貪，歌哭笑罵，悲惋歆欷，若動於不自知，蓋其性情然也。"據本書。

《續修歷城縣志》本傳：稱疾歸，日與同邑翟凝、周奕巑尋林泉勝處飲酒賦詩，稱"歷下三詩人"。

《續修歷城縣志·藝文考》載王餘枚《序》略曰："公於書不遺今古，而能識其正偽醇駁，尤喜吟詩。其出辭命意，必由心得，凡有關於國計民生之大，必剖析其隱微，而明白陳之。至如襃忠揚烈，勸孝激貪，必長言詠歎，不遺餘力。歌哭笑罵，悲惋歆欷，若動於不自知，蓋其性情然也。晚年哀所作詩為上下兩卷，曰：'吾欲貽厥孫謀，別無長物，惟是編為平生心血所在，授之小子，俾識此種香氣，一線詩書之緒，藉以少延，老夫死骨不腐矣。'枚以公言質實，故述之弁諸卷首。"本書。又引《山左詩彙鈔》云："先生詩沈雄老健，卓然成家，於吾鄉說餅庵、鍾退軒外，足稱後勁。二南題其集有云：'聲居大呂黃鍾，列品在華泉、白雪間，洵不誣也。'"

《國朝山左詩彙鈔後集》卷三載其詩九十首。光緒《高唐州志》卷八載其《高唐雜詩》八首。

## 【華不注山房文二卷】

見《山東通志·藝文》、《續修歷城縣志·藝文考》。現存：清道光二十八年其孫尹式芳刻本，山東省圖書館、上海圖書館等藏，《青島市圖書館藏線裝書目錄初稿》、《清人別集總目》、《清人詩文集總目提要》著錄。

《山東通志·藝文》：道光間刊。周樂《序》略云："先生孫潤生孝廉出先生古文一編，屬樂校勘次第。讀之文共四十二首，而其攷據之精確，議論之雄快，筆墨之雅潔，卓然成一家言且。又韜光匿采，不苟求時譽，使人皆不知其爲深於此道者，其品抑何高也！"據本書。按：集中《黍稷辨》、《蠡斯螽辨》、《莎雞辨》，皆考据之文，而行文簡核，無漢學家支離曼衍之弊。惟《詩識》一首，謂"王士禎《論詩絕句》末章用逄仁獎事，似預知有趙秋谷其人相阨者"云云，則未免抑揚太過。執信說詩雖與士禎立異，然其學術行誼自有本末，安得與趙仁獎同類而共笑之？廷蘭爲失辭矣。

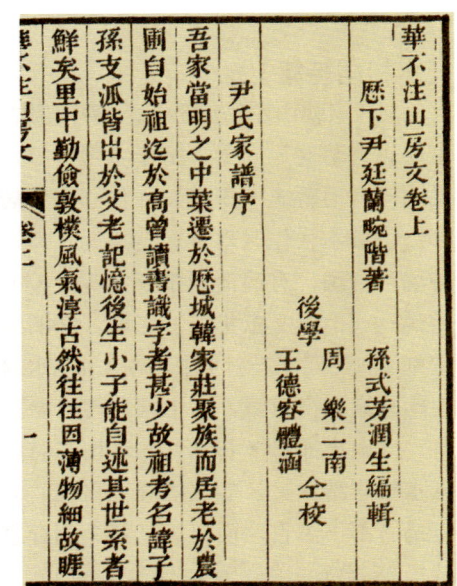

《華不注山房文》二卷　清道光二十八年刻本

#### ◆ 張承煇

承煇字凝吉，歷城縣商籍。乾隆甲午（三十九年）舉人。

其詩文集未見著錄。《國朝山左詩續鈔》卷三十二載其《村墅即事》詩一首。

#### ◆ 張 灝

灝字紀梁（一云字邵梁），平原人。乾隆甲午（三十九年）舉人。《續修平原縣志》卷十有傳。

【鴨欄詩草】

見《國朝山左詩續鈔》、《濟南府志·經籍》、《山東通志·藝文》。

《國朝山左詩續鈔》卷三十二載其《常例錢》、《主客吏》詩二首。

#### ◆ 孟 暉

暉，長山人。乾隆甲午（三十九年）歲貢。候選訓導。《長山縣志》卷九有傳。

【治心要覽】

《長山縣志》本傳云："取《感應篇》等書，詳爲註釋，名《治心要覽》，復刊板勸世。"

【閑家錄】

《長山縣志》本傳云："晚又作《閑家錄》若干卷，藏于家。"

#### ◆ 馬 璘

璘字文玉，長山人。乾隆甲午（三十九年）優貢。官高苑訓導。

其詩文集未見著錄。《國朝山左詩彙鈔後集》卷三載其《張華》詩一首。

#### ◆ 汪 鏞

鏞字東序，號芝田，歷城人。乾隆乙未（四十年）進士，授編修。歷任陝甘學政、大理寺少卿、光祿寺卿等職，終官順天府丞。事蹟詳《續修歷城縣志·列傳一》。

【芝田書札不分卷】

現存：稿本（一冊），山東省圖書館藏，《清人詩文集總目提要》、《山東文獻書目》著錄。

#### ◆ 郝允哲

允哲字鏡亭，齊河人。乾隆乙未（四十年）進士。《濟南府志》卷五十六、《齊河縣志》卷二十七有傳。《齊河縣志》卷三十有《郝允哲先生像贊》。

【齊河郝氏家譜】

《齊河縣志·藝文》載此譜允哲《自序》云："乾隆乙酉春，哲纂《郝氏世譜》若干卷成。謹按：夾漈鄭樵志氏族，以國爲氏者二百三十有三，郝其一也。帝乙之子封於郝，後遂因以爲氏，迄今苗裔遍天下。而吾族之籍齊河者，則明永樂間諱仲良公始。蓋徙自棗強云。越數傳而至文林公，昆弟始以文學顯。嗣是衿纓相續，以迄於今未艾。先是給諫公嘗創爲譜，是時族未繁也。已而持風公繼之，已而燦三公又繼之，族加繁矣。今自始祖而下，凡十有八世，又加繁焉。伯父龍勺公懼其久而渙且疏也，乃復命哲茸爲是編，而授諸梓。凡我族人列是譜者，其可忘親睦之遺意哉？直隸霸州又有郝氏，亦同所自出也，渠自有譜，此不備書。”

【深柳堂遺詩】

　　見《國朝山左詩續鈔》、《濟南府志·經籍》、《山東通志·藝文》。民國《齊河縣志·撰述》作《深柳堂詩草》。現存：清道光十三年刻《郝氏四子詩鈔》本（一卷），中國國家圖書館、山東省圖書館藏，《中國叢書廣錄》著錄；《山東文獻集成》影印。

　　《國朝山左詩續鈔》卷二十二載其詩十首。《齊河縣志》卷三十載其《祝阿雜咏八首》、《邑中竹枝詞》（八首）等。

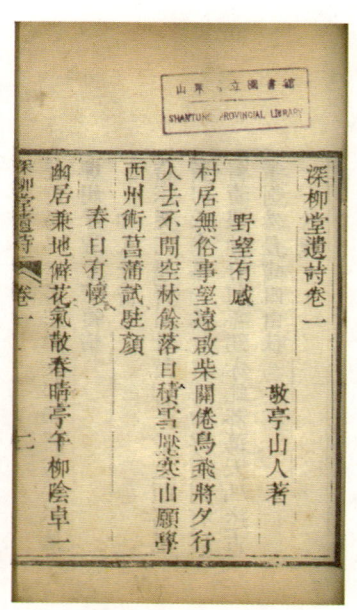

《深柳堂遺詩》一卷　清道光十三年刻《郝氏四子詩鈔》本

【延綠堂詩稿】【三十二秋詩草】

　　見民國《齊河縣志·撰述》。

【深柳堂文集】

　　見《濟南府志·經籍》。

　　《齊河縣志》卷三十二載其《郝佛傳》一篇。

【佛山同聲集】

　　見民國《齊河縣志·撰述》。

【聲調譜續編】

　　見民國《齊河縣志·撰述》。

### ◆ 郝允秀

　　允秀字水村，號寅亭，齊河人，允哲弟。歲貢生。官堂邑縣教諭。《濟南府志》卷五十六、《齊河縣志》卷二十七有傳。

【水村居詩集】

　　見《國朝山左詩續鈔》、《濟南府志·經籍》、《山東通志·藝文》（卷百七十本傳作《水村詩存》）、民國《齊河縣志·撰述》（作《水竹居詩草》）。現存：①稿本（作《水竹居詩集》二卷，與《松露書屋詩稿》合函，有清淄川張廷寀等批校），山東省博物館藏；《山東文獻集成》影印。②清道光十三年曬書堂刻《郝氏四子詩鈔》巾箱本（作《水村詩集》二卷），中國國家圖書館藏，《中國叢書廣錄》著錄。

　　《山東通志·藝文》：《山左詩續鈔》云：“有《水村居詩集》。”《鄉園憶舊錄》云：“允秀平生自爲詩不下萬首，而自訂其詩，刪存甚少，名《秋水詩集》。”按：二書所載集名不同，未知孰是。姑依《山左詩續鈔》標目。

　　《齊河縣志·藝文》載郝答《水村詩存序》云：“答少孤，襁褓失所怙，不獲奉先君子杖履，祇聆庭訓，以承家學。及長，始受詩於家寅亭叔父。叔父名允秀，號水村，先君子母弟也。賦性聰敏，讀書不忘，年十四即以詩歌有聲庠序間，十九即刻有《拾翠囊詩》。帖括之暇，輒與先君子分韻唱酬，爭先競爽，塤篪奏雅，棣萼聯吟，一時稱二難焉。壯歲食餼，屢薦未售，叔父乃絕意功名，而一至其力於詩。後援例就教職，任陽穀學博，數年而歸。歸即杜門謝客，林居教子侄輩，雖年逾古稀，而晨昏一編，無間寒暑。於詩多手抄錄，如所選《濟南名士詩鈔》等，不下數萬首，即平生所自爲詩亦不下萬首，皆裝訂成帙，初未嘗假手抄胥也。歲戊辰，叔父自訂《水村詩存》，凡若干首，爲四冊。一日持以授答曰：‘予老矣，恐旦夕先霜露，平生著作卷帙浩繁，非大有力者或不能鐫以問世，唯此數冊爲一生心血所注，汝其守之。他日予歿後，汝倘有寸進，當與汝父之作並付剞劂氏。'嗚呼，誰知叔父沒後家計日索，筌又不肖，不能飛黃騰達，慰先人地下，窮老愁苦，鬱守一衿，固若是哉！然而叔父之言不敢忘也，暇日敬謹展讀，擇其尤佳者，錄爲一編，精益求精，不過什一之於千百。蓋古人嘗歎浩博難窮，雖太傅有披沙揀金之喻，約而取之，固欲以少許勝多多許也。歲癸巳，齊東李公香谷將爲付梓，因書數語以誌筌之不肖，且以見叔父之著作固不止此也。"

泳按：郝筌序中所云《水村詩存》四册，爲允秀戊辰（當係嘉慶十三年）自訂之稿。《縣志》本傳稱其"卒於嘉慶年間，壽七十餘歲"。則此四册稿本爲晚年所訂，與張廷寀等人批校之《松露書屋詩稿》四册，自不相同也。

《國朝山左詩續鈔》卷二十二載其詩五首。《齊河縣志》卷三十載其《邑中雜咏》、《薄暮訪環翠園舊址》、《詠王秋孃墓》等詩。

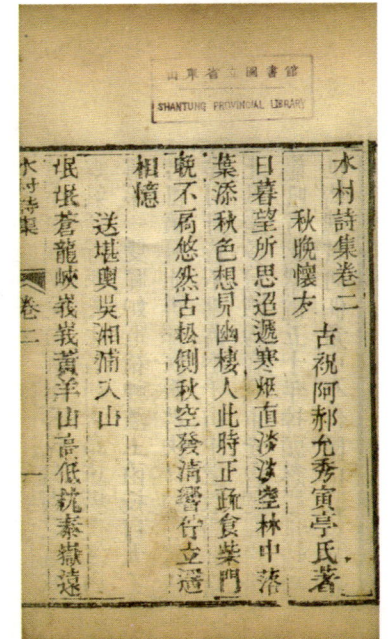

《水村詩集》二卷　清道光十三年刻《郝氏四子詩鈔》本

## 【拾翠囊詩】

見《山東通志·藝文》、民國《齊河縣志·撰述》（本傳云"刻有《拾翠囊集》"）。

《山東通志·藝文》引《鄉園憶舊錄》云："允秀十四歲能詩，十九刻有《拾翠囊詩》。"

## 【松露書屋詩稿八卷】

現存：稿本（四册，淄川張廷寀等批校），山東省博物館藏，《中國古籍善本書目》、《山東省博物館藏明清民國山左學者著述知見錄》、《清人詩文集總目提要》著錄；《山東文獻集成》影印。

丙申（乾隆四十一年）仲春張廷寀《序》曰："予少日馳逐名場，與同輩論交歷下，有畏友二人。安德李君韜峯，豪於詩；祝阿郝君丹楹，雄於文。皆天才曠軼，不可一世。顧韜峯兼能文，而丹楹獨不能詩，予頗有淵材子固之恨。丹楹以爲雕蟲小技，蓋夷然其不屑也。歲丁丑，識丹楹之從子寅亭於濼上。年未弱冠，有詩一卷。意致清冷，多哀怨之音。予歎爲天生詩人。嘗語丹楹曰：'君家小阮，他日當以詩鳴，才名不減癡叔。'丹楹笑而謝之。既又見寅亭之兄鏡亭，並讀其詩，雄放恣肆，與難弟格調不同，而未易軒輊。於乎，何郝氏之多才也！十餘年來，歷下風流，夕秀日啟。寅亭兄弟，聯鑣競爽，分據壇坫，顧盼自如，一時有二妙之目。近者，予弟敦夫僑居古溫泉側，與寅亭臭味投合，日相倡和。予雖衰老廢學，無能爲役，然每見寅亭，未嘗不以詩見示，往往別未幾時，已積成卷帙，而格亦益進。蓋其才美而好學，故其詩多而且工如此。去歲冬杪，予有事歷下，思一見寅亭而不可得。寅亭亦知予之至而弗能來也，亟以《松露書屋詩》累數百首付敦夫，屬予點定。時方碌碌，未及卒讀。春晝方長，乃爲密咏循諷，迴環數四。則格愈高，

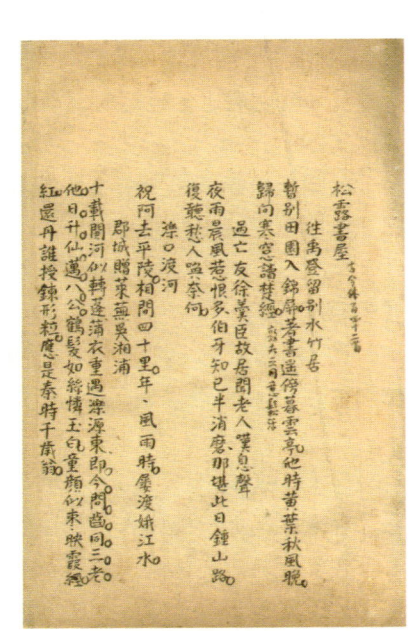

《松露書屋詩稿》八卷　山東省博物館藏稿本

律愈細，流連景物，觸緒懷人，音韻淒清，如聞冷雁哀猿，令人生感。今鏡亭已成進士，行以功名顯，不可祇稱詩人。而寅亭年未四十，顧獨安恬退，求爲冷官，將終始於學，與古之蘇司業、鄭廣文者流，後先輝映，其詩格之進而益上，有未易量其所至者。惜丹楹已不及見，而其遺文賴寅亭兄弟裒輯刊刻，得傳於後。韜峯之詩，予嘗數訪求，則已頗散失。是蓋有幸有不幸焉。"

## 【讀五代史絕句】

共一百五十首。見民國《齊河縣志·撰述》及本傳。

## 【濟南名士詩鈔】

《山東通志·藝文》著錄，引《鄉園憶舊錄》云："不下數萬首，惜未刊行。"民國《齊河縣志·撰述》云二十卷。現存：清鈔本（一冊），山東省圖書館藏，《山東文獻書目》著錄。內收郝絅等六人之詩。

## ◆ 艾方顯

方顯字暉東，濟陽人。乾隆丁酉（四十二年）舉人。官濱州訓導。《濟南府志》卷五十六、民國《濟陽縣志》卷十一有傳。

## 【博物彙編】

見《濟南府志·經籍》、《山東通志·藝文》（子部雜家類）。

## 【沇川集】

見《濟南府志·經籍》、《山東通志·藝文》（集部別集類）。

民國《濟陽縣志·藝文》載其《王和音先生弟子碑誌並序》、《謁聞韶臺賦》。

## 【幻題百詠】

見《濟南府志·經籍》、《山東通志·藝文》（集部別集類）。

## ◆ 艾愈烺

愈烺字炳也，濟陽人。乾隆丁酉（四十二年）舉人。官棲霞教諭。《濟南府志》卷五十六有傳。

其詩文集未見著錄。《濟南府志》本傳云："文

章以義勝，著有《論詩七絕》、《三義廟記》，人競誦之。"《國朝山左詩續鈔》卷二十五載其《論詩絕句》二首。

## ◆ 成啟恩

啟恩，鄒平人。乾隆丁酉（四十二年）舉人。歷官安福知縣。

## 【詩集四卷】

見《鄒平縣志·藝文攷》（道光十六年續纂）、《山東通志·藝文》。

《縣志·藝文攷》云："河南門人舉人署青州府知府鄭謙敍。"

## ◆ 胡典齡

典齡字汝白，號北橋，歷城人。乾隆丁酉（四十二年）舉人。官雲南師宗知縣。

## 【周易名象二卷】

見《山東通志·藝文》（據《續修府志採訪冊》）。《續修歷城縣志·藝文考》作《周易明象天地人》三卷，注云："胡榮實鄉試硃卷履歷。《續修府志採訪冊》作《周易名象》二卷。"

## 【北橋詩鈔】【東歸草】【南行草】

《續修歷城縣志·藝文考》據胡榮實鄉試硃卷履歷著錄。

## ◆ 邢 憬

憬號怡亭，臨邑人。乾隆丁酉（四十二年）拔貢。官朝城教諭。《臨邑縣志》卷九有傳。

## 【犂臺文獻錄八卷】

見《濟南府志·經籍》、《臨邑縣志·著述》（"犂"作"犁"）、《山東通志·藝文》（史部傳記類）。

《山東通志·藝文》引《縣志》本傳云："究心掌故之學，邑中文獻薈萃之，成巨編。邑志自唐令續修後，閱百二十餘年。而徵文考獻，得據以成書者，皆憬考訂力也。"

《續修臨邑縣志》卷三邢九齡傳云："君大父怡亭先生手著《犂臺文獻錄》。君以先人手澤有稗闡揚，

沐手楷書，齎呈邑宰黃公。申詳撫憲，轉咨學部，奏陳御覽。奉旨入祀鄉賢。”

【來禽館外紀六卷】
見《濟南府志·經籍》、《臨邑縣志·著述》、《山東通志·藝文》（史部傳記類，據《府志》而未標卷數）。

【誨蒙廣錄】
見《濟南府志·經籍》、《臨邑縣志·藝文上·著述》、《山東通志·藝文》（子部雜家類）。

【來禽館藏札三卷】
見《濟南府志·經籍》、《臨邑縣志·藝文上·著述》、《山東通志·藝文》（集部總集類）。

◆ **董肇彤**
肇彤字已堂，一字龍光，號秋樵，平原人，元度孫，葆子。乾隆丁酉（四十二年）拔貢。官光州直隸州知州。

【雨懷書屋小草】
見《國朝山左詩續鈔》、《濟南府志·經籍》、《山東通志·藝文》、《續修平原縣志·藝文》（撰者作董兆彤）。
《國朝山左詩續鈔》卷二十五載其《新正四日偕靳四敏斯至蓮池閒步》詩一首。

◆ **王 驥**
驥字北野，號遜圃，別號槐莊，淄川人。乾隆丁酉（四十二年）拔貢。官泗水教諭。《三續淄川縣志》（卷九）有傳。

【閒窗偶筆】【詩稿】
見《三續淄川縣志》本傳、《山東通志·藝文》（集部別集類）。
《三續縣志·藝文》載其《和胡少府載酒堂感懷》詩一首。

◆ **封 喦**
喦字秀千，號春塘，德州人。乾隆丁酉（四十二年）拔貢。官棲霞縣教諭。

【春塘遺詩】
見《德縣志·邑人著作》。
《國朝山左詩續鈔》卷二十五載其《答王封山》、《貧女苦寒吟》詩二首。

◆ **葛世寬**
世寬字廣涵，德平人。乾隆丁酉（四十二年）拔貢。任雲南直隸州州同。
其詩文集未見著錄。《德平縣志》卷十二載其《陸臬憲頒急救方命以詩和》詩一首。

◆ **袁廷基**
廷基，德平人。乾隆戊戌（四十三年）武進士。以衛千總選用。
其詩文集未見著錄。《德平縣志》卷十二載其《用悔》詩一首（作者注云“邑孝廉”），詩云：“倉猝成名已四旬，半生自誤一沾巾。軍門恥下孫吳率，樂府空懷李杜神。當日武夫違士子，至今文字識何人。迴思世德家聲好，猶望嬰兒作席珍。”又《縣志》卷十二《平昌八景》詩內有其《魁臺夕照》一首。

◆ **任尚德**
尚德字淳古，號墟村，濟陽人。乾隆戊戌（四十三年）歲貢。民國《濟陽縣志》卷十一有傳，卷十七有任去矜《貢士淳古府君墓誌》。

【周易義象本旨十卷】
見民國《濟陽縣志》本傳。《縣志·著述篇目》無卷數。

【書經序解四卷】
見民國《濟陽縣志》本傳。《縣志·著述篇目》無卷數。

【詩經序解四卷】
見民國《濟陽縣志》本傳。《縣志·著述篇目》無卷數。

【禮記補註十卷】
見民國《濟陽縣志》本傳。《縣志·著述篇目》無卷數。

## 【春秋集傳八卷】

見民國《濟陽縣志》本傳。《縣志·著述篇目》無卷數。

## 【四書辨疑一卷】

見民國《濟陽縣志》本傳。《縣志·著述篇目》無卷數。

## 【齊家要覽一卷】

見民國《濟陽縣志》本傳。《縣志·著述篇目》無卷數。

## 【楚辭正解二卷】

見民國《濟陽縣志》本傳。《縣志·著述篇目》無卷數。

## 【自訂書藝】

見民國《濟陽縣志·著述篇目》。《縣志》本傳云二十首。

## 【唐詩讀本二卷】

見民國《濟陽縣志》本傳。《縣志·著述篇目》無卷數。

### ◆ 任去矜

去矜，濟陽人，尚德子。增生。

其詩文集未見著錄。民國《濟陽縣志·藝文》載其《貢士淳古府君墓誌》一文。

### ◆ 余奎元

奎元字善長，號星五，別號屺岵山人，歷城人，鯤子。

## 【舟車雜詠】

見《國朝山左詩彙鈔後集》、《山東通志·藝文》、《續修歷城縣志·藝文考》。

《國朝山左詩彙鈔後集》卷三十六載其詩八首。

### ◆ 李 永

永字貞久，歷城人，汀漳道李治國孫女，同邑余奎元妻。

## 【秋蛩吟】

見《國朝山左詩續鈔》、《濟南府志·經籍》、《山東通志·藝文》、《續修歷城縣志·藝文考》。

《國朝山左詩續鈔》卷三十載其《七夕獨坐》、《窗下》、《暮春》、《秋海棠》、《春日即事》詩五首。《國朝山左詩彙鈔後集》卷三十六《余氏家集》錄其《秋海棠》二首。

### ◆ 何維紘

維紘字勳臣，新城人。乾隆己亥（四十四年）武舉人。《濟南府志》卷五十五、《重修新城縣志》卷十七有傳。

## 【復堂文集】

見《濟南府志·經籍》、《山東通志·藝文》（據《府志》）、《重修新城縣志·藝文》及本傳。

### ◆ 鄭 銘

銘字秋池，歷城人。乾隆己亥（四十四年）舉人。

其詩文集未見著錄。《國朝山左詩續鈔》卷三十二載其《登玉函山懷希夷先生》詩一首。

## 【儀禮讀本四卷】

見《山東通志·藝文》、《續修歷城縣志·藝文考》。現存：清乾隆三十八年刻本，山東師範大學圖書館藏，《山東師範大學圖書館館藏古籍目錄》、《山東文獻書目》著錄。

《山東通志·藝文》：是書刊於乾隆癸巳。周永年《序》略云：“本《鄭注句讀》而加以裁簡，詞約義明，兼附《戴記》中《冠義》等篇於其後，以明制與義並行之意。微哉，旨乎！”據本書。據書中間引梁鴻翥之說，其所裁簡，悉遵鴻翥點定之本。

《續修歷城縣志·藝文考》：銘《自序》略曰：歲丙戌，執經於林汲師之門，舉《欽定儀禮》、《朱子經傳通解》及濟陽張稷若先生《鄭注句讀》諸書，講明切究，俾雒誦焉。彼時以爲難。比年以來，竊有志根柢之學，每讀《儀禮》，苦其漫衍，不能驟通。欲急覓一善本，便記誦而可粗曉文義者，無由也。今年春，陵州志南梁先生假館林汲師家，好古通經，六籍淹貫，余就教之餘，以《鄭注句讀》一書求其指示，爲欣然點筆。凡必讀者標以圈，可不讀者以點記之。節目畢備，而文義可通，以便誦讀。間有難解字句，因撮鄭注、賈疏與稷若先生之說略爲解釋，又摘《禮記·冠義》諸篇以附其後。敬方程君、南軒遑君見而善之，請付諸梓，用廣流傳，俾幼學童而習焉，以爲通經之先資，未必非風教之一助也。刻既成，迺略識緣起如此。本書。

### ◆ 袁　鋐

鋐字律宣，號露坪，長山人。乾隆己亥（四十四年）舉人。歷官刑部員外郎。

**【露坪吟草】**

見《國朝山左詩續鈔》、《濟南府志·經籍》、《山東通志·藝文》。

《國朝山左詩續鈔》卷三十二載其《雨後》詩一首。

### ◆ 李秉瑜

秉瑜字瑾齋，章丘人。乾隆己亥（四十四年）舉人。初官泗水、寧陽教諭，旋授濮州學正。《濟南府志》卷五十四有傳。

**【濮陽詩集】**

見道光《章邱縣志·藝文》、《濟南府志·經籍》、《山東通志·藝文》。《國朝山左詩彙鈔後集》作《濮陽詩草》。

道光《章邱縣志·藝文》載其《遊危山》一首。《國朝山左詩彙鈔後集》卷三十五載其《送酒王篸樓別駕》一首（據吳連周《繡水詩鈔》）。

### ◆ 周震甲

震甲字東木，歷城人，永年子。乾隆庚子（四十五年）舉人。官太康知縣，加知州銜。《濟南府志》卷五十三有傳。

其詩文集未見著錄。《國朝山左詩彙鈔後集》卷五載其《擬子夜春歌》詩五首，小傳注附按云："東木先生爲林汲先生子，學問淹雅，兼工詩。如《擬子夜歌》云云，又《送人北游》云：'霧樹青帘寒賣酒，畫欄紅袖夜留人。'《柳絮》云：'偶因羈絆皆成懶，偶得吹噓便解飛。'皆可誦也。"

### ◆ 趙壽春

壽春字安宇，長山人，興祖子。乾隆庚子（四十五

年）舉人。癸卯（四十八年）以讀書成病卒。《濟南府志》卷五十五有傳。

《國朝山左詩續鈔》卷二十五載其《重九》詩一首。

**【硯田集】**

見《國朝山左詩續鈔》、《濟南府志·經籍》、《山東通志·藝文》。

### ◆ 馮淑清

淑清字性之，號春臺，一號玉照，德州人，廷櫆玄孫。乾隆庚子（四十五年）舉人。官商河縣教諭。

**【手訂詩稿】**

《山東通志·藝文》標此目，載《山左詩續鈔》引董香草曰："馮氏自大木先生後，門丁衰弱，書香不絕如縷。春臺以雋才紹先緒，所作詩文詞賦皆沈思渺慮，務造幽微，而清真雅正，往往與先輩相頡頏。卒後家貧子弱，舊有手訂詩稿數卷，已亡失。於破簏中得二百餘首，皆片紙草書，多失題者。"

《國朝山左詩續鈔》卷二十五載其詩十三首。《德縣志》卷十六載其《雜詩 送單廣文之任濮州》（四首）、《題南阮集後》，凡五首。

**【春臺詩鈔一卷】**

平原董芸輯。《續修四庫全書總目提要（稿本）》著錄傳抄本，提要云："是編凡詩二百二十餘首。不分體，亦不編年，蓋亦隨得隨錄之本。平原董芸香草《序》云：'馮氏自大木先生以後，門丁衰弱，書香不絕如縷。春臺以雋才，紹先緒所作詩文詞賦，皆沈思渺慮，務造幽微，而清真雅正，往往與先輩相頡頏。卒後家貧子弱，舊有手訂詩稿數卷，已亡失。於破簏中得二百餘首，亦皆片紙草書，多失題者'云云。此本蓋董芸所重爲編訂者。今觀集中《感春》云：'賣花聲裏又殘春，雨雨風風閱幾旬。梁燕來時常病酒，塞鴻歸盡更懷人。韶華過眼千金貴，綺語嘔心一字貧。是是日長人困候，閒窗漠漠鑞遊塵。'又《少年行》云：'晚來被酒出紅樓，射虎南山雪夜遊。一騎流星飛火炬，關中遺送紫貂裘。'等篇，類皆冲和妥帖，無雕鏤之痕，而音節無不入格，蓋於此事有深會矣。"《德縣志·邑人著作》作《春臺遺詩》，無卷數。《德縣志》本傳云："刻意聲律，所造獨深，雅雨、蒙泉

而後提倡風雅者，首屈一指。然負郭蕭條，硯田爲業，晚年司訓商河，不數年又失明歸里，侘傺無聊，齎志以終，良可慨歟！"

### ◆ 張象津

象津字漢渡，號葨石，別號雪嵐，新城人。乾隆庚子（四十五年）舉人。官濟寗學正。《濟南府志》卷五十五、《重修新城縣志》卷十七有傳。

【考工釋車一卷】

見《濟南府志·經籍》、《山東通志·藝文》（經部禮類）。現存：清道光十六年張繩武刻本《白雲山房集》本，中國國家圖書館、山東省圖書館等藏，《中國叢書綜錄》、《山東文獻書目》著錄；《山東文獻集成》影印。

《山東通志·藝文》：是書爲集後附刻三種之一。《自序》略云："《論語》疏'駕牛者大車'，謂平地任載之車也；'駕馬者小車'，謂兵車、乘車、田車也。今按周制，車名甚繁，大端不過二者。其等威儀制，小車視大車爲尤詳。故今祇釋小車，而大車因附見焉。"

【等韻簡明指掌圖一卷（論附）】

見《濟南府志·經籍》（作《等韻指掌圖》）、《山東通志·藝文》（經部小學類）。現存：①清嘉慶二十年刻本，見《山西大學圖書館線裝古籍書目》、《江西省圖書館館藏線裝古籍書目》。②清道光十六年張繩武刻《白雲山房集》本，中國國家圖書館、山東省圖書館、山東大學圖書館等藏，《中國叢書綜錄》、《山東文獻書目》著錄；《山東文獻集成》影印。

《山東通志·藝文》：是書爲附刻三種之三。圖各有說。其法不用唐人三十六字母，而用喬氏元韻之十九位。惟元韻十二攝皆以脣音爲首，此則以牙音爲首。元韻於上、下平歸爲一位而直別之，此則上平爲第一位，下平爲第五位，蓋數與之同而聲不與之盡同。其總論云："今爲此圖，欲使不複一聲，不遺一響，見人生發於口之全能，而天地陰陽生成之理亦具其中，則亦格物窮理之一端也。"據本書。

【邢臺縣志】

《山東通志·藝文》（史部地理類）：《白雲山房文集》載《纂修邢臺縣志例言》六條，其第三條云："官師從《靈壽》例，名宦傳歸之職官，而仕宦門合諸選舉。其災祥、事紀二者併爲一，則以意起之。后妃傳不用《靈壽》從《廣平》者，《府志》已用之，以志前非有帝紀，亦史法之變例也。人物酌用《通志》，增金石於志後，兼用《永清》、《安陽》例。"又末條云："今於壬子、辛酉二《志》所載凡有關邑中事蹟者，俱爲載入；其灼然悠謬荒唐者，汰去止數則；他如夫子巖、令公腦之類，止附辯於下，餘則一字不復遺也。"

【新城後志稿】

見《重修新城縣志·藝文》。

【白雲山房書目】

見《重修新城縣志·藝文》。

【集錄奕譜】

《山東通志·藝文》（子部藝術類）：《白雲山房集》載是編《小引》略云："是書也，知《易》者觀之，不知者勿觀也；知《孫子》者觀之，不知者勿觀也。懼其玩物喪志也。"

【雪嵐紀聞】

見《濟南府志·經籍》（作《雪嵐記聞》）、《山東通志·藝文》（子部雜家類）、《重修新城縣志·藝文》。

【離騷經章句義疏一卷】

見《濟南府志·經籍》（作《離騷義疏》無卷數）、《山東通志·藝文》、《重修新城縣志·藝文》。現存：清道光十六年張繩武刻本《白雲山房集》本，中國國家圖書館、山東省圖書館、山東大學圖書館等藏，《中國叢書綜錄》、《山東文獻書目》著錄；《山東文獻集成》影印。《續修四庫全書總目提要（稿本）》著錄嘉慶二十二年刻本。

《山東通志·藝文》：是書爲集後附刻三種之二。有嘉慶丁丑象津《自序》略云："幼好是書，覽王氏、洪氏之注，名物訓詁，極爲詳博。至其釋詞之所寓，則疑其本旨有不然者。因以己意疏之，錄爲《離騷疏》一卷。聞朱子舊亦有注，求之十年不獲，後得於淄川鬻故書者。則舊之所疑，朱子亦多有辨正；亦間有與朱子不侔者。遂取所錄燬之。嘉慶甲戌，內人以病歿，踰年次女復夭折，暮年際此，殊難自遣。几上適有蒲城屈復氏《楚辭新注》，閱之，至長太息以掩涕，哀人生之多艱，不覺愴懷。及閱竟其書，覺其所謂獨得者，於心更有不安。因憶舊所見者，逐節書於其注之上方，無詮次也。今年長孫繩武相從讀書於外，因略爲整頓，使仍錄出爲一卷。不必果爲靈均之本意，後有篤好屈子之書如予少時者，亦可取之以備參考也。"據本書。按：是書分《離騷》爲十九節，其所釋以達意爲主。

## 【白雲山房集十二卷】

見《山東通志·藝文》。現存：清道光九年刻道光十六年張繩武等拜經堂補刻本（《白雲山房詩集》三卷《文集》六卷，附《考工釋車》一卷《離騷經章句義疏》一卷《等韻簡明指掌圖》一卷《論》一卷），中國國家圖書館、清華大學圖書館、上海圖書館等藏，《中國叢書綜錄》、《山東文獻書目》著錄；《山東文獻集成》影印。

《山東通志·藝文》：是集道光中刊。詩分上、中、下三卷，文六卷，附刻三種各一卷。成瓘《序》云："吾濟南郡爲山東省會，近百年來沈酣古籍以博雅著者，歷城林汲山人而後，惟新城張漢渡先生獨出冠時。"據本書。《憨齋詩話》云："張象津漢渡學正以古文擅名，詩亦不落凡近。"

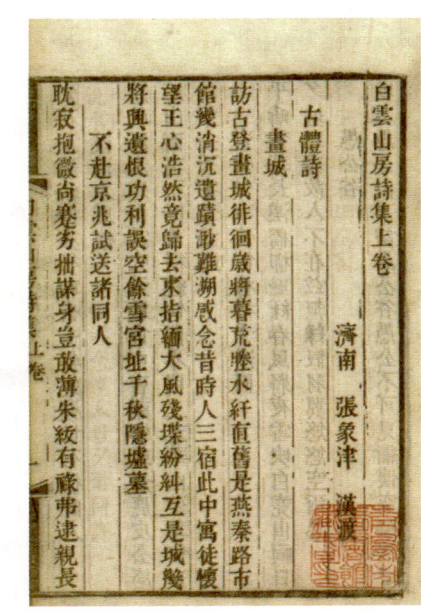

《白雲山房詩集》三卷 清道光拜經堂刻本

《國朝山左詩彙鈔後集》卷五載其詩十八首。《重修新城縣志》卷二十三載其《乾隆四十五年丙申重修石橋鎮石橋碑記》、《重修阜成橋碑記》、《重修華嚴寺記碑》。《禹城縣志》卷十載其《潔川義學並置義田記》一篇。

## 【白雲山房詩鈔】

見《濟南府志·經籍》、《重修新城縣志》本傳。

## 【任城詩鈔】

見《濟南府志·經籍》、《新城縣志》本傳。《重修新城縣志·藝文》作《任城集》。

## 【澅中集】

見《濟南府志·經籍》、《重修新城縣志》本傳。《重修新城縣志·藝文》（據《府志》）作《畫中集》。

## 【峩石集】

見《濟南府志·經籍》、《重修新城縣志·藝文》（作《峨石集》）。《重修新城縣志》本傳作《莪石集》。

## 【國朝三十家詩鈔】

《山東通志·藝文》（集部總集類）著錄，引《白雲山房文集》是編《後記》云："右鈔國朝諸先生詩十二家，附益以澤州相國而下爲三十家，凡若干首爲一集。先輩詩可傳者不止數家，家可傳者不止數首，此就所好者鈔之爾。然詳略間亦微具區分。如澅中詩，竹垞而外，兼及羨門、西河、西厓，以入附鈔；附鈔於關中詩并錄幼華、子德，不及豹人，中州先永城於綿津是也。嘗謂詩者，例由神解，得之自人，離婁辨色，伶倫攷聲，匪緣異鍾定關妙悟，不可强也。異時談藝者專究氣體，識者非之，謂其失詩之本故也。然詩以言志，其用主於感人動物，亦必先於此而後可徐攷其貞淫，區其正變耳。美斯愛，愛斯傳，昔之聖賢人不廢斯言也。鈔既畢，因聊記其意於錄後。不入漁洋者，仿荊舒百家例也。不鈔七律，七律已有總鈔附後，近人攻此體者欲并及多家，故此不複出也。"

### ◆ 劉登嶽

登嶽字名五，臨邑人。乾隆庚子（四十五年）恩貢生。署夏津教諭，任堂邑教諭。《濟南府志》卷五十六有傳。

## 【勸善篇】

《濟南府志》本傳云："著有《勸善篇》萬餘言。"

### ◆ 李有基

有基字斅昇，號東圃，德州人，橿孫。乾隆乙酉（三十年）鄉試第一，辛丑（四十六年）成進士。官連城知縣。

## 【周易義象合纂】

見《國朝山左詩續鈔》、《濟南府志·經籍》、《山東通志·藝文》（經部易類）。

《山東通志·藝文》引紀昀《序》略云："於漢學、宋學兩無所偏好，亦兩無所偏惡。息心微氣，考古證今，惟求合乎象之自然、理之當然，而進退存亡之節，亦即經緯其中。所謂主象、主理、主事三派，是實兼之，謂非說《易》之正宗，可乎？"

## 【德州志稿】

見《國朝山左詩續鈔》、《濟南府志·經籍》、《山東通志·藝文》（史部地理類）。《德縣志·邑人著作》作《州志擬稿》。

## 【州志考異】

《德縣志》本傳云：已刊行。《縣志》卷十六載田敦《懷鄉先賢五古·李大令有基》詩，有"迄今百四年，袞闕何人補"句，注云："志自清乾隆五十三年，至今一百四十餘年。"

## 【河渠賸語】

見《國朝山左詩續鈔》、《德州志·州人所著書目》（注云"見"）、《濟南府志·經籍》、《山東通志·藝文》（史部地理類）。

## 【廣川客問】

見《國朝山左詩續鈔》、《德州志·州人所著書目》（注云"見"）、《濟南府志·經籍》、《山東通志·藝文》（史部地理類）。

## 【續廣川客問】

見《國朝山左詩續鈔》、《濟南府志·經籍》、

《山東通志·藝文》（史部地理類）。

## 【披褐吟】【沽上吟】【掘得集】【南遊偶吟】

見《國朝山左詩續鈔》、《濟南府志·經籍》、《山東通志·藝文》、《德縣志·邑人著作》。

《國朝山左詩續鈔》卷二十六載其詩二十七首。《陵縣志》卷十七載其《三泉書院講堂題額記》（乾隆癸卯撰）、《重修陵縣城隍廟碑記》（乾隆五十年）。《德州志》卷十二、《德縣志》卷十六載其《十二連城歌》、《謁鄉賢祠敬識》詩二首。

### ◆ 李丕基

丕基字鐘宜，德州人。諸生。《德縣志》卷十五有封大受《李鐘宜先生小傳》。

其詩文集未見著錄。《國朝山左詩續鈔》卷二十六載其《客中寄友》詩一首。《德州志》卷十二、《德縣志》卷十六載其《繁露書院種柳歌》詩一首。

### ◆ 汪長齡

長齡字西庭，號學山，歷城人，鏞弟。乾隆四十二年舉人，四十六年進士。嘉慶二十三年任萬州知州。事蹟詳《續修歷城縣志·列傳一》。

## 【萬州志十卷】

現存：①清道光八年刻本，北京大學圖書館、上海圖書館等藏，《中國地方志聯合目錄》著錄。②民國三十七年鉛印本，廣東中山圖書館等藏，《中國地方志聯合目錄》著錄。

### ◆ 盧蔭溥

蔭溥字霖生，號南石，德州人，見曾孫。乾隆四十六年進士。官至大學士。道光十九年卒，諡文肅。《濟南府志》卷五十六有傳。

## 【盧文肅公年譜一卷】（一名《禧壽堂自訂年譜》）

現存：①清道光十九年德州盧氏家刻本，中國國家圖書館、遼寧省圖書館等藏，《中國歷代人物年譜考錄》、《續修四庫全書總目提要（稿本）》（作《盧霖生自述年譜》）、《販書偶記》著錄。②清道光咸豐間刻本（《詩竹堂彙稿》附），見《中國歷代人物

年譜考錄》。③鈔本（作《盧蔭溥自訂年譜》），上海圖書館藏。

## 【阿文成公年譜三十四卷】

據那彥成原編增修。現存：清嘉慶十九年刻本，中國國家圖書館藏。

## 【初之樸及妻孫氏合葬志】

陳嵩慶正書並篆盖。現存：清嘉慶二十二年四月十二日刻石拓片，中國國家圖書館藏。首題"皇清誥授中憲大夫江西糧道晉封榮禄大夫懋堂初公暨德配誥封恭人晉封一品太夫人孫太夫人合葬墓志銘"。

## 【詩竹堂匯編十六卷】

現存：清道咸間刻本，山東省圖書館藏，《清人別集總目》、《清人詩文集總目提要》著錄。

《德縣志》卷十六載其《南星驛寄內》詩一首。民國《冠縣志》卷九載其《清誥授奉政大夫直隸易州直隸州知州秋渠趙公墓誌銘》。

## ◆ 盧蔭長

蔭長，德州人。

## 【信驗方錄四卷續錄四卷】

現存：①清嘉慶九年刻本（《信驗方錄》四卷），《販書偶記續編》、《山東文獻書目》著錄。②清道光三年刻本，遼寧中醫藥大學圖書館、吉林省圖書館等藏，《故宮普通書目》、《東北地區古籍綫裝書聯合目錄》、《中醫圖書聯合目錄》著錄。③清咸豐四年漢陽葉志詵兩廣督署刻本，中國醫學科學院圖書館、中國國家圖書館等藏，《中醫圖書聯合目錄》、《中國中醫古籍總目》、《山東文獻書目》著錄。

## ◆ 董 葆

葆字愚谷，平原人，元度子。諸生。

## 【趨庭詩草】

見《國朝山左詩續鈔》、《濟南府志·經籍》、《山東通志·藝文》。

《國朝山左詩續鈔》卷十三載其《自題曉征圖》等詩三首。

## ◆ 朱曾武

曾武字繩孫，號蒨圃，歷城人，璜子。乾隆癸卯（四十八年）舉人。官廣東開平知縣。《濟南府志》卷五十三有傳。

## 【四書字義說略二卷】

見《山東通志·藝文》（據《續修府志採訪冊》，入經部四書類）、《續修歷城縣志·藝文考》（據本書）。現存：清嘉慶十二年綠玉堂刻本，山東省圖書館、中國科學院圖書館等藏，《續修四庫全書總目提要（稿本）》、《販書偶記》、《山東文獻書目》著錄；《山東文獻集成》影印。

《續修歷城縣志·藝文考》：張其修《序》略曰：蒨圃績學有年，間著《四書字義說略》一書。《集註》所有，無不會而通焉。《講義》所無，亦且鑿而詳焉。夫古人之說備矣，後之人何加。予特愛其貫穿分明，闡先聖賢未言之意，而無所於格也。本書。

《續修四庫全書總目提要（稿本）》略曰：是書詳論字義。有論單字者，如論學字，論天字之類。有論雙字者，如論君子，論鬼神之類。又有論四字者，如論致知格物，論惻隱之心之類。至於虛字，如之字，其字，焉字，者字，而字，也字，是故字，然則字，然而字，然字等，以及字義音節，亦俱論及之。尤賅備者，爲論省字之法，省義之法，虛讀實讀之法，加字讀之法，平讀反讀之法。爲書二卷，亦如二篇，不分段落。大率以《集注》爲主，旁及諸家講義，會而通之，頗有條理，亦治四子書者所不可廢也。

## 【律例編言】

見《續修歷城縣志·藝文考》，注云："見朱學猷鄉試硃卷履歷。卷未詳。"

## 【一隅集】【課餘偶談】【游藝草】【文稿】

《續修歷城縣志·藝文考》據朱學猷鄉試硃卷履歷著錄。

《國朝山左詩彙鈔後集》卷五載其詩五首。

## 【說餅庵詩】

《山東通志·藝文》引《買春詩話》云："吾邑朱孝廉曾武應試禮部時，會闈有獻俘。朱賦《樓蘭頭顱歌》，轟傳都下。同人或戲謂曰：'御史以君詩奏上，聞將捕君矣。'朱大懼，即日束裝歸，遂以心悸病卒。吁！此亦可爲多言之戒矣。朱著有《說餅庵詩》，《山行》云：'石餘骨鰻頑如我，山作眉彎翠似誰。'又有句云：'干世功名工楮葉，攪愁風雨在楊枝。'"

　　按：《續修歷城縣志‧藝文考》以爲此書爲朱曾傳所撰，馬國翰《買春詩話》誤曾傳爲曾武。詳朱曾傳著作"說餅庵詩集"條。

### 【唐詩繹律六卷】

　　朱曾武編注。見《山東通志‧藝文》（集部總集類）、《續修歷城縣志‧藝文考》及本傳。現存：①清嘉慶十一年綠玉堂刻本，北京大學圖書館、山東省圖書館等藏，《山東師範大學圖書館館藏古籍目錄》、《山東文獻書目》著錄。②鈔本（作一卷），上海圖書館藏。

　　《山東通志‧藝文》：是編有營陵李華庭《序》略云："取唐人五七言近體，手自選輯，細加詮解，務得其立言命意之所在，所以津逮後學者，用心亦良苦矣。"據本書。

### 【古文筆譜二卷】

　　見《山東通志‧藝文》（集部詩文評類）、《續修歷城縣志‧藝文考》。《續修四庫全書總目提要（稿本）》著錄清道光十六年刻本。

　　《山東通志‧藝文》：是編刊於道光丙申。其論作文之法，爲目凡十有七：曰論，曰攻，曰剝，曰疊，曰代，曰轉進，曰縱擒，曰頓跌，曰撇轉，曰折轉，曰轉深，曰難而解，曰往復，曰形容，曰擬議，曰設想，曰反掉。每一法中，摘古文各篇之一二段評之。其《自序》略云："古文、時文規模不同，而其用筆未嘗不同。意欲集筆法之大成，而匆匆未暇。茲僅就所得，先爲付梓，竊以公同好焉。"據本書。按：古文與時文異趣，而《自序》謂其用筆未嘗不同，是以時文之法衡古文矣，無怪其說之支離煩碎也。

### 【時文筆譜一卷】

　　現存：清嘉慶間刻本，青島市圖書館藏，《山東文獻書目》、《清人別集總目》、《清人詩文集總目提要》著錄。《青島市圖書館藏山東文獻珍本圖錄》作四卷，清嘉慶十七年綠玉堂刻本。

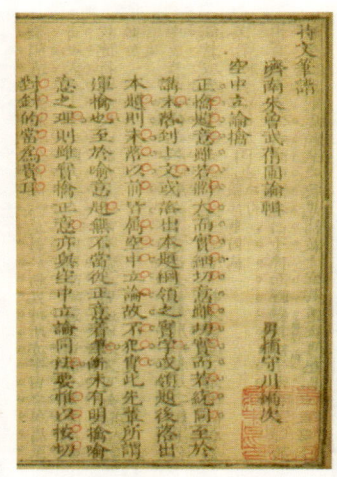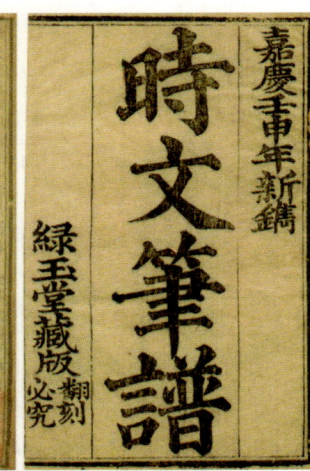

《時文筆譜》一卷　清嘉慶間十七年綠玉堂刻本

### 【時文一貫錄一卷】

　　見《續修歷城縣志》本傳。

### 【文話二卷】

　　有清嘉慶十九年綠玉堂精刻本，見《販書偶記續編》、《山東文獻書目》。

### 【制義綱目說略二卷】

　　見《續修歷城縣志》本傳。現存：清嘉慶十一年刻本，中國國家圖書館藏。

### ◆ 李　鋼

　　鋼字養孟，號任斯，德州人，有基子。乾隆癸卯（四十八年）舉人。官蘭山訓導。

### 【南省草】

　　見《國朝山左詩續鈔》、《濟南府志‧經籍》、《山東通志‧藝文》。

　　《國朝山左詩續鈔》卷二十六載其《舟中作》詩一首。

### 【任斯遺詩】

　　見《德縣志‧邑人著作》。

### ◆ 胡　烺

　　烺字霽亭，章丘人，予襄子。乾隆癸卯（四十八年）舉人。官邱縣訓導。

## 【話雨軒詩稿】

見《國朝山左詩彙鈔後集》、《山東通志・藝文》（據《繡水詩鈔》）。

《國朝山左詩彙鈔後集》卷三十五載其《和懷谷焦明府見贈原韻》詩一首（據吳連周《繡水詩鈔》）。

### ◆ 朱熊光

熊光字渭占，號薌浦，別號鶴鳴，平陰人。乾隆甲辰（四十九年）進士。歷官廣西昭平知縣，緣案牽連去職。濟寧孫玉庭延爲西賓，卒於館。光緒《平陰縣志》卷四有傳。

## 【鶴鳴詩抄二卷】

現存：清道光十五年濟寧孫氏刻本，中國國家圖書館、青島市圖書館藏，《清人詩文集總目提要》、《青島市圖書館藏明清兩代山東人著作簡目》、《山東文獻書目》著錄。

《國朝山左詩續鈔》卷二十六載其《雪夜獨酌》詩一首。

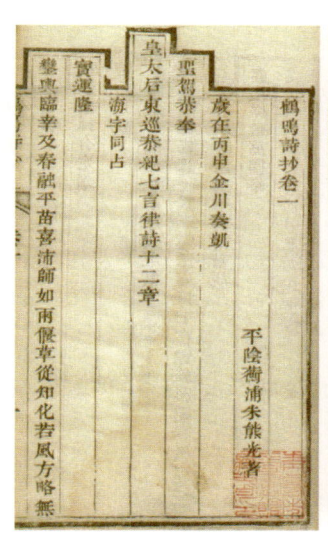

《鶴鳴詩抄》二卷　清道光十五年濟寧孫氏刻本

### ◆ 張 翺

翺字叔舉，號牧村，平原人。乾隆甲辰（四十九年）進士。由庶吉士歷任清要，出守河南懷慶府，屢署臬篆，內補光祿寺卿。《濟南府志》卷五十六、《續修平原縣志》卷十有傳。

其文集未見著錄。《重修商河縣志・藝文》載其《景福孫公暨陳太孺人八袠雙壽序》。《續修平原縣志》卷十一載其《文昌帝君書抄序》。民國《冠縣志》卷九載其《牟山趙公墓誌銘》。

## 【張氏族譜】

張翺纂，其孫張敫、張璇續補。《續修平原縣志・藝文》載奕經《張氏族譜序》（原注"道光癸卯刻"）略云："曩余隨胄子讀書上書房，所受業則光祿卿平原張牧村先生也。今先生文孫問珊持所爲族譜，乞余序。蓋先生當日曾勒有成書，而問珊暨乃兄方山踵而續之者也。"

### ◆ 張大莒

大莒，陵縣人。庠生。

其詩文集未見著錄。《陵縣志》卷十七載其《重修關帝廟並改建劉猛將軍廟碑記》（乾隆五十年立）一篇。

### ◆ 谷嵩年

嵩年字漢齡，陵縣人。候選州同。《陵縣志》卷二十有傳。

其詩文集未見著錄。《陵縣志》卷十七載其《三泉書院碑記》（乾隆五十一年谷嵩年等共立）一篇。

### ◆ 張學文

學文字憲周，德平人。乾隆乙巳（五十年）恩貢。《德平縣志》卷七有傳。

## 【格致錄】

見《德平縣志》、《山東通志・藝文》（子部雜家類）。

## 【遜齋集】【三鱸堂稿】

見《德平縣志》、《山東通志・藝文》。《縣志》本傳云："待梓。"

《德平縣志》卷十一載其《般城懷禰正平賦》、《土河利弊考》、《邑母李孺人壽序》三篇；卷十二載其《書院規約》十則，《鍾侯六十壽言》詩一首。

## ◆ 張學朱

學朱字新安，德平人，學文弟。乾隆庚戌（五十五年）歲貢。《德平縣志》卷七有傳。

其詩文集未見著錄。《德平縣志》卷十二載其《友人邀賞牡丹和同席韻》詩一首。

## ◆ 董　瑄

瑄字又薛，號敬軒，章丘人。乾隆丙午（五十一年）舉人。歷官盧江知縣。《濟南府志》卷五十四有傳。

其詩集未見著錄。《國朝山左詩續鈔》卷三十二載其《皖江道中》、《再過關山》、《晚渡》詩三首。

### 【制藝綱目】

見《濟南府志·經籍》。《府志》本傳云："著《制藝綱目》一書，以訓後學。"

## ◆ 張宗光

宗光字華林，號經圃，新城人。乾隆丙午（五十一年）舉人。授海寧州學正。《重修新城縣志》卷十八有傳。

### 【匏經堂集十種】

《重修新城縣志·藝文》據《府志》著錄。《縣志》本傳云："從學于張象津，理探閩、洛，經邃鄭、伏，文足以楷模多士，而功夫惟主敬存誠。所著《匏經堂集》十餘種，皆未梓。"書名與《藝文》不同，未知孰是。

《重修新城縣志》卷二十三載其《（道光）新城書院記碑》一篇。

## ◆ 王宸芳

宸芳字春域，新城人，祖熙子。諸生。

其詩文集未見著錄。《國朝山左詩續鈔》卷三十一載其《晚秋見山花》詩一首。

## ◆ 朱曾泰

曾泰字麟侯，歷城人，琦子。乾隆丙午（五十一年）副貢。

其詩文集未見著錄。《國朝山左詩彙鈔後集》卷六載其《題汪硯巢小照》、《有感》、《京師與李蕃升表兄話舊》詩三首。

## ◆ 單明夷

明夷字遜儒，德平人。乾隆丁未（五十二年）歲貢。

### 【四書審音辨】

見《德平縣志》、《山東通志·藝文》（經部四書類）。《德平縣志·選舉》作單明彝。

## ◆ 張壽昌

壽昌字馨德，平原人。乾隆戊申（五十三年）舉人。《續修平原縣志》卷十有傳。

### 【十樹軒詩】

見《國朝山左詩續鈔》、《濟南府志·經籍》、《山東通志·藝文》。

《國朝山左詩續鈔》卷二十六載其《雪中喜董春草過訪》詩一首。

## ◆ 盧允通

允通字彥博，禹城人。乾隆戊申（五十三年）歲貢。《濟南府志》卷五十六有傳。

### 【讀孟筆記】

見《山東通志·藝文》（經部四書類）。現存：清道光七年古祝盧氏刻本，山東省圖書館藏。

《山東通志·藝文》云：是書載《府志》。前列凡例六則，末贅言十四則。有歷城賈琅、高唐馬鴻逵《序》並《自序》。其曾孫芳治於道光丁亥為之刊行。

## ◆ 鄭士彬

士彬字協中，一字道南，陵縣人。乾隆戊申（五十三年）歲貢。《陵縣志》卷二十有傳。

### 【四書集講】

見《陵縣志》本傳、《山東通志·藝文》（經部四書類）。《陵縣志·藝文》作《四書集講管窺》。

### 【管窺堂稿】【道南賦論】

見《陵縣志》、《山東通志·藝文》（集部別集類）。

## ◆ 王作霖

作霖字霖長，德平人。乾隆戊申（五十三年）歲貢。

其詩文集未見著錄。《德平縣志》卷十二載其《壽鍾邑侯》詩一首。

### ◆ 彭雲鶴

雲鶴字甸宇，號林於（一云"字甸與，號秋圃"），歷城人。乾隆四十四年舉人，五十四年成進士，其年卒。

【篋中詩草一卷】

見《濟南府志·經籍》、《山東通志·藝文》、《續修歷城縣志·藝文考》（鈔本）。

《國朝山左詩續鈔》卷二十七載其《望北極臺》、《齋中小詩》、《秋日過王舍人莊》、《冬日田家》詩四首。

【林於未定稿不分卷】

現存：稿本（十四冊，清喬勳、王濱、吳乃賡跋），山東省圖書館藏，《中國古籍善本書目》、《清人別集總目》、《清人詩文集總目提要》著錄；《山東文獻集成》影印。

凡《隨在集》詩四冊，《燈前即景》詞九冊（自乾隆甲辰至庚戌七年間作），《填詞須知》一冊（封

《林於未定稿》不分卷 山東省圖書館藏稿本

題"己酉冬林於抄"）。詞集有喬勳《跋》云："丁未冬，勳就雪嵋師聘，與吾伯朝夕過從，刻燭論文，煮茶話舊，深蒙契許，不以駑胎見鄙。在幕中三年，聲氣之投，有如一日。嘗以詩餘見示，展讀之下，每誌數語簡端，以申嚮往。去年庚戌，勳應禮闈試，恩恩北上。吾伯深情惜別，厚誼優加。迨毢毢歸來，袁江聞訃，遽以內艱還里，兩人蹤迹，自此遂疎。春樹莫雲，正多感觸。日昨忻悉文旌蒞止，正如朵雲忽現，令人喜溢眉端。袖中遽出兩卷見示，迺去年及今歲所得。勳莊誦之下，竊幸吾伯豪情不減疇昔，而轉慮吾兩人自此以後，不知相聚正復何時。用賦短章，以爲他日雪鴻之印云爾。……辛亥重九後一日世愚姪喬勳拜讀于廣陵郡署並識。"

【燈前即景不分卷】

現存：《林於未定稿》稿本（二冊），山東省圖書館藏，《中國古籍善本書目》、《清史稿藝文志拾遺》著錄；《山東文獻集成》影印。

【填詞須知不分卷】

現存：《林於未定稿四種》稿本（二冊），山東省圖書館藏，《中國古籍善本書目》著錄；《山東文獻集成》影印。

### ◆ 焦以潤

以潤字玉甫，號綠軒，章丘人，爾厚子。乾隆己酉（五十四年）進士。歷官淮寧知縣。《濟南府志》卷五十四有傳。

【竹濤偶吟】

見道光《章邱縣志·藝文》、《濟南府志·經籍》、《山東通志·藝文》。

道光《章邱縣志·藝文》載其《遊明水》詩一首。《國朝山左詩彙鈔後集》卷三十五載其《關山月 湟中懷汪軍門岳父》、《西軒》、《贈馮雲野尉》、《尋褚氏園》、《聞蟬戲占》詩五首（據吳連周《繡水詩鈔》）。

【候鳴草】

見道光《濟南府志·經籍》、《山東通志·藝文》。道光《章邱縣志·藝文》作《候鳴草詩集》。

## ◆ 毛　塈

塈字載之，歷城人，輝祖子。乾隆己酉（五十四年）舉人。官荏平縣訓導。《濟南府志》卷五十三有傳。

其詩集未見著錄。《國朝山左詩續鈔》卷二十七載其《五峯池試茶》詩一首。

## ◆ 黃文鵬

文鵬字一峯，歷城人。乾隆五十四年舉人。

### 【陰騭文印譜】

見《山東通志・藝文》（子部藝術類）、《續修歷城縣志・藝文考》。《印譜知見傳本書目》著錄清鈐印本，一卷。

《續修歷城縣志》本傳：善書工詩，尤工鐵筆，所鐫蟲篆皆蒼秀而腴。構友竹軒數椽，與弟優遊其間。鐫有《陰騭文印譜》一冊，棣郡王瀅爲之敘。《續修府志採訪冊》。

## ◆ 李學軾

學軾字仲坡，長清人。乾隆己酉（五十四年）恩貢。《濟南府志》卷五十六有傳。

### 【勤學歌】

《濟南府志》本傳云："嘗作《勤學歌》以警學者。以山水詩酒自娛，養竹數竿，優遊其下。"道光《長清縣志・藝文》作《勸學歌三章》，並載其詩（七言絕句三首）。

## ◆ 王元坤

元坤字厚菴，章丘人。乾隆己酉（五十四年）拔貢。官陽信教諭。

### 【家塾謁音辨略四卷】

見《山東通志・藝文》（經部小學類）。《濟南府志・經籍》、道光《章邱縣志・藝文》均作《謁音辨略》無卷數。現存：清嘉慶十二年刻本，《山東師範大學圖書館館藏古籍目錄》著錄。

《山東通志・藝文》：是書刊於嘉慶丁卯，上、下平共一卷，上、去、入各一卷。張克相《序》云："取《佩文》平仄韻，每韻各摘數字，兼用者剖析之，誤讀者校正之，更於每字下援引經傳並採唐宋名家詩

以證之，俾信而有徵焉。"

### 【秀野堂詩集】

見《國朝山左詩彙鈔後集》、《章邱縣志・藝文》、《濟南府志・經籍》、《山東通志・藝文》。

道光《章邱縣志・藝文》載其《遊胡山》詩一首。《國朝山左詩彙鈔後集》卷三十五載其《釋言》、《飛絮影》、《寒夜獨坐》、《懷家兄霖臯金鄉》、《遊胡山》詩五首（據吳連周《繡水詩鈔》）。

## ◆ 成啟洸

啟洸字靜谿，鄒平人，兆豐次子。乾隆己酉（五十四年）拔貢。《濟南府志》卷五十四有傳。

其文集未見著錄。民國《齊東縣志》卷六載其《伏徵君疑塚辨》一篇。

### 【鄒平縣志十八卷】

見《鄒平縣志・藝文》（道光十六年續纂）、《濟南府志・經籍》（無卷數）、《山東通志・藝文》（撰者誤作程啟洸）。現存：清嘉慶八年刻本，中國國家圖書館、上海圖書館等藏，《中國地方志聯合目錄》著錄。

《山東通志・藝文》：是志見道光《鄒平志・藝文》，又傳略云："嘉慶辛酉十二月，官議修《鄒平志》，洸獨力成書稿，不資縣費。官興剞劂，洸亦始終佐之。"又載劉鳳誥是志《序》云："案志圖與古不合者，以今目驗得之。說與衆殊者，以徧徵古書得之，爲之注。以古名舉大略，證長白山有肅然名。以濟、漯見經典，沿討上游，謂漯已輟流，其小清爲古濟瀆，大清則漯渠，今受濟水者。語爲闊通。鄒平故地大割附它邑，今求得漢故縣在孫家鎮，又於魏王城求得赫胥氏陵，證爲東朝陽城確在齊東，舊屬鄒平，尤爲誠篤好古之徵。"

按：是志由鄒平知縣李瓊林（字西圃，貴州興義人，乾隆五十四年任）主修，始於乾隆五十四年，至嘉慶八年始付梓。前有劉鳳誥《序》，舊志《序》四篇，沿革圖五幅。分總紀、方域考、賦役考、建置考、山水考、古蹟考、封建表、職官表、選舉表、貤封表、襲爵表、宦蹟考、人物考、藝文考、雜志十五門，凡十八卷。

## 【研農秋穫一卷】

見《濟南府志·經籍》、《山東通志·藝文》（據《府志》，入子部雜家類）。《鄒平縣志·藝文攷》（道光十六年續纂）作《硯農秋穫》。

## 【詩集三卷】

見《鄒平縣志·藝文攷》（道光十六年續纂）、《濟南府志·經籍》、《山東通志·藝文》（據《縣志》）。

## 【鄒平成氏詩鈔三種三卷】

成啟洸輯。現存：清嘉慶十年家刻本，中共山東省委黨校圖書館藏；《山東文獻集成》影印。子目：《紀年詩草》一卷（成厚發撰）；《雪岩詩草》一卷（成芸撰）；《竹齋詩草》一卷（成兆豐撰）。

### ◆ 李　鏽

鏽字金良，號合浦，陵縣人。乾隆己酉（五十四年）拔貢。《濟南府志》卷五十六有傳。

## 【合浦詩草】

見《陵縣志》、《濟南府志·經籍》、《山東通志·藝文》。

### ◆ 閻廷任

廷任字佇堂，號碧峯，德平人。乾隆己酉（五十四年）拔貢。官鄆城、嘉祥教諭。

其詩集未見著錄。《德平縣志》卷十二載其《蓋節淵泛舟》（六首之四）、《光嶽樓》等詩。

### ◆ 孫本楷

本楷字秀東，商河人。乾隆己酉（五十四年）拔貢。官昌樂教諭。

## 【上黨詩稿】

見《商河縣志》、《山東通志·藝文》。《重修商河縣志·藝文》作孫楷本，本傳作孫本揩。

### ◆ 朱曾喆

曾喆字鈍甫，歷城人，瑀子。乾隆己酉（五十四年）拔貢。《濟南府志》卷五十三有傳。

## 【養中之塾文集一卷】

現存：①稿本（朱大田輯，單爲鏔跋，有《續集》一卷），山東省圖書館藏，《中國古籍善本書目徵求意見稿》、《山東文獻書目》著錄。②清道光二十年刻《濟南朱氏詩文彙編》本，山東省圖書館、青島市圖書館等藏，《中國叢書綜錄》、《續修四庫全書總目提要（稿本）》、《清人別集總目》著錄；《山東文獻集成》影印。《山東通志·藝文》、《續修歷城縣志·藝文考》（據採訪刻本）均作一冊。

《山東通志·藝文》：是集道光庚子刊。單爲鏔《序》略云："鈍甫因方子之古文，上溯程、朱之學，篤信力行之，齊魯推巨擘。"盧陵王贈芳《序》略云："鈍甫既卒，其友鄒平成君蕭中出其遺著一冊，讀之氣韻淵茂，動陳古義，類皆表章忠孝節烈之作。其積學既久且深，而又出以矜慎，非世俗之文也。"據本書。《式訓集·京山郭君墓誌》云："鈍夫斂閎肆，入簡潔，不貪不侈，求無疵而止。"

《續修歷城縣志·藝文考》：按，是編楊濴訂正本分爲二卷，有冠縣趙汝毅評語。爲鏔又刪爲一冊。

## 【養中之塾文續集】【外集】

《續修歷城縣志·藝文考》據朱學猷鄉試硃卷履歷著錄。其《續集》有稿本（見上條訂補），《外集》則未見。

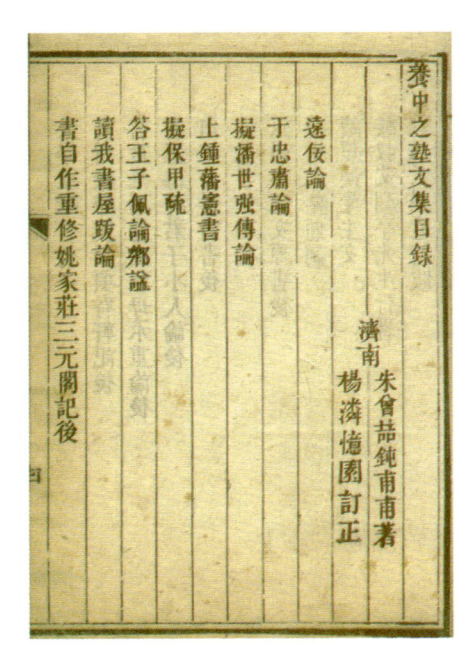

《養中之塾文集》一卷　清道光二十年刻本

## 【純甫文稿不分卷】

現存：稿本（清成瓘、牟庭等批），山東省圖書館藏，《中國古籍善本書目》、《山東文獻書目》、《清人別集總目》著錄；《山東文獻集成》影印。

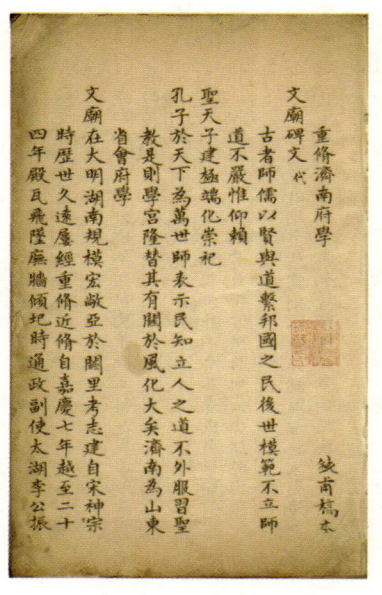

《純甫文稿》不分卷　山東省圖書館藏稿本

## 【楓香草堂詩】

《續修歷城縣志·藝文考》據朱學猷鄉試硃卷履歷著錄，並引《山左詩彙鈔》云："先生詩不多作，《和南村移居》一首乃平昔出以相質，因得鈔存：'行年五十九，事事成感觸。少壯奮時會，忽忽日已促。嘗七至京華，每遇秋氣蕭。人生各有好，詩書吾所欲。榕村與靈臯，經世術已足。慕古思宜今，獨坐空仰屋。開卷砭我愚，躁急賴檢束。晚交得南村，芳鄰舊卜築。薄官之琅邪，高情鄙障籠。五斗不折腰，十脡豈僕僕。藉慰負米心，溫恭懷集木。一命必有濟，無爲歎雌伏。君觀滄海日，我餐南山菊。記曾樽酒對，夕短復天旭。邑子仰模範，所期善里俗。由來騏驥才，安步無跼躇。'"

### ◆ 朱曾翼

曾翼字敬甫，歷城人。乾隆己酉（五十四年）優貢。

## 【敬甫詩文鈔】

《續修歷城縣志·藝文考》據朱學猷鄉試硃卷履歷著錄。

《國朝山左詩續鈔》卷二十七載其《暮秋登青州城樓》、《自塢頭曉行見殷陽諸山》詩二首。

### ◆ 劉 澤

澤字化普，歷城人。

## 【衛生編】【異證雜錄】

《續修歷城縣志·藝文考》引蔣慶第《友竹草堂文集·劉處士墓表》云："年十六，父母相繼逝，廢學業醫，慨然曰：'醫易爲而難精也。今操不精之藝，率然與病者遇，庸愈操戈矛賊人歟！'讀書苦思晝夜，靡輟數年，自信有得矣。劇病他醫歛手避，處士至輒立效，聲大起，求者日衆。處士初不自高異，著有《衛生編》、《異證雜錄》若干卷。"按《墓表》，劉澤生於乾隆二十四年，卒於道光十三年。

## 【養性書屋集不分卷】

現存：清刻本（殘存一冊），廣東省立中山圖書館藏，《清人別集總目》、《清人詩文集總目提要》著錄。

### ◆ 封大受

大受字仲可，號棣堂、荻塘，德州人。乾隆庚戌（五十五年）進士。有著作才，歷城周永年主講繁露書院，甚器重之。留心鄉里文獻，事關名教者，輒紀以文。晚年好度曲，集盲兒於前，製就則令彈琵琶唱之。《德縣志》、《德州鄉土誌》有傳。

## 【棣堂印譜一卷】

有鈐印本，見《八千卷樓書目》、《印譜知見傳本書目》。

## 【封氏印譜四卷】

現存：鈐印本（四冊），南京圖書館藏，《江蘇省立國學圖書館圖書總目》、《山東文獻書目》著錄。

## 【柳舫集印】

見《德縣志》本傳。

## 【柳舫日鈔六卷】

見《山東通志·藝文》。《德縣志·邑人著作》

作八卷。

《山東通志 · 藝文》:《養中之塾文集》載是編《書後》略云:"記生平聞見,表微闡幽,述往道故,皆寓好惡之正。即細而一技之精,一韻之雅,亦采錄可備藝文之徵。"

## 【棣堂詩草】

見《國朝山左詩彙鈔後集》、《山東通志 · 藝文》。

《國朝山左詩彙鈔後集》卷六載其詩二十首。《德縣志》卷十六載其《十二連城》、《秋日登振河閣》、《古銅印譜歌謝李老初齋》、《題孫淵如觀察得碑圖》(六首)、《外舅以其先銀臺公詩集見示 · 敬書二律 外舅孫公于盤》,凡十一首。《題孫淵如觀察得碑圖》有序云:"丙寅督糧觀察孫淵如先生移高貞墓碑於學宮欞星門內,既又屬宋芝山繪《得碑圖》,命余賦詩,成六絕句。"

## 【今雨書屋詩草不分卷】

現存:鈔本,見《中國科學院圖書館新收中文線裝舊書草目》、《清人別集總目》、《清人詩文集總目提要》。

## 【玉雨書屋遺稿】

見《德縣志 · 邑人著作》。

《德縣志》卷十五載其《馬登甲妻魏氏小傳》、《李鐘宜先生小傳》。

## 【德州文摭十一卷】

見《德縣志 · 邑人著作》。《縣志》本傳作《德州文摭詩摭》,無卷數。

### ◆ 田 瑛

瑛字英玉,號懷雨,德州人。乾隆庚戌(五十五年)進士。授中書。

其詩文集未見著錄。《國朝山左詩續鈔》卷三十二載其《將赴大野道由任城喜晤同年蔣石泉》詩一首。

### ◆ 李 湘

湘字楚航,歷城人。乾隆庚戌(五十五年)進士。

歷任安徽英山、四川大邑等縣知縣。

## 【松鶴山房詩鈔】

《國朝山左詩彙鈔後集》(卷三十)載是集,並錄其詩二十九首。小傳附注云:"楚航先生爲仙根明府之伯。由仙根處寄到詩稿,丞拔其尤鈔之。"

## 【槐蔭書屋詩鈔一卷】

見《山東通志 · 藝文》、《續修歷城縣志 · 藝文考》。現存:①清光緒間玄孫李毓璋刻本,山東省圖書館藏,《山東文獻書目》著錄。②民國二十五年排印本,南開大學圖書館、山東省博物館等藏,《清人別集總目》、《清人詩文集總目提要》著錄。

《山東通志 · 藝文》:此本乃光緒間其元孫毓璋所校印,署此名。按:集中詩大抵用白描法,故頗見性靈;然亦時有俚俗之累。其《書懷》十首,如"凡所難求皆絕好,既能如願便平常"、"豈真登弟都名士,不必專房定美人"等句,雖膾炙人口,然語近禪鋒,非詩家正派也。

## 【李楚航先生詩集一卷】

現存:稿本(一冊,何積愛、任喜、關友聲等跋),山東省圖書館藏。

### ◆ 李凝德

凝德字道叢,長山人。乾隆庚戌(五十五年)恩貢。《長山縣志》卷八、《濟南府志》卷五十五有傳。

## 【深柳齋文集】

見《長山縣志》本傳、《濟南府志 · 經籍》、《山東通志 · 藝文》。

### ◆ 劉珪縉

珪縉,歷城人。

## 【易經遵注】

《續修歷城縣志 · 藝文考》據劉賜璋鄉試硃卷履歷著錄,卷未詳。

## 【四書析疑大全】

《續修歷城縣志 · 藝文考》據劉賜璋鄉試硃卷履歷著錄,卷未詳。

## ◆ 畢岱熏

岱熏字叔和，號端溪，淄川人。乾隆壬子（五十七年）舉人。歷任武城縣教諭、武定府教授。選授四川洪雅縣知縣，未赴任。《三續淄川縣志》（卷九）有傳。

### 【周易集解】

《三續淄川縣志》本傳云，有是書藏於家。

### 【衆緣園詩草】

見《三續淄川縣志》本傳。

## ◆ 畢岱煙

岱煙字貞庭，淄川人，際有玄孫。以縣丞分發江西，署貴溪，調署萬安，引疾歸。《三續淄川縣志》（卷九）有傳。

### 【淄川畢氏世譜不分卷】

現存：清嘉慶十二年刻本（二冊），中國國家圖書館、中國人民大學圖書館等藏，《中國家譜總目》、《中國古籍善本書目》、《續修四庫全書總目提要（稿本）》著錄。

## ◆ 王嘉猷

嘉猷字尹東，歷城人。乾隆壬子（五十七年）舉人。

《燕遊詩草》一卷　清道光十二年林於山房刻本

### 【燕遊詩草一卷】

現存：清道光十二年林於山房刻本（一冊），中共山東省委黨校圖書館藏；《山東文獻集成》影印。前有道光辛卯袁潔《序》及同里謝焜問山氏《序》。

## ◆ 王元培

元培字均調，號雨田，章丘人。乾隆壬子（五十七年）舉人。官金鄉縣教諭。《濟南府志》卷五十四有傳。

### 【東緡城守紀事一卷】

見道光《章邱縣志・藝文》（無卷數）、《濟南府志・經籍》、《山東通志・藝文》（史部雜史類）。《國朝山左詩彙鈔後集》作《東緡城守紀事詩》。

《山東通志・藝文》：《府志》本傳云："嘉慶十八年，金鄉教匪李卓立等將爲亂，密報學憲，移撫憲偵訪之，捕獲教匪頭目崔土俊等二十餘人。九月變作，與縣令分城而守，購礮石，補城垣，一時倚爲干城。迨河鎮二標兵至，賊遂敗而西。事平，以疾歸。"

### 【均調詩鈔】

見道光《章邱縣志・藝文》、《濟南府志・經籍》、《山東通志・藝文》。

道光《章邱縣志・藝文》載其《登大觀樓 並序》詩一首。《國朝山左詩彙鈔後集》卷三十五（據吳連周《繡水詩鈔》）載其詩《谷蘭》、《秋江芙蓉吟》、《東緡守城紀事》（二首），凡四首。

## ◆ 孟長孿

長孿號篠林，臨邑人。乾隆壬子（五十七年）舉人。官雞澤知縣。《濟南府志》卷五十六、《臨邑縣志》卷九有傳。

### 【雲林館詩文集】

見《濟南府志・經籍》、《臨邑縣志・藝文上・著述》、《山東通志・藝文》。

《臨邑縣志》卷十一載其《恒陽官署雲林館額跋》一篇。

## ◆ 任躋莘

躋莘字耕南，號盧谷，長清人。乾隆壬子（五十七年）舉人。民國《長清縣志》卷十三有傳。

其詩文集未見著錄。道光《長清縣志》卷一"南沙河"條下錄其《沙河源論》，"北沙河"條下錄其《玉符河附論》，及《創修北普濟橋記》。民國《長清縣志》卷十載其《重修黃巢寺碑記》（嘉慶十七年）。

### 【慎終錄二卷】

《山東通志·藝文》（經部禮類）：是書刊於道光己酉，末附王帶存所述《喪期》一卷。躋莘《自序》略云："聞本朝朱高安有《儀禮節略》一書，急索而讀之，因摘抄《喪禮》一本，名《慎終錄》。特所抄節略，因去一時之弊，故祇錄諸案，不及備載。如嫌太略，自有原本可考。至喪服、喪具、家禮有未及詳者，王帶存所述，亦係高安鑒定，有志明禮者，其探取焉。"據本書。

《山東文獻書目》據此著錄清道光二十九年刻本，今未見有收藏者。

### ◆ 封廷相

廷相，德州人。乾隆壬子（五十七年）舉人。官婺源知縣。

### 【辛未集】

見《德縣志·邑人著作》。

### ◆ 朱思登

思登，長山人，麟符子。諸生。嘉慶《長山縣志》本傳（朱麟符附）云："弱冠入邑庠，受知學使趙鹿泉先生。未三十卒。"

### 【方川遺詩】

見《長山縣志》本傳、《山東通志·藝文》。《濟南府志·經籍》及本傳有朱思琪《方川詩集》，撰者、書名均誤。

《長山縣志》卷十五載其《同石湖北極臺晚眺》（二首）。

### ◆ 郭 岐

岐，歷城人。

### 【郭氏族譜一卷】

現存：清乾隆五十七年刻本，美國猶他州家譜學會等藏，《中國家譜總目》、《美國家譜學會中國族譜目錄》著錄。

### ◆ 李景嶧

景嶧字葛峰，鄒平人。乾隆甲寅（五十九年）舉人。由教習嘉慶十四年任溧陽知縣。後歷丹徒、元和縣、長洲知縣，升松江知府。道光八年卒於任，年五十八。《濟南府志》卷五十四有傳。

### 【溧陽縣志十六卷】

現存：①稿本，寧波市圖書館藏。②清嘉慶十八年刻本，上海圖書館、南京圖書館藏。③清光緒二十二年刻本，中國國家圖書館、上海圖書館等藏。

### ◆ 李隆甲

隆甲字東啟，號曉山，歷城人。乾隆甲寅（五十九年）恩科舉人。

其詩文集未見著錄。《國朝山左詩續鈔》卷二十八載其《華不注》詩一首。

### ◆ 李廷芳

廷芳字勉思，號湘浦，歷城人，德容猶子。乾隆甲寅（五十九年）舉人。歷官南海知縣。《濟南府志》卷五十三、《續修歷城縣志·列傳一》有傳。

### 【湘浦詩鈔二卷】

見《國朝山左詩彙鈔後集》、《山東通志·藝文》、《續修歷城縣志·藝文考》。現存：清道光七年廣州刻本，中國國家圖書館、山東省圖書館、中共山東省委黨校圖書館等藏，《河南省圖書館中文古籍書目》、《山東文獻書目》、《清人別集總目》著錄；《山東文獻集成》影印。前有白鎔、宋湘、吳蘭修《序》，及孫星衍、吳蘭、王芑孫、洪梧、閻學海等《題詞》。後有門人陳以謙《跋》及周世錦等人《題詞》。

《山東通志·藝文》：是編乃道光丁亥選刊。卷首載嘉應吳蘭修《書巢筆記》四則，其一則云："濟南李湘浦大令所著有《安蔬草堂》、《清愛堂》諸集，後刪爲《湘浦詩鈔》二卷。近體最工。五律如《送宋步武學博》云：'誰歌三疊曲，班馬助離聲。酒向西風盡，人隨北雁行。關心秋色峭，回首白雲橫，潁上期應近，無勞夢寐縈。'《送別》云：'楚江有歸客，鼓棹發吳淞。煙水三千里，雲山一萬重。孤城下殘日，遠寺動疏鐘。悵望杳何極，湖天不可蹤。’《登盤山絕頂》云：‘昔夢三盤路，今來最上頭。直從孤巘外，攬盡萬山秋。紫塞風煙靜，灤河日夜流。五雲迴繞處，西北是皇州。’《自盤豆驛至潼關道中》云：‘迢遞三秦路，征驂凍不驕。風聲走函谷，雨勢壓中條。地阨重關險，河流九曲遙。華峰天半落，仙掌又相招。’皆宗法唐人，格韻俱勝。七律如《蘇小小墓》云：‘蘇公隄畔韱蘭橈，蘇小墳前醉酒瓢。隔水桃花疑笑靨，臨風楊柳見纖腰。近郊孤嶼無多路，舊住西泠第幾橋。油壁已歸驄馬去，滿林松柏暮蕭蕭。’神韻天然，不可湊泊。湘浦與漁洋同邑，宜其風神絕似也。”又一則云：“湘浦《山塘》句云：‘桃花春水漁郎棹，楊柳東風小玉家。’山尊學士稱爲絕妙好詞。集中此類甚多，如《宿板橋村》云：‘綠楊陰裏藏茅屋，紅蓼香中間板橋。’《梅花》云：‘東閣詩情偏冷峭，西溪煙水易黃昏。’《立秋夜懷人》云：‘一葉梧桐秋信到，三更風雨夜潮來。’皆絕世風神，惜不令漁洋老人見耳。”

《續修歷城縣志·藝文考》：白鎔《序》略曰：湘浦作令吳江，有惠政，憂歸之日，有涕泣而送者。再起爲英德令，英德之民愛君如吳下。及讀所爲詩，和平溫厚，夷猶婉約，想見其煦然而及物，藹然如陽春。若僅以風神俊美，接軌新城，斯固淺之乎其言湘浦矣。

《國朝山左詩彙鈔後集》卷八載其詩三十八首。

## 【湘浦賦鈔一卷】

現存：清道光七年廣州刻本（與《湘浦詩鈔》《安蔬草堂試帖》合刻），山東省圖書館藏，《山東文獻書目》著錄。《續修歷城縣志》本傳作《清愛堂賦鈔》。

## 【清愛堂詩鈔七卷】

現存：清道光五年文寶齋寫刻本（一冊），中共山東省委黨校圖書館、山東省博物館、山東省圖書館等藏，《青島市圖書館藏線裝書目錄初稿》、《山東文獻書目》、《清人別集總目》著錄；《山東文獻集成》影印。前有宋澍、孫晉灝、翟凝《序》。後有徐步汀《跋》。《濟南府志·經籍》作《清愛堂詩賦鈔》，無卷數。

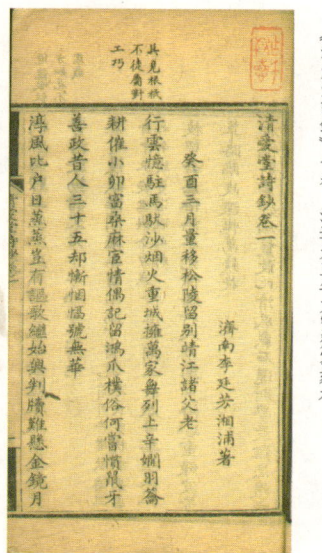

《清愛堂詩鈔》七卷　清道光五年文寶齋寫刻本

## 【安蔬草堂試帖】

現存：①清嘉慶十五年篤敬堂刻本（一卷，與《安蔬草堂詩鈔》合刻），青島市圖書館藏，見《青島市圖書館藏山東文獻珍本圖錄》。②清道光七年廣州刻本（二卷，與《湘浦詩鈔》《賦鈔》合刻），山東省圖書館藏，《山東文獻書目》著錄。

## 【安蔬草堂五言排律一卷】

現存：稿本（清張秉鈞跋，與《碧梧紅豆草堂詩》

《湘浦詩鈔》二卷　清道光七年廣州刻本

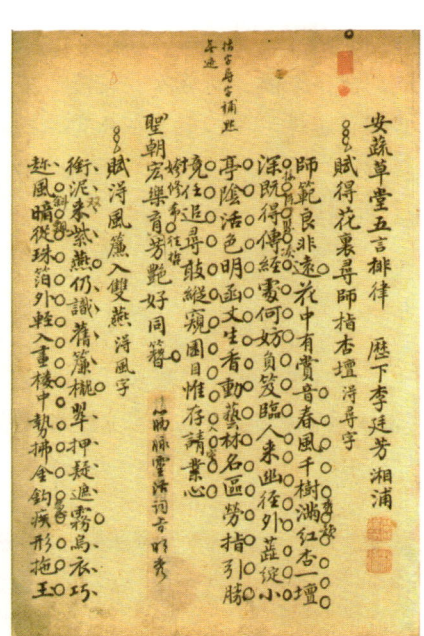

《安蔬草堂五言排律》一卷　山東省圖書館藏稿本

**【碧梧紅豆草堂詩一卷】**

現存：①稿本（清孫星衍、吳鼐批校並跋，不分卷），山東省圖書館藏，見《中國古籍善本書目》、《清人別集總目》；《山東文獻集成》影印。②稿本（清張秉鈞跋，與《安蔬草堂五言排律》合函），山東省圖書館藏，見《中國古籍善本書目》、《山東文獻書目》、《清人詩文集總目提要》；《山東文獻集成》影印。

**【李湘浦先生詩稿不分卷】**

現存：稿本（清河間紀昀、長洲王芑孫等評校並跋），山東省博物館藏，見《中國古籍善本書目》（作《李湘浦詩稿》）、《山東文獻書目》（作《李湘浦詩鈔》）、《清人詩文集總目提要》；《山東文獻集成》影印。

**【袁江于役草一卷】**

現存：稿本（後刻入《清愛堂詩鈔》），山東省圖書館藏，見《中國古籍善本書目》、《清人詩文集總目提要》；《山東文獻集成》影印。

合函），山東省圖書館藏，《中國古籍善本書目》、《清人別集總目》、《清人詩文集總目提要》著錄；《山東文獻集成》影印。

**【安蔬草堂詩鈔一卷】**

現存：清嘉慶十五年篤敬堂刻本，青島市圖書館藏，《清人詩文集總目提要》、《青島市圖書館藏山東文獻珍本圖錄》著錄。

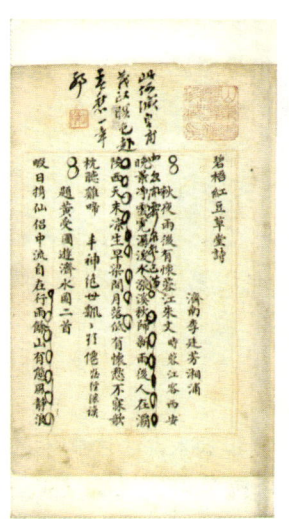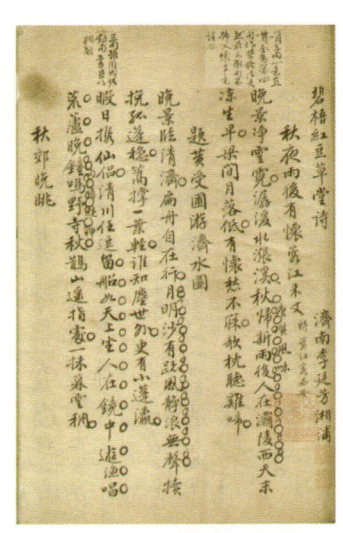

《碧梧紅豆草堂詩》稿本二種　山東省圖書館藏

《袁江于役草》一卷　山東省圖書館藏稿本

**【李廷芳交遊書函一卷】**

李廷芳集。現存：原札本（一摺冊，後有方馨山跋語），見《北京大學圖書館藏古籍善本書目》。

◆ **戚世元**

世元字象乾，德平人。乾隆甲寅（五十九年）歲貢。

其詩文集未見著錄。《德平縣志》卷十二《平昌八景》詩內有其《馬煩晴沙》一首。

◆ **康騰蛟**

騰蛟字孟宗，章丘人。乾隆乙卯（六十年）舉人。官肥城教諭。

【周易釋注】

見道光《章邱縣志·藝文》、《濟南府志·經籍》、《山東通志·藝文》（經部易類）。

《山東通志·藝文》：《縣志》載是書，稱其演《河圖》，注《洛書》；推積《洪範》，更爲精詳。

【古蹟考】

見道光《章邱縣志·藝文》、《濟南府志·經籍》、《山東通志·藝文》（史部地理類）。

【錦江詩鈔】

見道光《章邱縣志·藝文》、《濟南府志·經籍》、《山東通志·藝文》。

《縣志》本傳云：“爲文有性靈，詩學眉山、劍南。”

道光《章邱縣志·藝文》載其《摩訶峯》、《土鼓城懷古》（二首），凡三首。

◆ **耿玉函**

玉函字抱沖，號梅溪，長清人。乾隆乙卯（六十年）舉人。官臨朐教諭。

【抱沖山房詩】

見《國朝山左詩彙鈔後集》、《山東通志·藝文》。

《山東通志·藝文》引《小滄浪筆談》云：余以《秋日遊鵲華兩山》試士，長清耿玉函三絕有絃外響。

《國朝山左詩彙鈔後集》卷九載其《秋日遊鵲華兩山》（三首）、《詠古》（二首），小傳附注云：“梅溪先生爲予受業師，詩文皆尚聲調。試帖以《我法集》爲宗，風神流麗，不讓前賢也。”

◆ **伊　龠**

龠字合浦，新城人。乾隆乙卯（六十年）歲貢。官嶧縣訓導。年八十三卒於官。

【怡情集】

見《重修新城縣志·藝文》。

◆ **王祖昌**

祖昌字子文，號秋水，新城人，士驤曾孫。貢生。《濟南府志》卷五十五、《重修新城縣志》卷十七有傳。

秋水先生像　載清嘉慶七年丘縣劉大觀刻本《秋水亭詩》

【王秋水自撰年譜一卷】

現存：稿本（與《秋水亭集拾遺》合冊），山東省博物館藏；《山東文獻集成》影印。

【山東與居錄一卷】

現存：稿本（劉韶音批校並跋），山東省圖書館藏，見《中國古籍善本書目》、《山東文獻書目》（作《與居錄》）。

【秋水亭詩四卷附補】

現存：清嘉慶七年丘縣劉大觀刻本，中國國家圖書館、上海圖書館、山東省圖書館等藏，《續修四庫全書總目提要（稿本）》、《清人別集總目》、《清人詩文集總目提要》著錄；《山東文獻集成》影印。

《國朝山左詩彙鈔後集》作《秋水集》，無卷數。《濟南府志·經籍》作《秋水亭集》無卷數。《山東通志·藝文》據本書著錄，作《秋水亭詩草》四卷。《重修新城縣志》本傳作《秋水亭集》四卷，《重修縣志·藝文》失載。

《山東通志·藝文》：是集編年而不分體，起乾隆丁酉，止壬戌。嘉慶壬戌邱縣劉大觀所刊也。《小滄浪筆談》云：“新城王祖昌詩能守漁洋家法，雖粗服亂頭時時有之，而清警渾脫亦復不少。”《憨齋詩話》“祖昌”一條云：“余特愛其‘飢烏下清磬，紅葉入涼秋’，猶是漁洋家法。”按：祖昌詩雖守漁洋家法，然集中《移太湖石歌》、《題畫馬》、《雪後》、《遊丁佩紫園林》、《法慶寺》、《看花胥》、《將軍挽歌》諸篇，皆筆力健舉，意思深摯，不徒以神韻見長。《伯蘭》詩爲其女矢志撫孤作，尤有古樂府遺意。

《鄉園憶舊錄》云：“祖昌對客，好自誦其詩，聲殷牆壁。嘗語人云：‘詩不須多，一二語足以不朽。如我詩中“一峯纔去一峯來”，又“賣花聲裏過揚州”，足千古矣。’其任誕如是。然七古豪氣奔放，七律音調高朗，自由作詩功熟。”

《國朝山左詩彙鈔後集》卷八載其《論詩絕句》二首。

《秋水亭詩》四卷　清嘉慶七年丘縣劉大觀刻本

秋水亭詩卷一　　寧州劉寄庵先生選　　濟南王祖昌子文著

丁酉

送王衍厚歸里
居邑原相接萍踪又一方　送君還故里　餘我在他鄉　心逐白雲去情隨流水長　空將遊子淚千里寄高堂

遊明水竹園
修竹陰迴廊蕭蕭聲似雨　苔逕杳無人但聞一鳥

## 【秋水亭詩續集三卷】【秋水亭詩補編一卷】

現存：清嘉慶十四年丘縣劉大觀刻本，北京大學圖書館、山東省圖書館等藏，《清人別集總目》、《清人詩文集總目提要》著錄；《山東文獻集成》影印。

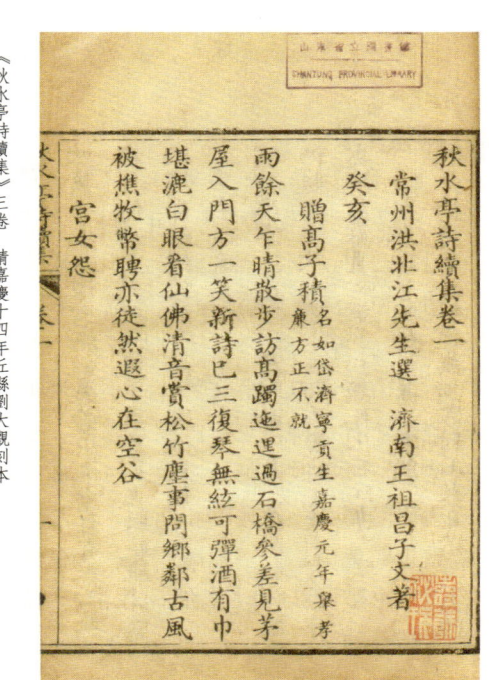

《秋水亭詩續集》三卷　清嘉慶十四年丘縣劉大觀刻本

秋水亭詩續集卷一　　常州洪北江先生選　　濟南王祖昌子文著

癸亥

贈高子積　名如岱濟寧貢生嘉慶元年舉孝廉方正不就
雨餘天午晴散步訪高躅　逶迤過石橋參差見芹　屋入門方一笑新詩已三復琴無絃可彈酒有巾　白眼看仙佛清音賞松竹塵事問鄉鄰古風　堪滌牧幣聘亦徒然避心在空谷　被樵

宮女怨

## 【秋水亭集拾遺一卷】

現存：稿本（與《王秋水自撰年譜》合冊），山東省博物館藏；《山東文獻集成》影印。《中國古籍善本書目》作《秋水亭遺稿》（據函套簽題），清嘉慶抄本。

## 【秋水亭文略八卷】

現存：清嘉慶間手稿本（清孫星衍訂定，王賡言編次，清李士其、劉寄庵等批校），中國科學院圖書館藏，《清人別集總目》、《清人詩文集總目提要》著錄。《濟南府志·經籍》、《山東通志·藝文》（據《府志》）作《文略》四卷。

## 【李導江等詩稿一卷】

王祖昌輯。所輯爲李導江、李翮、王朝鼎等人詩。現存：清鈔本，山東省博物館藏，《山東文獻書目》著錄。

## ◆ 朱汝蘊

汝蘊字含輝，齊東人。諸生。

其詩文集未見著錄。《國朝山左詩續鈔》卷三十二載其《贈王秋水》詩一首。

## ◆ 李湘芝

湘芝字秀真，歷城人，嘉定王初桐妾。

### 【柳絮集】

見《山東通志・藝文》、《續修歷城縣志・藝文考》。現存：清乾隆五十八年刻《古香堂叢書》本（一卷附錄一卷，王初桐選錄），中國國家圖書館、河南省圖書館、清華大學圖書館等藏，《中國叢書綜錄》、《中國古籍善本書目》、《清人詩文集總目提要》著錄。

《山東通志・藝文》：《小滄浪筆談》云：湘芝能韻語，有《柳絮集》，以其姓氏、里居合於李易安柳絮泉，且兼取道蘊故事也。《北極廟》云：“古刹迢遙碧漢間，一回登眺一開顏。東西南北青無數，看盡重重疊疊山。”《夜深》云：“夜深獨傍錦薰籠，窗縫穿來敲面風。恐是行人未投宿，馬蹄踏雪亂山中。”皆清婉可誦。

## ◆ 陳嘉樂

嘉樂字子顯，號東原，歷城人。監生。善詩，工丹青。端方不苟，廉介自持。朱文震《畫中十哲歌》所謂“陳生市隱同賣漿，鵲華秋色歸湖鄉”是也。《濟南府志》卷五十三有傳。

### 【歷城縣志圖說一卷】

見《山東通志・藝文》、《續修歷城縣志・藝文考》（據《通志》）。《濟南府志・經籍》作《地理圖說》一卷。

《山東通志・藝文》：《府志》本傳云：“前修縣志，考核地理，《圖說》一卷，載於志首。”《府志・藝文》作《地理圖說》一卷，而不以“歷城縣志”冠首，標目似未合。本傳“地理”二字應屬上讀。藝文“圖說”上加“地理”二字，亦誤。今更正之如此。胡《志》凡例云：“舊《志》諸圖，邑人周繩所寫，爲明季名筆，而歲久漫滅。茲復屬陳君子顯別爲摹繪，窮巖絕壑，皆所親至，庶幾爲歷下山水一開生面也。”又按：胡《志》卷首載嘉樂圖五頁，而無說。疑“圖”

下“說”字亦衍文；抑或圖原有說附後，而鋟木時削去之也。

### 【翠篁書屋詩草】

見《國朝山左詩續鈔》、《濟南府志・經籍》、《山東通志・藝文》、《續修歷城縣志・藝文考》。

《國朝山左詩續鈔》卷十三載其《雨中作畫》詩一首。

## ◆ 徐子威

子威字雲樵，號野泉，常州人，父幕遊山左，遂家歷城。

### 【兵策一卷】

《續修歷城縣志・藝文考》（子部兵家類）據《海右集》著錄，引法式善《雲樵山人小傳》云：“遇川楚巨寇之變，手著《兵策》一卷。”又載李敷榮《海右集序》云：“乙卯、丙辰間，晤野泉於黃氏烟雨山房，嘗以詩歌唱和。間與縱談，乃知其留心經濟，曉暢戎機。會有小醜跳梁，流蕩川楚，野泉乃集古名將行兵之法，裒爲一書。”又載蔣嗣曾《雲樵先生詩序》云：“所著《兵鵠》等書，議論慷慨，洞識機宜。”

### 【海右集八卷】

見《山東通志・藝文》（無卷數）、《續修歷城縣志・藝文考》（據本書）。現存：清嘉慶十七年刻本（作《海右初集》八卷《補》一卷），中國國家圖書館、山東省圖書館藏。

《山東通志・藝文》：是集有刊本。《買春詩話》云：“《海右集》載其《河間城樓》詩，甚佳。”《山左詩彙鈔》云：“雲樵工詩負氣，嘗與友人泛舟湖上，遇新城王秋水，以論詩不合，至攘臂爭。然遇所心折，輒抑然自下。嘗以所著，就余審定。詩以王、孟爲宗。故人范伯野重訂爲《雲樵詩選》。”又《念堂詩話》云：“子威歿後，張伯良刺史杰寄金恤其母。時母亦歿，范君坰以贈金爲刻《雲樵詩選》。皆風雅中古道也。”

《續修歷城縣志・藝文考》：翟凝《序》略曰：野泉詩寄託高曠，吐屬清華，直如玄酒太羹，非素心人不能領其味外味也。詩凡四卷，詩餘一卷，俱有風格，卓然可傳。五言天機空靈，逼近王、孟，尤非諸體所及。

《國朝山左詩彙鈔後集》卷十二有韓文瀾《題雲樵〈海右集〉詩卷二十韻》。

## 【雲樵詩選一卷】

現存：清嘉慶二十三年刻本（一冊），青島市圖書館藏，《青島市圖書館藏山東文獻珍本圖錄》著錄。

《續修歷城縣志·藝文考》作二卷，載范坰《如好色齋稿》是書《序》略曰："雲樵性迂緩，不合時宜，舉生平抱負，一寓於詩。年六十餘，盡所有刻之，名《海右集》，刻成而死。越一年，其太夫人亦以壽終。其友李仲恂秀才侚請於余曰：'雲樵名心太重，刻詩太多，以致瑜不掩瑕，受人指摘。然其五言律師承王、孟，逼近張、王，亦瑕不掩瑜。請先生選而敘之，錄而存之。侚當另刻，以冀其傳。'坰敬諾。閱今三年，未暇爲也。今年六月，張伯良刺史杰知雲樵之死，以爲其母尚在也，寄白金十兩並高句驪參，屬余存問其母。嗟乎，誼何厚哉！然其母既沒，反之刺史，則刺史之義弗彰。因徇李生之志，繙《海右集》細心遴選，得可傳之作若干首，付之剞劂氏。"

《雲樵詩選》一卷　清嘉慶二十三年刻本

## ◆ 王順祖

順祖字紹廷，歷城人。歲貢生。

其詩文集未見著錄。《國朝山左詩續鈔》卷八載其詩一首（失題）云："沽酒歸來獨掩關，喧闐城市亦深山。春花秋月隨緣度，學佛求仙都礙閒。"

## ◆ 高 杰

杰字斗南，歷城人。

其詩文集未見著錄。《國朝山左詩續鈔》卷十三載其《古意爲仁和女子玉姑作》二首。

## ◆ 崔 鎬

鎬字周京，歷城人。歲貢生。

其詩文集未見著錄。《國朝山左詩續鈔》卷十六載其《平原懷古》一題二首。

## ◆ 石在璿

在璿字玉衡，歷城人。

其詩文集未見著錄。《國朝山左詩續鈔》卷十七載其《漁歌》、《贈徐樹松》詩二首。

## ◆ 李文瑞

文瑞字東璧，歷城人。諸生。

其詩文集未見著錄。《國朝山左詩續鈔》卷十七載其《日暮赴辛莊》詩一首。

## ◆ 朱萬年

萬年字鶴齡，號春帆，歷城人。候選府經歷。《濟南府志》卷五十三有傳。

其詩文集未見著錄。《國朝山左詩續鈔》卷二十六載其《寒食》詩一首，小傳注引劉司馬寄菴《墓志》曰："春帆家城市，而終日端居靜坐，喧囂浮薄之習避之若浼。"

## ◆ 唐芳第

芳第字睿玉，號綺園，浙江會稽諸生，僑寓德州，遷居濟南。《濟南府志》卷六十二有傳。

## 【江瓢集】

見《國朝山左詩續鈔》、《濟南府志》本傳。

《國朝山左詩續鈔》卷三十載其詩九首。

## ◆ 臧克峻

克峻字德明，浙江長興縣諸生，占籍歷城。

其詩文集未見著錄。《國朝山左詩續鈔》卷三十載其《聞雁》、《京江舟中晚眺》詩二首。

## ◆ 王天馴

天馴字振策，號松崖，雲南大姚縣諸生，占籍歷城。

其詩文集未見著錄。《國朝山左詩續鈔》卷三十載其《雨後》詩一首。

## ◆ 胥泗起

泗起字鳳嶠，歷城人。官江西吉安營參將，總理兩湖行軍翼長，陣亡，祀昭忠祠。《濟南府志》卷五十三有傳。

其詩文集未見著錄。《國朝山左詩續鈔》卷三十一載其《生擒賊匪．內有老者云係勒從．釋不殺．作長歌論之》詩一首。

## ◆ 夏紹溥

紹溥字煥若，濟南府運學諸生。

其詩文集未見著錄。《國朝山左詩續鈔》卷三十一載其《登北極臺》詩一首。

## ◆ 王希曾

希曾字魯堂，歷城人，原籍蓬萊。

其詩文集未見著錄。《國朝山左詩續鈔》卷三十一載其《附家書後》詩一首。

## ◆ 居永安

永安，歷城人。諸生。

其詩集未見著錄。《國朝山左詩彙鈔後集》卷八載其《論詩絕句》一首。

## ◆ 孟　俊

俊，歷城人。諸生。

其詩集未見著錄。《國朝山左詩彙鈔後集》卷八載其《露冷蓮房墜粉紅》一首。

## ◆ 李桂林

桂林字西園，號丹塢，歷城人。諸生。

其詩集未見著錄。《國朝山左詩彙鈔後集》卷八載其《碧梧棲老鳳皇枝》一首。

## ◆ 馮方郭

方郭字次汾，歷城人，濚子。國子監生。《濟南府志》卷五十三有傳。

其詩集未見著錄。《國朝山左詩彙鈔後集》卷一載其《戲柬范生》詩一首。

## 【日記錄】

《濟南府志》本傳云："家居或以事出，返必告於先祠。凡所爲言，動置一冊，曰《日記錄》。"

## ◆ 張　津

津字道梁，號荷村，歷城人。按《續修歷城縣志》本傳，其子京業爲乾隆五十一年舉人，歷署上海青浦知縣。

## 【點次瘟疫方論註釋】

見《續修歷城縣志·藝文考》及本傳。

## ◆ 逯南軒

南軒，濟南人。

## 【咽喉論】

現存：①清乾隆四十八年刻本，南京中醫藥大學圖書館藏，《中醫圖書聯合目錄》、《中國醫籍通考》著錄。②清道光二十年刻本，上海圖書館藏，《中國中醫古籍總目》著錄。

## ◆ 黃永寧

永寧字受圖，歷城人。

## 【蘿蔔唱和詩一卷】

現存：①清乾隆五十二年薛寧廷煙雨山房刻本，中國科學院圖書館藏，《續修四庫全書總目提要（稿本）》著錄。②舊鈔本（作《萊菔唱和詩》一卷），山東省博物館藏，《山東文獻書目》著錄。

《續修歷城縣志·藝文考》據本書著錄，載永寧《自序》曰："人心皆生機也，不觸物則不動。吟詠亦生趣也，不觸物則不成。滯，非也；有意去滯，亦滯也。鵲山寺，適有水萊菔之，紅者二枚。余適見之，適愛之。僧適贈之，有滯乎？無滯乎？函量拙簪，愛其生機之括；纈青展翠，愛其生機之達。觸之而爲詩，物印心，心印物矣；和之而成帙，人皆心我之心，即皆物我之物矣。取以質徐后山先生，先生曰：'是有生趣。'適樂陵薛補山夫子又見而悅之，且曰：'此韻事，其付梓。'究之余胸中本無滯礙，非滯蘿蔔而爲詩，亦非有意不滯蘿蔔而後爲詩也。"

## ◆ 杜鵬達

鵬達字鳴遠，歷城人。

### 【音韻義要一卷】

《玉函山房藏書簿錄》著錄清稽古堂本，杜鵬展校刊。

## ◆ 馮 淡

淡字寶汾，號無塵，浙江慈谿縣諸生，游幕濟南，遂家焉。以子方鄴官贈文林郎。子方鄴、方郭，孫全，俱能詩。

### 【無塵集】

《國朝山左詩彙鈔後集》卷二十八載是書，並錄其詩一百十四首，小傳附注云："生平著述甚富，因未付梓，大半散佚。此本爲先生元孫玨所收藏，得以蒐採。"

### 【午未詩二卷】【悔存集一卷】【又香稿一卷】【讀李軒存草一卷】【鄴遊存稿一卷】

見《山東通志·藝文》、《續修歷城縣志·藝文考》（均據《續修府志採訪冊》）。

《山東通志·藝文》：《續修府志採訪冊》載諸編，及淡《自序》略云："詩生於意，意發於性情，性情所觸忽焉成詩，亦曰意而已。《三百篇》所刪，上採於周公、召公，下及於勞人、思婦，未必盡鴻文大篇也。微雲點綴，正自不可少耳。因於舊作編次已，又喟然謂：'吾詩正當自怡悅，莫使鍾、譚、王、李看大噱。'"

## ◆ 李茂寅

茂寅字東木，歷城人。諸生。

### 【遺稿一卷】

見《山東通志·藝文》、《續修歷城縣志·藝文考》。

《山東通志·藝文》：《歷下詩鈔》載是編云："東木先生屢試不售，窮苦牢騷，一寫於詩。年三十餘卒，遺稿一卷，館李蔚亭家，付其收存。"

## ◆ 劉夢麟

夢麟，歷城人。

### 【三餘偶筆一卷】

《歷城縣志·藝文考》據《家傳》著錄。

## ◆ 楊於溪

於溪字若潭，原名崍，字東山，歷城人。《濟南府志》卷五十三有傳。

### 【景湖漁人詩草】【三餘堂詩草】

見《濟南府志·經籍》、《山東通志·藝文》、《續修歷城縣志·藝文考》。

《山東通志·藝文》：《續修縣志稿》載二編，云未刊。

《續修歷城縣志》本傳：好學家貧，遂棄儒治生産，暇輒博覽羣籍。與同里程法乾相友善。從兄祥、從弟密相繼卒，祥遺二子春芳、春華，一嗣密，兩家孤寡，於溪時恤之，得不匱。延法乾教二從子，與法乾子蔚占同學。後數年，法乾北遊，以子託於溪曰："此子與令姪皆可造才，勿使廢學。"於溪唯唯。蔚占與春芳、春華相繼補諸生。於溪工詩，著有《景湖漁人詩草》、《三餘堂詩草》，其格律得自法乾爲多。

## ◆ 楊岳春

岳春字盧生，歷城人。監生。

### 【意爲草一冊】

見《山東通志·藝文》、《續修歷城縣志·藝文考》（均據本書）。《續修曲阜縣志·著述》作《意爲草》一卷；本傳云"有《意草》一冊行世"，當脫一"爲"字。《續修四庫全書總目提要（稿本）》著錄同治七年孔憲奎刻本。

《山東通志·藝文》：是集乃同治戊辰其甥孔憲奎所刊。詩多近體，古體僅二篇。近體《贈方夢石》"得句全除門面語，括囊自惕口頭禪"，《述懷》"不愛鬟眉效西子，無庸刖足悟荆王"，皆真率無俗韻。古體《揮壁行》七言自述生平無聊之狀，中如"消閒悶坐或翻書，隨翻隨忘空空如"、"揮毫夜剪寒窗燭，濃墨淋漓寫一牆"等句，頗有詼詭之趣。又七律《詠門神》云："揚威慣藉當門犬，倚勢偏驕過路人。"

諷刺尖刻，似五代人詩。詩後附詞數闋，雜文數首。

《續修歷城縣志·藝文考》載孔憲遝《序》略曰："余母舅三人，先生其季。壯年去濟，僑寓吾邑。於文辭詩賦，隨意操觚，超羣邁衆，大氣磅礴，人所難及。自古以來，名作如林，其純瑜無瑕者，蓋難覯矣。余之梓是詩，非專爲詩也。本族衰謝，外家彫零，獨舅氏登年八襄，如魯靈光巋然獨存。余方幸舅氏之精神矍鑠，得以色笑常親，敢以一生心血付之漠然乎？"

### ◆ 張　鑾

鑾字五雲，歷城人。國學生。善岐黃，尤工痘疹。

### 【痘疹詩賦二卷】

見《山東通志·藝文》（據本書）、《續修歷城縣志·藝文考》（撰者誤作張鸞）。現存：①清乾隆三十七年樂善堂張氏刻本，山東中醫藥大學圖書館藏，《中國中醫古籍總目》著錄。②清道光二十年鈔本，濟南市圖書館藏，《中國中醫古籍總目》著錄。③清道光三十年刻本，上海中醫藥大學圖書館、南京圖書館等藏，《中醫圖書聯合目錄》、《中國中醫古籍總目》、《中國醫籍通考》著錄。④清咸豐九年京都文成堂刻本，北京中醫藥大學圖書館藏，《中國中醫古籍總目》著錄。

《續修歷城縣志·藝文考》：周永年《序》略曰：吾友汪君立庵嘗與余談醫，謂張君五雲有《痘疹詩賦》一書，薈萃前聞，參以心得，而皆以韻語行之。學幼科者得是書而識之於心，以治痘疹諸證，不啻見垣一方矣。癸巳仲秋刻既成，余適來京師，乃郵寄示余。余取而讀之，雖於此事素未嘗習業，而文從字順，脈絡井然，乃益信立庵之言爲不虛也。夫痘疹之證，三古無有，而順逆生死，判于呼吸。古方多主溫補發散，明代以來乃有專以攻下爲要者，入主出奴，各有得失。此書則隨證立方，不主故常，補前人之偏，救當時之弊，所關豈淺鮮哉！

### 【經驗治疹良方一卷】

現存：①清道光二十年揚泉鈔本，濟南市圖書館藏，《濟南市圖書館善本書目》著錄。②清鈔本，天津圖書館藏。

### 【治痘總訣一卷】

現存：清鈔本，天津圖書館藏。

### 【麻疹總論一卷】

現存：清鈔本，天津圖書館藏。

### 【幼科詩賦二卷】

張文輝編。見《續修歷城縣志·藝文考》（據本書）。現存：清道光三十年積善堂刻本，中國醫學科學院圖書館藏，《中醫圖書聯合目錄》、《中國中醫古籍總目》、《中國分省醫籍考》、《中國醫籍通考》著錄。

《續修歷城縣志·藝文考》載尹式芳《序》略曰："醫道難，醫不能言之，小兒尤難。臨證者必先以父母之心爲心，然後審其虛實，辨其寒熱，觀其動靜，察其聲色，證以先天之稟受，驗以所生之撫畜，推以時令之變遷，斟酌以藥投之，斯能收不中不遠之效。古人所以目爲啞醫，甚矣其難也。歷下張五雲先生所著《痘疹詩賦》，海內醫家宗之，近百年矣。家藏《幼科詩賦》一書，尚未付梓。庚戌秋，先生曾孫射斗欲刊此書，友人劉君星華亦慫恿襄助，適余由銓部給假旋里，屬弁言於卷首。余不解醫，何置一辭？然是舉也，彰潛德，善繼述，使先生慈幼婆心不沒於世，亦即天地好生之德、聖賢保赤之懷也。"

### ◆ 張永清

永清字天佑，歷城人。諸生。年五歲能背誦御製《樂善堂詩集》，歿年二十三。

### 【歷試存草一卷】

見《歷城縣志·藝文考》（據採訪抄本）、《山東通志·藝文》。

### ◆ 徐士梅

士梅，歷城人。諸生。

### 【論文瑣言三卷】

見《歷城縣志·藝文考》、《山東通志·藝文》（集部詩文評類）。

《山東通志·藝文》引《縣志》云："採訪鈔本。集師友談讌之語，頗有心得。"

### ◆ 侯　琛

琛字象南，歷城人。廩貢生。

《國朝山左詩彙鈔後集》卷三十載其《超然臺懷古》詩一首。小傳注云："先生為邁亭親家尊甫，學問淹雅，人品純粹。詩不多作，僅由哲嗣靖川處錄得一首存之。"按：靖川，侯功偉字。

### ◆ 孟雲峯

雲峯字嵐亭，章丘人。廩生。任昌樂訓導，後官戶部主事。《濟南府志》卷五十四有傳。

其詩集未見著錄。《國朝山左詩彙鈔後集》卷八載其《寒衣處處催刀尺》一首，卷三十九載其《竹箸》二首。

### 【人鏡集五十四卷】

見道光《章邱縣志·藝文》、《濟南府志·經籍》（無卷數）、《山東通志·藝文》（子部類書類）。現存：①清嘉慶二十二年刻本，上海圖書館、山東大學圖書館藏。②清咸豐元年鶴山堂刻本，中國國家圖書館、山東省圖書館、煙臺圖書館藏，《販書偶記》、《續修四庫全書總目提要（稿本）》、《煙臺公共圖書館館藏古籍書目》著錄。

《濟南府志》本傳：嘗手輯古今倫常事十餘卷，曰《人鏡集》。

《山東通志·藝文》：是編刊於咸豐辛亥。分君臣、父子、夫婦、兄弟、朋友五類。長山李芳實《序》云："語不皆經，而人紀明。事不皆史，而人事備。百家諸子，擷其精華。雜說叢談，徵為故實。"又《凡例》云："五倫不足以該人類。然以類附從，如胥吏、主僕附於君臣，祖孫、諸父母、諸子、姑姪及異姓尊屬附於父子，妾婢附於夫婦，嫂叔、嫂姑、姊姒、羣從、疏屬及異姓異弟附於兄弟，師弟、賓主及閭里交際附於朋友，亦可以盡人類之相與矣。"據本書。

### ◆ 袁之升

之升字吉南，章丘人。諸生。

### 【變卦說】

見道光《章邱縣志·藝文》、《濟南府志·經籍》、《山東通志·藝文》（經部易類）。

《山東通志·藝文》：《縣志》載是書，稱其晚年精於易學，預知歿期。

### 【纖批左傳】

見道光《章邱縣志·藝文》、《濟南府志·經籍》、《山東通志·藝文》（經部春秋類）。

### 【四書平語】

見道光《章邱縣志·藝文》、《濟南府志·經籍》、《山東通志·藝文》（經部四書類）。現存：清鈔本（十卷），山東省圖書館藏，《中國古籍善本書目》（作稿本）、《山東省珍貴古籍名錄（第一批）》著錄。

### 【纖批史記】

見道光《章邱縣志·藝文》、《濟南府志·經籍》、《山東通志·藝文》（史部正史類）。

### 【南華平語】

見道光《章邱縣志·藝文》、《山東通志·藝文》（子部道家類）。

### 【纖批莊子】

見《濟南府志·經籍》。

### 【纖批杜詩】

見道光《章邱縣志·藝文》、《濟南府志·經籍》、《山東通志·藝文》（集部詩文評類）。

### ◆ 紀　澎

澎字淵若，章丘人。諸生。

### 【春秋書法指南】

見道光《章邱縣志·藝文》、《濟南府志·經籍》（作紀彤）、《山東通志·藝文》（經部春秋類）。

### 【韻辨】

見道光《章邱縣志·藝文》、《濟南府志·經籍》（作紀彤）、《山東通志·藝文》（經部小學類）。現存：①清鈔本（十一卷），山東省圖書館藏，《山東文獻書目》著錄。②清光緒十年靜止軒鈔本（作《淵若韻辨》不分卷），山東省圖書館藏，《山東文獻書目》著錄。

### ◆ 耿宗澤

宗澤字藹園，章丘人。布衣。

其詩文集未見著錄。道光《章邱縣志·藝文》、《國朝山左詩彙鈔後集》卷三十五載其《遊鬥雞臺》詩一首。

### ◆ 彭希彭

希彭字覲光，章丘人。諸生。

【三近齋詩稿】

見《國朝山左詩彙鈔後集》、《山東通志·藝文》（據《繡水詩鈔》）。

《國朝山左詩彙鈔後集》卷三十五載其《春日雜詠》詩一首（據吳連周《繡水詩鈔》），小傳注云：“君讀書喜爲韻語。年八十二歲始補諸生，又九年卒。”

### ◆ 孟毓蕙

毓蕙字樹軒，號鶴田，章丘人，興麟子。諸生。

【亭亭亭詩】

見道光《章邱縣志·藝文》、《山東通志·藝文》。

《續修四庫全書總目提要（稿本）》著錄吳氏傳鈔本（不分卷，題孟毓蕙撰），提要云：“是編凡詩四百餘首。分體編次，計五古三十首，七古七十八首，五律四十首，七律一百二十首，五絕六十二首，七絕八十五首。毓蕙豁達工詩，好爲金元詞曲，嘗仿朱竹垞蕃錦體雜綴唐人句爲之，集有《山左詩抄》等書。其所爲詩，性情正而格韻雅，頗有慷慨激昂之氣。集中諸詩，如《琅琊臺》云：‘險絕琅琊路，秦皇尚有臺。雲霞蒸海上，風雨打潮回。霸氣餘芳草，雄圖問劫灰。神山今未遠，曾否到蓬萊？’又《龍山道中》云：‘荏苒年華已半生，可憐猶自愛浮名。村橋野店龍山路，楊柳青青送我行。’等篇，皆至可誦。”

《山東通志·藝文》：《繡水詩鈔》云：“詩五言如‘寒燈孤寺磬，疏雨半城雞’、‘凍雲籠樹暗，殘雪射沙明’、‘林疏銜曉月，風急捲寒沙’，皆佳句也。”

道光《章邱縣志·藝文》載其《憶游百脉泉》（二首）。《國朝山左詩彙鈔後集》卷三十五載其《兗州道中夜行》、《琅琊臺》、《太白樓》、《贈于齊覽》詩四首（據吳連周《繡水詩鈔》），小傳注引吳鞠農云：“君豁達工詩，好爲金元詞曲。嘗仿朱竹垞《蕃錦》體，雜綴唐人句爲之。著有《山左詞鈔》，及《亭亭亭睡餘軒詩詞》。”

【睡餘軒詞】

見《山東通志·藝文》（集部詞曲類）。道光《章邱縣志·藝文》、《濟南府志·經籍》作《睡餘軒詩詞》。《國朝山左詩彙鈔後集》作《睡餘軒詩》。

《山東通志·藝文》：是集見《縣志》本傳。按：本傳但云“亭亭亭睡餘軒詩詞”，殊欠分曉。考《紉香草堂詩集·雜憶》詩注云：“孟劍農，名傳鑄，鶴泉之子，丁酉拔萃，工詩詞四六，曾以《亭亭亭詩草》錄寄。蓋鶴泉遺稿也。”據此則詩名《亭亭亭》，詞名《睡餘軒》，非詩詞合編本也。

【山左詞鈔】

見道光《章邱縣志·藝文》、《濟南府志·經籍》、《山東通志·藝文》（集部詞曲類）。

### ◆ 焦 煜

煜字旭谷，號松石，章丘人。

【松石齋詩】

見《國朝山左詩彙鈔後集》、《章邱縣志·藝文》、《濟南府志·經籍》、《山東通志·藝文》。

道光《章邱縣志·藝文》載其《平陵諸王塚》、《摩訶頂》、《白雲寺柏》詩三首。《國朝山左詩彙鈔後集》卷三十五載其《青山行》、《自嘲》、《訪友》、《和王考功擣衣曲》、《西村新秋偶興》詩五首（據吳連周《繡水詩鈔》）。

### ◆ 彭來霞

來霞字建標，章丘人。

其詩集未見著錄。《國朝山左詩彙鈔後集》卷三十五載其《落葉有感》詩一首（據吳連周《繡水詩鈔》）。

### ◆ 魏應麟

應麟字聖符，章丘人。諸生。

其詩集未見著錄。《國朝山左詩彙鈔後集》卷三十五載其《劉樂山邀游明水》詩一首（據吳連周《繡水詩鈔》）。

#### ◆ 馬思聰

思聰字□□，鄒平人。

**【中庸玄機錄一卷】**

見《鄒平縣志·藝文攷》（民國三年續纂）、《山東通志·藝文》。《縣志·藝文攷》云："安陽縣知縣新城伊應鼎爲之敘。"按《濟南府志·選舉》，伊應鼎爲乾隆元年進士。

#### ◆ 王賜鈖

賜鈖，鄒平人。增生。

**【姓氏鑑略二卷】**

見《鄒平縣志·藝文攷》、《濟南府志·經籍》、《山東通志·藝文》（撰者作王錫鈖）。

#### ◆ 韓敬曾

敬曾字欽嘏，鄒平人。乾隆間歲貢。

**【留真堂筆記十二卷】**

是書見《鄒平縣志·藝文攷》、《山東通志·藝文》（子部雜家類）。

#### ◆ 高增緒

增緒字子益，淄川人。

其詩文集未見著錄。《國朝山左詩續鈔》卷十載其《山村》詩一首。

#### ◆ 高炎緒

炎緒字麗明，淄川人。武庠生。《濟南府志》卷五十四有傳。

**【驅事堂詩】**

見《國朝山左詩續鈔》、《濟南府志·經籍》、《山東通志·藝文》。

《國朝山左詩續鈔》卷十載其《暮春即事》詩一首。

#### ◆ 高俟緒

俟緒字菊亭，淄川人。諸生。其詩文集未見著錄。

《國朝山左詩續鈔》卷十載其《小齋新成》詩一首。

#### ◆ 高住緒

住緒字於止，號齊峯，淄川人。《濟南府志》卷五十四有傳。

**【種書堂詩】**

見《國朝山左詩續鈔》、《濟南府志·經籍》、《山東通志·藝文》。《府志·經籍》云："一作《游山倡和集》。"

#### ◆ 高絿緒

絿緒字龍文，號岸青，淄川人。監生。其詩文集未見著錄。《國朝山左詩續鈔》卷十載其《送別畢藩東》詩一首。

#### ◆ 高佳緒

佳緒字邁亭，號紹南，淄川人。太學生。

其詩文集未見著錄。《國朝山左詩彙鈔後集》卷三十載其《歲暮書懷》詩一首。

#### ◆ 高貽芝

貽芝字瀛洲，一字紫亭，號蘭泉，淄川人。諸生。

**【石蘭書屋詩】**

見《國朝山左詩續鈔》、《濟南府志·經籍》、《山東通志·藝文》。

《國朝山左詩續鈔》卷十七載其《雨夜》、《即景》、《登油子嶺絕頂》、《破硯行》、《六十四歲初度》詩五首，小傳注引孔荃溪曰："高氏自少司寇念東先生詩名冠山左，世代相承，多工吟咏，而《石蘭書屋詩》尤爲傑出。"《淄川縣志·藝文》載其《半圖詩爲沈明經也魯作》詩一首。

#### ◆ 高貽范

貽范字希文，號石迂，淄川人。諸生。

**【榆蔭堂詩】**

見《國朝山左詩續鈔》、《濟南府志·經籍》、《山東通志·藝文》。

《國朝山左詩續鈔》卷十七載其《孫氏園》、《留別翟天五》、《寄問四弟病》、《初冬自石谷之栗岩》詩四首。《三續淄川縣志‧藝文》載其《孫氏園》、《留別翟天五》、《初冬自石谷之栗巖 馮氏別業》詩三首。

### ◆ 高貽葵

貽葵字蘆洲，淄川人。諸生。

**【蘆洲詩草】**

見《國朝山左詩續鈔》、《濟南府志‧經籍》、《山東通志‧藝文》。

《國朝山左詩續鈔》卷十七載其《歷下秋夜有感》詩一首。

### ◆ 高貽璠

貽璠字連璵，一字華魯，號桐齋，淄川人。諸生。《濟南府志》卷五十四有傳。

**【桐齋詩稿】【顏山詩草】【於陵詩草】**

見《國朝山左詩續鈔》、《濟南府志‧經籍》、《山東通志‧藝文》。

《國朝山左詩續鈔》卷十七載其《還山吟留別趙青木》、《登鳳凰山北嶺望西山紅葉》、《題趙素臣因園書屋》、《蝶》、《殘秋感懷》詩五首。《三續淄川縣志‧藝文》載其《般谿石》、《九日登鳳凰山》。

### ◆ 高貽榮

貽榮字木欣，號巽齋，淄川人。附貢生。

其詩文集未見著錄。《國朝山左詩續鈔》卷十七載其《贈睡餘軒主人》詩一首。

### ◆ 高貽樂

貽樂字益三，號蘭齋，淄川人。廩貢生。考授主簿。

其詩文集未見著錄。《國朝山左詩彙鈔後集》卷三十載其《柿岩》詩一首。

### ◆ 高貽素

貽素字少白，淄川人。監生。《濟南府志》卷五十四有傳。

**【少白遺詩】**

見《濟南府志‧經籍》、《山東通志‧藝文》（據

《府志》）。

《國朝山左詩續鈔》卷十七載其《秋夜》、《題友人壁》詩二首。

### ◆ 高貽圃

貽圃字農如，號紫泥，淄川人。諸生。《濟南府志》卷五十四有傳。

**【紫泥遺詩】**

見《濟南府志‧經籍》、《山東通志‧藝文》（據《府志》）。

《國朝山左詩續鈔》卷十七載其《溪上有懷》、《獨坐》、《乞食》、《秋暝》詩四首。

### ◆ 高　氏

淄川人，增緒女，新城張亦宣室。

其詩集未見著錄。《國朝山左詩續鈔》卷三十載其《閒居偶成》詩一首，小傳注引《家傳》曰：“氏為侍郎念東公姪曾孫女。自幼能詩。年二十八歲孀居，教子曰仁成名。”

### ◆ 翟建書

建書字笏山，號松軒，淄川人。歲貢生。官樂安教諭。《濟南府志》卷五十四有傳。

**【南園遺詩】**

見《國朝山左詩續鈔》、《濟南府志‧經籍》、《山東通志‧藝文》。

《國朝山左詩續鈔》卷十七載其《南園即事》詩一首。

### ◆ 韓砥修

砥修字中柱，號介石，淄川人。《濟南府志》卷五十四有傳。

**【乃吾廬詩】**

見《國朝山左詩續鈔》、《濟南府志‧經籍》、《山東通志‧藝文》。

《國朝山左詩續鈔》卷十七載其《禽言》、《閨怨》、《過桃花洞同侯景嶧》、《旅邸秋晚》詩四首，小傳注引孟詹繹《傳》云：“介石性孤介，慎交遊，

潛心古籍。家綦貧，常日不舉火，未嘗干人。中年抱病幾危，乃擇靜室，屏世事，日閱經史。三年，病若失，而學益邃。"

**【蒿齋詩草】**

見《濟南府志·經籍》、《山東通志·藝文》、《三續淄川縣志》。

《三續淄川縣志》云："高潔簡退，好讀書，不應試，日不舉火，吟詠自若。所居蒿齋，四壁蕭然，終日兀坐，未嘗有倦容。與人無妄交。著有《蒿齋詩草》。"

◆ **李無玷**

無玷字粹石，號乖厓，淄川人。諸生。

其詩文集未見著錄。《國朝山左詩續鈔》卷十七載其《訪友不遇》詩一首。

◆ **李無逸**

無逸字乃逸，淄川人，無玷弟。

其詩文集未見著錄。《國朝山左詩續鈔》卷十七載其《曉發》詩一首。

◆ **孫澹初**

澹初，淄川人。

其詩文集未見著錄。《國朝山左詩續鈔》卷三十一載其《西昌臘月》詩一首。

◆ **吳　瀛**

瀛字滄州，號菊莊居士，乾嘉間淄川人。

**【菊譜】**

有稿本，見《續修四庫全書總目提要（稿本）》。

◆ **李導江**

導江字又東，一字岷源，號南邨，淄川人。廩貢生。官萊州府訓導、觀城縣教諭。《三續淄川縣志》（卷九）有傳。

**【半野園詩鈔】**

見《三續淄川縣志》本傳、《山東通志·藝文》（據《山左詩彙鈔》）。

《國朝山左詩彙鈔後集》卷三十五載其《閒居》詩一首（據馮繼照《般陽詩萃》）。《三續縣志·藝文》載其《赴籠西別業歸途遇雨》詩四首。

**【李導江等詩稿一卷】**

王祖昌輯李導江、李翮、王朝鼎諸人詩。現存：清鈔本，山東省博物館藏，《山東文獻書目》著錄。

◆ **張臣陶**

臣陶字祁輔，淄川人，增慶孫。諸生。

**【桂圃詩草】**

見《淄川縣志》、《山東通志·藝文》。

◆ **路作睿**

作睿，原名永思，字鑑堂，淄川人。歲貢。《三續淄川縣志》（卷十）有傳。

**【榴錦堂詩草】**

《三續淄川縣志》云："著有《榴錦堂詩草》，採入《般陽詩萃》。"

◆ **路希周**

希周字夢園，號蔬村，淄川人，作睿子。歲貢生。喜吟咏，工繪事。《三續淄川縣志》（卷十）有傳。

**【蔬村畫本】**

《三續淄川縣志》本傳云："年過古稀，倣石成金先生大意，著有《蔬村畫本》八十餘頁。"

◆ **袁承績**

承績字勳圃，號雪洲，長山人。貢生。候選都察院都事。

其詩文集未見著錄。《國朝山左詩續鈔》卷八載其《花溪》詩一首。

◆ **王元澤**

元澤字仙舟，長山人。諸生。

其詩文集未見著錄。《國朝山左詩續鈔》卷三十二載其《春日天咫軒偶咏》詩一首。

## ◆ 張永璜

永璜字調元，長山人。歲貢。《濟南府志》卷五十五、《長山縣志》卷八有傳。

### 【學庸論語講義】

《長山縣志》本傳云："所著有《學庸論語講義》藏於家。"

## ◆ 安　嶒

嶒字蕭青，號竹逸，長山人。諸生。《長山縣志》卷十有傳。

### 【待瓢集】

見《長山縣志》本傳。

《長山縣志》卷十五載其《由翠飛巘鶴伴嶼過會仙諸山觸目行吟》詩一首。

## ◆ 馬光玉

光玉名未詳，長山人。監生。

### 【樂山堂吟草】

《山東通志·藝文》著錄，引《憨齋詩話》云："先伯祖字光玉，詩學《白氏長慶集》。著有《樂山堂吟草》。歿後失其稾，僅於《秋柳園圖記》中見其一聯云：'湖山遶座仍尊酒，風雨連牀少箇人。'一滴水可知大海味矣。"

## ◆ 杜克舉

克舉字樊侯，長山人。嗜讀書，九經三史皆淹貫。《濟南府志》卷五十五有傳。

《府志》本傳云："爲文豪邁，能備衆體。居恒陶情詩酒，每放浪於山水間。《述懷》詩云：'春酒同醅花未落，秋山獨步雨初晴。'"

## ◆ 張廣曾

廣曾字涵遠，號一峯，新城人。乾隆間歲貢。

### 【慎餘堂草】

見《國朝山左詩續鈔》、《濟南府志·經籍》、《山東通志·藝文》。《重修新城縣志·藝文》（據抄本）作《慎餘堂詩草》一卷。

《國朝山左詩續鈔》卷十載其《武昌覽古》詩一首。

## ◆ 張貴曾

貴曾字錫五，號曉峯，新城人。

### 【雙琴書房詩集】

見《國朝山左詩續鈔》、《濟南府志·經籍》、《山東通志·藝文》。《重修新城縣志·藝文》（據抄本）作《雙琴書屋詩稿》一卷。

《國朝山左詩續鈔》卷十載其《歲暮枕上》、《春日感懷》詩二首。

## ◆ 畢夢舉

夢舉字野亭，號滄粟，新城人。諸生。

### 【金輿山人詩稿】

見《國朝山左詩續鈔》、《山東通志·藝文》。《濟南府志·經籍》作《金輿山房詩稿》。

《國朝山左詩續鈔》卷十七載其《錦秋湖》、《湖中晚興》、《壬辰書懷》詩三首。《重修新城縣志》卷三"魯連陂"、"轅固故里"條下各載其詩一首。

## ◆ 畢夢澤

夢澤，新城人。

其詩文集未見著錄。《重修新城縣志》卷二十三載其《三賢祠記碑》一篇。

## ◆ 王祖彭

祖彭字永年，一字又籛，新城人。

其詩文集未見著錄。《國朝山左詩續鈔》卷二十八載其《駱依亭見訪》詩一首。

## ◆ 王允榛

允榛字麓亭，號澹村，新城人。歲貢生。

其詩文集未見著錄。《國朝山左詩續鈔》卷二十八載其《明湖小橋露坐有懷》、《錦秋湖竹枝詞》等詩十三首。

## ◆ 王允熙

允熙字敬止，別號少海漁人，新城人。恩貢生。《濟南府志》卷五十五、《重修新城縣志》卷十七有傳。

## 【退齋詩】

見《濟南府志・經籍》及本傳、《山東通志・藝文》、《重修新城縣志・藝文》（本傳作《退齋詩稿》）。

《山東通志・藝文》引《府志》本傳云："詩以神韻爲主，恪守漁洋家法。著有《退齋詩》。"

### ◆ 張允蘭

允蘭字馨遠，號拙菴，新城人。諸生。

## 【平遠山房詩稿】

見《國朝山左詩續鈔》、《濟南府志・經籍》、《山東通志・藝文》、《重修新城縣志・藝文》（據抄本，一卷）。

《國朝山左詩續鈔》卷二十八載其《夜坐》詩一首。

### ◆ 張允伻

允伻字華垣，號雪峰，新城人。諸生。

其詩文集未見著錄。《國朝山左詩續鈔》卷二十八載其《別胡乙垣》詩一首。

### ◆ 沈泗如

泗如字會東，新城人。諸生。

其詩文集未見著錄。《國朝山左詩續鈔》卷三十二載其《夏日納凉挹荷草堂》詩一首。

### ◆ 耿　位

位字素其，新城人。諸生。《濟南府志》卷五十五、《重修新城縣志》卷十七有傳。

## 【易經說約】

見《濟南府志・經籍》、《山東通志・藝文》（經部易類）、《重修新城縣志》本傳。

### ◆ 耿思躅

思躅字輝菴，新城人。諸生。《濟南府志》卷五十五、《重修新城縣志》卷十七有傳。

## 【奏疏輯錄八卷】

耿思躅編。見《濟南府志・經籍》（本傳無"輯錄"二字）、《山東通志・藝文》。《重修新城縣志》本傳作《奏疏》八卷。

《山東通志・藝文》云："《府志》稱思躅於名臣奏議蒐羅而纂輯之，蓋亦鄧秉恒《名臣奏議錄》之類也。"

## 【流芳錄二卷】【世蹟錄二卷】【嘉頒錄一卷】【內則錄二卷】

見《濟南府志・經籍》、《山東通志・藝文》（據《府志》，"蹟"作"續"，"頒"作"頌"）。

## 【文略四卷】【詩略四卷】

見《濟南府志・經籍》、《山東通志・藝文》（《詩略》作《詩集》）、《重修新城縣志》本傳（《藝文》闕）。

### ◆ 張德湛

德湛字露斯，新城人。《重修新城縣志》卷十七有傳。

## 【易經口義】

《重修新城縣志・藝文》據《府志》著錄。《縣志》本傳云有是書藏於家。

### ◆ 張希駿

希駿字右衡，新城人。歲貢生。《濟南府志》卷五十五、《重修新城縣志》卷十七有傳。按《府志》本傳云："朝宗孫，慶甲子，歲貢生。"《山東通志・藝文》誤作"嘉慶甲子歲貢生"。慶甲，雍正間貢生。希駿蓋爲乾隆間歲貢也。

## 【遺說二卷】

見《濟南府志・經籍》、《山東通志・藝文》（子部雜家類）、《重修新城縣志》本傳。《重修新城縣志・藝文》作六卷。

《重修新城縣志》本傳：潛心理學，於洛閩諸書外，兼取元明以來三十餘家，辨其得失。晚年於《精義》、《輯略》、《或問》、《語類》有發明者存之，蔓延者刪之，共爲一書。又有《遺說》二卷存于家。

### ◆ 李德修

德修字純一，號溪南，齊河人。諸生。

## 【忍耐村詩草】

見《國朝山左詩續鈔》、《濟南府志·經籍》、《山東通志·藝文》。

《國朝山左詩續鈔》卷十六載其《戍婦怨》詩一首。

### ◆ 李惟修

惟修字精一，齊河人，德修弟。諸生。

其詩文集未見著錄。《國朝山左詩續鈔》卷三十二載其《秋夜獨坐》詩一首。

### ◆ 盧文煥

文煥字倬菴，齊河人。

其詩文集未見著錄。《齊河縣志》卷三十載其《祝阿新城》詩一首。

## 【忠孝堂射譜】

雷夢水《古書經眼錄》著錄，云：原題"祝阿寄客盧文煥撰，乾隆間青山堂楊氏刊。"民國《齊河縣志·撰述》作《射譜》。《縣志·藝文》載遼海戴亨《盧倬菴射譜序》云："盧子業岐黃，博學多能，初不聞其善射也。一日持所戢《射譜》，問序於余。余懦懦不嫻武勇，然讀之終篇，悉射家之秘密，間亦發前人所未發，無不批郤導窾，切中肯綮。因怪問之，乃知盧子世家武宦，譜中所載皆祖父所口傳而心授者，故言之親切如此。誠騎射之指南也。得是編而引而伸之，觸類而長之，以馴致於得心應手之妙，行將立功當時，垂名後世。而穿楊貫札，沒石殪賊之能，不難再見於今日矣。不然，進徒有其法而功不造其極，甫涉其途遂僥幸以弋功名，何自處於斲輪解牛琴劍弈御之下耶？則是編又將爲騎射之糟粕矣。是爲序。"

### ◆ 駱明廷

明廷字朗先，齊河人。乾隆間歲貢生。《齊河縣志》卷二十七有傳。

## 【行樂集】

見民國《齊河縣志·撰述》。《縣志》本傳云："食餼後自安恬退，不慕榮利，惟以諸孫課讀爲事。每課自成一藝，法本先民，機神洋溢，輯而顏之曰《行樂集》，取讀書樂義也。"

### ◆ 張務格

務格字致堂，齊東人。諸生。

其詩集未見著錄。《重修商河縣志·藝文》載其《題節孝路黎氏傳後》、《題苦節路李氏傳後》詩二首。

### ◆ 周仙湄

仙湄字子清，濟陽人。官河南教授。

其詩文集未見著錄。民國《濟陽縣志·藝文》載其《宿山村》、《山村早發》詩。

### ◆ 高文錦

文錦字運庭，濟陽人。乾隆間歲貢。民國《濟陽縣志》卷十一有傳。

## 【學庸詳解三卷】

見民國《濟陽縣志》本傳（無卷數）。現存：清嘉慶十九年家刻本，山東省博物館藏，《山東省博物館藏明清民國山左學者著述知見錄》著錄。前有夏邑汪汝弼《序》略云："竊見自一章一節以及一句一字，皆能闡發精義，脈絡分明，足爲行文津筏。學者果潛玩默繹，融會貫通，舉一反三，庶書理於此着實，文法亦於此入門，書理文理一以貫之矣。"

《濟陽縣志》本傳云："學有淵源，兼工書法，於傳註章句獨有發明。然困於棘闈，屢薦不售。於是設帳傳經，終年不倦。著《學庸詳解》一書，以便初學。一時得力成名者無算，而捷鄉、會榜者數人。進士王者詔率及門爲立《弟子碑》以誌之。"

### ◆ 艾 綸

綸字有典，濟陽人。乾隆間歲貢。《濟南府志》卷五十六有傳。

## 【周禮易曉】

見《濟南府志·經籍》、《山東通志·藝文》（經部禮類）。

### ◆ 盧大纛

大纛，禹城人。恩貢生。

其詩文集未見著錄。《禹城縣志》卷十載其《邢家廟義學並置義田記》一篇。

## ◆ 馬 淑

淑字東瞻，臨邑人。貢生。

【餘閒詩草】

見《國朝山左詩續鈔》、《濟南府志・經籍》、《山東通志・藝文》（據《府志》）。

《國朝山左詩續鈔》卷十七載其《曉鐘》、《雁》詩二首。

## ◆ 陳際昌

際昌，臨邑人。

【學庸宗注詳解一卷】

見《濟南府志・經籍》、《臨邑縣志・藝文上・著述》、《山東通志・藝文》（經部四書類）。

## ◆ 邢 嶂

嶂，臨邑人。

【邢氏家訓一卷】

見《臨邑縣志・藝文上・著述》、《山東通志・藝文》（子部雜家類）。

## ◆ 邢 嶠

嶠，臨邑人。

【樸邨詩草】

見《臨邑縣志・藝文上・著述》、《山東通志・藝文》。

## ◆ 朱廷升

廷升字順之，長清人。歲貢生。博學而隱，別號青崖山人。

其詩文集未見著錄。《國朝山左詩續鈔》卷三十一載其《梁王城》詩一首。道光《長清縣志》卷十載其《五峯山創建一天門迎恩閣碑記》文一篇。

## ◆ 潘起渭

起渭，長清人。

其詩文集未見著錄。《國朝山左詩續鈔》卷三十二載其《雞鳴寺》詩一首。

## ◆ 張 崑

崑字伯子，長清人。恩貢生。候選教諭。《濟南府志》卷五十六有傳。

【四書講義】

見《濟南府志》本傳。

## ◆ 曾毓鎛

毓鎛，長清人。庠生。

其文集未見著錄。道光《長清縣志・地輿》載其《玉符河祝阿潤水源流考辨》一篇。

## ◆ 李其楹

其楹，長清人。廩生。

其文集未見著錄。道光《長清縣志・地輿》載其《重修廣濟橋碑記》一篇（乾隆丁酉十月）。

## ◆ 康 堅

堅字子固，陵縣人。乾隆間恩貢。《陵縣志》卷二十有傳。

【經史統要二卷】

《山東通志・藝文》（子部儒家類）著錄，提要引《縣志》云："此書合程子《易傳序》《春秋傳序》、朱子《詩集傳序》《大學章句序》《中庸章句序》、蔡氏《書集傳序》、潘氏《通鑑總論序》彙爲一編，頗有裨於初學。"

道光《陵縣志・藝文》載其《自序》。

【謙受堂遺文一卷】

見《陵縣志》、《山東通志・藝文》。

《國朝山左詩續鈔》卷十載其《玉函山莊》詩一首。《陵縣志》卷十六載其《玉函山莊》詩，卷十七載其《重修譚家橋碑記》（乾隆二年撰）。

## ◆ 康炎新

炎新字煥一，號澹園，陵縣人。歲貢生。《陵縣志》卷二十有傳。

其詩文集未見著錄。《國朝山左詩續鈔》卷十三、《陵縣志》卷十六載其《寒食》、《晚坐》詩二首。

### ◆ 谷朝詹

朝詹字晴谿，陵縣人。乾隆間歲貢。

### 【滋蘭詩草】

見《陵縣縣志》、《山東通志·藝文》。

### ◆ 李基遠

基遠字德載，陵縣人。武生。《陵縣志》卷二十有傳。

### 【小兒語一卷】

《山東通志·藝文》（子部儒家類）著錄，引《縣志》本傳云：“嘗法呂新吾先生作《韻語》教諸孫男女，曰《小兒語》。”《縣志·藝文》一卷。

### ◆ 遲士智

士智字鑑遠，陵縣人。諸生。《陵縣志》卷二十有傳。

其詩文集未見著錄。《陵縣志》卷十六載其《新樂府》四首。

### 【四書講注】

見《陵縣志》、《山東通志·藝文》（經部四書類）。

### ◆ 康 約

約字守谿，陵縣人。諸生。

### 【此君山房詩文集二卷】

見《陵縣志》、《山東通志·藝文》。

《陵縣志》卷十六載其《大葬寺即事》詩三首，卷十七載其《重修東嶽天齊廟碑記》（嘉慶二十二年撰文並書丹）。

### 【康氏詩草合集八卷】

《山東通志·藝文》（集部總集類）：《縣志》載是編云：“康氏自丕揚後，一門羣從，人各有集，幾有三筆六詩之風。此書彙爲一編，凡丕揚詩一首，溥詩六十九首，湛詩四十四首，嚴采詩四十五首，溫采詩一百三十三首，懋采詩四十八首，敬采詩七十一首，廉采詩二百二十九首，樵詩二十三首，灼坤詩十首，灼亨詩二十一首，炎新詩二十二首，堅詩二百三十二首。前有樂陵張涑《序》。”

### ◆ 吳孔與

孔與，陵縣人。貢生。

其詩文集未見著錄。《陵縣志》卷十六載其《柳氏家訓根株柯葉辨》一篇。

### ◆ 徐 廉

廉，陵縣人。廩生。

其詩文集未見著錄。《陵縣志》卷十六載其《謁顏魯公祠》詩一首。

### ◆ 趙長泰

長泰號靜庵，陵縣人。廩生。

其詩文集未見著錄。《陵縣志》卷十六載其《弔坦生藺副使》、《東壁奎樓》、《三泉書院》詩三首。

### ◆ 劉添錦

添錦字文蕭，陵縣人。廩生。

其詩文集未見著錄。《陵縣志》卷十六載其《看花寺》、《朱亥故宅》詩二首。

### ◆ 劉友田

友田字寧止，號丹峯，德州人。諸生。

### 【丹峯遺詩】

見《德州志·州人所著書目》（注云“未見”）。《山東通志·藝文》作《野峰遺詩》。《德縣志·邑人著作》撰者誤作宋友田。

《山東通志·藝文》：《山左詩鈔》載其詩三首，云：“遺稿散失。集中數篇，其壻宋弼所記錄也。”《德縣志》卷十六載其《登振河閣感懷》詩一首。

### ◆ 鄒啟裕

啟裕，德州人。

### 【單方彙編】

見《德州志·州人所著書目》（注云“未見”）、《德縣志·邑人著作》。

### ◆ 吳 森

森字練芳，號在藍，別號潛筠，德州人。監生。

【潛筠詩集】

見《國朝山左詩續鈔》、《濟南府志·經籍》、《山東通志·藝文》。《德縣志·邑人著作》作《潛筠詩草》。

《國朝山左詩續鈔》卷八載其《贈劉清源先生》詩一首。《德縣志》卷十六載其《古寺》詩一首。

◆ 田　滋

滋字湄村，號笠亭，德州人。諸生。

【柳韻樓詩稿三卷】

現存：稿本，山東省博物館藏，《中國古籍善本書目》、《山東文獻書目》、《清人詩文集總目提要》著錄。《國朝山左詩續鈔》、《濟南府志·經籍》、《山東通志·藝文》作《柳韻樓遺稿》，無卷數。

《國朝山左詩續鈔》卷十三載其《瓜州晚望》詩一首。《德縣志》卷十六載其《題松泉霞綺樓》詩一首。

【南遊雜詠】

見《德縣志·邑人著作》。

◆ 謝立吉

立吉字東岳，號筠溪，德州人。乾隆間歲貢。欽賜國子監學正。

【鳴禽館詩草】【晚香集】

見《國朝山左詩續鈔》、《濟南府志·經籍》、《山東通志·藝文》、《德縣志·邑人著作》（《鳴禽館詩草》脫"館"字）。

《國朝山左詩續鈔》卷十七、《德縣志》卷十六載其《春曉東村道中》、《河干聲霽》詩二首。

◆ 宋　方

方字智輔，德州人。諸生。

【澹雲齋稿】

見《國朝山左詩續鈔》、《濟南府志·經籍》、《山東通志·藝文》。《德縣志·邑人著作》作《淡雲齋稿》。

《國朝山左詩續鈔》卷十九載其《客舍雜詩》一首。

◆ 李　均

均字彎調，號平野，德州人，元瓚曾孫。諸生。

其詩文集未見著錄。《國朝山左詩續鈔》卷二十六載其《訪吳廸菴先生》詩一首。

◆ 田　嶢

嶢字舉望，號鈍吟，德州人，雯玄孫。貢生。官泗水縣教諭。

其詩文集未見著錄。《國朝山左詩續鈔》卷二十六載其《自村舍晚歸》詩一首。

◆ 趙懋力

懋力字仔肩，德州人。諸生。

【滇南草】

見《國朝山左詩續鈔》、《濟南府志·經籍》、《山東通志·藝文》。《德縣志·邑人著作》（作《滇南集》）。

《國朝山左詩續鈔》卷二十六載其《關山頂驛》、《辰溪》、《自滇南勝境至平彝城道中》、《蒲陀崆》詩四首。

◆ 鄒述魯

述魯字庶亭，號聖裔，德州人。附貢生。

其詩文集未見著錄。《國朝山左詩續鈔》卷二十八載其《雜感》詩一首。

◆ 封保祺

保祺字右孫，德州人。

其詩文集未見著錄。《德縣志》卷十六載其《孫淵如觀察出所藏孫武子銅印命諸生賦之．余因繼作》、《讀書臺懷古》詩二首。

【柳舫集印一卷】

見《山東通志·藝文》（子部藝術類）。現存：清嘉慶二十二年鈐印本，中國國家圖書館，《續修四庫全書總目提要（稿本）》著錄。

《山東通志·藝文》據本書著錄，提要云："是編凡兩卷，下卷爲豫章羅維善摹。此其上卷也，卷首有嘉慶丁丑盧蔭長《序》。所摹印皆如皋許容篆印，下皆注某文某刀法。"

【語石軒集印一冊】

　　《山東通志·藝文》（子部藝術類）據本書著錄，提要云：“卷首題下注云：‘摹林鶴田。’”

【華月令印譜一卷】

　　現存：清道光十五年鈐印本，山東省圖書館藏，《印譜知見傳本書目》、《清史稿藝文志拾遺》著錄。

◆ 封光碩

　　光碩，德州人。

【德州封氏支譜三卷】

　　現存：清嘉慶七年刻本，中國國家圖書館藏，《北京圖書館普通古籍總目》、《中國家譜總目》著錄。

◆ 孫應祺

　　應祺（一作應騏）字印泉，德平人。諸生。《濟南府志》卷五十六、《德平縣志》卷七有傳。

【慎終編】

　　見《濟南府志·經籍》、《山東通志·藝文》。《德平縣志》本傳及《般上舊聞》均作孫應騏。

　　《般上舊聞·先輩著述》謂此書二卷，未梓。

【文廟通祀考】

　　見《德平縣志》、《濟南府志·經籍》、《山東通志·藝文》（史部傳記類）。《縣志》本傳及《般上舊聞》均作孫應騏。《般上舊聞·先輩著述》云一卷，曾梓行。

　　《縣志》本傳云：“澹泊明志，不慕榮利，於經史典禮多所考究。”

◆ 張洪珏

　　洪珏字廷佩，德平人。歲貢生。晚任聊城訓導，六年卒，年八十一。《濟南府志》卷五十六、《德平縣志》卷七有傳。

　　其詩文集未見著錄。《德平縣志》卷十一載其《贈彭邑侯歸蜀序》一篇。

◆ 孫體震

　　體震，德平人。增生。

　　其詩文集未見著錄。《德平縣志》卷十二《平昌八景》詩內有其《馬頰晴沙》一首。

◆ 周景泮

　　景泮字採芹，德平人。乾隆間廩生。試用訓導。

　　其詩文集未見著錄。《德平縣志》卷十二《平昌八景》詩內有其《牙池新月》一首。

◆ 金亮采

　　亮采，德平人。廩生。

　　其詩文集未見著錄。《德平縣志》卷十二《平昌八景》詩內有其《牙池新月》一首。

◆ 張 翔

　　翔字伯奮，平原人。附監生。

【懷遠堂詩草】

　　見《國朝山左詩續鈔》、《濟南府志·經籍》、《山東通志·藝文》。

　　《國朝山左詩續鈔》卷十九載其《歸里》詩一首。

◆ 王國士

　　國士字冠英，號梅溪，平原人。諸生。

【梅溪剩稿】

　　是編見《國朝山左詩續鈔》、《濟南府志·經籍》、《山東通志·藝文》。

　　《國朝山左詩續鈔》卷二十八載其《宿宋湘皋六兄書屋》詩一首。

◆ 張 翼

　　翼字西林，號北溟，平原人。諸生。

【北溟詩草】

　　見《國朝山左詩續鈔》、《濟南府志·經籍》、《山東通志·藝文》。

　　《國朝山左詩續鈔》卷二十八載其《夏日題青雲書屋》詩一首。

◆ 谷光震

　　光震字雲亭，陵縣人。諸生。《陵縣志》卷二十有傳。

## 【半遺詩草一卷】

《山東通志・藝文》著錄,引《縣志》本傳云:"工詩。中年而卒,著述多散失,惟存《半遺詩草》一卷。"《陵縣志・藝文》云:"早卒。所存止八十餘首。"

《陵縣志》卷十六載其《奎樓晴望次韻》、《夜坐有感》、《遊歷下羅氏園即席分韻》(二首),凡四首。

### ◆ 張維城

維城字宗石,號晴川,平原人。候選從九品。

## 【獨吟草】

見《國朝山左詩續鈔》、《濟南府志・經籍》、《山東通志・藝文》。

《國朝山左詩續鈔》卷二十八載其《與谷雲亭表兄小飲》、《夜過景州途中偶成》、《得家書知所栽牡丹芍藥俱已死》詩三首。

### ◆ 陳 誼

誼,平原人。

## 【讀書隨記八卷】

見《平原縣志》、《山東通志・藝文》(子部雜家類)。

### ◆ 張 湜

湜字漣漪,平原人。諸生。《濟南府志》卷五十六有傳。

## 【四書講義十二卷】

見《平原縣志・藝文》、《濟南府志・經籍》、《山東通志・藝文》(經部四書類)。《縣志》稱其字櫛句梳,融貫傳注。

### ◆ 趙 瑋

瑋字章玉,平原人。例貢。官萊州訓導。《平原縣志》卷八、《濟南府志》卷五十六有傳。

## 【聖樂元音一卷】

見《平原縣志・藝文》、《濟南府志・經籍》(無卷數)、《山東通志・藝文》(經部樂類)。現存:清刻本,中共山東省委黨校圖書館藏。

《平原縣志》云:"修葺萊州府學,捐俸置樂器,聘儒童,肄習三月而八音備。著《聖樂元音》。"

## 【典禮議略二卷】

見《平原縣志・藝文》、《濟南府志・經籍》、《山東通志・藝文》(史部政書類)。《山東通志》卷百七十本傳作《典禮儀略》二卷。《平原縣志》本傳云:"呈各憲,有'持議精詳、具見卓識'之褒。"

### ◆ 趙 鉞

鉞字威寧,瑋子。庠生。《平原縣志》卷八、《濟南府志》卷五十六有傳。

《府志》本傳云:"少而雋穎,古文詩畫學之輒工,《義田》、《祭田》二記尤雅質,足以闡傳先德。"

### ◆ 路 鯨

鯨字百川,商河人。諸生。

其詩文集未見著錄。《國朝山左詩續鈔》卷十載其《遊長隄》、《秋夜》詩二首。《重修商河縣志・藝文》載其《遊長隄》一首。

### ◆ 路有章

有章字錦中,商河人。諸生。

## 【龍潭遺稿二卷】【詩二卷】

《山東通志・藝文》:"二編見《縣志》本傳。《縣志・撰著》作《詩鈔》一卷。"

《國朝山左詩續鈔》(卷十七)作《龍潭草》,載其《春日詠》詩一首。

### ◆ 張青萍

青萍字秋浦,號薛門,商河人。諸生。

## 【醉月堂遺詩】

見《商河縣志》、《山東通志・藝文》。《國朝山左詩續鈔》作《醉月堂遺草》。《重修商河縣志》本傳作《醉月堂遺稿》。

《國朝山左詩續鈔》卷十七、《重修商河縣志・藝文》載其《山村》詩一首。

◆ 陳　宣

宣，商河人。

【等音捷圖】【等音指掌圖】【等音述語】【等音說】【等音圖稽數考】

見《商河縣志》、《山東通志·藝文》（經部小學類）。

◆ 王卜年

卜年字澤長，號命菴，商河人。例貢生。與王名震、王坦並以好學聞。《重修商河縣志》卷十四有萊陽左顥發《命菴王先生傳》。

【率爾吟】

見《商河縣志》、《山東通志·藝文》。

◆ 王　坦

坦，商河人。

【敦厚堂詩草】

見《商河縣志》、《山東通志·藝文》。

◆ 王名震

名震，商河人。

【偶一鳴集】

見《商河縣志》、《山東通志·藝文》。
《重修商河縣志·藝文》載其《遊船記事有敘》詩一首。

◆ 王　适

适，商河人。

【消憂集】

見《商河縣志》、《山東通志·藝文》。《重修商河縣志》作《消夏集》。

◆ 朱衍坤

衍坤字叔呂，平陰人。諸生。
其詩文集未見著錄。《國朝山左詩續鈔》卷二十八載其《夜泊洞庭口》、《舟經鹿角磯》、《同

信都司登迎秀樓即以贈別》、《九日感懷》（二首），凡五首。

◆ 張端秀

端秀，平陰人，拔貢生春暘女，字肥城李起鳳。未嫁殉夫。乾隆間旌表。

【盡節詩十首】

《山東通志·藝文》：《肥城志》載朱續孜《張烈女傳》云：“方女之聞堉耗也，即將平日所作詩文盡付諸火。其父僅記《詠梨花》七言一絕，又得其《盡節詩》十首。節義昭而文采晦，固女志也。”按：端秀此詩，《肥城志》俱載之。其第九首云：“先代芳蹤堪歆羨，不教孤塚葬鴛鴦。”注云：“女太伯高祖母畢氏，未嫁殉節，合葬。”
《國朝山左詩續鈔》卷三十載其《絕命詞》四首。

◆ 張榮平

榮平字雲階，平陰人。
其詩集未見著錄。《國朝山左詩彙鈔後集》卷十載其《送張溟洲先生歸滇南》詩一首。考溟洲名鵬昇，雲南晉寧人，嘉慶七年任濟南知府，十年護任濟東泰武臨道，十二年再任濟南知府。是榮平此詩，當作於嘉慶年間也。

◆ 附　錄

【濟南竹枝詞一卷】【海右集四卷】

王初桐撰。初桐，嘉定人。二編現存：清乾隆五十八年刻《古香堂叢書》本，中國國家圖書館、河南京圖書館藏，《中國叢書綜錄》著錄。

【齊河縣志十卷首一卷】

上官有儀修，許琰纂。有義字公度，陝西朝邑人，雍正九年任齊河知縣。琰號瑤洲，福建同安人。是志始於雍正十三年，乾隆元年修成。首載程開業、上官有儀、許琰等《序》六篇，縣圖五幅。分門三十二，與前志全同。釐卷爲十。現存：①清乾隆二年刻本，山東省圖書館、山東師範大學圖書館藏。②清乾隆二年刻同治五年李均增修本（增修補入城工、官渡兩碑記），山東省圖書館、山東大學圖書館、曲阜師範大

學圖書館藏。

### 【平原縣志十卷首一卷】

黃懷祖修，黃兆熊纂。懷祖字令思，號慎軒，江蘇溧陽人，乾隆九年任平原知縣。兆熊號望濱，亦溧陽人。是志始於乾隆十三年，次年修成梓行。首載黃懷祖《序》，舊志《序》，縣圖五幅。分疆域志、建置志、食貨志、學校志、祠祀志、職官志、選舉志、人物志、雜志、藝文志十門。現存：①清乾隆十四年縣庫刻本，山東省圖書館、青島市圖書館等藏；《中國方志叢書》影印。②民國十五年鉛印本，北京大學圖書館、首都圖書館等藏。③民國二十五年平原大同印刷局鉛印本，山東省圖書館、山東大學圖書館等藏；《中國地方志集成·山東府縣志輯》影印。

### 【武城縣志十四卷首一卷】

駱大俊纂修。大俊字旬方，安徽宣城人，乾隆十一年任武城知縣。是志修於乾隆十四年。首載駱大俊、李湖《序》，舊志《序》三篇，縣圖十幅。分星野、建置、疆域、城池、山川、形勝、田賦、學校、祠典、選舉、武備、驛遞、卹政、風俗、物產、職官、公署、宦績、人物、列女、貤封、坊表、祥異、藝文、雜記，凡十四卷。現存：清乾隆十五年刻本，山東大學圖書館、山東省博物館藏；《中國地方志集成·山東府縣志輯》影印。

### 【章丘縣志十三卷首一卷】

張萬青纂修。萬青字初蓉，號萼田，浙江分水人，乾隆十六年任章丘知縣。是志始修於乾隆十九年，次年修成。首有張萬青《序》及舊志《序》，縣圖及八景圖十七幅。卷一星野志，卷二建置志，卷三賦役志，卷四禮樂志，卷五風土志，卷六職官志，卷七名宦志，卷八選舉志，卷九人物志，卷十列女志，卷十一至十二藝文志，卷十三軼事志，轄目八十。後有范廷柱等《序》《跋》三篇及耿賢舉《邑侯張公傳》。現存：清乾隆二十年刻本，山東省圖書館、山東省博物館、山東師範大學圖書館等藏。

### 【齊河縣志四十卷首一卷】

吳徵士等纂。徵士字倚宸，濟寧人，乾隆三十四年進士，官至刑部主事。是志由齊河知縣萬綿前（字守愚，浙江仁和人，乾隆三十二年）、范麗光（字虎文，山西介休人，乾隆三十三年任）主修，始於乾隆三十二年，至三十九年付梓行世。現存：清乾隆三十九年刻本，湖南省圖書館藏（存卷一至十，一冊）。前載范麗光《序》、邑人馬人龍《序》，縣圖三幅。分星野、沿革、疆域、形勝、河道、古蹟、城池、廨署、倉儲、市集、橋梁、寺觀、坊楔、塋墓、戶口、賦役、鹽法、兵防、郵政、賑卹、災祥、風俗、物產、學校、祀典、職官、宦績、贈廕、選舉、鄉賢、忠烈、孝義、儒行、列女、方外、藝文、撰述、雜志三十八門，凡四十卷。大體遵前志體例，除更易部分門類外，增立形勝、河道、倉儲、市集、鹽法、撰述、雜錄諸門。

### 【濟陽縣志十四卷首一卷】

胡德琳等纂修。德琳，廣西臨桂人，乾隆二十五年任濟陽知縣。是志始於乾隆二十七年，四易其稿，歷時兩載而成。按書前所列纂志姓氏，除"總修"胡德琳外，另有任"纂輯"者二人：何明禮爲四川重慶人，章承茂爲浙江錢塘人；司"分修"者三人：袁超宗爲浙江嘉興人，周世德爲江蘇吳江人，胡德琅爲廣西臨桂人。竟無一濟陽人。卷有胡德琳等《序》七篇，舊志《序》，縣圖、河圖二十幅。分輿地志、建置志、賦役志、水利志、禮樂志、秩官志、選舉志、人物志、藝文志、軼事志十門，凡十四卷。後有邢其諫、何明禮《跋》。現存：清乾隆三十年刻本，山東省圖書館、濟南市圖書館、青島市圖書館藏；《中國方志叢書》影印。

### 【利津縣志補六卷】

程士範纂修。士範字作模，陝西渭南人，乾隆三十四年任利津知縣。是志爲續補乾隆舊《志》而修，於乾隆三十五年纂成刊行。前有程士範《序》。分營建志、田賦志、官師志、流品志、藝文志、事類志六門，凡六卷。現存：清乾隆三十五年刻本，山東省圖書館、濟南市圖書館、山東大學圖書館等藏；《中國方志叢書》影印。

### 【德州志十二卷首一卷】

王道亨修，張慶源纂。道亨字應亨，江蘇吳縣人，乾隆五十二年任德州知州。慶源字夢髯，山西吉州人。是志前有葛正華、王道亨等《序》六篇，鄒士廉《金志正僞辨》、張慶源《紀德州志本末》。分沿革、躔度、紀事、河渠、疆域、建置、賦役、政事、宦迹、職官、人物、貢舉、貞節、叢記、藝文十五門，凡十二卷。現存：清乾隆五十三年刻本，山東省圖書館、濟南市圖書館、曲阜師範大學圖書館等藏；《中國地方志集成·山東府縣志輯》影印。

### 【德平縣志四卷首一卷】

錢大琴纂修。大琴字雙畦，浙江長興人，乾隆三十五年任德平知縣。是志始於乾隆三十六年。卷首有錢大琴《序》，舊志《序》三篇，縣圖五幅。卷一星野、建置、疆域、田賦、學校、壇廟、古蹟、風俗，卷二職官、宦蹟、選舉，卷三人物、列女、雜記，卷四藝文。大體因前志體例，甄採《德平文獻彙略》諸書，於康熙十一年以後縣志間有續補。現存：清乾隆三十八年刻本，中國國家圖書館、山東省博物館等藏；《故宮珍本叢刊》影印。

### 【德平縣志十卷首一卷】

鍾大受纂修。大受字達觀，號健庵，福建上杭人，乾隆五十四年任德平知縣。是志始於乾隆五十八年。卷首有鍾大受《序》，舊志《序》，縣圖六幅。分方輿志、建置志、食貨志、典禮志、選舉志、人物志、恩卹志、祥異志、藝文志十門。以前志"不甚合體，紀載亦多滲漏"，遂變更體例，立綱設目，鱗次井然。現存：清嘉慶元年刻本，山東省圖書館、山東大學圖書館等藏。

### 【濟南金石記一卷】

孫星衍撰。見《增訂四庫簡明目錄標注》、《江蘇藝文志·常州卷》。

### 【濟南信讞四卷】

吳江陸燿撰。見《山東通志·職官》（卷七十四）。

【卷十七・清七】

# 卷十七·清七

### ◆ 王丕顯

丕顯字連岐，德平人。嘉慶丙辰（元年）恩貢。

其詩文集未見著錄。《德平縣志》卷十二載其《光嶽樓春望》詩一首。

### 【詩書貫珠集】

見《德平縣志·選舉》、《山東通志·藝文》（經部五經總義類）。

### ◆ 楊受廷

受廷字咸之，號盧谷，歷城人，德亮子。嘉慶丙辰（元年）進士。官如皋知縣。《濟南府志》卷五十三有傳。

### 【如皋縣志二十四卷】

現存：清慶九年修十三年刻本，南京圖書館、上海圖書館等藏，《北京圖書館普通古籍總目》著錄；一九六八年臺灣學生書局《新修方志叢刊》影印。

《山東通志·藝文》作《江南如皋縣志》，提要云：“《府志》稱其修《如皋志》極詳慎，纂修至節孝時，庭戶咸聞異香。”

### 【盧山集三卷】

見《山東通志·藝文》、《續修歷城縣志》本傳。《續修歷城縣志·藝文考》作《盧山詩》三卷。

《國朝山左詩續鈔》卷三十二載其《城南行閱陂田》、《題畫》詩二首。

### 【敝帚吟稿】

《山東通志·藝文》“《盧山集》”條引《歷下詩鈔》云：“有《敝帚吟稿》。”

### ◆ 王西堂

西堂原名廷標，以字行，號辛亭，淄川人。嘉慶丙辰（元年）歲貢。《三續淄川縣志》（卷九）有傳。

### 【消閒詩草】

見《三續淄川縣志》本傳。

### ◆ 高廷謀

廷謀字贊虞，號夢園，淄川人。廩貢生，嘉慶丙辰（元年）舉孝廉方正。《濟南府志》卷五十四有傳。

### 【淄邑金石考】

見《濟南府志·經籍》、《山東通志·藝文》（史部金石類，“謀”誤“謨”）。

### 【淄川石刻記略一卷】

現存：清鈔本，復旦大學圖書館藏，《中國古籍善本書目》、《山東文獻書目》著錄。

### 【夢園詩文稿】

見《濟南府志·經籍》、《山東通志·藝文》。

### ◆ 韓 佇

佇字魯人，歷城人。嘉慶丁巳（二年）歲貢，十八年始蒙欽賜舉人。《濟南府志》卷五十三有傳。

### 【晴窗隨筆四十二卷】

見《濟南府志·經籍》（無卷數，撰者作韓佇）、《山東通志·藝文》、《續修歷城縣志·藝文考》（據本書）。現存：清道光十一年約堂刻本，藏山東省圖書館（四十一卷）、北京大學圖書館（《大學講義》二卷《中庸講義》五卷）。《續修四庫全書總目提要（稿本）》著錄嘉慶間刻本。

《山東通志·藝文》：“是書即所撰《四書講義》。《府志》分爲二書，誤。有嘉慶間刊本，《大學》二卷，《中庸》六卷，《論語》二十卷，《孟子》十四卷。”

卷首有嘉慶甲戌《自序》略云：'三十以後，飢驅四方，强顏爲師。諸生問難，則幸於少所授受，仁是書所說，大半受之其父懋德。懋德字勉堂，雍正乙卯舉人。好爲手鈔，檢而示之。間亦效古人講義，爲寫全章，語脈義理，所積遂多。壬申，兒輩出篋笥所存，於四子全書僅缺十分之一二，請補成之。勉允其請。越三年書成，因序其顛末如此。'據本書。"

### ◆ 耿維莘

維莘字希尹，新城人。諸生。《重修新城縣志》卷十八有傳。

### 【抱雲齋詩鈔一卷】

見《山東通志・藝文》（無卷數）。現存：清刻本，山東省圖書館藏。

《山東通志・藝文》：《憨齋詩話》云："維莘，劉寄庵司馬之高足，刻有《抱雲齋詩鈔》。所長在七古一體，能不負其師傳。"又《鄉園憶舊錄》"維莘"條云："年七十餘，刻《抱雲》、《閒情》二集，將稿焚灰，置匣於山之峭削處，命石工鑿龕貯之，題曰'詩冢'。婦李氏，名溪娥，益都李南澗文藻之女也，亦工詩。"

《重修新城縣志》本傳云："幼喜爲詩，後棄舉子業，專肆力於子史諸書及漢魏以來諸家文，以發爲詩歌，爲李南澗所稱賞。南澗有女，工詩，因以妻之。"

### 【閒情集一卷】

見《山東通志・藝文》（無卷數）。現存：清嘉慶間自刻本，山東省博物館藏，《山東文獻書目》、《清人別集總目》、《清人詩文集總目提要》著錄。

### ◆ 李溪娥

益都李文藻女，新城耿維莘室。

其詩集未見著錄。《國朝山左詩續鈔》卷三十載其《舟中即事》詩一首。

### ◆ 王 璟

璟，歷城人。

### 【王氏家譜一卷】

現存：清嘉慶三年忠公堂刻本，濟南市圖書館藏，

《中國家譜總目》著錄。

### ◆ 董 芸

芸字香草，號書農，平原人，元度從子。嘉慶戊午（三年）舉人。《濟南府志》卷五十六、《續修平原縣志》卷十有傳。

### 【歷下山水紀略】

《山東通志・藝文》"《廣齊音》"提要：其"芙蓉泉"一條稱："癸丑夏，寓泉上最久，著《歷下山水紀略》二卷。"

### 【半隱園詩集一卷】

見《國朝山左詩續鈔》（無卷數）、《濟南府志・經籍》（無卷數）、《山東通志・藝文》（據本書）。現存：清嘉慶八年歷城朱寧紅蕉館刻本，上海圖書館、中國國家圖書館、山東省博物館等藏，《續修四庫全書總目提要（稿本）》、《清人別集總目》、《清人詩文集總目提要》著錄。

《山東通志・藝文》：是集有嘉慶癸亥歷城朱琬跋，蓋即琬所刊也。《鄉園憶舊錄》云："董香草芸作詩，不求奇，不務華，清和宛轉，情詞亹亹動人，曲江家法未墜也。"按：芸詩五言清夐澄淡，接迹王、孟。七古如《抱琴行》、《華不住》、《奇石歌》等篇，筆陣縱橫，若水石激撞，崩騰萬狀。其《觀房雲亭》、《舞劍歌》，激昂感慨，原本少陵，尤爲集中傑作。

《續修平原縣志》卷十一有南安洪嵐《半隱園詩集序》。

《國朝山左詩續鈔》卷二十九載其詩二十九首。《續修平原縣志》卷十一載其《秋夜讀書》、《柳村病起》、《贈羅兩峯兼索畫》、《與龍光姪話舊》等詩二十七首。《肥城縣志》卷一載其《朝陽洞》一首，卷二載其《洞靈觀》一首。

### 【濟南雜咏一卷】

現存：清嘉慶八年歷城朱寧紅蕉館刻本（與《半隱園詩集》合刻），上海圖書館、中國國家圖書館、山東省博物館等藏，《續修四庫全書總目提要（稿本）》、《清人別集總目》、《清人詩文集總目提要》著錄。

## 【廣齊音一卷】

見《濟南府志·經籍》（無卷數）、《山東通志·藝文》。現存：清嘉慶間歷城朱畹刻本，山東省博物館、中國人民大學圖書館藏，《續修四庫全書總目提要（稿本）》、《山東文獻書目》、《清人詩文集總目提要》著錄。

《山東通志·藝文》：歷城朱畹刊。芸自作《小序》云：“甲寅秋，余讀書華不注之陽，暇日芒鞋竹杖，登山臨水，每樂而忘返。比歸，閉門卻掃，不交外事，時於破窗風雨中追憶舊遊。昔鵲湖居士王季木自桓臺移家湖上，著《齊音》一卷。按《樂記》：齊，三代之遺聲也。師乙之答子贛，謂‘溫良而能斷者，宜歌齊’。季木之詩一出，以長聲硬字，有廉直而無肉好。此自王氏之音，而未可執是以概齊人也。爰倣其體例，間補正其缺謬，而不敢襲其詞，凡得詩百篇，名之曰《廣齊音》云。”據本書。按：卷中正《齊音》之誤者凡二。《齊音》“白雲樓”詩專詠平安事；此據張文忠《弔白雲樓賦》，謂樓本元張榮故居，明初始爲平都司宅。又《齊音》以水香亭爲唐杜殺李邕處；此據杜《八哀詩》“坡陁青州血”句，證邕死不在濟南。其“芙蓉泉”一條稱：“癸丑夏，寓泉上最久，著《歷下山水紀略》二卷。”此書《府志》不載。又“杜鵑鳥”一條稱：“葉奕繩《舊志》：‘濟南山中有鳥名鵑，土人亦呼爲杜鵑鳥。’少讀漁洋山人《過鵲華二山下》詩有‘綠樹青林叫杜鵑’句，頗疑杜鵑非北地所產。後讀葉《志》，始服先輩下筆無一字無來歷。”按：此條頗有功於王氏。然疑王氏詩別有據，未必用葉《志》也。

## 【嘯雪亭詩原本一卷】

現存：舊鈔本（一冊），濟南張景杦藏，《山東文獻書目》、《清人別集總目》、《清人詩文集總目提要》著錄。

## 【半吟園詩話】

《山東通志·藝文》（集部詩文評類）：《山左詩續鈔》芸一條引劉司馬寄菴曰：“香草所著詩話，可與漁洋後先相輝映。”又《華不注山房文·搗鼓詩》自注云：“國拙齋中丞撫東時，有以王文成公墨蹟求售者，指其款問估客曰：‘王守仁，何人也？’客曰：‘前明進士也。’怒曰：‘本朝進士以千萬計，前明何奇之有！’擲還之。一時傳爲笑柄。予賦《搗鼓》詩云：‘馳驟雄於百萬師，青山白雨豈難知。迴飃一

曲不能識，笑殺王敦非可兒。鸚鵡西飛江漢清，武昌城外暮潮生。漁陽撾罷曹瞞死，千古風流禰正平。’後平原董香草《半吟園詩話》載此詩，不知予本有爲而作也。”

《續修平原縣志·藝文》作《詩話》十二卷。

### ◆ 翟　濤

濤字伯海，淄川人。嘉慶戊午（三年）舉人。官觀城訓導。《三續淄川縣志》（卷九）有傳。

## 【晚晴樓詩草不分卷】

有清光緒鈔本，見《續修四庫全書總目提要（稿本）》、《清人詩文集總目提要》。《濟南府志·經籍》、《山東通志·藝文》、《三續淄川縣志》俱作《晚晴樓詩集》，無卷數。

《山東通志·藝文》：是編見《府志·經籍》，又本傳云：“嘗與諸名士結社於大明湖，所作《蘆花詩》，羣以比漁洋《秋柳》之作。”《鄉園憶舊錄》云：“翟北海濤好爲詩，不甚持擇，隨筆成篇，未免染宋人習氣；佳處情真語摯，亦復頓挫淋漓。石子真爲之評選，榛楛既翦，遂表孤花。其從姪竹坡名駿，爲余辛巳同年，嘗以北海先生詩委予抉擇。不見子真評選原本，予實不辨菽麥，謝之。”

《三續淄川縣志·藝文》載其《九日游庵子溝》詩一首。道光《觀城縣志》卷九載其《始得見盛秦川先生觀錄》、《追和膠州高南村先生奉贈觀城廣文安邱張卯君詩即步原韻》、《追和盛柚堂先生登觀城城樓作即步原韻》詩三首。《國朝山左詩彙鈔後集》卷十一載其《戊午闈後同朱異三表兄游千佛山》一首，小傳注引袁玉堂潔《蠡莊詩話》云：“淄川翟伯海以孝廉爲觀城廣文，詩豪縱而口吃。嘗記其《贈宋步武》云：‘無上宮高幽夢杳，不其山遠客心開。’”又卷三十九載其《得希程四弟家音》一首。

## 【艮背閣三家詩鈔】

見《山東通志·藝文》（集部總集類）。現存：稿本（作《艮背閣三世詩選》，題“翟濤、高宴謀輯”，一冊，王祖昌跋），山東省圖書館藏，《中國古籍善本書目》、《中國叢書廣錄》著錄。三家者，趙恈、趙貫、趙國毖也。

## ◆ 范 李

李字理人，號奇圍（一作澹圍），歷城人。嘉慶戊午（三年）優貢。由教習授直隸南宮縣知縣，調署清苑，以卓異薦升冀州直隸州知州，署宣化、保定知府，以勤教匪加道銜。《濟南府志》卷五十三有傳。

### 【忠愛堂詩集四卷】

見《山東通志·藝文》（據《續修縣志稿》）、《續修歷城縣志·藝文考》（據《續修縣志初稿》）。

《山東通志·藝文》引《小滄浪筆談》云："余以《秋日遊鵲華兩山》試士，歷城范李四律甚佳。"

《國朝山左詩彙鈔後集》卷十一載其《題朱鏡泉先生帶經耕野圖》詩一首。

### 【壞簏詩集】

《續修歷城縣志·藝文考》據范春田鄉試硃卷履歷著錄。

## ◆ 楊 潤

潤字浣亭，歷城人。

### 【遵生集要一卷】

《續修歷城縣志·藝文考》據本書著錄，載曹施周《序》略云："浣亭楊與余總角交，兩人皆性嗜方書。戊午浣亭將隨其長公嘉定令任，出《遵生集要》一卷相質。誠浣亭南北經閱，遵信前人局方，歷試不差毫末者。正余兩人自幼所嗜，長而用心之所同，不可不公諸世，遂慫浣亭付梓，並將余歷驗各方，參酌入稿。其刊此書，妙驗悉於浣亭《序》內，無庸贅言；特序之，聊誌吾兩人交情云爾。"又，潤《自序》略曰："醫以仲景爲聖人，後人所宗法。然詳於傷寒，而於瘟疫之言甚略。自吳又可先生《瘟疫論》行於世，而瘟疫、傷寒之辨始明。按其醫案，多有用大黃數十兩者。近日醫家輒謂北方風氣剛勁，能受寒涼；南人未可概論。而又可先生吳人也，其所著《瘟疫論》獨爲北人言乎？其目錄中之'急症急攻'，言數日攻下之藥一日進之，膽識尤爲過人。繼有馬長公先生《廣瘟疫論》，論發源，論五運六氣；繼有杜清碧學士《舌鏡圖樣》；繼有景松崖先生書中之風瘟、蝦蟆瘟等；繼有戴天章先生《存存書屋》：皆遵又可先生之書，遞相發出者也。第《存存書屋》雖載吳氏某方，而自以青龍湯首列此書，必與又可先生《瘟疫論》參觀，方不致害。業此業者，若未見又可先生之《瘟疫論》、《存存書屋》，幸勿入目。蓋戴天章先生以《傷寒論》入手，於瘟疫一症究未全明，故仍首列青龍。不知瘟疫，而用麻黃，如飛蛾投火，百無一生，故萬不可遵。惟其書中如瘟疫兼某症、瘟疫夾某症，誠又可先生所未詳著。余因採取，列於《瘟疫症》之後，使人一目了然，遇症施治，可以言盡人事而無愧矣。總之四時皆有瘟，非九無傷寒，傷寒不過一人，而瘟疫傳染遍地。一巷一家，有三五人病相同者，即瘟疫也，如害眼腫、喉痢瘊之類，儻衆人一病則皆瘟。治瘟疫下不厭早，傷寒下不厭遲。遇瘟疫症遵下則生，故名《遵生集要》。同志者其會心焉可耳。時嘉慶己未長至朔日，歷城楊潤記。"（長至月前後）

## ◆ 曹施周

施周字沛霖，歷城人。

### 【瘟疫論】

見《山東通志·藝文》、《續修歷城縣志·藝文考》（據採訪刻本，卷未詳）。

《山東通志·藝文》：《採訪冊》載是書云："刊刻行世。"

## ◆ 毛式郇

式郇字伯雨，歷城人，圻子。嘉慶己未（四年）進士。歷官吏部右侍郎。事蹟詳《續修歷城縣志·列傳一》。

其詩文集未見著錄。民國《昌樂縣續志》卷十六載其《閭糵園先生墓誌銘》一篇。

### 【龍唅館琴譜二卷】

有底稿本，見《販書偶記續編》、《山東文獻書目》。

## ◆ 胡永平

永平字蝶村，濟陽人。嘉慶四年恩賜進士。

### 【婦人科胎產心法三卷】

民國《濟陽縣志》本傳云，有是書刊行於世。

## ◆ 魏純蝦

純蝦號福亭，新城人。嘉慶庚申（五年）恩科舉人。以舌耕爲業，晚年主講崔公書院。《重修新城縣志》卷十八有傳。

### 【黃山堂集四卷】

《重修新城縣志·藝文》據抄本著錄，本傳云藏於家。

### 【唐詩最豁解註疏】

《重修新城縣志·藝文》據抄本著錄。

## ◆ 馮　仝

仝字荼人，號小鶴，歷城人，方鄴子（出嗣方郭）。嘉慶庚申（五年）順天鄉試舉人。官河南鄲城知縣。

### 【懷德堂文集】

見《山東通志·藝文》、《續修歷城縣志·藝文考》（均據《續修府志採訪冊》）。

### 【解頤詩集】

見《山東通志·藝文》、《續修歷城縣志·藝文考》（均據《續修府志採訪冊》）。

《國朝山左詩彙鈔後集》卷十一載其《和黃澹人先生展重陽韻》、《題黃漢兄立馬仰空圖小照》詩二首。

## ◆ 范士楷

士楷字叔平，號南田，歷城人。嘉慶庚申（五年）舉人。

其詩文集未見著錄。《國朝山左詩續鈔》卷三十二載其《竹王祠迎神曲》詩一首。

## ◆ 梁士俊

士俊字石民，歷城人。嘉慶庚申（五年）舉人。歷官四川隆昌知縣。

### 【湖上草】【蜀遊草】

見《山東通志·藝文》、《續修歷城縣志·藝文考》（均據《歷下詩鈔》）。《續修歷城縣志》本傳云：“著有《蜀遊草》，未梓。”

## ◆ 王應植

應植字嘉樹，號宜軒，章丘人。嘉慶庚申（五年）舉人。官荏平訓導。《濟南府志》卷五十四有傳。

### 【四書摘解】

見道光《章邱縣志·藝文》、《濟南府志·經籍》、《山東通志·藝文》（經部四書類）。

### 【宜軒雜詠】

見道光《章邱縣志·藝文》、《山東通志·藝文》。《國朝山左詩彙鈔後集》、《濟南府志·經籍》作《宜軒雜咏詩》。

道光《章邱縣志·藝文》載其《陪焦綠軒夫子遊明水遇雨賦呈四律》詩四首。《國朝山左詩彙鈔後集》卷三十五載其《春閨怨》、《仲春漫興》、《步宋鐵菴廣文感懷韻》等詩八首（據吳連周《繡水詩鈔》）。

## ◆ 朱思鵬

思鵬字翼雲，長山人。嘉慶庚申（五年）歲貢。官海豐訓導。

### 【詩一卷】

《山東通志·藝文》著錄，引《憨齋詩話》云：“有詩一卷，歿後不知所在。記其《過姜遵墓》云：‘當年誰識范希文，諫議留賓酒半醺。今日馳驅忽憑弔，夕陽芳草向孤墳。’”

## ◆ 張正己

正己字方亭，平原人。廩貢生。《濟南府志》卷五十六、《續修平原縣志》卷十有傳。

### 【芙蓉書屋集】

見《濟南府志·經籍》及本傳、《山東通志·藝文》。

《濟南府志》本傳云：“性至孝，嗣母董氏有疾，奉湯藥晝夜無倦，身不貼席者累月。母疾篤，輒嘗糞以驗輕重。後營葬事，蠲鬻己膏腴田三十畝爲葬具，伯仲之間，怡怡如也。絕意進取，日與古籍爲緣，年近七旬，猶目耕不輟。尤工詩，著有《繹幕詩說》、《芙蓉書屋集》。”

《續修平原縣志》卷十一載其《懷書農師》、《瞻拜宋宫保遺像恭紀》、《初度書懷》（四首）、《贈梁東岳》、《詠趵突泉》詩，凡八首。

## 【幽軒詩草一冊】

《續修平原縣志·藝文》據本書著錄，並載道光壬寅王汝庚識語云：“寄園先生者，平原詩人也，嗜吟詠，平生作詩不下萬首，往往爲友人携去，故存者無幾。庚子秋，先生捐館舍。予恐先生之名與詩同朽，因綴其始終，以弁於冊。”

## 【繹幕詩說】

見《濟南府志·經籍》及本傳、《續修平原縣志·藝文》。

### ◆ 李師愿

師愿字淑侗，號芥舟，長山人。嘉慶辛酉（六年）進士。官建德知縣。

## 【芥舟存稿】

見《國朝山左詩續鈔》、《濟南府志·經籍》、《山東通志·藝文》。

《國朝山左詩續鈔》卷二十九載其《夜雨柬蔣鴻亭兵部》詩一首。

### ◆ 馬汝舟

汝舟字濟川，號春帆，章丘人。嘉慶辛酉（六年）進士。官襄垣知縣。《濟南府志》卷五十四有傳。

## 【如皋縣志二十四卷】

現存：清慶九年修十三年刻本，南京圖書館、上海圖書館等藏，《北京圖書館普通古籍總目》、《中國地方志聯合目錄》著錄；一九六八年臺灣學生書局《新修方志叢刊》影印。

按：是志由如皋知縣楊受廷（歷城人，嘉慶元年進士）主修。詳見楊受廷著作。

## 【貽穀堂詩文集】

見道光《章邱縣志·藝文》、《濟南府志·經籍》、《山東通志·藝文》。

《山東通志·藝文》：《念堂詩話》云：“章邱同年馬濟川汝舟爲山西襄垣令，後二十餘年，喆嗣松

雲紹援守潞安，以尊甫所著《貽穀堂遺稿》寄余校定付梓。大抵皆爲諸生時作，松雲蒐輯所得者。性情正而格韻雅，有慷慨激昂之氣。五言‘螢飛孤館靜，人坐一燈斜’，七言‘一夜夢回池上草，連朝興發酒家旗’、‘斷岸直隨蘆葉盡，虛檐全受藕花香’、‘南山翠滴孤雲入，北渚煙深一雁來’，風致俱佳。余爲作跋。”又《紉香草堂詩集·雜憶詩》注云：“馬英甫鋐曾刊其祖濟川先生《貽穀堂詩》。中多佳製，猶見先輩典型。”

道光《章邱縣志·藝文》載其《游明水即事》詩二首。《國朝山左詩彙鈔後集》卷三十五載其《摩崖碑》、《對松山》、《苦雨》、《題小滄浪》、《入寺》詩五首（據吳連周《繡水詩鈔》）。

## 【貽穀堂遺稿一卷】

馬紹援輯。有清道光十五年刻本，見《販書偶記續編》、《清人別集總目》、《清人詩文集總目提要》、《山東文獻書目》。又有長山袁氏藏鈔本，見《續修四庫全書總目提要（稿本）》。

### ◆ 韓厥田

厥田字禹甸，號望垣，淄川人，庚長子。嘉慶辛酉（六年）進士。官利川知縣。《濟南府志》卷五十四、《三續淄川縣志》（卷十）有傳。

## 【十三經集解】

見《山東通志·藝文》（經部五經總義類）。

## 【廿一史集要】

見《山東通志·藝文》（史部史鈔類）。

## 【性理摘要】

見《山東通志·藝文》（子部雜家類）。

## 【杜詩詳注】

見《山東通志·藝文》（集部詩文評類）。

### ◆ 楊龍泉

龍泉字果亭，歷城人。肄業濼源書院，教授鄉里。嘉慶二年應試，以第一人爲博士弟子員，時年已周甲。六年遂膺鄉薦，明年赴禮部試，遇疾歸里卒。

## 【歷城楊氏族譜一卷】

現存：清乾隆五十九年教忠堂刻本，吉林大學圖書館藏，《中國家譜總目》、《東北地區古籍綫裝書聯合目錄》、《中國家譜綜錄》著錄。

## 【如圃文稿】

見《續修歷城縣志》本傳。

### ◆ 封大林

大林，德州人。

## 【西廬詩草】

見《德縣志·邑人著作》。

《德縣志》卷十六載其《萬貞女詩》一首。

### ◆ 封大本

大本字授曾，號山木，德州人。嘉慶辛酉（六年）舉人。

## 【窺園詩集】【病後詩集】

見《德縣志·邑人著作》。《縣志》本傳云："從邵二雲先生遊，以詩古文詞自勵，出筆如天馬行空，不可羈勒，一代奇才也。天年不永，三十四歲而卒。"又本傳有此二編，作《窺園集》、《病後集》。

《國朝山左詩續鈔》卷二十九載其《賈島村》、《有懷》詩二首。《德縣志》卷十六載其《劍塚歌》、《負薪子詩》二首。

## 【續廣齊音一卷】

見《德縣志·邑人著作》（無卷數）。現存：清刻本，山東省圖書館藏，《清人詩文集總目提要》著錄。

### ◆ 成 瓘

瓘字肅中，號篛園，晚號古稀迂叟，鄒平人。嘉慶辛酉（六年）舉人。

## 【讀易偶筆一卷】

現存：①清咸豐間《篛園日札》鈔稿本，見《中國書店三十年所收善本書目》。②清鈔《篛園日札七種》本，山東省圖書館藏，《中國古籍善本書目》、《中國叢書廣錄》著錄。③石印《篛園日札》（八卷）

本，山東省圖書館藏，《續修四庫全書總目提要（稿本）》著錄。

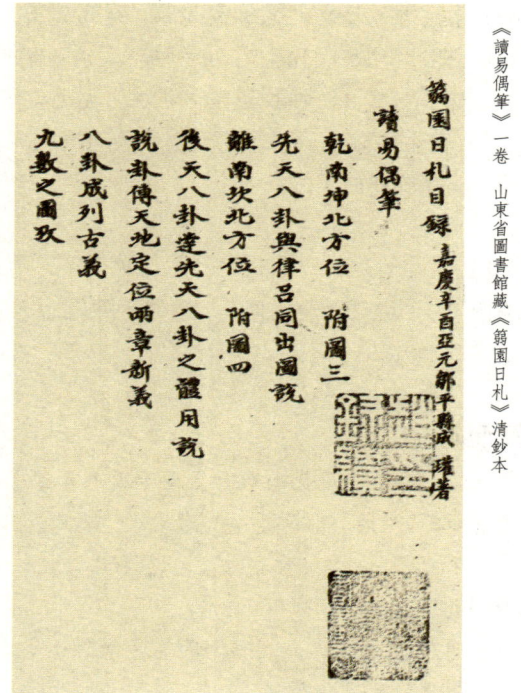

《讀易偶筆》一卷 山東省圖書館藏《篛園日札》清鈔本

## 【讀尚書偶筆一卷】

現存：《篛園日札》稿本，山東省圖書館藏，《中國古籍善本書目》、《中國叢書廣錄》著錄；《山東文獻集成》影印。

## 【讀詩偶筆一卷】

現存：①《篛園日札》稿本，山東省圖書館藏，《中國古籍善本書目》、《中國叢書廣錄》著錄；《山東文獻集成》影印。②石印《篛園日札》八卷本，山東省圖書館藏，《續修四庫全書總目提要（稿本）》著錄。

## 【讀三禮隨筆一卷】

現存：①清鈔《篛園日札七種》本，山東省圖書館藏，《中國古籍善本書目》、《中國叢書廣錄》著錄；《山東文獻集成》影印。②石印《篛園日札》八卷本，山東省圖書館藏，《續修四庫全書總目提要（稿本）》著錄。

## 【讀三傳隨筆一卷】

現存：①清鈔《篛園日札七種》本，山東省圖書館藏，《中國古籍善本書目》、《中國叢書廣錄》著錄。②清咸豐《篛園日札》鈔稿本，見《中國書店三十年所收善本書目》。③石印《篛園日札》八卷本，山東省圖書館藏，《續修四庫全書總目提要（稿本）》著錄。

## 【大學古本通義一卷】

見《山東通志·藝文》（經部四書類）。《續修四庫全書總目提要》著錄家抄本，附有《古本大學心測》。

《山東通志·藝文》：初名《大學疑讞》，又審定易此名，載入《篛園日札》中。瓛《自跋》云："取諸章段依鄭，詮義依朱，令今古兩家，無所滯礙。"《養中之塾文集》載《大學疑讞書後》云："今之讀《大學》者，率以朱子《章句》，不復觀古本，其知觀古本者，又往往藉以駁程朱之學，於余心均有未安。我朝李文貞公《大學古本說》純粹和平。鄒平成篛園辨其詮義尚有異於朱子者，又以章段宜悉從孔《疏》，因著《大學疑讞》如右。余喜其說能歸諸易簡，敬識數語，以俟後之君子論定焉。"

## 【古本大學心測續附一卷】

《山東通志·藝文》著錄，提要云："亦載《篛園日札》中。凡十二節。首節總論大旨；二節、三節標目曰'首章五而后，二章七而后'；四節、五節、六節標目曰'次章六必先字，一在字'；七節、八節標目曰'誠意根於致知測'；九節至十二節標目曰'《大學》三章、四章、五章好惡異同心測'。"

## 【論語說】

《山東通志·藝文》著錄，提要云："俞正燮《癸巳存稿》引三條。"

## 【石鼓辨證】

《山東通志·藝文》（經部小學類）著錄，提要云："是編載《篛園日札》中，《縣志》標目作《岐陽十鼓辨證》，茲依《日札》原目標題。瓛既作《辨證》，又約其辭而書之屏，每幅拆鼓文爲二，令字大利觀。《縣志》全載其文。屏首識語略云：'昔讀魏收書，疑是太平真君七年二月田岐山所刻，博考其事，作十五證。又從《說文》摘出史籀文二百有十，與鼓相涉者二十一，同者六，異者乃十有五，亦博考作十五辨。' 按：同者六，謂則、囿、員、冶、中、樹六字；異者十五，謂是、子、西、申、駕、車、馬、速、四、六、大、陸、歸、匋、皮十五字。匋從鄭，作西。考瓛所定十鼓次序，與諸家有同有異，與朱氏《日下舊聞》所載則無一同。第一同薛、楊，朱第七。第二與諸家異，朱第十。第三與諸家異，朱第九。第四與諸家異，朱第一。第五與鄭同，朱第四。第六與諸家異，朱第三。第七與諸家異，朱第二。第八與鄭同，朱第五。第九與諸家異，朱第六。第十與諸家異，朱第八。"

《續修四庫全書總目提要（稿本）》著錄傳鈔稿本，作《岐陽石鼓辯證》不分卷。

《鄒平縣志·藝文攷》（民國三年續纂）作《岐陽十鼓辨證》，注云："成瓛先生作《十鼓辨證》，製爲挂屏定式，一時士夫傳抄者甚夥。今其家存者，乃先生手書也。亟照式登之，以供博雅君子之觀覽云。"

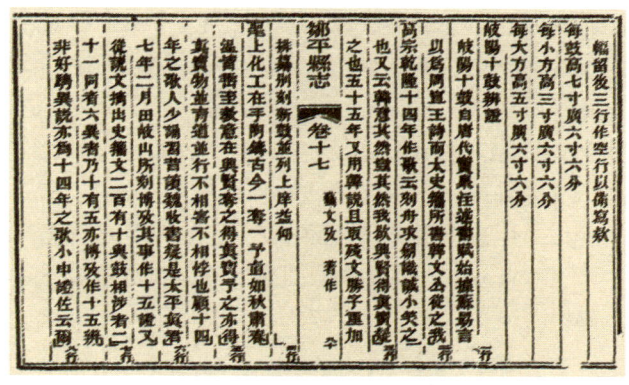

《岐陽十鼓辨證》　載《鄒平縣志》卷十七《藝文攷》

## 【重定石鼓屏式】

《鄒平縣志·藝文攷》（民國三年續纂）載是書云："余既成小室，名以篛園之塾，戲爲岐陽十鼓小屏，以飾其壁。已而嫌其字小，不利遠觀，乃每鼓各析爲二：宋元相傳舊文，以朱書之；今鼓尚存之文，以墨書之。析爲二者，上爲鼓之前半，下爲鼓之後半也。鼓下大小二方，亦刪減之，並爲均其字數，以就整齊云。"後附其全文及圖式。

## 【鄒平耆舊記】

現存：鈔本（二冊），北京大學圖書館藏，《北京大學圖書館藏古籍善本書目》著錄。

《山東通志・藝文》（史部傳記類）著錄是書一冊，提要云：“是編見《古稀迂叟廣自敘》。《敘》附《篛園日札》末。”

## 【濟南府志初稿】

瓛與其弟琅同撰。《山東通志・藝文》（史部地理類）著錄，提要云：“《篛園日札・古稀迂叟廣自敘》云：‘癸巳正月，濟南太守江西王霞九贈芳先生聘入署，重修郡志。未幾，先生以升任去，屬兄弟二人專志局十六屬采訪事。料急不龍齊，遂支支節節而爲之。又念志本官書，人物之去留，宜官自主，叟兄弟爲同郡人，從寬從嚴，兩不敢任，故於郡屬所送，唯略芟文字之閒冗，全登其人，以待官之筆削。乙未六月杪，僅成荒稿一部，辭歸。’登萊青道前濟南府王鎮道光《濟南志・序》云：‘疆域之因革，水道之變遷，暨各目中草創規模，考古證今，具有精心卓識。則篛園之初稿，屹不可動。’考道光郡志纂修銜名，瓛、琅之後尚有鄒淦、馮雲鶴、李同、馮沅、冷烜五人。又據王鎮《序》，自甲午至庚子，前後七年乃成書，隨刻隨校，尚有續加補綴之處。又托渾布《序》稱，鎮因初稿校訂別白，覃精數年，甫克蔵役云云。瓛《自序》稱乙未六月辭歸，則六月以後至庚子，此數年中所續補者，皆鄒、馮等五人手筆，而鎮總其成，非復成氏之原書矣。故今但錄其初稿，而已刊之《府志》七十二卷則不錄。”

按：成瓛初稿今不見傳本。現存《濟南府志》七十二卷首一卷，王贈芳、王鎮等修，成瓛等纂，見下條。

## 【濟南府志七十二卷首一卷】

現存：道光二十年濟南府刻本，上海圖書館、山東省圖書館等藏，《北京圖書館普通古籍總目》、《續修四庫全書總目提要（稿本）》、《中國地方志聯合目錄》著錄；《中國地方志集成・山東府縣志輯》影印。前有山東巡撫長白托渾布、山東學政永豐劉繹、東藩使者福州楊慶琛、濟東泰武臨道長白寶清、德州盧蔭溥、歷城毛式郇、前濟南知府大興王鎮等人《序》。

是志由知府盧陵王贈芳、大興王鎮等修。《續修四庫全書總目提要（稿本）》云：“贈芳、鎮兩人先後於道光壬辰、甲午知濟南府。洎雍正二年以泰安、武定、濱三州爲直隸州，十二、三年復以泰、武二州拓爲府，而濱州及陽信、海豐、樂陵、利津、霑化、

蒲臺、青城、商河、新泰、萊蕪、肥城十一縣，皆不屬濟南，封畛殊制，前書遂廢，而濟南十六屬亦即無志。故贈芳始議重修，乃延瓛等操筆削之任。甫成兩卷，而贈芳即擢雲南鹽法道去；鎮自泰安調任，仍循舊章，三年未成，而遷登萊兵備道，乃以志局自隨，又三載，至二十年庚子三月而功畢。前後七年，志局九遷，較前志之七月而成者，且十倍其事矣。是書體例，頗仿施愚山《登州府志》。施《志》例言謂直列條目，不用更立綱領，較爲近古，《大清一統志》、《山左通志》皆師其意。是書於舊志所分綱目，亦概不採用，遞釐爲三十二門，門各爲卷。文繁者多至五十餘卷；合風俗、物産爲一卷，並兵防、驛遞爲一篇，形勝附於疆域，隄堰附於橋梁，寺觀附于祠祀，則以篇頁較簡，以類相從也。而三十二目之中，卹政、鹽法，舊志所無；其學校、祠祀，則折衷於《大清會典》，而刪前志所錄之孔貞瑄《大成律》一書；人物、列女不分品類；經籍、藝文別爲二門：皆能於舊志之外，別具匠心，汰其蕪而訂其謬也。然綜計全書，除金石四卷因集隘不能備載，擬另刻單行外，爲卷尚七十有二，蓋猶病其卷頁之太繁云。書末有馮雲鶴《跋》。雲鶴字集軒，江蘇通州人，官曲阜縣知縣，亦嘗襄志局者。”

## 【鄒平縣志十八卷首一卷】

現存：①清道光十六年刻本，山東省圖書館、濟南市圖書館、山東大學圖書館等藏，《中國地方志聯合目錄》著錄。②清道光鈔本，山東省博物館藏，見《山東省地方志聯合目錄》。③清道光十六年刻民國三年增補本，山東省圖書館、北京大學圖書館等藏，《中國地方志聯合目錄》著錄。④民國二十年鉛印本，山東省圖書館、濟南市圖書館、鄒平市圖書館等藏，《山東省地方志聯合目錄》著錄。

《山東通志・藝文》（作《續修鄒平縣志》十八卷）：刊於道光丙申。《廣自敘》云：“鄒平縣庫中有嘉慶八年家靜谿叔《重修縣志》版，官不知也。人物一門，亦有未備。叟更訪求三十年，在府志局所得又夥，爲鄉先達辨其冤誣，補其漏落，重新改纂，藝文及節孝均有增加。適湖南羅書田宗瀛父母蒞縣任，叟以續訂《縣志》底本上呈。羅父母問所需，慨然發京錢三百串，且芟潤其書，委之刊補。凡三匝月而訖。今所校刻，一從羅父母所定，仍持官書主官筆削之義，

未敢專擅也。”按：《明史紀事本末》以張延登爲齊黨，《志》據行狀證其非是。邱磊爲劉澤清所陷下獄死，《史可法傳》謂邱磊謀航海降，爲可法所誅。《志》據《南疆繹史》、《綏寇紀略》辨其致誣之由，即《自敘》所謂爲鄉先達辨誣者也。

按：是志由鄒平知縣羅宗瀛（字書田，湖南臨武人，道光十六年任）爲續補程啟洸所纂前《志》而修，纂於道光十六年。前載羅宗瀛《序》，舊志《序》五篇，方域沿革圖五幅。分門卷次悉同前《志》。

**【濟南四徵錄二冊】**

《山東通志・藝文》（史部地理類）著錄，引《古稀迂叟廣自敘》云：“既歸，念前日支支節節之文，心歉然不能置。更加排纂，别爲輿地、山水、古蹟、金石兩冊，名之曰《濟南四徵錄》。丙申六月，聞經理《府志》者爲馮集軒明府即雲鵷，適府中專意來徵書，因以《四徵》附寄明府。非敢再預《府志》之議，乃爲吾家私書求是正爾。”

**【讀史隨筆一卷】**

現存：①清鈔《篛園日札七種》本，山東省圖書館藏，《中國古籍善本書目》、《中國叢書廣錄》著錄。②清咸豐《篛園日札》鈔稿本，見《中國書店三十年所收善本書目》。③石印《篛園日札》八卷本，山東省圖書館藏，《續修四庫全書總目提要（稿本）》著錄。

**【篛園醫說四冊】**

見《鄒平縣志・藝文攷》（民國三年續纂）、《山東通志・藝文》（子部醫家類），注云：“《長沙傷寒論新編新測》、《金匱要略新編新測》各二冊。”

**【篛園醫說續編四冊】**

《山東通志・藝文》：“自注云：‘纂後賢承述《金匱》法也。’”

**【句股開平方割平圜法一冊】**

《山東通志・藝文》（子部算法類）：“是編見《古稀迂叟廣自敘》。”

**【篛園日札八冊】**

見《鄒平縣志・藝文攷》、《山東通志・藝文》（子部雜家類）。現存：①稿本（存一至四卷），山東省圖書館藏，《中國古籍善本書目》著錄。②稿本（十卷），山東省圖書館藏；《山東文獻集成》影印。③清鈔本，山東省圖書館藏，《中國古籍善本書目》、《中國叢書廣錄》著錄。④清咸豐鈔稿本（七種十卷，多《讀群書隨筆》二卷，少《讀三禮隨筆》一卷），見《中國書店三十年所收善本書目》。⑤石印本（九種八卷，多《讀群書隨筆》一卷），山東省圖書館藏，《續修四庫全書總目提要（稿本）》著錄。

《山東通志・藝文》：是書爲道光丁酉瓘重定寫本。第八冊目錄後識語云：“學攷據四十餘年，道光己丑客江西，手定八冊，其中一冊皆覈鄉邦水地也。甲午客濟南，别成《濟南四徵錄》兩大冊，約十萬言。因芟除水地冊，以近日新得者補其闕，命曰《春暉載筆》，以年七十有五也。右七篇，爲幅少長，故分爲上卷；其少短者，分中、下卷。”第一冊首有廬陵王贈芳《序》略云：“凡經史禮器、《讀三禮隨筆》中有《古嘉量攷》、《木豆攷》、《瓦豆瓦登攷》、《疏匕亦木豆攷》、《古人器鬼器攷》等篇。天文、《讀三傳隨筆》中有《左傳昭公十七年六月朔日食義證》、《左傳昭公三十一年十二月朔日食義證》、《左傳所言星土事》、《左傳歲在指掌圖》、《左傳經文上六甲紀年之非古》等篇。地理，《讀尚書隨筆》中有《三江異義》、《西漢大河自貝邱南折攷》等篇；《讀三傳隨筆》中有《春秋豫章攷》；《讀三禮隨筆》中有《鄭注周禮鄉遂都鄙受地之算》、《鄭注王制東田及里步之算》等篇；《讀群書隨筆》中有《鄒平長白山攷》、《縣以鄒名攷》、《左邱明墓攷》、《伏徵君墓攷》、《小清河攷》等篇。以及方言俗說，《讀群書隨筆》中有《親屬相沿之呼》、《瑣語瑣事之沿》、《官府中瑣語瑣事之沿》等篇。一一折衷至當，無義不析。”據本書。按：是書一冊爲《讀易偶筆》；二冊爲《讀尚書偶筆》；三冊爲《讀詩偶筆》；四冊爲《讀三傳讀三禮隨筆》；五冊爲《讀史隨筆》；六冊、七冊爲《讀群書隨筆》；八冊即《春暉載筆》，除中卷《鄒平移今治後攷》、《讀靈樞經本神篇》二條外，餘皆攷群經及性理；末附《古稀迂叟廣自敘》，述生平爲學著書次第甚詳。又案：瓘說《易》深於象數；說《書》於古文、今文、僞古文考析最精；說《詩》申鄭黜王，兼攷三家說；《四書》則兼明漢、宋；論朱、王異同，則以方苞之說爲得其平云。

**【篛園日札續六卷附一卷】**

現存：稿本（清漢陽葉志詵跋），山東省圖書館藏；《山東文獻集成》影印。

《鄒平縣志・藝文攷》（民國三年續纂）云“《續札》四冊”。

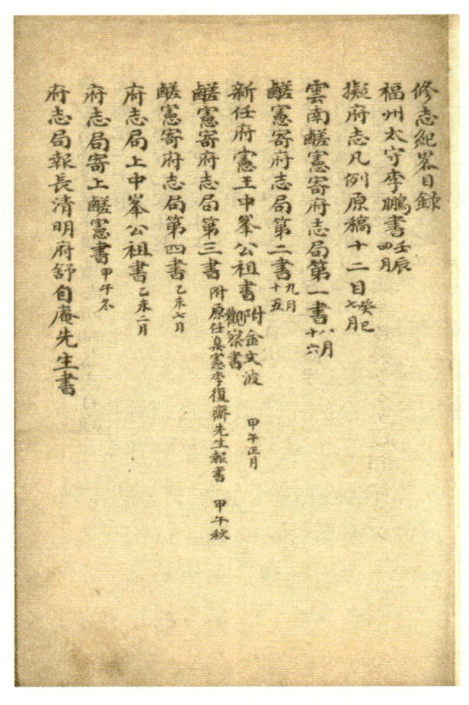

《篛園日札續》六卷《附》一卷　山東省圖書館藏稿本

**【篛園餘札一卷】**

現存：稿本（清漢陽葉志詵跋），山東省圖書館藏；《山東文獻集成》影印。

《鄒平縣志·藝文攷》（民國三年續纂）云“《餘札》二冊”。

**【讀羣書隨筆二卷】**

現存：①清咸豐《篛園日札》鈔稿本，見《中國書店三十年所收善本書目》。②石印《篛園日札》八卷本，山東省圖書館藏，《續修四庫全書總目提要（稿本）》著錄。

**【春暉載筆三卷】**

現存：①清鈔《篛園日札》本，山東省圖書館藏，《中國古籍善本書目》、《中國叢書廣錄》著錄。②清咸豐《篛園日札》鈔稿本，見《中國書店三十年所收善本書目》。③石印《篛園日札》八卷本，山東省圖書館藏，《續修四庫全書總目提要（稿本）》著錄。

**【家世遺詩集一卷】**

成瓘輯。現存：清鈔本（一冊），山東省圖書館藏，《山東文獻書目》著錄。

**【成氏叢書四冊】**

成瓘輯。《山東通志·藝文》子部叢書類著錄，引《縣志》云：“成瓘鈔輯，成琅覆校。”又載瓘自記（見《古稀迂叟廣自敘》後）云：“第一冊皆先世言行，爲霞九公祖所嘉許，因以奉獻，故缺此冊，而弟琅尚有底本。稍暇，擇子弟善書者鈔補之。”

《鄒平縣志·藝文攷》（民國三年續纂）載盧陵王贈芳《敘》略云：“余守濟南之三年，得交鄒平成君肅中、西園昆仲，皆穆然粹然、篤行力學君子也。既讀其《日札》及《摭記》，稍知其家世。成君復以此冊見示，始知世氏有《叢書》。其《傳信錄》爲先世竺公翁所輯，肅中復爲《成氏世榮述畧》，西園又各加按語，凡片語流傳，無不斤斤寶守，惟恐失墜。噫！儒者墨守詁訓，放言政治，或數典而反忘其祖，有善不知，是可深恥。成氏世守彝訓，宜其操行醇懿，流澤孔長也。西園所記母趙孺人之遺教，與先恭人之教贈芳兄弟大相似。西園不諱己過，使母教愈彰，亦可謂賢矣。”

**◆ 李履中**

履中字其旋，鄒平人。諸生。

**【四書說文六卷】**

見《山東通志·藝文》。《鄒平縣志·藝文攷》（道光十六年續纂）、《濟南府志·經籍》誤作《四書統文》。

《山東通志·藝文》節引《縣志》載成瓘《序》云：“嘉慶丙寅之歲，文學李君著《四書說文》成，凡六大冊。字樣從楷法，下系以《說文》而疏證之。其經與注皆從朱，其辨聲從唐溫首座三十六字母等韻法。於字樣之譌繆，音讀之乖牾，與六祭酒之妄說，均糾正之無所祖，殆斟酌而取其善歟？”

**◆ 楊　濚**

濚字鏡瀾，號憶園，又號意原、怡園，長清人。嘉慶辛酉（六年）舉人。官聊城教諭。

**【歷城楊氏三修族譜三卷】**

現存：清道光二十二年見山堂鈔本，吉林大學圖書館藏，見《中國家譜總目》、《東北地區古籍綫裝書聯合目錄》、《中國家譜綜錄》。《續修四庫全書總目提要（稿本）》著錄道光十六年刻本。

《續修歷城縣志》本傳：居常鍵戶讀書，避俗若仇，惟與漢陽葉東卿、諸城張瑤簡、鄒平成肅中及朱曾武、朱曾喆諸人稱至交，過從之餘，商榷古今得失，討論經史疑義，有不合必折衷，一歸於是，退而洒如也。濼學識淵深，殫心著作，務蘄勝古立言之君子，故一切酬應之作概置弗爲，大抵表章節義，推闡幽隱，無飾詞，無溢美。先世家長清，後遷歷城，嘗以族譜多年廢墜，慨然踵前事而亟修之，詳明典要，有體有法，未及刊，遽逝世。子若榮錄副本藏於家。

《續修四庫全書總目提要》云："是書首爲世系，次傳記，次雜錄，共三卷。世系亦按五宗九兩之例，用絲牽繩貫之法。一切略仿史傳體例，撰爲此書。楊氏本籍洪洞，清代初年有名天奇者始居歷城，一再相傳，其族益顯。有清二百年間，歷城閥閱之家，朱氏而外，即共推楊氏矣。自居歷城以來，原無譜牒，乾隆間大崑恐久而紊其昭穆，失其名字，始創修成譜，凡前居洪洞，及由山西而他徙者，皆不在序例之中。載錄詳慎，屏黜矜張浮侈之失。嘉慶初年，毓琦復續修之。濼以上距創修之期已及六十餘年，因討論今昔，稽之體訓，略加變更，更考訂異同，取舍增減，仿史傳體例，成一家之書，期符信以傳信、謹而益謹之意焉。所載周永年《序》略謂："譜牒之學，始於兩漢，重於六朝，而最盛於唐。更五季至宋，其學寖微。歐陽修唐史，慮其不能盡傳於後世也，故作《宰相世系表》，略存梗概。而歷城之著於《表》者，有南祖崔氏，分自齊郡之烏水房，由庫部郎中靈茂，始居全節。其後一門之中，擢上第，登仕版，歷大官者，至數十人。若非歐公親見其譜，亦烏從而考之哉'云云。其推究族譜，與章學誠意旨相同。永年文字，素極罕見。因節錄片段，冀知其于譜學之大旨焉。"

## 【卻掃齋詩鈔一冊】

見《山東通志・藝文》（據《筆諫堂書目》，"掃"作"埽"）、《續修歷城縣志・藝文考》（據本書）。現存：清同治四年楊若榮刻本（與《卻掃齋學詩草》合訂一冊），中共山東省委黨校圖書館、青島市圖書館等藏，《續修四庫全書總目提要（稿本）》、《清人別集總目》、《清人詩文集總目提要》著錄；《山東文獻集成》影印。前有單爲鏓《序》。後有同治四年濼子若榮《跋》。

《續修歷城縣志》本傳：詩刻意漢唐，所作幾數千首，不自收拾，多散佚。若榮僅裒得若干首，又於族孫毓琦得詩一冊，計若干首，以次授梓，蓋不及什一也。

《續修歷城縣志・藝文考》：楊若榮識語略曰：先君子少負軼才，學識淵博，尤擅長古今體詩，不甚留心時文。而賦性骾峭，慎交遊，以故落落寡合。日惟閉戶讀書，手不釋卷。興至成篇，輒粘壁間，滿即揭去以爲常。漢陽葉東卿世丈與鄒平成肅中年丈皆與先君子有同嗜，屢欲代付剞劂，先君子雅不自信，力辭而止。榮自少壯即爲家計餬口於外，弗克常侍左右。先君子著作甚富，不自收拾，棄養後古文詞已不可得，惟詩尚檢葺千餘首。方擬就質先君子生平至契，亟爲刊存。適海豐張表弟石舟官江南，服闋，攜之都中，爲代浣杜石樵年丈序而行之。後至金陵，因亂放失。嗚呼！先君子一生心血，不且盡沒於世哉？爰於散佚之餘，隨在搜錄，積二十年，又得若干首。及榮未衰，諄求高密單伯平先生選定，敬授梓人。冀異日前稿復得，續爲刊補，庶幾載諸家乘，用示子孫，榮遂獲於遲暮之年，稍釋隱憾。謹正之伯平先生，顏曰'卻埽齋'。蓋先君子書室之最愜心者，藉以識典型之遺；而先君子生平志行，亦可概見云。同治四年閏月男若榮謹識。本書。

《國朝山左詩彙鈔後集》卷三十載其《白髮》詩

《卻掃齋詩鈔》一卷 清同治四年楊若榮刻本

（圖中詩文，自右至左：）

卻掃齋詩鈔
濟南楊 濼意園氏著
信陽州懷何大復・
北地聲名七子前信陽壇坫定誰先論詩偶取唐初
體微旨須參明月篇
信陽道中
三日看山未盡頭山中已作楚人咿驅車難此天邊
駁挽鹿如從盡基遊揚水東薪申戌廢若煙紅樹邨

一首。

## 【卻掃齋學詩草一卷】

見《續修歷城縣志‧藝文考》（"掃"作"埽"）。現存：清同治四年楊若榮刻本（與《卻掃齋詩鈔》合刻），中共山東省委黨校圖書館藏；《山東文獻集成》影印。前有《自序》。後有其子若榮《跋》。

《續修歷城縣志‧藝文考》：濚《自序》曰：濚七八歲時即好詩，輒取唐賢近體律絕日諷詠之，解者一二，不解者過半也。長應科目學爲制舉之文，顧心不甚好，而益喜聲律之學。凡古體歌行，由唐宋作者以上，沿古初漢魏晉宋，尤愜胸肊。然心知其難，愈不敢易於出手。作校官後，始稍稍爲之。詩既非多，又性不好收拾，脫槀後輒從散佚。壬戌落春官第歸，冬居稍暇，檢篋衍中，尚餘若干首。乃略排擇，錄爲一卷，題曰《卻埽齋學詩草》。嘗謂司馬遷少生龍門，長遊江淮，上會稽而探禹穴，觀鄒嶧而過梁楚，南浮沅湘，北涉汶泗，故其文有奇氣，得山川之助爲多。若乃索居里閈，無名山大川之觀、文物聲名之美及明師良友之助，即製題且難，矧爲作詩。然則此戔戔者，詎敢以藝鳴與？來日正長，放覽宏富，優游卒業，後或蘄至於古之作者，未可知也，惟願學焉則可。厯下楊濚。本書。

書末楊若榮《跋》略云："先君子意園府君遺詩一冊，榮於同治乙丑閏月己敦求高密單伯平先生選定，並仰體先志，擬曰《卻埽齋》，敬授梓人矣，惟以未得見先君子自敘一語爲憾。工未竣，族侄毓琦適從書笥中檢得先君子手定詩集一冊，計若干首，金門劉太夫子詩附焉，珍重見貽。實先兄伯杞手鈔於嘉慶壬戌者，迄今已六十有四年。維時先君子官泗水廣文，榮尚未生也。驚喜之餘，轉深感觸。伏念榮自少出遊，先兄又早歿於嘉慶庚辰，致先人著作散佚殆盡。是冊猶幸爲吾楊氏收藏，賴先靈默佑，遂出以示子孫，而垂家乘。用是急繕清本，續付剞劂。"又云："先君子《明湖雜詠》以下等作刻於末，其與伯平先生選本重者數首，悉載之，謹全其爲先君子手澤之所存而已。顧先君子自名其集曰《卻掃齋》，與榮所敬擬者，前後相同。"

## 【意園詩鈔不分卷】

現存：清鈔本，山東省圖書館藏，《山東文獻書目》、《清人別集總目》著錄；《山東文獻集成》影印。

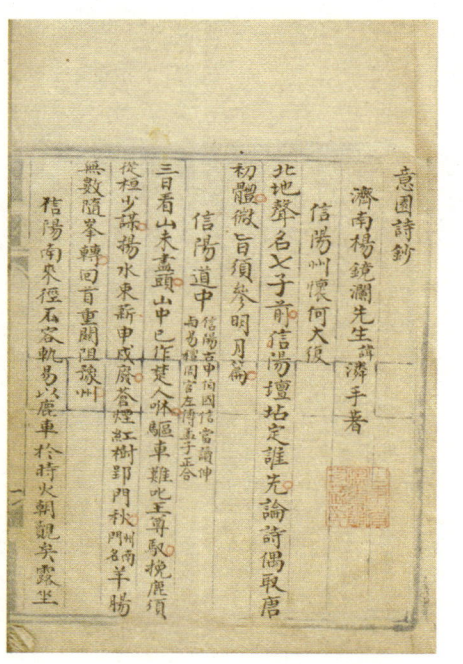

《意園詩鈔》不分卷　山東省圖書館藏清鈔本

《卻掃齋學詩草》一卷　清同治四年楊若榮刻本

#### ◆ 韓文瀾

文瀾字壯波，歷城人。嘉慶辛酉（六年）舉人。

## 【祥止軒稿一卷】

見《山東通志‧藝文》、《續修歷城縣志‧藝文考》（均據《續修府志採訪冊》）。現存：清刻本，青島市圖書館藏，《清人別集總目》、《清人詩文集總目提要》著錄。

《山東通志·藝文》：《續修府志採訪冊》載是編，及其自作《小引》云："潦倒坎坷，無物排遣，雖結緣紙墨，而窮愈不工。譬之秋蛩唧唧於牆坳籬根之下，不自知其爲怨爲慕爲宮爲商也。"

《國朝山左詩彙鈔後集》卷十二載其詩十四首。

### ◆ 劉仰灝

仰灝字亦梁，齊河人。嘉慶六年辛酉科欽賜舉人，壬戌欽賜翰林院檢討銜，時年逾七旬。卒年八十有三。《齊河縣志》卷二十七有傳。

#### 【修身集】

見民國《齊河縣志·撰述》及本傳，傳云："皆謹言慎行恭自砥礪之事，惜未鋟板。"

### ◆ 馮繼照

繼照字麗南，號荻橋，淄川人，君擢子。嘉慶辛酉（六年）拔貢。歷官修武知縣。《三續淄川縣志》（卷九）有傳。

#### 【正字簡四卷】

見《三續淄川縣志》（無卷數）。現存：清道光二十八年柳波館刻本，清華大學圖書館、中國科學院圖書館等藏，《販書偶記》、《山東文獻書目》著錄。

#### 【修武縣志十卷首一卷】

現存：清道光二十年刻本，上海圖書館、山西省圖書館等藏，《北京圖書館普通古籍總目》、《販書偶記》著錄。

#### 【史學提要】

見《三續淄川縣志》本傳。

#### 【柳波館楹牓錄一卷】

現存：清道光二十五年鈔本（謝賓坦校），湖北省圖書館藏，見《中南、西南地區省市圖書館館藏古籍稿本提要》。

#### 【柳波館詩文集】

見《三續淄川縣志》本傳、《山東通志·藝文》（據《鄉土志》）。

#### 【般陽詩萃】

見《三續淄川縣志》本傳、《山東通志·藝文》（集部總集類）。現存：清道光二十七年柳波館刻本（十五卷），青島市圖書館、山東省圖書館等藏，《販書偶記》、《山東文獻書目》著錄。

《山東通志·藝文》：是編載《鄉土志》。《山左詩彙鈔》三十五卷所錄淄川人詩，自王繡至馮維琮，凡十一家，皆自是編採入。

《般陽詩萃》十五卷　清道光二十七年柳波館刻本

#### 【閨秀詩鈔一卷】

現存：清鈔本（一冊），中國國家圖書館藏。

### ◆ 馮繼煦

繼煦，淄川人。

#### 【柳波館試體詩四卷】

現存：清道光刻本，青島市圖書館藏，《清人別集總目》、《青島市圖書館藏線裝書目錄初稿》、《玉函山房藏書簿錄》著錄。

### ◆ 高宴謀

宴謀字箶亭，一字杏江，淄川人。嘉慶辛酉（六年）拔貢。《濟南府志》卷五十四、《三續淄川縣志》（卷九）有傳。

### 【量齋詩稿】

見《濟南府志·經籍》、《三續淄川縣志》本傳、《山東通志·藝文》（據《府志》）。

《國朝山左詩彙鈔後集》卷十二載其《雲移稚尾開宮扇》一首，卷三十九載其《立秋前夕聞李紹亭吟詩有作》、《哭弟季亭》等六首。

### 【艮背閣三家詩鈔】

翟濤、高宴謀輯。詳見"翟濤"條。

### ◆ 周景洛

景洛字澗東，商河人。嘉慶辛酉（六年）拔貢。

### 【澗東遺草】

見《商河縣志》、《山東通志·藝文》。

### ◆ 蕭與澄

與澄字秋查，號練江，德州人。嘉慶辛酉（六年）拔貢。任謄錄官。

### 【秋查遺詩一卷】

見《德縣志》本傳，云："封宗翁爲之序。"《德縣志·邑人著作》作《亦海集》無卷數。現存：清道光二十五年刻本（卷端題"亦海集"，書衣、書名頁、版心皆題"秋查遺詩"），青島市圖書館藏，《山東文獻書目》、《清人別集總目》著錄。

《德縣志》卷十六載其《戰場》、《閨》、《和呂芸圃見寄》詩三首。《國朝山左詩彙鈔後集》卷十二載其《論詩絕句》二首。

### 【西笑集一卷】

見《德縣志·邑人著作》（無卷數）。現存：清道光刻本，青島市圖書館藏，《青島市圖書館藏線裝書目錄初稿》、《山東文獻書目》、《清人別集總目》著錄。

### ◆ 張 佺

佺字步瀛，平陰人。嘉慶辛酉（六年）拔貢。官江西萍鄉知縣。

其詩文集未見著錄。《國朝山左詩彙鈔後集》卷十二載其《詠海棠》詩一首。

### ◆ 方世振

世振字滋齋，號夢石，歷城人，昂子。諸生。少遭家難，讓產去，遂家曲阜。癸卯春客死宿州。

### 【雞肋集一卷】

見《山東通志·藝文》、《續修歷城縣志·藝文考》。《續修四庫全書總目提要（稿本）》著錄清道光刻本，提要云："是集計古近體詩一百七十四首，分古近體編次。"

《山東通志·藝文》：《山左詩彙鈔》引曲阜孔繡山中翰憲彝云："滋齋從姑丈爲坳堂方伯公子，少遭家難，讓產去之，遂家曲阜。從遊甚衆，多知名士。門人楊如川方增爲刻《雞肋集》一卷。"

《國朝山左詩彙鈔後集》卷十七載其詩二十四首。

### ◆ 耿維祜

維祜字對于，號顯亭，新城人。嘉慶壬戌（七年）進士。歷官兩廣鹽運使。《濟南府志》卷五十五、《重修新城縣志》卷十七有傳。

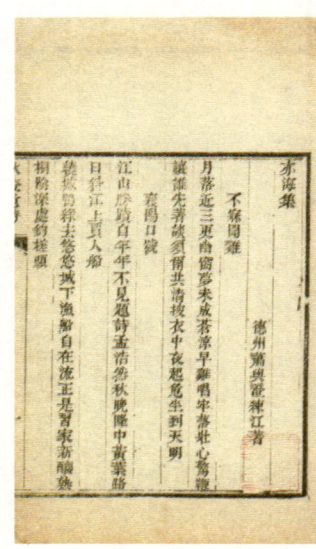

《亦海集》一卷　清道光二十五年刻本

## 【石門縣志二十六卷首一卷】

現存：清道光元年刻本（嘉慶二十三年成書），中國國家圖書館、天津圖書館、上海圖書館藏。

《濟南府志》本傳：嘉慶辛酉舉於鄉，壬戌成進士。籤發浙江，補宣平令，遇事摘伏。甫四載，調石門。地當孔道，國課抗延，前任積累萬。至則興利除弊，判牘如流。雪民婦奇冤，訪獲積年凶犯，闔邑嘆爲神明。纂修邑志二十六卷，重修文廟及養濟院、留嬰堂、接嬰堂，庶政具舉。邑人爲建生祠。

### ◆ 甯自學

自學字殖亭，章丘人。嘉慶壬戌（七年）進士。官泰安知縣，改沂州教授。《濟南府志》卷五十四有傳。

## 【論語析解】【學庸匯成】

見道光《章邱縣志·藝文》、《濟南府志·經籍》、《山東通志·藝文》（經部四書類）。

### ◆ 張雲魁

雲魁字書亭，歷城人。嘉慶壬戌（七年）進士。歷官鴻臚寺卿、奉天府丞兼提學。

## 【農政寶訓】

見《歷城張氏世系譜》。

## 【發蒙正宗備要】【堯舜寶訓集】

見《歷城張氏世系譜》。

## 【山左課試錄】

見《歷城張氏世系譜》。

### ◆ 鄭士芳

士芳字蘭坡，號柳田，歷城人。太學生。

其詩文集未見著錄。《國朝山左詩彙鈔後集》卷五載其《山水畫卷書後》、《題雪丐圖》詩二首。

## 【鄭士芳王家榕書畫合璧冊不分卷】

鄭士芳、王家榕繪。家榕，泗水人。是編現存：清嘉慶寫繪本，山東省圖書館藏。

《續修歷城縣志·列傳三·鄭士芳傳》：精繪事，每作畫，必係以詩，爲一時士大夫所傾慕。

## 【鐵松金石圖】

鄭士芳、郭敏磐繪。現存：寫繪本，上海博物館藏。

### ◆ 郭敏磐

敏磐字小華，號雲門外史，歷城人。嘉慶甲子（九年）舉人。官益都教諭。善隸書，爲桂馥弟子。工山水，阮元稱爲山左第一。

其詩文集未見著錄。《國朝山左詩彙鈔後集》卷十三載其《題鷹阿山樵〈秋山讀書圖〉》一首，小傳注云："小華精繪事，工吟咏，尤善隸書。阮芸臺相國督學山左時，特蒙賞識。嘉慶甲子秋闈，試帖題爲《鵲華秋色》，起句云：'月倚風淪地，王孫舊畫圖。'主司擊節歡賞，遂獲雋。"

## 【鐵松金石圖】

與鄭士芳合繪。見鄭士芳著作。

### ◆ 郭通磐

通磐字雲臺，號春嶠，歷城人。

## 【郭氏族譜一卷】

現存：稿本（一冊），山東省圖書館藏，《中國古籍善本書目》、《山東文獻書目》、《中國家譜總目》著錄。

《郭氏族譜》一卷　山東省圖書館藏稿本

此稿據嘉慶癸酉重修本續補，續至乾隆五十年。前有嘉慶五年郭通磐《譜序》。末有庚申二月春嶠氏《跋》云："己未秋，余欲修族譜，即以乾隆庚子原本細加參訂，闕者補之，錯者正之，經月始得事竣。其間支派釐然不紊，但字諱尚未考全。於庚申春復細心校對，反覆披閱，實無訛舛，而譜得成矣。"

## ◆ 翟　凝

凝字鱗江（一云號鱗江），歷城人。嘉慶甲子（九年）舉人。以大挑知縣分浙江，歷署泰順、嵊縣、臨海縣事。歸自臨海，以積勞卒於舟次，年四十七。事詳《續修歷城縣志·列傳三》。

### 【真研齋詩草一卷】

見《濟南府志·經籍》（無卷數）、《山東通志·藝文》（據本書）、《續修歷城縣志·藝文考》（據本書作《真研齋詩》一卷）。現存：①清嘉慶刻本，青島市圖書館藏，《青島市圖書館古籍書目》、《山東文獻書目》著錄。②清道光七年刻本（作《真研齋詩》一卷），中國國家圖書館、山東省博物館、青島市圖書館藏，《續修四庫全書總目提要（稿本）》、《山東省博物館藏明清民國山左學者著述知見錄》、《青島市圖書館古籍書目》、《清人別集總目》著錄。

《山東通志·藝文》云："是集刊於道光丁亥。卷首載周樂撰《傳》，稱其詩多諧語諷世。今檢卷中詩，如《蠶姑廟》、《江山》、《船歌》等篇，皆語含滑稽，意存懲戒，信如樂所言。其他如《墮池歌》、《入館書懷》諸作，亦多詼詭之趣。而才力富健，氣骨凝重，雖近俳體，要不失爲雅音。"

《續修歷城縣志·藝文考》："鱗江長身頎立，工吟善書。憶嘉慶辛未冬，寓予齊川精舍，翦燭談詩，恒至漏數下。出舊作相是正，嘗有句云：'雞聲隔壁晨炊熟，鴉陣連天噩夢闌。茅店籠燈烘柿客，豆田吹火賣鶉人。'此類甚多。予遊長安，嘗刪訂其集，並尹畹階先生及周范墅詩重刻之，周二南、桐城姚庚甫爲之傳云。"《山左詩彙鈔》。

又："乙亥暮春遊歷下城東閔子墓，見壁有小詩云：'兩楹終日對山開，寒食芳尊奠綠苔。笑指南村好風景，杏花紅出破牆來。'筆致輕逸，邑人翟鱗江筆也。鱗江詩工對仗，有贈予句云：'遊蹤海内留鴻爪，官味年來笑鼠肝。'"袁潔《蠡莊詩話》。

《國朝山左詩彙鈔後集》卷十三載其詩五十一首。

## ◆ 李肇慶

肇慶字裔雲，號餘堂，歷城人。嘉慶甲子（九年）舉人。官陝西潼關同知。性倜儻，廣交游，輕財好施，一時有"小孟嘗"之名。

其別集未見著錄。《國朝山左詩彙鈔後集》卷十三載其《北上留別翟鱗江表叔即送需次浙江》詩一首。

### 【歷下三君詩集四卷】

與周樂合編。乃尹廷蘭、翟凝、周奕黌三人合刻之集也，見《山東通志·藝文》（集部總集類）、《續修歷城縣志·藝文考》（作《歷下三君詩》四卷，據本書）。

《續修歷城縣志·藝文考》載崔平瑞《跋》略曰："歲丙戌，余主講永康，適歷下李霽雲玥府來攝邑篆，公餘賦詩飲酒，相得甚歡。因出一編見示曰：'此吾鄉尹畹階先生詩稿，即余瓣香所在也。'雒誦數過，沈雄老健，卓然成家。山左詩人自王漁洋、趙秋谷諸先輩後，此其傑出者乎？霽雲曰：'吾友如翟鱗江、周范墅，亦以詩鳴於時。惜其人已沒，遺稿亦多散佚。'每爲余摘述卷中佳句。余嚮慕綦切，又以弗窺全豹爲憾。丁亥夏，霽雲移任灞陵，余與俱東；而周二南、喬松石亦自歷下來，攜鱗江、范墅詩各一帙。時霽雲將刻畹階先生詩，屬與鱗江、范墅遺稿並加校讐。畹階詩仍分上下兩卷，鱗江、范墅則各爲一卷。是舉也，芟存編次以二南總其事，而余與松石俱供埽葉之役云。道光七年歲在强圉大淵獻重陽後三日珠巖崔平瑞謹跋。"

### 【潼關詠史一卷】（一名《消夏同詠》）

與周樂、慶祿同撰。現存：清道光十五年紉香齋刻本，山東省博物館藏，《販書偶記續編》、《山東文獻書目》著錄。

《續修歷城縣志·藝文考》作《消夏同詠》（卷未詳），提要云："慶祿《二南詠史詩鈔弁言》：'向喜觀前人詠史詩。今歲苦熱官閒，因憶《史記》所傳諸人，隨意拈詠，而二南明經、需雲司馬乃共推獎而和之。不三月，三人所詠，裒然成集，已名爲《消夏同詠》，付之梓工。'《二南詩續鈔》。

按：慶祿，長白人。"

## ◆ 孟詹繹

詹繹字翕穀（一云字弇穀），號悅齋，別號柳谷，淄川人。嘉慶甲子（九年）舉人。《濟南府志》卷五十四有傳。

### 【悅齋詩草】

見《國朝山左詩彙鈔後集》、《濟南府志·經籍》（作《悅齋詩集》）、《山東通志·藝文》。現存：清淄川孫錫嘏輯《般陽詩鈔》稿本（一卷），山東省博物館藏；《山東文獻集成》影印。

《續修四庫全書總目提要》著錄淄川高氏抄本（不分卷），提要云："其為詩始窮理法，繼專三唐，終務精騖，不規橅前人，而常為前人所難到。其集中諸詩，如《節婦篇》、《俠客行》、《誡孫詩》、《漁翁石》諸長詩，或表彰節烈，或慨慕俠義，或流連古蹟，類皆性情獨到之作。又《搖落》云：'難將心事話同儕，搖落關情又一秋。家有田園依舊僕，人無兄弟重交游。疏狂半世猶黃口，多故中年欲白頭。悔向詩書消歲月，古今詞客總窮愁。'又《芸窗》云：'塵世勞勞負夙期，芸窗耿耿許誰知。偶評古史思身後，每對青燈憶少時。萬里功名馬齒長，一生心事虎頭癡。聞雞午夜還餘興，休笑盈盈兩鬢絲。'兩首，其感慨之情，又皆溢於楮墨矣。"

《山東通志·藝文》引《憨齋詩話》云："柳谷先生起凌雲亭詩社，恒與石子真、耿希尹輩吟詠其間。著有《悅齋詩草》。歿後鄉謚文愨。茲錄其佳句云：'家有田園依舊僕，人無兄弟重交遊。'讀之可以想見先生之為人矣。"

《國朝山左詩彙鈔後集》卷十三載其詩十六首。《三續淄川縣志·藝文》載其《游凌雲臺 在城北無影山》詩一首。

## ◆ 艾崇僑

崇僑，濟陽人。嘉慶甲子（九年）舉人。官鄒城教諭。民國《濟陽縣志》卷十一有傳。

其詩文集未見著錄。民國《濟陽縣志·藝文》載其《大安莊長春寺碑記》（嘉慶二十四年）一文。

## ◆ 成元濟

元濟字巨川，又字濼源，自號齊東放民，新城人。嘉慶甲子（九年）歲貢。《重修新城縣志》卷十八有傳。

### 【周易會解】

見《重修新城縣志·藝文》及本傳。

### 【儀禮鄭註刪增】

見《重修新城縣志·藝文》及本傳。

### 【春秋三傳輯要】

見《重修新城縣志·藝文》及本傳。

## ◆ 張範東

範東字曇村，濟陽人。嘉慶十年進士。道光五年任深州知州，官至陝西鹽法道。民國《濟陽縣志》卷十一有傳。

其詩文集未見著錄。民國《濟陽縣志·藝文》載其《重修廟學碑記》（道光二十四年）、《劉節母張孺人八秩壽序》等文。

### 【深州直隸州志十卷首一卷末一卷】

現存：清道光七年刻本，上海圖書館、南京圖書館等藏，《北京圖書館普通古籍總目》著錄。

## ◆ 郝 簪

簪字秋岩，齊河人，允哲女，齊東張鳳鳴妻。《齊河縣志》卷二十七有傳。

### 【秋岩詩集三卷】

其弟郝答所輯。見《山東通志·藝文》。現存：①清道光五年藜照堂刻本（《碧梧軒吟稿》一卷《蘊香閣詩鈔》一卷《恤緯吟》一卷），中國國家圖書館、山東省博物館藏，《婦女著作考》、《續修四庫全書總目提要（稿本）》、《山東省博物館藏明清民國山左學者著述知見錄》、《清人詩文集總目提要》著錄。②清道光五年刻十三年李玉清補刻《郝氏四子詩鈔》本（《恤緯吟》有《續抄》一卷，餘同前），山東省圖書館藏；《山東文獻集成》影印。民國《齊東縣志》本傳云："濟陽知縣李若琳出資刊板行於世。"《齊河縣志·著作》云："清道光五年刊行，民國九年補修舊板十三頁，板存縣立第一高等小學。"

《山東通志·藝文》：是集道光乙酉刊。黔中李若琳《序》云："《秋岩詩集》三卷：《碧梧軒吟》，其閨中作也；《蘊香閣詩鈔》，于歸後作也；《恤緯吟》，則夫亡子喪時作也。觀其《詠物》、《讀史》諸作，古澹閒遠；《和叔父寅亭》、《寄良人醒堂》及諸姑伯姊間贈答之詞，春容蘊藉，可謂和而不流者矣。醒堂歿後不數年，子可觀繼亡。《恤緯吟》一篇，淒淒愴愴，如怨如慕，如泣如訴，而要不乖於怨而不怒之旨，謂非善持其志者歟？"據本書。《閨秀正始集》簪一條云："《示子》云：'襟抱狹宇宙，形骸束閨閣。'《早發平原》云：'車聲撼月影，馬迹破霜痕。'《詠硯》云：'惟茲一片石，知我萬里心。'人爭傳誦。"又《買春詩話》稱"其《詠史》云：'時來功狗亦王佐，運去臥龍非將才。'識議宏卓。視道韞'柳絮因風'，終未免兒女口角。"

《國朝山左詩彙鈔後集》卷二十七載其詩四十五首。《重修商河縣志·藝文》載其《陳節婦孫氏詩》、《輓苦節路母李氏 有序》、《輓節孝路母黎氏 並序》詩三首。《齊河縣志》卷三十載其《飲馬池懷古》等詩。《齊東縣志》卷六選載其詩十首。

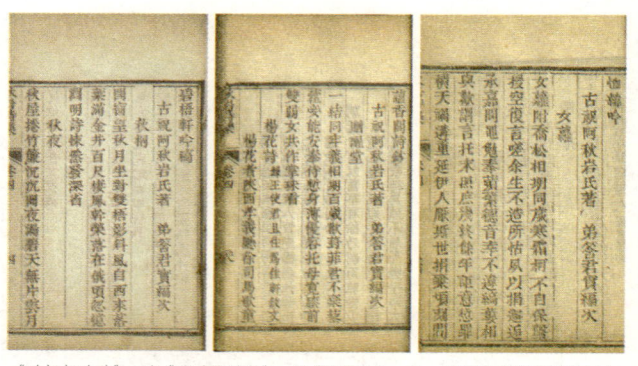

《碧梧軒吟稿》一卷《蘊香閣詩鈔》一卷《恤緯吟》一卷　清道光五年藜照堂刻本

### ◆ 郝 答

答字君實，號餐霞，齊河人，允哲子。諸生。《齊河縣志》卷二十七有傳。

### 【愛吾廬稿】

見《山東通志·藝文》（集部別集類）。《國朝山左詩彙鈔後集》、《山東通志》卷百七十本傳、民國《齊河縣志·撰述》均作《愛吾廬詩集》。現存：清道光十三年刻《郝氏四子詩鈔》本（《愛吾廬初集》一卷《愛吾廬續集》一卷《愛吾廬餘集》一卷），中國國家圖書館、山東省圖書館藏，《中國叢書廣錄》著錄；《山東文獻集成》影印。

《山東通志·藝文》：《買春詩話》云："餐霞倜儻不羈，任俠有奇氣。博學工詩，以《四面荷花賦》受知於阮芸臺先生，名大振。所著《愛吾廬稿》、《南遊小草》，並屬余序之。詩涉唐賢之域，同人中無出其右者。其《答客》詩云：'疑有鬼神助，高吟得未曾。詩懷涼似水，人影瘦於燈。泥古吾何敢，趨時愧莫能。祇應躭寂寞，筆硯是良朋。'此可以見其識之高曠矣。"

《國朝山左詩彙鈔後集》卷十八載其詩二十八首。《齊河縣志》卷三十一載其《水村詩存序》一篇。

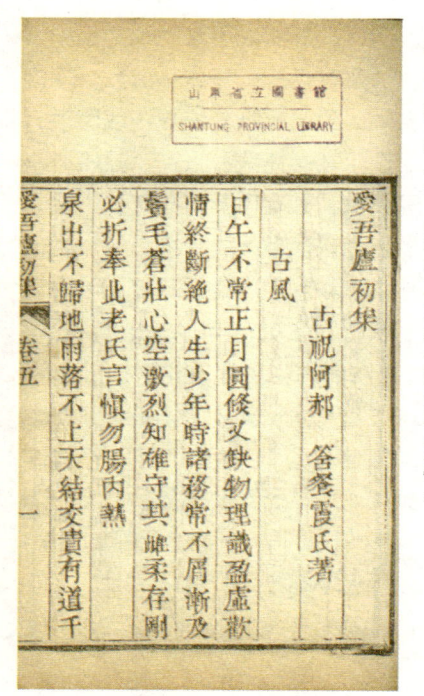

《愛吾廬初集》一卷　清道光十三年刻《郝氏四子詩鈔》本

### 【漱芳集詩】

見民國《齊河縣志·撰述》。道光十三年刻《郝氏四子詩鈔》本《愛吾廬餘集》前有嘉慶庚辰餐霞氏自序一篇，題爲《瀨芳集詩敘》，有"爰輯艷作，集爲外編，命之曰《漱芳集》"之語。驗之《餘集》所收之詩，正相合也。則所謂《漱芳集詩》者，即《餘集》之別名也。

### 【南遊小草】

見《山東通志·藝文》、《齊河縣志·撰述》。

## 【四子詩】

郝筌編。《山東通志·藝文》（集部總集類）著錄，引《山左詩彙鈔》筌一條云："嘗輯郝氏家集爲《四子詩》傳世。"

### ◆ 李傑士

傑士，歷城人。

## 【邊李詩選合刻二卷】

見《山東通志·藝文》（集部總集類）、《續修歷城縣志·藝文考》。凡《華泉詩選》一卷，許邦才選；《滄溟詩選》一卷，劉敕選。

《續修歷城縣志·藝文考》載傑士《自跋》曰："余自束髮從先君授讀東園，每逢乞巧日，命予兄弟登樓曬書，因檢案頭，得邊、李《詩選》二鈔本。《華泉集》，許殿卿選。《滄溟集》，劉君授選。諸家評語，班班前列。惟許序剝蝕，甚以爲憾。仍庋之高閣。厥後趨庭學詩，乃取二選本朝夕講誦，究未識兩家和粹高華之所在。迨吟詠有年，始歎四君子居同鄉里，後先倡和，宜其親炙特深，而遴選更精也。向非曾大父留心鄉文獻而什襲之，亦何能得雙璧于故簏中乎？先君有志未逮，予小子肄業濼源書院，請序於名公鉅卿，合刻以公於世，庶幾二公之詩傳廣被，亦不失一家珍藏之微意云。嘉慶十一年歲次丙寅仲秋望日。"

又載錢樾《序》略曰："二選所登詩極少，而諸體咸備。兩家之菁華，亦悉萃於此。"

### ◆ 洪大猷

大猷字偉烈，又字覺山，晚號南林居士，齊河人（一作濟陽人）。嘉慶丙寅（十一年）歲貢。《齊河縣志》卷二十七、《濟陽縣志》卷十一有傳（作洪偉烈）。《濟陽縣志》卷十七有舉人賈壽年《試用訓導洪偉烈先生教思碑誌》、翰林院檢討洪折桂《洪公大猷字偉烈墓誌》。

## 【周易引鑑】【易經會解】

見民國《濟陽縣志·著述篇目》，撰者作洪偉烈。

## 【蒙養傳薪】【傳家寶鑑】

見民國《濟陽縣志·著述篇目》，撰者作洪偉烈。

## 【二十四孝圖】

見民國《齊河縣志·撰述》。《縣志》本傳云："工書法，兼精繪事。製《二十四孝圖》，已板印流傳。"

## 【聖賢道統圖】

見民國《齊河縣志·撰述》。《縣志》本傳云："並繪《聖賢道統圖》，上自伏羲，下迄孟子，阿堵傳神，俱勃勃有生氣。其長子照，郡庠生，次子鰲，邑庠生，什襲珍藏，從不肯輕以示人。舉人賈廼筵、拔貢張大進、明經王學襄均有題跋書，稱頌弗止云。"

## 【養正齋詩集】

見民國《濟陽縣志·著述篇目》，撰者作洪偉烈。

### ◆ 仇陳錫

陳錫字禹九，齊東人。嘉慶丙寅（十一年）歲貢生。

## 【四書聯脈】

見《齊東縣志·著作》，注云："未及付梓而散佚，惟《學庸聯脈》尚存。"

### ◆ 成　琅

琅字瑤西，號樨園，鄒平人，瓊弟。嘉慶丁卯（十二年）舉人。

## 【鉏經揅記十四卷】

見《濟南府志·經籍》（無卷數）、《山東通志·藝文》（經部禮類）。現存：①稿本，湖北省圖書館藏，《中國古籍善本書目》、《清史稿藝文志拾遺》著錄。②清咸豐元年清稿本，見《中國書店三十年所收善本書目》。③民國山東省立圖書館據家藏底稿本鈔本，山東省圖書館藏，《雙行精舍書跋輯存續編》、《續修四庫全書總目提要（稿本）》著錄；《山東文獻集成》影印。④民國山東樂陵鈔本，山東省圖書館藏。

《山東通志·藝文》：是編爲總釋禮服之書。首豎桑之利，次化治絲枲，次涑染，次首飾，爲卷各一；次作服之法，凡二卷；次雜飾之具，一卷；八卷、九卷曰安禮之例；十卷至十三卷曰喪服之紀；末卷爲圖證。《自序》稱"向輯《禮經釋例》，削稿已七卷，病其繁而棄之；擬割其中會證之辭，名之曰《禮俗存古錄》，既又懟置者十餘年；道光改元之歲，復取舊所蒐集者，日疏一二紙，略加詮次，名之曰《鉏經摭記》"云云。其爲說貫穿《三禮》，以今況古，引據浩博而歸諸實用。孔廣林《吉凶服名用篇》方之此書"蓋大輅之椎輪矣"。

《鄒平縣志·藝文攷》（民國三年續纂）作《鋤經摭記》，載濟南知府廬陵王贈芳《敘》云："余既跋蕭中《篛園日札》，西園亦出其《鋤經摭記》相質。昔《李氏花萼》、《竇氏連珠》僅以詞華名世，若到漑、到洽，雖善玄理，無當實用。西園所著，蠶桑絲枲，吉凶服制，皆切近之事。使出而有爲，必能敦俗善化，返漓爲醇。使徒以經生目西園，失西園矣。"

《鉏經摭記》十四卷　山東省圖書館藏民國鈔本

【濟南府志初稿】

與其兄瓛同撰。見成瓛著作。

### ◆ 韓守恕

守恕字強齋，號錦堂，章丘人。嘉慶丁卯（十二年）舉人。

【錦堂詩稿】

見道光《章邱縣志·藝文》、《濟南府志·經籍》、《山東通志·藝文》。

### ◆ 朱慶誠

慶誠字丕能，平陰人。嘉慶丁卯（十二年）舉人。

其詩文集未見著錄。《國朝山左詩續鈔》卷二十九載其《水村溪》、《菊圃》、《宿青帝宮》詩三首。

### ◆ 花壽山

壽山字南村，歷城人。嘉慶丁卯（十二年）舉人。官平陰縣教諭。

其詩文集未見著錄。《國朝山左詩彙鈔後集》卷十三載其《金陵雜詩》（五首）、《移居》、《己亥仲夏六十初度自壽》（二首），凡八首。

### ◆ 李汝楫

汝楫字蘭舟，歷城人。嘉慶丁卯〔十二年〕副貢。官教諭。

其詩文集未見著錄。《國朝山左詩彙鈔後集》卷十三載其《送友南歸》、《春日獨坐》詩二首。

### ◆ 馬毓林

毓林字西園，又字柳村，號雪漁，商河人。嘉慶戊辰（十三年）進士。歷官雲南府知府。

其詩文集未見著錄。《國朝山左詩彙鈔後集》卷十三載其《蘆花》四首。《重修商河縣志·藝文》載其《鴻泥雜志自敘》、《景唐季親翁大兄並尊嫂王孺人八秩雙慶》、《萬里吟小引》等文。

【鴻泥雜誌】

見《山東通志·藝文》（據《武定詩續鈔》）。現存：清道光六年刻本（四卷），中國國家圖書館、中國科學院圖書館等藏，《販書偶記》、《續修四庫全書總目提要（稿本）》、《北京圖書館普通古籍總目》著錄。

《重修商河縣志·藝文》載其《自敘》云："天地之大，品彙之繁，怪怪奇奇，何所不有？如必以親身涉歷之區，所見所聞，筆之於書，以爲良朋聚談之助，則游覽所弗及、耳目所不周者，終屬茫然。是何殊於以蠡測海，以管窺天，徒貽笑於大雅乎？然而九州徧歷，世有幾人？書生不出戶庭，眼光如豆，一旦筮仕分符，凡山川風土、古今人物，以及謠諺詩歌，見所未見，聞所未聞，使不登諸編篇，則過而輒忘，幾與入寶山而空回者無異；況萬里遐荒，尤爲《廣輿》諸書所不及詳者哉！余於甲申冬季奉命出守滇南，渡黃河，涉湘漢，過洞庭，由灘河抵鎮遠；自鎮遠而南，日日山行，所見奇峯峭壁，密箐深林，苗夷之詭異，花鳥之離奇，不一而足。至乙酉六月，始抵滇省，旋補麗郡。麗郡居會城之西，相距一千三百餘里，界連川藏，漢夷雜處，其山川、人物，更有前人所弗及考核者。幸其地僻事簡，公餘之暇，輒取道途所經及聞諸友人者，抄錄成帙。非敢借此以問世也，異日萬里歸來，重逢舊雨，話邊疆之風景，敘別後之游跡，則於聯林剪燭之時，以此編代吾口焉，亦奚不可？"

## 【萬里吟】

見《商河縣志》、《山東通志·藝文》。現存：①清道光八年刻本（一卷），中國國家圖書館、雲南圖書館等藏，《清人別集總目》、《清人詩文集總目提要》著錄。②民國間《黔南遊宦詩文徵》鈔本（一卷），中國國家圖書館藏。民國《重修商河縣志·藝文》載有《萬里吟小引》。

《重修縣志·藝文》又載其《典試湖南紀恩》、《試院書懷》、《出守滇南留別都門諸友》等詩。

### ◆ 亓　保

保字守安，商河人。嘉慶戊辰（十三年）進士。官臨城知縣。

## 【琅槐遺編】

見《商河縣志》、《山東通志·藝文》（集部別集類）。

### ◆ 王服經

服經字獲古，陵縣人。嘉慶甲子（九年）舉人，戊辰（十三年）進士。官翰林院檢討。性孝友，廉隅自飭，謹實樸誠。卒年九十二。《陵縣志》卷二十、《濟南府志》卷五十六有傳。

其詩文集未見著錄。《陵縣志》卷十六載其《仁宗睿皇帝五旬萬壽恭紀詩并序》一首。

### ◆ 尹濟源

濟源字霽園，號竹農，歷城人。嘉慶戊辰（十三年）進士，改庶吉士。歷官湖北巡撫。

其詩文集未見著錄。《國朝山左詩彙鈔後集》卷十三載其詩《秋日游鵲華兩山》、《京都元夕》（二首），凡三首。

### ◆ 朱凝台

凝台號朗甫，歷城人。嘉慶戊辰（十三年）恩科舉人。官鉅野教諭。

## 【朗甫文稿】

《續修歷城縣志·藝文考》據朱學猷鄉試硃卷履歷著錄。

### ◆ 羅開勳

開勳字銘書，號桐圃，章丘人。嘉慶戊辰（十三年）舉人。《濟南府志》卷五十四有傳。

《濟南府志》本傳云："嘗賦《百里負米詩》以自勉。"

### ◆ 魏復誠

復誠，淄川人。增生。

其文集未見著錄。《三續淄川縣志·藝文》載其《西峪修普陀洞碑記》。

### ◆ 曹佳和

佳和字而介，號厚庵，淄川人，炳文子。嘉慶己巳（十四年）進士。歷官大姚知縣。《濟南府志》卷五十四、《三續淄川縣志》（卷九）有傳。

## 【鑒古齋文集】

見《山東通志·藝文》（據《鄉土志》）。《山東通志》卷百六十九本傳、《三續淄川縣志》本傳均作《鑒古齋稿》。

《三續淄川縣志·藝文》載其《大湖山房記》一篇。

### ◆ 馬翙宸

翙宸原名莟，字次溪，商河人。嘉慶己巳（十四年）進士。官太平知縣。

## 【濱海集】

見《商河縣志》、《山東通志·藝文》。

《重修商河縣志·藝文》載其《邑貢生孔昭張先生墓表》、《清勅授登仕郎巨源于公墓表》、《清授昭武都尉劉公暨元配趙恭人墓表》等文，《孔光祿西山別墅》詩一首。

## 【江上吟】【湖上吟】

見《商河縣志》、《山東通志·藝文》。

## ◆ 金　洙

洙字文波，號五泉，歷城人。嘉慶己巳（十四年）進士。歷官天津道。《濟南府志》卷五十三有傳。

其詩文集未見著錄。《國朝山左詩彙鈔後集》卷三十載其詩二首，小傳注云："文波先生爾雅溫厚，與余最契。余赴山西需次時，曾辱綈袍之贈。惜詩稿散佚，僅於真定城外趙順平侯廟碑得《樂歌》二首錄之。"

## ◆ 賈　璇

璇字聯樞，歷城人。嘉慶己巳（十四年）歲貢。殫心理學，深有得於朱、陸異同。《濟南府志》卷五十三、《齊河縣志》卷二十七有傳。

## 【易筆記】

《山東通志·藝文》（經部易類）、《續修歷城縣志·藝文考》據《續修府志採訪冊》著錄。

民國《齊河縣志》謂賈璇爲齊河孫耿人，嘉慶十五年（庚午年，嘉慶己巳之次年）歲貢。

## 【書筆記】

《山東通志·藝文》（經部書類）、《續修歷城縣志·藝文考》據《續修府志採訪冊》著錄。

## 【詩筆記】

《山東通志·藝文》（經部詩類）、《續修歷城縣志·藝文考》據《續修府志採訪冊》著錄。

## 【禮筆記】

《山東通志·藝文》（經部禮類）、《續修歷城縣志·藝文考》據《續修府志採訪冊》著錄。

## 【春秋宗孟十二卷】

見《山東通志·藝文》（經部春秋類）、《續修歷城縣志·藝文考》（據本書）。《玉函山房藏書簿錄》著錄尊經堂未梓原本。

《山東通志·藝文》："是書有《自序》略云：

'孟子曰：《春秋》成而亂臣賊子懼。《春秋》懼亂賊之書也。經書弒君者二十四，出奔者六十，作亂而致國殺者五十七，無一非亂賊之事，即無一非懼亂賊之筆。說《春秋》者以孟子爲折衷，庶幾於比事屬辭之義無刺謬乎？'據本書。"

## 【三傳筆記】

見民國《齊河縣志》本傳。《濟南府志·經籍》作《尊經堂易書詩三傳筆記》。

## 【五經筆記】

見民國《齊河縣志》本傳。

## 【四書筆記】

見《濟南府志·經籍》、《山東通志·藝文》（經部四書類）、《續修歷城縣志·藝文考》。現存：《孟子筆記》二卷，清道光二十四年馬國翰刻本，山東省圖書館藏。《販書偶記續編》著錄道光二十四年馬國翰刻本，八卷。

《續修歷城縣志》本傳云："殫心理學，與文登李允升、棲霞牟應鎮相切劘，深有得於朱、陸異同，爲紫陽功臣。嘗謂學者曰：'得經師易，得人師難。'所重可知矣。著有《尊經堂四書筆記》"

## ◆ 鄭啟洸

啟洸字武門，歷城人，銘子。諸生。

其詩文集未見著錄。《國朝山左詩續鈔》卷十九載其《橋上》詩一首。

## ◆ 王思溫

思溫，濟陽人。庠生。

其詩文集未見著錄。民國《濟陽縣志·藝文》載其《重修商家橋碑記》（嘉慶十四年）一文。

## ◆ 王　怡

怡字樂亭，商河人。嘉慶庚午（十五年）舉人。

其詩集未見著錄。《重修商河縣志·藝文》載其《登外城有感》、《古堞秋風》詩二首。

## 【商河縣志八卷】

現存：清道光元年刻本，重慶北碚圖書館藏。《重修商河縣志》作《商河縣志略抄》，卷首載清道光元年王怡《商河縣志略抄序》略云："偶得舊《志》抄本、《武定志》原本合而校之，各仍其舊；兼取書史有關於邑之事跡見於他《志》邑人所見、所聞、所傳聞者，並抄之。積年，成若干卷。"考道光《道光縣志》龔廷煌《序》稱"嘉慶中邑孝廉王怡銳意修舉，採訪頗廣，未竟而沒"云云，則此爲其歿後續成之稿也。

## 【三餘偶鈔】

見《商河縣志》、《山東通志·藝文》（子部雜家類）。《重修商河縣志》本傳作《三愚書抄》。

### ◆ 馬天錫

天錫，商河人。廩生。

其詩集未見著錄。《重修商河縣志·藝文》載其《祖公德政詩》一首。

### ◆ 秦化成

化成，商河人。

其詩集未見著錄。《重修商河縣志·藝文》載其《龍泉夜步用高司業韻》詩一首。

### ◆ 周朝奎

朝奎字聚五，號澹園，齊東人。嘉慶庚午（十五年）舉人。官國子監學正。《齊東縣志》卷五有傳。

## 【澹園詩文集】

見《齊東縣志·著作》。《縣志》本傳云："專肆力於古文詞，尤嗜翰墨，工草書。所著詩文集稿，俱以'澹園'名。惜卷帙散佚無存，惟草書間有存者，皆什襲珍之。"

### ◆ 遲士英

士英，陵縣人。嘉慶庚午（十五年）歲貢。《陵縣志》卷二十有傳。

## 【儀禮便讀增注】

見《陵縣志》、《山東通志·藝文》（經部禮類）。

### ◆ 朱丕煦

丕煦字春旭，號和軒，歷城人，畹孫。諸生。

其詩集未見著錄。《國朝山左詩彙鈔後集》卷二十六載其《聽琴》詩一首。

### ◆ 朱丕勳

丕勳字峻之，號竹橋，歷城人，畹孫，廷相子。早卒。

其詩集未見著錄。《國朝山左詩彙鈔後集》卷二十六載其《同沈芳洲先生張稼門李恩廷兩姻丈遊大明湖登北極臺》詩一首。

## 【棋譜釋疑】

見《續修歷城縣志·藝文考》，注云"卷未詳"，並引《紅蕉館詩鈔續》載王城《朱竹橋傳》云："生平好詩，又善圍棋，於前人舊譜多駁正其誤，著有《棋譜釋疑》藏於家。"

### ◆ 李紹祖

紹祖，章丘人，慎修孫。廩生，以年賜舉人。

其詩集未見著錄。道光《章邱縣志·藝文》載其《東陵仙人石》、《古城》二首。《國朝山左詩彙鈔後集》卷三十五載其《高閣獨酌》一首（據吳連周《繡水詩鈔》）。

### ◆ 李法祖

法祖字樹南，章丘人。嘉慶辛未（十六年）歲貢。

## 【對山草堂詩集】

見道光《章邱縣志·藝文》、《濟南府志·經籍》、《山東通志·藝文》。

道光《章邱縣志·藝文》載其《錦川即景》詩一首。

### ◆ 馬百逌

百逌字凝之，號野坪，德州人。廩貢生。官武城縣教諭。

## 【倮園吟草】

見《德縣志·邑人著作》。《縣志》本傳云："母爲孫通參葊山公女孫。通參文名滿海內，歿後家中落。爲刻其遺集，今所傳《鶴侶齋詩文》是也。"

### ◆ 張昕照

昕照字警齋，號曉峯，淄川人。嘉慶壬申（十七年）歲貢。《三續淄川縣志》（卷九）有傳。

**【新舊唐書摘要】【史鑑摘要】**

見《三續淄川縣志》本傳。

### ◆ 盧　著

著字碧筠，德州人，大學士盧蔭溥長女。

**【碧雲軒剩稿一卷附錄一卷】**

現存：清咸豐元年賈氏躬自厚齋刻本（《賈氏叢書甲集》之一），中國國家圖書館、上海圖書館、南京圖書館等藏，《中國叢書綜錄》、《清人別集總目》著錄。《續修四庫全書總目提要（稿本）》著錄《故城賈氏叢書》本，作《璧雲軒賸稿》一卷。

### ◆ 盧　本

本字子中，號泉之，德州人，蔭溥子。正一品廕生，嘉慶癸酉（十八年）恩賜舉人。歷官廣東司員外郎。

**【求是室集】**

見《德縣志·邑人著作》。

### ◆ 李敷榮

敷榮字春暉，歷城人。歲貢生，嘉慶十八年欽賜舉人。官海豐訓導。

**【痘科救劫論】【治痘經驗隨筆】【治痘科藥性】（共一冊）**

見《山東通志·藝文》（三種外另有《治疹經驗隨筆》，共一冊）、《續修歷城縣志·藝文考》（據本書）。現存：①清刻本，北京中醫藥大學圖書館等藏，《東北地區古籍綫裝書聯合目錄》、《中國分省醫籍考》、《中國醫籍通考》著錄。②民國七年天津華新印刷局排印本，中國國家圖書館、北京中醫藥大學圖書館等藏，《中國中醫古籍總目》著錄（題作《痘科救劫論》）。

《續修歷城縣志·藝文考》：敷榮《救劫論·自序》略曰：治痘之法有三，曰發，曰透，曰托。痘宜暢達，故以發爲常；其鬱滯而難宜者，則兼透之；其氣血不足以宣達者，則兼從內托之。自漢以歷晉唐宋元以來，名醫治痘，總不離此三法也。其後或有用此失宜者，以致毒熱爲害，而攻毒清熱之說起，天下小兒，盡入刧中矣。蓋徒知毒熱爲害，而不知毒熱不出始爲害，更不知毒熱之出而復回乃大爲害也。往年余子女以痘殤者特多，因思其治法之誤，久而豁然，著之爲論，蓋承正法、續絕學於一綫也。此書理明辭達，無義不剖，無疑不析，虛心徧覽，自當了然。此非一偏之見，且非救偏之言，真正宗也。

又，《經驗隨筆·自序》曰：家岳父濟陽艾公雨村，名醫也。嘗論治痘之法如禹之治水，行所無事而已，湮之而爲菑者鯀也，決之以殃人者圭也。蓋遠宗發、透、托之正法，而深戒攻毒清熱之害也。其用藥製方，亦必準此。余《救刧論》已刻，或以有論無方，爲闕無如，治痘舊方，多有未備，因憶余四十年來，於一切病疾著有《經驗隨筆》一編，是因鄉之所見古今之方，屢用屢驗而筆之者。其痘疹諸方，則舊方之外，兼有親受艾公之指示訓戒，以其所授之方筆之，準之於古而不悖，驗之於今而無失，亦載《經驗隨筆》編中。今摘而出之，以附論後，形色畢具，證治瞭如，次序不紊。擇焉必求其精，語焉必求其詳。世有叔和，乃知仲景之所學。此編何敢僭擬仲景，而叔和則世應有其人也。

**【三餘齋備急秘方一冊】**

見《山東通志·藝文》（子部醫家類）、《續修歷城縣志·藝文考》。

《山東通志·藝文》：前列《自序》並自註略云："此書所載，類皆家藏秘本，親朋驗方。其未備者，亦偶以舊方補之，因所聞見而遂書之。或正或奇，皆有實效，一方有一方之義，因證酌定。其中補天散一方，乃先伯子舒公所授，屢用之，無不大效。"據本書。

### ◆ 翟　駿

駿號竹坡，淄川人。嘉慶癸酉（十八年）副貢。官堂邑縣教諭。《三續淄川縣志》（卷九）有傳。

**【竹坡詩草】**

見《三續淄川縣志》本傳。

《國朝山左詩彙鈔後集》卷三十五載其《夏日遣興》詩二首（據馮繼照《般陽詩萃》）。

#### ◆ 董丕湘

丕湘字曉湖，號楚秋，章丘人。嘉慶癸酉（十八年）副貢。官覺羅教習。

其詩文集未見著錄。《國朝山左詩彙鈔後集》卷三十五載其《過平原》、《春泉招飲》詩二首（據吳連周《繡水詩鈔》）。

#### ◆ 耿維英

維英字芳九，號秋巖，新城人。嘉慶癸酉（十八年）拔貢。

【四書會心解】

見《重修新城縣志·藝文》。

【敬恕堂集】

見《國朝山左詩彙鈔後集》。《重修新城縣志·藝文》作《敬恕堂文集》。

《國朝山左詩彙鈔後集》卷三十二載其《太白樓》詩一首。

#### ◆ 吳連周

連周字荊圃，號柳塘，又號菊農，章丘人。嘉慶癸酉（十八年）拔貢。

【帚金集四卷】

見道光《章邱縣志·藝文》（作《帚金集詩稿》）、《濟南府志·經籍》、《山東通志·藝文》，俱無卷數。現存：①清道光二十一年灌蔬園刻本，山東省博物館藏，《山東文獻書目》著錄。②清咸豐五年刻本，山東省圖書館、青島市圖書館、遼寧省圖書館等藏，《販書偶記》、《清人詩文集總目提要》著錄。

《山東通志·藝文》：《山左詩彙鈔》載是集云："四冊，分冠、強、壯、艾，計可數百篇云。欲付剞劂，屬予選定。其近體清真雋永，雅近中唐。古體矯健警拔，時摹韓、蘇。"

《國朝山左詩彙鈔後集》卷十七載其《明妃曲》、《頡羹侯》詩二首，卷三十七載其詩七十首。《濟南府志·藝文》、《臨邑縣志》卷十一載其《臨邑水考》文一篇。

【高唐齊音二卷】（一名《朝陽雜詠》）

見《山東通志·藝文》。道光《章邱縣志·藝文》、《濟南府志·經籍》作《朝陽雜詠》，無卷數。現存：①清道光二十一年灌蔬園初刻本，山東省圖書館、山東省博物館等藏，《中國科學院圖書館新收中文線裝舊書草目》、《山東文獻書目》、《清人詩文集總目提要》著錄。②清光緒二十七年承繼堂重刻本，山東省圖書館、山東省博物館、臺灣大學圖書館藏，《山

《帚金集》四卷　清咸豐五年刻本

帚金集卷之一　冠

章邱吳連周鞠農著

寄蕭四芷江潭西精舍

潭西讀書處林木最蕭森竹徑曲通廛泉聲清到心窗

開懸斗近岸潤有龍吟勝攬湖亭迹應留白雪音

明湖懷王季木先生

鵲華橋畔雨寅寅池館難尋白芷馨百首齊音空絕調

何人重築問山亭

《高唐齊音》二卷　清道光二十一年灌蔬園初刻本

高唐齊音卷上

邑人吳連周鞠農著

山水

長白山在縣東十五里

柿葉猩紅翠碧中摩訶秋色畫難工洞天舊說神仙窟

何處凌虛白兔公

酉陽雜俎以長白為蕭然山非是金史蕭然古嬴地在今萊蕪晏謨述征記山巔雲雨常白故又名常白

東文獻書目》、《臺灣公藏普通本線裝書目書名索引》、《清人詩文集總目提要》著錄。

《山東通志·藝文》：道光辛丑刊本。馬國翰《序》云：“鞠農先生博學工文，慨然以訂古爲己任，暇日蒐羅羣籍，兼訪故老舊聞，著《高唐齊音》百首，以補志乘之缺。書以酈道元《水經注》、《樂史》、《太平寰宇志》、于欽《齊乘》爲經，他書百餘種爲緯，題句於前，而附辨論於後，則《讀史吟》、《評南宋雜事詩》之規例也。詞語寥新摘豔，在昌谷、義山之間。”據本書。按：是編爲辨證《章邱志》而作，所詠分山水、古蹟、金石、人物、軼事五門，皆七言絕句。一名《朝陽雜詠》。

## 【歷下詩草】

《山東通志·藝文》著錄，提要云：“《紉香草堂文鈔》有是編題辭。”

## 【雜詠隨錄八卷】

吳連周輯。現存：稿本（二冊），山東省圖書館藏。

## 【繡水詩鈔八卷】

見《山東通志·藝文》（集部總集類）。現存：清道光二十五年灌蔬園刻本，上海圖書館、山東省圖書館、北京大學圖書館等藏，《東北地區古籍綫裝書聯合目錄》、《臺灣公藏普通本線裝書目書名索引》著錄。

《山東通志·藝文》：是集道光乙巳刊。連周《自敘》云：“甲午授徒西錦，適值邑修志，迺得薈萃見聞，網羅放失，旁搜遠攬，彙輯成編。自周迄今，約

得百二十餘家，詩凡八百八十餘首，釐爲六卷。”劉家麟《跋》云：“是鈔鞠農輯於甲午，元書僅四卷耳，嗣以隨時補訂，廣爲六卷。及歲在乙巳，高仲恂昆弟將付諸剞劂，適鞠農設帳濼口，以編交之役相屬。予以其第五卷共詩二百六十餘首，較前後各卷不啻倍之，因釐爲二卷，復於第六卷中新增以魏聖符、彭繡源、孟在星諸君之作，亦釐爲二卷，故卷帙與原序不符。”據本書。按：卷一爲周漢唐宋元人詩，卷二、卷三爲明人詩，卷四至卷八爲國朝人詩。所載皆已歿者，不錄生存，爲例頗善。惟於明末人仕國朝者，以其科目在明，仍列明代，則於義未安。

### ◆ 張殿翰

殿翰字墨莊，陵縣人。嘉慶癸酉（十八年）拔貢。

其詩文集未見著錄。《陵縣志》卷十七載其《三泉書院捐膏火碑記》（道光三年）。

### ◆ 任曰瑛

曰瑛字紫符，號印山，平原人。嘉慶癸酉（十八年）拔貢。

其詩文集未見著錄。《國朝山左詩彙鈔後集》卷三十二載其《秋日遊婁敬洞》詩一首。

### ◆ 沈汝鈴

汝鈴字席之，歷城人，佐清孫。

## 【即事宣言二卷】

見《續修歷城縣志·藝文考》及本傳。

### ◆ 孫欲謹

欲謹，淄川人。

## 【般陽孫氏家譜十卷】

現存：清嘉慶十九年九如堂刻本，蘇州市圖書館藏，《中國家譜總目》著錄。

### ◆ 王賢儀

賢儀字麓樵，歷城人。治刑名，佐府縣幕。

## 【修註大清律例】

見《山東通志·藝文》（史部政書類）、《續修歷城縣志·藝文考》。

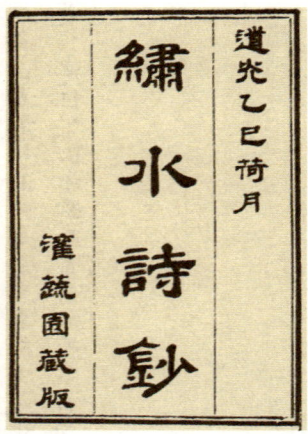

《繡水詩鈔》八卷　清道光二十五年灌蔬園刻本

《山東通志・藝文》：花壽山《跋賢儀申韓論》云：“《修註大清律例》，凡三增帙。自云心血所在，纂修者可採也。”見《家言隨記》。

## 【家言隨記四卷】

見《山東通志・藝文》（子部雜家類）、《續修歷城縣志・藝文考》。現存：清同治九年素風堂刻本（《家言隨記》四卷附《退齋遺稿》一卷），北京大學圖書館、上海圖書館、山東省圖書館藏，《續修四庫全書總目提要（稿本）》、《山東文獻書目》著錄；《四庫未收書輯刊》影印。書前有同治庚午（九年）曾國藩《序》、同治十二年沈兆澐《序》。卷一目錄後有同治二年湖北鍾祥通家弟張應翔《序》，同治五年同里毛鴻賓《序》。

《山東通志・藝文》：是書有素風堂刊本。卷一曰《申韓論》，曰《佐治藥言摘要》，曰《忠告節鈔》，曰《閱歷偶談》，曰《王氏說》；卷二曰《稽古論略》；皆隨筆札記，多評論古人賢否。卷三曰《轍環雜錄》；多紀山左山水、古蹟及祠廟、物產。卷四曰交際心殷，紀同時交遊宦山左者。曰尚論景行，紀濟南前代至國朝名宦、遊客。曰桑梓敬止，紀濟南前代至國朝人物。曰親戚情話，紀戚黨中有學行宦業者。曰骨肉心關；而以其先祖妣遺訓、先妣志略坿焉。其子鍾霖書後載賢儀之言云：“閱歷七十年，凡所見聞，有足法戒，隨手記之。性褊急，少讀書，然處世鮮詭，遇親友相善。志不去懷，刑名至重。得汪煥曾先生《佐治藥言》，摘錄其要，用以自訓訓人。轍環所歷，一往情深，數十年來所書，不覺成卷。世或即吾所記，以察吾之為人而可否之，未始非吾之深幸也。”據本書。

《續修四庫全書總目提要（稿本）》云：“其書皆樸實說理，悉本人情，而於刑名尤兢兢。故書中《佐治藥言》、《忠告節鈔》等，多賢儀識語，於居官居家之道，皆一一閱歷之。《轍環所錄》，則賢儀耳聞目見。《轍環溪山》、《入懷不忘》，皆極有關於山東掌故。至《交際心殷》、《尚論景行》、《桑梓敬止》等篇，於桑梓戚友，系念殷殷，亦皆極有資於志乘。毛鴻賓《序》謂‘凡治民佐治，與夫篤親戚，重交遊，所言皆其所能行，理不外日用尋常，而道則終身由之’云云，非虛譽也。全書各節，其子鍾霖識語甚多，或有所發明，或補所未備，亦皆極有關係。書首有張應祥、毛鴻賓等人《序》，末有其子鍾霖《跋》云。”

## 【名言摘錄】

見《山東通志・藝文》（據《稽古論略》卷末其子鍾霖識語，入子部雜家類）、《續修歷城縣志・藝文考》。

## 【退齋遺稿一卷】

現存：清同治九年素風堂刻本（附《家言隨記》後），北京大學圖書館、上海圖書館、山東省圖書館藏；《四庫未收書輯刊》影印。詩凡十三首，乃其子鍾霖從遺篋中輯得者。

### ◆ 王毓芳

毓芳字搜圃，齊東人。道光四年任懷寧知縣。

## 【懷寧縣志二十八卷首一卷末一卷】

現存：清道光五年刻本，中國國家圖書館、上海圖書館、南京圖書館藏。

## 【琅琊王氏僅存詩鈔一卷】

現存：清梓蔭簃鈔本，上海圖書館藏。

### ◆ 賈延齡

延齡字宇九，歷城人。

## 【地理切要】【陽宅知要】

見《山東通志・補遺・賈延齡傳》。

### ◆ 袁曦業

曦業，長山人。

## 【信豐縣志續編十六卷】

現存：①清道光四年刻本，中國科學院圖書館、北京大學圖書館等藏。②清同治六年周之鏞補刻本，中國國家圖書館、上海圖書館、浙江圖書館等藏。③民國十年補刻清道光本，上海圖書館、江西省圖書館等藏。

## 【龍巖州志二十卷首一卷】

現存：①清道光十五年刻本，中國國家圖書館、浙江圖書館、上海圖書館等藏。②清光緒十六年張文治補刻本，中國國家圖書館、南京圖書館等藏。按：

曦業於道光十年署龍巖知州。

### ◆ 楊廷鈺

廷鈺，商河人。舉人。

其文集未見著錄。民國《商河縣志·藝文》載其《重修文廟碑記》一篇。

### ◆ 楊天祿

天祿字介亭，歷城人。諸生。師新城王祖熙，長於古今文辭。

#### 【春秋管見集解八十七卷】

見《山東通志·藝文》（經部春秋類）、《續修歷城縣志·藝文考》（均據本書）。

現存：稿本（作《春秋管見》八十五卷，民國三十六年趙級三跋），山東省圖書館藏，《中國古籍善本書目》、《山東省珍貴古籍名錄（第一批）》著錄；《山東文獻集成》影印。

《續修歷城縣志·藝文考》：天祿《自序》略曰：愚少不慧，雖多所涉獵，愛博而情不專，碌碌無成，年四十矣。因思《春秋》視他經較熟，似易爲力，爰取四《傳》及《欽定彙纂》諸家說，反覆涵泳。不敢有心求異，亦不敢成見是拘，惟令字字句句與身心有關。苦心孤詣三十餘年，非敢問世也，亦惟俾後之見者，鑒予老大徒悲之失。本書。

《續修歷城縣志》本傳：著有《春秋管見》八十餘卷，卷帙浩繁。子孫式微，未得刊行，識者惜之。

### ◆ 孫毓洙

毓洙字伯山，歷城人。嘉慶丙子（二十一年）歲貢。

其詩文集未見著錄。《國朝山左詩彙鈔後集》卷三十二載其《西湖》詩一首。

### ◆ 賈　琅

琅字小細，號青圃，歷城人（家孫耿鎮，後屬齊河）。嘉慶己卯（二十四年）進士。以知縣改沂州府教授。

#### 【襄雨堂古文二卷】

現存：清咸豐元年雕藻齋刻本，山東省圖書館藏，《清人別集總目》、《清人詩文集總目提要》著錄。

民國《齊河縣志·藝文》載其《襄雨堂文集自序》略云："憶自十一歲學經生藝，二十四歲備弟子員，以喜好無恒，浮沉蠹簡寒氊中幾三十年。鹿鹿一衿，屢試屢蹶。遲暮之恐，中夜瞿然。乃轉心壹志，寢食勿忘。仰賴先世餘蔭，幸博一第。而夙昔所作之文，已散佚無一存者。族孫曰萼，搜而輯之，得若干首。余見而笑曰：'是殆所謂破甑前魚、雪泥鴻爪也。吾人讀書，貴先立志。志立而後心爲吾用。心爲吾用，雖聖賢可希也，制藝云乎哉。即如吾昔何以不遇，今何以捷獲。則志之立不立，心之用不用，有明徵矣。汝輩能師吾之用心，雖日取諸家文讀之，亦刻舟而求劍，膠柱而鼓瑟耳。以此區區數十藝，當桂林之一枝，吉光之片羽，則誤矣。'"

《齊河縣志》卷三十一載其《郝母張安人七十壽序》，卷三十二載其《老尼傳》、《卯金生側室張氏傳》、《兩孝子傳》，卷三十四載其《志和公上人》、《重修族譜厄言》、《重修族譜跋》。

### ◆ 李清渭

清渭字吏白，德州人。嘉慶己卯（二十四年）舉人。官東阿學博。

其文集未見著錄。《德縣志》卷十五載其《半櫓居士小傳》一篇。

#### 【庚寅詩草】【辛卯詩草】【岱遊詩草】【歷下詩草】【北上詩草】【趙樓詩草】

見《德縣志·邑人著作》。

《德縣志》卷十六載其《贈封仲可先生》、《山薑村拜田司農公墓》、《送瓜與田經畬》、《貞節詩爲龍伯巖先生令女作》等詩六首。

#### 【德州李氏家藏詩集】

現存：①清刻本（三冊），山東省圖書館藏。②清刻本一冊（李誠明《矩亭遺詩》一卷、李源《見可園集》一卷《見可園集補編》一卷、李檉《後知堂遺詩》一卷之合訂），李振聚藏。其《矩亭遺詩》尾鑴"道光丙申二月六世孫清渭敬刊"一行，後附李讚明（揚休）《讀雪詠偶成》、《次紫房末韻》詩。《後知堂遺詩》尾鑴"乾隆甲寅孫有基刊於福建連城官署"、"道光丙申元孫清渭重校字"各一行。

《續修四庫全書總目提要（稿本）》著錄清道光

刻本（作《德州北李家集》一冊，清李清渭編），提要云：“是集乃彙集其七世祖以下三世詩文者，計明李誠明《矩亭遺詩》一卷，清李源《見可園詩》、《補編》共二卷，李㮅《後知堂遺詩》一卷。按：德州有南北二李，此為北李一族，故題曰《北李家集》。誠明舉萬曆甲午科舉人，天啟中閣臣薦為中書舍人，不赴。魏奄以厚幣招之，託病辭。為學淹通，於星曆壬遁之學，皆有神悟，詩文莊嚴典雅。此冊所載，計古近體三十五首。前有程先貞所撰小傳，末坿其弟讚明詩二首。源字星來，順治丙戌進士，官河津知縣。其《見可園詩》僅三十首，皆五七言近體。前十八首屬《北遊存稿》，後十二首為《南遊存稿》。末有程先貞、倪相如、趙仲啟諸人評語；《補編》共計六十四首，則古近體詩均有之。㮅字聖木，康熙己卯舉人，工制義，學詩於王士禎，極有名。其《後知堂遺詩》共六十四首，亦古近體均有。北李詩文，自李源以後，為德州之冠。清渭嘗慨先人手澤之零佚，用是留心搜輯，凡殘編賸稿，零句斷章，無不疏記藏弆，暇輒編錄。嘗擬將誠明以下六世撰著彙成古文稿詩若干卷，總為《北李家集》。此編為詩第一冊。《矩亭詩》、《見可園補編》皆清渭所刊；其《見可園前編》及《後知堂遺詩》，則清渭從叔祖有基官福建連城知縣時所刊。清渭以其板尚完好，並爲印行，合為一編。按：《矩亭詩》，世極罕見。初年曾刻《翾翾草》，流傳亦極少，《山左詩鈔》未著錄。康熙間田同之撰《安德明詩選遺》，且謂‘其生平著作不無散佚，即所謂《翾翾》一草者，亦僅得之傳聞’云云。是冊所載，雖僅三數十首，亦可稱吉光片羽，彌足珍貴矣。”

#### ◆ 韓罄宜

罄宜，章丘人。嘉慶己卯（二十四年）恩貢。

### 【銀杏山房詩鈔】

見《山東通志·藝文》（據《繡水詩鈔》）。

#### ◆ 余正西

正西字秋門，歷城人，炯孫。嘉慶己卯（二十四年）舉人。歷官永濟知縣。《續修歷城縣志》卷四十一有傳。

### 【秋門詩鈔二卷】

見《山東通志·藝文》、《續修歷城縣志·藝文考》。現存：①清道光九年刻本（一卷），中共山東省委黨校圖書館藏；《山東文獻集成》影印。②清道光二十九年海棠書屋刻本，山東省圖書館、青島市圖書館等藏，《南開大學圖書館館藏線裝書目錄》、《清人詩文集總目提要》著錄。

《山東通志·藝文》：其詩凡二卷，今所見者僅一卷，蓋初刻也。姚景衡《跋》云：“詩雖不多，而藻密氣疏，韻悠骨健，於唐以後諸家幾無不備。知其致力者多，而所得亦甚深矣。”

《續修歷城縣志·藝文考》載姚景衡《序》略曰：“余與秋門論詩，其識迥卓出流輩上。進叩所自，則絕無師承。余益歎靈秀之特鍾，固不與尋常伍而資焉藉焉，而得之者究未足與馳域外之觀也。”本書。又引《山左詩彙鈔》同邑周二南樂云：“《秋門詩鈔》初刻，名雋鮮秀，超軼塵坋。至晚年撫時感事諸作，沈雄鬱勃，卓越恆流，有未可一律論者。覽者當自得之。”又引《寄心盦詩話》云：“秋門詩健勁處，一似明人之學七子，如‘治譜廿年留日下，才名三絕冠中州’、‘僧歸古寺鐘初定，樵踏空林葉半黃’、‘九塞關河開幕府，三邊鎖鑰控雄藩’，皆前明規格也。”

《續修歷城縣志》本傳：掖縣李圖謂與秋門交垂三十年，其詩每變而益上，如《登太華》諸作，雄傑淩厲，風骨高騫，方之韓、杜，始無愧色。《國朝山左詩彙鈔後集》卷三十六載其詩九十首。

《秋門詩鈔》一卷　清道光九年刻本

秋門詩鈔

送友人赴粵

歷下余正西秋門甫著

此去投誰是饑驅路幾千畫㮏梅子雨秋老荔奴

天八口愁生計孤帆入瘴煙明湖春柳色相待憶

年年

晚泊偶成

涼月照平沙泊舟沿柳岸斜櫓聲淒斷鴈帆影落鶯

鴉市遠酒難問水寒魚可叉鄉思正無極衰笛起

## 【國朝山左詩彙鈔前集不分卷】

現存：底本（十六冊），濟南張景栻藏，見《山東文獻書目》。

## 【國朝山左詩彙鈔後集三十九卷】

見《山東通志・藝文》、《續修歷城縣志・藝文考》。現存：清道光二十九年海棠書屋刻本，山東省圖書館、上海圖書館等藏，《青島市圖書館藏線裝書目錄初稿》、《河南省圖書館中文古籍書目》著錄；《山東文獻集成》影印。

《山東通志・藝文》：是編道光己酉刊。所錄自國朝初載，迄道光季年。然順、康、雍、乾四朝詩，盧見曾、宋弼、張鵬展所收已極繁富。此本所鈔，僅補其漏略而已。自嘉慶庚午以下，則搜采頗詳。其曰"後集"者，正酉嘗合訂盧、宋、張所鈔爲一編，名曰《彙鈔前集》，故別此本爲《後集》。據花壽山《序》，前集無刊本。又周樂序此本稱三十卷，蓋原稿二十九、三十兩卷爲補遺。此所刊自三十一至三十五亦皆爲補遺，三十六爲家集，三十七至三十九爲補遺。詩則一人而再見者，皆後所增也。其家集一卷並錄己作，蓋用唐人《篋中》、《國秀》二集例也。

《續修歷城縣志・藝文考》（據本書）載周樂《序》略曰："秋門嘗取德州盧雅雨、宋蒙泉兩先生及上林張南崧學使所輯國朝山左詩諸鈔，甄綜增訂，勒成一書。余前在關中讀而善之。又謂余曰：'兹鈔雖就，然自庚午以還，其間以詩鳴者尚指不勝僂，他日當別爲一集，以坿於後。'余心韙之，而竊慮其難也。未及十年，由平陸以《山左詩彙鈔後集》三十卷寄示，決擇之審，與前集同，可謂有志竟成矣。秋門銳意編摩，前後數十年，曾無寒暑遊宴之閒，微特精神識慮超越尋常，其惓懷桑梓之誼，抑何懃且篤也。是刻既竣，而所彙《前集》亦次第付梓。近又聞有山左明詩之選，其殫心著述，歷久不渝，足與雅雨諸公並有千古者，其不朽之盛業爲何如耶？"又載宗稷辰《書後》略曰："秋門早爲逸士，晚爲漫郎，蒐齊魯近人之詩，斟酌咀味，久而不倦。選中如于左村、鍾退軒、尹畹階、劉松嵐、孔荃溪、單芥舟、鹿雪樵、趙秋客，王氏之大柱、閏雲，閻氏之浩持、星持，及周二南、李蓴村輩，皆卓卓無遺憾。餘亦一峰一澗，各見意致。或有未見全稿，而但存殘鱗片羽，下此偶有過存。要其全體，則固蔚然韶濩奏而鸞鳳鳴也。"

## ◆ 余鍾瑩

鍾瑩字朗山，歷城人，正酉從弟。監生。

其詩文集未見著錄。《國朝山左詩彙鈔後集》卷三十六載其詩九首。

## ◆ 田　琦

琦，德州人。嘉慶二十五年恩貢。

## 【自吟草】

見《德縣志・邑人著作》。

## ◆ 鄭雲鵬

雲鵬字秋農，德平人。嘉慶庚辰（二十五年）恩貢。《德平縣志》卷七有傳。

## 【秋農遺稿】

見《德平縣志》本傳、《山東通志・藝文》。《縣志》本傳云："未梓。"

## ◆ 鍾廷璋

廷璋字叔珏，歷城人，廷瑛弟。嘉慶庚辰（二十五年）歲貢。邃於易數。

## 【孤香山房詩草】

見《山東通志・藝文》（據《續修縣志稿》）、《續修歷城縣志》本傳（鍾廷瑛附）。《續修歷城縣志・藝文考》據《續修縣志初稿》著錄，作《孤香山館詩草》。

## 【韓集拾瀋】

見《山東通志・藝文》（據《續修縣志稿》）、《續修歷城縣志・藝文考》。現存：稿本（六卷），上海圖書館藏，《中國古籍善本書目》著錄。

## ◆ 孫廷奎

廷奎字東壁，歷城人。嘉慶庚辰（二十五年）歲貢生。候補教諭。

其詩文集未見著錄。《國朝山左詩彙鈔後集》卷三十二載其《登蓬萊閣》、《祭先農》詩二首。

## ◆ 王立楷

立楷字臨軒，長清人，進士芝蘭、蕙蘭之祖。少業儒，中年學醫術，設藥肆于家。

## 【傷寒論補注】

見民國《長清縣志》本傳、《中國分省醫籍考》。

### ◆ 周奕黌

奕黌字范墅，歷城人，建子曾孫。諸生。卒年甫三十五。

## 【范墅詩草一卷】

見《濟南府志·經籍》（無卷數）、《山東通志·藝文》、《續修歷城縣志·藝文考》（據本書）。現存：清道光歷城李肇慶、周樂刻本，中國國家圖書館、青島市圖書館等藏，《山東省博物館藏明清民國山左學者著述知見錄》、《清人別集總目》、《清人詩文集總目提要》著錄。

《山東通志·藝文》：“此本爲李肇慶所選刻。周樂撰《傳》，稱奕黌有介操。今觀其詩，雖才力稍弱，而修潔如其爲人。”

《續修歷城縣志·藝文考》引《二南外集·周范墅傳略》曰：“昔余招范墅與翟鱗江、紀秋水、王青階諸人集歷下亭。時風雪連朝霽，淞綴湖樹如花。鱗江、秋水皆被裘縮坐，若不勝寒者。而范墅衣敝緼袍，憑軒引巨，觥獨酌顧，謂座客曰：‘此水銀世界也，盍賦詩？’遽起呵凍筆，立成四十字。咸詫其清絕，爲之閣筆。秋水贈以詩曰：‘范叔一寒至此也，顧郎非可衣食者。’亦可以知范墅之介操矣。死後友人李霽雲孝廉爲經紀其喪，恤其孀孤。及霽雲官灞陵，余攜其詩卷入關，相與商訂刊之，然已散佚多矣。”

《國朝山左詩續鈔》卷三十二載其《西湖》詩一首。《國朝山左詩彙鈔後集》卷十七載其《潭西精舍呈劉寄庵先生》、《西湖雜詠》等詩二十七首。

### ◆ 范　坰

坰字伯野，歷城人。遊幕，工詩。與邑人周樂、謝焜、何鄰泉、李個結鷗盟詩社於明湖之上，於七十二泉品題殆遍，因自號品泉生。《續修歷城縣志》卷四十一有傳。

## 【如好色齋稿十卷】

見《山東通志·藝文》、《續修歷城縣志·藝文考》。現存：清嘉慶二十五年刻本，山東省圖書館、山東省博物館等藏，《山東文獻書目》、《清人別集總目》、《清人詩文集總目提要》著錄。《續修四庫全書總目提要（稿本）》著錄道光刻本。

《山東通志·藝文》：是集有刊本，凡文四卷，詩六卷。李個序其文云：“理真情摯，奇不詭正。同人盛稱其四六，而其付梓也，四六汰而不存。則其師所好尚，從可知已。”謝焜序其詩云：“自四十以後至五十有三，芟繁就簡，得八百餘篇。或長江大河波瀾雄偉，或幽花疏竹點染如新，詩之中有人在，非鶩名恃才之人苟且致飾於一時者，所能望見其肩背也。”據本書。《山左詩彙鈔》引《蠹莊詩話》云：“伯野全集，五言如《明湖泛舟》云：‘並翦裁春水，吳綾疊晚霞。’《晚晴》云：‘歸鳥雲中沒，斜陽葉底明。’《七夕》云：‘人間重衣食，天上有夫妻。’《普照寺》云：‘花圍禪榻放，水抱寺門流。’七言如《漫興》云：‘蠅適何來遶集此，塵緣底事會污人。’《柳絮》云：‘已經著地還思起，不得升天祇自狂。’《觀演傳奇》云：‘衣冠未可輕優孟，事業終須讓古人。’《和李仲恂原韻》云：‘不登鳳閣終凡鳥，得過龍門即好魚。’皆佳。”

《國朝山左詩彙鈔後集》卷十六載其詩六首。

## 【新齊音】【風淪集】

見《續修歷城縣志·藝文考》（據本書）。現存：①清鈔《清詩鈔六種》本（一卷），遼寧省圖書館藏，《中國古籍善本書目》、《中國叢書廣錄》、《清史稿藝文志拾遺》、《清人別集總目》著錄。②清嘉慶緣督草堂刻本（二卷），復旦大學圖書館藏，《中國古籍善本書目》、《山東文獻書目》著錄。

《續修歷城縣志·藝文考》載《蠹莊詩話》曰：“歷下范伯野坰啟詩社明湖之上，於七十二泉品題殆徧，因自號品泉生。著《新齊音》、《風淪集》一百首，皆平陵古蹟，亦攬勝尋幽之一助也。”又引《山左詩彙鈔》曰：“伯野於詩古文詞靡不擅長，嘗與周二南、謝問山、何岱麓、李仲恂結鷗盟詩社，著《新齊音》以補王季木先生及董香草之所不及。”又載謝焜《題范伯野新齊音》：“濟南遺迹半銷沈，誰發千秋弔古心。更恐采風編不到，新詩一卷續齊音。”“腹笥便便本自娛，那知紙價貴三都。相如別有凌雲賦，此是先生記事珠。”《綠雲堂稿》。

又載周奕黌《題范伯野風淪集》：“一鄉文獻探根源，花外樓臺水外軒。新社君隨巢燕至，餘生我仗捕蛇存。清詞罷拂王公塵，美景憺窺董子園。自愧土音遺忘盡，喜披新製細評論。”“齊歌百囀費縈紆，小譜宮商意自殊。續帙重裁蔚宗紙，長吟勝覽弁陽圖。荒榛斷棘蹤常偏，臠錦零香句就遹。他日平陵誰輯志，搜尋那復恨遺珠。”《范墅詩鈔》。

## 【三省平定歌一卷】

現存：清鈔本（《清詩鈔六種》之一），遼寧省圖書館藏，《中國古籍善本書目》、《中國叢書廣錄》、《清史稿藝文志拾遺》著錄。

## ◆ 李醉琴

醉琴，歷城人。諸生。後棄家爲道士。

## 【醉琴詩】

見《山東通志・藝文》。《續修歷城縣志・藝文考》作《詩稿》。

《山東通志・藝文》：《續修縣志稿・仙釋》本傳云：“所作詩流利穩口，無俗氣。歿後，其徒印雪刻其詩行世，邑人范泂爲之序。”

《續修歷城縣志・藝文考》：范泂《序》略曰：庚午秋，遊玄武臺，始晤醉琴。醉琴既不識余，余亦不知醉琴之能詩也。是年冬，徐雲樵始爲余言醉琴道士詩人也，從此往還稔熟。讀其詩流利穩成，出塵拔俗，固不可以常人目之，且不可以尋常詩人目之也。顧年來既老且病，屢欲去城市入深山而未能，而余與交則日密。己卯余客即墨，醉琴病劇，顧謂其徒曰：“我死無所遺，惟詩稿一帙藏俟范公來而畀之，無遺憾矣。”比余返濟南，其徒印雪以詩述先師意，余爲之悽然者久之。因爲刪存七十餘首，刻以問世，而敍其原委於簡端云。《如好色齋稿》。

## ◆ 陳嵒

嵒字鶴峯，歷城人，嘉樂子。諸生。

## 【澹簡齋詩草】

見《國朝山左詩續鈔》、《濟南府志・經籍》、《山東通志・藝文》、《續修歷城縣志・藝文考》。

其詩文集未見著錄。《國朝山左詩續鈔》卷三十二載其《贈杜誠齋》、《夜泊聞笛寄李醉琴》詩二首。

## ◆ 范秉文

秉文字企周，歷城人，府運學諸生。

## 【九點山房詩】

見《國朝山左詩續鈔》、《濟南府志・經籍》、《山東通志・藝文》（據《府志》）。《續修歷城縣志・藝文考》據《府志》著錄，作《九點山房詩集》，本傳作《九點山房集》。

《國朝山左詩續鈔》卷二十九載其《王右軍祠》、《晚泊京口》、《題嚴子陵釣臺》、《遊安定山同高明府彥範陳廣文濂溪作》詩四首。

## 【南遊詩草】

見《續修歷城縣志》本傳。

## ◆ 范文煦

文煦，歷城人，秉文弟。庠生。

## 【儉齋詩集十二卷】

見《續修歷城縣志》本傳（據《山東鹽法志》）。《續修歷城縣志・藝文考》據范春田鄉試硃卷履歷著錄，無卷數。

## ◆ 李秉中

秉中字精一，號松園，歷城人。諸生。

其詩文集未見著錄。《國朝山左詩續鈔》卷二十九載其《舟中宴集》詩一首。

## ◆ 張綸

綸字絲園，歷城人。

其詩文集未見著錄。《國朝山左詩彙鈔後集》卷十一載其《明湖竹枝詞》詩一首，小傳注云：“絲園安貧守道，不妄交人。與尹竹農中丞爲總角交，中丞歸田後，常以時過從。有識者兩賢之焉。”又引袁玉堂潔《蠡莊詩話》云：“張蓉鏡瓚《新燕》云：‘生怪杜鵑情太苦，風花如許動人歸。’又云：‘珠簾不隔雙雙入，可識花前舊主人？’張絲園綸《湖上》云：‘百花橋外百花洲，樹影山光逐水流。小語夕陽人不見，蘆陰半露釣魚舟。’二君同姓，詩筆亦相似。”

## ◆ 賈振基

振基字悫圃，歷城人。諸生。

### 【悫圃遺詩】

見《國朝山左詩續鈔》、《濟南府志 · 經籍》、《山東通志 · 藝文》。《續修歷城縣志 · 藝文考》作《德圃遺詩》。

《續修歷城縣志》本傳云：“工詩。書法二王，偶爾揮毫，一筆不苟，人獲之視同珍寶。李文園學使中簡最器重之。著作惜皆散佚。年八十餘無疾而終。”

《國朝山左詩續鈔》卷二十九載其《題蘆鴈》詩一首。

## ◆ 高　塽

塽字光普，歷城人。諸生。

### 【四書正音一卷】

《續修歷城縣志 · 藝文考》據採訪刻本著錄，載賈振基《序》略曰：“四子書，學者之權輿也。字強半大備，又無人不讀，則欲正音，當自四子書始。庚辰春，偶過同學高光普裸史先生，見案頭有《四書正音》一卷，細注音聲，復箋義理，詳而盡，約而達，真先得我心所同然者，因勸付梓。”

## ◆ 張廷塈

廷塈，歷城人。

### 【蔭梧軒稿】

見《續修歷城縣志 · 藝文考》。又《續修歷城縣志 · 藝文考》“《漪園草》”條提要云：“按賈振基序張鑾《痘疹詩賦》，稱鑾之言曰：‘吾家以詩傳者，四世祖有《漪園草》，或爲先生所未見；父之《蔭梧軒稿》，則先生所與唱和者居多。’”

## ◆ 郭　珮

珮字佩玉，歷城人。諸生。

其詩文集未見著錄。《國朝山左詩續鈔》卷二十九載其《游龍洞》詩一首。

## ◆ 楚　嵩

嵩字喬年，歷城人。諸生。

其詩文集未見著錄。《國朝山左詩續鈔》卷二十九載其《山行》詩一首。

## ◆ 高　明

明字配天，歷城人。諸生。

其詩文集未見著錄。《國朝山左詩續鈔》卷三十一載其《再過羅氏園》詩一首。

## ◆ 鄭　謨

謨號小癡，歷城人，士芳子。畫肖其父。

### 【鄭小癡先生畫冊】

鄭謨繪。畫冊爲摺本，收畫十四幅，見於網站拍賣。

## ◆ 陳永橋

永橋字鶴峯，歷城人。

### 【陳子碎言】

見《玉函山房藏書簿錄》。

## ◆ 馮應麟

應麟字素亭，歷城人。官臨晉縣尉、太谷主簿、長子縣丞，歷署徐溝、長治、潞城、沁水、長子等縣事，並有能名。

### 【針灸彙稿一卷】

見《山東通志 · 藝文》（子部醫家類）、《續修歷城縣志 · 藝文考》。《續修歷城縣志》本傳云：“善醫，又得鍼灸法於潘子雲老人，居官居里，活人無算。箸《餘齋遺墨》十四卷，《鍼灸彙稿》一卷。”

### 【餘齋遺墨十四卷】

見《續修歷城縣志》本傳。《山東通志 · 藝文》作《餘齋醫墨》，疑誤。

## ◆ 耿　瑚

瑚字商玉，號慎修，歷城人。

### 【耿氏貽謀集】

見《山東通志 · 藝文》（集部總集類）。現存：清道光年間刻本（作《耿氏貽謀集題跋》一卷），見

《濟南市圖書館館藏古籍書目》。

《山東通志·藝文》：《續修縣志稿》本傳云："晚年述一生閱歷以貽後人，顏之曰《耿氏貽謀集》，題跋皆當時名流。"

### ◆ 李 緯

緯字秋屏，歷城人。官福建莆田縣巡檢。《續修歷城縣志》卷四十一有傳。

### 【行間記】

見《山東通志·藝文》（史部雜史類）、《續修歷城縣志·藝文考》，並引《續修府志採訪冊》云："記邑人滑縣知縣孟屺瞻破白蓮教匪事甚詳。"

### 【湖上閒吟草】

《山東通志·藝文》、《續修歷城縣志·藝文考》均俱《山左詩彙鈔》著錄。

《國朝山左詩彙鈔後集》卷二十六載其《歷下亭送謝問山北遊》、《九月望日朱退旃召集千佛山曠如亭》、《同王秋橋遊龍洞寺夜宿．次日由佛峪歸》（四首）、《哭鄭萍史孝廉》、《和馬詞溪寄懷同社原韻》、《秋門先生召同二南秋橋泛舟湖上》詩九首。小傳注云："秋屏官莆田丞，當英夷犯順，因與邑令議堵禦海口事不合，告病歸。與周二南、王秋橋、馬詞溪、謝問山、何岱麓諸君子結社於大明湖上，更唱迭和，極一時風雅之盛。詩亦清超雋永，不落俗格。"

### ◆ 謝 焜

焜字問山，歷城人。諸生。《續修歷城縣志》卷四十一有傳。

### 【綠雲堂稿四卷】

見《國朝山左詩彙鈔後集》（無卷數）、《山東通志·藝文》（據本書）、《續修歷城縣志·藝文考》。現存：①清嘉慶二十五年刻本（二卷），中共山東省委黨校圖書館、南京圖書館藏；《山東文獻集成》影印。②清嘉慶間刻本（作《綠雲堂遺稿》四卷），山東省圖書館藏，《清人詩文集總目提要》、《青島市圖書館藏線裝書目錄初稿》著錄。

《山東通志·藝文》：是集嘉慶間刊，詩凡百餘。首有長白那彥成《序》。《憨齋詩話》云："余最愛

其'債添閏月度支難'七字，特新。"《念堂詩話》曰："其《龍山早行》云：'五更殘月上，樹外曉風輕。犬吠聞人語，雞聲送客行。微茫分野路，隱約近山城。漸覺晨光動，炊煙處處生。'《送柳碧村之西安》云：'知君不得已，乃與故人違。雪滿長安道，天寒遊子衣。秦中聽曉角，旅館掩柴扉。莫負平生志，來年衣錦歸。'二律不假思索，自然流出，平淡有味。"

《續修歷城縣志·藝文考》載陳預《序》略曰："此卷抒寫性靈，語語如探喉而出者。中《題少陵小像》云：'少得沾勾幸有餘。'又云：'晴牎拈韻誌私淑。'其宗派可想。"

《國朝山左詩彙鈔後集》卷十七載其詩十五首。

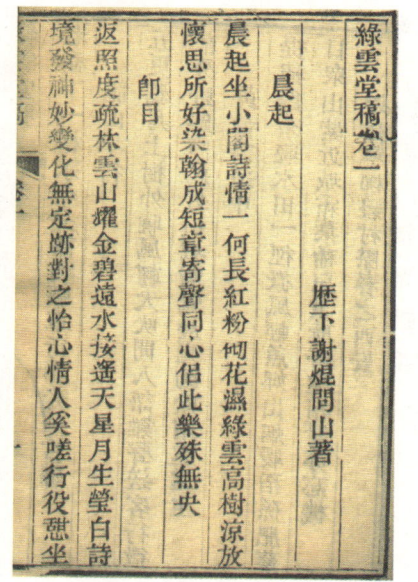

《綠雲堂稿》一卷　清嘉慶二十五年刻本

### 【心儀集】【停雲集】

見《山東通志·藝文》（集部總集類）、《續修歷城縣志·藝文考》。現存：①清嘉慶間刻本（作《心儀集》五卷附《方外詩鈔》一卷，與《綠雲堂稿》合刻），南京圖書館藏，《江蘇省立國學圖書館圖書總目》、《清人別集總目》、《清人詩文集總目提要》著錄。②清道光十二年刻本（作《心儀集》六卷《停雲集》二卷），中國國家圖書館、山東省圖書館等藏，《續修四庫全書總目提要（稿本）》、《山東文獻書目》著錄。

《山東通志·藝文》：二集有道光間合刊本，今

所見者僅《心儀集》首冊。徐炘二集合刻《序》略云：
"篋富鈔存之作，兼以緣深文字，每得殘篇爲故紙堆
中；即或交昧平生，並收遺冊於長陵市上。簽題曰《心
儀》，示好也，且志謙也。其《停雲集》亦素所心儀，
而已歸道山者。以麻沙之新刻，抒宿草之餘思。因而
旷別哀分，彙編一集。讀之者可以興，可以觀矣。"

《續修歷城縣志・藝文考》載梅成棟《停雲集序》
略曰："問山窮愁著書，恒慨然以闡幽表微爲己任。
今乃於已往故人，或得一稿，或得片紙數行，反復吟
歎，如此者有年。今年夏，客京師五閱月，始卒其業，
其用心爲獨至，用力爲已勤矣。"據本書。又引《家言
隨記》云："《停雲集自序》：'一卷殘編，讀當晚照。
數行老淚，灑向秋風。人謂不減魏武《短歌行》也。'"

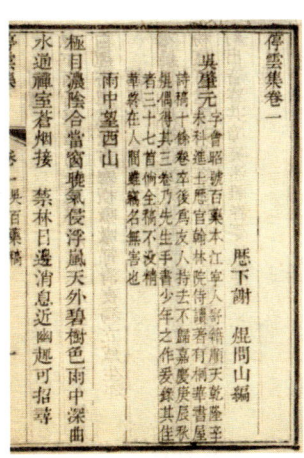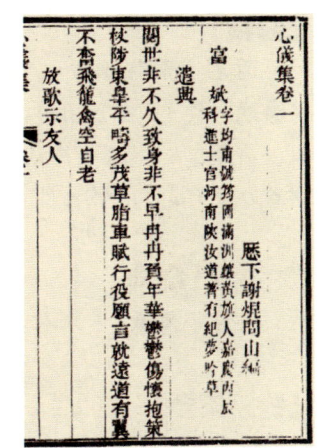

《心儀集》六卷《停雲集》二卷　清道光十二年刻本

## 【送陳中丞入都詩集】

見《續修歷城縣志・藝文考》，並載《如好色齋
稿》范坰《跋》曰："坰與笠颿中丞無半面識，然其
先德蓴浈先生與先考紫山公同以畿輔名宿舉乾隆乙酉
拔萃科，年家之誼固在也。中丞自庚戌通籍，歷官清
要，至嘉慶甲戌遂撫山左。予則隨宦宦東，親沒無所
歸，占籍歷下，爲齊民已三十餘年矣。中丞下車後，
予因避慕勢之嫌，未赴軍門通一刺。然自中丞之來，
四五年間，年報順成，里無繁役，所謂'梁氏夫妻爲
寓客，陸家兄弟作州民'，荷厦屋之帲幪，恩澤亦非
淺鮮。戊寅夏五，奉召入都，郭門祖餞，轂擊肩摩。
雖乞侯借寇不少殊，而書院謝生復於獻詩祖道之後選
諸生送行詩之佳者裒爲一集，序而刻之，以襃揚中丞

之惠政。予讀其序，誦其詩，語語實錄，如探喉而出。
孟子曰："仁言不如仁聲，善政不如善教。"於此見
中丞之潔，齊冬冰恩，湛春露胥，出於自然，而非夫
假飾言貌、釣弋名譽者所可同日而語也。情不能已，
爰跋數語，用誌私淑云。"

## 【海岱英華集二十卷】

見《山東通志・藝文》（集部總集類）、《續修
歷城縣志・藝文考》。

《山東通志・藝文》引王鍾霖《歷下詩鈔序》：
問山舅父積學工詩，獨輪戴笠數十年購吾東詩，繼盧
雅雨先生《山左詩鈔》，爲《海岱英華集》二十卷，
雨鐙雪鑪，淺斟低詠，勘定頗精審，惟非千金不能開
雕。暮年目盲於酒，扶孫持集走乞先贈公，曰："一
生精力在此。今乃入暗獄，甥雨生行且仕，當能成吾
志。"鄭重交付。霖謹置篋，弗敢忘。

### ◆ 張 澱

澱，歷城人。

## 【數珍集】

見《山東通志・藝文》（據《續修縣志稿》）、
《續修歷城縣志・藝文考》（據採訪鈔本）。

### ◆ 張 默

默字靜庵，歷城人。諸生。

## 【音韻彙編一卷】

《山東通志・藝文》（經部小學類）、《續修歷
城縣志・藝文考》據《續修府志採訪冊》著錄。

### ◆ 侯功偉

功偉字靖川，歷城人。諸生。

其詩文集未見著錄。《國朝山左詩彙鈔後集》卷
二十六載其詩十首。小傳注云："靖川爲嘉慶戊寅孝
廉江西候補知縣邁亭親家功超晢弟，有聲庠序間。詩
情閒遠，頗近韋、陶。"按《山東通志・舉人表》，
侯功超爲嘉慶二十一年丙子科舉人。

### ◆ 焦詵曾

詵曾字又詵，號若林，章丘人。諸生。以子爾厚

官贈朝議大夫。

## 【若林詩草】

見《國朝山左詩續鈔》、道光《章邱縣志·藝文》、《濟南府志·經籍》、《山東通志·藝文》。

《國朝山左詩續鈔》卷三十二、道光《章邱縣志·藝文》載其《百脉寒泉》詩一首。

### ◆ 王呈麟

呈麟字星石，章丘人。諸生。

## 【星石詩紀】

見道光《章邱縣志·藝文》、《濟南府志·經籍》、《山東通志·藝文》（集部別集類）。《縣志》本傳作《星石集稿》四卷。

道光《章邱縣志·藝文》載其《贈郝孝子麥》、《贈苗義士福祥》詩二首。

### ◆ 焦爾蓮

爾蓮，章丘人。

## 【澹凝齋錄】

見道光《章邱縣志·藝文》、《濟南府志·經籍》、《山東通志·藝文》（子部雜家類）。

### ◆ 高如崑

如崑字峻甫，章丘人。《濟南府志》卷六十一有傳。

## 【傷寒摘要】

見道光《章邱縣志·藝文》、《濟南府志·經籍》、《山東通志·藝文》（子部醫家類）。

### ◆ 焦汝桂

汝桂，章丘人。諸生。《濟南府志》卷六十一有傳。

## 【醫學良方】

見道光《章邱縣志·藝文》、《濟南府志·經籍》、《山東通志·藝文》（子部醫家類）。《濟南府志·方伎傳》云四卷。

### ◆ 胡元懋

元懋，章丘人。嘉慶丙辰給頂帶，年九十四。《濟南府志》卷六十一有傳。

## 【方脉集要】

見道光《章邱縣志·藝文》、《濟南府志·經籍》、《山東通志·藝文》（子部醫家類）。

## 【胎產方脉集要】

見道光《濟南府志·方伎傳》、《中國分省醫籍考》。

### ◆ 呂　越

越，章丘人，希舜父。

## 【醫鏡】

道光《濟南府志·方伎》希舜傳云：“父越所集《醫鏡》及《靈素》諸書，讀之得其要領，遂通醫。”似《醫鏡》、《靈素》均爲呂氏家藏之醫書，非越自撰者。姑存此目以俟攷。

### ◆ 呂希舜

希舜字慎徽，章丘人。《濟南府志》卷六十一有傳。

## 【醫鏡集要】

見道光《章邱縣志·藝文》、《濟南府志·經籍》、《山東通志·藝文》（子部醫家類）。

《濟南府志》本傳云：“父越所集《醫鏡》及《靈素》諸書，讀之得其要領，遂通醫。”

### ◆ 康士珩

士珩字楚白，章丘人。《濟南府志》卷六十一有傳。

## 【傷寒易簡錄】

見道光《章邱縣志·藝文》、《濟南府志·經籍》、《山東通志·藝文》（子部醫家類）。《府志·方伎傳》作一卷。

### ◆ 康士誥

士誥字丹書，章丘人。監生。

其詩文集未見著錄。《國朝山左詩彙鈔後集》卷三十五載其《暮抵下嶺》詩一首（據吳連周《繡水詩鈔》）。

◆ 李克廣

克廣字德心，章丘人。《濟南府志》卷六十一有傳。

【醫學尋源】

見道光《章邱縣志・藝文》、《濟南府志・經籍》、《山東通志・藝文》（子部醫家類）。《府志・方伎傳》云十卷。

◆ 徐繩武

繩武，章丘人。《濟南府志》卷六十一有傳。

【銘心醫錄】

見道光《章邱縣志・藝文》、《濟南府志・經籍》、《山東通志・藝文》（子部醫家類）。

◆ 王漱芳

漱芳字潤齋，號六圖，章丘人。諸生。

其詩文集未見著錄。《國朝山左詩彙鈔後集》卷三十五載其《趙孝姑墓》、《和韻呈晴帆》詩二首（據吳連周《繡水詩鈔》）。

◆ 彭　謙

謙字牧齋，章丘人。監生。

其詩文集未見著錄。《國朝山左詩彙鈔後集》卷三十五載其《集古》詩二首（據吳連周《繡水詩鈔》）。

◆ 張吟修

吟修字文田，號菘園，鄒平人。監生。

【桂嶺集】

《山東通志・藝文》著錄，引《縣志》云：“吟修歷遊江右、蜀中、嶺南、燕北諸名勝，所至無不留題。晚年杜門謝客，怡情詩酒。初則效法漁洋，後復進摹放翁，均得其神似。”

【墊江草】【西江紀遊】

見《山東通志・藝文》（集部別集類）。

【菘園詩鈔】

見《鄒平縣志・藝文攷》（民國三年續纂）、《山東通志・藝文》。

《續修四庫全書總目提要（稿本）》著錄清鈔本（不分卷），提要略云：“是編計詩二百三十餘首，按年編次，古今體均有之。吟修自即喜為詩，中歲奔馳南北，遊踪幾遍天下，詩境因而益進。晚歲倦遊歸來，閉門苦吟，所得益多。此冊乃其後裔所藏者，或非全璧也。同邑韓傳箋敘其詩，備極譽揚。……蓋韓傳箋極欽吟修詩，欲將授之梨棗，以為鄉里之光也。”

《縣志・藝文攷》載韓傳箋《敘》云：“單門寒畯，頭埋帖括之中；窮巷苦吟，目乏江山之助。夏冰井海，何足語於蟲蛙；月露風雲，亦徒充夫箱案。是以霧縠者，裸民之所易驚也；夷光者，矑女之所難效也。然則蘲辛振采，荸甲含章；於以茹古涵今，模山範水。信非尻輪神馬，擺脫塵網以嬉遊；鯤運鵬搏，逍遙寰區而豪舉。烏能才稱弇雅，妙擅希聲也乎？則有天上張星，人間公子。秦博士傳經之里，藩屏名家；范文公畫粥之鄉，簪纓世胄。橫經甲帳，席奪戴憑。射策丁年，竹嘲裴裳。區區而天不畀我，寂寂而星且笑人。遂乃效投筆之班超，慕乘風於宗愨。欲窮亥步，數問庚郵。南馱粵裝，西攀漢柳。桂管邕管，是騷人久駐之區；西川東川，為詩聖再臨之地。吳頭楚尾，遨遊而留滯者幾年；趙北燕南，翹企而會歸者五至。凡境與心會，靡不寫彼蕭騷；事與願違，益以發其豪宕。觀其馳驅烟墨，號召宮商。江湖出沒於毫端；山嶽奔騰於腕下。興來非淺，篇出遂多。固知四海之遙，九州之大。方聞者適足彰陋，遠到者斯能徵奇。如我文田先生者，能勿述焉！所可異者，當先生捵筆摘藻之時，正吾鄒人往風微之會。孤芳自賞，高軒之過無聞；古調獨彈，他山之攻蓋寡。而又依人王粲，半遇劉表之豚兒；羈跡少陵，未為鄭公之幕客。彼夫陳阮盍簪於鄴下，鄒枚珥筆於梁園。所謂如雲從龍，洵足樂也；乃若以水投石，不亦傎乎！先生天賦奇才，心儀絕學。家有名士王武子，但問寒溫；先生遊踪幾徧天下，而歛足屏門，不無遺憾。府萃雜賓謝無奕，獨安咏嘯。百尺之桐，孤立不藉枝扶；九苞之鳳，高翔自宜藻耀。特是梁鴻在舍，熱不因人；束皙離家，貧將為病。客同歎歲，幾無稻蟹之遺；時不秋風，亦動蓴鱸之想。此朵頤鄉味，差有晚菘之可嘗；回首家山，不忘涉園以成趣也。今者還轅自得，惟培繞砌之芝蘭；息影無憯，時聽連牀之風雨。賦工不賣，邈矣孤介之高風；興到即歌，依然狂奴之故態。論詩符司空之品，盡度金針；詠史窮柱下之編，每翻鐵案。哀爲巨帙，豈曰好名？傳之其人，尤堪不朽。嗟呼！士伸知己，須付青雲；人愧識丁，動遭白眼。袁中郎能傳徐渭，在昔已昭；宋開府始顯邵衡，於今爲烈。何獨韵諧金石，久閟擲地之聲；豈是字辨岣嶁，徒興望洋之歎！若僕者才因夢滅，恨與年增；未敢續貂，奚堪引鳳。所願壽諸梨棗，有先達以爲前；庶幾桒我桑榆，得爭覩以爲快云爾。”

考《鄒平縣志·選舉》（道光十六年續纂），韓傳箋爲嘉慶癸酉科拔貢。

### ◆ 張　暻

暻字曉山，鄒平人，吟修子。諸生。

### 【一角山房詩鈔】

《山東通志·藝文》：“《縣志》載是編云：已佚。”《鄒平縣志·藝文攷》（民國三年續纂）脫“詩鈔”二字。

### ◆ 孫騰蛟

騰蛟字鍾北，淄川人。諸生。

### 【碧梧草堂遺詩】

見《國朝山左詩續鈔》、《濟南府志·經籍》、《山東通志·藝文》。

《國朝山左詩續鈔》卷二十九載其《答呂希梅》詩一首。

### ◆ 趙　琛

琛字荆玉，淄川人。諸生。《濟南府志》卷五十四、《三續淄川縣志》（卷九）有傳。

### 【敦舊軒詩草】

見《國朝山左詩續鈔》、《山東通志·藝文》。《濟南府志·經籍》、《三續淄川縣志》本傳作《敦舊軒詩》一卷。

《國朝山左詩續鈔》卷二十九載其《館中偶興》、《雨中候孫鍾北》詩二首。《三續淄川縣志·藝文》載其《讀栖雲閣詩有悟》、《秋日萬山訪陸大》詩二首。

### ◆ 翟　灝

灝字笠山，淄川人。庠生。官福建藩經歷。《濟南府志》卷五十四、《三續淄川縣志》（卷九）有傳。

### 【臺陽筆記一卷附閩海見聞錄一卷】

現存：①清嘉慶間鈔本，中國國家圖書館藏，《北京圖書館普通古籍總目》著錄。②清光緒元年鈔本，臺灣師範大學圖書館藏，《臺灣公藏普通本線裝書目書名索引》著錄。③鈔本（無附），中國科學院圖書館藏，《中國科學院圖書館新收中文線裝舊書草目》著錄。

### 【臺灣筆記】

見《濟南府志·經籍》、《三續淄川縣志》本傳。《縣志》本傳云：“以布政司經歷分發福建，調臺灣，署嘉義。值蔡牽之擾，親率丁勇，冒白刃，與賊角戰，賊頗憚之。著有《臺灣筆記》。”按：此書疑即《臺陽筆記》。

### 【笠山詩集】

《山東通志·藝文》著錄，引《鄉園憶舊錄》云：“笠山有詩集，未刻。”

《國朝山左詩彙鈔後集》卷三十載其《送友人之官湖南》詩一首。

### ◆ 馮用清

用清字獻廷，號定軒，淄川人。諸生。

其詩文集未見著錄。《國朝山左詩續鈔》卷三十二載其《秋杪即事》詩一首。

### ◆ 王廷棐

廷棐字景周，淄川人。諸生。《濟南府志》卷五十四有傳。

### 【日用俗字錄一冊】

見《濟南府志》本傳、《山東通志·藝文》（子部雜家類）。

### 【仰古增今對聯】

見《濟南府志》本傳、《山東通志·藝文》（子部類書類）。《府志》本傳云：“晚年沈酣史冊，著有《仰古增今對聯》九百餘首。"

### ◆ 韓在甲

在甲，淄川人。歲貢生。候選訓導。《三續淄川縣志》（卷九）有傳。

【問愧集詩草二卷】

《三續淄川縣志》本傳云："博通經史，長於詩歌，著有《問愧集詩草》二卷，於陵苗東禾先生評序。"

### ◆ 趙　璉

璉字漪園，號拙庵，淄川人。諸生。

【瀞意齋詩草】

見《山東通志·藝文》（據《山左詩彙鈔》）。

《國朝山左詩彙鈔後集》卷三十五載其《晴日訪友南郵》詩一首（據馮繼照《般陽詩萃》）。

### ◆ 耿元海

元海字曙東，淄川人。諸生。道光元年卒，年三十二。

【焚餘錄】

見《山東通志·藝文》（據《山左詩彙鈔》）。

《國朝山左詩彙鈔後集》卷三十五（據馮繼照《般陽詩萃》）載其《始皇廟》等詩十二首，並附錄《回風詞》三闋。小傳注引馮林燭云："曙東天資英俊，讀書日誦萬言，多識能詩，兼工詞賦，早年食餼。道光建元，海內大疫。曙東赴省歲試，遽染疫而歿，年三十二。才人而不永其年，士林惜之。"

【侍兒小譜】

見《三續淄川縣志》。

【回風草】

見《山東通志·藝文》（據《山左詩彙鈔》，入集部詞曲類）。《國朝山左詩彙鈔後集》卷三十五附載其《回風詞》三闋。

### ◆ 翟　良

良字玉華，淄川人。

【脈訣彙編】【經絡彙編】【藥性對答】【本草古方講意】【痘科編】

見《濟南府志·經籍》。

### ◆ 王維塘

維塘，淄川人。恩貢生。

其詩文集未見著錄。《三續淄川縣志·藝文》載其《變衣鋪重修石橋碑記》一篇，《同治四年乙丑麥後大旱代邑侯張念簐禱雨泰山獲沛甘霖詩以紀事》八首。

### ◆ 王維壁

維壁字奎光，淄川人。諸生。

其詩文集未見著錄。《三續淄川縣志·藝文》載其《載酒園消夏》、《如園秋夜》、《觀樂亦園築假山》詩三首。

### ◆ 馮維琮

維琮字錦堂，號篠洲，淄川人。諸生。

其詩文集未見著錄。《國朝山左詩彙鈔後集》卷三十五載其《送張梅石》、《秋夕》、《中秋》詩三首（據馮繼照《般陽詩萃》）。

### ◆ 安日潤

日潤字玉如，長山人。諸生。

【信芳園吟稿一卷】

現存：清末刻本，山東省圖書館藏，《清人別集總目》、《清人詩文集總目提要》著錄。又有袁氏傳鈔本，見《續修四庫全書總目提要（稿本）》、《清人詩文集總目提要》。《國朝山左詩彙鈔後集》、《山東通志·藝文》作《信芳園吟草》一冊。

《山東通志·藝文》：是集見《山左詩彙鈔》。《憨齋詩話》云："玉如詩主性靈，絕去雕飾。記其《新嫁娘》云：'憶在母家時，姊妹日相喚。小姑呼嫂聲，應來猶未慣。'另出新意。王仲初作不得專美於前矣。"

《國朝山左詩彙鈔後集》卷十八載其詩二十一首。小傳注云，有同邑馬子琴桐芳《序》。

### ◆ 馬桐芳

桐芳字子琴，長山人。

## 【傷寒論直解八卷】

《山東通志·藝文》（子部醫家類）據《憨齋詩話》著錄。

## 【聊以自娛集一卷續一卷】

有道光十二年飲和堂刻本，見《販書偶記續編》、《清人別集總目》、《清人詩文集總目提要》。

《濟南府志·藝文》載其《陳仲子墓碑記》。

## 【飲和堂詩存】

見《國朝山左詩彙鈔後集》、《山東通志·藝文》。現存：清嘉慶刻本（二卷），青島市圖書館藏，《青島市圖書館藏山東文獻珍本圖錄》、《青島市圖書館藏線裝書目錄初稿》、《清人詩文集總目提要》著錄。另有長山袁氏藏鈔本（一卷），見《續修四庫全書總目提要（稿本）》、《清人詩文集總目提要》。

《山東通志·藝文》：是編見《山左詩彙鈔》。《鄉園憶舊錄》"桐芳"條云："詩有《詠孟氏掌柏》，雄奇恣肆。記其五律有句云：'雲飛山欲動，花落地還香。'未幾刻詩集，舊作無一存者。《詠梅》有'絕無人處一枝寒'，五言有'一蟲猶喞喞，萬木盡蕭簫'，皆為石子真所賞，為之作序。既而三刻其詩，存者益少。問其舊作，茫然不記。而新作或未勝前。聽袁玉堂作詩須多讀書，誤以餖飣為富博，而清真秀拔之骨，淹沒大半。近作佳句，《謁閔子墓》云：'蘆花秋水外，菜色野園中。'《和袁玉堂秋夕原韻》：'月涼

花影瘦，風嫩竹聲微。'又如'麥苗侵水綠，松色入雲蒼'、'濃花常滿院，高柳自成村'，皆有風韻。初與王秋水遊，詩近王、孟。至是乃莫知其趣向。大抵五律勝七律，五古勝七古。"

《國朝山左詩彙鈔後集》卷二十載其詩三十九首。

## 【憨齋詩刪十一卷】

現存：清道光十九年安日潤刻本，山東省圖書館、青島市圖書館等藏，《山東文獻書目》、《青島市圖書館藏線裝書目錄初稿》、《清人詩文集總目提要》著錄。

## 【馬子琴詩一卷】

現存：①清道光刻本，青島市圖書館藏，《青島市圖書館藏線裝書目錄初稿》、《清人別集總目》、《山東文獻書目》著錄。②清同治刻本，青島市圖書館藏，《青島市圖書館藏線裝書目錄初稿》、《清人別集總目》著錄。③鈔本，東北師範大學圖書館藏，見《東北地區古籍綫裝書聯合目錄》。

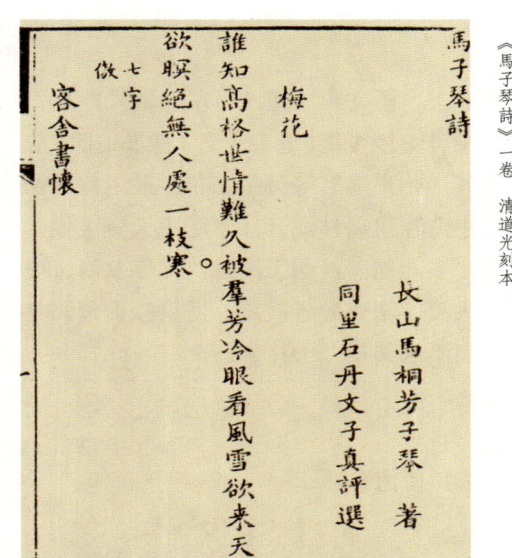

《馬子琴詩》一卷　清道光刻本

## 【六家詩選】

《山東通志·藝文》（集部總集類）據《憨齋詩話》著錄。

《飲和堂詩存》二卷　清嘉慶刻本

## 【憨齋詩話四卷】

見《山東通志·藝文》（集部詩文評類）。現存：①清道光十二年飲和堂刻本，中國國家圖書館、山東省圖書館藏，《清詩話考》、《販書偶記續編》著錄。②鈔本，郭紹虞藏，《清詩話考》、《新訂清人詩學書目》著錄。

《山東通志·藝文》：是編有道光壬辰刊本。桐芳《自序》云：“壬辰長夏，余解聊城縣館，過平陵，逢金鄉令袁公，留爲校讐《宦遊紀略》。聯牀旅舍，晨夕劇談。袁公謂余於詩頗有涉懕，盍著錄之，以資學者。因將平生見聞，援述如左。時日既積，紙墨遂多，命曰《憨齋詩話》。”據本書。

## 【杜詩集評六卷】

《山東通志·藝文》（集部詩文評類）據《憨齋詩話》著錄。

### ◆ 范世統

世統，長山人。

## 【重修栗塘范氏宗譜】

現存：清嘉慶二十三年木活字印本（存卷一，另有二冊未標卷次），見《上海圖書館藏家譜提要》、《中國家譜總目》。

### ◆ 成開蔭

開蔭，新城人。諸生。《濟南府志》卷五十五、《重修新城縣志》卷十七有傳。

## 【歷代史考】【歷朝帝王世系】

見《濟南府志·經籍》、《山東通志·藝文》（史部別史類）、《重修新城縣志·藝文》及本傳。

## 【守拙齋詩稿】

見《濟南府志·經籍》、《山東通志·藝文》。

## 【好痴老人集】

《重修新城縣志·藝文》據《成氏家譜》著錄。

### ◆ 張宗晠

宗晠，新城人。

## 【樓村披陽張氏宗譜五卷末一卷後卷一卷】

張宗晠等重修。現存：清嘉慶二十四年世德堂木活字印本，日本東洋文庫等藏，見《中國家譜綜錄》。

### ◆ 王祖淵

祖淵，新城人。

## 【新城王氏世譜不分卷】

現存：清嘉慶十三年刻本，濟南市博物館藏，《中國家譜總目》、《中國家譜綜錄》著錄。

### ◆ 周作霖

作霖字雨蒼，新城人。歲貢生。《重修新城縣志》卷十八有傳。

## 【墨雪齋文集】

見《重修新城縣志·藝文》。《縣志》本傳云：“少遊張象津之門，品端學粹。爲文淵懿博奧，得兩漢人氣息。”

### ◆ 喻福基

福基，新城人。

## 【海天樓詩鈔十二卷】

現存：①清道光二十七年刻本，北京大學圖書館、河南省圖書館藏。②清咸豐六年刻本，山東省圖書館、上海圖書館等藏，《清人別集總目》、《清人詩文集總目提要》著錄。另有傳鈔本（三卷），見《續修四庫全書總目提要（稿本）》。

## 【海天樓詩鈔一卷】

李長榮輯。現存：清同治二年序刻《柳堂師友詩錄初編》本，中國國家圖書館、上海圖書館等藏，《中國叢書綜錄》著錄。

### ◆ 李玉清

玉清字香谷，齊東人。

## 【郝氏四子詩抄十卷】

現存：清道光十三年晒書堂刻巾箱本，中國國家圖書館、山東省圖書館藏，《續修四庫全書總目提要

（稿本）》、《中國叢書廣錄》、《山東文獻書目》著錄；《山東文獻集成》影印。

　　《續修四庫全書總目提要（稿本）》云："是編乃玉清彙集齊河郝氏兄弟父子之詩者，計郝允哲《深柳堂遺詩》一卷，郝允秀《水村詩集》二卷，郝蕙《秋岩詩集》四卷，郝荅《愛吾廬初集》一卷《續集》一卷《餘集》一卷。蓋允哲字鏡亭，乾隆乙未進士；其弟允秀字水村，號寅亭，歲貢，官堂邑教諭；允哲子荅，字餐霞，諸生；蕙則允哲女，齊東張鳳鳴妻也。按篇中所載，允哲詩古體頗似韓、蘇。而允秀十四歲即能詩，十九歲刻《拾翠囊詩》，平生爲詩不下萬首，而自訂其詩，刪存甚少，僅此二卷而已。荅倜儻不羈，博學工詩，曾以《四面荷花賦》受知於阮元，名大振。所爲詩頗涉唐人之域，集中載其《答客》詩云：'疑有鬼神助，高吟得未曾。詩懷涼似水，人影瘦於燈。泥古吾何敢，趨時愧莫能。祇應就寂寞，筆硯是良朋。'殊可見其識之高曠。蕙所撰《秋岩詩集》內，《碧梧軒吟》爲其閨中作，《蘊香閣詩抄》爲于歸後作，《恤緯吟》及《續吟》，則夫亡子喪時作。觀其詠物讀史諸作，古澹閒遠；《和叔父寄良人》及諸姑伯姊間贈答之詞，春容蘊藉，和而不流。至《恤緯吟》，則悽悽愴愴，如怨如慕，如泣如訴，而不乖於怨而不怒之

《郝氏四子詩抄》十卷　清道光十三年晒書堂刻巾箱本

旨。馬國翰《買春詩話》嘗稱其《讀史》云：'時來功狗亦王佐，運去臥龍非將才。'謂較之謝道蘊'柳絮因風'之語，高出萬萬云。"

　　《齊河縣志》卷三十一載其《郝氏四子詩序》。

### ◆ 高積階

積階字麟臺，濟陽人。諸生。

### 【寒燈課讀圖詩一卷】

　　高積階編。《玉函山房藏書簿錄》著錄濟南刻本，提要云："圖爲邑侯開州李若棻淇篔母何太孺人作。教子讀書，有畫荻風。一時人士詠歌之。高爲李門人，彙爲一帙校刊。"

### ◆ 張　菖

菖，臨邑人。歲貢。官黃縣訓導。

### 【清燕堂文稿】

　　見《臨邑縣志・藝文上・著述》、《山東通志・藝文》。

### ◆ 王桂芳

桂芳，長清人。諸生。博學能文，兼諳音律。《濟南府志》卷五十六有傳。

### 【一厄亭詩稿一卷】

　　見《長清縣志》、《濟南府志・經籍》（無卷數）、《山東通志・藝文》。

### 【問梅集三卷】

　　見《長清縣志》、《山東通志・藝文》。《濟南府志・經籍》作《問梅記》，無卷數。

### 【紅梅記一卷】

　　見道光《長清縣志・邑人著述》。

### ◆ 劉叔武

叔武字松厓，號夏亭，德州人。諸生。

### 【篆香草】

　　見《國朝山左詩續鈔》、《濟南府志・經籍》、

《山東通志·藝文》。

《國朝山左詩續鈔》卷二十九載其《登通州城樓》詩一首。

### ◆ 謝九錫

九錫字綸齋，號雲村，德州人，重輝四世孫。嘉慶間歲貢。官清平訓導。

#### 【南阮集二卷】

見《山東通志·藝文》。現存：清同治十二年歸燕堂刻本，中國國家圖書館、山東省圖書館藏，《山東文獻書目》著錄。《續修四庫全書總目提要（稿本）》著錄道光間刻本。《德縣志·邑人著作》作《南阮詩集》，無卷數。

《山東通志·藝文》：是集同里馬洪慶《序》云：“吾州詩學之盛，莫盛於國初。德水先生以勝國遺賢，提倡風雅。厥後方山比部與山蘁、大木諸詩老同官都下，尤爲漁洋所賞，一時流風所被，更百餘年。而師友淵源，確有可憑。故稱詩者，新城而外，德州必屈一指。顧比來此風，亦少替矣。先生爲方山比部後裔，遺澤猶存，綽有家法。集中五律，風格雅近錢郎，古體如《義犬行》、《世廟大禮行》等篇，尤能不苟下筆。雖才力深厚未知去國初諸老何如，要其規矩謹嚴，視世之吅號墮突者，相去遠矣。先生白首冷官，坎坷以終。其友人陳省庵袁哀其遺集傳之，惜臨清原板遺失，僅存藏本。先生文孫若卿懼其久而湮也，將重刻問世，屬序於余。自維譾陋，何敢揚扢前賢！辭不獲已，擷其精華若干首，俾付剞劂，并弁數言以歸之。”據本書。按：卷首長山袁啟旀題詞自注，稱集中有《窮工》詩一章，慷當以慨，惜爲選家刪去。

《德縣志》卷十六載其《古別離》、《義犬行》、《讀東壁樓題句感賦》（四首）、《三子父》、《詠史》詩八首。

#### 【雲村遺稿四卷】

現存：清道光十一年濟南刻本，山東省圖書館等藏，《玉函山房藏書簿錄》、《內蒙古自治區線裝古籍聯合目錄》、《清人詩文集總目提要》著錄。

#### 【古文稿】

見《德縣志》本傳。

#### 【陵川耆舊集六卷】

現存：鈔本，首都圖書館藏，《［北京市圖書館］館藏中國文學古籍參考目錄》著錄。

#### 【正隆遺音】

《山東通志·藝文》（集部總集類）：德州馬洪慶《南阮集題詞》注云：“先生嘗輯州先輩詩爲《正隆遺音》。”

#### 【四言史】

見《德縣志》本傳。

### ◆ 金俊書

俊書，德州人。

#### 【德州金氏支譜六卷】

現存：清道光十四年寶默堂刻本，美國猶他州家譜學會等藏，《中國家譜總目》、《美國家譜學會中國族譜目錄》著錄。

### ◆ 呂兆雄

兆雄字鴻舉，德州人。太學生。

其詩文集未見著錄。《國朝山左詩彙鈔後集》卷三十載其《題雊夢主人〈憶舊詩〉後》詩三首。

### ◆ 郭長清

長清字聖之，德平人。

#### 【脈訣新要二卷】

見《德平縣志》、《山東通志·藝文》（子部醫家類）。

#### 【紀遊詩草】

見《德平縣志》、《山東通志·藝文》（集部別集類）。

### ◆ 張 渤

渤字紫蘭，平原人。諸生。

#### 【釣月詩草】

見《國朝山左詩續鈔》、《濟南府志·經籍》、

《山東通志·藝文》。

《國朝山左詩續鈔》卷三十二載其《歲暮》詩一首。

### ◆ 張　津

津字析木，平原人。諸生。

【世德堂詩草】

見《國朝山左詩續鈔》、《濟南府志·經籍》、《山東通志·藝文》。

《國朝山左詩續鈔》卷三十二載其《即事》詩一首。

### ◆ 黃　丙

丙字丁隣，號竹坡，別號紅葉主人，平原人。太學生。畫工山水，竹石得文與可之意，與歷下鄭小癡齊名。《續修平原縣志》卷十有傳。

【紅葉詩集】

見《續修平原縣志·藝文》及本傳。

### ◆ 王　鈺

鈺字和圖，平原人。嘉慶間貢生。《續修平原縣志》卷十有傳。

【五經注釋】【學庸詳解】

《續修平原縣志》本傳云："經學湛深，於《五經》奧義，俱有心得。凡《詩》、《書》、《易》、《禮》與《春秋三傳》，皆詳加注釋。又有手抄《學庸詳解》藏於家。"

### ◆ 朱景呂

景呂字兆渭，平陰人。監生。

【東村詩】

見《國朝山左詩續鈔》、《山東通志·藝文》。

《國朝山左詩續鈔》卷三十一載其《立夏日譙集喜雨》詩一首。

### ◆ 張景炎

景炎，商河人。嘉慶間恩貢生。

【四書小山錦五卷】

見《重修商河縣志·藝文》。

### ◆ 張松使

松使字菘園，商河人。廩貢生。

【野緑軒詩集】

見《重修商河縣志·藝文》及本傳。

《重修縣志·藝文》載其《夏日遊龍泉寺》、《水村謠》、《龍潭黑水》等詩。

### ◆ 王龍章

龍章字彤詔，商河人。嘉慶間歲貢。

【貽安堂詩集】

見《商河縣志》、《山東通志·藝文》。《重修商河縣志·撰著》作《貽安堂詩稿》，本傳云："著有《貽安堂稿詩集》、《詩餘》數種藏於家。"

【貽安堂詩餘】

見《重修商河縣志》本傳。

### ◆ 張左誠

左誠字方田，商河人。

【四書撮要十四卷】

見《山東通志·藝文》（經部四書類）、《重修商河縣志·藝文》（作張左城）。《山東通志·藝文》提要云："是書乃其晚年所著，見《縣志》。"

### ◆ 薛仁山

仁山，商河人。

【薛氏族譜】

有薛桂齡《序》，見《重修商河縣志·藝文》。按《序》，薛氏原籍陝西韓城，明初遷膠州薛家島。乾隆四十九年薛以增由先世遷居商河薛家園者爲始祖，按始遷之塋次推之四世，分作三支，繪畫成圖。今族人議續修族譜，桂齡年已八十有五，無能爲力，遂命其子仁山與族侄坊往襄其事云。

### ◆ 王 忱

忱，商河人。

**【勸戒編】**

見《商河縣志》、《山東通志・藝文》（子部雜家類）。《重修商河縣志》作王忱。

### ◆ 王元安

元安，商河人。

**【三槐堂】**

見《重修商河縣志》。"堂"下疑脫"集"或"詩"字。

### ◆ 朱道衍

道衍字星海，別號鑄亭山人，平陰人，熊光子。諸生。

**【鑄亭山人詩抄】**

見《山東通志・藝文》。現存：清嘉慶刻本（不分卷），上海圖書館、青島市圖書館藏，《清人別集總目》、《清人詩文集總目提要》著錄。《青島市圖書館古籍書目》作《鑄亭詩鈔》一卷，清嘉慶十四年刻本。

《山東通志・藝文》：《念堂詩話》云："星海學詩於劉松嵐，有《鑄亭山人詩鈔》。句云：'龍吟潭底月，鬼嘯墓邊風'、'夕鳥原邊下，孤笻郭外行'、'驢同卷石瘦，身似片雲閒'、'虛壁學人語，危峰下鹿羣'、'秋雨滴長夜，家人聚一燈'、'眼從觀海豁，氣自見山奇'，皆有冷趣，自是高密派中人。"《山左詩彙鈔》云："集中七律甚少，云是觀察所刪。"按：觀察謂劉松嵐。

《國朝山左詩彙鈔後集》卷十六載其詩五十二首。

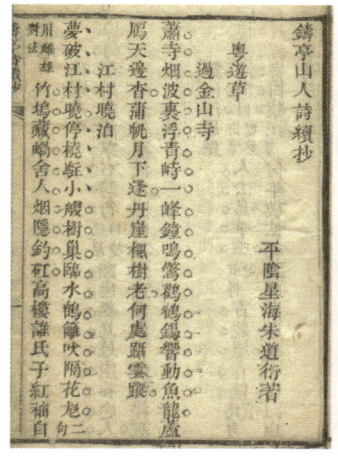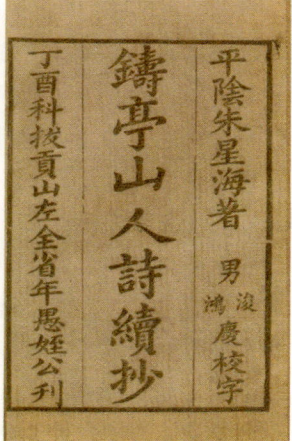

《鑄亭山人詩續抄》一卷　清道光十七年刻本

**【鑄亭山人詩續抄一卷】**

現存：清道光十七年刻本，中共山東省委黨校圖書館、青島市圖書館藏，《清人別集總目》、《清人詩文集總目提要》著錄；《山東文獻集成》影印。書末有道光十七年朱浚慶《跋》云："先君子古今體詩若干卷，劉松嵐先生已序以行世。茲續稿若干卷，浚慶敬謹藏之，而時以無力付梓爲憾。今夏會考來濟，諸同年爭解囊，遂付剞劂。"

### ◆ 周 樂

樂字二南，歷城人。道光辛巳（元年）恩貢。

**【周氏族譜】**

見《續修歷城縣志・藝文考》。《續修四庫全書總目提要（稿本）》著錄鈔本。

《二南外集》載是編《自序》略曰：余先世江寧籍也，籍歷城自余祖始。先世自祖以上，無譜牒可考。余幼時及見祖父，不知譜牒爲重，未及致問。迨後遭家不造，大故頻仍，兄弟皆析爨各謀生，余亦戚戚饑驅他鄉無暇日。將此伯仲二支，瓜衍日繁，數世而後，

《鑄亭山人詩抄》一卷　清嘉慶十四年刻本

且本原莫悉，敬睦無由，或至慶弔不通，視爲路人，此則余所大懼也。因是稽古宗法，次其昭穆，詳其出處，合誌一編，託始於歷城之祖。

### 【關聖帝君忠義經一卷】

《玉函山房藏書簿錄》著錄清歷城周氏刻本。

### 【二南詩鈔二卷】

見《山東通志・藝文》、《續修歷城縣志・藝文考》（均據本書）。現存：清道光九年紉香齋刻本，山東省圖書館、東北師範大學圖書館等藏，《清人別集總目》、《清人詩文集總目提要》、《東北地區古籍綫裝書聯合目錄》、《續修四庫全書總目提要（稿本）》著錄；《山東文獻集成》影印。題“濟南周樂二南著，同學余正酉秋門評定”。前有道光二年東阿周天爵、道光己丑（九年）歷城余正酉、道光九年桐城姚景衡、嘉慶癸酉（十八年）歷城范坰、嘉慶二十三年雲間蔣錦標、道光二年歷城梁士俊諸《序》，同里李偁、同里何鄰泉、海寧俞顯以、湖南張杰、如皋章寅、同里尹廷蘭、繡江李廷榮、同里喬嶽、同學余正酉《題詞》，及道光己丑同里李肇慶識語。後有安丘劉燿椿、同里花壽山、灞陵董浩諸《跋》。

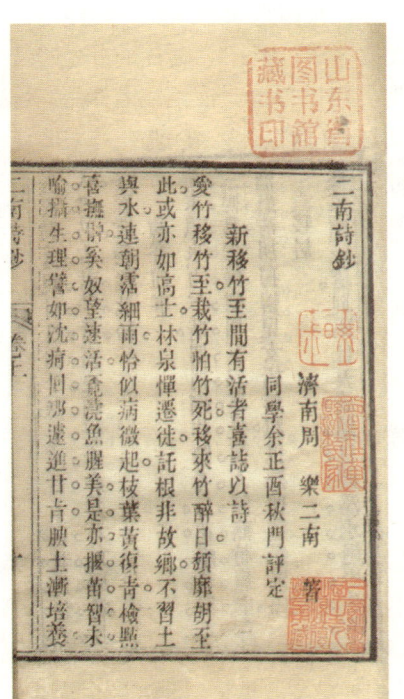

《二南詩鈔》二卷　清道光九年紉香齋刻本

《山東通志・藝文》云：“《詩鈔》道光己丑刊”，並引灞陵藍峰甯琙《跋》云：“非唐非宋，非元非明，入人意中，而復出人意外，其斯爲空所依傍者乎？”

《續修歷城縣志・藝文考》載周天爵《序》略曰：“二南好爲詩，一有所感，其聲應心而出。其材又能宛轉形模，運使古今，策物里巷。纖俚歌謠之辭，如碎金之於大冶，一鎔之匋然宏聲出焉。”

《國朝山左詩彙鈔後集》卷十四載其詩一百七十七首，又卷三十有歷城楊恩祺《題二南詩鈔》二首。

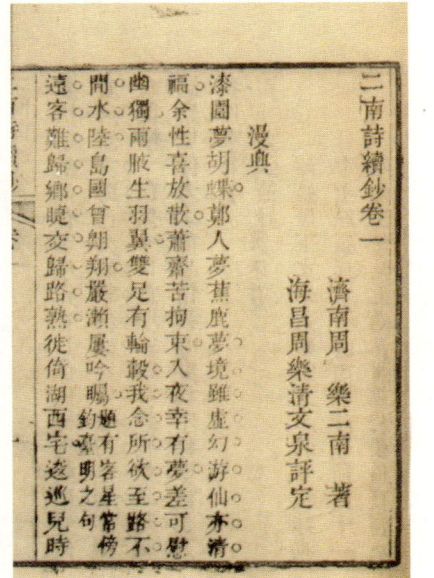

《二南詩續鈔》　清道光十一年紉香齋刻本

### 【二南詩續鈔五卷】

見《山東通志・藝文》、《續修歷城縣志・藝文考》（均據本書）。現存：①清道光十一年紉香齋刻本（二卷），中國國家圖書館、山東省圖書館等藏，《清人別集總目》、《清人詩文集總目提要》、《內蒙古自治區綫裝古籍聯合目錄》著錄。②清道光二十九年紫藤書屋刻本（三卷），內蒙古自治區圖書館等藏，《清人別集總目》、《內蒙古自治區綫裝古籍聯合目錄》著錄。

《山東通志・藝文》：《續鈔》辛卯刊。

《續修歷城縣志・藝文考》引郭階平《序》略曰：周君內行醕至，少以節概文章重于閭里。既爲秦隴之遊，山川遊歷，益有以發其奇氣，而詩之所造益工。

往歲周君同里秋門余君爲論定初集，序而梓之；近又以《續鈔》若干卷，屬予點定。予維二南之詩，踔屬駿發，掀鼇擲鯨，縱控一指，不逾尺寸，亦可謂工于詞矣。至其沈思獨往，波震颷逝，莊語、諧語、勝語、豪語、沖遠語、激昂語，搖肝擺腎，畢肖其性情以出，不待補假而後成。其諸意之所至，而詞亦至者乎？

《玉函山房藏書簿錄》著錄《二南詩鈔》二卷《續鈔》二卷《文集》二卷《制義》二卷《試律擬二卷》，沈湖書屋本，提要云："國朝候選教諭歷城周樂二南撰。號漫翁，少負異才，屢試不售。後乃遊秦，主講少華書院。歸里後，主講景賢書院。詩出姚武功，而秀逸過之，足自名家。文與壯悔堂相近。"

## 【二南制義二卷】

見《玉函山房藏書簿錄》。現存：清道光十八年刻本（無卷數），山東省圖書館、江西省圖書館等藏，《清人別集總目》、《內蒙古自治區線裝古籍聯合目錄》著錄。

《二南試律擬》一卷　清道光刻本

## 【二南試律擬一卷】

現存：清道光二十二年刻本（枕湖書屋藏板），內蒙古自治區圖書館、青島市圖書館藏，見《內蒙古自治區線裝古籍聯合目錄》、《青島市圖書館藏山東文獻珍本圖錄》（作清道光十八年刻本）。《玉函山房藏書簿錄》云二卷。

## 【二南文集二卷】

現存：清道光二十二年枕湖書屋刻本，山東省圖書館、上海圖書館等藏，《販書偶記》、《清人別集總目》、《清人詩文集總目提要》著錄；《山東文獻集成》影印。前有道光戊戌關西李元春《序》，道光壬寅同里馬國翰《二南先生古文序》，道光丙午同里花壽山《周二南先生小傳》，嘉興沈濤、蜀南劉在榮、趙州王大磐、晉陵楊垣、掖縣李同、傅董惟、鄭增修、喬嶽、鹿澤長、李澍、王德容、鄒光鋮《題辭》。

李元春《序》：二南先生，山左耆宿也，以詩名。梓其前後集，不脛而走四方。其爲人性情腆摯，篤行誼，喜友朋，而豪於酒。遊關中，學人、才人皆與先生交。予見之潼關，一面如舊識。因憶往者以計偕過濟南，閱跋突泉、大明湖諸勝，知其間必有奇人。已訪得陳茂才鶴峯高士也，讀其著述，並與遊千佛山，遙望馬鞍、華不注，各秀峙一隅，流連者久之。今三十餘年矣，往事蓋如昨日。二南居正在會城，問以鶴峯，言曾爲經紀其喪。於此益嘆二南之爲人，而恨當時未遇，今日相識爲晚也。二南於詩有偏好，而閒爲古文，暇亦出其諸作相質，且曰："人謂我文少不副詩，兼傳不如專傳。"予讀之曰："不然。先生詩傳，文正不可不傳。"夫立言期不朽，爲其有益於世耳。使言不本於性情行誼，於世亦無所勸懲，詩與文均可不作矣，何論多寡哉？魯褒止作《錢神論》一篇，遂入晉史。二南之鄉人漁洋先生爲一代主盟，而文亦少。然人讀其詩，亦欲讀其文，謂均有可資者。譬如跋突三泉湧出不過尺餘，然實踞會城第一奇觀，散而爲大明湖，資遊賞者，且無窮也。又譬如登千佛，望馬鞍、華不注，皆不足當泰山之一峯，然濟南全勝，實在於此。二南詩文皆不爲無用之言，且多救時之意。即如《片蒜說》一篇，吾直欲書萬本以當砭愚訂頑，足知其他。由此言之，先生之文又可以少爲嫌耶？先生將反里，予欲以言爲贈，因其詩前已梓，而文尚未梓，爲序其制義，並爲序其古文，使兒瀚送之關門，囑酌酒爲我語之曰："他日梓其文，當寄我。且爲我問鶴峯家尚不落寞乎？抑尚知三十年前有西人至其家曾一飯乎？鶴峯所作詩十九首猶存乎？吾亦欲得之。"言至此，不勝愴然，夢魂閒如偕先生車，復神馳於三山七十二水閒也。道光戊戌關西李元春時齋甫。

馬國翰《二南先生古文序》略曰：先生夙負瑋異之才，劬嗜典籍，自經逮史，以迄莊騷，博覽群書，無物不刊。尤肆力於漢唐以來諸大家之文，枕藉茹涵，沉潛醲郁，時有會心，用以自抒其機杼。且不爲浮虛無物之談，以倫紀爲本原，以性情爲作用，凡屬闡表微潛、箴規朋執之篇，莫不與人心世道息息相關。即一二游戲小品，鼓吹幽閒，亦不失勸懲之微意，取精多而用物宏，駸駸乎登古人之堂而食其胾矣。

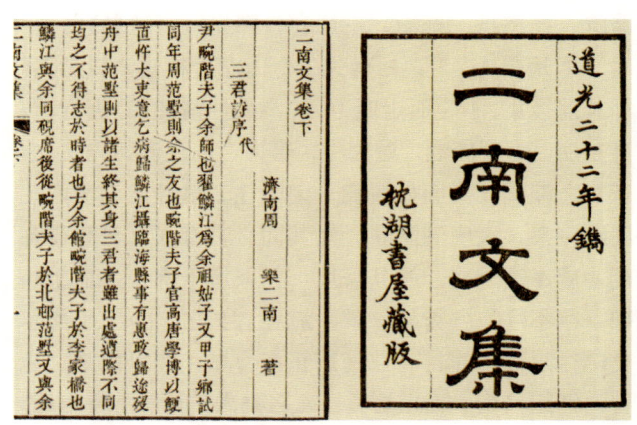

《二南文集》二卷　道光二十二年枕湖書屋刻本

## 【二南外集二卷】

見《山東通志·藝文》、《續修歷城縣志·藝文考》（均據本書）。現存：清道光二十二年枕湖書屋刻本，中國國家圖書館、山東省圖書館、上海圖書館等藏，《販書偶記》、《清人別集總目》、《清人詩文集總目提要》著錄。

《山東通志·藝文》："道光壬寅刊。上卷雜文三十二首，坿續刻文七首。下卷雜文三十四首，坿續刻文三首。集後坿《救世苦口吟》八十首，皆七言絕句。馬國翰《序》云：'以倫紀爲本原，以性情爲作用，凡屬闡表微潛、箴規朋執之篇，莫不與人心世道息息相關。即一二游戲小品，鼓吹幽閒，亦不失勸懲之微意。'嘉興沈濤題辭云：'《史記·趙世家》屠岸賈事及相如傳琴心挑文君一段，實爲後世小說家之祖。集中紀事之文，筆力直逼龍門，或擬置之《唐人說薈》中，猶淺之爲丈夫矣。'"

## 【正氣吟一冊】

見《山東通志·藝文》、《續修歷城縣志·藝文考》（均據本書）。現存：清道光九年刻本（與《二南詩鈔》合刻），山東省圖書館、東北師範大學圖書館藏，《東北地區古籍綫裝書聯合目錄》、《山東文獻書目》著錄。

《山東通志·藝文》：刊本。《憨齋詩話》云："余特愛其《范粲》一首，云：'生而寢，寢車裏。老而死，死車裏。此車直作首陽看，三十六年地不履。兒輩足不出邑里，日傍輪轅伺臥起，司馬家祿棄如屣。'音響既妙，議論亦佳，堪與李西涯、尤悔庵詠史樂府並傳。"

## 【二南吟草不分卷】（一名《是真語者齋吟艸》）

現存：稿本（二冊，清張杰、周天爵、梁士儁、劉耀椿、王鳴鳳跋），山東省圖書館藏，《中國古籍善本書目》、《清人別集總目》、《清人詩文集總目提要》著錄；《山東文獻集成》影印。二冊封頁均題"是真語者齋吟艸"。首冊前有同里梁士俊、嘉慶癸酉同里范坰、嘉慶二十三年雲間蔣錦標諸《序》，丙戌直圭章寅《題辭》。其二冊前有道光二年東阿周天爵《序》。

梁士俊《序》：道光壬午春闈，同里知交東歸者踵相接；二南留滯都門，與余同溷跡緇塵。一夕剪燭共話，出《吟草》示余，蓋寓郡館紫雲樹時，張北麓代爲編錄者。因携歸盥手讀之，余懷不覺根觸而有動也。始余與二南同補博士弟子員，二南不鄙余謭陋，相視莫逆。既而余春官屢上，二南亦連不得志於秋闈，僅獲貢入成均。流光荏苒，少壯如昨，余與二南同慨

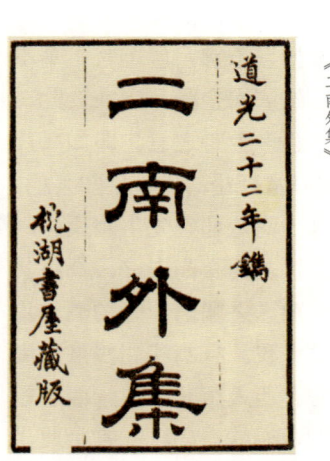

《二南外集》

乎其言之。余廿餘年來，溺制舉業，於詩古文詞，喜涉獵而樊籬未窺，偶有所作，自顧不堪覆瓿，遂置之不存。二南之文清警靈雋，固已卓越恒流，而雅耽吟詠，援筆立成，坎壈纏身不顧也。其格調則不煩繩削而自合，其故實則一經鎔鑄而愈新，忽而莊語，忽而滑稽，或氣韻沈雄如幽燕老將，或丰姿綽約如姑射仙人。夫詩本性情，情真而詩與之俱真。陸士衡云："詩緣情而綺靡。"又何唐音宋派之拘拘乎？咏古諸篇，如眉山蘇氏作論，每從常解翻進一層，尤不屑拾人唾餘。人謂二南之詩窮而後工。余謂二南即不窮亦必工詩無疑，特因窮而抑塞幽渺之詞多，益令人憐其才而悲其遇耳。吾鄉擅湖山之勝，李、杜游踪，與詩篇俱傳。邑人如辛稼軒、晁補之、張希孟諸公，暨邊華泉尚書、劉函山吏部、李滄溟觀察，皆以碩才宏學，雄視一代。下逮殷棠川、許殿卿、王秋史、朱子青諸先生，亦能張幟騷壇，後先輝映。今余累舉不第，久以白蠟明經見哂同儕，濫廁四門博士，冀邀微官謀升斗。二南若及今掇青紫，猶能和其聲以鳴盛，繼此之同不同殆未可知。而新吟日富，詩卷長留，於以追往哲之芳躅，俾鄉先輩流風不致音沈響絕，嘆接武之無人，二南當勉任其責矣。余雖頌之餘，竊以滋愧，因直攄胸臆而質言之，二南倘不讓余為溢量貢諛云爾。同里愚弟梁士俊書於宣武門外之蓮花寺。

范垌《序》：夫詩之為教，以善道人情為工，以暗合古人為妙。至於雄奇淡遠，犀利芊綿，則各隨其人之性情，兼視其人之造詣。苟取古人之詩，字仿而句摹之，自謂逼真王、孟，具體杜、韓，古人其許之乎？蓋不讀古人之詩，固不能為詩；而不離古人之詩，依然其不能為詩也。濟南素稱詩藪，代有詩人，以今觀之，吾友周子二南其選也。二南不飾容貌，談言微中，其詩如徐夫人匕首，無堅不入，不朽不摧。受其卷而讀之，不禁低首降心，而服其為真詩人也。然世之論詩者，猶交口譏之，以其不襲古人之成規，遂不入時人之彀率。且於人所已言者始置不論，獨能以幽微之思、精妙之語，言人所不能言，詩境如幽篁坐月，面面玲瓏，而月轉陰移，輒復殊觀；又如風簷鐵馬，天籟時鳴，冰雪之花，自成文采。故嘗贈以句云："眼前景致精刻畫，耳中常語排生硬。但攄方寸寫性靈，不顧眾口譏聲病。"於此可以見二南之詩，並可以見余傾服二南之詩也。或曰："其才若是，胡為世所病也？"余曰："是不飾貌之故耳。村農談稼穡，語至

《二南吟草》不分卷　山東省圖書館藏稿本

精也，不若衣冠博帶之動聽。山妻問寒暖，情至篤也，不若粉白黛綠之娛心。其文亦若是，故屢試不售也。"或又曰："子與莫逆，胡不勸其薄施朱粉，以求合於時也？"余曰："人有不為也，而後可以有為。巧言令色，左邱明恥之。使二南捨此而趨彼，是猶適胡而南轅，之越而北轍也；是猶贈原思以肥馬輕裘，而處子貢於簞瓢陋巷也。優孟之衣冠，未必為古人所許；邯鄲之步武，適足為時人所笑也。余固不言也，言亦不信也。"嘉慶癸酉孟秋同里愚弟品泉生范垌謹序。

## 【再生集一卷】

現存：清道光九年刻本（與《二南詩鈔》合刻），東北師範大學圖書館藏，《東北地區古籍綫裝書聯合目錄》著錄。

## 【救世苦口吟】

現存：①清道光二十二年刻本（《二南文集、外集》附），山東省圖書館、青島市圖書館等藏，《續修四庫全書總目提要（稿本）》、《清人別集總目》著錄。②清道光三十年（濟南敬慎書屋藏板），內蒙古圖書館藏，見《內蒙古自治區線裝古籍聯合目錄》。

## 【白雪集】

《續修歷城縣志・藝文考》"《二南詩鈔》"條按語云："樂詩有《白雪集》、《無棣新詩》、《秦遊草》若干種。"

## 【無棣新詩】

見《續修歷城縣志・藝文考》"《二南詩鈔》"條按語（參見上條）。《國朝山左詩彙鈔後集》卷二十四有鄭雲龍《題周二南〈無棣新詩〉卷後》詩云："憐才畢竟是蒼穹，故使馳驅道路中。隨地雲山開眼界，憑君題詠入詩筒。苦從嘗後心逾壯，情到真時句自工。一卷壓裝稱富有，歸來莫道阮囊空。"

## 【秦遊草】

《續修歷城縣志・藝文考》"《二南詩鈔》"條按語云："樂詩有《白雪集》、《無棣新詩》、《秦遊草》若干種。"《國朝山左詩彙鈔後集》卷二十二有李鄴《題周二南〈秦游草〉》詩云："夜坐開君卷，孤燈對寂寥。愁懷聊自遣，詩興總難消。暮雨橫秦嶺，西風過灞橋。遙知苦吟處，頭白幾魂銷。"

## 【潼關詠史一卷】（一名《消夏同詠》）

與李肇慶、慶祿同撰。詳見李肇慶著作。

## 【歷下三君詩集四卷】

與李肇慶合編。詳見李肇慶著作。

### ◆ 喬　嶽

嶽字松石，歷城人。諸生。

## 【松石詩鈔二卷】

現存：①清道光二十年刻本，山東師範大學圖書館藏，《山東文獻書目》、《清人別集總目》、《清人詩文集總目提要》著錄。②清咸豐二年刻本，山東省博物館等藏，《販書偶記續編》、《山東文獻書目》、《清人詩文集總目提要》著錄。

《山東通志・藝文》：是編咸豐壬子刊。李倜《跋》云："作者五七古意境多仿韓、柳，而音節則規橅太白。五言如'風來天欲側，塵起樹全無'、'峯迴疑塔落，壁束覺天圓'、'月入邊城色，鐘殘世外聲'、

'崖藏盤古雪，殿鎖九州煙'、'瀑春宿雲斷，石就老藤纏'、'橫雲界城堞，遠樹出人家'、'人靜鴉爭樹，冰開魚到門'、'瀑流通大別，雲氣鎖中條'、'一路山將盡，三峰天外高'、'古雪盤空白，餘天捲石藍'、'雄勢三秦盡，邊聲一雁秋'、'澗樹拖雲出，岩花冒雪開'、'古寺雲推出，殘碑蝸寫成'、'晚山濃日色，旅雁冷秋聲'，不下數十聯，求之古人集，亦復不可多得。"又云："下卷近體，奇橫精練，少遜前編，而湊泊天然，其所謂炫爛之極、歸於平淡者乎？"據本書。

《續修歷城縣志・藝文考》（據本書）：周樂《序》略曰：皆近年即事適興之作。無意求工，而工益入妙。有近陶、韋者，有近溫、李者，有近劉叉、李長吉者。詩不可以一家論，而究其言人所欲言，言人所不能言，亦未有古人之詩橫其胸中也。

《國朝山左詩彙鈔後集》卷十八載其《丁亥秋日讀二南自慨詩三首・意不勝悲．輒依篇解之》（三首）、《集陶三首題二南集》（三首），凡六首。小傳注云："松石天分卓絕，賦性灑落，吹竹彈絲，無不精妙。詩筆超逸，惜未覿全本。諸作皆得之二南《集》中，先鈔之，以待再補。"又卷三十九補錄其詩十六首。

### ◆ 王培荀

培荀字景淑，號雪嶠，淄川人。道光辛巳（元年）舉人。官四川榮縣知縣。旋里後主講殷陽書院。《三續淄川縣志》（卷九）有傳。

## 【讀書管見四卷】

《山東通志・藝文》（經部五經總義類）據《蘅園類存》著錄。

## 【大學集說一卷】【中庸集說一卷】【學庸餘論一卷】

現存：清咸豐二年淄川安愚堂刻本，山東省圖書館、青島市圖書館等藏，《青島市圖書館藏線裝書目錄初稿》、《販書偶記續編》著錄；《山東文獻集成》影印。《山東文獻書目》作《學庸集說》一卷。

## 【王氏家傳一卷】

現存：清道光刻本，山東省圖書館、青島市圖書館藏，《中國家譜總目》、《山東文獻書目》著錄。

## 【雪嶠日記十二卷】

記道光十五年至二十六年間事，現存：①稿本（不分卷），山東省圖書館藏，《山東文獻書目》著錄。②清道光二十九年聽雨樓刻本，上海圖書館、山東師範大學圖書館、青島市圖書館藏，《中國古籍善本書目》、《青島市圖書館藏線裝書目錄初稿》、《販書偶記續編》著錄。

## 【青城遊記一卷】

現存：鈔本（題王雪嶠撰），四川省圖書館藏，《四川省圖書館古籍目錄》、《山東文獻書目》著錄。

## 【榮縣志三十八卷首一卷】

現存：①清道光二十五年刻本，中國國家圖書館、上海圖書館等藏。②清光緒三年莊定域續修增刻本，中國國家圖書館、上海圖書館、四川省圖書館藏。

《管見舉隅》不分卷　清道光榮梨官廨刻本

## 【管見舉隅】

見《三續淄川縣志》本傳。現存：清道光二十八至二十九年榮梨官廨刻本（不分卷），北京大學圖書館、青島市圖書館、山東省圖書館藏，《販書偶記》、《山東文獻書目》著錄；《山東文獻集成》影印。

## 【讀書緒論二卷】

現存：清道光二十八至二十九年榮梨官廨刻本（與《管見舉隅》合刻），中國科學院圖書館、北京大學圖書館、青島市圖書館藏，《販書偶記》、《山東文獻書目》著錄。

## 【賑尾雜記不分卷】

現存：稿本，山東省圖書館藏，《中國古籍善本書目》、《山東文獻書目》著錄。

## 【鄉園憶舊錄八卷】

見《山東通志·藝文》（子部雜家類）、《三續淄川縣志》本傳（無卷數）。現存：①清道光二十五年自刻本（六卷），中國科學院圖書館、中國國家圖書館等藏，《中國古籍善本書目》、《販書偶記》著錄；《續修四庫全書》影印。②清道光刻本，青島市圖書館藏。③一九六二年鈔本（六卷），見《福建師範大學圖書館館藏抄本簡目》。

《山東通志·藝文》：《聽雨樓隨筆》專記蜀事。此編則雜記山左文獻，以及山川景物、軼聞瑣事，亦在蜀時作，刊於道光乙巳。《凡例》云："《聽雨樓隨筆》以詩為主，人物軼事特附見焉。茲編不以詩為主，人物、山水、事蹟有得即書；詩特點染生色，故不必全錄。"又云："集名'憶舊'，未可鑿空，非故老傳述，即摘錄各家詩文集及詩話說部。但少藏書，未

《鄉園憶舊錄》六卷　清道光二十五年刻本

免狹隘。自知寡陋，特書等遊戲，不之顧也。"據本書。

## 【聽雨樓偶錄五卷】

現存：清道光會心不遠齋鈔本，山東省圖書館藏。

## 【聽雨樓隨筆八卷】

見《山東通志・藝文》（子部雜家類）、《三續淄川縣志》本傳（無卷數）。現存：清道光二十五年刻本（十卷），上海圖書館、中國科學院圖書館、浙江圖書館等藏，《販書偶記》、《藏園訂補邸亭知見傳本書目》著錄；《續修四庫全書》影印。

《山東通志・藝文》：是編刊於道光乙巳。《自序》略云："捧檄來川，鞅次多暇。每於市間得斷簡殘編，或燕會晤談，偶聞佳章及軼事，錄而藏之。叢雜錯亂，毫無統緒。爰命鈔胥謄清刻諸木，以備觀覽。特是錯雜無章，無以名之，因錄於聽雨樓中，即命之曰《聽雨樓隨筆》。"按：書中謂四川黑豆腐即蒟醬，江陰金武祥載其說於《粟香四筆》中。

《聽雨樓隨筆》八卷　清道光二十六年刻本

## 【詩四卷】

《山東通志・藝文》：《憨齋詩話》云："培荀年五十始學爲詩，嘗有句云：'前賢一事差堪擬，五十學詩高達夫。'存詩四卷，其中詠古之作俱佳。余特愛其《秋胡妻》云：'妾來非赴桑中約，郎看偏同陌上花。'屬對工雅，得未曾有。"

《國朝山左詩彙鈔後集》卷三十載其《桂湖謁楊升菴祠》（二首）、《寇萊公故里》、《邱隴》詩四首。《三續淄川縣志・藝文》載其《寶劍篇有序》、《校〈崑崙山人詩集〉有感》（四首），凡五首。

《寓蜀草》四卷　清道光二十七年慎思堂刻本

## 【寓蜀草四卷】

見《三續淄川縣志》本傳（無卷數）。現存：清道光二十七年慎思堂刻本，中國國家圖書館、青島市圖書館、四川省圖書館等藏，《販書偶記續編》、《清人別集總目》、《清人詩文集總目提要》著錄。

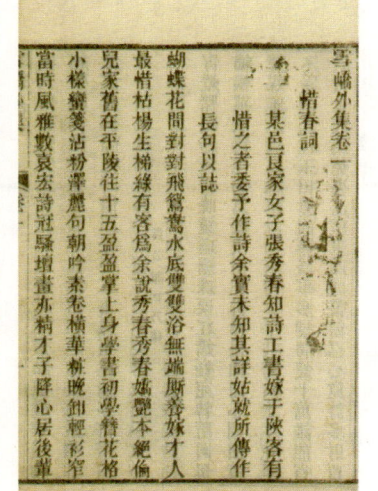

《雪嶠外集》一卷　清道光二十七年旭陽官廨刻本

## 【雪嶠外集一卷】

現存：①清道光二十七年慎思堂刻本（與《寓蜀草》合刻），山東省圖書館、中國科學院圖書館藏，《清人別集總目》、《清人詩文集總目提要》著錄。②清道光二十七年旭陽官廨刻本，南京圖書館、山東省圖書館、青島市圖書館藏，《販書偶記續編》、《山東文獻書目》、《清人別集總目》著錄。③清咸豐間成都刻本，四川省圖書館藏，《四川省圖書館古籍目錄》、《清人別集總目》著錄。

## 【雪嶠文選】

《山東通志·藝文》（集部總集類）據《衡園類存》著錄。

## 【蜀道聯轡集一卷附蜀道停繡草一卷】

王培荀、王者政同撰。者政字敘常，號春舫，文登人，道光己丑進士，官甯遠知府。《停繡草》，者政妻陳寶四（字箴史，奉天人）撰。是編見《山東通志·藝文》。現存：清道光三十年刻本，中國國家圖書館、青島市圖書館、中共山東省委黨校圖書館等藏，《清人別集總目》、《山東文獻書目》著錄；《山東文獻集成》影印。《三續淄川縣志》本傳作《蜀道聯吟集》一卷。

《山東通志·藝文》：周樂《聯轡集序》略云："元白唱和，非必盡在客途；陶令歸來，未免獨行踽踽。今雪嶠、春舫同爲東人，同宦西川，同時解綬旋里，又同路聯轡歌詠。此殆天使兩詩人珠聯璧合，引商刻羽，以壯蠶叢之觀，而增宦遊之色乎？合而梓之，藉志鴻爪固宜。至箴史恭人《停繡草》，春舫本不欲付刻。余謂兩詩人旗鼓相當，足稱吟壇健將，而娘子軍自成一隊，固不妨另爲一卷殿後，以爲藝林佳話云。"據本書。案：者政詩七古如《出劍閣龍洞》，七律如《七盤關》，皆清壯中有沈鬱之致。培荀詩力求奇警，然時有浮聲累句，其《桂湖謁楊升庵祠》"忠臣才子廟，宰撫狀元家"句，意格尤卓。《寶四薛濤井》云："勝迹只今留古井，詩人何處剩高樓。"二語頗有神韻。

## 【聽雨樓吟社二卷】

王培荀輯。現存：清道光二十九年旭陽官齋刻本，中國國家圖書館、山東省圖書館、青島市圖書館等藏，《青島市圖書館藏山東文獻珍本圖錄》、《清人別集總目》、《清人詩文集總目提要》著錄。

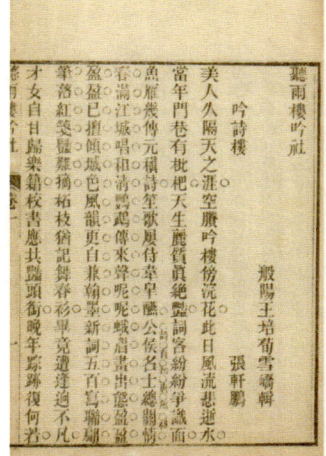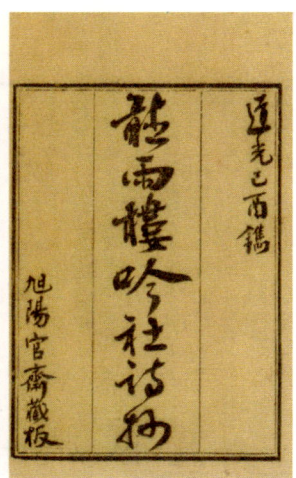

《聽雨樓吟社》二卷　清道光二十九年旭陽官廨刻本

## 【旭陽贈別一卷】

王培荀輯。現存：清道光刻本，山東省圖書館、濟南市圖書館、青島市圖書館等藏，《青島市圖書館古籍書目》著錄。

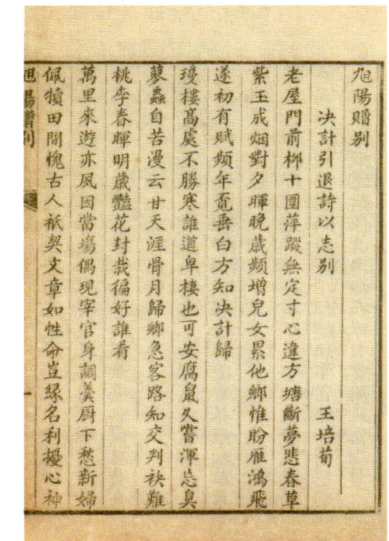

《旭陽贈別》一卷　清道光刻本

## 【秋海棠詩一卷】

王培荀等撰。現存：清道光刻本（一冊），青島市圖書館藏，《青島市圖書館古籍書目》、《清人詩集敘錄》著錄。

## 【秋海棠唱和集一卷】

王培荀等撰。現存：清道光二十七年旭陽官廨刻

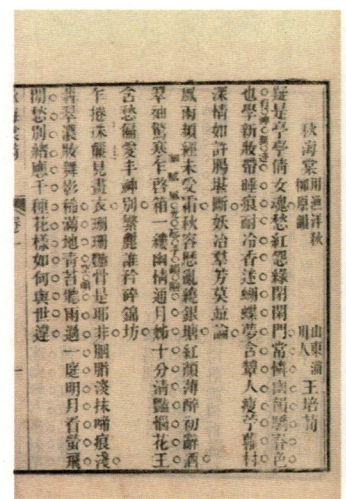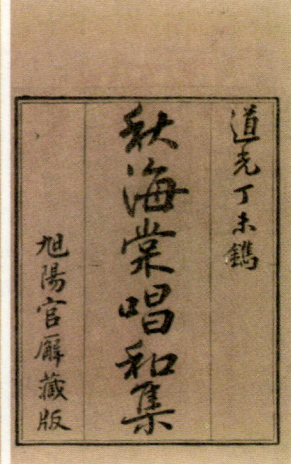

《秋海棠唱和集》一卷　清道光二十七年旭陽官廨刻本

本，青島市圖書館、山東省圖書館、四川省圖書館藏，《青島市圖書館藏山東文獻珍本圖錄》著錄。

### 【漢嘉話別詩鈔一卷】

王培荀輯。現存：清道光二十八年旭川官舍刻本（一冊），青島市圖書館藏，《青島市圖書館藏山東文獻珍本圖錄》著錄。有何增元《序》。按：是書卷端第一首爲《將去嘉州有作》，作者爲邵蓮谿（名勷，字彤賓，濟寧人，道光二年進士），是以有書目誤題“邵勷輯”者。

《漢嘉話別詩鈔》一卷　清道光二十八年旭川官舍刻本

◆ **杜振翮**

振翮字方翀，齊河人。道光辛巳（元年）由廩貢舉孝廉方正。《齊河縣志》卷二十七有傳。

### 【純一樓詩草】

見《齊河縣志》本傳。

◆ **韓鳳翔**

鳳翔字儀廷，章丘人。道光辛巳（元年）舉人。官廣東知府。

### 【夢花草堂詩稿】

見《山東通志·藝文》。現存：①清道光稿本（五卷），濟南市圖書館藏，《清人別集總目》、《清人詩文集總目提要》著錄。②清道光十五年刻本（十二卷），藏上海圖書館、青島市圖書館（存七卷，作道光十四年刻本），《青島市圖書館藏山東文獻珍本圖錄》、《清人別集總目》著錄。③清道光二十四年廣州刻本（十二卷），首都圖書館、廣東省立中山圖書館藏，《清人詩集敘錄》、《清人別集總目》、《清人詩文集總目提要》著錄。前有道光甲午鄒平成瓘《序》、道光乙未彭作邦《序》。詩按紀年排序。鳳翔號東園，道光十七年官舍浦知縣，調任普寧。其爲諸生時久羈濟南，故集中詠歷下名勝詩甚夥。

《山東通志·藝文》據不全本著錄，提要云：“是集所見爲卷五至卷七一冊。昭文孫雄云：‘詩筆樸雅真摯，跌宕沈雄，不名一格。’”

### 【夢花草堂詩錄一卷】

李長榮選。現存：清同治二年序刻《柳堂師友詩錄初編》本，中國國家圖書館、上海圖書館、長春市圖書館等藏，《中國叢書綜錄》、《東北地區古籍綫裝書聯合目錄》、《清人別集總目》著錄。

### 【靈芝詩和章三卷】

韓鳳翔等撰。現存：清同治七年刻本，吉林省圖書館、東北師範大學圖書館等藏，《東北地區古籍綫裝書聯合目錄》著錄。

◆ **張應昕**

應昕字曉峯，章丘人。歲貢。

## 【青山著書吟草一卷】

《山東通志·藝文》云："是編刊本，有同邑韓鳳翔《序》。"現存：清同治二年張氏元善堂刻本，山東省博物館藏，《山東文獻書目》、《清人詩文集總目提要》著錄。

### ◆ 高汝梅

汝梅字夢巖，章丘人。道光辛巳（元年）舉人。官內閣中書。

其詩文集未見著錄。《國朝山左詩彙鈔後集》卷三十五載其《遣懷》、《閏重陽賞菊》詩二首（據吳連周《繡水詩鈔》）。

### ◆ 高汝霖

汝霖字沛蒼，章丘人。貢生。

其詩文集未見著錄。《國朝山左詩彙鈔後集》卷三十五載其《過綠蔭園》詩一首（據吳連周《繡水詩鈔》）。

### ◆ 溫　燕

燕字嘉賓，陵縣人。肄業於濼源書院。道光辛巳（元年）貢生。《陵縣志》卷二十有傳。

其詩文集未見著錄。《陵縣志》卷十六載其《贊烏》詩一首。

### ◆ 焦恒鑑

恒鑑，長清人。郡庠生。

其詩文集未見著錄。民國《長清縣志》卷十《祠祀志·境內各祠廟》載其《創建土地祠碑記》（道光元年）一篇。

### ◆ 呂崇修

崇修字筠浦，德州人。乾隆甲寅（五十九年）舉人，官城武訓導，道光壬午（二年）成進士。歷知直隸懷來、遷安、高邑等縣。

## 【西園集】

見《德縣志·邑人著作》及本傳。

《德縣志》卷十六載其《悼蕭練江》詩一首。

### ◆ 劉登桂

登桂字步蟾，號西巖，歷城人，伍寬曾孫，玫孫。

道光二年舉人。署茌平訓導，授壽光教諭。

## 【青州詩草】【燕趙遊草】【雜詠】

《續修歷城縣志·藝文考》據劉賜璋鄉試硃卷履歷著錄，三種共八卷。

### ◆ 劉應魁

應魁號星齋，陵縣人。道光壬午（二年）武舉人。

其詩文集未見著錄。《陵縣志》卷十六載其《迎春橋記》一篇。

### ◆ 王世桐

世桐字楚巒，鄒平人。道光壬午（二年）恩貢。

## 【對松書屋詩集】

見《鄒平縣志·藝文攷》（民國三年續纂）、《山東通志·藝文》。《縣志·藝文攷》云："長山令鄱陽程題雁爲之敘。"

### ◆ 李　錕

錕字雙南，歷城人。道光壬午（二年）優貢。考授八旗官學教習，歷任冠縣、泰安訓導，披縣教諭。

## 【同懷詩文集】

與弟鈖同撰。《山東通志·藝文》、《續修歷城縣志·藝文考》據《續修縣志稿》著錄。

### ◆ 李　鈖

鈖字琢之，歷城人，錕弟。道光辛巳（元年）恩科舉人。考授覺羅官學教習，歷任直隸濼城、正定等縣知縣。

## 【欒城縣志十卷首一卷末一卷】

現存：清道光二十六年刻本，上海圖書館、南京圖書館等藏，《北京圖書館普通古籍總目》著錄。

## 【同懷詩文集】

與兄錕同撰。見李錕著作。

### ◆ 張夢龍

夢龍字磻溪，號震觀，長清人。歲貢生，道光二年保舉孝廉方正。道光《長清縣志》卷十二有傳。

其詩文集未見著錄。道光《長清縣志》卷八載其《五峯書院碑記》一篇。

### ◆ 周觀濤

觀濤字曲江，號漁莊，濟陽人。道光壬午（二年）歲貢。民國《濟陽縣志》卷十一有傳。

其詩文集未見著錄。民國《濟陽縣志·藝文》載其《欲譜新聲并序》詩（十首選其五），詩序云："按艾大司徒元徵有《退食槐聲》十二首，艾徵一以擊竹作聲和其韻，覽之並美。因以《欲譜新聲》和之，以寫憤懣之氣，且明心尚未灰也。"

### ◆ 袁熏沐

熏沐，淄川人。

### 【淄川袁氏家譜不分卷】

現存：清道光三年崇德堂刻本（二冊），上海圖書館、中國國家圖書館藏，《北京圖書館普通古籍總目》、《中國家譜總目》著錄。

### ◆ 馬大潤

大潤，長山人。

### 【馬氏家譜五卷】

現存：清道光三年刻本，濟南馬以林藏。

### ◆ 高中謀

中謀字億堂，號鏡霞，淄川人。道光癸未（三年）進士。歷官貴州臺拱同知。《濟南府志》卷五十四、《三續淄川縣志》（卷十）有傳。

### 【高氏家模彙編二集二卷】

現存：清鈔本（二冊），山東省圖書館藏，《中國古籍善本書目》著錄。有嘉慶庚申《自序》。

### 【般陽高中謀先生日誌不分卷】

現存：稿本，山東省圖書館藏，《中國古籍善本書目》、《山東文獻書目》著錄；《山東文獻集成》影印。記道光二十九年至三十年事。

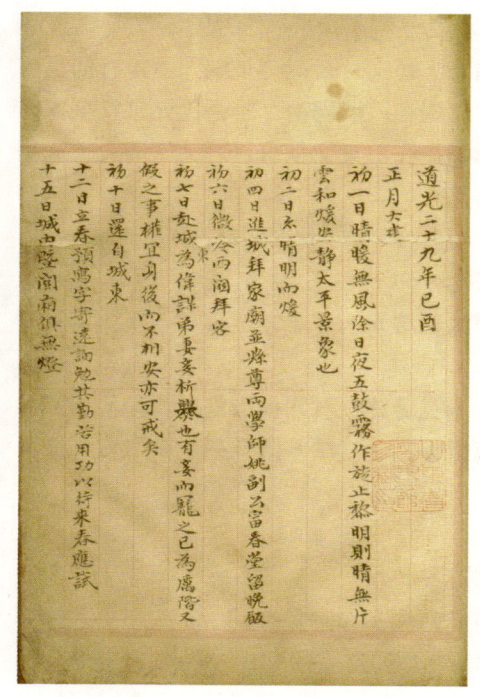

《般陽高中謀先生日誌》不分卷　山東省圖書館藏稿本

### 【燕京日記】【黔遊日記】

見《濟南府志·經籍》、《三續淄川縣志》。

### 【訓俗俚言】

見《濟南府志·經籍》、《山東通志·藝文》（子部雜家類）。

### 【億堂詩文稿】

見《濟南府志·經籍》、《山東通志·藝文》（集部別集類）。

《國朝山左詩彙鈔後集》卷二十一載其《花萼夾城通御氣》一首。小傳注云："億堂爲高在午丙謀同年哲兄。憶甲戌歲余廷試報罷，擬歸歸來，而億堂以宜及時進取敦勸留京。予之得考教習，與應順天鄉試，皆億堂力也。癸未成進士，榜下，以知縣分發貴州。甫陞司馬，遽赴召玉樓。聞之不勝惋歎。詩未見稿本，僅於阮芸臺相國《山左詩課》中錄得一首存之。"

### 【黔遊草】

見《國朝山左詩彙鈔後集》卷三十九《補遺》，並錄其《過下莊懷任文水先生》、《留別蕙圃弟》、《涼繖道中雜詠》、《玉屏諸生邀游東山寺》詩四首。

## 【高氏詩彙】

《山東通志·藝文》（集部總集類）著錄，引《鄉園憶舊錄》中謀條云："高氏世多詩人，先生輯爲《高氏詩彙》，乞內兄杜石樵先生爲評選，未及刻。"

### ◆ 高丙謀

丙謀字載午（一作在午），淄川人，中謀弟。嘉慶癸酉科拔貢。選陽信縣訓導，改夏津縣訓導，陞曹州府教授，推陞貴州安平知縣，歷任江蘇睢寧、邳州、銅山等縣知縣，署海州直隸州，候補知府。以老致仕，貧不能歸，寄寓銅山數載，年九十卒於寓所。《三續淄川縣志》（卷十）有傳。

## 【蝴蝶詩一卷】

現存：清光緒間刻本，青島市圖書館藏，《山東文獻書目》、《清人別集總目》著錄。

### ◆ 高勳謀

勳謀字孟昭，號石湖，淄川人。諸生。《濟南府志》卷五十四有傳。

## 【石湖詩草】

見《濟南府志·經籍》、《山東通志·藝文》。

《國朝山左詩彙鈔後集》卷三十五載其《寄周渭川》、《小病》詩二首（據馮繼照《般陽詩萃》）。

### ◆ 劉家麟

家麟號拘衫，章丘人。道光癸未（三年）進士。官巴東知縣。

## 【章邱節孝志四卷】

現存：清道光三十年章丘縣署刻本，山東省圖書館藏，《山東文獻書目》、《山東省圖書館藏山東省地方史志資料目錄》著錄。

## 【出山爲小草四卷】

見《章邱縣鄉土志》（無卷數）、《山東通志·藝文》（作《出山爲小草詩集》無卷數）。現存：①稿本（不分卷，一冊），青島市圖書館藏，《青島市圖書館藏古籍書目》、《清人詩文集總目提要》著錄。《青島市圖書館藏山東文獻珍本圖錄》作三卷，書衣題"章邱劉樂山出山為小草"。②清道光二十二年噉春書屋刻本，山東省圖書館藏，《山東文獻書目》、《清人別集總目》、《清人詩文集總目提要》著錄。

《山東通志·藝文》：《紉香草堂詩集·雜憶》詩自注云："家麟宰巴東有賢聲，以不善事長官引退。去時邑人爲《清宮歌》，令童子歌以贈行。今家居，詩酒爲樂，著有《出山爲小草詩集》。人傳其《山行諧句》云：'雲填車腹脹，雨濕轎皮皴。'"按：家麟此集有刊本。曾見其首卷署曰"出山爲小草"，據以補題。

《續修平原縣志》卷十一載其《賀雷雨霖榮受八品壽慶八旬詩八首》。

《出山爲小草》三卷　青島市圖書館藏稿本

## 【還山後集】

見《章邱縣鄉土志》。現存：清咸豐元年噉春書屋刻本（不分卷，二冊），山東省圖書館藏，《山東省圖書館館藏古籍書目》、《清人別集總目》、《清人詩文集總目提要》著錄。

## 【台青山房唱和詩集】

見《章邱縣鄉土志》。

### ◆ 劉家龍

家龍字海冠，號雨亭，又號左青，章丘人。道光癸未（三年）進士。官新安知縣。

## 【左青記韻詩二卷附平韻兩收考一卷平仄兩用考一卷】

現存：清道光六年章丘劉氏家刻本，山東省博物館藏，《山東省博物館藏明清民國山左學者著述知見錄》著錄。《章邱縣鄉土志》作《左青記韻》，無卷數。

自序：古之學者，識字不難，記韻不難，知平仄不難；而讀書難，講貫難，學文藝難。今之學者，讀書不難，講貫不難，學文藝不難；而識字最難，記韻最難，知平仄尤爲最難。此無他故，幸生於文教休明之世，而恒失學於幼衝之年也。《佩文》雖在而無術以讀，土音雖誤而未嘗自知，少時能苦讀而無其書，少長欲補讀而無其暇，可太息哉！殆通病矣！茲取《佩文》諸字，撰爲《記韻》兩篇。平仄間用而不淆，文意淺明而不晦。句雖不工，解字義則已有餘。字雖未全，作律詩蓋無不足。計四千四百十八字。又作《平韻兩收考》、《平仄兩用考》二篇，以附其後。雖考據非所長，而編爲四字言，易於百遍讀。童而習之，謂愈於讀《三字經》、《千字文》、《百家姓》也云爾。

## 【讀書疑甲編四卷】

現存：清道光二十六年迷花堂刻本，中國國家圖書館、東北師範大學圖書館、北京大學圖書館藏，《販書偶記》、《東北地區古籍綫裝書聯合目錄》著錄。

## 【迷花堂十八種】

見《章邱縣鄉土志》。

## 【拗人傳一卷】

見《山東通志·藝文》（一冊）。現存：①鈔本，山東省圖書館藏，《中國古籍善本書目徵求意見稿》、《山東文獻書目》著錄；《山東文獻集成》影印。②清鈔本，山東省博物館藏，《山東文獻書目》著錄。③清鈔本，湖南省社會科學院圖書館藏，《湖南省古籍善本書目》著錄。④清道光二十三年迷花刻本，上海圖書館藏。《續修四庫全書總目提要（稿本）》著錄清同治刊本。

《山東通志·藝文》：是編有刊本。即在新安時，作以俚語，雜論史事，如彈詞體。自邃古迄前明。設爲羣仙與拗人相辨難之辭，逐條皆羣仙發端，而拗人

駁之。其曰拗人者，蓋自道其偏執不與衆同也。前有山陰王鏞《序》，謂"摘其憂深思遠、詞繁不殺者二十四條"云云。今考二十四條中，"論漢鄧后"、"唐武氏"二條，以鄧之謁廟、武之改號爲無罪，皆妄謬不可訓。鏞以"憂深思遠"目之，殆阿好之詞。其論《漢書》、《三國志》、《通鑑》諸條，則識解淹通，與迂儒之見有別。

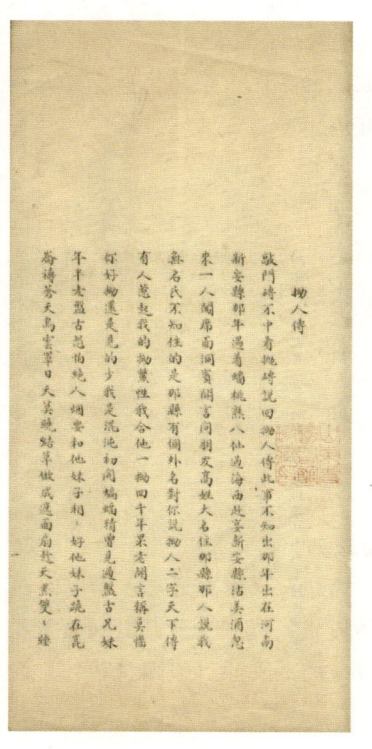

《拗人傳》一卷　山東省圖書館藏鈔本

## 【萊蕪土產】

見《章邱縣鄉土志》，云"有存稿待梓"。

## 【算學大成】

見《章邱縣鄉土志》，云"有存稿待梓"。

## 【河清集】【棗花軒集】【過意軒集】【客緇集】【女十忙回文詩】【論語連珠】【拋磚集】

見《章邱縣鄉土志》，云"有存稿待梓"。

## 【泰山吟不分卷】

現存：稿本，山東省博物館藏；《山東文獻集成》影印（作舊鈔本八卷附一卷，撰者誤署趙國麟）。

## ◆ 孟毓藻

毓藻字子鑑，號澗南，長清人，孟子六十七代孫。嘉慶二十四年優貢，道光二年解元，三年聯捷成進士。任直隸寧晉、故城、青縣知縣，欽加知州銜。民國《長清縣志》卷十三有傳。

其文集未見著錄。民國《長清縣志》卷十載其《重修泰山行宮碑記》一篇。

### 【道光壬午科鄉試硃卷一卷】

現存：清刻本（一冊），濰坊市圖書館藏，《濰坊古籍書目》著錄。

### 【省吾齋閒吟一卷】

現存：清道光二十五年中樂園刻本，山東大學圖書館藏。

### 【省吾齋贈言前後集抄】

現存：清道光二十五年中樂園刻本，山東大學圖書館藏。

民國《長清縣志》載是集《自序》略云："余素不能詩，與人唱和甚少，獨於寧晉諸生不能忘情焉。道光丙申宰斯邑，同城鄉紳、居民、吏胥俱能相見以情。一時文人學士不棄鄙陋，率以文字相質證。歲在庚子，時年五旬，諸生多以詩贈，詞涉鋪張，而實意亦復不少。及調故城，間有以詩送者，俱愛而藏之，不暇深玩。辛丑夏五適寧晉，算交代相隔已年餘，而諸生情誼，倍加深厚。蓋喜余復至，而又恐其不能久留也。流連諷詠，賦以見志，不數日而詩箋盈篋。余感其情，將前後贈言，附以閒詠數首，抄爲袖本，鄭重收存。爰招工人，付之剞劂。非詩之重，實情之重。所以明諸生愛我以情，始肯贈我以詩；亦以見余非詩中人，特爲情中人也云爾。"

## ◆ 趙　任

任字肩吾，德州人。嘉慶辛酉（六年）拔貢，庚午（十五年）登鄉榜，道光癸未（三年）成進士。歷官竹溪知縣。

### 【山中吟】【皖中吟】

見《德縣志·邑人著作》。

《德縣志》卷十六載其《秋日感懷》詩一首。

## ◆ 滕在甲

在甲字翰亭，一作韓亭，齊河人。道光癸未（三年）歲貢生。《齊河縣志》卷二十七有傳。

### 【字典】【字彙】【詩學人文集】

見民國《齊河縣志·撰述》。《縣志》本傳云："注有《字典》、《字彙》、《詩學人文》三書，均按古字之變形，取《說文》、子集訓詁以証確義意者，考核極為詳備。今藏於家。"

## ◆ 焦家麟

家麟，章丘人。

### 【章丘焦氏家譜不分卷】

現存：清道光七年鈔本（存二冊），中國人民大學圖書館藏，《山東文獻書目》著錄。

## ◆ 盧介祺

介祺號蓉洲，德州人，見曾女孫，章丘焦家麟妻。

### 【妙香閣詩稿】

見《山東通志·藝文》（據《閨秀正始續集》）。

## ◆ 焦學漪

學漪字吟雅，章丘人，家麟長女。

### 【竹韻軒詩草】

見《山東通志·藝文》（據《閨秀正始續集》）。

## ◆ 胡公桓

公桓字恪亭，號硯樵，別號雪峯，新城人。道光甲申歲貢。官即墨訓導。《重修新城縣志》卷十八有傳。

### 【道光十三年新城採訪錄一卷】

現存：清鈔本，中國社會科學院文學研究所藏，《中國古籍善本書目》、《山東文獻書目》著錄。

### 【詩詠雜集】【百詠詩註】

見《重修新城縣志》本傳，《藝文》失載。

### ◆ 張作斌

作斌，臨邑人。道光甲申（四年）歲貢。

#### 【燕貽堂文稿】

見《臨邑縣志·藝文上·著述》、《山東通志·藝文》。

### ◆ 楊曉春

曉春字悝齋，歷城人。道光五年舉人。明年會試下第，考取景山官學教習，期滿以知縣揀發安徽，任懷寧知縣，以積勞卒於任。

#### 【師竹齋文稿】

《續修歷城縣志·藝文考》據《楊氏族譜》著錄。

### ◆ 封宗翁

宗翁字鄂亭，德州人。嘉慶丁卯（十二年）副榜，道光乙酉（五年）舉人。以大挑選棲霞教諭，不就。

#### 【敦悅堂詩文集】

見《德縣志·邑人著作》。《縣志》本傳云："著有《敦悅堂稿》行世。"

《德縣志》卷十六載其《驛柳》詩二首。

### ◆ 張大進

大進字升谷，齊河人。道光乙酉（五年）拔貢，同治癸亥（二年）舉孝廉方正。《齊河縣志》卷二十四有傳。

#### 【飲吉堂稿】

民國《齊河縣志》本傳云："家居授徒，入泮者指不勝屈，中鄉榜者十一人，成進士者二人。提倡本縣文教，整頓督揚錢局，修理學宮、祠宇，皆著成績。至才高學富，下筆千言立就，士林盛稱之。著有《飲吉堂稿》。"此書《縣志·撰述》失載。

民國《濟陽縣志·藝文》載其《李母艾孺人貞壽序》一文。

### ◆ 石丹文

丹文字子真，長山人。道光丙戌（六年）歲貢生。其文集未見著錄。乾隆《棲霞縣志》卷十載其《祿

豐縣知縣林公傳》（林昌字皋言）一篇。

#### 【春雨園詩一冊】

見《國朝山左詩彙鈔後集》、《山東通志·藝文》。現存：①稿本（作《春雨園詩錄》四卷），山東省圖書館藏，《山東文獻書目》、《清人詩文集總目提要》著錄；《山東文獻集成》影印（作清鈔本）。②清嘉慶二十五年刻本（三卷），青島市圖書館、山東省圖書館等藏，《山東省博物館藏明清民國山左學者著述知見錄》、《山東文獻書目》、《清人別集總目》著錄。

《續修四庫全書總目提要（稿本）》著錄袁氏抄本（不分卷），提要云："是編凡詩二百五十首。分古近體編次，而以絕、律為最多。……今觀集中諸詩，如《閨中書意》云：'子規聲喚喚誰聽，風自飄揚柳自青。閒話無端算歸路，浼人偷去望長亭。單衣寄後翻成悔，好夢來時不願醒。可是閒情銷歇得，今年春色總冥冥。'又《漢宮祠》云：'一代紅顏辭漢殿，千秋青塚葬單于。君王枉殺毛延壽，何事宮中用畫圖。'等篇，讀之覺其情韻天然，才華富縟，上可接軌初唐，近亦媲美婁水，洵可謂山東詩人別樹一幟者矣。"

《山東通志·藝文》：是集有刊本，見《山左詩彙鈔》。《愍齋詩話》丹文一條云："詩主清真，不尚浮豔。五古一體，直追漢魏。佳章甚多，不能備載，聊錄其七言名句云：'水連汶泗多無岩，山到鄒滕始

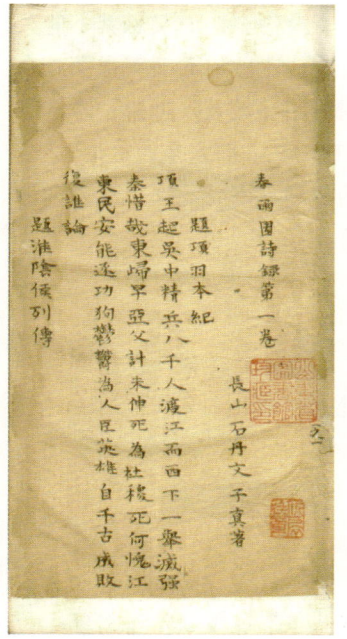

《春雨園詩錄》四卷　山東省圖書館藏稿本

有峰'、'長禾乍刈諸村出，久雨新晴碧落高'。"

《國朝山左詩彙鈔後集》卷十一載其詩二十八首，小傳注云："余於萊州張松侶孝廉仿留處見所著《紅葉媒傳奇》，松侶因爲予述子真奧博工詩，兼誦其佳句。物色未獲，每以爲憾。比輯《詩鈔》，始於二南處得《春雨園詩》一冊，即松侶序而梓者。其向予所稱述諸作具在，亟鈔存之。"

#### ◆ 袁德基

德基字令典，長山人。諸生。

#### 【知止山房詩鈔一冊】

《山東通志·藝文》：《山左詩彙鈔》載是編，及長山石子真丹文《序》云："魏文帝《典論·論文》云'詩賦欲麗'。今即以'麗'之一字定吾友之詩，使讀其詩者可以想其人。"又《憨齋詩話》"德基"一條云："嘗作《富兒》詩以刺時，極盡形容，聞者足戒。殆《秦中吟》之續歟？"

《國朝山左詩彙鈔後集》卷十載其詩七首，小傳附注云："余素聞令典詩名，未見其集。同學周二南寄到君詩一冊，長山石子真丹文《序》謂：'魏文帝《典論·論文》云：詩賦欲麗。今即以麗之一字定吾友之詩，使讀其詩者可以想其人。'今鈔存數首。末附其室人《綠香樓遺詩》，另載閨秀。其餘佳句，如《臨清道中》云'野火乍明滅，村燈時有無'，《哭繼室楊氏》云'緣當絕處終無盡，死到難回尚望生'，《世事》云'秦中瘧鬼驚乾蠍，天上真龍走葉公'，皆可誦也。"

#### ◆ 李　氏

鄒平人，長山袁德基妻。

#### 【綠香樓遺詩一卷】

其夫袁德基編。見《長山縣志》本傳、《山東通志·藝文》。《縣志》云："卷中如《即事》、《寄弟》諸什，尤可徵其賢孝云。"

《國朝山左詩彙鈔後集》卷二十七載其《春詞》一首。

#### ◆ 楊致祺

致祺字徵甫，歷城人，受廷子。諸生。

#### 【天暢軒僅存草】

見《山東通志·藝文》、《續修歷城縣志·藝文考》。

《續修歷城縣志》本傳（楊受廷附傳）云："博涉墨蹟，石刻最多，聞有名刻，不憚遠購。嘗架木南山崖壁，搨魏晉字。所書如行空天馬，筆筆中鋒，自言數百年必有知者。識者亦以其言非誇。著有《天暢軒僅存草》。"

《山東通志·藝文》：《山左詩彙鈔》載是編云："詩雖不多，而神致翛然，自饒天趣。"

《國朝山左詩彙鈔後集》卷三十載其《贈醉琴》等詩九首。

#### 【會心新鈔二冊】

見《山東通志·藝文》、《續修歷城縣志·藝文考》（均據鈔本）。《續修四庫全書總目提要（稿本）》著錄家鈔本（二冊）。

《山東通志·藝文》：是編有鈔本，首冊爲初集，次冊爲二集，皆雜文也。初集所選自周、秦至國朝，二集所選自唐、宋至國朝。周不取《莊》、《騷》，漢不取馬、班，唐、宋不取八家。

《續修歷城縣志·藝文考》：致祺《自序》略曰："是編所錄，皆古文選本所未載，足一卷，則輯之爲初集，再錄者爲二集。至三至四無定，則隨鈔錄之先後爲次，第非以文之軒輊爲甲乙。巨細並收，莊諧錯列。各有會心，各有所取。或病其濫。竊謂論文宜寬於等級而嚴於界限，宜寬其品類而嚴辨真僞；文有質有體，二者可以偏長，而不可以偏廢，質劣則無神，體卑則無品。每持此以爲衡，於是去取由己，殊不以耳爲目，視若寬而有甚嚴者在也。"

#### ◆ 楊恩祺

恩祺字子惠，歷城人，致祺弟。

#### 【天暢軒印存四卷】

《續修歷城縣志·藝文考》據《天暢軒詩稿》著錄，引楊丕度《天暢軒詩稿跋》云："先嚴一生嗜古好印章，喜古文，於篆刻之事以意爲之，即古樸逼秦漢篆。有《天暢軒印存》四卷。"

#### 【天暢軒憶得偶存詩稿四卷】

見《山東通志·藝文》、《續修歷城縣志·藝文

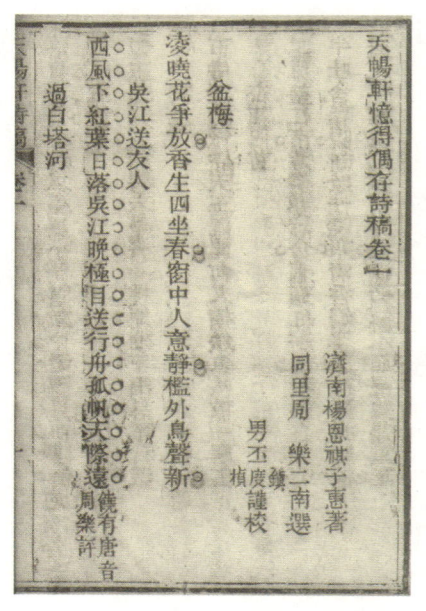

《天暢軒憶得偶存詩稿》四卷　清同治五年濟南楊氏謙益堂刻本

考》（注：據本書，《山左詩彙鈔》作《俟來軒憶得偶存吟草》）。現存：清同治五年濟南楊氏謙益堂刻本（附《詩餘》一卷《論書巵言》一卷），中共山東省委黨校圖書館藏，《山東文獻書目》、《續修四庫全書總目提要（稿本）》、《清人詩文集總目提要》著錄；《山東文獻集成》影印。

《山東通志·藝文》：是編同治丙寅刊，末附詞九闋、《論書巵言》五十則。道光庚戌周樂《序》云：“如五言之‘放懷天地闊，造語鬼神驚’、‘亂雲迷落日，黃葉起秋聲’、‘知心惟有己，說項更何人’，如七言之‘貧後始知生計拙，興來不覺此身衰’、‘耽吟不耐千錘字，嗜酒慵窺百悔經’等句，奇闢橫逸，入唐人室奧。”據本書。《吾廬筆談》載是編云：“七律《詩草刪餘感書》，五律《傷貧》、《秋葉》，五古《擬子夜歌》，俱佳。七古《詠荷花》有云：‘恥從凡卉矜顏色，但許清流識性情。’亦別有寄託。”

《續修歷城縣志·藝文考》：李佐賢《序》略曰：“大抵氣格源於中唐，而抒寫性靈，不蹈窠臼。”

《國朝山左詩彙鈔後集》卷三十載其詩四十首。

#### ◆ 孫錫嘏

錫嘏號東泉，淄川人。嘉慶元年生，光緒丙子（二年）以年登八十欽賜副貢生。好詩古文詞，尤留心紀載之學。《三續淄川縣志》（卷九）有傳。

### 【東泉閒話四卷】【東泉續閒話四卷】

現存：稿本，中國科學院圖書館藏。

### 【文集四卷】【詩集四卷】

見《三續淄川縣志》本傳。

《三續縣志·藝文》載其《王孝子墓新修饗堂記事》、《讀畢司農石隱園集》、《寄成虛谷先生》。

### 【東泉詩鈔二卷】

現存：清鈔本（與《詩餘》合訂），山東省圖書館藏；《山東文獻集成》影印。

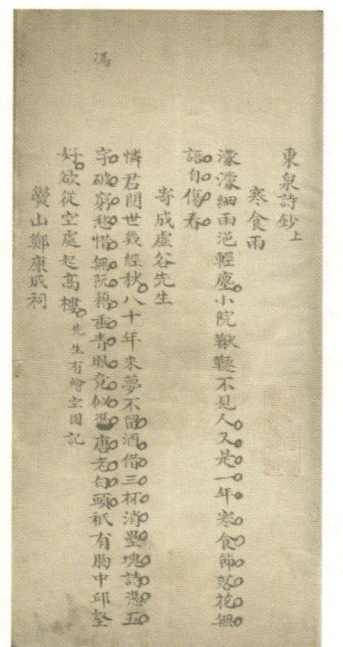

《東泉詩鈔》二卷　山東省圖書館藏清鈔本

### 【般陽詩鈔十一種十三卷】

現存：淄川孫氏稿本，山東省博物館藏，《山東省博物館藏明清民國山左學者著述知見錄》、《山東文獻書目》著錄；《山東文獻集成》影印。錄清代淄川詩人十一家：高珩《栖雲閣詩》二卷，畢際有《存吾草》一卷，王樛《息軒草》一卷，唐夢賚《志壑堂詩集》一卷，孫蕙《笠山詩選》一卷，袁藩《敦好堂詩集》一卷，蒲松齡《聊齋詩集》一卷，李堯臣《百四齋詩集》一卷，張篤慶《崑崙山房詩集》二卷，張元《綠筠軒詩》一卷，孟詹繹《悅齋詩草》一卷。

## 【東泉詩餘一卷】

現存：迂盧鈔本（與《詩鈔》合訂），山東省圖書館藏。

### ◆ 魏治淳

治淳字旬平，歷城人。

## 【槐蔭堂自敘冊題跋二卷】（一名《槐蔭堂贈言》）

見《山東通志·藝文》（集部總集類）、《續修歷城縣志·藝文考》。現存：清道光七年魏治淳刻本，中國科學院圖書館、山東大學圖書館、北京大學圖書館等藏，《續修四庫全書總目提要（稿本）》、《山東文獻書目》著錄。

《山東通志·藝文》：《自敘冊題跋》者，治淳父祥，字致和，以業圬起家，晚自敘其生平艱苦，而時賢爲之題詠者也。據卷中成瓘《跋》，詳不識字，自敘乃倩人代作，故史部傳記中不載。刊於道光丁亥。治淳跋尾略云："其文詞或據事直書，或備述交誼；其韻語或分類屬辭，或撮舉暢吟。觀察金文波㳚先生賜以弁言，促家君將此冊付棗棃。家君曰：'余之一生業賤無足論，而當代偉人之著作不可沒也。'爰命治淳付剞劂，以成此帙。"據本書。

### ◆ 華廣生

廣生，歷城人。

## 【白雪遺音四卷】

華廣生編。現存：①清道光八年玉慶堂刻本，上海圖書館等藏，《北京圖書館古籍善本書目》、《中國古籍善本書目》著錄。②清綠格鈔本，中國國家圖書館藏。③一九五九年北京中華書局鉛印《明清民歌時調叢書》本，中國國家圖書館、復旦大學圖書館等藏，《東北地區古籍綫裝書聯合目錄》、《河南省圖書館中文古籍書目》著錄。

《續修四庫全書總目提要（稿本）》著錄滿洲傅氏藏道光八年刻本，提要云："此集凡四卷。卷一錄馬頭調、嶺兒調。卷二錄馬頭調、滿江紅、銀紐絲。卷三錄九連環、小郎兒、剪靛花、七香車、呀呀約、八角鼓、南詞。卷四全錄南詞。共數百曲。輯者廣生係歷城人，故此集所收俗曲，則以山東為中心，亦間及南北諸調。惟馬頭調為最富，卷一卷二所載者，約近四百闋。按：楊懋建《夢華瑣簿》謂，京城極重馬頭調，游俠子弟必習之。磋磋然，斷斷然，幾與南北曲同其傳授。其調以三弦為主，琵琶佐之。蓋此種曲調，於清代中葉以前，秦樓歌館，流行甚盛。集中南詞，除開篇外，並收《玉蜻蜓》南詞九回。他如九連環，小郎兒、七香車諸調，均未見於他集選載，至足珍貴。廣生此集，自嘉慶九年採輯，至道光八年始刊行於世，較之《霓裳續譜》約晚三十餘年，而兩書所錄俗曲，截然不同。《霓裳續譜》今日尚有流傳之本，但此書則極罕覯，是亦有幸有不幸耳。"

### ◆ 李 偁

偁字仲恂，號闓人，歷城人。道光戊子（八年）舉人。官清平縣訓導。

## 【讀左偶筆】

見《續修歷城縣志·藝文考》，注云："見《二南詩續鈔》，卷未詳。"

## 【邇言】

見《續修歷城縣志·藝文考》，注云："見《二南詩續鈔》，卷未詳。"

## 【耐寒軒詩集】

見《國朝山左詩彙鈔後集》、《山東通志·藝文》、《續修歷城縣志·藝文考》及本傳。

《山東通志·藝文》：是集見《山左詩彙鈔》。《憨齋詩話》云："歷城李仲恂孝廉，博物君子也。詩以七古著稱，尤與東坡居士爲近。"《歷下偶談》云："集中如《遊山詠》、《懷古》、《別離》、《雜興》諸篇，直追漢魏。余喜其《謁李滄溟先生墓》二律，酷似滄溟。"

《國朝山左詩彙鈔後集》卷二十四有陳超《題仲恂師〈耐寒軒詩集〉後》詩云："一海自天落，筆端驅以來。千秋此高調，當代幾奇才？喚起騷人語，應教古鬼哀。茫茫誰繼起，搔首屢排徊。"

《國朝山左詩彙鈔後集》卷十八載其《題周二南詩集》詩一首，小傳注云："仲恂賦性孤子，不隨人爲俯仰。詩清超絕俗，酷肖其人。物色未獲全稿，僅得《題周二南集》一首錄之，以俟再補。"卷三十八《補遺》載其詩一百四十七首。

## 【詩集】

見《續修歷城縣志·藝文考》。

《續修歷城縣志·藝文考》載《二南外集》周樂《序》略曰："仲恂性好遊覽，巖壑窈窕之區，園林名勝之地，興至輒襏被獨往，不自定其所之。凡遇往古殘碣斷碑，摩挲辨識，手搨以歸。又或見幽人逸士，村叟澗樵，往往與藉草坐談，竟日不倦。以故鄉土風俗，里歌衢謠，默誌手錄，而盡以入之詩。言人所不能言，達人所不能達，陶汰鎔鑄，精光四溢，即平生阨塞慷慨不平之氣，亦鬱勃流露於其間。"又載《如好色齋稿》范垌《序》略曰："李生詩有平易而近人者，如'兒女都來和淚聽'也；有夭矯而拔俗者，如'淮南便隨劉安仙'、'汝南竟替桓景死'也。其餘諸作，或小橋疏竹，點綴天然；或石破天驚，駴人心目。殆合昌黎、香山爲一手者歟？仲恂今年三十二，其詩已不下千餘首，多漫軼棄置，不甚愛惜。余屬其裒錄成集，又爲節其繁蕪，節其汎濫，爲存如干首，以俟當代采風者取焉。"

《國朝山左詩彙鈔後集》卷三十八《補遺》錄李�詩一百四十七首，小傳云："仲恂同余先後受業於耿梅溪先生之門，所爲詩清矯拔俗。前祗於《二南集》錄得一首。茲寄到全稿，有《有餘閒齋》、《東遊草》、《耐寒軒》、《麥邱草》、《蠟屐集》、《自牧軒》、《公車集》、《黃縣草》、《删餘集》、《柳村集》、《清平草》、《清淵草》等十二集，約七八百首。"

### ◆ 趙後素

後素字元禮，號香巖，一號聞聞，德州人，大經孫。歲貢生。

## 【犀提居草】

見《德縣志·邑人著作》及本傳。

《德縣志》卷十六載其《縱筆》、《辛卯元日試筆》、《過杏園村和蕭練江》、《題蕭秋查遺詩後》（二首）、《從軍行》、《馬蘭詞》詩七首。

## 【聞聞詩稿】

見《德縣志·邑人著作》、《清人詩文集總目提要》。

## 【懷戎存草一卷】

見《德縣志》本傳（無卷數）。現存：清同治八年清雅靜業堂刻本，青島市圖書館藏，《青島市圖書館古籍書目》著錄。有馬洪慶《序》。《山東文獻書目》、《清人別集總目》、《清人詩文集總目提要》作《懷戎詩草》，清道光刻本。

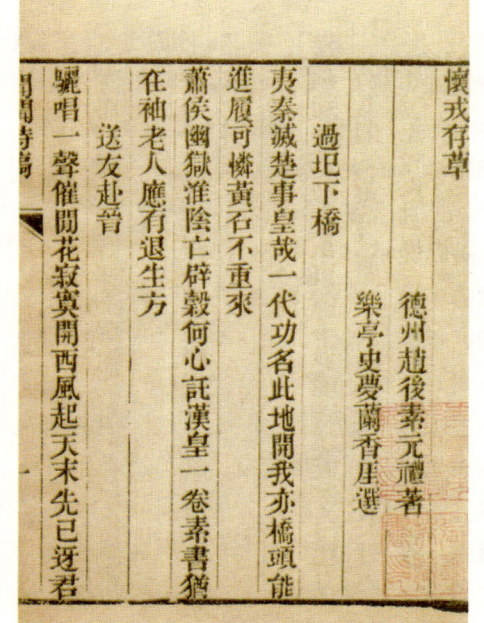

《懷戎存草》一卷　清同治八年清雅靜業堂刻本

### ◆ 王家超

家超，淄川人。

## 【王氏世譜五卷末二卷】

現存：清道光九年刻本（存卷四卷五），淄博市淄川區奎一村王際榮藏，《中國家譜總目》著錄。

### ◆ 李廷榮

廷榮字戟門，號萼村，一號星垣，章丘人。道光己丑（九年）進士。歷官通永道。

## 【夏小正詩一卷】

現存：清道光十一年章氏李氏刻本，濟南市圖書館、中共山東省委黨校圖書館、上海圖書館等藏，《清人別集總目》著錄；《山東文獻集成》影印。道光《章邱縣志·藝文》、《濟南府志·經籍》俱作《夏小正詩紀》。

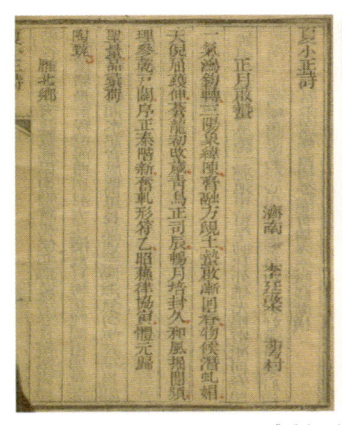

《夏小正詩》一卷　清道光十一年章氏李氏刻本

## 【新城縣志十八卷首一卷】

薊州王振鐘主纂，現存：①清道光間稿本，中國國家圖書館藏，《北京圖書館普通古籍總目》著錄。②清道光十八年刻本，中國國家圖書館、南京圖書館、上海圖書館藏，《中國地方志聯合目錄》著錄。③清光緒二十一年紫泉書院重印本，《中國地方志總目提要》、《中國地方志綜錄》著錄。

《山東通志·藝文》作《續修新城縣志》四卷，提要云："是志乃其令直隸新城時作。蔣慶第《友竹草堂文集·廷榮墓表》云：'其疆域、星野、古蹟、河渠四卷，先生手著也。'《紉香草堂文鈔》載是志《序》云：'邑幅員百餘里，地勢坦平，河水縈紆，疆域之紛錯，星野之昭回，河渠之通塞，古蹟之紛羅，《舊志》疏漏，殊非善本。乃於趨公之餘，單車匹馬，周厯村墟，攬觀形勢，參以故老之傳聞，求之荒墳古刹碑石之紀載，大致隱著於胸。乃取羣書萃薈而字過之，非周數十里不敢參一語，非讀數十卷不敢下一字，蓋夏夏乎其難之矣。'"

## 【雷州記一卷】

現存：①稿本（一冊，清馬國翰、姚椿跋，王獻唐跋），山東師範大學圖書館藏，《中國古籍善本書目》、《山東文獻書目》著錄。《雙行精舍書跋輯存續編》載王獻唐跋云："二十有四年八月中秋過訪見示，拜讀一過，書國眼福。"②民國山東省立圖書館鈔本（一冊，王獻唐跋），山東省圖書館藏，《山東文獻書目》著錄。《雙行精舍書跋輯存續編》云："從文安邢氏藏原稿未刻本錄出。"

## 【紉香草堂詩集十卷】

見《山東通志·藝文》。現存：①清道光十一年刻本，上海圖書館、天津圖書館藏，《杭州將氏凡將草堂藏書目錄》、《清人別集總目》著錄。②清道光十五年章丘李氏刻咸豐增刻本（四卷），山東省圖書館藏；《山東文獻集成》影印。

道光《章邱縣志·藝文》、《濟南府志·經籍》作《紉香草堂集》，無卷數。

《山東通志·藝文》：是集有吳連周《跋》略云："大抵五言古於唐近陳伯玉、張曲江；七言出義山、昌谷，而時運以太白之奇氣。近體五言精渾超脫，直追王、孟；七言出入中、晚，其高華典貴，乃酷似近代庭實。而揆厥本原，總之自騷，蓋哀怨穢鬱之致，乃其瓌瑰雄奇之所自出也。全集篇帙甚多，萼村酌損之，以付剞劂氏。而凡千言鬭富，險韻爭奇，與一切吟風弄月、零花斷葉之篇，槃置不入，從約也。至命其集曰《紉香草堂》，則猶是秋蘭為佩之意也夫。"據本書。按：此本卷一至卷四，廷榮所自定，連周所跋者是也。卷五曰《種玉山房草》，卷六曰《幽都草》，卷七曰《博陵集》，卷八卷九曰《南遊草》，卷十曰《荊南集》，則其遺稿也。卷端不署何年刊，檢長洲陶樑《序》作於咸豐癸丑，《序》稱"今年春喆嗣稚玉、保如兩孝廉以所刻《紉香草堂全集》見示"云云，則集鋟刊於癸丑以前矣。

《國朝山左詩彙鈔後集》卷二十二載其詩六十首。小傳注云："戟門為予乙酉同年，才藻繁富；帖括詩賦，靡不名家；尤工填詞，綽有蘇、辛風力。當余主講景賢書院時，詩酒往來，最稱莫逆。後以宦轍東西，遂成契闊。比以進士知縣洊歷觀察，方冀大展其才，乃遽爾蘭摧，不竟所用，惜哉！諸作率平昔手示稿本，故稍異刻集云。"

## 【紉香草堂文鈔一卷】

見《山東通志·藝文》。現存：①清同治間鈔本，中國國家圖書館藏。②清同治十年李恩綬刻本（與《賦鈔》合刻），山東省博物館、山東省圖書館、青島市圖書館藏，《山東文獻書目》、《續修四庫全書總目提要（稿本）》、《清人別集總目》、《清人詩文集總目提要》著錄。

《山東通志·藝文》：同治辛未其子恩綬刊。據卷首匡源《序》，則陶樑、單爲鏓所點定也。其《新城紫泉行宮記》規橅樊宗師，造語頗奇。

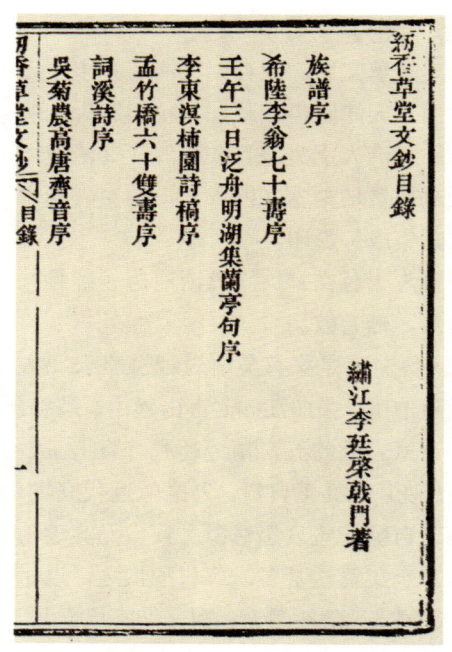

《紉香草堂文鈔》一卷　清同治十年李恩綬刻本

### 【紉香草堂賦鈔一卷】

現存：清同治十年李恩綬刻本（與《文鈔》合刻），山東省博物館、山東省圖書館藏，《山東文獻書目》、《清人別集總目》、《清人詩文集總目提要》著錄。

### 【紉香草堂試貼一卷】【政餘草一卷】

現存：清道光十一年至咸豐三年刻本，上海圖書館、天津圖書館藏，《杭州將氏凡將草堂藏書目錄》、《清人別集總目》著錄。

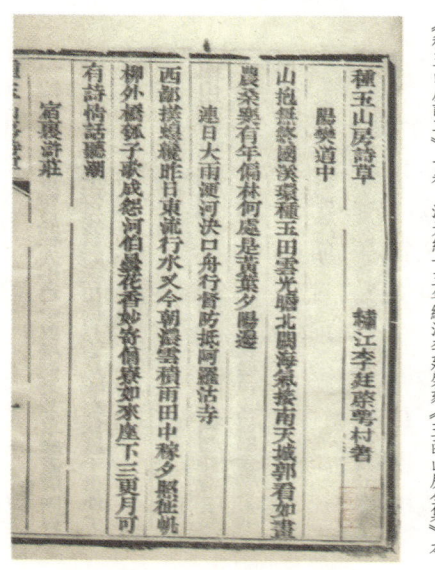

《種玉山房詩草》一卷　清光緒十五年繡江李廷榮刻《玉函山房全集》本

### 【紉香草堂制藝不分卷】

現存：清同治五年刻本，濟南市圖書館藏。

### 【種玉山房詩草一卷】

現存：清光緒十五年繡江李廷榮刻《玉函山房全集》本，上海圖書館、中共山東省委黨校圖書館藏，《中國叢書綜錄》、《山東文獻書目》、《清人別集總目》著錄；《山東文獻集成》影印。

### 【唐詩一卷】

李廷榮選輯。現存：清道光稿本（李廷榮批），山東省圖書館藏，《山東文獻書目》著錄。

### 【紉香草堂詩餘一卷】

見《山東通志·藝文》（集部詞曲類）。現存：清道光刻本（與《紉香草堂詩集》合刻），上海圖書館、中國國家圖書館、天津圖書館藏，《清人別集總目》著錄。

《山東通志·藝文》：是集刊本。嘉應楊懋建《跋》云：“兼有清真、淮海諸勝場，覺大晟樂府遺聲去人不遠。”按：卷中《夜景·采桑子》小令云：“月痕照身西邊起，一道檔兒，一道檔兒，花影蕭蕭上幾枝。月痕掩向東邊去，減卻花枝，減卻花枝，知是更闌夜定時。”其自然超妙，似《曝書亭詞餘》；溫靡博麗處，亦多近朱。

### ◆ 康霄翻

霄翻，陵縣人。

其詩文集未見著錄。《陵縣志》卷十七載其《重修太平橋碑文》（道光十年）。

### ◆ 周宗照

宗照字用晦，又字定齋，號通甫，歷城人，永年孫，震甲子。國子監生。

### 【摹古法帖十卷】

見《續修歷城縣志》本傳（周永年附）、《雙行精舍書跋輯存·〈風角書〉跋》。

### 【喜聞過齋詩草一冊】

見《國朝山左詩彙鈔後集》、《山東通志·藝文》、《續修歷城縣志·藝文考》。

《國朝山左詩彙鈔後集》卷三十載其《雪後登北極臺》、《題小倉山房詩集》、《陳生虞揚錄先大父林汲公所選〈古文養蒙集〉畢．檢校之餘．不覺愴然．因成二絕》詩四首。

### ◆ 解 鑑

鑑字子鏡，號虛白道人，歷城人。嘉慶五年生。

### 【益智錄】（一名《煙雨樓續聊齋志異》十一卷）

現存：清光緒十九年鈔本（歷城宋翹刪訂，八卷），山東大學圖書館藏，《山東大學圖書館古籍善本書目》著錄。今有一九九九年人民文學出版社整理本。

《山東通志 · 藝文》（子部小說類）：《石泉書屋類稿》載是編《序》略云：“遠紹《搜神》、《述異》、《齊諧》、《志怪》之編，近仿《聊齋志異》之作，筆墨雖近游戲，而一以勸懲爲主，殆主文譎諫之流歟？”

### ◆ 劉長盛

長盛字瑞廷，德平人。道光庚寅（十年）歲貢。

### 【節孝錄】

見《德平縣志》本傳、《山東通志 · 藝文》（史部傳記類）。《縣志》本傳云：“慮邑乘久未纂續，著《節孝錄》以備編輯，識者韙之。”

### ◆ 張春滋

春滋字蘭畹，平陰人。以出嗣子同珏官貤封修職郎。

### 【星象圖】【星象說】

光緒《平陰縣志 · 隱逸傳》云：“致力於古文經史之學，於諸子百家之說靡所不覽。嗜讀《史》《漢》書，每至得意時，輒飲酒自酌，拔劍狂歌，同學者或笑其痴，弗顧也。暇則遊覽山水，與同志朱鑄亭等八人以詩酒相唱和，當時稱爲八山人。晚年精星象數術之學，取古人天文諸書，會其意而變通之，作《星象圖》、《星象說》，能發前人所未及，故自號談天道人云。”

### ◆ 張廣韶

廣韶字雲門，平陰人。道光辛卯（十一年）舉人。

歷官江蘇金山、武進知縣，以挂吏議去。光緒《平陰縣志》卷四有傳。

### 【韻香吟課一卷】

見光緒《平陰縣志 · 著述》，注云：“稿存東平杜氏。”《縣志》本傳云：“署江蘇金山知縣，再署武進縣，以捐資助賑晉通判銜。廣韶爲人嗜書而疏於世故，同官多不悅，以失意上臺，挂吏議去。旋起復以教職改用，後選授昌邑教諭，而廣韶已卒。”又云：“其歿也，肥城朱家惠及族姪希曾欲裒集其詩文而存之，求無所得。後於東平杜桂林家得其詩一卷，則乙未年在濟南讀書時作也。”

### ◆ 楊開運

開運字會荇，章丘人。道光辛卯（十一年）舉人。

### 【論語匯原二卷】

有濟南刻本，見《玉函山房藏書簿錄》。

### 【爾雅宗經匯說不分卷附夏小正宗經匯說一卷】

《販書偶記續編》云：“清章邑滙庵撰，道光癸巳仲春丁香書屋刊。”現存：清道光十三年丁香書屋刻本（二冊），北京大學圖書館藏。

《玉函山房藏書簿錄》著錄章邱刻本《爾雅宗經》二卷。

### ◆ 金 策

策字書賢，號惠泉，長清人。道光辛卯（十一年）舉人。

其詩文集未見著錄。民國《長清縣志》卷十載其《重修小金莊清真寺碑文》一篇。

### ◆ 朱誦泗

誦泗字退斿，歷城人。道光辛卯（十一年）歲貢。

### 【遺詩一冊】

見《山東通志 · 藝文》（據《山左詩彙鈔》）。

《國朝山左詩彙鈔後集》卷三十載其詩十四首，小傳注云：“退斿與余爲表兄弟行，同應童子試，績學不遇，久困諸生。歿後，同學二南、秋橋寄到《遺詩》一冊，鈔存數首，以誌梗概。”

## 【枕湖吟館詩稿】

《續修歷城縣志·藝文考》據朱學猷鄉試硃卷履歷著錄，題注："《歷下詩鈔》作《湖上草堂吟稿》，未知孰是，俟考。"並引《來青館詩鈔》李慶翱《題退游先生詩稿》："久作騷壇主，詩成擅白描。湖山常對酒，吳越舊停橈。彈鋏青衿老，看花素髮飄。家風能不墜，如建赤城標。""芙蓉煙水外，舊宅枕湖濱。鷗社推前輩，蟬編付後人。及今歸里日，猶憶苦吟身。曾入春風座，濡毫記夙因。"

### ◆ 朱誦涪

誦涪，歷城人。

## 【聽雨館詩鈔詩餘二卷】

《續修歷城縣志·藝文考》據朱學猷鄉試硃卷履歷著錄。

### ◆ 蕭之桂

之桂字月樵，號蓼懷，德州人，與澄子。恩貢生。

## 【宜秋軒詩】

見《德縣志·邑人著作》。

《德縣志》卷十六載其《九日懷甸之》、《贈漢文劉翁》詩二首。

### ◆ 封其澐

其澐字曉江，德州人，大本子。恩貢生。

其文集未見著錄。《濟南府志·藝文》載其《德州支河說》、《北支河廢堤論》二篇。

## 【勗齋詩草】

見《德縣志·邑人著作》及本傳。本傳云："詩詞具有淵源，尤精青烏之術。"

### ◆ 附　錄

## 【禹城縣志十二卷】

禹城知縣董鵬翱（河北昌黎人，嘉慶七年任）修，棲霞牟應震纂。始纂於嘉慶七年，成於十二年。現存：清嘉慶十三年刻本，山東省圖書館等藏；《中國地方志集成·山東府縣志輯》影印。有嘉慶戊辰昌黎董鵬翱《序》。卷一圖考，卷二星野，卷三疆域，卷四建置，卷五食貨，卷六典禮，卷七官守，卷八選舉，卷九人物，卷十藝文，卷十一災詳，卷十二外志。

【卷十八・清 八】

# 卷十八·清八

## ◆ 馬國翰

國翰字詞溪，一字竹吾，歷城人。道光辛卯（十一年）舉人，壬辰（十二年）進士。官隴州知州。

### 【夏小正詩十二卷】

現存：清道光二十二年刻本，山東省圖書館藏，《中國叢書綜錄》、《販書偶記》著錄；《山東文獻集成》影印。

《夏小正詩》十二卷 清道光二十二年刻本

### 【目耕帖三十一卷】

見《山東通志·藝文》（經部五經總義類）、《續修歷城縣志·藝文考》（據本書）。現存：①清道光咸豐間歷城馬氏刻同治十年濟南黃華館書局補刻《玉函山房輯佚書》本，山東省圖書館藏，《山東文獻集成》影印。②清光緒九年長沙娜嬛館刻《玉函山房輯佚書》本，中國國家圖書館、上海圖書館、南京圖書館等藏，《中國叢書綜錄》著錄。③清光緒十年楚南書局刻《玉函山房輯佚書》本，中國國家圖書館、南京圖書館、山東大學圖書館等藏，《中國叢書綜錄》、《東北地區古籍綫裝書聯合目錄》著錄。

《山東通志·藝文》：光緒己丑章邱李氏刊本，附《輯佚書》後。凡《易》六卷，《書》六卷，《詩》十卷，《周禮》九卷。玉田蔣式瑆《書後》云：“《輯佚》一書，風行海內，《目耕帖》附尾而顯。故海內知有《輯佚》，亦靡不知《目耕帖》。實則其書多采昔人成說，略加斷制，特隨手札記，以備遺忘，視惠徵士《九經古義》、王文簡《經義述聞》，殆不若矣。”又，此句下按語云：“《目耕帖》屢引其師賈訥叔說。訥叔名璇，歷城人，馬君之學所從出也。”按，國翰又有《禮記目耕帖》，祇存《曲禮》、《檀弓》二卷，別有《易》、《書》、《詩》隨筆，頗龐雜，均見《手槀存目》。

### 【玉函山房輯佚書經編三百五十二種】

《山東通志·藝文》（經部五經總義類）題注“皆周、秦至唐經說經注”，提要云：“《書目答問》分列《經編》於諸經總義類，今從其例。按，《經編》有孫葆田刪定本，存原書什之五。壹以漢人爲主，於小學則間取魏晉。見《校經室文集·刪定馬氏所輯漢儒經解序》。”

### 【大學中庸目耕帖二卷】

見《山東通志·藝文》（經部四書類）、《續修歷城縣志·藝文考》（據本書）。

《山東通志·藝文》：是書爲國翰外孫李元璀所補刊，附續刻《輯佚書》後。

### 【論語目耕帖十卷】【孟子攡說十四卷】

見《山東通志·藝文》（經部四書類）、《續修歷城縣志·藝文考》。

《山東通志·藝文》：見《馬氏手稾存目》。玉田蔣式瑆《存目》按語云：“《攄說》之體，條列古人成說，間用一二語斷制，以合漢宋兩家之言。《目耕帖》則或獨抒己見也。”按《手稾存目》，尚有《孟子目耕帖》、《論語攄說》、《論孟隨筆》三種，然皆叢殘未完之本也。

## 【宮闈豔史一冊】

見《山東通志·藝文》（史部傳記類）、《續修歷城縣志·藝文考》。

《山東通志·藝文》：據《手稾存目》，此編爲《王函山房手稾》革字函之第二冊。《手稾存目》云：“首皇古，次夏商，次周。凡后、妃各爲小傳。間有野史氏論斷塗抹，增改頗多，未竟稾也。”又革字函七冊，《存目》云：“面署‘經腋’二字，實只前兩紙爲說《論語》，以下則《西漢宮闈豔史》也。”

## 【玉函山房輯佚書史編八種】

《山東通志·藝文》（史部史鈔類）：《書目答問》列《史編》於雜史，今改列此類。

## 【月令七十二候詩四卷】

有清道光咸豐間自刻本，見《馬竹吾先生全集目》。現存：清光緒十五年章丘李氏補刻本，中國國家圖書

《玉函山房藏書簿錄》二十五卷　清道光二十九年歷城馬氏刻本

館、上海圖書館、青島市圖書館藏，《中國叢書綜錄》、《青島市圖書館古籍書目》著錄；《四庫未收書輯刊》影印。

## 【玉函山房藏書簿錄二十五卷】

見《山東通志·藝文》（史部目錄類，據《馬竹吾先生全集總目》）、《續修歷城縣志·藝文考》。現存：清道光二十九年歷城馬氏刻本，山東大學圖書館等藏，《山東大學圖書館古籍善本書目》著錄；《山東文獻集成》影印。

## 【玉函山房藏書簿錄續編一冊】

見《山東通志·藝文》（史部目錄類）、《續修歷城縣志·藝文考》。

《山東通志·藝文》：據《手稾存目》，此編爲《玉函山房手稾》匏字函之第二冊。《手稾存目》云：“隨見隨錄，漫無體例，面鈐‘玉函山房藏書’圖章。”又載匏字函第三冊云：“雜鈔書目，間有考證，備編《藏書簿錄》也。末爲《宋史諸儒姓氏里爵考略》。”

## 【手稿存目一卷】

蔣式瑆輯校。現存：清光緒十三年歷城郭霖刻本，山東省博物館藏，《山東省博物館藏明清民國山左學者著述知見錄》著錄。卷首有《書後》三篇，卷末有蔣式瑆《校刊馬氏手稿記》及國翰外孫李元進題識。《山東文獻書目》作《玉函山房輯佚書目錄》一卷《手稿存目》一卷。

## 【馬輯佚書序錄彙編一卷】

番禺沈宗疇編。現存：清鈔本，上海圖書館藏。

## 【農諺一卷】

見《山東通志·藝文》（子部農家類）、《續修歷城縣志·藝文考》。現存：清光緒十五年章丘李氏刻《玉函山房全集》本，上海圖書館、濟南市圖書館藏，《中國叢書綜錄》著錄。

《山東通志·藝文》：是書有光緒己丑繡江李氏重校刊本。國翰《自序》略云：“歲戊戌，乞假家居，親督僕傭種蒔桑麻，得與鄰父縱言，備聞田間耕作之務。因輯《漢志》農家諸佚篇，自《神農》、《野老》以逮《范子計然》，凡十餘種；又採摭古今農諺，編

爲一帙，藏諸篋中。今復出又幾五年矣，取閱舊稿，頗觸田園之興，用付剞劂氏。恐吾師丈人見之，釂然而以小草目余也。"據本書。

## 【馬竹吾致李戟門手札一卷】

現存：民國山東省立圖書館季刊影印本，山東省圖書館藏，見《雙行精舍書跋輯存續編》。

## 【紅藕花軒泉品十卷】

現存：①清同治馬氏原刻本（九卷：存卷二至九），山東省博物館、山東省圖書館、山東大學圖書館等藏，《山東師範大學圖書館館藏古籍目錄》、《青島市圖書館藏線裝書目錄初稿》、《販書偶記》、《山東文獻書目》著錄。②清鈔本，見《復旦大學圖書館善本目錄》、《中國古籍善本書目》。《山東通志·藝文》、《續修歷城縣志·藝文考》（據本書）作《殘本紅藕花軒泉品》八卷。

《山東通志·藝文》：是編有刊本，自卷二至卷九。李佐賢《續泉匯》首集《歷代著錄補遺》云："不繪圖。卷一古幣，卷二周秦錢，卷三至卷八漢至明錢，卷九無考及外國錢。古幣亦遵《路史》、《洪志》之說。歷代錢復多懸擬，無確據。"按李氏所云，以今殘本較之，編次頗有不同。疑李氏當日所見，另有刊本。

## 【釘屑編】

見《續修歷城縣志·藝文考》。

## 【分韻編典橐一冊】

見《山東通志·藝文》（子部類書類）。《續修歷城縣志·藝文考》作《分類編典稿》一冊。

《山東通志·藝文》：據《手橐存目》，此本爲《玉函山房手橐》金字函之第五冊。《手橐存目》云："馬君殆嘗仿《御定分類字錦》之體而變分類爲分韻，輯成一書。此其創橐也。後凡言'雜錄典故'者，並同。"按：《手橐存目》竹字函題"雜錄典故"者凡四冊，土字函、革字函各一冊，木字函題"雜鈔典故"者一冊。星字函第五裏亦題"分韻編典橐"。

## 【得修緶編二冊】

見《山東通志·藝文》（子部類書類）、《續修歷城縣志·藝文考》。

《山東通志·藝文》：《手橐存目》革字函之三冊、五冊也。《手橐存目》云三冊："端題'得修緶編'。首天號，次搜神，次原始。當是雜采諸書。惜未注明出典，體例大類《格致鏡原》。"又云五冊："端題'得修緶編經傳逸文'。"原注：逸詩、史記、戰國策、周書、周易、子夏易傳、尚書、詩、春秋、春秋續經、周禮、儀禮、禮記、論語、孝經，各逸文以下，則上古雜箴、銘文辭也。又革字函第四冊云："端題'得修緶齋二十四編'。"原注：疑此書卷帙甚多。

## 【買春軒儷字】

見《續修歷城縣志·藝文考》。

## 【竹如意二卷】

見《山東通志·藝文》（子部小說類）、《續修歷城縣志·藝文考》。現存：清道光咸豐間歷城馬氏自刻光緒十五年章丘李氏補刻《玉函山房全書》本，山東省圖書館、上海圖書館、濟南市圖書館藏，《中國叢書綜錄》、《山東文獻書目》著錄；《山東文獻集成》影印。《古書經眼錄》著錄約道光間刻本。

《山東通志·藝文》：是書有光緒己丑刊本。國翰《自序》略云："山邑荒僻，晝長無事，追憶所聞，泚毫條記，凡得百餘事，釐爲上下兩卷。以筆代談，聊資揮塵，因取《齊書·明僧紹傳》語以顏之，曰《竹如意》。'竹如意'者，談柄也。"據本書。按：書中多傳聞之說，不盡可稽。然如"黑虎神"一條，"孟姜女"一條，駁俗說之謬，皆有引據。其"趙羊"一條記歷城趙廷召善畫羊，"張虎"一條記高唐張際泰善作墨虎，頗有關於山左文獻。又"淩波仙珮"一條敘述有唐人風第，"茅苟芍"一條記一時諧謔之詞，亦堪資噱噱也。

## 【神萃一卷】

《續修歷城縣志·藝文考》云："據《鮑西樓詩草·冬夜夢師一百韻》詩注。有自序，見《玉函山房文續集》。"

## 【玉函山房詩集九卷】

現存：①清道光十三年刻本（四卷），中國國家圖書館、山東省圖書館等藏，《清人別集總目》、《清人詩文集總目提要》著錄。《販書偶記》著錄道光八年刊本四卷。②清光緒十年章丘李氏補刻本，上海圖書館、山東省圖書館（不全）、山東省博物館藏，《清人別集總目》、《清人詩文集總目提要》、《山東省博物館藏明清民國山左學者著述知見錄》著錄；《山東文獻集成》影印。《山東通志・藝文》、《續修歷城縣志・藝文考》（據本書）均作八卷。

是編分年編次，收錄自丁卯（嘉慶十二年）至丙午（道光二十六年）四十年間所作詩。前有道光十三年吳鳴捷《序》，道光八年李廷榮《序》，李璋煜、郝筌、李紹聞、葉鍾恒、周樂、李鄴、方傳懿、常瀚、許麗京、汪荆川、蘇得坡、趙培桂、許欽浚、劉鈦諸家題辭。

《山東通志・藝文》：是集道光間刊。吳鳴捷《序》云：“其詩分年編次，兼古、近諸體，風調高雅，格力遒壯。於《春柳》、《秋籟》諸作，見體物之工焉；於《劭農》、《催織》各吟，見經世之志焉；於《詠史》、《懷古》，見其寄託之遠，而醞釀之深焉；《廷試》、《憶昔》諸什，則忠孝之性，師友之情，藹乎可挹也；《讀毛詩四十五章》，則根據注疏，穿穴傳序，以韻解經也；其他即景抒懷，纖濃簡古，各擅勝場。夫詩以道性情，而其源出於三百篇。竹吾於《葩經》諷詠涵濡，非伊朝夕，其得力固有自來矣。”據本書。

按：《讀毛詩》乃五古，雖博征古義，參以議論，而引喻簡婉，無學究氣。其他古體，多規橅昌黎。而《黃河待渡》一首，則又酷似香山。

《國朝山左詩彙鈔後集》卷二十三載其詩十首，小傳注云：“詞溪才思敏贍，下筆千言。惜所著《玉

函山房詩》未覩全本。茲特於周二南寄到殘帙中錄存數首，以見一斑。”

### 【玉函山房詩鈔八卷】

現存：①清道光咸豐間歷城馬氏自刻本，山東省博物館藏，《山東省博物館藏明清民國山左學者著述知見錄》著錄。②清道光咸豐間歷城馬氏刻光緒十年繡江李氏補刻本，上海圖書館藏；《山東文獻集成》影印。③清光緒十五年章丘李氏重校印《玉函山房全集》本，中國國家圖書館、中國科學院國家科學圖書館、東北師範大學圖書館藏，《中國叢書綜錄》、《東北地區古籍綫裝書聯合目錄》、《山東文獻書目》著錄。

是編分體編輯，計分樂府、五言古詩、七言古詩、五言律詩、七言律詩、五言絕句、七言絕句、五言長律，各一卷。前後無序跋。

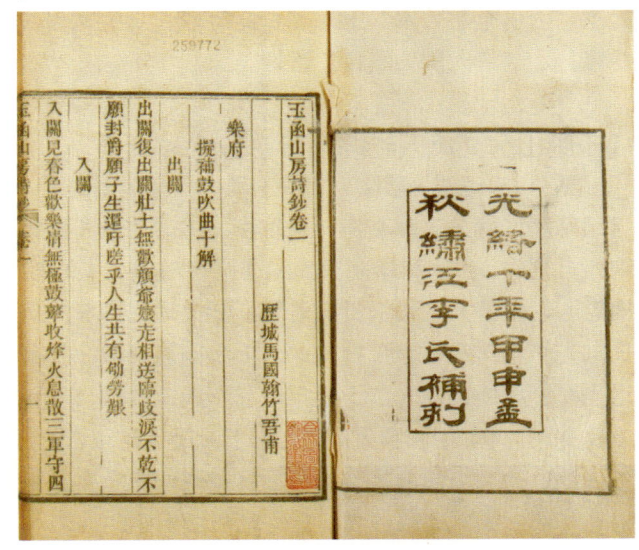

《玉函山房詩鈔》八卷　清道光咸豐間歷城馬氏刻光緒十年繡江李氏補刻本

### 【文選擬題詩一卷】

有道光咸豐間自刻本，見《馬竹吾先生全集目》。現存：清道光間歷城馬氏刻光緒十五年章丘李氏補刻《玉函山房全集》本，上海圖書館、山東省圖書館等藏，《中國叢書綜錄》、《山東文獻書目》、《青島市圖書館古籍書目》著錄；《山東文獻集成》影印。

### 【治家格言詩一卷】

有道光咸豐間自刻本，見《馬竹吾先生全集目》。

《玉函山房詩集》九卷　清光緒十年章丘李氏補刻本

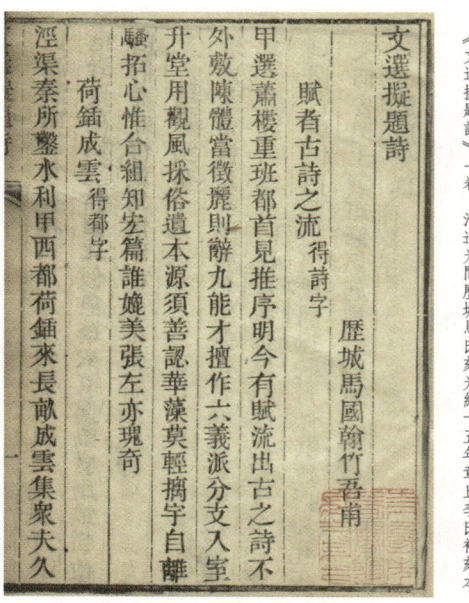

《文選擬題詩》一卷　清道光間歷城馬氏刻光緒十五年章丘李氏補刻本

現存：清道光間歷城馬氏刻光緒十五年章丘李氏補刻《玉函山房全集》本，上海圖書館等藏，《中國叢書綜錄》、《清人別集總目》著錄。

### 【玉函山房文集五卷續集五卷】

見《山東通志‧藝文》（據《玉函山房全集總目》）、《續修歷城縣志‧藝文考》。現存：①清道光間馬氏陝西自刻本，中國科學院國家科學圖書館藏（《文集》四卷），《清人別集總目》著錄。②清道光間歷城馬氏刻光緒十年章丘李氏補刻本，上海圖書館藏。③清道光間歷城馬氏刻光緒十五年章丘李氏重校印《玉函山房全集》本，中國國家圖書館、上海圖書館藏，《販書偶記》、《中國叢書綜錄》、《續修四庫全書總目提要（稿本）》著錄；《山東文獻集成》影印。

### 【玉函山房文集四卷】

《販書偶記》著錄道光八年刊本。現存：清道光間馬氏陝西自刻本，中國科學院國家科學圖書館、日本京都大學人文科學研究所等藏，《清人別集總目》著錄。

### 【玉函山房文集一卷】

現存：清鈔本，中國國家圖書館藏；《山東文獻集成》影印。

### 【玉函山房制義二卷】

見《馬竹吾先生全集目》。現存：①清道光間歷城馬氏刻本，復旦大學圖書館藏，《復旦大學圖書館古籍簡目初編》著錄。②清道光間歷城馬氏刻光緒十五年章丘李氏補刻《玉函山房全集》本，上海圖書館、南京大學圖書館藏，《中國叢書綜錄》著錄。

### 【玉函山房試帖一卷】

見《馬竹吾先生全集目》。現存：清道光咸豐間歷城馬氏刻光緒十五年章丘李氏補刻《玉函山房全集》本，上海圖書館藏，《中國叢書綜錄》著錄。

### 【玉函山房試帖續一卷】

見《馬竹吾先生全集目》。現存：清道光咸豐間歷城馬氏刻光緒十五年章丘李氏刻《玉函山房全集》本，上海圖書館、青島市圖書館藏，《中國叢書綜錄》、《青島市圖書館藏明清兩代山東人著作簡目》著錄；《山東文獻集成》影印。

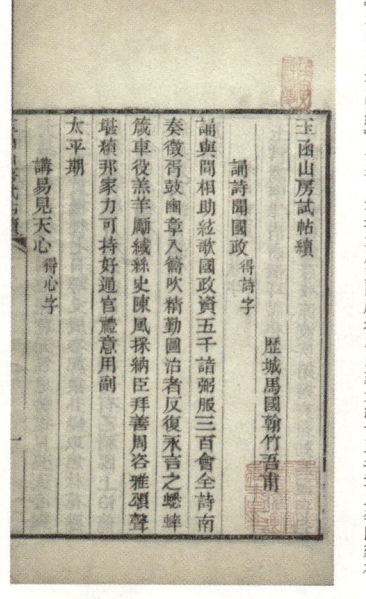

《玉函山房試帖續》一卷　清道光咸豐間歷城馬氏刻光緒十五年章丘李氏刻本

### 【紅藕花軒試帖一卷】

現存：清道咸間刻光緒十五年章丘李氏補刻《馬竹吾先生全集》本，南京大學圖書館藏，《清史稿藝文志拾遺》、《中國叢書綜錄續編》著錄。

## 【紅藕花軒課草四卷】

見《馬竹吾先生全集目》。又有光緒十五年章丘李氏補刻《馬竹吾先生全集》本，見《中國叢書綜錄續編》、《清史稿藝文志拾遺》。

## 【五峰山館詩課二卷】

見《馬竹吾先生全集目》。現存：清道光咸豐間自刻光緒十五年章丘李氏補刻《玉函山房全集》本，青島市圖書館藏，《青島市圖書館古籍書目》、《中國叢書綜錄續編》、《清人別集總目》著錄；《山東文獻集成》影印。

## 【海棠百詠一卷】

見《山東通志·藝文》（據《玉函山房全集總目》）、《續修歷城縣志·藝文考》。現存：清道光間歷城馬氏刻光緒十五年章丘李氏補刻《玉函山房全集》本，青島市圖書館藏，《販書偶記》、《中國叢書綜錄續編》著錄。

## 【紅藕花軒賦草一卷】

見《山東通志·藝文》（據《玉函山房全集總目》）、《續修歷城縣志·藝文考》。現存：①清道光間自刻本，濟南市圖書館藏，《濟南市圖書館館藏古籍書目》著錄。②清光緒十五年章丘李氏補刻《馬竹吾先生全集》本，南京大學圖書館藏，《清史稿藝文志拾遺》、《中國叢書綜錄續編》著錄。

## 【得修緶齋集古編一冊】

見《山東通志·藝文》（集部總集類）、《續修歷城縣志·藝文考》。

《山東通志·藝文》："是編《玉函山房手稿》革字函之第四冊也。《手稿存目》云：'專輯上古文辭，自上古至《采薇歌》。'《序》謂'迄於祖龍'，以下殆散佚矣。"

## 【四家詩鈔一冊】

《山東通志·藝文》（集部總集類）、《續修歷城縣志·藝文考》均據本書著錄。

《山東通志·藝文》："四家者，錢唐陸鍾聲伯、歷城周溢黌范墅、安福王正雅苹野、正雅孫榮祖郋生也。正雅，乾隆己酉進士，官刑部員外郎。冊首有國翰《序》。四人皆會稽司馬鵬戚屬。國翰是編，乃應鵬之請而爲之者。四家詩，鵬皆有《小引》。溢黌詩《小引》謂此本所載多《歷下三君詩集》所未收錄云。"

《續修歷城縣志·藝文考》載國翰《自序》略曰："會稽司馬翼甫先生出殘稿四帙見示。一爲《豐山詩鈔》，錢塘陸君鐘撰，先生外祖也。一爲《范墅詩鈔》，同邑周君溢黌撰，先生岳翁也。一爲《苹埜詩鈔》，一爲《郋生詩鈔》，安福王君正雅及孫榮祖撰。苹埜，先生太親翁；郋生，其佳壻也。撫卷慨然謂余曰：'四君皆逝，已爲地下陳人。詠歌篇章，率多散落。斷珪零璧，篋笥僅存。恐或湮沒，冀垂永久。幸聯同志，盍甲乙而剞劂之。'余受而披讀，詩筆雖異，要皆卓然，足自成家。因就詮次，仿漁洋山人《十種唐詩選》例，人爲一卷，而'四家詩鈔'顏諸編首。"又載司馬鵬《范墅詩鈔小引》略曰："君承家學，好古工詩。同邑金文波、李霱雲、翟麟江、周二南、余秋門及前萊蕪令北直紀秋水，結吟社於明湖，當時以有明七子擬之。家貧落拓，齎志以終。霱雲搜其遺稿，與尹畹階及麟江詩草同刊於霸陵，名之曰《歷下三君詩集》，行世已久。篋中舊有佚編一帙，多前集所未收錄，而存之以補缺遺。"

## 【百八唱和集一卷】

馬國翰所編李廷榮與己唱和之作也。見《山東通志·藝文》（集部總集類）、《續修歷城縣志·藝文考》。現存：清道光咸豐間刻光緒十五年章丘李氏印本，山東省圖書館、上海圖書館藏；《山東文獻集成》影印。

《山東通志·藝文》：是集光緒己丑刊。國翰《序》云："長律昉自唐人，《元白長慶集》多有之。後之作者，或百韻，或二百韻，我朝諸公尤極其盛，然未有用全韻者。全韻之作創自李君戟門，而翰與焉。丁亥夏夜，同宿濟南客邸，挑燈小飲，偶話昌黎《城南聯句》詩好用險韻而妥帖排奡，怦怦然技癢於心，思效爲之。因檢案頭韻書，得上聲二十九賺，遂同賦《夜酌》詩，終韻而止。他日又偶見壁間藤帶一具，翻得去聲十卦，聯吟亦終韻。當其時，搴新探秘，恢詭離奇，自謂鬮叢力鬭，不必前人已有此也。後戟門出宰新昌，余亦株守敷城，燕秦分壤，案牘勞形，雖公餘之隙，吟詠不輟，而無復賡酬之豪興矣。甲午冬，戟門自新昌寄余書云：'秋窗偶暇，聞攪林風雨聲，憶

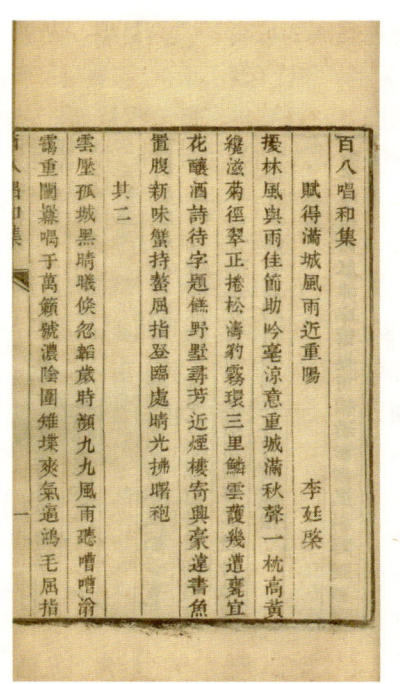

《百八唱和集》一卷　清道光咸豐間刻光緒十五年章丘李氏印本

潘大臨寄謝無逸句，因以爲題，用豪韻作試帖一章。因此韻較難選字，更作竟亦成篇，又造進之，遂終全韻。如登山者，層嵐翳薈，怪石犀顏，幾謂無逕可尋；逮身歷其間，則綢路侵雲，曲蟠線引，遂以通屧羣峰，而振衣絕頂。雖雕蟲小技，頗亦快意耳。'玩味書語，其一時撚髭之苦、得句之樂，有非箇中人不能知者。顧新稿秘不即示，先以原押之字按次排列，俾依和之，蓋欲於千里之外，觀志之同昔否也。數夕經營，和成郵遞。閱月得報書，始以元唱見寄。清麗超曠，彈丸脫手，過余作遠甚。而遣詞命意及押韻字略同，此可見吾兩人性情之合，大抵不遠也。詩凡十三首，有起句入韻者四首，共得韻一百八字，因以《百八唱和》顏之；復取前《夜酌》、《藤帶》二詩及戟門舊作咸字全韻一首，余舊作江字、咸字全韻二首，并附於後，合爲一帙存之。夫昔人往矣，來者爲誰？天地悠悠，吾曹自在。信心手之所適，借金石以娛戲。嗜新愛僻，任不知己者詬厲，弗恤也。"據本書。按：《藤帶》詩運用書卷，觸緒紛綸，其氣格雖未知於韓、孟何如，然以之顏頏朱竹垞、查悔餘聯句之作，實無愧色。如"爲帶則有餘，詠並卷髮薑"、"螭頭接困蠱，麂眼羅眶眦"、"叩叩同心鴛，雙雙比目魴"、"移孔語記沈，思度詩詠祭"等聯，其尤警策者。又國翰咸字韻詩，乃《遊東龍洞》柏梁體七古，句奇語重，而意思安閒，不爲險韻所縛，善於樏韓者也。

## 【買春詩話一卷】

《山東通志・藝文》（集部詩文評類）、《續修歷城縣志・藝文考》均據本書著錄。現存：清道光咸豐間歷城馬氏刻本，青島市圖書館藏，《山東文獻書目》著錄；《山東文獻集成》影印。

《山東通志・藝文》：是編光緒己丑刊。按：國翰以淹博擅名，而說詩則頗以性靈爲宗。故卷中所採錄者，大抵多清新刻露之作。其解王士禎《秋柳》四律及溫庭筠《商山早發》詩，皆不爲穿鑿傅會之談。惟記其師穆彰阿《登岱》句"飛泉遠挂重巖瀑，大墅晴開萬樹煙"，謂其"以本原之學，推爲大澤之施"云云，未免貢諛之習。又"長山王孝廉霖以才名著海右"一條，"霖"上蓋誤脫"衍"字。

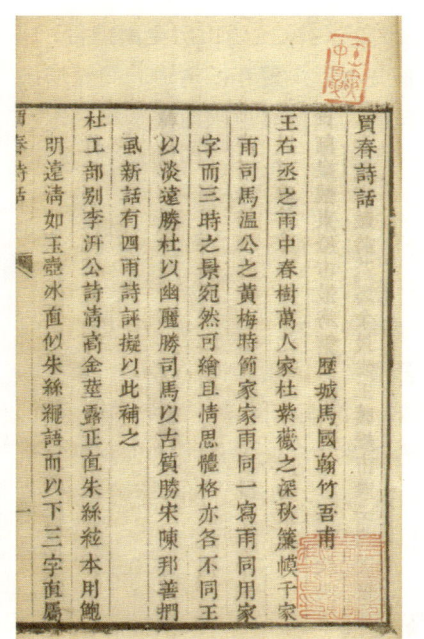

《買春詩話》一卷　清道光咸豐間歷城馬氏刻本

## 【玉函山房全集十二種四十一卷】

現存：清光緒十五年章丘李延榮刻本，上海圖書館藏，《中國叢書綜錄》。子目：《玉函山房詩鈔》八卷《文集》五卷，《百八唱和集》一卷（馬國翰與李廷榮同撰），《種玉山房詩草》一卷（李廷榮撰），《玉函山房試帖》一卷《續》一卷，《月令七十二候詩》四卷，《夏小正詩》十二卷，《治家格言詩》一卷，《文選擬題詩》一卷，《玉函山房制義》二卷，《農諺》一卷，《竹如意》二卷，《買春詩話》一卷。觀此子目，則不盡爲國翰所著也。

## 【馬竹吾先生全集】

據《玉函山房目耕帖》載《馬竹吾先生全集總目》，有《玉函山房輯佚書》七百八卷，《目耕帖》三十一卷，《玉函山房輯佚書目耕帖續補》十六卷附二卷，《玉函山房文集》五卷，《玉函山房續集》五卷，《玉函山房詩鈔》八卷，《海棠百詠》一卷，《百八唱和集》一卷，《玉函山房試帖》一卷，《玉函山房試帖續》一卷，《紅藕花軒試帖》一卷，《月令七十二候詩自注》四卷，《夏小正詩自注》十二卷，《治家格言詩》一卷，《文選擬題詩》一卷，《五峯山館詩課》二卷，《紅藕花軒賦草》一卷，《玉函山房制義》二卷，《紅藕花軒課草》四卷，《農諺》一卷，《竹如意》二卷，《買春詩話》一卷，《玉函山房藏書簿錄》二十五卷，《殘本紅藕花軒泉品》八卷（刊行）。又載光緒十五年國翰外孫李元瑺《後序》略云：“撰輯各書皆刻於陝省官署，刻未竣而歸里。故輯佚之書未有總目，其子目或有目而書未刻，又或有書而目未列。即《目耕帖》，止《易》《詩》《書》《周禮》四種，他經槁皆具而未及刻也。身後遺書為司筦鑰者巧偷賤售，損失甚多。又頻年戎馬馳驟，扶攜奔避，外王母丁太宜人乃載各書板來諵諑先君，與家中書同置複壁中。後賊焚鄰村，而此書板幸不及難。同治庚午，撫帥丁文誠公慨然欲為廣布，命取《輯佚》、《目耕帖》二書板送局刷印。先君破壁出之，補其斷爛。伯父稺玉先生、家舅超凡先生實與襄校。少宰鶴泉匡公主講濼源書院，為補總目而冠以序。今海內皆知有馬氏《輯佚》、《目耕帖》，而湖南書局改袖珍本以便舟車，琅嬛館復依原板刊刻印行，不脛而走，繄惟丁公力也。十餘年來，堂兄符卿及元瑺思補輯外王父未刻各書，而學識淺陋，涯涘莫窺，輒復中輟。丁亥冬，郭潤之世丈以蔣君性甫《書後》三篇見示，因索外王父手槁，爰屬表弟鳳藻搜其家敝篋，得百餘冊，寄呈性甫。次年四月，蒙悉心校竣，作《存目》一卷《後記》一篇，摘出可補刻者《尚書逸篇》等十三卷；其《禮記、論語目耕帖》、《孟子擴說》，俟得完本再刻。今宮保大興張公嘉惠士林，無微不至，酌予貲本，命印六十部。元瑺乃於通行本外，取蔣君校正之十三卷補刻，並昔歲誤遺之《荊州記》三卷列入，而附《書後》《存目》二卷於後，又益以古文、詩詞、雜著二十種，為《馬氏全書》。”

## 【玉函山房輯佚書七百八卷】

馬國翰編。見《山東通志・藝文》、《續修歷城縣志・藝文考》。現存：①清道光咸豐間歷城馬氏刻同治十年濟南皇華館書局補刻本，山東省圖書館藏；《山東文獻集成》影印（五百九十二種七百十五卷）。②清光緒九年長沙嬭嬛館刻本，中國國家圖書館、南京圖書館、上海圖書館等藏，《中國叢書綜錄》著錄；《續修四庫全書》影印（七百三十九卷）。③清光緒十年楚南書局刻《玉函山房輯佚書》本，中國國家圖書館、南京圖書館、山東大學圖書館等藏，《中國叢書綜錄》、《續修四庫全書總目提要（稿本）》著錄。

《山東通志・藝文》：道光中刊。分經史子三編，為類三十有三。經編十六類，凡四百五十二種 分見經部五經總義類；史編三類，凡八種 分見史部史鈔類；子編十四類，凡一百七十二種。共六百三十二種。板存章邱李氏。同治中，山東巡撫丁寶楨文彬先後補刊其殘缺，見於目錄及序錄而無書者尚六十餘種，其書實止六百餘卷，云七百八卷者，併其闕佚之目數之。匡源《序》略云：“徧校唐以前諸儒撰述，其名氏、篇第列於史志用他書可攷者，廣引博徵，自羣經注疏、音義，旁及史傳、類書，片辭隻字，罔弗搜輯，各因所得多少為卷，作序錄以冠於篇內。惟經編為稍全；史編則所得僅八卷；子編自儒家、農家外俱無目，顛倒舛錯，漫無條理。蓋當時隨編隨刊，書未成而卒，故其體例未能畫一也。余得其書，乃參校漢、隋、唐《志》，補為目錄如次。”蔣式瑆《書後》中篇云：“據各序所稱經編、史編、子編、集部等字，知《輯佚》一書原分四編。今本經編已不完，子編尚存梗概，史編僅數種，集部則並一種無之，原注：張制軍《書目答問》謂濟南新刻本分經、史、子、集四編，又云共八百種，未詳何據。當由馬君刊刻未竟，遽歸道山，未刊之槁既多散佚，並其已刊亦不免零落。”又《書後》末篇云：“輯佚一書，竭一生之力而成，為當世所推重，可云善矣。然如盧氏《禮記注》，蔡氏《月令章句》，《國語》賈、唐諸家注及小學類，嘗以杭大宗、秦味芸、蔣侑石、任子田輯本校之，乃互有出入；而蔣輯《韓詩傳》多於馬者且百有餘條；至偶見各書稱引，檢閱所輯，遺漏未采者不可勝數。甚矣！輯佚之難也。”據本書。按：《彙刻書目》載是編，謂國翰得山陰章宗源稿本，據為己有云云。蔣式瑆《書後》上篇以國翰輯本之與章氏《隋志考證》所載詳略去取互有異同者合而勘之，辨其不出一手；又章氏卒於嘉慶五年，國翰是編所引書目在章氏卒後始刊行者凡數家，式理復一一爲之詳證。其說足以辨誣解惑，以文多不具錄，而撮其概略於此。

叢書子目及各書序錄見下（泳按：《玉函山房輯佚書》之避諱字，如"玄"作"元"、"弘"作"宏"等，唯於著作題署時改回本字，餘者悉依原書）：

## 經編易類

【連山一卷】 國翰《敘錄》曰："殘闕。案《周禮·春官》太卜'掌三《易》之灋，一曰《連山》'，鄭元注：'名曰連山，似山出內氣變也。'賈公彥疏：'此《連山易》，其卦以純艮爲首，艮爲山，山上山下，是名《連山》。雲氣出內於山，故名《易》爲《連山》。'又曰：'夏以十三月爲正，人統，人無爲卦首之理，艮漸正月，故以艮爲首也。'桓譚《新論》曰：'《連山》八萬言。'蓋後漢時此書尚存，君山及見之，而傳者甚少，故《漢·藝文志》、《隋·經籍志》皆不著錄。《唐書·藝文志》有《連山》十卷，司馬膺注。考《北史·劉炫傳》，牛宏奏購求天下遺逸之書，炫遂僞造書百餘卷，題爲《連山易》、《魯史記》等錄上送官，求賞而去。後人有訟之，經赦免死，坐除名。自炫有僞造之《連山》，而司馬膺注本至唐始出，後儒獻疑有緣也。然皇甫謐《帝王世紀》、酈道元《水經注》、李淳風《乙巳占》皆引《連山》。謐晉人，道元北魏人，皆在劉炫前。淳風所引'姮娥奔月'、'枚筮有黃'，與張衡《靈憲》同，決爲古之佚文。其它以韻爲爻，與《易林》頗似，縱非古經，要與《三墳》所載《山墳》爲《連山》出於毛漸手序者，迥不侔矣。梁元帝亦有《連山》三十卷，段成式謂每卦引《歸藏》、《斗圖》、《立成》、《委化》、《集林》及焦贛《易林》，今亦亡佚，或者後人稱述不能區別歟？茲輯諸書所引並眾家論說爲一卷；而朱元昇、薛貞二家說，或見本書，或合先制，取以附正經之下，觸長引伸，在好學深思者之善會焉爾。"《續修四庫全書總目提要（稿本）》云："國翰所輯，多本之黃佐《六藝流別》、羅泌《路史》二書，亦稗販於他書者，然爲劉炫之僞撰《連山》無疑也。惟所輯尚有酈道元《水經注》一條，皇甫謐《帝王世紀》一條，實在劉炫之前，雖不敢遽定爲夏書，要爲古之佚文，存什一於千百者矣。"

【歸藏一卷】 國翰《敘錄》曰："殘闕。《周禮·春官》太卜'掌三《易》之灋，一曰《連山》，二曰《歸藏》，三曰《周易》'，鄭元注：'《歸藏》者，萬物莫不歸而藏於中。杜子春曰：《連山》，宓犧；《歸藏》，黃帝。'賈公彥疏引《鄭志》答趙商云：'非無明文，改之無據，且從子春，近師皆以爲夏殷也。'《禮記·禮運》孔子曰：'吾欲觀殷道，是故之宋，而不足徵也，吾得《坤乾》焉。'鄭注云：'殷陰陽之書，存者有《歸藏》。'是亦以《歸藏》爲殷《易》矣。《漢書·藝文志》不著錄，晉《中經簿》始有之。阮孝緒《七錄》云：'《歸藏》雜卜筮之書雜事。'《隋書·經籍志》有十三卷，晉太尉參軍薛貞注。《唐書·藝文志》卷同。宋《中興書目》載有《初經》、《齊毋》、《本蓍》三篇，諸家論說多以後出，疑其僞作。鄭樵《通志畧》云：'言占筮事，其辭質，其義古。後學以其不文，則疑而棄之。獨不知後之人能爲此文乎？'楊慎亦云：'《連山》藏於蘭臺，《歸藏》藏於太卜，見桓譚《新論》。'則後漢時《連山》、《歸藏》猶存，未可以《藝文志》不列其目而疑之。今玩其遺爻，如瞿'有瞿有觚，宵梁爲酒，尊于兩壺。兩觴飲之，三日然後穌。士有澤，我取其魚'、'良人得其玉，君子得其粟'、'有鳧鴛鴦，有雁鶖鶊'之類，皆用韻語，奇古可誦，與《左氏傳》所載諸繇相類。《焦氏易林》源出於此，雖'畢日'、'奔月'頗涉荒怪，然'龍戰于野'、'載鬼一車'大易以之取象，亦無所嫌也。但殷《易》而載武王枚占、穆王筮卦，蓋周太卜掌其法者推記占驗之事附入篇中，其文非漢以後人所能作也。今並宋時三篇亦佚。朱太史《經義考》搜輯甚詳，据以爲本。間有遺漏，爲補綴之，並附諸家論說爲一卷。以此與世所傳《三墳書》所謂'氣墳歸藏'者互較參觀，其真贋可以立辨矣。"《續修四庫全書總目提要（稿本）》云："《太平御覽》卷八十二引《歸藏》'昔桀筮伐唐，而枚占於熒惑'，近人王國維治殷墟甲骨文，謂卜詞之'湯'皆作'唐'，證《御覽》所引者確爲殷代古經。執單詞以爲證據，亦不敢從也。國翰所輯，大抵本之朱彝尊《經義考》，間亦補其遺漏。按日本所藏之唐寫本《秘府畧》卷八百六十四引'剝：良人得其玉'一條，視《御覽》所引者多'其玉多瑕'、'其粟多沙'二句。又日本寫本釋遍照《文鏡秘府論》北引皈藏'皇軒帝軒后軒皇'一條，皆國翰未見之遺文，宜據補。"

【周易子夏傳二卷】 （周）卜商撰。國翰《敘錄》曰："商字子夏，衛人，孔子弟子，爲魏文矦師，事蹟詳《史記·仲尼弟子偉》。其《易傳》，《漢志》不著錄。王儉《七志》引劉向《七略》云：‘《易傳》子夏，韓氏嬰也。’荀勗《中經簿》云：‘《子夏傳》四卷，或云丁寬所作。張璠云：或馯臂子弓所作《薛虞記》。’阮孝緒《七錄》云六卷。《隋書·經籍志》云：‘二卷。殘闕。’《唐書·藝文志》同。陸德明《釋文序錄》云三卷。《國史志》、《中興書目》並云十卷。《唐會要》云：‘開元七年三月十七日詔：《子夏易傳》近無習者，令儒官詳定。劉知幾、司馬貞議皆以爲不可。五月五日詔，《子夏傳》逸篇令帖《易》者停。自時厥後，如晁說之、程迥、陳振孫、章如愚、何喬新、馬貴與等，並以此書爲僞。孫坦《周易折蘊》以爲杜鄴，趙汝楳《周易輯聞》、徐幾《易輯》皆以爲鄧彭祖，二人皆字子夏。懸空臆度，迄非定論。獨洪邁信之。’案：子夏之《傳》，漢代所師承也。劉向以爲韓嬰作，荀勗以爲丁寬作，張璠以爲馯臂作《薛虞記》，必其所說與子夏同。漢晉人及見丁、韓諸《傳》，故有是論，非後人懸揣之比。蓋此書自馯臂傳之，至丁寬、韓嬰得而脩之，載入己書中，如毛萇說《詩》首列子夏小序之類。故班《志》易十三家，有丁氏八篇，韓氏二篇，而不云子夏，猶之《毛詩》但言毛傳而不別著小序之目也。薛虞不知何人，晉張璠稱其有《記》，度必漢魏間儒。自其記述以後，《子夏傳》乃單行，故晉有四卷，梁有六卷，隋唐有二卷也。唐初最重此書，僧一行《易纂》、孔氏《正義》、陸氏《釋文》亟引之。明皇欲頒行學校，爲議者格廢不果，書遂淪沒。李鼎祚集古《易》三十餘家，僅存數節，此外蓋無聞矣。後人不見原書，張弧輩遂用王弼本別撰十卷，或有增至十一卷者。惠徵君棟謂以《釋文》及李氏《集解》校之，無一字相合。諸儒所指僞《子夏傳》，乃此十卷後出之本，非二卷殘闕之本也。《紹興闕書目》又有《周易子夏》十八章，五行家言，託名子夏，今其書亦不見。若此之類，信屬贋作，夫豈可概以相論哉。武威張太史澍輯此篇，刻入《張氏叢書》。今据校錄，分爲二卷，仍隋、唐《志》之舊目也。”

【周易薛氏記一卷】 （□）薛虞撰。國翰《敘錄》曰：“虞，字及里爵皆無攷，亦不知其爲何代人。晉張璠於《子夏易傳》云：‘或馯臂子弓所作《薛虞記》。’大抵爲漢魏間儒生也。其書諸《志》皆不著錄。陸德明《釋文》引其說，亦不詳其著書卷數。《正

義》引《子夏傳》，下又言《薛虞記》，如今注疏之例。似其《記》原附《子夏傳》內，而《釋文》各引之，又似子夏之《傳》、薛虞之《記》判爲兩書。當是其書在唐已佚，《釋文》、《正義》第從向所徵引者閒採之，其詳不可得聞矣。今亦就二書所引得十一節，別爲一家，次《子夏傳》後。胡一桂《啓蒙翼傳》謂虞薛《周易音注》見陸德明《釋文》。遍檢《釋文》，並無虞薛其人，惟於薛虞首見名氏詳書，後凡薛虞說皆云薛。豐卦‘沬’字下引服虔云：‘日中而昏也。’又引薛云：‘輔星也。’虞與薛二字隔行相比，胡氏誤記，遂以‘虞薛’爲一人，蓋未諦考。薛虞之《記》，子夏率臆言之。而朱太史彝尊止据胡氏說，《經義考》列虞薛一家，貽誤後人，信非淺鮮。是不可不亟正之也。”

【蔡氏易說一卷】 （漢）蔡景君撰。國翰《敘錄》曰：“景君當是蔡氏之字，名爵未詳。虞翻稱彭城蔡景君說。翻生漢季，及引述之，則蔡氏漢人，在翻前。考《漢書·藝文志》有《蔡公易傳》二篇，注蔡公衛人，事周王孫。意景君即蔡公，殆衛人而官彭城，虞氏稱其官號，如南郡之稱馬融，長沙之稱賈誼歟？《隋志》不載，書佚已久。《集解》引止一節。朱震《漢上易叢說》推廣其卦變之說，一家法度猶存。据輯以質世之治漢學者。”《續修四庫全書總目提要（稿本）》云：“按馬說皆臆測，難以爲信。今觀其說謙，云‘剝上來之三’爲虞氏所引。虞氏解經，專恃爻變、卦變，豈知爻在外即曰往，在內即曰來，故泰曰‘小往大來’，否曰‘大往小來’。如必內卦之爻來自外卦某爻，則訟曰‘剛來而得中’謂九二也，九二果自外卦何爻來乎？不可通矣。餘若《漢上易》所引‘天地定位，山澤通氣，雷風相薄，水火不相射’，云：‘六子皆以乾坤相易而成。’夫乾坤者陰陽，陰陽相遇則相交。乾坤初爻交成震巽，上爻交成山澤，中爻交成水火，《文言》所謂‘各從其類’也。乃不曰‘交’而曰‘易’，於相索之義謂何矣？至於某卦自某卦來，皆誤讀《彖傳》而強爲之說，後儒駁之者多矣，茲不具論。”

【周易丁氏傳二卷】 （漢）丁寬撰。國翰《敘錄》（題《丁氏易傳》二卷）曰：“寬字子襄，梁人，景帝時爲梁孝王將軍，事蹟具《漢書·儒林傳》。寬受《易》於田何，又從周王孫受古義，傳同郡碭田王孫，王孫授施讎、孟喜、梁邱賀。《傳》稱：‘作《易

說》三萬言，訓故舉大誼而已。'《藝文志》易家'丁氏八篇'，《隋志》不著錄，佚已久。攷陸氏《釋文》，《子夏易傳》下引荀勗云'丁寬所作'，則丁《傳》必本子夏而成。推其義例，或如毛萇之《詩傳》歟？今既輯錄《子夏傳》，即據《中經簿錄》所云，轉屬丁氏，師承淵源，可以考見。又沛人高相治《易》，與費公同時，其學亦亡章句，專說陰陽災異，自言出於丁將軍。案《家語》載子夏論《易》陰陽一篇，文理精微，《大戴禮》取之，稱《易本命》。既是一家之學，附錄于後，高氏絕學亦見一班云。"《續修四庫全書總目提要（稿本）》云："今案《釋文》於《子夏易傳》引《七畧》云：'漢興，韓嬰撰。'《文苑英華》載唐司馬貞議云：'王儉《七志》引劉向《七畧》云：《易傳子夏》，韓氏嬰也。'明嬰字子夏，故曰'子夏韓氏嬰'，以別於卜子夏。又《漢書·藝文志》易十三家，有'韓氏二篇'，注：'名嬰。'是'韓氏二篇'即《子夏傳》，故臧庸《拜經日記》據《七畧》、《漢志》斷爲韓嬰撰。荀勗晉人，時代遠後於劉向。乃國翰不從向說，徒據荀勗一語，遽以《子夏傳》屬之丁氏，殊爲未審。況張璠嘗云《子夏傳》或馯臂子弓所作，又可以《子夏傳》爲馯臂子弓《易》乎？又唐司馬貞謂'今秘閣有《子夏傳》，載薛虞《記》'，推國翰之意，又可以《子夏傳》轉屬之薛虞矣。捨西京大儒之說而不從，反從模糊影響揣測之語，亦徒見其疏陋而已。觀孫堂所輯《漢魏二十一家易注》，及黃奭《漢學堂叢書》所輯《易》注，於西漢祇輯子夏《傳》及孟京，皆不及丁氏，誠以其无可輯也。无可輯而強以《子夏易傳》充之，抑何可笑。國翰字竹吾，歷城人，道光進士，輯宋以前佚書五百八十餘種，爲世所重。獨此《丁氏傳》及《周易韓氏傳》頗涉虛妄。《周易韓氏傳》嘗已論列其不當，《丁氏傳》尤甚，恐惑後學，故並辨而駁之。"

【周易韓氏傳二卷】　（漢）韓嬰撰。國翰《敘錄》曰："嬰，燕人，官至常山太傅，事蹟見《漢書·儒林傳》。嬰以《詩》著名，漢代與齊、魯共立于學，本傳云：'亦以《易》授人，推《易》意而爲之《傳》。'《漢·藝文志》易十三家，有'韓氏二篇'，注：'名嬰。'其書亡佚，唯《蓋寬饒傳》引一節，他無所見。考王儉《七志》引劉向《七畧》云：'《易傳》子夏，韓氏嬰也。'則《子夏傳》爲嬰之所修，與《中經簿錄》謂《子夏傳》丁寬所作者，同是本子夏而暢明之。

卜《易》之贊於丁、韓，猶卜《詩》之闓於毛、鄭。故既依《隋志》別出子夏一家，並以其《傳》之佚說屬之丁氏、韓氏，備考源流，無嫌重複。又史稱韓氏《易》深，必有發揮奧旨、羽翼微言者，惜莫可徵見。第從《韓詩外傳》得其說《易》，凡六節，如'小狐汔濟濡其尾'云：'官怠於有成，病加於小愈，禍生於懈惰，孝衰於妻子。''易簡而天下之理得矣'云：'忠易爲禮，誠易爲辭。賢人易爲民，工巧易爲材。'觸類引伸，以名言而發精理。雖非本書，足補殘缺。茲並掇輯，釐爲二卷。本傳附後，亦知人論世之意也。"《續修四庫全書總目提要（稿本）》云："乃馬國翰既知《七畧》所云，謂'《子夏傳》爲嬰之所修'，與丁寬同，'卜《易》之贊于丁、韓，猶卜《詩》之闓於毛、鄭'也，可謂憑虛臆測，不符事實矣。故其所輯，仍與所輯《子夏傳》同，惟篇末多《蓋寬饒傳》中所引《韓氏易傳》'五帝官天下'八語。《韓氏易傳》即《子夏傳》，《漢志》祇云'韓氏二篇'，不云'傳'也。如以爲'韓氏二篇'非《子夏傳》，則此《韓氏易傳》可又爲一書乎？必不然矣。乃輯《子夏傳》者皆不列入，可異也。又'月幾望'，《子夏傳》作'近望'。晁氏云：'古文讀近爲既，此當作既。'既望者，十六日。十六日旦巽，月退辛。小畜互兌，兌爲月。上巽，正既望也。故孟、荀皆作'既'。孫堂及黃奭於此條下皆引晁說，謂'近'當作'既'。馬輯無之。又中孚'六三，得敵'，《子夏傳》曰：'三與四爲敵。'三陰四亦陰，陰遇陰則相敵而不相友，頤六二所謂失類也。此於全《易》所關甚大，孫堂及黃奭所輯皆遺之；此輯及之，而不能申明其義，則爲益亦尠矣。又所輯皆子夏《傳》，則不宜名曰《周易韓氏傳》；即名'韓氏'，應用《漢志》舊名，或本《蓋寬饒傳》，曰《韓氏易傳》也。"

【周易古五子傳一卷】　不著撰者。國翰《敘錄》曰："撰人名氏缺。劉向《別錄》云：'所校讐中《古五子書》，除複重，定著十八篇，分六十四卦，著之辰，自甲子至壬子，凡五子。'《漢志》亦十八篇，注：'自甲子至壬子，說《易》陰陽。'《隋志》不著錄，書佚已久。攷《漢書·律歷志》引《傳》有'日有六甲，辰有五子'之語；下又引《易》'九戹'孟康注云'《易傳》也'，中言陰九陽九、陰七陽七、陰五陽五、陰三陽三，皆以陰陽之數推歲，以定水旱之災，如淳注積算甲子甚詳。此蓋《古五子傳》之佚文，漢魏人及見而引述之。茲據補錄。又《吳都賦》注引《易說陽九》一書之文，併採錄之。其法四千六百一十七歲爲元，以劉向說通之，卦周五子得十六甲子九百六十年，四周得六十四甲子三千八百四十年，以應卦爻之數。再自甲子起乾，得十二甲子七百七十七年。合得七十六甲子四千六百一七年，而一元終。餘三卦不及甲子，協三年置閏之義，孟康所謂前元之餘氣也。一元既終，乃從首推入元之卦，百六年爲陽九，次三百七十四年爲陰九，七依七百二十年，五依六百年，三依四百八十年，循次各倍其數，以爲占驗。古帙雖亡，猶可補綴而得其大要云。"《續修四庫全書總目提要（稿本）》略云："按《漢書·藝文志》'《古五子》十八篇'，即劉向《別錄》亦祇稱《古五子書》，均無《五子傳》之稱。馬氏據《律歷志》引《傳》有'日有六甲，辰有五子'之語，謂《傳》爲五子《易傳》，又據《律歷志》引《易》'九厄'孟康注'《易傳》也'之語，即定爲《古五子傳》，殊屬無據。又按《藝文志》易類有《易傳周氏》二篇，下注云'字王孫'，是孟康所謂《易傳》爲周王孫之《易傳》，而非古五子。又《律歷志》所引《傳》曰'天六地五，數之常也'，汎言爲'傳'，恐爲'古傳記'之語，不惟於古五子無涉，並於《易》無涉矣。馬氏强謂爲《古五子傳》，庸有當乎？又觀馬氏所引各語，皆陰陽災變之學。周王孫與丁將軍同受《易》於田何，後丁將軍又從周王孫受古義。古義者，言非孔氏《十翼》，即陰陽災變也。高相專明陰陽災變，且言出于丁將軍，其證也。然則馬氏所引《易傳》，皆周王孫之《易傳》，周王孫固深於陰陽災變之學者也。馬氏所云《周易五子傳》，誤也。"

【周易淮南九師道訓一卷】 （漢）劉安撰。國翰《敘錄》曰："劉向《七略》、《別錄》云：'所校讐中《易》傳《淮南九師道訓》，除復重，定著十三篇。淮南王聘善《易》者九人，從之採獲故書中，署曰《淮南九師書》。'《漢書·藝文志》易十三家，有《淮南道訓》二篇，注：'淮南王安聘明《易》者九人，號九師法。'九師不詳何人。高誘《淮南鴻烈解序》：'天下方術之士多往歸焉，於是遂與蘇飛、李尚、左吳、田由、雷被、毛技、伍被、晉昌等八人，及諸儒大山、小山之徒，共講論道德，總統仁義，而著此書。'然則《道訓》之九師，亦其流也。陳振孫《書錄解題》以荀爽九家當之，誤矣。《文中子中說》

云：'九師興而《易》道微。'觀其命書之義，頗涉元宗，或有道其所道而無資於聖經者，遂以來河汾君子之譏乎？隋、唐《志》皆不著錄，其佚已久。《文選》注兩引其訓飛遯之語，此外罕見稱述。朱太史彝尊《經義考》謂陸氏於需、蠱、遯、損諸卦，其所引稱'師'者，當即九師本。又謂《鴻烈解》引《易》曰：'剝之不可遂盡也，故受之以復。'此則《道訓》之序卦傳文。案：九師之書定於《淮南鴻烈》所引，自與《道訓》合。丁氏槐篆《困學紀聞》，亦以陰陽言日夕爲《道訓》之說。竹垞之言，信而可徵。至謂陸氏引稱'師'者即九師本，似尚未確。《釋文》於他經亦稱'師說'，決非九師。臧氏鏞謂陸氏之'師'，盧抱經《釋文考證》取之。故茲僅據朱氏後說，採《淮南》書中諸引《易》語輯爲一卷，聊存《道訓》之遺。至陸氏'稱師'、'讀師'用義者，別爲考定，入《張氏講疏》。事欲核實，不敢爲苟同也。"

【周易施氏章句一卷】 （漢）施讐撰。國翰《敘錄》曰："讐字長卿，沛人，與孟喜、梁丘賀並受《易》於田王孫，宣帝詔拜博士，甘露中與五經諸儒雜論同異於石渠閣，見《漢書·儒林傳》。又《藝文志》云：'《易經》十二篇，施、孟、梁丘三家。《章句》施、孟、梁丘各二篇。'晉永嘉之亂，施《易》已亡，今其佚說唯許慎《五經異義》引一節，陸德明《釋文》、朱震《漢上易》引二事而已。考本傳，讐授張禹、琅邪魯伯，禹授淮陽彭宣。《冊府元龜》云：'彭宣字子珮，淮陽人，爲大司馬、長平侯，作《易傳》。'今亦佚亡。《漢書·宣傳》尚有說鼎卦一節，蓋述施氏義也。又考熹平中蔡邕奉詔書石經《易》，用三家經本，《釋文》引石經止一條。凡邕引《易》，要是石經本字，並据採輯，附《漢書》本傳爲一卷。至漢代諸儒多引《易》說，未能區分，不具錄云。"《續修四庫全書總目提要（稿本）》略云："永嘉亂後，梁、施二家皆亡，故李鼎祚《集解》無錄其說。陸德明《釋文》偶引之，皆作三家，不能確指。馬氏或據《五經異義》，或據蔡邕石經，輯其佚說，仍云三家。故如蒙卦'童蒙求我'、'利用禦寇'、'無妄'、'得臣無家'、'覓陸夬夬'、'得其齊斧'、'聖人以此先心'、'嘉德足以合禮'、'遯世無悶'諸條，竟皆與梁丘義同。況所謂'無'字，皆據漢碑《周易》之辭。漢碑從俗作'無'耳，馬氏遽定爲施義，殊未必然也。其爲施氏所獨有者，祇'粃升'及'鼎折足'二條，其以'允'爲'龡升'，訓'龡升'爲進，與許氏《說文》引《易》同，較諸家訓'允'爲'信'者，過之遠矣。故夫古注雖一字，亦可珍也。"

【周易孟氏章句二卷】　（漢）孟喜撰。國翰《敘錄》曰："喜字長卿，東海蘭陵人，官至曲臺署長，事蹟見《漢書·儒林傳》。喜與施讎、梁邱賀同受業於田王孫，傳田何之《易》。《漢·藝文志》：'《易經》十二篇，施、孟、梁邱三家。'又'《孟氏京房》十一篇、《災異孟氏京房》六十六篇'，'《章句》施、孟、梁邱氏各二篇'。《隋書·經籍志》：'八卷，殘闕。梁十卷。'《釋文序錄》云十卷，無上經，又引《七錄》云：'下經無旅至節，無上《繫》。'《唐志》尚著錄十卷。今佚，惟《釋文》及《正義》、《集解》間引之。《唐大衍歷議》云：'十二月卦出于《孟氏章句》，其說《易》本於氣，而後以人事明之。'亦引孟氏說震、坎、離、兌四卦義，及六十卦用事配七十二候圖。又許慎《說文·序》云'《易》用孟氏'，而所著《五經異義》引孟京說。又虞翻自言世傳孟氏《易》，則許、虞二家所引與今《易》異者，皆佚說也。又蔡邕熹平中奉詔書石經《易》，用三家本，《釋文》引石經止一條。凡邕所引《易》，必本石經。並據輯錄，依十二篇次第，釐爲二卷。其說精微奧衍，於陰陽消息，獨見發揮。雖斷簡殘編，而田何一綫之傳，藉以不墜矣。"《續修四庫全書總目提要（稿本）》柯劭忞云："張惠言《易義別錄》輯《孟氏易》一卷，採摭最爲謹嚴，謂《說文》雖稱孟氏，亦博引衆家古文，故有兩文輒異則諸文未可正爲孟氏也。國翰所輯，視惠言倍之。以《說文》所引，及《釋文》所引之《說文》，皆輯入。又以虞翻世傳孟氏《易》，凡虞氏《易》與諸家字異者，並歸之於《孟氏章句》，殊爲汎濫。惠言云：'虞雖傳孟《易》，其意不必盡同。古人之學，傳業世精，非苟爲稱述而已。'真不愧通儒之論也。惟國翰是編，附六十四卦用事，配七十二候圖占及卦氣圖，實孟京之遺法。爲孟氏之學者，固當參考者矣。"

【周易梁邱氏章句一卷】　（漢）梁邱賀撰。國翰《敘錄》曰："賀字長公，琅邪諸人，官至少府，事蹟見《漢書·儒林傳》。賀本從大中大夫京房受《易》，更事田王孫。宣帝時，與施讎、孟喜並立於學。《漢·藝文志》：'《易經》十二篇，施、孟、梁邱三家。《章句》施、孟、梁邱各二篇。'劉歆《移太常博士

書》云：'往者博士，《書》有歐陽，《春秋》公羊，《易》則施、孟。然孝宣皇帝猶廣立《穀梁春秋》、梁邱《易》、大小夏侯《尚書》。義雖相反，猶並置之。'然則賀與施、孟雖同事田王孫，而卒以京顯；至其子臨，專行京房法。可見賀傳兩師之業，義訓必不能盡同。故班《志》於經十二篇統云三家，明其文之不異；於《章句》云各二篇，見其義之不盡同也。其《易》盛於後漢，張興傳其學，弟子著錄萬有餘人。至西晉永嘉之亂，與施《易》並亡矣。陸德明《釋文》'莧'陸引三家音；'先心'引石經外，別無顯徵。考本傳，琅邪王吉通五經，聞臨說，善之。時宣帝選高材郎十人從臨講學，乃使其子郎中王駿從臨受《易》。又《臨傳》'五鹿充宗君孟爲少府'，'充宗授平陵士孫張仲方、沛鄧彭祖子夏、齊衡咸長賓'。又云：'咸王莽講大夫，繇是梁邱有士孫、鄧衡之學。'又《後漢書·范升傳》升上書言：'臣與博士梁恭、山陽太守呂羌俱修梁邱氏。'茲從《宣元六王傳》得王駿引《易》一節，《王莽傳》得引《易》六節，《范升傳》得引《易》二節，又蔡邕引《易》本石經爲三家佚說者，凡得七節，並附本傳，合爲一卷。如范所引'正其本萬事理'與太史公引《易》同，而今《易》無之。太史公學本楊何。梁邱行京法，亦淵源於楊氏。此真古《易》之語，而王輔嗣佚之者。得麟一角，而古今因革之會，判於此矣。"《續修四庫全書總目提要（稿本）》云："晉永嘉亂後，施、梁邱二家皆亡，獨孟喜尚存，故《集解》、《釋文》有時引之。施、梁二家，《集解》無一錄；《釋文》偶引之，但作三家，不能指爲誰也。故輯《易》注者，如孫堂、黃奭之流，搜羅廣博，於施、梁二家，獨付缺如，誠以其不能輯也。馬氏勉輯之，或據蔡邕《五經異義》，或據漢碑，或據石經，共得十七條。除'童蒙來求我'等九條與施義相同，不能確指外，餘多據《王莽傳》及蔡邕碑文，強定爲梁邱《易》，皆不可信。歎馬氏好古之篤，用心之勤，而所獲之少也，故辨明之。"

【周易京氏章句一卷】　（漢）京房撰。國翰《敘錄》曰："房本姓李，吹律自定爲京氏，字君明，東郡頓邱人，受《易》梁人焦延壽，官至魏郡太守，見《漢書·儒林傳》。案：漢宣帝時以《易》授梁邱賀者亦京房，淄川楊何弟子，官至大中大夫，爲齊郡太守。顏師古謂別一人。賀傳子臨，專行京法，不聞有所撰作。元帝立京《易》，延壽弟子也。荀悅《漢紀》

云：‘京房受於梁人焦延壽，獨得隱士之說，託之孟氏。’劉校《易說》云：‘不與孟氏同。’葉夢得云：‘其言龐雜，專主卜筮。’兩人莫知爲誰，審爲授延壽學者。《漢書・藝文志》有《孟氏京房》十一篇、《災異孟氏京房》六十六篇、《京氏段嘉》十一篇，不言《章句》。阮孝緒《七錄》有《京房章句》十卷《錄》一卷。隋、唐《志》並云十卷。陸德明《釋文序錄》云十二卷。今佚不傳。《正義》、《釋文》及李鼎祚《集解》間引之。晁氏、呂氏亦多引京說。採輯一卷，可與三家、費氏互考同異，而辯其是與非也。《隋志》五行家又有《京易占候》十種，《唐志》存其五。今尚有《京氏易傳》三卷，又別有《積算雜占條例》一卷，或共題《易傳》四卷。別爲補輯，以類從焉。”

【費氏易一卷】　（漢）費直撰。國翰《敍錄》（題《周易費氏注》一卷）曰：“直字長翁，東萊人，治《易》爲郎，至單父令，見《漢書・儒林傳》。《隋書・經籍志》云：‘梁有漢單父長費直注《周易》四卷，亡。’新、舊《唐書・志》、陸德明《釋文序錄》並作《費直章句》四卷，與本傳所稱‘亡章句，徒以《彖》、《象》、《繫辭》、十篇《文言》解說上下經’者不合，疑爲費學者附益之。今已佚亡。晁公武《郡齋讀書志》云：‘凡《彖》、《象》、《文言》等參入卦中，皆祖費氏。東京荀、劉、馬、鄭，皆傳其學。王弼最後出，或用鄭說。’則知弼亦本費氏也。趙汝楳《易輯聞》云：‘陳元、鄭衆皆傳費學，馬融、鄭元、荀爽、王肅、王弼皆爲之注，今《易》乃費氏經也。’案：漢《易》皆祖田何，宣帝時立施、孟、梁邱，元帝立京氏，費及高相皆未立於學。自劉向以中古文《易》校三家，惟費氏經與古文合。東漢之世，其學獨盛。王弼用費經，注疏今存。其《易》亡而不亡也。然《隋志》稱費直《易》，其本皆古字，號曰‘古文《易》’。今王本及馬、鄭、荀、劉諸佚義，字多同異，故陸氏《釋文》亟引古文，以甄覈之。宋吳仁傑、晁說之考定古《易》：吳錄費直《易》乾卦以見例，爻繫畫下，以傳附經，而以初九至上九、用九以及《彖》曰、《象》曰之文皆鄭氏所加，爻下《象》曰、《文言》爲王弼所附，具有攷證；晁合諸家以訂古文，最爲明晰。茲據輯錄。直別有《周易分野》、《易林》言占驗事，依《隋志》輯入五行家，考論詳彼書，不復具說云。”《續修四庫全書總目提要（稿本）》云：“費《易》既亡章句，故李氏《集解》無

有費說；陸氏《釋文》云某字古文作某字，亦未言費氏。徒以劉向云‘以中古文《易》校三家，或脫去無咎、悔亡。惟《費氏經》與古文同。’夫曰‘與古文同’，明費氏非古文也。‘同’者，言其字之多寡同於中古文，無脫也。其校《尚書》，亦專重脫簡，豈謂其字皆從古文乎？如費《易》字皆古文，凡東漢馬融、荀爽、鄭玄，皆習費《易》者，胡爲其讀不盡同，且不盡用古文乎？今馬氏悉依《釋文》及晁氏《古易》所列古字，悉以屬之費氏，其不當可知矣。然喜其將全《易》古文輯錄無遺，如‘坤’古作‘巛’，‘凝’古作‘疑’，‘恤’作‘血’，‘墉’作‘庸’，‘砎’作‘介’，‘趾’作‘止’，‘惕’作‘易’，‘狩’作‘守’，‘箕’作‘其’之類，共百三則，匯萃成篇，檢查甚易。故過而存之，以便後學焉。”

【費氏易林一卷】　（漢）費直撰。國翰《敍錄》曰：“《隋志》有《易林》二卷，注：‘梁五卷。’《唐志》‘《費氏逆刺占災異》十二卷’，又‘《周易林》二卷’。今佚。考《焦氏易林》卷首《雜識》載‘東萊費直說’一節；又《禮記正義》引《易林》一節，不見《焦氏易林》，定爲《費氏易林》之語。茲據輯錄，附攷於後。其謂延壽爲王莽時建信天水人，可與《漢書》互參。其以干支配卦，又鄭氏爻辰所酌用者乎？”《續修四庫全書總目提要（稿本）》云：“夫所謂‘林’者，皆占驗之書，《焦氏易林》、崔篆《易林》、管輅《易林》、郭璞《洞林》等。其可考見者：或作爲占辭，以爲揲蓍者，遇某卦之某卦，藉其辭以斷吉凶，如《焦氏易林》是也；或錄筮案，以紀其占驗之事實，如郭璞《洞林》是也。費氏《易林》，當然不出此二例。凡今《焦氏易林》下注又作某某辭者，按焦氏萬不能爲一卦作二林辭，其附注者，皆隋唐學者將他《林》附注《焦林》下以備參考，在當時必有標識，傳鈔日久，遂莫辨矣。其附注者，即費《易林》或崔《易林》之辭也。乃馬氏不詳此例，以《焦氏易林》篇首費直《序》當之。此《序》自宋人以來即疑其僞，況其《序》曰‘王莽時建信天水焦延壽撰’。延壽爲京房師，年當長於京房。房死于元帝時，年已四十。而以延壽爲王莽時人，語已不倫，況追溯曰王莽時，其《序》作于王莽後可知，豈費直到東漢猶存乎？乃國翰不以爲妄，竟以此《序》當《易林》，可謂渺不相涉矣。其餘‘震主庚子午’六語，雖見於《禮記・月令正義》所引，詳其語意，乃說明

六子納甲之法，震於日納庚，於辰納子午，必《易林》篇首義例之語，示人以占筮之本。凡唐宋人只稱《易林》者，皆《焦氏易林》也，今亡之耳。乃馬氏以焦《林》無此語，強輯入費《林》中，尤不可信。惑亂後學，故詳解之。”

【周易分野一卷】　（漢）費直撰。國翰《敘錄》曰：“案羅泌《路史》云：‘《費直易》十二篇，以易卦配地域。’今其書佚，唯《晉書·天文志》引其十二次所起度數，稱費直《周易分野》；唐《開元占經》亦引之，稱名同。茲據輯錄。考《隋志》有《易林》二卷，《易內神筮》二卷，梁有，《周易筮占林》五卷，俱費直撰，悉佚不傳。此未知當屬何書，姑以《晉志》所引題《分野》。至其配卦之例，莫可稽考。《唐書·曆志》載一行論兩戒，間及易卦，或其遺法乎？”《續修四庫全書總目提要（稿本）》云：“按：十二辟卦與十二辰、十二次皆相應。《路史》所云十二篇，必以十二辟爲主，再由十二辟，與地域相配，而地域皆與十二次相配。今觀費直所云‘壽星起軫七度’，‘至氏十度’，則夬辟也，以卦氣圖攷之，其域在辰方，其宿爲角亢，其卦起豫之四爻，曆訟、蠱、革、夬，至旅之三爻，據《漢書地理志》，其分野爲韓。其云‘大火起氏十一度’，‘至尾八度’，則大壯辟也，其域在卯，其宿爲心房氏，其卦起需之四爻，曆隨、晉、解、大壯，至豫三爻，其分野爲宋。其云‘析木起尾九度’，‘至南斗九度’，則泰辟也，其域在寅，其宿爲箕尾，其卦起小過四爻，曆蒙、益、漸、泰，訖需三爻，其分野爲燕。其云‘星紀起斗十度’，‘至須女六度’，則臨辟也，其域在丑，其宿爲牛斗，其卦起屯四爻，曆謙、睽、升、臨，訖小過三爻，其分野爲吳、粵。其云‘元枵起女六度’，‘至危十三度’，則復辟也，其域在子，其宿爲危虛女，其卦起未濟之四爻，曆蹇、頤、中孚、復，訖屯三爻，其分野爲齊。其云‘諏訾起危十四度’，‘至奎一度’，則坤辟也，其域爲亥，其宿爲壁室，其卦起艮四爻，曆既濟、噬嗑、大過、坤，至未濟三爻，其分野爲衛。其云‘降婁起奎二度’，‘至胃三度’，則剝辟也，其域在戌，其宿爲婁奎，其卦起歸妹四爻，曆无妄、明夷、困、剝，至艮三爻，其分野爲魯。其云‘大梁起婁十度’，‘至畢八度’，則觀辟也，其域爲酉，其宿爲畢昴胃，其卦起巽四爻，曆萃、大畜、賁、觀，歸妹三爻，其分野爲趙。其云‘實沈起畢九度’，‘至

東井十一度’，則否辟也，其域爲申，其宿爲參觜，其卦起恒四爻，曆節、同人、損、否，訖巽四爻，其分野爲晉。其云‘鶉首起井十二度’，‘至柳四度’，則遯辟也，其域爲未，其宿爲鬼井，其卦起鼎四爻，曆豐、渙、履、遯，訖恒三爻，其分野爲秦。其云‘鶉火起柳五度’，‘至張十二度’，則姤辟也，其域在未，其宿爲張柳，其卦起大有四爻，曆家人、井、咸、姤，訖鼎三爻，其分野爲周。其云‘鶉尾起張十三度’，‘至軫六度’，則乾辟也，其域在己，其宿爲軫翼，其卦起旅四爻，曆師、比、小畜、乾，訖大有三爻，其分野爲楚。馬氏未詳攷耳。二十八宿分野，在《地理志》十二辟與十二次相配，其六十卦依十二辟卦相配，皆在卦氣圖。費氏之法，雖未窺其全，其配卦之例，固莫能外此也。然不有馬氏之輯，則卦氣圖祇言某次配某宿耳，其起訖度數，莫得而詳，其功亦大矣。”

【周易馬氏傳三卷】　（漢）馬融撰。國翰《敘錄》曰：“融字季長，扶風茂陵人，官至南郡太守，事蹟見《後漢書》本傳。融於《三傳》、《孝經》、《論語》、《詩》、《三禮》、《尚書》皆有注，其《易》治費氏學，與陳元、鄭衆並名於代。荀悅《漢紀》云：‘馬融著《易解》，頗生異說。’顏延之《庭誥》云：‘馬、陸得其象數，取之於物。荀、王舉其正宗，得之於心。’二子之論，皆有不足於季長。然鉅儒如盧植、鄭元皆出其門，史又稱融爲《傳》以授鄭元，元作《易注》，則吾道云東必有相契於微者矣。《隋書·經籍志》云：‘梁有漢南郡太守馬融注《周易》一卷，亡。’新、舊《唐書·志》並有《章句》十卷。蓋隋代散亡，唐復得之。故陸德明《釋文序錄》亦稱其《章句》十卷，而與孔氏《正義》、李氏《集解》，猶及徵引之也。宋元以來，其書無傳。茲就三書所引，並它書閒見者，輯錄三卷。蕭子顯謂‘康成訓義，優洽一世’，參同甄異，可以此爲鄭氏先河云。”

【周易劉氏章句一卷】　（漢）劉表撰。國翰《敘錄》曰：“表字景升，山陽高平人，官至鎮南將軍、荊州牧、南城侯，事蹟見《後漢書》本傳。荀勖《中經簿錄》載劉表《易注》十卷。阮孝緒《七錄》云九卷《目錄》一卷。《隋書·經籍志》有《周易》五卷，漢荊州牧劉表章句。新、舊《唐志》及陸德明《釋文序錄》並云五卷。書在隋唐時已非完帙，今更散佚無傳。唯就《釋文》及《正義》，李氏《集解》，晁氏、呂氏《古易》所引，錄爲一卷。其文字解說與今《易》

異者，如‘君子以經綸’作‘論’；‘其欲逐逐’作‘悆悆’，云‘遠也’；‘習坎’作‘欿’；‘其牛掣’作‘觢’；‘懲忿’作‘澂’，云‘清也’；‘窒欲’作‘愼’；‘利用禴’作‘爒’；‘知以藏往’作‘臧’，云‘善也’之類，皆足備考訂之助。史稱表起立學校，博求儒術。綦母闓、宋忠等撰立《五經章句》，謂之‘後定’。由此觀之，表於《尚書》、《詩》、《禮》、《春秋》並有撰述，以故名高八及，爲海內所稱。今悉湮淪，良爲可惜。得此卷與《宋氏注》合而玩之，雖臠膋馥無多，猶足資沾丐云爾。”

【周易宋氏注一卷】　（漢）宋衷撰。國翰《敘錄》曰：“衷於《漢書》無傳。陸德明《釋文序錄》云字仲子，南陽章陵人，官至荆州五等從事。《隋書·經籍志》題爲‘漢荆州五業從事宋忠’。案：衷、忠古字通用；‘五業’不可解，當是‘五等’之誤也。其《易注》，《七志》、《七錄》並十卷。《隋志》云：‘梁有十卷，亡。’新、舊《唐志》亦並云十卷。《釋文》云九卷。蓋唐時尚有傳本，而秘閣所藏與民間所有卷復不同也。考衷於七經緯讖、《世本》、《揚子太元經》皆有注，其學大抵與鄭康成相似。虞翻嘗論之曰：‘北海鄭元、南陽宋忠雖各立注，忠小差元，而皆未得其門，難以問世。’今《易注》無全書，無從覈定。猶幸《釋文》、《集解》引有四十餘節，輯爲一卷。其說‘莧’，莧菜也’；‘陸，商陸也’；‘羸豕孚蹢躅’云：‘羸，大索，所以繫豕者。巽爲股，又爲進退，股而進退，則蹢躅也。’說‘金鉉’曰：‘兌爲金玉，鉉曰乾，體爲玉。’說‘飛鳥遺之音’曰：‘震爲聲音，飛而且鳴，鳥去而音止。’此皆有見乎發揮旁通之妙，洵可刊輔嗣之野文，而輔康成之逸象。學非仲翔，未可輕議之也。”

【周易荀氏注三卷】　（漢）荀爽撰。國翰《敘錄》曰：“荀字慈明，潁川潁陰人，官至司空，事蹟具《後漢書》本傳。《易》本費氏。荀悅稱：‘叔父故司徒爽著《易傳》，據爻象承應陰陽變化之義，以十篇之文解說經意。由是兖豫之言《易》者，咸傳荀氏學。’《隋志》十一卷。《唐志》十卷。今佚。惠氏棟《易漢學》列荀慈明一家，而佚文不具載。張氏惠言輯《荀氏九家》，佚文具載，而雜入九家中。今特別出，爲三卷。鄒湛曰：‘《易》箕子之明夷，荀爽訓箕爲荄，詁子爲滋，漫衍無經，不可致詰。’程迥曰：‘荀爽於《說卦》添物象以足卦爻。查元章謂不須添，添亦

不盡。不知箕子之義，取蜀趙實傳孟喜之說也。八卦逸象，費氏古文有之，三家脫伏耳。荀傳費學，參用孟氏，正其篤古之深，非有所失。況陰升陽降，洞見本原。’虞仲翔稱‘潁川荀諝號爲知《易》’，且謂‘馬融有俊才，解釋復不及之’。亦何可淺窺虛擬，妄生詆訾耶？”

【周易陸氏述三卷】　（吳）陸績撰。國翰《敘錄》曰：“績字公紀，吳郡吳人，官至鬱林太守，加偏將軍，事蹟詳《吳志》。其《易注》傳於昔者，《隋書·經籍志》云十五卷，新、舊《唐志》並云十三卷，陸德明《釋文序錄》亦云陸績《述》十三卷，諸書所載卷數不同。考《唐志》別有《會通》一卷，《釋文》引《七志》有《錄》一卷，以此二篇合十三卷中，仍與《隋志》十五卷合。今全書散佚。《鹽邑志林》載有一卷，朱太史彝尊《經義考》謂係抄撮陸氏《釋文》、李氏《集解》二書爲之，又謂曹侍郎秋嶽曾見藏書家有存三卷者，惜侍郎沒，無從訪求矣。朱所言二本，皆未見。茲仍就《釋文》、《集解》，並附《正義》、《太平御覽》諸書所引，輯爲《上經》一卷，《下經》一卷，《繫辭》、《說卦》諸傳一卷，錄而藏之。雖非完帙，而要義已該。顏延之所謂馬、陸得其象數，朱漢上所謂陸績之學始論動爻者，引而伸之，皆資隅反。又績嘗注京氏《易》，學蓋本之。而玩其遺文，‘利物’作‘利之’，與孟喜同；‘爲其嫌於无陽’，‘嫌’作‘兼’，與荀爽、虞翻同；‘夷于左股’，‘夷’作‘睇’，與子夏、鄭元同；它如‘疚’作‘疾’、‘晢’作‘逝’、‘窒欲’作‘療欲’、‘靡之’作‘縻之’之類，亦必有所師承。不主一家，擇善而從。注之稱述也，其在斯乎？”

【周易王氏注二卷】　（魏）王肅撰。國翰《敘錄》曰：“肅字子雍，歷官侍中，遷太常，後遷中領軍，加散騎常侍，事蹟見《魏志》本傳。陸德明《釋文》云：‘子邕，東海蘭陵人，魏衛將軍、太常、蘭陵景侯。’《傳》言肅善賈、馬之學，而不好鄭氏，采會同異，爲《尚書》、《詩》、《論語》、《三禮》、《左傳》，及撰定父朗所作《易傳》，皆列于學官。李延壽云：‘鄭元《易》大行於河北，王肅《易》亦間行焉’。《隋書·經籍志》云：‘《周易》十卷，魏衛將軍王肅注。’《唐書·藝文志》云：‘王肅注十卷。’《崇文總目》乃十一卷，題‘王肅傳’。胡一桂謂後人纂《釋文》所取者附益之，非肅本書。王

應麟《困學紀聞》云：'王肅注《易》十卷，今不傳。《釋文》云：自《繫辭》訖於《雜卦》，肅本皆有傳字。《漢儒林傳》云：孔子晚而好《易》，讀之韋編三絕，而爲之傳。肅本是也。'（泳按：此乃《經義考》所引王氏語，非《困學紀聞》原文。）其注'噬乾肺得金矢'云云，見《太平御覽》。案：徐堅《初學記》亦引此節。肅《注》在魏立學，頗著盛名，文字解說雖與康成殊異，要皆有據。朱子《本義》每稱王肅本，蓋深有所取也。今其《注》佚，聊就《正義》、《釋文》、《集解》、《文選注》、《御覽》諸書所引，輯爲二卷。與鄭《易》參考異同，比於宋之朱、陸云。"《山東通志·藝文》"《周易注》十卷"提要引張惠言曰："肅著書務排鄭氏，故于《易》義馬、鄭不同者則從馬，馬與鄭同則并背馬。然其訓詁大義出於馬、鄭者十七，蓋《易注》本其父朗所爲，肅更撰定。疑其出於馬、鄭者，朗之學也；其掊擊馬、鄭者，肅之學也。"

【周易王氏音一卷】　（魏）王肅撰。國翰《敘錄》曰："陸德明《釋文序錄》云：'爲《易音》者三人：王肅、李軌、徐邈。'《隋書·經籍志》有徐邈、李軌《音》各一卷；王肅《注》十卷，不言《易音》，或併入《注》中歟？然《釋文》既叙其《注》，又叙其《音》，陸氏所見，定爲兩書。茲就《釋文》所引，別輯一卷，附肅《注》之後，可與李、徐二家互考同異焉。"

【周易何氏解一卷】　（魏）何晏撰。國翰《敘錄》曰："晏字平叔，南陽人，曹爽用爲散騎常侍，遷侍中、尚書，以尚主，賜爵爲列侯，見《魏志·曹爽傳》及裴松之注。又《管輅傳》：吏部尚書何晏謂之，晏上《論語集解表》，署銜云'尚書駙馬都尉、關內侯'。可以互考。其《易》不傳，書題及卷數並未詳。《册府元龜》有何晏《周易私記》二十卷、《周易講疏》十三卷，晏爲妥字之訛。《隋志》傳寫偶誤，沿習不覺。觀《唐書·藝文志》題'何妥《周易講疏》十三卷'，可證。辨正詳何妥《講疏序》。題'易解'者，晏於《論語》稱《集解》；又案《管輅別傳》云'晏自言不解《易》九事'，《南齊書·張融傳》云'晏所不解《易》中九事，諸卦中所有時義，是其一也'，知當日於《易》亦稱'解'矣。孫盛《魏氏春秋》載晏語曰：'唯深也，故能通天下之志，夏侯泰初是也。唯幾也，故能成天下之務，司馬子元是也。唯神也，

不疾而速，不行而至，吾聞其語，未見其人，蓋欲以神況諸己者也。'然管輅譏其說《易》生義美而多僞，又謂其爲'少功之才'；伏曼容亦以'了不學'輕之。蓋其人習於浮華，辭常勝理，故時人雖吸習歸服，而不能逃有識者之鑒也。茲從孔穎達《正義》、李鼎祚《集解》、房審權《義海》輯錄，止四節。亦卑之無甚高論，取以備魏《易》一家之數；且以著漢學之變自王弼者，晏實爲之倡也。"《續修四庫全書總目提要（稿本）》云："何氏者，魏何晏。崇虛無，尚清談，官至尚書。王弼之顯達，及其《易注》之見重，何晏之力爲多。人皆詈王弼掃象，破卷秋人古法，不知其專以附何晏。管輅稱何晏注《易》，美而多僞。此雖六代人通病，晏實爲首倡。晏注《論語》名曰《集解》，故馬氏仍名之曰《周易何氏解》。共得四則，皆無精義。而說'風雷益'云：'六子之中，皆有益物。獨取風雷者，取其最長可久之義也。'按：六子之中，水、火不能須臾離，山、澤萬古不易，豈獨風、雷乎？管輅所謂僞者，此亦可窺見一斑矣。不足重也。"

【周易董氏章句一卷】　（魏）董遇撰。國翰《敘錄》曰："《魏志》無遇傳，僅載'明帝時大司農宏農董遇歷注經傳，頗傳於世'數語。裴松之注引《魏略》云：'遇字季直，建安初舉郡孝廉，稍遷黃門侍郎，黃初中出爲郡守，明帝時入爲侍中、大司農。'字及里爵，尚可考見。其注《易》稱《章句》，《七志》、《七錄》並十卷。《隋書·經籍志》：'梁有魏大司農董季直注《周易》十卷，亡。'《唐書·藝文志》有董遇《注》十卷。陸德明《釋文序錄》有董遇《章句》十二卷，注：'宏農華陰人。'後之卷數，反增於前，以篇有分合故也。今其《章句》佚矣。《正義》引二節。《釋文》引二十餘節。輯爲一卷。其說大衍云：'天地之數五十五者，其六以象六畫之數，故減之爲四十九。'朱震《漢上易》駁之云：'五十有五，天地之極數。大衍之數五十，其一太極不動而四十九運，爲八卦重而六十四，若去六畫，即說不通。'按：遇說與姚信同，孔氏《正義》取之，義雖殊於輔嗣，要非無稽也。遇嘗教人'讀書百遍而義自見'，又爲苦渴無日者教以'三餘'之義。摭此編而存之，蓋不沒其劬學之功力爾。"

【周易姚氏注一卷】　（吳）姚信撰。國翰《敘錄》略曰："《吳志》無信傳。阮孝緒《七錄》云：'字元直，吳興人，吳太常卿。'陸德明《釋文序錄》

云：‘字德祐。’其說《易》與荀、虞相似，故九家集解有之。梁《七錄》云十二卷。《隋書・經籍志》、《唐・藝文志》皆十卷。陸德明《釋文序錄》亦云十卷。其書今佚。《釋文》、《正義》及李氏《集解》引四十餘節。輯爲一卷。其《士緯》佚編及他文辭別輯錄之，依《隋志》一入名家，一入集部云。”

【周易翟氏義一卷】　（□）翟玄撰。國翰《敘錄》曰：“元未知何代人，里居、官爵並無考。唐李鼎祚《集解》引其說，皆稱翟元。陸德明《釋文敘錄》引《荀爽九家集注》，謂其序有荀爽、京房、馬融、鄭元、宋衷、虞翻、陸績、姚信、翟子元；又云子元不詳何人，爲《易義》。此言子元，與李氏異。按：古人多有名與字同者，如韓伯字康伯之類，或元字子元歟？九家次第，翟在姚信之後，則元蓋亦魏晉間人也。其書卷數，自隋唐已不能詳。今惟就《釋文》、《集解》二書所引，輯錄三十一節，爲一卷。至九家佚文，不及區別，參而觀之，可知其學宗荀氏，而與京、馬、鄭、虞諸人競爽矣。”

【周易向氏義一卷】　（晉）向秀撰。國翰《敘錄》曰：“秀字子期，河內懷人，官至黃門侍郎、散騎常侍，事蹟詳《晉書》本傳及袁宏《竹林名士傳》。秀嘗注《莊子》，復注《易》。按秀《別傳》云：‘秀與嵇康、呂安爲友，趣舍不同。嵇康傲世不羈，安放逸邁俗，而秀雅好讀書，二子頗以此嗤之。後秀將注《莊子》，先以告康、安。康、安咸曰：“此書詎復須注？徒棄人作樂事耳。”及成，以示二子。康曰：“爾故復勝不。”安乃驚曰：“莊周不死矣！”後注《周易》，大義可觀，而與漢世諸儒有彼此，未若隱莊之絕倫也。’今所注《莊子》，郭象竊爲己有，世傳郭象《莊子注》是秀之本書。而《易》則罕傳，隋、唐《志》皆不著錄。張璠用二十二家《易》爲《集解》，依秀爲本，亦入傳者絕少。唯《正義》、《釋文》及李氏《集解》引秀及張氏。茲採輯爲一卷。凡諸引張作某字者，蓋即向本，故亦復向《義》中；而張氏之論說，則仍歸《張氏集解》。雖寥寥無多，而二書之崖略，猶可覩焉。”

【周易統略一卷】　（晉）鄒湛撰。國翰《敘錄》曰：“湛字潤甫，南陽新野人，仕魏歷通事郎、太學博士，太康中爲散騎常侍、國子祭酒，轉少府，事蹟見《晉書》列傳。張璠集二十二家《易》解，有鄒湛《易統略》，不言卷數。《隋書・經籍志》：‘《周易統略》五卷，晉少府卿鄒湛撰。’新、舊《唐書・志》並作《統略論》三卷。今佚。陸德明《釋文》引有二節，謂‘釋箕子爲荄滋，以譏荀爽’。考‘荄滋’之說始於趙賓，賓爲孟喜之徒，劉向稱‘今《易》’指此。荀治費氏古文學，而仍雜今《易》，且所取爲前儒交辭。謂持論巧慧，非古法者，故以譏之。然則鄒氏蓋宗王弼而顓門費學者也。張璠《集解》又引張軌義，附著於後。”

【周易卦序論一卷】　（晉）楊乂撰。國翰《敘錄》曰：“《晉書》無乂傳。陸德明《釋文序錄・〈張璠集解〉序》稱二十二家有楊乂，字元舒（泳按：據《經典釋文・序錄》，“元”本作“玄”），汝南人，晉司徒左長史，爲《易卦序論》。《隋書・經籍志》、《唐書・藝文志》並云一卷。今佚。王應麟《玉海》云‘《御覽》引楊乂《易卦序論》’云云，考徐堅《初學記》卷五引與《御覽》卷三十八所引同，蓋《御覽》本之《初學》也。‘乂’今《御覽》本訛作‘義’，以《玉海》訂之，知俗刻誤爾。”

【周易張氏義一卷】　（晉）張軌撰。國翰《敘錄》曰：“軌字士彥，安定烏氏人，漢常山王耳十七世孫，涼州刺史，僭諡武穆，事蹟見《晉書》本傳及崔鴻《十六國春秋》。張璠《集解》二十二家有張軌《易義》，隋、唐《志》均不著錄，其亡已久。唯陸德明《釋文》引其說‘齊斧’一語，今《注疏》用王弼本作‘資斧’，《子夏傳》及眾家並作‘齊斧’。除《釋文》引張晏、應劭、虞喜外，考蔡邕《太尉橋公碑》云亦用‘齊斧’，又《黃鉞銘》云‘齊斧罔設’，並與張《義》合。沿襲既久，見‘齊斧’而駭爲新解者，不知涼公當日實述舊聞也。”

【周易張氏集解一卷】　（晉）張璠撰。國翰《敘錄》曰：“《晉書》無璠傳，《隋書・經籍志》題云晉著作郎。陸德明《釋文錄序》云：‘璠，安定人，東晉秘書郎參著作。’爵里可考者僅此。璠嘗撰《漢紀》三十卷，其《易解》集鍾會、向秀、庾運、應貞、荀煇、張輝、王宏、阮渾、楊乂、王濟、衛瓘、欒肇、鄒湛、杜育、楊瓚、張軌、宣舒、邢融、裴藻、許適、楊藻，凡二十二家，依向秀爲本。《七錄》云‘集二十八家’。《七志》云十卷。《隋志》云：‘八卷，殘闕。梁有十卷。’《唐書・藝文志》亦云十卷，又《略論》一卷。《釋文》云十二卷，蓋合《略論》言之，或並《目錄》爲十二與？古來集合諸家之《易》以成一家者，荀爽《九家集解》、李鼎祚《集解》及此書，號爲大作。今惟李書尚存，九家《易》與此罕有傳本。考《釋文》於‘直方大不習无不利則不疑其所行也’引張璠本此上有‘易曰’，後引多節，皆承此省文。言‘張’乃汲古閣《釋文》本作‘張倫’，以屯卦下有張倫反涉筆而誤。朱氏《經義考》於張璠外別列張氏一家，以爲九家《易》所引之張氏；又誤以‘直方大’上‘易曰’之本，並凡《釋文》單言‘張’者屬之。不知《釋文》之例於獨姓首見之人全書姓名，後皆省文書姓，如孟喜、京房、董遇、姚信、黃穎，前皆詳書，後或言孟、京，或言董、姚是也。其有一姓兩人並見《序錄》者，每引必備書之，如王肅、王廙是也。其有同姓而見於《序錄》者，前既書名，後仍書姓。其不見《序錄》者，仍詳姓名，如：劉表下皆書‘劉有’，劉昞則書‘昞’以別之；荀爽下皆書‘荀有’，荀柔之則書‘柔之’以別之；張璠下皆書‘張有’，張軌、張晏，則書‘軌’與‘晏’以別之是也。朱君未細繹其例，牽混言之，一歸於誤出之張倫，歧之又歧，謬以千里矣。茲取《釋文》所引張璠及凡言張者，悉定爲《張氏集解》，復從《正義》、李氏《集解》、《文選》注，輯爲一卷。又序稱依向秀爲本，故凡向氏說，悉採入。其楊乂、鄒湛、張軌佚說，並附著之。惜他家泯絕，無從徵述，爲可憾爾。”

　　【周易干氏注三卷】　　（晉）干寶撰。國翰《敘錄》略曰：“寶字令升，新蔡人，官至散騎常侍。《晉書》有傳，作于寶。《隋志》亦作于寶。其注《易》，隋、唐《志》並十卷，又有《周易爻義》一卷。《隋志》注：‘梁有《周易宗塗》四卷，于寶撰。《周易問難》二卷，王氏撰。’又別出《周易元品論》二卷，不著撰人名氏。而《冊府元龜》以《問難》、《元品》與《爻義》並屬干寶。然則《元品》不題姓名，史有缺略；《問難》題王氏，‘王’爲‘干’之訛也。宋宣和四年蔡攸上干寶《周易傳》十卷《爻義》一卷，故《中興書目》、尤袤《遂初堂書目》得著錄。今並散佚。明姚士粦輯《干常侍易解》三卷，俱取李氏《集解》，而時有疏謬。歸安丁氏杰補正，武進張氏惠言梓入《易義別錄》。茲據參校而習刊之。史稱寶好陰陽術數，留心京房、夏侯勝之傳，故其注《易》盡用京氏占候之法以爲象，而援文、武、周公遭遇之期運，一一比附。後人譏其小物詳而大道隱，誠非無自。然其論法象始于天地，疾虛誕之言若邪說，見亦卓矣。”

　　【周易王氏注一卷】　　（晉）王廙撰。國翰《敘錄》曰：“廙字世將，琅邪臨沂人，右軍將軍羲之之叔父，官至荆州刺史，贈驃騎將軍、武陵康侯，事蹟詳《晉書》本傳。王儉《七志》、阮孝緒《七錄》並云王廙《周易注》十卷。《隋志》三卷，云：‘殘闕。梁有十卷。’《唐書·藝文志》亦云十卷。陸德明《釋文序錄》云十二卷。今其書不傳已久，其佚文散見，如說賁象云：‘層峰峻嶺，峭險參差。直置其形，已如彫飾。復加火照，彌見文章。’自是六朝雋語。蓋世將以貴族大家，復以書畫擅名當代，窮經根柢，宜非荀、虞、馬、鄭之比。然清詞霏霏，亦足賞玩也。茲從《正義》、《釋文》、李鼎祚《集解》、劉孝標《世說新語注》、《太平御覽》等書採輯一卷，以當武昌東塔之遺墨云。”

　　【周易蜀才注一卷】　　（晉）范長生撰。國翰《敘錄》略曰：“案：《七錄》云不詳何人。王儉《七志》云是王弼後人。顏之推《家訓》謂謝靈、夏侯該皆疑是譙周；據《蜀李書》以爲范長生。《蜀李書》一名《漢之書》，陸德明引之云：‘姓范，名長生，一名賢，隱居青城山，自號蜀才，李雄以爲丞相。’其說《易》明上下升降，蓋本荀氏學。《隋書·經籍志》、《唐書·藝文志》、陸氏《釋文序錄》並云十卷。今佚無傳。武威張太史澍嘗從《釋文》及李氏《集解》所引輯爲一卷，載入《蜀典》。今據校錄，偶有遺漏，悉爲補之。”

　　【周易黃氏注一卷】　　（晉）黃穎撰。國翰《敘錄》曰：“《晉書》無穎傳。《隋書·經籍志》題晉儒林從事黃穎。陸德明《釋文序錄》云南海人，晉廣州儒林從事。此其可考者。《隋志》載其《易注》四卷，注：‘梁有十卷，今殘闕。’《唐書·藝文志》及《釋文》並作十卷。今佚無傳。他書亦不見徵引，唯《釋文》引其說九節而已。如‘從禽’，音于用反，與鄭元同。‘翰如’云‘馬舉頭高卬也’，與董遇同。而‘賁于邱園’，‘賁’作‘世’，‘豚魚’作‘遯魚’，其義頗新，而亦必有所本。輯錄爲一卷，與晉人《易》注類列焉。

　　【周易徐氏音一卷】　　（晉）徐邈撰。國翰《敘錄》云：“邈字仙民，東莞姑幕人，官至中書侍郎、太子前衛，卒拜驍騎將軍，事蹟見《晉書》本傳。邈於諸經皆有音，顏之推《家訓》屢稱其說，史言‘撰正《五經音訓》，學者宗之’是也。《隋書·經籍志》有《周易音》一卷，東晉太子前率徐邈撰。《唐志》不著錄，散亡已久。陸德明《釋文序錄》云：‘爲《易音》三人，王肅、徐邈、李軌。’而引徐《音》尚百餘條。採爲一卷。其他音與《穀梁傳注》別爲編次各經注焉。”

【周易李氏音一卷】　（晉）李軌撰。國翰《敘錄》曰：“《晉書》無軌傳。陸德明《釋文序錄》云：‘軌字宏範，江夏人，東晉祠部郎中、都亭侯。’唐釋元應《一切經音義》引李洪範，宏又作洪。未知孰是。《隋書・經籍志》載其《周易音》一卷。《唐書・藝文志》不著錄。蓋在唐時已缺佚，故《釋文》引止七條，不及徐《音》十中之一。輯合存之，以備《易音》三家云。”

【易象妙於見形論一卷】　（晉）孫盛撰。國翰《敘錄》曰：“盛字安國，太原中都人，桓溫留爲參軍，入從關平洛，以功封吳昌縣侯，出補長州太守，累遷秘書監，加給事中，事蹟見《晉書》本傳。盛嘗著《魏氏春秋》、《晉陽秋》，當時稱其直筆，蓋研覃於史學者。本傳又言‘殷浩擅名一時，與抗論者，惟盛而已’，‘盛著《易象妙於見形論》，浩等竟無以難之’。《劉惔傳》亦云：‘孫盛作《易象妙於見形論》，簡文帝使殷浩難之，不能屈。惔與抗答，辭甚簡至，盛理遂屈。’觀其命書之意，已涉清談流弊，詞鋒之相角，何足異乎？隋、唐《志》均不著錄。而《隋志》集部有《晉秘書監孫盛集》五卷，殘闕。或其所著《論》在《集》中與？今其畧見《世說新語》注。孔氏《正義・序》亦引其說重卦語。茲並採錄，附《正義》駁語於後。王應麟《玉海》列晉《易》象論有孫盛，未可以《隋志》不載，聽其淪沒而不爲之屬意也。”

【周易繫辭桓氏注一卷】　（晉）桓玄撰。國翰《敘錄》曰：“元字敬道，譙國龍亢人，僭號僞楚皇帝，事見《晉書》本傳。《隋書・經籍志》有《周易繫辭》二卷，晉桓元撰。《唐書・藝文志》云三卷。其注久佚。陸德明採注《繫辭》者十人，尚引有桓元三節。夫僭竊之徒，何足稱述！然其所本，亦有可資考訂者。不以人廢言，賦《靜女》之三章可已。”

【周易繫辭荀氏注一卷】　（宋）荀柔之撰。國翰《敘錄》曰：“《南史》、《宋書》皆無柔之傳，其字亦佚。陸德明《釋文序錄》載注《繫辭》者十人，有荀柔之，云：‘潁川潁陰人，宋奉朝請。’《册府元龜》云：‘荀柔之注《周易繫辭》，並爲《易音》。’考《釋文》列爲《易音》者三人：王肅、李軌、徐邈，

不言柔之。未知所据。《隋書・經籍志》、《唐書・藝文志》並有《繫辭注》二卷。今佚。唯《釋文》引其三節。如‘議之而後動’作‘儀之’，與鄭康成、姚信同，較王弼本作‘議之’者，理實深長有味。得茲一臠，令人想天厨之充美矣。”

【周易繫辭明氏注一卷】　（齊）明僧紹撰。國翰《敘錄》曰：“僧紹字承烈，平原人，國子博士，徵不起，事蹟見《南史》及《齊書》本傳。其《易注》，隋、唐《志》皆不著錄。陸德明《釋文序錄》載注《繫辭》十人，有之，亦不言其卷數；引述三節，不及注語，第考文字之異而已。今列一家，並附本傳於後，俾論世者知其人焉。”

【周易沈氏要略一卷】　（齊）沈驎士撰。國翰《敘錄》曰：“驎士字雲禎，吳興武康人，徵朝奉請、太學博士、著作郎、太子舍人，並不就，事蹟見《南齊書》本傳。其《易》說卷數不詳。史稱其著《周易兩繫》、《莊子內篇訓注》、《易經》、《禮記》、《春秋》、《尚書》、《論語》、《孝經》、《喪服》、《老子要略》數十卷。据此當有二注，蓋《周易兩繫》爲一書，《易經要略》爲一書。隋、唐《志》皆不著錄，散佚已久。唯李鼎祚《集解》引其說‘潛龍’一節，義精辭粹。《欽定周易折中》採取其說，亟爲表章。並附本傳爲一卷。其《論語要略》，皇侃《義疏》尚存佚說數則，別爲序次，入論語家焉。”

【周易劉氏義疏一卷】　（齊）劉瓛撰。國翰《敘錄》曰：“瓛字子珪，沛國人，徵步兵校尉，不拜，謚貞簡先生，事蹟見《南齊書》本傳。《七錄》言作《繫辭義疏》，不詳卷數。《隋書・經籍志》有《周易乾坤義》一卷，梁有；《周易四德例》一卷，亡；又別有《周易繫辭義疏》二卷。《唐書・藝文志》卷並同，惟《乾坤義》亦稱《義疏》。今其書皆不傳。陸德明《釋文》、唐釋元應《一切經音義》、李善《文選》注引數節，皆《繫辭疏》。孔氏《正義》及李鼎祚《集解》亦引其說乾坤二卦，則《乾坤義》之佚文也。合輯一卷，即從《唐志》，總以《義疏》題之。至《四德例》泯不可見，存其目焉可也。”

【周易大義一卷】　（梁）武帝蕭衍撰。國翰《敘錄》曰：“帝姓蕭，諱衍，字叔達，南蘭陵中都里人，受齊禪即皇帝位，事蹟見《南史・帝紀》及《梁書》本紀。帝撰著經義凡二十餘卷。《隋書・經籍志》有《周易大義》二十一卷，《周易講疏》三十五卷，並

題梁武帝撰。《唐書·藝文志》有《大義》二十卷，又有《大義疑問》二十卷。今並亡佚。陸德明《釋文》引梁武帝凡四節，不言何書。案：《講疏》，《唐志》不著錄，陸氏所引蓋《大義》逸文也。茲据標題，並採武帝《集》引《易》附之，以攷異同。夫梁武篤信佛法，學未能醇；然大同中於臺西立士林館，命儒臣朱异、賀琛、孔子袪等遞相講述，四方郡國趨學向風，其時聚書最盛。阮孝緒《七錄》第一《內篇》經目統計四千七百一十卷，而易部五百九十卷。蓋亦取多而用宏矣。”

【周易伏氏集解一卷】　（梁）伏曼容撰。國翰《敘錄》曰：“曼容字公儀，平昌安邱人，官至臨海太守，事蹟見《南史》及《梁書·儒林傳》。其撰述《周易》、《毛詩》、《喪服》，史並稱《集解》；《老子》、《論語》並稱《義》。《隋書·經籍志》‘梁有臨海令伏曼容注《周易》八卷，亡’，太守云‘令’，《集解》云‘注’，皆與舊史不合，當依本傳。《唐書·藝文志》五行家有伏曼容《周易集林》十二卷、《伏氏周易集林》一卷，與《集解》各一書。今悉不傳。陸德明《釋文》、李鼎祚《集解》各引一則，此外別無徵述。史稱其倜儻好大言，嘗云：‘何晏疑《易》中九事，以吾觀之，晏了不學也。’今觀其說蠱卦一節引《尚書大傳》，今本無之，知當日引喻鴻通，不同叩寂；其它論說，當更有精義微言出人意表者，惜無從考證之矣。茲取佚說，並附《梁書》本傳爲一卷。暇日流覽，猶想見清暑殿上執經風采云。”

【周易褚氏講疏一卷】　（梁）褚仲都撰。國翰《敘錄》曰：“《梁書·孝行傳》：‘褚脩，吳郡錢唐人也。父仲都，善《周易》，爲當時最，天監中歷官五經博士。’《南史·全緩傳》：‘幼受《易》於博士褚仲都。’陸德明《釋文序錄》云：‘近代梁褚仲都、陳周宏正並爲《易義》，此其知名者。’《隋書·經籍志》、《唐書·藝文志》俱載其《講疏》十六卷。其書佚矣。孔穎達《正義·序》稱江南《義疏》有十餘家，辭尚虛誕。皆所不取，而採錄弗遺褚氏，故散亡之餘而見《正義》者，猶得十五節。《釋文》亦間稱引。茲並輯錄。其說恆象云‘雷資風而益遠，風假雷而增威’，頗與《子夏傳》‘地得水而柔，水得地而流’辭義相近。抗志遠晞，蓋亦鐵中之錚錚者已。”

【周易周氏義疏一卷】　（陳）周弘正撰。國翰《敘錄》曰：“宏正字思行，汝南安成人，官至尚書右僕射，領國子祭酒、豫州大中正，諡簡子，事蹟見《陳書》本傳。其《易》說，本傳云‘《講疏》十六卷’；《隋書·經籍志》作《義疏》，卷數同；陸德明《釋文序錄》云：‘近代梁褚仲都、陳周宏正並爲《易義》。’此其知名者。陸氏稱‘義’，與《隋志》合。想原書本題作《義疏》也。德明唐人，及見其《疏》，而《唐書·藝文志》不著錄。今則佚矣。《釋文》引止四節。孔穎達《正義》亟引周氏，不標其名，以序稱簡子斷之，知爲宏正說。茲并合輯一卷。大抵衍輔嗣之旨，亦或用鄭說，而於《序卦》分六門，以主攝之，頗見新意。夫《易》冒天下之道，無所不包，學者玩索而有得焉，斯名理日出而不窮也已。”

【周易張氏講疏一卷】　（陳）張譏撰。國翰《敘錄》曰：“譏字直言，清河武城人，官至國子博士、東宮學士，事蹟見《南史》本傳。《隋書·經籍志》有《周易講疏》三十卷，陳諮議參軍張譏撰。《唐書·藝文志》亦有張譏《講疏》三十卷。今不傳。孔穎達《正義》引張氏，每與何氏、褚氏並稱。考《唐書》載張譏《講疏》，下即次何妥《講疏》十三卷、褚仲都《講疏》十六卷，皆近代爲《義疏》者，故並引之。觀其於說‘易者，換代之名，待奪之義’引何氏、張氏，謂本周簡子‘變易’之旨，又獨詳於乾卦。簡子即周宏正。史稱譏受學於汝南周宏正，梁武帝嘗於文德殿釋乾、坤《文言》，譏與陳郡袁憲等與焉。勑令論議，諸儒莫敢先出。譏乃整容而進，諮審循環，辭令溫雅。帝異之，賜裙襦絹，云‘表卿稽古之力’。以此而証，尤爲明確。茲採《正義》所引張氏數節，即依隋、唐《志》題識，以章其名。又陸德明《釋文》每稱‘師讀’、‘師說’，朱太史彝尊《經義考》謂當即九師。今考《釋文》於《易》稱‘師’，似可傅會九師，而他經亦引師說，當作何解？其悞顯然。臧氏鏞謂陸氏之師也，然亦未嘗明言何人。考本傳云：‘譏性恬靜，不求榮利，常慕閑逸，所居宅營山池花果，講《周易》、《老》、《莊》而教授焉。吳郡陸元朗、朱孟博，一乘寺沙門法才，法雲寺沙門慧休，至真觀道士姚綏，皆傳其業。’元朗，德明本名，以字行。然則陸氏之師即譏也。茲並取《釋文》所引，合輯一卷。別有《尚書義》十五卷，《毛詩義》二十卷，《孝經義》八卷，《論語義》二十卷。後主嘗勑就其家，寫入秘閣。今併無存，附志於此，以待博淹之士蒐補焉。”

【周易何氏講疏一卷】　（隋）何妥撰。國翰《敘錄》曰："《北史》本傳云：'妥字棲鳳，西城人，入周仕爲太學博士，封襄城縣男，文帝受禪，除國子博士，加通直散騎常侍，進爵爲公，出爲龍州刺史，以疾請還，尋爲國子祭酒，謚曰肅。撰《周易講疏》十三卷、《孝經疏》二卷，並行於世。'《唐書·藝文志》有何妥《周易講疏》十三卷，與本傳同。《隋書·經籍志》有《周易私記》三十卷，不著撰人姓名，下次《周易講疏》十三卷，注云：'國子祭酒何晏撰。'考魏何晏官至吏部尚書，《隋志》集部題《魏尚書何晏集》十一卷。茲題國子祭酒，乃隋何妥之官號，且書名、卷數並與妥傳不殊，而次序又在陳周宏正之下，不著代者，以妥爲隋人也。《志》偶誤妥爲晏，而《冊府元龜》遂云何晏撰《周易私記》二十卷、《周易講疏》十三卷。朱太史彝尊信之，載入《經義考》，展轉承訛，失而愈遠矣。宋《國史志》尚有《何妥講疏》十三卷。今其書佚。《正義》及李鼎祚《集解》引之，尚數十節。李明標'何妥'。《正義》稱'何氏'。其說每與張氏、周氏、褚氏、莊氏並引。莊氏不詳何人，周爲周宏正，張爲張譏，褚爲褚仲都，何即何妥，皆唐近代爲講疏者。《正義》亦疏也，故僅題某氏。又王應麟《玉海》稱'何襄城爲《六象論》'云云，襄城妥在周時所封男爵也。朱氏《經義考》於何妥《講疏》外，別出《正義》之何氏；又出何氏《六象論》，云'失名'。一人凡三見，皆失深考。茲并採輯，合爲一帙，依《唐志》題《講疏》。至《私記》一書，散亡無考，姑闕之以俟知者。"

【周易姚氏注一卷】　（□）姚規撰。國翰《敘錄》曰："規，不詳何人。《隋書·經籍志》有《周易》七卷，姚規注，不著何代。蓋在隋時已無考。但繫姚《注》於梁何胤、伏曼容、朱异之下，當是齊梁間人。《唐志》不著錄，亡佚已久。李鼎祚《集解》引一節。說言互體，蓋亦治鄭、虞學者。掇拾殘亡，以質妮古之士焉。"

【周易崔氏注一卷】　（□）崔覲撰。國翰《敘錄》曰："覲不詳何人，時代、爵字、里居並佚。《隋書·經籍志》有《周易》十三卷，崔覲注；又有《周易統例》十卷，崔覲撰。亦僅題崔覲而已。《唐書·藝文志》尚有崔覲《注》十三卷。《隋志》崔覲《注》次姚規，於《統例》次周顒、范氏。當是齊梁間人。考《北史·儒林傳》有清河崔瑾，與范陽盧景裕同爲徐

遵明弟子。覲、瑾音同，或一人而傳寫各異與？今其書并不傳。孔氏《正義》、李鼎祚《集解》各引一節。錄出與姚規《注》比次，存《隋志》一家云。"

【周易傅氏注一卷】　（□）傅氏撰。國翰《敘錄》曰："撰人名字缺。《隋書·經籍志》有《周易》十三卷，傅氏撰。《唐書·藝文志》有傅氏《注》十四卷。《啓蒙翼傳》亦云十四卷。皆言傅氏，不知何代人。《隋志》在盧氏上，《唐志》在何胤、盧氏下，殆亦齊梁間作者。其注今佚。陸德明《釋文》引三節，音訓皆與今《易》異。輯錄存之，可備一解云。"

【周易盧氏注一卷】　（□）盧氏撰。國翰《敘錄》曰："盧氏未詳何人。《隋書·經籍志》、《唐書·藝文志》均有盧氏注《周易》十卷，不載其名。十卷之注，今頗佚亡。唯《正義》及李鼎祚《集解》引之，凡二十節，亦僅稱盧氏而已。考《後魏書·盧景裕傳》，景裕字仲孺，小字白頭，范陽涿人也，專經爲學。又云：'先是景裕注《周易》，注《尚書》、《孝經》、《論語》、《禮記》、《老子》，其《毛詩》、《左氏傳》未訖。齊文襄王入相，於第開講，招延時雋，令景裕解所注《易》。景裕義理精微，吐發閑雅。時有問難，或相詆訶，大聲屬色，言至不遜，而景裕神采儼然，風誦如一，從容往復，無隙可尋。由是士君子嗟美之。普泰初復除國子博士。興和中補齊王開府屬，卒於晉陽。景裕雖不聚徒教授，所注《易》大行於世。'由此觀之，則盧氏注《易》，審爲景裕矣。乃隋、唐《志》佚其名者，蓋由蕭梁之代，南北分疆，故《七錄》所記詳南而略北，《隋志》本《七錄》，《唐志》因之，故多缺亡耳。茲既考定爲景裕，而不敢直標其名，仍題盧氏，闕疑也。其說易爻用升降，與《蜀才》略相似，大抵宗荀氏之學者。輯錄一卷，延此經香。尚友之儒，或可資以論世焉。"

【周易王氏注一卷】　（□）王凱沖撰。國翰《敘錄》曰："凱沖不詳何人。《隋書·經籍志》不著錄。《唐書·藝文志》易類七十六家，有王凱沖《注》十卷。其書佚。李鼎祚《集解》引凡四節。循文解說，頗有理致，蓋宗輔嗣學而衍暢其義者。錄存一家，並以王嗣宗附著云。"

【周易王氏義一卷】　（□）王嗣宗撰。國翰《敘錄》曰："徧考史志，無嗣宗《易》注之目。陸德明《釋文》引其音義三節，與徐邈、梁武並稱。又實以著作知名之士。考張璠《集解·序》二十二家，有王

宏字正宗，弼之兄，晉大司農，贈太常，爲《易義》。嗣宗或正宗之別字。弼字輔嗣，或緣此取義乎？然無顯徵，故仍題王嗣宗，附著王凱沖《注》後，俟淹雅君子推定焉。"《續修歷城縣志·藝文考》："案《唐書·世系表》，琅邪王氏有宏仁字嗣宗，唐人多以字行，或其人也。又國子司業宰子亦名嗣宗，爲時差後，恐非陸氏所引。"

【周易朱氏義一卷】　（□）朱仰之撰。國翰《敘錄》曰："《隋書·經籍志》、《唐書·藝文志》皆無其目。陸德明《釋文序錄》、荀爽等《九家集解注》內有張氏、朱氏，並不詳何人。李鼎祚《集解》引朱仰之說凡二節，疑即其人也。"

【周易莊氏義一卷】　（□）莊氏撰。國翰《敘錄》曰："莊氏不知何人。隋、唐《志》並不載。唯《正義》引之。其論乾《象》'大哉乾元'，孔氏稱其理密；所論損卦，謂得正旨。劉瓛分《繫辭》下爲十二章；莊氏與周氏並定爲九章，《正義》從之。而以說豫'利建侯'爲非是，說大壯'喪羊于易'爲不識《注》意。又其說每與褚仲都同；惟說王《注》'恆而亨，以濟三事'，褚謂'无咎，利貞，利有攸往'，莊謂'无咎一也，利二也，貞三也'，意見小異。大抵其人在褚後爲疏義者。唐時其書尚存，《志》偶佚之。今據《正義》採輯，備一家云。"

【周易侯氏注三卷】　（□）侯果撰。國翰《敘錄》曰："果名於史志無考，惟《唐書·儒學列傳·褚無量傳》云：'始無量與馬懷素爲侍讀，後秘書少監康子原、國子博士侯行果亦踐其選。'意侯行果即侯果，唐人多以字行，果名而行果其字也。然《唐書·藝文志》不載。姑闕疑，不著時代，僅題侯果而已。李鼎祚《集解》引其說。釐爲三卷。大旨論升降旁通，不失荀、虞之舊法。自王弼《易》行，率以空文演義；而果獨留心漢學，蓋亦卓犖之士已。"

【周易探元三卷】　（唐）崔憬撰。國翰《敘錄》略云："崔憬不詳何人，《隋書·經籍志》、《唐書·藝文志》俱不載，書亦不傳。惟李鼎祚《集解》引之。'大衍之數五十，其用四十有九'節，憬說述及孔《疏》。知爲唐人，在孔穎達後。又鼎祚云：'案崔氏《探元》，病諸先達，及乎自料，未免小疵。'知《探元》爲其書名，茲據題焉。《集解》於憬論有所駁斥，而採取獨多。蓋其人不墨守輔嗣之注，而於荀、虞、馬、鄭之學有所窺見，故求遺象者援據爲言。第不知《唐志》

何以佚之也。"《續修歷城縣志·藝文考》："案《唐書·世系表》，憬爲鄭州崔氏，申州刺史恪之子。"

【周易元義一卷】　（唐）李淳風撰。國翰《敘錄》曰："淳風，岐州雍人，官至太史令，事蹟具《舊唐書》本傳。此書唐宋史志皆不載。鄭樵《通志·藝文略》著錄三卷。今佚。《火珠林》引其《八卦六位圖》佚文。見者僅此，據輯錄之。圖列八卦，每爻畫下配以干支五行，乾主甲子壬午，坤主乙未癸丑，俱有說義。史稱淳風博涉羣書，尤明天文、歷算、陰陽之學。此用積算明《易》，其京房之遺法乎？"

【周易新論傳疏一卷】　（唐）陰宏道撰。國翰《敘錄》曰："宏道一作洪。《新唐書·藝文志》：'顥子，臨渙令。'《崇文總目》云：'洪道世其父顥之業，雜采子夏、孟喜等十八家之說，參訂其長，合七十二篇，於《易》有助云。'原書十卷。《紹興書目》有之。今佚。晁說之《易詁訓傳》及引其說。晁《易》亦不傳。元董真卿《周易會通》載呂東萊《古易音訓》多用晁氏，尚存宏道佚說二條。附考證爲一卷。玩其體例，與陸德明《釋文》略似。其引《蒼頡篇》、《字林》、《古今字詁》、《埤蒼》，皆漢晉人小學高品而今人所罕見者。殘膏賸馥，赤足資人沾丐焉。"

【周易新義一卷】　（唐）徐郱撰。國翰《敘錄》曰："郱，字里俱佚。《唐會要》云：'太和元年六月，直講徐郱上《周易新義》三卷。'新、舊《唐志》均不著錄。書佚已久。惟呂祖謙《古易音訓·晁氏》引之，多辨悉文句之脫誤。其書要與郭京《舉正》相似。王昭素、胡安定亟取之。宋儒好改經文，源實啟於郭京及徐氏。書名《新義》，未知於古有據否。姑依採錄，以見《易》學之一變云。"

【易纂一卷】　（唐）僧一行撰。國翰《敘錄》曰："姓張氏，先名遂，魏州昌樂人。襄州都督、郯國公公謹之孫。精歷象陰陽五行之學。道士尹崇見所撰《大衍玄圖》及《義決》一卷，以後生顏子稱之。尋爲僧，隱於嵩山。開元中勅書強起之。撰《大衍論》三卷。卒，賜謚大慧禪師。事蹟具《舊唐書》本傳。《中興書目》有《一行易傳》十二卷，原缺四卷。《紹興闕書目》有《唐易論》一卷，《經義考》疑即一行書。王應麟《困學紀聞》引作《一行易纂》。朱漢上云：'孟喜、京房之學，其書槩見於一行所集。'大約皆自子夏《傳》而出。今佚。裒輯爲帙，古學一綫，係此殘編已。"

## 經編尚書類

【今文尚書一卷】　原書無敘錄。《續修四庫全書總目提要（稿本）》云："《漢書・藝文志》：《尚書》'《經》二十九卷'。班自注：'大、小夏侯二家。歐陽《經》三十二卷。'師古曰：'此二十九卷，伏生傳授者。'竊攷漢魏人無謂伏書為今文者，晉宋之間始有之，如徐廣《史記音義》'今文《尚書》作不怡'之類，裴松之《三國志》注'今文《尚書》曰優賢揚歷'是也。至《釋文》、《正義》，則今文之稱愈顯，皆對偽古文而言之。此編所輯，多取《史記》之文。《漢書・儒林傳》云：'司馬遷亦從安國問故。'遷書載《堯典》、《禹貢》、《洪範》、《微子》、《金滕》諸篇，多古文說。然則《堯典》諸篇以外皆今文說可知。孫星衍以遷為用古文殆誤，今之采入宜矣。然如《漢志》云：道家者流，'清虛以自守，卑弱以自持，此人君南面之術也，合於堯之克攘。'是必據三家今文，'允恭克讓'之'讓'作'攘'。《說文》'攘'下云'推也'，'讓'下云'相責讓'也。蓋今文作'攘'，正字；古文作'讓'，借字。此條當補。抑猶有失引者：'納于大麓'，《論衡・正說篇》云：'《尚書》曰：四門穆穆，入于大麓，烈風雷雨不迷。'鄭注《書序》'歷試諸難'云：'入麓伐木，入麓即入于大麓也。''不迷'是今文，'入于'當亦是今文。國翰錄彼遺此，偶未審耳。《皋陶》：'方祇厥敘方施，象刑惟明。'《續漢志》劉昭注引丁孚《漢儀》夏勤策文云：'旁祇厥緒。'《魏成》裴松之注引袁弘《漢紀》建安二十五年詔同。緒、敘、序字通。《爾雅・釋詁》：'敘，緒也。'《詩・閔予小子》傳：'序，緒也。'國翰第援《白虎通・聖人篇》'方'作'旁'：'劉向《新序・節士篇》引《書》作象刑旁施惟明'，而不知此注亦其疏也。"

【古文尚書三卷】　國翰《敘錄》（誤題一卷）曰："《漢・藝文志》'《尚書古文經》四十六卷'。隋、唐《志》並十三卷。今注疏本即《古文尚書》也。特古文逸於漢代，東晉梅賾始得奏上，中間不無竄亂。又唐玄宗不喜古文，天寶三載詔集賢學士衛包改從開元文字，而孔壁之古文乃廢絕不可復見矣。考許慎《說文解字・自敘》云：'今敘篆文，合以古籀。'又云：'其稱《書》孔氏，皆古文也。'然則《說文》引《書》及所載古文之字見《尚書》者，確為壁經真本。其或以隸寫，或兼存伏書異文，自有引例，不與古文相淆。

又，賈、馬、鄭皆傳古文學，其本與今書異者，亦皆古經之舊。又郭忠恕《汗簡》載古《尚書》遺字，多與《說文》古字合。雖時出增多篇內，以馬、鄭注古文止二十九篇證之，似為晉梅氏所上。然《漢志》已有古經四十六卷，亦未可執晚出者必以為偽也。又日本山井鼎得足利學所藏《古文尚書》三本摘取之，以作《考文補遺》及《古文考》，其古字多奇，而文句增減，殊異尤多。海外流傳，或即徐福所挾之古本歟？今併輯錄，他書有所稱引者亦採入，釐為三卷。宋薛季宣有《尚書古文訓》，其書行于世，固可取以參考也。"

【尚書歐陽章句一卷】　（漢）歐陽生撰。生字和伯，千乘人。國翰《敘錄》曰："《漢・藝文志》'《經》二十九篇'，注：'大、小夏侯二家。《歐陽經》三十二卷。《歐陽章句》三十一卷。《歐陽說義》二篇。'隋、唐《志》皆不著目，佚已久。今從諸書所引輯錄。又考《儒林傳》，林尊字長賓，濟南人，事歐陽高為博士，至太子太傅，授平陵平當、陳翁生，由是《歐陽》有平、陳之學。又《後漢書・楊震傳》，震孫賜通《尚書桓君章句》。桓君名郁，治《歐陽尚書》者也。茲取平當、楊賜引《書》語，亦並輯入。其他引三家及今文家說，不能區別，各輯錄之。鄭康成《書贊》譏歐陽氏失其本義。鄭師祖孔氏古文學，故有此論。然當古文未顯之時，抱守殘編，此為功首。兩漢歐陽之學視夏侯為盛，似不皆疾其蔽冒。猶復疑惑未悛者，學非康成，固未可輕議之也。"

【尚書大夏侯章句一卷】　（漢）夏侯勝撰。勝字長公，東平人，官至諫大夫，事蹟詳《漢書》本傳。國翰《敘錄》曰："《漢・藝文志》：'《經》二十九卷，大、小夏侯二家。'大、小夏侯《章句》各二十九卷，大、小夏侯《解故》二十九篇。今並佚。裒輯為卷。考《儒林傳》，周堪、孔霸俱事大夏侯，堪授牟卿及長安許商長伯，霸傳子光，由是大夏侯有孔、許之學。又《五行志》載：'夏侯始昌通《五經》，善推《五行傳》，以傳族子夏侯勝，下及許商，皆以教所賢弟子。其傳與劉向同。'則子政與大夏侯亦一家之學。茲併取孔光、劉向所引《書》義輯入。其說多與古文殊異，固不止'峿鑯'、'柳穀'已也。"

【尚書小夏侯章句一卷】　（漢）夏侯建撰。建字長卿，勝從父子，師事勝及歐陽高，官至太子少傅，事蹟見《漢書・夏侯勝傳》及《儒林傳》。國翰《敘錄》曰："勝《傳》謂：'建從五經諸儒問與《尚書》相出入者，牽引以次章句，具文飾說。勝非之曰：建所謂章句小儒，破碎大道。建亦非勝：爲學疏略，難以應敵。建卒自顓門名經。'此夏侯一家授受，而各分門戶也。《漢·藝文志》：'經二十九卷。大、小夏侯二家。'大、小夏侯《章句》各二十九卷，大、小夏侯《解故》二十九篇。今與大夏侯書並佚。輯錄一帙。引者率與歐陽同稱，其稱夏侯者又不顯標大小，惟據所引，分繫三家書內。考《儒林傳》張山拊字長賓，平陵人，事小夏侯建，授同縣李尋、鄭寬中少君、山陽張無故子儒、信都秦恭延君、陳留假倉子驕。由是小夏侯有鄭、張、秦、假、李氏之學。今諸家惟李尋有傳，所述經義皆小夏侯之佚說，並取編輯。雖非原文，而確有師授。其與大夏侯殊旨者，見一斑已。"

【尚書古文訓一卷】　（漢）賈逵撰。有目無書。

【尚書馬氏傳四卷】　（漢）馬融撰。國翰《敘錄》曰："《後漢書·儒林傳》云：'扶風杜林傳古文《尚書》，同郡賈逵爲之作訓，馬融作傳。'《隋志》：'《尚書》十一卷，馬融注。'《唐志》：'馬融《傳》十卷。'今佚。茲從《釋文》、《正義》、《史記集解》等採輯，分爲三卷。《正義》：'馬、鄭之徒百篇之序爲一篇。'《隋志》較《唐志》多一卷者，即書序也。更別輯錄，合爲四卷。夫季長治古文學，而所注止今文二十九篇。序謂《泰誓》後得，頗以神怪爲疑。然觀注中佚說，亦止是今文《泰誓》，其本多異字。蓋典校秘府時能見古文眞本，間有參三家今文而用之者，以視僞孔傳判霄壤矣。且康成之學淵源於馬氏，參考鄭義，多與之同。宜乎雅才好博，與衛、賈並見稱許也。"

【尚書王氏注二卷】　（魏）王肅撰。國翰《敘錄》曰："《魏書》本傳云：'肅善賈、馬之學而不好鄭氏，采會同異，爲《尚書解》。'《隋志》：'《尚書》十一卷，王肅撰。《尚書駁議》五卷，王肅撰。'《唐志》王肅《注》十卷，又《駁釋》五卷。今併佚。輯錄二卷。所注亦今文二十九篇，與馬、鄭本同。百篇之序亦有注，既因馬本，自必總爲一篇，別輯附後。其學專與鄭爲難。鄭《贊》謂孔子撰書，乃尊而命之'尚書'，尚者，上也。肅《序》謂上所言，史所書，故曰'尚書'也。開卷已自立異。王氏鳴盛《尚書後案》云：'王《注》之存於今者，按之皆與馬融及僞孔合。僞孔之出于肅，乃情事之所有。考古者當以此辨之。'"

【集注尚書一卷】　（晉）李顒撰。有目無書。

【古文尚書音一卷】　（晉）徐邈撰。國翰《敘錄》曰："《隋志》載邈《古文尚書音》一卷，又云：'梁有《尚書音》五卷，孔安國、鄭玄、李軌、徐邈等撰，亡。'蓋邈後之人集四家音合爲五卷，至隋已亡，猶存邈一卷之音。今並佚矣。從陸氏《釋文》，參《集韻》、《六經正誤》等書輯錄。邈在東晉之世，梅賾所上古文孔氏《傳》已出，故徐氏《音》有《胤征》、《太甲》、《說命》諸篇並及孔《傳》之字也。音從鄭氏者多，其不明言鄭者，亦可推見之。"

【古文尚書舜典注一卷】　（晉）范寧撰。寧字武子，順陽人，官至豫章太守，事蹟具《晉書》本傳。國翰《敘錄》曰："《隋志》以此書著錄，下云：'梁有《尚書》十卷，范寧注，亡。'《唐志》有范寧《注》十卷。陸德明《經典釋文序錄》作《集解》，亦十卷。陸氏云：'江左中興，元帝時豫章內史梅賾奏上孔傳古文《尚書》，亡《舜典》一篇，購不可得，乃取王肅注，《堯典》從"昚徽五典"以下分爲《舜典》，學徒遂盛。後范寧變爲今文集注，俗間或取《舜典》篇以續孔氏，此今文猶字。蓋孔《傳》本隸古定，尚多古字，范則直改爲今字也。'《正義》曰：'昔東晉之初，豫章內史梅賾上孔氏《傳》，猶闕《舜典》，多用王、范之注以補之。《隋志》有范注《舜典》一卷，以合孔《傳》獨存也。唐復得其十卷之全，故《舜典注》不復著目。'今並佚。從劉昭《後漢志》注、唐釋元應《一切經義》、《太平御覽》等書輯得十二節。大抵用馬、鄭舊義，孔《傳》所採遺說具存注疏內，惜無由區分之也。"

【尚書劉氏義疏一卷】　（隋）劉焯撰。焯字士元，信都昌亭人，官至太常博士。國翰《敘錄》曰："《北史·儒林傳》稱焯著《五經述義》。孔穎達《尚書正義》云：'其爲正義者，蔡大寶、巢猗、費甝、顧彪、劉焯、劉炫等。'又稱其書爲《正義》。《隋志》不著錄。《唐志》劉焯《義疏》二十卷。今佚。從《正義》輯錄。孔氏與劉炫並稱詳雅，又謂焯識綜經文，穿鑿孔穴，詭其新見，異彼前儒，頗中其失。然《疏》中不引蔡巢、費氏，惟引顧及二劉，又每區之爲大劉。其駁者固隨引而斥，其醋者亦稱其合於傳義。焯交津橋劉智海，家多墳籍，就之讀書，向經十年，雖衣食不繼，晏如也。在此遺編，功力具見爾。"

【尚書述義一卷】　（隋）劉炫撰。炫字光伯，河間景城人，官至太常博士。國翰《敘錄》曰："《北史》炫本傳敘其著作有《尚書述議》二十卷。隋、唐《志》並作《述義》，卷同。今佚。孔氏《正義》引之，或稱二劉，或稱小劉，或稱劉君。《正義·序》謂炫嫌焯之煩雜，就而删焉。蓋炫書以焯爲本，稍加裁改。然則稱二劉者，說無區分；稱小劉者，與大劉爲說不同矣；稱劉君，亦劉炫。據孔《序》，謂炫義更太略，辭又過華，以爲炫之所失。此稱劉君，亦在駁斥條内，與《春秋正義》駁劉炫規杜稱劉君同，故知之也。今以稱大劉者歸焯，稱小劉及劉君者歸炫，其稱二劉者各著之，明其爲一家之學，而異同亦借可考焉。"

【尚書顧氏疏一卷】　（隋）顧彪撰。彪字仲文，餘杭人，明《尚書》、《春秋》，煬帝時爲秘書學士，《北史·儒林》有傳。國翰《敘錄》曰："《北史·儒林傳》稱彪撰《古文尚書》又《疏》二十卷行於世。《隋志》：《尚書疏》二十卷《尚書文外義》一卷。《唐志》顧彪《古文音義》五卷《文外義》一卷，《疏》不著錄。今並佚亡。從《正義》輯錄爲帙。《疏》衍孔《傳》，而時參用鄭康成說。蓋顧嘗爲《今文尚書音》、《大傳音》各一卷，留心舊學，不墨守一家之訓詁也。"

【尚書逸篇一卷】　不著撰者。有目無書。

## 經編詩類

【魯詩故三卷】　（漢）申培撰。培，魯人，官至大中大夫，《漢書·儒林》有傳。國翰《敘錄》曰："培，魯人，故所傳《詩》稱《魯詩》。本傳云：'少與楚元王俱事齊人浮邱伯受詩。'又云：'申公獨以《詩經》爲訓故以教亡傳，疑者則闕弗傳。'《藝文志》云：'《詩經》魯、齊、韓三家二十八卷，《魯故》二十五卷，《魯說》二十八卷。'故、訓通名，或稱傳者，殆如《毛詩》之《詁訓傳》乎？其書亡於西晉，故隋、唐《志》皆不著錄。宋王應麟嘗輯三家佚說爲《詩考》，《魯詩》僅十四條。考《儒林》本傳，申公弟子爲博士十餘人，孔安國至臨淮太守，周霸膠西内史，夏寬城陽内史，碭魯賜東海太守，蘭陵繆生長沙内史，徐偃西（按："西"前原脱"膠"字）中尉，鄒人闕門慶忌膠東内史。又曰：'韋賢治《詩》，又治《禮》，至丞相。傳子玄成，以淮南中尉論石渠，後亦至丞相。由是《魯詩》有韋氏學。'又《王式傳》云：'山陽張長安幼君先事式，後東平唐長賓、沛褚

少孫亦來事式，由是《魯詩》有張、唐、褚氏之學。'今諸人可徵者，孔安國有《書傳》、《論語訓說》、《古文孝經傳》，韋玄成《漢書》本傳載其《奏議》，褚少孫有《補史記》，凡所引《詩》，皆《魯詩》也。又司馬遷從孔安國問古文《尚書》，於申公爲再傳弟子，《史記》引《詩》，亦爲《魯詩》無疑。《困學紀聞》云：'《魯詩》出浮邱伯，以授楚元王交。劉向乃交之孫，其說蓋本《魯詩》。'朱氏彝尊、范氏家相皆從之。案，《漢·藝文志》謂三家魯爲近之，班志《藝文》本《七略》，則劉氏世傳《魯詩》，又一確證矣。朱氏《經義考》謂'蔡邕石經悉本《魯詩》，今《獨斷》所載《周頌》三十一章，其序與《毛詩》雖繁簡有不同，而其義則一'云云，案石經《魯詩》殘碑載洪适《隸續》，王氏《詩考》取入《魯詩》，他書亦尚有引石經者。由此推之，邕所撰述，其引用不與毛同，皆《魯詩》也。臧庸《拜經日記》云：'《爾雅》是《魯詩》之學。'又謂：'唐人義疏引某氏，《爾雅》注即樊光也。其詩並與《毛》、《韓》不同，蓋本《魯詩》。'又謂：'王叔師《楚辭章句》所引《詩》，或與《韓》不同，與《爾雅》、《列女傳》有合，蓋《魯詩》也。'並據輯補，釐爲三卷。諸所引述，經文異同畢載，其訓說有兩見者亦並採之，意在互明，無嫌複舉。縱不必盡出原書，而根據不違乎本訓。視明豐坊《魯詩世學》及申培《詩說》之僞本，固大有間矣。"

【齊詩傳二卷】　（漢）后蒼撰。蒼字近君，東海郯人，官至少府。《漢書·儒林》有傳。國翰《敘錄》曰："《齊詩》出於轅固。固，齊人，故號《齊詩》。《儒林·固傳》云：'以治《詩》，孝景時爲博士。'又云：'諸齊以詩顯貴，皆固之弟子也，昌邑太傅夏后（"后"誤，當作"侯"）始昌最明。'《蒼傳》云：'事夏侯始昌。始昌通《五經》，蒼亦通《詩》、《禮》，授翼奉蕭望之、匡衡。衡授琅邪師丹、伏理、疣君、潁川滿昌君都。由是《齊詩》有翼、匡、師、伏之學。滿昌授九江張邯、琅邪皮容，皆至大官，徒衆尤盛。'《漢·藝文志》：'《詩經》二十八卷，魯、齊、韓三家。《齊后氏故》二十卷，《齊孫氏故》二十七卷，《齊后氏傳》三十九卷，《齊孫氏傳》二十八卷，《齊雜記》二十八卷。'孫氏不知何人。應劭注曰：'后蒼作《齊詩》。'陸德明《釋文序錄》云：'轅固作《詩傳》。'徐天麟《西漢會要》

亦以《齊詩傳》爲轅固作。然《漢志》題后蒼，不著固名者，則《齊詩》之有傳說自蒼始，孫氏《故》、《傳》亦宗《后氏》也。《隋書·經籍志》云：‘《齊詩》魏代已亡。’《文獻通考》云：‘董逌《藏書目》有《齊詩》六卷，疑後人依託爲之。’今其書亦不傳。王應麟《詩考》輯十六節，並及翼奉、蕭望之、匡衡及伏理子湛之說。《漢書·地理志》引‘子之營兮，自土沮漆’，師古以爲《齊詩》者，皆收入。考班固作《漢書·敍傳》述其家學云：‘伯少受《詩》於師丹，固父彪爲伯弟穉之子，固其從孫也。’班氏世傳齊學，故《地理志》引用《齊詩》。由此推之，凡《漢書》中除紀傳所載詔、策、疏、奏之類各錄本文外，表、志、贊、敍出於班氏父子手筆所引，皆《齊詩》無疑也。《後漢書·班固傳》云：‘天子會諸儒講論五經，作《白虎通德論》，令固撰集其事。’今《白虎通》引《詩》有《魯訓》，有《韓內傳》。其引《詩》不言何家者，以齊爲本，故不復顯其姓名也。並據輯補，釐爲二卷。題后蒼者，以翼、匡、師、伏之學皆出后氏也。引者多稱《傳》，因總題《齊詩傳》也。”

【韓詩故二卷】　（漢）韓嬰撰。原書無敍錄。《續修四庫全書總目提要》著錄嬭嬛館補校本，提要略云：“《漢書·藝文志》：《韓故》三十六卷，《韓內傳》四卷，《韓外傳》六卷，《韓說》四十一卷。而《隋志》祇載《韓詩》二十二卷薛氏《章句》，《唐志》則載《韓詩》卜商序韓嬰注二十二卷。然觀唐人經義及類書所引，皆薛氏《章句》爲多，至於《內傳》僅散見一二焉。緣當時定五經正義，專主《毛詩》鄭箋獨立國學，《韓詩》雖在，世所不用；宋、元以後，毛、鄭《詩》亦罕有專門，而《韓詩》之傳遂絕，其勵存者《外傳》十篇而已。是編所輯，頗爲寥落，由其以薛君《章句》別爲一編，除《經典釋文》而外，所採無幾。”

【韓詩內傳一卷】　（漢）韓嬰撰。原書無敍錄。輯《經典釋文》、《初學記》、《太平御覽》諸書所引，凡二十三條。

【韓詩說一卷】　（漢）韓嬰撰。原書無敍錄。據《正義》、《釋文》、《周禮》疏、《漢書·王吉傳》諸書所引輯爲一卷，凡九條。

【薛君韓詩章句二卷】　（漢）薛漢撰。國翰《敍錄》曰：“《後漢書·儒林》有漢傳，云：‘字公子，淮陽人也。世習《韓詩》，父子以《章句》著名。漢少傳父業，尤善說災異、讖緯，教授常數百人。建武初爲博士，受詔校定圖讖。當世言《詩》者，推漢爲長。永平中，爲千乘太守，政有異迹。’又《杜撫傳》云：‘杜撫字叔和，犍爲武陽人也。少有高才，受業於薛漢，定《韓詩章句》。’案薛漢父方，字子容，附見《漢書·鮑宣傳》。又《唐書·宰相世系表》云：‘薛夫子名方，字夫子，廣德曾孫。’又云：‘傳《韓詩》以授子漢。’所謂‘父子以《章句》著名’也，《章句》定於杜撫，稱薛君者，撫所題尊師，故稱薛君。且同時有山陽張匡文通亦習《韓詩》，作《章句》，著薛君以別之也。《隋書·經籍志》：‘《韓詩》二十二卷，漢常山太傅韓嬰，薛氏章句。’《唐書·藝文志》有《韓詩》卜商序、韓嬰注二十二卷，不書薛名。書已散佚。宋王應麟《詩攷》輯附《韓詩》，而尚多漏略。茲更輯補，別爲二卷。薛君世傳之業，粗見梗概。而題約義通，猶可循杜君法云。”

【韓詩翼要一卷】　（漢）侯苞撰。國翰《敍錄》曰：“苞，不詳何人。《隋書·經籍志》有《韓詩翼要》十卷，題漢侯苞。《唐書·藝文志》亦載《翼要》十卷，而不著作者之名，略也。今佚。唯從《正義》及陳暘《樂書》輯錄四節，附考證，訂爲卷。其說‘衣裼’、‘弄瓦’與《毛傳》合，《正義》取之爲毛說。意其以毛通韓，摘論節訓，故以《翼要》爲名與？”

【毛詩馬氏注一卷】　（漢）馬融撰。國翰《敍錄》曰：“《隋書·經籍志》云：‘梁有《毛詩》十卷，馬融注，亡。’《唐志》已下不復著錄。唯《正義》及《釋文》引十一節，酈道元《水經注》引一節，佚說之存者僅此。案：鄭康成受業於融，箋《詩》應本師說，《正義》、《釋文》所引，特著其與鄭義異者耳。夫一家之學，不爲苟同。觀季長之佚文，而康成卓越之識愈可見矣。”

【毛詩義問一卷】　（魏）劉楨撰。國翰《敍錄》曰：“楨字公幹，東平人，爲太子文學。《魏志》附見《王粲傳》。魏文帝《典論》以魯國孔融、廣陵陳琳、山陽王粲、北海徐幹、陳留阮瑀、汝南應瑒、陳平劉楨爲‘七子’，稱其於學無所遺，於辭無所假，自以騏驥驤於千里，仰齊足而並馳，蓋亦偉其才矣。《隋書·經籍志》、《唐書·藝文志》並十卷。今佚。從《水經注》、《北堂書鈔》、《藝文類聚》、《初學記》、《太平御覽》諸書，輯得十二節。訓釋名物與陸璣《毛詩草木鳥獸蟲魚疏》相似。蓋當時儒者究心考據，猶不失漢人家法云。”

【毛詩王氏注四卷】　（魏）王肅撰。國翰《敘錄》曰：“肅有《周易》、《尚書注》，已各著錄。其注《毛詩》，隋、唐《志》並二十卷。《隋志》注：‘梁有二十卷，鄭元、王肅合注。’蓋魏晉人取肅注次鄭箋後，以便觀覽，非肅別有《注》也。今並佚。輯錄四卷。其說申述毛旨，往往與鄭不同。案：鄭箋《毛詩》，而時參三家舊說，故傳、箋互異者多。《正義》於毛、鄭皆分釋之，凡毛之所略而不可以鄭通之者，即取王注以爲傳意；間有申非其旨，而什得六七。歐陽脩《本義》引其釋《邶風·擊鼓》五章，謂鄭不如王，亦持平之論也。”

【毛詩義駁一卷】　（魏）王肅撰。國翰《敘錄》曰：“肅注《毛詩》，以鄭箋有不合於毛者，因復爲此書。曰《義駁》者，駁鄭氏義也。《隋志》八卷。《唐志》作《雜義駁》，卷同。今佚。輯錄凡十二節。鄭氏訓義優洽，未易攟撲。自有此《駁》，而王基、孫毓、陳統之徒反覆辨難，門戶各爭，則景侯爲之倡也。”

【毛詩奏事一卷】　（魏）王肅撰。國翰《敘錄》曰：“肅有《毛詩義駁》，專攻鄭氏。此則取鄭氏之違失，條奏於朝，故題《奏事》也。《隋志》以一卷著錄，《唐志》不載，佚已久矣。今從《正義》採得四節，皆稱其奏云。內一節訛‘奏云’爲‘秦亡’，訂正輯入。夫康成大儒，先通魯、韓二家，後箋《毛詩》，其與毛不盡同者，意在兩存其是。肅必欲盡廢鄭說，駁之不已，復陳諸奏，何見疾之深乎！”

【毛詩問難一卷】　（魏）王肅撰。國翰《敘錄》曰：“肅於《毛詩注》外有《義駁》、《奏事》，皆攻擊鄭氏。此之《問難》，大抵亦申毛以難鄭也。《隋志》云：‘梁有二卷，亡。’《唐志》復著錄二卷。今佚。從《正義》所引，輯錄七節，與《注》及《駁》、《奏》相比次。王氏一家之學，萃於茲矣。”

【毛詩駁一卷】　（魏）王基撰。國翰《敘錄》曰：“基字伯輿，東萊曲城人，官至征南將軍，都督荊州軍事，封關內侯，贈司空，《魏志》有傳。基以策敵立功，掌統方任，而善爲撰述。《傳》稱散騎常侍王肅著諸經傳解及論定朝議，改易鄭元舊說；而基據持元義，常與抗衡。《隋書·經籍志》載有《毛詩駁》一卷，魏司空王基撰，殘缺，梁五卷；又有《毛詩答問》、《駁譜》，合八卷，以爲亡。《唐書·藝文志》復列五卷之目，則唐初尚有完帙。今佚。從《正

義》、《釋文》輯錄十五節。其說依鄭駁王，具有根柢。斯編先列兩家，次及駁語，既資循覽，亦本書體列應如是也。”

【毛詩答雜問一卷】　（吳）韋昭、朱育等撰。國翰《敘錄》曰：“昭字宏嗣，吳郡雲陽人，封高陵亭侯，遷中書僕射，職省，爲侍中。《吳志》有韋曜傳，裴松之注：‘曜本名昭，史爲晉諱改之。’朱育《吳志》無傳，字里無攷，據《隋書·經籍志》知爲官侍中而已。梁《七錄》有《毛詩答雜問》七卷，吳侍中韋昭、侍中朱育等撰，《隋志》云亡。《唐書·藝文志》復有《毛詩雜問答》五卷，不著姓名，未知即是書否。今佚。茲從《正義》及《藝文類聚》、《初學記》、《太平御覽》等書輯錄十三節。內有《御覽》引‘韋輝光毛詩問’一節，《正義》引‘薛綜答韋昭’一節，與書名《答雜問》合，故並採入云。”

【毛詩譜暢一卷】　（吳）徐整撰。原書無敘錄。僅從《釋文》輯錄一節。按：整字文操，豫章人，官太常卿；有《毛詩譜》三卷，見《隋志》。

【毛詩異同評三卷】　（晉）孫毓撰。國翰《敘錄》曰：“陸德明《經典釋文序錄》云：‘毓字休朗，北海平昌人，晉豫州刺史。’馬總《意林》云：‘孫毓字仲。’《隋書·經籍志》題‘晉長沙太守’，或稱‘汝南太守’。此書評毛、鄭、王肅之異同，於《箋》義不沒其長，而朋於王者亦復不少，所以有陳統之難也。隋、唐《志》並著錄十卷。今佚。從《正義》、《釋文》採輯，釐爲三卷。武威張澍介侯《二酉堂叢書》載此書之目，尚未付梓，無從取校也。”

【難孫氏毛詩評一卷】　（晉）陳統撰。原書無敘錄。《續修四庫全書總目提要》云：“《隋書·經籍志》：《難孫氏毛詩評》四卷，晉徐州從事陳統撰。陸德明《經內釋文序錄》謂其難孫申鄭。然《隋書·音樂志》云：‘皇后房內之樂，毛萇、侯苞、孫毓故事皆有鐘聲，而王肅之意乃言不可，陳統曰：“婦人無外事，而陰教尚柔，柔以靜爲體，不宜用於鐘。”’此牛弘引統說，雖難孫氏，違於鄭義矣。是編僅此條不誤。如‘于以奠之宗室牖下誰其尸之有齊季女’，……強輯成卷，其失甚矣。”

【毛詩拾遺一卷】　（晉）郭璞撰。國翰《敘錄》曰：“璞字景純，河東聞喜人，官至宏農太守、著作郎，事蹟具《晉書》本傳。《隋志》載其《毛詩拾遺》一卷；梁又有《毛詩略》四卷，亡。《唐志》並《拾

遺》亦不著錄。佚已久。《北堂書鈔》、《初學記》、《藝文類聚》各引一節。又《釋文》引三節，《正義》引一節，或稱郭璞，或止稱郭，亦是此書之佚文。並據輯補。至《釋文》、《正義》引郭璞爲《爾雅》音注者，皆不敢攔入也。”

【毛詩徐氏音一卷】　（晉）徐邈撰。國翰《敍錄》曰：“邈有《周易、尚書音》，已各著錄。《隋志》云‘梁有《毛詩音》十六卷，徐邈等撰’，‘《毛詩音》二卷，徐邈撰’，并以爲亡。《唐志》不著目，而有鄭元等諸家《音》十五卷，則邈《音》固統在十五卷中矣。今佚。從《顏氏家訓》、《經典釋文》、《匡謬正俗》、《六經正誤》、《類篇》、《集韻》所引，合輯爲卷。其音如‘嫉音自’、‘霾，莫戒反’、‘旭，許袁反’、‘洋音祥’、‘琚音渠’、‘俟音矣’、‘黼音補’、‘琇音誘’、‘斗音主’、‘鋪音孚’、‘央音英’、‘茆音柳’之類，今廢不行；偶或用之，必爲世俗所駭。然仙民爲晉名儒，夫豈無據而云然哉。則知沈約四聲，蔑古不少。存此舊音，比於齊鐘薛鼓云爾。”

【毛詩序義疏一卷】　（齊）劉瓛撰。國翰《敍錄》曰：“瓛有《周易乾坤義》，已著錄。《隋志》載‘《毛詩序義疏》一卷，劉瓛等撰，殘缺。梁三卷。梁有《毛詩篇次義》一卷，劉瓛撰；《毛詩雜義注》三卷。亡。’《唐志》有《劉氏序義》一卷，即《隋志》之《序義疏》也。今佚。從《釋文》、《正義》所引得二節。《正義》止言《序義》。考《隋志》有《毛詩序義》二卷，雷次宗撰，《唐志》不著錄，且《正義》於鄭氏箋下云‘相傳是雷次宗題’，作傳疑之辭，則當日未見雷《義》也。以《釋文》引劉氏例之，定爲劉瓛《義》。《正義》引《序義》前有《鄭志》一段，《序義》似爲此而言，亦原書之所引也。並取錄之於上方云。”

【毛詩周氏注一卷】　（宋）周續之撰。國翰《敍錄》曰：“續之字道祖，建昌人。少以學行自勵，晚入廬山，與陶淵明、劉遺民爲潯陽三隱，事蹟具《宋書·隱逸傳》。其注《毛詩》，隋、唐《志》皆不著錄。陸德明《經典釋文序錄》謂‘爲《詩序義》’。《顏氏家訓》引其‘叢木’音云：‘周續之《毛詩注》訓及《傳》、《箋》之字，不止解說《詩序》也。’《正義》於鄭氏《箋》下云：‘周續之與雷次宗同受慧遠法師《詩義》，而續之題已如此。’此又解全《詩》

之證。故據《家訓》，題《毛詩注》。其書久佚。從《家訓》及《北堂書鈔》、《匡謬正俗》所引，輯得六節。音訓少據二顏，皆有譏斥。以出晉宋人手筆，刊而存之。”

【毛詩十五國風義一卷】　（梁）簡文皇帝撰。無敍錄。從成伯與《毛詩指說》輯錄一節。

【毛詩隱義一卷】　（梁）何胤撰。無敍錄。從《釋文》所引，輯錄二十四節。

【集注毛詩一卷】　（梁）崔靈恩撰。國翰《敍錄》曰：“靈恩，清河人，官至桂州刺史，事蹟具《梁書》本傳。於《毛詩》題《集注》，蓋集合前儒之說《毛詩》者甄蒐存之也。隋、唐《志》並二十四卷。成伯瑜《毛詩直說》同。《册府元龜》云二十二卷者，誤也。今佚。裒輯爲卷。其引鄭《箋》多與今本不同，而往往勝於今本，則知由俗儒訛傳，猶賴此以存其舊。又其書雖以毛爲主，間取三家，蓋其時《韓詩》尚在，《齊》、《魯》之義則從古籍之引述得之，尤足資學者之攷訂云。”

【毛詩舒氏義疏一卷】　（□）舒援撰。國翰《敍錄》曰：“援，不詳何人。《隋書·經籍志》有《毛詩義疏》二十卷，僅題舒援撰，不著時代，而序次在吳陸璣、後魏元延明之間，當爲晉宋間人。《唐志》不著錄，佚已久。惟《正義》及《禮正義》引凡三節，一作舒瑗，一作舒瑗，一作舒緩。疑不能定，姑就《隋志》題舒援。採輯佚說，與沈重《義疏》類次，存六朝之文筆云。”

【毛詩沈氏義疏二卷】　（後周）沈重撰。國翰《敍錄》曰：“重字子厚，吳興人，官至露門博士，《北史》有傳。本傳載其著《毛詩音》二卷。《隋書·經籍志》不載，而別有《毛詩義疏》二十八卷，題蕭巋散騎常侍沈重撰。似二卷之《音》亦併入《義疏》二十八卷之內。《唐志》《義疏》不著錄，而有鄭元等諸家《音》十五卷，似沈《音》亦在中，故陸氏《釋文》及引之。今佚。採音、釋合訂二卷，依《隋志》題《義疏》。至《藝文類聚》諸書有引《毛詩義疏》而不著名者，朱氏《經義考》併以爲沈《疏》。攷《隋志》於舒瑗、沈重《義疏》外，題《毛詩義疏》者凡五部，皆不著名。諸家引述，當在五部，故未敢採入之也。”

【毛詩箋音義證一卷】　（後魏）劉芳撰。國翰《敍錄》曰：“芳字伯文，彭城人，官至太常卿、侍中。《後魏書》有傳。《隋書·經籍志》載其撰《毛詩箋音義證》十卷。《唐志》不著錄。佚已久。攷《文選》注引一節，標題《義證》。《太平御覽》引六節，或題劉芳《詩義疏》，或題劉芳《詩義筌意》。劉氏書本名《音義證》，別有《義疏》、《義筌》之稱，如陸德明《經典釋文》亦題《音義》之類，故引者隨意舉之耳。茲並輯錄。其說“彎非馬勒”，筆意與《顏氏家訓》相伯仲云。”

【毛詩述義一卷】 （隋）劉炫撰。國翰《敘錄》曰：“炫有《尚書述義》，已著錄。《北史》稱《述議》。隋、唐《志》並作《述義》。隋四十卷，唐三十卷，今佚。《正義》引二節，二劉並稱，蓋與兄焯說義同也。鄭樵《六經奧論》引一節，並據錄之。《正義·序》謂‘焯、炫並聰穎特達，文而又儒，擢秀幹於一時，騁絕彎於千里，固諸儒之所揖讓，日下之無雙，於其所作疏內，特爲殊絕。今奉勅刪定，故據以爲本’云云。然則劉氏之說，其醇者固皆具於《正義》。特晦其名，末由區別。存此梗概，庶可循求焉。”

【毛詩草蟲經一卷】 國翰《敘錄》曰：“撰人缺。隋、唐《志》皆有不著錄。《初學記》及《埤雅》引之，則六朝人所作，至北宋其書尚存也。今佚。輯錄四節。其說《狼跋》、《鹿鳴》，究悉物理。多識之益，見一斑矣。”

【毛詩題綱一卷】 國翰《敘錄》曰：“撰人姓名缺。《隋書·經籍志》、《唐書·藝文志》並不載。《太平御覽》引《螽斯》、《葛藟》、《南山有臺》、《白華》凡四節，皆即篇義，參合序說，發明比興之旨。攷《隋志》有《毛詩發題序義》一卷，梁武帝撰，疑即是書也。姑依《御覽》標目，俟大雅權定焉。”

【施氏詩說一卷】 （唐）施士丐撰。士丐，吳人。國翰《敘錄》曰：“《詩說》，《唐志》不載，佚已久。從《嘉話錄》、《昌黎詩注》輯。文宗嘗謂其《春秋傳》穿鑿，徒爲異同。解《詩》尚新，殆相類乎？”

## 經編周官禮類

【周禮鄭大夫解詁一卷】 （漢）鄭興撰。興字少贛，河南開封人，官至建議大夫，拜涼州刺史，事蹟具《後漢書》本傳。是書有國翰《敘錄》曰：“隋、唐《志》不著錄，卷未詳。今佚已久。從康成《注》輯錄，凡十五節。晁公武曰：‘鄭興、鄭衆傳授《周禮》，康成引之，以參釋異同云。’大夫，興也。司

農者，衆也。二鄭解詁無所別，即因題焉。少贛遺說，存者無多。讀其子司農之遺注，固可見家學淵源也。”

【周禮鄭司農解詁六卷】 （漢）鄭衆撰。衆字仲師，河南開封人，大中大夫鄭興子，官至大司農，事蹟具《後漢書》本傳。是書有國翰《敘錄》曰：“隋、唐《書》不著錄，佚已久。從康成《注》裒輯，六官各爲一卷，凡六卷。《禮疏》引《後漢書》云：‘鄭衆、賈逵洪雅博聞，又以經書記傳相證明，杜氏爲解。逵解行於世，衆解不行。然衆所解說，近得其實。’今范氏無此語。《禮疏》所引，殆採從謝承、華嶠、袁山崧書，實《司農解詁》之定論也。”

【周禮杜氏注二卷】 （漢）杜子春撰。國翰《敘錄》曰：“子春，河南緱氏人，其字佚。《禮疏》引《後漢·馬融傳》云：‘杜子春，永平之初，年且九十。能通其讀，頗識其說。鄭衆、賈逵往受業焉。’今范《史》無此文，當係謝承、華嶠、袁山松等書中語也。隋、唐《志》皆不載，佚已久。從鄭康成《注》所引，輯爲二卷。《周禮》漢孝武時出於屋壁，孝成時劉向子歆校理秘書，始列序著於《錄》、《略》。子春受業於歆，因以教授。觀其於故書之字正音通讀，實此書之首功矣。康成《注》述其說，而多所去取於其間。鄭衆從子春受業，而於《夏官·射人》‘以矢行告’注以爲杜子春說，不與《禮》經合，疑非是也。古人不阿其所好，有如此者。”

【周禮賈氏解詁一卷】 （漢）賈逵撰。國翰《敘錄》曰：“逵有《古文尚書訓》，已著錄。《後漢書》本傳云：‘兼習《國語》、《周官》。’賈公彥《疏》謂作《周禮解詁》，不言卷數。隋、唐《志》皆不著目，佚已久。茲就賈《疏》及諸書所引輯錄。說多與馬季常同，引者往往並稱賈、馬。鄭康成於其說之不合者，時以己意隱破之，而於《韗人》‘上三正’注引‘賈侍中曰：晉鼓大而短’，則亦未嘗不擇善而從也。”

【周官傳一卷】 （漢）馬融撰。國翰《敘錄》曰：“此書作於守武都時。融《自序》云：‘著《易》、《尚書》、《詩》、《禮傳》，皆訖。唯念前業未畢者，唯《周官》。年六十有六，目瞑意倦，自力補之，謂之《周官傳》也。’又云：‘欲省學者兩讀，故具載本文，而就經爲注。’《隋志》：‘《周官禮》十二卷，馬融注。’《唐志》：‘馬融《周官傳》十二卷。’今佚。輯錄一帙。融爲康成之師，而康成注用鄭大夫父子及杜子春三家疏引，融說又往往爲鄭君所不取。

則馬《傳》未能精醇，而鄭之不阿所好，均可見已。”

【周禮鄭氏音一卷】　（漢）鄭玄撰。國翰《敘錄》曰：“《隋志》不著錄。《唐志》注《周官》十二卷下載《音》三卷。陸德明《經典釋文》云：‘《三禮音》各一卷。’今佚。從《釋文》及《韻補羣經音辨》所引裒輯。案：康成《注》多述杜子春、二鄭音讀，審擇去取，從者當依三家音，違者當依改字音，本注具在，固可稽求。茲特據明標‘鄭音’者，存其略耳。”

【周禮王氏注一卷】　（魏）王肅撰。有目無書。

【周官禮干氏注一卷】　（晉）干寶撰。國翰《敘錄》曰：“寶有《周易注》，已著錄。其注《周禮》，《隋志》作《周官禮注》，《唐志》作《注周官》，並十二卷。今佚。茲據《釋文》、《後漢書補志注》等書輯錄。注本字如‘挾日’作‘帀日’、‘有握’作‘有渥’、‘胥鳴’作‘骨鳴’之類，與鄭本異，蓋參用賈、馬之本也。後周平蜀得錞于，斛斯徵依《干注》，以繩懸去地，芒筒捋之，其聲遂振。史載其事。誰謂儒生訓詁無裨於先聖制作哉！”

【周禮徐氏音一卷】　（晉）徐邈撰。國翰《敘錄》曰：“邈五經皆有《音》。其《周禮音》，隋、唐《志》不著錄，佚已久。陸德明《經典釋文序錄》載其《音》，《周禮音義》亟引之，茲據裒輯。《集韻》亦多引徐邈讀，而反切時與《釋文》不同，‘廛人’條《釋文》所無，並採錄以資參攷焉。”

【周禮李氏音一卷】　（晉）李軌撰。國翰《敘錄》曰：“隋、唐《志》不載此書。陸德明《經典釋文序錄》載一卷之目。今佚。就《釋文》所引，參《集韻》，輯爲一帙。音多與時行者不同，要必有所師受。至若《天官·大宰》‘以擾萬民’，‘擾’從徐邈‘尋倫反’；《地官·土訓》‘以詔地事注幽并地宜麻’，與聶氏並音亡皮反。以擾爲馴，以麻爲糜，非二字之本音也。”

【周禮聶氏音一卷】　（□）聶氏撰。國翰《敘錄》曰：“聶氏，不詳何人。隋、唐《志》皆不著錄，惟陸德明《釋文》引之。《地官·司市》引聶氏及沈，《春官·大卜》引沈依聶氏，其人當在沈重之前。《晉書》有國子祭酒聶熊注《穀梁春秋》，列於學官，著書名家，或即是也。取與徐、李、戚、劉諸音相比次，補史志之缺云。”

【周官禮義疏一卷】　（後周）沈重撰。國翰《敘錄》曰：“重有《毛詩義疏》，已著錄。此書隋、唐《志》並四十卷，今佚。從陸德明《釋文》，參《集韻》，輯爲一帙。書以《義疏》名，而僅詳字音，與《毛詩義疏》同。意其書以音附疏，引者略取爾。董逌謂：‘賈公彦《疏》據陳邵《異同評》及沈重《義》爲之。’則其疏義固散見於賈《疏》，特無從區別，爲可憾也。”

【周禮劉氏音二卷】　（□）劉昌宗撰。國翰《敘錄》曰：“昌宗，不詳何人。顏之推《家訓》稱之，當是齊、梁間儒者。《隋志》載《禮音》三卷。《唐志》不著錄，而陸德明《釋文》引述獨多。知唐有其書，《志》偶失載也。今佚。從《釋文》、《集韻》輯爲二卷。戚袞於《春官·巾車》論之云：注故書朱總爲絿。檢《字林》、《蒼》、《雅》及《說文》，皆無此字，衆家亦不見有音者，唯昌宗音‘廢’。以形聲、會意求之，實所未了，當是‘廢’而不用乎？然則劉書固博採兼收，而不諧時用者，亦不少也。”

【周禮戚氏音一卷】　（陳）戚袞撰。國翰《敘錄》曰：“袞字公文，監官人，仕梁揚州祭酒從事，入陳官至始興王府錄事參軍，見《南史》本傳。咸淳《臨安志》云：‘梁江州刺史，陳大建十三年卒。’本傳言‘袞于梁代撰《三禮義記》，逢亂亡失’，‘《禮記義》四十卷，行于世’，今亦不傳。其《周官音》，隋、唐《志》均不著錄，惟陸德明《經典釋文序錄》稱之，亦不言卷數，則佚已久矣。茲據《釋文》所引，參之《集韻》，輯五十餘條。考袞以對武帝敕策《孔子正言》并《周禮》、《禮記》義擢高第，又從國子博士宋懷方質《儀禮》義。見此一班，猶想見研覃之功力焉。”

## 經編儀禮類

【大戴喪服變除一卷】　（漢）戴德撰。國翰《敘錄》曰：“《隋書·經籍志》不載，《唐書·藝文志》始以一卷著錄，今佚。《禮記》鄭《注》及《正義》引數條，杜佑《通典》稱引頗多，摭輯猶可成帙。夫大戴傳《禮》在小戴之前，自小戴學盛而大戴浸微，其記雖存，鮮有肄習。至《喪服變除》一書，《隋志》且不著目，向微《唐志》標題，孔、杜諸君述其辭，幾何不使古之遺言泯絕無聞哉？”

【冠禮約制一卷】　（漢）何休撰。國翰《敘錄》曰：“此編《隋書·經籍志》、《唐書·藝文志》均不載，唯杜佑《通典》引之。意以古禮繁重，人多憚行，冠禮浸以日廢。乃參酌時制，約而爲此，亦委曲存禮之苦衷也。據錄一家，欲復古道者，或有取焉。”

【鄭氏婚禮一卷】 （漢）鄭衆撰。國翰《敘錄》曰：“《晉書・禮志》云：‘古者，婚禮皆有醮，鄭氏《醮文》三首具存。’杜佑《通典》云：‘後漢鄭衆《百官六禮辭》，大略因於周。’歐陽詢《藝文類聚》引鄭氏《婚禮禮謁》文，又引《謁文贊》，皆其篇目。隋、唐《志》不載此書，佚已久。茲據《通典》所引，參《藝文類聚》、《北堂書鈔》、《太平御覽》諸書，輯爲一帙。篇雖多缺，而禮物贊辭略備，韻語古雅，固可誦也。”

【喪服經傳馬氏注一卷】 （漢）馬融撰。國翰《敘錄》曰：“此《注》載《隋書・經籍志》、《唐書・藝文志》，皆以一卷著目。今佚。賈公彥《儀禮疏》引數節，杜佑《通典》所引最多，缺者蓋無幾矣。茲据輯錄。《注》大指與康成略同。其涉異者，如‘公之庶昆弟，大夫之庶子爲母、妻、昆弟’，馬以‘昆弟’二字抽之在傳下，又合讀‘大夫之妾爲君之庶子，女子子嫁者，未嫁者’。言大夫之妾爲此三人服也。鄭皆以舊說爲非，賈《疏》悉引融義而駁斥之。統觀《通典》所取融說，知與鄭合者，《疏》皆不須引証。然《通典》引馬融而經文次第多與《注疏》本不同，或融本復有殊異也。今依錄之，以備參稽云爾。”

【鄭氏喪服變除一卷】 （漢）鄭玄撰。國翰《敘錄》曰：“元有《儀禮注》十七卷，今行注疏是也。《隋書・經籍志》復有《喪服經傳》一卷、《喪服譜》一卷。《唐書・藝文志》無《喪服譜》而有《喪服變除》一卷。其《喪服經傳注》即注《儀禮・喪服篇》也。晉宋諸儒好治喪禮，於是鄭注《喪服》別有單行之本，故隋、唐《志》亦別著於錄。《隋志》之《譜》，疑即《唐志》之《變除》，蓋因《大戴》之書而申明之。或其書中衍爲圖譜，故《隋志》取以標目歟？今佚。惟杜佑《通典》引之，作鄭元《變除》。茲据采錄。又《禮記・檀弓、雜記》閒傳注中亟引《變除》禮文而說其義，孔穎達《正義》亦每於《變除》引鄭以爲依用。此亦佚說，可以參攷者也。並輯錄之，以貽世之嗜鄭學者。”

【五宗圖一卷】 （漢）鄭玄撰；（吳）薛綜述。有目無書。

【新定禮一卷】 （漢）劉表撰。國翰《敘錄》曰：“《漢書》表本傳云：‘遂起立學校，博求儒術。

綦母闓、宋忠等撰立《五經章句》，謂之《後定》。’《隋書・經籍志》有‘漢荆州刺史劉表《新定禮》一卷’。新定即後定，題小異耳。《唐志》不著，佚已久。杜佑《通典》引六節，或僅題劉表，或稱《後定喪服》。案：《隋志》列此於《喪服儀》下，《喪服要略》上，中敘：‘梁有，亡，書亦皆《喪服》。’知此書渾以‘禮’名，其實專明《喪服》也。据輯錄之，仍《隋志》舊題焉。”

【喪服經傳王氏注一卷】 （魏）王肅撰。國翰《敘錄》曰：“肅有《儀禮注》；《隋書・經籍志》別出《喪服經傳》一卷，王肅注。《唐書・藝文志》題《注喪服記》。當是《喪服》於十七篇外單行於前代，故馬、鄭諸人均有《喪服》經傳注也。此《注》久佚，從賈公彥《疏》、陸德明《釋文》、杜佑《通典》所引輯錄。其說‘以日易月之殤’，本馬融以‘爲以哭之日易服之月’，賈《疏》譏其疎失。而於‘絞帶如要絰’，馬、鄭所不言者，依王義以釋經。又‘娣姒婦報’，肅引《左氏》‘穆姜’，《疏》亦隱括其說。然則王氏之學雖好攻斥康成，不免違失；而其入理之言，要未可舉廢之也。”

【王氏喪服要記一卷】 （魏）王肅撰。國翰《敘錄》曰：“肅注《喪服經傳》，又引伸《喪服》之義作《要記》。隋、唐《志》並以一卷著錄，今佚。《水經注》、《藝文類聚》、《太平御覽》諸書皆引‘魯哀公祖載其父，孔子問以設表門菰廬’等。《繹史》刪合爲一節。又，《通典》引十三節。合錄一帙。酈道元引‘孔子與哀公挂樹問答以爲’。余按：夫子尚非璠璵送葬，安能問挂樹爲禮乎？王肅此證，近於誣矣。由此以例其餘，皆好事者託於孔子，子雍不審而誤引之也。其他論《喪服變除》，頗爲近理，而‘周則沒閏’與‘棺毀見屍’說同鄭氏，則瑕瑜固不相掩也。”

【喪服變除圖一卷】 （吳）射慈撰。國翰《敘錄》曰：“《三國・吳志》無慈傳，孫休傳云：‘從中書郎射慈、郎中盛沖受業。’孫奮傳云：‘傅相謝慈等諫奮。’裴松之注：‘慈字孝宗，彭城人，見《禮論》，撰《喪服圖》及《變除》行於世。’案：射即謝姓之改，見《廣韻》四十禡“射”字注。裴氏謂撰《喪服圖》及《變除》，蓋二書也。《七錄》合之。《隋書・經籍志》注：‘梁有《喪服變除圖》五卷，吳齊王傅射慈撰，亡。’《唐書・藝文志》有《喪服天子諸侯圖》一卷，已非梁時之舊本。今則佚矣。從杜佑《通典》採得二十七節，內一條與《太平御覽》引異，參校訂正。又從《南史》、《禮記正義》各採一節，合而錄之。與徐整答問爲多，整當是慈之門人，其書體例亦《鄭志》之類也。”

【喪服要集一卷】　（晉）杜預撰。國翰《敘錄》曰：“預字元凱，京兆杜陵人，襲祖畿爵豐樂亭侯，以功進爵當陽縣侯，加位特進，贈征南大將軍，開府儀同三司，諡曰成，事蹟具《晉書》本傳。泰始十年，武元楊皇后崩，朝議皇太子釋服日月，預主二十五月除服。于時，外內怪其違禮以合時。預使博士段暢採典籍爲之證據，此《喪服要集》之所繇作乎？《隋志》二卷，《唐志》作《喪服要集議》三卷，今佚。從《北堂書鈔》、《初學記》、《通典》輯得《宗譜》一篇，佚文十二節，合錄爲帙。史臣於短喪之議，謂之‘徇以苟合，不求其正’；又謂《檀弓》‘習於變禮’，微詞以譏之。循覽遺編，輒不禁掩卷太息也。”

【喪服經傳袁氏注一卷】　（晉）袁準撰。國翰《敘錄》曰：“準或作准，字孝尼，官至給事中，袁瑰從父。《晉書》以準傳附瑰傳後，知同爲陳郡陽夏人也。傳中無多記載，唯言以儒學知名，注《喪服》經。《隋書·經籍志》題《喪服經傳》，《唐書·藝文志》題《儀禮注》，並著一卷之目。今佚。《禮記·檀弓》正義引其說‘父卒爲嫁母服’一事，杜佑《通典》亦載之，而互有詳略。《通典》又引其說‘長中下殤’及‘乳母服’二事，皆此《注》之佚文。又引解說《喪服》凡六事，或稱《袁准正論》，或稱《袁准論》。準別著《袁子正論》，列儒家。雖非本《注》之文，而發明《喪服》義，實出一人之手，而自成一家之言。並据輯錄。其說‘殤義’，据《孔子家語》及《左傳》，改易《傳》之歲數。說‘嫂宜有服’，据或人說，即蔣濟《萬機論》‘以娣姒婦報爲嫂叔服’。證之《緒言》，至以繼父制服爲亂名之大，以乳母有服爲非聖人之制，以從母小功五，月舅緦麻三月爲禮非，皆不免勇於臆斷，開後人改經之漸。所謂賢知之過，非耶？”

【集注喪服經傳一卷】　（晉）孔倫撰。國翰《敘錄》曰：“陸德明《經典釋文序錄》云：‘孔倫字敬序，會稽人，東晉廬陵太守，集衆家注。’《隋書·經籍志》、《唐書·藝文志》並著錄一卷。今佚。杜佑《通典》引四事，《釋文》引一事而已。《緦麻章》夫之

‘姑、姊妹之長殤’，馬融以爲：‘禮，三十乃娶，而夫之姊殤者，關有畏厭溺者。’倫駁其說云：‘蓋以爲違禮早娶者制，非施畏厭溺也。’簡當不支，深得古聖人委曲層折之精心。惜不得全注而玩索之也。”

【喪服經傳陳氏注一卷】　（□）陳銓撰。國翰《敘錄》曰：“陸德明《經典釋文序錄》云：‘陳銓，不詳何人。’《隋書·經籍志》亦僅題銓名。觀序次在晉孔倫《集注》下，宋裴松之《集注》上，當爲晉宋間人也。《唐書·藝文志》與《隋志》並著錄一卷。今佚。從杜佑《通典》所引輯錄。《注》於《期服章》‘女子子爲祖父’駁鄭元經‘似在室’爲失旨，以爲在室之女則與男同，而解以‘雖已嫁，猶不敢降也’；《大功章》‘爲夫之昆弟之婦人子適人者’，解以‘婦人爲夫昆弟之子婦子，爲夫昆弟之女子子適人者’，斥先儒‘婦人子爲一人’爲不。語喜攻康成，其人大抵爲王學之徒。然立論亦有理據，存備攷覈可矣。”

【喪服釋疑一卷】　（晉）劉智撰。國翰《敘錄》曰：“智字子房，平原高唐人，官至太常，諡曰成。事蹟具《晉書》本傳。智爲太尉寔弟，貞素有兄風，負薪誦讀，以儒行稱。傳載：‘著《喪服釋疑論》，多所辨明。’其書隋、唐《志》不載，而《隋志》別出梁有之書：‘《喪服釋疑》二十卷，孔智撰。亡。’余氏蕭客云：‘《通典》引數處，並云晉劉智，無孔智。’按：《禮記正義》亦引劉智，以此合本傳證之，知《隋志》誤‘劉’爲‘孔’也。茲從孔《疏》、《通典》輯錄，凡十七節。酌理準情，明辨以晢。管輅謂：‘與劉潁川兄弟語，使人神思清發，昏不假寐。’於此益信矣。”

【蔡氏喪服譜一卷】　（晉）蔡謨撰。國翰《敘錄》曰：“謨字道明，陳留考城人，官至司徒，贈侍中、司空，諡文穆，事蹟具《晉書》本傳。《傳》所著《喪服譜》，隋、唐《志》並以一卷著錄，今佚。《晉書·禮志》引其說‘凶門’一節，《通典》亦載之。又引蔡說《喪服》凡十二節，皆問難《禮》中疑義。書以《譜》名，宜有圖格，今不可見。佚說皆引經斷制，間有駁斥鄭義者，亦言之成理云。”

【賀氏喪服譜一卷】　（晉）賀循撰。國翰《敘錄》曰：“循字彥先，會稽山陰人。其先慶普，漢世傳《禮》，世所謂慶氏學。族高祖純，博學有重名，漢安帝時爲侍中，避安帝父諱，改爲賀氏。循以陸機疏薦，官至左光祿大夫，開府儀同三司，贈司空，諡

曰穆，事蹟具《晉書》本傳。所撰《喪服譜》，隋、唐《志》皆以一卷著目，今佚。杜佑《通典》引賀循宗義二節，祫祭圖一節。服必以宗起例，以圖表明，均爲《譜》之佚文。據以輯錄。鄭元、蔡謨皆有《喪服譜》。題‘賀氏’以別之。更輯循所撰《喪服要記》、《葬禮》，以次排比。漢代禮宗之後，微言古義，必有所承受也。”

【葬禮一卷】　（晉）賀循撰。國翰《敘錄》曰："隋、唐《志》均無《葬禮》之目。《通典》、《太平御覽》引賀循《要記》外，又引賀循《葬禮》。蓋本二書，《要記》擬《儀禮・喪服傳》，《葬禮》擬《儀禮・士喪禮》也。茲據輯錄。《通典》引有省文，止稱‘賀循’者。順序編次，自棺斂、明器、遣奠、下窆，以及卒哭、祔祭，儀文略具，節古禮之繁重，簡而易行。本傳載：‘爲武康令，俗多厚葬，及有拘忌，迴避歲月，停喪不葬者，循皆禁焉，政教大行。’則以此爲訓俗之遺規可已。"

【賀氏喪服要記一卷】　（晉）賀循撰。國翰《敘錄》曰："鄭康成作《喪服譜》，循亦作《譜》。王肅作《喪服要記》，循亦作《要記》。其書似參用鄭、王而酌其中。《隋志》十卷，《唐志》五卷，今佚。從《禮記正義》、《通典》、《太平御覽》所引輯錄。史稱：‘朝廷疑滯，皆諮之於循，循輒依經禮而對，爲當世儒宗。’觀庾蔚之、謝徵於《要記》皆有注，史冊言《禮》者多引之，則當日皆奉爲圭臬矣。《隋志》別載‘梁有《喪服要》六卷，晉司空賀循撰’，隋代已亡，存其目以識景企云爾。"

【喪服要記注一卷】　（□）謝徵撰。國翰《敘錄》曰："徵，不詳何人。注賀循《喪服要記》，《隋志》不載，新、舊《唐書・志》皆五卷，今佚。杜佑《通典》引之，據輯。《注》博引經傳。並即賀與人答問之語，反覆推究，亦留心典故者矣。"

【葛氏喪服變除一卷】　（晉）葛洪撰。國翰《敘錄》曰："洪字稚川，丹陽句容人，咸和中官諮議參軍，干寶薦洪才堪國史，選散騎常侍，領大著作，辭不就，求爲勾漏令，事蹟詳《晉書》本傳。此書《隋書・經籍志》載一卷，今佚。陸德明《儀禮釋文》引一事，杜佑《通典》引二節而已。其說‘盧楣制度’甚詳，蓋洪以博淹擅名典午，引述古法，必有依據也。"

【凶禮一卷】　（晉）孔衍撰。國翰《敘錄》曰："衍字元舒，魯國人，孔子二十一世孫，官至廣陵相。

《晉書》有傳。《隋志》載其撰《凶禮》一卷，《唐志》不著錄，佚已久。杜佑《通典》引《宗廟藏主室議》、《乖離論》、《禁招魂葬論》凡三篇，皆言喪葬事，《凶禮》之遺文也，據而錄之。史稱衍博覽過於賀循。此足補《要記》之所未逮已。"

【集注喪服經傳一卷】　（宋）裴松之撰。國翰《敘錄》曰："松之字士期，河東人，宋太中大夫、西鄉侯，見陸德明《經典釋文敘錄》。此書《隋志》一卷，《唐志》不著錄，佚已久。杜佑《通典》引裴松之二節，一爲答宋江氏問，一爲答何承天書，皆言《喪服》。其答江氏問下有‘荀伯子難裴’一節，又有‘何承天通裴難荀’一節，與答何書並載入何承天《禮論》。而‘答江氏大功嫁娶’，引伸變除之義，引宗濤說，與書稱《集注》合，故別輯入《喪服經傳・大功章》注，備一家說云。"

【略注喪服經傳一卷】　（宋）雷次宗撰。國翰《敘錄》曰："陸德明《經典釋文敘錄》云：‘次宗字仲倫，豫章人，宋徵通直郎，不起。’《隋書・經籍志》於此注下題‘宋通直郎’，而別集類題‘宋徵士’，必互考乃明其出處也。《隋志》載此《注》一卷，新、舊《唐書・志》俱不著錄，佚已久。賈公彥《疏》、杜佑《通典》引之，茲據輯錄。《注》於經傳書法以及名義極多發明，文筆亦雋逸。釋慧皎《高僧傳》云：‘慧遠講《喪服經》，雷次宗、宗炳等並執卷承旨。次宗後別著《義疏》，首稱雷氏。宗炳因寄書嘲之曰："昔與足下共於釋和尚間面受此義，今便卷首稱雷氏乎？"’若然，則次宗此《注》，適類郭象注《莊》全襲向秀。而遠法師以象教之徒，能研窮乎儒經之義，不涉元虛，力抉微奧，宜乎名高蓮社，而爲淵明所欽企也。"

【喪服難問一卷】　（宋）崔凱撰。國翰《敘錄》曰："凱，不詳何人。《隋志》載此書六卷，於宋員外散騎庾蔚之、張耀下，當後於庾。《通典》引或作‘宋凱’，當是‘宋崔凱’偶脫‘崔’字。以此定爲劉宋時人。《唐志》不著錄，佚已久。從《通典》所引，輯十七節。或作《喪服駁》，或作《喪儀》，或作《喪服儀節》，或僅題‘崔凱’，要是一書。佚文不同者，當是篇目也，並依所引附著。其書委曲發明，與劉智《釋疑》相伯仲云。"

【喪服古今集記一卷】　（齊）王儉撰。國翰《敘錄》曰："儉字仲寶，琅琊臨沂人，仕齊官至侍中、中書令、南昌公，贈太尉，事蹟具《南齊書》本傳。《傳》稱儉'長於禮學，諳究朝儀。每博議，證引先儒，罕有其例，八座丞郎，無能異者'，又言'撰《古今喪服集記》并《文集》，並行於世'。隋、唐並作《喪服古今集記》三卷，今佚。《南齊書•禮志》引儉議喪服七篇，《文惠太子傳》載一篇；《隋書》引二節；《春秋釋文》亦引儉說苫凷一事：皆《集記》之遺文，並據輯補。儉又撰《禮義答問》，別爲編次，以類相從。蕭子顯贊其'綱維典禮'，見一班已。"

### 經編禮記類

【禮記馬氏注一卷】 （漢）馬融撰。國翰《敘錄》略曰："《東漢會要》載有融《禮記注》，賈公彥《周禮廢興》云《禮傳》，均不詳卷數。蓋本有注，而久佚矣。採得一十六節，錄爲一卷。康成受學於融，其論說當有本之於師者，特無從區別之爾。"

【禮記盧氏注一卷】 （漢）盧植撰。國翰《敘錄》曰："植字子幹，涿人，官至北中郎將，事具《後漢書》本傳。鄭元與植同事馬融，後元又從植學。孔穎達《禮記正義》謂：'鄭亦附盧、馬之本而爲之注。'則植爲鄭學之宗矣。本傳載：'刊正碑文之奏，未經允行。會南夷反叛，出爲廬江太守，事遂中止。'然石經《禮記》雖未刊定，而植所自爲《禮注》，推本師說，訂改紕繆，當必獨成善本，故鄭氏用之也。隋、唐《志》並載植注《禮記》二十卷，《東漢會要》作《禮記解詁》。唐人表章鄭學，而未及盧氏，其書遂亡。今就羣書所引，輯錄一卷。其說與鄭氏不無異同，存其佚論，要足互相發明也。"

【禮傳一卷】 （漢）荀爽撰。國翰《敘錄》曰："爽有《周易注》，已著錄。《後漢書》本傳稱其著禮、易《傳》。隋、唐《志》皆不載。《册府元龜》載其目而不言卷數，則佚已久矣。茲從《風俗通》殘本、《通典》、《文選》注、《路史》注輯得五節。又《三輔黃圖》引一則，稱《五經禮傳記》亦此《傳》之佚文；徐堅《初學記》引作《五經禮樂傳記》，誤。茲並輯入。爽與康成齊名，而不得與鄭《注》同傳於後，亦論古者所深慨也。"

【月令章句一卷】 （漢）蔡邕撰。國翰《敘錄》曰："邕字伯喈，陳留人，官至左中郎將，事蹟具《後漢書》本傳。此編《隋書•經籍志》著錄十二卷。《唐書•藝文志》無之，別有戴顒《月令章句》十二卷。按《隋

志》有《禮記中庸傳》二卷，題宋散騎常侍戴顒撰，無顒《月令章句》之目。意《唐書》誤題蔡邕爲戴顒也。今佚。蒐採遺說爲卷。案：邕《月令問答》云：'旁貫五注，參互羣書。觀其於天文律歷加詳，優洽不在康成下。雖間有同異，未可執彼以繩此也。'常璩《華陽國志》載景鸞亦著《月令章句》，隋、唐《志》均不著錄。諸書所引，未有及景氏者，惜無從採掇，以較蔡書何如耳。"

【月令問答一卷】 （漢）蔡邕撰。國翰《敘錄》曰："邕作《月令章句》，又設爲《問答》以發明疑義，凡十三則。《蔡中郎集》載之。陶宗儀編入《說郛》。按《蔡集》亦出後人裒輯，度其原書當必不止於此。姑就錄之，比次《章句》後，循覽者可識其探賾辨物之精心焉。"

【禮記王氏注二卷】 （魏）王肅撰。國翰《敘錄》略曰："隋、唐《志》並三十卷，今佚。輯爲二卷。肅說《詩》好與鄭異，注《禮》亦然。而注所用之《禮》本，又往往與鄭本不同。如《檀弓》'人喜則斯循循斯陶'，較鄭多'斯循循'三字；《玉藻》'二爵而言，言斯禮，三爵而油'，較鄭少'已'字及下'油'字；《中庸》'君子之反中庸也'，較鄭多'反'字；他若'函丈'作'函杖'，'洒如'作'察如'，'拔往'作'校往'之類，不知所據何本。然鄭《注》亦每云某或作某，則亦非肅所臆改也。"

【禮記孫氏注一卷】 （魏）孫炎撰。國翰《敘錄》曰："炎字叔然，樂安人，徵秘書監，不就。《魏志》無炎傳，見裴松之《魏志》注。《顏氏家訓》云'字叔言'，'言'字與炎名不叶，作叔然是也。其注《禮記》，《隋志》三十卷，《唐志》不著錄，陸德明《經典釋文》云二十九卷，今佚。輯錄一卷。《詩•采薇》正義以炎即是鄭元之徒，其《注》應皆發明鄭義。而《檀弓》'喪三年以爲極亡，則弗之忘矣'，王肅以'極'字絕句，'亡'作'忘'；孫依鄭作'亡'，而如王分句，則亦有不純從鄭氏者。佚說寥寥，僅採得三十餘節。內有《正義》引孫炎而爲《爾雅注》者凡七事，《正義》取彼明此，亦以一手所成，兩《注》不異，故據而補錄。若《月令》'罝罘'，引《爾雅》'罦覆車'以解'罘'字，雖引孫《注》而文異，不敢攔入也。"

【禮記音義隱一卷】 （□）謝氏撰。國翰《敘錄》曰："謝氏不詳何人。《隋志》兩載此書，一題一卷，

謝氏撰；一題七卷，不著姓名。意謝氏所著本一卷，後有推廣而補之者，故有七卷也。《唐志》不著錄，而別有射慈《小戴禮記音》二卷。考《吳志·孫休傳》有射慈，《孫奮傳》作射慈，‘射’即‘謝’字之改，見《廣韻·四十·禡》‘射’字注。《隋志》列此書一卷者在蔡邕《月令章句》之下，七卷者在孫炎《注》之上。邕，後漢人。炎，魏人。疑此謝氏即吳謝慈也。《隋志》又於‘《禮記音義隱》一卷，謝氏撰’下類列‘《禮記音》二卷，宋中散大夫徐爰撰。梁有鄭元、王肅、射慈、射貞、孫毓、繆炳《音》各一卷’，皆以爲亡。而《唐志》復有射慈《音》二卷，則唐時射《音》尚在，故《正義》及引之。然引稱‘謝茲’，謝茲即射慈。其所說‘下室之饋’，音兼乎義，此又謝氏即謝慈之一證也。意者《唐志》二卷之《音》，即《隋志》七卷之《音義隱》，《唐志》標題書目多與《隋志》不合，幸存射慈之名，猶可尋繹而參考之也。今其書佚。從《釋文》、《正義》所引，輯得八節，謝慈一節亦併採入。仍依《隋志》題謝氏者，缺疑也。”

【禮記范氏音一卷】　（晉）范宣撰。國翰《敘錄》曰：“宣字宣子，陳留人。博綜羣書，尤善三《禮》。徵太學博士、散騎郎，並不就。《晉書·儒林》有傳。與蔡謨、曹耽、尹毅、李軌皆爲《禮記音》。《隋志》注云《音》各二卷，並以爲亡。《唐志》不著錄。陸氏《釋文》及《集韻》引之，據輯爲卷。《正義》亦引‘范宣子說’，則《禮論難》之佚文，別輯入通禮類焉。”

【禮記徐氏音三卷】　（晉）徐邈撰。國翰《敘錄》曰：“邈有《周易》、《尚書》、《毛詩音》，已各著錄。其《禮記音》，《隋志》注云‘三卷’，又云‘亡’，《唐志》復以三卷著目，今佚。《釋文》引之，較諸家爲多。據以輯錄，仍釐三卷。凡《集韻》所收徐讀，取附其下，說具《毛詩音》云。”

【禮記劉氏音一卷】　（□）劉昌宗撰。國翰《敘錄》曰：“昌宗有《周禮》、《儀禮音》，已各著錄。其《禮記音》，《隋志》注云‘五卷，亡’，《唐志》無其目，則隋、唐時其書已佚矣。陸氏《釋文》及《集韻》引之，蓋從前儒所承用者轉相稱述也。據以輯錄，與范宣、徐邈二家《音》相比次。其音有昔行而今廢者，要不可不知其所出也。”

【禮記略解一卷】　（宋）庾蔚之撰。國翰《敘錄》曰：“蔚之字季隨，官至員外散騎常侍，《宋書》無傳，見《冊府元龜》。其注《禮記》，名《略解》。《隋志》題庾氏，《唐志》題庾蔚之，並十卷。孔氏《正義序》云‘爲《義疏》’，又稱‘庾蔚’，並是一人，言者互異耳。今其書佚，輯錄爲卷。《正義》於所解《喪禮》引取獨多。蓋蔚之嘗注《喪服要記》，又撰《禮論鈔》、《禮答問》，究心於禮服，此其所長也。”

【禮記隱義一卷】　（梁）何胤（按：“胤”原闕末筆，下同）撰。國翰《敘錄》曰：“胤有《毛詩隱義》，已著錄。此書《隋志》不載。《唐志》有《禮記隱》二十六卷，而不著撰人名氏。《冊府元龜》有《禮記隱義》二十卷，題何胤撰。以胤解《毛詩》亦稱《隱義》證之，知《志》失缺略也。今佚。《釋文》、《正義》或引‘隱義’，或引‘何胤’，或直稱‘何’與‘何云’者，皆一書之佚文也。又《檀弓》正義引一則，稱‘何東山’。案：胤與兄點並在《梁書·處士傳》，世稱點爲‘大山’，胤爲‘小山’，則‘東山’亦胤之別號也。並據輯錄爲卷。史載其對司馬王果之言曰：‘《檀弓》兩卷，皆言物始，何必有例？’亦可謂深於《禮》者已。”

【禮記新義疏一卷】　（梁）賀瑒撰。國翰《敘錄》曰：“瑒字德璉，會稽山陰人，官至步兵校尉，領五經博士，《梁書·儒林》有傳。《隋書·經籍志》有《禮記新義疏》二十卷，《禮論要鈔》一百卷，並賀瑒撰。《唐志》有《禮論要鈔》，無《新義疏》，則佚已久矣。從《正義》、《釋文》所引，輯爲一卷。內有顯言‘賀瑒’，亦有只稱‘賀氏’及‘賀云’者。《正義序》云：‘爲義疏者，南人有賀循、賀瑒。’考循撰《喪服譜》、《喪服要記》，《隋志》皆著錄，而不見《義疏》之目。《正義》於說《喪服》引賀循，並是《要記》之文。而與賀瑒並言‘義疏’者，‘義疏’是通辭，庾蔚之作《略解》，崔靈恩作《三禮義宗》，孔氏亦言‘義疏’，可証。故除賀循說別輯入《要記》外，凡言‘賀氏’，悉採入瑒《疏》，明注於下，俾有攷焉。”

【禮記皇氏義疏四卷】　（梁）皇侃撰。國翰《敘錄》曰：“侃，吳郡人，官至國子助教，《梁書》、《南史》皆有傳。侃爲皇象九世孫。孔氏《正義序》稱‘皇甫侃’，亦如‘庾蔚之’作‘庾蔚’，‘熊安生’作‘熊安’，‘沈重’作‘沈重宣’之類，南北諸儒傳聞各異，因以致誤也。本傳云：‘撰《禮記講疏》五十卷，奏上，詔付秘閣。’又云：‘撰《論語義》、《禮記義》，見重於世。'《隋志》載《義疏》九十九卷，《講疏》四十八卷。《唐志》：《講疏》一百卷，《義疏》五十卷。今並佚。《正義》多引之，據孔氏《序》，則《義疏》之佚文也。孔氏於章句詳正之中，病其微涉繁廣，又謂：'通鄭，時乖鄭義。然以熊比皇，皇氏爲勝。'故《正義》據以爲本。今就所引，輯錄四卷。皇氏師事賀瑒，盡通其業。並存佚說，可以互考云。"

【禮記沈氏義疏一卷】　（後周）沈重撰（按"後周"目錄作"後漢"，卷端作"後梁"）。國翰《敘錄》曰："重有《毛詩義疏》，已著錄。《周書·儒林傳》稱其作《禮記音》二卷。隋、唐《志》並有《禮記義疏》四十卷，而無《禮記音》之目。蓋二卷之《音》，即在《義疏》中，與所爲《毛詩義疏》同也。今佚。茲從《釋文》、《正義》採輯音釋，合一卷錄之，與賀、皇、熊諸家《義疏》相比次。《正義序》作'沈重宣'者，傳寫之訛也。"

【禮記義證一卷】　（後魏）劉芳撰。國翰《敘錄》曰："芳有《毛詩義證》，已著錄。《隋志》載其《禮記義証》十卷，《唐志》不著錄，佚已久。《正義》引'劉氏'者凡六節，止稱'劉氏'而不顯其名。觀其於《王制》'公田藉而不稅'引《匠人》鄭《注》，用《孟子》之說，於《玉藻》'羔裘豹飾'引《周官·司服》，多引證以明其義，與命書之旨合。且徧攷隋、唐二《志》，禮類中唯有劉昌宗《音》五卷，劉儁《禮記評》十卷，此外別無劉氏訓釋《禮記》者。《正義》所引劉氏，非音非評，定爲劉芳《義證》矣。據而錄之，非涉臆斷也。"

【禮記熊氏義疏四卷】　（後周）熊安生撰。國翰《敘錄》曰："安生字植之，長樂阜城人，官至露門博士，《周書》、《北史》皆有傳。戴《記》自分門王、鄭，晉宋逮于周隋，傳《禮》業者江左尤盛，北人則有徐道明、李業興、李寶鼎、侯聰之徒皆爲義疏，而唯熊氏見於世。《北史》云《義疏》三十卷，《隋志》不著錄，《唐書·藝文志》云四十卷，今佚。輯爲四卷。孔氏《正義》與皇侃並論，謂：'熊違背本經，多引外義，猶之楚而北行，馬雖疾而去愈遠矣。'又：'欲釋經文，唯聚難義，猶治絲而棼之手，雖繁而絲益亂也。'又謂：'以熊比皇，皇氏勝。'然《正義》據皇氏以爲本，其有不備，以熊氏補焉。則既經翦繁撮要，佚說之存，固皆文證詳悉、義理精審者矣。"

【禮記外傳一卷】　（唐）成伯璵撰，張幼倫注。國翰《敘錄》曰："伯璵，中山人。幼倫，吳郡人。《唐志》云：'成伯璵《禮記外傳》四卷。'《中興書目》亦云：'四卷，中山成伯璵撰，吳郡張幼倫注，四門博士劉素明序。凡一百一十條，分《義例》、《名數》二體，又各分上下卷。雖舉《禮記》爲目，實兼《三禮》言之。'晁公武《郡齋讀書志》云：'《義例》二卷，五十篇。《名數》二卷，六十九篇。'今佚。從《太平御覽》、羅苹《路史注》、衛湜《集說》、黃朝英《緗素雜記》輯得二十六節，以類排次爲卷。書仿《白虎通義》，雖不及其奧衍，而義類融貫，注亦明簡有法。伯璵又著有《毛詩指南》，康熙中納蘭成德得舊本重刊之。此編出殘缺之餘，不及《詩說》之完具，而大旨斐蔚可觀矣。"

## 經編通禮類

【石渠禮論一卷】　（漢）戴聖撰。國翰《敘錄》曰："聖字次君，梁人，官至九江太守。與沛聞人通漢子方、梁戴德延君、沛慶普孝公同受《禮》於后蒼。德號大戴，聖號小戴，以博士論石渠。事具《漢書·儒林傳》。案：《宣帝紀》甘露三年，'詔諸儒講五經同異，太子太傅蕭望之等平奏其議，上親稱制臨決焉。'《儒林·施讎傳》：'甘露中，與五經諸儒雜論同異於石渠閣。'師古曰：'《三輔故事》云：石渠閣在未央殿北，以藏秘書也。'《漢藝文志》'《禮》十三家'，有《議奏》三十八篇，注：'石渠。'《隋書·經籍志》載'《石渠禮論》四卷，戴聖撰'者，即《漢志》之《議奏》也。論石渠者，《易》有施讎、梁邱賀，《書》有歐陽地餘、林尊、周堪、假倉，《詩》有韋元成、張生、薛廣德，《禮》有戴聖、聞人通漢，《春秋公羊》有嚴彭祖、申輓、伊推、宋顯，《穀梁》有尹更始、劉向、周慶、丁姓。《隋志》題'戴聖撰'者，蓋論出諸儒而近君一人所手定也。《唐志》不著錄，時已散佚。《詩》、《禮》正義及《後漢書》補志注引之，多係節文。杜佑《通典》引十九節，差具本末，排次於前，其他逸句附後。《隋志》此書下注云：'梁有《羣儒疑義》十二卷，戴聖撰，亡。'唐以前書傳無引述者，固無從採輯之也。"

【魯禮禘祫志一卷】　（漢）鄭玄撰。國翰《敘錄》曰："鄭《駁五經異義》云：'三年一祫，五年一禘，百王通義，以《禮讖》所云，故作《禘祫志》。'隋、唐《志》均不著錄，佚已久。孔氏《詩》、《禮》正義及杜氏《通典》皆引，參校同異，訂爲一卷。《志》引經傳會其通，據《明堂位》，魯用王禮，臚舉《春秋》言禘祫者以實之。王肅好異，每多攻擊。馬昭復申明鄭義。張融評二家得失，亦多從鄭。具詳《聖證論》。後儒不復考研鄭學，如《詩·商頌·長發》'大禘'《箋》云：'大禘，郊祭天也。'《禮記》曰：'王者禘其祖之所自出，以其祖配之是也。'唐趙匡作《春秋闡微纂類義統》，實宗其説。宋儒第知說出趙氏，無推本於康成者。此《志》之散亡，何足異乎？"

【三禮圖一卷】 （漢）鄭玄、阮諶等撰。國翰《敘錄》曰："鄭有《魯禮禘祫志》等書，已各著錄。《魏志·杜畿傳》裴松之注引《阮氏譜》：'武父諶，字士信，徵辟無所就。造《三禮圖》傳於世。'《隋志》：'《三禮圖》九卷，鄭元及後漢侍中阮諶等撰。'蓋鄭注《三禮》，遂爲之《圖》，阮復因鄭《圖》而修之，故世只稱阮諶《三禮圖》，而《隋志》推本而題之也。今佚。攷聶崇義《三禮圖》引鄭氏《圖》、阮氏《圖》，又引舊《圖》，皆一書之文。復從他書搜採，輯爲一卷。即就聶《圖》次第編之。聶於舊《圖》，往往有所駁議，而要其去古未遠，見聞非後人可及。惜其《圖》盡亡，觀者就文考之，猶如覩三代法物云。"

【問禮俗一卷】 （魏）董勛撰。無敘錄。《續修四庫全書總目提要》云："此書《隋書·經籍志》作十卷，《舊唐書·經籍志》亦作十卷，蓋至唐時其書猶完好，今則佚矣。馬國翰從張華《神異經》、杜公瞻《荊楚歲時記注》、周處《風土記》、《太平御覽》、《藝文類聚》、《初學記》、杜佑《通典》及顏師古《匡謬正俗》諸書所引，輯為一卷。如說'今正臘月，門前作煙火、桃人、絞索松柏、殺雞著門戶逐疫。……今一日不殺雞，二日不殺狗，三日不殺羊，四日不殺豬，五日不殺牛，六日不殺馬，七日不行刑'，'俗以歲首用椒酒……而飲之'，'又折松枝，男七女二'，'五月俗稱惡月，多六齋放生'，'俗五月不上屋'諸條，皆可以窺見漢魏時之民俗。又如說'己在遠聞喪，除服乃歸，至家之禮'，及'己在遠初不聞喪，或日月已過，或至家乃聞'之禮，援據經典，解義明確。又答問'陵遲'、'殊死'等義，亦皆簡當，足資考證。惜亡佚者衆，存什一於千百，為可憾耳。"

【雜祭法一卷】 （晉）盧諶撰。國翰《敘錄》曰："諶字子諒，范陽人，官至司空從事中郎。《晉

書》無傳，附見《劉琨傳》中。《文選》注引徐廣《晉紀》云'顯宗徵爲散騎常侍'，並詳載其字里。所著《雜祭法》六卷，《隋書·經籍志》禮類注載其目，云'梁有'，又云'亡'。《唐書·藝文志》史部儀注類六十一家，復以六卷著錄。蓋唐時蒐羅得之也。今佚。惟《藝文類聚》、《北堂書鈔》、《初學記》、《御覽》等書引之。輯錄入禮類，以仍《隋志》之舊。其記祭品，以類銓次，可與《周官》籩人、醢人諸職，參觀古今之變，亦攷典禮者所宜會通也。"

【祭典一卷】 （晉）范汪撰。國翰《敘錄》曰："汪字元平，順陽人，官至安北將軍、徐兗二州刺史，《晉書》有傳。所著《祭典》三卷，《隋書·經籍志》經部禮類注載之，云'梁有'，又云'亡'。《唐書·藝文志》復著錄，移入史部儀注類。今佚。從《北堂書鈔》、《初學記》、《通典》、《御覽》諸書輯爲一卷，仍依《隋志》入禮類，與盧諶《雜祭法》比次。引或作范汪《祠制》，蓋書之篇目也。論'小宗可廢，大宗不可廢'，內有與其子甯辨難一節，引經決斷，析理極精。家學淵源，媲美乎炎漢向、歆父子矣。"

【後養議一卷】 （晉）干寶撰。國翰《敘錄》曰："此書芒論列爲人後者養親喪祭之禮。曰'議'者，集諸儒之議以成書也。《隋志》'《七廟議》一卷'，又'《後養議》五卷'，並以爲亡。《唐志》不復著錄，已佚。《晉書·禮志》載其論王昌父愍與前妻隔絕，更娶昌母，喪服歷敍謝衡等十餘人之議，而終以干寶論爲斷，五卷中佚篇之一也。據錄爲卷。論取張惲、劉卞'先後'之節，及齊王攸、衛恆'服絕'之制，而折衷之，以爲及其子孫交相爲服二母祫祭，等其禮饋，序其先後，配其左右，得變禮之中矣。"

【禮雜問一卷】 （晉）范甯撰。國翰《敘錄》曰："禮以'雜問'名編，記其與當代名流問答禮制之語也。《隋志》十卷，《唐志》云《禮問》九卷，又《禮論答問》九卷，今佚。從《通典》輯錄九節。別有答徐邈書三篇，答謝安書與戴逵書各一篇，亦論禮服，而既標爲書，宜入本集，故不採錄也。論皆稟經協理，不愧儒宗。唯其答鄭襲閏月忌日，謂'當以後歲閏月'，又謂'五年再有忌日'，不如襲難'以日辰'爲允。引者刪其先後答辭不具，豈無見哉！"

【雜禮議一卷】 （目錄及敘錄俱作《禮雜議》）（晉）吳商撰。國翰《敘錄》曰："商，字、里未詳，據《隋志》知爲晉益壽令。《晉書·禮志》稱博士，

本書答劉寶議亦稱國子博士，蓋又嘗爲此官也。《隋志》云，梁有晉益壽令吳商《禮難》十二卷，《雜議》十二卷，又《禮雜議記故事》十三卷，《喪雜事》二十卷，並以爲亡。《唐志》有吳商《雜禮義》十一卷，今亦佚。從《通典》輯得議六篇。《唐志》稱《雜禮義》，即《雜議》也，故依《隋志》題焉。其論‘合閏以正周’引《春秋》爲證，王儉稱其允協情理，王彪之以爲不合卜遠之理，夫固各有所見。若折成洽‘嫡孫’、‘出母’之難，卓識不磨矣。”

【禮論答問一卷】　（宋）徐廣撰。國翰《敘錄》曰：“廣字野民，或作野人，避唐太宗諱也，東莞姑幕人，侍中邈之弟，官至中散大夫。《晉書》、《南史》並有傳。《晉書》云：‘廣《答禮問》行於世。’《南史》云：‘《答禮問》百餘條。’《隋志》‘《禮論答問》八卷’，‘《禮論答問》十三卷’，並題徐廣撰；又：‘《禮答問》二卷，徐廣撰，殘缺，梁十一卷。’《唐志》云：‘《禮論問答》九卷。’傳本不同，標題或異，實一書也。今佚。杜佑《通典》引八節，輯錄爲卷。廣別撰《車服儀制》。則在當日博通典禮，史稱‘家世好學，至廣尤精’，非虛美也。”

【禮論一卷】　（宋）何承天撰。國翰《敘錄》曰：“承天，東海郯人，官至御史中丞。《宋書》、《南史》並有傳。《南史》云：‘先是《禮論》有八百卷，承天刪減并各以類相從，凡爲三百卷。’《隋志》著錄，亦三百卷。《唐志》云三百七卷，或并《目》言之與？今佚。《禮記疏》及《初學記》、《御覽》等書顯引《禮論》者十節。《通典》引何承天駁難問答五篇，文皆完具，雖不標書名，亦《禮論》之佚篇也。合錄一卷。承天母爲徐廣之姊，聰明博學，史謂‘承天幼漸訓義’，則此與廣所著《禮論答問》固一家之學云。”

【禮論條牒一卷】　（宋）任豫撰。國翰《敘錄》曰：“預，字、里無考，據《隋志》知其官宋太尉參軍而已。所撰《禮論條牒》，隋、唐《志》並十卷，今佚。《禮疏》引兩節，一論帝王之改樂，一論稷壇，犆備一家之說。預別有《禮論帖》三卷，隋、唐《志》並載之。或即因《條牒》而刪取要義，故卷數較少。諸書無引者，固靡從採錄之矣。”

【禮論鈔三卷】　（宋）庾蔚之撰。有目無書。

【禮論鈔略一卷】　（齊）荀萬秋撰。國翰《敘錄》曰：“萬秋字元寶，潁川潁陰人，宋孝武初爲晉陵太守，入齊官御史中丞。附見《南史·荀伯子傳》。

《隋志》‘《禮論要鈔》十卷’下云‘梁有齊御史中丞荀萬秋《鈔略》二卷’，又云‘亡’。《唐志》有‘荀萬秋《禮雜鈔略》二卷’。今佚。杜佑《通典》引其在宋孝武時爲殿中曹郎議郊廟樂制二篇，佚說僅存，輯錄編次。史稱萬秋用才學自顯，見一斑矣。”

【禮義答問一卷】　（齊）王儉撰。國翰《敘錄》曰：“儉有《喪服古今集記》，已著錄。《隋志》載《禮答問》三卷，王儉撰；《禮義答問》八卷，王儉撰。《唐志》作《禮儀答問》十卷，又《禮雜答問》十卷。今並佚。攷《南齊書·禮志》云：‘永明二年，太子步兵校尉伏曼容表定禮樂，於是詔尚書令王儉制定《新禮》。’又曰：‘若郊廟庠序之儀，冠婚喪紀之節，事有變革，宜錄時事者，備今志。其興格旗常與往代同異者，更立別篇。’然則《齊志》所採儉說，多據《新禮》，而史志別無儉《新禮》之目，是知關喪服者皆《集記》佚篇，其雜禮則《答問》佚篇也。當時有司奏下通關八座，‘答問’之義取此。既據輯《喪服古今集記》，更綴此編，以補缺遺。隋牛宏奏言：‘江南王儉，偏隅一臣，私撰儀注，多違古法。’意甚菲薄其書。而又奏言：‘撰《儀禮》百卷，悉用東齊儀注以爲准，亦微採王儉《禮》。’則亦以會通典禮因時制義者，固不可沒滅也。”

【禮統一卷】　（梁）賀述撰。國翰《敘錄》曰：“述，字及里爵皆無考。所撰《禮統》，《隋志》亦不著錄。《唐志》有‘賀述《禮統》十二卷’，敘次在賀瑒、崔靈恩之間。王應麟《玉海》亦載之。攷《隋志》：‘梁有齊御史中丞荀萬秋《鈔略》二卷，尚書儀曹郎邱季彬《論》五十八卷，《議》一百三十卷，《統》六卷，亡。’則《禮統》之作，始於季彬，賀述增續，故卷數倍之。隋亡其書，唐初得述所增續之本，故標題賀述也。今佚，輯錄爲卷。玩其體例，仿《白虎通義》，爲之統括禮制，此取於‘統’之義乎？”

【禮雜問答鈔一卷】　（梁）何佟之撰。有目無書。

【禮疑義一卷】　（梁）周捨撰。國翰《敘錄》曰：“捨字昇逸，汝南安成人，顒子，官至侍中、太子詹事，贈侍中護軍將軍，諡簡子。《梁書》、《南史》皆有傳。此書記《禮》之疑義，《北史》引或作《疑議》，亦禮論之類也。《隋志》五十三卷，《唐志》五十卷，今佚。輯錄四條。其《南史·司馬筠傳》所載《皇子慈母服議》一篇，本末完具。他非足文，僅存大略。史稱：‘武帝禮儀損益，多自捨出。’則其說之隱於《梁書·禮志》者，固不少也。"

【三禮義宗四卷】　（梁）崔靈恩撰。國翰《敘錄》曰："靈恩有《集注毛詩》，已著錄。《南史·儒林》本傳云：'徧習五經，尤精三《禮》三《傳》。'又載其注《周禮》四十卷，《三禮義宗》三十卷。隋、唐《志》於《周禮》稱《集注》二十卷，《義宗》卷數並同本傳。今皆佚。《禮記正義》多引其說。《周禮》、《儀禮》二《疏》不見徵引。茲從羣書採輯，釐爲《周禮》一卷、《儀禮》一卷、《禮記》二卷。至其集注《周禮》，不可見矣。杜佑《通典》於'五載巡守'義，譏其'不達古今豐約之別，復不詳《周官》之文，輒肆臆度之說'。則訓解間有可議。然其宏通博洽，自不能掩也。"

【釋疑論一卷】　（唐）元行沖撰。國翰《敘錄》曰："行沖名澹，以字顯，河南人，官至宏文館學士，封常山郡公。新、舊《唐書》並有傳。《舊書》載左衛率府長史魏光乘奏請行用魏徵所著《類禮》，上令行沖集學者撰《義疏》，將立學官。行沖引博士范行恭、四門助教施敬本，檢討刊削，勒成五十卷，開元十四年八月奏上之。尚書左丞相張說駁奏，竟不得立於學官。行沖患諸儒排己，退而著論以自釋，名曰《釋疑》，具載其詞。案：《唐志》有魏徵次《禮記》二十卷，即《類禮》，元行沖《類禮義疏》五十卷。今並佚。《釋疑》一論，正緣《類禮》而作，且敘述諸經興廢、前儒得失，甚爲詳晰。錄列一家，聊當序引。朱子嘗惜《類禮》不復見，所編《儀禮經傳通解》綱目犁然，作《類禮》觀可，作《類禮義疏》觀亦可。"

## 經編樂類

【樂經一卷】　不著撰者。國翰《敘錄》曰："沈約《宋書》云：'秦代滅樂，《樂經》殘亡。'《漢書·王莽傳》：'元始三年，立《樂經》。'王充《論衡》云：'陽成子長作《樂》，極鼓冥之深。'子長名衡，蜀郡人，桓譚《新論》云'爲講學祭酒'，《風俗通》云'漢有諫議大夫陽城公衡，即陽城衡也'。莽時所立，即衡所著之《樂經》。《隋志》有《樂經》四卷，不著姓名。《唐志》有李玄楚《樂經》三十卷。今並佚。考《漢書·藝文志》云：'漢興，制氏以雅樂聲律世在樂官，頗能紀其鏗鏘鼓舞，而不能言其義。六國之君，魏文侯最爲好古，孝文時得其樂人竇公獻其書，乃《周官·大宗伯》之《大司樂》章也。'明朱

載堉著《樂經新說》，《自述》云：'按漢時竇公獻《古樂經》，其文與《周官·大司樂》同，則《樂經》未嘗亡也。'朱氏《經義考》亦云：'樂之有經，大約存其綱領，然則《大司樂》一章，即《樂經》可知矣。'又《周官考工記·磬氏》疏引《樂》，與《三禮圖》引《樂經》同。又，《尚書大傳》引《樂》一節，《補漢志》注引《樂經》一節，王應麟《玉海》述之。並據輯補。李厚菴相國有《古樂經傳》五卷，取《周禮·大司樂》以下二十官爲經，與《漢志》不合，不敢採入。至劉向《別錄》'《樂記》二十三篇'中有《竇公篇》，疑亦是《大司樂》章附著《樂記》，不復具錄云。"

【樂記一卷】　（漢）劉向校定。國翰《敘錄》曰："按《漢志》樂六家，有《樂記》二十三篇。孔氏《正義》云：'劉向校書，得《樂記》二十三篇，著於《別錄》云。鄭氏注《禮》，存其十一篇，序次復先後不同，而《樂記》殘缺，遂非《漢志》之舊矣。茲據《正義》所引《別錄》十一篇之次，依舊錄之。其缺者十二篇，錄存其名。有見引徵者，補輯各篇中。《呂氏春秋》說樂者八篇，疑即《樂記》之佚文，附說於下，俟博雅君子推定焉。"《續修四庫全書總目提要（稿本）》略云："馬氏謂《呂氏春秋》有論樂之文八篇，乃《樂記》之遺，未敢決其必然。而《周禮·樂師》注云'《貍首》在《樂記》'，蔡邕《明堂論》引《樂記》曰'武王伐紂為俘馘於太室'，輯本反皆不載，似尚有補充之必要也。"

【樂元語一卷】　（漢）河間獻王劉德撰。國翰《敘錄》曰："王，孝景皇帝子，事蹟具《漢書·景十三王傳》。傳云：'武帝時，獻王來朝，獻雅樂。'《漢·藝文志》樂家：'王禹《記》二十四篇。武帝時，河間獻王好儒，與毛氏等共采《周官》及諸子言樂事，以作《樂記》，獻八佾之舞，與制氏不相遠。其內史丞王定傳之，以授常山王禹。禹成帝時爲謁者，數言其義，獻二十四卷《記》。劉向挍書，得二十三篇，與禹不同。'此書漢、隋《志》皆無其目。據《漢·食貨志》臣瓚注云：'河間獻王所傳。'則《古樂記》佚篇之一也。《白虎通》引其言夷狄樂制，《漢書》注載其言五均事，據輯。《禮記正義》引《白虎通》，與今本互異，並訂正焉。"

【琴清英一卷】　（漢）揚雄撰。國翰《敘錄》曰："雄字子雲，蜀郡成都人，官至黃門侍郎，事蹟

具《漢書》本傳。《漢志》載雄所序三十八篇，有《樂》四篇，此其一也。‘清英’猶言‘菁華’。梁昭明太子《文選序》云‘畧其蕪穢，集其清英’，亦此義。酈道元《水經注》引揚雄《琴清英》，蓋雄諸樂篇散失後，魏時存者惟此。隋、唐《志》均不著錄，則亦佚矣。輯錄得六節。其說《雉朝飛》爲衛女守貞死，化爲雉，傅母悲之，作此操。與《琴操》、《古今樂錄》不同。傳聞異辭，未知孰是也。”

【鍾律書一卷】　（漢）劉歆撰。有目無書。

【樂社大義一卷】　（梁）武帝撰。國翰《敘錄》曰：“帝有《周易講疏》，已著錄。此書名‘樂社’者，案《周禮·夏官·大司馬》：‘先凱樂于社。’武帝以武功得天下，功成作樂。觀其樂舞，先武後文。‘樂社’之義，或取諸此也。隋、唐《志》並十卷，今佚。考《梁書·樂志》云：‘帝素善音律，遂自制四器，名之爲通，以定雅樂。備載所定郊、禋、宗廟、三朝之樂。二舞、十二雅各著沿革及取名之義。’又，《隋書·音樂志》：‘沈約奏言：帝所作四通十二笛，尺寸詳悉。’皆引述本書之文也。據以補錄。其《善哉》、《大樂》、《大歡》等十篇，雖名正樂，皆述佛法，茲無取焉。”

【鍾律緯一卷】　（梁）武帝撰。國翰《敘錄》曰：“帝既作《樂社大義》，此則專言鍾律也。《隋書·律歷志》云：‘梁初因晉，宋及齊無所改制，其後武帝作《鍾律緯》，論前代得失。’又云：‘大業二年，乃詔改用梁表律，調鍾磬八音之器，比之前代，最爲合古。’其制度、文議並毛爽舊律，並在江都淪喪。故《隋·經籍志》云：‘梁有《鍾律緯》六卷，梁武帝撰，亡。’而《唐志》不復著錄也。唯《隋·律歷志》引四節，較驗古尺律最爲明悉，約四器名通之義，梁時表律猶存崖略焉。”

【古今樂錄一卷】　（陳）智匠撰。國翰《敘錄》曰：“陳沙門智匠撰。《太平御覽》引作智象，以聲近傳訛也。《隋志》十二卷，《唐志》十三卷，今佚。採輯遺說，聊以類排次爲卷。‘信都芳候氣’及‘隋文帝問律氣於牛宏’二節，《隋書·律歷志》取之。記‘都曇答臘諸鼓’，《大周正樂》本之。則其書見重於當時，從可知矣。”

【樂書一卷】　（後魏）信都芳撰。國翰《敘錄》曰：“都芳字玉琳，河間人。《北史·藝術》有傳，稱其少明算術，兼有巧思；又謂隱於并州樂平之東山，

太守慕容保聞而召之，保弟紹宗薦之於齊神武，爲館客，授中外府田曹參軍；又謂著《樂書》、《遁甲經》、《四術周髀宗》。《隋志》載其《樂書》七卷。《唐志》云‘刪注《樂書》九卷’。今佚。從《御覽》輯得十節。說古樂器形製甚詳。中於‘筑’下云：‘唐代編入雅樂也。’‘笛’下云：‘雅樂部內咸用之也。’都芳，魏、齊間人，不應預及唐事。蓋爲後人羼入語，《御覽》未及裁正。今並刪定，以存其朔云。”

【管絃記一卷】　不著撰者。有目無書。

【樂部一卷】　不著撰者。國翰《敘錄》曰：“《隋志》以一卷著錄，《唐志》不載，佚已久。惟《太平御覽》引之，記龜茲、天竺、康國、疎勒、安國、高麗等樂甚詳。書中或言唐制。案：《隋志》載此書於何妥《樂要》之下，當是隋季人所作。其人及見唐初制作，故能言之。惜書隱其名，故無能悉考也。”

【琴歷一卷】　不著撰者。國翰《敘錄》曰：“《隋志》有《琴歷頭簿》一卷，《唐志》作《琴集歷頭拍簿》一卷，均不著撰人姓名，即此是也。其書今佚。《初學記》、《太平御覽》引之，互有同異。參校訂輯，即以所引《琴歷》題之。凡琴曲三十有八。如《中暉清》、《暢志清》、《蟹行清》等六目，他書所未見，足資該聞焉。”

【樂律義一卷】　（後周）沈重撰。國翰《敘錄》曰：“重有《毛詩》、《禮記》等《義疏》，已各著錄。宋錢樂之衍京房六十律，更曾爲三百六十，重爲梁博士時述其名數。《隋書·經籍志》‘《樂律義》四卷’。《唐書·藝文志》作‘《鍾律》五卷’。原書久佚。《隋·律歷志》載其《鍾律議》一篇，及三百六十律名目，以十二月律分統，或三十四律，或二十七律，各爲一部。自黃鍾終於壯進一百五十律，皆三分損一。以下生自依行，終於億兆二百九十律，皆三分益一。以上生安運一律爲終，屬應鍾部二十七律。後踵增蔓衍，如萬壽、無疆、地久、天長等爲四律之名，亦無深意。然重自謂曰，律依淮南本數，則固非無所據也。”

【樂譜集解一卷】　（隋）蕭吉撰。原無敘錄。《續修四庫全書總目提要》略云：“吉字文休，梁武帝兄，長沙宣武王懿之孫。《隋書·藝術》有傳，稱其博學多通，尤精陰陽算術。江陵陷，歸于周，爲儀同。及隋受禪，進上儀同，以本官太常考定古今陰陽書。所著有《金海》、《相經要錄》、《宅經》、《葬經》、《樂譜》等。《樂譜》蓋即是書也。《隋志》、

《唐志》均箸錄，並作二十卷。惟今已佚。是書為清馬國翰從《隋書·律曆志》中輯出者。……所存皆論審度之事。"

【琴書一卷】　（唐）趙惟陳撰。原無敘錄。自《太平御覽》輯出，凡八條。

## 經編春秋類

【春秋大傳一卷】　不著撰者。國翰《敘錄》曰："漢、隋、唐《志》均不著目，其書亦佚。唯《史記·三王世家》褚少孫《補傳》引一節，余知古《渚宮舊事》引一節。褚在宣、元之世已引其說，則此書爲漢初經師所撰。《漢·藝文志》：《春秋》二十二家，《左氏》、《公羊》、《穀梁》三傳外，有《鄒氏傳》十一卷，《夾氏傳》十一卷、《虞氏微傳》二篇、《公羊外傳》五十篇、《穀梁外傳》二十篇。五家皆以‘傳’稱，《大傳》當在其內爾。"

【春秋決事一卷】　（漢）董仲舒撰。國翰《敘錄》曰："仲舒，廣川人，官至膠西相，事蹟具《漢書》本傳。董氏傳《春秋公羊》學，既撰《繁露》，悉究天人之奧，復爲此書，引經斷獄，當代取式焉。《漢志》‘《公羊董仲舒治獄》十六篇’，《隋志》‘《春秋決事》十卷，董仲舒撰’，皆入春秋家。《唐志》‘董仲舒《春秋決獄》十卷’。董氏正移入法家。案：應劭說亦稱《決獄》。《崇文總目》作《春秋決事比》十卷。今佚。從《禮記正義》、《通典》、《白帖》、《藝文類聚》、《御覽》等書輯得八節，仍依漢、隋《志》入春秋類。其論衡情準理，頗持其平。妻甲見夫乙毆母而殺乙，比於武王誅紂。雖康成議其過大，誼要自可通也。"

【公羊嚴氏春秋一卷】　（漢）嚴彭祖撰。國翰《敘錄》曰："彭祖字公子，東海下邳人，與顏安樂俱事眭孟，傳《公羊春秋》之學，官至太子太傅，事蹟見《漢書·儒林傳》。《隋志》：‘《春秋公羊傳》十二卷，嚴彭祖撰。’《唐志》：‘五卷，嚴彭祖述。’又：‘《春秋圖》七卷。’今並佚。孔穎達《春秋正義》、徐彥《公羊疏》各引一節，杜佑《通典》兼引馮君《嚴氏春秋章句》，合輯並附錄本傳爲卷。諸引者稱《嚴氏春秋》，據標題焉。案：嚴、顏並以《公羊》教授，顏有冷、任、筦、冥之學；而嚴氏流派，史未述詳，見於傳者，山陽丁恭子然、北海周澤穉都、汝陽鍾興次文、北海甄宇長文、陳留樓望次子、豫章陳曾秀升、南陽樊儵長魚、蜀郡張霸伯饒、張楷公超、潁川李修、九江夏勤，又侍郎申輓、伊推、宋顯、許廣，皆同嚴氏大議殿中者，大抵皆爲嚴氏學者。又，下邳嚴訢少通治《嚴氏春秋馮君章句》，見洪适《隸釋》云。"

【春秋公羊顏氏記一卷】　（漢）顏安樂撰。國翰《敘錄》曰："安樂字公孫，魯國薛人，官至齊郡太守丞，《漢書·儒林》有傳。《傳》稱：‘安樂事眭孟，授淮南冷豐次君、淄川任公，由是顏家有冷、任之學。’又稱：‘琅邪筦路、泰山冥都皆事安樂顏氏，復有筦、冥之學。路授孫寶，豐授馬宮。’左咸《六藝論》又言：‘安樂弟子有陰豐、劉向、王彥，一時學徒衆盛，與嚴彭祖齊名而過之。’《漢志》：‘《公羊顏氏記》十一篇。’隋、唐《志》不著錄，佚己久。徐彥《疏》及洪适《隸續》載《石經公羊》。袞輯七節，附錄本傳爲卷。何休《序》謂：‘說者疑惑，至有倍經任意反傳違戾者。’又言：‘時加釀嘲辭。’自是指斥世之俗儒。徐《疏》引顏氏以寔之，反復辨難，不遺餘力。至其精理醇義，皆湮沒而不稱述，良堪喟也。"

【春秋穀梁傳章句一卷】　（漢）尹更始撰。國翰《敘錄》曰："更始字君翁，汝南人，由議郎官至諫大夫、長樂戶將軍，事具《漢書·儒林傳》。傳稱：‘更始從蔡千秋受《穀梁》，又受《左氏傳》，取其變理合者以爲《章句》，傳子咸及翟方進、琅邪房鳳。’《隋志》：‘梁有《春秋穀梁傳》十五卷，漢諫議大夫尹更始撰，亡。’《新唐書·志》題同。《隋志》云：‘尹更始注。’《舊唐志》題‘《穀梁章句》十五卷。’今佚。楊士勛《疏》引一節。《禮記正義》、《周禮疏》、《文選注》各引一節。又，《注疏》引‘《穀梁》說’五節，‘舊說’五節。《大戴禮注》引‘《春秋穀梁》說’一節。案：漢儒傳《穀梁》學者惟尹及劉向有書，劉書隋、唐《志》不載，范《注》於劉佚說皆明標‘劉向’。‘隕石于宋五’《注》引‘劉說’，《疏》引‘舊說’，云：‘與劉向合’，明非劉氏說矣。且尹在漢爲《穀梁》博士，名在周慶、丁姓之上，又獨有著書，則凡引‘《穀梁》說’及‘舊說’者，皆尹氏《章句》無疑也。並據合輯。漢《穀梁》學自榮廣、皓星公開之，尹得其宗，鳴於當代。存此殘佚，少而彌珍已。"

【春秋穀梁傳說一卷】　（漢）劉向撰。國翰《敘錄》曰："向有《洪範五行傳記》，已著錄。《漢·儒林傳》云‘劉向以故諫大夫通達待詔受《穀梁》’，不言撰作。隋、唐《志》皆不著錄，惟《晉書·五行志》引劉向《春秋說》，范《注》、楊《疏》亦並引劉向，則劉氏實有書矣。蒐輯一十六節。其說多明災異，與所記《洪範五行》相表裏云。”

【春秋左氏傳章句一卷】　（漢）劉歆撰。國翰《敘錄》曰：“歆有《洪範五行傳》，已著錄。《漢書》本傳云：‘及歆校秘書，見古文《春秋左氏傳》，歆大好之。時丞相史尹咸以能治《左氏》，與歆共校經傳。歆略從咸及丞相翟方進受質問大義。初《左氏傳》多古文古言，學者傳訓故而已。及歆治《左氏》，引傳文以解經，轉相發明，由是章句義理備焉。’杜預《集解序》云：‘劉子駿創通大義。’然則《左氏》之有《章句》自歆始也。隋、唐《志》皆不著錄，佚已久。從《正義》、《釋文》輯二十節。其說多與賈逵、潁容、許淑並引，則三家皆祖述劉氏者也。”

【春秋牒例章句一卷】　（漢）鄭眾撰。國翰《敘錄》曰：“眾有《周禮解詁》，已著錄。《後漢書》本傳云：‘年十二從父受《左氏春秋》，精力於學，明《三統歷》，作《春秋難記條例》。’《隋志》云：‘梁有《春秋左氏傳條例》九卷，漢大司農鄭眾撰，亡。’《唐志》有鄭眾《牒例章句》九卷。今佚。輯錄爲帙，即依《唐志》題之。案：鄭眾父興，少學《公羊春秋》，晚善《左氏傳》，從博士金子嚴受學，又從劉歆講正大義。歆美興才，使撰《條例》、《章句》、《訓詁》。眾傳父業，則此書亦師承劉氏而說，與《周禮》互發者，具見古文家法云。”

【春秋左氏傳解詁二卷】　（漢）賈逵撰。國翰《敘錄》曰：“逵既奉詔作《春秋長經章句》，書奏，帝嘉之，賜布五百疋，衣一襲，令逵自選《公羊》嚴、顏諸生高才者二十人，教以《左氏》，與簡紙經傳各一通，此《解詁》之所由作也。本傳云：‘尤明《左氏傳》、《國語》，爲之解詁五十一篇。’章懷太子注：‘《左氏》三十篇、《國語》二十一篇也。’隋、唐《志》並三十卷。其書散佚。宋王應麟輯《古文春秋左傳》十二卷，中載賈逵佚說，而疏漏者尚三之一。茲更補綴，合舊輯爲二卷。《正義》病其雜取《公羊》、《穀梁》以釋《左氏》，謂之‘以冠雙履，將絲綜麻’。然《長經》固別標殊旨，茲取三《傳》之同者通釋之，亦何有鑿枘之不相入耶？”

【春秋左氏長經章句一卷】　（漢）賈逵撰。國翰《敘錄》曰：“案《後漢書》逵本傳云：‘建初元年，詔逵入講北宮白虎觀、南宮雲臺。帝善逵說，使發出《左氏傳》大義長於二《傳》者。逵於是具條奏之。’又其奏云：‘摘出《左氏》三十事。’《隋志》：‘《春秋左氏長經》二十卷，漢侍中賈逵章句。’《唐志》同。今佚。本傳載《奏》一篇，章懷太子注引說九節，《公羊疏》亦引二節。以‘《左氏》義深君父，《公羊》多任權變’，卓識不磨。唯好用圖讖，明劉氏爲堯後，史論譏其‘附會文致，最差貴顯’。然《左氏》之學傳於後世，景伯之力也。世稱‘通儒’，蓋無愧焉。”

【春秋三傳異同說一卷】　（漢）馬融撰。國翰《敘錄》曰：“融於《易》、《書》、《詩》、《禮》皆有《注》，已各著錄。《後漢書》本傳云：‘嘗欲訓《左氏春秋》，及見賈逵、鄭眾《注》，乃曰：“賈君精而不博，鄭君博而不精。既精既博，吾何加焉？”但著《三傳異同說》。’隋、唐《志》皆不載，書佚已久。輯二十一節。如說‘二叔’爲‘夏殷之叔世’、‘五典’爲‘五行’，與賈、鄭殊異，未必如賈、鄭之可從也。”《續修四庫全書總目提要（稿本）》略云：“觀《後漢書》所引馬融之語，似融所注意者，仍在《左氏》。故輯本二十一條之中，大率皆注釋《左氏》之文，而鮮有論及二氏者。惟文公十八年《春秋經》有‘秦伯罃卒’一條，輯本有‘《穀梁傳》曰秦伯偃’之文，稱爲‘《公羊傳》徐彥《疏》引《三家經同異》’。今按《穀梁傳》無此文，《公羊疏》亦無此語，是輯本之誤也。又昭公四年《左氏》有‘大雨雹’之文，輯本由《公羊傳疏》引《三家經同異》云：‘《穀梁》作大雨雪。’今按徐彥《疏》乃引賈氏之語，是輯本又誤也。吾意原書蓋以《左氏》爲主，而參以二氏，論其同異。惟遺文甚少，亦不可詳考矣。”

【解疑論一卷】　（漢）戴宏撰。國翰《敘錄》曰：“宏不詳何人。其書史志亦不載。何休《公羊傳序》云：‘恨先師觀聽不決，多隨二創。此世之餘事，斯豈非守文持論敗績失據之過哉？’徐彥《疏》謂：‘此先師，戴宏等也。’又謂：‘戴宏作《解疑論》而難《左氏》，不得《左氏》之理，不能以正義決之。’又謂：‘執持《公羊》之文以論《左氏》，即戴宏《解疑論》之流矣。’今其難《左》之說，佚不可見。徐《疏》引其《序》一則，‘述公羊源流論’二則。一說‘孔子感世衰而作《春秋》’，一說‘吳楚異號’，引緯證經。得毋因賈逵之緣隙奮筆，而務與讖合乎？”

《續修四庫全書總目提要（稿本）》云：“按《後漢書・吳祐傳》載：祐‘遷膠東侯相，時濟北戴宏父為縣丞，宏年十六，從在丞舍。祐每行園，常聞諷誦之音，奇而厚之，亦與為友。卒成儒宗，知名東夏，官至酒泉太守。’章懷《注》引《濟北先賢傳》曰：‘宏字元袞，剛縣人也。年十二，為郡督郵。曾以職事見詰，府君欲撻之。宏曰：“今鄰郡遭明府，咸以為仲尼之君，國小人少，以宏為顏回。豈聞仲尼有撻顏回之義？”府君異其對，即日教署主簿也。’馬國翰謂不詳何人，蓋僅查《後漢書》之目，而未考其內容也。”

【春秋文諡例一卷】　（漢）何休撰。國翰《敘錄》曰：“休有《冠禮約制》，已著錄。此書翼《公羊解詁》而作。《隋志》一卷。《唐志》不載。佚已久。徐彥《疏》引其略，茲據錄補。晁說之謂：‘何休特負於《公羊》之學，五始、三科、九旨、七等、六輔、二類、七缺之設，何其紛紛邪？’案：休《公羊傳序》云：‘胡母生《條例》多得其正。’然則何氏之例，亦自有所受之也。”《續修四庫全書總目提要（稿本）》作《春秋公羊文諡例》一卷，提要略云：“輯本僅存七條，且俱見於《公羊注疏》卷一，□有遺憾。然講五始、三科、九旨、七等、六輔、二類、七缺之義已略備，且原書亦僅一卷，故無可考之文當不甚多。又宋均注《春秋緯》謂三科之外別有九旨，即時、日、月、王、天王、天子、譏、貶、絕，與何氏頗異其趣。蓋講經之綱領各家皆同，而其解釋則因派別而異也。”

【春秋左氏傳解誼四卷】　（漢）服虔撰。國翰《敘錄》曰：“虔字子慎，初名重，又名祇，後改爲虔，河南滎陽人，官至九江太守，《後漢書・儒林》有傳。傳稱：‘作《春秋左氏傳解》，行之至今。又以《左傳》駁何休之所議漢事十六條。’張瑩《漢南紀》云：‘尤明《春秋左氏傳》，爲作《訓解》。’劉義慶《世說新語》云：‘鄭元欲注《春秋傳》，尚未成時，行與服子慎遇，宿過舍，先未相識。服在外車上，與人說己注《傳》意。元聽之良久，多與己同。元就車與語曰：“吾久欲注，尚未了，聽君向言，多與吾同，今當盡以所注與君。”遂爲《服氏注》。’然則《服氏解》中有康成手稿，服、鄭固一家之學也。《隋書・經籍志》云：‘賈逵、服虔至魏始行於世。晉杜預又爲《經傳集解》。服虔、杜預《注》俱立國學，而後學惟傳服義。至隋，杜氏盛行，服義寖微，

今殆無師說。’《隋志》載三十一卷，《唐志》、《釋文》並三十卷，今佚。從王應麟所輯《古文春秋左傳》所引服說，更補缺漏，釐爲四卷。又考服有《春秋左氏膏肓釋痾》，《隋志》十卷，《唐志》五卷；《春秋漢議駁》，《隋志》‘梁有二卷’，《唐志》十一卷；《春秋成長說》，《隋志》九卷，《唐志》七卷；《春秋塞難》，《隋志》三卷；《春秋音隱》，《唐志》一卷；今並散亡。唯於《後漢續志》得釋痾一條，於《正義》得成長說一條，附著《解誼》後。孔《疏》每駁服申杜，疏家體式宜然。《北史》謂：‘江左，《左傳》則杜元凱；河洛，《左傳》則服子慎。’要其會歸，殊方同致。此爲持平之論已。”

【春秋成長說一卷】　（漢）服虔撰。附《解誼》後。無敘錄。

【春秋左氏膏肓釋痾一卷】　（漢）服虔撰。附《解誼》後。無敘錄。

【春秋釋例一卷】　（漢）穎容撰。國翰《敘錄》曰：“容字子嚴，陳國長平人。善《左氏春秋》，師事太尉楊賜。郡舉孝廉，州辟公車，徵皆不就。劉表以爲太守，不肯起。《後漢書・儒林》有傳。《傳》稱：‘著《春秋左氏條例》五萬餘言。’《隋志》云‘《春秋釋例》十卷’。《唐志》亦作‘穎容《釋例》七卷’。今佚。輯錄二十七節。杜氏《集解序》云：‘末有穎子嚴者，雖淺近，亦復名家。’其全書體例，不能詳考。杜氏亦著《釋例》，書名與穎氏同，或因其例而增修之與？”

【左氏奇說一卷】　（漢）彭汪撰。國翰《敘錄》曰：“汪字仲博，汝南人，見陸德明《釋文》及孔穎達《正義》。《釋文序錄》云：‘汝南彭汪，字仲博，記先師奇說及舊注《春秋序》。’《正義》云：‘中興以後，陳元、鄭衆、賈逵、馬融、延篤、彭仲博、許惠卿、服虔、穎容之徒，皆傳《左氏春秋》。’隋、唐《志》無彭汪著書之目。《正義》引‘彭仲博’二節，亦不標其書名。朱氏《經義考》載彭氏汪《左氏奇說》，佚。據錄一家，存漢師之遺詁焉。”

【春秋左傳許氏注一卷】　（漢）許淑撰。國翰《敘錄》曰：“淑字惠鄉，魏郡人，見孔穎達《正義》。杜氏《集解序》云：‘賈景伯父子，許惠卿，皆先儒之美者也。’陸氏《經典釋文序錄》載其《左傳注》。隋、唐《志》皆不著錄，卷亦不詳，書佚已久。從《正義》輯六節，皆與劉歆、賈逵同說。則杜《序》所謂

'大體轉相祖述'者，漢人篤守師法，於此益信矣。"

【春秋左氏經傳章句一卷】　（魏）董遇撰。國翰《敘錄》曰："遇有《周易章句》，已著錄。其爲《左氏章句》，《隋志》作《春秋左氏傳》，《唐志》作《左氏經傳》，並三十卷。今佚，輯得十節爲帙。其本字如昭六年'士匄'作'王正'，二十年'專壹'作'摶壹'，二十三年'伍候'作'五候'之類，多與杜異而同於賈、服、王肅。則漢魏時古本足取正俗本之誤，未可執後行之本，以疑前儒也。"

【春秋左傳王氏注一卷】　（魏）王肅撰。國翰《敘錄》曰："肅於《易》、《書》、《詩》、《禮》皆有注。其注《春秋左氏傳》，隋、唐《志》並三十卷，今佚。輯錄一帙。肅父朗有《傳注》十二卷，《隨志》別載之，似肅因父書增多十八卷，故兩《注》並行於代。其本字往往與杜氏殊異，杜《集解》非一家，則異字或縣杜而改。哀六年引《夏書》'惟彼陶唐'六句，以爲太康時，與孔《傳》合。《正義》疑肅見古文，匿之而不言，良是也。"

【春秋左氏傳嵇氏音一卷】　（魏）嵇康撰。國翰《敘錄》曰："康字叔夜，譙國銍人。本姓奚，自會稽徙譙之銍縣，嵇山家于側，遂氏焉。拜中散大夫。事蹟具《晉書》本傳。《隋志》有《春秋左氏傳音》三卷，《唐志》不著錄，佚已久。陸德明《釋文》引五節，《史記索隱》引一節，並據採輯。如'戮'音'留'；'鶪鴿'，'鶪'音'權'，從《公羊》作'鶪'：今雖不用，而古調獨彈，比於《廣陵散》云。"

【春秋穀梁傳糜氏注一卷】　（魏）糜信撰。國翰《敘錄》曰："信字南山，東海人，官樂平太守，見《經典釋文序錄》。《隋志》云'魏樂平太守糜信'。楊士勛《疏》引或作'糜信'。《禮記正義》引其說'反舌'事，又作'糜信'。當依《釋文》、《隋志》作'糜信'。《册府元龜》'糜信'外復出'康信'，《太平御覽》引《穀梁注》作'庚信'，並誤也。其注《春秋穀梁傳》，隋、唐《志》並十二卷。《隋志》又有《春秋說要》十卷，《唐志》作《左氏傳說要》，卷數同。《册府元龜》云《春秋要》一卷。《隋志》又有'糜信《理何氏漢議》二卷，魏人撰。'《唐志》作'《春秋漢議》十卷，糜信注，鄭氏駁。'《釋文》有《穀梁音》。今並佚。從楊《疏》、《釋文》及《御覽》輯錄爲卷。如'討'作'糾'，'蒐'作'搜'，'射'作'亦'，'鍾'作'童'，'宮'作'官'，

本多異字。'五麾'、'五兵'、'五鼓'說同徐邈，皆必有所承受，惜不可考已。"

【春秋公羊穀梁傳解詁一卷】　（晉）劉兆撰。國翰《敘錄》曰："兆字延世，濟南東平人。博學洽聞，溫篤善誘。武帝時五辟公府，三徵博士，皆不就。《晉書·儒林》有傳。楊士勛《穀梁傳序疏》數注《穀梁》者十餘家，有劉瑤，盧抱經以爲即劉兆也。《傳》載其著述有《春秋調人》七萬餘言，又爲《春秋左氏》解，名曰《全綜》，《公羊、穀梁解詁》，皆納經傳中，朱書以別之。《隋志》惟以《春秋公羊穀梁傳》十二卷著錄。《唐志》作《春秋三傳集解》十一卷，蓋合《全綜》爲一書，而復少一卷也。今佚。輯錄十節。皆訓《公》、《穀》之義。與今本文異者，足資參考。其解《左》及《調人》泯絕不可復覩，令人悵悵爾。"《續修四庫全書總目提要（稿本）》略云："今輯本有十條，皆訓《公》、《穀》之義，偏於字句之詁訓。竊玩味《晉書》本傳之意，《全綜》原書當以《左氏》爲主，而以《公》、《穀》爲輔翼。今《左氏》全缺，真像如何，不可見矣。"

【春秋左氏傳義注一卷】　（晉）孫毓撰。國翰《敘錄》曰："毓有《毛詩異同評》，已著錄。其作《春秋左氏傳義注》，《隋志》十八卷，《唐志》三十卷。又有《春秋左氏傳賈服異同略》，隋、唐《志》並五卷。今皆佚。輯錄八節。如'周之宗盟'據宗伯盟詛之辭，以服氏'同宗解'爲不然。'王室之不壞'，服本作'懷'，孫依賈作'壞'，亦不取服氏。似《義注》及《賈服異同略》二書大旨申賈而駁服。蓋服虔《注》受於鄭康成，而王肅說多主賈逵，孫朋於王，猶評《詩》之說也。"

【春秋公羊穀梁二傳評一卷】　（晉）江熙撰。國翰《敘錄》曰："熙字太和，官至兖州別駕，見《册府元龜》。《隋志》此書三卷，不著姓氏。《唐志》題'江熙'。《玉海》云《公穀二傳評》。今佚。范甯《注》引十九節，據輯。按范《序》云：'先君北蕃迴軫，頓駕于吳，乃帥門生故吏，我兄弟子姪，研講六籍，次及三《傳》。'又云：'釋《穀梁》者近十家，皆膚淺末學，不經師匠。'楊士勛《疏》：'門生，同門後生。故吏，謂昔日君臣，江、徐之屬是也。'又解十家有江熙，熙評二《傳》，非專釋《穀梁》。且范解亟取其說，而無所斥駁，所謂與二三學士及諸子弟弟各記所識，並言其意，當不在十家之內也。"

【春秋穀梁傳徐氏注一卷】 （晉）徐乾撰。乾字文祚，東莞人，官給事中，見《經典釋文序錄》。國翰《敘錄》曰："《隋志》云：'梁有《春秋穀梁傳》十三卷，晉給事郎徐乾注，亡。'《唐志》復以十三卷著錄。今佚。范《注》引六節，楊《疏》引一節，據輯。研究書法日與不日之例。全書之旨，概可知矣。"

【春秋土地名一卷】 （晉）京相璠撰。國翰《敘錄》曰："璠，字、爵里無考。酈道元《水經注》云：'京相璠與裴司空彥季修《晉輿地圖》，作《春秋地名》。'《隋志》：'《春秋土地名》三卷，晉裴秀客京相璠等撰。'云'京相璠等'，則非出璠一人之手，以之爲主，故題璠名。《唐志》直題'京相璠'，卷同。今佚。《水經注》引百餘則，《初學記》亦引之。裒錄爲帙。如釋'邧垂'在高都，'中人'在望都。酈一以爲疏遠，未足爲證；一以爲未詳，似亦不免舛失。然如前城、柏舉、焦瑕、窮、養，杜氏所闕，此能確切指言之，則博洽足稱也。"

【春秋穀梁傳注義一卷】 （晉）徐邈撰。國翰《敘錄》曰："邈有《春秋音》，已著錄。《隋志》有《春秋穀梁傳》十二卷、《春秋穀梁傳義》十卷，並題徐邈撰。又別有徐邈《答春秋穀梁義》三卷。《唐志》作徐邈《注》十二卷，又《傳義》十卷、《音》一卷。今並佚。《注疏》引九十一節，《北堂書鈔》引二節，《初學記》引一節，並據輯錄。《注》、《義》二書不能區分。總以《注義》題之。《本傳》稱所注《穀梁傳》見重於時，范爲《集解》，引述獨多。則以其書辭理典據，實有可觀，亦以爲豫章時採求風教，邈與甯書極論，諸曹心折有素。《序》所謂'二三學士'者，徐當其選。乃楊《疏》於范氏門生故吏，指爲江、徐，又以所譏近十家膚淺末學，列徐仙民名於七，失於深考矣。"

【春秋徐氏音一卷】 （晉）徐邈撰。國翰《敘錄》曰："邈有《易》、《書》、《詩》、《禮》音，已各著錄。其《春秋音》，《隋志》三卷，《唐志》一卷，今佚。從陸德明《釋文》，參《集韻》輯爲一帙。《釋文》所引宣、成、襄、昭四公較多，隱、莊、僖、文定五公間引一二，桓、閔、哀三公全缺。然則唐時所存，較隋已非完本。得此殘編，聊當《唐志》一卷之目焉。"

【春秋左氏函傳義一卷】 （晉）干寶撰。國翰《敘錄》曰："寶有《易注》、《周禮注》、《後養議》，已各著錄。《隋志》載《春秋左氏函傳義》十五卷。《舊唐書·志》作《春秋義函傳》，《新唐書·志》作《春秋函傳》，並十六卷。今佚。孔氏《正義》引一節，杜氏《通典》引一節，輯以存典午遺墨。《晉書·禮志》謂'寶留思京房、夏侯勝等，傳其說'，'伐鼓于社，以爲厭勝'，蓋二子之緒論也。"

【薄叔元問穀梁義一卷】 （晉）范甯撰。國翰《敘錄》曰："范作《集解》，叔元有所駁問，范隨問逐條答之。仿鄭氏《釋廢疾》之體例也。《隋志》：'二卷。梁四卷。'《唐志》不著錄。佚已久。楊士勛《疏》引十二節：全載問答者四節，內有一節明載薄氏駁，隱括范答；其八節皆載范答薄氏語。大指論辨義例。叔元未詳何人，與范同時治《穀梁》之學者也。"

【春秋穀梁傳鄭氏說一卷】 （晉）鄭嗣撰。國翰《敘錄》曰："嗣不詳何人。其說隋、唐《志》皆不載。范氏《集解》引之，凡二十節。以范《序》考之，當是甯父汪門生故吏，當時亦有撰著，而名不及江、徐，故志佚之也。輯爲一家說。至范氏兄弟、邵凱、雍、泰之等家學同源，不復別著云。"《續修四庫全書總目提要（稿本）》云："《穀梁》一書，在西漢中葉以後始顯於世。其著作之時代，又不甚詳。今與《公羊》比較觀之，則爭勝之意味頗濃。故《公羊》所未釋之經文，此則增加條例，詳爲詮解。而治其學者，亦以此爲《穀梁》精義所在，而往復討論。如《春秋》莊公二十有一年秋七月戊戌夫人姜氏薨，《公羊》無傳，《穀梁》則爲開一條例曰：'婦人弗目也。'鄭氏說曰：'弗目，謂不目言其地也。婦人無外事，居有常所，故薨不書地。僖元年傳曰：夫人薨不地。此言弗目，蓋互辭爾。定九年得寶玉大弓，傳：弗目羞也。蓋此類也。'《集解》同時又引江熙之異說，可知當時注意此問題之討論矣。又如定公四年庚辰吳入楚，《公羊》於日無釋文，《穀梁》則曰：'日入易，無楚也。易無楚者，壞宗廟，徙陳器，撻平王之墓。'鄭氏說曰：'陳器樂，懸也。《禮》：諸侯軒縣。言吳人壞楚宗廟，徙其樂器，鞭其君之尸，楚無能抗禦之者。若曰無人也。'可知日與不日，在《穀梁》學者視之，意義頗爲重大也。"

【春秋左氏經傳義略一卷】 （陳）沈文阿撰。國翰《敘錄》曰："文阿，《南史》、《陳書·儒林》並有傳。陸德明《釋文序錄》云：'文阿撰《春秋義疏》，闕下帙，王元規續成之。'《隋志》載：'《春秋左氏經傳義略》二十五卷，陳國子博士沈文阿撰，王元規續。沈文阿《春秋左氏傳義略》十卷。’《唐志》‘沈文阿《義略》二十七卷’，卷數多於《隋志》，或合元規所續與？今並佚。唯《正義》及《釋文》、《集韻》引之，輯錄六十一節，至襄公而止。說義引《禮》爲多，‘魯禘用樂’以康成說非《左氏》意，蓋又旁參王肅之學者也。”

【續春秋左氏傳義略一卷】　（陳）王元規撰。國翰《敘錄》曰：“元規字正範，太原晉陽人，仕陳尚書祠部，入隋爲秦王東閣祭酒。《南史》及《陳書》皆有傳。本傳云：‘少從吳興沈文阿受業，通《春秋》、《孝經》、《論語》、《喪服》。’又云：‘自梁代諸儒相傳爲左氏學者，皆以賈逵、服虔之義難駁杜預，凡一百八十條。元規引證通析，無復疑滯，著《春秋發題辭》及《義記》十一卷，《續經典大義》十四卷、《孝經義記》兩卷、《左傳音》三卷、《禮記音》兩卷。’《隋志》載王元規《續沈文阿春秋左氏傳義略》十卷，則《釋文序錄》所謂‘文阿撰《春秋義疏》闕下帙，王元規續成之者’是也。《義疏》即《義略》，其《發題辭》及《義記》十一篇，似《發題》一卷，在《義記》十卷前，《義記》亦即《義略》也。《唐志》不載此書，別著《音》三卷。《隋志》，《音》不著錄，而載此書。意《音》附《義略》中乎？今並佚。《釋文》引三節，其一辨士匄名字，其二皆音也。合輯一帙，依《隋志》標題。其《續經典大義》與沈書並不可見矣。”

【春秋傳駁一卷】　（後魏）賈思同撰，姚文安、秦道靜述。國翰《敘錄》略曰：“案《北史》，賈思伯弟思同，字仕明，爲侍講，授靜帝《杜氏春秋》。思同之侍講也，國子博士遼西衛冀隆精服氏學，上書難《杜氏春秋》六十三事，思同復駁冀隆乖錯者一十餘條，互見是非，積成十卷。詔下國學，集諸儒考之，事未竟而思同卒。後魏郡姚文安、樂陵秦道靜復述思同意。冀隆亦尋物故，浮陽劉休和又持冀隆說，竟未能裁正。此書隋、唐《志》並不載。蓋《隋》因梁之《七錄》，詳南而略北。唐時原書不存，故皆缺也。孔穎達《正義》引衛難秦釋五條，又引衛難蘇氏釋二條，又引衛難下釋不著姓名者二條。考《正義》以劉炫爲本。炫北人，引稱及之，故得僅存焉。輯錄爲卷，據史題賈思同撰，原其始也。題姚文安、秦道靜述，明一家之學也。”

【春秋左傳義疏一卷】　（□）蘇寬撰。國翰《敘錄》曰：“寬不詳何人。其書隋、唐《志》並不載。孔氏《正義序》云：‘其爲《義疏》者，則有沈文阿、蘇寬、劉炫。’又謂：‘蘇氏全不體本文，唯旁攻賈、服’云云。然《正義》每引之，以與杜氏相證。今即從《正義》所引，裒爲一卷。《疏》有釋衛冀隆難杜二條，意蘇爲北儒賈思同、秦道靜之流也。”

【春秋左氏傳述義二卷】　（隋）劉炫撰。國翰《敘錄》曰：“炫有《毛詩述義》，已著錄。《北史·儒林》炫本傳載《春秋述議》四十卷。《隋志》作《春秋左氏傳述義》，卷同。《唐志》亦作《述議》，三十七卷。《宋志》有《述義略》一卷。今佚。從孔氏《正義》採錄，分爲二卷。《正義序》謂：‘炫聰惠辯博，固亦罕儔。而探賾鈎深，未能致遠。其注經，易者必具飾以文辭，其理致難者，乃不入其根節。’洵爲光伯之定論。然《正義》奉勅刪定，據以爲本，則無所駁斥，取以疏解傳注者，固所謂比諸《義疏》猶有可觀者已。”

【春秋規過二卷】　（隋）劉炫撰。國翰《敘錄》曰：“炫既作《春秋左氏傳述義》，又摘杜義中之失以正之。自居乎杜氏之諍友，故書名《規過》。《北史》炫本傳及《隋志》並無此書之目，《唐志》有三卷。攷《北史》‘《述議》’，《隋志》作《述義》，並四十卷。《唐志》：‘《述議》三十七卷，《規過》三卷。’知《北史》、《隋志》皆以《規過》附於四十卷內，唐始分著之也。今佚。孔氏《正義序》謂：‘規杜氏之失，凡一百五十餘條。’而《正義》所引乃有一百七十餘條，或有一條內連及數事，《正義》分載各經傳注下者，然其佚說固散見《正義》中矣。輯爲二卷。夫劉好非毀，索垢求瘢，固不免煩碎錯亂之處。亦有顯爲杜失，而孔《疏》必委曲護之，左杜右劉，前人固定論已。”

【春秋攻昧一卷】　（隋）劉炫撰。國翰《敘錄》曰：“炫著《春秋規過》以攻杜氏，杜《注》外衆說有不合者，作此以駁難之。‘攻昧’取《尚書·仲虺》文也。《北史》本傳載十卷，《隋志》不著錄，《唐志》十二卷，今佚。孔氏《正義》引炫難賈逵、何休、服虔，及‘或說’，反覆掊擊，《攻昧》之佚文也。輯錄九節。史稱：‘炫強記默識，莫與爲儔。’又謂：‘多自矜伐，好輕侮當世書。’適肖其人矣。”

【春秋井田記一卷】　不著撰者。國翰《敘錄》曰：

"漢、隋、唐《志》均無此書之目。《後漢書·循吏傳》注引一節，史繩祖載其略於《學齋佔畢》，明萬曆十年《重修後漢書》本注無之。據舊本及余氏《古經解鉤沈》校錄，並附《左氏傳》'楚蒍掩治賦'賈逵注一節，自九度至二牧，以九夫爲井差等之，與鄭康成《周禮注》說'井牧'合，亦《春秋井田》古說之僅存者，取與此《記》相發明也。"

【春秋集傳一卷】　（唐）啖助撰。國翰《敘錄》曰："《春秋集傳》一卷，《例統》附，唐啖助撰。助事蹟具《唐書》本傳。傳載其善爲《春秋》，考三家短長，縫綻漏闕，號《集傳》，凡十年乃成。啖自述《集傳》外又有《集注》，《唐·藝文志》並不載，疏也。今佚。陸淳《集傳春秋纂例》、《春秋微旨》、《春秋辨疑》三書，及孫覺《春秋經解》、程端學《春秋本義》多引之。彙輯爲卷。《春秋或問》引《集注》一條，附入卷中。《六帖》引《列統》一條，別出附後。宋祁譏其擿訕三家，不本所承，自用名學，憑私臆決。邵子謂：'《春秋三傳》之外，陸淳、啖助可以兼治。'陸象山謂：'助有功於《春秋》。'則又深取之。要之，啖書與劉炫相類，斥《三傳》之謬，或失苛察，而辨駁精確處，固自顚撲不破也。"

【春秋闡微纂類義統一卷】　（唐）趙匡撰。國翰《敘錄》曰："《唐書》本傳謂：陸質與啖助子異袞錄助所爲《春秋集注總例》，請匡損益，質纂會之。故陸淳《集傳春秋纂例》又稱其書爲《春秋集傳損益》也。《唐·藝文志》不載。章拱之謂《闡微義統》十二卷，第三、四卷亡逸。朱氏《經義考》據題十卷，闕。今此闕本亦少傳。陸淳師事匡，所撰《纂例》及《微旨辨疑》每引其說，程端學《春秋本義》、鄭玉《春秋經傳闕疑》、孫覺《春秋經解》亦引之。合輯爲卷。晁公武曰：'大抵啖、趙以前學者，皆專門名家，苟有不通，言經誤，其失也固陋。啖、趙以後學者，喜援經擊傳，其或未明則憑私臆決，其失也穿鑿。'楊愼曰：'杜預作《春秋釋例》，趙匡作《春秋纂例》，蓋以《春秋》難明，故以例求之。至於不通，則又云變例。變例不通，又疑經有闕文誤字。嗚呼！聖人之作，豈先有例而後作《春秋》乎？'二論皆切中其弊，然訓解時多精語。說'吉禘'一節，朱子取之以注《論語》，則柳州謂匡知聖人之旨，非無所見而云然也。"

【春秋通例一卷】　（唐）陸希聲撰。國翰《敘錄》曰："此書名《通例》，蓋取《三傳》中以例說經，中互參其義也。《唐志》三卷。今佚。程端學《春秋本義》引六節，據輯。韓滉亦著《通例》一卷，無從徵述，未知視陸《例》何如也？"《續修四庫全書總目提要（稿本）》云："輯本所存過少，未易窺其主旨所在。然故意立異之處，尚有可見。如隱公二年'莒人入向'，公羊氏曰：'入者何？得而不居也。'穀梁氏曰：'入者內弗受也，向我邑也。'本書則曰：'克內曰入。'若然，則'吳入州來'、'於越入吳'諸條，何以見州來與吳爲內也？"

【春秋折衷論一卷】　（唐）陳岳撰。國翰《敘錄》曰："岳，吉州廬陵人，光化中辟爲從事。見王定保《唐摭言》。司空圖謂岳所作《折衷論》數十篇，贍博精緻，足以下視兩漢迂儒矣。《唐志》三十卷。《崇文總目》云：'以三家異同三百餘條，參求其長，以通《春秋》之義。'晁公武《郡齋讀書志》曰：'其書以《左傳》爲上，《公羊》爲中，《穀梁》爲下，比其異同而折衷之。《吳立夫集》有《後序》。'則元時全書尚存。今佚，不復可得。惟章如愚《羣書考索續集》載有二十七節，《序》一篇。又程端學《春秋本義》引有四節，合輯爲卷，並附吳《序》於後。原書三十卷，三百餘條。此雖十不存一，然大旨可觀，足與啖、趙、陸三家抗衡唐代矣。"

## 經編孝經類

【孝經傳一卷】　（周）魏文侯撰。國翰《敘錄》曰："《史記·魏世家》云：'桓子之孫曰文侯都。'司馬貞《索隱》曰：'《系本》桓子生文侯。斯兩書系代不同，而同稱文侯，然則文侯名都，又名斯也。'《竹書紀年》：'周考王元年，魏文侯立。'事蹟具《魏世家》。文侯著《孝經傳》，漢、隋、唐《志》均下載。惟《漢志》有《雜傳》四篇，《文侯傳》當在其內。今佚。《後漢書·祭祀志》劉昭補注引之。又，《通典》、《舊唐書》顏師古《議》亦引《孝經傳》，皆說明堂，是一節文。又，《齊民要術》引魏文侯語，亦見《淮南子》。朱氏《經義考》、余氏《古經解鉤沈》並取，屬《庶人章》'分天之道'句下。茲並據輯。文侯受業於子夏，其得聖門之說必眞，而其書亦最古。虞醇熙《孝經邇言》謂：'《孝經》自魏文侯而下，至唐、宋傳之者百家，九十九部，二百二卷。'虞以文侯《傳》爲《孝經》之首。蓋視顏芝、長孫氏、江翁、后蒼猶爲後起，斷珪殘璧，少而彌珍已。”

【孝經后氏說一卷】　（漢）后蒼撰。國翰《敘錄》曰：“蒼字近君，東海郯人，通《詩》、《禮》，爲博士，至少府。《漢書·儒林》有傳。蒼傳《齊詩》，已輯錄。《漢·藝文志》‘《孝經》’十一家，有《后氏說》一篇。隋、唐《志》不著目，佚已久。考《漢書·匡衡傳》引稱《孝經蒼傳》云：‘授翼奉、蕭望之、匡衡。’則衡爲蒼之弟子。漢人說經皆本師法，則所稱述，信爲后氏遺說。採列一家。其引經字句與今本不同，足資參考。訓辭莊雅，尤可誦云。”

【孝經安昌侯說一卷】　（漢）張禹撰。國翰《敘錄》曰：“禹字子文，何内軹人，官至丞相，封安昌侯，事蹟詳《漢書》本傳。《漢·藝文志》‘《孝經》’十一家，有《安昌侯說》一篇。隋、唐《志》皆不著目，佚已久。邢昺《正義》引劉瓛述張禹之義僅一節，他或引稱‘舊說’。考《孝經》以說名者，《漢志》載長孫氏《說》二篇，江氏、后氏、翼氏、安昌侯《說》各一篇，四家俱無傳述，張禹之義既見劉瓛所引，則佚說六朝時尚存。《正義》取裁齊、梁諸疏，故據而述之。又，《正義》引‘鄭稱諸家’一條，則康成之先，禹在其内。合輯六節。古學已絕，聊存一綫云爾。”

【孝經長孫氏說一卷】　（漢）長孫氏撰。長孫氏，名字、爵里俱無考，漢興，傳《孝經》。國翰《敘錄》曰：“《漢志》：《孝經》一篇十八章，長孫氏、江氏、后氏、翼氏四家。又：《長孫氏說》二篇。《隋》、《唐》不著錄，佚已久。考《隋志》謂長孫有《閨門》一章，據孔安國《古文孝經傳》本錄出，附考爲卷。表漢初大師傳經之首功，存經遺章以爲稽古之藉，惜其說義不可得而覩矣。”

【孝經王氏解一卷】　（魏）王肅撰。國翰《敘錄》曰：“肅於《易》、《書》、《詩》、《春秋左傳》、《儀禮》、《禮記》皆有注，已各著錄。《隋志》載《孝經》一卷，王肅解。《唐志》作王肅《注》一卷。今佚。從《注疏》、《釋文》、《史記集解》、《通鑑注》輯錄二十二節。子雍好攻鄭學，此《解》不見有駁難之語。蓋唐明皇帝作注時悉汰去之。至其說‘孝無終始而患不及’者，引《蒼頡篇》謂‘患’爲‘禍’，與孔、鄭義同，則切理愜心之訓，亦有不能斥改者矣。”

【孝經解讚一卷】　（吳）韋昭撰。國翰《敘錄》曰：“昭有《毛詩答問》，已著錄。此編隋、唐《志》皆以一卷著目，今佚。從《注疏》所引得十節，又《儀禮經傳通解》引一節，《正義》脫文也。並據輯錄。其說‘衣美不安’，據《書》‘成王崩，康王冕服即位。既事畢，反喪服’，說‘食旨不甘’，據《曲禮》‘喪有疾，飲酒食肉’，訓義切實，與鄭康成箋《詩》相似。至‘郊祀后稷以配天’，全用鄭義。然則書名《解讚》，或讚鄭解也歟？”

【孝經殷氏注一卷】　（晉）殷仲文撰。國翰《敘錄》曰：“《晉書》有仲文傳，不載其字、里。《文選注》引檀道鸞《晉陽秋》云：‘仲文字仲文，陳郡人，官至東陽太守，其事蹟則本傳詳載。’所注《孝經》一卷，《隋志》云‘梁有’，又云‘亡’，《唐志》復著其目，今佚。唯邢昺《正義》引三節。其以表德之宇說仲尼與不孝之罪在三千條外，說‘五刑之屬’節，《正義》皆不取。而其說‘至德要道’云：‘窮理之至，以一管衆爲要。’粹然理語。《周子通書·聖學篇》所謂一爲要者，實探源於此。顧世無稱述，得毋以桓元戚黨惡其人，而並棄其言耶？”

【集解孝經一卷】　（晉）謝萬撰。國翰《敘錄》略曰：“萬字萬石，陳國陽夏人，安之弟，官至散騎常侍，事蹟見《晉書》本傳。《隋志》載其《集解孝經》一卷。《唐志》作‘謝萬注’，卷同。今佚。從邢昺《正義》輯錄四節，又得謝安說五行之屬一節。隋、唐《志》並不著安注《孝經》之目，與萬是一家學，亦併附錄。史載‘萬與蔡系爭言，至落牀壞面’，又言‘受任北征，矜豪傲物’，則其人亦任誕之流，殊無足取。然書以《集解》名，寥落佚文，古說存焉矣。”

【齊永明諸王孝經講義一卷】　不著撰者。國翰《敘錄》曰：“《隋志》載：‘齊永明三年，東宮講《永明中諸王講》及賀瑒《講議》、《孝經義疏》各一卷。’並云‘梁有’，又云‘亡’。《唐志》不著目，佚已久。考《南齊書·文惠太子傳》：‘永明三年，於崇正殿講《孝經》，少傅王儉以摘句令太僕周顒撰爲《義疏》。’‘五年冬，太子臨國學，親臨策試諸生’下載：‘太子問王儉，張緒及竟陵王子良、臨川王暎問答，凡十四節。’《傳》言永明五年，與《隋志》所稱《永明中諸王講》正合。茲據輯補。太子以長年臨學，與諸王一堂諧論，皆前代所未有，錄列一家。《東宮講義》大旨亦於此見其略云。”

【孝經劉氏說一卷】　（齊）劉瓛撰。國翰《敘錄》曰：“瓛有《周易乾坤義》、《毛詩序義》，已各著錄。其說《孝經》，隋、唐《志》皆不載。邢昺《正義序》稱之，卷數未詳。今佚。即從《正義》所引，輯得五節。說仲尼居，述張禹中和之義，《正義》所不取。說孝無終而患不及者，以謝萬‘少賤’之辭爲失，《正義》從其解。要其全書固純疵互見者也。”

【孝經義疏一卷】　（梁）武帝撰。國翰《敘錄》曰：“帝有《周易講疏》、《樂社大義》、《鐘律緯》，已各著錄。《梁書・武帝紀》：‘大同四年三月，侍中領國子博士蕭子顯上表，置制旨《孝經》助敎一人，生十人，專通高祖所釋《孝經義》。’隋、唐《志》並載《義疏》十八卷。今佚。邢昺《正義》引三節。又從《武帝集》，得說明堂一節。合輯爲帙。其訓‘仲尼’云：‘邱爲聚，尼爲和。’說太迂曲，宜爲邢氏所不取。其說《天子》、《士》二章之義，辨化辨情，固自入理也。”

【孝經嚴氏注一卷】　（梁）嚴植之撰。國翰《敘錄》曰：“植之字孝源，秭歸人，官至中撫記室參軍，兼博士，事蹟具《南史・儒林傳》。《隋志》有‘梁五經博士嚴植之《孝經注》一卷，亡’。《唐志》不著錄。佚已久。邢昺《正義》引三節，又引先儒之説二條，則嚴亦在內。合輯錄之。史稱植之習鄭氏《禮》，則注《孝經》亦必以康成爲宗。史稱：‘館在潮溝，生徒常百數，講說有區段次第，晰理分明。每登講五館生畢至，聽者千餘人。’則於經實有所會，惜訓敎散失，其詳不可得聞矣。”

【孝經皇氏義疏一卷】　（梁）皇侃撰。國翰《敘錄》曰：“侃有《禮記義疏》，已著錄。其疏《孝經》，隋、唐《志》並三卷，今佚。從邢昺《正義》輯錄一十八節。孫奭《序》譏其《義疏》‘辭多紕繆，理昧精研’。然就邢氏所引，固皆擷拾菁華矣。”

【古文孝經述義一卷】　（隋）劉炫撰。國翰《敘錄》曰：“炫有《詩》、《禮》、《春秋》述義，已各著錄。《隋書・經籍志》云：‘梁代安國及鄭氏二家並立國學，而安國之本亡於梁亂。陳及周、齊唯傳鄭氏。至隋，秘書監正王劭於京師訪得孔《傳》，送至河間劉炫。炫因序其得喪，述其《義疏》，講於人間，漸聞朝廷，遂著令與鄭氏並立。’《唐會要》載：‘劉知幾議以《古文孝經孔傳》爲開皇十四年秘書學士王孝逸於京師陳人處買得一本，送與著作郎王劭，劭以示河間劉炫。’又云：‘炫輒以所見，率意刊改，

因著《古文孝經稽疑》一篇。’隋、唐《志》並載《述義》五卷，今佚。邢昺《正義》引之。其《稽疑》一篇，附著《孝經序正義》。據輯爲卷。劉以《古孝經・庶人章》分爲二，《曾子敢問章》分爲三，又多《閨門》一章，凡二十二章。案《黃氏日鈔》謂：今文《三才章》‘其政不嚴而治’，與‘先王見敎之可以化民’，通爲一章，古文則分爲二章；今文《聖治章第九》‘其所因者本也’，與‘父子之道天性’通爲一章，古文則爲二章；‘不愛其親而愛他人者’，古文又分爲一章。又云：‘閨門’云云二十二字，今文全無之，而古文自爲一章。《聖治》分三章，與劉說合。劉以《庶人章》分爲二，而黃謂《三才章》，互有不同。茲仍以劉爲據，至《閨門》一章，世儒或疑炫僞作，然漢初長孫氏傳今文即有之，豈後人所僞爲邪？孫本固嘗辨論之矣。”

【御注孝經疏一卷】　（唐）元行沖撰。國翰《敘錄》曰：“行沖有《釋疑論》，已著錄禮記類。《唐書》：‘玄宗自注《孝經》，詔行仲爲《疏》，立於學官。’《唐志》二卷，《宋志》三卷，今佚。邢昺《正義》引《制旨》四節。朱氏《經義考》於《唐明皇孝經注》下‘《唐志》作《孝經制旨》’，是《制旨》即明皇《御注》。而《正義》引《制旨》，其一節即注文而少一字，其三節說義敷暢，與注不同。考明皇《孝經》云：‘一章之中，凡有數句。一句之內，意有兼明。具載則文繁，略之又義闕。今存於疏，用廣發揮。’據此則《制旨》之文乃行沖《疏》，而《正義》用之。行沖奉詔作《疏》，故述注意亦稱《制旨》。輯錄爲卷。《宋會要》載邢昺等作《孝經正義》，謂取元行沖《疏》約而修之。則元《疏》固渾於《正義》之中，其文筆猶可循省也。”

【孝經訓注一卷】　（隋）魏真己撰。國翰《敘錄》曰：“邢昺《孝經序疏》以真己鉅鹿人，作《孝經訓注》。《唐志》有魏克己《注孝經》一卷，列在賈公彥下。蓋本一人，或書名、書字異耳。其《注》今佚。唐明皇帝《御注》用其義凡十二節，皆標明‘魏注’。茲據輯錄。外有《庶人章》注‘分別五土，視其高下’，閩本、監本、毛本《正義》並云‘依鄭注’，宋本作‘魏注’。考《唐會要》，司馬貞《議》取此二語爲鄭注，與孔安國《傳》所謂‘脫衣就功’云云較其優劣，則爲鄭注明矣。故雖出宋本，不敢從之。王應麟云：‘明皇《序》謂：韋昭、王肅先儒之領袖，

虞翻、劉劭抑又次焉，劉炫明安國之本，陸澄譏康成之注。'又謂：'特舉六家之異同。'六家者，韋昭、王肅、虞翻、劉劭及孔、鄭也。王應麟云：'今考《經典序錄》，有孔、鄭、王、劉、韋五家而無虞翻。'以此獻疑。然細檢《注疏》，亦無依虞注、依劉注之文，而依用魏注，復出六家之外，此又未知何故。意《魏氏訓注》或本仲翔、孔才以立說歟？"

## 經編論語類

【古論語十卷】　不著撰者。原無敘錄。

【齊論語一卷】　不著撰者。國翰《敘錄》曰："案《漢志》：'《論語》十二家。《齊》二十二篇，多《問王》、《知道》。'又云：'傳《齊論》者，昌邑中尉王吉、少府宋畸、御史大夫貢禹、尚書令五鹿充宗、膠東庸生，唯王陽名家。'隋、唐《志》不著錄，佚已久。考《漢書·王吉傳》用《論語》二事，《貢禹傳》引一事，此齊學之底本。又，陸德明《經典釋文·序錄》云：'《齊論語》齊人所傳。董仲舒廣川人，地屬齊。《漢書》本傳《對策》及所著《春秋繁露》多引《論語》，與《魯》、《古》不同，而與王吉所引有合，確爲《齊論語》。'又，《釋文》云：'按鄭校周之本以《齊》、《古》讀正，凡五十事。'陸氏載鄭從亡者十餘條，他引鄭本不言所從。鄭以《齊》、《古》注《魯》，其與《古》不同者爲《魯》，而與《魯》不同者皆《齊》，同於《古》也。又，《說文》、《初學記》等書引《逸論語》詳言玉事，王應麟謂：'《問王》疑即《問玉》。'朱氏《經義考》定爲《問玉篇》。又，《白虎通》、《禮記正義》、《玉篇》、《路史》等引《論語》，或今《論》所無，及字句異者，亦爲《齊論》之佚。並據輯補，與魯、古二《論》比次，參觀同異，庶漢師門戶見梗概焉。"《續修四庫全書總目提要（稿本）》略云："凡六十四條。……輯本之取材有四：一，治齊學者如董仲舒、王吉等所引《論語》之文；二，據《經典釋文》所引與《魯》異而不言從《古》者；三，據《經典釋文》所引鄭本與今本異者；四，據各書所引《論語》逸文皆以為《齊論》——蓋以《齊論》篇次章句頗多於《魯論》，今本既從《魯論》篇次，則所刪除者必為《齊論》，故各書所引佚文亦必為《齊論》也。齊、魯二《論》，本多差異。今觀輯本各條，所差異者，率為字形或字音相近之字，或由於虛字之增減。然書

籍傳鈔日久，每有是種現象發生。遽斷為由於《齊》、《魯》不同所致，吾未見其可也。惟《齊論》篇次、章句之多出《魯論》者，今尚可見一二。前人謂《季氏》一篇為《齊論》，以他篇皆稱子，而此獨稱孔子，體例顯有不同也。今本之末，有'不知命無以為君子'一章，馬氏確證為《齊論》，其上正作'孔子曰'，亦可為《季氏》篇之證。又舊曰《論語》多出《問王》、《知道》二篇，今證明'王'乃'玉'字之訛，且引逸文甚詳。有功於《論語》者，殊非淺鮮也。"

【論語孔氏訓解十一卷】　（漢）孔安國撰。國翰《敘錄》曰："案《孔子家語後序》：'安國字子國，孔子十二世孫，年四十爲諫議大夫，遷侍中博士。天漢後，魯恭王壞夫子故宅，得壁中《詩》、《書》，悉以歸子國。子國乃考論古今文字，撰衆師之義爲《古文論語訓解》十一篇。'何晏《集解》云：'《古論》唯博士孔安國爲之訓解，而世不傳。'《隋書·經籍志》、《唐書·藝文志》皆不著錄，僅見《集解》所引。輯其散佚，並以皇侃疏本、高麗本，與邢昺疏本文字異者參定，以復其舊。《史記》、《說文》引稱皆古文，亦據採入，仍其篇目爲十一卷。後漢馬融亦爲古文訓說，別輯比次。合二書而觀之，庶幾《古論》之學亡而不亡也。"

【安昌侯論語十卷】　（漢）張禹撰。有目無書。

【論語包氏章句二卷】　（漢）包咸撰。國翰《敘錄》曰："咸字子良，會稽曲阿人。少爲諸生，倡《魯詩》、《論語》。舉孝廉，除郎中。建武中入授皇太子《論語》，又爲其章句，拜諫議大夫。五年，遷大鴻臚。事蹟詳《後漢書·儒林傳》。皇侃《義疏》作'苞咸'，'苞'、'包'二字古通，當依《漢書·傳》作'包'。何晏《論語集解》云：'安昌侯張禹本受《魯論》，兼講齊說，善者從之，號曰《張侯論》，爲世所貴。包氏、周氏《章句》出焉。'然則包氏所爲《章句》，蓋用禹說而敷暢其旨。度其義例，當若鄭元之箋《毛傳》。惜全書久佚，隋、唐《志》皆不及著目。猶幸何晏《集解》引之，什存二三。閒爲裒集，以皇侃、邢昺二《疏》較定字句，更從《文選》、《筆解》諸書所引，合輯爲二卷。其說如'哀公問社'，'社'作'主'；'有馬者借人乘之'，訓'有馬不能調良，則借人乘習之'；'三飯、四飯'，云'樂章名'；'孰先傳焉？孰後倦焉？'云'先傳業者，必先厭倦'；'爲難能也'，云'子張容儀之難及'；

'允執厥中'三句，解'困'爲'極'，云'爲政信執其中，則能窮極四海，天祿所以長終'之類，朱子所不取。其餘皆採入《集註》，特文詞小異耳。學者參考同異，甄覈是非，先河之義，其在斯乎？"

【論語周氏章句一卷】　（漢）周氏撰。國翰《敘錄》曰："周氏，名、字、爵里俱佚。與包咸皆治《張侯論語》，而爲其《章句》。諸《志》不著錄，惟見何晏《集解序》。顧《集解》列名於《序》中，而採七家說。凡邢《疏》所稱'周曰'者，皇侃本、高麗本俱作'周生烈'，無一及漢之周氏。唯'三嗅而作'注，韓愈《筆解》作'周曰'，今疏本脫去，可徵者僅此。《春秋正義》引'廟主'云'張、包、周'。石經《論語》殘碑，於'賈之哉'下云'包、周'，於'而在於蕭牆之內'下云'蓋毛、包、周'。此外無顯引者。考陸德明《釋文》云：'鄭校周之本以《齊》、《古》讀正，凡五十事。'然則康成注《魯論》，本據周氏也。故凡鄭言'《魯》讀'者，悉爲《章句》之遺，而鄭本與今殊異，不言《魯》、《古》亦皆周義之可從者也。茲併輯錄，與包比次，兩家《章句》規模略存，甄覈同異，《魯》、《古》之源流可考焉。"

【論語馬氏訓說二卷】　（漢）馬融撰。國翰《敘錄》曰："融有《易》、《書》、《詩》、《三禮》、《左傳》注，已各著錄。何晏《集解序》云：'《古論》唯博士孔安國爲之訓解，而世不傳。至順帝時南郡太守馬融亦爲之訓說。'邢昺《疏》云：'馬融亦爲《古文論語訓說》。皇侃《疏》謂爲《魯論訓說》，非也。'隋、唐《志》皆不載，佚已久。今就《集解》所採，參證他所引述，裒輯上下二卷。其說'爲力不同科'云：'爲力，力役之事，亦有上中下設三科焉。'阮芸臺相國取之，云：'此與射對言，若解作釋禮文，則"射不主皮"，出于《鄉射》。《禮記》乃孔子之徒所述，何得孔子爲之釋歟？'即一端以例其餘，知漢詁深得經旨，實勝後人。何晏採取不及孔氏之半，要足相輔而行云。"

【論語鄭氏注十卷】　（漢）鄭玄撰。國翰《敘錄》曰："元有《易》、《書》、三《禮》注，《毛詩箋》，並皆著錄。其注《論語》，何晏《集解》云：'就《魯語》篇章，考之《齊》、《古》，爲之注。'《隋書·經籍志》、《唐書·藝文志》並云十卷。《隋志》又云：'梁有《古文論語》十卷，鄭元注。'《唐志》又有《注論語釋義》十卷。今並佚。近有《集鄭注古文論語》二卷，託名宋王應麟者，所收有未盡。海寧陳氏鱣《論語古訓》搜採詳備，茲據錄之，仍其十卷之舊。考梁、陳之代，鄭與何同立國學，而鄭氏甚微。周、齊，鄭學獨立。至隋，何、鄭並行，而鄭氏特盛，故唐人諸書多引之。宋人不尚鄭學，遂至湮亡。得此殘缺，猶足存漢代大師之矩。《篇目》、《弟子》並附著焉。"

【論語孔子弟子目錄一卷】　（漢）鄭玄撰。國翰《敘錄》曰："此書見《隋書·經籍志》。陸德明《釋文》同，但云'鄭某注'，與《隋志》少異。《唐書·藝文志》作《論語篇目弟子》一卷，與原書義例不合，當是後人臆改。其書久佚。海寧陳氏鱣從《史記·弟子傳》、《集解》輯出，附刊《古訓》後。凡弟子四十人，顏淵、曾參、子路、子貢、子游、公冶長、南容、子賤、澹臺滅明，諸見《論語》之賢，書中自宜詳紀。而裴駰引不之及，意其與史傳不殊也。茲依陳錄，稽古者合《史記》、《家語》，參証七十子之名數，灼然可考，固無煩於補綴也。"

【論語陳氏義說一卷】　（魏）陳羣撰。國翰《敘錄》曰："羣字長文，潁川許昌人，官至司空，封潁陰侯。《魏志》有傳。此《注》隋、唐《志》皆不著錄，佚亡已久。何晏《集解》採魏代說《論語》者，羣及王肅、周生烈凡三家，以附漢儒之後，取陳說僅三節而已。其說《季路問事鬼神章》，與劉孝標《世說新語注》引馬融正同。蓋羣之爲說，多述前人。故何氏已引包、孔、馬、鄭，不復再標'陳曰'也。茲就裒錄，參皇侃、邢昺二《疏》，校訂字句，並附皇《疏》於各節之下，輯爲一卷。其以'義說'爲名者，邢《疏》云：'謂作注而說其義也。'"

【論語王氏說一卷】　（魏）王朗撰。國翰《敘錄》曰："朗字景興，東海郡人，魏國初建以軍祭酒領魏郡太守，遷御史大夫，改司空，進封蘭陵侯，諡曰成，《魏志》有傳。《志》稱其著《易》、《春秋》、《孝經》、《周官》，不言《論語》。梁《七錄》及隋、唐二《志》亦均不載。而皇侃《義疏》引四節，豈當日實有著述，史偶佚之耶？又考，何晏作《集解》，採八家說，同時取陳羣、周生烈、王肅三人。肅，朗之子，或者肅傳父業，如《續易傳》之類，朗說見肅書，侃及見而稱之歟？姑依皇題，列一家名，敍子雍之上，借以見家學淵源云。"

【論語王氏義說一卷】　（魏）王肅撰。國翰《敘錄》曰：“肅有《周易音注》、《尚書注》，《毛詩》、《禮記》、《春秋左傳》各《注》，均已著錄。此書史志亦稱《注》，何晏《集解序》與陳羣、周生烈並云《義說》。茲據題焉。《七錄》有王肅《論語注》十卷。《隋書·經籍志》云‘亡’。而《唐書·藝文志》、陸德明《經典釋文序錄》，並有王肅《論語》注十卷。蓋隋代散失，至唐復出，今則佚不可見矣。唯何氏《集解》引凡三十九節，皇侃《義疏》、邢昺《疏》、韓愈《筆解》引肅說而非何氏所採者又得七節，裒輯一卷。肅好攻駁康成，往往強詞求勝，前儒多非之。然其說‘管仲不死糾難’，以爲君臣之義未正成，實有特識。乃知古人拔幟自樹一壘，以與往哲角敵者，夫豈漫無挾持哉？”

【論語周生氏義說一卷】　（魏）周生烈撰。國翰《敘錄》曰：“案《魏志》：‘周生烈，敦煌人，魏初徵士。’裴松之注：‘姓周生，名烈。’陸德明《經典釋文序錄》：‘字文逢，本姓唐，魏博士、侍中。’其說本之《七錄》。邢昺《論語序疏》作字‘文逸’。考馬總《意林》引周生《列子》四條，其《自序》略云：‘六蔽鄙夫，敦煌周生烈，字文逸。’則邢《疏》是而陸作‘文逢’誤也。其《義說》，隋、唐《志》皆不及著錄，惟何晏《集解》採之，凡十有四節。皇侃《疏》明標‘周生烈’，而邢《疏》並作‘周曰’。或以《集解》有漢之周氏，用是爲疑。案劉昫《敦煌實錄》：‘魏侍中周生烈，本姓唐，外養周氏，因爲姓。’然則周生之有氏，實自烈始。複稱：‘周生單言周氏，無不可者。故邢昺修《疏》時從省作周曰也。’其說‘冉子退朝’，爲‘魯君之朝’，與鄭元解‘季氏私朝’不合。說‘鄉原爲所至之鄉，輒原其人情，而爲己意以待之’，更迂曲庚於《孟子》。然其他解悉純正，朱子《集注》用之。惜無從得其全書，以甄覈是非，爲可憾爾！”

【論語釋疑一卷】　（魏）王弼撰。國翰《敘錄》曰：“弼有《周易注》、《周易略例》，已各著錄。《隋書·經籍志》載弼撰《論語釋疑》三卷。《唐書·藝文志》云二卷。陸德明《經典釋文序錄》與《隋志》同。今佚。間見引於《釋文》、《正義》，茲更從皇侃《義疏》採輯，共得四十節，合爲一卷。其說‘志於道’云：‘道者，無之稱也。’其說‘性相近’云：‘近性者正而即性，非正雖即性，非正而能之。正譬如近火者熱而即火非熱，雖即火非熱而能使熱。’浮

虛惝恍，老莊緒言。觀前人論弼《易》，何劭云‘不識物情’，孫盛云‘妙賾無聞’，程子云‘元不見道’，朱子云‘巧而不明’。此之釋論，毋亦與注《易》等乎？然如釋‘老彭’爲‘老聃、彭祖’，‘廐焚’爲‘公廐’，‘賜不受命’爲‘不受爵’，‘作者七人’爲‘伯夷、叔齊、虞仲、夷逸、朱張、柳下惠、少連’，皆與諸家殊別。雖非確訓，頗廣異聞。考古之儒，或所不廢也。”

【論語譙氏注一卷】　（晉）譙周撰。國翰《敘錄》曰：“周字允南，巴西西充國人，仕蜀官至光祿大夫，勸後主降魏，封陽城亭侯，入晉爲騎都尉，遷散騎常侍，不拜，事蹟詳《蜀志》本傳。《七錄》有譙周《論語注》十卷。《隋書·經籍志》云‘亡’。《唐書·藝文志》不著錄，而陸德明《釋文序錄》有之，亦云十卷。今佚。唯《釋文》引一節，《續漢書》劉昭注引一節。夫周說主降讎，孫綽譏其‘苟存’，孫盛誚其‘亡禮’、‘希利’，原無足取。而耽古篤學，著述自命，陳壽評以‘詞理淵通，爲世碩儒’，其言亦未可廢也。輯錄一家。所著《五經然否論》、《古史考》、《譙子法訓》，別爲裒訂，以類著焉。”

【論語衛氏集注一卷】　（晉）衛瓘撰。國翰《敘錄》曰：“瓘字伯玉，河東人，官至太保、蘭陵成侯。《晉書》有傳。張璠《周易集解》取二十八家，有衛瓘《易義》。其書泯絕不可見。《隋書·經籍志》有《集注論語》六卷，云：‘晉八卷，晉太保衛瓘注。梁有《論語補缺》二卷，宋明帝補衛瓘缺，亡。’《唐藝文志》有《宋明帝補衛瓘論語》十卷。陸德明《釋文序錄》云：‘晉八卷，少二卷，宋明帝補缺。’隋、唐之代已非全佚，今則佚無傳者。《釋文》、《正義》間引一二。茲採皇侃《義疏》及裴駰《史記集解》，共得十五節，合爲一卷。其說‘若焉不如邱之好學也’，訓‘焉’爲‘安’，句屬下讀，與‘何莫由斯道也’句法同例。‘頗得怪歎神吻以入，則事公卿三事，謂爲酒興’，皇侃申其義以爲：‘朝廷、閨門及有喪者並不爲酒困。’亦能於聖人立言得其倫次。此雖不同時解，而爲義頗長。昔宋明補綴遺編，蓋必有心折於其論說者，惜乎全豹之無從得窺也。”

【論語旨序一卷】　（晉）繆播撰。國翰《敘錄》曰：“播字宣則，蘭陵人，官至中書令，《晉書》有傳。此編載《隋書·經籍志》，云三卷，《唐書·藝文志》云二卷，《宋志》不著錄，佚亡已久。陸德明《經典

釋文序錄》引一則，皇侃《義疏》引尚有一十四節。合訂一卷。其於‘子見南子，子路不悅’通一解云：‘或亦發孔子之答以曉衆也。’於‘子路三軍之問’，則曰：‘因題目於回，舉三軍以倒問，將以叩道訓，陶染情性，故夫子應以篤愼以示厥中也。’於‘宰我三年之問’，則曰‘假時人之謂，咎憤於夫子，意在屈己以明道也。’立說具有卓見。蓋賢人之過異於凡庸，深原其情，道近於恕，且賢與聖發難送解，亦合《論語》標名之義。其他解皆清暢可誦，顧安從訪其全書而枕秘之耶？”

【論語繆氏說一卷】　（晉）繆協撰。國翰《敘錄》曰：“協，不詳何人。梁《七錄》，隋、唐《志》，陸氏《經典序錄》皆不載。唯皇侃《義疏》引凡二十七節。考侃《疏序》，稱江熙集解《論語》十三家，有繆播而無繆協。茲就皇《疏》所引，錄爲一卷，即附繆播之後。書中引‘中正’二條，稱官而不名，蓋必素所尊禮者，惜亦不能詳考爲誰氏矣，存以俟博雅君子論定焉。”

【論語體略一卷】　（晉）郭象撰。國翰《敘錄》曰：“象字子元，河內人，官至太傅主簿，《晉書》有傳。此編《隋・經籍志》、《唐・藝文志》並云二卷，陸德明《釋文序錄》不著目。蓋其書在唐時惟秘閣有之，世少傳者，今則散佚。皇侃《義疏》引凡九節。輯爲一卷。考象嘗注《莊子》，襲取向秀之言，頗爲世所訛病。解說經義，亦未必盡有心得。然江熙《集解》列《論語》十三家，有郭象。其言與衛瓘、范甯諸人同採，蓋亦有表見於當時者。今玩其佚說，不離元宗，而尚自暢達。晉人經解，取備一家，聊寄妮古之意云爾。象別有《論語隱》，亦佚，考訂另錄，次此卷後。”

【論語欒氏釋疑一卷】　（晉）欒肇撰。國翰《敘錄》曰：“肇於《晉書》無傳。陸德明《經典釋文序錄》云：‘字永初，太山人，晉太保椽、尚書郎。’皇侃《義疏》列江熙所集十三家，有欒肇，字及里爵與《釋文》敘述同。《隋書・經籍志》載《論語釋疑》十卷，又云：‘梁有《論語駁序》二卷，亡。’《唐書・藝文志》稱《論語釋疑》十卷、《駁》二卷。《釋文》亦云《釋義》十卷。今已佚亡。就皇《疏》及裴駰《史記集解》所引，尚輯得一十六節。其說‘君子無所爭’、‘瑚璉也’、‘子路請禱’三條，辯論鋒起，亦似《駁序》之文。然書無明證，不能區分。茲統據

《隋志》存目，題曰《釋疑》，加‘欒氏’者，以別於王弼。至如‘文莫’一節，引者顯稱欒氏《駁》，附注下方，易於循覽云。”

【論語虞氏讚注一卷】　（晉）虞喜撰。國翰《敘錄》曰：“喜字仲寧，餘姚人，預之兄，《晉書》有傳。《册府元龜》云：‘虞喜累徵博士，不就。說《毛詩略》，注《孝經》，撰《周官駁難》，又注《論語讚》九卷，《新書對張論》十卷。’《隋書・經籍志》：‘《論語》九卷，鄭元注，晉散騎常侍虞喜讚。’又云：‘梁有《新書對張論》十卷，虞喜撰，亡。’而《唐・藝文志》亦有虞喜《贊鄭元論語注》十卷。陸德明《經典序錄》不著《讚注》之名。則二書先後並佚矣。猶幸皇侃《義疏》載其二節，亟錄存之。考鄭《注》‘子桑伯子爲秦大夫’，王肅曰：‘伯子書傳無見焉。’茲取《說苑》‘孔子見伯子事’隱規鄭失，且以補子雍之缺也。使得覩其全書，當必有蒐羅古今而折衷微妙者。乃顧使高文典册湮而不傳，能不使人慨惜哉！”

【論語庾氏釋一卷】　（晉）庾翼撰。國翰《敘錄》曰：“翼字稚恭，鄢陵人，亮弟，官至大都督，鎮武昌、襄陽，《晉書》有傳。阮孝緒《七錄》有庾翼《論語釋》一卷。《隋書・經籍志》云：‘梁有一卷，亡。’皇侃《義疏》引其‘釋子畏於匡’一節，文筆秀整，大似論體。豈其摘取發揮似後世制義耶？”

【論語李氏集注二卷】　（晉）李充撰。國翰《敘錄》曰：“充字宏度，江夏人，官著作郎，《晉書・文苑》有傳。阮孝緒《七錄》載充《論語釋》一卷，至隋已亡。《隋書・經籍志》別有‘《論語》十卷，晉著作郎李充注’。《唐書・藝文志》、陸德明《經典釋文序錄》並同。鄭樵《通志・藝文略》有之，而《宋史・藝文志》不及載，則全書已佚，樵僅據舊目錄之耳。猶幸皇侃《義疏》引有五十節。《正義》、《釋文》所引皆本皇《疏》。又，裴駰《史記集解》引一節。輯爲二卷。暇日循覽，可以辨同異，廣見聞。考據之家，不無攸助云。”

【論語范氏注一卷】　（晉）范甯撰。國翰《敘錄》曰：“甯有《尚書集解》、《春秋穀梁傳集解》，已各著錄。此《注》隋、唐《志》皆不載，卷數未詳。陸德明《經典釋文》引止二則。考江熙《集解》十三家，有范甯。熙書亦佚。梁皇侃作《義疏》時，及見之，故亟引范說。又，裴駰《史記集解》亦間稱引。茲並採錄，共得四十八節，合爲一卷。比解經，間與

舊注不同。如說‘晝寢’云：‘託弊迹，以爲發起。’說‘三讓’，兼用兩釋，以實所讓之事，而云‘詭道合權，隱而不彰’。說‘席不正不坐’，引《禮》‘諸侯三重，大夫再重’，而云‘各有其正也’。不苟隨俗，能發前人所未發。其他訓詁亦具有典則。蓋武子一代經師，迥異清談之士。得茲編與《書解》存之，雖非完帙，可與《穀梁》之注，想見其根柢焉。《隋志》：‘《論語別義》十卷，范廙撰。’或是‘范甯’之誤。晁公武《讀書後志》云。”

【論語孫氏集解一卷】　（晉）孫綽撰。國翰《敘錄》曰：“綽字興公，太原人，官至廷尉卿、長樂亭侯，《晉書》有傳。是編《隋·經籍志》、《唐·藝文志》並稱《集解》十卷。陸德明《釋文序錄》稱《集注》，卷數與二《志》同。今佚。《釋文》引‘不至於穀’一事。茲採皇侃《義疏》，尚得三十一節，合爲一卷。考綽嘗著書號子，卓然名家。其作《遊天台山賦》，范榮期稱其‘擲地必作金石聲’，蓋以文章鳴於典午者。此《注》蘊味宏深，而詞饒清麗。晉客吐屬，別有一種風韻。若概以宋儒語錄律之，則失之狹矣。”

【論語梁氏注釋一卷】　（晉）梁覬撰。國翰《敘錄》曰：“覬，《晉書》無傳，陸德明《經典釋文序錄》云：‘天水人，東晉國子博士。’考阮孝緒《七錄》載覬注《論語》十卷。《隋·經籍志》：‘梁有十卷。’《唐·藝文志》亦云：‘梁覬注，十卷。’今其書絕少徵引，皇侃《義疏》於《子禽問於子貢章》引其二說而已，原標‘梁冀’。案：‘冀’與‘覬’音相同，義亦相近，故通用之，非漢之跋扈將軍也。恐混觀者之目，故仍依隋、唐《志》改從‘覬’。錄存其說，以備一家焉。”

【論語袁氏注一卷】　（晉）袁喬撰。國翰《敘錄》曰：“喬字彥叔，陳國人，官至龍驤將軍、湘西伯，贈益州刺史，謚曰簡，《晉書》有傳。此《注》亡佚已久。惟見皇侃《義疏》引凡一十九節，僅稱‘袁氏’。案喬本傳云：喬博學有文才，注《論語》及《詩》。阮孝緒《七錄》有袁喬《論語釋》十卷。《隋·經籍志》注云：‘梁有益州刺史袁喬注，十卷。’《唐·藝文志》同。陸德明《釋文序錄》亦云‘袁喬注十卷’，稱云：‘字彥叔，陳國人，東晉益州刺史、湘西簡侯。’然則袁之《注》爲喬所作明矣。乃皇《疏序》稱：‘江熙集《論語》十三家，有晉江夏太守陳國袁宏字叔度。’案：宏，字彥伯，爲東郡太守，見《晉書》傳及《續

晉陽秋》。此云‘字叔度，江夏太守’，皆牴牾不合。且諸史志皆不言宏注《論語》。則‘宏’必爲‘喬’字之誤。蓋喬字彥叔，‘彥’、‘度’二字形似而訛，後又倒文作‘叔度’。又，宏字彥伯，喬字彥叔，同爲陳郡人，傳者不察，因而誤‘喬’作‘宏’。又，考喬嘗爲江夏相，本傳載之。此云‘江夏太守’，亦因喬官江夏而失之，初與袁宏無與也。茲爲訂正，據隋、唐各《志》題‘袁喬’，庶幾得其實焉。”

【論語江氏集解二卷】　（晉）江熙撰。國翰《敘錄》曰：“熙於《晉書》無傳。《冊府元龜》云：‘熙，字太和，爲兗州別駕。’此其可考者。里居則不能詳矣。皇侃《義疏序》列《論語》十三家，衛瓘、繆播、欒肇、郭象、蔡謨、袁宏、江淳、蔡系、李充、孫綽、周懷、范甯、王珉云。右十三家爲晉江熙字大和所集，取衆說以成書，故以《集解》名也。《隋書·經籍志》稱《集解論語》，《唐書·藝文志》云‘江熙《集解》’，並云十卷。陸德明《釋文序錄》云十二卷，或並目數之與？晁公武《郡齋讀書志》引侃《序》稱：‘熙所集，世謂其引事雖時詭異，而援證精博，爲後學所宗止。’據皇《疏》爲論，其得見全書與否，未可知。而今則佚不可求矣。邢昺《疏》引二節。皇《疏》所引頗多，其明標‘江熙’者，尚得九十餘節。侃言若江《集》中諸人有可採者，亦附而申之。則衛、繆、欒、郭等說，侃皆從江《集》採之。既已輯錄，別自爲書，故不複載。此編雖殘缺不完，然合衛、繆諸家以參觀之，有晉一代之說《論》者，得失同異備於茲矣。”

【論語殷氏解一卷】　（晉）殷仲堪撰。國翰《敘錄》曰：“仲堪，陳郡人，官至振威將軍、荊州刺史，事蹟詳《晉書》本傳。是書隋、唐諸《志》皆不載，唯皇侃《義疏》引有九節。觀其論說，多涉浮虛。史載仲堪好《老子》，嘗謂：‘三日不言《道德經》，便覺舌本間强。’其人蓋篤信道流，而於以清談自喜者。錄存一家，不沒其心力焉爾。”

【論語張氏注一卷】　（晉）張憑撰。國翰《敘錄》曰：“憑字長宗，吳人，官至司徒左長史，《晉書》有傳。此編載《七錄》，云十卷。《隋書·經籍志》注：‘梁有《十卷》，亡。’而《志》別有《論語釋》一卷，云‘張憑撰’。或者裒輯散佚，什存其一歟？《唐·藝文志》不著錄。陸德明《經典釋文序錄》有之，亦稱十卷，存舊目，實未見全書也。放失既久，諸籍不見徵稱。唯皇侃《義疏》引有十二節。

輯爲一卷。其解‘吾斯之未能信’云：‘魯君之誠，未洽於民，故曰未能信。’解‘鄉原’云：‘原壤，孔子鄉人，故曰鄉人。’立說異而近鑿，殊無足取。然如說‘民可使由之，不可使知之’云：‘爲政以德，則各得其性，天下日用而不知，故曰“民可使由之”。若爲政以刑，則防民之爲奸民，知有防而爲奸彌巧，故曰“不可使知之”。言爲政當以德，民由而已，不可用刑，民知其術也。’以經詁經，能得聖人言外之旨。其他粹義，多類是。史稱‘憑爲理窟’，即此斷簡殘編，猶想見研覃力索時也。”

【論語蔡氏注一卷】　（晉）蔡謨撰。國翰《敘錄》曰：“謨字道明，濟陽考城人，官至司徒，諡文穆，《晉書》有傳。此《注》不見隋、唐《志》，而陸德明《釋文》於‘夫子矢之’引蔡云：‘陳也。’邢昺《正義》亦引此句，下復有‘夫子爲子路矢陳天命也’一語。後閱皇侃《義疏》，其引此節尤全備。而《疏序》稱：江熙集《論語》十三家，有蔡謨。乃知《釋文》、《正義》皆本皇《疏》。而皇《疏》所徵，又得之江氏《集解》也。爰復採輯，更得八節，錄爲一卷。其辨正時說，多有可取。皇《序》稱‘蔡公爲此書，爲圓通之喻’，著述之義見於茲矣。”

【論語顏氏說一卷】　（宋）顏延之撰。國翰《敘錄》曰：“延之字延年，琅邪臨沂人，官至光祿大夫，贈散騎常侍，特進金紫光祿大夫，諡曰憲子，《宋書》有傳。《隋・經籍志》禮家有《逆降義》三卷，宋特進顏延之撰。其說《論語》，未嘗著錄，新、舊《唐書・志》亦無之。邢昺《正義》於‘知及’之章引‘顏特進說’。考皇侃《義疏》引與《正義》同，更輯得十有五節。乃知古人著述湮沒者衆，書缺有間。而其軼時見他說，雖非完帙，益當珍惜。合訂一卷存之。覽是編者，應歎江左之士說經鏘鏘，非徒以錯彩鏤金齊名康樂已也。”

【論語琳公說一卷】　（宋）釋惠琳撰。國翰《敘錄》曰：“惠琳，秦郡人，宋世沙門，以才學爲太祖所賞愛，見《宋書・顏延之傳》。嘗注《孝經》、《老子》，又作《辨正論》，其人蓋釋而儒者也。其《論語說》，隋、唐《志》、陸德明《經典序錄》並不載之。邢昺《正義》、皇侃《義疏》引有四節。如辨‘宰予晝寢’，假晝寢以發夫子之教。解‘互鄉難與言童子’云：‘此八字通爲一句，言此鄉童子難與言耳，非是一鄉皆難與言也。’說甚新巧有思致。夫六朝風

尚，文人學士莫不佞佛，而飯依梵教者，乃欲托儒業以顯名，亦可謂鄉黨自好者已。雖非醇旨，可以恕論。唐僧皎然論詩曰‘忍俊’，吾於此卷亦云。”

【論語沈氏訓注一卷】　（齊）沈驎士撰。國翰《敘錄》曰：“驎士有《周易注》，已著錄。其著《論語》，隋、唐《志》皆不載。考《齊書》驎士本傳云：《周易兩繫》、《莊子內篇訓》，注《易經》、《禮記》、《春秋》、《孝經》、《論語》、《喪服》、《老子要略》數十卷。朱太史彝尊《經義考》云：‘沈驎士《論語訓注》，佚。’蓋據本傳爲言，其卷數不能詳也。《釋文》、《正義》均不見稱述。唯皇侃《義疏》引‘沈居士說’凡七節，而不著其名。史稱：‘驎士隱居餘干夫差山，以經教授。永明、建武、永元之世，三徵不起。’居士之名應有獨擅，故直題‘驎士’也。其說亦涉元宗，而文筆清俊可喜。輯錄一卷，存六朝之文獻云爾。”

【論語顧氏注一卷】　（齊）顧歡撰。國翰《敘錄》曰：“歡有《周易繫辭注》，已著錄。此《注》，《隋・經籍志》、《唐・藝文志》皆不載，陸德明《經典釋文序錄》亦不稱之，蓋隋唐時已早佚亡。唯皇侃《義疏》引有八節。如說‘屢空’云：‘夫無欲於無欲者，聖人之常也。有欲於無欲者，聖人之分也。二欲同無，故全空以目聖。一有一無，故每虛以稱賢’云云。語涉沖元，聃、周餘緒。史稱：歡著《夷夏論》，黨於道教，又嘗注《老子》行世，心游惝惚，自不覺言近支離也。然清辨滔滔，其味雋永。裒輯成帙，作六朝制藝觀可爾。”

【論語梁武帝注一卷】　（梁）武帝撰。國翰《敘錄》曰：“帝有《周易大義》，已著錄。按：《梁書》、《南史・武帝本紀》皆不言帝訓釋《論語》，隋、唐《志》亦不載。而陸氏《釋文》引二節，李氏《資暇集》引一節。陸、李皆唐人，必有所本。茲據輯錄。以‘事君數’爲‘數己之功勞’，以‘晝寢’爲‘繪畫寢室’，皆用鄭康成義，而梁皇侃《疏》無之，可以參考也。”

【論語太史氏集解一卷】　（梁）太史叔明撰。國翰《敘錄》曰：“《南史》及《齊書・沈峻傳》並云：叔明，吳興烏程人，吳太史慈後也。少善《莊》、《老》，兼通《論語》、《禮記》，尤精三元。每講說，聽者常五百人。爲國子助教，邵陵王綸好其學，及出爲江州，攜叔明之鎮。王遷郢州，又隨府所。至輒講授，

故江州人士皆傳其學。阮孝緒《七錄》云：‘太史叔明《論語集解》十卷。’《隋·經籍志》云：‘梁有，十卷，亡。’今其佚說，諸書罕引，唯皇侃《疏》引二節。語涉沖虛，出入釋氏，與王弼、郭象二家相近。聽從者衆，亦當代風趨然也。錄存佚說，識者辨焉。”

【論語褚氏義疏一卷】（梁）褚仲都撰。國翰《敘錄》曰：“仲都有《易義》，已著錄。《隋書·經籍志》有褚仲都《論語義疏》十卷。《唐·藝文志》作《講疏》十卷。考蕭梁之代，作《義疏》者，褚、皇二家。皇《疏》宋世猶存，故邢昺作《正義》本之。邢《疏》行而皇《疏》稍隱。今得日本人傳之，皇《疏》晦而復顯，而褚《疏》則湮絕無聞。猶幸皇《疏》引其一節，吉光片羽，益以罕而可珍矣。儻有搜自遐方，探諸石室，使全書繼皇本而復出也，是所望於世之好古者。”

【論語沈氏說一卷】（□）沈峭撰。國翰《敘錄》曰：“峭不詳何人。考梁有沈峻，字士豈，吳興武康人。史稱其‘好學，與舅太史叔明師事宗人沈驎士門下。驎士卒，乃出都徧遊講肆，博通五經’云云。江左經師唯峻名最著，‘峭’疑‘峻’字傳寫之誤，否亦峻之族也。皇侃《義疏》僅引一節。錄出與驎士、叔明相次，備參稽焉。”

【論語熊氏說一卷】（□）熊埋撰。國翰《敘錄》曰：“埋，不詳何人。梁《七錄》、隋、唐《志》及陸德明《經典釋文序錄》皆不著目，惟皇侃《義疏》引之，凡六節，均稱‘熊埋’云。考《唐書·藝文志》雜家有熊理《瑞應圖讚》三卷，《南齊書·祥瑞志》引熊襄說。‘襄’與‘理’義類相叶，疑熊氏一人，理名而襄字，解《論語》者或即其人，而皇《疏》偶缺筆，遂誤‘理’爲‘埋’耳。書以俟考。”

【論語隱義注一卷】不著撰者。國翰《敘錄》曰：“《論語隱義注》一卷，撰人姓名闕。考《隋書·經籍志》有《論語隱》一卷，郭象撰，又有《論語隱義注》三卷，並云亡。朱彝尊太史《經義考》於《論語隱》、《論語隱義注》外，別出《隱義》，云：‘《隋志》不載，但有其《注》載《七錄》。未審即郭象《論語隱》否？’案：郭書以《隱》名，茲云《隱義注》者，疑是後人衍象義而注之。《唐·藝文志》稱《義注隱》，誤倒其文也。《注疏》不見稱述，惟《白帖》、《太平御覽》引凡二節，或題《隱義》，或題《隱義注》。其語鄙俚似小說，與郭氏《體略》不類，應皆是注者以異聞附益。茲從朱氏說，取次《體略》之後，

並題《隱義注》，仍梁、隋之舊目也。”

## 經編孟子類

【孟子章指二卷孟子篇敘一卷】（漢）趙岐撰。國翰《敘錄》曰：“岐字邠卿，京兆長陵人，仕至太僕卿，《漢書》有傳。岐著《孟子章句》十四卷，宋孫奭作《正義》宗之，今《孟子注疏》是也。《題辭》謂《章句》具載本文，章別其旨，分爲上下，凡十四卷。唐陸善經、注合爲七卷，並刪去《章指》。孫氏不別標識，混入《疏》中，零落大半。毛斧季宬曾見章邱李氏所藏北宋蜀大字《章句》本，《趙氏篇敘》從此校出，而斧季手校《注疏》，不言《章指》出自蜀本。惠氏棟亦僅從盱郡重刊廖氏本校錄，非世綵堂元本也。吳郡余蕭客作《古經解鉤沈》，從兩家所校補入，大有功於趙氏。茲據錄之，依《題辭》分爲上、下卷，並以《篇敘》附焉。阮芸臺相國南昌重雕《注疏》本各卷後附《校勘記》，《孟子章指》亦補入，可稱《注疏》完帙。此以單行補遺，取便觀覽云爾。”

【孟子程氏章句一卷】（漢）程曾撰。國翰《敘錄》曰：“曾字秀升，豫章南昌人，建初三年舉孝廉，遷海西令，事具《後漢書·儒林傳》。《傳》言作《孟子章句》，不詳卷數。《隋書·經籍志》未及著錄，佚在隋前。諸書亦絕少徵引，惟宋熙時子所注《孟子外書》第三篇引有一則。夫《外書》爲趙岐所不取，以爲後世依放而托。然劉貢父傳之，馬廷鸞敘之，雖非《孟子》本眞，而要爲治《孟子》者所宜參攷也。茲据錄存，附載本傳，俾論世者知其人焉。”

【孟子高氏章句一卷】（漢）高誘撰。國翰《敘錄》曰：“《後漢書》無誘傳，据誘注《淮南子自序》，知爲涿郡人，從盧植學，建安十年辟司空掾，除東郡濮陽令，十七年遷監河東，可攷者止此。誘作《呂氏春秋序》，自言‘正《孟子章句》’。其書久佚，故歷代書志不著錄。宋熙時子注《孟子外書》，引‘高氏誘’二則，此外亦無引之者。焦循作《孟子正義》，頗篤古訓，以誘所注諸書多及《孟子》，尚可攷見，迺詳取《呂氏春秋》、《淮南子》、《戰國策》三《注》，凡涉《孟子》者彙集之，附於《序說》，語辭多少，往往與今本不同。如以北宮黝爲齊人，陳賈爲姚賈，匡章、陳仲子爲孟子弟子之類，說多岐指。誘受業於盧植，與鄭康成先後同師，古義討論，要必有所依據。茲就所集，次第編錄，並熙時子所引，合訂成卷，以

存漢學。至於三書訓注，焦皆採入《正義》，多與趙氏相發明。然未顯言《孟子》，不敢附合。有焦書在，固可披覽焉而會其通也。”

【孟子劉氏注一卷】　（漢）劉熙撰。國翰《敘錄》曰：“熙於《後漢書》無傳，附見《三國・吳志》程秉、薛綜二傳中。一云‘後避亂交州，與劉熙考論大義’。一云‘避地交州，從劉熙學’。知熙嘗居交州，其或宦或遊，或教授其地，無見也。《隋書・經籍志》於《大戴禮記》十三卷下注云：‘梁有《諡法》三卷，後漢安南太守劉熙撰，亡。’畢氏沅《釋名疏證序》云：‘後漢無安南郡，惟漢陽郡。’注引《奏州記》云：‘中平五年，分置南安郡。’則‘安南’或‘南安’之誤。焦循《孟子正義》引《綜傳》，以爲其相傳安南太守者，亦以其在交州而譌，非南安之誤也。晉李石《續博物志》云：‘漢博士劉熙。’陳振孫《書錄解題》、馬端臨《文獻通考》於《釋名》並云：‘漢徵士北海劉熙成國撰。’此皆可以互考。其注《孟子》，隋、唐《志》並云七卷，今佚。《史記》、《漢書》、《文選》等注尚有徵引，而注上所列經文，往往與今本不同。蓋所據之本劉與趙異，如《書》分《古》、《今》，《詩》判《齊》、《魯》、《韓》、《毛》。即佚說之僅存，頗資考覈之助。宋熙時子傳《孟子外書》四篇，其《孝經・第三》注引‘劉氏熙’一則。案：熙《注》七卷，無《外書》，不知熙時何据。姑依錄之，存其疑焉可已。”

【孟子鄭氏注一卷】　（漢）鄭玄撰。國翰《敘錄》曰：“元於《易》、《書》、三《禮》、《論語》、《孝經》皆注，《毛詩》有《箋》，已各著錄。《後漢書》本傳詳列所著書，不言《孟子》。而《隋志》有《孟子》七卷，鄭元注。《唐志》亦有鄭元注《孟子》七卷。未知何據。或爲鄭學者依托其說而成此書與？今佚。傳記絕無徵引。茲取元注諸書中所引《孟子》及隱括《孟子》義者輯錄，以補缺遺。雖非本書，而文字與今本異者，可準鄭箋《詩》改字及注《魯論》以《齊》、《古》讀正之例而訓釋之。得諸他經注者，轉確然見康成之手澤矣。”

【孟子綦毋氏注一卷】　（晉）綦毋邃撰。國翰《敘錄》曰：“邃字及里爵均無考。周廣業《孟子古注考》云：‘宋裴駰注《史記》兩引其說，知爲晉人。’案：裴氏所引，邃注《列女傳》語也。《隋志》列其書於皇甫謐《列女傳》之下，杜預《女記》之上，審爲晉代之士矣。茲據補題。《隋志》云：‘梁有《孟子注》九卷，綦毋邃撰，亡。’《唐書・藝文志》載綦毋邃《注孟子》七卷。蓋其書亡於隋世，至唐復得之，而缺其二卷也。今佚。惟《通典》、《文選》注引凡五節，而宋熙時子所注《孟子外書》，其《孝經篇》亦引綦毋氏四節，蓋在唐二卷佚篇中。劉貢父得《外書》於湮散之餘，佚說幸存也。茲並輯錄。其說‘伯夷隘、柳下惠不恭’與‘驅蛇龍而放之菹’，焦循作《孟子正義》取之，而頗有所發明，坿屬節下，益以著古義之可珍云。”

【孟子陸氏注一卷】　（唐）陸善經撰。國翰《敘錄》曰：“善經不詳何人，字及爵里均無考。其注《孟子》，《舊唐書・經籍志》不載，《新唐書》有陸善經《孟子注》七卷。《崇文總目》云：‘善經，唐人，以軻書初爲七篇，因删去趙岐《章指》與其注之繁重者，復爲七篇。’孫奭《孟子正義》云：‘自陸善經已降，其訓說雖小有異同，而咸歸宗於趙氏。’今佚。惟孫奭《音義》引之。輯錄一卷。如說‘子莫執中’云：‘子等無執中。’‘達財’云：‘周恤之。’頗見奇異。至‘爲長者折枝’，趙氏云：‘案摩折手節，解罷枝也。’陸易爲‘折草樹枝必求龍斷而登之。’趙云：‘謂堁斷高登者也。’陸易爲‘岡壟斷而高者。’朱子取入《集註》。今所視爲常解者，在當日實爲創說也。其它訓詁，已不可見。以《正義》歸宗趙氏推之，要必無大殊於舊注。《音義》或錄其不同者，以備參攷乎？”

【孟子張氏音義一卷】　（唐）張鎰撰。國翰《敘錄》曰：“鎰字季權，一字公度，蘇州人，朔方節度使齊邱之子，官至中書侍郎平章事，鳳翔隴右節度使，贈太子太傅，新、舊《唐書》皆有列傳。《舊唐書》傳詳所著書有《孟子音義》三卷，而《經籍志》失載。《新唐書・藝文志》有之，云三卷，與《舊書》傳同。朱太史彝尊《經義考》云：‘《唐志》七卷者，誤也。’《宋史・藝文志》亦云三卷，題作張諡。‘諡’亦‘鎰’字之譌。今佚。惟見孫奭《音義》。孫《序》譏其‘徒分章句，漏畧頗多’。今就所采者錄之，以存古說。至於補綴缺遺，則固有孫書在也。”

【孟子丁氏手音一卷】　（唐）丁公著撰。國翰《敘錄》曰：“公著字平子，蘇州吳人，官至太常，贈尚書右僕射，事蹟具《唐書》本傳。《傳》言著《太子諸王訓》十篇，不言音釋《孟子》。舊、新《唐書・

志》均未載之。《宋史·藝文志》有丁公著《孟子手音》一卷。蓋《唐志》遺之也。今佚。惟孫奭《音義》載其說。据以輯錄。宋熙時子《孟子外書》注亦引一則，編次卷後。孫《序》謂：‘丁氏稍識指歸，譌謬時有。’今觀所引，頗詳攷證，足與趙《注》相發明。則經芟削之餘，所存者固皆醇義也。”

## 經編爾雅類

【爾雅犍爲文學注三卷】　（漢）郭舍人撰。國翰《敘錄》曰：“陸德明《經典釋文敘錄》曰：‘犍爲郡文學卒史臣舍人，漢武帝待詔。’《文選·羽獵賦》注引《爾雅》郭舍人注。張澍《蜀典》謂：‘即與東方朔同時待詔，爲隱語，被榜呼譽之郭舍人也。’又博攷漢時官階云：‘當是初爲郡文學，後補太守卒史，以能恢諧，善投壺，入爲待詔舍人也。’《七錄》有‘犍爲文學《爾雅注》三卷’。《隋志》云‘梁有’，又云‘亡’。《唐志》不著錄。《釋文》云：‘闕中卷。’今佚。從《釋文》、邢《疏》及諸書所引，仍釐三卷。引者或稱‘文學’或，稱‘舍人’，要是一人之言。《釋文》以爲闕中卷，故自‘釋宮’至‘釋水’不及引舍人注。而《齊民要術》、《水經注》、《太平御覽》等書所引，猶足捃摭成卷，以補陸氏之闕。舍人在漢武時，釋經之最古者，本多異字，尤可與後改者參校，而得《爾雅》之初義焉。”

【爾雅劉氏注一卷】　（漢）劉歆撰。國翰《敘錄》曰：“歆有《春秋左氏注》，已著錄。其注《爾雅》，《七錄》云三卷，《隋志》云‘梁有劉歆、犍爲文學、中黃門李巡《爾雅》各三卷，亡’，《唐志》不著目，佚已久。惟陸氏《釋文》及唐徐景文《樂書》引其說‘官謂之重’五節。又陸璣《詩疏》、許慎《說文》各引一節。輯錄爲帙。《釋文敘錄》云：‘劉歆《注》三卷，與李巡《注》正同，疑非歆《注》。’考《說文》引劉歆說‘蠪，復陶也，蚍蜉子’，與《春秋正義》引李巡說‘蠪，蝗子’不同。則李氏本劉爲《注》，大指不殊，其間亦不無少異。錄存一家，其他佚義固可與李《注》互考也。”

【爾雅樊氏注一卷】　（漢）樊光撰。國翰《敘錄》曰：“光，京兆人，官中散大夫。見《釋文敘錄》。其注《爾雅》，《隋志》三卷，《唐志》六卷，今佚。孔氏《正義》、《釋文》、邢《疏》所引樊光，又或引作‘某氏’，《釋文》云沈璇，疑非光注。然則稱

‘某氏’者，其缺疑之義乎？臧庸《拜經日記》云：‘唐人義疏引某氏《爾雅注》，即樊光也。’證以‘椴木槿’、‘櫬木槿’注，《詩正義》引作‘樊光’，《禮記正義》引作‘某氏’；‘隹其夫’不注，《春秋正義》引作‘樊光’，《詩正義》、邢《疏》引並作‘某氏’。臧君之言，確不可易。茲據合輯爲卷。其引《詩》如‘民之攸啊’、‘攸攸我里’、‘有蒲與茄’、‘譬彼瘣木’、‘其麃孔有’，臧氏謂與《毛》、《韓》不同，蓋本《魯詩》。此亦考古者所宜會通也。”

【爾雅李氏注三卷】　（漢）李巡撰。國翰《敘錄》曰：“巡，汝南人，官中黃門。《後漢書·宦者呂强傳》云：‘時，宦者濟陰丁蕭、下邳徐衍、南陽郭耽、汝陽李巡、北海趙祐等五人稱爲清忠，皆在里巷，不爭威權。’《隋志》云：‘梁有漢劉歆、犍爲文學、中黃門李巡《爾雅》各三卷，亡。’《唐志》復載《爾雅》李巡注三卷。今佚。從諸書裒輯，仍釐三卷。《經典釋文敘錄》於劉歆《注》三卷下云：‘與李巡正同。’然則巡蓋師宗劉氏，博通《七略》之書者矣。又范史云：‘巡以爲諸博士試甲乙科，爭第高下，更相告言，至有行賂定蘭臺漆書經字，以合其私文者。逎白帝，與諸儒共刻《五經》文於石。於是詔蔡邕等正其文字。自後《五經》一定，爭者用息。’據此知熹平立石，巡實發端倡議，則其有功於《五經》獨大，固不止天地、山水、草木、蟲魚之淹博已也。”

【爾雅孫氏注三卷】　（魏）孫炎撰。國翰《敘錄》曰：“炎有《禮記注》，已著錄。其注《爾雅》，《隋志》七卷，《唐志》六卷，《經典釋文序錄》三卷，今佚。輯爲上、中、下卷。叔然授學鄭元之門，人稱東州大儒，則訓義之優洽可知。郭景純《注》多用孫氏，其改舊說者往往遜之，亦以所取法者上也。邢昺《爾雅疏序》於魏孫炎外又云：‘爲義疏者俗間有孫炎、高璉，《宋志》稱孫炎《疏》十卷者是也。’蓋唐宋間人，與叔然同名。別輯一家，不使相混云。”

【爾雅孫氏音一卷】　（魏）孫炎撰。國翰《敘錄》曰：“炎既注《爾雅》，又爲之音。《隋志》：‘梁有《爾雅音》二卷，孫炎、郭璞撰，亡。’《唐志》著郭《音義》一卷，孫《音》不著錄。佚已久。茲既輯錄孫《注》，別輯其《音》爲卷。《顏氏家訓》云：‘孫叔然創《爾雅音義》，是漢末人，獨知反語。’《隋志》孫、郭二《音》合稱，則郭《音》同孫者必多。唐時郭存孫佚，亦以郭《注》獨行故也。今郭《音》

亦不傳。各輯一家，而異同固可甄覈也。”

【爾雅音義一卷】（晉）郭璞撰。國翰《敘錄》曰：“璞有《毛詩拾遺》，已著錄。《晉書》本傳云：‘注釋《爾雅》，别爲《音義》、《圖譜》。’《隋志》：‘梁有《爾雅音》二卷，孫炎、郭璞撰。’《唐志》無孫《音》，有郭《音義》一卷。蓋二卷之《音》，孫、郭各一卷。唐時孫《音》已佚，郭《注》盛行，故《音義》得著於目。今佚。陸德明《釋文》引述獨多，又邢《疏》、《詩正義》、《公羊疏》等引郭《音》爲《釋文》所不載者，並據合輯。其音有兩讀三讀者，並收兼採，以備參攷。陸氏《釋文》循其例。自毋昭裔刪存一音，古法浸失。茲編雖殘缺，猶存先儒之舊範焉。義每詳於地理，可補《注》之所略。音及自注，亦郭氏創爲之。然則白香山注己之詩，不爲無所本也。”

【爾雅圖讚一卷】（晉）郭璞撰。國翰《敘錄》曰：“璞有《爾雅音義》，已著錄。《隋志》有《爾雅圖》十卷，又云：‘梁有《爾雅圖讚》二卷，郭璞撰，亡。’《唐志》：‘《圖》一卷。’今佚。裒輯諸書，得‘讚’五十有三，外有稱‘圖’者二則。鄭樵《通志略》曰：‘《爾雅圖》蓋本郭《注》而爲圖，今雖亡，有郭璞《注》，則其《圖》可圖也。’家藏有《圖》三卷，未識何人所補，《讚》則散失。此編雖非完具，而存景純之手澤，與《注》可以參考。其《讚》皆韻語古奥，詞寓箴規。雒誦一過，猶想見‘江魚香黑’、‘二九載鑽極’之功力也。”

【集注爾雅一卷】（梁）沈旋撰。國翰《敘錄》略曰：“旋字士規，武康人，梁尚書僕射沈約子，官至給事黄門侍郎、撫軍長史，出爲招遠將軍、南康内史。《梁書》有傳。陸德明《經典釋文序錄》云：‘梁有沈旋，約之子。集衆家之注。’隋、唐《志》並十卷。今佚。從《釋文》及邢《疏》、《集韻》、《一切經音義》所引輯錄。注不多見，惟略存字音。其本字如‘鮮’作‘誓’，‘騆’作‘眥’，與邢疏本異，未審據用何家，要非無所自也。”

【爾雅施氏音一卷】（陳）施乾撰。國翰《敘錄》曰：“乾，字、里無考，爲陳博士。所撰《爾雅音》，隋、唐《志》皆不著目，唯見陸德明《經典敍錄》，卷亦未詳。今佚。從《釋文》，參《集韻》、《類篇》所引，輯爲一帙。音多非今所用，如《釋訓》‘愽’：‘愽，憂也。愽音逋莫反。是字從專，從心，作愽矣。’案《爾雅·釋詩》‘爲多愽愽’，《釋檜風》‘勞心愽愽’，與上冠欒叶韻。施音‘逋莫’，大失經義。《釋草》：‘菟奚，顆涷’，‘涷’音都弄反。云讀者以爲‘冬’。案《本草》作‘款冬’，郭《注》同。司馬相如《凡將篇》作‘款東’。則‘涷’與‘冬’、‘東’字異音同。《釋天》：‘暴雨謂之涷。’衆家亦並音‘東’。施音‘都弄’，似又誤‘涷’爲‘凍’。凡此之屬，未可爲訓也。”

【爾雅謝氏音一卷】（陳）謝嶠撰。國翰《敘錄》曰：“嶠字佚，會稽山陰人，附見《陳書·謝岐傳》，云：‘弟嶠篤學，爲世通儒。’陸德明《經典釋文敍錄》云：‘陳國子祭酒。’其音《爾雅》，隋、唐《志》皆不載，亦見《釋文敍錄》，卷數未詳。今佚。從《釋文》、邢《疏》、《集韻》、《類篇》、《御覽》諸書輯錄。其本有異字，如‘弛’作‘施’，與顧本同。‘苂與’作‘萸’，與舍人本同。‘蓁’作‘蓁’，‘蝵’音孚逢反，作‘螽’，並與施本同。知其博採不主一家。而‘邕支載也’，謂‘邕字又作擁，擁者護之’，‘鳲、鳩、鴶鵴’謂布穀類，邢《疏》引之，以補正郭《注》。則其書在陳代亦卓然足自名家矣。攷郭璞於《釋草》‘莪蚍衃’引謝氏‘小草多華少葉，葉又翹起’。此謝氏，景純以前人，非嶠也。考《七錄》有《毛詩釋義》十卷，謝沈撰。郭所引者，或《陳風》‘視爾如莪’注乎？又嶠名與兄岐皆從山，《集韻》引或作‘橋’，亦筆誤也。”

【爾雅顧氏音一卷】（陳）顧野王撰。國翰《敘錄》略曰：“野王字希馮，吴郡吴人，官至黄門侍郎、光禄卿，贈祕書監事，事跡具《陳書》本傳。其音《爾雅》，隋、唐《志》均不載。陸德明《釋文敍錄》與施乾、謝嶠並稱，又云：‘陳舍人顧野王，既是名家，今亦採之，附於先儒之末。’考德明與顧同郡，又嘗仕陳左常侍，與顧同時，親見其書，以未著錄於史，故分别申說，蓋亦景企之至矣。今其《音》佚。即從《釋文》參邢《疏》所引，輯爲一帙。顧嘗著《玉篇》三十一卷，於許氏《說文》外自樹一幟。《玉篇》幸存，而此《音》散落。得沾賸馥，史所稱‘徧觀經史，精記嘿識’者，猶穆然想見其人焉。”

【爾雅裴氏注一卷】（唐）裴瑜撰。國翰《敘錄》曰：“瑜，不詳何人。其注《爾雅》，《唐志》不著錄，《宋·藝文志》、《中興書目》並載五卷，今佚。唯《玉海》載裴瑜《爾雅注序》，《芥隱筆記》引‘裴瑜音’一則，《酉陽雜俎》引‘裴瑜注’一則，又遼僧行均《龍龕手鑑》引‘雅注’五條。考犍爲文學及劉、樊、李、孫之《注》，宋遼之際已不存，存者唯郭璞、裴瑜二《注》。行均所引，郭《注》不見，審爲裴《注》矣。並據合輯。瑜《序》自言‘勒成五卷’，並音、注皆依經句排次，不復區別云。”

### 經編五經總類

【五經通義一卷】（漢）劉向撰。國翰《敘錄》曰：“案《隋志》‘《五經通義》八卷’，注‘梁九卷’，不著撰人姓名。《唐志》有劉向《五經雜義》七卷，又《五經通義》九卷。今佚。輯錄一卷。攷《後漢·曹褒傳》，褒作《通義》十二篇、《演經雜論》百二十篇，隋、唐《志》皆不著錄。《唐志》題劉向，必有所據，姑依題之。朱氏《經義考》以前漢無緯說，因取諸書引《通義》載緯說者屬之曹褒，餘皆屬之劉向，固具特識。然隋、唐《志》不言曹褒，未若依《唐志》並入劉向書爲有據也。”

【五經要義一卷】（□）雷氏撰。國翰《敘錄》曰：“雷氏，不詳何人。《隋志》：‘五卷，梁十七卷，雷氏撰。’《唐志》亦五卷，序次劉向《五經通義》下。余蕭客《古經解鉤沈》遂以屬之劉向，非也。今其書佚。採輯二十餘節。說‘裼襲’、‘彤管’，皆詳晰有古致，蓋承漢人遺說也。”

【六藝論一卷】（漢）鄭玄撰。國翰《敘錄》曰：“《六藝論》一卷，後漢鄭元撰。案《漢書·藝文志》，‘六藝’謂《易》、《書》、《詩》、《禮》、《樂》、《春秋》六經也。其書論次六經，故稱《六藝》。隋、唐《志》並以一卷著錄。今佚。從諸《疏》及《北堂書鈔》、《御覽》、《路史》等書輯得二十餘節。多用緯候說，宋儒以是訴議。而敘述經學源流，則非唐以後人所能望其項背也。《禮正義》引‘方叔機注’一則，附著本節下云。”

【鄭記一卷】不著撰者。有目無書。

【五經然否論一卷】（晉）譙周撰。國翰《敘錄》曰：“周有《論語注》，已著錄。此編隋、唐《志》皆五卷，今佚。《穀梁傳疏》引一節。《通典》引二十餘節，内有明標《五經然否論》者三節。參以《後漢補志》注、劉恕《通鑑外紀》，所引並同。又引譙周《禮祭集志》二節，《縗服圖》、《集圖》各一節，說祭禮、喪服，似是《論》之篇目。餘只標‘蜀譙周’或‘譙周’，省文也。合輯一帙，以明言書名者列前，其標‘集志’、‘集圖’及止稱名者附後。周勸蜀主降魏，入晉爲膴仕，其人誠有可議，而經說長於禮服，宜陳壽以‘潛識内敏’稱之也。”

【聖證論一卷】（魏）王肅撰，（晉）馬昭駮，孔晁答，張融評。國翰《敘錄》曰：“《魏志·王肅傳》謂：‘肅善賈、馬之學而不好鄭氏，集《聖證論》以譏短元。孫叔然授學鄭元之門人，駮而釋之。’《舊唐書·元行沖傳》云：‘子雍規元數十百件，守鄭學者時有中郎馬昭，上書以爲肅謬。詔王學之輩占答以聞，又遣博士張融案經論詰。融等召集，分别推處，理之是非，具《聖證論》。’《行沖傳》稱‘王學之輩’，以諸引馬昭、張融多參孔晁說，黨於王，則晁固王學輩之首選也。《隋志》十二卷，《唐志》十一卷，今佚。採輯四十餘條，依經編次爲卷。張融覈定鄭、王之臧否，稱鄭《注》‘泉深廣博，兩漢四百餘年未有偉於元者。然二郊之際、殊天之祀，此元誤也。其如皇天祖所自出之帝，亦元慮之失也。’可爲此編之定評已。”

【五經通論一卷】（晉）束皙撰。國翰《敘錄》曰：“皙有《汲冢書鈔》，已著錄。《晉書》本傳稱其作有《五經通論》，隋、唐《志》皆不載。《冊府元龜》依本傳列其目，卷數未詳。書佚已久。杜佑《通典》引四節，又引其與步熊問答五節，皆發明禮服之義。又《春秋正義》引束皙二節。合錄爲卷。說《詩·桃夭》及《周禮》‘中春會男女’，據《春秋》以爲‘通年聽婚’。說‘秋封諸侯’，不偏主《月令》、《祭統》，皆兩斥鄭、王之失。據《左傳》，五父佗一人，以馬遷分兩人爲誤。皆具隻眼，不隨人而苟爲同也。”

【五經鉤沉一卷】（晉）楊方撰。國翰《敘錄》曰：“方字公回，會稽人，官至高梁太守，《晉書》有傳，附《賀循傳》後。《傳》載在郡積年，著《五經鉤沉》，撰《吳越春秋》并雜文行於世。《隋志》作《五經拘沉》，《唐志》作‘鉤沉’，並十卷。今佚。從《初學記》、《太平御覽》所引，輯得五節。其說‘生知元照’，稍涉道家談，而文筆議論與葛洪《抱朴子》相近。賀彥先《報虞預書》稱之曰：‘不圖偉才如此，其文甚有奇分，若出其胸臆，乃是一國所推。’蓋亦欣賞之至矣。”

【五經大義一卷】（晉）戴逵撰。國翰《敘錄》曰：“逵字安道，譙國人。性不樂當世，常以琴書自娱，師事范宣於豫章。義熙初，以散騎常侍徵，不起。

事蹟具《晉書·隱逸傳》。所撰《五經大義》，《隋志》三卷，《唐志》不著錄，佚已久。《通典》引其說喪服二篇，《北堂書鈔》引'雜義'一條，並據輯錄。'伸馬難鄭，而彌覺其躓'，庾蔚之論之審矣。"

【六經略注序一卷】　（後魏）常爽撰。國翰《敘錄》曰："爽字仕明，河內溫人。武成西征，拜宣威將軍。置館溫水之右，教授門徒，學者稱'儒林先生'，《北史》有傳。《傳》稱：'暇述《六經略注》，以廣制作，甚有條貫。'隋、唐《志》均不載，佚已久。惟本傳載其《序》。輯錄以備一家，並附本傳於後。獨守閒靜，講肆經典，二十餘年之深詣，即斯可想見焉。"

【七經義綱一卷】　（後周）樊深撰。國翰《敘錄》曰："深字文深，河東猗氏人，周文賜姓萬紐于氏，官至縣伯中大夫，加開府儀同三司，《北史·儒林》有傳。《傳》稱撰《七經異同》三卷。《隋志》載有《五經大義》十卷、《七經義綱》二十九卷、《七經論》三卷、《質疑》五卷。《七經論》即《七經異同》。《唐志》惟載《義綱》、《質疑》二書，而作《七經義綱略論》三十卷。本傳云'子義綱'，與書名正同。或書成而子適生，因以其書命之；抑以子名命書，寓以經遺子之意也。今其書佚。輯錄三節，附本傳爲卷。臚馥無多，具徵通贍。乃據鞍讀書之勤劬，世鮮稱述。故並詳其人，以表章之。"

【五經折疑一卷】　（□）邯鄲綽撰。有目無書。

## 經編緯書類

【尚書中候三卷】　（漢）鄭玄注。國翰《敘錄》曰："《尚書中候》三卷，漢鄭元注。《史記索隱》引《書緯》稱：'孔子求得黃帝元孫帝魁之書，至秦穆公凡三千三百三十篇，乃刪以百篇爲《尚書》，十八篇爲《中候》。'《隋志》：'《尚書中候》五卷，鄭元注。梁有八卷，今殘缺。'《唐志》有鄭元注《書緯》三卷，《中候》不著錄，佚已久。從諸書搜輯十八篇，目猶具，其可考者入各篇中，無考者統入《雜篇》，釐爲三卷。書中多言河洛符應，亦緯讖之類也。康成大儒，既爲之注，又往往取以說《毛詩》、三《禮》。儻以古書，不忍湮沒乎？蒐存遺簡，可與《汲冢竹書》競爽矣。"

【尚書緯璇璣鈴一卷】　（漢）鄭玄注。無敘錄。首引孫㲉《古微書》云："賁居子曰：璇璣鈴當是載歷象之奧秘，而術已亡傳矣。"

【尚書緯考靈曜一卷】　（漢）鄭玄注。無敘錄。首引孫㲉《古微書》云："賁居子曰：學莫大于稽天。自堯歷象，舜璇璣，于是禮、樂、兵、刑一祖天矣。後世以宣夜爲殷制，周髀託于周公，然于天度多不相應。渾儀之圖，師准璇璣，歷代寶用。自漢張衡鑄爲銅儀，迄唐之梁令瓚、李淳風，以至許衡、郭守敬，莫能外焉，而不知其秘皆原于緯書。漢儒窮緯，故談天爲至精，此考靈曜所縣名也。孔門之學揆合唐虞，以故其傳天官亦最密云。謂緯書不出于孔門，漢儒亦何自而溯其術哉？此亦可爲闢緯者抉疑。"

【尚書緯刑德放一卷】　（漢）鄭玄注。無敘錄。自《藝文類聚》、《毛詩正義》、《太平御覽》等書輯錄十七條。首引孫㲉《古微書》云："賁居子曰：'放'一作'攷'。"

【尚書緯帝命驗一卷】　（漢）鄭玄注。無敘錄。

【尚書緯運期授一卷】　（漢）鄭玄注。無敘錄。

【詩緯推度災一卷】　（魏）宋均注。無敘錄。

【詩緯汜歷樞一卷】　（魏）宋均注。無敘錄。

【詩緯含神霧一卷】　（魏）宋均注。無敘錄。

【禮緯含文嘉一卷】　（魏）宋均注。無敘錄。

【禮緯稽命徵一卷】　（魏）宋均注。無敘錄。

【禮緯斗威儀一卷】　（魏）宋均注。《續修四庫全書總目提要（稿本）》著錄玉函山房輯本，提要云："凡十九條。除'顓頊有三子'及'黃帝以德行'二條，乃引自《禮緯》、《禮說》當刪者外，則僅餘十七條矣。本書零落如此，著作之意，自不可備悉。孫㲉《古微書》曰：'禮本于天，殽于太一。斗中者，孝弟之精也，故威儀繫以斗，神明其說而違之天。'此蓋就書名詮釋者也。今觀殘留諸條中，所言者乃帝、王、霸三者興起之道，而側重於王者，與孫氏所釋意旨有別，即與書名不甚相應也。蓋諸書稱引，僅舉其綱領，而略其威儀細則，雖名有別，而實則一體之分也。書中言帝王之應運興起，亦持五德轉移、天人感應之說。然與諸家有稍異者：嘗謂君應何運而王，則天子以如何之感應，而人民之狀貌，亦因之具有如何之特徵，故云君乘火而王，其政頌平，則日黃中而赤暈，月赤明，祥風至，地生朱草，梧桐楸豫章梓爲常生，南海輸以文狐駁馬。又云'其民銳頭'，此則他家所未言者矣。又謂帝王之施七政，乃應宮商而法北斗，故云五音二少主君臣父子夫婦政，宮主君，商主臣，角主父，徵主子，羽主夫，少宮主婦，少商主政，此與他家之以日月五星為七政者亦異。又儒家謂天下之大道五，曰君臣父子夫婦昆弟朋友之交，此則分前三者為六，而以昆弟朋友俱歸於政之內。蓋隱括《論語》‘友于兄弟，施於有政’之意。是與‘五達’道名異而實同也。又書中‘日青中外黃’一段，引《易萌氣樞》之語，則斯書出世，當晚於《易緯》矣。”

【樂緯動聲儀一卷】　（魏）宋均注。《續修四庫全書總目提要（稿本）》云：“共二十九條，約略可知為言樂聲發動之事。聲有緩急之不同，故分為五，即宮、商、角、徵、羽是也。又各以人事當之，因人事之差，以推樂聲不同之原理。故謂宮為君，君者當寬大容眾，故聲宏以舒，其和情以柔；商為臣，臣者當發明君之號令，其聲散以明，其和溫以斷；角為民，民者當約儉不奢僭差，故其聲防以約，其和清以靜；徵為事，事者君子之功，既當急就之，其事當久流亡，故其聲貶以疾，其和平以切；羽為物，物者不有委聚，故其聲散以虛，其和散以斷。所說大率與《樂記》相合。惟書成於兩漢，故中多天文律歷、陰陽五行之語。吾觀今文《尚書》歐陽氏謂‘肝木心火脾土肺金腎水’，古文《尚書》則謂‘脾木肺火心土肝金腎水’，本書全同歐陽氏說。又‘先魯後殷’、‘新周故宋’之語，乃《公羊》家言，本書亦與之合。故知與他種《樂緯》不同，必出於今文家之手也。又作樂之時，往往與詩相和，移風易俗之事，非詩不明，非樂不傳，故書中有聲俗、事俗之分。‘聲俗者，若楚聲高，齊聲下；事俗者，若齊俗奢，陳利巫’皆是。而終以《雅》、《頌》為依歸，故曰‘以雅治人，風成於頌也’。”

【樂緯稽耀嘉一卷】　（魏）宋均注。無敘錄。

【樂緯叶圖徵一卷】　（魏）宋均注。無敘錄。

【春秋緯文耀鉤一卷】　（魏）宋均注。

【春秋緯運斗樞一卷】　（魏）宋均注。

【春秋緯感精符一卷】　（魏）宋均注。

【春秋緯合誠圖一卷】　（魏）宋均注。

【春秋緯考異郵一卷】　（魏）宋均注。

【春秋緯保乾圖一卷】　（魏）宋均注。

【春秋緯漢含孳一卷】　（魏）宋均注。《續修四庫全書總目提要（稿本）》云：“《七錄》不載，原書蓋亡佚已久。各書注及類書中轉引者甚少，故今之輯本，僅得四十三條也。本書蓋亦就《春秋》言災異、感應，因而論及炎漢興起、孔子制法之事。如云‘劉季握卯金刀’，乃明言劉氏之興起。又云‘強幹

弱枝天之道’，乃影射漢徙豪傑於諸陵之事。又云‘妻怒成無詘制之者，則月滿不虧，有女妃虐’，似影射趙飛燕之事。意此書亦出於西漢之末也。書中又言‘漢以魏，魏以徵’，則明指漢亡魏興，疑其為曹氏父子所增入。惟原書已亡，上下文如何，不可得而知，無從考驗矣。此書輯本，似未經整理者，故雖寥寥四十餘條，而謬誤之發現不一。如‘劉季握卯金刀’一條，有‘流水神哭祖龍然’句，‘然’字宜屬下句，非本書語，今移於上，便不可通。又如‘經十四年春西狩獲麟’等四條，在《春秋公羊傳》，徐彥疏皆引自《春秋說》，今逕指為《漢含孳》之語，亦殊嫌輕率。蓋輯者本不深曉緯書，而散失之後，整理者復漫不經意，故謬誤難免也。”

【春秋緯佐助期一卷】　（魏）宋均注。

【春秋緯握誠圖一卷】　（魏）宋均注。

【春秋緯潛潭巴一卷】　（魏）宋均注。

【春季緯說題辭一卷】　（魏）宋均注。

【春秋緯演孔圖一卷】　（魏）宋均注。

【春秋緯元命苞二卷】　（魏）宋均注。《續修四庫全書總目提要（稿本）》云：“凡五百三十八條，為讖緯書類殘留之最多者。蓋是等書籍，盛行東漢；魏晉以還，世有焚禁；迨至隋室，懸法尤嚴。故其學浸微，陸續散佚。然類書及書注之中，時見稱引，吉光片羽，尚有可見。惟《七錄》之中，無《春秋元命苞》之名，但有《春秋包命》二卷。鄭樵《通志》所載同，未知是否即此書。然觀本書輯自《太平御覽》者凡百十一條，可證宋代尚存也。馬氏搜羅，允稱畢至。然以各書所引《春秋緯》、《春秋說》諸語，俱濫行引入，則不免有抉擇不嚴之憾矣。書中詮釋文字各條，率皆鄙俚可哂。如釋‘水’云：‘水之為言，演也，陰化淖濡，流施潛行也。故其立字，兩人交一以中出者為水。一者數之始，兩人譬男女，言陰陽交物以起一也。’釋‘地’云：‘地者，易也，言養物懷任，交易變化，含吐應節。故其立字，土力於乙者為地。’俱甚淺薄，似非高識所為。”

【春秋命歷序一卷】　（魏）宋均注。

【春秋內事一卷】　（魏）宋均注。

【孝經緯援神契二卷】　（魏）宋均注。

【孝經緯鉤命訣一卷】　（魏）宋均注。

【孝經中契一卷】　（魏）宋均注。

【孝經左契一卷】　（魏）宋均注。

【孝經右契一卷】　（魏）宋均注。

【孝經內事圖一卷】　（魏）宋均注。

【孝經章句一卷】　不著撰人。國翰《敘錄》曰："案隋、唐《志》均無《孝經章句》之目。其書大指言五星及列宿占驗事，亦緯讖之屬也。攷《隋志》注云：'梁有《孝經內事星宿講堂七十二弟子圖》一卷，又《口授圖》一卷，亡。'意此二書之佚文歟？"

【孝經雌雄圖一卷】　不著撰人。國翰《敘錄》曰："《隋志》讖緯類'《孝經內事》一卷'下注'《孝經雌雄圖》三卷《孝經異本雌雄圖》二卷'，云'梁有'，並以爲亡。龐元英《文昌雜錄》：'周顯德六年，高麗遣使獻《別敍孝經》一卷、《越王孝經新義》八卷、《皇靈孝經》一卷、《孝經雌圖》三卷。'又云：'《雌圖》者，止說日之環量，星之彗孛，亦非奇書。'案古人每以'雌雄'代'陰陽'字，《圖》究陰陽，故以爲號。高麗本只稱《雌圖》，疑缺半，而卷數與《隋志》合，當是傳者據上卷題稱也。今佚。從《開元占經》所引輯錄。《占經》每稱《雌雄圖三光占》，蓋《圖》中篇名也，據錄於篇首。《圖》中記載，如龐《錄》所言云。"

【孝經古秘一卷】　不著撰人。國翰《敘錄》曰："《隋志》'孝經內事'一卷'下注'《孝經古祕援神》二卷《孝經古秘圖》一卷'，云'梁有'，又云'亡'。今從《開元占經》所引輯錄，凡十一節。附錄《孝經河圖》一節、《孝經讖》三節，合錄爲一卷。考《後漢書》傳注稱《孝經緯》只《援神契》、《鉤命訣》二種。此或題《古秘援神》，亦緯之類。而其目不見稱述者，當時蓋別行也。"

【論語讖八卷】　（魏）宋均注。國翰《敘錄》曰："《論語讖》八卷，撰人缺，魏博士宋均注。按梁《七錄》有《論語讖》八卷，《隋志》注云'亡'；而《唐志》有宋均注《論語緯》十卷，卷多於前，復題'讖'曰'緯'，蓋非舊本矣。宋元以來不著錄。明華容孫瑴搜輯佚文，載入《古微書》，僅有《比考》、《撰考》、《摘輔象》、《摘襄聖》、《陰嬉讖》五篇，其中復有舛錯遺漏。茲詳加補訂，各著所出，又從《文選注》採得《素王受命讖》、《糾滑讖》、《崇爵讖》三篇。雖佚文散句，寥寥無多，而八卷之目，於斯可攷。又諸書引《論語讖》不著篇目者，孫氏所入仍依用之，必注明其下，其他不能知其何篇者，附錄末卷後。案《蒼頡篇》云：'讖書，河洛也。'此

書言堯、舜等遊首山，觀河渚，見五老人，相謂'河圖將來告帝期，五老化爲流星，上入昂'云云，又言'孔子欲居九夷，從鳳嬉'，頗近荒怪。然如'燧人四佐'、'伏羲六佐'，陶潛取之；'黃帝九牧'，《周禮》、《禮記序》並取之。古之通儒於此書未嘗廢置，其醇其駁，分別觀之可已。"《續修四庫全書總目提要（稿本）》云："凡一百零九條，分爲八卷。各卷復分爲比考讖、撰考讖、摘輔象、摘襄聖、陰嬉讖、素王受命讖、糾滑讖、崇爵讖諸名。其果爲原書諸卷之名與否，則不可復知矣。"

## 經編小學類

【史籀篇一卷】　（周）太史籀撰。國翰《敘錄》曰："《史籀篇》一卷，周宣王太史籀撰。籀姓佚，史蓋官號。張懷瓘《書斷》云：'大篆者，周宣王太史史籀所作，或云柱下史。'既以史爲姓，又引或說以史爲官，存疑之詞也。《漢書・藝文志》小學十家，首載《史籀》十五篇，云：'《史籀篇》者，周時史官教學童也。與孔氏壁中古文異體。'隋、唐《志》皆不著錄，佚已久。許慎《說文》每引之，以與古篆相參。又《玉篇》所引籀文皆本許書，間有《說文》所遺者，凡十三字。共輯得二百三十二字，錄爲一卷。攷《石鼓文》亦史籀作，世有傳本，不復具錄。以此互相參証，庶幾存《周官》保氏教六書之遺意焉。"

【八體六技一卷】　不著撰者。見《輯佚書目》。有目無書。

【蒼頡篇一卷】　（秦）李斯等撰。《輯佚書目》題注："秦李斯作《蒼頡篇》，趙高作《爰歷篇》，胡毋敬作《博學篇》，總謂之《蒼頡篇》。"國翰《敘錄》曰："《蒼頡篇》一卷。按《漢書・藝文志》云：'《蒼頡》七章者，秦丞相李斯所作也。《爰歷》六章者，車府令趙高所作也。《博學》七章者，太史令胡毋敬所作也。文字多取《史籀篇》，而篆體復頗異所謂秦篆者也。是時始造隸書矣，起於官獄多事，苟趨省易，施之於徒隸也。漢興，閭里書師合《蒼頡》、《爰歷》、《博學》三篇，斷六十字以爲一章，凡五十五章，并爲《蒼頡篇》。'又云：'揚雄取其有用者，以作《訓纂》，順續《蒼頡》，又易《蒼頡》中重復之字，凡八十九章。臣復續揚雄作十三章，凡一百二章，無復字。'韋昭曰：'臣，班固自謂也。'《志》又載《蒼頡傳》一篇，揚雄《蒼頡訓纂》一篇，杜林

《蒼頡訓纂》一篇，杜林《蒼頡故》一篇。《隋志》：'《三蒼》三卷，郭璞注。秦相李斯作《蒼頡篇》，漢揚雄作《訓纂篇》，後漢郎中賈魴作《滂喜篇》，故曰《三蒼》。'《唐志》有張揖《三蒼訓詁》三卷。今並佚。諸書多引《蒼頡篇》，而成文句者僅'考妣延年，幼子承詔'等七句，餘則兩字、一字而已。茲據合輯，以成文句者列前，兩字者次之，一字者又次之。吾邱衍《學古編》謂《蒼頡》十五篇，即是《說文》目錄五百四十字，許氏分爲每部之首。並據編錄，即以諸書所引單字屬各部首字下，以便省覽。'漢兼天下'四語，當在揚雄、班固所續篇內，故錄于後。張、郭注《三蒼》，合《訓纂》、《滂喜》注之，然諸引《蒼頡篇》皆及注，爲張爲郭，不能區分。故并題姓名於前，而於所引二家必詳書以別之。其或引《三蒼》與《蒼頡》字同者，悉入此篇，亦並詳注於下。至渾引《三蒼》而不知何篇者，別輯爲《三蒼》一卷。杜林書亦別輯錄，以其字皆篇中正字，故備收入，兼及其說焉。夫小學書自《史籀篇》外，此最近古，且爲許氏《說文》所取濊。藉溯字源，當不迷於嚮往也。"

【凡將篇一卷】　（漢）司馬相如撰。國翰《敘錄》略曰："相如字長卿，蜀郡人，武帝時由武騎常侍，拜文園令，事蹟具《漢書》本傳。是書本《蒼頡》、《爰歷》、《博學》而作，'凡將'者，取發凡起例之義。顏師古《急就篇序》云：'司馬相如作《凡將篇》，俾效書寫，多所載述，務適時要，史游景慕擬之。'然則《凡將》體例與《急就》同，必首有'凡將'二字，如《急就》首句云'急就'操觚與衆異，因以名篇也。《漢志》'一篇'。《隋志》有一卷，以爲亡。《唐志》復以一卷著錄。今佚。王應麟云：《凡將》見《文選》注、《藝文類聚》。'黃潤纖美宜襌制'、'鐘磬竽笙筑坎侯'二句，考陸羽《茶經》、段公路《北戶錄》皆引之。許氏《說文》每引其說。並據輯錄。詳載《說文》及《集韻》於各字下，以備參攷，且代訓釋焉。"

【訓纂篇一卷】　（漢）揚雄撰。國翰《敘錄》曰："雄有《琴清英》，已著錄。是書亦因《蒼頡篇》而作。《漢志》一篇。《隋志》'《三蒼》三卷'下題：'秦相李斯作《蒼頡篇》，漢揚雄作《訓纂篇》，後漢郎中賈魴作《滂喜篇》，故曰《三蒼》。'《唐志》有張揖《三蒼訓詁》三卷。皆無單行本。今併佚。王應麟謂：'《訓纂》見《史記正義》唯戶、扈、鄠三

字，蓋視《凡將》尤爲僅見矣。'攷唐釋元應《一切經音義》亦引'鮀，蛇魚'句，許慎《說文》引揚雄說二十條，亦《訓纂》佚文也。據慎《序》論雄作《訓纂》云：'凡《蒼頡》已下十四篇，凡五千三百四十字，羣書所載，略存之矣。'然則《說文》中明提雄說者，特存異解。然如'拜從兩手下'，'疊'訓'三日宜'，皆深得制字本意云。"

【蒼頡訓詁一卷】　（漢）杜林撰。國翰《敘錄》曰："林字伯山，扶風茂陵人。父鄴，成、哀間爲涼州刺史。林從張竦受學，博學多聞，官至大司空。事蹟具《後漢書》本傳。《漢·藝文志》載其《蒼頡訓纂》一篇，《蒼頡故》一篇。《隋志》云：'梁有《蒼頡》二卷，後漢司空杜林注，亡。'《唐志》復有杜林《蒼頡訓詁》二卷。當是合《訓纂》與《故》爲一書。今佚。惟許氏《說文》引杜林說，他書亦有引《蒼頡訓詁》者。合輯爲帙。或名或書，各注于下。漢小學十家，班固取林書與揚雄比次，鄴《傳》稱其正文字過於鄴、竦，蓋亦心折之至矣。茲依《漢志》編次；題稱用《唐志》者，以'訓'即《訓纂》，'詁'即《故》也。"

【三蒼一卷】　（魏）張揖訓詁，（晉）郭璞解詁。《輯佚書目》題注："李斯《蒼頡篇》、揚雄《訓纂篇》、賈魴《謗喜篇》合如《三蒼》。魏張揖訓詁，晉郭璞解詁。"國翰《敘錄》曰："《三蒼》一卷。按：《隋志》以《蒼頡篇》、《訓纂篇》、《滂喜篇》爲《三蒼》。《後漢書》注引或作《五蒼》，以《爰歷》、《博學》併合於《蒼頡篇》，統而數之，故云《五蒼》也。《隋志》有郭璞《三蒼解詁》，《唐志》有張揖《三蒼訓詁》，並三卷。今佚。既據諸書所引輯錄《蒼頡》、《訓纂》二篇，其有渾引《三蒼》而不能區分者，別輯爲卷。注亦不能區分，故總題張揖、郭璞於前。其有引稱姓氏、書名者，詳書各字之下。張著《廣雅》、《埤蒼》、《古今字詁》，郭注《爾雅》、《方言》，小學之書，皆爲專門。則許叔重《說文》之後，二家其最著也。"

【古文官書一卷】　（漢）衛宏撰。國翰《敘錄》曰："宏有《尚書古文訓旨》，已著錄。此書辨定古文，以爲官式。《隋志》'《古文官書》'，《唐志》作《詔定古文字書》，並云一卷。今佚。許氏《說文》引三節，《集韻》引一節，《書正義》、《史記正義》、《漢書注》、《太平御覽》引其《序》，互有同異。唐釋

元應《一切經音義》引三節，而引《古文》者二百餘節，與所引《詔定古文官書》體例不異。知皆引自一書，省字稱《古文》也。並據合錄。每字下反音甚詳，則東漢初已有切字。鄭氏經音所本，世謂始於孫炎，非篤論也。"

【雜字指一卷】 （漢）郭顯卿撰。國翰《敘錄》曰："顯卿里居不詳，據《隋志》知仕爲太子中庶子。據《唐志》題郭訓，知本名訓，而以字行也。《隋志》云《雜字指》，《唐志》作《字旨篇》，均以一卷著目。今佚。郭忠恕《汗簡》引二十九條。《唐韻》引一條，作'郭調《字指》'，'調'爲'訓'字之訛。並據輯錄。題依《隋志》。郭生東漢，未知在許叔重先後。要其研究六書，亦蒼頡之功臣也。"

【勸學篇一卷】 （漢）蔡邕撰。國翰《敘錄》曰："邕有《月令章句》，已著錄。此書《隋志》稱《勸學》，《唐志》稱《勸學篇》，並一卷。今佚。從諸書輯錄。皆勗學之言，編爲韻語，取便諷誦。'今無貴賤，道在則尊。'實篇中名言也。"《輯佚書目》作《勸學》一卷。

【女戒一卷】 （漢）蔡邕撰。見《輯佚書目》。有目無書。

【通俗文一卷】 （漢）服虔撰。國翰《敘錄》曰："按顏之推《家訓》云：'《通俗文》，世間題云河南服虔字子慎造。虔既是漢人，其書乃引蘇杯、張揖。蘇、張皆是魏人。且鄭元以前全不解反語，《通俗文》音甚爲近俗。'阮孝緒又云：'李虔所造，河北此書家藏一本，遂無作李虔者。'《晉中經簿》及《七志》並無其目，竟不知誰制。然其文義允愜，實是高才。殷仲堪《常用字訓》亦引服虔《俗說》，今復無此書，未知即是《通俗文》，爲當有異？近代或有服虔乎？不能明也。之推北齊人，其時古籍尚多，已不能定爲誰氏所作。《隋志》小學家'《通俗文》一卷'，只題服虔撰，次在梁沈約《四聲》、李槩《音譜》、釋靜洪《韻英》之下，則亦不以爲漢之服子慎也。《唐志》無服書，有李虔《續通俗文》二卷。《初學記》亦引李虔《通俗》，則阮氏《七錄》所言，信有徵矣。然唐人書多引作服虔，漢服虔外別無服虔，當是子慎作此書一卷，李虔續之爲二卷。蘇林、張揖皆出李氏，所引服與鄭元同。時元以所注《春秋》與之孫炎，鄭之徒正用反切，則服書反語不足爲異。又考《晉書·孝友傳》：'李密，一名虔，字令伯。'

則李虔即李密也。服爲漢之名儒，李爲晉之高士，書經兩賢而成，宜顏黃門贊其允愜也。今原書散佚，掇拾成帙，仍依《隋志》題服虔。黃門又云：'未知非服虔而輕之，猶謂是服虔而輕之。'求小學之宗系，慎勿蹈此轍焉。"

【埤蒼一卷】 （魏）張揖撰。國翰《敘錄》曰："揖字稚讓，清河人，一曰河間人，魏太和中爲博士。見《前漢書·敘例》、《北史》。江式《古今文字表》云：'魏初博士清河張揖，著《埤蒼》、《廣雅》、《古今字詁》。究諸《埤》、《廣》，綴拾遺漏，增長事類，抑亦於文爲益者。'隋、唐《志》並三卷，今佚。從諸書所引，蒐採成帙。不能考原書體例，隱依許氏《說文》部居編次，與所注《三蒼》比次，見一家之學焉。"

【古今字詁一卷】 （魏）張揖撰。國翰《敘錄》曰："揖既作《廣雅》以綴《爾雅》之遺，作《埤蒼》以補《三蒼》之缺，復以古今字體不同，因取而詁之。《隋志》三卷，《唐志》作《古今字訓》二卷，今佚。輯錄爲卷。後魏江式謂其《字詁》'方之許篇，古今體用，或得或失'，似其全書有與許氏《說文》相庪者。要其勤於小學，叔重後當首屈一指也。"

【雜字一卷】 （魏）張揖撰。國翰《敘錄》曰："揖注《三蒼》外，自作《廣雅》、《埤蒼》、《古今字詁》，於字學形聲，可稱詳備。又復爲此書，以《雜字》名者，雜採成篇，不復類次，要是補三書所遺缺也。《隋志》云：'梁有《難字》一卷，《錯誤字》一卷，並張揖撰，亡。'《唐志》云《雜字》一卷。今佚。陸德明《釋文》及唐釋元應《一切經音義》引之。《釋文》引張揖《雜字》或止標'張揖'，司馬貞《索隱》亦引張揖說，皆此書之佚文。並據揖錄。所取之字，如'詁'字、'訓'字，皆非難識。則《唐志》題《雜字》爲是也。今依用之。"

【雜字解詁一卷】 （魏）周成撰。國翰《敘錄》曰："成，字、里未詳，官至掖庭左丞，見《隋書·經籍志》。《志》載：'《雜字解詁》四卷，魏掖庭右丞周氏撰。梁有《解文字》七卷，周成撰。'爵繫周氏，而略於周成，似有闕疑之意。然《藝文類聚》、《太平御覽》諸書並題周成《雜字解詁》，或作周成《雜字》，則周氏即周成明矣。《唐志》有周成《解文字》七卷，此編不著目。今並佚。輯二十餘條。唐釋元應《一切經音義》引作周成《難字》，'難字'或'雜字'

之誤歟？抑或篇中有‘難字’之目歟？今仍依《隋志》標題，凡引作‘難字’者，詳注於下，以俟參稽云。”

【聲類一卷】　（魏）李登撰。國翰《敘錄》曰：“登，字、里未詳，官左校令，見《北史·江式傳》。其書發明聲韻，配合宮商，呂靜《韻集》本之。隋、唐《志》並十卷，今佚。輯錄二百餘條，隱依今韻排次。案：音韻之學，萌芽漢代，鄭康成注六經始有譬況、假借以證音字，至魏孫炎爲鄭學之徒，注《爾雅》用反切，音益加詳，而未有專書。登與炎同時，作爲此編，其韻書之權輿乎？”

【廣蒼一卷】　（□）樊恭撰。國翰《敘錄》曰：“恭，不詳何人。《廣蒼》名義與張揖《埤蒼》同。《隋志》於《埤蒼》三卷下云：‘梁有《廣蒼》二卷，樊恭撰，亡。’《唐志》著錄一卷。今佚。輯得一十八節。悇憛、欪欨之類，皆非習見。則當日搜羅於九千字外，亦大費苦心矣。”

【辨釋名一卷】　（吳）韋昭撰。國翰《敘錄》曰：“昭有《毛詩雜荅問》，已著錄。此編以漢劉熙《釋名》解有不合者，辨而正之。隋、唐《志》皆一卷，今佚。輯錄二十五節。其二十三節皆論辨官制，先列《釋名》原文，後加‘辨曰’以別之；其無者，引文脫也。今《釋名》內無《釋官篇》，當是後人緣昭辨而刪之，而熙說亦借此以存其缺佚。內有師稱先生及謚法二條，無與官制，或以事類附著與？”

【異字一卷】　（吳）朱育撰。國翰《敘錄》曰：“育與韋昭共撰《毛詩雜答問》，已著錄。《隋志》注載《異字》二卷，朱育撰，亡。《唐志》亦不載，書佚已久。郭忠恕《汗簡》引朱育《集字》，又作朱育《集古字》，又作朱育《奇字》，又作朱育《字畧》，凡二十一條。《玉篇》、《廣韻》引《異字苑》七條，《異字音》二條，一則標朱育名而書目異，一則書標‘異字’而下多一字。要是一書而引者意爲標題，故互有參差也。今並輯，合古篆、今楷，各依所引錄之。標題異目，具詳於下，備參考云。”

【始學篇一卷】　（吳）項竣撰。國翰《敘錄》曰：“竣於《吳志》無傳，僅見《薛綜傳》華覈疏：‘大皇帝末年，命太史令丁孚、郎中項竣始撰《吳書》。孚、竣俱非史才，其所撰作，不足紀錄。’此外無可攷。《隋志》：‘《始學》十一卷，吳郎中項竣撰。’又：‘《月儀》十二卷，亡。’《唐志》著錄十二卷。今佚。從《初學記》、《太平御覽》等書輯得六節。

又《南齊書·禮志》引項氏一節，雜記事類，似小說家語。姑依隋、唐《志》入小學類。唐人引或作‘顏竣’，誤，並訂正焉。”

【草書狀一卷】　（晉）索靖撰。國翰《敘錄》略曰：“靖字幼安，敦煌人，官至散騎常侍、游擊將軍，贈太常，事蹟具《晉書》本傳。衛恒《四體書勢》取崔瑗《草書勢》，此亦擬崔而作也。《傳》稱‘靖與尚書令衛瓘俱以善草書知名’，又紀其著作《五行三統正驗論》、《索子》、《晉詩》等，而惟錄《草書狀》全篇。隋、唐《志》著《四體書勢》於小學類，而不錄索《狀》。因表出之，使相比次。靖元康中敗西戎，後又應三王義舉，討孫秀有功，太安末領雍、秦、涼義兵大破河間王軍，被傷而卒，勇略義節，著名典午。此與《月儀》之書，猶餘事也。”

【月儀一卷】　不著撰者。見《輯佚書目》。有目無書。

【小學篇一卷】　（晉）王義撰。見《輯佚書目》。有目無書。

【發蒙記一卷】　（晉）束晳撰。國翰《敘錄》略曰：“晳字廣微，平陽陽平人，官至著作郎，《晉書》有傳。《隋志》小學有‘《發蒙記》一卷，晉著作郎束晳撰’，《地理志》又有‘《發蒙記》，束晳撰，載物產之異’。兩書同名而分著之與？抑一書而兩載，失於釐定歟？疑不能明。書佚已久。陶宗儀《說郛》輯錄凡十五條，內一條爲《啓蒙記》，九條未詳所據。姑依錄之。復蒐輯十一條，補錄於後。與顧愷之《啓蒙記》同收入小學，從其類也。”

【啟蒙記一卷】　（晉）顧愷之撰。國翰《敘錄》略曰：“《啟蒙記》一卷，晉顧愷之撰。愷之字長康，晉陵無錫人，官至散騎常侍，事蹟具《晉書·文苑傳》。書名《啟蒙》，亦束晳《發蒙記》之類。本傳作《啟曚記》。《隋志》‘《啟蒙》三卷’，‘《啟疑記》三卷’，並題顧愷之撰。《唐志》有‘顧愷之《啟疑》三卷’，《啟蒙記》不著錄。今併佚矣。從裴松之《魏志》注、《北堂書鈔》、《太平御覽》等書輯得十節。其說汎林、天台山水、方滋、玉精及魏宮人，亦涉神怪，非訓蒙之正體。當時傳愷之有三絕：才絕、畫絕、癡絕。著作亦類其爲人。姑依《隋志》，編入小學類焉。”

【韻集一卷】　（晉）呂靜撰。國翰《敘錄》曰：“靜，任城人，呂忱之弟，官至安復令，見《北史·江式傳》及《隋書·經籍志》。江式《上古今文表》云：‘晉世義陽王典嗣令任城呂忱表上《字林》六卷。'又云：'忱弟靜別放故左校令李登《聲類》之法，作《韻集》五卷，使宮、商、龡、徵、羽各爲一篇，而文字與兄便是魯、衛，音讀楚、夏，時有不同。'《隋志》六卷，與江《表》言五卷者異，或併《序》、《目》數之與？《唐志》五卷，與江《表》合。今佚。輯得七十餘條，錄爲一帙。案：四聲分韻，始於沈約。呂在沈前，其韻以宮、商、龡、徵、羽，已萌四聲之漸。然其詳莫究，惟《顏氏家訓·音辭篇》有云：'成、仍、宏、登，合成兩韻；爲、奇、益、石，分作四章。'韻首可見者僅此。今即以此六韻冠首，餘悉隱依今韻，編次於下，便省覽也。《隋志》於呂靜《韻集》上復出《韻集》十卷，不著姓名；下別有《韻集》八卷，段宏撰。皆無可考，附存其目焉而已。"

【字指一卷】　（晉）李彤撰。國翰《敘錄》曰："彤，字、里未詳，據《隋志》知其官朝議大夫而已。《隋志》載'《字指》二卷，晉朝議大夫李彤撰。梁有《單行字》四卷，李彤撰；又《字偶》五卷，亡。'《唐志》並《字指》亦不著錄。佚已久。《文選》注引《字指》四條，又引《李彤字說》及《字說》者數條。《汗簡》引三條，或作李彤《集字》或作李彤《字畧》。他書引有止稱李彤者，並此書之佚文。引者意爲標題，故不同也。合輯一帙，依《隋志》統題《字指》。內除明引《字指》者不注，餘皆詳注其下。又《文選》引李彤《單行字》二條，《太平御覽》引李彤《四部》一條，附著於後，亦《隋志》標'梁有'之意也。"

【四體書勢一卷】　（晉）衛恒撰。國翰《敘錄》略曰："恒字巨山，河東安邑人，太保瓘子，官至太子庶子黃門郎，贈長水校尉，《晉書》有傳。《傳》中無多敍述，惟稱恒'善草隸書，作《四體書勢》'，並載其詞。案：隋、唐《志》小學類並著一卷之目，今少行本。據本傳參挍裴松之《三國志》注、《藝文類聚》、《初學記》、《太平御覽》等書所引，凡字句異者細注其下。恒於四體自作古、隸二勢，篆述蔡邕，草述崔瑗，合而諷誦，如出一手。《擬古篇》得其神似，則當日筆法可知也。"

【要用字苑一卷】　（晉）葛洪撰。國翰《敘錄》曰："洪有《喪服變服》，已著錄。《晉書》本傳紀其所著篇目，無此書。《隋志》亦不載。《唐志》始有葛洪《要用字苑》一卷。然顏之推作《家訓》亟引之，則時其書盛行於北。《隋志》承梁《七錄》，偶

失載也。今佚。輯錄三十四條。字收時俗所用，多出《說文》之外。本傳稱其尋書問義，不遠數千里，崎嶇冒涉，期於必得。則此編之作，當無殊子雲在漢，懷鉛握槧，以著《方言》也。"

【演說文一卷】　（□）庾儼默撰。國翰《敘錄》曰："儼默，不詳何人。《隋志》'《說文》十五卷，許慎撰'下云：'梁有《演說文》一卷，庾儼默注，亡。'《唐志》不著錄，佚已久。郭忠恕《汗簡》引二十五條，作庾儼《演說文》，或作庾儼《字書》，'儼'下誤脫'默'字，稱《字書》仍謂《演說文》也。據輯錄之。文收異體，皆許書之所未備。《隋志》以'注'名，其解說當必博綜，惜不得窺其全豹也。"

【字統一卷】　（□）楊承慶撰。國翰《敘錄》曰："承慶，不詳何人。《隋志》'《字統》二十一卷'，止題楊承慶，敘次在宋吳恭《字林音義》、陳顧野王《玉篇》之間。顧氏《玉篇》亦引之。當是齊、梁時人。《唐志》二十卷，視隋少一卷。今佚。輯得三十七節。不知原書體例，姑依《說文》部居編次。其說'衍'字云：'水朝宗于海，故從水行。''窳'字云：'懶人不能自起，瓜瓠在地不能自立，故字從瓜。又懶人恒在室中，故從穴。''便'字云：'人有不善，更之則安，故從更，從人。''規'字云：'丈夫識用，必合規矩，故規從夫也。'詮解字義，新而不詭於理。王荊公《字說》藍本於此，然不及其確當也。"

【纂文一卷】　（宋）何承天撰。國翰《敘錄》曰："承天有《禮論》，已著錄。此書括綜《蒼》、《雅》，纂取異訓，張揖《廣雅》類也。《隋志》：'梁有《纂文》三卷，亡。'《唐志》載有何承天《纂文》三卷。今佚。搜輯散句，以類排比，琳琅滿紙，古香盎然。宜昔沈約與劉杳舉論張仲師及長頸王事，而歎其奇博也。"

【庭誥一卷】　（宋）顏延之撰。國翰《敘錄》曰："《庭誥》一卷《詁幼》坿，宋顏延之撰。延之有《禮降逆》、《論語說》，皆著錄。《隋志》小學類：'梁有《詁幼》二卷，顏延之撰。《廣詁幼》一卷，宋給事中荀楷撰。亡。'《舊唐書·志》復有《詁幼文》二卷，而皆無《庭誥》之目。《藝文類聚》、《初學記》、《太平御覽》均引顏延之《庭誥》，言心性、學品及《詩》《易》《春秋》之要，與顏之推《家訓》相似，亦其誥誡子弟之書也。輯以補《詁幼》之缺。又從陸德明《釋文》、《後漢書》注、《廣韻》輯得

《詁幼》佚文四條坿後。內一條顏延之、荀楷並引《廣詁幼》之佚說，可見者僅此，不能成卷，亦坿著之。”

【纂要一卷】　（宋）顏延之撰。國翰《敘錄》曰：“延之有《禮降逆》、《論語說》，已各著錄。此書雜採訓詁，倣《爾雅》爲之。《隋志》雜家：‘《纂要》一卷，戴安道撰，亦云顏延之撰。’《唐志》‘顏延之《纂要》六卷’，改入小學類。今佚。裒輯爲帙。其引梁元帝《纂要》者，別輯一家，與此比次云。”

【纂要一卷】　（梁）元帝撰。國翰《敘錄》曰：“《纂要》一卷，梁元皇帝撰。帝諱繹，字世誠，小字七符，武帝第七子。簡文帝崩，由湘東王踐帝位。《南史·元帝紀》備載帝著作，無《纂要》之目。《隋志》‘《纂要》一卷’，題戴安道，亦云顏延之。《唐志》載顏延之《纂要》六卷。諸書引者亦多作顏延年。唯徐堅《初學記》引《纂要》，復引梁元帝《纂要》，《太平御覽》因之。凡有五節，體製與諸引顏延年者無異。意顏書本一卷，元帝增之，故爲六卷。徐稱《纂要》者，顏之本書；稱《梁元帝纂要》，帝所續歟？然古無明徵，姑依所引，別輯一家。前後比次，亦隱見修續之意云。”

【文字集畧一卷】　（梁）阮孝緒撰。國翰《敘錄》略曰：“孝緒字士宗，陳留尉氏人，隱居不仕，門人諡文貞處士，事蹟具《梁書·處士傳》及《南史·隱逸傳》。所著《文字集畧》，《隋志》六卷，《唐志》一卷，今佚。輯錄四十餘條。引者或省文作《字畧》。釋元應於《醍醐注》謂：‘其書甚淺俗，並無所據。’蓋所集字有出《蒼》、《雅》之外者，故用貶詞。猶昌黎推尊石鼓，遂以羲之爲俗書也。”

【音譜一卷】　（□）李槩撰。見《輯佚書目》。有目無書。

【古今文字表一卷】　（後魏）江式撰。國翰《敘錄》略曰：“式字法安，陳留濟陽人，官至著作郎，贈巴州刺史，事蹟具《北史》本傳。《傳》稱：‘撰集字書，曰《古今文字》，凡四十卷。大體依許氏《說文》爲本，上篆下隸。’又云：‘其書竟未能成。’隋、唐《志》皆不著錄。惟本傳載：‘延昌三年，上《表》一篇，敘述字學源流，極爲詳悉。’錄存一家，即以《古今文字表》標題。史稱‘篆體尤工，洛宮殿諸門版，皆式書。’取與衛恒《四體書勢》相次，染翰之士，可參通而得其秘蘊也。”

【韻畧一卷】　（北齊）陽休之撰。國翰《敘錄》略曰：“休之字子烈，北平無終人，陽固子。儁爽有父風概。好學，愛文藻，時人爲之語曰：‘能賦能詩陽休之。’仕齊爲中書監，入周位上開府，除和州刺史。《北齊書》、《北史》皆有傳。所撰《韻畧》，隋、唐《志》皆一卷，今佚。從《廣韻》、《文選》注、《一切經音義》輯錄。史稱休之與朝士撰《聖壽堂御覽》。《新唐志》又載有《辨嫌音》二卷。兩書均不見引述，固無由徵之矣。”

【訓俗文字畧一卷】　（北齊）顏之推撰。見《輯佚書目》。有目無書。

【桂苑珠叢一卷】　（隋）諸葛穎撰。國翰《敘錄》略曰：“穎字漢，丹陽建康人，官至朝散大夫，從征吐谷渾，加正議大夫，《北史》有傳。《傳》載其撰《鑾駕北巡記》三卷、《幸江都道里記》一卷、《洛陽古今記》一卷、《馬名錄》二卷，無此書之目。《隋志》亦不載。《唐志》有諸葛穎《桂苑珠叢》一百卷；又有《桂苑珠叢畧要》二十卷，蓋刪定百篇之書，以便省覽，未知何人筆也。今佚。《太平御覽》三引《桂苑》，何超《晉書音義》、釋惠苑《華嚴經音義》、行均《龍龕手鑑》、宋庠《國語音》並引《珠叢》，皆考訂字義，文筆一律。蓋一書之文，而引者題省。並據合輯，依《唐志》標題。《隋志》雜家別出《珠叢》一卷，沈約撰者，當與此殊也。”

【文字指歸一卷】　（隋）曹憲撰。無敘錄。

【開元文字音義一卷】　不著撰者。見《輯佚書目》。有目無書。

【義雲章一卷】　不著撰者。見《輯佚書目》。有目無書。

【李氏字畧】　（唐）李商隱撰。見《輯佚書目》。有目無書。

【四聲五音九弄反紐圖一卷】　（唐）釋神珙撰。無敘錄。

【分毫字樣一卷】　不著撰者。國翰《敘錄》曰：“案：《唐志》有歐陽融《經典分毫正字》一卷。《崇文總目》曰：‘唐太學博士歐陽融譔，辨正《經典》文字，使不得相亂。篇帙今闕。全篇止《春秋》中帙，餘篇悉亡。’據此，則歐陽著書體例，當依《五經》次第編纂。今佚不可見。惟《玉篇》末載有《分毫字樣》，與僧神珙《四聲五音九弄反紐圖》相次，是孫強所增加者。書名《分毫》，而字樣不依經次，意從原書掇取要畧爾。據錄一家，題仍《玉篇》所引，闕疑也。"

【石經尚書一卷】　《輯佚書目》作《漢石經尚書》，《續修歷城縣志·藝文攷》據以著錄。

【石經魯詩一卷】　《輯佚書目》作《漢石經魯詩》，《續修歷城縣志·藝文攷》據以著錄。

【石經儀禮一卷】　《輯佚書目》作《漢石經儀禮》，《續修歷城縣志·藝文攷》據以著錄。

【石經公羊一卷】　《輯佚書目》作《漢石經公羊》，《續修歷城縣志·藝文攷》據以著錄。

【石經論語一卷】　《輯佚書目》作《漢石經論語》，《續修歷城縣志·藝文攷》據以著錄。

【三字石經尚書一卷】　國翰《敘錄》曰："《三字石經尚書》一卷，殘闕。魏正始中刊立。世傳爲邯鄲淳書。考《晉書·衛恒傳》謂：'正始中，立《三體石經》，轉失淳法。'其非淳書明矣。《趙至傳》云：'年十四，詣洛陽，遊太學，遇嵇康於學寫石經，徘徊視之不能去。'嵇紹亦曰：'至入太學，覩先君在學寫石經古文。'然則《正始石經》實康等所書也。戴延之《西征記》：'國子堂前有刻碑，南北行三十五版，表裏書《春秋經》、《尚書》二部，大篆、隸、科斗三種字，碑長八尺。今有十八版存，餘皆崩。'《隋書·經籍志》兩題《三字石經尚書》，一云九卷，注'梁有十三卷'，一云五卷。蓋梁時收輯舊刻，得十三卷，載於《七錄》。至隋尚存兩本，其九卷者，視梁佚其四；其五卷者，視梁佚其八。《唐志》有《三字石經尚書古篆》三卷，視隋又多缺亡矣。夫魏刻石經用古文、篆、隸三體，故云'三字'。乃《唐志》既題'三字'於上，復題'古篆'於下，豈後人用魏石經翻寫，於三體中只存古篆歟？抑修志者偶不思而以意題之也？今絕不傳。宋洪适《隸續》第四卷載魏三體石經《左傳遺字》，古文三百七，篆文二百十七，隸書二百九十五，有一字三體不具者，謂：'從洛陽蘇望家得之，題《左氏遺字》，仍蘇刻也。'武進臧琳嘗以《左傳》校之，見內有《尚書·大誥》、《呂刑》、《文侯之命》三篇錯出《左傳》中，乃別出其字，依舊本以《尚書》全句注明之，載入《經義雜記》。而石經《尚書》之遺文，幸得於泯沒之餘，復顯於世。錄爲一帙，依《隋志》題《三字石經尚書》，並附臧氏說於後，以著其好學深思，爲此書之功臣也。"

【三字石經春秋一卷】　國翰《敘錄》曰："《三字石經春秋》一卷，殘闕。案：《隋志》有《三字石經春秋》三卷，注：'梁有十二卷。'《唐志》載《三字石經左傳古篆》十二卷，卷數與梁《七錄》合。至其標題，多出率臆。考戴延之《西征記》明云'表裏書《春秋經》、《尚書》二部'，今其遺字皆經文，無《左傳》一語。《隋志》題《春秋》，信而可徵。乃《唐志》遽題《左傳》，不知何據。且'三字'者，謂古文、篆文、隸書也。既稱'三字'，復言古篆遺失，隸體更涉煩複，恐與題《三字石經尚書》同。宋吳縝著《新唐書糾繆》，若此之類，尚未及盡糾之也。今其書佚無傳。宋皇祐中，洛陽蘇望得石，搨於故相王文莊家，取其存者摹刻之，凡八百一十九。洪适取載《隸續》第四卷，並題《左傳遺字》，亦蹈《唐書》而悞也。其中有《尚書》之字錯出者，已就臧氏所正，別錄爲《尚書》一家。其餘字仍依洪氏存之，並附洪說於後，改題《三字石經春秋》，依《隋志》以復其舊。郭頒《魏晉世語》曰：'黃初之後，掃除太學之灰炭，補舊石碑之缺壞。'江式曰：'其文蔚炳，三體復宣。'撫茲殘編，感慨係之矣。"

## 史編雜史類

【古文瑣語一卷】　不著撰者。國翰《敘錄》曰："晉太康二年，汲郡人不準盜發魏襄王墓，或言安釐王冢，得竹書數十車。內有《瑣語》十一篇，諸國妖怪相書也。見《晉書·束晳傳》。其書久佚，搜輯爲卷。書中如'仲壬崩，伊尹放太甲而自立四年'，與《尚書》、《孟子》皆牴牾不合。然其記周、晉、齊、宋佚事，有足備史攷者，亦未可盡以荒誕槩之也。案：嵇含《南方草木狀》卷中'抱香履'條引東方朔《瑣語》曰：'木履起於晉文公，時介子推逃祿自隱，抱樹而死。公撫木哀歎，遂以爲履。每懷從亡之功，輒俯視其履曰："悲乎，足下！"足下之稱，亦自此始也。'此所引《瑣語》，乃東方朔所作。又《隋志》小說家：'《瑣語》一卷，梁金紫光祿大夫顧協撰。'此之《瑣語》，又出梁之顧氏，皆與汲冢古文有別。東方書唯存此一條，顧書泯絕，無片語可徵，亦良足惜爾。"

【帝王要略一卷】　（吳）環濟撰。無敘錄。

【三五曆記一卷】　（吳）徐整撰。國翰《敘錄》曰："整有《毛詩譜注》，已著錄經編。曆稱'三五'，蓋紀三皇五帝事也。亦名《長曆》。《隋志》：'梁有《三五曆說圖》一卷，亡。'不著撰人姓氏，當即是書也。今佚已久。陶宗儀《說郛》弓六十輯《長曆》

一種，凡七節，尚有疏漏。茲復蒐採補訂，合得十四節，錄爲一卷。書記：‘盤古在天地開闢時，日長一丈，如此一萬八千歲。’邃古之事，誰傳道之？又言：‘伏羲在神農、黃帝之間。’與前儒說不同。存其佚說，備參攷焉。”

【年歷一卷】　（晉）皇甫謐撰。無敘錄。

【汲冢書鈔一卷】　（晉）束皙撰。國翰《敘錄》略曰：“皙字廣微，陽平元城人，漢太子太傅疎廣後。王莽末，廣曾孫孟達避難，自東海徙沙鹿，去‘疎’足，改姓‘束’氏。皙博學多聞，官至尚書郎，事蹟具《晉書》本傳。太康二年，汲郡人不準盜發魏襄王墓，或言安釐王冢，得竹書數十車，皆科斗字。皙隨疑分釋，皆有義證。《傳》載其事。此所謂《汲冢書鈔》也。隋、唐《志》不著錄，佚已久。《初學記》引一節。《尚書正義》、《史記索隱》引束皙《汲冢古文》，或引《紀年》，而今本《紀年》無之，及有之而文句異。又諸書引《汲冢書》，皆此書之佚文。本傳紀篇目甚詳，當據本書錄之。合輯一帙，以貽世之妮古者。”

【聖賢高士傳一卷】　（魏）嵇康撰；（宋）周續之注。無敘錄。

【鑒戒象讚一卷】　（後魏）常景撰。國翰《敘錄》曰：“景字永昌，河內溫人，儒林先生爽之孫，官至儀同三司，特給右光祿，《北史》有傳。《傳》稱其‘澹於營利，自得懷抱，不事權門。性和厚恭慎，每讀書，見韋弦之事，深薄之危。乃圖古昔可以鑒戒，指事爲象，讚而述之。’史載全文。又記著述數百篇，刪正晉司空張華《博物志》及撰《儒林》、《列女傳》各數十篇。論謂：‘常爽以儒素見著，景以文義見宗。’家學淵源，具於此矣。”

【七錄別錄一卷】　（漢）劉向撰。無敘錄。

## 子編儒家類

【漆雕子一卷】　（周）漆雕氏撰。國翰《敘錄》曰：“《漢志》儒家《漆雕子》十三篇，注：‘孔子弟子漆雕啓後。’陶潛《聖賢羣輔錄》云：‘漆雕氏傳《禮》爲道，爲恭儉莊敬之儒。蓋孔子以《禮》傳開，開之後世習其學，因述開言以成此書，猶公羊之以《春秋》紹代也。’其書隋、唐《志》均不著目，佚已久。考《韓非子》引‘漆雕之議’，王充《論衡》稱其‘言性’。又《家語》載‘孔子問漆雕憑’一節，

《說苑》亦載之，作‘漆雕馬人’。意者憑名，馬人其字。以孔子歎美其言，而稱爲漆雕氏之子，或即著書之人與？並據輯錄。其說‘不色撓，不目逃，行曲則違于臧獲，行直則怒於諸侯’，與孟子述‘北宮黝之養勇’，曾子謂‘子襄自反而縮’，語意吻合。意孟字述其語。至言人性有善有惡，與宓子、世碩、公孫尼同旨。雖有異乎孟子性善之說，各尊所聞，初不害其爲儒宗也。”

【宓子一卷】　（周）宓不齊撰。國翰《敘錄》曰：“不齊字子賤，魯人，孔子弟子，仕至單父宰。見《孔子家語·七十二弟子解》及《史記·仲尼弟子列傳》。‘宓’，《家語》、《史記》並作‘密’，《論語》孔安國注作‘宓’。《漢志》儒家《宓子》十六篇，師古曰：‘宓讀與伏同。’案：《說文解字》‘虙’注：‘古有虙犧氏，亦姓。’是‘伏’、‘虙’、‘宓’三字古通用，作‘密’者，緣‘虙’字形似而誤耳。其書隋、唐《志》不著錄，佚已久。《家語》及《韓非子》、《呂氏春秋》、《淮南子》、《說苑》諸書時引佚說，彼此互有同異。茲據參訂，錄爲一帙。記單父治績爲多，仁愛濟之以才智，可爲從政者法。撫卷低徊，穆然思君子之風焉。”

【景子一卷】　（周）景氏撰。國翰《敘錄》曰：“《漢書·藝文志》儒家有《景子》三篇，注：‘說宓子語，似其弟子。’隋、唐《志》皆不著錄，佚已久。考《韓詩外傳》、《淮南子》載宓子語各一節，俱有論斷，與班固所云‘說宓子語者’正合。據補。依《漢志》與《宓子》比次，明其淵源有自云。”

【世子一卷】　（周）世碩撰。國翰《敘錄》曰：“《漢志》儒家《世子》二十一篇，注：‘名碩，陳人，七十子之弟子。’其書《隋志》不及著錄，佚久。唯董仲舒《春秋繁露》、王充《論衡》引之，並據採錄，附充說以備參證。充謂‘世子言人性有善有惡云云，作《養書》一篇’，又謂‘宓子賤、漆雕開、公孫尼子之徒，說情性與世子相出入’，復舉孟子、荀卿、揚子雲、劉子政等說，皆言非實，而以世碩及公孫尼子爲得正。按：碩亦聖門之徒，雖其持論與子輿氏不同，而各尊所聞，要亦如游、夏門人之論與？”

【魏文侯書一卷】　（周）魏侯斯撰。國翰《敘錄》曰：“《史記·魏世家》云：‘桓子之孫曰文侯都。’司馬貞《索隱》曰：‘《系本》，桓子生文侯斯。其《傳》云：孺子瘨是魏駒之子。與此系代亦不

同也。'《世家》又云：'魏文侯元年，秦靈公之元年也。與韓武子、趙桓子、周威王同時。'案：《竹書紀年》：'周考王元年，魏文侯立。安王十五年，魏文侯卒。'侯封未改，史遷不係之周，而係之秦，非也。茲據《世本》，題周魏侯斯，不從《史記》。《漢志》儒家《魏文侯》六篇，隋、唐《志》皆不著錄，佚已久。考《禮記・樂記》載《魏文侯問樂》一篇。案劉向《別錄》，《樂記》三十三篇，《魏文侯》爲弟十一篇。以《樂記》佚篇有《季札》、《竇公》例之，《季札篇》採自《左傳》，《竇公篇》取諸《周官》，知此篇爲《文侯》本書，而河間獻王輯入《樂記》也。又《戰國策》、《呂氏春秋》、《韓詩外傳》、《淮南子》、《新序》、《說苑》、《通典》諸書亟引《魏文侯》，皆佚文之散見者。並據裒輯，凡二十四節，錄爲一卷。中多格言，湛深儒術。而容直納諫之高風，尊賢下士之盛德，尤足垂範後世焉。"

【李克書一卷】　（周）李克撰。國翰《敘錄》曰："《漢志》儒家《李克》七篇，注云：'子夏弟子，爲魏文侯相。'陸德明《經典釋文敘錄》云：'子夏傳曾申，申傳魏人李克，克傳魯人孟仲子。'陸璣《毛詩疏》謂：'卜商爲之序，以授魯人申公，申以授魏人李克。'案：曾申，曾子之子，稱申公者誤。克先從曾申受《詩》，爲子夏再傳弟子，後子夏居魏，親從問業，故班固以爲子夏弟子也。其書隋、唐《志》不著錄，佚已久。惟劉淵林《魏都賦注》引一條，明標《李克書》。考《呂氏春秋》、《淮南子》、《韓詩外傳》、《史記》、《新序》、《說苑》亟引李克對文侯語，雖互有同異，要從本書取之。茲據輯錄，凡七節。其論'奪淫民之祿，以來四方之士'，與'不禁技巧，則國貧民侈'，皆能扼政術之要。敍次《文侯書》後，即君臣同心共治，可想見西河之教澤焉。"

【公孫尼子一卷】　（周）公孫尼撰。國翰《敘錄》曰："《漢志》儒家《公孫尼子》二十八篇，注：'七十子之弟子。'《隋志》一卷，注：'尼似孔子弟子。'《唐志》亦一卷。馬總《意林》引六節，《標目》云'《公孫文子》一卷'。以《太平御覽》所引與《意林》同者參校，知'文'爲'尼'字之誤也。《隋書・音樂志》引沈約奏答謂：'《樂記》取《公孫尼子》。'《禮記正義》引劉瓛云：'《緇衣》，公孫尼子作。'除二篇今存《戴記》外，餘皆佚矣。茲從《意林》、《御覽》及《春秋繁露》、《北堂書鈔》、

《初學記》諸書輯錄。王充《論衡》謂：'其說情性，與世碩相出入，皆言性有善有惡，似與《孟子》性善之旨不合。然其論十氣之害，歸本於反中，董廣川取與《孟子》養氣互相發明，則其異同可攷也。'中有兩引尼書，即《樂記》語者，可證沈說之有據。朱子嘗舉《樂記》'天高地下'六句，以爲'漢儒醇如仲舒，如何說得到這裏去？想必古來流傳，得此個文字如此。'此雖不以沈說爲信，而觀於廣川誦述，則當日之心實見折服，以斯斷尼書焉可矣。"

【內業一卷】　（周）管夷吾述。國翰《敘錄》曰："《漢志》儒家有《內業》十五篇，注：'不知作書者。'隋、唐《志》皆不著錄，佚已久。考《管子》第四十九篇標題《內業》，皆發明大道之蘊旨，與他篇不相類。蓋古有成書，而管子述之。案：《漢志》孝經十一家，有《弟子職》一篇，今亦在《管子》第五十九。以此例推，知皆誦述前人。故此篇在《區言》五，《弟子職》在《雜篇》十，明非管子所自作也。茲據補錄，仍釐爲十五篇，以合《漢志》。不題姓名，缺疑也。"

【讕言一卷】　（周）孔穿撰。國翰《敘錄》曰："穿字子高，孔子六世孫，事言具《孔叢子》。《漢志》儒家：'《讕言》十篇，不知著作者，陳人君法度。'師古曰：'說者引《孔子家語》，云孔穿所造，非也。'按《家語後序》云：'子直生子高，名穿，亦著儒家語十二篇，名曰《讕言》。'《集韻》去聲二十九換，讕、讕、諫三字並列，注云：'詆讕，誣言相被也。或從閒，從柬。然則讕與讕通加艸者，隸古之別也。'書名既同，復並稱儒家，且以《孔叢子》所載子高之言觀之，其答信陵君祈勝之禮，對魏王人主所以爲患，及古之善爲國至於無訟之問，又與齊君論車裂之刑，所言皆人君法度事，則《讕言》審爲穿書矣。班固云'不知作者'，蓋劉向校定《七略》時，《孔叢子》晦而未顯。《漢志》本諸《七略》，無從取證。東漢季，《孔叢子》顯出，故王肅注《家語》據以爲說。魏晉儒者遂據肅說以解《漢志》，在當日實有攷見。不知顏監何以斷其非也。茲即從《孔叢子》錄出，凡三篇，依舊說題周孔穿撰。先聖家學，可於此探其淵源云。"

【甯子一卷】　（周）甯越撰。國翰《敘錄》曰："《史記・秦始皇本紀》云：'於是六國之士有甯越、徐尚、蘇秦、杜赫之屬爲之謀。'司馬貞《索隱》曰：'甯越，趙人。賈誼作甯越。'《呂氏春秋》謂：'甯

越，中牟之鄙人也。苦耕稼之勞，學十五歲而周威公師之。'《淮南子・道應訓》：'甯越欲干齊桓，以困窮無以自達，於是爲商旅，將任車以商於齊'云云。以甯戚事誤屬甯越。潘基慶《古逸書》於甯戚《飯牛歌》下據云：'按甯戚一作越，字武人，休不休學，十五歲爲齊威公師。'又以甯越事誤屬甯戚，且以周威公爲齊威公，尤大誤也。《漢志》儒家有《甯越》一篇，隋、唐《志》皆不著錄，佚已久。考《呂氏春秋》、《說苑》引其說。輯錄二節，並附事蹟，合爲一卷。以苗賁皇爲楚平王之士，並以城濮、鄢陵二戰屬之，舛蹐殊甚，辭氣亦純染遊說風習。名列于儒，蓋不沒其日夜勤學之功力云。"

【王孫子一卷】　（周）王孫氏撰。國翰《敘錄》曰："（王孫氏）其名不傳，事蹟亦無考。以漢、隋《志》敍其書次，知爲戰國時人。《漢志》儒家《王孫子》一篇，注：'一曰《巧心》。'蓋其書之別稱，如揚子之《法言》、文中子之《中說》矣。《隋志》於《孫卿子》十二卷下注云：'梁有《王孫子》一卷，亡。'《唐志》不著錄。馬總《意林》卷二標目在《申子》之上，而書闕。或誤以《莊子・雜篇》繫其下，《四庫全書》校本刪正之，只留缺目。考《藝文類聚》、《太平御覽》引其佚說，而彼此殊異。參互考定，完然可讀者，尚得五節，錄爲一卷。書主愛民爲說，如衛靈、楚莊、趙簡子之事，又《春秋內外傳》所未載者，且舉孔子、子貢之論以爲斷。其人蓋七國之魁楚也。"

【李氏春秋一卷】　不著撰者。國翰《敘錄》曰："《漢志》儒家《李氏春秋》二篇，序次在公孫固、羊子之間。公孫固，齊閔王失國問之。羊子，秦博士。然則李氏亦戰國時人也。其書隋、唐《志》不著錄，佚已久。考《呂氏春秋》引《李子》一節，不言名字，當是《李氏春秋》佚文。泛論名理，以'春秋'取號者，其亦《虞氏春秋》之類與？"

【董子一卷】　（周）董無心撰。國翰《敘錄》曰："無心，不詳何人。《漢志》儒家《董子》一篇，注：'名無心。難墨子。'隋、唐《志》並以一卷著錄，《宋志》不載，散佚已久。明陳第《世善堂藏書目》有之，今復求索，不可得矣。雖王充《論衡》引其與纏子論難一節，又《文選注》、《意林》引《纏子》內有董無心語。循公孫龍與孔穿論臧三耳兩家書並載之例，取補缺遺。存其說，可與《詰墨》競爽。孟子所謂'聖人之徒'與！"

【侯子一卷】　不著撰者。有目無書。

【徐子一卷】　題（周）外黃徐氏撰。無敘錄。

【魯連子一卷】　（周）魯仲連撰。國翰《敘錄》曰："《史記》本傳云：'齊人也。好奇偉俶儻之畫策，而不肯仕官任職。'又贊其'蕩然肆志，不詘于諸侯。談說於當世，折卿相之權。'則其人蓋田子方之流匹也。《漢志》儒家：《魯仲連子》十四篇。《隋志》：《魯連子》五卷《錄》一卷。《唐志》：一卷。今佚。《戰國策》載其六篇。其《邰秦軍》、《說燕將》二篇，《史記》亦載之，文句不同。參互校訂，又搜採《意林》、《御覽》等書，得佚文二十五節，合錄一卷。指意在於勢數，未能純粹合聖賢之義。然高才遠致，讀其書，想見其爲人矣。"

【虞氏春秋一卷】　（周）虞卿撰。國翰《敘錄》曰："（虞卿）名、字、里居皆無考。《史記》本傳云：'爲趙上卿，故號虞卿。'又云：'不得意，乃著書。上採《春秋》，下觀近世，曰《節義》、《稱號》、《揣摩》、《政謀》，凡八篇，以刺譏國家得失，世傳之曰《虞氏春秋》。'《漢志》十五篇，入儒家。隋、唐《志》皆不著錄，佚已久。明詹景鳳《明辨類函》云：'近見京師李氏所藏鈔本，旨殊劣，必贗作也。'今亦不傳。考《戰國策》載其《論割六城與秦之失》及《許魏合從》二篇，《史記》取之入本傳。劉向《新序》亦採二篇於《善謀》上篇，蓋本書《謀篇》之佚文也。茲據訂正錯簡，互考異同，錄爲一卷。大旨主於合從，亦未離戰國說士之習。班《志》列入儒家者，其以傳《左氏春秋》，而荀況、張蒼、賈誼之學淵源有自乎？"

【平原君書一卷】　（漢）朱建撰。國翰《敘錄》曰："建，楚人。故淮南王黥布相。布欲反，嘗諫止之，布不聽。漢既誅布，聞建諫之，高祖賜建號平原君。《漢書》有傳。《藝文志》儒家《平原君》七篇，注：'朱建也。'按：建本傳只記其救辟陽侯一事，與梁孝王刺爰盎事敗，鄒陽爲之至長安說竇長君絕相類，要皆戰國之餘習。乃班《志》於鄒陽入從橫，於平原君則入儒家，必其佚篇多雅正語。然今不可見矣。第取本傳中說閎籍孺一篇，附載事蹟，聊備觀覽云爾。"

【高祖傳一卷】　不著撰者。有目無書。

【劉敬書一卷】　（漢）劉敬撰。國翰《敘錄》略曰："敬，齊人，本姓婁氏，高祖以都秦之計出婁敬言，婁者，劉也，賜姓劉氏，拜爲郎中，號曰奉春君，後封建信侯，事蹟詳《漢書》本傳。《漢·藝文志》儒家《劉敬》三篇。隋、唐《志》不著目。其文散見本傳中，今據錄之。陳仁子《論都秦》以爲：'使後世不務德而務險者，得敬言以爲藉口，得爲至論乎？'司馬溫公《論和親》以爲：'冒頓視其父如禽獸而獵之，奚有于婦翁，建信侯之術，固已疎矣。況魯元已爲趙后，又可奪乎？'然則敬之爲策，大抵權宜救時之計。然漢兼王霸，以爲家法，則當日之列於儒家者，蓋有由矣。"

【孝文傳一卷】　不著撰者。有目無書。

【至言一卷】　（漢）賈山撰。國翰《敘錄》曰："山，潁川人。祖父祛，故魏王時博士弟子。山受祛學，嘗給事潁陰侯爲騎，文帝時數上書言事。具詳《漢書》本傳。《漢·藝文志》儒家賈山八篇，今只傳《至言》一篇。若諫文帝除鑄錢、訟淮南王無大罪、言柴唐子爲不善三疏，當在八篇中，而世不傳。本傳全載此篇之文，據錄爲卷，即以《至言》標目。書言治亂之道，借秦爲喻。真西山稱其爲'忠臣防微之論'，而以'陳善閉邪'許之。王伯厚謂：'山之才亞于賈誼，其學粹于鼂錯。'乃班《書》以涉獵書記，不能爲醇儒斷之，豈其然乎？"

【孔臧書一卷】　（漢）孔臧撰。有目無書。

【河間獻王書一卷】　（漢）劉德撰。國翰《敘錄》曰："按《漢書·景十三王傳》：'孝景皇帝十四男，王皇后生孝武皇帝，栗姬生臨江閔王榮、河間獻王德。'又云：'以孝景前二年立，修學好古，實事求是。'又云：'武帝時獻王來朝，獻雅樂，對《三雍宮》及詔策所問三十餘事。其對推道術，而言得事之中，文約指明。'《藝文志》儒家有《河間獻王對》上、下，《三雍宮》三篇。隋、唐《志》不著錄，佚已久。劉向《說苑》引四節，據輯。並取《春秋繁露》所載'問《孝經》'一節附後。其說稱述古聖，粹然儒者之言。唯於伐有苗云'天下聞之，皆非禹之義，而歸舜之德'，又引'子貢問爲政，孔子曰：富之既富，乃教之也'，與《尚書》、《論語》異。按王充《論衡》云：'今時稱《論語》二十篇，又失《齊》、《魯》。河間九篇，本三十篇，分布亡失'云云。然則獻王所見《論語》爲河間本，所謂《古論語》也。其據《尚書》，亦當是真古文說。未可執今所傳之本，以爲引稱舛誤也。"

【兒寬書一卷】　（漢）兒寬撰。國翰《敘錄》曰："寬，千乘人，治《尚書》事歐陽生，以郡國選詣博士，受業孔安國，官至御史大夫，事蹟詳《漢書》本傳。《漢·藝文志》儒家《兒寬》二篇。隋、唐《志》不著錄。其書散佚。今取本傳對封禪及《律歷志》正朔之議，以復二篇之舊。茅鹿門曰：'封禪一事，相如導之始，而兒寬成之終，君臣上下各以諂附。'此亦責備賢者之義。然其文訓辭深厚，油然見經籍之光。宜梁相褚大與議，而服其莫及。而兼總條貫之言，紫陽取之以注《孟》也。"

【公孫宏書一卷】　（漢）公孫宏撰。國翰《敘錄》曰："宏字佚，據《西京雜記》載鄒長倩與公孫宏書，則子卿其字也。菑川薛人，武帝元光五年以賢良對策擢第一，官至丞相，封平津侯。事蹟詳《漢書》本傳。《漢·藝文志》儒家《公孫宏》十篇。今不傳。本傳載其對策、上疏、對問之語。《藝文類聚》、《太平御覽》亦引之。並據輯錄。夫宏在當日，東閣延賢，布被昭儉，亦賢相也。特殺主父偃，徙董仲舒，與汲黯不相能，一時輿論少之。至其言論通達治體，亦不盡曲學以阿世。班固入其書於儒家，非無見也。"

【終軍書一卷】　（漢）終軍撰。國翰《敘錄》曰："軍字子雲，濟南人，少好學，以辯博能屬文聞於郡中，年十八選爲博士弟子，官至諫大夫。軍死時年二十餘，故世謂之終童。事蹟詳《漢書》本傳。《漢·藝文志》儒家《終軍》八篇。今見本傳者四篇，餘皆散佚，不可復見。茲據輯錄。'白麟奇木'之對，不無傅會。胡越內附，言亦幸中。然其文若不經意而音節自諧，宜林希元歎爲天與之奇才，而惜其壽之不永哉。"

【吾邱壽王書一卷】　（漢）吾邱壽王撰。國翰《敘錄》曰："壽王字子贛，趙人，官至光祿大夫、侍中，事蹟詳《漢書》本傳。《漢·藝文志》儒家有《吾邱壽王》六篇，《虞邱說》一篇。'虞'、'吾'古字通用，皆壽王所撰著也。《隋志》儒家不載其書，而集部云：'梁有《漢光祿大夫吾邱壽王集》二卷，亡。'則阮孝緒《七錄》入其書於集中，至隋已佚矣。今本傳載駮公孫宏及《說鼎》二篇；《藝文類聚》載論一篇，《北堂書鈔》亦引其說。並據輯錄。仍依《漢志》入儒家。黃東發謂：'買臣、壽王皆武帝私令折難大臣者。壽王難禁弓矢，視難朔方者優焉。然漢鼎非周鼎之說，則俳優取寵爾。'立論最當。此書之定評也。"

【莊助書一卷】　（漢）莊助撰。有目無書。

【揚子法言宋氏注一卷】　（漢）宋衷撰。有目無書。

【揚子法言虞氏注一卷】　（吳）虞翻撰。有目無書。

【正部論一卷】　（漢）王逸撰。國翰《敘錄》曰：“逸字叔師，南郡宜城人，順帝時爲侍中，事蹟具《後漢書‧文苑傳》。《七錄》儒家有《正部論》八卷，《隋志》云‘亡’，《唐志》不著錄，佚已久。馬總《意林》載《正部》十卷，或因庾仲容子鈔之舊目也。《意林》引十三節，《藝文類聚》、《太平御覽》等書亦引之，或作‘王逸子’，即《正部》也。合輯佚文爲卷。書多勗學語，亦每論當代著作。如謂《淮南》浮僞而多恢，《太元》幽虛而少效，《法言》雜錯而無主，《新書》繁文而鮮用，皆確當不易云。”

【仲長子昌言二卷】　（漢）仲長統撰。國翰《敘錄》曰：“統字仲理，山陽高平人，官尚書郎，事蹟具《後漢書》本傳。《傳》言：‘尚書令荀彧聞統名，奇之，舉爲尚書郎。後參曹操軍事。每論說古今及時俗行事，恆發憤歎息，因著論，名曰《昌言》。凡三十四篇，十餘萬言。’章懷太子注《昌讜》也，尚書曰：‘汝亦《昌言》。’《隋志》雜家十二卷《錄》一卷。《唐志》儒家十卷。其書散佚，惟本傳載其《理亂》、《損益》、《法誡》三篇。明胡纘新《西京遺編》刊之，爲一卷。今更蒐補殘遺，分爲上、下二卷。其言時事，切中利弊。繆熙伯以董、賈、劉、揚擬之，洵非溢美。合依《唐志》，入儒家焉。”

【魏子一卷】　（漢）魏朗撰。國翰《敘錄》曰：“朗字少英，會稽人，官至尚書。嘗與陳蕃、李膺交遊，矜尚氣節，海內列名八俊。事蹟具《後漢書‧黨錮傳》及虞預《會稽典錄》。其書向列儒家。隋、唐《志》並三卷。馬總《意林》云十卷。原書佚，惟《意林》載十二節。其‘薄冰當白日’與‘蓼蟲’二條，文義不完。據《藝文類聚》、《太平御覽》所引補訂。又從《御覽》、《文選注》輯得五節，合錄並附考，爲一卷。語多精粹，如‘己是而彼非，不當與非爭；彼是而己非，不當與是爭’，又云：‘君子表不隱裏，明暗同度。’非功深直養，孰能與於斯！”

【諸葛武侯集誡一卷】　（蜀）諸葛亮撰。有目無書。

【周生子要論一卷】　（魏）周生烈撰。國翰《敘錄》曰：“烈有《論語義說》已著錄經編。崔鴻《十六國春秋》：‘且渠茂虔永和五年遣使入宋，表獻方物，並獻書一百五十四卷，有《周生子》十三卷。’《隋志》儒家類載《周生子要論》一卷，云‘梁有’，又云‘亡’。《唐志》復有《周生烈子》五卷。較梁時卷數雖多，而已非茂虔所獻之原帙矣。今佚。馬總《意林》載其七節，《序》一節。《北堂書鈔》、《藝文類聚》、《白六帖》、《太平御覽》諸書亦引之。合輯二十二節，別出《序》於卷首，仍依《隋志》標題。其語皆讜論《法言》。自序謂：‘以堯舜作幹植，仲尼作師誡。’抗志高睎，言雖大而非夸也。”

【王子正論一卷】　（魏）王肅撰。國翰《敘錄》曰：“肅有諸經《注》、《聖證論》，已各著錄。此書隋、唐《志》俱載十卷，入儒家類。今佚。考《晉書‧禮志》引‘王景侯之論’，《三國志》肅本傳載其對帝及司馬宣王語，當從本書採取。又《通典》引‘王肅議’及諸‘答問’，《太平御覽》引‘王肅議禮’，雖不顯標書目，要是佚說之散見者。並據輯錄。其說於禮制加詳，多所駁糾。蓋在當日欲與鄭氏角勝，拔幟自成一隊，抗顏高論，亦足名家矣。”

【去伐論一卷】　（晉）袁宏撰。國翰《敘錄》曰：“宏有《後漢紀》，已著錄史編。《隋志》儒家《王子正論》十卷，下云：‘梁有《去伐論集》三卷，王粲撰，亡。’《唐志》復載王粲《去伐論集》三卷。今佚。考《藝文類聚》引《去伐論》一篇，題晉袁宏，書名同而撰人異。按：隋、唐《志》均無宏撰《去伐論》之目，以題稱《去伐論集》繹之，當是王粲著論，後賢多有擬議，一併附入。猶王子雍作《聖證論》，而有馬昭、孔晁、張融等說，《隋志》止題王肅撰，亦其例也。然無明據，姑依所引題宏名，取以補仲宣之遺書焉。”

【杜氏體論一卷】　（魏）杜恕撰。國翰《敘錄》曰：“恕字務伯，京兆杜陵人，尚書僕射畿長子，官至幽州刺史，加建威將軍，《魏志》有傳。書成於廢徙之後。本傳云：‘在章武，遂著《體論》八篇。’裴松之注引《杜氏新書》曰：‘以爲人倫之大綱，莫重於君臣；立身之基本，莫大於言行；安上理民，莫精於政法；勝殘去殺，莫善於用兵。夫禮也者，萬物之體也。萬物皆得其體，無有不善，故謂之《體論》。’隋、唐《志》並四卷，今佚。馬總《意林》僅六節，復採《藝文類聚》、《太平御覽》得數節，合錄一卷。《御覽》所引，詳言兵體。蓋目覩三國之戰爭，感慨爲言與？如：‘霸王之用兵也，始之以義，終之以仁。

將以存亡，非以亡存也；將以禁暴，非以爲暴也。'語意多本《孟子》及《左氏傳》，洵有體之名論也。《傳》又云：'著《興性論》一篇。'《隋志》已不及載，末由考徵之矣。"

【王氏新書一卷】　（魏）王基撰。國翰《敘錄》曰："基有《毛詩駁》，已著錄經編。《隋志》儒家《杜氏體論》四卷，下注云：'梁有《王氏新書》五卷，王基撰。'又云：'亡。'《唐書·藝文志》不著錄。散佚已久。考《魏志》基本傳載其諫明帝、答司馬景王，以及料敵策戰之言，凡七節，又裴松之注引司馬彪《戰略》載有論胡烈表降一節，雖多談兵事，而具有儒術。知皆從本書採取也。並據補錄。篇序體格，無由盡循其舊。而史稱'學行堅白'，可於此想見之矣。"

【周子一卷】　（吳）周昭撰。國翰《敘錄》曰："昭字恭遠，潁川人，與韋曜、薛瑩、華覈並述《吳書》，後爲中書郎，附見《吳志·步騭傳》。《七錄》儒家有《周子》九卷，《隋志》云'亡'，《唐志》不著錄，佚已久。《太平御覽》引'論文'一節，稱周昭新撰。《白六帖》引二語而已。考《吳志·步騭傳》載其論步騭、嚴畯等，猶爲完篇。茲據合輯。其論平情準理，不爲低昂。則在當時臧否人物，當具有特識。遇暴主，不以善終，惜哉。"

【顧子新言一卷】　（吳）顧譚撰。國翰《敘錄》曰："譚，事蹟具《吳志》本傳。其書本名《新言》。本傳云：'著《新言》十二篇。'《隋志》作《新語》，《唐志》作《新論》，皆非原目。《隋志》：十二篇。以本傳參之，蓋篇爲一卷也。《唐志》四卷，已亡其八。今佚。唯《太平御覽》引數節。又本傳載《疏》一篇，《隋志》無譚《集》，《疏》當在《新言》中，如賈誼《治安疏》在《新書》，董仲舒《天人策》在《春秋繁露》之類。陳壽作譚《傳》，即從譚書採之，末故詳言著書篇目。其曰《知難篇》，蓋以自悼傷也。則此《疏》又爲《知難篇》之佚文可知。據補合訂一卷，改題《新言》，從其朔也。"

【典語一卷】　（吳）陸景撰。國翰《敘錄》曰："景字士仁，吳郡吳人，大司馬荊州牧陸抗之子，晉平原相陸機之兄也，官至偏將軍、中夏督，見《吳志·陸抗傳》。《隋志》：'《典語》十卷，《典語別》二卷，并吳中夏督陸景撰，亡。'《唐志》尚有《典語》十卷。今佚。僅從《初學記》、《太平御覽》等

書輯爲一卷。其《論文》云：'貴其造化之淵，禮樂之盛，語能見大。'史稱景'澡身讀書，機雲噪名典午'，當必有師資鴒原者。惜其全書不得見矣。"

【通語一卷】　（吳）殷基撰。國翰《敘錄》曰："案《三國·吳志·顧邵傳》：'烏程吳粲、雲陽殷禮起乎微賤，邵皆拔而友之，爲立聲譽。'裴松之注云：'禮子基作《通語》曰：禮字德嗣'云云，又引《文士傳》曰：'禮子基，無難督，以才學知名，著《通語》數十篇。'《文士傳》，晉張隱所作。松之，宋人。二家所言，當得其實。《隋志》儒家有：'《通語》十卷，晉尚書左丞殷興撰，亡。'《唐志》云：'文禮《通語》十卷，殷興續。''興'或'基'字之訛。吳亡，入晉官至左丞。抑或晉代別有一殷興，就基書修而續之，故《唐志》云'殷興續'也。但題'文禮《通語》'，則其悮顯然。殷基父名禮，基不得以父名爲字，謂文禮即殷禮，而《通語》實非禮作。蓋以基書載父禮行事，遂訛'父'爲'文'耳。馬總《意林》載有《通語》八卷，視隋、唐《志》已少二卷。今佚。輯諸書所引，並附《文士傳》爲卷，據裴注改題吳殷基撰。或引作'殷興'者，亦注其下，以備參考。書中敘載三國時事，可資史考。第稱'孫權'，稱'殷禮'，君父之名，不宜指斥。意傳注引者節刪其文，增入名氏，非原書語也。"

【譙子法訓一卷】　（晉）譙周撰。國翰《敘錄》曰："周有《五經然否論》、《論語注》，各著錄經編。此書稱《法訓》，擬於古之格言，亦如揚子雲書稱《法言》之類。隋、唐《志》儒家並八卷。原書散佚。陶宗儀《說郛》輯錄十節。其《輓歌》一則，文句不全，又雜入譙周《喪服圖》一條，頗爲疏略。茲更蒐採，得十三節，合訂一卷。史稱周'誦讀典墳，欣然獨笑，以忘寢食'，則當日心得之蘊，於此聊存矣。"

【袁子正論二卷】　（晉）袁準撰。國輪《自序》曰："準有《喪服經傳注》，已著錄經部。《隋志》儒家《袁子正論》十九卷。《唐志》二十卷，或併《目》數之歟？今佚。杜佑《通典》引十餘節。多詳禮服。《詩》、《禮正義》、《三國志注》、《藝文類聚》、《北堂書鈔》、《初學記》、《太平御覽》亦引稱之。或言'袁準'，或言'袁子'，以文辭義例推循，知爲《正論》語。並據輯錄，分爲二卷。其說五行宜祀井、明堂非宗廟，均有確據。至論才性有善有惡，則世碩、揚雄之緒論也。"

【袁子正書一卷】　（晉）袁準撰。國翰《敘錄》曰：“準著《正論》之外，又有《正書》。《隋志》云：‘梁又有《袁子正書》二十五卷，袁準撰，亡。’《唐志》與《正論》同著錄。今併佚。既輯《正論》，因取諸書引《正書》者，別錄一卷，以復舊目。準之學，尚考據，漢人遺法猶存，以視空設清談者，爲有間矣。”

【孫氏成敗志一卷】　（晉）孫毓撰。國翰《敘錄》曰：“毓有《毛詩異同評》、《春秋左氏傳》、《賈服異同略》，均著錄經部。此書以‘成敗’立名，蓋欲昭法戒以訓世也。《隋志》注云：‘梁有三卷，亡。’《唐志》復以三卷著目。馬總《意林》於《成敗志》三卷注云：‘孫毓，字仲。’考陸德明《經典釋文》：‘毓字休朗，北海平昌人，晉豫州刺史。’《隋志》題‘晉長沙太守’，或題‘汝南太守’，稱爵不同。要是休朗原書就所遷之官題稱，故《釋文》、《隋志》承之。至言字仲，文義不具，必屬脫誤耳。書已佚。《意林》僅載二節。又杜佑《通典》引‘孫毓奏議’十餘條。茲取其‘論冠服’二條附錄，以與成人之義有關也。”

【古今通論一卷】　（晉）王嬰撰。國翰《敘錄》曰：“嬰，字、里未詳。《隋志》儒家敘次其書，於孫毓《成敗志》後，題‘松滋令’。知爲晉人，嘗令松滋，其它不可考矣。《隋志》云：‘梁有二卷。亡。’《唐志》著錄三卷。前亡後存，卷數增多，意唐人得其遺篇而分之，否則有所附益也。今佚。唯馬總《意林》載二節，搜採他書，并輯爲卷。書主考核，而時涉緯讖，如說地里數用《河圖》之類。後漢諸儒風尚如此，然則嬰蓋晉初人也。”

【化清經一卷】　（晉）蔡洪撰。國翰《敘錄》曰：“洪於《晉書》無傳。劉孝標《世說新語》注引洪《集錄》云：‘洪字叔開，吳都人，有才辯。初仕吳朝，太康中本州從事，舉秀才。’王隱《晉書》云：‘洪仕至松滋令。其書稱經，蓋擬《易》而作；曰《化清》，亦楊泉《太元》類也。’《隋志》注：云‘梁有十卷，亡。’《唐志》復著錄十卷。今佚。唯馬總《意林》載其三節，《初學記》、《廣韻》、《太平御覽》等書亦間引之。或稱《化清論》。意或稱‘清論’者，經後立論，如《易》之有傳，其實一書也。茲並輯錄，附考事蹟，合爲一卷。舊列其書於儒家，而細玩遺文，頗涉元旨。蓋自輔嗣《易》興，野文祖尚，習俗使然，於叔開何異哉。”

【夏侯子新論一卷】　（晉）夏侯湛撰。國翰《敘錄》曰：“湛字孝若，譙國譙人，官至散騎常侍，事蹟具《晉書》本傳。隋、唐《志》並載《新論》十卷，今佚，惟見《太平御覽》引六節而已。考本傳載有《抵疑》一篇，與東方朔《答客難》、班固《答賓戲》體例不殊，當是原書佚篇之一。茲並輯錄。按：《御覽》引稱《夏侯子》，亦稱《夏侯子新論》。書題據加姓氏，以別乎華譚《新論》、梅子《新論》也。”

【太元經一卷】　（晉）楊泉撰。國翰《敘錄》曰：“泉有《物理論》，已著錄。此書倣楊子雲《太元》爲之，亦擬《易》之類也。梁元帝《金樓子》云：‘桓譚有《新論》，華譚又有《新論》，楊雄有《太元經》，楊泉又有《太元經》。’或曰：‘桓譚有《新論》，何處復有華譚？揚子但有《太元經》，何處復有《太元經》也？’此皆不學之過矣。梁代聚書極多，故《七錄》有此書十四卷。《隋志》但云‘梁有’，書已與《物理論》並亡。至唐復出，《唐志》題十四卷，仍《七錄》之舊也。今佚。馬總《意林》載止六節。考《太平御覽》亦有引《太元經》，而不見子雲書中者，皆此書之佚文也。併輯爲卷。其占法卦名均不可見，文辭清麗，亦可讀玩。鄭樵《通志·藝文略》但作《太元》，無‘經’字，以意刪去。茲仍梁、隋之舊題焉。”

【華氏新論一卷】　（晉）華譚撰。國翰《敘錄》曰：“譚字令思，廣陵人，官至散騎常侍，贈光祿大夫，金章紫綬，事蹟見《晉書》本傳。此書建興中爲鎮東軍諮祭酒時所作。本傳云：‘三十卷，名曰《辨道》。’《隋志》注：‘《新論》十卷，晉金紫光祿大夫華譚撰。’云‘梁有’，又云‘亡’。《唐志》復以十卷著目。今佚。惟《初學記》、《太平御覽》各引一節；《北堂書鈔》、《通典》並引《華譚集·尚書二曹論》，篇以論稱，蓋本《新論》之一，後人收入全集耳；又本傳載其《答陳總、王濟》及《或問》三篇，文詞清雋，辨論明晰，應皆採從本書。並據補錄。依隋、唐《志》題《新論》。篇首《標辨》，道存其初名，餘皆依所引題之。《金樓子》云：‘桓譚有《新論》，華譚亦有《新論》。’案：此特指書同而姓名易涉於誤者言也。夏侯湛、梅子、劉書所著書並稱《新論》。《顧子新語》，顧譚撰，《唐志》亦作《新論》。加‘華氏’者，所以別於諸《新論》也。”

【梅子新論一卷】　（晉）梅氏撰。國翰《敘錄》

曰："（梅氏）名、字、里爵皆無攷。據其書盛稱阮籍，知爲晉人而已。《隋志》注云：'梁有《梅子新論》一卷，亡。'《唐志》不著錄。馬總《意林》云：'《梅子》一卷。'今佚。《意林》僅引一節，又從《太平御覽》得二節，附考合錄，以復一卷之舊。考《御覽》引有'梅陶書'，又引'梅陶自序'，似梅子即梅陶。然《隋志》不標名，未敢懸定，別採入《梅陶集》中。茲止題晉梅氏云。"

【志林新書一卷】　（晉）虞喜撰。國翰《敘錄》曰："喜有《論語讚注》，已著錄經編。此書《隋志》載三十卷，《唐志》二十卷，今佚。明陶宗儀輯十三節入《說郛》。茲據校訂，更採《三國志注》、《文選注》、《史記索隱》、《正義》、《太平御覽》等書補錄三十七節，合爲一卷。書多雜論故事，長於考據，如'齊斧'之'齊'當爲'齋'，謂師出齋戒，入廟受斧。'犧樽作犧牛形'之類，可訂經注。諸書引並作《志林》，加題《新書》，依隋、唐《志》目也。"

【廣林一卷】　（晉）虞喜撰。國翰《敘錄》曰："《隋志》'《志林新書》三十卷'下云：'梁有《廣林》二十四卷，又《後林》十卷，虞喜撰，亡。'《唐書・藝文志》有虞喜《志林新書》二十卷，又《後林新書》十卷，不載《廣林》。佚已久矣。考杜佑《通典》引虞喜說凡二十節，除標題《釋滯》、《通疑》八節，明標《廣林》者一節，他皆稱'虞喜曰'。循其文義，皆雜論禮服，知爲一書語。引者舉一例，餘不標《廣林》者，省文也。茲據輯錄。《釋滯》、《通疑》二書，別爲編次，附著《廣林》後焉。"

【釋滯一卷】　（晉）虞喜撰。國翰《敘錄》曰："隋、唐《志》載喜所著書，無此書之目。杜佑《通典》引三節，題曰'虞喜《釋滯》'。喜別撰此，而史志佚之耶？抑其爲《志林》、《廣林》、《後林》篇目之一耶？疑不能明，仍依《通典》原題錄存一種。其說'大夫降其旁親爲士者一等'云：'爲據諸侯成例，包於大夫以相兼通，以滕伯文，周代諸候而從殷禮。'識議明通。唯駁鄭氏《禮注》'再祭練祥'，'其間之祭不同時，而除喪以時爲日'，庚蔚之譏其不近人情。分別觀之可已。"

【通疑一卷】　（晉）虞喜撰。國翰《敘錄》曰："隋、唐《志》並不載。杜佑《通典》與虞喜《釋滯》並引，皆論禮服，而此則論劉智《喪服釋疑》。以《通

疑》名，意其因劉書而作，如王基《毛詩駁》、韋昭《辯釋名》之類與？從《通典》輯錄五節，仍其原題，與《釋滯》比次，附《廣林》之後，即以補《後林》之缺焉可也。"

【干子一卷】　（晉）干寶撰。國翰《敘錄》曰："寶有《易注》、《周禮注》、《司徒儀》，已各著錄。《隋志》儒家注載：'梁有《于子》十八卷。亡。'《唐志》有干寶《正言》十卷，又《立言》十卷。今佚。洪邁《容齋隨筆》載：馬總《意林》引用子書之目，有《于子》。今《意林》中亦缺。考杜佑《通典》載寶《駁招魂議》一篇，又《荊楚歲時記》、《太平御覽》並引干寶《變化論》。佚說之存僅此。茲據輯錄，題依《隋志》。改'于'爲'干'者，'于'本'干'字之訛也。說具於《易注》錄中。"

【閔論一卷】　（晉）蔡韶撰。有目無書。

【顧子義訓一卷】　（晉）顧夷撰。國翰《敘錄》曰："《晉書》無夷傳，字、里未詳。《隋志》儒家題'晉揚州主簿'，此官爵之可考者；書稱《顧子》十卷。《唐志》作《顧子義訓》十卷。今佚。《北堂書鈔》、《初學記》、《太平御覽》諸書引之。刪除重複，得十二節。或有一書兩引而文句異者，由非出一人之手，或於門類中截取要略也。茲並訂正爲卷。書多規擬《論》、《孟》，與門人語直書'子謂'，子華假遇紫陽定議以荊楚之僭。然趨步之殷懷，亦正可於此見之。"

【要覽一卷】　（晉）呂竦撰。有目無書。

【正覽一卷】　（晉）周捨撰。有目無書。

【讀書記一卷】　（隋）王劭撰。國翰《敘錄》曰："劭字君懋，太原晉陽人，爲齊太子舍人，入隋官至秘書少監。《北史》本傳於所撰《隋書》八十卷，譏其'詞義繁雜'；於所撰《齊志》二十卷《齊書記傳》一百卷，譏其'文詞鄙野'；而獨稱此書云：'指摘經史謬誤，爲《讀書記》三十卷，時人服其精博。'《唐志》儒家有王劭《讀書記》三十二卷。今佚。從《禮記正義》、《史記索隱》輯錄一帙。其書尚考據，與《顏氏家訓》相似。史稱：'在齊待詔文林館，祖孝徵、魏收、陽休之等嘗論古事有所遺忘，訪閱不能得，問劭，劭具論所出。'淹博擅長，於此見一班爾。"

【續說苑一卷】　（唐）劉貺撰。有目無書。

【賈子一卷】　不著撰者。有目無書。

## 子部農家類

**【神農書一卷】**　國翰《敘錄》曰：“相傳炎帝神農氏撰。按：《漢書·藝文志》農家《神農》二十篇，兵陰陽家《神農兵法》一篇，五行家《神農大幽五行》二十六卷，雜占家《神農教田相土耕種》十四卷，經方家《神農黃帝食禁》七卷，神仙家《神農雜子技道》二十三卷。其農家二十篇注：‘六國時，諸子疾時，怠於農業，道耕農事，託之神農。’師古曰：‘劉向《別錄》云：疑李悝及商君所說。’由此類推，凡《志》所載篇目，大抵皆依附爲之。今其說並佚。考《唐開元占經》載有《八穀生長》一篇，差爲完具。又亟引《神農占》數節。《管子》、《淮南子》、《漢·食貨志》等書或引‘神農之數’，或引‘神農之法’，或引‘神農之教’。又《藝文類聚》引《神農求雨書》，得有篇目可稱者凡六。其他佚文散句，時見傳注所引，併據輯錄，不可區分，統入農家。至他書所引《食禁》，別採集與《本草》相次，不錄於茲云。”

**【野老書一卷】**　不著撰者。國翰《敘錄》曰：“案：《漢志·農家》有《野老》十七篇，注：‘六國時在齊楚間。’應劭曰：‘年老居田野，相居耕種，故號野老。’隋、唐《志》皆不著錄，書佚已久。考《呂氏春秋》載《上農》、《任地》、《辯土》、《審時》四篇。家宛斯先生《繹史》云：‘蓋古農家野老之言，而呂子述之。’茲據補錄。書中稱后稷語古奧精微，其論得時失時，形色情狀，洵非老農不能道。以此勞民勸相，洵堪矜式。宜呂氏賓客取載多篇，與周公《月令》相輔而行也。”

**【范子計然三卷】**　（周）范蠡撰。國翰《敘錄》曰：“蠡爲越大夫，事蹟詳《史記·越王句踐世家》及《貨殖列傳》。裴駰《集解》引《太史公素王妙論》曰：‘蠡，南陽人。’《列仙傳》曰：‘蠡，徐人。’張守節《正義》引《會稽典錄》云：‘范蠡，字少伯，楚宛三戶人。’又引《越絕》云：‘在越爲范蠡，在齊爲鴟夷子皮，在陶曰朱公。’又曰：‘居楚爲范伯。’書名《計然》者，據本書：‘計然，葵邱濮上人，姓辛氏，字文子。’徐廣《史記音義》云：‘范蠡之師也，名研。’司馬貞《史記索隱》：‘計然，《吳越春秋》謂之計倪’。又謂倪與研是一人。漢、隋《志》皆不著錄。《唐書·藝文志》有《范子計然》十五卷，注：‘范蠡問，計然答。’馬總《意林》云：‘《范子》十二卷。’案：鄭樵《通志·氏族略》云：‘越

有范蠡，著書曰《計然》。’又《宰氏注》引《范蠡傳》：‘范蠡師事計然，姓宰氏，字文子。’意者‘辛’爲‘宰’字之誤。《漢志·農家》：‘《宰氏》十七篇。’或即《計然》歟？賈思勰《齊民要術》嘗引之，是北魏時其書尚行，《隋志》偶未及載耳。今久散佚。《越絕書》載《計硯內經》，是本書之一篇。《吳越春秋》、《史記》、《藝文類聚》、《初學記》、《太平御覽》等書亦多引之。輯爲三卷。書於物之出皆用郡縣，後人羼人者有之。至其熟悉物情，而善觀時變，其眞自不可掩也。”

**【養魚經一卷】**　題（周）陶朱公撰。國翰《敘錄》曰：“按：陶朱公即范蠡。《史記·貨殖傳》：‘范蠡既雪會稽之恥，乃喟然而歎曰：‘《計然》之策七，越用其五而得意，既已施於國，吾欲用之家。’乃乘扁舟浮於江湖，變名易姓，適齊爲鴟夷子皮，之陶爲朱公。書作於居陶之時，故題《陶朱公》。’《括地志》言：‘陶，即陶山，在齊州平陽縣界。陶與齊近，故齊君聘而問之。’書言‘威王’者，齊威王也。梁《七錄》作《陶朱公養魚法》。《唐書·藝文志》作《范蠡養魚經》。今佚。唯《齊民要術》及引之。陶宗儀《說郛》弓第一百七有此書，蓋亦從《要術》錄出，經首增多‘朱公居陶’句，‘威王’上有‘齊’字，當是以意加之。而《要術》所引又作《魚池法》，失載於經。茲據訂正。思勰謂：‘如朱公收利，未可頓求。然依法爲池養魚，必大豐足，終天靡窮，斯以無貲之利也。’余甚韙乎其言。”

**【尹都尉書一卷】**　（漢）尹氏撰。國翰《敘錄》曰：“（尹氏）名、字、里居俱無攷。都尉，其官號也。《漢志·農家》有《尹都尉》十四篇，注：‘不知何世。’考《氾勝之書》曰：‘驗美田至十九石，中田十三石，薄田一十石，尹澤取減法，《神農》復加之。’尹澤疑都尉之名，意其爲漢成帝以前人也。其書《隋志》不著錄，《唐志》三卷，今佚。案：《藝文類聚》、《太平御覽》並引劉向《別錄》云：‘《尹都尉書》有《種瓜篇》，種芥、葵、蓼、薤、蔥諸篇。’今所傳《齊民要術》備載其法。據補得六篇。學圃雖細人之事，而勸課農夫，亦君子所不廢也。”

**【氾勝之書二卷】**　（漢）氾勝之撰。國翰《敘錄》曰：“《漢書》注：‘成帝時爲議郎。’劉向《別錄》：‘使教田三輔，有好田者師之。’《晉書·食貨志》：‘昔漢遣輕車使者氾勝之督三輔種麥，而關

中遂穫。'《文選》注引王隱《晉書》云：'氾勝之敦睦九族。'《廣韻》二十九凡氾字注：'又姓出燉煌、濟北二望。'皇甫謐云：'本姓凡氏，遭秦亂避地於氾水，因改焉。漢有氾勝之撰書，言種植之事。子輯，爲燉煌太守，子孫因家焉。'鄭樵《通志・氏族略》：'漢有氾勝之，爲黃門侍郎。'此其事蹟可攷者。其書舊列農家，《漢志》十八篇，隋、唐《志》並二卷。今無傳本，散見賈思勰《齊民要術》。按賈書篇輯錄，猶得十四篇；又從《黍稷篇》別出《種稗》，從《種穀篇》別出《區田法》，爲篇十六；又從《文選》注、《藝文類聚》、《太平御覽》所引綴爲《雜篇》上下。十八篇之書猶完。依《隋志》分爲二卷。書言樹藝之法，親切詳明。鄭康成注《禮》，亟引之。賈公彥謂漢時農書有數家，氾勝爲上，洵不虛也。"

【蔡癸書一卷】　（漢）蔡癸撰。國翰《敘錄》曰："《漢志》農家有《蔡癸》一篇。注：'宣帝時以言便宜，至宏農太守。'師古曰：'劉向《別錄》云邯鄲人。'其書隋、唐《志》皆不著錄，佚已久。考賈思勰《齊民要術》引崔寔《政論》有'趙過敎民耕殖，其法三犁共一牛'云云。而《太平御覽》引作：'宣帝使蔡癸校民耕事。'文正同。蓋癸書述趙過法而崔寔引之也。又《漢書・食貨志》詳言趙過代田之法，後次以'蔡癸以好農，使勸郡國，至大官。'知當日校民耕殖，不外代田也。茲據採補，附錄《漢志》，俾有徵考。農圃小道，亦具見師承如此。"

【養羊法一卷】　（漢）卜式撰。國翰《敘錄》曰："式，河南人，以田畜爲事，武帝時輸家財助邊，召拜中郎，官至御史大夫，左遷太子太傅，事蹟具《漢書》本傳。其人蓋心計之士，殊無足取。獨其論'牧羊如治民，以時起居，惡者輒去，毋令敗羣'，頗得持要之旨。史稱'式不習文章'，未必能著書傳世。而梁《七錄》有卜式《養羊法》一卷，疑出依託爲之。《隋書・經籍志》注云'亡'。考賈思勰《齊民要術》載《養羊篇》，中引卜式，蓋遺法也。茲據補錄。畜牧而求肥息者，或有取於斯焉。"

【家政法一卷】　不著撰者。國翰《敘錄》曰："隋、唐《志》無此書之目。唯賈思勰《齊民要術》引之。輯得十一節。言種葵、蓼、芋、薤之候，與夫養羊、雞之法。案：《隋志》醫方類'梁有《家政方》十二卷，亡。'又農家類有'《月政畜牧栽種法》一卷，亡。'此書名《家政》，似與《家政方》同，而

初不及醫療。書之所言頗與《月政畜牧栽種法》合，而書題實作《家政》。疑不能定，姑依賈氏題錄，列於農家焉。"

【玉燭寶典一卷】　（隋）杜臺卿撰。有目無書。
【園庭草木疏一卷】　（唐）王方慶撰。有目無書。
【千金月令一卷】　（唐）孫思邈撰。有目無書。
【齊人月令一卷】　（唐）李淳風撰。有目無書。
【保生月錄一卷】　（唐）韋氏撰。有目無書。
【四時纂要一卷】　（唐）韓鄂撰。有目無書。
【種樹書一卷】　（唐）郭橐馳撰。有目無書。

## 子編道家類

【伊家書一卷】　（商）伊摯撰。國翰《敘錄》曰："《史記・殷本紀》云：'伊尹，名阿衡。欲干湯而無由，乃爲有莘氏媵臣，負鼎俎，以滋味說湯致于王道。'案：皇甫謐《帝王世紀》云：'初力牧之後曰伊摯，耕於有莘之野。'是伊尹名摯也。《詩・商頌・長發》鄭康成箋：'阿，倚也。衡，平也。伊尹，湯所依倚而取平，故以爲官名。'是阿衡乃伊尹官號，非名也。《孟子》辨伊尹割烹要湯之事云：'伊尹耕於有莘之野，而樂堯舜之道焉，湯使人以幣聘之。'云湯三使往聘之，出處詳明如此。何史遷誤信戰國遊士之談，而以爲媵臣負鼎俎，重誣之也？《漢書・藝文志》道家'《伊尹》五十一篇'，注：'湯相。'又小說家'《伊尹說》二十七篇'，注：'其語淺薄，似依託也。'隋、唐《志》均不著錄，佚已久。茲從《逸周書》、《呂氏春秋》、《齊民要術》、劉向《七略》、《別錄》、《說苑》、《尸子》等書輯得十一篇。其有篇目可考者五篇，餘俱收入《雜篇》，錄爲一帙。四方令、區田法，及論公卿大夫列士體國經野，與周公規模不異。《本味》一篇，要即鹽梅和羹之旨，而以奇偉之筆出之。不知者遂以割烹傅會，而有庖人酒保之枝辭也。至於'九主'之名及'阻職貢'之策，與戰國術士語近，殆所謂依託者乎？今亦不能區分，統裒一編，依班《志》入道家云。"

【辛甲書一卷】　（周）辛甲撰。國翰《敘錄》曰："按：《春秋左氏傳》以爲周太史。劉向《別錄》以爲故殷之臣，事紂，七十五諫而不聽，去之；周文王以爲公卿，封長子。《漢・藝文志》道家有《辛甲》二十九篇。隋、唐《志》不著錄，佚已久。攷《左氏春秋・襄四年傳》魏絳述其《虞人之箴》，《韓非子・

說林》引其與周公議伐商蓋之語，是佚說之僅存者。據輯，並附考爲卷。《虞箴》似《太公金匱》、《陰謀》所載武王諸銘，其言兵亦略似。班《志》以此書與《太公書》同入道家，知非取課虛而叩寂也。”

【公子牟子一卷】　（周）魏公子牟撰。國翰《敘錄》曰：“《漢志》道家《公子牟》四篇，注：‘魏之公子也。先莊子，莊子稱之。’其書隋、唐《志》皆不著目，佚已久。兹從《莊子》、《戰國策》、《呂氏春秋》、《說苑》所引捃摭，犆可補四篇之缺。理見其大，清辯滔滔，宜乎折堅白異同之論，使公孫龍口呿而舌舉也。”

【田子一卷】　（周）田駢撰。國翰《敘錄》曰：“駢，齊人，與慎到、接子、環淵皆學黃老之術，皆有所論，附見《史記·孟子荀卿列傳》。《漢志》道家‘《田子》二十五篇’，注：‘名駢，齊人，遊稷下，號天口駢。’隋、唐《志》皆不著錄，佚已久。兹從《呂氏春秋》輯得佚說三篇。其一篇與《淮南子》所引，互有詳略異同。參訂校補，並附考爲卷。其說‘變化應求而皆有章，因性任物而莫不宜當’，殆尸子所謂‘田駢貴均’者邪？”

【老萊子一卷】　（周）楚老萊子撰。國翰《敘錄》曰：“《史記·老子列傳》云：‘老萊子，亦楚人也，著書十五篇，言道家之用，修道而養壽也。’《漢志》道家‘《老萊子》十六篇’，注：‘楚人，與孔子同時。’隋、唐《志》皆不著錄，書佚已久。兹從《莊子》、《孔叢子》、《尸子》、皇甫謐《高士傳》輯得四節，附考爲卷。家宛斯先生《繹史》云：‘以矜知規仲尼，以齒舌喻剛柔，老聃之說也。《國策》稱老萊子教孔子事君，而《孔叢》則云語子思。若至穆公之世萊子猶在，其壽亦長矣。《史記》附老萊子於《老子列傳》之內，將疑爲二人乎？抑兩人耶？何其言之相同也？’翰案：《史記》云‘老萊子亦楚人’，明與老子同國。孫綽《遊天台山賦》‘躡二老之元蹤’注：‘二老：老子、老萊子也。’二老道同，故以之合傳。‘矜知規仲尼’以《莊子》引之，自是老萊語，後人誤爲老聃。《國策》或謂‘齊黃引老萊子教孔子事君’，但言孔子，亦即指子思，非仲尼也。穆公時老萊猶存，此所以稱壽者與？”

【黔婁子一卷】　（周）黔婁先生撰。國翰《敘錄》云：“皇甫謐《高士傳》云：‘黔婁先生，齊人也，修身清節，不求諸侯。’又言‘著書四篇，言道家之用，號《黔婁子》。’《漢·藝文志》道家《黔婁子》四篇，注：‘齊隱士，守道不詘，威王下之。’《廣韻》去聲十九候婁字注引《漢·藝文志》有贛婁子著書，黔作贛，與今《漢志》文異。其書隋、唐《志》皆不著目，佚已久。諸家亦無引述之者。惟曹氏庭棟搜採孔子及羣弟子言行，仿薛據《孔子集語》，作《逸語》，中引《黔婁子》述聖言一節，記原憲事一節。所據之書，當爲不傳秘本，既不可攷，姑依錄之，並附考爲卷云。”

【鄭長者書一卷】　（周）鄭氏撰。國翰《敘錄》曰：“《漢志》道家《鄭長者》一篇，注：‘六國時，先韓子，韓子稱之。’師古曰：‘《別錄》云鄭人，不知姓名。’隋、唐《志》皆不著錄，書佚已久。《韓非子·外儲說》引一則，是佚篇中語。據錄以存一家說。主虛無、無見，深探道旨，不且隱合禪宗乎？”

【任子道論一卷】　（魏）任嘏撰。國翰《敘錄》曰：“嘏字紹先，一作照先，樂安博昌人，官至河東太守，附見《魏志·王昶傳》。裴松之注引《嘏別傳》，敘述甚詳。《別傳》謂：‘著書三十八篇，凡四萬餘言。’《隋志》道家《任子道論》十卷，魏河東太守任嘏撰。《唐志》同，又別有任嘏《顧道士論》三卷。馬總《意林》亦載《任子》十卷，於《人物志》三卷後注云：‘名奕。’考諸史志，無任奕著書之目，‘奕’蓋‘嘏’之訛也。今其書佚。《意林》載十七節，又從《北堂書鈔》、《初學記》、《太平御覽》輯得九節，參互考訂，並附《別傳》爲卷。《初學記》引作任嘏《道德論》，他皆引《任子》。兹依隋、唐《志》，題《任子道論》。既訂名‘奕’之訛，因改題魏任嘏焉。”

【洞極真經一卷】　（魏）關朗撰。無敘錄。

【唐子一卷】　（吳）唐滂撰。國翰《敘錄》曰：“滂字惠潤，生吳太元二年，見馬總《意林》注。據本書言‘大晉應期，一舉席捲’云云，則撰述之成，定在吳亡入晉之後也。隋、唐《志》道家並有《唐子》十卷。原書久佚。《意林》載十九節。又從《北堂書鈔》、《藝文類聚》、《文選》注、《太平御覽》諸書採輯，除已見《意林》者，得佚說八節。合訂一卷。其書論政談兵，不盡述道家之言。然如所謂‘夫士有高世之名，必有負俗之累；有絕羣之節，必嬰謗嗤之患。其諸和光同塵，而究意於大患在有身者乎？’宜其景慕韓終，而抗睎元鶴也。”

【蘇子一卷】　（晉）蘇彥撰。無敘錄。

【陸子一卷】　（晉）陸雲撰。國翰《敘錄》曰：“雲字士龍，吳人，官至清河太守，事蹟具《晉書》本傳。《傳》稱：‘所著文章三百四十九篇，又撰《新書》十篇，並行於世。’隋、唐《志》道家皆載《陸子》十卷，即《新書》也。今佚。《初學記》、《太平御覽》引二節。又裴松之《魏志》注引《陸氏異林》一節，記鍾繇事云：‘叔父清河太守說如此。’清河，陸雲也。陸氏蓋雲之猶子。考《陸機傳》：‘二子：蔚、夏。’或其所作，稱清河說，定爲《新書》中語。又本傳紀雲作《新書》，下引路行遇王弼事云：‘雲本無玄學，自此談老殊進。’此作書之縣。且文筆與《異林》所引同，亦《陸子》佚文也。並採錄之。陸佃《埤雅》引《陸子》‘乾鵲噪而行人至，蜘蛛集而百事喜’，則《西京雜記》所載陸賈語，不敢屬入云。”

【杜氏幽求新書一卷】　（晉）杜夷撰。國翰《敘錄》曰：“夷字引齊，廬江灊人，官至國子祭酒，《晉書》有傳。何法盛稱其‘秉操眞素，故以幽求子自號。’其書《隋志》道家有《杜氏幽求新書》二十卷。《唐志》作《杜氏幽求子》三十卷。原書久佚。《北堂書鈔》、《文選注》、《太平御覽》引之。又《三國·魏志·杜畿傳》裴松之注引《杜氏新書》七條，皆紀畿及子理與恕言行，當是夷稱述其先德之美。引者不稱‘幽求’，省文也。又《御覽》引《杜子新語》一則，‘新語’蓋‘新書’之誤。並據輯錄。其說道清淡，以無爲爲家，宗尚老氏，書入道家以此。又謂：‘齊宣見屠牽羊，哀其無罪，以豕代之。’蓋用《孟子》齊宣王以羊易牛事而誤。究心道術，故與儒書不能無舛駁也。”

【孫子一卷】　（晉）孫綽撰。國翰《敘錄》曰：“綽有《論語集解》，已著錄經編。隋、唐《志》道家並有孫子十二卷，引或稱《孫綽子》。今佚。輯得二十餘節。書詮元旨，有飄飄欲仙之致。而如‘評譙周勸主降魏’及‘道德王霸之稱號’，則亦出入乎名、法諸家已。”

【苻子一卷】　（晉）苻朗撰。國翰《敘錄》曰：“朗字元達，畧陽臨渭氐人，苻堅之從兄子也，仕秦鎮東將軍、青州刺史，封樂安男，降晉，詔加員外散騎侍郎。《晉書·載記》有傳，稱其‘著《苻子》數十篇行於世，亦老莊之流也。’《隋志》二十卷，《唐志》三十卷，並入道家。今佚。楊慎《丹鉛總錄》以《苻子》與《秦子》並論，以爲不特世無其書，並罕知其姓名。王世貞駁之，謂其書《道藏》有之。今徧檢《道藏》全目，實無《苻子》，弇州大言欺人耳。茲從《北堂書鈔》、《藝文類聚》、《初學記》、《太平御覽》等書輯得四十餘節，校錄爲卷。中多春秋遺事，足資考證。文筆頗似《抱朴子》。據本書有‘朗棄千金之劍，把苻子而趍，抱朴子趨謂曰：“何夫子棄大而存小？”’之語，似抱朴朗之門人也。諸書多引作《符子》，‘符’、‘苻’形近而訛。據《晉書》訂正焉。”

【少子一卷】　（南齊）張融撰。國翰《敘錄》略曰：“融字思光，吳郡吳人，官至司徒右長史，事蹟具《南齊書》本傳。孔稚圭《啓蕭司徒書》云：‘昔嘗明一同之義經，以此訓張融。融乃著通源之論，其名《少子》。《少子》所明，會通道佛’云云。阮孝緒《七錄》載《少子》五卷。《隋志》云‘梁有’，又云‘亡’。《唐志》不著目。佚已久。釋僧祐採入《宏明集》。《南齊·顧歡傳》亦引其略，稱《門律》；本傳載有《問律自序》。《問律》疑即《門律》。並據輯錄。其書究明二氏大旨，謂‘百聖同投，本末無異’。周剡山茨與往復論難，倒兵乃已。史稱‘融元義無師法，而神解過人，白黑談論，鮮能抗拒。自序其文，不阡不陌，非途非路。’亦可謂善自寫照矣。”

【夷夏論一卷】　（南齊）顧歡撰。國翰《敘錄》曰：“歡有《周易》、《論語》各《注》，已著錄經編。《齊書》本傳云：‘歡以佛道二家立教之異，學者非毀，乃著《夷夏論》。’又謂：‘歡雖同二法，而意黨道教，司徒袁粲託爲道人通公駁之。’《隋志》道家著目一卷，云‘梁二卷’。隋代已非完帙。《唐志》不著錄。今佚。唯《齊書》及《南史》本傳載其略，茲據錄之。夫釋、老二教，皆背中道而旁馳。佞佛者固失，談元者豈即爲得？存其說以著受蔽之故。袁粲《駁》附見本書，捃拾梵夾，亦未足鍼砭乎膝理也。”

## 子編法家類

【申子一卷】　（周）申不害撰。國翰《敘錄》曰：“不害，京人，故鄭之賤臣，學術以干韓昭侯，昭侯用爲相，《史記》與老、莊、韓非同傳。《傳》言：‘申子之學，本於黃老而主刑名，著書二篇，號曰《申子》。’《漢志》法家《申子》六篇。《七錄》云三卷。《隋志》云：‘梁有《申子》三卷，韓相申不害撰，亡。’《唐志》復以三卷著目。今佚。馬總《意林》引六節，首有劉向一節是《七略》、《別錄》語，他皆脫略不全。茲更搜輯，合二十四節，劉向節與《史記》本傳並附錄篇後。《戰國策》載申子三事：一爲成子從趙，謂之曰：'子以韓重我於趙，請以趙重子於韓。'一爲'微視王之所說，以言於言，王大悅之。'一爲'請仕其從兄官，昭侯不許，有怨色。'皆策之最下者。太史公謂：'申子卑卑，施之於名實。'申、韓並稱，遜吒公子遠矣。"

【鼂氏新書一卷】　（漢）鼂錯撰。國翰《敘錄》曰："錯，潁川人，學申商刑名於軹張恢生所，與雒陽宋孟及劉帶同師，以文學爲太常掌故，官至御史大夫，事蹟具《漢書》本傳。《漢·藝文志》法家：'《鼂錯》三十一篇。'《隋志》云：'梁有《鼂氏新書》三卷，漢御史大夫鼂錯撰，亡。'《唐志》復有《鼂氏新書》十卷。今佚。馬總《意林》載三卷，僅錄三節。《文選注》、《太平御覽》引四節，或作《朝子》。佚文可見者僅此。考錯本傳載其上言對策凡五篇，又云：'言宜削諸侯事及法令可更定者，書凡三十篇。'則五篇皆《新書》中文可知，並輯錄之。班孟堅於《錯傳》贊曰：'鼂錯銳於爲國遠慮，而不見身害。其父睹之，經於溝瀆，亡益救敗，不如趙母捐捨，以全其宗。悲夫！錯雖不終，世哀其忠。故論其施行之語著于篇。'此編猶是志也。"

【崔氏政論一卷】　（漢）崔實撰。無敘錄。

【劉氏政論一卷】　（魏）劉廙撰。無敘錄。

【阮子政論一卷】　（魏）阮武撰。國翰《敘錄》曰："武字文業，陳留人，官至清河太守。《魏志》無武傳，附見於《杜畿傳》及裴松之注。《隋志》法家：'《阮子正論》五卷，魏清河太守阮武撰，亡。'《唐志》著錄，作《政論》五卷。今佚。馬總《意林》載《阮子》四卷於《商君書》後，錄存五節而已。復搜輯《太平御覽》、《文選注》，得數節，合錄一卷。其言曰：'防而可犯，則江河成災；法而可干，則百姓成害。'又曰：'一盜不誅，害在穿窬；修譽不誅，害在詞主。'循是說而嚴以持之，將不免棄灰之刑，挾書之禁。程子謂：'必《關雎》、《麟趾》之意，然後可以行《周官》之法度。'殆爲作法於涼者，杜其漸也。"

【世要論一卷】　（魏）桓範撰。國翰《敘錄》曰："範字元則，沛國人，官至大司農，事蹟具《魏志·曹爽傳》裴松之注。魚豢《魏略》云：'範嘗撮鈔《漢書》中諸雜事，自以意斟酌之，名《世要論》。'《隋志》法家著錄十二卷，注云：'梁有二十卷。'《唐志》亦十二卷。今佚。《北堂書鈔》、《初學記》、《文選注》、《太平御覽》等書引之，或作《新論》，或作《要集》，或作《世論》，皆此一書，而引題者異。輯錄二十五節，附考事蹟，爲一卷。書中多論行兵，蓋三國割據，日尋干戈，故論世者詳究之。雖列法家，而略無殘苛之語。昔範嘗以示蔣濟，濟不肯視。試取蔣氏《萬機論》衡之，其識議亦止在伯仲間耳。"

【陳子要言一卷】　（吳）陳融撰。國翰《敘錄》曰："融，陳國人，附見《吳志·陸瑁傳》，僅載里居。《隋書·經籍志》題吳豫章太守。此官爵之可見者，字則佚矣。《七錄》法家載《陳子要言》十四卷。《隋志》云'亡'。《唐志》復著，以十四卷著目。今佚。唯《太平御覽》引二節。附考爲卷。《吳志》：'融與陳留濮陽逸、沛郡蔣纂、廣陵袁迪並稱。'今並無知其人者。則名流之湮沒，夫豈少哉！"

## 名家類

【惠子一卷】　（周）惠施撰。國翰《敘錄》曰："《戰國策》魏惠王、襄王、哀王皆紀其事言。《莊子·至樂篇》云：'惠子相梁。'則施魏人，作相在惠、襄之世，至哀王時猶存也。《漢志》名家'《惠子》一篇'，注：'名施，與莊子並時。'其書隋、唐《志》皆不著目，佚已久。茲從羣書所引，輯錄十四節。篇中策議惟在勢位間，度其得失，而籌其利害，辯言簧鼓，強口禦人。《呂覽·淫辭篇》記其爲魏惠王爲法，翟翦以'鄭衛之音'譏之。《莊子》亦云：'惠施多方，其書五車，其道舛駁，其言也不中。'然以彈喻彈，以尺棰辯用，殊令人解頤也。"

【士緯一卷】　（吳）姚信撰。國翰《敘錄》曰："信有《周易注》，已著錄經部。《隋志》名家《人物志》三卷，下注云：'梁有《士緯新書》十卷，姚信撰。又有《姚氏新書》二卷，與《士緯》相似。'並以爲'亡'。《唐志》復著錄十卷。今佚。從《意林》、《藝文類聚》、《初學記》、《太平御覽》諸書輯錄。如以'吳季札讓國爲開篡殺之路，非所謂從中教也'，謂'揚雄智似蓬瑗，而高不及'，謂'周勃之勳不如霍光'，說皆覈確。書中推尊孟子，亦識仁義爲中正之途。而其論清高之士，則以老、莊爲上，君平、子貢爲下，似非其倫。此所以不能醇乎儒術也。"

## 子編墨家類

**【史佚書一卷】**　（周）尹佚撰。國翰《敘錄》曰："按：《書·洛誥》'逸祝册'，孔安國、蔡沈《傳》並云：'逸，史佚也。'陳師凱曰：'古字通作逸。'《春秋左氏傳·僖十五年》杜預注：'史佚，周武王時太史，名佚。'《襄十四年》正義、《晉語》：'文王訪于辛、尹。'賈逵以爲辛甲、尹佚。《漢書·藝文志》：'墨六家，《尹佚》二篇。'注云：'周臣，在成康時也。'其書隋、唐皆不著錄，散亡已久。惟《左傳》、《國語》引其言。又《淮南子》引'成王問政'一節，《說苑》亦引之。又《逸周書》、《史記》載'佚策祝'，皆其佚文。並據輯錄。《大戴禮記·保傅篇》云：'承者，承天子之遺忘者也。常立於後，是史佚也。與周公爲道，大公爲充，召公爲弼同列，而總謂之四聖。'則史佚固聖人之流亞也。其對成王問政：'使之以時，而敬順之，忠而愛之，布令信而不食言。'又云：'善之則畜也，不善則讎也。'與《論語》'道千乘之國'章、《孟子》'君之視臣'章，意旨復合。而《春秋》內外傳所引諸語，亦皆格言大訓。不知班《志》何以入其書於墨家之首。意或以墨家者流出於清廟之守，佚爲周太史，故探源而定之與？今仍依班《志》，觀者勿以墨翟兼愛之流弊，並疑此書也。"

**【田俅子一卷】**　（周）田俅撰。國翰《敘錄》曰："《漢志》墨六家，《田俅子》三篇，注：'先韓子。'案：《韓非子》引田鳩說二節。家宛斯先生《繹史》云：'田鳩即田俅子。'班氏亦以鳩、俅爲一人，故言'先韓子'也。《呂氏春秋》亦引'墨者田鳩'事，高誘注：'田鳩，齊人，學墨子術。'比又一確證矣。《隋志》云：'梁有《田俅子》一卷，亡。'《唐志》不著錄，佚已久。從《藝文類聚》、《白六帖》、《文選注》、《太平御覽》所引，輯得八節，合《韓非子》所引田鳩說，並附《呂覽》所載事蹟爲卷。述古代祥瑞，與《隋巢》同旨，而以'楚人鬻珠'、'秦伯嫁女'喻墨氏言之不辯，則辯之甚矣。"

**【隋巢子一卷】**　（周）隋巢子撰。國翰《敘錄》曰："《史記·太史公自序》：'墨者。'張守節正義引韋昭云：'墨翟之術也，尚儉。後有徐巢子傳其術也。'徐、隨音近而訛。《漢志》'墨六家'有《隨巢子》六篇，注：'墨翟弟子。'隋、唐《志》皆以一卷著錄，今佚。馬總《意林》載其二節，又從諸書所引，輯十三節，以類編次。多言災祥禍福。其論鬼神之能，亦即《中庸》'體物而不可遺'之義。而謂'鬼神賢於聖人'，過爲奇語。醇駁分焉已。"

**【胡非子一卷】**　（周）胡非子撰。國翰《敘錄》曰："（胡非子）其名、字、爵里皆無考。鄭樵《通志·氏族略》云：'胡非氏，嬀姓，陳胡公後有公子非，其後子孫有胡非氏。戰國有胡非子著書。'《漢志》墨六家，《胡非子》三篇，注：'墨翟弟子。'隋、唐《志》皆著錄一卷，今佚。馬總《意林》亦載一卷之目，而止載其《說五勇》一篇，文句多脫略。校《太平御覽》所引補足，又搜輯三節，合爲卷。《五勇》與《莊子》相出入。《說弓矢》亦本《韓非子》'矛盾'之喻。戰國人文字相襲，往往而然也。"

**【纏子一卷】**　（周）纏子撰。國翰《敘錄》曰："纏子，不詳何人。漢、隋、唐《志》皆不著此書之目，書亦佚。馬總《意林》始載《纏子》一卷，引其書二節，中言與儒者董無心論難。按：《漢志》儒家：'《董子》一篇，名無心，難墨子。'王充《論衡》亦載'董無心難纏子'，'天賜秦穆以年'之說。《文選》注引《纏子》，亦載董無心言，蓋本《董子》之書，墨家取爲《纏子》。如孔穿與公孫龍論臧三耳，《孔叢子》、《公孫龍》兩書並載之類。故搜採佚說，既據《漢志》訂《董子》，復據《意林》訂《纏子》，其董語不見引爲《纏子》者，附錄于後，不入正篇云。"

## 子編縱橫家類

**【蘇子一卷】**　（周）蘇秦撰。無敘錄。

**【闕子一卷】**　國翰《敘錄》曰："撰人名、字、里爵皆無考。《後漢書·孝獻帝紀》章懷太子注：'《風俗通》曰：闕，姓也。承闕黨童子之後也。縱橫家有闕子著書。'《文選》、《太平御覽》或引作'闚子'，誤也。《漢志》縱橫十二家，有《闕子》一篇，在龐煖之後，國筮子、秦零陵令信之前，當爲六國時人。《隋志》云：'梁有《補闕子》十卷。'蓋梁時《闕子》書已不傳，故元帝補之。隋時未見其書，至唐初蒐得而著於目。今併佚矣。茲從《藝文類聚》、《御覽》諸書輯錄六節。其'宋景公使弓工爲弓'，及'宋之愚人得燕石'二事，酈道元《水經注》引之，似是原書。而諸所引徵，率多缺略。茲並互校訂正，使首尾完具。此外四節，未知出於原書，抑爲梁帝所補。然詞義頗古，決非唐以後人所能擬也。"

【蒯子一卷】　（漢）蒯通撰。國翰《敘錄》曰：“《漢書》本傳云：‘蒯通，范陽人也，本與武帝同諱。’顏師古注：‘通本燕人，後遊於齊，故高祖云“齊辯士”。蒯通本名爲徹，其後史家追書爲通。’《傳》又云：‘通論戰國説士權變，亦自序其說，凡八十一首，號“雋永”。’師古曰：‘雋，肥肉也。永，長也。言其所論甘美而義深長也。’《藝文志》縱橫家有《蒯子》五篇，注：‘名通’。隋、唐《志》不著錄，其書久佚。所謂論戰國説士之文，不可復見。本傳所載說徐公，及説韓信、曹相國，當是《自序》本文，茲據輯錄。夫利口覆邦，聖人所惡。班氏《贊》謂：‘蒯通一說而喪三雋，其得不亨者，幸也。’黃東發謂：‘通口辯不在儀、秦下，會眞主出，故無所售其奸爾。’茅鹿門謂：‘通忌酈生以口舌成名，遂欲破之以爲功也。’皆發伏誅心之論。然其奇謀雄辯，亦足與《國策》同傳，‘雋永’之號，豈虛哉？”

【鄒陽書一卷】　（漢）鄒陽撰。國翰《敘錄》略曰：“陽，齊人。與吳嚴忌、枚乘等俱仕吳，以文辯著名。吳王濞有邪謀，陽奏書諫吳王，不納，去。之梁，事孝王，以羊勝、公孫詭之讒下吏。陽自獄中上書，孝王立出之，以爲上客。具詳《漢書》本傳。陽生漢文景之世，六國餘習未能盡除，故其言論雖正，而時與《戰國策》文字相近。《漢書·藝文志》列之縱橫家，以此故也。書本七篇，《史記》僅載《獄中》一書，《漢書》並載《諫吳王》及《說王長君》二篇。據錄，次《蒯子》之後，一從班《志》之舊目焉。”

【主父偃書一卷】　（漢）主父偃撰，國翰《敘錄》曰：“偃，齊國臨菑人。學長短縱橫術，晚迺學《易》《春秋》百家之言。元光元年上書闕下，朝奏暮召入見，拜郎中，遷謁者中郎中大夫。後爲齊相，坐罪族誅。事蹟詳《漢書》本傳。其人蓋反覆傾危之士，出處大畧，與蘇秦相埒。嘗自言：‘丈夫生不五鼎食，死則五鼎亨耳。吾日暮，故倒行逆施之。’負才任氣，卒不得其死，然則禍由自取也。《漢書·藝文志》縱橫家有《主父偃》二十八篇，今存本傳者四篇。上書所言九事，八事爲律令，不傳。諫伐匈奴一節，可謂盡言。其說上使諸侯分封子弟以弱其勢，亦賈誼之議，然誼不見用，偃竊之而得行焉，則乘乎時勢之既驗也。至其議徙豪民置朔方，皆與時政有裨。茲據錄之，毋以人廢言，其可乎？”

【徐樂書一卷】　（漢）徐樂撰。國翰《敘錄》曰：“樂，燕郡無終人，武帝時與嚴安俱上書言事務，皆爲郎中，見《漢書》本傳及《主父偃傳》。《藝文志》縱橫家有《徐樂》一篇。今其《傳》中不敍他事，僅載上書一篇，《志》所稱者，即此也。黃東發曰：‘土崩瓦解，一書大要可觀，惜其駁處多。’眞西山亦曰：‘樂之告武帝也，欲明安危之機，銷未形之患，則凡幾微之際，皆所當謹也。顧乃以瓦解之勢爲不必慮，而欲其自恣于遊敗聲色之間，豈忠臣之言哉？大抵縱橫之士逞其高談雄辯，軌於理者絕少。’二公之論，切中其病。然其言隱而危，其詞微而婉，亦足自成一家之說。故據本傳錄之，以合《漢志》之家數云。”

【嚴安書一卷】　（漢）嚴安撰。國翰《敘錄》曰：“安，臨菑人，以故丞相史上書爲郎中，後爲騎馬令。《漢書·藝文志》縱橫家有《莊安》一篇。莊安即嚴安，漢避明帝諱，故易‘莊’爲‘嚴’，如莊遵、莊助，並改嚴氏是也。本傳亦僅標其里爵，以所上書備載之，與《徐樂傳》同。上書之文，即縱橫家《莊安》一篇也。安與主父偃雖同時以上書拜郎中，而安過偃遠甚。偃救其末，安正其本。其言薄賦斂，箴帝之利心也；緩刑罰，藥帝之慘心也；省徭役，約帝之侈心也；至‘用兵乃人臣之利，非天下之長策’二語，尤足關要功生事者之口，更爲切要之論。惟以秦人銷兵爲‘逢明天子，人人自以爲更生’，其言太過，則終近揜闔氣息。故《漢志》與主父偃、徐樂並列縱橫家。茲亦編次二家之後，從其類也。”

## 子編雜家類

【由余書一卷】　（周）由余撰。國翰《敘錄》曰：“由余，其先晉人，亡入戎，能晉言，戎王使觀秦，秦穆公與內史謬謀間要降，以客禮禮之，事具《史記·秦本紀》。《漢志》雜家《由余》三篇，注：‘戎人，秦繆公聘以爲大夫。’其書隋、唐《志》皆不著錄。攷《史記》載其對秦繆公‘示以宮室積聚’及‘戎無《詩》《書》《禮》《樂》法度’之問，《韓非子》、《說苑》並引，以儆說道。賈誼《新書》引其‘待下有禮’之說。佚篇略存，並據輯錄。白居易《六帖》引有‘楚王使由余城磨，復命子西問高厚大小’云云。由余與子西不同時，爲楚臣，亦無所見，當別是一人。否則，傳聞誤也。故編中不取此節。其說‘黃帝作爲禮樂法度，身以先之，僅以小治，而謂後世之亂皆以此’，類與老子‘禮爲忠信之薄’同意。論儉獨推帝堯，而以舜、禹制食器、祭器爲侈，復似墨子之教。宜班《志》入其書於雜家哉！”

【博物記一卷】　（漢）唐蒙撰。國翰《敘錄》曰：“《漢書》無蒙傳。《西南夷傳》載：‘建元六年，大行王恢擊東粵，東粵殺王郢以報。恢因兵威，使番陽令唐蒙風曉南粵’云云。又謂：‘蒙上書說上通夜郎，拜蒙以中郎將。’又《司馬相如傳》云：‘相如爲郎數歲，會唐蒙使略通夜郎、僰中，發巴蜀吏卒千人，郡又多爲發轉漕萬餘人，用軍興法，誅其渠率，巴蜀民大驚恐。上聞之，乃遣相如責唐蒙等。因諭巴蜀民以非上意。’然則蒙在孝武之世，勸主開邊，數興戎馬，其人蓋貳師之流也。所著《博物記》，隋、唐《志》皆不著錄，佚已久。惟《後漢書補志》劉昭注引凡五十餘節。劉生梁代，其時蒙《記》尚在，故及引之。書主考據，於地理加詳。如謂淇、奧爲二水，邛、防爲二地，可補《毛詩注疏》之缺。張茂先著《博物志》以地志爲首，其取瀔於斯乎。”

【伏侯古今注一卷】　（漢）伏無忌撰。國翰《敘錄》曰：“無忌，琅邪東武人湛五世孫，傳其家學，官至侍中、屯騎校尉。《後漢書》本傳云：‘永和元年，詔無忌與議郎黃景校定中書五經、諸子百家、藝術。元嘉中，桓帝詔無忌、黃景、崔寔等共撰《漢紀》。又自采集古今，刪著事要，號曰《伏侯古今注》。’章懷太子注云：‘其書上自黃帝，下盡漢質帝，爲八卷。’《隋志》八卷，著錄雜史類。《唐志》入雜家，與崔豹《古令注》相次，云‘三卷’。今佚。從《後漢書注》及《北堂書鈔》、《藝文類聚》、《初學記》、《開元占經》、《白孔六帖》、《太平御覽》等書采輯成卷。多言符瑞災異，而於漢諸帝名諱、山陵爲詳。崔氏《古今注》蓋仿於此。《隋志》崔書入雜家，此書入雜史，不若《唐志》之允。蒐補殘缺，可與崔書競美云。”

【蔣子萬機論一卷】　（魏）蔣濟撰。國翰《敘錄》曰：“濟有《郊丘議》，已著錄。此書作於文帝踐祚之初，取《尚書》‘一日二日萬機’之義也。《魏志》本傳云：‘濟上《萬機論》，帝善之。’《隋志》八卷，《唐志》十卷，並列雜家。今佚。輯錄得一十六節。書中講肄禮服，評騭人物，兼言兵陣之事。《魏畧》載：‘桓範嘗撮抄《漢書》中諸雜事，自以意斟酌之，名《世要論》以示濟，濟不肯視。’今觀遺篇，其亦《世要》之儔乎？”

【篤論一卷】　（魏）杜恕撰。國翰《敘錄》曰：“恕有《體論》，已著錄。是編隋、唐《志》並列雜家，云‘四卷’，今佚。馬總《意林》引凡五節，其第三節見《魏志》本傳諫用廉昭疏，其第二節言考課，亦與本傳論考課一疏似爲同時語。因者《傳》稱：‘恕奏議論駁皆可觀。’《隋志》無恕集，知所爲奏議論駁統在《篤論》。《傳》又稱‘其議論亢直’，此《篤論》之所繇名也。茲據補錄，並以他疏坿著，俾全篇可讀。至《意林》末載二節，乃後人敍述之詞，別爲坿錄，不使與正文相混。又採得《御覽》數節。其與宋瑾書，詳具裴松之《三國志注》所引《杜氏新書》。並據校定，合錄一卷。夫當時慷慨瞰言，盡情無隱，卒以口舌招禍，幾於不免。亢而有悔，似未合危行言孫之意。然而凜凜生氣，鬱勃千秋，讀其文，雖選愞者亦思自立，則其學從可識矣。舊以著論非一，列雜家類。今取次《體論》之後，改入儒家，從其大段以要之也。”

【鄒子一卷】　（晉）鄒氏撰。國翰《敘錄》曰：“隋、唐《志》皆不著目。馬總《意林》有《鄒子》一卷，在《化清經》十卷、《成敗志》三卷之間。《化清經》蔡洪撰，《成敗志》孫毓撰，皆晉人。《鄒子》當亦晉人所撰。考《晉書・文苑傳》：‘鄒湛，字潤甫，南陽新野人。太康中爲散騎常侍、國子祭酒，轉少府，元康末卒。所著詩及《論事議》二十五首，爲時所重。’此湛有著作之證。以時考之，又與蔡洪、孫毓皆在西晉之初。故書中敍‘邢高、呂安飲市，仰天泣’，目覩其事而論之也。其書佚。《意林》引二節，《御覽》引四節。合錄爲帙。引者不著其名，故止題晉鄒氏而已。”

【諸葛子一卷】　（吳）諸葛恪撰。國翰《敘錄》曰：“恪字元遜，琅邪陽都人，瑾長子，官至太子太傅，《吳志》有傳。《隋書・經籍志》雜家《蔣子萬機論》下云：‘梁有《諸葛子》五卷，諸葛恪撰，亡。’《唐志》不著錄，佚已久。《北堂書鈔》、《太平御覽》引三節。攷《恪傳》載其與陸遜及弟公安督融二書，又諸大臣諫伐魏，著論諭衆意一篇，恪無文集，當皆採自本書中。夫恪抱才氣而以驕矜致敗，陳壽評云：‘若躬行所與陸遜及弟融之書，則悔吝不至，何尤禍之有哉？’蓋惜其人，未嘗不取其言也。論旨以及時爲主，語意多從叔父亮《出師表》化出。雖欲必爲之辭，而持議近正，衆人莫敢復難也。宜哉！”

【默記一卷】　（吳）張儼撰。國翰《敘錄》曰：“儼字子節，吳人，官至大鴻臚。《吳志》無傳，附見《三嗣生·孫皓傳》裴松之注引張勃《吳錄》。《隋志》雜家《傅子》百二十卷，下注：‘有《嘿記》三卷，吳大鴻臚張儼撰。’與裴氏《新言》等並以爲亡。《唐志》復著《默記》三卷，又《誓論》三十卷。今佚。唯《蜀志·諸葛亮傳》注載其《述佐篇》，及武侯《後出師表》一篇。《初學記》亦引一節。裒錄爲帙。夫儼以吳人能備悉蜀之文獻，皓謂‘儼有出境之才’，儼自以‘皇華不辱命’爲言，允無愧已。”

【裴氏新言一卷】　（吳）裴玄撰。國翰《敘錄》曰：“元字彥黃，下邳人，官至大中大夫，附見《吳志·嚴畯傳》。《隋志》雜家《傅子》下有《裴氏新言》五卷，吳大鴻臚裴元撰，與張儼《默記》、劉廙《新義》、張顯《析言》、楊偉《桑邱先生書》並以爲‘梁有’，又云‘亡’。《唐志》復有裴元《新言》五卷。今佚。輯錄八節。或稱《裴氏新語》，或稱《裴氏新書》，皆《新言》之訛也。書記雜事，中有一條論‘管仲奪伯氏駢邑三百’。《吳志·嚴畯傳》謂：‘又與裴元、張承論管仲、季路，皆傳於世’者，佚說勵存；至‘問子欽齊桓、晉文、夷、惠四人優劣，欽答所見，與元相反覆，各存文理’，則泯絕不可見已。”

【新義一卷】　（吳）劉廙撰。國翰《敘錄》曰：“《吳志》無廙傳，字、里皆無考，據《隋書·經籍志》知爲吳太子中庶子而已。《七錄》雜家載《新義》十八卷。《隋志》云‘梁有’，又云‘亡’。《唐志》復以十八卷著錄，題作劉欣《新義》。今其書佚。從《北堂書鈔》、《藝文類聚》、《太平御覽》所引得四節。或作劉欽，或作劉歆，或同《唐志》作劉欣，皆誤。當依《隋志》，作劉廙也。”

【秦子一卷】　（吳）秦菁撰。國翰《敘錄》曰：“菁於史傳無攷。《隋志》雜家類載《秦子》三卷，云‘梁有’，又云‘亡’。《唐志》復以三卷著錄。馬總《意林》云‘二卷’，是唐時其書尚存也。今佚。楊慎《丹鉛總錄》引二條，與《荀子》同列，云：‘二子之姓名，人罕知，況見其書乎？馬總《意林》亦不載’云云。按：《意林》五卷載有其書凡五節，升菴言不載者，疏也。茲即據《意林》爲本，復從《北堂書鈔》、《藝文類聚》、《太平御覽》諸書輯得十餘節，佚說略備矣。”

【析言論一卷附古今訓】　（晉）張顯撰。國翰《敘錄》曰：“顯，字、里皆無考，據《隋書·經籍志》知爲晉議郎。所著《析言》、《古今訓》二書，《隋志》併入雜家。《析言論》二十卷，云‘梁有’，又云‘亡’。《古今訓》十一卷，著於目。《唐志》均不載，佚已久矣。茲從《北堂書鈔》、《藝文類聚》、《太平御覽》輯得《析言論》四節爲卷。又從陸德明《釋文》得《古今訓》一條，不能成卷，坿錄于後，以存一家之學云。”

【時務論一卷】　（晉）楊偉撰。國翰《敘錄》曰：“偉於《晉書》無傳，惟《律歷志》載其所造《景初歷》，稱魏尚書郎楊偉。《三國·魏志·曹爽傳》有偉語，裴松之注引郭頒《魏晉世語》云：‘偉字世英，馮翊人。’《隋志·雜家》有《時務論》十二卷，僅云‘楊偉撰’，此上注‘梁有，亡’，籍於《桑邱先生書》二卷，題‘晉征南軍師楊偉’。蓋本魏臣，後仕於晉，故《隋志》題晉官號也。《唐志》亦載《時務論》十二卷。今佚。惟《北堂書鈔》、《太平御覽》引有三節。並取史志注所載偉言附之。其《景初歷》別纂入歷譜家。《桑邱》遺書，泯絕不可復覿矣。”

【廣志二卷】　（晉）郭義恭撰。無敘錄。

【陸氏要覽一卷】　（晉）陸機撰。國翰《敘錄》曰：“機字士衡，吳郡人。父抗，爲吳大司馬。機少襲領父兵，爲牙門將。吳亡，入晉，官至平原內史。《晉書》有傳。《隋志》無《陸氏要覽》之目。《唐志》雜家有陸士衡《要覽》三卷。董斯張《廣博物志》引《書目》云：‘陸士衡著《要覽》三卷，上曰《連璧》，中曰《述聞》，下曰《析名》。’案：李淑有《邯鄲書目》。淑，宋人，及見陸書，是宋代猶有傳本。今佚。陶宗儀《說郛》輯錄一卷，尚有遺漏。茲更蒐補合刊。至其書之篇目，則不能區分矣。”

【古今善言一卷】　（宋）范泰撰。無敘錄。

【文釋一卷】　（宋）江遂撰。無敘錄。

【要雅一卷】　（梁）劉杳撰。國翰《敘錄》曰：“杳字士深，平原人，官至尚書左丞，《梁書》、《南史》皆有傳。《傳》稱：‘杳博綜羣書，撰《要雅》五卷。’隋、唐《志》皆不載，佚已久。唯《周禮疏》引‘宜成酒名’一事。攷《史記索隱》引其說，《世譜》即本傳答王僧儒語，而引述較詳，知皆採自《要雅》中。由此推之，凡本傳所載答沈約、任昉、周捨諸問，皆考據古義，與《周禮疏》、《史記索隱》所引體例悉同，知皆《要雅》佚文也。茲據合錄爲卷。

《隋志》載杳撰《壽光書苑》二百卷，惜諸書無引之者。聊輯此編，以慰戛想云。"

【俗說一卷】　（梁）沈約撰。國翰《敘錄》曰："約字休文，吳興人，官至特進，謚隱侯。《隋志》雜家有'《俗說》三卷，沈約撰，梁五卷。'小說家'《世說》十卷，劉孝標注'，下云：'梁有《俗說》一卷，亡。'似劉孝標所著，書名與沈同，在隋已亡矣。今沈書亦佚，輯採一卷。書記瑣雜，無甚高論。六朝散事，借考見爾。"

## 子編小說家類

【青史子一卷】　（□）青史氏撰。國翰《敘錄》曰："（青史氏）不詳何人。賈執《姓氏英賢錄》云：'晉太史董狐之子，受封青史之田，因氏焉。'《漢・藝文志》：'青史子著書。'按：《漢志》小說十五家，《青史子》五十七篇，注：'古史官記事也。'隋、唐《志》不著錄，佚已久。考《大戴禮記》、賈誼《新書》並引青史氏之記。此佚說之僅存者，據輯校錄。書中言胎教之法、懸弧之禮、巾車之道，具有典則。班固列入小說家，必有所見。然不可考，仍依編次云爾。"

【宋子一卷】　（周）宋鈃撰。國翰《敘錄》曰："鈃，宋人。《莊子》、《荀子》並言其人。《孟子》作宋牼，《韓非子》作宋榮子，要是一人也。《漢志》小說家《宋子》十八篇，注：'孫卿道《宋子》，其言黃老意。'隋、唐《志》不著目，佚已久。《莊子・天下篇》載其'禁攻寢兵'之事，並述其言。案：《莊子》雖與尹文並稱，今《尹文子》書尚存，無《莊子》所述之言，且以孟、荀書證知皆述鈃語。據補佚篇，附考爲帙。夫牼以利爲言，孟子以爲不可異懸君臣，荀子以爲非。然其持之有故而言之成理者，亦自以其術鳴也。"

【裴子語林二卷】　（晉）裴啓撰。國翰《敘錄》曰："按：劉峻《世說新語注》引《裴氏家傳》曰：'裴榮，字榮期，河東人。父稺，豐城令。榮期少有風姿才氣，好論古今人物，撰《語林》數卷，號曰《裴子》。'檀道鸞謂裴松之以爲啓作《語林》，榮儻別名啓乎？《隋志》小說家《燕丹子》一卷，下注：'《語林》十卷，東晉處士裴啓撰，梁有'，又云'亡'。茲從諸書所引輯錄，其有數引不同，並據刪補，釐爲二卷。《續晉陽秋》謂其'載謝太傅事不實'，似未必盡能傳信。然文筆清雋，劉義慶作《世說新語》取之甚多，則亦小說之佳品也。"

【笑林一卷】　（魏）邯鄲淳撰。國翰《敘錄》曰："淳，一名竺，字子叔，潁川人，官至博士、給事中，《魏志》附見《王粲傳》。此書皆記古今可笑事。隋、唐《志》並三卷，均題邯鄲淳。宋僧贊寧《筍譜》引'吳人煮簀'一條，《笑林》上，云：'陸雲，字士龍，爲性喜笑。'似以《笑林》出士龍所著。蓋因笑事而誤，當以史志爲據也。"

【郭子一卷】　（晉）郭澄之撰。國翰《敘錄》曰："澄之字仲靜，太原陽曲人，官至相國從事中郎，封南豐侯，《晉書・文苑》有傳。隋、唐《志》小說家並載《郭子》三卷，今佚。茲從諸書所引，採輯成帙。本傳稱：'少有才思，機敏兼人。'又載其'從劉裕北伐，既剋長安，裕意更欲西伐，集寮屬議之，多不同。次問澄之，澄之不答，西向誦王粲詩曰：南登霸陵岸，迴首望長安。裕意便定。'史臣贊西伐之計，取定於微旨。書中吐屬清雋，多此類。其注《唐志》題'賈泉'，未知何人也。"

【元中記一卷】　（□）郭氏撰。無敘錄。

【齊諧記一卷】　（宋）東陽無疑撰。國翰《敘錄》曰："無疑，不詳何人。據《隋志》知爲宋散騎侍郎。何氏《姓苑》云：'東陽氏，出於東陽郡。'可考者僅此。書名取《莊子》'齊諧，志怪之語'，所記皆神異事。《隋志》入雜傳記；《唐志》入小說，並七卷。今佚，採輯成帙。考梁吳均有《續齊諧記》一卷，以東陽先有此書，故吳《記》言'續'。吳《記》世尚傳之，探源火敦，亦覽古者之快事云。"

【水飾一卷】　（隋）杜寶撰。國翰《敘錄》曰："《隋志・地理類》有《水飾圖》二十卷，又小說家有《水飾》一卷，並不著撰人姓名。考《太平廣記》引《大業拾遺・水飾圖經》條載：'煬帝別敕學士杜寶修《水飾圖經》十五卷新成，以三月上巳日令羣臣於曲水以觀水飾，因並記《水飾》七十二勢之目，及妓航酒船，水中安機等事，云：皆出自黃袞之思。'然則《水飾》創自黃袞，《圖經》修於杜寶，彰彰可據。今二書並佚。即就採摭，以存一家說，並補題隋杜寶撰。夫黃袞媚悅取容，作此奇技淫巧，寶奉敕成書，《劇秦美新》之儔乎？抑開河、迷樓之類也？"

## 子編天文類

【泰階六符經一卷】　國翰《敘錄》曰：“黃帝撰，漢東方朔傳。案：《漢志》天文家有《泰階六符》一卷。李奇曰：‘三台謂之泰階，兩兩成體，三台故六，觀色以知吉凶，故曰符。’《志》不題‘經’字，亦不著何人作。應劭注《漢書·東方朔傳》始云黃帝《泰階六符經》，而並引其文。故據補題焉。書首言三階之所主；次言三階平則吉，否則凶；末言天子政失則上階爲之奄奄疏闊。此下當備論諸侯、公卿、大夫、士、庶人，與前文相應。而劭以朔陳此經，專爲孝武有興甲兵、脩宮榭、廣苑囿之事而發，故略其他。此經久佚，別不見徵述，惟就應氏注錄之，而大指猶可推識云。”

【五殘雜變星書一卷】　不著撰者。國翰《敘錄》曰：“案：《漢書·藝文志》天文家有《五殘雜變星》二十一卷，師古曰：‘五殘，星名也，見《天文志》。’考《志》載：國皇、昭明、五殘、六賊、司詭、咸漢、四塡、地維、臧光、燭星、歸邪、天鼓、天狗、格澤、蚩尤之旗、旬始、枉矢、長庚、景星凡十有八星。蓋五星之精，散爲妖祥，下應人事，此其變占也。冠以‘五殘’者，或以塡星之精屬土，統攝諸方與？其書隋、唐《志》不載，亡佚已久。猶賴《漢志》存其略，茲據補焉。孟康《注》說諸星色狀極詳，當是依原書釋之，竝取附各條之下，訂爲一卷。《晉書·天文志》亦載諸妖星名，視《漢志》爲多，乃引述劉表《荊州星占》及京房《風角集星章》別爲輯錄，於此可以互攷云。”

【靈憲一卷】　（漢）張衡撰。無敘錄。

【渾儀一卷】　（漢）張衡撰。無敘錄。

【昕天論一卷】　（吳）姚信撰。國翰《敘錄》曰：“姚有《周易注》，已著錄經編。昕讀曰軒，言天北高南下，若車之軒也。此論主‘蓋天’爲說。《隋志》天文家《渾天圖記》一卷，下云：‘梁有《昕天論》一卷，姚信撰，亡。’《唐志》復以一卷著目。今佚。茲據《晉書·天文志》及《太平御覽》所引輯錄。自來言天者，不出渾天、蓋天、宣夜三家。姚與虞聳主蓋天。虞喜不取其說，而主於宣夜。葛稚川又譏之。則此失而彼亦未爲得，要不若渾天之說攟撲不破也。”

【安天論一卷】　（晉）虞喜撰。國翰《敘錄》曰：“喜有《志林》、《廣林》等，已著錄儒家。《隋志》天文家云：‘梁有六卷，亡。’《唐志》復以一卷著目。今佚。輯錄爲卷。《論》主宣夜，而以姚氏《昕天論》及其族祖聳《穹天論》爲非是。夫宣夜師承已絕，喜以意揣測以立論，葛洪譏之曰：‘苟辰宿不麗於天，天爲無用，便可言無，何必復云有之而不動乎？’辨駁中理，虞氏應不能置喙。然其論可備宣夜一家，故著之。”

【穹天論一卷】　（晉）虞聳撰。國翰《敘錄》曰：“《吳志·虞翻傳》：‘聳，越騎校尉，累遷廷尉，湘東、河間太守。’裴松之注：‘《會稽典錄》曰，聳，字世龍，翻第六子也。入晉，除河間相。’其書隋、唐《志》皆不著錄，佚已久。據《晉書·天文志》、《御覽》所引輯錄。論謂：‘天形穹窿如雞子，幕其際，周接四海之表，浮於元氣之上。’大指亦主蓋天爲說，與姚信《昕天》相出入云。”

【未央術一卷】　不著撰者。無敘錄。

## 子編陰陽類

【宋司星子韋書一卷】　題（周）宋史司星子韋撰。國翰《敘錄》曰：“案：王嘉《拾遺記》載宋景公見子韋事，以爲賜姓，曰子氏，名之曰韋。蕭綺《錄》曰：‘《春秋》因生以賜姓，以緣事以顯名，號司星氏。至六國之末，著陰陽之書。’《漢志·陰陽家》有《宋司星子韋》三篇，注：‘景公之史。’今其書亡。惟《呂氏春秋》、《淮南子》、劉向《新序·雜事篇》並引‘熒惑徙舍’一節。王充《論衡·變虛篇》亦載之以爲案：《子韋書·錄奏》亦言：‘子韋曰：“君出三善言，熒惑宜有動。”’於是候之，果徙舍。不言三，謂世空增三舍之數，又虛生二十一年之壽。’案：向典校中秘書，故有《別錄》之奏。《新序》同出向手，所述原文詳於《錄奏》。考以目覽，《淮南》當得其實，未可執此而疑彼也。《史記·宋微子世家》約此節文，郤亦無延壽二十一歲之說。其序景公世云：‘三十七年，楚惠王滅陳。’下即連‘熒惑守心’一節，復云：‘六十四年，景公卒。’使事在三十七年，距其卒爲歲當二十有八。而以《春秋左傳》衡之，哀十七年楚滅陳，二十六年景公卒於連中，相去止十載，數視《史記》爲少。又考《左氏·六年傳》：是歲也，有雲如衆赤鳥，夾日以飛三日。楚子使問諸周太史，周太史曰：‘其當王身乎？若禜之可移于令尹、司馬。’王曰：‘除腹心之疾而寘諸股肱，何益？不穀有大過，天其夭諸，有罪受罰，又焉移之？’遂弗禜。事與宋景相似。

而此年至二十六年景公卒，頗符二十一歲之數。或者左氏爲傳時，子韋之書未出，而傳聞異辭耶？抑或陰陽者流傅會他國之災祥以自神耶？書闕有間矣。然處高聽卑之言，足動人君畏天之心而作其善意，非空言禍福也。乃仲任必執以爲虛誣，何其謬哉？玟據補三篇之缺，竝附《拾遺記》錄于後，訂爲一卷，存星官一家說。且欲觀者知所敬畏，而不敢有忽於旦明云。"

【鄒子一卷】　（周）鄒衍撰。國翰《敘錄》曰："衍，齊人，亦作騶衍。《史記・孟子荀卿列傳》云：'騶衍睹有國者益淫侈，不能尚德，若大雅整之，施及黎庶矣。乃深觀陰陽消息，而作怪迂之變，《終始》、《大聖》之篇，十餘萬言，其語閎大不經。'又云謂：'要其歸，必止乎仁義節儉，君臣上下，六親之施，始也濫耳。'《漢志・陰陽家》有《鄒子》四十九篇，注：'名衍，齊人，爲燕昭王師，居稷下，號"談天衍"。'又《鄒子終始》五十六篇，師古曰：'亦鄒衍所說。'隋、唐《志》皆不著錄，佚已久。茲從《史記》及諸書所引輯錄，《鄒子終始》亦併入，後附《三代世表》所引《黄帝終始傳》合爲一帙。案：《史記》云：'騶奭者，齊諸騶子，亦頗采騶衍之術以紀文。'《漢志》'《鄒奭子》十二篇'，注：'齊人，號曰雕龍奭。'又有《公檮生終始》十四篇，注：'傳鄒奭《始終書》。'奭與衍爲一家學。《黄帝終始傳》即《漢志》所列之《終始》也。以類相從，可資參考。史遷謂騶衍其言雖不軌，儻亦有牛鼎之意乎？吾亦云爾。"

【陰陽書一卷】　（唐）呂才撰。無敘錄。

## 子編五行類

【太史公素王妙論一卷】　（漢）司馬遷撰。國翰《敘錄》曰："《隋志》：'梁有《太史公素王妙議》二卷，亡。'今從王充《論衡》採得《太史公》一節，從《太平御覽》得《素王妙論》三節，合錄爲卷。書題'素王'，蓋以孔子爲嚮往。而推詳貧富，有取於計然、范蠡諸人。則亦發憤著書，與作《史記・貨殖列傳》同一微意。《隋志》入五行，必有故。惜不得全書以徵之也。"

【瑞應圖一卷】　（□）孫柔之撰。國翰《敘錄》曰："按：崔豹《古今注》：'孫亮作流離屏風，鏤作《瑞應圖》，凡一百二十種。'此《圖》之緣起也。柔之不詳何人，或孫亮之族歟？《隋志・五行家》有《瑞應圖》三卷、《瑞圖贊》二卷，注云：'梁有孫柔之《瑞應圖記》、孫氏《瑞應圖贊》各三卷，亡。'《唐志》雜家復出孫柔之《瑞應圖記》三卷。今佚。從諸書所引輯錄，凡一百二十一條，較舊多其一種。意'神鼎'、'寶鼎'，引者殊題，當同一瑞器也。諸引皆不言'記'，故止題《瑞應圖》，而《圖》實散亡，不可見矣。《開元占經》引有注語，未知誰作。觀其亟言宋事，又述及沈約《宋書》，則知梁、陳間儒之所爲矣。"

【白澤圖一卷】　不著撰者。國翰《敘錄》曰："案《孫氏瑞應圖》：'黄帝巡于東海，白澤出，能言語，達知萬物之精，以戒於民，爲除災害。'《抱朴子》'論黄帝'云：'窮神姦，則記白澤之辭。'蓋古有是說也。《南史・梁簡文帝紀》有《新增白澤圖》五卷。隋、唐《志》並有《白澤圖》一卷，不著撰人姓名。今佚。從諸書所引，輯得四十餘節，合錄爲帙，《圖》則佚矣。書於諸物之精能詳其名狀，似涉元怪。然夏禹鑄九鼎使民知神姦不逢不若，如無所本，豈能鑿空言之？則聖人實能知鬼神之情狀也。"

【天鏡一卷】　不著撰者。國翰《敘錄》曰："《隋志》五行類《天鏡》二卷，又云：'梁有《天鏡》、《地鏡》、《日月鏡》各一卷，亡。'據此則《天鏡》當有兩本也。今佚。《開元占經》引之，輯錄尚可成卷。書中專言災異，取明照將來之應，故以鏡名，與《妖古飛候》頗相似，意京房之徒所撰述歟？"

【地境一卷】　不著撰者。國翰《敘錄》曰："《隋志》五行類《乾坤鏡》二卷，下云：'梁有《天鏡》、《地鏡》、《日月鏡》、《四規鏡經》各一卷，《地鏡圖》六卷，亡。'《地鏡》與《地鏡圖》各爲書。《初學記》、《太平御覽》每引《地鏡圖》而不及《地鏡》。今從《開元占經》輯錄，尚能成卷。其書言地、石、山、水、草、木、鳥、獸之變異，占其吉凶，大指與《天鏡》同。以類編次。至《日月鏡》、《四規鏡經》，泯絕不可見矣。"

【地境圖一卷】　不著撰者。無敘錄。

【夢雋一卷】　（唐）柳璨撰。國翰《敘錄》曰："璨字□□，河東人，官至丞相，《唐書》有傳。此書《唐・藝文志》五行家載一卷之目。世無行本，唯《太平廣記》引五節。採錄佚說，足供談助。唐人小品多佳，此書亦饒雋永，不愧名稱云。"

【雜五行書一卷】　不著撰者。無敘錄。

## 子編雜占類

【請雨止雨書一卷】　不著撰者。國翰《敘錄》曰："《漢志》雜占家有《請雨止雨》二十六卷。隋、唐《志》不著錄，佚已久。考董仲舒《春秋繁露·七十五》有《求雨篇》，《七十六》有《止雨篇》，說'四時求雨，爲龍以舞，各按方色，酒脯陳祝，皆依時數。'蓋古有其法，董氏取以明《春秋》雩祭之義。他皆散失，而略指猶賴以存。其《止雨篇》：'祝一人，皆齋下。'宋本有闕文數行。考王充《論衡·順鼓篇》曰：'俗圖畫女媧之象，爲婦人之形，又其號曰"女"。仲舒之意，殆謂古婦人帝王者也，男陽而女陰，陰氣爲害，故祭女媧求福祐也'云云。則原書當有'禱祠女媧'一節。附載其說，以備參稽。又《藝文類聚》引《神農求雨書》，張華《博物志》載有《祝辭》，皆二十六卷之佚文，並據採錄，集爲一卷，仍依班《志》，入雜占類。夫禜禱之術，雖近小道，而用以弭災禦患，於政治大有補益。苟師其意而引而伸之，庶上凝天福於無窮乎！"

【易洞林三卷補遺一卷】　（晉）郭璞撰。無敘錄。

## 子編藝術類

【藝經一卷】　（魏）邯鄲淳撰。無敘錄。

【投壺變一卷】　（晉）虞潭撰。無敘錄。

## 補遺·經編易類

【周易劉氏注一卷】　（北魏）劉昞撰。昞字延明，敦煌人，事詳《魏書》本傳。國翰《敘錄》略曰："史於注《易》不言卷數。隋、唐《志》皆不著錄。幸於陸德明《釋文》得其一節。斷珪殘璧，少而益珍。"

## 補遺·經編周官禮類

【周官禮異同評一卷】　（晉）陳邵撰。邵字節良，東海襄賁人，官至燕王師給事中，《晉書·儒林》有傳。國翰《敘錄》曰："《傳》稱撰《周禮評》，甚有條貫。《隋志》：《周官禮異同評》十二卷，晉司空長史陳劭撰。《唐志》云：'傅元《周官論評》十二卷，陳邵駁。'蓋一書也。今佚。惟陸德明《經典釋文序錄》載《序》一首。附錄本傳爲卷。攷董迺跋賈公彥《疏》云：'公彥此《疏》，據陳邵《異同評》及沈重《義》爲之。'按：《疏》於康成引杜子春、二鄭之說，必明其從違之義，當是採取《評》語。

由此參觀，猶可得陳書之大凡也。"

## 補遺·經編儀禮類

【周氏喪服注一卷】　（宋）周續之撰。國翰《敘錄》曰："續之有《毛詩注》，已著錄。《南史》本傳云：'通《毛詩》六義及禮論。'其注《喪服》，隋、唐《志》皆不著錄。朱氏《經義考》據《釋文》列於雷次宗《署注喪服經傳》下，不詳卷數。書佚已久。《通典》引三節。問答喪服文似禮論，不知於經當何屬，姑依所引次第錄之。

【喪服世行要記一卷】　（南齊）王逡之撰。國翰《敘錄》曰："逡之字宣約，琅邪臨沂人，官至光祿大夫，加侍中，事蹟具《南齊書·文學列傳》。《傳》稱王儉'撰《古今喪服集記》，逡之難儉十一條，更撰《世行》五卷。'《隋志》有《喪服世行要記》十卷，齊光祿大夫王逸撰。《舊唐書》'逸'作'逡之'，與《南齊書》合，則作'逸'者傳寫誤也。其書佚。《南齊·禮志》載其與王儉問答一篇。採錄與儉《集記》排次。《禮志》稱'王逡'，脫'之'字。誤'逡'爲'逸'，有由然矣。"

## 補遺·經編通禮類

【禮論難一卷】　（晉）范宣撰。國翰《敘錄》曰："宣有《禮記音》，已著錄。《晉書·儒林》宣本傳云：'著《禮》、《易論難》，皆行於世。'隋、唐《志》皆不載，原書久佚。茲從《禮記正義》、《晉志》、《通典》輯得二十篇。據經準理，不詭於正。博士段暢申杜元凱短喪之議，反復駁難，尤有關於世教。史稱譙國戴逵等皆聞風宗仰，自遠而至，諷誦之聲，有若齊魯。太元中，順陽范甯爲豫章太守。甯亦儒博通綜，在郡立鄉校，教授恒數百人。由是江州人士並好經學，化二范之風也。以此編與武子《禮答問》並觀，可擬於漢先鄭、後鄭云。"

【逆降義一卷】　（宋）顏延之撰。國翰《敘錄》曰："延之字延年，琅邪人，官至特進光祿大夫，事蹟具《宋書》本傳。書名《逆降義》者，蓋明禮制升降之義。《七錄》三卷，《隋志》云亡，《唐志》不著錄。今佚，無稱述者。唯杜佑《通典》引顏延之問答一節，辨姪甥之名義，亦關禮服，當是此書佚文。據錄以補其缺云。"

【明堂制度論一卷】　（後魏）李謐撰。國翰《敘錄》曰："諡字永和，趙郡平棘人。徵拜著作佐郎，辭以授弟郁，詔許之。州再舉秀才，公府二辟，並不就。賜諡貞靜處士。事蹟見《北史》本傳。此《論》之作，以《考工記》、《大戴禮·盛德》言明堂之制不同，乃參用《禮記》〈月令〉〈玉藻〉〈明堂〉三篇推理愜情，極辨鄭元注五室、蔡邕說九室之非，折衷精當。本傳載其全篇，茲據輯錄。四門小學博士孔璠等上書，稱其鳩集諸經，廣校同異，比《三傳》事例，名《春秋叢林》，有十二卷。其書不傳，即此一班，猶想見絕世之心焉。"

【梁氏三禮圖一卷】　（□）梁正撰。國翰《敘錄》曰："正，不詳何人。《崇文總目》：'《三禮圖》九卷，梁正撰。'張昭曰：'《四部書目》有《三禮圖》十三卷，題曰梁氏、鄭氏。今書府有《三禮圖》，亦題梁、鄭。梁氏集前圖記更加評議。'今其書佚。唯聶崇義《三禮圖》引之，往往與阮諶同稱。則梁《圖》固因阮《圖》而修之，一家之學也。聶氏稱'舊圖'，已採入阮、鄭《圖》中，不復更錄云。"

【張氏三禮圖一卷】　（唐）張鎰撰。國翰《敘錄》曰："鎰字季權，一字公度，蘇州人，官至中書侍郎平章事，鳳翔隴右節度使，新、舊《唐書》皆有傳。《傳》稱'大曆五年除濠州刺史，為政清淨，州事大理。乃招經術之士，講訓生徒，撰《三禮圖》九卷。'《唐·藝文志》著錄卷同。今《圖》佚。宋聶崇義《三禮圖序》謂博采三《禮》舊圖，凡得六本。以聶《圖》所引考之，止有鄭元、阮諶、梁正、張鎰四家。書中稱述，皆稱'舊圖'。其有不同者，則舉姓名以論列之。故凡'舊圖'，皆採入鄭、阮《圖》中；其顯標張氏者，別列一家。是非折衷，則固有聶《圖》在也。"

## 補遺·經編春秋類

【春秋例統一卷】　（唐）啖助撰。無敘錄。董從《白孔六帖》卷八十八輯錄一條。

【國語章句一卷】　（漢）鄭眾撰。無敘錄。

【國語解詁二卷】　（漢）賈逵撰。無敘錄。

【春秋外傳國語虞氏注一卷】　（吳）虞翻撰。無敘錄。

【春秋外傳國語唐氏注一卷】　（吳）唐固撰。無敘錄。

【春秋外傳國語孔氏注一卷】　（吳）孔晁撰。

無敘錄。

【國語音一卷】　不著撰者。國翰《敘錄》曰："宋庠《國語補音序》云：'近世傳舊音一篇，不著撰人名氏。尋其說，乃唐人也。何以證之？據解"犬戎樹惇"引鄧州羌為說。夫改善鄧國為州，自唐始耳。'此編《唐志》及各家書目皆不著錄，世無行本。惟庠《補音》謂因舊本而廣之。今撿庠書，全載舊音，其自為廣續者，必加'補音'或'今按'以別之。就中錄出，仍完故帙。其體例與陸德明《經典釋文》不殊，雖涉簡略，而賈逵、唐固、孔晁諸家說猶及引徵，可與韋注互攷。又間引《字苑》、《韻集》、《珠叢》、《纂文》等書，皆散佚僅見者。唐時諸書尚存，故作音者得以援據。庠多空言排斥，似未為允論也。"

## 補遺·經編論語類

【孔子三朝記一卷】　不著撰者。無敘錄。

## 補遺·經編小學類

【詁幼一卷】　（宋）顏延之撰。無敘錄。

## 補遺·子編儒家類

【嚴助書一卷】　（漢）嚴助撰。國翰《敘錄》曰："助本莊姓，漢避明帝諱，改稱嚴。《漢書》本傳云：'嚴助，會稽吳人，嚴夫子子也，或言族家子也。郡舉賢良對策百餘人，武帝善助對，繇是獨擢助為中大夫。'又曰：'上問助居鄉里時，助對曰：家貧，為友婿富人所辱。上問所欲，對：願為會稽太守。於是拜為會稽太守。'後坐淮南王反，事與助相連，棄市。黃東發譏其徒以捭闔取寵，亦以捭闔誅。然則助之為人，亦主父偃之流。而《漢志》列其書四篇於儒家，或其以賢良對策時，文章具有儒術。然今不可見矣。本傳猶載其二篇，詰田蚡不救東甌，實啓征伐之機；論意淮南，似代上矜功而飾過。武帝以其守會稽不聞問報書責之，末云：'具以《春秋》對，勿以蘇秦從橫。'蓋有以窺其所學也。姑從班《志》例儒家類焉。"

【厲學一卷】　（晉）虞溥撰。國翰《敘錄》曰："溥字允源，高平昌邑人，官鄱陽內史，事蹟具《晉書》本傳。《傳》稱除鄱陽內史，大脩庠序，廣招學徒，載其移告縣屬及作誥以獎訓諸生二篇。隋、唐《志》不著目。《太平御覽·經史圖書綱目》一千六百九十件，內有虞溥《厲學》，與蔡邕《勸學》相次。《御覽》六百十三引《厲學》，六百七引《厲學篇》，皆獎訓諸生誥中語，則書以《厲學》標目矣。史志不載者，或坿刊《文集》中乎？今就本傳錄出，題依《御覽》，入儒家類。訓辭爾雅，發人意志，而'學之染人，甚於丹青'，尤名言可繹也。"

### 【玉函山房輯佚書續補十四卷附書後一卷手槀存目一卷】

現存：清光緒十五年章丘李氏刻本，山東省圖書館等藏；《山東文獻集成》影印。

《山東通志·藝文》：馬國翰編，蔣式瑆校錄。光緒己丑章邱李元璘補刊。元璘，國翰外孫也。《書後》、《存目》則式瑆所撰。《存目·後記》云："錄其輯佚槀本，曰《尚書逸篇》二卷，《尚書百兩篇》、《孟仲子詩論》、《論語燕傳說》、《夏侯論語說》、《王氏論語說》、《逸孟子》、《逸爾疋》、《五行傳記》各一卷，又《小學篇創槀》一卷原刊目錄已登，亦並錄之，合《荆州記》，凡十一種。按，《荆州記》三卷，蓋原刊時誤遺者。歸諸符卿昆季，俾刊爲《輯佚書續編》。"李元璘後序云："丁亥冬，郭潤之 名霖，應域人 世丈以蔣君性甫《書後》三篇見示，因索外王父手槀，爰屬表弟鳳藻搜其家敝簏，得百餘冊寄呈性甫。次年四月，蒙悉心校竣，作《存目》一卷《後記》一篇。"據本書。

### 【玉函山房手槀十一函一百三十一冊】

《山東通志·藝文》：馬國翰編。《手槀存目》注云："初求得八函 以八音別之，復得三函。"《存目後記》云："馬君撰著，以輯佚爲冠，則《手槀》之可貴者，亦輯佚一種。然此百餘冊中鈔錄古書，原注：不盡馬君手蹟，或命僕隸無學人爲之。雜錄、隨筆、輯佚書、創槀不能成卷及《羣經目耕帖》、《得修緪編》、《宮闈豔史》、《神萃》等創而未成，成而復佚者，原注：《神萃自序》已刊入《文續集》。凡若干冊。已刊輯佚之槀乃僅存百分之一。此百分之一中有初槀，白紙草書，塗乙紛耘，殆無足觀者；有次槀，序錄前有'三味齋藏書'五字，尾署'古譚馬國翰詞溪氏題'，撰人兼署其官，墨行正書是也；定槀則硃行正書，式與刊本同。今讀《凡將篇》、《訓纂篇》之次槀，各節下並爲疏證，殆以非述而不作之義，刊板復刪。然今《凡將篇》序云：'詳載《說文》及《集韻於》各字下以備參考，且代爲訓釋。'何謂也？吾邱《壽王書》次槀有'心如饑虎，志若秋鷹'兩言，據《北堂書鈔》卷十四引《虞邱》輯入，後復塗刪。當以《漢志》錄吾邱《壽王》六篇、《虞邱說》一篇，以吾邱《壽王書》標題不當，兼及《虞邱說》。然今序云《北堂書鈔》亦引其說，又何謂也？乾隆中四庫館開，搜輯佚書，於《永樂大典》得三百八十五種，自王深甯創此體後所未有也。然以衆詞臣之力采諸一書，其事終易。君以一人旁采，獨任其艱，編輯至六百餘種，其創而未定者不知凡幾，又無同志之士如顧澗薲者佐其較刊，宜紕繆有如是耳。使非《手槀》可證，烏知讀者不以是爲大惑也乎！"據《手槀存目》。

【卷十九・清<sub>九</sub>】

# 卷十九·清九

### ◆ 陳　超

超字元圃，歷城人。道光壬辰（十二年）舉人。早卒。

#### 【就正編二卷】

見《續修歷城縣志·藝文考》，題注云：“據《鮑西樓詩草·冬夜夢師一百韻》詩注。有馬國翰刊本。”並引馬國翰《玉函山房詩集·懷舊》絕句第九首云：“心血嘔成《就正編》，經疑史考筆如椽。偶翻枕秘添惆悵，紅豆心情寄舜泉。”

#### 【元圃詩鈔一卷】

現存：清光緒間刻本，青島市圖書館藏，《清人別集總目》、《清人詩文集總目提要》著錄。

《山東通志·藝文》（據本書）：《紉香草堂文鈔·陳元圃詩序》云：“清真刻露，不爲浮響。”《山左詩彙鈔》云：“詩慷慨有餘，和平不足，而一種清狂孤傲之氣，時時流露行間。”按：超《冬日雜感》詩云：“唐代科名無李、杜，漢家卿相有蕭、曹。”又云：“猿鶴也嫌人太僻，梅花應與我俱寒。”所謂“清狂孤傲”者，即此可見一斑。

《國朝山左詩彙鈔後集》卷二十四載其詩二十首。小傳注云：“昔余主講景賢書院時，孝廉初應童子試，嘗以詩相質正。見其議論英偉，吐屬不凡，知爲後來之秀。比於道光壬辰鄉試獲雋，方期展其驥足，乃未及中年而玉折蘭摧，可惜也。”

### ◆ 王德容

德容字體涵，號秋橋，世居蓬萊，以從嗣家歷城。諸生。結廬鵲華橋東，教授生徒。

#### 【思竹齋雜俎】

見《續修歷城縣志·藝文考》，注云：“許星南鄉試硃卷履歷。卷未詳。”

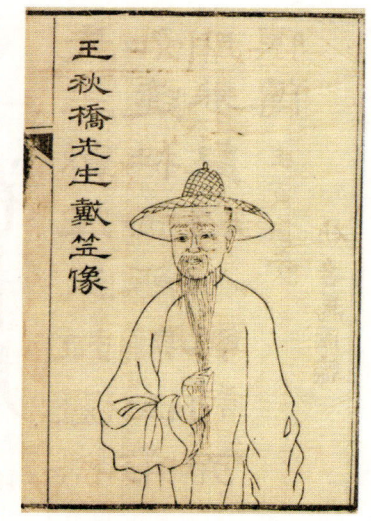

王秋橋先生戴笠像　載清道光二十二年刻本《秋橋詩選》

#### 【秋橋詩選四卷】

現存：清道光二十二年刻本，山東省圖書館等藏，《續修四庫全書總目提要（稿本）》、《清人別集總目》、《清人詩文集總目提要》著錄；《山東文獻集成》影印。

《山東通志·藝文》：是編刊於道光壬寅。李同

《秋橋詩選》四卷　清道光二十二年刻本

秋橋詩選卷一

歷城王德容體涵　著
掖縣李　同少伯選定

蓬萊秋日山居

暫輟芸窗業農忙合共謀黍先收道口瓜助摘山頭戶
密無荒地潮寒逼早秋游閒郵墅少海岸下漁舟
綠海山莊
魚鹽未富厚到此爲懷然樹少無樵逕山多半石田朔

《序》云："清粹和適，與林和靖、謝皋羽相近。其源出於摩詰、太祝。"據本書。按：德容詩原稿名《思竹齋存稿》，凡八卷，周樂所論定。此本則又同所刪定也。馬國翰序其《思竹齋存稿》，謂"多本色本分語，不事雕繪，而清辭麗句往往從真性情中流溢而出，淵然以古，瀏然以清，非世之模山範水所可同日語者。"

《續修歷城縣志》本傳：性耽山水，工吟詠，周樂極稱之。晚受知於學使劉瞻巖。濟南人皆重之，以爲質而有文，介不絕俗，有陶靖節風。著有《秋橋詩選》若干卷，掖縣李圖序而梓之，邑人余正酉復爲續選若干首。

《國朝山左詩彙鈔後集》卷十七載其詩三十四首。

## 【秋橋詩續選四卷】

現存：清道光三十年刻本，山東省圖書館等藏，《續修四庫全書總目提要（稿本）》、《清人別集總目》、《清人詩文集總目提要》著錄；《山東文獻集成》影印。

《山東通志·藝文》：道光庚戌刊。花壽山、周樂、馬國翰三人所選定。李緯《跋》云："壬寅歲，余從閩中歸，適隴州刺史馬詞溪里居，花朝日簡招王秋橋、周二南、謝問山、朱退游、何岱麓及余七人，讌飲讌下亭。詞溪首唱七律四章，皆屬和焉。是後提酒攜榼，遞相賓主，每飲必有作，互相磨礪，忘機如鷗，遂名'鷗社'。不數年，詞溪仍宦秦中，問山、

退游相繼物故，岱麓就館他方，惟秋橋、二南及余老於牖下，而舊社冷落矣。今其續集半多當時唱和贈答之章，重復繙閱，不啻置身於湖山之間，如聆謦欬。追維疇昔，已成往事，可慨也！"據本書。

## ◆ 李鄴

鄴字杜亭，又名滄瀛，字東溟，別號頓邱子，章丘人。布衣。

## 【柿園詩稿二卷】

見道光《章邱縣志·藝文》、《濟南府志·經籍》、《山東通志·藝文》，俱無卷數。現存：清道光刻本（一冊），中共山東省委黨校圖書館、青島市圖書館藏，《青島市圖書館藏山東文獻珍本圖錄》著錄；《山東文獻集成》影印。前有馬國翰、郝慤、李廷榮、王應植、吳連周諸《序》，及馬國翰撰《頓邱子小傳》。後有李偁《讀柿園集書後》及劉豫占、李廷銘《跋》。

《山東通志·藝文》：《買春詩話》"李鄴"一條云："性拙樸，癖嗜于詩，學唐律四十餘年，無間冬夏。丙戌之歲，開所著《柿園稿》，有余《序》及《頓邱子小傳》。稿內佳句頗多，其最奇者，夢中得二語云：'越山看未盡，猶渡大江來。'足成一律。以此爲發端，矯健超邁，可與謝客'池塘春草'、錢起'江上峯青'同傳。"

《秋橋詩續選》四卷　清道光三十年刻本

《柿園詩稿》二卷　清道光刻本

《國朝山左詩彙鈔後集》卷二十二載其詩十六首，小傳注云：“東溟以布衣遨游蓮幕，與李戟門、袁玉堂、馬詞溪、周二南諸君子相倡和。玉堂稱其詩品修潔無塵氛氣。二南題句有云：‘水澄存本色，樹老帶妍姿。’可以想見其詩。”

### 【春雨樓詩稿二卷】

見道光《章邱縣志·藝文》、《濟南府志·經籍》、《山東通志·藝文》，俱無卷數。現存：清道光八年柿園刻本，山東省圖書館藏，《玉函山房藏書簿錄》著錄。

### 【海樵詩鈔二卷】

見道光《章邱縣志·藝文》、《濟南府志·經籍》、《山東通志·藝文》，俱無卷數。現存：清刻本，中國科學院圖書館藏，《中國科學院圖書館新收中文線裝舊書草目》、《玉函山房藏書簿錄》、《清人詩文集總目提要》著錄。

### 【菊岩詩鈔】

見道光《章邱縣志·藝文》、《濟南府志·經籍》、《山東通志·藝文》。《玉函山房藏書簿錄》著錄濟南刻本（作《菊嵒詩鈔》二卷）。

### 【飯顆山房集】

《山東通志·藝文》（集部別集類）著錄，引《買春詩話》云：“景州馬連坡本名罵郎坡，相傳此地有婦人善罵其夫，因以得號，蓋‘朝歌’、‘勝母’類也。東溟有《戲題罵郎坡》絕句一首，落句云：‘未識當年誰薄倖，至今猶號罵郎坡。’詩載前刻《飯顆山房集》中。語固含蓄得妙，然詞意兩平，似待悍婦過恕。”

《續修四庫全書總目提要（稿本）》著錄李氏鈔本（不分卷），提要略云：“是編計古近體詩二百三十餘首。不分體，亦不編年，乃隨撰隨錄者。”

### ◆ 康　澄

澄字靜如，江南人，濟南賈生妻。

### 【康澄詩稿】

見《山東通志·藝文》、《續修歷城縣志·藝文考》。

《山東通志·藝文》：《買春詩話》云：陳子永修從余學，與賈生稔，嘗從賈處得康近稿，鈔以質余。其《春日寄懷顧敬貞表妹彭城》云：“料得江南詩興好，數番風雨釀花天。”《春日雜吟》云：“丁香一樹開如雪，戲數何枝是舊枝。”楚楚有致。

### ◆ 陳永修

永修字子慎，號西樓，歷城人。諸生。

### 【鮑西樓文鈔二卷】

見《續修歷城縣志·藝文考》（據鈔本著錄）。《山東通志·藝文》作《鮑西樓》（原按：“樓”下應有脫字）。《續修歷城縣志》本傳云：“少師馬國翰，亟蒙矜賞。及長，肆力古文辭，博雅工詩。性寬和，無疾言遽色。遇事果毅，有經世才。咸豐十一年捻匪犯境，舉人陳大鵬率鄉團禦賊，永修佐焉。及大鵬殉難，永修以身免，自是隱於家，授徒自給。教人原本小學，而責以實踐。出其門者皆恂恂恭謹，望而知爲永修弟子。年七十餘卒。著有《鮑西樓詩文集》若干卷，藏於家。”

### 【鮑西樓詩草四卷】

見《山東通志·藝文》（據《續修縣志稿》，云“採訪鈔本”）、《續修歷城縣志·藝文考》。《續修四庫全書總目提要（稿本）》、《清人詩文集總目提要》著錄鈔本。

《續修歷城縣志·藝文考》：馬國翰《序》曰：前輩論詩有三得焉：觸景言懷，揮毫立就，謂之來得；細意熨貼，無懈可擊，謂之去得；淵然以古，瀏然以清，遠韻深情，耐人咀味，謂之存得。夫人之爲詩，未有不欲其存焉者也。而要惟專心致志，廢寢忘食，儼乎其若思，茫乎其若迷，殫神精於能來能去之中始之可存者，不過十之一二。既而四五焉，既而八九焉，則能薪至乎存得之境，豈一朝一夕之功力哉。子慎陳生從余學數年，每有新題，輒喜擬作，而脫稿亦速，可謂來得矣；久而多有佳句，穩切之中復饒新警，可謂去得矣。及余奉檄入關，離索幾四載，不知其詩詣之所造如何，方懸懸以爲念。甲午冬，因仲弟憲甫寄其所著《鮑西樓詩草》一帙質余點定，披閱一過，實多可存之作，蓋視昔爲大進矣。雖然，同一存焉，而其間亦復有辨。夫自漢魏六朝唐宋以來迄於今日，詩

稿之存不翅數千萬輩，乃煙滅雲銷，且並其姓名亦多
湮沒，求所謂家曉戶誦懸日月以不刊者，寥寥無幾，
而惟班、馬、曹、劉之匹，陶、謝、李、杜之疇顯名
千載，何者？其本深斯其蔭遠，其源大斯其流長也。
則吾願以傳得之境，補前說所未備，且爲子慎勗。他
日者書窺虎觀，聲播雞林，光景常新而言垂不朽，於
以煥彝鼎而壽金石，將三得之長，猶未足限量之也。
道光十五年歲在乙未正月。本書。

## 【平陵齊音二卷】

見《山東通志·藝文》（據《續修縣志稿》，云
"採訪鈔本"）、《續修歷城縣志·藝文考》（據鈔
本）。《續修四庫全書總目提要（稿本）》、《清人
詩文集總目提要》著錄鈔本。

《續修歷城縣志·藝文考》：永修《自序》略曰：
道光丙戌、己丑之際，余師馬詞溪夫子設帳鮑山黃石
古寺，余從學焉。適章邱吳鞠農明經以所著《高唐齊
音》屬師序言，余時初學韻語，及見其《序》，詩未
悉也。今歲丁卯夏五，邑遭兵燹，民不安息，遷徙靡定；
余館幸托山莊，聊可偷安。課徒餘暇，爰仿《齊音》，
效作百詠，自注於後，藉以忘憂，亦以自課。詩既成，
名之曰《平陵齊音》。不敢竊附季木之後，庶以別於
《高唐齊音》云爾。同治六年觀蓮節後五日。本書。

## 【花月令詩草一卷】

見《山東通志·藝文》（作《花月令詩》一卷，
云"採訪鈔本"）、《續修歷城縣志·藝文考》（據
鈔本）。現存：清稿本，中國科學院圖書館藏，《中
國科學院圖書館藏中文古籍善本書目》、《清人別集
總目》、《清人詩文集總目提要》著錄。

《續修歷城縣志·藝文考》：永修《自序》略曰：
閱王藎臣先生象晉《二如亭羣芳譜》所錄載《養魚經》、
《相鶴經》、《耒耜經》、《茶經》而外，有灌園野
史《花月令》一編。愛其取義淵深，命名雅麗。晴窗
無事，拈句爲題。一句一花，一題一詩。花凡七十有
二，題如之，詩亦如之。詩既成，不敢持贈，亦聊以
紀候云爾。同治十有一年歲在壬申二月。本書。

### ◆ 鄭雲龍

雲龍字萍史，歷城人。道光壬辰（十二年）舉人。

## 【焚餘詩草二卷】

見《山東通志·藝文》、《續修歷城縣志·藝文
考》。現存：清道光二十三年刻本，青島市圖書館、
湖南圖書館藏，《山東文獻書目》、《湖南圖書館古
籍綫裝書目錄》、《清人別集總目》、《清人詩文集
總目提要》著錄。另有歷城李氏鈔本，見《續修四庫
全書總目提要（稿本）》。

《山東通志·藝文》：是編見《山左詩彙鈔》。
《二南外集·鄭萍史孝廉詩序》略云："其長君方洲，
以父遺命，囊詩三冊來，拜求論定。披視，爲余所未
見者十有六七。攜赴平干，悉心校閱，僅餘數頁未竟，
而署內不戒於火，延及余齋，圖籍灰燼，萍史詩冊亦
爲謝仙攫去。急書告其長君，索取原稿，則故紙零
縑，塗抹幾不可識。搜剔匯萃，只得二卷，重爲評論，
歸其家藏之。嗚呼！萍史詩境取法唐賢，不爲郊、島
寒瘦之語，亦鮮盧仝、李長吉劌刻險怪之篇，意必奮
迹享高壽矣。顧乃久困棘闈，垂老得舉，公車再上，
病逝道路，遺稿付余手，又遭焚燬。固余之坎壈多故，
累及故人？抑天之厄萍史？何至如此之甚也！"

按《續修歷城縣志·藝文考》亦引周樂此《序》
略曰："萍史里居，設帳城東南古寺。寺對城角九女
樓，門外石甃方塘一泓，清可見底，荇藻離披，冬猶
嫩綠，泉渾然仰出，作珍珠萬顆，迸散水面，晝夜無
息，濠水相通，竹樹交映，固濟南七十二泉之一也。
萍史讀書其中幾十年，心精神怡，學邃而詩益進。舉
孝廉後，嘗寄札屬余歸定其集。及余歸，而萍史已爲

地下人矣。”是雲龍卒於道光壬辰、癸卯之間也。

《續修歷城縣志》本傳：邑人范塾立鷗社，約周樂、徐子威、謝焜、何鄰泉、李儞諸吟侶酬唱，雲龍以翩翩少年亦與其間。每一詩出，優柔中正，格調老成，諸人咸推重之。

《國朝山左詩彙鈔後集》卷二十四載其《雪夜懷人》、《題周二南〈無棣新詩〉卷後》等詩七首。小傳注引袁玉堂潔《蠡莊詩話》云：“歷城諸生鄭萍史雲龍詠柳絮云：‘欲飄復定游人夢，乍合旋離思婦心。’思致雋永，耐人尋味。”

### ◆ 楊際華

際華字曉園，歷城人。道光十二年舉人。選授高唐州學正。

### 【學庸詳解】

見《續修歷城縣志·藝文考》及本傳。

### ◆ 張永和

永和，歷城人。

### 【脈象辨眞一册】

《續修歷城縣志·藝文考》據鈔本著錄，載馬國翰《序》曰：“《潛夫論》曰：凡治病者，必先知脈之虛實、氣之所結，然後爲之方，故疾可愈而壽可長也。醫之關鍵，端在脈矣。《周禮·天官》疾醫‘兩之以九竅之變，參之以九藏之動’，鄭康成注：‘藏之動，謂脈至與不至。正藏五，又有胃、膀胱、大腸、小腸。脈之大候，要在陽明、寸口，能專是者，其唯秦和乎？岐伯、俞跗則兼彼數術者。’夫秦和術亡，世存《靈樞》、《素問》、《難經》等，或渾括其義，或散著其法，脈無專書也。晉太醫令王叔和始撰《脈經》，亦佚不傳。五代時有高陽生者，假叔和名而作《脈訣》，詞既粗淺，理復紕繆。宋龐安常、蔡西山、戴同甫皆力辨之。乃世以歌訣爲初學入門，易於誦習，往往沿謬承訛，有積重難返之勢。明季李東壁《瀕湖脈學》就而釐訂，爲世所宗，猶有所未盡。康熙中，瀕津沈垣甫著有《刪註脈訣規正》三卷。其《辨妄篇》據《内經》‘心配膻中，肺配胸中，以肝配膽，以脾配胃，兩尺外以候腎，内以候腹中，大小腸膀胱三府’，謂寸關尺三部之配，各因其藏府之地位，以糾《脈訣》

‘小腸配於左寸，大腸配於右寸’之誤。又據《靈樞·經絡篇》三焦起自關衝而終絲竹空，凡二十三穴，左右四十六穴，以糾《脈訣》‘三焦無狀空有名’之誤。具有卓識。然所列脈歌，一仍《瀕湖》之舊，尠有發明。同邑張君惠風，承其尊甫階平先生傳業，深於此道，窮諸經之名言，括羣賢之奧旨，於諸家論中，擇其是者取之，非者裁之，廬山四綱外，又以長短實三脈爲三才，餘二十四脈爲二十四氣，配合二十七種脈數，每脈下註明陰陽，極爲諦當，額其書曰《脈象辨眞》。如說微與細云：“浮而極細，若有若無，爲微；沈而極細，如欲絕，爲細。”片言扼要，皎若列眉。洵能發前人未發之覆，而足爲醫家之指南也。余素愛方書，粗知藥性，獨於脈無所窺見，今覽斯編，亦怦怦然有會於心目之間；況專操是業者，其裨益豈淺鮮哉！咸豐五年六月朔日。”

### ◆ 孟毓蘭

毓蘭字子徵，號湘南，長清人。道光癸巳（十三年）進士。二十年任寶應知縣。

### 【重修寶應縣志二十八卷首一卷】

現存：清道光二十年湯氏沐華堂刻本，中國國家圖書館、上海圖書館、南京圖書館等藏。

### ◆ 焦友麟

友麟字子恭，號鐵珊，又號笠泉，章丘人。道光癸巳（十三年）進士。歷官山西學政。

### 【章邱縣志十六卷首一卷末一卷】

焦友麟、高汝梅、吳連周、焦以莊、李元緗、陳瀅纂。友麟等俱章丘人。是志由章丘知縣吳璋（浙江歸安人，道光元年任，三年離任，八年再任）主修，曹楙堅（字艮甫，江蘇吳縣人）總纂，始於道光十二年。現存：清道光十三年刻本，山東省圖書館、濟南市圖書館、山東大學圖書館等藏；《中國地方志集成·山東府縣志輯》影印。前有吳璋、曹楙堅《序》，舊志《序》，歷代疆域圖及縣圖。末有王繩矩《跋》，捐刻和修城捐款姓氏。分星野志、建置志、山水考、古迹考、賦役志、禮俗志、職官表、選舉表、名宦志、人物志、列女志、藝文志、金石錄、軼事志、外編，計十五門，五十餘目。

【鑑舫詩存】

見《山東通志·藝文》（據《山左詩彙鈔》）。

《國朝山左詩彙鈔後集》卷二十四載其詩三十九首。

### ◆ 焦以荘

以荘，章丘人，例貢生。

【志餘備錄】

見道光《章邱縣志·藝文》、《濟南府志·經籍》、《山東通志·藝文》（子部雜家類）。

【竹友軒集稿】

見道光《章邱縣志·藝文》、《濟南府志·經籍》、《山東通志·藝文》（集部別集類）。

《重修商河縣志·藝文》載其《龔大令廉白重修商河縣志跋》。

### ◆ 孫 琬

琬，歷城人。道光十八年任武進知縣。

【武進陽湖縣合志三十六卷首一卷】

現存：①清道光二十三年刻本，中國國家圖書館、南京圖書館、浙江圖書館等藏。②清光緒十二年活字本，中國國家圖書館、上海圖書館、南京圖書館等藏。

### ◆ 袁湛業

湛業，長山人。

【桂平縣志十六卷】

現存：①清道光二十三年刻本，中國國家圖書館、天津圖書館等藏。②鈔本，上海圖書館、廣西圖書館等藏。

### ◆ 李廷槐

廷槐字棘鄰，號抑泉，長山人。

【勒史英華錄三十六卷】

《山東通志·藝文》（史部史鈔類）著錄，提要云："是書見《集義編》後跋。"現存：稿本（作《種德堂勒史英華錄》），山東省圖書館藏，《山東文獻書目》著錄。

【集義編】

見《山東通志·藝文》（子部儒家類）。現存：清道光十四年長山李氏刻本（四卷），山東省圖書館、濟南市圖書館等藏，《山東師範大學圖書館館藏古籍目錄》、《山東文獻書目》著錄；《山東文獻集成》影印。

《山東通志·藝文》：是編有道光甲午刊本。《凡例》云："廣求家刊理學諸書，擇精撮要，積累三十餘年，採取數百十家，本堯舜以來相傳之道之中之心，約成四冊，非敢以少爲貴也，謹以便學者觀覽云爾。"據本書。

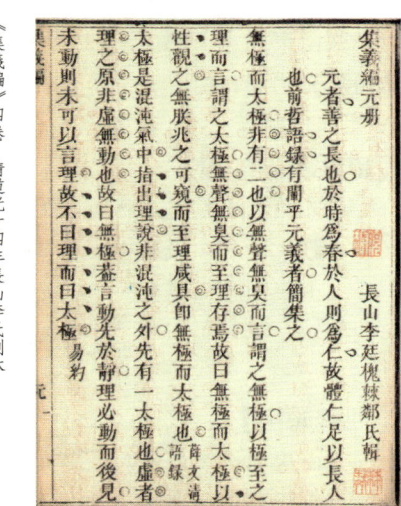

《集義編》四卷　清道光十四年長山李氏刻本

### ◆ 朱際虞

際虞字石軒，歷城人。

【汴水說一卷】

現存：①清道光十三年吳江沈氏世楷堂刻《昭代叢書》乙集補本，中國國家圖書館、首都圖書館、北京大學圖書館等藏，《中國叢書綜錄》、《續修四庫全書總目提要（稿本）》著錄。②清光緒十七年上海著易堂排印《小方壺齋輿地叢鈔》本，中國國家圖書館、首都圖書館、北京大學圖書館等藏，《中國叢書綜錄》著錄。

### ◆ 熊衍學

衍學字翰臣，平陰人。道光甲午（十四年）舉人。官平原縣教諭。光緒《平陰縣志》卷五有傳。

【平陰縣志續刻二卷】

現存：清道光二十八年刻本，山東省圖書館、中國國家圖書館等藏。上卷載法豐阿、張樸、熊衍學《序》，節婦、烈女。下卷載趙有悌《序》，碑記、詩文。

是志由知縣張樸（字厚甫，河北定州人，道光二十三年任）主修，始纂於道光二十六年，二十八年蔵事付梓。

【三辰儀說二卷】

見光緒《平陰縣志·著述》、《平陰縣鄉土志》（無卷數）、《山東通志·藝文》（子部天文算法類）。

《山東通志·藝文》：是編見《鄉土志》。《採訪冊》云二卷。

【算法利用四卷】

見光緒《平陰縣志·著述》、《平陰縣鄉土志》（無卷數）、《山東通志·藝文》。

《山東通志·藝文》：見《鄉土志》。《採訪冊》云四卷。

【訓家邇言】

《山東通志·藝文》："是書見《鄉土志》。"光緒《平陰縣志·著述》作六卷。《縣志》本傳云："著《訓家邇言》，平易切中事理。"

【榆山制藝二卷】

見光緒《平陰縣志·著述》。

### ◆ 吳淑蕙

淑蕙，浙江山陰縣進士（乾隆四十三年）吳奠盤孫女，齊河廩生馬受申之妻。

【年華集】

見民國《齊河縣志·撰述》。《縣志》本傳云："少受女誡，嗜讀工詩。于歸後，夫宦遊他省，氏在籍侍親，未從官。與夫來往書札，多以詩文相唱和。今皆散佚不獲見，惟著有《年華集》已付梓。其夫弟

舉人馬映奎所著《尚論篇》一書鋟板後，氏題詩以爲之弁，採入藝文詩志。其學問素優，概可見矣。"

《齊河縣志》卷三十載其《題夫弟馬映奎尚論篇詩》二首。

### ◆ 馬映奎

映奎字西垣，號省山，齊河人。道光甲午（十四年）舉人。兩試春闈不第，退而講學。《齊河縣志》卷二十七有傳。

【尚論篇二卷】

見民國《齊河縣志·撰述》。《縣志》本傳云，已刊行於世。《縣志·藝文》載邑人吳淑蕙《題夫弟馬映奎〈尚論篇〉詩》，其一云："人物臧否義理明，最難剖析得其平。虛心不妄加評斷，恐負千秋藻鑑名。"其二云："練達方徵學識精，能將世事辨分明。由來絜矩推君子，寫盡鎔今鑄古情。"

【小槎集句一卷】

民國《齊河縣志·撰述》無卷數。《縣志》本傳作一卷，謂已刊行於世。

《齊河縣志》卷三十載其《憶浙杭》、《自在流行引人入道》、《新秋偕友人夜坐即事舊作 迴文體》等詩。

### ◆ 孔韞芬

韞芬字漪芬，曲阜四氏孔昭誠女，齊河副貢馬豫烷室。

《國朝山左詩彙鈔後集》卷二十七載其《秋雨即事》詩一首。

### ◆ 王贊勛

贊勛，歷城人。

【蓬園印萃四卷】

現存：清道光十五年鈐印本，中國國家圖書館藏，《印譜知見傳本書目》著錄。

### ◆ 孫孝源

孝源字子慕，號蒼巖，淄川人。道光乙未（十五年）舉人。官觀城訓導。

## 【意園偶記一卷】

現存：稿本（清文廣亮批校），山東省圖書館藏，《雙行精舍書跋輯存續編》、《山東文獻書目》著錄。

## 【寄廬吟草】

《山東通志·藝文》著錄，引《山左詩彙鈔》云："子慕性耽山水，遇林泉佳處輒流連不忍去。嘗以詩受知於學使吳慈鶴先生。同邑王雪嶠明府稱其《泰山觀日出》七古一首，奇宕可抗諸名作。"

《國朝山左詩彙鈔後集》卷三十二載其《泰山觀日出歌》、《青龍庵》、《王渼嶼自蜀歸爲述所歷諸勝 時隨父任》、《雪嶠師歸里將聯詩社爲賦長句寄梅李青別駕》、《過亡友馬子琴墓》等詩十九首。《三續淄川縣志·藝文》載其《過青龍菴》詩一首。

### ◆ 范春田

春田，歷城人。道光十五年乙未恩科舉人。

## 【范春田鄉試硃卷】

《續修歷城縣志·藝文考》有范李《壎篪詩集》、范文煦《儉齋詩集》，均據春田鄉試硃卷履歷著錄。

### ◆ 李鴻疇

鴻疇原名受彭，字小嵐，歷城人。道光乙未（十五年）恩科順天舉人。官至雲南楚雄知府，歿於官。

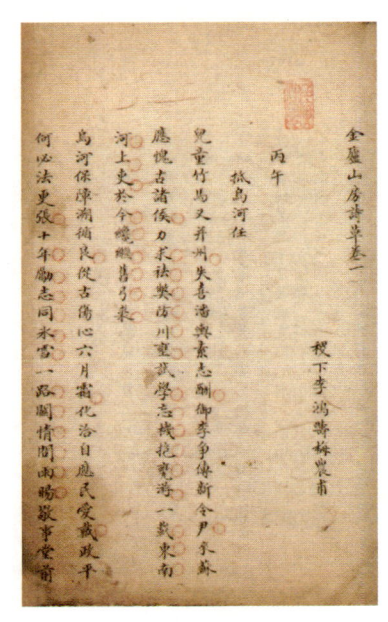

《金廬山房詩草》一卷 青島市圖書館藏鈔本

## 【金廬山房詩草一卷】

現存：鈔本（存卷一），青島市圖書館藏，《青島市圖書館古籍書目》、《清人別集總目》、《清人詩文集總目提要》著錄。

### ◆ 任廷文

廷文字煥章，號炳軒，平原人。道光乙未（十五年）舉人。以教授爲業，主講景顏書院。《續修平原縣志》卷十有傳。

其詩文集未見著錄。《續修平原縣志》卷十一載其《重修真武廟碑記》、《明拔貢趙見庚墓勒石記》二篇。

### ◆ 朱曾昕

曾昕，平原人。道光乙未（十五年）歲貢。

其詩文集未見著錄。《續修平原縣志》卷十一載其《莊嚴圓寂智修大和尚功德碑》一篇。

### ◆ 武玉麟

玉麟字季綏，號枕谿，歷城人。廩生。

## 【安西堂制義僅存】

《續修歷城縣志·列傳六·一行》據《安西堂制義僅存序》撰傳云："讀書喜《左氏春秋》及《史記》、兩《漢》之文。酒酣與弟子輩講論，上下千古，識解俱超絕。發爲文章，言簡意賅，精確不易。及門一經指授，率聯翩擢巍科。而玉麟困場屋，終不售。當貢成均，竟卒。著述散佚，其子震搜羅制義，得十五篇，刊以行世。"

### ◆ 劉寶璋

寶璋字劍南，商河人。歲貢。任萊蕪教諭。年老致仕，閉戶修養。精奇門，能驅六丁六甲之神，談未來之事，無不應驗。無疾而終，人以爲仙去。

道光十五年重修《縣志》，採訪參訂，多出其手。《重修商河縣志·藝文》載其《縣志後跋》一篇，又《頌龔公修邑乘》詩一首。

## 【數學正宗】

見《重修商河縣志》本傳。

### ◆ 王允灌

允灌字子耑，又字愚泉，新城人。道光丙申（十六年）進士。官內閣中書。《重修新城縣志》卷十八有傳。

**【心恭編一卷】【王氏世科錄一卷】**

見《重修新城縣志·藝文》。

**【王氏合集書目攷略一卷】**

現存：稿本，山東省圖書館藏，《中國古籍善本書目徵求意見稿》著錄；《山東文獻集成》影印。《重修新城縣志·藝文》作《王氏合集書目略》。

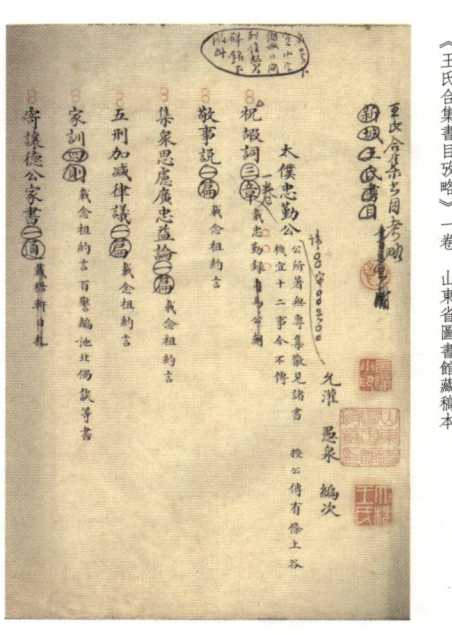

《王氏合集書目攷略》一卷　山東省圖書館藏稿本

**【雙梧軒日札二卷】**

見《重修新城縣志·藝文》。

**【愚泉詩鈔】**

《山東通志·藝文》著錄，引《憨齋詩話》云："《讀蕭相國世家》、《題淮陰侯列傳》諸篇，俱有高識，一時稱之。"

《國朝山左詩彙鈔後集》卷二十五載其詩十一首。小傳注云："愚泉爲予乙酉同年，初未謀面，比丙午入覲，始得聚首都門，遂相莫逆，因出所作就正，錄藏篋笥。乃才命不符，遽成隙折，曷勝惋惜！亟鈔存之，以誌不忘云。"

**【梧軒詩選一卷】**

《山東通志·藝文》云：見《蘅圃類存》。

**【詩集三卷】**

見《重修新城縣志·藝文》及本傳。

**【王氏詩源二卷】**

見《重修新城縣志·藝文》。

### ◆ 韋逢甲

逢甲字毓春，一字森圃，號端夫，齊河人。道光八年舉人，十六年進士。歷官乍浦同知。鴉片戰爭中抗敵陣亡。

**【道光丙申恩科會試硃卷一卷】**

現存：清刻本，上海圖書館藏；《清代硃卷集成》影印。

### ◆ 彭以竺

以竺字雪媚，歷城人。道光十六年進士，選庶吉士。散館，改知縣，選授江蘇如皋縣，仕至江南同知，卒於官。

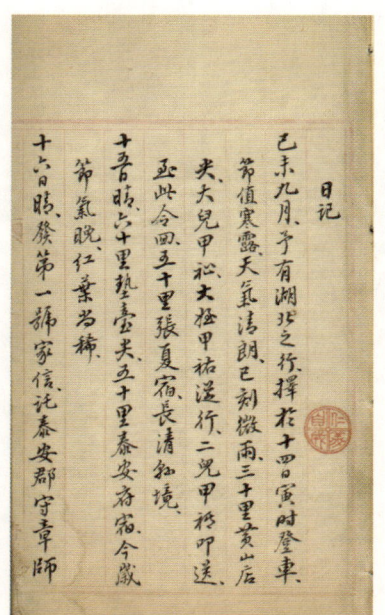

《彭雪媚先生日記》一卷　山東省博物館藏稿本

## 【彭雪幗先生日記一卷】

現存：稿本，山東省博物館藏，《山東文獻書目》著錄；《山東文獻集成》影印。記咸豐九年九月十四日至咸豐十年六月十一日事。

### ◆ 路雲衢

雲衢字德亨，號菊槐，商河人。廩貢生。

其詩文集未見著錄。《重修商河縣志·藝文》載其《路氏族譜序》、《路氏節孝傳序》、《清范縣教諭李公遐齡墓誌銘》、《土河考》、《九河故道考》、《濟水考》等文，《酹絕裾劉烈婦墓》、《過三里河訪許商遺跡》、《餞別廣文馮老夫子》等詩。

## 【商河縣志八卷首一卷】

知縣龔廷煌纂修，邑貢生路雲衢等三十人採訪參訂。廷煌字遵道，號廉白，江蘇華亭人，道光十一年任商河知縣。是志修於道光十二年，同年成稿，十六年由繼任付梓。現存：清道光十六年刻本，山東省圖書館、濟南市圖書館、山東大學圖書館藏。首載龔廷煌等《序》九篇，舊志《序》一，縣圖十四幅。分輿地志、建置志、賦役志、禮樂志、職官志、選舉志、人物志、藝文志八門。

## 【詩傳正誤】

見《山東通志·藝文》（經部詩類）。

## 【集五經要旨五卷】

見《商河縣志》、《山東通志·藝文》（經部五經總義類）。

## 【四書集說四卷】

見《商河縣志》、《山東通志·藝文》（經部四書類）。

## 【路氏節孝傳】

雲衢撰《序》，載《重修商河縣志·藝文》。

## 【河道變遷二卷】

見《商河縣志》、《山東通志·藝文》（史部地理類）。

《重修商河縣志》本傳云：“經傳書史，俱有參校。而於疆域之沿革、水道之變遷，考校尤精。”

### ◆ 路本樹

本樹，商河人。附貢生。

其詩集未見著錄。《重修商河縣志·藝文》載其《劉烈婦墓》詩一首。

### ◆ 路俞采

俞采字信山，商河人。廩貢生。候選教職。

其詩集未見著錄。《重修商河縣志·藝文》載其《奉和麥邱書院原韻》詩一首。

### ◆ 路亮采

亮采字曉山，商河人。舉孝廉方正。官兗州府學教授。

其詩文集未見著錄。《重修商河縣志·藝文》載其《李氏苦節傳》文一篇，《奉和麥邱書院原韻》詩一首。

### ◆ 路翕采

翕采字臨山，商河人。恩貢生。

其詩集未見著錄。《重修商河縣志·藝文》載其《書李氏苦節傳後 李氏路宗乾妻》詩一首。

### ◆ 路洋東

洋東字仙嶠，商河人。庠生。

其詩集未見著錄。《重修商河縣志·藝文》載其《誌李氏苦節傳後》二首。

### ◆ 孫本棣

本棣字華東，商河人。官淄川教諭。

其詩集未見著錄。《重修商河縣志·藝文》載其《題苦節路李氏傳後》詩一首。

### ◆ 孫照書

照書，商河人。

其詩集未見著錄。《重修商河縣志·藝文》載其《題苦節路李氏傳後》詩一首。

### ◆ 周炳文

炳文字郁堂，商河人。歲貢生。

其詩集未見著錄。《重修商河縣志·藝文》載其《題苦節路李氏傳後》詩一首。

### ◆ 陳九河

九河，商河人。增生。

其詩集未見著錄。《重修商河縣志·藝文》載其《題苦節路李氏傳後》詩一首。

### ◆ 李文芳

文芳，商河人。廩生。

其詩集未見著錄。《重修商河縣志·藝文》載其《題苦節路李氏傳後》詩一首。

### ◆ 陳克雋

克雋字伯英，號鷺邨，新城人。道光丁酉（十七年）舉人。任冠縣教諭。《重修新城縣志》卷十八有傳。

#### 【易經淺說】

見《重修新城縣志·藝文》及本傳。《重修縣志·藝文》載是書《自序》略稱：“分四層：曰取義，曰取象，曰徵事，曰字畫。皆確鑿言之，使閱者無不了然於心目。庶幾古聖人之精思妙義，奧語微言，如日月往來，著明於天地之間爾。”

#### 【詩管】【桓台百詠】

見《重修新城縣志·藝文》。《重修縣志》本傳云：“爲文有雄直氣，下筆千言，不走前人蹊徑。文名噪一時，齊魯學子識與不識，皆知有伯英先生。所著有《易經淺說》、《詩管》、《桓臺百詠》存於家。”

#### 【齊問一卷】

見《重修新城縣志·藝文》。

### ◆ 高遠詢

遠詢字虞臣，淄川人。道光丁酉（十七年）舉人。歷任商河、館陶教諭，臨朐訓導，寧海州學正，截取知縣。《三續淄川縣志》（卷九）有傳。

#### 【近四科同館試帖鳴盛集四卷】

陳枚、高遠詢同編。枚，昌樂人。是編現存：清道光二十九年善成堂刻本，中國國家圖書館、內蒙古圖書館等藏，《內蒙古自治區線裝古籍聯合目錄》著錄。《江蘇省立國學圖書館圖書總目》作《同館詩》四卷，綺霞閣刻本。

《三續淄川縣志》本傳云：“有選刻《鳴盛集試帖》行世。”

### ◆ 王化起

化起字基之，號雲圃，歷城人，德容子。道光丁酉（十七年）舉人。

#### 【佩韋軒詩草】

見《山東通志·藝文》、《續修歷城縣志·藝文考》（均據《山左詩彙鈔》）。

《國朝山左詩彙鈔後集》卷二十五載其《夜行》詩一首。

### ◆ 林　基

基字心培，歷城人，濬源次子。以道光十七年丁酉科選貢就教職，選海豐縣教諭，歷官湖北羅田、黃安、蒲圻等縣知縣，同治十三年卒於鄂。事蹟詳《續修歷城縣志·列傳一》。

#### 【尚友譜】

見《山東通志》卷百六十九本傳、《續修歷城縣志》本傳。

### ◆ 孟傳鑄

傳鑄字劍農，號柳橋，章丘人。道光丁酉（十七年）拔貢。官趙州州同。

#### 【直隸趙州志二十一卷首一卷】

現存：清同治稿本，南京圖書館藏，《中國古籍善本書目》著錄。

#### 【秋根書室詩六卷文八卷】

見《山東通志·藝文》。現存：清宣統二年綠野堂排印本（作《秋根書室詩文集》十四卷），中國國家圖書館、山東省圖書館等藏，《東北地區古籍綫裝書聯合目錄》、《清人別集總目》、《清人詩文集總目提要》著錄。

## 【西行紀程一卷】

見《山東通志·藝文》。現存：①清咸豐六年刻本（與《西征集》合刻），吉林大學圖書館等藏，《北京圖書館普通古籍總目》、《東北地區古籍綫裝書聯合目錄》、《續修四庫全書總目提要（稿本）》著錄。②清道光三十年刻本，山東省圖書館等藏。③清宣統二年綠野堂排印本（二卷），中國國家圖書館、南開大學圖書館等藏，《東北地區古籍綫裝書聯合目錄》著錄。

《西征集》一卷　清道光三十年刻本

## 【西征集一卷】

見《山東通志·藝文》。現存：①清咸豐六年刻本（與《西行紀程》合刻），吉林大學圖書館等藏，《北京圖書館普通古籍總目》、《東北地區古籍綫裝書聯合目錄》、《續修四庫全書總目提要（稿本）》著錄。②清道光三十年刻本，中共山東省委黨校圖書館等藏；《山東文獻集成》影印。有咸豐元年同里吳連周《序》，道光庚戌姻弟劉家麟《序》及《自序》。③清宣統二年綠野堂排印本，中國國家圖書館、南開大學圖書館等藏，《東北地區古籍綫裝書聯合目錄》、《清人別集總目》、《清人詩文集總目提要》著錄。

### ◆ 畢遠岑

遠岑字鳳輝，淄川人。道光丁酉（十七年）拔貢。主講般陽書院，學者奉爲矜式。《三續淄川縣志》（卷九）有傳。

## 【寄軒詩草】

見《三續淄川縣志》本傳。

### ◆ 李　培

培字栽之，一字雪堂，齊東人。道光丁酉（十七年）拔貢。同光間肄業於濼源書院，與歷下孫紀雲、吳壽齡、楚登鰲諸名士於藝苑文社唱和多年，稷門周孝廉繼登、方孝廉祖蔭皆其門下士。《齊東縣志》卷五有傳，卷六有新城鄭芳圃《李雪堂墓碑》。

## 【睡餘軒詩稿一卷】

現存：民國四年李炳炎、李炳燿石印本（《李氏四子詩稿》之一），中共山東省委黨校圖書館、青島市圖書館藏，《青島市圖書館藏明清兩代山東人著作簡目》著錄；《山東文獻集成》影印。民國《齊東縣志》本傳作《睡餘軒詩集》一卷。

《山東通志·藝文》：是編乃其孫炳炎、炳燿石印本。炳炎《跋》稱："原稿已佚，綱羅搜求，只得二百餘首，釐訂編次，分爲兩卷。"今檢其詩實一卷，

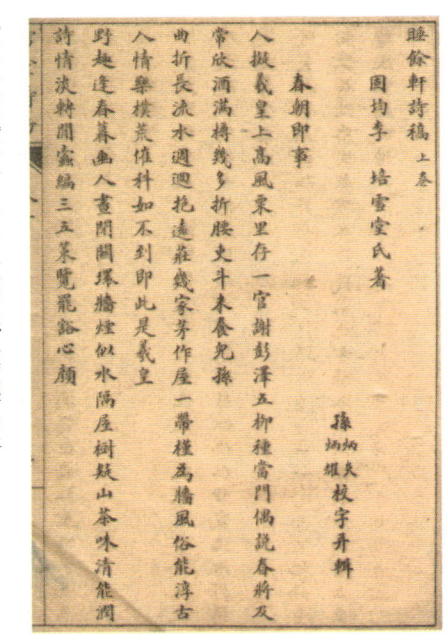

《睡餘軒詩稿》一卷　民國四年李炳炎、李炳燿石印本

與跋載卷數不符。後坿培子梅山詩七十餘首，標曰卷二。或併此計之爲兩卷歟？培詩宗法袁枚，故卷中《夢遊隨園》詩有"生平契合在倉山"之句。

## 【睡餘軒未定稿】（一名《雪堂詩鈔》）

民國《齊東縣志》卷六載膠州匡源《雪堂詩鈔序》云："東皋李君雪堂，余之選拔同年也。自余通籍後二十載，都門供職，久疏往來。迨罷官歸，甲子春受中丞閻公聘，承乏於濼源書院講席，雪堂亦在省設帳，遂得朝夕晤談。雪堂爲人不善周旋，交友惟以心照。其言呐呐不出，而與之論古，則口似懸河，時賢鮮有出其右者。每制一藝，無不體大思精，有國初諸老筆力。乃以文章憎命，久困棘闈，雪堂處之坦然，惟仍以筆爲業。戊寅秋，以手鈔縮本來質於余，笑曰：'數十年拙作未嘗示人，今願就正於兄。'余閱之，皆雜體詩，題籤曰《睡餘軒未定稿》。平心誦之，喜其不事雕飾，出於天籟之自然，其風韻當在唐宋之間。使非才學兼優而又有真性情者，何能猝辦？噫！余於雪堂之文慕之久矣，誠不料其詩之更愈於文也。因勸其壽諸梨棗，以公同好。謝曰：'數口之家，僅得免饑，那復有餘貲爲此。'雪堂家素貧，余亦深知之。欲代爲募化，以助梓工；而東省黃水爲災，諸大憲籌款賑民，猶恐不贍，則此事誠不便啓齒。然雪堂之詩不傳於世，余終爲之怏怏。所冀有好善樂施者捐貲以付剞劂，庶其詩不至湮沒，而余之憾亦可以釋然也。"

民國《齊東縣志》卷六選載其詩五首。

### ◆ 宋嗣璟

嗣璟，齊東人。貢生。

其詩文集未見著錄。民國《齊東縣志》卷六載其《題雪堂詩鈔》詩一首。

### ◆ 孫開機

開機字省莪，德州人。道光丁酉（十七年）拔貢。

其詩文集未見著錄。《德縣志》卷十六載其《種菊》詩一首。

### ◆ 孫開寅

開寅字虎門，德州人。諸生。

其詩文集未見著錄。《國朝山左詩續鈔》卷三十二載其《題紅蕉館》一首。《德縣志》卷十六載

其《答謝雲村先生》詩一首。

### ◆ 耿曰椿

曰椿字壽彭，號雨橋，新城人。道光戊戌（十八年）進士。授戶部主事，歷彰州知府，調泉州，署督糧道，以病卒於閩。《重修新城縣志》卷十八有傳。

## 【濟美堂文鈔不分卷】

現存：鈔本，山東省圖書館藏。

《重修新城縣志》卷二十三載其《毛家莊創建社學記碑》。

## 【新城古文鈔不分卷】

現存：稿本，山東省圖書館藏，《中國古籍善本書目》、《山東文獻書目》著錄。

### ◆ 毛鴻賓

鴻賓字寄雲，歷城人。道光戊戌（十八年）進士。歷官兩廣總督、兵部尚書。事蹟詳《續修歷城縣志·列傳二》。

其文集未見著錄。民國《濟陽縣志·藝文》載其《劉節母楊孺人七秩壽序》。

## 【毛尚書奏稿十六卷】

見《山東通志·藝文》（史部詔令奏議類）、《續修歷城縣志·藝文考》。現存：清宣統元年至二年歷城毛承霖刻本（十六卷首一卷），中國國家圖書館、山東省圖書館、山東師範大學圖書館等藏；《近代中國史料叢刊》、《山東文獻集成》影印。

《山東通志·藝文》：是編刻於宣統己酉。凡臺諫奏議一卷，團練奏議一卷，撫湘奏議八卷，督粵奏議六卷。孫葆田《後序》略云："公奏議獨出手裁，不假幕僚手。其兩粵有與巡撫會奏者，今或見他人集中，皆非事實。至公所保薦文武人材，具詳陸君心源所撰神道碑與葆田表墓文內，而原疏或不盡傳，則稚雲觀察尚擬爲續集補刻云。"據本書。

泳按：承霖，鴻賓子，孫葆田《後序》所云稚雲觀察是也。

《續修歷城縣志·藝文考》：張學華《序》曰：同治二年，歷城尚書毛公總制吾粵，時先大夫佐公幕府司章奏。是歲學華始生，稍長即識公名，今忽忽

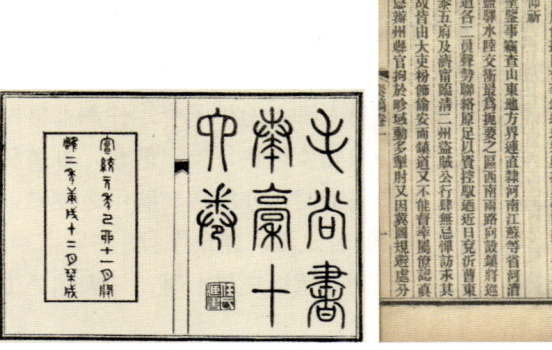

《毛尚書奏稿》十六卷首一卷　清宣統元年至二年歷城毛承霖刻本

四十餘年矣。公子稚雲觀察，舉光緒戊子鄉薦，與學華有齊年之誼，比來濟南，因得訂交。過從話舊，出尚書公奏議若干卷見示。學華譾陋，何足以知公？顧嘗讀中興名臣奏議，於公奏陳湖南募勇之弊及緩裁釐金兩疏，竊歎其選將以治兵而不徇時俗之見，理財以濟用而不持矯激之論，老成謀國，用心良苦。今所刊奏議數百篇，自軍興以來，規畫遠大；至其慮事之詳、知人之哲，往往事後而益見。當是時，洪楊搆亂，擾攘十餘年，蹂躪半天下。雖以曾、胡之賢，運籌於帷幄，多、鮑之勇，効命於疆場，而一時封疆大臣，苟非有洞達時勢、深明治體者，同心戮力，左右其間，則其難未易平也。咸同至今，垂五十年，世運之遷流，人才之升降，盱衡俯仰，殆不忍言。而兵力寖弱，財用益匱，遂爲吾國之大患。聰明才智之士挾其一得，銳然有所表見，以更張庶政，士大夫希聲附和，靡然從風。而反是則又欲閉關自守，一切因循，處強敵爭雄之世，而苟安於無事，非所以爲國家謀治安也。安得如公者，因時而損益之，折衷於至當，以通其變而濟其窮，庶幾補救於萬一乎？讀公奏議，不禁罣然而望也。公督粵之明年，以微眚去官，未竟其用。其所建白，具於茲編。至於立朝風節、居官勛業，備詳史乘，不復贅焉。本書。

## 【廣東圖說九十二卷首一卷】

現存：①清同治五年刻本（郭嵩燾等纂），東北師範大學圖書館、中國科學院圖書館等藏，《東北地區古籍綫裝書聯合目錄》、《復旦大學圖書館古籍簡目初編》著錄。②清同治九至十年萃文堂刻本（作桂

文燦等纂），中國國家圖書館、北京大學圖書館等藏，《北京圖書館普通古籍總目》著錄。③清光緒刻本，上海圖書館、北京大學圖書館藏，《涇縣胡氏樸學齋藏書目錄》、《上海市歷史文獻圖書館藏書目錄》著錄。

## 【奉天全省輿圖】

毛鴻賓編制。有宣統三年奉天民政司印本，見《中國邊疆圖籍錄》。

## 【毛鴻賓字冊一卷】

現存：清稿本，山東省圖書館藏，《山東文獻書目》著錄。

## 【滄廬齋詩集二卷】

見《山東通志·藝文》、《續修歷城縣志·藝文考》。現存：稿本（一卷），中共山東省委黨校圖書館藏；《山東文獻集成》影印。

《山東通志·藝文》：是集有毛氏家藏稿本，未見。

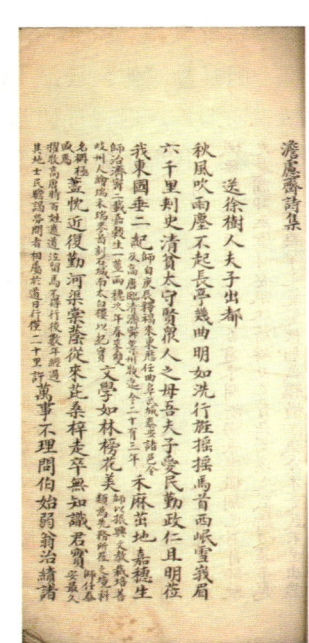

《滄廬齋詩集》二卷　中共山東省委黨校圖書館藏稿本

## 【毛鴻賓所存書札一卷】

現存：原札本（二十六件），見《北京大學圖書館藏古籍善本書目》。

### ◆ 楊福祺

福祺字子厚，號潤生，歷城人。道光戊戌（十八年）進士。歷官鳳陽知府。

其詩文集未見著錄。《陵縣志》卷十七載其《重修陵縣通衢橋碑記》（道光二十五年立）。

### ◆ 柳培和、柳毓和

培和字蔭堂，歷城人。道光十九年與弟毓和同舉於鄉。

毓和字陶門。道光十九年舉人。

**【棣蕚軒詩文集】**

柳培和、柳毓和撰。《續修歷城縣志·列傳二》云："兄弟皆績學有名於時，兩應禮部試不售，遂閉門講學，前後成就多知名士，師傅之盛，一時莫及。著有《棣蕚軒詩文集》，藏於家。"《續修歷城縣志·藝文考》據柳文沆鄉試硃卷履歷著錄，作《棣鄂軒文稿》。

### ◆ 郝源泉

源泉字蒙占，齊河人。業商。《齊河縣志》卷二十四有傳，卷三十二有閻廷獻《鄉賢郝蒙占先生傳》。

閻廷獻《傳》云："性好學，通經史大義。尤喜讀《通鑑》，遇言行切己適用者，輒摘錄之，晚年彙爲一編。其高祖義儕公著有《甌香館四書說》，士林多寶貴而傳抄之，因手校以梓行於世。又刊《通鑑感應錄》一書。"按：源泉彙編之《通鑑》摘抄，書名未詳。其所刊之《通鑑感應錄》，蓋係翼城秦鏡所編，亦用爲醒世勸善之書也。

### ◆ 劉松嶺

松嶺，濟陽人。道光庚子（二十年）進士。

其詩文集未見著錄。民國《濟陽縣志·藝文》載其《勑授修職郎王公玉衡暨配王孺人新遷墓誌銘》一文。

### ◆ 李時敏

時敏字修來，號務齋，德平人。道光庚子（二十年）副貢。任莒州訓導。《德平縣志》卷七有傳。

**【遜志齋詩鈔】**

見《德平縣志》、《山東通志·藝文》。《續修四庫全書總目提要（稿本）》著錄傳鈔稿本（不分卷）。

《山東通志·藝文》引天津周士瀚《遜志堂詩序》略云："其平時所作近體古排，凡抒寫性靈者，莫不具唐、宋氣格，足爲後學津梁。惜先生歸道山，平時手迹蕩焉無存。瀚自束髮受書，即蒙先生循循善誘，朝夕無倦容，泂不愧爲人師。迨甲子春，仲瀚忝宰斯土，莅任數月後，訪求先生遺集，均已散佚，惟詩稿家存尚有若干首。亟爲翻閱，亦均係寫胸中之鬱積，借題發揮，每有慨乎其言之者。吉光片羽，倍覺堪珍，隨即捐俸，付剞劂氏。亦藉以窺見一斑，俾人知先生生平之遭際與性情云爾。"

《重修商河縣志·藝文》載其《頌王母駱周兩太孺人節孝詩》一首。

### ◆ 生永錫

永錫字夢齡，號學海，平陰人。道光庚子（二十年）進士。歷官唐縣知縣。旋丁父憂，服闋，改萊州教授，卒於官。光緒《平陰縣志》卷四有傳。

**【內省記一卷】**

見《平陰縣志·著述》。《山東通志·藝文》（子部雜家類）據尹彭壽《通志經籍志稿》著錄，無卷數。

### ◆ 張繹武

繹武字叔承，號松樵，新城人，象津孫。道光庚子（二十年）舉人。官蓬萊教諭，授光祿寺署正。同治六年署黃縣司諭。

**【松樵遺稿一卷】**

《重修新城縣志·藝文》據抄本著錄。

### ◆ 姬茂暢

茂暢字舒庵，歷城人。

**【走馬喉疳論一卷】**

見《續修歷城縣志·藝文考》（據本書）。現存：清同治十一年刻本，中國醫學科學院圖書館藏，《中國中醫古籍總目》、《中國醫籍通考》著錄。

《續修歷城縣志·藝文考》：匡源《序》略曰："舒庵研究《靈素》，獨有會心。其治走馬喉疳，尤著奇效。余所知如王省堂、劉伯音兩君，皆咽喉糜爛，滴水不下，他醫彷徨束手不能爲。舒庵獨從容診理，立起沈疴。其他著手成春者，不下三千人。誠今時之華、扁也。此證起於道光間，數十年來流毒益甚。考之方書，所載不甚符合。故時醫靡所適從，往往致誤。舒庵覃思妙悟，既有所得，因著此書，本其閱歷之言，以示經濟之術，條分縷晰，洞見本原，而大要尤在'分陰陽，辨表裏，隨時制宜'數語。蓋慮鹵莽從事與拘泥成法者，均有所偏，欲以此救其失也。"

### ◆ 王化醇

化醇字緼之（一作縕之），歷城人，德容子。貢生。官汶上教諭。

### 【香雪吟館詩草一冊】

見《山東通志·藝文》（據本書）、《續修歷城縣志·藝文考》。《續修歷城縣志》本傳作《香雪吟館詩存》。《續修四庫全書總目提要（稿本）》、《清人詩文集總目提要》著錄歷城李氏傳鈔本。

《山東通志·藝文》：是編乃其手橐。其《庚申五十自述》云："兵戈見慣尋常事，患難交深三兩人。"《老農》云："闢地漸看煙火密，沛恩猶記翠華臨。"語皆渾脫。其《挽瀾歌》十二首，意在於正人心，變國俗，纏綿悱惻，得詩人忠厚之遺。又《野鵲曲》、《征雁歌》、《鳩鳩辭》三篇，亦皆比諷深婉，語語從至性中流出。

《續修四庫全書總目提要（稿本）》：是集乃自其手稿傳錄而出，共詩百二十餘首，古今體均有之，亦隨意編次者。化醇詩才清俊渾厚，語從胸臆中出，是頗得風人之旨者。……集末坿《題梅濫存》一冊，蓋化醇善畫梅，此編皆其題畫之作，以七言絕最多，亦間有三言、四言、五言者。化醇爲德容子。德容之詩，即多本色本分語，不事雕繪，清詞麗句，皆從真性情中出。化醇所爲，蓋得於其父者爲多，世之模山範水者，終不能與之同日語也。惜其後裔未能付諸梓人，殊爲可惜耳。

《國朝山左詩彙鈔後集》卷三十載其《冒雪夜宿張店》、《蓬萊曉發》、《春日隨崇雨舲中丞赴金鄉感賦》、《畫梅絕句》（二首），凡五首，小傳注云："緼之爲秋橋仲子，承其家學，詩才甚清，精進不懈，未易測其所至也。"

### 【題梅濫存一冊】

見《山東通志·藝文》、《續修歷城縣志·藝文考》。《續修歷城縣志》本傳作《詠梅雜詩》。

《山東通志·藝文》：化醇善畫梅，此編皆其題畫之作。七言絕最多，亦間有三言、四言、五言者。

《續修歷城縣志》本傳：以畫梅著稱，爲東撫覺羅崇恩所賞。書法亦卓然成家。

### ◆ 畢道遠

道遠字仲任，號東河，室名致用堂，淄川人。道光辛丑（二十一年）進士。歷官禮部尚書，武英殿總裁，玉牒館副總裁，兼順天府府尹。年逾七十致仕。《三續淄川縣志》（卷十）有傳。

其詩文集未見著錄。民國《續修博山縣志》卷十三載其《恩貢生陳豹巖先生父子殉難傳》一篇。民國《單縣志》卷十六載其《詠盧曉亭德政》一首。光緒《高唐州志》卷八《新志八景》詩中載其《爵堤雪影》一首，同卷又載其《徐鳳起墓誌銘》一篇。

### 【畢東河先生手札一卷】

現存：原札本（三十二開），山東省圖書館藏。

### 【畢東河先生家書一卷】

現存：鈔本（摺裝一冊），山東省圖書館藏。

### ◆ 張兆辰

兆辰字北垣，濟陽人，範東孫。道光辛丑（二十一年）進士。歷官川北道，卒於官。民國《濟陽縣志》卷十一有傳。

其詩文集未見著錄。民國《濟陽縣志·藝文》載其《郭公曰崙捐地 爲聞韶書院考棚歲修費 碑記》、《郭家莊創建義學碑記》、《邑侯李公德政碑記》等文。

### ◆ 李煥文

煥文，淄川人。

### 【淄川李氏家譜一卷】

現存：清道光二十二年稿本，山東省圖書館藏，《山東文獻書目》、《中國古籍善本書目》、《中國家譜總目》著錄。有道光二十二年李煥文《序》。

### ◆ 王作畯

作畯，淄川人。

### 【淄川王氏世譜不分卷】

現存：清道光二十四年刻本（四冊），見《山東文獻書目》、《中國家譜總目》著錄。

### ◆ 王嘉桂

嘉桂，長山人。

### 【長山王氏族譜四卷】

現存：清道光刻本，中國科學院圖書館藏，《中國家譜總目》著錄。

### ◆ 王之翰

之翰，長清人。廩生。

其詩文集未見著錄。民國《長清縣志》卷十載其《重修雲遮寺碑記》（道光二十三年立）一篇。

### ◆ 明　廣

廣字道居，禹城人。道光癸卯（二十三年）舉人。

### 【五經精義】

《禹城鄉土志》云："博通經史，註《五經精義》。獨廟居喪，循古禮。巡撫丁文誠公閱所註《五經》與制藝《求是集》，歎曰：'不圖漢儒復見於今。' 延使主講省城尚志堂。堂爲先生立名，亦爲先生命也。未到館卒。丁公匾其門曰'經學傳人'。文誠升川督，携先生《文集》、《五經》去。"

### 【求是集】

是集乃其制藝文，見《禹城鄉土志》。

### ◆ 張嵐奇

嵐奇字曉山，號雨屏，商河人。道光癸卯（二十三年）舉人。光緒六年任盂縣知縣。

### 【盂縣志二十二卷首一卷末一卷】

現存：清光緒八年刻本，南京圖書館、上海圖書館等藏，《北京圖書館普通古籍總目》著錄。

### ◆ 李恩黻

恩黻字稱玉，號笠山，廷榮子。道光癸卯（二十三年）舉人。官兵部主事。

### 【袖雲石屋詩鈔六卷】

《山東通志·藝文》云："是集有採訪刻本。"

現存：清光緒二十六年繡江李氏家塾刻本，青島市圖書館藏，《清人別集總目》、《清人詩文集總目提要》、《青島市圖書館藏山東文獻珍本圖錄》著錄。

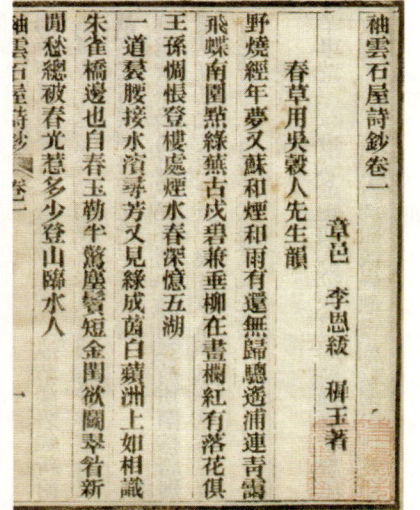

《袖雲石屋詩鈔》六卷　清光緒二十六年繡江李氏家塾刻本

### ◆ 樊維純

維純，鄒平人。

### 【樊氏氏族譜三卷】

現存：清道光二十四年族林堂刻本，濟南市圖書館藏，《中國家譜總目》、《濟南市圖書館館藏古籍書目》著錄。

### ◆ 王榕吉

榕吉字蔭堂，長山人。道光二十四年進士。以知縣分發直隸，歷官延慶、望都、雄縣等州縣，除定州直隸州，升順德府知府，終大理寺卿。

### 【直隸定州續志四卷】

現存：清咸豐十年刻本，中國國家圖書館、上海圖書館等藏，《北京圖書館普通古籍總目》著錄。

## 【長山王蔭堂先生遺著三卷】

現存：民國十四年鉛印本，内蒙古圖書館、清華大學圖書館等藏，《續修四庫全書總目提要（稿本）》、《内蒙古自治區線裝古籍聯合目錄》、《清人詩文集總目提要》著錄。

### ◆ 袁泳錫

泳錫字祉軒，號雪舟，歷城人。道光甲辰（二十四年）進士，選庶吉士，散館授檢討。歷任江西廣信府知府、廣東連州直隸州知州。年甫六十卒於粵。

## 【連州志二十卷】

現存：清同治九年刻本，中國國家圖書館、上海圖書館、南京圖書館等藏，《中國地方志聯合目錄》著錄。

### ◆ 孔昭玠

昭玠字蒠佩，號玉峰，德平人。道光甲辰（二十四年）進士。《德平縣志》卷七有傳，卷十二有廣西學政德州吳華年《文林郎孔公墓誌銘》。

## 【杞園集十四卷】

《山東通志・藝文》據《縣志》著錄，引德州吳華年撰《墓誌》云："雜體等作，磊落嶔崎，光燄萬丈。詩以超渾勝，未嘗規唐摹宋，而太白之雄奇、少陵之真摯，蓋兼而有之。"

《陵縣志》卷十六（光緒增）載其《陵邑沙河古隄記》文一篇，《顏魯公祠》（四首）、《馬頰懷古》等詩。《德平縣志》卷十一載其《蘭坡詩鈔序》一篇；卷十二載其《沙河古堤記》文一篇，《遊臺子寺》、《馬頰晚眺》、《酬周邑侯敏卿》（四首之二）等詩。《德平縣續志》卷十二載其《虛舟詩鈔敘》，及《陵縣顏魯公祠》（四首）、《蕭端蕭公墓》、《臨邑訪來禽館故蹟》等詩十三首。

## 【杞園吟橐八卷】

現存：①稿本，山東省圖書館藏，《中國古籍善本書目》、《山東文獻書目》著錄；《山東文獻集成》影印。②清鈔本（六卷），山東省圖書館藏，《中國古籍善本書目》著錄。③清光緒三十四年刻本（六卷），《中國科學院圖書館新收中文線裝舊書草目》、《清人別集總目》、《清人詩文集總目提要》著錄。④民國排印本（三卷），見《曲阜師範大學圖書館館藏古籍目錄》。

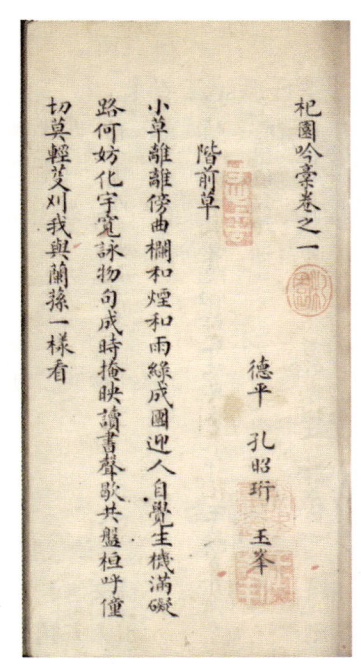

《杞園吟橐》八卷　山東省圖書館藏稿本

### ◆ 黑中孚

中孚字虛舟，德平人。道光間貢生。

## 【詩鈔】

見《德平縣志・選舉》、《山東通志・藝文》。《德平縣續志・藝文》作《黑虛舟詩鈔》。

《山東通志・藝文》：《縣志》載是編云："已梓。"

《德平縣續志》卷十二載孔昭玠《虛舟詩鈔敘》略云："余自幼與虛舟君共研席，其人天性和平，躬行純粹，制藝外兼喜爲詩。每當花朝月夕，輒相與拈韻聯吟，以爲愉快，工拙所不計也。嗣是君之年益壯，學益邃，邑人士咸推爲詞壇名宿。而文章憎命，屢躓場屋，竟以明經老其身，惜矣。因是益得專具力于詩，凡意所欲言，託諸咏吟。古近諸體，裒集成秩。……歲在癸亥，君捐館舍，其猶子冠三以遺集屬爲校錄，且乞一言爲敘。余受而讀之，除少作不存外，詩凡數百首，皆君所手錄者。其中時事之險易，遭際之亨屯，朋友之離合，以及一釣一遊之閱歷，一花一木之情形，無不如脫于口而又妙愜于心。"

《德平縣志》卷十二載其《白麟書院偶成》詩一首。《德平縣續志》卷十二載其《讀正氣歌》一首。

## ◆ 劉開泰

開泰，齊河人。

### 【劉氏族譜二卷】

現存：清道光二十四年聚訓堂刻本（二冊），中國人民大學圖書館藏，《中國家譜總目》著錄。書名據版心題，序題"古祝劉氏族譜"。始祖德新，自明代遷齊地。此爲初修本。

## ◆ 朱廷相

廷相字綸伯，號墨莊，歷城人，畹子。道光甲辰（二十四年）副貢。

### 【仍可軒詩鈔】

見《國朝山左詩彙鈔後集》、《山東通志·藝文》、《續修歷城縣志·藝文考》。現存：清道光間種竹山房刻本（一卷），山東省圖書館、山東師範大學圖書館等藏，《山東省博物館藏明清民國山左學者著述知見錄》、《山東文獻書目》、《清人詩文集總目提要》著錄。

《山東通志·藝文》：《山左詩彙鈔》載是編及之罘王子符祐慶《序》云："綸伯詩清奇生刻，極見撰力，不容一字支吾，更不厮一語凡近。雖寥寥無多，而良工心苦。猶覺唐賢機杼，散在人間。"

《國朝山左詩彙鈔後集》卷二十六載其詩二十四首。

## ◆ 王鍾霖

鍾霖字雨生，號漁陽山人，歷城人。道光甲辰（二十四年）舉人。官長蘆運判。

### 【歷下七十二泉考一卷】

現存：清同治九年素風堂刻本（與《家言隨記》合刻），遼寧省圖書館、吉林大學圖書館等藏，《東北地區古籍綫裝書聯合目錄》著錄；《四庫未收書叢刊》影印。

### 【黃雪香齋古文詩鈔】

《續修歷城縣志·藝文考》據梅寶璐《歷下詩鈔跋》著錄。《續修縣志》本傳（王賢儀附）云："天津梅寶璐爲之編訂，待刊。"

《陵縣志》卷十六（光緒增）載其《看花臺懷古》二首（署"三泉書院山長"），卷十七（光緒增）載其《顏魯公畫像贊碑》（題"唐光祿大夫太子太師邢部尚書魯郡開國公顏文忠公畫像贊并序"，末署"大清同治元年壬戌夏日建兵部車駕司員外郎長蘆天津鹽運分使歷城王鍾霖撰書"）。

### 【國朝歷下詩鈔四卷】

見《山東通志·藝文》（集部總集類）。現存：清光緒四年刻本，上海圖書館、山東省圖書館、北京大學圖書館等藏，《續修四庫全書總目提要（稿本）》、《中國科學院圖書館新收中文線裝舊書草目》、《山東文獻書目》著錄。

《山東通志·藝文》：是編光緒戊寅刊。鍾霖《自序》云："近讀余秋門先生《山左詩彙鈔》，英華集中詩已多見，蹉跎歲月集篋謹藏，虞久而或散失，其何以慰舅父於九京邪？乃爲《歷下詩鈔》，凡集選歷下人詩，又搜求若干詩，舅父未及見者若干詩，共得百八十餘人，詩一千一百數十首，略爲次序，分作四卷。雖未揚海岱之英華，且先彰歷下之名士。如作攬勝圖，秋門全繪名區，霖又畫家山一角，知不免鄉人知近村之誚；然一卷千載，亦聊以補遲慾慾耳。"據本書。

## ◆ 李芳園

芳園字會春，號竹溪，濟陽人。道光甲辰（二十四年）舉人。歷署博山、清平、魚臺等縣訓導，海陽、萊蕪等縣教諭。民國《濟陽縣志》卷十一有傳。

其詩文集未見著錄。民國《濟陽縣志·藝文》載其《侯靜翁先生教思碑誌》一文。

## ◆ 艾紹濂

紹濂字清漪，濟陽人。道光甲辰（二十四年）副貢。歷官山西洪同、華陰、潞城、臨汾等縣知縣。民國《濟陽縣志》卷十一有傳。

### 【續修臨晉縣志二卷】

現存：清光緒六年刻本，上海圖書館、南京圖書館藏。按：紹濂光緒四年由洪洞知縣調任臨晉。

### ◆ 熊衍文

衍文字墨仙，平陰人。道光甲辰（二十四年）歲貢。光緒《平陰縣志》卷五有傳。

其詩文集未見著錄。光緒《平陰縣志》卷七載其《重修紫蓋山孔子廟記》一篇。

#### 【正史腴】

見《平陰縣鄉土志》、《山東通志·藝文》（史部史鈔類）。光緒《平陰縣志·著述》注云："存。"《縣志》本傳云："肆力於史學，採諸史之精華，成《史腴》六卷。"

#### 【餉貧錄四卷】

見《平陰縣鄉土志》（無卷數）、《山東通志·藝文》（據尹彭壽《通志經籍志稿》）。光緒《平陰縣志·著述》注云："存。"《縣志》本傳云："集諸子粹語，彙爲《餉貧錄》六卷。"

### ◆ 張 敉

敉字方山，號醒癡，平原人，翻孫。官雲南楚雄、昭通知府，擢廣東肇羅道。《續修平原縣志》卷十有傳。

#### 【張氏族譜】

張翻原纂，張敉、張璟續補成書。《續修平原縣志·藝文》載奕經《張氏族譜序》（原注"道光癸卯刻"）略云："曩余隨胄子讀書上書房，所受業則光祿卿平原張牧村先生也。今先生文孫問珊持所爲族譜，乞余序。蓋先生當日曾勒有成書，而問珊暨乃兄方山踵而續之者也。"

#### 【滇南竹枝詞】

見《續修平原縣志·藝文》及本傳，本傳云："著有《滇南竹枝詞》數十首，載楚雄郡志。"

### ◆ 張 璟

璟字衡甫，號問珊，平原人，翻孫。以祖廕任刑部員外郎，官浙江溫州府知府、甘肅平慶涇道。《續修平原縣志》卷十有傳。

其詩文集未見著錄。《續修平原縣志》卷十一載《故邑令張公藹亭請崇祀名宦祠公呈》一文，作者題"邑人張璟等"。

#### 【張氏族譜】

與兄敉合纂。見張敉著作。

#### 【東甌試藝】

《續修平原縣志》本傳云："擢浙江溫州府知府，甫下車，以振興文教爲先務，捐俸重修東山書院。公餘輒至，與諸生講論道德文章，立課程，厚將賞，擇文之佳者付剞劂，顏曰《東甌試藝》。"

#### 附【東甌輿頌】

不著編者。據《續修平原縣志》張璟傳，璟官溫州知府有善政，郡人爲建生祠。以憂去官，郡人錄其餞送之章，刊刻成集，曰《東甌輿頌》。

### ◆ 閻燾鵬

燾鵬字圖南，號海樵，德平人。道光己亥（十九年）舉人，乙巳（二十五年）進士。歷主禹城、齊河、商河講席。《德平縣志》卷七有傳。

#### 【綠雨山房試帖一卷】

《德平縣志》本傳云有是編梓行。《德平縣續志·藝文》載是編云："一卷。"

《縣志》卷十二載其詩《古柏》、《楊花曲 任邱道上作》（六首之二），凡三首。

#### 【玉暉堂制藝一卷】

見《德平縣志》本傳（無卷數）、《德平縣續志·藝文》。

### ◆ 王者詔

者詔字鳳詔，號西橋，濟陽人。道光乙巳（二十五年）進士。即用北直，補寶邸，後改山西，所在多德政。告病歸，卒於家。民國《濟陽縣志》卷十一有傳。

其詩文集未見著錄。民國《濟陽縣志·藝文》載其《凌雲楊先生墓表》一文。

### ◆ 何鄰泉

鄰泉字岱麓，號莘野，歷城人。

## 【無我相齋詩選四卷】

見《山東通志·藝文》、《續修歷城縣志·藝文考》（均據本書）。現存：清道光二十五年刻本，中國國家圖書館、青島市圖書館等藏，《清人別集總目》、《清人詩文集總目提要》著錄。

《山東通志·藝文》：是編道光乙巳刊。周樂《序》云："山右劉樵坡庶常僑居濼濱，見岱麓詩而嗜之，擬爲刊以問世，屬余選定。余不辭，爲節存若干首。其詩皆近體，而古作闕如，不能彊爲其不能以精其所能也。岱麓又以其餘力工隸書，世稱之。或過於其詩，則亦非知岱麓者也。"

《續修歷城縣志·藝文考》：范坰《序》略曰：苹野之書，松雪之格也；其詩，則漁洋之調也。松雪之書以婉妙爲工，漁洋之詩以遒峭爲尚，是二者皆近于苹野之爲人，故學之易得其神似。《如好色齋稿》。

《續修歷城縣志》本傳：居近趵突泉，故名鄰泉。少通經史，小試不利，棄去，肆力詩古文辭。工唐隸，與曲阜桂馥齊名。同邑范坰、周樂、馬國翰諸人先後結詩社於湖上，鄰泉均與其會。周樂稱其詩清超秀逸，往往有遠韻。家劇貧而性介，雖素交亦不以一刺干之。同邑賀崇禧令江南，輒欣然往，蓋欲藉以覽六朝舊蹟也。至則凡清涼山、燕子磯、雨花臺、莫愁湖諸勝，題詠殆遍。寓近隨園，躧屨獨遊，徘徊憑弔，深以不及見袁簡齋先生爲恨，歸而詩境大進。著有《無我相齋詩》。

《國朝山左詩彙鈔後集》卷十七載其《避瘧》、

《瓜步山寺記遊》、《湖上餞別王秋查書記》詩三首。

### ◆ 張儒志

儒志，平陰人。

## 【平陰西門張氏家乘不分卷譜系一卷】

現存：清道光二十五年刻本（四冊），日本東洋文庫、美國猶他州家譜學會藏，《美國家譜學會中國族譜目錄》、《中國家譜總目》著錄。

### ◆ 吳　瑩

瑩，陵縣人。

## 【安陵吳氏族譜四卷】

現存：清道光二十六年刻本，中國科學院圖書館藏，《中國家譜總目》、《中國家譜綜錄》著錄。

### ◆ 牛維璿

維璿，章丘人。

## 【陽邱牛氏族譜六卷】

現存：清道光二十六年刻本，中國科學院圖書館藏，《中國家譜總目》著錄。

### ◆ 毛玉成

玉成，歷城人。道光丁未（二十七年）進士。

## 【南寧縣志十卷首一卷】

現存：①清咸豐二年刻本，雲南省圖書館、上海圖書館、天津圖書館藏，《中國地方志聯合目錄》著錄。②鈔本，中國科學院圖書館、上海圖書館等藏，《北京大學圖書館藏古籍善本書目》著錄。

### ◆ 劉金鏞

金鏞字仔韶，濟陽人。歲貢生。民國《濟陽縣志》卷十七有高麟書《劉仔韶先生教思碑誌》。

其詩文集未見著錄。民國《濟陽縣志·藝文》載其《上河伯表》、《修復曲堤鎮聞韶書院募捐疏》、《重修聞韶臺捐疏》等文，《詠俎孝子星魁守墓》、《詠傅節孝》、《己巳中秋登千佛山》、《送張北垣起復引見》、《題畫生菜牡丹》、《詠秋海棠》、《詠

《無我相齋詩選》四卷　清道光二十五年刻本

桃》、《贈別義學諸生》等詩，《有感》詞一首。

### 【星魁純孝詩集】

劉金鏞等撰。民國《濟陽縣志》卷十一《孝友傳》云："俎福旺，字臨五，號星魁，北鄉俎家莊人。家貧，未嘗讀書。性至孝，善事父母，先意承志，終身定省無或間。親歿，喪葬悉如禮。殯後結廬於墓，獨居三年，從未見齒。鄉人嘉其孝，白於縣令楊公，旌其門曰'孝思維則'，並有《星魁純孝詩集》刊行於世。"邑人劉金鏞、王匯川、張梅冬、王子南等俱有詩詠其事，載《縣志·藝文》。

#### ◆ 王匯川

匯川字海若，濟陽人。廩生。

其詩文集未見著錄。民國《濟陽縣志·藝文》載其《詠俎孝子星魁守墓》詩二首。

#### ◆ 張梅冬

梅冬字雪峯，濟陽人。增生。

其詩文集未見著錄。民國《濟陽縣志·藝文》載其《詠俎孝子星魁守墓》詩二首。

#### ◆ 王子南

子南字丙菴，濟陽人。庠生。

其詩文集未見著錄。民國《濟陽縣志·藝文》載其《詠俎孝子星魁守墓》詩。

#### ◆ 杜保泰

保泰，濟陽人。增生。

其詩文集未見著錄。民國《濟陽縣志·藝文》載其《重修杜家水口鎮西橋碑記》（道光二十八年）一文。

#### ◆ 李元緗

元緗字葉初，一字青函，章丘人。道光己酉（二十九年）舉人，同治壬戌（元年）舉孝廉方正。官鉅野訓導。

### 【五子近思錄隨筆註釋十四卷】

現存：①清同治年間刻本，山東省圖書館、濟南市圖書館等藏，《濟南市圖書館館藏古籍書目》著錄。②民國十一年章丘孟維川錄野堂刻本，中國國家圖書館、山東大學圖書館等藏，《山東文獻書目》、《濟

南市圖書館館藏古籍書目》著錄；《山東文獻集成》影印（作《五子近思錄隨筆》）。

《山東通志·藝文》（子部儒家類）據《校經室文集》著錄，作《五子近思錄注釋》十四卷，撰者作李元湘。

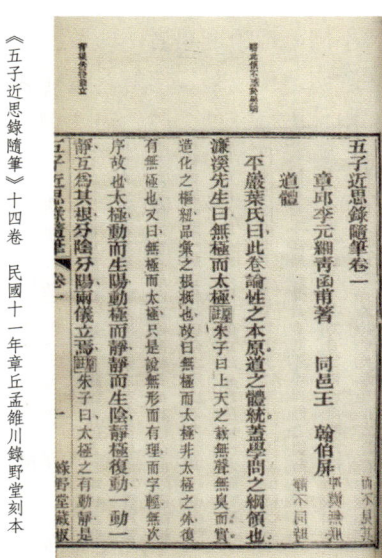

《五子近思錄隨筆》十四卷　民國十一年章丘孟維川錄野堂刻本

### 【居業錄注釋四卷】

《山東通志·藝文》（子部儒家類）據《校經室文集》著錄。現存：民國間善成印務局排印本，中國國家圖書館等藏，《山東師範大學圖書館館藏古籍目錄》、《青島市圖書館藏明清兩代山東人著作簡目》著錄。

#### ◆ 侯功震

功震字百里，歷城人。道光二十九年與姪維垣同舉於鄉。

### 【痘疹大成四卷】

見《山東通志·藝文》、《續修歷城縣志·藝文考》（據本書）。現存：①清同治十年會心閣刻本，中國中醫科學院圖書館、山東大學圖書館等藏，《中醫圖書聯合目錄》、《中國中醫古籍總目》、《中國醫籍通考》、《山東文獻書目》著錄。②清光緒二年侯忠恕堂刻本，山東省圖書館、濟南市圖書館等藏，《中國中醫古籍總目》、《中國醫籍通考》、《山東

文獻書目》、《東北地區古籍綫裝書聯合目錄》著錄。

《山東通志·藝文》：是書訂定於日照許印林。功震《自序》略云："古人著書，各有所長，亦各有所偏。在當日因時制宜，固無可訾議。然氣運靡常，補瀉無定，苟非統會而參觀之，知其孰偏於攻，孰偏於補，取其長而棄其短，難免無一偏之弊。故蒐羅羣書，採擇要言，選集良方，彙爲一編。如同此一證，其論辨不同，治證迥異者，即兼採其說，備載其方，並爲之註明，使攻補、清解、透托諸法，兼備其理，各適其用。庶無一偏之弊，而諸書皆可爲治痘正宗矣。"據本書。

按《續修歷城縣志·藝文考》，功震《自序》作於道光己酉仲春。

《續修歷城縣志·藝文考》又載鄭淑詹《書後》略曰：此書著自歷下侯百里先生，成於日照許印林先生。印林先生，詹之舅氏也，道光己酉在清江監修《說文義證》，旁及此冊。同治癸亥仲夏，先生病，出所訂本示詹曰："此書初刻舛誤極多，經余勘定數月方竣。惜其板自辛酉歲遭兵燹。後改本僅存三冊，以付吾甥，幸續成之。"詹受書而退，亟思有以報之，而有志未逮也。今春三月，乃統舉全冊，復加詳校，既成，因敘其緣起於篇末。同治十年歲次辛未仲冬。

### 【百里囊中集一冊】

見《山東通志·藝文》（據本書）、《續修歷城縣志·藝文考》。《續修縣志》本傳作《囊中集》。現存：清道光刻本（一卷），青島市圖書館藏，《清人別集總目》、《清人詩文集總目提要》、《山東文獻書目》著錄。

《山東通志·藝文》：是編刊本。首長短句，次詩，次雜文。雜文中又間以北曲，編次頗凌雜無序。末又附傳奇四齣，託名公萬里，蓋自寫其牢騷也。詞有豪氣，而造語未工。詩文亦皆率意之作。

### ◆ 李鴻翔

鴻翔，鄒平人。

### 【李氏族譜三卷】

現存：清道光三十年刻本，遼寧省圖書館等藏，《東北地區古籍綫裝書聯合目錄》、《中國家譜總目》著錄。

### ◆ 劉 柏

柏字新甫，歷城人。道光間布衣。《濟南府志》卷五十三有傳。

### 【群經音韻一卷】

現存：清刻本，山東大學圖書館、濟南市圖書館等藏。

### 【四書音韻四卷附韻學入門一卷】

現存：清光緒八年東昌鮑乾元刻本，山東省博物館藏，《山東文獻集成》影印。前有道光九年劉家龍《序》略云："余自束髮受書，學爲吟哦，而於音韻翻切之學，至今茫乎莫識也。不得已，取《佩文》各字，編爲四言，勤讀默記之，以爲積少成多之業。所謂銖銖而稱，寸寸而量，記稱記問之學，不足以爲人師，其僕之謂與？己丑臘，解館歸，有同宗新甫先生郵寄書一冊，詳閱之。首載《韻學入門》，紙僅十餘葉，而條辨開口、合口、齊齒、撮口者甚詳。非精於音韻之學，其能如是之簡而賅乎？僕於此道，未有聞知，不敢妄贊一語。至其書後數卷，則取《四書》、《五經》積字，字字考核而明辨之，何聲、何韻、何切、何音，及有他音、他義、他形者，詳爲臚列，俾閱者一目了然。是真有益於吾人讀書之事，而爲世間所不可少之書也。此書也，在才力有餘、優於記誦者，固可熟讀而默記之；即年力已過者，各置一冊於案頭，訓蒙時檢閱而授，亦不致陳陳相因，承訛踵謬，而誤及後生也。"

《續修歷城縣志·藝文考》據採訪刻本著錄《四書五經音韻》二卷。

### 【五經音韻五卷】

現存：民國二十六年泰和堂鈔本，山東大學周洪才藏，《山東文獻集成》影印。是書取《詩》、《書》、《易》、《禮記》、《春秋》五經之字，按次排列，體例與《四書音韻》同。

### ◆ 季倖常

倖常字祿門，歷城人。道光間諸生。

### 【崰麓草堂吟草一卷】

見《山東通志·藝文》（作一冊）、《續修歷城

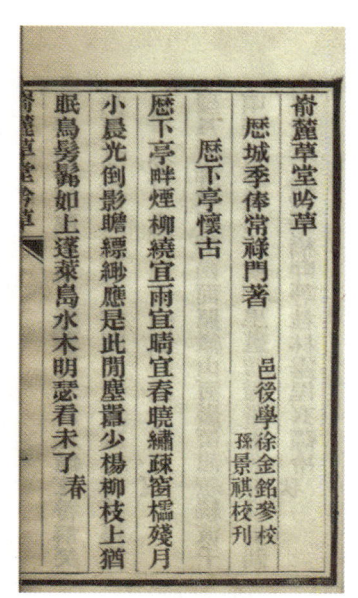

《嵰麓草堂吟草》一卷 民國九年歷城季景祺九芝堂刻本

嵰麓草堂吟草

歷城季倬常祿門著

邑後學徐金銘參校
孫景祺校刊

歷下亭懷古

小長光倒影聽飄緲應是此間歷翼少楊柳枝上猶眠鳥驚歸如上蓬萊島水木明惡看未了春

歷下亭畔煙柳繞宜雨宜晴宜春曉繡疏窗櫳殘月

---

黃鶴樓上崔顥題詩也。今秋，余由平陵改館都中，方擬函致友龍，囑求先生遺稿。而友龍自濟南寄一冊，並爲索敘。余展讀一過，爲余素所已鈔者半，未聞者半，不禁色爲喜，心乎愛，援筆錄之，更不一句遺。轉恨先生之全稿爲祝融所妒，僅留此三十餘篇也。雖然，古詩三千，祇存三百，先生《吟草》雖止此，其亦古詩之《三百篇》乎？余不文，未足以表章此冊，承友龍囑，聊爲是以誌欽佩。至詩之風雅與先生之行名，有耳目者所共悉，不待余言，言亦不足爲先生重耳。己未冬十一月泗水宋玉琦序於北京宣武門外崇德講學舍。

### ◆ 蔡景濂

景濂，歷城人。

**【夢草軒詩稿】**

《續修歷城縣志·藝文考》據蔡雨田鄉試硃卷履歷著錄。

### ◆ 侯明羲

明羲，歷城人。

**【養疴集】**

《續修歷城縣志·藝文考》據侯慶霖鄉試硃卷履歷著錄。慶霖，光緒十五年己丑恩科舉人。

### ◆ 王 偁

偁字孟陽，號曉堂，又號峋陽山人、鵲華館主人、瓶花閣主人。大名人，居濟南。

**【瓶花閣叢刻七種四十八卷】**

《續修四庫全書總目提要（稿本）》著錄清道光間刻本（題濟南王曉堂撰）。

**【匡山叢話五卷】**

現存：①清道光十一年敦邱王氏鵲華館刻《鵲華館三種》本，清華大學圖書館藏，《中國叢書綜錄》、《續修四庫全書總目提要（稿本）》著錄。②清道光間羅田潘氏刻《臥園全集》本，湖北省圖書館藏，《中國叢書廣錄》著錄。

---

縣志·藝文考》（一冊，據鈔本）。《續修四庫全書總目提要（稿本）》著錄鈔本。現存：民國九年歷城季景祺九芝堂刻本，中共山東省委黨校圖書館、山東省圖書館等藏，《清人別集總目》、《清人詩文集總目提要》著錄；《山東文獻集成》影印。前有同邑宋按遠撰《季祿門先生墓表》，己未泗水宋玉琦《序》，民國庚申王廷槐《序》，庚申同邑李福鑾《序》。末有庚申季景祺《跋》。

《山東通志·藝文》：是冊計古近體詩三十首。冊首載同邑高駿聲撰《傳》云："著有《嵰麓草堂吟草》四卷，未梓，毀於兵燹。此祿門手稿之僅存者。"

按：冊中《終軍請長纓歌》轉韻七古，頗有唐人矩矱。其《詠開元寺大佛頭》"千年日月雙丸擲，萬古江山一目收"，《白雪樓懷古》"世界豪華原過客，古今寥落此荒邱"句，亦菲菲有氣勢。

宋玉琦《序》：客歲余館平陵，讀《山東通志》，於藝文類見載有《嵰麓草堂吟》"大佛頭"、"白雪樓"諸句，怳若曾經耳熟，曾經手鈔者。因憶乙卯歲，繡江賈君友龍同余在岱南道署設帳聯牀者七閱月，又同在道立公校主中文。暇時縱酒談詩，爲述其外高祖季祿門先生詩中佳句。余以爲雄渾似老杜，流麗似香山，悉筆諸冊，存爲詩話，計將倣而摹之也。嗣僑寓灤源，每泛明湖，輒思先生《歷下亭》、《百花洲》、《懷古》諸什，雖當寢饋，亦歷歷如在目前。嘗爲詩社友人作《白雪樓懷古》各律，《明湖竹枝詞》若干首，極意倣摹之，百無一似。乃益歡先生之作，允如

【明湖韻事一卷】【花外傳香一卷】

有道光間刻《瓶花閣叢刻》本，見《續修四庫全書總目提要（稿本）》（作濟南王曉堂撰）。

【歷下偶談十卷續編十卷】

現存：清道光十一年敦邱王氏鵲華館刻《鵲華館三種》本，清華大學圖書館藏，《中國叢書綜錄》、《續修四庫全書總目提要（稿本）》著錄。

【嶧陽詩說八卷】

現存：清道光間潘氏刻《臥園四種》本，湖北省圖書館藏，《中國叢書廣錄》、《山東文獻書目》著錄。又收入《王曉堂雜著》，中國國家圖書館藏。

【瓣香雜記五卷】

有道光十四年刻本，見《續修四庫全書總目提要（稿本）》。

【名媛韻事五卷】

現存：清道光間羅田潘氏刻《臥園全集》（一名《臥園四種》）本，湖北省圖書館藏，《中國叢書廣錄》、《山東文獻書目》著錄。另有道光十三年瓶花閣刻本，見《清詩話考》、《新訂清人詩學書目》。

◆ 陳 田

田字書圖，歷城人。

【醫書】

《續修歷城縣志·藝文考》引陳永修《鮑西樓文鈔》云："書圖族叔家傳，著有《醫書》數卷，可傳於世。"

◆ 程蔚占

蔚占字伯孚，歷城人。歲貢生。

【十一經旁訓三十四卷】

見《續修歷城縣志·藝文考》，注云："鈔本。"

【行樂草二卷】

《山東通志·藝文》（據《續修縣志稿》）、《續修歷城縣志·藝文考》（題注：鈔本）。

《續修歷城縣志》本傳：貢成均後無志進取，隱於車角山，肆力於經史子集，以及天文、地理、陰陽、律歷諸書，無不披覽。所著詩古文詞，積成卷軸，燬於兵燹，世甚惜之。

◆ 程翼朱

翼朱字子範，歷城人，蔚占子。諸生。精琴理。咸豐辛酉禦捻陣亡。

【慎履堂詩草一卷】

見《山東通志·藝文》（據《續修縣志稿》）、《續修歷城縣志·藝文考》（據鈔本）。

◆ 蓋 鏡

鏡字饒洲，歷城人。諸生。

【虛白齋詩草】

見《山東通志·藝文》、《續修歷城縣志·藝文考》（均據《山左詩彙鈔》）。

《國朝山左詩彙鈔後集》卷二十六載其《日暮夢村濟濱招飲》、《歲暮家居》、《初雪》、《詠史》詩四首。小傳注云："饒洲與予同受知於錢黻堂師，補博士弟子員，食餼後屢困棘闈。詩委婉有情，周二南嘗採入《詩話》中。茲特檢存數首云。"

◆ 高樹德

樹德字雲巢，歷城人。諸生。

其詩文集未見著錄。《國朝山左詩彙鈔後集》卷二十六載其《書齋即事》、《齋中示及門諸子》詩二首。

◆ 郭繼周

繼周字夢樓，歷城人。

【客窗夜雨集】

見《山東通志·藝文》、《續修歷城縣志·藝文考》（均據《山左詩彙鈔》）。

《國朝山左詩彙鈔後集》卷二十六載其《同朱瞻雲高書林遊趵突泉》等詩五首。

◆ 李凝芳

凝芳字香珊，歷城人。諸生。

【凝香館詩文集】

見《山東通志·藝文》、《歷城縣志·藝文考》及本傳。

◆ 姜 玫

玫，歷城人。

【養蒙堂詩文稿】

《續修歷城縣志·藝文考》據姜遇賚鄉試硃卷履歷著錄。

◆ 孫蘭枝

蘭枝字香雨，歷城人。諸生。

【華不注山房詩】

見《山東通志·藝文》、《續修歷城縣志·藝文考》（均據《山左詩彙鈔》）。

《國朝山左詩彙鈔後集》卷三十載其《校刊〈滄溟集〉成因賦》、《詠古》詩二首，卷三十九載其《脫裘歌》、《贈王秋橋先生》等詩八首。

◆ 翟玉衡

玉衡，歷城人。

【十三經集字音義】

《續修歷城縣志·藝文考》云："據吳毓春鄉試硃卷履歷，卷未詳。"

◆ 周宗熙

宗熙，歷城人。

【摹古法書十卷】

《續修歷城縣志·藝文考》據《家言隨記》著錄。疑即周宗照《摹古法帖》十卷之訛也。

◆ 朱大田

大田，歷城人。

【蛾術軒詩文稿】

見《續修歷城縣志·藝文考》，注云："據朱學猷鄉試硃卷履歷。卷未詳。"

◆ 朱 壦

壦，歷城人。

【雙峰文稿】【綠玉堂詩】

《續修歷城縣志·藝文考》據朱學猷鄉試硃卷履歷著錄。

◆ 朱 汲

汲，歷城人。

【南山詩鈔】

《續修歷城縣志·藝文考》據朱學猷鄉試硃卷履歷著錄。

◆ 李福鑾

福鑾，歷城人。歲貢生。

其詩文集未見著錄。《齊河縣志》卷三十二載其《星蟾馬公家傳》、《馬公星蟾德配李孺人家傳》文二篇。

◆ 彭脉泉

脉泉字繡源，章丘人，監生。

【竹軒詩稿】

見《國朝山左詩彙鈔後集》、《山東通志·藝文》（據《繡水詩鈔》）。

《國朝山左詩彙鈔後集》卷三十五載其《秋夜》、《日暮》詩二首（據吳連周《繡水詩鈔》）。

◆ 張道存

道存字於中，號雨村，章丘人。增廣生。篆刻蒼古，工詩。

【詠史蠡管】

道光《章邱縣志·藝文》、《濟南府志·經籍》、《山東通志·藝文》（史部史評類）。

◆ 隗宗瀛

宗瀛字海門，號雪舫山人，章丘人。

【雪舫山人詩草四卷】

見《山東通志·藝文》。現存：清石印本（三卷），青島市圖書館藏，《青島市圖書館藏明清兩代山東人著作簡目》、《青島市圖書館藏線裝書目錄初稿》著錄。《續修四庫全書總目提要（稿本）》作四卷。

《山東通志・藝文》：是編有石印本。同邑王翰《序》云："五言如'黃花欄石壁，紅葉焭山茶'、'院仄難容月，牆高不見春'、'雲開天走月，露下葉飛柯'、'林雨花魂爽，園春草夢蘇'，七言如'飛鳥沒邊天勢下，平蕪遠處地形高'、'對影偏宜三徑月，簪花不礙一頭霜'、'詩如上水舟難進，命似沾泥絮不飛'、'老去詩篇常在手，客中風月最關心'，皆清真雅健，媲美古人。"據本書。按：集中七言如《春草》云："荒陵古道侵遊屐，小雨微風點落花。"五言如《閒居》云："久坐看雲變，遲眠待月生。"其雅陳渾脫，似較《序》所舉諸聯爲勝。惜骨法太弱，有好句而鮮佳篇耳。

## ◆ 于秉信

秉信字君執，號陵山，章丘人。諸生。

其文集未見著錄。道光《章邱縣志・藝文補遺》載其《龍灣記》文一篇。

### 【讀史長句一卷】

見《山東通志・藝文》（史部史評類）。《續修四庫全書總目提要（稿本）》著錄清道光刻本（附於《醉月亭詩》後）。

《山東通志・藝文》據本書著錄，提要云："是書刊於道光丙午。其門人吳連周《序》略云：'《讀史長句》一篇，先生自註，命余小子周謹錄以質之愚溪先生者也。自盤古以逮勝朝，綜上下數千百年間治亂得失，正閏修短，作爲長篇，舉古今來事，宏綱細目，瞭如運諸掌也。其津逮後學者，不已多乎！'"

### 【醉月亭詩一卷】

《續修四庫全書總目提要（稿本）》著錄清道光刻本（題《醉月亭詩坩讀史長句》一卷），提要略云："秉信爲詩，具有高潔之懷，超逸之志，如晴天放鶴，盤翥雲霄，頗有矯矯不群之概。如《聞雁》云：'風吹木葉氣蕭森，幾夜空齋烟雨沈。蟲爲鳴秋聞太息，詩緣敲律費長吟。燒殘銀燭將書檢，倚倦青奴入夢深。底事征鴻又南去，聲聲嗚咽感人心。'又《擬唐人出塞詩》云：'絕塞濛茫鼓角哀，旌旗拂處戰雲開。將軍一夜陰出北，直抵黃龍痛飲回。'等篇，亦可謂雅

似醇，閎而不肆，可入唐人之室者。"

《章邱縣志・藝文》、《濟南府志・經籍》作《醉月亭詩稿》，無卷數。《國朝山左詩彙鈔後集》作《醉月亭詩草》無卷數。《山東通志・藝文》作《醉月亭遺詩》一卷。

《國朝山左詩彙鈔後集》卷三十五載其《醉書長句寄懷繩武》、《寒食危山下遇郭渭濱兼訊李瑾齋》等詩十五首（據吳連周《繡水詩鈔》）。

## ◆ 孟傳璿

傳璿字在星，章丘人。諸生。官壽光縣教諭。

### 【贈雲山館遺詩三卷】

見《國朝山左詩彙鈔後集》、《山東通志・藝文》。現存：清道光二十四年章丘孟氏安素堂刻本，中國國家圖書館、上海圖書館、山東省圖書館等藏，《續修四庫全書總目提要（稿本）》、《清人別集總目》、《清人詩文集總目提要》著錄；《山東文獻集成》影印。

《山東通志・藝文》：是集道光甲辰刊。李廷榮《序》云："五言於沖澹之中寓深醰之旨。七言則奇情鬱勃，出入於昌黎、長吉間。"據本書。《慤齋詩話》云："在星五律頗佳，如'雲影淡春色，鳥聲喧午晴'、'天寒增水白，煙重失山青'，皆可愛。"又云："孟在星《閨怨》云：'門前桃李花，春風倚簾箔。年年見花開，歲歲見花落。'祇似閒閒寫景，可謂怨而不怒者矣。"

《國朝山左詩彙鈔後集》卷二十四載其詩三十七首，卷三十七載其詩十首。

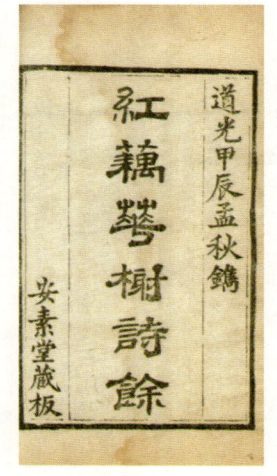

《紅藕花樹詩餘》一卷　清道光二十四年章丘孟氏安素堂刻本

## 【紅藕花榭詩餘】

見《山東通志·藝文》（集部詞曲集）。現存：清道光二十四年章丘孟氏安素堂刻本（一卷，與《贈雲山館遺詩》合刊），山東省圖書館等藏；《山東文獻集成》影印。

《山東通志·藝文》：是編刊坿《遺詩》後。李廷榮《序》云："超逸之中，兼饒豪邁。出其抑塞磊落之才，發爲慷慨悲歌之調，情韻肆溢，殆如秋雲在空，變幻莫測。"據本書。

### ◆ 胡靜淑

靜淑，章丘人，同邑彭璨妻。

## 【絳雲軒詩稿】

《山東通志·藝文》著錄，引《縣志·列女》云："通書史，工吟詠。歸諸生彭璨，倡和之作詞多清麗。年三十，璨沒，白燕黃鵠，每託哀音。"

### ◆ 馬　氏

章丘劉振鏞母。

## 【寒清詩草】

見《山東通志·藝文》（據《繡水詩鈔》）。

### ◆ 李廷環

廷環，鄒平人。增生。

## 【李氏後天補遺】

見《縣志》。

### ◆ 劉逢源

逢源字道泉，鄒平人。諸生。

## 【天文考】

見《鄒平縣志》、《山東通志·藝文》（子部術數類）。

### ◆ 楊和庵

和庵，名不詳，道光時淄川人。

## 【紹衣堂偶記一卷】

現存：稿本，山東省圖書館藏。

### ◆ 畢奎麟

奎麟，淄川人。

## 【淄川畢氏世譜不分卷石塘塢支譜一卷附錄一卷】

現存：清道光十二年西鋪莊刻本，山東省圖書館、日本東洋文庫藏，《中國家譜總目》著錄。

## 【畢氏家乘一卷】【南村畢氏家譜一卷】

現存：清鈔本，中國國家圖書館藏，《中國古籍善本書目》、《山東文獻書目》著錄。

### ◆ 孫在沟

在沟字少泉，淄川人。廩生。殫心經術，尤沈潛於宋儒性理之學。

## 【易經解義】

見《三續淄川縣志》，云燬於火。

## 【春秋解義】

《三續淄川縣志》云：燬於火。

## 【孟子年譜】

《三續淄川縣志》云：燬於火，無存稿。

### ◆ 孫景曾

景曾字會一，淄川人。監生。《濟南府志》卷五十四有傳。

## 【萬綠園詩草】

見《濟南府志·經籍》、《山東通志·藝文》。

### ◆ 趙　鏞

鏞原名景徽，字元振，淄川人。庠生。

## 【儀禮集解】

見《三續淄川縣志》。

## 【廣輿圖】

見《三續淄川縣志》。

## 【治安掇言】

《三續淄川縣志》云："賦性剛正，志趨遠大。值廣西洪、楊倡亂，中原鼎沸，乃慨然有濟世志，棄舉業，習武備，討論孫、吳兵書暨載籍之有關經濟者。精製火器。嘗造一葫蘆，貯火其中，經月餘不滅，將用時拔其塞，遠射數丈外，誠戰攻利器也。適劉逆據城，僧邸帥督師蒞淄，有薦鏞知兵者，邸帥欲聘請勷辦戎事，以親老力辭乃已。亂後結茅西野，顏其齋曰'新吾'，授徒講道，益肆力於有用之學。"

### ◆ 孫克昌

克昌字恃德，淄川人。諸生。

## 【西谷詩草】

《山東通志·藝文》著錄，引《憨齋詩話》曰："其《秋夜懷友》云：'玉露滴空林，寒蛩鳴不歇。相思故人情，皎皎三更月。'《清明》云：'青山迢遞日初斜，溪水磷磷漾淺沙。一架秋千人不見，東風開遍小桃花。'"

### ◆ 曹樹本

樹本字務亭，淄川人。

## 【務亭詩草初編一卷】

現存：清咸豐間刻本，青島市圖書館藏，《清人別集總目》、《清人詩文集總目提要》著錄。

### ◆ 韓謹修

謹修字敬亭，淄川人。諸生。《濟南府志》卷五十四、《三續淄川縣志》（卷九）有傳。

## 【荊山偶話】

見《濟南府志·經籍》、《三續淄川縣志》本傳、《山東通志·藝文》（子部小說類）。

## 【桐軒詩草】

見《濟南府志·經籍》、《三續淄川縣志》本傳、《山東通志·藝文》。

### ◆ 王廷楠

廷楠字楚村，淄川人。貢生。《濟南府志》卷五十四、《三續淄川縣志》（卷十）有傳。

## 【睡餘草】

見《濟南府志·經籍》、《山東通志·藝文》（據《府志》本傳作《睡餘稿》，又據《鄉土志》另立《睡餘軒稿》一目）。《濟南府志》本傳、《三續淄川縣志》本傳作《睡餘軒稿》。

## 【樹滋堂課藝】

見《濟南府志·經籍》及本傳。

### ◆ 王廷梓

廷梓字少林，號守愚，淄川人。歲貢生。以經藝教授生徒，晚任高密訓導。《濟南府志》卷五十四有傳。

其詩文集未見著錄。《三續淄川縣志·藝文》載其《步張石橋明府留別元韻》詩一首。

### ◆ 韓映坤

映坤字介貞，號念坡，淄川人。太學生。《三續淄川縣志》（卷十）有傳。

## 【經驗良方集解】

《三續淄川縣志》云："耽醫學，採輯醫方，詳加註解，題曰《經驗良方集解》，藏于家。"

### ◆ 袁如愚

如愚字愚山，淄川人。廩貢生。七入棘闈不第，隱居教授，從游者多成名。《三續淄川縣志》（卷九）有傳。

## 【大生堂著作】

《三續淄川縣志》本傳云："有《大生堂著作》數種行世。"

### ◆ 成滙典

滙典字輯五，淄川人。諸生。

其詩文集未見著錄。《三續淄川縣志·藝文》載其《過臨谿居 張蜀峯書齋》詩一首。

### ◆ 呂自東

自東字豐注，號木齋，淄川人。諸生。

其詩文集未見著錄。《國朝山左詩彙鈔後集》卷三十五載其《即事》詩一首（據馮繼照《般陽詩萃》）。《三續淄川縣志·藝文》載其《游懼趄崖》詩一首。

### ◆ 李桂芳

桂芳字丹亭，淄川人。諸生。

其詩文集未見著錄。《國朝山左詩彙鈔後集》卷三十五載其《同曹孝廉游龍泉寺》詩一首（據馮繼照《般陽詩萃》）。《三續淄川縣志·藝文》載其《同曹孝廉游龍泉寺》詩一首。

### ◆ 王文煥

文煥號玉泉，淄川人。諸生。

其詩文集未見著錄。《三續淄川縣志·藝文》載其《忘機園 昌國城鄒氏園》詩一首。

### ◆ 耿恂

恂號雲樵，新城人。

### 【藕香書屋詩鈔一卷】

現存：清道光七年刻本，青島市圖書館藏，《青島市圖書館藏山東文獻珍本圖錄》、《清人別集總目》、《清人詩文集總目提要》著錄。

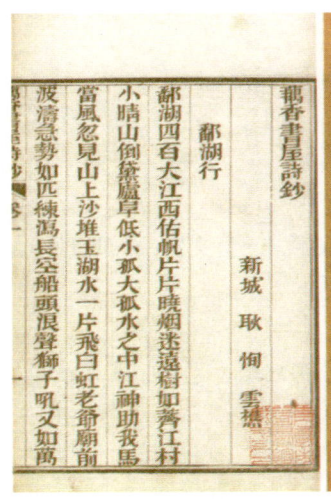

《藕香書屋詩鈔》一卷　清道光七年刻本

### ◆ 何業宜

業宜號莪庵，新城人。

### 【莪庵詩】

《山東通志·藝文》：《憨齋詩話》云："近閱莪庵詩，最愛其一絕云：'山堂寂無人，樽酒不堪把。一夜秋風高，黃葉滿窗下。'又《警句》云：'秋河映高閣，斜月入疏簾。'"

### ◆ 陶淑

淑字夢琴，新城人，陶卓亭第四女，寧陽周炳如妻。道光間在世。

### 【綠雲樓詩存】

見《歷代婦女著作考》。

### 【菊籬詞一卷】

現存：①清末南陵徐乃昌編《閨秀詞鈔》清稿本，臺灣"國家圖書館"藏，《國家圖書館善本書志初稿》著錄。②清光緒二十一年至二十二年南陵徐氏刻《小檀欒室彙刻閨秀詞》第六集本，首都圖書館、北京大學圖書館、上海圖書館等藏，《中國叢書綜錄》、《東北地區古籍綫裝書聯合目錄》著錄。

### ◆ 成茂桂

茂桂字聯五，齊東人。增生。受學於劉春臺，後從遊諸城孝廉劉殿鏡、廣饒貢生成象乾，舌耕垂十年。《齊東縣志》卷五有傳。

### 【蓮伍文存一卷】

見民國《齊東縣志·著作》。《縣志》本傳云："為文斧藻經史，縱橫抗論，具有特示。然不存稿。歿後友人蒐輯成帙，付梓印行，命曰《蓮五文存》。"

### ◆ 何學周

學周字景先，禹城人。

### 【讀書法六卷】

見《山東通志·藝文》。現存：清咸豐四年刻本，東北師範大學圖書館藏，《山東文獻書目》、《東北地區古籍綫裝書聯合目錄》著錄。中共山東省委黨校圖書館藏不全本一冊，僅前二卷。

《山東通志·藝文》：是編有刊本。大致本程端禮《讀書分年日程》而推衍之，以朱子六條為綱領，終以立志諸格言。

## 【性理論新裁一卷】

《山東通志‧藝文》云："共二十篇。見《採訪冊》。"《禹城縣鄉土志》作《性理論》。

### ◆ 邢廣虞

廣虞字寅五，號裏哉，臨邑人。貢生。官冠縣訓導。咸豐甲寅殉難，贈國子監學錄銜。《臨邑縣志》卷九有傳。

## 【來禽館姓氏圖說】

見《臨邑縣志‧藝文上‧著述》。

## 【來禽館興廢紀略】

見《山東通志‧藝文》（史部地理類）。《臨邑縣志‧藝文上‧著述》作《來禽館興廢記畧》。

## 【孝弟慈易行淺說】

見《臨邑縣志‧藝文上‧著述》、《山東通志‧藝文》（子部儒家類）。

### ◆ 馬鴻軒

鴻軒字南溟，臨邑人。廩生。《臨邑縣志》卷九有傳。

## 【文集】

見《臨邑縣志》本傳。《山東通志‧藝文》別集類著錄《馬鴻軒文集》，誤鴻軒爲章丘人，提要引《縣志》本傳云："善屬文，不甚拘理法，而能自抒所見，有大家風力。早卒，有《文集》藏於家。"

### ◆ 邢　慈

慈字保赤，臨邑人。

其文集未見著錄。同治《臨邑縣志》卷十一載其《四鄉創立義學記》。又《縣志》卷末有其道光十七年《後序》一篇。

### ◆ 李　桐

桐字嶧陽，長清人。貢生。

## 【五峰山手鏡】

《山東通志‧藝文》（史部地理類）著錄，引大興邵承照《五峰山志序》云："嶧陽嘗以纂志爲言，錄有《手鏡》。嶧陽歿，其子恒經出以授余。余就其稿本，討論而修飾之。"

## 【五峯山志二卷】

見民國《長清縣志‧邑人著述》（無卷數）。現存：清光緒大興邵氏刻《安樂延年室叢書》本，清華大學圖書館、天津圖書館等藏，《北京圖書館普通古籍總目》、《中國叢書綜錄》著錄。

### ◆ 郝永年

永年號南山，陵縣人。諸生。

## 【槐蔭軒文稿】

見《陵縣志》、《山東通志‧藝文》。

### ◆ 吳養純

養純，陵縣人。廩生。

其詩文集未見著錄。《陵縣志》卷十六載其《鬲國通津》、《神頭曉氣》、《北郭妝臺》、《南橋鐵板》等詩。《神頭曉氣》詩云："厭次城今圮，空餘曉氣真。仙居懸碧落，幻境絕紅塵。雉堞籠烟古，虹橋洗雨新。祖龍曾駐輦，遺事說贏秦。"

### ◆ 路秉直

秉直字君實，商河人。諸生。

## 【集喪禮一卷】

見《商河縣志》、《山東通志‧藝文》（經部禮類）。

### ◆ 孫廷奎

廷奎，平陰人。廩貢。署肥城、恩縣、長清教諭。

## 【居家二十記】

光緒《平陰縣志‧著述》、《山東通志‧藝文》（據尹彭壽《通志經籍志稿》，入子部雜家類）。

## 【蓮溪閒吟】

見光緒《平陰縣志‧著述》。

## ◆ 朱慶瀾

慶瀾字大觀，平陰人。

### 【朱子家訓填詞】

見光緒《平陰縣志·著述》及本傳（本傳作朱瀾慶）。

### 【惺惺齋四種】

見光緒《平陰縣志》本傳，子目不詳。《縣志·著述》作《惺惺齋》四卷。又《縣志》本傳作朱瀾慶，疑誤。

## ◆ 張汝棟

汝棟字淑其，平陰人。庠生。

### 【摹古山房集四十八卷】

光緒《平陰縣志》本傳云："著《摹古山房集》，上窺結繩，下至宋元，無所不備，手錄而訂輯之，爲卷四十有八，巨觀也。"《縣志·著述》無卷數，注云："未梓。鈔冊四函，其子姓售於肥城教諭昌樂陳子端。"

## ◆ 張廣堡

廣堡，平陰人。

### 【方輿覽勝備攷】

見光緒《平陰縣志·著述》、《平陰縣鄉土志》、《山東通志·藝文》（史部地理類）。光緒《縣志·著述》云："咸豐辛酉燬於兵燹。"

## ◆ 朱學閭

學閭，平陰人。

### 【識字蒙求】

《山東通志·藝文》（子部類書類）據《鄉土志》著錄。光緒《平陰縣志·著述》云二卷。

## ◆ 朱衍藎

衍藎字念臣，平陰人。增生。光緒《平陰縣志》卷五有傳。

### 【寄生草詩薹】

光緒《平陰縣志》本傳云，有是書藏於家。

## ◆ 朱衍峋

衍峋，平陰人。

### 【贅翁詩草二卷】

光緒《平陰縣志·著述》云梓有此書。

## ◆ 張衍釗

衍釗，平陰人。

### 【移花窗詩草】

見光緒《平陰縣志·著述》。

## ◆ 李鳳諾

鳳諾字麟書，原名綏年，字雪田，學者皆稱雪田先生，淄川人。咸豐元年辛亥恩科舉人，年已六十二。六十九歲卒于家。

### 【春雨樓隨筆】

《三續淄川縣志》本傳云："善古文駢散諸體，然所作不自愛惜，脫稿輒隨手散去。偶有存者，名《春雨樓隨筆》，兵燹後燬于火。"《三續縣志·藝文》有孫濟泰《春雨樓稿序》。

## ◆ 林元薾

元薾字馥菴，歷城人，濬源孫。咸豐元年舉鄉試第一人。以知縣揀發陝西，權石泉縣事。

### 【團練法】

《續修歷城縣志》本傳（林坦附傳）云："時烽燧未清，元薾籌民食，固城防，民賴以存活。手輯《團練法》，大府善之，飭屬遵行。"後移權長安，以積勞卒於任。

## ◆ 郎峒雲

峒雲，德州人。咸豐元年辛亥恩科舉人。

其詩文集未見著錄。《德縣志》卷十六載其《自武城歸至別墅即景有作》詩一首。

## ◆ 封兆衡

兆衡，德州人。

其詩文集未見著錄。《德縣志》卷十六載其《馬翰卿表弟索書素箋口占贈之》詩一首。

### ◆ 李慶翱

慶翱原名綖，字公度，號小湘、霄驤，歷城人。咸豐壬子（二年）進士。歷官河南巡撫。事蹟詳《續修歷城縣志·列傳二》。

#### 【來青館詩鈔二冊】

見《山東通志·藝文》（據本書）、《續修歷城縣志·藝文考》（題注：鈔本）。現存：清鈔本（二冊，不分卷），濟南市圖書館藏，《濟南市圖書館館藏古籍書目》、《續修四庫全書總目提要（稿本）》、《清人詩文集總目提要》著錄。

《山東通志·藝文》：是編乃李氏家藏稿本經法偉堂選定者。五言如《靜海旅舍題壁》之“長途憐病馬，古寺下神鴉”，雅健而有神韻；《詠螢》之“著人都不熱，處晦亦能明”，比物託興，切而不纖。七言如“即景詩宜題壁記，今宵月是故鄉明”、“生憎悉索搬薑鼠，暫息紛囂奪樹鴉”、“酒好須留明日醉，詩多恐被世人嗤”，皆運思清婉。其《沙河道中》“沙漬斷橋沈水白，雲摩遠岫插天青”一聯，音節高亮，工於鍊字而不累氣，尤佳。

#### 【來青館雜體詩賸二卷】

李福淶編。現存：清李福淶鈔本，濟南市圖書館藏，《濟南市圖書館館藏古籍書目》著錄。

### ◆ 楊毓琦

毓琦字資璞，歷城人。例貢。

#### 【詩草】

《續修歷城縣志》本傳云：“臨清州牧葛君延課其子，並司啓事。葛素以筆墨自雄，幕友箋啓，任意竄塗，惟毓琦所作，一字未嘗輕易。李慶翱任晉藩時，請假回籍，補行守制。適毓琦自臨清旋省，偶爲代擬上晉撫鮑公稿。慶翱一見異之，遂函致葛，借賢一月，料理所積箋札。凡碑銘、傳誌、題跋、序文，隨意裁製，無不愜懷。慶翱假滿回任，因與俱西，賓榻數年，禮遇優厚。及爲豫撫，仍掌書記兼奏牘，賓僚所擬箋奏有未合者，皆屬其筆削，或另草焉。及慶翱去官，攜同歸里，優游林下，時復詩酒唱酬，而筆札事仍代

之。毓琦詩古文詞，極爲一時諸鉅公所推許。濼源書院山長匡源嘗語人曰：‘他人長於此，或短於彼。如資璞，全才也。’顧毓琦雅不欲炫名，所作稿隨手散佚，或爲人攫去，存者僅《詩草》數冊而已。”

### ◆ 傅夢舉

夢舉號霖圖，新城人。咸豐壬子（二年）舉人。官濱州學正。《重修新城縣志》卷十八有傳。

#### 【文會錄】

《重修新城縣志·藝文》據《傅氏家乘》著錄。

#### 【誌傳鈔】

《重修新城縣志·藝文》據《傅氏家乘》著錄。《縣志》本傳作《傳誌鈔》。

### ◆ 朱賜田

賜田字松山，歷城人。咸豐壬子（二年）舉人。

#### 【松山詩稿】

見《山東通志·藝文》（據《黃氏詩續鈔》）。《續修歷城縣志·藝文考》據朱學猷鄉試硃卷履歷著錄，作《一崿吟稿》，注云：“《黃氏詩續鈔》作《松山詩稿》。松山，賜田字也。”

#### 【榆蔭書屋古文一卷】

《續修歷城縣志·藝文考》據朱學猷鄉試硃卷履歷著錄。

### ◆ 陳　欽

欽字子敬，歷城人。咸豐二年舉人。由內閣中書考取總理各國事務衙門章京，後由主事擢郎中，以海關道記名，補授津關道，尋引疾告歸。家居近十載，卒年五十八。事蹟詳《續修歷城縣志·列傳二》。

#### 【拙齋紀實】【譯垣筆記】

見《續修歷城縣志·藝文考》，題注云：“陳汝謙鄉試硃卷履歷。卷未詳。”

#### 【榷津公牘】

《續修歷城縣志·藝文考》據陳汝謙鄉試硃卷履

歷著錄，卷未詳。

#### ◆ 魏振南

振南字嶺壽，號曉塘，齊東人。咸豐壬子（二年）歲貢。任鉅野縣訓導。《齊東縣志》卷五有傳。

【學庸講義】

見《齊東縣志·著作》及本傳。

#### ◆ 李祕書

祕書字芸閣，德州人。貢生。

【啓蒙詩文】

見《德縣志》本傳。

#### ◆ 高連山

連山，濟陽人。廩生。

其詩文集未見著錄。民國《濟陽縣志·藝文》載其《重修仲夫子廟碑記》（咸豐二年）一文。

#### ◆ 張翀霄

翀霄，齊河人。咸豐癸丑（三年）進士。

其詩文集未見著錄。《齊河縣志》卷三十載其《前題（查勘齊河水災有感）和韻》詩一首，卷三十二載其《贈朝議大夫大學生射斗家傳》，卷三十三載其《楊惠東先生墓表》。

#### ◆ 呂德順

德順，淄川人。

【呂氏支譜一卷】

現存：清咸豐四年三戒堂鈔本，淄博市淄川區寨里鎮南佛村呂存謨藏，《中國家譜總目》著錄。

#### ◆ 柳文沅

文沅字荊川，號芷香，歷城人，培和子。咸豐乙卯（五年）舉人。官壽光教諭。

【訓蒙臆說】

見《山東通志》卷百七十柳培和附傳（《藝文志》失載）、《續修歷城縣志·藝文考》（據柳廷詔鄉試

硃卷履歷，"臆"作"肊"）及本傳（柳培和附）。

【經史選腴】

見《續修歷城縣志》本傳（柳培和附）。

【芷香詩文存】

見《山東通志·藝文》、《續修歷城縣志·藝文考》。

【芷香時文存】【芷香試律詩存】

見《續修歷城縣志》本傳（柳培和附）。

#### ◆ 趙慶恬

慶恬字引甫，濟南人。

【隨緣詩草初集二卷】

見《山東通志·藝文》（據本書）、《續修歷城縣志·藝文考》。現存：清咸豐十年讀魯堂刻本，山東省圖書館藏，《清人詩文集總目提要》著錄。

《山東通志·藝文》：是集咸豐間刊。詩多近體，平凡無格調。其古體"秋夜吟風蕭蕭雨，蕭蕭旅館寒燈伴，寂寥何處夜吹簫"云云，竟是小詞矣。

#### ◆ 孫守珍

守珍，淄川人。

【淄川孫氏家譜四卷】

現存：清咸豐六年鈔本，淄博市淄川區磁村鎮上甘泉村孫繼興藏，《中國家譜總目》著錄。

#### ◆ 李方堃

方堃字秋泉，長清人。歲貢生。署沂水教諭。民國《長清縣志》卷十一有傳。

【養蒙韻語】【格言韻語】

民國《縣志·邑人著述》載此二編，及沂水縣翰林劉綸襄跋略云："李秋泉先生，吾東名宿也。前數年曾秉鐸吾邑數月，時予羈宦京師，未得一晤。甲子春，承喆嗣稚泉上舍來省應試，請業之餘，出先生《養蒙韻語》、《格言韻語》相示。讀既竟，覺纏綿悱惻，善氣迎人。洵足感善心而懲逸志，不獨詞語之工，足

爲後學津梁也。"按：劉綸襄，原名中策，光緒二年丙子恩科進士。

## 【留香閣灰餘集、外集】

見《山東通志·藝文》（據《採訪冊》）。民國《長清縣志·邑人著述》作《留香閣內集》、《留香閣外集》。《縣志·人物志》作《留香閣文集》、《留香閣外集》。

民國《長清縣志》卷七《學校志》載其《長清縣加廣學額記》；卷十三載其《爲已故劉君捐置義田記》、《保正李奉先傳》；卷十五載其《與釋者遠龍遊說》一篇，《勸戒鴉烟詩 并序》七首、《勸孝歌》、《勸弟歌》、《大戲吟並序》等詩。

## 【秋泉吟草】

見《山東通志·藝文》（據《採訪冊》）。

## 【青城宦遊草】

《山東通志·藝文》據《採訪冊》著錄。民國《長清縣志·邑人著述》載《蟲籟集自序》云有《青城吟草》，當即此編。

## 【游沂吟草】

見民國《長清縣志·邑人著述》載《蟲籟集自序》。民國《長清縣志·邑人著述》作《游沂詠草》。

## 【鏤雪集】

見民國《長清縣志·邑人著述》。

## 【鏡花集】

見《山東通志·藝文》（據《採訪冊》）。

## 【爾爾集】

見民國《長清縣志·邑人著述》載《蟲籟集自序》。

## 【蟲籟集】

民國《長清縣志·邑人著述》載是集，及方塈《自序》略云："生平所鳴，已有《秋泉吟草》、《青城吟草》、《游沂吟草》及《鏤雪集》、《鏡花集》、《爾爾集》諸編；而於近日所作，輒以《蟲籟》鳴集。"

## 【居易山館詩存】

見民國《長清縣志·邑人著述》。

## 【夢覺軒雜作軼序】

見民國《長清縣志·邑人著述》。

## 【詩餘】

見《山東通志·藝文》（據《採訪冊》）。

### ◆ 楊丕度

丕度字坦夫，歷城人，恩祺子。諸生。

## 【樂天軒詩集】

《山東通志·藝文》、《續修歷城縣志·藝文考》據《歷下詩鈔》著錄。

## 【樂天軒文集一卷】

現存：舊鈔本，見《青島市圖書館藏線裝書目錄初稿》、《清人別集總目》。

### ◆ 李汝南

汝南，臨邑人。歲貢生。

其詩文集未見著錄。《臨邑縣志》卷十三載其《關聖大帝廟捐田碑記》（咸豐六年）一篇。

### ◆ 張還午

還午字宏遠，濟陽人。道光庚戌（三十年）遊庠，同治六年由增貢報捐教職，歷署新泰縣訓導、鄒縣教諭，後實授蓬萊縣訓導。民國《濟陽縣志》卷十一有傳，卷十七有其子依泮《清蓬萊縣訓導宏遠張公暨德配楊、齊、賈宜人墓誌（并序）》。

## 【遠遠齋閒吟集四卷】

見民國《濟陽縣志》本傳。民國《濟陽縣志·藝文》載其《歎世》、《有感》、《家訓》等詞。

### ◆ 張還鍾

還鍾又名元鐸，字鑾坡，濟陽人。肄業於濼源書院。晚年署泗水縣訓導。民國《濟陽縣志》卷十一有傳，卷十七有張依泮《清泗水縣訓導鑾坡張公墓誌》。

## 【四書典林續編四十卷】

見民國《濟陽縣志》本傳，《縣志·著述篇目》無卷數。

## 【增廣人物串珠二十卷】

見民國《濟陽縣志》本傳，《縣志·著述篇目》無卷數。

## 【通志備考】

見民國《濟陽縣志》本傳。

## 【困學紀聞後編】

見民國《濟陽縣志》本傳。

### ◆ 孫洵朓

洵朓，淄川人。

## 【奎山孫氏家譜一卷】

現存：清咸豐七年鈔本，淄博市淄川區城二村孫即貴藏，《中國家譜總目》著錄。

### ◆ 嚴組璋

組璋字笠樵，歷城人。咸豐八年第二名舉人。歷官安徽盧江、蕪湖、來安等縣知縣，洊保直隸州，引疾歸。光緒癸卯卒。

## 【四書講義】

見《山東通志》卷百六十九本傳、《續修歷城縣志·藝文考》（據《嚴氏支譜》）。

## 【嚴氏支譜】

《續修四庫全書總目提要（稿本）》著錄鈔本。《續修歷城縣志·藝文考》著錄鈔本一冊，載組璋《自序》略曰："吾宗舊有族譜，備載各支，但年久失修，後生多缺而未載。同治己巳歲，余攜赴皖省，聽鼓之餘，搜葺略備，歸諸族弟大璋，屬其敬刊，以示同族。嗣大璋弟爲川督丁文誠公調蜀，余亦歷知各邑，鞅掌簿書，未暇計及。迨光緒庚寅春，余以疾告歸，適大璋弟亦由蜀歸里。敬詢族譜，以失檢對。余惘然久之。竊謂族之有譜，支分派別，即親盡服窮，按譜而稽，雲礽猶得識其遠祖。儻原譜失而不續，數世後將荒渺而不相識，吾戻滋大。然譜已失，遠祖旁支，皆不能悉矣。不獲已，謹就高祖已下所能悉者，刜爲支譜，使本支子孫得所稽考。"

## 【益智錄】

見《續修歷城縣志》本傳。

### ◆ 沈葆澂

葆澂字璞人，號心槃，歷城人。咸豐戊午（八年）舉人。官范縣訓導。晚歲檄委監理濼源書院。

## 【薑園年譜一冊】

見《續修歷城縣志·藝文考》，注云："手稿。"

## 【沈文明學博哀啟一卷】

沈葆澂等撰。現存：清光緒三十二年刻本，上海圖書館藏，《吳縣潘氏寶山樓藏書目錄》著錄。

## 【沈氏宗譜一卷】

有清光緒鈔本，見《續修四庫全書總目提要（稿本）》。《續修歷城縣志·藝文考》著錄鈔本一冊，載保澂《自序》略曰："余族之遷於歷下也，時在國初。二世官郎中，三世分六支。嗣後丁口寥落，幾至墳墓莫識矣。道光中，六世礀亭公、席之公倡修族譜，已有崖略。所謂十年小修，三十年大修者，全賴繼起之人耳。余童幼即以修譜爲己任，而生平坎壈，事與心違。乙酉歲，張朗帥檄監濼源書院事，餘暇得與伯叔兄弟觴豆言歡，乃慨然曰：'余蓄志半生者，今可以遂矣。'今春燈節前一日，同從堂祖雙南公、從堂叔雪齋公相聚一堂，特承面命，乃謹遵於舊譜稿後重加增益，考其支派，定其體例，令兒輩繕之。行將付梓，以示不忘，時則光緒十五年八月初一日也。"

## 【薑園集四卷】

見《山東通志·藝文》、《續修歷城縣志》本傳（無卷數）。《續修歷城縣志·藝文考》作《薑園閒集》。

《山東通志·藝文》：是集有沈氏家藏稿本。初名《鷗波》，後改此名。按：葆澂集曾見其子彤恩摘鈔本。詩文皆興酣落筆，揮灑自如。其《味外味軒跋》一首，尤饒詼詭之趣。

## ◆ 王熙祥

熙祥，長山人。咸豐戊午（八年）舉人。

### 【山東鄉試硃卷（咸豐戊午科）】

現存：清咸豐刻本（一冊），中國國家圖書館藏。

## ◆ 王敬鑄

敬鑄，淄川人。咸豐戊午（八年）舉人。

### 【淄川縣鄉土志二卷】

淄川知縣王藎臣（字子實，河南光州人）主修。現存：清光緒末年鈔本，山東省博物館藏，見《山東省地方志聯合目錄》著錄。分歷史、政績錄、兵事錄、耆舊錄、人類、氏族、山、水、道路、古迹、橋梁、市鎮、物產等目。記事至光緒二十五年。

《三續淄川縣志》載敬鑄《序》云："光緒三十年，光州王子實明府來蒞淄任，未匝月即奉憲檄提取《鄉土志》。縣中舊無此書，明府乃札諭四鄉首士，各開具其本路風土人情、前賢故事，造冊送縣，而委余代為撰次。凡兩閱月始克竣事。"

### 【三續淄川縣志二卷】

撰於《鄉土志》成書之後。現存：①清宣統三年石印本，山東省博物館、淄博市圖書館等藏。②民國九年藝林石印局石印本，山東省圖書館、濟南市圖書館、淄博市圖書館等藏；《中國地方志集成·山東府縣志輯》影印。

宣統三年敬鑄《自序》略云："因思《鄉土志》者，即《縣志》之基礎也。雖鄉先生所送冊稿出於倉猝應命，語不必精，擇不必詳，而因其梗概，芟其繁冗，補其遺漏，亦足成書。倘不及今纂輯，恐後此機會難再逢矣。因不揣固陋，旁搜前人之著述，近擷故老之流傳，以及余半生所耳聞目覩，凡山川、人物、土產、器用前《志》所未載者，悉取而備錄之。寒暑屢易，甫得成編。"

據書前《凡例》，是編取材以蒲立德《修志備採》為首，次則王培荀《鄉園憶舊錄》及《雪嶠日記》，馮繼照《般陽詩萃》及韓氏《邑乘》，其未備者則以《濟南府志》補之。因是編並非設局纂修，乃就一人之見聞編輯而成者，其里甲、丁徭、田賦、兵防、郵傳、鹽法等一切檔案皆在官府，分隸戶、兵、工、鹽、襍各科，非稟官調查，無從得其詳，故一概未續，以俟後來。書共二卷，以其內容上接乾隆四十一年舊《志》，故卷數與乾隆四十一年本銜接，兩卷標作卷九、卷十。卷九為星野、疆域、公署、學校、山川、祀典、古迹、石刻、物產、坊表、塚墓、園林、寺觀、災祥、兵事、歷代秩官、仕宦、先賢、忠節、孝友；卷十為名臣、循良、義厚、文學、鄉飲、隱逸、耆碩、烈女、仙釋、藝文、軼事。

## ◆ 王敬衛

敬衛，淄川人。

其詩文集未見著錄。《三續淄川縣志·藝文》載其《邑侯張念黻陞任汶上敬賦長句送別》詩一首。

## ◆ 宋若蓉

若蓉字饒林，新城人。戊午歲貢。官臨淄訓導。《重修新城縣志》卷十八有傳。

### 【道學彙輯一冊】

《山東通志·藝文》著錄，引《採訪冊》云："據文廟祀冊編輯從祀先賢、先儒事實。《自序》謂考其列傳，摘其格言，彙為一冊，家無藏書，所輯尚多遺漏。"

《重修新城縣志·藝文》據鈔本著錄，無卷數。《縣志》本傳云："字鏡林，戊午歲貢，臨淄縣訓導。內行純篤，學求實踐，為一方矜式。著有《包符輯要》、《道學彙輯》。又好為古文詩歌而不拘成法，曰：'吾寫吾意耳。'因號寫意道人。"

### 【包符輯要】

見《重修新城縣志》本傳。

## ◆ 袁世繡

世繡，淄川人。

### 【淄川袁氏家譜十二卷】

現存：清咸豐九年刻本，中國國家圖書館藏，《北京圖書館普通古籍總目》、《中國家譜總目》著錄。

## ◆ 陳大誥

大誥，德州人。咸豐戊午（八年）舉人，己未（九年）進士。

## 【順天鄉試硃卷（咸豐戊午科）】

現存：清刻本（一冊），中國國家圖書館藏。

### ◆ 劉賜璋

賜璋字達夫，歷城人。咸豐己未（九年）舉人。官陽信教諭。

## 【劉賜璋鄉試硃卷】

《續修歷城縣志·藝文考》有劉珪緒《易經遵注》、劉登桂《青州詩草》等，均據賜璋鄉試硃卷履歷著錄。賜璋父登桂，字步蟾，號西巖，道光二年舉人，官壽光教諭。兄賜麟，字鳳皆，咸豐八年舉人。

### ◆ 李慶翔

慶翔字石瑚，歷城人，慶翔從弟。咸豐己未（九年）舉人。任青城縣教諭，後選授江西德安知縣。

## 【魯經齊諧山館文集】

見《山東通志·藝文》、《續修歷城縣志·藝文考》及本傳。

## 【桐蔭軒詩賦鈔】

見《山東通志·藝文》、《續修歷城縣志·藝文考》。《續修縣志》本傳作《桐蔭軒詩賦》。

### ◆ 程登瀛

登瀛，歷城人。

## 【詩餘偶存】

《續修歷城縣志·藝文考》據程億鄉試硃卷履歷著錄。

### ◆ 張同符

同符，字竹卿，平陰人。咸豐己未年五十二舉於鄉，庚申（十年）成進士。任戶部主事，奏派則例館纂修。光緒《平陰縣志》卷四有傳，卷八有門人李鶴年《朝議大夫戶部主政張竹卿先生墓表》。

## 【願詒堂詩集】【試帖】【綠香書屋尺牘】

見《平陰縣志·著述》。《縣志》本傳載其從弟同珏所撰《傳》云："其爲學以踐履篤實爲歸，於宋五子書隨所心得，或數語，或二三字，悉撮其要而手錄之，兼加詮釋。門人或以序次付梓爲請，公曰：'吾固有所待也。'於文各體俱工，未過時一菽之成，見者爭相傳鈔。惜皆燬於兵燹，所餘僅《願怡堂古今體》百餘首、《試帖》數十首、《綠香書屋尺牘》兩卷待梓。"其書名、卷數略有不同。

### ◆ 張同珏

同珏字玉吾，別號石門山人，平陰人，同符從弟。咸同間以辦團練功保舉教諭，授莘縣教諭。光緒《平陰縣志》卷四有傳。

## 【愛吾廬詩文】

見《平陰縣志·著述》。《縣志》本傳云："著有《愛吾廬詩文集》待刊。"

### ◆ 孫原吉

原吉字曉岩，商河人。咸豐庚申（十年）進士。

其文集未見著錄。《重修商河縣志·藝文》載其《湖北經歷廳柱東公碑陰記》、《恩貢愚谷孫公教思碑陰記》、《孫氏長支墓碑記》、《例授修職郎例貢生雪翁孫五世伯七旬壽序》等文。

### ◆ 孫繩祖

繩祖字緒武，陵縣人。歲貢生。光緒二十二年卒，年六十六。《陵縣續志》卷四有傳。

## 【蠹吏說】

《陵縣續志》本傳云："著有《蠹吏說》，將衙蠹暗幕，抉摘殆盡。以時忌，遂自焚其稿。"

### ◆ 胡際朔

際朔，章丘人。

## 【胡氏族譜八卷】

現存：清咸豐十年木刻本，章丘市博物館藏，《中國家譜綜錄》著錄。

### ◆ 成若闕

若闕字裕齊，淄川人。恩貢生。《三續淄川縣志》（卷九）有傳。

## 【櫥陵詩文集】

《三續淄川縣志》傳云："續學能文，有心計，善持家，精堪輿學。咸豐十一年捻匪過境，總辦東路團練。"又云："著有《櫥陵詩文集》藏于家。"

《三續淄川縣志·藝文》載其《紀恩碑》一篇。

### ◆ 成若退

若退號進堂，淄川人。增生。

其詩文集未見著錄。《三續淄川縣志·藝文》載其《照旦溝》詩一首。

### ◆ 劉寶鼎

寶鼎字星三（一作醒山），平原人。咸豐辛酉（十一年）拔貢。官費縣教諭。《續修平原縣志》卷十有傳。

其文集未見著錄。《續修平原縣志》卷十一載其《重修廟學碑記》、《增修景顏書院考舍記》、《重修顏魯公祠碑記》、《重修城隍廟碑記》、《重修森羅殿碑記》、《重修淳熙寺并建鐘樓碑記》、《徵修蓮花池橋疏》、《募重修圈頭寺啓》等文。

## 【費邑藝文存古跡考合璧不分卷】

與費縣楊佑廷等合撰。現存：清光緒二十八年刻本，山東省圖書館藏，《山東文獻書目》著錄。

## 【費邑藝文存三卷】

與費縣楊佑廷等合編。現存：清光緒二十六年刻本，中國國家圖書館、上海圖書館、清華大學圖書館藏，《續修四庫全書總目提要（稿本）》、《内蒙古自治區線裝古籍聯合目錄》、《山東文獻書目》著錄。

## 【古芳齋詩稿】

見《山東通志》本傳、《續修平原縣志》本傳。

《續修平原縣志》卷十一載其《老兵》（七律四首有引）、《雨中作》、《春雨》（二首）、《遊雲品 在蒙陰縣雲蒙山上》（十二首），凡十九首。《費縣志》卷二載其《白雲巖紀遊》詩八首。

### ◆ 劉寶鏞

寶鏞字東序，平原人，寶鼎弟。優廩生。由鴻臚寺序班改直隸宣化府經歷。庚子秋，各國聯軍犯京師，官吏驚駭多散去，大吏委攝萬全、懷安兩縣事。晚歲諸兄早逝，惟三兄寶鼎司鐸費邑，時往探視，與該處名士多所唱和。《續修平原縣志》卷十有傳。

## 【石芝山人吟】【燕臺集】【槐蔭唱和詩】

見《續修平原縣志·藝文》及本傳。

### ◆ 王 翱

翱字鶴皋，新城人。咸豐辛酉（十一年）拔貢。歷署四川羅江、璧山等縣知縣。《重修新城縣志》卷十八有傳。

## 【叢芸閣詩文集】

見《重修新城縣志》本傳。

### ◆ 孫希适

希适字子容，號南宮，德平人。咸豐辛酉（十一年）恩貢。官邱縣教諭。《德平縣志》卷七有傳。

## 【四書典核類聯】

見《德平縣志》、《山東通志·藝文》（經部四書類）。

## 【古體雜詠】

見《德平縣志》、《山東通志·藝文》（集部別集類）。

《德平縣志》卷十二載其《遊古鬲城》、《祈雨》詩二首。

### ◆ 寇蘭亭

蘭亭字序堂，齊東人。庠生。咸豐辛酉罹難。

## 【序堂詩草】

見民國《齊東縣志·著作》及本傳。

民國《齊東縣志》卷六載其《題無鹽牧馬處》一首。

### ◆ 王壽椿

壽椿，齊河人。

## 【王氏四修世譜】

民國《齊河縣志·藝文》載是書閻浚源《序》略云："歲在丁卯，濫竽於督揚書院講席。肄業者多王姓，詢知齊有南北二王，皆鉅族也。而書香科第北王爲盛，王生壽椿者即北王也。一日持譜示余曰：'吾譜始脩於天啓甲子，繼修於乾隆戊午，三修於乾隆辛亥，此其四修也。董其事者族人某。某等諸生，亦得襄厥成，敢祈一言以弁簡端。'按譜，自遷齊之祖爲一世，至三世以諸生起家，至九世通議公崇禎戊辰進士，觀察陝西，崇祀鄉賢、忠義二祀。其弟純修公丁丑科武進士，官都司，封龍虎將軍。終明之世科第聯鑣。國朝以來，列黌序登甲乙者，後先相望，故至今猶稱文武世家云。今觀王氏之譜，自遷齊者爲一世，而所出之祖失傳，未敢強爲附會，所以存信也；自一世至四世爲一行，服之窮也；五世提起另行，殺同姓也；書所自出，不忘所生也；官爵必書，紀國恩也；佩偶必書，慎內治也；子幾必書，明式穀也；生卒必書，全始終也；塋葬必書，重祀典也；村落必書，詳所居也；凡有懿行者，各爲立傳，不沒其實也；又仿蘇氏《族譜亭記》作爲《譜誡》，訓後有法也。由此世世相承，昭穆劃如，支派秩如，宗法備矣，敦睦洽矣。"

### ◆ 張　洞

洞字壽山，號靜甫，濟陽人。道咸間庠生。民國《濟陽縣志》卷十一有傳。

**【孝經解】**

見民國《濟陽縣志・著述篇目》，撰者作張壽山。《縣志》本傳作《忠孝經解》。

**【二十四孝詩解】【二十四悌詩解】**

見民國《濟陽縣志・著述篇目》及本傳。《縣志・著述篇目》撰者作張壽山。

**【古學辨體錄】**

見民國《濟陽縣志・著述篇目》，撰者作張壽山。

**【槐蔭文集】**

見民國《濟陽縣志・著述篇目》，撰者作張壽山。《縣志・藝文》載其《楊烈婦碑記》一文。

### ◆ 李曰迴

曰迴，濟陽人。

其詩文集未見著錄。民國《濟陽縣志・藝文》載其《張靜甫先生墓誌并贊》一文。

### ◆ 王化鳳

化鳳，濟陽人。庠生。

其詩文集未見著錄。民國《濟陽縣志・藝文》載其《張靜甫先生傳》一文。

### ◆ 李甲東

甲東字乙峯，鄒平人。貢生。

**【欃槍集】**

《山東通志・藝文》著錄，引《縣志》本傳云："咸同間，洪、楊倡亂，狡黠之徒，響應風從。甲東感懷時事，目擊心傷，自辛酉迄丁卯，著有詩文若干，鈔訂成帙，題曰《欃槍集》，存於家。"

### ◆ 王　煜

煜字旭林，長山人。咸豐間諸生。

**【三味齋中元記十一卷】**

現存：清稿本（十冊），山東省圖書館藏，《山東文獻書目》著錄。記道光二十八年七月至咸豐三年五月事。有戊申《自序》。

**【國朝滿漢大臣諡法考一卷】【國朝忠義傳諡法考一卷】【國朝貳臣諡法考一卷】【年號備考二卷】**

現存：《三味齋存稿》稿本，山東省博物館藏；《山東文獻集成》影印。

**【三味齋隨錄一卷】**

現存：《三味齋存稿》稿本，山東省博物館藏，《中國古籍善本書目》、《山東文獻書目》著錄；《山東文獻集成》影印。

**【三味齋詩錄一卷】**

現存：《三味齋存稿》稿本，山東省博物館藏，《清人別集總目》、《清人詩文集總目提要》、《山東文獻書目》著錄；《山東文獻集成》影印。

## 【三味齋文存一卷】

現存：《三味齋存稿》稿本，山東省博物館藏；《山東文獻集成》影印。按：《三味齋存稿》共六冊，內詩文各一冊。惟文集未題集名，《山東文獻書目》諸書依其首篇篇名題作《遊豹山記》一卷，殊爲不當。《山東文獻集成》影印該稿，擬題爲《三味齋文存》，則名實相稱。茲據以標題。

## 【漁洋詩話彙編十六卷】

王煜編。現存：清咸豐稿本，山東省博物館藏，《山東文獻書目》、《山東省博物館藏明清民國山左學者著述知見錄》著錄。

## 【三味齋存稿七種八卷】

現存：稿本（清李復基跋），山東省博物館藏，《中國古籍善本書目》（作四種）、《山東省博物館藏明清民國山左學者著述知見錄》、《中國叢書廣錄》著錄；《山東文獻集成》影印。子目：《年號備考》二卷，《國朝滿漢大臣諡法考》一卷，《國朝忠義傳諡法考》一卷，《國朝貳臣諡法考》一卷，《三味齋隨錄》一卷，《三味齋文存》一卷（影印擬題），《三味齋詩錄》一卷。

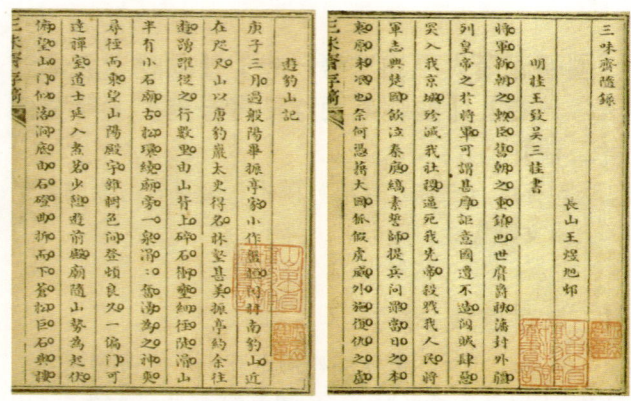

《三味齋存稿》七種八卷　山東省博物館藏稿本

### ◆ 孫聯奎

聯奎，淄川人。

## 【詩品臆說一卷】

現存：①清咸豐延慶堂刻本，山東省博物館、山東大學圖書館藏，《山東文獻書目》、《青島市圖書館藏明清兩代山東人著作簡目》著錄。②一九六二年山東人民出版社《司空圖〈詩品〉解說二種》本（與《廿四詩品淺解》合印，孫昌熙、劉淦校點），復旦大學圖書館藏。

### ◆ 孔繼虞

繼虞，長清人。

## 【孔子世家譜四卷】

現存：清同治十年刻本，美國猶他州家譜學會等藏，《美國家譜學會中國族譜目錄》、《中國家譜總目》著錄。

### ◆ 王 穠

穠字少緯，號稻村，歷城人。諸生。官蘭山縣訓導、登州府教授、東昌府教授。在東六年，光緒戊戌卒於任所。

## 【倚郭草堂文集一卷】

見《山東通志·藝文》、《續修歷城縣志·藝文考》。

《山東通志·藝文》：《續修縣志稿》載是編云："採訪鈔本。"

### ◆ 趙 郇

郇字雨田，歷城人。

## 【十草軒詩集一卷】

見《山東通志·藝文》、《續修歷城縣志·藝文考》。《續修四庫全書總目提要（稿本）》、《清人詩文集總目提要》著錄清鈔本。

《山東通志·藝文》：《山左詩彙鈔》載其集作《游秦詩草》。此集乃鈔本，卷端署此名。《山左詩彙鈔》錄郇詩凡五首，惟《庚辰人日大梁自壽》一首，此集不載，餘皆見集中，而題目及詩中字句則不無差殊。其《崤函阻雪夜晴小飲》此集則作《洛陽阻雪》，而別有《崤函阻雨》七律一首。《登西嶽》此集作《五里關》，詩中"泉飛絕澗千重瀑，花落前峯十丈蓮"一連，此集則作"霞添山色上方樹，風掃嵐光十丈蓮"。《登落雁峰》詩三、四兩句"乾坤俯一氣，日月跳雙丸”，此集作“乾坤一院宇，日月兩彈丸”；後四句亦不同。《省故里》此集作《抵閭》，詩第四句“觀風全作葛懷民”，此集作“忘情便是葛懷民”；五句“宗祠昭穆聯逾肅”，此集“聯逾肅”作“肅而敬”。度于所見《遊秦詩草》乃後改定本，此集則其初槀已。

【游秦詩草】

《國朝山左詩彙鈔後集》（卷三十二）載此集，並錄其《崤函阻雪夜晴小飲》、《登西嶽》、《登落雁峰》、《庚辰人日大梁自壽》、《省故里 在潼津華陰縣》詩五首。

### ◆ 趙　郿

郿字魯田，歷城人，邰弟。監生。精醫術。

【晚香堂吟草一卷】

見《山東通志・藝文》（據本書）、《續修歷城縣志・藝文考》。

《山東通志・藝文》：是編亦鈔本。詩於聲律、格調均有未合處，然亦時有好句。七言如“一池曲曲灣灣水，半畝高高矮矮花”，五言如“殘雲山外盡，野草雨中生”，皆瀟灑出塵。又“晚鐘敲碎一江煙”七字，亦佳。

《續修歷城縣志・藝文考》：鈔本。一本題《十草軒詩稿》，詩增多三十餘首，字句亦多不同。當是初槀。

### ◆ 周懷綬

懷綬，濟南人。

【蟫食餘編六卷】

現存：清稿本（二冊，清湯永清跋），山東省圖書館藏，《山東文獻書目》著錄。

### ◆ 嚴書泰

書泰字雨泉，歷城人。佐臨清知州張積功幕，咸豐甲寅城陷殉難。

【雨泉詩草】

見《山東通志・藝文》、《續修歷城縣志・藝文考》（據《嚴氏支譜》）。

### ◆ 吳修鳳

修鳳字夢亭，德州人。

【林谷初稿】【林谷續稿】

見《德縣志・邑人著作》及本傳。本傳云：“肆力於詩，六朝以下靡弗究心，宗法尤在唐賢。《重游歷下》句云：‘干戈不破繁華夢，流水鈿車滿郡城。’味外之味，識者賞焉。晚與張孝廉維崧爲唱和友，孝廉卒，醵貲刻其遺詩，人以爲古道交。著有《林谷初稿》、《續稿》藏於家。”

《德縣志》卷十六載其《聞警》（二首）、《避寇》等詩八首。

### ◆ 李廷傑

廷傑，德州人。

其詩文集未見著錄。《德縣志》卷十六載其《古意》詩一首。

### ◆ 田鳳圖

鳳圖，德州人。

其詩文集未見著錄。《德縣志》卷十六載其《濯錦園》、《董子臺》詩二首。

### ◆ 封志毅

志毅，德州人。

其詩文集未見著錄。《德縣志》卷十六載其《城上望賊》、《賊退》詩二首。

### ◆ 車連甲

連甲字冠鼎，商河人。咸豐間歲貢。設帳於商、惠之間。

【三餘堂文稿】

見《重修商河縣志・藝文》及本傳。

### ◆ 畢純仁

純仁字長元，商河人。諸生。

【周易指掌】

見《商河縣志》、《山東通志・藝文》（經部易類）。

### ◆ 任曰琚

曰琚字君佩，平原人。咸豐年恩貢。設教於本邑及高唐各州縣，一時學者仰之如山斗。《續修平原縣志》卷十有傳。

**【述言前編、後編】**

見《續修平原縣志·藝文》及本傳。本傳云：未曾刊版。

### ◆ 甘紹裕

紹裕，新城人。

**【甘氏世譜不分卷】**

現存：清咸豐七年刻本（四冊），美國猶他州家譜學會藏，《中國家譜總目》著錄。

### ◆ 王錫嘏

錫嘏字眉壽，號儂山，新城人。庠生。

**【族約一卷】**

見《重修新城縣志·藝文》。

**【思補遺集二卷】**

見《重修新城縣志·藝文》。

### ◆ 張 濤

濤字海門，歷城人。

**【論語隨筆十九卷】**

現存：清刻本，見《濟南市圖書館館藏古籍書目》。《歷城張氏世系譜》云："幫修《山東通志》，分纂鹽法四卷關榷二卷倉儲一卷。現年已古稀，在祖塋設置祭田，並立義塾，維時以揖書自娛。"然考《山東通志·修志銜名》，並無張濤其人。

**【古音考音樂韻學彙纂六卷】**

現存：鈔本，見《中央研究院歷史語言研究所善本書目》、《北京人文科學研究所藏書簡目》。

**【勉行紀略一卷】**

現存：清光緒十二年刻本，見《山東師範大學圖

書館館藏古籍目錄》。

**【落霞琴題詠一卷附歷城張氏世系譜一卷】**

張濤輯。現存：①清光緒二十年歷城張氏刻本，中共山東省委黨校圖書館藏；《山東文獻集成》影印。②清光緒二十年歷城張氏刻二十四年增刻本，吉林大學圖書館藏，《東北地區古籍綫裝書聯合目錄》著錄。

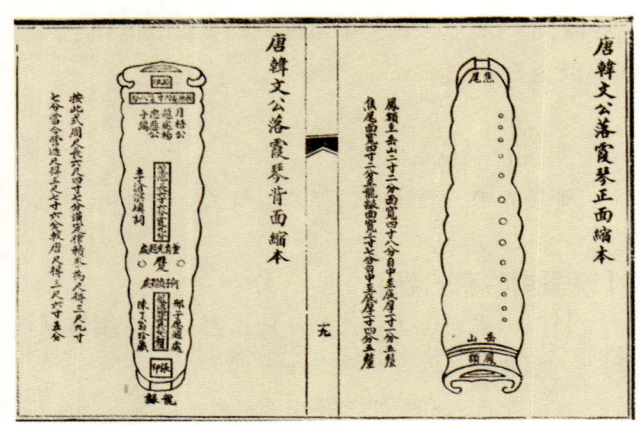

《落霞琴題詠》一卷　清光緒二十年歷城張氏刻本

**【漁洋詩法三卷】**

張濤輯。見王士禎著作。

**【詩法淺說二卷】**

現存：清光緒十九年李氏聚和堂刻本，中國國家圖書館、遼寧省圖書館藏，《東北地區古籍綫裝書聯合目錄》著錄。

### ◆ 劉登俊

登俊字步瀛，一字澹人，歷城人，澤子。候選州吏目。

**【痘科補闕捷響一冊】**

見《山東通志·藝文》、《續修歷城縣志·藝文考》（據本書）。現存：清光緒十一年刻本（作《痘科補闕》一卷），山東省圖書館等藏，《山東文獻書目》、《內蒙古自治區線裝古籍聯合目錄》、《中國中醫古籍總目》、《中國醫籍通考》著錄。

《續修歷城縣志·藝文考》：登俊《自序》略曰：《捷響》編何爲而作也？爲發前人未發之秘，啓後學

當務之由，按法行之，捷於影響也。痘疹一書，漢末始有，莫不以順、險、逆列爲三等：心肺爲順，肝爲險，脾腎爲逆。順、險可療，脾腎不治。諸書所載，昭昭矣。余理痘三十年，閱歷之證非不有，發自腎經者不過千萬中之一二，而屬脾經者十居其五。若因脾經而不治，必肝肺而治之，肝肺發痘治之固易，即不治亦活，痘疹一書可有亦可無矣。是書專講脾經，他經之痘連綴言之，故能百不失一，即曰痘科活命金丹，不爲過語。

又，蔣慶第《序》曰：上古神聖觸於物而通，故其悟捷。後之人困而後通，故其力艱。惟醫亦然。炎皇岐扁之道，始非必有授之者，蓋忽自有之。然而更千百年，通者必將有滯也。故長沙一大宗，至李氏而闡倉廩之微，至吳氏而揭疫癘之旨，義不嫌於別出，而功取相濟。二子者，亦忽自有之也，而不異前聖授之。前聖不能盡發大地之秘，偏鬱之久，必有善悟者而通，亦其理也。痘證不見古書，即以《後漢》言之，歷世綿遠，中更名家，數十治之之書，亦數十以其證爲初生。至於成人，必不可逭之，關鍵而不幸丁摧殘之會，則十不得一二生。故世尤重之，從而判之曰：若者逆，若者險，險可夷也。人知之而究莫悟。夫逆者何道而使之順也？滄人先生之言曰："脾痘無死法也。"條根苗、形氣、方藥之說十有六，末附餘論。是書出，而探鑰啟關，移逆入險，準之先哲李、吳儔與？抑《易》有曰："書不盡言，言不盡意。"一鑿輪之巧，得之心而應之手，至不能告人。先生之書，無所授之，而無不授之者也。上按古經，旁涉諸家，精思參驗，由困而悟，恃意焉耳。夫五運六氣，歲有遷移，學者果逆先生之意而得大通，斯應變而不窮於用，即以推之他證，必有合也。慶第非能知醫，肊度茲理而已。《友竹草堂文集》。

## 附【育嬰集】【痘科活命金丹】

歷城劉氏家傳，撰人不詳。《山東通志·藝文》引玉田蔣慶第《序》，並云："慶第作登俊《墓表》，又稱有家傳《育嬰集》。"《續修歷城縣志·藝文考》云："蔣慶第《劉君墓表》稱有家傳《育嬰集》、《痘科活命金丹》等書。"

### ◆ 劉正己

正己字午峯，歷城人，登俊子。由增貢歷署利津、寧陽訓導。《續修歷城縣志》本傳稱其承祖、父，得醫法。

## 【手繪陣圖劍刀槍諸譜】

《續修歷城縣志·藝文考》據《友竹草堂文補集·劉君墓誌》著錄，注云："卷未詳。"《續修歷城縣志》本傳云："奉行團練，襄事其間，覽古證今，得兵法。"

## 【醫案】

見《續修歷城縣志·藝文考》，注云："據《友竹草堂文補集·劉君墓誌》，卷未詳。"

## 【貝邱吟草】

《續修歷城縣志·藝文考》據《友竹草堂文補集·劉君墓誌》著錄。《續修縣志》本傳云："正己於妻祖李儞得詩法。"

《國朝山左詩彙鈔後集》卷三十二載其《曉發》、《晚行即事》詩二首。

### ◆ 楊延烈

延烈字子楊，章丘人。同治壬戌（元年）進士。

## 【房縣志十二卷首一卷】

現存：①清同治五年刻本，中國國家圖書館、上海圖書館等藏。②民國二十四年房縣教育會鉛印本，中共中央黨校圖書館、西北大學圖書館等藏。

## 【房縣文武廟祀典志一卷】

楊延烈等輯。現存：①清同治五年刻《房縣志》附本，上海圖書館、南京圖書館等藏，《北京圖書館普通古籍總目》著錄。②民國間房縣教育會鉛印《房縣志》附本，中共中央黨校圖書舘、四川大學圖書館等藏。

### ◆ 吳毓春

毓春字雨軒，歷城人。咸豐二年舉人，同治元年進士。以主事分刑部，陞員外郎，轉郎中。事蹟詳《續修歷城縣志·列傳二》。

## 【師竹齋謎稿一卷】

現存：○清光緒二年刻《十五家妙契同岑集謎選》

本，中國國家圖書館藏。②民國間鈔《藜照廬集謎》本，中國國家圖書館藏。

## 【直省鄉墨適中不分卷】

現存：清刻本（二冊），山東省圖書館藏。

《續修歷城縣志》本傳云："毓春天資穎悟，於書無所不讀，尤工帖括。咸豐二年舉於鄉。逾年失怙，家道凌替，益潛心於學。尤樂誘掖後進，寒畯之士虛心請益者，皆掬誠詔示之，里中受其教而行修名立者，指不勝屈。同治元年成進士，以主事分刑部，潔己奉公，不妄干謁。伯彥那謨祜親王仰其名，延之邸中，課子弟廿二十餘年，因材施教，均有成就。貝勒邢爾蘇能繼先業，皆毓春有以裁成之也。在部補主事缺，後升員外郎，轉郎中，直秋審處。嘗平反江蘇鉅案，人以東海于公比之。毓春進署則勞於簿書，退則赴伯邸督課，日以爲恒，得暇則集同人講學會文。歷科鄉會試期，士林萃集都門，有以舉業就正者，不憚筆削，試後則決其雋否，往往十不爽一。又嘗啓登瀛仙館，聚四方之士，講貫其中，而月旦之人才輩出，接踵蔚起。故毓春雖未秉文衡，而得士獨盛，浮沈郎署始終三十年，位不過郎曹，而都人士欽慕之者若山斗焉。"

### ◆ 趙　樸

樸，德州人。同治壬戌（元年）進士。

其詩文集未見著錄。《德縣志》卷十六載其《登德勝樓》詩一首。

### ◆ 胡榮寶

榮寶，歷城人，典齡子。同治元年壬戌恩科併補行咸豐十一年辛酉科舉人。

## 【胡榮寶鄉試硃卷】

《續修歷城縣志·藝文考》有胡典齡《周易明象天地人》三卷，注云："胡榮寶鄉試硃卷履歷。"

### ◆ 成冠甲

冠甲原名觀洋，字心海，歷城人。同治元年壬戌補行咸豐辛酉鄉試舉人。歷任萊蕪、費縣教諭，定陶訓導。

其詩文集未見著錄。民國《定陶縣志》卷十二載其《和前韻》（按："前韻"即知縣王錫光《喜雨》）詩一首。

### ◆ 袁思振

思振字惺堂，齊東人。諸生，同治壬戌（元年）貢入成均。選授黃縣教諭。《齊東縣志》卷五有傳。

## 【靜吾詩草】

見《齊東縣志》本傳。

### ◆ 趙峰隼

峰隼字掄秋，德州人。同治辛酉壬戌併科副榜。

## 【粵遊聞見錄】

見《德縣志·邑人著作》。《縣志》本傳云："庚辰辛巳間，安邱馮友文光祿視學粵東，延入幕中，深相器重。"此書蓋撰於隨幕粵東時也。

## 【豫遊詩草】

見《德縣志·邑人著作》。

《德縣志》卷十六載其《即事感懷 丁丑歲大禭誌實也》詩一首。

### ◆ 弭道彰

道彰字星房，歷城人。諸生，同治元年舉孝廉方正。授職直隸州州判，分發直隸，歷署保定府經歷、河工水利同知，後引疾歸里。

## 【注釋通鑑綱目地理】

見《續修歷城縣志·藝文考》。《續修縣志》本傳云："東撫丁寶楨創設尚志堂，延續學之士肄業其中，道彰與焉。潛志典墳，提要鉤元，註釋《通鑑綱目》地理，閱五年而成。"

## 【經濟合編】

《續修歷城縣志·藝文考》據弭宗奭鄉試硃卷履歷著錄，注云："卷未詳。"《續修歷城縣志》本傳云："尤究心理學，於程、朱、陸、王之書無不貫通，無門戶之見。著有《經濟合編》，待梓。"

### ◆ 鄭　嶼

嶼字方洲，歷城人，雲龍子。

## 【方洲詩草】

見《山東通志·藝文》（據《山左詩彙鈔》）、《續修歷城縣志·藝文考》（據《歷下詩鈔》）。

《國朝山左詩彙鈔後集》卷三十二載其《歲暮湖上訪友》、《村齋早起》詩二首。

### ◆ 孫景文

景文，歷城人。

## 【孫氏族譜五卷】

現存：清同治元年歷城孫家鎮孫氏家祠刻本，日本東洋文庫、美國猶他州家譜學會藏，《中國家譜總目》、《美國家譜學會中國族譜目錄》著錄。

### ◆ 胡運揚

運揚，章丘人。

## 【胡氏族譜十一卷】

現存：清同治元年刻本，山東省圖書館、章丘市文化館藏，《中國家譜總目》著錄。

### ◆ 鄒振岳

振岳字岱東，淄川人。同治癸亥（二年）進士。歷官天津知府。《三續淄川縣志》（卷十）有傳。

## 【憫烈集】

鄒振岳編。《校經室文集·鄉飲大賓太學生趙君墓碣》云："次女許字長山李氏，未嫁而夫亡，自縊以殉。士大夫爲詩弔輓，淄川鄒太史振岳哀爲一集，曰《憫烈》。蓋君之化行於家者又如是。"按：趙名開運，字子元，新城人。

### ◆ 高建勳

建勳字星槎，章丘人。同治十二年任通州知州。

## 【通州志十卷首一卷末一卷】

現存：①清光緒五年原刻本，首都圖書館、天津圖書館等藏，《北京圖書館普通古籍總目》著錄。②清光緒九年陳鏡清補刻本，山東大學圖書館等藏。③民國三十年鉛印本，上海圖書館、天津圖書館等藏，《北京圖書館普通古籍總目》著錄。

### ◆ 李維崶

維崶字鴻臺，號玉泉，又號漪清園主人，章丘人。同治甲子（三年）舉人。官嘉祥訓導。

其詩文集未見著錄。宣統《嘉祥縣志》卷四載其《節婦趙梁氏傳》文一篇，《魯武公金簡冊命歌 用昌黎石鼓原韻》、《武梁祠畫像石刻歌》、《武字瓦當歌》、《孔子聞弦歌處》、《武城懷古》、《龍洞春晴》、《塔峯秋霽》、《縮泉靈竅》、《南武翠屏》等詩。

## 【讀史管窺六卷】

《山東通志·藝文》（史部史評類）：是書有家藏鈔本。錢塘汪鳴鑾《序》略云："自贏秦以迄明季，或論一朝而綜其得失，或指一事而別其是非，不尚立意新奇，惟期持論平允，得七言絕句四百七十八章，而以事蹟注於各章之下。其詩包羅閎富，寄託深遠，論斷謹嚴。方之宋葛洪之《涉史隨筆》、元胡一桂之《十七史纂古今通要》，殆無愧色；而出以韻語，詞簡意該，能令童蒙易明，中材易誦，尤廣文誘掖之盛心。蓋不欲以著述自居，而其澤逮後學，實爲讀全史者之階梯，有功藝林，豈淺鮮哉！"據本書。

《續修四庫全書總目提要（稿本）》著錄家鈔本，提要略云："濰縣丁氏得其家藏抄本，因以著錄云。"

### ◆ 孫濟奎

濟奎字星垣，號迂山，淄川人，錫嘏子。同治甲子（三年）舉人。官鄒縣訓導。善詩賦及古文詞。主講曲阜昌平書院，從遊甚衆。《三續淄川縣志》（卷九）有傳。

## 【迂山詩古文集】

見《三續淄川縣志》本傳。

《三續縣志·藝文》載其《十里莊爐神姑廟碑記》一篇，《公孫丞相墓》、《過孟柳谷先生故居》、《王雪嶠先生自四川歸里以寓蜀草見贈即題卷後》（二首）、《送蒲範亭重遊遼東》（二首）、《贈南村張翁》等詩。

### ◆ 孫濟泰

濟泰字星垲，號鐵樵，淄川人，濟奎弟。廩貢生。幼稱學家，及長，與兄濟奎自相師友，賞奇析疑，互相敦勉。善詩古文。《三續淄川縣志》（卷十）有傳。

## 【鐵樵詩文集】

《三續淄川縣志》云："兄官鄒縣訓導，兼主講昌平書院。每省兄，輒代為批改課卷，見者無不悅服。嗣父東泉先生年九十，左右奉養，不敢遠離。至親歿服闋，始以科試第一人食餼。設帳授徒，及門多知名士。著有《鐵樵詩文集》藏于家。"

《三續淄川縣志·藝文》載其《春雨樓稿序》文一篇，《九月九日邑侯黃麗齋明府躬謁鄭康成王肩望二公祠·讌集釁山翼經書院·分韻賦詩·恭呈七言排律一首》、《聞蘇金坡筮仕甘肅喜賦》（二首），凡三首。

### ◆ 田　昂

昂字伯頴，德州人。

其詩集未見著錄。《德縣志》卷十六載其《題蕭月樵黃岡策蹇圖》詩二首。

## 【五事尊聞五卷】

與同邑馬洪慶合編。

《山東通志·藝文》：是書有咸豐丙辰延綠吟館刊本。原序云："嘗取儒先講學之言，約而錄之。上則兢業心傳，次則鍼砭藥石，以及利害之真切中人事者，彙爲一編。以類輯言，卷分爲五，名曰《五事尊聞》曰心詮，曰口緘，曰身範，曰家政，曰官箴。古今大儒道德性命宗旨，如日月經天。余輩何人，何敢妄議！惟於初學切實下手處略辨是非，以識門徑。人之爲學，固以辨是非爲第一義也。是以茲編大旨，歸於消損時之秋冬、藥之寒涼，與有近焉。"據本書。

《山東文獻書目》據此著錄清咸豐六年延綠吟館刻本，今未見各家收藏。

### ◆ 馬洪慶

洪慶字葛村，號嘯崖，德州人，百道仲子。同治甲子（三年）舉人。

## 【五事尊聞五卷】

與同邑田昂合編。見田昂著作。

## 【養知堂詩文集】

見《德縣志·藝文·邑人著作》。《德縣志·藝文·文內篇》（卷十五）載其《養知堂詩集自序》云：

"蓋聞承蜩貫蝨，技專肄而始精；狐腋雉頭，事兼資而易集。是以十年鍊賦，左思不脛而傳；一字得師，齊己低頭而拜。名爲實賓，不其然與？若夫山中明月，不盡取求；嶺上白雲，詎堪持贈。羌時行而時止，亮非狷而非狂。譬諸琴惟得趣，漫希鍾子之聽；玉不求沽，免下卞和之淚。藉攄鄙慮，遑冀人知。僕也幼學吟風，壯思獻日。蓮花能賦，雖負愧於才賢；楮葉難雕，終移情於哲匠。往者平陵文戰，樞部郎潛。濟南名士，願尋邊、李之盟；薊北豪雄，尚有荊、高之侶。當夫盍簪把臂，投轄輸心。尋北渚之遺踪，挹西山之爽氣。樓中白雪，乃前賢角勝之場；臺上黃金，實千古買癡之地。間抽藻思，用戢蓬心；又或藥贈將離，刪嗟見棄。東華塵土，小臣懷蟣蝨之憂；北地烽烟，君子有猿鶴之懼。莫不託諸毛穎，繢以赫蹏。強仕以前，如是而已。今則謝述心虛，江淹才盡。馬甘伏櫪，懲騏驥之鹽車；鳥慣投林，駭爰居之鐘鼓。身將隱矣，何以文爲然？而右軍誓墓，不少新篇；平子歸田，頗爲小賦。傖夫著作，允宜納諸罍中；秋士謳吟，強半得之枕上。良以潛息事簡，多病交疏。生增狂藥，謝杯酒以澆胸；老號書淫，藉叢殘而遮眼。歲時既積，紙墨遂多。擷得百篇，都爲一卷，命名《養知堂詩草》。後有所作，亦於是附焉。嗟乎！愚如北叟，知命何憂？曠效西施，捧心增醜。幸而春鵙秋蟀，都無悅耳之音；西抹東塗，即是安心之藥。無關揚㩭，聊佐軒渠云爾。"

《德縣志》卷十五又載其《水官驛粥廠碑記》、《陵州耆舊集序》，卷十六載其《南阮集題詞》（二首）、《流民行戊寅》、《廢宅行己卯》、《讀漢書董子傳己未》等詩十六首。

## 【養知堂詩選】

盧中倫輯。現存：鈔本，東北師範大學圖書館藏，《東北地區古籍綫裝書聯合目錄》著錄。

## 【陵州耆舊集六卷】

見《德縣志·邑人著作》。《德縣志》本傳云："留心邑中文獻，搜求前賢著作，彙集成帙。仿《山左詩鈔》例，人系小傳，往哲遺型，藉以流傳。此次修志，文獻賴以有徵者，葛村之功有足多焉。"馬燾《德州鄉土誌》云："鄉前輩詩文著作，力為表章，所輯《陵州耆舊集》，嘉道文獻，賴以不墜。"

《德縣志》卷十四有趙國華《書馬葛村陵州耆舊

集後》，卷十五有馬洪慶《陵州耆舊集序》。洪慶《自序》云：“余少受學於香嚴趙先生之門。先生老而工詩，爲言州前輩淵源甚悉。余耳熟久之，忽忽未之奇也。弱冠後，與封夢禪、田伯頹輩以文章相切劘。出其心解，往往發前人之所未發；而學殖深厚，視前輩稍有間矣。今兩君歿已十年，其他究心六義與兩君桓伯仲者，亦復凋謝略盡。區區數十年間，而前輩風流，渺如隔世，每憶童時所聞，未嘗不拊膺三歎也。往西圃田先生有《安德明詩選遺》之刻，得詩七十餘首。國初田、謝諸公聯鑣接軫，雄峙山左，一時詩學之盛，寖寖抗新城而掩博山。雅雨山人《山左詩鈔》采摭略備，已不脛而走海內矣。雍、隆以來，作者繼起，雅雨、蒙泉兩先生實爲大宗；同時若金公谷村、李公滋園、羅公素文、李公東圃、趙公春磵，類皆屏去鉛華，自成體格，第其詩品庶幾驂乘焉。厥後春臺、養孟、荻塘、雲村、山木、練江、香嚴諸先生，後先競爽，毅然以斯文自任，雖才力不同，風格亦異，要其咀風含雅，前輩之典型猶在也。惜北人樸不近名，絕少刻本。搜輯無人，懼遂散佚。夫文獻之存，風會之所趨也。百餘年來，州志未修。前輩遺文，什存一二。若聽其湮沒於荒墟斷莽之間，後有繼先正而鈔詩者，無徵不信，毋亦後進之咎與？竊不自揆，每欲纂吾州前輩諸作，都爲一集，以俟後之論定；而見聞孤陋，逡巡未果。今春於友人家假得謝雲村學博所輯《正隆遺音》，自雅雨山人而下，作者六十餘家，仿《山左詩鈔》、《感舊集》之例，人系小傳。諸老一生精力，藉此得一流傳，其爲功於前哲甚鉅。惜其書頗多雜糅，未遑芟刈；而嘉道以來稱詩者，尚在闕如。余滋戚焉。暇時博訪諸家元稿，及篋衍藏弆之本，汰其紕繆，補所未備，近時詩人亦皆以次纂入，人各補傳，命曰《陵州耆舊集》。嗟乎！集中諸老不遇者什九，當其仰面屋梁，戚戚不得志，日握三寸管，與時鳥候蟲相贈答，自捷足者視之，豈不誕且迂哉？乃文章有神，蓋棺論定，猶得與當代名公並傳不朽。其用功深者，其收名也遠。由今觀之，信已！九原可作，儻亦有破涕爲笑者乎？”

### ◆ 孟繼洙

繼洙字岱泉，臨邑人。同治甲子（三年）舉人。肄業濟南濼源書院。學問淵博，善屬文，出語名貴，不染塵氛。詩賦清新俊逸，經古考證翔明，尤長書法。

《續修臨邑縣志》卷三有傳。

其詩文集未見著錄。《臨邑縣志》卷十三載其《加廣學額碑陰之記》一篇。

### ◆ 李同楠

同楠字仙培，號乃樵，德平人。同治甲子（三年）歲貢。《德平縣志》卷七有傳。

### 【蘭坡詩鈔】

見光緒《德平縣志》本傳、《山東通志·藝文》。《縣志》本傳云：“著有《蘭坡詩鈔》二卷，梓行。”現存：清光緒元年飲香堂刻本（初編、續編共二卷），山東省圖書館、中國科學院圖書館藏，《清人別集總目》、《清人詩文集總目提要》著錄。

《山東通志·藝文》引孔昭珩《序》略云：“吾友李君屢躓場屋，不獲置身通顯。然於教授之暇，託諸吟詠，無怨尤語，無憤激辭，率其光明坦白之懷，發爲悱惻纏綿之什。讀者未嘗不歎其阨於遭際，而益服其性精之純且正也。”

《德平縣志》卷十二載其《餞楊石汸邑侯南旋》（二首）、《洪蘭楫邑侯新任紀事》、《沙河晚步》詩四首。《德平縣續志》卷十二載其《教子有感》、《示及門》等詩七首。

### ◆ 王勳祥

勳祥，長山人。同治十三年、光緒五年兩任徐溝知事。

### 【補修徐溝縣志六卷】

現存：清光緒七年刻石朱印本，南京圖書館、上海圖書館等藏，《北京圖書館普通古籍總目》著錄。

### 【清源鄉志十八卷首一卷】

現存：①清光緒八年刻石朱印本，中國國家圖書館、上海圖書館等藏。②民國鈔本，山西省文物局藏，《中國地方志聯合目錄》著錄。

### ◆ 張英麟

英麟字綏珊，歷城人。同治四年進士。歷官都察院左都御史。民國後辭官回鄉，卒於十四年冬。

其文集未見著錄。民國《定陶縣志》卷二十一載其《獻宸王先生八秩壽序》。民國《冠縣志》卷九載其《重修文廟碑記》（同治六年知縣孫善述立）。

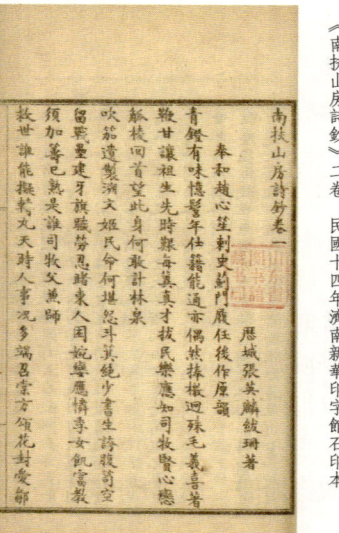

《南扶山房詩鈔》二卷　民國十四年濟南新華印字館石印本

歷城張英麟敍珊著

## 【南扶山房詩鈔二卷】

現存：民國十四年濟南新華印字館石印本，中共山東省委黨校圖書館藏；《山東文獻集成》影印。《販書偶記》著錄民國八年南扶山房石印本。

英麟《自序》略云：“歲丁巳，余既搜輯視學奉省時所爲詩，彙錄一帙，題曰《沈舲詩存》，付甥孫沈景丞爲之石印若干本。……景丞因復請予搜輯宦京時所作，再付石印。”按：此序作於乙丑（十四年）秋七月，時年八十有八。

## 【沈舲詩存】

見《南扶山房詩鈔》英麟《自序》。

## 【光緒八年壬午科雲南省鄉試錄一卷】

張英麟等編。現存：清光緒刻本（一冊），日本東京大學東洋文化研究所藏，見《日本國大木幹一所藏中國法學古籍書目》著錄。

## ◆ 武 震

震字峙東，歷城人，玉麟子。同治乙丑（四年）進士。歷官漢黃德道。事蹟詳《續修歷城縣志·列傳二》。

## 【賜慶堂文稿一卷】

見《續修歷城縣志》本傳。現存：清宣統元年其子福恭輯刻本，山東省圖書館、山東大學圖書館等藏，《青島市圖書館藏明清兩代山東人著作簡目》、《清人詩文集總目提要》著錄。《山東通志·藝文》作《賜慶堂文稿僅存》一卷。

《山東通志·藝文》：是編共文二十二首，震子福恭所輯刊。孫紀雲《序》云：“峙東之文，皆自道其胸之所欲言，無一依傍古人處。”據本書。

## 【賜慶堂詩稿一卷】

見《續修歷城縣志·藝文考》（無卷數）。現存：清宣統三年刻本，山東省圖書館、濟南市圖書館藏，《南開大學圖書館館藏線裝書目錄》、《清人詩文集總目提要》著錄。

《續修歷城縣志·藝文考》：採訪。卷未詳。王毓菁《序》略曰：卷中多羈旅感懷之作，於燕趙秦豫蜀名山要塞，皆有題詠。

## 【峙東癸亥詩稿一卷】

現存：清光緒鈔本，上海圖書館藏。

## ◆ 孫紀雲

紀雲字幼軒，歷城人，官雲弟。同治四年進士。歷官太原知府。

## 【甦人新編四卷】

《續修歷城縣志》本傳云：“紀雲性好讀書，平時手不釋卷。三十歲前，手鈔本及雜著盈篋。捻匪過濟南時，正館於濼口鎮，賊至，不及徙，盡散失，存者惟《甦人新編》二卷。”

是書《續修歷城縣志·藝文考》據鈔本著錄，載張元鈞《跋》略曰：“《甦人新編》四冊，先母舅幼軒公光緒丙申、丁亥間待銓京師時之所著也。居京三載，時與友人談讌，搜尋奇異鬼怪之事，以破寂悶，遇有可述，輒隨筆記錄。益以平昔所見聞，追錄若干條。積之既久，遂成卷帙。開編首記張巫託始於此也，內載咸豐癸丑東省武庫災事綦詳，足資考證。其他京僚軼事、都門瑣聞，亦纖細備載。厥後再官山右，載筆遂稀。原本草書細字，後由筱舫外弟手鈔一過，置之篋中，外人多未得見。舊歲縣志開局，筱舫方游宦杭州，元鈞寓書於浙徵是編。筱舫以副本見寄，且曰：'先人昔年著作，自遭咸同捻匪之亂，悉燼於火，幸是編尚存。慮其日久復有遺佚也，將付之排印，以廣其傳。'元鈞聞，亟贊之，因誌其顛末如右。"

### ◆ 袁恩詔

恩詔字觀堂，長山人，守侗五世孫。同治乙丑（四年）進士。官寶應知縣，改萊州教授。

**【一枝巢詩集四卷】【一枝巢文集四卷】**

《山東通志・藝文》據本書著錄《一枝巢集》四卷，提要云："是集乃其子崇鎮所輯，凡詩三卷，詞一卷。"

《山東通志・補遺・袁恩詔傳》云："著有《一枝巢詩文集》各四卷《制藝》六卷藏於家。"

**【制藝六卷】**

見《山東通志・補遺・袁恩詔傳》。

### ◆ 李汝霖

汝霖，德州人。同治乙丑（四年）進士。

其詩文集未見著錄。《德縣志》卷十五載其《重修耿家廟碑記》一篇。

### ◆ 韓志超

志超字鶴雲，章丘人。光緒元年任蠡縣知縣。

**【西甯新志十卷首一卷】**

現存：清同治十二年修光緒元年宏州書院刻本，上海圖書館、南京圖書館等藏，《北京圖書館普通古籍總目》著錄。

**【蠡縣志十卷】**

現存：清光緒二年刻本，上海圖書館、南京圖書館等藏，《北京圖書館普通古籍總目》、《續修四庫全書總目提要（稿本）》著錄。

### ◆ 李梅山

梅山字馥岩，齊東人，培子。庠生。

**【馥岩詩鈔一卷】**

其子李炳炎、李炳燿輯。現存：民國四年李炳炎、李炳燿石印本（《李氏四子詩稿》之一），中共山東省委黨校圖書館藏；《山東文獻集成》影印。

民國《齊東縣志》本傳云："光緒末年變法後，令子姪輩入學堂，或肄業師範，或留學日本，爲一鄉文明先導。"

民國《齊東縣志》卷六載其《壩河垂釣》詩一首。

### ◆ 魏逎勳

逎勳字吟舫，德州人。同治戊辰（七年）進士。

**【奏疏遺稿】**

見《德縣志・藝文・邑人著作》。《德縣志・藝文・文內篇》（卷十五）載其《糾參戶部堂官疏》一篇。

**【延壽客齋遺稿四卷】**

見《德縣志・邑人著作》。《德縣志》本傳作《延壽客齋詩集》，無卷數。現存：①民國二十二年魏宗蓮刻本，山東省博物館、青島市圖書館、山東省圖書館等藏，《山東文獻書目》、《清人詩文集總目提要》著錄。②鈔本，見《中國科學院圖書館新收中文線裝舊書草目》。

《德縣志》卷十六載其《書懷寄馬葛村兵部》、《次韻馬葛村兵部見寄》（二首）、《徐純生孝廉下第未歸．鬱鬱居此．置酒招之．出書懷詩見示．依韻爲和》、《讀家乘存羊遺意．謹按卷後題句元韻恭賦五首》、《丙戌嘉平月因言獲譴旋即出都》詩，凡十首。

### ◆ 吳華年

華年字峻峯，德州人。同治戊辰（七年）進士。官廣西學政。

其詩文集未見著錄。《德平縣志》卷十二載其《文林郎孔公墓誌銘》一篇。

### ◆ 袁鍾和

鍾和，長清人。增生。

其詩文集未見著錄。民國《長清縣志》卷十載其《建修舒公祠記》（同治七年）一篇。

### ◆ 李任元

任元，濟南人。

## 【靜觀齋詩鈔一卷】

現存：清同治八年京師嬲嬛別館刻《故友詩錄初編》本，中國國家圖書館、首都圖書館、上海圖書館等藏，《中國叢書綜錄》、《清人別集總目》、《清人詩文集總目提要》著錄。

### ◆ 朱宗默

宗默字緘齋，號若癡子，歷城人。咸豐年間諸生。

## 【未定草詩鈔四卷】

現存：清光緒間濟陽艾紹全鈔本，山東省博物館藏，《山東省博物館藏明清民國山左學者著述知見錄》、《山東文獻書目》、《清人別集總目》著錄。《誠正堂艾氏叢書三編總目》作《未定草》四卷。

### ◆ 袁一桂

一桂字季芳，號萌濱，淄川人。同治庚午（九年）舉人。歷官宵陽縣訓導、臨淄縣教諭、文登縣訓導。《三續淄川縣志》（卷九）有傳。

## 【萌濱詩文集】

見《三續淄川縣志》本傳。

《三續縣志·藝文》載其《照旦溝》、《菴子溝》、《晴雨泉》、《眉嶺公主墓》詩四首。

### ◆ 張與三

與三字仲眉，號椿園，又號亦山，齊河人。同治九年舉人。歷署陽穀、壽張、寧陽諸縣訓導。

## 【同治庚午科并補行丁卯科鄉試硃卷一卷】

現存：清刻本，上海圖書館藏；《清代硃卷集成》影印。

### ◆ 張肄三

肄三字及之，號雅園，又號石莊，齊河人。同治九年舉人。歷署鄆城、曹縣、泰安、高苑、益都等縣訓導。致仕後主講督揚學院。

## 【同治庚午科并補行丁卯科鄉試硃卷一卷】

現存：清刻本，上海圖書館藏；《清代硃卷集成》影印。

### ◆ 楊聯堦

聯堦字雲升，齊河人。同治庚午（九年）恩貢生。《齊河縣志》卷二十七有傳（作楊聯階），卷三十三有張燦之《候銓教職楊公雲升墓誌》。

## 【詩文集】

民國《齊河縣志》本傳云："主講文社，從游日眾，進士李硯田、拔貢徐少濂皆門下士也。"《縣志·藝文》載邑人張燦之《候銓教職楊雲升墓誌》云："所著詩文集若干卷，未付梓，蠹魚剝蝕。"

### ◆ 王祖謙

祖謙字化東，章丘人。

## 【劉茂春先生傳一卷】

現存：清刻本，見《濟南市圖書館館藏古籍書目》。傳主劉廣盛，字茂春，章丘人。

### ◆ 馬翯

翯字右軒，德州人，百道孫。同治辛未（十年）進士。歷官鎮平、滎澤知縣。

## 【德州鄉土誌不分卷】

現存：清鈔本，山東省博物館、山東大學圖書館、中國科學院圖書館等藏。無序跋。志目分歷史、政績錄、兵事錄、耆舊錄、人類、氏族、宗教、實業、地理、道路、物産、商業。記事至光緒二十八年。

## 【病起餘筆】

見《德縣志·邑人著作》。

《德縣志》卷十六載其《陵州雜詠》詩四首。

### ◆ 艾紫東

紫東原名猶龍，字佑宸，濟陽人。同治間以剿捻軍功，授通奉大夫，候補知縣。民國《濟陽縣志》卷十一有傳。

## 【尚書淺註九卷】

見民國《濟陽縣志·著述篇目》（無卷數）。現存：①稿本（六卷），山東省博物館藏，見《山東省博物館藏明清民國山左學者著述知見錄》、《清史稿

艾紫東像　載《誠正堂艾氏叢書》稿本

【批點四書朱子本義匯考四十七卷】

現存：《誠正堂艾氏叢書》稿本，山東省博物館藏，《中國古籍善本書目》著錄。

民國《濟陽縣志·著述篇目》作《批點四書朱子本義滙參》，無卷數。

【學庸易解二卷】

見《濟陽縣志·著述篇目》（無卷數）。現存：①稿本。②其子輯鈔《誠正堂艾氏叢書》本。兩本均藏山東省博物館，《山東省博物館藏明清民國山左學者著述知見錄》著錄。上卷爲《大學集註易解》，下卷爲《中庸集註易解》。前有濟陽張鼎《序》略云："今紹荃以父所注之《學庸》示余。觀其所注，簡而該，約而詳，絲絲入扣，滴滴歸源，誠足發揮義理，羽翼經傳。名曰'易解'，真易易也。"

【論說新編二卷】

見《濟陽縣志·著述篇目》（無卷數）。現存：《誠正堂艾氏叢書》稿本，山東省博物館藏；《山東文獻集成》影印。

◆ 徐桂馨

桂馨字明德，號天香，濟寧人，濟陽艾紫東妻。

【四書集注圈點旁訓襯解】

現存：①稿本（不分卷），山東省博物館藏。②其子紹荃輯鈔《誠正堂艾氏叢書》本（二十一卷），山東省博物館藏，《中國古籍善本書目》著錄。

【切韻指南四卷】

其子艾紹荃注。現存：①《誠正堂艾氏叢書》稿本，山東省博物館藏，《山東文獻書目》著錄。②清宣統三年濟南稷門翔成館石印本，山東省圖書館、山東省博物館藏，《山東省博物館藏明清民國山左學者著述知見錄》著錄。

紹荃《序》略云："先慈秉性聰敏，幼時受業於泰安府教授陳公慶隆，得其薪傳。及笄，適先大人於中公廨。家政餘閒，博覽群書。見刊印鈔寫有亥豕魯魚之舛，恐遺誤後學，披閱剔弊元音，探其精微，復參較《切韻》各書，刪繁補闕，搜輯成編，備案頭展玩，以貽子孫。"

藝文志拾遺》。②其子紹全輯《誠正堂艾氏叢書》本，見《山東省博物館藏明清民國山左學者著述知見錄》；《山東文獻集成》影印。

前有光緒二十九年張恒《序》略云："愚曩昔就館濟南傅君夢弼家，偶於書架上撿得鈔本《尚書淺註》一部。是書所註之字，逐句逐節，無一或漏；所講之文，何起何承，無一或忽。披閱之下，不覺心賞而首肯者，再其直截了當，明白易曉，不特通儒成學能以洞澈於心，即開講童蒙爲之口講指畫，亦莫不釋然於懷而去，……誠爲後學之嘉惠也。然究不知註是書者爲何許人。及紹全持是書囑愚校正，言其先君宦遊汴京，服政之暇，註解成編，歷數寒暑而後竣，始知是書乃東孫耿艾君紫東先生之所註也。是書雖未遑刊行問世，而士林傳鈔，幾乎洛陽紙貴，豈非註解家之一大助哉！"

【毛詩說略八卷首一卷】

見民國《濟陽縣志·著述篇目》（無卷數）。現存：①原稿本，山東省博物館藏，《山東文獻書目》、《山東省博物館藏明清民國山左學者著述知見錄》著錄。②其子紹荃彙鈔《誠正堂艾氏叢書》本（作一卷），山東省博物館藏，見《山東省博物館藏明清民國山左學者著述知見錄》；《山東文獻集成》影印。

## 【秋水閣天香詩集四卷】

見《誠正堂艾氏叢書・總目》。現存：稿本，山東省博物館藏，《山東文獻書目》、《清人別集總目》、《清人詩文集總目提要》著錄。

### ◆ 尹茂枬

茂枬，德州人。

## 【於陵尹氏族譜四卷】（一名《尹氏族譜》）

現存：清同治十一年裕後堂刻本，美國國會圖書館、美國猶他州家譜學會藏，《中國家譜總目》、《美國家譜學會中國族譜目錄》著錄。

### ◆ 蕭　衡

衡字麗璇，一字荔軒，歷城人。廩貢生。鄉闈屢薦不售，乃就教職，先後任黃縣教諭、訓導，司鐸昌邑、壽張，授徒垂四十年。得其指授掇巍科者，不可勝計。

## 【詩義約說】

見《山東通志》卷百七十本傳（《藝文志》失載）。《續修歷城縣志・藝文考》及本傳作《詩義說約》。

## 【養蒙箴言】

《續修歷城縣志・藝文考》據其子樹昇鄉試硃卷履歷著錄。

## 【以約齋詩文稿六卷】

見《山東通志・藝文》、《續修歷城縣志・藝文考》。《山東通志》卷百七十本傳、《續修歷城縣志》本傳均作《以約齋詩文集》。

《山東通志・藝文》：是編衡子樹昇云：“有家藏稿本。”

### ◆ 張汝源

汝源字星海，號漢槎，淄川人。同治癸酉（十二年）舉人。

## 【猊雜燒餘】

《三續淄川縣志》云：“年六十餘以歲貢中同治癸酉科亞元。計自道光庚子入闈，文即為主司所賞，以額滿見遺，閱三十餘年始獲登第。懷才不遇，又值寇亂，感時傷世，往往發之於詩。生平所作甚多，經兩次兵燹，焚燬殄盡，什不存一。揀拾餘燼，自題曰《猊雜燒餘》。”

《三續縣志・藝文》載其《閭鄉先輩集偶書》（六首）、《聞馮麗南先生刻般陽詩萃卻寄》等詩十三首。

### ◆ 李敬身

敬身字醒吾，德平人。同治癸酉（十二年）舉人。甲戌（十三年）赴春官試，以疾卒於京寓，時年三十。《德平縣續志》卷六有傳。

其詩文集未見著錄。《德平縣志》卷十二載其《改建文昌宮落成賦》一篇。

### ◆ 李蔭緩

蔭緩字寅軒，商河人。同治癸酉（十二年）拔貢。

其文集未見著錄。《重修商河縣志・藝文》載其《例封修職郎潤生孫老世伯大人七軼榮壽序》、《王母石安人九十壽序》、《趙母張孺人旌表節孝兼慶六秩榮壽序》。

### ◆ 孫伯龍

伯龍字宗海，平陰人。同治癸酉（十二年）歲貢。光緒《平陰縣志》卷五有傳。

## 【家乘】

見光緒《平陰縣志》本傳。

## 【慎修齋瑣言】

見光緒《平陰縣志・著述》。

## 【增刪五經樓拆字】

見光緒《平陰縣志・著述》。現存：清光緒九年刻本，李振聚藏。前有《增刪五經樓拆字小引》云：“是編係中山小波張老父師家塾藏本。父師宰平邑月課時手出遍示，伯細為翻閱，洵初學為文第一指南車也。因特為鈔錄，藉以訓蒙。奈傳誦日久，竟失原本，每念及此，心甚悼焉。忽於前春購得，閱之甚喜，爰更為鈔出，並弁序言，亟付剞劂，以公諸世。皆光緒壬午春正月上浣榆山治下受業門生孫伯龍謹識。”

## 【慎修齋時文】

見光緒《平陰縣志》本傳。

【明文輯要】【國朝文輯要】

見光緒《平陰縣志·著述》及本傳。

【天崇文輯要】【名墨輯要】

見光緒《平陰縣志·著述》。

◆ **石星章**

星章字麗垣，長清人。歲貢生。官寧陽縣教諭。民國《長清縣志》卷十一有傳。

【綱鑑擇要】

見民國《長清縣志》本傳。

【行程日記一卷】

民國《長清縣志·邑人著述》載其《南遊吟草》及《自序》略云："余於同治十三年二月初十日隨宦赴黔，四月二十八日至貴州鎮遠府，六月初二日復由鎮遠赴省，八月十六日復回鎮遠，九月十三日由鎮遠旋里，光緒元年正月十六日抵家，往返將及一年，路途奔波者七閱月。一路名山大川，偶見於吟詠。至城市之繁華，物產之蕃盛，以及道路之遠近，別有《行程日記》一冊。此不過略抒所見，以見雖不得志，而能爲萬里之遊，亦生平之快事云爾。"《縣志》本傳作《濟黔行程日記》。

【南遊吟草】

民國《長清縣志·邑人著述》載是書自序（參見上條）。《縣志》本傳作《南游草詩集》。

◆ **李廷璐**

廷璐，歷城人。

【欲寡過編】

見《續修歷城縣志·藝文考》，注云："李兆梅鄉試硃卷履歷。卷未詳。"

◆ **李春麓**

春麓，歷城人。

【鐵根山房吟草】

《續修歷城縣志·藝文考》據李兆梅鄉試硃卷履歷著錄。

◆ **李兆梅**

兆梅字和生，歷城人，慶翔從子。同治元年舉人，十三年成進士。歷官撫寧知縣，卒於官。事蹟詳《續修歷城縣志·列傳二》。

【鋤月山房詩集】

見《山東通志·藝文》、《續修歷城縣志·藝文考》。《續修縣志》本傳作《鋤月山房詩稿》。

【勸民稼穡歌】

見《山東通志》卷百六十九本傳、《續修歷城縣志》本傳。

◆ **朱 凱**

凱字贗甫，歷城人。諸生。

【二柳堂集九卷】

見《山東通志·藝文》、《續修歷城縣志·藝文考》及本傳。

《山東通志·藝文》：《續修縣志稿》本傳載是集，又云："好遠遊，吳越、燕趙、秦隴、巴蜀，凡足迹所至，一皆託之於詩歌。"

◆ **焦雲龍**

雲龍字雨田，長山人。同治十三年進士。歷任陝西葭縣、富平、三原、咸寧、臨潼知縣，商州知州，卒於潼關廳同知任上。《近三百年人物年譜知見錄》有其子振淪撰《焦雨田先生年譜》二卷。

【三原縣新志八卷】

現存：①清光緒六年刻本，上海圖書館、南京圖書館等藏，《北京圖書館普通古籍總目》著錄。②民國二十六年補刻本，四川省圖書館等藏，《北京圖書館普通古籍總目》著錄。

【焦雨田先生遺集四卷】

現存：民國二十五年長山焦東溟鉛印本，中國國家圖書館、上海圖書館、中國科學院圖書館等藏，《東北地區古籍綫裝書聯合目錄》、《山東省博物館藏明清民國山左學者著述知見錄》、《清人詩文集總目提要》著錄。

### ◆ 郝元恩

元恩，濟陽人。候選訓導。

其詩文集未見著錄。民國《濟陽縣志·藝文》載其《重修垛石西橋碑記》（同治十三年）一文。

### ◆ 劉銘彝

銘彝，長清人。廩生。

【周易課講日箋不分卷】

現存：清鈔本（四冊），濟南市圖書館藏，《易學書目》、《濟南市圖書館館藏古籍書目》著錄。民國《長清縣志·邑人著述》作《易經課講》。

【易經句解】

見民國《長清縣志·邑人著述》。

【書經句解】

見民國《長清縣志·邑人著述》。

【詩經課講】

見民國《長清縣志·邑人著述》。

【四書課講記要不分卷】

現存：清同治元年劉氏鈔本，見《濟南市圖書館館藏古籍書目》。民國《長清縣志·邑人著述》作《四書課講》，並載是書《自序》。

【症治便覽】

見民國《長清縣志·邑人著述》、《中國分省醫籍考》。

### ◆ 路可步

可步字青雲，齊東人。同治間歲貢。

【五經朱註疑問四冊】

見民國《齊東縣志·著作》。

【爾雅音釋一卷】

見民國《齊東縣志·著作》。

### ◆ 劉春煦

春煦字和暘，齊東人。廩貢生。任嘉祥縣教諭。《齊東縣志》卷五有傳。

【養心齋詩集】

見《齊東縣志·藝文》及本傳。

### ◆ 曹毓泉

毓泉字鍾山，齊河人。同治間庠生。《齊河縣志》卷二十七有傳。

【十字錦】

民國《齊河縣志》本傳云："嘗著有《十字錦》，云：'誠和平，莫矯情，持心以貞，取舍要分明；守本分，任困亨，何必羨富貴功名。退一步想，隨遇而行，人棄我取，與世無競爭。仰不愧，俯不怍，消遣此生。'觀此則詞近旨遠，其素履不渝可知矣。"

### ◆ 趙廣業

廣業，齊河人。肄業濼源書院。

【趙氏族譜】

《齊河縣志·藝文》卷三十一載匡源《趙氏族譜序》略云："長清趙生肄業濼源書院，其爲人也誠篤而好學，余甚器之。一日，持其《族譜》示余曰：'趙氏之先，自明時由山西洪洞遷山東，兄弟三人，長支占籍齊河，次支徙河南歸德府，三支徙長清，是爲廣業之始祖。傳至六世諱同言者，登嘉靖戊戌科進士，仕至陝西按察司僉事，其最顯者也。徙歸德者不可考。齊河、長清兩支，則子孫昌盛，皆以耕讀世其家。嘉慶辛未，嘗有《族譜》之刊，距今六十餘年矣。生齒日繁，分居各鄉者日益衆。廣業慮其久而失傳也，乃偕族人之讀書者，詳考博稽，重脩以繼先人之志。今書告成，請夫子爲文弁其首。'"

### ◆ 盧晉元

晉元，德州人。

其詩文集未見著錄。《德縣志》卷十六載其《讀河道總憲許中丞振禕奏稿即句》、《家書後示瑞符介受兩弟》等詩五首。

## ◆ 李法中

法中字心傳，號樂天，德平人。庠生。《德平縣志》卷七有傳。

### 【讀大學劄記】【論語劄記】

《山東通志・藝文》（經部四書類）據《校經室文集》著錄。《德平縣志》本傳云："同治間僑寓濟南，士大夫競相推重，咸以爲篤行君子云。著有《讀書劄記》、《指南吟稿》，待梓。"蓋《讀書劄記》爲其所撰諸劄記之總稱也。

### 【性理劄記】

《山東通志・藝文》（子部儒家類）據《校經室文集》著錄。

### 【指南吟稿】

見《德平縣志》本傳、《山東通志・藝文》。《縣志》本傳云："待梓。"

《德平縣志》卷十二載其《馮邑侯子延倡捐書院紀事》、《論學》（五首之二）、《早起》詩四首。

## ◆ 李振魯

振魯，德平人。歲貢生。

其文集未見著錄。《重修商河縣志・藝文》載其《清太學生候選縣丞朝麟王公墓表》。

## ◆ 萬 珂

珂，德平人。增生。

其詩文集未見著錄。《德平縣志》卷十二載其《登岱》詩一首。

## ◆ 李文珠

文珠，德平人。廩生。

### 【蝸廬小草】

《德平縣志・藝文》（卷十二）載其《餞別彭老夫子錦旋》詩一首，注云："著有《蝸廬小草》。"

## ◆ 于士良

士良，德平人。廩生。

其詩文集未見著錄。《德平縣志》卷十二載其《前題》（即《餞別彭老夫子錦旋》）〔錦堂春〕詞一闋。

## ◆ 王采泮

采泮字鵬程，商河人。以明經終，設帳德平。

### 【鵬程稿】

見《重修商河縣志・藝文》及本傳。本傳云："晚年種瓜野圃，與王者相以道義相切劘，問字者咸造圃就正，綽有邵平風流。著《鵬程稿》行世。"

## ◆ 王者相

者相字殿卿，商河人。諸生。初名者香，歲試時學使改今名。

### 【四書口義】

見《重修商河縣志・藝文》及本傳。

### 【殿卿文集】

見《重修商河縣志・藝文》及本傳。

## ◆ 王江湄

江湄字秋源，商河人。廩貢生。

### 【散心集】

見《重修商河縣志・藝文》及本傳。

## ◆ 王依仁

依仁字情田，一字純天，自號孏讀齋主人，商河人。同治間廩貢生。《重修商河縣志》卷十四有王桂芬《王明經情田先生傳》。

### 【四書正解便覽】【眉批四書本義匯參】【增註四書類典賦】【中庸口義】

見《重修商河縣志・藝文》。

### 【增註詩韻辨同】【增註佩文詩韻】【增註詩韻指掌】

見《重修商河縣志・藝文》。

### 【增註子史集要】【增註白眉故事】

見《重修商河縣志・藝文》。

【增註櫺花館詩】【嬾讀齋分韻詩鈔】【嬾讀齋詞賦塾課】

見《重修商河縣志‧藝文》。

《重修縣志‧藝文》載其《九日登高書懷 得遊字》詩一首。

【嬾讀齋文集】

見《重修商河縣志‧藝文》。

《重修縣志‧藝文》載其《五次重修族譜序》、《劉氏家乘序》、《石氏譜序》、《翼廷王公墓誌銘》、《聖述鄭公墓誌銘》，及《麥邱三祝賦》。

【增註昭明文選】【註釋分韻詩鈔】

見《重修商河縣志‧藝文》。

◆ 李嘉琳、李嘉樹

嘉琳、嘉樹，俱章丘人，李開先後裔。

【李氏族譜五卷首一卷】

現存：清光緒元年綠原村刻本，章丘市博物館藏，《中國家譜總目》著錄。

◆ 附　錄

【陵縣志二十二卷首一卷】

陵縣知縣沈淮（字臺簪，浙江桐鄉人，道光二十三年任）修，被縣李圖纂。始於道光二十三年，次年纂成。現存：①清道光二十五年刻本，中國國家圖書館、復旦大學圖書館、山東省博物館藏。②清道光二十五年刻光緒元年增補本（戴傑續纂，附正志各卷之後，增輯忠義傳一卷，作爲卷又二十），山東省圖書館、濟南市圖書館、陵縣圖書館藏。③民國二十五年鉛印本，山東省圖書館、中國國家圖書館、上海圖書館藏；《中國地方志集成‧山東府縣志輯》影印。首爲沈淮《序》，舊志《序》六篇，縣圖九幅。分沿革表、爵封表、秩官表、選舉表、疆域志、河渠志、賦役志、建置志、風土志、古蹟志、學校志、祀典志、禮儀志、兵防志、祥異志、藝文志、金石志、官師傳、人物傳、流寓傳、列女傳、雜記，凡二十二卷。

【新城縣志不分卷】

不著撰者。現存：清鈔本，南開大學圖書館藏。分河渠志、官師志、列女志、藝文志四門。無序跋。記事至道光十四年。

【歷下八家詩鈔】

《山東通志‧藝文》：《薖園類存》載此編，注云：“朱曾傳、尹廷蘭、王德容、陳超、翟凝、周溢贇、馬國興、朱畹，不詳何一人編。”國興疑國翰之誤。

【栗塘范氏重修宗譜】

長山范氏纂。現存：清咸豐六年木活字印本（存卷一至三），上海圖書館藏，《中國家譜總目》著錄。

【省城四關廂挑濠築圩收支捐借工料銀錢各細數清冊稿一卷】

濟南府編。現存：清咸豐十一年四月鈔本，濟南市圖書館藏。

【濱州志十二卷首一卷】

李熙齡纂修。是志始於咸豐八年，熙齡修《武定府志》之餘，復修是志，於咸豐九年成稿。首有李熙齡《序》，明舊志《序》二篇。分方輿志、建置志、禮典志、賦役志、紀事志、風俗志、秩官志、名宦志、選舉志、人物志、藝文志十一門，凡十二卷。現存：清咸豐十年刻本，山東省圖書館、濟南市圖書館等藏；《中國方志叢書》、《中國地方志集成‧山東府縣志輯》影印。

【卷二十·清十】

# 卷二十·清+

## ◆ 李惠遠

惠遠字吉人，號海村，歷城人。光緒乙亥（元年）舉人。候選教諭。

### 【海村詩集一卷】

見《續修歷城縣志·藝文考》，注云："鈔本。"並引其弟光遠所作《惠遠傳》云："暮年喜作詩，不下數百首，無藏本。子弟即所及見者，集爲一卷。"

《續修歷城縣志·列傳六·一行》：惠遠少藉庭訓，長喜博覽，過目輒不忘。入泮後，受徒郡城，益多讀未見書。中歲後，案頭不置一卷，凡經史子集，任舉一書，輒能背誦。爲文一本性靈，制義選入濼源書院課藝，近鄉碑銘傳記多出其手，而篋無留稿，亦多不署己名。暮年喜作詩，不下數百首，然隨在以授，及門亦無藏本。子弟即所見者輯爲一卷，名《海村集》。

《李光遠知止軒集》。

### 【海村文集一卷】

見《續修歷城縣志·藝文考》，注云："鈔本。"

## ◆ 賈迺延

迺延（"延"亦作"筵"）字子開，歷城人。光緒乙亥（元年）舉人。官曹縣教諭。

### 【曹州府曹縣志十八卷首一卷】

與濟寧孟廣來同纂。現存：①清光緒十年居敬書院刻本，山東省圖書館、青島市圖書館等藏；《中國地方志集成·山東府縣志輯》影印。②民國鉛印本，中共山東省委黨校圖書館等藏。

《山東通志·藝文》作《續纂曹縣志》十八卷。《續修歷城縣志·藝文考》作《曹縣志》十八卷。

是志由曹縣知縣陳嗣良（字頌萱，浙江秀水人，光緒九年任）主修，始纂於光緒九年，次年梓行。首載陳嗣良、孟廣來、賈迺筵等《序》六篇，舊志序跋十三篇，縣圖十七幅。分疆域志、建置志、賦役志、物產志、學校志、祠祀志、河防志、王侯志、官職志、名宦志、選舉志、人物志、列女志、綸音志、舊藝文志、續藝文志、雜稽志十七門。

《續修歷城縣志·藝文考》：迺筵《序》略曰：曹縣志失修二百年於茲矣。舊棗燬於烽火，志函間存，亦多殘折。縱雲碑尋屨，霜鬢訪獻，而疏漏之虞易滋，故議修而旋輟者再也。會廣川牧陳公頌萱權纂是邦，慨然曰："志書之存，所以載輿圖，志賦入，考文獻，厚民風，勵世俗也。及今不修，後益難繼。是亦守土之責也。"爰延鏡芙先生盟執牛耳，兼屬予襄其事。期閱兩月而告藏。適予二豎爲厲，步門不出；而鏡芙先生析縷分條，辨門別類，删除繁冗，潤飾藻華；更有選拔王君芸都、明經張君淑予，分採遺珠，旁搜故實；一定以陳公之去取，勿偏徇，勿黨惡。二百年之事蹟文物，千百年之貽典名獻，朗若列眉。然則是志之成，非即觀感人心、採風覘化之一助歟！本書。

又，孟廣來《序》略曰：癸未孟冬之初，余自漁山旋曹南書院。邑侯陳公議修縣志，僉謂卷帙之富，體例之繁，勢難猝辦也。愚別有所見，擬以季冬蔵其事，非欲速也，非易視也。茲役也，所有採訪之事，前任何邑侯提唱於先，亦軒崔廣文收輯於後，無事爲旁搜博採之勞矣。惟是別類分門，條詳縷晰，尚覺棼而難理。而以余他鄉覉寓，風雨一編，如剝蕉，如抽絲，亦若津津其有味。綱目既張，於是有條不紊矣。舊志列於前，正其亥豕辛羊之誤。新志附於後加，以芟繁減縟之功。凡人物、事實，悉照訪册。質者文之，冗者汰之，修飾潤色正之。賈子開先生以撮其要，筆則筆，削則削。董南之柄，總由邑侯之裁斷，以纂其成。果兩越月而編次告竣，上可繼往，下可開來，中爲一線之延。不較之斷簡殘編，庸有愈乎！第其間典故，未及詳求，事蹟不無遺漏。而按其勢，核其時，有道君子，或亦可見諒也夫！漁山孟廣來。同上。

### ◆ 段寶琛

寶琛字伯獻，長清人。光緒乙亥（元年）歲貢。署高苑訓導、博山教諭。民國《長清縣志》卷十一有傳。

**【四書反身錄】**

見民國《長清縣志》本傳。《縣志·邑人著述》失載。

**【集義錄】**

見《山東通志·藝文》（子部儒家類）、民國《長清縣志·邑人著述》。

《山東通志·藝文》引《採訪冊》云："凡一百九十八節。大抵多警戒之詞，於學者甚爲有功。"

**【正學指南】**

見民國《長清縣志》本傳。

**【課子隨筆鈔】**

見民國《長清縣志》本傳。

### ◆ 孫建策

建策字梓芳，歷城人，光祀裔孫。光緒元年舉孝廉方正。廷試以教職用，歷署樂安訓導、滋陽訓導兼理鄒縣教諭。嘗爲濼源書院監院。

**【客路行吟草】【春日思親詩】【上元竹枝詞】【濱州隄工即事詩】**

見《續修歷城縣志》本傳。

### ◆ 馬兆森

兆森，章丘人。光緒元年乙亥恩科舉人。

**【馬兆森順天鄉試墨卷】**

現存：清刻本，山東省博物館藏，《山東文獻書目》著錄。

### ◆ 王又光

又光字晦圃，又字損齋，齊河人。光緒初廩貢生。鄉試屢薦未售，遂隱居教授，及其門者多所成就，鄉人私諡曰"孝毅先生"。《齊河縣志》卷二十七有傳。

**【裕泉遺集一卷】**

現存：清王氏自印本，山東省圖書館藏，《清人別集總目》著錄。

**【裕泉文集】**

見民國《齊河縣志·撰述》。

《齊河縣志》卷三十一載其《崔氏譜序》一篇，卷三十二載其《重修玉帶橋記》一篇。

### ◆ 崔己任

己任，齊河人。

**【崔氏家譜】**

崔己任續修。民國《齊河縣志·藝文》載邑人王又光是書《序》云："崔子己任，脫略人也。其人誕諧風流，視世事無經心者。甲子春，余造其廬，煑茗共語，談及其修譜事，因出其先世草稿及其續本相示而請序焉。"

### ◆ 馬燦東

燦東，長山人。

**【馬氏家譜十二卷】**

現存：清光緒二年刻本，濟南馬以林藏。

### ◆ 吳樹梅

樹梅字燮臣（一作颿丞），歷城人，毓春子。光緒二年進士。歷官國子監祭酒、內閣學士、戶部左侍郎。曾任《山東通志》總校。

**【浙使紀程詩錄一卷】**

現存：清光緒二十五年長沙督學使署刻本，北京大學圖書館、上海圖書館等藏，《清人別集總目》、《清人詩文集總目提要》、《山東文獻書目》著錄。

《續修歷城縣志·藝文考》據本書著錄（作《浙使紀程詩》一卷），載湯壽潛《跋》略曰："詩皆紀浙程往返所見而作，古蹟事物，粲焉旅陳，蓋古者大夫山川能說之誼。其古體似太白，又似東坡；近體則具體漁洋。壽潛揣籥而測之，亦不敢自以爲知言也。"

## 【湘雅扶輪集十二卷】

吳樹梅輯。現存：清光緒二十六年長沙節署刻本，中國國家圖書館、浙江圖書館、山東省圖書館藏，《山東省圖書館館藏古籍書目》著錄。

## 【湘輶叢刻十三卷】（又名《奉鞫齋叢書》）

現存：清光緒二十六年長沙節署刻本，中國國家圖書館、上海圖書館、遼寧省圖書館等藏，《東北地區古籍綫裝書聯合目錄》、《清人詩文集總目提要》、《上海市歷史文獻圖書館藏書目錄》著錄。

### ◆ 樊春林

春林字杏橋，長清人。光緒二年丙子恩科進士。歷國子監學正，候升直隸州知州。民國《長清縣志》卷十一有傳。

其詩文集未見著錄。民國《長清縣志》卷九載其《重修天齊廟碑記》（同治十三年），卷十載其《重修三教堂碑記》（光緒二年）等文。

## 【治家瑣言】【讀書必要】【訓蒙俗語】

民國《長清縣志·人物志》云，有諸編存於家。

### ◆ 姜渭春

渭春字晴川，歷城人。光緒丙子（二年）進士。以知縣分發直隸，署東光，授新城，調祁州知州。引疾歸里，主講曹州重華書院。

## 【公集日記錄】

見《續修歷城縣志》本傳。

## 【留餘堂詩文集】

見《山東通志·藝文》、《續修歷城縣志·藝文考》及本傳。《續修歷城縣志·藝文考》注云："姜遇麐鄉試硃卷履歷作《清心堂詩文稿》。"

《山東通志·藝文》：《續修縣志稿》本傳云："晚年著作甚富，惜多散佚，如《留餘堂詩文集》、《公私日記錄》等書均不存，惟《黃河歸故道策》爲東撫張勤果公曜所賞識，留署中。"

## 【姜渭春會試硃卷】

現存：清刻本，山東省博物館藏，《山東文獻書目》著錄。

### ◆ 葉壽朋

壽朋字商山，歷城人。光緒二年舉人。歷署蘭山縣訓導、清平縣教諭、東平州學正、單縣教諭。光緒二十八年遘疾卒，年五十六。

其詩文集未見著錄。民國《單縣志》卷十九載其《單縣重修文廟記 代邑侯朱鍾琪作》、《重修文昌閣記 光緒二十三年丁酉冬》、《春秋閣記 光緒二十七年代邑侯李銓》文三篇。

## 【周易彙解六十卷】

《續修歷城縣志》本傳云："立養正、登瀛兩文社，主講鳴琴書院，負笈之士甚衆。壽朋於學無所不窺，而尤邃於易，著《周易彙解》六十卷。"

### ◆ 李敬修

敬修字子靜，一字吟舫，德平人，法中子。光緒丙子（二年）舉人。《德平縣續志》卷六有傳。

## 【望雲吟館詩鈔】

見《德平縣志·選舉》、《山東通志·藝文》。《德平縣續志》本傳作《望雲吟稿詩鈔》。

《德平縣志》卷十二載其《恭輓忠親王》詩一首。

### ◆ 王紹德

紹德字伯潤，號夢白，淄川人。光緒丙子（二年）舉人。

## 【夢白公集】

現存：民國七年順和堂石印局石印《王氏一家言》本（在卷二十八），青島市圖書館藏；《山東文獻集成》影印。共五七言詩二十二首，文二篇，記一篇。作者小傳云："平生詩文歌詞頗多，皆散見於日記書中，尚未就編次。時值將刊《王氏家言》，僅採晚年詩文數則，俾後之閱者只嘗一臠，即知全鼎之味焉。"

### ◆ 艾慶瀾

慶瀾字觀亭，濟陽人。光緒丙子（二年）進士。

其詩文集未見著錄。民國《濟陽縣志·藝文》載其《王公元吉暨德配侯孺人壽序》一文。

### ◆ 周漪園

漪園字漾青，號秋航，濟陽人。光緒二年歲貢生。民國《濟陽縣志》卷十一有傳。

其詩文集未見著錄。民國《濟陽縣志·藝文》載其《解館贈諸生》、《陰雨彌旬．齋室皆漏．立冬前夕雲收月朗．喜而賦此》等詩。

### ◆ 馬翮

翮字季騫，德州人，百道孫，湛慶嗣子。光緒丙子（二年）進士，丁丑補行殿試。以內閣中書截取同知，分發四川，代知長壽縣事，任理番廳撫民同知，升用知府。

#### 【學無怒軒遺集】

見《德縣志·邑人著作》。

《德縣志》卷十六載其《五愛 有引》（五首）、《乙丑五月二十三日懷亡友陳子綏》詩六首。《五愛》詩小引略云："己巳歲司鐸蓬萊，時值隆冬，與彭明府子壽、鍾孝廉西耘、慕主政仙圃、蕭廣文麗軒、張茂才子翰作消寒之會，朝披黃錦，暮挑燈花，談謔所及，皆寓箴規，洵益友也。憶吾鄉孫通政峩山前輩有《四愛》詩，敬仿前哲，用誌景行。"

### ◆ 李兆勖

兆勖字公進，又字汾生，歷城人。光緒丁丑（三年）進士。官編修。後主講晉省書院，卒於太原。

#### 【毛詩箋疏辨異三十卷】

現存：①稿本（作《毛詩箋疏辨異》三十卷《毛詩辨異譜》一卷，十五冊），清華大學圖書館藏，鈐"濟南經生"、"臣兆勖"、"李谷進"等印，見《清華大學圖書館藏善本書目》。②稿本（作《毛詩箋疏辨異》三十卷《毛詩總辨》不分卷，十五冊），中國國家圖書館藏，有光緒十二年《自序》，見《北京圖書館古籍善本書目》、《中國古籍善本書目》、《古書經眼錄》。

《續修四庫全書總目提要（稿本）》著錄手稿本三十卷，提要云："漢北海鄭玄先治《齊詩》，其後始得《毛詩》而善之，爲之作《箋》。其書雖以毛《傳》爲主，然於名物訓詁，亦間采三家以證成之，《箋》義未能盡合於毛也。至唐孔穎達等爲《義疏》，專宗鄭《箋》，多右鄭而左毛。兆勖是書，專以毛《傳》爲主，其《箋》《疏》之不合於《傳》者，皆一一爲之辨正。如'頌'，《詩》序云：'美盛德之形容。'是毛以形容爲義。鄭《箋》云：'頌之言容，天子之德，尤被四表，格於上下，無不覆燾，無不持載，此之謂容。'則鄭以包容爲訓，與毛意不合。證之以《魯頌》，則形容之義爲長，而鄭說非也。又如《葛覃》'薄汙我私'，《傳》：'汙，煩也。'《箋》云：'煩，煩撋。'案毛義，煩者，煩辱之意，謂汙垢也，謂私衣煩汙宜澣也。《箋》以煩撋爲訓，與毛不合。而《疏》引王肅云：'煩撋，澣濯其私衣。'甚失《傳》意。兆勖謂，鄭之失在好改字，強經文以就己意，而《疏》又曲合鄭說，不顧《傳》文，此毛義之所以難明。故於《箋》、《疏》與《傳》異者，皆摘出之，一一爲之疏通證明，辨析湊入精微，洵毛公之功臣也。是編前無序例，首載鄭氏《詩譜》，又注云：'散入各篇中。'書中改易之處甚多。始名《毛詩辨異》，後乃更以今名，殆猶未定之本。據後所記年月，是書經始於光緒十五年己丑，脫稿於光緒十七年辛卯，重校於光緒二十年甲午。六年之間，手稿三易，所得固已深矣。著而錄之，以存其所學焉。"

#### 【承天方古詩一卷】

現存：清光緒十八年刻本，中國國家圖書館藏。

### ◆ 劉中度

中度，章丘人。光緒丁丑（三年）進士。

#### 【劉中度會試硃卷】

現存：清刻本，山東省博物館藏，《山東文獻書目》著錄。

### ◆ 柳文洙

文洙字道源，號如荃，又號魚荃，歷城人。光緒三年進士。歷官四川開縣、岳池等縣知縣。解組後徜徉於湖山之間，以書畫自娛。

#### 【魚荃集聯一卷】

現存：清光緒十一年濟南柳氏四川什邡刻本，青島市圖書館、四川省圖書館等藏，《青島市圖書館古籍書目》、《四川省圖書館古籍目錄》著錄。

## 【悔蹉跎齋詩稿】

見《山東通志》卷百七十本傳（柳培和附）。

## 【悔蹉跎齋試帖詩五卷】

現存：①清光緒十四年刻本，山東省圖書館藏，《清人別集總目》、《清人詩文集總目提要》著錄。《濟南市圖書館館藏古籍書目》作四卷。②清光緒十八年上海點石齋石印本（四卷），吉林省圖書館藏，《東北地區古籍綫裝書聯合目錄》著錄。

## 【柳文洙詩選一卷】

現存：清鈔本，四川省圖書館藏，《四川省圖書館古籍目錄》、《清人別集總目》、《清人詩文集總目提要》著錄。

## 【晚學齋古文詩存】【喜獵偶筆】

見《續修歷城縣志·藝文考》。《續修歷城縣志》本傳（柳培和附）云：《喜獵偶筆》已梓行，《晚學齋古文詩存》待梓。

民國《齊東縣志》卷六載其《重修伏徵君墓碑》一篇。

## 【小仁在堂試律詩存】【如荃詩文存】

見《續修歷城縣志》本傳（柳培和附），云已梓行。

## 【魚筌試律詩續存】

見《續修歷城縣志》本傳（柳培和附），云待梓。

## 【雕蟲要語一卷】

現存：清光緒十二年柳文洙開縣刻本，中共山東省委黨校圖書館、濟南市圖書館藏，《濟南市圖書館館藏古籍書目》著錄；《山東文獻集成》影印。有光緒十一年《自序》，及秀水盛樾《序》。

盛樾《敘》：余幼而失學，壯歲即浮沈仕路，未嘗殫精竭慮，以肆力於時文，然遇傑作巨構，讀而愛之不忍釋。曩於友人處見己卯鄉試房擬稿一首，誦讀甫竟，亟訪爲何人手筆。友人曰：“子未聞吾鄉狂士柳十三耶？其人少負氣節，值寇亂，馳驟戈馬閒者數年，年十九矣乃更讀書。疾時文之不講理法，愈趨而愈下也，毅然不顧俗之所好，而力矯其弊，專以理、法、氣三者爲主。於是柳十三之文名大噪，柳十三之狂名亦大噪。今乃以進士入蜀，子未見吾鄉狂士而進士之柳十三耶？”余心識之，不敢忘。越五載乙酉，從合江官運鹽局，改調犍廠，濟南柳直刺魚筌子先在，晤談之頃，始知爲狂士而進士之柳十三也。觀貌恂恂然儒者氣象，不類所聞。余子光偉、光偉初學爲文，辭意雖順，苦無理法，乃留魚筌子之門，請受業焉。嘗以局政之暇據長几，坐二子於其側，几上堆大家名家及近刻諸時文幾三尺許，隨取一卷一篇，娓娓講解無倦色。至佳處輒執卷高吟，如琴韻之清泠也，飄風疾雨之驟至也，晨鐘暮鼓之發人深省，而往者來者之傾耳不去也。遇有紕繆，則擲筆而歎，甚者撫几怒罵，一時講解聲、吟聲、歎聲、怒罵聲相繼閒作，旁觀且駭且笑，而魚筌子議論轉高。於虖，此狂士之所以得名如余所聞者乎？今魚筌子之官漢豐，余二子幼不獲從，遠道不相見，因請讀書作文法爲近今所可行者，撮其大要，著爲論說，得七千餘言，自今以始，余子知所從事矣。然憶昔權篆榮昌、合江，兩校童子試，其文之悖於理、乖於法者十九，惜不得此編正之。儻能梓行於世，使窮鄉僻壤素乏名師之教者家置一編，矯其所蹈陋習，不爲識者鄙笑，其霑溉後學，爲何如哉！光緒乙酉仲冬秀水盛樾。

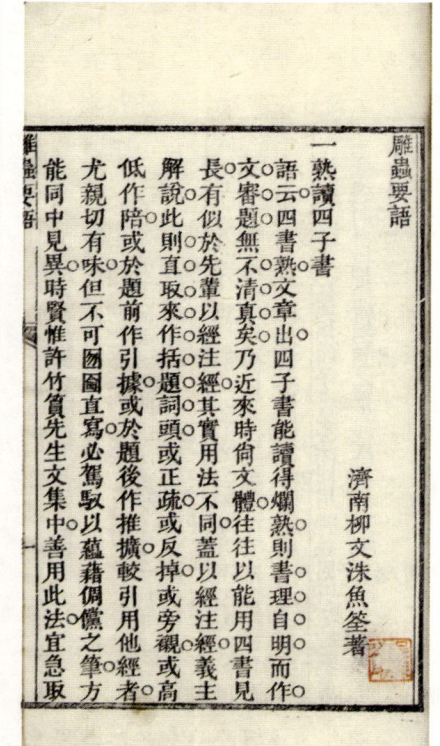

《雕蟲要語》一卷　清光緒十二年柳文洙開縣刻本

### ◆ 高麟書

麟書，濟陽人。廩生。

其詩文集未見著錄。民國《濟陽縣志·藝文》載其《劉仔韶先生教思碑誌》一文。按《碑誌》，劉金鏞字仔韶，生於嘉慶二十三年，卒於光緒五年。

### ◆ 路維新

維新字師銘，歷城人。廩貢。歿後選恩縣教官。

#### 【效顰吟】

見《山東通志·藝文》（據《佛慧山農吟草》）。《續修歷城縣志·藝文考》作《效顰集》。

### ◆ 郭 翊

翊原名翊庭，字藎卿，歷城人。同治十二年解元，光緒庚辰（六年）成進士。官刑部主事。

#### 【大風樓詩鈔一卷】

見《山東通志·藝文》、《歷城縣志·藝文考》。現存：清光緒刻本（與會稽李坤厚《春谷詩鈔》、安福鄒鍾《志遠堂詩鈔》合刻），山東省圖書館、中共山東省委黨校圖書館等藏，《續修四庫全書總目提要（稿本）》、《山東文獻書目》、《青島市圖書館藏明清兩代山東人著作簡目》著錄；《山東文獻集成》影印。

《山東通志》本傳作《大風樓詩槀》，傳云："少時恃才倨傲，不見容於儕偶，顧獨與封邱何家琪、同邑柳文洙善，相與抗論今古，語輒驚人，眾咸目爲狂生。通籍後乃斂才就範，抑然自下，眾方歎其進德之猛。"

《山東通志·藝文》：《天根文鈔·郭藎卿墓誌》云："少落筆即異儕輩，益遂于學，爲古文詩。論其鄉詩人，抑新城而揚萊陽。故其詩蒼鬱悲壯，名其集曰《大風樓》。"按：翊歿後，習作盡失。《舊雨集》刊其遺詩一卷，今據以錄入。翊有《過趙北口》絕句云："宰相風流未寂寥，旌旗獵獵馬嘶驕。江山整頓渾閒事，來畫燕南十二橋。"此卷無之，蓋散佚者多矣。卷中所載諸詩，大抵胸次崢嶸，筆端磅礴，高處直摩昌黎、山谷之壘，次者亦可平視滄溟。雖寥寥數頁，要皆卓然可傳，固勝於連篇累牘用供覆瓿者也。

《續修歷城縣志》本傳：江西鄒鍾謂其詩七言勝五言，七言魄力雄渾，亦高華，亦名貴，岑嘉州、李

東川流也，五言具體而已。古體則五言勝七言，七言能肆而不能純，五言則駸駸乎漢魏矣。

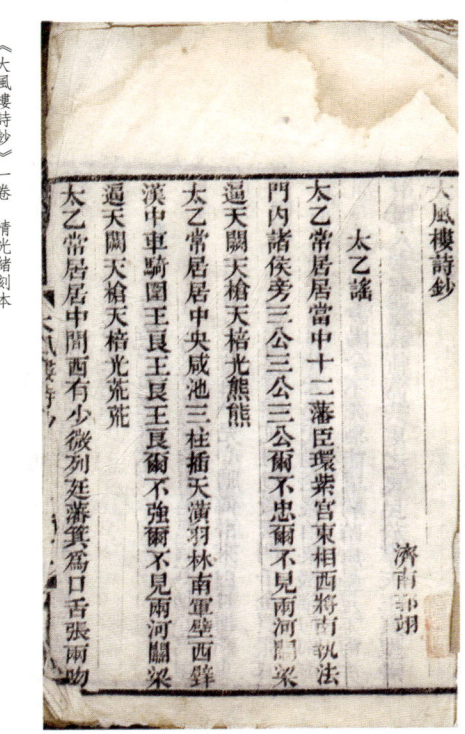

《大風樓詩鈔》一卷 清光緒刻本

### ◆ 王芝蘭

芝蘭字伯芳，號繩軒，長清人。光緒五年舉人，六年成進士。歷官江蘇丹徒、上元、長洲等縣知縣，光緒十四年充江蘇同考官。民國《長清縣志》卷十一、十三有傳。

#### 【丹柿軒詩稿三卷】

見民國《長清縣志》本傳，《縣志·邑人著述》云二卷。

#### 【雙桂軒三卷】【古體文約稿三卷】

見民國《長清縣志·邑人著述》及本傳。

#### 【蘭室制藝二卷】

見民國《長清縣志·邑人著述》及本傳。現存：清光緒二十一年三十六軒刻本，鎮江市圖書館藏，《清人別集總目》著錄。

## 【靈岩秋遊詩集】（一名《遊靈岩集》）

民國《長清縣志》卷末《靈岩志略·題詠》有王芝蘭、王蕙蘭是集《序》各一篇。芝蘭《序》云："甲戌，偕仲芳、叔芳兩弟及袁公欣庵、張子子均、張生仲伊、袁生心齋同遊靈岩，歸彙所賦詩而序之。"

### ◆ 柏錦林

錦林字雲卿，濟陽人。光緒庚辰（六年）進士。卒於庚子冬，年僅四十二。民國《濟陽縣志》卷十一有傳。

## 【日記】

見民國《濟陽縣志·著述篇目》及本傳。

## 【能知止齋文抄】【能知止齋詩集】

見民國《濟陽縣志·著述篇目》。
《縣志·藝文》載其《重修迴河鎮慈光寺記》一文。

### ◆ 吳樹棻

樹棻，歷城人，毓春子。光緒庚辰（六年）會元。由翰林晉御史，改陝西道員，署按察使。

## 【吳樹棻順天鄉試墨卷】

現存：清刻本，山東省博物館藏，《山東文獻書目》著錄。

### ◆ 茅丕熙

丕熙，歷城人。附貢生。光緒四年任河津知縣，六年調任曲沃知縣。

## 【河津縣志十四卷首一卷】

河津縣繼任知縣楊漢章續成刊行。現存：清光緒六年刻本，中國國家圖書館、南京圖書館、上海圖書館等藏。

## 【續修曲沃縣志三十二卷】

現存：清光緒六年刻本，南京圖書館、上海圖書館等藏，《北京圖書館普通古籍總目》著錄。

### ◆ 張允樸

允樸字素村，號莓石，又號湃東老人，新城人。

《重修新城縣志》卷十八有傳。

## 【周易揭主遵孔錄便解四卷】

現存：清光緒寶興堂刻本，中共山東省委黨校圖書館、中國國家圖書館等藏，《山東師範大學圖書館館藏古籍目錄》、《易學書目》著錄；《山東文獻集成》影印。《重修新城縣志·藝文》作《周易遵孔錄》，無卷數。

新城知縣武進徐壽基《序》略云："張君治易有年矣，其所注《周易》有《揭主遵孔錄便解》三卷《圖說》一卷，於漢宋兩家之學，靡所不窺。要非鈎深致遠，融會貫通，安能如是之深切而著名也。"

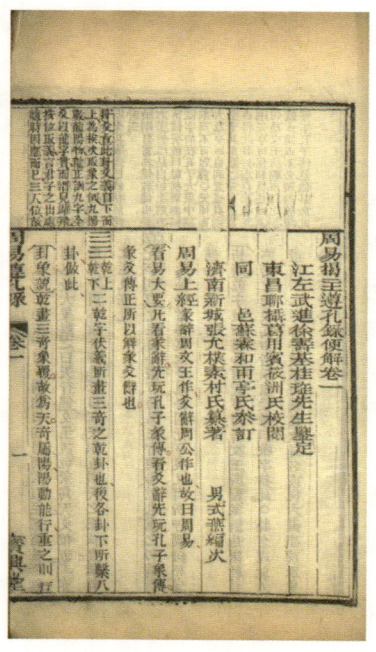

《周易揭主遵孔錄便解》四卷　清光緒寶興堂刻本

## 【律呂說要】

見《重修新城縣志·藝文》及本傳。

## 【韻學探源】

見《重修新城縣志·藝文》。《重修縣志》本傳作《韻說探源》。

### ◆ 嚴書麟

書麟字少雲，歷城人。監生。光緒十七年任渭南知縣，歷署瀘州知州。事蹟詳《續修歷城縣志·列傳二》。

## 【新續渭南縣志十二卷】

現存：①清光緒十八年刻本，中國國家圖書館、上海圖書館等藏，《中國地方志聯合目錄》著錄。②民國二十一年鉛印本，中國國家圖書館等藏，《中國地方志聯合目錄》著錄。

### ◆ 金邦孚

邦孚字清如，歷城人。廩貢生。《續修歷城縣志》本傳云："嗜星學，考治天文諸書，躔度、分野、占驗、災祥，推測多中。同治初，東撫丁寶楨創設尚志書院於金線泉上，以延山東績學之士，邦孚與焉。卒後，著述多散佚。"

## 【山東全省輿地圖說一篇】

《山東通志·藝文》（史部地理類）著錄，提要云："是編有手寫本，未刊。"

## 【山東度線總圖（每方天度三十分）】【山東實測總圖（每方開方三里）】

《山東通志·藝文》（史部地理類）著錄，提要云："光緒辛巳上之山東巡撫任道鎔者，目載邦孚手稿。"

## 【十八省海道總圖】

《山東通志·藝文》（史部地理類）著錄，提要云："每方開方四百里。亦上之山東巡撫任道鎔者。目載邦孚手稿。"

## 【茵陳根五卷】

見《山東通志·藝文》（子部天文算法類）、《續修歷城縣志·藝文考》（據手寫本）。《續修四庫全書總目提要（稿本）》著錄清光緒寫本。

《山東通志·藝文》：是編有邦孚同治戊辰《自序》略云："亞聖有言曰：'天之高也，星辰之遠也，苟求其故，千歲之日至，可坐而致也。'蓋天有已往之星辰，有方來未來之星辰，方來者見之而未必可短，未來者推之而未必能准，則故爲貴矣。夫求其故，當如何？譬如日至，以三百六十五日二十四刻，則復於前歲日至之舊，其秒分所不及者，謂之歲宮移而東星移而西也。一歲如是，歲歲恒必如是，是謂之故。月二十七日有奇與天會，二十九日有奇與日會，亦一歲如是，歲歲恒必如是。若夫五星有二十八年一周天者，此則以二十八年爲之故；有十二年二年與一年一周天者，則亦以十二年二年一年爲之故。分而求之，合而驗之，詳其年根起止之處，靡有求不得矣。其餘陰陽限數，進退形蹤，皆以故爲准，正如草之宿根，自無嫌於陳陳而相因也。余學之有年，不揣譾陋，筆之於書。首曰天體統宗。大概言天尊地卑，人居地上，地分天中，天包水，水承地，日月五星出沒於闊海之中，而以天赤道之闊度，當地下卯酉之平度，故卯酉度闊，子午度狹，以地東西之直徑，當天上覆冒之圓體，故星辰近地平則大，入天頂則小，日月衆星皆斜繞大地而行，北極高而南極下也。二曰量天立算。舊法有正切、餘切、正弦、餘弦、正割、餘割、正矢、餘矢八線表說，今分子午爲高弧正線，自正線東北至寅正爲東八線，自正線西北至戌正爲西八線，每一線當十五度，合時四刻，皆用表竿，各按節次，先量其星度，而後揆之日影，自得太陽真正時刻。三曰星綜。星有大小，亦有多寡，綱張碁布，名次易紛。《中星萃編》所載星宿，先一一舉其數目，庶星形不致錯認。至五星則順逆靡常，遲速難定，且非胸有成竹，不能分其度數。故次於《中星萃編》之後，爲七政經緯之各圖焉。書成，臚爲五卷，因自慚未窺姆嬛之秘，難致理數之精，殊歉歉耳。名之有取於《茵陳根》者，謹以俟博雅君子能推陳出新云爾。"

## 【宣夜圖說】

《山東通志·藝文》（子部天文算法類）著錄，提要云："是編有邦孚光緒辛巳十月寫本。"《續修歷城縣志·藝文考》據手寫本著錄，注云："卷未詳"。

### ◆ 林 棠

棠字子豫，歷城人，元薌子。

## 【翛然樓詩約鈔一卷】

現存：民國間鉛印本（一冊），山東省圖書館、中國科學院圖書館等藏。《續修歷城縣志·藝文考》據鉛印本著錄，並引歙縣許承堯《敘》曰："隴遊得一奇士，曰林君子豫，老矣，抱膝一樓，日吟嘯，闃寂無所希。然曾數治官文書，識吏事，數出宰，有循聲。隴中達官物色得之，欲屬以事，則以老病謝。吾數共游宴，知其貧也，微問之，則曰：'吾傭力所有雖紬，猶供數年食，數年後食盡，謀之未晚也。'詩則肖其人，然清微澹遠中，時露英悍齎勃雄崛之氣，或至不可逼視。固知君非無所懷抱，而苟焉以娛嬉者也。然君老矣，城西南黎花開時，香雪百頃，有人低徊徙倚，絜尊榼樹下，頹然而醉哦者，則君也。君能書，能畫，能棋，能絃索，能飲，能飲客，以是資其樓居。吳人黃希憲榜其樓曰'翛然樓'。吾序其詩。"又附按云："棠爲元薌子。元薌宦陝，卒葬咸寗，眷屬俱未東歸。棠幼隨宦陝省，長仕隴中。此册爲其族弟廷楫所藏，據云棠歿已十年矣。"

### ◆ 馬毓椿

毓椿，商河人。

### 【馬氏族譜不分卷】

現存：清光緒八年刻本（四册），中國人民大學圖書館藏，《中國家譜總目》著錄。

### ◆ 韓元林

元林，歷城人。

### 【韓氏族譜一卷】

現存：清光緒八年刻本，濟南市圖書館藏，《中國家譜總目》著錄。

### ◆ 張儀村

儀村字敬之，臨邑人。光緒壬午（八年）舉人。設帳於外，歷四十餘年。附近陵、平、齊、濟各縣諸生，多出門下。宣統三年卒，年七十三。《續修臨邑縣志》卷三有傳。

### 【律呂詳解】

《續修臨邑縣志》本傳云："每有所作，輒隨手棄置，不留稿本。僅覓得《律呂詳解》遺稿。"本傳後附錄其《律呂詳解·律呂篇》。

### ◆ 李 鍔

鍔字歙之，號拙軒，德州人，祕書子。光緒壬午（八年）舉人。官泗水縣教諭。

### 【文稿】

《德縣志》本傳云："著有《文稿》藏於家。"

### ◆ 鄭芳圃

芳圃，新城人。光緒壬午（八年）舉人。

其詩文集未見著錄。民國《齊東縣志》卷六載其《李雪堂墓碑》、《節孝仇郝氏墓碑》文二篇。

### ◆ 李春元

春元字捷南，歷城人，凝芳子。同治九年舉人，光緒九年成進士。以主事分工部，改教授，選沂州府學教授。事蹟詳《續修歷城縣志·列傳二》。

### 【守拙齋文存】【守拙齋詩稿】

見《山東通志·藝文》、《續修歷城縣志·藝文考》。

### ◆ 沈 潛

潛字蘭秋，歷城人。光緒九年進士。官陝西興安道。授湖北按察使，未赴卒。事蹟詳《續修歷城縣志·列傳二》。

### 【沈潛山東鄉試墨卷】

現存：清刻本，山東省博物館藏，《山東文獻書目》著錄。

### ◆ 畢奉先

奉先字潤璋，新城人。光緒癸未（九年）進士。歷官震澤知縣。《重修新城縣志》卷十八有傳。

### 【靜菴詩鈔】

見《重修新城縣志·藝文》。

### ◆ 王蕙蘭

蕙蘭字仲芳，一字東圃，長清人。光緒癸未（九年）進士。歷官任邱知縣。民國《長清縣志》卷十一、十三有傳。

其文集未見著錄。民國《長清縣志·藝文》載其《淄川靖逆記序》一篇。

### 【周易研翼十五册】

見《山東通志·藝文》。民國《長清縣志·邑人著述》作《周易衍翼》十五卷。現存：稿本（十五冊），山東省博物館藏，《中國古籍善本書目》著錄。《續修四庫全書總目提要（稿本）》著錄丁氏鈔本。

《山東通志·藝文》：是書有鈔送本。首二冊爲諸圖，三冊至十冊解上下《經》，十一冊《文言》，十二、三冊《繫辭》，十四冊《說卦》、《序卦》，十五冊《雜卦》，附朱子《筮儀》。採取諸說甚富。

《續修四庫全書總目提要（稿本）》：其訓釋博採先儒諸說，極為繁富。類皆先折衷程、朱，而斷以己意，大抵明白簡要，無穿鑿坿會之談，亦不雜以術數、圖書之說，擷漢宋之精華，而刊其蕪累，頗可為學易者之津梁。惜原書成後，未能重為編定，故其間錯簡脫葉，極為衆多。故訛謬之處，尚能為之重加整理，去其蕪累，則盡善矣。蕙蘭極嗜易，闡象數，闡義理。是書所採衆說，上自漢晉，下迨元明，摭拾凡百餘家，又能萃衆說而折其衷，故所坿己說，亦極篤實也。

【漫成隨錄】

見民國《長清縣志》本傳。《縣志·邑人著述》作《漫成隨筆錄》。

【東圃詩稿五卷】

見民國《長清縣志·邑人著述》。

【蘭寶制藝一卷】

現存：清竹軒刻本，見《濟南市圖書館館藏古籍書目》。民國《縣志·邑人著述》及本傳作《蘭室制藝》三卷（與芝蘭制藝同名）。

【試文小體二卷】

見民國《長清縣志·邑人著述》。

【古文體約三卷】

見民國《長清縣志·邑人著述》。《縣志》本傳作《古體文約》。

◆ 朱藝林

藝林，長清人。增廣生。

其詩文集未見著錄。民國《長清縣志》卷十載其《白孝子墓碑記》（光緒九年立）一篇。

◆ 宋丙辰

丙辰字紫垣，濟陽人。歲貢。

其詩文集未見著錄。民國《濟陽縣志·藝文》載其《范家莊孔廟碑記》（光緒九年）、《張節母宋孺人墓誌銘》、《張節母陳孺人墓誌銘》等文。

◆ 李玉韜

玉韜字伯韞，濟陽人。拔貢。

其詩文集未見著錄。民國《濟陽縣志·藝文》載其《重修慈光寺碑記》（光緒十年）一文。

◆ 王丕承

丕承字紹武，濟陽人。庠生。民國《濟陽縣志》卷十七有王嗣鼇《王紹武先生教思碑誌》。

其詩文集未見著錄。民國《濟陽縣志·藝文》載其《王崇愷先生墓誌銘》一文。

【孟子集註】

見民國《濟陽縣志·著述篇目》。

【五子近思錄】

見民國《濟陽縣志·著述篇目》。

◆ 張務振

務振，淄川人。

【淄川張氏宗譜三卷】

現存：清光緒九年刻本，中國人民大學圖書館、淄博市圖書館等藏，《東北地區古籍綫裝書聯合目錄》、《中國家譜總目》著錄。

◆ 林秉鎬、林晉頤

秉鎬、晉頤，俱長山人。

【歷朝長山林氏名寶志一卷】

林秉鎬輯，林晉頤續。現存：清光緒九年鈔本，中國國家圖書館藏，《中國家譜綜錄》著錄。

◆ 葛本徵

本徵，德平人。廩生。

其詩文集未見著錄。《德平縣志》卷十二載其《重修三廟碑記》、《重修城隍廟碑記》文二篇。

#### ◆ 李裕方

裕方字東白，德平人。廩生。光緒中葉管理白麟書院。《德平縣續志》卷六有傳。

其詩文集未見著錄。《德平縣志》卷十二載其《重修魁樓記》文一篇。

#### ◆ 鄒振光

振光，淄川人。

#### 【昌城鄒氏世譜不分卷】

現存：清光緒十一年刻本（三冊），淄博市淄川區雙溝鎮十里村鄒大林藏，《中國家譜總目》著錄。

#### ◆ 呂青雲

青雲字瑞瞻，號問道山人，德州人，崇修孫。嘗受學於馬洪慶。光緒乙酉（十一年）以選拔貢成均。

其詩文集未見著錄。《德縣志》卷十五載其《重修德州學宮記略》一篇，卷十六載其《臘八粥詩》二首。

#### 【德州志略舉要】

呂青雲等撰。《德縣志·藝文·文內編》（卷十五）載青雲《德州志略舉要序》云："皇帝御極之二十二年歲次丙申仲冬之月，刺史錢公松生親至青雲之舍而言曰：'德州志書續修於乾隆五十三年，迄今百有餘歲矣，嘉道以來之事，蓋無傳焉。昨奉通志總局各憲檄文，諭令將德州百餘年來學校、宦蹟、人物等傳，職官、科貢等表，限三月內彙齊，呈送通志總局，以便採錄，列入《山東通志》云云。第《德州志》無乾隆以後事，署內無從考稽，不得不詢訪紳耆，延博聞強記之儒，開局擬稿，參考異同，而折中一是，彙集成書，賫呈志館，俾此邦文獻藉以流傳千古，成不朽之功也；即異日《州志》重修，亦可因此作爲藍本。子其助予成之乎？'雲毅然應公命，設局於州衛書院，約州人馬大令翯、魏明經壽彭、魏文學壽彤、李茂才澤棠等，商酌分辦《志略》。除十八年馬葛村師所擬人物傳五篇，諸同志所擬人物傳六篇，復加採訪，分類編輯之。或司校閱，或主撰稿，或分書稿底，一月之間，而各傳、各表均已告成。訂爲四冊，名曰《德州志略舉要》，請公到局呈閱。公備文賫送通志

局，蒙局憲批示：'據呈《志略舉要》，不惟辦理迅速，採覈俱臻精細，尤賴諸紳留心文獻，殊堪嘉尚。《舉要》四冊存。'竊思此次《志略》以魏君壽彤所擬者爲最多，而一切均各如式，非良工心苦不及此，上台嘉獎，洵非誣也。因復邀諸同志，重繕四冊，藏之於家。他日《州志》或藉此重修，其所繫豈淺鮮哉。"

#### 【州志續略】

見《德縣志·藝文·邑人著作》。

#### 【翰墨錄】

見《德縣志·邑人著作》。

#### 【桑梓聞見錄】

見《德縣志·邑人著作》。《縣志》本傳作《桑梓見聞錄》。《縣志》卷十六有魏壽彤《呂瑞占先生〈桑梓見聞錄〉題詞》四首，其三云："綸霞志籍宋餘聞，嗣響如今又見君。拭目他年州乘作，採風老吏重斯文。"

#### 【將陵聞錄】

見《德縣志·邑人著作》。

#### ◆ 李潤深

潤深，平原人。光緒乙酉（十一年）拔貢。曾分纂《續修平原縣志》（參見趙祥俊著作）。

其詩文集未見著錄。《續修平原縣志》卷十一載其《誌恩碑記》一篇。

#### ◆ 艾象豐

象豐字譽章，長清人。光緒乙酉（十一年）拔貢。

其文集未見著錄。民國《長清縣志》卷十四載其《董烈婦誌略》一篇。

#### 【地理選真】

見民國《長清縣志·邑人著述》。

#### ◆ 朱餘慶

餘慶，長清人。廩貢生。

其詩文集未見著錄。民國《長清縣志》卷十四載其《弔董烈婦歌并序》一首。

### ◆ 汪懋琨

懋琨字瑤庭，歷城人。光緒十二年丙戌科進士。歷官江蘇桃源、甘泉、長洲知縣。歸里後以本地商人推舉，總理山東商務總會。事蹟詳《續修歷城縣志・列傳二》。

#### 【汪懋琨山東鄉試墨卷】

現存：清刻本，山東省博物館藏，《山東文獻書目》著錄。

### ◆ 韓瀛洲

瀛洲，淄川人。

#### 【淄川韓氏世譜】

現存：清光緒十三年刻本（四冊），中國國家圖書館藏，《北京圖書館普通古籍總目》、《中國家譜總目》著錄。

### ◆ 畢蕬芳

蕬芳字鍾馥，號梧邨，淄川人。庠生。議敘六品軍功。

#### 【淄川畢氏世譜不分卷】

現存：清光緒十四年西鋪祠堂刻本（五冊），中國科學院圖書館、美國國會圖書館等藏，《中國家譜總目》、《中國家譜綜錄》著錄。

《續修四庫全書總目提要（稿本）》作《畢氏世譜》，提要略云："是書不分卷帙，不立系表；以世為經，以人為緯；每一世中，依次排列，記其名諱字號，配氏子幾某某等。其有行誼超卓者，採集志傳，略具生平，於其人名氏之後；若止敘一二語者，則注於名氏之下。大率止及歿者，而生者惟詳履歷及其著作而已。四世以前，間有未詳，傳信闕疑，蓋慎之也。畢氏原籍棗強，元時遷居益都縣顏神鎮之石塘塢。及明洪武間有敬賢者，始由石塘塢遷淄川之西鋪居焉，即是譜之始遷祖也。其譜創於敬賢六世孫木，在明萬曆間。其後明崇禎、清康熙、雍正、乾隆、嘉慶、道光、咸豐各代，均有增修。迄於光緒，已九次矣。每次增修，只彙輯上次未修各世名氏，依次增入。以前各世，概不更動，蓋已無所增減矣。明萬曆間，七世

自嚴，字白陽，以進士官至戶部尚書，督理遼東糧餉，撰有《度支奏議》諸書，極為世重。清代以其書語有違碍，悉從禁燬，二百年來，幾至不傳。其他著述，有關遼餉者亦極多，實為明清戰爭之絕佳資料也。是書不立系表，儼同簿冊，殊不合譜家體例。大小宗之系統，既不能分別檢索，即源流支派，亦不能一覽而得也。至各世所生女子子，譜內皆略而未載。蓋以必須詳載所適之家，以明瓜葛，故另輯《畢氏東床錄》，以副此書而行。其意殊善，惟未知刊行否耳。"

### ◆ 賈之濂

之濂，歷城人。

#### 【賈氏族譜不分卷】

現存：清光緒十四年刻本（七冊），吉林大學圖書館藏，《中國家譜總目》、《東北地區古籍綫裝書聯合目錄》著錄。

#### 【賈氏族譜不分卷附長清宋家莊賈氏族譜一卷】

現存：清光緒十四年刻本，中國科學院圖書館藏，《中國家譜總目》著錄。此為齊河賈氏譜。始遷祖仲良，字廣淑，明代遷齊河。

### ◆ 柳廷詔

廷詔字丹臣，歷城人。光緒十四年舉人。

#### 【臨清校士分館課藝一卷二編一卷】

柳廷詔等評選。現存：清光緒二十八年清源署刻本（附《臨清試辦中學堂圖說》、《臨清州過辦蒙學稿》），北京大學圖書館等藏，《濟南市圖書館館藏古籍書目》、《東京大學東洋文化研究所漢籍分類目錄》著錄。同評者又有莊洪烈、陳名經等人。

### ◆ 王維度

維度字仲常，新城人，允灌子。光緒戊子（十四年）舉人。歷主鄒平、博山、臨朐諸書院講席。《重修新城縣志》卷十八有傳。

#### 【柯茗掌錄】

見《重修新城縣志・藝文》。

## 【御題山房詩草】

見《重修新城縣志・藝文》。《重修縣志》本傳作《御題山房詩賦草》。

### ◆ 周如蓮

如蓮字汾溪，長清人。光緒戊子（十四年）副貢。民國《長清縣志》卷十三有傳。

## 【亭亭齋集】

見民國《長清縣志・人物志》。

### ◆ 劉仲山

仲山，濟南人。

## 【擷華齋古印譜六卷】

尹彭壽鑒定。現存：清光緒二十一年諸城尹彭壽鈐印本，中國國家圖書館、遼寧省圖書館等藏，《續修四庫全書總目提要（稿本）》、《東北地區古籍綫裝書聯合目錄》著錄。

### ◆ 張金堂

金堂字清齋，長清人。光緒戊子（十四年）歲貢。候選訓導。

## 【天香館詩稿】

見民國《長清縣志・邑人著述》。

### ◆ 吳香雲

香雲字桂樵，德平人。光緒戊子（十四年）歲貢。

其詩文集未見著錄。《德平縣續志》卷十二載其《平昌高振邦墓碑記》一篇。

### ◆ 高總緒

總緒，淄川人。

## 【淄川孝義高氏族譜不分卷】

現存：清光緒十五年刻本（八冊），美國哥倫比亞大學圖書館藏，《中國家譜綜錄》、《美國家譜學會中國族譜目錄》著錄。

### ◆ 李硯田

硯田字端溪，號蕓軒，齊河人。光緒壬午（八年）舉於鄉，己丑（十五年）成進士。官武定府教授。《齊河縣志》卷二十七有傳。

其詩文集未見著錄。《齊河縣志》卷三十二載其《徐孝婦傳》一篇。

## 【光緒己丑科會試卷一卷】

現存：清刻本，上海圖書館藏；《清代硃卷集成》影印。

### ◆ 王廷槐

廷槐字子棟，歷城人。光緒己丑（十五年）舉人。

其詩文集未見著錄。民國《濟陽縣志・藝文》載其《大學生郭公曰崙墓誌銘》一文。

### ◆ 姜遇賡

遇賡字翰卿，歷城人。光緒十五年副貢。

## 【姜遇賡鄉試硃卷】

《續修歷城縣志・藝文考》有姜玫《養蒙堂詩文稿》、姜渭春《清心堂詩文稿》，均據遇賡鄉試硃卷履歷著錄。

### ◆ 秦密

密字次山，歷城人。光緒十五年歲貢。

## 【求是齋文稿】

見《續修歷城縣志・列傳六・一行》。

### ◆ 曹文範

文範字模山，長清人。

## 【深柳草堂詩集】

民國《長清縣志・邑人著述》載是書及舉人袁秉正《序》，並錄其《讀西漢書偶錄》、《讀李白詩集》、《讀白香山詩集》等詩。

### ◆ 王遂善

遂善字季良，長山人。光緒庚寅（十六年）進士。

## 【古愚軒集五種十二卷】

現存：①民國十年石印本，山東省博物館、山東省圖書館藏，《山東文獻書目》、《清人別集總目》、《清人詩文集總目提要》著錄。②民國二十八年排印本，山東省博物館、山東省圖書館藏，《山東文獻書目》、《清人別集總目》、《清人詩文集總目提要》著錄。

### ◆ 張渡瀛

渡瀛字仙洲，新城人。庚寅恩貢生，官莘縣教諭。《重修新城縣志》卷十八有傳。

## 【歷代帝王世系考】

《重修新城縣志》本傳云，有是書待梓。

## 【天下地理考】

見《重修新城縣志》本傳。

### ◆ 陳士煥

士煥，歷城人。附生。

## 【肥城縣志十卷首一卷】

肥城知縣邵承照（河北大興人，去官後主肥城鸞翔書院）、凌綖曾（字初平，浙江歸安人，光緒十六年任）主修，纂於光緒十六年。現存：清光緒十七年刻本，山東省圖書館、山東大學圖書館等藏；《中國地方志集成·山東府縣志輯》影印。首載凌綖曾、邵承照《序》，舊志《序》五篇，縣圖五幅。分方域志、古迹志、建置志、禮儀志、學校志、田賦志、職官志、登進志、人物志、雜志十門。

### ◆ 李毓藻

毓藻字春浦，商河人。廩生。

## 【商河縣志】

與邸震谷等合纂。《重修商河縣志》本傳云："邑名士邸震谷每俯視一切，獨鑑賞之，而以為真讀書人。清光緒十七年與邸震谷等續修《縣志》，稿脫未刊。"

### ◆ 邸震谷

震谷，商河人。

## 【商河縣志】

與同邑李毓藻合纂。見李毓藻著作。

### ◆ 李敬熙

敬熙字文止，德平人，敬修弟。光緒辛卯（十七年）舉人。司鐸鉅野、禹城，董本縣書院事，主講禹城書院，以積勞致疾卒。《德平縣續志》卷六有傳。

其詩文集未見著錄。《德平縣志》卷十二載其《創建試院碑記》、《烈女王氏碑記》、《重修關帝廟碑記》等文。

## 【德平縣志十二卷首一卷】

光緒十八年德平知縣凌錫祺（字紹黼，河北宛平人，光緒十五年任）奉山東通志局檄修縣志令而修。現存：①清光緒十九年刻本，山東省圖書館、青島市圖書館等藏；《中國方志叢書》、《中國地方志集成·山東府縣志輯》影印。②民國二十五年濟南天成謙記南紙店鉛印本，山東省圖書館、曲阜師範大學圖書館等藏。首有凌錫祺、李敬熙《序》，舊志《序》，《通志舉要》十二條，縣圖十幅。分方輿志、建置志、食貨志、典禮志、官師志、選舉志、人物志、恩卹志、祥異志、藝文志十門。

《山東通志·藝文》：是志成於光緒癸巳。敬熙《自序》略云："文則多襲舊稿，而不無僭易；體則根據前志，而稍有事更張。諮訪必周，弗敢隘也；疑殆必闕，弗敢誣也；棄取必審，弗敢苟也；甄擇必真，弗敢濫也。"據本書。

## 【臨邑縣志】

見《山東通志·藝文》（據《校經室文集》）。

### ◆ 周彤桂

彤桂字復卿（一作馥卿），長清人（亦作歷城人）。光緒辛卯（十七年）舉人。《續修歷城縣志·列傳六·一行》、民國《長清縣志》卷十一有傳。民國《長清縣志》卷十有孫葆田《周復卿孝廉墓誌銘》，卷十五有張謇《周復卿先生墓碑》。

## 【周易懸鏡】

見民國《長清縣志·邑人著述》。

《續修歷城縣志》本傳：周彤桂，字復卿。先世有名德祐者，明永樂間自山西洪洞遷歷城之朱官莊，國初再徙艾家莊，世有隱德。彤桂生而豪邁，博通羣籍，尤好爲經世之學。年二十八入長清邑庠，從高密單爲緫遊，得聞正學。既乃遊學濟南，與濰縣張昭潛、諸城尹彭壽諸人講業會文，所得益多，諸人咸稱爲書籠。

## 【說文講讀法】【說文標目】

見民國《長清縣志·邑人著述》。

## 【二千文一卷附四聲韻母切音一卷】

明歷城殷士儋撰，周彤桂注。現存：清光緒十四年歷城邵書升刻本；《山東文獻集成》影印。詳見本書卷八殷士儋著作。

## 【注釋保甲】

見《山東通志·藝文》（據《校經室文集》，入子部政書類）、《續修歷城縣志》本傳。

## 【下學梯航】

見《山東通志·藝文》（子部儒家類）、《續修歷城縣志》本傳。

《山東通志·藝文》引《校經室文集》彤桂《墓誌》云：“所著有《下學梯航》諸書，大指在尊崇孔教，明孔子爲時中之聖，而深擯異學，以破除人人自私自利之錮習，可謂賢矣。”

## 【蒙學六種六卷】

現存：清光緒年間刻本（六冊），濟南市圖書館藏，《濟南市圖書館館藏古籍書目》著錄。民國《長清縣志·邑人著述》作《啓蒙六種》。

## 【養正要規】【訓女編】

見民國《長清縣志·邑人著述》。

## 【農桑淺說】

見《山東通志·藝文》（據《校經室文集》）、《續修歷城縣志》本傳。民國《長清縣志·邑人著述》作《農業淺說》。

## 【文闈記略】

見民國《長清縣志·邑人著述》。

## ◆ 孫遹瑤

遹瑤字伯琴，一字琴舫，淄川人。咸豐十一年生，民國三年卒。

## 【孫伯琴遺集九卷】

現存：①民國四年新華印字館鉛印本，首都圖書館藏。②民國二十四年濟南排印本，濟南市圖書館（作二卷）、天津師範大學圖書館藏，《清人別集總目》著錄。

## ◆ 李寬達

寬達，德平人。貢生。

其詩文集未見著錄。《德平縣志》卷十二載其《重修光嶽樓記》一篇。《德平縣續志》卷十二載其《太學生張公墓碣銘》（張翠霖字潤生）。

## ◆ 翟化鵬

化鵬字溟南，平陰人。光緒十八年進士。

其文集未見著錄。光緒《平陰縣志》卷七載其《重建武廟碑記》，卷八載其《平陰軍興防堵始末》。

## 【平陰縣志八卷首一卷】

平陰知縣李敬修（字濟生，河北保安人，光緒十八年任）主修，始於光緒十九年，成於二十年。現存：清光緒二十一年雲門書院刻本，山東省圖書館、山東大學圖書館、山東師範大學圖書館藏；《中國地方志集成·山東府縣志輯》影印。前有李敬修《序》、縣圖七幅。卷一恩詔、天文、疆域、山川、村莊、風俗，卷二封建、職官、祀典，卷三學校、選舉、賦役、倉儲、營汛、驛傳、郵政、河防，卷四卷五人物，卷六列女、封廕、著述、牌坊、墳墓、古迹、物產、軼事、災祥，卷七卷八碑記、雜文。

邑人同纂者另有李邦慶、尹序誥、張志軒等人。

## 【樵語二卷】

現存：民國元年宣元閣排印本，山東省圖書館、北京大學圖書館、上海圖書館等藏，《販書偶記續編》著錄。

## 【鹿樵詩存一卷】

現存：民國元年宣元閣排印本，中國國家圖書館、

《樵語》二卷　民國元年宣元閣排印本

中共山東省委黨校圖書館藏，《清人別集總目》、《清人詩文集總目提要》著錄；《山東文獻集成》影印。

《德平縣志》卷十二載其《平昌弔禰處士》、《秋日登光嶽樓柬李文止同年》。

◆ **高遠堮**

遠堮，淄川人。

**【淄川縣孝義鄉高氏族譜不分卷】（一名《淄川高氏族譜》）**

現存：清光緒十九年刻本（十四冊），中國國家圖書館、中國人民大學圖書館藏，《中國家譜總目》著錄。

◆ **朱學猷**

學猷字伯莊，歷城人。光緒十九年癸巳恩科舉人。授蘆鹽大使。

**【朱學猷鄉試硃卷】**

《續修歷城縣志·藝文考》有朱墦《雙峰文稿》、朱綱《倉差日記》、朱曾武《律例編言》、朱綵《大檳堂石刻》等書，均據學猷鄉試硃卷履歷著錄。

◆ **王昭度**

昭度字子貞，濟陽人。廩生。

其詩文集未見著錄。民國《濟陽縣志·藝文》載其《重修聖廟碑記》（光緒十九年）一文。

◆ **焦　鈞**

鈞，章丘人。

**【焦氏家譜一卷】**

現存：清光緒十九年稿本，咸陽市圖書館藏，《中國家譜總目》著錄。

◆ **釋存業**

存業，鄒平人。

**【鄒平釋氏族譜二卷】**

修於光緒二十年。現存：民國二十一年奉先堂排印本，中國人民大學圖書館藏，《山東文獻書目》著錄。

◆ **袁斯考**

斯考，淄川人。

**【淄川袁氏家譜六卷】**

現存：清光緒二十年刻本，美國猶他州家譜學會等藏，《中國家譜總目》、《美國家譜學會中國族譜目錄》著錄。

◆ **武丕文**

丕文字偉康，平原人。光緒二十年進士。光緒二十九年任江油知縣，三十一年任雲陽知縣。

**【江油縣志二十四卷】**

現存：清光緒二十九年刻本，中國國家圖書館、上海圖書館等藏。

**【雲陽縣鄉土志二卷】**

現存：①清光緒三十二年修清末鈔本，四川省圖書館、四川大學圖書館藏。②一九六〇年傳鈔本，見《中國地方志總目提要》。

◆ **孟廣居**

廣居字仁庵，號心齋，長清人。光緒二十年舉人。其詩文集未見著錄。民國《長清縣志》卷十三王

紹曾傳下附《魯堂先生教思碑文》（有目無文），題
"邑舉人孟廣居撰，舉人袁秉正書"。

### 【孟子世家流寓長清支譜二卷首一卷】

明永樂年間亞聖五十五代孫孟克圖由鄒縣原籍鳧
村遊學遷至登州府黃縣，後又遷居濟南府長清縣西南
三十五里趙官鎮村。光緒二十一年趙官鎮族人監生孟
毓華、附貢孟傳彬、舉人孟廣居聯名呈請鄒縣原籍亞
聖孟子宗府修續支譜。經孟氏宗府譜館查據核對大譜，
確認同宗。是譜敘修至光緒二十一年，亞聖七十三代
主鬯孫孟慶棠作序。板印五部，今趙官鎮孟毓蘋後裔
處尚存一部。

### 【光緒甲午科鄉試硃卷一卷】

現存：清刻本（一冊，與張志軒硃卷合訂），濰
坊市圖書館藏，《濰坊古籍書目》著錄。

### ◆ 張志軒

志軒，平陰人。光緒二十年舉人，二十一年進士。

### 【光緒甲午科鄉試硃卷一卷】

現存：清刻本（一冊，與孟廣居硃卷合訂），濰
坊市圖書館藏，《濰坊古籍書目》著錄。

### ◆ 郭壽山

壽山字仁卿，號少彭，陵縣人。光緒甲午（二十
年）副貢。《陵縣續志》卷四有傳。

### 【禹貢水道疏】

見《陵縣續志》本傳。

### 【賦法淺說】

見《陵縣續志》本傳。

### ◆ 艾慶璈

慶璈字琅齋，長清人。光緒甲午（二十年）副貢。
民國《長清縣志》卷十三有傳。

### 【篆隸詳解】

見民國《長清縣志》本傳。

### 【嵋陽雜詠】

見民國《長清縣志》本傳。

### ◆ 艾慶溥

慶溥，長清人。庠生。

其詩文集未見著錄。民國《長清縣志》卷一《地
輿志·山》載其《趵泉銘》一首。

### ◆ 杜榮申

榮申字佑之，號嶽峰，齊河人。光緒甲午（二十年）
舉人。以知縣分安徽補用。《齊河縣志》卷三十二有
閻廷獻《同年杜佑之大令傳》。

### 【易義藏書】

見民國《齊河縣志·撰述》。

### 【理學精義】

見民國《齊河縣志·撰述》。

### 【嶽峯文集】

見民國《齊河縣志·撰述》。閻廷獻撰《傳》云：
"著有《理學精義》、《易義藏書》、《嶽峯文集》
各若干卷，子崇琦字景韓方擬梓行於世。"

### ◆ 王維言

維言字海秋，歷城人。光緒甲午（二十年）舉人。

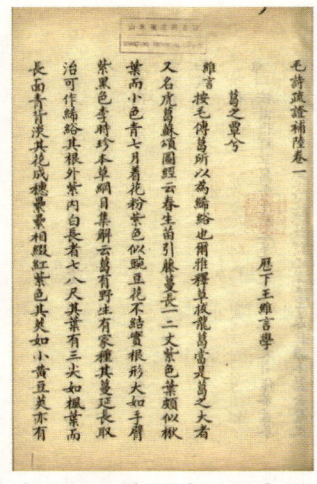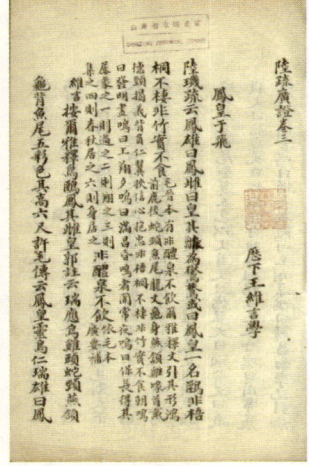

《毛詩疏證補陸》八卷《陸疏廣證》七卷　山東省圖書館藏《玉映樓多識錄》清稿本

## 【玉映樓多識錄四種十七卷】

現存：清稿本，山東省圖書館藏，《中國古籍善本書目》著錄；《山東文獻集成》影印。四種子目爲：《毛詩名物狀》三卷，《毛詩疏證補陸》八卷，《陸疏廣證》七卷，《夏小正箋疏》一卷。

## 【方言釋義十三卷】

現存：稿本，山東省圖書館藏；《山東文獻集成》影印。

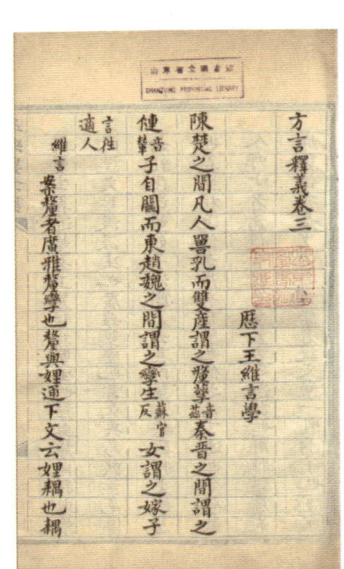

《方言釋義》十三卷　山東省圖書館藏稿本

## 【玉映樓纈芳集不分卷】（一名《玉映樓詩文集》）

現存：清稿本（三冊），山東省圖書館藏，《山東文獻書目》、《清人詩文集總目提要》著錄；《山東文獻集成》影印。

《重修商河縣志·藝文》載其《任商河承審勘案東郊途中作》詩一首。

### ◆ 王炳輝

炳輝字星垣，德平人。光緒甲午（二十年）舉人。《德平縣續志》卷六有傳。

其詩文集未見著錄。《德平縣續志》卷十二載其《郭張氏節孝旌表序》（民國五年）、《陳公諱殿勳字藎卿墓表》、《閻公諱以貫碑文》。

## 【德平鄉土志】

《德平縣續志》本傳有是書，云：已散佚。

## 【九河故蹟考】

見《德平縣續志》本傳，已佚。

### ◆ 王昭佑

昭佑字輔廷，晚號西坪居士，濟陽人。光緒甲午（二十年）舉人。任新泰縣教諭。民國十九年卒，享年六十餘歲。民國《濟陽縣志》卷十一有傳。

其詩文集未見著錄。民國《濟陽縣志·藝文》載其《重修玉皇寺碑記》（光緒二十三年）、《爲盧大慶先塋表墓碑誌》、《王公盤瑞墓誌》、《吳節母柏孺人壽序》等文。

## 【濟陽鄉土誌】

見民國《濟陽縣志·著述篇目》。

### ◆ 張兆錫

兆錫字錫韓，齊河人。光緒甲午（二十年）舉人。

其詩文集未見著錄。民國《濟陽縣志·藝文》載其《武略騎尉碩甫郭公墓誌》一文。

### ◆ 魏壽彭

壽彭字述之，德州人，壽彤兄。附貢生。

## 【漁山詩草】

《德縣志》魏壽彤附傳云："博稽羣書，長於天文術數之學。邑內有大建築，多主持之。著有《漁山詩草》。"

### ◆ 魏壽彤

壽彤字仲鶴，號悔癡，又號夢夢生，德州人。清末歲貢生。

## 【友譜八卷】

見《德縣志》本傳。

## 【德州志略舉要】【德州疆域圖考】

《德縣志》本傳云："光緒丙申歲，山東通志局徵稿，壽彤應邑侯錢公聘，分纂《德州志略舉要》。壬寅歲復應邑侯聘，主修《德州疆域圖考》，並撰著《鄉土志》八卷。邑中掌故，賴以徵信。"

## 【德州鄉土志八卷】

見《德縣志》本傳。《德縣志·邑人著作》作《鄉土志稿》，無卷數。

## 【仲鶴遺詩】

見《德縣志·邑人著作》。《縣志》本傳云："著有《詩文集》一卷、《友譜》八卷藏於家。"

《德縣志》卷十六載其《呂瑞占先生〈桑梓見聞錄〉題詞》詩四首。

## ◆ 王本善

本善，淄川人。

## 【王氏族譜一卷】

現存：清光緒二十三年稿本，淄博市淄川區洪山鎮解莊王善鈞、王志廣藏，《中國家譜總目》著錄。

## ◆ 馬崧慶

崧慶，德州人。

## 【德州馬氏支譜四卷】

現存：清光緒二十三年靜業堂刻本，河北大學圖書館藏，《中國家譜總目》著錄。

## ◆ 張元鈞

元鈞字幼坪，歷城人。光緒丁酉（二十三年）舉人。

其詩文集未見著錄。民國《長清縣志》卷一載其詠峩眉山內四景（《仙閣遠眺》、《跂泉清歌》、《幽洞消夏》、《古柏參天》）、外八景（《筆架烟雨》、《墨池雲樹》、《柳隄春色》、《松林霽雪》、《古塚蒼葭》、《孝里麥黃》、《濟水晴帆》、《埠燈晚照》）詩十二首。

## 【續修平原縣志十二卷首一卷】

元鈞與平原趙祥俊任總纂。現存：民國二十五年平原大同印刷局鉛印本。詳趙祥俊著作。

## ◆ 曹鴻圖

鴻圖字書酩，號蘿會，長清人。光緒丁酉（二十三年）拔貢。

## 【入蜀紀略】

見民國《長清縣志》本傳。

## ◆ 趙鑑三

鑑三字戒臣，齊河人。

## 【琴鶴堂詩文集四卷】

是書民國《齊河縣志·撰述》無卷數。本傳云："光緒丁酉癸卯兩科均房薦未中，時人代爲惋惜，而君殊坦然，益求體用之學。所著有《琴鶴堂詩文集》四卷，待梓。"又云："歷城舉人黃成霖爲作家傳甚詳。"

## ◆ 李炳炎

炳炎字輝菴，齊東人，梅山子。山東官立自費師範速成科畢業。

## 【論語別解二卷】

見《齊東縣志·著作》。

## 【齊東縣志六卷首一卷】

現存：民國二十四年濟南山東印刷局鉛印本。按是書卷前《重修齊東縣志職員錄》，齊東縣長梁中權督修，牟平于清泮任總纂，李炳炎、楊福蔭等任分纂。有炳炎《重修縣志序》。

## 【固均鄉土教科書一卷】

見《齊東縣志·著作》。

## 【東野軼聞二卷】

見《齊東縣志·著作》。

## 【輝庵詩鈔】

《李氏四子詩稿》之一。《齊東縣志·著作》云："於民國五年付印，民國十二年山東歷史博物展覽會審評云：'三世四子瓣香不絕。明白如話似白香山，平易近人似陸放翁。近世白話詩當以此爲先河。'"民國《齊東縣志》卷六載其《弔舊城》（附《弔舊城文》）一首。

## 【退思齋詩文稿一卷】

見《齊東縣志·著作》。

民國《齊東縣志》卷前有其《重修縣志序》，又卷六載其《知縣孫紹曾捐款興學碑》一篇。

### ◆ 李炳燿

炳燿字星華，齊東人，梅山子，炳炎弟。日本弘文學院師範科畢業。

其文集未見著錄。民國《齊東縣志》卷六載其《第五區沙壓緩糧紀念碑》一篇。

### 【星華詩鈔】

《李氏四子詩稿》之一。民國《齊東縣志》卷六載其《庚子感事》（選四首）。

### ◆ 楊福蔭

福蔭，齊東人。增生。

其詩集未見著錄。民國《齊東縣志》卷六載其《題雪堂詩鈔》一首。

### 【齊東縣志六卷首一卷】

見李炳炎著作。卷末有福蔭《重修齊東縣志跋》。

### ◆ 朱名炤

名炤字潛齋，平陰人。光緒戊戌（二十四年）進士。民國間歷官濟寧縣知事。

其詩文集未見著錄。民國《續修東阿縣志》卷十三載其《河南候補知府王公蘭居傳》、《度支部左丞陳公麓實傳》二篇。

### 【平陰縣鄉土志】

編纂於民國二十四年，成稿未印。

### ◆ 張依渠

依渠字石閣，濟陽人。光緒戊戌（二十四年）歲貢。居家教授。民國《濟陽縣志》卷十一有傳。

### 【愚山堂四書旨要十卷】

見民國《濟陽縣志》本傳。《縣志·著述篇目》無卷數。

《縣志》本傳云：“擇《味根錄》之菁華及張惕菴《四書翼註》之奧旨，支分節解，薈萃成書，洵有功於聖教。”

### 【二十二省地理誌要四卷】

見民國《濟陽縣志》本傳。《縣志·著述篇目》無卷數。

### 【張氏家訓】

見民國《濟陽縣志·著述篇目》。《縣志》本傳云二十則。

### 【治家格言詩一卷】

見民國《濟陽縣志》本傳。《縣志·著述篇目》無卷數。

### 【吟香館分韻詩二卷】

見民國《濟陽縣志》本傳，《縣志·著述篇目》無卷數。《縣志·藝文》載其《詠邦城》、《栢雲卿太史見訪二首》、《古著城》、《聞韶臺》、《詠文殊寺靈泉黑霧》、《詠郭屯孔子廟》、《詠垛石橋》、《聞築津浦鐵路而作此》（四首）、《丙申科試聞捷二首》等詩。其《丙申科試聞捷》（其一）云：“英才教育劇關懷，蕊榜同登說姓名。報寄泥金飛馬至，遊庠食餼八門生。”注云：“堂弟依泮、舍姪家杲科試高第，指日補廩。堂孫儒範、德範，與張生夢濱、路生逢辰、王生成雨、謝生芳林同遊泮水。滿縣桃李，多所栽培，故喜而賦之。”丙申，蓋光緒二十二年也。

### ◆ 張依泮

依泮字魯泉，濟陽人，還午子，依渠堂弟。廩生。

其詩文集未見著錄。民國《濟陽縣志·藝文》載其《六禮辨》（附《婚禮大概》）、《喪服辨》、《重修李公祠碑記》、《皂李莊古棗記》（民國十二年）、《龍灣記並跋》（民國二年）、《清蓬萊縣訓導宏遠張公暨德配楊、齊、賈宜人墓誌并序》、《清泗水縣訓導鑾坡張公墓誌》、《張福傳》等文，《身世八詠》（《稚齒隨侍蓬萊誦讀二十年》、《童試鄉試得意之時恒少．少年精銳之氣全消於此》、《年未三十即館於外．以助事蓄之不足》、《始辦學堂．邑人咸以洋學目之．大半裹足．僕在習此．故首膺堂長識》、《有友掌兵豫省．電召而往．既至始知軍中諸事與書生不宜》、《初入宦途．例須聽鼓．不愜於心而去．友人云生今之世尚思待弓車耶．一時傳爲笑柄》、《出仕本意．冀以行吾所學．既登舞臺．始知險惡萬分．急致仕歸》、《准辭文到．慶幸已極．念及先世文祖仕鄂仕陝．曾與著〈虎口餘生〉之邊大綏君一同致仕．同一感慨》）、《雜亂八詠》（《豫省歸來．本擬伏處鄉間從事耕稼．孰意匪燄大熾．不能一日居》、《匪警傳來．倉皇出走．途長心急．轉恨車遲》、《在豫慨兵匪不分．回魯視之尤甚．民所以無一日安者．咸出於此》、《疇昔之匪搶掠財物．今則搶掠而外兼之綁票．民無生氣矣》、《匪至奔逃．舉家離散．雖夢中囈語．亦盼太平》、《避亂來省．瞬已五年．其間戊辰一變．庚午一變．驚惶與遇匪同》、《故鄉匪亂多次．皆以嚴備不敢前．鄰村殘破殆遍．我圩獨全．守禦者不爲無功》、《避禍多年舉家幸得瓦全》）、《時事八詠》（《自更國體．咸存幸福希望．乃每歲兵爭．閭閻苦矣》、《自清季軍興以來掌兵之人大半崛起》、《濟南五三之炮聆者刻骨銘心．不知光緒甲午蓬萊之炮正與此同．特聞兩度者鮮耳》、《軍餉無着．不得不求之民間．乃此去彼來．小民之脂膏盡矣》、《中國幾次分裂．得人心者卒能統一之》、《庚午一役．有到我村徵粮秣者．出納稍遲．幾用炮轟》、《八方風雨會中州．爲某名世壽某軍人之聯．庚午一役．人皆謂此句成爲讖語．故詠時事者多用之》、《軍政結束．訓政開始．我國漸有提高國際地位希望》）、《新世八詠》（《文化新》、《戰術新》、《街市新》、《衣冠新》、《器用新》、《出行新》、《婦女新》、《學說新》）、《家世八詠 之一》等詩，《田家樂歌》詞一首。觀其諸《八詠》詩題，即猶之近代之史概矣。

#### ◆ 張家杲

家杲字東甫，濟陽人，廩貢生。

其詩文集未見著錄。民國《濟陽縣志·藝文》載其《白楊店創修蒿菴祠碑記》一文。

#### ◆ 宋振玉

振玉，淄川人。

### 【般陽宋氏世譜二卷】

現存：清光緒二十五年稿本，淄川區黑旺鎮孤山村車桂英藏，《中國家譜總目》著錄。

#### ◆ 蘇聲遠

聲遠，淄川人。

### 【淄川蘇氏族譜不分卷】

現存：清光緒間石印本（二冊），淄川區招村蘇振水藏，《中國家譜總目》著錄。

#### ◆ 高餘椿

餘椿字紹文，濟陽人。廩生。

其詩文集未見著錄。民國《濟陽縣志·藝文》載其《庚子秋八國聯軍攻入北京聞而作此》詩八首。

#### ◆ 劉德馨

德馨，平陰人。

### 【劉氏族譜不分卷】

現存：清光緒二十六年本立堂木活字印本（二冊），上海圖書館藏，《中國家譜總目》著錄。

#### ◆ 張明經

明經字紹文，德州人。

### 【師竹草堂詩集】

見《德縣志》本傳。

#### ◆ 趙祥俊

祥俊，平原人。光緒庚子辛丑併科舉人。

### 【續修平原縣志十二卷首一卷】

平原縣長曹夢九修，祥俊與歷城張元鈞任總纂，司分纂者有章丘王化東及平原李潤深、李景銘。現存：民國二十五年平原大同印刷局鉛印本。分疆域、建置、食貨、學校、職官、選舉、法制、教育、實業、人物、藝文、雜志，共十二卷。有民國二十四年署理平原縣長津門曹夢九《序》。民國二十五年署理平原縣縣長蕪湖鈍中氏韓銳《後序》。

#### ◆ 王澤潤

澤潤，商河人。庠生。

### 【王氏族譜】

《重修商河縣志·藝文》載其《重修王氏族譜序》略云：“壬寅（按：光緒二十八年）季秋，會同族兄洲三、族姪星若等面商其事。但事係重大，非一二人所可遽斷。遂相約於孟冬頒朔之日，同赴王樓，與族人大家共議。至期，合族人等無不愜意，僉曰：'此盛事也，當急成之。'於是余與星若徧閱舊譜，彷照前規，五世一提，酌定章程，通知各莊，爰訂期以彙冊，越數月而告竣。"

### ◆ 宋其光

其光字錫葳，一字席珍，榜名鴻儒，長清人。光緒二十八年庚子辛丑正併科舉人。歷官湖北利川、宜昌等縣知縣。民國《長清縣志》卷十三有傳。

【瘦鶴詩文集】

見民國《長清縣志·邑人著述》及本傳。

【椿園詩話】

見民國《長清縣志·邑人著述》及本傳。

### ◆ 郭 森

森字茂堂，長清人。光緒二十八年舉人。民國《長清縣志》卷十三有傳。

【醫學自鏡】

見民國《長清縣志·邑人著述》、《中國分省醫籍考》。

【懷抱山文集】

見民國《長清縣志·邑人著述》。

【夢髯集詩稿】

民國《長清縣志·邑人著述》載是集及《自序》，並錄詩若干首。

### ◆ 王寀亭

寀亭，濟南府人。光緒二十八年補行庚子辛丑恩正併科舉人。

【王寀亭山東鄉試硃卷】

現存：清刻本，山東省博物館藏，《山東文獻書目》著錄。

### ◆ 張燦之

燦之字秀文，原名承旭。光緒壬寅（二十八年）恩貢生。候選直隸州州判，因政局日變未出仕。監理督揚錢局，暇次纂修本邑《鄉土誌》。宣統元年保舉山東諮議局議員。

其詩文集未見著錄。《齊河縣志》卷三十一載其《曲氏創修族譜序》，卷三十三載其《候銓教職楊公雲升墓誌》、《楊君友梓墓誌》。

【齊河鄉土誌】

見民國《齊河縣志·撰述》。今濟南市圖書館、中國國家圖書館等藏清光緒末石印本《齊河縣鄉土志》一卷，不著撰者，或即此本。是書前有地輿圖，志目爲政績錄、兵事錄、耆舊錄、人類、實業、地理、物產、商務。

《續修四庫全書總目提要（稿本）》云："是志較之地志，固簡陋太甚。然一展卷，即能瞭然其邑之大略。只求簡質，不尚虛飾，則鄉土志又何可少哉。"

### ◆ 李洪鈺

洪鈺，章丘人。光緒癸卯（二十九年）舉人。

【章邱縣鄉土志二卷】

現存：清光緒三十三年石印本，山東省圖書館、濟南市圖書館等藏；《中國方志叢書》影印。上卷分歷史、政績錄、兵事、耆舊錄、人類、戶口；下卷分氏族、宗教、實業、地理、山、水、道路、物產、商務。後有楊學淵《跋》。

是志由楊學淵主修。學淵，江蘇海州人，光緒三十年任章丘知縣。

### ◆ 宋曰斝

曰斝字龍峯，新城人。光緒癸卯（二十九年）舉人。

其詩文集未見著錄。《重修商河縣志·藝文》載其《孫孺人節孝序》一篇，《麥邱書院解館示同學諸子》詩一首。

### ◆ 江鍾秀

鍾秀字壽亭，一字壽峰，歷城人。光緒間諸生。民國十五年卒。

## 【庶人禮略類編一卷】

現存：①清光緒刻《江氏著書七種》本，中國國家圖書館、清華大學圖書館藏，《中國叢書綜錄》、《中國叢書廣錄》著錄。②清光緒二十九年活字本，中國國家圖書館、濟南市圖書館等藏。③清光緒三十三年歷城江氏刻《勉成先志》本，山東省博物館藏，見《山東省博物館藏明清民國山左學者著述知見錄》。

是編分目爲八：一曰冠笄，二曰婚嫁，三曰喪葬，四曰祭謁，五曰家室，六曰宗族，七曰戚友，八曰鄉黨。前有《自序》略云：“光緒癸卯，鍾秀讀書於胡大公祖處。課餘之暇，因思列國競立，邦交是重，聘覲往來，無非觀風問俗。我中國自古以禮教化民，而山東又至聖桑梓之邦，水陸交通，聘問日繁。設不急興禮教，一滌污俗，將何以無忝聖人之邦而大悅各國之觀聽乎？乃請於胡大公祖，爲代購取先聖先賢禮制等書，擇其至簡至易、爲庶人可通行者，衍爲條規，冠以詞說，愷切解釋，發人天良，輯爲一冊。”

## 【孔孟圖歌二卷】

現存：清光緒刻本（《江氏著書七種》之一），中國國家圖書館、清華大學圖書館等藏，《中國叢書綜錄》、《東北地區古籍綫裝書聯合目錄》、《河南省圖書館中文古籍書目》著錄。

## 【興學創聞一卷】

現存：①清光緒刻本（《江氏著書七種》之一），中國國家圖書館、青島市圖書館等藏，《中國叢書綜錄》、《東北地區古籍綫裝書聯合目錄》著錄。②民國十四年濟南復興印刷局鉛印本，齊齊哈爾市圖書館藏，《東北地區古籍綫裝書聯合目錄》著錄。

## 【御書徵言一卷】

現存：清光緒歷城江氏刻《江氏著書七種》本，中國國家圖書館、清華大學圖書館藏，《中國叢書綜錄》、《中國叢書廣錄》著錄。

## 【孔孟重行周流議一卷】

現存：①清光緒歷城江氏刻《江氏著書七種》本，中國國家圖書館、清華大學圖書館、濟南市圖書館藏，《中國叢書綜錄》、《中國叢書廣錄》著錄。②清光緒三十一年益美齋坊刻本，北京大學圖書館藏。

## 【尊孔大義一卷】

現存：清光緒歷城江氏刻《江氏著書七種》本，中國國家圖書館、清華大學圖書館等藏，《中國叢書綜錄》、《中國叢書廣錄》、《東北地區古籍綫裝書聯合目錄》著錄。

## 【尊宗贅議一卷】

現存：①清光緒歷城江氏刻《江氏著書七種》本，中國國家圖書館、清華大學圖書館等藏，《中國叢書綜錄》、《中國叢書廣錄》著錄。②清光緒二十八年山東書局刻本，上海圖書館、清華大學圖書館、濟南市圖書館等藏，《東北地區古籍綫裝書聯合目錄》、《青島市圖書館藏明清兩代山東人著作簡目》著錄。

## 【江氏著書七種七卷】（一名《勉成先志》）

現存：清光緒間刻本暨石印本，中國國家圖書館藏。凡《尊孔大義》一卷，《孔孟圖歌》二卷，《孔孟重行周流議》一卷，《尊宗贅議》一卷，《庶人禮略類編》一卷，《興學創聞》一卷，《御書徵言》一卷。

### ◆ 聶觀銘

觀銘，鄒平人。

## 【於陵聶氏族譜二十二卷】

現存：清光緒三十年敦德堂祠刻本，濟南市圖書館藏，《中國家譜總目》著錄。

### ◆ 王傳昭

傳昭，鄒平人。

## 【梁鄒王氏世譜十卷首一卷】

現存：清光緒三十年穀詒堂刻本，中國國家圖書館藏，《北京圖書館普通古籍總目》、《中國家譜總目》著錄。

### ◆ 徐金銘

金銘字庚生（一作賡笙），歷城人。光緒三十年甲辰恩科進士。官戶部主事。

## 【六慎齋文存三卷】【六慎齋詩存一卷補遺一卷】

現存：民國十四年柳堂等刻本（四冊），中共山東省委黨校圖書館、山東省博物館藏，《山東省博物館藏明清民國山左學者著述知見錄》著錄；《山東文獻集成》影印。其一至三冊爲《文存》；四冊爲《詩存》，附《補遺》文五篇。

民國《濟陽縣志·藝文》載其《奎文閣典籍柏君逢殷墓誌》。《重修商河縣志·藝文》載其《清誥贈中憲大夫湖廣德安府知府明鄉飲大賓建常王公墓誌銘并序》。

《六愼齋文存》三卷 民國十四年柳堂等刻本

**【徐金銘會試硃卷】【徐金銘山東鄉試墨卷】**

　　現存：清刻本，山東省博物館藏，《山東文獻書目》著錄。

◆ **李光遠**

　　光遠字四照，歷城人，惠遠弟。光緒三十一年歲貢。

**【大學中庸申解一卷】**

　　見《續修歷城縣志·藝文考》，注云：“鈔本。”《續修歷城縣志》本傳云：“貢成均後，值停科舉，遂無志進取，亦不假館於外，家居惟與子姪講《學》《庸》大義，因以所居爲‘知止軒’。閒以研究經史，提要鈎元。……著有《大學古本講稿》一卷《中庸講

稿》一卷，皆訓子時即所心得而隨手鈔成者也。”

**【知止軒詩集一卷】【知止軒文集一卷】**

　　《續修歷城縣志·藝文考》據鈔本著錄。《續修歷城縣志》本傳云：“晚年習爲詩古文，不自收拾。其子爲鈔存詩古文各一卷，題曰《知止軒文存》、《知止軒詩存》。”

◆ **季景祺**

　　景祺，歷城人，俸常孫。

**【古藤軒吟草一卷】**

　　現存：民國間石印本，青島市圖書館藏，《清人別集總目》、《清人詩文集總目提要》著錄。

◆ **劉恒發**

　　恒發，歷城人。

**【劉氏族譜不分卷】**

　　現存：清光緒三十二年鈔本（二冊），上海圖書館藏，《中國家譜總目》著錄。

◆ **焦振淪**

　　振淪，長山人，雲龍子。

**【焦雨田先生年譜二卷】**

　　有民國二十五年排印本，見《近三百年人物年譜知見錄》。雲龍字雨田，同治十三年進士。

◆ **曹守堂**

　　守堂，鄒平人。

**【於陵曹氏族譜二卷首一卷】**

　　現存：清光緒三十三年恒升堂刻本，濟南市博物館藏，《中國家譜總目》、《中国家譜綜錄》著錄。

◆ **郭端書**

　　端書，淄川人。

**【上臺郭氏家譜七卷】**

　　現存：清光緒三十三年刻本，淄川區東坪鎮上臺

村郭端俊藏，《中國家譜總目》著錄。

#### ◆ 劉宗淮

宗淮，淄川人。

【淄川劉氏族譜八卷首一卷】

現存：清光緒三十三年木活字印本，淄川市周村區東南侯村劉寶隆藏，《中國家譜總目》著錄。

#### ◆ 邢寶英

寶英，陵縣人。

【陵縣鄉土志一卷】

現存：①清光緒三十三年刻本，藏中國國家圖書館、中國科學院圖書館、山東省圖書館（膠卷）。②清鈔本，藏臺灣“國家圖書館”，《山東省地方志聯合目錄》著錄。前有錢應顯《序》，陵縣地輿圖。志目分歷史、政績、兵事、耆舊、人類、戶口、民族、宗教、實業、地理、山、水、道路、物産、商務。

是志由陵縣知縣錢應顯主修。應顯，安徽全椒人。

#### ◆ 唐宗源

宗源字小亭，歷城人。光緒三十三年任彰武知縣。

【彰武縣鄉土志一卷】

編於光緒三十四年。現存：①鈔本，中國國家圖書館、大連圖書館藏。②民國間鉛印本，遼寧省圖書館、廣東省立中山圖書館藏。

#### ◆ 朱　焯

焯，平陰人。

【平陰縣鄉土志一卷】

平陰知縣黃篤瓚修。現存：①清光緒三十三年石印本，中國國家圖書館藏；《中國方志叢書》影印。②一九八一年鈔本，山東省圖書館藏。分歷史、政績錄、兵事錄、耆舊錄、人類、戶口、民族、宗教、實業、地理、山、水、道路、物産，商務諸目。

#### ◆ 張青蓮

青蓮，禹城人。

【禹城縣鄉土志一卷】

纂於光緒三十三年。現存：清光緒三十四年石印本；《中國方志叢書》影印。篇目分歷史、政績錄、兵事錄、耆舊錄、人類、戶口、氏族、宗教、實業、地理、山、水、道路、物産、商務。後有王汝漢《敘》。

是志由禹城知縣王汝漢主修。汝漢，廣州人。

#### ◆ 李鏡蓉

鏡蓉字雅泉，長清人，方堃子。光緒戊申（三十四年）歲貢。官安徽府經歷。民國《長清縣志》卷十一、十三有傳。

【枕中集】

見民國《長清縣志》本傳。

民國《縣志》卷一載其《創修張子房仙祠碑記》。

【皖南吟詩稿】

見民國《長清縣志》本傳。

#### ◆ 孫聖傳

聖傳，歷城人。

【孫氏族譜六十卷附孫氏遺範一卷】

《續修四庫全書總目提要（稿本）》著錄光緒刻本。《續修歷城縣志·藝文考》載聖傳四修譜《序》略曰：“同治壬戌，三次重修，與於斯編者，唯族兄曰桐在焉。由今憶昔，即未及三十年，亦相去無多。及此小康，余襄桐兄，按本族支派，循譜系舊章，述先人之功德，序後裔之名字。追增補告竣，付諸梓劂，以爲家藏。光緒十二年歲次丙戌□月。”

#### ◆ 蔡錫齡

錫齡，歷城人。

【玉峯遊記一卷】

現存：清光緒十七年上海著易堂排印《小方壺齋輿地叢鈔》本，中國國家圖書館、首都圖書館、北京大學圖書館等藏，《中國叢書綜錄》著錄。

【永定河源考一卷】

現存：清光緒十七年上海著易堂排印《小方壺齋

輿地叢鈔》本，中國國家圖書館、首都圖書館、北京大學圖書館等藏，《中國叢書綜錄》著錄。

## 【中亞細亞圖說略一卷】【鹹海紀略一卷】【紅苗紀略一卷】

現存：①清光緒十七年上海著易堂排印《小方壺齋輿地叢鈔》本，中國國家圖書館、首都圖書館、北京大學圖書館等藏，《中國叢書綜錄》著錄。②《小方壺齋輿地叢鈔再補編》稿本，中國國家圖書館藏，《中國古籍善本書目》著錄。

## 【公法指南不分卷】

原書六冊，清光緒間江南製造局未印出，見《增版東西學書錄》。

## 【喇叭吹法一卷】

（美）金楷理口譯，蔡錫齡筆述。現存：清光緒間上海江南機器製造總局刻本（《江南製造局譯書彙刻》之一），中國國家圖書館、上海圖書館、北京大學圖書館等藏，《中國兵書知見錄》著錄。

### ◆ 趙咸中

咸中字紫卿，歷城人。

## 【使廓記略】

有《續修四庫全書總目提要（稿本）》著錄石印本；又有一九八一年至一九八二年中央民族學院圖書館油印《川藏遊踪彙編》本，見《中國叢書廣錄》。

## 【唐廓修和記略不分卷】

現存：清光緒十四年石印本（一冊），中國國家圖書館、清華大學圖書館、山東省圖書館等藏，《山東師範大學圖書館館藏古籍目錄》、《青島市圖書館藏線裝書目錄初稿》著錄。

### ◆ 梁明祥

明祥字禎齋，歷城人。光緒庠生。

## 【易經博證四卷】

《續修歷城縣志·藝文考》著錄手稿本，並摘錄明祥《書雜卦傳後》曰：“凡《易》既分爲六十四卦以爲上、下《經》，天人之事各有始終；夫子又爲《序卦》，以明其相承受之義。然則文王、周公所遭遇之運，武王、成王所先後之政，蒼精受命短長之期，備於此矣。而夫子又重爲《雜卦》，以易其次第。《雜卦》之末，又改其例，不以兩卦反覆相酊者，以示來聖後王，明道非常道、事非常事也，化而裁之存乎變，是以終之以決，言能決斷其中，唯陽德之主也。故曰：《易》窮則變，通則久。總而觀之，伏羲、黃帝皆繫世象賢，欲使天下世有常君也。而堯、舜禪代，非黃、農之化，朱均頑也；湯、武逆取，非唐、虞之迹，桀、紂之不君也；伊尹廢立，非從順之節，使太甲思愆也；周公攝政，非湯、武之典，成王幼年也。凡此，皆聖賢所遭遇異時者也。夏政尚忠，忠之弊野，故殷自野以教敬；敬之弊鬼，故周自鬼以教文；文之弊薄，故春秋閱諸三代而損益之。顏回問爲邦，子曰：行夏之時，乘殷之輅，服周之冕。弟子問政者數矣，而夫子不與言三代損益，以非其任也。回則備言王者之佐，伊尹之人也，故夫子及之焉。是以聖人之於天下也，同不是，異不非，百世以俟聖人而不惑，一以貫之矣。”又載顏文化識曰：“先舅父禎齋先生博極羣書，善考據，晚年嘗欲著《十三經博證》以餉後學。《詩經博證》四十八卷既脫稿，又著《易經博證》四卷；他經或成一二卷，或散寫數十條，先生遽沒。《詩經博證》，邢君九齡已錄之。《易經博證》則先生嘗命化鈔寫，十餘年來，因循苟且，手澤徒存，將致湮沒，誠余小子之咎也。”

## 【尚書古今注疏微言】

見《續修歷城縣志·藝文考》，注云：“手稿不全本，一冊。”

## 【詩經博證不分卷】

現存：稿本，山東省博物館藏，《山東省博物館藏明清民國山左學者著述知見錄》、《山東文獻書目》著錄。書於尚志堂所刻《詩經》之行間書眉或簽條粘貼而成。《續修歷城縣志·藝文考》著錄此書鈔本，四十八卷。參《易經博證》條載顏文化識語。

### ◆ 張 珂

珂字韻坡，歷城人。

【春秋滙義十二卷坿春秋緯三卷】

見《山東通志・藝文》（經部春秋類）、《續修歷城縣志・藝文考》（據本書）。

《山東通志・藝文》：是書初名《節本春秋斷》，皆採自楊天祿《春秋管見》而稍刪其繁冗，後又取諸家之說益之，間坿己見，改題此名。有山陰陳錦《序》。《春秋緯》則分類編輯之本也。

◆ **張汝弼**

汝弼字鄰予，歷城人。以諸生從戎幕，議敘縣丞。

【五經字義集注】

見《續修歷城縣志》本傳。

【佛慧山農吟草一冊】

見《山東通志・藝文》、《續修歷城縣志・藝文考》。《續修歷城縣志》本傳作《佛慧山房詩集》。《山東通志・藝文》云：是編乃張氏家藏稿本。

◆ **嚴綏之**

綏之，歷城人。拔貢生。

其詩文集未見著錄。《德平縣續志》卷十二載其《高公夢九墓表》（高恒齡字夢九，德平人）。

◆ **辛爾藻**

爾藻字春華，章丘人。光緒間諸生。

辛爾藻像　載《周易翼注》

【周易翼註四卷】

其子葆鼎所刊，現存：民國二十二年章丘辛氏排印本，山東省博物館藏，《山東文獻書目》著錄；《山東文獻集成》影印。有民國癸酉泰山趙新儒《跋》、濟南任方同《周易翼註跋》，及爾藻《自序》。《自序》略云：“於村蒙之中，問以錯綜而錯綜不知，問以變化而變化不解，甚至太極兩儀自下而上，並不知誰爲之始、誰爲之終。由是爲發蒙之計，以數十年之演究，於諸講義中擇其尤易曉者，輯爲成書。庶蒙者不終於蒙矣。”

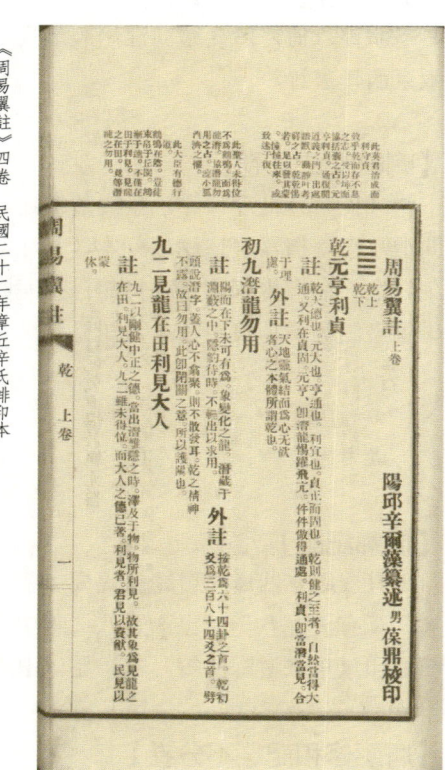

《周易翼註》四卷　民國二十二年章丘辛氏排印本

【周易繫辭二卷】

現存：民國二十二年章丘辛氏排印本，山東省博物館藏，《山東文獻書目》著錄；《山東文獻集成》影印。書後有其子葆鼎印書《序》略云：“先君子生平嗜讀《易》，昕夕寢饋其中者數十年。凡錯綜變互、剛柔動靜、貞悔往來之義，靡不洞其奧蘊。中年曾以專《易》應鄉試，下弟乃屏棄舉子業，益復肆力於各家注疏，博採廣搜，參以己意，以爲藏洗之具。”

### ◆ 馬庚乙

庚乙，章丘人。

**【馬氏家譜不分卷】**

現存：清光緒間刻本，青島市圖書館藏，《中國家譜總目》、《青島市圖書館古籍書目》著錄。

### ◆ 李述寬

述寬，鄒平人。

**【李氏家譜不分卷】（一名《長山李氏大譜》）**

現存：清光緒三十二年刻本（八冊），山東省圖書館藏，《山東文獻書目》、《中國家譜總目》著錄。

### ◆ 蒲毓秀

毓秀字嶽東，淄川人。

**【家學輯要四卷】**

《三續淄川縣志》云："晚歲耽心理學，著有《家學輯要》四卷。年七十餘，公舉鄉飲大賓。"

### ◆ 李在慶

在慶，新城人。

**【新邑梅嶺李家寨李氏世譜八卷】**

現存：清光緒三十二年忠恕堂木活字印本，上海圖書館藏，《中國家譜總目》著錄。

### ◆ 牛清和

清和字霽園，新城人。

**【醫學喉科述餘】**

見《中國分省醫籍考》。

### ◆ 賈廷琛

廷琛，齊河人。

其詩文集未見著錄。《齊河縣志》卷三十三載其《曲公舜墓誌》文一篇。

### ◆ 趙殿珽

殿珽字芴堂，濟陽人。貢生。候選訓導。

其詩文集未見著錄。民國《濟陽縣志·藝文》載其《張節母墓誌銘》一文，《哭長女李趙氏苦節》詩三首。

### ◆ 王福五

福五字錫之，濟陽人。光緒間歲貢生。試用訓導。

其詩文集未見著錄。民國《濟陽縣志·藝文》載其《重修仁鳳鎮城隍廟暨土地祠記》、《周揚廷〈對榴軒〉序》、《楊公叢華百秩壽序》等文，《奉和趙世台哭長女詩 原韻》三首、《九月下澣書齋聯句》、《贈別樂賢堂諸生》、《答周生師鎬餞別》、《答周生丹墀餞別》、《別諸生》、《讀士香主人詩集率成一律即以奉贈》（後附"士香主人"《接讀錫之夫子賜詩復酬一律》）、《別楊子明》、《贈別周揚廷東君 二首》等詩。

**【喪禮必須】**

見民國《濟陽縣志·著述篇目》。

**【心齋日記】**

見民國《濟陽縣志·著述篇目》。

**【金經要略補註】**

見民國《濟陽縣志·著述篇目》。

**【醫學三字經解】**

見民國《濟陽縣志·著述篇目》、《中國分省醫籍考》。

### ◆ 蕭連璧

連璧字和璞，濟陽人。廩生。

其詩文集未見著錄。民國《濟陽縣志·藝文》載其《奉和趙姻叔哭長女詩 原韻》三首。

### ◆ 傅純如

純如字叶韶，濟陽人。庠生。

其詩文集未見著錄。民國《濟陽縣志·藝文》載其《烈婦李趙氏序》一文。按：烈婦乃候選訓導趙殿珽之女。

### ◆ 杜恩榮

恩榮字晉三，濟陽人。

其詩文集未見著錄。民國《濟陽縣志·藝文》載其《嘉賓王先生傳》、《閭孺人傳》等文。

### ◆ 陳兆祺

兆祺，長清人。

**【陳氏族譜不分卷】**（一名《陳氏宗譜世系》）

現存：清光緒十年刻本（二冊），美國猶他州家譜學會藏，《美國家譜學會中國族譜目錄》、《中國家譜總目》著錄。

### ◆ 劉希恕

希恕，長清人。

**【劉氏族譜一卷】**

現存：清宣統元年立義堂木活字印本，日本國會圖書館、美國猶他州家譜學會藏，《中國家譜總目》、《美國家譜學會中國族譜目錄》著錄。

### ◆ 趙君詔

君詔，長清人。

**【地輿酌準】**

民國《長清縣志·邑人著述》載是書及《自序》略云：“余自光緒乙巳科場停後，舍帖括而事考據，將以縱五千年、橫十萬里之餘澤，澆此壘塊於胸中。乃流覽之餘，往往憶其一二，遺其八九，撫衷自思，甚無謂也。讀《中庸》‘行遠自邇’、‘登高自卑’句，憬然有悟：欲知古人實跡，當考古人里居。如交友然，凡屬莫逆，必知心焉，竊計曰：某在斯，某在斯，而後日相思勿相忘也。但滄桑叠經，建置屢易，有異地而同名者，有異名而同地者，有古無今有、古有今無者，又中間互有異同而今仍復古者。溯自水土既平，而封建，而兼併，而藩鎮科道，其間雖錯雜紛紜，無從說起。然要不出乎今時之一千七百餘州縣，即不出乎今時之二十三行省。由此入手，微特通都大邑，共入心目，前賢往哲，可通神明，即有時代古人立言，自能設身處地，確有鑿鑿，如出古人之口。汲古修綆，其在斯乎？爰求圖籍，羅列案頭，尚友古人，若遠若近，心響往之。走筆而書之，如是者凡六年，不覺積久成帙。非以此詡博通也，惟習運甓之勤，冀免飽食之慚云爾。”

### ◆ 尹東郊

東郊，德州人。

**【德州尹氏族譜不分卷】**（一名《尹氏族譜》）

現存：清光緒十年木活字印本（二冊），日本國會圖書館、美國猶他州家譜學會藏，《中國家譜總目》、《美國家譜學會中國族譜目錄》著錄。

### ◆ 高麟臺

麟臺，德平人。優廩生。

其詩文集未見著錄。《德平縣續志》卷十二載其《處士賈公玉華墓誌銘》（賈德潤字玉華）。

### ◆ 趙蘭臺

蘭臺，德平人。增生。

其詩文集未見著錄。《德平縣續志》卷十二載其《孟宜人之墓誌》一篇。

### ◆ 弭惠溥

惠溥字博泉，德平人。恩貢生。科舉停辦，改入山東省立優級師範學校研究史學，率弟恩溥求學濟南，任勸學所長，充正誼、披縣各中校教員。《德平縣續志》卷六有傳，卷十二有郭篤禮《弭博泉先生墓表》。

**【中西年表】【歷代大事年表】**

《德平縣續志》本傳載二編云：“均未梓行。”

### ◆ 梁鳳彩

鳳彩字桐庵，商河人。

**【脈理真訣】**

見《重修商河縣志·藝文》及本傳。

### ◆ 劉同祥

同祥字雲書，商河人。歲貢生。

**【四書會旨】**

見《重修商河縣志·藝文》及本傳。

◆ **劉同雲**

同雲字雨亭，商河人。庠生。

其文集未見著錄。《重修商河縣志·藝文》載其《李姆王孺人八艷晉二榮慶兼令孫吉席》、《王考雲從府君墓表》、《劉節母韓太孺人傳》、《彭君星如傳》、《龐貞女事略》、《祭母文》等。

◆ **王純玉**

純玉字崐山，號瑜菴，商河人。肄業濼源書院。縱情詩酒，卒年三十八。

【瑜菴吟草】

見《重修商河縣志·藝文》及本傳。

《重修縣志·藝文》載其《宿垜石橋》詩一首。

◆ **張清蘭**

清蘭字雲浦，商河人。歲貢生。

【酬世標準】

見《重修商河縣志·藝文》及本傳。

◆ **馬介藩**

介藩（一作价藩）字匄侯，商河人。庠生。

【咽喉脈理】【雜症論】

見《重修商河縣志·藝文》及本傳。

【醉仙堂詩草】

見《重修商河縣志·藝文》及本傳。

◆ **馬殿卿**

殿卿字次公，商河人。光緒間歲貢。

【閒居錄】

見《重修商河縣志·藝文》及本傳。

◆ **王若愚**

若愚字慧堂，商河人。庠生。

【愚溪草堂】

見《重修商河縣志·藝文》，本傳云有是書行世。

◆ **王懋魁**

懋魁字梅占，商河人。郡廩生。

【慾海慈航】

見《重修商河縣志·藝文》及本傳。

◆ **車在敬**

在敬字德輿，商河人。增生。

其詩集未見著錄。《重修商河縣志·藝文》載其《題鳴秋軒詩鈔》（二首）、《梵宇春暉》、《長堤凝翠》、《雙塚埋雲》等詩。按《鳴秋軒詩鈔》，同邑王心廉撰。

◆ **王心廉**

心廉字潔泉，商河人。光緒間歲貢。

【周易補註】【書經析疑】【毛詩古注攷】【禮記辨訛】【三餘筆記】

見《重修商河縣志·藝文》。

【商河縣鄉土志四卷】

纂於光緒三十四年。現存：稿本，山東省博物館藏。分歷史、政績錄、兵事錄、耆舊錄、人類、戶口、氏族、宗教、實業、地理、物產、商務等目。

《重修商河縣志·藝文》載邑令姚詩志（叔言）《商河縣鄉土志序》，又載心廉《商河縣鄉土志耆舊錄書後》略云："茲承前邑侯蔭南陳公及今叔言姚公之命，與諸君子分類纂輯《鄉土》各志。"

【集古彙編】

見《重修商河縣志·藝文》。

【野史罪言】

見《重修商河縣志·藝文》。

【鳴秋軒詩鈔】

《重修商河縣志·藝文》著錄，並載邑令如皋黃麗中（字錦江）、寶坻王桂芬（字香谷）《鳴秋軒詩鈔序》各一篇，及心廉《自序》。黃《序》略云："王生爕堂，余權商河時所得士也。善讀書，嫻風雅，性復狷介。別經十數年矣。戊戌余守棣州，又得與生晤敘，知其學業益富，造詣益深，心焉喜之。今春，果以經術明通見賞於學使尹公，招致來省，俾資磨勵，信乎闇修實踐之克濟也。茲以《鳴秋軒詩鈔》問序於余。披而覽之，其遇物適情，隨在有以見志，即隨在有以見道。由此擴充，當能闡義蘊之精微，期於世用，豈第一吟一咏抒寫懷抱已哉！”

《重修商河縣志·藝文》載其《和前韻》（王桂芬《三月十九日西關于氏園中看桃花》）、《挽王蘭圃先生七章》、《奉和前韻》（宋曰對《麥邱書院解館示同學諸子》）、《王彥章故城 在邑城東》、《試院落成恭頌邑侯星舫胡公德政》、《秋七月黃水爲災奉郡守黃公錦江諭督民夫增築篤馬河北堤淒然有作》、《餞別武定黃太守錦江》、《餞別邑侯李公薌園》（五首）、《餞別邑侯姚公叔言》（二首）等詩。

## 【寫心草】

見《重修商河縣志·藝文》。

## 【壽杞軒文集】

見《重修商河縣志·藝文》。

《縣志·藝文》載其《花翎候選知府撫院營務處前署商河縣知縣姚公叔言去思碑記》、《劉氏始祖變平公碑陰記》、《明故貤贈文林郎陝西延長縣知縣始祖諱標府君碑陰記》、《山東提法使前商河縣知縣星舫胡公去思碑記》、《重修孔子廟碑記》、《白氏譜序》、《鳴秋軒詩鈔自序》、《張氏譜序》、《馬氏族譜序》、《展氏世系譜序》、《王母房孺人五秩晉四貞壽序》、《清故例贈登仕佐郎輔商展公暨元配薛孺人繼配房孺人合葬墓誌銘》、《舒菴劉公墓誌銘》、《清邑處士餘香馬公墓誌銘》、《清貤贈修武佐校尉處士河光馬公墓志銘》、《清例贈登仕郎太學生超羣王公暨德配韓孺人合葬墓誌銘》、《清郡庠生錫三劉公墓表》、《清例贈昭武都尉孝騫郭公暨元配劉恭人繼配藺恭人合葬墓表》、《楊公鳳庭墓表》、《竹林齋社規小引》、《先大夫興一公傳》、《邑處士王盤誥先生傳》、《趙氏族譜跋》、《商河縣鄉土志耆舊錄書後》等文。

### ◆ 白傳林

傳林名不詳，商河人。

## 【白氏家乘】

《重修商河縣志·藝文》載王心廉《白氏譜序》略云：“庚戌春，白君鳳元携舊譜牒來質於余，且曰：‘《白氏家乘》，喜亭公創於始，俊升公續於中，傳林公成厥終，迄今將三十年矣。族衆議欲重修，冀先生考白姓源流弁簡端，以爲宗族光。’”按《序》，西村白氏，始遷祖白貴，明初自青州樂安遷商河之篤馬河北。

### ◆ 張仙橋

仙橋，商河人。

## 【張氏家譜】

《重修商河縣志·藝文》載王心廉《張氏譜序》略云：“張茂才仙橋，余門下士也。庚戌冬，手《家譜》問序於余。余愧文弱，不足爲譜光。辛亥春，又請。余義不獲辭，爰撮源委於左。……時《張譜》將告竣，余爲歷考姓源，並持贈數言，爲張生勖。”按《序》，張氏明成化中由青城、諸城遷商河之城北帽楊莊。

### ◆ 馬若甫

若甫，名不詳，商河人。

## 【馬氏族譜】

《重修商河縣志·藝文》載王心廉《馬氏族譜序》略云：“壬子（按：民國元年）春，茂才馬君若甫手其《族譜》，屬序於余。余受而讀之，無繁引，無溢詞，朗然若列炬，較然若置某，儼然若畫工之肖物傳神，上下數百年，能令忠孝節烈、鬚眉巾幗凜凜有生氣，於是歎譜學之精詳也。”按《序》，馬氏元末由青州樂安遷商河，居城西北馬家菴，爲邑中望族。

### ◆ 展清源

清源，名不詳，商河人。

## 【展氏世系譜】

《重修商河縣志·藝文》載王心廉《展氏世系譜序》略云：“吾鄉展氏自青州樂安遷商，數百餘年未嘗有譜，其闕有間者，十八世矣。展君清源慨家乘散佚，油然動水源木本之思，惟以家運滄桑，屢經兵燹，未免傳聞異詞，事遂輟。癸巳冬，肥城展九寰手所編

《家譜》，約五鄉展氏續帙。閱其譜，上述和聖之生平，下詳支派之分別，而凡祠堂、廟宇、墳墓、村居之沿革，祖宗子嗣功名事蹟之異同，莫不繪圖於前，列傳於後。清源喜曰：'見此《譜》，數典忘祖之恥，吾知免矣。'爰仍舊式，別爲繕本。書成，屬序於余。"

### ◆ 趙雁題

雁題名未詳，商河人。增廣生。

【趙氏族譜】

《重修商河縣志·藝文》載王心廉《趙氏族譜跋》略云："趙《譜》成於錦垾公，倣歐陽譜例，敘其可知者，曰友諒公始遷商，爲一世祖焉。嗣是雁題公念子姓蕃衍，慨然欲繼先志，提綱分目，析支別派，因舊式而增續之，綽有可觀。"

### ◆ 孫汝彥

汝彥，商河人。廩貢生。官濟南訓導。

【孫氏世系】

《重修商河縣志·藝文》載其《續修孫氏世系小引》略云："前此壬午修譜，彥即在校正之列。緣爾時方攻舉子業，未遑專心校對，以致間有標目乖舛、點畫錯訛之處。今因重修譜系，悉爲補正。至易履歷而爲世系，改支派而爲世表，亦倣歷下名族譜牒而爲之。非敢變前譜之制，亦聊以蓋往日疏略之愆云爾。"

### ◆ 馬鳳詔

鳳詔，齊河人。

其詩集未見著錄。《齊河縣志》卷三十載其《詠毛孝女詩》、《甄敷猷詩贊》。

### ◆ 彭文炳

文炳字星如，號癡僧，別號黎園通叟，商河人。宣統己酉（元年）拔貢。授直隸州州判，分發安徽。民國回籍，歷充本縣高等小學校長、惠民中學教授。《重修商河縣志》卷十四有劉同雲《彭君星如傳》、李巖霖《郭彭合傳》（郭星珊與彭星如）。

【書法講義】

見《重修商河縣志·藝文》。

【大連雜詠】

《重修商河縣志·藝文》載其《大連雜詠序》云："民國庚午春仲，予爲剗除債臺計，毅然航海赴大連，館於櫻花臺趙氏家塾。功課餘暇，遊行各地，見日人僑戶數十萬，傾貲竭力，制作恢詭，直視大連爲外府。聞聞見見，怪怪奇奇，如遊龍伯，如入華胥。書生狂瞽，多所感觸。恨當日漢廷外交，只有盲從；歎今茲賈誼策中，要刪痛哭。材愧虯髯，難爲扶餘之奪；身非應劭，聊操風土之吟。釘鉸打油，敢言音律；竹枝蓮曲，學作歌謠。以備他日者梓里旋歸，用代明珠之記事；賓筵酬酢，權當長塵以佐談云。"

《重修縣志·藝文》載其《航海二十二韻》，蓋選自此集。

【蛮吟小草】

見《重修商河縣志·藝文》。

《重修縣志·藝文》載其《筮仕安徽途中有感》（二首）、《題雪堂脫險詞後二首》等。

【聊復篇】【爾爾篇】

見《重修商河縣志》本傳（《縣志·藝文》作《聊復爾爾》）。蓋其文集也。

《重修縣志·藝文》載其《商河縣縣長潔章蔣公德政碑記》、《節孝路母吳孺人碑陰記》、《重修賈橋碑記》、《商河縣重修郭橋碑記》、《觀大魚記》、《旌表節孝吳母張孺人六十壽序》、《大連雜詠序》、《劉鶴仙公家傳》、《劉少仙先生傳》、《劉榮齋公傳》、《恭頌縣農會正會長郭君星珊行誼屏文》等。

### ◆ 李巖霖

巖霖字傅卿，商河人。庠生。

其文集未見著錄。《重修商河縣志·藝文》載其《臥龍橋記》、《觀重修孔廟記》、《四書題詠序》、《商河縣立第二高等小學校同學齒錄序》、《郭彭合傳》、《商河縣長潔章蔣公德政事略》、《祭子奉仁大棣誄文》、《重修縣志跋》等文，又載其《雞冠獨立》、《誌感》詩二首。

【四書題詠】

《重修商河縣志·藝文》載其《四書題詠序》略云："《四書題詠》者，題詠四子之書也。予性曠逸，讀書不求甚解。而四子之書之精微廣大，燦如日星繫天，而莫窮其高遠；凝若河嶽麗地，而莫測其宏深。顧其爲書，言近指遠，守約施博，愚夫愚婦可以與知，可以能行；及其至也，雖聖人亦有所未能，亦有所不知。而其理則如布帛菽粟，徧給羣黎百姓，爲日用飲食所必需，而不可須臾離。故漢註已多，知抔土無裨於泰山；而秦火雖烈，只自絕何傷乎日月？今不揣固陋，欲逐章題詠，是真畫蛇續貂，惡知其不可也。雖然，在心爲志，發言爲詩，借書寓志，暢我欲言，即與書旨有無相背，亦所不暇計也。自戊辰十月初旬，託始《孟子》，繼詠《學》《庸》，殿以兩《論》，至庚午九月終吟成，共八百六十六首。就正梨園遁叟，辱蒙不棄，大加批評。梨園遁叟，余三十年老友也。"

### 【五經題詠】

見《重修商河縣志·藝文》。

### 【讀史題詠】

見《重修商河縣志·藝文》。

### 【隨筆一笑錄】

見《重修商河縣志·藝文》，下有雙行小字云："管城游戲記。"疑《管城游戲記》別爲一書也。

### ◆ 賈雲亭

雲亭字鶴汀，商河人。庠生。

其文集未見著錄。《重修商河縣志·藝文》載其《孫光瑞先生事略》一篇。

### 【環游錄】

見《重修商河縣志·藝文》。

### 【東游吟】

見《重修商河縣志·藝文》。

### ◆ 邵允中

允中字心齋，號竹西，齊河人。光緒附貢生，宣統元年舉孝廉方正。有茆屋三楹，藏書萬餘卷。《齊河縣志》卷三十二有閻廷獻《邵心齋先生家傳》，卷三十三有臨清孫百福《邵心齋先生暨德配馬安人墓表》。

### 【綠雲山房吟草】

見民國《齊河縣志·撰述》。《縣志·藝文》有邑人郝鳳章、孫同文《序》。孫《序》云："其所爲詩初不外乎風月花鳥、友朋往來、鄰里情話之作，而其中有性情在焉。本性情而出之，其格律之森嚴，足以覘其品；其旨趣之淵永，足以覘其學；其氣韻之雍容靜穆，足以覘其養。今先生老矣，強健猶昔，其詩亦日益宏富。但雖好爲詩，初不欲以詩自見。房君壽三於先生處檢得是編，攜以示余，囑爲校讎。"

《齊河縣志》卷三十載其《黃河舟中》詩二首。

### ◆ 路善基

善基字德菴，齊東人。宣統元年由廩生舉孝廉方正。

### 【紫藤唱和詩集】

見《齊東縣志·著作》。

### ◆ 董瑤林

瑤林字瑞芝，別號柳湖，德州人。宣統己酉（元年）拔貢。

### 【柳湖詩文遺稿】

見《德縣志·邑人著作》。

《德縣志》卷十五載其《雙興菴福善水會碑記》、《骨董沽禍記》、《石還志》、《地理摘要序》等文，卷十六載其詩《尋僧遇雨口占》（二首）、《酒餘》、《花朝》（三首），凡六首。

### ◆ 郭篤禮

篤禮字子敬，宣統己酉（元年）拔貢。《德平縣續志》卷六有傳，卷十二有徐金臺《郭篤禮先生墓表》。

其詩文集未見著錄。《德平縣續志》卷十二有其《弭博泉先生墓表》一篇。

### ◆ 榮相鼎

相鼎字子凝，新城人。副貢生。

### 【濮州志八卷】

現存：清宣統元年刻本，山東省圖書館等藏。前有高士英、榮相鼎、伊若珩《序》，舊志序跋八篇。

卷一歷代建置沿革表、疆域沿革表、州圖，州城疆宇總考、郡治考、帝系表、帝紀、世家，卷二賦役志、學校志、職官考、年紀、風俗紀、典禮志、兵防志，卷三官師歷年表、科第表、二貢考、五貢考、明經傳，卷四名宦傳、鄉賢傳，卷五孝友傳、列女傳，卷六隱德傳、武烈傳、兵家傳、豪俠傳、貨殖傳、古交篇、游寓傳、仙釋傳、衛人志、雜記、壽耆，卷七王言、詩類，卷八藝文志、《北山野史傳》。

#### ◆ 郭聯第

聯第，濟陽人。廩生。

其詩文集未見著錄。民國《濟陽縣志·藝文》載其《恩貢候選教諭价侯高老夫子墓誌銘》一篇。

#### ◆ 郭聯甲

聯甲，濟陽人。庠生。

其詩文集未見著錄。民國《濟陽縣志·藝文》載其《副貢候選教諭劉君上甫墓誌銘》一篇。

#### ◆ 陳梅嶺

梅嶺，濟陽人。增生。

其詩文集未見著錄。民國《濟陽縣志·藝文》載其《二次重修仲夫子廟碑記》（宣統元年）一篇。

#### ◆ 王瑞廷

瑞廷字輯五，商河人。廩貢生。宣統二年被舉為本縣自治籌備所所長。

### 【地理五訣辯正】【地理分段秘訣】【陽宅分氣指南】

見《重修商河縣志》本傳。

#### ◆ 李樹芳

樹芳字椒珊，德平人。光緒丁酉（二十三年）以選拔貢成均，領壬寅（二十八年）鄉薦，宣統庚戌（二年）會考中式。授度支部主事。民國間卒於蓬萊縣知事任所。《德平縣續志》卷六有傳。

### 【般陽覺公詩文集】

見《德平縣續志》本傳。

#### ◆ 孟廷狀

廷狀，章丘人。

### 【孟氏流寓章邱舊軍鎮宗譜】

現存：清鈔本（九冊），河北京大學圖書館藏，《中國家譜總目》、《中國家譜綜錄》著錄。記事至宣統二年。

#### ◆ 袁桂甲

桂甲字馥村，齊東人。光緒間歲貢生，肄業於濼源書院。《齊東縣志》卷五有傳。

### 【齊東縣鄉土志二卷】

與趙家麟同纂。民國《齊東縣志·著作》云：“清光緒三十四年知縣馬家益聘邑人袁桂甲、趙家麟纂修。宣統二年知縣繁寶昌刊行。板存縣立第一高等小學。”是志現存：①清宣統二年刻本，山東省博物館藏；《中國方志叢書》影印。②清末鈔本，青島市圖書館藏。前有葉寶昌《序》，縣地圖。上卷興地、歷史、政績錄、兵事錄、耆舊錄、人類、戶口，下卷氏族、宗教、實業、地理、山水、道路、物產、商務。

#### ◆ 趙家麟

家麟字仁村，齊東人。光緒間歲貢生。《齊東縣志》卷五有傳。

其文集未見著錄。民國《齊東縣志》卷六載其《重修文廟記》一篇。

### 【齊東縣鄉土志二卷】

與袁桂甲同纂。見袁杜甲著作。

### 【藏拙齋詩集一卷】

見民國《齊東縣志》本傳，《縣志·著作》無卷數。本傳云：肄業濼源書院，與同邑時椿垣、袁馥村、伊化南結文社，旋里後與袁馥村同修《鄉土志》。

#### ◆ 蒲治善

治善，淄川人。

### 【般陽蒲氏世譜不分卷】

現存：清宣統三年鈔本（四冊），蒲松齡紀念館藏，淄博市圖書館藏複印本，《中國家譜總目》著錄。

#### ◆ 劉振淮

振淮，齊河人。

### 【劉氏族譜不分卷】

現存：清宣統三年刻本（四冊），慈谿市環城南路勵雙傑藏，《中國家譜總目》著錄。《序》題"古祝劉氏族譜"。始祖德新。此爲三修本。

#### ◆ 郝鳳章

鳳章，齊河人。

其詩文集未見著錄。《齊河縣志》卷三十載其《送邑侯李星甫去任》（清宣統三年）、《民國丁卯重至邑城》（二首）；卷三十一載其《綠雲山房吟草序》；卷三十三載其《孫畫一先生紀念碑》。

#### ◆ 郝金章

金章，齊河人。

其詩集未見著錄。民國《齊河縣志》卷三十載其《邑城懷古》（四首），卷三十二載其《馬麗璇先生傳》、《徐宜人傳》、《李秀青先生行傳》。

#### ◆ 張裕淦

裕淦字蘭汀，平陰人。

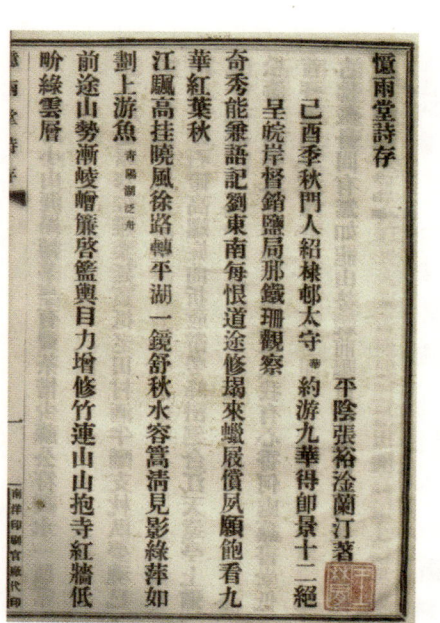

《憶雨堂詩存》一卷　清宣統三年金陵排印本

### 【憶雨堂詩存一卷】

現存：清宣統三年金陵排印本，中共山東省委黨校圖書館藏；《山東文獻集成》影印。

#### ◆ 趙玉珂

玉珂，濟南人。光緒九年生。

### 【明湖文草一卷】

現存：稿本，山東省博物館藏，《山東省博物館藏明清民國山左學者著述知見錄》、《清人別集總目》著錄。

#### ◆ 王嗣鋆

嗣鋆字麗泉，濟陽人。恩貢生。

其詩文集未見著錄。民國《濟陽縣志·藝文》載其《王紹武先生教思碑誌》、《范母七秩晉八壽序》（二篇）、《柏泗源先生七秩暨文孫彝民嘉禮賀序》、《蕭子安昆季德壽序》、《何理學士馨吾傳》、《盧上將軍永祥傳》等文，《祝范母七秩晉八壽詩》。

#### ◆ 鄭斯淦

斯淦字雪橋，長清人。宣統己酉（元年）恩貢。

### 【日知錄四卷】

見民國《長清縣志》本傳。

#### ◆ 任以炯

以炯，歷城人。庠生。

其詩文集未見著錄。民國《濟陽縣志·藝文》載其《郭佐卿先生教思碑誌》一文。按《碑誌》，郭亮輔卒於民國九年，越六年，以炯撰爲此文。

#### ◆ 席貫一

貫一字唯堂，濟陽人。歲貢生。

其詩文集未見著錄。民國《濟陽縣志·藝文》載其《張家莊創修蒿菴祠碑記》（民國十六年）一文，《詠廓塚》詩一首。

#### ◆ 李光普

光普字德齋，濟陽人。

其詩文集未見著錄。民國《濟陽縣志·藝文》載其《官莊沿革記》一文。

#### ◆ 石邁遷

邁遷，濟南人。

**【易筋經五段調手不分卷】**

石邁遷口授，王化民校。現存：清鈔本，濟南市圖書館藏。

#### ◆ 王麗娟

麗娟，濟南人。

**【香國小草】**

見《歷代婦女著作考》。

#### ◆ 陶榮錦

榮錦，濟南人。

**【希韓詩草一卷】**

現存：清鈔本，見《濟南市圖書館館藏古籍書目》。

#### ◆ 劉彤雲

彤雲字資瞻，濟南人。

**【六書權輿十四卷】**

現存：民國二十一年石印本，山東省博物館藏。前有張宗瀠《序》略云：“先生取《說文解字》之建首原文，一一而籤注之。較河間苗氏、安邱王氏之建首句讀祇有篆文而無說解者，詳略頓殊；而且曲引旁證，考據精鑿，於教者、學者極爲便利。從此入門，六書既知體要，偏旁亦可會通。則許氏所記九千餘文，不難辨識；而《十三經》、《二十四史》、諸子百家以及新舊各學識，亦不難誦讀矣。”

#### ◆ 江栢波

栢波，濟南人。

**【江氏宗譜不分卷】**

現存：鈔本，中國科學院圖書館藏，《中國家譜綜錄》著錄。

#### ◆ 崔光壁

光壁字蘊山，歷城人。

**【性理篇】【孝弟歌】【友益賦】【隱居賦】**

《續修歷城縣志·列傳六·一行》云：“捐貲立仙臺文社，造就士子，成名者甚衆。著有《性理篇》、《孝弟歌》、《友益賦》、《隱居賦》等編，藏於家。”

#### ◆ 馮振鏞

振鏞，歷城人。

**【覆瓿集】**

見《續修歷城縣志·藝文考》，注云：“秦兆駿錄送。卷未詳。”

#### ◆ 耿曰棠

曰棠字仲蘭，歷城人。諸生。歷官直隸萬全、龍門、威縣知縣，升直隸州知州。

**【勸民歌】【息訟篇】**

耿曰棠撰。《續修歷城縣志》本傳云：“去任之日，百姓攀轅泣送者數千人。著有《勸民歌》、《息訟篇》行於時。”

**【花卉冊頁】**

一冊（八開），設色紙本。見於網絡拍賣。鈐印有“歷下耿二”、“生於壬申”、“濟南耿曰棠仲蘭”、“仲蘭”等。

#### ◆ 耿覲光

覲光字吉人，歷城人，曰棠子。歷官直隸肅寧、慶雲、定興、南宮、完縣知縣。

**【十二硯齋印譜】**

見《續修歷城縣志·藝文考》及本傳，卷未詳。

#### ◆ 李　楷

楷，歷城人。

**【素雨集詩一卷】**

見《續修歷城縣志·藝文考》，注云：“胡際元採訪。"

### ◆ 歷下平陵子

名、字不詳。

【平陵勤拙齋燈謎笑言一卷】

現存：鈔本（一冊），山東省圖書館藏。有"家在濟南瀟洒間"印記。

### ◆ 劉文辰

文辰，歷城人。

【箴言雜錄二十篇】

見《續修歷城縣志·藝文考》，注云："張延芳採訪。"

### ◆ 路永祥

永祥，歷城人。

【元音類編二卷】

見《續修歷城縣志·藝文考》，注云："採訪刻本。"

### ◆ 路雲錦

雲錦，歷城人。

【鵲華集】

《續修歷城縣志·藝文考》云："採訪。卷未詳。"

### ◆ 孫繼寶

繼寶，號載道人，歷城人。

【浴鵠齋詩稿一卷文稿一卷】

現存：稿本，雲南圖書館藏，《中南、西南地區省市圖書館館藏古籍稿本提要》、《清人別集總目》、《清人詩文集總目提要》著錄。

### ◆ 趙大振

大振，歷城人。

【琴譜一卷】

見《續修歷城縣志·藝文考》及本傳。

### ◆ 趙孚菴

孚菴，歷城人。

【趙氏家訓】

現存：影印本，見《青島市圖書館藏線裝書目錄初稿》、《青島市圖書館藏明清兩代山東人著作簡目》。

### ◆ 祖承業

承業，歷城人。

【祖氏醫案四卷】

濟南張韻皋校錄。現存：清鈔本，張亦軒藏，《山東文獻書目》著錄。

### ◆ 王生周

生周，章丘人。《濟南府志》卷六十一有傳。

【脈訣珠囊】

道光《章邱縣志·藝文》、《濟南府志·經籍》、《山東通志·藝文》（子部醫家類）。《濟南府志·方伎傳》作《脈訣珠囊集》，本傳云："業岐黃，與翟玉華齊名。"

【醫案】

見《中國分省醫籍考》。

### ◆ 張　雨

雨字子禹，章丘人，綖之女，居南皮。

【萍蹤小草一卷】【楚遊草一卷】

見《歷代婦女著作考》。

### ◆ 王方讓

方讓字襄言，號遺逸子，鄒平人。

【三字鑑二十四卷】

見《鄒平縣志·藝文攷》（民國三年續纂）、《山東通志·藝文》（史部史評類）。

### ◆ 徐丹亭

丹亭字次霄，鄒平人。監生。

## 【四書正韻檢書】

見《鄒平縣志・藝文攷》（民國三年續纂）。《山東通志・藝文》（經部四書類）云二冊。

### ◆ 李英傑

英傑，淄川人。

## 【續修淄川李氏家譜一卷】

現存：稿本，山東省圖書館藏，《山東文獻書目》著錄。

### ◆ 王竹筠

竹筠，淄川人。

## 【竹筠輯稿一卷】

現存：稿本（民國譚景文跋），山東省圖書館藏（題名自擬），《山東文獻書目》著錄。

### ◆ 畢芸堂

芸堂，淄川人。

## 【芸堂致畢道遠信札一卷】

現存：原札本（十五開），山東省圖書館藏。

### ◆ 畢盛鑑

盛鑑，淄川人。

## 【淄川畢氏古屏記一卷】

現存：清鈔本，山東省博物館藏，《中國古籍善本書目》、《山東省博物館藏明清民國山左學者著述知見錄》著錄。

### ◆ 王如英、王懷琪

如英、懷琪，淄川人。

## 【王氏一家言二十八卷】

王如英、王懷琪等輯。現存：民國七年順和堂石印局石印本，青島市圖書館藏；《山東文獻集成》影印。卷一寧波公（王崇義），卷二苑卿公（王君賞），卷三海州公（王載揚），卷四理丞公（王曉），卷五長史公（王晫），卷六前崖公（王巽），卷七玄圃公

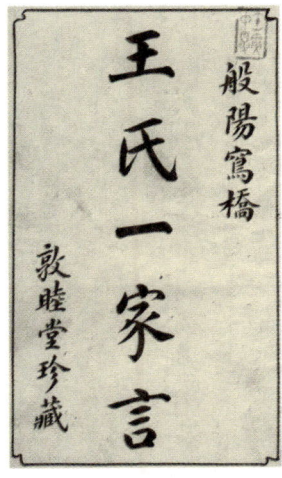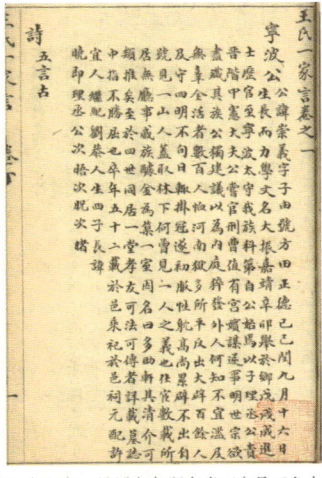

《王氏一家言》二十八卷　民國七年順和堂石印局石印本

（王晉），卷八蘆花公（王三近），卷九至十二大司農公（王鼇永），卷十三錦亭公（王瑞永），卷十四至十七銀臺公（王樛），卷十八易安公（王敏入），卷十九鷺溪公（王磚），卷二十閣學公（王敷政），卷二十一法婁公（王居正），卷二十二如水公（王觀正），卷二十三猗亭公（王勘），卷二十四它山公（王士楨），卷二十五遺詩公（王孺健），卷二十六抱璞公（王譔），卷二十八小山公（王相符），卷二十九夢白公（王紹德）。其各卷卷端但題某某公，於卷末稱"某某公集終"。

### ◆ 孫玉驄

玉驄字篤庵，淄川人。

其詩文集未見著錄。《三續淄川縣志・藝文》載其《王子新昆仲益園招飲 園在窯頭》詩一首。

### ◆ 安文昇

文昇字從斯，長山人。諸生。《長山縣志》卷八有傳。

## 【松濤文集】【評史百詠】【南遊紀勝集】

見《長山縣志》本傳、《山東通志・藝文》（集部別集類）。

### ◆ 王銓賢

銓賢字校先，新城人。歲貢生。授高密縣訓導。《重修新城縣志》卷十八有傳。

## 【四書參錄講義】

見《濟南府志·經籍》、《山東通志·藝文》（經部四書類）、《重修新城縣志·藝文》。《重修新城縣志》本傳云："著有《四書參錄》，歿後散佚，僅存《中庸》一卷。"

## ◆ 王　垣

垣，新城人。

## 【大槐王氏家譜語略一卷】

現存：清鈔本，天津圖書館藏，《中國家譜總目》著錄。

## ◆ 呂　珽

珽字秋帆，號悔菴，新城人。廩貢生。《重修新城縣志》卷十八有傳。

## 【參註周易經上經一卷】

見《重修新城縣志》本傳。

## 【四書翼註三十卷】

見《重修新城縣志·藝文》，注云："據本書。"本傳云："有《批正四書翼註論文》三十卷。"

## ◆ 萬景陶

景陶，新城人。

## 【硯田雜錄】

《重修新城縣志·藝文》據張象津《新城後志稿》著錄。

## ◆ 畢大文

大文字燦東，號樸園，新城人。增生。《重修新城縣志》卷十八有傳。

## 【樸園詩稿】

見《重修新城縣志》本傳。

## 【論詩四則】

見《重修新城縣志》本傳。

## ◆ 畢翰先

翰先，新城人。

## 【菉漪山房詩稿】

《重修新城縣志·藝文》著錄傅宸《清槐堂集唐百咏》菉漪山房抄本，後附按語云："菉漪山房藏本已佚十二首，畢學博翰先爲之補訂，並疊和至四百首。雖不盡集唐，而妙合自然，無一複句。青勝於藍，殆非過譽。學博善詩能文，著有《菉漪山房詩稿》待梓。"

## ◆ 史載筆

載筆字硯田，新城人。庠生。《重修新城縣志》卷十八有傳。

## 【淡雲山房稿】

見《重修新城縣志·藝文》，本傳作《淡雲山房詩稿》。

## ◆ 王茂峻

茂峻字超峯，新城人。諸生。《重修新城縣志》卷十八有傳。

## 【愚古齋詩集】

見《重修新城縣志·藝文》及本傳。本傳云："家貧好書，嘗質衣買之。工詩賦，古學爲一邑冠。著《愚古齋詩集》待梓。"

## ◆ 耿永思

永思，新城人。

## 【勿藥有喜編】

《重修新城縣志·藝文》據張象津《新城後志稿》著錄。

## ◆ 榮進階

進階，新城人。

## 【錦秋集】

《重修新城縣志·藝文》據張象津《新城後志稿》著錄。

### ◆ 田上瑞

上瑞，新城人。

【憨生集】

　　《重修新城縣志·藝文》據張象津《新城後志稿》著錄。

### ◆ 張孚敬

孚敬，新城人。

【鳴秋詩草】

　　《重修新城縣志·藝文》據張象津《新城後志稿》著錄。

【采芝山房詩話】

　　《重修新城縣志·藝文》據張象津《新城後志稿》著錄。

### ◆ 鄭士傑

士傑，新城人。

【冷居集】

　　《重修新城縣志·藝文》據抄本著錄。

### ◆ 王維浩

維浩，新城人。

【于茲山人詩文草】

　　見《重修新城縣志·藝文》。

### ◆ 張亦坡

亦坡，新城人。

【睡餘草】【吟蟲集】【睡仙夢記】

　　見《重修新城縣志·藝文》。

### ◆ 耿舉賢

舉賢，新城人。

【養素齋詩稿一卷】

　　現存：清鈔本（一冊），山東省圖書館藏。

### ◆ 張叔瑗

叔瑗，新城人。

【醫學示掌】【醫學指南】

　　《重修新城縣志·藝文》據張象津《新城後志稿》著錄。

### ◆ 張振祚

振祚，新城人。諸生。《重修新城縣志》卷十七有傳。

【脈理會心真解】

　　見《重修新城縣志·藝文》（據抄本）、《中國分省醫籍考》。

### ◆ 張嗣燦

嗣燦字英三，號星川，新城人。

【遺方】

　　見《中國分省醫籍考》。

### ◆ 黃元型

元型，新城人。《重修新城縣志》卷十八有傳。

【眼科要集】

　　見《中國分省醫籍考》。

### ◆ 王宸拊

宸拊，新城人。

【批解證治準繩】

　　見《中國分省醫籍考》。

### ◆ 王樹願

樹願，新城人。

【針灸揭要】

　　見《中國分省醫籍考》。

### ◆ 王毓璋

毓璋字湘琬，新城人。

【證治便覽十二卷】

見《中國分省醫籍考》。

#### ◆ 王允煥

允煥，新城人。

【外科輯要】

見《中國分省醫籍考》。

#### ◆ 齊克昌

克昌字駿發，新城人。諸生。《重修新城縣志》卷十六有傳。

【朱註詳說一卷】

見《重修新城縣志·藝文》，又本傳云："精天文、地理、壬遁、風角諸書，棄諸生，入欽天監，以漏刻科博士與修《協紀辨方》。布算精確，占次多奇中。累陞至監副。在監摺奏多秘，人不得聞。亦不令子孫習星卜事。年老退休。著有《朱註詳解》。"

#### ◆ 趙鶴翀

鶴翀字華亭，號畞青，齊河人。《濟南府志》卷五十六有傳。

【楚遊詩】

民國《齊河縣志》本傳云："遊安陸縣，過洞庭，歷武昌。有《楚遊詩》藏於家"。

#### ◆ 郭希莊

希莊字敬臨，齊東人。庠生。《齊東縣志》卷五有傳。

【醒睡軒詩草六卷】

見《齊東縣志》本傳。《縣志·著作》無卷數。

#### ◆ 徐鵬年

鵬年，齊河人。

【槐蔭堂詩草】

見民國《齊河縣志·撰述》。

#### ◆ 趙鴻憲

鴻憲，齊河人。

【靜齋詩集】

見民國《齊河縣志·撰述》。

#### ◆ 郝昂霄

昂霄，齊河人。

【古學錦囊】

見民國《齊河縣志·撰述》。

#### ◆ 趙明漢

明漢，齊河人。

【趙氏族譜】

民國《齊河縣志·藝文》（卷三十一）有閻廷獻《趙氏族譜序》。

#### ◆ 邵晉蕃

晉蕃，齊河人。

其文集未見著錄。《齊河縣志》卷三十一載其《趙步雲先生八秩壽序》，卷三十二載其《孫華堂先生家傳》。

#### ◆ 馬象乾

象乾，齊河人。

其詩文集未見著錄。《齊河縣志》卷三十二載其《家祠枯樹復榮記》文一篇。

#### ◆ 徐少濂

少濂，齊河人。

其詩文集未見著錄。《齊河縣志》卷三十四載其《三元宮碑銘》一篇。

#### ◆ 宋維屏

維屏，齊東人。

【憨山吟集】

見民國《齊東縣志·著作》。

## ◆ 李含英

含英，齊東人。

【禹貢圖考】

見民國《齊東縣志·著作》。

## ◆ 艾依塘

依塘，濟陽人。庠生。民國《濟陽縣志》卷十一有傳。

【贊育真詮】

見民國《濟陽縣志·著述篇目》及本傳，本傳云："工楷書，精岐黃。著有《贊育真詮》一部。上函分甲乙丙丁戊己庚辛壬癸，十本。下函分子丑寅卯辰巳午未申酉戌亥，十二本。均係手抄，工整異常。頗爲名醫所賞識。"

## ◆ 丁紹誠

紹誠，濟陽人。武庠生。民國《濟陽縣志》卷十一有傳。

【素經釋義】【難經釋義】

見民國《濟陽縣志·著述篇目》。

## ◆ 孫毓祥

毓祥，濟陽人。

【周易註解管見】

見民國《濟陽縣志·著述篇目》。

## ◆ 何天民

天民，濟陽人。

【魯大整理意見】【新泰煤田概況】

見民國《濟陽縣志·著述篇目》。

## ◆ 王世勰

世勰，濟陽人。

【魯論指徑】【學庸尋徑】

見民國《濟陽縣志·著述篇目》。

## ◆ 艾紹全

紹全字海蘭，號小谷香，濟陽人。

【論語素註】

見民國《濟陽縣志·著述篇目》。

【艾氏譜系考四卷】【續艾氏譜例六卷】

見《誠正堂艾氏叢書續編·總目》。

【增補三字經一卷】

見《誠正堂艾氏叢書續編·總目》。

【谷香文集一卷補遺一卷】

現存：稿本，山東省博物館藏，《山東省博物館藏明清民國山左學者著述知見錄》著錄。凡議、贊、碑銘、書後、書序、書牘等文三十四篇，《補遺》十六篇。

【谷香詩集二卷補遺二卷】

現存：稿本，山東省博物館藏，見《山東省博物館藏明清民國山左學者著述知見錄》。

【谷香公牘一卷補遺一卷】

現存：稿本，山東省博物館藏，見《山東省博物館藏明清民國山左學者著述知見錄》。凡《公牘》共三十九篇，《補遺》八篇。

【谷香祭文一卷】

現存：稿本，山東省博物館藏，見《山東省博物館藏明清民國山左學者著述知見錄》。凡三十七篇。

【誠正堂艾氏叢書十八種一百二十一卷】

艾紹全輯。現存：稿本，山東省博物館藏。分乾、坤、漸、師四集。乾、坤兩集分別爲紹全父母之作。乾集有艾紫東《尚書淺註》九卷、《毛詩說略》九卷、《學庸易解》二卷、《論說新編》二卷、《批點四書朱子本義彙參》四十七卷。坤集有徐桂馨所撰《切韻指南》四卷、《秋水閣天香詩集》四卷、《四書集注圈點旁訓襯解》二十一卷。漸集題《誠正堂艾氏叢書續編》，所收全係紹全之作，有《艾氏譜系考》四卷、《續艾氏譜例》六卷、《增補三字經》一卷、《谷香文集》一卷、《谷香公牘》一卷、《谷香詩集》一卷、《谷香祭文》一卷。師集題《誠正堂艾氏叢書三編》，收入艾元徵《退食槐聲留餘集》二卷《續刊》二卷、歷城朱宗默《未定草》四卷。叢書計一木匣十六函九十二本，由民國七年山東孔道支會呈送清史館閱看，閱畢發還。現藏於山東省博物館。

民國《濟陽縣志·著述篇目》作《艾氏叢書》。

#### ◆ 李鴻佐

鴻佐字輔宸，濟陽人。貢生。

其詩文集未見著錄。民國《濟陽縣志·藝文》載其《詠東孫耿鎮八景》詩。

#### ◆ 賈春霆

春霆字震卿，濟陽人。己酉拔貢。

其詩文集未見著錄。民國《濟陽縣志·藝文》載其《傷懷》詩一首。

#### ◆ 張文煒

文煒字彤軒，濟陽人。

**【張氏音辨六卷首一卷】**

現存：民國六年上海才記書棧石印本（蓬萊欒調甫跋），濟南陳明超藏；《山東文獻集成》影印。

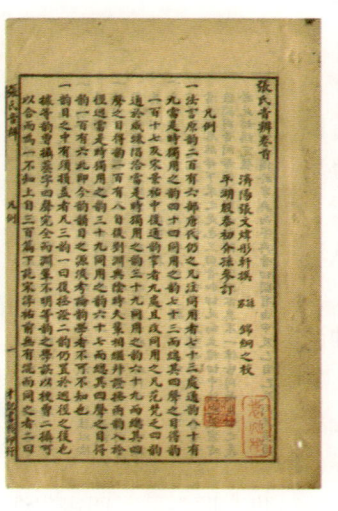

《張氏音辨》六卷首一卷　民國六年上海才記書棧石印本

#### ◆ 高慶陞

慶陞字級三，濟陽人。庠生。

其詩文集未見著錄。民國《濟陽縣志·藝文》載其《遊濟水有感》、《清明日偕許使君玉瓚登千佛山對飲自吟》詩。

#### ◆ 王永建

永建，濟陽人。

**【綱鑑集要】**

見民國《濟陽縣志·著述篇目》。

#### ◆ 丁玉泉

玉泉，濟陽人。

**【拓疆志四十二卷】**

是編有稿本，見《古書經眼錄》、《中國書店三十年所收善本書目》（撰者作丁玉全）；又有光緒七年鈔本（四十二冊），見《[中共中央黨校圖書館]館藏古籍善本書目》，撰者亦作丁玉全。

#### ◆ 謝松齡

松齡，號禹都逸叟，禹城人。

**【周易全部六卷】**（一名《易經權衡》）

現存：寫本，山東省圖書館藏，《易廬易學書目》著錄。

#### ◆ 程義廉

義廉，禹城人。

**【產科常識】【漢藥大觀】**

見《中國分省醫籍考》。

#### ◆ 梁汝鈺

汝鈺字無瑕，禹城人。

**【痘疹輯要三卷】**

見《中國分省醫籍考》。

#### ◆ 馮如升

如升字耀東，禹城人。

## 【四字脈訣歌】

見《中國分省醫籍考》。

### ◆ 王青田

青田字鶴溪，臨邑人。恩貢生。教授爲生，及門之士多所成就。《續修臨邑縣志》卷三有傳。

## 【雪鴻軒集稿】

《續修臨邑縣志》本傳云："樂陵呂海秋名擅詞壇，藉遊學爲名，出外訪友。偶與相逢，盤桓數十日，敲詩拈韻。其唱和之什，至今猶傳誦於時人耳目間。著有《雪鴻軒集稿》，藏於家。"

### ◆ 邢振道、邢文夢

振道、文夢，臨邑人。

## 【臨邑邢氏家乘十二卷】

邢振道編纂，邢文夢等重修。現存：清乾隆五十七年刻民國元年修補本，山東省圖書館藏，《山東文獻書目》、《中國家譜總目》著錄。

### ◆ 潘福壽

福壽字祝三，臨邑人。庠生。《續修臨邑縣志》卷三有傳。

## 【瘟疫傷寒論】

見《續修臨邑縣志》本傳。

### ◆ 史俊卿

俊卿，臨邑人。庠生。《續修臨邑縣志》卷三有傳。

## 【婦科彙方四卷】

見《續修臨邑縣志》本傳。

### ◆ 閻登瀛

登瀛，長清人。貢生。

## 【宣講實錄】

民國《長清縣志·邑人著述》載是書，及《自序》略云："《宣講實錄》，實錄宣講小史，凡關於政體之改革、時局之變遷、人心之向背、開化之遲速，不無實錄。價值事貴，徵實重事，不重詩也。原實錄緣起光緒三十四年春，奉提學司羅委派充三鎮宣講員，當蒙面諭，務作宣講日記，以備存查，藉觇進化階級。昔思純以韻語作記，饒有興昧，如能以平易淺顯之詩記錄事實，尤屬雅人韻事。況以詩載事，非以事傳詩，比事屬詞，信而有徵，工拙不必計也。余承囑供職三載，舉凡宣講所詠，計八百餘首，分申、酉、戌三集，概名曰《宣講實錄》。後之閱者，勿以詩之不工而併沒其實，是予之厚望也夫。"

民國《長清縣志》卷二《地輿志·邑景》載其《古塔擎空》、《金牛牧笛》、《石麟筆峯》、《風鳴異松》、《雷山孤亭》詩五首，卷十四載其《鄭節婦傳》一篇。

### ◆ 閻登雲

登雲字叔龍，長清人。廩貢生。

## 【遣懷吟草】

見民國《長清縣志·邑人著述》。

### ◆ 王榮吉

榮吉字斌甫，別號雙槳，長清人。民國《長清縣志》卷十三有傳。

## 【雙槳詩話】

見民國《長清縣志》本傳。

### ◆ 傅翰章

翰章字墨卿，長清人。廩生。民國《長清縣志》卷十三有傳。

## 【讀易要言】

見民國《長清縣志》本傳。《縣志·邑人著述》作傅翰彰。

## 【理學錄】

見民國《長清縣志》本傳。《縣志·邑人著述》作傅翰彰。

## 【歷代名臣卓行文集】

見民國《長清縣志》本傳。《縣志·邑人著述》作傅翰彰。

### ◆ 鄭東甲

東甲，長清人。庠生。

【五經釋義】

見民國《長清縣志·邑人著述》。

【四子書詳解】

見民國《長清縣志·邑人著述》。

### ◆ 艾象恒

象恒號冀山，長清人。樂善好施。民國《長清縣志》卷十三有傳。

【二十四孝新編】【二十四節新編】【二十四義新編】

見民國《長清縣志》本傳。

【寶善說略】【普渡船】【指南車】

見民國《長清縣志》本傳。

【惜字律】

見民國《長清縣志》本傳。傳稱其篤惜字紙，著《惜字律》，梓行於世。

### ◆ 石廷溥

廷溥，長清人。

【石氏世譜十卷】

現存：清宣統二年敦睦堂刻本，中國科學院圖書館藏，《中國家譜總目》、《中國家譜綜錄》著錄。

### ◆ 艾毓英

毓英，長清人。

【苜蓿齋詩草】【怡怡齋詩律】【松蘿軒雜詠】

見民國《長清縣志·邑人著述》。

### ◆ 馮培英

培英字育卿，長清人。廩生。

其詩文集未見著錄。民國《長清縣志》卷一《地輿志·津梁》載其《創修普濟橋碑文》。

【儒醫說】

見民國《長清縣志·邑人著述》。

【振興尚武精神說】

民國《長清縣志·邑人著述》著錄，並載廩生孫壽祺《序》。

【詳註分韻巧裁四書對聯】

民國《長清縣志·邑人著述》著錄，並載民國十七年自撰《序》云："科舉時代，國家取士以《四書》命題，故凡名公鉅卿，髫齡求學，莫不先讀《四書》，以植進身之基礎。至清末葉，倡辦學堂，而科舉停矣。民國肇造，注重科學，而經學廢矣。既廢經學，又禁私塾，遂將《四書》之至理名言，等諸自檜以下。近見老師宿儒充要路秘書者，或輓殉國烈士，或祝當代名流，每集《四書》成語，撰爲對聯，登諸報章，膾炙人口。則聖賢之言，歷萬古而常新，即此可見一斑。覯此佳聯，不禁於心有戚戚焉。爰取《四書》，不厭百讀，裁集若干聯，訂置案頭，以爲溫故知新之助。適有友人過訪，攜回詳閱。謬蒙許可，勸付手民，以公同好。若堅持初心，必貽惇惇自好之誚。然猶恐十餘年來，《四書》之不講已久；繼起之莘莘學子，閱之而未悉出處。遂於各聯以下，詳附註解。庶聖賢之微言奧旨，閱集聯而僅得其半者，再讀附註而可得其全矣。"

### ◆ 李行芳

行芳，長清人。

【鍼灸摘要六十二證】【醫學補遺】

見《濟南府志·經籍》、《山東通志·藝文》（子部醫家類）。

### ◆ 王化新

化新字鼎甫，長清人。郡廩生。鴻臚寺序班。

【大夢樓文集二卷】【筱香文集一卷】

見民國《長清縣志·藝文·邑人著述》。

《縣志·藝文·雜文》載其《戒酒論》、《戒貪論》、《戒奢論》文三篇。

**【大夢樓尺牘一卷】**

見民國《長清縣志·藝文·邑人著述》。

**【燕山吟草一卷】【三晉吟草一卷】**

見民國《長清縣志·藝文·邑人著述》。

**【奇緣補天六卷】**

民國《長清縣志·藝文·邑人著述》載是書，及《自序》云："予性戇武，不能讀史，而心甚好之，是以南轅北轍，未嘗釋卷。然匆匆讀之，亦匆匆忘之，雖讀猶不讀也。自壬子滄桑變遷，息影家居，始得取全史次而讀之。見其中懿訓嘉言，目弗暇給；清詞麗句，美不勝收。爰摘其語之尤新艷者，組以己意，演爲《奇緣補天》一書。此書共三十回，分爲六卷。凡採錄成語，俱用套圈標出，不敢掠人之美，亦所以醒眉目也。"

◆ **于　崙**

崙字奠中，長清人。增生。民國《長清縣志》卷十三有傳。

**【警心錄】**

見民國《長清縣志·邑人著述》及本傳。

◆ **張華堂**

華堂字子芳，長清人。廩貢生。候選訓導。民國《長清縣志》卷十二有傳。

**【規勸語錄】**

見民國《長清縣志·邑人著述》。《縣志》本傳云，已付梓。

**【芹桂齋改課】【芹桂齋詩存】**

民國《長清縣志》本傳云有二編付梓。

◆ **李玉藻**

玉藻，長清人。歲貢生。候選訓導。

其詩文集未見著錄。民國《長清縣志》卷十載其《夏禹甸觀音堂碑文》，卷十五載其《帽山誕語》等文。

◆ **徐聖鄰**

聖鄰，長清人。庠生。

其詩文集未見著錄。民國《長清縣志·藝文》載其《永平懷古》、《詠橫翠樓》、《詠臨漪亭》、《除夕寓灤州署詠》、《言志》等詩；又卷一《地輿志·山》載其詠莪眉山內四景（《仙閣遠眺》、《跂泉清歌》、《幽洞消夏》、《古柏參天》）、外八景（《筆架烟雨》、《墨池雲樹》、《柳隄春色》、《松林霽雪》、《孝里麥黃》、《古塚蒼葭》、《濟水晴帆》、《埠燈晚照》）詩十二首。

◆ **曹駿榮**

駿榮，長清人。庠生。

其詩文集未見著錄。民國《長清縣志》卷一《地輿志·山》載其詠莪眉山詩（《筆架烟雨》、《埠燈晚照》）二首。

◆ **李慶豐**

慶豐，長清人。候選訓導。

其詩文集未見著錄。民國《長清縣志》卷一《地輿志·山》載其《莪眉山文昌社放生碑記》一篇。

◆ **盧治己**

治己，長清人。庠生。

其詩文集未見著錄。民國《長清縣志》卷末《靈巖志畧》載其《遊靈巖寺過寶光禪院》詩一首。

◆ **蕭宗殷**

宗殷，長清人。廩生。

其詩文集未見著錄。民國《長清縣志》卷一《地輿志·津梁》載其《通便橋碑文》一篇。

◆ **孫法魁**

法魁，長清人。廩生。

其詩文集未見著錄。民國《長清縣志》卷二《地輿志·邑景》載其《長堤繞郭》、《古塔擎空》、《金牛牧笛》、《石麟筆峯》、《藤纏古槐》、《雷山孤亭》詩六首。

◆ **張坤澤**

坤澤，長清人。

其詩文集未見著錄。民國《長清縣志》卷二《地輿志·邑景》載其《長堤繞郭》、《石麟筆峯》、《藤纏古槐》、《風鳴異松》、《通衢名泉》、《雷山孤亭》詩六首。

### ◆ 邢化成

化成字次平，長清人。廩貢生。民國《長清縣志》卷十三有傳。

其詩文集未見著錄。民國《長清縣志》卷九載其《重修長清文廟記》，卷十三載其《杜瀛橋先生七秩晉二壽序》等文。

### ◆ 趙福廣

福廣，長清人。庠生。

其詩文集未見著錄。民國《長清縣志》卷九《祠祀志·文廟》載其《重修襃忠祠碑記》一篇。

### ◆ 劉芳久

芳久，長清人。庠生。

其詩文集未見著錄。民國《長清縣志》卷九《祠祀志·例祭各壇廟》載其《重修城隍廟碑》一篇。

### ◆ 杜　笏

笏，長清人。

其詩文集未見著錄。民國《長清縣志》卷十三唐延曾傳下附載其《唐公方魯墓表》一篇。

### ◆ 宋鳴鷺

鳴鷺字皋卿，諸生。科試停，入優級師範畢業，調京覆試，列優等，由學部奏請，將給舉人七品小京官，籤分郵傳部。國體變更，回籍，充本縣學校校長，曲阜師範學校教員。事見民國《長清縣志》卷十三宋爾慶附傳。

其詩文集未見著錄。民國《長清縣志》卷十三譚申忠傳下附錄其《譚先生幹臣七秩晉八壽序》一篇。

### ◆ 閻熙春

熙春，長清人。

**【縈蒲消間錄】【續貂瑣記】**

見民國《長清縣志·邑人著述》。

**【讀史質疑錄】**

見民國《長清縣志·邑人著述》。

**【通俗講演稿】**

見民國《長清縣志·邑人著述》。

**【開化小說】**

見民國《長清縣志·邑人著述》。

**【古廬歸餘草】**

見民國《長清縣志·邑人著述》。

民國《縣志》卷十四載其《王節婦傳》文一篇。

### ◆ 馮有名

有名字貫一，陵縣人。

**【經驗奇方】**

見《中國分省醫籍考》。

### ◆ 郭景山

景山，陵縣人。

其詩文集未見著錄。民國《陵縣志》卷四載其《勸學所遷魯公祠記》、《三泉書院改建學校記》。

### ◆ 馬咸羽

咸羽，德州人。

**【馬咸羽會試硃卷】**

現存：清刻本，山東省博物館藏，《山東文獻書目》著錄。

### ◆ 謝紫芝

紫芝字商隱，號松泉，小字五郎，又曰白駒，德州人，重輝孫。貢生。候選州同。

**【春草堂詩稿】**

見《德縣志·邑人著作》。

《德縣志》卷十六載其《自香林莊赴村》詩一首。

### ◆ 封希伊

希伊，德州人。

## 【來復堂集】

見《德縣志·邑人著作》。

《德縣志》卷十六載其《蚊》詩一首，作封希尹。

### ◆ 金 震

震，德州人。

## 【槐蔭山房詩集】

見《德縣志·邑人著作》。

### ◆ 李海文

海文，德州人。

## 【遊斟隨筆】

見《德縣志·邑人著作》。

## 【懷雲憶雨集】

見《德縣志·邑人著作》。

### ◆ 李日謙

日謙字葆初，德州人。

## 【藥言隨筆四卷】

見《德縣志·邑人著作》，無卷數；本傳作四卷。現存：①清光緒二十五年北京岳梁刻本（四卷），中國醫學科學院圖書館等藏。②清光緒二十八年刻本（四卷），中國醫學科學院圖書館藏。③漢口陳明德老二房善書局刻本（六卷），湖北省圖書館藏。以上各本，《中醫圖書聯合目錄》、《中國醫籍通考》著錄。

### ◆ 李 銑

銑，德州人。

## 【南遊草】

見《德縣志·邑人著作》。

### ◆ 盧鳳翽

鳳翽字雲軒，德州人，世濚後裔。

## 【雲軒遺詩】

見《德縣志·邑人著作》、《山東通志·藝文》。

《德縣志》卷十六載其《述祖德 用先德水侍御贈程正夫原韻》詩四首。

### ◆ 盧中倫

中倫字仲言，德州人，鳳翽從弟。

## 【紅豆山房印譜】

見《德縣志·邑人著作》。

## 【春草堂詩】

見《德縣志·邑人著作》。

《德縣志》卷十六載其《里門感舊》、《和吳師陶詠廻龍壩》、《董子讀書臺》、《長青園重建杜亭奉祀侍御德水公及子春公位如祀杜老之禮焉》、《題趙埔閨秀五十三參繡佛冊用蘭女韻》（二首）等詩八首。

## 【紅豆山房詩稿】

見《德縣志》本傳。

### ◆ 盧 蘭

蘭，德州人，中倫女。

《德縣志》卷十六載盧中倫《題趙埔閨秀五十三參繡佛冊用蘭女韻》詩二首，詩後附按云："中倫次女名蘭，工詩。"

### ◆ 蕭 欽

欽，德州人。貢生。官光祿寺典簿。

## 【暫存草】

見《德縣志·邑人著作》。

### ◆ 許邁千

邁千名未詳，德州人。

## 【地理摘要】

《德縣志·藝文》載董瑤林《地理摘要序》略云："就生平體用有心得者，一一摘出，間附論斷，共若干卷。"

### ◆ 于 桐

桐字安巢，號敬亭，德州人。廩貢生。官大理寺右丞。

**【挹翠山房遺稿】**

見《德縣志》本傳。《德縣志・邑人著作》無"遺稿"二字。

《德縣志》卷十六載其《春暮村居．蕭練江以詩見寄．賦此奉答》、《書齋即事呈初禪先生》、《北郭》詩三首。

◆ **于紹先**

紹先，德州人。

其詩文集未見著錄。《德縣志》卷十六載其《蒲扇》等詩四首。

◆ **趙秀嶺**

秀嶺，德州人。

其詩文集未見著錄。《德縣志》卷十六載其《顏魯公祠題壁》、《東方大中祠題壁》詩二首。

◆ **田 致**

致，德州人。

其詩文集未見著錄。《德縣志》卷十六載其《陵州四時詞》詩四首。

◆ **宋良貴**

良貴，德州人。

其詩文集未見著錄。《德縣志》卷十六載其《餞春詞》、《尋濯錦園故址》詩二首。

◆ **陳 墊**

墊，德州人。

其詩文集未見著錄。《德縣志》卷十六載其《擬孟東野遊子吟》詩一首。

◆ **李 椿**

椿字壽山，德州人。

其詩文集未見著錄。《德縣志》卷十六載其《懷顏善人》詩四首。

◆ **呂鼎元**

鼎元，德州人。

其詩文集未見著錄。《德縣志》卷十六載其《和李壽山懷顏善人》詩四首。

◆ **王 澧**

澧，德州人。

其詩文集未見著錄。《德縣志》卷十六載其《偶成》詩一首。

◆ **陳 濤**

濤，德州人。

其詩文集未見著錄。《德縣志》卷十六載其《登岳陽樓》詩一首。

◆ **田 斁**

斁，德州人。

其詩文集未見著錄。《德縣志》卷十六載其《懷鄉先賢五古》（《李大令有基》、《馬兵部洪慶》、《呂別駕青雲》、《魏廣文壽彤》）詩四首。

◆ **郭重熙**

重熙，德平人。

**【春秋國事便覽三卷】**

《德平縣續志・著作》有是編，云：分天、地、人三卷，未梓。

**【姓氏原來二卷】**

《德平縣續志・著作》有是編，云未梓。

◆ **孫清峯**

清峯字廉泉，德平人。嗜讀工書，教授諸生。《德平縣續志》卷六有傳。

**【振聾集】**

見《德平縣續志》本傳，云已失傳。

◆ **董錫典**

錫典字酉山，平原人。

**【小隱園詩集未定草一卷】**

現存：鈔本，青島市圖書館藏，《清人別集總目》、

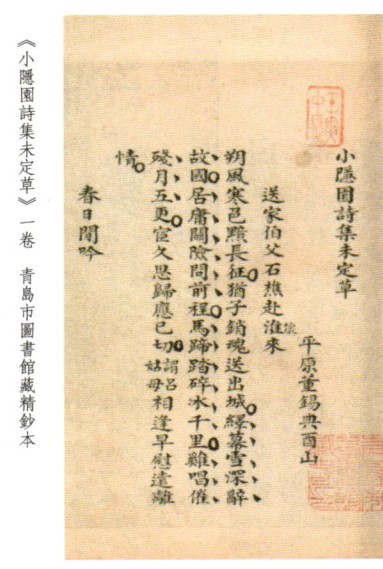

《小隱園詩集未定草》一卷 青島市圖書館藏精鈔本

《清人詩文集總目提要》著錄。

### ◆ 張 朴

朴字茂生，號純甫，德平人。諸生。《濟南府志》卷五十六、《德平縣志》卷七有傳。

【經史摘要】

見《德平縣志》本傳、《德平縣續志·藝文》。

### ◆ 吳 端

端字定元，平原人。

【古今印選】

見《印譜知見傳本書目》。

### ◆ 邵肯堂

肯堂字樞五，平原人。諸生。《續修平原縣志》卷十有傳。

【脈理辨證】

見《續修平原縣志》本傳，云：藏之家笥，未梓行。

【醫學鈞元】

見《續修平原縣志》本傳，云：藏之家笥，未梓行。《縣志·藝文》作《醫要鈞元》。

### ◆ 范鳳岐

鳳岐字瑞西，平原人。

【醫案】

見《中國分省醫籍考》。

### ◆ 裴秀亭

秀亭，平原人。

其詩文集未見著錄。《續修平原縣志》卷十一載其《重修平原城碑記》一篇。

### ◆ 李新齋

新齋，平原人。

其詩文集未見著錄。《續修平原縣志》卷十一載其《縣長曹公夢九德政碑》、《曹公井碑記》文二篇。

### ◆ 任曰清

曰清，平原人。

其詩文集未見著錄。《續修平原縣志》卷十一載其《酌定課程助修廟工碑記》一篇。

### ◆ 顏振興

振興，平原人。

其詩文集未見著錄。《續修平原縣志》卷十一載其《李公華堂義結碑記》一篇。

### ◆ 趙運章

運章，平原人。

其詩文集未見著錄。《續修平原縣志》卷十一載其《侯相武字紹周墓碑記》一篇。

### ◆ 司 荔

荔字挺之，平原人。諸生。除教授生徒外，日以養花爲事。晚年最愛菊，時人謂之菊仙。《續修平原縣志》卷十有傳。

【停雲館詩集】

見《續修平原縣志》本傳。

《續修平原縣志》卷十一載其《藤蘿》、《齋居》等詩六首。

### ◆ 孟廣溪

廣溪字渠川，商河人。庠生。

**【學庸直講合參】**

《重修商河縣志》本傳云："精岐黃術，當時醫生無出其右者。中年舍醫求學，博通經史，人皆稱爲書癡。著有《學庸直講合參》，閱其書者無不拍案稱奇。"

### ◆ 王國對

國對字揚休，商河人。

**【家乘】**

《重修商河縣志》本傳云："創修《家乘》，仿歐、蘇體例，後世傳以爲法。迄今累世書香，邑中稱望族焉。"

### ◆ 韓厥初

厥初字乾一，商河人。太學生。

**【脈理正宗】【醫方精選】**

見《重修商河縣志·耆德傳》。

### ◆ 王　鎔

鎔字鵬程，商河人。歲貢生。

**【鵬程草】**

《重修商河縣志》本傳云："設帳德平，所授生徒文藝，皆是自著，目爲《鵬程草》。"

### ◆ 馬奠盤

奠盤，商河人。歲貢生。

其文集未見著錄。《重修商河縣志·藝文》載其《旌表節孝例封孺人程老世嫂楊孺人七秩榮慶序》。

### ◆ 王注東

注東字灃源，商河人。歲貢生。

其文集未見著錄。《重修商河縣志·藝文》載其《單孺人程母七秩榮壽序》。

### ◆ 曹鴻業

鴻業字劭七，商河人。

其文集未見著錄。《重修商河縣志·藝文》載其《王公次徵行誼傳》一篇。

### ◆ 王底績

底績字筱微，商河人。官豐縣知縣。

其文集未見著錄。《重修商河縣志·藝文》載其《竹齋程老封翁誄文》一篇。

### ◆ 劉在北

在北字洪波，商河人。庠生。

其詩集未見著錄。《重修商河縣志·藝文》載其《長堤凝翠》詩一首。

### ◆ 張儒珍

儒珍，商河人。庠生。

其詩集未見著錄。《重修商河縣志·藝文》載其《過篤馬河》詩一首。

### ◆ 王仙嶠

仙嶠字銳鋒，商河人。附貢生。

其文集未見著錄。民國《重修商河縣志·藝文》載其《崇師碑記》一篇。

### ◆ 馬忠藩

忠藩字藎卿，商河人。廩生。

其文集未見著錄。《重修商河縣志·藝文》載其《馬氏始祖碑陰記》、《商河西關臥龍橋碑記》文二篇。

### ◆ 馬清泗

清泗，商河人。歲貢生。

其文集未見著錄。《重修商河縣志·藝文》載其《顯廷王太老姻伯八秩榮壽序》一篇。

### ◆ 路程誨

程誨字雪堂，商河人。廩生。

其詩文集未見著錄。《重修商河縣志·藝文》載其《重修外城碑記》、《廣糧李家源流考》、《陸軍第十八混成旅第二團團長秀山范公誄文 并序》等文，《餞別溫縣長聖涵南旋》（二首）、《隱居》、《上元竹枝詞十首 並序》等詩。

#### ◆ 王丕藩

丕藩，商河人。歲貢生。

其文集未見著錄。《重修商河縣志 · 藝文》載其《清鄉飲介賓祥雲季公墓誌銘》一篇。

#### ◆ 翟華琳

華琳，商河人。歲貢生。

其文集未見著錄。《重修商河縣志 · 藝文》載其《宗詩王公墓表》一篇。

#### ◆ 楊秀春

秀春字夢塘，商河人。庠生。

其文集未見著錄。《重修商河縣志 · 藝文》載其《錦堂劉公墓表》、《清鄉飲介賓凌煙婁公墓表》、《清例授修職郎附貢生筱艇婁君墓表》等文。

#### ◆ 李子全

子全，商河人。

**【山東省垣名勝記】**

見《重修商河縣志 · 藝文》。

#### ◆ 郭連科

連科字陞三，又字星珊，商河人。廩貢生。候選訓導。

**【科場餘談】**

見《重修商河縣志 · 藝文》及本傳。

#### ◆ 附　錄

**【平原拳匪紀事一卷】**

蔣楷撰。現存：清光緒二十七年排印本，清華大學圖書館、北京大學圖書館、上海圖書館等藏，《東北地區古籍綫裝書聯合目錄》著錄。楷字則先，湖北荊門拔貢，光緒二十五年署平原知縣。

**【淄川靖逆記四卷】**

張錫綸撰。錫綸字念黻，直隸安肅人，同治二年任淄川知縣。《三續淄川縣志 · 秩官》云：“隨同忠親王克復縣城，安撫居民，彈壓兵勇，恩威並著。查

辦善後，務從寬政，全活甚多。”是編現存：①清同治四年即山園清稿本，見《中央研究院歷史語言研究所善本書目》。②鈔本，美國國會圖書館藏，見《中國善本書提要》。

《續修四庫全書總目提要（稿本）》云：“先是縣文生劉得佩因鬧漕獲罪繫獄，當充軍。會解省覆勘，中途脫逃，入臨淄縣偽團，為偽軍師。官緝之急，乃潛匿司冠平家，私立義和團。欲於博山縣設局，博令與庠生陳知本拒之，遂移於萊蕪、博山界，與沂、兗教棍各匪相勾結。同治壬戌，淄人索賄於當商不遂，潛引得佩入，商懼，予賄使之去。得佩以賄少不許，布其黨踞四門，以書院為練局，日益跋扈。淄人控於府，署守統兵莅淄按其事，得佩泣稱為仇所誣，實欲辦團，殺賊報國家。署守信之，事得解。得佩愈橫，旋遣其黨往殺知本及其子，報前隙。博令及游擊禦之失利，得佩遂據博城叛，僭偽號，自稱大漢德主。初，城中賊不過七百，後勾結沂匪馬步二千餘，並結南匪二萬餘，擾淄境，牽掣我師。是編具載科爾沁博多勒噶台親王僧格林沁開挖長壕勒平逆匪情形，及錫齡辦理善後諸事，並祭僧親王文。惟附離任時士民送行諸詩，乃併紳耆頌德函件一併載入，殊嫌其贅云。”

**【淄博平亂記一卷】**

不著撰者。現存：鈔本（蓬萊欒調甫跋），山東省博物館藏；《山東文獻集成》影印。是編記縣文生劉德佩建立義和團並聯結捻軍起事，科爾沁博多勒噶台親王僧格林沁等率兵鎮剿，以及錫綸辦理善後事宜等情形。

**【溧花齋雜錄不分卷】**

不著撰者。現存：清同治間鈔本（一冊），山東省圖書館藏，《山東文獻書目》著錄。記淄川太平天國捻軍史料。

**【汪氏宗譜不分卷】**

新城汪氏纂修。現存：清光緒間承恩堂木活字印本（存二冊），上海圖書館藏，《中國家譜綜錄》著錄。

**【張氏家譜不分卷】**

歷城張氏修。現存：清光緒三十年刻本，濟南市圖書館藏。

## 【孟子世家流寓濟南府齊河支譜】

佚名編。有清咸豐九年印本。

## 【淄川高氏家傳不分卷】

佚名撰。現存：舊鈔本（一冊），見《青島市圖書館古籍書目》。

## 【王氏族譜】

纂者不詳。見《重修商河縣志・藝文》載王依仁《五次重修族譜序》。

## 【劉氏家乘】

纂者不詳。見《重修商河縣志・藝文》載王依仁《劉氏家乘序》。按序，劉氏原籍青州樂安，明季徙居商河。

## 【石氏譜序】

商河石氏合族修。見《重修商河縣志・藝文》載王依仁《石氏譜序》。

## 【路氏族譜】

撰者不詳。見《重修商河縣志・藝文》載路雲衢《路氏族譜序》。蓋由原籍北直隸棗強縣，輾轉遷至商河者。

## 【在濼筆記一卷】

婁縣張祥河撰。現存：稿本，山東省圖書館藏，《中國古籍善本書目》、《山東文獻書目》著錄。

## 【德州志略一卷】

錢祝祺纂修。祝祺，江蘇寶應人，光緒二十二年任德州知州。是志無序跋。卷一官師志，卷二選舉志，卷三學校志，卷四人物志。現存：①稿本，中國國家圖書館藏。②清鈔本，山東省博物館藏。

## 【德州鄉土志不分卷】

不著撰者。現存：鈔本，中國國家圖書館藏；《中國方志叢書》影印（與國圖本略有不同）。分歷史、政績錄、兵事錄、耆舊錄、人類、戶口、氏族、宗教、實業、地理、道路、物產、商務等目。

## 【德平縣鄉土志一卷】

不著撰者。現存：清光緒末鈔本，山東省博物館藏，《山東省地方志聯合目錄》著錄。分歷史、政績錄、兵事錄、耆舊錄、人類、戶口、氏族、宗教、實業、地理、山、水、道路、物產、商務十五目。記事至光緒二十五年。

## 【長山縣鄉土志二卷】

劉維翰編。現存：清光緒三十三年鈔本，北京大學圖書館藏。

## 【新城縣後志不分卷】

不著撰者。纂修於宣統年間。記事上接康熙三十二年，止於光緒三十四年。現存：清鈔本（六冊），山東省圖書館藏。第一冊內分卷一方域志，卷二建置志，卷三食貨志，卷四典禮志，卷五官師志，卷六選舉志，卷七恩卹志；第二冊分宦績、武功、善行、忠義；第三冊分孝友、文苑、隱逸、壽耆、壽婦、仙釋、方伎；第四冊節婦；第五冊藝文；第六冊分藝文、災祥、叢談、書目。

## 【長清縣志十六卷首四卷末二卷】

舒化民修，徐德成纂。化民字自庵，江西靖安人，舉人，道光六年任長清知縣，九年離任，十三年再任。德成字靜園，江西奉新人，舉人。是志始修於道光十三年，十四年成稿後化民離任，十五年由繼任孫觀付梓行世。現存：①清道光十五年刻本，山東省圖書館、濟南市圖書館等藏；《中國方志叢書》、《中國地方志集成・山東府縣志輯》影印。②民國二十四年鉛印本，山東農業大學圖書館藏。前有徐德成、舒化民、孫觀《序》，舊志序跋，縣圖二十二幅。卷首爲恭紀志。正文分地輿志、職官志、食貨志、學校志、祠祀志、人物志、藝文志、雜事志八門，轄目七十。卷末爲《靈巖志略》二卷。後有孫觀《跋》。

## 【臨邑縣志十六卷首一卷末一卷】

沈淮纂修。淮，道光十二年任臨邑知縣。是志始於道光十六年，次年修成梓行。現存：清道光十七年刻本，山東省圖書館、山東大學圖書館等藏；《中國地方志集成・山東府縣志輯》影印。前有沈淮《序》及舊志《序》五篇，縣圖五幅。分地輿志、食貨志、學校志、祠祀志、職官志、選舉志、人物志、藝文志、金石志、雜事志十門，凡十六卷。卷末有邢志論贊及邢慈《後序》。大體參稽舊乘及《犁臺文獻錄》等鄉邦文獻，續補康熙以後縣事。

## 【新城縣鄉土志二卷】

不著撰者。是書纂修於光緒年間，現存：清鈔本，山東省博物館藏。前後無序跋，分新城建置年代、政績、兵事錄、耆舊錄、地理、山、水、橋、道路、堤堰閘、古迹、人類、戶口、宗教、實業等目。

## 【平原縣鄉土志輯稿二卷】

不著撰者。現存：清末鈔本（一冊），中國國家圖書館藏。是志無序跋，志目除部頒諸目外，另增孝義、循吏、輿地、星野、沿革、疆里、巡幸、城池、公署、汛防、橋梁、古蹟等。記事至乾隆十三年。

## 【濟南府志雜鈔不分卷】

佚名纂。現存：清鈔本，山東省圖書館藏。

## 【濟南名勝紀事雜詠一卷】

不著撰者。現存：清鈔本，山東省圖書館藏，《山東文獻書目》著錄。

## 【歷城縣志一卷】

不著撰者。現存：稿本（佚名跋），中共山東省委黨校圖書館藏；《山東文獻集成》影印。

## 【泰安府平陰縣憲綱冊一卷】

陳養源編。現存：清光緒二十七年鈔本，中國國家圖書館藏。養源，甘肅秦州進士，光緒二十七年署平陰知縣。

## 【濟南府齊河縣憲綱事宜清冊一卷】

佚名編。現存：清宣統鈔本，見《東京大學東洋文化研究所漢籍分類目錄》。

## 【德州賓興事宜一卷】

不著撰者。現存：清同治九年縣禮房刻本，山東省博物館藏。

## 【山東省濟南府章邱縣現行簡明賦役全書（光緒貳拾貳年分）一卷】

佚名編。現存：清光緒刻本，山東省圖書館藏；《山東文獻集成》影印。

## 【山東濟南府淄川縣現行簡明賦役全書（光緒拾貳年分）一卷】

不著撰者。現存：清光緒刻本，山東省圖書館藏；《山東文獻集成》影印。

## 【山東濟南府新城縣現行簡明賦役全書（光緒三十二年）一卷】

不著撰者。現存：清光緒刻本，中國科學院圖書館藏。

## 【長清縣賦役全書（光緒十二年）一卷】

不著撰者。現存：清光緒十二年刻本，山東省圖書館藏。

## 【山東濟南府長清縣現行簡明賦役全書（光緒貳拾貳年分）一卷】

不著撰者。現存：清光緒刻本，山東省博物館、山東省圖書館藏，《山東文獻書目》著錄；《山東文獻集成》影印。

## 【山東濟南府德平縣現行簡明賦役全書一卷】

不著撰者。現存：清光緒二年刻本，山東省博物館藏。

## 【德州賦役全書一卷】

不著撰者。現存：清咸豐六年刻本，山東省博物館藏。

## 【山東省德州鹽棧出入款項六柱清冊一卷】

山東全省清理財政局編。現存：清宣統二年朱絲欄鈔本（一冊），中國國家圖書館藏。

## 【淄川縣賦役全書（光緒二十二年）一卷】

佚名編。現存：清光緒二十二年刻本，山東省圖書館藏。

【山東濟南府齊東縣現行簡明賦役全書一卷】

不著撰者。現存：清光緒二十二年刻本，山東省博物館藏。

【山東濟南府臨邑縣現行簡明賦役全書（光緒叁拾貳年分）一卷】

不著撰者。現存：清光緒刻本，山東省圖書館藏；《山東文獻集成》影印。

【山東濟南府陵縣賦役全書一卷】

不著撰者。《陵縣志》附，見《東京大學東洋文化研究所漢籍分類目錄》。

【濟南商埠租建章程】

佚名纂。現存：清鉛印本（一冊），日本內閣文庫藏。

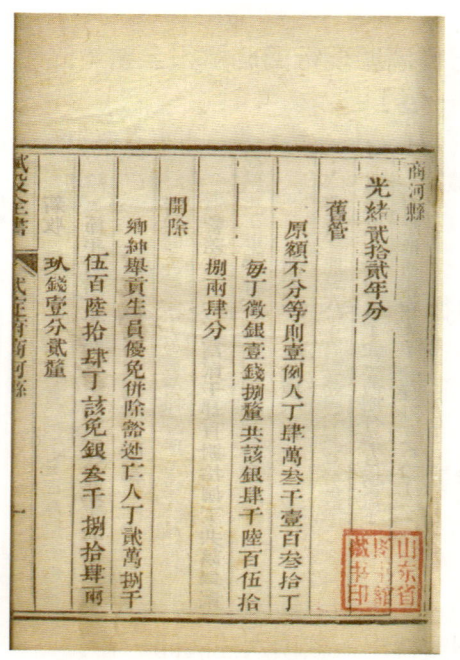

《山東武定府商河縣現行簡明賦役全書》一卷　清光緒刻本

【山東武定府商河縣現行簡明賦役全書（光緒貳拾貳年分）一卷】

不著撰者。現存：清光緒刻本，山東省圖書館藏；《山東文獻集成》影印。

【平陰縣賦役全書（嘉慶十二年）一卷】

佚名編。現存：清嘉慶十二年刻《平陰縣志》本，山東省圖書館藏。

【山東濟南府禹城縣現行簡明賦役全書（光緒拾貳年分）一卷】

不著撰者。現存：清光緒刻本，濟南市圖書館、吉林大學圖書館藏，《東北地區古籍綫裝書聯合目錄》著錄；《山東文獻集成》影印。

【山東泰安府平陰縣現行簡明賦役全書（光緒二年）一卷】

不著撰者。現存：清光緒刻本，中國國家圖書館藏。

【山東泰安府平陰縣現行簡明賦役全書（光緒二十年）一卷】

不著撰者。現存：清光緒二十二年刻本，山東省圖書館藏。

【山東泰安府平陰縣現行簡明賦役全書（光緒貳拾貳年分）一卷】

不著撰者。現存：清光緒間刻本，山東省圖書館、中國國家圖書館藏；《山東文獻集成》影印。

【（山東陵縣）保甲章程一卷】

陵縣官定。現存：清光緒十五年山陰陳季華鈔本，中共山東省委黨校圖書館藏；《山東文獻集成》影印。

【濟南商埠巡警章程十四條】

佚名編。現存：清末鉛印本（一冊），上海圖書館藏。

【淄川蒲氏遺稿一卷】

不著編者。現存：稿本，山東省博物館藏，《中國古籍善本書目》、《山東文獻書目》著錄。

【潭西精舍紀年一卷】

陽城陳秉灼、長洲沈默撰。現存：民國九年排印《山西圖書館叢書》本，滕州杜澤遜藏；《山東文獻集成》影印。

## 【駐防德州滿營軍械工料價值圖冊不分卷】

佚名撰。現存：清鈔彩繪本（二冊），中國國家圖書館藏，《北京圖書館古籍善本書目》、《中國古籍善本書目》著錄。

## 【濟南金石志四卷】

馮雲鵷撰。現存：①清道光十九年至二十年馮雲鵷稿本（存三卷），遼寧省圖書館藏，《中國古籍善本書目》、《東北地區古籍綫裝書聯合目錄》著錄。②清道光二十年濟南郡齋刻本，北京大學圖書館、清華大學圖書館等藏，《北京圖書館普通古籍總目》、《煙臺公共圖書館館藏古籍書目》著錄；《山東文獻集成》影印。

《濟南金石志》四卷　清道光二十年濟南郡齋刻本

《續修四庫全書總目提要（稿本）》據原刻本著錄，提要云："雲鵷字集軒，江蘇南通州人。嘉慶辛未進士，官山東滋陽、曲阜、滕縣諸縣知縣，權膠州知州。是編乃其纂修《府志》時纂以別行者，與武虛谷之修《安陽志》，別成《安陽金石錄》，其例正同。卷首有汪喜孫《序》。卷一爲歷代金，卷二至四爲歷代石。其前各冠以記，述其纂作之意，無異凡例。所錄金石，金自三代迄於有清，凡屬濟南一郡所出、所藏、所見者，悉錄之；石分郡屬之十六邑，邑自爲序，各從其刻之最古者起，迄於其修志時止。不論存佚，

凡載於志乘者，悉錄之；並搜輯志外金石諸書所錄，及新立、後立各刻，以增益之。金則除文字漫滅者，悉錄原文。石則已佚及已載於各志藝文內者不錄原文，而其所錄見存之石，亦間有所署焉。按：濟南一郡之金石，金則《山左金石志》所錄有數；此則據《金石萃編》、《金石索》諸書所載，及其後所出、所藏、所見者補入。石則《山左金石志》錄有二百九十九種，《訪碑錄》增有五十九種，均於禹城、長山兩邑之金石闕如；此則補其所遺，並於兩邑無闕。且於金、石均廣至明清，凡前此金石諸書、郡邑諸志所未載者，據其增益，頗足備稽徵也。"

## 【灤源問答十二卷】

沈可培撰。現存：清嘉慶二十年雪浪齋刻本，山東省圖書館藏，《山東文獻書目》著錄。

## 【明湖語錄六卷】

蔡珽（題冶山居士）撰。現存：民國元年豹島餐霞軒刻本，北京大學圖書館、南京大學圖書館藏，《販書偶記續編》著錄。

## 【廣川攀轅集一卷】

陳嗣良輯。嗣良，順天人，光緒四年任德州知州，十四年再任。是編現存：清光緒八年刻本，見《濟南市圖書館館藏古籍書目》。

## 【憫烈集】

《三續淄川縣志》卷十"李烈女"傳云："邑儒士李向榮女。幼許字於長山劉鵬，未于歸，鵬歿，女在室事母撫弟，無異平日。歲餘，忽有來議親者，女聞之，閉門自縊。夫家迎其柩歸，合葬焉。一時四方名碩多爲詩歌，傳讚以弔。其曾王舅湘浦彙爲一冊，梓行於世，名《憫烈集》。"《山東通志》卷百八十一《國朝列女（淄川縣）》亦載是集。

## 【舊鈔淄川各家詩鈔一卷】

不著輯者。現存：清鈔本，山東省博物館藏，《山東省博物館藏明清民國山左學者著述知見錄》著錄。

## 【章邱詩鈔一卷】

佚名輯。現存：清鈔本（有朱墨批點），山東省

圖書館藏。

### 【明湖詩草一卷】

劉大紳等撰。大紳，晉寧人。是編現存：清乾隆六十年歷城朱氏紅蕉館刻本，中國科學院圖書館（朱寧批校）、濰坊市圖書館藏，《清人別集總目》著錄。

### 【龍洞詩集一卷】

晏蟄聲輯。現存：清光緒二十六年刻本，山東省圖書館、濟南市圖書館、南開大學圖書館等藏，《濟南市圖書館館藏古籍書目》著錄。

### 【濟上贈言集一卷】

蔣慶第輯。現存：清末刻本，山東省圖書館、濟南市圖書館等藏，《濟南市圖書館館藏古籍書目》著錄。慶第，直隸玉田進士，咸同間任汶上、章丘等縣知縣。

### 【明湖載酒集一卷補遺一卷】

陳琪輯。現存：清光緒三十四年排印本，北京大學圖書館藏，《山東文獻書目》著錄；《山東文獻集成》影印。琪，祁陽人。

### 【明湖載酒二集一卷補遺一卷】

陳琪輯。現存：清宣統二年濟南片雲樓排印本，山東省博物館藏；《山東文獻集成》影印。

### 【歷亭秋唱不分卷】

周學淵等撰。現存：清宣統二年蓬萊許長庚石印本（一冊），山東省圖書館藏，《山東文獻書目》著錄。

### 【歷城朱氏歷科硃卷合訂一卷】

佚名編。現存：清刻本，山東省圖書館藏。

《明湖載酒集》一卷《補遺》一卷　清光緒三十四年排印本

《明湖載酒二集》一卷《補遺》一卷　清宣統二年濟南片雲樓排印本

# 著者索引

# 主要參考書目

（依書名音序排列）

北京大學圖書館藏古籍善本書目／北京大學圖書館編。一九九九年北京大學出版社排印本

北京大學圖書館藏李氏書目／北京大學圖書館編。一九五六年排印本

北京師範大學圖書館古籍善本書目／北京師範大學圖書館編。二〇〇二年北京圖書館出版社排印本

北京師範大學圖書館中文古籍書目／北京師範大學圖書館編。一九八三年排印本

北京圖書館古籍善本書目／北京圖書館編。一九八七年書目文獻出版社排印本

北京圖書館普通古籍總目／北京圖書館普通古籍組編。一九九〇年起由書目文獻出版社排印出版

濱州志十二卷首一卷／（清）李熙齡纂修。清咸豐十年刻本

藏園訂補郘亭知見傳本書目／（清）莫友芝撰；傅增湘訂補，傅熹年整理。中華書局一九九三年排印本

藏園群書經眼錄／傅增湘撰。一九八三年中華書局排印本

長清縣志十六卷首四卷末二卷／（清）舒化民修，徐德成纂。清道光十五年（1835）刻本

長清縣志十六卷首一卷末二卷／李起元修，王連儒纂。民國二十四年長清縣政府鉛印本

長山縣鄉土志二卷／（清）劉維翰編。清光緒三十三年鈔本

長山縣志十六卷首一卷／（清）倪企望修，鍾廷瑛、徐果行纂。清嘉慶六年刻本

重修蒲臺縣志四卷／（清）張朝瑋修，蓋琦、孫叔梓纂。清光緒十六年刻本

重修商河縣志十五卷首一卷／石毓嵩修，馬忠藩等纂。民國二十五年鉛印本

重修泰安縣志十四卷／葛延瑛修，盧衍慶纂。民國十八年泰安縣志局鉛印本

重修新城縣志二十六卷／袁勵杰、張儒玉修，王

寀廷纂。民國二十二年鉛印本

大連圖書館藏古籍書目／張本義主編。二〇〇九年廣西師範大學出版社排印綫裝本

大連圖書館古籍善本書目／王多聞主編。一九八六年排印本

德平縣續志十二卷首一卷／呂學元修，嚴綏之纂。民國二十五年濟南天成謙記南紙店鉛印本

德平縣志十二卷首一卷／（清）凌錫祺修，李敬熙纂。民國二十五年濟南天成謙記南紙店鉛印本

德縣志十六卷／李樹德修，董瑤林纂。民國二十四年鉛印本

德州鄉土誌不分卷／（清）馬翥等編。清鈔本

德州志十二卷首一卷／（清）王道亨修，張慶源纂。清乾隆五十三年刻本

東北地區古籍綫裝書聯合目錄／遼寧、吉林、黑龍江三省圖書館編。二〇〇三年遼海出版社排印本

東北師範大學圖書館古籍分類目錄／王繼祥主編。一九八六年排印本

杜集書錄／周采泉撰。一九八六年上海古籍出版社排印本

販書偶記二十卷／孫殿起撰，雷夢水校補。一九八二年上海古籍出版排印本

販書偶記續編二十卷附錄一卷／孫殿起撰，雷夢水整理。一九八〇年上海古籍出版排印本

肥城縣志十卷首一卷／（清）凌紱曾修，邵承照等纂。清光緒十七年刻本

肥城縣誌書二卷／（清）尹任修，尹足法纂。清康熙十一年刻本

復旦大學圖書館古籍簡目初編六冊補遺一冊／復旦大學圖書館編。一九五六年油印本

復旦大學圖書館善本目錄／復旦大學圖書館編。一九五九年復旦圖書館油印本

古典戲曲存目彙考／莊一拂撰。一九八二年上海古籍出版社排印本

古佚書輯本目錄（附考證）／孫啟治、陳建華撰。一九九七年中華書局排印本

故宮普通書目四卷／江瀚編。民國二十三年故宮博物院圖書館排印本

館藏山東省地方史志資料目錄（古籍部分）／山東省圖書館編。一九八二年排印本

光緒禹城縣鄉土志一卷／（清）王汝漢修，張青蓮纂。清光緒三十四年石印本

廣東省立中山圖書館古籍善本書目／廣東省立中山圖書館編。二〇一二年排印本

國朝山左詩鈔六十卷／（清）盧見曾編。清乾隆二十三年德州盧氏雅雨堂刻本

國朝山左詩彙鈔後集三十九卷／（清）余正酉編。清道光二十九年海棠書屋刻本

國朝山左詩續鈔三十二卷補鈔四卷／（清）張鵬展編。清嘉慶十八年四照樓刻本

國朝武定詩鈔不分卷／（清）李衍孫編。《山東文獻集成》影印山東省圖書館藏稿本

國家圖書館善本書志初稿／臺灣國家圖書館特藏組編著。一九九六年至二〇〇〇國家圖書館排印本

國立中央圖書館善本書目五卷（增訂二版）／中央圖書館特藏組編。一九八六年排印本

河北大學圖書館家譜總目／河北大學圖書館編。一九八五年油印本

湖南省古籍善本書目／常書智、李龍如主編。一九九八年岳麓書社排印本

濟南府志七十二卷首一卷／（清）王贈芳等修，成瓘等纂。清道光二十年刻本

濟南市圖書館館藏古籍書目／郭秀海主編。二〇〇五年中國文史出版社排印本

濟南市圖書館善本書目／不著編者。一九八一年油印本

濟陽縣志二十卷首一卷／盧永祥修，王嗣鋆纂。民國二十三年上海中華書局鉛印本

嘉業堂鈔校本目錄／周子美編。一九八六年華東師大出版社排印本

江蘇省立國學圖書館圖書總目四十卷補編十二卷／柳詒徵等編。民國二十二年至二十五年江蘇省立國學圖書館排印本

京都大學人文科學研究所漢籍目錄／京都大學人文科學研究所編。日本同朋會排印本

萊蕪縣志八卷／（明）陳甘雨纂修。明嘉靖二十七年刻本（《天一閣藏明代地方志選刊》影印）

萊蕪縣志二十二卷／（清）張梅亭、王希曾纂。民國十一年濟南鉛印本

萊蕪縣志四十二卷／（清）張梅亭撰。清光緒三十四年稿本

李中麓閒居集十二卷／（明）李開先撰。明嘉靖至隆慶刻本（《山東文獻集成》影印）

利津縣志十卷文徵五卷／（清）盛贊熙修，余朝棻纂。清光緒九年刻本

歷城縣志十六卷／（明）葉承宗撰。明崇禎十三年濼源葉氏友聲堂刻本

歷城縣志五十卷首一卷／（清）胡德琳修，李文藻等纂。清乾隆三十八年刻本

歷城張氏世系譜一卷／（清）張濤輯。清光緒二十年歷城張氏刻《落霞琴題詠》附本（《山東文獻集成》影印）

歷代婦女著作考（增訂本）／胡文楷撰，張宏生等增訂。二〇〇八年上海古籍出版社增訂重印一九八五年印本

臨邑縣志十六卷首一卷末一卷／（清）陳鴻翽、趙敏功修，翟振慶、王善澤纂。清同治十三年刻本

陵縣續志四卷首一卷／苗恩波修，劉蔭岐纂。民國二十五年鉛印本

陵縣志二十二卷首一卷／（清）沈淮修，李圖等纂，戴杰增修。民國二十五年鉛印本

美國國會圖書館藏中國善本書錄／范邦瑾編著。二〇一一年上海古籍出版社排印本

美國哈佛大學哈佛燕京圖書館藏中文善本書志（全六冊）／沈津主編。二〇一一年廣西師範大學出版社

美國家譜學會中國族譜目錄／TedA.Telford等編。一九八三年成文出版社有限公司出版

明代版刻綜錄（全八冊）／杜信孚撰。一九八三年廣陵古籍印刻社排印本

南京大學圖書館館藏古籍善本圖書目錄／南京大學圖書館編。一九八〇年排印本

南開大學圖書館館藏古籍善本書目／南開大學圖書館編。一九八六年排印本

內蒙古自治區線裝古籍聯合目錄／何景遠主編。二〇〇四年北京圖書館出版社排印本

般上舊聞六卷／（清）葛周玉撰。《山東文獻集成》影印山東省博物館藏稿本

平陰縣鄉土志一卷／（清）黃篤瓚修，朱焯纂。清光緒三十三年石印本

平陰縣志八卷目錄一卷／（清）陳秉直修，趙貫臺、張宗旭纂。清康熙十三年刻本

平陰縣志八卷首一卷／（清）李敬修纂修。清光緒二十一年雲門書院刻本

蒲松齡事跡著述新考／袁世碩著。一九八八年齊魯書社排印本

齊東縣志六卷首一卷／梁中權修，于清泮纂。民國二十四年濟南山東印刷局鉛印本

齊河縣志三十四卷首一卷／楊豫修修，閻廷獻等纂。民國二十二年濟南中西美術印刷社鉛印本

千頃堂書目三十二卷／（清）黃虞稷撰，瞿鳳起、潘景鄭整理。二○○一年上海古籍出版社出版

青城續修縣志四卷／楊啟東修，趙梓湘纂。民國二十四年濟南鉛印本

青島市圖書館藏山東文獻珍本圖錄／薛山青、徐月霞主編。二○一二年齊魯書社彩印本

青島市圖書館古籍書目／冷秀雲主編。二○○九年國家圖書館出版社排印本

青海省古籍善本書目／傅鳳岐等編。一九八一年排印本

清朝續文獻通考經籍考二十六卷／（清）劉錦藻撰。民國二十五年商務印書館縮印《清朝續文獻通考》本

清詞別集知見目錄彙編／吳熊和等編。一九九七年臺灣中央研究院中國文哲所排印本

清詞話考述／譚新紅撰。二○○九年武漢大學出版社排印本

清代版刻一隅／黃裳編著。一九九二年齊魯書社排印影印本

清代詩話知見錄／吳宏一主編。二○○二年臺灣中央研究院中國文哲研究所排印本

清代雜劇全目／傅惜華撰。一九八一年人民文學出版社排印本

清華大學圖書館藏善本書目／清華大學圖書館編。二○○三年清華大學出版社排印本

清人別集總目／李靈年、楊忠主編。二○○○年安徽教育出版社排印本

清人詩集敍錄（上中下）／袁行雲著。一九九四年文化藝術出版社排印本

清人詩文集總目提要／柯愈春撰。二○○二年北京古籍出版社排印本

清詩話考／蔣寅撰。二○○五年中華書局排印本

清史稿藝文志補編／武作成撰。一九八二年中華書局排印本

清史稿藝文志拾遺／王紹曾主編。二○○○年中華書局排印本

曲阜師範大學圖書館館藏古籍目錄／鍾淑娥編。一九九三年油印本

日本國大木幹一所藏中國法學古籍書目／田濤編譯。一九九一年法律出版社排印本

日藏漢籍善本書錄（全三冊）／嚴紹璗編著。二○○七年中華書局排印本

三續淄川縣志二卷／（清）方作霖修，王敬鑄纂。民國九年藝林石印局石印本

山東大學圖書館古籍善本書目／山東大學圖書館編。二○○四年齊魯書社排印本

山東省博物館藏明清民國山左學者著述知見錄／崔巍撰。二○○三年打印本

山東省地方志聯合目錄／山東省圖書館編。二○○五年中國文聯出版社排印本

山東省圖書館館藏古籍書目（文學藝術門、天算術數門）／山東省圖書館編。一九五八至一九五九年排印本

山東省圖書館館藏海源閣書目／山東省圖書館編。一九九九年齊魯書社排印本

山東省圖書館館藏縮微文獻目錄／山東省圖書館編。二○○五年中國文聯出版社排印本

山東省圖書館館藏珍品圖錄／山東省圖書館編。二○○九年齊魯書社排印影印本

山東省珍貴古籍名錄（第一批）／山東省圖書館、山東省古籍保護中心編。二○○九年齊魯書社排印本

山東師範大學圖書館館藏古籍目錄／張宗茹、王恒柱編。二○○三年齊魯書社排印本

山東通志二百卷／（清）孫葆田等撰。民國四年山東通志刊印局鉛印本

山東通志三十六卷首一卷／（清）岳濬、法敏修，杜詔、顧瀛纂。清乾隆元年刻本

山東文獻集成總目圖錄／山東文獻集成編纂委員

會編。二〇一一年山東大學出版社印本

山東文獻書目／王紹曾主編。一九九三年齊魯書社排印本

山西大學圖書館線裝古籍書目／山西大學圖書館編。二〇〇二年山西古籍出版社排印本

山西省古籍善本書目／劉緯毅編。一九八一年排印本

山西省圖書館普通線裝書目錄／山西省圖書館編。一九九八年北岳文藝出版社排印本

山西師範大學圖書館古籍善本書目／楊豔燕編。一九九四年排印本

山左明詩鈔三十五卷／（清）宋弼編。清乾隆三十六年益都李文藻廣東刻本

善本書室藏書志四十卷附錄一卷／（清）丁丙撰。清光緒二十七年錢塘丁氏刻本

上海圖書館藏家譜提要／王鶴鳴主編。二〇〇〇年上海古籍出版社排印本

首都圖書館古籍書畫珍品集萃／首都圖書館、北京現代東方美術研究所編。二〇〇一年天津人民美術出版社印本

雙行精舍書跋輯存／王獻唐撰，山東省博物館輯。一九八三年齊魯書社排印本

雙行精舍書跋輯存續編／王獻唐撰，駱偉等輯。一九八六年齊魯書社排印本

四部總錄·算法編、補遺／丁福保、周雲青編。一九五七年商務印書館排印本

四川大學圖書館古籍善本書目／陳力編纂。一九九二年四川大學出版社排印本

四川省高校圖書館古籍善本聯合目錄／胡昭曦、陳力主編。一九九四年四川大學出版社排印本

四川省圖書館古籍目錄／四川省圖書館編。一九五八年油印本

四庫存目標注六十卷／杜澤遜撰。二〇〇七年上海古籍出版社排印本

四庫全書總目二百卷／（清）紀昀等撰。一九六五年中華書局影印乾隆六十年浙江刻本

四庫全書總目提要補正／胡玉縉撰，王欣夫輯。一九九八年上海書店出版社排印本

四庫提要辨證／余嘉錫撰。二〇〇七年中華書局版

四庫提要訂誤／李裕民著。二〇〇五年中華書局

排印本

臺灣公藏普通本線裝書目書名索引／臺灣中央圖書館特藏組編。一九八二年排印本

泰安府志三十卷前一卷首二卷／（清）顏希深修，成城纂。清乾隆二十五年刻本

泰安州志四卷／（明）任弘烈修，段廷選等纂；（清）鄒文郁增修，朱衣點增纂。民國二十五年鉛印本

天津圖書館古籍善本書目／天津圖書館編。二〇〇八年國家圖書館出版社排印本

王氏一家言二十八卷／（清）王如英、王懷琪等輯。《山東文獻集成》影印民國七年順和堂石印局石印本

濰坊古籍書目／栗祥忠、戴維政主編。二〇〇六年北京圖書館出版社排印本

無棣縣志二十四卷首一卷末一卷／侯蔭昌修，張方墀纂。民國十四年鉛印本

武定府志三十八卷首一卷／（清）李熙齡修，鄒恒纂。清咸豐九年刻本

武定明詩鈔二卷／（清）李衍孫輯。《山東文獻集成》影印山東省圖書館藏稿本

武定州志二卷／（明）劉佃修，劉繼先、崔士偉纂。《天一閣藏明代地方志選刊》影印明嘉靖二十七年刻本

香港大學馮平山圖書館藏善本書錄／香港大學馮平山圖書館編。二〇〇三年香港大學出版社排印本

新訂清人詩學書目／張寅彭撰。二〇〇三年上海古籍出版排印本

續修萊蕪縣志三十八卷／李鍾豫修、亓因培等纂。民國二十四年濟南善成印務局鉛印本

續修歷城縣志五十四卷／毛承霖纂修。民國十五年歷城縣志局鉛印本

續修臨邑縣志四卷／崔公甫修，王孟戌纂。民國二十五年濟南天成謙記南紙店鉛印本

續修平原縣志十二卷首一卷／曹夢九修，趙祥俊纂。民國二十五年平原大同印刷局鉛印本

續修四庫全書總目提要（稿本）／東方文化事業總委員會編。一九九六年齊魯書社影印本

煙臺公共圖書館館藏古籍書目／呂志正主編。二〇〇二年齊魯書社排印本

煙臺市珍貴古籍名錄圖錄（上下）／《煙臺市珍貴古籍名錄圖錄》編輯委員會編。二〇一〇年齊魯書社排印影印本

陽信縣志八卷附補遺一卷／朱蘭等修，勞乃宣、繆潤紱纂。民國十五年鉛印本

易學書目／山東省圖書館編。一九九三年齊魯書社排印本

漁洋山人著述考／倫明撰。《燕京學報》第五期（民國十八年六月）

禹城縣志十二卷／（清）董鵬翔修；牟應震纂。清嘉慶十三年刻本

禹城縣志十二卷／蓋景延修，孫似樓等纂。民國二十八年濟南善成合記印務書鉛印本

玉函山房藏書簿錄二十五卷／（清）馬國翰撰。《山東文獻集成》影印清道光歷城馬氏刻本

元文類／（元）蘇天爵編。四庫全書本

樂陵縣志八卷首一卷末一卷／（清）王謙益修，莊肇奎等纂。清乾隆二十七年刻本

雲南書目／李小緣撰。一九八八年雲南人民出版社排印本

增訂四庫簡明目錄標注二十卷／（清）邵懿辰撰，邵章續錄，邵友誠整理。一九七九年上海古籍出版社排印本

霑化縣志八卷首一卷／梁建章、徐中晟修，于清泮纂。民國二十五年濟南鉛印本

霑化縣志十六卷首一卷／（清）聯印修，張會一、耿翔儀纂。清光緒十七年刻本

章丘縣志十二卷首一卷／（清）鍾運泰纂修。清康熙三十年刻本

章邱縣鄉土志二卷／（清）楊學淵修，李洪鈺等纂。清光緒三十三年石印本

章邱縣志十六卷首一卷末一卷／（清）吳璋修，曹楙堅纂。清道光十三年刻本

章邱縣志十三卷首一卷／（清）張萬青纂修。清乾隆二十年刻本

浙江圖書館古籍善本書目／浙江圖書館古籍部編。二〇〇二年浙江教育出版社排印本

中國邊疆圖籍錄／鄧衍林編。一九八五年商務印書館排印本

中國兵書知見錄／許保林編。一九八八年解放軍出版社排印本

中國兵書總目／劉申寧撰。一九九〇年北京市國防大學出版社排印本

中國叢書廣錄／陽海清編。一九九九年湖北人民出版社排印本

中國叢書綜錄／上海圖書館編。一九八六年上海古籍出版社排印本

中國叢書綜錄補編（徵求意見稿）／上海圖書館編。一九八三年上海圖書館謄寫複印本

中國叢書綜錄續編／施廷鏞主編。二〇〇三年北京圖書館出版社排印本

中國地方志聯合目錄／中國科學院北京天文臺主編。一九八五年中華書局排印本

中國地方志綜錄／朱士嘉撰。一九五八年商務印書館印本

中國地方志總目提要／金恩輝、胡述兆總編。一九九六年臺灣漢美圖書有限公司排印本

中國分省醫籍考（上下）／郭靄春主編。一九八四至一九八七年天津科學技術出版社排印本

中國古籍善本書目／顧廷龍主編。一九八五年至一九九八年上海古籍出版社排印本

中國古籍善本書目徵求意見稿／顧廷龍主編。二〇〇三年齊魯書社據油印本影印本

中國家譜綜合目錄／國家檔案局等編。一九九七年中華書局排印本

中國家譜總目／王鶴鳴主編。二〇〇八年上海古籍出版社排印本

中國科學院圖書館藏中文古籍善本書目／中國科學院圖書館編。一九九四年科學出版社排印本

中國歷代人物年譜考錄／謝巍撰。一九九二年中華書局排印本

中國人民大學圖書館古籍善本書目／中國人民大學圖書館古籍整理研究所編。一九九一年中國人民大學出版社排印本

中國善本書提要／王重民著。一九八三年上海古籍出版社排印本

中國善本書提要補編／王重民著。一九九一年書目文獻出版社排印本

中國書店三十年所收善本書目／中國書店編。一九八二年排印本

中國書店三十年所收善本書目補編／中國書店編。一九九二年排印本

中國醫籍通考／嚴世芸主編。一九九〇至一九九四年上海中醫學院出版社排印本

中國中醫古籍總目／薛清錄主編。二〇〇七年上

海辭書出版社排印本

中南、西南地區省市圖書館館藏古籍稿本提要（附抄本聯合目錄）／陽海清主編。一九九八年華中理工大學出版社排印本

中央研究院歷史語言研究所善本書目／臺灣中央研究院歷史語言研究所圖書館編。一九八六年臺北排印本

中醫圖書聯合目錄／中醫研究院、北京圖書館編。一九六一年北京圖書館排印本

淄川縣志八卷首一卷／（清）張鳴鐸修，張廷寀、王佳賓纂。民國九年藝林石印局石印本

淄川縣志八卷首一卷／（清）張鳴鐸修，張廷寀、王佳賓纂。民國九年藝林石印局石印本

鄒平縣志十八卷／欒鍾垚、趙咸慶修，趙仁山等纂。民國三年刻本